中国人口普查
CHINA POPULATION CENSUS

中国2010年 人口普查资料〔上册〕

TABULATION ON THE 2010 POPULATION CENSUS OF THE PEOPLE`S REPUBLIC OF CHINA（BOOK Ⅰ）

国务院人口普查办公室
国家统计局人口和就业统计司 编

Compiled by
Population Census Office under the State Council
Department of Population and Employment Statistics
National Bureau of Statistics

中国统计出版社
China Statistics Press

（京）新登字 041 号

图书在版编目（CIP）数据

中国 2010 年人口普查资料 / 国务院人口普查办公室，国家统计局人口和就业统计司编. -- 北京 : 中国统计出版社, 2012.4

ISBN 978-7-5037-6507-0

Ⅰ. ①中… Ⅱ. ①国… ②国… Ⅲ. ①人口普查－统计资料－中国－2010 Ⅳ. ①C924.25

中国版本图书馆 CIP 数据核字（2012）第 059152 号

中国 2010 年人口普查资料（上、中、下册）

作　　者 / 国务院人口普查办公室，国家统计局人口和就业统计司编
责任编辑 / 叶礼奇　徐　涛　郭　栋
装帧设计 / 杨　超　李雪燕
出版发行 / 中国统计出版社
通信地址 / 北京市西城区月坛南街 57 号
邮政编码 / 100826
办公地址 / 北京市丰台区西三环南路甲 6 号
电　　话 / 邮购（010）63376907　书店（010）68783172
印　　刷 / 北京画中画印刷有限公司
经　　销 / 新华书店
开　　本 / 880×1230 毫米　1/16
字　　数 / 4920 千字
印　　张 / 153.75
版　　别 / 2012 年 4 月第 1 版
版　　次 / 2012 年 4 月第 1 次印刷
书　　号 / ISBN 978-7-5037-6507-0 /C・2608
定　　价 / 980.00 元（上、中、下册）

编辑说明

以2010年11月1日零时为标准时点的第六次全国人口普查，在党中央、国务院的正确领导下，在中央各部门和地方各级人民政府的大力支持下，经过近千万普查人员的努力拼搏和十三亿各族人民的积极参与，普查取得了圆满成功，获得了丰富翔实的资料。为了满足社会各界的需要，现将计算机详细汇总的数据资料编辑出版。

为便于读者使用本资料，现将有关情况说明如下：

一、2010年第六次全国人口普查的对象是：普查标准时点在中华人民共和国境内的自然人以及在中华人民共和国境外但未定居的中国公民，不包括在中华人民共和国境内短期停留的港澳台居民和外籍人员。“境内”指我国海关关境以内，“境外”指我国海关关境以外。

二、2010年第六次全国人口普查采用了长、短两种普查表。普查表短表包括反映人口基本状况的项目，普查表长表包括所有短表项目和人口的经济活动、婚姻家庭、生育和住房等情况的项目。根据普查长表抽样工作细则，长表抽取了10%的户填报，短表由其余的户填报。

三、本资料分为三部分。第一部分是全部人口的数据，包括普查表短表、长表共同部分的内容，主要反映人口的基本状况，分为八卷，共173张表；第二部分是普查表长表数据，主要是人口各种结构情况，分为九卷，共256张表；第三部分是附录，主要是普查的有关规定和技术文件等。

四、本资料是按照实际登记直接汇总的数据，不包括人口普查漏登的人口（事后质量抽查表明人口漏登率为0.12%）；不包括230万现役军人；不包括465万难以确定常住地的人口。

五、由于长表是按户抽样并进行登记，因此人口总数以及各种人口结构数据的抽样比会存在差异，请读者使用本资料推算总体时，对采用的方法予以注意。

六、长表数据第四卷就业部分数据为16岁及以上人口数据，其余部分涉及有关就业方面的数据均为15岁及以上人口数据。

七、本次人口普查关于城乡的划分，按照国家统计局《统计上划分城乡的规定》执行。

八、本资料中部分相对数由于单位取舍问题而产生的计算误差，均未做机械调整。

九、本资料中空项表示无数字或数字很小。

Editor's Notes

China conducted the 6th national population census with zero hour of November 1, 2010 as the reference time. Under the correct leadership of the Central Committee of CPC and the State Council, with the strong support of relevant ministries and local governments, through the painstaking effort of close to 10 million census workers and the active participation of 1.3 billion people of all nationalities, the census was successful in producing rich information on the population. Computerized data sheets have been edited and published to meet the need of the whole society.

Following explanations are given to facilitate the use of this publication.

1.The 2010 population census covers all natural persons residing in the territory of the People's Republic of China and the Chinese citizens residing outside but not permanently settled down in locations beyond the territory of the People's Republic of China at the census reference time, excluding residents of Hong Kong, Macao and Taiwan and foreigners temporarily staying in the territory of the People's Republic of China. Territory here refers to the territory of the customs.

2.Two types of questionnaires were used for the 2010 population census. The short form contains items that reflect the basic situation of the population, while the long form include all short form items plus other items such as economic activities, marriage and family, fertility and housing, etc. According to the *Procedures for the Selection of Samples for the Long Form*, 10 percent of households selected by a random sampling programme completed the long form, and the rest of the households completed the short form.

3.This publication consists of 3 parts. The first part, including 173 tabulations in 8 volumes, contains data from all households (i.e. common items in both long and short forms) that reflects the basic situation of the population. The second part, including 256 tabulations in 9 volumes, contains data from the long forms which present various detailed compositions of the population. Relevant regulations and technical documents concerning the census are provided as appendixes in the third part.

4.Results in this publication are based on the processing of data directly from enumeration without any adjustment, excluding population not enumerated in the census (The post-enumeration survey indicates an undercount of 0.12% in the census enumeration), the 2.30 million servicemen and 4.65 million population with permanent residence difficult to define.

5.The sampling ratio for the total population and for various compositions of the population may not be the same, as household is used as the ultimate sampling unit in the enumeration. Users should pay attention to methods when using information in this publication to estimate the total population from the sample results.

6.The employment information in Volume IV of the long form presents data for population at age 16 and over, while employment data in other volumes are for population at age 15 and over.

7.*Regulation on the Classification of Urban/Rural Residence for Statistical Purpose* prepared by the National Bureau of Statistics is used in urban/rural classification of the population in this census.

8.Discrepancies on relative figures due to rounding are not adjusted in this publication.

9.Empty cells in tables in this publication indicate that no data are available or the value is too small.

目　录

上　册

第一部分　全部数据资料

第一卷　概要

第五卷　家庭

第六卷　死亡

中 册

第二部分 长表数据资料

第二卷 民族

第三卷 受教育程度

第四卷 就业

下 册

第二部分 长表数据资料(续)

第四卷 就业(续)

第五卷　婚姻

第七卷　迁移和户口登记地

第八卷　老年人口

附　录

Contents

Book Ⅰ

Part Ⅰ Data from All Households

Volume 7 Migration

Book Ⅱ

Part Ⅱ Data from Households Using Long Form

Volume 4 Employment

Book Ⅲ

Part Ⅱ Data from Households Using Long Form(continued)

Appendixes

第一部分 全部数据资料

第一卷 概要

1-1 各地区户数、

地区	户数			合计			
	合计	家庭户	集体户	合计	男	女	性别比(女=100)
全国	**417722698**	**401934196**	**15788502**	**1332810869**	**682329104**	**650481765**	**104.90**
北京	7355291	6680552	674739	19612368	10126430	9485938	106.75
天津	3963604	3661992	301612	12938693	6907091	6031602	114.52
河北	20813492	20395116	418376	71854210	36430286	35423924	102.84
山西	10654162	10330207	323955	35712101	18338760	17373341	105.56
内蒙古	8470472	8205498	264974	24706291	12838243	11868048	108.17
辽宁	15334912	14994046	340866	43746323	22147745	21598578	102.54
吉林	9162183	8998492	163691	27452815	13907218	13545597	102.67
黑龙江	13192935	13000088	192847	38313991	19426106	18887885	102.85
上海	8893483	8253257	640226	23019196	11854916	11164280	106.19
江苏	25635291	24381782	1253509	78660941	39626707	39034234	101.52
浙江	20060115	18854021	1206094	54426891	27965641	26461250	105.69
安徽	19322432	18861956	460476	59500468	30245513	29254955	103.39
福建	11971873	11206317	765556	36894217	18981054	17913163	105.96
江西	11847841	11542527	305314	44567797	23003521	21564276	106.67
山东	30794664	30105454	689210	95792719	48446944	47345775	102.33
河南	26404973	25928729	476244	94029939	47493063	46536876	102.05
湖北	17253385	16695121	558264	57237727	29391247	27846480	105.55
湖南	19029894	18625710	404184	65700762	33776459	31924303	105.80
广东	32222752	28630609	3592143	104320459	54400538	49919921	108.98
广西	13467663	13151404	316259	46023761	23924704	22099057	108.26
海南	2451819	2331149	120670	8671485	4592283	4079202	112.58
重庆	10272559	10000965	271594	28846170	14608870	14237300	102.61
四川	26383458	25794161	589297	80417528	40827834	39589694	103.13
贵州	10745630	10558461	187169	34748556	17905471	16843085	106.31
云南	12695396	12339961	355435	45966766	23856696	22110070	107.90
西藏	689521	670838	18683	3002165	1542652	1459513	105.70
陕西	11084516	10718563	365953	37327379	19287575	18039804	106.92
甘肃	7113833	6900369	213464	25575263	13064193	12511070	104.42
青海	1586635	1529039	57596	5626723	2913793	2712930	107.40
宁夏	1945064	1882205	62859	6301350	3227404	3073946	104.99
新疆	6902850	6705607	197243	21815815	11270147	10545668	106.87

人口数和性别比

单位：户、人

人口数								平均家庭户规模（人/户）
家庭户				集体户				
小计	男	女	性别比（女=100）	小计	男	女	性别比（女=100）	
1239981250	**627410399**	**612570851**	**102.42**	**92829619**	**54918705**	**37910914**	**144.86**	**3.09**
16389723	8173161	8216562	99.47	3222645	1953269	1269376	153.88	2.45
10262186	5129604	5132582	99.94	2676507	1777487	899020	197.71	2.80
68538709	34552649	33986060	101.67	3315501	1877637	1437864	130.59	3.36
33484131	16988087	16496044	102.98	2227970	1350673	877297	153.96	3.24
23071690	11725291	11346399	103.34	1634601	1112952	521649	213.35	2.81
41755874	20956756	20799118	100.76	1990449	1190989	799460	148.97	2.78
26457769	13358390	13099379	101.98	995046	548828	446218	123.00	2.94
36884039	18603181	18280858	101.76	1429952	822925	607027	135.57	2.84
20593430	10318168	10275262	100.42	2425766	1536748	889018	172.86	2.50
71685839	35542124	36143715	98.34	6975102	4084583	2890519	141.31	2.94
49425543	25037320	24388223	102.66	5001348	2928321	2073027	141.26	2.62
56493891	28462853	28031038	101.54	3006577	1782660	1223917	145.65	3.00
33397663	16901083	16496580	102.45	3496554	2079971	1416583	146.83	2.98
42181417	21600070	20581347	104.95	2386380	1403451	982929	142.78	3.65
89855501	45023357	44832144	100.43	5937218	3423587	2513631	136.20	2.98
90028072	45262137	44765935	101.11	4001867	2230926	1770941	125.97	3.47
52745625	26826301	25919324	103.50	4492102	2564946	1927156	133.09	3.16
61911446	31611459	30299987	104.33	3789316	2165000	1624316	133.29	3.32
88979305	45465958	43513347	104.49	15341154	8934580	6406574	139.46	3.11
43970320	22733969	21236351	107.05	2053441	1190735	862706	138.02	3.34
8060519	4231490	3829029	110.51	610966	360793	250173	144.22	3.46
26994017	13542424	13451593	100.68	1852153	1066446	785707	135.73	2.70
76207174	38380622	37826552	101.46	4210354	2447212	1763142	138.80	2.95
33571308	17153547	16417761	104.48	1177248	751924	425324	176.79	3.18
43626674	22391253	21235421	105.44	2340092	1465443	874649	167.55	3.54
2837769	1429541	1408228	101.51	164396	113111	51285	220.55	4.23
34462115	17556257	16905858	103.85	2865264	1731318	1133946	152.68	3.22
24052594	12141360	11911234	101.93	1522669	922833	599836	153.85	3.49
5284525	2675766	2608759	102.57	342198	238027	104171	228.50	3.46
5970133	3015722	2954411	102.08	331217	211682	119535	177.09	3.17
20802249	10620499	10181750	104.31	1013566	649648	363918	178.51	3.10

1-1a 各地区户数、

地区	户数			合计			
	合计	家庭户	集体户	合计	男	女	性别比(女=100)
全国	**139244149**	**128660933**	**10583216**	**403760040**	**206470117**	**197289923**	**104.65**
北京	5942942	5375588	567354	15563215	7990855	7572360	105.53
天津	2736350	2501235	235115	8858126	4787921	4070205	117.63
河北	4517419	4295310	222109	14388021	7185090	7202931	99.75
山西	3072808	2901607	171201	9414053	4751359	4662694	101.90
内蒙古	2859667	2737984	121683	8011564	4110233	3901331	105.35
辽宁	8240193	7952951	287242	22021184	11053846	10967338	100.79
吉林	3733951	3598113	135838	10196745	5099077	5097668	100.03
黑龙江	5202461	5047097	155364	14122516	7114497	7008019	101.52
上海	6741399	6244138	497261	17640842	9019706	8621136	104.62
江苏	9993187	9161950	831237	30166466	15404145	14762321	104.35
浙江	7596981	6873461	723520	20386294	10480401	9905893	105.80
安徽	4196828	3942502	254326	12182587	6253169	5929418	105.46
福建	4401215	3928853	472362	12548384	6467896	6080488	106.37
江西	2223878	2125304	98574	7504291	3822014	3682277	103.79
山东	9308403	8817542	490861	28364984	14348347	14016637	102.37
河南	5636599	5349707	286892	18331493	9258578	9072915	102.05
湖北	5840288	5467910	372378	17928160	9160741	8767419	104.49
湖南	4010819	3784084	226735	12738442	6437605	6300837	102.17
广东	18494043	15577871	2916172	52388382	27633888	24754494	111.63
广西	2672388	2479642	192746	8352777	4286087	4066690	105.39
海南	691822	618068	73754	2324288	1217815	1106473	110.06
重庆	3047787	2861917	185870	8681611	4365786	4315825	101.16
四川	5559873	5265271	294602	15915660	7982358	7933302	100.62
贵州	1870355	1777973	92382	5537562	2828513	2709049	104.41
云南	2277135	2106060	171075	6324830	3221116	3103714	103.78
西藏	100073	93975	6098	272322	136378	135944	100.32
陕西	3002620	2788195	214425	8837175	4496902	4340273	103.61
甘肃	1801481	1687056	114425	5258935	2702835	2556100	105.74
青海	473375	448369	25006	1368033	706107	661926	106.67
宁夏	730768	696676	34092	2059295	1046614	1012681	103.35
新疆	2267041	2154524	112517	6071803	3100238	2971565	104.33

人口数和性别比(城市)

单位：户、人

人口数								平均家庭户规模（人／户）
家庭户				集体户				
小计	男	女	性别比（女=100）	小计	男	女	性别比（女=100）	
348460610	**174734832**	**173725778**	**100.58**	**55299430**	**31735285**	**23564145**	**134.68**	**2.71**
12889418	6395483	6493935	98.48	2673797	1595372	1078425	147.94	2.40
6624856	3281082	3343774	98.13	2233270	1506839	726431	207.43	2.65
12689293	6280218	6409075	97.99	1698728	904872	793856	113.98	2.95
8345464	4179138	4166326	100.31	1068589	572221	496368	115.28	2.88
7297999	3655426	3642573	100.35	713565	454807	258758	175.77	2.67
20447520	10131113	10316407	98.20	1573664	922733	650931	141.76	2.57
9428206	4693955	4734251	99.15	768539	405122	363417	111.48	2.62
13030855	6507602	6523253	99.76	1091661	606895	484766	125.19	2.58
15752366	7851346	7901020	99.37	1888476	1168360	720116	162.25	2.52
25736230	12829718	12906512	99.40	4430236	2574427	1855809	138.72	2.81
17472438	8828121	8644317	102.13	2913856	1652280	1261576	130.97	2.54
10696202	5375633	5320569	101.03	1486385	877536	608849	144.13	2.71
10592915	5349220	5243695	102.01	1955469	1118676	836793	133.69	2.70
6776303	3424163	3352140	102.15	727988	397851	330137	120.51	3.19
24694826	12290218	12404608	99.08	3670158	2058129	1612029	127.67	2.80
16318821	8166838	8151983	100.18	2012672	1091740	920932	118.55	3.05
15398583	7741995	7656588	101.12	2529577	1418746	1110831	127.72	2.82
10930194	5472361	5457833	100.27	1808248	965244	843004	114.50	2.89
41042002	21153818	19888184	106.36	11346380	6480070	4866310	133.16	2.63
7268152	3678382	3589770	102.47	1084625	607705	476920	127.42	2.93
1959411	1009669	949742	106.31	364877	208146	156731	132.80	3.17
7581490	3739806	3841684	97.35	1100121	625980	474141	132.02	2.65
14082456	6963256	7119200	97.81	1833204	1019102	814102	125.18	2.67
5012681	2514298	2498383	100.64	524881	314215	210666	149.15	2.82
5462122	2731297	2730825	100.02	862708	489819	372889	131.36	2.59
230111	113093	117018	96.65	42211	23285	18926	123.03	2.45
7534798	3768311	3766487	100.05	1302377	728591	573786	126.98	2.70
4525562	2276438	2249124	101.21	733373	426397	306976	138.90	2.68
1230034	616232	613802	100.40	137999	89875	48124	186.76	2.74
1885293	944195	941098	100.33	174002	102419	71583	143.08	2.71
5524009	2772407	2751602	100.76	547794	327831	219963	149.04	2.56

1-1b 各地区户数、

地区	户数						
				合计			
	合计	家庭户	集体户	合计	男	女	性别比(女=100)
全国	**81759873**	**78528240**	**3231633**	**266245506**	**136570666**	**129674840**	**105.32**
北京	474082	427497	46585	1295477	683545	611932	111.70
天津	427132	374642	52490	1419767	736281	683486	107.72
河北	4835054	4677328	157726	17187307	8754793	8432514	103.82
山西	2274645	2196400	78245	7746486	3967332	3779154	104.98
内蒙古	1987726	1915033	72693	5708610	2943359	2765251	106.44
辽宁	1818878	1787832	31046	5166779	2608045	2558734	101.93
吉林	1615376	1600554	14822	4451454	2262619	2188835	103.37
黑龙江	2682972	2655986	26986	7201199	3647191	3554008	102.62
上海	1147819	1058274	89545	2914256	1542466	1371790	112.44
江苏	5495227	5281326	213901	17205022	8676471	8528551	101.73
浙江	4780147	4523591	256556	13163915	6751617	6412298	105.29
安徽	4318201	4167758	150443	13394530	6803194	6591336	103.21
福建	2650918	2482591	168327	8513556	4360897	4152659	105.01
江西	3190971	3024685	166286	11995669	6226968	5768701	107.94
山东	5886494	5731446	155048	19255743	9837833	9417910	104.46
河南	4689712	4550905	138807	17888274	9134021	8754253	104.34
湖北	3064064	2958881	105183	10516925	5412738	5104187	106.05
湖南	4597875	4457974	139901	15714621	8079272	7635349	105.81
广东	4428161	4064401	363760	16641873	8740164	7901709	110.61
广西	2889108	2801475	87633	10065066	5212594	4852472	107.42
海南	564796	535352	29444	1984228	1056706	927522	113.93
重庆	2283756	2223962	59794	6614192	3327602	3286590	101.25
四川	5456094	5243022	213072	16428768	8335289	8093479	102.99
贵州	1932566	1876388	56178	6199971	3175762	3024209	105.01
云南	2775705	2668907	106798	9634242	4940836	4693406	105.27
西藏	128192	121262	6930	408267	219218	189049	115.96
陕西	2434079	2333578	100501	8222162	4303161	3919001	109.80
甘肃	1134906	1070634	64272	3932250	2042250	1890000	108.06
青海	353746	333164	20582	1148221	601284	546937	109.94
宁夏	297569	282680	14889	962727	501105	461622	108.55
新疆	1143902	1100712	43190	3263949	1686053	1577896	106.85

人口数和性别比(镇)

单位：户、人

人口数								平均家庭户规模(人/户)
家庭户				集体户				
小计	男	女	性别比(女=100)	小计	男	女	性别比(女=100)	
241662903	**122110483**	**119552420**	**102.14**	**24582603**	**14460183**	**10122420**	**142.85**	**3.08**
1076306	543584	532722	102.04	219171	139961	79210	176.70	2.52
1117183	563941	553242	101.93	302584	172340	130244	132.32	2.98
15915721	8016519	7899202	101.49	1271586	738274	533312	138.43	3.40
7121893	3598441	3523452	102.13	624593	368891	255702	144.27	3.24
5238005	2635624	2602381	101.28	470605	307735	162870	188.95	2.74
4924658	2473688	2450970	100.93	242121	134357	107764	124.68	2.75
4316481	2182111	2134370	102.24	134973	80508	54465	147.82	2.70
6978088	3513395	3464693	101.41	223111	133796	89315	149.80	2.63
2590374	1320519	1269855	103.99	323882	221947	101935	217.73	2.45
15837044	7889026	7948018	99.26	1367978	787445	580533	135.64	3.00
12043007	6102437	5940570	102.72	1120908	649180	471728	137.62	2.66
12281499	6168710	6112789	100.91	1113031	634484	478547	132.59	2.95
7661347	3863526	3797821	101.73	852209	497371	354838	140.17	3.09
10703612	5472828	5230784	104.63	1292057	754140	537917	140.20	3.54
17350914	8716881	8634033	100.96	1904829	1120952	783877	143.00	3.03
16389217	8295920	8093297	102.50	1499057	838101	660956	126.80	3.60
9246410	4683960	4562450	102.66	1270515	728778	541737	134.53	3.12
14193731	7197142	6996589	102.87	1520890	882130	638760	138.10	3.18
14305863	7324303	6981560	104.91	2336010	1415861	920149	153.87	3.52
9356801	4811439	4545362	105.85	708265	401155	307110	130.62	3.34
1831472	962562	868910	110.78	152756	94144	58612	160.62	3.42
6064403	3022723	3041680	99.38	549789	304879	244910	124.49	2.73
14697806	7341152	7356654	99.79	1730962	994137	736825	134.92	2.80
5845206	2964321	2880885	102.90	354765	211441	143324	147.53	3.12
8770633	4419736	4350897	101.58	863609	521100	342509	152.14	3.29
350492	177450	173042	102.55	57775	41768	16007	260.94	2.89
7120124	3623425	3496699	103.62	1102038	679736	422302	160.96	3.05
3397568	1726695	1670873	103.34	534682	315555	219127	144.01	3.17
1019691	515648	504043	102.30	128530	85636	42894	199.65	3.06
886890	449147	437743	102.61	75837	51958	23879	217.59	3.14
3030464	1533630	1496834	102.46	233485	152423	81062	188.03	2.75

1-1c 各地区户数、

地区	户数						
				合计			
	合计	家庭户	集体户	合计	男	女	性别比(女=100)
全国	**196718676**	**194745023**	**1973653**	**662805323**	**339288321**	**323517002**	**104.87**
北京	938267	877467	60800	2753676	1452030	1301646	111.55
天津	800122	786115	14007	2660800	1382889	1277911	108.21
河北	11461019	11422478	38541	40278882	20490403	19788479	103.55
山西	5306709	5232200	74509	18551562	9620069	8931493	107.71
内蒙古	3623079	3552481	70598	10986117	5784651	5201466	111.21
辽宁	5275841	5253263	22578	16558360	8485854	8072506	105.12
吉林	3812856	3799825	13031	12804616	6545522	6259094	104.58
黑龙江	5307502	5297005	10497	16990276	8664418	8325858	104.07
上海	1004265	950845	53420	2464098	1292744	1171354	110.36
江苏	10146877	9938506	208371	31289453	15546091	15743362	98.75
浙江	7682987	7456969	226018	20876682	10733623	10143059	105.82
安徽	10807403	10751696	55707	33923351	17189150	16734201	102.72
福建	4919740	4794873	124867	15832277	8152261	7680016	106.15
江西	6432992	6392538	40454	25067837	12954539	12113298	106.94
山东	15599767	15556466	43301	48171992	24260764	23911228	101.46
河南	16078662	16028117	50545	57810172	29100464	28709708	101.36
湖北	8349033	8268330	80703	28792642	14817768	13974874	106.03
湖南	10421200	10383652	37548	37247699	19259582	17988117	107.07
广东	9300548	8988337	312211	35290204	18026486	17263718	104.42
广西	7906167	7870287	35880	27605918	14426023	13179895	109.45
海南	1195201	1177729	17472	4362969	2317762	2045207	113.33
重庆	4941016	4915086	25930	13550367	6915482	6634885	104.23
四川	15367491	15285868	81623	48073100	24510187	23562913	104.02
贵州	6942709	6904100	38609	23011023	11901196	11109827	107.12
云南	7642556	7564994	77562	30007694	15694744	14312950	109.65
西藏	461256	455601	5655	2321576	1187056	1134520	104.63
陕西	5647817	5596790	51027	20268042	10487512	9780530	107.23
甘肃	4177446	4142679	34767	16384078	8319108	8064970	103.15
青海	759514	747506	12008	3110469	1606402	1504067	106.80
宁夏	916727	902849	13878	3279328	1679685	1599643	105.00
新疆	3491907	3450371	41536	12480063	6483856	5996207	108.13

人口数和性别比(乡村)

单位：户、人

人口数								平均家庭户规模(人/户)
家庭户				集体户				
小计	男	女	性别比(女=100)	小计	男	女	性别比(女=100)	
649857737	**330565084**	**319292653**	**103.53**	**12947586**	**8723237**	**4224349**	**206.50**	**3.34**
2423999	1234094	1189905	103.71	329677	217936	111741	195.04	2.76
2520147	1284581	1235566	103.97	140653	98308	42345	232.16	3.21
39933695	20255912	19677783	102.94	345187	234491	110696	211.83	3.50
18016774	9210508	8806266	104.59	534788	409561	125227	327.05	3.44
10535686	5434241	5101445	106.52	450431	350410	100021	350.34	2.97
16383696	8351955	8031741	103.99	174664	133899	40765	328.47	3.12
12713082	6482324	6230758	104.04	91534	63198	28336	223.03	3.35
16875096	8582184	8292912	103.49	115180	82234	32946	249.60	3.19
2250690	1146303	1104387	103.80	213408	146441	66967	218.68	2.37
30112565	14823380	15289185	96.95	1176888	722711	454177	159.13	3.03
19910098	10106762	9803336	103.10	966584	626861	339723	184.52	2.67
33516190	16918510	16597680	101.93	407161	270640	136521	198.24	3.12
15143401	7688337	7455064	103.13	688876	463924	224952	206.23	3.16
24701502	12703079	11998423	105.87	366335	251460	114875	218.90	3.86
47809761	24016258	23793503	100.94	362231	244506	117725	207.69	3.07
57320034	28799379	28520655	100.98	490138	301085	189053	159.26	3.58
28100632	14400346	13700286	105.11	692010	417422	274588	152.02	3.40
36787521	18941956	17845565	106.14	460178	317626	142552	222.81	3.54
33631440	16987837	16643603	102.07	1658764	1038649	620115	167.49	3.74
27345367	14244148	13101219	108.72	260551	181875	78676	231.17	3.47
4269636	2259259	2010377	112.38	93333	58503	34830	167.97	3.63
13348124	6779895	6568229	103.22	202243	135587	66656	203.41	2.72
47426912	24076214	23350698	103.11	646188	433973	212215	204.50	3.10
22713421	11674928	11038493	105.77	297602	226268	71334	317.20	3.29
29393919	15240220	14153699	107.68	613775	454524	159251	285.41	3.89
2257166	1138998	1118168	101.86	64410	48058	16352	293.90	4.95
19807193	10164521	9642672	105.41	460849	322991	137858	234.29	3.54
16129464	8138227	7991237	101.84	254614	180881	73733	245.32	3.89
3034800	1543886	1490914	103.55	75669	62516	13153	475.30	4.06
3197950	1622380	1575570	102.97	81378	57305	24073	238.05	3.54
12247776	6314462	5933314	106.42	232287	169394	62893	269.34	3.55

1-2 各地区分性别、

地 区	人口数			居住本乡、镇、街道，户口在本乡、镇、街道		
	合计	男	女	小计	男	女
全 国	**1332810869**	**682329104**	**650481765**	**1056153448**	**537438206**	**518715242**
北 京	19612368	10126430	9485938	8935375	4506393	4428982
天 津	12938693	6907091	6031602	7912258	3982832	3929426
河 北	71854210	36430286	35423924	62987340	31967050	31020290
山 西	35712101	18338760	17373341	28640978	14604495	14036483
内蒙古	24706291	12838243	11868048	17389253	8920290	8468963
辽 宁	43746323	22147745	21598578	34172463	17312450	16860013
吉 林	27452815	13907218	13545597	22617333	11526793	11090540
黑龙江	38313991	19426106	18887885	32508828	16523156	15985672
上 海	23019196	11854916	11164280	10142052	5078915	5063137
江 苏	78660941	39626707	39034234	59693914	29648667	30045247
浙 江	54426891	27965641	26461250	33976850	17054875	16921975
安 徽	59500468	30245513	29254955	51501605	26154866	25346739
福 建	36894217	18981054	17913163	24864626	12566005	12298621
江 西	44567797	23003521	21564276	38468867	19840800	18628067
山 东	95792719	48446944	47345775	81179825	40856326	40323499
河 南	94029939	47493063	46536876	83362187	42029509	41332678
湖 北	57237727	29391247	27846480	47349628	24316992	23032636
湖 南	65700762	33776459	31924303	57153579	29403947	27749632
广 东	104320459	54400538	49919921	65828074	33623391	32204683
广 西	46023761	23924704	22099057	38793142	20300294	18492848
海 南	8671485	4592283	4079202	6661050	3555147	3105903
重 庆	28846170	14608870	14237300	23167091	11721700	11445391
四 川	80417528	40827834	39589694	67887450	34433903	33453547
贵 州	34748556	17905471	16843085	29403067	15166993	14236074
云 南	45966766	23856696	22110070	39295800	20280059	19015741
西 藏	3002165	1542652	1459513	2691210	1368003	1323207
陕 西	37327379	19287575	18039804	31180416	15987377	15193039
甘 肃	25575263	13064193	12511070	22191912	11277041	10914871
青 海	5626723	2913793	2712930	4418430	2252121	2166309
宁 夏	6301350	3227404	3073946	4691550	2376360	2315190
新 疆	21815815	11270147	10545668	17087295	8801456	8285839

户口登记状况的人口

单位：人

居住本乡、镇、街道，户口在外乡、镇、街道，离开户口登记地半年以上			居住本乡、镇、街道，户口待定			原住本乡、镇、街道，现在国外工作学习		
小计	男	女	小计	男	女	小计	男	女
260937942	**136974792**	**123963150**	**13764435**	**6866826**	**6897609**	**1955044**	**1049280**	**905764**
10498288	5532411	4965877	120250	60535	59715	58455	27091	31364
4952225	2888571	2063654	56773	27432	29341	17437	8256	9181
8297279	4170076	4127203	549998	280250	269748	19593	12910	6683
6764665	3582074	3182591	300661	149061	151600	5797	3130	2667
7170889	3844873	3326016	134459	66982	67477	11690	6098	5592
9310058	4702412	4607646	159026	81727	77299	104776	51156	53620
4462177	2193084	2269093	90876	44939	45937	282429	142402	140027
5557828	2778792	2779036	123130	62739	60391	124205	61419	62786
12685316	6684236	6001080	75231	38291	36940	116597	53474	63123
18226819	9581005	8645814	597379	298755	298624	142829	98280	44549
19900863	10630895	9269968	383252	193864	189388	165926	86007	79919
7100608	3640920	3459688	873043	432166	440877	25212	17561	7651
11074525	5908984	5165541	587028	301984	285044	368038	204081	163957
5302276	2770391	2531885	785230	386024	399206	11424	6306	5118
13698321	7101423	6596898	814595	430126	384469	99978	59069	40909
9764067	5012932	4751135	867230	425332	441898	36455	25290	11165
9250228	4743478	4506750	610599	316140	294459	27272	14637	12635
7898815	4045270	3853545	628595	317124	311471	19773	10118	9655
36806649	19939626	16867023	1537199	763853	773346	148537	73668	74869
6291811	3168922	3122889	914848	445078	469770	23960	10410	13550
1843430	955564	887866	159072	79103	79969	7933	2469	5464
5440776	2773203	2667573	229682	109656	120026	8621	4311	4310
11735152	5999859	5735293	766368	376414	389954	28558	17658	10900
4629542	2389615	2239927	711251	346533	364718	4696	2330	2366
6053805	3279488	2774317	578461	276556	301905	38700	20593	18107
262005	149798	112207	48587	24649	23938	363	202	161
5894416	3174407	2720009	241379	119884	121495	11168	5907	5261
3112722	1654809	1457913	267420	130499	136921	3209	1844	1365
1140954	628795	512159	66097	32083	34014	1242	794	448
1534482	815317	719165	74218	35131	39087	1100	596	504
4276951	2233562	2043389	412498	213916	198582	39071	21213	17858

1-2a 各地区分性别、

地区	人口数			居住本乡、镇、街道，户口在本乡、镇、街道		
	合计	男	女	小计	男	女
全国	**403760040**	**206470117**	**197289923**	**230398444**	**115866348**	**114532096**
北京	15563215	7990855	7572360	6403307	3223499	3179808
天津	8858126	4787921	4070205	4624814	2309980	2314834
河北	14388021	7185090	7202931	9798736	4885817	4912919
山西	9414053	4751359	4662694	5848954	2934820	2914134
内蒙古	8011564	4110233	3901331	3952702	1987271	1965431
辽宁	22021184	11053846	10967338	14714100	7341434	7372666
吉林	10196745	5099077	5097668	6887375	3452470	3434905
黑龙江	14122516	7114497	7008019	10651639	5357476	5294163
上海	17640842	9019706	8621136	7682408	3871460	3810948
江苏	30166466	15404145	14762321	18414130	9192431	9221699
浙江	20386294	10480401	9905893	9402278	4686853	4715425
安徽	12182587	6253169	5929418	7898175	4020400	3877775
福建	12548384	6467896	6080488	5476399	2741105	2735294
江西	7504291	3822014	3682277	5095497	2590678	2504819
山东	28364984	14348347	14016637	18412085	9199348	9212737
河南	18331493	9258578	9072915	12158299	6101308	6056991
湖北	17928160	9160741	8767419	11251042	5734159	5516883
湖南	12738442	6437605	6300837	8019237	4051178	3968059
广东	52388382	27633888	24754494	22096914	11283658	10813256
广西	8352777	4286087	4066690	4599410	2340558	2258852
海南	2324288	1217815	1106473	1134054	594013	540041
重庆	8681611	4365786	4315825	5133461	2550643	2582818
四川	15915660	7982358	7933302	9445084	4684159	4760925
贵州	5537562	2828513	2709049	3110334	1570893	1539441
云南	6324830	3221116	3103714	3487474	1742161	1745313
西藏	272322	136378	135944	178175	85890	92285
陕西	8837175	4496902	4340273	5665130	2859988	2805142
甘肃	5258935	2702835	2556100	3383273	1725296	1657977
青海	1368033	706107	661926	731150	367822	363328
宁夏	2059295	1046614	1012681	1223677	611929	611748
新疆	6071803	3100238	2971565	3519131	1767651	1751480

户口登记状况的人口(城市)

单位：人

居住本乡、镇、街道，户口在外乡、镇、街道，离开户口登记地半年以上			居住本乡、镇、街道，户口待定			原住本乡、镇、街道，现在国外工作学习		
小计	男	女	小计	男	女	小计	男	女
170464678	**89083841**	**81380837**	**2114053**	**1142186**	**971867**	**782865**	**377742**	**405123**
9007651	4693380	4314271	94981	47437	47544	57276	26539	30737
4182723	2453724	1728999	34293	16690	17603	16296	7527	8769
4525565	2261638	2263927	56112	33775	22337	7608	3860	3748
3488393	1776971	1711422	72886	37689	35197	3820	1879	1941
4009155	2096973	1912182	45792	24044	21748	3915	1945	1970
7205938	3660990	3544948	39159	22787	16372	61987	28635	33352
3198765	1592167	1606598	18556	10421	8135	92049	44019	48030
3435411	1736780	1698631	23862	14656	9206	11604	5585	6019
9797021	5070488	4726533	48932	25983	22949	112481	51775	60706
11574307	6118840	5455467	128514	67551	60963	49515	25323	24192
10807679	5704091	5103588	118945	61663	57282	57392	27794	29598
4208700	2191598	2017102	66741	36504	30237	8971	4667	4304
6881000	3626445	3254555	107019	56577	50442	83966	43769	40197
2343712	1198078	1145634	60364	30883	29481	4718	2375	2343
9769929	5052126	4717803	135946	72080	63866	47024	24793	22231
6063254	3095957	2967297	94618	53074	41544	15322	8239	7083
6561403	3366527	3194876	96839	50861	45978	18876	9194	9682
4657229	2354991	2302238	54042	27749	26293	7934	3687	4247
29855295	16119926	13735369	366714	197812	168902	69459	32492	36967
3668228	1898059	1770169	72786	42727	30059	12353	4743	7610
1165781	609254	556527	22824	14021	8803	1629	527	1102
3516083	1799679	1716404	27904	13718	14186	4163	1746	2417
6423383	3272640	3150743	37682	21095	16587	9511	4464	5047
2349550	1214219	1135331	75420	42437	32983	2258	964	1294
2781767	1449399	1332368	51716	27750	23966	3873	1806	2067
93384	50104	43280	757	382	375	6	2	4
3126426	1612545	1513881	37939	20718	17221	7680	3651	4029
1833191	953878	879313	40370	22570	17800	2101	1091	1010
627000	333233	293767	9442	4835	4607	441	217	224
823936	428782	395154	10862	5496	5366	820	407	413
2482819	1290359	1192460	62036	38201	23835	7817	4027	3790

1-2b 各地区分性别、

地区	人口数			居住本乡、镇、街道，户口在本乡、镇、街道		
	合计	男	女	小计	男	女
全国	**266245506**	**136570666**	**129674840**	**208299733**	**106059710**	**102240023**
北京	1295477	683545	611932	623416	313687	309729
天津	1419767	736281	683486	919281	462248	457033
河北	17187307	8754793	8432514	14547269	7387126	7160143
山西	7746486	3967332	3779154	5867422	2988321	2879101
内蒙古	5708610	2943359	2765251	3843281	1951606	1891675
辽宁	5166779	2608045	2558734	4144871	2095765	2049106
吉林	4451454	2262619	2188835	3795705	1935788	1859917
黑龙江	7201199	3647191	3554008	5946432	3013466	2932966
上海	2914256	1542466	1371790	1195417	590017	605400
江苏	17205022	8676471	8528551	13911852	6950199	6961653
浙江	13163915	6751617	6412298	7907564	3942220	3965344
安徽	13394530	6803194	6591336	11252788	5702728	5550060
福建	8513556	4360897	4152659	5729137	2879688	2849449
江西	11995669	6226968	5768701	9527519	4925602	4601917
山东	19255743	9837833	9417910	16350453	8316938	8033515
河南	17888274	9134021	8754253	14997764	7631788	7365976
湖北	10516925	5412738	5104187	8899459	4582257	4317202
湖南	15714621	8079272	7635349	13079938	6712225	6367713
广东	16641873	8740164	7901709	12543318	6504213	6039105
广西	10065066	5212594	4852472	8127268	4227746	3899522
海南	1984228	1056706	927522	1583728	840754	742974
重庆	6614192	3327602	3286590	5148975	2587539	2561436
四川	16428768	8335289	8093479	12627659	6368664	6258995
贵州	6199971	3175762	3024209	4810928	2454563	2356365
云南	9634242	4940836	4693406	7607107	3843954	3763153
西藏	408267	219218	189049	301464	157964	143500
陕西	8222162	4303161	3919001	6139792	3174537	2965255
甘肃	3932250	2042250	1890000	3007968	1550272	1457696
青海	1148221	601284	546937	771817	391982	379835
宁夏	962727	501105	461622	644957	327355	317602
新疆	3263949	1686053	1577896	2445184	1248498	1196686

户口登记状况的人口(镇)

单位：人

居住本乡、镇、街道，户口在外乡、镇、街道，离开户口登记地半年以上			居住本乡、镇、街道，户口待定			原住本乡、镇、街道，现在国外工作学习		
小计	男	女	小计	男	女	小计	男	女
55500125	**29254580**	**26245545**	**2188943**	**1114663**	**1074280**	**256705**	**141713**	**114992**
666530	367019	299511	4880	2556	2324	651	283	368
487402	267829	219573	12820	6067	6753	264	137	127
2508891	1299662	1209229	127342	65459	61883	3805	2546	1259
1818392	948712	869680	59504	29624	29880	1168	675	493
1834846	976609	858237	28667	14211	14456	1816	933	883
998355	500458	497897	16622	8430	8192	6931	3392	3539
588256	292743	295513	11121	5557	5564	56372	28531	27841
1217665	615390	602275	16829	8431	8398	20273	9904	10369
1700174	943588	756586	16618	8028	8590	2047	833	1214
3134361	1639422	1494939	129922	65313	64609	28887	21537	7350
5140354	2749999	2390355	92635	47394	45241	23362	12004	11358
1997095	1026915	970180	140920	71084	69836	3727	2467	1260
2631968	1400679	1231289	111988	59006	52982	40463	21524	18939
2309433	1220980	1088453	155991	79034	76957	2726	1352	1374
2737725	1429617	1308108	152778	81835	70943	14787	9443	5344
2754067	1432442	1321625	132048	66620	65428	4395	3171	1224
1515937	776800	739137	99154	52329	46825	2375	1352	1023
2514193	1304155	1210038	116518	60860	55658	3972	2032	1940
3868632	2121971	1746661	212667	105023	107644	17256	8957	8299
1806377	921030	885347	126731	61704	65027	4690	2114	2576
372145	202052	170093	27088	13502	13586	1267	398	869
1430467	723169	707298	33455	16241	17214	1295	653	642
3708838	1917715	1791123	88331	46509	41822	3940	2401	1539
1317681	686197	631484	70666	34645	36021	696	357	339
1943732	1054438	889294	77806	39942	37864	5597	2502	3095
102675	59100	43575	4096	2138	1958	32	16	16
2039783	1106627	933156	41574	21395	20179	1013	602	411
896091	477068	419023	27934	14758	13176	257	152	105
367363	204861	162502	8876	4340	4536	165	101	64
308198	169034	139164	9516	4682	4834	56	34	22
782499	418299	364200	33846	17946	15900	2420	1310	1110

1-2c 各地区分性别、

地区	人口数			居住本乡、镇、街道，户口在本乡、镇、街道		
	合计	男	女	小计	男	女
全国	**662805323**	**339288321**	**323517002**	**617455271**	**315512148**	**301943123**
北京	2753676	1452030	1301646	1908652	969207	939445
天津	2660800	1382889	1277911	2368163	1210604	1157559
河北	40278882	20490403	19788479	38641335	19694107	18947228
山西	18551562	9620069	8931493	16924602	8681354	8243248
内蒙古	10986117	5784651	5201466	9593270	4981413	4611857
辽宁	16558360	8485854	8072506	15313492	7875251	7438241
吉林	12804616	6545522	6259094	11934253	6138535	5795718
黑龙江	16990276	8664418	8325858	15910757	8152214	7758543
上海	2464098	1292744	1171354	1264227	617438	646789
江苏	31289453	15546091	15743362	27367932	13506037	13861895
浙江	20876682	10733623	10143059	16667008	8425802	8241206
安徽	33923351	17189150	16734201	32350642	16431738	15918904
福建	15832277	8152261	7680016	13659090	6945212	6713878
江西	25067837	12954539	12113298	23845851	12324520	11521331
山东	48171992	24260764	23911228	46417287	23340040	23077247
河南	57810172	29100464	28709708	56206124	28296413	27909711
湖北	28792642	14817768	13974874	27199127	14000576	13198551
湖南	37247699	19259582	17988117	36054404	18640544	17413860
广东	35290204	18026486	17263718	31187842	15835520	15352322
广西	27605918	14426023	13179895	26066464	13731990	12334474
海南	4362969	2317762	2045207	3943268	2120380	1822888
重庆	13550367	6915482	6634885	12884655	6583518	6301137
四川	48073100	24510187	23562913	45814707	23381080	22433627
贵州	23011023	11901196	11109827	21481805	11141537	10340268
云南	30007694	15694744	14312950	28201219	14693944	13507275
西藏	2321576	1187056	1134520	2211571	1124149	1087422
陕西	20268042	10487512	9780530	19375494	9952852	9422642
甘肃	16384078	8319108	8064970	15800671	8001473	7799198
青海	3110469	1606402	1504067	2915463	1492317	1423146
宁夏	3279328	1679685	1599643	2822916	1437076	1385840
新疆	12480063	6483856	5996207	11122980	5785307	5337673

户口登记状况的人口(乡村)

单位：人

居住本乡、镇、街道，户口在外乡、镇、街道，离开户口登记地半年以上			居住本乡、镇、街道，户口待定			原住本乡、镇、街道，现在国外工作学习		
小计	男	女	小计	男	女	小计	男	女
34973139	**18636371**	**16336768**	**9461439**	**4609977**	**4851462**	**915474**	**529825**	**385649**
824107	472012	352095	20389	10542	9847	528	269	259
282100	167018	115082	9660	4675	4985	877	592	285
1262823	608776	654047	366544	181016	185528	8180	6504	1676
1457880	856391	601489	168271	81748	86523	809	576	233
1326888	771291	555597	60000	28727	31273	5959	3220	2739
1105765	540964	564801	103245	50510	52735	35858	19129	16729
675156	308174	366982	61199	28961	32238	134008	69852	64156
904752	426622	478130	82439	39652	42787	92328	45930	46398
1188121	670160	517961	9681	4280	5401	2069	866	1203
3518151	1822743	1695408	338943	165891	173052	64427	51420	13007
3952830	2176805	1776025	171672	84807	86865	85172	46209	38963
894813	422407	472406	665382	324578	340804	12514	10427	2087
1561557	881860	679697	368021	186401	181620	243609	138788	104821
649131	351333	297798	568875	276107	292768	3980	2579	1401
1190667	619680	570987	525871	276211	249660	38167	24833	13334
946746	484533	462213	640564	305638	334926	16738	13880	2858
1172888	600151	572737	414606	212950	201656	6021	4091	1930
727393	386124	341269	458035	228515	229520	7867	4399	3468
3082722	1697729	1384993	957818	461018	496800	61822	32219	29603
817206	349833	467373	715331	340647	374684	6917	3553	3364
305504	144258	161246	109160	51580	57580	5037	1544	3493
494226	250355	243871	168323	79697	88626	3163	1912	1251
1602931	809504	793427	640355	308810	331545	15107	10793	4314
962311	489199	473112	565165	269451	295714	1742	1009	733
1328306	775651	552655	448939	208864	240075	29230	16285	12945
65946	40594	25352	43734	22129	21605	325	184	141
728207	455235	272972	161866	77771	84095	2475	1654	821
383440	223863	159577	199116	93171	105945	851	601	250
146591	90701	55890	47779	22908	24871	636	476	160
402348	217501	184847	53840	24953	28887	224	155	69
1011633	524904	486729	316616	157769	158847	28834	15876	12958

1-3 各地区分性别的户籍人口状况

单位：人、%

地区	户籍人口			外出半年以上人口			外出半年以上人口占总人口比重		
	合计	男	女	合计	男	女	合计	男	女
全国	**1337376754**	**687562046**	**649814708**	**258214359**	**138455877**	**119758482**	**19.31**	**20.14**	**18.43**
北京	12554049	6325148	6228901	3245355	1635226	1610129	25.85	25.85	25.85
天津	9919579	4985905	4933674	1773640	890258	883382	17.88	17.86	17.91
河北	71910486	36624017	35286469	7971782	4158707	3813075	11.09	11.36	10.81
山西	34728732	17776455	16952277	5496222	2867786	2628436	15.83	16.13	15.50
内蒙古	24408230	12481776	11926454	6753661	3431583	3322078	27.67	27.49	27.85
辽宁	42533831	21470152	21063679	7515550	3740679	3774871	17.67	17.42	17.92
吉林	27148228	13770489	13377739	3965706	1961196	2004510	14.61	14.24	14.98
黑龙江	38237903	19420453	18817450	5399599	2729691	2669908	14.12	14.06	14.19
上海	14185160	7090508	7094652	3782293	1884424	1897869	26.66	26.58	26.75
江苏	74963132	38005876	36957256	13975369	7700521	6274848	18.64	20.26	16.98
浙江	47331520	24070880	23260640	12551177	6614512	5936665	26.52	27.48	25.52
安徽	68620208	35505308	33114900	16110419	8852990	7257429	23.48	24.93	21.92
福建	35371581	18215695	17155886	9165831	4942456	4223375	25.91	27.13	24.62
江西	47134135	24634106	22500029	7716721	4314475	3402246	16.37	17.51	15.12
山东	95479481	48604631	46874850	12676583	6857770	5818813	13.28	14.11	12.41
河南	104281397	54027163	50254234	19655415	11331102	8324313	18.85	20.97	16.56
湖北	61759716	32018580	29741136	12956410	6966077	5990333	20.98	21.76	20.14
湖南	70780713	36683805	34096908	12395667	6639452	5756215	17.51	18.10	16.88
广东	85024973	43818196	41206777	17481169	9337585	8143584	20.56	21.31	19.76
广西	51591711	27082137	24509574	11639928	6215021	5424907	22.56	22.95	22.13
海南	8485905	4436438	4049467	1654366	815007	839359	19.50	18.37	20.73
重庆	33149845	17172019	15977826	9853388	5383894	4469494	29.72	31.35	27.97
四川	89980794	46403088	43577706	20913670	11363678	9549992	23.24	24.49	21.91
贵州	41600385	21638496	19961889	11629746	6215630	5414116	27.96	28.72	27.12
云南	45631063	23535177	22095886	5394782	2775886	2618896	11.82	11.79	11.85
西藏	2893906	1463412	1430494	153602	70516	83086	5.31	4.82	5.81
陕西	38402747	19910740	18492007	6568834	3588210	2980624	17.11	18.02	16.12
甘肃	27167312	14046339	13120973	4614110	2590406	2023704	16.98	18.44	15.42
青海	5521265	2819992	2701273	976336	505939	470397	17.68	17.94	17.41
宁夏	6323117	3222965	3100152	1499761	782775	716986	23.72	24.29	23.13
新疆	20255650	10302100	9953550	2727267	1292425	1434842	13.46	12.55	14.42

1-4 各地区分性别的户口登记地在外乡镇街道的人口状况

单位：人

地区	户口登记地					
	合计			本县(市、区)		
	合计	男	女	小计	男	女
全国	**260937942**	**136974792**	**123963150**	**90372599**	**44624426**	**45748173**
北京	10498288	5532411	4965877	1582574	775460	807114
天津	4952225	2888571	2063654	1095282	542963	552319
河北	8297279	4170076	4127203	4263957	2053769	2210188
山西	6764665	3582074	3182591	3643627	1830799	1812828
内蒙古	7170889	3844873	3326016	2732591	1355569	1377022
辽宁	9310058	4702412	4607646	3899728	1903896	1995832
吉林	4462177	2193084	2269093	2604239	1256856	1347383
黑龙江	5557828	2778792	2779036	2800727	1363311	1437416
上海	12685316	6684236	6001080	1669287	809959	859328
江苏	18226819	9581005	8645814	4545030	2179699	2365331
浙江	19900863	10630895	9269968	4626831	2270094	2356737
安徽	7100608	3640920	3459688	3427379	1672757	1754622
福建	11074525	5908984	5165541	3162036	1563247	1598789
江西	5302276	2770391	2531885	3245115	1647885	1597230
山东	13698321	7101423	6596898	6574791	3306354	3268437
河南	9764067	5012932	4751135	5241746	2641919	2599827
湖北	9250228	4743478	4506750	4445565	2225802	2219763
湖南	7898815	4045270	3853545	4170436	2097699	2072737
广东	36806649	19939626	16867023	5416212	2676012	2740200
广西	6291811	3168922	3122889	2534473	1188780	1345693
海南	1843430	955564	887866	586432	284658	301774
重庆	5440776	2773203	2667573	2636642	1302377	1334265
四川	11735152	5999859	5735293	4821302	2348086	2473216
贵州	4629542	2389615	2239927	2024871	991143	1033728
云南	6053805	3279488	2774317	2119312	1056759	1062553
西藏	262005	149798	112207	1562	810	752
陕西	5894416	3174407	2720009	2769910	1437351	1332559
甘肃	3112722	1654809	1457913	1485779	757381	728398
青海	1140954	628795	512159	351988	174328	177660
宁夏	1534482	815317	719165	627284	312294	314990
新疆	4276951	2233562	2043389	1265891	596409	669482

1-4 续表 单位：人

地区	户口登记地					
	本省其他县(市、区)			省外		
	小计	男	女	小计	男	女
全国	**84689006**	**43992871**	**40696135**	**85876337**	**48357495**	**37518842**
北京	1871181	930646	940535	7044533	3826305	3218228
天津	865442	431822	433620	2991501	1913786	1077715
河北	2628649	1318058	1310591	1404673	798249	606424
山西	2189385	1150170	1039215	931653	601105	330548
内蒙古	2994117	1550066	1444051	1444181	939238	504943
辽宁	3623800	1804583	1819217	1786530	993933	792597
吉林	1401439	688783	712656	456499	247445	209054
黑龙江	2250704	1130340	1120364	506397	285141	221256
上海	2039029	1001965	1037064	8977000	4872312	4104688
江苏	6302536	3345789	2956747	7379253	4055517	3323736
浙江	3450055	1796275	1653780	11823977	6564526	5259451
安徽	2955766	1563549	1392217	717463	404614	312849
福建	3598887	1891836	1707051	4313602	2453901	1859701
江西	1457219	779169	678050	599942	343337	256605
山东	5007937	2621233	2386704	2115593	1173836	941757
河南	3930187	2026839	1903348	592134	344174	247960
湖北	3791051	1949171	1841880	1013612	568505	445107
湖南	3003397	1543497	1459900	724982	404074	320908
广东	9892650	5299705	4592945	21497787	11963909	9533878
广西	2915532	1491323	1424209	841806	488819	352987
海南	668535	329624	338911	588463	341282	247181
重庆	1858940	959460	899480	945194	511366	433828
四川	5785277	3019473	2765804	1128573	632300	496273
贵州	1841377	940495	900882	763294	457977	305317
云南	2697944	1460195	1237749	1236549	762534	474015
西藏	95020	47150	47870	165423	101838	63585
陕西	2150144	1146196	1003948	974362	590860	383502
甘肃	1194110	637444	556666	432833	259984	172849
青海	470531	249326	221205	318435	205141	113294
宁夏	538747	281587	257160	368451	221436	147015
新疆	1219418	607102	612316	1791642	1030051	761591

1-4a 各地区分性别的户口登记地在外乡镇街道的人口状况(城市)

单位：人

地区	户口登记地					
	合计			本县(市、区)		
	合计	男	女	小计	男	女
全国	**170464678**	**89083841**	**81380837**	**48580038**	**23997656**	**24582382**
北京	9007651	4693380	4314271	1392318	682601	709717
天津	4182723	2453724	1728999	961165	474696	486469
河北	4525565	2261638	2263927	2050006	998673	1051333
山西	3488393	1776971	1711422	1578488	779100	799388
内蒙古	4009155	2096973	1912182	1361146	673279	687867
辽宁	7205938	3660990	3544948	2724945	1344063	1380882
吉林	3198765	1592167	1606598	1770407	872413	897994
黑龙江	3435411	1736780	1698631	1578142	786858	791284
上海	9797021	5070488	4726533	1527998	739468	788530
江苏	11574307	6118840	5455467	2685834	1305060	1380774
浙江	10807679	5704091	5103588	2505750	1222267	1283483
安徽	4208700	2191598	2017102	1655401	819398	836003
福建	6881000	3626445	3254555	1433649	701200	732449
江西	2343712	1198078	1145634	1261246	633425	627821
山东	9769929	5052126	4717803	4103168	2047855	2055313
河南	6063254	3095957	2967297	2507530	1251960	1255570
湖北	6561403	3366527	3194876	2861905	1428850	1433055
湖南	4657229	2354991	2302238	1980748	987167	993581
广东	29855295	16119926	13735369	3721127	1863569	1857558
广西	3668228	1898059	1770169	1027921	505367	522554
海南	1165781	609254	556527	306445	154392	152053
重庆	3516083	1799679	1716404	1346141	663350	682791
四川	6423383	3272640	3150743	2035510	991712	1043798
贵州	2349550	1214219	1135331	744976	367106	377870
云南	2781767	1449399	1332368	748241	368489	379752
西藏	93384	50104	43280	81	52	29
陕西	3126426	1612545	1513881	1019429	505179	514250
甘肃	1833191	953878	879313	739489	367417	372072
青海	627000	333233	293767	105813	51171	54642
宁夏	823936	428782	395154	296785	146271	150514
新疆	2482819	1290359	1192460	548234	265248	282986

1-4a 续表 单位：人

地 区	户口登记地					
	本省其他县(市、区)			省 外		
	小计	男	女	小计	男	女
全 国	**63860756**	**32707670**	**31153086**	**58023884**	**32378515**	**25645369**
北 京	1745564	866541	879023	5869769	3144238	2725531
天 津	761902	379095	382807	2459656	1599933	859723
河 北	1819957	890984	928973	655602	371981	283621
山 西	1434803	713124	721679	475102	284747	190355
内蒙古	1938721	980973	957748	709288	442721	266567
辽 宁	3075534	1531528	1544006	1405459	785399	620060
吉 林	1107453	546079	561374	320905	173675	147230
黑龙江	1536480	766330	770150	320789	183592	137197
上 海	1907825	930329	977496	6361198	3400691	2960507
江 苏	4679935	2470740	2209195	4208538	2343040	1865498
浙 江	2572979	1315826	1257153	5728950	3165998	2562952
安 徽	2181303	1142654	1038649	371996	229546	142450
福 建	2738821	1415978	1322843	2708530	1509267	1199263
江 西	851075	433889	417186	231391	130764	100627
山 东	4123836	2131994	1991842	1542925	872277	670648
河 南	3169292	1613874	1555418	386432	230123	156309
湖 北	3009015	1541702	1467313	690483	395975	294508
湖 南	2236859	1122417	1114442	439622	245407	194215
广 东	8501274	4536434	3964840	17632894	9719923	7912971
广 西	2131793	1094191	1037602	508514	298501	210013
海 南	476183	236998	239185	383153	217864	165289
重 庆	1496287	763068	733219	673655	373261	300394
四 川	3770210	1932688	1837522	617663	348240	269423
贵 州	1228074	629338	598736	376500	217775	158725
云 南	1461401	745339	716062	572125	335571	236554
西 藏	31092	13872	17220	62211	36180	26031
陕 西	1506782	767144	739638	600215	340222	259993
甘 肃	844061	440663	403398	249641	145798	103843
青 海	320136	160935	159201	201051	121127	79924
宁 夏	293383	148392	144991	233768	134119	99649
新 疆	908726	444551	464175	1025859	580560	445299

1-4b 各地区分性别的户口登记地在外乡镇街道的人口状况(镇)

单位：人

地区	户口登记地					
	合计			本县(市、区)		
	合计	男	女	小计	男	女
全国	**55500125**	**29254580**	**26245545**	**30461099**	**15166271**	**15294828**
北京	666530	367019	299511	117538	57830	59708
天津	487402	267829	219573	85854	44501	41353
河北	2508891	1299662	1209229	1552665	755721	796944
山西	1818392	948712	869680	1335650	661821	673829
内蒙古	1834846	976609	858237	1002166	493024	509142
辽宁	998355	500458	497897	621158	302788	318370
吉林	588256	292743	295513	420012	205556	214456
黑龙江	1217665	615390	602275	750151	368450	381701
上海	1700174	943588	756586	101523	49767	51756
江苏	3134361	1639422	1494939	1328297	652720	675577
浙江	5140354	2749999	2390355	1612261	801900	810361
安徽	1997095	1026915	970180	1367488	670771	696717
福建	2631968	1400679	1231289	1358944	677878	681066
江西	2309433	1220980	1088453	1607292	817319	789973
山东	2737725	1429617	1308108	1903865	960814	943051
河南	2754067	1432442	1321625	2275270	1161695	1113575
湖北	1515937	776800	739137	1100846	554496	546350
湖南	2514193	1304155	1210038	1788144	897749	890395
广东	3868632	2121971	1746661	1237230	617121	620109
广西	1806377	921030	885347	1143854	550594	593260
海南	372145	202052	170093	160796	80088	80708
重庆	1430467	723169	707298	1031870	508318	523552
四川	3708838	1917715	1791123	2094683	1028016	1066667
贵州	1317681	686197	631484	881810	443170	438640
云南	1943732	1054438	889294	921302	453778	467524
西藏	102675	59100	43575	597	250	347
陕西	2039783	1106627	933156	1390148	716072	674076
甘肃	896091	477068	419023	555931	283131	272800
青海	367363	204861	162502	194258	96787	97471
宁夏	308198	169034	139164	168401	84657	83744
新疆	782499	418299	364200	351095	169489	181606

1-4b 续表 单位：人

地区	户口登记地					
	本省其他县(市、区)			省外		
	小计	男	女	小计	男	女
全国	**11473436**	**6297030**	**5176406**	**13565590**	**7791279**	**5774311**
北京	76276	38852	37424	472716	270337	202379
天津	81767	41042	40725	319781	182286	137495
河北	498390	274379	224011	457836	269562	188274
山西	333103	188517	144586	149639	98374	51265
内蒙古	479113	259401	219712	353567	224184	129383
辽宁	236625	119123	117502	140572	78547	62025
吉林	119802	60046	59756	48442	27141	21301
黑龙江	373301	192491	180810	94213	54449	39764
上海	112592	60501	52091	1486059	833320	652739
江苏	669963	363632	306331	1136101	623070	513031
浙江	484277	262826	221451	3043816	1685273	1358543
安徽	478981	267862	211119	150626	88282	62344
福建	510345	279482	230863	762679	443319	319360
江西	468218	266985	201233	233923	136676	97247
山东	549375	307705	241670	284485	161098	123387
河南	383867	211899	171968	94930	58848	36082
湖北	303198	160319	142879	111893	61985	49908
湖南	580390	322317	258073	145659	84089	61570
广东	697439	386780	310659	1933963	1118070	815893
广西	481628	263444	218184	180895	106992	73903
海南	99924	52926	46998	111425	69038	42387
重庆	243895	131485	112410	154702	83366	71336
四川	1327058	723023	604035	287097	166676	120421
贵州	258242	138493	119749	177629	104534	73095
云南	609552	346601	262951	412878	254059	158819
西藏	34579	17778	16801	67499	41072	26427
陕西	430165	248631	181534	219470	141924	77546
甘肃	226947	127779	99168	113213	66158	47055
青海	98558	56959	41599	74547	51115	23432
宁夏	85153	47816	37337	54644	36561	18083
新疆	140713	77936	62777	290691	170874	119817

1-4c 各地区分性别的户口登记地在外乡镇街道的人口状况(乡村)

单位：人

地区	户口登记地					
	合计			本县(市、区)		
	合计	男	女	小计	男	女
全国	**34973139**	**18636371**	**16336768**	**11331462**	**5460499**	**5870963**
北京	824107	472012	352095	72718	35029	37689
天津	282100	167018	115082	48263	23766	24497
河北	1262823	608776	654047	661286	299375	361911
山西	1457880	856391	601489	729489	389878	339611
内蒙古	1326888	771291	555597	369279	189266	180013
辽宁	1105765	540964	564801	553625	257045	296580
吉林	675156	308174	366982	413820	178887	234933
黑龙江	904752	426622	478130	472434	208003	264431
上海	1188121	670160	517961	39766	20724	19042
江苏	3518151	1822743	1695408	530899	221919	308980
浙江	3952830	2176805	1776025	508820	245927	262893
安徽	894813	422407	472406	404490	182588	221902
福建	1561557	881860	679697	369443	184169	185274
江西	649131	351333	297798	376577	197141	179436
山东	1190667	619680	570987	567758	297685	270073
河南	946746	484533	462213	458946	228264	230682
湖北	1172888	600151	572737	482814	242456	240358
湖南	727393	386124	341269	401544	212783	188761
广东	3082722	1697729	1384993	457855	195322	262533
广西	817206	349833	467373	362698	132819	229879
海南	305504	144258	161246	119191	50178	69013
重庆	494226	250355	243871	258631	130709	127922
四川	1602931	809504	793427	691109	328358	362751
贵州	962311	489199	473112	398085	180867	217218
云南	1328306	775651	552655	449769	234492	215277
西藏	65946	40594	25352	884	508	376
陕西	728207	455235	272972	360333	216100	144233
甘肃	383440	223863	159577	190359	106833	83526
青海	146591	90701	55890	51917	26370	25547
宁夏	402348	217501	184847	162098	81366	80732
新疆	1011633	524904	486729	366562	161672	204890

1-4c 续表 单位：人

地区	户口登记地					
	本省其他县(市、区)			省外		
	小计	男	女	小计	男	女
全国	**9354814**	**4988171**	**4366643**	**14286863**	**8187701**	**6099162**
北京	49341	25253	24088	702048	411730	290318
天津	21773	11685	10088	212064	131567	80497
河北	310302	152695	157607	291235	156706	134529
山西	421479	248529	172950	306912	217984	88928
内蒙古	576283	309692	266591	381326	272333	108993
辽宁	311641	153932	157709	240499	129987	110512
吉林	174184	82658	91526	87152	46629	40523
黑龙江	340923	171519	169404	91395	47100	44295
上海	18612	11135	7477	1129743	638301	491442
江苏	952638	511417	441221	2034614	1089407	945207
浙江	392799	217623	175176	3051211	1713255	1337956
安徽	295482	153033	142449	194841	86786	108055
福建	349721	196376	153345	842393	501315	341078
江西	137926	78295	59631	134628	75897	58731
山东	334726	181534	153192	288183	140461	147722
河南	377028	201066	175962	110772	55203	55569
湖北	478838	247150	231688	211236	110545	100691
湖南	186148	98763	87385	139701	74578	65123
广东	693937	376491	317446	1930930	1125916	805014
广西	302111	133688	168423	152397	83326	69071
海南	92428	39700	52728	93885	54380	39505
重庆	118758	64907	53851	116837	54739	62098
四川	688009	363762	324247	223813	117384	106429
贵州	355061	172664	182397	209165	135668	73497
云南	626991	368255	258736	251546	172904	78642
西藏	29349	15500	13849	35713	24586	11127
陕西	213197	130421	82776	154677	108714	45963
甘肃	123102	69002	54100	69979	48028	21951
青海	51837	31432	20405	42837	32899	9938
宁夏	160211	85379	74832	80039	50756	29283
新疆	169979	84615	85364	475092	278617	196475

1-5 各地区分性别的农业户口、非农业户口人口

单位：人、%

地区	合计			农业户口人口		
	合计	男	女	小计	男	女
全国	**1319046434**	**675462278**	**643584156**	**934707073**	**477179933**	**457527140**
北京	19492118	10065895	9426223	7447555	4034047	3413508
天津	12881920	6879659	6002261	6409706	3604451	2805255
河北	71304212	36150036	35154176	56147303	28288722	27858581
山西	35411440	18189699	17221741	24531418	12507416	12024002
内蒙古	24571832	12771261	11800571	15242144	7973705	7268439
辽宁	43587297	22066018	21521279	21440948	10913232	10527716
吉林	27361939	13862279	13499660	14925022	7599158	7325864
黑龙江	38190861	19363367	18827494	19322678	9849591	9473087
上海	22943965	11816625	11127340	8744093	4730235	4013858
江苏	78063562	39327952	38735610	51933780	26012411	25921369
浙江	54043639	27771777	26271862	40521946	20917203	19604743
安徽	58627425	29813347	28814078	43958084	22134450	21823634
福建	36307189	18679070	17628119	28269851	14533222	13736629
江西	43782567	22617497	21165070	32117295	16475903	15641392
山东	94978124	48016818	46961306	72727850	36331616	36396234
河南	93162709	47067731	46094978	74664268	37483402	37180866
湖北	56627128	29075107	27552021	39073825	19902712	19171113
湖南	65072167	33459335	31612832	49817021	25457736	24359285
广东	102783260	53636685	49146575	73207536	38066824	35140712
广西	45108913	23479626	21629287	36526160	18934230	17591930
海南	8512413	4513180	3999233	5536300	2905295	2631005
重庆	28616488	14499214	14117274	18717506	9501486	9216020
四川	79651160	40451420	39199740	58295744	29567506	28728238
贵州	34037305	17558938	16478367	27636281	14156602	13479679
云南	45388305	23580140	21808165	37922032	19610046	18311986
西藏	2953578	1518003	1435575	2517294	1286413	1230881
陕西	37086000	19167691	17918309	27377419	14037794	13339625
甘肃	25307843	12933694	12374149	18893203	9570441	9322762
青海	5560626	2881710	2678916	3999124	2074552	1924572
宁夏	6227132	3192273	3034859	3955004	2036205	1918799
新疆	21403317	11056231	10347086	12828683	6683327	6145356

1-5　续表

单位：人、%

地区	非农业户口人口			非农业户口人口占总人口比重		
	小计	男	女	合计	男	女
全　国	**384339361**	**198282345**	**186057016**	**29.14**	**29.36**	**28.91**
北　京	12044563	6031848	6012715	61.79	59.92	63.79
天　津	6472214	3275208	3197006	50.24	47.61	53.26
河　北	15156909	7861314	7295595	21.26	21.75	20.75
山　西	10880022	5682283	5197739	30.72	31.24	30.18
内蒙古	9329688	4797556	4532132	37.97	37.57	38.41
辽　宁	22146349	11152786	10993563	50.81	50.54	51.08
吉　林	12436917	6263121	6173796	45.45	45.18	45.73
黑龙江	18868183	9513776	9354407	49.40	49.13	49.68
上　海	14199872	7086390	7113482	61.89	59.97	63.93
江　苏	26129782	13315541	12814241	33.47	33.86	33.08
浙　江	13521693	6854574	6667119	25.02	24.68	25.38
安　徽	14669341	7678897	6990444	25.02	25.76	24.26
福　建	8037338	4145848	3891490	22.14	22.20	22.08
江　西	11665272	6141594	5523678	26.64	27.15	26.10
山　东	22250274	11685202	10565072	23.43	24.34	22.50
河　南	18498441	9584329	8914112	19.86	20.36	19.34
湖　北	17553303	9172395	8380908	31.00	31.55	30.42
湖　南	15255146	8001599	7253547	23.44	23.91	22.94
广　东	29575724	15569861	14005863	28.77	29.03	28.50
广　西	8582753	4545396	4037357	19.03	19.36	18.67
海　南	2976113	1607885	1368228	34.96	35.63	34.21
重　庆	9898982	4997728	4901254	34.59	34.47	34.72
四　川	21355416	10883914	10471502	26.81	26.91	26.71
贵　州	6401024	3402336	2998688	18.81	19.38	18.20
云　南	7466273	3970094	3496179	16.45	16.84	16.03
西　藏	436284	231590	204694	14.77	15.26	14.26
陕　西	9708581	5129897	4578684	26.18	26.76	25.55
甘　肃	6414640	3363253	3051387	25.35	26.00	24.66
青　海	1561502	807158	754344	28.08	28.01	28.16
宁　夏	2272128	1156068	1116060	36.49	36.21	36.77
新　疆	8574634	4372904	4201730	40.06	39.55	40.61

1-5a 各地区分性别的农业户口、非农业户口人口(城市)

单位：人、%

地区	合计			农业户口人口		
	合计	男	女	小计	男	女
全国	**401645987**	**205327931**	**196318056**	**144974890**	**75947546**	**69027344**
北京	15468234	7943418	7524816	4525607	2491331	2034276
天津	8823833	4771231	4052602	2996744	1841819	1154925
河北	14331909	7151315	7180594	4392812	2188854	2203958
山西	9341167	4713670	4627497	2554561	1299387	1255174
内蒙古	7965772	4086189	3879583	2438742	1305433	1133309
辽宁	21982025	11031059	10950966	3890025	2022407	1867618
吉林	10178189	5088656	5089533	1366029	697012	669017
黑龙江	14098654	7099841	6998813	1688408	882010	806398
上海	17591910	8993723	8598187	5174870	2810991	2363879
江苏	30037952	15336594	14701358	11329402	5937249	5392153
浙江	20267349	10418738	9848611	11260631	5909517	5351114
安徽	12115846	6216665	5899181	3473500	1804172	1669328
福建	12441365	6411319	6030046	7029352	3689247	3340105
江西	7443927	3791131	3652796	2079410	1074589	1004821
山东	28229038	14276267	13952771	12024174	6034481	5989693
河南	18236875	9205504	9031371	6266844	3182816	3084028
湖北	17831321	9109880	8721441	5699651	2918955	2780696
湖南	12684400	6409856	6274544	4383886	2196547	2187339
广东	52021668	27436076	24585592	29338743	15710765	13627978
广西	8279991	4243360	4036631	3423798	1767902	1655896
海南	2301464	1203794	1097670	913348	478324	435024
重庆	8653707	4352068	4301639	2646824	1368105	1278719
四川	15877978	7961263	7916715	4660011	2382814	2277197
贵州	5462142	2786076	2676066	2008290	1036737	971553
云南	6273114	3193366	3079748	2687813	1387940	1299873
西藏	271565	135996	135569	94811	49511	45300
陕西	8799236	4476184	4323052	2937924	1502948	1434976
甘肃	5218565	2680265	2538300	1231976	651960	580016
青海	1358591	701272	657319	424948	232193	192755
宁夏	2048433	1041118	1007315	492382	263357	229025
新疆	6009767	3062037	2947730	1539374	828173	711201

1-5a 续表 单位：人、%

地 区	非农业户口人口			非农业户口人口占总人口比重		
	小计	男	女	合计	男	女
全 国	**256671097**	**129380385**	**127290712**	**63.90**	**63.01**	**64.84**
北 京	10942627	5452087	5490540	70.74	68.64	72.97
天 津	5827089	2929412	2897677	66.04	61.40	71.50
河 北	9939097	4962461	4976636	69.35	69.39	69.31
山 西	6786606	3414283	3372323	72.65	72.43	72.88
内蒙古	5527030	2780756	2746274	69.38	68.05	70.79
辽 宁	18092000	9008652	9083348	82.30	81.67	82.95
吉 林	8812160	4391644	4420516	86.58	86.30	86.86
黑龙江	12410246	6217831	6192415	88.02	87.58	88.48
上 海	12417040	6182732	6234308	70.58	68.74	72.51
江 苏	18708550	9399345	9309205	62.28	61.29	63.32
浙 江	9006718	4509221	4497497	44.44	43.28	45.67
安 徽	8642346	4412493	4229853	71.33	70.98	71.70
福 建	5412013	2722072	2689941	43.50	42.46	44.61
江 西	5364517	2716542	2647975	72.07	71.66	72.49
山 东	16204864	8241786	7963078	57.40	57.73	57.07
河 南	11970031	6022688	5947343	65.64	65.42	65.85
湖 北	12131670	6190925	5940745	68.04	67.96	68.12
湖 南	8300514	4213309	4087205	65.44	65.73	65.14
广 东	22682925	11725311	10957614	43.60	42.74	44.57
广 西	4856193	2475458	2380735	58.65	58.34	58.98
海 南	1388116	725470	662646	60.31	60.27	60.37
重 庆	6006883	2983963	3022920	69.41	68.56	70.27
四 川	11217967	5578449	5639518	70.65	70.07	71.24
贵 州	3453852	1749339	1704513	63.23	62.79	63.69
云 南	3585301	1805426	1779875	57.15	56.54	57.79
西 藏	176754	86485	90269	65.09	63.59	66.59
陕 西	5861312	2973236	2888076	66.61	66.42	66.81
甘 肃	3986589	2028305	1958284	76.39	75.68	77.15
青 海	933643	469079	464564	68.72	66.89	70.68
宁 夏	1556051	777761	778290	75.96	74.70	77.26
新 疆	4470393	2233864	2236529	74.39	72.95	75.87

1-5b 各地区分性别的农业户口、非农业户口人口(镇)

单位：人、%

地区	合计			农业户口人口		
	合计	男	女	小计	男	女
全国	**264056563**	**135456003**	**128600560**	**164610588**	**83097043**	**81513545**
北京	1290597	680989	609608	736588	397690	338898
天津	1406947	730214	676733	924403	482094	442309
河北	17059965	8689334	8370631	12914872	6473328	6441544
山西	7686982	3937708	3749274	4636015	2317714	2318301
内蒙古	5679943	2929148	2750795	2702939	1388621	1314318
辽宁	5150157	2599615	2550542	2480943	1238699	1242244
吉林	4440333	2257062	2183271	1702799	859442	843357
黑龙江	7184370	3638760	3545610	2253335	1143754	1109581
上海	2897638	1534438	1363200	1700049	927595	772454
江苏	17075100	8611158	8463942	11304261	5617195	5687066
浙江	13071280	6704223	6367057	9559516	4912336	4647180
安徽	13253610	6732110	6521500	8406795	4181177	4225618
福建	8401568	4301891	4099677	6275544	3184778	3090766
江西	11839678	6147934	5691744	6516894	3327026	3189868
山东	19102965	9755998	9346967	14133559	7030137	7103422
河南	17756226	9067401	8688825	12386223	6234143	6152080
湖北	10417771	5360409	5057362	6161584	3079561	3082023
湖南	15598103	8018412	7579691	9608655	4836910	4771745
广东	16429206	8635141	7794065	10815713	5538868	5276845
广西	9938335	5150890	4787445	6833776	3473559	3360217
海南	1957140	1043204	913936	1045992	542510	503482
重庆	6580737	3311361	3269376	3423732	1702054	1721678
四川	16340437	8288780	8051657	7994455	4003947	3990508
贵州	6129305	3141117	2988188	3917730	1960143	1957587
云南	9556436	4900894	4655542	6753058	3406200	3346858
西藏	404171	217080	187091	230832	122051	108781
陕西	8180588	4281766	3898822	4909882	2508535	2401347
甘肃	3904316	2027492	1876824	2077219	1052798	1024421
青海	1139345	596944	542401	605109	317236	287873
宁夏	953211	496423	456788	564741	293183	271558
新疆	3230103	1668107	1561996	1033375	543759	489616

1-5b 续表 单位：人、%

地区	非农业户口人口			非农业户口人口占总人口比重		
	小计	男	女	合计	男	女
全国	**99445975**	**52358960**	**47087015**	**37.66**	**38.65**	**36.61**
北京	554009	283299	270710	42.93	41.60	44.41
天津	482544	248120	234424	34.30	33.98	34.64
河北	4145093	2216006	1929087	24.30	25.50	23.05
山西	3050967	1619994	1430973	39.69	41.14	38.17
内蒙古	2977004	1540527	1436477	52.41	52.59	52.22
辽宁	2669214	1360916	1308298	51.83	52.35	51.29
吉林	2737534	1397620	1339914	61.65	61.92	61.37
黑龙江	4931035	2495006	2436029	68.64	68.57	68.71
上海	1197589	606843	590746	41.33	39.55	43.34
江苏	5770839	2993963	2776876	33.80	34.77	32.81
浙江	3511764	1791887	1719877	26.87	26.73	27.01
安徽	4846815	2550933	2295882	36.57	37.89	35.20
福建	2126024	1117113	1008911	25.31	25.97	24.61
江西	5322784	2820908	2501876	44.96	45.88	43.96
山东	4969406	2725861	2243545	26.01	27.94	24.00
河南	5370003	2833258	2536745	30.24	31.25	29.20
湖北	4256187	2280848	1975339	40.86	42.55	39.06
湖南	5989448	3181502	2807946	38.40	39.68	37.05
广东	5613493	3096273	2517220	34.17	35.86	32.30
广西	3104559	1677331	1427228	31.24	32.56	29.81
海南	911148	500694	410454	46.56	48.00	44.91
重庆	3157005	1609307	1547698	47.97	48.60	47.34
四川	8345982	4284833	4061149	51.08	51.69	50.44
贵州	2211575	1180974	1030601	36.08	37.60	34.49
云南	2803378	1494694	1308684	29.33	30.50	28.11
西藏	173339	95029	78310	42.89	43.78	41.86
陕西	3270706	1773231	1497475	39.98	41.41	38.41
甘肃	1827097	974694	852403	46.80	48.07	45.42
青海	534236	279708	254528	46.89	46.86	46.93
宁夏	388470	203240	185230	40.75	40.94	40.55
新疆	2196728	1124348	1072380	68.01	67.40	68.65

1-5c 各地区分性别的农业户口、非农业户口人口(乡村)

单位：人、%

地区	合计			农业户口人口		
	合计	男	女	小计	男	女
全国	**653343884**	**334678344**	**318665540**	**625121595**	**318135344**	**306986251**
北京	2733287	1441488	1291799	2185360	1145026	1040334
天津	2651140	1378214	1272926	2488559	1280538	1208021
河北	39912338	20309387	19602951	38839619	19626540	19213079
山西	18383291	9538321	8844970	17340842	8890315	8450527
内蒙古	10926117	5755924	5170193	10100463	5279651	4820812
辽宁	16455115	8435344	8019771	15069980	7652126	7417854
吉林	12743417	6516561	6226856	11856194	6042704	5813490
黑龙江	16907837	8624766	8283071	15380935	7823827	7557108
上海	2454417	1288464	1165953	1869174	991649	877525
江苏	30950510	15380200	15570310	29300117	14457967	14842150
浙江	20705010	10648816	10056194	19701799	10095350	9606449
安徽	33257969	16864572	16393397	32077789	16149101	15928688
福建	15464256	7965860	7498396	14964955	7659197	7305758
江西	24498962	12678432	11820530	23520991	12074288	11446703
山东	47646121	23984553	23661568	46570117	23266998	23303119
河南	57169608	28794826	28374782	56011201	28066443	27944758
湖北	28378036	14604818	13773218	27212590	13904196	13308394
湖南	36789664	19031067	17758597	35824480	18424279	17400201
广东	34332386	17565468	16766918	33053080	16817191	16235889
广西	26890587	14085376	12805211	26268586	13692769	12575817
海南	4253809	2266182	1987627	3576960	1884461	1692499
重庆	13382044	6835785	6546259	12646950	6431327	6215623
四川	47432745	24201377	23231368	45641278	23180745	22460533
贵州	22445858	11631745	10814113	21710261	11159722	10550539
云南	29558755	15485880	14072875	28481161	14815906	13665255
西藏	2277842	1164927	1112915	2191651	1114851	1076800
陕西	20106176	10409741	9696435	19529613	10026311	9503302
甘肃	16184962	8225937	7959025	15584008	7865683	7718325
青海	3062690	1583494	1479196	2969067	1525123	1443944
宁夏	3225488	1654732	1570756	2897881	1479665	1418216
新疆	12163447	6326087	5837360	10255934	5311395	4944539

1-5c 续表 单位：人、%

地区	非农业户口人口			非农业户口人口占总人口比重		
	小计	男	女	合计	男	女
全国	**28222289**	**16543000**	**11679289**	**4.32**	**4.94**	**3.67**
北京	547927	296462	251465	20.05	20.57	19.47
天津	162581	97676	64905	6.13	7.09	5.10
河北	1072719	682847	389872	2.69	3.36	1.99
山西	1042449	648006	394443	5.67	6.79	4.46
内蒙古	825654	476273	349381	7.56	8.27	6.76
辽宁	1385135	783218	601917	8.42	9.28	7.51
吉林	887223	473857	413366	6.96	7.27	6.64
黑龙江	1526902	800939	725963	9.03	9.29	8.76
上海	585243	296815	288428	23.84	23.04	24.74
江苏	1650393	922233	728160	5.33	6.00	4.68
浙江	1003211	553466	449745	4.85	5.20	4.47
安徽	1180180	715471	464709	3.55	4.24	2.83
福建	499301	306663	192638	3.23	3.85	2.57
江西	977971	604144	373827	3.99	4.77	3.16
山东	1076004	717555	358449	2.26	2.99	1.51
河南	1158407	728383	430024	2.03	2.53	1.52
湖北	1165446	700622	464824	4.11	4.80	3.37
湖南	965184	606788	358396	2.62	3.19	2.02
广东	1279306	748277	531029	3.73	4.26	3.17
广西	622001	392607	229394	2.31	2.79	1.79
海南	676849	381721	295128	15.91	16.84	14.85
重庆	735094	404458	330636	5.49	5.92	5.05
四川	1791467	1020632	770835	3.78	4.22	3.32
贵州	735597	472023	263574	3.28	4.06	2.44
云南	1077594	669974	407620	3.65	4.33	2.90
西藏	86191	50076	36115	3.78	4.30	3.25
陕西	576563	383430	193133	2.87	3.68	1.99
甘肃	600954	360254	240700	3.71	4.38	3.02
青海	93623	58371	35252	3.06	3.69	2.38
宁夏	327607	175067	152540	10.16	10.58	9.71
新疆	1907513	1014692	892821	15.68	16.04	15.29

1-6 各地区分性别、民族的人口

单位：人

地区	合计			汉族		
	合计	男	女	小计	男	女
全国	**1332810869**	**682329104**	**650481765**	**1220844520**	**625032848**	**595811672**
北京	19612368	10126430	9485938	18811154	9729984	9081170
天津	12938693	6907091	6031602	12607276	6739522	5867754
河北	71854210	36430286	35423924	68861333	34894643	33966690
山西	35712101	18338760	17373341	35618454	18290925	17327529
内蒙古	24706291	12838243	11868048	19650665	10306496	9344169
辽宁	43746323	22147745	21598578	37103174	18737977	18365197
吉林	27452815	13907218	13545597	25267110	12792641	12474469
黑龙江	38313991	19426106	18887885	36939181	18696097	18243084
上海	23019196	11854916	11164280	22743033	11716435	11026598
江苏	78660941	39626707	39034234	78276015	39442857	38833158
浙江	54426891	27965641	26461250	53212194	27320326	25891868
安徽	59500468	30245513	29254955	59104826	30054506	29050320
福建	36894217	18981054	17913163	36097362	18544219	17553143
江西	44567797	23003521	21564276	44415487	22919893	21495594
山东	95792719	48446944	47345775	95066830	48090616	46976214
河南	94029939	47493063	46536876	92908354	46924281	45984073
湖北	57237727	29391247	27846480	54769192	28128850	26640342
湖南	65700762	33776459	31924303	59149353	30385867	28763486
广东	104320459	54400538	49919921	102253138	53273872	48979266
广西	46023761	23924704	22099057	28916096	15156624	13759472
海南	8671485	4592283	4079202	7246067	3853244	3392823
重庆	28846170	14608870	14237300	26909061	13617247	13291814
四川	80417528	40827834	39589694	75509724	38343974	37165750
贵州	34748556	17905471	16843085	22344156	11517873	10826283
云南	45966766	23856696	22110070	30617580	16017198	14600382
西藏	3002165	1542652	1459513	245263	151158	94105
陕西	37327379	19287575	18039804	37137743	19191534	17946209
甘肃	25575263	13064193	12511070	23164817	11841566	11323251
青海	5626723	2913793	2712930	2983521	1574280	1409241
宁夏	6301350	3227404	3073946	4086367	2103760	1982607
新疆	21815815	11270147	10545668	8829994	4674383	4155611

1-6　续表 1

单位：人

地　区	蒙古族			回　族			藏　族		
	小计	男	女	小计	男	女	小计	男	女
全　国	**5981840**	**2999520**	**2982320**	**10586087**	**5373741**	**5212346**	**6282187**	**3155625**	**3126562**
北　京	76736	36758	39978	249223	122993	126230	5575	2746	2829
天　津	20328	9817	10511	177734	88336	89398	1775	911	864
河　北	180849	92087	88762	570170	286331	283839	1935	869	1066
山　西	5070	2707	2363	59709	30210	29499	1047	494	553
内蒙古	4226090	2108197	2117893	221483	113289	108194	3259	1821	1438
辽　宁	657869	330787	327082	245798	123200	122598	1881	890	991
吉　林	145039	71851	73188	118799	59299	59500	652	264	388
黑龙江	125483	63393	62090	101749	51338	50411	589	312	277
上　海	11238	5295	5943	78163	39480	38683	2406	1031	1375
江　苏	10691	5160	5531	130757	67024	63733	3358	1451	1907
浙　江	6872	3452	3420	38192	20732	17460	2850	1274	1576
安　徽	2809	1260	1549	328062	165284	162778	1279	511	768
福　建	5830	2948	2882	115978	65663	50315	1739	711	1028
江　西	3479	1770	1709	8902	4679	4223	1150	595	555
山　东	17669	8448	9221	535679	269871	265808	2146	875	1271
河　南	63473	39117	24356	957964	479252	478712	1811	598	1213
湖　北	10318	5415	4903	67185	34858	32327	2175	974	1201
湖　南	3693	1824	1869	94705	49291	45414	1622	758	864
广　东	14331	7495	6836	45073	24357	20716	5604	2723	2881
广　西	3017	1485	1532	32319	16420	15899	815	393	422
海　南	3463	1679	1784	10670	5405	5265	248	111	137
重　庆	5688	2890	2798	9056	4658	4398	3086	1250	1836
四　川	36646	18350	18296	104544	52797	51747	1496524	747138	749386
贵　州	41561	23203	18358	184788	95009	89779	1281	585	696
云　南	22624	12104	10520	698265	351169	347096	142257	71239	71018
西　藏	307	187	120	12630	8263	4367	2716388	1368355	1348033
陕　西	6976	3509	3467	138716	69739	68977	6345	2827	3518
甘　肃	10935	5351	5584	1258641	642356	616285	488359	245262	243097
青　海	99815	50744	49071	834298	423527	410771	1375059	693995	681064
宁　夏	6661	3174	3487	2173820	1102835	1070985	656	316	340
新　疆	156280	79063	77217	983015	506076	476939	8316	4346	3970

1-6 续表 2 单位：人

地区	维吾尔族			苗族			彝族		
	小计	男	女	小计	男	女	小计	男	女
全国	**10069346**	**5097594**	**4971752**	**9426007**	**4870328**	**4555679**	**8714393**	**4456382**	**4258011**
北京	6975	3430	3545	12957	6698	6259	5849	3418	2431
天津	2170	970	1200	3751	2354	1397	1825	1217	608
河北	864	466	398	9703	3726	5977	4632	2207	2425
山西	670	414	256	2205	1124	1081	2867	1426	1441
内蒙古	658	385	273	3349	1953	1396	2854	1620	1234
辽宁	1917	1081	836	3952	2342	1610	1693	1088	605
吉林	1127	517	610	1446	749	697	558	326	232
黑龙江	884	553	331	2575	1407	1168	730	428	302
上海	5254	2725	2529	31351	16418	14933	7113	3497	3616
江苏	4367	2038	2329	49535	21979	27556	18896	8576	10320
浙江	5377	2460	2917	309064	167566	141498	49243	26212	23031
安徽	710	409	301	13856	4071	9785	6667	2656	4011
福建	1159	632	527	88017	50024	37993	13536	7630	5906
江西	852	420	432	9125	4369	4756	1850	946	904
山东	4635	1551	3084	8414	3586	4828	8298	3422	4876
河南	3035	1646	1389	4321	1683	2638	1764	672	1092
湖北	2577	1457	1120	177490	94179	83311	2748	1434	1314
湖南	6716	3696	3020	2060426	1061107	999319	3183	1374	1809
广东	6438	2602	3836	251970	141661	110309	36264	20632	15632
广西	1795	930	865	475492	241305	234187	9700	5045	4655
海南	393	211	182	74482	37555	36927	1086	564	522
重庆	1162	605	557	482714	248537	234177	6336	2598	3738
四川	1945	994	951	164642	84997	79645	2643953	1348832	1295121
贵州	548	335	213	3968400	2040932	1927468	834461	429553	404908
云南	1282	773	509	1202705	621721	580984	5041210	2576570	2464640
西藏	205	138	67	416	292	124	396	293	103
陕西	1570	725	845	2787	1659	1128	1644	988	656
甘肃	1937	853	1084	1212	738	474	870	493	377
青海	209	124	85	911	576	335	683	550	133
宁夏	613	272	341	1113	732	381	530	359	171
新疆	10001302	5064182	4937120	7626	4288	3338	2954	1756	1198

1-6 续表 3

单位：人

地区	壮族			布依族			朝鲜族		
	小计	男	女	小计	男	女	小计	男	女
全国	**16926381**	**8689488**	**8236893**	**2870034**	**1455720**	**1414314**	**1830929**	**910535**	**920394**
北京	14994	7275	7719	2768	1393	1375	37380	17437	19943
天津	6123	2608	3515	839	437	402	18247	9303	8944
河北	17295	4780	12515	3630	1188	2442	11296	5358	5938
山西	2007	830	1177	373	134	239	663	316	347
内蒙古	2319	1239	1080	537	260	277	18464	9016	9448
辽宁	4285	2160	2125	991	511	480	239537	118896	120641
吉林	1547	738	809	362	191	171	1040167	517257	522910
黑龙江	2070	1060	1010	425	220	205	327806	164200	163606
上海	16219	7894	8325	5840	3043	2797	22257	10292	11965
江苏	20880	9272	11608	16689	7315	9374	9525	4920	4605
浙江	72820	35324	37496	125838	67119	58719	6496	3288	3208
安徽	6998	2298	4700	3413	845	2568	1200	570	630
福建	29696	15037	14659	22172	12141	10031	2157	1088	1069
江西	7979	3363	4616	2156	838	1318	543	226	317
山东	5822	2273	3549	1839	757	1082	61556	31229	30327
河南	5361	2004	3357	5958	2604	3354	1457	664	793
湖北	12240	5422	6818	2152	961	1191	1960	1025	935
湖南	30387	12964	17423	4039	1463	2576	1180	583	597
广东	877509	473900	403609	64253	35809	28444	17615	9118	8497
广西	14448422	7406315	7042107	20072	8094	11978	2701	1417	1284
海南	45909	23914	21995	1789	971	818	973	456	517
重庆	4634	2066	2568	3383	1310	2073	637	331	306
四川	10050	4781	5269	8756	4292	4464	1548	787	761
贵州	52577	26500	26077	2510565	1271051	1239514	664	318	346
云南	1215260	628603	586657	58790	31341	27449	1343	698	645
西藏	173	128	45	81	61	20	26	18	8
陕西	3555	1765	1790	727	371	356	1129	534	595
甘肃	1647	824	823	366	201	165	559	273	286
青海	980	543	437	251	185	66	312	152	160
宁夏	977	495	482	183	98	85	403	207	196
新疆	5646	3113	2533	797	516	281	1128	558	570

1-6 续表 4

单位：人

地区	满族			侗族			瑶族		
	小计	男	女	小计	男	女	小计	男	女
全国	**10387958**	**5401812**	**4986146**	**2879974**	**1511959**	**1368015**	**2796003**	**1458842**	**1337161**
北京	336032	167963	168069	3774	1865	1909	3213	1511	1702
天津	83624	43293	40331	912	454	458	785	408	377
河北	2169311	1128634	1040677	1451	584	867	1776	692	1084
山西	11741	6314	5427	280	194	86	325	164	161
内蒙古	452765	233007	219758	438	246	192	318	169	149
辽宁	5336895	2750732	2586163	821	454	367	774	421	353
吉林	866365	458840	407525	231	130	101	308	148	160
黑龙江	748020	414472	333548	217	129	88	437	234	203
上海	25165	11892	13273	7787	4156	3631	3627	1892	1735
江苏	18074	8865	9209	12280	4889	7391	3575	1644	1931
浙江	11271	5705	5566	88106	48560	39546	10710	5688	5022
安徽	8516	4373	4143	2147	571	1576	1171	390	781
福建	8372	4258	4114	15608	9111	6497	5669	3163	2506
江西	4942	2638	2304	2189	1170	1019	2599	1227	1372
山东	46521	23274	23247	867	453	414	878	353	525
河南	55493	31697	23796	558	254	304	763	276	487
湖北	12899	6762	6137	52121	27604	24517	2709	1242	1467
湖南	7566	3944	3622	854960	452380	402580	713191	377080	336111
广东	29557	15200	14357	83574	46825	36749	276266	148395	127871
广西	11159	5695	5464	305565	153819	151746	1493530	772111	721419
海南	3750	1853	1897	1819	1096	723	7302	3833	3469
重庆	4571	2431	2140	3271	1724	1547	1045	455	590
四川	15920	8355	7565	2376	1142	1234	1795	770	1025
贵州	23086	11932	11154	1431928	750208	681720	40879	21428	19451
云南	13490	7161	6329	4389	2505	1884	219914	113812	106102
西藏	718	391	327	179	100	79	137	85	52
陕西	16291	8442	7849	731	413	318	605	313	292
甘肃	14206	7444	6762	136	77	59	354	181	173
青海	8029	4172	3857	161	123	38	209	115	94
宁夏	24902	12287	12615	345	222	123	197	108	89
新疆	18707	9786	8921	753	501	252	942	534	408

1-6 续表 5 单位: 人

地区	白族			土家族			哈尼族		
	小计	男	女	小计	男	女	小计	男	女
全国	**1933510**	**978998**	**954512**	**8353912**	**4307260**	**4046652**	**1660932**	**863370**	**797562**
北京	3493	1778	1715	23601	12088	11513	680	329	351
天津	686	374	312	7052	4059	2993	190	81	109
河北	859	380	479	8061	4071	3990	387	109	278
山西	183	96	87	2936	1858	1078	214	34	180
内蒙古	443	194	249	3096	1822	1274	320	106	214
辽宁	559	292	267	5190	3185	2005	304	131	173
吉林	276	148	128	1523	864	659	142	40	102
黑龙江	149	83	66	2175	1350	825	105	51	54
上海	3893	1979	1914	33584	17648	15936	3185	1628	1557
江苏	4020	1723	2297	41258	20177	21081	2916	953	1963
浙江	11685	5981	5704	227012	123951	103061	4300	1754	2546
安徽	692	284	408	6185	2978	3207	1138	166	972
福建	4008	2127	1881	89824	51104	38720	1373	749	624
江西	1621	815	806	4815	2372	2443	265	124	141
山东	1247	411	836	5730	3188	2542	3023	345	2678
河南	581	245	336	5287	2642	2645	373	83	290
湖北	6410	3288	3122	2100052	1069839	1030213	314	117	197
湖南	115678	59088	56590	2632452	1355212	1277240	1055	182	873
广东	16692	9419	7273	212513	117141	95372	5987	3585	2402
广西	2489	1255	1234	9155	4830	4325	474	222	252
海南	305	150	155	4286	2289	1997	154	70	84
重庆	1569	712	857	1398707	717687	681020	1398	365	1033
四川	9449	4683	4766	59231	31106	28125	1566	469	1097
贵州	179510	95923	83587	1436977	736526	700451	1092	403	689
云南	1564901	786370	778531	5963	3694	2269	1629508	851064	778444
西藏	395	247	148	451	321	130	23	16	7
陕西	486	276	210	3876	2362	1514	99	42	57
甘肃	291	181	110	2092	1269	823	88	36	52
青海	320	174	146	1537	969	568	17	8	9
宁夏	213	106	107	1441	847	594	52	29	23
新疆	407	216	191	17850	9811	8039	190	79	111

1-6 续表 6

单位：人

地区	哈萨克族			傣族			黎族		
	小计	男	女	小计	男	女	小计	男	女
全国	**1462588**	**747368**	**715220**	**1261311**	**625176**	**636135**	**1463064**	**756992**	**706072**
北京	1602	685	917	1022	463	559	1078	501	577
天津	476	212	264	184	100	84	564	304	260
河北	320	163	157	447	134	313	861	340	521
山西	277	144	133	187	58	129	521	266	255
内蒙古	377	206	171	179	74	105	981	444	537
辽宁	448	182	266	231	64	167	1765	846	919
吉林	467	209	258	253	46	207	545	253	292
黑龙江	165	106	59	76	29	47	477	198	279
上海	639	274	365	1289	540	749	1725	676	1049
江苏	2124	985	1139	2189	693	1496	2447	974	1473
浙江	695	311	384	5973	2883	3090	9391	4759	4632
安徽	1203	603	600	831	191	640	1610	672	938
福建	1492	709	783	2401	1230	1171	3551	1660	1891
江西	1718	861	857	484	225	259	1536	699	837
山东	1116	459	657	2468	426	2042	1202	466	736
河南	4805	2330	2475	511	105	406	1002	405	597
湖北	2191	1057	1134	353	162	191	2709	1327	1382
湖南	2775	1409	1366	837	208	629	2350	1040	1310
广东	4602	2504	2098	6675	3554	3121	19579	9950	9629
广西	1884	977	907	796	276	520	4542	2251	2291
海南	1553	793	760	902	417	485	1262262	655504	606758
重庆	259	104	155	881	239	642	587	277	310
四川	1882	927	955	7652	3380	4272	1688	744	944
贵州	2093	1072	1021	1217	488	729	135173	69980	65193
云南	896	456	440	1222836	609021	613815	3231	1622	1609
西藏	2143	1182	961	35	17	18	26	16	10
陕西	794	407	387	117	31	86	441	199	242
甘肃	4444	2124	2320	89	43	46	517	250	267
青海	680	332	348	31	13	18	139	67	72
宁夏	190	70	120	44	24	20	146	69	77
新疆	1418278	725515	692763	121	42	79	418	233	185

1-6 续表 7

单位：人

地区	傈僳族			佤族			畲族		
	小计	男	女	小计	男	女	小计	男	女
全国	**702839**	**355374**	**347465**	**429709**	**216439**	**213270**	**708651**	**383213**	**325438**
北京	264	142	122	324	180	144	1515	842	673
天津	63	33	30	209	133	76	263	147	116
河北	1974	282	1692	674	355	319	396	230	166
山西	159	23	136	427	117	310	171	117	54
内蒙古	443	109	334	519	130	389	202	127	75
辽宁	646	96	550	220	99	121	257	170	87
吉林	100	22	78	132	43	89	82	34	48
黑龙江	39	16	23	64	26	38	94	61	33
上海	580	318	262	1353	807	546	3020	1538	1482
江苏	1447	383	1064	1481	701	780	1738	958	780
浙江	1514	598	916	2987	1368	1619	166276	85601	80675
安徽	589	126	463	1019	354	665	1682	921	761
福建	403	193	210	1325	723	602	365514	196573	168941
江西	96	34	62	759	327	432	91068	53907	37161
山东	1841	208	1633	5619	1315	4304	363	226	137
河南	167	25	142	1572	337	1235	200	104	96
湖北	138	59	79	532	255	277	3058	1890	1168
湖南	199	73	126	915	359	556	3059	1735	1324
广东	1693	1069	624	4718	2723	1995	29549	16743	12806
广西	154	63	91	662	304	358	829	496	333
海南	20	13	7	154	85	69	403	227	176
重庆	328	117	211	577	112	465	252	146	106
四川	21082	10381	10701	1334	343	991	447	265	182
贵州	337	150	187	831	345	486	36558	19096	17462
云南	668336	340729	327607	400814	204648	196166	848	552	296
西藏	25	10	15	43	30	13	8	8	
陕西	32	15	17	160	86	74	212	132	80
甘肃	28	13	15	97	50	47	245	154	91
青海	21	13	8	20	10	10	53	32	21
宁夏	17	8	9	26	14	12	122	76	46
新疆	104	53	51	142	60	82	167	105	62

1-6 续表 8

单位：人

地区	高山族			拉祜族			水族		
	小计	男	女	小计	男	女	小计	男	女
全国	**4009**	**2029**	**1980**	**485966**	**247667**	**238299**	**411847**	**213644**	**198203**
北京	103	46	57	202	95	107	340	168	172
天津	29	15	14	44	27	17	291	166	125
河北	208	107	101	175	50	125	282	93	189
山西	9	4	5	136	14	122	30	15	15
内蒙古	120	62	58	347	77	270	122	67	55
辽宁	211	96	115	48	17	31	89	51	38
吉林	100	49	51	33	8	25	50	27	23
黑龙江	25	7	18	11	1	10	47	29	18
上海	81	36	45	500	232	268	745	375	370
江苏	120	54	66	1042	187	855	13089	7056	6033
浙江	88	50	38	1661	431	1230	11815	6181	5634
安徽	89	38	51	347	45	302	562	201	361
福建	423	224	199	375	203	172	2433	1301	1132
江西	132	80	52	140	33	107	782	374	408
山东	66	30	36	1880	237	1643	191	85	106
河南	780	397	383	700	51	649	333	172	161
湖北	162	88	74	108	46	62	577	309	268
湖南	128	66	62	383	38	345	598	283	315
广东	161	81	80	1335	723	612	6525	3675	2850
广西	278	159	119	111	42	69	13559	7025	6534
海南	111	64	47	48	24	24	130	67	63
重庆	45	24	21	479	82	397	197	93	104
四川	100	42	58	521	104	417	1178	537	641
贵州	191	90	101	182	53	129	348746	180317	168429
云南	131	66	65	475011	244774	230237	8834	4789	4045
西藏	2	1	1	4	3	1	14	8	6
陕西	15	7	8	35	14	21	83	50	33
甘肃	27	15	12	14	6	8	50	31	19
青海	20	8	12	8	4	4	30	16	14
宁夏	10	8	2	13	5	8	35	15	20
新疆	44	15	29	73	41	32	90	68	22

1-6 续表 9

单位：人

地区	东乡族			纳西族			景颇族		
	小计	男	女	小计	男	女	小计	男	女
全国	**621500**	**317490**	**304010**	**326295**	**162635**	**163660**	**147828**	**71318**	**76510**
北京	484	345	139	554	282	272	112	48	64
天津	121	95	26	81	45	36	29	14	15
河北	78	52	26	259	71	188	70	22	48
山西	30	21	9	42	17	25	108	9	99
内蒙古	574	374	200	60	29	31	39	7	32
辽宁	27	16	11	125	63	62	80	26	54
吉林	32	17	15	14	8	6	457	50	407
黑龙江	19	11	8	45	27	18	11	2	9
上海	362	282	80	287	125	162	142	68	74
江苏	420	277	143	329	123	206	298	92	206
浙江	322	202	120	634	161	473	444	183	261
安徽	112	83	29	87	19	68	166	27	139
福建	339	199	140	123	53	70	295	137	158
江西	49	31	18	89	45	44	65	23	42
山东	126	77	49	256	69	187	608	59	549
河南	72	47	25	123	35	88	130	12	118
湖北	67	39	28	179	86	93	38	11	27
湖南	62	41	21	126	56	70	135	21	114
广东	403	309	94	499	277	222	677	387	290
广西	17	10	7	149	69	80	41	5	36
海南	19	9	10	28	11	17	15	5	10
重庆	102	56	46	421	171	250	82	21	61
四川	191	135	56	10149	5098	5051	173	51	122
贵州	958	433	525	353	162	191	572	282	290
云南	181	123	58	309858	154835	155023	142956	69718	73238
西藏	757	523	234	1133	557	576			
陕西	116	71	45	101	48	53	22	7	15
甘肃	546255	276107	270148	53	26	27	19	13	6
青海	6331	3976	2355	32	16	16	5	3	2
宁夏	1261	748	513	17	8	9	6	2	4
新疆	61613	32781	28832	89	43	46	33	13	20

1-6 续表 10

单位：人

地区	柯尔克孜族			土族			达斡尔族		
	小计	男	女	小计	男	女	小计	男	女
全国	**186708**	**94645**	**92063**	**289565**	**148055**	**141510**	**131992**	**64866**	**67126**
北京	189	71	118	554	285	269	2043	868	1175
天津	41	17	24	350	199	151	629	300	329
河北	25	14	11	598	259	339	962	398	564
山西	6	2	4	200	98	102	85	43	42
内蒙古	141	79	62	557	297	260	76255	37684	38571
辽宁	125	62	63	264	135	129	1858	801	1057
吉林	36	16	20	128	60	68	587	258	329
黑龙江	1431	709	722	101	60	41	40277	19985	20292
上海	58	25	33	1009	545	464	449	186	263
江苏	61	30	31	2263	986	1277	283	136	147
浙江	279	178	101	4709	2539	2170	204	93	111
安徽	14	9	5	493	219	274	77	29	48
福建	50	32	18	4000	2268	1732	96	43	53
江西	46	24	22	576	272	304	57	18	39
山东	90	35	55	651	270	381	960	432	528
河南	37	20	17	576	236	340	122	42	80
湖北	36	20	16	1963	958	1005	92	41	51
湖南	62	31	31	5137	2544	2593	39	20	19
广东	577	314	263	10161	5629	4532	411	208	203
广西	28	16	12	1501	665	836	83	37	46
海南	1	1		399	220	179	58	21	37
重庆	28	11	17	715	351	364	118	47	71
四川	74	41	33	1333	639	694	124	57	67
贵州	2	1	1	5154	2755	2399	32	11	21
云南	34	18	16	5632	2988	2644	294	135	159
西藏	2678	1338	1340	1068	634	434	5	3	2
陕西	23	6	17	499	265	234	93	42	51
甘肃	48	12	36	30781	15154	15627	95	45	50
青海	4	1	3	204412	104572	99840	26	15	11
宁夏	12	6	6	326	176	150	42	17	25
新疆	180472	91506	88966	3455	1777	1678	5536	2851	2685

1-6 续表 11

单位：人

地区	仫佬族			羌族			布朗族		
	小计	男	女	小计	男	女	小计	男	女
全国	**216257**	**110516**	**105741**	**309576**	**156539**	**153037**	**119639**	**61230**	**58409**
北京	358	162	196	661	308	353	68	35	33
天津	116	59	57	180	114	66	21	18	3
河北	291	90	201	407	241	166	50	14	36
山西	28	12	16	286	214	72	22	7	15
内蒙古	37	24	13	144	81	63	15	3	12
辽宁	71	28	43	171	89	82	19	9	10
吉林	30	11	19	238	120	118	9	4	5
黑龙江	46	22	24	34	21	13	12	4	8
上海	441	180	261	505	246	259	133	80	53
江苏	522	223	299	954	486	468	265	67	198
浙江	2792	1432	1360	1482	797	685	300	107	193
安徽	123	41	82	183	85	98	78	13	65
福建	527	245	282	458	247	211	226	117	109
江西	181	81	100	155	85	70	31	16	15
山东	126	46	80	243	121	122	317	99	218
河南	72	30	42	216	103	113	80	18	62
湖北	276	88	188	256	146	110	36	10	26
湖南	906	462	444	180	88	92	138	9	129
广东	10961	5918	5043	1886	1058	828	495	258	237
广西	172305	87513	84792	169	87	82	81	32	49
海南	168	97	71	104	56	48	120	65	55
重庆	208	80	128	675	317	358	288	45	243
四川	225	110	115	296931	149730	147201	164	46	118
贵州	24956	13293	11663	1605	899	706	49	16	33
云南	304	164	140	552	323	229	116573	60117	56456
西藏	2	2		94	59	35	4	1	3
陕西	44	18	26	182	80	102	6	2	4
甘肃	39	24	15	115	62	53	12	5	7
青海	15	7	8	104	61	43	2	2	
宁夏	10	4	6	89	53	36	2		2
新疆	77	50	27	317	162	155	23	11	12

1-6 续表 12

单位：人

地区	撒拉族			毛南族			仡佬族		
	小计	男	女	小计	男	女	小计	男	女
全国	**130607**	**66281**	**64326**	**101192**	**52836**	**48356**	**550746**	**289369**	**261377**
北京	644	399	245	124	51	73	1307	771	536
天津	122	85	37	49	14	35	374	260	114
河北	131	76	55	76	23	53	425	247	178
山西	43	26	17	21	16	5	121	78	43
内蒙古	53	34	19	14	9	5	249	194	55
辽宁	88	59	29	19	12	7	211	145	66
吉林	50	30	20	6	2	4	71	48	23
黑龙江	7	3	4	5	1	4	90	54	36
上海	941	603	338	160	66	94	2684	1496	1188
江苏	353	187	166	184	94	90	2488	1291	1197
浙江	424	253	171	1199	639	560	17785	9777	8008
安徽	78	41	37	58	17	41	448	196	252
福建	80	43	37	372	203	169	3249	1878	1371
江西	44	26	18	86	41	45	336	156	180
山东	609	354	255	50	25	25	597	364	233
河南	279	168	111	23	6	17	240	119	121
湖北	135	88	47	151	62	89	585	323	262
湖南	79	39	40	199	74	125	911	430	481
广东	823	508	315	5017	2866	2151	10897	5910	4987
广西	128	59	69	65587	34112	31475	3885	2048	1837
海南	21	12	9	61	40	21	406	246	160
重庆	71	40	31	63	33	30	2808	1298	1510
四川	223	122	101	88	43	45	1235	630	605
贵州	99	61	38	27332	14243	13089	495182	258935	236247
云南	265	150	115	154	93	61	3461	2018	1443
西藏	255	163	92	1	1		27	15	12
陕西	156	95	61	19	8	11	205	122	83
甘肃	13517	6852	6665	12	6	6	98	64	34
青海	107089	53669	53420	8	6	2	69	59	10
宁夏	72	38	34	26	9	17	42	31	11
新疆	3728	1998	1730	28	21	7	260	166	94

1-6 续表 13 单位：人

地区	锡伯族			阿昌族			普米族		
	小计	男	女	小计	男	女	小计	男	女
全国	**190481**	**99571**	**90910**	**39555**	**19751**	**19804**	**42861**	**21433**	**21428**
北京	2569	1201	1368	28	14	14	46	22	24
天津	536	282	254	9	7	2	16	15	1
河北	851	421	430	15	5	10	14	4	10
山西	158	93	65	4		4	3	1	2
内蒙古	3000	1555	1445	16	11	5	5	5	
辽宁	132431	69961	62470	10	7	3	14	4	10
吉林	3113	1622	1491	22	1	21	4	2	2
黑龙江	7608	4294	3314	3		3	4	2	2
上海	696	315	381	51	28	23	38	14	24
江苏	433	189	244	98	44	54	38	14	24
浙江	200	105	95	93	44	49	47	21	26
安徽	143	72	71	25	5	20	20	8	12
福建	142	51	91	62	29	33	47	28	19
江西	81	35	46	14	4	10	6	4	2
山东	661	291	370	99	15	84	55	10	45
河南	273	123	150	148	67	81	9	2	7
湖北	228	109	119	12	4	8	26	12	14
湖南	136	71	65	26	8	18	24	12	12
广东	705	341	364	623	389	234	121	61	60
广西	146	79	67	26	14	12	25	18	7
海南	72	30	42				3	2	1
重庆	143	70	73	19	6	13	51	28	23
四川	381	187	194	54	17	37	137	55	82
贵州	185	89	96	26	9	17	16	8	8
云南	158	69	89	38059	19017	19042	42043	21055	20988
西藏	6	3	3				16	11	5
陕西	416	219	197	2	1	1	4	2	2
甘肃	299	138	161	1	1		8	5	3
青海	128	52	76	1		1	3		3
宁夏	184	88	96	4	1	3	6	3	3
新疆	34399	17416	16983	5	3	2	12	5	7

1-6 续表 14

单位：人

地区	塔吉克族			怒族			乌孜别克族		
	小计	男	女	小计	男	女	小计	男	女
全国	**51069**	**26112**	**24957**	**37523**	**18907**	**18616**	**10569**	**5673**	**4896**
北京	21	12	9	50	22	28	51	25	26
天津	11	9	2	41	25	16	19	8	11
河北	8	6	2	200	73	127	7	4	3
山西	1	1		88	40	48	3	1	2
内蒙古	6	3	3	18	3	15	6	4	2
辽宁	10	7	3	76	20	56	5		5
吉林	2	1	1	27	8	19	2	2	
黑龙江	9	5	4	21	8	13	5	4	1
上海	14	8	6	65	28	37	14	4	10
江苏	17	5	12	356	158	198	15	6	9
浙江	3368	1880	1488	109	40	69	86	45	41
安徽	3	2	1	182	77	105	4	3	1
福建	19	13	6	307	160	147	9	4	5
江西	33	15	18	87	44	43	9	2	7
山东	32	17	15	373	161	212	13	6	7
河南	23	8	15	186	92	94	16	13	3
湖北	9	6	3	156	81	75	9	4	5
湖南	3	1	2	210	103	107	33	15	18
广东	165	98	67	584	277	307	73	41	32
广西	2		2	119	65	54	13	8	5
海南				1385	713	672			
重庆	2	1	1	28	11	17	4	2	2
四川	23	4	19	312	113	199	17	8	9
贵州				28	8	20			
云南	7	3	4	31821	16240	15581	11	6	5
西藏				492	242	250	4	2	2
陕西	3	2	1	31	13	18	7	2	5
甘肃	13	4	9	101	44	57	15	7	8
青海	3	1	2	5	4	1	2	1	1
宁夏	1		1	7	3	4	3	2	1
新疆	47261	24000	23261	58	31	27	10114	5444	4670

1-6 续表 15

单位：人

地区	俄罗斯族			鄂温克族			德昂族		
	小计	男	女	小计	男	女	小计	男	女
全国	**15393**	**7284**	**8109**	**30875**	**14668**	**16207**	**20556**	**10039**	**10517**
北京	343	124	219	433	182	251	19	14	5
天津	119	52	67	130	59	71			
河北	103	50	53	172	63	109	7	2	5
山西	5	2	3	26	11	15	6	3	3
内蒙古	4673	2276	2397	26139	12578	13561	5	2	3
辽宁	185	83	102	448	198	250	5	2	3
吉林	48	21	27	104	46	58	2		2
黑龙江	312	158	154	2648	1191	1457			
上海	209	78	131	63	30	33	15	10	5
江苏	109	48	61	49	20	29	14	5	9
浙江	40	16	24	40	17	23	43	20	23
安徽	33	19	14	11	5	6	18	1	17
福建	30	13	17	16	6	10	22	13	9
江西	7	2	5	19	6	13	1		1
山东	128	58	70	220	95	125	50	10	40
河南	32	12	20	23	7	16	11		11
湖北	26	13	13	24	8	16	20	9	11
湖南	24	7	17	4	2	2	9		9
广东	125	38	87	92	49	43	62	38	24
广西	8	2	6	46	19	27	7	2	5
海南	17	4	13	14	2	12	1		1
重庆	40	15	25	25	12	13	5	1	4
四川	57	27	30	30	15	15	24	8	16
贵州	25	14	11	1	1		16	6	10
云南	26	8	18	23	10	13	20186	9889	10297
西藏	3	1	2						
陕西	73	35	38	24	14	10	1	1	
甘肃	48	16	32	13	7	6	2	1	1
青海	38	19	19	5	2	3	1	1	
宁夏	18	6	12	7	2	5	1		1
新疆	8489	4067	4422	26	11	15	3	1	2

1-6 续表 16

单位：人

地区	保安族			裕固族			京族		
	小计	男	女	小计	男	女	小计	男	女
全国	**20074**	**10016**	**10058**	**14378**	**7325**	**7053**	**28199**	**14416**	**13783**
北京	24	17	7	95	39	56	56	22	34
天津	10	8	2	39	20	19	32	14	18
河北	7	4	3	33	20	13	77	25	52
山西				7	3	4	29	13	16
内蒙古	90	73	17	38	22	16	25	10	15
辽宁	2	1	1	17	8	9	15	10	5
吉林	6	4	2	8	4	4	8	5	3
黑龙江	3	1	2	28	14	14	22	11	11
上海	16	11	5	15	10	5	45	20	25
江苏	32	16	16	41	25	16	218	101	117
浙江	17	10	7	14	7	7	148	87	61
安徽	15	5	10	43	23	20	92	39	53
福建	5	2	3	34	15	19	260	120	140
江西				18	11	7	301	170	131
山东	7	3	4	76	33	43	80	35	45
河南	4	2	2	52	21	31	120	51	69
湖北	6	4	2	19	10	9	93	54	39
湖南	13	7	6	18	6	12	86	34	52
广东	25	15	10	53	32	21	484	232	252
广西	1		1	7	2	5	23283	12047	11236
海南				3	1	2	189	92	97
重庆	9	8	1	27	14	13	25	14	11
四川	43	33	10	48	26	22	264	126	138
贵州	8	4	4	1	1		1143	620	523
云南	49	36	13	8	4	4	878	351	527
西藏	15	11	4	4	2	2	5	2	3
陕西	4	2	2	29	12	17	28	11	17
甘肃	18170	8908	9262	13001	6640	6361	109	54	55
青海	904	477	427	163	78	85	10	6	4
宁夏	21	12	9	48	24	24	5		5
新疆	568	342	226	391	198	193	69	40	29

1-6 续表 17

单位：人

地区	塔塔尔族			独龙族			鄂伦春族		
	小计	男	女	小计	男	女	小计	男	女
全国	**3556**	**1899**	**1657**	**6930**	**3349**	**3581**	**8659**	**4033**	**4626**
北京	23	9	14	14	9	5	165	77	88
天津	4	2	2	3	2	1	38	16	22
河北	17	7	10	21	7	14	142	67	75
山西	1		1	1		1	3	2	1
内蒙古	6	2	4	7	3	4	3632	1699	1933
辽宁	14	4	10	6	2	4	196	72	124
吉林	5	2	3	1		1	111	39	72
黑龙江	3	2	1	8	2	6	3943	1872	2071
上海	12	4	8	8	5	3	55	23	32
江苏	19	11	8	26	10	16	43	16	27
浙江	9		9	26	7	19	21	9	12
安徽	9	3	6	26	2	24	7	5	2
福建	17	11	6	11	5	6	12	8	4
江西	4	3	1	3	2	1	5	2	3
山东	11	4	7	30	5	25	98	33	65
河南	4	2	2	55	27	28	14	6	8
湖北	10	4	6	18	8	10	11	7	4
湖南	15	8	7	36	20	16	5	2	3
广东	55	28	27	51	27	24	52	24	28
广西	24	13	11	21	9	12	8	4	4
海南							4	1	3
重庆	1		1	9	5	4	3	3	
四川	15	6	9	47	20	27	18	9	9
贵州	3	1	2	87	44	43	24	13	11
云南	10	6	4	6353	3096	3257	11	3	8
西藏				37	19	18			
陕西	1		1				8	3	5
甘肃	18	10	8	8	4	4	10	5	5
青海	2		2	4	3	1	2	1	1
宁夏	2		2	2	1	1	6	4	2
新疆	3242	1757	1485	11	5	6	12	8	4

1-6 续表 18

单位：人

地区	赫哲族			门巴族			珞巴族		
	小计	男	女	小计	男	女	小计	男	女
全　国	**5354**	**2651**	**2703**	**10561**	**5261**	**5300**	**3682**	**1803**	**1879**
北　京	201	81	120	31	16	15	11	5	6
天　津	28	16	12	8	6	2			
河　北	90	45	45	17	9	8	6	2	4
山　西	12	4	8	3	2	1			
内蒙古	50	23	27	7	5	2			
辽　宁	154	72	82	9	5	4	11	8	3
吉　林	212	106	106	18	8	10	3	1	2
黑龙江	3613	1803	1810	2	1	1	4	3	1
上　海	40	20	20	3		3	4	2	2
江　苏	68	36	32	136	65	71	1	1	
浙　江	48	20	28	21	9	12	1	1	
安　徽	23	8	15	65	29	36	2	1	1
福　建	43	22	21	23	9	14	16	10	6
江　西	8	5	3	78	30	48	1	1	
山　东	68	35	33	20	10	10	2	1	1
河　南	30	13	17	45	16	29			
湖　北	16	10	6	25	10	15	2		2
湖　南	36	15	21	60	26	34	3	2	1
广　东	298	150	148	62	26	36	8	5	3
广　西	63	34	29	77	27	50	3	3	
海　南	13	5	8	2		2			
重　庆	12	6	6	16	8	8	2	2	
四　川	84	38	46	26	7	19	8	2	6
贵　州	8	4	4	9	6	3	85	49	36
云　南	42	24	18	18	3	15	7	5	2
西　藏				9663	4876	4787	3489	1696	1793
陕　西	4		4	18	9	9	7	1	6
甘　肃	42	26	16	89	41	48	1		1
青　海	11	9	2	4	1	3			
宁　夏	4	1	3	2		2	1		1
新　疆	33	20	13	4	1	3	4	2	2

1-6 续表 19

单位：人

地区	基诺族			其他未识别的民族			外国人加入中国籍		
	小计	男	女	小计	男	女	小计	男	女
全国	**23143**	**11744**	**11399**	**640101**	**334908**	**305193**	**1448**	**557**	**891**
北京	20	9	11	196	107	89	20	10	10
天津	7	1	6	83	45	38	7	3	4
河北	24	12	12	123	66	57	15	8	7
山西	1		1	75	34	41	22	9	13
内蒙古	11	4	7	62	31	31	9	3	6
辽宁	10	6	4	61	46	15	31	16	15
吉林	19	13	6	24	14	10	4	1	3
黑龙江	1		1	67	32	35	16	4	12
上海	23	6	17	583	291	292	9	6	3
江苏	24	5	19	2222	1080	1142	49	26	23
浙江	21	8	13	9521	5356	4165	14	4	10
安徽	8	4	4	174	79	95	47	21	26
福建	16	5	11	2812	1613	1199	82	31	51
江西	5	3	2	650	344	306	83	35	48
山东	17	7	10	125	57	68	21	3	18
河南	7	1	6	99	43	56	195	77	118
湖北	10	4	6	751	366	385	72	32	40
湖南	17	2	15	487	240	247	93	39	54
广东	26	7	19	2197	1215	982	170	47	123
广西	4	2	2	205	115	90	83	35	48
海南	1	1		90	52	38	12	2	10
重庆	27	9	18	209	119	90	11	6	5
四川	54	12	42	368	203	165	55	26	29
贵州	10	3	7	612780	320125	292655	6	5	1
云南	22759	11611	11148	3415	1842	1573	200	57	143
西藏	1	1		2317	1161	1156	1	1	
陕西	9	3	6	48	31	17	27	10	17
甘肃	5	1	4	196	98	98	49	22	27
青海	1		1	20	16	4	5	3	2
宁夏	2	1	1	40	28	12	5		5
新疆	3	3		101	59	42	35	15	20

1-6a 各地区分性别、民族的人口(城市)

单位：人

地 区	合计			汉族		
	合计	男	女	小计	男	女
全 国	**403760040**	**206470117**	**197289923**	**386027166**	**197521865**	**188505301**
北 京	15563215	7990855	7572360	14906413	7667994	7238419
天 津	8858126	4787921	4070205	8599774	4656567	3943207
河 北	14388021	7185090	7202931	13888617	6936261	6952356
山 西	9414053	4751359	4662694	9349179	4717907	4631272
内 蒙 古	8011564	4110233	3901331	6810096	3526137	3283959
辽 宁	22021184	11053846	10967338	20200510	10139883	10060627
吉 林	10196745	5099077	5097668	9317859	4666181	4651678
黑 龙 江	14122516	7114497	7008019	13705978	6900413	6805565
上 海	17640842	9019706	8621136	17432358	8916865	8515493
江 苏	30166466	15404145	14762321	29963490	15299637	14663853
浙 江	20386294	10480401	9905893	19989547	10263836	9725711
安 徽	12182587	6253169	5929418	12043435	6183331	5860104
福 建	12548384	6467896	6080488	12283222	6321455	5961767
江 西	7504291	3822014	3682277	7478670	3808408	3670262
山 东	28364984	14348347	14016637	28001725	14165688	13836037
河 南	18331493	9258578	9072915	17941069	9067551	8873518
湖 北	17928160	9160741	8767419	17615210	9005380	8609830
湖 南	12738442	6437605	6300837	12248762	6195449	6053313
广 东	52388382	27633888	24754494	50975987	26857046	24118941
广 西	8352777	4286087	4066690	6183149	3196622	2986527
海 南	2324288	1217815	1106473	2213497	1165293	1048204
重 庆	8681611	4365786	4315825	8500577	4272692	4227885
四 川	15915660	7982358	7933302	15726316	7885813	7840503
贵 州	5537562	2828513	2709049	4513695	2302537	2211158
云 南	6324830	3221116	3103714	5270839	2700261	2570578
西 藏	272322	136378	135944	99084	55041	44043
陕 西	8837175	4496902	4340273	8705985	4431570	4274415
甘 肃	5258935	2702835	2556100	4890965	2514044	2376921
青 海	1368033	706107	661926	1076266	556996	519270
宁 夏	2059295	1046614	1012681	1661950	847351	814599
新 疆	6071803	3100238	2971565	4432942	2297656	2135286

1-6a 续表 1

单位：人

地区	蒙古族			回族			藏族		
	小计	男	女	小计	男	女	小计	男	女
全国	**1351092**	**654387**	**696705**	**3606760**	**1805653**	**1801107**	**315622**	**150959**	**164663**
北京	65696	31437	34259	216471	106278	110193	5270	2588	2682
天津	14653	7375	7278	162122	80448	81674	1528	780	748
河北	27625	13582	14043	213186	105382	107804	1147	617	530
山西	2886	1502	1384	45839	23035	22804	567	263	304
内蒙古	855904	411224	444680	134718	67711	67007	975	566	409
辽宁	163199	81229	81970	182994	90710	92284	1562	725	837
吉林	34309	16411	17898	77312	38106	39206	476	172	304
黑龙江	29762	14948	14814	76528	38115	38413	373	209	164
上海	9982	4661	5321	71847	36045	35802	2101	901	1200
江苏	7712	3883	3829	95446	49000	46446	2232	995	1237
浙江	4063	2026	2037	21639	11783	9856	897	447	450
安徽	1812	913	899	117435	58541	58894	401	185	216
福建	2615	1318	1297	51532	29548	21984	1118	459	659
江西	1357	670	687	5164	2704	2460	418	212	206
山东	13087	6305	6782	225509	112435	113074	1484	688	796
河南	11689	5667	6022	336104	163941	172163	723	351	372
湖北	6171	3111	3060	38483	19637	18846	1465	712	753
湖南	2307	1135	1172	25033	12351	12682	746	367	379
广东	12803	6637	6166	40207	21682	18525	4142	2101	2041
广西	2037	1018	1019	21360	10543	10817	450	234	216
海南	1472	685	787	5943	2998	2945	135	59	76
重庆	3756	1814	1942	7110	3658	3452	2356	1011	1345
四川	4666	2307	2359	33409	16231	17178	26614	13126	13488
贵州	7134	3760	3374	23120	11688	11432	615	300	315
云南	4650	2392	2258	139245	68042	71203	4472	2234	2238
西藏	119	56	63	5302	3440	1862	165778	76668	89110
陕西	5089	2514	2575	93550	46049	47501	5572	2520	3052
甘肃	3801	1806	1995	279143	143113	136030	30328	15055	15273
青海	13086	6214	6872	191594	97698	93896	48582	24789	23793
宁夏	5612	2645	2967	363090	182260	180830	495	236	259
新疆	32038	15142	16896	306325	152481	153844	2600	1389	1211

1-6a 续表 2 单位：人

地区	维吾尔族			苗族			彝族		
	小计	男	女	小计	男	女	小计	男	女
全国	**1161024**	**567913**	**593111**	**958670**	**507269**	**451401**	**523907**	**269671**	**254236**
北京	6459	3189	3270	10896	5647	5249	4906	2842	2064
天津	1775	889	886	2551	1740	811	1279	906	373
河北	437	267	170	2567	1492	1075	1254	854	400
山西	351	223	128	1048	640	408	529	320	209
内蒙古	379	220	159	1521	890	631	1020	701	319
辽宁	1737	988	749	2718	1673	1045	1124	751	373
吉林	975	435	540	833	505	328	242	138	104
黑龙江	693	441	252	1339	738	601	462	271	191
上海	4127	2236	1891	17169	8854	8315	4285	2037	2248
江苏	3027	1536	1491	15277	8017	7260	5397	2859	2538
浙江	3376	1461	1915	105248	58562	46686	14220	7837	6383
安徽	396	254	142	2388	1240	1148	1046	589	457
福建	774	426	348	38938	21929	17009	6289	3467	2822
江西	181	119	62	1508	829	679	472	258	214
山东	2716	1156	1560	4242	2493	1749	2703	1430	1273
河南	1730	993	737	1855	1048	807	674	347	327
湖北	2127	1217	910	16122	8287	7835	1450	827	623
湖南	1326	682	644	106962	52687	54275	1020	539	481
广东	5902	2381	3521	176589	98187	78402	27231	15396	11835
广西	437	250	187	31556	15989	15567	1704	873	831
海南	101	56	45	4066	1992	2074	353	163	190
重庆	975	511	464	45069	23530	21539	3136	1582	1554
四川	1165	633	532	6737	3605	3132	61166	32378	28788
贵州	299	194	105	327103	168040	159063	71181	36612	34569
云南	675	425	250	28241	15068	13173	308111	154068	154043
西藏	57	28	29	145	71	74	85	55	30
陕西	1079	543	536	1517	904	613	790	470	320
甘肃	1098	491	607	508	320	188	301	169	132
青海	91	56	35	579	343	236	232	158	74
宁夏	578	258	320	809	536	273	342	222	120
新疆	1115981	545355	570626	2569	1413	1156	903	552	351

1-6a 续表 3 单位：人

地区	壮族			布依族			朝鲜族		
	小计	男	女	小计	男	女	小计	男	女
全国	**2685283**	**1385037**	**1300246**	**347835**	**180291**	**167544**	**999237**	**490551**	**508686**
北京	12828	6466	6362	2352	1173	1179	35004	16203	18801
天津	3028	1734	1294	535	313	222	15971	8194	7777
河北	3051	1538	1513	623	339	284	5131	2517	2614
山西	893	539	354	178	90	88	543	264	279
内蒙古	1299	740	559	302	169	133	8546	4136	4410
辽宁	3104	1686	1418	747	408	339	166972	82205	84767
吉林	998	501	497	248	142	106	536972	262603	274369
黑龙江	1331	731	600	211	111	100	109321	54028	55293
上海	10643	5338	5305	3641	1869	1772	18506	8439	10067
江苏	8617	4385	4232	4432	2364	2068	8043	4132	3911
浙江	19290	9957	9333	38984	21706	17278	5071	2561	2510
安徽	2383	1204	1179	718	345	373	891	456	435
福建	13660	7368	6292	9428	5330	4098	1692	841	851
江西	2175	1093	1082	329	186	143	262	107	155
山东	3065	1656	1409	1056	568	488	58215	29611	28604
河南	2608	1303	1305	5165	2426	2739	1216	567	649
湖北	8015	4079	3936	1141	622	519	944	453	491
湖南	6847	3454	3393	1284	695	589	908	448	460
广东	616577	341056	275521	49459	27517	21942	16873	8688	8185
广西	1903091	957066	946025	4371	2209	2162	1786	949	837
海南	9385	5215	4170	675	353	322	715	344	371
重庆	3013	1564	1449	1747	907	840	543	291	252
四川	4436	2425	2011	1443	767	676	914	457	457
贵州	11631	6141	5490	205997	102793	103204	417	191	226
云南	26271	14127	12144	11427	6129	5298	878	458	420
西藏	54	32	22	18	11	7	14	8	6
陕西	2292	1232	1060	479	271	208	1010	477	533
甘肃	806	443	363	138	69	69	372	177	195
青海	681	353	328	134	85	49	242	118	124
宁夏	832	414	418	149	86	63	377	190	187
新疆	2379	1197	1182	424	238	186	888	438	450

1-6a 续表 4

单位：人

地区	满族			侗族			瑶族		
	小计	男	女	小计	男	女	小计	男	女
全国	**2608600**	**1316284**	**1292316**	**291661**	**155100**	**136561**	**258966**	**136036**	**122930**
北京	250637	124059	126578	3343	1634	1709	2790	1315	1475
天津	45264	23523	21741	503	258	245	495	283	212
河北	235289	117328	117961	517	262	255	524	297	227
山西	9012	4835	4177	138	98	40	197	117	80
内蒙古	165366	82647	82719	206	103	103	183	107	76
辽宁	1235972	622638	613334	678	390	288	609	352	257
吉林	220788	110997	109791	161	94	67	217	111	106
黑龙江	176593	94602	81991	72	40	32	279	153	126
上海	22777	10667	12110	5326	2781	2545	2587	1327	1260
江苏	14405	7166	7239	4469	2342	2127	1652	841	811
浙江	7767	3862	3905	29116	16633	12483	3994	2183	1811
安徽	5129	2667	2462	444	235	209	393	201	192
福建	5471	2670	2801	8036	4632	3404	2379	1355	1024
江西	2559	1361	1198	527	295	232	429	201	228
山东	38296	19471	18825	670	379	291	513	263	250
河南	20416	10117	10299	391	196	195	415	189	226
湖北	10716	5597	5119	3276	1638	1638	1808	907	901
湖南	5611	2929	2682	23252	11536	11716	17793	8951	8842
广东	27627	14082	13545	65248	36279	28969	105438	58538	46900
广西	8473	4258	4215	28059	13895	14164	106047	52916	53131
海南	2876	1461	1415	885	538	347	1524	821	703
重庆	3867	2066	1801	1476	826	650	663	344	319
四川	10579	5509	5070	1104	579	525	743	377	366
贵州	9975	4954	5021	109909	57208	52701	3049	1607	1442
云南	7188	3595	3593	2407	1355	1052	2961	1596	1365
西藏	139	85	54	41	23	18	26	13	13
陕西	13204	6707	6497	509	279	230	404	212	192
甘肃	10910	5627	5283	92	55	37	162	86	76
青海	6173	3152	3021	88	61	27	134	80	54
宁夏	21620	10563	11057	285	180	105	183	98	85
新疆	13901	7089	6812	433	276	157	375	195	180

1-6a 续表 5 单位：人

地区	白族			土家族			哈尼族		
	小计	男	女	小计	男	女	小计	男	女
全国	**273943**	**136891**	**137052**	**1132394**	**585314**	**547080**	**83289**	**41831**	**41458**
北京	3174	1608	1566	20311	10331	9980	590	288	302
天津	464	262	202	3923	2302	1621	158	67	91
河北	292	164	128	3852	2118	1734	102	44	58
山西	119	77	42	1321	777	544	52	20	32
内蒙古	196	88	108	1556	946	610	98	53	45
辽宁	454	253	201	3856	2367	1489	171	85	86
吉林	176	93	83	1151	642	509	43	18	25
黑龙江	55	29	26	1602	1003	599	57	32	25
上海	1913	923	990	19702	10052	9650	1359	589	770
江苏	1430	728	702	16710	8928	7782	803	395	408
浙江	4207	2242	1965	89025	49303	39722	1441	712	729
安徽	249	136	113	2378	1298	1080	120	37	83
福建	2032	1091	941	46011	25948	20063	804	463	341
江西	831	410	421	1493	790	703	120	85	35
山东	334	161	173	3677	2181	1496	353	148	205
河南	317	155	162	3014	1681	1333	101	51	50
湖北	647	332	315	213785	104507	109278	185	86	99
湖南	6583	3188	3395	284368	140196	144172	187	94	93
广东	13386	7534	5852	165396	89639	75757	4681	2833	1848
广西	1176	574	602	4824	2596	2228	217	118	99
海南	151	77	74	2400	1263	1137	56	28	28
重庆	1169	561	608	100634	51754	48880	486	195	291
四川	2709	1334	1375	11110	5996	5114	411	208	203
贵州	23151	11840	11311	116011	60574	55437	321	161	160
云南	207716	102483	105233	2561	1507	1054	70182	34928	35254
西藏	20	14	6	130	74	56	3	1	2
陕西	398	228	170	2561	1537	1024	56	23	33
甘肃	130	79	51	938	550	388	28	16	12
青海	84	38	46	955	542	413	6	3	3
宁夏	167	82	85	1191	683	508	41	21	20
新疆	213	107	106	5948	3229	2719	57	29	28

1-6a 续表 6 单位：人

地 区	哈萨克族			傣 族			黎 族		
	小计	男	女	小计	男	女	小计	男	女
全 国	**125800**	**59668**	**66132**	**116239**	**53474**	**62765**	**120068**	**56502**	**63566**
北 京	1433	600	833	914	413	501	991	462	529
天 津	360	160	200	143	74	69	449	246	203
河 北	123	60	63	148	69	79	349	157	192
山 西	39	22	17	53	23	30	255	127	128
内蒙古	198	102	96	74	38	36	478	234	244
辽 宁	386	153	233	130	37	93	1036	502	534
吉 林	342	145	197	55	19	36	320	159	161
黑龙江	115	76	39	30	14	16	252	116	136
上 海	448	202	246	916	354	562	1229	422	807
江 苏	798	379	419	592	240	352	963	384	579
浙 江	483	210	273	1059	491	568	3450	1666	1784
安 徽	527	281	246	113	41	72	436	195	241
福 建	369	182	187	1299	705	594	1548	772	776
江 西	467	241	226	134	60	74	411	191	220
山 东	565	235	330	519	236	283	446	188	258
河 南	1140	559	581	118	55	63	380	188	192
湖 北	1118	533	585	150	67	83	1232	612	620
湖 南	659	359	300	256	133	123	731	354	377
广 东	2358	1279	1079	4969	2711	2258	14941	7882	7059
广 西	376	168	208	339	136	203	1736	900	836
海 南	381	184	197	208	78	130	78308	35613	42695
重 庆	185	71	114	431	161	270	393	187	206
四 川	609	278	331	1286	559	727	631	302	329
贵 州	371	194	177	384	181	203	7316	3795	3521
云 南	109	45	64	101681	46487	55194	904	432	472
西 藏	45	19	26	12	2	10	11	5	6
陕 西	407	186	221	72	22	50	299	140	159
甘 肃	439	207	232	37	21	16	197	88	109
青 海	68	26	42	17	5	12	105	52	53
宁 夏	161	56	105	30	17	13	115	53	62
新 疆	110721	52456	58265	70	25	45	156	78	78

1-6a 续表 7

单位：人

地区	傈僳族			佤族			畲族		
	小计	男	女	小计	男	女	小计	男	女
全国	**14950**	**7963**	**6987**	**16036**	**8476**	**7560**	**113750**	**60493**	**53257**
北京	193	96	97	266	143	123	1375	756	619
天津	44	22	22	131	85	46	217	119	98
河北	118	56	62	249	193	56	143	78	65
山西	21	9	12	37	13	24	84	48	36
内蒙古	68	29	39	114	48	66	86	51	35
辽宁	70	23	47	110	63	47	214	139	75
吉林	9	4	5	19	6	13	77	32	45
黑龙江	7	5	2	13	7	6	61	43	18
上海	325	182	143	607	357	250	2466	1253	1213
江苏	340	167	173	484	283	201	1142	654	488
浙江	354	183	171	683	359	324	23706	12026	11680
安徽	83	58	25	139	62	77	423	237	186
福建	173	81	92	560	314	246	62006	32901	29105
江西	25	11	14	191	78	113	5359	3072	2287
山东	181	72	109	1109	630	479	283	173	110
河南	16	9	7	160	70	90	135	66	69
湖北	70	30	40	215	126	89	1022	545	477
湖南	36	18	18	169	108	61	343	176	167
广东	1400	892	508	3446	1981	1465	10324	5740	4584
广西	56	26	30	218	125	93	540	329	211
海南	9	4	5	44	22	22	174	97	77
重庆	162	76	86	99	43	56	188	109	79
四川	618	314	304	204	99	105	216	138	78
贵州	120	63	57	188	88	100	2347	1207	1140
云南	10355	5483	4872	6441	3097	3344	335	208	127
西藏	8	2	6	1	1		4	4	
陕西	16	9	7	40	19	21	165	101	64
甘肃	15	9	6	42	28	14	77	51	26
青海	11	3	8	5	2	3	43	26	17
宁夏	14	7	7	15	10	5	88	51	37
新疆	33	20	13	37	16	21	107	63	44

1-6a 续表 8

单位：人

地区	高山族			拉祜族			水族		
	小计	男	女	小计	男	女	小计	男	女
全国	**1593**	**801**	**792**	**16305**	**7596**	**8709**	**32688**	**17546**	**15142**
北京	95	42	53	166	75	91	290	143	147
天津	24	13	11	29	18	11	123	70	53
河北	32	11	21	48	21	27	49	34	15
山西	6	4	2	7	4	3	11	9	2
内蒙古	70	37	33	38	18	20	36	21	15
辽宁	131	67	64	35	13	22	77	45	32
吉林	52	27	25	11	4	7	28	15	13
黑龙江	12	4	8	3	1	2	5	3	2
上海	76	33	43	275	117	158	461	225	236
江苏	63	26	37	210	83	127	3692	2041	1651
浙江	33	21	12	319	132	187	3434	1879	1555
安徽	33	17	16	33	20	13	105	65	40
福建	185	94	91	199	121	78	1023	545	478
江西	5	1	4	18	7	11	260	131	129
山东	47	22	25	231	112	119	51	29	22
河南	154	72	82	57	16	41	113	61	52
湖北	37	22	15	63	33	30	151	75	76
湖南	29	17	12	47	17	30	155	90	65
广东	121	64	57	928	552	376	5131	2856	2275
广西	101	60	41	47	19	28	2612	1311	1301
海南	40	22	18	19	9	10	56	27	29
重庆	27	15	12	134	39	95	134	72	62
四川	31	16	15	81	28	53	387	183	204
贵州	66	35	31	51	21	30	13274	7037	6237
云南	43	24	19	13201	6080	7121	840	466	374
西藏							9	5	4
陕西	12	6	6	14	8	6	63	41	22
甘肃	12	7	5	4	3	1	30	17	13
青海	11	3	8	4	2	2	11	7	4
宁夏	10	8	2	8	5	3	30	11	19
新疆	35	11	24	25	18	7	47	32	15

1-6a 续表 9 单位：人

地区	东乡族			纳西族			景颇族		
	小计	男	女	小计	男	女	小计	男	女
全国	**41258**	**23344**	**17914**	**78456**	**37973**	**40483**	**11615**	**5609**	**6006**
北京	398	290	108	510	259	251	97	43	54
天津	106	80	26	63	34	29	18	7	11
河北	44	30	14	72	41	31	4	3	1
山西	16	10	6	21	11	10	7	2	5
内蒙古	303	204	99	19	12	7	11	4	7
辽宁	27	16	11	119	61	58	42	18	24
吉林	32	17	15	11	7	4	8	4	4
黑龙江	16	8	8	33	23	10	2	1	1
上海	298	233	65	255	110	145	86	39	47
江苏	280	191	89	175	85	90	78	38	40
浙江	225	149	76	163	70	93	145	66	79
安徽	72	54	18	38	11	27	14	2	12
福建	87	68	19	78	35	43	96	43	53
江西	26	18	8	39	19	20	12	5	7
山东	104	66	38	104	53	51	64	22	42
河南	48	32	16	52	22	30	6	1	5
湖北	51	31	20	144	69	75	13	4	9
湖南	46	31	15	87	46	41	11	6	5
广东	365	280	85	431	239	192	488	278	210
广西	14	7	7	100	50	50	20	1	19
海南	10	7	3	17	7	10	7	3	4
重庆	96	53	43	336	152	184	35	13	22
四川	74	59	15	866	440	426	52	28	24
贵州	358	151	207	229	113	116	437	222	215
云南	114	81	33	74282	35905	38377	9808	4729	5079
西藏	363	258	105	32	14	18			
陕西	82	52	30	84	38	46	12	3	9
甘肃	30097	16331	13766	22	11	11	12	11	1
青海	3702	2358	1344	25	10	15	4	3	1
宁夏	301	177	124	16	7	9	5	2	3
新疆	3503	2002	1501	33	19	14	21	8	13

1-6a 续表 10　　　　单位：人

地区	柯尔克孜族			土族			达斡尔族		
	小计	男	女	小计	男	女	小计	男	女
全国	**12099**	**5634**	**6465**	**41623**	**21574**	**20049**	**38755**	**18136**	**20619**
北京	165	63	102	487	251	236	1870	790	1080
天津	38	16	22	223	133	90	499	239	260
河北	15	9	6	205	128	77	525	223	302
山西	3		3	102	54	48	55	30	25
内蒙古	74	40	34	167	94	73	18369	8623	9746
辽宁	101	48	53	208	104	104	1367	617	750
吉林	31	14	17	82	40	42	393	178	215
黑龙江	196	82	114	58	33	25	10317	4891	5426
上海	38	18	20	518	264	254	406	165	241
江苏	43	21	22	818	413	405	205	106	99
浙江	214	145	69	2132	1168	964	145	62	83
安徽	2	2		188	99	89	50	18	32
福建	36	23	13	2142	1193	949	60	23	37
江西	1		1	224	122	102	17	3	14
山东	68	26	42	348	165	183	685	322	363
河南	24	16	8	279	144	135	91	35	56
湖北	28	17	11	796	393	403	70	32	38
湖南	28	12	16	1728	937	791	19	12	7
广东	528	276	252	6881	3743	3138	383	193	190
广西	20	14	6	438	227	211	64	29	35
海南				222	116	106	40	13	27
重庆	24	11	13	387	209	178	113	46	67
四川	47	24	23	586	273	313	83	38	45
贵州	1	1		1931	1005	926	18	5	13
云南	11	6	5	1764	935	829	215	103	112
西藏	8	3	5	549	305	244	3	1	2
陕西	15	4	11	324	166	158	76	32	44
甘肃	32	9	23	3079	1430	1649	55	30	25
青海				13915	7013	6902	14	7	7
宁夏	10	6	4	229	115	114	41	17	24
新疆	10298	4728	5570	613	302	311	2507	1253	1254

1-6a 续表 11

单位：人

地区	仫佬族			羌族			布朗族		
	小计	男	女	小计	男	女	小计	男	女
全国	**44439**	**21801**	**22638**	**21506**	**10587**	**10919**	**4896**	**2284**	**2612**
北京	321	149	172	541	246	295	59	31	28
天津	82	48	34	148	97	51	20	18	2
河北	54	21	33	249	162	87	8	4	4
山西	17	10	7	76	44	32	8	5	3
内蒙古	30	19	11	63	33	30	2		2
辽宁	51	24	27	128	68	60	11	6	5
吉林	22	7	15	226	110	116	5	3	2
黑龙江	35	16	19	23	14	9	5	2	3
上海	273	111	162	359	172	187	94	57	37
江苏	221	100	121	402	210	192	47	23	24
浙江	949	506	443	321	165	156	68	37	31
安徽	50	27	23	55	31	24	13	5	8
福建	227	105	122	251	141	110	85	40	45
江西	58	35	23	47	22	25	3		3
山东	71	35	36	166	97	69	45	31	14
河南	22	13	9	114	62	52	17	11	6
湖北	204	76	128	144	79	65	28	9	19
湖南	165	89	76	102	49	53	13	3	10
广东	8509	4586	3923	1547	861	686	385	207	178
广西	29150	13762	15388	93	51	42	50	25	25
海南	43	28	15	61	35	26	7	4	3
重庆	113	49	64	477	228	249	63	17	46
四川	124	72	52	14945	7086	7859	34	19	15
贵州	3392	1786	1606	271	142	129	12	7	5
云南	143	70	73	253	147	106	3788	1709	2079
西藏				46	27	19	1		1
陕西	34	13	21	116	60	56	5	1	4
甘肃	20	12	8	60	32	28	5	2	3
青海	11	4	7	56	35	21	1	1	
宁夏	8	2	6	21	8	13	2		2
新疆	40	26	14	145	73	72	12	7	5

1-6a 续表 12

单位：人

地 区	撒拉族			毛南族			仡佬族		
	小计	男	女	小计	男	女	小计	男	女
全 国	**17270**	**9498**	**7772**	**15408**	**7732**	**7676**	**65389**	**35590**	**29799**
北 京	625	386	239	111	45	66	1098	659	439
天 津	105	73	32	16	6	10	304	218	86
河 北	61	39	22	26	12	14	184	123	61
山 西	42	26	16	10	10		76	56	20
内蒙古	28	18	10	11	8	3	139	119	20
辽 宁	81	52	29	17	12	5	187	134	53
吉 林	46	28	18	6	2	4	68	46	22
黑龙江	2	2		3		3	69	44	25
上 海	787	499	288	99	45	54	1004	584	420
江 苏	220	123	97	110	67	43	953	548	405
浙 江	331	202	129	298	168	130	6389	3632	2757
安 徽	46	29	17	19	11	8	189	95	94
福 建	50	32	18	176	96	80	1764	1004	760
江 西	17	11	6	34	18	16	89	53	36
山 东	564	331	233	25	15	10	474	308	166
河 南	248	154	94	10	4	6	142	86	56
湖 北	112	74	38	60	27	33	317	191	126
湖 南	30	18	12	58	25	33	301	176	125
广 东	719	447	272	3871	2198	1673	8412	4499	3913
广 西	92	47	45	9495	4521	4974	546	309	237
海 南	16	9	7	18	10	8	181	110	71
重 庆	66	38	28	39	22	17	1048	604	444
四 川	71	34	37	33	17	16	420	233	187
贵 州	75	49	26	748	337	411	39803	20981	18822
云 南	165	95	70	60	34	26	880	544	336
西 藏	75	44	31	1	1		8	4	4
陕 西	131	81	50	11	4	7	147	94	53
甘 肃	1220	610	610	6	3	3	36	23	13
青 海	10646	5633	5013	1		1	43	36	7
宁 夏	66	34	32	26	9	17	35	27	8
新 疆	533	280	253	10	5	5	83	50	33

1-6a 续表 13 单位：人

地区	锡伯族			阿昌族			普米族		
	小计	男	女	小计	男	女	小计	男	女
全国	**74997**	**37438**	**37559**	**3090**	**1648**	**1442**	**2530**	**1240**	**1290**
北京	2420	1125	1295	19	10	9	41	20	21
天津	469	249	220	8	6	2	14	14	
河北	613	312	301	7	3	4	3	2	1
山西	115	68	47	1		1	1		1
内蒙古	1286	660	626	9	7	2			
辽宁	49373	24889	24484	7	7		6	3	3
吉林	1820	925	895				1	1	
黑龙江	3378	1789	1589	1		1	3	2	1
上海	635	291	344	24	12	12	25	7	18
江苏	330	151	179	39	19	20	14	8	6
浙江	148	79	69	18	8	10	25	14	11
安徽	129	70	59	6	2	4			
福建	101	33	68	11	6	5	34	20	14
江西	46	20	26	7	2	5	1	1	
山东	550	253	297	14	4	10	20	8	12
河南	231	105	126	132	64	68	5	2	3
湖北	200	94	106	6	2	4	18	9	9
湖南	109	56	53	11	8	3	5	3	2
广东	681	331	350	487	304	183	100	51	49
广西	103	53	50	12	8	4	6	2	4
海南	58	25	33				2	1	1
重庆	123	60	63	5	2	3	41	25	16
四川	247	120	127	9	8	1	33	17	16
贵州	141	69	72	11	6	5	8	3	5
云南	122	52	70	2237	1156	1081	2108	1019	1089
西藏							4	2	2
陕西	329	175	154	2	1	1	1	1	
甘肃	240	115	125				1		1
青海	104	41	63	1		1	3		3
宁夏	177	85	92	2		2	4	3	1
新疆	10719	5143	5576	4	3	1	3	2	1

1-6a 续表 14 单位：人

地　区	塔吉克族			怒　族			乌孜别克族		
	小计	男	女	小计	男	女	小计	男	女
全　国	**1865**	**948**	**917**	**1865**	**908**	**957**	**4906**	**2490**	**2416**
北　京	21	12	9	48	21	27	50	24	26
天　津	10	8	2	35	20	15	15	6	9
河　北	1		1	47	23	24	2	1	1
山　西	1	1		35	15	20	2	1	1
内蒙古	1	1		9	1	8	5	3	2
辽　宁	7	4	3	12	6	6	3		3
吉　林	2	1	1	10	4	6	2	2	
黑龙江	6	4	2	5	2	3	4	3	1
上　海	7	3	4	32	13	19	14	4	10
江　苏	8	2	6	128	71	57	11	6	5
浙　江	13	6	7	36	16	20	8	4	4
安　徽	1	1		35	18	17	1	1	
福　建	13	8	5	121	67	54	5	3	2
江　西	16	8	8	36	21	15	3		3
山　东	7	5	2	80	39	41	5	3	2
河　南	14	5	9	42	27	15	5	5	
湖　北	6	4	2	53	31	22	7	3	4
湖　南	1	1		60	31	29	5	4	1
广　东	141	83	58	346	176	170	59	32	27
广　西				20	13	7	1		1
海　南				65	22	43			
重　庆	1	1		16	6	10	3	1	2
四　川	5	1	4	75	29	46	2	2	
贵　州				9	3	6			
云　南	1		1	419	186	233	5	3	2
西　藏				6	3	3			
陕　西	1	1		8	3	5	7	2	5
甘　肃	8	3	5	41	20	21	7	4	3
青　海	2	1	1	1	1		1	1	
宁　夏	1		1	4	2	2	1	1	
新　疆	1570	784	786	31	18	13	4673	2371	2302

1-6a 续表 15

单位：人

地　区	俄罗斯族			鄂温克族			德昂族		
	小计	男	女	小计	男	女	小计	男	女
全　国	**10888**	**4971**	**5917**	**6003**	**2590**	**3413**	**1196**	**610**	**586**
北　京	319	121	198	379	161	218	9	4	5
天　津	109	47	62	89	40	49			
河　北	53	31	22	83	29	54			
山　西	5	2	3	15	6	9	2	1	1
内蒙古	2955	1383	1572	3795	1642	2153	4	2	2
辽　宁	146	66	80	320	149	171	5	2	3
吉　林	42	18	24	70	33	37			
黑龙江	168	71	97	756	307	449			
上　海	192	72	120	44	20	24	6	3	3
江　苏	87	42	45	35	14	21	4	3	1
浙　江	32	14	18	23	9	14	17	13	4
安　徽	28	17	11	7	3	4	1	1	
福　建	25	11	14	8	2	6	8	3	5
江　西	1	1		5	3	2			
山　东	105	49	56	138	62	76	4		4
河　南	20	7	13	16	6	10			
湖　北	23	12	11	20	7	13			
湖　南	17	4	13	3	2	1	1		1
广　东	121	37	84	78	40	38	46	29	17
广　西	6	1	5	9	6	3	1	1	
海　南	16	4	12	9	1	8			
重　庆	38	13	25	21	10	11			
四　川	32	16	16	18	10	8	3	3	
贵　州	5	5		1	1		2	1	1
云　南	26	8	18	14	5	9	1082	544	538
西　藏									
陕　西	68	34	34	22	13	9			
甘　肃	37	15	22	5	4	1			
青　海	29	15	14	2	1	1			
宁　夏	18	6	12	6	1	5	1		1
新　疆	6165	2849	3316	12	3	9			

1-6a 续表 16 单位：人

地区	保安族			裕固族			京族		
	小计	男	女	小计	男	女	小计	男	女
全国	**1510**	**767**	**743**	**3000**	**1466**	**1534**	**9251**	**4549**	**4702**
北京	23	17	6	88	35	53	52	22	30
天津	9	7	2	35	19	16	26	12	14
河北	6	3	3	16	10	6	25	8	17
山西				6	3	3	16	8	8
内蒙古	12	9	3	17	11	6	9	4	5
辽宁	2	1	1	15	8	7	12	7	5
吉林	3	2	1	6	3	3	2	1	1
黑龙江	3	1	2	24	12	12	9	6	3
上海	11	8	3	12	8	4	37	16	21
江苏	22	12	10	27	19	8	60	34	26
浙江	12	9	3	9	5	4	47	31	16
安徽	7	3	4	14	9	5	19	10	9
福建	3	1	2	23	10	13	128	70	58
江西				6	4	2	93	55	38
山东	6	3	3	26	8	18	36	21	15
河南	1		1	34	14	20	42	19	23
湖北	4	3	1	11	6	5	26	15	11
湖南	4	1	3	11	4	7	37	16	21
广东	22	14	8	26	19	7	299	159	140
广西				3	1	2	7545	3656	3889
海南				3	1	2	15	6	9
重庆	9	8	1	27	14	13	19	12	7
四川	4	3	1	23	10	13	77	42	35
贵州	8	4	4	1	1		293	152	141
云南	3	2	1	2	2		201	99	102
西藏	7	5	2				4	2	2
陕西	4	2	2	21	10	11	12	6	6
甘肃	1028	495	533	2246	1093	1153	60	29	31
青海	214	105	109	36	16	20			
宁夏	21	12	9	44	23	21	4		4
新疆	62	37	25	188	88	100	46	31	15

1-6a 续表 17 单位：人

地区	塔塔尔族			独龙族			鄂伦春族		
	小计	男	女	小计	男	女	小计	男	女
全国	**1416**	**689**	**727**	**326**	**168**	**158**	**2298**	**1021**	**1277**
北京	21	8	13	14	9	5	145	67	78
天津	4	2	2	2	1	1	27	13	14
河北	6	2	4	4	3	1	86	40	46
山西	1		1				2	1	1
内蒙古	1		1	5	1	4	659	293	366
辽宁	7	2	5	2	1	1	119	46	73
吉林	5	2	3				54	15	39
黑龙江	3	2	1	1		1	918	429	489
上海	7	3	4	5	4	1	48	18	30
江苏	12	8	4	7	3	4	30	8	22
浙江	3		3	3	1	2	12	4	8
安徽	2		2	1		1	5	4	1
福建	10	7	3	5	3	2	9	5	4
江西							2	1	1
山东	6	3	3	7	5	2	70	24	46
河南	4	2	2	19	8	11	13	6	7
湖北	6	3	3	4	3	1	10	6	4
湖南	5	3	2	5	1	4	4	2	2
广东	42	21	21	43	24	19	29	11	18
广西	6	4	2	11	5	6	7	4	3
海南									
重庆	1		1	7	4	3	3	3	
四川	4	1	3	7	4	3	10	3	7
贵州				16	10	6	8	3	5
云南	1	1		152	75	77	3		3
西藏									
陕西	1		1				7	3	4
甘肃	4	2	2	3	1	2	3	1	2
青海				1	1		1	1	
宁夏	2		2	2	1	1	6	4	2
新疆	1252	613	639				8	6	2

1-6a 续表 18

单位：人

地 区	赫哲族			门巴族			珞巴族		
	小计	男	女	小计	男	女	小计	男	女
全 国	**2356**	**1111**	**1245**	**520**	**207**	**313**	**122**	**60**	**62**
北 京	183	74	109	30	15	15	11	5	6
天 津	25	15	10	7	5	2			
河 北	61	29	32	1		1	3	1	2
山 西	9	3	6	3	2	1			
内蒙古	11	5	6	3	3				
辽 宁	119	50	69	9	5	4	4	2	2
吉 林	89	38	51	4		4	3	1	2
黑龙江	1260	589	671	1		1	3	3	
上 海	31	15	16	3		3	3	1	2
江 苏	41	23	18	116	54	62	1	1	
浙 江	30	9	21	10	3	7	1	1	
安 徽	8	3	5	19	1	18			
福 建	30	15	15	7	3	4	12	7	5
江 西	2	2		63	20	43			
山 东	46	25	21	7	4	3	1		1
河 南	17	7	10	15	5	10			
湖 北	8	6	2	11	3	8	2		2
湖 南	14	6	8	10	5	5	3	2	1
广 东	233	120	113	33	16	17	7	4	3
广 西	49	30	19	41	10	31	3	3	
海 南	12	5	7	2		2			
重 庆	9	5	4	2	1	1	2	2	
四 川	19	9	10	13	5	8	2	1	1
贵 州	6	2	4				21	11	10
云 南	19	11	8	7	1	6	3	2	1
西 藏				80	39	41	29	11	18
陕 西	2		2	12	4	8	6	1	5
甘 肃	2	1	1	4	2	2			
青 海				1		1			
宁 夏	2	1	1	2		2	1		1
新 疆	19	13	6	4	1	3	1	1	

1-6a 续表 19 单位：人

地区	基诺族			其他未识别的民族			外国人加入中国籍		
	小计	男	女	小计	男	女	小计	男	女
全国	**3638**	**1704**	**1934**	**52304**	**28025**	**24279**	**367**	**174**	**193**
北京	16	8	8	161	93	68	20	10	10
天津	6		6	65	37	28	6	3	3
河北	7	2	5	69	50	19	8	5	3
山西				27	17	10	14	7	7
内蒙古	6	2	4	31	15	16	3	1	2
辽宁	9	6	3	44	32	12	28	15	13
吉林	2		2	24	14	10	3	1	2
黑龙江				58	28	30	2		2
上海	19	5	14	336	171	165	8	6	2
江苏	8	1	7	500	272	228	8	4	4
浙江	9	2	7	3046	1723	1323	6	2	4
安徽				35	24	11	23	10	13
福建	4	1	3	1385	792	593	27	11	16
江西	4	3	1	67	42	25	7	5	2
山东	1		1	52	29	23	8	1	7
河南	4	1	3	41	25	16	25	11	14
湖北	8	4	4	153	85	68	14	8	6
湖南	4	1	3	116	73	43	15	5	10
广东	19	6	13	1839	1026	813	48	25	23
广西	2	1	1	92	54	38	16	8	8
海南				10	5	5	1	1	
重庆	9	4	5	141	89	52	7	5	2
四川	6	6		128	71	57	23	12	11
贵州	7	1	6	42022	22219	19803	3	2	1
云南	3477	1646	1831	1717	947	770	15	9	6
西藏							1	1	
陕西	9	3	6	40	27	13	3		3
甘肃				23	13	10	6	2	4
青海				13	10	3	4	2	2
宁夏	2	1	1	39	27	12	4		4
新疆				30	15	15	11	2	9

1-6b 各地区分性别、民族的人口(镇)

单位：人

地区	合计			汉族		
	合计	男	女	小计	男	女
全国	**266245506**	**136570666**	**129674840**	**247209627**	**126940211**	**120269416**
北京	1295477	683545	611932	1239014	655173	583841
天津	1419767	736281	683486	1383469	717883	665586
河北	17187307	8754793	8432514	16395939	8354257	8041682
山西	7746486	3967332	3779154	7732166	3959636	3772530
内蒙古	5708610	2943359	2765251	4447947	2321566	2126381
辽宁	5166779	2608045	2558734	4064085	2058356	2005729
吉林	4451454	2262619	2188835	4050985	2059754	1991231
黑龙江	7201199	3647191	3554008	7015608	3548692	3466916
上海	2914256	1542466	1371790	2876332	1522445	1353887
江苏	17205022	8676471	8528551	17145414	8648335	8497079
浙江	13163915	6751617	6412298	12833096	6574723	6258373
安徽	13394530	6803194	6591336	13270501	6741618	6528883
福建	8513556	4360897	4152659	8373852	4285166	4088686
江西	11995669	6226968	5768701	11961744	6208608	5753136
山东	19255743	9837833	9417910	19099430	9759405	9340025
河南	17888274	9134021	8754253	17530277	8949883	8580394
湖北	10516925	5412738	5104187	10044191	5174133	4870058
湖南	15714621	8079272	7635349	14289102	7357022	6932080
广东	16641873	8740164	7901709	16399121	8605362	7793759
广西	10065066	5212594	4852472	6941848	3634908	3306940
海南	1984228	1056706	927522	1733015	929629	803386
重庆	6614192	3327602	3286590	6189970	3113806	3076164
四川	16428768	8335289	8093479	15802945	8016147	7786798
贵州	6199971	3175762	3024209	4265415	2187781	2077634
云南	9634242	4940836	4693406	7216737	3734155	3482582
西藏	408267	219218	189049	99683	63514	36169
陕西	8222162	4303161	3919001	8189039	4285628	3903411
甘肃	3932250	2042250	1890000	3597070	1869709	1727361
青海	1148221	601284	546937	612489	329341	283148
宁夏	962727	501105	461622	635982	333868	302114
新疆	3263949	1686053	1577896	1773161	939708	833453

1-6b 续表 1 单位：人

地区	蒙古族			回族			藏族		
	小计	男	女	小计	男	女	小计	男	女
全 国	**1411757**	**696045**	**715712**	**2057256**	**1052532**	**1004724**	**923177**	**463179**	**459998**
北 京	4372	2143	2229	13855	7088	6767	135	65	70
天 津	2898	1314	1584	11081	5660	5421	156	79	77
河 北	48922	24018	24904	160163	81086	79077	325	130	195
山 西	1323	777	546	8884	4547	4337	142	76	66
内蒙古	1058482	518538	539944	47602	25129	22473	1025	603	422
辽 宁	112302	55086	57216	39893	20537	19356	74	45	29
吉 林	31430	15384	16046	17593	9058	8535	70	38	32
黑龙江	29068	14649	14419	14092	7344	6748	81	42	39
上 海	861	432	429	4058	2217	1841	184	75	109
江 苏	1148	543	605	16519	8764	7755	428	207	221
浙 江	1360	717	643	8433	4519	3914	1311	580	731
安 徽	447	205	242	111251	56075	55176	160	63	97
福 建	961	450	511	16169	8511	7658	252	83	169
江 西	1269	682	587	2063	1101	962	390	237	153
山 东	2133	1019	1114	138740	70783	67957	190	64	126
河 南	19921	12419	7502	323361	164000	159361	222	75	147
湖 北	1142	632	510	12953	6927	6026	85	43	42
湖 南	684	355	329	17817	9198	8619	427	220	207
广 东	806	457	349	2187	1227	960	578	298	280
广 西	512	249	263	6066	3233	2833	160	84	76
海 南	736	360	376	4173	2120	2053	43	19	24
重 庆	579	313	266	1240	670	570	382	167	215
四 川	8791	4381	4410	34611	17494	17117	223002	111184	111818
贵 州	9500	5144	4356	35750	18350	17400	286	121	165
云 南	6201	3323	2878	191784	96180	95604	39101	19386	19715
西 藏	113	76	37	4917	3257	1660	297719	149096	148623
陕 西	1210	668	542	25720	13386	12334	433	194	239
甘 肃	4249	2092	2157	179537	93453	86084	70435	35733	34702
青 海	25488	12573	12915	168214	86073	82141	283916	143388	140528
宁 夏	507	264	243	324021	165746	158275	58	26	32
新 疆	34342	16782	17560	114509	58799	55710	1407	758	649

1-6b 续表 2

单位：人

地 区	维吾尔族			苗 族			彝 族		
	小计	男	女	小计	男	女	小计	男	女
全 国	**1092195**	**545524**	**546671**	**1457396**	**748730**	**708666**	**1120997**	**568683**	**552314**
北 京	118	54	64	596	321	275	337	219	118
天 津	160	64	96	569	335	234	274	177	97
河 北	245	139	106	1654	856	798	859	512	347
山 西	200	140	60	263	163	100	393	270	123
内蒙古	189	119	70	691	461	230	556	350	206
辽 宁	107	57	50	532	313	219	144	76	68
吉 林	63	40	23	177	79	98	140	106	34
黑龙江	95	61	34	549	326	223	106	69	37
上 海	642	288	354	6704	3611	3093	1330	696	634
江 苏	485	216	269	9858	4372	5486	3156	1434	1722
浙 江	1439	847	592	85224	46382	38842	14193	7723	6470
安 徽	143	75	68	2603	1011	1592	1444	691	753
福 建	196	100	96	19705	11195	8510	2825	1581	1244
江 西	230	114	116	2830	1411	1419	546	282	264
山 东	1005	169	836	1285	566	719	1454	678	776
河 南	915	513	402	605	230	375	186	68	118
湖 北	171	103	68	35627	18525	17102	311	150	161
湖 南	1532	874	658	465686	234894	230792	578	252	326
广 东	164	89	75	32245	18994	13251	3533	2105	1428
广 西	351	180	171	48851	24376	24475	2297	1196	1101
海 南	88	51	37	6880	3377	3503	238	142	96
重 庆	136	75	61	97556	48835	48721	998	461	537
四 川	515	265	250	13456	6963	6493	249536	130666	118870
贵 州	139	88	51	515941	264971	250970	91285	46661	44624
云 南	406	245	161	104531	54404	50127	742571	370945	371626
西 藏	95	78	17	182	150	32	198	154	44
陕 西	342	129	213	505	332	173	283	202	81
甘 肃	679	314	365	597	376	221	347	189	158
青 海	79	46	33	197	144	53	204	169	35
宁 夏	21	11	10	89	68	21	109	80	29
新 疆	1081245	539980	541265	1208	689	519	566	379	187

1-6b 续表 3 单位：人

地区	壮族			布依族			朝鲜族		
	小计	男	女	小计	男	女	小计	男	女
全国	**3132374**	**1587174**	**1545200**	**404996**	**204808**	**200188**	**271198**	**135669**	**135529**
北京	617	296	321	161	93	68	1385	706	679
天津	847	395	452	120	74	46	1567	813	754
河北	2956	968	1988	649	310	339	3693	1831	1862
山西	302	145	157	23	7	16	77	33	44
内蒙古	517	272	245	87	38	49	3605	1790	1815
辽宁	394	190	204	83	43	40	22379	11144	11235
吉林	217	111	106	52	30	22	185328	92808	92520
黑龙江	363	189	174	93	51	42	42267	21040	21227
上海	2698	1316	1382	1037	557	480	3527	1737	1790
江苏	3636	1608	2028	3926	1789	2137	729	390	339
浙江	23706	11942	11764	35250	19127	16123	1148	587	561
安徽	1262	470	792	672	235	437	168	65	103
福建	6284	3297	2987	4593	2541	2052	320	179	141
江西	2613	1222	1391	712	313	399	218	86	132
山东	778	301	477	288	121	167	1691	884	807
河南	665	239	426	124	38	86	109	52	57
湖北	1316	579	737	330	149	181	317	151	166
湖南	5549	2550	2999	854	346	508	144	76	68
广东	99982	55265	44717	5599	3237	2362	408	233	175
广西	2725648	1377958	1347690	4564	2040	2524	710	364	346
海南	10198	5400	4798	452	270	182	202	82	120
重庆	669	285	384	549	209	340	60	31	29
四川	2204	1147	1057	2034	1069	965	365	195	170
贵州	12030	6265	5765	330741	165632	165109	96	49	47
云南	224338	113370	110968	11479	6135	5344	235	120	115
西藏	86	71	15	36	29	7	5	3	2
陕西	590	322	268	126	79	47	98	44	54
甘肃	630	299	331	201	121	80	163	84	79
青海	160	89	71	65	59	6	48	24	24
宁夏	82	50	32	8	3	5	13	8	5
新疆	1037	563	474	88	63	25	123	60	63

1-6b 续表 4

单位：人

地区	满族			侗族			瑶族		
	小计	男	女	小计	男	女	小计	男	女
全国	**1935398**	**981558**	**953840**	**585784**	**299732**	**286052**	**393313**	**201066**	**192247**
北京	32682	16251	16431	165	84	81	138	67	71
天津	15889	7943	7946	196	122	74	154	89	65
河北	567465	288529	278936	301	138	163	288	137	151
山西	1629	868	761	90	78	12	31	11	20
内蒙古	103079	52586	50493	76	43	33	50	26	24
辽宁	912683	454848	457835	75	34	41	65	29	36
吉林	164269	84666	79603	35	25	10	38	18	20
黑龙江	87636	49169	38467	77	48	29	77	38	39
上海	1813	931	882	1319	728	591	708	385	323
江苏	1709	795	914	2124	737	1387	619	279	340
浙江	1923	954	969	28274	15657	12617	3097	1665	1432
安徽	1613	820	793	483	143	340	172	66	106
福建	883	426	457	3061	1750	1311	1438	797	641
江西	1761	923	838	621	326	295	995	499	496
山东	4096	2013	2083	83	47	36	96	40	56
河南	8903	5113	3790	63	22	41	75	25	50
湖北	998	523	475	6964	3595	3369	297	145	152
湖南	1221	665	556	191714	97716	93998	96626	49876	46750
广东	987	569	418	8610	4904	3706	50108	26214	23894
广西	1658	906	752	45946	22406	23540	212511	107512	104999
海南	614	290	324	440	289	151	1856	990	866
重庆	546	290	256	538	256	282	133	60	73
四川	3502	1891	1611	633	341	292	437	215	222
贵州	4921	2601	2320	292509	149402	143107	4550	2319	2231
云南	2162	1185	977	1039	621	418	18287	9303	8984
西藏	111	68	43	38	30	8	31	21	10
陕西	2255	1260	995	130	74	56	97	53	44
甘肃	2469	1326	1143	28	18	10	157	81	76
青海	1494	808	686	36	31	5	29	12	17
宁夏	1475	754	721	39	27	12	10	8	2
新疆	2952	1587	1365	77	40	37	143	86	57

1-6b 续表 5

单位：人

地 区	白族			土家族			哈尼族		
	小计	男	女	小计	男	女	小计	男	女
全 国	**388571**	**194746**	**193825**	**1785132**	**909521**	**875611**	**204994**	**103478**	**101516**
北 京	160	84	76	988	513	475	37	18	19
天 津	116	65	51	1566	884	682	20	9	11
河 北	160	93	67	1702	949	753	69	24	45
山 西	19	10	9	517	383	134	31	9	22
内蒙古	101	47	54	533	325	208	49	12	37
辽 宁	31	11	20	707	429	278	46	26	20
吉 林	29	17	12	131	86	45	10	1	9
黑龙江	25	13	12	345	216	129	30	16	14
上 海	763	399	364	7837	4249	3588	1172	689	483
江 苏	1259	543	716	7034	3327	3707	534	186	348
浙 江	3086	1684	1402	61727	33687	28040	904	406	498
安 徽	121	55	66	1273	668	605	185	51	134
福 建	938	515	423	19191	11008	8183	263	138	125
江 西	339	167	172	1784	909	875	56	22	34
山 东	307	141	166	839	507	332	292	41	251
河 南	54	21	33	1155	632	523	43	6	37
湖 北	624	315	309	409588	205671	203917	20	7	13
湖 南	25737	12787	12950	612489	310277	302212	125	18	107
广 东	1229	719	510	22817	13027	9790	466	296	170
广 西	378	198	180	1859	980	879	79	41	38
海 南	44	22	22	824	451	373	17	6	11
重 庆	198	103	95	318999	161389	157610	209	56	153
四 川	2741	1403	1338	7166	3837	3329	263	108	155
贵 州	32671	17187	15484	297227	150930	146297	210	82	128
云 南	316709	157701	159008	1900	1203	697	199755	101163	98592
西 藏	272	164	108	242	185	57	15	11	4
陕 西	38	26	12	651	410	241	11	7	4
甘 肃	146	91	55	836	514	322	45	16	29
青 海	188	117	71	362	266	96	5	3	2
宁 夏	7	4	3	108	69	39	2	1	1
新 疆	81	44	37	2735	1540	1195	31	9	22

1-6b 续表 6

单位：人

地区	哈萨克族			傣族			黎族		
	小计	男	女	小计	男	女	小计	男	女
全国	**211905**	**105383**	**106522**	**291357**	**141304**	**150053**	**262798**	**132527**	**130271**
北京	23	9	14	33	15	18	39	19	20
天津	29	14	15	25	17	8	73	34	39
河北	30	16	14	53	20	33	131	49	82
山西	26	12	14	22	4	18	69	37	32
内蒙古	78	56	22	35	14	21	199	88	111
辽宁	8	2	6	13	5	8	253	135	118
吉林	35	15	20	22	4	18	71	31	40
黑龙江	10	3	7	15	4	11	76	31	45
上海	82	28	54	143	66	77	335	183	152
江苏	651	315	336	389	133	256	481	205	276
浙江	61	29	32	2269	1168	1101	2976	1552	1424
安徽	216	102	114	212	97	115	279	110	169
福建	385	174	211	411	206	205	634	297	337
江西	351	177	174	100	47	53	484	254	230
山东	261	116	145	372	72	300	280	104	176
河南	582	291	291	38	5	33	147	52	95
湖北	124	68	56	52	25	27	567	318	249
湖南	456	232	224	110	26	84	449	202	247
广东	1039	587	452	685	397	288	1836	872	964
广西	501	286	215	136	57	79	1021	521	500
海南	90	47	43	217	112	105	223123	112532	110591
重庆	29	13	16	134	39	95	117	63	54
四川	400	223	177	1001	469	532	388	185	203
贵州	180	93	87	351	144	207	27645	14072	13573
云南	232	115	117	284434	138113	146321	765	390	375
西藏	184	104	80	14	12	2	8	6	2
陕西	141	79	62	14	4	10	38	19	19
甘肃	3393	1633	1760	38	19	19	198	101	97
青海	58	24	34	1	1		16	6	10
宁夏	3	1	2	7	3	4	12	7	5
新疆	202247	100519	101728	11	6	5	88	52	36

1-6b 续表 7 单位：人

地区	傈僳族			佤族			畲族		
	小计	男	女	小计	男	女	小计	男	女
全国	**60685**	**29757**	**30928**	**63211**	**30876**	**32335**	**118551**	**62640**	**55911**
北京	13	5	8	17	7	10	51	29	22
天津	12	8	4	19	15	4	33	20	13
河北	227	35	192	101	47	54	118	64	54
山西	29	9	20	56	20	36	15	10	5
内蒙古	42	11	31	77	23	54	43	23	20
辽宁	36	11	25	14	7	7	12	9	3
吉林	16	5	11	29	12	17	2		2
黑龙江	7	3	4	11	3	8	20	12	8
上海	67	31	36	243	118	125	374	180	194
江苏	308	81	227	305	137	168	210	114	96
浙江	311	136	175	587	264	323	35080	17411	17669
安徽	72	27	45	139	47	92	232	130	102
福建	143	80	63	326	171	155	57059	30193	26866
江西	26	14	12	182	93	89	15230	8920	6310
山东	173	22	151	725	287	438	41	30	11
河南	29	3	26	179	67	112	19	16	3
湖北	10	5	5	48	19	29	386	249	137
湖南	29	11	18	199	97	102	832	468	364
广东	91	63	28	376	212	164	3916	2118	1798
广西	22	10	12	150	82	68	183	111	72
海南	9	7	2	27	17	10	124	75	49
重庆	35	15	20	68	13	55	38	22	16
四川	645	270	375	206	88	118	139	85	54
贵州	50	22	28	180	85	95	3938	2061	1877
云南	58244	28852	29392	58844	28885	29959	214	149	65
西藏	6	2	4	13	12	1	2	2	
陕西	6	5	1	30	19	11	36	24	12
甘肃	8	3	5	15	8	7	136	73	63
青海	4	4		2	1	1	6	4	2
宁夏				6	2	4	31	22	9
新疆	15	7	8	37	18	19	31	16	15

1-6b 续表 8　　单位：人

地区	高山族			拉祜族			水族		
	小计	男	女	小计	男	女	小计	男	女
全国	**826**	**422**	**404**	**62724**	**30017**	**32707**	**47784**	**24915**	**22869**
北京	1		1	14	8	6	26	13	13
天津	5	2	3	10	7	3	73	45	28
河北	20	12	8	31	10	21	42	17	25
山西	1		1	8	1	7	1		1
内蒙古	33	17	16	68	17	51	41	26	15
辽宁	19	5	14	3	2	1	4	2	2
吉林	18	9	9	2		2	8	7	1
黑龙江	8	2	6	1		1	20	13	7
上海	5	3	2	75	27	48	89	54	35
江苏	15	8	7	213	39	174	1765	939	826
浙江	34	16	18	291	101	190	3916	2104	1812
安徽	32	15	17	45	12	33	185	65	120
福建	133	78	55	67	35	32	459	223	236
江西	12	7	5	29	15	14	178	99	79
山东	9	5	4	202	22	180	31	17	14
河南	39	21	18	49	7	42	47	22	25
湖北	12	4	8	7	1	6	75	35	40
湖南	42	19	23	43	5	38	119	57	62
广东	16	6	10	120	72	48	509	288	221
广西	111	66	45	12	5	7	2405	1217	1188
海南	45	28	17	9	5	4	21	11	10
重庆	13	8	5	59	9	50	20	10	10
四川	36	13	23	74	24	50	239	112	127
贵州	103	48	55	32	5	27	35668	18551	17117
云南	47	23	24	61231	29576	31655	1801	960	841
西藏				3	2	1	4	3	1
陕西	2		2	5	2	3	9	5	4
甘肃	7	3	4	6	2	4	12	9	3
青海	6	3	3				6	3	3
宁夏				3		3	3	2	1
新疆	2	1	1	12	6	6	8	6	2

1-6b 续表 9

单位：人

地区	东乡族			纳西族			景颇族		
	小计	男	女	小计	男	女	小计	男	女
全国	**62481**	**32533**	**29948**	**39339**	**18861**	**20478**	**17536**	**8268**	**9268**
北京	53	35	18	24	18	6	7	2	5
天津	6	6		17	10	7	9	5	4
河北	29	22	7	54	11	43	27	11	16
山西	7	4	3	5	2	3	5		5
内蒙古	173	110	63	20	8	12	11	1	10
辽宁				2	1	1	4		4
吉林				2	1	1	64	8	56
黑龙江	3	3		5	2	3			
上海	56	44	12	16	8	8	33	19	14
江苏	51	29	22	50	16	34	38	12	26
浙江	76	44	32	169	44	125	124	59	65
安徽	38	27	11	17	5	12	22	5	17
福建	247	128	119	22	8	14	80	54	26
江西	15	9	6	31	19	12	32	18	14
山东	17	10	7	24	8	16	86	10	76
河南	16	10	6	14	7	7	16	1	15
湖北	6	2	4	14	8	6	11	4	7
湖南	9	7	2	9	4	5	27	4	23
广东	19	17	2	19	9	10	85	53	32
广西	3	3		21	8	13	3	2	1
海南	8	2	6	6	1	5	6	1	5
重庆	5	3	2	32	17	15	16	4	12
四川	97	63	34	721	355	366	26	10	16
贵州	58	28	30	44	21	23	84	42	42
云南	34	21	13	37870	18195	19675	16711	7937	8774
西藏	273	184	89	75	43	32			
陕西	26	15	11	8	5	3	4	4	
甘肃	54922	28130	26792	26	11	15	2	1	1
青海	1572	1024	548	3	3				
宁夏	67	46	21	1	1				
新疆	4595	2507	2088	18	12	6	3	1	2

1-6b 续表 10

单位：人

地区	柯尔克孜族			土族			达斡尔族		
	小计	男	女	小计	男	女	小计	男	女
全国	**23428**	**11629**	**11799**	**52268**	**26264**	**26004**	**37252**	**18156**	**19096**
北京	4	1	3	33	15	18	66	31	35
天津	1	1		64	34	30	74	29	45
河北	4	4		170	58	112	226	106	120
山西	1	1		16	8	8	16	7	9
内蒙古	48	27	21	178	98	80	30050	14768	15282
辽宁	10	6	4	22	14	8	175	73	102
吉林	2		2	13	6	7	87	35	52
黑龙江	504	248	256	26	17	9	5822	2760	3062
上海	11	6	5	193	119	74	29	15	14
江苏	3	1	2	380	174	206	19	10	9
浙江	2	1	1	1074	582	492	33	17	16
安徽	4	1	3	107	48	59	12	4	8
福建	7	4	3	807	471	336	29	18	11
江西	1		1	174	77	97	21	8	13
山东	10	4	6	142	63	79	126	52	74
河南	6		6	74	37	37	9	2	7
湖北	5	2	3	289	143	146	5	3	2
湖南	15	9	6	1232	621	611	10	5	5
广东	7	4	3	1393	801	592	13	7	6
广西	2		2	281	111	170	10	4	6
海南				61	31	30	14	7	7
重庆	4		4	185	75	110	5	1	4
四川	12	8	4	329	192	137	18	9	9
贵州				558	288	270	5	1	4
云南	3	1	2	1348	703	645	47	23	24
西藏	890	436	454	210	128	82			
陕西	7	2	5	102	64	38	9	6	3
甘肃	16	3	13	8528	4168	4360	35	14	21
青海	1	1		33665	16805	16860	11	8	3
宁夏	1		1	37	20	17	1		1
新疆	21847	10858	10989	577	293	284	275	133	142

1-6b 续表 11

单位：人

地区	仫佬族			羌族			布朗族		
	小计	男	女	小计	男	女	小计	男	女
全国	**51264**	**25516**	**25748**	**74048**	**36842**	**37206**	**13622**	**6740**	**6882**
北京	21	7	14	53	25	28	1		1
天津	17	10	7	23	12	11	1		1
河北	45	17	28	43	21	22	10	5	5
山西	2	1	1	23	15	8	1		1
内蒙古	3	2	1	34	18	16	4		4
辽宁	14	4	10	16	9	7			
吉林	5	3	2	5	4	1			
黑龙江	5	4	1	8	6	2	6	2	4
上海	81	31	50	73	37	36	23	15	8
江苏	95	42	53	186	105	81	33	5	28
浙江	1004	501	503	624	330	294	61	24	37
安徽	22	6	16	31	17	14	14	3	11
福建	134	63	71	88	46	42	82	46	36
江西	54	21	33	35	20	15	9	5	4
山东	20	8	12	30	11	19	88	44	44
河南	14	7	7	56	24	32	12	1	11
湖北	18	7	11	48	25	23	2	1	1
湖南	90	39	51	30	13	17	10	2	8
广东	807	461	346	140	80	60	34	16	18
广西	45673	22620	23053	21	10	11	10	1	9
海南	47	23	24	19	11	8	19	10	9
重庆	31	12	19	141	71	70	33	7	26
四川	53	25	28	71254	35348	35906	18	7	11
贵州	2890	1530	1360	680	378	302	13	3	10
云南	89	51	38	158	92	66	13129	6539	6590
西藏	2	2		38	26	12	1		1
陕西	1	1		47	15	32			
甘肃	15	11	4	47	24	23	5	3	2
青海	3	2	1	35	19	16			
宁夏	2	2		6	3	3			
新疆	7	3	4	56	27	29	3	1	2

1-6b 续表 12

单位：人

地区	撒拉族			毛南族			仡佬族		
	小计	男	女	小计	男	女	小计	男	女
全 国	**22019**	**11428**	**10591**	**18982**	**9614**	**9368**	**130285**	**67579**	**62706**
北 京	8	5	3	5	3	2	65	45	20
天 津	16	11	5	4	2	2	52	33	19
河 北	47	27	20	11	5	6	120	84	36
山 西				5	3	2	12	8	4
内蒙古	21	14	7	3	1	2	44	34	10
辽 宁	2	2		1		1	8	6	2
吉 林	2		2				1	1	
黑龙江	2	1	1	2	1	1	10	6	4
上 海	132	93	39	31	12	19	938	510	428
江 苏	83	43	40	14	6	8	457	229	228
浙 江	51	31	20	426	245	181	5274	2848	2426
安 徽	22	10	12	9	3	6	87	39	48
福 建	16	7	9	102	55	47	731	435	296
江 西	17	13	4	31	16	15	133	56	77
山 东	32	18	14	4	1	3	45	23	22
河 南	14	7	7	5	2	3	20	9	11
湖 北	4	3	1	14	6	8	69	44	25
湖 南	18	9	9	42	16	26	226	129	97
广 东	47	28	19	456	283	173	987	573	414
广 西	9	6	3	15121	7644	7477	723	382	341
海 南	5	3	2	21	17	4	155	88	67
重 庆	4	2	2	11	7	4	378	163	215
四 川	60	36	24	25	18	7	328	183	145
贵 州	8	5	3	2581	1231	1350	118449	61049	57400
云 南	47	27	20	38	22	16	774	461	313
西 藏	153	101	52				8	5	3
陕 西	15	9	6	2	1	1	30	19	11
甘 肃	1725	900	825	6	3	3	58	41	17
青 海	19113	9818	9295	7	6	1	24	22	2
宁 夏	3	3					4	2	2
新 疆	343	196	147	5	5		75	52	23

1-6b 续表 13

单位：人

地区	锡伯族			阿昌族			普米族		
	小计	男	女	小计	男	女	小计	男	女
全国	**25881**	**13350**	**12531**	**5960**	**3011**	**2949**	**6139**	**3053**	**3086**
北京	90	50	40	3	2	1	3	2	1
天津	52	25	27						
河北	157	74	83	2	1	1	5	2	3
山西	38	21	17	1		1	1		1
内蒙古	688	380	308				4	4	
辽宁	12451	6473	5978	1		1	1		1
吉林	428	225	203	6		6			
黑龙江	1231	718	513	2		2	1		1
上海	48	18	30	4		4	2	1	1
江苏	64	26	38	14	3	11	2	2	
浙江	35	22	13	42	23	19	6	2	4
安徽	9		9	3	2	1	6	3	3
福建	19	6	13	27	11	16	7	5	2
江西	23	14	9	3	1	2			
山东	65	26	39	15	5	10	6	1	5
河南	37	17	20				1		1
湖北	15	7	8	1		1	2	2	
湖南	20	13	7	2		2	1	1	
广东	14	5	9	74	49	25	2	1	1
广西	32	20	12	7	6	1	12	11	1
海南	14	5	9				1	1	
重庆	17	10	7				5	2	3
四川	97	48	49	13	4	9	25	14	11
贵州	30	13	17	3	2	1	2	2	
云南	23	11	12	5735	2901	2834	6029	2986	3043
西藏	5	3	2				8	7	1
陕西	72	37	35				2	1	1
甘肃	56	23	33	1	1		4	3	1
青海	21	9	12						
宁夏	4	1	3						
新疆	10026	5050	4976	1		1	1		1

1-6b 续表 14

单位：人

地区	塔吉克族			怒族			乌孜别克族		
	小计	男	女	小计	男	女	小计	男	女
全国	**7784**	**4015**	**3769**	**4319**	**2060**	**2259**	**2317**	**1269**	**1048**
北京				1		1	1	1	
天津				2	2		4	2	2
河北	3	3		27	13	14	2	1	1
山西				18	8	10			
内蒙古	3	1	2	2		2	1	1	
辽宁	3	3		6	1	5	1		1
吉林				3		3			
黑龙江				8	1	7			
上海	4	3	1	12	4	8			
江苏	3	2	1	95	39	56	2		2
浙江	1993	1071	922	11	4	7	61	33	28
安徽	1	1		45	19	26			
福建	1		1	60	34	26	2		2
江西	16	7	9	18	8	10	1		1
山东	6	2	4	50	24	26	2		2
河南	3	1	2	42	24	18			
湖北	2	2		23	12	11			
湖南	1		1	40	24	16	12	6	6
广东	7	5	2	74	32	42	4	3	1
广西	1		1	20	12	8	3	3	
海南				286	137	149			
重庆				7	4	3			
四川	1		1	45	18	27	3	1	2
贵州				7	1	6			
云南	3	1	2	3373	1617	1756	3		3
西藏				15	8	7	1	1	
陕西	2	1	1	5	2	3			
甘肃	4	1	3	15	7	8	6	2	4
青海							1		1
宁夏				2	1	1			
新疆	5727	2911	2816	7	4	3	2207	1215	992

1-6b 续表 15

单位：人

地区	俄罗斯族			鄂温克族			德昂族		
	小计	男	女	小计	男	女	小计	男	女
全国	**2133**	**1053**	**1080**	**10720**	**5021**	**5699**	**1911**	**937**	**974**
北京	9	2	7	18	8	10			
天津	9	5	4	26	11	15			
河北	38	15	23	41	17	24	3	1	2
山西				6	3	3			
内蒙古	645	311	334	9734	4565	5169			
辽宁	9	6	3	33	19	14			
吉林	2	2		27	11	16			
黑龙江	86	49	37	711	336	375			
上海	13	4	9	15	8	7	1	1	
江苏	7	2	5	7	4	3	3		3
浙江	7	2	5	14	7	7	8	3	5
安徽	4	2	2	4	2	2	1		1
福建	2		2	3	1	2	7	7	
江西	2		2	6		6			
山东	10	1	9	33	12	21	7	1	6
河南	5	3	2	2		2	1		1
湖北	1		1	1	1				
湖南	2	2		1		1	2		2
广东	2		2	2	2		3	2	1
广西				9	4	5	2		2
海南	1		1	3		3			
重庆	2	2		4	2	2			
四川	20	8	12	8	3	5	4	1	3
贵州	14	7	7				1		1
云南				4	3	1	1866	920	946
西藏									
陕西	5	1	4						
甘肃	9	1	8	7	2	5	2	1	1
青海	7	4	3	1		1			
宁夏									
新疆	1222	624	598						

1-6b 续表 16

单位：人

地区	保安族			裕固族			京族		
	小计	男	女	小计	男	女	小计	男	女
全国	**2375**	**1267**	**1108**	**3879**	**1873**	**2006**	**6217**	**3216**	**3001**
北京	1		1	2	1	1			
天津	1	1		4	1	3	4	2	2
河北				4	2	2	14	5	9
山西							1		1
内蒙古	72	59	13	19	10	9	14	5	9
辽宁									
吉林	3	2	1	2	1	1	2	2	
黑龙江									
上海	5	3	2	3	2	1	6	3	3
江苏	4	3	1	9	4	5	69	31	38
浙江	4	1	3	1		1	42	24	18
安徽	3	1	2	13	6	7	12	5	7
福建	1		1	3		3	40	17	23
江西				8	5	3	44	22	22
山东	1		1	45	23	22	14	3	11
河南	1	1		4	2	2	33	15	18
湖北	2	1	1	3	2	1	21	15	6
湖南	6	3	3	5	1	4	18	5	13
广东	1		1	13	7	6	61	28	33
广西	1		1	2	1	1	5027	2710	2317
海南							35	14	21
重庆							4	1	3
四川	23	17	6	21	14	7	54	26	28
贵州							234	110	124
云南	6	5	1	1		1	444	161	283
西藏	3	2	1	1	1				
陕西				5	1	4			
甘肃	1555	790	765	3594	1731	1863	11	5	6
青海	593	326	267	74	38	36	3	2	1
宁夏				2	1	1			
新疆	89	52	37	41	19	22	10	5	5

1-6b 续表 17 单位：人

地区	塔塔尔族			独龙族			鄂伦春族		
	小计	男	女	小计	男	女	小计	男	女
全国	**702**	**380**	**322**	**828**	**362**	**466**	**2794**	**1311**	**1483**
北京							7	3	4
天津							6	2	4
河北	3	1	2	2		2	28	16	12
山西				1		1	1	1	
内蒙古				1	1		1604	749	855
辽宁	5	1	4				37	12	25
吉林							13	4	9
黑龙江							1024	488	536
上海	4		4	1		1	7	5	2
江苏	3	1	2	1		1	4	2	2
浙江	2		2	6	4	2	3	2	1
安徽	3	1	2	3		3			
福建	4	4		3	2	1	3	3	
江西	2	1	1	1	1		1		1
山东	2		2	2		2	13	6	7
河南				1	1		1		1
湖北	1		1	3	2	1			
湖南	1	1		6	5	1	1		1
广东	8	4	4	2		2	7	3	4
广西	5	2	3	3	2	1	1		1
海南							4	1	3
重庆									
四川	6	3	3	8	4	4	6	4	2
贵州				12	3	9	7	3	4
云南	3	1	2	768	335	433	6	3	3
西藏									
陕西							1		1
甘肃	13	7	6	2	1	1	7	4	3
青海	2		2	1		1	1		1
宁夏									
新疆	635	353	282	1	1		1		1

1-6b 续表 18 单位：人

地区	赫哲族			门巴族			珞巴族		
	小计	男	女	小计	男	女	小计	男	女
全国	**1269**	**630**	**639**	**1890**	**885**	**1005**	**398**	**180**	**218**
北京	11	3	8	1	1				
天津	2	1	1						
河北	12	8	4	3	1	2	2	1	1
山西									
内蒙古	14	4	10	3	2	1			
辽宁	13	10	3						
吉林	16	10	6						
黑龙江	1051	511	540						
上海	8	5	3				1	1	
江苏	6	2	4	3	1	2			
浙江	10	7	3	2	1	1			
安徽	7	3	4	43	26	17	1	1	
福建	5	4	1	5	2	3			
江西	4	3	1	5	3	2	1	1	
山东	8	5	3	7	4	3	1	1	
河南	5	3	2	5	3	2			
湖北	3		3						
湖南	3	1	2	25	10	15			
广东	18	9	9	7	1	6	1	1	
广西	5	3	2	4	2	2			
海南									
重庆				1	1				
四川	13	4	9	2	1	1			
贵州	1	1		4	4		1		1
云南	9	7	2	10	2	8	2	2	
西藏				1749	814	935	387	172	215
陕西	1		1	5	4	1			
甘肃	38	23	15	5	2	3	1		1
青海	2	2		1		1			
宁夏									
新疆	4	1	3						

1-6b 续表 19 单位：人

地区	基诺族			其他未识别的民族			外国人加入中国籍		
	小计	男	女	小计	男	女	小计	男	女
全国	**1608**	**736**	**872**	**119571**	**61991**	**57580**	**281**	**139**	**142**
北京	1	1		12	4	8			
天津	1	1		11	7	4			
河北	8	4	4	22	9	13	2	1	1
山西				8	4	4	1		1
内蒙古				11	6	5	1		1
辽宁				3	3				
吉林	1		1						
黑龙江				6	2	4	6	2	4
上海	1		1	107	54	53			
江苏	3	1	2	387	172	215	12	8	4
浙江	4	3	1	3046	1699	1347	4	2	2
安徽	6	3	3	63	34	29	8	1	7
福建	7	2	5	454	266	188	10	4	6
江西				192	104	88	26	8	18
山东	4	3	1	22	9	13	5	1	4
河南				14	4	10	56	20	36
湖北	1		1	137	68	69	9	6	3
湖南				167	85	82	26	14	12
广东	2	1	1	114	60	54	22	8	14
广西	1	1		53	30	23	22	10	12
海南	1	1		37	21	16			
重庆				31	19	12	1	1	
四川	11	3	8	132	84	48	6	3	3
贵州	2	2		112863	58372	54491	2	2	
云南	1548	708	840	1067	561	506	47	38	9
西藏	1	1		470	234	236			
陕西				2	1	1	2	1	1
甘肃	4	1	3	122	64	58	7	5	2
青海	1		1	5	5		1	1	
宁夏				1	1				
新疆				12	9	3	5	3	2

1-6c 各地区分性别、民族的人口(乡村)

单位：人

地区	合计			汉族		
	合计	男	女	小计	男	女
全国	**662805323**	**339288321**	**323517002**	**587607727**	**300570772**	**287036955**
北京	2753676	1452030	1301646	2665727	1406817	1258910
天津	2660800	1382889	1277911	2624033	1365072	1258961
河北	40278882	20490403	19788479	38576777	19604125	18972652
山西	18551562	9620069	8931493	18537109	9613382	8923727
内蒙古	10986117	5784651	5201466	8392622	4458793	3933829
辽宁	16558360	8485854	8072506	12838579	6539738	6298841
吉林	12804616	6545522	6259094	11898266	6066706	5831560
黑龙江	16990276	8664418	8325858	16217595	8246992	7970603
上海	2464098	1292744	1171354	2434343	1277125	1157218
江苏	31289453	15546091	15743362	31167111	15494885	15672226
浙江	20876682	10733623	10143059	20389551	10481767	9907784
安徽	33923351	17189150	16734201	33790890	17129557	16661333
福建	15832277	8152261	7680016	15440288	7937598	7502690
江西	25067837	12954539	12113298	24975073	12902877	12072196
山东	48171992	24260764	23911228	47965675	24165523	23800152
河南	57810172	29100464	28709708	57437008	28906847	28530161
湖北	28792642	14817768	13974874	27109791	13949337	13160454
湖南	37247699	19259582	17988117	32611489	16833396	15778093
广东	35290204	18026486	17263718	34878030	17811464	17066566
广西	27605918	14426023	13179895	15791099	8325094	7466005
海南	4362969	2317762	2045207	3299555	1758322	1541233
重庆	13550367	6915482	6634885	12218514	6230749	5987765
四川	48073100	24510187	23562913	43980463	22442014	21538449
贵州	23011023	11901196	11109827	13565046	7027555	6537491
云南	30007694	15694744	14312950	18130004	9582782	8547222
西藏	2321576	1187056	1134520	46496	32603	13893
陕西	20268042	10487512	9780530	20242719	10474336	9768383
甘肃	16384078	8319108	8064970	14676782	7457813	7218969
青海	3110469	1606402	1504067	1294766	687943	606823
宁夏	3279328	1679685	1599643	1788435	922541	865894
新疆	12480063	6483856	5996207	2623891	1437019	1186872

1-6c 续表 1

单位：人

地区	蒙古族			回族			藏族		
	小计	男	女	小计	男	女	小计	男	女
全国	**3218991**	**1649088**	**1569903**	**4922071**	**2515556**	**2406515**	**5043388**	**2541487**	**2501901**
北京	6668	3178	3490	18897	9627	9270	170	93	77
天津	2777	1128	1649	4531	2228	2303	91	52	39
河北	104302	54487	49815	196821	99863	96958	463	122	341
山西	861	428	433	4986	2628	2358	338	155	183
内蒙古	2311704	1178435	1133269	39163	20449	18714	1259	652	607
辽宁	382368	194472	187896	22911	11953	10958	245	120	125
吉林	79300	40056	39244	23894	12135	11759	106	54	52
黑龙江	66653	33796	32857	11129	5879	5250	135	61	74
上海	395	202	193	2258	1218	1040	121	55	66
江苏	1831	734	1097	18792	9260	9532	698	249	449
浙江	1449	709	740	8120	4430	3690	642	247	395
安徽	550	142	408	99376	50668	48708	718	263	455
福建	2254	1180	1074	48277	27604	20673	369	169	200
江西	853	418	435	1675	874	801	342	146	196
山东	2449	1124	1325	171430	86653	84777	472	123	349
河南	31863	21031	10832	298499	151311	147188	866	172	694
湖北	3005	1672	1333	15749	8294	7455	625	219	406
湖南	702	334	368	51855	27742	24113	449	171	278
广东	722	401	321	2679	1448	1231	884	324	560
广西	468	218	250	4893	2644	2249	205	75	130
海南	1255	634	621	554	287	267	70	33	37
重庆	1353	763	590	706	330	376	348	72	276
四川	23189	11662	11527	36524	19072	17452	1246908	622828	624080
贵州	24927	14299	10628	125918	64971	60947	380	164	216
云南	11773	6389	5384	367236	186947	180289	98684	49619	49065
西藏	75	55	20	2411	1566	845	2252891	1142591	1110300
陕西	677	327	350	19446	10304	9142	340	113	227
甘肃	2885	1453	1432	799961	405790	394171	387596	194474	193122
青海	61241	31957	29284	474490	239756	234734	1042561	525818	516743
宁夏	542	265	277	1486709	754829	731880	103	54	49
新疆	89900	47139	42761	562181	294796	267385	4309	2199	2110

1-6c 续表 2

单位：人

地区	维吾尔族			苗族			彝族		
	小计	男	女	小计	男	女	小计	男	女
全国	**7816127**	**3984157**	**3831970**	**7009941**	**3614329**	**3395612**	**7069489**	**3618028**	**3451461**
北京	398	187	211	1465	730	735	606	357	249
天津	235	17	218	631	279	352	272	134	138
河北	182	60	122	5482	1378	4104	2519	841	1678
山西	119	51	68	894	321	573	1945	836	1109
内蒙古	90	46	44	1137	602	535	1278	569	709
辽宁	73	36	37	702	356	346	425	261	164
吉林	89	42	47	436	165	271	176	82	94
黑龙江	96	51	45	687	343	344	162	88	74
上海	485	201	284	7478	3953	3525	1498	764	734
江苏	855	286	569	24400	9590	14810	10343	4283	6060
浙江	562	152	410	118592	62622	55970	20830	10652	10178
安徽	171	80	91	8865	1820	7045	4177	1376	2801
福建	189	106	83	29374	16900	12474	4422	2582	1840
江西	441	187	254	4787	2129	2658	832	406	426
山东	914	226	688	2887	527	2360	4141	1314	2827
河南	390	140	250	1861	405	1456	904	257	647
湖北	279	137	142	125741	67367	58374	987	457	530
湖南	3858	2140	1718	1487778	773526	714252	1585	583	1002
广东	372	132	240	43136	24480	18656	5500	3131	2369
广西	1007	500	507	395085	200940	194145	5699	2976	2723
海南	204	104	100	63536	32186	31350	495	259	236
重庆	51	19	32	340089	176172	163917	2202	555	1647
四川	265	96	169	144449	74429	70020	2333251	1185788	1147463
贵州	110	53	57	3125356	1607921	1517435	671995	346280	325715
云南	201	103	98	1069933	552249	517684	3990528	2051557	1938971
西藏	53	32	21	89	71	18	113	84	29
陕西	149	53	96	765	423	342	571	316	255
甘肃	160	48	112	107	42	65	222	135	87
青海	39	22	17	135	89	46	247	223	24
宁夏	14	3	11	215	128	87	79	57	22
新疆	7804076	3978847	3825229	3849	2186	1663	1485	825	660

1-6c 续表 3

单位：人

地区	壮族			布依族			朝鲜族		
	小计	男	女	小计	男	女	小计	男	女
全国	**11108724**	**5717277**	**5391447**	**2117203**	**1070621**	**1046582**	**560494**	**284315**	**276179**
北京	1549	513	1036	255	127	128	991	528	463
天津	2248	479	1769	184	50	134	709	296	413
河北	11288	2274	9014	2358	539	1819	2472	1010	1462
山西	812	146	666	172	37	135	43	19	24
内蒙古	503	227	276	148	53	95	6313	3090	3223
辽宁	787	284	503	161	60	101	50186	25547	24639
吉林	332	126	206	62	19	43	317867	161846	156021
黑龙江	376	140	236	121	58	63	176218	89132	87086
上海	2878	1240	1638	1162	617	545	224	116	108
江苏	8627	3279	5348	8331	3162	5169	753	398	355
浙江	29824	13425	16399	51604	26286	25318	277	140	137
安徽	3353	624	2729	2023	265	1758	141	49	92
福建	9752	4372	5380	8151	4270	3881	145	68	77
江西	3191	1048	2143	1115	339	776	63	33	30
山东	1979	316	1663	495	68	427	1650	734	916
河南	2088	462	1626	669	140	529	132	45	87
湖北	2909	764	2145	681	190	491	699	421	278
湖南	17991	6960	11031	1901	422	1479	128	59	69
广东	160950	77579	83371	9195	5055	4140	334	197	137
广西	9819683	5071291	4748392	11137	3845	7292	205	104	101
海南	26326	13299	13027	662	348	314	56	30	26
重庆	952	217	735	1087	194	893	34	9	25
四川	3410	1209	2201	5279	2456	2823	269	135	134
贵州	28916	14094	14822	1973827	1002626	971201	151	78	73
云南	964651	501106	463545	35884	19077	16807	230	120	110
西藏	33	25	8	27	21	6	7	7	
陕西	673	211	462	122	21	101	21	13	8
甘肃	211	82	129	27	11	16	24	12	12
青海	139	101	38	52	41	11	22	10	12
宁夏	63	31	32	26	9	17	13	9	4
新疆	2230	1353	877	285	215	70	117	60	57

1-6c 续表 4

单位：人

地区	满族			侗族			瑶族		
	小计	男	女	小计	男	女	小计	男	女
全国	**5843960**	**3103970**	**2739990**	**2002529**	**1057127**	**945402**	**2143724**	**1121740**	**1021984**
北京	52713	27653	25060	266	147	119	285	129	156
天津	22471	11827	10644	213	74	139	136	36	100
河北	1366557	722777	643780	633	184	449	964	258	706
山西	1100	611	489	52	18	34	97	36	61
内蒙古	184320	97774	86546	156	100	56	85	36	49
辽宁	3188240	1673246	1514994	68	30	38	100	40	60
吉林	481308	263177	218131	35	11	24	53	19	34
黑龙江	483791	270701	213090	68	41	27	81	43	38
上海	575	294	281	1142	647	495	332	180	152
江苏	1960	904	1056	5687	1810	3877	1304	524	780
浙江	1581	889	692	30716	16270	14446	3619	1840	1779
安徽	1774	886	888	1220	193	1027	606	123	483
福建	2018	1162	856	4511	2729	1782	1852	1011	841
江西	622	354	268	1041	549	492	1175	527	648
山东	4129	1790	2339	114	27	87	269	50	219
河南	26174	16467	9707	104	36	68	273	62	211
湖北	1185	642	543	41881	22371	19510	604	190	414
湖南	734	350	384	639994	343128	296866	598772	318253	280519
广东	943	549	394	9716	5642	4074	120720	63643	57077
广西	1028	531	497	231560	117518	114042	1174972	611683	563289
海南	260	102	158	494	269	225	3922	2022	1900
重庆	158	75	83	1257	642	615	249	51	198
四川	1839	955	884	639	222	417	615	178	437
贵州	8190	4377	3813	1029510	543598	485912	33280	17502	15778
云南	4140	2381	1759	943	529	414	198666	102913	95753
西藏	468	238	230	100	47	53	80	51	29
陕西	832	475	357	92	60	32	104	48	56
甘肃	827	491	336	16	4	12	35	14	21
青海	362	212	150	37	31	6	46	23	23
宁夏	1807	970	837	21	15	6	4	2	2
新疆	1854	1110	744	243	185	58	424	253	171

1-6c 续表 5

单位：人

地区	白族			土家族			哈尼族		
	小计	男	女	小计	男	女	小计	男	女
全国	**1270996**	**647361**	**623635**	**5436386**	**2812425**	**2623961**	**1372649**	**718061**	**654588**
北京	159	86	73	2302	1244	1058	53	23	30
天津	106	47	59	1563	873	690	12	5	7
河北	407	123	284	2507	1004	1503	216	41	175
山西	45	9	36	1098	698	400	131	5	126
内蒙古	146	59	87	1007	551	456	173	41	132
辽宁	74	28	46	627	389	238	87	20	67
吉林	71	38	33	241	136	105	89	21	68
黑龙江	69	41	28	228	131	97	18	3	15
上海	1217	657	560	6045	3347	2698	654	350	304
江苏	1331	452	879	17514	7922	9592	1579	372	1207
浙江	4392	2055	2337	76260	40961	35299	1955	636	1319
安徽	322	93	229	2534	1012	1522	833	78	755
福建	1038	521	517	24622	14148	10474	306	148	158
江西	451	238	213	1538	673	865	89	17	72
山东	606	109	497	1214	500	714	2378	156	2222
河南	210	69	141	1118	329	789	229	26	203
湖北	5139	2641	2498	1476679	759661	717018	109	24	85
湖南	83358	43113	40245	1735595	904739	830856	743	70	673
广东	2077	1166	911	24300	14475	9825	840	456	384
广西	935	483	452	2472	1254	1218	178	63	115
海南	110	51	59	1062	575	487	81	36	45
重庆	202	48	154	979074	504544	474530	703	114	589
四川	3999	1946	2053	40955	21273	19682	892	153	739
贵州	123688	66896	56792	1023739	525022	498717	561	160	401
云南	1040476	526186	514290	1502	984	518	1359571	714973	644598
西藏	103	69	34	79	62	17	5	4	1
陕西	50	22	28	664	415	249	32	12	20
甘肃	15	11	4	318	205	113	15	4	11
青海	48	19	29	220	161	59	6	2	4
宁夏	39	20	19	142	95	47	9	7	2
新疆	113	65	48	9167	5042	4125	102	41	61

1-6c 续表 6 单位：人

地区	哈萨克族			傣族			黎族		
	小计	男	女	小计	男	女	小计	男	女
全国	**1124883**	**582317**	**542566**	**853715**	**430398**	**423317**	**1080198**	**567963**	**512235**
北京	146	76	70	75	35	40	48	20	28
天津	87	38	49	16	9	7	42	24	18
河北	167	87	80	246	45	201	381	134	247
山西	212	110	102	112	31	81	197	102	95
内蒙古	101	48	53	70	22	48	304	122	182
辽宁	54	27	27	88	22	66	476	209	267
吉林	90	49	41	176	23	153	154	63	91
黑龙江	40	27	13	31	11	20	149	51	98
上海	109	44	65	230	120	110	161	71	90
江苏	675	291	384	1208	320	888	1003	385	618
浙江	151	72	79	2645	1224	1421	2965	1541	1424
安徽	460	220	240	506	53	453	895	367	528
福建	738	353	385	691	319	372	1369	591	778
江西	900	443	457	250	118	132	641	254	387
山东	290	108	182	1577	118	1459	476	174	302
河南	3083	1480	1603	355	45	310	475	165	310
湖北	949	456	493	151	70	81	910	397	513
湖南	1660	818	842	471	49	422	1170	484	686
广东	1205	638	567	1021	446	575	2802	1196	1606
广西	1007	523	484	321	83	238	1785	830	955
海南	1082	562	520	477	227	250	960831	507359	453472
重庆	45	20	25	316	39	277	77	27	50
四川	873	426	447	5365	2352	3013	669	257	412
贵州	1542	785	757	482	163	319	100212	52113	48099
云南	555	296	259	836721	424421	412300	1562	800	762
西藏	1914	1059	855	9	3	6	7	5	2
陕西	246	142	104	31	5	26	104	40	64
甘肃	612	284	328	14	3	11	122	61	61
青海	554	282	272	13	7	6	18	9	9
宁夏	26	13	13	7	4	3	19	9	10
新疆	1105310	572540	532770	40	11	29	174	103	71

1-6c 续表 7

单位：人

地区	傈僳族			佤族			畲族		
	小计	男	女	小计	男	女	小计	男	女
全国	**627204**	**317654**	**309550**	**350462**	**177087**	**173375**	**476350**	**260080**	**216270**
北京	58	41	17	41	30	11	89	57	32
天津	7	3	4	59	33	26	13	8	5
河北	1629	191	1438	324	115	209	135	88	47
山西	109	5	104	334	84	250	72	59	13
内蒙古	333	69	264	328	59	269	73	53	20
辽宁	540	62	478	96	29	67	31	22	9
吉林	75	13	62	84	25	59	3	2	1
黑龙江	25	8	17	40	16	24	13	6	7
上海	188	105	83	503	332	171	180	105	75
江苏	799	135	664	692	281	411	386	190	196
浙江	849	279	570	1717	745	972	107490	56164	51326
安徽	434	41	393	741	245	496	1027	554	473
福建	87	32	55	439	238	201	246449	133479	112970
江西	45	9	36	386	156	230	70479	41915	28564
山东	1487	114	1373	3785	398	3387	39	23	16
河南	122	13	109	1233	200	1033	46	22	24
湖北	58	24	34	269	110	159	1650	1096	554
湖南	134	44	90	547	154	393	1884	1091	793
广东	202	114	88	896	530	366	15309	8885	6424
广西	76	27	49	294	97	197	106	56	50
海南	2	2		83	46	37	105	55	50
重庆	131	26	105	410	56	354	26	15	11
四川	19819	9797	10022	924	156	768	92	42	50
贵州	167	65	102	463	172	291	30273	15828	14445
云南	599737	306394	293343	335529	172666	162863	299	195	104
西藏	11	6	5	29	17	12	2	2	
陕西	10	1	9	90	48	42	11	7	4
甘肃	5	1	4	40	14	26	32	30	2
青海	6	6		13	7	6	4	2	2
宁夏	3	1	2	5	2	3	3	3	
新疆	56	26	30	68	26	42	29	26	3

1-6c 续表 8

单位：人

地区	高山族			拉祜族			水族		
	小计	男	女	小计	男	女	小计	男	女
全国	**1590**	**806**	**784**	**406937**	**210054**	**196883**	**331375**	**171183**	**160192**
北京	7	4	3	22	12	10	24	12	12
天津				5	2	3	95	51	44
河北	156	84	72	96	19	77	191	42	149
山西	2		2	121	9	112	18	6	12
内蒙古	17	8	9	241	42	199	45	20	25
辽宁	61	24	37	10	2	8	8	4	4
吉林	30	13	17	20	4	16	14	5	9
黑龙江	5	1	4	7		7	22	13	9
上海				150	88	62	195	96	99
江苏	42	20	22	619	65	554	7632	4076	3556
浙江	21	13	8	1051	198	853	4465	2198	2267
安徽	24	6	18	269	13	256	272	71	201
福建	105	52	53	109	47	62	951	533	418
江西	115	72	43	93	11	82	344	144	200
山东	10	3	7	1447	103	1344	109	39	70
河南	587	304	283	594	28	566	173	89	84
湖北	113	62	51	38	12	26	351	199	152
湖南	57	30	27	293	16	277	324	136	188
广东	24	11	13	287	99	188	885	531	354
广西	66	33	33	52	18	34	8542	4497	4045
海南	26	14	12	20	10	10	53	29	24
重庆	5	1	4	286	34	252	43	11	32
四川	33	13	20	366	52	314	552	242	310
贵州	22	7	15	99	27	72	299804	154729	145075
云南	41	19	22	400579	209118	191461	6193	3363	2830
西藏	2	1	1	1	1		1		1
陕西	1	1		16	4	12	11	4	7
甘肃	8	5	3	4	1	3	8	5	3
青海	3	2	1	4	2	2	13	6	7
宁夏				2		2	2	2	
新疆	7	3	4	36	17	19	35	30	5

1-6c 续表 9

单位：人

地区	东乡族			纳西族			景颇族		
	小计	男	女	小计	男	女	小计	男	女
全国	**517761**	**261613**	**256148**	**208500**	**105801**	**102699**	**118677**	**57441**	**61236**
北京	33	20	13	20	5	15	8	3	5
天津	9	9		1	1		2	2	
河北	5		5	133	19	114	39	8	31
山西	7	7		16	4	12	96	7	89
内蒙古	98	60	38	21	9	12	17	2	15
辽宁				4	1	3	34	8	26
吉林				1		1	385	38	347
黑龙江				7	2	5	9	1	8
上海	8	5	3	16	7	9	23	10	13
江苏	89	57	32	104	22	82	182	42	140
浙江	21	9	12	302	47	255	175	58	117
安徽	2	2		32	3	29	130	20	110
福建	5	3	2	23	10	13	119	40	79
江西	8	4	4	19	7	12	21		21
山东	5	1	4	128	8	120	458	27	431
河南	8	5	3	57	6	51	108	10	98
湖北	10	6	4	21	9	12	14	3	11
湖南	7	3	4	30	6	24	97	11	86
广东	19	12	7	49	29	20	104	56	48
广西				28	11	17	18	2	16
海南	1		1	5	3	2	2	1	1
重庆	1		1	53	2	51	31	4	27
四川	20	13	7	8562	4303	4259	95	13	82
贵州	542	254	288	80	28	52	51	18	33
云南	33	21	12	197706	100735	96971	116437	57052	59385
西藏	121	81	40	1026	500	526			
陕西	8	4	4	9	5	4	6		6
甘肃	461236	231646	229590	5	4	1	5	1	4
青海	1057	594	463	4	3	1	1		1
宁夏	893	525	368				1		1
新疆	53515	28272	25243	38	12	26	9	4	5

1-6c 续表 10

单位：人

地区	柯尔克孜族			土族			达斡尔族		
	小计	男	女	小计	男	女	小计	男	女
全国	**151181**	**77382**	**73799**	**195674**	**100217**	**95457**	**55985**	**28574**	**27411**
北京	20	7	13	34	19	15	107	47	60
天津	2		2	63	32	31	56	32	24
河北	6	1	5	223	73	150	211	69	142
山西	2	1	1	82	36	46	14	6	8
内蒙古	19	12	7	212	105	107	27836	14293	13543
辽宁	14	8	6	34	17	17	316	111	205
吉林	3	2	1	33	14	19	107	45	62
黑龙江	731	379	352	17	10	7	24138	12334	11804
上海	9	1	8	298	162	136	14	6	8
江苏	15	8	7	1065	399	666	59	20	39
浙江	63	32	31	1503	789	714	26	14	12
安徽	8	6	2	198	72	126	15	7	8
福建	7	5	2	1051	604	447	7	2	5
江西	44	24	20	178	73	105	19	7	12
山东	12	5	7	161	42	119	149	58	91
河南	7	4	3	223	55	168	22	5	17
湖北	3	1	2	878	422	456	17	6	11
湖南	19	10	9	2177	986	1191	10	3	7
广东	42	34	8	1887	1085	802	15	8	7
广西	6	2	4	782	327	455	9	4	5
海南	1	1		116	73	43	4	1	3
重庆				143	67	76			
四川	15	9	6	418	174	244	23	10	13
贵州	1		1	2665	1462	1203	9	5	4
云南	20	11	9	2520	1350	1170	32	9	23
西藏	1780	899	881	309	201	108	2	2	
陕西	1		1	73	35	38	8	4	4
甘肃				19174	9556	9618	5	1	4
青海	3		3	156832	80754	76078	1		1
宁夏	1		1	60	41	19			
新疆	148327	75920	72407	2265	1182	1083	2754	1465	1289

1-6c 续表 11

单位：人

地区	仫佬族			羌族			布朗族		
	小计	男	女	小计	男	女	小计	男	女
全国	**120554**	**63199**	**57355**	**214022**	**109110**	**104912**	**101121**	**52206**	**48915**
北京	16	6	10	67	37	30	8	4	4
天津	17	1	16	9	5	4			
河北	192	52	140	115	58	57	32	5	27
山西	9	1	8	187	155	32	13	2	11
内蒙古	4	3	1	47	30	17	9	3	6
辽宁	6		6	27	12	15	8	3	5
吉林	3	1	2	7	6	1	4	1	3
黑龙江	6	2	4	3	1	2	1		1
上海	87	38	49	73	37	36	16	8	8
江苏	206	81	125	366	171	195	185	39	146
浙江	839	425	414	537	302	235	171	46	125
安徽	51	8	43	97	37	60	51	5	46
福建	166	77	89	119	60	59	59	31	28
江西	69	25	44	73	43	30	19	11	8
山东	35	3	32	47	13	34	184	24	160
河南	36	10	26	46	17	29	51	6	45
湖北	54	5	49	64	42	22	6		6
湖南	651	334	317	48	26	22	115	4	111
广东	1645	871	774	199	117	82	76	35	41
广西	97482	51131	46351	55	26	29	21	6	15
海南	78	46	32	24	10	14	94	51	43
重庆	64	19	45	57	18	39	192	21	171
四川	48	13	35	210732	107296	103436	112	20	92
贵州	18674	9977	8697	654	379	275	24	6	18
云南	72	43	29	141	84	57	99656	51869	47787
西藏				10	6	4	2	1	1
陕西	9	4	5	19	5	14	1	1	
甘肃	4	1	3	8	6	2	2		2
青海	1	1		13	7	6	1	1	
宁夏				62	42	20			
新疆	30	21	9	116	62	54	8	3	5

1-6c 续表 12

单位：人

地区	撒拉族			毛南族			仡佬族		
	小计	男	女	小计	男	女	小计	男	女
全国	**91318**	**45355**	**45963**	**66802**	**35490**	**31312**	**355072**	**186200**	**168872**
北京	11	8	3	8	3	5	144	67	77
天津	1	1		29	6	23	18	9	9
河北	23	10	13	39	6	33	121	40	81
山西	1		1	6	3	3	33	14	19
内蒙古	4	2	2				66	41	25
辽宁	5	5		1		1	16	5	11
吉林	2	2					2	1	1
黑龙江	3		3				11	4	7
上海	22	11	11	30	9	21	742	402	340
江苏	50	21	29	60	21	39	1078	514	564
浙江	42	20	22	475	226	249	6122	3297	2825
安徽	10	2	8	30	3	27	172	62	110
福建	14	4	10	94	52	42	754	439	315
江西	10	2	8	21	7	14	114	47	67
山东	13	5	8	21	9	12	78	33	45
河南	17	7	10	8		8	78	24	54
湖北	19	11	8	77	29	48	199	88	111
湖南	31	12	19	99	33	66	384	125	259
广东	57	33	24	690	385	305	1498	838	660
广西	27	6	21	40971	21947	19024	2616	1357	1259
海南				22	13	9	70	48	22
重庆	1		1	13	4	9	1382	531	851
四川	92	52	40	30	8	22	487	214	273
贵州	16	7	9	24003	12675	11328	336930	176905	160025
云南	53	28	25	56	37	19	1807	1013	794
西藏	27	18	9				11	6	5
陕西	10	5	5	6	3	3	28	9	19
甘肃	10572	5342	5230				4		4
青海	77330	38218	39112				2	1	1
宁夏	3	1	2				3	2	1
新疆	2852	1522	1330	13	11	2	102	64	38

1-6c 续表 13 单位：人

地区	锡伯族			阿昌族			普米族		
	小计	男	女	小计	男	女	小计	男	女
全国	**89603**	**48783**	**40820**	**30505**	**15092**	**15413**	**34192**	**17140**	**17052**
北京	59	26	33	6	2	4	2		2
天津	15	8	7	1	1		2	1	1
河北	81	35	46	6	1	5	6		6
山西	5	4	1	2		2	1	1	
内蒙古	1026	515	511	7	4	3	1	1	
辽宁	70607	38599	32008	2		2	7	1	6
吉林	865	472	393	16	1	15	3	1	2
黑龙江	2999	1787	1212						
上海	13	6	7	23	16	7	11	6	5
江苏	39	12	27	45	22	23	22	4	18
浙江	17	4	13	33	13	20	16	5	11
安徽	5	2	3	16	1	15	14	5	9
福建	22	12	10	24	12	12	6	3	3
江西	12	1	11	4	1	3	5	3	2
山东	46	12	34	70	6	64	29	1	28
河南	5	1	4	16	3	13	3		3
湖北	13	8	5	5	2	3	6	1	5
湖南	7	2	5	13		13	18	8	10
广东	10	5	5	62	36	26	19	9	10
广西	11	6	5	7		7	7	5	2
海南									
重庆	3		3	14	4	10	5	1	4
四川	37	19	18	32	5	27	79	24	55
贵州	14	7	7	12	1	11	6	3	3
云南	13	6	7	30087	14960	15127	33906	17050	16856
西藏	1		1				4	2	2
陕西	15	7	8				1		1
甘肃	3		3				3	2	1
青海	3	2	1						
宁夏	3	2	1	2	1	1	2		2
新疆	13654	7223	6431				8	3	5

1-6c 续表 14　　　　单位：人

地区	塔吉克族			怒族			乌孜别克族		
	小计	男	女	小计	男	女	小计	男	女
全国	**41420**	**21149**	**20271**	**31339**	**15939**	**15400**	**3346**	**1914**	**1432**
北京				1	1				
天津	1	1		4	3	1			
河北	4	3	1	126	37	89	3	2	1
山西				35	17	18	1		1
内蒙古	2	1	1	7	2	5			
辽宁				58	13	45	1		1
吉林				14	4	10			
黑龙江	3	1	2	8	5	3	1	1	
上海	3	2	1	21	11	10			
江苏	6	1	5	133	48	85	2		2
浙江	1362	803	559	62	20	42	17	8	9
安徽	1		1	102	40	62	3	2	1
福建	5	5		126	59	67	2	1	1
江西	1		1	33	15	18	5	2	3
山东	19	10	9	243	98	145	6	3	3
河南	6	2	4	102	41	61	11	8	3
湖北	1		1	80	38	42	2	1	1
湖南	1		1	110	48	62	16	5	11
广东	17	10	7	164	69	95	10	6	4
广西	1		1	79	40	39	9	5	4
海南				1034	554	480			
重庆	1		1	5	1	4	1	1	
四川	17	3	14	192	66	126	12	5	7
贵州				12	4	8			
云南	3	2	1	28029	14437	13592	3	3	
西藏				471	231	240	3	1	2
陕西				18	8	10			
甘肃	1		1	45	17	28	2	1	1
青海	1		1	4	3	1			
宁夏				1		1	2	1	1
新疆	39964	20305	19659	20	9	11	3234	1858	1376

1-6c 续表 15

单位：人

地区	俄罗斯族			鄂温克族			德昂族		
	小计	男	女	小计	男	女	小计	男	女
全国	**2372**	**1260**	**1112**	**14152**	**7057**	**7095**	**17449**	**8492**	**8957**
北京	15	1	14	36	13	23	10	10	
天津	1		1	15	8	7			
河北	12	4	8	48	17	31	4	1	3
山西				5	2	3	4	2	2
内蒙古	1073	582	491	12610	6371	6239	1		1
辽宁	30	11	19	95	30	65			
吉林	4	1	3	7	2	5	2		2
黑龙江	58	38	20	1181	548	633			
上海	4	2	2	4	2	2	8	6	2
江苏	15	4	11	7	2	5	7	2	5
浙江	1		1	3	1	2	18	4	14
安徽	1		1				16		16
福建	3	2	1	5	3	2	7	3	4
江西	4	1	3	8	3	5	1		1
山东	13	8	5	49	21	28	39	9	30
河南	7	2	5	5	1	4	10		10
湖北	2	1	1	3		3	20	9	11
湖南	5	1	4				6		6
广东	2	1	1	12	7	5	13	7	6
广西	2	1	1	28	9	19	4	1	3
海南				2	1	1	1		1
重庆							5	1	4
四川	5	3	2	4	2	2	17	4	13
贵州	6	2	4				13	5	8
云南				5	2	3	17238	8425	8813
西藏	3	1	2						
陕西				2	1	1	1	1	
甘肃	2		2	1	1				
青海	2		2	2	1	1	1	1	
宁夏				1	1				
新疆	1102	594	508	14	8	6	3	1	2

1-6c 续表 16 单位：人

地区	保安族			裕固族			京族		
	小计	男	女	小计	男	女	小计	男	女
全国	**16189**	**7982**	**8207**	**7499**	**3986**	**3513**	**12731**	**6651**	**6080**
北京				5	3	2	4		4
天津							2		2
河北	1	1		13	8	5	38	12	26
山西				1		1	12	5	7
内蒙古	6	5	1	2	1	1	2	1	1
辽宁				2		2	3	3	
吉林							4	2	2
黑龙江				4	2	2	13	5	8
上海							2	1	1
江苏	6	1	5	5	2	3	89	36	53
浙江	1		1	4	2	2	59	32	27
安徽	5	1	4	16	8	8	61	24	37
福建	1	1		8	5	3	92	33	59
江西				4	2	2	164	93	71
山东				5	2	3	30	11	19
河南	2	1	1	14	5	9	45	17	28
湖北				5	2	3	46	24	22
湖南	3	3		2	1	1	31	13	18
广东	2	1	1	14	6	8	124	45	79
广西				2		2	10711	5681	5030
海南							139	72	67
重庆							2	1	1
四川	16	13	3	4	2	2	133	58	75
贵州							616	358	258
云南	40	29	11	5	2	3	233	91	142
西藏	5	4	1	3	1	2	1		1
陕西				3	1	2	16	5	11
甘肃	15587	7623	7964	7161	3816	3345	38	20	18
青海	97	46	51	53	24	29	7	4	3
宁夏				2		2	1		1
新疆	417	253	164	162	91	71	13	4	9

1-6c 续表 17

单位：人

地区	塔塔尔族			独龙族			鄂伦春族		
	小计	男	女	小计	男	女	小计	男	女
全国	**1438**	**830**	**608**	**5776**	**2819**	**2957**	**3567**	**1701**	**1866**
北京	2	1	1				13	7	6
天津				1	1		5	1	4
河北	8	4	4	15	4	11	28	11	17
山西									
内蒙古	5	2	3	1	1		1369	657	712
辽宁	2	1	1	4	1	3	40	14	26
吉林				1		1	44	20	24
黑龙江				7	2	5	2001	955	1046
上海	1	1		2	1	1			
江苏	4	2	2	18	7	11	9	6	3
浙江	4		4	17	2	15	6	3	3
安徽	4	2	2	22	2	20	2	1	1
福建	3		3	3		3			
江西	2	2		2	1	1	2	1	1
山东	3	1	2	21		21	15	3	12
河南				35	18	17			
湖北	3	1	2	11	3	8	1	1	
湖南	9	4	5	25	14	11			
广东	5	3	2	6	3	3	16	10	6
广西	13	7	6	7	2	5			
海南									
重庆				2	1	1			
四川	5	2	3	32	12	20	2	2	
贵州	3	1	2	59	31	28	9	7	2
云南	6	4	2	5433	2686	2747	2		2
西藏				37	19	18			
陕西									
甘肃	1	1		3	2	1			
青海				2	2				
宁夏									
新疆	1355	791	564	10	4	6	3	2	1

1-6c 续表 18

单位：人

地区	赫哲族			门巴族			珞巴族		
	小计	男	女	小计	男	女	小计	男	女
全　国	**1729**	**910**	**819**	**8151**	**4169**	**3982**	**3162**	**1563**	**1599**
北　京	7	4	3						
天　津	1		1	1	1				
河　北	17	8	9	13	8	5	1		1
山　西	3	1	2						
内蒙古	25	14	11	1		1			
辽　宁	22	12	10				7	6	1
吉　林	107	58	49	14	8	6			
黑龙江	1302	703	599	1	1		1		1
上　海	1		1						
江　苏	21	11	10	17	10	7			
浙　江	8	4	4	9	5	4			
安　徽	8	2	6	3	2	1	1		1
福　建	8	3	5	11	4	7	4	3	1
江　西	2		2	10	7	3			
山　东	14	5	9	6	2	4			
河　南	8	3	5	25	8	17			
湖　北	5	4	1	14	7	7			
湖　南	19	8	11	25	11	14			
广　东	47	21	26	22	9	13			
广　西	9	1	8	32	15	17			
海　南	1		1						
重　庆	3	1	2	13	6	7			
四　川	52	25	27	11	1	10	6	1	5
贵　州	1	1		5	2	3	63	38	25
云　南	14	6	8	1		1	2	1	1
西　藏				7834	4023	3811	3073	1513	1560
陕　西	1		1	1	1		1		1
甘　肃	2	2		80	37	43			
青　海	9	7	2	2	1	1			
宁　夏	2		2						
新　疆	10	6	4				3	1	2

1-6c 续表 19 单位：人

地区	基诺族			其他未识别的民族			外国人加入中国籍		
	小计	男	女	小计	男	女	小计	男	女
全国	**17897**	**9304**	**8593**	**468226**	**244892**	**223334**	**800**	**244**	**556**
北京	3		3	23	10	13			
天津				7	1	6	1		1
河北	9	6	3	32	7	25	5	2	3
山西	1		1	40	13	27	7	2	5
内蒙古	5	2	3	20	10	10	5	2	3
辽宁	1		1	14	11	3	3	1	2
吉林	16	13	3				1		1
黑龙江	1		1	3	2	1	8	2	6
上海	3	1	2	140	66	74	1		1
江苏	13	3	10	1335	636	699	29	14	15
浙江	8	3	5	3429	1934	1495	4		4
安徽	2	1	1	76	21	55	16	10	6
福建	5	2	3	973	555	418	45	16	29
江西	1		1	391	198	193	50	22	28
山东	12	4	8	51	19	32	8	1	7
河南	3		3	44	14	30	114	46	68
湖北	1		1	461	213	248	49	18	31
湖南	13	1	12	204	82	122	52	20	32
广东	5		5	244	129	115	100	14	86
广西	1		1	60	31	29	45	17	28
海南				43	26	17	11	1	10
重庆	18	5	13	37	11	26	3		3
四川	37	3	34	108	48	60	26	11	15
贵州	1		1	457895	239534	218361	1	1	
云南	17734	9257	8477	631	334	297	138	10	128
西藏				1847	927	920			
陕西				6	3	3	22	9	13
甘肃	1		1	51	21	30	36	15	21
青海				2	1	1			
宁夏							1		1
新疆	3	3		59	35	24	19	10	9

1-7 各地区分年龄、性别的人口

单位：人

地区	合计			0岁		
	合计	男	女	小计	男	女
全国	**1332810869**	**682329104**	**650481765**	**13786434**	**7461199**	**6325235**
北京	19612368	10126430	9485938	115882	60564	55318
天津	12938693	6907091	6031602	81871	43546	38325
河北	71854210	36430286	35423924	880194	470526	409668
山西	35712101	18338760	17373341	345782	181346	164436
内蒙古	24706291	12838243	11868048	204151	107837	96314
辽宁	43746323	22147745	21598578	264242	138487	125755
吉林	27452815	13907218	13545597	177072	93211	83861
黑龙江	38313991	19426106	18887885	248678	131574	117104
上海	23019196	11854916	11164280	128222	67467	60755
江苏	78660941	39626707	39034234	683985	367638	316347
浙江	54426891	27965641	26461250	443261	240036	203225
安徽	59500468	30245513	29254955	748259	421009	327250
福建	36894217	18981054	17913163	400476	222995	177481
江西	44567797	23003521	21564276	578832	319203	259629
山东	95792719	48446944	47345775	980428	533599	446829
河南	94029939	47493063	46536876	1043852	564511	479341
湖北	57237727	29391247	27846480	590805	327178	263627
湖南	65700762	33776459	31924303	795454	439116	356338
广东	104320459	54400538	49919921	1081126	590546	490580
广西	46023761	23924704	22099057	712891	392805	320086
海南	8671485	4592283	4079202	120973	67323	53650
重庆	28846170	14608870	14237300	262561	138977	123584
四川	80417528	40827834	39589694	740904	390791	350113
贵州	34748556	17905471	16843085	475282	261641	213641
云南	45966766	23856696	22110070	556947	294144	262803
西藏	3002165	1542652	1459513	45268	23346	21922
陕西	37327379	19287575	18039804	334718	179263	155455
甘肃	25575263	13064193	12511070	276977	149668	127309
青海	5626723	2913793	2712930	71664	37911	33753
宁夏	6301350	3227404	3073946	75277	40062	35215
新疆	21815815	11270147	10545668	320400	164879	155521

1-7 续表 1

单位：人

地区	1-4岁			5-9岁			10-14岁		
	小计	男	女	小计	男	女	小计	男	女
全国	**61746176**	**33601367**	**28144809**	**70881549**	**38464665**	**32416884**	**74908462**	**40267277**	**34641185**
北京	569998	300229	269769	501269	266411	234858	500288	263230	237058
天津	379022	201322	177700	397798	212250	185548	408877	216813	192064
河北	3897692	2100526	1797166	4041271	2168112	1873159	3273881	1741355	1532526
山西	1477029	775404	701625	1866552	978796	887756	2416653	1259085	1157568
内蒙古	914675	479554	435121	1092749	571128	521621	1264856	658767	606089
辽宁	1274719	669590	605129	1634902	861576	773326	1823114	961852	861262
吉林	901944	475837	426107	1094295	575786	518509	1118204	587142	531062
黑龙江	1131065	593885	537180	1497236	782597	714639	1697462	882788	814674
上海	665073	355124	309949	632783	340432	292351	556781	294286	262495
江苏	3123269	1712346	1410923	3207573	1754767	1452806	3218657	1753098	1465559
浙江	1990898	1065018	925880	2377561	1264707	1112854	2377355	1260411	1116944
安徽	2945073	1643659	1301414	3325594	1844189	1481405	3557210	1943519	1613691
福建	1726787	957385	769402	1856796	1008140	848656	1721639	940795	780844
江西	2883942	1639432	1244510	3232057	1835120	1396937	3067402	1718186	1349216
山东	4354309	2404250	1950059	4967926	2672557	2295369	4771546	2538286	2233260
河南	6063217	3387106	2676111	6480010	3655027	2824983	6160239	3414352	2745887
湖北	2389245	1319597	1069648	2461063	1361844	1099219	2522695	1406696	1115999
湖南	3390387	1853393	1536994	3925321	2165639	1759682	3465353	1879394	1585959
广东	4543610	2504890	2038720	5167116	2876896	2290220	6812178	3729615	3082563
广西	2807588	1531191	1276397	3318290	1791975	1526315	3152052	1707841	1444211
海南	483567	268681	214886	535731	300832	234899	575072	325169	249903
重庆	1304130	690596	613534	1539908	822225	717683	1796761	947831	848930
四川	3536151	1859472	1676679	4277626	2261957	2015669	5092442	2683611	2408831
贵州	1963917	1088329	875588	2745811	1482935	1262876	3593232	1888050	1705182
云南	2360943	1250950	1109993	3133577	1659678	1473899	3475325	1835439	1639886
西藏	201029	102886	98143	237982	121415	116567	247405	125906	121499
陕西	1471510	793674	677836	1669727	907840	761887	2013440	1100807	912633
甘肃	1112667	602691	509976	1445587	773015	672572	1808904	958255	850649
青海	297154	154744	142410	386107	199588	186519	422181	217250	204931
宁夏	341751	181134	160617	440189	231455	208734	490813	254028	236785
新疆	1243815	638472	605343	1391142	715776	675366	1506445	773420	733025

1-7 续表 2

单位：人

地区	15-19岁			20-24岁			25-29岁		
	小计	男	女	小计	男	女	小计	男	女
全国	**99889114**	**51904830**	**47984284**	**127412518**	**64008573**	**63403945**	**101013852**	**50837038**	**50176814**
北京	1071078	564868	506210	2633028	1368039	1264989	2379014	1223231	1155783
天津	801760	424619	377141	1679442	922933	756509	1341714	751611	590103
河北	5300038	2699801	2600237	7592569	3769523	3823046	5922757	2953742	2969015
山西	3370864	1705179	1665685	3191889	1622419	1569470	2712291	1388574	1323717
内蒙古	1664924	859999	804925	2083823	1074514	1009309	2059761	1078398	981363
辽宁	2512595	1294179	1218416	3665298	1865871	1799427	3041693	1528615	1513078
吉林	1684347	861243	823104	2501314	1250052	1251262	1956582	979216	977366
黑龙江	2257881	1150699	1107182	3325297	1670054	1655243	2816292	1420146	1396146
上海	1121172	575676	545496	2620370	1339673	1280697	2571181	1319622	1251559
江苏	5642735	2939819	2702916	7783471	3887759	3895712	5631916	2782481	2849435
浙江	3591687	1865826	1725861	4950650	2533298	2417352	4466744	2279194	2187550
安徽	4744232	2468849	2275383	4912202	2353868	2558334	3620338	1738599	1881739
福建	2816779	1485493	1331286	3918540	1962823	1955717	3299934	1661969	1637965
江西	3425991	1834229	1591762	4025717	1992465	2033252	3032051	1466019	1566032
山东	5461457	2854002	2607455	9485391	4777476	4707915	6937780	3464999	3472781
河南	7418890	3861615	3557275	9611242	4641380	4969862	6125379	2934786	3190593
湖北	4806737	2560263	2246474	5584166	2794304	2789862	4019964	1984503	2035461
湖南	4183927	2175503	2008424	6148485	3031499	3116986	4739884	2321047	2418837
广东	9989559	5193402	4796157	12275490	6297809	5977681	10621267	5535552	5085715
广西	3429296	1825863	1603433	3853883	1987801	1866082	3657034	1875290	1781744
海南	782459	415119	367340	807157	415337	391820	773022	399870	373152
重庆	2245342	1138466	1106876	2149066	1058172	1090894	1565973	764663	801310
四川	6213182	3174578	3038604	6360027	3167922	3192105	4514128	2238807	2275321
贵州	2827796	1474002	1353794	2426464	1200046	1226418	2059781	1032802	1026979
云南	3693141	1924103	1769038	4083725	2094298	1989427	3572599	1871027	1701572
西藏	270675	141186	129489	327630	172999	154631	310214	161381	148833
陕西	3331277	1752574	1578703	3941487	2011071	1930416	2827013	1443775	1383238
甘肃	2435585	1253158	1182427	2318564	1142615	1175949	1686018	835598	850420
青海	489085	251790	237295	487100	251152	235948	426919	220178	206741
宁夏	552137	280086	272051	551463	276639	274824	501079	252813	248266
新疆	1752486	898641	853845	2117568	1074762	1042806	1823530	928530	895000

1-7 续表 3 单位：人

地区	30-34岁			35-39岁			40-44岁		
	小计	男	女	小计	男	女	小计	男	女
全国	**97138203**	**49521822**	**47616381**	**118025959**	**60391104**	**57634855**	**124753964**	**63608678**	**61145286**
北京	1824339	955672	868667	1720601	916825	803776	1656355	884231	772124
天津	1035675	581531	454144	1045560	580926	464634	1067997	586050	481947
河北	4816542	2455915	2360627	5236791	2640674	2596117	6303869	3191301	3112568
山西	2497375	1287390	1209985	3289042	1686158	1602884	3204150	1657285	1546865
内蒙古	1967778	1041581	926197	2540644	1335067	1205577	2508659	1324061	1184598
辽宁	3275788	1667749	1608039	3720098	1897745	1822353	4158958	2120659	2038299
吉林	2171403	1106604	1064799	2557636	1302826	1254810	2893132	1482282	1410850
黑龙江	3061423	1563415	1498008	3938760	2019732	1919028	3992113	2053208	1938905
上海	2128116	1113853	1014263	1921297	1025778	895519	1877736	1001047	876689
江苏	5529757	2755438	2774319	6405159	3185636	3219523	7966614	3924609	4042005
浙江	4459956	2296739	2163217	5172500	2652552	2519948	5475518	2793988	2681530
安徽	4007746	1989930	2017816	5351187	2672730	2678457	6229450	3078803	3150647
福建	3048083	1559374	1488709	3604164	1847755	1756409	3426578	1751557	1675021
江西	3592953	1779553	1813400	4029729	2032118	1997611	3780745	1913047	1867698
山东	6501667	3276452	3225215	7911653	4003096	3908557	9326952	4683874	4643078
河南	5997389	2948021	3049368	7374290	3683925	3690365	8331878	4087217	4244661
湖北	3918104	1976252	1941852	4857877	2465831	2392046	5616356	2862689	2753667
湖南	4329801	2178922	2150879	5698032	2944331	2753701	6403343	3272744	3130599
广东	8934834	4702015	4232819	9533299	4958950	4574349	8864774	4588317	4276457
广西	3481060	1800487	1680573	3716207	1947361	1768846	3793212	1997311	1795901
海南	675851	356762	319089	703749	375556	328193	730966	391670	339296
重庆	1456089	708598	747491	2852283	1423486	1428797	2725931	1372752	1353179
四川	4874122	2421335	2452787	8077512	4072193	4005319	7819390	3970327	3849063
贵州	2403607	1226542	1177065	3095821	1611623	1484198	2971556	1541384	1430172
云南	3931583	2074103	1857480	4379894	2328062	2051832	4068439	2142791	1925648
西藏	252326	132424	119902	248672	130917	117755	227977	118900	109077
陕西	2542726	1306244	1236482	3293127	1691341	1601786	3390021	1752844	1637177
甘肃	1599412	810650	788762	2384986	1203659	1181327	2663227	1348508	1314719
青海	489129	254853	234276	569020	301903	267117	559044	295724	263320
宁夏	539244	275407	263837	592210	305743	286467	576333	295336	280997
新疆	1794325	918011	876314	2204159	1146605	1057554	2142691	1124162	1018529

1-7 续表 4

单位：人

地区	45-49岁			50-54岁			55-59岁		
	小计	男	女	小计	男	女	小计	男	女
全国	**105594553**	**53776418**	**51818135**	**78753171**	**40363234**	**38389937**	**81312474**	**41082938**	**40229536**
北京	1628804	861742	767062	1347008	691118	655890	1204596	597114	607482
天津	1097110	583532	513578	998655	518506	480149	918527	466531	451996
河北	5644591	2824442	2820149	4794727	2446341	2348386	4807022	2421123	2385899
山西	2848258	1469270	1378988	2325620	1213929	1111691	2048755	1056489	992266
内蒙古	2239534	1173609	1065925	1813660	941694	871966	1514664	770719	743945
辽宁	4266446	2164862	2101584	3842788	1936408	1906380	3514930	1758634	1756296
吉林	2614467	1328918	1285549	2150509	1088849	1061660	2005362	1000457	1004905
黑龙江	3656130	1860562	1795568	3020706	1527085	1493621	2678333	1327094	1351239
上海	1800678	956736	843942	1802722	932637	870085	1723410	872884	850526
江苏	6525182	3255929	3269253	4938416	2510290	2428126	5429570	2742953	2686617
浙江	4726043	2428602	2297441	3497645	1817064	1680581	3338440	1701943	1636497
安徽	4927826	2462328	2465498	2558528	1324934	1233594	3641290	1846009	1795281
福建	2781033	1419803	1361230	2126496	1097620	1028876	1954524	989791	964733
江西	3049892	1540906	1508986	2471918	1256966	1214952	2297310	1167310	1130000
山东	8075051	4008907	4066144	6253297	3163552	3089745	6634801	3333497	3301304
河南	6859450	3329233	3530217	4915502	2431122	2484380	5680391	2823720	2856671
湖北	5108599	2610967	2497632	3699126	1893401	1805725	3689032	1882390	1806642
湖南	5350689	2732405	2618284	3649926	1892152	1757774	4064307	2082980	1981327
广东	7046805	3687090	3359715	4898765	2553947	2344818	4399245	2246294	2152951
广西	3290568	1718836	1571732	2377129	1224675	1152454	2398317	1224627	1173690
海南	665487	358251	307236	440224	235387	204837	394981	206800	188181
重庆	2201456	1106618	1094838	1533112	794808	738304	2189164	1102901	1086263
四川	5934098	3014140	2919958	4142765	2134376	2008389	5725272	2866005	2859267
贵州	2317950	1191817	1126133	1587809	811287	776522	1818258	913554	904704
云南	3345400	1739981	1605419	2133490	1095569	1037921	2146376	1084950	1061426
西藏	187860	97943	89917	120934	61715	59219	93828	47199	46629
陕西	2957295	1529697	1427598	2488577	1287971	1200606	2269642	1153183	1116459
甘肃	2039894	1042022	997872	1263287	659318	603969	1359297	694781	664516
青海	422732	223728	199004	241896	127841	114055	232793	118916	113877
宁夏	445356	231469	213887	292737	151258	141479	293466	148324	145142
新疆	1539869	822073	717796	1025197	541414	483783	846571	433766	412805

1-7 续表 5 单位：人

地区	60-64岁			65-69岁			70-74岁		
	小计	男	女	小计	男	女	小计	男	女
全国	**58667282**	**29834426**	**28832856**	**41113282**	**20748471**	**20364811**	**32972397**	**16403453**	**16568944**
北京	751256	368042	383214	516364	243021	273343	504005	235799	268206
天津	582297	292086	290211	370879	180747	190132	295616	140939	154677
河北	3422528	1714865	1707663	2089275	1045994	1043281	1648584	823844	824740
山西	1412582	724311	688271	937484	478457	459027	783578	396370	387208
内蒙古	968236	488645	479591	663946	326461	337485	590293	296727	293566
辽宁	2241311	1111493	1129818	1542718	759576	783142	1260721	607155	653566
吉林	1324710	653182	671528	837251	405421	431830	680192	335655	344537
黑龙江	1819301	891861	927440	1154779	553702	601077	975703	477163	498540
上海	1138342	587260	551082	665353	338727	326626	523047	251633	271414
江苏	4015991	2038145	1977846	2878272	1454528	1423744	2272319	1119522	1152797
浙江	2476958	1265067	1211891	1520657	784795	735862	1320843	679934	640909
安徽	2846985	1475884	1371101	2207841	1150478	1057363	1607207	825287	781920
福建	1300258	677823	622435	910859	475129	435730	795172	400388	394784
江西	1710957	878288	832669	1143769	582238	561531	990367	490625	499742
山东	4700775	2344826	2355949	3146472	1566196	1580276	2496437	1223554	1272883
河南	4108866	2069949	2038917	2803020	1392429	1410591	2091708	1021455	1070253
湖北	2772064	1428267	1343797	1923354	982209	941145	1428361	710557	717804
湖南	3136492	1631170	1505322	2104528	1099436	1005092	1879283	960089	919194
广东	3066241	1598914	1467327	2167799	1111111	1056688	1911014	951903	959111
广西	1783313	915051	868262	1406191	698327	707864	1171256	569394	601862
海南	282564	150197	132367	193406	96884	96522	201972	98021	103951
重庆	1642926	853362	789564	1267179	661826	605353	911246	466956	444290
四川	4304402	2221048	2083354	3295231	1693975	1601256	2408632	1222331	1186301
贵州	1435091	725019	710072	1131419	563949	567470	907116	442553	464563
云南	1579853	798070	781783	1233417	609900	623517	1004041	489016	515025
西藏	77457	37447	40010	60450	28057	32393	43068	19220	23848
陕西	1612982	819821	793161	1219790	607488	612302	945882	464072	481810
甘肃	1075283	541662	533621	855738	431452	424286	648464	325137	323327
青海	177215	87431	89784	144094	69039	75055	109187	53509	55678
宁夏	206508	102752	103756	159952	78250	81702	122752	61392	61360
新疆	693538	342488	351050	561795	278669	283126	444331	243253	201078

1-7 续表 6

单位：人

地 区	75-79岁			80-84岁			85-89岁		
	小计	男	女	小计	男	女	小计	男	女
全 国	**23852133**	**11278859**	**12573274**	**13373198**	**5917502**	**7455696**	**5631928**	**2199810**	**3432118**
北 京	386374	187209	199165	199673	94819	104854	77475	34359	43116
天 津	231770	110826	120944	134304	62115	72189	52792	23072	29720
河 北	1196136	559163	636973	656732	282274	374458	254168	96610	157558
山 西	571778	277902	293876	281068	127575	153493	103773	42628	61145
内蒙古	372560	188701	183859	166815	85147	81668	59205	28776	30429
辽 宁	905172	430172	475000	525299	248861	276438	209064	96304	112760
吉 林	429609	208878	220731	232870	113923	118947	91293	43770	47523
黑龙江	593894	298518	295376	300777	152277	148500	110128	52917	57211
上 海	555109	248892	306217	351530	147101	204429	172942	65346	107596
江 苏	1730639	794443	936196	1035707	428578	607129	476649	170336	306313
浙 江	1167148	570340	596808	679706	311543	368163	300824	122710	178114
安 徽	1194893	573513	621380	685491	296820	388671	297290	109030	188260
福 建	603599	282423	321176	379313	162540	216773	162949	59577	103372
江 西	669606	314505	355101	370766	163313	207453	161919	62894	99025
山 东	1965207	895661	1069546	1158994	476302	682692	488365	174092	314273
河 南	1572918	714570	858348	873698	363668	510030	379099	131034	248065
湖 北	1043510	493262	550248	516297	226131	290166	222701	83013	139688
湖 南	1306861	631505	675356	730300	331161	399139	300139	119866	180273
广 东	1493634	682950	810684	903014	380639	522375	421972	152671	269301
广 西	859470	392390	467080	490626	208789	281837	219115	81769	137346
海 南	151338	71080	80258	90666	38077	52589	41722	15235	26487
重 庆	629562	304833	324729	371516	170557	200959	148017	61723	86294
四 川	1588550	771359	817191	962223	444732	517491	399472	165577	233895
贵 州	564064	266704	297360	289384	131035	158349	98052	39397	58655
云 南	694259	324807	369452	383530	168222	215308	142391	55051	87340
西 藏	26484	11049	15435	14981	5744	9237	5827	2113	3714
陕 西	597003	290914	306089	272582	131397	141185	113214	49727	63487
甘 肃	383537	188730	194807	144438	70650	73788	56407	25455	30952
青 海	63887	31124	32763	26186	12400	13786	8878	3756	5122
宁 夏	72794	36997	35797	31877	16665	15212	11577	5804	5773
新 疆	230768	125439	105329	112835	64447	48388	44509	25198	19311

1-7 续表 7

单位：人

地区	90-94岁			95-99岁			100岁及以上		
	小计	男	女	小计	男	女	小计	男	女
全国	**1578307**	**530872**	**1047435**	**369979**	**117716**	**252263**	**35934**	**8852**	**27082**
北京	20345	8256	12089	4064	1505	2559	552	146	406
天津	13569	5712	7857	3242	1344	1898	216	80	136
河北	61672	20257	41415	12231	3719	8512	940	179	761
山西	22982	8579	14403	4369	1563	2806	227	51	176
内蒙古	12404	5535	6869	2766	1252	1514	188	71	117
辽宁	53725	22983	30742	11560	4548	7012	1182	426	756
吉林	23809	10964	12845	6235	2754	3481	579	248	331
黑龙江	29156	12971	16185	8389	3664	4725	488	194	294
上海	52295	17479	34816	10109	3068	7041	928	195	733
江苏	136102	40532	95570	26805	7406	19399	2153	454	1699
浙江	78008	27374	50634	13298	4192	9106	1191	308	883
安徽	73716	21494	52222	16114	4246	11868	1996	335	1661
福建	48476	14709	33767	10704	2744	7960	1058	221	837
江西	41959	13840	28119	9316	3102	6214	599	162	437
山东	142128	43107	99021	29384	8026	21358	2699	633	2066
河南	109292	30531	78761	26668	6738	19930	2941	674	2267
湖北	53062	17122	35940	13783	4574	9209	826	197	629
湖南	77844	27252	50592	18809	6467	12342	1597	388	1209
广东	142326	43680	98646	42091	12481	29610	4300	866	3434
广西	79773	25432	54341	23513	6881	16632	2977	608	2369
海南	14888	4531	10357	4528	1246	3282	1162	255	907
重庆	43367	15998	27369	9755	3324	6431	826	198	628
四川	118758	42464	76294	29414	9918	19496	3227	916	2311
贵州	28165	10090	18075	7150	2471	4679	831	241	590
云南	37820	13073	24747	9239	3253	5986	777	209	568
西藏	1517	547	970	543	241	302	38	17	21
陕西	28260	11074	17186	6766	2687	4079	340	111	229
甘肃	13354	5586	7768	3444	1525	1919	193	58	135
青海	1929	745	1184	439	179	260	84	32	52
宁夏	2968	1413	1555	791	357	434	76	20	56
新疆	14638	7542	7096	4460	2241	2219	743	359	384

1-7a 各地区分年龄、性别的人口(城市)

单位：人

地区	合计			0岁		
	合计	男	女	小计	男	女
全国	**403760040**	**206470117**	**197289923**	**2825962**	**1505781**	**1320181**
北京	15563215	7990855	7572360	91033	47615	43418
天津	8858126	4787921	4070205	45577	24093	21484
河北	14388021	7185090	7202931	110968	58468	52500
山西	9414053	4751359	4662694	72938	37826	35112
内蒙古	8011564	4110233	3901331	56725	29400	27325
辽宁	22021184	11053846	10967338	109535	56847	52688
吉林	10196745	5099077	5097668	47756	24812	22944
黑龙江	14122516	7114497	7008019	70924	37342	33582
上海	17640842	9019706	8621136	97525	51121	46404
江苏	30166466	15404145	14762321	202935	108067	94868
浙江	20386294	10480401	9905893	150538	80753	69785
安徽	12182587	6253169	5929418	90206	48593	41613
福建	12548384	6467896	6080488	99819	54248	45571
江西	7504291	3822014	3682277	68589	36810	31779
山东	28364984	14348347	14016637	222481	118747	103734
河南	18331493	9258578	9072915	145411	77926	67485
湖北	17928160	9160741	8767419	122729	66495	56234
湖南	12738442	6437605	6300837	97081	52528	44553
广东	52388382	27633888	24754494	398688	217189	181499
广西	8352777	4286087	4066690	77615	42083	35532
海南	2324288	1217815	1106473	22801	12619	10182
重庆	8681611	4365786	4315825	56551	29279	27272
四川	15915660	7982358	7933302	90794	47312	43482
贵州	5537562	2828513	2709049	50996	27251	23745
云南	6324830	3221116	3103714	53405	27821	25584
西藏	272322	136378	135944	1203	630	573
陕西	8837175	4496902	4340273	56514	29710	26804
甘肃	5258935	2702835	2556100	36750	19568	17182
青海	1368033	706107	661926	10877	5763	5114
宁夏	2059295	1046614	1012681	16934	8849	8085
新疆	6071803	3100238	2971565	50064	26016	24048

1-7a 续表 1 单位：人

地区	1-4岁			5-9岁			10-14岁		
	小计	男	女	小计	男	女	小计	男	女
全国	**13534485**	**7267961**	**6266524**	**15903218**	**8566754**	**7336464**	**17121336**	**9176874**	**7944462**
北京	452042	238364	213678	391474	208775	182699	376862	199103	177759
天津	207753	109113	98640	211079	111052	100027	221308	115537	105771
河北	532492	282226	250266	619804	327557	292247	613007	320578	292429
山西	334028	174142	159886	433286	225602	207684	541157	279788	261369
内蒙古	269296	139578	129718	327707	170405	157302	405674	209851	195823
辽宁	540678	281886	258792	664692	348053	316639	780625	408443	372182
吉林	255376	133811	121565	324879	170461	154418	392790	207106	185684
黑龙江	298964	155723	143241	426909	223674	203235	563292	294908	268384
上海	491596	261993	229603	469600	251888	217712	424966	223650	201316
江苏	971067	522117	448950	1110069	598221	511848	1105965	595528	510437
浙江	716790	383611	333179	818357	438290	380067	763635	407787	355848
安徽	417656	225625	192031	523328	284081	239247	586202	316672	269530
福建	515682	282006	233676	561170	307029	254141	491082	269051	222031
江西	331666	185284	146382	424507	238692	185815	444780	248235	196545
山东	1095175	588696	506479	1307414	694476	612938	1311474	694561	616913
河南	797889	436476	361413	949853	520823	429030	953739	515675	438064
湖北	571216	312398	258818	684298	374111	310187	744479	410590	333889
湖南	468500	253444	215056	587635	320616	267019	591419	318163	273256
广东	1767192	977975	789217	1989222	1119574	869648	2330982	1305625	1025357
广西	358146	195735	162411	414791	226315	188476	390010	213637	176373
海南	102512	57998	44514	118716	68694	50022	127061	74187	52874
重庆	267821	138665	129156	310253	161238	149015	370017	192228	177789
四川	470903	244811	226092	597102	311855	285247	732362	381254	351108
贵州	229509	124205	105304	303031	163504	139527	364316	191609	172707
云南	244984	127796	117188	288062	150071	137991	288768	149455	139313
西藏	7587	3871	3716	10409	5358	5051	12491	6250	6241
陕西	279453	148010	131443	343149	183326	159823	396236	212225	184011
甘肃	166239	88450	77789	230978	122433	108545	268064	141506	126558
青海	50205	26372	23833	65790	34365	31425	73880	38400	35480
宁夏	83420	44082	39338	107347	56784	50563	122758	63965	58793
新疆	238648	123498	115150	288307	149431	138876	331935	171307	160628

1-7a 续表 2　　单位：人

地区	15-19岁			20-24岁			25-29岁		
	小计	男	女	小计	男	女	小计	男	女
全国	**30350178**	**15528057**	**14822121**	**47547510**	**24173937**	**23373573**	**37950735**	**19171630**	**18779105**
北京	839551	442501	397050	2128710	1099187	1029523	1986892	1013192	973700
天津	503029	271666	231363	1200197	677661	522536	1030390	584815	445575
河北	1154223	569945	584278	1738019	849582	888437	1240269	603522	636747
山西	927180	452026	475154	993069	499483	493586	777799	384107	393692
内蒙古	593888	305258	288630	739592	381309	358283	704342	359848	344494
辽宁	1235991	631163	604828	2050752	1054467	996285	1769012	882687	886325
吉林	661966	333467	328499	995079	498803	496276	772403	382493	389910
黑龙江	887792	452502	435290	1354978	690225	664753	1038727	523392	515335
上海	831707	425826	405881	1989891	1005081	984810	2020656	1024106	996550
江苏	2308393	1177244	1131149	3696034	1880899	1815135	2757687	1386614	1371073
浙江	1532031	781321	750710	2472463	1249883	1222580	2090576	1064553	1026023
安徽	952889	501152	451737	1347105	694683	652422	956637	472647	483990
福建	977737	506201	471536	1683744	852814	830930	1400792	713462	687330
江西	618923	320233	298690	719756	364770	354986	528821	247568	281253
山东	1911016	988380	922636	3366955	1701118	1665837	2473541	1226038	1247503
河南	1488278	758763	729515	2233929	1096166	1137763	1421923	692596	729327
湖北	1621779	854280	767499	1983057	1025680	957377	1416575	692662	723913
湖南	978716	482663	496053	1462769	723916	738853	1019067	483732	535335
广东	4630146	2390196	2239950	7570072	3899033	3671039	6546528	3480198	3066330
广西	690443	364359	326084	930145	472359	457786	803138	394982	408156
海南	222822	114178	108644	264025	131887	132138	235231	116729	118502
重庆	679342	341488	337854	946403	472186	474217	712672	350565	362107
四川	1239925	606544	633381	1640583	811191	829392	1254445	609372	645073
贵州	443455	225938	217517	581353	293240	288113	431311	213533	217778
云南	536307	265542	270765	726432	357522	368910	566271	283976	282295
西藏	19448	9558	9890	34366	16263	18103	30142	14545	15597
陕西	732811	376733	356078	1199137	607396	591741	784624	387742	396882
甘肃	421371	214539	206832	595480	308499	286981	427034	210598	216436
青海	102247	54051	48196	130722	69016	61706	101094	51075	50019
宁夏	160233	81952	78281	197373	97726	99647	178604	87048	91556
新疆	446539	228388	218151	575320	291892	283428	473532	233233	240299

1-7a 续表 3

单位：人

地区	30-34岁			35-39岁			40-44岁		
	小计	男	女	小计	男	女	小计	男	女
全国	**35576427**	**18144631**	**17431796**	**39746202**	**20481483**	**19264719**	**37805480**	**19572475**	**18233005**
北京	1526794	792047	734747	1384157	731162	652995	1273356	675368	597988
天津	750926	427686	323240	720807	408950	311857	698671	393570	305101
河北	1161212	578515	582697	1265959	630522	635437	1233956	624044	609912
山西	748742	372122	376620	931911	464487	467424	871602	444725	426877
内蒙古	677380	351507	325873	875294	451345	423949	839457	437485	401972
辽宁	1760833	881193	879640	1928593	970788	957805	2008802	1018769	990033
吉林	853998	429912	424086	964564	483185	481379	1020864	516635	504229
黑龙江	1113533	565265	548268	1421430	722423	699007	1432791	731917	700874
上海	1639840	845253	794587	1436685	758162	678523	1360546	721409	639137
江苏	2632192	1332417	1299775	2719984	1400591	1319393	2938895	1512219	1426676
浙江	1953807	1010032	943775	2083919	1083884	1000035	1978584	1019017	959567
安徽	1009212	503348	505864	1202844	610587	592257	1309622	667543	642079
福建	1227788	635178	592610	1319319	683753	635566	1132388	581325	551063
江西	665556	317555	348001	738743	366282	372461	678642	345934	332708
山东	2426951	1215848	1211103	2764436	1403438	1360998	2636299	1343708	1292591
河南	1532648	757207	775441	1811117	913206	897911	1736405	890373	846032
湖北	1484447	729267	755180	1683299	852137	831162	1735860	888161	847699
湖南	998029	487532	510497	1243331	623687	619644	1283060	655171	627889
广东	5535883	2974065	2561818	5640245	3021089	2619156	4713923	2512195	2201728
广西	794061	398859	395202	815684	422095	393589	736288	382174	354114
海南	212908	108062	104846	230049	120021	110028	211507	113818	97689
重庆	580491	287518	292973	958220	485312	472908	851095	436616	414479
四川	1209028	594157	614871	1817905	917927	899978	1624192	836204	787988
贵州	470823	237284	233539	600360	310757	289603	528825	274364	254461
云南	606707	310985	295722	667418	351492	315926	563935	295681	268254
西藏	29189	14168	15021	35110	17684	17426	32131	16461	15670
陕西	711014	354141	356873	816549	415015	401534	763914	395080	368834
甘肃	428280	216537	211743	549503	285344	264159	539788	283860	255928
青海	116836	59520	57316	149743	78111	71632	156036	81556	74480
宁夏	195489	98183	97306	225686	115809	109877	211758	109323	102435
新疆	521830	259268	262562	743338	382238	361100	702288	367770	334518

1-7a 续表 4 单位：人

地区	45-49岁			50-54岁			55-59岁		
	小计	男	女	小计	男	女	小计	男	女
全 国	**32412958**	**16885728**	**15527230**	**24253446**	**12450143**	**11803303**	**22418430**	**11166299**	**11252131**
北 京	1245654	659894	585760	1033117	528445	504672	920237	452336	467901
天 津	755163	409552	345611	720017	376121	343896	630827	320652	310175
河 北	1125625	575214	550411	946868	481656	465212	904035	449110	454925
山 西	769139	400651	368488	597154	312235	284919	470662	239488	231174
内蒙古	722660	381227	341433	526417	273589	252828	410232	204550	205682
辽 宁	2191325	1120215	1071110	1975630	995232	980398	1684496	834791	849705
吉 林	975651	495563	480088	814138	407545	406593	727599	357082	370517
黑龙江	1425570	729673	695897	1144436	577503	566933	971028	478723	492305
上 海	1350280	715257	635023	1459616	750487	709129	1375367	692705	682662
江 苏	2404502	1253257	1151245	1746058	901405	844653	1758723	883434	875289
浙 江	1634309	850172	784137	1134482	591969	542513	997443	501961	495482
安 徽	1067702	554328	513374	603881	316878	287003	668681	338776	329905
福 建	886054	459550	426504	614083	316599	297484	541437	268744	272693
江 西	580496	298569	281927	449976	228788	221188	405359	201192	204167
山 东	2262720	1166178	1096542	1710067	872725	837342	1618436	800596	817840
河 南	1384679	713552	671127	972531	492728	479803	934074	458802	475272
湖 北	1544698	799476	745222	1125875	572695	553180	1070647	534928	535719
湖 南	1088500	563303	525197	721747	370806	350941	720904	362022	358882
广 东	3426661	1836199	1590462	2138309	1123169	1015140	1855751	926034	929717
广 西	627558	324902	302656	441198	225026	216172	412341	207317	205024
海 南	171938	93132	78806	108198	58002	50196	93753	48094	45659
重 庆	702152	359107	343045	508417	261222	247195	592710	295067	297643
四 川	1269188	656512	612676	856625	435528	421097	970649	469904	500745
贵 州	421077	217958	203119	272435	139417	133018	240574	116054	124520
云 南	470523	245181	225342	304565	154034	150531	312079	154873	157206
西 藏	23403	12443	10960	12701	6910	5791	8594	4891	3703
陕 西	674748	355832	318916	549614	281332	268282	468768	232287	236481
甘 肃	432183	226430	205753	280787	143947	136840	267839	137229	130610
青 海	124298	65334	58964	74401	38807	35594	59688	30599	29089
宁 夏	158450	83230	75220	102174	52756	49418	92677	45677	47000
新 疆	496052	263837	232215	307929	162587	145342	232820	118381	114439

1-7a 续表 5

单位：人

地区	60-64岁			65-69岁			70-74岁		
	小计	男	女	小计	男	女	小计	男	女
全国	**15298187**	**7594880**	**7703307**	**10418641**	**5062300**	**5356341**	**8876835**	**4279061**	**4597774**
北京	565366	274022	291344	392599	181020	211579	404965	184312	220653
天津	389242	196127	193115	250832	120579	130253	208530	94989	113541
河北	610084	298181	311903	395417	190165	205252	343032	162635	180397
山西	301081	149689	151392	215703	103816	111887	201032	96453	104579
内蒙古	271694	127824	143870	212625	97311	115314	190774	93458	97316
辽宁	1008047	494912	513135	726206	341676	384530	675580	302395	373185
吉林	467057	225275	241782	324702	149381	175321	281263	130673	150590
黑龙江	644178	309555	334623	452922	203377	249545	425414	196101	229313
上海	892427	461250	431177	496086	253868	242218	398372	191734	206638
江苏	1284107	648503	635604	856465	429500	426965	680968	335256	345712
浙江	709828	356460	353368	423872	213704	210168	348961	174949	174012
安徽	467153	238687	228466	365176	183419	181757	266355	131903	134452
福建	367057	185386	181671	240882	123147	117735	200699	100870	99829
江西	290850	148645	142205	193821	97202	96619	162621	80733	81888
山东	1088570	525417	563153	752399	360807	391592	611615	294084	317531
河南	654201	316137	338064	463587	218855	244732	393455	186963	206492
湖北	791074	398444	392630	491397	244725	246672	380249	184281	195968
湖南	517273	263820	253453	328883	167172	161711	291478	146044	145434
广东	1295904	649018	646886	828735	410187	418548	714261	352782	361479
广西	284788	145184	139604	191180	92787	98393	170197	81880	88317
海南	65346	34046	31300	43433	21850	21583	42357	21311	21046
重庆	383439	192560	190879	263530	133734	129796	199904	96432	103472
四川	714387	352119	362268	515787	259025	256762	403014	200843	202171
贵州	194033	96626	97407	144745	71621	73124	123327	58451	64876
云南	225060	112777	112283	164882	80799	84083	140298	71264	69034
西藏	5523	2855	2668	4283	1944	2339	3093	1468	1625
陕西	332916	165945	166971	247797	118975	128822	226035	106070	119965
甘肃	189061	94090	94971	155638	71217	84421	140188	69962	70226
青海	42043	19756	22287	40546	16970	23576	38162	19404	18758
宁夏	64051	31143	32908	53280	24346	28934	45774	23006	22768
新疆	182347	80427	101920	181231	79121	102110	164862	88355	76507

1-7a 续表 6 单位：人

地区	75-79岁			80-84岁			85-89岁		
	小计	男	女	小计	男	女	小计	男	女
全 国	**6366161**	**3053000**	**3313161**	**3436596**	**1612654**	**1823942**	**1403249**	**589354**	**813895**
北 京	309217	150002	159215	159266	77041	82225	61576	28127	33449
天 津	166582	78128	88454	96063	44962	51101	38479	17239	21240
河 北	225443	106863	118580	113530	53558	59972	41624	18088	23536
山 西	135975	68643	67332	63397	32546	30851	22035	10860	11175
内蒙古	113272	57193	56079	51525	27644	23881	17659	9029	8630
辽 宁	509095	238746	270349	272159	132552	139607	98851	46220	52631
吉 林	179134	85344	93790	92228	45748	46480	33705	16412	17293
黑龙江	266965	131239	135726	125044	63417	61627	42823	20977	21846
上 海	437752	196551	241201	281739	119222	162517	136454	53061	83393
江 苏	507528	239214	268314	301379	132397	168982	135026	51709	83317
浙 江	304147	150631	153516	172134	81025	91109	75630	31583	44047
安 徽	189118	92976	96142	102545	49322	53223	42575	17391	25184
福 建	148693	71011	77682	88296	39393	48903	37087	13785	23302
江 西	110889	54550	56339	57977	28001	29976	23511	9925	13586
山 东	427229	197999	229230	241934	106192	135742	99081	37468	61613
河 南	260265	125355	134910	129381	61102	68279	49756	19956	29800
湖 北	272616	131340	141276	131267	61569	69698	53851	21054	32797
湖 南	188038	94001	94037	99211	47650	51561	38551	16017	22534
广 东	517282	241712	275570	293003	129164	163839	132973	49201	83772
广 西	117789	55144	62645	59891	27160	32731	25191	9904	15287
海 南	27339	13502	13837	15016	6546	8470	6184	2248	3936
重 庆	151487	67915	83572	91845	41149	50696	39403	16993	22410
四 川	265415	130917	134498	153311	76137	77174	63455	29468	33987
贵 州	77463	37670	39793	39851	19995	19856	14101	6414	7687
云 南	92616	47353	45263	48705	24101	24604	17357	7732	9625
西 藏	1536	671	865	739	267	472	284	105	179
陕 西	151830	75799	76031	67550	35307	32243	25821	12224	13597
甘 肃	82157	43255	38902	32573	17860	14713	11382	5788	5594
青 海	20506	11019	9487	7969	4443	3526	2416	1276	1140
宁 夏	26734	13933	12801	11489	6326	5163	3800	1928	1872
新 疆	82049	44324	37725	35579	20858	14721	12608	7172	5436

1-7a 续表 7

单位：人

地区	90-94岁			95-99岁			100岁及以上		
	小计	男	女	小计	男	女	小计	男	女
全国	**402209**	**148570**	**253639**	**102505**	**35986**	**66519**	**9290**	**2559**	**6731**
北京	16443	6907	9536	3423	1303	2120	481	132	349
天津	9995	4308	5687	2511	1066	1445	148	55	93
河北	10030	3820	6210	2222	798	1424	202	43	159
山西	5035	2245	2790	1060	410	650	68	15	53
内蒙古	4097	1856	2241	1142	522	620	112	44	68
辽宁	24188	10489	13699	5457	2105	3352	637	217	420
吉林	8866	4123	4743	2500	1138	1362	227	108	119
黑龙江	11081	5004	6077	3467	1453	2014	248	104	144
上海	41085	14399	26686	7915	2511	5404	737	172	565
江苏	39301	12740	26561	8541	2674	5867	647	139	508
浙江	20390	7396	12994	3997	1306	2691	401	114	287
安徽	10849	3700	7149	2637	825	1812	214	33	181
福建	11372	3483	7889	2860	779	2081	343	82	261
江西	6895	2404	4491	1815	618	1197	98	24	74
山东	29510	9605	19905	7081	2105	4976	600	161	439
河南	14136	4669	9467	3794	1120	2674	442	128	314
湖北	14240	4901	9339	4295	1498	2797	212	49	163
湖南	10755	3970	6785	3288	1287	2001	207	61	146
广东	46453	14383	32070	14774	4614	10160	1395	286	1109
广西	8907	3057	5850	3040	1058	1982	376	70	306
海南	2179	637	1542	717	204	513	196	50	146
重庆	12379	5144	7235	3232	1295	1937	248	73	175
四川	20199	8714	11485	5871	2377	3494	520	187	333
贵州	4430	1966	2464	1403	601	802	144	55	89
云南	4968	2074	2894	1420	570	850	68	17	51
西藏	60	22	38	27	11	16	3	3	
陕西	6732	2931	3801	1852	771	1081	111	51	60
甘肃	2832	1338	1494	773	374	399	35	11	24
青海	454	214	240	101	46	55	19	10	9
宁夏	946	436	510	300	109	191	18	3	15
新疆	3402	1635	1767	990	438	552	133	62	71

1-7b 各地区分年龄、性别的人口(镇)

单位：人

地区	合计			0岁		
	合计	男	女	小计	男	女
全 国	**266245506**	**136570666**	**129674840**	**2549317**	**1383316**	**1166001**
北 京	1295477	683545	611932	7500	4003	3497
天 津	1419767	736281	683486	9922	5319	4603
河 北	17187307	8754793	8432514	200634	107610	93024
山 西	7746486	3967332	3779154	71061	37463	33598
内蒙古	5708610	2943359	2765251	44524	23291	21233
辽 宁	5166779	2608045	2558734	28060	14838	13222
吉 林	4451454	2262619	2188835	23772	12590	11182
黑龙江	7201199	3647191	3554008	41471	21773	19698
上 海	2914256	1542466	1371790	17213	9173	8040
江 苏	17205022	8676471	8528551	154719	83042	71677
浙 江	13163915	6751617	6412298	102818	55830	46988
安 徽	13394530	6803194	6591336	144890	81307	63583
福 建	8513556	4360897	4152659	84234	47222	37012
江 西	11995669	6226968	5768701	131658	71222	60436
山 东	19255743	9837833	9417910	195197	106857	88340
河 南	17888274	9134021	8754253	171912	93645	78267
湖 北	10516925	5412738	5104187	99553	55112	44441
湖 南	15714621	8079272	7635349	172455	95283	77172
广 东	16641873	8740164	7901709	167961	92106	75855
广 西	10065066	5212594	4852472	142284	78762	63522
海 南	1984228	1056706	927522	25976	14821	11155
重 庆	6614192	3327602	3286590	54055	28482	25573
四 川	16428768	8335289	8093479	126327	66404	59923
贵 州	6199971	3175762	3024209	75334	41398	33936
云 南	9634242	4940836	4693406	102008	53607	48401
西 藏	408267	219218	189049	4645	2446	2199
陕 西	8222162	4303161	3919001	61991	33451	28540
甘 肃	3932250	2042250	1890000	33308	18268	15040
青 海	1148221	601284	546937	11426	5945	5481
宁 夏	962727	501105	461622	10208	5467	4741
新 疆	3263949	1686053	1577896	32201	16579	15622

1-7b 续表 1

单位：人

地区	1-4岁			5-9岁			10-14岁		
	小计	男	女	小计	男	女	小计	男	女
全国	**12026706**	**6592671**	**5434035**	**14662441**	**8014156**	**6648285**	**15686190**	**8487916**	**7198274**
北京	40061	20843	19218	37087	19550	17537	39235	20170	19065
天津	51374	27638	23736	57818	31411	26407	58938	31656	27282
河北	922747	500968	421779	1004929	542733	462196	813215	435689	377526
山西	334836	177279	157557	462533	245322	217211	594270	312795	281475
内蒙古	215974	112984	102990	293752	153505	140247	326996	170453	156543
辽宁	148988	79270	69718	214349	114111	100238	239907	127471	112436
吉林	127257	67402	59855	180880	95243	85637	196051	102871	93180
黑龙江	183869	96754	87115	287693	150995	136698	356321	186209	170112
上海	99068	53082	45986	93849	50837	43012	75219	40434	34785
江苏	717802	399895	317907	760897	424376	336521	788241	436038	352203
浙江	501135	269976	231159	627100	336704	290396	619933	331822	288111
安徽	602171	337655	264516	731709	409789	321920	837815	462724	375091
福建	394932	219919	175013	462608	252895	209713	435505	239227	196278
江西	703391	399855	303536	845125	481667	363458	830709	467172	363537
山东	882157	493465	388692	1053067	573434	479633	994892	535077	459815
河南	1030662	582214	448448	1166757	663451	503306	1190075	666026	524049
湖北	422866	234474	188392	485485	269128	216357	508224	283097	225127
湖南	765415	419065	346350	923363	511971	411392	853767	463919	389848
广东	736302	410340	325962	892733	498395	394338	1246152	683384	562768
广西	569773	313321	256452	687733	375696	312037	654746	358942	295804
海南	106182	60013	46169	120494	68845	51649	130686	75402	55284
重庆	291450	154824	136626	372527	199353	173174	445831	235334	210497
四川	638507	335506	303001	832947	439379	393568	1021778	536782	484996
贵州	324036	178129	145907	456842	248429	208413	594041	314024	280017
云南	457232	240405	216827	614071	322710	291361	674159	352635	321524
西藏	19236	10005	9231	24428	12596	11832	26185	13178	13007
陕西	331944	181521	150423	411726	225541	186185	480783	263441	217342
甘肃	153334	84493	68841	216683	118510	98173	273364	147840	125524
青海	51716	26681	25035	76550	39315	37235	86862	44375	42487
宁夏	52225	27846	24379	72255	38522	33733	77229	40210	37019
新疆	150064	76849	73215	194451	99743	94708	215061	109519	105542

1-7b 续表 2

单位：人

地区	15-19岁			20-24岁			25-29岁		
	小计	男	女	小计	男	女	小计	男	女
全国	**23239814**	**12075720**	**11164094**	**23511008**	**11867847**	**11643161**	**19729221**	**9801886**	**9927335**
北京	74340	38427	35913	167784	87721	80063	143819	76009	67810
天津	119515	56504	63011	231469	114587	116882	125307	67370	57937
河北	1524404	766245	758159	1767028	888951	878077	1460966	732682	728284
山西	819423	417554	401869	614397	311105	303292	602546	299565	302981
内蒙古	430650	219823	210827	442110	227518	214592	489884	251270	238614
辽宁	360870	182954	177916	378244	187333	190911	325962	163527	162435
吉林	282683	144098	138585	312877	159822	153055	292118	148821	143297
黑龙江	434840	220630	214210	487753	247636	240117	479556	243241	236315
上海	162208	84608	77600	360880	192007	168873	327584	174089	153495
江苏	1400271	742181	658090	1503993	744378	759615	1124224	547100	577124
浙江	991924	516921	475003	1097845	564187	533658	1071961	539952	532009
安徽	1261950	656739	605211	1059205	510300	548905	838246	401970	436276
福建	750151	393805	356346	825711	413613	412098	699773	344242	355531
江西	1068941	578341	490600	1142067	578629	563438	839064	399744	439320
山东	1323701	687578	636123	1811160	917021	894139	1386224	699807	686417
河南	1856373	964706	891667	1777200	877890	899310	1215287	594056	621231
湖北	990450	532277	458173	893290	441626	451664	724320	349156	375164
湖南	1165290	613700	551590	1368550	679441	689109	1162284	558178	604106
广东	1717686	904696	812990	1599334	837452	761882	1469968	759949	710019
广西	890908	464536	426372	819240	428200	391040	809696	407777	401919
海南	178002	95941	82061	178902	94843	84059	173466	89841	83625
重庆	608106	305545	302561	479277	233704	245573	358533	169199	189334
四川	1570173	799257	770916	1368692	692283	676409	991038	483213	507825
贵州	592997	309364	283633	436067	214586	221481	419709	201485	218224
云南	907010	462846	444164	804039	407740	396299	741413	369855	371558
西藏	30769	16965	13804	48109	27582	20527	52158	27675	24483
陕西	833254	438706	394548	765124	394195	370929	692758	346176	346582
甘肃	449695	237595	212100	358743	179794	178949	296129	145635	150494
青海	110685	56620	54065	86295	46336	39959	89027	45777	43250
宁夏	91104	46192	44912	80986	41723	39263	80974	41491	39483
新疆	241441	120366	121075	244637	125644	118993	245227	123034	122193

1-7b 续表 3

单位：人

地区	30-34岁			35-39岁			40-44岁		
	小计	男	女	小计	男	女	小计	男	女
全国	**20434530**	**10287442**	**10147088**	**25279163**	**12867797**	**12411366**	**25981016**	**13273294**	**12707722**
北京	113742	62068	51674	119120	66094	53026	124530	68783	55747
天津	107602	58819	48783	117260	63226	54034	122084	65600	56484
河北	1237073	634429	602644	1322621	673328	649293	1514491	773902	740589
山西	600605	302281	298324	789151	399218	389933	715994	369246	346748
内蒙古	500368	261199	239169	626938	328122	298816	590835	311968	278867
辽宁	401628	204941	196687	470878	239744	231134	519653	262670	256983
吉林	367959	189127	178832	445570	227961	217609	500124	257340	242784
黑龙江	590671	302304	288367	795665	407496	388169	796015	408641	387374
上海	290215	158487	131728	276464	152527	123937	285521	154343	131178
江苏	1187646	582062	605584	1456185	714969	741216	1850141	903656	946485
浙江	1133449	573240	560209	1348051	683924	664127	1402167	708437	693730
安徽	978379	479339	499040	1293222	637914	655308	1447771	713124	734647
福建	711001	352259	358742	884224	446716	437508	832458	425891	406567
江西	1045040	507069	537971	1160049	583985	576064	1037916	536442	501474
山东	1384764	707979	676785	1687968	864845	823123	1917067	972038	945029
河南	1241073	618350	622723	1508403	763084	745319	1609785	805544	804241
湖北	790175	390163	400012	989292	500675	488617	1082012	554372	527640
湖南	1133879	560292	573587	1469278	748796	720482	1568256	800957	767299
广东	1309348	684190	625158	1473249	760389	712860	1433937	741342	692595
广西	813864	410691	403173	872807	449989	422818	872719	453741	418978
海南	151968	79392	72576	159084	84161	74923	170555	89553	81002
重庆	371009	174805	196204	731586	359965	371621	665932	336103	329829
四川	1123501	547392	576109	1796427	898505	897922	1652056	843004	809052
贵州	502730	249326	253404	628383	321939	306444	567671	293595	274076
云南	872343	444286	428057	984918	514917	470001	897113	471292	425821
西藏	43498	23443	20055	44499	24284	20215	37411	20002	17409
陕西	659336	336463	322873	821598	425168	396430	763750	403139	360611
甘肃	290134	147668	142466	398252	205777	192475	410724	213624	197100
青海	109759	56917	52842	130107	70039	60068	124914	67538	57376
宁夏	90177	46838	43339	95576	50939	44637	87063	45814	41249
新疆	281594	141623	139971	382338	199101	183237	380351	201593	178758

1-7b 续表 4

单位：人

地区	45-49岁			50-54岁			55-59岁		
	小计	男	女	小计	男	女	小计	男	女
全国	**21216583**	**10837404**	**10379179**	**14932942**	**7680252**	**7252690**	**15019105**	**7596588**	**7422517**
北京	113790	61083	52707	90416	47153	43263	81183	41254	39929
天津	107659	56975	50684	85574	44546	41028	84035	42783	41252
河北	1307064	657482	649582	1065615	540797	524818	1056595	529179	527416
山西	586957	303245	283712	448454	233333	215121	383340	196858	186482
内蒙古	499498	263091	236407	378754	195699	183055	299491	148585	150906
辽宁	506689	257003	249686	430358	215880	214478	395236	195533	199703
吉林	446503	228100	218403	355392	180678	174714	321096	159552	161544
黑龙江	720847	367986	352861	571903	290210	281693	486570	238077	248493
上海	241326	129988	111338	172904	92088	80816	166755	86010	80745
江苏	1459036	723234	735802	1064008	541486	522522	1136188	573955	562233
浙江	1166026	595876	570150	810936	422930	388006	734383	374596	359787
安徽	1129097	564298	564799	567097	295459	271638	740040	372391	367649
福建	656032	335689	320343	478173	247473	230700	419303	212280	207023
江西	804856	414107	390749	620084	317974	302110	564068	287191	276877
山东	1570944	785036	785908	1177129	597883	579246	1239254	624923	614331
河南	1278851	630349	648502	874857	434204	440653	986621	487467	499154
湖北	948106	487188	460918	648269	333419	314850	633718	327741	305977
湖南	1297622	663980	633642	860042	445985	414057	922013	473477	448536
广东	1180844	614798	566046	857817	448051	409766	775264	401706	373558
广西	748533	386331	362202	514971	263710	251261	502725	256791	245934
海南	163622	86319	77303	108220	57908	50312	94495	49674	44821
重庆	515825	261528	254297	317729	165548	152181	430151	214547	215604
四川	1252186	640054	612132	809957	417004	392953	1019755	509244	510511
贵州	429328	221342	207986	259503	134926	124577	270381	135388	134993
云南	722081	376370	345711	432255	222256	209999	441800	222955	218845
西藏	27762	15294	12468	16345	9002	7343	11795	6614	5181
陕西	613757	326485	287272	484243	254151	230092	432136	224586	207550
甘肃	299079	155536	143543	180943	94797	86146	181032	94843	86189
青海	87962	47571	40391	47576	25770	21806	43891	22831	21060
宁夏	64098	33899	30199	40870	21431	19439	40941	20929	20012
新疆	270603	147167	123436	162548	88501	74047	124850	64628	60222

1-7b 续表 5

单位：人

地区	60-64岁			65-69岁			70-74岁		
	小计	男	女	小计	男	女	小计	男	女
全国	**10738730**	**5472165**	**5266565**	**7491688**	**3804294**	**3687394**	**5900425**	**2962830**	**2937595**
北京	49292	24815	24477	32840	16189	16651	26885	13714	13171
天津	55541	27453	28088	33144	16405	16739	23323	11984	11339
河北	744466	371254	373212	454584	229003	225581	346562	173915	172647
山西	259208	131587	127621	171484	87870	83614	134974	68767	66207
内蒙古	192234	92191	100043	136902	64736	72166	120085	58274	61811
辽宁	258841	126253	132588	180349	88135	92214	135639	66991	68648
吉林	214774	103777	110997	141364	67178	74186	114329	55590	58739
黑龙江	344881	162380	182501	229170	107276	121894	192462	92373	100089
上海	113073	57785	55288	76275	38553	37722	54167	26598	27569
江苏	822694	417670	405024	608753	308511	300242	474013	235788	238225
浙江	532779	272706	260073	320714	166284	154430	262992	135373	127619
安徽	562746	289913	272833	438305	226328	211977	315974	161112	154862
福建	275505	143111	132394	193724	100309	93415	165642	82193	83449
江西	415015	215249	199766	273955	141522	132433	228901	115152	113749
山东	890054	445850	444204	595002	299873	295129	464937	231270	233667
河南	697658	351349	346309	465302	231574	233728	342758	167610	175148
湖北	461456	240053	221403	319125	165171	153954	227623	115163	112460
湖南	694180	363312	330868	455702	240388	215314	395954	203651	192303
广东	539255	291671	247584	380992	203779	177213	332897	171378	161519
广西	357212	186173	171039	268846	133574	135272	223866	109645	114221
海南	64814	35011	29803	43657	21739	21918	47359	23379	23980
重庆	319164	162846	156318	246533	127854	118679	178051	90760	87291
四川	742194	382753	359441	558147	287541	270606	409532	209413	200119
贵州	206658	104158	102500	159748	79464	80284	130270	62033	68237
云南	311856	157917	153939	235040	116930	118110	190854	94064	96790
西藏	7949	4159	3790	5722	2708	3014	3803	1735	2068
陕西	306413	162965	143448	223565	115520	108045	168453	85943	82510
甘肃	137097	69402	67695	105723	53535	52188	77999	40226	37773
青海	32943	16778	16165	24596	12222	12374	17702	8812	8890
宁夏	28368	14206	14162	20698	10324	10374	15251	7619	7632
新疆	100410	47418	52992	91727	43799	47928	77168	42305	34863

1-7b 续表 6

单位：人

地区	75-79岁			80-84岁			85-89岁		
	小计	男	女	小计	男	女	小计	男	女
全　国	**4165342**	**1995471**	**2169871**	**2326232**	**1052564**	**1273668**	**988941**	**392930**	**596011**
北　京	19204	9234	9970	9681	4462	5219	3804	1542	2262
天　津	15965	8110	7855	8959	4128	4831	3200	1314	1886
河　北	243903	114338	129565	132772	57218	75554	51780	19838	31942
山　西	91059	44625	46434	44407	20270	24137	16915	7071	9844
内蒙古	71982	36421	35561	32585	16937	15648	11710	5785	5925
辽　宁	88842	42544	46298	53472	25826	27646	21501	9920	11581
吉　林	69872	33842	36030	38519	19078	19441	14929	7127	7802
黑龙江	113660	57625	56035	58465	31339	27126	21271	10500	10771
上　海	50246	22715	27531	29865	12117	17748	15528	5353	10175
江　苏	353402	164374	189028	209214	87373	121841	98481	35756	62725
浙　江	227397	111007	116390	133127	61053	72074	60136	24419	35717
安　徽	235387	114136	121251	133889	60531	73358	58133	22443	35690
福　建	123238	56795	66443	76313	32201	44112	32535	11593	20942
江　西	151456	73293	78163	83782	39090	44692	36765	14805	21960
山　东	356786	165038	191748	205748	86965	118783	87208	32494	54714
河　南	253031	115449	137582	138521	58993	79528	60011	21411	38600
湖　北	163360	78857	84503	80647	36498	44149	36360	14180	22180
湖　南	270904	132700	138204	151201	70720	80481	62770	25589	37181
广　东	261191	124938	136253	157348	70854	86494	74239	28969	45270
广　西	162833	74942	87891	90952	38653	52299	40688	14949	25739
海　南	34532	16884	17648	19016	8317	10699	8759	3332	5427
重　庆	119214	58239	60975	70462	33113	37349	28096	11923	16173
四　川	265546	132270	133276	159387	77517	81870	65100	28223	36877
贵　州	83061	38940	44121	43033	19507	23526	14397	5752	8645
云　南	133509	63228	70281	74267	32783	41484	28338	10773	17565
西　藏	2179	856	1323	1136	418	718	428	160	268
陕　西	100572	50966	49606	45709	23137	22572	18754	8886	9868
甘　肃	44253	22299	21954	16954	8471	8483	6516	2964	3552
青　海	10245	5014	5231	4082	1959	2123	1436	613	823
宁　夏	8885	4613	4272	3876	2035	1841	1425	754	671
新　疆	39628	21179	18449	18843	11001	7842	7728	4492	3236

1-7b 续表 7 单位：人

地区	90-94岁			95-99岁			100岁及以上		
	小计	男	女	小计	男	女	小计	男	女
全国	**285554**	**97461**	**188093**	**74037**	**25005**	**49032**	**6521**	**1657**	**4864**
北京	981	370	611	159	57	102	24	4	20
天津	842	352	490	218	94	124	18	7	11
河北	12938	4329	8609	2723	868	1855	197	35	162
山西	4040	1568	2472	797	303	494	35	7	28
内蒙古	2597	1157	1440	700	336	364	41	14	27
辽宁	5734	2468	3266	1423	574	849	156	59	97
吉林	4054	1843	2211	1221	529	692	110	50	60
黑龙江	5976	2736	3240	2040	974	1066	100	36	64
上海	4814	1390	3424	1008	269	739	74	13	61
江苏	28677	8776	19901	5927	1743	4184	510	108	402
浙江	15990	5456	10534	2800	861	1939	252	63	189
安徽	14693	4628	10065	3464	1029	2435	347	65	282
福建	9892	2853	7039	2388	576	1812	214	35	179
江西	9982	3461	6521	2695	959	1736	150	39	111
山东	26190	8411	17779	5791	1852	3939	503	137	366
河南	17966	5143	12823	4744	1411	3333	427	95	332
湖北	9483	3243	6240	2951	1102	1849	160	43	117
湖南	16729	6032	10697	4604	1738	2866	363	98	265
广东	25847	8699	17148	8715	2888	5827	794	190	604
广西	15322	4727	10595	4818	1348	3470	530	96	434
海南	3205	993	2212	1021	293	728	213	45	168
重庆	8435	3161	5274	2062	722	1340	164	47	117
四川	19363	7296	12067	5535	2034	3501	620	215	405
贵州	4397	1537	2860	1226	395	831	159	45	114
云南	7726	2560	5166	2061	670	1391	149	37	112
西藏	140	60	80	69	36	33	1		1
陕西	4822	2043	2779	1415	665	750	59	13	46
甘肃	1709	704	1005	551	263	288	28	6	22
青海	338	132	206	95	34	61	14	5	9
宁夏	389	192	197	115	55	60	14	6	8
新疆	2283	1141	1142	701	327	374	95	44	51

1-7c 各地区分年龄、性别的人口(乡村)

单位：人

地区	合计			0岁		
	合计	男	女	小计	男	女
全国	**662805323**	**339288321**	**323517002**	**8411155**	**4572102**	**3839053**
北京	2753676	1452030	1301646	17349	8946	8403
天津	2660800	1382889	1277911	26372	14134	12238
河北	40278882	20490403	19788479	568592	304448	264144
山西	18551562	9620069	8931493	201783	106057	95726
内蒙古	10986117	5784651	5201466	102902	55146	47756
辽宁	16558360	8485854	8072506	126647	66802	59845
吉林	12804616	6545522	6259094	105544	55809	49735
黑龙江	16990276	8664418	8325858	136283	72459	63824
上海	2464098	1292744	1171354	13484	7173	6311
江苏	31289453	15546091	15743362	326331	176529	149802
浙江	20876682	10733623	10143059	189905	103453	86452
安徽	33923351	17189150	16734201	513163	291109	222054
福建	15832277	8152261	7680016	216423	121525	94898
江西	25067837	12954539	12113298	378585	211171	167414
山东	48171992	24260764	23911228	562750	307995	254755
河南	57810172	29100464	28709708	726529	392940	333589
湖北	28792642	14817768	13974874	368523	205571	162952
湖南	37247699	19259582	17988117	525918	291305	234613
广东	35290204	18026486	17263718	514477	281251	233226
广西	27605918	14426023	13179895	492992	271960	221032
海南	4362969	2317762	2045207	72196	39883	32313
重庆	13550367	6915482	6634885	151955	81216	70739
四川	48073100	24510187	23562913	523783	277075	246708
贵州	23011023	11901196	11109827	348952	192992	155960
云南	30007694	15694744	14312950	401534	212716	188818
西藏	2321576	1187056	1134520	39420	20270	19150
陕西	20268042	10487512	9780530	216213	116102	100111
甘肃	16384078	8319108	8064970	206919	111832	95087
青海	3110469	1606402	1504067	49361	26203	23158
宁夏	3279328	1679685	1599643	48135	25746	22389
新疆	12480063	6483856	5996207	238135	122284	115851

1-7c 续表 1

单位：人

地区	1-4岁			5-9岁			10-14岁		
	小计	男	女	小计	男	女	小计	男	女
全国	**36184985**	**19740735**	**16444250**	**40315890**	**21883755**	**18432135**	**42100936**	**22602487**	**19498449**
北京	77895	41022	36873	72708	38086	34622	84191	43957	40234
天津	119895	64571	55324	128901	69787	59114	128631	69620	59011
河北	2442453	1317332	1125121	2416538	1297822	1118716	1847659	985088	862571
山西	808165	423983	384182	970733	507872	462861	1281226	666502	614724
内蒙古	429405	226992	202413	471290	247218	224072	532186	278463	253723
辽宁	585053	308434	276619	755861	399412	356449	802582	425938	376644
吉林	519311	274624	244687	588536	310082	278454	529363	277165	252198
黑龙江	648232	341408	306824	782634	407928	374706	777849	401671	376178
上海	74409	40049	34360	69334	37707	31627	56596	30202	26394
江苏	1434400	790334	644066	1336607	732170	604437	1324451	721532	602919
浙江	772973	411431	361542	932104	489713	442391	993787	520802	472985
安徽	1925246	1080379	844867	2070557	1150319	920238	2133193	1164123	969070
福建	816173	455460	360713	833018	448216	384802	795052	432517	362535
江西	1848885	1054293	794592	1962425	1114761	847664	1791913	1002779	789134
山东	2376977	1322089	1054888	2607445	1404647	1202798	2465180	1308648	1156532
河南	4234666	2368416	1866250	4363400	2470753	1892647	4016425	2232651	1783774
湖北	1395163	772725	622438	1291280	718605	572675	1269992	713009	556983
湖南	2156472	1180884	975588	2414323	1333052	1081271	2020167	1097312	922855
广东	2040116	1116575	923541	2285161	1258927	1026234	3235044	1740606	1494438
广西	1879669	1022135	857534	2215766	1189964	1025802	2107296	1135262	972034
海南	274873	150670	124203	296521	163293	133228	317325	175580	141745
重庆	744859	397107	347752	857128	461634	395494	980913	520269	460644
四川	2426741	1279155	1147586	2847577	1510723	1336854	3338302	1765575	1572727
贵州	1410372	785995	624377	1985938	1071002	914936	2634875	1382417	1252458
云南	1658727	882749	775978	2231444	1186897	1044547	2512398	1333349	1179049
西藏	174206	89010	85196	203145	103461	99684	208729	106478	102251
陕西	860113	464143	395970	914852	498973	415879	1136421	625141	511280
甘肃	793094	429748	363346	997926	532072	465854	1267476	668909	598567
青海	195233	101691	93542	243767	125908	117859	261439	134475	126964
宁夏	206106	109206	96900	260587	136149	124438	290826	149853	140973
新疆	855103	438125	416978	908384	466602	441782	959449	492594	466855

1-7c 续表 2 单位：人

地区	15-19岁			20-24岁			25-29岁		
	小计	男	女	小计	男	女	小计	男	女
全 国	**46299122**	**24301053**	**21998069**	**56354000**	**27966789**	**28387211**	**43333896**	**21863522**	**21470374**
北 京	157187	83940	73247	336534	181131	155403	248303	134030	114273
天 津	179216	96449	82767	247776	130685	117091	186017	99426	86591
河 北	2621411	1363611	1257800	4087522	2030990	2056532	3221522	1617538	1603984
山 西	1624261	835599	788662	1584423	811831	772592	1331946	704902	627044
内蒙古	640386	334918	305468	902121	465687	436434	865535	467280	398255
辽 宁	915734	480062	435672	1236302	624071	612231	946719	482401	464318
吉 林	739698	383678	356020	1193358	591427	601931	892061	447902	444159
黑龙江	935249	477567	457682	1482566	732193	750373	1298009	653513	644496
上 海	127257	65242	62015	269599	142585	127014	222941	121427	101514
江 苏	1934071	1020394	913677	2583444	1262482	1320962	1750005	848767	901238
浙 江	1067732	567584	500148	1380342	719228	661114	1304207	674689	629518
安 徽	2529393	1310958	1218435	2505892	1148885	1357007	1825455	863982	961473
福 建	1088891	585487	503404	1409085	696396	712689	1199369	604265	595104
江 西	1738127	935655	802472	2163894	1049066	1114828	1664166	818707	845459
山 东	2226740	1178044	1048696	4307276	2159337	2147939	3078015	1539154	1538861
河 南	4074239	2138146	1936093	5600113	2667324	2932789	3488169	1648134	1840035
湖 北	2194508	1173706	1020802	2707819	1326998	1380821	1879069	942685	936384
湖 南	2039921	1079140	960781	3317166	1628142	1689024	2558533	1279137	1279396
广 东	3641727	1898510	1743217	3106084	1561324	1544760	2604771	1295405	1309366
广 西	1847945	996968	850977	2104498	1087242	1017256	2044200	1072531	971669
海 南	381635	205000	176635	364230	188607	175623	364325	193300	171025
重 庆	957894	491433	466461	723386	352282	371104	494768	244899	249869
四 川	3403084	1768777	1634307	3350752	1664448	1686304	2268645	1146222	1122423
贵 州	1791344	938700	852644	1409044	692220	716824	1208761	617784	590977
云 南	2249824	1195715	1054109	2553254	1329036	1224218	2264915	1217196	1047719
西 藏	220458	114663	105795	245155	129154	116001	227914	119161	108753
陕 西	1765212	937135	828077	1977226	1009480	967746	1349631	709857	639774
甘 肃	1564519	801024	763495	1364341	654322	710019	962855	479365	483490
青 海	276153	141119	135034	270083	135800	134283	236798	123326	113472
宁 夏	300800	151942	148858	273104	137190	135914	241501	124274	117227
新 疆	1064506	549887	514619	1297611	657226	640385	1104771	572263	532508

1-7c 续表 3

单位：人

地区	30-34岁			35-39岁			40-44岁		
	小计	男	女	小计	男	女	小计	男	女
全国	**41127246**	**21089749**	**20037497**	**53000594**	**27041824**	**25958770**	**60967468**	**30762909**	**30204559**
北京	183803	101557	82246	217324	119569	97755	258469	140080	118389
天津	177147	95026	82121	207493	108750	98743	247242	126880	120362
河北	2418257	1242971	1175286	2648211	1336824	1311387	3555422	1793355	1762067
山西	1148028	612987	535041	1567980	822453	745527	1616554	843314	773240
内蒙古	790030	428875	361155	1038412	555600	482812	1078367	574608	503759
辽宁	1113327	581615	531712	1320627	687213	633414	1630503	839220	791283
吉林	949446	487565	461881	1147502	591680	555822	1372144	708307	663837
黑龙江	1357219	695846	661373	1721665	889813	831852	1763307	912650	850657
上海	198061	110113	87948	208148	115089	93059	231669	125295	106374
江苏	1709919	840959	868960	2228990	1070076	1158914	3177578	1508734	1668844
浙江	1372700	713467	659233	1740530	884744	855786	2094767	1066534	1028233
安徽	2020155	1007243	1012912	2855121	1424229	1430892	3472057	1698136	1773921
福建	1109294	571937	537357	1400621	717286	683335	1461732	744341	717391
江西	1882357	954929	927428	2130937	1081851	1049086	2064187	1030671	1033516
山东	2689952	1352625	1337327	3459249	1734813	1724436	4773586	2368128	2405458
河南	3223668	1572464	1651204	4054770	2007635	2047135	4985688	2391300	2594388
湖北	1643482	856822	786660	2185286	1113019	1072267	2798484	1420156	1378328
湖南	2197893	1131098	1066795	2985423	1571848	1413575	3552027	1816616	1735411
广东	2089603	1043760	1045843	2419805	1177472	1242333	2716914	1334780	1382134
广西	1873135	990937	882198	2027716	1075277	952439	2184205	1161396	1022809
海南	310975	169308	141667	314616	171374	143242	348904	188299	160605
重庆	504589	246275	258314	1162477	578209	584268	1208904	600033	608871
四川	2541593	1279786	1261807	4463180	2255761	2207419	4543142	2291119	2252023
贵州	1430054	739932	690122	1867078	978927	888151	1875060	973425	901635
云南	2452533	1318832	1133701	2727558	1461653	1265905	2607391	1375818	1231573
西藏	179639	94813	84826	169063	88949	80114	158435	82437	75998
陕西	1172376	615640	556736	1654980	851158	803822	1862357	954625	907732
甘肃	880998	446445	434553	1437231	712538	724693	1712715	851024	861691
青海	262534	138416	124118	289170	153753	135417	278094	146630	131464
宁夏	253578	130386	123192	270948	138995	131953	277512	140199	137313
新疆	990901	517120	473781	1078483	565266	513217	1060052	554799	505253

1-7c 续表 4

单位：人

地 区	45-49岁			50-54岁			55-59岁		
	小计	男	女	小计	男	女	小计	男	女
全 国	**51965012**	**26053286**	**25911726**	**39566783**	**20232839**	**19333944**	**43874939**	**22320051**	**21554888**
北 京	269360	140765	128595	223475	115520	107955	203176	103524	99652
天 津	234288	117005	117283	193064	97839	95225	203665	103096	100569
河 北	3211902	1591746	1620156	2782244	1423888	1358356	2846392	1442834	1403558
山 西	1492162	765374	726788	1280012	668361	611651	1194753	620143	574610
内蒙古	1017376	529291	488085	908489	472406	436083	804941	417584	387357
辽 宁	1568432	787644	780788	1436800	725296	711504	1435198	728310	706888
吉 林	1192313	605255	587058	980979	500626	480353	956667	483823	472844
黑龙江	1509713	762903	746810	1304367	659372	644995	1220735	610294	610441
上 海	209072	111491	97581	170202	90062	80140	181288	94169	87119
江 苏	2661644	1279438	1382206	2128350	1067399	1060951	2534659	1285564	1249095
浙 江	1925708	982554	943154	1552227	802165	750062	1606614	825386	781228
安 徽	2731027	1343702	1387325	1387550	712597	674953	2232569	1134842	1097727
福 建	1238947	624564	614383	1034240	533548	500692	993784	508767	485017
江 西	1664540	828230	836310	1401858	710204	691654	1327883	678927	648956
山 东	4241387	2057693	2183694	3366101	1692944	1673157	3777111	1907978	1869133
河 南	4195920	1985332	2210588	3068114	1504190	1563924	3759696	1877451	1882245
湖 北	2615795	1324303	1291492	1924982	987287	937695	1984667	1019721	964946
湖 南	2964567	1505122	1459445	2068137	1075361	992776	2421390	1247481	1173909
广 东	2439300	1236093	1203207	1902639	982727	919912	1768230	918554	849676
广 西	1914477	1007603	906874	1420960	735939	685021	1483251	760519	722732
海 南	329927	178800	151127	223806	119477	104329	206733	109032	97701
重 庆	983479	485983	497496	706966	368038	338928	1166303	593287	573016
四 川	3412724	1717574	1695150	2476183	1281844	1194339	3734868	1886857	1848011
贵 州	1467545	752517	715028	1055871	536944	518927	1307303	662112	645191
云 南	2152796	1118430	1034366	1396670	719279	677391	1392497	707122	685375
西 藏	136695	70206	66489	91888	45803	46085	73439	35694	37745
陕 西	1668790	847380	821410	1454720	752488	702232	1368738	696310	672428
甘 肃	1308632	660056	648576	801557	420574	380983	910426	462709	447717
青 海	210472	110823	99649	119919	63264	56655	129214	65486	63728
宁 夏	222808	114340	108468	149693	77071	72622	159848	81718	78130
新 疆	773214	411069	362145	554720	290326	264394	488901	250757	238144

1-7c 续表 5 单位：人

地区	60-64岁			65-69岁			70-74岁		
	小计	男	女	小计	男	女	小计	男	女
全 国	**32630365**	**16767381**	**15862984**	**23202953**	**11881877**	**11321076**	**18195137**	**9161562**	**9033575**
北 京	136598	69205	67393	90925	45812	45113	72155	37773	34382
天 津	137514	68506	69008	86903	43763	43140	63763	33966	29797
河 北	2067978	1045430	1022548	1239274	626826	612448	958990	487294	471696
山 西	852293	443035	409258	550297	286771	263526	447572	231150	216422
内蒙古	504308	268630	235678	314419	164414	150005	279434	144995	134439
辽 宁	974423	490328	484095	636163	329765	306398	449502	237769	211733
吉 林	642879	324130	318749	371185	188862	182323	284600	149392	135208
黑龙江	830242	419926	410316	472687	243049	229638	357827	188689	169138
上 海	132842	68225	64617	92992	46306	46686	70508	33301	37207
江 苏	1909190	971972	937218	1413054	716517	696537	1117338	548478	568860
浙 江	1234351	635901	598450	776071	404807	371264	708890	369612	339278
安 徽	1817086	947284	869802	1404360	740731	663629	1024878	532272	492606
福 建	657696	349326	308370	476253	251673	224580	428831	217325	211506
江 西	1005092	514394	490698	675993	343514	332479	598845	294740	304105
山 东	2722151	1373559	1348592	1799071	905516	893555	1419885	698200	721685
河 南	2757007	1402463	1354544	1874131	942000	932131	1355495	666882	688613
湖 北	1519534	789770	729764	1112832	572313	540519	820489	411113	409376
湖 南	1925039	1004038	921001	1319943	691876	628067	1191851	610394	581457
广 东	1231082	658225	572857	958072	497145	460927	863856	427743	436113
广 西	1141313	583694	557619	946165	471966	474199	777193	377869	399324
海 南	152404	81140	71264	106316	53295	53021	112256	53331	58925
重 庆	940323	497956	442367	757116	400238	356878	533291	279764	253527
四 川	2847821	1486176	1361645	2221297	1147409	1073888	1596086	812075	784011
贵 州	1034400	524235	510165	826926	412864	414062	653519	322069	331450
云 南	1042937	527376	515561	833495	412171	421324	672889	323688	349201
西 藏	63985	30433	33552	50445	23405	27040	36172	16017	20155
陕 西	973653	490911	482742	748428	372993	375435	551394	272059	279335
甘 肃	749125	378170	370955	594377	306700	287677	430277	214949	215328
青 海	102229	50897	51332	78952	39847	39105	53323	25293	28030
宁 夏	114089	57403	56686	85974	43580	42394	61727	30767	30960
新 疆	410781	214643	196138	288837	155749	133088	202301	112593	89708

1-7c 续表 6

单位：人

地区	75-79岁			80-84岁			85-89岁		
	小计	男	女	小计	男	女	小计	男	女
全国	**13320630**	**6230388**	**7090242**	**7610370**	**3252284**	**4358086**	**3239738**	**1217526**	**2022212**
北京	57953	27973	29980	30726	13316	17410	12095	4690	7405
天津	49223	24588	24635	29282	13025	16257	11113	4519	6594
河北	726790	337962	388828	410430	171498	238932	160764	58684	102080
山西	344744	164634	180110	173264	74759	98505	64823	24697	40126
内蒙古	187306	95087	92219	82705	40566	42139	29836	13962	15874
辽宁	307235	148882	158353	199668	90483	109185	88712	40164	48548
吉林	180603	89692	90911	102123	49097	53026	42659	20231	22428
黑龙江	213269	109654	103615	117268	57521	59747	46034	21440	24594
上海	67111	29626	37485	39926	15762	24164	20960	6932	14028
江苏	869709	390855	478854	525114	208808	316306	243142	82871	160271
浙江	635604	308702	326902	374445	169465	204980	165058	66708	98350
安徽	770388	366401	403987	449057	186967	262090	196582	69196	127386
福建	331668	154617	177051	214704	90946	123758	93327	34199	59128
江西	407261	186662	220599	229007	96222	132785	101643	38164	63479
山东	1181192	532624	648568	711312	283145	428167	302076	104130	197946
河南	1059622	473766	585856	605796	243573	362223	269332	89667	179665
湖北	607534	283065	324469	304383	128064	176319	132490	47779	84711
湖南	847919	404804	443115	479888	212791	267097	198818	78260	120558
广东	715161	316300	398861	452663	180621	272042	214760	74501	140259
广西	578848	262304	316544	339783	142976	196807	153236	56916	96320
海南	89467	40694	48773	56634	23214	33420	26779	9655	17124
重庆	358861	178679	180182	209209	96295	112914	80518	32807	47711
四川	1057589	508172	549417	649525	291078	358447	270917	107886	163031
贵州	403540	190094	213446	206500	91533	114967	69554	27231	42323
云南	468134	214226	253908	260558	111338	149220	96696	36546	60150
西藏	22769	9522	13247	13106	5059	8047	5115	1848	3267
陕西	344601	164149	180452	159323	72953	86370	68639	28617	40022
甘肃	257127	123176	133951	94911	44319	50592	38509	16703	21806
青海	33136	15091	18045	14135	5998	8137	5026	1867	3159
宁夏	37175	18451	18724	16512	8304	8208	6352	3122	3230
新疆	109091	59936	49155	58413	32588	25825	24173	13534	10639

1-7c 续表 7

单位：人

地区	90-94岁			95-99岁			100岁及以上		
	小计	男	女	小计	男	女	小计	男	女
全国	**890544**	**284841**	**605703**	**193437**	**56725**	**136712**	**20123**	**4636**	**15487**
北京	2921	979	1942	482	145	337	47	10	37
天津	2732	1052	1680	513	184	329	50	18	32
河北	38704	12108	26596	7286	2053	5233	541	101	440
山西	13907	4766	9141	2512	850	1662	124	29	95
内蒙古	5710	2522	3188	924	394	530	35	13	22
辽宁	23803	10026	13777	4680	1869	2811	389	150	239
吉林	10889	4998	5891	2514	1087	1427	242	90	152
黑龙江	12099	5231	6868	2882	1237	1645	140	54	86
上海	6396	1690	4706	1186	288	898	117	10	107
江苏	68124	19016	49108	12337	2989	9348	996	207	789
浙江	41628	14522	27106	6501	2025	4476	538	131	407
安徽	48174	13166	35008	10013	2392	7621	1435	237	1198
福建	27212	8373	18839	5456	1389	4067	501	104	397
江西	25082	7975	17107	4806	1525	3281	351	99	252
山东	86428	25091	61337	16512	4069	12443	1596	335	1261
河南	77190	20719	56471	18130	4207	13923	2072	451	1621
湖北	29339	8978	20361	6537	1974	4563	454	105	349
湖南	50360	17250	33110	10917	3442	7475	1027	229	798
广东	70026	20598	49428	18602	4979	13623	2111	390	1721
广西	55544	17648	37896	15655	4475	11180	2071	442	1629
海南	9504	2901	6603	2790	749	2041	753	160	593
重庆	22553	7693	14860	4461	1307	3154	414	78	336
四川	79196	26454	52742	18008	5507	12501	2087	514	1573
贵州	19338	6587	12751	4521	1475	3046	528	141	387
云南	25126	8439	16687	5758	2013	3745	560	155	405
西藏	1317	465	852	447	194	253	34	14	20
陕西	16706	6100	10606	3499	1251	2248	170	47	123
甘肃	8813	3544	5269	2120	888	1232	130	41	89
青海	1137	399	738	243	99	144	51	17	34
宁夏	1633	785	848	376	193	183	44	11	33
新疆	8953	4766	4187	2769	1476	1293	515	253	262

1-8 各地区分性别、受教育程度的6岁及以上人口

单位：人

地区	6岁及以上人口			未上过学		
	合计	男	女	小计	男	女
全 国	**1242546122**	**633278387**	**609267735**	**62136405**	**17503480**	**44632925**
北 京	18813279	9705742	9107537	363770	85234	278536
天 津	12388491	6614740	5773751	312312	79566	232746
河 北	66150575	33365442	32785133	2153698	590918	1562780
山 西	33521349	17189136	16332213	868223	269688	598535
内蒙古	23362679	12133195	11229484	1131271	353205	778066
辽 宁	41873047	21163538	20709509	975536	271752	703784
吉 林	26136514	13213535	12922979	637242	213047	424195
黑龙江	36619463	18535467	18083996	913586	294695	618891
上 海	22085668	11357084	10728584	694616	145603	549013
江 苏	74119475	37142803	36976672	3448220	793662	2654558
浙 江	51484414	26390037	25094377	3372461	920709	2451752
安 徽	55103738	27788760	27314978	5158856	1441011	3717845
福 建	34366573	17582854	16783719	1190153	269720	920433
江 西	40413800	20654682	19759118	1682257	418077	1264180
山 东	89358154	44912866	44445288	5326632	1365604	3961028
河 南	85563558	42777392	42786166	4529564	1306814	3222750
湖 北	53724341	27452003	26272338	2994419	802841	2191578
湖 南	60715957	31045763	29670194	2012174	561138	1451036
广 东	97649498	50726664	46922834	2611734	619785	1991949
广 西	41837842	21641498	20196344	1587939	408735	1179204
海 南	7949791	4191680	3758111	390150	92453	297697
重 庆	26962605	13610997	13351608	1348719	389380	959339
四 川	75277913	38122918	37154995	4960433	1525276	3435157
贵 州	31837765	16297601	15540164	3313944	910743	2403201
云 南	42475720	22008248	20467472	3392628	1077706	2314922
西 藏	2705849	1390712	1315137	925237	385047	540190
陕 西	35187233	18134212	17053021	1636786	499153	1137633
甘 肃	23912906	12165651	11747255	2448945	782437	1666508
青 海	5184022	2682791	2501231	700487	247139	453348
宁 夏	5798346	2960878	2837468	419166	127722	291444
新 疆	19965557	10319498	9646059	635247	254620	380627

1-8 续表 1 单位：人

地区	小学			初中			高中		
	小计	男	女	小计	男	女	小计	男	女
全国	**357211733**	**168297261**	**188914472**	**518176222**	**279031847**	**239144375**	**186646865**	**104007090**	**82639775**
北京	1952619	915760	1036859	6157444	3422170	2735274	4161674	2130596	2031078
天津	2205954	1099357	1106597	4936137	2822516	2113621	2672387	1424883	1247504
河北	17719711	8135891	9583820	31902985	17000389	14902596	9131670	4969587	4162083
山西	7804836	3663138	4141698	16115283	8594820	7520463	5618618	3045500	2573118
内蒙古	6278818	2993100	3285718	9689532	5394257	4295275	3740299	2049754	1690545
辽宁	9364681	4417007	4947674	19829444	10342955	9486489	6469305	3384468	3084837
吉林	6604755	3125630	3479125	11549212	6021056	5528156	4630133	2429683	2200450
黑龙江	9211366	4306896	4904470	17245267	9068804	8176463	5756969	3032636	2724333
上海	3121808	1422336	1699472	8406458	4524227	3882231	4823221	2558656	2264565
江苏	19033077	8283702	10749375	30423013	16111145	14311868	12703757	7229593	5474164
浙江	15687367	7666076	8021291	19961827	10953031	9008796	7384253	4142256	3241997
安徽	16518988	7640294	8878694	22969845	12618699	10351146	6449846	3752293	2697553
福建	10994768	4769970	6224798	13977601	7840955	6136646	5119371	2973358	2146013
江西	13399357	6003557	7395800	16787837	9133098	7654739	5488361	3298792	2189569
山东	23912234	10698689	13213545	38468023	20629541	17838482	13322584	7616983	5705601
河南	22669174	10652923	12016251	39925272	20767503	19157769	12423541	6871168	5552373
湖北	13092079	6032442	7059637	22677927	12165362	10512565	9503078	5367433	4135645
湖南	17600932	8435488	9165444	25977062	13609112	12367950	10133885	5694356	4439529
广东	23788746	11011304	12777442	44075971	23551751	20524220	18267539	10534980	7732559
广西	14579571	6967138	7612433	17840416	9850540	7989876	5078715	2892731	2185984
海南	1958821	932656	1026165	3642423	1988251	1654172	1288237	785165	503072
重庆	9707595	4767350	4940245	9646397	5113134	4533263	3814455	2007844	1806611
四川	27846551	13702122	14144429	28058292	15049154	13009138	9045928	4895972	4149956
贵州	13546008	6766558	6779450	10506809	6062403	4444406	2617659	1488779	1128880
云南	20042984	10091266	9951718	12591002	7303852	5287150	3813068	2091089	1721979
西藏	1098468	611608	486860	385793	225894	159899	131027	74737	56290
陕西	8740957	4073418	4667539	14981471	8133999	6847472	5887718	3272736	2614982
甘肃	8313301	3958264	4355037	7982874	4439191	3543683	3244504	1880240	1364264
青海	1984288	999361	984927	1427740	842553	585187	586713	325699	261014
宁夏	1868716	889128	979588	2130699	1190079	940620	792711	434274	358437
新疆	6563203	3264832	3298371	7906166	4261406	3644760	2545639	1350849	1194790

1-8 续表 2　　单位：人

地区	大学专科			大学本科			研究生		
	小计	男	女	小计	男	女	小计	男	女
全国	**68610519**	**36870375**	**31740144**	**45625793**	**25217083**	**20408710**	**4138585**	**2351251**	**1787334**
北京	2377944	1168702	1209242	3109069	1600785	1508284	690759	382495	308264
天津	1089221	575634	513587	1069485	559162	510323	102995	53622	49373
河北	3329231	1672986	1656245	1813264	943909	869355	100016	51762	48254
山西	1999192	1029742	969450	1055226	556075	499151	59971	30173	29798
内蒙古	1602849	862600	740249	875760	458132	417628	44150	22147	22003
辽宁	2817201	1455775	1361426	2233535	1196785	1036750	183345	94796	88549
吉林	1416006	743494	672512	1216386	638606	577780	82780	42019	40761
黑龙江	1995107	1050234	944873	1413428	736793	676635	83740	45409	38331
上海	2216495	1164649	1051846	2401283	1296219	1105064	421787	245394	176393
江苏	4899462	2673313	2226149	3298133	1865848	1432285	313813	185540	128273
浙江	2808016	1475501	1332515	2098829	1130441	968388	171661	102023	69638
安徽	2457181	1372114	1085067	1446936	900527	546409	102086	63822	38264
福建	1737607	949773	787834	1263231	731241	531990	83842	47837	36005
江西	1937740	1127777	809963	1057732	637468	420264	60516	35913	24603
山东	4933489	2699734	2233755	3161869	1774995	1386874	233323	127320	106003
河南	4034524	2108974	1925550	1858760	1001945	856815	122723	68065	54658
湖北	3180279	1784301	1395978	2077526	1182951	894575	199033	116673	82360
湖南	3196149	1723238	1472911	1680612	955329	725283	115143	67102	48041
广东	5294533	2921036	2373497	3287295	1889289	1398006	323680	198519	125161
广西	1733473	946905	786568	955852	539765	416087	61876	35684	26192
海南	415159	245348	169811	242323	140392	101931	12678	7415	5263
重庆	1374449	742938	631511	989687	543913	445774	81303	46438	34865
四川	3247880	1749262	1498618	1962005	1108088	853917	156824	93044	63780
贵州	1134876	649843	485033	689649	402669	286980	28820	16606	12214
云南	1574493	860519	713974	1002321	550638	451683	59224	33178	26046
西藏	93704	52475	41229	68266	38704	29562	3354	2247	1107
陕西	2364637	1263056	1101581	1438244	813675	624569	137420	78175	59245
甘肃	1171858	664590	507268	705613	414266	291347	45811	26663	19148
青海	293579	161184	132395	183274	102060	81214	7941	4795	3146
宁夏	359428	194106	165322	218374	120653	97721	9252	4916	4336
新疆	1524757	780572	744185	751826	385760	366066	38719	21459	17260

1-8a 各地区分性别、受教育程度的6岁及以上人口(城市)

单位：人

地区	6岁及以上人口			未上过学		
	合计	男	女	小计	男	女
全国	**384147858**	**195947635**	**188200223**	**8034432**	**1991188**	**6043244**
北京	14931905	7658069	7273836	199946	40934	159012
天津	8557876	4630053	3927823	161208	39287	121921
河北	13610266	6773434	6836832	200433	48170	152263
山西	8923504	4495791	4427713	120256	33235	87021
内蒙古	7621744	3908003	3713741	186847	55261	131586
辽宁	21238725	10645857	10592868	296630	71580	225050
吉林	9829437	4906934	4922503	134539	39966	94573
黑龙江	13671158	6878628	6792530	217082	64981	152101
上海	16947917	8651064	8296853	377842	71574	306268
江苏	28756641	14646571	14110070	764474	168867	595607
浙江	19341538	9921259	9420279	691940	186191	505749
安徽	11570801	5922567	5648234	450620	112589	338031
福建	11811304	6065303	5746001	258783	59194	199589
江西	7019212	3552588	3466624	144515	34524	109991
山东	26769277	13492521	13276756	692594	155311	537283
河南	17199491	8640720	8558771	351259	91893	259366
湖北	17096493	8707366	8389127	380795	81686	299109
湖南	12056671	6068442	5988229	143721	39371	104350
广东	49812159	26209891	23602268	688793	165701	523092
广西	7831847	4001916	3829931	122103	29874	92229
海南	2174301	1133089	1041212	41609	9744	31865
重庆	8296022	4166098	4129924	167169	44023	123146
四川	15241250	7631253	7609997	348224	95549	252675
贵州	5201758	2647171	2554587	172875	47000	125875
云南	5969107	3035495	2933612	178265	51026	127239
西藏	261564	130839	130725	35226	11959	23267
陕西	8434216	4283468	4150748	133601	32102	101499
甘肃	5011236	2571020	2440216	148050	40171	107879
青海	1294462	667404	627058	48947	14571	34376
宁夏	1938545	982997	955548	51568	14293	37275
新疆	5727431	2921824	2805607	124518	40561	83957

1-8a 续表 1

单位：人

地区	小学			初中			高中		
	小计	男	女	小计	男	女	小计	男	女
全国	**61280552**	**28639497**	**32641055**	**138590585**	**72014849**	**66575736**	**93632752**	**49143758**	**44488994**
北京	1315882	606410	709472	4276980	2361821	1915159	3419387	1728371	1691016
天津	1129187	582532	546655	3091612	1803172	1288440	2220636	1175533	1045103
河北	2018691	938390	1080301	4687010	2399784	2287226	3451788	1752091	1699697
山西	1263763	599599	664164	3207370	1649619	1557751	2360499	1207541	1152958
内蒙古	1236914	588002	648912	2882167	1543055	1339112	1827275	941898	885377
辽宁	2694119	1236808	1457311	8961344	4538194	4423150	4781286	2439744	2341542
吉林	1166861	538374	628487	3404708	1698221	1706487	2959933	1504442	1455491
黑龙江	1761028	812090	948938	5444782	2787839	2656943	3548928	1810934	1737994
上海	1924658	836490	1088168	5952396	3150097	2802299	4099573	2130547	1969026
江苏	4844314	2175787	2668527	10057146	5211241	4845905	6792400	3630502	3161898
浙江	4204382	2019451	2184931	7240604	3876371	3364233	3639292	1957209	1682083
安徽	2003675	931609	1072066	4095548	2097213	1998335	2599561	1403151	1196410
福建	2509463	1115455	1394008	4556611	2449085	2107526	2497009	1352118	1144891
江西	1336154	616070	720084	2370446	1174329	1196117	1826160	971387	854773
山东	4325179	1962597	2362582	9319501	4717789	4601712	6545016	3465724	3079292
河南	2583016	1239581	1343435	5781643	2929107	2852536	4634895	2389382	2245513
湖北	2371093	1084802	1286291	5823530	2945953	2877577	4781427	2516397	2265030
湖南	1904464	911472	992992	3925457	1940142	1985315	3289412	1687159	1602253
广东	8160352	3842188	4318164	21242368	11254186	9988182	12343702	6846490	5497212
广西	1337765	633732	704033	2794057	1441761	1352296	1990384	1041838	948546
海南	327194	160131	167063	787331	400038	387293	595567	324114	271453
重庆	1630161	775838	854323	2770694	1412044	1358650	1990330	1003218	987112
四川	3054024	1453934	1600090	5140166	2595760	2544406	3559631	1803524	1756107
贵州	1173605	575465	598140	1805762	939303	866459	1022208	531926	490282
云南	1362663	667302	695361	1920826	1020883	899943	1247478	631928	615550
西藏	68803	34559	34244	68162	36902	31260	38621	20394	18227
陕西	1020330	472693	547637	2584611	1320429	1264182	2251823	1153116	1098707
甘肃	828420	394476	433944	1550590	802547	748043	1312321	685418	626903
青海	271588	131689	139899	430443	233186	197257	269124	140391	128733
宁夏	340790	160748	180042	684596	357081	327515	433639	224485	209154
新疆	1112014	541223	570791	1732124	927697	804427	1303447	672786	630661

1-8a 续表 2

单位：人

地区	大学专科			大学本科			研究生		
	小计	男	女	小计	男	女	小计	男	女
全国	**43746324**	**22809462**	**20936862**	**35086700**	**19205666**	**15881034**	**3776513**	**2143215**	**1633298**
北京	2101609	1028655	1072954	2937808	1515137	1422671	680293	376741	303552
天津	946466	499504	446962	916262	481256	435006	92505	48769	43736
河北	1894754	931468	963286	1275476	661561	613915	82114	41970	40144
山西	1170637	582180	588457	751465	398455	353010	49514	25162	24352
内蒙古	880444	457424	423020	573506	304869	268637	34591	17494	17097
辽宁	2299697	1178910	1120787	2030025	1089778	940247	175624	90843	84781
吉林	1037474	536840	500634	1047687	549498	498189	78235	39593	38642
黑龙江	1405129	729543	675586	1214222	629982	584240	79987	43259	36728
上海	1960415	1026486	933929	2227788	1200586	1027202	405245	235284	169961
江苏	3392088	1811124	1580964	2620815	1478914	1141901	285404	170136	115268
浙江	1812339	935535	876804	1598010	854262	743748	154971	92240	62731
安徽	1345089	719789	625300	987319	602803	384516	88989	55413	33576
福建	1065988	558358	507630	849913	489336	360577	73537	41757	31780
江西	811523	440160	371363	497138	295564	201574	33276	20554	12722
山东	3236249	1722255	1513994	2444710	1357097	1087613	206028	111748	94280
河南	2399609	1216228	1183381	1350482	719452	631030	98587	55077	43510
湖北	2012914	1093053	919861	1541526	877174	664352	185208	108301	76907
湖南	1555631	798275	757356	1140624	635775	504849	97362	56248	41114
广东	4165636	2247304	1918332	2899911	1662752	1237159	311397	191270	120127
广西	914043	479087	434956	621178	345518	275660	52317	30106	22211
海南	247041	137862	109179	165343	95240	70103	10216	5960	4256
重庆	911583	478508	433075	750148	409289	340859	75937	43178	32759
四川	1737243	905229	832014	1272220	701476	570744	129742	75781	53961
贵州	530937	277828	253109	470516	261037	209479	25855	14612	11243
云南	670462	347568	322894	539011	288927	250084	50402	27861	22541
西藏	27715	14354	13361	21033	11344	9689	2004	1327	677
陕西	1294068	661712	632356	1022689	571760	450929	127094	71656	55438
甘肃	652830	349879	302951	476804	274194	202610	42221	24335	17886
青海	151795	79925	71870	116240	63910	52330	6325	3732	2593
宁夏	243244	126975	116269	176205	94943	81262	8503	4472	4031
新疆	871672	437444	434228	550626	283777	266849	33030	18336	14694

1-8b 各地区分性别、受教育程度的6岁及以上人口(镇)

单位：人

地区	6岁及以上人口			未上过学		
	合计	男	女	小计	男	女
全国	**248689641**	**126967646**	**121721995**	**9927309**	**2686117**	**7241192**
北京	1239449	654188	585261	33002	8822	24180
天津	1345513	696309	649204	36800	10438	26362
河北	15840253	8026021	7814232	427309	114697	312612
山西	7250627	3704922	3545705	117265	34588	82677
内蒙古	5390167	2776745	2613422	190195	54670	135525
辽宁	4948247	2491778	2456469	99405	28605	70800
吉林	4264524	2163831	2100693	104466	33155	71311
黑龙江	6920563	3499597	3420966	163522	50404	113118
上海	2777075	1468910	1308165	129785	31706	98079
江苏	16160939	8097436	8063503	733956	172544	561412
浙江	12428083	6355120	6072963	684988	181950	503038
安徽	12499007	6300945	6198062	893345	237325	656020
福建	7938300	4041135	3897165	229505	48678	180827
江西	10985357	5656654	5328703	341662	83530	258132
山东	17949570	9112028	8837542	957204	246479	710725
河南	16448562	8323636	8124926	661873	184049	477824
湖北	9893149	5067316	4825833	487596	146088	341508
湖南	14591538	7462601	7128937	343487	91986	251501
广东	15560529	8139652	7420877	457801	111180	346621
广西	9215727	4746018	4469709	243161	61447	181714
海南	1826414	967512	858902	79694	18354	61340
重庆	6194951	3105132	3089819	233911	65109	168802
四川	15502934	7848721	7654213	605788	177406	428382
贵州	5722147	2913064	2809083	369567	94658	274909
云南	8961654	4587248	4374406	520633	151862	368771
西藏	379464	204149	175315	72691	28692	43999
陕西	7747313	4044079	3703234	246831	70634	176197
甘肃	3705578	1917605	1787973	206380	58971	147409
青海	1071280	561478	509802	118341	40845	77496
宁夏	886185	460208	425977	49438	14883	34555
新疆	3044542	1573608	1470934	87708	32362	55346

1-8b 续表 1 单位：人

地区	小学			初中			高中		
	小计	男	女	小计	男	女	小计	男	女
全国	**63862851**	**29834654**	**34028197**	**105773418**	**55652549**	**50120869**	**45914114**	**25695818**	**20218296**
北京	162394	78387	84007	541116	305308	235808	264015	139357	124658
天津	281919	140009	141910	580053	314819	265234	209447	108993	100454
河北	3834494	1775458	2059036	7509830	3970132	3539698	2718744	1459251	1259493
山西	1417554	669850	747704	3393397	1757253	1636144	1544184	833944	710240
内蒙古	1191669	552199	639470	2240165	1206881	1033284	1087707	591565	496142
辽宁	1008640	470497	538143	2585515	1329255	1256260	822273	436279	385994
吉林	885589	413864	471725	2044122	1057173	986949	894815	478103	416712
黑龙江	1393008	644372	748636	3427597	1772764	1654833	1358233	720071	638162
上海	551576	266304	285272	1307335	722188	585147	454925	265054	189871
江苏	4154958	1817317	2337641	7116782	3696306	3420476	2879488	1681918	1197570
浙江	3725372	1793617	1931755	5056451	2732512	2323939	1975445	1109323	866122
安徽	3250080	1496861	1753219	5337795	2811512	2526283	1992568	1142792	849776
福建	2385366	1009203	1376163	3298630	1804861	1493769	1337936	780809	557127
江西	2971113	1351195	1619918	4444385	2307312	2137073	1997075	1181958	815117
山东	4545824	2048377	2497447	7675836	4074192	3601644	3114875	1795181	1319694
河南	3691002	1769667	1921335	7442804	3829719	3613085	3415580	1864082	1551498
湖北	2099011	961755	1137256	4164620	2156172	2008448	2192339	1241608	950731
湖南	3572291	1699440	1872851	6017284	3056815	2960469	3213433	1785647	1427786
广东	4189532	1935330	2254202	7089220	3795461	3293759	2884847	1733194	1151653
广西	2600806	1238242	1362564	3949381	2096036	1853345	1622545	893795	728750
海南	407255	193594	213661	831070	440497	390573	343139	212003	131136
重庆	1951170	935387	1015783	2401850	1228487	1173363	1069340	572228	497112
四川	4423640	2138552	2285088	5972071	3055009	2917062	2916679	1578033	1338646
贵州	1883618	908779	974839	2116580	1139395	977185	818436	451268	367168
云南	3249377	1598622	1650755	3005623	1650029	1355594	1318865	704242	614623
西藏	115674	61486	54188	78225	46447	31778	44446	27755	16691
陕西	1622837	761578	861259	3139619	1672748	1466871	1746501	973758	772743
甘肃	916347	429994	486353	1267720	669055	598665	813153	463883	349270
青海	317775	159142	158633	281474	163770	117704	188920	105228	83692
宁夏	259678	121672	138006	350989	193974	157015	140927	79387	61540
新疆	803282	393904	409378	1105879	596467	509412	533234	285109	248125

1-8b 续表 2

单位：人

地区	大学专科			大学本科			研究生		
	小计	男	女	小计	男	女	小计	男	女
全国	**15448744**	**8664499**	**6784245**	**7516700**	**4288852**	**3227848**	**246505**	**145157**	**101348**
北京	134713	69078	65635	97172	49277	47895	7037	3959	3078
天津	94141	50249	43892	133346	67341	66005	9807	4460	5347
河北	911978	475338	436640	425645	224100	201545	12253	7045	5208
山西	543858	289393	254465	226172	116098	110074	8197	3796	4401
内蒙古	481201	266860	214341	195105	102300	92805	4125	2270	1855
辽宁	292257	154657	137600	134726	69675	65051	5431	2810	2621
吉林	226075	122801	103274	107034	57334	49700	2423	1401	1022
黑龙江	427809	231958	195851	147853	78487	69366	2541	1541	1000
上海	180401	97615	82786	137971	76799	61172	15082	9244	5838
江苏	818924	471071	347853	440902	249890	191012	15929	8390	7539
浙江	624472	337739	286733	350520	193408	157112	10835	6571	4264
安徽	683023	392007	291016	332806	214345	118461	9390	6103	3287
福建	403839	232899	170940	276899	161085	115814	6125	3600	2525
江西	755255	449503	305752	452432	270139	182293	23435	13017	10418
山东	1094190	621932	472258	543461	315223	228238	18180	10644	7536
河南	903005	488369	414636	323513	181638	141875	10785	6112	4673
湖北	637814	381187	256627	304434	175944	128490	7335	4562	2773
湖南	1045257	590991	454266	387555	230098	157457	12231	7624	4607
广东	688202	413447	274755	244809	147137	97672	6118	3903	2215
广西	555081	313560	241521	238966	139099	99867	5787	3839	1948
海南	102031	65677	36354	61307	36239	25068	1918	1148	770
重庆	336884	190794	146090	197335	110375	86960	4461	2752	1709
四川	1030123	569715	460408	533303	315867	217436	21330	14139	7191
贵州	373398	217284	156114	158527	100257	58270	2021	1423	598
云南	528175	293111	235064	331853	185110	146743	7128	4272	2856
西藏	37837	21964	15873	29865	17274	12591	726	531	195
陕西	675777	378537	297240	308177	181888	126289	7571	4936	2635
甘肃	326502	189427	137075	173278	104747	68531	2198	1528	670
青海	107616	60355	47261	55902	31281	24621	1252	857	395
宁夏	60386	35098	25288	24401	14960	9441	366	234	132
新疆	368520	191883	176637	141431	71437	69994	4488	2446	2042

1-8c 各地区分性别、受教育程度的6岁及以上人口(乡村)

单位：人

地区	6岁及以上人口			未上过学		
	合计	男	女	小计	男	女
全国	**609708623**	**310363106**	**299345517**	**44174664**	**12826175**	**31348489**
北京	2641925	1393485	1248440	130822	35478	95344
天津	2485102	1288378	1196724	114304	29841	84463
河北	36700056	18565987	18134069	1525956	428051	1097905
山西	17347218	8988423	8358795	630702	201865	428837
内蒙古	10350768	5448447	4902321	754229	243274	510955
辽宁	15686075	8025903	7660172	579501	171567	407934
吉林	12042553	6142770	5899783	398237	139926	258311
黑龙江	16027742	8157242	7870500	532982	179310	353672
上海	2360676	1237110	1123566	186989	42323	144666
江苏	29201895	14398796	14803099	1949790	452251	1497539
浙江	19714793	10113658	9601135	1995533	552568	1442965
安徽	31033930	15565248	15468682	3814891	1091097	2723794
福建	14616969	7476416	7140553	701865	161848	540017
江西	22409231	11445440	10963791	1196080	300023	896057
山东	44639307	22308317	22330990	3676834	963814	2713020
河南	51915505	25813036	26102469	3516432	1030872	2485560
湖北	26734699	13677321	13057378	2126028	575067	1550961
湖南	34067748	17514720	16553028	1524966	429781	1095185
广东	32276810	16377121	15899689	1465140	342904	1122236
广西	24790268	12893564	11896704	1222675	317414	905261
海南	3949076	2091079	1857997	268847	64355	204492
重庆	12471632	6339767	6131865	947639	280248	667391
四川	44533729	22642944	21890785	4006421	1252321	2754100
贵州	20913860	10737366	10176494	2771502	769085	2002417
云南	27544959	14385505	13159454	2693730	874818	1818912
西藏	2064821	1055724	1009097	817320	344396	472924
陕西	19005704	9806665	9199039	1256354	396417	859937
甘肃	15196092	7677026	7519066	2094515	683295	1411220
青海	2818280	1453909	1364371	533199	191723	341476
宁夏	2973616	1517673	1455943	318160	98546	219614
新疆	11193584	5824066	5369518	423021	181697	241324

1-8c 续表 1

单位：人

地区	小学			初中			高中		
	小计	男	女	小计	男	女	小计	男	女
全国	**232068330**	**109823110**	**122245220**	**273812219**	**151364449**	**122447770**	**47099999**	**29167514**	**17932485**
北京	474343	230963	243380	1339348	755041	584307	478272	262868	215404
天津	794848	376816	418032	1264472	704525	559947	242304	140357	101947
河北	11866526	5422043	6444483	19706145	10630473	9075672	2961138	1758245	1202893
山西	5123519	2393689	2729830	9514516	5187948	4326568	1713935	1004015	709920
内蒙古	3850235	1852899	1997336	4567200	2644321	1922879	825317	516291	309026
辽宁	5661922	2709702	2952220	8282585	4475506	3807079	865746	508445	357301
吉林	4552305	2173392	2378913	6100382	3265662	2834720	775385	447138	328247
黑龙江	6057330	2850434	3206896	8372888	4508201	3864687	849808	501631	348177
上海	645574	319542	326032	1146727	651942	494785	268723	163055	105668
江苏	10033805	4290598	5743207	13249085	7203598	6045487	3031869	1917173	1114696
浙江	7757613	3853008	3904605	7664772	4344148	3320624	1769516	1075724	693792
安徽	11265233	5211824	6053409	13536502	7709974	5826528	1857717	1206350	651367
福建	6099939	2645312	3454627	6122360	3587009	2535351	1284426	840431	443995
江西	9092090	4036292	5055798	9973006	5651457	4321549	1665126	1145447	519679
山东	15041231	6687715	8353516	21472686	11837560	9635126	3662693	2356078	1306615
河南	16395156	7643675	8751481	26700825	14008677	12692148	4373066	2617704	1755362
湖北	8621975	3985885	4636090	12689777	7063237	5626540	2529312	1609428	919884
湖南	12124177	5824576	6299601	16034321	8612155	7422166	3631040	2221550	1409490
广东	11438862	5233786	6205076	15744383	8502104	7242279	3038990	1955296	1083694
广西	10641000	5095164	5545836	11096978	6312743	4784235	1465786	957098	508688
海南	1224372	578931	645441	2024022	1147716	876306	349531	249048	100483
重庆	6126264	3056125	3070139	4473853	2472603	2001250	754785	432398	322387
四川	20368887	10109636	10259251	16946055	9398385	7547670	2569618	1514415	1055203
贵州	10488785	5282314	5206471	6584467	3983705	2600762	777015	505585	271430
云南	15430944	7825342	7605602	7664553	4632940	3031613	1246725	754919	491806
西藏	913991	515563	398428	239406	142545	96861	47960	26588	21372
陕西	6097790	2839147	3258643	9257241	5140822	4116419	1889394	1145862	743532
甘肃	6568534	3133794	3434740	5164564	2967589	2196975	1119030	730939	388091
青海	1394925	708530	686395	715823	445597	270226	128669	80080	48589
宁夏	1268248	606708	661540	1095114	639024	456090	218145	130402	87743
新疆	4647907	2329705	2318202	5068163	2737242	2330921	708958	392954	316004

1-8c 续表 2

单位：人

地区	大学专科			大学本科			研究生		
	小计	男	女	小计	男	女	小计	男	女
全 国	**9415451**	**5396414**	**4019037**	**3022393**	**1722565**	**1299828**	**115567**	**62879**	**52688**
北 京	141622	70969	70653	74089	36371	37718	3429	1795	1634
天 津	48614	25881	22733	19877	10565	9312	683	393	290
河 北	522499	266180	256319	112143	58248	53895	5649	2747	2902
山 西	284697	158169	126528	77589	41522	36067	2260	1215	1045
内蒙古	241204	138316	102888	107149	50963	56186	5434	2383	3051
辽 宁	225247	122208	103039	68784	37332	31452	2290	1143	1147
吉 林	152457	83853	68604	61665	31774	29891	2122	1025	1097
黑龙江	162169	88733	73436	51353	28324	23029	1212	609	603
上 海	75679	40548	35131	35524	18834	16690	1460	866	594
江 苏	688450	391118	297332	236416	137044	99372	12480	7014	5466
浙 江	371205	202227	168978	150299	82771	67528	5855	3212	2643
安 徽	429069	260318	168751	126811	83379	43432	3707	2306	1401
福 建	267780	158516	109264	136419	80820	55599	4180	2480	1700
江 西	370962	238114	132848	108162	71765	36397	3805	2342	1463
山 东	603050	355547	247503	173698	102675	71023	9115	4928	4187
河 南	731910	404377	327533	184765	100855	83910	13351	6876	6475
湖 北	529551	310061	219490	231566	129833	101733	6490	3810	2680
湖 南	595261	333972	261289	152433	89456	62977	5550	3230	2320
广 东	440695	260285	180410	142575	79400	63175	6165	3346	2819
广 西	264349	154258	110091	95708	55148	40560	3772	1739	2033
海 南	66087	41809	24278	15673	8913	6760	544	307	237
重 庆	125982	73636	52346	42204	24249	17955	905	508	397
四 川	480514	274318	206196	156482	90745	65737	5752	3124	2628
贵 州	230541	154731	75810	60606	41375	19231	944	571	373
云 南	375856	219840	156016	131457	76601	54856	1694	1045	649
西 藏	28152	16157	11995	17368	10086	7282	624	389	235
陕 西	394792	222807	171985	107378	60027	47351	2755	1583	1172
甘 肃	192526	125284	67242	55531	35325	20206	1392	800	592
青 海	34168	20904	13264	11132	6869	4263	364	206	158
宁 夏	55798	32033	23765	17768	10750	7018	383	210	173
新 疆	284565	151245	133320	59769	30546	29223	1201	677	524

1-9 各地区分性别的15岁及以上文盲人口

单位：人、%

地区	15岁及以上人口			文盲人口			文盲人口占15岁及以上人口比重		
	合计	男	女	合计	男	女	合计	男	女
全国	**1111488248**	**562534596**	**548953652**	**54190864**	**14178921**	**40011943**	**4.88**	**2.52**	**7.29**
北京	17924931	9235996	8688935	333098	72558	260540	1.86	0.79	3.00
天津	11671125	6233160	5437965	271390	61570	209820	2.33	0.99	3.86
河北	59761172	29949767	29811405	1877395	472817	1404578	3.14	1.58	4.71
山西	29606085	15144129	14461956	762030	224158	537872	2.57	1.48	3.72
内蒙古	21229860	11020957	10208903	1004468	296627	707841	4.73	2.69	6.93
辽宁	38749346	19516240	19233106	843695	214878	628817	2.18	1.10	3.27
吉林	24161300	12175242	11986058	526915	164072	362843	2.18	1.35	3.03
黑龙江	33739550	17035262	16704288	789231	236863	552368	2.34	1.39	3.31
上海	21036337	10797607	10238730	631363	120720	510643	3.00	1.12	4.99
江苏	68427457	34038858	34388599	2982959	628653	2354306	4.36	1.85	6.85
浙江	47237816	24135469	23102347	3057101	792161	2264940	6.47	3.28	9.80
安徽	48924332	24393137	24531195	4843797	1313350	3530447	9.90	5.38	14.39
福建	31188519	15851739	15336780	899849	170160	729689	2.89	1.07	4.76
江西	34805564	17491580	17313984	1400042	300516	1099526	4.02	1.72	6.35
山东	80718510	40298252	40420258	4757257	1150538	3606719	5.89	2.86	8.92
河南	74282621	36472067	37810554	3991461	1079950	2911511	5.37	2.96	7.70
湖北	49273919	24975932	24297987	2619054	640893	1978161	5.32	2.57	8.14
湖南	54124247	27438917	26685330	1754339	450640	1303699	3.24	1.64	4.89
广东	86716429	44698591	42017838	2087720	395037	1692683	2.41	0.88	4.03
广西	36032940	18500892	17532048	1247701	259452	988249	3.46	1.40	5.64
海南	6956142	3630278	3325864	352636	74911	277725	5.07	2.06	8.35
重庆	23942810	12009241	11933569	1215197	332012	883185	5.08	2.76	7.40
四川	66770405	33632003	33138402	4376381	1270508	3105873	6.55	3.78	9.37
贵州	25970314	13184516	12785798	2959444	752519	2206925	11.40	5.71	17.26
云南	36439974	18816485	17623489	2768143	830107	1938036	7.60	4.41	11.00
西藏	2270481	1169099	1101382	733220	283161	450059	32.29	24.22	40.86
陕西	31837984	16305991	15531993	1397847	404068	993779	4.39	2.48	6.40
甘肃	20931128	10580564	10350564	2222201	687685	1534516	10.62	6.50	14.83
青海	4449617	2304300	2145317	575773	185347	390426	12.94	8.04	18.20
宁夏	4953320	2520725	2432595	387178	113808	273370	7.82	4.51	11.24
新疆	17354013	8977600	8376413	521979	199182	322797	3.01	2.22	3.85

1-9a 各地区分性别的15岁及以上文盲人口(城市)

单位：人、%

地区	15岁及以上人口			文盲人口			文盲人口占15岁及以上人口比重		
	合计	男	女	合计	男	女	合计	男	女
全国	**354375039**	**179952747**	**174422292**	**6747570**	**1466755**	**5280815**	**1.90**	**0.82**	**3.03**
北京	14251804	7296998	6954806	176464	31547	144917	1.24	0.43	2.08
天津	8172409	4428126	3744283	137514	29240	108274	1.68	0.66	2.89
河北	12511750	6196261	6315489	167000	34636	132364	1.33	0.56	2.10
山西	8032644	4034001	3998643	99962	24823	75139	1.24	0.62	1.88
内蒙古	6952162	3560999	3391163	150373	39088	111285	2.16	1.10	3.28
辽宁	19925654	9958617	9967037	242978	51062	191916	1.22	0.51	1.93
吉林	9175944	4562887	4613057	106556	28309	78247	1.16	0.62	1.70
黑龙江	12762427	6402850	6359577	180809	48724	132085	1.42	0.76	2.08
上海	16157155	8231054	7926101	332232	54349	277883	2.06	0.66	3.51
江苏	26776430	13580212	13196218	651190	127784	523406	2.43	0.94	3.97
浙江	17936974	9169960	8767014	602660	148547	454113	3.36	1.62	5.18
安徽	10565195	5378198	5186997	409512	97124	312388	3.88	1.81	6.02
福建	10880631	5555562	5325069	201799	37197	164602	1.85	0.67	3.09
江西	6234749	3112993	3121756	117434	23197	94237	1.88	0.75	3.02
山东	24428440	12251867	12176573	600636	118749	481887	2.46	0.97	3.96
河南	15484601	7707678	7776923	288478	66108	222370	1.86	0.86	2.86
湖北	15805438	7997147	7808291	331445	63226	268219	2.10	0.79	3.44
湖南	10993807	5492854	5500953	110089	25326	84763	1.00	0.46	1.54
广东	45902298	24013525	21888773	531506	96512	434994	1.16	0.40	1.99
广西	7112215	3608317	3503898	85414	13877	71537	1.20	0.38	2.04
海南	1953198	1004317	948881	34574	6425	28149	1.77	0.64	2.97
重庆	7676969	3844376	3832593	141230	33597	107633	1.84	0.87	2.81
四川	14024499	6997126	7027373	300453	75715	224738	2.14	1.08	3.20
贵州	4589710	2321944	2267766	146538	35031	111507	3.19	1.51	4.92
云南	5449611	2765973	2683638	147899	39249	108650	2.71	1.42	4.05
西藏	240632	120269	120363	32295	10642	21653	13.42	8.85	17.99
陕西	7761823	3923631	3838192	106037	21773	84264	1.37	0.55	2.20
甘肃	4556904	2330878	2226026	126353	32142	94211	2.77	1.38	4.23
青海	1167281	601207	566074	42817	11849	30968	3.67	1.97	5.47
宁夏	1728836	872934	855902	46239	12023	34216	2.67	1.38	4.00
新疆	5162849	2629986	2532863	99084	28884	70200	1.92	1.10	2.77

1-9b 各地区分性别的15岁及以上文盲人口(镇)

单位：人、%

地 区	15岁及以上人口			文盲人口			文盲人口占15岁及以上人口比重		
	合计	男	女	合计	男	女	合计	男	女
全 国	**221320852**	**112092607**	**109228245**	**8558885**	**2112017**	**6446868**	**3.87**	**1.88**	**5.90**
北 京	1171594	618979	552615	30913	7835	23078	2.64	1.27	4.18
天 津	1241715	640257	601458	31922	8085	23837	2.57	1.26	3.96
河 北	14245782	7167793	7077989	367417	88445	278972	2.58	1.23	3.94
山 西	6283786	3194473	3089313	100155	27263	72892	1.59	0.85	2.36
内蒙古	4827364	2483126	2344238	163280	42726	120554	3.38	1.72	5.14
辽 宁	4535475	2272355	2263120	84210	21492	62718	1.86	0.95	2.77
吉 林	3923494	1984513	1938981	86686	25444	61242	2.21	1.28	3.16
黑龙江	6331845	3191460	3140385	141546	40381	101165	2.24	1.27	3.22
上 海	2628907	1388940	1239967	121020	27818	93202	4.60	2.00	7.52
江 苏	14783363	7333120	7450243	637584	138076	499508	4.31	1.88	6.70
浙 江	11312929	5757285	5555644	605016	150302	454714	5.35	2.61	8.18
安 徽	11077945	5511719	5566226	835717	214618	621099	7.54	3.89	11.16
福 建	7136277	3601634	3534643	172988	29905	143083	2.42	0.83	4.05
江 西	9484786	4807052	4677734	284141	58982	225159	3.00	1.23	4.81
山 东	16130430	8129000	8001430	845651	205114	640537	5.24	2.52	8.01
河 南	14328868	7128685	7200183	583495	150780	432715	4.07	2.12	6.01
湖 北	9000797	4570927	4429870	366099	88600	277499	4.07	1.94	6.26
湖 南	12999621	6589034	6410587	297168	71612	225556	2.29	1.09	3.52
广 东	13598725	7055939	6542786	368161	70997	297164	2.71	1.01	4.54
广 西	8010530	4085873	3924657	185602	35949	149653	2.32	0.88	3.81
海 南	1600890	837625	763265	72277	14622	57655	4.51	1.75	7.55
重 庆	5450329	2709609	2740720	209256	54369	154887	3.84	2.01	5.65
四 川	13809209	6957218	6851991	534841	146953	387888	3.87	2.11	5.66
贵 州	4749718	2393782	2355936	325874	75297	250577	6.86	3.15	10.64
云 南	7786772	3971479	3815293	437305	118973	318332	5.62	3.00	8.34
西 藏	333773	180993	152780	61136	22483	38653	18.32	12.42	25.30
陕 西	6935718	3599207	3336511	205121	54147	150974	2.96	1.50	4.52
甘 肃	3255561	1673139	1582422	185043	50116	134927	5.68	3.00	8.53
青 海	921667	484968	436699	100548	31818	68730	10.91	6.56	15.74
宁 夏	750810	389060	361750	45703	13300	32403	6.09	3.42	8.96
新 疆	2672172	1383363	1288809	73010	25515	47495	2.73	1.84	3.69

1-9c 各地区分性别的15岁及以上文盲人口(乡村)

单位：人、%

地区	15岁及以上人口			文盲人口			文盲人口占15岁及以上人口比重		
	合计	男	女	合计	男	女	合计	男	女
全　国	**535792357**	**270489242**	**265303115**	**38884409**	**10600149**	**28284260**	**7.26**	**3.92**	**10.66**
北　京	2501533	1320019	1181514	125721	33176	92545	5.03	2.51	7.83
天　津	2257001	1164777	1092224	101954	24245	77709	4.52	2.08	7.11
河　北	33003640	16585713	16417927	1342978	349736	993242	4.07	2.11	6.05
山　西	15289655	7915655	7374000	561913	172072	389841	3.68	2.17	5.29
内蒙古	9450334	4976832	4473502	690815	214813	476002	7.31	4.32	10.64
辽　宁	14288217	7285268	7002949	516507	142324	374183	3.61	1.95	5.34
吉　林	11061862	5627842	5434020	333673	110319	223354	3.02	1.96	4.11
黑龙江	14645278	7440952	7204326	466876	147758	319118	3.19	1.99	4.43
上　海	2250275	1177613	1072662	178111	38553	139558	7.92	3.27	13.01
江　苏	26867664	13125526	13742138	1694185	362793	1331392	6.31	2.76	9.69
浙　江	17987913	9208224	8779689	1849425	493312	1356113	10.28	5.36	15.45
安　徽	27281192	13503220	13777972	3598568	1001608	2596960	13.19	7.42	18.85
福　建	13171611	6694543	6477068	525062	103058	422004	3.99	1.54	6.52
江　西	19086029	9571535	9514494	998467	218337	780130	5.23	2.28	8.20
山　东	40159640	19917385	20242255	3310970	826675	2484295	8.24	4.15	12.27
河　南	44469152	21635704	22833448	3119488	863062	2256426	7.01	3.99	9.88
湖　北	24467684	12407858	12059826	1921510	489067	1432443	7.85	3.94	11.88
湖　南	30130819	15357029	14773790	1347082	353702	993380	4.47	2.30	6.72
广　东	27215406	13629127	13586279	1188053	227528	960525	4.37	1.67	7.07
广　西	20910195	10806702	10103493	976685	209626	767059	4.67	1.94	7.59
海　南	3402054	1788336	1613718	245785	53864	191921	7.22	3.01	11.89
重　庆	10815512	5455256	5360256	864711	244046	620665	8.00	4.47	11.58
四　川	38936697	19677659	19259038	3541087	1047840	2493247	9.09	5.33	12.95
贵　州	16630886	8468790	8162096	2487032	642191	1844841	14.95	7.58	22.60
云　南	23203591	12079033	11124558	2182939	671885	1511054	9.41	5.56	13.58
西　藏	1696076	867837	828239	639789	250036	389753	37.72	28.81	47.06
陕　西	17140443	8783153	8357290	1086689	328148	758541	6.34	3.74	9.08
甘　肃	13118663	6576547	6542116	1910805	605427	1305378	14.57	9.21	19.95
青　海	2360669	1218125	1142544	432408	141680	290728	18.32	11.63	25.45
宁　夏	2473674	1258731	1214943	295236	88485	206751	11.94	7.03	17.02
新　疆	9518992	4964251	4554741	349885	144783	205102	3.68	2.92	4.50

1-10 各地区家庭户规模

单位：户、%

地区	家庭户户数	一人户		二人户		三人户	
		户数	比重	户数	比重	户数	比重
全国	**401934196**	**58396327**	**14.53**	**97947686**	**24.37**	**107978654**	**26.86**
北京	6680552	1657806	24.82	2020161	30.24	1942808	29.08
天津	3661992	460072	12.56	1048811	28.64	1358188	37.09
河北	20395116	1886200	9.25	4424144	21.69	5457940	26.76
山西	10330207	1110999	10.75	2261482	21.89	2873579	27.82
内蒙古	8205498	956608	11.66	2429639	29.61	2979113	36.31
辽宁	14994046	2016010	13.45	4465776	29.78	5198561	34.67
吉林	8998492	1118338	12.43	2462967	27.37	2995250	33.29
黑龙江	13000088	1675024	12.88	3750466	28.85	4564223	35.11
上海	8253257	1641920	19.89	2805535	33.99	2549205	30.89
江苏	24381782	3432818	14.08	6938927	28.46	6947259	28.49
浙江	18854021	3839614	20.36	5950821	31.56	5042946	26.75
安徽	18861956	3007548	15.95	4722287	25.04	4925455	26.11
福建	11206317	2056571	18.35	2648991	23.64	2803878	25.02
江西	11542527	1030368	8.93	1999675	17.32	2655276	23.00
山东	30105454	3432035	11.40	8023475	26.65	9646235	32.04
河南	25928729	2643470	10.20	4971716	19.17	6092683	23.50
湖北	16695121	2054015	12.30	3901999	23.37	4760599	28.51
湖南	18625710	2332097	12.52	3851995	20.68	4574482	24.56
广东	28630609	6265124	21.88	6472078	22.61	5641461	19.70
广西	13151404	1896845	14.42	2645238	20.11	3016774	22.94
海南	2331149	404299	17.34	399367	17.13	453177	19.44
重庆	10000965	2228122	22.28	2733554	27.33	2479791	24.80
四川	25794161	4523874	17.54	6518454	25.27	6526413	25.30
贵州	10558461	1627155	15.41	2394674	22.68	2471677	23.41
云南	12339961	1381070	11.19	2125396	17.22	2740458	22.21
西藏	670838	98594	14.70	108628	16.19	108802	16.22
陕西	10718563	1349792	12.59	2336756	21.80	2825882	26.36
甘肃	6900369	709681	10.28	1352773	19.60	1722036	24.96
青海	1529039	182220	11.92	292397	19.12	378870	24.78
宁夏	1882205	229554	12.20	432817	23.00	528697	28.09
新疆	6705607	1148484	17.13	1456687	21.72	1716936	25.60

1-10 续表 1 单位：户、%

地区	四人户		五人户		六人户	
	户数	比重	户数	比重	户数	比重
全国	**70598493**	**17.56**	**40332512**	**10.03**	**16887554**	**4.20**
北京	623250	9.33	319434	4.78	78136	1.17
天津	471303	12.87	232468	6.35	69847	1.91
河北	4444676	21.79	2396112	11.75	1204287	5.90
山西	2259616	21.87	1108760	10.73	499172	4.83
内蒙古	1157780	14.11	491904	5.99	139387	1.70
辽宁	1879588	12.54	1045065	6.97	296305	1.98
吉林	1252265	13.92	785661	8.73	264955	2.94
黑龙江	1635884	12.58	967498	7.44	286362	2.20
上海	732700	8.88	424518	5.14	72296	0.88
江苏	3476136	14.26	2466777	10.12	766640	3.14
浙江	2314220	12.27	1200540	6.37	361037	1.91
安徽	3408186	18.07	1753644	9.30	693978	3.68
福建	1946878	17.37	1077422	9.61	428676	3.83
江西	2781818	24.10	1635128	14.17	813968	7.05
山东	5301647	17.61	2518804	8.37	853309	2.83
河南	6142375	23.69	3437022	13.26	1712777	6.61
湖北	3050937	18.27	1826068	10.94	721799	4.32
湖南	3925260	21.07	2300464	12.35	1024663	5.50
广东	4417481	15.43	2922572	10.21	1453224	5.08
广西	2657345	20.21	1628934	12.39	727417	5.53
海南	464381	19.92	313371	13.44	153973	6.61
重庆	1461869	14.62	735750	7.36	257643	2.58
四川	4304105	16.69	2467389	9.57	980758	3.80
贵州	1990963	18.86	1204066	11.40	541001	5.12
云南	2945243	23.87	1727201	14.00	920359	7.46
西藏	101946	15.20	76092	11.34	52824	7.87
陕西	2182450	20.36	1252286	11.68	551148	5.14
甘肃	1384277	20.06	916192	13.28	526516	7.63
青海	312509	20.44	188728	12.34	101049	6.61
宁夏	368392	19.57	192121	10.21	85985	4.57
新疆	1203013	17.94	720521	10.75	248063	3.70

1-10 续表 2

单位：户、%

地区	七人户		八人户		九人户		十人及以上户	
	户数	比重	户数	比重	户数	比重	户数	比重
全国	**5753970**	**1.43**	**2235271**	**0.56**	**942511**	**0.23**	**861218**	**0.21**
北京	23318	0.35	9817	0.15	3000	0.04	2822	0.04
天津	14268	0.39	4787	0.13	1171	0.03	1077	0.03
河北	369080	1.81	125459	0.62	49819	0.24	37399	0.18
山西	139959	1.35	44545	0.43	18635	0.18	13460	0.13
内蒙古	33105	0.40	11127	0.14	3762	0.05	3073	0.04
辽宁	65160	0.43	19638	0.13	5205	0.03	2738	0.02
吉林	77049	0.86	27616	0.31	8710	0.10	5681	0.06
黑龙江	78344	0.60	28824	0.22	8108	0.06	5355	0.04
上海	17988	0.22	6091	0.07	1739	0.02	1265	0.02
江苏	222141	0.91	83351	0.34	28429	0.12	19304	0.08
浙江	88331	0.47	33322	0.18	12340	0.07	10850	0.06
安徽	213799	1.13	81082	0.43	32627	0.17	23350	0.12
福建	143577	1.28	59465	0.53	23823	0.21	17036	0.15
江西	337417	2.92	141993	1.23	71949	0.62	74935	0.65
山东	211698	0.70	72919	0.24	26934	0.09	18398	0.06
河南	584531	2.25	196633	0.76	80190	0.31	67332	0.26
湖北	222896	1.34	94889	0.57	36769	0.22	25150	0.15
湖南	357372	1.92	144060	0.77	63874	0.34	51443	0.28
广东	715811	2.50	358655	1.25	175373	0.61	208830	0.73
广西	313289	2.38	136336	1.04	63641	0.48	65585	0.50
海南	72967	3.13	33041	1.42	16860	0.72	19713	0.85
重庆	70204	0.70	22044	0.22	7168	0.07	4820	0.05
四川	304307	1.18	99347	0.39	37415	0.15	32099	0.12
贵州	208012	1.97	74055	0.70	27224	0.26	19634	0.19
云南	311114	2.52	111854	0.91	43944	0.36	33322	0.27
西藏	40058	5.97	29145	4.34	19961	2.98	34788	5.19
陕西	149944	1.40	44517	0.42	15762	0.15	10026	0.09
甘肃	186070	2.70	63846	0.93	23172	0.34	15806	0.23
青海	40035	2.62	16745	1.10	8099	0.53	8387	0.55
宁夏	29484	1.57	9537	0.51	3222	0.17	2396	0.13
新疆	112642	1.68	50531	0.75	23586	0.35	25144	0.37

1-10a 各地区家庭户规模(城市)

单位：户、%

地区	家庭户户数	一人户		二人户		三人户	
		户数	比重	户数	比重	户数	比重
全国	**128660933**	**23099057**	**17.95**	**35794624**	**27.82**	**42659780**	**33.16**
北京	5375588	1396260	25.97	1638188	30.47	1583745	29.46
天津	2501235	354036	14.15	749216	29.95	1005874	40.22
河北	4295310	463795	10.80	1118642	26.04	1611377	37.51
山西	2901607	359725	12.40	721813	24.88	1109013	38.22
内蒙古	2737984	332696	12.15	816871	29.83	1180696	43.12
辽宁	7952951	1304208	16.40	2488775	31.29	3029252	38.09
吉林	3598113	541586	15.05	1130341	31.41	1367652	38.01
黑龙江	5047097	793809	15.73	1577575	31.26	1968695	39.01
上海	6244138	1201811	19.25	2012827	32.24	2076157	33.25
江苏	9161950	1313520	14.34	2579792	28.16	3193871	34.86
浙江	6873461	1476749	21.48	2137238	31.09	2039016	29.67
安徽	3942502	692530	17.57	1035595	26.27	1395335	35.39
福建	3928853	886435	22.56	1008460	25.67	1083308	27.57
江西	2125304	222903	10.49	466478	21.95	706484	33.24
山东	8817542	1065535	12.08	2417287	27.41	3536693	40.11
河南	5349707	703520	13.15	1146329	21.43	1838439	34.37
湖北	5467910	809122	14.80	1453311	26.58	1950190	35.67
湖南	3784084	535224	14.14	972866	25.71	1292576	34.16
广东	15577871	4277257	27.46	4090139	26.26	3399819	21.82
广西	2479642	449110	18.11	561138	22.63	760330	30.66
海南	618068	109479	17.71	121240	19.62	164425	26.60
重庆	2861917	600235	20.97	772129	26.98	876447	30.62
四川	5265271	983045	18.67	1530033	29.06	1641106	31.17
贵州	1777973	330799	18.61	437585	24.61	548859	30.87
云南	2106060	489358	23.24	574926	27.30	610108	28.97
西藏	93975	25570	27.21	30365	32.31	21068	22.42
陕西	2788195	501292	17.98	771081	27.66	922771	33.10
甘肃	1687056	270589	16.04	472196	27.99	633043	37.52
青海	448369	73354	16.36	131659	29.36	145162	32.38
宁夏	696676	101842	14.62	192785	27.67	265426	38.10
新疆	2154524	433663	20.13	637744	29.60	702843	32.62

1-10a 续表 1

单位：户、%

地区	四人户		五人户		六人户	
	户数	比重	户数	比重	户数	比重
全国	**15602563**	**12.13**	**8039529**	**6.25**	**2195953**	**1.71**
北京	454088	8.45	224693	4.18	49970	0.93
天津	248465	9.93	115965	4.64	20050	0.80
河北	607039	14.13	331006	7.71	110066	2.56
山西	456120	15.72	180807	6.23	50289	1.73
内蒙古	287387	10.50	96382	3.52	16773	0.61
辽宁	702071	8.83	342387	4.31	60518	0.76
吉林	337429	9.38	177432	4.93	29511	0.82
黑龙江	437575	8.67	218546	4.33	35416	0.70
上海	570275	9.13	313842	5.03	50389	0.81
江苏	1060954	11.58	770728	8.41	168522	1.84
浙江	719066	10.46	362775	5.28	95039	1.38
安徽	497088	12.61	232632	5.90	57596	1.46
福建	539033	13.72	275204	7.00	86409	2.20
江西	389776	18.34	210530	9.91	73781	3.47
山东	1085777	12.31	527343	5.98	130873	1.48
河南	933720	17.45	458693	8.57	174179	3.26
湖北	707987	12.95	390316	7.14	99943	1.83
湖南	564368	14.91	295102	7.80	76312	2.02
广东	2017312	12.95	1069334	6.86	409336	2.63
广西	388888	15.68	192982	7.78	66463	2.68
海南	111211	17.99	61840	10.01	24171	3.91
重庆	355642	12.43	193155	6.75	44259	1.55
四川	638784	12.13	352289	6.69	78788	1.50
贵州	264471	14.87	127584	7.18	40998	2.31
云南	256373	12.17	121093	5.75	35091	1.67
西藏	9932	10.57	4343	4.62	1425	1.52
陕西	350790	12.58	170390	6.11	49838	1.79
甘肃	197708	11.72	79851	4.73	22827	1.35
青海	58000	12.94	25903	5.78	8758	1.95
宁夏	96810	13.90	29896	4.29	7144	1.03
新疆	258424	11.99	86486	4.01	21219	0.98

1-10a 续表 2 单位：户、%

地区	七人户		八人户		九人户		十人及以上户	
	户数	比重	户数	比重	户数	比重	户数	比重
全国	**718406**	**0.56**	**311282**	**0.24**	**121392**	**0.09**	**118347**	**0.09**
北京	16704	0.31	7256	0.13	2317	0.04	2367	0.04
天津	4769	0.19	1738	0.07	450	0.02	672	0.03
河北	32656	0.76	12870	0.30	4662	0.11	3197	0.07
山西	14071	0.48	5891	0.20	2209	0.08	1669	0.06
内蒙古	4273	0.16	1632	0.06	586	0.02	688	0.03
辽宁	16727	0.21	6429	0.08	1595	0.02	989	0.01
吉林	8786	0.24	3430	0.10	932	0.03	1014	0.03
黑龙江	9996	0.20	3539	0.07	921	0.02	1025	0.02
上海	12316	0.20	4335	0.07	1244	0.02	942	0.02
江苏	45891	0.50	18930	0.21	5482	0.06	4260	0.05
浙江	25494	0.37	10429	0.15	3853	0.06	3802	0.06
安徽	17786	0.45	8221	0.21	2992	0.08	2727	0.07
福建	28413	0.72	13091	0.33	4885	0.12	3615	0.09
江西	29176	1.37	13153	0.62	6313	0.30	6710	0.32
山东	33244	0.38	13011	0.15	4193	0.05	3586	0.04
河南	56554	1.06	22313	0.42	8724	0.16	7236	0.14
湖北	32031	0.59	15490	0.28	5100	0.09	4420	0.08
湖南	25737	0.68	12164	0.32	5081	0.13	4654	0.12
广东	165173	1.06	77870	0.50	34922	0.22	36709	0.24
广西	29220	1.18	14859	0.60	7483	0.30	9169	0.37
海南	11473	1.86	6125	0.99	3384	0.55	4720	0.76
重庆	12820	0.45	4657	0.16	1378	0.05	1195	0.04
四川	24467	0.46	9732	0.18	3327	0.06	3700	0.07
贵州	15608	0.88	6455	0.36	2775	0.16	2839	0.16
云南	11049	0.52	4684	0.22	1664	0.08	1714	0.08
西藏	665	0.71	303	0.32	121	0.13	183	0.19
陕西	14158	0.51	5010	0.18	1627	0.06	1238	0.04
甘肃	6631	0.39	2545	0.15	879	0.05	787	0.05
青海	3024	0.67	1347	0.30	589	0.13	573	0.13
宁夏	1804	0.26	566	0.08	192	0.03	211	0.03
新疆	7690	0.36	3207	0.15	1512	0.07	1736	0.08

1-10c 续表 1

单位：户、%

地区	四人户		五人户		六人户	
	户数	比重	户数	比重	户数	比重
全国	**40962499**	**21.03**	**24732538**	**12.70**	**11671712**	**5.99**
北京	124354	14.17	72079	8.21	22553	2.57
天津	160473	20.41	86796	11.04	38259	4.87
河北	2803792	24.55	1516050	13.27	814761	7.13
山西	1271860	24.31	710869	13.59	362143	6.92
内蒙古	624770	17.59	304300	8.57	103148	2.90
辽宁	959965	18.27	588250	11.20	205347	3.91
吉林	732706	19.28	511054	13.45	209223	5.51
黑龙江	939912	17.74	617640	11.66	223289	4.22
上海	74476	7.83	51657	5.43	10306	1.08
江苏	1605176	16.15	1147480	11.55	412854	4.15
浙江	1006461	13.50	554920	7.44	181001	2.43
安徽	2184528	20.32	1167335	10.86	504044	4.69
福建	944106	19.69	551106	11.49	244591	5.10
江西	1690279	26.44	1032313	16.15	566626	8.86
山东	3161283	20.32	1509366	9.70	551547	3.55
河南	4065963	25.37	2324894	14.51	1224405	7.64
湖北	1810743	21.90	1129354	13.66	508570	6.15
湖南	2480012	23.88	1516721	14.61	748835	7.21
广东	1669021	18.57	1316204	14.64	763354	8.49
广西	1707101	21.69	1098616	13.96	516162	6.56
海南	247019	20.97	183543	15.58	95220	8.09
重庆	763479	15.53	378862	7.71	159394	3.24
四川	2865460	18.75	1688047	11.04	761181	4.98
贵州	1369977	19.84	881708	12.77	421725	6.11
云南	2098326	27.74	1302612	17.22	745640	9.86
西藏	75246	16.52	62763	13.78	47411	10.41
陕西	1379260	24.64	863013	15.42	421295	7.53
甘肃	979034	23.63	729098	17.60	454280	10.97
青海	196429	26.28	133601	17.87	79159	10.59
宁夏	209000	23.15	135021	14.95	67931	7.52
新疆	762288	22.09	567266	16.44	207458	6.01

1-10c 续表 2

单位：户、%

地区	七人户		八人户		九人户		十人及以上户	
	户数	比重	户数	比重	户数	比重	户数	比重
全国	**3990500**	**2.05**	**1491431**	**0.77**	**628203**	**0.32**	**550321**	**0.28**
北京	5312	0.61	1982	0.23	553	0.06	351	0.04
天津	7142	0.91	2320	0.30	509	0.06	275	0.03
河北	246128	2.15	79622	0.70	30855	0.27	21978	0.19
山西	103080	1.97	30873	0.59	13126	0.25	9173	0.18
内蒙古	24409	0.69	7975	0.22	2690	0.08	1879	0.05
辽宁	41620	0.79	10994	0.21	3006	0.06	1414	0.03
吉林	60935	1.60	21629	0.57	6968	0.18	4158	0.11
黑龙江	61286	1.16	22656	0.43	6407	0.12	3630	0.07
上海	2638	0.28	832	0.09	221	0.02	148	0.02
江苏	120772	1.22	42805	0.43	14854	0.15	9170	0.09
浙江	39587	0.53	13123	0.18	4620	0.06	3547	0.05
安徽	154955	1.44	56203	0.52	22603	0.21	15211	0.14
福建	81545	1.70	31113	0.65	12701	0.26	8842	0.18
江西	235456	3.68	95889	1.50	48094	0.75	47189	0.74
山东	134694	0.87	44543	0.29	16523	0.11	10473	0.07
河南	419805	2.62	134729	0.84	53528	0.33	41369	0.26
湖北	155840	1.88	63330	0.77	25437	0.31	15962	0.19
湖南	262040	2.52	102029	0.98	45758	0.44	35662	0.34
广东	405154	4.51	205891	2.29	101882	1.13	122776	1.37
广西	219135	2.78	91492	1.16	41399	0.53	40108	0.51
海南	44943	3.82	19159	1.63	9312	0.79	9992	0.85
重庆	42455	0.86	12089	0.25	3973	0.08	2316	0.05
四川	236482	1.55	74133	0.48	28329	0.19	22874	0.15
贵州	162209	2.35	55916	0.81	19603	0.28	12937	0.19
云南	255262	3.37	89758	1.19	35210	0.47	25740	0.34
西藏	37062	8.13	27522	6.04	19071	4.19	33562	7.37
陕西	113970	2.04	32293	0.58	11512	0.21	6564	0.12
甘肃	163598	3.95	55697	1.34	20025	0.48	13134	0.32
青海	31803	4.25	13152	1.76	6446	0.86	6613	0.88
宁夏	24496	2.71	7986	0.88	2679	0.30	1857	0.21
新疆	96687	2.80	43696	1.27	20309	0.59	21417	0.62

1-11 各地区家庭户类别

单位：户、%

地区	家庭户户数	一代户		二代户	
		户数	比重	户数	比重
全国	**401934196**	**137363112**	**34.18**	**192237846**	**47.83**
北京	6680552	3366014	50.39	2632470	39.40
天津	3661992	1337976	36.54	1850782	50.54
河北	20395116	5633257	27.62	10494814	51.46
山西	10330207	2963877	28.69	5637015	54.57
内蒙古	8205498	3065851	37.36	4312379	52.55
辽宁	14994046	5625124	37.52	7250189	48.35
吉林	8998492	3114899	34.62	4446681	49.42
黑龙江	13000088	4705169	36.19	6550201	50.39
上海	8253257	4119972	49.92	3265718	39.57
江苏	24381782	9177854	37.64	10256678	42.07
浙江	18854021	9094203	48.23	7415809	39.33
安徽	18861956	6710988	35.58	8868394	47.02
福建	11206317	4174948	37.26	5041406	44.99
江西	11542527	2602585	22.55	6029441	52.24
山东	30105454	10280473	34.15	15417846	51.21
河南	25928729	6523188	25.16	13551628	52.26
湖北	16695121	5097234	30.53	8060618	48.28
湖南	18625710	5185943	27.84	9010370	48.38
广东	28630609	11749179	41.04	12217650	42.67
广西	13151404	3913144	29.75	6685520	50.84
海南	2331149	732676	31.43	1177478	50.51
重庆	10000965	4194860	41.94	4198185	41.98
四川	25794161	9208642	35.70	11387981	44.15
贵州	10558461	3482537	32.98	5398094	51.13
云南	12339961	2927576	23.72	6343962	51.41
西藏	670838	180181	26.86	337601	50.33
陕西	10718563	3101883	28.94	5383702	50.23
甘肃	6900369	1763054	25.55	3418987	49.55
青海	1529039	403920	26.42	806436	52.74
宁夏	1882205	595411	31.63	1052911	55.94
新疆	6705607	2330494	34.75	3736900	55.73

1-11 续表

单位：户、%

地区	三代户		四代户		五代及以上户	
	户数	比重	户数	比重	户数	比重
全　国	**69562135**	**17.31**	**2768189**	**0.69**	**2914**	
北　京	671881	10.06	10185	0.15	2	
天　津	460844	12.58	12381	0.34	9	
河　北	4086217	20.04	180659	0.89	169	
山　西	1668277	16.15	60981	0.59	57	
内蒙古	807610	9.84	19648	0.24	10	
辽　宁	2069614	13.80	49106	0.33	13	
吉　林	1394023	15.49	42857	0.48	32	
黑龙江	1697316	13.06	47371	0.36	31	
上　海	843621	10.22	23916	0.29	30	
江　苏	4685111	19.22	261833	1.07	306	
浙　江	2245579	11.91	98348	0.52	82	
安　徽	3143634	16.67	138784	0.74	156	
福　建	1913031	17.07	76843	0.69	89	
江　西	2794134	24.21	116275	1.01	92	
山　东	4258232	14.14	148799	0.49	104	
河　南	5609674	21.63	243967	0.94	272	
湖　北	3393423	20.33	143719	0.86	127	
湖　南	4238798	22.76	190433	1.02	166	
广　东	4515753	15.77	147873	0.52	154	
广　西	2449918	18.63	102590	0.78	232	
海　南	405652	17.40	15324	0.66	19	
重　庆	1557303	15.57	50588	0.51	29	
四　川	4979815	19.31	217499	0.84	224	
贵　州	1625832	15.40	51957	0.49	41	
云　南	2912622	23.60	155546	1.26	255	
西　藏	146146	21.79	6879	1.03	31	
陕　西	2163692	20.19	69246	0.65	40	
甘　肃	1654315	23.97	63898	0.93	115	
青　海	310197	20.29	8470	0.55	16	
宁　夏	228802	12.16	5074	0.27	7	
新　疆	631069	9.41	7140	0.11	4	

1-11a 各地区家庭户类别(城市)

单位：户、%

地区	家庭户户数	一代户		二代户	
		户数	比重	户数	比重
全国	**128660933**	**52968879**	**41.17**	**60675840**	**47.16**
北京	5375588	2765425	51.44	2109648	39.24
天津	2501235	963411	38.52	1279337	51.15
河北	4295310	1422158	33.11	2254326	52.48
山西	2901607	967748	33.35	1638346	56.46
内蒙古	2737984	1039831	37.98	1526191	55.74
辽宁	7952951	3246383	40.82	3925151	49.35
吉林	3598113	1450621	40.32	1793758	49.85
黑龙江	5047097	2039652	40.41	2565333	50.83
上海	6244138	2937310	47.04	2635052	42.20
江苏	9161950	3510449	38.32	4190231	45.74
浙江	6873461	3400324	49.47	2788983	40.58
安徽	3942502	1533713	38.90	1970509	49.98
福建	3928853	1745796	44.44	1680034	42.76
江西	2125304	609426	28.67	1145923	53.92
山东	8817542	3151027	35.74	4703579	53.34
河南	5349707	1639769	30.65	2904202	54.29
湖北	5467910	1971198	36.05	2756251	50.41
湖南	3784084	1300114	34.36	1954141	51.64
广东	15577871	7950530	51.04	5943503	38.15
广西	2479642	906281	36.55	1233850	49.76
海南	618068	218520	35.36	307554	49.76
重庆	2861917	1182599	41.32	1254603	43.84
四川	5265271	2204412	41.87	2333648	44.32
贵州	1777973	668986	37.63	904816	50.89
云南	2106060	928727	44.10	930757	44.19
西藏	93975	53336	56.76	34822	37.05
陕西	2788195	1099073	39.42	1360710	48.80
甘肃	1687056	650152	38.54	881568	52.25
青海	448369	180201	40.19	219176	48.88
宁夏	696676	265468	38.10	384832	55.24
新疆	2154524	966239	44.85	1065006	49.43

1-11a 续表

单位：户、%

地区	三代户		四代户		五代及以上户	
	户数	比重	户数	比重	户数	比重
全国	**14703720**	**11.43**	**312275**	**0.24**	**219**	
北京	495342	9.21	5173	0.10		
天津	255224	10.20	3262	0.13	1	
河北	604283	14.07	14532	0.34	11	
山西	291135	10.03	4377	0.15	1	
内蒙古	170094	6.21	1867	0.07	1	
辽宁	773313	9.72	8104	0.10		
吉林	350109	9.73	3625	0.10		
黑龙江	438135	8.68	3977	0.08		
上海	658635	10.55	13129	0.21	12	
江苏	1407205	15.36	54018	0.59	47	
浙江	661140	9.62	22986	0.33	28	
安徽	429636	10.90	8640	0.22	4	
福建	489318	12.45	13694	0.35	11	
江西	362469	17.05	7482	0.35	4	
山东	942591	10.69	20338	0.23	7	
河南	787053	14.71	18672	0.35	11	
湖北	725980	13.28	14476	0.26	5	
湖南	518805	13.71	11014	0.29	10	
广东	1652074	10.61	31740	0.20	24	
广西	332256	13.40	7241	0.29	14	
海南	89851	14.54	2139	0.35	4	
重庆	415315	14.51	9393	0.33	7	
四川	712043	13.52	15161	0.29	7	
贵州	201042	11.31	3126	0.18	3	
云南	240234	11.41	6339	0.30	3	
西藏	5700	6.07	117	0.12		
陕西	324140	11.63	4268	0.15	4	
甘肃	153809	9.12	1527	0.09		
青海	48500	10.82	492	0.11		
宁夏	45881	6.59	495	0.07		
新疆	122408	5.68	871	0.04		

1-11b 各地区家庭户类别(镇)

单位：户、%

地 区	家庭户户数	一代户		二代户	
		户数	比重	户数	比重
全 国	**78528240**	**26428254**	**33.65**	**38982229**	**49.64**
北 京	427497	210260	49.18	173531	40.59
天 津	374642	129153	34.47	190558	50.86
河 北	4677328	1254316	26.82	2459302	52.58
山 西	2196400	582593	26.52	1303208	59.33
内蒙古	1915033	719136	37.55	1048286	54.74
辽 宁	1787832	691454	38.68	869364	48.63
吉 林	1600554	648019	40.49	776358	48.51
黑龙江	2655986	1103926	41.56	1309401	49.30
上 海	1058274	596688	56.38	359063	33.93
江 苏	5281326	1905750	36.08	2310557	43.75
浙 江	4523591	2113645	46.72	1892676	41.84
安 徽	4167758	1477081	35.44	2048101	49.14
福 建	2482591	826060	33.27	1207488	48.64
江 西	3024685	733123	24.24	1644153	54.36
山 东	5731446	1895980	33.08	3022578	52.74
河 南	4550905	1011930	22.24	2491597	54.75
湖 北	2958881	907385	30.67	1488241	50.30
湖 南	4457974	1346818	30.21	2195455	49.25
广 东	4064401	1298579	31.95	1911669	47.03
广 西	2801475	823468	29.39	1456927	52.01
海 南	535352	174357	32.57	263160	49.16
重 庆	2223962	892858	40.15	995420	44.76
四 川	5243022	2014658	38.43	2364109	45.09
贵 州	1876388	600209	31.99	1008145	53.73
云 南	2668907	734085	27.51	1382373	51.80
西 藏	121262	52991	43.70	56042	46.22
陕 西	2333578	719254	30.82	1259302	53.96
甘 肃	1070634	315600	29.48	575588	53.76
青 海	333164	110408	33.14	177691	53.33
宁 夏	282680	88174	31.19	164239	58.10
新 疆	1100712	450296	40.91	577647	52.48

1-11b 续表 单位：户、%

地区	三代户		四代户		五代及以上户	
	户数	比重	户数	比重	户数	比重
全　国	**12631413**	**16.09**	**485856**	**0.62**	**488**	
北　京	42758	10.00	948	0.22		
天　津	53112	14.18	1818	0.49	1	
河　北	922156	19.72	41520	0.89	34	
山　西	300016	13.66	10572	0.48	11	
内蒙古	144911	7.57	2700	0.14		
辽　宁	222125	12.42	4889	0.27		
吉　林	172203	10.76	3970	0.25	4	
黑龙江	238226	8.97	4430	0.17	3	
上　海	97000	9.17	5513	0.52	10	
江　苏	1007992	19.09	56945	1.08	82	
浙　江	498676	11.02	18583	0.41	11	
安　徽	617047	14.81	25510	0.61	19	
福　建	432436	17.42	16587	0.67	20	
江　西	625392	20.68	22005	0.73	12	
山　东	783939	13.68	28938	0.50	11	
河　南	1006109	22.11	41222	0.91	47	
湖　北	542685	18.34	20549	0.69	21	
湖　南	879294	19.72	36383	0.82	24	
广　东	822737	20.24	31385	0.77	31	
广　西	501897	17.92	19134	0.68	49	
海　南	94206	17.60	3625	0.68	4	
重　庆	325267	14.63	10412	0.47	5	
四　川	834287	15.91	29940	0.57	28	
贵　州	260653	13.89	7375	0.39	6	
云　南	528270	19.79	24138	0.90	41	
西　藏	11887	9.80	340	0.28	2	
陕　西	345431	14.80	9586	0.41	5	
甘　肃	174887	16.33	4555	0.43	4	
青　海	44140	13.25	924	0.28	1	
宁　夏	29618	10.48	648	0.23	1	
新　疆	72056	6.55	712	0.06	1	

1-11c 各地区家庭户类别(乡村)

单位：户、%

地 区	家庭户户 数	一代户		二代户	
		户数	比重	户数	比重
全 国	**194745023**	**57965979**	**29.77**	**92579777**	**47.54**
北 京	877467	390329	44.48	349291	39.81
天 津	786115	245412	31.22	380887	48.45
河 北	11422478	2956783	25.89	5781186	50.61
山 西	5232200	1413536	27.02	2695461	51.52
内蒙古	3552481	1306884	36.79	1737902	48.92
辽 宁	5253263	1687287	32.12	2455674	46.75
吉 林	3799825	1016259	26.74	1876565	49.39
黑龙江	5297005	1561591	29.48	2675467	50.51
上 海	950845	585974	61.63	271603	28.56
江 苏	9938506	3761655	37.85	3755890	37.79
浙 江	7456969	3580234	48.01	2734150	36.67
安 徽	10751696	3700194	34.41	4849784	45.11
福 建	4794873	1603092	33.43	2153884	44.92
江 西	6392538	1260036	19.71	3239365	50.67
山 东	15556466	5233466	33.64	7691689	49.44
河 南	16028117	3871489	24.15	8155829	50.88
湖 北	8268330	2218651	26.83	3816126	46.15
湖 南	10383652	2539011	24.45	4860774	46.81
广 东	8988337	2500070	27.81	4362478	48.53
广 西	7870287	2183395	27.74	3994743	50.76
海 南	1177729	339799	28.85	606764	51.52
重 庆	4915086	2119403	43.12	1948162	39.64
四 川	15285868	4989572	32.64	6690224	43.77
贵 州	6904100	2213342	32.06	3485133	50.48
云 南	7564994	1264764	16.72	4030832	53.28
西 藏	455601	73854	16.21	246737	54.16
陕 西	5596790	1283556	22.93	2763690	49.38
甘 肃	4142679	797302	19.25	1961831	47.36
青 海	747506	113311	15.16	409569	54.79
宁 夏	902849	241769	26.78	503840	55.81
新 疆	3450371	913959	26.49	2094247	60.70

1-11c 续表 单位：户、%

地区	三代户		四代户		五代及以上户	
	户数	比重	户数	比重	户数	比重
全国	**42227002**	**21.68**	**1970058**	**1.01**	**2207**	
北京	133781	15.25	4064	0.46	2	
天津	152508	19.40	7301	0.93	7	
河北	2559778	22.41	124607	1.09	124	
山西	1077126	20.59	46032	0.88	45	
内蒙古	492605	13.87	15081	0.42	9	
辽宁	1074176	20.45	36113	0.69	13	
吉林	871711	22.94	35262	0.93	28	
黑龙江	1020955	19.27	38964	0.74	28	
上海	87986	9.25	5274	0.55	8	
江苏	2269914	22.84	150870	1.52	177	
浙江	1085763	14.56	56779	0.76	43	
安徽	2096951	19.50	104634	0.97	133	
福建	991277	20.67	46562	0.97	58	
江西	1806273	28.26	86788	1.36	76	
山东	2531702	16.27	99523	0.64	86	
河南	3816512	23.81	184073	1.15	214	
湖北	2124758	25.70	108694	1.31	101	
湖南	2840699	27.36	143036	1.38	132	
广东	2040942	22.71	84748	0.94	99	
广西	1615765	20.53	76215	0.97	169	
海南	221595	18.82	9560	0.81	11	
重庆	816721	16.62	30783	0.63	17	
四川	3433485	22.46	172398	1.13	189	
贵州	1164137	16.86	41456	0.60	32	
云南	2144118	28.34	125069	1.65	211	
西藏	128559	28.22	6422	1.41	29	0.01
陕西	1494121	26.70	55392	0.99	31	
甘肃	1325619	32.00	57816	1.40	111	
青海	217557	29.10	7054	0.94	15	
宁夏	153303	16.98	3931	0.44	6	
新疆	436605	12.65	5557	0.16	3	

1-12 各地区分性别、月份的出生人口
(2009.11.1-2010.10.31)

单位：人

地区	出生人口			2009年11月		
	合计	男	女	小计	男	女
全国	**13836187**	**7487489**	**6348698**	**1677481**	**899755**	**777726**
北京	115987	60617	55370	13337	6928	6409
天津	81977	43614	38363	8232	4429	3803
河北	882233	471659	410574	112268	59255	53013
山西	347160	182022	165138	51641	26988	24653
内蒙古	204920	108305	96615	23098	12363	10735
辽宁	264854	138844	126010	30173	15738	14435
吉林	177304	93345	83959	20133	10557	9576
黑龙江	248961	131752	117209	29359	15449	13910
上海	128518	67651	60867	13238	6938	6300
江苏	685177	368321	316856	84585	45008	39577
浙江	444178	240545	203633	45418	24244	21174
安徽	751580	422863	328717	91418	50497	40921
福建	401732	223652	178080	45012	24802	20210
江西	580921	320227	260694	80990	43907	37083
山东	982207	534555	447652	111560	60349	51211
河南	1044716	564972	479744	125539	66543	58996
湖北	592626	328171	264455	70315	38550	31765
湖南	796975	439956	357019	103926	56998	46928
广东	1083819	591941	491878	135718	73253	62465
广西	715349	394108	321241	83584	45678	37906
海南	121636	67644	53992	13197	7337	5860
重庆	263380	139442	123938	27967	14760	13207
四川	743017	391946	351071	93153	49110	44043
贵州	481717	264848	216869	53378	29028	24350
云南	564346	297855	266491	70464	37224	33240
西藏	45731	23597	22134	5616	2886	2730
陕西	335229	179549	155680	42018	22328	19690
甘肃	278921	150604	128317	38582	20657	17925
青海	72363	38293	34070	8804	4612	4192
宁夏	76000	40462	35538	9253	4922	4331
新疆	322653	166129	156524	35505	18417	17088

1-12 续表 1

单位：人

地区	2009年12月			2010年1月		
	小计	男	女	小计	男	女
全国	**1632655**	**877964**	**754691**	**1235740**	**667517**	**568223**
北京	13428	7081	6347	11771	6151	5620
天津	8567	4526	4041	7895	4167	3728
河北	101061	53579	47482	77188	40802	36386
山西	45573	23799	21774	28401	15005	13396
内蒙古	22704	12079	10625	19740	10407	9333
辽宁	29702	15635	14067	25104	13044	12060
吉林	21847	11571	10276	17202	9138	8064
黑龙江	33564	17817	15747	24180	12830	11350
上海	14133	7557	6576	13025	6889	6136
江苏	79817	42390	37427	63421	34212	29209
浙江	46145	24944	21201	41123	22147	18976
安徽	77145	43061	34084	65338	36554	28784
福建	43339	24184	19155	38100	21123	16977
江西	78619	42324	36295	50791	28027	22764
山东	107144	58418	48726	84383	45886	38497
河南	127442	67898	59544	92500	49915	42585
湖北	61810	33948	27862	52103	28887	23216
湖南	95381	52575	42806	70280	38869	31411
广东	134855	73198	61657	99569	54458	45111
广西	84861	46384	38477	61196	33709	27487
海南	12645	7003	5642	10050	5689	4361
重庆	29889	15867	14022	23947	12571	11376
四川	95119	50142	44977	67974	35652	32322
贵州	54182	29764	24418	42898	23670	19228
云南	71964	37731	34233	49479	26046	23433
西藏	5546	2850	2696	4588	2368	2220
陕西	42383	22465	19918	29511	15739	13772
甘肃	40105	21299	18806	22453	12264	10189
青海	8056	4314	3742	6573	3397	3176
宁夏	8500	4500	4000	6839	3543	3296
新疆	37129	19061	18068	28118	14358	13760

1-12 续表 2

单位：人

地 区	2010年2月			2010年3月			2010年4月		
	小计	男	女	小计	男	女	小计	男	女
全 国	**1167333**	**631413**	**535920**	**1223099**	**659920**	**563179**	**1035880**	**560390**	**475490**
北 京	10390	5436	4954	11486	5970	5516	10024	5194	4830
天 津	7366	3898	3468	7820	4172	3648	6879	3632	3247
河 北	71193	38221	32972	76579	40851	35728	62584	33603	28981
山 西	28248	14772	13476	31416	16491	14925	26123	13617	12506
内蒙古	17601	9324	8277	18390	9740	8650	15542	8183	7359
辽 宁	23938	12752	11186	25501	13250	12251	22506	11770	10736
吉 林	15820	8547	7273	17149	8899	8250	14707	7729	6978
黑龙江	22202	11883	10319	24037	12515	11522	20915	11073	9842
上 海	12183	6419	5764	13355	7102	6253	11060	5879	5181
江 苏	60873	32880	27993	62111	33349	28762	52335	28127	24208
浙 江	39402	21336	18066	40360	21760	18600	34372	18510	15862
安 徽	63479	35595	27884	62739	35126	27613	53547	30293	23254
福 建	34362	19001	15361	34809	19319	15490	29291	16235	13056
江 西	49160	27087	22073	48698	26714	21984	40619	22298	18321
山 东	81070	43998	37072	88545	48225	40320	75104	41106	33998
河 南	92838	50130	42708	96276	52052	44224	77448	42168	35280
湖 北	47834	26391	21443	49078	27189	21889	42345	23484	18861
湖 南	65039	35823	29216	65954	36386	29568	58281	32143	26138
广 东	92192	50394	41798	95590	51769	43821	79298	43370	35928
广 西	57398	31514	25884	57913	31793	26120	49836	27358	22478
海 南	9697	5258	4439	10132	5613	4519	9129	5085	4044
重 庆	22477	11898	10579	24182	12811	11371	20572	10960	9612
四 川	61973	32604	29369	68073	35895	32178	56785	29734	27051
贵 州	41492	22886	18606	42286	23171	19115	37265	20464	16801
云 南	44979	23727	21252	46902	24807	22095	41329	21846	19483
西 藏	4071	2075	1996	4418	2326	2092	3763	1888	1875
陕 西	28465	15249	13216	31317	16827	14490	25495	13670	11825
甘 肃	22463	12143	10320	25413	13566	11847	20041	10866	9175
青 海	6005	3139	2866	6719	3506	3213	5718	3049	2669
宁 夏	6331	3314	3017	6503	3506	2997	5488	2945	2543
新 疆	26792	13719	13073	29348	15220	14128	27479	14111	13368

1-12 续表 3

单位：人

地区	2010年5月			2010年6月			2010年7月		
	小计	男	女	小计	男	女	小计	男	女
全国	**1051278**	**572629**	**478649**	**1022913**	**556968**	**465945**	**1011475**	**548322**	**463153**
北京	8966	4743	4223	8765	4620	4145	8645	4503	4142
天津	6374	3464	2910	6183	3219	2964	6375	3399	2976
河北	65623	35384	30239	65350	35288	30062	64909	34758	30151
山西	27377	14328	13049	24868	13019	11849	24687	12856	11831
内蒙古	15474	8125	7349	14565	7713	6852	14007	7353	6654
辽宁	21998	11658	10340	21134	11112	10022	19337	10166	9171
吉林	14681	7883	6798	13596	7060	6536	12716	6529	6187
黑龙江	19362	10303	9059	18474	9741	8733	16900	8930	7970
上海	9395	4942	4453	9005	4697	4308	9123	4691	4432
江苏	51207	27597	23610	52504	28370	24134	51131	27606	23525
浙江	32779	17993	14786	33531	18331	15200	35496	19247	16249
安徽	54047	30700	23347	55578	31574	24004	56724	32124	24600
福建	30061	16939	13122	29428	16434	12994	30530	17118	13412
江西	42173	23395	18778	40585	22640	17945	39713	22088	17625
山东	77236	42498	34738	76234	41509	34725	74814	40782	34032
河南	80197	43942	36255	78288	42881	35407	73456	39635	33821
湖北	44616	24839	19777	45129	25132	19997	46289	25713	20576
湖南	61012	34091	26921	59594	33154	26440	59696	32504	27192
广东	80591	44294	36297	77561	42723	34838	78715	43318	35397
广西	53602	29810	23792	53107	29412	23695	54875	30437	24438
海南	9400	5234	4166	9404	5186	4218	9486	5306	4180
重庆	21231	11276	9955	20535	10904	9631	20100	10610	9490
四川	58752	31029	27723	55286	29294	25992	52577	27919	24658
贵州	38237	21305	16932	36731	20446	16285	35712	19587	16125
云南	40702	21412	19290	39671	21029	18642	38784	20470	18314
西藏	3973	2053	1920	3639	1883	1756	3651	1876	1775
陕西	26057	13728	12329	23936	13063	10873	23738	12753	10985
甘肃	19433	10568	8865	17665	9592	8073	17375	9464	7911
青海	5617	2991	2626	5118	2729	2389	5047	2673	2374
宁夏	5364	2897	2467	4945	2660	2285	5113	2684	2429
新疆	25741	13208	12533	22504	11553	10951	21754	11223	10531

1-12 续表 4

单位：人

地区	2010年8月			2010年9月			2010年10月		
	小计	男	女	小计	男	女	小计	男	女
全国	**1041377**	**565830**	**475547**	**899943**	**488713**	**411230**	**837013**	**458068**	**378945**
北京	7785	4075	3710	5942	3118	2824	5448	2798	2650
天津	6284	3369	2915	5500	2943	2557	4502	2396	2106
河北	68677	36926	31751	62042	33420	28622	54759	29572	25187
山西	23458	12304	11154	19339	10237	9102	16029	8606	7423
内蒙古	14672	7725	6947	14643	7678	6965	14484	7615	6869
辽宁	18523	9713	8810	15646	8098	7548	11292	5908	5384
吉林	11833	6181	5652	9878	5173	4705	7742	4078	3664
黑龙江	16196	8644	7552	13749	7108	6641	10023	5459	4564
上海	9205	4775	4430	8518	4447	4071	6278	3315	2963
江苏	51172	27436	23736	39484	21389	18095	36537	19957	16580
浙江	35160	19058	16102	30622	16737	13885	29770	16238	13532
安徽	59728	33883	25845	53243	30152	23091	58594	33304	25290
福建	31557	17435	14122	28416	15860	12556	26827	15202	11625
江西	43509	24399	19110	33128	18562	14566	32936	18786	14150
山东	76468	41560	34908	68241	36881	31360	61408	33343	28065
河南	74669	40980	33689	63914	34790	29124	62149	34038	28111
湖北	48482	26764	21718	42750	23933	18817	41875	23341	18534
湖南	61773	34350	27423	50185	27658	22527	45854	25405	20449
广东	82029	44962	37067	70831	38568	32263	56870	31634	25236
广西	56654	31333	25321	50320	27795	22525	52003	28885	23118
海南	10025	5591	4434	9562	5307	4255	8909	5035	3874
重庆	21200	11293	9907	16873	8852	8021	14407	7640	6767
四川	51968	27421	24547	44207	23450	20757	37150	19696	17454
贵州	37290	20328	16962	31306	17286	14020	30940	16913	14027
云南	42241	22236	20005	37783	20037	17746	40048	21290	18758
西藏	3266	1703	1563	2080	1111	969	1120	578	542
陕西	24453	13233	11220	20722	11212	9510	17134	9282	7852
甘肃	19092	10414	8678	18060	9667	8393	18239	10104	8135
青海	4965	2678	2287	4728	2553	2175	5013	2652	2361
宁夏	5554	2918	2636	5873	3194	2679	6237	3379	2858
新疆	23489	12143	11346	22358	11497	10861	22436	11619	10817

1-13 各地区分性别、月份的死亡人口
(2009.11.1-2010.10.31)

单位：人

地区	死亡人口			2009年11月		
	合计	男	女	小计	男	女
全国	**7421990**	**4293783**	**3128207**	**579305**	**337890**	**241415**
北京	77298	44624	32674	6787	3990	2797
天津	53568	29636	23932	4456	2451	2005
河北	449874	257574	192300	40452	23213	17239
山西	192501	113096	79405	15921	9422	6499
内蒙古	115964	71799	44165	8101	5058	3043
辽宁	281374	163546	117828	22480	13226	9254
吉林	135582	79550	56032	8067	4786	3281
黑龙江	193648	117917	75731	13066	7978	5088
上海	114289	61276	53013	9205	5007	4198
江苏	489814	268537	221277	41459	22965	18494
浙江	297000	170389	126611	24531	14214	10317
安徽	351844	203525	148319	28424	16641	11783
福建	184485	106056	78429	14391	8345	6046
江西	233244	138524	94720	19203	11614	7589
山东	600206	336145	264061	46047	26039	20008
河南	509591	294237	215354	35260	20804	14456
湖北	307998	177328	130670	23525	13668	9857
湖南	378293	220208	158085	27309	15991	11318
广东	442990	254388	188602	37602	21616	15986
广西	251221	153354	97867	19947	12208	7739
海南	34787	20869	13918	2658	1636	1022
重庆	185409	109177	76232	13385	7958	5427
四川	532498	311194	221304	40554	23738	16816
贵州	210678	125209	85469	16688	9976	6712
云南	291656	170284	121372	21508	12718	8790
西藏	15921	8542	7379	853	470	383
陕西	200591	115487	85104	15282	8831	6451
甘肃	137560	80058	57502	11005	6536	4469
青海	30287	17460	12827	2057	1243	814
宁夏	31871	19075	12796	2664	1573	1091
新疆	89948	54719	35229	6418	3975	2443

1-13 续表 1

单位：人

地区	2009年12月			2010年1月		
	小计	男	女	小计	男	女
全 国	**637173**	**367105**	**270068**	**595462**	**339071**	**256391**
北 京	6824	4014	2810	6611	3804	2807
天 津	4424	2399	2025	4709	2595	2114
河 北	42924	24514	18410	40964	23009	17955
山 西	17906	10534	7372	14854	8679	6175
内蒙古	8781	5495	3286	7779	4741	3038
辽 宁	23358	13461	9897	24327	14063	10264
吉 林	9561	5667	3894	10055	5885	4170
黑龙江	14594	8843	5751	13728	8308	5420
上 海	10891	5800	5091	11425	6077	5348
江 苏	44780	24199	20581	43829	23632	20197
浙 江	26990	15152	11838	28795	16177	12618
安 徽	28853	16741	12112	25536	14740	10796
福 建	15295	8748	6547	15744	8842	6902
江 西	22555	13643	8912	15365	9015	6350
山 东	51151	28273	22878	57397	31455	25942
河 南	40873	23893	16980	37436	21261	16175
湖 北	26094	14981	11113	23397	13262	10135
湖 南	31739	18405	13334	28663	16548	12115
广 东	37687	21519	16168	37280	21167	16113
广 西	22150	13570	8580	16185	9762	6423
海 南	2862	1719	1143	2146	1296	850
重 庆	15581	9070	6511	14561	8475	6086
四 川	47186	27087	20099	43683	25061	18622
贵 州	18338	10795	7543	15621	9163	6458
云 南	25276	14856	10420	20288	11773	8515
西 藏	974	511	463	976	507	469
陕 西	17158	9956	7202	14983	8459	6524
甘 肃	11821	6915	4906	9427	5533	3894
青 海	1866	1055	811	1798	1038	760
宁 夏	2559	1535	1024	2327	1372	955
新 疆	6122	3755	2367	5573	3372	2201

1-13 续表 2

单位：人

地区	2010年2月			2010年3月			2010年4月		
	小计	男	女	小计	男	女	小计	男	女
全国	**633770**	**361902**	**271868**	**676567**	**387087**	**289480**	**632599**	**363698**	**268901**
北京	5868	3310	2558	6313	3624	2689	6244	3592	2652
天津	4053	2194	1859	4501	2476	2025	4603	2606	1997
河北	41157	23130	18027	41751	23506	18245	35433	20224	15209
山西	17097	10059	7038	18860	10986	7874	16518	9590	6928
内蒙古	8979	5529	3450	10696	6527	4169	10349	6304	4045
辽宁	22527	12940	9587	25229	14554	10675	24770	14207	10563
吉林	11439	6696	4743	12909	7352	5557	13370	7689	5681
黑龙江	15439	9311	6128	18222	11090	7132	18535	11258	7277
上海	9714	5164	4550	10395	5645	4750	9399	5053	4346
江苏	42676	23052	19624	44137	24165	19972	40880	22343	18537
浙江	25722	14526	11196	26649	15032	11617	24143	13733	10410
安徽	30323	17368	12955	32139	18127	14012	30257	17461	12796
福建	15286	8691	6595	17140	9623	7517	15528	8857	6671
江西	19703	11534	8169	19931	11700	8231	19439	11375	8064
山东	57351	31366	25985	56165	31043	25122	49409	27647	21762
河南	47187	27065	20122	50778	29063	21715	44419	25550	18869
湖北	26005	14751	11254	26853	15133	11720	25243	14511	10732
湖南	32190	18430	13760	32251	18442	13809	33272	19249	14023
广东	37758	21544	16214	41497	23469	18028	37414	21293	16121
广西	19468	11771	7697	21997	13514	8483	20746	12602	8144
海南	2458	1444	1014	2885	1742	1143	2757	1583	1174
重庆	15096	8761	6335	16162	9426	6736	15140	8870	6270
四川	43728	25140	18588	47698	27697	20001	43821	25338	18483
贵州	17317	10246	7071	18398	10954	7444	17502	10352	7150
云南	23014	13343	9671	25236	14717	10519	25394	14766	10628
西藏	1299	701	598	1689	907	782	1663	907	756
陕西	18055	10247	7808	18875	10717	8158	17163	9851	7312
甘肃	11639	6794	4845	13855	8024	5831	12103	6936	5167
青海	2101	1246	855	2485	1427	1058	6362	3459	2903
宁夏	2474	1510	964	2837	1598	1239	2646	1592	1054
新疆	6647	4039	2608	8034	4807	3227	8077	4900	3177

1-13 续表 3

单位：人

地区	2010年5月			2010年6月			2010年7月		
	小计	男	女	小计	男	女	小计	男	女
全国	**616816**	**357512**	**259304**	**576718**	**335717**	**241001**	**611823**	**357444**	**254379**
北京	6229	3564	2665	5371	3105	2266	6556	3808	2748
天津	4415	2450	1965	4037	2241	1796	4510	2550	1960
河北	35078	20300	14778	32154	18569	13585	36005	20697	15308
山西	15955	9381	6574	14540	8585	5955	15880	9350	6530
内蒙古	10331	6381	3950	9643	6043	3600	10124	6237	3887
辽宁	23888	13821	10067	21697	12665	9032	21885	12811	9074
吉林	12453	7213	5240	11800	6932	4868	12127	7189	4938
黑龙江	17154	10390	6764	17336	10586	6750	17568	10736	6832
上海	8917	4706	4211	8075	4343	3732	8250	4435	3815
江苏	38731	21371	17360	35177	19453	15724	37194	20608	16586
浙江	23756	13660	10096	21132	12212	8920	21871	12746	9125
安徽	28229	16262	11967	26989	15585	11404	29714	17442	12272
福建	15139	8627	6512	14602	8418	6184	15068	8683	6385
江西	19937	11858	8079	18396	10842	7554	19154	11402	7752
山东	47170	26383	20787	45597	25843	19754	48898	27848	21050
河南	41518	24076	17442	39681	22962	16719	44495	25842	18653
湖北	25982	15085	10897	23110	13402	9708	25488	14900	10588
湖南	33451	19490	13961	29960	17480	12480	31063	18306	12757
广东	37632	21695	15937	34986	20284	14702	36424	20959	15465
广西	21805	13392	8413	20464	12476	7988	20982	12991	7991
海南	2906	1721	1185	3108	1881	1227	2941	1752	1189
重庆	15676	9197	6479	14847	8838	6009	16623	9895	6728
四川	44423	26102	18321	42108	24822	17286	44792	26635	18157
贵州	18006	10644	7362	17710	10555	7155	17012	10129	6883
云南	24413	14241	10172	24567	14186	10381	23979	14175	9804
西藏	1472	823	649	1438	737	701	1872	1006	866
陕西	16995	9785	7210	15066	8820	6246	17042	9915	7127
甘肃	11757	6843	4914	10671	6281	4390	11239	6485	4754
青海	2408	1365	1043	2229	1323	906	2350	1413	937
宁夏	2816	1691	1125	2648	1591	1057	2494	1503	991
新疆	8174	4995	3179	7579	4657	2922	8223	4996	3227

1-13 续表 4 单位：人

地区	2010年8月			2010年9月			2010年10月		
	小计	男	女	小计	男	女	小计	男	女
全国	**619416**	**360920**	**258496**	**590830**	**345039**	**245791**	**651511**	**380398**	**271113**
北京	6521	3742	2779	6557	3795	2762	7417	4276	3141
天津	4434	2444	1990	4620	2566	2054	4806	2664	2142
河北	33527	19550	13977	33321	19274	14047	37108	21588	15520
山西	14974	8727	6247	14508	8565	5943	15488	9218	6270
内蒙古	9643	6132	3511	9925	6144	3781	11613	7208	4405
辽宁	22755	13459	9296	23739	13962	9777	24719	14377	10342
吉林	11629	6971	4658	11191	6616	4575	10981	6554	4427
黑龙江	16261	9960	6301	15874	9734	6140	15871	9723	6148
上海	9040	4808	4232	8842	4740	4102	10136	5498	4638
江苏	40541	21950	18591	37190	20788	16402	43220	24011	19209
浙江	23394	13679	9715	22746	13443	9303	27271	15815	11456
安徽	29228	16965	12263	28800	16780	12020	33352	19413	13939
福建	15213	8884	6329	14496	8528	5968	16583	9810	6773
江西	20074	12012	8062	18234	10979	7255	21253	12550	8703
山东	47037	26959	20078	47354	26979	20375	46630	26310	20320
河南	42846	24692	18154	41197	23692	17505	43901	25337	18564
湖北	27230	15698	11532	26165	15059	11106	28906	16878	12028
湖南	33299	19656	13643	30740	18064	12676	34356	20147	14209
广东	35387	20608	14779	33515	19492	14023	35808	20742	15066
广西	22113	13394	8719	20815	12738	8077	24549	14936	9613
海南	3161	1893	1268	3234	1953	1281	3671	2249	1422
重庆	17015	9984	7031	14835	8819	6016	16488	9884	6604
四川	46783	27692	19091	43238	25497	17741	44484	26385	18099
贵州	17536	10449	7087	16126	9682	6444	20424	12264	8160
云南	25321	14836	10485	24020	13996	10024	28640	16677	11963
西藏	1608	851	757	1225	656	569	852	466	386
陕西	16963	9851	7112	15713	9095	6618	17296	9960	7336
甘肃	12642	7200	5442	10209	5977	4232	11192	6534	4658
青海	2211	1267	944	2085	1238	847	2335	1386	949
宁夏	2738	1651	1087	2585	1558	1027	3083	1901	1182
新疆	8292	4956	3336	7731	4630	3101	9078	5637	3441

1-14 各地区家庭户的住房间数和面积

地区	家庭户户数(户)	家庭户人数(人)	平均每户住房间数(间/户)	人均住房建筑面积(平方米/人)	人均住房间数(间/人)
全国	**401934196**	**1239981250**	**3.12**	**31.06**	**1.01**
北京	6680552	16389723	2.33	29.28	0.95
天津	3661992	10262186	2.24	26.07	0.80
河北	20395116	68538709	3.57	30.24	1.06
山西	10330207	33484131	2.98	25.33	0.92
内蒙古	8205498	23071690	2.07	23.52	0.74
辽宁	14994046	41755874	2.27	25.89	0.81
吉林	8998492	26457769	2.16	22.74	0.73
黑龙江	13000088	36884039	1.98	22.24	0.70
上海	8253257	20593430	2.04	27.25	0.82
江苏	24381782	71685839	3.02	38.68	1.03
浙江	18854021	49425543	2.80	40.13	1.07
安徽	18861956	56493891	3.18	32.76	1.06
福建	11206317	33397663	3.37	36.95	1.13
江西	11542527	42181417	3.75	33.10	1.03
山东	30105454	89855501	3.76	32.11	1.26
河南	25928729	90028072	4.17	32.52	1.20
湖北	16695121	52745625	3.28	36.96	1.04
湖南	18625710	61911446	3.63	34.69	1.09
广东	28630609	88979305	2.77	26.23	0.89
广西	13151404	43970320	3.50	30.33	1.05
海南	2331149	8060519	2.36	22.86	0.68
重庆	10000965	26994017	2.96	36.99	1.10
四川	25794161	76207174	3.25	35.12	1.10
贵州	10558461	33571308	2.93	27.70	0.92
云南	12339961	43626674	3.00	27.21	0.85
西藏	670838	2837769	3.86	28.64	0.91
陕西	10718563	34462115	3.15	30.20	0.98
甘肃	6900369	24052594	3.95	23.40	1.13
青海	1529039	5284525	3.04	21.33	0.88
宁夏	1882205	5970133	2.75	24.50	0.87
新疆	6705607	20802249	2.77	24.39	0.89

1-14a 各地区家庭户的住房间数和面积(城市)

地区	家庭户 户数 (户)	家庭户 人数 (人)	平均每户 住房间数 (间/户)	人均住房 建筑面积 (平方米/人)	人均 住房间数 (间/人)
全国	**128660933**	**348460610**	**2.37**	**29.15**	**0.88**
北京	5375588	12889418	2.04	27.81	0.85
天津	2501235	6624856	1.88	25.51	0.71
河北	4295310	12689293	2.71	30.10	0.92
山西	2901607	8345464	2.33	25.77	0.81
内蒙古	2737984	7297999	1.95	24.86	0.73
辽宁	7952951	20447520	1.96	25.76	0.76
吉林	3598113	9428206	1.93	25.21	0.74
黑龙江	5047097	13030855	1.90	23.72	0.73
上海	6244138	15752366	1.86	25.11	0.74
江苏	9161950	25736230	2.55	33.86	0.91
浙江	6873461	17472438	2.26	30.97	0.89
安徽	3942502	10696202	2.41	29.42	0.89
福建	3928853	10592915	2.48	30.29	0.92
江西	2125304	6776303	2.71	29.76	0.85
山东	8817542	24694826	2.96	32.41	1.06
河南	5349707	16318821	3.17	34.02	1.04
湖北	5467910	15398583	2.57	33.22	0.91
湖南	3784084	10930194	2.87	33.45	0.99
广东	15577871	41042002	2.17	26.37	0.83
广西	2479642	7268152	2.75	30.71	0.94
海南	618068	1959411	2.40	25.42	0.76
重庆	2861917	7581490	2.31	29.77	0.87
四川	5265271	14082456	2.45	30.70	0.92
贵州	1777973	5012681	2.34	25.94	0.83
云南	2106060	5462122	2.66	31.27	1.02
西藏	93975	230111	2.97	31.81	1.21
陕西	2788195	7534798	2.40	28.81	0.89
甘肃	1687056	4525562	2.32	26.69	0.87
青海	448369	1230034	2.43	27.77	0.88
宁夏	696676	1885293	2.28	28.38	0.84
新疆	2154524	5524009	2.28	28.00	0.89

1-14b 各地区家庭户的住房间数和面积(镇)

地 区	家庭户 户 数 (户)	家庭户 人 数 (人)	平均每户 住房间数 (间/户)	人均住房 建筑面积 (平方米/人)	人 均 住房间数 (间/人)
全 国	**78528240**	**241662903**	**3.12**	**32.03**	**1.01**
北 京	427497	1076306	2.72	33.20	1.08
天 津	374642	1117183	2.78	29.64	0.93
河 北	4677328	15915721	3.65	30.74	1.07
山 西	2196400	7121893	2.88	25.43	0.89
内蒙古	1915033	5238005	1.99	24.38	0.73
辽 宁	1787832	4924658	2.29	26.23	0.83
吉 林	1600554	4316481	1.99	22.51	0.74
黑龙江	2655986	6978088	1.85	22.67	0.70
上 海	1058274	2590374	2.31	30.25	0.94
江 苏	5281326	15837044	3.14	39.53	1.05
浙 江	4523591	12043007	2.76	38.53	1.04
安 徽	4167758	12281499	2.96	32.20	1.00
福 建	2482591	7661347	3.41	37.67	1.10
江 西	3024685	10703612	3.57	33.57	1.01
山 东	5731446	17350914	3.79	32.14	1.25
河 南	4550905	16389217	4.10	32.04	1.14
湖 北	2958881	9246410	3.31	38.10	1.06
湖 南	4457974	14193731	3.59	36.74	1.13
广 东	4064401	14305863	3.00	26.41	0.85
广 西	2801475	9356801	3.66	34.43	1.10
海 南	535352	1831472	2.33	23.78	0.68
重 庆	2223962	6064403	2.81	34.91	1.03
四 川	5243022	14697806	3.00	34.47	1.07
贵 州	1876388	5845206	2.87	28.39	0.92
云 南	2668907	8770633	3.00	30.04	0.91
西 藏	121262	350492	3.29	33.52	1.14
陕 西	2333578	7120124	2.85	28.85	0.93
甘 肃	1070634	3397568	3.55	25.92	1.12
青 海	333164	1019691	2.48	21.94	0.81
宁 夏	282680	886890	2.71	24.82	0.86
新 疆	1100712	3030464	2.57	26.04	0.93

1-14c 各地区家庭户的住房间数和面积(乡村)

地 区	家庭户户 数(户)	家庭户人 数(人)	平均每户住房间数(间/户)	人均住房建筑面积(平方米/人)	人 均住房间数(间/人)
全 国	**194745023**	**649857737**	**3.62**	**31.73**	**1.08**
北 京	877467	2423999	3.90	35.39	1.41
天 津	786115	2520147	3.14	25.95	0.98
河 北	11422478	39933695	3.86	30.09	1.10
山 西	5232200	18016774	3.38	25.09	0.98
内蒙古	3552481	10535686	2.20	22.17	0.74
辽 宁	5253263	16383696	2.72	25.95	0.87
吉 林	3799825	12713082	2.44	20.98	0.73
黑龙江	5297005	16875096	2.12	20.92	0.66
上 海	950845	2250690	2.95	38.83	1.24
江 苏	9938506	30112565	3.39	42.35	1.12
浙 江	7456969	19910098	3.30	49.12	1.24
安 徽	10751696	33516190	3.54	34.04	1.14
福 建	4794873	15143401	4.09	41.24	1.30
江 西	6392538	24701502	4.18	33.81	1.08
山 东	15556466	47809761	4.20	31.95	1.37
河 南	16028117	57320034	4.53	32.23	1.27
湖 北	8268330	28100632	3.73	38.64	1.10
湖 南	10383652	36787521	3.92	34.27	1.11
广 东	8988337	33631440	3.70	25.99	0.99
广 西	7870287	27345367	3.67	28.82	1.06
海 南	1177729	4269636	2.35	21.29	0.65
重 庆	4915086	13348124	3.41	42.04	1.25
四 川	15285868	47426912	3.61	36.63	1.16
贵 州	6904100	22713421	3.10	27.92	0.94
云 南	7564994	29393919	3.10	25.61	0.80
西 藏	455601	2257166	4.20	27.55	0.85
陕 西	5596790	19807193	3.64	31.22	1.03
甘 肃	4142679	16129464	4.71	21.94	1.21
青 海	747506	3034800	3.66	18.51	0.90
宁 夏	902849	3197950	3.12	22.12	0.88
新 疆	3450371	12247776	3.13	22.35	0.88

第一部分 全部数据资料

第二卷 民族

2-1 全国各民族分年龄、性别的人口

单位：人

年 龄	合 计			汉 族		
	合计	男	女	小计	男	女
总 计	**1332810869**	**682329104**	**650481765**	**1220844520**	**625032848**	**595811672**
0-4岁	**75532610**	**41062566**	**34470044**	**66938873**	**36490186**	**30448687**
0	13786434	7461199	6325235	12127390	6576408	5550982
1	15657955	8574973	7082982	13885592	7628515	6257077
2	15617375	8507697	7109678	13851851	7567716	6284135
3	15250805	8272491	6978314	13538898	7363480	6175418
4	15220041	8246206	6973835	13535142	7354067	6181075
5-9岁	**70881549**	**38464665**	**32416884**	**62749323**	**34166118**	**28583205**
5	14732137	7988151	6743986	13100667	7124573	5976094
6	14804470	8034452	6770018	13123274	7144635	5978639
7	13429161	7292300	6136861	11836935	6450812	5386123
8	13666956	7423559	6243397	12081219	6586741	5494478
9	14248825	7726203	6522622	12607228	6859357	5747871
10-14岁	**74908462**	**40267277**	**34641185**	**66520113**	**35872215**	**30647898**
10	14454357	7830808	6623549	12784288	6951209	5833079
11	13935714	7522558	6413156	12334105	6681873	5652232
12	15399559	8288987	7110572	13653513	7373959	6279554
13	15225032	8161000	7064032	13542426	7281270	6261156
14	15893800	8463924	7429876	14205781	7583904	6621877
15-19岁	**99889114**	**51904830**	**47984284**	**90643145**	**47170787**	**43472358**
15	18024484	9524898	8499586	16227994	8593086	7634908
16	18790521	9795181	8995340	16974520	8864023	8110497
17	20775369	10760828	10014541	18873075	9790029	9083046
18	20755274	10744556	10010718	18856024	9776087	9079937
19	21543466	11079367	10464099	19711532	10147562	9563970
20-24岁	**127412518**	**64008573**	**63403945**	**116738332**	**58659903**	**58078429**
20	28026954	14201091	13825863	25756401	13067132	12689269
21	26556649	13357755	13198894	24395042	12278006	12117036
22	24474192	12281148	12193044	22399979	11242280	11157699
23	25695955	12876542	12819413	23549894	11795827	11754067
24	22658768	11292037	11366731	20637016	10276658	10360358
25-29岁	**101013852**	**50837038**	**50176814**	**91688332**	**46108074**	**45580258**
25	19933683	9969984	9963699	18033389	9013339	9020050
26	19709177	9879292	9829885	17859480	8944243	8915237
27	19480836	9801611	9679225	17680902	8889582	8791320
28	22322147	11271599	11050548	20318031	10252521	10065510
29	19568009	9914552	9653457	17796530	9008389	8788141

2-1　续表 1　　　　单位：人

年　龄	合　计			汉　族		
	合计	男	女	小计	男	女
30-34岁	**97138203**	**49521822**	**47616381**	**88231228**	**44955797**	**43275431**
30	18928369	9604727	9323642	17070809	8663461	8407348
31	19866458	10141582	9724876	18094839	9228752	8866087
32	19474874	9909833	9565041	17688042	8998273	8689769
33	18179478	9289224	8890254	16552492	8449266	8103226
34	20689024	10576456	10112568	18825046	9616045	9209001
35-39岁	**118025959**	**60391104**	**57634855**	**108418401**	**55428575**	**52989826**
35	21186516	10817432	10369084	19290637	9842494	9448143
36	22906980	11690644	11216336	20927084	10667228	10259856
37	23990208	12283353	11706855	22057382	11283753	10773629
38	24730460	12662559	12067901	22786637	11660382	11126255
39	25211795	12937116	12274679	23356661	11974718	11381943
40-44岁	**124753964**	**63608678**	**61145286**	**115461502**	**58835500**	**56626002**
40	27397219	13993123	13404096	25320556	12929447	12391109
41	24956297	12723691	12232606	23104603	11769868	11334735
42	27032542	13782610	13249932	25030546	12753923	12276623
43	21355748	10856214	10499534	19759534	10037777	9721757
44	24012158	12253040	11759118	22246263	11344485	10901778
45-49岁	**105594553**	**53776418**	**51818135**	**98066893**	**49920702**	**48146191**
45	23962574	12252515	11710059	22174634	11335057	10839577
46	23355778	11867147	11488631	21623432	10982631	10640801
47	26972157	13803796	13168361	25159710	12872513	12287197
48	20075084	10224798	9850286	18669694	9501452	9168242
49	11228960	5628162	5600798	10439423	5229049	5210374
50-54岁	**78753171**	**40363234**	**38389937**	**73410508**	**37638178**	**35772330**
50	14097008	7205176	6891832	13059326	6678382	6380944
51	12838832	6624865	6213967	11956566	6172099	5784467
52	16617709	8570000	8047709	15465579	7978920	7486659
53	18351980	9422827	8929153	17179447	8824330	8355117
54	16847642	8540366	8307276	15749590	7984447	7765143
55-59岁	**81312474**	**41082938**	**40229536**	**76137113**	**38455371**	**37681742**
55	17610528	8973192	8637336	16474258	8393441	8080817
56	17738127	8981235	8756892	16581435	8393638	8187797
57	16093888	8099033	7994855	15058755	7574726	7484029
58	16167933	8153588	8014345	15155831	7637523	7518308
59	13701998	6875890	6826108	12866834	6456043	6410791
60-64岁	**58667282**	**29834426**	**28832856**	**54743358**	**27855014**	**26888344**
60	13618204	6917026	6701178	12691092	6448139	6242953
61	13029125	6690003	6339122	12144005	6233578	5910427
62	11276853	5719180	5557673	10532403	5346974	5185429
63	10791633	5492805	5298828	10082456	5136712	4945744
64	9951467	5015412	4936055	9293402	4689611	4603791

2-1 续表 2

单位：人

年龄	合计			汉族		
	合计	男	女	小计	男	女
65-69岁	**41113282**	**20748471**	**20364811**	**38205596**	**19309658**	**18895938**
65	9073411	4564266	4509145	8453669	4260660	4193009
66	8640965	4391409	4249556	8027825	4083428	3944397
67	7942141	4003493	3938648	7358575	3714883	3643692
68	7740868	3904424	3836444	7179763	3627273	3552490
69	7715897	3884879	3831018	7185764	3623414	3562350
70-74岁	**32972397**	**16403453**	**16568944**	**30715852**	**15301636**	**15414216**
70	7389412	3724605	3664807	6851409	3459232	3392177
71	6265718	3116177	3149541	5826533	2901365	2925168
72	6893225	3449237	3443988	6419158	3216234	3202924
73	6343869	3149307	3194562	5923299	2944874	2978425
74	6080173	2964127	3116046	5695453	2779931	2915522
75-79岁	**23852133**	**11278859**	**12573274**	**22396997**	**10598838**	**11798159**
75	5632477	2690547	2941930	5281155	2525723	2755432
76	5175500	2454168	2721332	4857184	2304536	2552648
77	5082383	2420196	2662187	4780225	2276782	2503443
78	4254858	1983724	2271134	3998285	1865219	2133066
79	3706915	1730224	1976691	3480148	1626578	1853570
80-84岁	**13373198**	**5917502**	**7455696**	**12592700**	**5575105**	**7017595**
80	3737259	1716514	2020745	3502945	1611099	1891846
81	2816693	1257795	1558898	2655163	1185959	1469204
82	2757918	1212683	1545235	2599608	1143548	1456060
83	2237138	964710	1272428	2109825	910148	1199677
84	1824190	765800	1058390	1725159	724351	1000808
85-89岁	**5631928**	**2199810**	**3432118**	**5323599**	**2076959**	**3246640**
85	1648160	672819	975341	1560203	636655	923548
86	1344215	530641	813574	1271730	501339	770391
87	1065276	408984	656292	1006063	385777	620286
88	858879	324282	534597	811873	305947	505926
89	715398	263084	452314	673730	247241	426489
90-94岁	**1578307**	**530872**	**1047435**	**1485341**	**497696**	**987645**
90	553805	193982	359823	519180	181333	337847
91	371079	126484	244595	350586	118994	231592
92	287676	94157	193519	270946	88335	182611
93	209291	66717	142574	197585	62790	134795
94	156456	49532	106924	147044	46244	100800
95-99岁	**369979**	**117716**	**252263**	**344605**	**108697**	**235908**
95	117522	36268	81254	109807	33592	76215
96	90889	28664	62225	84919	26577	58342
97	68648	22045	46603	63839	20306	43533
98	54689	18355	36334	50595	16833	33762
99	38231	12384	25847	35445	11389	24056
100岁及以上	**35934**	**8852**	**27082**	**32709**	**7839**	**24870**

2-1 续表 3 单位：人

年龄	蒙古族			回族			藏族		
	小计	男	女	小计	男	女	小计	男	女
总计	**5981840**	**2999520**	**2982320**	**10586087**	**5373741**	**5212346**	**6282187**	**3155625**	**3126562**
0-4岁	**409356**	**214483**	**194873**	**757350**	**403934**	**353416**	**524073**	**268538**	**255535**
0	75717	39983	35734	142337	75805	66532	97677	50533	47144
1	85620	44698	40922	157634	84586	73048	104092	53194	50898
2	84455	44266	40189	157245	83969	73276	109341	55792	53549
3	82709	43356	39353	151826	80860	70966	107580	55280	52300
4	80855	42180	38675	148308	78714	69594	105383	53739	51644
5-9岁	**371178**	**193047**	**178131**	**716180**	**377846**	**338334**	**529178**	**269719**	**259459**
5	79000	41063	37937	143913	76012	67901	106021	54426	51595
6	77656	40395	37261	147274	78017	69257	107777	54512	53265
7	67878	35370	32508	138346	73138	65208	107208	54407	52801
8	73026	37881	35145	142022	74735	67287	104095	52979	51116
9	73618	38338	35280	144625	75944	68681	104077	53395	50682
10-14岁	**395566**	**203451**	**192115**	**767295**	**399717**	**367578**	**557226**	**283851**	**273375**
10	75892	38984	36908	150487	79344	71143	111228	56926	54302
11	70910	36399	34511	146156	76049	70107	106792	54306	52486
12	79471	41258	38213	159601	83081	76520	109835	56022	53813
13	82262	42576	39686	153888	79800	74088	113217	57804	55413
14	87031	44234	42797	157163	81443	75720	116154	58793	57361
15-19岁	**510583**	**254779**	**255804**	**903364**	**459879**	**443485**	**605413**	**306887**	**298526**
15	99407	50291	49116	168760	86792	81968	120924	61549	59375
16	101156	50593	50563	173025	88474	84551	119201	60163	59038
17	104834	52084	52750	183251	93580	89671	121350	61583	59767
18	103449	51214	52235	189096	95422	93674	123210	62142	61068
19	101737	50597	51140	189232	95611	93621	120728	61450	59278
20-24岁	**611076**	**303739**	**307337**	**1052990**	**522476**	**530514**	**636467**	**320161**	**316306**
20	131840	65096	66744	236480	117851	118629	135506	68616	66890
21	126756	62387	64369	221535	109654	111881	130017	65589	64428
22	118026	59059	58967	207585	102780	104805	125825	63065	62760
23	121314	60666	60648	203566	101114	102452	125062	62427	62635
24	113140	56531	56609	183824	91077	92747	120057	60464	59593
25-29岁	**572897**	**286388**	**286509**	**839306**	**420515**	**418791**	**583060**	**292943**	**290117**
25	110023	54670	55353	167908	83454	84454	117727	59171	58556
26	118416	58847	59569	163226	81308	81918	113416	56652	56764
27	115012	57731	57281	163126	81596	81530	116285	58350	57935
28	123142	61746	61396	185654	93722	91932	122659	61728	60931
29	106304	53394	52910	159392	80435	78957	112973	57042	55931

2-1 续表 4

单位：人

年 龄	蒙古族			回 族			藏 族		
	小计	男	女	小计	男	女	小计	男	女
30-34岁	**478268**	**240564**	**237704**	**806324**	**405908**	**400416**	**528704**	**269111**	**259593**
30	102810	51553	51257	168204	84069	84135	119021	60485	58536
31	100893	50903	49990	157897	79540	78357	104090	53295	50795
32	93016	46778	46238	163906	82135	81771	105816	53890	51926
33	83822	42277	41545	149793	75806	73987	96103	48723	47380
34	97727	49053	48674	166524	84358	82166	103674	52718	50956
35-39岁	**560279**	**279239**	**281040**	**878091**	**445870**	**432221**	**516240**	**264268**	**251972**
35	101199	50444	50755	167860	85057	82803	104781	53056	51725
36	112321	56357	55964	173489	87886	85603	105208	54057	51151
37	113508	56299	57209	178771	90676	88095	106836	55210	51626
38	116350	58045	58305	184102	93460	90642	104632	53590	51042
39	116901	58094	58807	173869	88791	85078	94783	48355	46428
40-44岁	**527749**	**261869**	**265880**	**892715**	**451703**	**441012**	**457759**	**233012**	**224747**
40	122217	60923	61294	202832	102859	99973	106230	54256	51974
41	104745	52072	52673	179279	90243	89036	93163	47543	45620
42	111363	55077	56286	191495	97280	94215	96856	49247	47609
43	90031	44738	45293	152532	77112	75420	82561	41691	40870
44	99393	49059	50334	166577	84209	82368	78949	40275	38674
45-49岁	**456531**	**226121**	**230410**	**742278**	**377443**	**364835**	**351669**	**179099**	**172570**
45	99140	49261	49879	164762	83830	80932	82532	42015	40517
46	99803	49185	50618	170269	87007	83262	78654	40136	38518
47	111235	55496	55739	184603	93803	90800	76279	38571	37708
48	88574	43937	44637	141633	72588	69045	67458	34776	32682
49	57779	28242	29537	81011	40215	40796	46746	23601	23145
50-54岁	**357168**	**177811**	**179357**	**524314**	**264401**	**259913**	**227438**	**113913**	**113525**
50	79711	40094	39617	102376	51491	50885	49820	25066	24754
51	65723	32587	33136	82920	42071	40849	42775	21651	21124
52	71924	36027	35897	110559	56460	54099	45881	23083	22798
53	74021	36788	37233	116303	58570	57733	44541	22040	22501
54	65789	32315	33474	112156	55809	56347	44421	22073	22348
55-59岁	**276682**	**137466**	**139216**	**533611**	**266948**	**266663**	**210616**	**104210**	**106406**
55	66937	33415	33522	116719	58811	57908	45509	22695	22814
56	63699	31891	31808	117509	58562	58947	45223	22658	22565
57	53084	26273	26811	104651	52174	52477	42028	20734	21294
58	49290	24401	24889	103985	52550	51435	41398	20524	20874
59	43672	21486	22186	90747	44851	45896	36458	17599	18859
60-64岁	**168606**	**83234**	**85372**	**397213**	**199080**	**198133**	**182947**	**88477**	**94470**
60	41750	20753	20997	96591	48378	48213	41063	20213	20850
61	39890	19803	20087	88023	45125	42898	37920	18550	19370
62	31772	15686	16086	72357	36584	35773	36071	17358	18713
63	30230	14824	15406	71552	35728	35824	35363	16862	18501
64	24964	12168	12796	68690	33265	35425	32530	15494	17036

2-1 续表 5 单位：人

年 龄	蒙古族			回 族			藏 族		
	小计	男	女	小计	男	女	小计	男	女
65-69岁	**106701**	**52098**	**54603**	**291340**	**144869**	**146471**	**147443**	**69170**	**78273**
65	22572	11093	11479	65267	31630	33637	32767	15588	17179
66	24551	11944	12607	58806	29700	29106	29959	14213	15746
67	20318	9876	10442	58143	29185	28958	30061	13944	16117
68	19182	9435	9747	57649	28817	28832	29066	13605	15461
69	20078	9750	10328	51475	25537	25938	25590	11820	13770
70-74岁	**89989**	**43189**	**46800**	**220173**	**109907**	**110266**	**105432**	**46552**	**58880**
70	20160	9641	10519	52725	26490	26235	27503	12684	14819
71	18389	8876	9513	42253	20905	21348	20561	9033	11528
72	19114	9197	9917	45711	22952	22759	21221	9306	11915
73	16909	8129	8780	41639	20768	20871	19471	8498	10973
74	15417	7346	8071	37845	18792	19053	16676	7031	9645
75-79岁	**52060**	**24644**	**27416**	**143770**	**69825**	**73945**	**64474**	**26511**	**37963**
75	13446	6234	7212	34634	16841	17793	15788	6599	9189
76	12193	5843	6350	32070	15498	16572	14125	5868	8257
77	10703	5055	5648	30313	14789	15524	12771	5257	7514
78	8451	4026	4425	24402	11763	12639	11622	4700	6922
79	7267	3486	3781	22351	10934	11417	10168	4087	6081
80-84岁	**25898**	**12325**	**13573**	**76123**	**35346**	**40777**	**34558**	**12807**	**21751**
80	7392	3532	3860	22986	10879	12107	10286	4004	6282
81	5455	2570	2885	15361	7195	8166	6735	2540	4195
82	5406	2638	2768	15277	7079	8198	6885	2497	4388
83	4267	2022	2245	12221	5561	6660	5998	2204	3794
84	3378	1563	1815	10278	4632	5646	4654	1562	3092
85-89岁	**8950**	**4105**	**4845**	**31384**	**13328**	**18056**	**14188**	**4653**	**9535**
85	2803	1309	1494	9422	4039	5383	4063	1383	2680
86	2146	1003	1143	7209	3139	4070	3133	1030	2103
87	1612	740	872	5933	2480	3453	2774	913	1861
88	1349	578	771	4638	1959	2679	2382	758	1624
89	1040	475	565	4182	1711	2471	1836	569	1267
90-94岁	**1837**	**774**	**1063**	**9468**	**3711**	**5757**	**3902**	**1215**	**2687**
90	697	310	387	3424	1375	2049	1511	459	1052
91	454	206	248	2133	825	1308	835	240	595
92	295	107	188	1701	656	1045	658	230	428
93	216	89	127	1211	451	760	481	147	334
94	175	62	113	999	404	595	417	139	278
95-99岁	**431**	**181**	**250**	**2494**	**947**	**1547**	**1211**	**455**	**756**
95	137	60	77	749	285	464	335	109	226
96	107	44	63	631	238	393	277	104	173
97	80	28	52	448	167	281	229	80	149
98	63	29	34	400	152	248	230	99	131
99	44	20	24	266	105	161	140	63	77
100岁及以上	**35**	**13**	**22**	**304**	**88**	**216**	**189**	**73**	**116**

2-1 续表 6

单位：人

年 龄	维吾尔族			苗 族			彝 族		
	小计	男	女	小计	男	女	小计	男	女
总 计	**10069346**	**5097594**	**4971752**	**9426007**	**4870328**	**4555679**	**8714393**	**4456382**	**4258011**
0-4岁	**986380**	**503111**	**483269**	**769835**	**423949**	**345886**	**771938**	**407953**	**363985**
0	212397	108651	103746	147586	81438	66148	140993	74227	66766
1	192011	97804	94207	160695	89021	71674	164000	86685	77315
2	208414	105972	102442	156930	86695	70235	157455	83509	73946
3	196222	99946	96276	150849	82455	68394	154610	81966	72644
4	177336	90738	86598	153775	84340	69435	154880	81566	73314
5-9岁	**802974**	**409556**	**393418**	**780412**	**424009**	**356403**	**790660**	**417530**	**373130**
5	171747	87829	83918	146495	80231	66264	149563	78816	70747
6	165539	84556	80983	157967	86286	71681	163619	86459	77160
7	159012	80801	78211	154065	83210	70855	159322	84628	74694
8	150869	76663	74206	155225	83839	71386	154588	81673	72915
9	155807	79707	76100	166660	90443	76217	163568	85954	77614
10-14岁	**815641**	**414885**	**400756**	**850575**	**452087**	**398488**	**811440**	**426796**	**384644**
10	168718	86092	82626	168205	90182	78023	164101	86709	77392
11	155277	79051	76226	165184	87642	77542	159317	84055	75262
12	173959	88660	85299	183328	97473	85855	170815	89847	80968
13	156942	79559	77383	169091	89380	79711	161955	85187	76768
14	160745	81523	79222	164767	87410	77357	155252	80998	74254
15-19岁	**943246**	**473852**	**469394**	**794223**	**413349**	**380874**	**761515**	**393898**	**367617**
15	166489	84163	82326	167788	88342	79446	159998	83364	76634
16	171481	86729	84752	159633	83319	76314	157286	81172	76114
17	186150	93611	92539	161823	84231	77592	155751	80246	75505
18	214617	107357	107260	156097	80782	75315	146668	75893	70775
19	204509	101992	102517	148882	76675	72207	141812	73223	68589
20-24岁	**1182217**	**580518**	**601699**	**848122**	**423395**	**424727**	**792604**	**400785**	**391819**
20	270328	131026	139302	184590	92146	92444	170148	86262	83886
21	238290	117747	120543	171325	84801	86524	163662	82421	81241
22	229717	112600	117117	165041	82227	82814	152521	77254	75267
23	218432	108354	110078	171596	86435	85161	157523	79630	77893
24	225450	110791	114659	155570	77786	77784	148750	75218	73532
25-29岁	**978096**	**493050**	**485046**	**726096**	**369511**	**356585**	**705270**	**359550**	**345720**
25	227570	112838	114732	141200	71189	70011	138145	69947	68198
26	206814	104327	102487	140506	71237	69269	136514	69515	66999
27	188862	95750	93112	140994	71804	69190	134678	68243	66435
28	191847	96080	95767	162954	83196	79758	154575	79380	75195
29	163003	84055	78948	140442	72085	68357	141358	72465	68893

2-1 续表 7

单位：人

年 龄	维吾尔族			苗 族			彝 族		
	小计	男	女	小计	男	女	小计	男	女
30-34岁	**820650**	**413268**	**407382**	**719603**	**368801**	**350802**	**738808**	**379015**	**359793**
30	216237	108225	108012	142105	71785	70320	137593	69523	68070
31	141232	71745	69487	138838	71858	66980	143982	74365	69617
32	164481	80808	83673	143218	72755	70463	150436	76867	73569
33	133819	68688	65131	133749	69054	64695	148033	76226	71807
34	164881	83802	81079	161693	83349	78344	158764	82034	76730
35-39岁	**789335**	**400024**	**389311**	**834724**	**432393**	**402331**	**757009**	**391205**	**365804**
35	174668	88778	85890	172322	88855	83467	149844	77098	72746
36	161701	82757	78944	181137	93817	87320	159141	82709	76432
37	153903	78150	75753	165686	86157	79529	153110	79231	73879
38	164692	82213	82479	161546	83331	78215	149116	76625	72491
39	134371	68126	66245	154033	80233	73800	145798	75542	70256
40-44岁	**695249**	**350247**	**345002**	**768818**	**391617**	**377201**	**678757**	**347282**	**331475**
40	194371	96407	97964	170837	86362	84475	145196	74165	71031
41	136106	68933	67173	153101	78109	74992	140507	72137	68370
42	142453	71809	70644	170258	86809	83449	146766	75509	71257
43	110527	56204	54323	130308	66290	64018	117253	59707	57546
44	111792	56894	54898	144314	74047	70267	129035	65764	63271
45-49岁	**503642**	**255935**	**247707**	**562039**	**287363**	**274676**	**511183**	**258708**	**252475**
45	126153	64132	62021	142425	72825	69600	129227	65652	63575
46	115425	58306	57119	137705	70019	67686	120289	60808	59481
47	98666	49990	48676	139650	72233	67417	118087	59963	58124
48	93013	47726	45287	98638	50807	47831	94620	47898	46722
49	70385	35781	34604	43621	21479	22142	48960	24387	24573
50-54岁	**410452**	**206486**	**203966**	**353493**	**179503**	**173990**	**314166**	**157925**	**156241**
50	112013	55224	56789	52178	25627	26551	57429	29367	28062
51	76164	38279	37885	52074	26463	25611	48606	24602	24004
52	84949	43087	41862	80662	41495	39167	63637	32219	31418
53	65891	33543	32348	87751	44860	42891	74467	37017	37450
54	71435	36353	35082	80828	41058	39770	70027	34720	35307
55-59岁	**341597**	**171513**	**170084**	**412403**	**209075**	**203328**	**319347**	**158532**	**160815**
55	73645	36058	37587	85692	43561	42131	73844	37117	36727
56	78877	39722	39155	91456	46199	45257	73520	36532	36988
57	67475	33845	33630	84420	42859	41561	63949	31734	32215
58	64758	32692	32066	84409	43004	41405	60895	30225	30670
59	56842	29196	27646	66426	33452	32974	47139	22924	24215
60-64岁	**316689**	**162710**	**153979**	**331665**	**168955**	**162710**	**248624**	**122335**	**126289**
60	93703	48022	45681	71564	36079	35485	50887	25524	25363
61	73375	38448	34927	73038	38105	34933	54565	27149	27416
62	59614	30014	29600	64288	32075	32213	49055	23867	25188
63	46230	23807	22423	63425	32649	30776	51077	24942	26135
64	43767	22419	21348	59350	30047	29303	43040	20853	22187

2-1 续表 8

单位：人

年 龄	维吾尔族			苗 族			彝 族		
	小计	男	女	小计	男	女	小计	男	女
65-69岁	**205985**	**108865**	**97120**	**249987**	**125737**	**124250**	**202508**	**97182**	**105326**
65	53649	27143	26506	50465	24895	25570	40638	19512	21126
66	49467	26323	23144	52367	26756	25611	41724	20285	21439
67	38515	20590	17925	51214	25793	25421	42060	20241	21819
68	34772	18646	16126	48713	24573	24140	40858	19407	21451
69	29582	16163	13419	47228	23720	23508	37228	17737	19491
70-74岁	**139335**	**76425**	**62910**	**200128**	**98471**	**101657**	**150432**	**70610**	**79822**
70	46226	24685	21541	45779	22697	23082	32903	15741	17162
71	30216	16586	13630	37238	18269	18969	28376	13352	15024
72	25754	14174	11580	43684	21863	21821	32582	15497	17085
73	19217	10934	8283	39347	19148	20199	29507	13719	15788
74	17922	10046	7876	34080	16494	17586	27064	12301	14763
75-79岁	**72241**	**39930**	**32311**	**128194**	**61278**	**66916**	**93081**	**41246**	**51835**
75	19798	10360	9438	29928	14307	15621	23369	10454	12915
76	17341	9549	7792	27770	13446	14324	19752	8754	10998
77	13909	7965	5944	27344	13334	14010	18989	8626	10363
78	11611	6605	5006	23218	10999	12219	16421	7063	9358
79	9582	5451	4131	19934	9192	10742	14550	6349	8201
80-84岁	**40130**	**22573**	**17557**	**64356**	**28796**	**35560**	**46073**	**18464**	**27609**
80	14916	7945	6971	20116	9307	10809	13303	5562	7741
81	8879	5147	3732	13590	6140	7450	9597	3915	5682
82	7075	3992	3083	13690	6038	7652	9717	3880	5837
83	5069	3005	2064	9858	4271	5587	7814	2985	4829
84	4191	2484	1707	7102	3040	4062	5642	2122	3520
85-89岁	**15956**	**9342**	**6614**	**22832**	**9071**	**13761**	**15815**	**5588**	**10227**
85	4666	2657	2009	6162	2522	3640	4414	1654	2760
86	3900	2286	1614	5605	2263	3342	3646	1284	2362
87	2932	1754	1178	4613	1808	2805	3100	1090	2010
88	2346	1372	974	3396	1296	2100	2557	876	1681
89	2112	1273	839	3056	1182	1874	2098	684	1414
90-94岁	**6822**	**3832**	**2990**	**6469**	**2274**	**4195**	**3986**	**1325**	**2661**
90	3042	1622	1420	2458	901	1557	1520	475	1045
91	1450	879	571	1364	488	876	821	285	536
92	1124	639	485	1157	390	767	719	255	464
93	648	375	273	799	249	550	489	167	322
94	558	317	241	691	246	445	437	143	294
95-99岁	**2186**	**1199**	**987**	**1771**	**625**	**1146**	**1106**	**436**	**670**
95	628	342	286	523	181	342	329	125	204
96	509	298	211	412	132	280	270	107	163
97	401	240	161	362	130	232	222	80	142
98	398	187	211	290	109	181	174	75	99
99	250	132	118	184	73	111	111	49	62
100岁及以上	**523**	**273**	**250**	**262**	**69**	**193**	**71**	**17**	**54**

2-1 续表 9 单位：人

年 龄	壮 族			布依族			朝鲜族		
	小计	男	女	小计	男	女	小计	男	女
总 计	**16926381**	**8689488**	**8236893**	**2870034**	**1455720**	**1414314**	**1830929**	**910535**	**920394**
0-4岁	**1241204**	**675020**	**566184**	**229032**	**126589**	**102443**	**56107**	**28930**	**27177**
0	241112	132207	108905	46196	25566	20630	9411	4893	4518
1	253271	139057	114214	48437	27088	21349	11507	5889	5618
2	250559	136602	113957	46050	25545	20505	12077	6301	5776
3	247116	133911	113205	44194	24333	19861	12394	6378	6016
4	249146	133243	115903	44155	24057	20098	10718	5469	5249
5-9岁	**1148743**	**616757**	**531986**	**237532**	**128128**	**109404**	**46321**	**23746**	**22575**
5	235053	126114	108939	42221	22991	19230	9940	5156	4784
6	245028	131678	113350	45444	24593	20851	10078	5155	4923
7	233124	125157	107967	46741	25253	21488	7821	4028	3793
8	216130	115953	100177	49453	26649	22804	8866	4518	4348
9	219408	117855	101553	53673	28642	25031	9616	4889	4727
10-14岁	**1040217**	**558683**	**481534**	**293620**	**154551**	**139069**	**51241**	**26218**	**25023**
10	216212	116369	99843	55987	29731	26256	10105	5224	4881
11	202630	108973	93657	57031	30082	26949	9979	5091	4888
12	214976	115469	99507	62850	32940	29910	10221	5150	5071
13	206522	110733	95789	60186	31619	28567	10073	5197	4876
14	199877	107139	92738	57566	30179	27387	10863	5556	5307
15-19岁	**1199081**	**627965**	**571116**	**241667**	**123690**	**117977**	**85419**	**42696**	**42723**
15	216721	115669	101052	55835	28961	26874	12822	6488	6334
16	234906	123025	111881	50754	25967	24787	14572	7372	7200
17	255322	132761	122561	47985	24402	23583	16383	8172	8211
18	261397	136356	125041	45617	23374	22243	18867	9426	9441
19	230735	120154	110581	41476	20986	20490	22775	11238	11537
20-24岁	**1456792**	**744289**	**712503**	**217443**	**106742**	**110701**	**157015**	**78947**	**78068**
20	278783	142171	136612	47626	23495	24131	29158	14523	14635
21	282191	143105	139086	44058	21514	22544	30570	15282	15288
22	276304	140585	135719	43125	21119	22006	31655	15844	15811
23	308053	158783	149270	43220	21266	21954	33190	16903	16287
24	311461	159645	151816	39414	19348	20066	32442	16395	16047
25-29岁	**1490662**	**764445**	**726217**	**196224**	**97717**	**98507**	**148841**	**74788**	**74053**
25	314901	161399	153502	37388	18430	18958	30639	15484	15155
26	307501	157357	150144	38278	19140	19138	29579	14947	14632
27	279731	142504	137227	37285	18398	18887	29912	14919	14993
28	304297	156306	147991	42490	21247	21243	32206	16078	16128
29	284232	146879	137353	40783	20502	20281	26505	13360	13145

2-1 续表 10

单位：人

年龄	壮族			布依族			朝鲜族		
	小计	男	女	小计	男	女	小计	男	女
30-34岁	**1462323**	**760839**	**701484**	**216598**	**110451**	**106147**	**137474**	**71074**	**66400**
30	299324	153909	145415	42536	21188	21348	27921	14243	13678
31	297303	155579	141724	41688	21479	20209	30258	15693	14565
32	293567	151986	141581	43427	22094	21333	28332	14587	13745
33	264235	138512	125723	40995	21267	19728	24644	12820	11824
34	307894	160853	147041	47952	24423	23529	26319	13731	12588
35-39岁	**1479785**	**778672**	**701113**	**240943**	**123456**	**117487**	**155692**	**81818**	**73874**
35	303958	159531	144427	49981	25315	24666	25319	13067	12252
36	317887	166641	151246	52355	26993	25362	26590	13854	12736
37	291573	153468	138105	47588	24470	23118	31918	16696	15222
38	288595	151739	136856	45864	23371	22493	34726	18515	16211
39	277772	147293	130479	45155	23307	21848	37139	19686	17453
40-44岁	**1444965**	**758129**	**686836**	**228327**	**117038**	**111289**	**170956**	**88666**	**82290**
40	302076	158235	143841	49588	25292	24296	38124	19981	18143
41	283201	150184	133017	44931	23162	21769	34733	18201	16532
42	317764	166261	151503	49519	25424	24095	36209	18831	17378
43	251319	130983	120336	39990	20264	19726	28535	14746	13789
44	290605	152466	138139	44299	22896	21403	33355	16907	16448
45-49岁	**1184993**	**614815**	**570178**	**167630**	**85579**	**82051**	**188003**	**96206**	**91797**
45	292017	152056	139961	43018	22195	20823	39085	20278	18807
46	269697	138561	131136	41494	20946	20548	39508	20231	19277
47	286841	149585	137256	40877	21128	19749	48778	24921	23857
48	220381	114681	105700	27997	14255	13742	37559	19268	18291
49	116057	59932	56125	14244	7055	7189	23073	11508	11565
50-54岁	**828780**	**419874**	**408906**	**127055**	**63187**	**63868**	**172956**	**87015**	**85941**
50	145572	73464	72108	20406	10138	10268	39533	20017	19516
51	123489	63225	60264	20634	10431	10203	30801	15771	15030
52	192293	97563	94730	27757	13985	13772	35123	17605	17518
53	190015	96674	93341	29654	14761	14893	35471	17671	17800
54	177411	88948	88463	28604	13872	14732	32028	15951	16077
55-59岁	**824317**	**411403**	**412914**	**132534**	**64816**	**67718**	**149376**	**73457**	**75919**
55	177263	89765	87498	29655	14848	14807	33262	16603	16659
56	182611	91562	91049	30089	14549	15540	32595	16057	16538
57	168732	83839	84893	26552	12888	13664	29056	14319	14737
58	162454	81647	80807	25017	12344	12673	28547	13870	14677
59	133257	64590	68667	21221	10187	11034	25916	12608	13308
60-64岁	**640279**	**310462**	**329817**	**107994**	**51811**	**56183**	**106407**	**50959**	**55448**
60	154784	75004	79780	23062	11105	11957	25936	12629	13307
61	146987	73773	73214	23309	11494	11815	24815	12063	12752
62	120257	57639	62618	19971	9402	10569	18916	9031	9885
63	110151	53274	56877	20961	9923	11038	19320	9138	10182
64	108100	50772	57328	20691	9887	10804	17420	8098	9322

2-1 续表 11

单位：人

年 龄	壮族			布依族			朝鲜族		
	小计	男	女	小计	男	女	小计	男	女
65-69岁	**517805**	**241496**	**276309**	**91750**	**42813**	**48937**	**74141**	**33410**	**40731**
65	109867	51172	58695	18446	8638	9808	15109	6987	8122
66	108087	51412	56675	19042	9067	9975	14124	6528	7596
67	103809	48058	55751	18968	8926	10042	15037	6728	8309
68	99748	46243	53505	18000	8247	9753	15139	6726	8413
69	96294	44611	51683	17294	7935	9359	14732	6441	8291
70-74岁	**410934**	**188328**	**222606**	**68539**	**30555**	**37984**	**65380**	**28431**	**36949**
70	98514	45854	52660	16429	7465	8964	14656	6481	8175
71	79673	36995	42678	13295	5945	7350	13662	5936	7726
72	83199	38160	45039	14575	6537	8038	14176	6230	7946
73	75332	34285	41047	12883	5771	7112	11749	5043	6706
74	74216	33034	41182	11357	4837	6520	11137	4741	6396
75-79岁	**286475**	**121950**	**164525**	**41694**	**17617**	**24077**	**39459**	**15775**	**23684**
75	68695	29672	39023	10204	4432	5772	10387	4283	6104
76	61656	26580	35076	9015	3872	5143	9314	3793	5521
77	58840	25482	33358	8682	3689	4993	7930	3152	4778
78	50360	20860	29500	7300	2963	4337	6428	2588	3840
79	46924	19356	27568	6493	2661	3832	5400	1959	3441
80-84岁	**161628**	**62607**	**99021**	**21277**	**7909**	**13368**	**17882**	**6030**	**11852**
80	46997	18931	28066	6386	2454	3932	5343	1894	3449
81	32045	12695	19350	4546	1700	2846	3673	1274	2399
82	32024	12286	19738	4688	1721	2967	3515	1183	2332
83	28029	10519	17510	3353	1247	2106	2985	932	2053
84	22533	8176	14357	2304	787	1517	2366	747	1619
85-89岁	**71950**	**23844**	**48106**	**7493**	**2352**	**5141**	**6369**	**1864**	**4505**
85	19959	6963	12996	1954	650	1304	1863	559	1304
86	16106	5489	10617	1812	572	1240	1508	458	1050
87	13625	4357	9268	1497	454	1043	1186	341	845
88	11029	3507	7522	1195	371	824	1015	286	729
89	11231	3528	7703	1035	305	730	797	220	577
90-94岁	**26731**	**7583**	**19148**	**2111**	**551**	**1560**	**1481**	**400**	**1081**
90	9464	2811	6653	820	211	609	517	126	391
91	5809	1685	4124	487	126	361	331	96	235
92	4850	1325	3525	409	102	307	290	74	216
93	3687	974	2713	211	58	153	200	56	144
94	2921	788	2133	184	54	130	143	48	95
95-99岁	**7877**	**2137**	**5740**	**520**	**156**	**364**	**390**	**101**	**289**
95	2429	651	1778	161	48	113	107	24	83
96	1794	445	1349	118	34	84	89	22	67
97	1485	400	1085	114	36	78	84	20	64
98	1218	380	838	82	24	58	72	24	48
99	951	261	690	45	14	31	38	11	27
100岁及以上	**840**	**190**	**650**	**51**	**12**	**39**	**19**	**4**	**15**

2-1 续表 12 单位：人

年 龄	满族			侗族			瑶族		
	小计	男	女	小计	男	女	小计	男	女
总 计	**10387958**	**5401812**	**4986146**	**2879974**	**1511959**	**1368015**	**2796003**	**1458842**	**1337161**
0-4岁	**616229**	**323812**	**292417**	**220710**	**122368**	**98342**	**252464**	**136611**	**115853**
0	109359	57808	51551	46068	25384	20684	48737	26433	22304
1	130621	68722	61899	46514	26092	20422	52438	28483	23955
2	126199	66394	59805	44180	24501	19679	51275	27934	23341
3	127301	66712	60589	41826	23016	18810	49780	26883	22897
4	122749	64176	58573	42122	23375	18747	50234	26878	23356
5-9岁	**578813**	**304601**	**274212**	**206464**	**114914**	**91550**	**222668**	**119058**	**103610**
5	126876	66622	60254	40132	22307	17825	46714	24981	21733
6	121403	63744	57659	41812	23377	18435	47791	25666	22125
7	101048	53104	47944	39711	22203	17508	43843	23354	20489
8	117974	62272	55702	39984	22311	17673	41589	22242	19347
9	111512	58859	52653	44825	24716	20109	42731	22815	19916
10-14岁	**560820**	**294360**	**266460**	**224519**	**122094**	**102425**	**195578**	**103667**	**91911**
10	111343	58756	52587	44420	24242	20178	39914	21255	18659
11	100044	52794	47250	44482	24260	20222	37637	20134	17503
12	108773	57194	51579	47400	25764	21636	40876	21369	19507
13	115401	60148	55253	44206	23945	20261	38999	20723	18276
14	125259	65468	59791	44011	23883	20128	38152	20186	17966
15-19岁	**777237**	**395979**	**381258**	**217283**	**115778**	**101505**	**215044**	**112823**	**102221**
15	139419	72577	66842	45675	24704	20971	39599	20989	18610
16	152653	78136	74517	43580	23005	20575	40685	21217	19468
17	163449	82705	80744	45289	23906	21383	44463	23300	21163
18	159328	81009	78319	42709	22798	19911	45434	23820	21614
19	162388	81552	80836	40030	21365	18665	44863	23497	21366
20-24岁	**1071963**	**538439**	**533524**	**237788**	**122195**	**115593**	**274462**	**140824**	**133638**
20	219612	109480	110132	49241	25651	23590	56955	29023	27932
21	212236	106305	105931	46145	23482	22663	54899	28025	26874
22	209359	105860	103499	46233	23637	22596	52769	27096	25673
23	229635	115705	113930	50881	26056	24825	56201	29050	27151
24	201121	101089	100032	45288	23369	21919	53638	27630	26008
25-29岁	**800004**	**405023**	**394981**	**205994**	**105986**	**100008**	**251513**	**131069**	**120444**
25	158613	79786	78827	40244	20458	19786	50683	26097	24586
26	144397	72948	71449	40660	20805	19855	51069	26629	24440
27	147865	74952	72913	39620	20607	19013	47823	25032	22791
28	187561	95102	92459	46398	24009	22389	54198	28420	25778
29	161568	82235	79333	39072	20107	18965	47740	24891	22849

2-1 续表 13 单位：人

年龄	满族			侗族			瑶族		
	小计	男	女	小计	男	女	小计	男	女
30-34岁	**763869**	**395448**	**368421**	**195466**	**101461**	**94005**	**221029**	**117609**	**103420**
30	160230	82137	78093	38573	19736	18837	47768	25077	22691
31	175063	90161	84902	39025	20231	18794	46743	24968	21775
32	159018	82265	76753	38460	20161	18299	43450	23160	20290
33	131798	68634	63164	35625	18668	16957	38287	20451	17836
34	137760	72251	65509	43783	22665	21118	44781	23953	20828
35-39岁	**837778**	**435127**	**402651**	**260191**	**135093**	**125098**	**223922**	**120037**	**103885**
35	138014	71683	66331	49754	25737	24017	44813	24064	20749
36	153478	79572	73906	55700	29040	26660	47747	25688	22059
37	175093	90858	84235	51931	27076	24855	44771	23983	20788
38	182476	94757	87719	53599	27625	25974	44209	23581	20628
39	188717	98257	90460	49207	25615	23592	42382	22721	19661
40-44岁	**962030**	**497785**	**464245**	**259327**	**134559**	**124768**	**223710**	**118056**	**105654**
40	204497	106330	98167	55474	28611	26863	46956	24806	22150
41	185390	96004	89386	51171	26693	24478	43210	22928	20282
42	204540	105849	98691	58194	30013	28181	49492	26024	23468
43	172380	88771	83609	42840	22271	20569	38858	20360	18498
44	195223	100831	94392	51648	26971	24677	45194	23938	21256
45-49岁	**909621**	**468630**	**440991**	**210172**	**108400**	**101772**	**181754**	**94199**	**87555**
45	205244	105439	99805	51185	26571	24614	45615	23793	21822
46	200559	103190	97369	50340	25696	24644	42427	21948	20479
47	240116	124012	116104	52842	27489	25353	44686	23175	21511
48	162370	83814	78556	40058	20767	19291	33063	17201	15862
49	101332	52175	49157	15747	7877	7870	15963	8082	7881
50-54岁	**766646**	**406955**	**359691**	**128654**	**67081**	**61573**	**129463**	**66688**	**62775**
50	163964	86243	77721	18082	9215	8867	21479	11010	10469
51	135648	72085	63563	19838	10496	9342	21183	11135	10048
52	155762	82814	72948	30554	16043	14511	30685	15836	14849
53	162061	86291	75770	31797	16710	15087	30095	15478	14617
54	149211	79522	69689	28383	14617	13766	26021	13229	12792
55-59岁	**655281**	**355639**	**299642**	**143512**	**74476**	**69036**	**121467**	**62159**	**59308**
55	156294	84507	71787	29191	15084	14107	25462	13180	12282
56	149118	80808	68310	31366	16220	15146	26534	13603	12931
57	125021	67834	57187	29421	15204	14217	25350	12829	12521
58	121364	66234	55130	29617	15511	14106	24231	12473	11758
59	103484	56256	47228	23917	12457	11460	19890	10074	9816
60-64岁	**390175**	**211613**	**178562**	**118378**	**61998**	**56380**	**88899**	**45308**	**43591**
60	99722	54367	45355	26040	13406	12634	21047	10670	10377
61	89857	49268	40589	27398	14725	12673	21311	11330	9981
62	71699	38818	32881	23426	12242	11184	17265	8790	8475
63	65876	35432	30444	21456	11235	10221	14798	7402	7396
64	63021	33728	29293	20058	10390	9668	14478	7116	7362

2-1 续表 14

单位：人

年 龄	满族			侗族			瑶族		
	小计	男	女	小计	男	女	小计	男	女
65-69岁	**250502**	**134141**	**116361**	**88195**	**45615**	**42580**	**67573**	**33241**	**34332**
65	54452	28854	25598	17055	8727	8328	13807	6733	7074
66	53782	28940	24842	19041	10054	8987	14404	7197	7207
67	48638	26157	22481	17987	9161	8826	13582	6666	6916
68	47038	25170	21868	16557	8494	8063	12716	6266	6450
69	46592	25020	21572	17555	9179	8376	13064	6379	6685
70-74岁	**192645**	**104190**	**88455**	**78126**	**39926**	**38200**	**55725**	**26949**	**28776**
70	43499	23459	20040	17336	8912	8424	13200	6383	6817
71	39848	21616	18232	14794	7527	7267	10485	5089	5396
72	41795	22706	19089	16794	8699	8095	11445	5595	5850
73	35293	19118	16175	14829	7533	7296	10305	4920	5385
74	32210	17291	14919	14373	7255	7118	10290	4962	5328
75-79岁	**132887**	**69521**	**63366**	**51233**	**25167**	**26066**	**37827**	**17360**	**20467**
75	32443	17081	15362	11699	5850	5849	8936	4085	4851
76	28591	14994	13597	11148	5526	5622	8102	3759	4343
77	26870	14184	12686	11313	5558	5755	7713	3630	4083
78	24017	12510	11507	9379	4581	4798	6684	3025	3659
79	20966	10752	10214	7694	3652	4042	6392	2861	3531
80-84岁	**79759**	**40152**	**39607**	**23493**	**10744**	**12749**	**20501**	**8672**	**11829**
80	21989	11148	10841	7400	3505	3895	6088	2614	3474
81	16993	8534	8459	5056	2319	2737	4136	1789	2347
82	16336	8264	8072	5172	2415	2757	4067	1779	2288
83	13785	6926	6859	3454	1491	1963	3437	1422	2015
84	10656	5280	5376	2411	1014	1397	2773	1068	1705
85-89岁	**32239**	**16017**	**16222**	**7782**	**3157**	**4625**	**8445**	**3233**	**5212**
85	9460	4706	4754	2162	922	1240	2360	937	1423
86	7795	3882	3913	2053	826	1227	1971	743	1228
87	6094	3058	3036	1513	586	927	1608	611	997
88	4931	2466	2465	1073	414	659	1266	514	752
89	3959	1905	2054	981	409	572	1240	428	812
90-94岁	**7772**	**3641**	**4131**	**2146**	**757**	**1389**	**2875**	**923**	**1952**
90	2830	1330	1500	753	289	464	1021	362	659
91	1887	902	985	501	177	324	615	197	418
92	1393	656	737	423	136	287	530	150	380
93	971	457	514	267	80	187	389	103	286
94	691	296	395	202	75	127	320	111	209
95-99岁	**1560**	**688**	**872**	**491**	**179**	**312**	**930**	**317**	**613**
95	498	216	282	153	52	101	253	88	165
96	414	185	229	116	46	70	228	90	138
97	276	122	154	100	46	54	162	48	114
98	225	100	125	78	18	60	173	57	116
99	147	65	82	44	17	27	114	34	80
100岁及以上	**128**	**51**	**77**	**50**	**11**	**39**	**154**	**39**	**115**

2-1 续表 15

单位：人

年龄	白族			土家族			哈尼族		
	小计	男	女	小计	男	女	小计	男	女
总计	**1933510**	**978998**	**954512**	**8353912**	**4307260**	**4046652**	**1660932**	**863370**	**797562**
0-4岁	**123820**	**64100**	**59720**	**604410**	**325118**	**279292**	**140728**	**75860**	**64868**
0	24147	12679	11468	114233	61249	52984	25357	13491	11866
1	26109	13582	12527	122131	65910	56221	32765	17624	15141
2	25339	13025	12314	122205	65908	56297	30056	16101	13955
3	24030	12431	11599	120353	64510	55843	27067	14729	12338
4	24195	12383	11812	125488	67541	57947	25483	13915	11568
5-9岁	**134843**	**69238**	**65605**	**619423**	**330437**	**288986**	**119921**	**66139**	**53782**
5	24370	12582	11788	119102	63645	55457	24410	13465	10945
6	26868	13881	12987	130140	69691	60449	24383	13393	10990
7	26552	13734	12818	121825	64953	56872	23493	12940	10553
8	27200	13731	13469	119705	63687	56018	23806	13143	10663
9	29853	15310	14543	128651	68461	60190	23829	13198	10631
10-14岁	**148343**	**75689**	**72654**	**655005**	**344568**	**310437**	**123553**	**68272**	**55281**
10	30149	15351	14798	124867	66164	58703	24701	13686	11015
11	28785	14907	13878	123087	64974	58113	24374	13566	10808
12	31577	16089	15488	141237	74269	66968	24939	13808	11131
13	29828	15126	14702	133161	69780	63381	24597	13578	11019
14	28004	14216	13788	132653	69381	63272	24942	13634	11308
15-19岁	**157514**	**78444**	**79070**	**705324**	**358335**	**346989**	**133006**	**71734**	**61272**
15	29193	14616	14577	152957	79038	73919	25530	13902	11628
16	29759	14974	14785	146877	74688	72189	26262	14087	12175
17	34213	16625	17588	150775	76399	74376	27464	14727	12737
18	32530	16141	16389	129923	65611	64312	26706	14396	12310
19	31819	16088	15731	124792	62599	62193	27044	14622	12422
20-24岁	**174865**	**86820**	**88045**	**679460**	**335717**	**343743**	**164602**	**84884**	**79718**
20	37773	18474	19299	150712	74583	76129	33443	17391	16052
21	36721	18157	18564	141365	69948	71417	32802	16981	15821
22	33989	16922	17067	131789	65124	66665	32415	16723	15692
23	35293	17582	17711	136753	67674	69079	33749	17266	16483
24	31089	15685	15404	118841	58388	60453	32193	16523	15670
25-29岁	**137291**	**69577**	**67714**	**547163**	**272007**	**275156**	**153818**	**79986**	**73832**
25	27327	13781	13546	103666	51017	52649	31058	16018	15040
26	27908	14082	13826	100396	49212	51184	30138	15771	14367
27	26186	13094	13092	106104	52625	53479	31049	15865	15184
28	29353	15072	14281	129614	65096	64518	31880	16662	15218
29	26517	13548	12969	107383	54057	53326	29693	15670	14023

2-1 续表 16　　单位：人

年 龄	白族			土家族			哈尼族		
	小计	男	女	小计	男	女	小计	男	女
30-34岁	**164589**	**84376**	**80213**	**542539**	**274144**	**268395**	**157204**	**81653**	**75551**
30	26784	13525	13259	101627	50429	51198	29512	15117	14395
31	31082	15794	15288	108188	54862	53326	31192	16364	14828
32	33775	17332	16443	102762	51671	51091	32660	17102	15558
33	34969	18140	16829	100742	51222	49520	30829	15962	14867
34	37979	19585	18394	129220	65960	63260	33011	17108	15903
35-39岁	**184812**	**96163**	**88649**	**753287**	**389405**	**363882**	**149282**	**77747**	**71535**
35	36882	19108	17774	144549	73652	70897	32327	16689	15638
36	38520	20145	18375	156212	79974	76238	32676	17008	15668
37	37127	19248	17879	151656	78701	72955	29860	15562	14298
38	35957	18695	17262	151401	78635	72766	28382	14768	13614
39	36326	18967	17359	149469	78443	71026	26037	13720	12317
40-44岁	**170432**	**88208**	**82224**	**751600**	**390210**	**361390**	**135415**	**69863**	**65552**
40	36093	18790	17303	165875	85871	80004	28266	14570	13696
41	35881	18396	17485	151763	78773	72990	27326	14172	13154
42	36914	19166	17748	166048	86376	79672	28210	14490	13720
43	28420	14824	13596	125689	65033	60656	24868	12829	12039
44	33124	17032	16092	142225	74157	68068	26745	13802	12943
45-49岁	**136554**	**69818**	**66736**	**587610**	**305177**	**282433**	**104411**	**53536**	**50875**
45	33078	17067	16011	138895	72038	66857	25344	12971	12373
46	31105	15895	15210	140623	72588	68035	25403	13059	12344
47	33620	17201	16419	149359	77725	71634	22777	11746	11031
48	27154	13899	13255	112805	58755	54050	19450	10045	9405
49	11597	5756	5841	45928	24071	21857	11437	5715	5722
50-54岁	**85407**	**43161**	**42246**	**343987**	**179713**	**164274**	**71487**	**36072**	**35415**
50	14098	7216	6882	44861	23467	21394	13620	6971	6649
51	12225	6177	6048	50307	26818	23489	12275	6256	6019
52	17640	8963	8677	79465	41538	37927	15838	8029	7809
53	21329	10782	10547	89963	46962	43001	15041	7431	7610
54	20115	10023	10092	79391	40928	38463	14713	7385	7328
55-59岁	**95545**	**47909**	**47636**	**462574**	**238810**	**223764**	**59004**	**29534**	**29470**
55	22306	11326	10980	90371	46604	43767	13735	6916	6819
56	21506	10825	10681	102288	52627	49661	13373	6591	6782
57	18402	9176	9226	97286	50125	47161	11921	6045	5876
58	19123	9465	9658	99975	52053	47922	10354	5207	5147
59	14208	7117	7091	72654	37401	35253	9621	4775	4846
60-64岁	**66683**	**33512**	**33171**	**371347**	**194306**	**177041**	**49303**	**24245**	**25058**
60	14605	7503	7102	76861	39948	36913	10835	5449	5386
61	14775	7499	7276	83865	44819	39046	10615	5363	5252
62	12542	6299	6243	73001	37654	35347	9772	4688	5084
63	13334	6536	6798	72714	38194	34520	9730	4723	5007
64	11427	5675	5752	64906	33691	31215	8351	4022	4329

2-1 续表 17

单位：人

年龄	白族			土家族			哈尼族		
	小计	男	女	小计	男	女	小计	男	女
65-69岁	**53175**	**26363**	**26812**	**271262**	**141423**	**129839**	**36940**	**17688**	**19252**
65	10689	5344	5345	52728	27018	25710	7924	3709	4215
66	11313	5619	5694	56717	30088	26629	7489	3587	3902
67	11236	5577	5659	55368	28678	26690	7380	3621	3759
68	10523	5202	5321	54639	28739	25900	7226	3433	3793
69	9414	4621	4793	51810	26900	24910	6921	3338	3583
70-74岁	**43206**	**20829**	**22377**	**207170**	**107493**	**99677**	**29818**	**13413**	**16405**
70	8491	4242	4249	46339	24481	21858	6708	3094	3614
71	7827	3762	4065	38249	19676	18573	5847	2629	3218
72	9408	4598	4810	46742	24224	22518	6529	2999	3530
73	9127	4358	4769	41057	21228	19829	5582	2414	3168
74	8353	3869	4484	34783	17884	16899	5152	2277	2875
75-79岁	**31795**	**14626**	**17169**	**139101**	**69638**	**69463**	**17391**	**7330**	**10061**
75	7273	3435	3838	30294	15265	15029	4352	1838	2514
76	6838	3097	3741	30575	15306	15269	3630	1566	2064
77	6685	3067	3618	31626	16197	15429	3532	1530	2002
78	5852	2640	3212	25486	12560	12926	3025	1236	1789
79	5147	2387	2760	21120	10310	10810	2852	1160	1692
80-84岁	**16798**	**7256**	**9542**	**75373**	**35435**	**39938**	**9800**	**3691**	**6109**
80	4964	2173	2791	22925	11058	11867	2820	1155	1665
81	3742	1584	2158	16236	7714	8522	2001	742	1259
82	3620	1604	2016	15351	7173	8178	2102	759	1343
83	2516	1110	1406	11963	5508	6455	1574	557	1017
84	1956	785	1171	8898	3982	4916	1303	478	825
85-89岁	**6099**	**2295**	**3804**	**28619**	**12133**	**16486**	**3754**	**1256**	**2498**
85	1786	722	1064	8217	3642	4575	1113	391	722
86	1448	519	929	7331	3158	4173	843	271	572
87	1136	422	714	5688	2293	3395	714	230	484
88	981	349	632	4124	1698	2426	615	211	404
89	748	283	465	3259	1342	1917	469	153	316
90-94岁	**1448**	**518**	**930**	**6824**	**2528**	**4296**	**1123**	**324**	**799**
90	544	202	342	2547	976	1571	405	93	312
91	357	138	219	1503	553	950	246	85	161
92	252	81	171	1292	474	818	222	62	160
93	167	49	118	862	304	558	137	44	93
94	128	48	80	620	221	399	113	40	73
95-99岁	**276**	**93**	**183**	**1669**	**620**	**1049**	**347**	**135**	**212**
95	97	32	65	567	198	369	107	38	69
96	58	20	38	388	131	257	73	23	50
97	60	27	33	305	127	178	74	34	40
98	32	8	24	251	105	146	56	21	35
99	29	6	23	158	59	99	37	19	18
100岁及以上	**15**	**3**	**12**	**165**	**43**	**122**	**25**	**8**	**17**

2-1 续表 18

单位：人

年 龄	哈萨克族			傣 族			黎 族		
	小计	男	女	小计	男	女	小计	男	女
总 计	**1462588**	**747368**	**715220**	**1261311**	**625176**	**636135**	**1463064**	**756992**	**706072**
0-4岁	**133365**	**69192**	**64173**	**90694**	**46161**	**44533**	**121291**	**65281**	**56010**
0	28779	14969	13810	17990	9262	8728	23741	12743	10998
1	27211	14094	13117	19138	9658	9480	24578	13350	11228
2	28102	14535	13567	18877	9518	9359	24859	13475	11384
3	25274	13102	12172	17964	9152	8812	23914	12778	11136
4	23999	12492	11507	16725	8571	8154	24199	12935	11264
5-9岁	**112865**	**58304**	**54561**	**78244**	**39971**	**38273**	**102742**	**54912**	**47830**
5	24152	12478	11674	15734	8032	7702	24451	13023	11428
6	23645	12188	11457	15960	8215	7745	21166	11159	10007
7	23091	12018	11073	15194	7607	7587	18795	10160	8635
8	21440	10997	10443	15204	7808	7396	18671	10025	8646
9	20537	10623	9914	16152	8309	7843	19659	10545	9114
10-14岁	**101321**	**51772**	**49549**	**84076**	**43009**	**41067**	**110797**	**59088**	**51709**
10	20459	10495	9964	16170	8211	7959	19820	10592	9228
11	19639	10062	9577	15929	8168	7761	19884	10634	9250
12	20619	10441	10178	16949	8672	8277	21641	11610	10031
13	20256	10364	9892	17302	8938	8364	23210	12386	10824
14	20348	10410	9938	17726	9020	8706	26242	13866	12376
15-19岁	**117818**	**58494**	**59324**	**99677**	**49717**	**49960**	**148702**	**75544**	**73158**
15	20693	10523	10170	18192	9203	8989	28052	14451	13601
16	21751	10900	10851	18586	9122	9464	28722	14622	14100
17	23633	11649	11984	20532	10172	10360	31388	15835	15553
18	25510	12436	13074	20390	10174	10216	31526	15971	15555
19	26231	12986	13245	21977	11046	10931	29014	14665	14349
20-24岁	**160142**	**80394**	**79748**	**129705**	**64053**	**65652**	**143279**	**73693**	**69586**
20	31416	15677	15739	26235	12863	13372	32388	16430	15958
21	34519	17269	17250	25833	12711	13122	28766	14748	14018
22	31757	15889	15868	25772	12709	13063	27384	13939	13445
23	31676	15961	15715	26271	13078	13193	27370	14386	12984
24	30774	15598	15176	25594	12692	12902	27371	14190	13181
25-29岁	**149577**	**76463**	**73114**	**114019**	**57093**	**56926**	**140892**	**74154**	**66738**
25	30157	15293	14864	25124	12372	12752	27028	14126	12902
26	30852	15779	15073	23882	11945	11937	28763	14774	13989
27	29815	15430	14385	23028	11537	11491	29399	15616	13783
28	30297	15361	14936	22304	11237	11067	29750	15651	14099
29	28456	14600	13856	19681	10002	9679	25952	13987	11965

2-1 续表 19 单位：人

年龄	哈萨克族			傣族			黎族		
	小计	男	女	小计	男	女	小计	男	女
30-34岁	**145723**	**75185**	**70538**	**102824**	**51396**	**51428**	**124265**	**66436**	**57829**
30	31149	16084	15065	20158	9961	10197	29206	15317	13889
31	28667	14861	13806	19682	9928	9754	24618	13311	11307
32	28859	14742	14117	20951	10382	10569	24602	13186	11416
33	26685	13786	12899	20157	10112	10045	21229	11491	9738
34	30363	15712	14651	21876	11013	10863	24610	13131	11479
35-39岁	**136669**	**70364**	**66305**	**109744**	**55336**	**54408**	**122786**	**65582**	**57204**
35	28336	14646	13690	21499	10818	10681	24528	12840	11688
36	28563	14767	13796	22466	11342	11124	25690	13702	11988
37	27586	14236	13350	22367	11284	11083	25177	13610	11567
38	28507	14623	13884	22158	11192	10966	25235	13624	11611
39	23677	12092	11585	21254	10700	10554	22156	11806	10350
40-44岁	**114919**	**59034**	**55885**	**114487**	**56859**	**57628**	**118709**	**62237**	**56472**
40	26932	13923	13009	24888	12215	12673	27032	14118	12914
41	23923	12101	11822	22778	11233	11545	23910	12679	11231
42	24405	12640	11765	23326	11586	11740	25493	13199	12294
43	19528	10043	9485	20245	10215	10030	20648	10855	9793
44	20131	10327	9804	23250	11610	11640	21626	11386	10240
45-49岁	**87553**	**45240**	**42313**	**100880**	**49938**	**50942**	**96215**	**50174**	**46041**
45	20434	10452	9982	21736	10592	11144	21186	10929	10257
46	19866	10170	9696	23032	11562	11470	22029	11411	10618
47	18540	9502	9038	21480	10617	10863	20935	10882	10053
48	17401	9222	8179	19911	9973	9938	20429	10797	9632
49	11312	5894	5418	14721	7194	7527	11636	6155	5481
50-54岁	**63826**	**32587**	**31239**	**71247**	**35288**	**35959**	**60998**	**30825**	**30173**
50	13879	7103	6776	16025	8014	8011	12682	6370	6312
51	12188	6326	5862	13553	6742	6811	11201	5659	5542
52	13775	7098	6677	15939	7914	8025	13394	6812	6582
53	11776	5968	5808	13204	6481	6723	12202	6207	5995
54	12208	6092	6116	12526	6137	6389	11519	5777	5742
55-59岁	**47882**	**23936**	**23946**	**49642**	**24351**	**25291**	**48397**	**24018**	**24379**
55	10099	5072	5027	11483	5652	5831	10927	5551	5376
56	10852	5461	5391	11118	5507	5611	11021	5524	5497
57	9614	4824	4790	9785	4907	4878	9566	4688	4878
58	9995	5006	4989	9103	4366	4737	9476	4701	4775
59	7322	3573	3749	8153	3919	4234	7407	3554	3853
60-64岁	**33898**	**17415**	**16483**	**37579**	**18039**	**19540**	**37897**	**18126**	**19771**
60	8987	4606	4381	8661	4277	4384	9523	4606	4917
61	8299	4380	3919	8271	4035	4236	8269	4062	4207
62	6341	3288	3053	7143	3312	3831	6873	3193	3680
63	5471	2811	2660	7089	3340	3749	6809	3257	3552
64	4800	2330	2470	6415	3075	3340	6423	3008	3415

2-1 续表 20

单位：人

年 龄	哈萨克族			傣 族			黎 族		
	小计	男	女	小计	男	女	小计	男	女
65-69岁	**24640**	**12631**	**12009**	**27437**	**12776**	**14661**	**27635**	**12649**	**14986**
65	5473	2713	2760	5925	2758	3167	6020	2781	3239
66	5222	2711	2511	5725	2733	2992	5509	2605	2904
67	4911	2583	2328	5480	2568	2912	5854	2706	3148
68	4960	2600	2360	5327	2433	2894	5467	2447	3020
69	4074	2024	2050	4980	2284	2696	4785	2110	2675
70-74岁	**16658**	**8535**	**8123**	**22162**	**9764**	**12398**	**25641**	**11051**	**14590**
70	4774	2446	2328	4923	2184	2739	6085	2641	3444
71	3449	1800	1649	4185	1864	2321	4944	2165	2779
72	3100	1589	1511	4506	2054	2452	5211	2241	2970
73	2834	1451	1383	4438	1971	2467	4864	2138	2726
74	2501	1249	1252	4110	1691	2419	4537	1866	2671
75-79岁	**8995**	**4482**	**4513**	**15594**	**6550**	**9044**	**16817**	**7099**	**9718**
75	2127	1041	1086	3571	1489	2082	4350	1802	2548
76	2051	980	1071	3427	1426	2001	3640	1529	2111
77	1814	946	868	3258	1377	1881	3066	1390	1676
78	1672	859	813	2833	1181	1652	3081	1280	1801
79	1331	656	675	2505	1077	1428	2680	1098	1582
80-84岁	**4334**	**2225**	**2109**	**8630**	**3369**	**5261**	**9774**	**3929**	**5845**
80	1442	766	676	2530	1035	1495	2997	1220	1777
81	878	423	455	1745	657	1088	1934	791	1143
82	770	392	378	1780	700	1080	1882	732	1150
83	691	350	341	1355	507	848	1705	689	1016
84	553	294	259	1220	470	750	1256	497	759
85-89岁	**1759**	**833**	**926**	**3355**	**1121**	**2234**	**4332**	**1626**	**2706**
85	533	249	284	1002	356	646	1184	438	746
86	390	197	193	743	250	493	944	355	589
87	332	147	185	650	205	445	882	352	530
88	272	136	136	519	172	347	638	249	389
89	232	104	128	441	138	303	684	232	452
90-94岁	**469**	**200**	**269**	**1008**	**302**	**706**	**1418**	**433**	**985**
90	188	91	97	388	119	269	566	174	392
91	94	34	60	220	71	149	295	91	204
92	81	34	47	184	56	128	223	61	162
93	53	19	34	117	29	88	189	59	130
94	53	22	31	99	27	72	145	48	97
95-99岁	**163**	**78**	**85**	**254**	**73**	**181**	**379**	**114**	**265**
95	43	21	22	73	20	53	112	32	80
96	38	20	18	71	23	48	84	26	58
97	28	16	12	46	13	33	67	26	41
98	30	16	14	48	12	36	64	17	47
99	24	5	19	16	5	11	52	13	39
100岁及以上	**12**	**4**	**8**	**53**	**10**	**43**	**98**	**21**	**77**

2-1 续表 21

单位：人

年 龄	傈僳族			佤 族			畲 族		
	小计	男	女	小计	男	女	小计	男	女
总 计	**702839**	**355374**	**347465**	**429709**	**216439**	**213270**	**708651**	**383213**	**325438**
0-4岁	**52495**	**26625**	**25870**	**26336**	**13418**	**12918**	**55017**	**29998**	**25019**
0	10203	5211	4992	5677	2877	2800	10494	5819	4675
1	11141	5666	5475	5541	2894	2647	11593	6346	5247
2	10602	5396	5206	5335	2727	2608	11672	6342	5330
3	10283	5220	5063	5034	2542	2492	10747	5879	4868
4	10266	5132	5134	4749	2378	2371	10511	5612	4899
5-9岁	**53345**	**27065**	**26280**	**26711**	**13423**	**13288**	**46911**	**24950**	**21961**
5	10005	5069	4936	4483	2247	2236	10219	5428	4791
6	11101	5658	5443	5213	2587	2626	10130	5415	4715
7	10801	5519	5282	5519	2783	2736	8930	4687	4243
8	10635	5424	5211	5613	2814	2799	8763	4717	4046
9	10803	5395	5408	5883	2992	2891	8869	4703	4166
10-14岁	**55191**	**28200**	**26991**	**32206**	**16333**	**15873**	**45116**	**23752**	**21364**
10	11275	5774	5501	6149	3135	3014	8895	4621	4274
11	10260	5314	4946	5990	3021	2969	8318	4396	3922
12	11482	5866	5616	6685	3371	3314	9089	4819	4270
13	10980	5557	5423	6620	3406	3214	9030	4743	4287
14	11194	5689	5505	6762	3400	3362	9784	5173	4611
15-19岁	**57994**	**29093**	**28901**	**38037**	**19001**	**19036**	**59364**	**30529**	**28835**
15	11406	5833	5573	7036	3548	3488	11797	6141	5656
16	11557	5754	5803	7386	3597	3789	11682	6066	5616
17	11786	5906	5880	7635	3709	3926	12127	6128	5999
18	11472	5728	5744	7969	4057	3912	11673	5969	5704
19	11773	5872	5901	8011	4090	3921	12085	6225	5860
20-24岁	**71336**	**35868**	**35468**	**48265**	**23896**	**24369**	**61794**	**31429**	**30365**
20	15371	7588	7783	9844	4861	4983	14532	7331	7201
21	14409	7214	7195	9868	4882	4986	13025	6566	6459
22	13887	7069	6818	9472	4659	4813	11881	5921	5960
23	14229	7255	6974	9122	4605	4517	11781	6079	5702
24	13440	6742	6698	9959	4889	5070	10575	5532	5043
25-29岁	**67364**	**35014**	**32350**	**44081**	**22579**	**21502**	**51559**	**27462**	**24097**
25	13873	7054	6819	9703	4966	4737	10357	5462	4895
26	13522	7043	6479	9326	4824	4502	10254	5491	4763
27	13287	6999	6288	9036	4585	4451	9885	5223	4662
28	14217	7518	6699	8505	4298	4207	11326	6118	5208
29	12465	6400	6065	7511	3906	3605	9737	5168	4569

2-1 续表 22

单位：人

年 龄	傈僳族			佤 族			畲 族		
	小计	男	女	小计	男	女	小计	男	女
30-34岁	**64709**	**33546**	**31163**	**39731**	**20701**	**19030**	**53776**	**29438**	**24338**
30	13527	6735	6792	8881	4490	4391	8875	4822	4053
31	12455	6671	5784	7490	3979	3511	10527	5716	4811
32	13076	6705	6371	7960	4125	3835	11116	6112	5004
33	12297	6473	5824	7117	3711	3406	11055	6117	4938
34	13354	6962	6392	8283	4396	3887	12203	6671	5532
35-39岁	**61503**	**31899**	**29604**	**36948**	**19221**	**17727**	**62945**	**34789**	**28156**
35	12673	6571	6102	8107	4204	3903	12181	6663	5518
36	13077	6860	6217	7706	4047	3659	12382	6844	5538
37	12329	6357	5972	7609	3963	3646	13033	7245	5788
38	12156	6309	5847	7117	3680	3437	12545	6961	5584
39	11268	5802	5466	6409	3327	3082	12804	7076	5728
40-44岁	**55707**	**28451**	**27256**	**35888**	**18209**	**17679**	**61494**	**33808**	**27686**
40	12694	6489	6205	8441	4283	4158	12807	7063	5744
41	11367	5832	5535	7474	3858	3616	12467	6923	5544
42	11471	5893	5578	7153	3559	3594	13083	7182	5901
43	9578	4930	4648	6146	3191	2955	11048	6039	5009
44	10597	5307	5290	6674	3318	3356	12089	6601	5488
45-49岁	**43690**	**22122**	**21568**	**27676**	**14056**	**13620**	**50142**	**27473**	**22669**
45	10313	5197	5116	6530	3290	3240	11866	6623	5243
46	10060	5077	4983	6643	3370	3273	10798	5898	4900
47	9299	4716	4583	5698	2986	2712	12659	6886	5773
48	8478	4399	4079	5193	2585	2608	9628	5309	4319
49	5540	2733	2807	3612	1825	1787	5191	2757	2434
50-54岁	**30325**	**15133**	**15192**	**21037**	**10358**	**10679**	**38791**	**21865**	**16926**
50	6351	3214	3137	4958	2482	2476	7060	3958	3102
51	4812	2440	2372	3764	1835	1929	6594	3804	2790
52	6678	3400	3278	4862	2491	2371	8267	4677	3590
53	6484	3119	3365	3778	1814	1964	8891	4990	3901
54	6000	2960	3040	3675	1736	1939	7979	4436	3543
55-59岁	**27181**	**13242**	**13939**	**14975**	**7405**	**7570**	**37575**	**21011**	**16564**
55	6001	2953	3048	3269	1636	1633	8303	4614	3689
56	6331	3152	3179	3270	1636	1634	8292	4643	3649
57	5259	2509	2750	2869	1410	1459	7356	4055	3301
58	5274	2525	2749	2944	1461	1483	7463	4201	3262
59	4316	2103	2213	2623	1262	1361	6161	3498	2663
60-64岁	**21050**	**10244**	**10806**	**14044**	**6852**	**7192**	**25739**	**14756**	**10983**
60	4846	2437	2409	3520	1710	1810	5814	3331	2483
61	4736	2367	2369	3013	1534	1479	5871	3381	2490
62	3968	1882	2086	2529	1241	1288	5229	2994	2235
63	4067	1936	2131	2417	1195	1222	4525	2579	1946
64	3433	1622	1811	2565	1172	1393	4300	2471	1829

2-1 续表 23 单位：人

年 龄	傈僳族			佤 族			畲 族		
	小计	男	女	小计	男	女	小计	男	女
65-69岁	**15737**	**7487**	**8250**	**9719**	**4639**	**5080**	**17714**	**10322**	**7392**
65	3416	1650	1766	2445	1095	1350	3610	2155	1455
66	3256	1516	1740	1848	934	914	3968	2310	1658
67	3250	1543	1707	1875	919	956	3523	2026	1497
68	3131	1502	1629	1854	858	996	3222	1891	1331
69	2684	1276	1408	1697	833	864	3391	1940	1451
70-74岁	**11701**	**5509**	**6192**	**7034**	**3300**	**3734**	**16514**	**9457**	**7057**
70	2650	1239	1411	2162	1011	1151	3349	1926	1423
71	2228	1027	1201	1292	596	696	3146	1785	1361
72	2468	1192	1276	1244	600	644	3466	1996	1470
73	2233	1045	1188	1202	567	635	3465	1968	1497
74	2122	1006	1116	1134	526	608	3088	1782	1306
75-79岁	**7524**	**3398**	**4126**	**3818**	**1716**	**2102**	**12424**	**6546**	**5878**
75	1928	879	1049	1014	444	570	2886	1552	1334
76	1607	721	886	749	325	424	2680	1427	1253
77	1495	681	814	673	308	365	2703	1405	1298
78	1286	560	726	721	346	375	2117	1108	1009
79	1208	557	651	661	293	368	2038	1054	984
80-84岁	**3896**	**1686**	**2210**	**2040**	**883**	**1157**	**7561**	**3794**	**3767**
80	1221	532	689	713	337	376	1954	1035	919
81	794	364	430	367	145	222	1625	838	787
82	789	316	473	318	123	195	1651	803	848
83	621	285	336	330	146	184	1257	609	648
84	471	189	282	312	132	180	1074	509	565
85-89岁	**1522**	**595**	**927**	**799**	**316**	**483**	**3142**	**1407**	**1735**
85	455	176	279	223	86	137	973	450	523
86	339	112	227	183	63	120	704	329	375
87	295	127	168	137	55	82	615	260	355
88	231	102	129	130	64	66	482	208	274
89	202	78	124	126	48	78	368	160	208
90-94岁	**442**	**156**	**286**	**270**	**99**	**171**	**891**	**355**	**536**
90	193	70	123	129	51	78	292	117	175
91	83	26	57	43	10	33	231	100	131
92	71	21	50	28	11	17	169	61	108
93	44	12	32	43	16	27	106	41	65
94	51	27	24	27	11	16	93	36	57
95-99岁	**113**	**37**	**76**	**75**	**25**	**50**	**165**	**68**	**97**
95	36	17	19	20	4	16	61	23	38
96	21	7	14	12	4	8	43	17	26
97	22	5	17	14	6	8	28	15	13
98	21	4	17	14	5	9	22	8	14
99	13	4	9	15	6	9	11	5	6
100岁及以上	**14**	**4**	**10**	**19**	**9**	**10**	**17**	**4**	**13**

2-1 续表 24

单位：人

年 龄	高山族			拉祜族			水 族		
	小计	男	女	小计	男	女	小计	男	女
总 计	**4009**	**2029**	**1980**	**485966**	**247667**	**238299**	**411847**	**213644**	**198203**
0-4岁	**275**	**136**	**139**	**33283**	**16846**	**16437**	**35233**	**20019**	**15214**
0	49	20	29	6647	3360	3287	7277	4118	3159
1	56	32	24	7031	3564	3467	7656	4350	3306
2	69	32	37	6840	3435	3405	7136	3977	3159
3	55	27	28	6390	3231	3159	6576	3817	2759
4	46	25	21	6375	3256	3119	6588	3757	2831
5-9岁	**236**	**124**	**112**	**29770**	**15225**	**14545**	**35513**	**19660**	**15853**
5	60	32	28	5867	2945	2922	6237	3521	2716
6	51	24	27	6102	3123	2979	7138	3913	3225
7	38	20	18	5939	3057	2882	7117	3969	3148
8	44	19	25	5832	3019	2813	7172	4012	3160
9	43	29	14	6030	3081	2949	7849	4245	3604
10-14岁	**228**	**106**	**122**	**33295**	**17100**	**16195**	**42335**	**22592**	**19743**
10	34	14	20	6294	3188	3106	8155	4361	3794
11	46	21	25	6306	3188	3118	8500	4587	3913
12	47	21	26	6828	3563	3265	8852	4724	4128
13	53	25	28	6863	3510	3353	8522	4529	3993
14	48	25	23	7004	3651	3353	8306	4391	3915
15-19岁	**351**	**188**	**163**	**38718**	**19896**	**18822**	**37216**	**19376**	**17840**
15	66	41	25	7280	3691	3589	8158	4375	3783
16	51	31	20	7282	3743	3539	7925	4075	3850
17	77	41	36	7596	3942	3654	7664	3911	3753
18	60	30	30	7966	4199	3767	7168	3779	3389
19	97	45	52	8594	4321	4273	6301	3236	3065
20-24岁	**462**	**228**	**234**	**54405**	**27665**	**26740**	**35122**	**17549**	**17573**
20	110	52	58	11391	5689	5702	7154	3540	3614
21	87	47	40	11019	5568	5451	6682	3364	3318
22	106	52	54	10660	5439	5221	7041	3557	3484
23	96	50	46	10774	5503	5271	7429	3725	3704
24	63	27	36	10561	5466	5095	6816	3363	3453
25-29岁	**384**	**182**	**202**	**49034**	**25462**	**23572**	**31904**	**16076**	**15828**
25	91	44	47	10342	5318	5024	6453	3191	3262
26	66	30	36	10175	5229	4946	6329	3197	3132
27	81	31	50	10026	5199	4827	6021	3102	2919
28	73	39	34	9667	5096	4571	6668	3310	3358
29	73	38	35	8824	4620	4204	6433	3276	3157

2-1 续表 25 单位：人

年龄	高山族			拉祜族			水族		
	小计	男	女	小计	男	女	小计	男	女
30-34岁	**287**	**126**	**161**	**45131**	**23715**	**21416**	**31919**	**16547**	**15372**
30	57	26	31	9721	4959	4762	6553	3229	3324
31	59	24	35	8411	4493	3918	6291	3341	2950
32	71	29	42	9158	4839	4319	6494	3407	3087
33	42	21	21	8574	4587	3987	5868	3085	2783
34	58	26	32	9267	4837	4430	6713	3485	3228
35-39岁	**301**	**155**	**146**	**43400**	**22833**	**20567**	**32979**	**17142**	**15837**
35	45	23	22	9097	4683	4414	7029	3644	3385
36	59	30	29	9479	5040	4439	7072	3622	3450
37	66	28	38	8880	4766	4114	6301	3277	3024
38	73	44	29	8008	4180	3828	6444	3388	3056
39	58	30	28	7936	4164	3772	6133	3211	2922
40-44岁	**325**	**174**	**151**	**42270**	**21707**	**20563**	**30774**	**15840**	**14934**
40	67	33	34	9539	4943	4596	6691	3403	3288
41	65	31	34	8650	4518	4132	6063	3165	2898
42	61	32	29	8651	4370	4281	6763	3420	3343
43	60	42	18	7488	3863	3625	5407	2768	2639
44	72	36	36	7942	4013	3929	5850	3084	2766
45-49岁	**343**	**175**	**168**	**33337**	**16978**	**16359**	**23676**	**12186**	**11490**
45	72	35	37	7775	3917	3858	5928	3079	2849
46	78	42	36	7501	3815	3686	5799	2980	2819
47	85	46	39	7005	3627	3378	5672	2920	2752
48	60	33	27	6325	3232	3093	4020	2066	1954
49	48	19	29	4731	2387	2344	2257	1141	1116
50-54岁	**243**	**126**	**117**	**24763**	**12532**	**12231**	**15139**	**7579**	**7560**
50	63	28	35	5656	2896	2760	2427	1171	1256
51	31	16	15	4429	2193	2236	2402	1160	1242
52	46	24	22	5782	2926	2856	3443	1759	1684
53	67	37	30	4726	2374	2352	3623	1852	1771
54	36	21	15	4170	2143	2027	3244	1637	1607
55-59岁	**200**	**110**	**90**	**16860**	**8486**	**8374**	**16592**	**8447**	**8145**
55	45	28	17	3973	2036	1937	3510	1826	1684
56	38	23	15	3529	1774	1755	3748	1913	1835
57	41	19	22	3308	1674	1634	3440	1728	1712
58	45	22	23	3090	1550	1540	3183	1601	1582
59	31	18	13	2960	1452	1508	2711	1379	1332
60-64岁	**121**	**67**	**54**	**15371**	**7335**	**8036**	**13564**	**6805**	**6759**
60	27	14	13	3468	1644	1824	3010	1542	1468
61	22	18	4	3172	1576	1596	2942	1509	1433
62	21	8	13	3052	1440	1612	2625	1290	1335
63	32	18	14	3082	1457	1625	2525	1237	1288
64	19	9	10	2597	1218	1379	2462	1227	1235

2-1 续表 26 单位：人

年 龄	高山族			拉祜族			水 族		
	小计	男	女	小计	男	女	小计	男	女
65-69岁	**78**	**45**	**33**	**10472**	**4892**	**5580**	**10666**	**5169**	**5497**
65	19	10	9	2332	1090	1242	2243	1063	1180
66	18	11	7	2079	976	1103	2257	1122	1135
67	9	7	2	2195	1042	1153	2171	1032	1139
68	21	12	9	2011	910	1101	1927	906	1021
69	11	5	6	1855	874	981	2068	1046	1022
70-74岁	**56**	**33**	**23**	**7786**	**3555**	**4231**	**9562**	**4481**	**5081**
70	12	5	7	2002	922	1080	2214	1019	1195
71	4	2	2	1435	647	788	1771	862	909
72	16	10	6	1608	760	848	1904	869	1035
73	11	7	4	1458	632	826	1910	910	1000
74	13	9	4	1283	594	689	1763	821	942
75-79岁	**50**	**23**	**27**	**4423**	**1962**	**2461**	**6006**	**2712**	**3294**
75	5	3	2	1115	523	592	1429	670	759
76	13	7	6	904	391	513	1263	587	676
77	13	4	9	959	418	541	1302	611	691
78	7	1	6	760	323	437	1108	472	636
79	12	8	4	685	307	378	904	372	532
80-84岁	**47**	**19**	**28**	**2343**	**992**	**1351**	**2592**	**1096**	**1496**
80	5	1	4	754	312	442	870	381	489
81	10	6	4	414	169	245	555	239	316
82	9	5	4	458	188	270	555	214	341
83	11	5	6	385	175	210	391	160	231
84	12	2	10	332	148	184	221	102	119
85-89岁	**18**	**10**	**8**	**912**	**337**	**575**	**762**	**280**	**482**
85	3		3	271	104	167	189	82	107
86	5	3	2	200	63	137	183	75	108
87	6	3	3	201	73	128	155	57	98
88	3	3		125	54	71	128	43	85
89	1	1		115	43	72	107	23	84
90-94岁	**2**	**1**	**1**	**299**	**116**	**183**	**234**	**75**	**159**
90	2	1	1	124	45	79	83	23	60
91				52	18	34	52	21	31
92				62	34	28	46	13	33
93				28	9	19	36	13	23
94				33	10	23	17	5	12
95-99岁	**2**	**1**	**1**	**81**	**31**	**50**	**52**	**11**	**41**
95	1		1	17	4	13	20	4	16
96	1	1		15	5	10	16	4	12
97				22	12	10	8	3	5
98				18	8	10	3		3
99				9	2	7	5		5
100岁及以上				**13**	**2**	**11**	**7**	**2**	**5**

2-1 续表 27 单位：人

年 龄	东乡族			纳西族			景颇族		
	小计	男	女	小计	男	女	小计	男	女
总 计	**621500**	**317490**	**304010**	**326295**	**162635**	**163660**	**147828**	**71318**	**76510**
0-4岁	**59299**	**32713**	**26586**	**15836**	**8170**	**7666**	**12890**	**6723**	**6167**
0	11720	6442	5278	3176	1677	1499	2536	1354	1182
1	12089	6768	5321	3287	1657	1630	2903	1515	1388
2	12600	6976	5624	3223	1637	1586	2653	1383	1270
3	11698	6458	5240	3073	1596	1477	2481	1312	1169
4	11192	6069	5123	3077	1603	1474	2317	1159	1158
5-9岁	**52811**	**28754**	**24057**	**17100**	**8648**	**8452**	**11345**	**5857**	**5488**
5	11005	6004	5001	3217	1680	1537	2130	1103	1027
6	10845	5962	4883	3488	1714	1774	2296	1189	1107
7	10482	5663	4819	3233	1700	1533	2278	1235	1043
8	10246	5542	4704	3416	1700	1716	2253	1108	1145
9	10233	5583	4650	3746	1854	1892	2388	1222	1166
10-14岁	**58786**	**31006**	**27780**	**22095**	**11053**	**11042**	**11882**	**6107**	**5775**
10	10598	5693	4905	4325	2188	2137	2441	1278	1163
11	10745	5694	5051	4222	2113	2109	2401	1257	1144
12	13101	6911	6190	4528	2245	2283	2368	1207	1161
13	12190	6406	5784	4458	2258	2200	2383	1187	1196
14	12152	6302	5850	4562	2249	2313	2289	1178	1111
15-19岁	**65182**	**33323**	**31859**	**26293**	**12981**	**13312**	**11831**	**6020**	**5811**
15	13941	7277	6664	5090	2554	2536	2263	1177	1086
16	12357	6333	6024	5165	2526	2639	2385	1198	1187
17	12365	6300	6065	5207	2587	2620	2364	1203	1161
18	13559	6922	6637	5361	2671	2690	2249	1158	1091
19	12960	6491	6469	5470	2643	2827	2570	1284	1286
20-24岁	**65462**	**31837**	**33625**	**30980**	**15130**	**15850**	**16826**	**7982**	**8844**
20	15136	7197	7939	6612	3142	3470	3397	1603	1794
21	13952	6823	7129	6421	3165	3256	3300	1567	1733
22	11781	5709	6072	6582	3271	3311	3385	1555	1830
23	13308	6516	6792	6086	2977	3109	3387	1596	1791
24	11285	5592	5693	5279	2575	2704	3357	1661	1696
25-29岁	**52584**	**26168**	**26416**	**23884**	**12039**	**11845**	**15113**	**7240**	**7873**
25	11812	5780	6032	4879	2461	2418	3510	1734	1776
26	10897	5383	5514	4883	2436	2447	3205	1501	1704
27	10090	5077	5013	4587	2352	2235	2953	1404	1549
28	10830	5424	5406	5123	2558	2565	2798	1310	1488
29	8955	4504	4451	4412	2232	2180	2647	1291	1356

2-1 续表 28

单位：人

年 龄	东乡族			纳西族			景颇族		
	小计	男	女	小计	男	女	小计	男	女
30-34岁	**47579**	**23284**	**24295**	**27673**	**13928**	**13745**	**13752**	**6639**	**7113**
30	10928	5204	5724	4414	2224	2190	2877	1370	1507
31	8484	4245	4239	5276	2667	2609	2585	1241	1344
32	9526	4509	5017	5762	2914	2848	2761	1310	1451
33	9172	4642	4530	5867	2871	2996	2680	1327	1353
34	9469	4684	4785	6354	3252	3102	2849	1391	1458
35-39岁	**48873**	**24231**	**24642**	**33342**	**17125**	**16217**	**12591**	**6011**	**6580**
35	10177	4964	5213	6279	3207	3072	2724	1273	1451
36	9757	4690	5067	6800	3462	3338	2670	1258	1412
37	9402	4570	4832	6715	3435	3280	2523	1221	1302
38	11147	5712	5435	6920	3603	3317	2493	1223	1270
39	8390	4295	4095	6628	3418	3210	2181	1036	1145
40-44岁	**47028**	**23396**	**23632**	**30782**	**15745**	**15037**	**11180**	**5230**	**5950**
40	11366	5441	5925	6419	3238	3181	2477	1114	1363
41	8861	4369	4492	6545	3321	3224	2331	1138	1193
42	9716	4896	4820	6596	3382	3214	2290	1106	1184
43	9030	4563	4467	5085	2638	2447	2005	907	1098
44	8055	4127	3928	6137	3166	2971	2077	965	1112
45-49岁	**33512**	**17533**	**15979**	**25337**	**12863**	**12474**	**8378**	**3927**	**4451**
45	8075	4272	3803	6174	3161	3013	1812	851	961
46	7765	4177	3588	5871	3020	2851	1821	823	998
47	6925	3595	3330	5924	2986	2938	1855	855	1000
48	6786	3582	3204	4921	2493	2428	1562	759	803
49	3961	1907	2054	2447	1203	1244	1328	639	689
50-54岁	**17604**	**8899**	**8705**	**14521**	**7385**	**7136**	**6994**	**3208**	**3786**
50	4638	2352	2286	2829	1482	1347	1502	720	782
51	2958	1479	1479	2093	1046	1047	1474	671	803
52	3402	1738	1664	2956	1497	1459	1595	726	869
53	3505	1768	1737	3443	1744	1699	1305	564	741
54	3101	1562	1539	3200	1616	1584	1118	527	591
55-59岁	**17315**	**8579**	**8736**	**15932**	**7837**	**8095**	**4394**	**2028**	**2366**
55	3471	1784	1687	3584	1821	1763	990	466	524
56	3322	1629	1693	3648	1784	1864	1028	458	570
57	3607	1760	1847	3095	1479	1616	806	378	428
58	3739	1874	1865	3070	1514	1556	884	438	446
59	3176	1532	1644	2535	1239	1296	686	288	398
60-64岁	**17709**	**8671**	**9038**	**12577**	**6153**	**6424**	**4015**	**1771**	**2244**
60	3998	1967	2031	2641	1338	1303	865	374	491
61	3464	1716	1748	2748	1332	1416	988	448	540
62	3436	1704	1732	2587	1255	1332	671	317	354
63	3767	1859	1908	2462	1203	1259	785	341	444
64	3044	1425	1619	2139	1025	1114	706	291	415

2-1 续表 29 单位：人

年龄	东乡族			纳西族			景颇族		
	小计	男	女	小计	男	女	小计	男	女
65-69岁	**14811**	**7526**	**7285**	**10694**	**5142**	**5552**	**2764**	**1118**	**1646**
65	3348	1649	1699	2200	1067	1133	671	265	406
66	2705	1387	1318	2329	1124	1205	547	225	322
67	3134	1579	1555	2211	1077	1134	563	228	335
68	3144	1613	1531	2064	975	1089	536	211	325
69	2480	1298	1182	1890	899	991	447	189	258
70-74岁	**11291**	**5720**	**5571**	**9429**	**4440**	**4989**	**1987**	**796**	**1191**
70	3057	1538	1519	1892	923	969	569	224	345
71	2021	994	1027	1787	836	951	333	138	195
72	2315	1170	1145	2104	1002	1102	388	166	222
73	2355	1200	1155	1932	875	1057	394	152	242
74	1543	818	725	1714	804	910	303	116	187
75-79岁	**6208**	**3203**	**3005**	**5456**	**2362**	**3094**	**1032**	**389**	**643**
75	1488	776	712	1334	611	723	289	109	180
76	1181	615	566	1162	484	678	209	70	139
77	1274	660	614	1087	459	628	206	89	117
78	1266	643	623	971	417	554	169	66	103
79	999	509	490	902	391	511	159	55	104
80-84岁	**3346**	**1658**	**1688**	**2844**	**1140**	**1704**	**533**	**191**	**342**
80	1110	571	539	842	346	496	186	61	125
81	565	264	301	606	255	351	83	35	48
82	638	320	318	555	231	324	109	45	64
83	664	326	338	469	183	286	70	20	50
84	369	177	192	372	125	247	85	30	55
85-89岁	**1307**	**629**	**678**	**1124**	**386**	**738**	**229**	**61**	**168**
85	344	164	180	320	108	212	67	18	49
86	277	133	144	267	92	175	53	14	39
87	285	140	145	216	73	143	46	17	29
88	227	102	125	184	65	119	30	5	25
89	174	90	84	137	48	89	33	7	26
90-94岁	**561**	**260**	**301**	**336**	**87**	**249**	**62**	**15**	**47**
90	210	95	115	118	34	84	25	6	19
91	98	47	51	73	20	53	9	2	7
92	121	54	67	76	21	55	15	4	11
93	87	37	50	38	7	31	3		3
94	45	27	18	31	5	26	10	3	7
95-99岁	**165**	**75**	**90**	**56**	**20**	**36**	**20**	**3**	**17**
95	47	19	28	22	9	13	2		2
96	34	15	19	14	3	11	2		2
97	35	12	23	8	3	5	6	1	5
98	39	24	15	6	3	3	6	2	4
99	10	5	5	6	2	4	4		4
100岁及以上	**67**	**25**	**42**	**4**	**1**	**3**	**10**	**2**	**8**

2-1 续表 30 单位：人

年 龄	柯尔克孜族			土 族			达斡尔族		
	小计	男	女	小计	男	女	小计	男	女
总 计	**186708**	**94645**	**92063**	**289565**	**148055**	**141510**	**131992**	**64866**	**67126**
0-4岁	**17754**	**9128**	**8626**	**19460**	**10445**	**9015**	**8458**	**4390**	**4068**
0	3535	1823	1712	3965	2157	1808	1634	851	783
1	3551	1773	1778	4004	2135	1869	1772	930	842
2	3756	1915	1841	3914	2141	1773	1741	901	840
3	3525	1829	1696	3686	1938	1748	1708	878	830
4	3387	1788	1599	3891	2074	1817	1603	830	773
5-9岁	**16718**	**8480**	**8238**	**19773**	**10349**	**9424**	**7153**	**3682**	**3471**
5	3456	1770	1686	3857	2022	1835	1588	770	818
6	3390	1724	1666	4087	2132	1955	1570	814	756
7	3583	1808	1775	3924	2038	1886	1271	645	626
8	3202	1622	1580	3725	1968	1757	1369	721	648
9	3087	1556	1531	4180	2189	1991	1355	732	623
10-14岁	**14199**	**7182**	**7017**	**21685**	**11345**	**10340**	**7975**	**4012**	**3963**
10	3039	1532	1507	4347	2307	2040	1362	710	652
11	2781	1411	1370	4018	2053	1965	1362	670	692
12	2891	1465	1426	4439	2352	2087	1580	820	760
13	2715	1381	1334	4335	2229	2106	1709	873	836
14	2773	1393	1380	4546	2404	2142	1962	939	1023
15-19岁	**16824**	**8288**	**8536**	**30961**	**15526**	**15435**	**11098**	**5431**	**5667**
15	2678	1309	1369	5535	2873	2662	2042	1065	977
16	2764	1430	1334	5679	2812	2867	2177	1037	1140
17	3108	1564	1544	6822	3428	3394	2310	1104	1206
18	4026	1937	2089	6685	3306	3379	2251	1114	1137
19	4248	2048	2200	6240	3107	3133	2318	1111	1207
20-24岁	**22999**	**11333**	**11666**	**29455**	**14809**	**14646**	**14033**	**6917**	**7116**
20	4976	2417	2559	7149	3451	3698	2946	1452	1494
21	5006	2411	2595	6118	3071	3047	2940	1460	1480
22	4443	2264	2179	5486	2803	2683	2769	1361	1408
23	4388	2193	2195	5797	2990	2807	2731	1344	1387
24	4186	2048	2138	4905	2494	2411	2647	1300	1347
25-29岁	**19309**	**9880**	**9429**	**23404**	**11924**	**11480**	**12869**	**6470**	**6399**
25	4327	2170	2157	4258	2169	2089	2536	1300	1236
26	4168	2114	2054	4372	2234	2138	2624	1319	1305
27	3851	1973	1878	4381	2193	2188	2565	1278	1287
28	3649	1870	1779	5461	2814	2647	2777	1358	1419
29	3314	1753	1561	4932	2514	2418	2367	1215	1152

2-1 续表 31 单位：人

年 龄	柯尔克孜族			土 族			达斡尔族		
	小计	男	女	小计	男	女	小计	男	女
30-34岁	**16117**	**8217**	**7900**	**25675**	**13252**	**12423**	**10678**	**5358**	**5320**
30	4016	2051	1965	5156	2638	2518	2215	1136	1079
31	2973	1525	1448	4993	2565	2428	2128	1061	1067
32	3220	1611	1609	5090	2591	2499	2188	1110	1078
33	2670	1409	1261	4876	2539	2337	1942	993	949
34	3238	1621	1617	5560	2919	2641	2205	1058	1147
35-39岁	**14603**	**7551**	**7052**	**28654**	**14836**	**13818**	**12202**	**5989**	**6213**
35	3236	1677	1559	5751	2979	2772	2242	1079	1163
36	3002	1583	1419	5947	3113	2834	2322	1146	1176
37	2949	1526	1423	5759	3009	2750	2554	1216	1338
38	2978	1553	1425	5599	2836	2763	2506	1268	1238
39	2438	1212	1226	5598	2899	2699	2578	1280	1298
40-44岁	**12289**	**6200**	**6089**	**26976**	**13721**	**13255**	**11785**	**5766**	**6019**
40	3276	1638	1638	5878	2969	2909	2682	1349	1333
41	2570	1288	1282	5404	2761	2643	2384	1154	1230
42	2602	1287	1315	5883	3045	2838	2427	1165	1262
43	1899	976	923	4730	2366	2364	2098	1024	1074
44	1942	1011	931	5081	2580	2501	2194	1074	1120
45-49岁	**9022**	**4506**	**4516**	**19947**	**10153**	**9794**	**10798**	**5165**	**5633**
45	2140	1057	1083	4925	2479	2446	2354	1125	1229
46	2143	1097	1046	4939	2572	2367	2440	1140	1300
47	1771	854	917	4581	2336	2245	2578	1276	1302
48	1732	909	823	3793	1897	1896	1948	934	1014
49	1236	589	647	1709	869	840	1478	690	788
50-54岁	**6510**	**3230**	**3280**	**11099**	**5690**	**5409**	**8871**	**4177**	**4694**
50	1789	870	919	1879	979	900	1991	955	1036
51	1102	573	529	1802	942	860	1634	746	888
52	1295	672	623	2288	1198	1090	1827	889	938
53	1188	571	617	2691	1381	1310	1817	861	956
54	1136	544	592	2439	1190	1249	1602	726	876
55-59岁	**5882**	**2966**	**2916**	**11097**	**5639**	**5458**	**6592**	**3058**	**3534**
55	1218	629	589	2516	1302	1214	1617	718	899
56	1348	690	658	2319	1190	1129	1619	741	878
57	1190	611	579	2307	1176	1131	1251	590	661
58	1123	517	606	2175	1088	1087	1118	535	583
59	1003	519	484	1780	883	897	987	474	513
60-64岁	**5132**	**2681**	**2451**	**7856**	**3913**	**3943**	**3634**	**1727**	**1907**
60	1391	721	670	1752	886	866	991	464	527
61	1101	619	482	1835	921	914	853	399	454
62	1023	491	532	1423	718	705	665	325	340
63	849	460	389	1443	693	750	615	304	311
64	768	390	378	1403	695	708	510	235	275

2-1 续表 32

单位：人

年 龄	柯尔克孜族			土 族			达斡尔族		
	小计	男	女	小计	男	女	小计	男	女
65-69岁	**3738**	**1956**	**1782**	**5913**	**2909**	**3004**	**2113**	**980**	**1133**
65	887	454	433	1292	606	686	478	238	240
66	880	438	442	1231	619	612	403	195	208
67	678	367	311	1246	625	621	379	172	207
68	751	385	366	1077	542	535	379	155	224
69	542	312	230	1067	517	550	474	220	254
70-74岁	**2577**	**1381**	**1196**	**3913**	**1889**	**2024**	**1951**	**908**	**1043**
70	787	403	384	974	502	472	438	207	231
71	545	298	247	708	322	386	412	176	236
72	481	268	213	806	387	419	445	217	228
73	404	225	179	764	372	392	336	152	184
74	360	187	173	661	306	355	320	156	164
75-79岁	**1630**	**858**	**772**	**2390**	**1101**	**1289**	**1101**	**533**	**568**
75	380	198	182	616	285	331	299	136	163
76	356	185	171	512	241	271	296	143	153
77	358	183	175	477	216	261	240	119	121
78	294	165	129	403	187	216	139	69	70
79	242	127	115	382	172	210	127	66	61
80-84岁	**924**	**554**	**370**	**893**	**384**	**509**	**451**	**217**	**234**
80	324	181	143	285	112	173	139	65	74
81	221	150	71	164	66	98	95	43	52
82	163	95	68	194	94	100	100	49	51
83	134	79	55	139	61	78	73	37	36
84	82	49	33	111	51	60	44	23	21
85-89岁	**344**	**200**	**144**	**324**	**136**	**188**	**171**	**67**	**104**
85	86	55	31	109	44	65	52	19	33
86	78	45	33	78	33	45	33	16	17
87	72	46	26	55	22	33	28	8	20
88	56	26	30	42	20	22	34	12	22
89	52	28	24	40	17	23	24	12	12
90-94岁	**103**	**43**	**60**	**67**	**24**	**43**	**42**	**11**	**31**
90	51	19	32	25	9	16	14	3	11
91	26	11	15	11	4	7	10	5	5
92	12	7	5	13	5	8	10	2	8
93	7	3	4	6	1	5	2	1	1
94	7	3	4	12	5	7	6		6
95-99岁	**32**	**10**	**22**	**23**	**10**	**13**	**15**	**8**	**7**
95	8	2	6	6	1	5	5	2	3
96	6	3	3	6	3	3	2	2	
97	9	2	7	6	4	2	2	1	1
98	5	1	4	3	1	2	3		3
99	4	2	2	2	1	1	3	3	
100岁及以上	**2**	**1**	**1**				**2**		**2**

2-1 续表 33

单位：人

年 龄	仫佬族			羌 族			布朗族		
	小计	男	女	小计	男	女	小计	男	女
总 计	**216257**	**110516**	**105741**	**309576**	**156539**	**153037**	**119639**	**61230**	**58409**
0-4岁	**17640**	**9322**	**8318**	**16943**	**8694**	**8249**	**9829**	**4981**	**4848**
0	3544	1905	1639	3600	1840	1760	2035	1038	997
1	3696	2006	1690	3535	1816	1719	2010	1012	998
2	3460	1822	1638	3364	1710	1654	2116	1059	1057
3	3631	1907	1724	3279	1696	1583	1873	952	921
4	3309	1682	1627	3165	1632	1533	1795	920	875
5-9岁	**13879**	**7265**	**6614**	**17200**	**8781**	**8419**	**8860**	**4439**	**4421**
5	2883	1512	1371	3143	1603	1540	1736	885	851
6	3057	1593	1464	3437	1808	1629	1836	922	914
7	2709	1441	1268	3444	1770	1674	1745	859	886
8	2624	1355	1269	3444	1778	1666	1724	869	855
9	2606	1364	1242	3732	1822	1910	1819	904	915
10-14岁	**13842**	**7101**	**6741**	**24405**	**12335**	**12070**	**10036**	**5081**	**4955**
10	2657	1358	1299	4146	2084	2062	1896	1006	890
11	2635	1339	1296	4274	2129	2145	1887	942	945
12	2905	1516	1389	5093	2628	2465	2004	993	1011
13	2944	1508	1436	5290	2694	2596	2082	1040	1042
14	2701	1380	1321	5602	2800	2802	2167	1100	1067
15-19岁	**15653**	**7925**	**7728**	**32796**	**16301**	**16495**	**11305**	**5601**	**5704**
15	2786	1469	1317	6548	3298	3250	2120	1061	1059
16	3083	1588	1495	6947	3495	3452	2259	1085	1174
17	3188	1592	1596	7330	3673	3657	2268	1137	1131
18	3428	1682	1746	6444	3113	3331	2316	1186	1130
19	3168	1594	1574	5527	2722	2805	2342	1132	1210
20-24岁	**22221**	**10969**	**11252**	**29295**	**14639**	**14656**	**13094**	**6705**	**6389**
20	4319	2133	2186	6565	3304	3261	2935	1497	1438
21	4400	2214	2186	6141	3038	3103	2655	1330	1325
22	4172	2036	2136	5558	2824	2734	2494	1276	1218
23	4728	2308	2420	5721	2846	2875	2460	1278	1182
24	4602	2278	2324	5310	2627	2683	2550	1324	1226
25-29岁	**21190**	**10766**	**10424**	**21586**	**10856**	**10730**	**11165**	**5826**	**5339**
25	4671	2374	2297	4333	2196	2137	2355	1211	1144
26	4542	2289	2253	3765	1866	1899	2370	1218	1152
27	4223	2251	1972	3718	1848	1870	2238	1168	1070
28	4119	2036	2083	4967	2514	2453	2181	1169	1012
29	3635	1816	1819	4803	2432	2371	2021	1060	961

2-1 续表 34

单位: 人

年 龄	仫佬族			羌 族			布朗族		
	小计	男	女	小计	男	女	小计	男	女
30-34岁	**17868**	**9298**	**8570**	**23898**	**12155**	**11743**	**10306**	**5446**	**4860**
30	3533	1849	1684	4287	2193	2094	2160	1143	1017
31	3655	1896	1759	4295	2211	2084	1975	1020	955
32	3564	1847	1717	4470	2261	2209	2084	1075	1009
33	3327	1756	1571	4972	2544	2428	1956	1067	889
34	3789	1950	1839	5874	2946	2928	2131	1141	990
35-39岁	**18320**	**9675**	**8645**	**31764**	**16085**	**15679**	**9733**	**5147**	**4586**
35	3820	2013	1807	6024	3002	3022	2076	1101	975
36	4016	2119	1897	6460	3256	3204	2078	1116	962
37	3517	1845	1672	6580	3321	3259	1961	1063	898
38	3541	1908	1633	6298	3231	3067	1891	973	918
39	3426	1790	1636	6402	3275	3127	1727	894	833
40-44岁	**17989**	**9423**	**8566**	**28656**	**14656**	**14000**	**8948**	**4756**	**4192**
40	3718	1949	1769	6277	3152	3125	1944	1058	886
41	3573	1923	1650	5964	3093	2871	1795	935	860
42	4122	2149	1973	6202	3170	3032	1820	978	842
43	3074	1594	1480	4676	2434	2242	1559	817	742
44	3502	1808	1694	5537	2807	2730	1830	968	862
45-49岁	**14747**	**7742**	**7005**	**20026**	**10448**	**9578**	**7443**	**3903**	**3540**
45	3625	1914	1711	5068	2644	2424	1746	952	794
46	3349	1758	1591	4977	2566	2411	1688	860	828
47	3665	1912	1753	4842	2583	2259	1580	813	767
48	2854	1512	1342	3416	1785	1631	1455	773	682
49	1254	646	608	1723	870	853	974	505	469
50-54岁	**9496**	**4969**	**4527**	**13422**	**6957**	**6465**	**5358**	**2705**	**2653**
50	1383	722	661	2104	1091	1013	1106	528	578
51	1560	815	745	2186	1178	1008	934	479	455
52	2286	1204	1082	3007	1596	1411	1195	620	575
53	2223	1184	1039	3174	1628	1546	1099	564	535
54	2044	1044	1000	2951	1464	1487	1024	514	510
55-59岁	**10053**	**5108**	**4945**	**15716**	**7937**	**7779**	**4165**	**2093**	**2072**
55	2131	1145	986	3258	1644	1614	976	498	478
56	2116	1026	1090	3223	1580	1643	910	469	441
57	2082	1074	1008	3341	1731	1610	796	410	386
58	1944	977	967	3496	1779	1717	812	405	407
59	1780	886	894	2398	1203	1195	671	311	360
60-64岁	**6950**	**3522**	**3428**	**11570**	**6001**	**5569**	**3317**	**1690**	**1627**
60	1724	870	854	2320	1235	1085	741	401	340
61	1660	881	779	2581	1387	1194	717	360	357
62	1256	639	617	2136	1086	1050	637	328	309
63	1170	586	584	2433	1235	1198	648	316	332
64	1140	546	594	2100	1058	1042	574	285	289

2-1 续表 35

单位：人

年龄	仫佬族			羌族			布朗族		
	小计	男	女	小计	男	女	小计	男	女
65-69岁	**5489**	**2629**	**2860**	**10023**	**4914**	**5109**	**2224**	**1129**	**1095**
65	1119	528	591	1937	916	1021	498	259	239
66	1208	604	604	2108	1045	1063	439	217	222
67	1103	527	576	2015	986	1029	411	203	208
68	945	446	499	1936	984	952	433	218	215
69	1114	524	590	2027	983	1044	443	232	211
70-74岁	**4694**	**2206**	**2488**	**6407**	**3109**	**3298**	**1657**	**807**	**850**
70	1017	510	507	1701	828	873	381	187	194
71	945	448	497	1461	701	760	327	154	173
72	1009	473	536	1484	720	764	331	173	158
73	879	421	458	1058	520	538	284	149	135
74	844	354	490	703	340	363	334	144	190
75-79岁	**3341**	**1529**	**1812**	**2649**	**1287**	**1362**	**1172**	**523**	**649**
75	736	342	394	591	287	304	326	148	178
76	742	350	392	457	228	229	238	111	127
77	682	325	357	543	277	266	224	97	127
78	543	254	289	525	252	273	195	81	114
79	638	258	380	533	243	290	189	86	103
80-84岁	**1845**	**734**	**1111**	**2035**	**876**	**1159**	**651**	**263**	**388**
80	546	223	323	536	245	291	223	79	144
81	384	168	216	426	175	251	131	54	77
82	350	138	212	455	194	261	121	54	67
83	309	114	195	312	131	181	93	37	56
84	256	91	165	306	131	175	83	39	44
85-89岁	**716**	**246**	**470**	**895**	**383**	**512**	**274**	**96**	**178**
85	203	77	126	268	113	155	90	38	52
86	158	50	108	246	107	139	53	13	40
87	137	48	89	147	61	86	48	22	26
88	106	28	78	123	58	65	41	12	29
89	112	43	69	111	44	67	42	11	31
90-94岁	**230**	**63**	**167**	**209**	**88**	**121**	**68**	**26**	**42**
90	79	19	60	89	37	52	22	6	16
91	55	17	38	53	24	29	17	8	9
92	38	13	25	25	9	16	17	9	8
93	30	7	23	26	9	17	7	1	6
94	28	7	21	16	9	7	5	2	3
95-99岁	**82**	**22**	**60**	**55**	**23**	**32**	**31**	**12**	**19**
95	26	8	18	24	12	12	9	3	6
96	17	5	12	5	1	4	4	1	3
97	17	4	13	12	3	9	9	4	5
98	13	4	9	8	6	2	5	3	2
99	9	1	8	6	1	5	4	1	3
100岁及以上	**12**	**2**	**10**	**26**	**14**	**12**	**3**	**1**	**2**

2-1 续表 36 单位：人

年龄	撒拉族			毛南族			仡佬族		
	小计	男	女	小计	男	女	小计	男	女
总计	**130607**	**66281**	**64326**	**101192**	**52836**	**48356**	**550746**	**289369**	**261377**
0-4岁	**14174**	**7545**	**6629**	**7991**	**4313**	**3678**	**44411**	**24642**	**19769**
0	2638	1378	1260	1678	922	756	8215	4499	3716
1	2966	1542	1424	1637	887	750	8943	5021	3922
2	2898	1588	1310	1591	856	735	9055	5049	4006
3	2993	1607	1386	1553	848	705	8860	4897	3963
4	2679	1430	1249	1532	800	732	9338	5176	4162
5-9岁	**12007**	**6258**	**5749**	**7133**	**3778**	**3355**	**48844**	**26733**	**22111**
5	2560	1356	1204	1495	788	707	8674	4835	3839
6	2590	1315	1275	1504	785	719	9220	5102	4118
7	2343	1237	1106	1468	776	692	9387	5101	4286
8	2290	1185	1105	1348	713	635	9779	5308	4471
9	2224	1165	1059	1318	716	602	11784	6387	5397
10-14岁	**11085**	**5671**	**5414**	**7762**	**4116**	**3646**	**63378**	**33566**	**29812**
10	2405	1281	1124	1413	734	679	12395	6628	5767
11	2175	1104	1071	1416	774	642	12397	6560	5837
12	2244	1130	1114	1638	885	753	13954	7381	6573
13	2144	1111	1033	1701	874	827	12758	6690	6068
14	2117	1045	1072	1594	849	745	11874	6307	5567
15-19岁	**13026**	**6577**	**6449**	**7045**	**3591**	**3454**	**49632**	**25964**	**23668**
15	2441	1283	1158	1537	801	736	11986	6286	5700
16	2520	1286	1234	1404	671	733	10594	5563	5031
17	2668	1362	1306	1431	722	709	10771	5623	5148
18	2767	1394	1373	1451	745	706	9008	4707	4301
19	2630	1252	1378	1222	652	570	7273	3785	3488
20-24岁	**13644**	**6799**	**6845**	**7637**	**3832**	**3805**	**37079**	**18574**	**18505**
20	3056	1525	1531	1409	700	709	8095	4139	3956
21	2911	1461	1450	1410	675	735	7377	3642	3735
22	2659	1328	1331	1550	791	759	7490	3759	3731
23	2614	1287	1327	1714	870	844	7569	3738	3831
24	2404	1198	1206	1554	796	758	6548	3296	3252
25-29岁	**11516**	**5651**	**5865**	**8141**	**4252**	**3889**	**32194**	**16385**	**15809**
25	2212	1070	1142	1673	905	768	5897	2855	3042
26	2259	1088	1171	1636	823	813	5976	3020	2956
27	2369	1163	1206	1542	774	768	6057	3096	2961
28	2475	1245	1230	1731	899	832	7492	3865	3627
29	2201	1085	1116	1559	851	708	6772	3549	3223

2-1 续表 37

单位：人

年龄	撒拉族			毛南族			仡佬族		
	小计	男	女	小计	男	女	小计	男	女
30-34岁	**10865**	**5370**	**5495**	**8453**	**4474**	**3979**	**39857**	**20650**	**19207**
30	2537	1228	1309	1614	830	784	6592	3403	3189
31	2098	1018	1080	1736	928	808	7116	3662	3454
32	2140	1115	1025	1704	922	782	7584	3961	3623
33	2014	1007	1007	1509	772	737	8167	4204	3963
34	2076	1002	1074	1890	1022	868	10398	5420	4978
35-39岁	**10078**	**5002**	**5076**	**9163**	**5009**	**4154**	**50892**	**26420**	**24472**
35	2148	1069	1079	1903	1005	898	10569	5485	5084
36	2084	1036	1048	1917	1064	853	11488	5916	5572
37	2041	998	1043	1832	1005	827	10020	5251	4769
38	1922	935	987	1722	954	768	9517	4932	4585
39	1883	964	919	1789	981	808	9298	4836	4462
40-44岁	**8863**	**4431**	**4432**	**8933**	**4863**	**4070**	**43836**	**22545**	**21291**
40	2168	1072	1096	1889	981	908	9933	5121	4812
41	1814	873	941	1744	966	778	8860	4498	4362
42	1794	935	859	1971	1109	862	9615	4903	4712
43	1610	804	806	1531	813	718	7154	3666	3488
44	1477	747	730	1798	994	804	8274	4357	3917
45-49岁	**6251**	**3262**	**2989**	**7058**	**3804**	**3254**	**31680**	**16380**	**15300**
45	1599	810	789	1713	947	766	7828	4063	3765
46	1586	884	702	1636	863	773	7979	4117	3862
47	1392	720	672	1828	983	845	8453	4341	4112
48	1056	530	526	1272	688	584	5469	2851	2618
49	618	318	300	609	323	286	1951	1008	943
50-54岁	**4193**	**2111**	**2082**	**4571**	**2428**	**2143**	**18794**	**9919**	**8875**
50	782	372	410	658	349	309	2554	1357	1197
51	657	328	329	733	391	342	2843	1494	1349
52	948	508	440	1064	550	514	4195	2220	1975
53	926	459	467	1090	599	491	4708	2489	2219
54	880	444	436	1026	539	487	4494	2359	2135
55-59岁	**4126**	**2146**	**1980**	**4776**	**2515**	**2261**	**26220**	**13927**	**12293**
55	961	517	444	1057	589	468	5157	2729	2428
56	814	427	387	1050	541	509	5501	2897	2604
57	786	401	385	941	501	440	5674	2997	2677
58	840	445	395	1023	516	507	5774	3115	2659
59	725	356	369	705	368	337	4114	2189	1925
60-64岁	**3708**	**1857**	**1851**	**3799**	**1913**	**1886**	**22194**	**11770**	**10424**
60	938	474	464	846	427	419	4454	2349	2105
61	796	437	359	844	435	409	4985	2726	2259
62	650	320	330	755	371	384	4366	2283	2083
63	689	341	348	687	344	343	4274	2234	2040
64	635	285	350	667	336	331	4115	2178	1937

2-1 续表 38

单位：人

年 龄	撒拉族			毛南族			仡佬族		
	小计	男	女	小计	男	女	小计	男	女
65-69岁	**2839**	**1431**	**1408**	**3222**	**1539**	**1683**	**17513**	**9309**	**8204**
65	614	305	309	664	313	351	3424	1804	1620
66	599	316	283	690	321	369	3757	2042	1715
67	616	320	296	606	286	320	3494	1821	1673
68	538	265	273	615	297	318	3437	1795	1642
69	472	225	247	647	322	325	3401	1847	1554
70-74岁	**2030**	**1044**	**986**	**2493**	**1152**	**1341**	**12321**	**6571**	**5750**
70	544	270	274	580	279	301	2775	1471	1304
71	335	187	148	475	214	261	2385	1269	1116
72	451	230	221	550	257	293	2745	1505	1240
73	362	184	178	430	191	239	2367	1246	1121
74	338	173	165	458	211	247	2049	1080	969
75-79岁	**1246**	**664**	**582**	**1715**	**758**	**957**	**7133**	**3729**	**3404**
75	308	163	145	455	219	236	1759	927	832
76	268	136	132	329	155	174	1534	795	739
77	251	146	105	370	162	208	1512	818	694
78	220	117	103	273	121	152	1267	645	622
79	199	102	97	288	101	187	1061	544	517
80-84岁	**610**	**300**	**310**	**854**	**349**	**505**	**3412**	**1657**	**1755**
80	184	93	91	256	102	154	1056	530	526
81	115	53	62	185	88	97	782	372	410
82	144	77	67	178	63	115	717	350	367
83	83	35	48	135	52	83	528	240	288
84	84	42	42	100	44	56	329	165	164
85-89岁	**238**	**109**	**129**	**308**	**105**	**203**	**1029**	**496**	**533**
85	63	27	36	76	27	49	273	141	132
86	42	20	22	80	28	52	264	122	142
87	53	25	28	58	18	40	219	109	110
88	46	22	24	44	13	31	161	71	90
89	34	15	19	50	19	31	112	53	59
90-94岁	**87**	**45**	**42**	**105**	**34**	**71**	**253**	**96**	**157**
90	31	20	11	38	14	24	92	34	58
91	21	9	12	25	8	17	57	27	30
92	13	4	9	23	8	15	52	15	37
93	12	5	7	15	3	12	20	9	11
94	10	7	3	4	1	3	32	11	21
95-99岁	**20**	**7**	**13**	**31**	**10**	**21**	**68**	**34**	**34**
95	6	3	3	10	3	7	16	10	6
96	5	1	4	8	4	4	16	8	8
97	6		6	9	3	6	11	7	4
98	3	3		4		4	12	5	7
99							13	4	9
100岁及以上	**1**	**1**		**2**	**1**	**1**	**6**	**2**	**4**

2-1 续表 39

单位：人

年 龄	锡伯族			阿昌族			普米族		
	小计	男	女	小计	男	女	小计	男	女
总 计	**190481**	**99571**	**90910**	**39555**	**19751**	**19804**	**42861**	**21433**	**21428**
0-4岁	**11618**	**5995**	**5623**	**4026**	**2040**	**1986**	**3239**	**1678**	**1561**
0	1951	962	989	836	414	422	631	326	305
1	2394	1219	1175	914	457	457	772	397	375
2	2351	1216	1135	792	394	398	647	352	295
3	2519	1339	1180	748	385	363	580	279	301
4	2403	1259	1144	736	390	346	609	324	285
5-9岁	**10962**	**5729**	**5233**	**3464**	**1797**	**1667**	**3308**	**1683**	**1625**
5	2366	1249	1117	685	346	339	528	280	248
6	2228	1178	1050	622	341	281	688	334	354
7	1843	977	866	697	338	359	655	333	322
8	2329	1223	1106	722	389	333	705	373	332
9	2196	1102	1094	738	383	355	732	363	369
10-14岁	**11303**	**5786**	**5517**	**3740**	**1959**	**1781**	**3629**	**1841**	**1788**
10	2184	1112	1072	782	410	372	736	385	351
11	2028	1080	948	783	411	372	725	348	377
12	2262	1158	1104	784	391	393	720	369	351
13	2323	1163	1160	699	380	319	732	370	362
14	2506	1273	1233	692	367	325	716	369	347
15-19岁	**15709**	**7743**	**7966**	**3520**	**1718**	**1802**	**4340**	**2191**	**2149**
15	2860	1456	1404	718	350	368	760	393	367
16	3102	1529	1573	725	347	378	839	418	421
17	3146	1514	1632	663	315	348	956	455	501
18	3209	1573	1636	754	392	362	846	423	423
19	3392	1671	1721	660	314	346	939	502	437
20-24岁	**20655**	**10454**	**10201**	**4163**	**2103**	**2060**	**4619**	**2236**	**2383**
20	4290	2098	2192	875	458	417	1061	520	541
21	4096	2056	2040	843	422	421	962	455	507
22	4045	2056	1989	837	401	436	918	459	459
23	4349	2228	2121	840	438	402	902	444	458
24	3875	2016	1859	768	384	384	776	358	418
25-29岁	**14901**	**7533**	**7368**	**3567**	**1789**	**1778**	**3736**	**1954**	**1782**
25	2793	1395	1398	815	423	392	766	406	360
26	2512	1248	1264	786	370	416	771	434	337
27	2829	1433	1396	663	348	315	725	355	370
28	3605	1804	1801	662	326	336	752	396	356
29	3162	1653	1509	641	322	319	722	363	359

2-1 续表 40

单位：人

年 龄	锡伯族			阿昌族			普米族		
	小计	男	女	小计	男	女	小计	男	女
30-34岁	**15154**	**7800**	**7354**	**3031**	**1559**	**1472**	**3637**	**1812**	**1825**
30	3326	1641	1685	603	303	300	658	318	340
31	3383	1756	1627	548	272	276	753	382	371
32	3206	1683	1523	636	335	301	707	375	332
33	2602	1383	1219	649	350	299	710	334	376
34	2637	1337	1300	595	299	296	809	403	406
35-39岁	**15914**	**8309**	**7605**	**2942**	**1449**	**1493**	**3843**	**1964**	**1879**
35	2779	1427	1352	548	272	276	825	412	413
36	3008	1607	1401	587	311	276	787	420	367
37	3466	1827	1639	687	322	365	715	370	345
38	3291	1723	1568	591	293	298	769	369	400
39	3370	1725	1645	529	251	278	747	393	354
40-44岁	**16757**	**8859**	**7898**	**2891**	**1474**	**1417**	**3356**	**1705**	**1651**
40	3645	1890	1755	668	343	325	674	334	340
41	3567	1852	1715	556	303	253	731	373	358
42	3603	1928	1675	604	288	316	730	344	386
43	2707	1436	1271	523	264	259	548	302	246
44	3235	1753	1482	540	276	264	673	352	321
45-49岁	**15390**	**8033**	**7357**	**2276**	**1127**	**1149**	**2537**	**1286**	**1251**
45	3471	1852	1619	525	263	262	661	355	306
46	3487	1823	1664	467	235	232	539	262	277
47	4022	2087	1935	485	242	243	577	291	286
48	2712	1404	1308	462	226	236	518	263	255
49	1698	867	831	337	161	176	242	115	127
50-54岁	**12604**	**6685**	**5919**	**1893**	**933**	**960**	**1444**	**722**	**722**
50	2642	1408	1234	406	211	195	324	180	144
51	2134	1153	981	342	163	179	203	106	97
52	2582	1363	1219	408	183	225	290	141	149
53	2728	1427	1301	409	203	206	339	167	172
54	2518	1334	1184	328	173	155	288	128	160
55-59岁	**11303**	**6239**	**5064**	**1216**	**588**	**628**	**1446**	**706**	**740**
55	2680	1411	1269	298	139	159	360	190	170
56	2634	1437	1197	297	148	149	301	140	161
57	2177	1251	926	228	113	115	293	135	158
58	2021	1109	912	218	108	110	264	131	133
59	1791	1031	760	175	80	95	228	110	118
60-64岁	**6736**	**3823**	**2913**	**932**	**445**	**487**	**1178**	**575**	**603**
60	1819	1015	804	213	101	112	250	140	110
61	1525	906	619	233	115	118	247	110	137
62	1333	763	570	174	86	88	259	122	137
63	1066	597	469	167	74	93	224	109	115
64	993	542	451	145	69	76	198	94	104

2-1 续表 41

单位：人

年 龄	锡伯族			阿昌族			普米族		
	小计	男	女	小计	男	女	小计	男	女
65-69岁	**4425**	**2508**	**1917**	**748**	**320**	**428**	**950**	**423**	**527**
65	937	543	394	165	74	91	182	85	97
66	932	531	401	172	76	96	218	103	115
67	911	511	400	150	65	85	204	92	112
68	854	493	361	133	52	81	200	82	118
69	791	430	361	128	53	75	146	61	85
70-74岁	**3261**	**1926**	**1335**	**506**	**235**	**271**	**791**	**361**	**430**
70	688	405	283	112	49	63	147	66	81
71	669	394	275	96	44	52	169	76	93
72	702	421	281	119	50	69	183	86	97
73	615	360	255	93	51	42	154	69	85
74	587	346	241	86	41	45	138	64	74
75-79岁	**2031**	**1171**	**860**	**363**	**138**	**225**	**471**	**184**	**287**
75	517	301	216	81	36	45	128	50	78
76	457	267	190	76	32	44	107	48	59
77	398	227	171	91	36	55	85	35	50
78	371	207	164	55	22	33	76	27	49
79	288	169	119	60	12	48	75	24	51
80-84岁	**1159**	**643**	**516**	**166**	**49**	**117**	**237**	**83**	**154**
80	340	192	148	48	14	34	68	29	39
81	229	119	110	41	10	31	45	16	29
82	227	119	108	31	8	23	51	22	29
83	194	114	80	22	6	16	38	7	31
84	169	99	70	24	11	13	35	9	26
85-89岁	**450**	**262**	**188**	**86**	**24**	**62**	**76**	**23**	**53**
85	136	69	67	22	9	13	29	12	17
86	97	56	41	16	5	11	10	2	8
87	73	41	32	20	3	17	15	4	11
88	71	47	24	17	6	11	11	3	8
89	73	49	24	11	1	10	11	2	9
90-94岁	**117**	**59**	**58**	**19**	**1**	**18**	**24**	**6**	**18**
90	38	20	18	6		6	10	3	7
91	29	16	13	7	1	6	5	1	4
92	15	8	7	2		2	6	1	5
93	22	10	12	2		2	1	1	
94	13	5	8	2		2	2		2
95-99岁	**30**	**13**	**17**	**6**	**3**	**3**			
95	8	5	3	3	2	1			
96	9	3	6	1		1			
97	7	2	5	2	1	1			
98	3	1	2						
99	3	2	1						
100岁及以上	**2**	**1**	**1**						

2-1 续表 42

单位：人

年 龄	塔吉克族			怒 族			乌孜别克族		
	小计	男	女	小计	男	女	小计	男	女
总 计	**51069**	**26112**	**24957**	**37523**	**18907**	**18616**	**10569**	**5673**	**4896**
0-4岁	**4467**	**2314**	**2153**	**2952**	**1464**	**1488**	**821**	**434**	**387**
0	763	388	375	592	302	290	150	82	68
1	1029	523	506	642	325	317	179	94	85
2	937	488	449	622	303	319	191	101	90
3	897	456	441	557	273	284	165	83	82
4	841	459	382	539	261	278	136	74	62
5-9岁	**4551**	**2235**	**2316**	**2867**	**1399**	**1468**	**742**	**387**	**355**
5	886	423	463	569	299	270	152	83	69
6	926	462	464	599	296	303	127	61	66
7	991	521	470	601	278	323	170	85	85
8	889	445	444	556	282	274	150	81	69
9	859	384	475	542	244	298	143	77	66
10-14岁	**4373**	**2307**	**2066**	**2923**	**1498**	**1425**	**782**	**412**	**370**
10	863	462	401	685	336	349	174	90	84
11	833	466	367	522	265	257	143	87	56
12	959	506	453	552	292	260	169	93	76
13	843	417	426	546	290	256	158	80	78
14	875	456	419	618	315	303	138	62	76
15-19岁	**5322**	**2692**	**2630**	**3141**	**1590**	**1551**	**850**	**427**	**423**
15	854	405	449	600	285	315	154	80	74
16	1013	533	480	633	326	307	157	69	88
17	1166	618	548	592	289	303	150	81	69
18	1235	606	629	703	364	339	201	95	106
19	1054	530	524	613	326	287	188	102	86
20-24岁	**6146**	**3127**	**3019**	**3742**	**1929**	**1813**	**1217**	**632**	**585**
20	1312	663	649	797	422	375	244	115	129
21	1273	678	595	733	383	350	239	132	107
22	1206	611	595	736	362	374	252	135	117
23	1149	579	570	713	374	339	253	137	116
24	1206	596	610	763	388	375	229	113	116
25-29岁	**5345**	**2734**	**2611**	**3625**	**1838**	**1787**	**954**	**557**	**397**
25	1125	564	561	712	353	359	192	123	69
26	1129	593	536	754	362	392	194	98	96
27	1081	590	491	760	386	374	216	127	89
28	1019	504	515	755	398	357	190	111	79
29	991	483	508	644	339	305	162	98	64

2-1 续表 43

单位：人

年 龄	塔吉克族			怒 族			乌孜别克族		
	小计	男	女	小计	男	女	小计	男	女
30-34岁	**4556**	**2334**	**2222**	**3311**	**1685**	**1626**	**819**	**479**	**340**
30	1070	552	518	728	376	352	163	100	63
31	884	454	430	679	348	331	154	83	71
32	897	440	457	658	324	334	160	93	67
33	797	440	357	575	301	274	147	87	60
34	908	448	460	671	336	335	195	116	79
35-39岁	**3955**	**2056**	**1899**	**2943**	**1533**	**1410**	**892**	**488**	**404**
35	857	468	389	623	335	288	181	104	77
36	887	457	430	614	319	295	169	84	85
37	760	386	374	659	345	314	177	100	77
38	804	437	367	527	270	257	200	113	87
39	647	308	339	520	264	256	165	87	78
40-44岁	**3022**	**1512**	**1510**	**2897**	**1512**	**1385**	**751**	**428**	**323**
40	783	380	403	732	377	355	180	100	80
41	654	328	326	594	305	289	143	78	65
42	641	302	339	596	314	282	147	89	58
43	479	265	214	443	239	204	126	69	57
44	465	237	228	532	277	255	155	92	63
45-49岁	**2214**	**1137**	**1077**	**2343**	**1174**	**1169**	**730**	**367**	**363**
45	506	254	252	533	280	253	174	92	82
46	544	295	249	573	276	297	152	81	71
47	412	211	201	487	255	232	169	78	91
48	436	225	211	451	222	229	147	78	69
49	316	152	164	299	141	158	88	38	50
50-54岁	**1917**	**980**	**937**	**1710**	**840**	**870**	**559**	**279**	**280**
50	493	239	254	377	175	202	111	63	48
51	331	165	166	275	125	150	95	48	47
52	362	207	155	407	225	182	124	58	66
53	369	185	184	335	159	176	103	51	52
54	362	184	178	316	156	160	126	59	67
55-59岁	**1418**	**731**	**687**	**1397**	**694**	**703**	**465**	**252**	**213**
55	354	174	180	297	152	145	105	57	48
56	307	170	137	315	157	158	92	54	38
57	270	140	130	266	124	142	101	51	50
58	281	140	141	252	123	129	87	48	39
59	206	107	99	267	138	129	80	42	38
60-64岁	**1337**	**680**	**657**	**1266**	**640**	**626**	**356**	**186**	**170**
60	364	173	191	309	158	151	92	56	36
61	291	155	136	290	157	133	83	36	47
62	258	122	136	225	117	108	73	37	36
63	249	124	125	235	112	123	65	38	27
64	175	106	69	207	96	111	43	19	24

2-1 续表 44

单位：人

年 龄	塔吉克族			怒 族			乌孜别克族		
	小计	男	女	小计	男	女	小计	男	女
65-69岁	**967**	**481**	**486**	**840**	**404**	**436**	**277**	**147**	**130**
65	249	117	132	189	94	95	57	36	21
66	210	104	106	161	77	84	54	26	28
67	175	89	86	170	81	89	65	34	31
68	181	91	90	154	67	87	59	29	30
69	152	80	72	166	85	81	42	22	20
70-74岁	**685**	**360**	**325**	**684**	**320**	**364**	**198**	**107**	**91**
70	211	102	109	182	88	94	52	27	25
71	116	67	49	133	53	80	37	22	15
72	113	60	53	127	70	57	34	19	15
73	119	63	56	120	49	71	41	20	21
74	126	68	58	122	60	62	34	19	15
75-79岁	**413**	**215**	**198**	**463**	**211**	**252**	**88**	**50**	**38**
75	117	48	69	128	53	75	23	12	11
76	91	49	42	100	52	48	25	12	13
77	67	42	25	82	39	43	8	5	3
78	76	48	28	83	37	46	18	13	5
79	62	28	34	70	30	40	14	8	6
80-84岁	**219**	**123**	**96**	**265**	**120**	**145**	**44**	**29**	**15**
80	93	46	47	87	45	42	13	9	4
81	31	18	13	70	26	44	7	3	4
82	51	35	16	47	19	28	13	7	6
83	26	14	12	26	13	13	4	4	
84	18	10	8	35	17	18	7	6	1
85-89岁	**119**	**62**	**57**	**90**	**40**	**50**	**19**	**9**	**10**
85	35	19	16	28	15	13	10	5	5
86	24	9	15	19	8	11	4	2	2
87	22	12	10	10	5	5			
88	23	15	8	15	5	10	4	1	3
89	15	7	8	18	7	11	1	1	
90-94岁	**30**	**22**	**8**	**42**	**10**	**32**	**1**		**1**
90	15	12	3	18	6	12			
91	4	2	2	11	4	7	1		1
92	5	3	2	7		7			
93	5	4	1	4		4			
94	1	1		2		2			
95-99岁	**13**	**10**	**3**	**16**	**3**	**13**	**3**	**2**	**1**
95	3	2	1	4	1	3	1	1	
96	4	3	1	5		5			
97	2	1	1	4	2	2	1		1
98	2	2		1		1	1	1	
99	2	2		2		2			
100岁及以上				**6**	**3**	**3**	**1**	**1**	

2-1 续表 45

单位：人

年 龄	俄罗斯族			鄂温克族			德 昂 族		
	小计	男	女	小计	男	女	小计	男	女
总 计	**15393**	**7284**	**8109**	**30875**	**14668**	**16207**	**20556**	**10039**	**10517**
0-4岁	**739**	**380**	**359**	**2388**	**1193**	**1195**	**1920**	**954**	**966**
0	135	75	60	443	218	225	423	232	191
1	154	76	78	500	227	273	396	194	202
2	138	70	68	507	256	251	381	191	190
3	172	84	88	442	239	203	380	182	198
4	140	75	65	496	253	243	340	155	185
5-9岁	**734**	**360**	**374**	**1786**	**896**	**890**	**1724**	**853**	**871**
5	138	62	76	376	186	190	385	190	195
6	149	72	77	418	215	203	355	170	185
7	145	73	72	293	138	155	348	166	182
8	140	64	76	328	176	152	323	167	156
9	162	89	73	371	181	190	313	160	153
10-14岁	**907**	**446**	**461**	**2158**	**1034**	**1124**	**1619**	**813**	**806**
10	173	91	82	366	187	179	320	162	158
11	175	83	92	362	181	181	332	161	171
12	173	87	86	447	201	246	340	168	172
13	199	92	107	460	231	229	306	149	157
14	187	93	94	523	234	289	321	173	148
15-19岁	**1222**	**599**	**623**	**3218**	**1600**	**1618**	**1662**	**873**	**789**
15	238	119	119	596	295	301	324	179	145
16	252	121	131	644	325	319	327	161	166
17	247	128	119	641	324	317	338	174	164
18	246	111	135	676	345	331	321	173	148
19	239	120	119	661	311	350	352	186	166
20-24岁	**1543**	**703**	**840**	**3515**	**1670**	**1845**	**2363**	**1106**	**1257**
20	309	136	173	749	341	408	444	205	239
21	348	155	193	696	328	368	488	236	252
22	325	151	174	715	354	361	482	219	263
23	320	151	169	682	320	362	481	224	257
24	241	110	131	673	327	346	468	222	246
25-29岁	**1071**	**496**	**575**	**3131**	**1537**	**1594**	**2107**	**997**	**1110**
25	205	82	123	703	345	358	502	220	282
26	199	85	114	647	291	356	424	202	222
27	240	123	117	611	321	290	418	194	224
28	236	111	125	631	324	307	404	206	198
29	191	95	96	539	256	283	359	175	184

2-1 续表 46 单位：人

年 龄	俄罗斯族			鄂温克族			德 昂 族		
	小计	男	女	小计	男	女	小计	男	女
30-34岁	**1088**	**530**	**558**	**2541**	**1261**	**1280**	**1781**	**874**	**907**
30	226	115	111	583	289	294	409	197	212
31	226	95	131	514	255	259	365	186	179
32	229	102	127	490	234	256	366	179	187
33	177	96	81	460	248	212	300	149	151
34	230	122	108	494	235	259	341	163	178
35-39岁	**1521**	**729**	**792**	**2915**	**1356**	**1559**	**1472**	**695**	**777**
35	291	132	159	505	228	277	283	143	140
36	289	141	148	608	290	318	310	138	172
37	350	178	172	622	279	343	285	128	157
38	285	133	152	605	298	307	307	138	169
39	306	145	161	575	261	314	287	148	139
40-44岁	**1453**	**724**	**729**	**2798**	**1287**	**1511**	**1571**	**772**	**799**
40	373	216	157	646	289	357	371	187	184
41	270	132	138	568	261	307	337	164	173
42	317	141	176	611	278	333	318	152	166
43	236	122	114	466	221	245	274	139	135
44	257	113	144	507	238	269	271	130	141
45-49岁	**1402**	**681**	**721**	**2324**	**1070**	**1254**	**1252**	**631**	**621**
45	310	162	148	519	233	286	279	146	133
46	302	134	168	491	236	255	314	167	147
47	345	157	188	574	268	306	264	126	138
48	252	137	115	441	214	227	205	100	105
49	193	91	102	299	119	180	190	92	98
50-54岁	**1136**	**541**	**595**	**1688**	**737**	**951**	**1032**	**519**	**513**
50	242	106	136	414	182	232	235	130	105
51	200	98	102	324	137	187	183	97	86
52	229	111	118	347	149	198	269	132	137
53	223	103	120	331	151	180	183	89	94
54	242	123	119	272	118	154	162	71	91
55-59岁	**772**	**383**	**389**	**1029**	**471**	**558**	**642**	**310**	**332**
55	184	88	96	278	130	148	143	67	76
56	165	82	83	255	130	125	147	72	75
57	147	76	71	183	83	100	119	59	60
58	140	67	73	183	72	111	113	67	46
59	136	70	66	130	56	74	120	45	75
60-64岁	**553**	**251**	**302**	**538**	**221**	**317**	**489**	**231**	**258**
60	129	62	67	151	65	86	132	67	65
61	136	71	65	128	59	69	97	43	54
62	104	40	64	104	37	67	100	53	47
63	94	42	52	81	32	49	96	46	50
64	90	36	54	74	28	46	64	22	42

2-1 续表 47 单位：人

年龄	俄罗斯族			鄂温克族			德昂族		
	小计	男	女	小计	男	女	小计	男	女
65-69岁	**454**	**190**	**264**	**311**	**120**	**191**	**333**	**162**	**171**
65	89	42	47	74	26	48	75	37	38
66	91	43	48	65	30	35	61	31	30
67	102	43	59	49	21	28	68	36	32
68	105	40	65	52	20	32	65	30	35
69	67	22	45	71	23	48	64	28	36
70-74岁	**374**	**138**	**236**	**289**	**112**	**177**	**275**	**123**	**152**
70	73	27	46	80	32	48	66	24	42
71	82	30	52	47	15	32	55	22	33
72	90	39	51	63	25	38	58	29	29
73	65	21	44	52	24	28	47	25	22
74	64	21	43	47	16	31	49	23	26
75-79岁	**250**	**90**	**160**	**168**	**68**	**100**	**153**	**64**	**89**
75	75	31	44	50	19	31	38	11	27
76	43	16	27	45	20	25	39	15	24
77	48	12	36	42	13	29	29	16	13
78	39	14	25	19	11	8	24	11	13
79	45	17	28	12	5	7	23	11	12
80-84岁	**117**	**35**	**82**	**54**	**27**	**27**	**84**	**35**	**49**
80	37	15	22	10	4	6	25	12	13
81	15	5	10	14	7	7	13	6	7
82	40	7	33	9	4	5	15	7	8
83	13	2	11	9	6	3	18	5	13
84	12	6	6	12	6	6	13	5	8
85-89岁	**46**	**6**	**40**	**20**	**6**	**14**	**63**	**23**	**40**
85	12	2	10	8	3	5	17	8	9
86	16	3	13	3	1	2	15	2	13
87	4		4	4	1	3	18	5	13
88	6	1	5	2		2	6	4	2
89	8		8	3	1	2	7	4	3
90-94岁	**8**	**2**	**6**	**4**	**2**	**2**	**10**	**3**	**7**
90	3	1	2	1	1		4	1	3
91	1		1				1		1
92	3	1	2	1	1		4	1	3
93									
94	1		1	2		2	1	1	
95-99岁	**3**		**3**				**2**		**2**
95									
96	1		1				2		2
97	1		1						
98	1		1						
99									
100岁及以上							**2**	**1**	**1**

2-1 续表 48

单位：人

年龄	保安族			裕固族			京族		
	小计	男	女	小计	男	女	小计	男	女
总计	**20074**	**10016**	**10058**	**14378**	**7325**	**7053**	**28199**	**14416**	**13783**
0-4岁	**2203**	**1173**	**1030**	**779**	**382**	**397**	**2589**	**1440**	**1149**
0	459	257	202	147	76	71	540	300	240
1	455	234	221	152	71	81	542	297	245
2	509	292	217	161	78	83	489	273	216
3	419	216	203	160	84	76	529	305	224
4	361	174	187	159	73	86	489	265	224
5-9岁	**1832**	**954**	**878**	**873**	**457**	**416**	**2265**	**1283**	**982**
5	354	199	155	158	87	71	451	252	199
6	379	193	186	160	80	80	476	259	217
7	339	178	161	189	100	89	433	239	194
8	364	192	172	182	86	96	426	248	178
9	396	192	204	184	104	80	479	285	194
10-14岁	**1832**	**951**	**881**	**1012**	**524**	**488**	**1863**	**1097**	**766**
10	402	203	199	188	107	81	408	231	177
11	331	166	165	186	91	95	356	203	153
12	330	158	172	208	114	94	364	222	142
13	347	188	159	213	106	107	367	231	136
14	422	236	186	217	106	111	368	210	158
15-19岁	**2086**	**1033**	**1053**	**1073**	**540**	**533**	**2415**	**1292**	**1123**
15	433	221	212	239	114	125	513	295	218
16	387	192	195	216	113	103	476	249	227
17	385	192	193	232	125	107	523	268	255
18	443	195	248	205	102	103	441	238	203
19	438	233	205	181	86	95	462	242	220
20-24岁	**2107**	**1005**	**1102**	**1257**	**590**	**667**	**2922**	**1499**	**1423**
20	536	240	296	253	127	126	614	334	280
21	421	206	215	262	122	140	587	296	291
22	415	194	221	261	129	132	549	283	266
23	368	192	176	239	104	135	576	275	301
24	367	173	194	242	108	134	596	311	285
25-29岁	**1393**	**709**	**684**	**1028**	**552**	**476**	**2320**	**1183**	**1137**
25	316	151	165	205	109	96	511	259	252
26	282	150	132	212	108	104	504	266	238
27	264	140	124	197	113	84	442	218	224
28	274	137	137	187	105	82	441	230	211
29	257	131	126	227	117	110	422	210	212

2-1 续表 49　　　　单位：人

年龄	保安族			裕固族			京族		
	小计	男	女	小计	男	女	小计	男	女
30-34岁	**1359**	**611**	**748**	**1194**	**623**	**571**	**2111**	**1050**	**1061**
30	303	134	169	230	119	111	461	215	246
31	222	92	130	246	127	119	483	250	233
32	246	121	125	238	124	114	417	216	201
33	279	104	175	227	129	98	362	184	178
34	309	160	149	253	124	129	388	185	203
35-39岁	**1617**	**795**	**822**	**1446**	**752**	**694**	**2073**	**1065**	**1008**
35	333	144	189	245	117	128	427	214	213
36	303	161	142	293	142	151	398	216	182
37	320	150	170	287	144	143	367	191	176
38	367	178	189	315	173	142	421	201	220
39	294	162	132	306	176	130	460	243	217
40-44岁	**1634**	**839**	**795**	**1636**	**863**	**773**	**2106**	**1001**	**1105**
40	406	188	218	374	196	178	472	208	264
41	332	170	162	310	171	139	414	203	211
42	303	152	151	343	173	170	440	201	239
43	300	169	131	293	152	141	361	178	183
44	293	160	133	316	171	145	419	211	208
45-49岁	**977**	**485**	**492**	**1201**	**609**	**592**	**1986**	**957**	**1029**
45	261	131	130	296	154	142	421	194	227
46	220	121	99	295	159	136	430	199	231
47	194	93	101	299	141	158	485	245	240
48	188	77	111	229	115	114	437	219	218
49	114	63	51	82	40	42	213	100	113
50-54岁	**687**	**335**	**352**	**656**	**330**	**326**	**1273**	**590**	**683**
50	161	63	98	112	58	54	211	99	112
51	115	56	59	91	40	51	234	101	133
52	136	76	60	137	69	68	293	143	150
53	144	73	71	167	84	83	278	123	155
54	131	67	64	149	79	70	257	124	133
55-59岁	**613**	**309**	**304**	**721**	**361**	**360**	**1215**	**596**	**619**
55	140	73	67	175	82	93	261	130	131
56	136	67	69	178	102	76	282	134	148
57	119	71	48	132	56	76	248	127	121
58	101	41	60	113	55	58	228	115	113
59	117	57	60	123	66	57	196	90	106
60-64岁	**561**	**272**	**289**	**535**	**293**	**242**	**879**	**390**	**489**
60	143	58	85	112	55	57	215	98	117
61	142	76	66	142	78	64	198	91	107
62	88	42	46	93	49	44	172	75	97
63	98	48	50	104	65	39	165	66	99
64	90	48	42	84	46	38	129	60	69

2-1 续表 50

单位：人

年龄	保安族			裕固族			京族		
	小计	男	女	小计	男	女	小计	男	女
65-69岁	**492**	**223**	**269**	**422**	**213**	**209**	**668**	**317**	**351**
65	134	57	77	79	33	46	143	74	69
66	84	39	45	98	53	45	136	70	66
67	104	41	63	88	46	42	127	65	62
68	101	55	46	81	37	44	128	49	79
69	69	31	38	76	44	32	134	59	75
70-74岁	**327**	**160**	**167**	**281**	**133**	**148**	**567**	**269**	**298**
70	87	45	42	58	26	32	141	73	68
71	59	26	33	59	33	26	113	57	56
72	51	26	25	60	21	39	122	60	62
73	78	41	37	60	32	28	101	39	62
74	52	22	30	44	21	23	90	40	50
75-79岁	**200**	**93**	**107**	**168**	**61**	**107**	**416**	**200**	**216**
75	60	25	35	53	21	32	92	39	53
76	42	18	24	35	11	24	86	40	46
77	31	13	18	26	12	14	99	53	46
78	29	18	11	15	7	8	71	37	34
79	38	19	19	39	10	29	68	31	37
80-84岁	**87**	**38**	**49**	**65**	**31**	**34**	**279**	**100**	**179**
80	28	10	18	17	8	9	76	29	47
81	16	6	10	14	8	6	53	21	32
82	19	11	8	16	7	9	61	22	39
83	17	8	9	6	4	2	46	15	31
84	7	3	4	12	4	8	43	13	30
85-89岁	**44**	**19**	**25**	**20**	**9**	**11**	**164**	**54**	**110**
85	11	4	7	2	1	1	34	13	21
86	15	8	7	4		4	42	15	27
87	6	3	3	6	5	1	32	4	28
88	5	2	3	5	1	4	28	11	17
89	7	2	5	3	2	1	28	11	17
90-94岁	**13**	**7**	**6**	**8**	**2**	**6**	**71**	**27**	**44**
90	6	4	2	4		4	27	9	18
91	1		1	4	2	2	15	3	12
92							7	3	4
93	4	1	3				12	8	4
94	2	2					10	4	6
95-99岁	**10**	**5**	**5**	**3**		**3**	**14**	**5**	**9**
95	3	3		1		1	6	3	3
96	1		1	2		2	2		2
97	2	1	1				2	1	1
98	2	1	1				2	1	1
99	2		2				2		2
100岁及以上							**3**	**1**	**2**

2-1 续表 51 单位：人

年 龄	塔塔尔族			独龙族			鄂伦春族		
	小计	男	女	小计	男	女	小计	男	女
总 计	**3556**	**1899**	**1657**	**6930**	**3349**	**3581**	**8659**	**4033**	**4626**
0-4岁	**264**	**137**	**127**	**603**	**317**	**286**	**648**	**329**	**319**
0	50	24	26	108	57	51	124	65	59
1	65	34	31	109	54	55	146	72	74
2	63	42	21	135	73	62	121	59	62
3	44	17	27	113	56	57	121	66	55
4	42	20	22	138	77	61	136	67	69
5-9岁	**217**	**119**	**98**	**543**	**271**	**272**	**527**	**251**	**276**
5	48	31	17	107	63	44	127	63	64
6	42	22	20	103	41	62	101	49	52
7	43	21	22	124	59	65	113	56	57
8	34	16	18	100	46	54	91	41	50
9	50	29	21	109	62	47	95	42	53
10-14岁	**206**	**106**	**100**	**579**	**277**	**302**	**656**	**308**	**348**
10	47	26	21	124	61	63	121	52	69
11	38	21	17	131	63	68	113	58	55
12	38	19	19	121	50	71	144	63	81
13	46	25	21	93	46	47	143	63	80
14	37	15	22	110	57	53	135	72	63
15-19岁	**266**	**122**	**144**	**611**	**293**	**318**	**861**	**431**	**430**
15	34	10	24	117	54	63	148	71	77
16	42	25	17	123	68	55	153	84	69
17	73	38	35	133	58	75	191	102	89
18	58	25	33	100	45	55	196	93	103
19	59	24	35	138	68	70	173	81	92
20-24岁	**346**	**164**	**182**	**811**	**409**	**402**	**1088**	**551**	**537**
20	59	29	30	148	78	70	228	114	114
21	80	40	40	154	85	69	254	130	124
22	69	36	33	154	89	65	214	118	96
23	65	27	38	174	81	93	184	86	98
24	73	32	41	181	76	105	208	103	105
25-29岁	**340**	**195**	**145**	**766**	**352**	**414**	**915**	**424**	**491**
25	62	43	19	155	73	82	172	95	77
26	63	34	29	168	75	93	200	97	103
27	69	38	31	157	72	85	190	79	111
28	71	38	33	156	72	84	174	62	112
29	75	42	33	130	60	70	179	91	88

2-1 续表 52 单位：人

年龄	塔塔尔族			独龙族			鄂伦春族		
	小计	男	女	小计	男	女	小计	男	女
30-34岁	**299**	**164**	**135**	**591**	**281**	**310**	**723**	**329**	**394**
30	67	34	33	143	62	81	167	69	98
31	48	27	21	118	61	57	162	68	94
32	65	36	29	116	51	65	149	77	72
33	60	39	21	103	51	52	108	44	64
34	59	28	31	111	56	55	137	71	66
35-39岁	**354**	**194**	**160**	**515**	**256**	**259**	**811**	**373**	**438**
35	74	45	29	111	48	63	137	50	87
36	77	45	32	98	54	44	153	60	93
37	65	27	38	131	67	64	183	83	100
38	69	38	31	105	49	56	168	86	82
39	69	39	30	70	38	32	170	94	76
40-44岁	**284**	**152**	**132**	**467**	**215**	**252**	**700**	**298**	**402**
40	71	37	34	106	45	61	150	55	95
41	54	30	24	96	41	55	162	68	94
42	64	32	32	91	47	44	121	50	71
43	43	27	16	83	39	44	119	53	66
44	52	26	26	91	43	48	148	72	76
45-49岁	**256**	**154**	**102**	**378**	**188**	**190**	**646**	**255**	**391**
45	53	33	20	86	42	44	142	61	81
46	56	28	28	77	32	45	139	53	86
47	57	35	22	87	47	40	164	66	98
48	62	43	19	74	36	38	114	43	71
49	28	15	13	54	31	23	87	32	55
50-54岁	**200**	**102**	**98**	**301**	**132**	**169**	**409**	**176**	**233**
50	39	18	21	58	21	37	94	39	55
51	30	14	16	52	24	28	77	42	35
52	41	22	19	91	44	47	82	34	48
53	45	25	20	53	17	36	77	32	45
54	45	23	22	47	26	21	79	29	50
55-59岁	**164**	**91**	**73**	**209**	**105**	**104**	**285**	**148**	**137**
55	30	17	13	45	16	29	72	39	33
56	43	23	20	37	21	16	65	33	32
57	25	12	13	45	24	21	52	31	21
58	34	18	16	36	21	15	45	21	24
59	32	21	11	46	23	23	51	24	27
60-64岁	**116**	**67**	**49**	**193**	**90**	**103**	**164**	**67**	**97**
60	29	20	9	63	25	38	49	19	30
61	25	13	12	37	20	17	39	17	22
62	25	14	11	31	14	17	28	11	17
63	14	9	5	27	17	10	24	11	13
64	23	11	12	35	14	21	24	9	15

2-1　续表 53　　　　　　　　　　单位：人

年　龄	塔塔尔族			独龙族			鄂伦春族		
	小计	男	女	小计	男	女	小计	男	女
65-69岁	**102**	**46**	**56**	**123**	**53**	**70**	**108**	**45**	**63**
65	20	10	10	34	18	16	25	9	16
66	17	8	9	15	5	10	26	9	17
67	26	8	18	24	6	18	21	12	9
68	20	12	8	21	11	10	24	11	13
69	19	8	11	29	13	16	12	4	8
70-74岁	**74**	**45**	**29**	**110**	**48**	**62**	**74**	**28**	**46**
70	23	14	9	42	14	28	21	8	13
71	18	8	10	19	8	11	12	6	6
72	20	16	4	14	8	6	22	9	13
73	6	3	3	17	10	7	14	3	11
74	7	4	3	18	8	10	5	2	3
75-79岁	**42**	**25**	**17**	**67**	**36**	**31**	**23**	**9**	**14**
75	9	6	3	21	8	13	6	2	4
76	8	4	4	9	6	3	5	3	2
77	10	7	3	16	11	5	3	2	1
78	8	5	3	11	7	4	8	2	6
79	7	3	4	10	4	6	1		1
80-84岁	**17**	**12**	**5**	**29**	**10**	**19**	**15**	**9**	**6**
80	3	2	1	15	7	8	5	4	1
81	5	4	1	1		1	1	1	
82	5	4	1	4	2	2	3		3
83	3	2	1	7		7	5	3	2
84	1		1	2	1	1	1	1	
85-89岁	**6**	**4**	**2**	**22**	**9**	**13**	**6**	**2**	**4**
85	3	2	1	3	1	2	1	1	
86	1	1		2	1	1	4		4
87	1		1	8	3	5	1	1	
88	1	1		5	2	3			
89				4	2	2			
90-94岁	**3**		**3**	**5**	**2**	**3**			
90	2		2	2	2				
91				2		2			
92									
93	1		1	1		1			
94									
95-99岁				**4**	**2**	**2**			
95				1	1				
96				1		1			
97				2	1	1			
98									
99									
100岁及以上				**3**	**3**				

2-1 续表 54

单位：人

年 龄	赫哲族			门巴族			珞巴族		
	小计	男	女	小计	男	女	小计	男	女
总 计	**5354**	**2651**	**2703**	**10561**	**5261**	**5300**	**3682**	**1803**	**1879**
0-4岁	**353**	**189**	**164**	**884**	**488**	**396**	**392**	**202**	**190**
0	66	37	29	202	126	76	77	36	41
1	83	50	33	205	117	88	85	51	34
2	81	40	41	199	111	88	87	45	42
3	57	32	25	150	78	72	68	39	29
4	66	30	36	128	56	72	75	31	44
5-9岁	**281**	**154**	**127**	**1005**	**508**	**497**	**368**	**181**	**187**
5	61	40	21	168	86	82	77	34	43
6	65	33	32	200	100	100	63	29	34
7	53	28	25	255	122	133	86	44	42
8	52	29	23	189	97	92	71	44	27
9	50	24	26	193	103	90	71	30	41
10-14岁	**284**	**146**	**138**	**1038**	**508**	**530**	**384**	**177**	**207**
10	51	28	23	169	86	83	81	42	39
11	50	24	26	209	104	105	71	31	40
12	66	32	34	232	123	109	77	40	37
13	63	32	31	207	98	109	74	33	41
14	54	30	24	221	97	124	81	31	50
15-19岁	**444**	**216**	**228**	**1171**	**560**	**611**	**464**	**229**	**235**
15	72	35	37	197	80	117	87	48	39
16	85	46	39	270	128	142	89	46	43
17	86	38	48	222	104	118	92	34	58
18	91	49	42	248	141	107	94	50	44
19	110	48	62	234	107	127	102	51	51
20-24岁	**819**	**353**	**466**	**1217**	**604**	**613**	**396**	**201**	**195**
20	199	82	117	314	138	176	95	49	46
21	178	77	101	248	119	129	81	44	37
22	164	77	87	220	113	107	63	32	31
23	153	67	86	211	121	90	84	35	49
24	125	50	75	224	113	111	73	41	32
25-29岁	**524**	**255**	**269**	**998**	**537**	**461**	**308**	**151**	**157**
25	106	55	51	221	112	109	67	29	38
26	114	46	68	212	117	95	57	27	30
27	96	56	40	225	118	107	65	32	33
28	123	54	69	184	102	82	61	34	27
29	85	44	41	156	88	68	58	29	29

2-1 续表55

单位：人

年龄	赫哲族			门巴族			珞巴族		
	小计	男	女	小计	男	女	小计	男	女
30-34岁	**439**	**194**	**245**	**805**	**387**	**418**	**245**	**124**	**121**
30	89	43	46	204	94	110	48	21	27
31	99	42	57	146	68	78	42	19	23
32	107	42	65	179	95	84	58	23	35
33	67	34	33	138	68	70	48	28	20
34	77	33	44	138	62	76	49	33	16
35-39岁	**454**	**246**	**208**	**757**	**375**	**382**	**275**	**138**	**137**
35	92	58	34	152	81	71	49	22	27
36	84	46	38	168	84	84	58	30	28
37	89	45	44	159	62	97	48	27	21
38	100	49	51	151	84	67	64	32	32
39	89	48	41	127	64	63	56	27	29
40-44岁	**411**	**200**	**211**	**660**	**350**	**310**	**228**	**106**	**122**
40	97	46	51	135	88	47	54	23	31
41	81	37	44	161	82	79	49	27	22
42	73	38	35	135	67	68	49	19	30
43	77	42	35	123	55	68	43	24	19
44	83	37	46	106	58	48	33	13	20
45-49岁	**396**	**186**	**210**	**571**	**272**	**299**	**176**	**87**	**89**
45	97	46	51	110	59	51	34	14	20
46	86	38	48	126	55	71	42	22	20
47	100	50	50	119	59	60	39	16	23
48	63	29	34	137	68	69	38	22	16
49	50	23	27	79	31	48	23	13	10
50-54岁	**312**	**162**	**150**	**432**	**197**	**235**	**116**	**58**	**58**
50	70	35	35	116	53	63	36	16	20
51	57	29	28	95	47	48	29	18	11
52	79	44	35	73	29	44	24	17	7
53	56	33	23	81	39	42	20	6	14
54	50	21	29	67	29	38	7	1	6
55-59岁	**252**	**137**	**115**	**280**	**138**	**142**	**84**	**43**	**41**
55	47	24	23	49	20	29	25	12	13
56	47	29	18	72	41	31	11	5	6
57	53	24	29	57	30	27	17	9	8
58	60	33	27	61	33	28	12	7	5
59	45	27	18	41	14	27	19	10	9
60-64岁	**149**	**90**	**59**	**233**	**103**	**130**	**97**	**42**	**55**
60	35	21	14	58	29	29	22	6	16
61	31	22	9	63	30	33	16	6	10
62	25	15	10	35	12	23	31	15	16
63	32	15	17	32	12	20	15	9	6
64	26	17	9	45	20	25	13	6	7

2-1 续表 56 单位：人

年龄	赫哲族			门巴族			珞巴族		
	小计	男	女	小计	男	女	小计	男	女
65-69岁	**72**	**39**	**33**	**206**	**95**	**111**	**52**	**22**	**30**
65	13	9	4	37	18	19	10	6	4
66	13	8	5	44	22	22	6	2	4
67	15	5	10	45	15	30	15	6	9
68	15	10	5	44	25	19	9	1	8
69	16	7	9	36	15	21	12	7	5
70-74岁	**72**	**36**	**36**	**134**	**66**	**68**	**42**	**21**	**21**
70	19	8	11	37	19	18	8	2	6
71	14	8	6	30	17	13	12	5	7
72	10	7	3	23	7	16	11	8	3
73	9	1	8	26	12	14	7	4	3
74	20	12	8	18	11	7	4	2	2
75-79岁	**55**	**32**	**23**	**92**	**34**	**58**	**25**	**12**	**13**
75	18	12	6	14	4	10	4	2	2
76	16	9	7	16	7	9	4	1	3
77	10	6	4	18	10	8	8	4	4
78	6	3	3	21	5	16	5	4	1
79	5	2	3	23	8	15	4	1	3
80-84岁	**29**	**16**	**13**	**48**	**25**	**23**	**17**	**5**	**12**
80	14	7	7	14	7	7	9	3	6
81	4	4		14	7	7	2		2
82	3	1	2	7	3	4	4	1	3
83	7	4	3	8	4	4	2	1	1
84	1		1	5	4	1			
85-89岁	**8**		**8**	**25**	**13**	**12**	**9**	**3**	**6**
85	3		3	8	3	5	3	1	2
86				2	1	1	3	1	2
87	2		2	2	2		1		1
88	1		1	6	4	2	2	1	1
89	2		2	7	3	4			
90-94岁				**4**	**1**	**3**	**3**		**3**
90				1		1	2		2
91				1		1			
92				2	1	1			
93							1		1
94									
95-99岁				**1**		**1**	**1**	**1**	
95				1		1	1	1	
96									
97									
98									
99									
100岁及以上									

2-1 续表 57

单位：人

年龄	基诺族			其他未识别的民族			外国人加入中国籍		
	小计	男	女	小计	男	女	小计	男	女
总计	**23143**	**11744**	**11399**	**640101**	**334908**	**305193**	**1448**	**557**	**891**
0-4岁	**1865**	**961**	**904**	**54599**	**31155**	**23444**	**78**	**37**	**41**
0	395	203	192	10468	5990	4478	24	9	15
1	390	194	196	10952	6313	4639	16	8	8
2	383	205	178	11072	6397	4675	15	7	8
3	375	192	183	10945	6165	4780	12	9	3
4	322	167	155	11162	6290	4872	11	4	7
5-9岁	**1335**	**644**	**691**	**68316**	**36971**	**31345**	**56**	**32**	**24**
5	264	135	129	11051	6121	4930	10	6	4
6	278	133	145	12602	7000	5602	10	4	6
7	248	114	134	13306	7236	6070	14	9	5
8	251	119	132	14505	7720	6785	4		4
9	294	143	151	16852	8894	7958	18	13	5
10-14岁	**1611**	**793**	**818**	**85077**	**44644**	**40433**	**39**	**19**	**20**
10	284	140	144	17300	9179	8121	7	4	3
11	292	129	163	17052	8988	8064	7	5	2
12	351	180	171	18903	9745	9158	11	4	7
13	307	155	152	16600	8713	7887	7	4	3
14	377	189	188	15222	8019	7203	7	2	5
15-19岁	**1905**	**1023**	**882**	**56172**	**29381**	**26791**	**75**	**36**	**39**
15	354	186	168	14416	7426	6990	12	6	6
16	386	222	164	11957	6289	5668	19	12	7
17	360	182	178	11319	5838	5481	7	2	5
18	406	213	193	9832	5207	4625	18	10	8
19	399	220	179	8648	4621	4027	19	6	13
20-24岁	**2404**	**1220**	**1184**	**47598**	**23830**	**23768**	**157**	**52**	**105**
20	502	264	238	10252	5153	5099	41	14	27
21	507	263	244	9714	4889	4825	32	9	23
22	490	243	247	9391	4691	4700	25	9	16
23	458	236	222	10107	5087	5020	34	13	21
24	447	214	233	8134	4010	4124	25	7	18
25-29岁	**1975**	**1026**	**949**	**38400**	**19613**	**18787**	**112**	**35**	**77**
25	434	222	212	7533	3792	3741	16	4	12
26	458	239	219	7308	3821	3487	19	6	13
27	396	200	196	6579	3314	3265	27	3	24
28	402	207	195	8528	4311	4217	23	12	11
29	285	158	127	8452	4375	4077	27	10	17

2-1 续表 58 单位：人

年 龄	基诺族			其他未识别的民族			外国人加入中国籍		
	小计	男	女	小计	男	女	小计	男	女
30-34岁	**1750**	**905**	**845**	**46883**	**24100**	**22783**	**124**	**40**	**84**
30	343	177	166	9007	4503	4504	31	11	20
31	331	163	168	9207	4873	4334	21	9	12
32	327	163	164	8846	4495	4351	31	8	23
33	359	186	173	9181	4735	4446	18	4	14
34	390	216	174	10642	5494	5148	23	8	15
35-39岁	**2218**	**1149**	**1069**	**51647**	**27641**	**24006**	**134**	**47**	**87**
35	411	209	202	10218	5341	4877	23	8	15
36	491	248	243	11293	6045	5248	24	7	17
37	484	263	221	10413	5587	4826	27	8	19
38	436	226	210	9789	5196	4593	35	12	23
39	396	203	193	9934	5472	4462	25	12	13
40-44岁	**2183**	**1087**	**1096**	**46862**	**24455**	**22407**	**148**	**44**	**104**
40	506	252	254	10434	5403	5031	36	9	27
41	476	239	237	9066	4740	4326	24	10	14
42	456	221	235	10794	5671	5123	35	9	26
43	333	166	167	7903	4097	3806	24	7	17
44	412	209	203	8665	4544	4121	29	9	20
45-49岁	**1593**	**794**	**799**	**33102**	**17127**	**15975**	**109**	**39**	**70**
45	364	190	174	8455	4378	4077	24	7	17
46	387	187	200	8291	4328	3963	27	8	19
47	350	159	191	8012	4172	3840	23	11	12
48	294	160	134	5628	2911	2717	20	8	12
49	198	98	100	2716	1338	1378	15	5	10
50-54岁	**1213**	**593**	**620**	**23729**	**12357**	**11372**	**84**	**32**	**52**
50	270	125	145	3793	1943	1850	20	7	13
51	228	109	119	3548	1823	1725	11	7	4
52	283	142	141	4888	2621	2267	12	4	8
53	212	114	98	6037	3176	2861	23	8	15
54	220	103	117	5463	2794	2669	18	6	12
55-59岁	**830**	**413**	**417**	**27506**	**14034**	**13472**	**76**	**32**	**44**
55	165	73	92	6110	3146	2964	21	11	10
56	185	100	85	6243	3173	3070	19	8	11
57	190	95	95	5934	2990	2944	15	6	9
58	151	77	74	5702	2938	2764	12	5	7
59	139	68	71	3517	1787	1730	9	2	7
60-64岁	**826**	**436**	**390**	**19792**	**10167**	**9625**	**61**	**30**	**31**
60	191	94	97	3756	1897	1859	13	5	8
61	218	124	94	4256	2252	2004	13	7	6
62	152	77	75	3734	1863	1871	14	10	4
63	137	76	61	4184	2173	2011	12	3	9
64	128	65	63	3862	1982	1880	9	5	4

2-1 续表 59

单位：人

年 龄	基诺族			其他未识别的民族			外国人加入中国籍		
	小计	男	女	小计	男	女	小计	男	女
65-69岁	**471**	**242**	**229**	**14848**	**7428**	**7420**	**69**	**32**	**37**
65	108	46	62	3056	1503	1553	16	7	9
66	88	52	36	2982	1524	1458	16	4	12
67	99	49	50	3056	1561	1495	12	6	6
68	101	56	45	3143	1521	1622	14	11	3
69	75	39	36	2611	1319	1292	11	4	7
70-74岁	**383**	**194**	**189**	**12476**	**6135**	**6341**	**46**	**24**	**22**
70	96	51	45	2496	1244	1252	10	5	5
71	79	43	36	2452	1187	1265	13	10	3
72	96	42	54	2782	1381	1401	6	3	3
73	56	28	28	2656	1333	1323	7	3	4
74	56	30	26	2090	990	1100	10	3	7
75-79岁	**295**	**150**	**145**	**6905**	**3322**	**3583**	**42**	**14**	**28**
75	83	44	39	1547	759	788	6	1	5
76	58	22	36	1305	639	666	11	4	7
77	63	40	23	1286	621	665	11	4	7
78	55	28	27	1469	730	739	8	3	5
79	36	16	20	1298	573	725	6	2	4
80-84岁	**170**	**60**	**110**	**4116**	**1815**	**2301**	**17**	**9**	**8**
80	49	17	32	1274	565	709	5	2	3
81	33	12	21	796	350	446	2		2
82	33	12	21	805	349	456	5	4	1
83	29	9	20	751	338	413	4	2	2
84	26	10	16	490	213	277	1	1	
85-89岁	**85**	**40**	**45**	**1527**	**564**	**963**	**9**	**2**	**7**
85	26	12	14	377	156	221	1		1
86	14	6	8	366	137	229	2	1	1
87	16	7	9	309	106	203	1		1
88	13	9	4	264	101	163	2	1	1
89	16	6	10	211	64	147	3		3
90-94岁	**19**	**9**	**10**	**426**	**137**	**289**	**8**	**1**	**7**
90	12	7	5	161	54	107	1		1
91	3	2	1	88	24	64	2		2
92	1		1	81	24	57	2		2
93	1		1	47	19	28	1		1
94	2		2	49	16	33	2	1	1
95-99岁	**10**	**3**	**7**	**113**	**31**	**82**	**4**		**4**
95	4	1	3	40	10	30	2		2
96	2	1	1	34	8	26	2		2
97	2		2	17	5	12			
98	1	1		12	5	7			
99	1		1	10	3	7			
100岁及以上	**2**	**2**		**7**	**1**	**6**			

2-2 全国各民族分性别、受教育程度的6岁及以上人口

单位：人

民族	6岁及以上人口			未上过学		
	合计	男	女	小计	男	女
总 计	**1242546122**	**633278387**	**609267735**	**62136405**	**17503480**	**44632925**
汉 族	1140804980	581418089	559386891	53726722	14694341	39032381
蒙古族	5493484	2743974	2749510	181845	63382	118463
回 族	9684824	4893795	4791029	829803	275687	554116
藏 族	5652093	2832661	2819432	1727358	708508	1018850
维吾尔族	8911219	4506654	4404565	312376	147037	165339
苗 族	8509677	4366148	4143529	872566	252476	620090
彝 族	7792892	3969613	3823279	1114281	380706	733575
壮 族	15450124	7888354	7561770	734370	172997	561373
布依族	2598781	1306140	1292641	317940	77945	239995
朝鲜族	1764882	876449	888433	22789	5752	17037
满 族	9644853	5011378	4633475	206212	69356	136856
侗 族	2619132	1367284	1251848	173293	45550	127743
瑶 族	2496825	1297250	1199575	166437	48441	117996
白 族	1785320	902316	883004	104148	26071	78077
土家族	7630400	3918497	3711903	466043	136430	329613
哈尼族	1495794	774045	721749	217182	71773	145409
哈萨克族	1305071	665698	639373	20763	9089	11674
傣 族	1154883	570983	583900	130337	47238	83099
黎 族	1317322	678688	638634	85524	25458	60066
傈僳族	640339	323680	316659	118004	43852	74152
佤 族	398890	200774	198116	54899	20431	34468
畲 族	643415	347787	295628	40412	12223	28189
高山族	3674	1861	1813	95	28	67
拉祜族	446816	227876	218940	70495	29953	40542
水 族	370377	190104	180273	48543	12044	36499
东乡族	551196	278773	272423	97262	36244	61018
纳西族	307242	152785	154457	23495	6606	16889
景颇族	132808	63492	69316	12534	3981	8553
柯尔克孜族	165498	83747	81751	5220	2196	3024
土 族	266248	135588	130660	28772	8794	19978
达斡尔族	121946	59706	62240	1414	559	855
仫佬族	195734	99682	96052	8194	2109	6085
羌 族	289490	146242	143248	20394	5843	14551
布朗族	108074	55364	52710	15420	5828	9592
撒拉族	113873	57380	56493	24119	7334	16785
毛南族	91706	47735	43971	3876	1022	2854
仡佬族	497661	259892	237769	45033	12043	32990
锡伯族	176497	92327	84170	1972	790	1182
阿昌族	34844	17365	17479	2794	762	2032
普米族	39094	19475	19619	5688	1396	4292
塔吉克族	45716	23375	22341	1601	603	998
怒 族	34002	17144	16858	5117	2021	3096
乌孜别克族	9596	5156	4440	196	100	96
俄罗斯族	14516	6842	7674	183	49	134
鄂温克族	28111	13289	14822	348	148	200
德昂族	18251	8895	9356	3530	1241	2289
保安族	17517	8644	8873	1930	636	1294
裕固族	13441	6856	6585	822	240	582
京 族	25159	12724	12435	1392	267	1125
塔塔尔族	3244	1731	1513	46	16	30
独龙族	6220	2969	3251	1018	354	664
鄂伦春族	7884	3641	4243	109	38	71
赫哲族	4940	2422	2518	94	30	64
门巴族	9509	4687	4822	3559	1652	1907
珞巴族	3213	1567	1646	882	374	508
基诺族	21014	10648	10366	1911	707	1204
其他未识别的民族	574451	297632	276819	74885	22698	52187
外国人加入中国籍	1360	514	846	158	31	127

2-2 续表 1

单位：人

民族	小学			初中			高中		
	小计	男	女	小计	男	女	小计	男	女
总 计	**357211733**	**168297261**	**188914472**	**518176222**	**279031847**	**239144375**	**186646865**	**104007090**	**82639775**
汉 族	317175239	148530432	168644807	482244975	259108393	223136582	176525992	98459617	78066375
蒙古族	1576111	762213	813898	2092137	1094062	998075	860899	441171	419728
回 族	3451225	1704686	1746539	3256837	1798239	1458598	1240522	657596	582926
藏 族	2593670	1382432	1211238	751132	433296	317836	270620	145327	125293
维吾尔族	3705107	1853969	1851138	3741470	1947133	1794337	586636	289950	296686
苗 族	3919856	1954255	1965601	2722963	1571637	1151326	619448	367680	251768
彝 族	4190993	2138262	2052731	1744197	1031477	712720	448569	252236	196333
壮 族	5587561	2573176	3014385	6601655	3704926	2896729	1653720	953638	700082
布依族	1169545	579654	589891	824977	486040	338937	168197	95519	72678
朝鲜族	236872	97090	139782	766999	390498	376501	456566	235929	220637
满 族	2635047	1294013	1341034	4433743	2405454	2028289	1273292	684945	588347
侗 族	1023789	498627	525162	1013249	584111	429138	247176	144646	102530
瑶 族	1097493	534931	562562	874247	508252	365995	220155	129979	90176
白 族	693269	318329	374940	649936	374330	275606	195778	107624	88154
土家族	2790562	1356725	1433837	2887431	1591083	1296348	936733	525640	411093
哈尼族	807352	422147	385205	341877	207504	134373	84070	47559	36511
哈萨克族	473830	236815	237015	535399	281489	253910	159961	80857	79104
傣 族	613322	310653	302669	293869	156385	137484	70756	34424	36332
黎 族	411397	207516	203881	639645	342304	297341	128694	73540	55154
傈僳族	358140	184429	173711	122790	71845	50945	24620	14171	10449
佤 族	232864	118042	114822	83034	46622	36412	17969	10099	7870
畲 族	259014	129941	129073	235542	141652	93890	68856	41388	27468
高山族	751	348	403	1287	666	621	742	409	333
拉祜族	278976	146382	132594	69673	37754	31919	15415	7913	7502
水 族	174757	87853	86904	109644	67153	42491	23003	14177	8826
东乡族	357318	180617	176701	68468	44423	24045	17049	10738	6311
纳西族	105359	49538	55821	103015	57163	45852	39320	21356	17964
景颇族	72498	35098	37400	34975	17779	17196	7859	4094	3765
柯尔克孜族	75643	36837	38806	54936	29081	25855	16131	8509	7622
土 族	103264	50655	52609	78400	46157	32243	30221	16300	13921
达斡尔族	25607	12634	12973	51541	26339	25202	21767	10293	11474
仫佬族	74142	35814	38328	73733	41205	32528	22281	11883	10398
羌 族	122080	59710	62370	90504	51427	39077	32378	17039	15339
布朗族	63324	33197	30127	20384	11743	8641	5083	2696	2387
撒拉族	58679	30074	28605	19217	12505	6712	6051	3929	2122
毛南族	35010	16805	18205	36031	20676	15355	9597	5430	4167
仡佬族	208655	104687	103968	162617	94800	67817	43041	24965	18076
锡伯族	36721	19117	17604	77860	42481	35379	29729	15262	14467
阿昌族	17424	8508	8916	10518	5875	4643	2386	1295	1091
普米族	15467	7717	7750	10921	6459	4462	3870	2178	1692
塔吉克族	22758	10193	12565	13707	7653	6054	4137	2584	1553
怒 族	15952	8036	7916	8259	4489	3770	2571	1471	1100
乌孜别克族	2809	1521	1288	2857	1644	1213	1692	896	796
俄罗斯族	2125	1026	1099	4420	2283	2137	3531	1692	1839
鄂温克族	6261	3033	3228	11070	5511	5559	5318	2458	2860
德昂族	10389	5261	5128	3269	1799	1470	674	378	296
保安族	10442	4871	5571	3041	1893	1148	1202	729	473
裕固族	5056	2469	2587	3765	2062	1703	1788	969	819
京 族	6674	3122	3552	10191	5604	4587	3963	2183	1780
塔塔尔族	710	384	326	967	571	396	643	344	299
独龙族	2623	1269	1354	1681	878	803	497	258	239
鄂伦春族	1407	650	757	3017	1434	1583	1511	723	788
赫哲族	820	395	425	1827	991	836	920	449	471
门巴族	3466	1828	1638	1214	611	603	597	306	291
珞巴族	1554	814	740	413	222	191	175	78	97
基诺族	8616	4447	4169	7162	3849	3313	1973	980	993
其他未识别的民族	281675	143869	137806	167097	99751	67346	30373	18519	11854
外国人加入中国籍	463	145	318	437	184	253	148	72	76

2-2 续表 2

单位：人

民 族	大学专科			大学本科			研究生		
	小计	男	女	小计	男	女	小计	男	女
总 计	**68610519**	**36870375**	**31740144**	**45625793**	**25217083**	**20408710**	**4138585**	**2351251**	**1787334**
汉 族	64353701	34615454	29738247	42822692	23751428	19071264	3955659	2258424	1697235
蒙古族	420682	210393	210289	335274	161396	173878	26536	11357	15179
回 族	504660	254277	250383	371555	188223	183332	30222	15087	15135
藏 族	192834	102975	89859	111515	57078	54437	4964	3045	1919
维吾尔族	382935	184303	198632	178129	81843	96286	4566	2419	2147
苗 族	235032	137471	97561	132635	78496	54139	7177	4133	3044
彝 族	183627	104845	78782	106949	59649	47300	4276	2438	1838
壮 族	560431	309525	250906	296407	165032	131375	15980	9060	6920
布依族	72622	41587	31035	43878	24574	19304	1622	821	801
朝鲜族	130639	69018	61621	141342	73435	67907	9675	4727	4948
满 族	576376	294364	282012	477022	242439	234583	43161	20807	22354
侗 族	101127	58657	42470	57878	34177	23701	2620	1516	1104
瑶 族	81596	44832	36764	53343	28889	24454	3554	1926	1628
白 族	79341	42268	37073	59298	31811	27487	3550	1883	1667
土家族	330121	183497	146624	204943	116914	88029	14567	8208	6359
哈尼族	29350	16414	12936	15456	8392	7064	507	256	251
哈萨克族	79416	40823	38593	34739	16143	18596	963	482	481
傣 族	30213	14385	15828	15860	7637	8223	526	261	265
黎 族	35779	20674	15105	15722	8872	6850	561	324	237
傈僳族	10959	6230	4729	5654	3056	2598	172	97	75
佤 族	7289	4053	3236	2746	1474	1272	89	53	36
畲 族	21606	12274	9332	16961	9671	7290	1024	638	386
高山族	385	221	164	374	170	204	40	19	21
拉祜族	7680	3725	3955	4425	2082	2343	152	67	85
水 族	8911	5501	3410	5291	3246	2045	228	130	98
东乡族	7041	4230	2811	3926	2438	1488	132	83	49
纳西族	20933	10742	10191	14308	6992	7316	812	388	424
景颇族	3435	1757	1678	1467	760	707	40	23	17
柯尔克孜族	10030	5343	4687	3443	1727	1716	95	54	41
土 族	13319	6982	6337	11726	6395	5331	546	305	241
达斡尔族	11807	5542	6265	9132	4085	5047	678	254	424
仫佬族	9977	4954	5023	6952	3489	3463	455	228	227
羌 族	15323	7719	7604	8395	4292	4103	416	212	204
布朗族	2289	1160	1129	1528	715	813	46	25	21
撒拉族	3427	2058	1369	2287	1410	877	93	70	23
毛南族	4376	2373	2003	2677	1363	1314	139	66	73
仡佬族	21667	13056	8611	16020	9968	6052	628	373	255
锡伯族	15525	7701	7824	13495	6422	7073	1195	554	641
阿昌族	1051	569	482	650	343	307	21	13	8
普米族	1836	1001	835	1274	702	572	38	22	16
塔吉克族	2979	2015	964	519	316	203	15	11	4
怒 族	1451	800	651	630	318	312	22	9	13
乌孜别克族	1079	541	538	919	435	484	44	19	25
俄罗斯族	2272	974	1298	1847	770	1077	138	48	90
鄂温克族	2998	1319	1679	1987	786	1201	129	34	95
德昂族	263	151	112	124	65	59	2		2
保安族	601	336	265	291	170	121	10	9	1
裕固族	1186	685	501	774	406	368	50	25	25
京 族	1658	877	781	1219	639	580	62	32	30
塔塔尔族	426	213	213	433	197	236	19	6	13
独龙族	282	143	139	108	57	51	11	10	1
鄂伦春族	1011	442	569	764	336	428	65	18	47
赫哲族	574	254	320	637	276	361	68	27	41
门巴族	373	177	196	290	107	183	10	6	4
珞巴族	83	40	43	105	38	67	1	1	
基诺族	942	460	482	390	194	196	20	11	9
其他未识别的民族	12925	7961	4964	7312	4702	2610	184	132	52
外国人加入中国籍	68	34	34	76	43	33	10	5	5

第一部分 全部数据资料

第三卷 年龄

3-1 全国分年龄、性别的人口

单位：人、%

年 龄	人口数			占总人口比重			性别比
	合计	男	女	合计	男	女	(女=100)
总 计	**1332810869**	**682329104**	**650481765**	**100.00**	**51.19**	**48.81**	**104.90**
0-4岁	**75532610**	**41062566**	**34470044**	**5.67**	**3.08**	**2.59**	**119.13**
0	13786434	7461199	6325235	1.03	0.56	0.47	117.96
1	15657955	8574973	7082982	1.17	0.64	0.53	121.06
2	15617375	8507697	7109678	1.17	0.64	0.53	119.66
3	15250805	8272491	6978314	1.14	0.62	0.52	118.55
4	15220041	8246206	6973835	1.14	0.62	0.52	118.24
5-9岁	**70881549**	**38464665**	**32416884**	**5.32**	**2.89**	**2.43**	**118.66**
5	14732137	7988151	6743986	1.11	0.60	0.51	118.45
6	14804470	8034452	6770018	1.11	0.60	0.51	118.68
7	13429161	7292300	6136861	1.01	0.55	0.46	118.83
8	13666956	7423559	6243397	1.03	0.56	0.47	118.90
9	14248825	7726203	6522622	1.07	0.58	0.49	118.45
10-14岁	**74908462**	**40267277**	**34641185**	**5.62**	**3.02**	**2.60**	**116.24**
10	14454357	7830808	6623549	1.08	0.59	0.50	118.23
11	13935714	7522558	6413156	1.05	0.56	0.48	117.30
12	15399559	8288987	7110572	1.16	0.62	0.53	116.57
13	15225032	8161000	7064032	1.14	0.61	0.53	115.53
14	15893800	8463924	7429876	1.19	0.64	0.56	113.92
15-19岁	**99889114**	**51904830**	**47984284**	**7.49**	**3.89**	**3.60**	**108.17**
15	18024484	9524898	8499586	1.35	0.71	0.64	112.06
16	18790521	9795181	8995340	1.41	0.73	0.67	108.89
17	20775369	10760828	10014541	1.56	0.81	0.75	107.45
18	20755274	10744556	10010718	1.56	0.81	0.75	107.33
19	21543466	11079367	10464099	1.62	0.83	0.79	105.88
20-24岁	**127412518**	**64008573**	**63403945**	**9.56**	**4.80**	**4.76**	**100.95**
20	28026954	14201091	13825863	2.10	1.07	1.04	102.71
21	26556649	13357755	13198894	1.99	1.00	0.99	101.20
22	24474192	12281148	12193044	1.84	0.92	0.91	100.72
23	25695955	12876542	12819413	1.93	0.97	0.96	100.45
24	22658768	11292037	11366731	1.70	0.85	0.85	99.34
25-29岁	**101013852**	**50837038**	**50176814**	**7.58**	**3.81**	**3.76**	**101.32**
25	19933683	9969984	9963699	1.50	0.75	0.75	100.06
26	19709177	9879292	9829885	1.48	0.74	0.74	100.50
27	19480836	9801611	9679225	1.46	0.74	0.73	101.26
28	22322147	11271599	11050548	1.67	0.85	0.83	102.00
29	19568009	9914552	9653457	1.47	0.74	0.72	102.70

3-1 续表 1

单位：人、%

年 龄	人 口 数			占总人口比重			性别比
	合计	男	女	合计	男	女	(女=100)
30-34岁	**97138203**	**49521822**	**47616381**	**7.29**	**3.72**	**3.57**	**104.00**
30	18928369	9604727	9323642	1.42	0.72	0.70	103.01
31	19866458	10141582	9724876	1.49	0.76	0.73	104.28
32	19474874	9909833	9565041	1.46	0.74	0.72	103.60
33	18179478	9289224	8890254	1.36	0.70	0.67	104.49
34	20689024	10576456	10112568	1.55	0.79	0.76	104.59
35-39岁	**118025959**	**60391104**	**57634855**	**8.86**	**4.53**	**4.32**	**104.78**
35	21186516	10817432	10369084	1.59	0.81	0.78	104.32
36	22906980	11690644	11216336	1.72	0.88	0.84	104.23
37	23990208	12283353	11706855	1.80	0.92	0.88	104.92
38	24730460	12662559	12067901	1.86	0.95	0.91	104.93
39	25211795	12937116	12274679	1.89	0.97	0.92	105.40
40-44岁	**124753964**	**63608678**	**61145286**	**9.36**	**4.77**	**4.59**	**104.03**
40	27397219	13993123	13404096	2.06	1.05	1.01	104.39
41	24956297	12723691	12232606	1.87	0.95	0.92	104.01
42	27032542	13782610	13249932	2.03	1.03	0.99	104.02
43	21355748	10856214	10499534	1.60	0.81	0.79	103.40
44	24012158	12253040	11759118	1.80	0.92	0.88	104.20
45-49岁	**105594553**	**53776418**	**51818135**	**7.92**	**4.03**	**3.89**	**103.78**
45	23962574	12252515	11710059	1.80	0.92	0.88	104.63
46	23355778	11867147	11488631	1.75	0.89	0.86	103.29
47	26972157	13803796	13168361	2.02	1.04	0.99	104.83
48	20075084	10224798	9850286	1.51	0.77	0.74	103.80
49	11228960	5628162	5600798	0.84	0.42	0.42	100.49
50-54岁	**78753171**	**40363234**	**38389937**	**5.91**	**3.03**	**2.88**	**105.14**
50	14097008	7205176	6891832	1.06	0.54	0.52	104.55
51	12838832	6624865	6213967	0.96	0.50	0.47	106.61
52	16617709	8570000	8047709	1.25	0.64	0.60	106.49
53	18351980	9422827	8929153	1.38	0.71	0.67	105.53
54	16847642	8540366	8307276	1.26	0.64	0.62	102.81
55-59岁	**81312474**	**41082938**	**40229536**	**6.10**	**3.08**	**3.02**	**102.12**
55	17610528	8973192	8637336	1.32	0.67	0.65	103.89
56	17738127	8981235	8756892	1.33	0.67	0.66	102.56
57	16093888	8099033	7994855	1.21	0.61	0.60	101.30
58	16167933	8153588	8014345	1.21	0.61	0.60	101.74
59	13701998	6875890	6826108	1.03	0.52	0.51	100.73
60-64岁	**58667282**	**29834426**	**28832856**	**4.40**	**2.24**	**2.16**	**103.47**
60	13618204	6917026	6701178	1.02	0.52	0.50	103.22
61	13029125	6690003	6339122	0.98	0.50	0.48	105.54
62	11276853	5719180	5557673	0.85	0.43	0.42	102.91
63	10791633	5492805	5298828	0.81	0.41	0.40	103.66
64	9951467	5015412	4936055	0.75	0.38	0.37	101.61

3-1 续表 2

单位：人、%

年 龄	人 口 数			占总人口比重			性别比
	合计	男	女	合计	男	女	(女=100)
65-69岁	**41113282**	**20748471**	**20364811**	**3.08**	**1.56**	**1.53**	**101.88**
65	9073411	4564266	4509145	0.68	0.34	0.34	101.22
66	8640965	4391409	4249556	0.65	0.33	0.32	103.34
67	7942141	4003493	3938648	0.60	0.30	0.30	101.65
68	7740868	3904424	3836444	0.58	0.29	0.29	101.77
69	7715897	3884879	3831018	0.58	0.29	0.29	101.41
70-74岁	**32972397**	**16403453**	**16568944**	**2.47**	**1.23**	**1.24**	**99.00**
70	7389412	3724605	3664807	0.55	0.28	0.27	101.63
71	6265718	3116177	3149541	0.47	0.23	0.24	98.94
72	6893225	3449237	3443988	0.52	0.26	0.26	100.15
73	6343869	3149307	3194562	0.48	0.24	0.24	98.58
74	6080173	2964127	3116046	0.46	0.22	0.23	95.12
75-79岁	**23852133**	**11278859**	**12573274**	**1.79**	**0.85**	**0.94**	**89.71**
75	5632477	2690547	2941930	0.42	0.20	0.22	91.46
76	5175500	2454168	2721332	0.39	0.18	0.20	90.18
77	5082383	2420196	2662187	0.38	0.18	0.20	90.91
78	4254858	1983724	2271134	0.32	0.15	0.17	87.35
79	3706915	1730224	1976691	0.28	0.13	0.15	87.53
80-84岁	**13373198**	**5917502**	**7455696**	**1.00**	**0.44**	**0.56**	**79.37**
80	3737259	1716514	2020745	0.28	0.13	0.15	84.94
81	2816693	1257795	1558898	0.21	0.09	0.12	80.68
82	2757918	1212683	1545235	0.21	0.09	0.12	78.48
83	2237138	964710	1272428	0.17	0.07	0.10	75.82
84	1824190	765800	1058390	0.14	0.06	0.08	72.36
85-89岁	**5631928**	**2199810**	**3432118**	**0.42**	**0.17**	**0.26**	**64.09**
85	1648160	672819	975341	0.12	0.05	0.07	68.98
86	1344215	530641	813574	0.10	0.04	0.06	65.22
87	1065276	408984	656292	0.08	0.03	0.05	62.32
88	858879	324282	534597	0.06	0.02	0.04	60.66
89	715398	263084	452314	0.05	0.02	0.03	58.16
90-94岁	**1578307**	**530872**	**1047435**	**0.12**	**0.04**	**0.08**	**50.68**
90	553805	193982	359823	0.04	0.01	0.03	53.91
91	371079	126484	244595	0.03	0.01	0.02	51.71
92	287676	94157	193519	0.02	0.01	0.01	48.66
93	209291	66717	142574	0.02	0.01	0.01	46.79
94	156456	49532	106924	0.01		0.01	46.32
95-99岁	**369979**	**117716**	**252263**	**0.03**	**0.01**	**0.02**	**46.66**
95	117522	36268	81254	0.01		0.01	44.64
96	90889	28664	62225	0.01			46.07
97	68648	22045	46603	0.01			47.30
98	54689	18355	36334				50.52
99	38231	12384	25847				47.91
100岁及以上	**35934**	**8852**	**27082**				**32.69**

3-1a　全国分年龄、性别的人口(城市)

单位：人、%

年　龄	人　口　数			占总人口比重			性别比
	合计	男	女	合计	男	女	(女=100)
总　计	**403760040**	**206470117**	**197289923**	**100.00**	**51.14**	**48.86**	**104.65**
0-4岁	**16360447**	**8773742**	**7586705**	**4.05**	**2.17**	**1.88**	**115.65**
0	2825962	1505781	1320181	0.70	0.37	0.33	114.06
1	3397963	1828962	1569001	0.84	0.45	0.39	116.57
2	3432300	1844528	1587772	0.85	0.46	0.39	116.17
3	3470322	1858265	1612057	0.86	0.46	0.40	115.27
4	3233900	1736206	1497694	0.80	0.43	0.37	115.93
5-9岁	**15903218**	**8566754**	**7336464**	**3.94**	**2.12**	**1.82**	**116.77**
5	3251735	1748740	1502995	0.81	0.43	0.37	116.35
6	3294902	1773632	1521270	0.82	0.44	0.38	116.59
7	2906061	1569638	1336423	0.72	0.39	0.33	117.45
8	3179028	1711633	1467395	0.79	0.42	0.36	116.64
9	3271492	1763111	1508381	0.81	0.44	0.37	116.89
10-14岁	**17121336**	**9176874**	**7944462**	**4.24**	**2.27**	**1.97**	**115.51**
10	3433402	1852623	1580779	0.85	0.46	0.39	117.20
11	3216999	1729890	1487109	0.80	0.43	0.37	116.33
12	3445836	1852243	1593593	0.85	0.46	0.39	116.23
13	3426904	1833256	1593648	0.85	0.45	0.39	115.04
14	3598195	1908862	1689333	0.89	0.47	0.42	113.00
15-19岁	**30350178**	**15528057**	**14822121**	**7.52**	**3.85**	**3.67**	**104.76**
15	4402657	2304133	2098524	1.09	0.57	0.52	109.80
16	5356873	2756782	2600091	1.33	0.68	0.64	106.03
17	6323132	3226285	3096847	1.57	0.80	0.77	104.18
18	6682039	3406001	3276038	1.65	0.84	0.81	103.97
19	7585477	3834856	3750621	1.88	0.95	0.93	102.25
20-24岁	**47547510**	**24173937**	**23373573**	**11.78**	**5.99**	**5.79**	**103.42**
20	10514598	5297881	5216717	2.60	1.31	1.29	101.56
21	10286248	5224072	5062176	2.55	1.29	1.25	103.20
22	9222223	4722895	4499328	2.28	1.17	1.11	104.97
23	9343631	4777150	4566481	2.31	1.18	1.13	104.61
24	8180810	4151939	4028871	2.03	1.03	1.00	103.05
25-29岁	**37950735**	**19171630**	**18779105**	**9.40**	**4.75**	**4.65**	**102.09**
25	7179674	3642333	3537341	1.78	0.90	0.88	102.97
26	7246192	3662299	3583893	1.79	0.91	0.89	102.19
27	7458316	3760061	3698255	1.85	0.93	0.92	101.67
28	8656490	4358192	4298298	2.14	1.08	1.06	101.39
29	7410063	3748745	3661318	1.84	0.93	0.91	102.39

3-1a 续表 1

单位：人、%

年 龄	人口数			占总人口比重			性别比
	合计	男	女	合计	男	女	(女=100)
30-34岁	**35576427**	**18144631**	**17431796**	**8.81**	**4.49**	**4.32**	**104.09**
30	7018371	3572741	3445630	1.74	0.88	0.85	103.69
31	7451982	3798598	3653384	1.85	0.94	0.90	103.97
32	7188015	3657568	3530447	1.78	0.91	0.87	103.60
33	6623013	3378670	3244343	1.64	0.84	0.80	104.14
34	7295046	3737054	3557992	1.81	0.93	0.88	105.03
35-39岁	**39746202**	**20481483**	**19264719**	**9.84**	**5.07**	**4.77**	**106.32**
35	7355483	3764786	3590697	1.82	0.93	0.89	104.85
36	7737006	3971066	3765940	1.92	0.98	0.93	105.45
37	8144335	4199756	3944579	2.02	1.04	0.98	106.47
38	8219361	4253803	3965558	2.04	1.05	0.98	107.27
39	8290017	4292072	3997945	2.05	1.06	0.99	107.36
40-44岁	**37805480**	**19572475**	**18233005**	**9.36**	**4.85**	**4.52**	**107.35**
40	8786166	4548525	4237641	2.18	1.13	1.05	107.34
41	7868329	4061902	3806427	1.95	1.01	0.94	106.71
42	8247968	4268394	3979574	2.04	1.06	0.99	107.26
43	6077179	3150003	2927176	1.51	0.78	0.72	107.61
44	6825838	3543651	3282187	1.69	0.88	0.81	107.97
45-49岁	**32412958**	**16885728**	**15527230**	**8.03**	**4.18**	**3.85**	**108.75**
45	7084804	3696615	3388189	1.75	0.92	0.84	109.10
46	7203822	3751292	3452530	1.78	0.93	0.86	108.65
47	8573075	4470188	4102887	2.12	1.11	1.02	108.95
48	5975557	3125229	2850328	1.48	0.77	0.71	109.64
49	3575700	1842404	1733296	0.89	0.46	0.43	106.29
50-54岁	**24253446**	**12450143**	**11803303**	**6.01**	**3.08**	**2.92**	**105.48**
50	4643120	2403857	2239263	1.15	0.60	0.55	107.35
51	4115370	2131776	1983594	1.02	0.53	0.49	107.47
52	5153403	2662172	2491231	1.28	0.66	0.62	106.86
53	5440601	2777152	2663449	1.35	0.69	0.66	104.27
54	4900952	2475186	2425766	1.21	0.61	0.60	102.04
55-59岁	**22418430**	**11166299**	**11252131**	**5.55**	**2.77**	**2.79**	**99.24**
55	5013865	2526520	2487345	1.24	0.63	0.62	101.57
56	5033880	2518754	2515126	1.25	0.62	0.62	100.14
57	4384638	2172249	2212389	1.09	0.54	0.55	98.19
58	4297529	2126878	2170651	1.06	0.53	0.54	97.98
59	3688518	1821898	1866620	0.91	0.45	0.46	97.60
60-64岁	**15298187**	**7594880**	**7703307**	**3.79**	**1.88**	**1.91**	**98.59**
60	3662214	1830434	1831780	0.91	0.45	0.45	99.93
61	3401710	1695163	1706547	0.84	0.42	0.42	99.33
62	2894007	1422769	1471238	0.72	0.35	0.36	96.71
63	2788430	1384351	1404079	0.69	0.34	0.35	98.59
64	2551826	1262163	1289663	0.63	0.31	0.32	97.87

3-1a 续表 2

单位：人、%

年 龄	人口数 合计	人口数 男	人口数 女	占总人口比重 合计	占总人口比重 男	占总人口比重 女	性别比（女=100）
65-69岁	**10418641**	**5062300**	**5356341**	**2.58**	**1.25**	**1.33**	**94.51**
65	2273166	1111634	1161532	0.56	0.28	0.29	95.70
66	2144040	1046380	1097660	0.53	0.26	0.27	95.33
67	1989427	965120	1024307	0.49	0.24	0.25	94.22
68	2012204	971199	1041005	0.50	0.24	0.26	93.29
69	1999804	967967	1031837	0.50	0.24	0.26	93.81
70-74岁	**8876835**	**4279061**	**4597774**	**2.20**	**1.06**	**1.14**	**93.07**
70	1965935	953981	1011954	0.49	0.24	0.25	94.27
71	1715787	817516	898271	0.42	0.20	0.22	91.01
72	1847681	890514	957167	0.46	0.22	0.24	93.04
73	1704612	828524	876088	0.42	0.21	0.22	94.57
74	1642820	788526	854294	0.41	0.20	0.21	92.30
75-79岁	**6366161**	**3053000**	**3313161**	**1.58**	**0.76**	**0.82**	**92.15**
75	1532819	724208	808611	0.38	0.18	0.20	89.56
76	1394212	661908	732304	0.35	0.16	0.18	90.39
77	1354060	654986	699074	0.34	0.16	0.17	93.69
78	1118007	536235	581772	0.28	0.13	0.14	92.17
79	967063	475663	491400	0.24	0.12	0.12	96.80
80-84岁	**3436596**	**1612654**	**1823942**	**0.85**	**0.40**	**0.45**	**88.42**
80	968929	470669	498260	0.24	0.12	0.12	94.46
81	738833	349049	389784	0.18	0.09	0.10	89.55
82	697193	324373	372820	0.17	0.08	0.09	87.01
83	568142	260552	307590	0.14	0.06	0.08	84.71
84	463499	208011	255488	0.11	0.05	0.06	81.42
85-89岁	**1403249**	**589354**	**813895**	**0.35**	**0.15**	**0.20**	**72.41**
85	409826	179500	230326	0.10	0.04	0.06	77.93
86	333620	141264	192356	0.08	0.03	0.05	73.44
87	262632	108399	154233	0.07	0.03	0.04	70.28
88	218877	89039	129838	0.05	0.02	0.03	68.58
89	178294	71152	107142	0.04	0.02	0.03	66.41
90-94岁	**402209**	**148570**	**253639**	**0.10**	**0.04**	**0.06**	**58.58**
90	135264	51424	83840	0.03	0.01	0.02	61.34
91	95427	36118	59309	0.02	0.01	0.01	60.90
92	74651	26806	47845	0.02	0.01	0.01	56.03
93	55366	19562	35804	0.01		0.01	54.64
94	41501	14660	26841	0.01		0.01	54.62
95-99岁	**102505**	**35986**	**66519**	**0.03**	**0.01**	**0.02**	**54.10**
95	31505	10734	20771	0.01		0.01	51.68
96	25028	8687	16341	0.01			53.16
97	19037	6683	12354				54.10
98	15785	5867	9918				59.16
99	11150	4015	7135				56.27
100岁及以上	**9290**	**2559**	**6731**				**38.02**

3-1b 全国分年龄、性别的人口(镇)

单位：人、%

年 龄	人口数			占总人口比重			性别比
	合计	男	女	合计	男	女	(女=100)
总 计	**266245506**	**136570666**	**129674840**	**100.00**	**51.30**	**48.70**	**105.32**
0-4岁	**14576023**	**7975987**	**6600036**	**5.47**	**3.00**	**2.48**	**120.85**
0	2549317	1383316	1166001	0.96	0.52	0.44	118.64
1	3024633	1670978	1353655	1.14	0.63	0.51	123.44
2	3005120	1647145	1357975	1.13	0.62	0.51	121.29
3	2969764	1623386	1346378	1.12	0.61	0.51	120.57
4	3027189	1651162	1376027	1.14	0.62	0.52	119.99
5-9岁	**14662441**	**8014156**	**6648285**	**5.51**	**3.01**	**2.50**	**120.54**
5	2979842	1627033	1352809	1.12	0.61	0.51	120.27
6	3039377	1660978	1378399	1.14	0.62	0.52	120.50
7	2795858	1529860	1265998	1.05	0.57	0.48	120.84
8	2850421	1559522	1290899	1.07	0.59	0.48	120.81
9	2996943	1636763	1360180	1.13	0.61	0.51	120.33
10-14岁	**15686190**	**8487916**	**7198274**	**5.89**	**3.19**	**2.70**	**117.92**
10	3048692	1664345	1384347	1.15	0.63	0.52	120.23
11	2915358	1585197	1330161	1.09	0.60	0.50	119.17
12	3211218	1743607	1467611	1.21	0.65	0.55	118.81
13	3156686	1701250	1455436	1.19	0.64	0.55	116.89
14	3354236	1793517	1560719	1.26	0.67	0.59	114.92
15-19岁	**23239814**	**12075720**	**11164094**	**8.73**	**4.54**	**4.19**	**108.17**
15	4144468	2182294	1962174	1.56	0.82	0.74	111.22
16	4685021	2420257	2264764	1.76	0.91	0.85	106.87
17	5255798	2701472	2554326	1.97	1.01	0.96	105.76
18	4805111	2496403	2308708	1.80	0.94	0.87	108.13
19	4349416	2275294	2074122	1.63	0.85	0.78	109.70
20-24岁	**23511008**	**11867847**	**11643161**	**8.83**	**4.46**	**4.37**	**101.93**
20	5175368	2668052	2507316	1.94	1.00	0.94	106.41
21	4774870	2429265	2345605	1.79	0.91	0.88	103.57
22	4451935	2241435	2210500	1.67	0.84	0.83	101.40
23	4791766	2391510	2400256	1.80	0.90	0.90	99.64
24	4317069	2137585	2179484	1.62	0.80	0.82	98.08
25-29岁	**19729221**	**9801886**	**9927335**	**7.41**	**3.68**	**3.73**	**98.74**
25	3855715	1912714	1943001	1.45	0.72	0.73	98.44
26	3817356	1891034	1926322	1.43	0.71	0.72	98.17
27	3776795	1875253	1901542	1.42	0.70	0.71	98.62
28	4376058	2176061	2199997	1.64	0.82	0.83	98.91
29	3903297	1946824	1956473	1.47	0.73	0.73	99.51

3-1b 续表 1

单位：人、%

年 龄	人口数 合计	人口数 男	人口数 女	占总人口比重 合计	占总人口比重 男	占总人口比重 女	性别比 (女=100)
30-34岁	**20434530**	**10287442**	**10147088**	**7.68**	**3.86**	**3.81**	**101.38**
30	3843884	1925105	1918779	1.44	0.72	0.72	100.33
31	4129474	2075548	2053926	1.55	0.78	0.77	101.05
32	4104155	2064533	2039622	1.54	0.78	0.77	101.22
33	3875326	1953462	1921864	1.46	0.73	0.72	101.64
34	4481691	2268794	2212897	1.68	0.85	0.83	102.53
35-39岁	**25279163**	**12867797**	**12411366**	**9.49**	**4.83**	**4.66**	**103.68**
35	4586727	2321907	2264820	1.72	0.87	0.85	102.52
36	4944977	2504443	2440534	1.86	0.94	0.92	102.62
37	5128265	2610485	2517780	1.93	0.98	0.95	103.68
38	5286315	2699780	2586535	1.99	1.01	0.97	104.38
39	5332879	2731182	2601697	2.00	1.03	0.98	104.98
40-44岁	**25981016**	**13273294**	**12707722**	**9.76**	**4.99**	**4.77**	**104.45**
40	5789835	2962275	2827560	2.17	1.11	1.06	104.76
41	5213140	2660844	2552296	1.96	1.00	0.96	104.25
42	5633256	2884993	2748263	2.12	1.08	1.03	104.98
43	4400613	2243824	2156789	1.65	0.84	0.81	104.04
44	4944172	2521358	2422814	1.86	0.95	0.91	104.07
45-49岁	**21216583**	**10837404**	**10379179**	**7.97**	**4.07**	**3.90**	**104.41**
45	4924868	2523949	2400919	1.85	0.95	0.90	105.12
46	4731208	2411734	2319474	1.78	0.91	0.87	103.98
47	5397990	2767803	2630187	2.03	1.04	0.99	105.23
48	4007634	2048238	1959396	1.51	0.77	0.74	104.53
49	2154883	1085680	1069203	0.81	0.41	0.40	101.54
50-54岁	**14932942**	**7680252**	**7252690**	**5.61**	**2.88**	**2.72**	**105.90**
50	2681140	1379448	1301692	1.01	0.52	0.49	105.97
51	2445945	1266630	1179315	0.92	0.48	0.44	107.40
52	3170969	1644060	1526909	1.19	0.62	0.57	107.67
53	3461399	1780408	1680991	1.30	0.67	0.63	105.91
54	3173489	1609706	1563783	1.19	0.60	0.59	102.94
55-59岁	**15019105**	**7596588**	**7422517**	**5.64**	**2.85**	**2.79**	**102.35**
55	3282882	1672426	1610456	1.23	0.63	0.60	103.85
56	3286827	1667678	1619149	1.23	0.63	0.61	103.00
57	2971778	1495741	1476037	1.12	0.56	0.55	101.33
58	2979383	1505361	1474022	1.12	0.57	0.55	102.13
59	2498235	1255382	1242853	0.94	0.47	0.47	101.01
60-64岁	**10738730**	**5472165**	**5266565**	**4.03**	**2.06**	**1.98**	**103.90**
60	2505514	1276499	1229015	0.94	0.48	0.46	103.86
61	2387222	1222667	1164555	0.90	0.46	0.44	104.99
62	2060383	1045435	1014948	0.77	0.39	0.38	103.00
63	1962717	1002374	960343	0.74	0.38	0.36	104.38
64	1822894	925190	897704	0.68	0.35	0.34	103.06

3-1b 续表 2

单位：人、%

年 龄	人 口 数			占总人口比重			性别比
	合计	男	女	合计	男	女	(女=100)
65-69岁	**7491688**	**3804294**	**3687394**	**2.81**	**1.43**	**1.38**	**103.17**
65	1666898	844272	822626	0.63	0.32	0.31	102.63
66	1573015	803037	769978	0.59	0.30	0.29	104.29
67	1440736	730759	709977	0.54	0.27	0.27	102.93
68	1411979	717533	694446	0.53	0.27	0.26	103.32
69	1399060	708693	690367	0.53	0.27	0.26	102.65
70-74岁	**5900425**	**2962830**	**2937595**	**2.22**	**1.11**	**1.10**	**100.86**
70	1349853	687584	662269	0.51	0.26	0.25	103.82
71	1118331	561850	556481	0.42	0.21	0.21	100.96
72	1233790	622537	611253	0.46	0.23	0.23	101.85
73	1126947	564270	562677	0.42	0.21	0.21	100.28
74	1071504	526589	544915	0.40	0.20	0.20	96.64
75-79岁	**4165342**	**1995471**	**2169871**	**1.56**	**0.75**	**0.81**	**91.96**
75	985160	474712	510448	0.37	0.18	0.19	93.00
76	904036	432253	471783	0.34	0.16	0.18	91.62
77	890642	430503	460139	0.33	0.16	0.17	93.56
78	738723	349408	389315	0.28	0.13	0.15	89.75
79	646781	308595	338186	0.24	0.12	0.13	91.25
80-84岁	**2326232**	**1052564**	**1273668**	**0.87**	**0.40**	**0.48**	**82.64**
80	655298	308492	346806	0.25	0.12	0.13	88.95
81	486067	221335	264732	0.18	0.08	0.10	83.61
82	477955	214421	263534	0.18	0.08	0.10	81.36
83	389793	172434	217359	0.15	0.06	0.08	79.33
84	317119	135882	181237	0.12	0.05	0.07	74.97
85-89岁	**988941**	**392930**	**596011**	**0.37**	**0.15**	**0.22**	**65.93**
85	287705	119146	168559	0.11	0.04	0.06	70.69
86	234899	94258	140641	0.09	0.04	0.05	67.02
87	186945	73138	113807	0.07	0.03	0.04	64.26
88	151441	58205	93236	0.06	0.02	0.04	62.43
89	127951	48183	79768	0.05	0.02	0.03	60.40
90-94岁	**285554**	**97461**	**188093**	**0.11**	**0.04**	**0.07**	**51.82**
90	99288	35147	64141	0.04	0.01	0.02	54.80
91	66479	22933	43546	0.02	0.01	0.02	52.66
92	52216	17356	34860	0.02	0.01	0.01	49.79
93	38296	12534	25762	0.01		0.01	48.65
94	29275	9491	19784	0.01		0.01	47.97
95-99岁	**74037**	**25005**	**49032**	**0.03**	**0.01**	**0.02**	**51.00**
95	22582	7284	15298	0.01		0.01	47.61
96	17731	5891	11840	0.01			49.76
97	14004	4839	9165	0.01			52.80
98	11583	4154	7429				55.92
99	8137	2837	5300				53.53
100岁及以上	**6521**	**1657**	**4864**				**34.07**

3-1c 全国分年龄、性别的人口(乡村)

单位：人、%

年龄	人口数			占总人口比重			性别比
	合计	男	女	合计	男	女	(女=100)
总计	**662805323**	**339288321**	**323517002**	**100.00**	**51.19**	**48.81**	**104.87**
0-4岁	**44596140**	**24312837**	**20283303**	**6.73**	**3.67**	**3.06**	**119.87**
0	8411155	4572102	3839053	1.27	0.69	0.58	119.09
1	9235359	5075033	4160326	1.39	0.77	0.63	121.99
2	9179955	5016024	4163931	1.39	0.76	0.63	120.46
3	8810719	4790840	4019879	1.33	0.72	0.61	119.18
4	8958952	4858838	4100114	1.35	0.73	0.62	118.50
5-9岁	**40315890**	**21883755**	**18432135**	**6.08**	**3.30**	**2.78**	**118.73**
5	8500560	4612378	3888182	1.28	0.70	0.59	118.63
6	8470191	4599842	3870349	1.28	0.69	0.58	118.85
7	7727242	4192802	3534440	1.17	0.63	0.53	118.63
8	7637507	4152404	3485103	1.15	0.63	0.53	119.15
9	7980390	4326329	3654061	1.20	0.65	0.55	118.40
10-14岁	**42100936**	**22602487**	**19498449**	**6.35**	**3.41**	**2.94**	**115.92**
10	7972263	4313840	3658423	1.20	0.65	0.55	117.92
11	7803357	4207471	3595886	1.18	0.63	0.54	117.01
12	8742505	4693137	4049368	1.32	0.71	0.61	115.90
13	8641442	4626494	4014948	1.30	0.70	0.61	115.23
14	8941369	4761545	4179824	1.35	0.72	0.63	113.92
15-19岁	**46299122**	**24301053**	**21998069**	**6.99**	**3.67**	**3.32**	**110.47**
15	9477359	5038471	4438888	1.43	0.76	0.67	113.51
16	8748627	4618142	4130485	1.32	0.70	0.62	111.81
17	9196439	4833071	4363368	1.39	0.73	0.66	110.76
18	9268124	4842152	4425972	1.40	0.73	0.67	109.40
19	9608573	4969217	4639356	1.45	0.75	0.70	107.11
20-24岁	**56354000**	**27966789**	**28387211**	**8.50**	**4.22**	**4.28**	**98.52**
20	12336988	6235158	6101830	1.86	0.94	0.92	102.19
21	11495531	5704418	5791113	1.73	0.86	0.87	98.50
22	10800034	5316818	5483216	1.63	0.80	0.83	96.97
23	11560558	5707882	5852676	1.74	0.86	0.88	97.53
24	10160889	5002513	5158376	1.53	0.75	0.78	96.98
25-29岁	**43333896**	**21863522**	**21470374**	**6.54**	**3.30**	**3.24**	**101.83**
25	8898294	4414937	4483357	1.34	0.67	0.68	98.47
26	8645629	4325959	4319670	1.30	0.65	0.65	100.15
27	8245725	4166297	4079428	1.24	0.63	0.62	102.13
28	9289599	4737346	4552253	1.40	0.71	0.69	104.07
29	8254649	4218983	4035666	1.25	0.64	0.61	104.54

3-1c 续表 1

单位：人、%

年 龄	人口数			占总人口比重			性别比
	合计	男	女	合计	男	女	(女=100)
30-34岁	**41127246**	**21089749**	**20037497**	**6.21**	**3.18**	**3.02**	**105.25**
30	8066114	4106881	3959233	1.22	0.62	0.60	103.73
31	8285002	4267436	4017566	1.25	0.64	0.61	106.22
32	8182704	4187732	3994972	1.23	0.63	0.60	104.83
33	7681139	3957092	3724047	1.16	0.60	0.56	106.26
34	8912287	4570608	4341679	1.34	0.69	0.66	105.27
35-39岁	**53000594**	**27041824**	**25958770**	**8.00**	**4.08**	**3.92**	**104.17**
35	9244306	4730739	4513567	1.39	0.71	0.68	104.81
36	10224997	5215135	5009862	1.54	0.79	0.76	104.10
37	10717608	5473112	5244496	1.62	0.83	0.79	104.36
38	11224784	5708976	5515808	1.69	0.86	0.83	103.50
39	11588899	5913862	5675037	1.75	0.89	0.86	104.21
40-44岁	**60967468**	**30762909**	**30204559**	**9.20**	**4.64**	**4.56**	**101.85**
40	12821218	6482323	6338895	1.93	0.98	0.96	102.26
41	11874828	6000945	5873883	1.79	0.91	0.89	102.16
42	13151318	6629223	6522095	1.98	1.00	0.98	101.64
43	10877956	5462387	5415569	1.64	0.82	0.82	100.86
44	12242148	6188031	6054117	1.85	0.93	0.91	102.21
45-49岁	**51965012**	**26053286**	**25911726**	**7.84**	**3.93**	**3.91**	**100.55**
45	11952902	6031951	5920951	1.80	0.91	0.89	101.87
46	11420748	5704121	5716627	1.72	0.86	0.86	99.78
47	13001092	6565805	6435287	1.96	0.99	0.97	102.03
48	10091893	5051331	5040562	1.52	0.76	0.76	100.21
49	5498377	2700078	2798299	0.83	0.41	0.42	96.49
50-54岁	**39566783**	**20232839**	**19333944**	**5.97**	**3.05**	**2.92**	**104.65**
50	6772748	3421871	3350877	1.02	0.52	0.51	102.12
51	6277517	3226459	3051058	0.95	0.49	0.46	105.75
52	8293337	4263768	4029569	1.25	0.64	0.61	105.81
53	9449980	4865267	4584713	1.43	0.73	0.69	106.12
54	8773201	4455474	4317727	1.32	0.67	0.65	103.19
55-59岁	**43874939**	**22320051**	**21554888**	**6.62**	**3.37**	**3.25**	**103.55**
55	9313781	4774246	4539535	1.41	0.72	0.68	105.17
56	9417420	4794803	4622617	1.42	0.72	0.70	103.72
57	8737472	4431043	4306429	1.32	0.67	0.65	102.89
58	8891021	4521349	4369672	1.34	0.68	0.66	103.47
59	7515245	3798610	3716635	1.13	0.57	0.56	102.21
60-64岁	**32630365**	**16767381**	**15862984**	**4.92**	**2.53**	**2.39**	**105.70**
60	7450476	3810093	3640383	1.12	0.57	0.55	104.66
61	7240193	3772173	3468020	1.09	0.57	0.52	108.77
62	6322463	3250976	3071487	0.95	0.49	0.46	105.84
63	6040486	3106080	2934406	0.91	0.47	0.44	105.85
64	5576747	2828059	2748688	0.84	0.43	0.41	102.89

3-1c 续表 2

单位：人、%

年　龄	人　口　数			占总人口比重			性别比
	合计	男	女	合计	男	女	(女=100)
65-69岁	**23202953**	**11881877**	**11321076**	**3.50**	**1.79**	**1.71**	**104.95**
65	5133347	2608360	2524987	0.77	0.39	0.38	103.30
66	4923910	2541992	2381918	0.74	0.38	0.36	106.72
67	4511978	2307614	2204364	0.68	0.35	0.33	104.68
68	4316685	2215692	2100993	0.65	0.33	0.32	105.46
69	4317033	2208219	2108814	0.65	0.33	0.32	104.71
70-74岁	**18195137**	**9161562**	**9033575**	**2.75**	**1.38**	**1.36**	**101.42**
70	4073624	2083040	1990584	0.61	0.31	0.30	104.64
71	3431600	1736811	1694789	0.52	0.26	0.26	102.48
72	3811754	1936186	1875568	0.58	0.29	0.28	103.23
73	3512310	1756513	1755797	0.53	0.27	0.26	100.04
74	3365849	1649012	1716837	0.51	0.25	0.26	96.05
75-79岁	**13320630**	**6230388**	**7090242**	**2.01**	**0.94**	**1.07**	**87.87**
75	3114498	1491627	1622871	0.47	0.23	0.24	91.91
76	2877252	1360007	1517245	0.43	0.21	0.23	89.64
77	2837681	1334707	1502974	0.43	0.20	0.23	88.80
78	2398128	1098081	1300047	0.36	0.17	0.20	84.46
79	2093071	945966	1147105	0.32	0.14	0.17	82.47
80-84岁	**7610370**	**3252284**	**4358086**	**1.15**	**0.49**	**0.66**	**74.63**
80	2113032	937353	1175679	0.32	0.14	0.18	79.73
81	1591793	687411	904382	0.24	0.10	0.14	76.01
82	1582770	673889	908881	0.24	0.10	0.14	74.14
83	1279203	531724	747479	0.19	0.08	0.11	71.14
84	1043572	421907	621665	0.16	0.06	0.09	67.87
85-89岁	**3239738**	**1217526**	**2022212**	**0.49**	**0.18**	**0.31**	**60.21**
85	950629	374173	576456	0.14	0.06	0.09	64.91
86	775696	295119	480577	0.12	0.04	0.07	61.41
87	615699	227447	388252	0.09	0.03	0.06	58.58
88	488561	177038	311523	0.07	0.03	0.05	56.83
89	409153	143749	265404	0.06	0.02	0.04	54.16
90-94岁	**890544**	**284841**	**605703**	**0.13**	**0.04**	**0.09**	**47.03**
90	319253	107411	211842	0.05	0.02	0.03	50.70
91	209173	67433	141740	0.03	0.01	0.02	47.58
92	160809	49995	110814	0.02	0.01	0.02	45.12
93	115629	34621	81008	0.02	0.01	0.01	42.74
94	85680	25381	60299	0.01		0.01	42.09
95-99岁	**193437**	**56725**	**136712**	**0.03**	**0.01**	**0.02**	**41.49**
95	63435	18250	45185	0.01		0.01	40.39
96	48130	14086	34044	0.01		0.01	41.38
97	35607	10523	25084	0.01			41.95
98	27321	8334	18987				43.89
99	18944	5532	13412				41.25
100岁及以上	**20123**	**4636**	**15487**				**29.93**

3-2 各地区人口年龄构成和抚养比(一)

单位：人、%

地 区	人 口 数			
	合计	0-14岁	15-59岁	60岁及以上
全 国	**1332810869**	**221322621**	**933893808**	**177594440**
北 京	19612368	1687437	15464823	2460108
天 津	12938693	1267568	9986440	1684685
河 北	71854210	12093038	50418906	9342266
山 西	35712101	6106016	25488244	4117841
内蒙古	24706291	3476431	18393447	2836413
辽 宁	43746323	4996977	31998594	6750752
吉 林	27452815	3291515	20534752	3626548
黑龙江	38313991	4574441	28746935	4992615
上 海	23019196	1982859	17566682	3469655
江 苏	78660941	10233484	55852820	12574637
浙 江	54426891	7189075	39679183	7558633
安 徽	59500468	10576136	39992799	8931533
福 建	36894217	5705698	26976131	4212388
江 西	44567797	9762233	29706306	5099258
山 东	95792719	15074209	66588049	14130461
河 南	94029939	19747318	62314411	11968210
湖 北	57237727	7963808	41299961	7973958
湖 南	65700762	11576515	44568394	9555853
广 东	104320459	17604030	76564038	10152391
广 西	46023761	9990821	29996706	6036234
海 南	8671485	1715343	5973896	982246
重 庆	28846170	4903360	18918416	5024394
四 川	80417528	13647123	53660496	13109909
贵 州	34748556	8778242	21509042	4461272
云 南	45966766	9526792	31354647	5085327
西 藏	3002165	731684	2040116	230365
陕 西	37327379	5489395	27041165	4796819
甘 肃	25575263	4644135	17750270	3180858
青 海	5626723	1177106	3917718	531899
宁 夏	6301350	1348030	4344025	609295
新 疆	21815815	4461802	15246396	2107617

3-2 续表

单位：人、%

地 区	占总人口比重			抚 养 比		
	0-14岁	15-59岁	60岁及以上	总抚养比	少儿抚养比	老年抚养比
全 国	**16.61**	**70.07**	**13.32**	**42.72**	**23.70**	**19.02**
北 京	8.60	78.85	12.54	26.82	10.91	15.91
天 津	9.80	77.18	13.02	29.56	12.69	16.87
河 北	16.83	70.17	13.00	42.51	23.99	18.53
山 西	17.10	71.37	11.53	40.11	23.96	16.16
内蒙古	14.07	74.45	11.48	34.32	18.90	15.42
辽 宁	11.42	73.15	15.43	36.71	15.62	21.10
吉 林	11.99	74.80	13.21	33.69	16.03	17.66
黑龙江	11.94	75.03	13.03	33.28	15.91	17.37
上 海	8.61	76.31	15.07	31.04	11.29	19.75
江 苏	13.01	71.00	15.99	40.84	18.32	22.51
浙 江	13.21	72.90	13.89	37.17	18.12	19.05
安 徽	17.77	67.21	15.01	48.78	26.45	22.33
福 建	15.47	73.12	11.42	36.77	21.15	15.62
江 西	21.90	66.65	11.44	50.03	32.86	17.17
山 东	15.74	69.51	14.75	43.86	22.64	21.22
河 南	21.00	66.27	12.73	50.90	31.69	19.21
湖 北	13.91	72.16	13.93	38.59	19.28	19.31
湖 南	17.62	67.84	14.54	47.42	25.97	21.44
广 东	16.87	73.39	9.73	36.25	22.99	13.26
广 西	21.71	65.18	13.12	53.43	33.31	20.12
海 南	19.78	68.89	11.33	45.16	28.71	16.44
重 庆	17.00	65.58	17.42	52.48	25.92	26.56
四 川	16.97	66.73	16.30	49.86	25.43	24.43
贵 州	25.26	61.90	12.84	61.55	40.81	20.74
云 南	20.73	68.21	11.06	46.60	30.38	16.22
西 藏	24.37	67.95	7.67	47.16	35.86	11.29
陕 西	14.71	72.44	12.85	38.04	20.30	17.74
甘 肃	18.16	69.40	12.44	44.08	26.16	17.92
青 海	20.92	69.63	9.45	43.62	30.05	13.58
宁 夏	21.39	68.94	9.67	45.06	31.03	14.03
新 疆	20.45	69.89	9.66	43.09	29.26	13.82

3-2a 各地区人口年龄构成和抚养比(一)(城市)

单位：人、%

地区	人口数			
	合计	0-14岁	15-59岁	60岁及以上
全国	**403760040**	**49385001**	**308061366**	**46313673**
北京	15563215	1311411	12338468	1913336
天津	8858126	685717	7010027	1162382
河北	14388021	1876271	10770166	1741584
山西	9414053	1381409	7087258	945386
内蒙古	8011564	1059402	6089262	862900
辽宁	22021184	2095530	16605434	3320220
吉林	10196745	1020801	7786262	1389682
黑龙江	14122516	1360089	10790285	1972142
上海	17640842	1483687	13464588	2692567
江苏	30166466	3390036	22962468	3813962
浙江	20386294	2449320	15877614	2059360
安徽	12182587	1617392	9118573	1446622
福建	12548384	1667753	9783342	1097289
江西	7504291	1269542	5386272	848477
山东	28364984	3936544	21170421	3258019
河南	18331493	2846892	13515584	1969017
湖北	17928160	2122722	13666237	2139201
湖南	12738442	1744635	9516123	1477684
广东	52388382	6486084	42057518	3844780
广西	8352777	1240562	6250856	861359
海南	2324288	371090	1750431	202767
重庆	8681611	1004642	6531502	1145467
四川	15915660	1891161	11882540	2141959
贵州	5537562	947852	3990213	599497
云南	6324830	875219	4754237	695374
西藏	272322	31690	225084	15548
陕西	8837175	1075352	6701179	1060644
甘肃	5258935	702031	3942265	614639
青海	1368033	200752	1015065	152216
宁夏	2059295	330459	1522444	206392
新疆	6071803	908954	4499648	663201

3-2a 续表 单位：人、%

地区	占总人口比重			抚养比		
	0-14岁	15-59岁	60岁及以上	总抚养比	少儿抚养比	老年抚养比
全国	**12.23**	**76.30**	**11.47**	**31.06**	**16.03**	**15.03**
北京	8.43	79.28	12.29	26.14	10.63	15.51
天津	7.74	79.14	13.12	26.36	9.78	16.58
河北	13.04	74.86	12.10	33.59	17.42	16.17
山西	14.67	75.28	10.04	32.83	19.49	13.34
内蒙古	13.22	76.01	10.77	31.57	17.40	14.17
辽宁	9.52	75.41	15.08	32.61	12.62	19.99
吉林	10.01	76.36	13.63	30.96	13.11	17.85
黑龙江	9.63	76.40	13.96	30.88	12.60	18.28
上海	8.41	76.33	15.26	31.02	11.02	20.00
江苏	11.24	76.12	12.64	31.37	14.76	16.61
浙江	12.01	77.88	10.10	28.40	15.43	12.97
安徽	13.28	74.85	11.87	33.60	17.74	15.86
福建	13.29	77.96	8.74	28.26	17.05	11.22
江西	16.92	71.78	11.31	39.32	23.57	15.75
山东	13.88	74.64	11.49	33.98	18.59	15.39
河南	15.53	73.73	10.74	35.63	21.06	14.57
湖北	11.84	76.23	11.93	31.19	15.53	15.65
湖南	13.70	74.70	11.60	33.86	18.33	15.53
广东	12.38	80.28	7.34	24.56	15.42	9.14
广西	14.85	74.84	10.31	33.63	19.85	13.78
海南	15.97	75.31	8.72	32.78	21.20	11.58
重庆	11.57	75.23	13.19	32.92	15.38	17.54
四川	11.88	74.66	13.46	33.94	15.92	18.03
贵州	17.12	72.06	10.83	38.78	23.75	15.02
云南	13.84	75.17	10.99	33.04	18.41	14.63
西藏	11.64	82.65	5.71	20.99	14.08	6.91
陕西	12.17	75.83	12.00	31.87	16.05	15.83
甘肃	13.35	74.96	11.69	33.40	17.81	15.59
青海	14.67	74.20	11.13	34.77	19.78	15.00
宁夏	16.05	73.93	10.02	35.26	21.71	13.56
新疆	14.97	74.11	10.92	34.94	20.20	14.74

3-2b 各地区人口年龄构成和抚养比(一)(镇)

单位：人、%

地区	人口数			
	合计	0-14岁	15-59岁	60岁及以上
全国	**266245506**	**44924654**	**189343382**	**31977470**
北京	1295477	123883	1028724	142870
天津	1419767	178052	1100505	141210
河北	17187307	2941525	12255857	1989925
山西	7746486	1462700	5560867	722919
内蒙古	5708610	881246	4258528	568836
辽宁	5166779	631304	3789518	745957
吉林	4451454	527960	3324322	599172
黑龙江	7201199	869354	5363820	968025
上海	2914256	285349	2283857	345050
江苏	17205022	2421659	12181692	2601671
浙江	13163915	1850986	9756742	1556187
安徽	13394530	2316585	9315007	1762938
福建	8513556	1377279	6256826	879451
江西	11995669	2510883	8282085	1202701
山东	19255743	3125313	13498211	2632219
河南	17888274	3559406	12348450	1980418
湖北	10516925	1516128	7699632	1301165
湖南	15714621	2715000	10947214	2052407
广东	16641873	3043148	11817447	1781278
广西	10065066	2054536	6845463	1165067
海南	1984228	383338	1378314	222576
重庆	6614192	1163863	4478148	972181
四川	16428768	2619559	11583785	2225424
贵州	6199971	1450253	4106769	642949
云南	9634242	1847470	6802972	983800
西藏	408267	74494	312346	21427
陕西	8222162	1286444	6065956	869762
甘肃	3932250	676689	2864731	390830
青海	1148221	226554	830216	91451
宁夏	962727	211917	671789	79021
新疆	3263949	591777	2333589	338583

3-2b 续表 单位：人、%

地　区	占总人口比重			抚　养　比		
	0-14岁	15-59岁	60岁及以上	总抚养比	少儿抚养比	老年抚养比
全　国	**16.87**	**71.12**	**12.01**	**40.62**	**23.73**	**16.89**
北　京	9.56	79.41	11.03	25.93	12.04	13.89
天　津	12.54	77.51	9.95	29.01	16.18	12.83
河　北	17.11	71.31	11.58	40.24	24.00	16.24
山　西	18.88	71.79	9.33	39.30	26.30	13.00
内 蒙 古	15.44	74.60	9.96	34.05	20.69	13.36
辽　宁	12.22	73.34	14.44	36.34	16.66	19.68
吉　林	11.86	74.68	13.46	33.91	15.88	18.02
黑 龙 江	12.07	74.49	13.44	34.26	16.21	18.05
上　海	9.79	78.37	11.84	27.60	12.49	15.11
江　苏	14.08	70.80	15.12	41.24	19.88	21.36
浙　江	14.06	74.12	11.82	34.92	18.97	15.95
安　徽	17.30	69.54	13.16	43.80	24.87	18.93
福　建	16.18	73.49	10.33	36.07	22.01	14.06
江　西	20.93	69.04	10.03	44.84	30.32	14.52
山　东	16.23	70.10	13.67	42.65	23.15	19.50
河　南	19.90	69.03	11.07	44.86	28.82	16.04
湖　北	14.42	73.21	12.37	36.59	19.69	16.90
湖　南	17.28	69.66	13.06	43.55	24.80	18.75
广　东	18.29	71.01	10.70	40.82	25.75	15.07
广　西	20.41	68.01	11.58	47.03	30.01	17.02
海　南	19.32	69.46	11.22	43.96	27.81	16.15
重　庆	17.60	67.71	14.70	47.70	25.99	21.71
四　川	15.94	70.51	13.55	41.83	22.61	19.21
贵　州	23.39	66.24	10.37	50.97	35.31	15.66
云　南	19.18	70.61	10.21	41.62	27.16	14.46
西　藏	18.25	76.51	5.25	30.71	23.85	6.86
陕　西	15.65	73.78	10.58	35.55	21.21	14.34
甘　肃	17.21	72.85	9.94	37.26	23.62	13.64
青　海	19.73	72.30	7.96	38.30	27.29	11.02
宁　夏	22.01	69.78	8.21	43.31	31.55	11.76
新　疆	18.13	71.50	10.37	39.87	25.36	14.51

3-2c 各地区人口年龄构成和抚养比(一)(乡村)

单位：人、%

地 区	人口数			
	合计	0-14岁	15-59岁	60岁及以上
全 国	**662805323**	**127012966**	**436489060**	**99303297**
北 京	2753676	252143	2097631	403902
天 津	2660800	403799	1875908	381093
河 北	40278882	7275242	27392883	5610757
山 西	18551562	3261907	12840119	2449536
内蒙古	10986117	1535783	8045657	1404677
辽 宁	16558360	2270143	11603642	2684575
吉 林	12804616	1742754	9424168	1637694
黑龙江	16990276	2344998	12592830	2052448
上 海	2464098	213823	1818237	432038
江 苏	31289453	4421789	20708660	6159004
浙 江	20876682	2888769	14044827	3943086
安 徽	33923351	6642159	21559219	5721973
福 建	15832277	2660666	10935963	2235648
江 西	25067837	5981808	16037949	3048080
山 东	48171992	8012352	31919417	8240223
河 南	57810172	13341020	36450377	8018775
湖 北	28792642	4324958	19934092	4533592
湖 南	37247699	7116880	24105057	6025762
广 东	35290204	8074798	22689073	4526333
广 西	27605918	6695723	16900387	4009808
海 南	4362969	960915	2845151	556903
重 庆	13550367	2734855	7908766	2906746
四 川	48073100	9136403	30194171	8742526
贵 州	23011023	6380137	13412060	3218826
云 南	30007694	6804103	19797438	3406153
西 藏	2321576	625500	1502686	193390
陕 西	20268042	3127599	14274030	2866413
甘 肃	16384078	3265415	10943274	2175389
青 海	3110469	749800	2072437	288232
宁 夏	3279328	805654	2149792	323882
新 疆	12480063	2961071	8413159	1105833

3-2c 续表 单位：人、%

地区	占总人口比重			抚养比		
	0-14岁	15-59岁	60岁及以上	总抚养比	少儿抚养比	老年抚养比
全国	**19.16**	**65.85**	**14.98**	**51.85**	**29.10**	**22.75**
北京	9.16	76.18	14.67	31.28	12.02	19.26
天津	15.18	70.50	14.32	41.84	21.53	20.32
河北	18.06	68.01	13.93	47.04	26.56	20.48
山西	17.58	69.21	13.20	44.48	25.40	19.08
内蒙古	13.98	73.23	12.79	36.55	19.09	17.46
辽宁	13.71	70.08	16.21	42.70	19.56	23.14
吉林	13.61	73.60	12.79	35.87	18.49	17.38
黑龙江	13.80	74.12	12.08	34.92	18.62	16.30
上海	8.68	73.79	17.53	35.52	11.76	23.76
江苏	14.13	66.18	19.68	51.09	21.35	29.74
浙江	13.84	67.28	18.89	48.64	20.57	28.08
安徽	19.58	63.55	16.87	57.35	30.81	26.54
福建	16.81	69.07	14.12	44.77	24.33	20.44
江西	23.86	63.98	12.16	56.30	37.30	19.01
山东	16.63	66.26	17.11	50.92	25.10	25.82
河南	23.08	63.05	13.87	58.60	36.60	22.00
湖北	15.02	69.23	15.75	44.44	21.70	22.74
湖南	19.11	64.72	16.18	54.52	29.52	25.00
广东	22.88	64.29	12.83	55.54	35.59	19.95
广西	24.25	61.22	14.53	63.34	39.62	23.73
海南	22.02	65.21	12.76	53.35	33.77	19.57
重庆	20.18	58.37	21.45	71.33	34.58	36.75
四川	19.01	62.81	18.19	59.21	30.26	28.95
贵州	27.73	58.29	13.99	71.57	47.57	24.00
云南	22.67	65.97	11.35	51.57	34.37	17.21
西藏	26.94	64.73	8.33	54.50	41.63	12.87
陕西	15.43	70.43	14.14	41.99	21.91	20.08
甘肃	19.93	66.79	13.28	49.72	29.84	19.88
青海	24.11	66.63	9.27	50.09	36.18	13.91
宁夏	24.57	65.56	9.88	52.54	37.48	15.07
新疆	23.73	67.41	8.86	48.34	35.20	13.14

3-3 各地区人口年龄构成和抚养比(二)

单位：人、%

地 区	人 口 数			
	合计	0-14岁	15-64岁	65岁及以上
全 国	**1332810869**	**221322621**	**992561090**	**118927158**
北 京	19612368	1687437	16216079	1708852
天 津	12938693	1267568	10568737	1102388
河 北	71854210	12093038	53841434	5919738
山 西	35712101	6106016	26900826	2705259
内蒙古	24706291	3476431	19361683	1868177
辽 宁	43746323	4996977	34239905	4509441
吉 林	27452815	3291515	21859462	2301838
黑龙江	38313991	4574441	30566236	3173314
上 海	23019196	1982859	18705024	2331313
江 苏	78660941	10233484	59868811	8558646
浙 江	54426891	7189075	42156141	5081675
安 徽	59500468	10576136	42839784	6084548
福 建	36894217	5705698	28276389	2912130
江 西	44567797	9762233	31417263	3388301
山 东	95792719	15074209	71288824	9429686
河 南	94029939	19747318	66423277	7859344
湖 北	57237727	7963808	44072025	5201894
湖 南	65700762	11576515	47704886	6419361
广 东	104320459	17604030	79630279	7086150
广 西	46023761	9990821	31780019	4252921
海 南	8671485	1715343	6256460	699682
重 庆	28846170	4903360	20561342	3381468
四 川	80417528	13647123	57964898	8805507
贵 州	34748556	8778242	22944133	3026181
云 南	45966766	9526792	32934500	3505474
西 藏	3002165	731684	2117573	152908
陕 西	37327379	5489395	28654147	3183837
甘 肃	25575263	4644135	18825553	2105575
青 海	5626723	1177106	4094933	354684
宁 夏	6301350	1348030	4550533	402787
新 疆	21815815	4461802	15939934	1414079

3-3 续表 单位：人、%

地区	占总人口比重			抚养比		
	0-14岁	15-64岁	65岁及以上	总抚养比	少儿抚养比	老年抚养比
全国	**16.61**	**74.47**	**8.92**	**34.28**	**22.30**	**11.98**
北京	8.60	82.68	8.71	20.94	10.41	10.54
天津	9.80	81.68	8.52	22.42	11.99	10.43
河北	16.83	74.93	8.24	33.46	22.46	10.99
山西	17.10	75.33	7.58	32.75	22.70	10.06
内蒙古	14.07	78.37	7.56	27.60	17.96	9.65
辽宁	11.42	78.27	10.31	27.76	14.59	13.17
吉林	11.99	79.63	8.38	25.59	15.06	10.53
黑龙江	11.94	79.78	8.28	25.35	14.97	10.38
上海	8.61	81.26	10.13	23.06	10.60	12.46
江苏	13.01	76.11	10.88	31.39	17.09	14.30
浙江	13.21	77.45	9.34	29.11	17.05	12.05
安徽	17.77	72.00	10.23	38.89	24.69	14.20
福建	15.47	76.64	7.89	30.48	20.18	10.30
江西	21.90	70.49	7.60	41.86	31.07	10.78
山东	15.74	74.42	9.84	34.37	21.15	13.23
河南	21.00	70.64	8.36	41.56	29.73	11.83
湖北	13.91	77.00	9.09	29.87	18.07	11.80
湖南	17.62	72.61	9.77	37.72	24.27	13.46
广东	16.87	76.33	6.79	31.01	22.11	8.90
广西	21.71	69.05	9.24	44.82	31.44	13.38
海南	19.78	72.15	8.07	38.60	27.42	11.18
重庆	17.00	71.28	11.72	40.29	23.85	16.45
四川	16.97	72.08	10.95	38.73	23.54	15.19
贵州	25.26	66.03	8.71	51.45	38.26	13.19
云南	20.73	71.65	7.63	39.57	28.93	10.64
西藏	24.37	70.53	5.09	41.77	34.55	7.22
陕西	14.71	76.76	8.53	30.27	19.16	11.11
甘肃	18.16	73.61	8.23	35.85	24.67	11.18
青海	20.92	72.78	6.30	37.41	28.75	8.66
宁夏	21.39	72.22	6.39	38.47	29.62	8.85
新疆	20.45	73.07	6.48	36.86	27.99	8.87

3-3a 各地区人口年龄构成和抚养比(二)(城市)

单位：人、%

地 区	人口数			
	合计	0-14岁	15-64岁	65岁及以上
全 国	**403760040**	**49385001**	**323359553**	**31015486**
北 京	15563215	1311411	12903834	1347970
天 津	8858126	685717	7399269	773140
河 北	14388021	1876271	11380250	1131500
山 西	9414053	1381409	7388339	644305
内 蒙 古	8011564	1059402	6360956	591206
辽 宁	22021184	2095530	17613481	2312173
吉 林	10196745	1020801	8253319	922625
黑 龙 江	14122516	1360089	11434463	1327964
上 海	17640842	1483687	14357015	1800140
江 苏	30166466	3390036	24246575	2529855
浙 江	20386294	2449320	16587442	1349532
安 徽	12182587	1617392	9585726	979469
福 建	12548384	1667753	10150399	730232
江 西	7504291	1269542	5677122	557627
山 东	28364984	3936544	22258991	2169449
河 南	18331493	2846892	14169785	1314816
湖 北	17928160	2122722	14457311	1348127
湖 南	12738442	1744635	10033396	960411
广 东	52388382	6486084	43353422	2548876
广 西	8352777	1240562	6535644	576571
海 南	2324288	371090	1815777	137421
重 庆	8681611	1004642	6914941	762028
四 川	15915660	1891161	12596927	1427572
贵 州	5537562	947852	4184246	405464
云 南	6324830	875219	4979297	470314
西 藏	272322	31690	230607	10025
陕 西	8837175	1075352	7034095	727728
甘 肃	5258935	702031	4131326	425578
青 海	1368033	200752	1057108	110173
宁 夏	2059295	330459	1586495	142341
新 疆	6071803	908954	4681995	480854

3-3a 续表

单位：人、%

地区	占总人口比重			抚养比		
	0-14岁	15-64岁	65岁及以上	总抚养比	少儿抚养比	老年抚养比
全国	**12.23**	**80.09**	**7.68**	**24.86**	**15.27**	**9.59**
北京	8.43	82.91	8.66	20.61	10.16	10.45
天津	7.74	83.53	8.73	19.72	9.27	10.45
河北	13.04	79.10	7.86	26.43	16.49	9.94
山西	14.67	78.48	6.84	27.42	18.70	8.72
内蒙古	13.22	79.40	7.38	25.95	16.65	9.29
辽宁	9.52	79.98	10.50	25.02	11.90	13.13
吉林	10.01	80.94	9.05	23.55	12.37	11.18
黑龙江	9.63	80.97	9.40	23.51	11.89	11.61
上海	8.41	81.39	10.20	22.87	10.33	12.54
江苏	11.24	80.38	8.39	24.42	13.98	10.43
浙江	12.01	81.37	6.62	22.90	14.77	8.14
安徽	13.28	78.68	8.04	27.09	16.87	10.22
福建	13.29	80.89	5.82	23.62	16.43	7.19
江西	16.92	75.65	7.43	32.18	22.36	9.82
山东	13.88	78.47	7.65	27.43	17.69	9.75
河南	15.53	77.30	7.17	29.37	20.09	9.28
湖北	11.84	80.64	7.52	24.01	14.68	9.32
湖南	13.70	78.76	7.54	26.96	17.39	9.57
广东	12.38	82.75	4.87	20.84	14.96	5.88
广西	14.85	78.25	6.90	27.80	18.98	8.82
海南	15.97	78.12	5.91	28.01	20.44	7.57
重庆	11.57	79.65	8.78	25.55	14.53	11.02
四川	11.88	79.15	8.97	26.35	15.01	11.33
贵州	17.12	75.56	7.32	32.34	22.65	9.69
云南	13.84	78.73	7.44	27.02	17.58	9.45
西藏	11.64	84.68	3.68	18.09	13.74	4.35
陕西	12.17	79.60	8.23	25.63	15.29	10.35
甘肃	13.35	78.56	8.09	27.29	16.99	10.30
青海	14.67	77.27	8.05	29.41	18.99	10.42
宁夏	16.05	77.04	6.91	29.80	20.83	8.97
新疆	14.97	77.11	7.92	29.68	19.41	10.27

3-3b 各地区人口年龄构成和抚养比(二)(镇)

单位：人、%

地 区	人口数			
	合计	0-14岁	15-64岁	65岁及以上
全 国	**266245506**	**44924654**	**200082112**	**21238740**
北 京	1295477	123883	1078016	93578
天 津	1419767	178052	1156046	85669
河 北	17187307	2941525	13000323	1245459
山 西	7746486	1462700	5820075	463711
内蒙古	5708610	881246	4450762	376602
辽 宁	5166779	631304	4048359	487116
吉 林	4451454	527960	3539096	384398
黑龙江	7201199	869354	5708701	623144
上 海	2914256	285349	2396930	231977
江 苏	17205022	2421659	13004386	1778977
浙 江	13163915	1850986	10289521	1023408
安 徽	13394530	2316585	9877753	1200192
福 建	8513556	1377279	6532331	603946
江 西	11995669	2510883	8697100	787686
山 东	19255743	3125313	14388265	1742165
河 南	17888274	3559406	13046108	1282760
湖 北	10516925	1516128	8161088	839709
湖 南	15714621	2715000	11641394	1358227
广 东	16641873	3043148	12356702	1242023
广 西	10065066	2054536	7202675	807855
海 南	1984228	383338	1443128	157762
重 庆	6614192	1163863	4797312	653017
四 川	16428768	2619559	12325979	1483230
贵 州	6199971	1450253	4313427	436291
云 南	9634242	1847470	7114828	671944
西 藏	408267	74494	320295	13478
陕 西	8222162	1286444	6372369	563349
甘 肃	3932250	676689	3001828	253733
青 海	1148221	226554	863159	58508
宁 夏	962727	211917	700157	50653
新 疆	3263949	591777	2433999	238173

3-3b 续表 单位：人、%

地区	占总人口比重			抚养比		
	0-14岁	15-64岁	65岁及以上	总抚养比	少儿抚养比	老年抚养比
全国	**16.87**	**75.15**	**7.98**	**33.07**	**22.45**	**10.62**
北京	9.56	83.21	7.22	20.17	11.49	8.68
天津	12.54	81.43	6.03	22.81	15.40	7.41
河北	17.11	75.64	7.25	32.21	22.63	9.58
山西	18.88	75.13	5.99	33.10	25.13	7.97
内蒙古	15.44	77.97	6.60	28.26	19.80	8.46
辽宁	12.22	78.35	9.43	27.63	15.59	12.03
吉林	11.86	79.50	8.64	25.78	14.92	10.86
黑龙江	12.07	79.27	8.65	26.14	15.23	10.92
上海	9.79	82.25	7.96	21.58	11.90	9.68
江苏	14.08	75.58	10.34	32.30	18.62	13.68
浙江	14.06	78.16	7.77	27.94	17.99	9.95
安徽	17.30	73.74	8.96	35.60	23.45	12.15
福建	16.18	76.73	7.09	30.33	21.08	9.25
江西	20.93	72.50	6.57	37.93	28.87	9.06
山东	16.23	74.72	9.05	33.83	21.72	12.11
河南	19.90	72.93	7.17	37.12	27.28	9.83
湖北	14.42	77.60	7.98	28.87	18.58	10.29
湖南	17.28	74.08	8.64	34.99	23.32	11.67
广东	18.29	74.25	7.46	34.68	24.63	10.05
广西	20.41	71.56	8.03	39.74	28.52	11.22
海南	19.32	72.73	7.95	37.49	26.56	10.93
重庆	17.60	72.53	9.87	37.87	24.26	13.61
四川	15.94	75.03	9.03	33.29	21.25	12.03
贵州	23.39	69.57	7.04	43.74	33.62	10.11
云南	19.18	73.85	6.97	35.41	25.97	9.44
西藏	18.25	78.45	3.30	27.47	23.26	4.21
陕西	15.65	77.50	6.85	29.03	20.19	8.84
甘肃	17.21	76.34	6.45	31.00	22.54	8.45
青海	19.73	75.17	5.10	33.03	26.25	6.78
宁夏	22.01	72.73	5.26	37.50	30.27	7.23
新疆	18.13	74.57	7.30	34.10	24.31	9.79

3-3c 各地区人口年龄构成和抚养比(二)(乡村)

单位：人、%

地 区	人口数			
	合计	0-14岁	15-64岁	65岁及以上
全 国	**662805323**	**127012966**	**469119425**	**66672932**
北 京	2753676	252143	2234229	267304
天 津	2660800	403799	2013422	243579
河 北	40278882	7275242	29460861	3542779
山 西	18551562	3261907	13692412	1597243
内蒙古	10986117	1535783	8549965	900369
辽 宁	16558360	2270143	12578065	1710152
吉 林	12804616	1742754	10067047	994815
黑龙江	16990276	2344998	13423072	1222206
上 海	2464098	213823	1951079	299196
江 苏	31289453	4421789	22617850	4249814
浙 江	20876682	2888769	15279178	2708735
安 徽	33923351	6642159	23376305	3904887
福 建	15832277	2660666	11593659	1577952
江 西	25067837	5981808	17043041	2042988
山 东	48171992	8012352	34641568	5518072
河 南	57810172	13341020	39207384	5261768
湖 北	28792642	4324958	21453626	3014058
湖 南	37247699	7116880	26030096	4100723
广 东	35290204	8074798	23920155	3295251
广 西	27605918	6695723	18041700	2868495
海 南	4362969	960915	2997555	404499
重 庆	13550367	2734855	8849089	1966423
四 川	48073100	9136403	33041992	5894705
贵 州	23011023	6380137	14446460	2184426
云 南	30007694	6804103	20840375	2363216
西 藏	2321576	625500	1566671	129405
陕 西	20268042	3127599	15247683	1892760
甘 肃	16384078	3265415	11692399	1426264
青 海	3110469	749800	2174666	186003
宁 夏	3279328	805654	2263881	209793
新 疆	12480063	2961071	8823940	695052

3-3c 续表 单位：人、%

地区	占总人口比重			抚养比		
	0-14岁	15-64岁	65岁及以上	总抚养比	少儿抚养比	老年抚养比
全国	**19.16**	**70.78**	**10.06**	**41.29**	**27.07**	**14.21**
北京	9.16	81.14	9.71	23.25	11.29	11.96
天津	15.18	75.67	9.15	32.15	20.06	12.10
河北	18.06	73.14	8.80	36.72	24.69	12.03
山西	17.58	73.81	8.61	35.49	23.82	11.67
内蒙古	13.98	77.83	8.20	28.49	17.96	10.53
辽宁	13.71	75.96	10.33	31.64	18.05	13.60
吉林	13.61	78.62	7.77	27.19	17.31	9.88
黑龙江	13.80	79.00	7.19	26.58	17.47	9.11
上海	8.68	79.18	12.14	26.29	10.96	15.33
江苏	14.13	72.29	13.58	38.34	19.55	18.79
浙江	13.84	73.19	12.97	36.63	18.91	17.73
安徽	19.58	68.91	11.51	45.12	28.41	16.70
福建	16.81	73.23	9.97	36.56	22.95	13.61
江西	23.86	67.99	8.15	47.09	35.10	11.99
山东	16.63	71.91	11.45	39.06	23.13	15.93
河南	23.08	67.82	9.10	47.45	34.03	13.42
湖北	15.02	74.51	10.47	34.21	20.16	14.05
湖南	19.11	69.88	11.01	43.09	27.34	15.75
广东	22.88	67.78	9.34	47.53	33.76	13.78
广西	24.25	65.35	10.39	53.01	37.11	15.90
海南	22.02	68.70	9.27	45.55	32.06	13.49
重庆	20.18	65.31	14.51	53.13	30.91	22.22
四川	19.01	68.73	12.26	45.49	27.65	17.84
贵州	27.73	62.78	9.49	59.28	44.16	15.12
云南	22.67	69.45	7.88	43.99	32.65	11.34
西藏	26.94	67.48	5.57	48.19	39.93	8.26
陕西	15.43	75.23	9.34	32.93	20.51	12.41
甘肃	19.93	71.36	8.71	40.13	27.93	12.20
青海	24.11	69.91	5.98	43.03	34.48	8.55
宁夏	24.57	69.03	6.40	44.85	35.59	9.27
新疆	23.73	70.70	5.57	41.43	33.56	7.88

第一部分　全部数据资料

第四卷　受教育程度

4-1 全国分年龄、性别、受教育程度的6岁及以上人口

单位：人

年 龄	6岁及以上人口			未上过学		
	合计	男	女	小计	男	女
总 计	**1242546122**	**633278387**	**609267735**	**62136405**	**17503480**	**44632925**
6-9岁	**56149412**	**30476514**	**25672898**	**2133288**	**1146435**	**986853**
6	14804470	8034452	6770018	1483284	802376	680908
7	13429161	7292300	6136861	312968	165544	147424
8	13666956	7423559	6243397	182919	96865	86054
9	14248825	7726203	6522622	154117	81650	72467
10-14岁	**74908462**	**40267277**	**34641185**	**575081**	**302908**	**272173**
10	14454357	7830808	6623549	151760	81046	70714
11	13935714	7522558	6413156	127712	67497	60215
12	15399559	8288987	7110572	109307	57485	51822
13	15225032	8161000	7064032	94715	49536	45179
14	15893800	8463924	7429876	91587	47344	44243
15-19岁	**99889114**	**51904830**	**47984284**	**465453**	**228805**	**236648**
15	18024484	9524898	8499586	93908	47950	45958
16	18790521	9795181	8995340	88817	44090	44727
17	20775369	10760828	10014541	92063	44924	47139
18	20755274	10744556	10010718	93260	44991	48269
19	21543466	11079367	10464099	97405	46850	50555
20-24岁	**127412518**	**64008573**	**63403945**	**678753**	**297571**	**381182**
20	28026954	14201091	13825863	129600	60140	69460
21	26556649	13357755	13198894	130517	58366	72151
22	24474192	12281148	12193044	132226	57361	74865
23	25695955	12876542	12819413	145088	62534	82554
24	22658768	11292037	11366731	141322	59170	82152
25-29岁	**101013852**	**50837038**	**50176814**	**766949**	**307644**	**459305**
25	19933683	9969984	9963699	141932	57981	83951
26	19709177	9879292	9829885	142530	57356	85174
27	19480836	9801611	9679225	147421	59439	87982
28	22322147	11271599	11050548	170115	67758	102357
29	19568009	9914552	9653457	164951	65110	99841
30-34岁	**97138203**	**49521822**	**47616381**	**1045605**	**390762**	**654843**
30	18928369	9604727	9323642	185214	70453	114761
31	19866458	10141582	9724876	193575	74588	118987
32	19474874	9909833	9565041	210747	78602	132145
33	18179478	9289224	8890254	206776	76862	129914
34	20689024	10576456	10112568	249293	90257	159036
35-39岁	**118025959**	**60391104**	**57634855**	**1675829**	**577728**	**1098101**
35	21186516	10817432	10369084	272618	97368	175250
36	22906980	11690644	11216336	308109	108408	199701
37	23990208	12283353	11706855	339691	117554	222137
38	24730460	12662559	12067901	369186	124764	244422
39	25211795	12937116	12274679	386225	129634	256591
40-44岁	**124753964**	**63608678**	**61145286**	**2419480**	**740255**	**1679225**
40	27397219	13993123	13404096	462120	148454	313666
41	24956297	12723691	12232606	457839	145328	312511
42	27032542	13782610	13249932	522494	159351	363143
43	21355748	10856214	10499534	455285	134645	320640
44	24012158	12253040	11759118	521742	152477	369265

4-1 续表 1 单位：人

年 龄	6岁及以上人口			未上过学		
	合计	男	女	小计	男	女
45-49岁	**105594553**	**53776418**	**51818135**	**2599984**	**670846**	**1929138**
45	23962574	12252515	11710059	533479	151710	381769
46	23355778	11867147	11488631	541012	146616	394396
47	26972157	13803796	13168361	616454	158827	457627
48	20075084	10224798	9850286	555025	131123	423902
49	11228960	5628162	5600798	354014	82570	271444
50-54岁	**78753171**	**40363234**	**38389937**	**3659391**	**917508**	**2741883**
50	14097008	7205176	6891832	474674	119495	355179
51	12838832	6624865	6213967	511786	130986	380800
52	16617709	8570000	8047709	767730	200147	567583
53	18351980	9422827	8929153	943184	234373	708811
54	16847642	8540366	8307276	962017	232507	729510
55-59岁	**81312474**	**41082938**	**40229536**	**6162815**	**1509037**	**4653778**
55	17610528	8973192	8637336	1099766	266523	833243
56	17738127	8981235	8756892	1223106	294478	928628
57	16093888	8099033	7994855	1245966	302548	943418
58	16167933	8153588	8014345	1370446	340096	1030350
59	13701998	6875890	6826108	1223531	305392	918139
60-64岁	**58667282**	**29834426**	**28832856**	**6577323**	**1712096**	**4865227**
60	13618204	6917026	6701178	1312970	344742	968228
61	13029125	6690003	6339122	1387605	373569	1014036
62	11276853	5719180	5557673	1301588	340278	961310
63	10791633	5492805	5298828	1298501	335472	963029
64	9951467	5015412	4936055	1276659	318035	958624
65-69岁	**41113282**	**20748471**	**20364811**	**6833196**	**1780868**	**5052328**
65	9073411	4564266	4509145	1276966	320606	956360
66	8640965	4391409	4249556	1331970	343526	988444
67	7942141	4003493	3938648	1339308	348095	991213
68	7740868	3904424	3836444	1381597	366815	1014782
69	7715897	3884879	3831018	1503355	401826	1101529
70-74岁	**32972397**	**16403453**	**16568944**	**8301799**	**2285946**	**6015853**
70	7389412	3724605	3664807	1574921	432557	1142364
71	6265718	3116177	3149541	1479104	407624	1071480
72	6893225	3449237	3443988	1759436	492590	1266846
73	6343869	3149307	3194562	1728065	478260	1249805
74	6080173	2964127	3116046	1760273	474915	1285358
75-79岁	**23852133**	**11278859**	**12573274**	**8306497**	**2211372**	**6095125**
75	5632477	2690547	2941930	1761888	469853	1292035
76	5175500	2454168	2721332	1725133	458492	1266641
77	5082383	2420196	2662187	1796120	481989	1314131
78	4254858	1983724	2271134	1591112	422271	1168841
79	3706915	1730224	1976691	1432244	378767	1053477
80-84岁	**13373198**	**5917502**	**7455696**	**5909683**	**1525916**	**4383767**
80	3737259	1716514	2020745	1527460	404642	1122818
81	2816693	1257795	1558898	1231437	320750	910687
82	2757918	1212683	1545235	1248539	322789	925750
83	2237138	964710	1272428	1031424	261363	770061
84	1824190	765800	1058390	870823	216372	654451
85岁及以上	**7616148**	**2857250**	**4758898**	**4025279**	**897783**	**3127496**

4-1 续表 2

单位：人

年龄	小学			初中			高中		
	小计	男	女	小计	男	女	小计	男	女
总计	**357211733**	**168297261**	**188914472**	**518176222**	**279031847**	**239144375**	**186646865**	**104007090**	**82639775**
6-9岁	**53434864**	**29012588**	**24422276**	**580783**	**317230**	**263553**	**477**	**261**	**216**
6	13210274	7171532	6038742	110912	60544	50368			
7	12995568	7060796	5934772	120625	65960	54665			
8	13346868	7251836	6095032	136954	74746	62208	215	112	103
9	13882154	7528424	6353730	212292	115980	96312	262	149	113
10-14岁	**40241348**	**21852274**	**18389074**	**32845407**	**17484005**	**15361402**	**1244247**	**627076**	**617171**
10	13834428	7497881	6336547	467600	251570	216030	471	256	215
11	11863529	6436484	5427045	1942822	1017675	925147	1332	738	594
12	8366479	4587856	3778623	6921115	3642264	3278851	2217	1158	1059
13	4049528	2200088	1849440	10820186	5774299	5045887	260184	136873	123311
14	2127384	1129965	997419	12693684	6798197	5895487	980043	488051	491992
15-19岁	**6519857**	**3317838**	**3202019**	**45146109**	**24094514**	**21051595**	**39596655**	**20495080**	**19101575**
15	1463835	768159	695676	11476731	6217528	5259203	4867683	2439306	2428377
16	1196112	616579	579533	8544541	4603051	3941490	8703430	4421622	4281808
17	1226762	625106	601656	8152054	4346775	3805279	10652208	5459095	5193113
18	1266932	634939	631993	8173998	4325229	3848769	8884537	4677292	4207245
19	1366216	673055	693161	8798785	4601931	4196854	6488797	3497765	2991032
20-24岁	**8689424**	**3959171**	**4730253**	**59342503**	**29518411**	**29824092**	**26405215**	**14227903**	**12177312**
20	1839967	876802	963165	11846355	6031997	5814358	6584116	3541307	3042809
21	1658506	763317	895189	11690857	5830134	5860723	5594506	3005088	2589418
22	1658560	749229	909331	11460655	5657590	5803065	4935702	2663057	2272645
23	1820705	815768	1004937	12765367	6305038	6460329	5049579	2728621	2320958
24	1711686	754055	957631	11579269	5693652	5885617	4241312	2289830	1951482
25-29岁	**8645559**	**3733940**	**4911619**	**52710938**	**26521891**	**26189047**	**18106494**	**9749058**	**8357436**
25	1606631	701703	904928	10412367	5157831	5254536	3553489	1924232	1629257
26	1618540	697167	921373	10358322	5163489	5194833	3429861	1853165	1576696
27	1623547	701692	921855	10124290	5099882	5024408	3454055	1854408	1599647
28	1928173	831396	1096777	11561193	5871358	5689835	4074271	2182578	1891693
29	1868668	801982	1066686	10254766	5229331	5025435	3594818	1934675	1660143
30-34岁	**12499597**	**5298528**	**7201069**	**51750385**	**26708169**	**25042216**	**17060586**	**9299606**	**7760980**
30	2029822	859953	1169869	9934149	5077136	4857013	3499835	1896420	1603415
31	2307746	992437	1315309	10496582	5409294	5087288	3651530	1981562	1669968
32	2489333	1050073	1439260	10320188	5318752	5001436	3471236	1888523	1582713
33	2542513	1080147	1462366	9745318	5058077	4687241	3088007	1687635	1400372
34	3130183	1315918	1814265	11254148	5844910	5409238	3349978	1845466	1504512
35-39岁	**21356023**	**8832734**	**12523289**	**64960148**	**34071127**	**30889021**	**17482789**	**9807183**	**7675606**
35	3454257	1448283	2005974	11593331	6027218	5566113	3298255	1823884	1474371
36	3980487	1657326	2323161	12636905	6579505	6057400	3424047	1906224	1517823
37	4296957	1782770	2514187	13216697	6928710	6287987	3562836	1997641	1565195
38	4642679	1902252	2740427	13641371	7180503	6460868	3602308	2036812	1565496
39	4981643	2042103	2939540	13871844	7355191	6516653	3595343	2042622	1552721
40-44岁	**29437430**	**11997234**	**17440196**	**67271022**	**35981694**	**31289328**	**15997333**	**9140038**	**6857295**
40	5747417	2335871	3411546	14942821	7924224	7018597	3845482	2189051	1656431
41	5753595	2375773	3377822	13383853	7119045	6264808	3312532	1879637	1432895
42	6472785	2647381	3825404	14487647	7751499	6736148	3456106	1975570	1480536
43	5409206	2190447	3218759	11530545	6200336	5330209	2505322	1441423	1063899
44	6054427	2447762	3606665	12926156	6986590	5939566	2877891	1654357	1223534

4-1 续表 3 单位：人

年 龄	小学			初中			高中		
	小计	男	女	小计	男	女	小计	男	女
45-49岁	**25282441**	**9644638**	**15637803**	**51879655**	**28176203**	**23703452**	**18395495**	**10544684**	**7850811**
45	5839295	2327691	3511604	12649792	6836191	5813601	3257435	1877399	1380036
46	5518497	2140538	3377959	11861918	6377225	5484693	3708611	2112138	1596473
47	6139760	2341377	3798383	13226071	7188885	6037186	4994681	2841165	2153516
48	4921429	1802190	3119239	9306788	5123253	4183535	3973094	2310503	1662591
49	2863460	1032842	1830618	4835086	2650649	2184437	2461674	1403479	1058195
50-54岁	**26015091**	**10510081**	**15505010**	**30830517**	**17889704**	**12940813**	**14383051**	**8495491**	**5887560**
50	3788643	1462171	2326472	5887457	3292365	2595092	3140577	1806733	1333844
51	3864507	1549713	2314794	5134231	2946270	2187961	2683752	1573629	1110123
52	5475448	2234898	3240550	6498730	3786915	2711815	3092943	1827745	1265198
53	6507017	2660428	3846589	7024294	4156718	2867576	3025108	1806580	1218528
54	6379476	2602871	3776605	6285805	3707436	2578369	2440671	1480804	959867
55-59岁	**36784459**	**15974356**	**20810103**	**27654434**	**16712585**	**10941849**	**7628024**	**4839159**	**2788865**
55	7143828	2996465	4147363	6399014	3825336	2573678	2197115	1374120	822995
56	7653860	3274830	4379030	6243840	3738130	2505710	1883638	1190880	692758
57	7424517	3232748	4191769	5432734	3279992	2152742	1406980	898739	508241
58	7805423	3463517	4341906	5253818	3216479	2037339	1200291	772633	427658
59	6756831	3006796	3750035	4325028	2652648	1672380	940000	602787	337213
60-64岁	**30825250**	**14592678**	**16232572**	**15252688**	**9571604**	**5681084**	**4056570**	**2594509**	**1462061**
60	6865158	3138571	3726587	4057350	2513905	1543445	925399	602968	322431
61	6874015	3272583	3601432	3426767	2157173	1269594	910985	585267	325718
62	6061931	2890933	3170998	2743153	1722472	1020681	806680	510485	296195
63	5788919	2791870	2997049	2591046	1636612	954434	758643	480071	278572
64	5235227	2498721	2736506	2434372	1541442	892930	654863	415718	239145
65-69岁	**20984840**	**10358365**	**10626475**	**8953666**	**5771380**	**3182286**	**2860605**	**1815019**	**1045586**
65	4691641	2248026	2443615	2199163	1406125	793038	587232	370048	217184
66	4444934	2191384	2253550	1989284	1288845	700439	578957	363366	215591
67	4030070	1992283	2037787	1721233	1109500	611733	572295	361057	211238
68	3893571	1943654	1949917	1595477	1025580	569897	580476	369477	210999
69	3924624	1983018	1941606	1448509	941330	507179	541645	351071	190574
70-74岁	**16660186**	**8684198**	**7975988**	**4794674**	**3198239**	**1596435**	**1887880**	**1264489**	**623391**
70	3734529	1909757	1824772	1289851	847114	442737	490579	322278	168301
71	3180416	1641547	1538869	952164	622890	329274	382203	249332	132871
72	3495454	1836911	1658543	967442	648246	319196	387114	261480	125634
73	3200927	1691503	1509424	830940	564297	266643	332209	227414	104795
74	3048860	1604480	1444380	754277	515692	238585	295775	203985	91790
75-79岁	**11357185**	**6058172**	**5299013**	**2583782**	**1837701**	**746081**	**954446**	**683403**	**271043**
75	2771378	1452212	1319166	663095	456008	207087	252310	175491	76819
76	2505586	1325602	1179984	580837	406688	174149	214213	151575	62638
77	2413253	1303844	1109409	545540	393239	152301	197538	143121	54417
78	1977707	1060614	917093	426912	309621	117291	156796	114032	42764
79	1689261	915900	773361	367398	272145	95253	133589	99184	34405
80-84岁	**5685945**	**3067184**	**2618761**	**1115785**	**828589**	**287196**	**406901**	**300869**	**106032**
80	1654508	896979	757529	349380	260362	89018	127694	94852	32842
81	1204123	652875	551248	236748	176232	60516	87336	64538	22798
82	1159203	627924	531279	219679	163541	56138	80316	59897	20419
83	929144	497891	431253	174340	128959	45381	63062	46453	16609
84	738967	391515	347452	135638	99495	36143	48493	35129	13364
85岁及以上	**2792234**	**1403282**	**1388952**	**503726**	**348801**	**154925**	**180097**	**123262**	**56835**

4-1 续表 4 单位：人

年 龄	大学专科			大学本科			研究生		
	小计	男	女	小计	男	女	小计	男	女
总 计	**68610519**	**36870375**	**31740144**	**45625793**	**25217083**	**20408710**	**4138585**	**2351251**	**1787334**
6-9岁									
6									
7									
8									
9									
10-14岁	**1724**	**756**	**968**	**620**	**239**	**381**	**35**	**19**	**16**
10	68	39	29	30	16	14			
11	227	118	109	92	46	46			
12	320	162	158	114	58	56	7	4	3
13	304	144	160	100	52	48	15	8	7
14	805	293	512	284	67	217	13	7	6
15-19岁	**4785515**	**2172546**	**2612969**	**3366644**	**1591695**	**1774949**	**8881**	**4352**	**4529**
15	109767	45887	63880	11510	5509	6001	1050	559	491
16	224946	94240	130706	31772	15138	16634	903	461	442
17	472134	203571	268563	178826	80678	98148	1322	679	643
18	1331816	599566	732250	1002727	461573	541154	2004	966	1038
19	2646852	1229282	1417570	2141809	1028797	1113012	3602	1687	1915
20-24岁	**17541556**	**8549955**	**8991601**	**13973662**	**7091747**	**6881915**	**781405**	**363815**	**417590**
20	4202415	1995897	2206518	3413737	1689959	1723778	10764	4989	5775
21	3972334	1935031	2037303	3467865	1747082	1720783	42064	18737	23327
22	3295292	1626473	1668819	2847327	1462645	1384682	144430	64793	79637
23	3273259	1610194	1663065	2361624	1224163	1137461	280333	130224	150109
24	2798256	1382360	1415896	1883109	967898	915211	303814	145072	158742
25-29岁	**11184322**	**5601458**	**5582864**	**8367000**	**4302034**	**4064966**	**1232590**	**621013**	**611577**
25	2336006	1169775	1166231	1625829	831283	794546	257429	127179	130250
26	2239978	1127684	1112294	1675322	857321	818001	244624	123110	121514
27	2187558	1093483	1094075	1702360	870873	831487	241605	121834	119771
28	2434773	1213001	1221772	1884429	970108	914321	269193	135400	133793
29	1986007	997515	988492	1479060	772449	706611	219739	113490	106249
30-34岁	**8507756**	**4417464**	**4090292**	**5499846**	**2976042**	**2523804**	**774428**	**431251**	**343177**
30	1822461	930630	891831	1267512	670491	597021	189376	99644	89732
31	1823229	934656	888573	1212188	649600	562588	181608	99445	82163
32	1728036	894665	833371	1099239	591886	507353	156095	87332	68763
33	1521166	795075	726091	949084	518679	430405	126614	72749	53865
34	1612864	862438	750426	971823	545386	426437	120735	72081	48654
35-39岁	**7612675**	**4193320**	**3419355**	**4421841**	**2583988**	**1837853**	**516654**	**325024**	**191630**
35	1553146	839323	713823	905930	514901	391029	108979	66455	42524
36	1557121	853897	703224	894510	519404	375106	105801	65880	39921
37	1559233	858383	700850	905784	529866	375918	109010	68429	40581
38	1504429	837832	666597	870419	516292	354127	100068	64104	35964
39	1438746	803885	634861	845198	503525	341673	92796	60156	32640
40-44岁	**5785996**	**3335717**	**2450279**	**3492699**	**2173165**	**1319534**	**350004**	**240575**	**109429**
40	1467248	828413	638835	844991	509357	335634	87140	57753	29387
41	1232435	699962	532473	741800	454017	287783	74243	49929	24314
42	1252887	722546	530341	765845	475375	290470	74778	50888	23890
43	865977	509774	356203	537635	342949	194686	51778	36640	15138
44	967449	575022	392427	602428	391467	210961	62065	45365	16700

4-1 续表 5

单位：人

年 龄	大学专科			大学本科			研究生		
	小计	男	女	小计	男	女	小计	男	女
45-49岁	**4673476**	**2847915**	**1825561**	**2488858**	**1681588**	**807270**	**274644**	**210544**	**64100**
45	1016036	610542	405494	599481	398640	200841	67056	50342	16714
46	1067093	642756	424337	590445	395933	194512	68202	51941	16261
47	1260879	767388	493491	659345	448126	211219	74967	58028	16939
48	857147	534857	322290	417966	288766	129200	43635	34106	9529
49	472321	292372	179949	221621	150123	71498	20784	16127	4657
50-54岁	**2734105**	**1763749**	**970356**	**1037487**	**713258**	**324229**	**93529**	**73443**	**20086**
50	550904	347252	203652	234073	160916	73157	20680	16244	4436
51	453840	291167	162673	174712	120423	54289	16004	12677	3327
52	561794	365237	196557	202218	140303	61915	18846	14755	4091
53	609872	395941	213931	221724	152451	69273	20781	16336	4445
54	557695	364152	193543	204760	139165	65595	17218	13431	3787
55-59岁	**2242978**	**1480690**	**762288**	**790027**	**529188**	**260839**	**49737**	**37923**	**11814**
55	554495	363928	190567	200977	135049	65928	15333	11771	3562
56	532129	347812	184317	188961	125510	63451	12593	9595	2998
57	425796	279472	146324	148990	98804	50186	8905	6730	2175
58	395240	263900	131340	135605	91502	44103	7110	5461	1649
59	335318	225578	109740	115494	78323	37171	5796	4366	1430
60-64岁	**1407358**	**976604**	**430754**	**528206**	**371353**	**156853**	**19887**	**15582**	**4305**
60	337169	232757	104412	115035	80173	34862	5123	3910	1213
61	318863	221995	96868	106403	75887	30516	4487	3529	958
62	272938	189225	83713	87280	63201	24079	3283	2586	697
63	257093	179547	77546	94179	66682	27497	3252	2551	701
64	221295	153080	68215	125309	85410	39899	3742	3006	736
65-69岁	**885930**	**608056**	**277874**	**581840**	**404265**	**177575**	**13205**	**10518**	**2687**
65	192199	131796	60403	122678	84794	37884	3532	2871	661
66	179189	122364	56825	113600	79478	34122	3031	2446	585
67	170672	116720	53952	106121	73895	32226	2442	1943	499
68	174178	119153	55025	113404	78046	35358	2165	1699	466
69	169692	118023	51669	126037	88052	37985	2035	1559	476
70-74岁	**708965**	**514339**	**194626**	**609423**	**449131**	**160292**	**9470**	**7111**	**2359**
70	164839	116568	48271	132731	94819	37912	1962	1512	450
71	142395	100971	41424	127678	92468	35210	1758	1345	413
72	149761	109434	40327	132024	99092	32932	1994	1484	510
73	133191	98991	34200	116609	87401	29208	1928	1441	487
74	118779	88375	30404	100381	75351	25030	1828	1329	499
75-79岁	**355982**	**269566**	**86416**	**286324**	**213055**	**73269**	**7917**	**5590**	**2327**
75	100823	75387	25436	81287	60407	20880	1696	1189	507
76	82994	62329	20665	65180	48416	16764	1557	1066	491
77	71621	54692	16929	56579	42063	14516	1732	1248	484
78	55356	42298	13058	45435	33776	11659	1540	1112	428
79	45188	34860	10328	37843	28393	9450	1392	975	417
80-84岁	**128851**	**99570**	**29281**	**122045**	**92430**	**29615**	**3988**	**2944**	**1044**
80	41371	32048	9323	35609	26737	8872	1237	894	343
81	28545	21968	6577	27612	20756	6856	892	676	216
82	25221	19501	5720	24181	18475	5706	779	556	223
83	19248	14900	4348	19311	14687	4624	609	457	152
84	14466	11153	3313	15332	11775	3557	471	361	110
85岁及以上	**53330**	**38670**	**14660**	**59271**	**43905**	**15366**	**2211**	**1547**	**664**

4-1a 全国分年龄、性别、受教育程度的6岁及以上人口(城市)

单位：人

年龄	6岁及以上人口			未上过学		
	合计	男	女	小计	男	女
总计	**384147858**	**195947635**	**188200223**	**8034432**	**1991188**	**6043244**
6-9岁	**12651483**	**6818014**	**5833469**	**462862**	**254880**	**207982**
6	3294902	1773632	1521270	356570	197329	159241
7	2906061	1569638	1336423	51462	27847	23615
8	3179028	1711633	1467395	30120	16215	13905
9	3271492	1763111	1508381	24710	13489	11221
10-14岁	**17121336**	**9176874**	**7944462**	**80550**	**44662**	**35888**
10	3433402	1852623	1580779	25251	13880	11371
11	3216999	1729890	1487109	19227	10563	8664
12	3445836	1852243	1593593	14001	7919	6082
13	3426904	1833256	1593648	11389	6318	5071
14	3598195	1908862	1689333	10682	5982	4700
15-19岁	**30350178**	**15528057**	**14822121**	**48909**	**26787**	**22122**
15	4402657	2304133	2098524	10423	5680	4743
16	5356873	2756782	2600091	9606	5284	4322
17	6323132	3226285	3096847	9364	5053	4311
18	6682039	3406001	3276038	9366	5105	4261
19	7585477	3834856	3750621	10150	5665	4485
20-24岁	**47547510**	**24173937**	**23373573**	**69186**	**36742**	**32444**
20	10514598	5297881	5216717	13581	7424	6157
21	10286248	5224072	5062176	13519	7306	6213
22	9222223	4722895	4499328	13623	7233	6390
23	9343631	4777150	4566481	14762	7740	7022
24	8180810	4151939	4028871	13701	7039	6662
25-29岁	**37950735**	**19171630**	**18779105**	**73964**	**35729**	**38235**
25	7179674	3642333	3537341	13262	6660	6602
26	7246192	3662299	3583893	13372	6488	6884
27	7458316	3760061	3698255	14286	6971	7315
28	8656490	4358192	4298298	16974	8106	8868
29	7410063	3748745	3661318	16070	7504	8566
30-34岁	**35576427**	**18144631**	**17431796**	**106448**	**44991**	**61457**
30	7018371	3572741	3445630	17733	7937	9796
31	7451982	3798598	3653384	19867	8702	11165
32	7188015	3657568	3530447	21223	8867	12356
33	6623013	3378670	3244343	21567	8924	12643
34	7295046	3737054	3557992	26058	10561	15497
35-39岁	**39746202**	**20481483**	**19264719**	**184522**	**68531**	**115991**
35	7355483	3764786	3590697	28741	11380	17361
36	7737006	3971066	3765940	32930	12584	20346
37	8144335	4199756	3944579	37412	13855	23557
38	8219361	4253803	3965558	41226	14974	26252
39	8290017	4292072	3997945	44213	15738	28475
40-44岁	**37805480**	**19572475**	**18233005**	**266249**	**88879**	**177370**
40	8786166	4548525	4237641	51555	18084	33471
41	7868329	4061902	3806427	51436	17791	33645
42	8247968	4268394	3979574	57981	19269	38712
43	6077179	3150003	2927176	48683	15535	33148
44	6825838	3543651	3282187	56594	18200	38394

4-1a 续表 1

单位：人

年龄	6岁及以上人口			未上过学		
	合计	男	女	小计	男	女
45-49岁	**32412958**	**16885728**	**15527230**	**274093**	**78498**	**195595**
45	7084804	3696615	3388189	56472	17638	38834
46	7203822	3751292	3452530	56402	16972	39430
47	8573075	4470188	4102887	66654	19341	47313
48	5975557	3125229	2850328	57901	15029	42872
49	3575700	1842404	1733296	36664	9518	27146
50-54岁	**24253446**	**12450143**	**11803303**	**408940**	**104647**	**304293**
50	4643120	2403857	2239263	52433	14533	37900
51	4115370	2131776	1983594	58763	15909	42854
52	5153403	2662172	2491231	87241	23469	63772
53	5440601	2777152	2663449	104682	25987	78695
54	4900952	2475186	2425766	105821	24749	81072
55-59岁	**22418430**	**11166299**	**11252131**	**668972**	**148673**	**520299**
55	5013865	2526520	2487345	121669	27778	93891
56	5033880	2518754	2515126	134606	29930	104676
57	4384638	2172249	2212389	134754	29709	105045
58	4297529	2126878	2170651	147604	32537	115067
59	3688518	1821898	1866620	130339	28719	101620
60-64岁	**15298187**	**7594880**	**7703307**	**664592**	**147862**	**516730**
60	3662214	1830434	1831780	137933	31536	106397
61	3401710	1695163	1706547	144126	33452	110674
62	2894007	1422769	1471238	129755	28774	100981
63	2788430	1384351	1404079	128513	28036	100477
64	2551826	1262163	1289663	124265	26064	98201
65-69岁	**10418641**	**5062300**	**5356341**	**698927**	**141376**	**557551**
65	2273166	1111634	1161532	125177	25620	99557
66	2144040	1046380	1097660	133872	27612	106260
67	1989427	965120	1024307	133147	27028	106119
68	2012204	971199	1041005	143406	28815	114591
69	1999804	967967	1031837	163325	32301	131024
70-74岁	**8876835**	**4279061**	**4597774**	**1051711**	**209214**	**842497**
70	1965935	953981	1011954	180494	36142	144352
71	1715787	817516	898271	182836	36845	145991
72	1847681	890514	957167	221937	45209	176728
73	1704612	828524	876088	225736	44795	180941
74	1642820	788526	854294	240708	46223	194485
75-79岁	**6366161**	**3053000**	**3313161**	**1259191**	**238078**	**1021113**
75	1532819	724208	808611	255799	47675	208124
76	1394212	661908	732304	257822	47941	209881
77	1354060	654986	699074	275965	52593	223372
78	1118007	536235	581772	246012	46350	199662
79	967063	475663	491400	223593	43519	180074
80-84岁	**3436596**	**1612654**	**1823942**	**979863**	**191171**	**788692**
80	968929	470669	498260	242041	47601	194440
81	738833	349049	389784	206990	40728	166262
82	697193	324373	372820	206628	40042	166586
83	568142	260552	307590	173977	33829	140148
84	463499	208011	255488	150227	28971	121256
85岁及以上	**1917253**	**776469**	**1140784**	**735453**	**130468**	**604985**

4-1a 续表 2

单位：人

年龄	小学			初中			高中		
	小计	男	女	小计	男	女	小计	男	女
总计	**61280552**	**28639497**	**32641055**	**138590585**	**72014849**	**66575736**	**93632752**	**49143758**	**44488994**
6-9岁	**12066997**	**6496696**	**5570301**	**121432**	**66344**	**55088**	**192**	**94**	**98**
6	2915859	1563982	1351877	22473	12321	10152			
7	2829607	1528076	1301531	24992	13715	11277			
8	3118536	1678810	1439726	30287	16567	13720	85	41	44
9	3202995	1725828	1477167	43680	23741	19939	107	53	54
10-14岁	**8097363**	**4410244**	**3687119**	**8463887**	**4485076**	**3978811**	**478162**	**236403**	**241759**
10	3305149	1783585	1521564	102754	55034	47720	204	98	106
11	2662860	1444494	1218366	534279	274509	259770	482	246	236
12	1382359	773366	608993	2048447	1070437	978010	816	414	402
13	505754	278638	227116	2807762	1495504	1312258	101783	52703	49080
14	241241	130161	111080	2970645	1589592	1381053	374877	182942	191935
15-19岁	**772046**	**425848**	**346198**	**8852702**	**4757214**	**4095488**	**15537807**	**7967657**	**7570150**
15	159734	87473	72261	2126703	1171464	955239	2032031	1008630	1023401
16	137408	75064	62344	1473626	805567	668059	3576689	1803807	1772882
17	148167	81675	66492	1569676	837929	731747	4204713	2133426	2071287
18	154665	85907	68758	1735064	918190	816874	3328731	1741299	1587432
19	172072	95729	76343	1947633	1024064	923569	2395643	1280495	1115148
20-24岁	**1064141**	**567636**	**496505**	**13269194**	**6846262**	**6422932**	**11702325**	**6194496**	**5507829**
20	233447	128212	105235	2618056	1362576	1255480	2633808	1396689	1237119
21	196753	107501	89252	2583918	1336687	1247231	2445724	1295454	1150270
22	199886	106544	93342	2539032	1308870	1230162	2246733	1193213	1053520
23	223491	117333	106158	2877825	1482891	1394934	2348395	1243391	1105004
24	210564	108046	102518	2650363	1355238	1295125	2027665	1065749	961916
25-29岁	**1069060**	**514434**	**554626**	**12706630**	**6468334**	**6238296**	**9438107**	**4876353**	**4561754**
25	194509	97419	97090	2407609	1228077	1179532	1735329	909840	825489
26	195698	95487	100211	2435285	1236172	1199113	1729149	899653	829496
27	200326	96982	103344	2460482	1253056	1207426	1823345	940041	883304
28	242803	115205	127598	2858756	1455640	1403116	2205112	1130134	1074978
29	235724	109341	126383	2544498	1295389	1249109	1945172	996685	948487
30-34岁	**1735557**	**780479**	**955078**	**13658312**	**6941625**	**6716687**	**9556679**	**4933603**	**4623076**
30	258164	118015	140149	2487196	1267811	1219385	1902124	980408	921716
31	320944	147321	173623	2774077	1413764	1360313	2033919	1046531	987388
32	344244	154651	189593	2738995	1391248	1347747	1956651	1006677	949974
33	363472	161853	201619	2626861	1333979	1292882	1764178	912011	852167
34	448733	198639	250094	3031183	1534823	1496360	1899807	987976	911831
35-39岁	**3093702**	**1348945**	**1744757**	**17516261**	**8860410**	**8655851**	**10010697**	**5292212**	**4718485**
35	502645	221806	280839	3137738	1581957	1555781	1882657	981526	901131
36	576411	252335	324076	3389634	1706820	1682814	1942851	1019818	923033
37	622823	272832	349991	3582060	1810776	1771284	2054001	1086755	967246
38	668776	289834	378942	3672329	1862180	1810149	2064197	1100389	963808
39	723047	312138	410909	3734500	1898677	1835823	2066991	1103724	963267
40-44岁	**4229160**	**1852438**	**2376722**	**17618237**	**8989775**	**8628462**	**8898861**	**4718300**	**4180561**
40	832876	360744	472132	3995426	2032332	1963094	2188899	1167854	1021045
41	861731	380651	481080	3604747	1833384	1771363	1887839	999033	888806
42	945402	415565	529837	3828544	1954633	1873911	1933522	1025494	908028
43	754260	329567	424693	2915060	1493557	1421503	1352929	717541	635388
44	834891	365911	468980	3274460	1675869	1598591	1535672	808378	727294

4-1a 续表 3 单位：人

年龄	小学			初中			高中		
	小计	男	女	小计	男	女	小计	男	女
45-49岁	**3321258**	**1404209**	**1917049**	**13734881**	**7109172**	**6625709**	**9768369**	**5019075**	**4749294**
45	793817	345858	447959	3313184	1699446	1613738	1749512	918105	831407
46	726925	311790	415135	3180182	1634931	1545251	2014495	1037283	977212
47	814666	345341	469325	3574842	1856266	1718576	2671005	1357607	1313398
48	623385	255370	368015	2350262	1233797	1116465	2001392	1030821	970571
49	362465	145850	216615	1316411	684732	631679	1331965	675259	656706
50-54岁	**3592369**	**1477142**	**2115227**	**9605439**	**5042055**	**4563384**	**7830530**	**4044457**	**3786073**
50	513216	212871	300345	1760235	921107	839128	1723592	882114	841478
51	551792	232702	319090	1585090	836383	748707	1452009	750553	701456
52	766508	321694	444814	2042983	1080721	962262	1691301	875615	815686
53	884141	360496	523645	2188137	1151883	1036254	1645239	847870	797369
54	876712	349379	527333	2028994	1051961	977033	1318389	688305	630084
55-59岁	**5361862**	**2155245**	**3206617**	**10029498**	**5223496**	**4806002**	**4022071**	**2162017**	**1860054**
55	998661	398755	599906	2167245	1125944	1041301	1154524	614211	540313
56	1095842	440555	655287	2260846	1173186	1087660	988346	528350	459996
57	1085911	438341	647570	1988586	1032098	956488	731688	393869	337819
58	1156102	468172	687930	1951062	1020297	930765	632463	343816	288647
59	1025346	409422	615924	1661759	871971	789788	515050	281771	233279
60-64岁	**5042105**	**2091876**	**2950229**	**5641077**	**2988895**	**2652182**	**2427286**	**1350245**	**1077041**
60	1085262	441898	643364	1574019	835463	738556	511028	286671	224357
61	1120000	465766	654234	1265138	672243	592895	539476	299845	239631
62	1001446	415315	586131	983868	516321	467547	498296	274415	223881
63	969209	408201	561008	937214	496904	440310	476988	265715	211273
64	866188	360696	505492	880838	467964	412874	401498	223599	177899
65-69岁	**3543688**	**1454019**	**2089669**	**3259849**	**1730536**	**1529313**	**1730680**	**951448**	**779232**
65	762775	313234	449541	776842	411996	364846	353807	192896	160911
66	720969	298123	422846	699273	372074	327199	352696	191556	161140
67	666451	273086	393365	618645	326952	291693	347873	190317	157556
68	683895	279186	404709	602404	317338	285066	351342	193864	157478
69	709598	290390	419208	562685	302176	260509	324962	182815	142147
70-74岁	**3492221**	**1443666**	**2048555**	**2056993**	**1152063**	**904930**	**1195551**	**711437**	**484114**
70	728543	300619	427924	523461	286088	237373	293803	167520	126283
71	662307	268934	393373	406182	218919	187263	241582	138513	103069
72	736888	302991	433897	413660	230473	183187	244790	146934	97856
73	688120	288136	399984	367512	212721	154791	217521	134394	83127
74	676363	282986	393377	346178	203862	142316	197855	124076	73779
75-79岁	**2653651**	**1183149**	**1470502**	**1258609**	**805298**	**453311**	**649953**	**429319**	**220634**
75	637927	268037	369890	315810	190036	125774	170942	108604	62338
76	581814	251558	330256	282926	176315	106611	146521	95524	50997
77	567711	258142	309569	266881	174150	92731	134487	90190	44297
78	466333	213630	252703	211384	139962	71422	107525	72545	34980
79	399866	191782	208084	181608	124835	56773	90478	62456	28022
80-84岁	**1413376**	**687249**	**726127**	**557092**	**388095**	**168997**	**270474**	**184879**	**85595**
80	402335	194679	207656	173268	120547	52721	85259	58751	26508
81	302667	146616	156051	120563	84277	36286	59500	40833	18667
82	286165	139895	146270	109102	76148	32954	53026	36531	16495
83	233819	114123	119696	86322	60159	26163	41110	27802	13308
84	188390	91936	96454	67837	46964	20873	31579	20962	10617
85岁及以上	**731996**	**346222**	**385774**	**240492**	**160199**	**80293**	**115008**	**71763**	**43245**

4-1a 续表 4

单位：人

年 龄	大学专科			大学本科			研究生		
	小计	男	女	小计	男	女	小计	男	女
总 计	**43746324**	**22809462**	**20936862**	**35086700**	**19205666**	**15881034**	**3776513**	**2143215**	**1633298**
6-9岁									
6									
7									
8									
9									
10-14岁	**938**	**358**	**580**	**421**	**124**	**297**	**15**	**7**	**8**
10	27	18	9	17	8	9			
11	100	54	46	51	24	27			
12	143	73	70	66	32	34	4	2	2
13	153	64	89	57	26	31	6	3	3
14	515	149	366	230	34	196	5	2	3
15-19岁	**2753527**	**1227721**	**1525806**	**2380472**	**1120628**	**1259844**	**4715**	**2202**	**2513**
15	65882	27127	38755	7531	3578	3953	353	181	172
16	138341	56878	81463	20879	10000	10879	324	182	142
17	272706	115091	157615	117943	52826	65117	563	285	278
18	749701	332170	417531	703403	322826	380577	1109	504	605
19	1526897	696455	830442	1530716	731398	799318	2366	1050	1316
20-24岁	**10299452**	**4926380**	**5373072**	**10448221**	**5278742**	**5169479**	**694991**	**323679**	**371312**
20	2493071	1161054	1332017	2514563	1238286	1276277	8072	3640	4432
21	2376696	1139888	1236808	2634316	1321554	1312762	35322	15682	19640
22	1921176	935807	985369	2173851	1113760	1060091	127922	57468	70454
23	1877960	905406	972554	1750630	903880	846750	250568	116509	134059
24	1630549	784225	846324	1374861	701262	673599	273107	130380	142727
25-29岁	**7098593**	**3444387**	**3654206**	**6444837**	**3269902**	**3174935**	**1119544**	**562491**	**557053**
25	1394299	678840	715459	1202807	607046	595761	231859	114451	117408
26	1383011	673713	709298	1269161	639920	629241	220516	110866	109650
27	1413494	683928	729566	1327129	668710	658419	219254	110373	108881
28	1603984	772816	831168	1483153	753307	729846	245708	122984	122724
29	1303805	635090	668715	1162587	600919	561668	202207	103817	98390
30-34岁	**5573236**	**2788758**	**2784478**	**4225092**	**2256186**	**1968906**	**721103**	**398989**	**322114**
30	1189238	589061	600177	988921	518058	470863	174995	91451	83544
31	1195792	592095	603697	938238	498223	440015	169145	91962	77183
32	1135085	565481	569604	845874	449462	396412	145943	81182	64761
33	1004088	504237	499851	724377	390024	334353	118470	67642	50828
34	1049033	537884	511149	727682	400419	327263	112550	66752	45798
35-39岁	**5076770**	**2680395**	**2396375**	**3381984**	**1929694**	**1452290**	**482266**	**301296**	**180970**
35	1023014	528981	494033	679159	377692	301467	101529	61444	40085
36	1024394	537502	486892	672227	381097	291130	98559	60910	37649
37	1047830	553437	494393	698200	398531	299669	102009	63570	38439
38	1006782	537690	469092	672595	389207	283388	93456	59529	33927
39	974750	522785	451965	659803	383167	276636	86713	55843	30870
40-44岁	**3782750**	**2080840**	**1701910**	**2687962**	**1622060**	**1065902**	**322261**	**220183**	**102078**
40	982441	532246	450195	654317	384121	270196	80652	53144	27508
41	820727	444841	375886	573353	340472	232881	68496	45730	22766
42	822627	451697	370930	591083	355288	235795	68809	46448	22361
43	550115	308106	242009	408758	252336	156422	47374	33361	14013
44	606840	343950	262890	460451	289843	170608	56930	41500	15430

4-1a 续表 5 单位：人

年 龄	大学专科			大学本科			研究生		
	小计	男	女	小计	男	女	小计	男	女
45-49岁	**3070618**	**1775805**	**1294813**	**1990479**	**1305249**	**685230**	**253260**	**193720**	**59540**
45	643523	368149	275374	466417	301099	165318	61879	46320	15559
46	694487	397713	296774	468403	304830	163573	62928	47773	15155
47	844139	487213	356926	532518	350962	181556	69251	53458	15793
48	564656	332662	231994	337921	226251	111670	40040	31299	8741
49	323813	190068	133745	185220	122107	63113	19162	14870	4292
50-54岁	**1859608**	**1131762**	**727846**	**870751**	**582279**	**288472**	**85809**	**67801**	**18008**
50	378084	226367	151717	196530	131878	64652	19030	14987	4043
51	307319	186959	120360	145730	97585	48145	14667	11685	2982
52	379572	233373	146199	168547	113710	54837	17251	13590	3661
53	413359	251606	161753	186008	124219	61789	19035	15091	3944
54	381274	233457	147817	173936	114887	59049	15826	12448	3378
55-59岁	**1607478**	**996150**	**611328**	**683768**	**445959**	**237809**	**44781**	**34759**	**10022**
55	385817	236635	149182	171912	112306	59606	14037	10891	3146
56	379486	232458	147028	163296	105413	57883	11458	8862	2596
57	306384	188588	117796	129365	83529	45836	7950	6115	1835
58	286162	179595	106567	117868	77506	40362	6268	4955	1313
59	249629	158874	90755	101327	67205	34122	5068	3936	1132
60-64岁	**1042190**	**683497**	**358693**	**463894**	**318643**	**145251**	**17043**	**13862**	**3181**
60	248831	162680	86151	100709	68678	32031	4432	3508	924
61	236347	155999	80348	92727	64702	28025	3896	3156	740
62	202119	132090	70029	75776	53606	22170	2747	2248	499
63	191177	126169	65008	82613	57091	25522	2716	2235	481
64	163716	106559	57157	112069	74566	37503	3252	2715	537
65-69岁	**650655**	**419402**	**231253**	**523660**	**356230**	**167430**	**11182**	**9289**	**1893**
65	141984	91326	50658	109503	73978	35525	3078	2584	494
66	133084	85487	47597	101553	69349	32204	2593	2179	414
67	125821	80969	44852	95413	65038	30375	2077	1730	347
68	126839	81354	45485	102531	69177	33354	1787	1465	322
69	122927	80266	42661	114660	78688	35972	1647	1331	316
70-74岁	**518817**	**355063**	**163754**	**553794**	**401568**	**152226**	**7748**	**6050**	**1698**
70	117636	77796	39840	120429	84545	35884	1569	1271	298
71	105092	70242	34850	116342	82902	33440	1446	1161	285
72	109207	75290	33917	119558	88353	31205	1641	1264	377
73	98190	69116	29074	105938	78140	27798	1595	1222	373
74	88692	62619	26073	91527	67628	23899	1497	1132	365
75-79岁	**273646**	**198081**	**75565**	**264439**	**194133**	**70306**	**6672**	**4942**	**1730**
75	76392	54263	22129	74537	54559	19978	1412	1034	378
76	63682	45559	18123	60149	44081	16068	1298	930	368
77	55223	40425	14798	52323	38369	13954	1470	1117	353
78	43188	31705	11483	42248	31054	11194	1317	989	328
79	35161	26129	9032	35182	26070	9112	1175	872	303
80-84岁	**99229**	**73839**	**25390**	**113176**	**84791**	**28385**	**3386**	**2630**	**756**
80	31850	23732	8118	33115	24553	8562	1061	806	255
81	22598	16808	5790	25732	19173	6559	783	614	169
82	19261	14353	4908	22362	16911	5451	649	493	156
83	14601	10850	3751	17807	13385	4422	506	404	102
84	10919	8096	2823	14160	10769	3391	387	313	74
85岁及以上	**38817**	**27024**	**11793**	**53750**	**39478**	**14272**	**1737**	**1315**	**422**

4-1b 全国分年龄、性别、受教育程度的6岁及以上人口(镇)

单位：人

年龄	6岁及以上人口			未上过学		
	合计	男	女	小计	男	女
总 计	**248689641**	**126967646**	**121721995**	**9927309**	**2686117**	**7241192**
6-9岁	**11682599**	**6387123**	**5295476**	**383873**	**209983**	**173890**
6	3039377	1660978	1378399	276874	152011	124863
7	2795858	1529860	1265998	51564	27726	23838
8	2850421	1559522	1290899	29796	16273	13523
9	2996943	1636763	1360180	25639	13973	11666
10-14岁	**15686190**	**8487916**	**7198274**	**91548**	**50089**	**41459**
10	3048692	1664345	1384347	25666	14076	11590
11	2915358	1585197	1330161	20892	11492	9400
12	3211218	1743607	1467611	16887	9247	7640
13	3156686	1701250	1455436	14296	7817	6479
14	3354236	1793517	1560719	13807	7457	6350
15-19岁	**23239814**	**12075720**	**11164094**	**72644**	**37792**	**34852**
15	4144468	2182294	1962174	14857	7992	6865
16	4685021	2420257	2264764	14154	7375	6779
17	5255798	2701472	2554326	14919	7608	7311
18	4805111	2496403	2308708	14451	7390	7061
19	4349416	2275294	2074122	14263	7427	6836
20-24岁	**23511008**	**11867847**	**11643161**	**91419**	**43344**	**48075**
20	5175368	2668052	2507316	17982	9048	8934
21	4774870	2429265	2345605	17373	8414	8959
22	4451935	2241435	2210500	17594	8217	9377
23	4791766	2391510	2400256	19581	9160	10421
24	4317069	2137585	2179484	18889	8505	10384
25-29岁	**19729221**	**9801886**	**9927335**	**102010**	**43640**	**58370**
25	3855715	1912714	1943001	18788	8258	10530
26	3817356	1891034	1926322	18678	8073	10605
27	3776795	1875253	1901542	19396	8271	11125
28	4376058	2176061	2199997	22960	9760	13200
29	3903297	1946824	1956473	22188	9278	12910
30-34岁	**20434530**	**10287442**	**10147088**	**142296**	**55808**	**86488**
30	3843884	1925105	1918779	24855	10084	14771
31	4129474	2075548	2053926	26299	10581	15718
32	4104155	2064533	2039622	28586	11170	17416
33	3875326	1953462	1921864	28309	10954	17355
34	4481691	2268794	2212897	34247	13019	21228
35-39岁	**25279163**	**12867797**	**12411366**	**235954**	**84364**	**151590**
35	4586727	2321907	2264820	38012	14236	23776
36	4944977	2504443	2440534	43076	15754	27322
37	5128265	2610485	2517780	47678	17214	30464
38	5286315	2699780	2586535	52154	18221	33933
39	5332879	2731182	2601697	55034	18939	36095
40-44岁	**25981016**	**13273294**	**12707722**	**341017**	**107908**	**233109**
40	5789835	2962275	2827560	64258	21518	42740
41	5213140	2660844	2552296	64662	21480	43182
42	5633256	2884993	2748263	74344	23529	50815
43	4400613	2243824	2156789	63641	19304	44337
44	4944172	2521358	2422814	74112	22077	52035

4-1b 续表 1 单位：人

年 龄	6岁及以上人口			未上过学		
	合计	男	女	小计	男	女
45-49岁	**21216583**	**10837404**	**10379179**	**379756**	**97268**	**282488**
45	4924868	2523949	2400919	75750	21738	54012
46	4731208	2411734	2319474	76522	20844	55678
47	5397990	2767803	2630187	90648	23099	67549
48	4007634	2048238	1959396	83662	19554	64108
49	2154883	1085680	1069203	53174	12033	41141
50-54岁	**14932942**	**7680252**	**7252690**	**579703**	**137570**	**442133**
50	2681140	1379448	1301692	72560	17753	54807
51	2445945	1266630	1179315	80701	19742	60959
52	3170969	1644060	1526909	122093	30266	91827
53	3461399	1780408	1680991	150188	35133	115055
54	3173489	1609706	1563783	154161	34676	119485
55-59岁	**15019105**	**7596588**	**7422517**	**987111**	**223561**	**763550**
55	3282882	1672426	1610456	177468	39565	137903
56	3286827	1667678	1619149	196357	43815	152542
57	2971778	1495741	1476037	198946	44764	154182
58	2979383	1505361	1474022	218940	50271	168669
59	2498235	1255382	1242853	195400	45146	150254
60-64岁	**10738730**	**5472165**	**5266565**	**1034943**	**249820**	**785123**
60	2505514	1276499	1229015	209029	50646	158383
61	2387222	1222667	1164555	220068	54587	165481
62	2060383	1045435	1014948	204822	50010	154812
63	1962717	1002374	960343	201582	48386	153196
64	1822894	925190	897704	199442	46191	153251
65-69岁	**7491688**	**3804294**	**3687394**	**1080620**	**260309**	**820311**
65	1666898	844272	822626	201245	46926	154319
66	1573015	803037	769978	209751	50208	159543
67	1440736	730759	709977	210070	50668	159402
68	1411979	717533	694446	218876	53319	165557
69	1399060	708693	690367	240678	59188	181490
70-74岁	**5900425**	**2962830**	**2937595**	**1357654**	**347253**	**1010401**
70	1349853	687584	662269	255565	64687	190878
71	1118331	561850	556481	240800	61603	179197
72	1233790	622537	611253	289086	75498	213588
73	1126947	564270	562677	284060	73205	210855
74	1071504	526589	544915	288143	72260	215883
75-79岁	**4165342**	**1995471**	**2169871**	**1369745**	**342545**	**1027200**
75	985160	474712	510448	291088	72739	218349
76	904036	432253	471783	284257	70427	213830
77	890642	430503	460139	296551	74654	221897
78	738723	349408	389315	262774	66079	196695
79	646781	308595	338186	235075	58646	176429
80-84岁	**2326232**	**1052564**	**1273668**	**982861**	**243860**	**739001**
80	655298	308492	346806	253511	64014	189497
81	486067	221335	264732	204300	51090	153210
82	477955	214421	263534	207593	51471	156122
83	389793	172434	217359	171899	42251	129648
84	317119	135882	181237	145558	35034	110524
85岁及以上	**1355053**	**517053**	**838000**	**694155**	**151003**	**543152**

4-1b 续表 2　　　　单位：人

年 龄	小 学			初 中			高 中		
	小计	男	女	小计	男	女	小计	男	女
总 计	**63862851**	**29834654**	**34028197**	**105773418**	**55652549**	**50120869**	**45914114**	**25695818**	**20218296**
6-9岁	**11169839**	**6105902**	**5063937**	**128749**	**71154**	**57595**	**138**	**84**	**54**
6	2737519	1495138	1242381	24984	13829	11155			
7	2717231	1487115	1230116	27063	15019	12044			
8	2790068	1526369	1263699	30497	16847	13650	60	33	27
9	2925021	1597280	1327741	46205	25459	20746	78	51	27
10-14岁	**7928309**	**4347634**	**3580675**	**7257972**	**3886578**	**3371394**	**407822**	**203338**	**204484**
10	2921871	1595447	1326424	101011	54737	46274	111	68	43
11	2445495	1337912	1107583	448502	235519	212983	374	225	149
12	1572183	874110	698073	1621376	859841	761535	652	344	308
13	666581	366412	300169	2400442	1287337	1113105	75251	39626	35625
14	322179	173753	148426	2686641	1449144	1237497	331434	163075	168359
15-19岁	**965035**	**506982**	**458053**	**8216893**	**4418721**	**3798172**	**12457100**	**6400590**	**6056510**
15	214730	115021	99709	2269624	1242520	1027104	1619076	805972	813104
16	174823	92674	82149	1558117	843786	714331	2886561	1455071	1431490
17	182250	95733	86517	1431620	765901	665719	3493071	1773937	1719134
18	187917	97645	90272	1418715	754772	663943	2739692	1433233	1306459
19	205315	105909	99406	1538817	811742	727075	1718700	932377	786323
20-24岁	**1260748**	**593311**	**667437**	**10891300**	**5369998**	**5521302**	**5633428**	**3056297**	**2577131**
20	272840	136279	136561	2089176	1069681	1019495	1475393	803267	672126
21	236529	113370	123159	2102613	1048031	1054582	1162832	631606	531226
22	239587	111903	127684	2103955	1031219	1072736	1021674	555187	466487
23	264138	120933	143205	2386278	1159473	1226805	1059383	572665	486718
24	247654	110826	136828	2209278	1061594	1147684	914146	493572	420574
25-29岁	**1277151**	**541553**	**735598**	**10525397**	**5119743**	**5405654**	**4026102**	**2166469**	**1859633**
25	233259	102271	130988	2026471	978041	1048430	786607	425935	360672
26	234067	99827	134240	2039779	984658	1055121	759227	409155	350072
27	238539	101000	137539	2023112	984821	1038291	762028	408204	353824
28	288545	121089	167456	2341028	1143983	1197045	902215	483015	419200
29	282741	117366	165375	2095007	1028240	1066767	816025	440160	375865
30-34岁	**2000647**	**820158**	**1180489**	**11051713**	**5478396**	**5573317**	**4100548**	**2248656**	**1851892**
30	305753	126220	179533	2049621	1009081	1040540	819233	445239	373994
31	368101	153036	215065	2216248	1097039	1119209	859572	468456	391116
32	398264	163146	235118	2211512	1095089	1116423	832748	456630	376118
33	414471	169251	245220	2111678	1049619	1062059	749673	412652	337021
34	514058	208505	305553	2462654	1227568	1235086	839322	465679	373643
35-39岁	**3536473**	**1424099**	**2112374**	**14177023**	**7148454**	**7028569**	**4429337**	**2504716**	**1924621**
35	570803	231484	339319	2541436	1266398	1275038	835881	466224	369657
36	656039	265766	390273	2760501	1376900	1383601	878465	491999	386466
37	711678	287374	424304	2885223	1453037	1432186	898126	507959	390167
38	767317	307261	460056	2978406	1510167	1468239	917883	523427	394456
39	830636	332214	498422	3011457	1541952	1469505	898982	515107	383875
40-44岁	**4881498**	**1957973**	**2923525**	**14422882**	**7433834**	**6989048**	**4006508**	**2308814**	**1697694**
40	954176	381293	572883	3241637	1661841	1579796	970772	558157	412615
41	967859	393144	574715	2879618	1477846	1401772	817855	468449	349406
42	1079191	435987	643204	3114834	1609372	1505462	863014	499133	363881
43	886921	353284	533637	2448425	1267226	1181199	632847	366220	266627
44	993351	394265	599086	2738368	1417549	1320819	722020	416855	305165

4-1b 续表 3 单位：人

年 龄	小 学			初 中			高 中		
	小计	男	女	小计	男	女	小计	男	女
45-49岁	**4156108**	**1548560**	**2607548**	**10794866**	**5614528**	**5180338**	**4173475**	**2415660**	**1757815**
45	956987	374704	582283	2681285	1390814	1290471	794744	461662	333082
46	898625	341908	556717	2483969	1277915	1206054	864316	498342	365974
47	1017249	378729	638520	2732521	1420747	1311774	1113725	641581	472144
48	814287	289463	524824	1920948	1011437	909511	890916	519504	371412
49	468960	163756	305204	976143	513615	462528	509774	294571	215203
50-54岁	**4508573**	**1754210**	**2754363**	**6128995**	**3448692**	**2680303**	**2918238**	**1767921**	**1150317**
50	631946	236662	395284	1176449	637241	539208	635586	372565	263021
51	666811	259582	407229	1019111	566050	453061	542522	323734	218788
52	955711	377443	578268	1300030	736382	563648	627340	380526	246814
53	1134967	444982	689985	1390977	797642	593335	609928	375577	234351
54	1119138	435541	683597	1242428	711377	531051	502862	315519	187343
55-59岁	**6489280**	**2683631**	**3805649**	**5353232**	**3194184**	**2159048**	**1640455**	**1089345**	**551110**
55	1256776	501788	754988	1240457	724236	516221	461712	299293	162419
56	1352562	552681	799881	1203421	709203	494218	402364	265223	137141
57	1310272	542970	767302	1052195	627183	425012	307272	204918	102354
58	1378225	581460	796765	1023377	623147	400230	265369	180552	84817
59	1191445	504732	686713	833782	510415	323367	203738	139359	64379
60-64岁	**5462729**	**2455351**	**3007378**	**3089572**	**1934977**	**1154595**	**837819**	**586909**	**250910**
60	1218757	530852	687905	799857	496186	303671	203102	141258	61844
61	1220261	550196	670065	688534	431327	257207	187826	131650	56176
62	1074913	486060	588853	560306	349763	210543	160533	112549	47984
63	1020576	467130	553446	532908	335969	196939	151098	106325	44773
64	928222	421113	507109	507967	321732	186235	135260	95127	40133
65-69岁	**3725104**	**1747829**	**1977275**	**1875320**	**1207764**	**667556**	**597894**	**422060**	**175834**
65	836360	380270	456090	461110	294889	166221	121895	85740	36155
66	785391	367423	417968	416221	268167	148054	119061	83722	35339
67	710790	333959	376831	360925	231522	129403	118677	83270	35407
68	694131	329963	364168	334392	215293	119099	122811	86706	36105
69	698432	336214	362218	302672	197893	104779	115450	82622	32828
70-74岁	**2972222**	**1496239**	**1475983**	**1001725**	**683203**	**318522**	**388252**	**288366**	**99886**
70	672955	330069	342886	272988	181991	90997	105754	76886	28868
71	567109	282846	284263	196322	131593	64729	77974	56751	21223
72	623751	316674	307077	202001	138452	63549	79754	59589	20165
73	568174	290912	277262	173865	120957	52908	66820	50773	16047
74	540233	275738	264495	156549	110210	46339	57950	44367	13583
75-79岁	**2005379**	**1048507**	**956872**	**531695**	**394836**	**136859**	**182920**	**145534**	**37386**
75	488993	249884	239109	134218	95567	38651	48147	37370	10777
76	442503	228130	214373	118851	86703	32148	40717	32032	8685
77	426993	226301	200692	113732	85897	27835	38345	30880	7465
78	347523	183371	164152	87856	66783	21073	29586	23838	5748
79	299367	160821	138546	77038	59886	17152	26125	21414	4711
80-84岁	**1012002**	**545470**	**466532**	**225654**	**175682**	**49972**	**78774**	**64566**	**14208**
80	295624	159961	135663	72744	56806	15938	25060	20518	4542
81	212365	115200	97165	47361	36786	10575	16502	13559	2943
82	205532	111200	94332	43861	34284	9577	15502	12838	2664
83	166127	89069	77058	35094	27296	7798	12385	10142	2243
84	132354	70040	62314	26594	20510	6084	9325	7509	1816
85岁及以上	**511754**	**257245**	**254509**	**100430**	**71805**	**28625**	**35304**	**26493**	**8811**

4-1b 续表 4

单位：人

年龄	大学专科			大学本科			研究生		
	小计	男	女	小计	男	女	小计	男	女
总计	**15448744**	**8664499**	**6784245**	**7516700**	**4288852**	**3227848**	**246505**	**145157**	**101348**
6-9岁									
6									
7									
8									
9									
10-14岁	**415**	**208**	**207**	**115**	**65**	**50**	**9**	**4**	**5**
10	25	11	14	8	6	2			
11	74	40	34	21	9	12			
12	92	50	42	26	14	12	2	1	1
13	84	41	43	27	15	12	5	2	3
14	140	66	74	33	21	12	2	1	1
15-19岁	**944308**	**436614**	**507694**	**582371**	**274260**	**308111**	**1463**	**761**	**702**
15	23698	9601	14097	2290	1079	1211	193	109	84
16	44503	18154	26349	6705	3116	3589	158	81	77
17	96407	41466	54941	37317	16727	20590	214	100	114
18	268022	122963	145059	175964	80225	95739	350	175	175
19	511678	244430	267248	360095	173113	186982	548	296	252
20-24岁	**3450440**	**1701082**	**1749358**	**2129666**	**1079197**	**1050469**	**54007**	**24618**	**29389**
20	783515	383196	400319	535158	265920	269238	1304	661	643
21	744189	369579	374610	507279	256480	250799	4055	1785	2270
22	649494	321162	328332	409180	209284	199896	10451	4463	5988
23	677762	332503	345259	365955	188271	177684	18669	8505	10164
24	595480	294642	300838	312094	159242	152852	19528	9204	10324
25-29岁	**2379070**	**1196773**	**1182297**	**1343766**	**695323**	**648443**	**75725**	**38385**	**37340**
25	503355	251674	251681	270673	138441	132232	16562	8094	8468
26	477337	241360	235977	272544	140187	132357	15724	7774	7950
27	453446	227746	225700	265215	137659	127556	15059	7552	7507
28	510083	256444	253639	295142	153447	141695	16085	8323	7762
29	434849	219549	215300	240192	125589	114603	12295	6642	5653
30-34岁	**2072509**	**1096343**	**976166**	**1027715**	**564449**	**463266**	**39102**	**23632**	**15470**
30	417732	214204	203528	216574	114638	101936	10116	5639	4477
31	431950	223816	208134	218254	117204	101050	9050	5416	3634
32	420485	222070	198415	205000	111826	93174	7560	4602	2958
33	379922	203734	176188	185145	103378	81767	6128	3874	2254
34	422420	232519	189901	202742	117403	85339	6248	4101	2147
35-39岁	**1986457**	**1140123**	**846334**	**887536**	**547409**	**340127**	**26383**	**18632**	**7751**
35	404227	226880	177347	190675	112785	77890	5693	3900	1793
36	412977	235363	177614	188346	114779	73567	5573	3882	1691
37	402309	230821	171488	177832	110227	67605	5419	3853	1566
38	395306	229835	165471	170196	107250	62946	5053	3619	1434
39	371638	217224	154414	160487	102368	58119	4645	3378	1267
40-44岁	**1603364**	**972098**	**631266**	**704134**	**476081**	**228053**	**21613**	**16586**	**5027**
40	388307	228775	159532	165631	106964	58667	5054	3727	1327
41	331546	198709	132837	147142	97824	49318	4458	3392	1066
42	344211	209626	134585	152981	103727	49254	4681	3619	1062
43	252037	156236	95801	113325	78853	34472	3417	2701	716
44	287263	178752	108511	125055	88713	36342	4003	3147	856

4-1b 续表 5 单位：人

年龄	大学专科			大学本科			研究生		
	小计	男	女	小计	男	女	小计	男	女
45-49岁	**1258509**	**819390**	**439119**	**437206**	**328189**	**109017**	**16663**	**13809**	**2854**
45	294828	186525	108303	117228	85228	32000	4046	3278	768
46	295961	189443	106518	107661	79822	27839	4154	3460	694
47	327866	214821	113045	111438	85035	26403	4543	3791	752
48	225530	151922	73608	69568	54075	15493	2723	2283	440
49	114324	76679	37645	31311	24029	7282	1197	997	200
50-54岁	**650843**	**457012**	**193831**	**141408**	**110648**	**30760**	**5182**	**4199**	**983**
50	131312	89447	41865	32094	24776	7318	1193	1004	189
51	111089	77272	33817	24792	19497	5295	919	753	166
52	136145	96067	40078	28561	22493	6068	1089	883	206
53	144094	102497	41597	30136	23703	6433	1109	874	235
54	128203	91729	36474	25825	20179	5646	872	685	187
55-59岁	**458306**	**335752**	**122554**	**88096**	**68202**	**19894**	**2625**	**1913**	**712**
55	121502	88207	33295	24219	18773	5446	748	564	184
56	110239	79877	30362	21256	16420	4836	628	459	169
57	86321	63021	23300	16261	12506	3755	511	379	132
58	78427	58237	20190	14634	11411	3223	411	283	128
59	61817	46410	15407	11726	9092	2634	327	228	99
60-64岁	**259908**	**201546**	**58362**	**52465**	**42633**	**9832**	**1294**	**929**	**365**
60	62798	48095	14703	11658	9246	2412	313	216	97
61	59030	45579	13451	11222	9118	2104	281	210	71
62	50311	39213	11098	9256	7656	1600	242	184	58
63	47004	36760	10244	9310	7640	1670	239	164	75
64	40765	31899	8866	11019	8973	2046	219	155	64
65-69岁	**163662**	**126175**	**37487**	**48246**	**39552**	**8694**	**842**	**605**	**237**
65	35092	27334	7758	11007	8976	2031	189	137	52
66	32305	24946	7359	10089	8423	1666	197	148	49
67	31284	23968	7316	8837	7266	1571	153	106	47
68	32635	24866	7769	8973	7272	1701	161	114	47
69	32346	25061	7285	9340	7615	1725	142	100	42
70-74岁	**133995**	**108367**	**25628**	**45858**	**38891**	**6967**	**719**	**511**	**208**
70	32334	25475	6859	10090	8360	1730	167	116	51
71	26574	21090	5484	9428	7883	1545	124	84	40
72	28705	23362	5343	10352	8857	1495	141	105	36
73	25090	20746	4344	8791	7565	1226	147	112	35
74	21292	17694	3598	7197	6226	971	140	94	46
75-79岁	**57678**	**48723**	**8955**	**17447**	**15015**	**2432**	**478**	**311**	**167**
75	17121	14360	2761	5495	4720	775	98	72	26
76	13585	11455	2130	4014	3437	577	109	69	40
77	11542	9795	1747	3376	2914	462	103	62	41
78	8407	7142	1265	2490	2134	356	87	61	26
79	7023	5971	1052	2072	1810	262	81	47	34
80-84岁	**19969**	**17005**	**2964**	**6762**	**5838**	**924**	**210**	**143**	**67**
80	6413	5498	915	1885	1657	228	61	38	23
81	4056	3456	600	1436	1210	226	47	34	13
82	4006	3379	627	1422	1227	195	39	22	17
83	3113	2660	453	1143	992	151	32	24	8
84	2381	2012	369	876	752	124	31	25	6
85岁及以上	**9311**	**7288**	**2023**	**3909**	**3100**	**809**	**190**	**119**	**71**

4-1c 全国分年龄、性别、受教育程度的6岁及以上人口(乡村)

单位：人

年 龄	6岁及以上人口			未上过学		
	合计	男	女	小计	男	女
总 计	**609708623**	**310363106**	**299345517**	**44174664**	**12826175**	**31348489**
6-9岁	**31815330**	**17271377**	**14543953**	**1286553**	**681572**	**604981**
6	8470191	4599842	3870349	849840	453036	396804
7	7727242	4192802	3534440	209942	109971	99971
8	7637507	4152404	3485103	123003	64377	58626
9	7980390	4326329	3654061	103768	54188	49580
10-14岁	**42100936**	**22602487**	**19498449**	**402983**	**208157**	**194826**
10	7972263	4313840	3658423	100843	53090	47753
11	7803357	4207471	3595886	87593	45442	42151
12	8742505	4693137	4049368	78419	40319	38100
13	8641442	4626494	4014948	69030	35401	33629
14	8941369	4761545	4179824	67098	33905	33193
15-19岁	**46299122**	**24301053**	**21998069**	**343900**	**164226**	**179674**
15	9477359	5038471	4438888	68628	34278	34350
16	8748627	4618142	4130485	65057	31431	33626
17	9196439	4833071	4363368	67780	32263	35517
18	9268124	4842152	4425972	69443	32496	36947
19	9608573	4969217	4639356	72992	33758	39234
20-24岁	**56354000**	**27966789**	**28387211**	**518148**	**217485**	**300663**
20	12336988	6235158	6101830	98037	43668	54369
21	11495531	5704418	5791113	99625	42646	56979
22	10800034	5316818	5483216	101009	41911	59098
23	11560558	5707882	5852676	110745	45634	65111
24	10160889	5002513	5158376	108732	43626	65106
25-29岁	**43333896**	**21863522**	**21470374**	**590975**	**228275**	**362700**
25	8898294	4414937	4483357	109882	43063	66819
26	8645629	4325959	4319670	110480	42795	67685
27	8245725	4166297	4079428	113739	44197	69542
28	9289599	4737346	4552253	130181	49892	80289
29	8254649	4218983	4035666	126693	48328	78365
30-34岁	**41127246**	**21089749**	**20037497**	**796861**	**289963**	**506898**
30	8066114	4106881	3959233	142626	52432	90194
31	8285002	4267436	4017566	147409	55305	92104
32	8182704	4187732	3994972	160938	58565	102373
33	7681139	3957092	3724047	156900	56984	99916
34	8912287	4570608	4341679	188988	66677	122311
35-39岁	**53000594**	**27041824**	**25958770**	**1255353**	**424833**	**830520**
35	9244306	4730739	4513567	205865	71752	134113
36	10224997	5215135	5009862	232103	80070	152033
37	10717608	5473112	5244496	254601	86485	168116
38	11224784	5708976	5515808	275806	91569	184237
39	11588899	5913862	5675037	286978	94957	192021
40-44岁	**60967468**	**30762909**	**30204559**	**1812214**	**543468**	**1268746**
40	12821218	6482323	6338895	346307	108852	237455
41	11874828	6000945	5873883	341741	106057	235684
42	13151318	6629223	6522095	390169	116553	273616
43	10877956	5462387	5415569	342961	99806	243155
44	12242148	6188031	6054117	391036	112200	278836

4-1c 续表 1 单位：人

年 龄	6岁及以上人口			未上过学		
	合计	男	女	小计	男	女
45-49岁	**51965012**	**26053286**	**25911726**	**1946135**	**495080**	**1451055**
45	11952902	6031951	5920951	401257	112334	288923
46	11420748	5704121	5716627	408088	108800	299288
47	13001092	6565805	6435287	459152	116387	342765
48	10091893	5051331	5040562	413462	96540	316922
49	5498377	2700078	2798299	264176	61019	203157
50-54岁	**39566783**	**20232839**	**19333944**	**2670748**	**675291**	**1995457**
50	6772748	3421871	3350877	349681	87209	262472
51	6277517	3226459	3051058	372322	95335	276987
52	8293337	4263768	4029569	558396	146412	411984
53	9449980	4865267	4584713	688314	173253	515061
54	8773201	4455474	4317727	702035	173082	528953
55-59岁	**43874939**	**22320051**	**21554888**	**4506732**	**1136803**	**3369929**
55	9313781	4774246	4539535	800629	199180	601449
56	9417420	4794803	4622617	892143	220733	671410
57	8737472	4431043	4306429	912266	228075	684191
58	8891021	4521349	4369672	1003902	257288	746614
59	7515245	3798610	3716635	897792	231527	666265
60-64岁	**32630365**	**16767381**	**15862984**	**4877788**	**1314414**	**3563374**
60	7450476	3810093	3640383	966008	262560	703448
61	7240193	3772173	3468020	1023411	285530	737881
62	6322463	3250976	3071487	967011	261494	705517
63	6040486	3106080	2934406	968406	259050	709356
64	5576747	2828059	2748688	952952	245780	707172
65-69岁	**23202953**	**11881877**	**11321076**	**5053649**	**1379183**	**3674466**
65	5133347	2608360	2524987	950544	248060	702484
66	4923910	2541992	2381918	988347	265706	722641
67	4511978	2307614	2204364	996091	270399	725692
68	4316685	2215692	2100993	1019315	284681	734634
69	4317033	2208219	2108814	1099352	310337	789015
70-74岁	**18195137**	**9161562**	**9033575**	**5892434**	**1729479**	**4162955**
70	4073624	2083040	1990584	1138862	331728	807134
71	3431600	1736811	1694789	1055468	309176	746292
72	3811754	1936186	1875568	1248413	371883	876530
73	3512310	1756513	1755797	1218269	360260	858009
74	3365849	1649012	1716837	1231422	356432	874990
75-79岁	**13320630**	**6230388**	**7090242**	**5677561**	**1630749**	**4046812**
75	3114498	1491627	1622871	1215001	349439	865562
76	2877252	1360007	1517245	1183054	340124	842930
77	2837681	1334707	1502974	1223604	354742	868862
78	2398128	1098081	1300047	1082326	309842	772484
79	2093071	945966	1147105	973576	276602	696974
80-84岁	**7610370**	**3252284**	**4358086**	**3946959**	**1090885**	**2856074**
80	2113032	937353	1175679	1031908	293027	738881
81	1591793	687411	904382	820147	228932	591215
82	1582770	673889	908881	834318	231276	603042
83	1279203	531724	747479	685548	185283	500265
84	1043572	421907	621665	575038	152367	422671
85岁及以上	**4343842**	**1563728**	**2780114**	**2595671**	**616312**	**1979359**

4-1c 续表 2

单位：人

年 龄	小学			初中			高中		
	小计	男	女	小计	男	女	小计	男	女
总 计	**232068330**	**109823110**	**122245220**	**273812219**	**151364449**	**122447770**	**47099999**	**29167514**	**17932485**
6-9岁	**30198028**	**16409990**	**13788038**	**330602**	**179732**	**150870**	**147**	**83**	**64**
6	7556896	4112412	3444484	63455	34394	29061			
7	7448730	4045605	3403125	68570	37226	31344			
8	7438264	4046657	3391607	76170	41332	34838	70	38	32
9	7754138	4205316	3548822	122407	66780	55627	77	45	32
10-14岁	**24215676**	**13094396**	**11121280**	**17123548**	**9112351**	**8011197**	**358263**	**187335**	**170928**
10	7607408	4118849	3488559	263835	141799	122036	156	90	66
11	6755174	3654078	3101096	960041	507647	452394	476	267	209
12	5411937	2940380	2471557	3251292	1711986	1539306	749	400	349
13	2877193	1555038	1322155	5611982	2991458	2620524	83150	44544	38606
14	1563964	826051	737913	7036398	3759461	3276937	273732	142034	131698
15-19岁	**4782776**	**2385008**	**2397768**	**28076514**	**14918579**	**13157935**	**11601748**	**6126833**	**5474915**
15	1089371	565665	523706	7080404	3803544	3276860	1216576	624704	591872
16	883881	448841	435040	5512798	2953698	2559100	2240180	1162744	1077436
17	896345	447698	448647	5150758	2742945	2407813	2954424	1551732	1402692
18	924350	451387	472963	5020219	2652267	2367952	2816114	1502760	1313354
19	988829	471417	517412	5312335	2766125	2546210	2374454	1284893	1089561
20-24岁	**6364535**	**2798224**	**3566311**	**35182009**	**17302151**	**17879858**	**9069462**	**4977110**	**4092352**
20	1333680	612311	721369	7139123	3599740	3539383	2474915	1341351	1133564
21	1225224	542446	682778	7004326	3445416	3558910	1985950	1078028	907922
22	1219087	530782	688305	6817668	3317501	3500167	1667295	914657	752638
23	1333076	577502	755574	7501264	3662674	3838590	1641801	912565	729236
24	1253468	535183	718285	6719628	3276820	3442808	1299501	730509	568992
25-29岁	**6299348**	**2677953**	**3621395**	**29478911**	**14933814**	**14545097**	**4642285**	**2706236**	**1936049**
25	1178863	502013	676850	5978287	2951713	3026574	1031553	588457	443096
26	1188775	501853	686922	5883258	2942659	2940599	941485	544357	397128
27	1184682	503710	680972	5640696	2862005	2778691	868682	506163	362519
28	1396825	595102	801723	6361409	3271735	3089674	966944	569429	397515
29	1350203	575275	774928	5615261	2905702	2709559	833621	497830	335791
30-34岁	**8763393**	**3697891**	**5065502**	**27040360**	**14288148**	**12752212**	**3403359**	**2117347**	**1286012**
30	1465905	615718	850187	5397332	2800244	2597088	778478	470773	307705
31	1618701	692080	926621	5506257	2898491	2607766	758039	466575	291464
32	1746825	732276	1014549	5369681	2832415	2537266	681837	425216	256621
33	1764570	749043	1015527	5006779	2674479	2332300	574156	362972	211184
34	2167392	908774	1258618	5760311	3082519	2677792	610849	391811	219038
35-39岁	**14725848**	**6059690**	**8666158**	**33266864**	**18062263**	**15204601**	**3042755**	**2010255**	**1032500**
35	2380809	994993	1385816	5914157	3178863	2735294	579717	376134	203583
36	2748037	1139225	1608812	6486770	3495785	2990985	602731	394407	208324
37	2962456	1222564	1739892	6749414	3664897	3084517	610709	402927	207782
38	3206586	1305157	1901429	6990636	3808156	3182480	620228	412996	207232
39	3427960	1397751	2030209	7125887	3914562	3211325	629370	423791	205579
40-44岁	**20326772**	**8186823**	**12139949**	**35229903**	**19558085**	**15671818**	**3091964**	**2112924**	**979040**
40	3960365	1593834	2366531	7705758	4230051	3475707	685811	463040	222771
41	3924005	1601978	2322027	6899488	3807815	3091673	606838	412155	194683
42	4448192	1795829	2652363	7544269	4187494	3356775	659570	450943	208627
43	3768025	1507596	2260429	6167060	3439553	2727507	519546	357662	161884
44	4226185	1687586	2538599	6913328	3893172	3020156	620199	429124	191075

4-1c 续表 3

单位：人

年 龄	小学			初中			高中		
	小计	男	女	小计	男	女	小计	男	女
45-49岁	**17805075**	**6691869**	**11113206**	**27349908**	**15452503**	**11897405**	**4453651**	**3109949**	**1343702**
45	4088491	1607129	2481362	6655323	3745931	2909392	713179	497632	215547
46	3892947	1486840	2406107	6197767	3464379	2733388	829800	576513	253287
47	4307845	1617307	2690538	6918708	3911872	3006836	1209951	841977	367974
48	3483757	1257357	2226400	5035578	2878019	2157559	1080786	760178	320608
49	2032035	723236	1308799	2542532	1452302	1090230	619935	433649	186286
50-54岁	**17914149**	**7278729**	**10635420**	**15096083**	**9398957**	**5697126**	**3634283**	**2683113**	**951170**
50	2643481	1012638	1630843	2950773	1734017	1216756	781399	552054	229345
51	2645904	1057429	1588475	2530030	1543837	986193	689221	499342	189879
52	3753229	1535761	2217468	3155717	1969812	1185905	774302	571604	202698
53	4487909	1854950	2632959	3445180	2207193	1237987	769941	583133	186808
54	4383626	1817951	2565675	3014383	1944098	1070285	619420	476980	142440
55-59岁	**24933317**	**11135480**	**13797837**	**12271704**	**8294905**	**3976799**	**1965498**	**1587797**	**377701**
55	4888391	2095922	2792469	2991312	1975156	1016156	580879	460616	120263
56	5205456	2281594	2923862	2779573	1855741	923832	492928	397307	95621
57	5028334	2251437	2776897	2391953	1620711	771242	368020	299952	68068
58	5271096	2413885	2857211	2279379	1573035	706344	302459	248265	54194
59	4540040	2092642	2447398	1829487	1270262	559225	221212	181657	39555
60-64岁	**20320416**	**10045451**	**10274965**	**6522039**	**4647732**	**1874307**	**791465**	**657355**	**134110**
60	4561139	2165821	2395318	1683474	1182256	501218	211269	175039	36230
61	4533754	2256621	2277133	1473095	1053603	419492	183683	153772	29911
62	3985572	1989558	1996014	1198979	856388	342591	147851	123521	24330
63	3799134	1916539	1882595	1120924	803739	317185	130557	108031	22526
64	3440817	1716912	1723905	1045567	751746	293821	118105	96992	21113
65-69岁	**13716048**	**7156517**	**6559531**	**3818497**	**2833080**	**985417**	**532031**	**441511**	**90520**
65	3092506	1554522	1537984	961211	699240	261971	111530	91412	20118
66	2938574	1525838	1412736	873790	648604	225186	107200	88088	19112
67	2652829	1385238	1267591	741663	551026	190637	105745	87470	18275
68	2515545	1334505	1181040	658681	492949	165732	106323	88907	17416
69	2516594	1356414	1160180	583152	441261	141891	101233	85634	15599
70-74岁	**10195743**	**5744293**	**4451450**	**1735956**	**1362973**	**372983**	**304077**	**264686**	**39391**
70	2333031	1279069	1053962	493402	379035	114367	91022	77872	13150
71	1951000	1089767	861233	349660	272378	77282	62647	54068	8579
72	2134815	1217246	917569	351781	279321	72460	62570	54957	7613
73	1944633	1112455	832178	289563	230619	58944	47868	42247	5621
74	1832264	1045756	786508	251550	201620	49930	39970	35542	4428
75-79岁	**6698155**	**3826516**	**2871639**	**793478**	**637567**	**155911**	**121573**	**108550**	**13023**
75	1644458	934291	710167	213067	170405	42662	33221	29517	3704
76	1481269	845914	635355	179060	143670	35390	26975	24019	2956
77	1418549	819401	599148	164927	133192	31735	24706	22051	2655
78	1163851	663613	500238	127672	102876	24796	19685	17649	2036
79	990028	563297	426731	108752	87424	21328	16986	15314	1672
80-84岁	**3260567**	**1834465**	**1426102**	**333039**	**264812**	**68227**	**57653**	**51424**	**6229**
80	956549	542339	414210	103368	83009	20359	17375	15583	1792
81	689091	391059	298032	68824	55169	13655	11334	10146	1188
82	667506	376829	290677	66716	53109	13607	11788	10528	1260
83	529198	294699	234499	52924	41504	11420	9567	8509	1058
84	418223	229539	188684	41207	32021	9186	7589	6658	931
85岁及以上	**1548484**	**799815**	**748669**	**162804**	**116797**	**46007**	**29785**	**25006**	**4779**

4-1c 续表 4

单位：人

年龄	大学专科			大学本科			研究生		
	小计	男	女	小计	男	女	小计	男	女
总计	**9415451**	**5396414**	**4019037**	**3022393**	**1722565**	**1299828**	**115567**	**62879**	**52688**
6-9岁									
6									
7									
8									
9									
10-14岁	**371**	**190**	**181**	**84**	**50**	**34**	**11**	**8**	**3**
10	16	10	6	5	2	3			
11	53	24	29	20	13	7			
12	85	39	46	22	12	10	1	1	
13	67	39	28	16	11	5	4	3	1
14	150	78	72	21	12	9	6	4	2
15-19岁	**1087680**	**508211**	**579469**	**403801**	**196807**	**206994**	**2703**	**1389**	**1314**
15	20187	9159	11028	1689	852	837	504	269	235
16	42102	19208	22894	4188	2022	2166	421	198	223
17	103021	47014	56007	23566	11125	12441	545	294	251
18	314093	144433	169660	123360	58522	64838	545	287	258
19	608277	288397	319880	250998	124286	126712	688	341	347
20-24岁	**3791664**	**1922493**	**1869171**	**1395775**	**733808**	**661967**	**32407**	**15518**	**16889**
20	925829	451647	474182	364016	185753	178263	1388	688	700
21	851449	425564	425885	326270	169048	157222	2687	1270	1417
22	724622	369504	355118	264296	139601	124695	6057	2862	3195
23	717537	372285	345252	245039	132012	113027	11096	5210	5886
24	572227	303493	268734	196154	107394	88760	11179	5488	5691
25-29岁	**1706659**	**960298**	**746361**	**578397**	**336809**	**241588**	**37321**	**20137**	**17184**
25	438352	239261	199091	152349	85796	66553	9008	4634	4374
26	379630	212611	167019	133617	77214	56403	8384	4470	3914
27	320618	181809	138809	110016	64504	45512	7292	3909	3383
28	320706	183741	136965	106134	63354	42780	7400	4093	3307
29	247353	142876	104477	76281	45941	30340	5237	3031	2206
30-34岁	**862011**	**532363**	**329648**	**247039**	**155407**	**91632**	**14223**	**8630**	**5593**
30	215491	127365	88126	62017	37795	24222	4265	2554	1711
31	195487	118745	76742	55696	34173	21523	3413	2067	1346
32	172466	107114	65352	48365	30598	17767	2592	1548	1044
33	137156	87104	50052	39562	25277	14285	2016	1233	783
34	141411	92035	49376	41399	27564	13835	1937	1228	709
35-39岁	**549448**	**372802**	**176646**	**152321**	**106885**	**45436**	**8005**	**5096**	**2909**
35	125905	83462	42443	36096	24424	11672	1757	1111	646
36	119750	81032	38718	33937	23528	10409	1669	1088	581
37	109094	74125	34969	29752	21108	8644	1582	1006	576
38	102341	70307	32034	27628	19835	7793	1559	956	603
39	92358	63876	28482	24908	17990	6918	1438	935	503
40-44岁	**399882**	**282779**	**117103**	**100603**	**75024**	**25579**	**6130**	**3806**	**2324**
40	96500	67392	29108	25043	18272	6771	1434	882	552
41	80162	56412	23750	21305	15721	5584	1289	807	482
42	86049	61223	24826	21781	16360	5421	1288	821	467
43	63825	45432	18393	15552	11760	3792	987	578	409
44	73346	52320	21026	16922	12911	4011	1132	718	414

4-1c 续表 5　　单位：人

年　龄	大学专科			大学本科			研究生		
	小计	男	女	小计	男	女	小计	男	女
45-49岁	**344349**	**252720**	**91629**	**61173**	**48150**	**13023**	**4721**	**3015**	**1706**
45	77685	55868	21817	15836	12313	3523	1131	744	387
46	76645	55600	21045	14381	11281	3100	1120	708	412
47	88874	65354	23520	15389	12129	3260	1173	779	394
48	66961	50273	16688	10477	8440	2037	872	524	348
49	34184	25625	8559	5090	3987	1103	425	260	165
50-54岁	**223654**	**174975**	**48679**	**25328**	**20331**	**4997**	**2538**	**1443**	**1095**
50	41508	31438	10070	5449	4262	1187	457	253	204
51	35432	26936	8496	4190	3341	849	418	239	179
52	46077	35797	10280	5110	4100	1010	506	282	224
53	52419	41838	10581	5580	4529	1051	637	371	266
54	48218	38966	9252	4999	4099	900	520	298	222
55-59岁	**177194**	**148788**	**28406**	**18163**	**15027**	**3136**	**2331**	**1251**	**1080**
55	47176	39086	8090	4846	3970	876	548	316	232
56	42404	35477	6927	4409	3677	732	507	274	233
57	33091	27863	5228	3364	2769	595	444	236	208
58	30651	26068	4583	3103	2585	518	431	223	208
59	23872	20294	3578	2441	2026	415	401	202	199
60-64岁	**105260**	**91561**	**13699**	**11847**	**10077**	**1770**	**1550**	**791**	**759**
60	25540	21982	3558	2668	2249	419	378	186	192
61	23486	20417	3069	2454	2067	387	310	163	147
62	20508	17922	2586	2248	1939	309	294	154	140
63	18912	16618	2294	2256	1951	305	297	152	145
64	16814	14622	2192	2221	1871	350	271	136	135
65-69岁	**71613**	**62479**	**9134**	**9934**	**8483**	**1451**	**1181**	**624**	**557**
65	15123	13136	1987	2168	1840	328	265	150	115
66	13800	11931	1869	1958	1706	252	241	119	122
67	13567	11783	1784	1871	1591	280	212	107	105
68	14704	12933	1771	1900	1597	303	217	120	97
69	14419	12696	1723	2037	1749	288	246	128	118
70-74岁	**56153**	**50909**	**5244**	**9771**	**8672**	**1099**	**1003**	**550**	**453**
70	14869	13297	1572	2212	1914	298	226	125	101
71	10729	9639	1090	1908	1683	225	188	100	88
72	11849	10782	1067	2114	1882	232	212	115	97
73	9911	9129	782	1880	1696	184	186	107	79
74	8795	8062	733	1657	1497	160	191	103	88
75-79岁	**24658**	**22762**	**1896**	**4438**	**3907**	**531**	**767**	**337**	**430**
75	7310	6764	546	1255	1128	127	186	83	103
76	5727	5315	412	1017	898	119	150	67	83
77	4856	4472	384	880	780	100	159	69	90
78	3761	3451	310	697	588	109	136	62	74
79	3004	2760	244	589	513	76	136	56	80
80-84岁	**9653**	**8726**	**927**	**2107**	**1801**	**306**	**392**	**171**	**221**
80	3108	2818	290	609	527	82	115	50	65
81	1891	1704	187	444	373	71	62	28	34
82	1954	1769	185	397	337	60	91	41	50
83	1534	1390	144	361	310	51	71	29	42
84	1166	1045	121	296	254	42	53	23	30
85岁及以上	**5202**	**4358**	**844**	**1612**	**1327**	**285**	**284**	**113**	**171**

4-2 全国分年龄、性别的15岁及以上文盲人口

单位：人、%

年龄	15岁及以上人口			文盲人口			文盲人口占15岁及以上人口比重		
	合计	男	女	合计	男	女	合计	男	女
总　计	**1111488248**	**562534596**	**548953652**	**54190864**	**14178921**	**40011943**	**4.88**	**2.52**	**7.29**
15-19岁	**99889114**	**51904830**	**47984284**	**311848**	**148583**	**163265**	**0.31**	**0.29**	**0.34**
15	18024484	9524898	8499586	60587	30004	30583	0.34	0.32	0.36
16	18790521	9795181	8995340	58880	28344	30536	0.31	0.29	0.34
17	20775369	10760828	10014541	61520	29215	32305	0.30	0.27	0.32
18	20755274	10744556	10010718	63877	29848	34029	0.31	0.28	0.34
19	21543466	11079367	10464099	66984	31172	35812	0.31	0.28	0.34
20-24岁	**127412518**	**64008573**	**63403945**	**501232**	**211190**	**290042**	**0.39**	**0.33**	**0.46**
20	28026954	14201091	13825863	91951	41224	50727	0.33	0.29	0.37
21	26556649	13357755	13198894	95035	41104	53931	0.36	0.31	0.41
22	24474192	12281148	12193044	97976	40771	57205	0.40	0.33	0.47
23	25695955	12876542	12819413	108402	44791	63611	0.42	0.35	0.50
24	22658768	11292037	11366731	107868	43300	64568	0.48	0.38	0.57
25-29岁	**101013852**	**50837038**	**50176814**	**609029**	**232510**	**376519**	**0.60**	**0.46**	**0.75**
25	19933683	9969984	9963699	110460	42991	67469	0.55	0.43	0.68
26	19709177	9879292	9829885	112310	43090	69220	0.57	0.44	0.70
27	19480836	9801611	9679225	116979	44839	72140	0.60	0.46	0.75
28	22322147	11271599	11050548	136188	51543	84645	0.61	0.46	0.77
29	19568009	9914552	9653457	133092	50047	83045	0.68	0.50	0.86
30-34岁	**97138203**	**49521822**	**47616381**	**864305**	**307103**	**557202**	**0.89**	**0.62**	**1.17**
30	18928369	9604727	9323642	151895	54835	97060	0.80	0.57	1.04
31	19866458	10141582	9724876	158593	58180	100413	0.80	0.57	1.03
32	19474874	9909833	9565041	174630	61953	112677	0.90	0.63	1.18
33	18179478	9289224	8890254	171503	60778	110725	0.94	0.65	1.25
34	20689024	10576456	10112568	207684	71357	136327	1.00	0.67	1.35
35-39岁	**118025959**	**60391104**	**57634855**	**1420308**	**464307**	**956001**	**1.20**	**0.77**	**1.66**
35	21186516	10817432	10369084	228717	77681	151036	1.08	0.72	1.46
36	22906980	11690644	11216336	259243	86534	172709	1.13	0.74	1.54
37	23990208	12283353	11706855	287555	94206	193349	1.20	0.77	1.65
38	24730460	12662559	12067901	314679	100855	213824	1.27	0.80	1.77
39	25211795	12937116	12274679	330114	105031	225083	1.31	0.81	1.83
40-44岁	**124753964**	**63608678**	**61145286**	**2096962**	**605375**	**1491587**	**1.68**	**0.95**	**2.44**
40	27397219	13993123	13404096	397990	120778	277212	1.45	0.86	2.07
41	24956297	12723691	12232606	395196	118471	276725	1.58	0.93	2.26
42	27032542	13782610	13249932	453192	130239	322953	1.68	0.94	2.44
43	21355748	10856214	10499534	396138	110608	285530	1.85	1.02	2.72
44	24012158	12253040	11759118	454446	125279	329167	1.89	1.02	2.80

4-2 续表 单位：人、%

年龄	15岁及以上人口			文盲人口			文盲人口占15岁及以上人口比重		
	合计	男	女	合计	男	女	合计	男	女
45-49岁	**105594553**	**53776418**	**51818135**	**2293230**	**553855**	**1739375**	**2.17**	**1.03**	**3.36**
45	23962574	12252515	11710059	466853	124771	342082	1.95	1.02	2.92
46	23355778	11867147	11488631	475524	121090	354434	2.04	1.02	3.09
47	26972157	13803796	13168361	543102	130889	412213	2.01	0.95	3.13
48	20075084	10224798	9850286	492330	108199	384131	2.45	1.06	3.90
49	11228960	5628162	5600798	315421	68906	246515	2.81	1.22	4.40
50-54岁	**78753171**	**40363234**	**38389937**	**3322398**	**799159**	**2523239**	**4.22**	**1.98**	**6.57**
50	14097008	7205176	6891832	425027	101848	323179	3.02	1.41	4.69
51	12838832	6624865	6213967	461776	113131	348645	3.60	1.71	5.61
52	16617709	8570000	8047709	696862	174695	522167	4.19	2.04	6.49
53	18351980	9422827	8929153	859034	205217	653817	4.68	2.18	7.32
54	16847642	8540366	8307276	879699	204268	675431	5.22	2.39	8.13
55-59岁	**81312474**	**41082938**	**40229536**	**5663387**	**1341880**	**4321507**	**6.96**	**3.27**	**10.74**
55	17610528	8973192	8637336	1005848	234939	770909	5.71	2.62	8.93
56	17738127	8981235	8756892	1121370	260214	861156	6.32	2.90	9.83
57	16093888	8099033	7994855	1145870	269384	876486	7.12	3.33	10.96
58	16167933	8153588	8014345	1262093	303877	958216	7.81	3.73	11.96
59	13701998	6875890	6826108	1128206	273466	854740	8.23	3.98	12.52
60-64岁	**58667282**	**29834426**	**28832856**	**6077050**	**1541052**	**4535998**	**10.36**	**5.17**	**15.73**
60	13618204	6917026	6701178	1210686	309605	901081	8.89	4.48	13.45
61	13029125	6690003	6339122	1280635	335817	944818	9.83	5.02	14.90
62	11276853	5719180	5557673	1203148	306458	896690	10.67	5.36	16.13
63	10791633	5492805	5298828	1200908	302278	898630	11.13	5.50	16.96
64	9951467	5015412	4936055	1181673	286894	894779	11.87	5.72	18.13
65-69岁	**41113282**	**20748471**	**20364811**	**6336992**	**1618617**	**4718375**	**15.41**	**7.80**	**23.17**
65	9073411	4564266	4509145	1183294	290161	893133	13.04	6.36	19.81
66	8640965	4391409	4249556	1234406	311444	922962	14.29	7.09	21.72
67	7942141	4003493	3938648	1242306	316540	925766	15.64	7.91	23.50
68	7740868	3904424	3836444	1281586	334090	947496	16.56	8.56	24.70
69	7715897	3884879	3831018	1395400	366382	1029018	18.08	9.43	26.86
70-74岁	**32972397**	**16403453**	**16568944**	**7707995**	**2092396**	**5615599**	**23.38**	**12.76**	**33.89**
70	7389412	3724605	3664807	1462486	395656	1066830	19.79	10.62	29.11
71	6265718	3116177	3149541	1372360	372665	999695	21.90	11.96	31.74
72	6893225	3449237	3443988	1632889	450557	1182332	23.69	13.06	34.33
73	6343869	3149307	3194562	1604881	438040	1166841	25.30	13.91	36.53
74	6080173	2964127	3116046	1635379	435478	1199901	26.90	14.69	38.51
75-79岁	**23852133**	**11278859**	**12573274**	**7725134**	**2031068**	**5694066**	**32.39**	**18.01**	**45.29**
75	5632477	2690547	2941930	1637552	431127	1206425	29.07	16.02	41.01
76	5175500	2454168	2721332	1603962	421158	1182804	30.99	17.16	43.46
77	5082383	2420196	2662187	1670542	442577	1227965	32.87	18.29	46.13
78	4254858	1983724	2271134	1480691	388259	1092432	34.80	19.57	48.10
79	3706915	1730224	1976691	1332387	347947	984440	35.94	20.11	49.80
80-84岁	**13373198**	**5917502**	**7455696**	**5505314**	**1404740**	**4100574**	**41.17**	**23.74**	**55.00**
80	3737259	1716514	2020745	1422054	372384	1049670	38.05	21.69	51.94
81	2816693	1257795	1558898	1147065	295181	851884	40.72	23.47	54.65
82	2757918	1212683	1545235	1163258	297133	866125	42.18	24.50	56.05
83	2237138	964710	1272428	961266	240701	720565	42.97	24.95	56.63
84	1824190	765800	1058390	811671	199341	612330	44.49	26.03	57.85
85岁及以上	**7616148**	**2857250**	**4758898**	**3755680**	**827086**	**2928594**	**49.31**	**28.95**	**61.54**

4-2a 全国分年龄、性别的15岁及以上文盲人口(城市)

单位：人、%

年 龄	15岁及以上人口			文盲人口			文盲人口占15岁及以上人口比重		
	合计	男	女	合计	男	女	合计	男	女
总 计	**354375039**	**179952747**	**174422292**	**6747570**	**1466755**	**5280815**	**1.90**	**0.82**	**3.03**
15-19岁	**30350178**	**15528057**	**14822121**	**33631**	**18561**	**15070**	**0.11**	**0.12**	**0.10**
15	4402657	2304133	2098524	7330	4001	3329	0.17	0.17	0.16
16	5356873	2756782	2600091	6700	3699	3001	0.13	0.13	0.12
17	6323132	3226285	3096847	6548	3559	2989	0.10	0.11	0.10
18	6682039	3406001	3276038	6380	3527	2853	0.10	0.10	0.09
19	7585477	3834856	3750621	6673	3775	2898	0.09	0.10	0.08
20-24岁	**47547510**	**24173937**	**23373573**	**47621**	**25648**	**21973**	**0.10**	**0.11**	**0.09**
20	10514598	5297881	5216717	8906	4996	3910	0.08	0.09	0.07
21	10286248	5224072	5062176	9101	5006	4095	0.09	0.10	0.08
22	9222223	4722895	4499328	9402	5033	4369	0.10	0.11	0.10
23	9343631	4777150	4566481	10376	5529	4847	0.11	0.12	0.11
24	8180810	4151939	4028871	9836	5084	4752	0.12	0.12	0.12
25-29岁	**37950735**	**19171630**	**18779105**	**56065**	**26838**	**29227**	**0.15**	**0.14**	**0.16**
25	7179674	3642333	3537341	9846	4895	4951	0.14	0.13	0.14
26	7246192	3662299	3583893	10026	4869	5157	0.14	0.13	0.14
27	7458316	3760061	3698255	10817	5221	5596	0.15	0.14	0.15
28	8656490	4358192	4298298	12945	6112	6833	0.15	0.14	0.16
29	7410063	3748745	3661318	12431	5741	6690	0.17	0.15	0.18
30-34岁	**35576427**	**18144631**	**17431796**	**86289**	**35544**	**50745**	**0.24**	**0.20**	**0.29**
30	7018371	3572741	3445630	14068	6176	7892	0.20	0.17	0.23
31	7451982	3798598	3653384	15847	6797	9050	0.21	0.18	0.25
32	7188015	3657568	3530447	17230	6989	10241	0.24	0.19	0.29
33	6623013	3378670	3244343	17760	7134	10626	0.27	0.21	0.33
34	7295046	3737054	3557992	21384	8448	12936	0.29	0.23	0.36
35-39岁	**39746202**	**20481483**	**19264719**	**155424**	**55916**	**99508**	**0.39**	**0.27**	**0.52**
35	7355483	3764786	3590697	23823	9164	14659	0.32	0.24	0.41
36	7737006	3971066	3765940	27621	10244	17377	0.36	0.26	0.46
37	8144335	4199756	3944579	31607	11384	20223	0.39	0.27	0.51
38	8219361	4253803	3965558	34983	12330	22653	0.43	0.29	0.57
39	8290017	4292072	3997945	37390	12794	24596	0.45	0.30	0.62
40-44岁	**37805480**	**19572475**	**18233005**	**229780**	**73921**	**155859**	**0.61**	**0.38**	**0.85**
40	8786166	4548525	4237641	43963	14865	29098	0.50	0.33	0.69
41	7868329	4061902	3806427	44256	14763	29493	0.56	0.36	0.77
42	8247968	4268394	3979574	50168	16099	34069	0.61	0.38	0.86
43	6077179	3150003	2927176	42376	13002	29374	0.70	0.41	1.00
44	6825838	3543651	3282187	49017	15192	33825	0.72	0.43	1.03

4-2a 续表 单位：人、%

年龄	15岁及以上人口			文盲人口			文盲人口占15岁及以上人口比重		
	合计	男	女	合计	男	女	合计	男	女
45-49岁	**32412958**	**16885728**	**15527230**	**239940**	**65626**	**174314**	**0.74**	**0.39**	**1.12**
45	7084804	3696615	3388189	48957	14700	34257	0.69	0.40	1.01
46	7203822	3751292	3452530	49273	14211	35062	0.68	0.38	1.02
47	8573075	4470188	4102887	58100	16085	42015	0.68	0.36	1.02
48	5975557	3125229	2850328	51087	12545	38542	0.85	0.40	1.35
49	3575700	1842404	1733296	32523	8085	24438	0.91	0.44	1.41
50-54岁	**24253446**	**12450143**	**11803303**	**366473**	**90531**	**275942**	**1.51**	**0.73**	**2.34**
50	4643120	2403857	2239263	46548	12497	34051	1.00	0.52	1.52
51	4115370	2131776	1983594	52418	13715	38703	1.27	0.64	1.95
52	5153403	2662172	2491231	78109	20225	57884	1.52	0.76	2.32
53	5440601	2777152	2663449	94032	22532	71500	1.73	0.81	2.68
54	4900952	2475186	2425766	95366	21562	73804	1.95	0.87	3.04
55-59岁	**22418430**	**11166299**	**11252131**	**604244**	**129722**	**474522**	**2.70**	**1.16**	**4.22**
55	5013865	2526520	2487345	109609	24162	85447	2.19	0.96	3.44
56	5033880	2518754	2515126	121284	25982	95302	2.41	1.03	3.79
57	4384638	2172249	2212389	121500	25836	95664	2.77	1.19	4.32
58	4297529	2126878	2170651	133720	28622	105098	3.11	1.35	4.84
59	3688518	1821898	1866620	118131	25120	93011	3.20	1.38	4.98
60-64岁	**15298187**	**7594880**	**7703307**	**602489**	**129854**	**472635**	**3.94**	**1.71**	**6.14**
60	3662214	1830434	1831780	125015	27853	97162	3.41	1.52	5.30
61	3401710	1695163	1706547	130469	29310	101159	3.84	1.73	5.93
62	2894007	1422769	1471238	117659	25289	92370	4.07	1.78	6.28
63	2788430	1384351	1404079	116443	24539	91904	4.18	1.77	6.55
64	2551826	1262163	1289663	112903	22863	90040	4.42	1.81	6.98
65-69岁	**10418641**	**5062300**	**5356341**	**636813**	**125178**	**511635**	**6.11**	**2.47**	**9.55**
65	2273166	1111634	1161532	114015	22636	91379	5.02	2.04	7.87
66	2144040	1046380	1097660	121773	24324	97449	5.68	2.32	8.88
67	1989427	965120	1024307	121461	23992	97469	6.11	2.49	9.52
68	2012204	971199	1041005	130630	25493	105137	6.49	2.62	10.10
69	1999804	967967	1031837	148934	28733	120201	7.45	2.97	11.65
70-74岁	**8876835**	**4279061**	**4597774**	**958144**	**186386**	**771758**	**10.79**	**4.36**	**16.79**
70	1965935	953981	1011954	164325	32059	132266	8.36	3.36	13.07
71	1715787	817516	898271	166359	32744	133615	9.70	4.01	14.87
72	1847681	890514	957167	201798	40277	161521	10.92	4.52	16.87
73	1704612	828524	876088	205833	39955	165878	12.08	4.82	18.93
74	1642820	788526	854294	219829	41351	178478	13.38	5.24	20.89
75-79岁	**6366161**	**3053000**	**3313161**	**1151471**	**213199**	**938272**	**18.09**	**6.98**	**28.32**
75	1532819	724208	808611	233561	42660	190901	15.24	5.89	23.61
76	1394212	661908	732304	235283	42958	192325	16.88	6.49	26.26
77	1354060	654986	699074	252612	47009	205603	18.66	7.18	29.41
78	1118007	536235	581772	225222	41549	183673	20.14	7.75	31.57
79	967063	475663	491400	204793	39023	165770	21.18	8.20	33.73
80-84岁	**3436596**	**1612654**	**1823942**	**900130**	**171739**	**728391**	**26.19**	**10.65**	**39.93**
80	968929	470669	498260	221745	42645	179100	22.89	9.06	35.95
81	738833	349049	389784	190078	36649	153429	25.73	10.50	39.36
82	697193	324373	372820	190015	36037	153978	27.25	11.11	41.30
83	568142	260552	307590	160085	30354	129731	28.18	11.65	42.18
84	463499	208011	255488	138207	26054	112153	29.82	12.53	43.90
85岁及以上	**1917253**	**776469**	**1140784**	**679056**	**118092**	**560964**	**35.42**	**15.21**	**49.17**

4-2b 全国分年龄、性别的15岁及以上文盲人口(镇)

单位：人、%

年 龄	15岁及以上人口			文盲人口			文盲人口占15岁及以上人口比重		
	合计	男	女	合计	男	女	合计	男	女
总 计	**221320852**	**112092607**	**109228245**	**8558885**	**2112017**	**6446868**	**3.87**	**1.88**	**5.90**
15-19岁	**23239814**	**12075720**	**11164094**	**40185**	**20570**	**19615**	**0.17**	**0.17**	**0.18**
15	4144468	2182294	1962174	8420	4397	4023	0.20	0.20	0.21
16	4685021	2420257	2264764	7530	3812	3718	0.16	0.16	0.16
17	5255798	2701472	2554326	7802	3988	3814	0.15	0.15	0.15
18	4805111	2496403	2308708	7978	4064	3914	0.17	0.16	0.17
19	4349416	2275294	2074122	8455	4309	4146	0.19	0.19	0.20
20-24岁	**23511008**	**11867847**	**11643161**	**62213**	**28996**	**33217**	**0.26**	**0.24**	**0.29**
20	5175368	2668052	2507316	11582	5745	5837	0.22	0.22	0.23
21	4774870	2429265	2345605	11741	5665	6076	0.25	0.23	0.26
22	4451935	2241435	2210500	12061	5541	6520	0.27	0.25	0.29
23	4791766	2391510	2400256	13523	6227	7296	0.28	0.26	0.30
24	4317069	2137585	2179484	13306	5818	7488	0.31	0.27	0.34
25-29岁	**19729221**	**9801886**	**9927335**	**75488**	**31267**	**44221**	**0.38**	**0.32**	**0.45**
25	3855715	1912714	1943001	13608	5855	7753	0.35	0.31	0.40
26	3817356	1891034	1926322	13725	5784	7941	0.36	0.31	0.41
27	3776795	1875253	1901542	14367	5930	8437	0.38	0.32	0.44
28	4376058	2176061	2199997	17058	6961	10097	0.39	0.32	0.46
29	3903297	1946824	1956473	16730	6737	9993	0.43	0.35	0.51
30-34岁	**20434530**	**10287442**	**10147088**	**111634**	**41728**	**69906**	**0.55**	**0.41**	**0.69**
30	3843884	1925105	1918779	19076	7382	11694	0.50	0.38	0.61
31	4129474	2075548	2053926	20406	7870	12536	0.49	0.38	0.61
32	4104155	2064533	2039622	22603	8436	14167	0.55	0.41	0.69
33	3875326	1953462	1921864	22443	8275	14168	0.58	0.42	0.74
34	4481691	2268794	2212897	27106	9765	17341	0.60	0.43	0.78
35-39岁	**25279163**	**12867797**	**12411366**	**190874**	**64075**	**126799**	**0.76**	**0.50**	**1.02**
35	4586727	2321907	2264820	30370	10750	19620	0.66	0.46	0.87
36	4944977	2504443	2440534	34473	11939	22534	0.70	0.48	0.92
37	5128265	2610485	2517780	38393	12979	25414	0.75	0.50	1.01
38	5286315	2699780	2586535	42435	13860	28575	0.80	0.51	1.10
39	5332879	2731182	2601697	45203	14547	30656	0.85	0.53	1.18
40-44岁	**25981016**	**13273294**	**12707722**	**287160**	**84998**	**202162**	**1.11**	**0.64**	**1.59**
40	5789835	2962275	2827560	53532	16789	36743	0.92	0.57	1.30
41	5213140	2660844	2552296	54099	16838	37261	1.04	0.63	1.46
42	5633256	2884993	2748263	62447	18397	44050	1.11	0.64	1.60
43	4400613	2243824	2156789	53989	15365	38624	1.23	0.68	1.79
44	4944172	2521358	2422814	63093	17609	45484	1.28	0.70	1.88

4-2b 续表

单位：人、%

年 龄	15岁及以上人口			文盲人口			文盲人口占15岁及以上人口比重		
	合计	男	女	合计	男	女	合计	男	女
45-49岁	**21216583**	**10837404**	**10379179**	**328583**	**77431**	**251152**	**1.55**	**0.71**	**2.42**
45	4924868	2523949	2400919	64940	17263	47677	1.32	0.68	1.99
46	4731208	2411734	2319474	65833	16556	49277	1.39	0.69	2.12
47	5397990	2767803	2630187	78249	18380	59869	1.45	0.66	2.28
48	4007634	2048238	1959396	72906	15567	57339	1.82	0.76	2.93
49	2154883	1085680	1069203	46655	9665	36990	2.17	0.89	3.46
50-54岁	**14932942**	**7680252**	**7252690**	**520373**	**117425**	**402948**	**3.48**	**1.53**	**5.56**
50	2681140	1379448	1301692	64137	14836	49301	2.39	1.08	3.79
51	2445945	1266630	1179315	71783	16632	55151	2.93	1.31	4.68
52	3170969	1644060	1526909	109587	25962	83625	3.46	1.58	5.48
53	3461399	1780408	1680991	135305	30150	105155	3.91	1.69	6.26
54	3173489	1609706	1563783	139561	29845	109716	4.40	1.85	7.02
55-59岁	**15019105**	**7596588**	**7422517**	**899707**	**196053**	**703654**	**5.99**	**2.58**	**9.48**
55	3282882	1672426	1610456	160826	34300	126526	4.90	2.05	7.86
56	3286827	1667678	1619149	178601	38086	140515	5.43	2.28	8.68
57	2971778	1495741	1476037	181381	39329	142052	6.10	2.63	9.62
58	2979383	1505361	1474022	200232	44409	155823	6.72	2.95	10.57
59	2498235	1255382	1242853	178667	39929	138738	7.15	3.18	11.16
60-64岁	**10738730**	**5472165**	**5266565**	**950266**	**222506**	**727760**	**8.85**	**4.07**	**13.82**
60	2505514	1276499	1229015	191560	44958	146602	7.65	3.52	11.93
61	2387222	1222667	1164555	201787	48540	153247	8.45	3.97	13.16
62	2060383	1045435	1014948	188033	44613	143420	9.13	4.27	14.13
63	1962717	1002374	960343	185350	43143	142207	9.44	4.30	14.81
64	1822894	925190	897704	183536	41252	142284	10.07	4.46	15.85
65-69岁	**7491688**	**3804294**	**3687394**	**997656**	**234900**	**762756**	**13.32**	**6.17**	**20.69**
65	1666898	844272	822626	185453	41992	143461	11.13	4.97	17.44
66	1573015	803037	769978	193542	45223	148319	12.30	5.63	19.26
67	1440736	730759	709977	193987	45771	148216	13.46	6.26	20.88
68	1411979	717533	694446	202027	48239	153788	14.31	6.72	22.15
69	1399060	708693	690367	222647	53675	168972	15.91	7.57	24.48
70-74岁	**5900425**	**2962830**	**2937595**	**1256999**	**316060**	**940939**	**21.30**	**10.67**	**32.03**
70	1349853	687584	662269	236627	58805	177822	17.53	8.55	26.85
71	1118331	561850	556481	222546	55953	166593	19.90	9.96	29.94
72	1233790	622537	611253	267561	68725	198836	21.69	11.04	32.53
73	1126947	564270	562677	263110	66645	196465	23.35	11.81	34.92
74	1071504	526589	544915	267155	65932	201223	24.93	12.52	36.93
75-79岁	**4165342**	**1995471**	**2169871**	**1273492**	**313168**	**960324**	**30.57**	**15.69**	**44.26**
75	985160	474712	510448	270510	66488	204022	27.46	14.01	39.97
76	904036	432253	471783	264140	64389	199751	29.22	14.90	42.34
77	890642	430503	460139	275725	68212	207513	30.96	15.84	45.10
78	738723	349408	389315	244423	60509	183914	33.09	17.32	47.24
79	646781	308595	338186	218694	53570	165124	33.81	17.36	48.83
80-84岁	**2326232**	**1052564**	**1273668**	**916015**	**224016**	**691999**	**39.38**	**21.28**	**54.33**
80	655298	308492	346806	236219	58823	177396	36.05	19.07	51.15
81	486067	221335	264732	190339	46937	143402	39.16	21.21	54.17
82	477955	214421	263534	193443	47236	146207	40.47	22.03	55.48
83	389793	172434	217359	160287	38800	121487	41.12	22.50	55.89
84	317119	135882	181237	135727	32220	103507	42.80	23.71	57.11
85岁及以上	**1355053**	**517053**	**838000**	**648240**	**138824**	**509416**	**47.84**	**26.85**	**60.79**

4-2c 全国分年龄、性别的15岁及以上文盲人口(乡村)

单位：人、%

年龄	15岁及以上人口			文盲人口			文盲人口占15岁及以上人口比重		
	合计	男	女	合计	男	女	合计	男	女
总计	**535792357**	**270489242**	**265303115**	**38884409**	**10600149**	**28284260**	**7.26**	**3.92**	**10.66**
15-19岁	**46299122**	**24301053**	**21998069**	**238032**	**109452**	**128580**	**0.51**	**0.45**	**0.58**
15	9477359	5038471	4438888	44837	21606	23231	0.47	0.43	0.52
16	8748627	4618142	4130485	44650	20833	23817	0.51	0.45	0.58
17	9196439	4833071	4363368	47170	21668	25502	0.51	0.45	0.58
18	9268124	4842152	4425972	49519	22257	27262	0.53	0.46	0.62
19	9608573	4969217	4639356	51856	23088	28768	0.54	0.46	0.62
20-24岁	**56354000**	**27966789**	**28387211**	**391398**	**156546**	**234852**	**0.69**	**0.56**	**0.83**
20	12336988	6235158	6101830	71463	30483	40980	0.58	0.49	0.67
21	11495531	5704418	5791113	74193	30433	43760	0.65	0.53	0.76
22	10800034	5316818	5483216	76513	30197	46316	0.71	0.57	0.84
23	11560558	5707882	5852676	84503	33035	51468	0.73	0.58	0.88
24	10160889	5002513	5158376	84726	32398	52328	0.83	0.65	1.01
25-29岁	**43333896**	**21863522**	**21470374**	**477476**	**174405**	**303071**	**1.10**	**0.80**	**1.41**
25	8898294	4414937	4483357	87006	32241	54765	0.98	0.73	1.22
26	8645629	4325959	4319670	88559	32437	56122	1.02	0.75	1.30
27	8245725	4166297	4079428	91795	33688	58107	1.11	0.81	1.42
28	9289599	4737346	4552253	106185	38470	67715	1.14	0.81	1.49
29	8254649	4218983	4035666	103931	37569	66362	1.26	0.89	1.64
30-34岁	**41127246**	**21089749**	**20037497**	**666382**	**229831**	**436551**	**1.62**	**1.09**	**2.18**
30	8066114	4106881	3959233	118751	41277	77474	1.47	1.01	1.96
31	8285002	4267436	4017566	122340	43513	78827	1.48	1.02	1.96
32	8182704	4187732	3994972	134797	46528	88269	1.65	1.11	2.21
33	7681139	3957092	3724047	131300	45369	85931	1.71	1.15	2.31
34	8912287	4570608	4341679	159194	53144	106050	1.79	1.16	2.44
35-39岁	**53000594**	**27041824**	**25958770**	**1074010**	**344316**	**729694**	**2.03**	**1.27**	**2.81**
35	9244306	4730739	4513567	174524	57767	116757	1.89	1.22	2.59
36	10224997	5215135	5009862	197149	64351	132798	1.93	1.23	2.65
37	10717608	5473112	5244496	217555	69843	147712	2.03	1.28	2.82
38	11224784	5708976	5515808	237261	74665	162596	2.11	1.31	2.95
39	11588899	5913862	5675037	247521	77690	169831	2.14	1.31	2.99
40-44岁	**60967468**	**30762909**	**30204559**	**1580022**	**446456**	**1133566**	**2.59**	**1.45**	**3.75**
40	12821218	6482323	6338895	300495	89124	211371	2.34	1.37	3.33
41	11874828	6000945	5873883	296841	86870	209971	2.50	1.45	3.57
42	13151318	6629223	6522095	340577	95743	244834	2.59	1.44	3.75
43	10877956	5462387	5415569	299773	82241	217532	2.76	1.51	4.02
44	12242148	6188031	6054117	342336	92478	249858	2.80	1.49	4.13

4-2c 续表 单位：人、%

年 龄	15岁及以上人口			文盲人口			文盲人口占15岁及以上人口比重		
	合计	男	女	合计	男	女	合计	男	女
45-49岁	**51965012**	**26053286**	**25911726**	**1724707**	**410798**	**1313909**	**3.32**	**1.58**	**5.07**
45	11952902	6031951	5920951	352956	92808	260148	2.95	1.54	4.39
46	11420748	5704121	5716627	360418	90323	270095	3.16	1.58	4.72
47	13001092	6565805	6435287	406753	96424	310329	3.13	1.47	4.82
48	10091893	5051331	5040562	368337	80087	288250	3.65	1.59	5.72
49	5498377	2700078	2798299	236243	51156	185087	4.30	1.89	6.61
50-54岁	**39566783**	**20232839**	**19333944**	**2435552**	**591203**	**1844349**	**6.16**	**2.92**	**9.54**
50	6772748	3421871	3350877	314342	74515	239827	4.64	2.18	7.16
51	6277517	3226459	3051058	337575	82784	254791	5.38	2.57	8.35
52	8293337	4263768	4029569	509166	128508	380658	6.14	3.01	9.45
53	9449980	4865267	4584713	629697	152535	477162	6.66	3.14	10.41
54	8773201	4455474	4317727	644772	152861	491911	7.35	3.43	11.39
55-59岁	**43874939**	**22320051**	**21554888**	**4159436**	**1016105**	**3143331**	**9.48**	**4.55**	**14.58**
55	9313781	4774246	4539535	735413	176477	558936	7.90	3.70	12.31
56	9417420	4794803	4622617	821485	196146	625339	8.72	4.09	13.53
57	8737472	4431043	4306429	842989	204219	638770	9.65	4.61	14.83
58	8891021	4521349	4369672	928141	230846	697295	10.44	5.11	15.96
59	7515245	3798610	3716635	831408	208417	622991	11.06	5.49	16.76
60-64岁	**32630365**	**16767381**	**15862984**	**4524295**	**1188692**	**3335603**	**13.87**	**7.09**	**21.03**
60	7450476	3810093	3640383	894111	236794	657317	12.00	6.21	18.06
61	7240193	3772173	3468020	948379	257967	690412	13.10	6.84	19.91
62	6322463	3250976	3071487	897456	236556	660900	14.19	7.28	21.52
63	6040486	3106080	2934406	899115	234596	664519	14.88	7.55	22.65
64	5576747	2828059	2748688	885234	222779	662455	15.87	7.88	24.10
65-69岁	**23202953**	**11881877**	**11321076**	**4702523**	**1258539**	**3443984**	**20.27**	**10.59**	**30.42**
65	5133347	2608360	2524987	883826	225533	658293	17.22	8.65	26.07
66	4923910	2541992	2381918	919091	241897	677194	18.67	9.52	28.43
67	4511978	2307614	2204364	926858	246777	680081	20.54	10.69	30.85
68	4316685	2215692	2100993	948929	260358	688571	21.98	11.75	32.77
69	4317033	2208219	2108814	1023819	283974	739845	23.72	12.86	35.08
70-74岁	**18195137**	**9161562**	**9033575**	**5492852**	**1589950**	**3902902**	**30.19**	**17.35**	**43.20**
70	4073624	2083040	1990584	1061534	304792	756742	26.06	14.63	38.02
71	3431600	1736811	1694789	983455	283968	699487	28.66	16.35	41.27
72	3811754	1936186	1875568	1163530	341555	821975	30.52	17.64	43.83
73	3512310	1756513	1755797	1135938	331440	804498	32.34	18.87	45.82
74	3365849	1649012	1716837	1148395	328195	820200	34.12	19.90	47.77
75-79岁	**13320630**	**6230388**	**7090242**	**5300171**	**1504701**	**3795470**	**39.79**	**24.15**	**53.53**
75	3114498	1491627	1622871	1133481	321979	811502	36.39	21.59	50.00
76	2877252	1360007	1517245	1104539	313811	790728	38.39	23.07	52.12
77	2837681	1334707	1502974	1142205	327356	814849	40.25	24.53	54.22
78	2398128	1098081	1300047	1011046	286201	724845	42.16	26.06	55.76
79	2093071	945966	1147105	908900	255354	653546	43.42	26.99	56.97
80-84岁	**7610370**	**3252284**	**4358086**	**3689169**	**1008985**	**2680184**	**48.48**	**31.02**	**61.50**
80	2113032	937353	1175679	964090	270916	693174	45.63	28.90	58.96
81	1591793	687411	904382	766648	211595	555053	48.16	30.78	61.37
82	1582770	673889	908881	779800	213860	565940	49.27	31.74	62.27
83	1279203	531724	747479	640894	171547	469347	50.10	32.26	62.79
84	1043572	421907	621665	537737	141067	396670	51.53	33.44	63.81
85岁及以上	**4343842**	**1563728**	**2780114**	**2428384**	**570170**	**1858214**	**55.90**	**36.46**	**66.84**

4-3 全国分年龄、性别、受教育程度的15岁及以上文盲人口

单位：人

年龄	15岁及以上人口			文盲人口 合计		
	合计	男	女	合计	男	女
总计	**1111488248**	**562534596**	**548953652**	**54190864**	**14178921**	**40011943**
15-19岁	**99889114**	**51904830**	**47984284**	**311848**	**148583**	**163265**
15	18024484	9524898	8499586	60587	30004	30583
16	18790521	9795181	8995340	58880	28344	30536
17	20775369	10760828	10014541	61520	29215	32305
18	20755274	10744556	10010718	63877	29848	34029
19	21543466	11079367	10464099	66984	31172	35812
20-24岁	**127412518**	**64008573**	**63403945**	**501232**	**211190**	**290042**
20	28026954	14201091	13825863	91951	41224	50727
21	26556649	13357755	13198894	95035	41104	53931
22	24474192	12281148	12193044	97976	40771	57205
23	25695955	12876542	12819413	108402	44791	63611
24	22658768	11292037	11366731	107868	43300	64568
25-29岁	**101013852**	**50837038**	**50176814**	**609029**	**232510**	**376519**
25	19933683	9969984	9963699	110460	42991	67469
26	19709177	9879292	9829885	112310	43090	69220
27	19480836	9801611	9679225	116979	44839	72140
28	22322147	11271599	11050548	136188	51543	84645
29	19568009	9914552	9653457	133092	50047	83045
30-34岁	**97138203**	**49521822**	**47616381**	**864305**	**307103**	**557202**
30	18928369	9604727	9323642	151895	54835	97060
31	19866458	10141582	9724876	158593	58180	100413
32	19474874	9909833	9565041	174630	61953	112677
33	18179478	9289224	8890254	171503	60778	110725
34	20689024	10576456	10112568	207684	71357	136327
35-39岁	**118025959**	**60391104**	**57634855**	**1420308**	**464307**	**956001**
35	21186516	10817432	10369084	228717	77681	151036
36	22906980	11690644	11216336	259243	86534	172709
37	23990208	12283353	11706855	287555	94206	193349
38	24730460	12662559	12067901	314679	100855	213824
39	25211795	12937116	12274679	330114	105031	225083
40-44岁	**124753964**	**63608678**	**61145286**	**2096962**	**605375**	**1491587**
40	27397219	13993123	13404096	397990	120778	277212
41	24956297	12723691	12232606	395196	118471	276725
42	27032542	13782610	13249932	453192	130239	322953
43	21355748	10856214	10499534	396138	110608	285530
44	24012158	12253040	11759118	454446	125279	329167

4-3 续表 1 单位：人

年　龄	15岁及以上人口			文盲人口		
				合　计		
	合计	男	女	合计	男	女
45-49岁	**105594553**	**53776418**	**51818135**	**2293230**	**553855**	**1739375**
45	23962574	12252515	11710059	466853	124771	342082
46	23355778	11867147	11488631	475524	121090	354434
47	26972157	13803796	13168361	543102	130889	412213
48	20075084	10224798	9850286	492330	108199	384131
49	11228960	5628162	5600798	315421	68906	246515
50-54岁	**78753171**	**40363234**	**38389937**	**3322398**	**799159**	**2523239**
50	14097008	7205176	6891832	425027	101848	323179
51	12838832	6624865	6213967	461776	113131	348645
52	16617709	8570000	8047709	696862	174695	522167
53	18351980	9422827	8929153	859034	205217	653817
54	16847642	8540366	8307276	879699	204268	675431
55-59岁	**81312474**	**41082938**	**40229536**	**5663387**	**1341880**	**4321507**
55	17610528	8973192	8637336	1005848	234939	770909
56	17738127	8981235	8756892	1121370	260214	861156
57	16093888	8099033	7994855	1145870	269384	876486
58	16167933	8153588	8014345	1262093	303877	958216
59	13701998	6875890	6826108	1128206	273466	854740
60-64岁	**58667282**	**29834426**	**28832856**	**6077050**	**1541052**	**4535998**
60	13618204	6917026	6701178	1210686	309605	901081
61	13029125	6690003	6339122	1280635	335817	944818
62	11276853	5719180	5557673	1203148	306458	896690
63	10791633	5492805	5298828	1200908	302278	898630
64	9951467	5015412	4936055	1181673	286894	894779
65-69岁	**41113282**	**20748471**	**20364811**	**6336992**	**1618617**	**4718375**
65	9073411	4564266	4509145	1183294	290161	893133
66	8640965	4391409	4249556	1234406	311444	922962
67	7942141	4003493	3938648	1242306	316540	925766
68	7740868	3904424	3836444	1281586	334090	947496
69	7715897	3884879	3831018	1395400	366382	1029018
70-74岁	**32972397**	**16403453**	**16568944**	**7707995**	**2092396**	**5615599**
70	7389412	3724605	3664807	1462486	395656	1066830
71	6265718	3116177	3149541	1372360	372665	999695
72	6893225	3449237	3443988	1632889	450557	1182332
73	6343869	3149307	3194562	1604881	438040	1166841
74	6080173	2964127	3116046	1635379	435478	1199901
75-79岁	**23852133**	**11278859**	**12573274**	**7725134**	**2031068**	**5694066**
75	5632477	2690547	2941930	1637552	431127	1206425
76	5175500	2454168	2721332	1603962	421158	1182804
77	5082383	2420196	2662187	1670542	442577	1227965
78	4254858	1983724	2271134	1480691	388259	1092432
79	3706915	1730224	1976691	1332387	347947	984440
80-84岁	**13373198**	**5917502**	**7455696**	**5505314**	**1404740**	**4100574**
80	3737259	1716514	2020745	1422054	372384	1049670
81	2816693	1257795	1558898	1147065	295181	851884
82	2757918	1212683	1545235	1163258	297133	866125
83	2237138	964710	1272428	961266	240701	720565
84	1824190	765800	1058390	811671	199341	612330
85岁及以上	**7616148**	**2857250**	**4758898**	**3755680**	**827086**	**2928594**

4-3 续表 2 单位：人

年 龄	文盲人口					
	未上过学			小 学		
	小计	男	女	小计	男	女
总 计	**53710891**	**14011127**	**39699764**	**479973**	**167794**	**312179**
15-19岁	**303332**	**144098**	**159234**	**8516**	**4485**	**4031**
15	58947	29128	29819	1640	876	764
16	57294	27522	29772	1586	822	764
17	59813	28311	31502	1707	904	803
18	62158	28937	33221	1719	911	808
19	65120	30200	34920	1864	972	892
20-24岁	**489770**	**205501**	**284269**	**11462**	**5689**	**5773**
20	89496	39945	49551	2455	1279	1176
21	92768	39939	52829	2267	1165	1102
22	95736	39662	56074	2240	1109	1131
23	106038	43667	62371	2364	1124	1240
24	105732	42288	63444	2136	1012	1124
25-29岁	**597239**	**227040**	**370199**	**11790**	**5470**	**6320**
25	108356	41981	66375	2104	1010	1094
26	110042	42031	68011	2268	1059	1209
27	114690	43784	70906	2289	1055	1234
28	133556	50347	83209	2632	1196	1436
29	130595	48897	81698	2497	1150	1347
30-34岁	**848095**	**300218**	**547877**	**16210**	**6885**	**9325**
30	149191	53684	95507	2704	1151	1553
31	155570	56875	98695	3023	1305	1718
32	171322	60560	110762	3308	1393	1915
33	168301	59394	108907	3202	1384	1818
34	203711	69705	134006	3973	1652	2321
35-39岁	**1393091**	**453718**	**939373**	**27217**	**10589**	**16628**
35	224267	75874	148393	4450	1807	2643
36	254220	84531	169689	5023	2003	3020
37	282015	92115	189900	5540	2091	3449
38	308756	98568	210188	5923	2287	3636
39	323833	102630	221203	6281	2401	3880
40-44岁	**2058400**	**591548**	**1466852**	**38562**	**13827**	**24735**
40	390570	118084	272486	7420	2694	4726
41	387800	115752	272048	7396	2719	4677
42	444645	127181	317464	8547	3058	5489
43	388991	108050	280941	7147	2558	4589
44	446394	122481	323913	8052	2798	5254

4-3 续表 3 单位：人

年 龄	文盲人口					
	未上过学			小 学		
	小计	男	女	小计	男	女
45-49岁	**2257273**	**542515**	**1714758**	**35957**	**11340**	**24617**
45	458968	122083	336885	7885	2688	5197
46	467712	118535	349177	7812	2555	5257
47	534537	128248	406289	8565	2641	5924
48	484999	106013	378986	7331	2186	5145
49	311057	67636	243421	4364	1270	3094
50-54岁	**3280284**	**785896**	**2494388**	**42114**	**13263**	**28851**
50	419214	99973	319241	5813	1875	3938
51	455740	111222	344518	6036	1909	4127
52	687924	171825	516099	8938	2870	6068
53	848356	201909	646447	10678	3308	7370
54	869050	200967	668083	10649	3301	7348
55-59岁	**5601183**	**1322169**	**4279014**	**62204**	**19711**	**42493**
55	994055	231334	762721	11793	3605	8188
56	1108745	256227	852518	12625	3987	8638
57	1133304	265403	867901	12566	3981	8585
58	1248665	299511	949154	13428	4366	9062
59	1116414	269694	846720	11792	3772	8020
60-64岁	**6019749**	**1521766**	**4497983**	**57301**	**19286**	**38015**
60	1198283	305439	892844	12403	4166	8237
61	1268082	331477	936605	12553	4340	8213
62	1191880	302726	889154	11268	3732	7536
63	1189994	298576	891418	10914	3702	7212
64	1171510	283548	887962	10163	3346	6817
65-69岁	**6290143**	**1602727**	**4687416**	**46849**	**15890**	**30959**
65	1173569	286893	886676	9725	3268	6457
66	1224813	308184	916629	9593	3260	6333
67	1233345	313464	919881	8961	3076	5885
68	1272576	331047	941529	9010	3043	5967
69	1385840	363139	1022701	9560	3243	6317
70-74岁	**7662071**	**2076214**	**5585857**	**45924**	**16182**	**29742**
70	1452889	392174	1060715	9597	3482	6115
71	1363967	369764	994203	8393	2901	5492
72	1623221	447142	1176079	9668	3415	6253
73	1595595	434748	1160847	9286	3292	5994
74	1626399	432386	1194013	8980	3092	5888
75-79岁	**7686685**	**2017940**	**5668745**	**38449**	**13128**	**25321**
75	1628875	428202	1200673	8677	2925	5752
76	1595703	418298	1177405	8259	2860	5399
77	1662350	439744	1222606	8192	2833	5359
78	1473523	385838	1087685	7168	2421	4747
79	1326234	345858	980376	6153	2089	4064
80-84岁	**5482093**	**1396895**	**4085198**	**23221**	**7845**	**15376**
80	1415728	370147	1045581	6326	2237	4089
81	1142231	293551	848680	4834	1630	3204
82	1158474	295522	862952	4784	1611	3173
83	957230	239360	717870	4036	1341	2695
84	808430	198315	610115	3241	1026	2215
85岁及以上	**3741483**	**822882**	**2918601**	**14197**	**4204**	**9993**

4-3a 全国分年龄、性别、受教育程度的15岁及以上文盲人口(城市)

单位：人

年 龄	15岁及以上人口			文盲人口		
				合 计		
	合计	男	女	合计	男	女
总 计	**354375039**	**179952747**	**174422292**	**6747570**	**1466755**	**5280815**
15-19岁	**30350178**	**15528057**	**14822121**	**33631**	**18561**	**15070**
15	4402657	2304133	2098524	7330	4001	3329
16	5356873	2756782	2600091	6700	3699	3001
17	6323132	3226285	3096847	6548	3559	2989
18	6682039	3406001	3276038	6380	3527	2853
19	7585477	3834856	3750621	6673	3775	2898
20-24岁	**47547510**	**24173937**	**23373573**	**47621**	**25648**	**21973**
20	10514598	5297881	5216717	8906	4996	3910
21	10286248	5224072	5062176	9101	5006	4095
22	9222223	4722895	4499328	9402	5033	4369
23	9343631	4777150	4566481	10376	5529	4847
24	8180810	4151939	4028871	9836	5084	4752
25-29岁	**37950735**	**19171630**	**18779105**	**56065**	**26838**	**29227**
25	7179674	3642333	3537341	9846	4895	4951
26	7246192	3662299	3583893	10026	4869	5157
27	7458316	3760061	3698255	10817	5221	5596
28	8656490	4358192	4298298	12945	6112	6833
29	7410063	3748745	3661318	12431	5741	6690
30-34岁	**35576427**	**18144631**	**17431796**	**86289**	**35544**	**50745**
30	7018371	3572741	3445630	14068	6176	7892
31	7451982	3798598	3653384	15847	6797	9050
32	7188015	3657568	3530447	17230	6989	10241
33	6623013	3378670	3244343	17760	7134	10626
34	7295046	3737054	3557992	21384	8448	12936
35-39岁	**39746202**	**20481483**	**19264719**	**155424**	**55916**	**99508**
35	7355483	3764786	3590697	23823	9164	14659
36	7737006	3971066	3765940	27621	10244	17377
37	8144335	4199756	3944579	31607	11384	20223
38	8219361	4253803	3965558	34983	12330	22653
39	8290017	4292072	3997945	37390	12794	24596
40-44岁	**37805480**	**19572475**	**18233005**	**229780**	**73921**	**155859**
40	8786166	4548525	4237641	43963	14865	29098
41	7868329	4061902	3806427	44256	14763	29493
42	8247968	4268394	3979574	50168	16099	34069
43	6077179	3150003	2927176	42376	13002	29374
44	6825838	3543651	3282187	49017	15192	33825

4-3a 续表 1 单位：人

年 龄	15岁及以上人口			文盲人口		
				合 计		
	合计	男	女	合计	男	女
45-49岁	**32412958**	**16885728**	**15527230**	**239940**	**65626**	**174314**
45	7084804	3696615	3388189	48957	14700	34257
46	7203822	3751292	3452530	49273	14211	35062
47	8573075	4470188	4102887	58100	16085	42015
48	5975557	3125229	2850328	51087	12545	38542
49	3575700	1842404	1733296	32523	8085	24438
50-54岁	**24253446**	**12450143**	**11803303**	**366473**	**90531**	**275942**
50	4643120	2403857	2239263	46548	12497	34051
51	4115370	2131776	1983594	52418	13715	38703
52	5153403	2662172	2491231	78109	20225	57884
53	5440601	2777152	2663449	94032	22532	71500
54	4900952	2475186	2425766	95366	21562	73804
55-59岁	**22418430**	**11166299**	**11252131**	**604244**	**129722**	**474522**
55	5013865	2526520	2487345	109609	24162	85447
56	5033880	2518754	2515126	121284	25982	95302
57	4384638	2172249	2212389	121500	25836	95664
58	4297529	2126878	2170651	133720	28622	105098
59	3688518	1821898	1866620	118131	25120	93011
60-64岁	**15298187**	**7594880**	**7703307**	**602489**	**129854**	**472635**
60	3662214	1830434	1831780	125015	27853	97162
61	3401710	1695163	1706547	130469	29310	101159
62	2894007	1422769	1471238	117659	25289	92370
63	2788430	1384351	1404079	116443	24539	91904
64	2551826	1262163	1289663	112903	22863	90040
65-69岁	**10418641**	**5062300**	**5356341**	**636813**	**125178**	**511635**
65	2273166	1111634	1161532	114015	22636	91379
66	2144040	1046380	1097660	121773	24324	97449
67	1989427	965120	1024307	121461	23992	97469
68	2012204	971199	1041005	130630	25493	105137
69	1999804	967967	1031837	148934	28733	120201
70-74岁	**8876835**	**4279061**	**4597774**	**958144**	**186386**	**771758**
70	1965935	953981	1011954	164325	32059	132266
71	1715787	817516	898271	166359	32744	133615
72	1847681	890514	957167	201798	40277	161521
73	1704612	828524	876088	205833	39955	165878
74	1642820	788526	854294	219829	41351	178478
75-79岁	**6366161**	**3053000**	**3313161**	**1151471**	**213199**	**938272**
75	1532819	724208	808611	233561	42660	190901
76	1394212	661908	732304	235283	42958	192325
77	1354060	654986	699074	252612	47009	205603
78	1118007	536235	581772	225222	41549	183673
79	967063	475663	491400	204793	39023	165770
80-84岁	**3436596**	**1612654**	**1823942**	**900130**	**171739**	**728391**
80	968929	470669	498260	221745	42645	179100
81	738833	349049	389784	190078	36649	153429
82	697193	324373	372820	190015	36037	153978
83	568142	260552	307590	160085	30354	129731
84	463499	208011	255488	138207	26054	112153
85岁及以上	**1917253**	**776469**	**1140784**	**679056**	**118092**	**560964**

4-3a 续表 2

单位：人

年 龄	文盲人口					
	未上过学			小 学		
	小计	男	女	小计	男	女
总 计	**6656469**	**1433789**	**5222680**	**91101**	**32966**	**58135**
15-19岁	**31999**	**17543**	**14456**	**1632**	**1018**	**614**
15	7090	3863	3227	240	138	102
16	6426	3532	2894	274	167	107
17	6188	3329	2859	360	230	130
18	6030	3306	2724	350	221	129
19	6265	3513	2752	408	262	146
20-24岁	**45186**	**24041**	**21145**	**2435**	**1607**	**828**
20	8374	4639	3735	532	357	175
21	8622	4674	3948	479	332	147
22	8937	4723	4214	465	310	155
23	9857	5202	4655	519	327	192
24	9396	4803	4593	440	281	159
25-29岁	**53580**	**25321**	**28259**	**2485**	**1517**	**968**
25	9391	4624	4767	455	271	184
26	9559	4578	4981	467	291	176
27	10333	4935	5398	484	286	198
28	12417	5782	6635	528	330	198
29	11880	5402	6478	551	339	212
30-34岁	**82898**	**33727**	**49171**	**3391**	**1817**	**1574**
30	13560	5894	7666	508	282	226
31	15177	6434	8743	670	363	307
32	16541	6623	9918	689	366	323
33	17057	6748	10309	703	386	317
34	20563	8028	12535	821	420	401
35-39岁	**149937**	**53351**	**96586**	**5487**	**2565**	**2922**
35	22932	8747	14185	891	417	474
36	26583	9748	16835	1038	496	542
37	30451	10851	19600	1156	533	623
38	33769	11741	22028	1214	589	625
39	36202	12264	23938	1188	530	658
40-44岁	**222225**	**70768**	**151457**	**7555**	**3153**	**4402**
40	42543	14266	28277	1420	599	821
41	42789	14151	28638	1467	612	855
42	48446	15351	33095	1722	748	974
43	40938	12422	28516	1438	580	858
44	47509	14578	32931	1508	614	894

4-3a 续表 3 单位：人

年 龄	文盲人口					
	未上过学			小 学		
	小计	男	女	小计	男	女
45-49岁	**233721**	**63220**	**170501**	**6219**	**2406**	**3813**
45	47526	14100	33426	1431	600	831
46	47920	13686	34234	1353	525	828
47	56611	15527	41084	1489	558	931
48	49911	12117	37794	1176	428	748
49	31753	7790	23963	770	295	475
50-54岁	**359156**	**88004**	**271152**	**7317**	**2527**	**4790**
50	45545	12106	33439	1003	391	612
51	51290	13293	37997	1128	422	706
52	76516	19672	56844	1593	553	1040
53	92246	21950	70296	1786	582	1204
54	93559	20983	72576	1807	579	1228
55-59岁	**593692**	**126390**	**467302**	**10552**	**3332**	**7220**
55	107566	23497	84069	2043	665	1378
56	119186	25305	93881	2098	677	1421
57	119455	25193	94262	2045	643	1402
58	131433	27893	103540	2287	729	1558
59	116052	24502	91550	2079	618	1461
60-64岁	**592815**	**126813**	**466002**	**9674**	**3041**	**6633**
60	122944	27166	95778	2071	687	1384
61	128337	28662	99675	2132	648	1484
62	115766	24701	91065	1893	588	1305
63	114618	23964	90654	1825	575	1250
64	111150	22320	88830	1753	543	1210
65-69岁	**628958**	**122880**	**506078**	**7855**	**2298**	**5557**
65	112424	22134	90290	1591	502	1089
66	120208	23881	96327	1565	443	1122
67	119984	23549	96435	1477	443	1034
68	129057	25035	104022	1573	458	1115
69	147285	28281	119004	1649	452	1197
70-74岁	**949003**	**183781**	**765222**	**9141**	**2605**	**6536**
70	162605	31543	131062	1720	516	1204
71	164651	32285	132366	1708	459	1249
72	199858	39701	160157	1940	576	1364
73	204035	39439	164596	1798	516	1282
74	217854	40813	177041	1975	538	1437
75-79岁	**1142996**	**210722**	**932274**	**8475**	**2477**	**5998**
75	231629	42120	189509	1932	540	1392
76	233536	42445	191091	1747	513	1234
77	250768	46478	204290	1844	531	1313
78	223640	41097	182543	1582	452	1130
79	203423	38582	164841	1370	441	929
80-84岁	**894753**	**170143**	**724610**	**5377**	**1596**	**3781**
80	220300	42189	178111	1445	456	989
81	188964	36328	152636	1114	321	793
82	188915	35691	153224	1100	346	754
83	159121	30085	129036	964	269	695
84	137453	25850	111603	754	204	550
85岁及以上	**675550**	**117085**	**558465**	**3506**	**1007**	**2499**

4-3b 全国分年龄、性别、受教育程度的15岁及以上文盲人口(镇)

单位：人

年龄	15岁及以上人口			文盲人口 合计		
	合计	男	女	合计	男	女
总　计	**221320852**	**112092607**	**109228245**	**8558885**	**2112017**	**6446868**
15-19岁	**23239814**	**12075720**	**11164094**	**40185**	**20570**	**19615**
15	4144468	2182294	1962174	8420	4397	4023
16	4685021	2420257	2264764	7530	3812	3718
17	5255798	2701472	2554326	7802	3988	3814
18	4805111	2496403	2308708	7978	4064	3914
19	4349416	2275294	2074122	8455	4309	4146
20-24岁	**23511008**	**11867847**	**11643161**	**62213**	**28996**	**33217**
20	5175368	2668052	2507316	11582	5745	5837
21	4774870	2429265	2345605	11741	5665	6076
22	4451935	2241435	2210500	12061	5541	6520
23	4791766	2391510	2400256	13523	6227	7296
24	4317069	2137585	2179484	13306	5818	7488
25-29岁	**19729221**	**9801886**	**9927335**	**75488**	**31267**	**44221**
25	3855715	1912714	1943001	13608	5855	7753
26	3817356	1891034	1926322	13725	5784	7941
27	3776795	1875253	1901542	14367	5930	8437
28	4376058	2176061	2199997	17058	6961	10097
29	3903297	1946824	1956473	16730	6737	9993
30-34岁	**20434530**	**10287442**	**10147088**	**111634**	**41728**	**69906**
30	3843884	1925105	1918779	19076	7382	11694
31	4129474	2075548	2053926	20406	7870	12536
32	4104155	2064533	2039622	22603	8436	14167
33	3875326	1953462	1921864	22443	8275	14168
34	4481691	2268794	2212897	27106	9765	17341
35-39岁	**25279163**	**12867797**	**12411366**	**190874**	**64075**	**126799**
35	4586727	2321907	2264820	30370	10750	19620
36	4944977	2504443	2440534	34473	11939	22534
37	5128265	2610485	2517780	38393	12979	25414
38	5286315	2699780	2586535	42435	13860	28575
39	5332879	2731182	2601697	45203	14547	30656
40-44岁	**25981016**	**13273294**	**12707722**	**287160**	**84998**	**202162**
40	5789835	2962275	2827560	53532	16789	36743
41	5213140	2660844	2552296	54099	16838	37261
42	5633256	2884993	2748263	62447	18397	44050
43	4400613	2243824	2156789	53989	15365	38624
44	4944172	2521358	2422814	63093	17609	45484

4-3b 续表 1

单位：人

年 龄	15岁及以上人口			文盲人口		
				合 计		
	合计	男	女	合计	男	女
45-49岁	**21216583**	**10837404**	**10379179**	**328583**	**77431**	**251152**
45	4924868	2523949	2400919	64940	17263	47677
46	4731208	2411734	2319474	65833	16556	49277
47	5397990	2767803	2630187	78249	18380	59869
48	4007634	2048238	1959396	72906	15567	57339
49	2154883	1085680	1069203	46655	9665	36990
50-54岁	**14932942**	**7680252**	**7252690**	**520373**	**117425**	**402948**
50	2681140	1379448	1301692	64137	14836	49301
51	2445945	1266630	1179315	71783	16632	55151
52	3170969	1644060	1526909	109587	25962	83625
53	3461399	1780408	1680991	135305	30150	105155
54	3173489	1609706	1563783	139561	29845	109716
55-59岁	**15019105**	**7596588**	**7422517**	**899707**	**196053**	**703654**
55	3282882	1672426	1610456	160826	34300	126526
56	3286827	1667678	1619149	178601	38086	140515
57	2971778	1495741	1476037	181381	39329	142052
58	2979383	1505361	1474022	200232	44409	155823
59	2498235	1255382	1242853	178667	39929	138738
60-64岁	**10738730**	**5472165**	**5266565**	**950266**	**222506**	**727760**
60	2505514	1276499	1229015	191560	44958	146602
61	2387222	1222667	1164555	201787	48540	153247
62	2060383	1045435	1014948	188033	44613	143420
63	1962717	1002374	960343	185350	43143	142207
64	1822894	925190	897704	183536	41252	142284
65-69岁	**7491688**	**3804294**	**3687394**	**997656**	**234900**	**762756**
65	1666898	844272	822626	185453	41992	143461
66	1573015	803037	769978	193542	45223	148319
67	1440736	730759	709977	193987	45771	148216
68	1411979	717533	694446	202027	48239	153788
69	1399060	708693	690367	222647	53675	168972
70-74岁	**5900425**	**2962830**	**2937595**	**1256999**	**316060**	**940939**
70	1349853	687584	662269	236627	58805	177822
71	1118331	561850	556481	222546	55953	166593
72	1233790	622537	611253	267561	68725	198836
73	1126947	564270	562677	263110	66645	196465
74	1071504	526589	544915	267155	65932	201223
75-79岁	**4165342**	**1995471**	**2169871**	**1273492**	**313168**	**960324**
75	985160	474712	510448	270510	66488	204022
76	904036	432253	471783	264140	64389	199751
77	890642	430503	460139	275725	68212	207513
78	738723	349408	389315	244423	60509	183914
79	646781	308595	338186	218694	53570	165124
80-84岁	**2326232**	**1052564**	**1273668**	**916015**	**224016**	**691999**
80	655298	308492	346806	236219	58823	177396
81	486067	221335	264732	190339	46937	143402
82	477955	214421	263534	193443	47236	146207
83	389793	172434	217359	160287	38800	121487
84	317119	135882	181237	135727	32220	103507
85岁及以上	**1355053**	**517053**	**838000**	**648240**	**138824**	**509416**

4-3b 续表 2

单位：人

年 龄	文盲人口					
	未上过学			小 学		
	小计	男	女	小计	男	女
总 计	**8477909**	**2084539**	**6393370**	**80976**	**27478**	**53498**
15-19岁	**38890**	**19867**	**19023**	**1295**	**703**	**592**
15	8161	4259	3902	259	138	121
16	7322	3709	3613	208	103	105
17	7528	3837	3691	274	151	123
18	7713	3912	3801	265	152	113
19	8166	4150	4016	289	159	130
20-24岁	**60431**	**28012**	**32419**	**1782**	**984**	**798**
20	11192	5518	5674	390	227	163
21	11389	5448	5941	352	217	135
22	11725	5353	6372	336	188	148
23	13146	6034	7112	377	193	184
24	12979	5659	7320	327	159	168
25-29岁	**73642**	**30356**	**43286**	**1846**	**911**	**935**
25	13289	5682	7607	319	173	146
26	13377	5612	7765	348	172	176
27	13999	5753	8246	368	177	191
28	16636	6760	9876	422	201	221
29	16341	6549	9792	389	188	201
30-34岁	**108964**	**40570**	**68394**	**2670**	**1158**	**1512**
30	18640	7203	11437	436	179	257
31	19895	7624	12271	511	246	265
32	22049	8207	13842	554	229	325
33	21918	8046	13872	525	229	296
34	26462	9490	16972	644	275	369
35-39岁	**186293**	**62245**	**124048**	**4581**	**1830**	**2751**
35	29614	10439	19175	756	311	445
36	33621	11600	22021	852	339	513
37	37458	12611	24847	935	368	567
38	41461	13477	27984	974	383	591
39	44139	14118	30021	1064	429	635
40-44岁	**281051**	**82781**	**198270**	**6109**	**2217**	**3892**
40	52298	16330	35968	1234	459	775
41	52942	16406	36536	1157	432	725
42	61100	17930	43170	1347	467	880
43	52876	14938	37938	1113	427	686
44	61835	17177	44658	1258	432	826

4-3b 续表 3 单位：人

年 龄	文盲人口					
	未上过学			小 学		
	小计	男	女	小计	男	女
45-49岁	**322748**	**75574**	**247174**	**5835**	**1857**	**3978**
45	63679	16821	46858	1261	442	819
46	64536	16145	48391	1297	411	886
47	76850	17934	58916	1399	446	953
48	71744	15198	56546	1162	369	793
49	45939	9476	36463	716	189	527
50-54岁	**513246**	**115268**	**397978**	**7127**	**2157**	**4970**
50	63195	14532	48663	942	304	638
51	70770	16342	54428	1013	290	723
52	108043	25470	82573	1544	492	1052
53	133484	29625	103859	1821	525	1296
54	137754	29299	108455	1807	546	1261
55-59岁	**889035**	**192966**	**696069**	**10672**	**3087**	**7585**
55	158744	33720	125024	2082	580	1502
56	176419	37458	138961	2182	628	1554
57	179280	38721	140559	2101	608	1493
58	197919	43733	154186	2313	676	1637
59	176673	39334	137339	1994	595	1399
60-64岁	**940342**	**219379**	**720963**	**9924**	**3127**	**6797**
60	189365	44271	145094	2195	687	1508
61	199541	47815	151726	2246	725	1521
62	186099	44012	142087	1934	601	1333
63	183519	42553	140966	1831	590	1241
64	181818	40728	141090	1718	524	1194
65-69岁	**989584**	**232303**	**757281**	**8072**	**2597**	**5475**
65	183755	41455	142300	1698	537	1161
66	191876	44676	147200	1666	547	1119
67	192475	45292	147183	1512	479	1033
68	200460	47725	152735	1567	514	1053
69	221018	53155	167863	1629	520	1109
70-74岁	**1249060**	**313437**	**935623**	**7939**	**2623**	**5316**
70	234963	58245	176718	1664	560	1104
71	221138	55504	165634	1408	449	959
72	265811	68161	197650	1750	564	1186
73	261487	66085	195402	1623	560	1063
74	265661	65442	200219	1494	490	1004
75-79岁	**1266871**	**311025**	**955846**	**6621**	**2143**	**4478**
75	269045	66005	203040	1465	483	982
76	262717	63950	198767	1423	439	984
77	274297	67737	206560	1428	475	953
78	243150	60083	183067	1273	426	847
79	217662	53250	164412	1032	320	712
80-84岁	**912012**	**222664**	**689348**	**4003**	**1352**	**2651**
80	235102	58427	176675	1117	396	721
81	189522	46659	142863	817	278	539
82	192634	46966	145668	809	270	539
83	159591	38569	121022	696	231	465
84	135163	32043	103120	564	177	387
85岁及以上	**645740**	**138092**	**507648**	**2500**	**732**	**1768**

4-3c 全国分年龄、性别、受教育程度的15岁及以上文盲人口(乡村)

单位：人

年 龄	15岁及以上人口			文盲人口 合 计		
	合计	男	女	合计	男	女
总 计	**535792357**	**270489242**	**265303115**	**38884409**	**10600149**	**28284260**
15-19岁	**46299122**	**24301053**	**21998069**	**238032**	**109452**	**128580**
15	9477359	5038471	4438888	44837	21606	23231
16	8748627	4618142	4130485	44650	20833	23817
17	9196439	4833071	4363368	47170	21668	25502
18	9268124	4842152	4425972	49519	22257	27262
19	9608573	4969217	4639356	51856	23088	28768
20-24岁	**56354000**	**27966789**	**28387211**	**391398**	**156546**	**234852**
20	12336988	6235158	6101830	71463	30483	40980
21	11495531	5704418	5791113	74193	30433	43760
22	10800034	5316818	5483216	76513	30197	46316
23	11560558	5707882	5852676	84503	33035	51468
24	10160889	5002513	5158376	84726	32398	52328
25-29岁	**43333896**	**21863522**	**21470374**	**477476**	**174405**	**303071**
25	8898294	4414937	4483357	87006	32241	54765
26	8645629	4325959	4319670	88559	32437	56122
27	8245725	4166297	4079428	91795	33688	58107
28	9289599	4737346	4552253	106185	38470	67715
29	8254649	4218983	4035666	103931	37569	66362
30-34岁	**41127246**	**21089749**	**20037497**	**666382**	**229831**	**436551**
30	8066114	4106881	3959233	118751	41277	77474
31	8285002	4267436	4017566	122340	43513	78827
32	8182704	4187732	3994972	134797	46528	88269
33	7681139	3957092	3724047	131300	45369	85931
34	8912287	4570608	4341679	159194	53144	106050
35-39岁	**53000594**	**27041824**	**25958770**	**1074010**	**344316**	**729694**
35	9244306	4730739	4513567	174524	57767	116757
36	10224997	5215135	5009862	197149	64351	132798
37	10717608	5473112	5244496	217555	69843	147712
38	11224784	5708976	5515808	237261	74665	162596
39	11588899	5913862	5675037	247521	77690	169831
40-44岁	**60967468**	**30762909**	**30204559**	**1580022**	**446456**	**1133566**
40	12821218	6482323	6338895	300495	89124	211371
41	11874828	6000945	5873883	296841	86870	209971
42	13151318	6629223	6522095	340577	95743	244834
43	10877956	5462387	5415569	299773	82241	217532
44	12242148	6188031	6054117	342336	92478	249858

4-3c 续表 1

单位：人

年 龄	15岁及以上人口			文盲人口		
				合 计		
	合计	男	女	合计	男	女
45-49岁	**51965012**	**26053286**	**25911726**	**1724707**	**410798**	**1313909**
45	11952902	6031951	5920951	352956	92808	260148
46	11420748	5704121	5716627	360418	90323	270095
47	13001092	6565805	6435287	406753	96424	310329
48	10091893	5051331	5040562	368337	80087	288250
49	5498377	2700078	2798299	236243	51156	185087
50-54岁	**39566783**	**20232839**	**19333944**	**2435552**	**591203**	**1844349**
50	6772748	3421871	3350877	314342	74515	239827
51	6277517	3226459	3051058	337575	82784	254791
52	8293337	4263768	4029569	509166	128508	380658
53	9449980	4865267	4584713	629697	152535	477162
54	8773201	4455474	4317727	644772	152861	491911
55-59岁	**43874939**	**22320051**	**21554888**	**4159436**	**1016105**	**3143331**
55	9313781	4774246	4539535	735413	176477	558936
56	9417420	4794803	4622617	821485	196146	625339
57	8737472	4431043	4306429	842989	204219	638770
58	8891021	4521349	4369672	928141	230846	697295
59	7515245	3798610	3716635	831408	208417	622991
60-64岁	**32630365**	**16767381**	**15862984**	**4524295**	**1188692**	**3335603**
60	7450476	3810093	3640383	894111	236794	657317
61	7240193	3772173	3468020	948379	257967	690412
62	6322463	3250976	3071487	897456	236556	660900
63	6040486	3106080	2934406	899115	234596	664519
64	5576747	2828059	2748688	885234	222779	662455
65-69岁	**23202953**	**11881877**	**11321076**	**4702523**	**1258539**	**3443984**
65	5133347	2608360	2524987	883826	225533	658293
66	4923910	2541992	2381918	919091	241897	677194
67	4511978	2307614	2204364	926858	246777	680081
68	4316685	2215692	2100993	948929	260358	688571
69	4317033	2208219	2108814	1023819	283974	739845
70-74岁	**18195137**	**9161562**	**9033575**	**5492852**	**1589950**	**3902902**
70	4073624	2083040	1990584	1061534	304792	756742
71	3431600	1736811	1694789	983455	283968	699487
72	3811754	1936186	1875568	1163530	341555	821975
73	3512310	1756513	1755797	1135938	331440	804498
74	3365849	1649012	1716837	1148395	328195	820200
75-79岁	**13320630**	**6230388**	**7090242**	**5300171**	**1504701**	**3795470**
75	3114498	1491627	1622871	1133481	321979	811502
76	2877252	1360007	1517245	1104539	313811	790728
77	2837681	1334707	1502974	1142205	327356	814849
78	2398128	1098081	1300047	1011046	286201	724845
79	2093071	945966	1147105	908900	255354	653546
80-84岁	**7610370**	**3252284**	**4358086**	**3689169**	**1008985**	**2680184**
80	2113032	937353	1175679	964090	270916	693174
81	1591793	687411	904382	766648	211595	555053
82	1582770	673889	908881	779800	213860	565940
83	1279203	531724	747479	640894	171547	469347
84	1043572	421907	621665	537737	141067	396670
85岁及以上	**4343842**	**1563728**	**2780114**	**2428384**	**570170**	**1858214**

4-3c 续表 2

单位：人

年龄	文盲人口					
	未上过学			小学		
	小计	男	女	小计	男	女
总计	**38576513**	**10492799**	**28083714**	**307896**	**107350**	**200546**
15-19岁	**232443**	**106688**	**125755**	**5589**	**2764**	**2825**
15	43696	21006	22690	1141	600	541
16	43546	20281	23265	1104	552	552
17	46097	21145	24952	1073	523	550
18	48415	21719	26696	1104	538	566
19	50689	22537	28152	1167	551	616
20-24岁	**384153**	**153448**	**230705**	**7245**	**3098**	**4147**
20	69930	29788	40142	1533	695	838
21	72757	29817	42940	1436	616	820
22	75074	29586	45488	1439	611	828
23	83035	32431	50604	1468	604	864
24	83357	31826	51531	1369	572	797
25-29岁	**470017**	**171363**	**298654**	**7459**	**3042**	**4417**
25	85676	31675	54001	1330	566	764
26	87106	31841	55265	1453	596	857
27	90358	33096	57262	1437	592	845
28	104503	37805	66698	1682	665	1017
29	102374	36946	65428	1557	623	934
30-34岁	**656233**	**225921**	**430312**	**10149**	**3910**	**6239**
30	116991	40587	76404	1760	690	1070
31	120498	42817	77681	1842	696	1146
32	132732	45730	87002	2065	798	1267
33	129326	44600	84726	1974	769	1205
34	156686	52187	104499	2508	957	1551
35-39岁	**1056861**	**338122**	**718739**	**17149**	**6194**	**10955**
35	171721	56688	115033	2803	1079	1724
36	194016	63183	130833	3133	1168	1965
37	214106	68653	145453	3449	1190	2259
38	233526	73350	160176	3735	1315	2420
39	243492	76248	167244	4029	1442	2587
40-44岁	**1555124**	**437999**	**1117125**	**24898**	**8457**	**16441**
40	295729	87488	208241	4766	1636	3130
41	292069	85195	206874	4772	1675	3097
42	335099	93900	241199	5478	1843	3635
43	295177	80690	214487	4596	1551	3045
44	337050	90726	246324	5286	1752	3534

4-3c 续表 3

单位：人

年 龄	文盲人口					
	未上过学			小 学		
	小计	男	女	小计	男	女
45-49岁	**1700804**	**403721**	**1297083**	**23903**	**7077**	**16826**
45	347763	91162	256601	5193	1646	3547
46	355256	88704	266552	5162	1619	3543
47	401076	94787	306289	5677	1637	4040
48	363344	78698	284646	4993	1389	3604
49	233365	50370	182995	2878	786	2092
50-54岁	**2407882**	**582624**	**1825258**	**27670**	**8579**	**19091**
50	310474	73335	237139	3868	1180	2688
51	333680	81587	252093	3895	1197	2698
52	503365	126683	376682	5801	1825	3976
53	622626	150334	472292	7071	2201	4870
54	637737	150685	487052	7035	2176	4859
55-59岁	**4118456**	**1002813**	**3115643**	**40980**	**13292**	**27688**
55	727745	174117	553628	7668	2360	5308
56	813140	193464	619676	8345	2682	5663
57	834569	201489	633080	8420	2730	5690
58	919313	227885	691428	8828	2961	5867
59	823689	205858	617831	7719	2559	5160
60-64岁	**4486592**	**1175574**	**3311018**	**37703**	**13118**	**24585**
60	885974	234002	651972	8137	2792	5345
61	940204	255000	685204	8175	2967	5208
62	890015	234013	656002	7441	2543	4898
63	891857	232059	659798	7258	2537	4721
64	878542	220500	658042	6692	2279	4413
65-69岁	**4671601**	**1247544**	**3424057**	**30922**	**10995**	**19927**
65	877390	223304	654086	6436	2229	4207
66	912729	239627	673102	6362	2270	4092
67	920886	244623	676263	5972	2154	3818
68	943059	258287	684772	5870	2071	3799
69	1017537	281703	735834	6282	2271	4011
70-74岁	**5464008**	**1578996**	**3885012**	**28844**	**10954**	**17890**
70	1055321	302386	752935	6213	2406	3807
71	978178	281975	696203	5277	1993	3284
72	1157552	339280	818272	5978	2275	3703
73	1130073	329224	800849	5865	2216	3649
74	1142884	326131	816753	5511	2064	3447
75-79岁	**5276818**	**1496193**	**3780625**	**23353**	**8508**	**14845**
75	1128201	320077	808124	5280	1902	3378
76	1099450	311903	787547	5089	1908	3181
77	1137285	325529	811756	4920	1827	3093
78	1006733	284658	722075	4313	1543	2770
79	905149	254026	651123	3751	1328	2423
80-84岁	**3675328**	**1004088**	**2671240**	**13841**	**4897**	**8944**
80	960326	269531	690795	3764	1385	2379
81	763745	210564	553181	2903	1031	1872
82	776925	212865	564060	2875	995	1880
83	638518	170706	467812	2376	841	1535
84	535814	140422	395392	1923	645	1278
85岁及以上	**2420193**	**567705**	**1852488**	**8191**	**2465**	**5726**

第一部分　全部数据资料

第五卷　家庭

5-1 全国不同规模的家庭户类别

单位：户

家庭户规模	家庭户户数	一代户	二代户	三代户	四代户	五代及以上户
总 计	**401934196**	**137363112**	**192237846**	**69562135**	**2768189**	**2914**
一人户	58396327	58396327				
二人户	97947686	75218232	22729454			
三人户	107978654	2463294	102050486	3464874		
四人户	70598493	742461	51256083	18527039	72910	
五人户	40332512	352069	12249841	27233357	497183	62
六人户	16887554	83923	2692507	13118985	991806	333
七人户	5753970	37656	786951	4212526	716033	804
八人户	2235271	23272	272183	1657839	281117	860
九人户	942511	11050	102349	713749	114900	463
十人及以上户	861218	34828	97992	633766	94240	392

5-1a 全国不同规模的家庭户类别(城市)

单位：户

家庭户规模	家庭户户数	一代户	二代户	三代户	四代户	五代及以上户
总 计	**128660933**	**52968879**	**60675840**	**14703720**	**312275**	**219**
一人户	23099057	23099057				
二人户	35794624	28142833	7651791			
三人户	42659780	1096333	40618298	945149		
四人户	15602563	372321	10006672	5214459	9111	
五人户	8039529	170863	1856604	5945937	66122	3
六人户	2195953	38083	365419	1662661	129762	28
七人户	718406	17139	105620	529510	66065	72
八人户	311282	11612	38960	238182	22465	63
九人户	121392	5236	15212	90486	10432	26
十人及以上户	118347	15402	17264	77336	8318	27

5-1b 全国不同规模的家庭户类别(镇)

单位：户

家庭户规模	家庭户户数	一代户	二代户	三代户	四代户	五代及以上户
总 计	**78528240**	**26428254**	**38982229**	**12631413**	**485856**	**488**
一人户	11069828	11069828				
二人户	19169754	14645502	4524252			
三人户	21811805	438218	20779477	594110		
四人户	14033431	141588	10606493	3274083	11267	
五人户	7560445	88039	2354076	5035462	82856	12
六人户	3019889	17355	476726	2352630	173123	55
七人户	1045064	8656	142888	766998	126383	139
八人户	432558	5251	52906	323624	50637	140
九人户	192916	2779	21164	146767	22136	70
十人及以上户	192550	11038	24247	137739	19454	72

5-1c 全国不同规模的家庭户类别(乡村)

单位：户

家庭户规模	家庭户户数	一代户	二代户	三代户	四代户	五代及以上户
总 计	**194745023**	**57965979**	**92579777**	**42227002**	**1970058**	**2207**
一人户	24227442	24227442				
二人户	42983308	32429897	10553411			
三人户	43507069	928743	40652711	1925615		
四人户	40962499	228552	30642918	10038497	52532	
五人户	24732538	93167	8039161	16251958	348205	47
六人户	11671712	28485	1850362	9103694	688921	250
七人户	3990500	11861	538443	2916018	523585	593
八人户	1491431	6409	180317	1096033	208015	657
九人户	628203	3035	65973	476496	82332	367
十人及以上户	550321	8388	56481	418691	66468	293

5-2 各地区分年龄、性别的一人户

单位：户

地区	合计			14岁及以下		
	合计	男	女	小计	男	女
全国	**58396327**	**32510427**	**25885900**	**2556849**	**1455242**	**1101607**
北京	1657806	929098	728708	17290	9204	8086
天津	460072	245862	214210	5829	3166	2663
河北	1886200	1064226	821974	38905	21999	16906
山西	1110999	601056	509943	23920	12834	11086
内蒙古	956608	539810	416798	30880	16314	14566
辽宁	2016010	1058003	958007	33325	18189	15136
吉林	1118338	612501	505837	17846	9741	8105
黑龙江	1675024	906542	768482	38968	21319	17649
上海	1641920	934613	707307	10199	5416	4783
江苏	3432818	1762197	1670621	97094	57129	39965
浙江	3839614	2155970	1683644	115597	65278	50319
安徽	3007548	1658414	1349134	189919	114395	75524
福建	2056571	1155042	901529	112356	62690	49666
江西	1030368	563246	467122	81885	49160	32725
山东	3432035	1745595	1686440	72021	42393	29628
河南	2643470	1440044	1203426	168058	101483	66575
湖北	2054015	1131066	922949	102295	61523	40772
湖南	2332097	1323707	1008390	126406	74053	52353
广东	6265124	3720471	2544653	266671	148264	118407
广西	1896845	1105322	791523	140221	81095	59126
海南	404299	249152	155147	7110	4095	3015
重庆	2228122	1226731	1001391	181358	100614	80744
四川	4523874	2524722	1999152	287084	158993	128091
贵州	1627155	897219	729936	218850	120787	98063
云南	1381070	799491	581579	57553	31311	26242
西藏	98594	58052	40542	1741	915	826
陕西	1349792	753644	596148	45638	25911	19727
甘肃	709681	399215	310466	24171	13557	10614
青海	182220	110909	71311	6442	3499	2943
宁夏	229554	121691	107863	19152	10241	8911
新疆	1148484	716816	431668	18065	9674	8391

5-2 续表 1 单位：户

地区	15-19岁			20-24岁			25-29岁		
	小计	男	女	小计	男	女	小计	男	女
全国	**1854064**	**1091156**	**762908**	**4955504**	**2929750**	**2025754**	**5010714**	**3125277**	**1885437**
北京	51737	28954	22783	259646	144844	114802	288746	168157	120589
天津	6306	4141	2165	31395	20363	11032	46058	29962	16096
河北	30674	21091	9583	116338	85845	30493	101950	67927	34023
山西	25731	14694	11037	80427	48217	32210	76961	49836	27125
内蒙古	18443	11107	7336	61542	39674	21868	73973	48874	25099
辽宁	30242	17457	12785	113514	69399	44115	156845	98377	58468
吉林	17287	10131	7156	60567	37091	23476	75776	46387	29389
黑龙江	26196	15435	10761	82151	50456	31695	110457	68963	41494
上海	58308	33108	25200	239555	143908	95647	236650	148118	88532
江苏	103463	63907	39556	264157	162248	101909	230971	147447	83524
浙江	151240	90184	61056	456812	280818	175994	400425	268371	132054
安徽	103348	65765	37583	139128	79076	60052	148574	86758	61816
福建	106957	59880	47077	263338	152527	110811	214634	135991	78643
江西	30942	19586	11356	56383	32522	23861	56299	34982	21317
山东	45384	30052	15332	219808	146369	73439	184744	122272	62472
河南	85000	52911	32089	211836	122850	88986	157817	98095	59722
湖北	66015	41547	24468	139354	80657	58697	135177	83438	51739
湖南	52892	32208	20684	113515	65492	48023	129905	76573	53332
广东	284195	157360	126835	952285	554795	397490	995234	628667	366567
广西	49186	29305	19881	116258	66345	49913	163872	99477	64395
海南	4957	2826	2131	19588	10179	9409	33572	19681	13891
重庆	105337	59265	46072	142403	76562	65841	130986	72912	58074
四川	174334	99551	74783	282783	156220	126563	265099	152142	112957
贵州	85549	50084	35465	100705	57448	43257	102719	63517	39202
云南	44655	23949	20706	140803	76421	64382	155488	95189	60299
西藏	2036	1011	1025	11312	5869	5443	17988	10500	7488
陕西	39036	22355	16681	124020	70012	54008	123577	76607	46970
甘肃	20880	12358	8522	50884	28944	21940	56364	36154	20210
青海	4912	3108	1804	15506	9439	6067	17904	11525	6379
宁夏	9356	5358	3998	19288	11557	7731	21167	13284	7883
新疆	19466	12468	6998	70203	43603	26600	100782	65094	35688

5-2 续表 2

单位：户

地区	30-34岁			35-39岁			40-44岁		
	小计	男	女	小计	男	女	小计	男	女
全国	**4022927**	**2589186**	**1433741**	**4430958**	**2884542**	**1546416**	**4919014**	**3043902**	**1875112**
北京	193922	116769	77153	160758	99588	61170	143012	89485	53527
天津	34138	22038	12100	31629	20147	11482	30858	19421	11437
河北	78358	52211	26147	85860	58694	27166	112689	76876	35813
山西	56251	38273	17978	69890	49129	20761	78938	53618	25320
内蒙古	59192	40835	18357	74941	52289	22652	84857	57623	27234
辽宁	139779	86603	53176	139833	86375	53458	167047	100690	66357
吉林	80936	49608	31328	95012	59708	35304	121202	75424	45778
黑龙江	116949	73536	43413	152763	97096	55667	173363	109022	64341
上海	168421	105836	62585	146290	94723	51567	129011	85401	43610
江苏	182668	116977	65691	199540	126209	73331	293782	156511	137271
浙江	290650	203174	87476	292997	202864	90133	301237	194337	106900
安徽	163423	94862	68561	232529	135824	96705	338122	184635	153487
福建	157145	102535	54610	172329	109922	62407	175433	105027	70406
江西	59197	38725	20472	67572	45594	21978	80526	49553	30973
山东	129956	87241	42715	136998	95897	41101	178496	117072	61424
河南	112699	74735	37964	122897	83891	39006	174513	103668	70845
湖北	118401	74365	44036	138095	88467	49628	185116	110592	74524
湖南	118207	74402	43805	154338	103349	50989	198649	127577	71072
广东	726531	471405	255126	645579	417072	228507	528269	336613	191656
广西	140750	93141	47609	132125	90143	41982	145086	95427	49659
海南	31179	20600	10579	36226	24972	11254	43991	30447	13544
重庆	97989	56443	41546	174191	102049	72142	191816	107879	83937
四川	241972	145689	96283	361603	225476	136127	395647	234759	160888
贵州	96321	61145	35176	116402	74166	42236	129618	78547	51071
云南	133292	90150	43142	133432	93425	40007	126887	84472	42415
西藏	13541	8650	4891	13016	8554	4462	10626	6771	3855
陕西	90330	59229	31101	100085	68769	31316	109451	71718	37733
甘肃	44092	30557	13535	56039	39509	16530	74208	46865	27343
青海	17989	12384	5605	21592	15314	6278	23487	15861	7626
宁夏	18871	11619	7252	20538	12816	7722	21795	12471	9324
新疆	109778	75449	34329	145859	102511	43348	151282	105540	45742

5-2 续表 3

单位：户

地区	45-49岁			50-54岁			55-59岁		
	小计	男	女	小计	男	女	小计	男	女
全国	**4613435**	**2712614**	**1900821**	**3631118**	**2193424**	**1437694**	**4157823**	**2434316**	**1723507**
北京	124345	75894	48451	92792	54200	38592	81194	44604	36590
天津	34622	21455	13167	33102	19094	14008	34702	17910	16792
河北	121762	78789	42973	127838	83498	44340	170928	105421	65507
山西	80817	50880	29937	79643	48722	30921	90768	51556	39212
内蒙古	83856	53356	30500	74534	45704	28830	73930	41836	32094
辽宁	194042	110363	83679	181355	100611	80744	175658	93211	82447
吉林	125318	74786	50532	106499	62003	44496	98187	53638	44549
黑龙江	179463	106449	73014	154356	86839	67517	141520	73645	67875
上海	104861	69149	35712	95802	62617	33185	91332	54970	36362
江苏	276820	134688	142132	221390	119325	102065	260209	146351	113858
浙江	260202	161420	98782	193203	122487	70716	211617	125868	85749
安徽	303117	164362	138755	164853	100216	64637	236196	144863	91333
福建	152018	87731	64287	112483	68297	44186	110801	65245	45556
江西	79503	45875	33628	72829	42837	29992	79104	45601	33503
山东	196664	117070	79594	198682	119804	78878	277524	155253	122271
河南	187625	96727	90898	159646	90133	69513	215657	125718	89939
湖北	194776	111715	83061	146556	86329	60227	162484	95192	67292
湖南	200049	121565	78484	164199	105601	58598	198717	123780	74937
广东	394233	247477	146756	253083	162545	90538	229607	143798	85809
广西	146847	90297	56550	118147	74753	43394	130732	82669	48063
海南	45680	31502	14178	32713	22977	9736	30379	20682	9697
重庆	180639	99336	81303	137275	84426	52849	198343	120366	77977
四川	355976	201990	153986	283290	175196	108094	407028	245545	161483
贵州	125355	72001	53354	91110	52991	38119	108472	60636	47836
云南	114073	70380	43693	73340	44409	28931	80933	46875	34058
西藏	8546	5295	3251	4936	2965	1971	4061	2466	1595
陕西	110591	67244	43347	103752	60362	43390	109647	60494	49153
甘肃	73812	41398	32414	52242	29201	23041	59061	32740	26321
青海	20152	12582	7570	10715	6767	3948	9370	5740	3630
宁夏	19348	10452	8896	13551	7133	6418	14486	7143	7343
新疆	118323	80386	37937	77202	51382	25820	65176	40500	24676

5-2 续表 4

单位：户

地区	60-64岁			65-69岁			70-74岁		
	小计	男	女	小计	男	女	小计	男	女
全国	**3804236**	**2069303**	**1734933**	**3561245**	**1712964**	**1848281**	**3788704**	**1601031**	**2187673**
北京	51397	25962	25435	41289	17299	23990	51544	17811	33733
天津	29928	13821	16107	28760	11674	17086	35678	12738	22940
河北	182867	99353	83514	169154	80735	88419	198367	87412	110955
山西	89116	44376	44740	82476	35827	46649	98092	38431	59661
内蒙古	64836	31108	33728	64087	25396	38691	79350	29986	49364
辽宁	134547	65882	68665	125822	52387	73435	145932	51951	93981
吉林	78771	38565	40206	65535	26553	38982	70288	26313	43975
黑龙江	118713	55331	63382	103366	39843	63523	116465	42200	74265
上海	67109	35900	31209	50493	21930	28563	55969	18834	37135
江苏	240136	127596	112540	236477	110483	125994	257725	102321	155404
浙江	207123	104787	102336	175928	75194	100734	214735	79037	135698
安徽	225019	134377	90642	231887	126185	105702	189890	90788	99102
福建	92466	51124	41342	84159	41010	43149	97635	41238	56397
江西	77210	41929	35281	67975	32552	35423	79463	32308	47155
山东	300910	145593	155317	308394	133210	175184	363235	143538	219697
河南	220800	123947	96853	215160	109838	105322	224812	102275	122537
湖北	152453	83487	68966	140881	66986	73895	139840	58127	81713
湖南	193016	111438	81578	167307	87691	79616	190393	87928	102465
广东	187225	113731	73494	174802	95250	79552	192814	91675	101139
广西	124311	75821	48490	122470	68023	54447	127301	62710	64591
海南	25225	17065	8160	19976	11855	8121	24518	12760	11758
重庆	170328	102715	67613	154424	83772	70652	137275	65323	71952
四川	362567	212195	150372	332733	175509	157224	297693	138835	158858
贵州	104126	55122	49004	103137	49904	53233	104203	44780	59423
云南	71210	38523	32687	68878	32467	36411	71668	29890	41778
西藏	3290	1733	1557	2730	1324	1406	2120	961	1159
陕西	93866	47739	46127	87113	38973	48140	88180	35012	53168
甘肃	52696	27212	25484	49347	22467	26880	46092	18182	27910
青海	8024	4202	3822	8267	3511	4756	8314	3110	5204
宁夏	12268	5249	7019	12378	4472	7906	12500	4233	8267
新疆	62683	33420	29263	65840	30644	35196	66613	30324	36289

5-2 续表 5

单位：户

地区	75-79岁			80-84岁			85-89岁		
	小计	男	女	小计	男	女	小计	男	女
全国	**3485530**	**1345462**	**2140068**	**2264417**	**845459**	**1418958**	**999788**	**360071**	**639717**
北京	52444	18508	33936	31354	11563	19791	12663	4830	7833
天津	38197	14229	23968	25726	10085	15641	10212	4302	5910
河北	185545	77225	108320	112587	46295	66292	41900	16839	25061
山西	95548	35573	59975	55346	19713	35633	21600	7505	14095
内蒙古	65114	25725	39389	31580	13183	18397	12327	5364	6963
辽宁	138051	49329	88722	90707	35883	54824	37749	16198	21551
吉林	54486	20496	33990	32039	13610	18429	13243	5970	7273
黑龙江	86274	33781	52493	47963	20826	27137	18658	8445	10213
上海	81063	23901	57162	62524	17939	44585	32969	9570	23399
江苏	259341	90704	168637	186735	61292	125443	91967	29679	62288
浙江	258689	84409	174280	187105	59120	127985	92995	29517	63478
安徽	171358	71746	99612	110570	43107	67463	46801	17220	29581
福建	94017	34792	59225	68828	23820	45008	31011	9928	21083
江西	70889	26446	44443	44534	16271	28263	19868	7184	12684
山东	384385	142180	242205	272431	94417	178014	122084	40615	81469
河南	201022	82671	118351	121055	47797	73258	49126	18179	30947
湖北	125983	48763	77220	69382	26417	42965	29174	10607	18567
湖南	161298	67688	93610	103176	41507	61669	45120	17329	27791
广东	188405	73001	115404	138844	47178	91666	72815	21920	50895
广西	113136	48203	64933	74206	29280	44926	35637	13104	22533
海南	21502	9821	11681	15164	5689	9475	8149	2749	5400
重庆	113437	48819	64618	72800	30410	42390	29343	11958	17385
四川	234572	101682	132890	153603	65693	87910	64527	26287	38240
贵州	76969	31171	45798	43219	17230	25989	14969	5717	9252
云南	57299	22409	34890	34785	13393	21392	12701	4708	7993
西藏	1367	558	809	815	291	524	329	116	213
陕西	68570	26320	42250	35916	14701	21215	14996	6141	8855
甘肃	30891	12054	18837	12736	5357	7379	4835	2036	2799
青海	5785	2277	3508	2615	1102	1513	894	381	513
宁夏	8787	3086	5701	4105	1682	2423	1501	668	833
新疆	41106	17895	23211	21967	10608	11359	9625	5005	4620

5-2 续表 6

单位：户

地区	90-94岁			95-99岁			100岁及以上		
	小计	男	女	小计	男	女	小计	男	女
全国	**274231**	**94431**	**179800**	**59733**	**20579**	**39154**	**6037**	**1718**	**4319**
北京	3043	1198	1845	566	207	359	64	21	43
天津	2361	1058	1303	533	235	298	38	23	15
河北	8830	3415	5415	1544	573	971	104	28	76
山西	4703	1621	3082	733	244	489	39	7	32
内蒙古	2572	1158	1414	568	269	299	26	9	17
辽宁	9363	4155	5208	2016	872	1144	183	71	112
吉林	3907	1812	2095	1342	610	732	97	55	42
黑龙江	5377	2410	2967	1909	896	1013	113	50	63
上海	9544	2753	6791	1691	516	1175	129	24	105
江苏	25543	7890	17653	4486	1361	3125	314	79	235
浙江	24780	7749	17031	3952	1265	2687	327	91	236
安徽	10471	3553	6918	2058	619	1439	285	63	222
福建	8861	2694	6167	1903	540	1363	197	51	146
江西	5036	1726	3310	1063	373	690	90	22	68
山东	33762	10752	23010	6042	1745	4297	515	122	393
河南	12603	4178	8425	2747	842	1905	397	106	291
湖北	6444	2287	4157	1498	542	956	91	25	66
湖南	11927	4460	7467	2734	1000	1734	249	66	183
广东	26215	7314	18901	7449	2216	5233	868	190	678
广西	12848	4391	8457	3287	1038	2249	425	100	325
海南	3128	919	2209	957	270	687	285	63	222
重庆	8206	3156	5050	1806	669	1137	166	57	109
四川	18380	7038	11342	4451	1736	2715	532	186	346
贵州	4242	1540	2702	1061	393	668	128	40	88
云南	3212	1205	2007	803	300	503	58	15	43
西藏	91	42	49	44	27	17	5	4	1
陕西	3921	1566	2355	1040	465	575	63	26	37
甘肃	1041	459	582	282	161	121	8	4	4
青海	181	77	104	47	20	27	24	10	14
宁夏	366	188	178	89	36	53	8	3	5
新疆	3273	1667	1606	1032	539	493	209	107	102

5-2a 各地区分年龄、性别的一人户(城市)

单位：户

地区	合计			14岁及以下		
	合计	男	女	小计	男	女
全国	**23099057**	**12742504**	**10356553**	**447191**	**242665**	**204526**
北京	1396260	775685	620575	14677	7806	6871
天津	354036	184610	169426	4623	2447	2176
河北	463795	231473	232322	7573	4105	3468
山西	359725	191177	168548	5425	2877	2548
内蒙古	332696	174464	158232	6730	3492	3238
辽宁	1304208	656611	647597	18114	9642	8472
吉林	541586	278007	263579	7627	4088	3539
黑龙江	793809	409580	384229	11426	6113	5313
上海	1201811	672933	528878	6906	3701	3205
江苏	1313520	713340	600180	18342	10114	8228
浙江	1476749	845623	631126	23275	12890	10385
安徽	692530	384465	308065	12662	6837	5825
福建	886435	515742	370693	20260	10980	9280
江西	222903	115156	107747	7157	4005	3152
山东	1065535	541782	523753	14963	8157	6806
河南	703520	376251	327269	11279	6257	5022
湖北	809122	428370	380752	16212	9128	7084
湖南	535224	276171	259053	11695	6474	5221
广东	4277257	2586263	1690994	119410	65699	53711
广西	449110	247194	201916	6787	3690	3097
海南	109479	64037	45442	1722	969	753
重庆	600235	319138	281097	22395	11645	10750
四川	983045	525579	457466	18153	9671	8482
贵州	330799	178367	152432	18454	9763	8691
云南	489358	271579	217779	16106	8692	7414
西藏	25570	14105	11465	159	87	72
陕西	501292	273441	227851	9498	5112	4386
甘肃	270589	149896	120693	4686	2563	2123
青海	73354	41573	31781	833	432	401
宁夏	101842	52962	48880	3965	2070	1895
新疆	433663	246930	186733	6077	3159	2918

5-2a 续表 1 单位：户

地区	15-19岁			20-24岁			25-29岁		
	小计	男	女	小计	男	女	小计	男	女
全国	**725005**	**402258**	**322747**	**3098542**	**1755688**	**1342854**	**3257802**	**1993214**	**1264588**
北京	41950	23285	18665	219085	119944	99141	258170	148055	110115
天津	4265	2615	1650	22988	14116	8872	39019	25041	13978
河北	6813	3943	2870	38687	22876	15811	47704	28302	19402
山西	12282	6981	5301	50402	29368	21034	44000	27842	16158
内蒙古	7778	4611	3167	30228	18859	11369	34047	22207	11840
辽宁	19507	10963	8544	89479	53210	36269	133101	82256	50845
吉林	8872	5072	3800	36423	21756	14667	48515	29558	18957
黑龙江	9924	5738	4186	41147	25333	15814	61959	39455	22504
上海	34303	18660	15643	164109	92120	71989	186946	111549	75397
江苏	38032	22176	15856	162603	94992	67611	157712	98274	59438
浙江	63858	35781	28077	268665	153422	115243	240511	152630	87881
安徽	20340	12140	8200	55700	31509	24191	62069	37691	24378
福建	54260	29706	24554	183777	106160	77617	145771	93306	52465
江西	4680	2708	1972	18621	10239	8382	20328	12337	7991
山东	19976	11963	8013	129954	77813	52141	124427	77375	47052
河南	19872	10969	8903	128090	69427	58663	104851	63362	41489
湖北	20593	11815	8778	88743	49214	39529	89656	54325	35331
湖南	8839	4815	4024	43258	22651	20607	54472	30519	23953
广东	199927	109030	90897	810307	468580	341727	842537	533229	309308
广西	9207	4996	4211	56626	29837	26789	78865	44341	34524
海南	2222	1092	1130	11610	5401	6209	16471	8585	7886
重庆	17048	9122	7926	60660	31928	28732	70666	39304	31362
四川	26004	13738	12266	108644	56464	52180	113457	63216	50241
贵州	14669	8062	6607	37825	21222	16603	36837	22604	14233
云南	21874	10879	10995	79586	40511	39075	74586	42871	31715
西藏	627	265	362	3274	1454	1820	4499	2266	2233
陕西	15400	8338	7062	76044	40366	35678	70876	42794	28082
甘肃	8125	4723	3402	27965	15810	12155	30023	19227	10796
青海	2014	1253	761	7754	4507	3247	7438	4625	2813
宁夏	3307	1849	1458	9896	5861	4035	11278	7167	4111
新疆	8437	4970	3467	36392	20738	15654	47011	28901	18110

5-2a 续表 2

单位：户

地区	30-34岁			35-39岁			40-44岁		
	小计	男	女	小计	男	女	小计	男	女
全国	**2344658**	**1469182**	**875476**	**2224185**	**1391775**	**832410**	**2077771**	**1264980**	**812791**
北京	173999	103252	70747	140966	85791	55175	122592	75565	47027
天津	28830	18409	10421	26363	16569	9794	24875	15396	9479
河北	35306	20806	14500	34646	20095	14551	37150	21255	15895
山西	27230	17701	9529	27801	17902	9899	28269	17649	10620
内蒙古	23220	15514	7706	27128	18029	9099	29598	18970	10628
辽宁	110477	66886	43591	101563	60024	41539	111413	63676	47737
吉林	45059	26890	18169	47113	27747	19366	55845	31827	24018
黑龙江	60107	37938	22169	72631	44613	28018	79717	47679	32038
上海	131208	79263	51945	108480	68003	40477	93965	61307	32658
江苏	114781	71442	43339	106551	67354	39197	114512	70096	44416
浙江	155298	103878	51420	139727	93560	46167	124503	78620	45883
安徽	55477	33092	22385	64520	38985	25535	78939	46926	32013
福建	91096	59919	31177	84619	54054	30565	72276	43399	28877
江西	18708	11534	7174	18385	11184	7201	19730	11253	8477
山东	80382	50102	30280	73430	46559	26871	73769	45646	28123
河南	63073	39507	23566	54667	34473	20194	53929	32595	21334
湖北	69885	42521	27364	69389	41540	27849	78118	44496	33622
湖南	46050	27119	18931	50833	30331	20502	55160	31639	23521
广东	588538	383268	205270	499246	323436	175810	374532	240168	134364
广西	59868	36563	23305	48925	30208	18717	42481	25349	17132
海南	12099	7165	4934	11710	7413	4297	12190	7844	4346
重庆	46559	26513	20046	65467	37099	28368	60979	33548	27431
四川	90548	52351	38197	117349	68998	48351	108946	62354	46592
贵州	29284	18039	11245	33984	20161	13823	32805	18701	14104
云南	55764	34738	21026	51044	32191	18853	43036	26018	17018
西藏	3722	2094	1628	4117	2485	1632	3459	2088	1371
陕西	45548	28694	16854	42504	27005	15499	41451	25688	15763
甘肃	22264	15110	7154	24685	16772	7913	27352	17701	9651
青海	6718	4430	2288	8193	5485	2708	9327	5894	3433
宁夏	9185	5649	3536	9917	6036	3881	10468	5936	4532
新疆	44375	28795	15580	58232	37673	20559	56385	35697	20688

5-2a 续表 3

单位：户

地区	45-49岁			50-54岁			55-59岁		
	小计	男	女	小计	男	女	小计	男	女
全国	**1824153**	**1069189**	**754964**	**1307905**	**756990**	**550915**	**1201689**	**660951**	**540738**
北京	105677	64062	41615	77474	44509	32965	64983	34704	30279
天津	28495	17496	10999	26907	15324	11583	25463	12715	12748
河北	37254	20634	16620	30828	16842	13986	31264	16056	15208
山西	26622	15690	10932	21374	12303	9071	19134	10075	9059
内蒙古	29020	17061	11959	23012	12667	10345	20479	10125	10354
辽宁	131320	70985	60335	116455	60211	56244	99086	47006	52080
吉林	60073	32601	27472	50918	26793	24125	42903	21103	21800
黑龙江	89588	50144	39444	75610	39601	36009	64593	30954	33639
上海	79252	52518	26734	76637	50350	26287	70345	41967	28378
江苏	97461	57421	40040	71812	42462	29350	76226	44160	32066
浙江	95558	57969	37589	58658	36466	22192	54700	32187	22513
安徽	75642	45023	30619	47091	28780	18311	55039	33618	21421
福建	58043	33677	24366	36632	22258	14374	31248	18666	12582
江西	19910	10927	8983	16152	8938	7214	14939	8356	6583
山东	71505	41129	30376	58125	32358	25767	62431	31760	30671
河南	47071	26529	20542	33867	18438	15429	33021	17680	15341
湖北	76917	42521	34396	54896	30480	24416	51004	27893	23111
湖南	53203	29296	23907	36884	20796	16088	35565	19576	15989
广东	247482	158618	88864	133398	87102	46296	105050	65818	39232
广西	38036	21440	16596	24226	13648	10578	19941	11324	8617
海南	11153	7249	3904	7434	4991	2443	6382	4328	2054
重庆	55715	30443	25272	40661	23328	17333	46195	25811	20384
四川	91259	50918	40341	58771	34016	24755	61150	34045	27105
贵州	30742	16410	14332	20573	11101	9472	17327	9012	8315
云南	36839	21146	15693	21839	12796	9043	21271	12563	8708
西藏	2491	1522	969	1199	769	430	790	533	257
陕西	40310	23769	16541	32651	18438	14213	26828	14508	12320
甘肃	25709	15355	10354	16229	9188	7041	15478	8512	6966
青海	8875	5106	3769	4705	2741	1964	3628	2138	1490
宁夏	9226	4957	4269	5955	3131	2824	5671	2707	2964
新疆	43705	26573	17132	26932	16165	10767	19555	11051	8504

5-2a 续表 4 单位：户

地区	60-64岁			65-69岁			70-74岁		
	小计	男	女	小计	男	女	小计	男	女
全国	**922606**	**461348**	**461258**	**818065**	**332568**	**485497**	**960424**	**318160**	**642264**
北京	37932	18819	19113	28972	11935	17037	37577	12216	25361
天津	19720	8561	11159	18974	6953	12021	25453	7884	17569
河北	27041	12357	14684	25983	9704	16279	36539	11522	25017
山西	16542	7390	9152	16644	5674	10970	23449	6566	16883
内蒙古	17947	6872	11075	20213	5936	14277	25939	7295	18644
辽宁	66006	28995	37011	62091	22285	39806	82465	24041	58424
吉林	31112	13777	17335	27112	9513	17599	31343	9687	21656
黑龙江	49184	20930	28254	44581	14855	29726	55363	17040	38323
上海	49249	26377	22872	33961	15146	18815	37929	13086	24843
江苏	65769	34827	30942	59181	26092	33089	67948	23672	44276
浙江	48126	24077	24049	38806	15678	23128	45112	14123	30989
安徽	42176	23907	18269	40913	18879	22034	27847	9486	18361
福建	23401	13082	10319	18813	8837	9976	21151	7856	13295
江西	12586	6585	6001	11104	4561	6543	13808	4385	9423
山东	58185	24448	33737	61198	21384	39814	76698	23689	53009
河南	28869	14024	14845	28451	11128	17323	35795	11495	24300
湖北	42758	21956	20802	35354	14508	20846	40177	13196	26981
湖南	29335	15005	14330	24323	10131	14192	30969	10190	20779
广东	73906	43805	30101	61099	30204	30895	67548	27730	39818
广西	13941	7876	6065	11005	5107	5898	13448	4816	8632
海南	4733	3255	1478	3182	1940	1242	3313	1785	1528
重庆	30405	16680	13725	22319	11192	11127	20640	8239	12401
四川	45195	23804	21391	37474	17453	20021	38081	14043	24038
贵州	13783	7081	6702	11842	5272	6570	12884	4250	8634
云南	16041	9050	6991	13576	6288	7288	14770	5659	9111
西藏	432	220	212	353	157	196	249	99	150
陕西	20710	10635	10075	17779	7262	10517	22987	7388	15599
甘肃	13353	6267	7086	14355	4955	9400	17703	5424	12279
青海	2579	1224	1355	3079	930	2149	3962	1215	2747
宁夏	4576	1830	2746	5160	1556	3604	5848	1728	4120
新疆	17014	7632	9382	20168	7053	13115	23429	8355	15074

5-2a 续表 5　　　　单位：户

地区	75-79岁			80-84岁			85-89岁		
	小计	男	女	小计	男	女	小计	男	女
全国	**927800**	**297067**	**630733**	**600190**	**201664**	**398526**	**266287**	**91224**	**175063**
北京	37844	12819	25025	22631	8335	14296	9023	3524	5499
天津	28323	9577	18746	19341	7193	12148	8014	3270	4744
河北	34883	11274	23609	21358	7544	13814	8569	3287	5282
山西	22074	6691	15383	12523	4225	8298	4714	1774	2940
内蒙古	20881	6535	14346	10973	4040	6933	4235	1698	2537
辽宁	82913	26175	56738	52569	19180	33389	21225	8419	12806
吉林	25397	8136	17261	14817	5726	9091	5975	2573	3402
黑龙江	42974	14913	28061	22970	9092	13878	8552	3631	4921
上海	57201	17374	39827	43528	12872	30656	21141	6471	14670
江苏	72328	22446	49882	54062	16625	37437	26824	8271	18553
浙江	54884	15500	39384	39467	11133	28334	19353	5738	13615
安徽	26711	8420	18291	17168	5735	11433	7780	2598	5182
福建	20525	6560	13965	14825	4542	10283	6957	1954	5003
江西	13326	3979	9347	8403	2562	5841	3697	1150	2547
山东	76997	23376	53621	52672	16406	36266	23056	7189	15867
河南	32355	10549	21806	18661	6498	12163	7334	2502	4832
湖北	39204	12498	26706	22968	7778	15190	10025	3387	6638
湖南	27158	8464	18694	17222	5624	11598	7604	2562	5042
广东	66445	22932	43513	48458	15464	32994	26026	7384	18642
广西	12771	3926	8845	7768	2446	5322	3596	1113	2483
海南	2458	1095	1363	1629	566	1063	795	263	532
重庆	19329	6496	12833	12921	4566	8355	5848	2237	3611
四川	32373	11053	21320	21679	7902	13777	9793	3789	6004
贵州	10265	3257	7008	6083	2087	3996	2329	871	1458
云南	12007	4217	7790	7336	2586	4750	2729	968	1761
西藏	116	43	73	49	11	38	25	7	18
陕西	20769	6639	14130	11413	4207	7206	4778	1845	2933
甘肃	13429	4590	8839	6212	2426	3786	2408	990	1418
青海	2691	938	1753	1146	472	674	346	153	193
宁夏	4353	1332	3021	2083	762	1321	745	289	456
新疆	14816	5263	9553	7255	3059	4196	2791	1317	1474

5-2a 续表 6 单位：户

地区	90-94岁			95-99岁			100岁及以上		
	小计	男	女	小计	男	女	小计	男	女
全国	**75071**	**26327**	**48744**	**18214**	**6757**	**11457**	**1499**	**497**	**1002**
北京	2230	886	1344	426	159	267	52	19	33
天津	1893	831	1062	465	199	266	25	14	11
河北	1854	735	1119	316	128	188	27	8	19
山西	1049	404	645	178	62	116	13	3	10
内蒙古	988	433	555	262	115	147	18	5	13
辽宁	5206	2161	3045	1108	454	654	110	42	68
吉林	1789	820	969	656	317	339	37	23	14
黑龙江	2504	1115	1389	911	405	506	68	31	37
上海	5645	1826	3819	954	328	626	52	15	37
江苏	7740	2393	5347	1526	498	1028	110	25	85
浙江	5302	1659	3643	878	291	587	68	21	47
安徽	1996	686	1310	430	145	285	30	8	22
福建	2119	604	1515	588	164	424	74	18	56
江西	1107	364	743	248	85	163	14	4	10
山东	6360	2006	4354	1328	396	932	79	26	53
河南	1879	670	1209	416	133	283	40	15	25
湖北	2518	862	1656	672	246	426	33	6	27
湖南	2110	762	1348	517	210	307	27	7	20
广东	9985	2724	7261	3075	1005	2070	288	67	221
广西	1206	371	835	375	134	241	38	9	29
海南	258	67	191	91	25	66	27	4	23
重庆	1864	743	1121	516	225	291	48	19	29
四川	3145	1310	1835	933	413	520	91	41	50
贵州	806	333	473	282	132	150	25	9	16
云南	709	298	411	232	104	128	13	4	9
西藏	6	3	3	2	1	1	1	1	
陕西	1322	556	766	392	183	209	32	14	18
甘肃	483	214	269	127	67	60	3	2	1
青海	48	22	26	12	2	10	6	6	
宁夏	160	85	75	46	17	29	3		3
新疆	790	384	406	252	114	138	47	31	16

5-2b 各地区分年龄、性别的一人户(镇)

单位：户

地区	合计			14岁及以下		
	合计	男	女	小计	男	女
全国	**11069828**	**6107205**	**4962623**	**424882**	**238798**	**186084**
北京	97601	56509	41092	849	450	399
天津	37880	21083	16797	352	213	139
河北	401421	224233	177188	7036	3935	3101
山西	198357	103462	94895	5438	2970	2468
内蒙古	223897	119393	104504	6014	3198	2816
辽宁	229613	117204	112409	3947	2211	1736
吉林	245607	132030	113577	3600	1953	1647
黑龙江	381120	196329	184791	9826	5365	4461
上海	223312	135963	87349	1298	697	601
江苏	709451	369149	340302	22828	13412	9416
浙江	861732	485067	376665	19408	10995	8413
安徽	667138	358035	309103	37870	22298	15572
福建	388185	214354	173831	19119	10784	8335
江西	291924	160609	131315	17918	10592	7326
山东	600559	304059	296500	10600	6266	4334
河南	379693	205080	174613	16975	10210	6765
湖北	353094	192322	160772	14346	8519	5827
湖南	635874	358406	277468	27128	15815	11313
广东	685890	408407	277483	34745	19472	15273
广西	398957	228688	170269	18082	10222	7860
海南	100836	61376	39460	1450	824	626
重庆	482642	263554	219088	33790	18260	15530
四川	1040068	573207	466861	51562	27363	24199
贵州	303026	163548	139478	29920	16361	13559
云南	340575	192876	147699	9772	5109	4663
西藏	29669	18185	11484	306	163	143
陕西	313706	178131	135575	8677	4822	3855
甘肃	137073	79383	57690	4114	2235	1879
青海	54863	34114	20749	1446	757	689
宁夏	35611	19597	16014	2920	1507	1413
新疆	220454	132852	87602	3546	1820	1726

5-2b 续表 1

单位：户

地区	15-19岁			20-24岁			25-29岁		
	小计	男	女	小计	男	女	小计	男	女
全国	**349274**	**205090**	**144184**	**835560**	**503815**	**331745**	**880340**	**543123**	**337217**
北京	3988	2213	1775	17807	10504	7303	14173	8933	5240
天津	806	523	283	3788	2566	1222	3994	2633	1361
河北	6968	4797	2171	27202	19987	7215	25588	16711	8877
山西	4796	2739	2057	13556	8169	5387	14672	9241	5431
内蒙古	5160	3021	2139	16036	10103	5933	19050	12056	6994
辽宁	4166	2387	1779	11210	7025	4185	12463	7875	4588
吉林	3946	2292	1654	11641	7176	4465	14234	8735	5499
黑龙江	7334	4291	3043	19291	11569	7722	24049	14527	9522
上海	11911	7116	4795	41275	27719	13556	29731	21226	8505
江苏	22599	14003	8596	45092	28876	16216	39086	24630	14456
浙江	41172	24783	16389	104691	67588	37103	88166	60679	27487
安徽	28979	17793	11186	35374	19566	15808	38987	22387	16600
福建	19451	11120	8331	39957	23484	16473	34531	21702	12829
江西	8362	5129	3233	19581	11145	8436	21551	12980	8571
山东	7142	4936	2206	35716	25726	9990	28256	19735	8521
河南	9347	5773	3574	22228	13852	8376	20917	12809	8108
湖北	9809	6085	3724	18808	11024	7784	21358	12902	8456
湖南	13134	7789	5345	34589	19995	14594	45344	25962	19382
广东	27735	15809	11926	65643	39390	26253	75107	46782	28325
广西	7783	4485	3298	24495	13507	10988	39893	23373	16520
海南	998	609	389	3761	2032	1729	8227	4750	3477
重庆	19405	10590	8815	33207	17826	15381	31785	17503	14282
四川	35040	18832	16208	77550	41643	35907	81988	46013	35975
贵州	16995	9802	7193	22175	12468	9707	26545	15930	10615
云南	9999	5225	4774	31398	16882	14516	40266	24131	16135
西藏	485	242	243	3603	1874	1729	6940	3993	2947
陕西	10805	6183	4622	27129	15735	11394	32283	19428	12855
甘肃	5144	3093	2051	11383	6157	5226	14395	8977	5418
青海	1191	729	462	4173	2505	1668	6295	3905	2390
宁夏	1635	956	679	3227	1989	1238	3465	2192	1273
新疆	2989	1745	1244	9974	5733	4241	17001	10423	6578

5-2b 续表 2 单位：户

地区	30-34岁			35-39岁			40-44岁		
	小计	男	女	小计	男	女	小计	男	女
全 国	**791495**	**496291**	**295204**	**928768**	**588029**	**340739**	**1048449**	**631950**	**416499**
北 京	9054	5832	3222	8661	5758	2903	8477	5503	2974
天 津	2959	1808	1151	2918	1749	1169	2847	1691	1156
河 北	21095	13592	7503	22323	14854	7469	27001	17910	9091
山 西	11352	7343	4009	14234	9569	4665	15675	10022	5653
内蒙古	15097	9809	5288	18861	12327	6534	22331	14208	8123
辽 宁	14378	8591	5787	16694	9960	6734	21052	12227	8825
吉 林	18026	11062	6964	21859	13812	8047	28122	17425	10697
黑龙江	26756	16159	10597	35023	21864	13159	40027	24367	15660
上 海	21756	14991	6765	21368	14618	6750	19096	12738	6358
江 苏	36398	22730	13668	42805	26723	16082	67013	35656	31357
浙 江	70762	48948	21814	75008	50326	24682	77557	47693	29864
安 徽	42079	23972	18107	55549	31506	24043	76327	40939	35388
福 建	29762	19050	10712	35192	22082	13110	37978	22073	15905
江 西	21138	13096	8042	22676	14628	8048	25851	15785	10066
山 东	23329	16035	7294	26386	18952	7434	33952	22261	11691
河 南	19213	12450	6763	22371	15146	7225	29688	17990	11698
湖 北	23388	14208	9180	28808	18080	10728	37930	22227	15703
湖 南	42496	25651	16845	51433	32679	18754	60413	37395	23018
广 东	68065	43284	24781	66860	42225	24635	62646	39680	22966
广 西	36520	23035	13485	34147	22042	12105	36165	22581	13584
海 南	7906	4914	2992	9344	5965	3379	11284	7261	4023
重 庆	25309	14353	10956	45411	25983	19428	47753	26631	21122
四 川	74504	42561	31943	103786	60992	42794	105809	60748	45061
贵 州	24252	14481	9771	27252	15936	11316	28209	16047	12162
云 南	35693	23112	12581	35581	23616	11965	35077	22017	13060
西 藏	4710	3055	1655	4228	2843	1385	3111	2091	1020
陕 西	25144	15822	9322	28525	18947	9578	29468	18745	10723
甘 肃	11045	7350	3695	13094	8841	4253	15149	9837	5312
青 海	6409	4192	2217	7446	5102	2344	8170	5447	2723
宁 夏	3122	1972	1150	3375	2177	1198	3487	2056	1431
新 疆	19778	12833	6945	27550	18727	8823	30784	20699	10085

5-2b 续表 3 单位：户

地区	45-49岁			50-54岁			55-59岁		
	小计	男	女	小计	男	女	小计	男	女
全国	**962009**	**554857**	**407152**	**705345**	**421865**	**283480**	**777198**	**452683**	**324515**
北京	7419	4489	2930	5456	3261	2195	4939	2802	2137
天津	2553	1546	1007	2186	1277	909	2559	1372	1187
河北	26895	17050	9845	25925	16554	9371	33520	20130	13390
山西	15611	9188	6423	13997	8067	5930	15304	8359	6945
内蒙古	21396	12653	8743	17236	9796	7440	15776	8051	7725
辽宁	23133	12815	10318	20746	11169	9577	20604	10655	9949
吉林	28692	16938	11754	23081	13425	9656	20679	10972	9707
黑龙江	40380	22750	17630	34096	18159	15937	29908	14638	15270
上海	13383	8579	4804	9503	6157	3346	9610	6026	3584
江苏	61697	30120	31577	47374	26273	21101	53864	31098	22766
浙江	63515	37686	25829	42993	26400	16593	44219	25532	18687
安徽	68274	36039	32235	36283	21569	14714	47722	28360	19362
福建	33848	18990	14858	23852	14222	9630	22184	13173	9011
江西	23843	13753	10090	19895	11915	7980	20399	12178	8221
山东	34602	20708	13894	33828	20288	13540	47800	26313	21487
河南	30004	16350	13654	24217	13986	10231	31068	18148	12920
湖北	38070	21636	16434	25791	15318	10473	26820	15851	10969
湖南	58053	34556	23497	43393	27297	16096	50243	30864	19379
广东	52834	33400	19434	38736	25542	13194	36701	23989	12712
广西	35054	20793	14261	25563	15948	9615	26351	16838	9513
海南	12041	7684	4357	8792	6008	2784	8110	5494	2616
重庆	43640	24248	19392	29265	17697	11568	39660	23494	16166
四川	93581	52277	41304	65063	38041	27022	82337	47563	34774
贵州	25991	14390	11601	16557	9424	7133	17232	9486	7746
云南	31078	18547	12531	18267	11076	7191	19395	11314	8081
西藏	2280	1488	792	1280	825	455	940	640	300
陕西	26770	16158	10612	22308	13203	9105	22500	13226	9274
甘肃	13629	8121	5508	9102	5524	3578	9508	5635	3873
青海	6336	4160	2176	3086	2138	948	2402	1527	875
宁夏	2969	1673	1296	1991	1076	915	2211	1169	1042
新疆	24438	16072	8366	15483	10230	5253	12633	7786	4847

5-2b 续表 4

单位：户

地区	60-64岁			65-69岁			70-74岁		
	小计	男	女	小计	男	女	小计	男	女
全国	**716254**	**387858**	**328396**	**674322**	**319415**	**354907**	**704735**	**289425**	**415310**
北京	3528	1855	1673	3125	1269	1856	3695	1357	2338
天津	2787	1343	1444	2523	1077	1446	2801	1146	1655
河北	36523	19302	17221	34626	16014	18612	39717	16666	23051
山西	15448	7325	8123	14461	5771	8690	16479	5672	10807
内蒙古	13973	5910	8063	14024	4659	9365	17048	5359	11689
辽宁	17135	8057	9078	16120	6505	9615	17195	5969	11226
吉林	17147	8035	9112	14908	5587	9321	16011	5578	10433
黑龙江	26178	11060	15118	23996	8201	15795	27069	8604	18465
上海	7778	4309	3469	6971	3009	3962	7280	2528	4752
江苏	49794	27466	22328	50964	24787	26177	54103	22492	31611
浙江	43050	21063	21987	36643	14916	21727	42432	14534	27898
安徽	44812	26064	18748	46953	24256	22697	38417	16715	21702
福建	17995	9881	8114	16365	7743	8622	18709	7349	11360
江西	19574	11009	8565	17191	8289	8902	19816	7712	12104
山东	54369	25338	29031	56222	23411	32811	65615	24868	40747
河南	32205	17581	14624	31607	15302	16305	33204	14125	19079
湖北	24501	13189	11312	23534	10664	12870	23199	9014	14185
湖南	47544	27536	20008	41041	21453	19588	45560	20684	24876
广东	31315	20194	11121	29219	17014	12205	30548	15635	14913
广西	23776	14812	8964	22551	12368	10183	23918	11388	12530
海南	6326	4356	1970	4983	2964	2019	6390	3485	2905
重庆	33519	19827	13692	30371	16488	13883	26781	12617	14164
四川	69226	40937	28289	61079	33370	27709	53826	25681	28145
贵州	15820	8336	7484	15049	7142	7907	15587	5957	9630
云南	16551	8857	7694	15491	7033	8458	16363	6500	9863
西藏	666	409	257	487	265	222	338	176	162
陕西	19948	11046	8902	18240	8415	9825	17913	6956	10957
甘肃	8464	4427	4037	7851	3531	4320	6991	2742	4249
青海	2139	1185	954	2007	934	1073	1807	709	1098
宁夏	1928	848	1080	1840	668	1172	1635	566	1069
新疆	12235	6301	5934	13880	6310	7570	14288	6641	7647

5-2b 续表 5

单位：户

地 区	75-79岁			80-84岁			85-89岁		
	小计	男	女	小计	男	女	小计	男	女
全 国	**625786**	**236813**	**388973**	**401950**	**150027**	**251923**	**179405**	**64906**	**114499**
北 京	3467	1229	2238	1931	694	1237	820	281	539
天 津	2488	1111	1377	1632	702	930	523	238	285
河 北	35993	14424	21569	21171	8467	12704	7846	3106	4740
山 西	14658	4890	9768	8475	2784	5691	3307	1071	2236
内蒙古	12679	4439	8240	6048	2383	3665	2476	1094	1382
辽 宁	15066	5337	9729	10027	3967	6060	4197	1799	2398
吉 林	12076	4226	7850	7225	2933	4292	3060	1306	1754
黑龙江	19490	7053	12437	11119	4769	6350	4521	2033	2488
上 海	9253	2702	6551	7148	1969	5179	4294	1156	3138
江 苏	52915	19513	33402	37567	12873	24694	18897	6405	12492
浙 江	50725	15411	35314	36659	11041	25618	18763	5754	13009
安 徽	35048	13771	21277	22384	8582	13802	9475	3379	6096
福 建	18117	6193	11924	13134	4188	8946	5788	1698	4090
江 西	17200	6118	11082	10586	3959	6627	4751	1764	2987
山 东	67749	24151	43598	47081	16007	31074	20896	6908	13988
河 南	29397	11304	18093	17666	6690	10976	7256	2624	4632
湖 北	20174	7470	12704	10717	3990	6727	4544	1678	2866
湖 南	37727	15613	22114	23746	9705	14041	10420	4022	6398
广 东	29019	12584	16435	20594	8012	12582	10666	3644	7022
广 西	21264	8761	12503	13551	5105	8446	6584	2351	4233
海 南	5286	2636	2650	3265	1399	1866	1753	687	1066
重 庆	21257	9038	12219	13789	5838	7951	5548	2278	3270
四 川	41218	18224	22994	27296	12200	15096	11652	4919	6733
贵 州	11571	4192	7379	6615	2451	4164	2323	808	1515
云 南	13405	5052	8353	8114	2977	5137	3103	1098	2005
西 藏	148	61	87	90	31	59	26	10	16
陕 西	13228	4994	8234	7008	2826	4182	2838	1237	1601
甘 肃	4388	1693	2695	1869	800	1069	703	307	396
青 海	1191	485	706	537	231	306	175	83	92
宁 夏	1086	412	674	474	213	261	187	93	94
新 疆	8503	3726	4777	4432	2241	2191	2013	1075	938

5-2b 续表 6

单位：户

地区	90-94岁			95-99岁			100岁及以上		
	小计	男	女	小计	男	女	小计	男	女
全国	**50620**	**17505**	**33115**	**12235**	**4400**	**7835**	**1201**	**355**	**846**
北京	176	67	109	30	11	19	6	1	5
天津	135	71	64	23	13	10	6	4	2
河北	1673	623	1050	304	107	197	15	4	11
山西	774	236	538	114	45	69	6	1	5
内蒙古	527	243	284	159	81	78	6	3	3
辽宁	1098	501	597	350	140	210	32	14	18
吉林	910	410	500	361	148	213	29	17	12
黑龙江	1435	618	817	595	296	299	27	6	21
上海	1353	343	1010	279	75	204	25	5	20
江苏	5381	1735	3646	999	336	663	75	21	54
浙江	5076	1454	3622	816	245	571	77	19	58
安徽	2128	706	1422	431	122	309	46	11	35
福建	1753	505	1248	405	109	296	45	8	37
江西	1251	431	820	310	118	192	31	8	23
山东	5909	1857	4052	1020	278	742	87	21	66
河南	1837	573	1264	428	145	283	65	22	43
湖北	1008	366	642	278	97	181	11	4	7
湖南	2820	1086	1734	727	287	440	63	17	46
广东	3962	1259	2703	1331	451	880	164	41	123
广西	2479	838	1641	708	224	484	73	17	56
海南	645	219	426	224	77	147	51	12	39
重庆	1709	717	992	408	153	255	35	13	22
四川	3387	1349	2038	1035	444	591	129	50	79
贵州	729	263	466	176	67	109	28	7	21
云南	804	274	530	207	55	152	11	1	10
西藏	18	11	7	13	8	5			
陕西	693	271	422	217	111	106	12	6	6
甘肃	178	75	103	66	38	28			
青海	37	17	20	13	8	5	3		3
宁夏	48	24	24	10	5	5	1	1	
新疆	687	363	324	198	106	92	42	21	21

5-2c 各地区分年龄、性别的一人户(乡村)

单位：户

地区	合计			14岁及以下		
	合计	男	女	小计	男	女
全国	**24227442**	**13660718**	**10566724**	**1684776**	**973779**	**710997**
北京	163945	96904	67041	1764	948	816
天津	68156	40169	27987	854	506	348
河北	1020984	608520	412464	24296	13959	10337
山西	552917	306417	246500	13057	6987	6070
内蒙古	400015	245953	154062	18136	9624	8512
辽宁	482189	284188	198001	11264	6336	4928
吉林	331145	202464	128681	6619	3700	2919
黑龙江	500095	300633	199462	17716	9841	7875
上海	216797	125717	91080	1995	1018	977
江苏	1409847	679708	730139	55924	33603	22321
浙江	1501133	825280	675853	72914	41393	31521
安徽	1647880	915914	731966	139387	85260	54127
福建	781951	424946	357005	72977	40926	32051
江西	515541	287481	228060	56810	34563	22247
山东	1765941	899754	866187	46458	27970	18488
河南	1560257	858713	701544	139804	85016	54788
湖北	891799	510374	381425	71737	43876	27861
湖南	1160999	689130	471869	87583	51764	35819
广东	1301977	725801	576176	112516	63093	49423
广西	1048778	629440	419338	115352	67183	48169
海南	193984	123739	70245	3938	2302	1636
重庆	1145245	644039	501206	125173	70709	54464
四川	2500761	1425936	1074825	217369	121959	95410
贵州	993330	555304	438026	170476	94663	75813
云南	551137	335036	216101	31675	17510	14165
西藏	43355	25762	17593	1276	665	611
陕西	534794	302072	232722	27463	15977	11486
甘肃	302019	169936	132083	15371	8759	6612
青海	54003	35222	18781	4163	2310	1853
宁夏	92101	49132	42969	12267	6664	5603
新疆	494367	337034	157333	8442	4695	3747

5-2c 续表 1

单位：户

地区	15-19岁			20-24岁			25-29岁		
	小计	男	女	小计	男	女	小计	男	女
全 国	**779785**	**483808**	**295977**	**1021402**	**670247**	**351155**	**872572**	**588940**	**283632**
北 京	5799	3456	2343	22754	14396	8358	16403	11169	5234
天 津	1235	1003	232	4619	3681	938	3045	2288	757
河 北	16893	12351	4542	50449	42982	7467	28658	22914	5744
山 西	8653	4974	3679	16469	10680	5789	18289	12753	5536
内蒙古	5505	3475	2030	15278	10712	4566	20876	14611	6265
辽 宁	6569	4107	2462	12825	9164	3661	11281	8246	3035
吉 林	4469	2767	1702	12503	8159	4344	13027	8094	4933
黑龙江	8938	5406	3532	21713	13554	8159	24449	14981	9468
上 海	12094	7332	4762	34171	24069	10102	19973	15343	4630
江 苏	42832	27728	15104	56462	38380	18082	34173	24543	9630
浙 江	46210	29620	16590	83456	59808	23648	71748	55062	16686
安 徽	54029	35832	18197	48054	28001	20053	47518	26680	20838
福 建	33246	19054	14192	39604	22883	16721	34332	20983	13349
江 西	17900	11749	6151	18181	11138	7043	14420	9665	4755
山 东	18266	13153	5113	54138	42830	11308	32061	25162	6899
河 南	55781	36169	19612	61518	39571	21947	32049	21924	10125
湖 北	35613	23647	11966	31803	20419	11384	24163	16211	7952
湖 南	30919	19604	11315	35668	22846	12822	30089	20092	9997
广 东	56533	32521	24012	76335	46825	29510	77590	48656	28934
广 西	32196	19824	12372	35137	23001	12136	45114	31763	13351
海 南	1737	1125	612	4217	2746	1471	8874	6346	2528
重 庆	68884	39553	29331	48536	26808	21728	28535	16105	12430
四 川	113290	66981	46309	96589	58113	38476	69654	42913	26741
贵 州	53885	32220	21665	40705	23758	16947	39337	24983	14354
云 南	12782	7845	4937	29819	19028	10791	40636	28187	12449
西 藏	924	504	420	4435	2541	1894	6549	4241	2308
陕 西	12831	7834	4997	20847	13911	6936	20418	14385	6033
甘 肃	7611	4542	3069	11536	6977	4559	11946	7950	3996
青 海	1707	1126	581	3579	2427	1152	4171	2995	1176
宁 夏	4414	2553	1861	6165	3707	2458	6424	3925	2499
新 疆	8040	5753	2287	23837	17132	6705	36770	25770	11000

5-2c 续表 2

单位：户

地区	30-34岁			35-39岁			40-44岁		
	小计	男	女	小计	男	女	小计	男	女
全国	**886774**	**623713**	**263061**	**1278005**	**904738**	**373267**	**1792794**	**1146972**	**645822**
北京	10869	7685	3184	11131	8039	3092	11943	8417	3526
天津	2349	1821	528	2348	1829	519	3136	2334	802
河北	21957	17813	4144	28891	23745	5146	48538	37711	10827
山西	17669	13229	4440	27855	21658	6197	34994	25947	9047
内蒙古	20875	15512	5363	28952	21933	7019	32928	24445	8483
辽宁	14924	11126	3798	21576	16391	5185	34582	24787	9795
吉林	17851	11656	6195	26040	18149	7891	37235	26172	11063
黑龙江	30086	19439	10647	45109	30619	14490	53619	36976	16643
上海	15457	11582	3875	16442	12102	4340	15950	11356	4594
江苏	31489	22805	8684	50184	32132	18052	112257	50759	61498
浙江	64590	50348	14242	78262	58978	19284	99177	68024	31153
安徽	65867	37798	28069	112460	65333	47127	182856	96770	86086
福建	36287	23566	12721	52518	33786	18732	65179	39555	25624
江西	19351	14095	5256	26511	19782	6729	34945	22515	12430
山东	26245	21104	5141	37182	30386	6796	70775	49165	21610
河南	30413	22778	7635	45859	34272	11587	90896	53083	37813
湖北	25128	17636	7492	39898	28847	11051	69068	43869	25199
湖南	29661	21632	8029	52072	40339	11733	83076	58543	24533
广东	69928	44853	25075	79473	51411	28062	91091	56765	34326
广西	44362	33543	10819	49053	37893	11160	66440	47497	18943
海南	11174	8521	2653	15172	11594	3578	20517	15342	5175
重庆	26121	15577	10544	63313	38967	24346	83084	47700	35384
四川	76920	50777	26143	140468	95486	44982	180892	111657	69235
贵州	42785	28625	14160	55166	38069	17097	68604	43799	24805
云南	41835	32300	9535	46807	37618	9189	48774	36437	12337
西藏	5109	3501	1608	4671	3226	1445	4056	2592	1464
陕西	19638	14713	4925	29056	22817	6239	38532	27285	11247
甘肃	10783	8097	2686	18260	13896	4364	31707	19327	12380
青海	4862	3762	1100	5953	4727	1226	5990	4520	1470
宁夏	6564	3998	2566	7246	4603	2643	7840	4479	3361
新疆	45625	33821	11804	60077	46111	13966	64113	49144	14969

5-2c 续表 3 单位：户

地区	45-49岁			50-54岁			55-59岁		
	小计	男	女	小计	男	女	小计	男	女
全国	**1827273**	**1088568**	**738705**	**1617868**	**1014569**	**603299**	**2178936**	**1320682**	**858254**
北京	11249	7343	3906	9862	6430	3432	11272	7098	4174
天津	3574	2413	1161	4009	2493	1516	6680	3823	2857
河北	57613	41105	16508	71085	50102	20983	106144	69235	36909
山西	38584	26002	12582	44272	28352	15920	56330	33122	23208
内蒙古	33440	23642	9798	34286	23241	11045	37675	23660	14015
辽宁	39589	26563	13026	44154	29231	14923	55968	35550	20418
吉林	36553	25247	11306	32500	21785	10715	34605	21563	13042
黑龙江	49495	33555	15940	44650	29079	15571	47019	28053	18966
上海	12226	8052	4174	9662	6110	3552	11377	6977	4400
江苏	117662	47147	70515	102204	50590	51614	130119	71093	59026
浙江	101129	65765	35364	91552	59621	31931	112698	68149	44549
安徽	159201	83300	75901	81479	49867	31612	133435	82885	50550
福建	60127	35064	25063	51999	31817	20182	57369	33406	23963
江西	35750	21195	14555	36782	21984	14798	43766	25067	18699
山东	90557	55233	35324	106729	67158	39571	167293	97180	70113
河南	110550	53848	56702	101562	57709	43853	151568	89890	61678
湖北	79789	47558	32231	65869	40531	25338	84660	51448	33212
湖南	88793	57713	31080	83922	57508	26414	112909	73340	39569
广东	93917	55459	38458	80949	49901	31048	87856	53991	33865
广西	73757	48064	25693	68358	45157	23201	84440	54507	29933
海南	22486	16569	5917	16487	11978	4509	15887	10860	5027
重庆	81284	44645	36639	67349	43401	23948	112488	71061	41427
四川	171136	98795	72341	159456	103139	56317	263541	163937	99604
贵州	68622	41201	27421	53980	32466	21514	73913	42138	31775
云南	46156	30687	15469	33234	20537	12697	40267	22998	17269
西藏	3775	2285	1490	2457	1371	1086	2331	1293	1038
陕西	43511	27317	16194	48793	28721	20072	60319	32760	27559
甘肃	34474	17922	16552	26911	14489	12422	34075	18593	15482
青海	4941	3316	1625	2924	1888	1036	3340	2075	1265
宁夏	7153	3822	3331	5605	2926	2679	6604	3267	3337
新疆	50180	37741	12439	34787	24987	9800	32988	21663	11325

5-2c 续表 4 单位：户

地区	60-64岁			65-69岁			70-74岁		
	小计	男	女	小计	男	女	小计	男	女
全国	**2165376**	**1220097**	**945279**	**2068858**	**1060981**	**1007877**	**2123545**	**993446**	**1130099**
北京	9937	5288	4649	9192	4095	5097	10272	4238	6034
天津	7421	3917	3504	7263	3644	3619	7424	3708	3716
河北	119303	67694	51609	108545	55017	53528	122111	59224	62887
山西	57126	29661	27465	51371	24382	26989	58164	26193	31971
内蒙古	32916	18326	14590	29850	14801	15049	36363	17332	19031
辽宁	51406	28830	22576	47611	23597	24014	46272	21941	24331
吉林	30512	16753	13759	23515	11453	12062	22934	11048	11886
黑龙江	43351	23341	20010	34789	16787	18002	34033	16556	17477
上海	10082	5214	4868	9561	3775	5786	10760	3220	7540
江苏	124573	65303	59270	126332	59604	66728	135674	56157	79517
浙江	115947	59647	56300	100479	44600	55879	127191	50380	76811
安徽	138031	84406	53625	144021	83050	60971	123626	64587	59039
福建	51070	28161	22909	48981	24430	24551	57775	26033	31742
江西	45050	24335	20715	39680	19702	19978	45839	20211	25628
山东	188356	95807	92549	190974	88415	102559	220922	94981	125941
河南	159726	92342	67384	155102	83408	71694	155813	76655	79158
湖北	85194	48342	36852	81993	41814	40179	76464	35917	40547
湖南	116137	68897	47240	101943	56107	45836	113864	57054	56810
广东	82004	49732	32272	84484	48032	36452	94718	48310	46408
广西	86594	53133	33461	88914	50548	38366	89935	46506	43429
海南	14166	9454	4712	11811	6951	4860	14815	7490	7325
重庆	106404	66208	40196	101734	56092	45642	89854	44467	45387
四川	248146	147454	100692	234180	124686	109494	205786	99111	106675
贵州	74523	39705	34818	76246	37490	38756	75732	34573	41159
云南	38618	20616	18002	39811	19146	20665	40535	17731	22804
西藏	2192	1104	1088	1890	902	988	1533	686	847
陕西	53208	26058	27150	51094	23296	27798	47280	20668	26612
甘肃	30879	16518	14361	27141	13981	13160	21398	10016	11382
青海	3306	1793	1513	3181	1647	1534	2545	1186	1359
宁夏	5764	2571	3193	5378	2248	3130	5017	1939	3078
新疆	33434	19487	13947	31792	17281	14511	28896	15328	13568

5-2c 续表 5

单位：户

地区	75-79岁			80-84岁			85-89岁		
	小计	男	女	小计	男	女	小计	男	女
全国	**1931944**	**811582**	**1120362**	**1262277**	**493768**	**768509**	**554096**	**203941**	**350155**
北京	11133	4460	6673	6792	2534	4258	2820	1025	1795
天津	7386	3541	3845	4753	2190	2563	1675	794	881
河北	114669	51527	63142	70058	30284	39774	25485	10446	15039
山西	58816	23992	34824	34348	12704	21644	13579	4660	8919
内蒙古	31554	14751	16803	14559	6760	7799	5616	2572	3044
辽宁	40072	17817	22255	28111	12736	15375	12327	5980	6347
吉林	17013	8134	8879	9997	4951	5046	4208	2091	2117
黑龙江	23810	11815	11995	13874	6965	6909	5585	2781	2804
上海	14609	3825	10784	11848	3098	8750	7534	1943	5591
江苏	134098	48745	85353	95106	31794	63312	46246	15003	31243
浙江	153080	53498	99582	110979	36946	74033	54879	18025	36854
安徽	109599	49555	60044	71018	28790	42228	29546	11243	18303
福建	55375	22039	33336	40869	15090	25779	18266	6276	11990
江西	40363	16349	24014	25545	9750	15795	11420	4270	7150
山东	239639	94653	144986	172678	62004	110674	78132	26518	51614
河南	139270	60818	78452	84728	34609	50119	34536	13053	21483
湖北	66605	28795	37810	35697	14649	21048	14605	5542	9063
湖南	96413	43611	52802	62208	26178	36030	27096	10745	16351
广东	92941	37485	55456	69792	23702	46090	36123	10892	25231
广西	79101	35516	43585	52887	21729	31158	25457	9640	15817
海南	13758	6090	7668	10270	3724	6546	5601	1799	3802
重庆	72851	33285	39566	46090	20006	26084	17947	7443	10504
四川	160981	72405	88576	104628	45591	59037	43082	17579	25503
贵州	55133	23722	31411	30521	12692	17829	10317	4038	6279
云南	31887	13140	18747	19335	7830	11505	6869	2642	4227
西藏	1103	454	649	676	249	427	278	99	179
陕西	34573	14687	19886	17495	7668	9827	7380	3059	4321
甘肃	13074	5771	7303	4655	2131	2524	1724	739	985
青海	1903	854	1049	932	399	533	373	145	228
宁夏	3348	1342	2006	1548	707	841	569	286	283
新疆	17787	8906	8881	10280	5308	4972	4821	2613	2208

5-2c 续表 6 单位：户

地区	90-94岁			95-99岁			100岁及以上		
	小计	男	女	小计	男	女	小计	男	女
全国	**148540**	**50599**	**97941**	**29284**	**9422**	**19862**	**3337**	**866**	**2471**
北京	637	245	392	110	37	73	6	1	5
天津	333	156	177	45	23	22	7	5	2
河北	5303	2057	3246	924	338	586	62	16	46
山西	2880	981	1899	441	137	304	20	3	17
内蒙古	1057	482	575	147	73	74	2	1	1
辽宁	3059	1493	1566	558	278	280	41	15	26
吉林	1208	582	626	325	145	180	31	15	16
黑龙江	1438	677	761	403	195	208	18	13	5
上海	2546	584	1962	458	113	345	52	4	48
江苏	12422	3762	8660	1961	527	1434	129	33	96
浙江	14402	4636	9766	2258	729	1529	182	51	131
安徽	6347	2161	4186	1197	352	845	209	44	165
福建	4989	1585	3404	910	267	643	78	25	53
江西	2678	931	1747	505	170	335	45	10	35
山东	21493	6889	14604	3694	1071	2623	349	75	274
河南	8887	2935	5952	1903	564	1339	292	69	223
湖北	2918	1059	1859	548	199	349	47	15	32
湖南	6997	2612	4385	1490	503	987	159	42	117
广东	12268	3331	8937	3043	760	2283	416	82	334
广西	9163	3182	5981	2204	680	1524	314	74	240
海南	2225	633	1592	642	168	474	207	47	160
重庆	4633	1696	2937	882	291	591	83	25	58
四川	11848	4379	7469	2483	879	1604	312	95	217
贵州	2707	944	1763	603	194	409	75	24	51
云南	1699	633	1066	364	141	223	34	10	24
西藏	67	28	39	29	18	11	4	3	1
陕西	1906	739	1167	431	171	260	19	6	13
甘肃	380	170	210	89	56	33	5	2	3
青海	96	38	58	22	10	12	15	4	11
宁夏	158	79	79	33	14	19	4	2	2
新疆	1796	920	876	582	319	263	120	55	65

5-3 各地区家庭户中民族混合户户数

单位：户、%

地区	家庭户户数	单一民族户		二个民族户		三个民族户		四个及以上民族户	
		户数	占家庭户比重	户数	占家庭户比重	户数	占家庭户比重	户数	占家庭户比重
全国	**401934196**	**390914616**	**97.26**	**10813971**	**2.69**	**201512**	**0.05**	**4097**	
北京	6680552	6450814	96.56	228280	3.42	1437	0.02	21	
天津	3661992	3602585	98.38	59167	1.62	237	0.01	3	
河北	20395116	19911449	97.63	478716	2.35	4929	0.02	22	
山西	10330207	10311704	99.82	18441	0.18	61		1	
内蒙古	8205498	7251661	88.38	941832	11.48	11928	0.15	77	
辽宁	14994046	13601061	90.71	1381717	9.22	11217	0.07	51	
吉林	8998492	8634968	95.96	362177	4.02	1341	0.01	6	
黑龙江	13000088	12677743	97.52	321096	2.47	1240	0.01	9	
上海	8253257	8185122	99.17	67807	0.82	319		9	
江苏	24381782	24265781	99.52	115517	0.47	464		20	
浙江	18854021	18649455	98.92	202237	1.07	2151	0.01	178	
安徽	18861956	18770159	99.51	91607	0.49	188		2	
福建	11206317	11027362	98.40	178070	1.59	860	0.01	25	
江西	11542527	11487422	99.52	54907	0.48	192		6	
山东	30105454	30015513	99.70	89729	0.30	210		2	
河南	25928729	25803651	99.52	124756	0.48	315		7	
湖北	16695121	16317679	97.74	368377	2.21	8919	0.05	146	
湖南	18625710	17894348	96.07	707973	3.80	23215	0.12	174	
广东	28630609	28351454	99.02	276429	0.97	2567	0.01	159	
广西	13151404	11871454	90.27	1256601	9.55	22900	0.17	449	
海南	2331149	2230302	95.67	99604	4.27	1213	0.05	30	
重庆	10000965	9763487	97.63	229991	2.30	7460	0.07	27	
四川	25794161	25575506	99.15	215831	0.84	2774	0.01	50	
贵州	10558461	9237899	87.49	1271486	12.04	47832	0.45	1244	0.01
云南	12339961	10980454	88.98	1314502	10.65	43724	0.35	1281	0.01
西藏	670838	661550	98.62	9180	1.37	105	0.02	3	
陕西	10718563	10690535	99.74	27965	0.26	61		2	
甘肃	6900369	6797183	98.50	101739	1.47	1414	0.02	33	
青海	1529039	1438341	94.07	89159	5.83	1507	0.10	32	
宁夏	1882205	1844877	98.02	37199	1.98	129	0.01		
新疆	6705607	6613097	98.62	91879	1.37	603	0.01	28	

5-3a　各地区家庭户中民族混合户户数(城市)

单位：户、%

地　区	家庭户户数	单一民族户		二个民族户		三个民族户		四个及以上民族户	
		户数	占家庭户比重	户数	占家庭户比重	户数	占家庭户比重	户数	占家庭户比重
全　国	**128660933**	**125446993**	**97.50**	**3176166**	**2.47**	**36570**	**0.03**	**1204**	
北　京	5375588	5191402	96.57	182892	3.40	1275	0.02	19	
天　津	2501235	2462622	98.46	38444	1.54	166	0.01	3	
河　北	4295310	4196226	97.69	98600	2.30	479	0.01	5	
山　西	2901607	2891570	99.65	10008	0.34	29			
内蒙古	2737984	2407738	87.94	327037	11.94	3181	0.12	28	
辽　宁	7952951	7431873	93.45	518331	6.52	2729	0.03	18	
吉　林	3598113	3483460	96.81	114193	3.17	455	0.01	5	
黑龙江	5047097	4944817	97.97	101925	2.02	350	0.01	5	
上　海	6244138	6188322	99.11	55565	0.89	244		7	
江　苏	9161950	9104192	99.37	57559	0.63	193		6	
浙　江	6873461	6812973	99.12	59819	0.87	611	0.01	58	
安　徽	3942502	3906425	99.08	36019	0.91	58			
福　建	3928853	3872149	98.56	56350	1.43	347	0.01	7	
江　西	2125304	2116834	99.60	8416	0.40	51		3	
山　东	8817542	8765521	99.41	51873	0.59	146		2	
河　南	5349707	5292697	98.93	56836	1.06	171		3	
湖　北	5467910	5399631	98.75	67501	1.23	769	0.01	9	
湖　南	3784084	3699032	97.75	82947	2.19	2074	0.05	31	
广　东	15577871	15393333	98.82	182806	1.17	1639	0.01	93	
广　西	2479642	2097993	84.61	375681	15.15	5816	0.23	152	0.01
海　南	618068	597464	96.67	20361	3.29	234	0.04	9	
重　庆	2861917	2833089	98.99	28266	0.99	559	0.02	3	
四　川	5265271	5221617	99.17	43159	0.82	487	0.01	8	
贵　州	1777973	1531889	86.16	237135	13.34	8503	0.48	446	0.03
云　南	2106060	1882974	89.41	217722	10.34	5111	0.24	253	0.01
西　藏	93975	91467	97.33	2472	2.63	35	0.04	1	
陕　西	2788195	2769649	99.33	18505	0.66	40		1	
甘　肃	1687056	1662601	98.55	24298	1.44	154	0.01	3	
青　海	448369	425993	95.01	22140	4.94	225	0.05	11	
宁　夏	696676	666397	95.65	30163	4.33	116	0.02		
新　疆	2154524	2105043	97.70	49143	2.28	323	0.01	15	

5-3b 各地区家庭户中民族混合户户数(镇)

单位：户、%

地　区	家庭户户　数	单一民族户		二个民族户		三个民族户		四个及以上民族户	
		户数	占家庭户比重	户数	占家庭户比重	户数	占家庭户比重	户数	占家庭户比重
全　国	**78528240**	**76116939**	**96.93**	**2360916**	**3.01**	**49219**	**0.06**	**1166**	
北　京	427497	409321	95.75	18102	4.23	73	0.02	1	
天　津	374642	366889	97.93	7727	2.06	26	0.01		
河　北	4677328	4562145	97.54	113998	2.44	1181	0.03	4	
山　西	2196400	2193812	99.88	2575	0.12	13			
内蒙古	1915033	1666481	87.02	245966	12.84	2559	0.13	27	
辽　宁	1787832	1577056	88.21	209523	11.72	1244	0.07	9	
吉　林	1600554	1530853	95.65	69469	4.34	232	0.01		
黑龙江	2655986	2601683	97.96	54135	2.04	167	0.01	1	
上　海	1058274	1051315	99.34	6909	0.65	50			
江　苏	5281326	5264823	99.69	16411	0.31	88		4	
浙　江	4523591	4473056	98.88	49930	1.10	566	0.01	39	
安　徽	4167758	4144857	99.45	22856	0.55	45			
福　建	2482591	2449041	98.65	33405	1.35	142	0.01	3	
江　西	3024685	3014370	99.66	10291	0.34	23		1	
山　东	5731446	5720428	99.81	11004	0.19	14			
河　南	4550905	4523578	99.40	27273	0.60	54			
湖　北	2958881	2879661	97.32	77320	2.61	1865	0.06	35	
湖　南	4457974	4249981	95.33	201137	4.51	6803	0.15	53	
广　东	4064401	4037679	99.34	26312	0.65	380	0.01	30	
广　西	2801475	2500978	89.27	294730	10.52	5652	0.20	115	
海　南	535352	506084	94.53	28880	5.39	384	0.07	4	
重　庆	2223962	2166629	97.42	55181	2.48	2147	0.10	5	
四　川	5243022	5187909	98.95	54219	1.03	872	0.02	22	
贵　州	1876388	1572036	83.78	292622	15.59	11433	0.61	297	0.02
云　南	2668907	2298017	86.10	357959	13.41	12442	0.47	489	0.02
西　藏	121262	118536	97.75	2700	2.23	26	0.02		
陕　西	2333578	2328264	99.77	5306	0.23	7		1	
甘　肃	1070634	1050518	98.12	19857	1.85	250	0.02	9	
青　海	333164	306145	91.89	26633	7.99	373	0.11	13	
宁　夏	282680	280054	99.07	2617	0.93	9			
新　疆	1100712	1084740	98.55	15869	1.44	99	0.01	4	

5-3c 各地区家庭户中民族混合户户数(乡村)

单位：户、%

地区	家庭户	单一民族户		二个民族户		三个民族户		四个及以上民族户	
	户数	户数	占家庭户比重	户数	占家庭户比重	户数	占家庭户比重	户数	占家庭户比重
全国	**194745023**	**189350684**	**97.23**	**5276889**	**2.71**	**115723**	**0.06**	**1727**	
北京	877467	850091	96.88	27286	3.11	89	0.01	1	
天津	786115	773074	98.34	12996	1.65	45	0.01		
河北	11422478	11153078	97.64	266118	2.33	3269	0.03	13	
山西	5232200	5226322	99.89	5858	0.11	19		1	
内蒙古	3552481	3177442	89.44	368829	10.38	6188	0.17	22	
辽宁	5253263	4592132	87.41	653863	12.45	7244	0.14	24	
吉林	3799825	3620655	95.28	178515	4.70	654	0.02	1	
黑龙江	5297005	5131243	96.87	165036	3.12	723	0.01	3	
上海	950845	945485	99.44	5333	0.56	25		2	
江苏	9938506	9896766	99.58	41547	0.42	183		10	
浙江	7456969	7363426	98.75	92488	1.24	974	0.01	81	
安徽	10751696	10718877	99.69	32732	0.30	85		2	
福建	4794873	4706172	98.15	88315	1.84	371	0.01	15	
江西	6392538	6356218	99.43	36200	0.57	118		2	
山东	15556466	15529564	99.83	26852	0.17	50			
河南	16028117	15987376	99.75	40647	0.25	90		4	
湖北	8268330	8038387	97.22	223556	2.70	6285	0.08	102	
湖南	10383652	9945335	95.78	423889	4.08	14338	0.14	90	
广东	8988337	8920442	99.24	67311	0.75	548	0.01	36	
广西	7870287	7272483	92.40	586190	7.45	11432	0.15	182	
海南	1177729	1126754	95.67	50363	4.28	595	0.05	17	
重庆	4915086	4763769	96.92	146544	2.98	4754	0.10	19	
四川	15285868	15165980	99.22	118453	0.77	1415	0.01	20	
贵州	6904100	6133974	88.85	741729	10.74	27896	0.40	501	0.01
云南	7564994	6799463	89.88	738821	9.77	26171	0.35	539	0.01
西藏	455601	451547	99.11	4008	0.88	44	0.01	2	
陕西	5596790	5592622	99.93	4154	0.07	14			
甘肃	4142679	4084064	98.59	57584	1.39	1010	0.02	21	
青海	747506	706203	94.47	40386	5.40	909	0.12	8	
宁夏	902849	898426	99.51	4419	0.49	4			
新疆	3450371	3423314	99.22	26867	0.78	181	0.01	9	

5-4 各地区有60岁及以上老年人口的家庭户户数

单位：户

地区	合计	有一个60岁及以上老年人的户				有二个60岁及以上老年人的户				有三个60岁及以上老年人的户
		小计	单身老人户	一个老年人与未成年的亲属户	其他	小计	只有一对老夫妇的户	一对老夫妇与未成年的亲属户	其他	
全国	**122941578**	**72421211**	**18243921**	**1335063**	**52842227**	**49342404**	**21890227**	**1817526**	**25634651**	**1177963**
北京	1642273	876310	244364	5083	626863	752030	338953	11570	401507	13933
天津	1104458	572630	171433	2715	398482	521851	283412	8158	230281	9977
河北	6344191	3536518	900898	21470	2614150	2738369	1340502	39901	1357966	69304
山西	2853043	1663487	447653	14571	1201263	1169565	581393	22220	565952	19991
内蒙古	1960239	1126207	320460	9380	796367	823562	514133	15546	293883	10470
辽宁	4535712	2415759	684370	11531	1719858	2084661	1119990	27090	937581	35292
吉林	2477491	1385823	319708	7452	1058663	1072001	508007	14594	549400	19667
黑龙江	3402754	1895566	498838	13098	1383630	1482498	778388	24061	680049	24690
上海	2262295	1168580	361491	6226	800863	1060042	554695	19785	485562	33673
江苏	8418499	4561926	1302724	58416	3200786	3734265	1754782	105576	1873907	122308
浙江	5298220	3179848	1165634	34693	1979521	2076072	1217823	52759	805490	42300
安徽	6087555	3509589	988339	88647	2432603	2505518	1200824	156968	1147726	72448
福建	3071315	2005949	479077	38527	1488345	1041235	411869	38201	591165	24131
江西	3601461	2248371	366128	60623	1821620	1323035	421588	73739	827708	30055
山东	9440606	5133479	1791758	36774	3304947	4207067	2562659	67601	1576807	100060
河南	8172454	4633381	1047722	121764	3463895	3430380	1351836	186300	1892244	108693
湖北	5409534	3155396	665746	62665	2426985	2201893	844101	94059	1263733	52245
湖南	6704821	4110311	875220	78961	3156130	2535763	930258	105176	1500329	58747
广东	7265859	4740753	989437	119198	3632118	2456582	652587	114431	1689564	68524
广西	4365534	2778626	613621	91632	2073373	1549309	516792	87099	945418	37599
海南	699987	437078	118904	4459	313715	256003	80345	6663	168995	6906
重庆	3564983	2208470	687785	86970	1433715	1327873	585483	104634	637756	28640
四川	9344875	5868995	1469058	178477	4221460	3388902	1338203	200007	1850692	86978
贵州	3176384	1949147	452054	92313	1404780	1208866	496049	109465	603352	18371
云南	3677155	2349910	320614	23903	2005393	1297658	377094	26869	893695	29587
西藏	173763	126244	10791	1019	114434	43112	2642	469	40001	4407
陕西	3323846	1987432	393665	26280	1567487	1312517	486786	41398	784333	23897
甘肃	2226791	1329253	197928	19321	1112004	881682	254994	34957	591731	15856
青海	386202	247770	34151	3646	209973	136668	37276	5860	93532	1764
宁夏	418178	235494	52002	3442	180050	180820	92396	6625	81799	1864
新疆	1531100	982909	272348	11807	698754	542605	254367	15745	272493	5586

5-4a 各地区有60岁及以上老年人口的家庭户户数(城市)

单位：户

地区	合计	有一个60岁及以上老年人的户				有二个60岁及以上老年人的户				有三个60岁及以上老年人的户
		小计	单身老人户	一个老年人与未成年的亲属户	其他	小计	只有一对老夫妇的户	一对老夫妇与未成年的亲属户	其他	
全国	**31118180**	**17124845**	**4590156**	**147648**	**12387041**	**13733211**	**6566882**	**284548**	**6881781**	**260124**
北京	1273385	670820	176687	4376	489757	591808	250397	9852	331559	10757
天津	756074	388201	122208	2211	263782	361883	194761	6871	160251	5990
河北	1136844	570210	156570	3345	410295	558122	290893	9308	257921	8512
山西	629968	330879	97186	2684	231009	296051	164557	5854	125640	3038
内蒙古	573746	296165	101456	2709	192000	274810	182175	6427	86208	2771
辽宁	2216402	1156246	373693	6061	776492	1045859	572364	13773	459722	14297
吉林	931366	495432	138238	3692	353502	429339	221814	7364	200161	6595
黑龙江	1324489	712370	227107	5330	479933	602827	326096	10230	266501	9292
上海	1766649	924059	249660	5338	669061	816116	388077	17824	410215	26474
江苏	2514835	1318296	355488	7407	955401	1166357	565296	15546	585515	30182
浙江	1398425	786749	251996	5134	529619	599983	340040	10720	249223	11693
安徽	963729	543951	165051	5420	373480	412647	221002	9947	181698	7131
福建	775471	480059	108453	4780	366826	288832	110831	6013	171988	6580
江西	580924	336185	64293	4376	267516	240195	90004	7852	142339	4544
山东	2120291	1082747	356573	6734	719440	1019802	617856	16996	384950	17742
河南	1294097	672601	153800	6084	512717	609845	264540	13018	332287	11651
湖北	1420245	776474	193709	8230	574535	633224	277958	16140	339126	10547
湖南	1006754	585230	139265	6065	439900	414144	182061	11471	220612	7380
广东	2702811	1698708	356830	19036	1322842	981877	273435	20019	688423	22226
广西	607321	370025	64148	3513	302364	232692	71195	5768	155729	4604
海南	140902	85301	16486	610	68205	54045	13025	1071	39949	1556
重庆	796745	480969	113890	5907	361172	307616	113658	8123	185835	8160
四川	1451133	821182	188764	9393	623025	615487	258387	17154	339946	14464
贵州	422777	257933	58299	4481	195153	162587	64672	6392	91523	2257
云南	482989	284968	67413	2758	214797	194683	81618	4297	108768	3338
西藏	11670	8611	1233	137	7241	2942	656	118	2168	117
陕西	707839	380876	100182	4364	276330	323225	147559	9580	166086	3738
甘肃	416885	230916	68073	2847	159996	184162	99524	6185	78453	1807
青海	104257	58219	13869	849	43501	45675	21133	2440	22102	363
宁夏	139015	74761	22974	1020	50767	63689	39786	2379	21524	565
新疆	450142	245702	86562	2757	156383	202687	121512	5816	75359	1753

5-4b 各地区有60岁及以上老年人口的家庭户户数(镇)

单位：户

地区	合计	有一个60岁及以上老年人的户				有二个60岁及以上老年人的户				有三个60岁及以上老年人的户
		小计	单身老人户	一个老年人与未成年的亲属户	其他	小计	只有一对老夫妇的户	一对老夫妇与未成年的亲属户	其他	
全国	**21664090**	**12823005**	**3366508**	**242503**	**9213994**	**8634166**	**4024693**	**298364**	**4311109**	**206919**
北京	94585	51148	16778	226	34144	42760	25076	582	17102	677
天津	92507	47502	12918	193	34391	44197	25687	439	18071	808
河北	1321651	729385	177868	4544	546973	577832	284073	8735	285024	14434
山西	486370	276514	73722	3621	199171	206415	107591	5210	93614	3441
内蒙古	388467	219285	66940	3995	148350	167105	111080	4568	51457	2077
辽宁	495656	261622	81220	1476	178926	230536	136231	3130	91175	3498
吉林	408464	229830	71727	1736	156367	175725	98415	2878	74432	2909
黑龙江	647083	347478	114430	4037	229011	295334	183694	6664	104976	4271
上海	218397	108628	44381	436	63811	106621	69285	1014	36322	3148
江苏	1722001	934824	270695	13234	650895	761151	357745	21027	382379	26026
浙江	1086868	654544	234241	7103	413200	423931	250319	10096	163516	8393
安徽	1178300	689519	199694	18649	471176	476044	239505	25419	211120	12737
福建	637454	415961	92311	7796	315854	216352	81480	7528	127344	5141
江西	824703	512602	90710	14650	407242	304960	103062	17030	184868	7141
山东	1679363	904439	318948	6491	579000	757145	472819	12087	272239	17779
河南	1324513	745702	153665	15027	577010	561659	214147	22586	324926	17152
湖北	832677	485105	107966	10799	366340	339581	141055	14481	184045	7991
湖南	1403300	871957	209648	17044	645265	519374	206757	20730	291887	11969
广东	1220469	815025	156818	17138	641069	391995	93777	16532	281686	13449
广西	835562	532660	114904	13825	403931	295589	97293	14084	184212	7313
海南	158307	100615	28923	1108	70584	56211	17525	1769	36917	1481
重庆	682221	430039	133417	19156	277466	246621	110228	17898	118495	5561
四川	1554440	984177	268848	30506	684823	555978	232967	28346	294665	14285
贵州	457342	290165	67898	11312	210955	164671	66559	11708	86404	2506
云南	701496	447168	74049	5044	368075	248669	87616	5995	155058	5659
西藏	16393	12592	1786	203	10603	3597	523	66	3008	204
陕西	569087	338905	80097	6118	252690	226273	98778	8289	119206	3909
甘肃	264973	159313	30510	3241	125562	104137	38414	4565	61158	1523
青海	66305	43356	7909	1092	34355	22657	7624	1331	13702	292
宁夏	54066	31136	7209	679	23248	22685	12266	870	9549	245
新疆	241070	151809	56278	2024	93507	88361	53102	2707	32552	900

5-4c 各地区有60岁及以上老年人口的家庭户户数(乡村)

单位：户

地区	合计	有一个60岁及以上老年人的户				有二个60岁及以上老年人的户				有三个60岁及以上老年人的户
		小计	单身老人户	一个老年人与未成年的亲属户	其他	小计	只有一对老夫妇的户	一对老夫妇与未成年的亲属户	其他	
全国	**70159308**	**42473361**	**10287257**	**944912**	**31241192**	**26975027**	**11298652**	**1234614**	**14441761**	**710920**
北京	274303	154342	50899	481	102962	117462	63480	1136	52846	2499
天津	255877	136927	36307	311	100309	115771	62964	848	51959	3179
河北	3885696	2236923	566460	13581	1656882	1602415	765536	21858	815021	46358
山西	1736705	1056094	276745	8266	771083	667099	309245	11156	346698	13512
内蒙古	998026	610757	152064	2676	456017	381647	220878	4551	156218	5622
辽宁	1823654	997891	229457	3994	764440	808266	411395	10187	386684	17497
吉林	1137661	660561	109743	2024	548794	466937	187778	4352	274807	10163
黑龙江	1431182	835718	157301	3731	674686	584337	268598	7167	308572	11127
上海	277249	135893	67450	452	67991	137305	97333	947	39025	4051
江苏	4181663	2308806	676541	37775	1594490	1806757	831741	69003	906013	66100
浙江	2812927	1738555	679397	22456	1036702	1052158	627464	31943	392751	22214
安徽	3945526	2276119	623594	64578	1587947	1616827	740317	121602	754908	52580
福建	1658390	1109929	278313	25951	805665	536051	219558	24660	291833	12410
江西	2195834	1399584	211125	41597	1146862	777880	228522	48857	500501	18370
山东	5640952	3146293	1116237	23549	2006507	2430120	1471984	38518	919618	64539
河南	5553844	3215078	740257	100653	2374168	2258876	873149	150696	1235031	79890
湖北	3156612	1893817	364071	43636	1486110	1229088	425088	63438	740562	33707
湖南	4294767	2653124	526307	55852	2070965	1602245	541440	72975	987830	39398
广东	3342579	2227020	475789	83024	1668207	1082710	285375	77880	719455	32849
广西	2922651	1875941	434569	74294	1367078	1021028	348304	67247	605477	25682
海南	400778	251162	73495	2741	174926	145747	49795	3823	92129	3869
重庆	2086017	1297462	440478	61907	795077	773636	361597	78613	333426	14919
四川	6339302	4063636	1011446	138578	2913612	2217437	846849	154507	1216081	58229
贵州	2296265	1401049	325857	76520	998672	881608	364818	91365	425425	13608
云南	2492670	1617774	179152	16101	1422521	854306	207860	16577	629869	20590
西藏	145700	105041	7772	679	96590	36573	1463	285	34825	4086
陕西	2046920	1267651	213386	15798	1038467	763019	240449	23529	499041	16250
甘肃	1544933	939024	99345	13233	826446	593383	117056	24207	452120	12526
青海	215640	146195	12373	1705	132117	68336	8519	2089	57728	1109
宁夏	225097	129597	21819	1743	106035	94446	40344	3376	50726	1054
新疆	839888	585398	129508	7026	448864	251557	79753	7222	164582	2933

5-5 各地区有65岁及以上老年人口的家庭户户数

单位：户

地 区	合 计	有一个65岁及以上老年人的户				有二个65岁及以上老年人的户				有三个65岁及以上老年人的户
		小计	单身老人户	一个老年人与未成年的亲属户	其他	小计	只有一对老夫妇的户	一对老夫妇与未成年的亲属户	其他	
全 国	**88036310**	**59465404**	**14439685**	**865162**	**44160557**	**28233146**	**13530510**	**776435**	**13926201**	**337760**
北 京	1207750	730261	192967	3260	534034	473480	227085	5728	240667	4009
天 津	781761	483217	141505	1702	340010	296023	169992	3266	122765	2521
河 北	4348298	2873074	718031	12885	2142158	1457822	777408	14536	665878	17402
山 西	2011676	1356930	358537	9188	989205	649271	349085	9396	290790	5475
内蒙古	1377709	910556	255624	5500	649432	464032	300800	5886	157346	3121
辽 宁	3224900	1992382	549823	6985	1435574	1222706	691625	10409	520672	9812
吉 林	1678527	1088121	240937	4193	842991	585107	291051	5462	288594	5299
黑龙江	2305384	1486670	380125	7422	1099123	811399	446736	9004	355659	7315
上 海	1619298	976043	294382	3637	678024	634555	361593	7334	265628	8700
江 苏	6147499	3888399	1062588	35712	2790099	2223808	1129456	41957	1052395	35292
浙 江	3829609	2657453	958511	21104	1677838	1161901	741256	18656	401989	10255
安 徽	4430924	2934620	763320	57568	2113732	1474844	758688	67046	649110	21460
福 建	2263365	1652877	386611	25055	1241211	603766	266061	16760	320945	6722
江 西	2564797	1827551	288918	38916	1499717	729149	259688	31140	438321	8097
山 东	6746757	4284534	1490848	23741	2769945	2432541	1572344	27870	832327	29682
河 南	5754338	3782040	826922	77762	2877356	1939986	860915	78609	1000462	32312
湖 北	3791526	2575364	513293	38280	2023791	1201776	502683	35276	663817	14386
湖 南	4823191	3374368	682204	50537	2641627	1433017	579597	42710	810710	15806
广 东	5377567	3893992	802212	84397	3007383	1461232	447449	59839	953944	22343
广 西	3249324	2289631	489310	65238	1735083	947443	351742	46515	549186	12250
海 南	524487	359523	93679	3059	262785	162699	57477	3390	101832	2265
重 庆	2556992	1791342	517457	56279	1217606	757404	357111	45159	355134	8246
四 川	6710282	4772272	1106491	113482	3552299	1912887	804349	84095	1024443	25123
贵 州	2292084	1588428	347928	63175	1177325	698692	302096	50327	346269	4964
云 南	2700426	1935997	249404	15792	1670801	755923	234866	12714	508343	8506
西 藏	123015	97930	7501	653	89776	23247	1469	200	21578	1838
陕 西	2360804	1614811	299799	15676	1299336	739192	299329	16285	423578	6801
甘 肃	1578166	1080706	145232	11611	923863	492780	147822	13806	331152	4680
青 海	273812	196778	26127	2328	168323	76458	23946	2692	49820	576
宁 夏	295500	192913	39734	2191	150988	102048	53330	2809	45909	539
新 疆	1086542	776621	209665	7834	559122	307958	163461	7559	136938	1963

5-5a 各地区有65岁及以上老年人口的家庭户户数(城市)

单位：户

地区	合计	有一个65岁及以上老年人的户				有二个65岁及以上老年人的户				有三个65岁及以上老年人的户
		小计	单身老人户	一个老年人与未成年的亲属户	其他	小计	只有一对老夫妇的户	一对老夫妇与未成年的亲属户	其他	
全国	**22148115**	**13969939**	**3667550**	**89042**	**10213347**	**8100981**	**4228185**	**121509**	**3751287**	**77195**
北京	944937	559029	138755	2846	417428	382744	173866	5177	203701	3164
天津	541790	328586	102488	1406	224692	211689	122385	2858	86446	1515
河北	788888	466807	129529	1981	335297	319683	182946	3770	132967	2398
山西	456259	276961	80644	1682	194635	178365	106213	2705	69447	933
内蒙古	417719	250983	83509	1588	165886	165805	114505	2559	48741	931
辽宁	1623040	959636	307687	3791	648158	659054	380472	5882	272700	4350
吉林	651853	395231	107126	2015	286090	254668	137228	2939	114501	1954
黑龙江	937854	570387	177923	3229	389235	364445	205557	4263	154625	3022
上海	1257932	765211	200411	3172	561628	486196	256918	6805	222473	6525
江苏	1784007	1092976	289719	4029	799228	682302	364068	6079	312155	8729
浙江	981596	641703	203870	2673	435160	336877	210984	3794	122099	3016
安徽	689082	438165	122875	3141	312149	248561	141947	4166	102448	2356
福建	550927	385608	85052	2687	297869	163483	72644	2457	88382	1836
江西	406753	269249	51707	2513	215029	136095	58054	3050	74991	1409
山东	1506807	902581	298388	4291	599902	598491	387080	7512	203899	5735
河南	917883	551431	124931	3750	422750	362688	176256	6099	180333	3764
湖北	959414	615351	150951	4453	459947	341118	167807	5731	167580	2945
湖南	697422	462652	109930	3550	349172	232500	115224	4526	112750	2270
广东	1907298	1349612	282924	12631	1054057	551054	181140	9640	360274	6632
广西	429300	291996	50207	2370	239419	135823	47592	2942	85289	1481
海南	100679	67372	11753	379	55240	32783	8942	522	23319	524
重庆	564658	385942	83485	3419	299038	176300	70988	3393	101919	2416
四川	1031408	669534	143569	5303	520662	357183	162657	7178	187348	4691
贵州	303049	207489	44516	2810	160163	94890	41818	2983	50089	670
云南	346702	230757	51372	1714	177671	114938	52569	1999	60370	1007
西藏	7890	6286	801	88	5397	1558	350	43	1165	46
陕西	513758	313787	79472	2700	231615	198712	98699	4324	95689	1259
甘肃	304687	190304	54720	1819	133765	113769	65372	2916	45481	614
青海	79211	49270	11290	556	37424	29819	15010	1217	13592	122
宁夏	101059	61707	18398	648	42661	39144	25614	1050	12480	208
新疆	344253	213336	69548	1808	141980	130244	83280	2930	44034	673

5-5b 各地区有65岁及以上老年人口的家庭户户数(镇)

单位：户

地区	合计	有一个65岁及以上老年人的户				有二个65岁及以上老年人的户				有三个65岁及以上老年人的户
		小计	单身老人户	一个老年人与未成年的亲属户	其他	小计	只有一对老夫妇的户	一对老夫妇与未成年的亲属户	其他	
全国	**15360388**	**10413593**	**2650254**	**146496**	**7616843**	**4884901**	**2466331**	**123982**	**2294588**	**61894**
北京	66487	41822	13250	130	28442	24496	15431	205	8860	169
天津	61256	38489	10131	108	28250	22555	13729	143	8683	212
河北	894637	588350	141345	2667	444338	302656	163465	3169	136022	3631
山西	335445	223100	58274	2150	162676	111416	63000	2123	46293	929
内蒙古	274513	179132	52967	2203	123962	94721	65473	1692	27556	660
辽宁	344332	211808	64085	791	146932	131474	82312	1110	48052	1050
吉林	278939	180910	54580	1010	125320	97196	56897	1086	39213	833
黑龙江	443871	278457	88252	2095	188110	164122	106505	2392	55225	1292
上海	156038	91548	36603	209	54736	63541	43371	269	19901	949
江苏	1260537	796636	220901	7652	568083	456010	231405	8363	216242	7891
浙江	768462	536161	191191	3988	340982	230224	148675	3436	78113	2077
安徽	853805	570623	154882	11272	404469	279298	151307	10539	117452	3884
福建	466405	340125	74316	4707	261102	124832	52775	3243	68814	1448
江西	577064	408510	71136	8577	328797	166442	64063	6875	95504	2112
山东	1188859	751677	264579	4078	483020	431853	286075	4989	140789	5329
河南	918510	601229	121460	9183	470586	312068	134860	9464	167744	5213
湖北	573656	388646	83465	6126	299055	182657	83411	5165	94081	2353
湖南	991649	700106	162104	9993	528009	288093	126660	7993	153440	3450
广东	901535	667443	125503	11795	530145	229531	63299	8107	158125	4561
广西	611116	430117	91128	9551	329438	178576	66051	7330	105195	2423
海南	117772	81753	22597	759	58397	35526	12593	856	22077	493
重庆	486071	343627	99898	11394	232335	140679	67779	7729	65171	1765
四川	1101184	780142	199622	17626	562894	316391	142916	12050	161425	4651
贵州	328977	233154	52078	7484	173592	95112	41460	5322	48330	711
云南	510749	365788	57498	3138	305152	143395	54370	2781	86244	1566
西藏	10857	8936	1120	118	7698	1854	258	21	1575	67
陕西	392627	265782	60149	3474	202159	125633	60435	3347	61851	1212
甘肃	183833	126453	22046	1861	102546	56934	22084	1928	32922	446
青海	45087	32934	5770	637	26527	12050	4484	567	6999	103
宁夏	37147	24825	5281	407	19137	12258	6684	354	5220	64
新疆	178968	125310	44043	1313	79954	53308	34504	1334	17470	350

5-5c 各地区有65岁及以上老年人口的家庭户户数(乡村)

单位：户

地区	合计	有一个65岁及以上老年人的户				有二个65岁及以上老年人的户				有三个65岁及以上老年人的户
		小计	单身老人户	一个老年人与未成年的亲属户	其他	小计	只有一对老夫妇的户	一对老夫妇与未成年的亲属户	其他	
全国	**50527807**	**35081872**	**8121881**	**629624**	**26330367**	**15247264**	**6835994**	**530944**	**7880326**	**198671**
北京	196326	129410	40962	284	88164	66240	37788	346	28106	676
天津	178715	116142	28886	188	87068	61779	33878	265	27636	794
河北	2664773	1817917	447157	8237	1362523	835483	430997	7597	396889	11373
山西	1219972	856869	219619	5356	631894	359490	179872	4568	175050	3613
内蒙古	685477	480441	119148	1709	359584	203506	120822	1635	81049	1530
辽宁	1257528	820938	178051	2403	640484	432178	228841	3417	199920	4412
吉林	747735	511980	79231	1168	431581	233243	96926	1437	134880	2512
黑龙江	923659	637826	113950	2098	521778	282832	134674	2349	145809	3001
上海	205328	119284	57368	256	61660	84818	61304	260	23254	1226
江苏	3102955	1998787	551968	24031	1422788	1085496	533983	27515	523998	18672
浙江	2079551	1479589	563450	14443	901696	594800	381597	11426	201777	5162
安徽	2888037	1925832	485563	43155	1397114	946985	465434	52341	429210	15220
福建	1246033	927144	227243	17661	682240	315451	140642	11060	163749	3438
江西	1580980	1149792	166075	27826	955891	426612	137571	21215	267826	4576
山东	4051091	2630276	927881	15372	1687023	1402197	899189	15369	487639	18618
河南	3917945	2629380	580531	64829	1984020	1265230	549799	63046	652385	23335
湖北	2258456	1571367	278877	27701	1264789	678001	251465	24380	402156	9088
湖南	3134120	2211610	410170	36994	1764446	912424	337713	30191	544520	10086
广东	2568734	1876937	393785	59971	1423181	680647	203010	42092	435545	11150
广西	2208908	1567518	347975	53317	1166226	633044	238099	36243	358702	8346
海南	306036	210398	59329	1921	149148	94390	35942	2012	56436	1248
重庆	1506263	1061773	334074	41466	686233	440425	218344	34037	188044	4065
四川	4577690	3322596	763300	90553	2468743	1239313	498776	64867	675670	15781
贵州	1660058	1147785	251334	52881	843570	508690	218818	42022	247850	3583
云南	1842975	1339452	140534	10940	1187978	497590	127927	7934	361729	5933
西藏	104268	82708	5580	447	76681	19835	861	136	18838	1725
陕西	1454419	1035242	160178	9502	865562	414847	140195	8614	266038	4330
甘肃	1089646	763949	68466	7931	687552	322077	60366	8962	252749	3620
青海	149514	114574	9067	1135	104372	34589	4452	908	29229	351
宁夏	157294	106381	16055	1136	89190	50646	21032	1405	28209	267
新疆	563321	437975	96074	4713	337188	124406	45677	3295	75434	940

第一部分 全部数据资料

第六卷 死亡

6-1 各地区分年龄、性别的死亡人口
(2009.11.1-2010.10.31)

单位：人

地区	死亡人口			0岁		
	合计	男	女	小计	男	女
全国	**7421990**	**4293783**	**3128207**	**60217**	**32026**	**28191**
北京	77298	44624	32674	151	81	70
天津	53568	29636	23932	124	79	45
河北	449874	257574	192300	2440	1357	1083
山西	192501	113096	79405	1531	775	756
内蒙古	115964	71799	44165	885	526	359
辽宁	281374	163546	117828	722	426	296
吉林	135582	79550	56032	288	164	124
黑龙江	193648	117917	75731	383	230	153
上海	114289	61276	53013	410	250	160
江苏	489814	268537	221277	1503	859	644
浙江	297000	170389	126611	1844	1034	810
安徽	351844	203525	148319	3641	2029	1612
福建	184485	106056	78429	1450	772	678
江西	233244	138524	94720	2498	1248	1250
山东	600206	336145	264061	2043	1103	940
河南	509591	294237	215354	1199	655	544
湖北	307998	177328	130670	2141	1172	969
湖南	378293	220208	158085	2069	1136	933
广东	442990	254388	188602	3268	1717	1551
广西	251221	153354	97867	2843	1533	1310
海南	34787	20869	13918	766	371	395
重庆	185409	109177	76232	1005	563	442
四川	532498	311194	221304	2772	1512	1260
贵州	210678	125209	85469	7699	3876	3823
云南	291656	170284	121372	8489	4270	4219
西藏	15921	8542	7379	627	323	304
陕西	200591	115487	85104	701	383	318
甘肃	137560	80058	57502	2313	1125	1188
青海	30287	17460	12827	882	488	394
宁夏	31871	19075	12796	836	466	370
新疆	89948	54719	35229	2694	1503	1191

6-1 续表 1 单位：人

地区	1-4岁			5-9岁			10-14岁		
	小计	男	女	小计	男	女	小计	男	女
全　国	**39591**	**23119**	**16472**	**21183**	**13621**	**7562**	**23088**	**15243**	**7845**
北　京	129	80	49	48	28	20	76	51	25
天　津	62	39	23	51	28	23	81	56	25
河　北	1457	861	596	876	609	267	849	549	300
山　西	617	346	271	411	268	143	550	350	200
内蒙古	380	225	155	203	115	88	256	166	90
辽　宁	460	274	186	336	213	123	431	289	142
吉　林	272	152	120	157	92	65	195	128	67
黑龙江	329	189	140	227	124	103	318	207	111
上　海	257	154	103	100	64	36	96	54	42
江　苏	1347	841	506	637	429	208	788	519	269
浙　江	1355	805	550	642	387	255	539	357	182
安　徽	1419	919	500	810	540	270	973	672	301
福　建	706	422	284	383	228	155	449	297	152
江　西	2262	1320	942	1169	812	357	1041	733	308
山　东	1313	788	525	868	544	324	1115	771	344
河　南	2003	1224	779	1309	908	401	1404	1042	362
湖　北	1330	793	537	596	389	207	723	510	213
湖　南	2563	1522	1041	1274	868	406	1051	714	337
广　东	2076	1188	888	1077	715	362	1572	1083	489
广　西	1734	1018	716	1096	724	372	908	585	323
海　南	329	206	123	144	100	44	174	116	58
重　庆	967	580	387	667	407	260	608	432	176
四　川	3388	1962	1426	1964	1223	741	2212	1418	794
贵　州	2612	1588	1024	1691	1071	620	1826	1149	677
云　南	4643	2555	2088	1825	1184	641	1975	1287	688
西　藏	547	280	267	220	104	116	217	117	100
陕　西	830	481	349	413	246	167	561	346	215
甘　肃	1083	570	513	538	306	232	721	433	288
青　海	846	458	388	580	329	251	481	269	212
宁　夏	427	231	196	212	140	72	261	178	83
新　疆	1848	1048	800	659	426	233	637	365	272

6-1 续表 2

单位：人

地区	15-19岁			20-24岁			25-29岁		
	小计	男	女	小计	男	女	小计	男	女
全国	**40469**	**28088**	**12381**	**62552**	**43738**	**18814**	**60661**	**42497**	**18164**
北京	179	125	54	395	299	96	400	269	131
天津	194	139	55	306	222	84	301	213	88
河北	2510	1835	675	4096	3086	1010	3733	2754	979
山西	1199	870	329	1529	1161	368	1510	1133	377
内蒙古	572	400	172	1007	736	271	1292	959	333
辽宁	942	668	274	1562	1150	412	1584	1099	485
吉林	544	362	182	990	673	317	972	668	304
黑龙江	683	478	205	1337	933	404	1373	954	419
上海	202	130	72	418	291	127	472	315	157
江苏	1536	1032	504	2407	1660	747	2228	1508	720
浙江	1123	797	326	1704	1213	491	1762	1217	545
安徽	1846	1270	576	2490	1703	787	2214	1536	678
福建	1130	821	309	1670	1169	501	1806	1246	560
江西	1297	880	417	1798	1189	609	1861	1287	574
山东	1791	1245	546	4347	3095	1252	3684	2615	1069
河南	2322	1708	614	4144	2941	1203	3551	2561	990
湖北	1578	1105	473	2459	1675	784	2204	1516	688
湖南	1539	1070	469	2940	1968	972	2820	1929	891
广东	3053	2103	950	3830	2647	1183	3995	2774	1221
广西	1482	1106	376	2346	1781	565	2702	2051	651
海南	348	269	79	376	283	93	503	360	143
重庆	951	617	334	1153	804	349	1099	718	381
四川	3109	2085	1024	4538	3048	1490	4018	2723	1295
贵州	2439	1670	769	3088	2165	923	3053	2205	848
云南	3002	2096	906	4373	3058	1315	4678	3318	1360
西藏	259	143	116	434	229	205	449	252	197
陕西	1320	953	367	2029	1454	575	1879	1378	501
甘肃	1170	748	422	1623	1050	573	1373	915	458
青海	643	383	260	835	495	340	815	459	356
宁夏	392	282	110	554	394	160	560	406	154
新疆	1114	698	416	1774	1166	608	1770	1159	611

6-1 续表 3

单位：人

地区	30-34岁			35-39岁			40-44岁		
	小计	男	女	小计	男	女	小计	男	女
全国	**79960**	**55804**	**24156**	**140531**	**98382**	**42149**	**216353**	**149111**	**67242**
北京	405	284	121	809	546	263	1390	983	407
天津	307	202	105	779	494	285	1174	784	390
河北	3677	2621	1056	6180	4305	1875	10941	7512	3429
山西	1934	1427	507	3514	2528	986	5151	3549	1602
内蒙古	1489	1116	373	2856	2143	713	4136	3077	1059
辽宁	2271	1616	655	4206	3060	1146	7653	5592	2061
吉林	1322	940	382	2580	1820	760	4580	3173	1407
黑龙江	1973	1404	569	4053	2982	1071	6770	4792	1978
上海	505	327	178	728	470	258	1151	769	382
江苏	3047	2048	999	5689	3792	1897	11192	7355	3837
浙江	2478	1721	757	4002	2793	1209	6740	4600	2140
安徽	3490	2381	1109	6371	4329	2042	10469	6983	3486
福建	2172	1477	695	3662	2523	1139	5221	3654	1567
江西	3184	2213	971	4914	3413	1501	7122	4906	2216
山东	4527	3094	1433	8292	5715	2577	14289	9688	4601
河南	4822	3437	1385	8928	6294	2634	14774	10165	4609
湖北	2758	1874	884	5377	3634	1743	8818	5859	2959
湖南	3568	2404	1164	6854	4635	2219	11345	7548	3797
广东	4601	3184	1417	7884	5414	2470	11738	8142	3596
广西	3821	2966	855	5888	4508	1380	8737	6513	2224
海南	487	366	121	735	555	180	1137	834	303
重庆	1574	1085	489	4262	2937	1325	6187	4259	1928
四川	6243	4223	2020	12942	8838	4104	17512	11980	5532
贵州	4555	3264	1291	7105	5238	1867	8744	6227	2517
云南	6673	4770	1903	9160	6677	2483	11412	8199	3213
西藏	469	261	208	593	331	262	717	414	303
陕西	2211	1583	628	3976	2830	1146	6039	3977	2062
甘肃	1751	1128	623	3208	2189	1019	4937	3249	1688
青海	940	556	384	1241	792	449	1515	1003	512
宁夏	702	488	214	889	623	266	1124	816	308
新疆	2004	1344	660	2854	1974	880	3638	2509	1129

6-1 续表 4

单位：人

地区	45-49岁			50-54岁			55-59岁		
	小计	男	女	小计	男	女	小计	男	女
全国	**262531**	**179446**	**83085**	**337397**	**226888**	**110509**	**494339**	**324817**	**169522**
北京	2451	1737	714	3467	2452	1015	4494	2963	1531
天津	1769	1185	584	2568	1696	872	3357	2182	1175
河北	14599	9872	4727	21355	14208	7147	32853	21467	11386
山西	6801	4559	2242	9545	6294	3251	13500	8635	4865
内蒙古	5700	4102	1598	7420	5149	2271	9332	6185	3147
辽宁	11962	8511	3451	16757	11572	5185	21315	14208	7107
吉林	6565	4556	2009	8770	5801	2969	12481	7954	4527
黑龙江	9522	6742	2780	12977	8708	4269	17091	10898	6193
上海	2408	1605	803	4533	3077	1456	5862	3970	1892
江苏	13196	8661	4535	18571	12474	6097	28669	19076	9593
浙江	8828	6035	2793	12281	8583	3698	16360	11210	5150
安徽	11042	7312	3730	10488	6938	3550	20406	13286	7120
福建	6327	4415	1912	8801	6254	2547	11188	7814	3374
江西	7953	5476	2477	10546	7229	3317	14108	9450	4658
山东	18924	12829	6095	26417	17866	8551	39581	26310	13271
河南	17967	11966	6001	22751	14594	8157	37517	23965	13552
湖北	11636	7696	3940	14843	9737	5106	20560	13351	7209
湖南	13214	8795	4419	16600	10882	5718	24930	16156	8774
广东	15172	10479	4693	19655	13694	5961	25090	17377	7713
广西	10093	7519	2574	11412	8271	3141	15788	11157	4631
海南	1341	1017	324	1425	1026	399	1885	1345	540
重庆	6399	4420	1979	7770	5476	2294	13639	9190	4449
四川	17520	12005	5515	22586	15268	7318	39138	25842	13296
贵州	8234	5847	2387	8798	6015	2783	13005	8557	4448
云南	12486	8633	3853	12588	8351	4237	17052	11020	6032
西藏	950	575	375	884	531	353	1097	641	456
陕西	7532	4968	2564	10221	6374	3847	14402	8766	5636
甘肃	5151	3353	1798	5640	3586	2054	9069	5517	3552
青海	1375	931	444	1404	906	498	1940	1164	776
宁夏	1257	885	372	1376	904	472	1955	1213	742
新疆	4157	2760	1397	4948	2972	1976	6675	3948	2727

6-1 续表 5 单位：人

地区	60-64岁			65-69岁			70-74岁		
	小计	男	女	小计	男	女	小计	男	女
全国	**586160**	**377069**	**209091**	**695662**	**435007**	**260655**	**999653**	**599394**	**400259**
北京	4732	3021	1711	5740	3487	2253	10627	6115	4512
天津	3907	2364	1543	4595	2591	2004	7077	3824	3253
河北	39418	24833	14585	41710	25722	15988	63778	37820	25958
山西	16264	10144	6120	18669	11529	7140	28729	17240	11489
内蒙古	9865	6311	3554	11616	7089	4527	18328	10904	7424
辽宁	21372	13410	7962	25396	15222	10174	36610	20755	15855
吉林	13476	8067	5409	14474	8267	6207	19877	11213	8664
黑龙江	19826	12100	7726	21908	12866	9042	31003	18222	12781
上海	6132	4186	1946	6254	4099	2155	9683	5987	3696
江苏	33978	22208	11770	42075	26821	15254	60237	36170	24067
浙江	18836	12589	6247	19709	13113	6596	32145	20361	11784
安徽	26263	17546	8717	34730	22817	11913	48260	30393	17867
福建	11953	8303	3650	14091	9378	4713	22119	13875	8244
江西	18027	12054	5973	21212	13643	7569	33894	20909	12985
山东	45772	29684	16088	52175	32803	19372	77646	46184	31462
河南	45953	29132	16821	52241	32618	19623	72537	43157	29380
湖北	26290	17099	9191	31463	19840	11623	43748	26405	17343
湖南	30107	19313	10794	35053	22038	13015	54225	32859	21366
广东	28667	19617	9050	34636	23188	11448	54270	34310	19960
广西	18455	12803	5652	23435	15585	7850	32541	20258	12283
海南	2278	1572	706	2578	1749	829	4510	2831	1679
重庆	15429	10139	5290	19430	12329	7101	23907	14503	9404
四川	45835	29579	16256	55857	34846	21011	69739	41755	27984
贵州	16043	10312	5731	20738	12676	8062	28843	16860	11983
云南	21337	13332	8005	26509	16111	10398	37657	21896	15761
西藏	1536	863	673	1688	926	762	1862	973	889
陕西	17587	10608	6979	22942	13242	9700	31778	18019	13759
甘肃	12816	7682	5134	17577	10459	7118	23182	13419	9763
青海	2514	1508	1006	3109	1799	1310	3974	2222	1752
宁夏	2399	1437	962	3213	1849	1364	4565	2617	1948
新疆	9093	5253	3840	10839	6305	4534	12302	7338	4964

6-1 续表 6

单位：人

地区	75-79岁			80-84岁			85-89岁		
	小计	男	女	小计	男	女	小计	男	女
全国	**1162694**	**657140**	**505554**	**1081704**	**553704**	**528000**	**686462**	**306678**	**379784**
北京	14514	8356	6158	13351	7133	6218	8756	4321	4435
天津	9512	5125	4387	9167	4707	4460	5566	2617	2949
河北	75750	41345	34405	68241	33891	34350	37819	16598	21221
山西	33388	19083	14305	27545	14267	13278	14445	6677	7768
内蒙古	18248	10614	7634	13184	7343	5841	6743	3496	3247
辽宁	44105	23899	20206	42633	22034	20599	26722	13149	13573
吉林	19390	10654	8736	16007	8565	7442	8654	4408	4246
黑龙江	28087	16454	11633	21127	12004	9123	10232	5554	4678
上海	18808	10468	8340	22709	11731	10978	19980	8611	11369
江苏	78300	43732	34568	83956	41274	42682	63924	26524	37400
浙江	48558	28242	20316	53935	28275	25660	41434	18811	22623
安徽	58062	33720	24342	58263	29358	28905	34894	14759	20135
福建	27827	16009	11818	30301	15144	15157	20307	8283	12024
江西	36353	20956	15397	33496	17634	15862	20833	9558	11275
山东	99416	54889	44527	97073	47281	49792	64422	27474	36948
河南	81498	46012	35486	72198	36701	35497	41410	18140	23270
湖北	51163	28909	22254	42625	21042	21583	26699	11198	15501
湖南	61714	35208	26506	55225	28737	26488	34302	15965	18337
广东	68942	39831	29111	69812	35582	34230	48873	20590	28283
广西	36913	21550	15363	33454	17558	15896	22041	10226	11815
海南	4901	2986	1915	4924	2570	2354	3427	1502	1925
重庆	28027	16020	12007	26610	13835	12775	16203	7379	8824
四川	76354	43463	32891	73631	38172	35459	46493	21416	25077
贵州	29296	16221	13075	23810	12166	11644	12537	5661	6876
云南	40425	22298	18127	36681	18447	18234	20761	9142	11619
西藏	1459	705	754	1155	535	620	548	249	299
陕西	31650	17592	14058	24293	12935	11358	14268	6865	7403
甘肃	22018	12346	9672	13314	7160	6154	7325	3617	3708
青海	3557	1938	1619	2194	1120	1074	1078	498	580
宁夏	4721	2700	2021	3613	2007	1606	1958	1020	938
新疆	9738	5815	3923	7177	4496	2681	3808	2370	1438

6-1 续表 7

单位：人

地区	90-94岁			95-99岁			100岁及以上		
	小计	男	女	小计	男	女	小计	男	女
全国	**279569**	**104048**	**175521**	**74729**	**23292**	**51437**	**16485**	**4671**	**11814**
北京	3854	1775	2079	1077	425	652	253	93	160
天津	2077	870	1207	505	190	315	89	29	60
河北	13463	5029	8434	3474	1090	2384	655	210	445
山西	4488	1835	2653	995	363	632	186	63	123
内蒙古	1986	942	1044	373	159	214	93	42	51
辽宁	10760	4972	5788	3021	1231	1790	554	196	358
吉林	2995	1448	1547	787	353	434	206	92	114
黑龙江	3332	1610	1722	873	388	485	224	78	146
上海	10129	3732	6397	2969	880	2089	483	106	377
江苏	28561	9469	19092	6762	1794	4968	1211	291	920
浙江	17941	6749	11192	4146	1309	2837	638	188	450
安徽	12181	4077	8104	2928	816	2112	604	141	463
福建	9721	3185	6536	2675	679	1996	526	108	418
江西	7537	2894	4643	1770	612	1158	369	108	261
山东	27860	9742	18118	7283	2093	5190	1368	332	1036
河南	15829	5539	10290	4140	1218	2922	1094	260	834
湖北	8489	2872	5617	2072	524	1548	426	128	298
湖南	12751	5032	7719	3379	1152	2227	770	277	493
广东	24348	8084	16264	8259	2171	6088	2172	498	1674
广西	10614	4103	6511	3743	1221	2522	1175	318	857
海南	1656	591	1065	658	180	478	205	40	165
重庆	7239	2733	4506	1870	632	1238	413	119	294
四川	19717	7669	12048	5506	1737	3769	1424	430	994
贵州	4964	1903	3061	1278	431	847	320	107	213
云南	7469	2793	4676	2001	691	1310	460	156	304
西藏	158	65	93	40	18	22	12	7	5
陕西	4789	2041	2748	1006	391	615	164	55	109
甘肃	2231	979	1252	436	195	241	84	32	52
青海	281	112	169	67	24	43	16	6	10
宁夏	662	334	328	147	64	83	48	21	27
新疆	1487	869	618	489	261	228	243	140	103

6-1a 各地区分年龄、性别的死亡人口
(2009.11.1-2010.10.31)(城市)

单位：人

地区	死亡人口			0岁		
	合计	男	女	小计	男	女
全国	**1399836**	**814740**	**585096**	**8085**	**4405**	**3680**
北京	52406	30620	21786	103	55	48
天津	30963	17132	13831	64	42	22
河北	55570	32066	23504	281	157	124
山西	32816	20156	12660	146	71	75
内蒙古	23882	14965	8917	191	116	75
辽宁	118773	69562	49211	321	191	130
吉林	40079	23589	16490	48	28	20
黑龙江	65206	39361	25845	99	60	39
上海	88505	47623	40882	360	218	142
江苏	117473	65106	52367	487	283	204
浙江	62573	36196	26377	625	348	277
安徽	37944	22565	15379	446	237	209
福建	34078	19421	14657	215	113	102
江西	29361	17562	11799	597	265	332
山东	103625	58819	44806	300	164	136
河南	58758	34688	24070	315	160	155
湖北	56676	33264	23412	239	127	112
湖南	39442	23665	15777	140	78	62
广东	132836	76259	56577	1457	781	676
广西	22227	13505	8722	208	107	101
海南	4647	2873	1774	71	36	35
重庆	27547	16204	11343	127	78	49
四川	48200	28909	19291	246	146	100
贵州	15249	9372	5877	178	103	75
云南	31282	18880	12402	419	218	201
西藏	205	119	86	4	2	2
陕西	28580	16758	11822	47	20	27
甘肃	15305	9400	5905	90	45	45
青海	3419	2169	1250	33	24	9
宁夏	8000	4870	3130	124	74	50
新疆	14209	9062	5147	104	58	46

6-1a 续表 1

单位：人

地区	1-4岁			5-9岁			10-14岁		
	小计	男	女	小计	男	女	小计	男	女
全国	**4347**	**2543**	**1804**	**2163**	**1348**	**815**	**2474**	**1598**	**876**
北京	80	48	32	34	20	14	41	26	15
天津	19	14	5	15	7	8	22	12	10
河北	123	72	51	69	41	28	75	47	28
山西	73	42	31	50	30	20	63	40	23
内蒙古	62	38	24	34	19	15	44	28	16
辽宁	137	83	54	76	45	31	124	73	51
吉林	50	26	24	21	11	10	42	27	15
黑龙江	51	32	19	49	25	24	80	52	28
上海	202	120	82	78	51	27	70	38	32
江苏	246	139	107	136	90	46	152	89	63
浙江	515	317	198	178	109	69	124	88	36
安徽	101	66	35	63	34	29	82	57	25
福建	109	63	46	63	41	22	55	32	23
江西	187	91	96	85	63	22	83	59	24
山东	276	179	97	161	91	70	207	144	63
河南	221	124	97	113	68	45	131	79	52
湖北	157	88	69	87	51	36	97	71	26
湖南	173	107	66	89	66	23	99	65	34
广东	769	449	320	323	208	115	363	230	133
广西	92	50	42	48	33	15	39	28	11
海南	56	34	22	9	7	2	16	11	5
重庆	87	44	43	69	38	31	54	38	16
四川	138	82	56	79	49	30	111	68	43
贵州	63	41	22	52	35	17	54	42	12
云南	160	82	78	49	32	17	77	51	26
西藏				3	3		2	1	1
陕西	50	27	23	30	17	13	40	28	12
甘肃	37	17	20	20	11	9	38	21	17
青海	7	3	4	7	4	3	10	5	5
宁夏	39	24	15	32	20	12	40	21	19
新疆	67	41	26	41	29	12	39	27	12

6-1a 续表 2

单位：人

地区	15-19岁			20-24岁			25-29岁		
	小计	男	女	小计	男	女	小计	男	女
全国	**4641**	**3062**	**1579**	**8340**	**5671**	**2669**	**8936**	**6047**	**2889**
北京	104	75	29	225	176	49	256	173	83
天津	59	42	17	110	67	43	141	85	56
河北	161	98	63	323	223	100	311	215	96
山西	108	73	35	162	109	53	210	146	64
内蒙古	82	52	30	165	117	48	174	126	48
辽宁	265	176	89	516	371	145	591	388	203
吉林	95	56	39	159	109	50	216	143	73
黑龙江	135	88	47	286	191	95	314	220	94
上海	137	87	50	315	222	93	353	232	121
江苏	302	186	116	462	297	165	492	315	177
浙江	318	216	102	584	439	145	558	398	160
安徽	126	82	44	185	118	67	207	133	74
福建	128	86	42	195	126	69	265	179	86
江西	86	54	32	154	92	62	169	107	62
山东	272	183	89	682	456	226	606	424	182
河南	184	128	56	395	266	129	364	229	135
湖北	191	137	54	274	173	101	352	238	114
湖南	104	70	34	324	210	114	319	221	98
广东	954	610	344	1506	1015	491	1490	1020	470
广西	72	51	21	121	83	38	154	109	45
海南	33	28	5	34	28	6	42	31	11
重庆	84	48	36	101	69	32	149	89	60
四川	118	85	33	241	167	74	245	158	87
贵州	91	69	22	126	86	40	132	96	36
云南	147	99	48	246	167	79	304	213	91
西藏				4	2	2	1		1
陕西	85	62	23	156	104	52	197	139	58
甘肃	68	43	25	70	48	22	71	50	21
青海	15	9	6	20	11	9	29	19	10
宁夏	55	37	18	94	56	38	87	59	28
新疆	62	32	30	105	73	32	137	92	45

6-1a 续表 3

单位：人

地区	30-34岁			35-39岁			40-44岁		
	小计	男	女	小计	男	女	小计	男	女
全国	**12117**	**8255**	**3862**	**22664**	**15754**	**6910**	**35173**	**24394**	**10779**
北京	253	178	75	502	323	179	848	609	239
天津	153	103	50	496	291	205	692	452	240
河北	400	277	123	749	517	232	1213	851	362
山西	279	201	78	555	389	166	920	654	266
内蒙古	261	182	79	572	421	151	848	621	227
辽宁	789	546	243	1519	1079	440	2880	2136	744
吉林	286	197	89	616	456	160	1147	807	340
黑龙江	463	315	148	1153	869	284	1965	1426	539
上海	360	239	121	528	341	187	773	525	248
江苏	739	458	281	1315	877	438	2389	1521	868
浙江	723	516	207	974	697	277	1472	1024	448
安徽	356	224	132	676	434	242	1087	742	345
福建	320	192	128	534	348	186	799	527	272
江西	344	242	102	490	333	157	705	470	235
山东	860	590	270	1662	1110	552	2541	1708	833
河南	555	372	183	1125	823	302	1751	1282	469
湖北	504	341	163	874	589	285	1390	920	470
湖南	406	276	130	676	455	221	1155	763	392
广东	1710	1190	520	2855	1971	884	3893	2673	1220
广西	259	189	70	446	316	130	676	459	217
海南	47	29	18	101	75	26	122	85	37
重庆	187	135	52	496	357	139	761	527	234
四川	378	249	129	926	636	290	1252	858	394
贵州	259	181	78	422	303	119	598	412	186
云南	483	345	138	803	603	200	985	689	296
西藏	3	2	1	10	7	3	8	7	1
陕西	202	141	61	455	321	134	708	479	229
甘肃	143	84	59	326	225	101	512	369	143
青海	36	20	16	105	76	29	158	121	37
宁夏	131	84	47	224	159	65	323	234	89
新疆	228	157	71	479	353	126	602	443	159

6-1a 续表 4 单位：人

地区	45-49岁			50-54岁			55-59岁		
	小计	男	女	小计	男	女	小计	男	女
全国	**51215**	**35861**	**15354**	**68524**	**47224**	**21300**	**90249**	**60741**	**29508**
北京	1597	1163	434	2355	1693	662	2898	1917	981
天津	1071	738	333	1597	1084	513	1895	1266	629
河北	2009	1402	607	2787	1923	864	4140	2731	1409
山西	1320	929	391	1731	1151	580	2137	1411	726
内蒙古	1204	903	301	1378	977	401	1651	1096	555
辽宁	5304	3855	1449	7297	5140	2157	8438	5860	2578
吉林	1865	1342	523	2600	1795	805	3400	2318	1082
黑龙江	3273	2323	950	4196	2903	1293	5000	3304	1696
上海	1798	1191	607	3649	2505	1144	4573	3118	1455
江苏	3160	2094	1066	4491	3067	1424	6659	4482	2177
浙江	1998	1373	625	2683	1901	782	3357	2296	1061
安徽	1372	928	444	1361	905	456	2227	1447	780
福建	1182	807	375	1657	1216	441	2075	1454	621
江西	914	618	296	1305	854	451	1801	1192	609
山东	3839	2680	1159	5174	3575	1599	7272	4905	2367
河南	2359	1715	644	2940	1974	966	4211	2764	1447
湖北	2149	1480	669	2965	2036	929	3910	2621	1289
湖南	1481	997	484	2036	1358	678	2796	1860	936
广东	5105	3518	1587	6259	4297	1962	7758	5287	2471
广西	903	652	251	1090	781	309	1546	1081	465
海南	157	123	34	201	149	52	275	204	71
重庆	933	641	292	1389	1010	379	1997	1412	585
四川	1514	1090	424	2094	1437	657	3234	2197	1037
贵州	672	467	205	682	472	210	897	610	287
云南	1170	815	355	1245	841	404	1853	1176	677
西藏	17	12	5	12	7	5	13	9	4
陕西	1034	699	335	1454	905	549	1837	1134	703
甘肃	641	439	202	681	447	234	978	660	318
青海	157	125	32	159	105	54	189	130	59
宁夏	350	254	96	358	245	113	466	291	175
新疆	667	488	179	698	471	227	766	508	258

6-1a 续表 5 单位：人

地区	60-64岁			65-69岁			70-74岁		
	小计	男	女	小计	男	女	小计	男	女
全国	**100466**	**65275**	**35191**	**120154**	**74812**	**45342**	**186159**	**110729**	**75430**
北京	2922	1903	1019	3595	2184	1411	7259	4070	3189
天津	2214	1387	827	2563	1470	1093	4137	2130	2007
河北	4512	2818	1694	5161	3169	1992	8282	4771	3511
山西	2447	1523	924	3267	2005	1262	5133	3085	2048
内蒙古	1829	1110	719	2602	1541	1061	4086	2518	1568
辽宁	7787	5004	2783	9866	5954	3912	16416	8917	7499
吉林	3276	2010	1266	4116	2347	1769	6335	3521	2814
黑龙江	5489	3401	2088	6932	3963	2969	11411	6540	4871
上海	4687	3216	1471	4522	2963	1559	7174	4383	2791
江苏	8002	5308	2694	9521	6062	3459	13947	8433	5514
浙江	3840	2567	1273	3892	2522	1370	6225	3932	2293
安徽	2495	1670	825	3573	2357	1216	5172	3312	1860
福建	2323	1628	695	2607	1739	868	4052	2541	1511
江西	2165	1485	680	2789	1772	1017	4335	2647	1688
山东	7630	4885	2745	9142	5699	3443	13328	7888	5440
河南	4921	3043	1878	5871	3597	2274	8730	5253	3477
湖北	4799	3252	1547	5201	3375	1826	7695	4674	3021
湖南	3318	2172	1146	3795	2366	1429	5772	3539	2233
广东	8773	5828	2945	9624	6356	3268	15369	9663	5706
广西	1746	1267	479	2000	1344	656	2964	1872	1092
海南	369	252	117	427	287	140	697	431	266
重庆	2033	1367	666	2361	1573	788	3070	1796	1274
四川	3737	2445	1292	4551	2950	1601	6210	3771	2439
贵州	1190	785	405	1473	958	515	2213	1358	855
云南	2415	1570	845	2858	1734	1124	4410	2668	1742
西藏	20	14	6	23	14	9	23	14	9
陕西	2432	1516	916	3032	1748	1284	4722	2727	1995
甘肃	1231	746	485	1743	1023	720	2630	1575	1055
青海	263	153	110	407	235	172	614	395	219
宁夏	572	350	222	849	475	374	1237	739	498
新疆	1029	600	429	1791	1030	761	2511	1566	945

6-1a 续表 6

单位：人

地区	75-79岁			80-84岁			85-89岁		
	小计	男	女	小计	男	女	小计	男	女
全国	**230881**	**133072**	**97809**	**214671**	**114977**	**99694**	**143383**	**67011**	**76372**
北京	9998	5848	4150	9435	5237	4198	5995	3107	2888
天津	5622	2948	2674	5320	2803	2517	3207	1529	1678
河北	9460	5175	4285	8266	4328	3938	4834	2313	2521
山西	5831	3590	2241	4771	2797	1974	2468	1380	1088
内蒙古	3947	2412	1535	2825	1708	1117	1380	731	649
辽宁	21211	11725	9486	18414	9845	8569	10952	5582	5370
吉林	6559	3613	2946	5229	2810	2419	2659	1326	1333
黑龙江	11098	6447	4651	7795	4425	3370	3653	1968	1685
上海	14707	8135	6572	18014	9346	8668	15596	6838	8758
江苏	19045	10869	8176	20397	10437	9960	16032	6888	9144
浙江	9597	5718	3879	10977	5897	5080	8725	3920	4805
安徽	6392	3857	2535	6151	3387	2764	4047	1918	2129
福建	5331	3123	2208	5670	2851	2819	3852	1587	2265
江西	4821	2943	1878	4294	2406	1888	2637	1323	1314
山东	16307	9112	7195	15749	7915	7834	10940	4841	6099
河南	9480	5536	3944	7911	4240	3671	4664	2182	2482
湖北	9816	5700	4116	8173	4274	3899	5284	2283	3001
湖南	6458	3809	2649	5478	3008	2470	3205	1588	1617
广东	19844	11583	8261	19792	10360	9432	14330	6069	8261
广西	3573	2088	1485	2890	1558	1332	1941	889	1052
海南	669	435	234	616	345	271	388	188	200
重庆	4297	2390	1907	4339	2272	2067	2992	1459	1533
四川	7505	4471	3034	7176	3948	3228	5103	2600	2503
贵州	2362	1388	974	1970	1118	852	1129	547	582
云南	4887	2952	1935	4508	2562	1946	2759	1400	1359
西藏	29	16	13	19	6	13	11	3	8
陕西	5146	2943	2203	3772	2153	1619	2184	1128	1056
甘肃	2876	1778	1098	1856	1121	735	886	497	389
青海	581	358	223	366	230	136	201	113	88
宁夏	1379	840	539	896	505	391	510	292	218
新疆	2053	1270	783	1602	1085	517	819	522	297

6-1a 续表 7 单位：人

地区	90-94岁			95-99岁			100岁及以上		
	小计	男	女	小计	男	女	小计	男	女
全　国	**62880**	**24859**	**38021**	**18269**	**5966**	**12303**	**4045**	**1136**	**2909**
北　京	2802	1373	1429	881	355	526	223	87	136
天　津	1208	535	673	300	109	191	58	18	40
河　北	1743	718	1025	566	185	381	105	35	70
山　西	817	398	419	267	108	159	61	24	37
内蒙古	424	201	223	99	40	59	24	8	16
辽　宁	4317	2007	2310	1277	501	776	276	84	192
吉　林	994	481	513	288	133	155	78	33	45
黑龙江	1250	600	650	392	174	218	122	35	87
上　海	7925	3038	4887	2298	727	1571	386	90	296
江　苏	7393	2610	4783	1773	505	1268	333	96	237
浙　江	4011	1548	2463	1035	323	712	162	47	115
安　徽	1403	525	878	348	115	233	74	17	57
福　建	1968	621	1347	559	125	434	119	22	97
江　西	1048	429	619	285	101	184	67	16	51
山　东	4907	1777	3130	1446	415	1031	324	78	246
河　南	1839	645	1194	527	173	354	151	35	116
湖　北	1929	682	1247	508	130	378	82	22	60
湖　南	1205	502	703	331	120	211	82	35	47
广　东	7373	2387	4986	2617	632	1985	672	132	540
广　西	978	393	585	374	128	246	107	27	80
海　南	205	69	136	83	23	60	29	3	26
重　庆	1520	665	855	409	168	241	92	28	64
四　川	2403	1107	1296	751	324	427	188	71	117
贵　州	523	233	290	135	58	77	28	10	18
云　南	1074	493	581	329	124	205	101	46	55
西　藏	3		3						
陕　西	768	375	393	184	77	107	45	15	30
甘　肃	323	162	161	64	32	32	21	7	14
青　海	53	28	25	8	4	4	1	1	
宁　夏	184	89	95	39	19	20	11	3	8
新　疆	290	168	122	96	38	58	23	11	12

6-1b 各地区分年龄、性别的死亡人口
(2009.11.1-2010.10.31)(镇)

单位：人

地 区	死亡人口			0岁		
	合计	男	女	小计	男	女
全 国	**1192354**	**696427**	**495927**	**7819**	**4177**	**3642**
北 京	5150	2994	2156	9	3	6
天 津	4717	2656	2061	14	9	5
河 北	87644	49898	37746	443	238	205
山 西	32354	19277	13077	334	160	174
内蒙古	18266	11558	6708	153	98	55
辽 宁	27275	16161	11114	59	35	24
吉 林	19033	11060	7973	38	26	12
黑龙江	33375	20454	12921	43	26	17
上 海	9908	5403	4505	22	13	9
江 苏	101112	55904	45208	282	154	128
浙 江	54583	31336	23247	379	219	160
安 徽	62081	36140	25941	554	308	246
福 建	34658	19973	14685	243	142	101
江 西	49363	29995	19368	364	180	184
山 东	105747	59750	45997	388	202	186
河 南	80179	46638	33541	146	84	62
湖 北	41424	24282	17142	235	130	105
湖 南	71859	42286	29573	349	193	156
广 东	73337	42981	30356	316	156	160
广 西	41179	25401	15778	326	187	139
海 南	6784	4148	2636	128	70	58
重 庆	28364	17114	11250	141	82	59
四 川	68509	41147	27362	393	213	180
贵 州	23760	14288	9472	619	313	306
云 南	48243	28299	19944	1076	525	551
西 藏	1820	1023	797	64	38	26
陕 西	28814	16751	12063	105	57	48
甘 肃	13632	7813	5819	198	90	108
青 海	5141	2983	2158	117	65	52
宁 夏	3876	2352	1524	78	43	35
新 疆	10167	6362	3805	203	118	85

6-1b 续表 1

单位：人

地区	1-4岁			5-9岁			10-14岁		
	小计	男	女	小计	男	女	小计	男	女
全国	**5350**	**3027**	**2323**	**3137**	**2027**	**1110**	**3490**	**2337**	**1153**
北京	19	12	7	5	3	2	7	5	2
天津	9	6	3	5	1	4	12	10	2
河北	276	154	122	149	97	52	179	125	54
山西	113	67	46	55	31	24	100	68	32
内蒙古	65	37	28	47	24	23	51	35	16
辽宁	33	16	17	24	16	8	35	20	15
吉林	29	17	12	22	13	9	30	21	9
黑龙江	41	20	21	37	20	17	49	28	21
上海	32	16	16	13	8	5	12	7	5
江苏	277	163	114	116	79	37	178	112	66
浙江	242	142	100	134	85	49	110	72	38
安徽	205	122	83	129	93	36	163	112	51
福建	118	68	50	67	41	26	89	58	31
江西	366	209	157	202	133	69	181	130	51
山东	218	131	87	136	86	50	205	143	62
河南	281	161	120	174	114	60	191	142	49
湖北	165	87	78	83	56	27	104	69	35
湖南	433	240	193	217	156	61	160	114	46
广东	220	119	101	122	77	45	222	155	67
广西	227	134	93	159	109	50	125	82	43
海南	49	29	20	30	18	12	30	20	10
重庆	126	77	49	117	71	46	101	72	29
四川	318	179	139	204	133	71	211	141	70
贵州	238	145	93	165	102	63	170	119	51
云南	653	357	296	252	180	72	287	190	97
西藏	43	23	20	22	11	11	18	9	9
陕西	91	53	38	65	37	28	80	50	30
甘肃	93	45	48	122	69	53	148	84	64
青海	171	90	81	182	111	71	148	81	67
宁夏	81	46	35	33	24	9	33	26	7
新疆	118	62	56	49	29	20	61	37	24

6-1b 续表 2 单位：人

地区	15-19岁			20-24岁			25-29岁		
	小计	男	女	小计	男	女	小计	男	女
全国	**6295**	**4378**	**1917**	**9661**	**6819**	**2842**	**9538**	**6673**	**2865**
北京	15	12	3	35	23	12	32	25	7
天津	32	24	8	53	43	10	30	23	7
河北	483	346	137	825	641	184	784	572	212
山西	186	136	50	241	184	57	243	176	67
内蒙古	83	54	29	163	126	37	232	160	72
辽宁	78	58	20	164	117	47	157	125	32
吉林	66	48	18	131	87	44	111	76	35
黑龙江	99	63	36	180	129	51	206	133	73
上海	40	25	15	66	43	23	74	51	23
江苏	344	241	103	514	353	161	501	352	149
浙江	206	150	56	354	248	106	327	230	97
安徽	308	211	97	373	254	119	392	273	119
福建	228	174	54	281	200	81	335	222	113
江西	288	199	89	353	240	113	364	251	113
山东	330	241	89	788	563	225	657	456	201
河南	358	259	99	639	458	181	557	405	152
湖北	204	140	64	327	220	107	295	208	87
湖南	295	208	87	597	393	204	571	392	179
广东	465	331	134	512	369	143	545	376	169
广西	235	173	62	349	269	80	403	293	110
海南	65	50	15	78	54	24	108	78	30
重庆	125	86	39	164	112	52	178	120	58
四川	309	196	113	505	345	160	465	327	138
贵州	286	194	92	359	266	93	322	237	85
云南	457	330	127	629	452	177	694	517	177
西藏	33	16	17	46	26	20	57	37	20
陕西	171	119	52	276	194	82	246	174	72
甘肃	126	73	53	177	112	65	186	99	87
青海	229	121	108	240	138	102	234	117	117
宁夏	53	40	13	79	57	22	60	51	9
新疆	98	60	38	163	103	60	172	117	55

6-1b 续表 3

单位：人

地区	30-34岁			35-39岁			40-44岁		
	小计	男	女	小计	男	女	小计	男	女
全国	**12929**	**9119**	**3810**	**22666**	**16024**	**6642**	**35148**	**24404**	**10744**
北京	37	24	13	65	43	22	133	94	39
天津	31	20	11	66	45	21	104	88	16
河北	780	546	234	1262	905	357	2166	1489	677
山西	345	262	83	595	448	147	889	619	270
内蒙古	282	214	68	527	390	137	787	595	192
辽宁	248	177	71	423	310	113	854	628	226
吉林	203	147	56	377	262	115	646	443	203
黑龙江	316	232	84	685	508	177	1170	801	369
上海	76	49	27	91	61	30	182	119	63
江苏	662	426	236	1254	828	426	2424	1629	795
浙江	441	320	121	742	527	215	1219	818	401
安徽	622	442	180	1140	783	357	1818	1194	624
福建	437	294	143	720	508	212	986	702	284
江西	633	443	190	1017	734	283	1465	1008	457
山东	885	627	258	1583	1145	438	2626	1813	813
河南	694	505	189	1396	999	397	2343	1658	685
湖北	362	259	103	702	476	226	1307	879	428
湖南	696	497	199	1230	819	411	2046	1356	690
广东	658	469	189	1193	829	364	1751	1213	538
广西	592	451	141	873	669	204	1407	1046	361
海南	103	74	29	138	104	34	229	167	62
重庆	267	181	86	685	463	222	984	673	311
四川	750	516	234	1631	1131	500	2264	1604	660
贵州	509	355	154	805	582	223	1069	791	278
云南	1124	825	299	1648	1218	430	1901	1364	537
西藏	67	36	31	86	47	39	84	46	38
陕西	317	227	90	557	402	155	808	557	251
甘肃	210	136	74	414	273	141	524	338	186
青海	286	154	132	306	180	126	310	199	111
宁夏	85	65	20	105	75	30	138	102	36
新疆	211	146	65	350	260	90	514	371	143

6-1b 续表 4

单位：人

地区	45-49岁			50-54岁			55-59岁		
	小计	男	女	小计	男	女	小计	男	女
全国	**43398**	**29659**	**13739**	**54608**	**36870**	**17738**	**80179**	**52809**	**27370**
北京	204	147	57	249	172	77	370	257	113
天津	174	111	63	240	155	85	346	216	130
河北	2816	1890	926	4238	2806	1432	6482	4248	2234
山西	1169	786	383	1636	1070	566	2333	1512	821
内蒙古	1058	774	284	1295	923	372	1510	1015	495
辽宁	1270	913	357	1721	1211	510	2191	1420	771
吉林	1016	692	324	1279	801	478	1763	1089	674
黑龙江	1655	1164	491	2175	1468	707	2815	1758	1057
上海	253	170	83	364	247	117	514	343	171
江苏	2765	1821	944	3834	2560	1274	5751	3779	1972
浙江	1565	1062	503	2267	1592	675	3085	2104	981
安徽	2201	1468	733	1974	1295	679	3574	2339	1235
福建	1260	902	358	1678	1193	485	2177	1536	641
江西	1691	1147	544	2161	1503	658	2946	1968	978
山东	3402	2339	1063	4534	3083	1451	7073	4625	2448
河南	2876	1911	965	3646	2334	1312	6019	3874	2145
湖北	1699	1124	575	2136	1398	738	2846	1890	956
湖南	2559	1728	831	3235	2130	1105	4959	3244	1715
广东	2384	1644	740	3265	2295	970	4373	3014	1359
广西	1718	1277	441	1945	1354	591	2828	2030	798
海南	293	223	70	280	199	81	384	267	117
重庆	999	680	319	1168	833	335	2068	1410	658
四川	2426	1671	755	2974	2052	922	4971	3347	1624
贵州	1053	743	310	1064	724	340	1494	994	500
云南	2131	1420	711	2071	1402	669	2899	1855	1044
西藏	147	92	55	105	66	39	145	89	56
陕西	1093	737	356	1467	936	531	2139	1291	848
甘肃	554	353	201	637	402	235	888	548	340
青海	287	192	95	253	167	86	304	184	120
宁夏	155	106	49	179	123	56	277	176	101
新疆	525	372	153	538	376	162	655	387	268

6-1b 续表 5 单位：人

地区	60-64岁			65-69岁			70-74岁		
	小计	男	女	小计	男	女	小计	男	女
全国	**95325**	**61908**	**33417**	**114097**	**72303**	**41794**	**161644**	**98170**	**63474**
北京	384	245	139	482	289	193	706	440	266
天津	389	208	181	434	244	190	653	386	267
河北	7891	4948	2943	8489	5317	3172	12337	7227	5110
山西	2847	1768	1079	3454	2159	1295	5007	3012	1995
内蒙古	1566	998	568	1951	1162	789	2967	1741	1226
辽宁	2334	1480	854	2728	1630	1098	3538	2073	1465
吉林	1965	1203	762	2160	1237	923	2863	1553	1310
黑龙江	3486	2076	1410	4201	2476	1725	5694	3359	2335
上海	580	395	185	667	445	222	968	635	333
江苏	6849	4435	2414	8969	5780	3189	12705	7696	5009
浙江	3452	2291	1161	3634	2400	1234	5753	3674	2079
安徽	4670	3151	1519	5983	3921	2062	8457	5317	3140
福建	2262	1586	676	2678	1774	904	4315	2747	1568
江西	3870	2581	1289	4699	3049	1650	7370	4634	2736
山东	8094	5294	2800	9561	6057	3504	13742	8281	5461
河南	7364	4730	2634	8284	5179	3105	11444	6764	4680
湖北	3648	2389	1259	4398	2799	1599	6121	3758	2363
湖南	5906	3815	2091	6897	4402	2495	10294	6291	4003
广东	5121	3534	1587	6120	4119	2001	9224	5959	3265
广西	3135	2232	903	3838	2630	1208	5343	3402	1941
海南	462	322	140	518	354	164	903	602	301
重庆	2434	1644	790	3064	2044	1020	3598	2249	1349
四川	5787	3842	1945	7082	4545	2537	8942	5485	3457
贵州	1821	1210	611	2285	1429	856	3176	1877	1299
云南	3424	2192	1232	4379	2728	1651	5959	3514	2445
西藏	192	106	86	179	101	78	221	123	98
陕西	2599	1593	1006	3330	1960	1370	4581	2611	1970
甘肃	1248	748	500	1632	951	681	2205	1256	949
青海	329	199	130	413	260	153	508	286	222
宁夏	298	182	116	353	197	156	561	322	239
新疆	918	511	407	1235	665	570	1489	896	593

6-1b 续表 6

单位：人

地区	75-79岁			80-84岁			85-89岁		
	小计	男	女	小计	男	女	小计	男	女
全国	**185771**	**107070**	**78701**	**171688**	**88891**	**82797**	**109339**	**48812**	**60527**
北京	829	491	338	794	385	409	554	250	304
天津	758	433	325	703	358	345	446	199	247
河北	14506	7860	6646	12972	6308	6664	7144	2971	4173
山西	5383	3138	2245	4376	2297	2079	2182	1026	1156
内蒙古	2506	1517	989	1782	1044	738	880	496	384
辽宁	3901	2118	1783	3883	2051	1832	2438	1225	1213
吉林	2696	1471	1225	2094	1135	959	1093	534	559
黑龙江	4810	2912	1898	3494	2095	1399	1551	886	665
上海	1598	917	681	1697	885	812	1562	652	910
江苏	16067	9083	6984	17087	8414	8673	12996	5581	7415
浙江	8891	5232	3659	9877	5183	4694	7676	3461	4215
安徽	10286	6069	4217	10339	5318	5021	6084	2548	3536
福建	5089	2968	2121	5519	2704	2815	3692	1453	2239
江西	7961	4795	3166	6992	3863	3129	4316	2115	2201
山东	17491	9815	7676	16807	8195	8612	11055	4666	6389
河南	12779	7291	5488	11123	5726	5397	6416	2850	3566
湖北	6778	3849	2929	5354	2691	2663	3278	1425	1853
湖南	11562	6757	4805	10193	5345	4848	6410	2992	3418
广东	11659	6948	4711	11617	6232	5385	7917	3394	4523
广西	6115	3660	2455	5356	2825	2531	3595	1664	1931
海南	1002	616	386	908	487	421	623	271	352
重庆	4237	2491	1746	3897	2098	1799	2426	1129	1297
四川	9940	5888	4052	9566	5205	4361	6113	2901	3212
贵州	3309	1868	1441	2661	1361	1300	1529	687	842
云南	6725	3779	2946	6262	3170	3092	3758	1635	2123
西藏	154	81	73	98	48	50	44	22	22
陕西	4556	2567	1989	3400	1817	1583	2017	978	1039
甘肃	2035	1131	904	1255	676	579	698	313	385
青海	404	236	168	236	121	115	139	66	73
宁夏	517	304	213	438	244	194	237	120	117
新疆	1227	785	442	908	610	298	470	302	168

6-1b 续表 7 单位：人

地区	90-94岁			95-99岁			100岁及以上		
	小计	男	女	小计	男	女	小计	男	女
全国	**45025**	**16329**	**28696**	**12412**	**3796**	**8616**	**2835**	**825**	**2010**
北京	179	66	113	38	8	30	4		4
天津	167	59	108	43	16	27	8	2	6
河北	2640	954	1686	659	216	443	123	40	83
山西	653	269	384	169	69	100	44	20	24
内蒙古	288	128	160	54	18	36	19	9	10
辽宁	886	411	475	259	102	157	51	25	26
吉林	332	155	177	89	38	51	30	12	18
黑龙江	490	219	271	140	63	77	38	18	20
上海	810	256	554	246	57	189	41	9	32
江苏	5808	1939	3869	1455	410	1045	274	69	205
浙江	3333	1225	2108	774	260	514	122	41	81
安徽	2166	731	1435	540	162	378	103	29	74
福建	1846	560	1286	536	122	414	102	19	83
江西	1581	631	950	444	147	297	99	35	64
山东	4766	1592	3174	1171	340	831	235	56	179
河南	2525	938	1587	728	212	516	196	44	152
湖北	1061	345	716	253	68	185	68	22	46
湖南	2401	928	1473	674	228	446	175	58	117
广东	3929	1321	2608	1362	347	1015	362	80	282
广西	1752	665	1087	646	191	455	212	58	154
海南	279	99	180	133	36	97	41	8	33
重庆	1162	444	718	346	133	213	77	22	55
四川	2674	1104	1570	778	243	535	206	79	127
贵州	592	220	372	191	57	134	43	14	29
云南	1435	480	955	387	136	251	92	30	62
西藏	12	6	6	1		1	2		2
陕西	720	319	401	167	64	103	29	8	21
甘肃	224	91	133	50	22	28	8	3	5
青海	33	11	22	10	4	6	2	1	1
宁夏	88	42	46	17	3	14	11	4	7
新疆	193	121	72	52	24	28	18	10	8

6-1c 各地区分年龄、性别的死亡人口
(2009.11.1-2010.10.31)(乡村)

单位：人

地区	死亡人口			0岁		
	合计	男	女	小计	男	女
全国	**4829800**	**2782616**	**2047184**	**44313**	**23444**	**20869**
北京	19742	11010	8732	39	23	16
天津	17888	9848	8040	46	28	18
河北	306660	175610	131050	1716	962	754
山西	127331	73663	53668	1051	544	507
内蒙古	73816	45276	28540	541	312	229
辽宁	135326	77823	57503	342	200	142
吉林	76470	44901	31569	202	110	92
黑龙江	95067	58102	36965	241	144	97
上海	15876	8250	7626	28	19	9
江苏	271229	147527	123702	734	422	312
浙江	179844	102857	76987	840	467	373
安徽	251819	144820	106999	2641	1484	1157
福建	115749	66662	49087	992	517	475
江西	154520	90967	63553	1537	803	734
山东	390834	217576	173258	1355	737	618
河南	370654	212911	157743	738	411	327
湖北	209898	119782	90116	1667	915	752
湖南	266992	154257	112735	1580	865	715
广东	236817	135148	101669	1495	780	715
广西	187815	114448	73367	2309	1239	1070
海南	23356	13848	9508	567	265	302
重庆	129498	75859	53639	737	403	334
四川	415789	241138	174651	2133	1153	980
贵州	171669	101549	70120	6902	3460	3442
云南	212131	123105	89026	6994	3527	3467
西藏	13896	7400	6496	559	283	276
陕西	143197	81978	61219	549	306	243
甘肃	108623	62845	45778	2025	990	1035
青海	21727	12308	9419	732	399	333
宁夏	19995	11853	8142	634	349	285
新疆	65572	39295	26277	2387	1327	1060

6-1c 续表 1

单位：人

地区	1-4岁			5-9岁			10-14岁		
	小计	男	女	小计	男	女	小计	男	女
全　国	**29894**	**17549**	**12345**	**15883**	**10246**	**5637**	**17124**	**11308**	**5816**
北　京	30	20	10	9	5	4	28	20	8
天　津	34	19	15	31	20	11	47	34	13
河　北	1058	635	423	658	471	187	595	377	218
山　西	431	237	194	306	207	99	387	242	145
内蒙古	253	150	103	122	72	50	161	103	58
辽　宁	290	175	115	236	152	84	272	196	76
吉　林	193	109	84	114	68	46	123	80	43
黑龙江	237	137	100	141	79	62	189	127	62
上　海	23	18	5	9	5	4	14	9	5
江　苏	824	539	285	385	260	125	458	318	140
浙　江	598	346	252	330	193	137	305	197	108
安　徽	1113	731	382	618	413	205	728	503	225
福　建	479	291	188	253	146	107	305	207	98
江　西	1709	1020	689	882	616	266	777	544	233
山　东	819	478	341	571	367	204	703	484	219
河　南	1501	939	562	1022	726	296	1082	821	261
湖　北	1008	618	390	426	282	144	522	370	152
湖　南	1957	1175	782	968	646	322	792	535	257
广　东	1087	620	467	632	430	202	987	698	289
广　西	1415	834	581	889	582	307	744	475	269
海　南	224	143	81	105	75	30	128	85	43
重　庆	754	459	295	481	298	183	453	322	131
四　川	2932	1701	1231	1681	1041	640	1890	1209	681
贵　州	2311	1402	909	1474	934	540	1602	988	614
云　南	3830	2116	1714	1524	972	552	1611	1046	565
西　藏	504	257	247	195	90	105	197	107	90
陕　西	689	401	288	318	192	126	441	268	173
甘　肃	953	508	445	396	226	170	535	328	207
青　海	668	365	303	391	214	177	323	183	140
宁　夏	307	161	146	147	96	51	188	131	57
新　疆	1663	945	718	569	368	201	537	301	236

6-1c 续表 2 单位：人

地区	15-19岁			20-24岁			25-29岁		
	小计	男	女	小计	男	女	小计	男	女
全国	**29533**	**20648**	**8885**	**44551**	**31248**	**13303**	**42187**	**29777**	**12410**
北京	60	38	22	135	100	35	112	71	41
天津	103	73	30	143	112	31	130	105	25
河北	1866	1391	475	2948	2222	726	2638	1967	671
山西	905	661	244	1126	868	258	1057	811	246
内蒙古	407	294	113	679	493	186	886	673	213
辽宁	599	434	165	882	662	220	836	586	250
吉林	383	258	125	700	477	223	645	449	196
黑龙江	449	327	122	871	613	258	853	601	252
上海	25	18	7	37	26	11	45	32	13
江苏	890	605	285	1431	1010	421	1235	841	394
浙江	599	431	168	766	526	240	877	589	288
安徽	1412	977	435	1932	1331	601	1615	1130	485
福建	774	561	213	1194	843	351	1206	845	361
江西	923	627	296	1291	857	434	1328	929	399
山东	1189	821	368	2877	2076	801	2421	1735	686
河南	1780	1321	459	3110	2217	893	2630	1927	703
湖北	1183	828	355	1858	1282	576	1557	1070	487
湖南	1140	792	348	2019	1365	654	1930	1316	614
广东	1634	1162	472	1812	1263	549	1960	1378	582
广西	1175	882	293	1876	1429	447	2145	1649	496
海南	250	191	59	264	201	63	353	251	102
重庆	742	483	259	888	623	265	772	509	263
四川	2682	1804	878	3792	2536	1256	3308	2238	1070
贵州	2062	1407	655	2603	1813	790	2599	1872	727
云南	2398	1667	731	3498	2439	1059	3680	2588	1092
西藏	226	127	99	384	201	183	391	215	176
陕西	1064	772	292	1597	1156	441	1436	1065	371
甘肃	976	632	344	1376	890	486	1116	766	350
青海	399	253	146	575	346	229	552	323	229
宁夏	284	205	79	381	281	100	413	296	117
新疆	954	606	348	1506	990	516	1461	950	511

6-1c 续表 3

单位：人

地区	30-34岁			35-39岁			40-44岁		
	小计	男	女	小计	男	女	小计	男	女
全 国	**54914**	**38430**	**16484**	**95201**	**66604**	**28597**	**146032**	**100313**	**45719**
北 京	115	82	33	242	180	62	409	280	129
天 津	123	79	44	217	158	59	378	244	134
河 北	2497	1798	699	4169	2883	1286	7562	5172	2390
山 西	1310	964	346	2364	1691	673	3342	2276	1066
内蒙古	946	720	226	1757	1332	425	2501	1861	640
辽 宁	1234	893	341	2264	1671	593	3919	2828	1091
吉 林	833	596	237	1587	1102	485	2787	1923	864
黑龙江	1194	857	337	2215	1605	610	3635	2565	1070
上 海	69	39	30	109	68	41	196	125	71
江 苏	1646	1164	482	3120	2087	1033	6379	4205	2174
浙 江	1314	885	429	2286	1569	717	4049	2758	1291
安 徽	2512	1715	797	4555	3112	1443	7564	5047	2517
福 建	1415	991	424	2408	1667	741	3436	2425	1011
江 西	2207	1528	679	3407	2346	1061	4952	3428	1524
山 东	2782	1877	905	5047	3460	1587	9122	6167	2955
河 南	3573	2560	1013	6407	4472	1935	10680	7225	3455
湖 北	1892	1274	618	3801	2569	1232	6121	4060	2061
湖 南	2466	1631	835	4948	3361	1587	8144	5429	2715
广 东	2233	1525	708	3836	2614	1222	6094	4256	1838
广 西	2970	2326	644	4569	3523	1046	6654	5008	1646
海 南	337	263	74	496	376	120	786	582	204
重 庆	1120	769	351	3081	2117	964	4442	3059	1383
四 川	5115	3458	1657	10385	7071	3314	13996	9518	4478
贵 州	3787	2728	1059	5878	4353	1525	7077	5024	2053
云 南	5066	3600	1466	6709	4856	1853	8526	6146	2380
西 藏	399	223	176	497	277	220	625	361	264
陕 西	1692	1215	477	2964	2107	857	4523	2941	1582
甘 肃	1398	908	490	2468	1691	777	3901	2542	1359
青 海	618	382	236	830	536	294	1047	683	364
宁 夏	486	339	147	560	389	171	663	480	183
新 疆	1565	1041	524	2025	1361	664	2522	1695	827

6-1c 续表 4

单位：人

地区	45-49岁			50-54岁			55-59岁		
	小计	男	女	小计	男	女	小计	男	女
全国	**167918**	**113926**	**53992**	**214265**	**142794**	**71471**	**323911**	**211267**	**112644**
北京	650	427	223	863	587	276	1226	789	437
天津	524	336	188	731	457	274	1116	700	416
河北	9774	6580	3194	14330	9479	4851	22231	14488	7743
山西	4312	2844	1468	6178	4073	2105	9030	5712	3318
内蒙古	3438	2425	1013	4747	3249	1498	6171	4074	2097
辽宁	5388	3743	1645	7739	5221	2518	10686	6928	3758
吉林	3684	2522	1162	4891	3205	1686	7318	4547	2771
黑龙江	4594	3255	1339	6606	4337	2269	9276	5836	3440
上海	357	244	113	520	325	195	775	509	266
江苏	7271	4746	2525	10246	6847	3399	16259	10815	5444
浙江	5265	3600	1665	7331	5090	2241	9918	6810	3108
安徽	7469	4916	2553	7153	4738	2415	14605	9500	5105
福建	3885	2706	1179	5466	3845	1621	6936	4824	2112
江西	5348	3711	1637	7080	4872	2208	9361	6290	3071
山东	11683	7810	3873	16709	11208	5501	25236	16780	8456
河南	12732	8340	4392	16165	10286	5879	27287	17327	9960
湖北	7788	5092	2696	9742	6303	3439	13804	8840	4964
湖南	9174	6070	3104	11329	7394	3935	17175	11052	6123
广东	7683	5317	2366	10131	7102	3029	12959	9076	3883
广西	7472	5590	1882	8377	6136	2241	11414	8046	3368
海南	891	671	220	944	678	266	1226	874	352
重庆	4467	3099	1368	5213	3633	1580	9574	6368	3206
四川	13580	9244	4336	17518	11779	5739	30933	20298	10635
贵州	6509	4637	1872	7052	4819	2233	10614	6953	3661
云南	9185	6398	2787	9272	6108	3164	12300	7989	4311
西藏	786	471	315	767	458	309	939	543	396
陕西	5405	3532	1873	7300	4533	2767	10426	6341	4085
甘肃	3956	2561	1395	4322	2737	1585	7203	4309	2894
青海	931	614	317	992	634	358	1447	850	597
宁夏	752	525	227	839	536	303	1212	746	466
新疆	2965	1900	1065	3712	2125	1587	5254	3053	2201

6-1c 续表 5

单位：人

地区	60-64岁			65-69岁			70-74岁		
	小计	男	女	小计	男	女	小计	男	女
全国	**390369**	**249886**	**140483**	**461411**	**287892**	**173519**	**651850**	**390495**	**261355**
北京	1426	873	553	1663	1014	649	2662	1605	1057
天津	1304	769	535	1598	877	721	2287	1308	979
河北	27015	17067	9948	28060	17236	10824	43159	25822	17337
山西	10970	6853	4117	11948	7365	4583	18589	11143	7446
内蒙古	6470	4203	2267	7063	4386	2677	11275	6645	4630
辽宁	11251	6926	4325	12802	7638	5164	16656	9765	6891
吉林	8235	4854	3381	8198	4683	3515	10679	6139	4540
黑龙江	10851	6623	4228	10775	6427	4348	13898	8323	5575
上海	865	575	290	1065	691	374	1541	969	572
江苏	19127	12465	6662	23585	14979	8606	33585	20041	13544
浙江	11544	7731	3813	12183	8191	3992	20167	12755	7412
安徽	19098	12725	6373	25174	16539	8635	34631	21764	12867
福建	7368	5089	2279	8806	5865	2941	13752	8587	5165
江西	11992	7988	4004	13724	8822	4902	22189	13628	8561
山东	30048	19505	10543	33472	21047	12425	50576	30015	20561
河南	33668	21359	12309	38086	23842	14244	52363	31140	21223
湖北	17843	11458	6385	21864	13666	8198	29932	17973	11959
湖南	20883	13326	7557	24361	15270	9091	38159	23029	15130
广东	14773	10255	4518	18892	12713	6179	29677	18688	10989
广西	13574	9304	4270	17597	11611	5986	24234	14984	9250
海南	1447	998	449	1633	1108	525	2910	1798	1112
重庆	10962	7128	3834	14005	8712	5293	17239	10458	6781
四川	36311	23292	13019	44224	27351	16873	54587	32499	22088
贵州	13032	8317	4715	16980	10289	6691	23454	13625	9829
云南	15498	9570	5928	19272	11649	7623	27288	15714	11574
西藏	1324	743	581	1486	811	675	1618	836	782
陕西	12556	7499	5057	16580	9534	7046	22475	12681	9794
甘肃	10337	6188	4149	14202	8485	5717	18347	10588	7759
青海	1922	1156	766	2289	1304	985	2852	1541	1311
宁夏	1529	905	624	2011	1177	834	2767	1556	1211
新疆	7146	4142	3004	7813	4610	3203	8302	4876	3426

6-1c 续表 6

单位：人

地区	75-79岁			80-84岁			85-89岁		
	小计	男	女	小计	男	女	小计	男	女
全国	**746042**	**416998**	**329044**	**695345**	**349836**	**345509**	**433740**	**190855**	**242885**
北京	3687	2017	1670	3122	1511	1611	2207	964	1243
天津	3132	1744	1388	3144	1546	1598	1913	889	1024
河北	51784	28310	23474	47003	23255	23748	25841	11314	14527
山西	22174	12355	9819	18398	9173	9225	9795	4271	5524
内蒙古	11795	6685	5110	8577	4591	3986	4483	2269	2214
辽宁	18993	10056	8937	20336	10138	10198	13332	6342	6990
吉林	10135	5570	4565	8684	4620	4064	4902	2548	2354
黑龙江	12179	7095	5084	9838	5484	4354	5028	2700	2328
上海	2503	1416	1087	2998	1500	1498	2822	1121	1701
江苏	43188	23780	19408	46472	22423	24049	34896	14055	20841
浙江	30070	17292	12778	33081	17195	15886	25033	11430	13603
安徽	41384	23794	17590	41773	20653	21120	24763	10293	14470
福建	17407	9918	7489	19112	9589	9523	12763	5243	7520
江西	23571	13218	10353	22210	11365	10845	13880	6120	7760
山东	65618	35962	29656	64517	31171	33346	42427	17967	24460
河南	59239	33185	26054	53164	26735	26429	30330	13108	17222
湖北	34569	19360	15209	29098	14077	15021	18137	7490	10647
湖南	43694	24642	19052	39554	20384	19170	24687	11385	13302
广东	37439	21300	16139	38403	18990	19413	26626	11127	15499
广西	27225	15802	11423	25208	13175	12033	16505	7673	8832
海南	3230	1935	1295	3400	1738	1662	2416	1043	1373
重庆	19493	11139	8354	18374	9465	8909	10785	4791	5994
四川	58909	33104	25805	56889	29019	27870	35277	15915	19362
贵州	23625	12965	10660	19179	9687	9492	9879	4427	5452
云南	28813	15567	13246	25911	12715	13196	14244	6107	8137
西藏	1276	608	668	1038	481	557	493	224	269
陕西	21948	12082	9866	17121	8965	8156	10067	4759	5308
甘肃	17107	9437	7670	10203	5363	4840	5741	2807	2934
青海	2572	1344	1228	1592	769	823	738	319	419
宁夏	2825	1556	1269	2279	1258	1021	1211	608	603
新疆	6458	3760	2698	4667	2801	1866	2519	1546	973

6-1c 续表 7

单位：人

地区	90-94岁			95-99岁			100岁及以上		
	小计	男	女	小计	男	女	小计	男	女
全国	**171664**	**62860**	**108804**	**44048**	**13530**	**30518**	**9605**	**2710**	**6895**
北京	873	336	537	158	62	96	26	6	20
天津	702	276	426	162	65	97	23	9	14
河北	9080	3357	5723	2249	689	1560	427	135	292
山西	3018	1168	1850	559	186	373	81	19	62
内蒙古	1274	613	661	220	101	119	50	25	25
辽宁	5557	2554	3003	1485	628	857	227	87	140
吉林	1669	812	857	410	182	228	98	47	51
黑龙江	1592	791	801	341	151	190	64	25	39
上海	1394	438	956	425	96	329	56	7	49
江苏	15360	4920	10440	3534	879	2655	604	126	478
浙江	10597	3976	6621	2337	726	1611	354	100	254
安徽	8612	2821	5791	2040	539	1501	427	95	332
福建	5907	2004	3903	1580	432	1148	305	67	238
江西	4908	1834	3074	1041	364	677	203	57	146
山东	18187	6373	11814	4666	1338	3328	809	198	611
河南	11465	3956	7509	2885	833	2052	747	181	566
湖北	5499	1845	3654	1311	326	985	276	84	192
湖南	9145	3602	5543	2374	804	1570	513	184	329
广东	13046	4376	8670	4280	1192	3088	1138	286	852
广西	7884	3045	4839	2723	902	1821	856	233	623
海南	1172	423	749	442	121	321	135	29	106
重庆	4557	1624	2933	1115	331	784	244	69	175
四川	14640	5458	9182	3977	1170	2807	1030	280	750
贵州	3849	1450	2399	952	316	636	249	83	166
云南	4960	1820	3140	1285	431	854	267	80	187
西藏	143	59	84	39	18	21	10	7	3
陕西	3301	1347	1954	655	250	405	90	32	58
甘肃	1684	726	958	322	141	181	55	22	33
青海	195	73	122	49	16	33	13	4	9
宁夏	390	203	187	91	42	49	26	14	12
新疆	1004	580	424	341	199	142	202	119	83

6-2 各地区分性别、受教育程度的6岁及以上死亡人口 (2009.11.1-2010.10.31)

单位：人

地　区	6岁及以上死亡人口			未上过学		
	合计	男	女	小计	男	女
全　国	**7317214**	**4235642**	**3081572**	**2618070**	**992413**	**1625657**
北　京	77005	44456	32549	19205	5717	13488
天　津	53368	29514	23854	15673	4694	10979
河　北	445763	255220	190543	142721	51443	91278
山　西	190267	111923	78344	55744	21928	33816
内蒙古	114647	71023	43624	37690	16812	20878
辽　宁	280112	162798	117314	65907	21927	43980
吉　林	134987	79217	55770	31550	13057	18493
黑龙江	192877	117463	75414	41426	18055	23371
上　海	113601	60859	52742	30221	7255	22966
江　苏	486787	266731	220056	177087	54668	122419
浙　江	293632	168453	125179	125701	46804	78897
安　徽	346576	200450	146126	177974	72658	105316
福　建	182247	104810	77437	54009	16002	38007
江　西	228216	135774	92442	74715	27148	47567
山　东	596626	334129	262497	262560	98330	164230
河　南	506095	292167	213928	214507	89456	125051
湖　北	304378	175265	129113	120939	43835	77104
湖　南	373363	217366	155997	107377	40842	66535
广　东	437389	251334	186055	128466	39935	88531
广　西	246398	150660	95738	68900	24732	44168
海　南	33662	20271	13391	12020	4206	7814
重　庆	183304	107957	75347	59450	22766	36684
四　川	525894	307464	218430	196429	77243	119186
贵　州	200011	119522	80489	89088	37181	51907
云　南	278115	163199	114916	117092	49916	67176
西　藏	14692	7915	6777	11041	5532	5509
陕　西	198966	114564	84402	71261	29471	41790
甘　肃	134040	78295	55745	64124	29595	34529
青　海	28406	16429	11977	12708	5671	7037
宁　夏	30558	18351	12207	13045	5921	7124
新　疆	85232	52063	33169	19440	9613	9827

6-2 续表 1

单位：人

地区	小学			初中			高中		
	小计	男	女	小计	男	女	小计	男	女
全国	**3080607**	**1997842**	**1082765**	**1269887**	**972446**	**297441**	**264490**	**206725**	**57765**
北京	25267	15634	9633	17988	12849	5139	7959	5515	2444
天津	20232	12111	8121	11804	8545	3259	3886	2791	1095
河北	202807	126793	76014	83561	63718	19843	13387	10693	2694
山西	83138	51258	31880	41963	31295	10668	7350	5777	1573
内蒙古	45299	29409	15890	24228	18911	5317	5579	4415	1164
辽宁	119991	71623	48368	74530	54259	20271	14116	10623	3493
吉林	60104	34907	25197	32849	23291	9558	8149	6139	2010
黑龙江	87501	52527	34974	50168	36435	13733	10623	7960	2663
上海	37964	20951	17013	27444	19567	7877	11666	8304	3362
江苏	206908	131409	75499	81018	63400	17618	16855	13324	3531
浙江	121316	85222	36094	35296	27578	7718	8496	6657	1839
安徽	108444	78545	29899	48971	39944	9027	8313	6904	1409
福建	87622	55515	32107	30776	25164	5612	7474	6189	1285
江西	103810	68655	35155	38897	31060	7837	8585	7081	1504
山东	223776	149122	74654	88868	69345	19523	17229	14016	3213
河南	179837	116563	63274	93036	71163	21873	15359	12325	3034
湖北	116341	79415	36926	52646	40613	12033	11513	9035	2478
湖南	186800	117028	69772	64149	47740	16409	12402	9666	2736
广东	202171	128777	73394	81231	62452	18779	20659	16308	4351
广西	123193	81664	41529	43881	35582	8299	8194	6812	1382
海南	11728	7976	3752	7637	6130	1507	1834	1583	251
重庆	91393	60565	30828	26697	20235	6462	4451	3363	1088
四川	245347	165548	79799	71036	54573	16463	10210	7832	2378
贵州	77099	54834	22265	27971	22775	5196	4309	3482	827
云南	118620	79992	38628	32555	25598	6957	7454	5804	1650
西藏	3035	1974	1061	387	260	127	137	85	52
陕西	78642	48665	29977	38720	28466	10254	7955	6094	1861
甘肃	47881	31459	16422	16477	12910	3567	4232	3303	929
青海	10549	6758	3791	3668	2903	765	991	728	263
宁夏	9995	6604	3391	5652	4379	1273	1171	916	255
新疆	43797	26339	17458	15783	11306	4477	3952	3001	951

6-2 续表 2

单位：人

地区	大学专科			大学本科			研究生		
	小计	男	女	小计	男	女	小计	男	女
全国	**52870**	**41445**	**11425**	**30149**	**23935**	**6214**	**1141**	**836**	**305**
北京	2578	1836	742	3835	2772	1063	173	133	40
天津	987	765	222	770	600	170	16	8	8
河北	2295	1766	529	944	774	170	48	33	15
山西	1479	1176	303	573	474	99	20	15	5
内蒙古	1343	1061	282	494	404	90	14	11	3
辽宁	3470	2663	807	2057	1670	387	41	33	8
吉林	1498	1169	329	820	642	178	17	12	5
黑龙江	2156	1671	485	979	797	182	24	18	6
上海	2667	1981	686	3541	2720	821	98	81	17
江苏	3105	2467	638	1744	1409	335	70	54	16
浙江	1794	1411	383	1003	766	237	26	15	11
安徽	1827	1498	329	1017	880	137	30	21	9
福建	1420	1154	266	898	753	145	48	33	15
江西	1605	1326	279	584	491	93	20	13	7
山东	2929	2334	595	1211	943	268	53	39	14
河南	2495	1959	536	809	664	145	52	37	15
湖北	1937	1548	389	957	784	173	45	35	10
湖南	1844	1448	396	737	607	130	54	35	19
广东	3243	2572	671	1536	1240	296	83	50	33
广西	1533	1281	252	678	575	103	19	14	5
海南	303	263	40	131	106	25	9	7	2
重庆	729	576	153	564	434	130	20	18	2
四川	1906	1487	419	942	763	179	24	18	6
贵州	1051	867	184	473	368	105	20	15	5
云南	1679	1307	372	695	565	130	20	17	3
西藏	72	49	23	20	15	5			
陕西	1520	1177	343	812	653	159	56	38	18
甘肃	941	720	221	370	297	73	15	11	4
青海	364	261	103	121	104	17	5	4	1
宁夏	376	282	94	315	245	70	4	4	
新疆	1724	1370	354	519	420	99	17	14	3

6-2a 各地区分性别、受教育程度的6岁及以上死亡人口(2009.11.1-2010.10.31)(城市)

单位：人

地区	6岁及以上死亡人口			未上过学		
	合计	男	女	小计	男	女
全国	**1386875**	**807485**	**579390**	**311979**	**98122**	**213857**
北京	52213	30511	21702	9177	2347	6830
天津	30876	17074	13802	7503	2038	5465
河北	55151	31830	23321	11425	3300	8125
山西	32589	20038	12551	6815	2728	4087
内蒙古	23618	14806	8812	4072	1599	2473
辽宁	118299	69278	49021	17957	5013	12944
吉林	39976	23533	16443	6164	2166	3998
黑龙江	65041	39261	25780	9869	3878	5991
上海	87924	47274	40650	17782	3548	14234
江苏	116704	64660	52044	32942	9317	23625
浙江	61382	35507	25875	20129	7025	13104
安徽	37383	22254	15129	11476	4040	7436
福建	33740	19234	14506	7324	1688	5636
江西	28557	17192	11365	6322	2196	4126
山东	103004	58453	44551	31872	9979	21893
河南	58199	34389	23810	16084	5860	10224
湖北	56259	33037	23222	14304	4531	9773
湖南	39114	23466	15648	6743	2511	4232
广东	130527	74986	55541	28558	8200	20358
广西	21916	13341	8575	3620	1013	2607
海南	4519	2802	1717	1039	313	726
重庆	27309	16072	11237	5905	1985	3920
四川	47801	28670	19131	11847	4515	7332
贵州	14998	9223	5775	2818	954	1864
云南	30692	18572	12120	7362	2854	4508
西藏	200	116	84	114	48	66
陕西	28477	16706	11771	5514	1901	3613
甘肃	15172	9336	5836	3225	1088	2137
青海	3377	2141	1236	510	163	347
宁夏	7827	4766	3061	1634	595	1039
新疆	14031	8957	5074	1873	729	1144

6-2a 续表 1

单位：人

地区	小学			初中			高中		
	小计	男	女	小计	男	女	小计	男	女
全国	**527130**	**310183**	**216947**	**353881**	**254819**	**99062**	**134343**	**98298**	**36045**
北京	16501	9560	6941	13102	9173	3929	7076	4870	2206
天津	10248	5617	4631	8113	5772	2341	3349	2359	990
河北	22106	12794	9312	14788	10593	4195	4853	3597	1256
山西	12384	7505	4879	8973	6441	2532	3156	2371	785
内蒙古	8686	5156	3530	7208	5264	1944	2530	1902	628
辽宁	45170	24850	20320	40153	28234	11919	10186	7410	2776
吉林	13700	7278	6422	12827	8673	4154	5434	3999	1435
黑龙江	24993	14112	10881	21154	14648	6506	6672	4802	1870
上海	29226	14565	14661	23789	16750	7039	11036	7789	3247
江苏	46323	27699	18624	25151	18423	6728	8770	6466	2304
浙江	24123	15626	8497	11097	8300	2797	4184	3134	1050
安徽	12269	7874	4395	8814	6630	2184	3190	2385	805
福建	13747	7849	5898	7787	5911	1876	3398	2595	803
江西	11113	6729	4384	7066	5196	1870	2957	2184	773
山东	38791	24230	14561	22012	16350	5662	7635	5800	1835
河南	19757	11972	7785	14580	10603	3977	5672	4312	1360
湖北	19974	12237	7737	14089	10354	3735	5775	4235	1540
湖南	17460	10233	7227	9833	6950	2883	3707	2681	1026
广东	57178	33873	23305	28788	20977	7811	12180	8959	3221
广西	8405	4823	3582	5947	4470	1477	2698	2006	692
海南	1436	887	549	1219	924	295	582	475	107
重庆	11635	7045	4590	6585	4759	1826	2295	1602	693
四川	19465	12206	7259	11007	7940	3067	3883	2768	1115
贵州	5271	3171	2100	4400	3199	1201	1687	1258	429
云南	12033	7461	4572	6920	5027	1893	3111	2261	850
西藏	56	46	10	14	10	4	10	7	3
陕西	10016	5644	4372	7796	5358	2438	3580	2598	982
甘肃	5322	3293	2029	3842	2884	958	1972	1443	529
青海	1325	779	546	999	774	225	341	261	80
宁夏	2644	1546	1098	2392	1754	638	645	480	165
新疆	5773	3523	2250	3436	2478	958	1779	1289	490

6-2a 续表 2

单位：人

地区	大学专科			大学本科			研究生		
	小计	男	女	小计	男	女	小计	男	女
全国	**33428**	**25480**	**7948**	**25327**	**19971**	**5356**	**787**	**612**	**175**
北京	2420	1712	708	3766	2717	1049	171	132	39
天津	906	699	207	742	581	161	15	8	7
河北	1263	960	303	701	576	125	15	10	5
山西	837	647	190	417	340	77	7	6	1
内蒙古	746	579	167	367	299	68	9	7	2
辽宁	2880	2189	691	1914	1550	364	39	32	7
吉林	1109	840	269	731	570	161	11	7	4
黑龙江	1500	1139	361	832	667	165	21	15	6
上海	2532	1884	648	3461	2657	804	98	81	17
江苏	1990	1525	465	1478	1188	290	50	42	8
浙江	1062	820	242	768	591	177	19	11	8
安徽	877	685	192	739	625	114	18	15	3
福建	751	580	171	703	587	116	30	24	6
江西	714	562	152	379	321	58	6	4	2
山东	1760	1363	397	906	709	197	28	22	6
河南	1477	1133	344	605	492	113	24	17	7
湖北	1315	1026	289	769	626	143	33	28	5
湖南	852	654	198	495	419	76	24	18	6
广东	2390	1838	552	1380	1105	275	53	34	19
广西	717	577	140	516	441	75	13	11	2
海南	144	122	22	92	75	17	7	6	1
重庆	424	325	99	451	343	108	14	13	1
四川	941	710	231	650	524	126	8	7	1
贵州	463	362	101	350	270	80	9	9	
云南	796	596	200	457	363	94	13	10	3
西藏	4	3	1	2	2				
陕西	903	673	230	642	512	130	26	20	6
甘肃	505	384	121	299	238	61	7	6	1
青海	123	94	29	75	67	8	4	3	1
宁夏	262	195	67	246	192	54	4	4	
新疆	765	604	161	394	324	70	11	10	1

6-2b 各地区分性别、受教育程度的6岁及以上死亡人口(2009.11.1-2010.10.31)(镇)

单位：人

地区	6岁及以上死亡人口			未上过学		
	合计	男	女	小计	男	女
全国	**1178487**	**688777**	**489710**	**395710**	**146255**	**249455**
北京	5121	2978	2143	1809	612	1197
天津	4693	2641	2052	1546	522	1024
河北	86895	49490	37405	27025	9324	17701
山西	31898	19044	12854	7961	2960	5001
内蒙古	18034	11416	6618	4376	1805	2571
辽宁	27179	16106	11073	6006	2022	3984
吉林	18963	11015	7948	4566	1904	2662
黑龙江	33280	20400	12880	6447	2779	3668
上海	9853	5373	4480	4206	1292	2914
江苏	100520	55569	44951	37253	12120	25133
浙江	53926	30951	22975	21741	7770	13971
安徽	61290	35689	25601	29161	11480	17681
福建	34286	19757	14529	9142	2455	6687
江西	48585	29576	19009	14644	5502	9142
山东	105113	59401	45712	45405	16935	28470
河南	79716	46369	33347	32115	13368	18747
湖北	41004	24054	16950	14970	5406	9564
湖南	71026	41817	29209	18195	6714	11481
广东	72775	42689	30086	20570	6551	14019
广西	40589	25059	15530	9604	3236	6368
海南	6601	4045	2556	2110	755	1355
重庆	28075	16942	11133	8236	3156	5080
四川	67757	40726	27031	21487	8348	13139
贵州	22855	13797	9058	8587	3324	5263
云南	46465	27381	19084	17711	7001	10710
西藏	1708	960	748	1095	580	515
陕西	28600	16630	11970	9349	3768	5581
甘肃	13321	7667	5654	5163	2182	2981
青海	4815	2803	2012	1791	811	980
宁夏	3710	2258	1452	1640	725	915
新疆	9834	6174	3660	1799	848	951

6-2b 续表 1　　单位：人

地区	小学			初中			高中		
	小计	男	女	小计	男	女	小计	男	女
全国	**491002**	**315638**	**175364**	**226446**	**173896**	**52550**	**51024**	**41208**	**9816**
北京	1752	1202	550	1144	850	294	298	221	77
天津	1968	1243	725	951	699	252	173	137	36
河北	39236	24242	14994	17109	13070	4039	2846	2311	535
山西	13512	8159	5353	8040	6028	2012	1851	1455	396
内蒙古	6747	4211	2536	4980	3831	1149	1436	1159	277
辽宁	11140	6701	4439	8169	5917	2252	1491	1169	322
吉林	7918	4468	3450	4965	3483	1482	1234	925	309
黑龙江	13981	8244	5737	10075	7212	2863	2177	1679	498
上海	3344	2315	1029	1782	1359	423	371	296	75
江苏	42910	27234	15676	16549	13065	3484	3090	2555	535
浙江	22772	15759	7013	7167	5629	1538	1734	1372	362
安徽	19377	13806	5571	10028	8077	1951	2010	1706	304
福建	16150	9904	6246	6744	5465	1279	1751	1492	259
江西	21060	13743	7317	9469	7471	1998	2678	2245	433
山东	39929	26647	13282	15675	12366	3309	3240	2740	500
河南	28223	18140	10083	15768	11974	3794	3056	2435	621
湖北	15471	10412	5059	8069	6209	1860	2047	1644	403
湖南	34749	21484	13265	13893	10306	3587	3416	2676	740
广东	34102	21615	12487	14037	11051	2986	3478	2959	519
广西	19835	12785	7050	8519	6811	1708	2001	1693	308
海南	2295	1505	790	1622	1297	325	459	391	68
重庆	13405	8911	4494	5108	3824	1284	1024	801	223
四川	30776	20461	10315	12191	9312	2879	2540	1981	559
贵州	8237	5643	2594	4638	3705	933	997	798	199
云南	18519	12362	6157	7508	5844	1664	2011	1601	410
西藏	357	219	138	120	71	49	74	49	25
陕西	11182	6840	4342	6220	4569	1651	1400	1087	313
甘肃	4771	2927	1844	2262	1688	574	786	601	185
青海	1635	1005	630	753	552	201	403	271	132
宁夏	1175	810	365	692	554	138	131	114	17
新疆	4474	2641	1833	2199	1607	592	821	645	176

6-2b 续表 2 单位：人

地区	大学专科			大学本科			研究生		
	小计	男	女	小计	男	女	小计	男	女
全国	**11046**	**9062**	**1984**	**3167**	**2658**	**509**	**92**	**60**	**32**
北京	68	53	15	49	40	9	1		1
天津	40	31	9	14	9	5	1		1
河北	522	416	106	154	125	29	3	2	1
山西	416	339	77	113	100	13	5	3	2
内蒙古	399	329	70	96	81	15			
辽宁	289	224	65	84	73	11			
吉林	226	191	35	51	41	10	3	3	
黑龙江	483	381	102	115	103	12	2	2	
上海	94	66	28	56	45	11			
江苏	541	450	91	171	144	27	6	1	5
浙江	376	314	62	135	106	29	1	1	
安徽	514	434	80	196	183	13	4	3	1
福建	379	342	37	115	97	18	5	2	3
江西	588	496	92	140	115	25	6	4	2
山东	651	539	112	206	168	38	7	6	1
河南	445	356	89	106	95	11	3	1	2
湖北	341	293	48	103	88	15	3	2	1
湖南	592	494	98	172	139	33	9	4	5
广东	487	422	65	95	87	8	6	4	2
广西	503	428	75	126	105	21	1	1	
海南	90	75	15	24	21	3	1	1	
重庆	215	180	35	85	68	17	2	2	
四川	559	453	106	197	165	32	7	6	1
贵州	309	258	51	83	68	15	4	1	3
云南	545	430	115	167	139	28	4	4	
西藏	51	33	18	11	8	3			
陕西	338	273	65	106	89	17	5	4	1
甘肃	289	224	65	50	45	5			
青海	190	130	60	42	33	9	1	1	
宁夏	43	31	12	29	24	5			
新疆	463	377	86	76	54	22	2	2	

6-2c 各地区分性别、受教育程度的6岁及以上死亡人口(2009.11.1-2010.10.31)(乡村)

单位：人

地区	6岁及以上死亡人口			未上过学		
	合计	男	女	小计	男	女
全国	**4751852**	**2739380**	**2012472**	**1910381**	**748036**	**1162345**
北京	19671	10967	8704	8219	2758	5461
天津	17799	9799	8000	6624	2134	4490
河北	303717	173900	129817	104271	38819	65452
山西	125780	72841	52939	40968	16240	24728
内蒙古	72995	44801	28194	29242	13408	15834
辽宁	134634	77414	57220	41944	14892	27052
吉林	76048	44669	31379	20820	8987	11833
黑龙江	94556	57802	36754	25110	11398	13712
上海	15824	8212	7612	8233	2415	5818
江苏	269563	146502	123061	106892	33231	73661
浙江	178324	101995	76329	83831	32009	51822
安徽	247903	142507	105396	137337	57138	80199
福建	114221	65819	48402	37543	11859	25684
江西	151074	89006	62068	53749	19450	34299
山东	388509	216275	172234	185283	71416	113867
河南	368180	211409	156771	166308	70228	96080
湖北	207115	118174	88941	91665	33898	57767
湖南	263223	152083	111140	82439	31617	50822
广东	234087	133659	100428	79338	25184	54154
广西	183893	112260	71633	55676	20483	35193
海南	22542	13424	9118	8871	3138	5733
重庆	127920	74943	52977	45309	17625	27684
四川	410336	238068	172268	163095	64380	98715
贵州	162158	96502	65656	77683	32903	44780
云南	200958	117246	83712	92019	40061	51958
西藏	12784	6839	5945	9832	4904	4928
陕西	141889	81228	60661	56398	23802	32596
甘肃	105547	61292	44255	55736	26325	29411
青海	20214	11485	8729	10407	4697	5710
宁夏	19021	11327	7694	9771	4601	5170
新疆	61367	36932	24435	15768	8036	7732

6-2c 续表 1

单位：人

地区	小学			初中			高中		
	小计	男	女	小计	男	女	小计	男	女
全国	**2062475**	**1372021**	**690454**	**689560**	**543731**	**145829**	**79123**	**67219**	**11904**
北京	7014	4872	2142	3742	2826	916	585	424	161
天津	8016	5251	2765	2740	2074	666	364	295	69
河北	141465	89757	51708	51664	40055	11609	5688	4785	903
山西	57242	35594	21648	24950	18826	6124	2343	1951	392
内蒙古	29866	20042	9824	12040	9816	2224	1613	1354	259
辽宁	63681	40072	23609	26208	20108	6100	2439	2044	395
吉林	38486	23161	15325	15057	11135	3922	1481	1215	266
黑龙江	48527	30171	18356	18939	14575	4364	1774	1479	295
上海	5394	4071	1323	1873	1458	415	259	219	40
江苏	117675	76476	41199	39318	31912	7406	4995	4303	692
浙江	74421	53837	20584	17032	13649	3383	2578	2151	427
安徽	76798	56865	19933	30129	25237	4892	3113	2813	300
福建	57725	37762	19963	16245	13788	2457	2325	2102	223
江西	71637	48183	23454	22362	18393	3969	2950	2652	298
山东	145056	98245	46811	51181	40629	10552	6354	5476	878
河南	131857	86451	45406	62688	48586	14102	6631	5578	1053
湖北	80896	56766	24130	30488	24050	6438	3691	3156	535
湖南	134591	85311	49280	40423	30484	9939	5279	4309	970
广东	110891	73289	37602	38406	30424	7982	5001	4390	611
广西	94953	64056	30897	29415	24301	5114	3495	3113	382
海南	7997	5584	2413	4796	3909	887	793	717	76
重庆	66353	44609	21744	15004	11652	3352	1132	960	172
四川	195106	132881	62225	47838	37321	10517	3787	3083	704
贵州	63591	46020	17571	18933	15871	3062	1625	1426	199
云南	88068	60169	27899	18127	14727	3400	2332	1942	390
西藏	2622	1709	913	253	179	74	53	29	24
陕西	57444	36181	21263	24704	18539	6165	2975	2409	566
甘肃	37788	25239	12549	10373	8338	2035	1474	1259	215
青海	7589	4974	2615	1916	1577	339	247	196	51
宁夏	6176	4248	1928	2568	2071	497	395	322	73
新疆	33550	20175	13375	10148	7221	2927	1352	1067	285

6-2c 续表 2 单位：人

地区	大学专科			大学本科			研究生		
	小计	男	女	小计	男	女	小计	男	女
全 国	**8396**	**6903**	**1493**	**1655**	**1306**	**349**	**262**	**164**	**98**
北 京	90	71	19	20	15	5	1	1	
天 津	41	35	6	14	10	4			
河 北	510	390	120	89	73	16	30	21	9
山 西	226	190	36	43	34	9	8	6	2
内蒙古	198	153	45	31	24	7	5	4	1
辽 宁	301	250	51	59	47	12	2	1	1
吉 林	163	138	25	38	31	7	3	2	1
黑龙江	173	151	22	32	27	5	1	1	
上 海	41	31	10	24	18	6			
江 苏	574	492	82	95	77	18	14	11	3
浙 江	356	277	79	100	69	31	6	3	3
安 徽	436	379	57	82	72	10	8	3	5
福 建	290	232	58	80	69	11	13	7	6
江 西	303	268	35	65	55	10	8	5	3
山 东	518	432	86	99	66	33	18	11	7
河 南	573	470	103	98	77	21	25	19	6
湖 北	281	229	52	85	70	15	9	5	4
湖 南	400	300	100	70	49	21	21	13	8
广 东	366	312	54	61	48	13	24	12	12
广 西	313	276	37	36	29	7	5	2	3
海 南	69	66	3	15	10	5	1		1
重 庆	90	71	19	28	23	5	4	3	1
四 川	406	324	82	95	74	21	9	5	4
贵 州	279	247	32	40	30	10	7	5	2
云 南	338	281	57	71	63	8	3	3	
西 藏	17	13	4	7	5	2			
陕 西	279	231	48	64	52	12	25	14	11
甘 肃	147	112	35	21	14	7	8	5	3
青 海	51	37	14	4	4				
宁 夏	71	56	15	40	29	11			
新 疆	496	389	107	49	42	7	4	2	2

6-3 各地区分性别、婚姻状况的15岁及以上死亡人口
(2009.11.1-2010.10.31)

单位：人

地区	15岁及以上死亡人口			未婚		
	合计	男	女	小计	男	女
全国	**7277911**	**4209774**	**3068137**	**380263**	**325023**	**55240**
北京	76894	44384	32510	2465	2034	431
天津	53250	29434	23816	1687	1406	281
河北	444252	254198	190054	26153	23599	2554
山西	189392	111357	78035	9235	8261	974
内蒙古	114240	70767	43473	6440	5732	708
辽宁	279425	162344	117081	10876	9447	1429
吉林	134670	79014	55656	5102	4201	901
黑龙江	192391	117167	75224	6404	5313	1091
上海	113426	60754	52672	3249	2425	824
江苏	485539	265889	219650	19329	16627	2702
浙江	292620	167806	124814	14198	12503	1695
安徽	345001	199365	145636	21557	19354	2203
福建	181497	104337	77160	9506	8119	1387
江西	226274	134411	91863	8988	7343	1645
山东	594867	332939	261928	28086	24738	3348
河南	503676	290408	213268	28703	25122	3581
湖北	303208	174464	128744	14189	12071	2118
湖南	371336	215968	155368	18214	15065	3149
广东	434997	249685	185312	26767	22233	4534
广西	244640	149494	95146	17852	15956	1896
海南	33374	20076	13298	2559	2210	349
重庆	182162	107195	74967	10662	9508	1154
四川	522162	305079	217083	31739	26988	4751
贵州	196850	117525	79325	11658	9849	1809
云南	274724	160988	113736	17324	14085	3239
西藏	14310	7718	6592	2153	1214	939
陕西	198086	114031	84055	9878	8294	1584
甘肃	132905	77624	55281	6424	5029	1395
青海	27498	15916	11582	2638	1691	947
宁夏	30135	18060	12075	1385	1087	298
新疆	84110	51377	32733	4843	3519	1324

6-3 续表 单位：人

地区	有配偶			离婚			丧偶		
	小计	男	女	小计	男	女	小计	男	女
全国	**3964231**	**2633880**	**1330351**	**117802**	**87927**	**29875**	**2815615**	**1162944**	**1652671**
北京	43383	29194	14189	1577	1093	484	29469	12063	17406
天津	29550	19009	10541	889	638	251	21124	8381	12743
河北	241449	154717	86732	5862	4632	1230	170788	71250	99538
山西	106000	70768	35232	2904	2365	539	71253	29963	41290
内蒙古	67455	46240	21215	2182	1734	448	38163	17061	21102
辽宁	153377	101042	52335	7548	5690	1858	107624	46165	61459
吉林	75156	48495	26661	3880	2857	1023	50532	23461	27071
黑龙江	108577	71860	36717	5701	4259	1442	71709	35735	35974
上海	60202	41108	19094	2213	1547	666	47762	15674	32088
江苏	255807	169324	86483	5614	4059	1555	204789	75879	128910
浙江	155388	108738	46650	5307	4232	1075	117727	42333	75394
安徽	187434	124155	63279	4346	3311	1035	131664	52545	79119
福建	100000	70318	29682	2632	2111	521	69359	23789	45570
江西	126824	88845	37979	3182	2412	770	87280	35811	51469
山东	314281	203646	110635	6616	4957	1659	245884	99598	146286
河南	275592	176263	99329	6803	5050	1753	192578	83973	108605
湖北	164685	108917	55768	4432	3215	1217	119902	50261	69641
湖南	196468	130773	65695	6118	4551	1567	150536	65579	84957
广东	230307	159600	70707	6042	4385	1657	171881	63467	108414
广西	136907	94444	42463	3344	2670	674	86537	36424	50113
海南	19529	13510	6019	402	318	84	10884	4038	6846
重庆	99098	65400	33698	3334	2505	829	69068	29782	39286
四川	277243	182408	94835	8988	6662	2326	204192	89021	115171
贵州	112676	74783	37893	3147	2424	723	69369	30469	38900
云南	153413	101516	51897	5097	3660	1437	98890	41727	57163
西藏	6836	4003	2833	417	232	185	4904	2269	2635
陕西	109207	70205	39002	3166	2235	931	75835	33297	42538
甘肃	74955	48728	26227	1679	1188	491	49847	22679	27168
青海	14844	9708	5136	700	465	235	9316	4052	5264
宁夏	18438	12412	6026	514	358	156	9798	4203	5595
新疆	49150	33751	15399	3166	2112	1054	26951	11995	14956

6-3a 各地区分性别、婚姻状况的15岁及以上死亡人口 (2009.11.1-2010.10.31)(城市)

单位：人

地区	15岁及以上死亡人口			未婚		
	合计	男	女	小计	男	女
全国	**1382767**	**804846**	**577921**	**45105**	**34616**	**10489**
北京	52148	30471	21677	1227	927	300
天津	30843	17057	13786	643	475	168
河北	55022	31749	23273	1438	1157	281
山西	32484	19973	12511	750	596	154
内蒙古	23551	14764	8787	673	519	154
辽宁	118115	69170	48945	2892	2235	657
吉林	39918	23497	16421	967	707	260
黑龙江	64927	39192	25735	1484	1118	366
上海	87795	47196	40599	2639	1948	691
江苏	116452	64505	51947	3444	2700	744
浙江	61131	35334	25797	2637	2120	517
安徽	37252	22171	15081	1201	956	245
福建	33636	19172	14464	1245	943	302
江西	28409	17084	11325	792	614	178
山东	102681	58241	44440	3319	2703	616
河南	57978	34257	23721	1767	1395	372
湖北	56096	32927	23169	1659	1268	391
湖南	38941	23349	15592	1482	1117	365
广东	129924	74591	55333	7259	5277	1982
广西	21840	13287	8553	813	630	183
海南	4495	2785	1710	225	180	45
重庆	27210	16006	11204	1031	838	193
四川	47626	28564	19062	1365	1080	285
贵州	14902	9151	5751	630	508	122
云南	30577	18497	12080	1462	1100	362
西藏	196	113	83	18	13	5
陕西	28413	16666	11747	777	587	190
甘肃	15120	9306	5814	408	296	112
青海	3362	2133	1229	88	60	28
宁夏	7765	4731	3034	253	177	76
新疆	13958	8907	5051	517	372	145

6-3a　续表　　　　单位：人

地　区	有配偶			离　婚			丧　偶		
	小计	男	女	小计	男	女	小计	男	女
全　国	**788620**	**542100**	**246520**	**34138**	**23954**	**10184**	**514904**	**204176**	**310728**
北　京	30496	20767	9729	1149	764	385	19276	8013	11263
天　津	17283	11340	5943	639	449	190	12278	4793	7485
河　北	32752	21827	10925	870	623	247	19962	8142	11820
山　西	20376	14258	6118	491	339	152	10867	4780	6087
内蒙古	15407	10724	4683	553	417	136	6918	3104	3814
辽　宁	66263	44945	21318	4358	3161	1197	44602	18829	25773
吉　林	22446	15086	7360	1635	1137	498	14870	6567	8303
黑龙江	35088	23702	11386	2642	1884	758	25713	12488	13225
上　海	46690	31936	14754	1865	1292	573	36601	12020	24581
江　苏	63774	43152	20622	1848	1274	574	47386	17379	30007
浙　江	33597	23892	9705	1393	1032	361	23504	8290	15214
安　徽	22180	15478	6702	727	489	238	13144	5248	7896
福　建	19562	14115	5447	543	382	161	12286	3732	8554
江　西	16371	11563	4808	653	454	199	10593	4453	6140
山　东	58267	39035	19232	1517	1044	473	39578	15459	24119
河　南	34870	23504	11366	1170	823	347	20171	8535	11636
湖　北	31997	22262	9735	1414	937	477	21026	8460	12566
湖　南	21440	14907	6533	1174	809	365	14845	6516	8329
广　东	71851	50304	21547	2333	1568	765	48481	17442	31039
广　西	13188	9614	3574	614	449	165	7225	2594	4631
海　南	2853	2058	795	62	44	18	1355	503	852
重　庆	15172	10561	4611	1060	785	275	9947	3822	6125
四　川	27536	19089	8447	1383	1033	350	17342	7362	9980
贵　州	9131	6602	2529	625	442	183	4516	1599	2917
云　南	16657	11442	5215	1426	954	472	11032	5001	6031
西　藏	125	85	40	3	1	2	50	14	36
陕　西	16613	11104	5509	835	540	295	10188	4435	5753
甘　肃	9779	6820	2959	305	235	70	4628	1955	2673
青　海	2285	1644	641	102	75	27	887	354	533
宁　夏	5256	3592	1664	204	144	60	2052	818	1234
新　疆	9315	6692	2623	545	374	171	3581	1469	2112

6-3b 各地区分性别、婚姻状况的15岁及以上死亡人口 (2009.11.1-2010.10.31)(镇)

单位：人

地　区	15岁及以上死亡人口			未　婚		
	合计	男	女	小计	男	女
全　国	**1172558**	**684859**	**487699**	**55125**	**46425**	**8700**
北　京	5110	2971	2139	247	209	38
天　津	4677	2630	2047	212	186	26
河　北	86597	49284	37313	4583	4136	447
山　西	31752	18951	12801	1111	954	157
内蒙古	17950	11364	6586	733	610	123
辽　宁	27124	16074	11050	1006	863	143
吉　林	18914	10983	7931	651	517	134
黑龙江	33205	20360	12845	839	680	159
上　海	9829	5359	4470	302	226	76
江　苏	100259	55396	44863	3968	3420	548
浙　江	53718	30818	22900	2402	2071	331
安　徽	61030	35505	25525	3386	3018	368
福　建	34141	19664	14477	1535	1298	237
江　西	48250	29343	18907	1724	1372	352
山　东	104800	59188	45612	4783	4177	606
河　南	79387	46137	33250	3905	3393	512
湖　北	40837	23940	16897	1639	1335	304
湖　南	70700	41583	29117	3129	2519	610
广　东	72457	42474	29983	3875	3229	646
广　西	40342	24889	15453	2584	2241	343
海　南	6547	4011	2536	449	370	79
重　庆	27879	16812	11067	1517	1337	180
四　川	67383	40481	26902	3253	2721	532
贵　州	22568	13609	8959	1193	975	218
云　南	45975	27047	18928	2575	2050	525
西　藏	1673	942	731	241	145	96
陕　西	28473	16554	11919	1171	938	233
甘　肃	13071	7525	5546	647	472	175
青　海	4523	2636	1887	777	452	325
宁　夏	3651	2213	1438	181	144	37
新　疆	9736	6116	3620	507	367	140

6-3b 续表 单位：人

地区	有配偶			离婚			丧偶		
	小计	男	女	小计	男	女	小计	男	女
全国	**646076**	**437258**	**208818**	**19634**	**14408**	**5226**	**451723**	**186768**	**264955**
北京	2752	1875	877	109	80	29	2002	807	1195
天津	2672	1692	980	67	54	13	1726	698	1028
河北	47935	30757	17178	1085	851	234	32994	13540	19454
山西	18332	12499	5833	488	380	108	11821	5118	6703
内蒙古	11315	7955	3360	427	319	108	5475	2480	2995
辽宁	15021	9992	5029	809	599	210	10288	4620	5668
吉林	10561	6803	3758	570	406	164	7132	3257	3875
黑龙江	19582	13017	6565	1005	753	252	11779	5910	5869
上海	5276	3638	1638	181	135	46	4070	1360	2710
江苏	52498	34805	17693	1109	762	347	42684	16409	26275
浙江	28769	20334	8435	897	696	201	21650	7717	13933
安徽	33579	22623	10956	845	619	226	23220	9245	13975
福建	19093	13737	5356	468	371	97	13045	4258	8787
江西	27167	19369	7798	788	547	241	18571	8055	10516
山东	55342	36336	19006	1110	850	260	43565	17825	25740
河南	43510	28228	15282	1074	788	286	30898	13728	17170
湖北	22790	15445	7345	596	430	166	15812	6730	9082
湖南	37794	25758	12036	1333	947	386	28444	12359	16085
广东	38258	27031	11227	941	655	286	29383	11559	17824
广西	23263	16420	6843	584	458	126	13911	5770	8141
海南	3995	2837	1158	78	54	24	2025	750	1275
重庆	15315	10502	4813	620	464	156	10427	4509	5918
四川	36165	24883	11282	1674	1238	436	26291	11639	14652
贵州	13445	9313	4132	497	371	126	7433	2950	4483
云南	26453	17992	8461	992	707	285	15955	6298	9657
西藏	776	465	311	81	49	32	575	283	292
陕西	15976	10508	5468	451	325	126	10875	4783	6092
甘肃	7717	5003	2714	186	126	60	4521	1924	2597
青海	2355	1540	815	196	120	76	1195	524	671
宁夏	2289	1560	729	45	30	15	1136	479	657
新疆	6081	4341	1740	328	224	104	2820	1184	1636

6-3c 各地区分性别、婚姻状况的15岁及以上死亡人口 (2009.11.1-2010.10.31)(乡村)

单位：人

地区	15岁及以上死亡人口			未婚		
	合计	男	女	小计	男	女
全国	**4722586**	**2720069**	**2002517**	**280033**	**243982**	**36051**
北京	19636	10942	8694	991	898	93
天津	17730	9747	7983	832	745	87
河北	302633	173165	129468	20132	18306	1826
山西	125156	72433	52723	7374	6711	663
内蒙古	72739	44639	28100	5034	4603	431
辽宁	134186	77100	57086	6978	6349	629
吉林	75838	44534	31304	3484	2977	507
黑龙江	94259	57615	36644	4081	3515	566
上海	15802	8199	7603	308	251	57
江苏	268828	145988	122840	11917	10507	1410
浙江	177771	101654	76117	9159	8312	847
安徽	246719	141689	105030	16970	15380	1590
福建	113720	65501	48219	6726	5878	848
江西	149615	87984	61631	6472	5357	1115
山东	387386	215510	171876	19984	17858	2126
河南	366311	210014	156297	23031	20334	2697
湖北	206275	117597	88678	10891	9468	1423
湖南	261695	151036	110659	13603	11429	2174
广东	232616	132620	99996	15633	13727	1906
广西	182458	111318	71140	14455	13085	1370
海南	22332	13280	9052	1885	1660	225
重庆	127073	74377	52696	8114	7333	781
四川	407153	236034	171119	27121	23187	3934
贵州	159380	94765	64615	9835	8366	1469
云南	198172	115444	82728	13287	10935	2352
西藏	12441	6663	5778	1894	1056	838
陕西	141200	80811	60389	7930	6769	1161
甘肃	104714	60793	43921	5369	4261	1108
青海	19613	11147	8466	1773	1179	594
宁夏	18719	11116	7603	951	766	185
新疆	60416	36354	24062	3819	2780	1039

6-3c 续表 单位：人

地区	有配偶			离婚			丧偶		
	小计	男	女	小计	男	女	小计	男	女
全国	**2529535**	**1654522**	**875013**	**64030**	**49565**	**14465**	**1848988**	**772000**	**1076988**
北京	10135	6552	3583	319	249	70	8191	3243	4948
天津	9595	5977	3618	183	135	48	7120	2890	4230
河北	160762	102133	58629	3907	3158	749	117832	49568	68264
山西	67292	44011	23281	1925	1646	279	48565	20065	28500
内蒙古	40733	27561	13172	1202	998	204	25770	11477	14293
辽宁	72093	46105	25988	2381	1930	451	52734	22716	30018
吉林	42149	26606	15543	1675	1314	361	28530	13637	14893
黑龙江	53907	35141	18766	2054	1622	432	34217	17337	16880
上海	8236	5534	2702	167	120	47	7091	2294	4797
江苏	139535	91367	48168	2657	2023	634	114719	42091	72628
浙江	93022	64512	28510	3017	2504	513	72573	26326	46247
安徽	131675	86054	45621	2774	2203	571	95300	38052	57248
福建	61345	42466	18879	1621	1358	263	44028	15799	28229
江西	83286	57913	25373	1741	1411	330	58116	23303	34813
山东	200672	128275	72397	3989	3063	926	162741	66314	96427
河南	197212	124531	72681	4559	3439	1120	141509	61710	79799
湖北	109898	71210	38688	2422	1848	574	83064	35071	47993
湖南	137234	90108	47126	3611	2795	816	107247	46704	60543
广东	120198	82265	37933	2768	2162	606	94017	34466	59551
广西	100456	68410	32046	2146	1763	383	65401	28060	37341
海南	12681	8615	4066	262	220	42	7504	2785	4719
重庆	68611	44337	24274	1654	1256	398	48694	21451	27243
四川	213542	138436	75106	5931	4391	1540	160559	70020	90539
贵州	90100	58868	31232	2025	1611	414	57420	25920	31500
云南	110303	72082	38221	2679	1999	680	71903	30428	41475
西藏	5935	3453	2482	333	182	151	4279	1972	2307
陕西	76618	48593	28025	1880	1370	510	54772	24079	30693
甘肃	57459	36905	20554	1188	827	361	40698	18800	21898
青海	10204	6524	3680	402	270	132	7234	3174	4060
宁夏	10893	7260	3633	265	184	81	6610	2906	3704
新疆	33754	22718	11036	2293	1514	779	20550	9342	11208

6-4 全国分年龄、性别的死亡人口状况
(2009.11.1-2010.10.31)

单位：人、‰

年 龄	平均人口			死亡人口			死亡率		
	合计	男	女	合计	男	女	合计	男	女
总 计	**1330613984**	**681275604**	**649338380**	**7421990**	**4293783**	**3128207**	**5.58**	**6.30**	**4.82**
0-4岁	**77222937**	**41973542**	**35249395**	**99808**	**55145**	**44663**	**1.29**	**1.31**	**1.27**
0	15781004	8586163	7194841	60217	32026	28191	3.82	3.73	3.92
1	15609741	8529096	7080645	17367	9892	7475	1.11	1.16	1.06
2	15620703	8481993	7138710	9799	5711	4088	0.63	0.67	0.57
3	15308734	8301050	7007684	6914	4160	2754	0.45	0.50	0.39
4	14902755	8075240	6827515	5511	3356	2155	0.37	0.42	0.32
5-9岁	**70449638**	**38236993**	**32212645**	**21183**	**13621**	**7562**	**0.30**	**0.36**	**0.23**
5	14909878	8084689	6825189	4968	2996	1972	0.33	0.37	0.29
6	13682248	7439647	6242601	4357	2762	1595	0.32	0.37	0.26
7	13813184	7497063	6316121	3936	2598	1338	0.28	0.35	0.21
8	13750209	7465949	6284260	3892	2559	1333	0.28	0.34	0.21
9	14294119	7749645	6544474	4030	2706	1324	0.28	0.35	0.20
10-14岁	**77144787**	**41368443**	**35776344**	**23088**	**15243**	**7845**	**0.30**	**0.37**	**0.22**
10	14426198	7800080	6626118	4396	2875	1521	0.30	0.37	0.23
11	14826750	7993164	6833586	4338	2805	1533	0.29	0.35	0.22
12	15077211	8096347	6980864	4537	3006	1531	0.30	0.37	0.22
13	15657202	8370524	7286678	4604	3031	1573	0.29	0.36	0.22
14	17157426	9108328	8049098	5213	3526	1687	0.30	0.39	0.21
15-19岁	**104380676**	**53978047**	**50402629**	**40469**	**28088**	**12381**	**0.39**	**0.52**	**0.25**
15	18235193	9566710	8668483	6275	4274	2001	0.34	0.45	0.23
16	19645121	10190732	9454389	6880	4717	2163	0.35	0.46	0.23
17	20785800	10768542	10017258	8109	5598	2511	0.39	0.52	0.25
18	20931619	10818838	10112781	8641	5995	2646	0.41	0.55	0.26
19	24782943	12633225	12149718	10564	7504	3060	0.43	0.59	0.25
20-24岁	**124144390**	**62248723**	**61895667**	**62552**	**43738**	**18814**	**0.50**	**0.70**	**0.30**
20	27996307	14119785	13876522	13050	9191	3859	0.47	0.65	0.28
21	25549017	12826563	12722454	12065	8446	3619	0.47	0.66	0.28
22	25517111	12802453	12714658	12679	8824	3855	0.50	0.69	0.30
23	23847363	11903544	11943819	12806	8922	3884	0.54	0.75	0.33
24	21234592	10596378	10638214	11952	8355	3597	0.56	0.79	0.34
25-29岁	**99847689**	**50326361**	**49521328**	**60661**	**42497**	**18164**	**0.61**	**0.84**	**0.37**
25	19720201	9878621	9841580	11494	8064	3430	0.58	0.82	0.35
26	19318225	9696906	9621319	11061	7740	3321	0.57	0.80	0.35
27	20735030	10467943	10267087	12317	8518	3799	0.59	0.81	0.37
28	21579576	10924745	10654831	13190	9350	3840	0.61	0.86	0.36
29	18494657	9358146	9136511	12599	8825	3774	0.68	0.94	0.41

6-4 续表 1 单位：人、‰

年 龄	平均人口			死亡人口			死亡率		
	合计	男	女	合计	男	女	合计	男	女
30-34岁	**98630105**	**50321718**	**48308387**	**79960**	**55804**	**24156**	**0.81**	**1.11**	**0.50**
30	20026819	10220969	9805850	13995	9688	4307	0.70	0.95	0.44
31	19532535	9936263	9596272	15034	10472	4562	0.77	1.05	0.48
32	18601190	9488023	9113167	14996	10571	4425	0.81	1.11	0.49
33	19558031	10002957	9555074	16202	11463	4739	0.83	1.15	0.50
34	20911530	10673506	10238024	19733	13610	6123	0.94	1.28	0.60
35-39岁	**121046434**	**61947298**	**59099136**	**140531**	**98382**	**42149**	**1.16**	**1.59**	**0.71**
35	21793330	11117248	10676082	22384	15779	6605	1.03	1.42	0.62
36	23393066	11955269	11437797	24888	17366	7522	1.06	1.45	0.66
37	24783805	12699534	12084271	28131	19676	8455	1.14	1.55	0.70
38	24887658	12774815	12112843	30003	20932	9071	1.21	1.64	0.75
39	26188575	13400432	12788143	35125	24629	10496	1.34	1.84	0.82
40-44岁	**123217058**	**62828359**	**60388699**	**216353**	**149111**	**67242**	**1.76**	**2.37**	**1.11**
40	26027672	13285573	12742099	39300	27046	12254	1.51	2.04	0.96
41	27382407	13965715	13416692	42524	29347	13177	1.55	2.10	0.98
42	23297170	11850777	11446393	42431	29240	13191	1.82	2.47	1.15
43	22283239	11337621	10945618	42068	29121	12947	1.89	2.57	1.18
44	24226570	12388673	11837897	50030	34357	15673	2.07	2.77	1.32
45-49岁	**100540459**	**51224141**	**49316318**	**262531**	**179446**	**83085**	**2.61**	**3.50**	**1.68**
45	23616516	12045142	11571374	54649	37390	17259	2.31	3.10	1.49
46	25271155	12889818	12381337	59633	40973	18660	2.36	3.18	1.51
47	25305041	12986112	12318929	64187	43964	20223	2.54	3.39	1.64
48	14120371	7136765	6983606	43939	29892	14047	3.11	4.19	2.01
49	12227376	6166304	6061072	40123	27227	12896	3.28	4.42	2.13
50-54岁	**80681808**	**41368178**	**39313630**	**337397**	**226888**	**110509**	**4.18**	**5.48**	**2.81**
50	13600693	7006730	6593963	49492	33605	15887	3.64	4.80	2.41
51	14803988	7634565	7169423	55588	37527	18061	3.75	4.92	2.52
52	18170393	9371332	8799061	72292	49052	23240	3.98	5.23	2.64
53	17422967	8882035	8540932	76879	51532	25347	4.41	5.80	2.97
54	16683767	8473516	8210251	83146	55172	27974	4.98	6.51	3.41
55-59岁	**79916406**	**40401118**	**39515288**	**494339**	**324817**	**169522**	**6.19**	**8.04**	**4.29**
55	18160816	9248257	8912559	94053	62481	31572	5.18	6.76	3.54
56	17040886	8616858	8424028	96048	63398	32650	5.64	7.36	3.88
57	16510683	8337336	8173347	100623	66046	34577	6.09	7.92	4.23
58	14674476	7371611	7302865	99894	65347	34547	6.81	8.86	4.73
59	13529545	6827056	6702489	103721	67545	36176	7.67	9.89	5.40
60-64岁	**56869341**	**28960290**	**27909051**	**586160**	**377069**	**209091**	**10.31**	**13.02**	**7.49**
60	13888935	7138025	6750910	118638	77562	41076	8.54	10.87	6.08
61	11808505	6010768	5797737	110728	71860	38868	9.38	11.96	6.70
62	11016175	5615632	5400543	114366	73579	40787	10.38	13.10	7.55
63	10486795	5328325	5158470	116624	74539	42085	11.12	13.99	8.16
64	9668931	4867540	4801391	125804	79529	46275	13.01	16.34	9.64

6-4 续表 2 单位：人、‰

年 龄	平均人口			死亡人口			死亡率		
	合计	男	女	合计	男	女	合计	男	女
65-69岁	**40430322**	**20464492**	**19965830**	**695662**	**435007**	**260655**	**17.21**	**21.26**	**13.06**
65	8781680	4448708	4332972	124800	78547	46253	14.21	17.66	10.67
66	8321625	4220899	4100726	122638	77255	45383	14.74	18.30	11.07
67	7981494	4045659	3935835	137516	86094	51422	17.23	21.28	13.07
68	7820624	3943228	3877396	145807	90754	55053	18.64	23.02	14.20
69	7524899	3805998	3718901	164901	102357	62544	21.91	26.89	16.82
70-74岁	**32626699**	**16193274**	**16433425**	**999653**	**599394**	**400259**	**30.64**	**37.02**	**24.36**
70	6868753	3444000	3424753	175623	107716	67907	25.57	31.28	19.83
71	6793591	3402618	3390973	181582	109876	71706	26.73	32.29	21.15
72	6691982	3350985	3340997	207060	124995	82065	30.94	37.30	24.56
73	6266175	3089920	3176255	210487	125045	85442	33.59	40.47	26.90
74	6006198	2905751	3100447	224901	131762	93139	37.44	45.35	30.04
75-79岁	**23477629**	**11113128**	**12364501**	**1162694**	**657140**	**505554**	**49.52**	**59.13**	**40.89**
75	5487080	2619374	2867706	227775	132263	95512	41.51	50.49	33.31
76	5347885	2562424	2785461	225631	129498	96133	42.19	50.54	34.51
77	4643497	2192017	2451480	236672	133744	102928	50.97	61.01	41.99
78	4104693	1925945	2178748	230686	128903	101783	56.20	66.93	46.72
79	3894474	1813368	2081106	241930	132732	109198	62.12	73.20	52.47
80-84岁	**12754562**	**5617949**	**7136613**	**1081704**	**553704**	**528000**	**84.81**	**98.56**	**73.98**
80	3312949	1510116	1802833	246089	131789	114300	74.28	87.27	63.40
81	2902812	1292998	1609814	226148	117884	108264	77.91	91.17	67.25
82	2628219	1154224	1473995	225524	115076	110448	85.81	99.70	74.93
83	2107724	908124	1199600	197111	98400	98711	93.52	108.36	82.29
84	1802858	752487	1050371	186832	90555	96277	103.63	120.34	91.66
85-89岁	**5387168**	**2092917**	**3294251**	**686462**	**306678**	**379784**	**127.43**	**146.53**	**115.29**
85	1562985	634183	928802	173491	81929	91562	111.00	129.19	98.58
86	1301760	509416	792344	154752	70580	84172	118.88	138.55	106.23
87	1004946	386720	618226	130709	57799	72910	130.07	149.46	117.93
88	830311	313070	517241	119712	51324	68388	144.18	163.94	132.22
89	687166	249528	437638	107798	45046	62752	156.87	180.52	143.39
90-94岁	**1465384**	**491592**	**973792**	**279569**	**104048**	**175521**	**190.78**	**211.66**	**180.24**
90	495871	174360	321511	87529	35266	52263	176.52	202.26	162.55
91	354160	119508	234652	65603	24686	40917	185.24	206.56	174.37
92	265500	86885	178615	53659	19450	34209	202.11	223.86	191.52
93	198144	63382	134762	41085	14115	26970	207.35	222.70	200.13
94	151709	47457	104252	31693	10531	21162	208.91	221.91	202.99
95-99岁	**344209**	**109833**	**234376**	**74729**	**23292**	**51437**	**217.10**	**212.07**	**219.46**
95	113832	35849	77983	25044	8079	16965	220.01	225.36	217.55
96	85446	26996	58450	18883	5966	12917	220.99	221.00	220.99
97	67023	21984	45039	13729	4127	9602	204.84	187.73	213.19
98	50402	16631	33771	9986	2984	7002	198.13	179.42	207.34
99	27506	8373	19133	7087	2136	4951	257.65	255.11	258.77
100岁及以上	**36283**	**9208**	**27075**	**16485**	**4671**	**11814**	**454.35**	**507.28**	**436.34**

6-4a 全国分年龄、性别的死亡人口状况
(2009.11.1-2010.10.31)(城市)

单位：人、‰

年龄	平均人口			死亡人口			死亡率		
	合计	男	女	合计	男	女	合计	男	女
总 计	**403250976**	**206234506**	**197016470**	**1399836**	**814740**	**585096**	**3.47**	**3.95**	**2.97**
0-4岁	**16802442**	**9017874**	**7784568**	**12432**	**6948**	**5484**	**0.74**	**0.77**	**0.70**
0	3340579	1790038	1550541	8085	4405	3680	2.42	2.46	2.37
1	3401790	1831336	1570454	2032	1189	843	0.60	0.65	0.54
2	3546999	1900230	1646769	1033	584	449	0.29	0.31	0.27
3	3301091	1770599	1530492	710	428	282	0.22	0.24	0.18
4	3211983	1725671	1486312	572	342	230	0.18	0.20	0.15
5-9岁	**15997716**	**8621306**	**7376410**	**2163**	**1348**	**815**	**0.14**	**0.16**	**0.11**
5	3386231	1819906	1566325	529	307	222	0.16	0.17	0.14
6	2912669	1574451	1338218	411	262	149	0.14	0.17	0.11
7	3163667	1704013	1459654	416	265	151	0.13	0.16	0.10
8	3148579	1696927	1451652	404	251	153	0.13	0.15	0.11
9	3386570	1826009	1560561	403	263	140	0.12	0.14	0.09
10-14岁	**17554178**	**9381506**	**8172672**	**2474**	**1598**	**876**	**0.14**	**0.17**	**0.11**
10	3348098	1804621	1543477	434	276	158	0.13	0.15	0.10
11	3355055	1803942	1551113	474	296	178	0.14	0.16	0.11
12	3391770	1818206	1573564	500	317	183	0.15	0.17	0.12
13	3498151	1866324	1631827	483	312	171	0.14	0.17	0.10
14	3961104	2088413	1872691	583	397	186	0.15	0.19	0.10
15-19岁	**33334578**	**16979555**	**16355023**	**4641**	**3062**	**1579**	**0.14**	**0.18**	**0.10**
15	4883137	2533261	2349876	696	455	241	0.14	0.18	0.10
16	5872320	3003083	2869237	805	535	270	0.14	0.18	0.09
17	6485536	3308586	3176950	933	608	325	0.14	0.18	0.10
18	6982425	3549536	3432889	1007	663	344	0.14	0.19	0.10
19	9111160	4585089	4526071	1200	801	399	0.13	0.17	0.09
20-24岁	**46157896**	**23491235**	**22666661**	**8340**	**5671**	**2669**	**0.18**	**0.24**	**0.12**
20	10695429	5412283	5283146	1579	1088	491	0.15	0.20	0.09
21	9784199	4992176	4792023	1596	1088	508	0.16	0.22	0.11
22	9388228	4811109	4577119	1693	1151	542	0.18	0.24	0.12
23	8641652	4396845	4244807	1834	1239	595	0.21	0.28	0.14
24	7648388	3878822	3769566	1638	1105	533	0.21	0.28	0.14
25-29岁	**37596011**	**18993558**	**18602453**	**8936**	**6047**	**2889**	**0.24**	**0.32**	**0.16**
25	7134070	3613918	3520152	1574	1087	487	0.22	0.30	0.14
26	7257104	3661981	3595123	1603	1101	502	0.22	0.30	0.14
27	8052967	4058710	3994257	1840	1218	622	0.23	0.30	0.16
28	8317693	4194696	4122997	2029	1358	671	0.24	0.32	0.16
29	6834177	3464253	3369924	1890	1283	607	0.28	0.37	0.18

6-4a 续表 1

单位：人、‰

年 龄	平均人口			死亡人口			死亡率		
	合计	男	女	合计	男	女	合计	男	女
30-34岁	**35927943**	**18336802**	**17591141**	**12117**	**8255**	**3862**	**0.34**	**0.45**	**0.22**
30	7483470	3823105	3660365	2018	1368	650	0.27	0.36	0.18
31	7281210	3702297	3578913	2260	1493	767	0.31	0.40	0.21
32	6827443	3477873	3349570	2354	1627	727	0.34	0.47	0.22
33	6982076	3573785	3408291	2503	1730	773	0.36	0.48	0.23
34	7353744	3759742	3594002	2982	2037	945	0.41	0.54	0.26
35-39岁	**40401924**	**20844475**	**19557449**	**22664**	**15754**	**6910**	**0.56**	**0.76**	**0.35**
35	7452797	3820252	3632545	3402	2423	979	0.46	0.63	0.27
36	7913048	4069381	3843667	3892	2692	1200	0.49	0.66	0.31
37	8311138	4296150	4014988	4551	3142	1409	0.55	0.73	0.35
38	8225898	4261901	3963997	5025	3438	1587	0.61	0.81	0.40
39	8499043	4396791	4102252	5794	4059	1735	0.68	0.92	0.42
40-44岁	**36956526**	**19149439**	**17807087**	**35173**	**24394**	**10779**	**0.95**	**1.27**	**0.61**
40	8247618	4268856	3978762	6362	4358	2004	0.77	1.02	0.50
41	8534000	4409437	4124563	7108	4931	2177	0.83	1.12	0.53
42	6889175	3567838	3321337	6802	4681	2121	0.99	1.31	0.64
43	6288669	3259550	3029119	6718	4682	2036	1.07	1.44	0.67
44	6997064	3643758	3353306	8183	5742	2441	1.17	1.58	0.73
45-49岁	**31133161**	**16214304**	**14918857**	**51215**	**35861**	**15354**	**1.65**	**2.21**	**1.03**
45	7061558	3688127	3373431	9661	6722	2939	1.37	1.82	0.87
46	8009235	4168339	3840896	11547	8084	3463	1.44	1.94	0.90
47	7777283	4070180	3707103	12589	8865	3724	1.62	2.18	1.00
48	4221143	2194440	2026703	8506	5937	2569	2.02	2.71	1.27
49	4063942	2093218	1970724	8912	6253	2659	2.19	2.99	1.35
50-54岁	**24503612**	**12557035**	**11946577**	**68524**	**47224**	**21300**	**2.80**	**3.76**	**1.78**
50	4476602	2322859	2153743	10820	7575	3245	2.42	3.26	1.51
51	4620966	2392949	2228017	11833	8177	3656	2.56	3.42	1.64
52	5489698	2819619	2670079	14875	10321	4554	2.71	3.66	1.71
53	5070628	2574551	2496077	15157	10497	4660	2.99	4.08	1.87
54	4845718	2447057	2398661	15839	10654	5185	3.27	4.35	2.16
55-59岁	**21870721**	**10884009**	**10986712**	**90249**	**60741**	**29508**	**4.13**	**5.58**	**2.69**
55	5153103	2588451	2564652	17705	12013	5692	3.44	4.64	2.22
56	4744313	2363526	2380787	17838	12084	5754	3.76	5.11	2.42
57	4412459	2187248	2225211	18189	12170	6019	4.12	5.56	2.70
58	3926090	1939441	1986649	18120	12156	5964	4.62	6.27	3.00
59	3634756	1805343	1829413	18397	12318	6079	5.06	6.82	3.32
60-64岁	**14715860**	**7304307**	**7411553**	**100466**	**65275**	**35191**	**6.83**	**8.94**	**4.75**
60	3697064	1855313	1841751	20468	13534	6934	5.54	7.29	3.76
61	3041038	1499590	1541448	18964	12343	6621	6.24	8.23	4.30
62	2835550	1404482	1431068	19435	12667	6768	6.85	9.02	4.73
63	2704569	1343968	1360601	20430	13157	7273	7.55	9.79	5.35
64	2437639	1200954	1236685	21169	13574	7595	8.68	11.30	6.14

6-4a 续表 2

单位：人、‰

年 龄	平均人口			死亡人口			死亡率		
	合计	男	女	合计	男	女	合计	男	女
65-69岁	**10266448**	**4995234**	**5271214**	**120154**	**74812**	**45342**	**11.70**	**14.98**	**8.60**
65	2188810	1068872	1119938	21114	13327	7787	9.65	12.47	6.95
66	2052863	1001734	1051129	20693	12980	7713	10.08	12.96	7.34
67	2038521	989798	1048723	23427	14636	8791	11.49	14.79	8.38
68	2017774	975398	1042376	25697	15812	9885	12.74	16.21	9.48
69	1968480	959432	1009048	29223	18057	11166	14.85	18.82	11.07
70-74岁	**8768610**	**4223982**	**4544628**	**186159**	**110729**	**75430**	**21.23**	**26.21**	**16.60**
70	1857347	892858	964489	31943	19343	12600	17.20	21.66	13.06
71	1823115	875048	948067	33193	19665	13528	18.21	22.47	14.27
72	1789215	870223	918992	38298	22958	15340	21.40	26.38	16.69
73	1679129	814513	864616	39844	23811	16033	23.73	29.23	18.54
74	1619804	771340	848464	42881	24952	17929	26.47	32.35	21.13
75-79岁	**6202158**	**2992908**	**3209250**	**230881**	**133072**	**97809**	**37.23**	**44.46**	**30.48**
75	1479275	700735	778540	44638	25923	18715	30.18	36.99	24.04
76	1425267	688178	737089	46024	26729	19295	32.29	38.84	26.18
77	1225390	588854	636536	47032	27101	19931	38.38	46.02	31.31
78	1070858	523799	547059	46042	26449	19593	43.00	50.49	35.82
79	1001368	491342	510026	47145	26870	20275	47.08	54.69	39.75
80-84岁	**3248108**	**1516911**	**1731197**	**214671**	**114977**	**99694**	**66.09**	**75.80**	**57.59**
80	866336	417467	448869	48333	27138	21195	55.79	65.01	47.22
81	739600	347267	392333	44812	24333	20479	60.59	70.07	52.20
82	660376	306957	353419	44117	23485	20632	66.81	76.51	58.38
83	529394	243277	286117	39726	20808	18918	75.04	85.53	66.12
84	452402	201943	250459	37683	19213	18470	83.30	95.14	73.74
85-89岁	**1333400**	**555620**	**777780**	**143383**	**67011**	**76372**	**107.53**	**120.61**	**98.19**
85	385023	166917	218106	35222	17316	17906	91.48	103.74	82.10
86	319414	133860	185554	31911	15164	16747	99.90	113.28	90.25
87	250466	103533	146933	27769	12923	14846	110.87	124.82	101.04
88	208972	84947	124025	25827	11686	14141	123.59	137.57	114.02
89	169525	66363	103162	22654	9922	12732	133.63	149.51	123.42
90-94岁	**375060**	**138407**	**236653**	**62880**	**24859**	**38021**	**167.65**	**179.61**	**160.66**
90	122423	47322	75101	18779	8013	10766	153.39	169.33	143.35
91	91249	33820	57429	14725	5846	8879	161.37	172.86	154.61
92	68881	24818	44063	12217	4747	7470	177.36	191.27	169.53
93	52106	18438	33668	9663	3532	6131	185.45	191.56	182.10
94	40401	14009	26392	7496	2721	4775	185.54	194.23	180.93
95-99岁	**95390**	**33499**	**61891**	**18269**	**5966**	**12303**	**191.52**	**178.09**	**198.79**
95	30747	10700	20047	6057	2100	3957	196.99	196.26	197.39
96	23441	8104	15337	4643	1520	3123	198.07	187.56	203.63
97	18828	6740	12088	3312	1051	2261	175.91	155.93	187.05
98	14498	5294	9204	2493	746	1747	171.95	140.91	189.81
99	7876	2661	5215	1764	549	1215	223.97	206.31	232.98
100岁及以上	**9234**	**2540**	**6694**	**4045**	**1136**	**2909**	**438.06**	**447.24**	**434.57**

6-4b 全国分年龄、性别的死亡人口状况
(2009.11.1-2010.10.31)(镇)

单位：人、‰

年龄	平均人口			死亡人口			死亡率		
	合计	男	女	合计	男	女	合计	男	女
总计	**265760048**	**136331233**	**129428815**	**1192354**	**696427**	**495927**	**4.49**	**5.11**	**3.83**
0-4岁	**15031032**	**8225066**	**6805966**	**13169**	**7204**	**5965**	**0.88**	**0.88**	**0.88**
0	2999860	1641410	1358450	7819	4177	3642	2.61	2.54	2.68
1	3002923	1652969	1349954	2413	1321	1092	0.80	0.80	0.81
2	3015776	1649243	1366533	1274	721	553	0.42	0.44	0.40
3	3021782	1650037	1371745	924	546	378	0.31	0.33	0.28
4	2990691	1631407	1359284	739	439	300	0.25	0.27	0.22
5-9岁	**14644074**	**8006178**	**6637896**	**3137**	**2027**	**1110**	**0.21**	**0.25**	**0.17**
5	3036737	1659004	1377733	698	446	252	0.23	0.27	0.18
6	2829988	1549472	1280516	616	377	239	0.22	0.24	0.19
7	2881370	1575120	1306250	580	379	201	0.20	0.24	0.15
8	2877945	1574106	1303839	602	400	202	0.21	0.25	0.15
9	3018034	1648476	1369558	641	425	216	0.21	0.26	0.16
10-14岁	**16275446**	**8775005**	**7500441**	**3490**	**2337**	**1153**	**0.21**	**0.27**	**0.15**
10	3028546	1649333	1379213	657	433	224	0.22	0.26	0.16
11	3099873	1685009	1414864	647	430	217	0.21	0.26	0.15
12	3129578	1693401	1436177	691	468	223	0.22	0.28	0.16
13	3256569	1749514	1507055	673	464	209	0.21	0.27	0.14
14	3760880	1997748	1763132	822	542	280	0.22	0.27	0.16
15-19岁	**23736543**	**12307463**	**11429080**	**6295**	**4378**	**1917**	**0.27**	**0.36**	**0.17**
15	4411426	2296924	2114502	1012	696	316	0.23	0.30	0.15
16	4981794	2561947	2419847	1043	694	349	0.21	0.27	0.14
17	5082420	2623842	2458578	1290	884	406	0.25	0.34	0.17
18	4513062	2358439	2154623	1381	960	421	0.31	0.41	0.20
19	4747841	2466311	2281530	1569	1144	425	0.33	0.46	0.19
20-24岁	**22964672**	**11536635**	**11428037**	**9661**	**6819**	**2842**	**0.42**	**0.59**	**0.25**
20	5070729	2594532	2476197	1962	1422	540	0.39	0.55	0.22
21	4613741	2332074	2281667	1805	1275	530	0.39	0.55	0.23
22	4698498	2353320	2345178	1957	1341	616	0.42	0.57	0.26
23	4499083	2234685	2264398	1988	1397	591	0.44	0.63	0.26
24	4082621	2022024	2060597	1949	1384	565	0.48	0.68	0.27
25-29岁	**19591778**	**9740829**	**9850949**	**9538**	**6673**	**2865**	**0.49**	**0.69**	**0.29**
25	3824178	1896288	1927890	1712	1220	492	0.45	0.64	0.26
26	3742609	1853316	1889293	1790	1248	542	0.48	0.67	0.29
27	4039830	2012385	2027445	2047	1426	621	0.51	0.71	0.31
28	4254307	2120745	2133562	2028	1408	620	0.48	0.66	0.29
29	3730854	1858095	1872759	1961	1371	590	0.53	0.74	0.32

6-4b 续表 1

单位：人、‰

年龄	平均人口			死亡人口			死亡率		
	合计	男	女	合计	男	女	合计	男	女
30-34岁	**20888373**	**10530926**	**10357447**	**12929**	**9119**	**3810**	**0.62**	**0.87**	**0.37**
30	4115691	2071129	2044562	2165	1504	661	0.53	0.73	0.32
31	4090453	2054882	2035571	2387	1714	673	0.58	0.83	0.33
32	3935726	1982454	1953272	2486	1758	728	0.63	0.89	0.37
33	4220123	2133380	2086743	2690	1930	760	0.64	0.90	0.36
34	4526380	2289081	2237299	3201	2213	988	0.71	0.97	0.44
35-39岁	**25863700**	**13180943**	**12682757**	**22666**	**16024**	**6642**	**0.88**	**1.22**	**0.52**
35	4719657	2389900	2329757	3588	2509	1079	0.76	1.05	0.46
36	5024504	2549671	2474833	3938	2755	1183	0.78	1.08	0.48
37	5301876	2704723	2597153	4564	3235	1329	0.86	1.20	0.51
38	5275206	2700764	2574442	4871	3472	1399	0.92	1.29	0.54
39	5542457	2835885	2706572	5705	4053	1652	1.03	1.43	0.61
40-44岁	**25577677**	**13070650**	**12507027**	**35148**	**24404**	**10744**	**1.37**	**1.87**	**0.86**
40	5475861	2800234	2675627	6419	4450	1969	1.17	1.59	0.74
41	5715151	2923840	2791311	6837	4780	2057	1.20	1.63	0.74
42	4806622	2455606	2351016	6923	4837	2086	1.44	1.97	0.89
43	4595255	2341665	2253590	6940	4863	2077	1.51	2.08	0.92
44	4984788	2549305	2435483	8029	5474	2555	1.61	2.15	1.05
45-49岁	**20063805**	**10254563**	**9809242**	**43398**	**29659**	**13739**	**2.16**	**2.89**	**1.40**
45	4837570	2473861	2363709	9035	6161	2874	1.87	2.49	1.22
46	5071153	2592676	2478477	9915	6836	3079	1.96	2.64	1.24
47	5051087	2595688	2455399	10605	7185	3420	2.10	2.77	1.39
48	2771730	1407827	1363903	7382	5056	2326	2.66	3.59	1.71
49	2332265	1184511	1147754	6461	4421	2040	2.77	3.73	1.78
50-54岁	**15258390**	**7844414**	**7413976**	**54608**	**36870**	**17738**	**3.58**	**4.70**	**2.39**
50	2584166	1337861	1246305	8068	5517	2551	3.12	4.12	2.05
51	2827278	1464469	1362809	8996	6089	2907	3.18	4.16	2.13
52	3442511	1781874	1660637	11566	7890	3676	3.36	4.43	2.21
53	3286587	1676710	1609877	12574	8402	4172	3.83	5.01	2.59
54	3117848	1583500	1534348	13404	8972	4432	4.30	5.67	2.89
55-59岁	**14728880**	**7454932**	**7273948**	**80179**	**52809**	**27370**	**5.44**	**7.08**	**3.76**
55	3379656	1722710	1656946	15220	10123	5097	4.50	5.88	3.08
56	3144890	1590998	1553892	15414	10133	5281	4.90	6.37	3.40
57	3044840	1540121	1504719	16356	10785	5571	5.37	7.00	3.70
58	2678493	1345816	1332677	16120	10557	5563	6.02	7.84	4.17
59	2481001	1255287	1225714	17069	11211	5858	6.88	8.93	4.78
60-64岁	**10401428**	**5309340**	**5092088**	**95325**	**61908**	**33417**	**9.16**	**11.66**	**6.56**
60	2549456	1310591	1238865	19285	12671	6614	7.56	9.67	5.34
61	2160096	1098682	1061414	17704	11638	6066	8.20	10.59	5.72
62	2003007	1023043	979964	18766	12184	6582	9.37	11.91	6.72
63	1915267	978401	936866	18904	12226	6678	9.87	12.50	7.13
64	1773602	898623	874979	20666	13189	7477	11.65	14.68	8.55

6-4b 续表 2

单位：人、‰

年 龄	平均人口			死亡人口			死亡率		
	合计	男	女	合计	男	女	合计	男	女
65-69岁	**7357359**	**3747910**	**3609449**	**114097**	**72303**	**41794**	**15.51**	**19.29**	**11.58**
65	1603913	817412	786501	20629	13076	7553	12.86	16.00	9.60
66	1507716	769089	738627	19635	12591	7044	13.02	16.37	9.54
67	1454146	741997	712149	22679	14327	8352	15.60	19.31	11.73
68	1414816	716965	697851	23940	15127	8813	16.92	21.10	12.63
69	1376768	702447	674321	27214	17182	10032	19.77	24.46	14.88
70-74岁	**5800056**	**2904755**	**2895301**	**161644**	**98170**	**63474**	**27.87**	**33.80**	**21.92**
70	1233453	624786	608667	28703	17781	10922	23.27	28.46	17.94
71	1216291	614707	601584	29557	18244	11313	24.30	29.68	18.81
72	1189623	601193	588430	33244	20350	12894	27.95	33.85	21.91
73	1108500	550873	557627	33889	20299	13590	30.57	36.85	24.37
74	1052189	513196	538993	36251	21496	14755	34.45	41.89	27.38
75-79岁	**4090830**	**1964318**	**2126512**	**185771**	**107070**	**78701**	**45.41**	**54.51**	**37.01**
75	954365	458548	495817	36319	21498	14821	38.06	46.88	29.89
76	936576	454659	481917	35816	20858	14958	38.24	45.88	31.04
77	806404	385968	420436	37871	21788	16083	46.96	56.45	38.25
78	711996	340399	371597	36994	21207	15787	51.96	62.30	42.48
79	681489	324744	356745	38771	21719	17052	56.89	66.88	47.80
80-84岁	**2205683**	**991719**	**1213964**	**171688**	**88891**	**82797**	**77.84**	**89.63**	**68.20**
80	572694	266499	306195	39369	21353	18016	68.74	80.12	58.84
81	500123	227466	272657	35705	18832	16873	71.39	82.79	61.88
82	455832	204430	251402	35597	18438	17159	78.09	90.19	68.25
83	364462	160366	204096	31200	15727	15473	85.61	98.07	75.81
84	312572	132958	179614	29817	14541	15276	95.39	109.37	85.05
85-89岁	**942335**	**371295**	**571040**	**109339**	**48812**	**60527**	**116.03**	**131.46**	**105.99**
85	271707	111473	160234	27659	13162	14497	101.80	118.07	90.47
86	226585	90311	136274	24429	11162	13267	107.81	123.60	97.36
87	175480	68434	107046	20684	9129	11555	117.87	133.40	107.94
88	146172	56161	90011	19259	8178	11081	131.76	145.62	123.11
89	122391	44916	77475	17308	7181	10127	141.42	159.88	130.71
90-94岁	**263404**	**89602**	**173802**	**45025**	**16329**	**28696**	**170.94**	**182.24**	**165.11**
90	87727	31226	56501	14051	5562	8489	160.17	178.12	150.25
91	63485	21675	41810	10564	3914	6650	166.40	180.58	159.05
92	47654	15776	31878	8664	3055	5609	181.81	193.65	175.95
93	36478	11885	24593	6568	2106	4462	180.05	177.20	181.43
94	28060	9040	19020	5178	1692	3486	184.53	187.17	183.28
95-99岁	**68094**	**22955**	**45139**	**12412**	**3796**	**8616**	**182.28**	**165.37**	**190.88**
95	21788	7131	14657	4121	1285	2836	189.14	180.20	193.49
96	16702	5556	11146	3180	1015	2165	190.40	182.69	194.24
97	13646	4762	8884	2283	670	1613	167.30	140.70	181.56
98	10532	3747	6785	1627	454	1173	154.48	121.16	172.88
99	5426	1759	3667	1201	372	829	221.34	211.48	226.07
100岁及以上	**6489**	**1735**	**4754**	**2835**	**825**	**2010**	**436.89**	**475.50**	**422.80**

6-4c 全国分年龄、性别的死亡人口状况
(2009.11.1-2010.10.31)(乡村)

单位：人、‰

年龄	平均人口			死亡人口			死亡率		
	合计	男	女	合计	男	女	合计	男	女
总 计	**661602960**	**338709865**	**322893095**	**4829800**	**2782616**	**2047184**	**7.30**	**8.22**	**6.34**
0-4岁	**45389463**	**24730602**	**20658861**	**74207**	**40993**	**33214**	**1.63**	**1.66**	**1.61**
0	9440565	5154715	4285850	44313	23444	20869	4.69	4.55	4.87
1	9205028	5044791	4160237	12922	7382	5540	1.40	1.46	1.33
2	9057928	4932520	4125408	7492	4406	3086	0.83	0.89	0.75
3	8985861	4880414	4105447	5280	3186	2094	0.59	0.65	0.51
4	8700081	4718162	3981919	4200	2575	1625	0.48	0.55	0.41
5-9岁	**39807848**	**21609509**	**18198339**	**15883**	**10246**	**5637**	**0.40**	**0.47**	**0.31**
5	8486910	4605779	3881131	3741	2243	1498	0.44	0.49	0.39
6	7939591	4315724	3623867	3330	2123	1207	0.42	0.49	0.33
7	7768147	4217930	3550217	2940	1954	986	0.38	0.46	0.28
8	7723685	4194916	3528769	2886	1908	978	0.37	0.45	0.28
9	7889515	4275160	3614355	2986	2018	968	0.38	0.47	0.27
10-14岁	**43315163**	**23211932**	**20103231**	**17124**	**11308**	**5816**	**0.40**	**0.49**	**0.29**
10	8049554	4346126	3703428	3305	2166	1139	0.41	0.50	0.31
11	8371822	4504213	3867609	3217	2079	1138	0.38	0.46	0.29
12	8555863	4584740	3971123	3346	2221	1125	0.39	0.48	0.28
13	8902482	4754686	4147796	3448	2255	1193	0.39	0.47	0.29
14	9435442	5022167	4413275	3808	2587	1221	0.40	0.52	0.28
15-19岁	**47309555**	**24691029**	**22618526**	**29533**	**20648**	**8885**	**0.62**	**0.84**	**0.39**
15	8940630	4736525	4204105	4567	3123	1444	0.51	0.66	0.34
16	8791007	4625702	4165305	5032	3488	1544	0.57	0.75	0.37
17	9217844	4836114	4381730	5886	4106	1780	0.64	0.85	0.41
18	9436132	4910863	4525269	6253	4372	1881	0.66	0.89	0.42
19	10923942	5581825	5342117	7795	5559	2236	0.71	1.00	0.42
20-24岁	**55021822**	**27220853**	**27800969**	**44551**	**31248**	**13303**	**0.81**	**1.15**	**0.48**
20	12230149	6112970	6117179	9509	6681	2828	0.78	1.09	0.46
21	11151077	5502313	5648764	8664	6083	2581	0.78	1.11	0.46
22	11430385	5638024	5792361	9029	6332	2697	0.79	1.12	0.47
23	10706628	5272014	5434614	8984	6286	2698	0.84	1.19	0.50
24	9503583	4695532	4808051	8365	5866	2499	0.88	1.25	0.52
25-29岁	**42659900**	**21591974**	**21067926**	**42187**	**29777**	**12410**	**0.99**	**1.38**	**0.59**
25	8761953	4368415	4393538	8208	5757	2451	0.94	1.32	0.56
26	8318512	4181609	4136903	7668	5391	2277	0.92	1.29	0.55
27	8642233	4396848	4245385	8430	5874	2556	0.98	1.34	0.60
28	9007576	4609304	4398272	9133	6584	2549	1.01	1.43	0.58
29	7929626	4035798	3893828	8748	6171	2577	1.10	1.53	0.66

6-4c 续表 1 单位：人、‰

年 龄	平均人口			死亡人口			死亡率		
	合计	男	女	合计	男	女	合计	男	女
30-34岁	**41813789**	**21453990**	**20359799**	**54914**	**38430**	**16484**	**1.31**	**1.79**	**0.81**
30	8427658	4326735	4100923	9812	6816	2996	1.16	1.58	0.73
31	8160872	4179084	3981788	10387	7265	3122	1.27	1.74	0.78
32	7838021	4027696	3810325	10156	7186	2970	1.30	1.78	0.78
33	8355832	4295792	4060040	11009	7803	3206	1.32	1.82	0.79
34	9031406	4624683	4406723	13550	9360	4190	1.50	2.02	0.95
35-39岁	**54780810**	**27921880**	**26858930**	**95201**	**66604**	**28597**	**1.74**	**2.39**	**1.06**
35	9620876	4907096	4713780	15394	10847	4547	1.60	2.21	0.96
36	10455514	5336217	5119297	17058	11919	5139	1.63	2.23	1.00
37	11170791	5698661	5472130	19016	13299	5717	1.70	2.33	1.04
38	11386554	5812150	5574404	20107	14022	6085	1.77	2.41	1.09
39	12147075	6167756	5979319	23626	16517	7109	1.95	2.68	1.19
40-44岁	**60682855**	**30608270**	**30074585**	**146032**	**100313**	**45719**	**2.41**	**3.28**	**1.52**
40	12304193	6216483	6087710	26519	18238	8281	2.16	2.93	1.36
41	13133256	6632438	6500818	28579	19636	8943	2.18	2.96	1.38
42	11601373	5827333	5774040	28706	19722	8984	2.47	3.38	1.56
43	11399315	5736406	5662909	28410	19576	8834	2.49	3.41	1.56
44	12244718	6195610	6049108	33818	23141	10677	2.76	3.74	1.77
45-49岁	**49343493**	**24755274**	**24588219**	**167918**	**113926**	**53992**	**3.40**	**4.60**	**2.20**
45	11717388	5883154	5834234	35953	24507	11446	3.07	4.17	1.96
46	12190767	6128803	6061964	38171	26053	12118	3.13	4.25	2.00
47	12476671	6320244	6156427	40993	27914	13079	3.29	4.42	2.12
48	7127498	3534498	3593000	28051	18899	9152	3.94	5.35	2.55
49	5831169	2888575	2942594	24750	16553	8197	4.24	5.73	2.79
50-54岁	**40919806**	**20966729**	**19953077**	**214265**	**142794**	**71471**	**5.24**	**6.81**	**3.58**
50	6539925	3346010	3193915	30604	20513	10091	4.68	6.13	3.16
51	7355744	3777147	3578597	34759	23261	11498	4.73	6.16	3.21
52	9238184	4769839	4468345	45851	30841	15010	4.96	6.47	3.36
53	9065752	4630774	4434978	49148	32633	16515	5.42	7.05	3.72
54	8720201	4442959	4277242	53903	35546	18357	6.18	8.00	4.29
55-59岁	**43316805**	**22062177**	**21254628**	**323911**	**211267**	**112644**	**7.48**	**9.58**	**5.30**
55	9628057	4937096	4690961	61128	40345	20783	6.35	8.17	4.43
56	9151683	4662334	4489349	62796	41181	21615	6.86	8.83	4.81
57	9053384	4609967	4443417	66078	43091	22987	7.30	9.35	5.17
58	8069893	4086354	3983539	65654	42634	23020	8.14	10.43	5.78
59	7413788	3766426	3647362	68255	44016	24239	9.21	11.69	6.65
60-64岁	**31752053**	**16346643**	**15405410**	**390369**	**249886**	**140483**	**12.29**	**15.29**	**9.12**
60	7642415	3972121	3670294	78885	51357	27528	10.32	12.93	7.50
61	6607371	3412496	3194875	74060	47879	26181	11.21	14.03	8.19
62	6177618	3188107	2989511	76165	48728	27437	12.33	15.28	9.18
63	5866959	3005956	2861003	77290	49156	28134	13.17	16.35	9.83
64	5457690	2767963	2689727	83969	52766	31203	15.39	19.06	11.60

6-4c 续表 2 单位：人、‰

年 龄	平均人口			死亡人口			死亡率		
	合计	男	女	合计	男	女	合计	男	女
65-69岁	**22806515**	**11721348**	**11085167**	**461411**	**287892**	**173519**	**20.23**	**24.56**	**15.65**
65	4988957	2562424	2426533	83057	52144	30913	16.65	20.35	12.74
66	4761046	2450076	2310970	82310	51684	30626	17.29	21.09	13.25
67	4488827	2313864	2174963	91410	57131	34279	20.36	24.69	15.76
68	4388034	2250865	2137169	96170	59815	36355	21.92	26.57	17.01
69	4179651	2144119	2035532	108464	67118	41346	25.95	31.30	20.31
70-74岁	**18058033**	**9064537**	**8993496**	**651850**	**390495**	**261355**	**36.10**	**43.08**	**29.06**
70	3777953	1926356	1851597	114977	70592	44385	30.43	36.65	23.97
71	3754185	1912863	1841322	118832	71967	46865	31.65	37.62	25.45
72	3713144	1879569	1833575	135518	81687	53831	36.50	43.46	29.36
73	3478546	1724534	1754012	136754	80935	55819	39.31	46.93	31.82
74	3334205	1621215	1712990	145769	85314	60455	43.72	52.62	35.29
75-79岁	**13184641**	**6155902**	**7028739**	**746042**	**416998**	**329044**	**56.58**	**67.74**	**46.81**
75	3053440	1460091	1593349	146818	84842	61976	48.08	58.11	38.90
76	2986042	1419587	1566455	143791	81911	61880	48.15	57.70	39.50
77	2611703	1217195	1394508	151769	84855	66914	58.11	69.71	47.98
78	2321839	1061747	1260092	147650	81247	66403	63.59	76.52	52.70
79	2211617	997282	1214335	156014	84143	71871	70.54	84.37	59.19
80-84岁	**7300771**	**3109319**	**4191452**	**695345**	**349836**	**345509**	**95.24**	**112.51**	**82.43**
80	1873919	826150	1047769	158387	83298	75089	84.52	100.83	71.67
81	1663089	718265	944824	145631	74719	70912	87.57	104.03	75.05
82	1512011	642837	869174	145810	73153	72657	96.43	113.80	83.59
83	1213868	504481	709387	126185	61865	64320	103.95	122.63	90.67
84	1037884	417586	620298	119332	56801	62531	114.98	136.02	100.81
85-89岁	**3111433**	**1166002**	**1945431**	**433740**	**190855**	**242885**	**139.40**	**163.68**	**124.85**
85	906255	355793	550462	110610	51451	59159	122.05	144.61	107.47
86	755761	285245	470516	98412	44254	54158	130.22	155.14	115.10
87	579000	214753	364247	82256	35747	46509	142.07	166.46	127.69
88	475167	171962	303205	74626	31460	43166	157.05	182.95	142.37
89	395250	138249	257001	67836	27943	39893	171.63	202.12	155.23
90-94岁	**826920**	**263583**	**563337**	**171664**	**62860**	**108804**	**207.59**	**238.48**	**193.14**
90	285721	95812	189909	54699	21691	33008	191.44	226.39	173.81
91	199426	64013	135413	40314	14926	25388	202.15	233.17	187.49
92	148965	46291	102674	32778	11648	21130	220.04	251.63	205.80
93	109560	33059	76501	24854	8477	16377	226.85	256.42	214.08
94	83248	24408	58840	19019	6118	12901	228.46	250.66	219.26
95-99岁	**180725**	**53379**	**127346**	**44048**	**13530**	**30518**	**243.73**	**253.47**	**239.65**
95	61297	18018	43279	14866	4694	10172	242.52	260.52	235.03
96	45303	13336	31967	11060	3431	7629	244.13	257.27	238.65
97	34549	10482	24067	8134	2406	5728	235.43	229.54	238.00
98	25372	7590	17782	5866	1784	4082	231.20	235.05	229.56
99	14204	3953	10251	4122	1215	2907	290.20	307.36	283.58
100岁及以上	**20560**	**4933**	**15627**	**9605**	**2710**	**6895**	**467.17**	**549.36**	**441.22**

6-5 全国各民族的死亡人口
(2009.11.1-2010.10.31)

单位：人

民 族	死亡人口		
	合计	男	女
总 计	**7421990**	**4293783**	**3128207**
汉 族	6823973	3937020	2886953
蒙古族	24817	15455	9362
回 族	47198	27664	19534
藏 族	39143	21133	18010
维吾尔族	52855	31018	21837
苗 族	52259	31466	20793
彝 族	52195	31585	20610
壮 族	92308	55667	36641
布依族	18944	11321	7623
朝鲜族	10337	6133	4204
满 族	46716	28915	17801
侗 族	17354	10245	7109
瑶 族	14343	8997	5346
白 族	11687	6690	4997
土家族	45272	26593	18679
哈尼族	10540	6367	4173
哈萨克族	6809	4403	2406
傣 族	7627	4341	3286
黎 族	6456	3961	2495
傈僳族	5045	2982	2063
佤 族	3132	1873	1259
畲 族	4072	2616	1456
高山族	10	7	3
拉祜族	3657	2201	1456
水 族	3481	2137	1344
东乡族	2632	1440	1192
纳西族	2036	1128	908
景颇族	1062	640	422
柯尔克孜族	881	517	364
土 族	1663	983	680
达斡尔族	547	363	184
仫佬族	859	539	320
羌 族	1535	896	639
布朗族	671	393	278
撒拉族	467	268	199
毛南族	559	346	213
仡佬族	3109	1931	1178
锡伯族	682	463	219
阿昌族	202	127	75
普米族	236	145	91
塔吉克族	233	131	102
怒 族	324	185	139
乌孜别克族	30	21	9
俄罗斯族	57	34	23
鄂温克族	121	86	35
德昂族	141	81	60
保安族	84	43	41
裕固族	63	39	24
京 族	186	110	76
塔塔尔族	17	10	7
独龙族	64	41	23
鄂伦春族	35	21	14
赫哲族	10	5	5
门巴族	119	71	48
珞巴族	44	28	16
基诺族	102	57	45
其他未识别的民族	2956	1829	1127
外国人加入中国籍	33	22	11

6-5a 全国各民族的死亡人口
(2009.11.1-2010.10.31)(城市)

单位：人

民族	死亡人口		
	合计	男	女
总计	**1399836**	**814740**	**585096**
汉族	1363055	792003	571052
蒙古族	2114	1368	746
回族	11673	6901	4772
藏族	391	247	144
维吾尔族	3210	1967	1243
苗族	836	544	292
彝族	1004	645	359
壮族	3351	2186	1165
布依族	582	374	208
朝鲜族	4584	2717	1867
满族	4884	3184	1700
侗族	213	150	63
瑶族	98	71	27
白族	785	468	317
土家族	787	508	279
哈尼族	168	119	49
哈萨克族	260	169	91
傣族	342	192	150
黎族	139	96	43
傈僳族	16	11	5
佤族	36	22	14
畲族	139	85	54
高山族	3	2	1
拉祜族	37	22	15
水族	121	75	46
东乡族	25	15	10
纳西族	432	236	196
景颇族	15	8	7
柯尔克孜族	8	7	1
土族	46	28	18
达斡尔族	69	51	18
仫佬族	45	29	16
羌族	5	1	4
布朗族	4	4	
撒拉族	10	5	5
毛南族	20	15	5
仡佬族	29	17	12
锡伯族	144	105	39
阿昌族	4	2	2
普米族	5	5	
塔吉克族	1		1
怒族	7	3	4
乌孜别克族	11	8	3
俄罗斯族	37	21	16
鄂温克族	9	7	2
德昂族	4	1	3
保安族	4	1	3
裕固族	2	1	1
京族	15	7	8
塔塔尔族	4	1	3
独龙族	1		1
鄂伦春族	3	1	2
赫哲族	1	1	
门巴族	10	8	2
珞巴族			
基诺族	13	6	7
其他未识别的民族	22	18	4
外国人加入中国籍	3	2	1

6-5b 全国各民族的死亡人口
(2009.11.1-2010.10.31)(镇)

单位：人

民 族	死亡人口		
	合计	男	女
总 计	**1192354**	**696427**	**495927**
汉 族	1127497	657284	470213
蒙古族	3705	2363	1342
回 族	8305	4871	3434
藏 族	5048	2808	2240
维吾尔族	3954	2360	1594
苗 族	4032	2460	1572
彝 族	3499	2198	1301
壮 族	11194	6790	4404
布依族	1239	764	475
朝鲜族	1493	871	622
满 族	5826	3575	2251
侗 族	1835	1116	719
瑶 族	875	544	331
白 族	1709	965	744
土家族	4906	2988	1918
哈尼族	593	371	222
哈萨克族	728	487	241
傣 族	1563	885	678
黎 族	788	486	302
傈僳族	191	118	73
佤 族	379	255	124
畲 族	307	204	103
高山族	1		1
拉祜族	331	204	127
水 族	231	141	90
东乡族	160	81	79
纳西族	136	76	60
景颇族	96	60	36
柯尔克孜族	74	44	30
土 族	146	86	60
达斡尔族	153	99	54
仫佬族	158	102	56
羌 族	161	104	57
布朗族	33	22	11
撒拉族	53	38	15
毛南族	54	32	22
仡佬族	295	188	107
锡伯族	78	56	22
阿昌族	19	13	6
普米族	4	4	
塔吉克族	9	7	2
怒 族	23	17	6
乌孜别克族	6	5	1
俄罗斯族	3	1	2
鄂温克族	30	19	11
德昂族	8	6	2
保安族	3	3	
裕固族	4	3	1
京 族	31	20	11
塔塔尔族	1		1
独龙族			
鄂伦春族	8	3	5
赫哲族	1	1	
门巴族	11	7	4
珞巴族	7	4	3
基诺族	2	1	1
其他未识别的民族	353	213	140
外国人加入中国籍	5	4	1

6-5c 全国各民族的死亡人口
(2009.11.1-2010.10.31)(乡村)

单位：人

民族	死亡人口		
	合计	男	女
总 计	**4829800**	**2782616**	**2047184**
汉 族	4333421	2487733	1845688
蒙古族	18998	11724	7274
回 族	27220	15892	11328
藏 族	33704	18078	15626
维吾尔族	45691	26691	19000
苗 族	47391	28462	18929
彝 族	47692	28742	18950
壮 族	77763	46691	31072
布依族	17123	10183	6940
朝鲜族	4260	2545	1715
满 族	36006	22156	13850
侗 族	15306	8979	6327
瑶 族	13370	8382	4988
白 族	9193	5257	3936
土家族	39579	23097	16482
哈尼族	9779	5877	3902
哈萨克族	5821	3747	2074
傣 族	5722	3264	2458
黎 族	5529	3379	2150
傈僳族	4838	2853	1985
佤 族	2717	1596	1121
畲 族	3626	2327	1299
高山族	6	5	1
拉祜族	3289	1975	1314
水 族	3129	1921	1208
东乡族	2447	1344	1103
纳西族	1468	816	652
景颇族	951	572	379
柯尔克孜族	799	466	333
土 族	1471	869	602
达斡尔族	325	213	112
仫佬族	656	408	248
羌 族	1369	791	578
布朗族	634	367	267
撒拉族	404	225	179
毛南族	485	299	186
仡佬族	2785	1726	1059
锡伯族	460	302	158
阿昌族	179	112	67
普米族	227	136	91
塔吉克族	223	124	99
怒 族	294	165	129
乌孜别克族	13	8	5
俄罗斯族	17	12	5
鄂温克族	82	60	22
德昂族	129	74	55
保安族	77	39	38
裕固族	57	35	22
京 族	140	83	57
塔塔尔族	12	9	3
独龙族	63	41	22
鄂伦春族	24	17	7
赫哲族	8	3	5
门巴族	98	56	42
珞巴族	37	24	13
基诺族	87	50	37
其他未识别的民族	2581	1598	983
外国人加入中国籍	25	16	9

第一部分　全部数据资料

第七卷　户口登记状况

7-1 全国按现住地、户口登记地、

现住地	户口					
	合计			省内		
	合计	男	女	小计	男	女
全国	**260937942**	**136974792**	**123963150**	**175061605**	**88617297**	**86444308**
北京	10498288	5532411	4965877	3453755	1706106	1747649
天津	4952225	2888571	2063654	1960724	974785	985939
河北	8297279	4170076	4127203	6892606	3371827	3520779
山西	6764665	3582074	3182591	5833012	2980969	2852043
内蒙古	7170889	3844873	3326016	5726708	2905635	2821073
辽宁	9310058	4702412	4607646	7523528	3708479	3815049
吉林	4462177	2193084	2269093	4005678	1945639	2060039
黑龙江	5557828	2778792	2779036	5051431	2493651	2557780
上海	12685316	6684236	6001080	3708316	1811924	1896392
江苏	18226819	9581005	8645814	10847566	5525488	5322078
浙江	19900863	10630895	9269968	8076886	4066369	4010517
安徽	7100608	3640920	3459688	6383145	3236306	3146839
福建	11074525	5908984	5165541	6760923	3455083	3305840
江西	5302276	2770391	2531885	4702334	2427054	2275280
山东	13698321	7101423	6596898	11582728	5927587	5655141
河南	9764067	5012932	4751135	9171933	4668758	4503175
湖北	9250228	4743478	4506750	8236616	4174973	4061643
湖南	7898815	4045270	3853545	7173833	3641196	3532637
广东	36806649	19939626	16867023	15308862	7975717	7333145
广西	6291811	3168922	3122889	5450005	2680103	2769902
海南	1843430	955564	887866	1254967	614282	640685
重庆	5440776	2773203	2667573	4495582	2261837	2233745
四川	11735152	5999859	5735293	10606579	5367559	5239020
贵州	4629542	2389615	2239927	3866248	1931638	1934610
云南	6053805	3279488	2774317	4817256	2516954	2300302
西藏	262005	149798	112207	96582	47960	48622
陕西	5894416	3174407	2720009	4920054	2583547	2336507
甘肃	3112722	1654809	1457913	2679889	1394825	1285064
青海	1140954	628795	512159	822519	423654	398865
宁夏	1534482	815317	719165	1166031	593881	572150
新疆	4276951	2233562	2043389	2485309	1203511	1281798

性别分的户口登记地在外乡镇街道的人口

单位：人

登记地	省内						省外		
	其中市辖区内人户分离			不包括市辖区内的人户分离					
	小计	男	女	小计	男	女	小计	男	女
	39906796	**19467585**	**20439211**	**135154809**	**69149712**	**66005097**	**85876337**	**48357495**	**37518842**
	2738462	1335431	1403031	715293	370675	344618	7044533	3826305	3218228
	1512875	741819	771056	447849	232966	214883	2991501	1913786	1077715
	1622259	785705	836554	5270347	2586122	2684225	1404673	798249	606424
	1244579	608922	635657	4588433	2372047	2216386	931653	601105	330548
	1042178	500474	541704	4684530	2405161	2279369	1444181	939238	504943
	2977409	1446899	1530510	4546119	2261580	2284539	1786530	993933	792597
	1312063	634570	677493	2693615	1311069	1382546	456499	247445	209054
	1343070	645302	697768	3708361	1848349	1860012	506397	285141	221256
	3070969	1476791	1594178	637347	335133	302214	8977000	4872312	4104688
	2560534	1247406	1313128	8287032	4278082	4008950	7379253	4055517	3323736
	1282218	623973	658245	6794668	3442396	3352272	11823977	6564526	5259451
	1429794	707079	722715	4953351	2529227	2424124	717463	404614	312849
	830446	399555	430891	5930477	3055528	2874949	4313602	2453901	1859701
	831906	410506	421400	3870428	2016548	1853880	599942	343337	256605
	2361882	1182490	1179392	9220846	4745097	4475749	2115593	1173836	941757
	1726056	845702	880354	7445877	3823056	3622821	592134	344174	247960
	1923938	939372	984566	6312678	3235601	3077077	1013612	568505	445107
	1037914	514022	523892	6135919	3127174	3008745	724982	404074	320908
	2487394	1215637	1271757	12821468	6760080	6061388	21497787	11963909	9533878
	723408	353566	369842	4726597	2326537	2400060	841806	488819	352987
	179924	87930	91994	1075043	526352	548691	588463	341282	247181
	1198063	579113	618950	3297519	1682724	1614795	945194	511366	433828
	1347817	658584	689233	9258762	4708975	4549787	1128573	632300	496273
	482491	234743	247748	3383757	1696895	1686862	763294	457977	305317
	493763	244850	248913	4323493	2272104	2051389	1236549	762534	474015
	80	57	23	96502	47903	48599	165423	101838	63585
	954713	474903	479810	3965341	2108644	1856697	974362	590860	383502
	514175	250482	263693	2165714	1144343	1021371	432833	259984	172849
	148011	69996	78015	674508	353658	320850	318435	205141	113294
	241740	116131	125609	924291	477750	446541	368451	221436	147015
	286665	135575	151090	2198644	1067936	1130708	1791642	1030051	761591

7-1a 全国按现住地、户口登记地、

现住地	合计			户口 省内		
	合计	男	女	小计	男	女
全　国	**170464678**	**89083841**	**81380837**	**112440794**	**56705326**	**55735468**
北　京	9007651	4693380	4314271	3137882	1549142	1588740
天　津	4182723	2453724	1728999	1723067	853791	869276
河　北	4525565	2261638	2263927	3869963	1889657	1980306
山　西	3488393	1776971	1711422	3013291	1492224	1521067
内蒙古	4009155	2096973	1912182	3299867	1654252	1645615
辽　宁	7205938	3660990	3544948	5800479	2875591	2924888
吉　林	3198765	1592167	1606598	2877860	1418492	1459368
黑龙江	3435411	1736780	1698631	3114622	1553188	1561434
上　海	9797021	5070488	4726533	3435823	1669797	1766026
江　苏	11574307	6118840	5455467	7365769	3775800	3589969
浙　江	10807679	5704091	5103588	5078729	2538093	2540636
安　徽	4208700	2191598	2017102	3836704	1962052	1874652
福　建	6881000	3626445	3254555	4172470	2117178	2055292
江　西	2343712	1198078	1145634	2112321	1067314	1045007
山　东	9769929	5052126	4717803	8227004	4179849	4047155
河　南	6063254	3095957	2967297	5676822	2865834	2810988
湖　北	6561403	3366527	3194876	5870920	2970552	2900368
湖　南	4657229	2354991	2302238	4217607	2109584	2108023
广　东	29855295	16119926	13735369	12222401	6400003	5822398
广　西	3668228	1898059	1770169	3159714	1599558	1560156
海　南	1165781	609254	556527	782628	391390	391238
重　庆	3516083	1799679	1716404	2842428	1426418	1416010
四　川	6423383	3272640	3150743	5805720	2924400	2881320
贵　州	2349550	1214219	1135331	1973050	996444	976606
云　南	2781767	1449399	1332368	2209642	1113828	1095814
西　藏	93384	50104	43280	31173	13924	17249
陕　西	3126426	1612545	1513881	2526211	1272323	1253888
甘　肃	1833191	953878	879313	1583550	808080	775470
青　海	627000	333233	293767	425949	212106	213843
宁　夏	823936	428782	395154	590168	294663	295505
新　疆	2482819	1290359	1192460	1456960	709799	747161

性别分的户口登记地在外乡镇街道的人口(城市)

单位：人

登记地								
省内						省外		
其中市辖区内人户分离			不包括市辖区内的人户分离					
小计	男	女	小计	男	女	小计	男	女
37436649	**18164267**	**19272382**	**75004145**	**38541059**	**36463086**	**58023884**	**32378515**	**25645369**
2590970	1263414	1327556	546912	285728	261184	5869769	3144238	2725531
1430940	700854	730086	292127	152937	139190	2459656	1599933	859723
1553571	747766	805805	2316392	1141891	1174501	655602	371981	283621
1125688	546558	579130	1887603	945666	941937	475102	284747	190355
982948	472041	510907	2316919	1182211	1134708	709288	442721	266567
2847601	1382738	1464863	2952878	1492853	1460025	1405459	785399	620060
1218109	589101	629008	1659751	829391	830360	320905	173675	147230
1256358	603452	652906	1858264	949736	908528	320789	183592	137197
2945137	1412726	1532411	490686	257071	233615	6361198	3400691	2960507
2401897	1161503	1240394	4963872	2614297	2349575	4208538	2343040	1865498
1175223	569168	606055	3903506	1968925	1934581	5728950	3165998	2562952
1323489	647599	675890	2513215	1314453	1198762	371996	229546	142450
784528	375515	409013	3387942	1741663	1646279	2708530	1509267	1199263
759798	371965	387833	1352523	695349	657174	231391	130764	100627
2240251	1106135	1134116	5986753	3073714	2913039	1542925	872277	670648
1666455	811514	854941	4010367	2054320	1956047	386432	230123	156309
1711091	831207	879884	4159829	2139345	2020484	690483	395975	294508
990840	487861	502979	3226767	1621723	1605044	439622	245407	194215
2397427	1169390	1228037	9824974	5230613	4594361	17632894	9719923	7912971
676963	327541	349422	2482751	1272017	1210734	508514	298501	210013
153193	74500	78693	629435	316890	312545	383153	217864	165289
1073218	513688	559530	1769210	912730	856480	673655	373261	300394
1240930	601067	639863	4564790	2323333	2241457	617663	348240	269423
446116	215870	230246	1526934	780574	746360	376500	217775	158725
470115	230643	239472	1739527	883185	856342	572125	335571	236554
21	18	3	31152	13906	17246	62211	36180	26031
845776	411219	434557	1680435	861104	819331	600215	340222	259993
481524	231854	249670	1102026	576226	525800	249641	145798	103843
146747	69293	77454	279202	142813	136389	201051	121127	79924
221485	106352	115133	368683	188311	180372	233768	134119	99649
278240	131715	146525	1178720	578084	600636	1025859	580560	445299

7-1b 全国按现住地、户口登记地、

现住地	合计			户口		
				省内		
	合计	男	女	小计	男	女
全国	**55500125**	**29254580**	**26245545**	**41934535**	**21463301**	**20471234**
北京	666530	367019	299511	193814	96682	97132
天津	487402	267829	219573	167621	85543	82078
河北	2508891	1299662	1209229	2051055	1030100	1020955
山西	1818392	948712	869680	1668753	850338	818415
内蒙古	1834846	976609	858237	1481279	752425	728854
辽宁	998355	500458	497897	857783	421911	435872
吉林	588256	292743	295513	539814	265602	274212
黑龙江	1217665	615390	602275	1123452	560941	562511
上海	1700174	943588	756586	214115	110268	103847
江苏	3134361	1639422	1494939	1998260	1016352	981908
浙江	5140354	2749999	2390355	2096538	1064726	1031812
安徽	1997095	1026915	970180	1846469	938633	907836
福建	2631968	1400679	1231289	1869289	957360	911929
江西	2309433	1220980	1088453	2075510	1084304	991206
山东	2737725	1429617	1308108	2453240	1268519	1184721
河南	2754067	1432442	1321625	2659137	1373594	1285543
湖北	1515937	776800	739137	1404044	714815	689229
湖南	2514193	1304155	1210038	2368534	1220066	1148468
广东	3868632	2121971	1746661	1934669	1003901	930768
广西	1806377	921030	885347	1625482	814038	811444
海南	372145	202052	170093	260720	133014	127706
重庆	1430467	723169	707298	1275765	639803	635962
四川	3708838	1917715	1791123	3421741	1751039	1670702
贵州	1317681	686197	631484	1140052	581663	558389
云南	1943732	1054438	889294	1530854	800379	730475
西藏	102675	59100	43575	35176	18028	17148
陕西	2039783	1106627	933156	1820313	964703	855610
甘肃	896091	477068	419023	782878	410910	371968
青海	367363	204861	162502	292816	153746	139070
宁夏	308198	169034	139164	253554	132473	121081
新疆	782499	418299	364200	491808	247425	244383

性别分的户口登记地在外乡镇街道的人口(镇)

单位：人

登记地								
省内						省外		
其中市辖区内人户分离			不包括市辖区内的人户分离					
小计	男	女	小计	男	女	小计	男	女
1194560	**610203**	**584357**	**40739975**	**20853098**	**19886877**	**13565590**	**7791279**	**5774311**
79631	38816	40815	114183	57866	56317	472716	270337	202379
65100	32194	32906	102521	53349	49172	319781	182286	137495
32856	17049	15807	2018199	1013051	1005148	457836	269562	188274
43937	22401	21536	1624816	827937	796879	149639	98374	51265
7411	3791	3620	1473868	748634	725234	353567	224184	129383
63897	30469	33428	793886	391442	402444	140572	78547	62025
29162	14204	14958	510652	251398	259254	48442	27141	21301
41167	19791	21376	1082285	541150	541135	94213	54449	39764
106167	53945	52222	107948	56323	51625	1486059	833320	652739
56502	29862	26640	1941758	986490	955268	1136101	623070	513031
63380	31483	31897	2033158	1033243	999915	3043816	1685273	1358543
47753	25755	21998	1798716	912878	885838	150626	88282	62344
32271	16521	15750	1837018	940839	896179	762679	443319	319360
46520	23609	22911	2028990	1060695	968295	233923	136676	97247
46450	26821	19629	2406790	1241698	1165092	284485	161098	123387
10292	5223	5069	2648845	1368371	1280474	94930	58848	36082
76706	37894	38812	1327338	676921	650417	111893	61985	49908
26542	13977	12565	2341992	1206089	1135903	145659	84089	61570
29932	15264	14668	1904737	988637	916100	1933963	1118070	815893
26022	13925	12097	1599460	800113	799347	180895	106992	73903
12438	6367	6071	248282	126647	121635	111425	69038	42387
91396	46216	45180	1184369	593587	590782	154702	83366	71336
56905	29180	27725	3364836	1721859	1642977	287097	166676	120421
10613	5271	5342	1129439	576392	553047	177629	104534	73095
3505	2257	1248	1527349	798122	729227	412878	254059	158819
			35176	18028	17148	67499	41072	26427
68588	38055	30533	1751725	926648	825077	219470	141924	77546
13029	6973	6056	769849	403937	365912	113213	66158	47055
582	264	318	292234	153482	138752	74547	51115	23432
2489	1229	1260	251065	131244	119821	54644	36561	18083
3317	1397	1920	488491	246028	242463	290691	170874	119817

7-1c 全国按现住地、户口登记地、

现住地	户口					
	合计			省内		
	合计	男	女	小计	男	女
全国	**34973139**	**18636371**	**16336768**	**20686276**	**10448670**	**10237606**
北京	824107	472012	352095	122059	60282	61777
天津	282100	167018	115082	70036	35451	34585
河北	1262823	608776	654047	971588	452070	519518
山西	1457880	856391	601489	1150968	638407	512561
内蒙古	1326888	771291	555597	945562	498958	446604
辽宁	1105765	540964	564801	865266	410977	454289
吉林	675156	308174	366982	588004	261545	326459
黑龙江	904752	426622	478130	813357	379522	433835
上海	1188121	670160	517961	58378	31859	26519
江苏	3518151	1822743	1695408	1483537	733336	750201
浙江	3952830	2176805	1776025	901619	463550	438069
安徽	894813	422407	472406	699972	335621	364351
福建	1561557	881860	679697	719164	380545	338619
江西	649131	351333	297798	514503	275436	239067
山东	1190667	619680	570987	902484	479219	423265
河南	946746	484533	462213	835974	429330	406644
湖北	1172888	600151	572737	961652	489606	472046
湖南	727393	386124	341269	587692	311546	276146
广东	3082722	1697729	1384993	1151792	571813	579979
广西	817206	349833	467373	664809	266507	398302
海南	305504	144258	161246	211619	89878	121741
重庆	494226	250355	243871	377389	195616	181773
四川	1602931	809504	793427	1379118	692120	686998
贵州	962311	489199	473112	753146	353531	399615
云南	1328306	775651	552655	1076760	602747	474013
西藏	65946	40594	25352	30233	16008	14225
陕西	728207	455235	272972	573530	346521	227009
甘肃	383440	223863	159577	313461	175835	137626
青海	146591	90701	55890	103754	57802	45952
宁夏	402348	217501	184847	322309	166745	155564
新疆	1011633	524904	486729	536541	246287	290254

性别分的户口登记地在外乡镇街道的人口(乡村)

单位：人

登记地								
省内						省外		
其中市辖区内人户分离			不包括市辖区内的人户分离					
小计	男	女	小计	男	女	小计	男	女
1275587	**693115**	**582472**	**19410689**	**9755555**	**9655134**	**14286863**	**8187701**	**6099162**
67861	33201	34660	54198	27081	27117	702048	411730	290318
16835	8771	8064	53201	26680	26521	212064	131567	80497
35832	20890	14942	935756	431180	504576	291235	156706	134529
74954	39963	34991	1076014	598444	477570	306912	217984	88928
51819	24642	27177	893743	474316	419427	381326	272333	108993
65911	33692	32219	799355	377285	422070	240499	129987	110512
64792	31265	33527	523212	230280	292932	87152	46629	40523
45545	22059	23486	767812	357463	410349	91395	47100	44295
19665	10120	9545	38713	21739	16974	1129743	638301	491442
102135	56041	46094	1381402	677295	704107	2034614	1089407	945207
43615	23322	20293	858004	440228	417776	3051211	1713255	1337956
58552	33725	24827	641420	301896	339524	194841	86786	108055
13647	7519	6128	705517	373026	332491	842393	501315	341078
25588	14932	10656	488915	260504	228411	134628	75897	58731
75181	49534	25647	827303	429685	397618	288183	140461	147722
49309	28965	20344	786665	400365	386300	110772	55203	55569
136141	70271	65870	825511	419335	406176	211236	110545	100691
20532	12184	8348	567160	299362	267798	139701	74578	65123
60035	30983	29052	1091757	540830	550927	1930930	1125916	805014
20423	12100	8323	644386	254407	389979	152397	83326	69071
14293	7063	7230	197326	82815	114511	93885	54380	39505
33449	19209	14240	343940	176407	167533	116837	54739	62098
49982	28337	21645	1329136	663783	665353	223813	117384	106429
25762	13602	12160	727384	339929	387455	209165	135668	73497
20143	11950	8193	1056617	590797	465820	251546	172904	78642
59	39	20	30174	15969	14205	35713	24586	11127
40349	25629	14720	533181	320892	212289	154677	108714	45963
19622	11655	7967	293839	164180	129659	69979	48028	21951
682	439	243	103072	57363	45709	42837	32899	9938
17766	8550	9216	304543	158195	146348	80039	50756	29283
5108	2463	2645	531433	243824	287609	475092	278617	196475

7-2 全国按户口登记地、年龄、性别分的

年龄	合计			户口 省 省内		
	合计	男	女	小计	男	女
总 计	**260937942**	**136974792**	**123963150**	**175061605**	**88617297**	**86444308**
0-4岁	**8888180**	**4839752**	**4048428**	**6209749**	**3356587**	**2853162**
0	689114	373352	315762	471492	253433	218059
1	1950415	1066386	884029	1323038	718720	604318
2	2069172	1127439	941733	1440992	779290	661702
3	2100591	1139895	960696	1493927	805725	688202
4	2078888	1132680	946208	1480300	799419	680881
5-9岁	**9590654**	**5270025**	**4320629**	**7141990**	**3878183**	**3263807**
5	2013071	1101337	911734	1468333	794790	673543
6	2008470	1102672	905798	1482280	804989	677291
7	1798582	991816	806766	1331893	724984	606909
8	1850635	1018057	832578	1400486	760989	639497
9	1919896	1056143	863753	1458998	792431	666567
10-14岁	**9520017**	**5182420**	**4337597**	**7589930**	**4086733**	**3503197**
10	1960619	1079131	881488	1514523	824327	690196
11	1789298	979992	809306	1396671	756158	640513
12	1907807	1043105	864702	1509569	816486	693083
13	1836160	998883	837277	1488347	802273	686074
14	2026133	1081309	944824	1680820	887489	793331
15-19岁	**28305855**	**14217904**	**14087951**	**21739186**	**10744376**	**10994810**
15	3242205	1677117	1565088	2791385	1422064	1369321
16	4961582	2500142	2461440	4276162	2121892	2154270
17	6510909	3262522	3248387	5299556	2618173	2681383
18	6526160	3277276	3248884	4739492	2345313	2394179
19	7064999	3500847	3564152	4632591	2236934	2395657
20-24岁	**41415114**	**20510340**	**20904774**	**24730396**	**11589995**	**13140401**
20	9769583	4799705	4969878	6206354	2936129	3270225
21	9094522	4500724	4593798	5625456	2664019	2961437
22	7789899	3878722	3911177	4594831	2164890	2429941
23	7855889	3911486	3944403	4429939	2052415	2377524
24	6905221	3419703	3485518	3873816	1772542	2101274
25-29岁	**30947536**	**15593740**	**15353796**	**18031965**	**8447122**	**9584843**
25	6117869	3048403	3069466	3452996	1588365	1864631
26	6085156	3042532	3042624	3484119	1614395	1869724
27	6030875	3032301	2998574	3529986	1651131	1878855
28	6835196	3457619	3377577	4071857	1920221	2151636
29	5878440	3012885	2865555	3493007	1673010	1819997

户口登记地在外乡镇街道的人口

单位：人

登记地					
内			省外		
其中市辖区内人户分离					
小计	男	女	小计	男	女
39906796	**19467585**	**20439211**	**85876337**	**48357495**	**37518842**
1572748	**827350**	**745398**	**2678431**	**1483165**	**1195266**
133636	70037	63599	217622	119919	97703
337843	178146	159697	627377	347666	279711
373774	196756	177018	628180	348149	280031
387980	204058	183922	606664	334170	272494
339515	178353	161162	598588	333261	265327
1654853	**875157**	**779696**	**2448664**	**1391842**	**1056822**
343328	181115	162213	544738	306547	238191
333588	176595	156993	526190	297683	228507
287030	151785	135245	466689	266832	199857
342199	181110	161089	450149	257068	193081
348708	184552	164156	460898	263712	197186
1858533	**981833**	**876700**	**1930087**	**1095687**	**834400**
379311	201365	177946	446096	254804	191292
348249	183969	164280	392627	223834	168793
367302	194736	172566	398238	226619	171619
371772	196505	175267	347813	196610	151203
391899	205258	186641	345313	193820	151493
2925621	**1469527**	**1456094**	**6566669**	**3473528**	**3093141**
502477	256698	245779	450820	255053	195767
643707	321386	322321	685420	378250	307170
669085	336541	332544	1211353	644349	567004
554759	281750	273009	1786668	931963	854705
555593	273152	282441	2432408	1263913	1168495
3391247	**1633920**	**1757327**	**16684718**	**8920345**	**7764373**
773966	377980	395986	3563229	1863576	1699653
759659	372863	386796	3469066	1836705	1632361
650933	319670	331263	3195068	1713832	1481236
624355	296911	327444	3425950	1859071	1566879
582334	266496	315838	3031405	1647161	1384244
3579082	**1565314**	**2013768**	**12915571**	**7146618**	**5768953**
557551	248933	308618	2664873	1460038	1204835
628186	274463	353723	2601037	1428137	1172900
735662	318825	416837	2500889	1381170	1119719
902719	391124	511595	2763339	1537398	1225941
754964	331969	422995	2385433	1339875	1045558

7-2 续表 1

年龄	合计			户口 省 省内		
	合计	男	女	小计	男	女
30-34岁	**27191229**	**14302560**	**12888669**	**16401447**	**8136316**	**8265131**
30	5586641	2891869	2694772	3339411	1621789	1717622
31	5713143	2991219	2721924	3445430	1696259	1749171
32	5446836	2858894	2587942	3304736	1637446	1667290
33	4929564	2610520	2319044	2985199	1493953	1491246
34	5515045	2950058	2564987	3326671	1686869	1639802
35-39岁	**28262140**	**15357453**	**12904687**	**17256875**	**8962594**	**8294281**
35	5485754	2945582	2540172	3302602	1686038	1616564
36	5720888	3092309	2628579	3440297	1772259	1668038
37	5767509	3141194	2626315	3522940	1831962	1690978
38	5719077	3124192	2594885	3515875	1842011	1673864
39	5568912	3054176	2514736	3475161	1830324	1644837
40-44岁	**24537973**	**13495542**	**11042431**	**15340177**	**8149220**	**7190957**
40	5869875	3211864	2658011	3674126	1939512	1734614
41	5093583	2793119	2300464	3190477	1687900	1502577
42	5370599	2952267	2418332	3352073	1782333	1569740
43	3952414	2181060	1771354	2451960	1310499	1141461
44	4251502	2357232	1894270	2671541	1428976	1242565
45-49岁	**17152818**	**9582287**	**7570531**	**11741007**	**6322273**	**5418734**
45	4142448	2310274	1832174	2705036	1458199	1246837
46	3914124	2176810	1737314	2635049	1415180	1219869
47	4345390	2433287	1912103	3013560	1622340	1391220
48	3076419	1733175	1343244	2153086	1166523	986563
49	1674437	928741	745696	1234276	660031	574245
50-54岁	**10243894**	**5670580**	**4573314**	**7917722**	**4209993**	**3707729**
50	2038550	1138730	899820	1562173	841444	720729
51	1728823	969737	759086	1336547	718992	617555
52	2176954	1217689	959265	1675670	897616	778054
53	2262809	1245380	1017429	1752006	924709	827297
54	2036758	1099044	937714	1591326	827232	764094
55-59岁	**9061622**	**4787795**	**4273827**	**7230945**	**3708389**	**3522556**
55	2057571	1102880	954691	1622081	840317	781764
56	2039527	1081143	958384	1618241	830514	787727
57	1776811	931995	844816	1415195	720235	694960
58	1738792	914641	824151	1395841	714315	681526
59	1448921	757136	691785	1179587	603008	576579
60-64岁	**5968114**	**3163021**	**2805093**	**5010832**	**2622403**	**2388429**
60	1477839	784105	693734	1220792	637394	583398
61	1344793	714463	630330	1121102	586464	534638
62	1120934	590932	530002	943985	491524	452461
63	1061531	563260	498271	902258	474578	427680
64	963017	510261	452756	822695	432443	390252

单位：人

登记地					
内			省　外		
其中市辖区内人户分离					
小计	男	女	小计	男	女
3548961	**1603994**	**1944967**	**10789782**	**6166244**	**4623538**
713631	318204	395427	2247230	1270080	977150
747121	335163	411958	2267713	1294960	972753
731578	330251	401327	2142100	1221448	920652
660689	300489	360200	1944365	1116567	827798
695942	319887	376055	2188374	1263189	925185
3717191	**1765617**	**1951574**	**11005265**	**6394859**	**4610406**
688891	319047	369844	2183152	1259544	923608
705073	331320	373753	2280591	1320050	960541
766380	364212	402168	2244569	1309232	935337
772037	371853	400184	2203202	1282181	921021
784810	379185	405625	2093751	1223852	869899
3516775	**1731004**	**1785771**	**9197796**	**5346322**	**3851474**
831533	405103	426430	2195749	1272352	923397
750683	365408	385275	1903106	1105219	797887
781078	384385	396693	2018526	1169934	848592
538277	267753	270524	1500454	870561	629893
615204	308355	306849	1579961	928256	651705
3449556	**1740084**	**1709472**	**5411811**	**3260014**	**2151797**
677904	342576	335328	1437412	852075	585337
748963	377984	370979	1279075	761630	517445
948265	477567	470698	1331830	810947	520883
649334	329642	319692	923333	566652	356681
425090	212315	212775	440161	268710	171451
2887160	**1432813**	**1454347**	**2326172**	**1460587**	**865585**
564254	282065	282189	476377	297286	179091
490198	244046	246152	392276	250745	141531
609603	303343	306260	501284	320073	181211
642950	317392	325558	510803	320671	190132
580155	285967	294188	445432	271812	173620
2592420	**1274442**	**1317978**	**1830677**	**1079406**	**751271**
589862	290766	299096	435490	262563	172927
593121	291515	301606	421286	250629	170657
501316	244759	256557	361616	211760	149856
484426	238005	246421	342951	200326	142625
423695	209397	214298	269334	154128	115206
1742845	**884959**	**857886**	**957282**	**540618**	**416664**
425028	215175	209853	257047	146711	110336
387170	196493	190677	223691	127999	95692
327151	164958	162193	176949	99408	77541
316182	161479	154703	159273	88682	70591
287314	146854	140460	140322	77818	62504

7-2 续表 2

年龄	合计			户口 省 省内		
	合计	男	女	小计	男	女
65-69岁	**3736441**	**1956540**	**1779901**	**3235862**	**1688058**	**1547804**
65	860442	453432	407010	738679	386921	351758
66	787601	414482	373119	678702	355230	323472
67	717032	374542	342490	621674	323920	297754
68	701212	365175	336037	611201	317591	293610
69	670154	348909	321245	585606	304396	281210
70-74岁	**2788317**	**1444770**	**1343547**	**2463948**	**1272050**	**1191898**
70	672517	352215	320302	588518	307982	280536
71	535259	275258	260001	472109	242109	230000
72	579653	301238	278415	512669	265529	247140
73	518626	269597	249029	460446	237811	222635
74	482262	246462	235800	430206	218619	211587
75-79岁	**1799325**	**904844**	**894481**	**1626512**	**813730**	**812782**
75	440728	221351	219377	395213	197387	197826
76	392024	195673	196351	352943	175023	177920
77	382093	193865	188228	345798	174382	171416
78	314523	156644	157879	286274	142058	144216
79	269957	137311	132646	246284	124880	121404
80-84岁	**955678**	**459313**	**496365**	**875914**	**419588**	**456326**
80	277689	138131	139558	253317	125640	127677
81	196548	95473	101075	180282	87311	92971
82	192344	91960	100384	176760	84238	92522
83	159837	74852	84985	146759	68562	78197
84	129260	58897	70363	118796	53837	64959
85-89岁	**402264**	**170317**	**231947**	**369326**	**155461**	**213865**
85	115220	51125	64095	105799	46795	59004
86	94093	40175	53918	86764	36890	49874
87	75112	31096	44016	68936	28366	40570
88	64261	26379	37882	58633	23814	34819
89	53578	21542	32036	49194	19596	29598
90-94岁	**125719**	**47746**	**77973**	**111448**	**41065**	**70383**
90	42711	16128	26583	38804	14521	24283
91	28627	11160	17467	25410	9615	15795
92	23548	8845	14703	20517	7359	13158
93	16965	6282	10683	15037	5377	9660
94	13868	5331	8537	11680	4193	7487
95-99岁	**41734**	**16897**	**24837**	**33512**	**12380**	**21132**
95	11474	4347	7127	9539	3343	6196
96	9462	3655	5807	7805	2820	4985
97	8056	3371	4685	6331	2388	3943
98	7667	3347	4320	5879	2301	3578
99	5075	2177	2898	3958	1528	2430
100岁及以上	**3318**	**946**	**2372**	**2862**	**781**	**2081**

单位：人

登记地					
内			省　外		
其中市辖区内人户分离					
小计	男	女	小计	男	女
1147258	**575897**	**571361**	**500579**	**268482**	**232097**
252637	127915	124722	121763	66511	55252
236557	119726	116831	108899	59252	49647
219549	110238	109311	95358	50622	44736
222348	110539	111809	90011	47584	42427
216167	107479	108688	84548	44513	40035
972958	**476244**	**496714**	**324369**	**172720**	**151649**
216185	106820	109365	83999	44233	39766
187586	90858	96728	63150	33149	30001
202265	98878	103387	66984	35709	31275
186695	92155	94540	58180	31786	26394
180227	87533	92694	52056	27843	24213
714487	**347090**	**367397**	**172813**	**91114**	**81699**
170217	81687	88530	45515	23964	21551
155975	74975	81000	39081	20650	18431
152221	74315	77906	36295	19483	16812
126908	61616	65292	28249	14586	13663
109166	54497	54669	23673	12431	11242
398631	**187782**	**210849**	**79764**	**39725**	**40039**
111238	54343	56895	24372	12491	11881
84684	40458	44226	16266	8162	8104
80938	37830	43108	15584	7722	7862
66749	30501	36248	13078	6290	6788
55022	24650	30372	10464	5060	5404
172636	**71862**	**100774**	**32938**	**14856**	**18082**
49425	21753	27672	9421	4330	5091
40498	17001	23497	7329	3285	4044
32188	13059	19129	6176	2730	3446
27461	10962	16499	5628	2565	3063
23064	9087	13977	4384	1946	2438
50535	**18515**	**32020**	**14271**	**6681**	**7590**
17258	6481	10777	3907	1607	2300
11923	4486	7437	3217	1545	1672
9344	3283	6061	3031	1486	1545
6949	2515	4434	1928	905	1023
5061	1750	3311	2188	1138	1050
12154	**3880**	**8274**	**8222**	**4517**	**3705**
3901	1257	2644	1935	1004	931
3109	1025	2084	1657	835	822
2191	681	1510	1725	983	742
1756	543	1213	1788	1046	742
1197	374	823	1117	649	468
1145	**301**	**844**	**456**	**165**	**291**

7-2a 全国按户口登记地、年龄、性别分的

年龄	户口					
	合计			省		
				省内		
	合计	男	女	小计	男	女
总计	**170464678**	**89083841**	**81380837**	**112440794**	**56705326**	**55735468**
0-4岁	**5595369**	**3040812**	**2554557**	**3871967**	**2083258**	**1788709**
0	451096	243663	207433	307586	164530	143056
1	1228946	669918	559028	830348	448158	382190
2	1308844	712060	596784	903227	486311	416916
3	1332557	721240	611317	938838	503842	434996
4	1273926	693931	579995	891968	480417	411551
5-9岁	**5805271**	**3192793**	**2612478**	**4249940**	**2304232**	**1945708**
5	1230735	673493	557242	882177	476353	405824
6	1213810	667060	546750	878756	476436	402320
7	1073589	592828	480761	778928	423417	355511
8	1126728	619993	506735	840936	456071	384865
9	1160409	639419	520990	869143	471955	397188
10-14岁	**5721598**	**3124821**	**2596777**	**4523330**	**2439718**	**2083612**
10	1194254	658506	535748	911806	496308	415498
11	1080442	593038	487404	835700	452553	383147
12	1142911	626999	515912	897667	486484	411183
13	1108924	604799	504125	895036	482860	412176
14	1195067	641479	553588	983121	521513	461608
15-19岁	**16735198**	**8398757**	**8336441**	**12249721**	**6042511**	**6207210**
15	1821081	948647	872434	1539903	788064	751839
16	2757553	1394813	1362740	2311714	1147622	1164092
17	3638288	1826727	1811561	2822164	1394740	1427424
18	3871797	1938528	1933269	2638210	1301176	1337034
19	4646479	2290042	2356437	2937730	1410909	1526821
20-24岁	**28758583**	**14457085**	**14301498**	**16885202**	**8134393**	**8750809**
20	6761168	3330754	3430414	4240433	2020589	2219844
21	6404818	3202716	3202102	3933945	1900436	2033509
22	5450779	2765460	2685319	3172897	1547757	1625140
23	5420097	2761196	2658901	2978117	1440858	1537259
24	4721721	2396959	2324762	2559810	1224753	1335057
25-29岁	**21303506**	**10907388**	**10396118**	**12091192**	**5823568**	**6267624**
25	4167612	2125658	2041954	2265673	1085056	1180617
26	4176774	2129387	2047387	2315833	1108804	1207029
27	4176992	2131416	2045576	2388006	1146705	1241301
28	4741528	2427936	2313592	2767499	1333985	1433514
29	4040600	2092991	1947609	2354181	1149018	1205163

户口登记地在外乡镇街道的人口(城市)

单位：人

登记地					
内			省　外		
其中市辖区内人户分离					
小计	男	女	小计	男	女
37436649	**18164267**	**19272382**	**58023884**	**32378515**	**25645369**
1477219	**776345**	**700874**	**1723402**	**957554**	**765848**
125951	65975	59976	143510	79133	64377
316266	166621	149645	398598	221760	176838
350845	184391	166454	405617	225749	179868
365431	191990	173441	393719	217398	176321
318726	167368	151358	381958	213514	168444
1555569	**821987**	**733582**	**1555331**	**888561**	**666770**
322083	169751	152332	348558	197140	151418
313180	165703	147477	335054	190624	144430
269249	142277	126972	294661	169411	125250
322563	170583	151980	285792	163922	121870
328494	173673	154821	291266	167464	123802
1759031	**928689**	**830342**	**1198268**	**685103**	**513165**
358306	189998	168308	282448	162198	120250
329013	173755	155258	244742	140485	104257
347345	184023	163322	245244	140515	104729
352730	186195	166535	213888	121939	91949
371637	194718	176919	211946	119966	91980
2674901	**1345720**	**1329181**	**4485477**	**2356246**	**2129231**
470627	240493	230134	281178	160583	120595
594394	296825	297569	445839	247191	198648
614062	308845	305217	816124	431987	384137
505615	257455	248160	1233587	637352	596235
490203	242102	248101	1708749	879133	829616
3060759	**1473815**	**1586944**	**11873381**	**6322692**	**5550689**
675472	330135	345337	2520735	1310165	1210570
672727	330085	342642	2470873	1302280	1168593
592003	290401	301602	2277882	1217703	1060179
577303	274305	302998	2441980	1320338	1121642
543254	248889	294365	2161911	1172206	989705
3381077	**1477009**	**1904068**	**9212314**	**5083820**	**4128494**
522706	233427	289279	1901939	1040602	861337
592430	258767	333663	1860941	1020583	840358
696755	301771	394984	1788986	984711	804275
854574	369475	485099	1974029	1093951	880078
714612	313569	401043	1686419	943973	742446

7-2a 续表 1

年 龄	合 计			户口 省 省 内		
	合计	男	女	小计	男	女
30-34岁	**18131127**	**9575530**	**8555597**	**10720714**	**5354991**	**5365723**
30	3774803	1973989	1800814	2208034	1089895	1118139
31	3867945	2036853	1831092	2286786	1137575	1149211
32	3632605	1912907	1719698	2161395	1076836	1084559
33	3268058	1732319	1535739	1943559	974855	968704
34	3587716	1919462	1668254	2120940	1075830	1045110
35-39岁	**18165615**	**9829854**	**8335761**	**11004681**	**5687751**	**5316930**
35	3537730	1896323	1641407	2095794	1067366	1028428
36	3669450	1978627	1690823	2176997	1118241	1058756
37	3714267	2014272	1699995	2251344	1164473	1086871
38	3663662	1991390	1672272	2243822	1169198	1074624
39	3580506	1949242	1631264	2236724	1168473	1068251
40-44岁	**15626662**	**8497623**	**7129039**	**9809867**	**5152480**	**4657387**
40	3744680	2033252	1711428	2348416	1229380	1119036
41	3268101	1772010	1496091	2059570	1077461	982109
42	3421500	1856890	1564610	2146784	1126504	1020280
43	2494048	1358946	1135102	1550625	818493	732132
44	2698333	1476525	1221808	1704472	900642	803830
45-49岁	**11240471**	**6152597**	**5087874**	**7820167**	**4134521**	**3685646**
45	2649985	1454360	1195625	1747103	927721	819382
46	2553882	1393587	1160295	1746110	922092	824018
47	2893415	1583393	1310022	2046964	1079952	967012
48	2019642	1112607	907035	1435553	762627	672926
49	1123547	608650	514897	844437	442129	402308
50-54岁	**6933524**	**3718709**	**3214815**	**5441760**	**2815563**	**2626197**
50	1370381	744288	626093	1070240	561656	508584
51	1174619	639615	535004	923936	484788	439148
52	1470796	796267	674529	1151114	599609	551505
53	1539413	819761	719652	1208571	620259	588312
54	1378315	718778	659537	1087899	549251	538648
55-59岁	**6106744**	**3109119**	**2997625**	**4869569**	**2411276**	**2458293**
55	1392579	721229	671350	1104501	555044	549457
56	1386173	709133	677040	1103801	548892	554909
57	1194689	603684	591005	949655	466563	483092
58	1159296	585503	573793	924879	454234	470645
59	974007	489570	484437	786733	386543	400190
60-64岁	**3888848**	**1963300**	**1925548**	**3223688**	**1602814**	**1620874**
60	971659	493381	478278	794110	395834	398276
61	883190	448654	434536	727276	363286	363990
62	726997	364115	362882	604274	298081	306193
63	687878	346522	341356	576657	287099	289558
64	619124	310628	308496	521371	258514	262857

单位：人

登记地					
内			省外		
其中市辖区内人户分离					
小计	男	女	小计	男	女
3361122	**1511836**	**1849286**	**7410413**	**4220539**	**3189874**
675515	300230	375285	1566769	884094	682675
706316	315355	390961	1581159	899278	681881
693353	311406	381947	1471210	836071	635139
626191	283218	342973	1324499	757464	567035
659747	301627	358120	1466776	843632	623144
3533430	**1671082**	**1862348**	**7160934**	**4142103**	**3018831**
653342	300962	352380	1441936	828957	612979
669147	312953	356194	1492453	860386	632067
729234	345159	384075	1462923	849799	613124
734011	351968	382043	1419840	822192	597648
747696	360040	387656	1343782	780769	563013
3348042	**1641927**	**1706115**	**5816795**	**3345143**	**2471652**
791978	384345	407633	1396264	803872	592392
715961	347269	368692	1208531	694549	513982
744406	364951	379455	1274716	730386	544330
511511	253565	257946	943423	540453	402970
584186	291797	292389	993861	575883	417978
3287771	**1652878**	**1634893**	**3420304**	**2018076**	**1402228**
644500	324547	319953	902882	526639	376243
714026	359313	354713	807772	471495	336277
904680	454052	450628	846451	503441	343010
618403	312791	305612	584089	349980	234109
406162	202175	203987	279110	166521	112589
2743289	**1354776**	**1388513**	**1491764**	**903146**	**588618**
538013	267937	270076	300141	182632	117509
466459	231223	235236	250683	154827	95856
579293	286988	292305	319682	196658	123024
609867	299565	310302	330842	199502	131340
549657	269063	280594	290416	169527	120889
2432140	**1183116**	**1249024**	**1237175**	**697843**	**539332**
556889	272539	284350	288078	166185	121893
558945	272408	286537	282372	160241	122131
470214	227092	243122	245034	137121	107913
451541	218766	232775	234417	131269	103148
394551	192311	202240	187274	103027	84247
1604340	**797648**	**806692**	**665160**	**360486**	**304674**
393173	195687	197486	177549	97547	80002
357361	178090	179271	155914	85368	70546
300688	148305	152383	122723	66034	56689
289968	144564	145404	111221	59423	51798
263150	131002	132148	97753	52114	45639

7-2a 续表 2

年龄	合计			户口 省 省内		
	合计	男	女	小计	男	女
65-69岁	**2394038**	**1187542**	**1206496**	**2046193**	**1007241**	**1038952**
65	546543	271814	274729	462121	227237	234884
66	504408	251747	252661	428753	212108	216645
67	458675	227214	231461	392380	193250	199130
68	450620	222109	228511	388144	190167	197977
69	433792	214658	219134	374795	184479	190316
70-74岁	**1818692**	**895099**	**923593**	**1595619**	**779087**	**816532**
70	429285	212136	217149	371829	182674	189155
71	352339	172241	180098	308129	149585	158544
72	377389	185707	191682	331305	161804	169501
73	340395	169141	171254	300566	147797	152769
74	319284	155874	163410	283790	137227	146563
75-79岁	**1203510**	**579501**	**624009**	**1088303**	**519895**	**568408**
75	293164	140203	152961	262285	124360	137925
76	263390	125702	137688	237260	112205	125055
77	256335	124548	131787	232169	111792	120377
78	210296	100468	109828	191724	91022	100702
79	180325	88580	91745	164865	80516	84349
80-84岁	**643943**	**297854**	**346089**	**592574**	**272794**	**319780**
80	184358	88236	96122	168687	80341	88346
81	134211	62904	71307	123506	57638	65868
82	129480	59563	69917	119543	54781	64762
83	107914	48505	59409	99551	44563	54988
84	87980	38646	49334	81287	35471	45816
85-89岁	**275685**	**112573**	**163112**	**254824**	**103405**	**151419**
85	78779	33899	44880	72770	31142	41628
86	64203	26360	37843	59609	24338	35271
87	51424	20566	30858	47540	18925	28615
88	44334	17456	26878	40747	15889	24858
89	36945	14292	22653	34158	13111	21047
90-94岁	**86422**	**31690**	**54732**	**77268**	**27541**	**49727**
90	28855	10464	18391	26409	9500	16909
91	19968	7530	12438	17872	6564	11308
92	16298	5892	10406	14367	4963	9404
93	11794	4274	7520	10532	3698	6834
94	9507	3530	5977	8088	2816	5272
95-99岁	**27618**	**10582**	**17036**	**22251**	**7767**	**14484**
95	7733	2753	4980	6488	2134	4354
96	6361	2347	4014	5253	1814	3439
97	5255	2084	3171	4104	1461	2643
98	4966	2062	2904	3826	1411	2415
99	3303	1336	1967	2580	947	1633
100岁及以上	**2254**	**612**	**1642**	**1964**	**520**	**1444**

单位：人

登记地					
内			省外		
其中市辖区内人户分离					
小计	男	女	小计	男	女
1053599	**515652**	**537947**	**347845**	**180301**	**167544**
231010	113665	117345	84422	44577	39845
216700	106870	109830	75655	39639	36016
201787	98951	102836	66295	33964	32331
204790	99303	105487	62476	31942	30534
199312	96863	102449	58997	30179	28818
902658	**432297**	**470361**	**223073**	**116012**	**107061**
199275	95970	103305	57456	29462	27994
174173	82605	91568	44210	22656	21554
187513	89600	97913	46084	23903	22181
173411	83870	89541	39829	21344	18485
168286	80252	88034	35494	18647	16847
667358	**318738**	**348620**	**115207**	**59606**	**55601**
158860	74800	84060	30879	15843	15036
145685	68831	76854	26130	13497	12633
142137	68180	73957	24166	12756	11410
118555	56645	61910	18572	9446	9126
102121	50282	51839	15460	8064	7396
373034	**173228**	**199806**	**51369**	**25060**	**26309**
104001	50085	53916	15671	7895	7776
79375	37398	41977	10705	5266	5439
75612	34859	40753	9937	4782	5155
62501	28120	34381	8363	3942	4421
51545	22766	28779	6693	3175	3518
161716	**66568**	**95148**	**20861**	**9168**	**11693**
46351	20197	26154	6009	2757	3252
37902	15692	22210	4594	2022	2572
30135	12123	18012	3884	1641	2243
25718	10132	15586	3587	1567	2020
21610	8424	13186	2787	1181	1606
47194	**17116**	**30078**	**9154**	**4149**	**5005**
16143	5972	10171	2446	964	1482
11092	4135	6957	2096	966	1130
8753	3051	5702	1931	929	1002
6504	2341	4163	1262	576	686
4702	1617	3085	1419	714	705
11322	**3554**	**7768**	**5367**	**2815**	**2552**
3623	1149	2474	1245	619	626
2900	944	1956	1108	533	575
2031	620	1411	1151	623	528
1646	495	1151	1140	651	489
1122	346	776	723	389	334
1078	**286**	**792**	**290**	**92**	**198**

7-2b 全国按户口登记地、年龄、性别分的

年 龄	合 计			户口 省 省 内		
	合计	男	女	小计	男	女
总 计	**55500125**	**29254580**	**26245545**	**41934535**	**21463301**	**20471234**
0-4岁	**2095734**	**1151571**	**944163**	**1610933**	**883903**	**727030**
0	150021	81970	68051	112140	61146	50994
1	449261	248370	200891	334057	184820	149237
2	477100	262087	215013	364729	200115	164614
3	494159	270910	223249	385446	211230	174216
4	525193	288234	236959	414561	226592	187969
5-9岁	**2551908**	**1409116**	**1142792**	**2094559**	**1150402**	**944157**
5	517386	284647	232739	416790	228477	188313
6	534072	294552	239520	436212	239530	196682
7	489649	271164	218485	401772	221209	180563
8	491430	272151	219279	407416	224175	183241
9	519371	286602	232769	432369	237011	195358
10-14岁	**2649222**	**1442304**	**1206918**	**2279654**	**1233664**	**1045990**
10	525209	290250	234959	441737	242697	199040
11	486153	267159	218994	411237	224623	186614
12	526678	288866	237812	449669	245055	204614
13	509519	277857	231662	442160	240157	202003
14	601663	318172	283491	534851	281132	253719
15-19岁	**8642698**	**4351605**	**4291093**	**7587333**	**3784125**	**3803208**
15	1101598	559832	541766	1016613	512405	504208
16	1751665	871925	879740	1630198	805475	824723
17	2249927	1118300	1131627	2050701	1011297	1039404
18	1955769	990794	964975	1676880	842252	834628
19	1583739	810754	772985	1212941	612696	600245
20-24岁	**7030039**	**3552971**	**3477068**	**4656682**	**2246614**	**2410068**
20	1775895	902401	873494	1245569	616831	628738
21	1511002	767562	743440	1010071	493892	516179
22	1271005	644379	626626	821586	395606	425980
23	1302956	656372	646584	828740	391079	437661
24	1169181	582257	586924	750716	349206	401510
25-29岁	**5399748**	**2723381**	**2676367**	**3589434**	**1703801**	**1885633**
25	1056079	528194	527885	687622	321531	366091
26	1050108	525650	524458	690630	325073	365557
27	1040568	523721	516847	691923	327774	364149
28	1195892	605000	590892	806613	384842	421771
29	1057101	540816	516285	712646	344581	368065

户口登记地在外乡镇街道的人口(镇)

单位：人

登记地					
内			省外		
其中市辖区内人户分离					
小计	男	女	小计	男	女
1194560	**610203**	**584357**	**13565590**	**7791279**	**5774311**
46819	**24802**	**22017**	**484801**	**267668**	**217133**
3982	2101	1881	37881	20824	17057
10732	5686	5046	115204	63550	51654
11233	5980	5253	112371	61972	50399
10933	5814	5119	108713	59680	49033
9939	5221	4718	110632	61642	48990
47741	**25484**	**22257**	**457349**	**258714**	**198635**
10226	5475	4751	100596	56170	44426
9729	5168	4561	97860	55022	42838
8510	4541	3969	87877	49955	37922
9405	5047	4358	84014	47976	36038
9871	5253	4618	87002	49591	37411
48796	**25741**	**23055**	**369568**	**208640**	**160928**
10216	5493	4723	83472	47553	35919
9441	4946	4495	74916	42536	32380
9674	5104	4570	77009	43811	33198
9410	5055	4355	67359	37700	29659
10055	5143	4912	66812	37040	29772
125266	**61826**	**63440**	**1055365**	**567480**	**487885**
15213	7567	7646	84985	47427	37558
23922	11781	12141	121467	66450	55017
27072	13595	13477	199226	107003	92223
24528	12215	12313	278889	148542	130347
34531	16668	17863	370798	198058	172740
167716	**83059**	**84657**	**2373357**	**1306357**	**1067000**
50953	25152	25801	530326	285570	244756
44481	22341	22140	500931	273670	227261
29563	14970	14593	449419	248773	200646
23361	11544	11817	474216	265293	208923
19358	9052	10306	418465	233051	185414
100205	**45452**	**54753**	**1810314**	**1019580**	**790734**
17186	7897	9289	368457	206663	161794
17783	8067	9716	359478	200577	158901
19863	8810	11053	348645	195947	152698
24728	11219	13509	389279	220158	169121
20645	9459	11186	344455	196235	148220

7-2b 续表 1

年龄	合计			户口 省 省内		
	合计	男	女	小计	男	女
30-34岁	**5348884**	**2808183**	**2540701**	**3690961**	**1849617**	**1841344**
30	1042508	538672	503836	708634	347853	360781
31	1087916	567630	520286	748597	371351	377246
32	1070381	561868	508513	742232	372290	369942
33	993729	524229	469500	689616	347719	341897
34	1154350	615784	538566	801882	410404	391478
35-39岁	**6064956**	**3292215**	**2772741**	**4216008**	**2206860**	**2009148**
35	1168001	626862	541139	808255	417278	390977
36	1234145	665410	568735	852744	442290	410454
37	1235066	672069	562997	858847	450318	408529
38	1231942	672191	559751	858098	452396	405702
39	1195802	655683	540119	838064	444578	393486
40-44岁	**5270746**	**2904293**	**2366453**	**3679696**	**1967212**	**1712484**
40	1264710	692616	572094	886803	471097	415706
41	1086712	597774	488938	758775	404726	354049
42	1152983	636673	516310	802756	430893	371863
43	855698	473060	382638	594971	319593	275378
44	910643	504170	406473	636391	340903	295488
45-49岁	**3477520**	**1954657**	**1522863**	**2545398**	**1379982**	**1165416**
45	875516	489833	385683	623969	337980	285989
46	801748	447985	353763	580654	313487	267167
47	859865	486454	373411	631641	343899	287742
48	619315	350888	268427	462212	251629	210583
49	321076	179497	141579	246922	132987	113935
50-54岁	**1946316**	**1089872**	**856444**	**1560957**	**837667**	**723290**
50	387460	220723	166737	307080	168716	138364
51	325341	185092	140249	260079	141769	118310
52	413728	234608	179120	330148	178980	151168
53	429419	238339	191080	345720	183507	162213
54	390368	211110	179258	317930	164695	153235
55-59岁	**1759021**	**919745**	**839276**	**1475559**	**743809**	**731750**
55	395345	211137	184208	326057	167220	158837
56	390401	205943	184458	324009	164247	159762
57	347871	180122	167749	291896	145592	146304
58	343959	178347	165612	291733	146302	145431
59	281445	144196	137249	241864	120448	121416
60-64岁	**1216981**	**629419**	**587562**	**1074494**	**544385**	**530109**
60	294966	153017	141949	256362	129903	126459
61	274031	142341	131690	240644	122036	118608
62	229425	118080	111345	203260	102441	100819
63	218735	113204	105531	195195	99297	95898
64	199824	102777	97047	179033	90708	88325

单位：人

登记地					
内			省外		
其中市辖区内人户分离					
小计	男	女	小计	男	女
95166	**46194**	**48972**	**1657923**	**958566**	**699357**
19296	9067	10229	333874	190819	143055
20662	10023	10639	339319	196279	143040
19291	9366	9925	328149	189578	138571
17641	8699	8942	304113	176510	127603
18276	9039	9237	352468	205380	147088
95026	**48069**	**46957**	**1848948**	**1085355**	**763593**
18085	9026	9059	359746	209584	150162
18390	9214	9176	381401	223120	158281
19372	9820	9552	376219	221751	154468
19512	10017	9495	373844	219795	154049
19667	9992	9675	357738	211105	146633
88210	**45887**	**42323**	**1591050**	**937081**	**653969**
20560	10594	9966	377907	221519	156388
18402	9511	8891	327937	193048	134889
19217	10042	9175	350227	205780	144447
13924	7249	6675	260727	153467	107260
16107	8491	7616	274252	163267	110985
83218	**43783**	**39435**	**932122**	**574675**	**357447**
17092	9018	8074	251547	151853	99694
18090	9431	8659	221094	134498	86596
22797	12071	10726	228224	142555	85669
15607	8264	7343	157103	99259	57844
9632	4999	4633	74154	46510	27644
70495	**36779**	**33716**	**385359**	**252205**	**133154**
13057	6899	6158	80380	52007	28373
11756	6117	5639	65262	43323	21939
14882	7756	7126	83580	55628	27952
16292	8423	7869	83699	54832	28867
14508	7584	6924	72438	46415	26023
71483	**37501**	**33982**	**283462**	**175936**	**107526**
15545	8041	7504	69288	43917	25371
15540	8065	7475	66392	41696	24696
13922	7308	6614	55975	34530	21445
14095	7500	6595	52226	32045	20181
12381	6587	5794	39581	23748	15833
53913	**30371**	**23542**	**142487**	**85034**	**57453**
12639	6936	5703	38604	23114	15490
11860	6577	5283	33387	20305	13082
10153	5707	4446	26165	15639	10526
10098	5813	4285	23540	13907	9633
9163	5338	3825	20791	12069	8722

7-2b 续表 2

年 龄	合 计			户口 省 省内 小计	男	女
	合计	男	女	小计	男	女
65-69岁	**794954**	**406470**	**388484**	**720957**	**365287**	**355670**
65	181620	92881	88739	163767	82749	81018
66	168371	86330	82041	152156	77094	75062
67	153354	78264	75090	139439	70609	68830
68	148608	75911	72697	135271	68599	66672
69	143001	73084	69917	130324	66236	64088
70-74岁	**584614**	**299689**	**284925**	**535054**	**272760**	**262294**
70	143638	74207	69431	130745	67315	63430
71	110730	56482	54248	101371	51394	49977
72	121936	63280	58656	111731	57670	54061
73	108817	55589	53228	99793	50607	49186
74	99493	50131	49362	91414	45774	45640
75-79岁	**363854**	**181356**	**182498**	**336301**	**166612**	**169689**
75	88986	44303	44683	82021	40569	41452
76	78720	38906	39814	72448	35525	36923
77	77872	39396	38476	71950	36183	35767
78	63313	31228	32085	58753	28816	29937
79	54963	27523	27440	51129	25519	25610
80-84岁	**190995**	**91516**	**99479**	**178052**	**84994**	**93058**
80	56416	27613	28803	52458	25586	26872
81	38507	18656	19851	36000	17351	18649
82	38603	18438	20165	36034	17132	18902
83	32048	15233	16815	29888	14194	15694
84	25421	11576	13845	23672	10731	12941
85-89岁	**78398**	**33317**	**45081**	**72868**	**30758**	**42110**
85	22449	9896	12553	20917	9183	11734
86	18552	8040	10512	17257	7445	9812
87	14691	6066	8625	13644	5590	8054
88	12353	5128	7225	11429	4707	6722
89	10353	4187	6166	9621	3833	5788
90-94岁	**24021**	**9016**	**15005**	**21607**	**7831**	**13776**
90	8473	3166	5307	7793	2873	4920
91	5313	2099	3214	4779	1809	2970
92	4377	1605	2772	3844	1345	2499
93	3170	1120	2050	2854	983	1871
94	2688	1026	1662	2337	821	1516
95-99岁	**8864**	**3696**	**5168**	**7448**	**2859**	**4589**
95	2294	892	1402	1962	718	1244
96	1938	770	1168	1676	620	1056
97	1804	765	1039	1524	587	937
98	1685	756	929	1352	562	790
99	1143	513	630	934	372	562
100岁及以上	**652**	**188**	**464**	**580**	**159**	**421**

单位：人

登记地					
内			省外		
其中市辖区内人户分离					
小计	男	女	小计	男	女
35717	**20399**	**15318**	**73997**	**41183**	**32814**
8037	4687	3350	17853	10132	7721
7540	4329	3211	16215	9236	6979
6836	3850	2986	13915	7655	6260
6737	3848	2889	13337	7312	6025
6567	3685	2882	12677	6848	5829
27794	**15694**	**12100**	**49560**	**26929**	**22631**
6340	3655	2685	12893	6892	6001
5343	2944	2399	9359	5088	4271
5849	3378	2471	10205	5610	4595
5367	3013	2354	9024	4982	4042
4895	2704	2191	8079	4357	3722
19522	**10648**	**8874**	**27553**	**14744**	**12809**
4529	2475	2054	6965	3734	3231
4325	2334	1991	6272	3381	2891
4251	2342	1909	5922	3213	2709
3517	1894	1623	4560	2412	2148
2900	1603	1297	3834	2004	1830
10817	**5655**	**5162**	**12943**	**6522**	**6421**
2935	1572	1363	3958	2027	1931
2339	1221	1118	2507	1305	1202
2253	1150	1103	2569	1306	1263
1827	972	855	2160	1039	1121
1463	740	723	1749	845	904
4805	**2142**	**2663**	**5530**	**2559**	**2971**
1304	603	701	1532	713	819
1142	552	590	1295	595	700
921	373	548	1047	476	571
792	347	445	924	421	503
646	267	379	732	354	378
1466	**587**	**879**	**2414**	**1185**	**1229**
472	202	270	680	293	387
375	163	212	534	290	244
261	90	171	533	260	273
198	81	117	316	137	179
160	51	109	351	205	146
352	**123**	**229**	**1416**	**837**	**579**
107	36	71	332	174	158
97	32	65	262	150	112
70	24	46	280	178	102
42	24	18	333	194	139
36	7	29	209	141	68
33	**7**	**26**	**72**	**29**	**43**

7-2c 全国按户口登记地、年龄、性别分的

年 龄	合 计			户口 省 省 内		
	合计	男	女	小计	男	女
总 计	**34973139**	**18636371**	**16336768**	**20686276**	**10448670**	**10237606**
0-4岁	**1197077**	**647369**	**549708**	**726849**	**389426**	**337423**
0	87997	47719	40278	51766	27757	24009
1	272208	148098	124110	158633	85742	72891
2	283228	153292	129936	173036	92864	80172
3	273875	147745	126130	169643	90653	78990
4	279769	150515	129254	173771	92410	81361
5-9岁	**1233475**	**668116**	**565359**	**797491**	**423549**	**373942**
5	264950	143197	121753	169366	89960	79406
6	260588	141060	119528	167312	89023	78289
7	235344	127824	107520	151193	80358	70835
8	232477	125913	106564	152134	80743	71391
9	240116	130122	109994	157486	83465	74021
10-14岁	**1149197**	**615295**	**533902**	**786946**	**413351**	**373595**
10	241156	130375	110781	160980	85322	75658
11	222703	119795	102908	149734	78982	70752
12	238218	127240	110978	162233	84947	77286
13	217717	116227	101490	151151	79256	71895
14	229403	121658	107745	162848	84844	78004
15-19岁	**2927959**	**1467542**	**1460417**	**1902132**	**917740**	**984392**
15	319526	168638	150888	234869	121595	113274
16	452364	233404	218960	334250	168795	165455
17	622694	317495	305199	426691	212136	214555
18	698594	347954	350640	424402	201885	222517
19	834781	400051	434730	481920	213329	268591
20-24岁	**5626492**	**2500284**	**3126208**	**3188512**	**1208988**	**1979524**
20	1232520	566550	665970	720352	298709	421643
21	1178702	530446	648256	681440	269691	411749
22	1068115	468883	599232	600348	221527	378821
23	1132836	493918	638918	623082	220478	402604
24	1014319	440487	573832	563290	198583	364707
25-29岁	**4244282**	**1962971**	**2281311**	**2351339**	**919753**	**1431586**
25	894178	394551	499627	499701	181778	317923
26	858274	387495	470779	477656	180518	297138
27	813315	377164	436151	450057	176652	273405
28	897776	424683	473093	497745	201394	296351
29	780739	379078	401661	426180	179411	246769

户口登记地在外乡镇街道的人口(乡村)

单位：人

登记地					
内			省外		
其中市辖区内人户分离					
小计	男	女	小计	男	女
1275587	**693115**	**582472**	**14286863**	**8187701**	**6099162**
48710	**26203**	**22507**	**470228**	**257943**	**212285**
3703	1961	1742	36231	19962	16269
10845	5839	5006	113575	62356	51219
11696	6385	5311	110192	60428	49764
11616	6254	5362	104232	57092	47140
10850	5764	5086	105998	58105	47893
51543	**27686**	**23857**	**435984**	**244567**	**191417**
11019	5889	5130	95584	53237	42347
10679	5724	4955	93276	52037	41239
9271	4967	4304	84151	47466	36685
10231	5480	4751	80343	45170	35173
10343	5626	4717	82630	46657	35973
50706	**27403**	**23303**	**362251**	**201944**	**160307**
10789	5874	4915	80176	45053	35123
9795	5268	4527	72969	40813	32156
10283	5609	4674	75985	42293	33692
9632	5255	4377	66566	36971	29595
10207	5397	4810	66555	36814	29741
125454	**61981**	**63473**	**1025827**	**549802**	**476025**
16637	8638	7999	84657	47043	37614
25391	12780	12611	118114	64609	53505
27951	14101	13850	196003	105359	90644
24616	12080	12536	274192	146069	128123
30859	14382	16477	352861	186722	166139
162772	**77046**	**85726**	**2437980**	**1291296**	**1146684**
47541	22693	24848	512168	267841	244327
42451	20437	22014	497262	260755	236507
29367	14299	15068	467767	247356	220411
23691	11062	12629	509754	273440	236314
19722	8555	11167	451029	241904	209125
97800	**42853**	**54947**	**1892943**	**1043218**	**849725**
17659	7609	10050	394477	212773	181704
17973	7629	10344	380618	206977	173641
19044	8244	10800	363258	200512	162746
23417	10430	12987	400031	223289	176742
19707	8941	10766	354559	199667	154892

7-2c 续表 1

年龄	合计			户口 省 省内		
	合计	男	女	小计	男	女
30-34岁	**3711218**	**1918847**	**1792371**	**1989772**	**931708**	**1058064**
30	769330	379208	390122	422743	184041	238702
31	757282	386736	370546	410047	187333	222714
32	743850	384119	359731	401109	188320	212789
33	667777	353972	313805	352024	171379	180645
34	772979	414812	358167	403849	200635	203214
35-39岁	**4031569**	**2235384**	**1796185**	**2036186**	**1067983**	**968203**
35	780023	422397	357626	398553	201394	197159
36	817293	448272	369021	410556	211728	198828
37	818176	454853	363323	412749	217171	195578
38	823473	460611	362862	413955	220417	193538
39	792604	449251	343353	400373	217273	183100
40-44岁	**3640565**	**2093626**	**1546939**	**1850614**	**1029528**	**821086**
40	860485	485996	374489	438907	239035	199872
41	738770	423335	315435	372132	205713	166419
42	796116	458704	337412	402533	224936	177597
43	602668	349054	253614	306364	172413	133951
44	642526	376537	265989	330678	187431	143247
45-49岁	**2434827**	**1475033**	**959794**	**1375442**	**807770**	**567672**
45	616947	366081	250866	333964	192498	141466
46	558494	335238	223256	308285	179601	128684
47	592110	363440	228670	334955	198489	136466
48	437462	269680	167782	255321	152267	103054
49	229814	140594	89220	142917	84915	58002
50-54岁	**1364054**	**861999**	**502055**	**915005**	**556763**	**358242**
50	280709	173719	106990	184853	111072	73781
51	228863	145030	83833	152532	92435	60097
52	292430	186814	105616	194408	119027	75381
53	293977	187280	106697	197715	120943	76772
54	268075	169156	98919	185497	113286	72211
55-59岁	**1195857**	**758931**	**436926**	**885817**	**553304**	**332513**
55	269647	170514	99133	191523	118053	73470
56	262953	166067	96886	190431	117375	73056
57	234251	148189	86062	173644	108080	65564
58	235537	150791	84746	179229	113779	65450
59	193469	123370	70099	150990	96017	54973
60-64岁	**862285**	**570302**	**291983**	**712650**	**475204**	**237446**
60	211214	137707	73507	170320	111657	58663
61	187572	123468	64104	153182	101142	52040
62	164512	108737	55775	136451	91002	45449
63	154918	103534	51384	130406	88182	42224
64	144069	96856	47213	122291	83221	39070

单位：人

登记地

内 其中市辖区内人户分离			省外		
小计	男	女	小计	男	女
92673	**45964**	**46709**	**1721446**	**987139**	**734307**
18820	8907	9913	346587	195167	151420
20143	9785	10358	347235	199403	147832
18934	9479	9455	342741	195799	146942
16857	8572	8285	315753	182593	133160
17919	9221	8698	369130	214177	154953
88735	**46466**	**42269**	**1995383**	**1167401**	**827982**
17464	9059	8405	381470	221003	160467
17536	9153	8383	406737	236544	170193
17774	9233	8541	405427	237682	167745
18514	9868	8646	409518	240194	169324
17447	9153	8294	392231	231978	160253
80523	**43190**	**37333**	**1789951**	**1064098**	**725853**
18995	10164	8831	421578	246961	174617
16320	8628	7692	366638	217622	149016
17455	9392	8063	393583	233768	159815
12842	6939	5903	296304	176641	119663
14911	8067	6844	311848	189106	122742
78567	**43423**	**35144**	**1059385**	**667263**	**392122**
16312	9011	7301	282983	173583	109400
16847	9240	7607	250209	155637	94572
20788	11444	9344	257155	164951	92204
15324	8587	6737	182141	117413	64728
9296	5141	4155	86897	55679	31218
73376	**41258**	**32118**	**449049**	**305236**	**143813**
13184	7229	5955	95856	62647	33209
11983	6706	5277	76331	52595	23736
15428	8599	6829	98022	67787	30235
16791	9404	7387	96262	66337	29925
15990	9320	6670	82578	55870	26708
88797	**53825**	**34972**	**310040**	**205627**	**104413**
17428	10186	7242	78124	52461	25663
18636	11042	7594	72522	48692	23830
17180	10359	6821	60607	40109	20498
18790	11739	7051	56308	37012	19296
16763	10499	6264	42479	27353	15126
84592	**56940**	**27652**	**149635**	**95098**	**54537**
19216	12552	6664	40894	26050	14844
17949	11826	6123	34390	22326	12064
16310	10946	5364	28061	17735	10326
16116	11102	5014	24512	15352	9160
15001	10514	4487	21778	13635	8143

7-2c 续表 2

年 龄	合 计			户口 省 省 内		
	合计	男	女	小计	男	女
65-69岁	**547449**	**362528**	**184921**	**468712**	**315530**	**153182**
65	132279	88737	43542	112791	76935	35856
66	114822	76405	38417	97793	66028	31765
67	105003	69064	35939	89855	60061	29794
68	101984	67155	34829	87786	58825	28961
69	93361	61167	32194	80487	53681	26806
70-74岁	**385011**	**249982**	**135029**	**333275**	**220203**	**113072**
70	99594	65872	33722	85944	57993	27951
71	72190	46535	25655	62609	41130	21479
72	80328	52251	28077	69633	46055	23578
73	69414	44867	24547	60087	39407	20680
74	63485	40457	23028	55002	35618	19384
75-79岁	**231961**	**143987**	**87974**	**201908**	**127223**	**74685**
75	58578	36845	21733	50907	32458	18449
76	49914	31065	18849	43235	27293	15942
77	47886	29921	17965	41679	26407	15272
78	40914	24948	15966	35797	22220	13577
79	34669	21208	13461	30290	18845	11445
80-84岁	**120740**	**69943**	**50797**	**105288**	**61800**	**43488**
80	36915	22282	14633	32172	19713	12459
81	23830	13913	9917	20776	12322	8454
82	24261	13959	10302	21183	12325	8858
83	19875	11114	8761	17320	9805	7515
84	15859	8675	7184	13837	7635	6202
85-89岁	**48181**	**24427**	**23754**	**41634**	**21298**	**20336**
85	13992	7330	6662	12112	6470	5642
86	11338	5775	5563	9898	5107	4791
87	8997	4464	4533	7752	3851	3901
88	7574	3795	3779	6457	3218	3239
89	6280	3063	3217	5415	2652	2763
90-94岁	**15276**	**7040**	**8236**	**12573**	**5693**	**6880**
90	5383	2498	2885	4602	2148	2454
91	3346	1531	1815	2759	1242	1517
92	2873	1348	1525	2306	1051	1255
93	2001	888	1113	1651	696	955
94	1673	775	898	1255	556	699
95-99岁	**5252**	**2619**	**2633**	**3813**	**1754**	**2059**
95	1447	702	745	1089	491	598
96	1163	538	625	876	386	490
97	997	522	475	703	340	363
98	1016	529	487	701	328	373
99	629	328	301	444	209	235
100岁及以上	**412**	**146**	**266**	**318**	**102**	**216**

单位：人

登记地					
内			省外		
其中市辖区内人户分离					
小计	男	女	小计	男	女
57942	**39846**	**18096**	**78737**	**46998**	**31739**
13590	9563	4027	19488	11802	7686
12317	8527	3790	17029	10377	6652
10926	7437	3489	15148	9003	6145
10821	7388	3433	14198	8330	5868
10288	6931	3357	12874	7486	5388
42506	**28253**	**14253**	**51736**	**29779**	**21957**
10570	7195	3375	13650	7879	5771
8070	5309	2761	9581	5405	4176
8903	5900	3003	10695	6196	4499
7917	5272	2645	9327	5460	3867
7046	4577	2469	8483	4839	3644
27607	**17704**	**9903**	**30053**	**16764**	**13289**
6828	4412	2416	7671	4387	3284
5965	3810	2155	6679	3772	2907
5833	3793	2040	6207	3514	2693
4836	3077	1759	5117	2728	2389
4145	2612	1533	4379	2363	2016
14780	**8899**	**5881**	**15452**	**8143**	**7309**
4302	2686	1616	4743	2569	2174
2970	1839	1131	3054	1591	1463
3073	1821	1252	3078	1634	1444
2421	1409	1012	2555	1309	1246
2014	1144	870	2022	1040	982
6115	**3152**	**2963**	**6547**	**3129**	**3418**
1770	953	817	1880	860	1020
1454	757	697	1440	668	772
1132	563	569	1245	613	632
951	483	468	1117	577	540
808	396	412	865	411	454
1875	**812**	**1063**	**2703**	**1347**	**1356**
643	307	336	781	350	431
456	188	268	587	289	298
330	142	188	567	297	270
247	93	154	350	192	158
199	82	117	418	219	199
480	**203**	**277**	**1439**	**865**	**574**
171	72	99	358	211	147
112	49	63	287	152	135
90	37	53	294	182	112
68	24	44	315	201	114
39	21	18	185	119	66
34	**8**	**26**	**94**	**44**	**50**

7-3 全国按现住地、性别分的户口登记地在外省的人口

单位：人

现住地	户口登记地					
	合计			北京		
	合计	男	女	小计	男	女
全国	**85876337**	**48357495**	**37518842**	**274365**	**162131**	**112234**
北京	7044533	3826305	3218228			
天津	2991501	1913786	1077715	22731	14554	8177
河北	1404673	798249	606424	74697	43260	31437
山西	931653	601105	330548	6850	4078	2772
内蒙古	1444181	939238	504943	6662	4130	2532
辽宁	1786530	993933	792597	8928	5063	3865
吉林	456499	247445	209054	4132	2138	1994
黑龙江	506397	285141	221256	7961	4081	3880
上海	8977000	4872312	4104688	22843	13092	9751
江苏	7379253	4055517	3323736	14117	7843	6274
浙江	11823977	6564526	5259451	8054	4750	3304
安徽	717463	404614	312849	4372	2651	1721
福建	4313602	2453901	1859701	3936	2270	1666
江西	599942	343337	256605	3194	1797	1397
山东	2115593	1173836	941757	13104	7478	5626
河南	592134	344174	247960	6863	4095	2768
湖北	1013612	568505	445107	6544	3786	2758
湖南	724982	404074	320908	4796	2846	1950
广东	21497787	11963909	9533878	18918	11641	7277
广西	841806	488819	352987	2815	1801	1014
海南	588463	341282	247181	2742	1666	1076
重庆	945194	511366	433828	3844	2394	1450
四川	1128573	632300	496273	8886	5606	3280
贵州	763294	457977	305317	1277	886	391
云南	1236549	762534	474015	2243	1459	784
西藏	165423	101838	63585	229	170	59
陕西	974362	590860	383502	6526	4105	2421
甘肃	432833	259984	172849	3035	1782	1253
青海	318435	205141	113294	781	574	207
宁夏	368451	221436	147015	1022	649	373
新疆	1791642	1030051	761591	2263	1486	777

7-3 续表 1

单位：人

现住地	户口登记地								
	天津			河北			山西		
	小计	男	女	小计	男	女	小计	男	女
全国	**273134**	**149902**	**123232**	**3498253**	**2018809**	**1479444**	**1083291**	**637805**	**445486**
北京	83050	42454	40596	1559016	848328	710688	268506	143779	124727
天津				754466	461603	292863	101485	67379	34106
河北	65019	36453	28566				57965	32833	25132
山西	5671	3316	2355	138172	87109	51063			
内蒙古	6804	4325	2479	183926	117583	66343	156745	95449	61296
辽宁	8384	4876	3508	69162	39824	29338	16797	9829	6968
吉林	3691	1731	1960	20428	11287	9141	5745	3241	2504
黑龙江	5235	2695	2540	27082	15148	11934	6862	4100	2762
上海	12768	6755	6013	67497	37641	29856	45048	24457	20591
江苏	8785	4991	3794	83969	47965	36004	50963	30127	20836
浙江	5595	3156	2439	42158	24732	17426	25344	14829	10515
安徽	2810	1532	1278	21318	13671	7647	8816	5566	3250
福建	3373	2034	1339	16751	10142	6609	10351	6283	4068
江西	2427	1316	1111	14568	8353	6215	12391	7787	4604
山东	12762	6934	5828	142422	79431	62991	54008	31554	22454
河南	4674	2483	2191	38663	21489	17174	36250	22165	14085
湖北	4289	2502	1787	26003	15171	10832	15543	8747	6796
湖南	2725	1491	1234	16206	9274	6932	10012	5853	4159
广东	11606	6847	4759	85828	50409	35419	54709	33176	21533
广西	2620	1486	1134	13875	8405	5470	6042	3862	2180
海南	1838	1028	810	7297	4216	3081	4758	2739	2019
重庆	2080	1171	909	13090	7864	5226	7517	4601	2916
四川	4102	2493	1609	29229	17912	11317	14826	8827	5999
贵州	913	555	358	8514	5427	3087	3658	2616	1042
云南	2062	1141	921	12295	7919	4376	6122	4088	2034
西藏	81	66	15	1337	938	399	699	448	251
陕西	3962	2330	1632	39377	25357	14020	67064	40488	26576
甘肃	2524	1546	978	14488	9082	5406	7784	5062	2722
青海	559	344	215	10611	7000	3611	5142	3295	1847
宁夏	759	522	237	12137	7756	4381	7016	4431	2585
新疆	1966	1329	637	28368	17773	10595	15123	10194	4929

7-3 续表 2 单位：人

现住地	户口登记地								
	内蒙古			辽宁			吉林		
	小计	男	女	小计	男	女	小计	男	女
全国	**1067556**	**554987**	**512569**	**1014028**	**551208**	**462820**	**1372853**	**723483**	**649370**
北京	236088	118458	117630	247843	120418	127425	213990	104232	109758
天津	85171	49578	35593	81930	50982	30948	101541	58827	42714
河北	102610	52505	50105	75003	40139	34864	59564	29871	29693
山西	78775	39349	39426	13464	7844	5620	11308	5953	5355
内蒙古				73364	45497	27867	63894	38068	25826
辽宁	179980	93084	86896				300028	156517	143511
吉林	34743	16535	18208	63868	32934	30934			
黑龙江	52542	26007	26535	57616	31423	26193	120545	63624	56921
上海	23737	11746	11991	62868	30931	31937	58851	28467	30384
江苏	20694	10944	9750	36558	20766	15792	40200	21198	19002
浙江	14437	7723	6714	28236	15855	12381	32412	17669	14743
安徽	4746	2522	2224	7484	4583	2901	7269	4008	3261
福建	5407	2906	2501	12624	6912	5712	12063	6435	5628
江西	8857	4889	3968	6823	4187	2636	4979	2679	2300
山东	78671	40412	38259	78808	42330	36478	186138	95949	90189
河南	7851	4251	3600	8996	5132	3864	8437	4590	3847
湖北	10623	5530	5093	8872	5254	3618	6408	3504	2904
湖南	4815	2613	2202	7434	4167	3267	6980	3853	3127
广东	25215	13944	11271	66438	36027	30411	74451	40459	33992
广西	4509	2458	2051	8205	5005	3200	9081	4985	4096
海南	5631	2782	2849	7623	3956	3667	8635	4433	4202
重庆	6129	3142	2987	5143	3069	2074	3814	2283	1531
四川	8008	4539	3469	12801	7780	5021	10104	6201	3903
贵州	1345	805	540	3234	1992	1242	3536	2248	1288
云南	2995	1843	1152	6811	4259	2552	6211	4039	2172
西藏	223	159	64	471	318	153	328	226	102
陕西	35671	20019	15652	12218	7308	4910	8166	4695	3471
甘肃	5724	3390	2334	5884	3780	2104	3607	2255	1352
青海	2068	1343	725	2074	1311	763	1841	1158	683
宁夏	14543	8047	6496	3340	1994	1346	2398	1475	923
新疆	5748	3464	2284	7995	5055	2940	6074	3582	2492

7-3 续表 3

单位：人

现住地	户口登记地								
	黑龙江			上海			江苏		
	小计	男	女	小计	男	女	小计	男	女
全国	**2553648**	**1320847**	**1232801**	**250340**	**148386**	**101954**	**3058880**	**1836423**	**1222457**
北京	403287	196700	206587	18245	9876	8369	194997	120045	74952
天津	194113	108555	85558	5214	3734	1480	72313	55893	16420
河北	196431	99051	97380	2339	1576	763	36932	27223	9709
山西	16195	8791	7404	1189	746	443	35076	27341	7735
内蒙古	142986	78560	64426	851	524	327	33276	26726	6550
辽宁	569555	295386	274169	3596	2277	1319	44140	29381	14759
吉林	130578	65820	64758	1589	854	735	14266	8981	5285
黑龙江				2508	1360	1148	19040	13541	5499
上海	98574	47942	50632				1503522	846633	656889
江苏	69214	36360	32854	82612	49913	32699			
浙江	55310	29542	25768	38525	22185	16340	341618	200282	141336
安徽	9464	4861	4603	20773	11726	9047	114421	66577	47844
福建	20135	10615	9520	4863	2893	1970	41172	25507	15665
江西	5275	2758	2517	8354	4562	3792	25673	16117	9556
山东	408047	209135	198912	5700	3683	2017	138354	87375	50979
河南	14519	7569	6950	3670	2250	1420	31668	20699	10969
湖北	9540	5163	4377	5253	3116	2137	37838	23534	14304
湖南	7242	3970	3272	3040	1828	1212	18018	11149	6869
广东	108799	57809	50990	14206	8415	5791	126289	77322	48967
广西	12165	6673	5492	2046	1242	804	14298	9504	4794
海南	18972	9667	9305	1564	932	632	9579	6162	3417
重庆	5090	2879	2211	3028	1903	1125	16061	10357	5704
四川	12455	6933	5522	6340	4022	2318	30802	19635	11167
贵州	3674	2230	1444	1940	1069	871	15445	11140	4305
云南	8418	4704	3714	2832	1790	1042	16008	10775	5233
西藏	426	292	134	78	51	27	1348	921	427
陕西	11542	6514	5028	2792	1608	1184	33569	22150	11419
甘肃	4079	2348	1731	1606	862	744	18796	12764	6032
青海	2151	1246	905	382	240	142	13031	8961	4070
宁夏	4525	2639	1886	482	296	186	9457	6543	2914
新疆	10887	6135	4752	4723	2853	1870	51873	33185	18688

7-3 续表 4

单位：人

现住地	户口登记地								
	浙江			安徽			福建		
	小计	男	女	小计	男	女	小计	男	女
全国	**1853940**	**1064586**	**789354**	**9622595**	**5330423**	**4292172**	**1667254**	**994789**	**672465**
北京	126071	68848	57223	430096	239237	190859	95900	55228	40672
天津	43254	27766	15488	138998	87661	51337	29491	19045	10446
河北	32221	18917	13304	62742	37067	25675	20034	12465	7569
山西	26610	16735	9875	45524	29182	16342	21604	14962	6642
内蒙古	22885	14636	8249	37106	24919	12187	15357	10693	4664
辽宁	30288	18229	12059	75000	45618	29382	19760	12443	7317
吉林	13593	7483	6110	19642	11613	8029	7098	4246	2852
黑龙江	12339	7569	4770	23337	13734	9603	7560	4644	2916
上海	450506	241049	209457	2602273	1396696	1205577	263790	147356	116434
江苏	268489	152898	115591	2574625	1412951	1161674	138615	82964	55651
浙江				2285198	1258395	1026803	163702	93760	69942
安徽	61431	37267	24164				28855	18335	10520
福建	69114	39504	29610	250267	141322	108945			
江西	47102	27788	19314	51294	30235	21059	44554	26225	18329
山东	61734	36610	25124	130067	77624	52443	37201	22609	14592
河南	33679	20679	13000	61209	36260	24949	20286	13022	7264
湖北	56718	32738	23980	60119	35106	25013	37293	23102	14191
湖南	33618	19695	13923	25489	15020	10469	32685	19984	12701
广东	155697	90599	65098	445369	254018	191351	434276	254683	179593
广西	35617	21274	14343	28763	18255	10508	43916	28026	15890
海南	12309	7124	5185	19990	11971	8019	18815	11552	7263
重庆	24947	14439	10508	14401	8789	5612	21182	12828	8354
四川	48723	29099	19624	27330	16525	10805	33877	21674	12203
贵州	31884	19063	12821	19193	11838	7355	28542	18449	10093
云南	46172	28473	17699	23297	14502	8795	41359	27234	14125
西藏	2085	1333	752	2536	1606	930	1094	779	315
陕西	34526	20594	13932	41692	25822	15870	25932	16198	9734
甘肃	22767	13525	9242	15264	9453	5811	9620	6427	3193
青海	9530	6233	3297	12690	7787	4903	5527	3673	1854
宁夏	10050	6236	3814	17918	10840	7078	4383	2752	1631
新疆	29981	18183	11798	81166	46377	34789	14946	9431	5515

7-3 续表 5

单位：人

现住地	户口登记地								
	江西			山东			河南		
	小计	男	女	小计	男	女	小计	男	女
全国	**5787395**	**3282773**	**2504622**	**3095717**	**1842562**	**1253155**	**8626229**	**4981358**	**3644871**
北京	141197	78392	62805	597737	340721	257016	979741	569079	410662
天津	33762	23679	10083	505129	322481	182648	331307	231942	99365
河北	20274	12707	7567	89303	53248	36055	181149	110700	70449
山西	11886	7720	4166	46963	34102	12861	197438	135834	61604
内蒙古	14863	9884	4979	68290	50608	17682	103645	74601	29044
辽宁	13284	8396	4888	119513	69433	50080	122054	75294	46760
吉林	5034	3100	1934	44538	25630	18908	25648	15260	10388
黑龙江	7041	4235	2806	62131	36277	25854	25240	14833	10407
上海	487192	268454	218738	378404	213886	164518	782553	436290	346263
江苏	264814	154723	110091	410813	228572	182241	1016424	560840	455584
浙江	1529896	851665	678231	185417	105584	79833	1224230	685661	538569
安徽	39952	22953	16999	34391	20863	13528	96612	57222	39390
福建	948654	540550	408104	42937	26720	16217	277933	163545	114388
江西				18685	11422	7263	40997	24345	16652
山东	31113	19415	11698				284866	163251	121615
河南	19261	11435	7826	49067	28362	20705			
湖北	57905	32378	25527	30327	17960	12367	189654	107767	81887
湖南	71968	41962	30006	18024	10935	7089	45912	26508	19404
广东	1871182	1061666	809516	156021	93119	62902	1762133	976775	785358
广西	39719	23482	16237	15506	10342	5164	40119	24792	15327
海南	29470	17172	12298	8954	5277	3677	36557	21080	15477
重庆	15784	8841	6943	14722	8918	5804	25532	14843	10689
四川	32048	18546	13502	30371	18748	11623	59436	36242	23194
贵州	22008	12999	9009	13481	9896	3585	28186	17685	10501
云南	36306	22050	14256	14933	10241	4692	41947	26994	14953
西藏	1043	667	376	1428	943	485	8640	5395	3245
陕西	17769	10774	6995	41436	26872	14564	160447	95126	65321
甘肃	7144	4432	2712	14945	9429	5516	57449	34698	22751
青海	3564	2205	1359	11267	7293	3974	44426	27957	16469
宁夏	3399	2120	1279	14868	10100	4768	49339	29673	19666
新疆	9863	6171	3692	56116	34580	21536	386615	217126	169489

7-3 续表 6

单位：人

现住地	户口登记地								
	湖北			湖南			广东		
	小计	男	女	小计	男	女	小计	男	女
全国	**5889792**	**3303435**	**2586357**	**7228896**	**4008478**	**3220418**	**880600**	**531692**	**348908**
北京	334516	180438	154078	152153	77545	74608	70783	43936	26847
天津	108382	75816	32566	34127	23177	10950	19261	14010	5251
河北	62297	39302	22995	25005	14270	10735	9170	5918	3252
山西	48174	33514	14660	17815	11359	6456	5888	4035	1853
内蒙古	35317	25708	9609	15542	11000	4542	5098	3859	1239
辽宁	35281	23547	11734	16744	10351	6393	10760	7193	3567
吉林	14764	9214	5550	5888	3401	2487	3663	2106	1557
黑龙江	16974	10609	6365	7388	4213	3175	4738	2740	1998
上海	407747	214407	193340	228544	117392	111152	79348	48696	30652
江苏	400715	219064	181651	203041	112596	90445	44584	28684	15900
浙江	898618	496283	402335	749699	419228	330471	46522	28954	17568
安徽	48051	27950	20101	32399	18351	14048	12738	7505	5233
福建	340054	193139	146915	234580	135704	98876	51299	31039	20260
江西	52502	29807	22695	68386	37997	30389	36268	19666	16602
山东	78308	48575	29733	32499	19518	12981	16152	10581	5571
河南	60084	35537	24547	24661	13495	11166	16888	10199	6689
湖北				98208	50996	47212	40400	22389	18011
湖南	130046	69627	60419				67350	36257	31093
广东	2335227	1274049	1061178	4602147	2537098	2065049			
广西	49900	29662	20238	204022	115300	88722	124397	68752	55645
海南	43816	25152	18664	63997	35849	28148	79765	49780	29985
重庆	45346	25520	19826	28995	15404	13591	19392	11416	7976
四川	70239	43093	27146	50099	27939	22160	36625	21484	15141
贵州	41021	26481	14540	114524	65392	49132	17906	10556	7350
云南	56778	35950	20828	132577	78818	53759	25473	17289	8184
西藏	4792	2962	1830	4034	2380	1654	414	295	119
陕西	64274	41117	23157	25548	15198	10350	14439	8916	5523
甘肃	25911	16958	8953	12083	7556	4527	6042	3557	2485
青海	18364	12438	5926	8041	4995	3046	1800	1341	459
宁夏	9032	5899	3133	4576	2859	1717	1504	1022	482
新疆	53262	31617	21645	31574	19097	12477	11933	9517	2416

7-3 续表 7

单位：人

现住地	户口登记地								
	广西			海南			重庆		
	小计	男	女	小计	男	女	小计	男	女
全国	**4184566**	**2322393**	**1862173**	**275751**	**147982**	**127769**	**3506899**	**1959658**	**1547241**
北京	31196	16132	15064	8293	4246	4047	85654	43707	41947
天津	8927	5801	3126	2615	1701	914	27125	18119	9006
河北	8678	3835	4843	2895	1551	1344	23944	14646	9298
山西	3990	2030	1960	1659	1008	651	20767	14290	6477
内蒙古	3216	2222	994	884	464	420	15202	10661	4541
辽宁	3951	2234	1717	1708	896	812	21540	13755	7785
吉林	1739	847	892	1645	821	824	3616	2170	1446
黑龙江	2328	1244	1084	1720	924	796	5092	3257	1835
上海	49241	25301	23940	9451	4610	4841	227653	120664	106989
江苏	45570	24003	21567	5845	2914	2931	178765	97958	80807
浙江	139125	76772	62353	5751	2696	3055	592942	326428	266514
安徽	8074	3605	4469	2270	1099	1171	16174	9447	6727
福建	69962	37947	32015	9030	4777	4253	409644	229014	180630
江西	19775	10056	9719	6543	3611	2932	13788	7840	5948
山东	8783	4762	4021	3335	1735	1600	24030	14440	9590
河南	7194	3003	4191	3145	1519	1626	14346	8607	5739
湖北	20337	9177	11160	8120	4273	3847	111695	63244	48451
湖南	34116	15783	18333	8261	4292	3969	23295	13407	9888
广东	3555330	1983778	1571552	163638	88794	74844	933918	511404	422514
广西				11538	6396	5142	21158	12687	8471
海南	59289	34005	25284				24465	14647	9818
重庆	10594	5112	5482	3698	2088	1610			
四川	17960	8699	9261	4772	2632	2140	299452	162265	137187
贵州	26158	14297	11861	1673	850	823	109301	65081	44220
云南	34134	22749	11385	2623	1424	1199	152813	93260	59553
西藏	300	176	124	71	36	35	11482	6670	4812
陕西	6420	3640	2780	2341	1314	1027	25001	16115	8886
甘肃	1961	1084	877	902	525	377	8569	5338	3231
青海	1089	702	387	213	110	103	8402	5849	2553
宁夏	997	591	406	284	162	122	6928	4422	2506
新疆	4132	2806	1326	828	514	314	90138	50266	39872

7-3 续表 8

单位：人

现住地	户口登记地								
	四川			贵州			云南		
	小计	男	女	小计	男	女	小计	男	女
全国	**8905128**	**4988114**	**3917014**	**4048596**	**2234647**	**1813949**	**1482442**	**775038**	**707404**
北京	325313	172710	152603	38914	20773	18141	27578	14818	12760
天津	108996	75616	33380	17276	11894	5382	11201	7781	3420
河北	83144	48649	34495	17858	8983	8875	14957	6796	8161
山西	79274	50411	28863	11754	6524	5230	12713	5563	7150
内蒙古	86557	62224	24333	9525	7018	2507	7283	4193	3090
辽宁	68727	41843	26884	8125	5335	2790	5540	2982	2558
吉林	14570	9288	5282	2194	1376	818	2404	1093	1311
黑龙江	12873	8074	4799	3268	1911	1357	2628	1383	1245
上海	624465	328672	295793	148084	78008	70076	69992	36870	33122
江苏	650575	352145	298430	275505	138186	137319	141091	67579	73512
浙江	1240580	678098	562482	1499220	833966	665254	411088	222249	188839
安徽	43819	23132	20687	32875	12941	19934	28538	9385	19153
福建	822445	458353	364092	472000	270380	201620	98241	55771	42470
江西	34524	19005	15519	33869	18499	15370	10679	5703	4976
山东	85919	50888	35031	24392	12977	11415	44471	13532	30939
河南	39356	23229	16127	11227	5563	5664	8826	3324	5502
湖北	74040	40871	33169	23283	11693	11590	16514	8276	8238
湖南	50755	28944	21811	45652	23678	21974	20801	10409	10392
广东	2602276	1433849	1168427	957774	539084	418690	322351	186820	135531
广西	56086	33955	22131	50964	26060	24904	24899	12756	12143
海南	76099	44465	31634	18099	10671	7428	10001	5453	4548
重庆	507990	272019	235971	71950	34241	37709	31326	13074	18252
四川				57629	28589	29040	91264	41799	49465
贵州	209254	124861	84393				40379	20737	19642
云南	345329	215558	129771	187405	106558	80847			
西藏	83903	49918	33985	1080	670	410	3780	2295	1485
陕西	116578	74354	42224	10584	6662	3922	7117	4399	2718
甘肃	44446	28764	15682	3125	2127	998	3463	2119	1344
青海	44499	28708	15791	3225	2566	659	2087	1457	630
宁夏	21827	13796	8031	1684	1133	551	1416	847	569
新疆	350909	195715	155194	10056	6581	3475	9814	5575	4239

7-3 续表 9

单位：人

现住地	户口登记地								
	西藏			陕西			甘肃		
	小计	男	女	小计	男	女	小计	男	女
全国	**55185**	**23924**	**31261**	**1960598**	**1142488**	**818110**	**1593265**	**913493**	**679772**
北京	1499	733	766	164559	91438	73121	143265	72551	70714
天津	1181	566	615	63614	42956	20658	64184	38599	25585
河北	862	412	450	44276	27014	17262	20102	10947	9155
山西	211	90	121	56292	39008	17284	11219	7381	3838
内蒙古	178	62	116	141982	89467	52515	141901	94660	47241
辽宁	922	404	518	15177	9664	5513	8505	5126	3379
吉林	228	78	150	4450	2660	1790	2636	1578	1058
黑龙江	194	96	98	5017	3076	1941	3958	2470	1488
上海	1136	464	672	126155	70141	56014	94798	50987	43811
江苏	1837	792	1045	206894	113065	93829	101709	54322	47387
浙江	1084	459	625	168197	95137	73060	62147	33361	28786
安徽	715	316	399	15787	9518	6269	6422	3547	2875
福建	624	258	366	56319	32926	23393	18055	10584	7471
江西	524	299	225	10439	6156	4283	9461	6070	3391
山东	1099	495	604	48494	28206	20288	41470	22797	18673
河南	1309	590	719	29910	17939	11971	12010	6860	5150
湖北	1280	544	736	27273	15484	11789	12767	7335	5432
湖南	821	378	443	15042	9051	5991	8967	5316	3651
广东	1228	592	636	439222	247358	191864	124987	67885	57102
广西	231	75	156	9414	5905	3509	4151	2527	1624
海南	83	39	44	7782	4073	3709	4719	2626	2093
重庆	3335	1522	1813	12800	7556	5244	9146	5430	3716
四川	19373	8567	10806	34276	20318	13958	32963	19440	13523
贵州	371	170	201	9779	6910	2869	3059	2006	1053
云南	869	458	411	14435	9863	4572	5813	3854	1959
西藏				4845	3070	1775	19671	13242	6429
陕西	6177	2843	3334				102522	59553	42969
甘肃	2522	590	1932	47579	28596	18983			
青海	4853	1852	3001	23066	14983	8083	73076	46994	26082
宁夏	137	54	83	55455	31197	24258	105125	61270	43855
新疆	302	126	176	102068	59753	42315	344457	194175	150282

7-3 续表 10 单位：人

现住地	户口登记地 青海 小计	青海 男	青海 女	宁夏 小计	宁夏 男	宁夏 女	新疆 小计	新疆 男	新疆 女
全 国	**242086**	**130917**	**111169**	**225794**	**126790**	**99004**	**297261**	**147974**	**149287**
北 京	11361	5948	5413	17833	8944	8889	35852	16591	19261
天 津	7451	4720	2731	6467	4031	2436	9789	5320	4469
河 北	5047	2664	2383	3555	1887	1668	6600	3360	3240
山 西	1980	991	989	1299	786	513	1893	1053	840
内蒙古	4867	2930	1937	43225	27042	16183	2750	1525	1225
辽 宁	2934	1642	1292	1680	955	725	4467	2356	2111
吉 林	1234	645	589	726	351	375	2149	964	1185
黑龙江	862	536	326	752	438	314	1566	899	667
上 海	11264	6209	5055	9893	5188	4705	28803	13308	15495
江 苏	13807	7204	6603	6988	3608	3380	21435	10342	11093
浙 江	8190	4580	3610	5822	3164	2658	14860	7363	7497
安 徽	2873	1537	1336	925	488	437	3089	1456	1633
福 建	2540	1451	1089	4408	2446	1962	4821	2474	2347
江 西	2375	1241	1134	2442	1322	1120	3194	1605	1589
山 东	12614	6568	6046	7444	3879	3565	23588	11093	12495
河 南	7212	4092	3120	2441	1383	1058	8432	4353	4079
湖 北	4695	2527	2168	2664	1501	1163	9407	4837	4570
湖 南	3180	1643	1537	1643	892	751	6089	3249	2840
广 东	13087	7710	5377	9343	5496	3847	26122	13083	13039
广 西	1467	831	636	867	529	338	3416	1792	1624
海 南	1185	614	571	651	320	331	3778	1831	1947
重 庆	2684	1471	1213	2210	1111	1099	13364	7081	6283
四 川	17057	8372	8685	3452	1945	1507	24074	12376	11698
贵 州	1446	858	588	309	164	145	1284	716	568
云 南	3322	2238	1084	1202	799	403	3765	2205	1560
西 藏	8160	5260	2900	240	153	87	605	399	206
陕 西	11520	5914	5606	23504	13314	10190	15648	7561	8087
甘 肃	57954	29241	28713	11409	6210	5199	12151	6484	5667
青 海				2135	1438	697	1941	1088	853
宁 夏	1521	901	620				2329	1210	1119
新 疆	18197	10379	7818	50265	27006	23259			

7-3a 全国按现住地、性别分的户口登记地在外省的人口(城市)

单位：人

现住地	户口登记地					
	合计			北京		
	合计	男	女	小计	男	女
全国	**58023884**	**32378515**	**25645369**	**177445**	**105213**	**72232**
北京	5869769	3144238	2725531			
天津	2459656	1599933	859723	18448	11955	6493
河北	655602	371981	283621	24841	14033	10808
山西	475102	284747	190355	4458	2604	1854
内蒙古	709288	442721	266567	4375	2725	1650
辽宁	1405459	785399	620060	7777	4445	3332
吉林	320905	173675	147230	2857	1506	1351
黑龙江	320789	183592	137197	4824	2587	2237
上海	6361198	3400691	2960507	21481	12262	9219
江苏	4208538	2343040	1865498	10647	6129	4518
浙江	5728950	3165998	2562952	5952	3504	2448
安徽	371996	229546	142450	3094	1979	1115
福建	2708530	1509267	1199263	2752	1588	1164
江西	231391	130764	100627	1349	775	574
山东	1542925	872277	670648	9731	5544	4187
河南	386432	230123	156309	3918	2352	1566
湖北	690483	395975	294508	5300	3060	2240
湖南	439622	245407	194215	3741	2200	1541
广东	17632894	9719923	7912971	17982	10987	6995
广西	508514	298501	210013	1851	1197	654
海南	383153	217864	165289	2298	1378	920
重庆	673655	373261	300394	3046	1900	1146
四川	617663	348240	269423	5321	3327	1994
贵州	376500	217775	158725	809	527	282
云南	572125	335571	236554	1535	943	592
西藏	62211	36180	26031	141	106	35
陕西	600215	340222	259993	4614	2921	1693
甘肃	249641	145798	103843	1393	817	576
青海	201051	121127	79924	465	308	157
宁夏	233768	134119	99649	789	488	301
新疆	1025859	580560	445299	1656	1066	590

7-3a 续表 1

单位：人

现住地	户口登记地								
	天津			河北			山西		
	小计	男	女	小计	男	女	小计	男	女
全国	**203204**	**109496**	**93708**	**2631439**	**1495629**	**1135810**	**764515**	**437603**	**326912**
北京	74475	37404	37071	1229873	657657	572216	223900	118291	105609
天津				617864	387764	230100	87236	59001	28235
河北	36461	20671	15790				24321	13364	10957
山西	3814	2167	1647	70594	40804	29790			
内蒙古	3784	2245	1539	98024	58596	39428	92392	52551	39841
辽宁	7184	4186	2998	51097	29110	21987	13650	7627	6023
吉林	2742	1294	1448	14769	7974	6795	4374	2327	2047
黑龙江	3999	2086	1913	18181	10251	7930	5349	3136	2213
上海	11613	6058	5555	55038	30020	25018	35388	18631	16757
江苏	6359	3626	2733	59693	33578	26115	34532	20393	14139
浙江	4315	2361	1954	25341	14524	10817	14781	8492	6289
安徽	2018	1139	879	13238	8260	4978	5586	3667	1919
福建	1867	1071	796	10545	6005	4540	6208	3535	2673
江西	953	492	461	7068	3872	3196	7083	4412	2671
山东	9248	4928	4320	109146	61337	47809	41492	24385	17107
河南	3450	1815	1635	26073	14898	11175	20614	12197	8417
湖北	3181	1820	1361	19149	11077	8072	11247	6232	5015
湖南	2082	1155	927	11892	6687	5205	7479	4154	3325
广东	10487	6217	4270	72959	42267	30692	46422	27814	18608
广西	1779	1011	768	9294	5531	3763	3336	2032	1304
海南	1192	686	506	4946	2744	2202	3528	2001	1527
重庆	1622	907	715	9885	5878	4007	5475	3368	2107
四川	2259	1341	918	17316	10305	7011	8526	5090	3436
贵州	579	352	227	5007	2980	2027	1508	951	557
云南	1457	761	696	6544	3849	2695	3309	2078	1231
西藏	26	19	7	446	297	149	241	143	98
陕西	2916	1625	1291	22022	12248	9774	36279	19722	16557
甘肃	1064	607	457	9935	5994	3941	4725	2793	1932
青海	351	193	158	7265	4373	2892	3408	1999	1409
宁夏	465	286	179	8064	4743	3321	4625	2686	1939
新疆	1462	973	489	20171	12006	8165	7501	4531	2970

7-3a 续表 2 单位：人

现住地	户口登记地								
	内蒙古			辽宁			吉林		
	小计	男	女	小计	男	女	小计	男	女
全国	**699760**	**363846**	**335914**	**755527**	**397986**	**357541**	**1016593**	**530747**	**485846**
北京	192182	94979	97203	219077	104919	114158	186644	89705	96939
天津	67360	40033	27327	71727	44779	26948	87118	50755	36363
河北	39438	20083	19355	41886	22128	19758	29666	14673	14993
山西	28054	13624	14430	8018	4100	3918	7764	3848	3916
内蒙古				34559	20398	14161	31948	19236	12712
辽宁	120702	64452	56250				230356	120827	109529
吉林	23105	11270	11835	42052	21375	20677			
黑龙江	26281	13676	12605	35686	19271	16415	66195	34930	31265
上海	20218	9891	10327	54632	26352	28280	49692	23554	26138
江苏	14314	7631	6683	25983	14664	11319	28967	15147	13820
浙江	9134	4828	4306	18812	10160	8652	20847	11072	9775
安徽	3346	1849	1497	5025	3106	1919	4739	2636	2103
福建	3455	1769	1686	8747	4397	4350	8683	4384	4299
江西	3664	1853	1811	2507	1276	1231	2485	1243	1242
山东	53782	27549	26233	58357	30960	27397	134211	69710	64501
河南	6142	3302	2840	6827	3814	3013	6520	3555	2965
湖北	7617	4030	3587	6680	3843	2837	5088	2771	2317
湖南	3664	1937	1727	5585	3018	2567	5369	2851	2518
广东	22966	12567	10399	60339	31998	28341	67952	36489	31463
广西	3064	1619	1445	5447	3100	2347	6417	3475	2942
海南	4112	2055	2057	6073	3115	2958	6789	3518	3271
重庆	4975	2513	2462	3946	2317	1629	2997	1777	1220
四川	4772	2754	2018	7454	4287	3167	5767	3285	2482
贵州	804	442	362	1940	1068	872	1859	990	869
云南	1737	993	744	3754	2112	1642	3309	1909	1400
西藏	76	44	32	223	135	88	111	63	48
陕西	16212	7851	8361	8198	4439	3759	5482	2920	2562
甘肃	3341	1857	1484	3427	1986	1441	2249	1291	958
青海	1257	730	527	1317	723	594	1168	644	524
宁夏	9841	5249	4592	2318	1250	1068	1726	984	742
新疆	4145	2416	1729	4931	2896	2035	4475	2505	1970

7-3a 续表 3 单位：人

现住地	户口登记地								
	黑龙江			上海			江苏		
	小计	男	女	小计	男	女	小计	男	女
全国	**1865204**	**960203**	**905001**	**174317**	**102613**	**71704**	**2243981**	**1330153**	**913828**
北京	349805	168235	181570	17671	9525	8146	169427	103298	66129
天津	130020	74203	55817	4730	3418	1312	62929	48691	14238
河北	99051	49524	49527	1386	867	519	23680	17332	6348
山西	10117	5042	5075	926	562	364	18242	12809	5433
内蒙古	72783	41187	31596	617	368	249	19565	15262	4303
辽宁	441161	229652	211509	3396	2150	1246	38211	25442	12769
吉林	89982	45949	44033	1083	619	464	11842	7445	4397
黑龙江				2111	1178	933	13340	9441	3899
上海	83796	39945	43851				1168384	647513	520871
江苏	48160	25277	22883	54637	32899	21738			
浙江	38119	19932	18187	22832	13084	9748	183887	105874	78013
安徽	6044	3165	2879	10717	5883	4834	56432	35716	20716
福建	15221	7714	7507	3377	1987	1390	27060	16232	10828
江西	2657	1365	1292	4708	2499	2209	11323	7066	4257
山东	284718	146641	138077	4462	2888	1574	110126	71078	39048
河南	11501	6048	5453	2351	1442	909	22698	14922	7776
湖北	7620	4057	3563	4161	2505	1656	29152	18187	10965
湖南	5459	2920	2539	2115	1249	866	13033	7867	5166
广东	100606	52894	47712	13309	7811	5498	111707	67564	44143
广西	9241	4960	4281	1579	952	627	10057	6533	3524
海南	16072	8113	7959	1246	745	501	6408	4019	2389
重庆	4040	2276	1764	2468	1591	877	12060	7952	4108
四川	8163	4539	3624	3793	2345	1448	19618	12582	7036
贵州	2192	1188	1004	1436	779	657	6707	4335	2372
云南	5707	3037	2670	2181	1347	834	9016	5855	3161
西藏	176	108	68	50	32	18	695	470	225
陕西	7651	3980	3671	2227	1257	970	22971	14332	8639
甘肃	2886	1619	1267	1014	549	465	14681	9846	4835
青海	1498	796	702	323	203	120	9862	6562	3300
宁夏	2929	1578	1351	378	223	155	6696	4368	2328
新疆	7829	4259	3570	3033	1656	1377	34172	21560	12612

7-3a 续表 4

单位：人

现住地	户口登记地								
	浙江			安徽			福建		
	小计	男	女	小计	男	女	小计	男	女
全国	**1368560**	**769366**	**599194**	**6015891**	**3326534**	**2689357**	**1227765**	**719761**	**508004**
北京	113967	61806	52161	367032	201743	165289	87886	50371	37515
天津	37523	23884	13639	112422	71612	40810	24997	16183	8814
河北	22089	12693	9396	31072	18286	12786	12342	7248	5094
山西	16366	9609	6757	28553	17025	11528	12452	7474	4978
内蒙古	15126	9192	5934	19690	12727	6963	10487	6659	3828
辽宁	25651	15349	10302	64601	39217	25384	16592	10034	6558
吉林	11629	6253	5376	15905	9457	6448	6076	3515	2561
黑龙江	9612	5824	3788	16377	9639	6738	6205	3704	2501
上海	360036	187729	172307	1707315	906625	800690	202760	112181	90579
江苏	185158	104698	80460	1484285	824167	660118	95423	56648	38775
浙江				1209526	663338	546188	93391	53908	39483
安徽	35083	21609	13474				19617	12370	7247
福建	38575	21462	17113	163701	90618	73083			
江西	17426	9848	7578	21230	12488	8742	19001	10971	8030
山东	51468	29887	21581	101389	60796	40593	31295	18607	12688
河南	24259	14440	9819	42068	25779	16289	14045	8729	5316
湖北	43654	25177	18477	42212	25044	17168	28219	17221	10998
湖南	24242	13882	10360	16930	9917	7013	21753	12948	8805
广东	131709	76123	55586	379334	213633	165701	367082	214040	153042
广西	23693	13919	9774	21758	13848	7910	28184	17294	10890
海南	7538	4452	3086	15007	8805	6202	11182	6640	4542
重庆	19881	11401	8480	9633	5990	3643	15691	9571	6120
四川	31980	18880	13100	15775	9697	6078	20748	12902	7846
贵州	16501	9595	6906	9005	5532	3473	15348	9625	5723
云南	22851	13318	9533	10561	6498	4063	20546	12686	7860
西藏	1141	691	450	1037	657	380	537	376	161
陕西	25128	14492	10636	26241	15450	10791	18692	11108	7584
甘肃	17757	10272	7485	11179	6699	4480	7185	4528	2657
青海	7236	4571	2665	9788	5859	3929	4412	2775	1637
宁夏	7636	4580	3056	11706	6763	4943	3623	2219	1404
新疆	23645	13730	9915	50559	28625	21934	11994	7226	4768

7-3a 续表 5 单位：人

现住地	户口登记地								
	江西			山东			河南		
	小计	男	女	小计	男	女	小计	男	女
全国	**4041902**	**2273600**	**1768302**	**2207179**	**1293040**	**914139**	**5873838**	**3356389**	**2517449**
北京	118594	65004	53590	490975	276171	214804	792100	456299	335801
天津	28527	19926	8601	432845	281409	151436	268659	190810	77849
河北	9646	5929	3717	41965	24546	17419	80494	49410	31084
山西	7891	4912	2979	19804	12235	7569	111303	69726	41577
内蒙古	10445	6779	3666	27275	17852	9423	54610	36775	17835
辽宁	11311	7034	4277	101554	58529	43025	105108	64546	40562
吉林	3891	2349	1542	28062	16272	11790	17801	10432	7369
黑龙江	5982	3641	2341	35219	20799	14420	17203	10279	6924
上海	350049	189384	160665	273468	151593	121875	529408	291619	237789
江苏	174881	102405	72476	256689	141777	114912	570028	315062	254966
浙江	845848	469204	376644	97534	54325	43209	644415	358811	285604
安徽	20739	12864	7875	20234	12586	7648	52983	34053	18930
福建	646298	360840	285458	27085	15708	11377	182674	104209	78465
江西				7959	4608	3351	16079	9377	6702
山东	25295	15705	9590				205202	118180	87022
河南	12792	7825	4967	34134	19894	14240			
湖北	42571	24699	17872	22329	13186	9143	135769	77627	58142
湖南	36071	20419	15652	13176	7679	5497	29322	16945	12377
广东	1555643	874401	681242	136367	80381	55986	1480400	811990	668410
广西	26207	15641	10566	9749	6051	3698	23812	14335	9477
海南	20535	11807	8728	6535	3685	2850	26832	15095	11737
重庆	10741	6330	4411	10580	6398	4182	17565	10430	7135
四川	18440	10922	7518	16036	9730	6306	33558	19950	13608
贵州	10908	6540	4368	5267	3220	2047	11948	6968	4980
云南	19291	11502	7789	6659	4116	2543	22502	13693	8809
西藏	379	240	139	622	393	229	3032	1847	1185
陕西	11572	6913	4659	25848	14983	10865	113419	63329	50090
甘肃	4848	2906	1942	9709	5727	3982	43053	24742	18311
青海	2850	1716	1134	7717	4567	3150	31078	18263	12815
宁夏	2653	1619	1034	8453	4953	3500	31688	18247	13441
新疆	7004	4144	2860	33330	19667	13663	221793	123340	98453

7-3a 续表 6 单位：人

现住地	户口登记地								
	湖北			湖南			广东		
	小计	男	女	小计	男	女	小计	男	女
全国	**4263972**	**2340951**	**1923021**	**5274192**	**2883386**	**2390806**	**570786**	**359512**	**211274**
北京	281319	149017	132302	133297	66822	66475	66938	41423	25515
天津	93395	65126	28269	28067	19030	9037	15606	11151	4455
河北	30373	18126	12247	11311	6479	4832	5666	3706	1960
山西	25651	15915	9736	9814	5719	4095	4396	3063	1333
内蒙古	19751	13817	5934	8616	5648	2968	3169	2280	889
辽宁	27986	17992	9994	13722	8203	5519	9442	6319	3123
吉林	12165	7338	4827	4580	2580	2000	3070	1800	1270
黑龙江	13325	8220	5105	6041	3349	2692	3809	2287	1522
上海	293862	150667	143195	162913	81207	81706	69887	42804	27083
江苏	236810	129684	107126	117031	65614	51417	33497	22207	11290
浙江	474240	256441	217799	348399	191760	156639	31033	19701	11332
安徽	25532	16395	9137	18029	10649	7380	8565	5602	2963
福建	217564	119251	98313	145283	81851	63432	30401	18939	11462
江西	23272	12725	10547	21474	11380	10094	12339	7270	5069
山东	57103	34404	22699	25134	14937	10197	14100	9384	4716
河南	40822	25057	15765	14688	8512	6176	10014	6621	3393
湖北				63745	34172	29573	26398	16153	10245
湖南	91780	48634	43146				34643	19999	14644
广东	2012171	1085480	926691	3781627	2062899	1718728			
广西	32193	18445	13748	132320	74551	57769	58970	37054	21916
海南	31657	17443	14214	40809	22141	18668	48598	30321	18277
重庆	27355	15786	11569	16758	9215	7543	13574	8580	4994
四川	38985	22508	16477	24431	13508	10923	19890	12629	7261
贵州	17073	9833	7240	45421	25205	20216	9309	6025	3284
云南	28294	16701	11593	47147	27075	20072	14358	9539	4819
西藏	1981	1120	861	1093	619	474	196	141	55
陕西	38808	22996	15812	16181	9175	7006	10788	6731	4057
甘肃	15952	9602	6350	7710	4609	3101	4202	2565	1637
青海	11222	7055	4167	5073	3029	2044	1381	998	383
宁夏	6215	3795	2420	3281	1945	1336	1257	844	413
新疆	37116	21378	15738	20197	11503	8694	5290	3376	1914

7-3a 续表 7 单位：人

现住地	户口登记地								
	广西			海南			重庆		
	小计	男	女	小计	男	女	小计	男	女
全国	**3135297**	**1740840**	**1394457**	**213347**	**114799**	**98548**	**2199342**	**1207656**	**991686**
北京	27670	14271	13399	7647	3854	3793	74578	37495	37083
天津	6828	4576	2252	2258	1471	787	19017	12857	6160
河北	3282	1919	1363	2090	1175	915	11206	6755	4451
山西	2150	1386	764	1375	861	514	9990	6423	3567
内蒙古	1722	1153	569	582	323	259	7869	5325	2544
辽宁	3283	1903	1380	1597	857	740	16984	10730	6254
吉林	1449	718	731	1473	726	747	2783	1605	1178
黑龙江	1950	1105	845	1559	844	715	3956	2593	1363
上海	34879	17744	17135	7915	3777	4138	138898	72303	66595
江苏	23779	13244	10535	3971	2042	1929	87981	48545	39436
浙江	53329	29546	23783	3678	1727	1951	286144	157191	128953
安徽	3818	2114	1704	1442	753	689	8264	4995	3269
福建	33846	18838	15008	5240	3002	2238	257403	141284	116119
江西	5734	3082	2652	2382	1183	1199	5204	2966	2238
山东	6407	3720	2687	2627	1387	1240	16799	10065	6734
河南	3881	2168	1713	2407	1203	1204	10187	6217	3970
湖北	12936	6914	6022	5410	2959	2451	69336	39524	29812
湖南	16925	8837	8088	5511	2848	2663	11546	6359	5187
广东	2826305	1569527	1256778	137286	74264	63022	737076	399326	337750
广西				5661	3255	2406	13262	7502	5760
海南	22425	13242	9183				17543	10129	7414
重庆	6829	3810	3019	2583	1429	1154			
四川	8462	4693	3769	2626	1576	1050	184293	97541	86752
贵州	7551	4301	3250	1138	607	531	60201	34258	25943
云南	11081	7051	4030	1597	835	762	75709	44437	31272
西藏	106	52	54	26	15	11	3908	2131	1777
陕西	4557	2587	1970	1957	1064	893	12562	7222	5340
甘肃	955	578	377	409	242	167	5093	2897	2196
青海	716	427	289	158	78	80	4924	3103	1821
宁夏	755	421	334	249	144	105	4803	2902	1901
新疆	1687	913	774	493	298	195	41823	22976	18847

7-3a 续表 8

单位：人

现住地	户口登记地								
	四川			贵州			云南		
	小计	男	女	小计	男	女	小计	男	女
全国	**5701742**	**3151355**	**2550387**	**1938418**	**1086988**	**851430**	**653847**	**366078**	**287769**
北京	271057	141816	129241	31937	16831	15106	22271	11842	10429
天津	89150	62185	26965	13270	9346	3924	9136	6371	2765
河北	30499	18463	12036	5067	3074	1993	4610	3014	1596
山西	35460	21733	13727	4274	2819	1455	2605	1513	1092
内蒙古	46521	34052	12469	5541	4195	1346	2757	1798	959
辽宁	57008	34524	22484	6091	4049	2042	3374	2010	1364
吉林	7704	4696	3008	1489	915	574	1164	629	535
黑龙江	8848	5717	3131	2387	1465	922	2062	1139	923
上海	413470	214921	198549	77971	40329	37642	40393	20672	19721
江苏	301863	165871	135992	88068	48535	39533	43933	24318	19615
浙江	522209	283272	238937	512781	289027	223754	122120	67093	55027
安徽	18167	10893	7274	6944	4089	2855	5142	2766	2376
福建	531886	292064	239822	237392	135203	102189	46697	26356	20341
江西	11761	6357	5404	6818	3973	2845	2944	1558	1386
山东	62142	38263	23879	14424	9034	5390	12366	6857	5509
河南	24141	14992	9149	4650	2901	1749	2996	1670	1326
湖北	45403	25693	19710	10443	5956	4487	5487	2913	2574
湖南	27002	15270	11732	18760	10397	8363	8703	4608	4095
广东	2087839	1137939	949900	703990	391009	312981	231796	134654	97142
广西	34577	20340	14237	22221	12283	9938	10763	6085	4678
海南	56577	32321	24256	8701	4903	3798	2886	1492	1394
重庆	387739	207483	180256	35775	20123	15652	15727	8021	7706
四川				19739	10698	9041	31056	16300	14756
贵州	124106	71452	52654				12275	6515	5760
云南	154356	90442	63914	85241	47100	38141			
西藏	31957	17786	14171	360	189	171	694	342	352
陕西	62691	37314	25377	6192	3698	2494	3810	2119	1691
甘肃	25296	14984	10312	1197	734	463	1304	811	493
青海	24912	14883	10029	1826	1308	518	715	420	295
宁夏	14401	8562	5839	956	604	352	981	563	418
新疆	193000	107067	85933	3913	2201	1712	3080	1629	1451

7-3a 续表 9 单位：人

现住地	户口登记地								
	西藏			陕西			甘肃		
	小计	男	女	小计	男	女	小计	男	女
全国	**33437**	**15638**	**17799**	**1316798**	**743010**	**573788**	**987808**	**551588**	**436220**
北京	1460	715	745	139462	76492	62970	120643	60414	60229
天津	1102	530	572	54465	37215	17250	53976	33024	20952
河北	638	319	319	18037	10211	7826	6719	3896	2823
山西	105	49	56	22578	13814	8764	5215	3201	2014
内蒙古	73	32	41	51232	29640	21592	51512	33752	17760
辽宁	889	391	498	11663	7248	4415	6976	4190	2786
吉林	199	63	136	3161	1750	1411	1761	1040	721
黑龙江	128	69	59	4059	2540	1519	3392	2205	1187
上海	1087	449	638	87420	46846	40574	69478	36317	33161
江苏	1479	640	839	129434	70024	59410	64052	34170	29882
浙江	260	121	139	84068	46785	37283	36832	19891	16941
安徽	265	121	144	8962	5617	3345	3711	2361	1350
福建	468	200	268	36245	19874	16371	11155	6248	4907
江西	255	128	127	4387	2585	1802	5522	3511	2011
山东	834	384	450	37733	21897	15836	31344	17564	13780
河南	993	472	521	16183	9354	6829	6913	4000	2913
湖北	754	345	409	15047	8908	6139	8690	5110	3580
湖南	490	219	271	9362	5381	3981	6049	3544	2505
广东	1031	484	547	384991	214626	170365	109651	59000	50651
广西	184	59	125	5620	3331	2289	2888	1696	1192
海南	54	27	27	5655	2886	2769	3657	1958	1699
重庆	2519	1147	1372	8959	5301	3658	7219	4331	2888
四川	10269	5015	5254	17951	10236	7715	15257	8520	6737
贵州	222	101	121	3168	1839	1329	1894	1236	658
云南	397	204	193	6050	3509	2541	2777	1668	1109
西藏				2166	1279	887	7613	4958	2655
陕西	5807	2664	3143				56637	31709	24928
甘肃	572	254	318	27795	15482	12313			
青海	620	313	307	15835	9319	6516	41310	24579	16731
宁夏	115	48	67	34705	19011	15694	60340	33878	26462
新疆	168	75	93	70405	40010	30395	184625	103617	81008

7-3a 续表 10 单位：人

现住地	户口登记地 青海 小计	青海 男	青海 女	宁夏 小计	宁夏 男	宁夏 女	新疆 小计	新疆 男	新疆 女
全国	**125401**	**68444**	**56957**	**119353**	**65288**	**54065**	**223024**	**110803**	**112221**
北京	9468	4950	4518	15568	7785	7783	32846	15104	17742
天津	6552	4176	2376	5618	3542	2076	8811	4910	3901
河北	2547	1371	1176	1226	636	590	3993	2050	1943
山西	1181	644	537	757	418	339	1195	648	547
内蒙古	1875	1053	822	10811	6254	4557	1577	847	730
辽宁	2529	1392	1137	1466	836	630	4098	2155	1943
吉林	1073	560	513	646	320	326	2018	898	1120
黑龙江	748	478	270	672	394	278	1289	745	544
上海	8899	4873	4026	6694	3349	3345	24154	11076	13078
江苏	8636	4647	3989	4762	2535	2227	13486	6863	6623
浙江	5197	3008	2189	4303	2365	1938	9623	4653	4970
安徽	1818	1026	792	563	333	230	1879	950	929
福建	1871	1052	819	3157	1725	1432	3674	1861	1813
江西	1127	542	585	1361	714	647	1319	645	674
山东	9262	4777	4485	5818	3072	2746	16910	8337	8573
河南	4012	2186	1826	1485	869	616	5668	2889	2779
湖北	3713	1973	1740	2108	1178	930	7064	3641	3423
湖南	2005	980	1025	1164	608	556	3769	1895	1874
广东	11346	6673	4673	8520	4976	3544	24001	11890	12111
广西	1092	620	472	695	424	271	2600	1358	1242
海南	913	480	433	462	227	235	2923	1436	1487
重庆	1978	1064	914	1715	878	837	10320	5494	4826
四川	7801	3987	3814	1985	1128	857	15392	7965	7427
贵州	1271	748	523	193	94	99	860	469	391
云南	994	542	452	699	442	257	2466	1329	1137
西藏	2819	1702	1117	115	74	41	244	151	93
陕西	8403	4180	4223	9733	5010	4723	12617	6183	6434
甘肃	9248	4704	4544	5616	3051	2565	5846	3052	2794
青海				1178	693	485	1186	640	546
宁夏	924	497	427				1196	669	527
新疆	6099	3559	2540	20263	11358	8905			

7-3b 全国按现住地、性别分的户口登记地在外省的人口(镇)

单位：人

现住地	户口登记地					
	合计			北京		
	合计	男	女	小计	男	女
全国	**13565590**	**7791279**	**5774311**	**57219**	**34334**	**22885**
北京	472716	270337	202379			
天津	319781	182286	137495	2396	1341	1055
河北	457836	269562	188274	32360	19769	12591
山西	149639	98374	51265	1175	657	518
内蒙古	353567	224184	129383	1149	688	461
辽宁	140572	78547	62025	454	249	205
吉林	48442	27141	21301	509	265	244
黑龙江	94213	54449	39764	1341	670	671
上海	1486059	833320	652739	1157	694	463
江苏	1136101	623070	513031	1531	832	699
浙江	3043816	1685273	1358543	1272	787	485
安徽	150626	88282	62344	533	304	229
福建	762679	443319	319360	747	406	341
江西	233923	136676	97247	1432	791	641
山东	284485	161098	123387	1692	971	721
河南	94930	58848	36082	960	549	411
湖北	111893	61985	49908	543	333	210
湖南	145659	84089	61570	662	394	268
广东	1933963	1118070	815893	475	316	159
广西	180895	106992	73903	496	282	214
海南	111425	69038	42387	258	169	89
重庆	154702	83366	71336	572	329	243
四川	287097	166676	120421	2527	1628	899
贵州	177629	104534	73095	197	143	54
云南	412878	254059	158819	467	336	131
西藏	67499	41072	26427	60	43	17
陕西	219470	141924	77546	1236	750	486
甘肃	113213	66158	47055	594	347	247
青海	74547	51115	23432	69	53	16
宁夏	54644	36561	18083	127	92	35
新疆	290691	170874	119817	228	146	82

7-3b 续表 1 单位：人

现住地	户口登记地 天津 小计	天津 男	天津 女	河北 小计	河北 男	河北 女	山西 小计	山西 男	山西 女
全　国	**39520**	**22835**	**16685**	**403057**	**233910**	**169147**	**158868**	**97772**	**61096**
北　京	4579	2695	1884	132325	74830	57495	18424	10498	7926
天　津				88571	44937	43634	9438	5155	4283
河　北	17637	9988	7649				20041	11854	8187
山　西	945	506	439	21667	14136	7531			
内蒙古	1342	852	490	35115	22498	12617	24456	15300	9156
辽　宁	440	281	159	6689	4130	2559	1314	933	381
吉　林	256	139	117	1801	986	815	238	126	112
黑龙江	494	260	234	4842	2849	1993	1025	685	340
上　海	893	516	377	7865	4689	3176	6938	4116	2822
江　苏	1069	641	428	9290	5654	3636	6434	3916	2518
浙　江	727	458	269	9024	5316	3708	6097	3643	2454
安　徽	379	205	174	2679	1770	909	1281	716	565
福　建	729	424	305	3087	1936	1151	1838	1158	680
江　西	1226	654	572	5347	3113	2234	3241	1995	1246
山　东	2151	1243	908	20740	11342	9398	7575	4517	3058
河　南	466	258	208	5010	3088	1922	9217	6356	2861
湖　北	434	275	159	2380	1304	1076	1323	753	570
湖　南	443	229	214	2897	1703	1194	1556	971	585
广　东	485	266	219	5751	3739	2012	4060	2668	1392
广　西	392	201	191	2612	1676	936	1267	768	499
海　南	457	231	226	1483	906	577	767	435	332
重　庆	360	212	148	2001	1201	800	1233	708	525
四　川	1348	846	502	6913	4397	2516	3743	2272	1471
贵　州	208	134	74	1435	933	502	695	504	191
云　南	395	248	147	3187	2124	1063	1337	917	420
西　藏	32	25	7	527	372	155	326	211	115
陕　西	689	453	236	10343	7743	2600	18043	11590	6453
甘　肃	478	258	220	2370	1478	892	1417	990	427
青　海	89	55	34	1788	1368	420	1153	831	322
宁　夏	106	81	25	1827	1327	500	933	673	260
新　疆	271	201	70	3491	2365	1126	3458	2513	945

7-3b 续表 2

单位：人

现住地	户口登记地 内蒙古 小计	内蒙古 男	内蒙古 女	辽宁 小计	辽宁 男	辽宁 女	吉林 小计	吉林 男	吉林 女
全　国	**161726**	**86238**	**75488**	**132044**	**76418**	**55626**	**172456**	**94404**	**78052**
北　京	18406	9754	8652	13777	7117	6660	12600	6570	6030
天　津	9498	5030	4468	6261	3760	2501	8536	4815	3721
河　北	32864	17349	15515	20944	11442	9502	19520	10343	9177
山　西	12155	6281	5874	1887	1058	829	1595	843	752
内蒙古				17111	10398	6713	15703	9087	6616
辽　宁	21125	10847	10278				24610	12985	11625
吉　林	3983	1899	2084	7749	4228	3521			
黑龙江	11750	5939	5811	11103	6451	4652	25419	13930	11489
上　海	2439	1271	1168	5848	3167	2681	7094	3720	3374
江　苏	2805	1512	1293	5180	3109	2071	5377	2952	2425
浙　江	2739	1473	1266	5166	2901	2265	7437	4158	3279
安　徽	707	383	324	1023	598	425	1338	727	611
福　建	1156	625	531	2025	1155	870	1924	1106	818
江　西	3459	2082	1377	2586	1612	974	1979	1130	849
山　东	12045	6260	5785	9866	5689	4177	21731	11343	10388
河　南	866	477	389	977	614	363	1012	576	436
湖　北	960	493	467	668	386	282	583	345	238
湖　南	875	519	356	1286	783	503	1099	668	431
广　东	1236	728	508	3008	1911	1097	3362	2017	1345
广　西	663	369	294	1612	1071	541	1768	993	775
海　南	1144	564	580	1065	578	487	1059	558	501
重　庆	921	484	437	829	511	318	623	387	236
四　川	2208	1197	1011	3597	2263	1334	2395	1462	933
贵　州	194	121	73	611	382	229	424	273	151
云　南	754	499	255	1703	1098	605	1467	955	512
西　藏	47	32	15	112	81	31	72	42	30
陕　西	12036	7129	4907	2061	1353	708	1680	1089	591
甘　肃	1243	761	482	1164	718	446	696	434	262
青　海	495	368	127	456	333	123	352	250	102
宁　夏	2147	1301	846	518	365	153	323	224	99
新　疆	806	491	315	1851	1286	565	678	422	256

7-3b 续表 3

单位：人

现住地	户口登记地								
	黑龙江			上海			江苏		
	小计	男	女	小计	男	女	小计	男	女
全国	**338564**	**178779**	**159785**	**42043**	**25433**	**16610**	**446194**	**274661**	**171533**
北京	24795	12936	11859	365	217	148	12066	7908	4158
天津	38061	20339	17722	255	166	89	5649	4300	1349
河北	62224	32456	29768	665	523	142	9842	7421	2421
山西	2383	1322	1061	185	131	54	4482	3295	1187
内蒙古	35230	18417	16813	120	73	47	6357	5131	1226
辽宁	44868	23354	21514	89	55	34	2942	1866	1076
吉林	13979	7215	6764	136	61	75	767	496	271
黑龙江				251	121	130	3539	2670	869
上海	10770	5634	5136				204123	120478	83645
江苏	9687	5194	4493	12789	7734	5055			
浙江	10009	5460	4549	9164	5262	3902	74527	43387	31140
安徽	1833	945	888	6847	4305	2542	26625	15603	11022
福建	3113	1764	1349	920	544	376	7015	4328	2687
江西	1949	989	960	3118	1779	1339	11091	6883	4208
山东	56149	29228	26921	624	390	234	15864	9849	6015
河南	1500	750	750	426	252	174	4688	3355	1333
湖北	736	416	320	445	268	177	3582	2127	1455
湖南	1326	767	559	523	316	207	3335	2129	1206
广东	4526	2648	1878	483	316	167	7660	5007	2653
广西	1879	1078	801	232	144	88	2711	1838	873
海南	1929	1039	890	224	135	89	2016	1372	644
重庆	719	401	318	389	219	170	2692	1643	1049
四川	2990	1619	1371	1740	1193	547	7147	4624	2523
贵州	510	303	207	307	176	131	2282	1466	816
云南	1958	1157	801	441	293	148	4442	3064	1378
西藏	148	106	42	15	10	5	334	212	122
陕西	2131	1326	805	357	218	139	6369	4521	1848
甘肃	690	385	305	180	96	84	2619	1913	706
青海	441	287	154	39	23	16	2325	1682	643
宁夏	764	506	258	27	25	2	1505	1191	314
新疆	1267	738	529	687	388	299	7598	4902	2696

7-3b 续表 4 单位：人

现住地	户口登记地								
	浙江			安徽			福建		
	小计	男	女	小计	男	女	小计	男	女
全国	**284079**	**170567**	**113512**	**1712167**	**950044**	**762123**	**258200**	**156466**	**101734**
北京	4107	2318	1789	25510	15171	10339	3771	2258	1513
天津	4057	2763	1294	14051	8533	5518	1830	1197	633
河北	7837	4732	3105	21351	12742	8609	5714	3705	2009
山西	4591	2788	1803	6538	4194	2344	2522	1734	788
内蒙古	4003	2508	1495	8694	5627	3067	1625	1221	404
辽宁	2956	1711	1245	5181	3104	2077	1362	906	456
吉林	1108	627	481	1339	758	581	524	327	197
黑龙江	2159	1400	759	4451	2701	1750	1066	748	318
上海	57323	33035	24288	482558	264116	218442	46020	26227	19793
江苏	40757	23785	16972	389422	209355	180067	20322	12422	7900
浙江				559069	306830	252239	42941	24057	18884
安徽	14641	9154	5487				5069	3341	1728
福建	16950	9590	7360	43016	25216	17800			
江西	20506	12547	7959	20593	12227	8366	16504	9565	6939
山东	7353	4791	2562	14299	8717	5582	4137	2788	1349
河南	5695	4031	1664	9528	5512	4016	2428	1785	643
湖北	5559	3370	2189	5932	3421	2511	3689	2278	1411
湖南	6260	3861	2399	5002	2952	2050	7226	4400	2826
广东	12790	7699	5091	34982	21436	13546	39442	23764	15678
广西	7893	4632	3261	4931	3071	1860	9519	6138	3381
海南	2809	1543	1266	3079	2000	1079	3457	2254	1203
重庆	3378	2002	1376	3054	1794	1260	3402	1994	1408
四川	11056	6729	4327	6887	4210	2677	6629	4264	2365
贵州	7754	4597	3157	5150	3061	2089	6366	4021	2345
云南	16022	9871	6151	9337	5665	3672	14317	9360	4957
西藏	606	382	224	1059	635	424	360	240	120
陕西	6694	4180	2514	9158	5915	3243	4138	2739	1399
甘肃	3333	2068	1265	2656	1760	896	1232	862	370
青海	1557	1049	508	2054	1312	742	395	267	128
宁夏	1194	761	433	2231	1423	808	357	263	94
新疆	3131	2043	1088	11055	6586	4469	1836	1341	495

7-3b 续表 5 单位：人

现住地	户口登记地								
	江西			山东			河南		
	小计	男	女	小计	男	女	小计	男	女
全国	**929125**	**534358**	**394767**	**412198**	**247905**	**164293**	**1289700**	**758872**	**530828**
北京	8727	5069	3658	41439	24464	16975	65546	39526	26020
天津	2940	2131	809	43834	22307	21527	36168	23791	12377
河北	8213	5186	3027	31142	19218	11924	66261	41006	25255
山西	1891	1166	725	7686	5326	2360	36493	26169	10324
内蒙古	2444	1630	814	13176	9900	3276	21278	15538	5740
辽宁	918	631	287	6366	3879	2487	6698	4218	2480
吉林	491	313	178	5720	3356	2364	2115	1389	726
黑龙江	832	482	350	12960	7664	5296	4585	2726	1859
上海	85448	48856	36592	55268	32486	22782	135229	77535	57694
江苏	36345	21230	15115	61994	36135	25859	154285	85561	68724
浙江	369023	205019	164004	39492	22345	17147	296341	164133	132208
安徽	9652	5719	3933	6153	3943	2210	20598	12552	8046
福建	145447	84617	60830	7658	4989	2669	53897	32436	21461
江西				7905	4847	3058	16382	9841	6541
山东	4012	2603	1409				45007	25805	19202
河南	3576	2207	1369	7315	4361	2954			
湖北	6199	3271	2928	3570	2101	1469	17344	9850	7494
湖南	16132	9869	6263	2719	1704	1015	9065	5392	3673
广东	174089	102833	71256	8431	5367	3064	132667	76541	56126
广西	8546	5070	3476	3250	2358	892	10261	6534	3727
海南	5957	3607	2350	1606	1034	572	5945	3745	2200
重庆	3194	1780	1414	3176	1889	1287	4768	2747	2021
四川	9182	5383	3799	9348	5654	3694	15067	9555	5512
贵州	5421	3093	2328	2066	1421	645	6328	4011	2317
云南	11847	7146	4701	4040	2858	1182	11714	7661	4053
西藏	467	288	179	524	337	187	3205	1976	1229
陕西	4188	2573	1615	8880	6655	2225	28529	18465	10064
甘肃	1545	1010	535	2825	1867	958	7736	5019	2717
青海	492	300	192	2105	1523	582	9211	6249	2962
宁夏	439	304	135	3147	2550	597	6952	4450	2502
新疆	1468	972	496	8403	5367	3036	60025	34451	25574

7-3b 续表 6 单位：人

现住地	户口登记地								
	湖北			湖南			广东		
	小计	男	女	小计	男	女	小计	男	女
全国	**784481**	**455528**	**328953**	**1009432**	**573216**	**436216**	**152630**	**91583**	**61047**
北京	19182	11407	7775	7849	4295	3554	1905	1235	670
天津	8865	6552	2313	3545	2433	1112	2648	2159	489
河北	17582	11279	6303	8369	5042	3327	2428	1610	818
山西	6988	4829	2159	2913	1821	1092	727	434	293
内蒙古	7095	5141	1954	3192	2316	876	842	648	194
辽宁	2098	1379	719	1321	894	427	761	544	217
吉林	845	552	293	608	363	245	290	159	131
黑龙江	2711	1776	935	709	473	236	494	256	238
上海	68410	37851	30559	40111	21578	18533	6965	4295	2670
江苏	58127	32059	26068	30659	17095	13564	5025	3123	1902
浙江	214720	118856	95864	196723	109996	86727	9319	5739	3580
安徽	9934	5767	4167	6397	3840	2557	1952	1113	839
福建	57173	33577	23596	45081	26484	18597	10068	5995	4073
江西	17564	10272	7292	29566	16983	12583	15390	8309	7081
山东	10179	6849	3330	4032	2583	1449	1181	771	410
河南	9827	5918	3909	4035	2304	1731	2247	1309	938
湖北				14591	7644	6947	5242	2635	2607
湖南	21001	11747	9254				15780	8754	7026
广东	151429	86709	64720	405485	229559	175926			
广西	10399	6230	4169	50041	28514	21527	25213	14190	11023
海南	6750	4232	2518	13359	7982	5377	18417	11994	6423
重庆	9557	5160	4397	7231	3818	3413	3089	1702	1387
四川	14340	8909	5431	14597	8158	6439	8461	5012	3449
贵州	8385	5137	3248	43373	24360	19013	3072	1762	1310
云南	17314	10899	6415	56308	32729	23579	6535	4571	1964
西藏	1723	1038	685	2241	1288	953	155	111	44
陕西	14706	9790	4916	5937	3668	2269	1873	1211	662
甘肃	4732	3058	1674	2901	1837	1064	687	397	290
青海	4258	2949	1309	2295	1410	885	273	224	49
宁夏	1457	1131	326	569	375	194	126	98	28
新疆	7130	4475	2655	5394	3374	2020	1465	1223	242

7-3b 续表 7

单位：人

现住地	户口登记地								
	广西			海南			重庆		
	小计	男	女	小计	男	女	小计	男	女
全国	**485859**	**280172**	**205687**	**34251**	**19036**	**15215**	**676739**	**384855**	**291884**
北京	1470	800	670	377	230	147	4185	2239	1946
天津	1249	827	422	296	195	101	4080	2591	1489
河北	2191	1199	992	506	241	265	7120	4476	2644
山西	553	319	234	172	76	96	2936	1910	1026
内蒙古	804	604	200	123	65	58	3716	2627	1089
辽宁	211	128	83	55	23	32	2712	1711	1001
吉林	104	53	51	58	38	20	547	387	160
黑龙江	144	62	82	109	59	50	609	368	241
上海	8177	4283	3894	1049	555	494	47601	25984	21617
江苏	7967	4199	3768	837	423	414	33852	18667	15185
浙江	43035	23960	19075	1194	595	599	154248	84285	69963
安徽	1575	779	796	430	193	237	3559	2160	1399
福建	15056	8475	6581	1929	1004	925	76321	43908	32413
江西	7791	4165	3626	3264	1934	1330	5127	2940	2187
山东	1156	698	458	543	293	250	3744	2318	1426
河南	1038	458	580	341	151	190	2166	1334	832
湖北	2140	914	1226	1073	550	523	13554	7819	5735
湖南	7493	3793	3700	1788	962	826	5686	3321	2365
广东	342091	199273	142818	12173	6878	5295	106392	59431	46961
广西				3865	2279	1586	3876	2369	1507
海南	13664	8427	5237				4545	3018	1527
重庆	1770	808	962	781	484	297			
四川	4137	2114	2023	1525	802	723	75227	41609	33618
贵州	8532	5139	3393	219	99	120	24854	14649	10205
云南	10741	7007	3734	608	331	277	53535	32735	20800
西藏	134	84	50	35	14	21	5175	2965	2210
陕西	966	602	364	267	185	82	6940	4671	2269
甘肃	741	371	370	457	266	191	1868	1146	722
青海	123	83	40	36	24	12	2276	1725	551
宁夏	146	102	44	12	8	4	1162	841	321
新疆	660	446	214	129	79	50	19126	10651	8475

7-3b 续表 8 单位：人

现住地	户口登记地								
	四川			贵州			云南		
	小计	男	女	小计	男	女	小计	男	女
全国	**1593495**	**911901**	**681594**	**910666**	**510920**	**399746**	**306474**	**166981**	**139493**
北京	22908	13068	9840	2718	1554	1164	1696	949	747
天津	11476	7788	3688	1567	1100	467	1169	791	378
河北	27877	17349	10528	4969	3177	1792	3017	1751	1266
山西	12717	8660	4057	1412	807	605	1756	945	811
内蒙古	18268	13458	4810	1577	1139	438	1210	707	503
辽宁	4054	2660	1394	732	474	258	433	266	167
吉林	3821	2497	1324	247	183	64	230	86	144
黑龙江	1882	1152	730	392	223	169	315	179	136
上海	108937	58528	50409	35910	19290	16620	14022	7640	6382
江苏	116977	62752	54225	52412	26355	26057	26809	13039	13770
浙江	360839	196676	164163	440206	245098	195108	124234	67953	56281
安徽	8836	4954	3882	7822	3772	4050	5664	2582	3082
福建	133294	75944	57350	95446	54923	40523	22563	13038	9525
江西	13042	7572	5470	11239	6443	4796	4267	2398	1869
山东	10833	6756	4077	4046	2291	1755	7804	3465	4339
河南	5698	3527	2171	2500	1517	983	1087	520	567
湖北	9044	5055	3989	2987	1607	1380	1599	812	787
湖南	9900	5634	4266	12181	6760	5421	3660	1929	1731
广东	297924	169898	128026	117664	68897	48767	36495	21689	14806
广西	10012	6220	3792	12093	6646	5447	4692	2669	2023
海南	12034	7576	4458	4043	2589	1454	2186	1284	902
重庆	72843	39409	33434	15320	7284	8036	5815	2565	3250
四川				20218	11435	8783	19908	10731	9177
贵州	38848	23101	15747				8186	4191	3995
云南	120913	75009	45904	56620	32857	23763			
西藏	34398	20363	14035	356	210	146	2060	1191	869
陕西	33512	22030	11482	2042	1392	650	1310	914	396
甘肃	9253	6026	3227	962	654	308	1131	617	514
青海	12456	8095	4361	896	833	63	700	478	222
宁夏	3829	2740	1089	234	174	60	188	126	62
新疆	67070	37404	29666	1855	1236	619	2268	1476	792

7-3b 续表 9

单位：人

现住地	户口登记地								
	西藏			陕西			甘肃		
	小计	男	女	小计	男	女	小计	男	女
全国	**11501**	**5518**	**5983**	**303326**	**181712**	**121614**	**290775**	**174674**	**116101**
北京	13	5	8	10635	6252	4383	9281	4960	4321
天津	71	32	39	5054	3082	1972	6476	3207	3269
河北	140	75	65	12352	7668	4684	9570	5263	4307
山西	52	23	29	9828	6729	3099	2392	1627	765
内蒙古	45	18	27	53957	32258	21699	51222	31979	19243
辽宁	10	5	5	1157	693	464	568	344	224
吉林	10	5	5	417	300	117	392	254	138
黑龙江	25	10	15	489	294	195	286	165	121
上海	33	11	22	23871	14355	9516	15042	8706	6336
江苏	184	93	91	27577	15257	12320	12460	6929	5531
浙江	744	312	432	45008	25400	19608	14448	7861	6587
安徽	84	30	54	2319	1384	935	1237	701	536
福建	87	26	61	10071	6260	3811	4227	2380	1847
江西	225	148	77	4063	2392	1671	2559	1678	881
山东	157	64	93	5077	3037	2040	5921	3375	2546
河南	163	81	82	5797	3815	1982	2807	1739	1068
湖北	76	41	35	3515	1679	1836	2348	1307	1041
湖南	232	105	127	2314	1391	923	2067	1263	804
广东	115	67	48	22336	13382	8954	5993	3531	2462
广西	26	10	16	1340	842	498	532	350	182
海南	20	10	10	1517	864	653	686	434	252
重庆	679	334	345	1976	1131	845	1238	736	502
四川	4884	2365	2519	8184	5064	3120	11830	7335	4495
贵州	101	51	50	1466	995	471	313	198	115
云南	278	145	133	3247	2223	1024	1357	921	436
西藏				1725	1147	578	8288	5535	2753
陕西	245	128	117				25069	14915	10154
甘肃	574	215	359	10830	6734	4096			
青海	2176	1089	1087	3875	2829	1046	21165	14731	6434
宁夏	11	2	9	8807	5318	3489	15023	9805	5218
新疆	41	18	23	14522	8937	5585	55978	32445	23533

7-3b 续表 10 单位：人

现住地	户口登记地 青海 小计	青海 男	青海 女	宁夏 小计	宁夏 男	宁夏 女	新疆 小计	新疆 男	新疆 女
全　国	**76374**	**40857**	**35517**	**49727**	**29050**	**20677**	**42700**	**22280**	**20420**
北　京	1318	686	632	973	490	483	1769	836	933
天　津	555	308	247	555	327	228	630	329	301
河　北	1805	977	828	1388	759	629	1907	962	945
山　西	368	189	179	215	141	74	415	258	157
内蒙古	1431	920	511	21676	13085	8591	606	351	255
辽　宁	203	124	79	73	53	20	172	100	72
吉　林	49	23	26	35	14	21	74	42	32
黑龙江	51	29	22	49	31	18	131	76	55
上　海	1653	955	698	2065	1175	890	3240	1574	1666
江　苏	1951	1067	884	886	468	418	3091	1512	1579
浙　江	1885	1024	861	855	443	412	3330	1846	1484
安　徽	743	396	347	149	77	72	567	269	298
福　建	362	194	168	829	471	358	650	346	304
江　西	877	500	377	771	443	328	860	444	416
山　东	2143	1196	947	976	486	490	3448	1380	2068
河　南	1992	1151	841	461	264	197	1107	589	518
湖　北	401	213	188	167	107	60	1209	611	598
湖　南	962	527	435	342	187	155	1847	1059	788
广　东	864	542	322	456	296	160	1099	662	437
广　西	206	117	89	65	38	27	503	295	208
海　南	191	94	97	133	71	62	625	293	332
重　庆	493	279	214	366	167	199	2233	1188	1045
四　川	4000	2137	1863	1000	560	440	6009	3149	2860
贵　州	69	45	24	41	26	15	222	142	80
云　南	728	495	233	298	230	68	968	655	313
西　藏	2975	1907	1068	97	59	38	243	168	75
陕　西	1830	1024	806	6437	3856	2581	1804	839	965
甘　肃	42330	21449	20881	2760	1569	1191	3209	1853	1356
青　海				544	398	146	453	297	156
宁　夏	204	150	54				279	155	124
新　疆	3735	2139	1596	5065	2759	2306			

7-3c 全国按现住地、性别分的户口登记地在外省的人口(乡村)

单位：人

现住地	户口登记地					
	合计			北京		
	合计	男	女	小计	男	女
全国	**14286863**	**8187701**	**6099162**	**39701**	**22584**	**17117**
北京	702048	411730	290318			
天津	212064	131567	80497	1887	1258	629
河北	291235	156706	134529	17496	9458	8038
山西	306912	217984	88928	1217	817	400
内蒙古	381326	272333	108993	1138	717	421
辽宁	240499	129987	110512	697	369	328
吉林	87152	46629	40523	766	367	399
黑龙江	91395	47100	44295	1796	824	972
上海	1129743	638301	491442	205	136	69
江苏	2034614	1089407	945207	1939	882	1057
浙江	3051211	1713255	1337956	830	459	371
安徽	194841	86786	108055	745	368	377
福建	842393	501315	341078	437	276	161
江西	134628	75897	58731	413	231	182
山东	288183	140461	147722	1681	963	718
河南	110772	55203	55569	1985	1194	791
湖北	211236	110545	100691	701	393	308
湖南	139701	74578	65123	393	252	141
广东	1930930	1125916	805014	461	338	123
广西	152397	83326	69071	468	322	146
海南	93885	54380	39505	186	119	67
重庆	116837	54739	62098	226	165	61
四川	223813	117384	106429	1038	651	387
贵州	209165	135668	73497	271	216	55
云南	251546	172904	78642	241	180	61
西藏	35713	24586	11127	28	21	7
陕西	154677	108714	45963	676	434	242
甘肃	69979	48028	21951	1048	618	430
青海	42837	32899	9938	247	213	34
宁夏	80039	50756	29283	106	69	37
新疆	475092	278617	196475	379	274	105

7-3c 续表 1 单位：人

现住地	户口登记地								
	天津			河北			山西		
	小计	男	女	小计	男	女	小计	男	女
全国	**30410**	**17571**	**12839**	**463757**	**289270**	**174487**	**159908**	**102430**	**57478**
北京	3996	2355	1641	196818	115841	80977	26182	14990	11192
天津				48031	28902	19129	4811	3223	1588
河北	10921	5794	5127				13603	7615	5988
山西	912	643	269	45911	32169	13742			
内蒙古	1678	1228	450	50787	36489	14298	39897	27598	12299
辽宁	760	409	351	11376	6584	4792	1833	1269	564
吉林	693	298	395	3858	2327	1531	1133	788	345
黑龙江	742	349	393	4059	2048	2011	488	279	209
上海	262	181	81	4594	2932	1662	2722	1710	1012
江苏	1357	724	633	14986	8733	6253	9997	5818	4179
浙江	553	337	216	7793	4892	2901	4466	2694	1772
安徽	413	188	225	5401	3641	1760	1949	1183	766
福建	777	539	238	3119	2201	918	2305	1590	715
江西	248	170	78	2153	1368	785	2067	1380	687
山东	1363	763	600	12536	6752	5784	4941	2652	2289
河南	758	410	348	7580	3503	4077	6419	3612	2807
湖北	674	407	267	4474	2790	1684	2973	1762	1211
湖南	200	107	93	1417	884	533	977	728	249
广东	634	364	270	7118	4403	2715	4227	2694	1533
广西	449	274	175	1969	1198	771	1439	1062	377
海南	189	111	78	868	566	302	463	303	160
重庆	98	52	46	1204	785	419	809	525	284
四川	495	306	189	5000	3210	1790	2557	1465	1092
贵州	126	69	57	2072	1514	558	1455	1161	294
云南	210	132	78	2564	1946	618	1476	1093	383
西藏	23	22	1	364	269	95	132	94	38
陕西	357	252	105	7012	5366	1646	12742	9176	3566
甘肃	982	681	301	2183	1610	573	1642	1279	363
青海	119	96	23	1558	1259	299	581	465	116
宁夏	188	155	33	2246	1686	560	1458	1072	386
新疆	233	155	78	4706	3402	1304	4164	3150	1014

7-3c 续表 2

单位：人

现住地	户口登记地								
	内蒙古			辽宁			吉林		
	小计	男	女	小计	男	女	小计	男	女
全国	**206070**	**104903**	**101167**	**126457**	**76804**	**49653**	**183804**	**98332**	**85472**
北京	25500	13725	11775	14989	8382	6607	14746	7957	6789
天津	8313	4515	3798	3942	2443	1499	5887	3257	2630
河北	30308	15073	15235	12173	6569	5604	10378	4855	5523
山西	38566	19444	19122	3559	2686	873	1949	1262	687
内蒙古				21694	14701	6993	16243	9745	6498
辽宁	38153	17785	20368				45062	22705	22357
吉林	7655	3366	4289	14067	7331	6736			
黑龙江	14511	6392	8119	10827	5701	5126	28931	14764	14167
上海	1080	584	496	2388	1412	976	2065	1193	872
江苏	3575	1801	1774	5395	2993	2402	5856	3099	2757
浙江	2564	1422	1142	4258	2794	1464	4128	2439	1689
安徽	693	290	403	1436	879	557	1192	645	547
福建	796	512	284	1852	1360	492	1456	945	511
江西	1734	954	780	1730	1299	431	515	306	209
山东	12844	6603	6241	10585	5681	4904	30196	14896	15300
河南	843	472	371	1192	704	488	905	459	446
湖北	2046	1007	1039	1524	1025	499	737	388	349
湖南	276	157	119	563	366	197	512	334	178
广东	1013	649	364	3091	2118	973	3137	1953	1184
广西	782	470	312	1146	834	312	896	517	379
海南	375	163	212	485	263	222	787	357	430
重庆	233	145	88	368	241	127	194	119	75
四川	1028	588	440	1750	1230	520	1942	1454	488
贵州	347	242	105	683	542	141	1253	985	268
云南	504	351	153	1354	1049	305	1435	1175	260
西藏	100	83	17	136	102	34	145	121	24
陕西	7423	5039	2384	1959	1516	443	1004	686	318
甘肃	1140	772	368	1293	1076	217	662	530	132
青海	316	245	71	301	255	46	321	264	57
宁夏	2555	1497	1058	504	379	125	349	267	82
新疆	797	557	240	1213	873	340	921	655	266

7-3c 续表 3

单位：人

现住地	户口登记地 黑龙江 小计	黑龙江 男	黑龙江 女	上海 小计	上海 男	上海 女	江苏 小计	江苏 男	江苏 女
全　国	**349880**	**181865**	**168015**	**33980**	**20340**	**13640**	**368705**	**231609**	**137096**
北　京	28687	15529	13158	209	134	75	13504	8839	4665
天　津	26032	14013	12019	229	150	79	3735	2902	833
河　北	35156	17071	18085	288	186	102	3410	2470	940
山　西	3695	2427	1268	78	53	25	12352	11237	1115
内蒙古	34973	18956	16017	114	83	31	7354	6333	1021
辽　宁	83526	42380	41146	111	72	39	2987	2073	914
吉　林	26617	12656	13961	370	174	196	1657	1040	617
黑龙江				146	61	85	2161	1430	731
上　海	4008	2363	1645				131015	78642	52373
江　苏	11367	5889	5478	15186	9280	5906			
浙　江	7182	4150	3032	6529	3839	2690	83204	51021	32183
安　徽	1587	751	836	3209	1538	1671	31364	15258	16106
福　建	1801	1137	664	566	362	204	7097	4947	2150
江　西	669	404	265	528	284	244	3259	2168	1091
山　东	67180	33266	33914	614	405	209	12364	6448	5916
河　南	1518	771	747	893	556	337	4282	2422	1860
湖　北	1184	690	494	647	343	304	5104	3220	1884
湖　南	457	283	174	402	263	139	1650	1153	497
广　东	3667	2267	1400	414	288	126	6922	4751	2171
广　西	1045	635	410	235	146	89	1530	1133	397
海　南	971	515	456	94	52	42	1155	771	384
重　庆	331	202	129	171	93	78	1309	762	547
四　川	1302	775	527	807	484	323	4037	2429	1608
贵　州	972	739	233	197	114	83	6456	5339	1117
云　南	753	510	243	210	150	60	2550	1856	694
西　藏	102	78	24	13	9	4	319	239	80
陕　西	1760	1208	552	208	133	75	4229	3297	932
甘　肃	503	344	159	412	217	195	1496	1005	491
青　海	212	163	49	20	14	6	844	717	127
宁　夏	832	555	277	77	48	29	1256	984	272
新　疆	1791	1138	653	1003	809	194	10103	6723	3380

7-3c 续表 4

单位：人

现住地	户口登记地								
	浙江			安徽			福建		
	小计	男	女	小计	男	女	小计	男	女
全国	**201301**	**124653**	**76648**	**1894537**	**1053845**	**840692**	**181289**	**118562**	**62727**
北京	7997	4724	3273	37554	22323	15231	4243	2599	1644
天津	1674	1119	555	12525	7516	5009	2664	1665	999
河北	2295	1492	803	10319	6039	4280	1978	1512	466
山西	5653	4338	1315	10433	7963	2470	6630	5754	876
内蒙古	3756	2936	820	8722	6565	2157	3245	2813	432
辽宁	1681	1169	512	5218	3297	1921	1806	1503	303
吉林	856	603	253	2398	1398	1000	498	404	94
黑龙江	568	345	223	2509	1394	1115	289	192	97
上海	33147	20285	12862	412400	225955	186445	15010	8948	6062
江苏	42574	24415	18159	700918	379429	321489	22870	13894	8976
浙江				516603	288227	228376	27370	15795	11575
安徽	11707	6504	5203				4169	2624	1545
福建	13589	8452	5137	43550	25488	18062			
江西	9170	5393	3777	9471	5520	3951	9049	5689	3360
山东	2913	1932	981	14379	8111	6268	1769	1214	555
河南	3725	2208	1517	9613	4969	4644	3813	2508	1305
湖北	7505	4191	3314	11975	6641	5334	5385	3603	1782
湖南	3116	1952	1164	3557	2151	1406	3706	2636	1070
广东	11198	6777	4421	31053	18949	12104	27752	16879	10873
广西	4031	2723	1308	2074	1336	738	6213	4594	1619
海南	1962	1129	833	1904	1166	738	4176	2658	1518
重庆	1688	1036	652	1714	1005	709	2089	1263	826
四川	5687	3490	2197	4668	2618	2050	6500	4508	1992
贵州	7629	4871	2758	5038	3245	1793	6828	4803	2025
云南	7299	5284	2015	3399	2339	1060	6496	5188	1308
西藏	338	260	78	440	314	126	197	163	34
陕西	2704	1922	782	6293	4457	1836	3102	2351	751
甘肃	1677	1185	492	1429	994	435	1203	1037	166
青海	737	613	124	848	616	232	720	631	89
宁夏	1220	895	325	3981	2654	1327	403	270	133
新疆	3205	2410	795	19552	11166	8386	1116	864	252

7-3c 续表 5

单位：人

现住地	户口登记地								
	江西			山东			河南		
	小计	男	女	小计	男	女	小计	男	女
全国	**816368**	**474815**	**341553**	**476340**	**301617**	**174723**	**1462691**	**866097**	**596594**
北京	13876	8319	5557	65323	40086	25237	122095	73254	48841
天津	2295	1622	673	28450	18765	9685	26480	17341	9139
河北	2415	1592	823	16196	9484	6712	34394	20284	14110
山西	2104	1642	462	19473	16541	2932	49642	39939	9703
内蒙古	1974	1475	499	27839	22856	4983	27757	22288	5469
辽宁	1055	731	324	11593	7025	4568	10248	6530	3718
吉林	652	438	214	10756	6002	4754	5732	3439	2293
黑龙江	227	112	115	13952	7814	6138	3452	1828	1624
上海	51695	30214	21481	49668	29807	19861	117916	67136	50780
江苏	53588	31088	22500	92130	50660	41470	292111	160217	131894
浙江	315025	177442	137583	48391	28914	19477	283474	162717	120757
安徽	9561	4370	5191	8004	4334	3670	23031	10617	12414
福建	156909	95093	61816	8194	6023	2171	41362	26900	14462
江西				2821	1967	854	8536	5127	3409
山东	1806	1107	699				34657	19266	15391
河南	2893	1403	1490	7618	4107	3511			
湖北	9135	4408	4727	4428	2673	1755	36541	20290	16251
湖南	19765	11674	8091	2129	1552	577	7525	4171	3354
广东	141450	84432	57018	11223	7371	3852	149066	88244	60822
广西	4966	2771	2195	2507	1933	574	6046	3923	2123
海南	2978	1758	1220	813	558	255	3780	2240	1540
重庆	1849	731	1118	966	631	335	3199	1666	1533
四川	4426	2241	2185	4987	3364	1623	10811	6737	4074
贵州	5679	3366	2313	6148	5255	893	9910	6706	3204
云南	5168	3402	1766	4234	3267	967	7731	5640	2091
西藏	197	139	58	282	213	69	2403	1572	831
陕西	2009	1288	721	6708	5234	1474	18499	13332	5167
甘肃	751	516	235	2411	1835	576	6660	4937	1723
青海	222	189	33	1445	1203	242	4137	3445	692
宁夏	307	197	110	3268	2597	671	10699	6976	3723
新疆	1391	1055	336	14383	9546	4837	104797	59335	45462

7-3c 续表 6 单位：人

现住地	户口登记地								
	湖北			湖南			广东		
	小计	男	女	小计	男	女	小计	男	女
全　国	**841339**	**506956**	**334383**	**945272**	**551876**	**393396**	**157184**	**80597**	**76587**
北　京	34015	20014	14001	11007	6428	4579	1940	1278	662
天　津	6122	4138	1984	2515	1714	801	1007	700	307
河　北	14342	9897	4445	5325	2749	2576	1076	602	474
山　西	15535	12770	2765	5088	3819	1269	765	538	227
内蒙古	8471	6750	1721	3734	3036	698	1087	931	156
辽　宁	5197	4176	1021	1701	1254	447	557	330	227
吉　林	1754	1324	430	700	458	242	303	147	156
黑龙江	938	613	325	638	391	247	435	197	238
上　海	45475	25889	19586	25520	14607	10913	2496	1597	899
江　苏	105778	57321	48457	55351	29887	25464	6062	3354	2708
浙　江	209658	120986	88672	204577	117472	87105	6170	3514	2656
安　徽	12585	5788	6797	7973	3862	4111	2221	790	1431
福　建	65317	40311	25006	44216	27369	16847	10830	6105	4725
江　西	11666	6810	4856	17346	9634	7712	8539	4087	4452
山　东	11026	7322	3704	3333	1998	1335	871	426	445
河　南	9435	4562	4873	5938	2679	3259	4627	2269	2358
湖　北				19872	9180	10692	8760	3601	5159
湖　南	17265	9246	8019				16927	7504	9423
广　东	171627	101860	69767	415035	244640	170395			
广　西	7308	4987	2321	21661	12235	9426	40214	17508	22706
海　南	5409	3477	1932	9829	5726	4103	12750	7465	5285
重　庆	8434	4574	3860	5006	2371	2635	2729	1134	1595
四　川	16914	11676	5238	11071	6273	4798	8274	3843	4431
贵　州	15563	11511	4052	25730	15827	9903	5525	2769	2756
云　南	11170	8350	2820	29122	19014	10108	4580	3179	1401
西　藏	1088	804	284	700	473	227	63	43	20
陕　西	10760	8331	2429	3430	2355	1075	1778	974	804
甘　肃	5227	4298	929	1472	1110	362	1153	595	558
青　海	2884	2434	450	673	556	117	146	119	27
宁　夏	1360	973	387	726	539	187	121	80	41
新　疆	9016	5764	3252	5983	4220	1763	5178	4918	260

7-3c 续表 7

单位：人

现住地	户口登记地								
	广西			海南			重庆		
	小计	男	女	小计	男	女	小计	男	女
全国	**563410**	**301381**	**262029**	**28153**	**14147**	**14006**	**630818**	**367147**	**263671**
北京	2056	1061	995	269	162	107	6891	3973	2918
天津	850	398	452	61	35	26	4028	2671	1357
河北	3205	717	2488	299	135	164	5618	3415	2203
山西	1287	325	962	112	71	41	7841	5957	1884
内蒙古	690	465	225	179	76	103	3617	2709	908
辽宁	457	203	254	56	16	40	1844	1314	530
吉林	186	76	110	114	57	57	286	178	108
黑龙江	234	77	157	52	21	31	527	296	231
上海	6185	3274	2911	487	278	209	41154	22377	18777
江苏	13824	6560	7264	1037	449	588	56932	30746	26186
浙江	42761	23266	19495	879	374	505	152550	84952	67598
安徽	2681	712	1969	398	153	245	4351	2292	2059
福建	21060	10634	10426	1861	771	1090	75920	43822	32098
江西	6250	2809	3441	897	494	403	3457	1934	1523
山东	1220	344	876	165	55	110	3487	2057	1430
河南	2275	377	1898	397	165	232	1993	1056	937
湖北	5261	1349	3912	1637	764	873	28805	15901	12904
湖南	9698	3153	6545	962	482	480	6063	3727	2336
广东	386934	214978	171956	14179	7652	6527	90450	52647	37803
广西				2012	862	1150	4020	2816	1204
海南	23200	12336	10864				2377	1500	877
重庆	1995	494	1501	334	175	159			
四川	5361	1892	3469	621	254	367	39932	23115	16817
贵州	10075	4857	5218	316	144	172	24246	16174	8072
云南	12312	8691	3621	418	258	160	23569	16088	7481
西藏	60	40	20	10	7	3	2399	1574	825
陕西	897	451	446	117	65	52	5499	4222	1277
甘肃	265	135	130	36	17	19	1608	1295	313
青海	250	192	58	19	8	11	1202	1021	181
宁夏	96	68	28	23	10	13	963	679	284
新疆	1785	1447	338	206	137	69	29189	16639	12550

7-3c 续表 8

单位：人

现住地	户口登记地								
	四川			贵州			云南		
	小计	男	女	小计	男	女	小计	男	女
全国	**1609891**	**924858**	**685033**	**1199512**	**636739**	**562773**	**522121**	**241979**	**280142**
北京	31348	17826	13522	4259	2388	1871	3611	2027	1584
天津	8370	5643	2727	2439	1448	991	896	619	277
河北	24768	12837	11931	7822	2732	5090	7330	2031	5299
山西	31097	20018	11079	6068	2898	3170	8352	3105	5247
内蒙古	21768	14714	7054	2407	1684	723	3316	1688	1628
辽宁	7665	4659	3006	1302	812	490	1733	706	1027
吉林	3045	2095	950	458	278	180	1010	378	632
黑龙江	2143	1205	938	489	223	266	251	65	186
上海	102058	55223	46835	34203	18389	15814	15577	8558	7019
江苏	231735	123522	108213	135025	63296	71729	70349	30222	40127
浙江	357532	198150	159382	546233	299841	246392	164734	87203	77531
安徽	16816	7285	9531	18109	5080	13029	17732	4037	13695
福建	157265	90345	66920	139162	80254	58908	28981	16377	12604
江西	9721	5076	4645	15812	8083	7729	3468	1747	1721
山东	12944	5869	7075	5922	1652	4270	24301	3210	21091
河南	9517	4710	4807	4077	1145	2932	4743	1134	3609
湖北	19593	10123	9470	9853	4130	5723	9428	4551	4877
湖南	13853	8040	5813	14711	6521	8190	8438	3872	4566
广东	216513	126012	90501	136120	79178	56942	54060	30477	23583
广西	11497	7395	4102	16650	7131	9519	9444	4002	5442
海南	7488	4568	2920	5355	3179	2176	4929	2677	2252
重庆	47408	25127	22281	20855	6834	14021	9784	2488	7296
四川				17672	6456	11216	40300	14768	25532
贵州	46300	30308	15992				19918	10031	9887
云南	70060	50107	19953	45544	26601	18943			
西藏	17548	11769	5779	364	271	93	1026	762	264
陕西	20375	15010	5365	2350	1572	778	1997	1366	631
甘肃	9897	7754	2143	966	739	227	1028	691	337
青海	7131	5730	1401	503	425	78	672	559	113
宁夏	3597	2494	1103	494	355	139	247	158	89
新疆	90839	51244	39595	4288	3144	1144	4466	2470	1996

7-3c 续表 9

单位：人

现住地	户口登记地								
	西藏			陕西			甘肃		
	小计	男	女	小计	男	女	小计	男	女
全国	**10247**	**2768**	**7479**	**340474**	**217766**	**122708**	**314682**	**187231**	**127451**
北京	26	13	13	14462	8694	5768	13341	7177	6164
天津	8	4	4	4095	2659	1436	3732	2368	1364
河北	84	18	66	13887	9135	4752	3813	1788	2025
山西	54	18	36	23886	18465	5421	3612	2553	1059
内蒙古	60	12	48	36793	27569	9224	39167	28929	10238
辽宁	23	8	15	2357	1723	634	961	592	369
吉林	19	10	9	872	610	262	483	284	199
黑龙江	41	17	24	469	242	227	280	100	180
上海	16	4	12	14864	8940	5924	10278	5964	4314
江苏	174	59	115	49883	27784	22099	25197	13223	11974
浙江	80	26	54	39121	22952	16169	10867	5609	5258
安徽	366	165	201	4506	2517	1989	1474	485	989
福建	69	32	37	10003	6792	3211	2673	1956	717
江西	44	23	21	1989	1179	810	1380	881	499
山东	108	47	61	5684	3272	2412	4205	1858	2347
河南	153	37	116	7930	4770	3160	2290	1121	1169
湖北	450	158	292	8711	4897	3814	1729	918	811
湖南	99	54	45	3366	2279	1087	851	509	342
广东	82	41	41	31895	19350	12545	9343	5354	3989
广西	21	6	15	2454	1732	722	731	481	250
海南	9	2	7	610	323	287	376	234	142
重庆	137	41	96	1865	1124	741	689	363	326
四川	4220	1187	3033	8141	5018	3123	5876	3585	2291
贵州	48	18	30	5145	4076	1069	852	572	280
云南	194	109	85	5138	4131	1007	1679	1265	414
西藏				954	644	310	3770	2749	1021
陕西	125	51	74				20816	12929	7887
甘肃	1376	121	1255	8954	6380	2574			
青海	2057	450	1607	3356	2835	521	10601	7684	2917
宁夏	11	4	7	11943	6868	5075	29762	17587	12175
新疆	93	33	60	17141	10806	6335	103854	58113	45741

7-3c 续表 10

单位：人

现住地	户口登记地								
	青海			宁夏			新疆		
	小计	男	女	小计	男	女	小计	男	女
全国	**40311**	**21616**	**18695**	**56714**	**32452**	**24262**	**31537**	**14891**	**16646**
北京	575	312	263	1292	669	623	1237	651	586
天津	344	236	108	294	162	132	348	81	267
河北	695	316	379	941	492	449	700	348	352
山西	431	158	273	327	227	100	283	147	136
内蒙古	1561	957	604	10738	7703	3035	567	327	240
辽宁	202	126	76	141	66	75	197	101	96
吉林	112	62	50	45	17	28	57	24	33
黑龙江	63	29	34	31	13	18	146	78	68
上海	712	381	331	1134	664	470	1409	658	751
江苏	3220	1490	1730	1340	605	735	4858	1967	2891
浙江	1108	548	560	664	356	308	1907	864	1043
安徽	312	115	197	213	78	135	643	237	406
福建	307	205	102	422	250	172	497	267	230
江西	371	199	172	310	165	145	1015	516	499
山东	1209	595	614	650	321	329	3230	1376	1854
河南	1208	755	453	495	250	245	1657	875	782
湖北	581	341	240	389	216	173	1134	585	549
湖南	213	136	77	137	97	40	473	295	178
广东	877	495	382	367	224	143	1022	531	491
广西	169	94	75	107	67	40	313	139	174
海南	81	40	41	56	22	34	230	102	128
重庆	213	128	85	129	66	63	811	399	412
四川	5256	2248	3008	467	257	210	2673	1262	1411
贵州	106	65	41	75	44	31	202	105	97
云南	1600	1201	399	205	127	78	331	221	110
西藏	2366	1651	715	28	20	8	118	80	38
陕西	1287	710	577	7334	4448	2886	1227	539	688
甘肃	6376	3088	3288	3033	1590	1443	3096	1579	1517
青海				413	347	66	302	151	151
宁夏	393	254	139				854	386	468
新疆	8363	4681	3682	24937	12889	12048			

7-4 全国按现住地、离开户口登记地时间分的户口登记地在外乡镇街道的人口

单位：人

现住地	离开户口登记地时间							
	合计							
	合计	半年至一年	一年至二年	二年至三年	三年至四年	四年至五年	五年至六年	六年以上
全　国	**260937942**	**54225856**	**54825642**	**39221245**	**25183338**	**14812795**	**10512801**	**62156265**
北　京	10498288	1261896	1857023	1620880	1381714	782947	562318	3031510
天　津	4952225	1097781	1203961	627696	645154	235997	149079	992557
河　北	8297279	1720674	1760199	1237905	701777	414899	288092	2173733
山　西	6764665	1399880	1259748	916143	593515	348029	228769	2018581
内蒙古	7170889	1563647	1334326	1010715	703862	423385	290324	1844630
辽　宁	9310058	1467660	1998994	1576654	1100369	551135	354407	2260839
吉　林	4462177	921234	969264	722063	470809	242802	151688	984317
黑龙江	5557828	1325919	1199885	809043	506643	264353	158992	1292993
上　海	12685316	1674255	2090030	1787545	1422298	972316	800586	3938286
江　苏	18226819	3536541	4045666	2945670	1869792	1126149	849671	3853330
浙　江	19900863	4246850	4005380	2904082	1916467	1267882	995624	4564578
安　徽	7100608	1661296	1652715	1097178	612562	341602	227675	1507580
福　建	11074525	2213235	2200987	1586389	1064067	678978	493453	2837416
江　西	5302276	1433024	1221562	829012	440018	244234	149421	985005
山　东	13698321	2720614	2835699	2114697	1261748	724809	504845	3535909
河　南	9764067	1960655	2267219	1697074	884970	470853	299032	2184264
湖　北	9250228	1880274	1882379	1361022	821927	480426	312164	2512036
湖　南	7898815	1943058	1768537	1165061	680114	382701	242857	1716487
广　东	36806649	8336546	7945615	5307884	3413359	2129249	1549052	8124944
广　西	6291811	1250692	1440266	1010860	569795	331767	228454	1459977
海　南	1843430	311166	349874	261549	168296	101972	74542	576031
重　庆	5440776	1313655	1348047	903759	502091	278680	192962	901582
四　川	11735152	3051335	2711652	1838464	1001864	547721	370039	2214077
贵　州	4629542	874411	934408	646386	404588	260132	190545	1319072
云　南	6053805	1311827	1222168	862934	530297	335487	243096	1547996
西　藏	262005	48417	45428	34074	27114	17702	14372	74898
陕　西	5894416	1395569	1358488	918471	537494	290511	186742	1207141
甘　肃	3112722	852209	645264	449926	269919	149581	104212	641611
青　海	1140954	294082	183289	143726	103980	69974	48789	297114
宁　夏	1534482	351748	327356	248875	161235	93964	60663	290641
新　疆	4276951	805706	760213	585508	415500	252558	190336	1267130

7-4 续表 1

单位：人

现住地	离开户口登记地时间							
	省内							
	小计	半年至一年	一年至二年	二年至三年	三年至四年	四年至五年	五年至六年	六年以上
全国	**175061605**	**33935160**	**36664877**	**26978893**	**16695231**	**9683405**	**6725621**	**44378418**
北京	3453755	263174	445207	468605	512448	266854	216286	1281181
天津	1960724	307919	341421	301289	283747	125399	82687	518262
河北	6892606	1330384	1462019	1056152	590976	351084	243022	1858969
山西	5833012	1092026	1094157	813575	521557	306240	200402	1805055
内蒙古	5726708	1044875	1074026	851841	592917	356419	243570	1563060
辽宁	7523528	1127625	1606311	1297357	901718	447517	284308	1858692
吉林	4005678	817711	866365	649862	422645	220830	137281	890984
黑龙江	5051431	1209417	1091211	736493	461312	242458	144204	1166336
上海	3708316	360203	483961	458348	386115	284707	254143	1480839
江苏	10847566	1879736	2462495	1827682	1117476	655836	487542	2416799
浙江	8076886	1118403	1627870	1279910	798961	510662	397687	2343393
安徽	6383145	1415580	1496355	1002055	551860	310860	206057	1400378
福建	6760923	1173626	1349190	1010628	662348	414451	295901	1854779
江西	4702334	1233962	1061106	722651	396019	225287	136995	926314
山东	11582728	2164111	2396930	1841606	1078544	618914	427295	3055328
河南	9171933	1815922	2124008	1607224	827653	441225	279957	2075944
湖北	8236616	1634403	1653369	1202218	726100	433241	281208	2306077
湖南	7173833	1728281	1597197	1056856	612298	350279	222541	1606381
广东	15308862	2686426	3031506	2181590	1407534	891921	653363	4456522
广西	5450005	1015275	1242683	892421	498487	290743	200244	1310152
海南	1254967	185475	234109	175701	112186	69817	51769	425910
重庆	4495582	1077448	1114973	752362	413909	233240	160312	743338
四川	10606579	2742434	2442689	1671170	901389	495344	333332	2020221
贵州	3866248	690978	782326	549273	341447	220915	160524	1120785
云南	4817256	1034948	1009066	710747	420387	264676	188753	1188679
西藏	96582	14496	16751	12357	9751	6285	4885	32057
陕西	4920054	1139920	1115421	765209	448751	248466	158379	1043908
甘肃	2679889	740494	565407	397539	234826	130104	89522	521997
青海	822519	192575	132924	108842	78756	53631	36669	219122
宁夏	1166031	244449	254637	200380	128256	74569	46805	216935
新疆	2485309	452884	489187	376950	254858	141431	99978	670021

7-4 续表 2 单位：人

现住地	离开户口登记地时间							
	省外							
	小计	半年至一年	一年至二年	二年至三年	三年至四年	四年至五年	五年至六年	六年以上
全国	**85876337**	**20290696**	**18160765**	**12242352**	**8488107**	**5129390**	**3787180**	**17777847**
北京	7044533	998722	1411816	1152275	869266	516093	346032	1750329
天津	2991501	789862	862540	326407	361407	110598	66392	474295
河北	1404673	390290	298180	181753	110801	63815	45070	314764
山西	931653	307854	165591	102568	71958	41789	28367	213526
内蒙古	1444181	518772	260300	158874	110945	66966	46754	281570
辽宁	1786530	340035	392683	279297	198651	103618	70099	402147
吉林	456499	103523	102899	72201	48164	21972	14407	93333
黑龙江	506397	116502	108674	72550	45331	21895	14788	126657
上海	8977000	1314052	1606069	1329197	1036183	687609	546443	2457447
江苏	7379253	1656805	1583171	1117988	752316	470313	362129	1436531
浙江	11823977	3128447	2377510	1624172	1117506	757220	597937	2221185
安徽	717463	245716	156360	95123	60702	30742	21618	107202
福建	4313602	1039609	851797	575761	401719	264527	197552	982637
江西	599942	199062	160456	106361	43999	18947	12426	58691
山东	2115593	556503	438769	273091	183204	105895	77550	480581
河南	592134	144733	143211	89850	57317	29628	19075	108320
湖北	1013612	245871	229010	158804	95827	47185	30956	205959
湖南	724982	214777	171340	108205	67816	32422	20316	110106
广东	21497787	5650120	4914109	3126294	2005825	1237328	895689	3668422
广西	841806	235417	197583	118439	71308	41024	28210	149825
海南	588463	125691	115765	85848	56110	32155	22773	150121
重庆	945194	236207	233074	151397	88182	45440	32650	158244
四川	1128573	308901	268963	167294	100475	52377	36707	193856
贵州	763294	183433	152082	97113	63141	39217	30021	198287
云南	1236549	276879	213102	152187	109910	70811	54343	359317
西藏	165423	33921	28677	21717	17363	11417	9487	42841
陕西	974362	255649	243067	153262	88743	42045	28363	163233
甘肃	432833	111715	79857	52387	35093	19477	14690	119614
青海	318435	101507	50365	34884	25224	16343	12120	77992
宁夏	368451	107299	72719	48495	32979	19395	13858	73706
新疆	1791642	352822	271026	208558	160642	111127	90358	597109

7-4a 全国按现住地、离开户口登记地时间分的户口登记地在外乡镇街道的人口(城市)

单位：人

现住地	离开户口登记地时间							
	合计							
	合计	半年至一年	一年至二年	二年至三年	三年至四年	四年至五年	五年至六年	六年以上
全国	**170464678**	**32987043**	**35971168**	**26017790**	**17341212**	**10102803**	**7218942**	**40825720**
北京	9007651	980336	1503706	1372836	1221962	696381	503062	2729368
天津	4182723	865155	1013368	519699	580631	202176	128083	873611
河北	4525565	839378	1031334	702508	416644	234440	161920	1139341
山西	3488393	651506	674210	486760	308463	177032	117499	1072923
内蒙古	4009155	800321	748203	586924	414663	245529	169643	1043872
辽宁	7205938	1151516	1637500	1289476	901307	436208	279125	1510806
吉林	3198765	695402	746947	556994	355849	173664	105495	564414
黑龙江	3435411	881261	844804	560397	333739	154557	85526	575127
上海	9797021	1299718	1554125	1356528	1077064	739955	616761	3152870
江苏	11574307	2153719	2588574	1876903	1226915	733183	552035	2442978
浙江	10807679	2028492	2201339	1625266	1074979	706838	565289	2605476
安徽	4208700	920869	986927	654314	388852	215486	143339	898913
福建	6881000	1240802	1314633	992090	687278	447045	335110	1864042
江西	2343712	510193	542517	385023	214821	125362	76339	489457
山东	9769929	1848787	2068092	1531311	956134	540385	376143	2449077
河南	6063254	1079473	1390378	1056883	617532	326290	209124	1383574
湖北	6561403	1206368	1318934	961879	598005	361843	237212	1877162
湖南	4657229	1014116	1058511	722655	447649	240382	150875	1023041
广东	29855295	6803389	6370599	4270232	2781949	1749174	1280785	6599167
广西	3668228	717351	874074	600502	343836	201053	136363	795049
海南	1165781	181222	232318	171641	113598	67821	50502	348679
重庆	3516083	837227	851656	580586	338565	188640	135139	584270
四川	6423383	1504344	1484884	1037040	583493	327082	226956	1259584
贵州	2349550	390511	457584	323394	211720	139285	106316	720740
云南	2781767	513227	584763	419434	261749	166944	119272	716378
西藏	93384	14331	14931	12362	9809	6772	5346	29833
陕西	3126426	619399	721984	507083	306576	162894	107258	701232
甘肃	1833191	433012	389249	272782	174234	100211	69475	394228
青海	627000	164104	100081	77745	57582	38357	27167	161964
宁夏	823936	176193	189008	143774	91197	51119	32233	140412
新疆	2482819	465321	475935	362769	244417	146695	109550	678132

7-4a 续表 1 单位：人

现住地	离开户口登记地时间							
	省内							
	小计	半年至一年	一年至二年	二年至三年	三年至四年	四年至五年	五年至六年	六年以上
全国	**112440794**	**20106707**	**23656085**	**17604868**	**11387976**	**6556915**	**4606268**	**28521975**
北京	3137882	229023	391306	424154	468970	245223	199927	1179279
天津	1723067	250897	288279	264915	259444	113410	75252	470870
河北	3869963	691749	879390	608525	360776	204613	140510	984400
山西	3013291	530936	582501	424803	265092	153308	101225	955426
内蒙古	3299867	565547	618612	503851	355349	210070	144883	901555
辽宁	5800479	884620	1316311	1060041	740513	354962	223877	1220155
吉林	2877860	623855	667425	500761	319494	159021	96069	511235
黑龙江	3114622	802438	765208	506381	302352	142288	77680	518275
上海	3435823	330371	436809	420091	357755	265108	237436	1388253
江苏	7365769	1233098	1665181	1237167	797020	465322	346382	1621599
浙江	5078729	667002	1064539	828761	517246	322240	257147	1421794
安徽	3836704	800647	900294	601274	353998	199956	132615	847920
福建	4172470	675496	810428	624250	420837	267496	197908	1176055
江西	2112321	448046	475016	340046	195843	117104	71338	464928
山东	8227004	1451979	1729908	1320898	816838	461755	318598	2127028
河南	5676822	992199	1299295	993857	576276	305917	195925	1313353
湖北	5870920	1060440	1161002	850896	529615	328016	215016	1725935
湖南	4217607	912474	953475	646618	397398	218516	137848	951278
广东	12222401	2125869	2397325	1735999	1143893	730990	539100	3549225
广西	3159714	583113	755054	525757	298245	174673	118638	704234
海南	782628	111953	156554	113251	74186	44557	33972	248155
重庆	2842428	670372	686093	469509	272872	155897	111469	476216
四川	5805720	1353691	1343509	943712	524638	295679	203950	1140541
贵州	1973050	317924	388074	274190	178873	118248	89845	605896
云南	2209642	410048	485429	344092	206100	131094	91721	541158
西藏	31173	3842	4540	3693	2856	1982	1585	12675
陕西	2526211	498339	574553	401622	244491	134747	87859	584600
甘肃	1583550	379972	341667	237044	148846	85492	58289	332240
青海	425949	107492	67767	53971	40600	27712	19117	109290
宁夏	590168	119534	140684	109560	68037	37945	22763	91645
新疆	1456960	273741	309857	235179	149523	83574	58324	346762

7-4a 续表 2

单位：人

现住地	离开户口登记地时间						
	省外						
	小计	半年至一年	一年至二年	二年至三年	三年至四年	四年至五年	五年至六年	六年以上
全　国	**58023884**	**12880336**	**12315083**	**8412922**	**5953236**	**3545888**	**2612674**	**12303745**
北　京	5869769	751313	1112400	948682	752992	451158	303135	1550089
天　津	2459656	614258	725089	254784	321187	88766	52831	402741
河　北	655602	147629	151944	93983	55868	29827	21410	154941
山　西	475102	120570	91709	61957	43371	23724	16274	117497
内蒙古	709288	234774	129591	83073	59314	35459	24760	142317
辽　宁	1405459	266896	321189	229435	160794	81246	55248	290651
吉　林	320905	71547	79522	56233	36355	14643	9426	53179
黑龙江	320789	78823	79596	54016	31387	12269	7846	56852
上　海	6361198	969347	1117316	936437	719309	474847	379325	1764617
江　苏	4208538	920621	923393	639736	429895	267861	205653	821379
浙　江	5728950	1361490	1136800	796505	557733	384598	308142	1183682
安　徽	371996	120222	86633	53040	34854	15530	10724	50993
福　建	2708530	565306	504205	367840	266441	179549	137202	687987
江　西	231391	62147	67501	44977	18978	8258	5001	24529
山　东	1542925	396808	338184	210413	139296	78630	57545	322049
河　南	386432	87274	91083	63026	41256	20373	13199	70221
湖　北	690483	145928	157932	110983	68390	33827	22196	151227
湖　南	439622	101642	105036	76037	50251	21866	13027	71763
广　东	17632894	4677520	3973274	2534233	1638056	1018184	741685	3049942
广　西	508514	134238	119020	74745	45591	26380	17725	90815
海　南	383153	69269	75764	58390	39412	23264	16530	100524
重　庆	673655	166855	165563	111077	65693	32743	23670	108054
四　川	617663	150653	141375	93328	58855	31403	23006	119043
贵　州	376500	72587	69510	49204	32847	21037	16471	114844
云　南	572125	103179	99334	75342	55649	35850	27551	175220
西　藏	62211	10489	10391	8669	6953	4790	3761	17158
陕　西	600215	121060	147431	105461	62085	28147	19399	116632
甘　肃	249641	53040	47582	35738	25388	14719	11186	61988
青　海	201051	56612	32314	23774	16982	10645	8050	52674
宁　夏	233768	56659	48324	34214	23160	13174	9470	48767
新　疆	1025859	191580	166078	127590	94894	63121	51226	331370

7-4b 全国按现住地、离开户口登记地时间分的户口登记地在外乡镇街道的人口(镇)

单位：人

现住地	离开户口登记地时间							
	合计							
	合计	半年至一年	一年至二年	二年至三年	三年至四年	四年至五年	五年至六年	六年以上
全国	**55500125**	**12702207**	**12019740**	**8608239**	**4834813**	**2835782**	**1950136**	**12549208**
北京	666530	117213	151298	99663	69565	40813	30063	157915
天津	487402	141888	122303	69539	42072	21197	13185	77218
河北	2508891	589157	517729	390516	187887	115280	77926	630396
山西	1818392	358478	343807	267035	173534	100164	64044	511330
内蒙古	1834846	404225	342867	260433	174356	108776	74047	470142
辽宁	998355	170001	197650	159299	98138	48554	29913	294800
吉林	588256	117089	117128	87217	53299	29273	18646	165604
黑龙江	1217665	286125	241936	158600	98559	57068	36181	339196
上海	1700174	216515	313075	247957	197260	136048	109989	479330
江苏	3134361	653007	739802	550060	295892	168955	121576	605069
浙江	5140354	1190946	1027119	741429	480161	317504	247642	1135553
安徽	1997095	489311	477704	329862	157452	85282	55859	401625
福建	2631968	529273	554822	385208	250058	156154	106137	650316
江西	2309433	688516	559186	372492	184923	93987	56191	354138
山东	2737725	583955	574305	450300	214173	126744	86855	701393
河南	2754067	665585	642068	496416	196968	105664	63831	583535
湖北	1515937	378441	320238	232555	121513	67173	42108	353909
湖南	2514193	667414	570658	369604	187999	113965	72738	531815
广东	3868632	800240	832382	577427	360505	221326	157795	918957
广西	1806377	343084	404165	307766	158483	90395	62079	440405
海南	372145	68698	64576	49378	31009	18420	12995	127069
重庆	1430467	340678	385178	253113	123286	65804	42156	220252
四川	3708838	1089876	897805	586870	289145	146482	91704	606956
贵州	1317681	257422	282359	206109	115953	72607	49537	333694
云南	1943732	424815	401728	286892	165327	100644	74559	489767
西藏	102675	20520	16981	12421	10482	6636	5772	29863
陕西	2039783	524690	474502	317093	181420	100275	62093	379710
甘肃	896091	278838	185061	136218	70044	34224	23501	168205
青海	367363	78624	60037	51309	35904	24092	16052	101345
宁夏	308198	77242	62308	47967	30273	18395	12116	59897
新疆	782499	150341	138963	107491	79173	43881	32846	229804

7-4b 续表 1

单位：人

现住地	离开户口登记地时间							
	省内							
	小计	半年至一年	一年至二年	二年至三年	三年至四年	四年至五年	五年至六年	六年以上
全国	**41934535**	**9267437**	**9141833**	**6705807**	**3572471**	**2054935**	**1365448**	**9826604**
北京	193814	19896	32120	24839	25217	14509	11393	65840
天津	167621	31946	38734	27912	19436	9429	5715	34449
河北	2051055	447021	421122	330625	152490	93961	63751	542085
山西	1668753	308779	318867	250778	161866	92785	59095	476583
内蒙古	1481279	284296	282117	223979	147553	91270	61625	390439
辽宁	857783	142199	171275	138532	83463	40840	24937	256537
吉林	539814	103954	109869	81422	49249	26795	16836	151689
黑龙江	1123452	265856	224432	148831	91531	52535	32951	307316
上海	214115	22857	38013	30407	22698	15424	13590	71126
江苏	1998260	387685	504261	374420	178270	97353	67779	388492
浙江	2096538	308189	403613	327700	197167	131606	99108	629155
安徽	1846469	437018	445599	311163	146056	79130	51499	376004
福建	1869289	330724	384419	280012	181520	112901	75436	504277
江西	2075510	610321	497824	330799	166328	86927	51414	331897
山东	2453240	500845	516649	416074	192731	114109	78037	634795
河南	2659137	639653	615733	484616	189830	101695	61389	566221
湖北	1404044	344079	295638	216085	112305	63063	39120	333754
湖南	2368534	619158	534596	350511	177521	108059	68568	510121
广东	1934669	338360	365862	274492	169507	107611	76972	601865
广西	1625482	295221	364161	282908	143447	81587	55755	402403
海南	260720	38263	43369	34954	20752	13669	9616	100097
重庆	1275765	304753	342735	227479	110304	59034	37358	194102
四川	3421741	1010347	819156	540425	264585	135343	84645	567240
贵州	1140052	220526	248521	182859	100104	62455	41743	283844
云南	1530854	339621	334458	239002	129353	76808	55855	355757
西藏	35176	6488	6446	4384	3585	2093	1760	10420
陕西	1820313	457753	417507	285950	163239	91237	56195	348432
甘肃	782878	254467	168948	125076	63288	31099	21281	118719
青海	292816	55951	49427	43416	29754	19921	12927	81420
宁夏	253554	55546	52458	42140	26412	15990	10546	50462
新疆	491808	85665	93904	74017	52910	25697	18552	141063

7-4b 续表 2

单位：人

现住地	离开户口登记地时间							
	省外							
	小计	半年至一年	一年至二年	二年至三年	三年至四年	四年至五年	五年至六年	六年以上
全　国	**13565590**	**3434770**	**2877907**	**1902432**	**1262342**	**780847**	**584688**	**2722604**
北　京	472716	97317	119178	74824	44348	26304	18670	92075
天　津	319781	109942	83569	41627	22636	11768	7470	42769
河　北	457836	142136	96607	59891	35397	21319	14175	88311
山　西	149639	49699	24940	16257	11668	7379	4949	34747
内蒙古	353567	119929	60750	36454	26803	17506	12422	79703
辽　宁	140572	27802	26375	20767	14675	7714	4976	38263
吉　林	48442	13135	7259	5795	4050	2478	1810	13915
黑龙江	94213	20269	17504	9769	7028	4533	3230	31880
上　海	1486059	193658	275062	217550	174562	120624	96399	408204
江　苏	1136101	265322	235541	175640	117622	71602	53797	216577
浙　江	3043816	882757	623506	413729	282994	185898	148534	506398
安　徽	150626	52293	32105	18699	11396	6152	4360	25621
福　建	762679	198549	170403	105196	68538	43253	30701	146039
江　西	233923	78195	61362	41693	18595	7060	4777	22241
山　东	284485	83110	57656	34226	21442	12635	8818	66598
河　南	94930	25932	26335	11800	7138	3969	2442	17314
湖　北	111893	34362	24600	16470	9208	4110	2988	20155
湖　南	145659	48256	36062	19093	10478	5906	4170	21694
广　东	1933963	461880	466520	302935	190998	113715	80823	317092
广　西	180895	47863	40004	24858	15036	8808	6324	38002
海　南	111425	30435	21207	14424	10257	4751	3379	26972
重　庆	154702	35925	42443	25634	12982	6770	4798	26150
四　川	287097	79529	78649	46445	24560	11139	7059	39716
贵　州	177629	36896	33838	23250	15849	10152	7794	49850
云　南	412878	85194	67270	47890	35974	23836	18704	134010
西　藏	67499	14032	10535	8037	6897	4543	4012	19443
陕　西	219470	66937	56995	31143	18181	9038	5898	31278
甘　肃	113213	24371	16113	11142	6756	3125	2220	49486
青　海	74547	22673	10610	7893	6150	4171	3125	19925
宁　夏	54644	21696	9850	5827	3861	2405	1570	9435
新　疆	290691	64676	45059	33474	26263	18184	14294	88741

7-4c 全国按现住地、离开户口登记地时间分的户口登记地在外乡镇街道的人口(乡村)

单位：人

现住地	离开户口登记地时间							
	合计							
	合计	半年至一年	一年至二年	二年至三年	三年至四年	四年至五年	五年至六年	六年以上
全国	**34973139**	**8536606**	**6834734**	**4595216**	**3007313**	**1874210**	**1343723**	**8781337**
北京	824107	164347	202019	148381	90187	45753	29193	144227
天津	282100	90738	68290	38458	22451	12624	7811	41728
河北	1262823	292139	211136	144881	97246	65179	48246	403996
山西	1457880	389896	241731	162348	111518	70833	47226	434328
内蒙古	1326888	359101	243256	163358	114843	69080	46634	330616
辽宁	1105765	146143	163844	127879	100924	66373	45369	455233
吉林	675156	108743	105189	77852	61661	39865	27547	254299
黑龙江	904752	158533	113145	90046	74345	52728	37285	378670
上海	1188121	158022	222830	183060	147974	96313	73836	306086
江苏	3518151	729815	717290	518707	346985	224011	176060	805283
浙江	3952830	1027412	776922	537387	361327	243540	182693	823549
安徽	894813	251116	188084	113002	66258	40834	28477	207042
福建	1561557	443160	331532	209091	126731	75779	52206	323058
江西	649131	234315	119859	71497	40274	24885	16891	141410
山东	1190667	287872	193302	133086	91441	57680	41847	385439
河南	946746	215597	234773	143775	70470	38899	26077	217155
湖北	1172888	295465	243207	166588	102409	51410	32844	280965
湖南	727393	261528	139368	72802	44466	28354	19244	161631
广东	3082722	732917	742634	460225	270905	158749	110472	606820
广西	817206	190257	162027	102592	67476	40319	30012	224523
海南	305504	61246	52980	40530	23689	15731	11045	100283
重庆	494226	135750	111213	70060	40240	24236	15667	97060
四川	1602931	457115	328963	214554	129226	74157	51379	347537
贵州	962311	226478	194465	116883	76915	48240	34692	264638
云南	1328306	373785	235677	156608	103221	67899	49265	341851
西藏	65946	13566	13516	9291	6823	4294	3254	15202
陕西	728207	251480	162002	94295	49498	27342	17391	126199
甘肃	383440	140359	70954	40926	25641	15146	11236	79178
青海	146591	51354	23171	14672	10494	7525	5570	33805
宁夏	402348	98313	76040	57134	39765	24450	16314	90332
新疆	1011633	190044	145315	115248	91910	61982	47940	359194

7-4c 续表 1 单位：人

现住地	离开户口登记地时间							
	省内							
	小计	半年至一年	一年至二年	二年至三年	三年至四年	四年至五年	五年至六年	六年以上
全国	**20686276**	**4561016**	**3866959**	**2668218**	**1734784**	**1071555**	**753905**	**6029839**
北京	122059	14255	21781	19612	18261	7122	4966	36062
天津	70036	25076	14408	8462	4867	2560	1720	12943
河北	971588	191614	161507	117002	77710	52510	38761	332484
山西	1150968	252311	192789	137994	94599	60147	40082	373046
内蒙古	945562	195032	173297	124011	90015	55079	37062	271066
辽宁	865266	100806	118725	98784	77742	51715	35494	382000
吉林	588004	89902	89071	67679	53902	35014	24376	228060
黑龙江	813357	141123	101571	81281	67429	47635	33573	340745
上海	58378	6975	9139	7850	5662	4175	3117	21460
江苏	1483537	258953	293053	216095	142186	93161	73381	406708
浙江	901619	143212	159718	123449	84548	56816	41432	292444
安徽	699972	177915	150462	89618	51806	31774	21943	176454
福建	719164	167406	154343	106366	59991	34054	22557	174447
江西	514503	175595	88266	51806	33848	21256	14243	129489
山东	902484	211287	150373	104634	68975	43050	30660	293505
河南	835974	184070	208980	128751	61547	33613	22643	196370
湖北	961652	229884	196729	135237	84180	42162	27072	246388
湖南	587692	196649	109126	59727	37379	23704	16125	144982
广东	1151792	222197	268319	171099	94134	53320	37291	305432
广西	664809	136941	123468	83756	56795	34483	25851	203515
海南	211619	35259	34186	27496	17248	11591	8181	77658
重庆	377389	102323	86145	55374	30733	18309	11485	73020
四川	1379118	378396	280024	187033	112166	64322	44737	312440
贵州	753146	152528	145731	92224	62470	40212	28936	231045
云南	1076760	285279	189179	127653	84934	56774	41177	291764
西藏	30233	4166	5765	4280	3310	2210	1540	8962
陕西	573530	183828	123361	77637	41021	22482	14325	110876
甘肃	313461	106055	54792	35419	22692	13513	9952	71038
青海	103754	29132	15730	11455	8402	5998	4625	28412
宁夏	322309	69369	61495	48680	33807	20634	13496	74828
新疆	536541	93478	85426	67754	52425	32160	23102	182196

7-4c 续表 2

单位：人

现住地	离开户口登记地时间							
	省外							
	小计	半年至一年	一年至二年	二年至三年	三年至四年	四年至五年	五年至六年	六年以上
全国	**14286863**	**3975590**	**2967775**	**1926998**	**1272529**	**802655**	**589818**	**2751498**
北京	702048	150092	180238	128769	71926	38631	24227	108165
天津	212064	65662	53882	29996	17584	10064	6091	28785
河北	291235	100525	49629	27879	19536	12669	9485	71512
山西	306912	137585	48942	24354	16919	10686	7144	61282
内蒙古	381326	164069	69959	39347	24828	14001	9572	59550
辽宁	240499	45337	45119	29095	23182	14658	9875	73233
吉林	87152	18841	16118	10173	7759	4851	3171	26239
黑龙江	91395	17410	11574	8765	6916	5093	3712	37925
上海	1129743	151047	213691	175210	142312	92138	70719	284626
江苏	2034614	470862	424237	302612	204799	130850	102679	398575
浙江	3051211	884200	617204	413938	276779	186724	141261	531105
安徽	194841	73201	37622	23384	14452	9060	6534	30588
福建	842393	275754	177189	102725	66740	41725	29649	148611
江西	134628	58720	31593	19691	6426	3629	2648	11921
山东	288183	76585	42929	28452	22466	14630	11187	91934
河南	110772	31527	25793	15024	8923	5286	3434	20785
湖北	211236	65581	46478	31351	18229	9248	5772	34577
湖南	139701	64879	30242	13075	7087	4650	3119	16649
广东	1930930	510720	474315	289126	176771	105429	73181	301388
广西	152397	53316	38559	18836	10681	5836	4161	21008
海南	93885	25987	18794	13034	6441	4140	2864	22625
重庆	116837	33427	25068	14686	9507	5927	4182	24040
四川	223813	78719	48939	27521	17060	9835	6642	35097
贵州	209165	73950	48734	24659	14445	8028	5756	33593
云南	251546	88506	46498	28955	18287	11125	8088	50087
西藏	35713	9400	7751	5011	3513	2084	1714	6240
陕西	154677	67652	38641	16658	8477	4860	3066	15323
甘肃	69979	34304	16162	5507	2949	1633	1284	8140
青海	42837	22222	7441	3217	2092	1527	945	5393
宁夏	80039	28944	14545	8454	5958	3816	2818	15504
新疆	475092	96566	59889	47494	39485	29822	24838	176998

7-5 全国按户口登记地、性别、受教育程度分的户口登记地在外乡镇街道的人口

单位：人

受教育程度	合计			省内		
				省内		
	合计	男	女	小计	男	女
总　计	**250036691**	**131033703**	**119002988**	**167383523**	**84465920**	**82917603**
未上过学	4790711	1370136	3420575	3549013	964048	2584965
小　学	40927350	19860095	21067255	26610954	12555878	14055076
初　中	102449357	55152985	47296372	58779160	29960608	28818552
高　中	56666206	30657546	26008660	42810179	22425624	20384555
大学专科	24819462	12955448	11864014	19804048	10139179	9664869
大学本科	18830869	10158162	8672707	14662627	7761886	6900741
研究生	1552736	879331	673405	1167542	658697	508845

7-5 续表

单位：人

受教育程度	省内			省外		
	其中：市辖区内人户分离					
	小计	男	女	小计	男	女
总　计	**37990720**	**18459120**	**19531600**	**82653168**	**46567783**	**36085385**
未上过学	551770	130722	421048	1241698	406088	835610
小　学	4259092	1964114	2294978	14316396	7304217	7012179
初　中	8688767	4154462	4534305	43670197	25192377	18477820
高　中	10651507	5133153	5518354	13856027	8231922	5624105
大学专科	6665494	3313955	3351539	5015414	2816269	2199145
大学本科	6370355	3314042	3056313	4168242	2396276	1771966
研究生	803735	448672	355063	385194	220634	164560

7-5a 全国按户口登记地、性别、受教育程度分的户口登记地在外乡镇街道的人口(城市)

单位：人

受教育程度	合计			省内		
				省内		
	合计	男	女	小计	男	女
总计	**163638574**	**85369536**	**78269038**	**107686650**	**54145715**	**53540935**
未上过学	2485523	678404	1807119	1789854	454001	1335853
小学	22476125	10911412	11564713	14318922	6744055	7574867
初中	63788760	34371804	29416956	35153667	18025733	17127934
高中	38856706	20599600	18257106	28228031	14471564	13756467
大学专科	19118833	9729109	9389724	15122965	7551131	7571834
大学本科	15478999	8271472	7207527	11992740	6292406	5700334
研究生	1433628	807735	625893	1080471	606825	473646

7-5a 续表

单位：人

受教育程度	省内			省外		
	其中：市辖区内人户分离					
	小计	男	女	小计	男	女
总计	**35637347**	**17218171**	**18419176**	**55951924**	**31223821**	**24728103**
未上过学	501179	114506	386673	695669	224403	471266
小学	3914724	1781202	2133522	8157203	4167357	3989846
初中	8011086	3785243	4225843	28635093	16346071	12289022
高中	10092447	4837435	5255012	10628675	6128036	4500639
大学专科	6327791	3137203	3190588	3995868	2177978	1817890
大学本科	6013544	3128812	2884732	3486259	1979066	1507193
研究生	776576	433770	342806	353157	200910	152247

7-5b 全国按户口登记地、性别、受教育程度分的户口登记地在外乡镇街道的人口(镇)

单位：人

受教育程度	合计			省内		
				省内		
	合计	男	女	小计	男	女
总 计	**52887005**	**27818362**	**25068643**	**39906812**	**20350921**	**19555891**
未上过学	1307128	372953	934175	1072452	291115	781337
小 学	10423866	5026986	5396880	7655820	3597899	4057921
初 中	21708374	11673707	10034667	14574534	7491465	7083069
高 中	13162942	7226974	5935968	11413488	6113408	5300080
大学专科	3810166	2128866	1681300	3211457	1764030	1447427
大学本科	2385115	1334584	1050531	1912805	1052795	860010
研究生	89414	54292	35122	66256	40209	26047

7-5b 续表

单位：人

受教育程度	省内			省外		
	其中：市辖区内人户分离					
	小计	男	女	小计	男	女
总 计	**1137515**	**579926**	**557589**	**12980193**	**7467441**	**5512752**
未上过学	20674	6055	14619	234676	81838	152838
小 学	142917	71182	71735	2768046	1429087	1338959
初 中	284734	145008	139726	7133840	4182242	2951598
高 中	280821	144099	136722	1749454	1113566	635888
大学专科	175873	92162	83711	598709	364836	233873
大学本科	213641	110747	102894	472310	281789	190521
研究生	18855	10673	8182	23158	14083	9075

7-5c 全国按户口登记地、性别、受教育程度分的户口登记地在外乡镇街道的人口(乡村)

单位：人

受教育程度	合计			省内		
				省内		
	合计	男	女	小计	男	女
总　计	**33511112**	**17845805**	**15665307**	**19790061**	**9969284**	**9820777**
未上过学	998060	318779	679281	686707	218932	467775
小　学	8027359	3921697	4105662	4636212	2213924	2422288
初　中	16952223	9107474	7844749	9050959	4443410	4607549
高　中	4646558	2830972	1815586	3168660	1840652	1328008
大学专科	1890463	1097473	792990	1469626	824018	645608
大学本科	966755	552106	414649	757082	416685	340397
研究生	29694	17304	12390	20815	11663	9152

7-5c 续表

单位：人

受教育程度	省内			省外		
	其中：市辖区内人户分离					
	小计	男	女	小计	男	女
总　计	**1215858**	**661023**	**554835**	**13721051**	**7876521**	**5844530**
未上过学	29917	10161	19756	311353	99847	211506
小　学	201451	111730	89721	3391147	1707773	1683374
初　中	392947	224211	168736	7901264	4664064	3237200
高　中	278239	151619	126620	1477898	990320	487578
大学专科	161830	84590	77240	420837	273455	147382
大学本科	143170	74483	68687	209673	135421	74252
研究生	8304	4229	4075	8879	5641	3238

7-6 全国按现住地、受教育程度、性别分的户口登记地在本省其他乡镇街道人口

单位：人

现住地	合计			未上过学		
	合计	男	女	小计	男	女
全　国	**167383523**	**84465920**	**82917603**	**3549013**	**964048**	**2584965**
北　京	3312620	1633008	1679612	41624	9492	32132
天　津	1890395	937887	952508	30118	6997	23121
河　北	6575394	3203768	3371626	84322	24987	59335
山　西	5538217	2824770	2713447	68515	21533	46982
内蒙古	5429898	2751869	2678029	174975	53003	121972
辽　宁	7258261	3569613	3688648	80655	23589	57066
吉　林	3849008	1863383	1985625	54550	17167	37383
黑龙江	4879930	2403607	2476323	94475	31862	62613
上　海	3571643	1740858	1830785	72075	13926	58149
江　苏	10470319	5319005	5151314	186090	41817	144273
浙　江	7727602	3880014	3847588	254982	69920	185062
安　徽	6097818	3077986	3019832	224214	54014	170200
福　建	6426493	3268109	3158384	120718	27015	93703
江　西	4438104	2276122	2161982	93021	21116	71905
山　东	11037286	5636424	5400862	182209	44273	137936
河　南	8756088	4437808	4318280	120098	33897	86201
湖　北	7925861	4004514	3921347	183894	49619	134275
湖　南	6852211	3464913	3387298	74114	19283	54831
广　东	14628264	7594511	7033753	187430	42940	144490
广　西	5174426	2528780	2645646	80938	17791	63147
海　南	1187023	575196	611827	22088	4916	17172
重　庆	4313283	2166245	2147038	89806	22565	67241
四　川	10215950	5163483	5052467	298597	89140	209457
贵　州	3654940	1814621	1840319	159998	37484	122514
云　南	4573233	2388733	2184500	187886	59424	128462
西　藏	92687	45964	46723	23953	9597	14356
陕　西	4707204	2465690	2241514	87062	25314	61748
甘　肃	2574919	1337382	1237537	87868	25874	61994
青　海	779503	401404	378099	80037	29026	51011
宁　夏	1092451	554957	537494	49543	15376	34167
新　疆	2352492	1135296	1217196	53158	21091	32067

7-6 续表 1

单位：人

现住地	小学			初中			高中		
	小计	男	女	小计	男	女	小计	男	女
全国	**26610954**	**12555878**	**14055076**	**58779160**	**29960608**	**28818552**	**42810179**	**22425624**	**20384555**
北京	233867	105640	128227	565793	284549	281244	780185	379125	401060
天津	184262	85920	98342	530689	276709	253980	539796	265346	274450
河北	858355	410729	447626	2276812	1114085	1162727	1934623	968312	966311
山西	851458	411674	439784	2296646	1192158	1104488	1472752	765312	707440
内蒙古	1055582	499578	556004	2139590	1138918	1000672	1136995	593605	543390
辽宁	893266	421391	471875	3065558	1509960	1555598	1545950	772497	773453
吉林	542076	248287	293789	1499739	716124	783615	992547	495552	496995
黑龙江	836585	392924	443661	2119435	1061362	1058073	955209	486944	468265
上海	303256	126041	177215	814295	392232	422063	985671	478517	507154
江苏	1345457	611114	734343	3756541	1898371	1858170	2654410	1435835	1218575
浙江	1488731	711878	776853	2443301	1264020	1179281	1867652	982804	884848
安徽	1020323	469364	550959	2170052	1085058	1084994	1460985	795834	665151
福建	1277600	560933	716667	2330996	1230815	1100181	1468261	794136	674125
江西	885428	406615	478813	1575886	786929	788957	1068313	601298	467015
山东	1268894	596356	672538	3562779	1807144	1755635	3208198	1702244	1505954
河南	1037233	521629	515604	2666738	1357617	1309121	2803740	1454631	1349109
湖北	993582	459221	534361	2823302	1408914	1414388	2272120	1204777	1067343
湖南	996090	481322	514768	2318724	1154198	1164526	1947978	1021149	926829
广东	2119762	991095	1128667	5816893	3029929	2786964	3945137	2150947	1794190
广西	885900	396823	489077	1966774	951371	1015403	1366809	703424	663385
海南	178826	82624	96202	491573	219445	272128	317682	169887	147795
重庆	866501	411077	455424	1480953	772069	708884	1112516	562716	549800
四川	2117884	1018916	1098968	3570437	1854461	1715976	2425406	1248933	1176473
贵州	1019652	477494	542158	1308683	673182	635501	665568	352508	313060
云南	1226020	626136	599884	1452654	812343	640311	998261	515778	482483
西藏	31034	15918	15116	14212	7358	6854	7082	3970	3112
陕西	658036	321829	336207	1548467	834369	714098	1295079	695208	599871
甘肃	455442	218148	237294	845802	448615	397187	687768	372271	315497
青海	211877	108311	103566	202190	111975	90215	151187	79627	71560
宁夏	267425	127737	139688	378567	203972	174595	227861	120401	107460
新疆	500550	239154	261396	745079	362356	382723	514438	252036	262402

7-6 续表 2 单位：人

现住地	大学专科			大学本科			研究生		
	小计	男	女	小计	男	女	小计	男	女
全 国	**19804048**	**10139179**	**9664869**	**14662627**	**7761886**	**6900741**	**1167542**	**658697**	**508845**
北 京	618680	302605	316075	870354	439211	431143	202117	112386	89731
天 津	291149	144083	147066	288380	145105	143275	26001	13727	12274
河 北	881254	419728	461526	513145	252461	260684	26883	13466	13417
山 西	538568	272078	266490	293724	153741	139983	16554	8274	8280
内蒙古	552971	285182	267789	351180	172998	178182	18605	8585	10020
辽 宁	826190	411553	414637	786505	400769	385736	60137	29854	30283
吉 林	377219	191800	185419	359767	182150	177617	23110	12303	10807
黑龙江	413134	210345	202789	438275	208090	230185	22817	12080	10737
上 海	600546	305477	295069	674331	352478	321853	121469	72187	49282
江 苏	1386747	710996	675751	1058259	572310	485949	82815	48562	34253
浙 江	883738	439838	443900	742691	383545	359146	46507	28009	18498
安 徽	716160	370062	346098	476366	285088	191278	29718	18566	11152
福 建	669469	345620	323849	532023	294072	237951	27426	15518	11908
江 西	491394	270871	220523	307930	179715	128215	16132	9578	6554
山 东	1604561	833168	771393	1134787	612746	522041	75858	40493	35365
河 南	1305575	649471	656104	779902	397631	382271	42802	22932	19870
湖 北	952855	502787	450068	652079	351336	300743	48029	27860	20169
湖 南	926035	469878	456157	557370	300902	256468	31900	18181	13719
广 东	1427545	751097	676448	1046129	575871	470258	85368	52632	32736
广 西	546760	280493	266267	311611	169763	141848	15634	9115	6519
海 南	111023	61239	49784	62566	35084	27482	3265	2001	1264
重 庆	432855	224368	208487	309188	161180	148008	21464	12270	9194
四 川	1067677	552921	514756	694054	374253	319801	41895	24859	17036
贵 州	291308	156769	134539	202052	112689	89363	7679	4495	3184
云 南	408067	214988	193079	284710	151218	133492	15635	8846	6789
西 藏	7974	4585	3389	8301	4439	3862	131	97	34
陕 西	662300	340804	321496	423812	230168	193644	32448	17998	14450
甘 肃	286944	155467	131477	199688	110641	89047	11407	6366	5041
青 海	81365	43978	37387	50603	27142	23461	2244	1345	899
宁 夏	105817	54185	51632	60631	31912	28719	2607	1374	1233
新 疆	338168	162743	175425	192214	93178	99036	8885	4738	4147

7-6a 全国按现住地、受教育程度、性别分的户口登记地在本省其他乡镇街道人口(城市)

单位：人

现住地	合计			未上过学		
	合计	男	女	小计	男	女
全国	**107686650**	**54145715**	**53540935**	**1789854**	**454001**	**1335853**
北京	3011411	1483599	1527812	33505	7012	26493
天津	1662324	821930	840394	26683	6009	20674
河北	3692241	1795459	1896782	35725	9349	26376
山西	2870409	1417220	1453189	30390	9094	21296
内蒙古	3137649	1570470	1567179	81605	23649	57956
辽宁	5599896	2770886	2829010	52954	14494	38460
吉林	2768962	1361296	1407666	31165	9640	21525
黑龙江	3019122	1503094	1516028	41283	13172	28111
上海	3310669	1604624	1706045	60564	10601	49963
江苏	7120318	3642943	3477375	122035	26975	95060
浙江	4877265	2431321	2445944	122196	31275	90921
安徽	3665917	1868517	1797400	122816	29623	93193
福建	3963012	2000952	1962060	75191	16170	59021
江西	1998920	1003031	995889	33994	7600	26394
山东	7835858	3972562	3863296	115114	26785	88329
河南	5408966	2718723	2690243	69307	19146	50161
湖北	5651932	2850540	2801392	95992	20206	75786
湖南	4034049	2009305	2024744	34536	9661	24875
广东	11679010	6095668	5583342	130988	29873	101115
广西	3000324	1512019	1488305	37564	9104	28460
海南	739586	366522	373064	11840	2907	8933
重庆	2740198	1373116	1367082	46039	11566	34473
四川	5608235	2821450	2786785	111193	31457	79736
贵州	1866305	937552	928753	67702	17476	50226
云南	2101439	1056870	1044569	55581	17084	38497
西藏	30061	13340	16721	8057	2779	5278
陕西	2428851	1219596	1209255	30223	7739	22484
甘肃	1517341	772295	745046	41474	12205	29269
青海	404438	200855	203583	19972	6437	13535
宁夏	557483	277551	279932	15660	4641	11019
新疆	1384459	672409	712050	28506	10272	18234

7-6a 续表 1

单位：人

现住地	小学			初中			高中		
	小计	男	女	小计	男	女	小计	男	女
全　国	**14318922**	**6744055**	**7574867**	**35153667**	**18025733**	**17127934**	**28228031**	**14471564**	**13756467**
北　京	202331	90731	111600	472787	236509	236278	703142	340366	362776
天　津	154004	70595	83409	443011	231427	211584	494878	242277	252601
河　北	399356	189365	209991	1063273	537624	525649	1082552	534566	547986
山　西	365103	174903	190200	1048527	526366	522161	812378	401546	410832
内蒙古	516560	243036	273524	1162563	609774	552789	736330	371447	364883
辽　宁	577823	272384	305439	2143659	1072523	1071136	1281944	633319	648625
吉　林	308723	145928	162795	948881	467364	481517	793308	391669	401639
黑龙江	374947	178081	196866	1134489	584466	550023	695887	352022	343865
上　海	266312	108009	158303	733669	349451	384218	929865	448780	481085
江　苏	819185	371880	447305	2261588	1180655	1080933	1831508	972008	859500
浙　江	778816	362030	416786	1412988	727453	685535	1202768	625279	577489
安　徽	552006	257177	294829	1224483	628987	595496	847247	451684	395563
福　建	685148	302514	382634	1371118	720047	651071	949941	499881	450060
江　西	341515	157657	183858	653078	322105	330973	529775	279123	250652
山　东	819231	381516	437715	2349804	1189552	1160252	2194446	1143288	1051158
河　南	605011	302730	302281	1518143	783359	734784	1538997	785865	753132
湖　北	649921	297888	352033	1989559	999304	990255	1667098	870568	796530
湖　南	518567	251382	267185	1285448	639359	646089	1111988	565436	546552
广　东	1568424	740321	828103	4534183	2383950	2150233	3241277	1756709	1484568
广　西	431796	205924	225872	1097650	562521	535129	811495	414814	396681
海　南	102868	50920	51948	283626	133646	149980	218697	111984	106713
重　庆	471750	222697	249053	896399	467230	429169	729844	364836	365008
四　川	1014386	486653	527733	1933902	1012461	921441	1352188	675797	676391
贵　州	460157	227130	233027	644559	335982	308577	346516	176855	169661
云　南	425218	213357	211861	677822	358893	318929	504208	246361	257847
西　藏	10714	4932	5782	5424	2400	3024	2171	1044	1127
陕　西	246378	117992	128386	692420	356876	335544	657732	333137	324595
甘　肃	232606	112757	119849	503560	262190	241370	403039	207571	195468
青　海	88979	43834	45145	116281	60618	55663	82950	40851	42099
宁　夏	92841	44153	48688	185586	95642	89944	132501	67357	65144
新　疆	238246	115579	122667	365187	186999	178188	341361	165124	176237

7-6a 续表 2 单位：人

现住地	大学专科			大学本科			研究生		
	小计	男	女	小计	男	女	小计	男	女
全　国	**15122965**	**7551131**	**7571834**	**11992740**	**6292406**	**5700334**	**1080471**	**606825**	**473646**
北　京	574331	280184	294147	826455	418281	408174	198860	110516	88344
天　津	266412	131722	134690	253916	127489	126427	23420	12411	11009
河　北	672119	310157	361962	415152	202603	212549	24064	11795	12269
山　西	375624	180780	194844	224608	117647	106961	13779	6884	6895
内蒙古	371027	185550	185477	254827	130082	124745	14737	6932	7805
辽　宁	742285	369777	372508	742666	379405	363261	58565	28984	29581
吉　林	332250	166980	165270	332211	167796	164415	22424	11919	10505
黑龙江	344435	173313	171122	405788	190279	215509	22293	11761	10532
上　海	568591	288512	280079	637655	331725	305930	114013	67546	46467
江　苏	1127213	570378	556835	882720	476339	406381	76069	44708	31361
浙　江	695845	340601	355244	622179	319158	303021	42473	25525	16948
安　徽	523355	266442	256913	369011	217903	151108	26999	16701	10298
福　建	497476	249660	247816	360214	199232	160982	23924	13448	10476
江　西	270440	137674	132766	159276	92250	67026	10842	6622	4220
山　东	1278403	653454	624949	1007237	539955	467282	71623	38012	33611
河　南	991023	479425	511598	646408	326875	319533	40077	21323	18754
湖　北	719322	371773	347549	485915	265215	220700	44125	25586	18539
湖　南	611593	292922	318671	444337	235227	209110	27580	15318	12262
广　东	1207589	629215	578374	914302	504894	409408	82247	50706	31541
广　西	384612	192038	192574	224176	120015	104161	13031	7603	5428
海　南	76633	41015	35618	43449	24529	18920	2473	1521	952
重　庆	335588	169448	166140	240798	126047	114751	19780	11292	8488
四　川	692810	349183	343627	469992	246219	223773	33764	19680	14084
贵　州	183346	92481	90865	157058	83677	73381	6967	3951	3016
云　南	245446	121294	124152	179529	92345	87184	13635	7536	6099
西　藏	1696	1037	659	1948	1108	840	51	40	11
陕　西	462963	226269	236694	309437	161414	148023	29698	16169	13529
甘　肃	191619	97616	94003	134386	74143	60243	10657	5813	4844
青　海	56339	28369	27970	38029	19655	18374	1888	1091	797
宁　夏	76936	38196	38740	51520	26292	25228	2439	1270	1169
新　疆	245644	115666	129978	157541	74607	82934	7974	4162	3812

7-6b 全国按现住地、受教育程度、性别分的户口登记地在本省其他乡镇街道人口(镇)

单位：人

现住地	合计			未上过学		
	合计	男	女	小计	男	女
全　国	**39906812**	**20350921**	**19555891**	**1072452**	**291115**	**781337**
北　京	185439	92335	93104	3804	1077	2727
天　津	160688	81848	78840	2374	634	1740
河　北	1954387	978632	975755	28704	8486	20218
山　西	1574574	799876	774698	19510	6027	13483
内蒙古	1392437	706047	686390	54254	15781	38473
辽　宁	824433	404190	420243	10433	3232	7201
吉　林	515991	253028	262963	9674	3040	6634
黑龙江	1077906	536990	540916	25939	8308	17631
上　海	205159	105706	99453	7857	2217	5640
江　苏	1923188	973996	949192	37333	8007	29326
浙　江	1993467	1008822	984645	87225	23657	63568
安　徽	1763274	891174	872100	69061	14907	54154
福　建	1773363	902710	870653	32826	7296	25530
江　西	1956764	1015784	940980	46948	10071	36877
山　东	2336456	1205038	1131418	41771	9636	32135
河　南	2538198	1304672	1233526	37183	9931	27252
湖　北	1347709	683746	663963	61090	21546	39544
湖　南	2255160	1157293	1097867	30716	6910	23806
广　东	1834687	947586	887101	37914	8325	29589
广　西	1536525	764942	771583	30557	6332	24225
海　南	245126	123977	121149	4862	1028	3834
重　庆	1214336	607221	607115	32079	7562	24517
四　川	3290601	1681834	1608767	93507	26745	66762
贵　州	1074828	545075	529753	48565	10638	37927
云　南	1447354	756438	690916	67416	19594	47822
西　藏	33335	17079	16256	8869	3731	5138
陕　西	1724073	910146	813927	42947	12076	30871
甘　肃	753776	394536	359240	29882	7981	21901
青　海	275408	144810	130598	47187	18123	29064
宁　夏	235230	122631	112599	11110	3414	7696
新　疆	462940	232759	230181	10855	4803	6052

7-6b 续表 1

单位：人

现住地	小学			初中			高中		
	小计	男	女	小计	男	女	小计	男	女
全国	**7655820**	**3597899**	**4057921**	**14574534**	**7491465**	**7083069**	**11413488**	**6113408**	**5300080**
北京	18471	8521	9950	52783	26912	25871	48100	24693	23407
天津	19532	9580	9952	51721	27244	24477	32748	16926	15822
河北	287070	135757	151313	710771	364904	345867	690272	346292	343980
山西	285535	135429	150106	701468	357312	344156	429350	227809	201541
内蒙古	328504	152961	175543	566096	302304	263792	280255	148718	131537
辽宁	126622	60144	66478	413217	204042	209175	184297	93966	90331
吉林	92480	42934	49546	239544	116835	122709	130438	66231	64207
黑龙江	230921	108981	121940	544404	276915	267489	200234	102698	97536
上海	25674	11916	13758	58104	29850	28254	45205	23710	21495
江苏	270535	122400	148135	759468	370094	389374	592841	332020	260821
浙江	470959	224768	246191	690121	362538	327583	517569	277637	239932
安徽	326096	146368	179728	642495	323578	318917	503280	279492	223788
福建	421628	180111	241517	675199	358522	316677	400480	223109	177371
江西	422176	189287	232889	716623	362847	353776	461428	273354	188074
山东	293972	135985	157987	755822	386626	369196	853035	459160	393875
河南	329118	163406	165712	804452	409943	394509	1077643	564105	513538
湖北	195748	87723	108025	462813	227953	234860	438057	239114	198943
湖南	372152	173521	198631	759367	377056	382311	731230	394796	336434
广东	353335	163866	189469	759366	394844	364522	487741	269080	218661
广西	297680	137782	159898	551735	277673	274062	477956	243698	234258
海南	38573	17999	20574	103689	48107	55582	64350	36238	28112
重庆	294350	137624	156726	438925	228578	210347	307041	157889	149152
四川	703771	340761	363010	1123851	582260	541591	896952	471318	425634
贵州	306556	145680	160876	375234	197782	177452	243648	130872	112776
云南	398316	203374	194942	434255	242454	191801	380659	198356	182303
西藏	9245	4891	4354	4287	2328	1959	2866	1706	1160
陕西	322705	154469	168236	635867	340134	295733	494407	271426	222981
甘肃	148411	69598	78813	238209	127566	110643	233251	130623	102628
青海	87856	46186	41670	58313	34742	23571	54854	29751	25103
宁夏	67414	31784	35630	86603	47892	38711	50444	27741	22703
新疆	110415	54093	56322	159732	81630	78102	102857	50880	51977

7-6b 续表 2 单位：人

现住地	大学专科			大学本科			研究生		
	小计	男	女	小计	男	女	小计	男	女
全　国	**3211457**	**1764030**	**1447427**	**1912805**	**1052795**	**860010**	**66256**	**40209**	**26047**
北　京	29592	15125	14467	29943	14421	15522	2746	1586	1160
天　津	20617	10343	10274	31394	15954	15440	2302	1167	1135
河　北	150982	79264	71718	84159	42470	41689	2429	1459	970
山　西	92795	50096	42699	43679	22124	21555	2237	1079	1158
内蒙古	117069	63486	53583	45071	22147	22924	1188	650	538
辽　宁	56371	27318	29053	32241	14821	17420	1252	667	585
吉　林	27336	14772	12564	16176	8995	7181	343	221	122
黑龙江	54057	28850	25207	21956	10986	10970	395	252	143
上　海	26828	14169	12659	34299	19375	14924	7192	4469	2723
江　苏	146844	81462	65382	112653	58080	54573	3514	1933	1581
浙　江	141100	74079	67021	83332	44193	39139	3161	1950	1211
安　徽	134618	71681	62937	85488	53623	31865	2236	1525	711
福　建	119624	66318	53306	121375	66064	55311	2231	1290	941
江　西	175542	103028	72514	129247	74582	54665	4800	2615	2185
山　东	273417	147019	126398	114775	64492	50283	3664	2120	1544
河　南	201245	108793	92452	86404	47194	39210	2153	1300	853
湖　北	111217	66517	44700	76974	39770	37204	1810	1123	687
湖　南	258813	145588	113225	98880	56784	42096	4002	2638	1364
广　东	119473	67442	52031	75085	42849	32236	1773	1180	593
广　西	120708	66665	54043	56042	31574	24468	1847	1218	629
海　南	19686	12086	7600	13294	8102	5192	672	417	255
重　庆	79361	44072	35289	61052	30632	30420	1528	864	664
四　川	290766	155883	134883	174917	100390	74527	6837	4477	2360
贵　州	68832	39921	28911	31471	19778	11693	522	404	118
云　南	90925	51471	39454	74220	40195	34025	1563	994	569
西　藏	3573	2041	1532	4432	2336	2096	63	46	17
陕　西	137548	77130	60418	88400	53441	34959	2199	1470	729
甘　肃	56480	32650	23830	47068	25756	21312	475	362	113
青　海	17491	10399	7092	9396	5389	4007	311	220	91
宁　夏	14496	8613	5883	5067	3126	1941	96	61	35
新　疆	54051	27749	26302	24315	13152	11163	715	452	263

7-6c 全国按现住地、受教育程度、性别分的户口登记地在本省其他乡镇街道人口(乡村)

单位：人

现住地	合计			未上过学		
	合计	男	女	小计	男	女
全国	**19790061**	**9969284**	**9820777**	**686707**	**218932**	**467775**
北京	115770	57074	58696	4315	1403	2912
天津	67383	34109	33274	1061	354	707
河北	928766	429677	499089	19893	7152	12741
山西	1093234	607674	485560	18615	6412	12203
内蒙古	899812	475352	424460	39116	13573	25543
辽宁	833932	394537	439395	17268	5863	11405
吉林	564055	249059	314996	13711	4487	9224
黑龙江	782902	363523	419379	27253	10382	16871
上海	55815	30528	25287	3654	1108	2546
江苏	1426813	702066	724747	26722	6835	19887
浙江	856870	439871	416999	45561	14988	30573
安徽	668627	318295	350332	32337	9484	22853
福建	690118	364447	325671	12701	3549	9152
江西	482420	257307	225113	12079	3445	8634
山东	864972	458824	406148	25324	7852	17472
河南	808924	414413	394511	13608	4820	8788
湖北	926220	470228	455992	26812	7867	18945
湖南	563002	298315	264687	8862	2712	6150
广东	1114567	551257	563310	18528	4742	13786
广西	637577	251819	385758	12817	2355	10462
海南	202311	84697	117614	5386	981	4405
重庆	358749	185908	172841	11688	3437	8251
四川	1317114	660199	656915	93897	30938	62959
贵州	713807	331994	381813	43731	9370	34361
云南	1024440	575425	449015	64889	22746	42143
西藏	29291	15545	13746	7027	3087	3940
陕西	554280	335948	218332	13892	5499	8393
甘肃	303802	170551	133251	16512	5688	10824
青海	99657	55739	43918	12878	4466	8412
宁夏	299738	154775	144963	22773	7321	15452
新疆	505093	230128	274965	13797	6016	7781

7-6c 续表 1 单位：人

现住地	小学			初中			高中		
	小计	男	女	小计	男	女	小计	男	女
全国	**4636212**	**2213924**	**2422288**	**9050959**	**4443410**	**4607549**	**3168660**	**1840652**	**1328008**
北京	13065	6388	6677	40223	21128	19095	28943	14066	14877
天津	10726	5745	4981	35957	18038	17919	12170	6143	6027
河北	171929	85607	86322	502768	211557	291211	161799	87454	74345
山西	200820	101342	99478	546651	308480	238171	231024	135957	95067
内蒙古	210518	103581	106937	410931	226840	184091	120410	73440	46970
辽宁	188821	88863	99958	508682	233395	275287	79709	45212	34497
吉林	140873	59425	81448	311314	131925	179389	68801	37652	31149
黑龙江	230717	105862	124855	440542	199981	240561	59088	32224	26864
上海	11270	6116	5154	22522	12931	9591	10601	6027	4574
江苏	255737	116834	138903	735485	347622	387863	230061	131807	98254
浙江	238956	125080	113876	340192	174029	166163	147315	79888	67427
安徽	142221	65819	76402	303074	132493	170581	110458	64658	45800
福建	170824	78308	92516	284679	152246	132433	117840	71146	46694
江西	121737	59671	62066	206185	101977	104208	77110	48821	28289
山东	155691	78855	76836	457153	230966	226187	160717	99796	60921
河南	103104	55493	47611	344143	164315	179828	187100	104661	82439
湖北	147913	73610	74303	370930	181657	189273	166965	95095	71870
湖南	105371	56419	48952	273909	137783	136126	104760	60917	43843
广东	198003	86908	111095	523344	251135	272209	216119	125158	90961
广西	156424	53117	103307	317389	111177	206212	77358	44912	32446
海南	37385	13705	23680	104258	37692	66566	34635	21665	12970
重庆	100401	50756	49645	145629	76261	69368	75631	39991	35640
四川	399727	191502	208225	512684	259740	252944	176266	101818	74448
贵州	252939	104684	148255	288890	139418	149472	75404	44781	30623
云南	402486	209405	193081	340577	210996	129581	113394	71061	42333
西藏	11075	6095	4980	4501	2630	1871	2045	1220	825
陕西	88953	49368	39585	220180	137359	82821	142940	90645	52295
甘肃	74425	35793	38632	104033	58859	45174	51478	34077	17401
青海	35042	18291	16751	27596	16615	10981	13383	9025	4358
宁夏	107170	51800	55370	106378	60438	45940	44916	25303	19613
新疆	151889	69482	82407	220160	93727	126433	70220	36032	34188

7-6c 续表 2

单位：人

现住地	大学专科			大学本科			研究生		
	小计	男	女	小计	男	女	小计	男	女
全 国	**1469626**	**824018**	**645608**	**757082**	**416685**	**340397**	**20815**	**11663**	**9152**
北 京	14757	7296	7461	13956	6509	7447	511	284	227
天 津	4120	2018	2102	3070	1662	1408	279	149	130
河 北	58153	30307	27846	13834	7388	6446	390	212	178
山 西	70149	41202	28947	25437	13970	11467	538	311	227
内蒙古	64875	36146	28729	51282	20769	30513	2680	1003	1677
辽 宁	27534	14458	13076	11598	6543	5055	320	203	117
吉 林	17633	10048	7585	11380	5359	6021	343	163	180
黑龙江	14642	8182	6460	10531	6825	3706	129	67	62
上 海	5127	2796	2331	2377	1378	999	264	172	92
江 苏	112690	59156	53534	62886	37891	24995	3232	1921	1311
浙 江	46793	25158	21635	37180	20194	16986	873	534	339
安 徽	58187	31939	26248	21867	13562	8305	483	340	143
福 建	52369	29642	22727	50434	28776	21658	1271	780	491
江 西	45412	30169	15243	19407	12883	6524	490	341	149
山 东	52741	32695	20046	12775	8299	4476	571	361	210
河 南	113307	61253	52054	47090	23562	23528	572	309	263
湖 北	122316	64497	57819	89190	46351	42839	2094	1151	943
湖 南	55629	31368	24261	14153	8891	5262	318	225	93
广 东	100483	54440	46043	56742	28128	28614	1348	746	602
广 西	41440	21790	19650	31393	18174	13219	756	294	462
海 南	14704	8138	6566	5823	2453	3370	120	63	57
重 庆	17906	10848	7058	7338	4501	2837	156	114	42
四 川	84101	47855	36246	49145	27644	21501	1294	702	592
贵 州	39130	24367	14763	13523	9234	4289	190	140	50
云 南	71696	42223	29473	30961	18678	12283	437	316	121
西 藏	2705	1507	1198	1921	995	926	17	11	6
陕 西	61789	37405	24384	25975	15313	10662	551	359	192
甘 肃	38845	25201	13644	18234	10742	7492	275	191	84
青 海	7535	5210	2325	3178	2098	1080	45	34	11
宁 夏	14385	7376	7009	4044	2494	1550	72	43	29
新 疆	38473	19328	19145	10358	5419	4939	196	124	72

7-7 全国按现住地、受教育程度、性别分的户口登记地在外省人口

单位：人

现住地	合计			未上过学		
	合计	男	女	小计	男	女
全国	**82653168**	**46567783**	**36085385**	**1241698**	**406088**	**835610**
北京	6808673	3696734	3111939	54449	15189	39260
天津	2925127	1877425	1047702	29783	12602	17181
河北	1349443	768210	581233	22163	6205	15958
山西	893185	579965	313220	14641	5098	9543
内蒙古	1385004	907022	477982	44645	18490	26155
辽宁	1719411	957629	761782	22962	7570	15392
吉林	440004	238519	201485	7029	2473	4556
黑龙江	490380	276588	213792	11006	3957	7049
上海	8589037	4655013	3934024	155947	45918	110029
江苏	7113131	3906285	3206846	104934	32785	72149
浙江	11277661	6261186	5016475	236988	76364	160624
安徽	688211	388368	299843	19502	5899	13603
福建	4123469	2346918	1776551	56266	18938	37328
江西	579254	332132	247122	6822	2314	4508
山东	2032398	1128384	904014	41353	11074	30279
河南	569466	331556	237910	10408	2986	7422
湖北	973510	546215	427295	18439	6464	11975
湖南	699085	389851	309234	7516	2402	5114
广东	20874369	11613034	9261335	138225	46114	92111
广西	798261	464331	333930	10838	3252	7586
海南	561190	325954	235236	8829	2891	5938
重庆	911159	493713	417446	16381	3971	12410
四川	1089052	611205	477847	21007	5497	15510
贵州	723837	436268	287569	18251	6272	11979
云南	1170650	726575	444075	30676	11789	18887
西藏	162287	100123	62164	9625	4900	4725
陕西	941444	572405	369039	11495	4230	7265
甘肃	414438	249711	164727	10088	3414	6674
青海	303200	196799	106401	16255	7354	8901
宁夏	348024	210106	137918	12539	4580	7959
新疆	1698808	979559	719249	72636	25096	47540

7-7 续表 1

单位：人

现住地	小学			初中			高中		
	小计	男	女	小计	男	女	小计	男	女
全 国	**14316396**	**7304217**	**7012179**	**43670197**	**25192377**	**18477820**	**13856027**	**8231922**	**5624105**
北 京	638816	323791	315025	3126362	1839333	1287029	1330972	693139	637833
天 津	480116	302600	177516	1586403	1050714	535689	542171	344798	197373
河 北	247681	126459	121222	646948	385031	261917	202527	119074	83453
山 西	170959	96213	74746	487927	332988	154939	126111	84982	41129
内蒙古	298606	177443	121163	718843	488963	229880	197588	138472	59116
辽 宁	334469	174749	159720	900464	516547	383917	215517	120895	94622
吉 林	70347	35742	34605	187044	105618	81426	57732	32880	24852
黑龙江	90096	48116	41980	214234	124905	89329	60391	34972	25419
上 海	1298048	629615	668433	4530337	2543148	1987189	1397246	777598	619648
江 苏	1328250	650043	678207	3850882	2153958	1696924	1237097	714428	522669
浙 江	2972175	1487820	1484355	6439105	3693680	2745425	1176671	728699	447972
安 徽	124177	59412	64765	299464	164786	134678	109150	70894	38256
福 建	968900	481385	487515	2393397	1401753	991644	499851	320721	179130
江 西	71081	37806	33275	184644	104653	79991	97816	60691	37125
山 东	321725	157555	164170	895583	513559	382024	420514	249038	171476
河 南	76420	39032	37388	243918	144703	99215	118107	75306	42801
湖 北	149103	78000	71103	374192	210295	163897	169391	101295	68096
湖 南	95361	48976	46385	266233	145489	120744	137836	82627	55209
广 东	2596309	1296022	1300287	12416056	6893868	5522188	4255530	2525025	1730505
广 西	137416	69743	67673	368728	214075	154653	154753	99005	55748
海 南	96139	50655	45484	237504	145680	91824	102988	63746	39242
重 庆	164029	76290	87739	309049	168099	140950	171001	99506	71495
四 川	185846	88617	97229	382537	214120	168417	217917	130974	86943
贵 州	172974	93058	79916	350239	216032	134207	109227	73685	35542
云 南	333336	188782	144554	531212	343698	187514	164180	112066	52114
西 藏	42032	24818	17214	73686	45760	27926	25275	16569	8706
陕 西	116972	66625	50347	364645	233141	131504	177985	113877	64108
甘 肃	74531	40259	34272	176544	109091	67453	74551	48364	26187
青 海	70068	41961	28107	138467	93462	45005	48170	34029	14141
宁 夏	83191	45225	37966	169942	107364	62578	45912	29904	16008
新 疆	507223	267405	239818	805608	487864	317744	211850	134663	77187

7-7 续表 2 单位：人

现住地	大学专科			大学本科			研究生		
	小计	男	女	小计	男	女	小计	男	女
全　国	**5015414**	**2816269**	**2199145**	**4168242**	**2396276**	**1771966**	**385194**	**220634**	**164560**
北　京	750180	354111	396069	808527	417318	391209	99367	53853	45514
天　津	181086	107518	73568	97808	54777	43031	7760	4416	3344
河　北	120386	66513	53873	103919	61464	42455	5819	3464	2355
山　西	43288	27634	15654	47298	31186	16112	2961	1864	1097
内蒙古	73961	50130	23831	48331	31723	16608	3030	1801	1229
辽　宁	99002	54496	44506	135003	77239	57764	11994	6133	5861
吉　林	28698	15619	13079	83971	43843	40128	5183	2344	2839
黑龙江	37611	21029	16582	73121	41386	31735	3921	2223	1698
上　海	571413	298339	273074	561253	316401	244852	74793	43994	30799
江　苏	344985	202002	142983	221746	138029	83717	25237	15040	10197
浙　江	286220	171543	114677	151930	94288	57642	14572	8792	5780
安　徽	60731	38455	22276	69730	45483	24247	5457	3439	2018
福　建	118216	72280	45936	79388	47718	31670	7451	4123	3328
江　西	129464	77736	51728	85014	46452	38562	4413	2480	1933
山　东	199263	109438	89825	145481	83035	62446	8479	4685	3794
河　南	53989	32351	21638	62786	34923	27863	3838	2255	1583
湖　北	106681	61365	45316	145078	82788	62290	10626	6008	4618
湖　南	82060	46948	35112	103627	59575	44052	6452	3834	2618
广　东	1001304	566907	434397	438121	267089	171032	28824	18009	10815
广　西	64956	40406	24550	56257	34872	21385	5313	2978	2335
海　南	63870	34827	29043	49724	26930	22794	2136	1225	911
重　庆	114978	68974	46004	127050	71984	55066	8671	4889	3782
四　川	118625	72940	45685	149550	90977	58573	13570	8080	5490
贵　州	39681	26515	13166	30619	19033	11586	2846	1673	1173
云　南	54586	36913	17673	52496	31011	21485	4164	2316	1848
西　藏	6857	4563	2294	4530	3283	1247	282	230	52
陕　西	131402	73356	58046	129384	75866	53518	9561	5310	4251
甘　肃	29942	18682	11260	44458	27370	17088	4324	2531	1793
青　海	17070	11608	5462	12290	7819	4471	880	566	314
宁　夏	18474	11921	6553	17185	10663	6522	781	449	332
新　疆	66435	41150	25285	32567	21751	10816	2489	1630	859

7-7a 全国按现住地、受教育程度、性别分的户口登记地在外省人口(城市)

单位：人

现住地	合计			未上过学		
	合计	男	女	小计	男	女
全国	**55951924**	**31223821**	**24728103**	**695669**	**224403**	**471266**
北京	5674536	3036910	2637626	42715	11191	31524
天津	2410083	1572689	837394	23147	10011	13136
河北	629553	357789	271764	8516	2599	5917
山西	451952	271908	180044	6982	2452	4530
内蒙古	677364	425415	251949	19714	8279	11435
辽宁	1352325	756660	595665	16213	5458	10755
吉林	309897	167649	142248	3575	1257	2318
黑龙江	311454	178592	132862	4399	1584	2815
上海	6108012	3258892	2849120	97328	26223	71105
江苏	4060575	2259960	1800615	59729	19737	39992
浙江	5484915	3029455	2455460	106881	34665	72216
安徽	357032	221168	135864	7056	2491	4565
福建	2587995	1441163	1146832	37927	12239	25688
江西	223510	126411	97099	2170	613	1557
山东	1483479	839677	643802	21230	6229	15001
河南	370219	221044	149175	5437	1697	3740
湖北	664313	381237	283076	9357	3107	6250
湖南	424239	236843	187396	4193	1455	2738
广东	17117983	9430028	7687955	109040	36006	73034
广西	480763	282732	198031	5789	1865	3924
海南	364751	207490	157261	4872	1528	3344
重庆	653168	362369	290799	9689	2599	7090
四川	595238	336019	259219	8823	2556	6267
贵州	356627	206819	149808	9740	3202	6538
云南	544010	320191	223819	11992	4384	7608
西藏	61285	35673	25612	3499	1645	1854
陕西	580069	328999	251070	5898	1781	4117
甘肃	236844	138565	98279	5253	1784	3469
青海	189539	114801	74738	7384	3177	4207
宁夏	219620	126279	93341	6332	2107	4225
新疆	970574	550394	420180	30789	10482	20307

7-7a 续表 1 单位：人

现住地	小学			初中			高中		
	小计	男	女	小计	男	女	小计	男	女
全国	**8157203**	**4167357**	**3989846**	**28635093**	**16346071**	**12289022**	**10628675**	**6128036**	**4500639**
北京	503518	250905	252613	2435508	1416757	1018751	1166603	600649	565954
天津	382986	245794	137192	1274963	862192	412771	482901	311843	171058
河北	96574	51274	45300	267389	160244	107145	112741	63274	49467
山西	79926	44053	35873	227068	140562	86506	73228	44214	29014
内蒙古	141615	83524	58091	356819	232645	124174	95142	60411	34731
辽宁	237220	125211	112009	682321	394685	287636	190467	104931	85536
吉林	39106	20195	18911	112765	64371	48394	44822	24840	19982
黑龙江	40142	21832	18310	117269	70604	46665	44393	25625	18768
上海	807648	383703	423945	3068835	1706753	1362082	1080749	576174	504575
江苏	631793	320358	311435	2019454	1147465	871989	884656	495494	389162
浙江	1229839	616516	613323	3105862	1758008	1347854	712298	425934	286364
安徽	46373	25772	20601	129473	81296	48177	68333	44558	23775
福建	560261	273887	286374	1494313	853874	640439	349000	215347	133653
江西	20921	10784	10137	56028	31301	24727	47412	27063	20349
山东	191488	99553	91935	622613	363586	259027	351278	206351	144927
河南	45472	24239	21233	142142	89543	52599	77820	48339	29481
湖北	89798	47080	42718	239967	140818	99149	126161	76171	49990
湖南	50203	25675	24528	134487	76049	58438	83671	48562	35109
广东	1963004	975392	987612	10007840	5486433	4521407	3690294	2157942	1532352
广西	74293	38834	35459	209105	124451	84654	104257	64690	39567
海南	57417	29926	27491	144148	86283	57865	77455	45787	31668
重庆	100655	49368	51287	202699	114624	88075	133872	77028	56844
四川	86776	43880	42896	195053	111283	83770	126639	73060	53579
贵州	85923	45642	40281	155593	93416	62177	56646	35605	21041
云南	139021	74699	64322	241893	149113	92780	82873	52513	30360
西藏	13896	7958	5938	28613	16691	11922	10518	6326	4192
陕西	57971	29933	28038	190652	112879	77773	108289	64697	43592
甘肃	41948	22000	19948	105860	63390	42470	42828	26655	16173
青海	42034	23550	18484	88236	55176	33060	30081	19518	10563
宁夏	48836	25473	23363	106416	63340	43076	30642	18768	11874
新疆	250546	130347	120199	471709	278239	193470	142606	85667	56939

7-7a 续表 2

单位：人

现住地	大学专科			大学本科			研究生		
	小计	男	女	小计	男	女	小计	男	女
全　国	**3995868**	**2177978**	**1817890**	**3486259**	**1979066**	**1507193**	**353157**	**200910**	**152247**
北　京	669830	313474	356356	759567	391540	368027	96795	52394	44401
天　津	160256	95158	65098	79243	43907	35336	6587	3784	2803
河　北	72111	38622	33489	68557	39693	28864	3665	2083	1582
山　西	26161	15262	10899	36278	23881	12397	2309	1484	825
内蒙古	34027	21170	12857	28013	18197	9816	2034	1189	845
辽　宁	88162	48225	39937	126371	72262	54109	11571	5888	5683
吉　林	24538	13027	11511	80015	41687	38328	5076	2272	2804
黑龙江	31858	17824	14034	69540	38949	30591	3853	2174	1679
上　海	476061	241708	234353	506592	282780	223812	70799	41551	29248
江　苏	260702	150144	110558	181767	113351	68416	22474	13411	9063
浙　江	199577	115487	84090	117709	71265	46444	12749	7580	5169
安　徽	42589	26576	16013	58297	37431	20866	4911	3044	1867
福　建	87980	51169	36811	52293	31270	21023	6221	3377	2844
江　西	59206	35231	23975	36112	20391	15721	1661	1028	633
山　东	163158	88434	74724	126178	71413	54765	7534	4111	3423
河　南	43366	25753	17613	52525	29452	23073	3457	2021	1436
湖　北	80421	45108	35313	108522	63315	45207	10087	5638	4449
湖　南	55995	30155	25840	89811	51513	38298	5879	3434	2445
广　东	911873	509735	402138	408551	247460	161091	27381	17060	10321
广　西	44830	27065	17765	38086	23319	14767	4403	2508	1895
海　南	48134	26083	22051	31001	16911	14090	1724	972	752
重　庆	94392	55725	38667	103558	58357	45201	8303	4668	3635
四　川	78625	46995	31630	88437	51994	36443	10885	6251	4634
贵　州	22868	14005	8863	23222	13435	9787	2635	1514	1121
云　南	30389	18782	11607	34573	18885	15688	3269	1815	1454
西　藏	2890	1741	1149	1708	1180	528	161	132	29
陕　西	99760	53769	45991	108335	60925	47410	9164	5015	4149
甘　肃	15179	9021	6158	21696	13366	8330	4080	2349	1731
青　海	11278	7101	4177	9742	5796	3946	784	483	301
宁　夏	12101	7532	4569	14619	8693	5926	674	366	308
新　疆	47551	27897	19654	25341	16448	8893	2032	1314	718

7-7b 全国按现住地、受教育程度、性别分的户口登记地在外省人口(镇)

单位：人

现住地	合计			未上过学		
	合计	男	女	小计	男	女
全国	**12980193**	**7467441**	**5512752**	**234676**	**81838**	**152838**
北京	456381	261487	194894	3739	1141	2598
天津	310265	177138	133127	3006	1209	1797
河北	439271	259425	179846	6030	1937	4093
山西	143249	94879	48370	2275	1010	1265
内蒙古	336523	214855	121668	12382	4984	7398
辽宁	134855	75454	59401	1992	690	1302
吉林	46402	26034	20368	1179	413	766
黑龙江	90580	52504	38076	2877	979	1898
上海	1409386	790546	618840	29634	9837	19797
江苏	1092535	598646	493889	13753	4200	9553
浙江	2895637	1603095	1292542	60388	19674	40714
安徽	144079	84659	59420	4148	1400	2748
福建	728799	424496	304303	8543	3056	5487
江西	226604	132709	93895	2578	960	1618
山东	272466	154514	117952	6409	2098	4311
河南	91761	57105	34656	1642	457	1185
湖北	106782	59184	47598	2717	1086	1631
湖南	139839	80886	58953	1241	386	855
广东	1874066	1084490	789576	13681	4910	8771
广西	170649	101267	69382	2619	824	1795
海南	106930	66510	40420	1827	670	1157
重庆	147827	79834	67993	2830	723	2107
四川	277461	161592	115869	4069	1363	2706
贵州	166287	98145	68142	3866	1367	2499
云南	386032	239291	146741	11885	4555	7330
西藏	65784	40131	25653	3986	2001	1985
陕西	210793	136977	73816	3243	1202	2041
甘肃	109356	64061	45295	2118	659	1459
青海	71581	49510	22071	6096	3031	3065
宁夏	52141	35170	16971	1932	790	1142
新疆	275872	162847	113025	11991	4226	7765

7-7b 续表 1

单位：人

现住地	小学			初中			高中		
	小计	男	女	小计	男	女	小计	男	女
全 国	**2768046**	**1429087**	**1338959**	**7133840**	**4182242**	**2951598**	**1749454**	**1113566**	**635888**
北 京	46263	24706	21557	255118	155478	99640	78170	42655	35515
天 津	49456	28954	20502	182098	105635	76463	41016	21140	19876
河 北	75823	39690	36133	219238	133445	85793	67290	41707	25583
山 西	28053	16742	11311	79813	55094	24719	19214	13426	5788
内蒙古	78344	45117	33227	169605	112885	56720	47482	32645	14837
辽 宁	30604	16529	14075	80715	45972	34743	10809	6567	4242
吉 林	9650	5072	4578	25998	14795	11203	6190	3720	2470
黑龙江	21688	11832	9856	49565	29965	19600	10737	6377	4360
上 海	253592	126596	126996	798180	452826	345354	208734	130502	78232
江 苏	228873	110387	118486	660742	365555	295187	133358	83814	49544
浙 江	829374	413145	416229	1678235	960802	717433	254078	162914	91164
安 徽	28976	15462	13514	68876	39978	28898	23248	15306	7942
福 建	170876	86026	84850	432042	258033	174009	83289	56415	26874
江 西	26267	14457	11810	73837	44363	29474	37212	24684	12528
山 东	49654	25305	24349	124608	71946	52662	44627	27807	16820
河 南	11613	6180	5433	41573	26220	15353	25846	17856	7990
湖 北	17372	9295	8077	41209	22734	18475	17414	10151	7263
湖 南	19434	10328	9106	55191	31208	23983	33975	21048	12927
广 东	319565	163544	156021	1200586	698771	501815	278410	178189	100221
广 西	33070	17351	15719	81445	48036	33409	33374	21948	11426
海 南	19477	10810	8667	47333	31430	15903	14946	10570	4376
重 庆	28746	13627	15119	55198	29531	25667	23310	13737	9573
四 川	41922	22068	19854	91293	51968	39325	63188	37983	25205
贵 州	41072	21812	19260	85166	50632	34534	25189	16911	8278
云 南	122000	69627	52373	178573	114491	64082	49357	34438	14919
西 藏	17244	9766	7478	30436	18821	11615	10122	6736	3386
陕 西	35111	20578	14533	100505	66927	33578	38620	26362	12258
甘 肃	16996	9037	7959	37608	22438	15170	21408	13363	8045
青 海	18633	11933	6700	31320	22770	8550	10925	8337	2588
宁 夏	11871	7078	4793	25829	18081	7748	7323	5372	1951
新 疆	86427	46033	40394	131905	81412	50493	30593	20886	9707

7-7b 续表 2

单位：人

现住地	大学专科			大学本科			研究生		
	小计	男	女	小计	男	女	小计	男	女
全　国	**598709**	**364836**	**233873**	**472310**	**281789**	**190521**	**23158**	**14083**	**9075**
北　京	44702	22279	22423	26535	14190	12345	1854	1038	816
天　津	17177	10181	6996	16492	9502	6990	1020	517	503
河　北	38540	22431	16109	30363	18941	11422	1987	1274	713
山　西	7105	4621	2484	6317	3739	2578	472	247	225
内蒙古	18677	12490	6187	9659	6501	3158	374	233	141
辽　宁	5795	3087	2708	4603	2426	2177	337	183	154
吉　林	2013	1199	814	1328	804	524	44	31	13
黑龙江	4118	2357	1761	1543	956	587	52	38	14
上　海	70501	41187	29314	45190	27434	17756	3555	2164	1391
江　苏	35751	22443	13308	18692	11498	7194	1366	749	617
浙　江	51018	31775	19243	21390	14013	7377	1154	772	382
安　徽	10343	6690	3653	8083	5529	2554	405	294	111
福　建	16530	11091	5439	16809	9448	7361	710	427	283
江　西	41554	24925	16629	42635	21987	20648	2521	1333	1188
山　东	29320	16844	12476	17052	10030	7022	796	484	312
河　南	5616	3447	2169	5210	2788	2422	261	157	104
湖　北	10871	7144	3727	16958	8612	8346	241	162	79
湖　南	17505	10910	6595	12004	6668	5336	489	338	151
广　东	44417	27797	16620	16646	10791	5855	761	488	273
广　西	12157	8223	3934	7707	4689	3018	277	196	81
海　南	6277	4005	2272	16759	8838	7921	311	187	124
重　庆	15671	9782	5889	21758	12254	9504	314	180	134
四　川	26592	16342	10250	48386	30460	17926	2011	1408	603
贵　州	7035	4720	2315	3831	2611	1220	128	92	36
云　南	12720	9007	3713	10802	6835	3967	695	338	357
西　藏	2362	1574	788	1556	1167	389	78	66	12
陕　西	17572	10653	6919	15493	11068	4425	249	187	62
甘　肃	10116	5971	4145	20901	12437	8464	209	156	53
青　海	3108	2311	797	1442	1078	364	57	50	7
宁　夏	3507	2541	966	1613	1257	356	66	51	15
新　疆	10039	6809	3230	4553	3238	1315	364	243	121

7-7c 全国按现住地、受教育程度、性别分的户口登记地在外省人口(乡村)

单位：人

现住地	合计			未上过学		
	合计	男	女	小计	男	女
全　国	**13721051**	**7876521**	**5844530**	**311353**	**99847**	**211506**
北　京	677756	398337	279419	7995	2857	5138
天　津	204779	127598	77181	3630	1382	2248
河　北	280619	150996	129623	7617	1669	5948
山　西	297984	213178	84806	5384	1636	3748
内蒙古	371117	266752	104365	12549	5227	7322
辽　宁	232231	125515	106716	4757	1422	3335
吉　林	83705	44836	38869	2275	803	1472
黑龙江	88346	45492	42854	3730	1394	2336
上　海	1071639	605575	466064	28985	9858	19127
江　苏	1960021	1047679	912342	31452	8848	22604
浙　江	2897109	1628636	1268473	69719	22025	47694
安　徽	187100	82541	104559	8298	2008	6290
福　建	806675	481259	325416	9796	3643	6153
江　西	129140	73012	56128	2074	741	1333
山　东	276453	134193	142260	13714	2747	10967
河　南	107486	53407	54079	3329	832	2497
湖　北	202415	105794	96621	6365	2271	4094
湖　南	135007	72122	62885	2082	561	1521
广　东	1882320	1098516	783804	15504	5198	10306
广　西	146849	80332	66517	2430	563	1867
海　南	89509	51954	37555	2130	693	1437
重　庆	110164	51510	58654	3862	649	3213
四　川	216353	113594	102759	8115	1578	6537
贵　州	200923	131304	69619	4645	1703	2942
云　南	240608	167093	73515	6799	2850	3949
西　藏	35218	24319	10899	2140	1254	886
陕　西	150582	106429	44153	2354	1247	1107
甘　肃	68238	47085	21153	2717	971	1746
青　海	42080	32488	9592	2775	1146	1629
宁　夏	76263	48657	27606	4275	1683	2592
新　疆	452362	266318	186044	29856	10388	19468

7-7c 续表 1 单位：人

现住地	小学			初中			高中		
	小计	男	女	小计	男	女	小计	男	女
全国	**3391147**	**1707773**	**1683374**	**7901264**	**4664064**	**3237200**	**1477898**	**990320**	**487578**
北京	89035	48180	40855	435736	267098	168638	86199	49835	36364
天津	47674	27852	19822	129342	82887	46455	18254	11815	6439
河北	75284	35495	39789	160321	91342	68979	22496	14093	8403
山西	62980	35418	27562	181046	137332	43714	33669	27342	6327
内蒙古	78647	48802	29845	192419	143433	48986	54964	45416	9548
辽宁	66645	33009	33636	137428	75890	61538	14241	9397	4844
吉林	21591	10475	11116	48281	26452	21829	6720	4320	2400
黑龙江	28266	14452	13814	47400	24336	23064	5261	2970	2291
上海	236808	119316	117492	663322	383569	279753	107763	70922	36841
江苏	467584	219298	248286	1170686	640938	529748	219083	135120	83963
浙江	912962	458159	454803	1655008	974870	680138	210295	139851	70444
安徽	48828	18178	30650	101115	43512	57603	17569	11030	6539
福建	237763	121472	116291	467042	289846	177196	67562	48959	18603
江西	23893	12565	11328	54779	28989	25790	13192	8944	4248
山东	80583	32697	47886	148362	78027	70335	24609	14880	9729
河南	19335	8613	10722	60203	28940	31263	14441	9111	5330
湖北	41933	21625	20308	93016	46743	46273	25816	14973	10843
湖南	25724	12973	12751	76555	38232	38323	20190	13017	7173
广东	313740	157086	156654	1207630	708664	498966	286826	188894	97932
广西	30053	13558	16495	78178	41588	36590	17122	12367	4755
海南	19245	9919	9326	46023	27967	18056	10587	7389	3198
重庆	34628	13295	21333	51152	23944	27208	13819	8741	5078
四川	57148	22669	34479	96191	50869	45322	28090	19931	8159
贵州	45979	25604	20375	109480	71984	37496	27392	21169	6223
云南	72315	44456	27859	110746	80094	30652	31950	25115	6835
西藏	10892	7094	3798	14637	10248	4389	4635	3507	1128
陕西	23890	16114	7776	73488	53335	20153	31076	22818	8258
甘肃	15587	9222	6365	33076	23263	9813	10315	8346	1969
青海	9401	6478	2923	18911	15516	3395	7164	6174	990
宁夏	22484	12674	9810	37697	25943	11754	7947	5764	2183
新疆	170250	91025	79225	201994	128213	73781	38651	28110	10541

7-7c 续表 2

单位：人

现住地	大学专科			大学本科			研究生		
	小计	男	女	小计	男	女	小计	男	女
全 国	**420837**	**273455**	**147382**	**209673**	**135421**	**74252**	**8879**	**5641**	**3238**
北 京	35648	18358	17290	22425	11588	10837	718	421	297
天 津	3653	2179	1474	2073	1368	705	153	115	38
河 北	9735	5460	4275	4999	2830	2169	167	107	60
山 西	10022	7751	2271	4703	3566	1137	180	133	47
内蒙古	21257	16470	4787	10659	7025	3634	622	379	243
辽 宁	5045	3184	1861	4029	2551	1478	86	62	24
吉 林	2147	1393	754	2628	1352	1276	63	41	22
黑龙江	1635	848	787	2038	1481	557	16	11	5
上 海	24851	15444	9407	9471	6187	3284	439	279	160
江 苏	48532	29415	19117	21287	13180	8107	1397	880	517
浙 江	35625	24281	11344	12831	9010	3821	669	440	229
安 徽	7799	5189	2610	3350	2523	827	141	101	40
福 建	13706	10020	3686	10286	7000	3286	520	319	201
江 西	28704	17580	11124	6267	4074	2193	231	119	112
山 东	6785	4160	2625	2251	1592	659	149	90	59
河 南	5007	3151	1856	5051	2683	2368	120	77	43
湖 北	15389	9113	6276	19598	10861	8737	298	208	90
湖 南	8560	5883	2677	1812	1394	418	84	62	22
广 东	45014	29375	15639	12924	8838	4086	682	461	221
广 西	7969	5118	2851	10464	6864	3600	633	274	359
海 南	9459	4739	4720	1964	1181	783	101	66	35
重 庆	4915	3467	1448	1734	1373	361	54	41	13
四 川	13408	9603	3805	12727	8523	4204	674	421	253
贵 州	9778	7790	1988	3566	2987	579	83	67	16
云 南	11477	9124	2353	7121	5291	1830	200	163	37
西 藏	1605	1248	357	1266	936	330	43	32	11
陕 西	14070	8934	5136	5556	3873	1683	148	108	40
甘 肃	4647	3690	957	1861	1567	294	35	26	9
青 海	2684	2196	488	1106	945	161	39	33	6
宁 夏	2866	1848	1018	953	713	240	41	32	9
新 疆	8845	6444	2401	2673	2065	608	93	73	20

7-8 全国分年龄、性别、迁移原因的户口登记地在外乡镇街道的人口

单位：人

年龄	合计			务工经商		
	合计	男	女	小计	男	女
总 计	**260937942**	**136974792**	**123963150**	**117729859**	**69214463**	**48515396**
0-4岁	**8888180**	**4839752**	**4048428**			
0	689114	373352	315762			
1	1950415	1066386	884029			
2	2069172	1127439	941733			
3	2100591	1139895	960696			
4	2078888	1132680	946208			
5-9岁	**9590654**	**5270025**	**4320629**			
5	2013071	1101337	911734			
6	2008470	1102672	905798			
7	1798582	991816	806766			
8	1850635	1018057	832578			
9	1919896	1056143	863753			
10-14岁	**9520017**	**5182420**	**4337597**			
10	1960619	1079131	881488			
11	1789298	979992	809306			
12	1907807	1043105	864702			
13	1836160	998883	837277			
14	2026133	1081309	944824			
15-19岁	**28305855**	**14217904**	**14087951**	**7038229**	**3685987**	**3352242**
15	3242205	1677117	1565088	246639	141377	105262
16	4961582	2500142	2461440	625955	342160	283795
17	6510909	3262522	3248387	1356177	712245	643932
18	6526160	3277276	3248884	2088606	1084121	1004485
19	7064999	3500847	3564152	2720852	1406084	1314768
20-24岁	**41415114**	**20510340**	**20904774**	**21552738**	**11561975**	**9990763**
20	9769583	4799705	4969878	3969203	2058591	1910612
21	9094522	4500724	4593798	4129979	2166657	1963322
22	7789899	3878722	3911177	4187975	2235233	1952742
23	7855889	3911486	3944403	4844750	2649540	2195210
24	6905221	3419703	3485518	4420831	2451954	1968877
25-29岁	**30947536**	**15593740**	**15353796**	**19435069**	**11202981**	**8232088**
25	6117869	3048403	3069466	3938941	2224653	1714288
26	6085156	3042532	3042624	3885675	2217575	1668100
27	6030875	3032301	2998574	3766316	2173110	1593206
28	6835196	3457619	3377577	4194515	2443462	1751053
29	5878440	3012885	2865555	3649622	2144181	1505441

7-8 续表 1

单位：人

年 龄	合 计			务工经商		
	合计	男	女	小计	男	女
30-34岁	**27191229**	**14302560**	**12888669**	**16938453**	**10086032**	**6852421**
30	5586641	2891869	2694772	3467216	2052240	1414976
31	5713143	2991219	2721924	3544614	2110510	1434104
32	5446836	2858894	2587942	3370345	2005023	1365322
33	4929564	2610520	2319044	3066491	1828942	1237549
34	5515045	2950058	2564987	3489787	2089317	1400470
35-39岁	**28262140**	**15357453**	**12904687**	**18007628**	**10808130**	**7199498**
35	5485754	2945582	2540172	3496095	2089620	1406475
36	5720888	3092309	2628579	3682067	2201063	1481004
37	5767509	3141194	2626315	3672869	2209737	1463132
38	5719077	3124192	2594885	3635331	2184818	1450513
39	5568912	3054176	2514736	3521266	2122892	1398374
40-44岁	**24537973**	**13495542**	**11042431**	**15520512**	**9327393**	**6193119**
40	5869875	3211864	2658011	3702620	2221398	1481222
41	5093583	2793119	2300464	3209014	1925831	1283183
42	5370599	2952267	2418332	3400207	2039365	1360842
43	3952414	2181060	1771354	2532705	1521689	1011016
44	4251502	2357232	1894270	2675966	1619110	1056856
45-49岁	**17152818**	**9582287**	**7570531**	**9641199**	**6000898**	**3640301**
45	4142448	2310274	1832174	2505677	1533439	972238
46	3914124	2176810	1737314	2253296	1385214	868082
47	4345390	2433287	1912103	2379061	1490134	888927
48	3076419	1733175	1343244	1671687	1061471	610216
49	1674437	928741	745696	831478	530640	300838
50-54岁	**10243894**	**5670580**	**4573314**	**4350573**	**2932691**	**1417882**
50	2038550	1138730	899820	932475	614089	318386
51	1728823	969737	759086	759117	512718	246399
52	2176954	1217689	959265	935789	637168	298621
53	2262809	1245380	1017429	931362	633987	297375
54	2036758	1099044	937714	791830	534729	257101
55-59岁	**9061622**	**4787795**	**4273827**	**2944096**	**2012497**	**931599**
55	2057571	1102880	954691	749030	509522	239508
56	2039527	1081143	958384	693860	473131	220729
57	1776811	931995	844816	573963	391467	182496
58	1738792	914641	824151	527034	363276	163758
59	1448921	757136	691785	400209	275101	125108
60-64岁	**5968114**	**3163021**	**2805093**	**1305855**	**911673**	**394182**
60	1477839	784105	693734	375215	260651	114564
61	1344793	714463	630330	309046	217308	91738
62	1120934	590932	530002	237651	165719	71932
63	1061531	563260	498271	207898	145317	62581
64	963017	510261	452756	176045	122678	53367
65岁及以上	**9852796**	**5001373**	**4851423**	**995507**	**684206**	**311301**

7-8 续表 2

单位：人

年 龄	工作调动			学习培训		
	小计	男	女	小计	男	女
总 计	**10051155**	**6388169**	**3662986**	**29787584**	**14935325**	**14852259**
0-4岁						
0						
1						
2						
3						
4						
5-9岁				**1061556**	**599382**	**462174**
5						
6				226981	127852	99129
7				258482	146252	112230
8				273880	154680	119200
9				302213	170598	131615
10-14岁				**2016757**	**1097671**	**919086**
10				317663	178421	139242
11				319042	177912	141130
12				374271	207916	166355
13				403629	221436	182193
14				602152	311986	290166
15-19岁	**223582**	**117353**	**106229**	**15279816**	**7450668**	**7829148**
15	9090	4923	4167	1664594	821164	843430
16	17229	9246	7983	3144739	1527952	1616787
17	37427	19420	18007	3959025	1927616	2031409
18	64231	33737	30494	3304028	1620320	1683708
19	95605	50027	45578	3207430	1553616	1653814
20-24岁	**1479023**	**777233**	**701790**	**10487862**	**5301040**	**5186822**
20	161166	84133	77033	4238224	2062104	2176120
21	213281	110758	102523	3305669	1662269	1643400
22	279667	144684	134983	1783721	942673	841048
23	399820	209757	190063	824368	451174	373194
24	425089	227901	197188	335880	182820	153060
25-29岁	**1973502**	**1135663**	**837839**	**492202**	**261270**	**230932**
25	396563	218262	178301	170003	90204	79799
26	402275	227537	174738	112417	59687	52730
27	392143	225645	166498	82505	43764	38741
28	432751	254633	178118	73505	38768	34737
29	349770	209586	140184	53772	28847	24925

7-8 续表 3 单位：人

年 龄	工作调动			学习培训		
	小计	男	女	小计	男	女
30-34岁	**1485442**	**936307**	**549135**	**139936**	**74388**	**65548**
30	318713	195114	123599	40672	21893	18779
31	319758	199268	120490	30896	16665	14231
32	297670	188216	109454	25944	13892	12052
33	263037	167994	95043	21000	10981	10019
34	286264	185715	100549	21424	10957	10467
35-39岁	**1390507**	**924970**	**465537**	**108398**	**51705**	**56693**
35	275783	181020	94763	20319	10169	10150
36	282403	186736	95667	20941	10239	10702
37	282965	188314	94651	21983	10525	11458
38	280361	187864	92497	22448	10388	12060
39	268995	181036	87959	22707	10384	12323
40-44岁	**1159036**	**789914**	**369122**	**92149**	**43036**	**49113**
40	281642	190464	91178	25365	11551	13814
41	242156	163987	78169	20598	9176	11422
42	253169	172633	80536	20451	9357	11094
43	181544	124795	56749	13020	6377	6643
44	200525	138035	62490	12715	6575	6140
45-49岁	**892752**	**622754**	**269998**	**39882**	**21781**	**18101**
45	206075	143004	63071	11283	6146	5137
46	204495	141608	62887	9525	5216	4309
47	233653	162886	70767	9631	5300	4331
48	161209	113951	47258	6161	3307	2854
49	87320	61305	26015	3282	1812	1470
50-54岁	**518443**	**373873**	**144570**	**16156**	**8638**	**7518**
50	107482	76579	30903	3826	2101	1725
51	89711	64526	25185	2959	1582	1377
52	110531	80302	30229	3282	1741	1541
53	112229	81029	31200	3173	1715	1458
54	98490	71437	27053	2916	1499	1417
55-59岁	**391376**	**291504**	**99872**	**13491**	**6535**	**6956**
55	94568	69630	24938	3211	1654	1557
56	90099	66534	23565	2910	1433	1477
57	75715	56288	19427	2559	1217	1342
58	72097	54423	17674	2547	1229	1318
59	58897	44629	14268	2264	1002	1262
60-64岁	**230016**	**177697**	**52319**	**11513**	**5340**	**6173**
60	58356	44745	13611	2582	1181	1401
61	50387	38595	11792	2685	1274	1411
62	42438	32791	9647	2148	1029	1119
63	40780	31823	8957	2156	969	1187
64	38055	29743	8312	1942	887	1055
65岁及以上	**307476**	**240901**	**66575**	**27866**	**13871**	**13995**

7-8 续表4

单位：人

年龄	随迁家属			投亲靠友			拆迁搬家		
	小计	男	女	小计	男	女	小计	男	女
总计	**36971443**	**16138285**	**20833158**	**10998500**	**5134597**	**5863903**	**24276297**	**12864354**	**11411943**
0-4岁	**6271184**	**3430778**	**2840406**	**1147681**	**617548**	**530133**	**459696**	**245273**	**214423**
0	492284	267539	224745	90038	48473	41565	27555	14667	12888
1	1395207	766260	628947	259463	140613	118850	86305	46277	40028
2	1461128	800604	660524	274785	147655	127130	105908	56511	49397
3	1469511	801008	668503	268134	143671	124463	120830	64417	56413
4	1453054	795367	657687	255261	137136	118125	119098	63401	55697
5-9岁	**5972217**	**3291734**	**2680483**	**961009**	**519715**	**441294**	**671364**	**358710**	**312654**
5	1380042	758281	621761	238184	128711	109473	126069	67485	58584
6	1266718	697297	569421	203917	110284	93633	133619	71353	62266
7	1094262	604981	489281	172436	93688	78748	122018	65277	56741
8	1102093	608305	493788	171663	92589	79074	141860	75671	66189
9	1129102	622870	506232	174809	94443	80366	147798	78924	68874
10-14岁	**5080240**	**2785037**	**2295203**	**778748**	**417503**	**361245**	**813827**	**435106**	**378721**
10	1137663	628166	509497	174595	94283	80312	158142	84780	73362
11	1005229	552484	452745	154760	83149	71611	151857	80751	71106
12	1040493	570581	469912	159638	85721	73917	164510	88198	76312
13	957530	522979	434551	145273	77639	67634	167129	89546	77583
14	939325	510827	428498	144482	76711	67771	172189	91831	80358
15-19岁	**3270369**	**1735833**	**1534536**	**530421**	**271047**	**259374**	**826460**	**439420**	**387040**
15	837814	452528	385286	131786	69816	61970	176581	94738	81843
16	707411	377685	329726	110058	57605	52453	172783	91840	80943
17	662192	351387	310805	106100	54385	51715	173830	92276	81554
18	567899	299023	268876	94314	46976	47338	158943	84403	74540
19	495053	255210	239843	88163	42265	45898	144323	76163	68160
20-24岁	**2540817**	**1115868**	**1424949**	**539682**	**237146**	**302536**	**1192528**	**597639**	**594889**
20	575647	283841	291806	110344	51020	59324	187212	96919	90293
21	507549	236752	270797	103901	46202	57699	208435	106066	102369
22	485670	213566	272104	105086	45889	59197	232209	116778	115431
23	511335	207906	303429	114895	49142	65753	281378	138981	142397
24	460616	173803	286813	105456	44893	60563	283294	138895	144399
25-29岁	**2103653**	**640096**	**1463557**	**477821**	**207152**	**270669**	**1932571**	**975318**	**957253**
25	412835	144343	268492	93802	40431	53371	279942	138579	141363
26	410625	131826	278799	91756	39145	52611	322998	160453	162545
27	410936	123836	287100	93554	40624	52930	387664	194997	192667
28	470127	132705	337422	107725	47136	60589	500272	253899	246373
29	399130	107386	291744	90984	39816	51168	441695	227390	214305

7-8 续表 5

单位：人

年龄	随迁家属			投亲靠友			拆迁搬家		
	小计	男	女	小计	男	女	小计	男	女
30-34岁	**1878945**	**460555**	**1418390**	**433334**	**196529**	**236805**	**2384344**	**1253754**	**1130590**
30	388893	101636	287257	89012	39875	49137	435998	227064	208934
31	393566	97801	295765	91035	41073	49962	490849	257346	233503
32	377065	91838	285227	88210	39975	48235	490726	257415	233311
33	343056	82137	260919	78670	35877	42793	460726	243105	217621
34	376365	87143	289222	86407	39729	46678	506045	268824	237221
35-39岁	**1888674**	**421271**	**1467403**	**443562**	**208012**	**235550**	**2850130**	**1532256**	**1317874**
35	371296	84116	287180	85663	39793	45870	513767	273078	240689
36	384108	85571	298537	87557	40613	46944	541275	289712	251563
37	385952	85963	299989	90544	42517	48027	586011	315634	270377
38	379373	84287	295086	90635	43036	47599	597247	323172	274075
39	367945	81334	286611	89163	42053	47110	611830	330660	281170
40-44岁	**1594650**	**342856**	**1251794**	**424323**	**197342**	**226981**	**2826861**	**1532124**	**1294737**
40	384661	85588	299073	97032	46116	50916	650832	352290	298542
41	330325	71976	258349	85946	40044	45902	590600	318501	272099
42	346095	74281	271814	92294	43189	49105	620451	336269	284182
43	254447	52541	201906	69822	32187	37635	450217	245270	204947
44	279122	58470	220652	79229	35806	43423	514761	279794	234967
45-49岁	**1272721**	**278341**	**994380**	**442035**	**190215**	**251820**	**2681305**	**1454344**	**1226961**
45	283243	60828	222415	86823	39196	47627	553398	301973	251425
46	280913	60936	219977	91475	40046	51429	585347	317429	267918
47	323515	71801	251714	113692	48715	64977	722075	390393	331682
48	241926	52966	188960	90166	37665	52501	505942	275970	229972
49	143124	31810	111314	59879	24593	35286	314543	168579	145964
50-54岁	**1051061**	**249100**	**801961**	**604081**	**228997**	**375084**	**2143541**	**1142768**	**1000773**
50	187062	43441	143621	87908	36025	51883	413414	222896	190518
51	167647	38915	128732	86890	34044	52846	362402	194797	167605
52	219145	52098	167047	125936	48141	77795	451639	241686	209953
53	242659	57913	184746	148667	54415	94252	480655	254271	226384
54	234548	56733	177815	154680	56372	98308	435431	229118	206313
55-59岁	**1232976**	**340454**	**892522**	**1016674**	**394865**	**621809**	**1940686**	**1017469**	**923217**
55	252891	64560	188331	184585	68193	116392	442339	233192	209147
56	265000	70358	194642	207820	78104	129716	444701	233403	211298
57	245742	66632	179110	204140	78944	125196	376711	196789	179922
58	251276	72875	178401	221596	88616	132980	364242	190125	174117
59	218067	66029	152038	198533	81008	117525	312693	163960	148733
60-64岁	**995500**	**346903**	**648597**	**983512**	**439772**	**543740**	**1275125**	**683037**	**592088**
60	235248	77621	157627	219062	95081	123981	311984	166938	145046
61	221556	75766	145790	217614	96324	121290	287331	154644	132687
62	189684	66278	123406	188272	84430	103842	239055	127344	111711
63	181511	65652	115859	185260	84208	101052	229211	123075	106136
64	167501	61586	105915	173304	79729	93575	207544	111036	96508
65岁及以上	**1818436**	**699459**	**1118977**	**2215617**	**1008754**	**1206863**	**2277859**	**1197136**	**1080723**

7-8 续表 6

单位：人

年 龄	寄挂户口			婚姻嫁娶			其 他		
	小计	男	女	小计	男	女	小计	男	女
总 计	**1868223**	**1028692**	**839531**	**12593908**	**2192119**	**10401789**	**16660973**	**9078788**	**7582185**
0-4岁	**100379**	**53238**	**47141**				**909240**	**492915**	**416325**
0	8651	4704	3947				70586	37969	32617
1	21989	11687	10302				187451	101549	85902
2	23510	12407	11103				203841	110262	93579
3	24129	12677	11452				217987	118122	99865
4	22100	11763	10337				229375	125013	104362
5-9岁	**99410**	**52831**	**46579**				**825098**	**447653**	**377445**
5	21941	11527	10414				246835	135333	111502
6	20300	10910	9390				156935	84976	71959
7	17717	9385	8332				133667	72233	61434
8	19580	10469	9111				141559	76343	65216
9	19872	10540	9332				146102	78768	67334
10-14岁	**97742**	**51648**	**46094**				**732703**	**395455**	**337248**
10	20967	11198	9769				151589	82283	69306
11	19012	10009	9003				139398	75687	63711
12	19705	10337	9368				149190	80352	68838
13	19074	10057	9017				143525	77226	66299
14	18984	10047	8937				149001	79907	69094
15-19岁	**86014**	**45967**	**40047**	**205386**	**5287**	**200099**	**845578**	**466342**	**379236**
15	18269	9649	8620	3521	601	2920	153911	82321	71590
16	17064	8917	8147	8439	656	7783	157904	84081	73823
17	17138	9156	7982	23761	795	22966	175259	95242	80017
18	16596	8997	7599	56529	1240	55289	175014	98459	76555
19	16947	9248	7699	113136	1995	111141	183490	106239	77251
20-24岁	**134761**	**72493**	**62268**	**2173372**	**91916**	**2081456**	**1314331**	**755030**	**559301**
20	23231	12391	10840	255732	5183	250549	248824	145523	103301
21	26002	14205	11797	345182	9140	336042	254524	148675	105849
22	27376	14849	12527	430470	16065	414405	257725	148985	108740
23	29891	15903	13988	563353	26990	536363	286099	162093	124006
24	28261	15145	13116	578635	34538	544097	267159	149754	117405
25-29岁	**150110**	**81699**	**68411**	**2992479**	**318829**	**2673650**	**1390129**	**770732**	**619397**
25	26670	14480	12190	552468	39550	512918	246645	137901	108744
26	27721	14923	12798	576265	49650	526615	255424	141736	113688
27	30154	16467	13687	594233	62822	531411	273370	151036	122334
28	35386	19315	16071	693150	87028	606122	327765	180673	147092
29	30179	16514	13665	576363	79779	496584	286925	159386	127539

7-8 续表 7

单位：人

年 龄	寄挂户口			婚姻嫁娶			其 他		
	小计	男	女	小计	男	女	小计	男	女
30-34岁	**156483**	**86214**	**70269**	**2305819**	**392915**	**1912904**	**1468473**	**815866**	**652607**
30	29313	16073	13240	532817	79849	452968	284007	158125	125882
31	32451	18014	14437	509736	83312	426424	300238	167230	133008
32	32332	17776	14556	466955	79940	387015	297589	164819	132770
33	29620	16233	13387	390076	71865	318211	276888	153386	123502
34	32767	18118	14649	406235	77949	328286	309751	172306	137445
35-39岁	**175155**	**95598**	**79557**	**1703684**	**382521**	**1321163**	**1694402**	**932990**	**761412**
35	32044	17533	14511	377161	76411	300750	313626	173842	139784
36	33641	18344	15297	359962	77803	282159	328934	182228	146706
37	36082	19608	16474	344228	77822	266406	346875	191074	155801
38	36669	20028	16641	324304	76516	247788	352709	194083	158626
39	36719	20085	16634	298029	73969	224060	352258	191763	160495
40-44岁	**165759**	**90013**	**75746**	**1160985**	**308234**	**852751**	**1593698**	**864630**	**729068**
40	39310	21518	17792	309259	77780	231479	379154	205159	173995
41	34374	18565	15809	244689	63932	180757	335881	181107	154774
42	36250	19611	16639	249612	66951	182661	352070	190611	161459
43	26057	14018	12039	173758	47524	126234	250844	136659	114185
44	29768	16301	13467	183667	52047	131620	275749	151094	124655
45-49岁	**153384**	**84350**	**69034**	**734763**	**221285**	**513478**	**1294777**	**708319**	**586458**
45	32124	17627	14497	179682	51594	128088	284143	156467	127676
46	33356	18453	14903	167593	50213	117380	288124	157695	130429
47	40625	22253	18372	183610	56425	127185	339528	185380	154148
48	29103	16039	13064	129714	39933	89781	240511	131873	108638
49	18176	9978	8198	74164	23120	51044	142471	76904	65567
50-54岁	**125726**	**68694**	**57032**	**440028**	**144736**	**295292**	**994285**	**521083**	**473202**
50	24029	13180	10849	95356	30279	65077	186998	100140	86858
51	21079	11481	9598	74878	24354	50524	164140	87320	76820
52	26462	14663	11799	94120	31548	62572	210050	110342	99708
53	28238	15327	12911	91757	30621	61136	224069	116102	107967
54	25918	14043	11875	83917	27934	55983	209028	107179	101849
55-59岁	**125334**	**70069**	**55265**	**363255**	**125287**	**237968**	**1033734**	**529115**	**504619**
55	27080	15011	12069	83175	27947	55228	220692	113171	107521
56	27436	15077	12359	81016	27763	53253	226685	115340	111345
57	24385	13666	10719	71300	24487	46813	202296	102505	99791
58	24812	13994	10818	69979	24682	45297	205209	105421	99788
59	21621	12321	9300	57785	20408	37377	178852	92678	86174
60-64岁	**101556**	**60773**	**40783**	**233184**	**88325**	**144859**	**831853**	**449501**	**382352**
60	23036	13464	9572	60588	22260	38328	191768	102164	89604
61	22036	13121	8915	51611	19235	32376	182527	98196	84331
62	19323	11534	7789	44010	16616	27394	158353	85191	73162
63	19047	11561	7486	40518	15803	24715	155150	84852	70298
64	18114	11093	7021	36457	14411	22046	144055	79098	64957
65岁及以上	**196410**	**115105**	**81305**	**280953**	**112784**	**168169**	**1732672**	**929157**	**803515**

7-8a 全国分年龄、性别、迁移原因的户口登记地在外乡镇街道的人口(城市)

单位：人

年 龄	合 计			务工经商		
	合计	男	女	小计	男	女
总 计	**170464678**	**89083841**	**81380837**	**78362572**	**45033646**	**33328926**
0-4岁	**5595369**	**3040812**	**2554557**			
0	451096	243663	207433			
1	1228946	669918	559028			
2	1308844	712060	596784			
3	1332557	721240	611317			
4	1273926	693931	579995			
5-9岁	**5805271**	**3192793**	**2612478**			
5	1230735	673493	557242			
6	1213810	667060	546750			
7	1073589	592828	480761			
8	1126728	619993	506735			
9	1160409	639419	520990			
10-14岁	**5721598**	**3124821**	**2596777**			
10	1194254	658506	535748			
11	1080442	593038	487404			
12	1142911	626999	515912			
13	1108924	604799	504125			
14	1195067	641479	553588			
15-19岁	**16735198**	**8398757**	**8336441**	**4847918**	**2492223**	**2355695**
15	1821081	948647	872434	152806	88038	64768
16	2757553	1394813	1362740	407822	222568	185254
17	3638288	1826727	1811561	920369	477526	442843
18	3871797	1938528	1933269	1448934	737182	711752
19	4646479	2290042	2356437	1917987	966909	951078
20-24岁	**28758583**	**14457085**	**14301498**	**15512472**	**8105855**	**7406617**
20	6761168	3330754	3430414	2821624	1424219	1397405
21	6404818	3202716	3202102	2961930	1511894	1450036
22	5450779	2765460	2685319	3021766	1568398	1453368
23	5420097	2761196	2658901	3506573	1867845	1638728
24	4721721	2396959	2324762	3200579	1733499	1467080
25-29岁	**21303506**	**10907388**	**10396118**	**13843060**	**7840798**	**6002262**
25	4167612	2125658	2041954	2836983	1568896	1268087
26	4176774	2129387	2047387	2792400	1564132	1228268
27	4176992	2131416	2045576	2689402	1524869	1164533
28	4741528	2427936	2313592	2972688	1705327	1267361
29	4040600	2092991	1947609	2551587	1477574	1074013

7-8a 续表 1

单位：人

年龄	合计			务工经商		
	合计	男	女	小计	男	女
30-34岁	**18131127**	**9575530**	**8555597**	**11365550**	**6679443**	**4686107**
30	3774803	1973989	1800814	2380711	1389564	991147
31	3867945	2036853	1831092	2422716	1424400	998316
32	3632605	1912907	1719698	2257294	1325206	932088
33	3268058	1732319	1535739	2032612	1197618	834994
34	3587716	1919462	1668254	2272217	1342655	929562
35-39岁	**18165615**	**9829854**	**8335761**	**11447830**	**6772476**	**4675354**
35	3537730	1896323	1641407	2250659	1326688	923971
36	3669450	1978627	1690823	2352614	1387042	965572
37	3714267	2014272	1699995	2336433	1386049	950384
38	3663662	1991390	1672272	2293566	1358530	935036
39	3580506	1949242	1631264	2214558	1314167	900391
40-44岁	**15626662**	**8497623**	**7129039**	**9629971**	**5681485**	**3948486**
40	3744680	2033252	1711428	2310436	1363585	946851
41	3268101	1772010	1496091	1999134	1178590	820544
42	3421500	1856890	1564610	2106828	1238844	867984
43	2494048	1358946	1135102	1561629	919381	642248
44	2698333	1476525	1221808	1651944	981085	670859
45-49岁	**11240471**	**6152597**	**5087874**	**5958659**	**3624449**	**2334210**
45	2649985	1454360	1195625	1542312	923974	618338
46	2553882	1393587	1160295	1394420	838138	556282
47	2893415	1583393	1310022	1480173	904911	575262
48	2019642	1112607	907035	1030175	638495	391680
49	1123547	608650	514897	511579	318931	192648
50-54岁	**6933524**	**3718709**	**3214815**	**2653018**	**1746117**	**906901**
50	1370381	744288	626093	566122	362948	203174
51	1174619	639615	535004	465341	307028	158313
52	1470796	796267	674529	570607	379289	191318
53	1539413	819761	719652	569912	379375	190537
54	1378315	718778	659537	481036	317477	163559
55-59岁	**6106744**	**3109119**	**2997625**	**1766702**	**1182671**	**584031**
55	1392579	721229	671350	452789	301524	151265
56	1386173	709133	677040	418558	279420	139138
57	1194689	603684	591005	343594	229492	114102
58	1159296	585503	573793	313283	211564	101719
59	974007	489570	484437	238478	160671	77807
60-64岁	**3888848**	**1963300**	**1925548**	**761871**	**521599**	**240272**
60	971659	493381	478278	220232	149811	70421
61	883190	448654	434536	180890	124778	56112
62	726997	364115	362882	138163	94526	43637
63	687878	346522	341356	120851	82891	37960
64	619124	310628	308496	101735	69593	32142
65岁及以上	**6452162**	**3115453**	**3336709**	**575521**	**386530**	**188991**

7-8a 续表 2　　　　单位：人

年 龄	工作调动			学习培训		
	小计	男	女	小计	男	女
总 计	**5979866**	**3554828**	**2425038**	**18210399**	**9062888**	**9147511**
0-4岁						
0						
1						
2						
3						
4						
5-9岁				**538960**	**305729**	**233231**
5						
6				114070	64653	49417
7				131030	74369	56661
8				140339	79565	60774
9				153521	87142	66379
10-14岁				**1019689**	**556075**	**463614**
10				161952	91216	70736
11				162478	90819	71659
12				190114	105919	84195
13				206483	113263	93220
14				298662	154858	143804
15-19岁	**152942**	**75392**	**77550**	**8071210**	**3885752**	**4185458**
15	5847	3142	2705	824418	405333	419085
16	11855	6262	5593	1572863	757688	815175
17	26710	13353	13357	1938060	935771	1002289
18	44283	21671	22612	1699809	820350	879459
19	64247	30964	33283	2036060	966610	1069450
20-24岁	**934515**	**459448**	**475067**	**7837354**	**3931331**	**3906023**
20	106373	50741	55632	3031048	1457934	1573114
21	138831	65924	72907	2487879	1241142	1246737
22	178658	85856	92802	1387289	728557	658732
23	250482	123992	126490	656585	356030	300555
24	260171	132935	127236	274553	147668	126885
25-29岁	**1255281**	**694175**	**561106**	**407191**	**214734**	**192457**
25	242953	127466	115487	140761	73889	66872
26	250892	135448	115444	93452	49255	44197
27	252638	139712	112926	68497	36167	32330
28	282595	160458	122137	60738	31962	28776
29	226203	131091	95112	43743	23461	20282

7-8a 续表 3

单位：人

年 龄	工作调动			学习培训		
	小计	男	女	小计	男	女
30-34岁	**898576**	**543028**	**355548**	**109657**	**58609**	**51048**
30	200479	118368	82111	32467	17579	14888
31	197754	118837	78917	24654	13335	11319
32	179066	108435	70631	20333	10922	9411
33	156162	95368	60794	16089	8454	7635
34	165115	102020	63095	16114	8319	7795
35-39岁	**795920**	**499120**	**296800**	**80001**	**38414**	**41587**
35	157562	97966	59596	14994	7611	7383
36	160710	100483	60227	15250	7531	7719
37	162679	102074	60605	16054	7754	8300
38	160156	100778	59378	16593	7669	8924
39	154813	97819	56994	17110	7849	9261
40-44岁	**646546**	**411626**	**234920**	**70765**	**33181**	**37584**
40	159662	101156	58506	19197	8765	10432
41	136899	86582	50317	15908	7102	8806
42	140977	89677	51300	15908	7280	8628
43	99373	63725	35648	9998	4912	5086
44	109635	70486	39149	9754	5122	4632
45-49岁	**505287**	**329261**	**176026**	**31052**	**17083**	**13969**
45	114024	74199	39825	8736	4839	3897
46	114963	74399	40564	7546	4183	3363
47	134688	87494	47194	7521	4135	3386
48	90771	59887	30884	4726	2556	2170
49	50841	33282	17559	2523	1370	1153
50-54岁	**294838**	**196695**	**98143**	**11764**	**6286**	**5478**
50	62047	41079	20968	2899	1599	1300
51	51275	34301	16974	2193	1175	1018
52	62449	41888	20561	2354	1236	1118
53	63729	42552	21177	2305	1260	1045
54	55338	36875	18463	2013	1016	997
55-59岁	**218382**	**149108**	**69274**	**8731**	**4176**	**4555**
55	53169	35958	17211	2166	1120	1046
56	51067	34739	16328	1920	937	983
57	42406	28848	13558	1601	750	851
58	39435	27178	12257	1599	757	842
59	32305	22385	9920	1445	612	833
60-64岁	**118513**	**83373**	**35140**	**7150**	**3217**	**3933**
60	30477	21331	9146	1552	710	842
61	26507	18536	7971	1665	753	912
62	21590	15134	6456	1354	640	714
63	20727	14747	5980	1354	568	786
64	19212	13625	5587	1225	546	679
65岁及以上	**159066**	**113602**	**45464**	**16875**	**8301**	**8574**

7-8a 续表 4 单位：人

年 龄	随迁家属			投亲靠友			拆迁搬家		
	小计	男	女	小计	男	女	小计	男	女
总 计	**23196727**	**10097797**	**13098930**	**7152831**	**3198665**	**3954166**	**19633097**	**10314647**	**9318450**
0-4岁	**3898668**	**2127936**	**1770732**	**705541**	**382102**	**323439**	**347709**	**184094**	**163615**
0	315725	170878	144847	60078	32459	27619	21056	11093	9963
1	867172	474688	392484	160818	87638	73180	65109	34635	30474
2	913451	499771	413680	167512	90434	77078	80850	42731	38119
3	920548	500236	420312	164894	88912	75982	92263	48852	43411
4	881772	482363	399409	152239	82659	69580	88431	46783	41648
5-9岁	**3620737**	**1997199**	**1623538**	**571341**	**314484**	**256857**	**502384**	**266891**	**235493**
5	836252	459593	376659	142123	77967	64156	93930	49943	43987
6	768262	422893	345369	121214	66761	54453	99091	52615	46476
7	658077	364390	293687	101406	56060	45346	89608	47764	41844
8	672358	371198	301160	102470	56299	46171	108226	57444	50782
9	685788	379125	306663	104128	57397	46731	111529	59125	52404
10-14岁	**3080729**	**1695630**	**1385099**	**466708**	**255718**	**210990**	**621654**	**330788**	**290866**
10	695379	384855	310524	104770	57777	46993	120914	64409	56505
11	608759	335559	273200	92276	50797	41479	115690	61162	54528
12	626587	345214	281373	94600	51966	42634	124470	66491	57979
13	581403	318964	262439	87583	47804	39779	128586	68576	60010
14	568601	311038	257563	87479	47374	40105	131994	70150	61844
15-19岁	**2048617**	**1092467**	**956150**	**339117**	**175935**	**163182**	**645045**	**341893**	**303152**
15	510659	277043	233616	79845	43157	36688	135719	72452	63267
16	443118	237716	205402	70101	37251	32850	135717	71824	63893
17	418555	223128	195427	69260	35978	33282	136368	72130	64238
18	361569	191451	170118	62022	31433	30589	124645	66110	58535
19	314716	163129	151587	57889	28116	29773	112596	59377	53219
20-24岁	**1658506**	**737257**	**921249**	**367349**	**159453**	**207896**	**957415**	**479020**	**478395**
20	368261	183048	185213	72991	33944	39047	146787	76026	70761
21	330892	156145	174747	70387	31238	39149	167267	85223	82044
22	318725	142228	176497	72388	31182	41206	187598	94199	93399
23	337210	139442	197768	79330	33232	46098	226857	111711	115146
24	303418	116394	187024	72253	29857	42396	228906	111861	117045
25-29岁	**1408184**	**438658**	**969526**	**328509**	**136706**	**191803**	**1592526**	**798508**	**794018**
25	270964	96742	174222	64314	26717	37597	226380	111253	115127
26	272798	89673	183125	63795	26324	37471	263998	130085	133913
27	277922	85966	191956	65304	27320	37984	322079	160971	161108
28	318541	92064	226477	73991	31111	42880	416245	209845	206400
29	267959	74213	193746	61105	25234	35871	363824	186354	177470

7-8a 续表 5 单位：人

年 龄	随迁家属			投亲靠友			拆迁搬家		
	小计	男	女	小计	男	女	小计	男	女
30-34岁	**1230038**	**312147**	**917891**	**276015**	**116819**	**159196**	**1923378**	**1002609**	**920769**
30	256124	68802	187322	57640	24182	33458	356195	184226	171969
31	261049	66721	194328	58965	24907	34058	399236	207870	191366
32	247597	62423	185174	56397	23838	32559	397486	206562	190924
33	223935	55821	168114	49916	21212	28704	369510	193122	176388
34	241333	58380	182953	53097	22680	30417	400951	210829	190122
35-39岁	**1200840**	**286750**	**914090**	**266605**	**116488**	**150117**	**2263162**	**1201879**	**1061283**
35	236068	56241	179827	51859	22370	29489	405886	213023	192863
36	242188	57492	184696	52406	22409	29997	425460	224822	200638
37	246255	58930	187325	54895	24042	30853	466052	247914	218138
38	240797	57586	183211	53944	23991	29953	475149	254044	221105
39	235532	56501	179031	53501	23676	29825	490615	262076	228539
40-44岁	**1015801**	**236553**	**779248**	**252100**	**108729**	**143371**	**2259638**	**1211489**	**1048149**
40	245064	58910	186154	57401	25302	32099	520965	278586	242379
41	213024	50422	162602	52261	22787	29474	475425	253419	222006
42	221153	51285	169868	55209	24099	31110	497218	266413	230805
43	159759	35922	123837	40441	17135	23306	356393	192339	164054
44	176801	40014	136787	46788	19406	27382	409637	220732	188905
45-49岁	**833135**	**195828**	**637307**	**284159**	**111756**	**172403**	**2218768**	**1195478**	**1023290**
45	181470	41830	139640	52404	21520	30884	446910	242042	204868
46	183385	42951	140434	57950	23290	34660	482080	259623	222457
47	216066	51501	164565	74623	29374	45249	605339	325266	280073
48	157629	37005	120624	58720	22321	36399	418223	226823	191400
49	94585	22541	72044	40462	15251	25211	266216	141724	124492
50-54岁	**700647**	**171473**	**529174**	**426741**	**147635**	**279106**	**1809108**	**957484**	**851624**
50	124461	30408	94053	59719	22297	37422	352090	188345	163745
51	111908	27193	84715	60908	21846	39062	307213	163861	143352
52	146229	35919	110310	88803	30851	57952	380970	202404	178566
53	162341	39726	122615	106694	35813	70881	403971	212023	191948
54	155708	38227	117481	110617	36828	73789	364864	190851	174013
55-59岁	**808197**	**219401**	**588796**	**736606**	**266002**	**470604**	**1607349**	**838088**	**769261**
55	167766	43007	124759	132847	45092	87755	369410	193703	175707
56	176166	46615	129551	151639	52807	98832	370588	193456	177132
57	160811	42825	117986	148011	53351	94660	311320	161784	149536
58	162515	45737	116778	160377	59816	100561	298361	154686	143675
59	140939	41217	99722	143732	54936	88796	257670	134459	123211
60-64岁	**616778**	**201111**	**415667**	**682616**	**283011**	**399605**	**1029300**	**546499**	**482801**
60	148594	46397	102197	155091	62428	92663	254327	135161	119166
61	138962	45130	93832	153243	63181	90062	231855	123676	108179
62	116966	37988	78978	130009	53801	76208	192197	101393	90804
63	111195	37393	73802	126864	53380	73484	184332	98078	86254
64	101061	34203	66858	117409	50221	67188	166589	88191	78398
65岁及以上	**1075850**	**385387**	**690463**	**1449424**	**623827**	**825597**	**1855661**	**959927**	**895734**

7-8a 续表 6　　单位：人

年 龄	寄挂户口			婚姻嫁娶			其 他		
	小计	男	女	小计	男	女	小计	男	女
总 计	**1199523**	**623583**	**575940**	**5454688**	**1200981**	**4253707**	**11274975**	**5996806**	**5278169**
0-4岁	**63204**	**33288**	**29916**				**580247**	**313392**	**266855**
0	6114	3308	2806				48123	25925	22198
1	14200	7445	6755				121647	65512	56135
2	14725	7720	7005				132306	71404	60902
3	15175	7928	7247				139677	75312	64365
4	12990	6887	6103				138494	75239	63255
5-9岁	**57759**	**30408**	**27351**				**514090**	**278082**	**236008**
5	12868	6654	6214				145562	79336	66226
6	11755	6313	5442				99418	53825	45593
7	9911	5178	4733				83557	45067	38490
8	11667	6161	5506				91668	49326	42342
9	11558	6102	5456				93885	50528	43357
10-14岁	**59843**	**31569**	**28274**				**472975**	**255041**	**217934**
10	12616	6824	5792				98623	53425	45198
11	11426	5971	5455				89813	48730	41083
12	11866	6176	5690				95274	51233	44041
13	12010	6319	5691				92859	49873	42986
14	11925	6279	5646				96406	51780	44626
15-19岁	**56428**	**29395**	**27033**	**20216**	**1831**	**18385**	**553705**	**303869**	**249836**
15	11709	6097	5612	773	300	473	99305	53085	46220
16	11337	5888	5449	1007	322	685	103733	55294	48439
17	11478	5987	5491	2140	321	1819	115348	62533	52815
18	10825	5665	5160	5094	405	4689	114616	64261	50355
19	11079	5758	5321	11202	483	10719	120703	68696	52007
20-24岁	**93504**	**48384**	**45120**	**494695**	**32304**	**462391**	**902773**	**504033**	**398740**
20	15786	8112	7674	31871	1199	30672	166427	95531	70896
21	18543	9814	8729	55245	2226	53019	173844	99110	74734
22	19449	10201	9248	86748	4831	81917	178158	100008	78150
23	20506	10415	10091	144302	9858	134444	198252	108671	89581
24	19220	9842	9378	176529	14190	162339	186092	100713	85379
25-29岁	**104926**	**54243**	**50683**	**1369314**	**193741**	**1175573**	**994515**	**535825**	**458690**
25	18314	9475	8839	194881	18522	176359	172062	92698	79364
26	19360	9885	9475	239007	27316	211691	181072	97269	83803
27	21414	11148	10266	282079	39148	242931	197657	106115	91542
28	25028	12945	12083	353668	56294	297374	238034	127930	110104
29	20810	10790	10020	299679	52461	247218	205690	111813	93877

7-8a 续表 7

单位：人

年 龄	寄挂户口			婚姻嫁娶			其 他		
	小计	男	女	小计	男	女	小计	男	女
30-34岁	**103447**	**53753**	**49694**	**1196049**	**248896**	**947153**	**1028417**	**560226**	**468191**
30	19761	10260	9501	270688	51492	219196	200738	109516	91222
31	21691	11350	10341	269726	53811	215915	212154	115622	96532
32	21392	11093	10299	244123	51159	192964	208917	113269	95648
33	19534	10116	9418	206670	45279	161391	193630	105329	88301
34	21069	10934	10135	204842	47155	157687	212978	116490	96488
35-39岁	**115067**	**59626**	**55441**	**833804**	**222672**	**611132**	**1162386**	**632429**	**529957**
35	20623	10621	10002	186101	45429	140672	213978	116374	97604
36	21733	11243	10490	175703	45228	130475	223386	122377	101009
37	23944	12329	11615	169382	45373	124009	238573	129807	108766
38	24090	12517	11573	156961	44212	112749	242406	132063	110343
39	24677	12916	11761	145657	42430	103227	244043	131808	112235
40-44岁	**110463**	**57586**	**52877**	**536029**	**163808**	**372221**	**1105349**	**593166**	**512183**
40	26130	13691	12439	143897	42870	101027	261928	140387	121541
41	23440	12261	11179	116744	35289	81455	235266	125558	109708
42	24337	12603	11734	114560	35519	79041	245310	131170	114140
43	16945	8735	8210	77685	24105	53580	171825	92692	79133
44	19611	10296	9315	83143	26025	57118	191020	103359	87661
45-49岁	**106242**	**56174**	**50068**	**364405**	**117606**	**246799**	**938764**	**504962**	**433802**
45	21466	11243	10223	82569	26184	56385	200094	108529	91565
46	23010	12264	10746	82259	26505	55754	208269	112234	96035
47	28556	15041	13515	95416	30984	64432	251033	134687	116346
48	20074	10658	9416	65271	21185	44086	174053	93677	80376
49	13136	6968	6168	38890	12748	26142	105315	55835	49480
50-54岁	**87375**	**45242**	**42133**	**227305**	**76856**	**150449**	**722728**	**370921**	**351807**
50	17245	9083	8162	47957	16155	31802	137841	72374	65467
51	14928	7767	7161	39806	13286	26520	121047	63158	57889
52	18326	9627	8699	48377	16693	31684	152681	78360	74321
53	19401	9927	9474	48591	16412	32179	162469	82673	79796
54	17475	8838	8637	42574	14310	28264	148690	74356	74334
55-59岁	**79128**	**40697**	**38431**	**176944**	**60407**	**116537**	**704705**	**348569**	**356136**
55	17890	9317	8573	41572	13982	27590	154970	77526	77444
56	17949	9185	8764	40400	13742	26658	157886	78232	79654
57	15311	7882	7429	34377	11612	22765	137258	67140	70118
58	14983	7649	7334	32925	11361	21564	135818	66755	69063
59	12995	6664	6331	27670	9710	17960	118773	58916	59857
60-64岁	**54578**	**28568**	**26010**	**104265**	**36278**	**67987**	**513777**	**259644**	**254133**
60	13000	6737	6263	26773	9445	17328	121613	61361	60252
61	12067	6312	5755	23662	8301	15361	114339	57987	56352
62	10241	5325	4916	19441	6691	12750	97036	48617	48419
63	10001	5305	4696	18213	6248	11965	94341	47912	46429
64	9269	4889	4380	16176	5593	10583	86448	43767	42681
65岁及以上	**107559**	**54650**	**52909**	**131662**	**46582**	**85080**	**1080544**	**536647**	**543897**

7-8b 全国分年龄、性别、迁移原因的户口登记地在外乡镇街道的人口(镇)

单位：人

年 龄	合 计			务工经商		
	合计	男	女	小计	男	女
总 计	**55500125**	**29254580**	**26245545**	**22673717**	**13526522**	**9147195**
0-4岁	**2095734**	**1151571**	**944163**			
0	150021	81970	68051			
1	449261	248370	200891			
2	477100	262087	215013			
3	494159	270910	223249			
4	525193	288234	236959			
5-9岁	**2551908**	**1409116**	**1142792**			
5	517386	284647	232739			
6	534072	294552	239520			
7	489649	271164	218485			
8	491430	272151	219279			
9	519371	286602	232769			
10-14岁	**2649222**	**1442304**	**1206918**			
10	525209	290250	234959			
11	486153	267159	218994			
12	526678	288866	237812			
13	509519	277857	231662			
14	601663	318172	283491			
15-19岁	**8642698**	**4351605**	**4291093**	**1189102**	**627290**	**561812**
15	1101598	559832	541766	52633	29472	23161
16	1751665	871925	879740	120184	63977	56207
17	2249927	1118300	1131627	236929	123366	113563
18	1955769	990794	964975	345244	181113	164131
19	1583739	810754	772985	434112	229362	204750
20-24岁	**7030039**	**3552971**	**3477068**	**3359704**	**1857820**	**1501884**
20	1775895	902401	873494	624070	332564	291506
21	1511002	767562	743440	643283	347575	295708
22	1271005	644379	626626	648166	357915	290251
23	1302956	656372	646584	750908	424530	326378
24	1169181	582257	586924	693277	395236	298041
25-29岁	**5399748**	**2723381**	**2676367**	**3253798**	**1899935**	**1353863**
25	1056079	528194	527885	631318	364889	266429
26	1050108	525650	524458	630289	365722	264567
27	1040568	523721	516847	626636	365911	260725
28	1195892	605000	590892	719654	422079	297575
29	1057101	540816	516285	645901	381334	264567

7-8b 续表 1

单位：人

年 龄	合 计			务工经商		
	合计	男	女	小计	男	女
30-34岁	**5348884**	**2808183**	**2540701**	**3310776**	**1966730**	**1344046**
30	1042508	538672	503836	639934	379517	260417
31	1087916	567630	520286	667878	397079	270799
32	1070381	561868	508513	661695	392760	268935
33	993729	524229	469500	615793	365012	250781
34	1154350	615784	538566	725476	432362	293114
35-39岁	**6064956**	**3292215**	**2772741**	**3877601**	**2322309**	**1555292**
35	1168001	626862	541139	740401	441334	299067
36	1234145	665410	568735	789123	470572	318551
37	1235066	672069	562997	790459	474178	316281
38	1231942	672191	559751	789629	473248	316381
39	1195802	655683	540119	767989	462977	305012
40-44岁	**5270746**	**2904293**	**2366453**	**3394179**	**2044560**	**1349619**
40	1264710	692616	572094	811896	487317	324579
41	1086712	597774	488938	700513	421002	279511
42	1152983	636673	516310	745484	449058	296426
43	855698	473060	382638	554420	334888	219532
44	910643	504170	406473	581866	352295	229571
45-49岁	**3477520**	**1954657**	**1522863**	**2093901**	**1310694**	**783207**
45	875516	489833	385683	549621	337829	211792
46	801748	447985	353763	489221	302065	187156
47	859865	486454	373411	512404	323229	189175
48	619315	350888	268427	362188	231804	130384
49	321076	179497	141579	180467	115767	64700
50-54岁	**1946316**	**1089872**	**856444**	**957550**	**648452**	**309098**
50	387460	220723	166737	207729	138237	69492
51	325341	185092	140249	165475	112291	53184
52	413728	234608	179120	205625	140625	65000
53	429419	238339	191080	203615	139015	64600
54	390368	211110	179258	175106	118284	56822
55-59岁	**1759021**	**919745**	**839276**	**667209**	**454336**	**212873**
55	395345	211137	184208	166903	113186	53717
56	390401	205943	184458	155639	105766	49873
57	347871	180122	167749	131009	88931	42078
58	343959	178347	165612	121537	83337	38200
59	281445	144196	137249	92121	63116	29005
60-64岁	**1216981**	**629419**	**587562**	**314335**	**218010**	**96325**
60	294966	153017	141949	88695	61292	27403
61	274031	142341	131690	73906	51664	22242
62	229425	118080	111345	57406	39879	17527
63	218735	113204	105531	50777	35204	15573
64	199824	102777	97047	43551	29971	13580
65岁及以上	**2046352**	**1025248**	**1021104**	**255562**	**176386**	**79176**

7-8b 续表 2

单位：人

年 龄	工作调动			学习培训		
	小计	男	女	小计	男	女
总 计	**2511182**	**1675964**	**835218**	**9232141**	**4682259**	**4549882**
0-4岁						
0						
1						
2						
3						
4						
5-9岁				**418153**	**235263**	**182890**
5						
6				90693	50875	39818
7				101730	57437	44293
8				106796	60051	46745
9				118934	66900	52034
10-14岁				**809281**	**438455**	**370826**
10				124439	69689	54750
11				124531	69317	55214
12				147167	81617	65550
13				159526	87454	72072
14				253618	130378	123240
15-19岁	**44268**	**24434**	**19834**	**6077695**	**3004168**	**3073527**
15	2295	1224	1071	722724	354974	367750
16	3684	1935	1749	1352517	659970	692547
17	6908	3582	3326	1738490	850679	887811
18	12303	6880	5423	1359330	679615	679715
19	19078	10813	8265	904634	458930	445704
20-24岁	**324710**	**181259**	**143451**	**1783213**	**932411**	**850802**
20	32915	18862	14053	829763	422336	407427
21	44613	25492	19121	538317	280162	258155
22	60056	33449	26607	262497	142510	119987
23	88664	48914	39750	112021	63827	48194
24	98462	54542	43920	40615	23576	17039
25-29岁	**446549**	**266093**	**180456**	**56771**	**31128**	**25643**
25	92539	52842	39697	19298	10873	8425
26	92136	54380	37756	12594	6976	5618
27	87381	52289	35092	9403	5130	4273
28	95279	57812	37467	8714	4637	4077
29	79214	48770	30444	6762	3512	3250

7-8b 续表 3

单位：人

年 龄	工作调动			学习培训		
	小计	男	女	小计	男	女
30-34岁	**380362**	**246552**	**133810**	**21648**	**10913**	**10735**
30	75619	47590	28029	5609	2882	2727
31	79163	50527	28636	4380	2260	2120
32	76614	49922	26692	3995	2014	1981
33	69772	45803	23969	3654	1827	1827
34	79194	52710	26484	4010	1930	2080
35-39岁	**389618**	**269516**	**120102**	**22648**	**10127**	**12521**
35	77297	52414	24883	4077	1861	2216
36	79718	54586	25132	4518	2064	2454
37	78957	54743	24214	4795	2141	2654
38	78707	55071	23636	4712	2090	2622
39	74939	52702	22237	4546	1971	2575
40-44岁	**331480**	**236286**	**95194**	**17378**	**7687**	**9691**
40	79670	56125	23545	5005	2170	2835
41	68572	48691	19881	3844	1626	2218
42	72252	51615	20637	3740	1619	2121
43	52715	37909	14806	2405	1125	1280
44	58271	41946	16325	2384	1147	1237
45-49岁	**242665**	**177453**	**65212**	**6675**	**3383**	**3292**
45	58220	42042	16178	1986	991	995
46	56985	41345	15640	1533	758	775
47	62118	45688	16430	1566	829	737
48	43377	32127	11250	1065	526	539
49	21965	16251	5714	525	279	246
50-54岁	**129654**	**98719**	**30935**	**3090**	**1521**	**1569**
50	26835	20164	6671	659	334	325
51	22548	17108	5440	549	285	264
52	27988	21497	6491	640	309	331
53	27842	21208	6634	604	292	312
54	24441	18742	5699	638	301	337
55-59岁	**93843**	**73185**	**20658**	**3572**	**1543**	**2029**
55	23095	17923	5172	792	360	432
56	21623	16757	4866	733	326	407
57	18095	14098	3997	725	303	422
58	17169	13517	3652	682	289	393
59	13861	10890	2971	640	265	375
60-64岁	**54394**	**43158**	**11236**	**3322**	**1424**	**1898**
60	13797	10852	2945	765	306	459
61	11953	9452	2501	753	323	430
62	9945	7858	2087	606	263	343
63	9780	7832	1948	644	297	347
64	8919	7164	1755	554	235	319
65岁及以上	**73639**	**59309**	**14330**	**8695**	**4236**	**4459**

7-8b 续表 4 单位：人

年 龄	随迁家属			投亲靠友			拆迁搬家		
	小计	男	女	小计	男	女	小计	男	女
总 计	**9480438**	**4008789**	**5471649**	**1914191**	**890072**	**1024119**	**3556334**	**1949990**	**1606344**
0-4岁	**1554959**	**857383**	**697576**	**207353**	**111407**	**95946**	**83060**	**45498**	**37562**
0	114067	62516	51551	14271	7754	6517	4803	2622	2181
1	339688	188508	151180	44986	24271	20715	15543	8581	6962
2	355858	196286	159572	49347	26434	22913	18477	10212	8265
3	363540	199910	163630	49246	26382	22864	21318	11638	9680
4	381806	210163	171643	49503	26566	22937	22919	12445	10474
5-9岁	**1581904**	**873646**	**708258**	**186101**	**99867**	**86234**	**125641**	**68552**	**57089**
5	366974	202120	164854	46510	24974	21536	24082	13252	10830
6	334653	184822	149831	39336	20988	18348	25611	13950	11661
7	292341	161870	130471	33606	18186	15420	23927	12931	10996
8	288841	160098	128743	32861	17633	15228	24916	13560	11356
9	299095	164736	134359	33788	18086	15702	27105	14859	12246
10-14岁	**1348592**	**738025**	**610567**	**151715**	**80601**	**71114**	**141507**	**77143**	**64364**
10	298781	165019	133762	33742	18086	15656	27610	15134	12476
11	266904	146623	120281	30204	15981	14223	26639	14477	12162
12	278180	152343	125837	31160	16670	14490	29248	15906	13342
13	254467	138697	115770	28447	15063	13384	28487	15639	12848
14	250260	135343	114917	28162	14801	13361	29523	15987	13536
15-19岁	**852124**	**451273**	**400851**	**96414**	**49145**	**47269**	**131983**	**71170**	**60813**
15	225023	121130	103893	25831	13593	12238	30052	16504	13548
16	184209	98144	86065	20518	10702	9816	27116	14655	12461
17	171560	90808	80752	19154	9766	9388	27402	14778	12624
18	145045	76258	68787	16151	8015	8136	24709	13245	11464
19	126287	64933	61354	14760	7069	7691	22704	11988	10716
20-24岁	**618760**	**264566**	**354194**	**81284**	**35471**	**45813**	**172412**	**85843**	**86569**
20	143378	69878	73500	17681	8083	9598	28695	14704	13991
21	123284	56340	66944	15668	6811	8857	29660	14877	14783
22	117171	50096	67075	15392	6640	8752	32442	16184	16258
23	123575	48189	75386	16862	7165	9697	40602	20006	20596
24	111352	40063	71289	15681	6772	8909	41013	20072	20941
25-29岁	**504540**	**141312**	**363228**	**68449**	**29905**	**38544**	**264776**	**136367**	**128409**
25	101210	33283	67927	13637	5926	7711	40553	20551	20002
26	99231	29613	69618	12912	5577	7335	45405	23181	22224
27	96693	26647	70046	12907	5603	7304	51162	26268	24894
28	111078	28583	82495	15523	6770	8753	65987	34133	31854
29	96328	23186	73142	13470	6029	7441	61669	32234	29435

7-8b 续表 5

单位：人

年 龄	随迁家属			投亲靠友			拆迁搬家		
	小计	男	女	小计	男	女	小计	男	女
30-34岁	**481642**	**103374**	**378268**	**69225**	**31648**	**37577**	**369956**	**200439**	**169517**
30	97419	22743	74676	13640	6129	7511	62880	33432	29448
31	98486	21684	76802	14099	6433	7666	73587	39503	34084
32	96172	20447	75725	13957	6346	7611	74918	40643	34275
33	88860	18389	70471	12842	5939	6903	73647	40174	33473
34	100705	20111	80594	14687	6801	7886	84924	46687	38237
35-39岁	**511428**	**93997**	**417431**	**76419**	**36001**	**40418**	**472631**	**266504**	**206127**
35	100931	19581	81350	14934	6960	7974	87019	48407	38612
36	105673	19707	85966	15371	7246	8125	93411	52393	41018
37	103553	18880	84673	15359	7308	8051	96791	54816	41975
38	102632	18421	84211	15520	7333	8187	98088	55749	42339
39	98639	17408	81231	15235	7154	8081	97322	55139	42183
40-44岁	**423641**	**71362**	**352279**	**71448**	**33178**	**38270**	**446876**	**253776**	**193100**
40	102874	18114	84760	16318	7727	8591	103380	58798	44582
41	86287	14685	71602	14293	6689	7604	91571	51961	39610
42	91548	15588	75960	15353	7149	8204	97092	55278	41814
43	68916	11057	57859	12076	5571	6505	73059	41558	31501
44	74016	11918	62098	13408	6042	7366	81774	46181	35593
45-49岁	**314896**	**51671**	**263225**	**67721**	**29159**	**38562**	**356423**	**199943**	**156480**
45	73215	12190	61025	14154	6450	7704	82636	46574	36062
46	69929	11311	58618	14240	6254	7986	79925	44820	35105
47	77386	12809	64577	17057	7256	9801	90299	50528	39771
48	60097	9761	50336	13767	5742	8025	67147	37700	29447
49	34269	5600	28669	8503	3457	5046	36416	20321	16095
50-54岁	**247987**	**46062**	**201925**	**88770**	**33370**	**55400**	**250537**	**138697**	**111840**
50	43610	7697	35913	12660	5197	7463	45719	25845	19874
51	39516	6995	32521	12490	4984	7506	41320	23158	18162
52	51416	9536	41880	18394	6989	11405	52764	29293	23471
53	57227	10902	46325	21882	7762	14120	57777	31779	25998
54	56218	10932	45286	23344	8438	14906	52957	28622	24335
55-59岁	**297296**	**68153**	**229143**	**153929**	**58172**	**95757**	**247994**	**132500**	**115494**
55	60362	12511	47851	28058	10266	17792	54446	29242	25204
56	62873	13825	49048	31017	11496	19521	55336	29737	25599
57	59581	13480	46101	31144	11550	19594	48641	25813	22828
58	61607	14946	46661	33659	13027	20632	48808	25979	22829
59	52873	13391	39482	30051	11833	18218	40763	21729	19034
60-64岁	**250428**	**74858**	**175570**	**161952**	**69917**	**92035**	**181477**	**100001**	**81476**
60	58075	16332	41743	34117	14285	19832	42406	23111	19295
61	55561	16278	39283	35488	15269	20219	41208	22821	18387
62	47812	14340	33472	31189	13570	17619	34619	19019	15600
63	45929	14330	31599	31346	13737	17609	33044	18282	14762
64	43051	13578	29473	29812	13056	16756	30200	16768	13432
65岁及以上	**492241**	**173107**	**319134**	**433411**	**192231**	**241180**	**311061**	**173557**	**137504**

7-8b 续表 6 单位：人

年 龄	寄挂户口			婚姻嫁娶			其 他		
	小计	男	女	小计	男	女	小计	男	女
总 计	**306141**	**170346**	**135795**	**2224008**	**371054**	**1852954**	**3601973**	**1979584**	**1622389**
0-4岁	**17059**	**9096**	**7963**				**233303**	**128187**	**105116**
0	1240	666	574				15640	8412	7228
1	3605	1980	1625				45439	25030	20409
2	3991	2132	1859				49427	27023	22404
3	4081	2123	1958				55974	30857	25117
4	4142	2195	1947				66823	36865	29958
5-9岁	**18804**	**10147**	**8657**				**221305**	**121641**	**99664**
5	4093	2209	1884				75727	42092	33635
6	3865	2117	1748				39914	21800	18114
7	3485	1871	1614				34560	18869	15691
8	3540	1939	1601				34476	18870	15606
9	3821	2011	1810				36628	20010	16618
10-14岁	**18000**	**9683**	**8317**				**180127**	**98397**	**81730**
10	3872	2034	1838				36765	20288	16477
11	3579	1935	1644				34296	18826	15470
12	3655	1985	1670				37268	20345	16923
13	3449	1865	1584				35143	19139	16004
14	3445	1864	1581				36655	19799	16856
15-19岁	**14242**	**7537**	**6705**	**31186**	**975**	**30211**	**205684**	**115613**	**90071**
15	3168	1684	1484	497	109	388	39375	21142	18233
16	2921	1516	1405	1194	134	1060	39322	20892	18430
17	2898	1533	1365	3370	166	3204	43216	23622	19594
18	2669	1383	1286	8329	229	8100	41989	24056	17933
19	2586	1421	1165	17796	337	17459	41782	25901	15881
20-24岁	**18307**	**9688**	**8619**	**402855**	**17738**	**385117**	**268794**	**168175**	**100619**
20	3335	1765	1570	43500	1018	42482	52558	33191	19367
21	3290	1776	1514	61542	1730	59812	51345	32799	18546
22	3447	1874	1573	80272	3116	77156	51562	32595	18967
23	4171	2146	2025	107476	5329	102147	58677	36266	22411
24	4064	2127	1937	110065	6545	103520	54652	33324	21328
25-29岁	**21229**	**11258**	**9971**	**511373**	**48179**	**463194**	**272263**	**159204**	**113059**
25	3849	2024	1825	103167	7224	95943	50508	30582	19926
26	3964	2044	1920	102968	8187	94781	50609	29970	20639
27	4087	2207	1880	100151	9280	90871	52148	30386	21762
28	4941	2670	2271	112334	12352	99982	62382	35964	26418
29	4388	2313	2075	92753	11136	81617	56616	32302	24314

7-8b 续表 7

单位：人

年龄	寄挂户口			婚姻嫁娶			其他		
	小计	男	女	小计	男	女	小计	男	女
30-34岁	**26083**	**14194**	**11889**	**378236**	**59888**	**318348**	**310956**	**174445**	**136511**
30	4502	2431	2071	85318	11430	73888	57587	32518	25069
31	5150	2829	2321	83044	12108	70936	62129	35207	26922
32	5373	2943	2430	75198	11867	63331	62459	34926	27533
33	5103	2721	2382	64875	11347	53528	59183	33017	26166
34	5955	3270	2685	69801	13136	56665	69598	38777	30821
35-39岁	**31292**	**17208**	**14084**	**300783**	**69162**	**231621**	**382536**	**207391**	**175145**
35	5775	3163	2612	66013	13424	52589	71554	39718	31836
36	6190	3329	2861	64267	14221	50046	75874	41292	34582
37	6339	3508	2831	60788	14221	46567	78025	42274	35751
38	6583	3675	2908	56914	13904	43010	79157	42700	36457
39	6405	3533	2872	52801	13392	39409	77926	41407	36519
40-44岁	**29089**	**15876**	**13213**	**213824**	**58374**	**155450**	**342831**	**183194**	**159637**
40	6916	3782	3134	55142	14449	40693	83509	44134	39375
41	5793	3121	2672	44158	11881	32277	71681	38118	33563
42	6267	3415	2852	45862	12653	33209	75385	40298	35087
43	4775	2587	2188	33086	9272	23814	54246	29093	25153
44	5338	2971	2367	35576	10119	25457	58010	31551	26459
45-49岁	**23806**	**13269**	**10537**	**134043**	**38777**	**95266**	**237390**	**130308**	**107082**
45	5341	2961	2380	33715	9647	24068	56628	31149	25479
46	5340	2988	2352	30788	8978	21810	53787	29466	24321
47	6249	3501	2748	33282	9759	23523	59504	32855	26649
48	4452	2448	2004	23718	6822	16896	43504	23958	19546
49	2424	1371	1053	12540	3571	8969	23967	12880	11087
50-54岁	**17721**	**10159**	**7562**	**77040**	**22974**	**54066**	**173967**	**89918**	**84049**
50	3252	1880	1372	15793	4636	11157	31203	16733	14470
51	2902	1653	1249	12838	3899	8939	27703	14719	12984
52	3807	2208	1599	16385	4980	11405	36709	19171	17538
53	4065	2320	1745	16654	4971	11683	39753	20090	19663
54	3695	2098	1597	15370	4488	10882	38599	19205	19394
55-59岁	**18969**	**10829**	**8140**	**70899**	**20645**	**50254**	**205310**	**100382**	**104928**
55	3974	2222	1752	15808	4621	11187	41907	20806	21101
56	4014	2290	1724	15470	4548	10922	43696	21198	22498
57	3727	2122	1605	14210	4105	10105	40739	19720	21019
58	3882	2243	1639	14041	4165	9876	42574	20844	21730
59	3372	1952	1420	11370	3206	8164	36394	17814	18580
60-64岁	**17252**	**10476**	**6776**	**47161**	**14883**	**32278**	**186660**	**96692**	**89968**
60	3756	2216	1540	11912	3673	8239	41443	20950	20493
61	3636	2206	1430	10572	3269	7303	40954	21059	19895
62	3264	1966	1298	8937	2724	6213	35647	18461	17186
63	3408	2098	1310	8268	2725	5543	35539	18699	16840
64	3188	1990	1198	7472	2492	4980	33077	17523	15554
65岁及以上	**34288**	**20926**	**13362**	**56608**	**19459**	**37149**	**380847**	**206037**	**174810**

7-8c 全国分年龄、性别、迁移原因的户口登记地在外乡镇街道的人口(乡村)

单位：人

年龄	合计			务工经商		
	合计	男	女	小计	男	女
总计	**34973139**	**18636371**	**16336768**	**16693570**	**10654295**	**6039275**
0-4岁	**1197077**	**647369**	**549708**			
0	87997	47719	40278			
1	272208	148098	124110			
2	283228	153292	129936			
3	273875	147745	126130			
4	279769	150515	129254			
5-9岁	**1233475**	**668116**	**565359**			
5	264950	143197	121753			
6	260588	141060	119528			
7	235344	127824	107520			
8	232477	125913	106564			
9	240116	130122	109994			
10-14岁	**1149197**	**615295**	**533902**			
10	241156	130375	110781			
11	222703	119795	102908			
12	238218	127240	110978			
13	217717	116227	101490			
14	229403	121658	107745			
15-19岁	**2927959**	**1467542**	**1460417**	**1001209**	**566474**	**434735**
15	319526	168638	150888	41200	23867	17333
16	452364	233404	218960	97949	55615	42334
17	622694	317495	305199	198879	111353	87526
18	698594	347954	350640	294428	165826	128602
19	834781	400051	434730	368753	209813	158940
20-24岁	**5626492**	**2500284**	**3126208**	**2680562**	**1598300**	**1082262**
20	1232520	566550	665970	523509	301808	221701
21	1178702	530446	648256	524766	307188	217578
22	1068115	468883	599232	518043	308920	209123
23	1132836	493918	638918	587269	357165	230104
24	1014319	440487	573832	526975	323219	203756
25-29岁	**4244282**	**1962971**	**2281311**	**2338211**	**1462248**	**875963**
25	894178	394551	499627	470640	290868	179772
26	858274	387495	470779	462986	287721	175265
27	813315	377164	436151	450278	282330	167948
28	897776	424683	473093	502173	316056	186117
29	780739	379078	401661	452134	285273	166861

7-8c 续表 1

单位：人

年 龄	合 计			务工经商		
	合计	男	女	小计	男	女
30-34岁	**3711218**	**1918847**	**1792371**	**2262127**	**1439859**	**822268**
30	769330	379208	390122	446571	283159	163412
31	757282	386736	370546	454020	289031	164989
32	743850	384119	359731	451356	287057	164299
33	667777	353972	313805	418086	266312	151774
34	772979	414812	358167	492094	314300	177794
35-39岁	**4031569**	**2235384**	**1796185**	**2682197**	**1713345**	**968852**
35	780023	422397	357626	505035	321598	183437
36	817293	448272	369021	540330	343449	196881
37	818176	454853	363323	545977	349510	196467
38	823473	460611	362862	552136	353040	199096
39	792604	449251	343353	538719	345748	192971
40-44岁	**3640565**	**2093626**	**1546939**	**2496362**	**1601348**	**895014**
40	860485	485996	374489	580288	370496	209792
41	738770	423335	315435	509367	326239	183128
42	796116	458704	337412	547895	351463	196432
43	602668	349054	253614	416656	267420	149236
44	642526	376537	265989	442156	285730	156426
45-49岁	**2434827**	**1475033**	**959794**	**1588639**	**1065755**	**522884**
45	616947	366081	250866	413744	271636	142108
46	558494	335238	223256	369655	245011	124644
47	592110	363440	228670	386484	261994	124490
48	437462	269680	167782	279324	191172	88152
49	229814	140594	89220	139432	95942	43490
50-54岁	**1364054**	**861999**	**502055**	**740005**	**538122**	**201883**
50	280709	173719	106990	158624	112904	45720
51	228863	145030	83833	128301	93399	34902
52	292430	186814	105616	159557	117254	42303
53	293977	187280	106697	157835	115597	42238
54	268075	169156	98919	135688	98968	36720
55-59岁	**1195857**	**758931**	**436926**	**510185**	**375490**	**134695**
55	269647	170514	99133	129338	94812	34526
56	262953	166067	96886	119663	87945	31718
57	234251	148189	86062	99360	73044	26316
58	235537	150791	84746	92214	68375	23839
59	193469	123370	70099	69610	51314	18296
60-64岁	**862285**	**570302**	**291983**	**229649**	**172064**	**57585**
60	211214	137707	73507	66288	49548	16740
61	187572	123468	64104	54250	40866	13384
62	164512	108737	55775	42082	31314	10768
63	154918	103534	51384	36270	27222	9048
64	144069	96856	47213	30759	23114	7645
65岁及以上	**1354282**	**860672**	**493610**	**164424**	**121290**	**43134**

7-8c 续表 2

单位：人

年 龄	工作调动			学习培训		
	小计	男	女	小计	男	女
总 计	**1560107**	**1157377**	**402730**	**2345044**	**1190178**	**1154866**
0-4岁						
0						
1						
2						
3						
4						
5-9岁				**104443**	**58390**	**46053**
5						
6				22218	12324	9894
7				25722	14446	11276
8				26745	15064	11681
9				29758	16556	13202
10-14岁				**187787**	**103141**	**84646**
10				31272	17516	13756
11				32033	17776	14257
12				36990	20380	16610
13				37620	20719	16901
14				49872	26750	23122
15-19岁	**26372**	**17527**	**8845**	**1130911**	**560748**	**570163**
15	948	557	391	117452	60857	56595
16	1690	1049	641	219359	110294	109065
17	3809	2485	1324	282475	141166	141309
18	7645	5186	2459	244889	120355	124534
19	12280	8250	4030	266736	128076	138660
20-24岁	**219798**	**136526**	**83272**	**867295**	**437298**	**429997**
20	21878	14530	7348	377413	181834	195579
21	29837	19342	10495	279473	140965	138508
22	40953	25379	15574	133935	71606	62329
23	60674	36851	23823	55762	31317	24445
24	66456	40424	26032	20712	11576	9136
25-29岁	**271672**	**175395**	**96277**	**28240**	**15408**	**12832**
25	61071	37954	23117	9944	5442	4502
26	59247	37709	21538	6371	3456	2915
27	52124	33644	18480	4605	2467	2138
28	54877	36363	18514	4053	2169	1884
29	44353	29725	14628	3267	1874	1393

7-8c 续表 3 单位：人

年 龄	工作调动			学习培训		
	小计	男	女	小计	男	女
30-34岁	**206504**	**146727**	**59777**	**8631**	**4866**	**3765**
30	42615	29156	13459	2596	1432	1164
31	42841	29904	12937	1862	1070	792
32	41990	29859	12131	1616	956	660
33	37103	26823	10280	1257	700	557
34	41955	30985	10970	1300	708	592
35-39岁	**204969**	**156334**	**48635**	**5749**	**3164**	**2585**
35	40924	30640	10284	1248	697	551
36	41975	31667	10308	1173	644	529
37	41329	31497	9832	1134	630	504
38	41498	32015	9483	1143	629	514
39	39243	30515	8728	1051	564	487
40-44岁	**181010**	**142002**	**39008**	**4006**	**2168**	**1838**
40	42310	33183	9127	1163	616	547
41	36685	28714	7971	846	448	398
42	39940	31341	8599	803	458	345
43	29456	23161	6295	617	340	277
44	32619	25603	7016	577	306	271
45-49岁	**144800**	**116040**	**28760**	**2155**	**1315**	**840**
45	33831	26763	7068	561	316	245
46	32547	25864	6683	446	275	171
47	36847	29704	7143	544	336	208
48	27061	21937	5124	370	225	145
49	14514	11772	2742	234	163	71
50-54岁	**93951**	**78459**	**15492**	**1302**	**831**	**471**
50	18600	15336	3264	268	168	100
51	15888	13117	2771	217	122	95
52	20094	16917	3177	288	196	92
53	20658	17269	3389	264	163	101
54	18711	15820	2891	265	182	83
55-59岁	**79151**	**69211**	**9940**	**1188**	**816**	**372**
55	18304	15749	2555	253	174	79
56	17409	15038	2371	257	170	87
57	15214	13342	1872	233	164	69
58	15493	13728	1765	266	183	83
59	12731	11354	1377	179	125	54
60-64岁	**57109**	**51166**	**5943**	**1041**	**699**	**342**
60	14082	12562	1520	265	165	100
61	11927	10607	1320	267	198	69
62	10903	9799	1104	188	126	62
63	10273	9244	1029	158	104	54
64	9924	8954	970	163	106	57
65岁及以上	**74771**	**67990**	**6781**	**2296**	**1334**	**962**

7-8c 续表 4 单位：人

年龄	随迁家属			投亲靠友			拆迁搬家		
	小计	男	女	小计	男	女	小计	男	女
总计	**4294278**	**2031699**	**2262579**	**1931478**	**1045860**	**885618**	**1086866**	**599717**	**487149**
0-4岁	**817557**	**445459**	**372098**	**234787**	**124039**	**110748**	**28927**	**15681**	**13246**
0	62492	34145	28347	15689	8260	7429	1696	952	744
1	188347	103064	85283	53659	28704	24955	5653	3061	2592
2	191819	104547	87272	57926	30787	27139	6581	3568	3013
3	185423	100862	84561	53994	28377	25617	7249	3927	3322
4	189476	102841	86635	53519	27911	25608	7748	4173	3575
5-9岁	**769576**	**420889**	**348687**	**203567**	**105364**	**98203**	**43339**	**23267**	**20072**
5	176816	96568	80248	49551	25770	23781	8057	4290	3767
6	163803	89582	74221	43367	22535	20832	8917	4788	4129
7	143844	78721	65123	37424	19442	17982	8483	4582	3901
8	140894	77009	63885	36332	18657	17675	8718	4667	4051
9	144219	79009	65210	36893	18960	17933	9164	4940	4224
10-14岁	**650919**	**351382**	**299537**	**160325**	**81184**	**79141**	**50666**	**27175**	**23491**
10	143503	78292	65211	36083	18420	17663	9618	5237	4381
11	129566	70302	59264	32280	16371	15909	9528	5112	4416
12	135726	73024	62702	33878	17085	16793	10792	5801	4991
13	121660	65318	56342	29243	14772	14471	10056	5331	4725
14	120464	64446	56018	28841	14536	14305	10672	5694	4978
15-19岁	**369628**	**192093**	**177535**	**94890**	**45967**	**48923**	**49432**	**26357**	**23075**
15	102132	54355	47777	26110	13066	13044	10810	5782	5028
16	80084	41825	38259	19439	9652	9787	9950	5361	4589
17	72077	37451	34626	17686	8641	9045	10060	5368	4692
18	61285	31314	29971	16141	7528	8613	9589	5048	4541
19	54050	27148	26902	15514	7080	8434	9023	4798	4225
20-24岁	**263551**	**114045**	**149506**	**91049**	**42222**	**48827**	**62701**	**32776**	**29925**
20	64008	30915	33093	19672	8993	10679	11730	6189	5541
21	53373	24267	29106	17846	8153	9693	11508	5966	5542
22	49774	21242	28532	17306	8067	9239	12169	6395	5774
23	50550	20275	30275	18703	8745	9958	13919	7264	6655
24	45846	17346	28500	17522	8264	9258	13375	6962	6413
25-29岁	**190929**	**60126**	**130803**	**80863**	**40541**	**40322**	**75269**	**40443**	**34826**
25	40661	14318	26343	15851	7788	8063	13009	6775	6234
26	38596	12540	26056	15049	7244	7805	13595	7187	6408
27	36321	11223	25098	15343	7701	7642	14423	7758	6665
28	40508	12058	28450	18211	9255	8956	18040	9921	8119
29	34843	9987	24856	16409	8553	7856	16202	8802	7400

7-8c 续表 5 单位：人

年龄	随迁家属			投亲靠友			拆迁搬家		
	小计	男	女	小计	男	女	小计	男	女
30-34岁	**167265**	**45034**	**122231**	**88094**	**48062**	**40032**	**91010**	**50706**	**40304**
30	35350	10091	25259	17732	9564	8168	16923	9406	7517
31	34031	9396	24635	17971	9733	8238	18026	9973	8053
32	33296	8968	24328	17856	9791	8065	18322	10210	8112
33	30261	7927	22334	15912	8726	7186	17569	9809	7760
34	34327	8652	25675	18623	10248	8375	20170	11308	8862
35-39岁	**176406**	**40524**	**135882**	**100538**	**55523**	**45015**	**114337**	**63873**	**50464**
35	34297	8294	26003	18870	10463	8407	20862	11648	9214
36	36247	8372	27875	19780	10958	8822	22404	12497	9907
37	36144	8153	27991	20290	11167	9123	23168	12904	10264
38	35944	8280	27664	21171	11712	9459	24010	13379	10631
39	33774	7425	26349	20427	11223	9204	23893	13445	10448
40-44岁	**155208**	**34941**	**120267**	**100775**	**55435**	**45340**	**120347**	**66859**	**53488**
40	36723	8564	28159	23313	13087	10226	26487	14906	11581
41	31014	6869	24145	19392	10568	8824	23604	13121	10483
42	33394	7408	25986	21732	11941	9791	26141	14578	11563
43	25772	5562	20210	17305	9481	7824	20765	11373	9392
44	28305	6538	21767	19033	10358	8675	23350	12881	10469
45-49岁	**124690**	**30842**	**93848**	**90155**	**49300**	**40855**	**106114**	**58923**	**47191**
45	28558	6808	21750	20265	11226	9039	23852	13357	10495
46	27599	6674	20925	19285	10502	8783	23342	12986	10356
47	30063	7491	22572	22012	12085	9927	26437	14599	11838
48	24200	6200	18000	17679	9602	8077	20572	11447	9125
49	14270	3669	10601	10914	5885	5029	11911	6534	5377
50-54岁	**102427**	**31565**	**70862**	**88570**	**47992**	**40578**	**83896**	**46587**	**37309**
50	18991	5336	13655	15529	8531	6998	15605	8706	6899
51	16223	4727	11496	13492	7214	6278	13869	7778	6091
52	21500	6643	14857	18739	10301	8438	17905	9989	7916
53	23091	7285	15806	20091	10840	9251	18907	10469	8438
54	22622	7574	15048	20719	11106	9613	17610	9645	7965
55-59岁	**127483**	**52900**	**74583**	**126139**	**70691**	**55448**	**85343**	**46881**	**38462**
55	24763	9042	15721	23680	12835	10845	18483	10247	8236
56	25961	9918	16043	25164	13801	11363	18777	10210	8567
57	25350	10327	15023	24985	14043	10942	16750	9192	7558
58	27154	12192	14962	27560	15773	11787	17073	9460	7613
59	24255	11421	12834	24750	14239	10511	14260	7772	6488
60-64岁	**128294**	**70934**	**57360**	**138944**	**86844**	**52100**	**64348**	**36537**	**27811**
60	28579	14892	13687	29854	18368	11486	15251	8666	6585
61	27033	14358	12675	28883	17874	11009	14268	8147	6121
62	24906	13950	10956	27074	17059	10015	12239	6932	5307
63	24387	13929	10458	27050	17091	9959	11835	6715	5120
64	23389	13805	9584	26083	16452	9631	10755	6077	4678
65岁及以上	**250345**	**140965**	**109380**	**332782**	**192696**	**140086**	**111137**	**63652**	**47485**

7-8c 续表 6

单位：人

年 龄	寄挂户口			婚姻嫁娶			其 他		
	小计	男	女	小计	男	女	小计	男	女
总 计	**362559**	**234763**	**127796**	**4915212**	**620084**	**4295128**	**1784025**	**1102398**	**681627**
0-4岁	**20116**	**10854**	**9262**				**95690**	**51336**	**44354**
0	1297	730	567				6823	3632	3191
1	4184	2262	1922				20365	11007	9358
2	4794	2555	2239				22108	11835	10273
3	4873	2626	2247				22336	11953	10383
4	4968	2681	2287				24058	12909	11149
5-9岁	**22847**	**12276**	**10571**				**89703**	**47930**	**41773**
5	4980	2664	2316				25546	13905	11641
6	4680	2480	2200				17603	9351	8252
7	4321	2336	1985				15550	8297	7253
8	4373	2369	2004				15415	8147	7268
9	4493	2427	2066				15589	8230	7359
10-14岁	**19899**	**10396**	**9503**				**79601**	**42017**	**37584**
10	4479	2340	2139				16201	8570	7631
11	4007	2103	1904				15289	8131	7158
12	4184	2176	2008				16648	8774	7874
13	3615	1873	1742				15523	8214	7309
14	3614	1904	1710				15940	8328	7612
15-19岁	**15344**	**9035**	**6309**	**153984**	**2481**	**151503**	**86189**	**46860**	**39329**
15	3392	1868	1524	2251	192	2059	15231	8094	7137
16	2806	1513	1293	6238	200	6038	14849	7895	6954
17	2762	1636	1126	18251	308	17943	16695	9087	7608
18	3102	1949	1153	43106	606	42500	18409	10142	8267
19	3282	2069	1213	84138	1175	82963	21005	11642	9363
20-24岁	**22950**	**14421**	**8529**	**1275822**	**41874**	**1233948**	**142764**	**82822**	**59942**
20	4110	2514	1596	180361	2966	177395	29839	16801	13038
21	4169	2615	1554	228395	5184	223211	29335	16766	12569
22	4480	2774	1706	263450	8118	255332	28005	16382	11623
23	5214	3342	1872	311575	11803	299772	29170	17156	12014
24	4977	3176	1801	292041	13803	278238	26415	15717	10698
25-29岁	**23955**	**16198**	**7757**	**1111792**	**76909**	**1034883**	**123351**	**75703**	**47648**
25	4507	2981	1526	254420	13804	240616	24075	14621	9454
26	4397	2994	1403	234290	14147	220143	23743	14497	9246
27	4653	3112	1541	212003	14394	197609	23565	14535	9030
28	5417	3700	1717	227148	18382	208766	27349	16779	10570
29	4981	3411	1570	183931	16182	167749	24619	15271	9348

7-8c 续表 7

单位：人

年 龄	寄挂户口			婚姻嫁娶			其 他		
	小计	男	女	小计	男	女	小计	男	女
30-34岁	**26953**	**18267**	**8686**	**731534**	**84131**	**647403**	**129100**	**81195**	**47905**
30	5050	3382	1668	176811	16927	159884	25682	16091	9591
31	5610	3835	1775	156966	17393	139573	25955	16401	9554
32	5567	3740	1827	147634	16914	130720	26213	16624	9589
33	4983	3396	1587	118531	15239	103292	24075	15040	9035
34	5743	3914	1829	131592	17658	113934	27175	17039	10136
35-39岁	**28796**	**18764**	**10032**	**569097**	**90687**	**478410**	**149480**	**93170**	**56310**
35	5646	3749	1897	125047	17558	107489	28094	17750	10344
36	5718	3772	1946	119992	18354	101638	29674	18559	11115
37	5799	3771	2028	114058	18228	95830	30277	18993	11284
38	5996	3836	2160	110429	18400	92029	31146	19320	11826
39	5637	3636	2001	99571	18147	81424	30289	18548	11741
40-44岁	**26207**	**16551**	**9656**	**411132**	**86052**	**325080**	**145518**	**88270**	**57248**
40	6264	4045	2219	110220	20461	89759	33717	20638	13079
41	5141	3183	1958	83787	16762	67025	28934	17431	11503
42	5646	3593	2053	89190	18779	70411	31375	19143	12232
43	4337	2696	1641	62987	14147	48840	24773	14874	9899
44	4819	3034	1785	64948	15903	49045	26719	16184	10535
45-49岁	**23336**	**14907**	**8429**	**236315**	**64902**	**171413**	**118623**	**73049**	**45574**
45	5317	3423	1894	63398	15763	47635	27421	16789	10632
46	5006	3201	1805	54546	14730	39816	26068	15995	10073
47	5820	3711	2109	54912	15682	39230	28991	17838	11153
48	4577	2933	1644	40725	11926	28799	22954	14238	8716
49	2616	1639	977	22734	6801	15933	13189	8189	5000
50-54岁	**20630**	**13293**	**7337**	**135683**	**44906**	**90777**	**97590**	**60244**	**37346**
50	3532	2217	1315	31606	9488	22118	17954	11033	6921
51	3249	2061	1188	22234	7169	15065	15390	9443	5947
52	4329	2828	1501	29358	9875	19483	20660	12811	7849
53	4772	3080	1692	26512	9238	17274	21847	13339	8508
54	4748	3107	1641	25973	9136	16837	21739	13618	8121
55-59岁	**27237**	**18543**	**8694**	**115412**	**44235**	**71177**	**123719**	**80164**	**43555**
55	5216	3472	1744	25795	9344	16451	23815	14839	8976
56	5473	3602	1871	25146	9473	15673	25103	15910	9193
57	5347	3662	1685	22713	8770	13943	24299	15645	8654
58	5947	4102	1845	23013	9156	13857	26817	17822	8995
59	5254	3705	1549	18745	7492	11253	23685	15948	7737
60-64岁	**29726**	**21729**	**7997**	**81758**	**37164**	**44594**	**131416**	**93165**	**38251**
60	6280	4511	1769	21903	9142	12761	28712	19853	8859
61	6333	4603	1730	17377	7665	9712	27234	19150	8084
62	5818	4243	1575	15632	7201	8431	25670	18113	7557
63	5638	4158	1480	14037	6830	7207	25270	18241	7029
64	5657	4214	1443	12809	6326	6483	24530	17808	6722
65岁及以上	**54563**	**39529**	**15034**	**92683**	**46743**	**45940**	**271281**	**186473**	**84808**

7-9 全国按现住地、性别、迁移原因分的户口登记地在本省其他乡镇街道人口

单位：人

现住地	合计			务工经商		
	合计	男	女	小计	男	女
全国	**175061605**	**88617297**	**86444308**	**53598164**	**31247814**	**22350350**
北京	3453755	1706106	1747649	415553	237737	177816
天津	1960724	974785	985939	189496	117740	71756
河北	6892606	3371827	3520779	1459978	895847	564131
山西	5833012	2980969	2852043	1415414	963260	452154
内蒙古	5726708	2905635	2821073	1868686	1225018	643668
辽宁	7523528	3708479	3815049	1558907	918692	640215
吉林	4005678	1945639	2060039	834078	492376	341702
黑龙江	5051431	2493651	2557780	1498838	906607	592231
上海	3708316	1811924	1896392	285380	173348	112032
江苏	10847566	5525488	5322078	3837966	2224532	1613434
浙江	8076886	4066369	4010517	2883154	1630079	1253075
安徽	6383145	3236306	3146839	1734585	1013176	721409
福建	6760923	3455083	3305840	2814317	1586549	1227768
江西	4702334	2427054	2275280	1252816	697352	555464
山东	11582728	5927587	5655141	3189999	1846861	1343138
河南	9171933	4668758	4503175	2252938	1306864	946074
湖北	8236616	4174973	4061643	2464758	1391951	1072807
湖南	7173833	3641196	3532637	2356665	1323823	1032842
广东	15308862	7975717	7333145	7022026	4037520	2984506
广西	5450005	2680103	2769902	1888899	1061968	826931
海南	1254967	614282	640685	410072	223205	186867
重庆	4495582	2261837	2233745	1540132	868911	671221
四川	10606579	5367559	5239020	3856505	2172742	1683763
贵州	3866248	1931638	1934610	1152539	667492	485047
云南	4817256	2516954	2300302	1919318	1134987	784331
西藏	96582	47960	48622	35386	16875	18511
陕西	4920054	2583547	2336507	1494848	923402	571446
甘肃	2679889	1394825	1285064	826125	494060	332065
青海	822519	423654	398865	197628	125517	72111
宁夏	1166031	593881	572150	296278	186175	110103
新疆	2485309	1203511	1281798	644880	383148	261732

7-9 续表 1

单位：人

现住地	工作调动			学习培训		
	小计	男	女	小计	男	女
全国	**7923187**	**5023992**	**2899195**	**26012259**	**12867261**	**13144998**
北京	225672	129510	96162	280155	136983	143172
天津	40827	24327	16500	107079	48433	58646
河北	389657	261218	128439	1267238	565442	701796
山西	341813	244653	97160	835852	404200	431652
内蒙古	211696	137798	73898	664024	313682	350342
辽宁	238400	152121	86279	797804	371121	426683
吉林	145870	94136	51734	378172	174059	204113
黑龙江	138174	88739	49435	658885	306599	352286
上海	87748	51697	36051	70031	37279	32752
江苏	375426	230452	144974	1677442	852067	825375
浙江	231798	136250	95548	1121829	555357	566472
安徽	307156	207611	99545	1164314	614584	549730
福建	212696	132802	79894	885470	440026	445444
江西	187317	123566	63751	853632	472705	380927
山东	843353	540880	302473	1997124	999146	997978
河南	514070	327280	186790	2174577	1062347	1112230
湖北	356491	226491	130000	1396895	724595	672300
湖南	360365	224402	135963	1268330	625082	643248
广东	444140	267578	176562	1799702	908012	891690
广西	254647	154792	99855	838801	415105	423696
海南	64258	39654	24604	142741	71638	71103
重庆	191093	111514	79579	696483	337725	358758
四川	469197	281617	187580	1788027	875746	912281
贵州	159408	107160	52248	504536	257323	247213
云南	278272	175599	102673	671449	322328	349121
西藏	10118	6427	3691	10156	5315	4841
陕西	422556	272588	149968	970905	490450	480455
甘肃	166573	112695	53878	475171	241885	233286
青海	44509	29670	14839	83756	41688	42068
宁夏	49823	34030	15793	132095	62557	69538
新疆	160064	96735	63329	299584	133782	165802

7-9 续表2 单位：人

现住地	随迁家属			投亲靠友			拆迁搬家		
	小计	男	女	小计	男	女	小计	男	女
全国	**28996975**	**12424969**	**16572006**	**8194805**	**3833937**	**4360868**	**23536175**	**12480836**	**11055339**
北京	480566	211386	269180	252385	119190	133195	1043079	541663	501416
天津	181967	75266	106701	107652	50271	57381	729561	377527	352034
河北	1140026	477778	662248	280523	139499	141024	775096	407404	367692
山西	1544792	577953	966839	158046	78646	79400	490241	280766	209475
内蒙古	1370071	482533	887538	207963	97009	110954	628379	336959	291420
辽宁	1021695	412910	608785	519183	253957	265226	2116791	1096063	1020728
吉林	767539	296121	471418	237719	116599	121120	931241	493820	437421
黑龙江	933061	357943	575118	363921	179035	184886	677821	360814	317007
上海	420039	186203	233836	424373	194902	229471	1656325	846988	809337
江苏	1102432	489648	612784	531304	247916	283388	1651186	857354	793832
浙江	1285407	572554	712853	315997	142775	173222	1440989	757358	683631
安徽	984057	422000	562057	260984	117118	143866	781820	416661	365159
福建	1075862	472984	602878	290719	131541	159178	877679	474139	403540
江西	885928	413074	472854	218408	103556	114852	576119	312518	263601
山东	1924767	809913	1114854	389955	190682	199273	1394124	748025	646099
河南	1576199	704416	871783	249573	121746	127827	939785	502091	437694
湖北	1294429	563591	730838	363766	170533	193233	998124	548881	449243
湖南	1263848	572268	691580	272007	125333	146674	641096	347512	293584
广东	2705571	1235019	1470552	623885	287251	336634	1378078	761110	616968
广西	959213	448373	510840	214182	96377	117805	401500	221282	180218
海南	315095	152166	162929	39380	18621	20759	64856	38821	26035
重庆	619561	272266	347295	309362	135085	174277	597264	302012	295252
四川	1125622	496180	629442	729138	328334	400804	1044145	535919	508226
贵州	823895	377098	446797	174366	80052	94314	325700	176239	149461
云南	780846	357307	423539	199958	93100	106858	280804	148475	132329
西藏	12897	5338	7559	4806	1746	3060	5593	2966	2627
陕西	950200	381091	569109	139308	68727	70581	307236	164034	143202
甘肃	441603	182945	258658	101810	47588	54222	231222	124109	107113
青海	191942	77240	114702	34140	15759	18381	117006	64606	52400
宁夏	314405	124615	189790	44030	20143	23887	190561	105493	85068
新疆	503440	216790	286650	135962	60846	75116	242754	129227	113527

7-9 续表 3

单位：人

现住地	寄挂户口			婚姻嫁娶			其 他		
	小计	男	女	小计	男	女	小计	男	女
全 国	**1750911**	**959161**	**791750**	**10395865**	**1876815**	**8519050**	**14653264**	**7902512**	**6750752**
北 京	121873	62472	59401	264869	69654	195215	369603	197511	172092
天 津	75955	38081	37874	132380	36341	96039	395807	206799	189008
河 北	104449	60794	43655	626187	99254	526933	849452	464591	384861
山 西	46773	27345	19428	391478	61118	330360	608603	343028	265575
内蒙古	20715	10760	9955	309084	67098	241986	446090	234778	211312
辽 宁	127468	67272	60196	549069	112828	436241	594211	323515	270696
吉 林	31263	16441	14822	267262	42722	224540	412534	219365	193169
黑龙江	49085	25646	23439	327118	53236	273882	404528	215032	189496
上 海	75538	37936	37602	280808	76172	204636	408074	207399	200675
江 苏	155002	84408	70594	728618	130582	598036	788190	408529	379661
浙 江	73999	43585	30414	434382	79715	354667	289331	148696	140635
安 徽	53118	29697	23421	420536	67767	352769	676575	347692	328883
福 建	49125	26912	22213	257857	30685	227172	297198	159445	137753
江 西	63211	36119	27092	224175	26047	198128	440728	242117	198611
山 东	198679	111538	87141	642903	119482	523421	1001824	561060	440764
河 南	56718	33062	23656	439285	76172	363113	968788	534780	434008
湖 北	94514	51344	43170	469384	77216	392168	798255	420371	377884
湖 南	37593	21594	15999	358327	66571	291756	615602	334611	280991
广 东	87934	48637	39297	586500	62594	523906	661026	367996	293030
广 西	32872	18327	14545	483230	54206	429024	376661	209673	166988
海 南	9989	5889	4100	115225	7284	107941	93351	57004	36347
重 庆	15808	8432	7376	181773	51464	130309	344106	174428	169678
四 川	49570	26439	23131	590875	157054	433821	953500	493528	459972
贵 州	13261	7282	5979	366378	68995	297383	346165	189997	156168
云 南	37120	20732	16388	347661	82420	265241	301828	182006	119822
西 藏	258	144	114	4517	1631	2886	12851	7518	5333
陕 西	18464	10811	7653	158948	30042	128906	457589	242402	215187
甘 肃	25696	14650	11046	119781	20474	99307	291908	156419	135489
青 海	4150	2202	1948	48847	9303	39544	100541	57669	42872
宁 夏	5048	2797	2251	47398	8420	38978	86393	49651	36742
新 疆	15663	7813	7850	221010	30268	190742	261952	144902	117050

7-9a 全国按现住地、性别、迁移原因分的户口登记地在本省其他乡镇街道人口(城市)

单位：人

现住地	合计			务工经商		
	合计	男	女	小计	男	女
全国	**112440794**	**56705326**	**55735468**	**34552563**	**19580043**	**14972520**
北京	3137882	1549142	1588740	359373	203456	155917
天津	1723067	853791	869276	129056	79103	49953
河北	3869963	1889657	1980306	729977	423669	306308
山西	3013291	1492224	1521067	708898	436753	272145
内蒙古	3299867	1654252	1645615	976954	612262	364692
辽宁	5800479	2875591	2924888	1150052	656842	493210
吉林	2877860	1418492	1459368	557602	317900	239702
黑龙江	3114622	1553188	1561434	853634	504105	349529
上海	3435823	1669797	1766026	238785	143881	94904
江苏	7365769	3775800	3589969	2462930	1422837	1040093
浙江	5078729	2538093	2540636	1714452	949842	764610
安徽	3836704	1962052	1874652	1078409	629561	448848
福建	4172470	2117178	2055292	1828715	1004011	824704
江西	2112321	1067314	1045007	515758	287183	228575
山东	8227004	4179849	4047155	2316876	1308560	1008316
河南	5676822	2865834	2810988	1439224	820554	618670
湖北	5870920	2970552	2900368	1886866	1047922	838944
湖南	4217607	2109584	2108023	1440668	776592	664076
广东	12222401	6400003	5822398	5876499	3352310	2524189
广西	3159714	1599558	1560156	1219796	672628	547168
海南	782628	391390	391238	291564	153675	137889
重庆	2842428	1426418	1416010	1008415	559558	448857
四川	5805720	2924400	2881320	2345179	1284726	1060453
贵州	1973050	996444	976606	636947	354814	282133
云南	2209642	1113828	1095814	893885	486061	407824
西藏	31173	13924	17249	15878	7021	8857
陕西	2526211	1272323	1253888	743662	423891	319771
甘肃	1583550	808080	775470	511142	298928	212214
青海	425949	212106	213843	102301	60992	41309
宁夏	590168	294663	295505	136905	80672	56233
新疆	1456960	709799	747161	382161	219734	162427

7-9a 续表 1 单位：人

现住地	工作调动			学习培训		
	小计	男	女	小计	男	女
全　国	**4476597**	**2661965**	**1814632**	**15400053**	**7525735**	**7874318**
北　京	208443	118399	90044	249776	123430	126346
天　津	31128	18409	12719	80955	35862	45093
河　北	166856	100736	66120	724811	319915	404896
山　西	149050	98237	50813	400659	189091	211568
内蒙古	101464	61049	40415	356483	172738	183745
辽　宁	180145	108994	71151	640294	300463	339831
吉　林	100897	62790	38107	295779	134319	161460
黑龙江	90356	56401	33955	523301	242233	281068
上　海	80032	46925	33107	54597	28101	26496
江　苏	270299	159523	110776	1083345	541955	541390
浙　江	149125	83809	65316	772091	376949	395142
安　徽	160265	100481	59784	587742	311573	276169
福　建	104556	60526	44030	472598	233787	238811
江　西	63140	39542	23598	317925	162712	155213
山　东	566985	341509	225476	1365780	687518	678262
河　南	293680	175269	118411	1160399	550826	609573
湖　北	227779	139083	88696	879064	459205	419859
湖　南	164503	96455	68048	719104	339535	379569
广　东	339686	199957	139729	1317737	667397	650340
广　西	110697	64870	45827	476996	240580	236416
海　南	35337	20709	14628	82545	40576	41969
重　庆	117269	64525	52744	370772	180433	190339
四　川	233493	130113	103380	859207	409302	449905
贵　州	55050	34108	20942	243309	121995	121314
云　南	92056	52791	39265	320278	148826	171452
西　藏	1516	924	592	2921	1713	1208
陕　西	195382	112197	83185	507583	251562	256021
甘　肃	58241	37527	20714	224470	111353	113117
青　海	15693	9731	5962	31878	16233	15645
宁　夏	26376	16379	9997	62376	29292	33084
新　疆	87098	49997	37101	215278	96261	119017

7-9a 续表 2 单位：人

现住地	随迁家属			投亲靠友			拆迁搬家		
	小计	男	女	小计	男	女	小计	男	女
全国	**18063151**	**7725258**	**10337893**	**5177810**	**2312603**	**2865207**	**19078800**	**10031885**	**9046915**
北京	440126	193827	246299	227182	106737	120445	970450	504039	466411
天津	151342	62651	88691	99710	46222	53488	688108	355570	332538
河北	616209	260011	356198	137900	62559	75341	655393	341815	313578
山西	761606	290519	471087	70101	31364	38737	373455	211635	161820
内蒙古	772972	278852	494120	113283	50520	62763	538405	286565	251840
辽宁	735904	293577	442327	328827	151859	176968	1968690	1013279	955411
吉林	547123	210288	336835	135491	62878	72613	823231	434618	388613
黑龙江	528901	203292	325609	184071	85416	98655	531138	280533	250605
上海	386235	170273	215962	403064	184182	218882	1567731	801405	766326
江苏	763410	330670	432740	366059	161059	205000	1419199	732726	686473
浙江	746286	329923	416363	195281	83875	111406	1071469	556478	514991
安徽	602456	255960	346496	155336	66653	88683	608441	323122	285319
福建	662087	291308	370779	199253	87822	111431	575911	308711	267200
江西	421008	192850	228158	94287	42578	51709	359753	193636	166117
山东	1338293	553318	784975	251240	114322	136918	1185158	631981	553177
河南	994718	439882	554836	157878	70256	87622	738419	390749	347670
湖北	930483	403468	527015	248275	111621	136654	747863	408308	339555
湖南	765799	343688	422111	147942	64617	83325	445763	239147	206616
广东	2091689	952653	1139036	525507	237224	288283	1176893	643431	533462
广西	577452	270809	306643	117960	50677	67283	257482	140131	117351
海南	205272	95166	110106	24344	10737	13607	43528	25856	17672
重庆	402953	177951	225002	177212	74817	102395	468294	234908	233386
四川	627227	273354	353873	368211	158365	209846	666655	338634	328021
贵州	428162	195528	232634	85755	37393	48362	208432	109636	98796
云南	362291	163045	199246	85518	36890	48628	190137	99030	91107
西藏	3852	1462	2390	1599	443	1156	994	449	545
陕西	431341	178644	252697	77355	34943	42412	223135	117615	105520
甘肃	263579	108757	154822	58313	25368	32945	187287	99695	87592
青海	98395	38560	59835	21909	9836	12073	83485	45698	37787
宁夏	143031	55919	87112	24838	10690	14148	123261	67967	55294
新疆	262949	109053	153896	94109	40680	53429	180640	94518	86122

7-9a 续表 3

单位：人

现住地	寄挂户口			婚姻嫁娶			其他		
	小计	男	女	小计	男	女	小计	男	女
全国	**1128451**	**584350**	**544101**	**4648224**	**1057748**	**3590476**	**9915145**	**5225739**	**4689406**
北京	106602	54417	52185	237151	64292	172859	338779	180545	158234
天津	74666	37350	37316	112572	33231	79341	355530	185393	170137
河北	55825	29552	26273	202025	49353	152672	580967	302047	278920
山西	20420	10843	9577	175537	33263	142274	353565	190519	163046
内蒙古	13973	7057	6916	145740	39045	106695	280593	146164	134429
辽宁	89062	45212	43850	253616	63090	190526	453889	242275	211614
吉林	19628	9919	9709	88771	21371	67400	309338	164409	144929
黑龙江	37194	18779	18415	100022	23985	76037	266005	138444	127561
上海	72125	36027	36098	257472	67994	189478	375782	191009	184773
江苏	101673	52722	48951	320327	74618	245709	578527	299690	278837
浙江	45470	24311	21159	202331	41408	160923	182224	91498	90726
安徽	28372	15140	13232	184975	39853	145122	430708	219709	210999
福建	26434	13967	12467	113744	15041	98703	189172	102005	87167
江西	27487	14667	12820	83289	13857	69432	229674	120289	109385
山东	128576	67434	61142	345835	82392	263443	728261	392815	335446
河南	29899	15663	14236	202347	49477	152870	660258	353158	307100
湖北	63113	32773	30340	267817	46270	221547	619660	321902	297758
湖南	15894	8310	7584	138282	35290	102992	379652	205950	173702
广东	64884	34363	30521	334245	49669	284576	495261	262999	232262
广西	19548	10338	9210	140487	24546	115941	239296	124979	114317
海南	4192	2362	1830	33562	3554	30008	62284	38755	23529
重庆	6124	3167	2957	82799	26195	56604	208590	104864	103726
四川	19682	9941	9741	166794	52718	114076	519272	267247	252025
贵州	5754	3002	2752	108003	30077	77926	201638	109891	91747
云南	18986	9909	9077	81411	21179	60232	165080	96097	68983
西藏	27	10	17	963	289	674	3423	1613	1810
陕西	8319	4342	3977	78512	16637	61875	260922	132492	128430
甘肃	12893	6909	5984	63578	12119	51459	204047	107424	96623
青海	2367	1209	1158	21547	4006	17541	48374	25841	22533
宁夏	2653	1357	1296	23265	5342	17923	47463	27045	20418
新疆	6609	3298	3311	81205	17587	63618	146911	78671	68240

7-9b 全国按现住地、性别、迁移原因分的户口登记地在本省其他乡镇街道人口(镇)

单位：人

现住地	合计			务工经商		
	合计	男	女	小计	男	女
全　国	**41934535**	**21463301**	**20471234**	**12725768**	**7532164**	**5193604**
北　京	193814	96682	97132	33314	19749	13565
天　津	167621	85543	82078	33222	20587	12635
河　北	2051055	1030100	1020955	537875	341558	196317
山　西	1668753	850338	818415	410194	293156	117038
内蒙古	1481279	752425	728854	510012	340025	169987
辽　宁	857783	421911	435872	224594	136414	88180
吉　林	539814	265602	274212	147431	91897	55534
黑龙江	1123452	560941	562511	391268	240434	150834
上　海	214115	110268	103847	32947	20179	12768
江　苏	1998260	1016352	981908	701044	399755	301289
浙　江	2096538	1064726	1031812	804453	456065	348388
安　徽	1846469	938633	907836	471236	268555	202681
福　建	1869289	957360	911929	694321	394486	299835
江　西	2075510	1084304	991206	616505	332430	284075
山　东	2453240	1268519	1184721	628300	377086	251214
河　南	2659137	1373594	1285543	632887	371567	261320
湖　北	1404044	714815	689229	342363	193594	148769
湖　南	2368534	1220066	1148468	744221	423924	320297
广　东	1934669	1003901	930768	689484	408896	280588
广　西	1625482	814038	811444	495731	285366	210365
海　南	260720	133014	127706	77420	45378	32042
重　庆	1275765	639803	635962	404820	227503	177317
四　川	3421741	1751039	1670702	1122872	637845	485027
贵　州	1140052	581663	558389	311962	179900	132062
云　南	1530854	800379	730475	572589	333891	238698
西　藏	35176	18028	17148	11077	5461	5616
陕　西	1820313	964703	855610	579876	373895	205981
甘　肃	782878	410910	371968	234128	141768	92360
青　海	292816	153746	139070	68204	44518	23686
宁　夏	253554	132473	121081	80180	52463	27717
新　疆	491808	247425	244383	121238	73819	47419

7-9b 续表 1

单位：人

现住地	工作调动			学习培训		
	小计	男	女	小计	男	女
全　国	**2173067**	**1435457**	**737610**	**8609691**	**4337360**	**4272331**
北　京	11891	7240	4651	14658	6135	8523
天　津	6886	4120	2766	25261	12203	13058
河　北	145015	100719	44296	485714	218980	266734
山　西	89418	63937	25481	317509	156757	160752
内蒙古	68027	45390	22637	231935	112555	119380
辽　宁	27256	18399	8857	127597	57140	70457
吉　林	23970	16100	7870	57638	26549	31089
黑龙江	33520	22303	11217	112391	51595	60796
上　海	6451	3868	2583	14469	8728	5741
江　苏	72729	46575	26154	457414	237990	219424
浙　江	55501	33642	21859	281937	143977	137960
安　徽	105675	76656	29019	481004	252611	228393
福　建	66520	43453	23067	310522	153451	157071
江　西	77420	50930	26490	483536	276394	207142
山　东	193002	131296	61706	578478	283175	295303
河　南	155906	102489	53417	831647	418792	412855
湖　北	79928	52878	27050	330960	172399	158561
湖　南	142279	90633	51646	505781	264291	241490
广　东	73384	46722	26662	283967	142264	141703
广　西	97913	59713	38200	313924	151096	162828
海　南	19658	12644	7014	33855	17406	16449
重　庆	51569	31965	19604	276721	134105	142616
四　川	147165	90907	56258	802901	404974	397927
贵　州	58822	40379	18443	213199	109533	103666
云　南	93060	60321	32739	297439	146469	150970
西　藏	4969	3269	1700	4415	2081	2334
陕　西	134222	90995	43227	373183	195099	178084
甘　肃	51165	35015	16150	223251	115996	107255
青　海	18261	12312	5949	46304	22522	23782
宁　夏	13328	10062	3266	36770	18201	18569
新　疆	48157	30525	17632	55311	23892	31419

7-9b 续表 2 单位：人

现住地	随迁家属			投亲靠友			拆迁搬家		
	小计	男	女	小计	男	女	小计	男	女
全国	**7969462**	**3305899**	**4663563**	**1562441**	**719300**	**843141**	**3452957**	**1894967**	**1557990**
北京	28247	11917	16330	11096	5134	5962	55368	28602	26766
天津	25334	10174	15160	4241	2077	2164	32923	17585	15338
河北	391722	153229	238493	66114	31909	34205	99468	54233	45235
山西	500054	171513	328541	32074	14505	17569	85643	50488	35155
内蒙古	372153	124470	247683	50284	22940	27344	61731	34555	27176
辽宁	166092	64621	101471	54108	26920	27188	101202	56133	45069
吉林	115893	43258	72635	34307	16941	17366	60656	32723	27933
黑龙江	251392	93709	157683	76936	37674	39262	108529	58781	49748
上海	26577	11924	14653	12645	5839	6806	80931	41566	39365
江苏	231614	101821	129793	74518	36901	37617	158882	86738	72144
浙江	411918	179674	232244	67853	30322	37531	300033	162706	137327
安徽	291491	121107	170384	55627	24239	31388	142203	76634	65569
福建	330617	143207	187410	59539	26872	32667	251846	137664	114182
江西	386162	176005	210157	80920	36956	43964	186634	102623	84011
山东	465375	189774	275601	68237	33496	34741	189460	105335	84125
河南	493630	217191	276439	49607	24769	24838	177672	98518	79154
湖北	241425	100814	140611	51858	23970	27888	162298	91643	70655
湖南	426396	187135	239261	80886	36224	44662	176576	97900	78676
广东	488003	218229	269774	53227	24908	28319	168364	99297	69067
广西	312712	141273	171439	63361	27980	35381	127422	71841	55581
海南	67353	33199	34154	6976	3322	3654	13251	8142	5109
重庆	176382	75380	101002	92683	40394	52289	109741	56753	52988
四川	380775	165150	215625	217878	96240	121638	285753	148294	137459
贵州	262525	118077	144448	42477	19088	23389	79546	45445	34101
云南	269087	119343	149744	63782	27977	35805	58430	31801	26629
西藏	5787	2485	3302	1577	625	952	2543	1433	1110
陕西	440449	165361	275088	34320	16002	18318	69899	38497	31402
甘肃	138563	53911	84652	22876	10367	12509	27484	15420	12064
青海	79117	31849	47268	7189	3248	3941	25661	14648	11013
宁夏	78627	30725	47902	6861	3077	3784	16695	9170	7525
新疆	113990	49374	64616	18384	8384	10000	36113	19799	16314

7-9b 续表 3

单位：人

现住地	寄挂户口			婚姻嫁娶			其　他		
	小计	男	女	小计	男	女	小计	男	女
全　国	**291511**	**162448**	**129063**	**1889781**	**310934**	**1578847**	**3259857**	**1764772**	**1495085**
北　京	9337	4758	4579	10483	2264	8219	19420	10883	8537
天　津	717	382	335	7733	1891	5842	31304	16524	14780
河　北	24374	13952	10422	126532	17670	108862	174241	97850	76391
山　西	9363	5415	3948	70192	8140	62052	154306	86427	67879
内蒙古	3405	1743	1662	68535	11120	57415	115197	59627	55570
辽　宁	15823	8419	7404	67572	13765	53807	73539	40100	33439
吉　林	4527	2375	2152	38124	5674	32450	57268	30085	27183
黑龙江	3719	1893	1826	60299	10824	49475	85398	43728	41670
上　海	2110	1120	990	13826	4766	9060	24159	12278	11881
江　苏	22655	12816	9839	132917	21377	111540	146487	72379	74108
浙　江	9401	5209	4192	92909	15250	77659	72533	37881	34652
安　徽	13495	7422	6073	89672	13053	76619	196066	98356	97710
福　建	16101	8882	7219	57197	5813	51384	82626	43532	39094
江　西	14973	8411	6562	63797	6873	56924	165563	93682	71881
山　东	35109	20176	14933	105694	16091	89603	189585	112090	77495
河　南	15054	8838	6216	84102	11362	72740	218632	120068	98564
湖　北	14204	7849	6355	66363	11427	54936	114645	60241	54404
湖　南	10683	6063	4620	91349	14322	77027	190363	99574	90789
广　东	9400	5629	3771	78582	5350	73232	90258	52606	37652
广　西	7367	4091	3276	106295	11856	94439	100757	60822	39935
海　南	2076	1191	885	22671	1383	21288	17460	10349	7111
重　庆	5697	3024	2673	42700	11316	31384	115452	59363	56089
四　川	13491	7226	6265	135594	38555	97039	315312	161848	153464
贵　州	3089	1639	1450	73016	14476	58540	95416	53126	42290
云　南	8030	4514	3516	82568	21846	60722	85869	54217	31652
西　藏	183	104	79	902	240	662	3723	2330	1393
陕　西	5308	2940	2368	33412	4350	29062	149644	77564	72080
甘　肃	7466	4131	3335	16842	2608	14234	61103	31694	29409
青　海	1116	592	524	8575	1586	6989	38389	22471	15918
宁　夏	508	289	219	6945	998	5947	13640	7488	6152
新　疆	2730	1355	1375	34383	4688	29695	61502	35589	25913

7-9c 全国按现住地、性别、迁移原因分的户口登记地在本省其他乡镇街道人口(乡村)

单位：人

现住地	合计			务工经商		
	合计	男	女	小计	男	女
全国	**20686276**	**10448670**	**10237606**	**6319833**	**4135607**	**2184226**
北京	122059	60282	61777	22866	14532	8334
天津	70036	35451	34585	27218	18050	9168
河北	971588	452070	519518	192126	130620	61506
山西	1150968	638407	512561	296322	233351	62971
内蒙古	945562	498958	446604	381720	272731	108989
辽宁	865266	410977	454289	184261	125436	58825
吉林	588004	261545	326459	129045	82579	46466
黑龙江	813357	379522	433835	253936	162068	91868
上海	58378	31859	26519	13648	9288	4360
江苏	1483537	733336	750201	673992	401940	272052
浙江	901619	463550	438069	364249	224172	140077
安徽	699972	335621	364351	184940	115060	69880
福建	719164	380545	338619	291281	188052	103229
江西	514503	275436	239067	120553	77739	42814
山东	902484	479219	423265	244823	161215	83608
河南	835974	429330	406644	180827	114743	66084
湖北	961652	489606	472046	235529	150435	85094
湖南	587692	311546	276146	171776	123307	48469
广东	1151792	571813	579979	456043	276314	179729
广西	664809	266507	398302	173372	103974	69398
海南	211619	89878	121741	41088	24152	16936
重庆	377389	195616	181773	126897	81850	45047
四川	1379118	692120	686998	388454	250171	138283
贵州	753146	353531	399615	203630	132778	70852
云南	1076760	602747	474013	452844	315035	137809
西藏	30233	16008	14225	8431	4393	4038
陕西	573530	346521	227009	171310	125616	45694
甘肃	313461	175835	137626	80855	53364	27491
青海	103754	57802	45952	27123	20007	7116
宁夏	322309	166745	155564	79193	53040	26153
新疆	536541	246287	290254	141481	89595	51886

7-9c 续表 1

单位：人

现住地	工作调动			学习培训		
	小计	男	女	小计	男	女
全　国	**1273523**	**926570**	**346953**	**2002515**	**1004166**	**998349**
北　京	5338	3871	1467	15721	7418	8303
天　津	2813	1798	1015	863	368	495
河　北	77786	59763	18023	56713	26547	30166
山　西	103345	82479	20866	117684	58352	59332
内蒙古	42205	31359	10846	75606	28389	47217
辽　宁	30999	24728	6271	29913	13518	16395
吉　林	21003	15246	5757	24755	13191	11564
黑龙江	14298	10035	4263	23193	12771	10422
上　海	1265	904	361	965	450	515
江　苏	32398	24354	8044	136683	72122	64561
浙　江	27172	18799	8373	67801	34431	33370
安　徽	41216	30474	10742	95568	50400	45168
福　建	41620	28823	12797	102350	52788	49562
江　西	46757	33094	13663	52171	33599	18572
山　东	83366	68075	15291	52866	28453	24413
河　南	64484	49522	14962	182531	92729	89802
湖　北	48784	34530	14254	186871	92991	93880
湖　南	53583	37314	16269	43445	21256	22189
广　东	31070	20899	10171	197998	98351	99647
广　西	46037	30209	15828	47881	23429	24452
海　南	9263	6301	2962	26341	13656	12685
重　庆	22255	15024	7231	48990	23187	25803
四　川	88539	60597	27942	125919	61470	64449
贵　州	45536	32673	12863	48028	25795	22233
云　南	93156	62487	30669	53732	27033	26699
西　藏	3633	2234	1399	2820	1521	1299
陕　西	92952	69396	23556	90139	43789	46350
甘　肃	57167	40153	17014	27450	14536	12914
青　海	10555	7627	2928	5574	2933	2641
宁　夏	10119	7589	2530	32949	15064	17885
新　疆	24809	16213	8596	28995	13629	15366

7-9c 续表 2

单位：人

现住地	随迁家属			投亲靠友			拆迁搬家		
	小计	男	女	小计	男	女	小计	男	女
全国	**2964362**	**1393812**	**1570550**	**1454554**	**802034**	**652520**	**1004418**	**553984**	**450434**
北京	12193	5642	6551	14107	7319	6788	17261	9022	8239
天津	5291	2441	2850	3701	1972	1729	8530	4372	4158
河北	132095	64538	67557	76509	45031	31478	20235	11356	8879
山西	283132	115921	167211	55871	32777	23094	31143	18643	12500
内蒙古	224946	79211	145735	44396	23549	20847	28243	15839	12404
辽宁	119699	54712	64987	136248	75178	61070	46899	26651	20248
吉林	104523	42575	61948	67921	36780	31141	47354	26479	20875
黑龙江	152768	60942	91826	102914	55945	46969	38154	21500	16654
上海	7227	4006	3221	8664	4881	3783	7663	4017	3646
江苏	107408	57157	50251	90727	49956	40771	73105	37890	35215
浙江	127203	62957	64246	52863	28578	24285	69487	38174	31313
安徽	90110	44933	45177	50021	26226	23795	31176	16905	14271
福建	83158	38469	44689	31927	16847	15080	49922	27764	22158
江西	78758	44219	34539	43201	24022	19179	29732	16259	13473
山东	121099	66821	54278	70478	42864	27614	19506	10709	8797
河南	87851	47343	40508	42088	26721	15367	23694	12824	10870
湖北	122521	59309	63212	63633	34942	28691	87963	48930	39033
湖南	71653	41445	30208	43179	24492	18687	18757	10465	8292
广东	125879	64137	61742	45151	25119	20032	32821	18382	14439
广西	69049	36291	32758	32861	17720	15141	16596	9310	7286
海南	42470	23801	18669	8060	4562	3498	8077	4823	3254
重庆	40226	18935	21291	39467	19874	19593	19229	10351	8878
四川	117620	57676	59944	143049	73729	69320	91737	48991	42746
贵州	133208	63493	69715	46134	23571	22563	37722	21158	16564
云南	149468	74919	74549	50658	28233	22425	32237	17644	14593
西藏	3258	1391	1867	1630	678	952	2056	1084	972
陕西	78410	37086	41324	27633	17782	9851	14202	7922	6280
甘肃	39461	20277	19184	20621	11853	8768	16451	8994	7457
青海	14430	6831	7599	5042	2675	2367	7860	4260	3600
宁夏	92747	37971	54776	12331	6376	5955	50605	28356	22249
新疆	126501	58363	68138	23469	11782	11687	26001	14910	11091

7-9c 续表 3

单位：人

现住地	寄挂户口			婚姻嫁娶			其他		
	小计	男	女	小计	男	女	小计	男	女
全国	**330949**	**212363**	**118586**	**3857860**	**508133**	**3349727**	**1478262**	**912001**	**566261**
北京	5934	3297	2637	17235	3098	14137	11404	6083	5321
天津	572	349	223	12075	1219	10856	8973	4882	4091
河北	24250	17290	6960	297630	32231	265399	94244	64694	29550
山西	16990	11087	5903	145749	19715	126034	100732	66082	34650
内蒙古	3337	1960	1377	94809	16933	77876	50300	28987	21313
辽宁	22583	13641	8942	227881	35973	191908	66783	41140	25643
吉林	7108	4147	2961	140367	15677	124690	45928	24871	21057
黑龙江	8172	4974	3198	166797	18427	148370	53125	32860	20265
上海	1303	789	514	9510	3412	6098	8133	4112	4021
江苏	30674	18870	11804	275374	34587	240787	63176	36460	26716
浙江	19128	14065	5063	139142	23057	116085	34574	19317	15257
安徽	11251	7135	4116	145889	14861	131028	49801	29627	20174
福建	6590	4063	2527	86916	9831	77085	25400	13908	11492
江西	20751	13041	7710	77089	5317	71772	45491	28146	17345
山东	34994	23928	11066	191374	20999	170375	83978	56155	27823
河南	11765	8561	3204	152836	15333	137503	89898	61554	28344
湖北	17197	10722	6475	135204	19519	115685	63950	38228	25722
湖南	11016	7221	3795	128696	16959	111737	45587	29087	16500
广东	13650	8645	5005	173673	7575	166098	75507	52391	23116
广西	5957	3898	2059	236448	17804	218644	36608	23872	12736
海南	3721	2336	1385	58992	2347	56645	13607	7900	5707
重庆	3987	2241	1746	56274	13953	42321	20064	10201	9863
四川	16397	9272	7125	288487	65781	222706	118916	64433	54483
贵州	4418	2641	1777	185359	24442	160917	49111	26980	22131
云南	10104	6309	3795	183682	39395	144287	50879	31692	19187
西藏	48	30	18	2652	1102	1550	5705	3575	2130
陕西	4837	3529	1308	47024	9055	37969	47023	32346	14677
甘肃	5337	3610	1727	39361	5747	33614	26758	17301	9457
青海	667	401	266	18725	3711	15014	13778	9357	4421
宁夏	1887	1151	736	17188	2080	15108	25290	15118	10172
新疆	6324	3160	3164	105422	7993	97429	53539	30642	22897

7-10 全国按现住地、性别、迁移原因分的户口登记地在外省人口

单位：人

现住地	合计			务工经商		
	合计	男	女	小计	男	女
全　国	**85876337**	**48357495**	**37518842**	**64131695**	**37966649**	**26165046**
北　京	7044533	3826305	3218228	5206202	3020335	2185867
天　津	2991501	1913786	1077715	2358211	1609351	748860
河　北	1404673	798249	606424	727857	473321	254536
山　西	931653	601105	330548	552091	426927	125164
内蒙古	1444181	939238	504943	929062	699065	229997
辽　宁	1786530	993933	792597	991089	615195	375894
吉　林	456499	247445	209054	187027	121988	65039
黑龙江	506397	285141	221256	221242	151208	70034
上　海	8977000	4872312	4104688	7030656	3990303	3040353
江　苏	7379253	4055517	3323736	5792594	3302721	2489873
浙　江	11823977	6564526	5259451	9913196	5612067	4301129
安　徽	717463	404614	312849	374770	261547	113223
福　建	4313602	2453901	1859701	3472276	2046104	1426172
江　西	599942	343337	256605	246194	166745	79449
山　东	2115593	1173836	941757	1109935	685309	424626
河　南	592134	344174	247960	280058	185381	94677
湖　北	1013612	568505	445107	461726	296184	165542
湖　南	724982	404074	320908	342603	224145	118458
广　东	21497787	11963909	9533878	18438870	10495438	7943432
广　西	841806	488819	352987	512101	331888	180213
海　南	588463	341282	247181	320430	212638	107792
重　庆	945194	511366	433828	440034	269352	170682
四　川	1128573	632300	496273	544923	347472	197451
贵　州	763294	457977	305317	468222	317796	150426
云　南	1236549	762534	474015	842053	548801	293252
西　藏	165423	101838	63585	136830	85170	51660
陕　西	974362	590860	383502	499950	340619	159331
甘　肃	432833	259984	172849	221825	151805	70020
青　海	318435	205141	113294	207147	148424	58723
宁　夏	368451	221436	147015	212842	147112	65730
新　疆	1791642	1030051	761591	1089679	682238	407441

7-10 续表 1

单位：人

现住地	工作调动			学习培训		
	小计	男	女	小计	男	女
全　国	**2127968**	**1364177**	**763791**	**3775325**	**2068064**	**1707261**
北　京	256153	137760	118393	327929	166356	161573
天　津	58033	37326	20707	110004	59452	50552
河　北	72383	52300	20083	132414	70196	62218
山　西	45113	37771	7342	49654	29679	19975
内蒙古	70107	56433	13674	46743	26889	19854
辽　宁	51131	33103	18028	148386	80671	67715
吉　林	13766	9783	3983	98345	49378	48967
黑龙江	10025	7055	2970	101820	56119	45701
上　海	149935	81177	68758	179533	96461	83072
江　苏	138248	83893	54355	223714	127099	96615
浙　江	97692	62061	35631	148000	83113	64887
安　徽	39715	29614	10101	65125	38461	26664
福　建	41579	28303	13276	116408	64957	51451
江　西	20433	14940	5493	189913	105887	84026
山　东	123307	77570	45737	251159	139602	111557
河　南	30440	21689	8751	94436	57963	36473
湖　北	35216	25152	10064	214829	119275	95554
湖　南	28031	20338	7693	141770	76442	65328
广　东	404359	231505	172854	229809	131054	98755
广　西	31276	22518	8758	58071	31347	26724
海　南	30569	20216	10353	57699	27825	29874
重　庆	46328	30180	16148	188087	101938	86149
四　川	71723	50065	21658	176984	98701	78283
贵　州	27711	21461	6250	32978	17063	15915
云　南	41276	30895	10381	51611	26125	25486
西　藏	4560	3419	1141	3622	2331	1291
陕　西	76873	55197	21676	198602	106328	92274
甘　肃	39314	27444	11870	43578	25137	18441
青　海	12015	9487	2528	10735	5961	4774
宁　夏	12910	9957	2953	16407	8707	7700
新　疆	47747	35565	12182	66960	37547	29413

7-10 续表 2

单位：人

现住地	随迁家属			投亲靠友			拆迁搬家		
	小计	男	女	小计	男	女	小计	男	女
全　国	**7974468**	**3713316**	**4261152**	**2803695**	**1300660**	**1503035**	**740122**	**383518**	**356604**
北　京	565653	253976	311677	316731	135560	181171	47281	21778	25503
天　津	186296	80641	105655	65685	30239	35446	25221	11948	13273
河　北	191474	84917	106557	72879	35531	37348	29207	15387	13820
山　西	166882	60248	106634	17244	8059	9185	6313	3431	2882
内蒙古	234149	86148	148001	41671	20291	21380	14389	8034	6355
辽　宁	254512	108014	146498	114966	55395	59571	61657	32195	29462
吉　林	66317	27491	38826	25917	12994	12923	15739	8522	7217
黑龙江	75916	29797	46119	33287	16852	16435	10136	5601	4535
上　海	758344	366935	391409	424876	193265	231611	98899	47679	51220
江　苏	505401	255370	250031	267248	133566	133682	69132	35823	33309
浙　江	1198293	612195	586098	197904	97729	100175	39415	19922	19493
安　徽	63805	28408	35397	26273	11800	14473	9718	5139	4579
福　建	428058	209315	218743	113719	54274	59445	15188	7785	7403
江　西	43688	19958	23730	19578	8954	10624	7655	4120	3535
山　东	267175	118101	149074	111450	53941	57509	43420	23075	20345
河　南	70831	32811	38020	22336	10768	11568	9671	5261	4410
湖　北	108877	51025	57852	39596	18459	21137	33249	18724	14525
湖　南	90857	41157	49700	20984	9779	11205	11221	6318	4903
广　东	1398409	660028	738381	456101	202577	253524	67598	33992	33606
广　西	112614	55760	56854	28421	13140	15281	9535	5492	4043
海　南	100204	44649	55555	18993	8578	10415	4014	2308	1706
重　庆	86539	39337	47202	58077	25436	32641	28952	15373	13579
四　川	84055	38783	45272	70949	32524	38425	27495	14658	12837
贵　州	104838	48795	56043	30108	14126	15982	7748	4535	3213
云　南	173651	83709	89942	33032	15460	17572	5196	2895	2301
西　藏	9360	4141	5219	2504	1182	1322	337	183	154
陕　西	100724	43330	57394	24615	11470	13145	8069	4385	3684
甘　肃	68775	28881	39894	14128	6497	7631	5998	3448	2550
青　海	48546	19907	28639	9760	4474	5286	3556	2073	1483
宁　夏	80004	33223	46781	15228	6993	8235	9689	5449	4240
新　疆	330221	146266	183955	109435	50747	58688	14424	7985	6439

7-10 续表 3 单位：人

现住地	寄挂户口			婚姻嫁娶			其他		
	小计	男	女	小计	男	女	小计	男	女
全 国	**117312**	**69531**	**47781**	**2198043**	**315304**	**1882739**	**2007709**	**1176276**	**831433**
北 京	10387	5112	5275	205676	31598	174078	108521	53830	54691
天 津	17899	9254	8645	52059	7967	44092	118093	67608	50485
河 北	5616	3333	2283	92508	16440	76068	80335	46824	33511
山 西	1333	781	552	50026	6004	44022	42997	28205	14792
内蒙古	1350	709	641	57672	10714	46958	49038	30955	18083
辽 宁	4300	2255	2045	80802	15667	65135	79687	51438	28249
吉 林	1084	578	506	29515	5892	23623	18789	10819	7970
黑龙江	1358	728	630	36813	8155	28658	15800	9626	6174
上 海				192251	22764	169487	142506	73728	68778
江 苏	12204	6570	5634	220888	22877	198011	149824	87598	62226
浙 江	22568	18718	3850	131419	13405	118014	75490	45316	30174
安 徽	1908	971	937	98977	5268	93709	37172	23406	13766
福 建	2129	1192	937	70270	7661	62609	53975	34310	19665
江 西	1685	942	743	42605	4168	38437	28191	17623	10568
山 东	7166	3791	3375	94535	11287	83248	107446	61160	46286
河 南	1657	956	701	44170	5898	38272	38535	23447	15088
湖 北	2626	1388	1238	70275	11267	59008	47218	27031	20187
湖 南	1467	780	687	58015	7199	50816	30034	17916	12118
广 东	7728	4184	3544	158122	12467	145655	336791	192664	144127
广 西	1458	826	632	50937	5966	44971	37393	21882	15511
海 南	854	511	343	17209	2559	14650	38491	21998	16493
重 庆	1342	634	708	59774	9564	50210	36061	19552	16509
四 川	2371	1452	919	83947	14214	69733	66126	34431	31695
贵 州	907	556	351	58436	14803	43633	32346	18842	13504
云 南	1380	817	563	45025	22597	22428	43325	31235	12090
西 藏	269	185	84	1275	453	822	6666	4774	1892
陕 西	864	503	361	21288	3901	17387	43377	25127	18250
甘 肃	732	421	311	16095	2891	13204	22388	13460	8928
青 海	483	253	230	9410	2407	7003	16783	12155	4628
宁 夏	333	167	166	9035	2328	6707	12003	7500	4503
新 疆	1854	964	890	39014	6923	32091	92308	61816	30492

7-10a 全国按现住地、性别、迁移原因分的户口登记地在外省人口(城市)

单位：人

现住地	合计			务工经商		
	合计	男	女	小计	男	女
全国	**58023884**	**32378515**	**25645369**	**43810009**	**25453603**	**18356406**
北京	5869769	3144238	2725531	4306243	2456483	1849760
天津	2459656	1599933	859723	1968970	1362694	606276
河北	655602	371981	283621	317101	201211	115890
山西	475102	284747	190355	275977	191803	84174
内蒙古	709288	442721	266567	462129	331661	130468
辽宁	1405459	785399	620060	797259	484704	312555
吉林	320905	173675	147230	125465	78685	46780
黑龙江	320789	183592	137197	134531	90334	44197
上海	6361198	3400691	2960507	4871075	2734163	2136912
江苏	4208538	2343040	1865498	3292086	1868608	1423478
浙江	5728950	3165998	2562952	4841839	2712639	2129200
安徽	371996	229546	142450	205314	142628	62686
福建	2708530	1509267	1199263	2206888	1253198	953690
江西	231391	130764	100627	88743	55640	33103
山东	1542925	872277	670648	845709	516167	329542
河南	386432	230123	156309	185372	120278	65094
湖北	690483	395975	294508	337020	211428	125592
湖南	439622	245407	194215	198811	122989	75822
广东	17632894	9719923	7912971	15155243	8527903	6627340
广西	508514	298501	210013	317069	199859	117210
海南	383153	217864	165289	205538	132838	72700
重庆	673655	373261	300394	328487	196802	131685
四川	617663	348240	269423	327829	199190	128639
贵州	376500	217775	158725	227212	143814	83398
云南	572125	335571	236554	399906	245845	154061
西藏	62211	36180	26031	53130	31539	21591
陕西	600215	340222	259993	278230	173852	104378
甘肃	249641	145798	103843	143118	92216	50902
青海	201051	121127	79924	127075	85695	41380
宁夏	233768	134119	99649	132808	86733	46075
新疆	1025859	580560	445299	653832	402004	251828

7-10a 续表 1

单位：人

现住地	工作调动			学习培训		
	小计	男	女	小计	男	女
全 国	**1503269**	**892863**	**610406**	**2810346**	**1537153**	**1273193**
北 京	236499	126279	110220	271569	138202	133367
天 津	42904	28085	14819	85709	45796	39913
河 北	34593	23031	11562	95465	51062	44403
山 西	13459	9566	3893	38296	23717	14579
内蒙古	19497	13653	5844	29652	17905	11747
辽 宁	43538	27205	16333	136177	74586	61591
吉 林	9520	6336	3184	93166	46538	46628
黑龙江	7069	4888	2181	94840	52112	42728
上 海	134257	71771	62486	145224	77375	67849
江 苏	108564	63584	44980	157074	90672	66402
浙 江	62074	36188	25886	89468	49199	40269
安 徽	23061	16190	6871	53577	31785	21792
福 建	24248	14716	9532	72970	41440	31530
江 西	8654	5880	2774	78927	44011	34916
山 东	101997	61535	40462	210962	117842	93120
河 南	22052	15034	7018	71366	42891	28475
湖 北	24297	16649	7648	158532	89553	68979
湖 南	15787	10816	4971	111293	59253	52040
广 东	346838	195714	151124	191705	108733	82972
广 西	17144	11467	5677	36392	19710	16682
海 南	22696	14257	8439	32661	15785	16876
重 庆	36432	22744	13688	147972	80002	67970
四 川	39464	25192	14272	86691	46444	40247
贵 州	11394	8027	3367	26124	13358	12766
云 南	16231	10411	5820	33788	16517	17271
西 藏	1200	834	366	1332	812	520
陕 西	36125	22453	13672	164898	88489	76409
甘 肃	7383	5164	2219	24590	14212	10378
青 海	5137	3689	1448	8865	4820	4045
宁 夏	6303	4372	1931	13700	7416	6284
新 疆	24852	17133	7719	47361	26916	20445

7-10a 续表 2

单位：人

现住地	随迁家属			投亲靠友			拆迁搬家		
	小计	男	女	小计	男	女	小计	男	女
全国	**5133576**	**2372539**	**2761037**	**1975021**	**886062**	**1088959**	**554297**	**282762**	**271535**
北京	471278	212780	258498	282127	119489	162638	42416	19449	22967
天津	135004	59522	75482	55884	25210	30674	22618	10626	11992
河北	93484	40750	52734	31853	14342	17511	17949	9425	8524
山西	93663	36029	57634	9141	3984	5157	4735	2499	2236
内蒙古	131394	49065	82329	17962	8287	9675	7732	4237	3495
辽宁	197359	84623	112736	77063	35628	41435	52985	27306	25679
吉林	45091	18932	26159	14078	6636	7442	11791	6310	5481
黑龙江	43481	17237	26244	13647	6472	7175	6590	3556	3034
上海	486466	231537	254929	365292	164296	200996	86353	41759	44594
江苏	296108	146876	149232	152525	73560	78965	48933	25231	23702
浙江	535011	271479	263532	96428	46248	50180	26932	13473	13459
安徽	37250	16269	20981	12557	5295	7262	6645	3482	3163
福建	262012	130053	131959	82906	39417	43489	10857	5464	5393
江西	20484	9225	11259	7329	3235	4094	4528	2425	2103
山东	191250	84727	106523	60691	27353	33338	33656	17643	16013
河南	51275	23458	27817	14207	6422	7785	7672	4131	3541
湖北	77765	36520	41245	23408	10635	12773	13091	7452	5639
湖南	67443	29825	37618	10036	4521	5515	6449	3628	2821
广东	1126294	527046	599248	409606	179259	230347	58663	29045	29618
广西	78158	38550	39608	17544	7904	9640	6814	3916	2898
海南	71920	30930	40990	12826	5506	7320	3120	1773	1347
重庆	63090	28829	34261	34504	14671	19833	23389	12455	10934
四川	53368	24454	28914	39827	17520	22307	17985	9588	8397
贵州	58085	26466	31619	16132	7168	8964	5207	3010	2197
云南	75017	35512	39505	14696	6686	8010	2817	1535	1282
西藏	2888	1199	1689	1108	507	601	110	53	57
陕西	60503	27047	33456	17295	7797	9498	5701	3069	2632
甘肃	40290	18100	22190	9447	4278	5169	3967	2184	1783
青海	35536	14428	21108	7837	3536	4301	2577	1505	1072
宁夏	53631	22621	31010	10927	4902	6025	4346	2450	1896
新疆	178978	78450	100528	56138	25298	30840	7669	4083	3586

7-10a 续表 3

单位：人

现住地	寄挂户口			婚姻嫁娶			其他		
	小计	男	女	小计	男	女	小计	男	女
全国	**71072**	**39233**	**31839**	**806464**	**143233**	**663231**	**1359830**	**771067**	**588763**
北京	8549	4195	4354	158152	21233	136919	92936	46128	46808
天津	17259	8890	8369	37493	5404	32089	93815	53706	40109
河北	2829	1565	1264	16152	4582	11570	46176	26013	20163
山西	678	353	325	14664	2087	12577	24489	14709	9780
内蒙古	637	350	287	18231	4380	13851	22054	13183	8871
辽宁	3213	1648	1565	32928	7622	25306	64937	42077	22860
吉林	548	280	268	8434	2342	6092	12812	7616	5196
黑龙江	827	424	403	10204	2752	7452	9600	5817	3783
上海				154771	18615	136156	117760	61175	56585
江苏	8281	4462	3819	44629	9357	35272	100338	60690	39648
浙江	9641	7285	2356	26421	4876	21545	41136	24611	16525
安徽	799	376	423	12943	2229	10714	19850	11292	8558
福建	908	502	406	13244	2117	11127	34497	22360	12137
江西	685	357	328	7597	1314	6283	14444	8677	5767
山东	2918	1487	1431	23895	5226	18669	71847	40297	31550
河南	758	385	373	9067	2935	6132	24663	14589	10074
湖北	1487	802	685	22946	4911	18035	31937	18025	13912
湖南	443	241	202	10023	2690	7333	19337	11444	7893
广东	5080	2646	2434	79897	8977	70920	259568	140600	118968
广西	743	408	335	9582	2624	6958	25068	14063	11005
海南	356	209	147	5981	1052	4929	28055	15514	12541
重庆	396	199	197	15314	4544	10770	24071	13015	11056
四川	690	373	317	13974	5113	8861	37835	20366	17469
贵州	339	193	146	13007	5033	7974	19000	10706	8294
云南	682	368	314	6810	2880	3930	22178	15817	6361
西藏	184	142	42	578	107	471	1681	987	694
陕西	410	215	195	8453	1773	6680	28600	15527	13073
甘肃	417	229	188	6168	1410	4758	14261	8005	6256
青海	244	131	113	4223	1083	3140	9557	6240	3317
宁夏	195	85	110	4680	1240	3440	7178	4300	2878
新疆	876	433	443	16003	2725	13278	40150	23518	16632

7-10b 全国按现住地、性别、迁移原因分的户口登记地在外省人口(镇)

单位：人

现住地	合计			务工经商		
	合计	男	女	小计	男	女
全　国	**13565590**	**7791279**	**5774311**	**9947949**	**5994358**	**3953591**
北　京	472716	270337	202379	356742	220198	136544
天　津	319781	182286	137495	227238	136808	90430
河　北	457836	269562	188274	266250	172063	94187
山　西	149639	98374	51265	83886	66013	17873
内蒙古	353567	224184	129383	216219	160055	56164
辽　宁	140572	78547	62025	77322	50239	27083
吉　林	48442	27141	21301	24748	17050	7698
黑龙江	94213	54449	39764	51139	35836	15303
上　海	1486059	833320	652739	1212516	704351	508165
江　苏	1136101	623070	513031	896463	512152	384311
浙　江	3043816	1685273	1358543	2559126	1438750	1120376
安　徽	150626	88282	62344	83842	57290	26552
福　建	762679	443319	319360	610060	370451	239609
江　西	233923	136676	97247	99592	67655	31937
山　东	284485	161098	123387	142302	91405	50897
河　南	94930	58848	36082	48239	33454	14785
湖　北	111893	61985	49908	46398	30013	16385
湖　南	145659	84089	61570	72528	47750	24778
广　东	1933963	1118070	815893	1642968	973493	669475
广　西	180895	106992	73903	111889	71885	40004
海　南	111425	69038	42387	65004	46000	19004
重　庆	154702	83366	71336	63289	38553	24736
四　川	287097	166676	120421	124731	78813	45918
贵　州	177629	104534	73095	111273	71112	40161
云　南	412878	254059	158819	275399	177325	98074
西　藏	67499	41072	26427	55200	34005	21195
陕　西	219470	141924	77546	129886	91962	37924
甘　肃	113213	66158	47055	35368	24866	10502
青　海	74547	51115	23432	49991	36984	13007
宁　夏	54644	36561	18083	34648	26237	8411
新　疆	290691	170874	119817	173693	111590	62103

7-10b 续表 1

单位：人

现住地	工作调动			学习培训		
	小计	男	女	小计	男	女
全 国	**338115**	**240507**	**97608**	**622450**	**344899**	**277551**
北 京	12135	6521	5614	21705	10771	10934
天 津	12688	7410	5278	23209	13050	10159
河 北	29871	22731	7140	28511	15322	13189
山 西	8603	7287	1316	8324	4362	3962
内蒙古	21836	17637	4199	8590	4872	3718
辽 宁	2176	1577	599	7558	3595	3963
吉 林	1388	1003	385	1361	684	677
黑龙江	2268	1642	626	3862	2118	1744
上 海	11366	6498	4868	20000	11329	8671
江 苏	14855	9644	5211	27715	15567	12148
浙 江	19703	13392	6311	31243	18085	13158
安 徽	8834	6819	2015	7847	4504	3343
福 建	7370	5248	2122	25097	13195	11902
江 西	7057	5287	1770	81559	44378	37181
山 东	13264	9923	3341	34690	18414	16276
河 南	4768	3705	1063	15092	9871	5221
湖 北	4007	2983	1024	24720	13042	11678
湖 南	7329	5444	1885	25340	13917	11423
广 东	34337	20845	13492	19435	11405	8030
广 西	7767	5796	1971	10161	5548	4613
海 南	3945	2798	1147	15901	7961	7940
重 庆	5647	4020	1627	36320	20051	16269
四 川	15701	11164	4537	74277	43069	31208
贵 州	6064	4661	1403	4319	2289	2030
云 南	9390	7285	2105	13214	7079	6135
西 藏	1767	1282	485	1226	780	446
陕 西	18367	14790	3577	21050	12712	8338
甘 肃	25832	17129	8703	17756	10214	7542
青 海	3095	2546	549	1511	906	605
宁 夏	4026	3390	636	1317	701	616
新 疆	12659	10050	2609	9540	5108	4432

7-10b 续表 2

单位：人

现住地	随迁家属			投亲靠友			拆迁搬家		
	小计	男	女	小计	男	女	小计	男	女
全　国	**1510976**	**702890**	**808086**	**351750**	**170772**	**180978**	**103377**	**55023**	**48354**
北　京	42293	17726	24567	14644	6459	8185	3751	1808	1943
天　津	31858	12858	19000	3715	1779	1936	1892	953	939
河　北	66180	29110	37070	18385	8979	9406	9204	4862	4342
山　西	27696	9540	18156	2441	1181	1260	908	550	358
内蒙古	61351	22221	39130	11838	5456	6382	3174	1742	1432
辽　宁	25173	10028	15145	9399	4753	4646	3902	2154	1748
吉　林	8382	3229	5153	3679	1919	1760	1454	808	646
黑龙江	17502	6791	10711	7686	3752	3934	1663	930	733
上　海	157886	77614	80272	36620	17483	19137	11073	5207	5866
江　苏	82773	42162	40611	39997	20789	19208	9541	5053	4488
浙　江	331605	169408	162197	49893	25184	24709	8503	4357	4146
安　徽	14533	6391	8142	4688	2140	2548	1972	1080	892
福　建	82149	38357	43792	12483	6092	6391	2923	1558	1365
江　西	15718	7028	8690	6409	2955	3454	2339	1257	1082
山　东	38211	16037	22174	15936	8050	7886	4477	2460	2017
河　南	10634	4824	5810	2806	1383	1423	1116	632	484
湖　北	11261	5291	5970	4749	2191	2558	3256	1819	1437
湖　南	15399	7260	8139	4882	2302	2580	2526	1474	1052
广　东	160805	77292	83513	22905	11203	11702	6184	3350	2834
广　西	25849	12741	13108	5802	2815	2987	2235	1318	917
海　南	14819	6961	7858	2777	1327	1450	405	240	165
重　庆	14563	6518	8045	11039	4980	6059	3901	2012	1889
四　川	20288	9435	10853	15596	7416	8180	7422	3953	3469
贵　州	30524	14554	15970	5420	2576	2844	1481	880	601
云　南	73121	35810	37311	10910	5224	5686	1623	927	696
西　藏	5030	2276	2754	1030	486	544	153	91	62
陕　西	28890	11641	17249	4005	1898	2107	1948	1068	880
甘　肃	23716	8479	15237	2339	1011	1328	820	520	300
青　海	10546	4365	6181	1350	650	700	629	367	262
宁　夏	9708	3765	5943	1516	705	811	851	470	381
新　疆	52513	23178	29335	16811	7634	9177	2051	1123	928

7-10b 续表 3

单位：人

现住地	寄挂户口			婚姻嫁娶			其 他		
	小计	男	女	小计	男	女	小计	男	女
全 国	**14630**	**7898**	**6732**	**334227**	**60120**	**274107**	**342116**	**214812**	**127304**
北 京	1146	543	603	12882	2648	10234	7418	3663	3755
天 津	395	203	192	4472	963	3509	14314	8262	6052
河 北	1068	622	446	18087	3705	14382	20280	12168	8112
山 西	314	208	106	6337	956	5381	11130	8277	2853
内蒙古	450	202	248	15171	2975	12196	14938	9024	5914
辽 宁	305	171	134	8545	1936	6609	6192	4094	2098
吉 林	137	75	62	4716	970	3746	2577	1403	1174
黑龙江	247	133	114	7100	1714	5386	2746	1533	1213
上 海				20015	2502	17513	16583	8336	8247
江 苏	1399	759	640	41099	4438	36661	22259	12506	9753
浙 江	1211	631	580	23144	2772	20372	19388	12694	6694
安 徽	497	267	230	17367	1283	16084	11046	8508	2538
福 建	425	227	198	11755	1333	10422	10417	6858	3559
江 西	518	291	227	11410	1435	9975	9321	6390	2931
山 东	1400	699	701	13646	1714	11932	20559	12396	8163
河 南	326	182	144	5949	881	5068	6000	3916	2084
湖 北	432	217	215	9889	2012	7877	7181	4417	2764
湖 南	381	188	193	10913	1793	9120	6361	3961	2400
广 东	935	513	422	15701	1236	14465	30693	18733	11960
广 西	292	159	133	8808	1402	7406	8092	5328	2764
海 南	229	137	92	3263	537	2726	5082	3077	2005
重 庆	315	146	169	11408	2209	9199	8220	4877	3343
四 川	704	477	227	13014	3704	9310	15364	8645	6719
贵 州	149	78	71	11032	3820	7212	7367	4564	2803
云 南	374	229	145	12983	8155	4828	15864	12025	3839
西 藏	70	36	34	346	119	227	2677	1997	680
陕 西	216	130	86	3943	697	3246	11165	7026	4139
甘 肃	128	73	55	1927	354	1573	5327	3512	1815
青 海	194	93	101	1606	515	1091	5625	4689	936
宁 夏	40	25	15	1076	291	785	1462	977	485
新 疆	333	184	149	6623	1051	5572	16468	10956	5512

7-10c 全国按现住地、性别、迁移原因分的户口登记地在外省人口(乡村)

单位：人

现住地	合计			务工经商		
	合计	男	女	小计	男	女
全国	**14286863**	**8187701**	**6099162**	**10373737**	**6518688**	**3855049**
北京	702048	411730	290318	543217	343654	199563
天津	212064	131567	80497	162003	109849	52154
河北	291235	156706	134529	144506	100047	44459
山西	306912	217984	88928	192228	169111	23117
内蒙古	381326	272333	108993	250714	207349	43365
辽宁	240499	129987	110512	116508	80252	36256
吉林	87152	46629	40523	36814	26253	10561
黑龙江	91395	47100	44295	35572	25038	10534
上海	1129743	638301	491442	947065	551789	395276
江苏	2034614	1089407	945207	1604045	921961	682084
浙江	3051211	1713255	1337956	2512231	1460678	1051553
安徽	194841	86786	108055	85614	61629	23985
福建	842393	501315	341078	655328	422455	232873
江西	134628	75897	58731	57859	43450	14409
山东	288183	140461	147722	121924	77737	44187
河南	110772	55203	55569	46447	31649	14798
湖北	211236	110545	100691	78308	54743	23565
湖南	139701	74578	65123	71264	53406	17858
广东	1930930	1125916	805014	1640659	994042	646617
广西	152397	83326	69071	83143	60144	22999
海南	93885	54380	39505	49888	33800	16088
重庆	116837	54739	62098	48258	33997	14261
四川	223813	117384	106429	92363	69469	22894
贵州	209165	135668	73497	129737	102870	26867
云南	251546	172904	78642	166748	125631	41117
西藏	35713	24586	11127	28500	19626	8874
陕西	154677	108714	45963	91834	74805	17029
甘肃	69979	48028	21951	43339	34723	8616
青海	42837	32899	9938	30081	25745	4336
宁夏	80039	50756	29283	45386	34142	11244
新疆	475092	278617	196475	262154	168644	93510

7-10c 续表 1

单位：人

现住地	工作调动			学习培训		
	小计	男	女	小计	男	女
全　国	**286584**	**230807**	**55777**	**342529**	**186012**	**156517**
北　京	7519	4960	2559	34655	17383	17272
天　津	2441	1831	610	1086	606	480
河　北	7919	6538	1381	8438	3812	4626
山　西	23051	20918	2133	3034	1600	1434
内蒙古	28774	25143	3631	8501	4112	4389
辽　宁	5417	4321	1096	4651	2490	2161
吉　林	2858	2444	414	3818	2156	1662
黑龙江	688	525	163	3118	1889	1229
上　海	4312	2908	1404	14309	7757	6552
江　苏	14829	10665	4164	38925	20860	18065
浙　江	15915	12481	3434	27289	15829	11460
安　徽	7820	6605	1215	3701	2172	1529
福　建	9961	8339	1622	18341	10322	8019
江　西	4722	3773	949	29427	17498	11929
山　东	8046	6112	1934	5507	3346	2161
河　南	3620	2950	670	7978	5201	2777
湖　北	6912	5520	1392	31577	16680	14897
湖　南	4915	4078	837	5137	3272	1865
广　东	23184	14946	8238	18669	10916	7753
广　西	6365	5255	1110	11518	6089	5429
海　南	3928	3161	767	9137	4079	5058
重　庆	4249	3416	833	3795	1885	1910
四　川	16558	13709	2849	16016	9188	6828
贵　州	10253	8773	1480	2535	1416	1119
云　南	15655	13199	2456	4609	2529	2080
西　藏	1593	1303	290	1064	739	325
陕　西	22381	17954	4427	12654	5127	7527
甘　肃	6099	5151	948	1232	711	521
青　海	3783	3252	531	359	235	124
宁　夏	2581	2195	386	1390	590	800
新　疆	10236	8382	1854	10059	5523	4536

7-10c 续表 2 单位：人

现住地	随迁家属			投亲靠友			拆迁搬家		
	小计	男	女	小计	男	女	小计	男	女
全　国	**1329916**	**637887**	**692029**	**476924**	**243826**	**233098**	**82448**	**45733**	**36715**
北　京	52082	23470	28612	19960	9612	10348	1114	521	593
天　津	19434	8261	11173	6086	3250	2836	711	369	342
河　北	31810	15057	16753	22641	12210	10431	2054	1100	954
山　西	45523	14679	30844	5662	2894	2768	670	382	288
内蒙古	41404	14862	26542	11871	6548	5323	3483	2055	1428
辽　宁	31980	13363	18617	28504	15014	13490	4770	2735	2035
吉　林	12844	5330	7514	8160	4439	3721	2494	1404	1090
黑龙江	14933	5769	9164	11954	6628	5326	1883	1115	768
上　海	113992	57784	56208	22964	11486	11478	1473	713	760
江　苏	126520	66332	60188	74726	39217	35509	10658	5539	5119
浙　江	331677	171308	160369	51583	26297	25286	3980	2092	1888
安　徽	12022	5748	6274	9028	4365	4663	1101	577	524
福　建	83897	40905	42992	18330	8765	9565	1408	763	645
江　西	7486	3705	3781	5840	2764	3076	788	438	350
山　东	37714	17337	20377	34823	18538	16285	5287	2972	2315
河　南	8922	4529	4393	5323	2963	2360	883	498	385
湖　北	19851	9214	10637	11439	5633	5806	16902	9453	7449
湖　南	8015	4072	3943	6066	2956	3110	2246	1216	1030
广　东	111310	55690	55620	23590	12115	11475	2751	1597	1154
广　西	8607	4469	4138	5075	2421	2654	486	258	228
海　南	13465	6758	6707	3390	1745	1645	489	295	194
重　庆	8886	3990	4896	12534	5785	6749	1662	906	756
四　川	10399	4894	5505	15526	7588	7938	2088	1117	971
贵　州	16229	7775	8454	8556	4382	4174	1060	645	415
云　南	25513	12387	13126	7426	3550	3876	756	433	323
西　藏	1442	666	776	366	189	177	74	39	35
陕　西	11331	4642	6689	3315	1775	1540	420	248	172
甘　肃	4769	2302	2467	2342	1208	1134	1211	744	467
青　海	2464	1114	1350	573	288	285	350	201	149
宁　夏	16665	6837	9828	2785	1386	1399	4492	2529	1963
新　疆	98730	44638	54092	36486	17815	18671	4704	2779	1925

7-10c 续表 3

单位：人

现住地	寄挂户口			婚姻嫁娶			其　他		
	小计	男	女	小计	男	女	小计	男	女
全　国	**31610**	**22400**	**9210**	**1057352**	**111951**	**945401**	**305763**	**190397**	**115366**
北　京	692	374	318	34642	7717	26925	8167	4039	4128
天　津	245	161	84	10094	1600	8494	9964	5640	4324
河　北	1719	1146	573	58269	8153	50116	13879	8643	5236
山　西	341	220	121	29025	2961	26064	7378	5219	2159
内蒙古	263	157	106	24270	3359	20911	12046	8748	3298
辽　宁	782	436	346	39329	6109	33220	8558	5267	3291
吉　林	399	223	176	16365	2580	13785	3400	1800	1600
黑龙江	284	171	113	19509	3689	15820	3454	2276	1178
上　海				17465	1647	15818	8163	4217	3946
江　苏	2524	1349	1175	135160	9082	126078	27227	14402	12825
浙　江	11716	10802	914	81854	5757	76097	14966	8011	6955
安　徽	612	328	284	68667	1756	66911	6276	3606	2670
福　建	796	463	333	45271	4211	41060	9061	5092	3969
江　西	482	294	188	23598	1419	22179	4426	2556	1870
山　东	2848	1605	1243	56994	4347	52647	15040	8467	6573
河　南	573	389	184	29154	2082	27072	7872	4942	2930
湖　北	707	369	338	37440	4344	33096	8100	4589	3511
湖　南	643	351	292	37079	2716	34363	4336	2511	1825
广　东	1713	1025	688	62524	2254	60270	46530	33331	13199
广　西	423	259	164	32547	1940	30607	4233	2491	1742
海　南	269	165	104	7965	970	6995	5354	3407	1947
重　庆	631	289	342	33052	2811	30241	3770	1660	2110
四　川	977	602	375	56959	5397	51562	12927	5420	7507
贵　州	419	285	134	34397	5950	28447	5979	3572	2407
云　南	324	220	104	25232	11562	13670	5283	3393	1890
西　藏	15	7	8	351	227	124	2308	1790	518
陕　西	238	158	80	8892	1431	7461	3612	2574	1038
甘　肃	187	119	68	8000	1127	6873	2800	1943	857
青　海	45	29	16	3581	809	2772	1601	1226	375
宁　夏	98	57	41	3279	797	2482	3363	2223	1140
新　疆	645	347	298	16388	3147	13241	35690	27342	8348

第一部分 全部数据资料

第八卷 住房

8-1 各地区按住房间数分的家庭户户数

单位：户

地区	家庭户户数	住房间数			
		一间	二间	三间	四间
全国	**401934196**	**63578437**	**110490530**	**105346652**	**55744433**
北京	6680552	2131631	2491922	1341275	311024
天津	3661992	856319	1766436	660433	206619
河北	20395116	1245456	5883189	5310635	3290791
山西	10330207	1618877	3300264	2641046	992426
内蒙古	8205498	2237636	3752849	1680457	375951
辽宁	14994046	2805487	7292592	3342834	1168027
吉林	8998492	1824229	4118809	2401428	548738
黑龙江	13000088	3157103	6642295	2722236	376743
上海	8253257	3479631	2809773	1259811	276231
江苏	24381782	3675279	6900301	7291362	3038918
浙江	18854021	5846087	4675257	3677134	1972875
安徽	18861956	2318537	4903520	5739361	2735321
福建	11206317	2552409	2285965	2419675	1512461
江西	11542527	838410	2541764	2923632	2396851
山东	30105454	1345470	5503798	8113005	7423794
河南	25928729	1279984	4227006	7237841	4703911
湖北	16695121	1709951	4227931	5079179	2907098
湖南	18625710	1614277	4228922	5097997	3476995
广东	28630609	8805795	5957513	6644082	3299652
广西	13151404	1675997	3094230	3247417	2188067
海南	2331149	736229	634332	581435	227662
重庆	10000965	1490249	2848841	3075512	1330282
四川	25794161	2862233	6227223	8105804	4325577
贵州	10558461	1665684	2919219	3204469	1496423
云南	12339961	2011510	3222684	3818425	1724695
西藏	670838	105475	134224	123966	94487
陕西	10718563	1507242	2835381	3267793	1391504
甘肃	6900369	583301	1677549	1584000	844083
青海	1529039	258538	485736	368964	147620
宁夏	1882205	262473	691097	521735	209938
新疆	6705607	1076938	2209908	1863709	749669

8-1 续表　　单位：户

地区	住房间数					
	五间	六间	七间	八间	九间	十间及以上
全　国	**25655970**	**19656017**	**5734353**	**7309348**	**2448215**	**5970241**
北　京	161722	62168	30694	39314	13416	97386
天　津	87004	43262	11254	15075	3843	11747
河　北	2266994	875042	385530	461220	144744	531515
山　西	1044490	343199	130667	112609	32027	114602
内蒙古	106710	28376	8123	6703	2347	6346
辽　宁	251120	81102	17775	19166	4617	11326
吉　林	70048	20820	4520	4597	1663	3640
黑龙江	56866	27079	5716	5802	1708	4540
上　海	104747	175761	37345	49409	25339	35210
江　苏	1168735	1309384	247004	366922	156822	227055
浙　江	667804	978343	203602	342843	207547	282529
安　徽	1068657	1199533	239970	313285	124990	218782
福　建	656659	721796	209348	363046	120212	364746
江　西	774312	1078488	205495	399616	138862	245097
山　东	4421851	1473100	581722	633414	162564	446736
河　南	2851368	2335834	885597	1095648	352148	959392
湖　北	887266	1126344	180122	269598	103181	204451
湖　南	1291833	1456530	317967	575274	122789	443126
广　东	1384828	1220773	336892	466511	144675	369888
广　西	984644	931660	262004	386756	102497	278132
海　南	70433	45387	10614	13056	3574	8427
重　庆	459383	401224	121620	133628	42391	97835
四　川	1743593	1283933	434896	399119	126980	284803
贵　州	508650	427063	85882	127241	29164	94666
云　南	551187	560051	116916	148643	45999	139851
西　藏	73913	52089	28435	22504	9011	26734
陕　西	576728	601259	165391	169144	84587	119534
甘　肃	750461	479027	318997	282137	105471	275343
青　海	103988	65480	39761	24013	9625	25314
宁　夏	106352	45267	22003	10228	4474	8638
新　疆	403624	206643	88491	52827	20948	32850

8-1a 各地区按住房间数分的家庭户户数(城市)

单位：户

地区	家庭户户数	住房间数			
		一间	二间	三间	四间
全国	**128660933**	**31788878**	**49371223**	**32606266**	**7965447**
北京	5375588	1836189	2170141	1087139	167176
天津	2501235	765020	1327598	344609	43080
河北	4295310	366759	1948610	1347728	332784
山西	2901607	507010	1366627	798398	131806
内蒙古	2737984	707602	1504957	441227	57296
辽宁	7952951	1880130	4624303	1239124	151421
吉林	3598113	785054	2193929	530673	69562
黑龙江	5047097	1131861	3126080	702652	64675
上海	6244138	2590572	2432094	993364	127302
江苏	9161950	1800345	3307488	2768449	651206
浙江	6873461	2582124	1925438	1533441	417106
安徽	3942502	822719	1518472	1116633	245742
福建	3928853	1462458	884878	963952	271709
江西	2125304	284183	850616	652918	168472
山东	8817542	776274	2981705	3068174	1128622
河南	5349707	588515	1594562	1917675	542001
湖北	5467910	1044017	2038661	1520841	465667
湖南	3784084	466267	1296659	1244356	414515
广东	15577871	6487787	3455485	3711650	1064164
广西	2479642	567469	764887	677987	213665
海南	618068	186999	154744	186030	53321
重庆	2861917	614227	1107342	889800	162036
四川	5265271	1001530	1927456	1770878	349835
贵州	1777973	435881	634949	499252	123945
云南	2106060	554543	574220	601494	208157
西藏	93975	31963	22538	12290	7992
陕西	2788195	597482	1203422	724174	129155
甘肃	1687056	308951	883468	355191	67994
青海	448369	93179	202212	108322	23047
宁夏	696676	101318	356959	192035	29606
新疆	2154524	410450	990723	605810	82388

8-1a 续表 单位：户

地区	住房间数					
	五间	六间	七间	八间	九间	十间及以上
全　国	**2538982**	**2007068**	**493193**	**761325**	**271005**	**857546**
北　京	44725	22897	8791	10132	3368	25030
天　津	9308	5996	1397	1888	695	1644
河　北	121359	73114	19875	34771	8821	41489
山　西	43444	27422	6317	7863	2192	10528
内蒙古	15212	5629	1847	1753	591	1870
辽　宁	28865	17179	3146	4496	1150	3137
吉　林	10722	4238	1116	1344	306	1169
黑龙江	11772	5481	1220	1521	444	1391
上　海	33344	39053	7182	10178	3459	7590
江　苏	219053	216796	43000	69538	23014	63061
浙　江	120992	134588	30485	49999	29856	49432
安　徽	81225	72644	17868	25590	9068	32541
福　建	97448	91269	28015	43557	19722	65845
江　西	50173	56574	10449	22348	8464	21107
山　东	391048	196127	57697	107197	20600	90098
河　南	201664	208041	53880	93644	29737	119988
湖　北	126803	153596	20149	37815	21798	38563
湖　南	129759	110373	24097	42411	12303	43344
广　东	367274	263346	63586	74107	28276	62196
广　西	76238	71211	20767	34879	12223	40316
海　南	15272	11816	2605	3321	1264	2696
重　庆	37142	25091	7473	8092	2795	7919
四　川	89211	55147	16915	19991	7584	26724
贵　州	33927	22969	5744	8068	2555	10683
云　南	60064	40322	11945	15802	6672	32841
西　藏	7163	4260	2730	2032	741	2266
陕　西	39848	36506	10288	13699	7407	26214
甘　肃	29242	12759	6167	7095	2477	13712
青　海	7597	4386	1192	2098	514	5822
宁　夏	9352	4025	1101	976	398	906
新　疆	29736	14213	6149	5120	2511	7424

8-1b 各地区按住房间数分的家庭户户数(镇)

单位：户

地区	家庭户户数	住房间数			
		一间	二间	三间	四间
全国	**78528240**	**12829386**	**20389390**	**21640805**	**10887745**
北京	427497	113744	141291	101255	27512
天津	374642	42541	161589	99397	35858
河北	4677328	293866	1202348	1369925	739230
山西	2196400	418809	654287	592093	214462
内蒙古	1915033	575743	870213	372903	67800
辽宁	1787832	305428	878989	421124	134082
吉林	1600554	408912	751664	347160	72815
黑龙江	2655986	775780	1387173	404503	64634
上海	1058274	473428	237842	182298	57864
江苏	5281326	761038	1302617	1635953	756386
浙江	4523591	1499262	1044921	867437	467766
安徽	4167758	678460	1142924	1209967	567521
福建	2482591	516018	494919	592819	345606
江西	3024685	262318	665944	939292	514038
山东	5731446	238332	944053	1694130	1371176
河南	4550905	223079	711818	1333213	894754
湖北	2958881	290424	728627	939052	508412
湖南	4457974	454275	993169	1242753	800738
广东	4064401	980246	781867	1044539	612085
广西	2801475	355961	597160	677913	461741
海南	535352	177624	145698	120929	52770
重庆	2223962	383768	584168	773683	260295
四川	5243022	694685	1339004	1900595	705436
贵州	1876388	362229	494123	547546	246441
云南	2668907	506359	657172	768598	374974
西藏	121262	27963	28832	23154	13166
陕西	2333578	523419	616869	659012	238288
甘肃	1070634	131193	277186	293163	121942
青海	333164	86427	115743	74389	23708
宁夏	282680	52506	87032	82769	30615
新疆	1100712	215549	350148	329241	105630

8-1b 续表 单位：户

地区	住房间数					
	五间	六间	七间	八间	九间	十间及以上
全国	**4748354**	**3828364**	**1028618**	**1426619**	**481843**	**1267116**
北京	17315	6626	3214	4294	1364	10882
天津	15323	9774	2376	3250	865	3669
河北	485568	210819	86063	108101	34459	146949
山西	168307	70067	21886	24312	6340	25837
内蒙古	16409	6515	1874	1607	517	1452
辽宁	27142	12456	2369	3262	720	2260
吉林	11706	4897	960	1138	308	994
黑龙江	13369	6119	1414	1401	395	1198
上海	25557	43917	8749	12841	7047	8731
江苏	271964	309286	55498	90328	36907	61349
浙江	157113	245823	49028	86183	43741	62317
安徽	191644	210918	41298	57441	20117	47468
福建	146762	156301	45437	75981	27724	81024
江西	182985	230313	48713	86598	31998	62486
山东	831506	298757	107341	122198	32544	91409
河南	451581	420575	124856	182492	55161	153376
湖北	155158	194160	29617	49222	19781	44428
湖南	292899	319038	72677	129120	33324	119981
广东	236210	205754	53997	70353	22585	56765
广西	223651	217054	66675	95634	28224	77462
海南	17691	11516	2557	3393	823	2351
重庆	81476	70891	19877	23193	7375	19236
四川	245343	174108	56218	57442	18370	51821
贵州	82822	70125	16240	25591	7133	24138
云南	127477	121567	28716	37954	11997	34093
西藏	10637	6473	3848	2824	1179	3186
陕西	96512	103561	26313	29922	15106	24576
甘肃	83592	52589	33354	29412	10925	37278
青海	13066	7637	3839	3103	1302	3950
宁夏	16062	6573	3274	1696	709	1444
新疆	51507	24155	10340	6333	2803	5006

8-1c 各地区按住房间数分的家庭户户数(乡村)

单位：户

地 区	家庭户户 数	住房间数			
		一间	二间	三间	四间
全 国	**194745023**	**18960173**	**40729917**	**51099581**	**36891241**
北 京	877467	181698	180490	152881	116336
天 津	786115	48758	277249	216427	127681
河 北	11422478	584831	2732231	2592982	2218777
山 西	5232200	693058	1279350	1250555	646158
内蒙古	3552481	954291	1377679	866327	250855
辽 宁	5253263	619929	1789300	1682586	882524
吉 林	3799825	630263	1173216	1523595	406361
黑龙江	5297005	1249462	2129042	1615081	247434
上 海	950845	415631	139837	84149	91065
江 苏	9938506	1113896	2290196	2886960	1631326
浙 江	7456969	1764701	1704898	1276256	1088003
安 徽	10751696	817358	2242124	3412761	1922058
福 建	4794873	573933	906168	862904	895146
江 西	6392538	291909	1025204	1331422	1714341
山 东	15556466	330864	1578040	3350701	4923996
河 南	16028117	468390	1920626	3986953	3267156
湖 北	8268330	375510	1460643	2619286	1933019
湖 南	10383652	693735	1939094	2610888	2261742
广 东	8988337	1337762	1720161	1887893	1623403
广 西	7870287	752567	1732183	1891517	1512661
海 南	1177729	371606	333890	274476	121571
重 庆	4915086	492254	1157331	1412029	907951
四 川	15285868	1166018	2960763	4434331	3270306
贵 州	6904100	867574	1790147	2157671	1126037
云 南	7564994	950608	1991292	2448333	1141564
西 藏	455601	45549	82854	88522	73329
陕 西	5596790	386341	1015090	1884607	1024061
甘 肃	4142679	143157	516895	935646	654147
青 海	747506	78932	167781	186253	100865
宁 夏	902849	108649	247106	246931	149717
新 疆	3450371	450939	869037	928658	561651

8-1c 续表 单位：户

地区	住房间数					
	五间	六间	七间	八间	九间	十间及以上
全国	**18368634**	**13820585**	**4212542**	**5121404**	**1695367**	**3845579**
北京	99682	32645	18689	24888	8684	61474
天津	62373	27492	7481	9937	2283	6434
河北	1660067	591109	279592	318348	101464	343077
山西	832739	245710	102464	80434	23495	78237
内蒙古	75089	16232	4402	3343	1239	3024
辽宁	195113	51467	12260	11408	2747	5929
吉林	47620	11685	2444	2115	1049	1477
黑龙江	31725	15479	3082	2880	869	1951
上海	45846	92791	21414	26390	14833	18889
江苏	677718	783302	148506	207056	96901	102645
浙江	389699	597932	124089	206661	133950	170780
安徽	795788	915971	180804	230254	95805	138773
福建	412449	474226	135896	243508	72766	217877
江西	541154	791601	146333	290670	98400	161504
山东	3199297	978216	416684	404019	109420	265229
河南	2198123	1707218	706861	819512	267250	686028
湖北	605305	778588	130356	182561	61602	121460
湖南	869175	1027119	221193	403743	77162	279801
广东	781344	751673	219309	322051	93814	250927
广西	684755	643395	174562	256243	62050	160354
海南	37470	22055	5452	6342	1487	3380
重庆	340765	305242	94270	102343	32221	70680
四川	1409039	1054678	361763	321686	101026	206258
贵州	391901	333969	63898	93582	19476	59845
云南	363646	398162	76255	94887	27330	72917
西藏	56113	41356	21857	17648	7091	21282
陕西	440368	461192	128790	125523	62074	68744
甘肃	637627	413679	279476	245630	92069	224353
青海	83325	53457	34730	18812	7809	15542
宁夏	80938	34669	17628	7556	3367	6288
新疆	322381	168275	72002	41374	15634	20420

8-2 各地区按人均住房建筑面积分的家庭户户数

单位：户

地 区	家庭户户数	人均住房建筑面积(平方米)			
		8及以下	9-12	13-16	17-19
全 国	**401934196**	**24207004**	**22602888**	**34775854**	**22036492**
北 京	6680552	917309	617318	538331	373758
天 津	3661992	217078	239919	380507	324041
河 北	20395116	424264	807048	1672166	1254572
山 西	10330207	815717	904486	1246442	706968
内蒙古	8205498	747766	687787	975916	605997
辽 宁	14994046	566499	794733	1607807	1356520
吉 林	8998492	785918	503373	1065097	879337
黑龙江	13000088	1239993	816778	1645475	1275386
上 海	8253257	1295888	826881	843886	485193
江 苏	24381782	1174016	1017173	1414254	907553
浙 江	18854021	1882721	1373171	1378029	601613
安 徽	18861956	1201406	750270	1363568	886705
福 建	11206317	1171063	766370	911065	435289
江 西	11542527	353359	456835	837933	591359
山 东	30105454	512483	789804	1969796	1649265
河 南	25928729	501685	1085915	2118474	1348226
湖 北	16695121	680360	472034	846494	642856
湖 南	18625710	530369	660913	1227561	761235
广 东	28630609	3301659	2846617	3519652	1563235
广 西	13151404	597620	830174	1341172	738004
海 南	2331149	315542	233946	308736	153383
重 庆	10000965	480875	282162	490960	343957
四 川	25794161	741722	766698	1403859	933205
贵 州	10558461	854517	727658	1074994	523094
云 南	12339961	780660	1067831	1501384	800460
西 藏	670838	40289	53631	74604	38660
陕 西	10718563	606408	689908	898274	561607
甘 肃	6900369	405387	718874	976819	572800
青 海	1529039	183150	171868	211220	123950
宁 夏	1882205	173979	158173	194410	125641
新 疆	6705607	707302	484540	736969	472623

8-2 续表 单位：户

地区	人均住房建筑面积(平方米)					
	20-29	30-39	40-49	50-59	60-69	70及以上
全国	**95695274**	**69943421**	**45840513**	**24422151**	**21390668**	**41019931**
北京	1329133	966020	620024	393780	288229	636650
天津	994637	678627	347505	183620	112985	183073
河北	5795849	4104797	2415864	1285282	1003091	1632183
山西	2629428	1735885	897044	473691	362236	558310
内蒙古	2304095	1348952	724585	291790	217308	301302
辽宁	4504653	2723424	1497420	691093	502630	749267
吉林	2707240	1470008	724688	293721	241010	328100
黑龙江	3887120	1996803	1000088	403365	312139	422941
上海	1632012	1126436	759922	382424	294293	606322
江苏	4569106	4151763	3407640	1972726	1808509	3959042
浙江	3032926	2516001	2060717	1338487	1252618	3417738
安徽	4363961	3429527	2274967	1255041	1127962	2208549
福建	2040310	1579817	1132356	719296	686253	1764498
江西	2878288	2100754	1475717	790941	756462	1300879
山东	8257728	6467262	4088861	2050891	1654443	2664921
河南	6506520	5128444	3239134	1813599	1506843	2679889
湖北	3444366	3121282	2458437	1342146	1206865	2480281
湖南	4305968	3451428	2593418	1368396	1331240	2395182
广东	6489993	3863608	2344768	1279147	1039644	2382286
广西	3293173	2079484	1380579	793390	681310	1416498
海南	534761	289327	176004	83105	73696	162649
重庆	1938863	1844212	1416959	774199	786638	1642140
四川	5487582	5407510	3673509	2004208	1921818	3454050
贵州	2544964	1674500	1162246	528182	565921	902385
云南	3078709	1937258	1199248	565501	520404	888506
西藏	155275	105646	71063	36437	31899	63334
陕西	2546462	2019165	1265559	633870	568448	928862
甘肃	1787064	1054381	575669	256125	216025	337225
青海	373754	202502	108159	49374	41333	63729
宁夏	492212	319226	182118	75810	60022	100614
新疆	1789122	1049372	566245	292514	218394	388526

8-2a 各地区按人均住房建筑面积分的家庭户户数(城市)

单位：户

地区	家庭户户数	人均住房建筑面积(平方米)			
		8及以下	9-12	13-16	17-19
全国	**128660933**	**12125724**	**9096838**	**11596805**	**8143921**
北京	5375588	804639	517704	422755	321884
天津	2501235	186885	182250	256651	242294
河北	4295310	152969	189049	324227	333251
山西	2901607	263893	216877	291692	225429
内蒙古	2737984	302472	204682	250625	194825
辽宁	7952951	396959	495305	871813	808545
吉林	3598113	271457	190557	360595	329220
黑龙江	5047097	412602	344467	596912	490250
上海	6244138	925765	610665	638107	440921
江苏	9161950	660619	508484	625179	457583
浙江	6873461	1003901	650340	611238	323194
安徽	3942502	478002	183140	281191	238033
福建	3928853	740551	380686	375364	177479
江西	2125304	134364	127484	180409	137207
山东	8817542	341501	287119	515007	485159
河南	5349707	191204	242455	417810	311193
湖北	5467910	420426	290558	392632	276283
湖南	3784084	179035	165116	259548	198916
广东	15577871	2157528	1714667	1957551	790466
广西	2479642	201569	192271	258615	165132
海南	618068	95816	51745	60911	36322
重庆	2861917	234083	145298	219953	168454
四川	5265271	372567	279565	401844	286104
贵州	1777973	287338	157312	169870	100329
云南	2106060	225758	195781	199590	122556
西藏	93975	10927	10270	10770	4441
陕西	2788195	252732	249591	245752	164306
甘肃	1687056	145546	129799	155101	119309
青海	448369	39258	33268	42545	28935
宁夏	696676	48846	30917	45109	44350
新疆	2154524	186512	119416	157439	121551

8-2a 续表 单位：户

地区	人均住房建筑面积(平方米)					
	20-29	30-39	40-49	50-59	60-69	70及以上
全国	**30455832**	**21286416**	**13373016**	**7010770**	**5310428**	**10261183**
北京	1076323	754963	482743	309860	217282	467435
天津	645959	443444	231486	131731	65839	114696
河北	1159679	846372	507988	274232	189554	317989
山西	783071	491694	248548	134754	95259	150390
内蒙古	748090	476766	246711	113177	80276	120360
辽宁	2220220	1324741	740467	422576	261776	410549
吉林	1026138	614078	328414	171992	123187	182475
黑龙江	1435224	800281	392307	210357	150352	214345
上海	1356450	923535	578521	278376	177552	314246
江苏	1977513	1649182	1200386	593070	513271	976663
浙江	1301040	968864	683258	398408	308005	625213
安徽	986269	677524	401840	209555	169676	317272
福建	688368	514027	339584	190733	157534	364527
江西	517110	386189	250549	117587	98614	175791
山东	2364555	1858027	1189988	559499	422081	794606
河南	1286882	1012214	693208	359668	284852	550221
湖北	1197055	960459	689596	345493	285860	609548
湖南	867810	693602	517397	261570	229181	411909
广东	3445972	2086961	1181209	627034	472650	1143833
广西	564716	364323	232963	140499	107286	252268
海南	141511	87431	54029	26013	19420	44870
重庆	690655	499078	337079	168143	132636	266538
四川	1223798	933010	656462	323198	269259	519464
贵州	375733	252436	161546	86218	67262	119929
云南	422644	294452	201321	131133	96690	216135
西藏	17199	10497	8284	5007	4474	12106
陕西	623655	458775	297495	154765	119754	221370
甘肃	427090	293142	172606	88035	56695	99733
青海	111210	71904	45561	24093	19524	32071
宁夏	194897	141667	84939	35998	25462	44491
新疆	578996	396778	216531	117996	89165	170140

8-2b 各地区按人均住房建筑面积分的家庭户户数(镇)

单位：户

地区	家庭户户数	人均住房建筑面积(平方米)			
		8及以下	9-12	13-16	17-19
全国	**78528240**	**5327282**	**4183959**	**6267478**	**3770246**
北京	427497	40521	36662	33877	16779
天津	374642	14906	17806	30080	21419
河北	4677328	120441	187204	362848	253843
山西	2196400	230471	197485	247000	125622
内蒙古	1915033	180534	150885	216212	136109
辽宁	1787832	74844	87226	180330	138868
吉林	1600554	197334	86508	168686	134337
黑龙江	2655986	292265	151642	308627	230872
上海	1058274	214909	109887	106894	30154
江苏	5281326	266283	188545	274361	158686
浙江	4523591	478689	371257	358395	128907
安徽	4167758	372679	178601	294355	179530
福建	2482591	230121	163179	198925	92953
江西	3024685	123913	134938	216846	142464
山东	5731446	89624	143480	368005	296555
河南	4550905	106974	201687	366953	227964
湖北	2958881	120307	69497	132737	99568
湖南	4457974	164163	164727	275918	163235
广东	4064401	497666	353049	452479	223027
广西	2801475	123028	158702	247899	140751
海南	535352	81637	49047	64425	32963
重庆	2223962	161527	73635	121017	80276
四川	5243022	195393	183903	300726	196359
贵州	1876388	218727	135604	183149	87956
云南	2668907	201922	210732	274420	141342
西藏	121262	7543	7749	11160	5032
陕西	2333578	221346	181726	199405	109826
甘肃	1070634	65120	81021	119086	74415
青海	333164	55478	29086	36898	23843
宁夏	282680	33573	20716	27266	16580
新疆	1100712	145344	57773	88499	60011

8-2b 续表 单位：户

地　区	人均住房建筑面积(平方米)					
	20-29	30-39	40-49	50-59	60-69	70及以上
全　国	**18073583**	**13897258**	**9393343**	**4932867**	**4315484**	**8366740**
北　京	84370	74111	46472	26225	19337	49143
天　津	99419	80647	45816	21400	15877	27272
河　北	1271748	965020	592272	305198	236840	381914
山　西	524531	371658	205452	102518	78884	112779
内蒙古	519585	325755	187262	74124	48162	76405
辽　宁	557640	340151	183249	72855	60089	92580
吉　林	473570	262608	129624	47074	42781	58032
黑龙江	802967	416890	226760	74913	60729	90321
上　海	169148	118922	101622	49455	47119	110164
江　苏	945808	920817	763178	451720	407185	904743
浙　江	733765	607595	500993	312806	291183	740001
安　徽	937266	758772	498065	272380	230263	445847
福　建	453731	365221	264496	165369	156573	392023
江　西	703194	556571	404215	197230	196222	349092
山　东	1560946	1276917	802681	393842	317779	481617
河　南	1136213	914009	586086	317166	265841	428012
湖　北	593778	568251	453078	247245	225495	448925
湖　南	932605	791877	632641	346579	337655	648574
广　东	901543	553985	361311	191612	161157	368572
广　西	646213	437150	300653	187314	163527	396238
海　南	120514	69082	40317	20882	18435	38050
重　庆	448984	411860	307420	161740	155426	302077
四　川	1150296	1077913	730331	395771	347142	665188
贵　州	420428	288247	199257	99555	89724	153741
云　南	616437	417801	281264	143613	131256	250120
西　藏	25326	19325	13406	7121	7817	16783
陕　西	512876	420488	270502	126131	113630	177648
甘　肃	282994	195140	105732	47839	37710	61577
青　海	79042	47522	25310	12218	9288	14479
宁　夏	73826	50070	26557	11410	8119	14563
新　疆	294820	192883	107321	49562	34239	70260

8-2c 各地区按人均住房建筑面积分的家庭户户数(乡村)

单位：户

地 区	家庭户户 数	人均住房建筑面积(平方米)			
		8及以下	9-12	13-16	17-19
全 国	**194745023**	**6753998**	**9322091**	**16911571**	**10122325**
北 京	877467	72149	62952	81699	35095
天 津	786115	15287	39863	93776	60328
河 北	11422478	150854	430795	985091	667478
山 西	5232200	321353	490124	707750	355917
内蒙古	3552481	264760	332220	509079	275063
辽 宁	5253263	94696	212202	555664	409107
吉 林	3799825	317127	226308	535816	415780
黑龙江	5297005	535126	320669	739936	554264
上 海	950845	155214	106329	98885	14118
江 苏	9938506	247114	320144	514714	291284
浙 江	7456969	400131	351574	408396	149512
安 徽	10751696	350725	388529	788022	469142
福 建	4794873	200391	222505	336776	164857
江 西	6392538	95082	194413	440678	311688
山 东	15556466	81358	359205	1086784	867551
河 南	16028117	203507	641773	1333711	809069
湖 北	8268330	139627	111979	321125	267005
湖 南	10383652	187171	331070	692095	399084
广 东	8988337	646465	778901	1109622	549742
广 西	7870287	273023	479201	834658	432121
海 南	1177729	138089	133154	183400	84098
重 庆	4915086	85265	63229	149990	95227
四 川	15285868	173762	303230	701289	450742
贵 州	6904100	348452	434742	721975	334809
云 南	7564994	352980	661318	1027374	536562
西 藏	455601	21819	35612	52674	29187
陕 西	5596790	132330	258591	453117	287475
甘 肃	4142679	194721	508054	702632	379076
青 海	747506	88414	109514	131777	71172
宁 夏	902849	91560	106540	122035	64711
新 疆	3450371	375446	307351	491031	291061

8-2c 续表 单位：户

地 区	人均住房建筑面积(平方米)					
	20-29	30-39	40-49	50-59	60-69	70及以上
全 国	**47165859**	**34759747**	**23074154**	**12478514**	**11764756**	**22392008**
北 京	168440	136946	90809	57695	51610	120072
天 津	249259	154536	70203	30489	31269	41105
河 北	3364422	2293405	1315604	705852	576697	932280
山 西	1321826	872533	443044	236419	188093	295141
内蒙古	1036420	546431	290612	104489	88870	104537
辽 宁	1726793	1058532	573704	195662	180765	246138
吉 林	1207532	593322	266650	74655	75042	87593
黑龙江	1648929	779632	381021	118095	101058	118275
上 海	106414	83979	79779	54593	69622	181912
江 苏	1645785	1581764	1444076	927936	888053	2077636
浙 江	998121	939542	876466	627273	653430	2052524
安 徽	2440426	1993231	1375062	773106	728023	1445430
福 建	898211	700569	528276	363194	372146	1007948
江 西	1657984	1157994	820953	476124	461626	775996
山 东	4332227	3332318	2096192	1097550	914583	1388698
河 南	4083425	3202221	1959840	1136765	956150	1701656
湖 北	1653533	1592572	1315763	749408	695510	1421808
湖 南	2505553	1965949	1443380	760247	764404	1334699
广 东	2142478	1222662	802248	460501	405837	869881
广 西	2082244	1278011	846963	465577	410497	767992
海 南	272736	132814	81658	36210	35841	79729
重 庆	799224	933274	772460	444316	498576	1073525
四 川	3113488	3396587	2286716	1285239	1305417	2269398
贵 州	1748803	1133817	801443	342409	408935	628715
云 南	2039628	1225005	716663	290755	292458	422251
西 藏	112750	75824	49373	24309	19608	34445
陕 西	1409931	1139902	697562	352974	335064	529844
甘 肃	1076980	566099	297331	120251	121620	175915
青 海	183502	83076	37288	13063	12521	17179
宁 夏	223489	127489	70622	28402	26441	41560
新 疆	915306	459711	242393	124956	94990	148126

8-3 各地区按家庭户类别和住房间数分的家庭户户数

单位：户

地区	家庭户户数	一代户				
		一间	二间	三间	四间	五间及以上
全国	**401934196**	**42150578**	**41558333**	**29170794**	**12515971**	**11967436**
北京	6680552	1640567	1052224	468011	99284	105928
天津	3661992	448761	607207	198781	48079	35148
河北	20395116	758055	1977489	1523868	706584	667261
山西	10330207	815188	1007730	658169	183406	299384
内蒙古	8205498	1112646	1308461	506632	94615	43497
辽宁	14994046	1497082	2681933	1042720	304325	99064
吉林	8998492	917173	1500833	587517	88139	21237
黑龙江	13000088	1568358	2374079	661575	74768	26389
上海	8253257	2435099	1086852	349351	94360	154310
江苏	24381782	2690738	2943549	2063515	732595	747457
浙江	18854021	4470968	2111298	1174258	609044	728635
安徽	18861956	1651388	1998156	1748913	665510	647021
福建	11206317	1803156	798285	644983	384184	544340
江西	11542527	462830	794193	616542	384477	344543
山东	30105454	935233	2344740	3002230	2280433	1717837
河南	25928729	939052	1591302	1911246	883635	1197953
湖北	16695121	1037330	1528848	1381411	611134	538511
湖南	18625710	1031412	1620843	1256032	651126	626530
广东	28630609	6737313	2126207	1638347	613559	633753
广西	13151404	1026775	1088975	843709	454144	499541
海南	2331149	372165	174381	123216	40675	22239
重庆	10000965	1120907	1323026	1007289	402099	341539
四川	25794161	2081581	2882441	2444556	999900	800164
贵州	10558461	1068839	1045821	807896	322667	237314
云南	12339961	1117764	806115	623233	213646	166818
西藏	670838	71651	47455	25823	13814	21438
陕西	10718563	888019	971938	767719	231664	242543
甘肃	6900369	358744	570526	381265	144389	308130
青海	1529039	144772	141101	72579	20151	25317
宁夏	1882205	154220	230841	134412	40748	35190
新疆	6705607	792792	821484	504996	122817	88405

8-3 续表 1 单位：户

地区	二代户				
	一间	二间	三间	四间	五间及以上
全国	**19471341**	**56543440**	**55588923**	**28460794**	**32173348**
北京	453961	1195230	654359	146817	182103
天津	368793	956512	345017	104291	76169
河北	447983	3154153	2791321	1770263	2331094
山西	761763	1948329	1538639	539691	848593
内蒙古	1059374	2067454	921311	189593	74647
辽宁	1191381	3691177	1670167	540566	156898
吉林	808962	2101198	1235726	256879	43916
黑龙江	1426700	3493262	1407374	177313	45552
上海	951444	1390417	651956	119898	152003
江苏	909628	3170950	3477439	1290132	1408529
浙江	1303372	2169744	1861926	907902	1172865
安徽	610076	2411519	2915537	1365913	1565349
福建	693022	1205240	1296056	738402	1108686
江西	332691	1388850	1647618	1240648	1419634
山东	375259	2776405	4225302	4014512	4026368
河南	316429	2214918	4037115	2621668	4361498
湖北	599455	2153232	2593540	1419078	1295313
湖南	516599	2112488	2713380	1745136	1922767
广东	1794287	3029124	3724178	1755287	1914774
广西	576779	1624404	1785755	1193617	1504965
海南	305450	350747	326586	119947	74748
重庆	329918	1241589	1471650	600305	554723
四川	697742	2762831	4024217	2039973	1863218
贵州	552378	1583658	1798560	802308	661190
云南	785549	1882262	2109212	855132	711807
西藏	30921	71801	72544	54756	107579
陕西	584205	1529254	1755037	715512	799694
甘肃	207899	915441	835818	427809	1032020
青海	103723	283019	203668	79615	136411
宁夏	103527	407161	319331	121800	101092
新疆	272071	1261071	1178584	506031	519143

8-3 续表 2

单位：户

地 区	三代户				
	一间	二间	三间	四间	五间及以上
全 国	**1926825**	**12174416**	**19957934**	**14112605**	**21390355**
北 京	36835	242802	215975	63422	112847
天 津	38501	199998	113163	51829	57353
河 北	38845	736869	960349	777632	1572522
山 西	41426	339038	431273	258695	597845
内蒙古	64995	370035	245548	88494	38538
辽 宁	116127	905259	613130	311916	123182
吉 林	96931	507191	558825	193570	37506
黑龙江	160112	761126	629430	118517	28131
上 海	92310	328564	251255	58702	112790
江 苏	73690	770952	1676688	943287	1220494
浙 江	70827	388584	620653	432839	732676
安 徽	56166	484835	1038553	668848	895232
福 建	55502	277729	466716	373937	739147
江 西	42386	352405	641189	738325	1019829
山 东	34453	377983	864547	1093851	1887398
河 南	24107	414716	1253878	1150699	2766274
湖 北	72133	534751	1067932	834726	883881
湖 南	65277	486378	1095129	1033803	1558211
广 东	269089	785743	1253934	898209	1308778
广 西	70859	372076	598690	518332	889961
海 南	56886	106021	127356	63998	51391
重 庆	38875	279699	580705	315039	342985
四 川	81590	572290	1588915	1224916	1512104
贵 州	43981	285262	582721	357637	356231
云 南	104348	520172	1039283	615578	633241
西 藏	2816	14536	24703	24889	79202
陕 西	34712	330195	726079	427955	644751
甘 肃	16455	189079	355760	261187	831834
青 海	9916	60934	90511	46188	102648
宁 夏	4682	52569	66661	46240	58650
新 疆	11993	126625	178383	119345	194723

8-3 续表 3

单位：户

地区	四代户				
	一间	二间	三间	四间	五间及以上
全国	**29654**	**214202**	**628576**	**654411**	**1241346**
北京	268	1666	2930	1500	3821
天津	264	2719	3470	2417	3511
河北	573	14675	35076	36277	94058
山西	500	5166	12956	10622	31737
内蒙古	621	6895	6963	3248	1921
辽宁	897	14222	16813	11214	5960
吉林	1162	9583	19346	10144	2622
黑龙江	1933	13820	23844	6138	1636
上海	778	3939	7244	3267	8688
江苏	1223	14839	73676	72828	99267
浙江	920	5628	20286	23069	48445
安徽	904	9001	36330	35017	57532
福建	729	4708	11916	15923	43567
江西	503	6313	18274	33374	57811
山东	525	4670	20922	34973	87709
河南	396	6064	35581	47858	154068
湖北	1033	11092	36276	42120	53198
湖南	987	9207	33442	46895	99902
广东	5103	16429	27587	32565	66189
广西	1577	8757	19227	21928	51101
海南	1725	3179	4272	3041	3107
重庆	549	4527	15863	12831	16818
四川	1317	9658	48090	60733	97701
贵州	484	4476	15286	13801	17910
云南	3837	14116	46647	40277	50669
西藏	86	429	891	1022	4451
陕西	306	3992	18951	16363	29634
甘肃	202	2498	11139	10679	39380
青海	126	681	2202	1665	3796
宁夏	44	525	1330	1148	2027
新疆	82	728	1746	1474	3110

8-3 续表 4

单位：户

地区	五代及以上户				
	一间	二间	三间	四间	五间及以上
全国	**39**	**139**	**425**	**652**	**1659**
北京				1	1
天津			2	3	4
河北		3	21	35	110
山西		1	9	12	35
内蒙古		4	3	1	2
辽宁		1	4	6	2
吉林	1	4	14	6	7
黑龙江		8	13	7	3
上海		1	5	4	20
江苏		11	44	76	175
浙江		3	11	21	47
安徽	3	9	28	33	83
福建		3	4	15	67
江西		3	9	27	53
山东			4	25	75
河南		6	21	51	194
湖北		8	20	40	59
湖南	2	6	14	35	109
广东	3	10	36	32	73
广西	7	18	36	46	125
海南	3	4	5	1	6
重庆			5	8	16
四川	3	3	26	55	137
贵州	2	2	6	10	21
云南	12	19	50	62	112
西藏	1	3	5	6	16
陕西		2	7	10	21
甘肃	1	5	18	19	72
青海	1	1	4	1	9
宁夏		1	1	2	3
新疆				2	2

8-3a 各地区按家庭户类别和住房间数分的家庭户户数(城市)

单位：户

地区	家庭户户数	一代户				
		一间	二间	三间	四间	五间及以上
全国	**128660933**	**21958646**	**18411328**	**9443591**	**1905043**	**1250271**
北京	5375588	1396034	905540	381143	54254	28454
天津	2501235	386171	456983	104211	10899	5147
河北	4295310	204307	695974	397330	76113	48434
山西	2901607	280815	419491	218792	30600	18050
内蒙古	2737984	343857	530483	140676	16859	7956
辽宁	7952951	986782	1763623	427627	49805	18546
吉林	3598113	406004	838034	179149	21288	6146
黑龙江	5047097	601367	1174001	236758	20131	7395
上海	6244138	1744403	886778	250185	32630	23314
江苏	9161950	1265287	1271425	715209	143712	114816
浙江	6873461	2000609	783221	434728	98401	83365
安徽	3942502	561259	547640	324644	57472	42698
福建	3928853	1099418	298958	241078	53410	52932
江西	2125304	144113	257414	153957	30900	23042
山东	8817542	505406	1135715	986253	330330	193323
河南	5349707	437748	522288	478973	107170	93590
湖北	5467910	622826	709305	440537	115107	83423
湖南	3784084	283706	496254	355994	98329	65831
广东	15577871	5347821	1347399	946182	190111	119017
广西	2479642	369770	257702	192083	47762	38964
海南	618068	113442	45764	44216	10153	4945
重庆	2861917	437967	431589	249051	42776	21216
四川	5265271	706743	798206	556685	96463	46315
贵州	1777973	286105	212097	133367	25591	11826
云南	2106060	407036	236157	198622	55676	31236
西藏	93975	25775	12840	5658	3172	5891
陕西	2788195	387879	434295	224980	31127	20792
甘肃	1687056	189923	316740	112323	17699	13467
青海	448369	61252	74759	35336	5686	3168
宁夏	696676	63410	131130	59053	7980	3895
新疆	2154524	291411	419523	218791	23437	13077

8-3a 续表 1　　单位：户

地区	二代户				
	一间	二间	三间	四间	五间及以上
全国	**9026230**	**26083963**	**17946493**	**4220556**	**3398598**
北京	405887	1043899	529759	79142	50961
天津	341497	721804	184977	21516	9543
河北	145432	1055947	739040	173453	140454
山西	216078	827000	474961	72604	47703
内蒙古	348311	877195	254528	31681	14476
辽宁	811717	2386753	630336	71208	25137
吉林	341172	1138423	270546	34774	8843
黑龙江	484046	1671146	367456	32384	10301
上海	762008	1241643	531628	61211	38562
江苏	492106	1676134	1458224	300014	263753
浙江	552228	973424	852814	215924	194593
安徽	240668	833318	631444	137452	127627
福建	345338	486987	537704	145357	164648
江西	122888	476026	372890	89120	84999
山东	245705	1637620	1759114	614695	446445
河南	141286	925490	1158465	310570	368391
湖北	381624	1104450	833956	241621	194600
湖南	165110	674180	698832	229693	186326
广东	1041377	1744530	2132755	594628	430213
广西	184218	423195	376146	118491	131800
海南	67346	88388	105636	28437	17747
重庆	154560	535461	448537	77061	38984
四川	262978	912971	884737	171920	101042
贵州	139991	360816	286455	71384	46170
云南	138635	286087	315711	107936	82388
西藏	5939	8924	5841	4033	10085
陕西	196182	647426	386930	65549	64623
甘肃	111604	495171	198860	38418	37515
青海	29990	107659	57677	12749	11101
宁夏	36389	204847	116689	17665	9242
新疆	113920	517049	343845	49866	40326

8-3a 续表 2 单位：户

地区	三代户				
	一间	二间	三间	四间	五间及以上
全国	**796993**	**4830367**	**5122321**	**1780123**	**2173916**
北京	34030	219275	174233	33226	34578
天津	37094	147308	54433	10385	6004
河北	16799	194787	207508	80315	104874
山西	10057	119248	103252	27786	30792
内蒙古	15334	96512	45377	8551	4320
辽宁	81110	469894	178593	29793	13923
吉林	37611	215626	79830	13228	3814
黑龙江	46168	278813	97190	11927	4037
上海	83453	300151	206469	32232	36330
江苏	42375	355179	576081	195215	238355
浙江	28865	166852	239348	97698	128377
安徽	20600	136239	157878	49232	65687
福建	17611	98124	181845	70255	121483
江西	17050	115976	124106	46897	58440
山东	24864	206654	317826	178805	214442
河南	9379	145575	276323	120909	234867
湖北	39220	222873	242662	105700	115525
湖南	17280	125015	186968	84368	105174
广东	97782	360191	624472	272293	297336
广西	13332	83238	108262	46262	81162
海南	6098	20323	35524	14270	13636
重庆	21415	138274	187754	40761	27111
四川	31460	213748	322896	78971	64968
贵州	9728	61557	78429	26373	24955
云南	8768	51494	85611	43082	51279
西藏	245	762	782	776	3135
陕西	13353	121030	110985	31715	47057
甘肃	7376	71199	43575	11689	19970
青海	1934	19701	15149	4531	7185
宁夏	1506	20845	16127	3892	3511
新疆	5096	53904	42833	8986	11589

8-3a 续表 3

单位：户

地区	四代户				
	一间	二间	三间	四间	五间及以上
全　国	**7008**	**45553**	**93823**	**59684**	**106207**
北　京	238	1427	2004	554	950
天　津	258	1503	988	279	234
河　北	221	1902	3847	2901	5661
山　西	60	888	1393	816	1220
内蒙古	100	767	645	205	150
辽　宁	521	4033	2568	615	367
吉　林	267	1846	1148	272	92
黑龙江	280	2120	1248	233	96
上　海	708	3521	5080	1228	2592
江　苏	577	4747	18927	12254	17513
浙　江	422	1940	6543	5077	9004
安　徽	191	1274	2666	1586	2923
福　建	91	809	3325	2687	6782
江　西	132	1200	1965	1554	2631
山　东	299	1716	4980	4790	8553
河　南	102	1208	3913	3351	10098
湖　北	347	2032	3686	3238	5173
湖　南	171	1210	2562	2121	4950
广　东	807	3365	8236	7128	12204
广　西	149	751	1495	1149	3697
海　南	113	268	654	461	643
重　庆	285	2018	4455	1435	1200
四　川	349	2531	6556	2479	3246
贵　州	57	479	1001	596	993
云　南	104	482	1550	1463	2740
西　藏	4	12	9	11	81
陕　西	68	669	1279	764	1488
甘　肃	48	358	433	188	500
青　海	3	93	160	81	155
宁　夏	13	137	166	69	110
新　疆	23	247	341	99	161

8-3a 续表 4

单位：户

地区	五代及以上户				
	一间	二间	三间	四间	五间及以上
全国	**1**	**12**	**38**	**41**	**127**
北京					
天津				1	
河北			3	2	6
山西					1
内蒙古			1		
辽宁					
吉林					
黑龙江					
上海		1	2	1	8
江苏		3	8	11	25
浙江		1	8	6	13
安徽	1	1	1		1
福建					11
江西				1	3
山东			1	2	4
河南		1	1	1	8
湖北		1		1	3
湖南				4	6
广东			5	4	15
广西		1	1	1	11
海南		1			3
重庆			3	3	1
四川			4	2	1
贵州				1	2
云南					3
西藏					
陕西		2			2
甘肃					
青海					
宁夏					
新疆					

8-3b 各地区按家庭户类别和住房间数分的家庭户户数(镇)

单位：户

地区	家庭户户数	一代户				
		一间	二间	三间	四间	五间及以上
全国	**78528240**	**8157114**	**7704570**	**5892839**	**2397051**	**2276680**
北京	427497	93671	61347	34836	8803	11603
天津	374642	27596	57684	28781	8227	6865
河北	4677328	179483	405750	366817	155232	147034
山西	2196400	173156	183008	134189	39371	52869
内蒙古	1915033	282167	301961	109915	17330	7763
辽宁	1787832	170973	334067	136214	36890	13310
吉林	1600554	221328	301482	103787	16168	5254
黑龙江	2655986	419395	541195	118407	17026	7903
上海	1058274	365679	115375	57982	20099	37553
江苏	5281326	526646	564604	458843	180854	174803
浙江	4523591	1117024	452348	256271	129953	158049
安徽	4167758	457396	434402	341980	129515	113788
福建	2482591	347836	156386	142956	74105	104777
江西	3024685	149579	212704	198878	86288	85674
山东	5731446	160555	405186	606986	401080	322173
河南	4550905	141812	253609	301060	143524	171925
湖北	2958881	169775	272674	257278	110555	97103
湖南	4457974	295420	403198	330089	162467	155644
广东	4064401	633646	232059	236642	100375	95857
广西	2801475	214908	219703	180479	92618	115760
海南	535352	92284	39910	26617	9441	6105
重庆	2223962	278613	258573	228520	71252	55900
四川	5243022	516424	622937	578117	174369	122811
贵州	1876388	237645	160125	120432	45615	36392
云南	2668907	285434	185096	154894	59687	48974
西藏	121262	20539	14569	8543	3744	5596
陕西	2333578	258191	211812	158955	43410	46886
甘肃	1070634	79146	98230	75517	23895	38812
青海	333164	48406	37384	16180	4058	4380
宁夏	282680	29204	27659	20271	5787	5253
新疆	1100712	163183	139533	102403	25313	19864

8-3b 续表 1

单位：户

地区	二代户				
	一间	二间	三间	四间	五间及以上
全国	**4322705**	**10715963**	**11945562**	**5740367**	**6257632**
北京	19337	69133	52461	13066	19534
天津	14150	88516	53682	18375	15835
河北	107418	657820	763950	398808	531306
山西	237036	416287	375878	121911	152096
内蒙古	280581	500937	216096	36362	14310
辽宁	124592	449958	212773	62220	19821
吉林	171482	380921	180035	35193	8727
黑龙江	330298	729981	208065	30389	10668
上海	102566	102244	90815	24165	39273
江苏	217560	601003	812582	333404	346008
浙江	365654	511795	473031	235223	306973
安徽	205764	604168	656759	297830	283580
福建	157312	282185	338002	179860	250129
江西	102905	377336	559703	275921	328288
山东	72504	484781	921097	766376	777820
河南	76334	390956	791891	515290	717126
湖北	107608	374655	506766	258619	240593
湖南	143540	496568	683979	416971	454397
广东	290399	415102	581256	319585	305327
广西	126217	315758	385551	260643	368758
海南	71379	79440	66499	27360	18482
重庆	96062	270240	399885	126152	103081
四川	161879	602828	976957	347634	274811
贵州	117534	291615	334751	141658	122587
云南	201851	383506	433538	192816	170662
西藏	7065	12981	12686	7661	15649
陕西	255543	351723	382080	128499	141457
甘肃	49677	157484	175580	68810	124037
青海	35288	67995	44036	13060	17312
宁夏	22598	53792	53339	18430	16080
新疆	50572	194255	201839	68076	62905

8-3b 续表 2

单位：户

地区	三代户				
	一间	二间	三间	四间	五间及以上
全国	**344322**	**1935581**	**3696424**	**2634883**	**4020203**
北京	733	10711	13697	5474	12143
天津	793	15156	16433	8851	11879
河北	6864	136110	231079	176950	371153
山西	8535	54194	79824	51125	106338
内蒙古	12902	66482	45836	13670	6021
辽宁	9793	93582	70384	33919	14447
吉林	15945	68265	61583	20680	5730
黑龙江	25871	114587	76119	16542	5107
上海	5148	19930	32001	12361	27560
江苏	16539	134176	349543	225528	282206
浙江	16433	79720	134422	98288	169813
安徽	15091	102508	204610	133471	161367
福建	10730	55459	109199	88184	168864
江西	9727	74798	176709	146128	218030
山东	5150	53311	161792	197283	366403
河南	4879	66268	234139	227246	473577
湖北	12849	79625	170089	133323	146799
湖南	15103	91861	223052	212748	336530
广东	54928	130907	220526	184625	231751
广西	14563	60603	109240	104572	212919
海南	13555	25605	26915	15268	12863
重庆	8962	54411	141450	60369	60075
四川	16127	111432	336774	175677	194277
贵州	6986	41848	90522	57253	64044
云南	18613	86695	173995	116091	132876
西藏	356	1257	1893	1712	6669
陕西	9604	52725	115505	64319	103278
甘肃	2354	21294	41418	28473	81348
青海	2709	10268	13913	6412	10838
宁夏	698	5529	8993	6244	8154
新疆	1782	16264	24769	12097	17144

8-3b 续表 3 单位：户

地区	四代户				
	一间	二间	三间	四间	五间及以上
全国	**5239**	**33259**	**105911**	**115344**	**226103**
北京	3	100	261	169	415
天津	2	233	501	405	677
河北	101	2668	8077	8234	22440
山西	82	797	2201	2053	5439
内蒙古	93	833	1056	438	280
辽宁	70	1382	1753	1053	631
吉林	157	996	1752	774	291
黑龙江	216	1409	1911	677	217
上海	35	293	1498	1238	2449
江苏	293	2833	14966	16581	22272
浙江	151	1058	3712	4297	9365
安徽	208	1844	6617	6698	10143
福建	140	888	2661	3454	9444
江西	107	1106	4002	5701	11089
山东	123	775	4254	6436	17350
河南	54	985	6119	8683	25381
湖北	192	1670	4918	5907	7862
湖南	210	1540	5632	8548	20453
广东	1271	3795	6108	7495	12716
广西	273	1095	2639	3904	11223
海南	406	743	897	701	878
重庆	131	944	3828	2522	2987
四川	254	1806	8741	7748	11391
贵州	64	535	1841	1915	3020
云南	461	1875	6162	6366	9274
西藏	3	25	31	48	233
陕西	81	609	2470	2059	4367
甘肃	16	178	648	764	2949
青海	24	96	259	178	367
宁夏	6	52	166	154	270
新疆	12	96	230	144	230

8-3b 续表 4

单位：户

地 区	五代及以上户				
	一间	二间	三间	四间	五间及以上
全 国	**6**	**17**	**69**	**100**	**296**
北 京					
天 津					1
河 北			2	6	26
山 西		1	1	2	7
内蒙古					
辽 宁					
吉 林			3		1
黑龙江		1	1		1
上 海			2	1	7
江 苏		1	19	19	43
浙 江			1	5	5
安 徽	1	2	1	7	8
福 建		1	1	3	15
江 西					12
山 东			1	1	9
河 南			4	11	32
湖 北		3	1	8	9
湖 南	2	2	1	4	15
广 东	2	4	7	5	13
广 西		1	4	4	40
海 南			1		3
重 庆					5
四 川	1	1	6	8	12
贵 州					6
云 南			9	14	18
西 藏			1	1	
陕 西			2	1	2
甘 肃					4
青 海			1		
宁 夏					1
新 疆					1

8-3c 各地区按家庭户类别和住房间数分的家庭户户数(乡村)

单位：户

地区	家庭户户数	一代户				
		一间	二间	三间	四间	五间及以上
全国	**194745023**	**12034818**	**15442435**	**13834364**	**8213877**	**8440485**
北京	877467	150862	85337	52032	36227	65871
天津	786115	34994	92540	65789	28953	23136
河北	11422478	374265	875765	759721	475239	471793
山西	5232200	361217	405231	305188	113435	228465
内蒙古	3552481	486622	476017	256041	60426	27778
辽宁	5253263	339327	584243	478879	217630	67208
吉林	3799825	289841	361317	304581	50683	9837
黑龙江	5297005	547596	658883	306410	37611	11091
上海	950845	325017	84699	41184	41631	93443
江苏	9938506	898805	1107520	889463	408029	457838
浙江	7456969	1353335	875729	483259	380690	487221
安徽	10751696	632733	1016114	1082289	478523	490535
福建	4794873	355902	342941	260949	256669	386631
江西	6392538	169138	324075	263707	267289	235827
山东	15556466	269272	803839	1408991	1549023	1202341
河南	16028117	359492	815405	1131213	632941	932438
湖北	8268330	244729	546869	683596	385472	357985
湖南	10383652	452286	721391	569949	390330	405055
广东	8988337	755846	546749	455523	323073	418879
广西	7870287	442097	611570	471147	313764	344817
海南	1177729	166439	88707	52383	21081	11189
重庆	4915086	404327	632864	529718	288071	264423
四川	15285868	858414	1461298	1309754	729068	631038
贵州	6904100	545089	673599	554097	251461	189096
云南	7564994	425294	384862	269717	98283	86608
西藏	455601	25337	20046	11622	6898	9951
陕西	5596790	241949	325831	383784	157127	174865
甘肃	4142679	89675	155556	193425	102795	255851
青海	747506	35114	28958	21063	10407	17769
宁夏	902849	61606	72052	55088	26981	26042
新疆	3450371	338198	262428	183802	74067	55464

8-3c 续表 1

单位：户

地区	二代户				
	一间	二间	三间	四间	五间及以上
全国	**6122406**	**19743514**	**25696868**	**18499871**	**22517118**
北京	28737	82198	72139	54609	111608
天津	13146	146192	106358	64400	50791
河北	195133	1440386	1288331	1198002	1659334
山西	308649	705042	687800	345176	648794
内蒙古	430482	689322	450687	121550	45861
辽宁	255072	854466	827058	407138	111940
吉林	296308	581854	785145	186912	26346
黑龙江	612356	1092135	831853	114540	24583
上海	86870	46530	29513	34522	74168
江苏	199962	893813	1206633	656714	798768
浙江	385490	684525	536081	456755	671299
安徽	163644	974033	1627334	930631	1154142
福建	190372	436068	420350	413185	693909
江西	106898	535488	715025	875607	1006347
山东	57050	654004	1545091	2633441	2802103
河南	98809	898472	2086759	1795808	3275981
湖北	110223	674127	1252818	918838	860120
湖南	207949	941740	1330569	1098472	1282044
广东	462511	869492	1010167	841074	1179234
广西	266344	885451	1024058	814483	1004407
海南	166725	182919	154451	64150	38519
重庆	79296	435888	623228	397092	412658
四川	272885	1247032	2162523	1520419	1487365
贵州	294853	931227	1177354	589266	492433
云南	445063	1212669	1359963	554380	458757
西藏	17917	49896	54017	43062	81845
陕西	132480	530105	986027	521464	593614
甘肃	46618	262786	461378	320581	870468
青海	38445	107365	101955	53806	107998
宁夏	44540	148522	149303	85705	75770
新疆	107579	549767	632900	388089	415912

8-3c　续表 2　　　　　　　　　　　　　　　　　　　　　　　　　　　　单位：户

地　区	三代户				
	一间	二间	三间	四间	五间及以上
全　国	**785510**	**5408468**	**11139189**	**9697599**	**15196236**
北　京	2072	12816	28045	24722	66126
天　津	614	37534	42297	32593	39470
河　北	15182	405972	521762	520367	1096495
山　西	22834	165596	248197	179784	460715
内蒙古	36759	207041	154335	66273	28197
辽　宁	25224	341783	364153	248204	94812
吉　林	43375	223300	417412	159662	27962
黑龙江	88073	367726	456121	90048	18987
上　海	3709	8483	12785	14109	48900
江　苏	14776	281597	751064	522544	699933
浙　江	25529	142012	246883	236853	434486
安　徽	20475	246088	676065	486145	668178
福　建	27161	124146	175672	215498	448800
江　西	15609	161631	340374	545300	743359
山　东	4439	118018	384929	717763	1306553
河　南	9849	202873	743416	802544	2057830
湖　北	20064	232253	655181	595703	621557
湖　南	32894	269502	685109	736687	1116507
广　东	116379	294645	408936	441291	779691
广　西	42964	228235	381188	367498	595880
海　南	37233	60093	64917	34460	24892
重　庆	8498	87014	251501	213909	255799
四　川	34003	247110	929245	970268	1252859
贵　州	27267	181857	413770	274011	267232
云　南	76967	381983	779677	456405	449086
西　藏	2215	12517	22028	22401	69398
陕　西	11755	156440	499589	331921	494416
甘　肃	6725	96586	270767	221025	730516
青　海	5273	30965	61449	35245	84625
宁　夏	2478	26195	41541	36104	46985
新　疆	5115	56457	110781	98262	165990

8-3c 续表 3

单位：户

地区	四代户				
	一间	二间	三间	四间	五间及以上
全国	**17407**	**135390**	**428842**	**479383**	**909036**
北京	27	139	665	777	2456
天津	4	983	1981	1733	2600
河北	251	10105	23152	25142	65957
山西	358	3481	9362	7753	25078
内蒙古	428	5295	5262	2605	1491
辽宁	306	8807	12492	9546	4962
吉林	738	6741	16446	9098	2239
黑龙江	1437	10291	20685	5228	1323
上海	35	125	666	801	3647
江苏	353	7259	39783	43993	59482
浙江	347	2630	10031	13695	30076
安徽	505	5883	27047	26733	44466
福建	498	3011	5930	9782	27341
江西	264	4007	12307	26119	44091
山东	103	2179	11688	23747	61806
河南	240	3871	25549	35824	118589
湖北	494	7390	27672	32975	40163
湖南	606	6457	25248	36226	74499
广东	3025	9269	13243	17942	41269
广西	1155	6911	15093	16875	36181
海南	1206	2168	2721	1879	1586
重庆	133	1565	7580	8874	12631
四川	714	5321	32793	50506	83064
贵州	363	3462	12444	11290	13897
云南	3272	11759	38935	32448	38655
西藏	79	392	851	963	4137
陕西	157	2714	15202	13540	23779
甘肃	138	1962	10058	9727	35931
青海	99	492	1783	1406	3274
宁夏	25	336	998	925	1647
新疆	47	385	1175	1231	2719

8-3c 续表 4 单位：户

地区	五代及以上户				
	一间	二间	三间	四间	五间及以上
全国	**32**	**110**	**318**	**511**	**1236**
北京				1	1
天津			2	2	3
河北		3	16	27	78
山西			8	10	27
内蒙古		4	2	1	2
辽宁		1	4	6	2
吉林	1	4	11	6	6
黑龙江		7	12	7	2
上海			1	2	5
江苏		7	17	46	107
浙江		2	2	10	29
安徽	1	6	26	26	74
福建		2	3	12	41
江西		3	9	26	38
山东			2	22	62
河南		5	16	39	154
湖北		4	19	31	47
湖南		4	13	27	88
广东	1	6	24	23	45
广西	7	16	31	41	74
海南	3	3	4	1	
重庆			2	5	10
四川	2	2	16	45	124
贵州	2	2	6	9	13
云南	12	19	41	48	91
西藏	1	3	4	5	16
陕西			5	9	17
甘肃	1	5	18	19	68
青海	1	1	3	1	9
宁夏		1	1	2	2
新疆				2	1

8-4 全国按户主的受教育程度分的家庭户住房状况

受教育程度	户 数（户）	人 数（人）	平均每户住房间数（间/户）	人均住房建筑面积（平方米/人）	人均住房间 数（间/人）
总 计	**381541206**	**1196867943**	**3.10**	**30.41**	**0.99**
未上过学	17357594	46802026	2.91	30.66	1.08
小 学	102831849	338326224	3.30	29.97	1.00
初 中	169098800	554250724	3.21	29.50	0.98
高 中	56197217	163836466	2.82	31.14	0.97
大学专科	21239915	55758534	2.57	34.77	0.98
大学本科	13386403	34286494	2.55	37.38	0.99
研究生	1429428	3607475	2.52	39.49	1.00

8-4a 全国按户主的受教育程度分的家庭户住房状况(城市)

受教育程度	户 数（户）	人 数（人）	平均每户住房间数（间/户）	人均住房建筑面积（平方米/人）	人均住房间 数（间/人）
总 计	**126081930**	**343938311**	**2.38**	**29.02**	**0.87**
未上过学	2757229	6856656	2.40	29.34	0.96
小 学	17011593	49839910	2.58	27.82	0.88
初 中	49240484	137048877	2.31	26.19	0.83
高 中	30545026	81889708	2.30	28.95	0.86
大学专科	14577008	37776770	2.42	34.10	0.93
大学本科	10620653	27167981	2.49	37.26	0.97
研究生	1329937	3358409	2.50	39.35	0.99

8-4b 全国按户主的受教育程度分的家庭户住房状况(镇)

受教育程度	户 数（户）	人 数（人）	平均每户住房间数（间/户）	人均住房建筑面积（平方米/人）	人均住房间 数（间/人）
总 计	**75780804**	**236053890**	**3.12**	**31.61**	**1.00**
未上过学	2900398	7529926	2.84	31.73	1.09
小 学	17607778	56777346	3.23	30.78	1.00
初 中	34819968	113099810	3.19	30.46	0.98
高 中	12804827	38073912	3.01	33.21	1.01
大学专科	5188977	14129161	2.87	36.66	1.05
大学本科	2380209	6250431	2.81	38.26	1.07
研究生	78647	193304	2.78	42.98	1.13

8-4c 全国按户主的受教育程度分的家庭户住房状况(乡村)

受教育程度	户 数 (户)	人 数 (人)	平均每户住房间数 (间/户)	人均住房建筑面积 (平方米/人)	人均住房间 数 (间/人)
总 计	**179678472**	**616875742**	**3.61**	**30.72**	**1.05**
未上过学	11699967	32415444	3.05	30.69	1.10
小 学	68212478	231708968	3.50	30.24	1.03
初 中	85038348	304102037	3.75	30.64	1.05
高 中	12847364	43872846	3.86	33.45	1.13
大学专科	1473930	3852603	3.00	34.45	1.15
大学本科	385541	868082	2.51	34.94	1.11
研究生	20844	55762	3.06	36.01	1.14

8-5 全国按户主受教育程度、人均住房建筑面积分的家庭户户数

单位：户

受教育程度	户 数	人均住房建筑面积(平方米)			
		8及以下	9-12	13-16	17-19
总 计	**381541206**	**23068130**	**22271171**	**34112499**	**21640122**
未上过学	17357594	799203	1009714	1551967	772271
小 学	102831849	5422459	6145795	9781369	5651229
初 中	169098800	12175513	11126964	16513584	10192376
高 中	56197217	3519179	2997223	4579500	3460049
大学专科	21239915	807785	677333	1116155	988531
大学本科	13386403	321259	290019	520707	519641
研究生	1429428	22732	24123	49217	56025

8-5 续表

单位：户

受教育程度	人均住房建筑面积(平方米)				
	20-29	30-39	40-49	50-59	60及以上
总 计	**93151280**	**67348003**	**43385197**	**22829120**	**53735684**
未上过学	3649310	2891325	2045459	1166068	3472277
小 学	24303034	17691279	11619291	6318425	15898968
初 中	42877015	28802417	17473857	9284419	20652655
高 中	14235027	10165380	6379547	3260339	7600973
大学专科	4998863	4522759	3238455	1514517	3375517
大学本科	2808368	2979068	2367583	1143749	2436009
研究生	279663	295775	261005	141603	299285

8-5a 全国按户主受教育程度、人均住房建筑面积分的家庭户户数(城市)

单位：户

受教育程度	户 数	人均住房建筑面积(平方米)			
		8及以下	9-12	13-16	17-19
总 计	**126081930**	**11637076**	**9015970**	**11471712**	**8055301**
未上过学	2757229	254536	213506	273754	150994
小 学	17011593	1988147	1482735	1792958	1029150
初 中	49240484	6407532	4750560	5515722	3436849
高 中	30545026	2235536	1867551	2672767	2205468
大学专科	14577008	503981	468381	771988	747201
大学本科	10620653	227302	211565	399244	432565
研究生	1329937	20042	21672	45279	53074

8-5a 续表

单位：户

受教育程度	人均住房建筑面积(平方米)				
	20-29	30-39	40-49	50-59	60及以上
总 计	**30097909**	**20998818**	**13149012**	**6831398**	**14824734**
未上过学	534749	381725	263853	193009	491103
小 学	3617786	2455338	1524811	936549	2184119
初 中	11740496	6979440	3890859	2065617	4453409
高 中	8155220	5414144	3155071	1537519	3301750
大学专科	3544727	3129239	2190985	1034731	2185775
大学本科	2243198	2361201	1879394	931309	1934875
研究生	261733	277731	244039	132664	273703

8-5b 全国按户主受教育程度、人均住房建筑面积分的家庭户户数(镇)

单位：户

受教育程度	户 数	人均住房建筑面积(平方米)			
		8及以下	9-12	13-16	17-19
总 计	**75780804**	**5043145**	**4140534**	**6185929**	**3723816**
未上过学	2900398	172957	167238	241633	116017
小 学	17607778	1156268	1067612	1578512	876237
初 中	34819968	2618629	2152981	3164878	1863706
高 中	12804827	806932	558792	880348	613438
大学专科	5188977	215181	135345	227164	180751
大学本科	2380209	71272	57024	90903	71557
研究生	78647	1906	1542	2491	2110

8-5b 续表

单位：户

受教育程度	人均住房建筑面积(平方米)				
	20-29	30-39	40-49	50-59	60及以上
总　计	**17763169**	**13574992**	**9084623**	**4724453**	**11540143**
未上过学	592689	469496	337537	197597	605234
小　学	4014454	2945343	1987310	1113073	2868969
初　中	8528941	6022476	3788264	2010154	4669939
高　中	3014240	2430614	1645801	822067	2032595
大学专科	1122113	1141200	870333	385554	911336
大学本科	477268	551366	441218	188657	430944
研究生	13464	14497	14160	7351	21126

8-5c 全国按户主受教育程度、人均住房建筑面积分的家庭户户数(乡村)

单位：户

受教育程度	户　数	人均住房建筑面积(平方米)			
		8及以下	9-12	13-16	17-19
总　计	**179678472**	**6387909**	**9114667**	**16454858**	**9861005**
未上过学	11699967	371710	628970	1036580	505260
小　学	68212478	2278044	3595448	6409899	3745842
初　中	85038348	3149352	4223423	7832984	4891821
高　中	12847364	476711	570880	1026385	641143
大学专科	1473930	88623	73607	117003	60579
大学本科	385541	22685	21430	30560	15519
研究生	20844	784	909	1447	841

8-5c 续表

单位：户

受教育程度	人均住房建筑面积(平方米)				
	20-29	30-39	40-49	50-59	60及以上
总　计	**45290202**	**32774193**	**21151562**	**11273269**	**27370807**
未上过学	2521872	2040104	1444069	775462	2375940
小　学	16670794	12290598	8107170	4268803	10845880
初　中	22607578	15800501	9794734	5208648	11529307
高　中	3065567	2320622	1578675	900753	2266628
大学专科	332023	252320	177137	94232	278406
大学本科	87902	66501	46971	23783	70190
研究生	4466	3547	2806	1588	4456

中国人口普查
CHINA POPULATION CENSUS

中国2010年
人口普查资料〔中册〕

TABULATION ON THE 2010 POPULATION CENSUS OF THE PEOPLE`S REPUBLIC OF CHINA（BOOK Ⅱ）

国务院人口普查办公室
国家统计局人口和就业统计司 编

Compiled by

Population Census Office under the State Council

Department of Population and Employment Statistics
National Bureau of Statistics

中国统计出版社
China Statistics Press

目　　录

中　册

第二部分　长表数据资料

第四卷 就业

Contents

Book Ⅱ

Part Ⅱ Data from Households Using Long Form

Volume 4 Employment

第二部分 长表数据资料

第一卷 概要

1-1 各地区户数、

地区	户数						
				合计			
	合计	家庭户	集体户	合计	男	女	性别比(女=100)
全国	**40767644**	**39327279**	**1440365**	**127339585**	**64754454**	**62585131**	**103.47**
北京	717347	656398	60949	1849475	941325	908150	103.65
天津	381613	356071	25542	1127589	581562	546027	106.51
河北	2075228	2036650	38578	7037620	3554766	3482854	102.06
山西	1060530	1030689	29841	3477805	1771808	1705997	103.86
内蒙古	810187	786412	23775	2310941	1186071	1124870	105.44
辽宁	1507220	1475239	31981	4252076	2138602	2113474	101.19
吉林	855764	840908	14856	2551123	1287411	1263712	101.88
黑龙江	1196107	1180475	15632	3465051	1749344	1715707	101.96
上海	876430	813280	63150	2253525	1151331	1102194	104.46
江苏	2513876	2394749	119127	7577122	3792269	3784853	100.20
浙江	2023512	1907711	115801	5400348	2761136	2639212	104.62
安徽	1737088	1701808	35280	5312628	2678455	2634173	101.68
福建	1143101	1074167	68934	3477491	1773098	1704393	104.03
江西	1162786	1136595	26191	4251692	2188051	2063641	106.03
山东	3065037	3002389	62648	9272503	4663609	4608894	101.19
河南	2634257	2592231	42026	9224288	4650716	4573572	101.69
湖北	1657973	1612570	45403	5226904	2658892	2568012	103.54
湖南	1851728	1819796	31932	6096586	3114294	2982292	104.43
广东	3061904	2709142	352762	9676589	5023631	4652958	107.97
广西	1346214	1318611	27603	4362551	2249997	2112554	106.51
海南	225581	215949	9632	826560	432579	393981	109.80
重庆	927176	903623	23553	2609882	1310663	1299219	100.88
四川	2746064	2694980	51084	8161604	4120256	4041348	101.95
贵州	1020801	1006101	14700	3332265	1714400	1617865	105.97
云南	1274445	1242407	32038	4467537	2300361	2167176	106.15
西藏	69818	68406	1412	265904	134009	131895	101.60
陕西	1116961	1083963	32998	3614887	1848641	1766246	104.66
甘肃	735433	718069	17364	2623094	1330609	1292485	102.95
青海	153077	148464	4613	535412	273891	261521	104.73
宁夏	186227	180789	5438	611957	311355	300602	103.58
新疆	634159	618637	15522	2086576	1061322	1025254	103.52

人口数和性别比

单位：户、人

人口数								平均家庭户规模（人/户）
家庭户				集体户				
小计	男	女	性别比（女=100）	小计	男	女	性别比（女=100）	
121260203	**61296262**	**59963941**	**102.22**	**6079382**	**3458192**	**2621190**	**131.93**	**3.08**
1614549	803211	811338	99.00	234926	138114	96812	142.66	2.46
999530	498913	500617	99.66	128059	82649	45410	182.01	2.81
6820615	3440565	3380050	101.79	217005	114201	102804	111.09	3.35
3325501	1686959	1638542	102.95	152304	84849	67455	125.79	3.23
2200113	1115617	1084496	102.87	110828	70454	40374	174.50	2.80
4106657	2058682	2047975	100.52	145419	79920	65499	122.02	2.78
2479809	1251460	1228349	101.88	71314	35951	35363	101.66	2.95
3382985	1706240	1676745	101.76	82066	43104	38962	110.63	2.87
2040508	1020262	1020246	100.00	213017	131069	81948	159.94	2.51
7055669	3491616	3564053	97.97	521453	300653	220800	136.17	2.95
4971761	2517845	2453916	102.61	428587	243291	185296	131.30	2.61
5160490	2589446	2571044	100.72	152138	89009	63129	141.00	3.03
3224299	1627894	1596405	101.97	253192	145204	107988	134.46	3.00
4121994	2115351	2006643	105.42	129698	72700	56998	127.55	3.63
8957875	4490242	4467633	100.51	314628	173367	141261	122.73	2.98
8990181	4527553	4462628	101.45	234107	123163	110944	111.01	3.47
5020577	2543529	2477048	102.68	206327	115363	90964	126.82	3.11
5936045	3026965	2909080	104.05	160541	87329	73212	119.28	3.26
8433548	4311515	4122033	104.60	1243041	712116	530925	134.13	3.11
4229065	2177741	2051324	106.16	133486	72256	61230	118.01	3.21
784357	409358	374999	109.16	42203	23221	18982	122.33	3.63
2499277	1249078	1250199	99.91	110605	61585	49020	125.63	2.77
7915672	3981747	3933925	101.22	245932	138509	107423	128.94	2.94
3264115	1674275	1589840	105.31	68150	40125	28025	143.18	3.24
4338187	2224973	2113214	105.29	129350	75388	53962	139.71	3.49
260409	130552	129857	100.54	5495	3457	2038	169.63	3.81
3458563	1760419	1698144	103.67	156324	88222	68102	129.54	3.19
2539025	1282051	1256974	102.00	84069	48558	35511	136.74	3.54
515427	260647	254780	102.30	19985	13244	6741	196.47	3.47
589422	297383	292039	101.83	22535	13972	8563	163.17	3.26
2023978	1024173	999805	102.44	62598	37149	25449	145.97	3.27

1-1a 各地区户数、

地区	户数			合计			
	合计	家庭户	集体户	合计	男	女	性别比(女=100)
全国	**13435908**	**12429168**	**1006740**	**37900129**	**19174007**	**18726122**	**102.39**
北京	576874	525445	51429	1460988	738475	722513	102.21
天津	259534	239833	19701	738104	381889	356215	107.21
河北	445375	424024	21351	1374251	679055	695196	97.68
山西	303575	287253	16322	913637	456383	457254	99.81
内蒙古	270870	259320	11550	743231	375771	367460	102.26
辽宁	804324	776849	27475	2120011	1053164	1066847	98.72
吉林	349172	336469	12703	937651	464659	472992	98.24
黑龙江	476585	463325	13260	1268801	632583	636218	99.43
上海	665001	615573	49428	1728415	876673	851742	102.93
江苏	972031	892027	80004	2854574	1444752	1409822	102.48
浙江	767124	695937	71187	2018557	1030640	987917	104.32
安徽	362510	341052	21458	1056968	534288	522680	102.22
福建	418592	374945	43647	1173597	598904	574693	104.21
江西	214254	205485	8769	692803	349526	343277	101.82
山东	918314	871140	47174	2678028	1341973	1336055	100.44
河南	555078	528863	26215	1734205	868166	866039	100.25
湖北	547889	515521	32368	1600106	809715	790391	102.44
湖南	388723	368761	19962	1151445	576236	575209	100.18
广东	1795236	1501626	293610	5002805	2627107	2375698	110.58
广西	261548	244220	17328	791112	401330	389782	102.96
海南	64155	58053	6102	216333	111043	105290	105.46
重庆	279892	262620	17272	800559	397387	403172	98.57
四川	536532	509282	27250	1489596	738651	750945	98.36
贵州	170890	162873	8017	509457	256878	252579	101.70
云南	224426	207896	16530	589897	295550	294347	100.41
西藏	9965	9374	591	24355	12155	12200	99.63
陕西	295115	274226	20889	834243	418317	415926	100.57
甘肃	173344	163958	9386	490681	247464	243217	101.75
青海	44915	42633	2282	128181	64935	63246	102.67
宁夏	69192	66194	2998	194503	97625	96878	100.77
新疆	214873	204391	10482	583035	292713	290322	100.82

人口数和性别比(城市)

单位：户、人

人口数								平均家庭户规模(人/户)
家庭户				集体户				
小计	男	女	性别比(女=100)	小计	男	女	性别比(女=100)	
33846497	**16930413**	**16916084**	**100.08**	**4053632**	**2243594**	**1810038**	**123.95**	**2.72**
1264691	625497	639194	97.86	196297	112978	83319	135.60	2.41
636630	314204	322426	97.45	101474	67685	33789	200.32	2.65
1252156	618664	633492	97.66	122095	60391	61704	97.87	2.95
830591	414826	415765	99.77	83046	41557	41489	100.16	2.89
690134	344367	345767	99.60	53097	31404	21693	144.77	2.66
1998037	987167	1010870	97.66	121974	65997	55977	117.90	2.57
876360	434592	441768	98.38	61291	30067	31224	96.29	2.60
1200202	597402	602800	99.10	68599	35181	33418	105.28	2.59
1561180	776740	784440	99.02	167235	99933	67302	148.48	2.54
2515903	1251843	1264060	99.03	338671	192909	145762	132.35	2.82
1759036	888627	870409	102.09	259521	142013	117508	120.85	2.53
969346	483062	486284	99.34	87622	51226	36396	140.75	2.84
1024123	516234	507889	101.64	149474	82670	66804	123.75	2.73
648425	326242	322183	101.26	44378	23284	21094	110.38	3.16
2445904	1216492	1229412	98.95	232124	125481	106643	117.66	2.81
1608740	804372	804368	100.00	125465	63794	61671	103.44	3.04
1460307	731596	728711	100.40	139799	78119	61680	126.65	2.83
1053547	526242	527305	99.80	97898	49994	47904	104.36	2.86
4005923	2063367	1942556	106.22	996882	563740	433142	130.15	2.67
711473	359250	352223	102.00	79639	42080	37559	112.04	2.91
189604	97055	92549	104.87	26729	13988	12741	109.79	3.27
724581	355915	368666	96.54	75978	41472	34506	120.19	2.76
1367211	672828	694383	96.90	122385	65823	56562	116.37	2.68
473399	237521	235878	100.70	36058	19357	16701	115.90	2.91
530797	264455	266342	99.29	59100	31095	28005	111.03	2.55
22417	11031	11386	96.88	1938	1124	814	138.08	2.39
739082	368571	370511	99.48	95161	49746	45415	109.54	2.70
445825	223243	222582	100.30	44856	24221	20635	117.38	2.72
118608	59053	59555	99.16	9573	5882	3691	159.36	2.78
182097	90965	91132	99.82	12406	6660	5746	115.91	2.75
540168	268990	271178	99.19	42867	23723	19144	123.92	2.64

1-1b 各地区户数、

地区	户数			合计			
	合计	家庭户	集体户	合计	男	女	性别比(女=100)
全国	**7836518**	**7571316**	**265202**	**24633069**	**12507557**	**12125512**	**103.15**
北京	47462	43231	4231	123425	64459	58966	109.32
天津	42238	37320	4918	133432	68042	65390	104.06
河北	480683	466469	14214	1659477	839691	819786	102.43
山西	223232	216253	6979	736664	372860	363804	102.49
内蒙古	190366	183984	6382	534998	272054	262944	103.46
辽宁	177092	174375	2717	494675	248425	246250	100.88
吉林	147368	146153	1215	404474	204254	200220	102.01
黑龙江	240508	238728	1780	646817	325589	321228	101.36
上海	112447	103830	8617	283902	149029	134873	110.50
江苏	529158	510275	18883	1629451	816275	813176	100.38
浙江	476719	452911	23808	1289129	658228	630901	104.33
安徽	384800	374913	9887	1180786	594971	585815	101.56
福建	251779	236816	14963	796759	403821	392938	102.77
江西	310141	295702	14439	1098316	563143	535173	105.23
山东	584329	572429	11900	1792126	904125	888001	101.82
河南	462436	450604	11832	1707844	867592	840252	103.25
湖北	286035	279553	6482	902057	456363	445694	102.39
湖南	440374	430641	9733	1404000	714414	689586	103.60
广东	402485	373134	29351	1452517	752760	699757	107.57
广西	284568	277228	7340	935664	480231	455433	105.44
海南	49843	47678	2165	181990	95827	86163	111.22
重庆	199715	195460	4255	574709	286433	288276	99.36
四川	538573	521271	17302	1552582	779371	773211	100.80
贵州	176402	172533	3869	574569	292825	281744	103.93
云南	274732	265519	9213	904369	458061	446308	102.63
西藏	12676	12238	438	35681	18429	17252	106.82
陕西	237430	229613	7817	735971	378042	357929	105.62
甘肃	111522	106355	5167	372384	190759	181625	105.03
青海	33257	31864	1393	104534	53610	50924	105.27
宁夏	28029	26728	1301	91879	47607	44272	107.53
新疆	100119	97508	2611	297888	150267	147621	101.79

人口数和性别比(镇)

单位：户、人

人口数								平均家庭户规模（人/户）
家庭户				集体户				
小计	男	女	性别比（女=100）	小计	男	女	性别比（女=100）	
23338570	**11772497**	**11566073**	**101.78**	**1294499**	**735060**	**559439**	**131.39**	**3.08**
108540	54889	53651	102.31	14885	9570	5315	180.06	2.51
110958	55992	54966	101.87	22474	12050	10424	115.60	2.97
1578693	795278	783415	101.51	80784	44413	36371	122.11	3.38
697971	352200	345771	101.86	38693	20660	18033	114.57	3.23
503730	252816	250914	100.76	31268	19238	12030	159.92	2.74
479899	240825	239074	100.73	14776	7600	7176	105.91	2.75
398518	201060	197458	101.82	5956	3194	2762	115.64	2.73
636618	319990	316628	101.06	10199	5599	4600	121.72	2.67
255567	129950	125617	103.45	28335	19079	9256	206.13	2.46
1536346	763320	773026	98.74	93105	52955	40150	131.89	3.01
1198365	606375	591990	102.43	90764	51853	38911	133.26	2.65
1134448	568955	565493	100.61	46338	26016	20322	128.02	3.03
735796	369484	366312	100.87	60963	34337	26626	128.96	3.11
1028600	524418	504182	104.01	69716	38725	30991	124.96	3.48
1726080	867351	858729	101.00	66046	36774	29272	125.63	3.02
1621317	821483	799834	102.71	86527	46109	40418	114.08	3.60
865552	436481	429071	101.73	36505	19882	16623	119.61	3.10
1353089	685024	668065	102.54	50911	29390	21521	136.56	3.14
1327721	678617	649104	104.55	124796	74143	50653	146.37	3.56
894736	458616	436120	105.16	40928	21615	19313	111.92	3.23
172780	90408	82372	109.76	9210	5419	3791	142.94	3.62
549678	272846	276832	98.56	25031	13587	11444	118.73	2.81
1460068	727239	732829	99.24	92514	52132	40382	129.10	2.80
555706	282130	273576	103.13	18863	10695	8168	130.94	3.22
861565	433913	427652	101.46	42804	24148	18656	129.44	3.24
34086	17431	16655	104.66	1595	998	597	167.17	2.79
695634	353400	342234	103.26	40337	24642	15695	157.01	3.03
344317	174716	169601	103.02	28067	16043	12024	133.42	3.24
98071	49490	48581	101.87	6463	4120	2343	175.84	3.08
86510	43776	42734	102.44	5369	3831	1538	249.09	3.24
287611	144024	143587	100.30	10277	6243	4034	154.76	2.95

1-1c 各地区户数、

地区	户数			合计			
	合计	家庭户	集体户	合计	男	女	性别比(女=100)
全国	**19495218**	**19326795**	**168423**	**64806387**	**33072890**	**31733497**	**104.22**
北京	93011	87722	5289	265062	138391	126671	109.25
天津	79841	78918	923	256053	131631	124422	105.79
河北	1149170	1146157	3013	4003892	2036020	1967872	103.46
山西	533723	527183	6540	1827504	942565	884939	106.51
内蒙古	348951	343108	5843	1032712	538246	494466	108.85
辽宁	525804	524015	1789	1637390	837013	800377	104.58
吉林	359224	358286	938	1208998	618498	590500	104.74
黑龙江	479014	478422	592	1549433	791172	758261	104.34
上海	98982	93877	5105	241208	125629	115579	108.70
江苏	1012687	992447	20240	3093097	1531242	1561855	98.04
浙江	779669	758863	20806	2092662	1072268	1020394	105.08
安徽	989778	985843	3935	3074874	1549196	1525678	101.54
福建	472730	462406	10324	1507135	770373	736762	104.56
江西	638391	635408	2983	2460573	1275382	1185191	107.61
山东	1562394	1558820	3574	4802349	2417511	2384838	101.37
河南	1616743	1612764	3979	5782239	2914958	2867281	101.66
湖北	824049	817496	6553	2724741	1392814	1331927	104.57
湖南	1022631	1020394	2237	3541141	1823644	1717497	106.18
广东	864183	834382	29801	3221267	1643764	1577503	104.20
广西	800098	797163	2935	2635775	1368436	1267339	107.98
海南	111583	110218	1365	428237	225709	202528	111.45
重庆	447569	445543	2026	1234614	626843	607771	103.14
四川	1670959	1664427	6532	5119426	2602234	2517192	103.38
贵州	673509	670695	2814	2248239	1164697	1083542	107.49
云南	775287	768992	6295	2973271	1546750	1426521	108.43
西藏	47177	46794	383	205868	103425	102443	100.96
陕西	584416	580124	4292	2044673	1052282	992391	106.04
甘肃	450567	447756	2811	1760029	892386	867643	102.85
青海	74905	73967	938	302697	155346	147351	105.43
宁夏	89006	87867	1139	325575	166123	159452	104.18
新疆	319167	316738	2429	1205653	618342	587311	105.28

人口数和性别比(乡村)

单位：户、人

人口数								平均家庭户规模（人/户）
家庭户				集体户				
小计	男	女	性别比（女=100）	小计	男	女	性别比（女=100）	
64075136	**32593352**	**31481784**	**103.53**	**731251**	**479538**	**251713**	**190.51**	**3.32**
241318	122825	118493	103.66	23744	15566	8178	190.34	2.75
251942	128717	123225	104.46	4111	2914	1197	243.44	3.19
3989766	2026623	1963143	103.23	14126	9397	4729	198.71	3.48
1796939	919933	877006	104.89	30565	22632	7933	285.29	3.41
1006249	518434	487815	106.28	26463	19812	6651	297.88	2.93
1628721	830690	798031	104.09	8669	6323	2346	269.52	3.11
1204931	615808	589123	104.53	4067	2690	1377	195.35	3.36
1546165	788848	757317	104.16	3268	2324	944	246.19	3.23
223761	113572	110189	103.07	17447	12057	5390	223.69	2.38
3003420	1476453	1526967	96.69	89677	54789	34888	157.04	3.03
2014360	1022843	991517	103.16	78302	49425	28877	171.16	2.65
3056696	1537429	1519267	101.20	18178	11767	6411	183.54	3.10
1464380	742176	722204	102.77	42755	28197	14558	193.69	3.17
2444969	1264691	1180278	107.15	15604	10691	4913	217.61	3.85
4785891	2406399	2379492	101.13	16458	11112	5346	207.86	3.07
5760124	2901698	2858426	101.51	22115	13260	8855	149.75	3.57
2694718	1375452	1319266	104.26	30023	17362	12661	137.13	3.30
3529409	1815699	1713710	105.95	11732	7945	3787	209.80	3.46
3099904	1569531	1530373	102.56	121363	74233	47130	157.51	3.72
2622856	1359875	1262981	107.67	12919	8561	4358	196.44	3.29
421973	221895	200078	110.90	6264	3814	2450	155.67	3.83
1225018	620317	604701	102.58	9596	6526	3070	212.57	2.75
5088393	2581680	2506713	102.99	31033	20554	10479	196.14	3.06
2235010	1154624	1080386	106.87	13229	10073	3156	319.17	3.33
2945825	1526605	1419220	107.57	27446	20145	7301	275.92	3.83
203906	102090	101816	100.27	1962	1335	627	212.92	4.36
2023847	1038448	985399	105.38	20826	13834	6992	197.85	3.49
1748883	884092	864791	102.23	11146	8294	2852	290.81	3.91
298748	152104	146644	103.72	3949	3242	707	458.56	4.04
320815	162642	158173	102.83	4760	3481	1279	272.17	3.65
1196199	611159	585040	104.46	9454	7183	2271	316.29	3.78

1-2 各地区分性别的农业户口、非农业户口人口

单位：人、%

地区	合计			农业户口人口		
	合计	男	女	小计	男	女
全国	**126021054**	**64100818**	**61920236**	**90756710**	**46107686**	**44649024**
北京	1837491	935256	902235	678116	359671	318445
天津	1121635	578549	543086	522307	278356	243951
河北	6986390	3529230	3457160	5562298	2797950	2764348
山西	3449025	1757581	1691444	2415087	1223126	1191961
内蒙古	2297838	1179750	1118088	1440221	744958	695263
辽宁	4236338	2130740	2105598	2105125	1064614	1040511
吉林	2542705	1283266	1259439	1418017	721527	696490
黑龙江	3453868	1743807	1710061	1772175	902333	869842
上海	2245028	1147075	1097953	844724	449708	395016
江苏	7516498	3762221	3754277	5066754	2522426	2544328
浙江	5359323	2740544	2618779	4037366	2073696	1963670
安徽	5230492	2637937	2592555	4009755	2005987	2003768
福建	3421160	1744649	1676511	2676979	1363862	1313117
江西	4178589	2152100	2026489	3139563	1612300	1527263
山东	9197657	4623600	4574057	7170353	3575366	3594987
河南	9143457	4611303	4532154	7420856	3725607	3695249
湖北	5167494	2627976	2539518	3647580	1845003	1802577
湖南	6041322	3086573	2954749	4712508	2399877	2312631
广东	9532310	4952262	4580048	6918521	3594142	3324379
广西	4273047	2206832	2066215	3459264	1779435	1679829
海南	811968	425449	386519	537160	278981	258179
重庆	2586942	1299616	1287326	1712657	862236	850421
四川	8083129	4081877	4001252	6105057	3083702	3021355
贵州	3262783	1680500	1582283	2701784	1386118	1315666
云南	4410904	2273544	2137360	3711286	1905786	1805500
西藏	262197	132137	130060	224427	112626	111801
陕西	3591762	1837278	1754484	2728185	1390506	1337679
甘肃	2596262	1317454	1278808	1992470	1006463	986007
青海	529170	270882	258288	387368	198889	188479
宁夏	604536	307873	296663	392229	200724	191505
新疆	2049734	1042957	1006777	1246518	641711	604807

1-2 续表

单位：人、%

地区	非农业户口人口			非农业户口人口占总人口比重		
	小计	男	女	合计	男	女
全国	**35264344**	**17993132**	**17271212**	**27.98**	**28.07**	**27.89**
北京	1159375	575585	583790	63.10	61.54	64.70
天津	599328	300193	299135	53.43	51.89	55.08
河北	1424092	731280	692812	20.38	20.72	20.04
山西	1033938	534455	499483	29.98	30.41	29.53
内蒙古	857617	434792	422825	37.32	36.85	37.82
辽宁	2131213	1066126	1065087	50.31	50.04	50.58
吉林	1124688	561739	562949	44.23	43.77	44.70
黑龙江	1681693	841474	840219	48.69	48.25	49.13
上海	1400304	697367	702937	62.37	60.80	64.02
江苏	2449744	1239795	1209949	32.59	32.95	32.23
浙江	1321957	666848	655109	24.67	24.33	25.02
安徽	1220737	631950	588787	23.34	23.96	22.71
福建	744181	380787	363394	21.75	21.83	21.68
江西	1039026	539800	499226	24.87	25.08	24.64
山东	2027304	1048234	979070	22.04	22.67	21.40
河南	1722601	885696	836905	18.84	19.21	18.47
湖北	1519914	782973	736941	29.41	29.79	29.02
湖南	1328814	686696	642118	22.00	22.25	21.73
广东	2613789	1358120	1255669	27.42	27.42	27.42
广西	813783	427397	386386	19.04	19.37	18.70
海南	274808	146468	128340	33.84	34.43	33.20
重庆	874285	437380	436905	33.80	33.65	33.94
四川	1978072	998175	979897	24.47	24.45	24.49
贵州	560999	294382	266617	17.19	17.52	16.85
云南	699618	367758	331860	15.86	16.18	15.53
西藏	37770	19511	18259	14.41	14.77	14.04
陕西	863577	446772	416805	24.04	24.32	23.76
甘肃	603792	310991	292801	23.26	23.61	22.90
青海	141802	71993	69809	26.80	26.58	27.03
宁夏	212307	107149	105158	35.12	34.80	35.45
新疆	803216	401246	401970	39.19	38.47	39.93

1-3 各地区分年龄、性别的人口

单位：人

地区	合计			0岁		
	合计	男	女	小计	男	女
全国	**127339585**	**64754454**	**62585131**	**1298781**	**705333**	**593448**
北京	1849475	941325	908150	10998	5833	5165
天津	1127589	581562	546027	7885	4190	3695
河北	7037620	3554766	3482854	86988	47153	39835
山西	3477805	1771808	1705997	31359	16607	14752
内蒙古	2310941	1186071	1124870	19004	9862	9142
辽宁	4252076	2138602	2113474	24835	13155	11680
吉林	2551123	1287411	1263712	16371	8662	7709
黑龙江	3465051	1749344	1715707	20388	10802	9586
上海	2253525	1151331	1102194	13203	6893	6310
江苏	7577122	3792269	3784853	66630	35922	30708
浙江	5400348	2761136	2639212	44299	23818	20481
安徽	5312628	2678455	2634173	69669	39423	30246
福建	3477491	1773098	1704393	37704	20739	16965
江西	4251692	2188051	2063641	52154	28707	23447
山东	9272503	4663609	4608894	90493	49626	40867
河南	9224288	4650716	4573572	97351	53387	43964
湖北	5226904	2658892	2568012	56497	31380	25117
湖南	6096586	3114294	2982292	72528	40067	32461
广东	9676589	5023631	4652958	94172	51365	42807
广西	4362551	2249997	2112554	68375	37751	30624
海南	826560	432579	393981	11448	6412	5036
重庆	2609882	1310663	1299219	24314	12894	11420
四川	8161604	4120256	4041348	73744	39079	34665
贵州	3332265	1714400	1617865	44425	24506	19919
云南	4467537	2300361	2167176	55439	29384	26055
西藏	265904	134009	131895	3704	1902	1802
陕西	3614887	1848641	1766246	32420	17393	15027
甘肃	2623094	1330609	1292485	27886	15353	12533
青海	535412	273891	261521	6864	3622	3242
宁夏	611957	311355	300602	7070	3765	3305
新疆	2086576	1061322	1025254	30564	15681	14883

1-3 续表 1

单位：人

地区	1-4岁			5-9岁			10-14岁		
	小计	男	女	小计	男	女	小计	男	女
全国	**6147581**	**3348058**	**2799523**	**6976348**	**3791336**	**3185012**	**7374632**	**3966277**	**3408355**
北京	56062	29762	26300	49217	26070	23147	49262	25671	23591
天津	37893	20192	17701	39026	20959	18067	40409	21361	19048
河北	390769	210704	180065	400698	215178	185520	324993	172954	152039
山西	149153	78396	70757	183767	96518	87249	238524	124365	114159
内蒙古	88747	46794	41953	104131	54302	49829	120585	62818	57767
辽宁	127485	67154	60331	161322	85198	76124	179941	94894	85047
吉林	88018	46289	41729	104424	55182	49242	106411	56046	50365
黑龙江	108886	57360	51526	140509	73523	66986	157852	81876	75976
上海	67916	36271	31645	63867	34264	29603	55768	29398	26370
江苏	309686	170176	139510	316145	173133	143012	315286	171482	143804
浙江	204115	108844	95271	241479	128785	112694	239753	126860	112893
安徽	283403	158971	124432	318050	177115	140935	340746	186447	154299
福建	168605	93571	75034	179697	97260	82437	167326	91545	75781
江西	283590	161239	122351	312419	177826	134593	298330	167132	131198
山东	437725	241715	196010	491231	264531	226700	473337	251115	222222
河南	615115	343430	271685	647576	366255	281321	616177	342064	274113
湖北	233100	129032	104068	236068	130712	105356	240610	133976	106634
湖南	327493	179317	148176	376210	207960	168250	331038	180488	150550
广东	439426	242853	196573	489601	273583	216018	642551	352999	289552
广西	278915	152321	126594	330869	179050	151819	318483	172603	145880
海南	48317	26828	21489	53503	29961	23542	57900	32856	25044
重庆	123429	65607	57822	144645	76685	67960	168111	88782	79329
四川	374033	197022	177011	447889	237550	210339	534423	282088	252335
贵州	193386	107100	86286	268275	145363	122912	354336	186539	167797
云南	235706	124619	111087	315042	166831	148211	349038	184347	164691
西藏	18945	9708	9237	21527	11066	10461	21973	11104	10869
陕西	147680	79489	68191	166026	90476	75550	200127	109342	90785
甘肃	120584	65287	55297	151890	81083	70807	191135	101238	89897
青海	28884	15025	13859	37984	19776	18208	40901	21107	19794
宁夏	34413	18157	16256	43889	23050	20839	48772	25359	23413
新疆	126102	64825	61277	139372	72091	67281	150534	77421	73113

1-3 续表 2

单位：人

地区	15-19岁			20-24岁			25-29岁		
	小计	男	女	小计	男	女	小计	男	女
全国	**9190962**	**4782846**	**4408116**	**11604416**	**5771671**	**5832745**	**9278248**	**4611961**	**4666287**
北京	96445	50150	46295	231789	118330	113459	216422	109576	106846
天津	70746	37117	33629	129454	68627	60827	102405	53746	48659
河北	507250	260202	247048	723683	357556	366127	570004	282200	287804
山西	322429	162789	159640	302195	151720	150475	256826	130038	126788
内蒙古	151875	78322	73553	186784	94696	92088	186095	95660	90435
辽宁	240305	123819	116486	344244	172747	171497	289918	143770	146148
吉林	155241	79642	75599	227647	113157	114490	175521	87192	88329
黑龙江	199236	101527	97709	289082	143758	145324	246585	122946	123639
上海	106934	54248	52686	250087	125843	124244	249456	126700	122756
江苏	526697	274592	252105	715410	354292	361118	523993	255032	268961
浙江	350466	180901	169565	477943	241939	236004	435937	220516	215421
安徽	423394	221214	202180	416018	196349	219669	299656	140969	158687
福建	255978	134138	121840	345912	170841	175071	296143	146620	149523
江西	313329	166977	146352	363164	177377	185787	277512	133068	144444
山东	492515	258646	233869	879410	440980	438430	659236	325899	333337
河南	701295	367593	333702	912420	441294	471126	587458	279842	307616
湖北	401496	215098	186398	468082	230629	237453	341496	165263	176233
湖南	354243	185928	168315	532643	259479	273164	420453	203296	217157
广东	911928	473166	438762	1135078	580677	554401	967632	502995	464637
广西	304359	162295	142064	321560	163535	158025	312753	156325	156428
海南	75673	40277	35396	74900	38240	36660	72083	36754	35329
重庆	185364	94415	90949	171290	82563	88727	133944	64203	69741
四川	598294	307329	290965	597721	294708	303013	430965	210402	220563
贵州	263309	138386	124923	216463	107254	109209	184157	92489	91668
云南	342205	178966	163239	371044	187720	183324	332410	171926	160484
西藏	22248	11476	10772	26273	13400	12873	27322	13769	13553
陕西	304657	160308	144349	372330	187371	184959	260353	131200	129153
甘肃	248663	128130	120533	226352	109997	116355	161936	78969	82967
青海	45871	23264	22607	44435	22359	22076	39596	20158	19438
宁夏	51150	26020	25130	51137	25021	26116	47436	23797	23639
新疆	167367	85911	81456	199866	99212	100654	172545	86641	85904

1-3 续表 3

单位：人

地区	30-34岁			35-39岁			40-44岁		
	小计	男	女	小计	男	女	小计	男	女
全　国	**8999299**	**4531862**	**4467437**	**11099483**	**5613221**	**5486262**	**11881111**	**5994835**	**5886276**
北　京	167960	86501	81459	159319	83268	76051	154473	81067	73406
天　津	81859	43158	38701	86427	45478	40949	91069	47793	43276
河　北	464075	234717	229358	508782	254808	253974	617926	310811	307115
山　西	237704	121059	116645	317111	160466	156645	311028	158323	152705
内蒙古	178659	92429	86230	234696	120514	114182	234304	121537	112767
辽　宁	313158	157989	155169	358531	180537	177994	402934	203701	199233
吉　林	195244	98518	96726	234716	118931	115785	268009	136445	131564
黑龙江	271207	137041	134166	352027	179601	172426	358300	183973	174327
上　海	206520	107412	99108	186493	98486	88007	181645	95597	86048
江　苏	523208	257833	265375	611352	300810	310542	767428	374369	393059
浙　江	439859	224627	215232	512260	261279	250981	544496	276544	267952
安　徽	332113	161471	170642	448869	219524	229345	532522	259546	272976
福　建	279675	140996	138679	336597	170015	166582	323488	163367	160121
江　西	334180	165266	168914	384125	194258	189867	364493	184077	180416
山　东	620081	309356	310725	761982	382487	379495	908169	453158	455011
河　南	577339	281684	295655	719198	356068	363130	824294	402116	422178
湖　北	337627	167645	169982	433236	216384	216852	511747	257810	253937
湖　南	385804	191728	194076	516032	263364	252668	593112	299492	293620
广　东	807911	422046	385865	872341	450476	421865	820775	421147	399628
广　西	308577	155993	152584	340680	175826	164854	359635	187205	172430
海　南	62573	32329	30244	65970	34346	31624	68852	36174	32678
重　庆	125819	60116	65703	250451	123323	127128	242056	120026	122030
四　川	473351	232956	240395	798649	398266	400383	784568	393999	390569
贵　州	220652	112188	108464	291204	150885	140319	285152	146558	138594
云　南	372516	193795	178721	422653	221652	201001	397505	206655	190850
西　藏	23164	11778	11386	22705	11642	11063	20576	10433	10143
陕　西	236047	119191	116856	314448	158412	156036	329022	167378	161644
甘　肃	157023	78225	78798	241700	120370	121330	274176	136966	137210
青　海	45730	23426	22304	53678	27919	25759	52751	27448	25303
宁　夏	51765	26120	25645	57135	29219	27916	55814	28327	27487
新　疆	167899	84269	83630	206116	104607	101509	200792	102793	97999

1-3 续表 4

单位：人

地区	45-49岁			50-54岁			55-59岁		
	小计	男	女	小计	男	女	小计	男	女
全国	**10159832**	**5118861**	**5040971**	**7658776**	**3891177**	**3767599**	**8011414**	**4019336**	**3992078**
北京	156163	81522	74641	131399	66500	64899	119882	58492	61390
天津	98033	50447	47586	92824	46977	45847	87326	43488	43838
河北	558301	277170	281131	476341	241388	234953	479168	239862	239306
山西	279580	142806	136774	228858	118164	110694	204622	104654	99968
内蒙古	210966	108846	102120	173017	88839	84178	146250	73887	72363
辽宁	414797	208734	206063	377452	189048	188404	344927	171774	173153
吉林	242004	122492	119512	199802	100431	99371	188538	93699	94839
黑龙江	329596	166625	162971	274858	138337	136521	247909	122311	125598
上海	176703	93069	83634	178822	92107	86715	170519	85698	84821
江苏	634094	312899	321195	482778	243549	239229	536453	269636	266817
浙江	468733	239577	229156	347952	180046	167906	333965	169830	164135
安徽	429927	210912	219015	228810	116084	112726	336256	168518	167738
福建	266986	134901	132085	206230	105579	100651	192773	96550	96223
江西	296359	149381	146978	241578	122282	119296	226416	114530	111886
山东	789915	389038	400877	613095	308427	304668	655205	327243	327962
河南	679912	328120	351792	485352	239144	246208	563877	279825	284052
湖北	475773	239496	236277	353445	178772	174673	358161	180535	177626
湖南	503070	253360	249710	349918	179919	169999	394224	200287	193937
广东	657897	341074	316823	461550	237895	223655	418367	211627	206740
广西	322297	166617	155680	236558	121012	115546	242662	123399	119263
海南	62592	32696	29896	41502	21707	19795	37722	19383	18339
重庆	198501	98170	100331	143416	73031	70385	210427	104992	105435
四川	603247	303311	299936	427231	217842	209389	605195	301228	303967
贵州	225631	114942	110689	156512	79549	76963	182077	91214	90863
云南	330426	169725	160701	212637	108245	104392	216353	108693	107660
西藏	17044	8676	8368	10930	5411	5519	8665	4340	4325
陕西	290032	147943	142089	246985	126548	120437	227382	114495	112887
甘肃	211879	107515	104364	129693	67342	62351	141852	71950	69902
青海	40416	20987	19429	23251	12088	11163	23106	11653	11453
宁夏	43823	22592	21231	29005	14883	14122	29341	14714	14627
新疆	145135	75218	69917	96975	50031	46944	81794	40829	40965

1-3 续表 5 单位：人

地区	60-64岁			65-69岁			70-74岁		
	小计	男	女	小计	男	女	小计	男	女
全国	**5832034**	**2948425**	**2883609**	**4102100**	**2061900**	**2040200**	**3285665**	**1626858**	**1658807**
北京	76257	37001	39256	52331	24532	27799	51266	23793	27473
天津	56154	27809	28345	35941	17394	18547	28404	13608	14796
河北	340575	169993	170582	207802	103628	104174	164059	81911	82148
山西	141563	72028	69535	94274	48111	46163	79375	39830	39545
内蒙古	93952	47099	46853	64943	31975	32968	57369	28693	28676
辽宁	223699	110765	112934	154173	75810	78363	125136	59905	65231
吉林	127612	62940	64672	80966	39196	41770	65778	32291	33487
黑龙江	172151	84887	87264	110121	52917	57204	91327	44638	46689
上海	113829	58506	55323	66121	33739	32382	52401	25139	27262
江苏	398928	201400	197528	286377	144403	141974	224997	110490	114507
浙江	248334	126215	122119	153376	79153	74223	133324	68531	64793
安徽	268447	138030	130417	207666	107190	100476	157192	79998	77194
福建	128666	66858	61808	91799	47721	44078	79766	40137	39629
江西	169633	86449	83184	113471	57272	56199	98304	48277	50027
山东	464560	229891	234669	312689	154379	158310	246540	120017	126523
河南	411439	206420	205019	281913	139459	142454	209440	101528	107912
湖北	271481	138610	132871	189590	95928	93662	140292	69322	70970
湖南	307047	158754	148293	207999	107935	100064	186038	94594	91444
广东	292019	150781	141238	204591	104426	100165	180337	89391	90946
广西	181898	93118	88780	144792	71917	72875	119608	58455	61153
海南	26710	13995	12715	18501	9113	9388	19266	9174	10092
重庆	160218	82827	77391	123524	64185	59339	88554	45431	43123
四川	463088	237832	225256	355123	182147	172976	259816	131337	128479
贵州	143527	71893	71634	113694	56619	57075	90633	44168	46465
云南	160172	80356	79816	125048	61771	63277	101855	49158	52697
西藏	7173	3398	3775	5493	2499	2994	3813	1690	2123
陕西	163355	82096	81259	124267	61644	62623	96257	46831	49426
甘肃	114189	57246	56943	91411	46118	45293	69126	34384	34742
青海	17360	8588	8772	13962	6607	7355	10691	5205	5486
宁夏	20646	10262	10384	16099	7848	8251	12358	6103	6255
新疆	67352	32378	34974	54043	26264	27779	42343	22829	19514

1-3 续表 6 单位：人

地区	75-79岁			80-84岁			85-89岁		
	小计	男	女	小计	男	女	小计	男	女
全国	**2376437**	**1117302**	**1259135**	**1326258**	**582300**	**743958**	**551616**	**212282**	**339334**
北京	39500	19109	20391	20392	9726	10666	7857	3460	4397
天津	22487	10633	11854	12887	5896	6991	4939	2107	2832
河北	119130	55342	63788	65124	27762	37362	24794	9232	15562
山西	57881	28027	29854	28531	12873	15658	10417	4143	6274
内蒙古	36470	18349	18121	16194	8153	8041	5589	2740	2849
辽宁	90297	42807	47490	52053	24688	27365	20592	9462	11130
吉林	41508	20172	21336	22362	10953	11409	8445	4058	4387
黑龙江	55278	27731	27547	27028	13588	13440	9724	4578	5146
上海	55363	24810	30553	34796	14588	20208	16979	6567	10412
江苏	172272	78741	93531	102730	42291	60439	46819	16758	30061
浙江	116842	57289	59553	68094	31152	36942	30087	12142	17945
安徽	116521	55644	60877	66508	28506	38002	28604	10264	18340
福建	60646	28520	32126	37939	16389	21550	15824	5706	10118
江西	65988	30687	35301	36591	15898	20693	15535	5906	9629
山东	195867	88565	107302	115478	46771	68707	48267	16883	31384
河南	156780	70668	86112	86703	35712	50991	37388	12689	24699
湖北	101743	47486	54257	49937	21635	28302	20912	7510	13402
湖南	129482	61959	67523	71433	32137	39296	28758	11259	17499
广东	140298	63913	76385	85025	35077	49948	39063	13700	25363
广西	87659	39860	47799	50380	21386	28994	22333	8357	13976
海南	14468	6727	7741	8652	3636	5016	3999	1424	2575
重庆	60769	29385	31384	35818	16308	19510	14174	5901	8273
四川	172090	82876	89214	103680	47691	55989	42944	17430	25514
贵州	56966	26832	30134	29048	13042	16006	9630	3795	5835
云南	69785	32550	37235	38638	16853	21785	14480	5579	8901
西藏	2436	1018	1418	1264	489	775	489	155	334
陕西	61555	29577	31978	27587	13013	14574	11120	4747	6373
甘肃	40989	19811	21178	15091	7350	7741	5921	2643	3278
青海	6318	3022	3296	2581	1243	1338	819	306	513
宁夏	7362	3739	3623	3224	1634	1590	1207	600	607
新疆	21687	11453	10234	10490	5860	4630	3907	2181	1726

1-3 续表 7

单位：人

地区	90-94岁			95-99岁			100岁及以上		
	小计	男	女	小计	男	女	小计	男	女
全国	**149441**	**48601**	**100840**	**31564**	**9151**	**22413**	**3587**	**861**	**2726**
北京	2035	810	1225	411	144	267	35	8	27
天津	1161	479	682	244	94	150	16	9	7
河北	5924	1842	4082	1152	337	815	82	16	66
山西	2221	776	1445	364	111	253	23	4	19
内蒙古	1128	486	642	169	62	107	14	8	6
辽宁	5150	2201	2949	1024	407	617	103	37	66
吉林	2011	896	1115	462	204	258	33	15	18
黑龙江	2389	1065	1324	537	232	305	61	28	33
上海	5071	1695	3376	958	283	675	74	18	56
江苏	13197	3793	9404	2444	637	1807	198	31	167
浙江	7690	2698	4992	1229	357	872	115	33	82
安徽	6789	1961	4828	1293	289	1004	175	30	145
福建	4656	1410	3246	972	205	767	109	30	79
江西	3742	1217	2525	726	213	513	53	12	41
山东	13773	4130	9643	2635	681	1954	300	71	229
河南	10516	2778	7738	2433	570	1863	312	70	242
湖北	4507	1365	3142	1021	288	733	83	16	67
湖南	7256	2459	4797	1555	457	1098	250	55	195
广东	12451	3510	8941	3223	873	2350	353	57	296
广西	7777	2376	5401	2032	530	1502	349	66	283
海南	1419	417	1002	355	93	262	155	37	118
重庆	4120	1533	2587	865	270	595	73	16	57
四川	12330	4157	8173	2879	898	1981	344	108	236
贵州	2580	911	1669	546	155	391	62	12	50
云南	3751	1290	2461	742	221	521	92	25	67
西藏	126	42	84	33	13	20	1		1
陕西	2676	974	1702	547	212	335	14	1	13
甘肃	1312	517	795	268	109	159	18	6	12
青海	174	70	104	34	16	18	6	2	4
宁夏	249	126	123	50	18	32	12	1	11
新疆	1260	617	643	361	172	189	72	39	33

1-3a 各地区分年龄、性别的人口(城市)

单位：人

地区	合计			0岁		
	合计	男	女	小计	男	女
全国	**37900129**	**19174007**	**18726122**	**269407**	**144017**	**125390**
北京	1460988	738475	722513	8630	4550	4080
天津	738104	381889	356215	4443	2329	2114
河北	1374251	679055	695196	10921	5839	5082
山西	913637	456383	457254	6715	3524	3191
内蒙古	743231	375771	367460	5382	2710	2672
辽宁	2120011	1053164	1066847	10308	5403	4905
吉林	937651	464659	472992	4270	2233	2037
黑龙江	1268801	632583	636218	5552	2904	2648
上海	1728415	876673	851742	10035	5266	4769
江苏	2854574	1444752	1409822	20098	10698	9400
浙江	2018557	1030640	987917	15585	8233	7352
安徽	1056968	534288	522680	8776	4733	4043
福建	1173597	598904	574693	9703	5282	4421
江西	692803	349526	343277	5874	3163	2711
山东	2678028	1341973	1336055	21566	11551	10015
河南	1734205	868166	866039	13852	7447	6405
湖北	1600106	809715	790391	11789	6502	5287
湖南	1151445	576236	575209	8907	4782	4125
广东	5002805	2627107	2375698	35968	19664	16304
广西	791112	401330	389782	7768	4249	3519
海南	216333	111043	105290	2150	1212	938
重庆	800559	397387	403172	5528	2909	2619
四川	1489596	738651	750945	8565	4520	4045
贵州	509457	256878	252579	4958	2674	2284
云南	589897	295550	294347	5375	2794	2581
西藏	24355	12155	12200	115	62	53
陕西	834243	418317	415926	5435	2855	2580
甘肃	490681	247464	243217	3425	1871	1554
青海	128181	64935	63246	1166	601	565
宁夏	194503	97625	96878	1713	906	807
新疆	583035	292713	290322	4835	2551	2284

1-3a 续表 1

单位：人

地区	1-4岁			5-9岁			10-14岁		
	小计	男	女	小计	男	女	小计	男	女
全　国	**1342609**	**720941**	**621668**	**1551504**	**836281**	**715223**	**1652819**	**886632**	**766187**
北　京	44345	23515	20830	38443	20388	18055	37131	19384	17747
天　津	20729	10885	9844	20327	10676	9651	21876	11408	10468
河　北	54001	28397	25604	61338	32460	28878	60210	31576	28634
山　西	33954	17760	16194	43046	22408	20638	53376	27593	25783
内蒙古	26187	13652	12535	31371	16397	14974	38231	19840	18391
辽　宁	54511	28376	26135	65408	34389	31019	76427	39813	36614
吉　林	24991	13094	11897	30728	16193	14535	36853	19502	17351
黑龙江	29133	15166	13967	40285	21267	19018	53312	28115	25197
上　海	50293	26848	23445	47531	25437	22094	42693	22368	20325
江　苏	96226	51904	44322	109056	58790	50266	107559	57771	49788
浙　江	74186	39687	34499	84086	45011	39075	76938	41097	35841
安　徽	39401	21266	18135	48751	26529	22222	54259	29478	24781
福　建	50989	27935	23054	54470	29694	24776	47685	26116	21569
江　西	32112	17887	14225	39890	22326	17564	41344	22973	18371
山　东	108675	58335	50340	128350	68129	60221	127526	67295	60231
河　南	79679	43739	35940	93182	51122	42060	94045	50922	43123
湖　北	54504	29977	24527	64178	35213	28965	68751	38053	30698
湖　南	45470	24585	20885	55784	30605	25179	54917	29796	25121
广　东	176449	97741	78708	193316	109011	84305	220985	124291	96694
广　西	35376	19200	16176	40936	22289	18647	38624	21189	17435
海　南	10345	5890	4455	11928	6852	5076	12540	7373	5167
重　庆	25932	13402	12530	29644	15242	14402	35447	18391	17056
四　川	47220	24550	22670	58869	30696	28173	71003	37172	33831
贵　州	21910	11857	10053	28631	15563	13068	34548	18302	16246
云　南	23929	12445	11484	28879	15001	13878	28754	14823	13931
西　藏	706	364	342	953	508	445	1143	583	560
陕　西	27468	14332	13136	33234	17931	15303	38245	20459	17786
甘　肃	16803	8902	7901	22862	12214	10648	26369	13868	12501
青　海	4910	2534	2376	6491	3327	3164	7137	3805	3332
宁　夏	8195	4280	3915	10533	5593	4940	11914	6224	5690
新　疆	23980	12436	11544	29004	15020	13984	32977	17052	15925

1-3a 续表 2

单位：人

地区	15-19岁			20-24岁			25-29岁		
	小计	男	女	小计	男	女	小计	男	女
全国	**2728757**	**1391592**	**1337165**	**4276600**	**2139628**	**2136972**	**3484422**	**1726372**	**1758050**
北京	74239	38459	35780	185066	93549	91517	180107	90293	89814
天津	42054	22265	19789	85549	46412	39137	74446	39158	35288
河北	106338	52785	53553	155303	74697	80606	116644	55425	61219
山西	87451	42559	44892	93499	46148	47351	74435	35992	38443
内蒙古	53940	27630	26310	67026	33697	33329	64339	32122	32217
辽宁	116955	59619	57336	190335	96065	94270	168041	82169	85872
吉林	61178	30554	30624	88991	44135	44856	69050	33693	35357
黑龙江	75926	38636	37290	114495	57168	57327	88873	43904	44969
上海	79306	39954	39352	190104	94289	95815	196231	98389	97842
江苏	213558	109623	103935	332216	167597	164619	251273	123687	127586
浙江	150148	75532	74616	239866	119630	120236	203957	102664	101293
安徽	82738	43533	39205	113353	57648	55705	80071	38287	41784
福建	89575	45967	43608	150119	74769	75350	126802	63491	63311
江西	54455	27900	26555	62370	30926	31444	47187	21751	25436
山东	164511	85520	78991	295240	147858	147382	228418	111034	117384
河南	130932	66855	64077	198656	96558	102098	132167	63029	69138
湖北	129658	68942	60716	164885	84378	80507	120673	57075	63598
湖南	77963	39007	38956	119681	57898	61783	90296	41718	48578
广东	434346	222948	211398	734572	376760	357812	627827	331964	295863
广西	60228	31549	28679	83479	41721	41758	73621	35372	38249
海南	21192	10733	10459	23331	11214	12117	21005	10131	10874
重庆	58728	29438	29290	80788	39028	41760	65582	31581	34001
四川	107077	52538	54539	144484	70346	74138	113409	53521	59888
贵州	40140	20384	19756	51498	25231	26267	38294	18289	20005
云南	47641	23552	24089	60902	28952	31950	49551	24195	25356
西藏	1593	781	812	2614	1151	1463	2529	1191	1338
陕西	63755	32257	31498	115534	57019	58515	72023	34808	37215
甘肃	37853	18977	18876	51318	25487	25831	37030	17511	19519
青海	9467	4920	4547	11461	5791	5670	9044	4360	4684
宁夏	14150	7171	6979	17494	8140	9354	16594	7975	8619
新疆	41662	21004	20658	52371	25366	27005	44903	21593	23310

1-3a 续表 3

单位：人

地区	30-34岁			35-39岁			40-44岁		
	小计	男	女	小计	男	女	小计	男	女
全国	**3299594**	**1654863**	**1644731**	**3713982**	**1887245**	**1826737**	**3541583**	**1811282**	**1730301**
北京	140654	71603	69051	128207	66457	61750	118018	61549	56469
天津	55972	29677	26295	56466	30062	26404	56168	30002	26166
河北	110446	53984	56462	120634	59181	61453	117928	58736	59192
山西	71858	35091	36767	90676	44680	45996	84391	42366	42025
内蒙古	61453	31051	30402	80262	40203	40059	77663	39836	37827
辽宁	166719	82228	84491	183475	90900	92575	191533	95749	95784
吉林	76704	38076	38628	87452	43271	44181	92558	46315	46243
黑龙江	98323	48842	49481	126650	63361	63289	127044	64277	62767
上海	159433	81633	77800	139748	72941	66807	131845	69057	62788
江苏	247124	123137	123987	256216	130052	126164	278712	141751	136961
浙江	193425	99172	94253	206937	106898	100039	196569	100620	95949
安徽	86625	42149	44476	103077	51403	51674	112212	56217	55995
福建	113319	57746	55573	123857	63312	60545	106636	54029	52607
江西	60084	28363	31721	67951	33439	34512	63278	31838	31440
山东	228439	112488	115951	261691	131285	130406	249947	125808	124139
河南	142709	69428	73281	172341	85366	86975	166678	84642	82036
湖北	129955	62722	67233	150028	74785	75243	155813	79232	76581
湖南	89788	42952	46836	112455	55689	56766	116369	58640	57729
广东	525220	280043	245177	535441	285666	249775	448664	238276	210388
广西	73642	36262	37380	76984	39228	37756	69983	35885	34098
海南	19069	9141	9928	21393	10862	10531	19595	10329	9266
重庆	53127	26076	27051	88165	44075	44090	78781	39897	38884
四川	111713	53903	57810	169101	84078	85023	151871	77083	74788
贵州	42671	20900	21771	54891	28034	26857	48860	25014	23846
云南	55228	27384	27844	62632	32227	30405	53006	27330	25676
西藏	2637	1288	1349	3285	1671	1614	2979	1535	1444
陕西	65887	32266	33621	76770	38327	38443	71796	36625	35171
甘肃	38324	18627	19697	50774	25663	25111	50996	26327	24669
青海	10794	5379	5415	13897	7117	6780	14403	7415	6988
宁夏	18670	9221	9449	21396	10928	10468	19917	10193	9724
新疆	49582	24031	25551	71130	36084	35046	67370	34709	32661

1-3a 续表 4　　　　单位：人

地区	45-49岁			50-54岁			55-59岁		
	小计	男	女	小计	男	女	小计	男	女
全国	**3058752**	**1575076**	**1483676**	**2311229**	**1173073**	**1138156**	**2158466**	**1061945**	**1096521**
北京	118589	62048	56541	100536	50770	49766	91739	44331	47408
天津	65287	34163	31124	65519	33169	32350	58798	29170	29628
河北	109461	55183	54278	92510	46581	45929	88110	43209	44901
山西	75454	38984	36470	58483	30195	28288	46678	23546	23132
内蒙古	67098	34804	32294	49015	25301	23714	38807	19194	19613
辽宁	210764	106608	104156	191415	95476	95939	164157	80720	83437
吉林	88347	44585	43762	74432	36650	37782	67512	32627	34885
黑龙江	127421	64528	62893	103830	51719	52111	90184	43758	46426
上海	132674	69789	62885	144554	74010	70544	136056	68037	68019
江苏	229079	117617	111462	167694	85815	81879	171311	85201	86110
浙江	161611	83610	78001	112025	58179	53846	98819	49520	49299
安徽	90401	46018	44383	51042	26007	25035	57284	28203	29081
福建	84177	43351	40826	58374	29946	28428	52011	25376	26635
江西	54580	27941	26639	42554	21333	21221	38991	19217	19774
山东	217222	110682	106540	165846	83643	82203	158220	77536	80684
河南	133083	67686	65397	93043	46638	46405	90488	43985	46503
湖北	140939	71916	69023	104813	52781	52032	100410	49384	51026
湖南	100965	51556	49409	67653	34392	33261	68272	33663	34609
广东	325206	173443	151763	203700	105919	97781	178210	88053	90157
广西	60526	30894	29632	42959	21689	21270	41087	20400	20687
海南	15900	8386	7514	10135	5324	4811	8859	4465	4394
重庆	64968	32836	32132	47812	24150	23662	56614	27803	28811
四川	120213	61369	58844	81231	40749	40482	93876	44724	49152
贵州	38477	19742	18735	25411	12872	12539	22594	10788	11806
云南	44968	23021	21947	29486	14726	14760	30541	15002	15539
西藏	2223	1165	1058	1211	668	543	850	476	374
陕西	63524	33023	30501	52616	26666	25950	44619	21818	22801
甘肃	41061	21244	19817	27125	13766	13359	25838	13137	12701
青海	11821	6121	5700	7104	3658	3446	5906	2997	2909
宁夏	14985	7810	7175	9801	5017	4784	8853	4293	4560
新疆	47728	24953	22775	29300	15264	14036	22772	11312	11460

1-3a 续表 5

单位：人

地区	60-64岁			65-69岁			70-74岁		
	小计	男	女	小计	男	女	小计	男	女
全 国	**1491823**	**734624**	**757199**	**1017491**	**490720**	**526771**	**868093**	**416358**	**451735**
北 京	57708	27688	30020	39852	18320	21532	41317	18664	22653
天 津	36882	18334	18548	24035	11394	12641	19994	9152	10842
河 北	59511	28928	30583	38907	18427	20480	33633	15920	17713
山 西	29592	14450	15142	21414	10297	11117	20099	9563	10536
内蒙古	25834	11930	13904	20499	9383	11116	18288	8944	9344
辽 宁	100799	49628	51171	72530	33883	38647	66756	29774	36982
吉 林	45594	22081	23513	31432	14423	17009	27581	12731	14850
黑龙江	62813	30497	32316	43759	19752	24007	39968	18459	21509
上 海	88999	45902	43097	49233	25240	23993	39895	19153	20742
江 苏	126373	63301	63072	84213	41993	42220	67030	33054	33976
浙 江	70870	35412	35458	42365	21422	20943	34615	17175	17440
安 徽	39963	19835	20128	31624	15462	16162	25191	12346	12845
福 建	35310	17804	17506	23475	11948	11527	19515	9666	9849
江 西	28189	14298	13891	18778	9308	9470	15712	7739	7973
山 东	107370	51376	55994	74894	35618	39276	60643	29127	31516
河 南	64068	30748	33320	45703	21345	24358	38729	18149	20580
湖 北	75267	37358	37909	47018	23151	23867	36787	17774	19013
湖 南	49842	25148	24694	31885	16088	15797	28447	14125	14322
广 东	124917	61957	62960	78500	38522	39978	67099	33083	34016
广 西	28391	14430	13961	19370	9383	9987	17092	8202	8890
海 南	6021	3061	2960	4046	1986	2060	3944	1934	2010
重 庆	36771	18271	18500	25181	12590	12591	19132	9138	9994
四 川	70536	34335	36201	51133	25396	25737	39964	19850	20114
贵 州	17961	8766	9195	13742	6710	7032	11847	5500	6347
云 南	22453	11157	11296	16356	7988	8368	13987	7084	6903
西 藏	593	306	287	408	173	235	275	131	144
陕 西	32283	15895	16388	24441	11643	12798	22111	10217	11894
甘 肃	18620	9114	9506	15534	7115	8419	13828	6844	6984
青 海	4026	1873	2153	3895	1591	2304	3650	1817	1833
宁 夏	6245	3007	3238	5254	2389	2865	4570	2293	2277
新 疆	18022	7734	10288	18015	7780	10235	16394	8750	7644

1-3a 续表 6 单位：人

地区	75-79岁			80-84岁			85-89岁		
	小计	男	女	小计	男	女	小计	男	女
全国	**621766**	**296496**	**325270**	**333147**	**155727**	**177420**	**133128**	**55402**	**77726**
北京	31693	15303	16390	16420	7973	8447	6262	2833	3429
天津	15991	7440	8551	9039	4216	4823	3493	1531	1962
河北	22009	10357	11652	11145	5185	5960	4068	1776	2292
山西	13514	6762	6752	6312	3203	3109	2164	1036	1128
内蒙古	10915	5454	5461	4874	2607	2267	1590	823	767
辽宁	50667	23655	27012	26733	13037	13696	9701	4504	5197
吉林	17338	8264	9074	8715	4332	4383	3061	1518	1543
黑龙江	25002	12238	12764	11299	5683	5616	3813	1816	1997
上海	43555	19549	24006	27909	11788	16121	13487	5349	8138
江苏	50013	23531	26482	29604	12964	16640	12826	4950	7876
浙江	29790	14837	14953	16980	8064	8916	7409	3034	4375
安徽	17753	8719	9034	9519	4590	4929	3881	1527	2354
福建	14463	6990	7473	8533	3894	4639	3298	1212	2086
江西	10870	5261	5609	5705	2723	2982	2150	898	1252
山东	42570	19559	23011	23790	10387	13403	9592	3626	5966
河南	25630	12165	13465	12744	5946	6798	4789	1899	2890
湖北	25996	12420	13576	12301	5712	6589	4879	1880	2999
湖南	18513	9125	9388	9576	4641	4935	3499	1429	2070
广东	47976	22244	25732	27243	11756	15487	12137	4316	7821
广西	11534	5334	6200	6005	2729	3276	2457	1002	1455
海南	2564	1242	1322	1479	642	837	581	196	385
重庆	14537	6504	8033	8766	3922	4844	3664	1573	2091
四川	26217	12838	13379	14856	7367	7489	6042	2766	3276
贵州	7481	3606	3875	3827	1904	1923	1289	559	730
云南	9033	4518	4515	4860	2365	2495	1736	754	982
西藏	139	59	80	67	29	38	27	10	17
陕西	15073	7526	7547	6328	3246	3082	2367	1095	1272
甘肃	8314	4339	3975	3170	1758	1412	1134	563	571
青海	1979	1070	909	768	441	327	212	92	120
宁夏	2597	1331	1266	1126	609	517	390	200	190
新疆	8040	4256	3784	3454	2014	1440	1130	635	495

1-3a 续表 7 单位：人

地 区	90-94岁			95-99岁			100岁及以上		
	小计	男	女	小计	男	女	小计	男	女
全 国	**36178**	**12948**	**23230**	**7950**	**2546**	**5404**	**829**	**239**	**590**
北 京	1658	672	986	345	120	225	29	6	23
天 津	827	359	468	197	80	117	12	7	5
河 北	904	322	582	212	84	128	18	3	15
山 西	447	197	250	76	29	47	3		3
内蒙古	377	158	219	73	30	43	7	5	2
辽 宁	2243	977	1266	473	172	301	61	19	42
吉 林	685	303	382	164	70	94	15	9	6
黑龙江	890	392	498	207	88	119	22	13	9
上 海	4010	1414	2596	767	244	523	57	16	41
江 苏	3640	1100	2540	700	207	493	53	9	44
浙 江	2000	722	1278	327	103	224	49	18	31
安 徽	861	298	563	165	38	127	21	2	19
福 建	1037	319	718	217	47	170	32	10	22
江 西	591	196	395	132	45	87	6	1	5
山 东	2849	931	1918	595	161	434	74	24	50
河 南	1336	412	924	310	74	236	41	11	30
湖 北	1151	372	779	295	85	210	16	3	13
湖 南	915	318	597	230	74	156	18	5	13
广 东	3893	1133	2760	1010	289	721	126	28	98
广 西	776	250	526	233	67	166	41	6	35
海 南	181	51	130	49	11	38	26	8	18
重 庆	1107	464	643	266	92	174	19	5	14
四 川	1731	667	1064	431	162	269	54	21	33
贵 州	349	156	193	73	24	49	5	3	2
云 南	466	199	267	110	33	77	4		4
西 藏	4	2	2	4	2	2			
陕 西	597	252	345	137	57	80			
甘 肃	253	120	133	46	17	29	4		4
青 海	42	21	21	7	5	2	1		1
宁 夏	82	39	43	21	6	15	3		3
新 疆	276	132	144	78	30	48	12	7	5

1-3b 各地区分年龄、性别的人口(镇)

单位：人

地区	合计			0岁		
	合计	男	女	小计	男	女
全国	**24633069**	**12507557**	**12125512**	**237269**	**129512**	**107757**
北京	123425	64459	58966	712	403	309
天津	133432	68042	65390	937	515	422
河北	1659477	839691	819786	19958	10880	9078
山西	736664	372860	363804	6417	3444	2973
内蒙古	534998	272054	262944	4319	2238	2081
辽宁	494675	248425	246250	2578	1395	1183
吉林	404474	204254	200220	2206	1191	1015
黑龙江	646817	325589	321228	2953	1561	1392
上海	283902	149029	134873	1763	926	837
江苏	1629451	816275	813176	14597	7904	6693
浙江	1289129	658228	630901	10374	5635	4739
安徽	1180786	594971	585815	13587	7597	5990
福建	796759	403821	392938	8205	4477	3728
江西	1098316	563143	535173	11612	6317	5295
山东	1792126	904125	888001	17243	9473	7770
河南	1707844	867592	840252	16040	8861	7179
湖北	902057	456363	445694	9121	5088	4033
湖南	1404000	714414	689586	15411	8533	6878
广东	1452517	752760	699757	14033	7721	6312
广西	935664	480231	455433	13540	7588	5952
海南	181990	95827	86163	2334	1322	1012
重庆	574709	286433	288276	5059	2635	2424
四川	1552582	779371	773211	11940	6298	5642
贵州	574569	292825	281744	7238	4059	3179
云南	904369	458061	446308	10221	5455	4766
西藏	35681	18429	17252	458	245	213
陕西	735971	378042	357929	6073	3253	2820
甘肃	372384	190759	181625	3110	1778	1332
青海	104534	53610	50924	1158	625	533
宁夏	91879	47607	44272	974	530	444
新疆	297888	150267	147621	3098	1565	1533

1-3b 续表 1

单位：人

地 区	1-4岁			5-9岁			10-14岁		
	小计	男	女	小计	男	女	小计	男	女
全 国	**1176533**	**644346**	**532187**	**1410406**	**770367**	**640039**	**1501849**	**813715**	**688134**
北 京	4117	2190	1927	3650	1964	1686	3946	2074	1872
天 津	5139	2730	2409	5603	3058	2545	5761	3071	2690
河 北	91943	49860	42083	98591	53190	45401	80051	42773	37278
山 西	33189	17545	15644	44779	23577	21202	57774	30636	27138
内蒙古	21275	11154	10121	28231	14592	13639	31257	16297	14960
辽 宁	14765	7973	6792	20684	10967	9717	23317	12479	10838
吉 林	12319	6477	5842	16993	8936	8057	18391	9624	8767
黑龙江	17835	9299	8536	27071	14084	12987	32885	17130	15755
上 海	10083	5401	4682	9322	5026	4296	7460	4000	3460
江 苏	69495	38840	30655	73040	40805	32235	75258	41506	33752
浙 江	50804	27151	23653	62948	33808	29140	61725	32832	28893
安 徽	57506	32405	25101	68507	38604	29903	78003	43432	34571
福 建	38215	21375	16840	44497	24113	20384	41912	22930	18982
江 西	67540	38237	29303	79164	44952	34212	78012	43879	34133
山 东	87194	48885	38309	101375	55279	46096	96567	51992	44575
河 南	104752	58813	45939	117206	66684	50522	118254	66211	52043
湖 北	40023	22282	17741	44373	24631	19742	46058	25543	20515
湖 南	72844	39913	32931	86306	47907	38399	78947	43070	35877
广 东	69299	38512	30787	81500	45699	35801	113725	62526	51199
广 西	56449	31062	25387	67452	36915	30537	64825	35803	29022
海 南	10218	5827	4391	11691	6645	5046	12885	7534	5351
重 庆	27086	14484	12602	34200	18208	15992	40514	21489	19025
四 川	63792	33380	30412	82114	43248	38866	100227	52752	47475
贵 州	31267	17003	14264	43524	23822	19702	56615	30014	26601
云 南	44392	23273	21119	60223	31556	28667	65489	34248	31241
西 藏	1957	1008	949	2405	1227	1178	2340	1215	1125
陕 西	32077	17568	14509	39569	21548	18021	45470	25021	20449
甘 肃	16043	8779	7264	21634	11720	9914	27175	14583	12592
青 海	4952	2556	2396	7398	3820	3578	8247	4257	3990
宁 夏	5086	2684	2402	7043	3826	3217	7688	4029	3659
新 疆	14877	7680	7197	19313	9956	9357	21071	10765	10306

1-3b 续表 2

单位：人

地区	15-19岁			20-24岁			25-29岁		
	小计	男	女	小计	男	女	小计	男	女
全国	**2021480**	**1053623**	**967857**	**2067283**	**1031414**	**1035869**	**1754241**	**858369**	**895872**
北京	6928	3597	3331	15391	8107	7284	13084	6869	6215
天津	11255	5449	5806	21411	10481	10930	11139	5829	5310
河北	144072	73103	70969	167121	83941	83180	137769	68664	69105
山西	76677	38720	37957	56100	27839	28261	55164	27122	28042
内蒙古	39189	20025	19164	39103	19797	19306	44578	22304	22274
辽宁	33453	17076	16377	34543	16861	17682	30471	15259	15212
吉林	24250	12568	11682	27106	13640	13466	25285	12828	12457
黑龙江	38512	19645	18867	40883	20471	20412	41974	20934	21040
上海	15636	8094	7542	34517	18219	16298	31670	16728	14942
江苏	127604	67376	60228	136967	67204	69763	103895	50215	53680
浙江	93674	48880	44794	103911	53100	50811	103134	51762	51372
安徽	108011	56535	51476	87712	41625	46087	68854	32449	36405
福建	67399	34971	32428	72167	35444	36723	62545	30176	32369
江西	91888	49158	42730	97707	48621	49086	72500	33776	38724
山东	109824	57403	52421	161634	81352	80282	126889	63023	63866
河南	167805	87947	79858	164692	81892	82800	111819	54161	57658
湖北	75174	40520	34654	71127	34305	36822	58015	27205	30810
湖南	89290	47507	41783	115048	56115	58933	99890	47321	52569
广东	149936	78912	71024	139907	72773	67134	122939	63154	59785
广西	74639	39262	35377	67544	34609	32935	68905	33782	35123
海南	16341	8976	7365	15846	8398	7448	15453	7802	7651
重庆	47358	24181	23177	34610	16592	18018	29120	13443	15677
四川	135785	69608	66177	118273	58721	59552	89186	42240	46946
贵州	51917	27497	24420	37650	18284	19366	36795	17415	19380
云南	75782	38614	37168	69513	34267	35246	67345	32775	34570
西藏	2405	1265	1140	3488	1777	1711	4476	2208	2268
陕西	65667	34780	30887	65588	33507	32081	58925	28651	30274
甘肃	41985	22181	19804	31342	15325	16017	25725	12205	13520
青海	9810	4964	4846	7399	3758	3641	7666	3859	3807
宁夏	8221	4226	3995	7287	3653	3634	7509	3826	3683
新疆	20993	10583	10410	21696	10736	10960	21522	10384	11138

1-3b 续表 3

单位：人

地区	30-34岁			35-39岁			40-44岁		
	小计	男	女	小计	男	女	小计	男	女
全国	**1835721**	**909327**	**926394**	**2315452**	**1161925**	**1153527**	**2418522**	**1219074**	**1199448**
北京	10434	5627	4807	10862	5867	4995	11798	6316	5482
天津	9491	4958	4533	10621	5550	5071	11344	5984	5360
河北	116551	59100	57451	126493	63823	62670	145962	73913	72049
山西	56202	27899	28303	74435	37059	37376	68621	34677	33944
内蒙古	46183	23616	22567	58706	30019	28687	55823	28828	26995
辽宁	38165	19209	18956	45071	22632	22439	50284	25304	24980
吉林	31981	16056	15925	40103	20293	19810	45724	23338	22386
黑龙江	52791	26645	26146	70881	36041	34840	71291	36560	34731
上海	27886	15154	12732	26649	14512	12137	27445	14581	12864
江苏	109952	53697	56255	137159	66918	70241	175723	85105	90618
浙江	110598	55444	55154	131670	66614	65056	138196	69523	68673
安徽	81862	39356	42506	110998	53993	57005	126223	61612	64611
福建	65241	31850	33391	82428	41255	41173	78448	39644	38804
江西	93665	44613	49052	106428	52930	53498	96281	49072	47209
山东	124731	62797	61934	155169	78465	76704	181365	90807	90558
河南	115017	56631	58386	142275	70774	71501	154922	76825	78097
湖北	63326	30347	32979	84039	41681	42358	94252	47442	46810
湖南	97220	47367	49853	129996	65410	64586	141334	71039	70295
广东	106730	54695	52035	124335	63179	61156	124117	62903	61214
广西	72728	35810	36918	79910	40539	39371	81956	41867	40089
海南	13491	6895	6596	14323	7342	6981	15680	8117	7563
重庆	30851	14144	16707	63531	30882	32649	58468	29058	29410
四川	104024	49946	54078	168987	83419	85568	157798	79272	78526
贵州	45371	22328	23043	58040	29438	28602	53396	27284	26112
云南	80812	40293	40519	92339	47353	44986	85984	44646	41338
西藏	3916	2021	1895	3971	2103	1868	3379	1781	1598
陕西	56916	28338	28578	73423	36690	36733	69404	35642	33762
甘肃	26228	13041	13187	37078	18828	18250	39458	20090	19368
青海	9765	4888	4877	11790	6157	5633	11251	5917	5334
宁夏	8506	4404	4102	9268	4855	4413	8331	4341	3990
新疆	25087	12158	12929	34474	17304	17170	34264	17586	16678

1-3b 续表 4 单位：人

地区	45-49岁			50-54岁			55-59岁		
	小计	男	女	小计	男	女	小计	男	女
全　国	**1990457**	**1001276**	**989181**	**1409108**	**714077**	**695031**	**1434409**	**715367**	**719042**
北　京	10932	5739	5193	8846	4502	4344	8081	3997	4084
天　津	10083	5160	4923	8360	4265	4095	8217	4109	4108
河　北	127447	63135	64312	104790	52540	52250	104007	51368	52639
山　西	56559	28829	27730	42790	21966	20824	37459	18885	18574
内蒙古	46990	24487	22503	36066	18366	17700	28658	14088	14570
辽　宁	48503	24412	24091	42122	21102	21020	38014	18613	19401
吉　林	40690	20706	19984	32416	16323	16093	30100	14895	15205
黑龙江	64056	32437	31619	51456	25976	25480	44482	21643	22839
上　海	23718	12557	11161	17219	9098	8121	16379	8365	8014
江　苏	140159	68719	71440	102342	51293	51049	110180	55470	54710
浙　江	114871	58261	56610	79931	41489	38442	72728	36889	35839
安　徽	99221	48801	50420	49990	25585	24405	66851	33237	33614
福　建	62577	31713	30864	46123	23604	22519	40541	20398	20143
江　西	76085	38570	37515	58738	29705	29033	54213	27113	27100
山　东	149139	72805	76334	111329	55517	55812	118626	58789	59837
河　南	121943	59386	62557	83845	41177	42668	95286	46561	48725
湖　北	83886	42083	41803	58096	29245	28851	57633	29161	28472
湖　南	118677	59621	59056	79298	40411	38887	86283	43642	42641
广　东	104498	53094	51404	76034	38669	37365	69881	35188	34693
广　西	72319	37048	35271	49928	25292	24636	49720	25080	24640
海　南	15041	7710	7331	9805	5117	4688	8658	4458	4200
重　庆	45963	22864	23099	28778	14714	14064	39344	19337	20007
四　川	120513	60891	59622	77921	39574	38347	100132	49219	50913
贵　州	41012	21097	19915	24618	12690	11928	26087	12879	13208
云　南	69409	35605	33804	41818	21248	20570	43674	21815	21859
西　藏	2466	1313	1153	1435	756	679	1092	586	506
陕　西	56088	29050	27038	44551	22769	21782	40370	20440	19930
甘　肃	28827	14773	14054	17377	8897	8480	17870	9169	8701
青　海	8138	4248	3890	4336	2275	2061	4217	2178	2039
宁　夏	6177	3270	2907	3922	2054	1868	4109	2057	2052
新　疆	24470	12892	11578	14828	7858	6970	11517	5738	5779

1-3b 续表 5

单位：人

地区	60-64岁			65-69岁			70-74岁		
	小计	男	女	小计	男	女	小计	男	女
全国	**1030453**	**517225**	**513228**	**718940**	**358694**	**360246**	**566514**	**279896**	**286618**
北京	5104	2550	2554	3352	1665	1687	2729	1372	1357
天津	5556	2729	2827	3289	1618	1671	2262	1157	1105
河北	73155	36023	37132	44602	22133	22469	33903	16753	17150
山西	25225	12623	12602	16677	8431	8246	13178	6572	6606
内蒙古	18439	8831	9608	13129	6148	6981	11737	5555	6182
辽宁	25303	12300	13003	17772	8644	9128	13186	6466	6720
吉林	20299	9742	10557	13638	6515	7123	10893	5276	5617
黑龙江	32373	15375	16998	21672	10225	11447	17699	8417	9282
上海	11210	5720	5490	7614	3845	3769	5348	2601	2747
江苏	80038	40362	39676	59391	29866	29525	45933	22534	23399
浙江	52625	26665	25960	32126	16604	15522	26260	13493	12767
安徽	51763	26188	25575	39795	20044	19751	30085	15011	15074
福建	26860	13691	13169	19273	9888	9385	16370	8157	8213
江西	39737	20205	19532	26271	13271	13000	21977	10758	11219
山东	84918	41485	43433	56642	27728	28914	44306	21413	22893
河南	68358	33974	34384	45902	22345	23557	34005	16481	17524
湖北	41638	21003	20635	29056	14507	14549	20550	10140	10410
湖南	65619	33709	31910	43310	22428	20882	37465	19033	18432
广东	48035	25241	22794	33281	17241	16040	29070	14390	14680
广西	35465	18377	17088	26882	13224	13658	22207	10894	11313
海南	5875	3097	2778	3960	1925	2035	4353	2085	2268
重庆	29866	15053	14813	22811	11612	11199	16353	8252	8101
四川	74345	38001	36344	55394	28073	27321	41100	20713	20387
贵州	19643	9649	9994	15156	7323	7833	12341	5829	6512
云南	30782	15500	15282	23243	11439	11804	18993	9233	9760
西藏	701	370	331	548	267	281	318	151	167
陕西	28772	14711	14061	21100	10570	10530	15947	7895	8052
甘肃	13590	6884	6706	10432	5203	5229	7767	3956	3811
青海	3029	1531	1498	2214	1073	1141	1686	829	857
宁夏	2793	1401	1392	2049	1000	1049	1451	696	755
新疆	9337	4235	5102	8359	3839	4520	7042	3784	3258

1-3b 续表 6

单位：人

地区	75-79岁			80-84岁			85-89岁		
	小计	男	女	小计	男	女	小计	男	女
全国	**398924**	**187057**	**211867**	**221826**	**97516**	**124310**	**91847**	**35021**	**56826**
北京	1936	933	1003	991	460	531	424	181	243
天津	1610	776	834	911	421	490	350	145	205
河北	23793	10930	12863	12962	5358	7604	4843	1770	3073
山西	8910	4290	4620	4392	1944	2448	1650	659	991
内蒙古	6855	3449	3406	3139	1608	1531	1035	524	511
辽宁	8625	4086	4539	5169	2455	2714	2015	923	1092
吉林	6710	3232	3478	3651	1813	1838	1295	618	677
黑龙江	10475	5298	5177	5133	2706	2427	1779	858	921
上海	5006	2255	2751	2968	1254	1714	1456	540	916
江苏	34585	15827	18758	20431	8358	12073	9441	3371	6070
浙江	22542	11016	11526	13214	6081	7133	5937	2362	3575
安徽	22234	10585	11649	12595	5531	7064	5432	1954	3478
福建	12138	5518	6620	7524	3168	4356	3138	1142	1996
江西	14297	6820	7477	7844	3558	4286	3309	1221	2088
山东	34249	15340	18909	19824	7942	11882	8253	2836	5417
河南	24619	10958	13661	13355	5545	7810	5578	1849	3729
湖北	14616	6749	7867	7183	3112	4071	3034	1077	1957
湖南	25614	12212	13402	14012	6379	7633	5671	2223	3448
广东	22771	10377	12394	13640	5637	8003	6147	2147	4000
广西	16192	7287	8905	9074	3790	5284	4004	1466	2538
海南	3151	1484	1667	1683	697	986	804	295	509
重庆	10883	5242	5641	6429	2894	3535	2564	1031	1533
四川	26418	12851	13567	15831	7577	8254	6460	2766	3694
贵州	7946	3682	4264	4191	1861	2330	1265	500	765
云南	13337	6278	7059	7283	3155	4128	2793	1031	1762
西藏	204	94	110	74	25	49	30	11	19
陕西	9577	4625	4952	4331	2061	2270	1629	744	885
甘肃	4303	2151	2152	1618	814	804	641	304	337
青海	931	436	495	372	169	203	135	55	80
宁夏	899	468	431	389	195	194	136	76	60
新疆	3498	1808	1690	1613	948	665	599	342	257

1-3b 续表 7 单位：人

地区	90-94岁			95-99岁			100岁及以上		
	小计	男	女	小计	男	女	小计	男	女
全国	**25662**	**8048**	**17614**	**5504**	**1552**	**3952**	**669**	**156**	**513**
北京	89	38	51	17	7	10	2	1	1
天津	84	35	49	8	1	7	1	1	
河北	1207	373	834	236	58	178	21	3	18
山西	396	121	275	63	22	41	7		7
内蒙古	241	113	128	40	12	28	5	3	2
辽宁	510	213	297	109	48	61	16	8	8
吉林	339	149	190	77	30	47	8	4	4
黑龙江	483	222	261	117	56	61	16	6	10
上海	466	133	333	76	18	58	11	2	9
江苏	2718	775	1943	488	120	368	55	10	45
浙江	1579	544	1035	265	71	194	17	4	13
安徽	1283	371	912	241	50	191	33	6	27
福建	929	264	665	204	41	163	25	2	23
江西	860	310	550	176	54	122	12	3	9
山东	2327	666	1661	473	118	355	49	10	39
河南	1715	414	1301	399	93	306	57	10	47
湖北	670	194	476	172	45	127	15	3	12
湖南	1412	473	939	299	91	208	54	10	44
广东	2044	532	1512	554	164	390	41	6	35
广西	1458	430	1028	398	94	304	69	12	57
海南	313	83	230	64	14	50	21	4	17
重庆	754	264	490	152	50	102	15	4	11
四川	1825	636	1189	442	155	287	75	31	44
贵州	408	147	261	79	23	56	10	1	9
云南	742	225	517	178	45	133	17	7	10
西藏	15	4	11	3	2	1			
陕西	397	142	255	95	37	58	2		2
甘肃	146	61	85	33	16	17	2	1	1
青海	35	14	21	4	1	3	1		1
宁夏	33	14	19	5	1	4	3	1	2
新疆	184	88	96	37	15	22	9	3	6

1-3c 各地区分年龄、性别的人口(乡村)

单位：人

地区	合计			0岁		
	合计	男	女	小计	男	女
全国	**64806387**	**33072890**	**31733497**	**792105**	**431804**	**360301**
北京	265062	138391	126671	1656	880	776
天津	256053	131631	124422	2505	1346	1159
河北	4003892	2036020	1967872	56109	30434	25675
山西	1827504	942565	884939	18227	9639	8588
内蒙古	1032712	538246	494466	9303	4914	4389
辽宁	1637390	837013	800377	11949	6357	5592
吉林	1208998	618498	590500	9895	5238	4657
黑龙江	1549433	791172	758261	11883	6337	5546
上海	241208	125629	115579	1405	701	704
江苏	3093097	1531242	1561855	31935	17320	14615
浙江	2092662	1072268	1020394	18340	9950	8390
安徽	3074874	1549196	1525678	47306	27093	20213
福建	1507135	770373	736762	19796	10980	8816
江西	2460573	1275382	1185191	34668	19227	15441
山东	4802349	2417511	2384838	51684	28602	23082
河南	5782239	2914958	2867281	67459	37079	30380
湖北	2724741	1392814	1331927	35587	19790	15797
湖南	3541141	1823644	1717497	48210	26752	21458
广东	3221267	1643764	1577503	44171	23980	20191
广西	2635775	1368436	1267339	47067	25914	21153
海南	428237	225709	202528	6964	3878	3086
重庆	1234614	626843	607771	13727	7350	6377
四川	5119426	2602234	2517192	53239	28261	24978
贵州	2248239	1164697	1083542	32229	17773	14456
云南	2973271	1546750	1426521	39843	21135	18708
西藏	205868	103425	102443	3131	1595	1536
陕西	2044673	1052282	992391	20912	11285	9627
甘肃	1760029	892386	867643	21351	11704	9647
青海	302697	155346	147351	4540	2396	2144
宁夏	325575	166123	159452	4383	2329	2054
新疆	1205653	618342	587311	22631	11565	11066

1-3c 续表 1

单位：人

地区	1-4岁			5-9岁			10-14岁		
	小计	男	女	小计	男	女	小计	男	女
全国	**3628439**	**1982771**	**1645668**	**4014438**	**2184688**	**1829750**	**4219964**	**2265930**	**1954034**
北京	7600	4057	3543	7124	3718	3406	8185	4213	3972
天津	12025	6577	5448	13096	7225	5871	12772	6882	5890
河北	244825	132447	112378	240769	129528	111241	184732	98605	86127
山西	82010	43091	38919	95942	50533	45409	127374	66136	61238
内蒙古	41285	21988	19297	44529	23313	21216	51097	26681	24416
辽宁	58209	30805	27404	75230	39842	35388	80197	42602	37595
吉林	50708	26718	23990	56703	30053	26650	51167	26920	24247
黑龙江	61918	32895	29023	73153	38172	34981	71655	36631	35024
上海	7540	4022	3518	7014	3801	3213	5615	3030	2585
江苏	143965	79432	64533	134049	73538	60511	132469	72205	60264
浙江	79125	42006	37119	94445	49966	44479	101090	52931	48159
安徽	186496	105300	81196	200792	111982	88810	208484	113537	94947
福建	79401	44261	35140	80730	43453	37277	77729	42499	35230
江西	183938	105115	78823	193365	110548	82817	178974	100280	78694
山东	241856	134495	107361	261506	141123	120383	249244	131828	117416
河南	430684	240878	189806	437188	248449	188739	403878	224931	178947
湖北	138573	76773	61800	127517	70868	56649	125801	70380	55421
湖南	209179	114819	94360	234120	129448	104672	197174	107622	89552
广东	193678	106600	87078	214785	118873	95912	307841	166182	141659
广西	187090	102059	85031	222481	119846	102635	215034	115611	99423
海南	27754	15111	12643	29884	16464	13420	32475	17949	14526
重庆	70411	37721	32690	80801	43235	37566	92150	48902	43248
四川	263021	139092	123929	306906	163606	143300	363193	192164	171029
贵州	140209	78240	61969	196120	105978	90142	263173	138223	124950
云南	167385	88901	78484	225940	120274	105666	254795	135276	119519
西藏	16282	8336	7946	18169	9331	8838	18490	9306	9184
陕西	88135	47589	40546	93223	50997	42226	116412	63862	52550
甘肃	87738	47606	40132	107394	57149	50245	137591	72787	64804
青海	19022	9935	9087	24095	12629	11466	25517	13045	12472
宁夏	21132	11193	9939	26313	13631	12682	29170	15106	14064
新疆	87245	44709	42536	91055	47115	43940	96486	49604	46882

1-3c 续表 2

单位：人

地区	15-19岁			20-24岁			25-29岁		
	小计	男	女	小计	男	女	小计	男	女
全国	**4440725**	**2337631**	**2103094**	**5260533**	**2600629**	**2659904**	**4039585**	**2027220**	**2012365**
北京	15278	8094	7184	31332	16674	14658	23231	12414	10817
天津	17437	9403	8034	22494	11734	10760	16820	8759	8061
河北	256840	134314	122526	401259	198918	202341	315591	158111	157480
山西	158301	81510	76791	152596	77733	74863	127227	66924	60303
内蒙古	58746	30667	28079	80655	41202	39453	77178	41234	35944
辽宁	89897	47124	42773	119366	59821	59545	91406	46342	45064
吉林	69813	36520	33293	111550	55382	56168	81186	40671	40515
黑龙江	84798	43246	41552	133704	66119	67585	115738	58108	57630
上海	11992	6200	5792	25466	13335	12131	21555	11583	9972
江苏	185535	97593	87942	246227	119491	126736	168825	81130	87695
浙江	106644	56489	50155	134166	69209	64957	128846	66090	62756
安徽	232645	121146	111499	214953	97076	117877	150731	70233	80498
福建	99004	53200	45804	123626	60628	62998	106796	52953	53843
江西	166986	89919	77067	203087	97830	105257	157825	77541	80284
山东	218180	115723	102457	422536	211770	210766	303929	151842	152087
河南	402558	212791	189767	549072	262844	286228	343472	162652	180820
湖北	196664	105636	91028	232070	111946	120124	162808	80983	81825
湖南	186990	99414	87576	297914	145466	152448	230267	114257	116010
广东	327646	171306	156340	260599	131144	129455	216866	107877	108989
广西	169492	91484	78008	170537	87205	83332	170227	87171	83056
海南	38140	20568	17572	35723	18628	17095	35625	18821	16804
重庆	79278	40796	38482	55892	26943	28949	39242	19179	20063
四川	355432	185183	170249	334964	165641	169323	228370	114641	113729
贵州	171252	90505	80747	127315	63739	63576	109068	56785	52283
云南	218782	116800	101982	240629	124501	116128	215514	114956	100558
西藏	18250	9430	8820	20171	10472	9699	20317	10370	9947
陕西	175235	93271	81964	191208	96845	94363	129405	67741	61664
甘肃	168825	86972	81853	143692	69185	74507	99181	49253	49928
青海	26594	13380	13214	25575	12810	12765	22886	11939	10947
宁夏	28779	14623	14156	26356	13228	13128	23333	11996	11337
新疆	104712	54324	50388	125799	63110	62689	106120	54664	51456

1-3c 续表 3

单位：人

地区	30-34岁			35-39岁			40-44岁		
	小计	男	女	小计	男	女	小计	男	女
全国	**3863984**	**1967672**	**1896312**	**5070049**	**2564051**	**2505998**	**5921006**	**2964479**	**2956527**
北京	16872	9271	7601	20250	10944	9306	24657	13202	11455
天津	16396	8523	7873	19340	9866	9474	23557	11807	11750
河北	237078	121633	115445	261655	131804	129851	354036	178162	175874
山西	109644	58069	51575	152000	78727	73273	158016	81280	76736
内蒙古	71023	37762	33261	95728	50292	45436	100818	52873	47945
辽宁	108274	56552	51722	129985	67005	62980	161117	82648	78469
吉林	86559	44386	42173	107161	55367	51794	129727	66792	62935
黑龙江	120093	61554	58539	154496	80199	74297	159965	83136	76829
上海	19201	10625	8576	20096	11033	9063	22355	11959	10396
江苏	166132	80999	85133	217977	103840	114137	312993	147513	165480
浙江	135836	70011	65825	173653	87767	85886	209731	106401	103330
安徽	163626	79966	83660	234794	114128	120666	294087	141717	152370
福建	101115	51400	49715	130312	65448	64864	138404	69694	68710
江西	180431	92290	88141	209746	107889	101857	204934	103167	101767
山东	266911	134071	132840	345122	172737	172385	476857	236543	240314
河南	319613	155625	163988	404582	199928	204654	502694	240649	262045
湖北	144346	74576	69770	199169	99918	99251	261682	131136	130546
湖南	198796	101409	97387	273581	142265	131316	335409	169813	165596
广东	175961	87308	88653	212565	101631	110934	247994	119968	128026
广西	162207	83921	78286	183786	96059	87727	207696	109453	98243
海南	30013	16293	13720	30254	16142	14112	33577	17728	15849
重庆	41841	19896	21945	98755	48366	50389	104807	51071	53736
四川	257614	129107	128507	460561	230769	229792	474899	237644	237255
贵州	132610	68960	63650	178273	93413	84860	182896	94260	88636
云南	236476	126118	110358	267682	142072	125610	258515	134679	123836
西藏	16611	8469	8142	15449	7868	7581	14218	7117	7101
陕西	113244	58587	54657	164255	83395	80860	187822	95111	92711
甘肃	92471	46557	45914	153848	75879	77969	183722	90549	93173
青海	25171	13159	12012	27991	14645	13346	27097	14116	12981
宁夏	24589	12495	12094	26471	13436	13035	27566	13793	13773
新疆	93230	48080	45150	100512	51219	49293	99158	50498	48660

1-3c 续表 4

单位：人

地区	45-49岁			50-54岁			55-59岁		
	小计	男	女	小计	男	女	小计	男	女
全国	**5110623**	**2542509**	**2568114**	**3938439**	**2004027**	**1934412**	**4418539**	**2242024**	**2176515**
北京	26642	13735	12907	22017	11228	10789	20062	10164	9898
天津	22663	11124	11539	18945	9543	9402	20311	10209	10102
河北	321393	158852	162541	279041	142267	136774	287051	145285	141766
山西	147567	74993	72574	127585	66003	61582	120485	62223	58262
内蒙古	96878	49555	47323	87936	45172	42764	78785	40605	38180
辽宁	155530	77714	77816	143915	72470	71445	142756	72441	70315
吉林	112967	57201	55766	92954	47458	45496	90926	46177	44749
黑龙江	138119	69660	68459	119572	60642	58930	113243	56910	56333
上海	20311	10723	9588	17049	8999	8050	18084	9296	8788
江苏	264856	126563	138293	212742	106441	106301	254962	128965	125997
浙江	192251	97706	94545	155996	80378	75618	162418	83421	78997
安徽	240305	116093	124212	127778	64492	63286	212121	107078	105043
福建	120232	59837	60395	101733	52029	49704	100221	50776	49445
江西	165694	82870	82824	140286	71244	69042	133212	68200	65012
山东	423554	205551	218003	335920	169267	166653	378359	190918	187441
河南	424886	201048	223838	308464	151329	157135	378103	189279	188824
湖北	250948	125497	125451	190536	96746	93790	200118	101990	98128
湖南	283428	142183	141245	202967	105116	97851	239669	122982	116687
广东	228193	114537	113656	181816	93307	88509	170276	88386	81890
广西	189452	98675	90777	143671	74031	69640	151855	77919	73936
海南	31651	16600	15051	21562	11266	10296	20205	10460	9745
重庆	87570	42470	45100	66826	34167	32659	114469	57852	56617
四川	362521	181051	181470	268079	137519	130560	411187	207285	203902
贵州	146142	74103	72039	106483	53987	52496	133396	67547	65849
云南	216049	111099	104950	141333	72271	69062	142138	71876	70262
西藏	12355	6198	6157	8284	3987	4297	6723	3278	3445
陕西	170420	85870	84550	149818	77113	72705	142393	72237	70156
甘肃	141991	71498	70493	85191	44679	40512	98144	49644	48500
青海	20457	10618	9839	11811	6155	5656	12983	6478	6505
宁夏	22661	11512	11149	15282	7812	7470	16379	8364	8015
新疆	72937	37373	35564	52847	26909	25938	47505	23779	23726

1-3c 续表 5

单位：人

地区	60-64岁			65-69岁			70-74岁		
	小计	男	女	小计	男	女	小计	男	女
全国	**3309758**	**1696576**	**1613182**	**2365669**	**1212486**	**1153183**	**1851058**	**930604**	**920454**
北京	13445	6763	6682	9127	4547	4580	7220	3757	3463
天津	13716	6746	6970	8617	4382	4235	6148	3299	2849
河北	207909	105042	102867	124293	63068	61225	96523	49238	47285
山西	86746	44955	41791	56183	29383	26800	46098	23695	22403
内蒙古	49679	26338	23341	31315	16444	14871	27344	14194	13150
辽宁	97597	48837	48760	63871	33283	30588	45194	23665	21529
吉林	61719	31117	30602	35896	18258	17638	27304	14284	13020
黑龙江	76965	39015	37950	44690	22940	21750	33660	17762	15898
上海	13620	6884	6736	9274	4654	4620	7158	3385	3773
江苏	192517	97737	94780	142773	72544	70229	112034	54902	57132
浙江	124839	64138	60701	78885	41127	37758	72449	37863	34586
安徽	176721	92007	84714	136247	71684	64563	101916	52641	49275
福建	66496	35363	31133	49051	25885	23166	43881	22314	21567
江西	101707	51946	49761	68422	34693	33729	60615	29780	30835
山东	272272	137030	135242	181153	91033	90120	141591	69477	72114
河南	279013	141698	137315	190308	95769	94539	136706	66898	69808
湖北	154576	80249	74327	113516	58270	55246	82955	41408	41547
湖南	191586	99897	91689	132804	69419	63385	120126	61436	58690
广东	119067	63583	55484	92810	48663	44147	84168	41918	42250
广西	118042	60311	57731	98540	49310	49230	80309	39359	40950
海南	14814	7837	6977	10495	5202	5293	10969	5155	5814
重庆	93581	49503	44078	75532	39983	35549	53069	28041	25028
四川	318207	165496	152711	248596	128678	119918	178752	90774	87978
贵州	105923	53478	52445	84796	42586	42210	66445	32839	33606
云南	106937	53699	53238	85449	42344	43105	68875	32841	36034
西藏	5879	2722	3157	4537	2059	2478	3220	1408	1812
陕西	102300	51490	50810	78726	39431	39295	58199	28719	29480
甘肃	81979	41248	40731	65445	33800	31645	47531	23584	23947
青海	10305	5184	5121	7853	3943	3910	5355	2559	2796
宁夏	11608	5854	5754	8796	4459	4337	6337	3114	3223
新疆	39993	20409	19584	27669	14645	13024	18907	10295	8612

1-3c 续表 6 单位：人

地区	75-79岁			80-84岁			85-89岁		
	小计	男	女	小计	男	女	小计	男	女
全　国	**1355747**	**633749**	**721998**	**771285**	**329057**	**442228**	**326641**	**121859**	**204782**
北　京	5871	2873	2998	2981	1293	1688	1171	446	725
天　津	4886	2417	2469	2937	1259	1678	1096	431	665
河　北	73328	34055	39273	41017	17219	23798	15883	5686	10197
山　西	35457	16975	18482	17827	7726	10101	6603	2448	4155
内蒙古	18700	9446	9254	8181	3938	4243	2964	1393	1571
辽　宁	31005	15066	15939	20151	9196	10955	8876	4035	4841
吉　林	17460	8676	8784	9996	4808	5188	4089	1922	2167
黑龙江	19801	10195	9606	10596	5199	5397	4132	1904	2228
上　海	6802	3006	3796	3919	1546	2373	2036	678	1358
江　苏	87674	39383	48291	52695	20969	31726	24552	8437	16115
浙　江	64510	31436	33074	37900	17007	20893	16741	6746	9995
安　徽	76534	36340	40194	44394	18385	26009	19291	6783	12508
福　建	34045	16012	18033	21882	9327	12555	9388	3352	6036
江　西	40821	18606	22215	23042	9617	13425	10076	3787	6289
山　东	119048	53666	65382	71864	28442	43422	30422	10421	20001
河　南	106531	47545	58986	60604	24221	36383	27021	8941	18080
湖　北	61131	28317	32814	30453	12811	17642	12999	4553	8446
湖　南	85355	40622	44733	47845	21117	26728	19588	7607	11981
广　东	69551	31292	38259	44142	17684	26458	20779	7237	13542
广　西	59933	27239	32694	35301	14867	20434	15872	5889	9983
海　南	8753	4001	4752	5490	2297	3193	2614	933	1681
重　庆	35349	17639	17710	20623	9492	11131	7946	3297	4649
四　川	119455	57187	62268	72993	32747	40246	30442	11898	18544
贵　州	41539	19544	21995	21030	9277	11753	7076	2736	4340
云　南	47415	21754	25661	26495	11333	15162	9951	3794	6157
西　藏	2093	865	1228	1123	435	688	432	134	298
陕　西	36905	17426	19479	16928	7706	9222	7124	2908	4216
甘　肃	28372	13321	15051	10303	4778	5525	4146	1776	2370
青　海	3408	1516	1892	1441	633	808	472	159	313
宁　夏	3866	1940	1926	1709	830	879	681	324	357
新　疆	10149	5389	4760	5423	2898	2525	2178	1204	974

1-3c 续表 7

单位：人

地 区	90-94岁			95-99岁			100岁及以上		
	小计	男	女	小计	男	女	小计	男	女
全 国	**87601**	**27605**	**59996**	**18110**	**5053**	**13057**	**2089**	**466**	**1623**
北 京	288	100	188	49	17	32	4	1	3
天 津	250	85	165	39	13	26	3	1	2
河 北	3813	1147	2666	704	195	509	43	10	33
山 西	1378	458	920	225	60	165	13	4	9
内蒙古	510	215	295	56	20	36	2		2
辽 宁	2397	1011	1386	442	187	255	26	10	16
吉 林	987	444	543	221	104	117	10	2	8
黑龙江	1016	451	565	213	88	125	23	9	14
上 海	595	148	447	115	21	94	6		6
江 苏	6839	1918	4921	1256	310	946	90	12	78
浙 江	4111	1432	2679	637	183	454	49	11	38
安 徽	4645	1292	3353	887	201	686	121	22	99
福 建	2690	827	1863	551	117	434	52	18	34
江 西	2291	711	1580	418	114	304	35	8	27
山 东	8597	2533	6064	1567	402	1165	177	37	140
河 南	7465	1952	5513	1724	403	1321	214	49	165
湖 北	2686	799	1887	554	158	396	52	10	42
湖 南	4929	1668	3261	1026	292	734	178	40	138
广 东	6514	1845	4669	1659	420	1239	186	23	163
广 西	5543	1696	3847	1401	369	1032	239	48	191
海 南	925	283	642	242	68	174	108	25	83
重 庆	2259	805	1454	447	128	319	39	7	32
四 川	8774	2854	5920	2006	581	1425	215	56	159
贵 州	1823	608	1215	394	108	286	47	8	39
云 南	2543	866	1677	454	143	311	71	18	53
西 藏	107	36	71	26	9	17	1		1
陕 西	1682	580	1102	315	118	197	12	1	11
甘 肃	913	336	577	189	76	113	12	5	7
青 海	97	35	62	23	10	13	4	2	2
宁 夏	134	73	61	24	11	13	6		6
新 疆	800	397	403	246	127	119	51	29	22

1-4 全国分年龄、性别的人口

单位：人、%

年 龄	人口数			占总人口比重			性别比
	合计	男	女	合计	男	女	(女=100)
总 计	**127339585**	**64754454**	**62585131**	**100.00**	**50.85**	**49.15**	**103.47**
0-4岁	**7446362**	**4053391**	**3392971**	**5.85**	**3.18**	**2.66**	**119.46**
0	1298781	705333	593448	1.02	0.55	0.47	118.85
1	1556575	852498	704077	1.22	0.67	0.55	121.08
2	1557975	849081	708894	1.22	0.67	0.56	119.78
3	1514750	822299	692451	1.19	0.65	0.54	118.75
4	1518281	824180	694101	1.19	0.65	0.55	118.74
5-9岁	**6976348**	**3791336**	**3185012**	**5.48**	**2.98**	**2.50**	**119.04**
5	1457520	792613	664907	1.14	0.62	0.52	119.21
6	1458028	792161	665867	1.14	0.62	0.52	118.97
7	1316346	715260	601086	1.03	0.56	0.47	118.99
8	1348866	733840	615026	1.06	0.58	0.48	119.32
9	1395588	757462	638126	1.10	0.59	0.50	118.70
10-14岁	**7374632**	**3966277**	**3408355**	**5.79**	**3.11**	**2.68**	**116.37**
10	1437325	779682	657643	1.13	0.61	0.52	118.56
11	1366498	738173	628325	1.07	0.58	0.49	117.48
12	1511415	813213	698202	1.19	0.64	0.55	116.47
13	1495896	802185	693711	1.17	0.63	0.54	115.64
14	1563498	833024	730474	1.23	0.65	0.57	114.04
15-19岁	**9190962**	**4782846**	**4408116**	**7.22**	**3.76**	**3.46**	**108.50**
15	1725119	915365	809754	1.35	0.72	0.64	113.04
16	1745835	914091	831744	1.37	0.72	0.65	109.90
17	1890104	980745	909359	1.48	0.77	0.71	107.85
18	1888012	977703	910309	1.48	0.77	0.71	107.40
19	1941892	994942	946950	1.52	0.78	0.74	105.07
20-24岁	**11604416**	**5771671**	**5832745**	**9.11**	**4.53**	**4.58**	**98.95**
20	2541160	1278946	1262214	2.00	1.00	0.99	101.33
21	2403729	1198471	1205258	1.89	0.94	0.95	99.44
22	2237240	1110893	1126347	1.76	0.87	0.88	98.63
23	2343655	1160921	1182734	1.84	0.91	0.93	98.16
24	2078632	1022440	1056192	1.63	0.80	0.83	96.80
25-29岁	**9278248**	**4611961**	**4666287**	**7.29**	**3.62**	**3.66**	**98.84**
25	1825649	901688	923961	1.43	0.71	0.73	97.59
26	1807286	894211	913075	1.42	0.70	0.72	97.93
27	1784563	885861	898702	1.40	0.70	0.71	98.57
28	2061870	1028817	1033053	1.62	0.81	0.81	99.59
29	1798880	901384	897496	1.41	0.71	0.70	100.43

1-4 续表 1

单位：人、%

年 龄	人口数			占总人口比重			性别比
	合计	男	女	合计	男	女	(女=100)
30-34岁	**8999299**	**4531862**	**4467437**	**7.07**	**3.56**	**3.51**	**101.44**
30	1748871	874828	874043	1.37	0.69	0.69	100.09
31	1830043	921997	908046	1.44	0.72	0.71	101.54
32	1804144	906681	897463	1.42	0.71	0.70	101.03
33	1690978	855326	835652	1.33	0.67	0.66	102.35
34	1925263	973030	952233	1.51	0.76	0.75	102.18
35-39岁	**11099483**	**5613221**	**5486262**	**8.72**	**4.41**	**4.31**	**102.31**
35	1982501	1001429	981072	1.56	0.79	0.77	102.07
36	2151131	1083530	1067601	1.69	0.85	0.84	101.49
37	2250395	1139553	1110842	1.77	0.89	0.87	102.58
38	2336699	1181054	1155645	1.84	0.93	0.91	102.20
39	2378757	1207655	1171102	1.87	0.95	0.92	103.12
40-44岁	**11881111**	**5994835**	**5886276**	**9.33**	**4.71**	**4.62**	**101.84**
40	2607916	1316706	1291210	2.05	1.03	1.01	101.97
41	2360767	1190535	1170232	1.85	0.93	0.92	101.73
42	2572170	1297642	1274528	2.02	1.02	1.00	101.81
43	2034454	1024680	1009774	1.60	0.80	0.79	101.48
44	2305804	1165272	1140532	1.81	0.92	0.90	102.17
45-49岁	**10159832**	**5118861**	**5040971**	**7.98**	**4.02**	**3.96**	**101.55**
45	2297876	1163067	1134809	1.80	0.91	0.89	102.49
46	2244611	1128916	1115695	1.76	0.89	0.88	101.19
47	2593225	1314190	1279035	2.04	1.03	1.00	102.75
48	1941352	976978	964374	1.52	0.77	0.76	101.31
49	1082768	535710	547058	0.85	0.42	0.43	97.93
50-54岁	**7658776**	**3891177**	**3767599**	**6.01**	**3.06**	**2.96**	**103.28**
50	1376872	692394	684478	1.08	0.54	0.54	101.16
51	1227864	634338	593526	0.96	0.50	0.47	106.88
52	1620810	825293	795517	1.27	0.65	0.62	103.74
53	1785823	910268	875555	1.40	0.71	0.69	103.96
54	1647407	828884	818523	1.29	0.65	0.64	101.27
55-59岁	**8011414**	**4019336**	**3992078**	**6.29**	**3.16**	**3.13**	**100.68**
55	1735209	878073	857136	1.36	0.69	0.67	102.44
56	1745269	877852	867417	1.37	0.69	0.68	101.20
57	1584002	790075	793927	1.24	0.62	0.62	99.51
58	1598225	800381	797844	1.26	0.63	0.63	100.32
59	1348709	672955	675754	1.06	0.53	0.53	99.59
60-64岁	**5832034**	**2948425**	**2883609**	**4.58**	**2.32**	**2.26**	**102.25**
60	1359849	684946	674903	1.07	0.54	0.53	101.49
61	1289086	659713	629373	1.01	0.52	0.49	104.82
62	1122945	566205	556740	0.88	0.44	0.44	101.70
63	1067659	540955	526704	0.84	0.42	0.41	102.71
64	992495	496606	495889	0.78	0.39	0.39	100.14

1-4 续表 2 单位：人、%

年 龄	人口数			占总人口比重			性别比
	合计	男	女	合计	男	女	(女=100)
65-69岁	**4102100**	**2061900**	**2040200**	**3.22**	**1.62**	**1.60**	**101.06**
65	909600	455023	454577	0.71	0.36	0.36	100.10
66	863273	437760	425513	0.68	0.34	0.33	102.88
67	790915	397524	393391	0.62	0.31	0.31	101.05
68	772566	387893	384673	0.61	0.30	0.30	100.84
69	765746	383700	382046	0.60	0.30	0.30	100.43
70-74岁	**3285665**	**1626858**	**1658807**	**2.58**	**1.28**	**1.30**	**98.07**
70	744329	372418	371911	0.58	0.29	0.29	100.14
71	618772	306909	311863	0.49	0.24	0.24	98.41
72	685585	341151	344434	0.54	0.27	0.27	99.05
73	630327	312178	318149	0.49	0.25	0.25	98.12
74	606652	294202	312450	0.48	0.23	0.25	94.16
75-79岁	**2376437**	**1117302**	**1259135**	**1.87**	**0.88**	**0.99**	**88.74**
75	561802	267239	294563	0.44	0.21	0.23	90.72
76	515809	243337	272472	0.41	0.19	0.21	89.31
77	506245	239680	266565	0.40	0.19	0.21	89.91
78	424870	197044	227826	0.33	0.15	0.18	86.49
79	367711	170002	197709	0.29	0.13	0.16	85.99
80-84岁	**1326258**	**582300**	**743958**	**1.04**	**0.46**	**0.58**	**78.27**
80	375024	170364	204660	0.29	0.13	0.16	83.24
81	277616	123066	154550	0.22	0.10	0.12	79.63
82	273085	119548	153537	0.21	0.09	0.12	77.86
83	220738	94556	126182	0.17	0.07	0.10	74.94
84	179795	74766	105029	0.14	0.06	0.08	71.19
85-89岁	**551616**	**212282**	**339334**	**0.43**	**0.17**	**0.27**	**62.56**
85	162114	65340	96774	0.13	0.05	0.08	67.52
86	132506	51650	80856	0.10	0.04	0.06	63.88
87	104238	39405	64833	0.08	0.03	0.05	60.78
88	83506	30980	52526	0.07	0.02	0.04	58.98
89	69252	24907	44345	0.05	0.02	0.03	56.17
90-94岁	**149441**	**48601**	**100840**	**0.12**	**0.04**	**0.08**	**48.20**
90	53242	18179	35063	0.04	0.01	0.03	51.85
91	35305	11730	23575	0.03	0.01	0.02	49.76
92	26953	8465	18488	0.02	0.01	0.01	45.79
93	19688	5999	13689	0.02		0.01	43.82
94	14253	4228	10025	0.01		0.01	42.17
95-99岁	**31564**	**9151**	**22413**	**0.02**	**0.01**	**0.02**	**40.83**
95	10576	3054	7522	0.01		0.01	40.60
96	8054	2388	5666	0.01			42.15
97	5648	1635	4013				40.74
98	4346	1247	3099				40.24
99	2940	827	2113				39.14
100岁及以上	**3587**	**861**	**2726**				**31.58**

1-4a 全国分年龄、性别的人口(城市)

单位：人、%

年 龄	人口数			占总人口比重			性别比
	合计	男	女	合计	男	女	(女=100)
总 计	**37900129**	**19174007**	**18726122**	**100.00**	**50.59**	**49.41**	**102.39**
0-4岁	**1612016**	**864958**	**747058**	**4.25**	**2.28**	**1.97**	**115.78**
0	269407	144017	125390	0.71	0.38	0.33	114.86
1	337019	181475	155544	0.89	0.48	0.41	116.67
2	341515	183198	158317	0.90	0.48	0.42	115.72
3	343575	183959	159616	0.91	0.49	0.42	115.25
4	320500	172309	148191	0.85	0.45	0.39	116.27
5-9岁	**1551504**	**836281**	**715223**	**4.09**	**2.21**	**1.89**	**116.93**
5	319911	172586	147325	0.84	0.46	0.39	117.15
6	322406	173731	148675	0.85	0.46	0.39	116.85
7	282637	152528	130109	0.75	0.40	0.34	117.23
8	309483	166649	142834	0.82	0.44	0.38	116.67
9	317067	170787	146280	0.84	0.45	0.39	116.75
10-14岁	**1652819**	**886632**	**766187**	**4.36**	**2.34**	**2.02**	**115.72**
10	337658	182361	155297	0.89	0.48	0.41	117.43
11	310352	167206	143146	0.82	0.44	0.38	116.81
12	331206	178148	153058	0.87	0.47	0.40	116.39
13	330320	176708	153612	0.87	0.47	0.41	115.04
14	343283	182209	161074	0.91	0.48	0.42	113.12
15-19岁	**2728757**	**1391592**	**1337165**	**7.20**	**3.67**	**3.53**	**104.07**
15	408000	214222	193778	1.08	0.57	0.51	110.55
16	484537	250147	234390	1.28	0.66	0.62	106.72
17	566826	289015	277811	1.50	0.76	0.73	104.03
18	597294	302635	294659	1.58	0.80	0.78	102.71
19	672100	335573	336527	1.77	0.89	0.89	99.72
20-24岁	**4276600**	**2139628**	**2136972**	**11.28**	**5.65**	**5.64**	**100.12**
20	938508	466665	471843	2.48	1.23	1.24	98.90
21	917761	459555	458206	2.42	1.21	1.21	100.29
22	831147	419318	411829	2.19	1.11	1.09	101.82
23	843387	422925	420462	2.23	1.12	1.11	100.59
24	745797	371165	374632	1.97	0.98	0.99	99.07
25-29岁	**3484422**	**1726372**	**1758050**	**9.19**	**4.56**	**4.64**	**98.20**
25	655062	325876	329186	1.73	0.86	0.87	98.99
26	661865	327954	333911	1.75	0.87	0.88	98.22
27	683894	337321	346573	1.80	0.89	0.91	97.33
28	800669	396006	404663	2.11	1.04	1.07	97.86
29	682932	339215	343717	1.80	0.90	0.91	98.69

1-4a 续表 1

单位：人、%

年 龄	人口数			占总人口比重			性别比
	合计	男	女	合计	男	女	(女=100)
30-34岁	**3299594**	**1654863**	**1644731**	**8.71**	**4.37**	**4.34**	**100.62**
30	648330	323793	324537	1.71	0.85	0.86	99.77
31	689772	344948	344824	1.82	0.91	0.91	100.04
32	666289	333311	332978	1.76	0.88	0.88	100.10
33	616532	310285	306247	1.63	0.82	0.81	101.32
34	678671	342526	336145	1.79	0.90	0.89	101.90
35-39岁	**3713982**	**1887245**	**1826737**	**9.80**	**4.98**	**4.82**	**103.31**
35	686133	346021	340112	1.81	0.91	0.90	101.74
36	722469	365056	357413	1.91	0.96	0.94	102.14
37	758672	386166	372506	2.00	1.02	0.98	103.67
38	770114	392713	377401	2.03	1.04	1.00	104.06
39	776594	397289	379305	2.05	1.05	1.00	104.74
40-44岁	**3541583**	**1811282**	**1730301**	**9.34**	**4.78**	**4.57**	**104.68**
40	823955	421035	402920	2.17	1.11	1.06	104.50
41	734462	374729	359733	1.94	0.99	0.95	104.17
42	772333	395058	377275	2.04	1.04	1.00	104.71
43	568598	291198	277400	1.50	0.77	0.73	104.97
44	642235	329262	312973	1.69	0.87	0.83	105.20
45-49岁	**3058752**	**1575076**	**1483676**	**8.07**	**4.16**	**3.91**	**106.16**
45	667172	344368	322804	1.76	0.91	0.85	106.68
46	679265	349609	329656	1.79	0.92	0.87	106.05
47	809517	417280	392237	2.14	1.10	1.03	106.38
48	565447	291814	273633	1.49	0.77	0.72	106.64
49	337351	172005	165346	0.89	0.45	0.44	104.03
50-54岁	**2311229**	**1173073**	**1138156**	**6.10**	**3.10**	**3.00**	**103.07**
50	443370	226301	217069	1.17	0.60	0.57	104.25
51	388499	199865	188634	1.03	0.53	0.50	105.95
52	491202	250399	240803	1.30	0.66	0.64	103.99
53	520011	262395	257616	1.37	0.69	0.68	101.86
54	468147	234113	234034	1.24	0.62	0.62	100.03
55-59岁	**2158466**	**1061945**	**1096521**	**5.70**	**2.80**	**2.89**	**96.85**
55	482758	240373	242385	1.27	0.63	0.64	99.17
56	484216	239208	245008	1.28	0.63	0.65	97.63
57	421675	206243	215432	1.11	0.54	0.57	95.73
58	414288	202366	211922	1.09	0.53	0.56	95.49
59	355529	173755	181774	0.94	0.46	0.48	95.59
60-64岁	**1491823**	**734624**	**757199**	**3.94**	**1.94**	**2.00**	**97.02**
60	359154	178093	181061	0.95	0.47	0.48	98.36
61	330549	163624	166925	0.87	0.43	0.44	98.02
62	282753	137758	144995	0.75	0.36	0.38	95.01
63	270214	133006	137208	0.71	0.35	0.36	96.94
64	249153	122143	127010	0.66	0.32	0.34	96.17

1-4a 续表 2

单位：人、%

年 龄	人 口 数			占总人口比重			性别比
	合计	男	女	合计	男	女	(女=100)
65-69岁	**1017491**	**490720**	**526771**	**2.68**	**1.29**	**1.39**	**93.16**
65	223106	108295	114811	0.59	0.29	0.30	94.32
66	208950	101336	107614	0.55	0.27	0.28	94.17
67	194107	93600	100507	0.51	0.25	0.27	93.13
68	196726	94157	102569	0.52	0.25	0.27	91.80
69	194602	93332	101270	0.51	0.25	0.27	92.16
70-74岁	**868093**	**416358**	**451735**	**2.29**	**1.10**	**1.19**	**92.17**
70	193349	93399	99950	0.51	0.25	0.26	93.45
71	167182	79323	87859	0.44	0.21	0.23	90.28
72	180561	86311	94250	0.48	0.23	0.25	91.58
73	166603	80801	85802	0.44	0.21	0.23	94.17
74	160398	76524	83874	0.42	0.20	0.22	91.24
75-79岁	**621766**	**296496**	**325270**	**1.64**	**0.78**	**0.86**	**91.15**
75	149858	70501	79357	0.40	0.19	0.21	88.84
76	136337	64377	71960	0.36	0.17	0.19	89.46
77	131958	63574	68384	0.35	0.17	0.18	92.97
78	109027	51920	57107	0.29	0.14	0.15	90.92
79	94586	46124	48462	0.25	0.12	0.13	95.18
80-84岁	**333147**	**155727**	**177420**	**0.88**	**0.41**	**0.47**	**87.77**
80	94891	45926	48965	0.25	0.12	0.13	93.79
81	71073	33496	37577	0.19	0.09	0.10	89.14
82	67706	31322	36384	0.18	0.08	0.10	86.09
83	54789	24999	29790	0.14	0.07	0.08	83.92
84	44688	19984	24704	0.12	0.05	0.07	80.89
85-89岁	**133128**	**55402**	**77726**	**0.35**	**0.15**	**0.21**	**71.28**
85	39092	17057	22035	0.10	0.05	0.06	77.41
86	31790	13339	18451	0.08	0.04	0.05	72.29
87	24853	10044	14809	0.07	0.03	0.04	67.82
88	20657	8379	12278	0.05	0.02	0.03	68.24
89	16736	6583	10153	0.04	0.02	0.03	64.84
90-94岁	**36178**	**12948**	**23230**	**0.10**	**0.03**	**0.06**	**55.74**
90	12402	4565	7837	0.03	0.01	0.02	58.25
91	8700	3227	5473	0.02	0.01	0.01	58.96
92	6699	2328	4371	0.02	0.01	0.01	53.26
93	4974	1664	3310	0.01		0.01	50.27
94	3403	1164	2239	0.01		0.01	51.99
95-99岁	**7950**	**2546**	**5404**	**0.02**	**0.01**	**0.01**	**47.11**
95	2614	848	1766	0.01			48.02
96	2002	623	1379	0.01			45.18
97	1478	472	1006				46.92
98	1084	351	733				47.89
99	772	252	520				48.46
100岁及以上	**829**	**239**	**590**				**40.51**

1-4b 全国分年龄、性别的人口(镇)

单位：人、%

年 龄	人口数			占总人口比重			性别比
	合计	男	女	合计	男	女	(女=100)
总 计	**24633069**	**12507557**	**12125512**	**100.00**	**50.78**	**49.22**	**103.15**
0-4岁	**1413802**	**773858**	**639944**	**5.74**	**3.14**	**2.60**	**120.93**
0	237269	129512	107757	0.96	0.53	0.44	120.19
1	296426	163334	133092	1.20	0.66	0.54	122.72
2	294375	160837	133538	1.20	0.65	0.54	120.44
3	289410	158263	131147	1.17	0.64	0.53	120.68
4	296322	161912	134410	1.20	0.66	0.55	120.46
5-9岁	**1410406**	**770367**	**640039**	**5.73**	**3.13**	**2.60**	**120.36**
5	289101	157747	131354	1.17	0.64	0.53	120.09
6	292539	159899	132640	1.19	0.65	0.54	120.55
7	267049	145931	121118	1.08	0.59	0.49	120.49
8	275431	150562	124869	1.12	0.61	0.51	120.58
9	286286	156228	130058	1.16	0.63	0.53	120.12
10-14岁	**1501849**	**813715**	**688134**	**6.10**	**3.30**	**2.79**	**118.25**
10	295360	161776	133584	1.20	0.66	0.54	121.10
11	279193	151738	127455	1.13	0.62	0.52	119.05
12	307397	166732	140665	1.25	0.68	0.57	118.53
13	301538	162534	139004	1.22	0.66	0.56	116.93
14	318361	170935	147426	1.29	0.69	0.60	115.95
15-19岁	**2021480**	**1053623**	**967857**	**8.21**	**4.28**	**3.93**	**108.86**
15	374583	198543	176040	1.52	0.81	0.71	112.78
16	408257	212249	196008	1.66	0.86	0.80	108.29
17	449038	231480	217558	1.82	0.94	0.88	106.40
18	413972	215569	198403	1.68	0.88	0.81	108.65
19	375630	195782	179848	1.52	0.79	0.73	108.86
20-24岁	**2067283**	**1031414**	**1035869**	**8.39**	**4.19**	**4.21**	**99.57**
20	450093	230672	219421	1.83	0.94	0.89	105.13
21	416904	210268	206636	1.69	0.85	0.84	101.76
22	394052	196028	198024	1.60	0.80	0.80	98.99
23	423364	208370	214994	1.72	0.85	0.87	96.92
24	382870	186076	196794	1.55	0.76	0.80	94.55
25-29岁	**1754241**	**858369**	**895872**	**7.12**	**3.48**	**3.64**	**95.81**
25	341683	167154	174529	1.39	0.68	0.71	95.77
26	339850	165828	174022	1.38	0.67	0.71	95.29
27	334273	163367	170906	1.36	0.66	0.69	95.59
28	391579	191585	199994	1.59	0.78	0.81	95.80
29	346856	170435	176421	1.41	0.69	0.72	96.61

1-4b 续表 1

单位：人、%

年龄	人口数			占总人口比重			性别比
	合计	男	女	合计	男	女	(女=100)
30-34岁	**1835721**	**909327**	**926394**	**7.45**	**3.69**	**3.76**	**98.16**
30	343498	168915	174583	1.39	0.69	0.71	96.75
31	368473	181838	186635	1.50	0.74	0.76	97.43
32	368541	182362	186179	1.50	0.74	0.76	97.95
33	350104	174142	175962	1.42	0.71	0.71	98.97
34	405105	202070	203035	1.64	0.82	0.82	99.52
35-39岁	**2315452**	**1161925**	**1153527**	**9.40**	**4.72**	**4.68**	**100.73**
35	417891	208571	209320	1.70	0.85	0.85	99.64
36	451789	225475	226314	1.83	0.92	0.92	99.63
37	468589	234855	233734	1.90	0.95	0.95	100.48
38	487014	244921	242093	1.98	0.99	0.98	101.17
39	490169	248103	242066	1.99	1.01	0.98	102.49
40-44岁	**2418522**	**1219074**	**1199448**	**9.82**	**4.95**	**4.87**	**101.64**
40	538270	271661	266609	2.19	1.10	1.08	101.89
41	482786	242829	239957	1.96	0.99	0.97	101.20
42	522861	264330	258531	2.12	1.07	1.05	102.24
43	409190	205866	203324	1.66	0.84	0.83	101.25
44	465415	234388	231027	1.89	0.95	0.94	101.45
45-49岁	**1990457**	**1001276**	**989181**	**8.08**	**4.06**	**4.02**	**101.22**
45	461821	233310	228511	1.87	0.95	0.93	102.10
46	443748	222968	220780	1.80	0.91	0.90	100.99
47	505993	255900	250093	2.05	1.04	1.02	102.32
48	377627	189437	188190	1.53	0.77	0.76	100.66
49	201268	99661	101607	0.82	0.40	0.41	98.08
50-54岁	**1409108**	**714077**	**695031**	**5.72**	**2.90**	**2.82**	**102.74**
50	254786	128384	126402	1.03	0.52	0.51	101.57
51	227473	117651	109822	0.92	0.48	0.45	107.13
52	300407	152816	147591	1.22	0.62	0.60	103.54
53	326180	165393	160787	1.32	0.67	0.65	102.86
54	300262	149833	150429	1.22	0.61	0.61	99.60
55-59岁	**1434409**	**715367**	**719042**	**5.82**	**2.90**	**2.92**	**99.49**
55	314944	158736	156208	1.28	0.64	0.63	101.62
56	313504	156735	156769	1.27	0.64	0.64	99.98
57	283370	140388	142982	1.15	0.57	0.58	98.19
58	285016	141935	143081	1.16	0.58	0.58	99.20
59	237575	117573	120002	0.96	0.48	0.49	97.98
60-64岁	**1030453**	**517225**	**513228**	**4.18**	**2.10**	**2.08**	**100.78**
60	241611	120709	120902	0.98	0.49	0.49	99.84
61	228896	115811	113085	0.93	0.47	0.46	102.41
62	198464	99280	99184	0.81	0.40	0.40	100.10
63	186618	94155	92463	0.76	0.38	0.38	101.83
64	174864	87270	87594	0.71	0.35	0.36	99.63

1-4b 续表 2 单位：人、%

年 龄	人口数			占总人口比重			性别比
	合计	男	女	合计	男	女	(女=100)
65-69岁	**718940**	**358694**	**360246**	**2.92**	**1.46**	**1.46**	**99.57**
65	161704	80705	80999	0.66	0.33	0.33	99.64
66	151562	76183	75379	0.62	0.31	0.31	101.07
67	137393	68254	69139	0.56	0.28	0.28	98.72
68	135048	67187	67861	0.55	0.27	0.28	99.01
69	133233	66365	66868	0.54	0.27	0.27	99.25
70-74岁	**566514**	**279896**	**286618**	**2.30**	**1.14**	**1.16**	**97.65**
70	130866	65592	65274	0.53	0.27	0.26	100.49
71	106248	52267	53981	0.43	0.21	0.22	96.82
72	118407	58906	59501	0.48	0.24	0.24	99.00
73	108204	53401	54803	0.44	0.22	0.22	97.44
74	102789	49730	53059	0.42	0.20	0.22	93.73
75-79岁	**398924**	**187057**	**211867**	**1.62**	**0.76**	**0.86**	**88.29**
75	94341	44626	49715	0.38	0.18	0.20	89.76
76	86612	40425	46187	0.35	0.16	0.19	87.52
77	85291	40514	44777	0.35	0.16	0.18	90.48
78	71189	32953	38236	0.29	0.13	0.16	86.18
79	61491	28539	32952	0.25	0.12	0.13	86.61
80-84岁	**221826**	**97516**	**124310**	**0.90**	**0.40**	**0.50**	**78.45**
80	63212	28863	34349	0.26	0.12	0.14	84.03
81	46055	20394	25661	0.19	0.08	0.10	79.47
82	45665	19928	25737	0.19	0.08	0.10	77.43
83	36880	15886	20994	0.15	0.06	0.09	75.67
84	30014	12445	17569	0.12	0.05	0.07	70.83
85-89岁	**91847**	**35021**	**56826**	**0.37**	**0.14**	**0.23**	**61.63**
85	26927	10760	16167	0.11	0.04	0.07	66.56
86	21993	8448	13545	0.09	0.03	0.05	62.37
87	17495	6527	10968	0.07	0.03	0.04	59.51
88	13744	5108	8636	0.06	0.02	0.04	59.15
89	11688	4178	7510	0.05	0.02	0.03	55.63
90-94岁	**25662**	**8048**	**17614**	**0.10**	**0.03**	**0.07**	**45.69**
90	9157	3011	6146	0.04	0.01	0.02	48.99
91	6024	1991	4033	0.02	0.01	0.02	49.37
92	4558	1370	3188	0.02	0.01	0.01	42.97
93	3375	1011	2364	0.01		0.01	42.77
94	2548	665	1883	0.01		0.01	35.32
95-99岁	**5504**	**1552**	**3952**	**0.02**	**0.01**	**0.02**	**39.27**
95	1811	508	1303	0.01		0.01	38.99
96	1361	412	949	0.01			43.41
97	995	270	725				37.24
98	792	223	569				39.19
99	545	139	406				34.24
100岁及以上	**669**	**156**	**513**				**30.41**

1-4c 全国分年龄、性别的人口(乡村)

单位：人、%

年 龄	人 口 数			占总人口比重			性别比
	合计	男	女	合计	男	女	(女=100)
总 计	**64806387**	**33072890**	**31733497**	**100.00**	**51.03**	**48.97**	**104.22**
0-4岁	**4420544**	**2414575**	**2005969**	**6.82**	**3.73**	**3.10**	**120.37**
0	792105	431804	360301	1.22	0.67	0.56	119.85
1	923130	507689	415441	1.42	0.78	0.64	122.20
2	922085	505046	417039	1.42	0.78	0.64	121.10
3	881765	480077	401688	1.36	0.74	0.62	119.51
4	901459	489959	411500	1.39	0.76	0.63	119.07
5-9岁	**4014438**	**2184688**	**1829750**	**6.19**	**3.37**	**2.82**	**119.40**
5	848508	462280	386228	1.31	0.71	0.60	119.69
6	843083	458531	384552	1.30	0.71	0.59	119.24
7	766660	416801	349859	1.18	0.64	0.54	119.13
8	763952	416629	347323	1.18	0.64	0.54	119.95
9	792235	430447	361788	1.22	0.66	0.56	118.98
10-14岁	**4219964**	**2265930**	**1954034**	**6.51**	**3.50**	**3.02**	**115.96**
10	804307	435545	368762	1.24	0.67	0.57	118.11
11	776953	419229	357724	1.20	0.65	0.55	117.19
12	872812	468333	404479	1.35	0.72	0.62	115.79
13	864038	462943	401095	1.33	0.71	0.62	115.42
14	901854	479880	421974	1.39	0.74	0.65	113.72
15-19岁	**4440725**	**2337631**	**2103094**	**6.85**	**3.61**	**3.25**	**111.15**
15	942536	502600	439936	1.45	0.78	0.68	114.24
16	853041	451695	401346	1.32	0.70	0.62	112.55
17	874240	460250	413990	1.35	0.71	0.64	111.17
18	876746	459499	417247	1.35	0.71	0.64	110.13
19	894162	463587	430575	1.38	0.72	0.66	107.67
20-24岁	**5260533**	**2600629**	**2659904**	**8.12**	**4.01**	**4.10**	**97.77**
20	1152559	581609	570950	1.78	0.90	0.88	101.87
21	1069064	528648	540416	1.65	0.82	0.83	97.82
22	1012041	495547	516494	1.56	0.76	0.80	95.94
23	1076904	529626	547278	1.66	0.82	0.84	96.77
24	949965	465199	484766	1.47	0.72	0.75	95.96
25-29岁	**4039585**	**2027220**	**2012365**	**6.23**	**3.13**	**3.11**	**100.74**
25	828904	408658	420246	1.28	0.63	0.65	97.24
26	805571	400429	405142	1.24	0.62	0.63	98.84
27	766396	385173	381223	1.18	0.59	0.59	101.04
28	869622	441226	428396	1.34	0.68	0.66	102.99
29	769092	391734	377358	1.19	0.60	0.58	103.81

1-4c 续表 1 单位：人、%

年 龄	人口数			占总人口比重			性别比
	合计	男	女	合计	男	女	(女=100)
30-34岁	**3863984**	**1967672**	**1896312**	**5.96**	**3.04**	**2.93**	**103.76**
30	757043	382120	374923	1.17	0.59	0.58	101.92
31	771798	395211	376587	1.19	0.61	0.58	104.95
32	769314	391008	378306	1.19	0.60	0.58	103.36
33	724342	370899	353443	1.12	0.57	0.55	104.94
34	841487	428434	413053	1.30	0.66	0.64	103.72
35-39岁	**5070049**	**2564051**	**2505998**	**7.82**	**3.96**	**3.87**	**102.32**
35	878477	446837	431640	1.36	0.69	0.67	103.52
36	976873	492999	483874	1.51	0.76	0.75	101.89
37	1023134	518532	504602	1.58	0.80	0.78	102.76
38	1079571	543420	536151	1.67	0.84	0.83	101.36
39	1111994	562263	549731	1.72	0.87	0.85	102.28
40-44岁	**5921006**	**2964479**	**2956527**	**9.14**	**4.57**	**4.56**	**100.27**
40	1245691	624010	621681	1.92	0.96	0.96	100.37
41	1143519	572977	570542	1.76	0.88	0.88	100.43
42	1276976	638254	638722	1.97	0.98	0.99	99.93
43	1056666	527616	529050	1.63	0.81	0.82	99.73
44	1198154	601622	596532	1.85	0.93	0.92	100.85
45-49岁	**5110623**	**2542509**	**2568114**	**7.89**	**3.92**	**3.96**	**99.00**
45	1168883	585389	583494	1.80	0.90	0.90	100.32
46	1121598	556339	565259	1.73	0.86	0.87	98.42
47	1277715	641010	636705	1.97	0.99	0.98	100.68
48	998278	495727	502551	1.54	0.76	0.78	98.64
49	544149	264044	280105	0.84	0.41	0.43	94.27
50-54岁	**3938439**	**2004027**	**1934412**	**6.08**	**3.09**	**2.98**	**103.60**
50	678716	337709	341007	1.05	0.52	0.53	99.03
51	611892	316822	295070	0.94	0.49	0.46	107.37
52	829201	422078	407123	1.28	0.65	0.63	103.67
53	939632	482480	457152	1.45	0.74	0.71	105.54
54	878998	444938	434060	1.36	0.69	0.67	102.51
55-59岁	**4418539**	**2242024**	**2176515**	**6.82**	**3.46**	**3.36**	**103.01**
55	937507	478964	458543	1.45	0.74	0.71	104.45
56	947549	481909	465640	1.46	0.74	0.72	103.49
57	878957	443444	435513	1.36	0.68	0.67	101.82
58	898921	456080	442841	1.39	0.70	0.68	102.99
59	755605	381627	373978	1.17	0.59	0.58	102.05
60-64岁	**3309758**	**1696576**	**1613182**	**5.11**	**2.62**	**2.49**	**105.17**
60	759084	386144	372940	1.17	0.60	0.58	103.54
61	729641	380278	349363	1.13	0.59	0.54	108.85
62	641728	329167	312561	0.99	0.51	0.48	105.31
63	610827	313794	297033	0.94	0.48	0.46	105.64
64	568478	287193	281285	0.88	0.44	0.43	102.10

1-4c 续表 2

单位：人、%

年 龄	人 口 数			占总人口比重			性别比
	合计	男	女	合计	男	女	(女=100)
65-69岁	**2365669**	**1212486**	**1153183**	**3.65**	**1.87**	**1.78**	**105.14**
65	524790	266023	258767	0.81	0.41	0.40	102.80
66	502761	260241	242520	0.78	0.40	0.37	107.31
67	459415	235670	223745	0.71	0.36	0.35	105.33
68	440792	226549	214243	0.68	0.35	0.33	105.74
69	437911	224003	213908	0.68	0.35	0.33	104.72
70-74岁	**1851058**	**930604**	**920454**	**2.86**	**1.44**	**1.42**	**101.10**
70	420114	213427	206687	0.65	0.33	0.32	103.26
71	345342	175319	170023	0.53	0.27	0.26	103.11
72	386617	195934	190683	0.60	0.30	0.29	102.75
73	355520	177976	177544	0.55	0.27	0.27	100.24
74	343465	167948	175517	0.53	0.26	0.27	95.69
75-79岁	**1355747**	**633749**	**721998**	**2.09**	**0.98**	**1.11**	**87.78**
75	317603	152112	165491	0.49	0.23	0.26	91.92
76	292860	138535	154325	0.45	0.21	0.24	89.77
77	288996	135592	153404	0.45	0.21	0.24	88.39
78	244654	112171	132483	0.38	0.17	0.20	84.67
79	211634	95339	116295	0.33	0.15	0.18	81.98
80-84岁	**771285**	**329057**	**442228**	**1.19**	**0.51**	**0.68**	**74.41**
80	216921	95575	121346	0.33	0.15	0.19	78.76
81	160488	69176	91312	0.25	0.11	0.14	75.76
82	159714	68298	91416	0.25	0.11	0.14	74.71
83	129069	53671	75398	0.20	0.08	0.12	71.18
84	105093	42337	62756	0.16	0.07	0.10	67.46
85-89岁	**326641**	**121859**	**204782**	**0.50**	**0.19**	**0.32**	**59.51**
85	96095	37523	58572	0.15	0.06	0.09	64.06
86	78723	29863	48860	0.12	0.05	0.08	61.12
87	61890	22834	39056	0.10	0.04	0.06	58.46
88	49105	17493	31612	0.08	0.03	0.05	55.34
89	40828	14146	26682	0.06	0.02	0.04	53.02
90-94岁	**87601**	**27605**	**59996**	**0.14**	**0.04**	**0.09**	**46.01**
90	31683	10603	21080	0.05	0.02	0.03	50.30
91	20581	6512	14069	0.03	0.01	0.02	46.29
92	15696	4767	10929	0.02	0.01	0.02	43.62
93	11339	3324	8015	0.02	0.01	0.01	41.47
94	8302	2399	5903	0.01		0.01	40.64
95-99岁	**18110**	**5053**	**13057**	**0.03**	**0.01**	**0.02**	**38.70**
95	6151	1698	4453	0.01		0.01	38.13
96	4691	1353	3338	0.01		0.01	40.53
97	3175	893	2282				39.13
98	2470	673	1797				37.45
99	1623	436	1187				36.73
100岁及以上	**2089**	**466**	**1623**				**28.71**

第二部分 长表数据资料

第二卷 民族

2-1 全国各民族分性别、行业的人口

单位：人

民族	合计			农、林、牧、渔业			采矿业		
	合计	男	女	小计	男	女	小计	男	女
总　计	**71657149**	**39658974**	**31998175**	**34652177**	**17618362**	**17033815**	**809633**	**666416**	**143217**
汉　族	65624215	36403949	29220266	30464154	15455595	15008559	762339	627341	134998
蒙古族	303414	165486	137928	192666	103113	89553	3246	2631	615
回　族	514834	286331	228503	271879	137477	134402	5635	4573	1062
藏　族	323034	169608	153426	265616	135734	129882	619	481	138
维吾尔族	548294	297491	250803	452827	238697	214130	1810	1376	434
苗　族	505013	267798	237215	355893	179535	176358	3390	2846	544
彝　族	516304	267037	249267	426549	212712	213837	5557	4684	873
壮　族	968330	507603	460727	671180	338621	332559	3998	2957	1041
布依族	151747	79098	72649	105236	52125	53111	713	595	118
朝鲜族	72349	40497	31852	19142	11093	8049	408	323	85
满　族	558527	326802	231725	326645	183965	142680	11159	9678	1481
侗　族	160170	87564	72606	101748	52758	48990	530	444	86
瑶　族	156483	83703	72780	115553	59966	55587	703	551	152
白　族	108841	57252	51589	72780	35550	37230	1001	785	216
土家族	419146	225719	193427	252666	126240	126426	2975	2591	384
哈尼族	101966	54308	47658	80401	41389	39012	2212	1772	440
哈萨克族	63442	38617	24825	49694	31059	18635	435	335	100
傣　族	79231	41174	38057	64120	33318	30802	271	217	54
黎　族	81558	44453	37105	66182	36272	29910	149	111	38
傈僳族	46163	23793	22370	41425	21012	20413	204	169	35
佤　族	28110	14632	13478	21949	11169	10780	126	103	23
畲　族	36187	22156	14031	18085	10676	7409	347	303	44
高山族	218	117	101	95	48	47	2	2	
拉祜族	33289	17391	15898	29246	15381	13865	105	88	17
水　族	22715	11930	10785	17107	8591	8516	135	120	15
东乡族	41247	21239	20008	36317	17563	18754	75	68	7
纳西族	19511	10018	9493	13175	6678	6497	68	54	14
景颇族	8861	4248	4613	7289	3460	3829	9	6	3
柯尔克孜族	8587	4658	3929	6981	3769	3212	13	10	3
土　族	16035	8548	7487	11073	5618	5455	120	103	17
达斡尔族	5806	3213	2593	3052	1764	1288	65	61	4
仫佬族	10448	5592	4856	5832	3057	2775	60	44	16
羌　族	18356	9827	8529	13390	6886	6504	84	78	6
布朗族	7464	3973	3491	6383	3400	2983	16	13	3
撒拉族	5630	3132	2498	3674	1802	1872	30	23	7
毛南族	5770	3135	2635	3670	1918	1752	63	52	11
仡佬族	26557	14437	12120	16416	8191	8225	157	137	20
锡伯族	9946	5792	4154	5345	3160	2185	94	69	25
阿昌族	2152	1072	1080	1699	817	882	9	8	1
普米族	2446	1275	1171	1903	963	940	41	31	10
塔吉克族	2124	1345	779	1886	1179	707	8	8	
怒　族	2222	1141	1081	1780	900	880	11	5	6
乌孜别克族	377	246	131	126	91	35	4	3	1
俄罗斯族	618	311	307	114	66	48	14	8	6
鄂温克族	1355	711	644	794	430	364	4	4	
德昂族	1261	620	641	1132	553	579	3	2	1
保安族	1016	522	494	786	363	423	3	3	
裕固族	800	443	357	527	288	239	13	10	3
京　族	1294	710	584	633	346	287	7	5	2
塔塔尔族	188	121	67	103	73	30	1	1	
独龙族	453	225	228	400	200	200			
鄂伦春族	340	178	162	103	62	41			
赫哲族	244	137	107	79	47	32	1	1	
门巴族	610	317	293	516	263	253	1	1	
珞巴族	186	94	92	163	84	79			
基诺族	1517	796	721	1251	666	585	1	1	
其他未识别的民族	30070	16357	13713	22701	11596	11105	589	531	58
外国人加入中国籍	78	32	46	46	13	33			

2-1 续表 1 单位：人

民族	制造业			电力、燃气及水的生产和供应业			建筑业		
	小计	男	女	小计	男	女	小计	男	女
总计	**12078306**	**6768572**	**5309734**	**496115**	**353990**	**142125**	**3923145**	**3357942**	**565203**
汉族	11586321	6478743	5107578	468186	334396	133790	3757220	3219122	538098
蒙古族	13128	7957	5171	2514	1742	772	8265	6977	1288
回族	45893	28960	16933	4104	2856	1248	18302	15374	2928
藏族	4043	2379	1664	900	584	316	4932	3722	1210
维吾尔族	12396	7309	5087	1218	816	402	6180	5335	845
苗族	66821	37976	28845	1482	1027	455	15807	12787	3020
彝族	21400	12909	8491	1556	1153	403	9413	7798	1615
壮族	104039	59466	44573	3882	2715	1167	24868	19695	5173
布依族	22471	12600	9871	489	367	122	3716	2971	745
朝鲜族	9211	5847	3364	728	566	162	4261	3880	381
满族	44625	28596	16029	4273	3103	1170	21453	19269	2184
侗族	24781	14443	10338	795	555	240	5801	4759	1042
瑶族	17496	10176	7320	585	403	182	3267	2582	685
白族	8446	5207	3239	651	449	202	4314	3658	656
土家族	58446	33274	25172	2235	1517	718	19591	16800	2791
哈尼族	4002	2454	1548	298	203	95	3036	2454	582
哈萨克族	1372	771	601	172	111	61	514	442	72
傣族	3164	1830	1334	231	149	82	875	734	141
黎族	3403	1863	1540	262	181	81	781	629	152
傈僳族	852	517	335	104	68	36	493	400	93
佤族	2372	1366	1006	67	55	12	726	611	115
畲族	6617	3955	2662	209	169	40	2385	2109	276
高山族	33	23	10	1	1		6	5	1
拉祜族	817	445	372	60	43	17	413	335	78
水族	2774	1631	1143	40	28	12	392	309	83
东乡族	441	310	131	42	33	9	749	682	67
纳西族	395	210	185	143	94	49	248	197	51
景颇族	329	197	132	38	20	18	72	57	15
柯尔克孜族	145	65	80	12	9	3	113	87	26
土族	1402	814	588	91	65	26	538	438	100
达斡尔族	234	137	97	81	55	26	136	120	16
仫佬族	1562	895	667	62	40	22	349	295	54
羌族	777	455	322	96	58	38	661	550	111
布朗族	246	141	105	13	13		129	113	16
撒拉族	121	80	41	30	27	3	111	98	13
毛南族	771	446	325	11	5	6	229	192	37
仡佬族	3270	1869	1401	168	120	48	1396	1183	213
锡伯族	918	594	324	106	71	35	239	211	28
阿昌族	150	96	54	5	5		40	30	10
普米族	63	35	28	4	4		40	38	2
塔吉克族	33	26	7	2		2	3	2	1
怒族	65	32	33	19	12	7	42	38	4
乌孜别克族	35	18	17	7	5	2	3	3	
俄罗斯族	48	22	26	14	9	5	9	7	2
鄂温克族	49	23	26	7	7		24	18	6
德昂族	30	19	11	1	1		6	5	1
保安族	29	25	4	4	3	1	27	20	7
裕固族	28	15	13	10	5	5	14	9	5
京族	65	36	29	8	4	4	37	29	8
塔塔尔族	8	4	4	1		1	4	3	1
独龙族	5	2	3	5	3	2	7	6	1
鄂伦春族	17	6	11	3	3		11	9	2
赫哲族	33	20	13	4	2	2	12	9	3
门巴族	13	6	7	1	1		4	3	1
珞巴族	1		1	1		1	1	1	
基诺族	25	13	12	9	4	5	5	5	
其他未识别的民族	2066	1259	807	74	54	20	873	725	148
外国人加入中国籍	9	5	4	1	1		2	2	

2-1 续表 2

单位：人

民族	交通运输、仓储和邮政业			信息传输、计算机服务和软件业			批发和零售业		
	小计	男	女	小计	男	女	小计	男	女
总 计	**2545477**	**2130967**	**414510**	**439621**	**263030**	**176591**	**6662783**	**3147796**	**3514987**
汉 族	2411043	2017579	393464	418085	250784	167301	6362189	3011960	3350229
蒙古族	9432	7757	1675	1763	959	804	17427	7238	10189
回 族	24961	21257	3704	3421	1901	1520	51145	25275	25870
藏 族	3743	3014	729	569	298	271	7476	3834	3642
维吾尔族	8631	7571	1060	899	481	418	18305	11687	6618
苗 族	6879	5740	1139	1182	671	511	17869	7754	10115
彝 族	5322	4504	818	839	490	349	12036	4775	7261
壮 族	19021	15247	3774	3149	1822	1327	53944	22867	31077
布依族	2052	1717	335	319	177	142	5013	2057	2956
朝鲜族	3317	2784	533	1121	713	408	10663	4831	5832
满 族	22422	19565	2857	3563	2113	1450	41676	18060	23616
侗 族	3132	2718	414	576	323	253	7245	3072	4173
瑶 族	1872	1520	352	375	211	164	5238	2350	2888
白 族	2545	2181	364	369	215	154	5317	2223	3094
土家族	10308	8809	1499	1682	921	761	23812	10125	13687
哈尼族	1250	1010	240	190	111	79	2948	1083	1865
哈萨克族	1114	955	159	115	56	59	1405	609	796
傣 族	907	788	119	198	98	100	2414	777	1637
黎 族	799	631	168	144	77	67	2311	896	1415
傈僳族	316	275	41	64	42	22	472	170	302
佤 族	228	187	41	28	17	11	542	176	366
畲 族	1056	957	99	145	101	44	2857	1425	1432
高山族	3		3				26	15	11
拉祜族	214	173	41	49	24	25	608	179	429
水 族	238	203	35	40	25	15	647	276	371
东乡族	382	326	56	30	19	11	915	627	288
纳西族	597	483	114	108	61	47	806	319	487
景颇族	52	40	12	24	12	12	225	66	159
柯尔克孜族	160	110	50	11	5	6	154	75	79
土 族	236	177	59	59	25	34	551	228	323
达斡尔族	203	164	39	59	31	28	356	126	230
仫佬族	346	254	92	59	26	33	810	309	501
羌 族	493	436	57	65	33	32	713	294	419
布朗族	35	28	7	9	1	8	108	35	73
撒拉族	190	184	6	14	9	5	249	158	91
毛南族	113	81	32	16	6	10	269	106	163
仡佬族	564	450	114	73	50	23	1204	531	673
锡伯族	379	310	69	104	61	43	913	388	525
阿昌族	16	14	2	3	3		57	15	42
普米族	44	41	3	4	4		71	26	45
塔吉克族	19	14	5				8	6	2
怒 族	22	17	5	10	5	5	64	20	44
乌孜别克族	15	12	3	4	2	2	55	43	12
俄罗斯族	55	40	15	6	5	1	81	30	51
鄂温克族	41	32	9	6	3	3	76	35	41
德昂族	6	5	1	2	1	1	16	3	13
保安族	7	6	1	1	1		36	25	11
裕固族	14	10	4	7	5	2	33	14	19
京 族	79	63	16	8	3	5	199	100	99
塔塔尔族	7	7		1	1		13	5	8
独龙族	2	1	1				4	1	3
鄂伦春族	16	13	3	2		2	33	13	20
赫哲族	14	13	1	4	1	3	21	9	12
门巴族	7	7		2	2		8	1	7
珞巴族	3	3					5	2	3
基诺族	12	12		3	2	1	41	13	28
其他未识别的民族	539	469	70	41	23	18	1099	456	643
外国人加入中国籍	4	3	1	1		1	5	3	2

2-1 续表 3　　单位：人

民族	住宿和餐饮业			金融业			房地产业		
	小计	男	女	小计	男	女	小计	男	女
总　计	**1959534**	**906612**	**1052922**	**581213**	**292949**	**288264**	**481146**	**306038**	**175108**
汉　族	1826988	849258	977730	553562	278752	274810	464280	295533	168747
蒙古族	7124	2889	4235	3006	1441	1565	1336	782	554
回　族	30295	16341	13954	4437	2127	2310	3284	2121	1163
藏　族	4238	1524	2714	836	495	341	195	120	75
维吾尔族	4676	3051	1625	1063	563	500	686	356	330
苗　族	6650	2539	4111	1243	649	594	790	524	266
彝　族	7183	2521	4662	989	550	439	687	473	214
壮　族	15075	6268	8807	3539	1894	1645	2682	1635	1047
布依族	1851	720	1131	384	216	168	292	211	81
朝鲜族	9100	3058	6042	1187	606	581	617	418	199
满　族	13837	5920	7917	5255	2709	2546	2998	1790	1208
侗　族	2900	1113	1787	610	333	277	330	223	107
瑶　族	1689	697	992	449	221	228	264	151	113
白　族	2465	896	1569	640	320	320	291	181	110
土家族	8885	3351	5534	1991	1032	959	1032	662	370
哈尼族	2633	866	1767	165	92	73	144	108	36
哈萨克族	640	263	377	172	90	82	88	43	45
傣　族	2232	752	1480	218	101	117	100	50	50
黎　族	2186	806	1380	176	91	85	279	172	107
傈僳族	605	194	411	55	35	20	29	24	5
佤　族	646	161	485	29	17	12	25	20	5
畲　族	964	436	528	160	77	83	144	87	57
高山族	6	3	3						
拉祜族	551	138	413	42	20	22	19	10	9
水　族	169	56	113	51	25	26	29	19	10
东乡族	1157	830	327	52	39	13	10	8	2
纳西族	997	326	671	139	68	71	87	54	33
景颇族	188	59	129	13	4	9	5		5
柯尔克孜族	78	35	43	14	9	5	2	1	1
土　族	303	126	177	83	36	47	39	24	15
达斡尔族	166	68	98	93	41	52	40	23	17
仫佬族	172	79	93	70	32	38	33	21	12
羌　族	519	200	319	65	30	35	62	45	17
布朗族	122	37	85	16	10	6	11	8	3
撒拉族	807	501	306	24	15	9	11	7	4
毛南族	78	26	52	30	16	14	11	6	5
仡佬族	395	150	245	123	75	48	74	48	26
锡伯族	238	106	132	120	58	62	69	38	31
阿昌族	32	5	27	8	4	4	1		1
普米族	91	22	69	9	7	2	1	1	
塔吉克族	5	2	3	1	1				
怒　族	29	8	21	6	4	2	2	2	
乌孜别克族	9	6	3	3	2	1	1	1	
俄罗斯族	26	15	11	11	5	6	11	7	4
鄂温克族	31	11	20	11	3	8	9	2	7
德昂族	15	4	11						
保安族	33	21	12	3	2	1	1		1
裕固族	19	9	10	7	6	1	6	3	3
京　族	43	11	32	7	4	3	5	3	2
塔塔尔族	6	3	3	2	1	1			
独龙族	3		3						
鄂伦春族	16	5	11	5	2	3	2	1	1
赫哲族	5	3	2	4	1	3	1	1	
门巴族	6	2	4	3	2	1			
珞巴族									
基诺族	27	10	17	2		2	3		3
其他未识别的民族	330	111	219	29	16	13	27	20	7
外国人加入中国籍				1		1	1	1	

2-1 续表 4

单位：人

民族	租赁和商务服务业			科学研究、技术服务和地质勘查业			水利、环境和公共设施管理业		
	小计	男	女	小计	男	女	小计	男	女
总 计	**491541**	**304861**	**186680**	**229670**	**150861**	**78809**	**267651**	**156463**	**111188**
汉 族	469003	290603	178400	219738	144546	75192	252757	148037	104720
蒙古族	1476	865	611	1021	614	407	1108	638	470
回 族	3753	2279	1474	1574	979	595	2161	1308	853
藏 族	428	265	163	304	181	123	636	345	291
维吾尔族	2033	1305	728	540	272	268	1473	788	685
苗 族	999	693	306	403	282	121	780	389	391
彝 族	1024	718	306	367	255	112	764	436	328
壮 族	2817	1842	975	1319	893	426	1857	929	928
布依族	279	183	96	166	106	60	254	126	128
朝鲜族	1141	649	492	352	237	115	311	212	99
满 族	3580	2214	1366	1908	1209	699	1956	1251	705
侗 族	376	229	147	164	97	67	230	132	98
瑶 族	375	226	149	152	89	63	234	136	98
白 族	526	342	184	249	169	80	364	197	167
土家族	1601	992	609	566	402	164	975	571	404
哈尼族	224	174	50	104	67	37	169	85	84
哈萨克族	167	112	55	114	46	68	292	175	117
傣 族	258	188	70	57	33	24	165	88	77
黎 族	297	211	86	117	76	41	303	147	156
傈僳族	74	51	23	41	31	10	47	24	23
佤 族	51	38	13	9	6	3	50	27	23
畲 族	157	99	58	42	32	10	84	46	38
高山族	3		3	1	1				
拉祜族	32	23	9	11	6	5	35	19	16
水 族	28	18	10	12	8	4	27	13	14
东乡族	17	14	3	10	8	2	14	10	4
纳西族	296	184	112	40	34	6	162	78	84
景颇族	41	35	6	5	3	2	13	6	7
柯尔克孜族	6	5	1	5	3	2	9	8	1
土 族	35	22	13	24	17	7	51	31	20
达斡尔族	48	28	20	28	17	11	22	13	9
仫佬族	50	30	20	18	9	9	33	16	17
羌 族	49	34	15	19	11	8	46	27	19
布朗族	7	3	4	2		2	23	13	10
撒拉族	8	4	4	5	1	4	5	4	1
毛南族	18	11	7	11	8	3	15	6	9
仡佬族	51	33	18	44	30	14	60	24	36
锡伯族	67	41	26	57	38	19	52	32	20
阿昌族	11	9	2	3	2	1	2	1	1
普米族	16	11	5	1	1		7	6	1
塔吉克族	6	6		1	1		21	15	6
怒 族	5	4	1	4	2	2	4	2	2
乌孜别克族	3	1	2	1	1		3	3	
俄罗斯族	12	3	9	13	8	5	5	1	4
鄂温克族	10	7	3	7	1	6	4	2	2
德昂族	4	4							
保安族	3	3		2	2		1	1	
裕固族	4	4		4	3	1	2	1	1
京 族	20	14	6	2	2		6	3	3
塔塔尔族	1	1		2	2		1	1	
独龙族				4	2	2			
鄂伦春族	5	3	2	1	1		2	2	
赫哲族	7	4	3	3	2	1	2	2	
门巴族	1	1					3	3	
珞巴族							1		1
基诺族	6	3	3	4	2	2	13	9	4
其他未识别的民族	32	20	12	19	13	6	37	24	13
外国人加入中国籍									

2-1 续表 5 单位：人

民族	居民服务和其他服务业			教育			卫生、社会保障和社会福利业		
	小计	男	女	小计	男	女	小计	男	女
总计	**1391303**	**744354**	**646949**	**1651675**	**735205**	**916470**	**834148**	**336737**	**497411**
汉族	1322557	708413	614144	1520227	673753	846474	779654	316328	463326
蒙古族	5355	2716	2639	12207	4598	7609	4946	1858	3088
回族	7098	4097	3001	11883	4980	6903	6086	2169	3917
藏族	1226	552	674	5552	2753	2799	2286	898	1388
维吾尔族	3807	2491	1316	12825	5278	7547	4566	1411	3155
苗族	4844	2533	2311	7814	4435	3379	2911	1190	1721
彝族	3518	1790	1728	7219	3915	3304	2800	1051	1749
壮族	10891	5593	5298	19403	9591	9812	7838	2930	4908
布依族	1344	705	639	3007	1652	1355	936	363	573
朝鲜族	2589	981	1608	3168	1268	1900	1490	636	854
满族	10539	5535	5004	15282	6078	9204	7496	2876	4620
侗族	1928	1007	921	3489	1960	1529	1399	577	822
瑶族	1329	655	674	2691	1321	1370	1076	412	664
白族	1222	667	555	2668	1335	1333	1267	446	821
土家族	6029	3083	2946	10158	5390	4768	4247	1812	2435
哈尼族	1121	640	481	1160	649	511	411	136	275
哈萨克族	479	235	244	2704	1196	1508	896	275	621
傣族	692	330	362	1140	490	650	453	140	313
黎族	680	290	390	1330	722	608	489	160	329
傈僳族	212	105	107	407	216	191	166	58	108
佤族	238	98	140	295	154	141	113	42	71
畲族	897	443	454	792	416	376	275	132	143
高山族	9	5	4	8	1	7	6	1	5
拉祜族	200	73	127	326	137	189	122	29	93
水族	141	63	78	392	245	147	94	42	52
东乡族	122	73	49	220	129	91	69	35	34
纳西族	157	81	76	631	262	369	231	70	161
景颇族	55	22	33	114	37	77	57	13	44
柯尔克孜族	87	40	47	291	142	149	92	27	65
土族	143	76	67	463	247	216	195	82	113
达斡尔族	152	73	79	358	122	236	166	49	117
仫佬族	134	74	60	312	127	185	128	46	82
羌族	280	137	143	363	181	182	165	56	109
布朗族	63	14	49	96	50	46	43	15	28
撒拉族	38	23	15	84	46	38	40	18	22
毛南族	58	34	24	172	79	93	59	28	31
仡佬族	315	163	152	936	551	385	315	133	182
锡伯族	199	110	89	380	125	255	166	56	110
阿昌族	20	6	14	34	18	16	11	3	8
普米族	18	13	5	41	16	25	18	5	13
塔吉克族	7	3	4	50	30	20	22	12	10
怒族	12	5	7	41	18	23	15	6	9
乌孜别克族	10	9	1	31	13	18	15	7	8
俄罗斯族	19	11	8	51	12	39	31	8	23
鄂温克族	32	15	17	70	16	54	23	4	19
德昂族	12	6	6	11	4	7	2	1	1
保安族				20	10	10	12	5	7
裕固族	7	5	2	24	11	13	19	8	11
京族	36	20	16	33	10	23	26	8	18
塔塔尔族	1	1		10	6	4	11	4	7
独龙族	1		1	4	1	3	4		4
鄂伦春族	11	9	2	27	3	24	9	2	7
赫哲族	4	1	3	14	3	11	8	2	6
门巴族	5	1	4	13	7	6	3	1	2
珞巴族				3		3			
基诺族	5	1	4	48	22	26	14	3	11
其他未识别的民族	351	225	126	582	374	208	156	58	98
外国人加入中国籍	4	3	1	1		1			

2-1 续表 6

单位：人

民族	文化、体育和娱乐业			公共管理和社会组织			国际组织		
	小计	男	女	小计	男	女	小计	男	女
总 计	**324857**	**175052**	**149805**	**1836496**	**1242462**	**594034**	**658**	**305**	**353**
汉 族	305161	164476	140685	1680146	1138448	541698	605	282	323
蒙古族	2137	1111	1026	15255	9599	5656	2	1	1
回 族	2768	1530	1238	16139	10721	5418	16	6	10
藏 族	1140	642	498	18293	11786	6507	2	1	1
维吾尔族	1162	694	468	13195	8009	5186	2	1	1
苗 族	964	472	492	8291	5755	2536	1	1	
彝 族	876	429	447	8204	5873	2331	1	1	
壮 族	2249	1238	1011	16574	11397	5177	5	3	2
布依族	256	138	118	2969	2069	900			
朝鲜族	901	555	346	2639	1838	801	3	2	1
满 族	2574	1418	1156	17280	11452	5828	6	1	5
侗 族	330	171	159	3806	2650	1156			
瑶 族	331	167	164	2802	1869	933	2		2
白 族	395	211	184	3329	2220	1109	2		2
土家族	1284	650	634	10661	7495	3166	2	2	
哈尼族	172	81	91	1326	934	392			
哈萨克族	280	146	134	2786	1696	1090	3	2	1
傣 族	284	131	153	1452	960	492			
黎 族	234	112	122	1436	1006	430			
傈僳族	54	22	32	543	380	163			
佤 族	201	89	112	415	296	119			
畲 族	187	98	89	784	595	189			
高山族	7	1	6	12	11	1			
拉祜族	60	26	34	379	242	137			
水 族	28	8	20	371	250	121			
东乡族	21	15	6	604	450	154			
纳西族	179	111	68	1052	654	398			
景颇族	47	24	23	285	187	98			
柯尔克孜族	35	15	20	379	243	136			
土 族	36	18	18	593	401	192			
达斡尔族	81	44	37	466	277	189			
仫佬族	44	19	25	374	219	155			
羌 族	55	25	30	449	289	160	5	2	3
布朗族	11	3	8	131	76	55			
撒拉族	13	9	4	176	123	53			
毛南族	12	7	5	164	108	56			
仡佬族	68	33	35	928	666	262			
锡伯族	69	39	30	430	285	145	1		1
阿昌族	3	2	1	48	34	14			
普米族	9	5	4	65	46	19			
塔吉克族	5	3	2	47	37	10			
怒 族	2	2		89	59	30			
乌孜别克族	3	2	1	49	24	25			
俄罗斯族	15	6	9	83	48	35			
鄂温克族	27	15	12	130	83	47			
德昂族	6	1	5	15	11	4			
保安族	3	2	1	45	30	15			
裕固族	9	4	5	53	33	20			
京 族	4	2	2	76	47	29			
塔塔尔族	6	1	5	10	7	3			
独龙族	2		2	12	9	3			
鄂伦春族	8	4	4	69	40	29			
赫哲族	2	1	1	26	15	11			
门巴族	2	1	1	22	15	7			
珞巴族	1	1		7	3	4			
基诺族	6	3	3	42	27	15			
其他未识别的民族	36	18	18	489	365	124			
外国人加入中国籍	2	1	1	1		1			

2-2　全国各民族分性别、职业的人口

单位：人

民族	合计			国家机关、党群组织、企业、事业单位负责人		
	合计	男	女	小计	男	女
总　计	**71657149**	**39658974**	**31998175**	**1268771**	**949864**	**318907**
汉　族	65624215	36403949	29220266	1212401	908403	303998
蒙古族	303414	165486	137928	4933	3583	1350
回　族	514834	286331	228503	9006	6595	2411
藏　族	323034	169608	153426	2453	1806	647
维吾尔族	548294	297491	250803	2555	1842	713
苗　族	505013	267798	237215	2670	1999	671
彝　族	516304	267037	249267	2681	2073	608
壮　族	968330	507603	460727	6234	4483	1751
布依族	151747	79098	72649	853	625	228
朝鲜族	72349	40497	31852	2796	2025	771
满　族	558527	326802	231725	10113	7407	2706
侗　族	160170	87564	72606	1187	891	296
瑶　族	156483	83703	72780	905	644	261
白　族	108841	57252	51589	955	747	208
土家族	419146	225719	193427	3707	2774	933
哈尼族	101966	54308	47658	420	327	93
哈萨克族	63442	38617	24825	782	546	236
傣　族	79231	41174	38057	334	240	94
黎　族	81558	44453	37105	465	333	132
傈僳族	46163	23793	22370	135	109	26
佤　族	28110	14632	13478	94	77	17
畲　族	36187	22156	14031	582	475	107
高山族	218	117	101	9	3	6
拉祜族	33289	17391	15898	119	82	37
水　族	22715	11930	10785	95	64	31
东乡族	41247	21239	20008	180	167	13
纳西族	19511	10018	9493	203	146	57
景颇族	8861	4248	4613	46	36	10
柯尔克孜族	8587	4658	3929	149	93	56
土　族	16035	8548	7487	170	130	40
达斡尔族	5806	3213	2593	139	89	50
仫佬族	10448	5592	4856	162	106	56
羌　族	18356	9827	8529	160	109	51
布朗族	7464	3973	3491	29	15	14
撒拉族	5630	3132	2498	96	81	15
毛南族	5770	3135	2635	53	41	12
仡佬族	26557	14437	12120	316	264	52
锡伯族	9946	5792	4154	190	142	48
阿昌族	2152	1072	1080	13	10	3
普米族	2446	1275	1171	21	18	3
塔吉克族	2124	1345	779	20	16	4
怒　族	2222	1141	1081	20	16	4
乌孜别克族	377	246	131	11	7	4
俄罗斯族	618	311	307	26	14	12
鄂温克族	1355	711	644	29	23	6
德昂族	1261	620	641	2	1	1
保安族	1016	522	494	10	8	2
裕固族	800	443	357	16	12	4
京　族	1294	710	584	26	21	5
塔塔尔族	188	121	67	2	1	1
独龙族	453	225	228	4	4	
鄂伦春族	340	178	162	19	11	8
赫哲族	244	137	107	6	5	1
门巴族	610	317	293	2	2	
珞巴族	186	94	92	1	1	
基诺族	1517	796	721	13	8	5
其他未识别的民族	30070	16357	13713	151	113	38
外国人加入中国籍	78	32	46	2	1	1

2-2 续表 1

单位：人

民族	专业技术人员			办事人员和有关人员			商业、服务业人员		
	小计	男	女	小计	男	女	小计	男	女
总　计	**4892468**	**2391824**	**2500644**	**3093870**	**2072991**	**1020879**	**11588170**	**5592279**	**5995891**
汉　族	4594688	2245929	2348759	2923525	1959077	964448	11016430	5330890	5685540
蒙古族	27573	11775	15798	15334	9551	5783	33569	14279	19290
回　族	34351	15904	18447	22733	14736	7997	99878	51973	47905
藏　族	16433	9547	6886	8855	5511	3344	15769	7577	8192
维吾尔族	23275	9979	13296	10593	6909	3684	32616	20672	11944
苗　族	15904	8799	7105	9710	6706	3004	33616	14499	19117
彝　族	14494	7830	6664	8432	6206	2226	25873	10124	15749
壮　族	39916	19862	20054	22994	15782	7212	91072	39595	51477
布依族	5419	2941	2478	3293	2278	1015	9396	3918	5478
朝鲜族	9730	4527	5203	4727	3194	1533	23857	9800	14057
满　族	41045	18851	22194	22227	14692	7535	73514	32832	40682
侗　族	7203	3947	3256	4294	2980	1314	14360	6370	7990
瑶　族	5725	2834	2891	3456	2254	1202	9786	4396	5390
白　族	6378	3193	3185	3594	2508	1086	10573	4348	6225
土家族	21457	11471	9986	12952	8930	4022	44659	19195	25464
哈尼族	2634	1519	1115	1508	1137	371	7137	2544	4593
哈萨克族	4677	2068	2609	2337	1467	870	3270	1471	1799
傣　族	2507	1123	1384	1507	1035	472	6153	2175	3978
黎　族	2364	1207	1157	1855	1371	484	5824	2112	3712
傈僳族	867	480	387	537	398	139	1430	462	968
佤　族	778	408	370	446	337	109	1656	515	1141
畲　族	1767	996	771	1080	765	315	5206	2545	2661
高山族	19	3	16	24	18	6	37	20	17
拉祜族	649	281	368	373	240	133	1521	450	1071
水　族	686	406	280	367	250	117	1133	478	655
东乡族	633	418	215	383	248	135	2355	1641	714
纳西族	1439	632	807	1068	746	322	2477	936	1541
景颇族	261	114	147	272	183	89	556	171	385
柯尔克孜族	540	265	275	276	178	98	346	159	187
土　族	1103	623	480	548	350	198	1180	491	689
达斡尔族	794	290	504	497	301	196	771	307	464
仫佬族	690	307	383	424	250	174	1387	578	809
羌　族	741	359	382	475	302	173	1621	654	967
布朗族	211	114	97	103	57	46	324	84	240
撒拉族	257	157	100	137	90	47	1081	673	408
毛南族	340	166	174	202	119	83	467	181	286
仡佬族	1709	985	724	892	616	276	2196	941	1255
锡伯族	1020	403	617	572	364	208	1533	692	841
阿昌族	76	38	38	41	29	12	114	26	88
普米族	109	60	49	68	45	23	201	79	122
塔吉克族	106	67	39	35	25	10	40	28	12
怒　族	96	47	49	63	40	23	126	44	82
乌孜别克族	53	25	28	48	24	24	79	61	18
俄罗斯族	150	45	105	88	47	41	137	61	76
鄂温克族	146	34	112	122	82	40	154	58	96
德昂族	21	9	12	18	14	4	49	18	31
保安族	50	27	23	33	21	12	84	59	25
裕固族	69	35	34	46	32	14	91	38	53
京　族	87	34	53	72	41	31	331	162	169
塔塔尔族	32	16	16	13	8	5	21	11	10
独龙族	19	8	11	7	3	4	10		10
鄂伦春族	56	18	38	63	35	28	61	23	38
赫哲族	42	9	33	25	12	13	40	26	14
门巴族	22	11	11	24	16	8	26	11	15
珞巴族	4	1	3	6	2	4	6	2	4
基诺族	77	29	48	43	34	9	98	32	66
其他未识别的民族	973	597	376	451	345	106	1865	787	1078
外国人加入中国籍	3	1	2	2		2	8	5	3

2-2 续表 2　　单位：人

民族	农、林、牧、渔、水利业生产人员			生产、运输设备操作人员及有关人员			不便分类的其他从业人员		
	小计	男	女	小计	男	女	小计	男	女
总　计	**34633444**	**17593234**	**17040210**	**16110735**	**11015215**	**5095520**	**69691**	**43567**	**26124**
汉　族	30448221	15432775	15015446	15363859	10486098	4877761	65091	40777	24314
蒙古族	191916	102634	89282	29799	23476	6323	290	188	102
回　族	271415	137223	134192	76987	59604	17383	464	296	168
藏　族	267990	136848	131142	11301	8197	3104	233	122	111
维吾尔族	453667	239094	214573	24948	18621	6327	640	374	266
苗　族	355536	179314	176222	87289	56318	30971	288	163	125
彝　族	426372	212597	213775	38307	28110	10197	145	97	48
壮　族	670162	337940	332222	136922	89331	47591	1030	610	420
布依族	105149	52062	53087	27558	17232	10326	79	42	37
朝鲜族	19068	11034	8034	12104	9868	2236	67	49	18
满　族	326434	183685	142749	84954	69168	15786	240	167	73
侗　族	101477	52600	48877	31485	20681	10804	164	95	69
瑶　族	115493	59893	55600	20942	13586	7356	176	96	80
白　族	72560	35443	37117	14738	10988	3750	43	25	18
土家族	252307	126019	126288	83562	57019	26543	502	311	191
哈尼族	80244	41312	38932	9981	7446	2535	42	23	19
哈萨克族	49210	30759	18451	3136	2281	855	30	25	5
傣　族	63752	33127	30625	4968	3467	1501	10	7	3
黎　族	66254	36281	29973	4775	3140	1635	21	9	12
傈僳族	41403	21004	20399	1788	1338	450	3	2	1
佤　族	21344	10858	10486	3792	2437	1355			
畲　族	18276	10751	7525	9245	6599	2646	31	25	6
高山族	96	49	47	33	24	9			
拉祜族	29002	15250	13752	1619	1088	531	6		6
水　族	17104	8592	8512	3323	2136	1187	7	4	3
东乡族	36284	17550	18734	1410	1213	197	2	2	
纳西族	13143	6661	6482	1176	892	284	5	5	
景颇族	7296	3462	3834	430	282	148			
柯尔克孜族	7011	3789	3222	263	173	90	2	1	1
土　族	11039	5602	5437	1991	1349	642	4	3	1
达斡尔族	2993	1720	1273	606	501	105	6	5	1
仫佬族	5813	3050	2763	1963	1295	668	9	6	3
羌　族	13380	6883	6497	1967	1512	455	12	8	4
布朗族	6378	3397	2981	419	306	113			
撒拉族	3664	1797	1867	390	331	59	5	3	2
毛南族	3655	1910	1745	1051	716	335	2	2	
仡佬族	16365	8158	8207	5061	3466	1595	18	7	11
锡伯族	5331	3156	2175	1299	1034	265	1	1	
阿昌族	1697	817	880	211	152	59			
普米族	1904	966	938	143	107	36			
塔吉克族	1875	1173	702	48	36	12			
怒　族	1779	900	879	138	94	44			
乌孜别克族	119	85	34	67	44	23			
俄罗斯族	101	61	40	116	83	33			
鄂温克族	786	424	362	118	90	28			
德昂族	1131	553	578	40	25	15			
保安族	782	361	421	57	46	11			
裕固族	525	287	238	53	39	14			
京　族	647	353	294	131	99	32			
塔塔尔族	102	72	30	18	13	5			
独龙族	397	199	198	16	11	5			
鄂伦春族	99	61	38	42	30	12			
赫哲族	79	47	32	52	38	14			
门巴族	514	260	254	22	17	5			
珞巴族	163	84	79	6	4	2			
基诺族	1250	670	580	36	23	13			
其他未识别的民族	22644	11569	11075	3963	2929	1034	23	17	6
外国人加入中国籍	46	13	33	17	12	5			

2-3 全国各民族分性别的未工作人口

单位：人

民　族	未工作人口			在校学习		
	合计	男	女	小计	男	女
总　计	**33885094**	**13284476**	**20600618**	**8537913**	**4385930**	**4151983**
汉　族	31685986	12398936	19287050	7924741	4082002	3842739
蒙古族	137737	51563	86174	48263	22570	25693
回　族	285929	112711	173218	68269	34320	33949
藏　族	121624	50302	71322	33066	16620	16446
维吾尔族	177724	66226	111498	47074	21998	25076
苗　族	156300	66444	89856	44191	23364	20827
彝　族	113103	48692	64411	38371	19848	18523
壮　族	284645	120262	164383	77872	38523	39349
布依族	53563	22507	31056	15125	7528	7597
朝鲜族	58140	23915	34225	10904	5263	5641
满　族	264710	98612	166098	72923	35677	37246
侗　族	55911	23546	32365	14558	7528	7030
瑶　族	41234	17474	23760	11971	5906	6065
白　族	37693	16083	21610	11766	5571	6195
土家族	167023	69969	97054	49827	25094	24733
哈尼族	23296	9406	13890	5821	3021	2800
哈萨克族	37820	11643	26177	9070	4144	4926
傣　族	20241	7732	12509	4076	1736	2340
黎　族	29424	12708	16716	10201	4994	5207
傈僳族	8130	3481	4649	2271	1147	1124
佤　族	5131	2053	3078	1439	692	747
畲　族	16095	6163	9932	4343	2188	2155
高山族	95	38	57	37	18	19
拉祜族	5349	2131	3218	1344	675	669
水　族	7205	3202	4003	2392	1283	1109
东乡族	11835	5000	6835	3022	1721	1301
纳西族	7220	3185	4035	2161	1003	1158
景颇族	2032	819	1213	561	303	258
柯尔克孜族	5279	2256	3023	1209	549	660
土　族	5682	2415	3267	2421	1152	1269
达斡尔族	4005	1494	2511	1006	464	542
仫佬族	4478	1929	2549	1149	549	600
羌　族	7115	3076	4039	2490	1225	1265
布朗族	1433	642	791	495	246	249
撒拉族	3650	1505	2145	716	424	292
毛南族	1770	752	1018	554	254	300
仡佬族	11073	4883	6190	3996	2115	1881
锡伯族	4927	2025	2902	1617	789	828
阿昌族	415	153	262	158	66	92
普米族	772	328	444	337	168	169
塔吉克族	1538	553	985	394	206	188
怒　族	626	275	351	193	109	84
乌孜别克族	400	164	236	76	40	36
俄罗斯族	550	217	333	128	61	67
鄂温克族	838	313	525	254	122	132
德昂族	236	93	143	66	34	32
保安族	475	199	276	146	87	59
裕固族	276	115	161	106	54	52
京　族	730	281	449	192	88	104
塔塔尔族	133	52	81	38	15	23
独龙族	125	61	64	48	29	19
鄂伦春族	289	108	181	92	46	46
赫哲族	179	69	110	67	31	36
门巴族	149	56	93	72	31	41
珞巴族	90	40	50	26	13	13
基诺族	377	169	208	79	38	41
其他未识别的民族	12249	5444	6805	4124	2186	1938
外国人加入中国籍	40	6	34	5	2	3

2-3　续表 1　　　　单位：人

民　族	丧失工作能力			毕业后未工作		
	小计	男	女	小计	男	女
总　计	**5142762**	**2271187**	**2871575**	**945588**	**509335**	**436253**
汉　族	4727864	2088106	2639758	873039	469991	403048
蒙古族	17805	7834	9971	5154	2603	2551
回　族	37741	17169	20572	9658	5228	4430
藏　族	29297	12270	17027	2389	1243	1146
维吾尔族	21672	9829	11843	7407	3768	3639
苗　族	37632	16893	20739	4818	2807	2011
彝　族	30404	12827	17577	2971	1655	1316
壮　族	63042	25275	37767	7539	4589	2950
布依族	13485	5660	7825	1657	971	686
朝鲜族	7869	3269	4600	1751	967	784
满　族	34147	17267	16880	11570	5579	5991
侗　族	13974	6424	7550	1750	1022	728
瑶　族	10070	4466	5604	1194	703	491
白　族	9060	3838	5222	951	500	451
土家族	39500	18412	21088	4681	2609	2072
哈尼族	7112	2942	4170	725	441	284
哈萨克族	3083	1342	1741	2244	1109	1135
傣　族	5210	2153	3057	539	295	244
黎　族	4368	1791	2577	1797	1156	641
傈僳族	2879	1243	1636	156	90	66
佤　族	1497	637	860	114	65	49
畲　族	2994	1622	1372	426	242	184
高山族	8	2	6	2	1	1
拉祜族	1704	716	988	112	65	47
水　族	1944	821	1123	207	120	87
东乡族	3836	1824	2012	211	123	88
纳西族	1603	617	986	205	120	85
景颇族	499	189	310	45	25	20
柯尔克孜族	331	142	189	236	123	113
土　族	1004	453	551	145	76	69
达斡尔族	336	163	173	255	123	132
仫佬族	738	313	425	157	98	59
羌　族	1398	605	793	244	147	97
布朗族	427	208	219	20	12	8
撒拉族	547	241	306	96	52	44
毛南族	369	162	207	34	20	14
仡佬族	2570	1285	1285	254	147	107
锡伯族	463	245	218	219	113	106
阿昌族	121	40	81	8	5	3
普米族	210	90	120	14	7	7
塔吉克族	178	89	89	23	12	11
怒　族	122	43	79	16	6	10
乌孜别克族	18	10	8	29	12	17
俄罗斯族	21	5	16	34	19	15
鄂温克族	62	25	37	54	22	32
德昂族	57	22	35			
保安族	99	42	57	11	5	6
裕固族	67	28	39	6	4	2
京　族	87	32	55	39	24	15
塔塔尔族	11	3	8	8	3	5
独龙族	18	7	11	3	2	1
鄂伦春族	19	10	9	16	11	5
赫哲族	15	7	8	11	7	4
门巴族	34	15	19	2		2
珞巴族	14	5	9	2	1	1
基诺族	86	45	41	10	5	5
其他未识别的民族	3031	1414	1617	330	192	138
外国人加入中国籍	10		10			

2-3 续表 2 单位：人

民族	因单位原因失去工作			因本人原因失去工作			承包土地被征用		
	小计	男	女	小计	男	女	小计	男	女
总 计	**602946**	**360409**	**242537**	**768330**	**419412**	**348918**	**171842**	**96736**	**75106**
汉 族	576705	345085	231620	731964	400015	331949	161374	91073	70301
蒙古族	1875	1015	860	2066	1089	977	329	197	132
回 族	6711	4050	2661	5920	3519	2401	1543	917	626
藏 族	277	135	142	562	321	241	345	170	175
维吾尔族	1303	747	556	2097	1273	824	968	571	397
苗 族	1068	620	448	2110	1080	1030	662	381	281
彝 族	771	435	336	1153	608	545	633	312	321
壮 族	2914	1639	1275	6727	2949	3778	1603	669	934
布依族	263	145	118	715	357	358	372	204	168
朝鲜族	1262	847	415	2006	1223	783	402	239	163
满 族	4878	2878	2000	5386	2940	2446	1051	643	408
侗 族	490	297	193	798	420	378	138	76	62
瑶 族	312	188	124	715	350	365	57	33	24
白 族	439	244	195	405	218	187	281	145	136
土家族	1728	975	753	2373	1247	1126	790	408	382
哈尼族	192	100	92	278	124	154	52	29	23
哈萨克族	293	173	120	430	261	169	76	54	22
傣 族	168	87	81	232	105	127	227	123	104
黎 族	391	230	161	586	313	273	227	122	105
傈僳族	28	16	12	45	25	20	20	11	9
佤 族	31	18	13	40	17	23	9	7	2
畲 族	83	43	40	413	245	168	47	23	24
高山族	2		2	3	2	1			
拉祜族	28	16	12	47	19	28	9	3	6
水 族	39	19	20	83	47	36	21	11	10
东乡族	7	4	3	60	41	19	9	4	5
纳西族	103	61	42	74	46	28	181	94	87
景颇族	19	11	8	32	16	16	1		1
柯尔克孜族	23	15	8	27	14	13	9	6	3
土 族	45	25	20	55	27	28	9	4	5
达斡尔族	91	52	39	86	47	39	3	2	1
仫佬族	29	12	17	124	53	71	17	9	8
羌 族	52	31	21	95	49	46	226	109	117
布朗族	5	5		6	3	3	3	2	1
撒拉族	12	9	3	32	18	14	23	15	8
毛南族	25	14	11	41	18	23	1	1	
仡佬族	62	38	24	163	96	67	19	10	9
锡伯族	107	57	50	118	51	67	38	21	17
阿昌族	2		2	4	3	1			
普米族	2	1	1	3	3		1		1
塔吉克族	1	1		4	1	3			
怒 族	5	2	3	11	7	4			
乌孜别克族	10	5	5	7	6	1	1		1
俄罗斯族	18	13	5	23	13	10	4	3	1
鄂温克族	10	7	3	19	13	6	1	1	
德昂族	1	1		1		1			
保安族	2	1	1	3	1	2			
裕固族	4	1	3	1	1				
京 族	12	6	6	17	9	8	1	1	
塔塔尔族	1	1		3	3				
独龙族				2	1	1			
鄂伦春族	3	1	2	4	2	2			
赫哲族	2	1	1	3	2	1			
门巴族				1	1				
珞巴族							22	9	13
基诺族	2	2		9	4	5			
其他未识别的民族	39	29	10	148	96	52	37	24	13
外国人加入中国籍	1	1							

2-3 续表 3 单位：人

民族	离退休			料理家务			其他		
	小计	男	女	小计	男	女	小计	男	女
总 计	**6439794**	**3048643**	**3391151**	**8753602**	**843212**	**7910390**	**2522317**	**1349612**	**1172705**
汉 族	6195969	2921535	3274434	8176130	761043	7415087	2318200	1240086	1078114
蒙古族	16868	8211	8657	35132	2556	32576	10245	5488	4757
回 族	59677	26652	33025	71040	6426	64614	25370	14430	10940
藏 族	6346	3675	2671	30706	5336	25370	18636	10532	8104
维吾尔族	14910	8100	6810	63819	9822	53997	18474	10118	8356
苗 族	7756	5060	2696	40179	6709	33470	17884	9530	8354
彝 族	6438	4421	2017	23810	4259	19551	8552	4327	4225
壮 族	29348	17082	12266	70295	17896	52399	25305	11640	13665
布依族	2642	1737	905	13442	2831	10611	5862	3074	2788
朝鲜族	17920	7810	10110	10450	949	9501	5576	3348	2228
满 族	42515	20909	21606	75264	3109	72155	16976	9610	7366
侗 族	3555	2322	1233	14959	2396	12563	5689	3061	2628
瑶 族	2831	1639	1192	10311	2338	7973	3773	1851	1922
白 族	4138	2723	1415	8242	1608	6634	2411	1236	1175
土家族	11131	7086	4045	40018	5003	35015	16975	9135	7840
哈尼族	1247	727	520	5910	1139	4771	1959	883	1076
哈萨克族	3683	1829	1854	16307	1249	15058	2634	1482	1152
傣 族	1212	663	549	6576	1524	5052	2001	1046	955
黎 族	2199	920	1279	5835	1039	4796	3820	2143	1677
傈僳族	395	293	102	1824	408	1416	512	248	264
佤 族	342	229	113	1253	204	1049	406	184	222
畲 族	751	538	213	5914	574	5340	1124	688	436
高山族	22	11	11	14	1	13	7	3	4
拉祜族	285	149	136	1348	268	1080	472	220	252
水 族	301	204	97	1502	302	1200	716	395	321
东乡族	155	115	40	3363	516	2847	1172	652	520
纳西族	1272	748	524	1231	295	936	390	201	189
景颇族	184	86	98	462	75	387	229	114	115
柯尔克孜族	461	270	191	2438	816	1622	545	321	224
土 族	321	216	105	1299	255	1044	383	207	176
达斡尔族	779	323	456	1017	50	967	432	270	162
仫佬族	515	255	260	1146	314	832	603	326	277
羌 族	360	224	136	1443	248	1195	807	438	369
布朗族	63	41	22	346	89	257	68	36	32
撒拉族	101	71	30	1447	252	1195	676	423	253
毛南族	171	108	63	379	84	295	196	91	105
仡佬族	554	385	169	2584	346	2238	871	461	410
锡伯族	1083	518	565	964	62	902	318	169	149
阿昌族	26	16	10	69	11	58	27	12	15
普米族	31	25	6	146	17	129	28	17	11
塔吉克族	102	85	17	703	81	622	133	78	55
怒 族	63	37	26	145	35	110	71	36	35
乌孜别克族	88	49	39	114	12	102	57	30	27
俄罗斯族	191	73	118	89	4	85	42	26	16
鄂温克族	135	58	77	201	9	192	102	56	46
德昂族	11	8	3	70	18	52	30	10	20
保安族	8	7	1	157	26	131	49	30	19
裕固族	22	13	9	56	6	50	14	8	6
京 族	113	51	62	186	21	165	83	49	34
塔塔尔族	33	18	15	24	2	22	15	7	8
独龙族	6	4	2	24	4	20	24	14	10
鄂伦春族	39	13	26	80	4	76	36	21	15
赫哲族	36	13	23	32	2	30	13	6	7
门巴族	17	6	11	17	2	15	6	1	5
珞巴族	5	2	3	13	6	7	8	4	4
基诺族	38	21	17	121	38	83	32	16	16
其他未识别的民族	325	256	69	2940	523	2417	1275	724	551
外国人加入中国籍	5	3	2	16		16	3		3

2-4 全国各民族分性别、婚姻状况的15岁及以上人口

单位：人

民族	15岁及以上人口			未婚		
	合计	男	女	小计	男	女
总计	**105542243**	**52943450**	**52598793**	**22792800**	**13072317**	**9720483**
汉族	97310201	48802885	48507316	20845742	11920296	8925446
蒙古族	441151	217049	224102	108645	60583	48062
回族	800763	399042	401721	173858	96602	77256
藏族	444658	219910	224748	146178	82187	63991
维吾尔族	726018	363717	362301	174683	101551	73132
苗族	661313	334242	327071	148449	91723	56726
彝族	629407	315729	313678	150331	92322	58009
壮族	1252975	627865	625110	286936	177526	109410
布依族	205310	101605	103705	44290	27114	17176
朝鲜族	130489	64412	66077	33057	18656	14401
满族	823237	425414	397823	186443	104100	82343
侗族	216081	111110	104971	46271	29118	17153
瑶族	197717	101177	96540	49778	30830	18948
白族	146534	73335	73199	31535	18444	13091
土家族	586169	295688	290481	121972	71978	49994
哈尼族	125262	63714	61548	29441	19488	9953
哈萨克族	101262	50260	51002	28269	15253	13016
傣族	99472	48906	50566	20012	12174	7838
黎族	110982	57161	53821	36719	23183	13536
傈僳族	54293	27274	27019	12654	8230	4424
佤族	33241	16685	16556	9173	5822	3351
畲族	52282	28319	23963	12508	7578	4930
高山族	313	155	158	85	46	39
拉祜族	38638	19522	19116	9695	6562	3133
水族	29920	15132	14788	7127	4401	2726
东乡族	53082	26239	26843	12248	6936	5312
纳西族	26731	13203	13528	6628	3811	2817
景颇族	10893	5067	5826	2363	1523	840
柯尔克孜族	13866	6914	6952	3951	2172	1779
土族	21717	10963	10754	5776	3344	2432
达斡尔族	9811	4707	5104	2646	1503	1143
仫佬族	14926	7521	7405	3714	2227	1487
羌族	25471	12903	12568	6270	3804	2466
布朗族	8897	4615	4282	2410	1593	817
撒拉族	9280	4637	4643	2035	1194	841
毛南族	7540	3887	3653	1800	1159	641
仡佬族	37630	19320	18310	7781	4612	3169
锡伯族	14873	7817	7056	3887	2180	1707
阿昌族	2567	1225	1342	579	349	230
普米族	3218	1603	1615	934	549	385
塔吉克族	3662	1898	1764	1116	665	451
怒族	2848	1416	1432	775	485	290
乌孜别克族	777	410	367	234	128	106
俄罗斯族	1168	528	640	312	172	140
鄂温克族	2193	1024	1169	672	372	300
德昂族	1497	713	784	262	162	100
保安族	1491	721	770	380	230	150
裕固族	1076	558	518	246	145	101
京族	2024	991	1033	520	288	232
塔塔尔族	321	173	148	97	52	45
独龙族	578	286	292	187	127	60
鄂伦春族	629	286	343	201	113	88
赫哲族	423	206	217	136	71	65
门巴族	759	373	386	274	158	116
珞巴族	276	134	142	90	50	40
基诺族	1894	965	929	437	288	149
其他未识别的民族	42319	21801	20518	9969	6079	3890
外国人加入中国籍	118	38	80	19	9	10

2-4 续表　　　　　　　　　　　　　　　　　　　　　　　　　　　　单位：人

民　族	有配偶			离　婚			丧　偶		
	小计	男	女	小计	男	女	小计	男	女
总　计	**75287859**	**37255009**	**38032850**	**1456283**	**814364**	**641919**	**6005301**	**1801760**	**4203541**
汉　族	69640647	34490057	35150590	1316693	741815	574878	5507119	1650717	3856402
蒙古族	304815	147167	157648	6711	3446	3265	20980	5853	15127
回　族	574615	285399	289216	13907	6550	7357	38383	10491	27892
藏　族	254406	123823	130583	11454	3908	7546	32620	9992	22628
维吾尔族	482391	239053	243338	31213	14141	17072	37731	8972	28759
苗　族	464649	224164	240485	6438	4139	2299	41777	14216	27561
彝　族	432198	207655	224543	6114	3499	2615	40764	12253	28511
壮　族	864601	417601	447000	11657	7174	4483	89781	25564	64217
布依族	142824	68192	74632	2208	1391	817	15988	4908	11080
朝鲜族	79812	39675	40137	7464	4057	3407	10156	2024	8132
满　族	584315	299738	284577	16063	8786	7277	36416	12790	23626
侗　族	152360	75134	77226	2690	1752	938	14760	5106	9654
瑶　族	132316	64807	67509	2230	1398	832	13393	4142	9251
白　族	104625	51298	53327	1767	936	831	8607	2657	5950
土家族	417780	204412	213368	6879	4264	2615	39538	15034	24504
哈尼族	86113	40891	45222	1651	1020	631	8057	2315	5742
哈萨克族	66600	33060	33540	1122	534	588	5271	1413	3858
傣　族	71989	34488	37501	1723	818	905	5748	1426	4322
黎　族	67296	31838	35458	864	549	315	6103	1591	4512
傈僳族	36867	17205	19662	909	544	365	3863	1295	2568
佤　族	21528	10050	11478	374	220	154	2166	593	1573
畲　族	36060	19175	16885	572	406	166	3142	1160	1982
高山族	206	103	103	6	2	4	16	4	12
拉祜族	25829	11868	13961	637	377	260	2477	715	1762
水　族	20371	9870	10501	280	174	106	2142	687	1455
东乡族	37979	18191	19788	557	297	260	2298	815	1483
纳西族	17926	8717	9209	336	154	182	1841	521	1320
景颇族	7593	3329	4264	130	67	63	807	148	659
柯尔克孜族	8797	4383	4414	386	183	203	732	176	556
土　族	14626	7089	7537	280	177	103	1035	353	682
达斡尔族	6350	2914	3436	309	180	129	506	110	396
仫佬族	10054	4870	5184	234	139	95	924	285	639
羌　族	17397	8419	8978	284	166	118	1520	514	1006
布朗族	5867	2810	3057	95	43	52	525	169	356
撒拉族	6567	3258	3309	263	77	186	415	108	307
毛南族	5123	2498	2625	87	63	24	530	167	363
仡佬族	26963	13465	13498	364	209	155	2522	1034	1488
锡伯族	10021	5235	4786	400	199	201	565	203	362
阿昌族	1821	836	985	16	10	6	151	30	121
普米族	2016	973	1043	38	21	17	230	60	170
塔吉克族	2268	1128	1140	72	35	37	206	70	136
怒　族	1805	843	962	75	34	41	193	54	139
乌孜别克族	473	260	213	23	8	15	47	14	33
俄罗斯族	723	319	404	70	29	41	63	8	55
鄂温克族	1346	607	739	70	27	43	105	18	87
德昂族	1129	514	615	19	12	7	87	25	62
保安族	1016	462	554	25	12	13	70	17	53
裕固族	749	391	358	23	8	15	58	14	44
京　族	1386	676	710	25	11	14	93	16	77
塔塔尔族	196	115	81	10	4	6	18	2	16
独龙族	329	140	189	11	4	7	51	15	36
鄂伦春族	386	152	234	21	14	7	21	7	14
赫哲族	263	130	133	9	2	7	15	3	12
门巴族	416	191	225	8	4	4	61	20	41
珞巴族	155	74	81	4		4	27	10	17
基诺族	1329	636	693	27	5	22	101	36	65
其他未识别的民族	29491	14634	14857	385	269	116	2474	819	1655
外国人加入中国籍	86	27	59	1	1		12	1	11

2-5 全国按民族、生育孩次分的育龄妇女人数
(2009.11.1-2010.10.31)

单位：人

民族	合计	生男孩的妇女人数	生女孩的妇女人数	一孩			二孩		
				小计	男	女	小计	男	女
总计	**1157270**	**637925**	**519345**	**717707**	**380466**	**337241**	**363978**	**209430**	**154548**
汉族	1029487	569402	460085	648130	344257	303873	321211	185944	135267
蒙古族	5406	2837	2569	3712	1926	1786	1535	809	726
回族	11811	6376	5435	6641	3480	3161	3824	2098	1726
藏族	6570	3367	3203	2798	1444	1354	2238	1132	1106
维吾尔族	16729	8580	8149	7869	3984	3885	5567	2881	2686
苗族	11500	6338	5162	5950	3133	2817	4029	2310	1719
彝族	11849	6262	5587	5390	2763	2627	3891	2085	1806
壮族	19539	10876	8663	11655	6189	5466	6458	3808	2650
布依族	3709	2098	1611	2044	1053	991	1306	781	525
朝鲜族	677	375	302	547	303	244	124	70	54
满族	7335	3943	3392	5161	2712	2449	1948	1077	871
侗族	3427	1905	1522	1929	995	934	1258	742	516
瑶族	3257	1805	1452	1647	884	763	1301	742	559
白族	1834	921	913	1125	568	557	645	316	329
土家族	7709	4107	3602	4214	2169	2045	2845	1518	1327
哈尼族	2303	1206	1097	1087	550	537	831	450	381
哈萨克族	2271	1168	1103	1078	576	502	949	472	477
傣族	1496	772	724	1004	509	495	470	252	218
黎族	2002	1091	911	936	485	451	762	405	357
傈僳族	977	529	448	551	298	253	357	187	170
佤族	540	266	274	337	166	171	179	90	89
畲族	580	326	254	349	184	165	207	125	82
高山族	1		1	1		1			
拉祜族	599	297	302	360	172	188	202	100	102
水族	621	350	271	298	159	139	226	128	98
东乡族	1077	598	479	542	291	251	396	232	164
纳西族	253	132	121	178	93	85	69	34	35
景颇族	299	149	150	189	87	102	89	49	40
柯尔克孜族	239	131	108	122	58	64	70	38	32
土族	279	149	130	174	86	88	92	55	37
达斡尔族	114	57	57	86	46	40	27	10	17
仫佬族	253	137	116	172	92	80	75	42	33
羌族	318	159	159	194	100	94	110	53	57
布朗族	164	91	73	93	50	43	61	37	24
撒拉族	233	112	121	100	44	56	95	46	49
毛南族	111	66	45	75	46	29	31	17	14
仡佬族	554	283	271	317	159	158	177	94	83
锡伯族	105	62	43	89	52	37	15	9	6
阿昌族	60	33	27	31	14	17	25	16	9
普米族	49	26	23	34	20	14	11	5	6
塔吉克族	72	41	31	30	16	14	29	17	12
怒族	43	26	17	18	9	9	15	10	5
乌孜别克族	8	3	5	4	2	2	4	1	3
俄罗斯族	7	2	5	7	2	5			
鄂温克族	34	20	14	25	15	10	7	4	3
德昂族	42	23	19	31	16	15	9	5	4
保安族	39	25	14	15	7	8	17	15	2
裕固族	11	6	5	7	3	4	4	3	1
京族	27	16	11	18	9	9	7	6	1
塔塔尔族	2	1	1	2	1	1			
独龙族	8	4	4	4	2	2	1	1	
鄂伦春族	3	2	1	3	2	1			
赫哲族	3	1	2	3	1	2			
门巴族	15	10	5	6	4	2	4	2	2
珞巴族	10	4	6	3	1	2	5	3	2
基诺族	33	19	14	22	14	8	9	4	5
其他未识别的民族	566	333	233	292	160	132	159	98	61
外国人加入中国籍	10	7	3	8	5	3	2	2	

2-5 续表

单位：人

民　族	三　孩			四　孩			五孩及以上		
	小计	男	女	小计	男	女	小计	男	女
总　计	**61116**	**39123**	**21993**	**11205**	**6953**	**4252**	**3264**	**1953**	**1311**
汉　族	49607	32494	17113	8455	5395	3060	2084	1312	772
蒙古族	144	93	51	13	7	6	2	2	
回　族	1010	594	416	242	145	97	94	59	35
藏　族	939	497	442	323	161	162	272	133	139
维吾尔族	2661	1384	1277	484	259	225	148	72	76
苗　族	1122	663	459	277	164	113	122	68	54
彝　族	1613	884	729	659	371	288	296	159	137
壮　族	1148	720	428	207	122	85	71	37	34
布依族	297	210	87	45	40	5	17	14	3
朝鲜族	6	2	4						
满　族	209	144	65	15	9	6	2	1	1
侗　族	203	147	56	35	20	15	2	1	1
瑶　族	231	136	95	54	32	22	24	11	13
白　族	53	33	20	9	4	5	2		2
土家族	513	325	188	105	71	34	32	24	8
哈尼族	301	161	140	64	33	31	20	12	8
哈萨克族	225	110	115	18	9	9	1	1	
傣　族	18	11	7	4		4			
黎　族	238	163	75	57	32	25	9	6	3
傈僳族	48	33	15	15	7	8	6	4	2
佤　族	20	9	11	2		2	2	1	1
畲　族	19	14	5	5	3	2			
高山族									
拉祜族	31	22	9	5	3	2	1		1
水　族	63	44	19	18	8	10	16	11	5
东乡族	97	52	45	29	16	13	13	7	6
纳西族	5	4	1	1	1				
景颇族	18	11	7	2	1	1	1	1	
柯尔克孜族	42	32	10	4	2	2	1	1	
土　族	9	7	2	3	1	2	1		1
达斡尔族	1	1							
仫佬族	5	2	3				1	1	
羌　族	14	6	8						
布朗族	8	3	5	1	1		1		1
撒拉族	29	15	14	7	6	1	2	1	1
毛南族	5	3	2						
仡佬族	44	22	22	14	7	7	2	1	1
锡伯族	1	1							
阿昌族	3	2	1	1	1				
普米族	4	1	3						
塔吉克族	10	6	4	2	2		1		1
怒　族	8	5	3				2	2	
乌孜别克族									
俄罗斯族									
鄂温克族	2	1	1						
德昂族	2	2							
保安族	5	2	3	1	1		1		1
裕固族									
京　族	2	1	1						
塔塔尔族									
独龙族	1		1				2	1	1
鄂伦春族									
赫哲族									
门巴族	3	3		2	1	1			
珞巴族	1		1	1		1			
基诺族	2	1	1						
其他未识别的民族	76	47	29	26	18	8	13	10	3
外国人加入中国籍									

2-6 全国各民族15-64岁妇女平均活产子女数和平均存活子女数

单位：人、%

民　族	15-64岁妇女人数	活产子女总数			存活子女总数			存活子女数占活产子女数的百分比	妇女平均活产子女数	妇女平均存活子女数
		小计	男	女	小计	男	女			
总　计	**46431380**	**62749675**	**33735200**	**29014475**	**61981758**	**33269699**	**28712059**	**98.78**	**1.35**	**1.33**
汉　族	42753137	57057764	30713756	26344008	56406880	30315889	26090991	98.86	1.33	1.32
蒙古族	209938	261268	135539	125729	258650	133856	124794	99.00	1.24	1.23
回　族	361851	543248	288248	255000	535045	283449	251596	98.49	1.50	1.48
藏　族	203979	294736	154349	140387	287087	149955	137132	97.40	1.44	1.41
维吾尔族	340313	578065	301132	276933	559379	290717	268662	96.77	1.70	1.64
苗　族	291492	507726	273640	234086	496398	267253	229145	97.77	1.74	1.70
彝　族	284753	499994	263953	236041	487056	256558	230498	97.41	1.76	1.71
壮　族	540046	874529	472813	401716	863726	466284	397442	98.76	1.62	1.60
布依族	90333	156698	84221	72477	153541	82431	71110	97.99	1.73	1.70
朝鲜族	55473	54870	28857	26013	54417	28563	25854	99.17	0.99	0.98
满　族	365050	423955	222260	201695	420155	219748	200407	99.10	1.16	1.15
侗　族	91912	147451	80957	66494	144508	79272	65236	98.00	1.60	1.57
瑶　族	86069	139401	75052	64349	136868	73547	63321	98.18	1.62	1.59
白　族	64939	98893	50780	48113	96828	49543	47285	97.91	1.52	1.49
土家族	254262	390574	206978	183596	382197	202208	179989	97.86	1.54	1.50
哈尼族	55966	96789	52792	43997	92806	50585	42221	95.88	1.73	1.66
哈萨克族	48550	73781	38823	34958	72732	38199	34533	98.58	1.52	1.50
傣　族	45976	70478	36318	34160	68114	34879	33235	96.65	1.53	1.48
黎　族	48833	86335	46476	39859	85263	45869	39394	98.76	1.77	1.75
傈僳族	24710	41891	21745	20146	40046	20701	19345	95.60	1.70	1.62
佤　族	15243	25828	13422	12406	23858	12347	11511	92.37	1.69	1.57
畲　族	21301	32988	17704	15284	32535	17436	15099	98.63	1.55	1.53
高山族	143	160	83	77	160	83	77	100.00	1.12	1.12
拉祜族	17634	28976	15177	13799	26943	14037	12906	92.98	1.64	1.53
水　族	13146	23872	13027	10845	23492	12802	10690	98.41	1.82	1.79
东乡族	24540	42664	23601	19063	41505	22975	18530	97.28	1.74	1.69
纳西族	11880	16028	8271	7757	15683	8054	7629	97.85	1.35	1.32
景颇族	5389	9778	5055	4723	9199	4698	4501	94.08	1.81	1.71
柯尔克孜族	6470	10463	5435	5028	10175	5293	4882	97.25	1.62	1.57
土　族	10072	14990	7893	7097	14654	7705	6949	97.76	1.49	1.45
达斡尔族	4830	5650	2943	2707	5568	2892	2676	98.55	1.17	1.15
仫佬族	6487	9401	4962	4439	9275	4884	4391	98.66	1.45	1.43
羌　族	11253	17029	8837	8192	16577	8575	8002	97.35	1.51	1.47
布朗族	3946	6829	3509	3320	6440	3294	3146	94.30	1.73	1.63
撒拉族	4283	7278	3953	3325	7136	3872	3264	98.05	1.70	1.67
毛南族	3178	4792	2507	2285	4719	2467	2252	98.48	1.51	1.48
仡佬族	16259	28546	15157	13389	27717	14688	13029	97.10	1.76	1.70
锡伯族	6547	6682	3483	3199	6622	3451	3171	99.10	1.02	1.01
阿昌族	1234	2110	1070	1040	2043	1026	1017	96.82	1.71	1.66
普米族	1464	2363	1190	1173	2314	1165	1149	97.93	1.61	1.58
塔吉克族	1635	2783	1426	1357	2687	1376	1311	96.55	1.70	1.64
怒　族	1300	2226	1151	1075	2120	1095	1025	95.24	1.71	1.63
乌孜别克族	342	505	253	252	485	241	244	96.04	1.48	1.42
俄罗斯族	577	544	278	266	535	273	262	98.35	0.94	0.93
鄂温克族	1128	1284	622	662	1263	610	653	98.36	1.14	1.12
德昂族	738	1313	680	633	1250	639	611	95.20	1.78	1.69
保安族	704	1163	641	522	1126	620	506	96.82	1.65	1.60
裕固族	485	614	309	305	599	301	298	97.56	1.27	1.24
京　族	901	1279	691	588	1252	672	580	97.89	1.42	1.39
塔塔尔族	130	163	70	93	160	69	91	98.16	1.25	1.23
独龙族	276	567	293	274	469	230	239	82.72	2.05	1.70
鄂伦春族	329	308	162	146	304	161	143	98.70	0.94	0.92
赫哲族	204	192	100	92	191	100	91	99.48	0.94	0.94
门巴族	355	562	312	250	537	295	242	95.55	1.58	1.51
珞巴族	131	193	107	86	187	103	84	96.89	1.47	1.43
基诺族	848	1377	682	695	1320	655	665	95.86	1.62	1.56
其他未识别的民族	18350	39638	21407	18231	38874	20961	17913	98.07	2.16	2.12
外国人加入中国籍	66	91	48	43	88	48	40	96.70	1.38	1.33

第二部分 长表数据资料

第三卷 受教育程度

3-1 全国分学业完成情况、性别、受教育程度的6岁及以上人口

单位：人

学业完成情况	合计			小学		
	合计	男	女	小计	男	女
总　计	**111601269**	**58054057**	**53547212**	**34393912**	**16287856**	**18106056**
在　校	21150210	11198139	9952071	9245226	5019324	4225902
毕　业	86044794	44741178	41303616	22263724	10027059	12236665
肄　业	1862073	894717	967356	1137988	482527	655461
辍　学	1875761	896754	979007	1335427	578201	757226
其　他	668431	323269	345162	411547	180745	230802

3-1 续表 1

单位：人

学业完成情况	初中			高中		
	小计	男	女	小计	男	女
总　计	**48412954**	**25955085**	**22457869**	**17303881**	**9596280**	**7707601**
在　校	5198104	2762718	2435386	3942132	2041277	1900855
毕　业	41983186	22496824	19486362	13127883	7410409	5717474
肄　业	592580	329705	262875	109664	69111	40553
辍　学	458205	267111	191094	75393	47291	28102
其　他	180879	98727	82152	48809	28192	20617

3-1 续表 2

单位：人

学业完成情况	大学专科			大学本科			研究生		
	小计	男	女	小计	男	女	小计	男	女
总　计	**6592271**	**3519047**	**3073224**	**4470446**	**2453738**	**2016708**	**427805**	**242051**	**185754**
在　校	1281978	626186	655792	1346080	680714	665366	136690	67920	68770
毕　业	5270427	2869325	2401102	3110159	1764496	1345663	289415	173065	116350
肄　业	15523	9502	6021	5768	3506	2262	550	366	184
辍　学	5336	3222	2114	1284	856	428	116	73	43
其　他	19007	10812	8195	7155	4166	2989	1034	627	407

3-1a 全国分学业完成情况、性别、受教育程度的6岁及以上人口(城市)

单位：人

学业完成情况	合计			小学		
	合计	男	女	小计	男	女
总计	**35149051**	**17956635**	**17192416**	**5835919**	**2685048**	**3150871**
在校	6346422	3303997	3042425	1970060	1066042	904018
毕业	28074556	14312729	13761827	3490639	1472616	2018023
肄业	302591	142266	160325	146267	56331	89936
辍学	277891	128534	149357	169296	66895	102401
其他	147591	69109	78482	59657	23164	36493

3-1a 续表1

单位：人

学业完成情况	初中			高中		
	小计	男	女	小计	男	女
总计	**12638883**	**6492730**	**6146153**	**8585216**	**4476707**	**4108509**
在校	1124190	600522	523668	1405309	725199	680110
毕业	11276035	5763704	5512331	7097413	3704494	3392919
肄业	109474	58628	50846	34907	20283	14624
辍学	82102	45959	36143	23580	13919	9661
其他	47082	23917	23165	24007	12812	11195

3-1a 续表2

单位：人

学业完成情况	大学专科			大学本科			研究生		
	小计	男	女	小计	男	女	小计	男	女
总计	**4245652**	**2204863**	**2040789**	**3452311**	**1876432**	**1575879**	**391070**	**220855**	**170215**
在校	725702	348758	376944	999533	503198	496335	121628	60278	61350
毕业	3499015	1844465	1654550	2443294	1367681	1075613	268160	159769	108391
肄业	7651	4430	3221	3896	2329	1567	396	265	131
辍学	2169	1272	897	692	456	236	52	33	19
其他	11115	5938	5177	4896	2768	2128	834	510	324

3-1b 全国分学业完成情况、性别、受教育程度的6岁及以上人口(镇)

单位：人

学业完成情况	合计			小学		
	合计	男	女	小计	男	女
总 计	**21888889**	**11315934**	**10572955**	**6019555**	**2800104**	**3219451**
在 校	4495361	2393212	2102149	1849853	1011497	838356
毕 业	16649232	8576578	8072654	3709830	1601909	2107921
肄 业	312458	145947	166511	179913	72120	107793
辍 学	308144	141321	166823	213775	87320	126455
其 他	123694	58876	64818	66184	27258	38926

3-1b 续表 1

单位：人

学业完成情况	初中			高中		
	小计	男	女	小计	男	女
总 计	**9616525**	**5019520**	**4597005**	**4063303**	**2265779**	**1797524**
在 校	1054469	566296	488173	1160440	597799	562641
毕 业	8343607	4334262	4009345	2850728	1635976	1214752
肄 业	103301	55616	47685	24071	14978	9093
辍 学	77193	43303	33890	15668	9772	5896
其 他	37955	20043	17912	12396	7254	5142

3-1b 续表 2

单位：人

学业完成情况	大学专科			大学本科			研究生		
	小计	男	女	小计	男	女	小计	男	女
总 计	**1443156**	**804536**	**638620**	**721445**	**411236**	**310209**	**24905**	**14759**	**10146**
在 校	228634	114842	113792	192981	98218	94763	8984	4560	4424
毕 业	1204120	683330	520790	525245	311050	214195	15702	10051	5651
肄 业	3895	2450	1445	1199	725	474	79	58	21
辍 学	1217	735	482	273	177	96	18	14	4
其 他	5290	3179	2111	1747	1066	681	122	76	46

3-1c 全国分学业完成情况、性别、受教育程度的6岁及以上人口(乡村)

单位：人

学业完成情况	合计			小学		
	合计	男	女	小计	男	女
总　计	**54563329**	**28781488**	**25781841**	**22538438**	**10802704**	**11735734**
在　校	10308427	5500930	4807497	5425313	2941785	2483528
毕　业	41321006	21851871	19469135	15063255	6952534	8110721
肄　业	1247024	606504	640520	811808	354076	457732
辍　学	1289726	626899	662827	952356	423986	528370
其　他	397146	195284	201862	285706	130323	155383

3-1c 续表1

单位：人

学业完成情况	初中			高中		
	小计	男	女	小计	男	女
总　计	**26157546**	**14442835**	**11714711**	**4655362**	**2853794**	**1801568**
在　校	3019445	1595900	1423545	1376383	718279	658104
毕　业	22363544	12398858	9964686	3179742	2069939	1109803
肄　业	379805	215461	164344	50686	33850	16836
辍　学	298910	177849	121061	36145	23600	12545
其　他	95842	54767	41075	12406	8126	4280

3-1c 续表2

单位：人

学业完成情况	大学专科			大学本科			研究生		
	小计	男	女	小计	男	女	小计	男	女
总　计	**903463**	**509648**	**393815**	**296690**	**166070**	**130620**	**11830**	**6437**	**5393**
在　校	327642	162586	165056	153566	79298	74268	6078	3082	2996
毕　业	567292	341530	225762	141620	85765	55855	5553	3245	2308
肄　业	3977	2622	1355	673	452	221	75	43	32
辍　学	1950	1215	735	319	223	96	46	26	20
其　他	2602	1695	907	512	332	180	78	41	37

3-2 全国分年龄、性别、学业完成情况的6岁及以上各种受教育程度人口

单位：人

年龄	合计								
	合计			在校			毕业		
	合计	男	女	小计	男	女	小计	男	女
总计	**111601269**	**58054057**	**53547212**	**21150210**	**11198139**	**9952071**	**86044794**	**44741178**	**41303616**
6-9岁	**5333384**	**2898706**	**2434678**	**5285865**	**2873117**	**2412748**	**38739**	**20823**	**17916**
6	1305271	709480	595791	1293043	702955	590088	9945	5276	4669
7	1297136	705077	592059	1286334	699261	587073	8788	4749	4039
8	1341294	729776	611518	1329950	723606	606344	9323	5049	4274
9	1389683	754373	635310	1376538	747295	629243	10683	5749	4934
10-14岁	**7350597**	**3953398**	**3397199**	**7154591**	**3845958**	**3308633**	**163357**	**88822**	**74535**
10	1431809	776623	655186	1415981	767974	648007	13136	7168	5968
11	1361580	735545	626035	1338743	723246	615497	19537	10518	9019
12	1506728	810695	696033	1471392	791670	679722	30592	16404	14188
13	1491567	799868	691699	1446643	775202	671441	37446	20480	16966
14	1558913	830667	728246	1481832	787866	693966	62646	34252	28394
15-19岁	**9163120**	**4769169**	**4393951**	**6264542**	**3219002**	**3045540**	**2737150**	**1456185**	**1280965**
15	1720622	913048	807574	1567641	825893	741748	130174	73085	57089
16	1740931	911570	829361	1428572	736362	692210	284178	158178	126000
17	1884646	978025	906621	1323547	672981	650566	526634	284930	241704
18	1881709	974675	907034	1061332	539593	521739	783541	414094	369447
19	1935212	991851	943361	883450	444173	439277	1012623	525898	486725
20-24岁	**11550169**	**5748681**	**5801488**	**2282777**	**1169734**	**1113043**	**9026764**	**4452718**	**4574046**
20	2531407	1274511	1256896	921927	462119	459808	1558888	785231	773657
21	2393559	1194148	1199411	668685	339828	328857	1676542	828733	847809
22	2226582	1106439	1120143	391351	206333	185018	1788843	875911	912932
23	2331873	1155997	1175876	205557	110278	95279	2076684	1019843	1056841
24	2066748	1017586	1049162	95257	51176	44081	1925807	943000	982807
25-29岁	**9210186**	**4586237**	**4623949**	**116516**	**62627**	**53889**	**8879619**	**4414396**	**4465223**
25	1813260	896819	916441	48206	25638	22568	1723153	849749	873404
26	1794939	889580	905359	27916	15010	12906	1725342	853236	872106
27	1771529	880930	890599	17577	9514	8063	1713068	850530	862538
28	2046422	1023021	1023401	13725	7484	6241	1986080	991852	994228
29	1784036	895887	888149	9092	4981	4111	1731976	869029	862947
30-34岁	**8903777**	**4497856**	**4405921**	**17561**	**9724**	**7837**	**8644575**	**4367490**	**4277085**
30	1731700	868681	863019	6357	3451	2906	1681107	842988	838119
31	1812782	915658	897124	3751	2030	1721	1762719	890161	872558
32	1784705	899662	885043	2991	1707	1284	1733443	874095	859348
33	1672039	848613	823426	2340	1311	1029	1622716	823663	799053
34	1902551	965242	937309	2122	1225	897	1844590	936583	908007
35-39岁	**10941615**	**5561772**	**5379843**	**9604**	**5605**	**3999**	**10579902**	**5386702**	**5193200**
35	1957199	992792	964407	2076	1219	857	1895120	962088	933032
36	2122295	1074007	1048288	1979	1143	836	2053042	1040363	1012679
37	2218390	1129257	1089133	2055	1203	852	2145201	1093753	1051448
38	2301695	1169764	1131931	1811	1081	730	2224310	1132630	1091680
39	2342036	1195952	1146084	1683	959	724	2262229	1157868	1104361
40-44岁	**11640308**	**5926790**	**5713518**	**6345**	**3914**	**2431**	**11196508**	**5718968**	**5477540**
40	2561778	1302813	1258965	1666	1014	652	2471413	1260005	1211408
41	2315866	1177346	1138520	1337	828	509	2229812	1136811	1093001
42	2520458	1283218	1237240	1340	835	505	2423823	1238032	1185791
43	1988917	1012253	976664	953	602	351	1908788	974804	933984
44	2253289	1151160	1102129	1049	635	414	2162672	1109316	1053356
45-49岁	**9892210**	**5055927**	**4836283**	**4459**	**3023**	**1436**	**9502977**	**4884309**	**4618668**
45	2243719	1148675	1095044	1035	684	351	2155485	1108471	1047014
46	2189564	1115290	1074274	1026	659	367	2104747	1077402	1027345
47	2530147	1299436	1230711	1118	765	353	2434475	1257164	1177311
48	1883615	964710	918905	838	602	236	1806837	931920	874917
49	1045165	527816	517349	442	313	129	1001433	509352	492081
50岁及以上	**27615903**	**15055521**	**12560382**	**7950**	**5435**	**2515**	**25275203**	**13950765**	**11324438**

3-2 续表 1

单位：人

年龄	合计								
	肄业			辍学			其他		
	小计	男	女	小计	男	女	小计	男	女
总计	**1862073**	**894717**	**967356**	**1875761**	**896754**	**979007**	**668431**	**323269**	**345162**
6-9岁	**5452**	**2957**	**2495**	**1117**	**588**	**529**	**2211**	**1221**	**990**
6	1128	614	514	195	102	93	960	533	427
7	1342	726	616	230	113	117	442	228	214
8	1356	757	599	283	156	127	382	208	174
9	1626	860	766	409	217	192	427	252	175
10-14岁	**13277**	**7480**	**5797**	**16295**	**9465**	**6830**	**3077**	**1673**	**1404**
10	1644	911	733	588	317	271	460	253	207
11	1808	998	810	1014	536	478	478	247	231
12	2274	1293	981	1881	1017	864	589	311	278
13	2858	1536	1322	4000	2297	1703	620	353	267
14	4693	2742	1951	8812	5298	3514	930	509	421
15-19岁	**61377**	**35510**	**25867**	**86966**	**51429**	**35537**	**13085**	**7043**	**6042**
15	6959	4265	2694	14648	9114	5534	1200	691	509
16	10028	6046	3982	16536	10064	6472	1617	920	697
17	13133	7721	5412	18851	11037	7814	2481	1356	1125
18	14932	8405	6527	18419	10705	7714	3485	1878	1607
19	16325	9073	7252	18512	10509	8003	4302	2198	2104
20-24岁	**103550**	**54205**	**49345**	**100904**	**54114**	**46790**	**36174**	**17910**	**18264**
20	21184	11512	9672	22721	12292	10429	6687	3357	3330
21	20711	10938	9773	20724	11150	9574	6897	3499	3398
22	20127	10446	9681	19268	10352	8916	6993	3397	3596
23	21680	11245	10435	19964	10691	9273	7988	3940	4048
24	19848	10064	9784	18227	9629	8598	7609	3717	3892
25-29岁	**90887**	**46098**	**44789**	**85794**	**44714**	**41080**	**37370**	**18402**	**18968**
25	17886	9064	8822	16644	8669	7975	7371	3699	3672
26	17767	8993	8774	16767	8759	8008	7147	3582	3565
27	17391	8861	8530	16420	8636	7784	7073	3389	3684
28	19790	9994	9796	18596	9648	8948	8231	4043	4188
29	18053	9186	8867	17367	9002	8365	7548	3689	3859
30-34岁	**100106**	**49623**	**50483**	**100419**	**50457**	**49962**	**41116**	**20562**	**20554**
30	18345	9185	9160	18044	9145	8899	7847	3912	3935
31	19337	9772	9565	18858	9544	9314	8117	4151	3966
32	19792	9696	10096	20127	10077	10050	8352	4087	4265
33	19435	9688	9747	19789	10046	9743	7759	3905	3854
34	23197	11282	11915	23601	11645	11956	9041	4507	4534
35-39岁	**146613**	**69927**	**76686**	**149600**	**71904**	**77696**	**55896**	**27634**	**28262**
35	24930	12247	12683	25279	12389	12890	9794	4849	4945
36	28137	13488	14649	28466	13754	14712	10671	5259	5412
37	29666	14129	15537	30120	14534	15586	11348	5638	5710
38	31359	14817	16542	32169	15190	16979	12046	6046	6000
39	32521	15246	17275	33566	16037	17529	12037	5842	6195
40-44岁	**181425**	**83791**	**97634**	**191038**	**88515**	**102523**	**64992**	**31602**	**33390**
40	36635	17102	19533	38377	17982	20395	13687	6710	6977
41	34956	16200	18756	36998	17271	19727	12763	6236	6527
42	39637	18228	21409	41541	19222	22319	14117	6901	7216
43	32864	15206	17658	34704	16035	18669	11608	5606	6002
44	37333	17055	20278	39418	18005	21413	12817	6149	6668
45-49岁	**161074**	**70530**	**90544**	**166614**	**71248**	**95366**	**57086**	**26817**	**30269**
45	36598	16433	20165	37893	16927	20966	12708	6160	6548
46	35104	15561	19543	36341	15786	20555	12346	5882	6464
47	40038	17491	22547	40290	17308	22982	14226	6708	7518
48	31743	13596	18147	32881	13436	19445	11316	5156	6160
49	17591	7449	10142	19209	7791	11418	6490	2911	3579
50岁及以上	**998312**	**474596**	**523716**	**977014**	**454320**	**522694**	**357424**	**170405**	**187019**

3-2 续表 2

单位：人

年龄	小学								
	合计			在校			毕业		
	合计	男	女	小计	男	女	小计	男	女
总计	**34393912**	**16287856**	**18106056**	**9245226**	**5019324**	**4225902**	**22263724**	**10027059**	**12236665**
6-9岁	**5304161**	**2882342**	**2421819**	**5261000**	**2859138**	**2401862**	**34617**	**18575**	**16042**
6	1300492	706823	593669	1289472	700959	588513	8818	4654	4164
7	1292475	702483	589992	1282594	697150	585444	7908	4293	3615
8	1335699	726608	609091	1325378	721013	604365	8348	4503	3845
9	1375495	746428	629067	1363556	740016	623540	9543	5125	4418
10-14岁	**4077347**	**2210446**	**1866901**	**3976970**	**2156404**	**1820566**	**84258**	**45293**	**38965**
10	1402829	760792	642037	1389150	753319	635831	11125	6072	5053
11	1225455	664045	561410	1208818	655092	553726	13860	7473	6387
12	884719	483276	401443	863707	471886	391821	17846	9642	8204
13	396198	213990	182208	374725	202398	172327	18035	9717	8318
14	168146	88343	79803	140570	73709	66861	23392	12389	11003
15-19岁	**313590**	**159504**	**154086**	**4305**	**2242**	**2063**	**277956**	**140938**	**137018**
15	40587	21954	18633	2162	1147	1015	33277	17959	15318
16	49685	26560	23125	891	461	430	43166	22998	20168
17	63130	32638	30492	557	290	267	56252	29071	27181
18	74632	37247	37385	341	161	180	67436	33609	33827
19	85556	41105	44451	354	183	171	77825	37301	40524
20-24岁	**682065**	**297968**	**384097**	**729**	**377**	**352**	**627512**	**272845**	**354667**
20	124350	56845	67505	390	210	180	113795	51859	61936
21	127534	56686	70848	123	64	59	117275	51859	65416
22	132714	57611	75103	115	57	58	122134	52722	69412
23	151474	65104	86370	60	29	31	139817	59804	80013
24	145993	61722	84271	41	17	24	134491	56601	77890
25-29岁	**777432**	**323937**	**453495**	**182**	**79**	**103**	**713782**	**295901**	**417881**
25	139869	58665	81204	46	19	27	128549	53680	74869
26	143772	59740	84032	22	10	12	132100	54550	77550
27	145926	60772	85154	37	16	21	133775	55406	78369
28	176544	73300	103244	44	19	25	162246	67072	95174
29	171321	71460	99861	33	15	18	157112	65193	91919
30-34岁	**1172058**	**480869**	**691189**	**294**	**135**	**159**	**1076705**	**439921**	**636784**
30	189752	77145	112607	53	22	31	173672	70215	103457
31	213140	88404	124736	50	22	28	195971	80947	115024
32	233775	95629	138146	63	30	33	214583	87440	127143
33	238981	98587	140394	74	35	39	219731	90217	129514
34	296410	121104	175306	54	26	28	272748	111102	161646
35-39岁	**2056579**	**832553**	**1224026**	**238**	**120**	**118**	**1891174**	**764611**	**1126563**
35	331061	135718	195343	60	24	36	304581	124528	180053
36	382124	155108	227016	56	29	27	351686	142529	209157
37	413119	167802	245317	45	26	19	379869	154094	225775
38	449228	179975	269253	39	24	15	412772	165149	247623
39	481047	193950	287097	38	17	21	442266	178311	263955
40-44岁	**2852813**	**1145183**	**1707630**	**233**	**149**	**84**	**2614589**	**1051130**	**1563459**
40	563201	225361	337840	38	26	12	517429	207087	310342
41	551274	223655	327619	44	27	17	505569	205413	300156
42	626197	251870	374327	61	38	23	574169	231211	342958
43	522459	208834	313625	35	21	14	478008	191347	286661
44	589682	235463	354219	55	37	18	539414	216072	323342
45-49岁	**2469825**	**927939**	**1541886**	**194**	**103**	**91**	**2247100**	**849841**	**1397259**
45	567152	222524	344628	48	27	21	517757	203938	313819
46	538016	205750	332266	41	26	15	490391	188569	301822
47	599698	225414	374284	48	23	25	546475	206933	339542
48	483470	174303	309167	42	21	21	438239	159530	278709
49	281489	99948	181541	15	6	9	254238	90871	163367
50岁及以上	**14688042**	**7027115**	**7660927**	**1081**	**577**	**504**	**12696031**	**6148004**	**6548027**

3-2 续表 3 单位：人

年 龄	小学								
	肄 业			辍 学			其 他		
	小计	男	女	小计	男	女	小计	男	女
总 计	**1137988**	**482527**	**655461**	**1335427**	**578201**	**757226**	**411547**	**180745**	**230802**
6-9岁	**5367**	**2910**	**2457**	**1076**	**564**	**512**	**2101**	**1155**	**946**
6	1108	608	500	188	98	90	906	504	402
7	1326	716	610	222	107	115	425	217	208
8	1335	744	591	273	151	122	365	197	168
9	1598	842	756	393	208	185	405	237	168
10-14岁	**6431**	**3562**	**2869**	**7653**	**4099**	**3554**	**2035**	**1088**	**947**
10	1572	871	701	552	294	258	430	236	194
11	1501	824	677	880	451	429	396	205	191
12	1341	783	558	1413	754	659	412	211	201
13	1011	531	480	2069	1144	925	358	200	158
14	1006	553	453	2739	1456	1283	439	236	203
15-19岁	**8322**	**4301**	**4021**	**19069**	**9990**	**9079**	**3938**	**2033**	**1905**
15	1191	668	523	3383	1875	1508	574	305	269
16	1443	799	644	3560	1965	1595	625	337	288
17	1723	903	820	3835	1965	1870	763	409	354
18	1917	928	989	4023	2092	1931	915	457	458
19	2048	1003	1045	4268	2093	2175	1061	525	536
20-24岁	**16557**	**7323**	**9234**	**28945**	**13578**	**15367**	**8322**	**3845**	**4477**
20	2961	1359	1602	5653	2696	2957	1551	721	830
21	3034	1371	1663	5515	2622	2893	1587	770	817
22	3163	1367	1796	5743	2758	2985	1559	707	852
23	3688	1619	2069	6088	2792	3296	1821	860	961
24	3711	1607	2104	5946	2710	3236	1804	787	1017
25-29岁	**20186**	**8471**	**11715**	**33525**	**15137**	**18388**	**9757**	**4349**	**5408**
25	3467	1436	2031	5987	2735	3252	1820	795	1025
26	3681	1583	2098	6141	2793	3348	1828	804	1024
27	3900	1618	2282	6355	2885	3470	1859	847	1012
28	4548	1862	2686	7561	3358	4203	2145	989	1156
29	4590	1972	2618	7481	3366	4115	2105	914	1191
30-34岁	**31526**	**12841**	**18685**	**50082**	**21930**	**28152**	**13451**	**6042**	**7409**
30	5272	2183	3089	8430	3672	4758	2325	1053	1272
31	5604	2357	3247	9033	3947	5086	2482	1131	1351
32	6225	2490	3735	10090	4436	5654	2814	1233	1581
33	6422	2615	3807	10112	4512	5600	2642	1208	1434
34	8003	3196	4807	12417	5363	7054	3188	1417	1771
35-39岁	**57637**	**22641**	**34996**	**85728**	**35920**	**49808**	**21802**	**9261**	**12541**
35	9083	3773	5310	13741	5835	7906	3596	1558	2038
36	10504	4136	6368	15835	6671	9164	4043	1743	2300
37	11613	4565	7048	17155	7233	9922	4437	1884	2553
38	12754	4937	7817	18885	7792	11093	4778	2073	2705
39	13683	5230	8453	20112	8389	11723	4948	2003	2945
40-44岁	**85164**	**32133**	**53031**	**122681**	**49330**	**73351**	**30146**	**12441**	**17705**
40	16107	6167	9940	23732	9635	14097	5895	2446	3449
41	16198	6183	10015	23696	9646	14050	5767	2386	3381
42	18682	7127	11555	26800	10812	15988	6485	2682	3803
43	16070	5996	10074	22674	9111	13563	5672	2359	3313
44	18107	6660	11447	25779	10126	15653	6327	2568	3759
45-49岁	**81840**	**27119**	**54721**	**112310**	**40203**	**72107**	**28381**	**10673**	**17708**
45	18078	6451	11627	24962	9554	15408	6307	2554	3753
46	17413	6014	11399	24163	8818	15345	6008	2323	3685
47	19764	6389	13375	26644	9550	17094	6767	2519	4248
48	16622	5138	11484	22749	7580	15169	5818	2034	3784
49	9963	3127	6836	13792	4701	9091	3481	1243	2238
50岁及以上	**824958**	**361226**	**463732**	**874358**	**387450**	**486908**	**291614**	**129858**	**161756**

3-2 续表 4

单位：人

年龄	初中								
	合计			在校			毕业		
	合计	男	女	小计	男	女	小计	男	女
总计	**48412954**	**25955085**	**22457869**	**5198104**	**2762718**	**2435386**	**41983186**	**22496824**	**19486362**
6-9岁	**29184**	**16339**	**12845**	**24836**	**13962**	**10874**	**4112**	**2240**	**1872**
6	4779	2657	2122	3571	1996	1575	1127	622	505
7	4661	2594	2067	3740	2111	1629	880	456	424
8	5571	3153	2418	4554	2583	1971	969	541	428
9	14173	7935	6238	12971	7272	5699	1136	621	515
10-14岁	**3177811**	**1694589**	**1483222**	**3085456**	**1643030**	**1442426**	**76150**	**41869**	**34281**
10	28928	15805	13123	26789	14636	12153	2001	1089	912
11	135990	71438	64552	129809	68101	61708	5658	3036	2622
12	621776	327302	294474	607487	319684	287803	12714	6746	5968
13	1076415	575812	500603	1054161	563412	490749	18292	10137	8155
14	1314702	704232	610470	1267210	677197	590013	37485	20861	16624
15-19岁	**4147782**	**2217766**	**1930016**	**2083975**	**1103672**	**980303**	**1964040**	**1054397**	**909643**
15	1210948	656037	554911	1101167	592385	508782	92980	52935	40045
16	808472	435959	372513	564221	297512	266709	225124	126555	98569
17	690218	369253	320965	261251	134204	127047	408164	222592	185572
18	683874	362066	321808	103761	52537	51224	559243	297441	261802
19	754270	394451	359819	53575	27034	26541	678529	354874	323655
20-24岁	**5380858**	**2650038**	**2730820**	**1991**	**1026**	**965**	**5244842**	**2578016**	**2666826**
20	1037556	524918	512638	959	490	469	1008065	508832	499233
21	1048819	518160	530659	451	217	234	1021352	503574	517778
22	1050760	512936	537824	272	147	125	1024775	499362	525413
23	1172215	573722	598493	179	95	84	1144549	559093	585456
24	1071508	520302	551206	130	77	53	1046101	507155	538946
25-29岁	**4875163**	**2428646**	**2446517**	**370**	**193**	**177**	**4759696**	**2367845**	**2391851**
25	962392	471532	490860	116	72	44	939125	459360	479765
26	959714	472942	486772	77	26	51	936699	460933	475766
27	933546	465339	468207	57	34	23	911551	453733	457818
28	1072931	540037	532894	64	31	33	1048111	526956	521155
29	946580	478796	467784	56	30	26	924210	466863	457347
30-34岁	**4798262**	**2454065**	**2344197**	**296**	**173**	**123**	**4680101**	**2391146**	**2288955**
30	922483	466944	455539	48	26	22	900264	455157	445107
31	967042	493239	473803	54	30	24	943876	480807	463069
32	955486	487533	467953	57	32	25	932003	475132	456871
33	906296	466826	439470	81	52	29	883637	454613	429024
34	1046955	539523	507432	56	33	23	1020321	525437	494884
35-39岁	**6099868**	**3172653**	**2927215**	**341**	**182**	**159**	**5941339**	**3088229**	**2853110**
35	1082099	558364	523735	73	40	33	1054038	543392	510646
36	1185997	611436	574561	69	41	28	1154813	594955	559858
37	1237501	644061	593440	72	35	37	1205372	626934	578438
38	1287798	671469	616329	61	33	28	1254413	653704	600709
39	1306473	687323	619150	66	33	33	1272703	669244	603459
40-44岁	**6383181**	**3393683**	**2989498**	**298**	**159**	**139**	**6209797**	**3299796**	**2910001**
40	1416482	745491	670991	68	36	32	1379712	725827	653885
41	1262129	666768	595361	67	37	30	1228354	648495	579859
42	1373194	730365	642829	61	32	29	1335447	710026	625421
43	1094835	585644	509191	46	27	19	1064285	568942	495343
44	1236541	665415	571126	56	27	29	1201999	646506	555493
45-49岁	**4954604**	**2676261**	**2278343**	**192**	**103**	**89**	**4820626**	**2603401**	**2217225**
45	1208204	649443	558761	53	26	27	1175614	631815	543799
46	1133648	606095	527553	52	28	24	1103110	589496	513614
47	1261502	682316	579186	40	23	17	1227665	664006	563659
48	892039	487861	404178	29	16	13	867452	474363	393089
49	459211	250546	208665	18	10	8	446785	243721	203064
50岁及以上	**8566241**	**5251045**	**3315196**	**349**	**218**	**131**	**8282483**	**5069885**	**3212598**

3-2 续表 5　　　　单位：人

年龄	初中								
	肄业			辍学			其他		
	小计	男	女	小计	男	女	小计	男	女
总计	**592580**	**329705**	**262875**	**458205**	**267111**	**191094**	**180879**	**98727**	**82152**
6-9岁	**85**	**47**	**38**	**41**	**24**	**17**	**110**	**66**	**44**
6	20	6	14	7	4	3	54	29	25
7	16	10	6	8	6	2	17	11	6
8	21	13	8	10	5	5	17	11	6
9	28	18	10	16	9	7	22	15	7
10-14岁	**6709**	**3851**	**2858**	**8516**	**5287**	**3229**	**980**	**552**	**428**
10	72	40	32	36	23	13	30	17	13
11	307	174	133	134	85	49	82	42	40
12	932	510	422	467	262	205	176	100	76
13	1820	988	832	1900	1134	766	242	141	101
14	3578	2139	1439	5979	3783	2196	450	252	198
15-19岁	**40282**	**23617**	**16665**	**53167**	**32575**	**20592**	**6318**	**3505**	**2813**
15	5448	3404	2044	10811	6971	3840	542	342	200
16	7245	4465	2780	11099	6968	4131	783	459	324
17	8477	5046	3431	11154	6767	4387	1172	644	528
18	9050	5132	3918	10088	5995	4093	1732	961	771
19	10062	5570	4492	10015	5874	4141	2089	1099	990
20-24岁	**62835**	**32707**	**30128**	**53327**	**29440**	**23887**	**17863**	**8849**	**9014**
20	12955	7074	5881	12221	6796	5425	3356	1726	1630
21	12473	6545	5928	11101	6071	5030	3442	1753	1689
22	12278	6311	5967	10003	5477	4526	3432	1639	1793
23	13041	6745	6296	10511	5882	4629	3935	1907	2028
24	12088	6032	6056	9491	5214	4277	3698	1824	1874
25-29岁	**54747**	**28092**	**26655**	**42484**	**23500**	**18984**	**17866**	**9016**	**8850**
25	10983	5588	5395	8478	4591	3887	3690	1921	1769
26	10941	5512	5429	8586	4713	3873	3411	1758	1653
27	10409	5400	5009	8189	4570	3619	3340	1602	1738
28	11818	6081	5737	9028	5019	4009	3910	1950	1960
29	10596	5511	5085	8203	4607	3596	3515	1785	1730
30-34岁	**55928**	**29046**	**26882**	**43348**	**24119**	**19229**	**18589**	**9581**	**9008**
30	10469	5410	5059	8091	4511	3580	3611	1840	1771
31	11013	5743	5270	8370	4677	3693	3729	1982	1747
32	11053	5706	5347	8680	4796	3884	3693	1867	1826
33	10670	5633	5037	8406	4730	3676	3502	1798	1704
34	12723	6554	6169	9801	5405	4396	4054	2094	1960
35-39岁	**76505**	**39632**	**36873**	**56972**	**31650**	**25322**	**24711**	**12960**	**11751**
35	13470	6981	6489	10167	5679	4488	4351	2272	2079
36	15088	7803	7285	11232	6190	5042	4795	2447	2348
37	15552	8046	7506	11529	6414	5115	4976	2632	2344
38	16038	8309	7729	11953	6574	5379	5333	2849	2484
39	16357	8493	7864	12091	6793	5298	5256	2760	2496
40-44岁	**84705**	**44347**	**40358**	**62273**	**35351**	**26922**	**26108**	**14030**	**12078**
40	17833	9196	8637	13175	7386	5789	5694	3046	2648
41	16462	8564	7898	12057	6872	5185	5189	2800	2389
42	18453	9557	8896	13487	7650	5837	5746	3100	2646
43	14933	7994	6939	11060	6296	4764	4511	2385	2126
44	17024	9036	7988	12494	7147	5347	4968	2699	2269
45-49岁	**65926**	**34890**	**31036**	**47565**	**26740**	**20825**	**20295**	**11127**	**9168**
45	16106	8426	7680	11676	6564	5112	4755	2612	2143
46	15051	7889	7162	10851	6148	4703	4584	2534	2050
47	16777	8894	7883	11881	6612	5269	5139	2781	2358
48	12029	6437	5592	8695	4927	3768	3834	2118	1716
49	5963	3244	2719	4462	2489	1973	1983	1082	901
50岁及以上	**144858**	**93476**	**51382**	**90512**	**58425**	**32087**	**48039**	**29041**	**18998**

3-2 续表 6　　　　单位：人

年龄	高中								
	合计			在校			毕业		
	合计	男	女	小计	男	女	小计	男	女
总计	**17303881**	**9596280**	**7707601**	**3942132**	**2041277**	**1900855**	**13127883**	**7410409**	**5717474**
6-9岁	**39**	**25**	**14**	**29**	**17**	**12**	**10**	**8**	**2**
6									
7									
8	24	15	9	18	10	8	6	5	1
9	15	10	5	11	7	4	4	3	1
10-14岁	**95259**	**48269**	**46990**	**92017**	**46444**	**45573**	**2919**	**1647**	**1272**
10	49	24	25	40	18	22	9	6	3
11	106	47	59	94	42	52	12	5	7
12	183	87	96	158	74	84	23	12	11
13	18921	10051	8870	17732	9380	8352	1112	624	488
14	76000	38060	37940	73993	36930	37063	1763	1000	763
15-19岁	**3909889**	**2024233**	**1885656**	**3423006**	**1762850**	**1660156**	**458210**	**244275**	**213935**
15	459132	230875	228257	454749	228399	226350	3541	1983	1558
16	860399	439663	420736	841891	429410	412481	15130	8241	6889
17	1071267	549860	521407	1004568	513544	491024	59504	32013	27491
18	892162	469686	422476	736144	385699	350445	147388	78805	68583
19	626929	334149	292780	385654	205798	179856	232647	123233	109414
20-24岁	**2369140**	**1265687**	**1103453**	**400697**	**215063**	**185634**	**1926802**	**1026014**	**900788**
20	617088	327822	289266	239088	128245	110843	367981	193754	174227
21	493336	261847	231489	95706	50964	44742	388581	205516	183065
22	434925	233370	201555	40031	21698	18333	386960	206926	180034
23	445446	238832	206614	18067	9828	8239	419369	224312	195057
24	378345	203816	174529	7805	4328	3477	363911	195506	168405
25-29岁	**1598737**	**858922**	**739815**	**12650**	**7068**	**5582**	**1560400**	**836450**	**723950**
25	315311	170305	145006	4313	2389	1924	305486	164608	140878
26	302223	162910	139313	2711	1491	1220	294393	158343	136050
27	303227	162454	140773	2211	1220	991	296143	158304	137839
28	360878	193138	167740	2033	1158	875	353396	188688	164708
29	317098	170115	146983	1382	810	572	310982	166507	144475
30-34岁	**1508201**	**818339**	**689862**	**3134**	**2006**	**1128**	**1483725**	**803419**	**680306**
30	308068	165462	142606	1125	653	472	302461	162110	140351
31	323130	174488	148642	602	381	221	318081	171392	146689
32	306659	166398	140261	556	378	178	301847	163506	138341
33	274119	149623	124496	409	288	121	269773	146932	122841
34	296225	162368	133857	442	306	136	291563	159479	132084
35-39岁	**1556581**	**868614**	**687967**	**2990**	**1970**	**1020**	**1531278**	**853053**	**678225**
35	292774	161226	131548	521	358	163	287992	158271	129721
36	304616	168682	135934	565	351	214	299609	165587	134022
37	316319	176606	139713	767	488	279	310979	173343	137636
38	322187	180930	141257	636	441	195	316977	177725	139252
39	320685	181170	139515	501	332	169	315721	178127	137594
40-44岁	**1451329**	**824150**	**627179**	**2066**	**1539**	**527**	**1428067**	**809532**	**618535**
40	345310	195910	149400	505	375	130	339828	192420	147408
41	299948	168926	131022	456	342	114	295268	166024	129244
42	314317	178552	135765	437	330	107	309328	175468	133860
43	227289	130318	96971	333	242	91	223500	127869	95631
44	264465	150444	114021	335	250	85	260143	147751	112392
45-49岁	**1722739**	**980624**	**742115**	**1862**	**1477**	**385**	**1696572**	**964075**	**732497**
45	300194	171684	128510	373	298	75	295477	168672	126805
46	344713	194978	149735	418	305	113	339560	191827	147733
47	469025	265134	203891	466	373	93	462066	260731	201335
48	376075	217273	158802	382	315	67	370222	213485	156737
49	232732	131555	101177	223	186	37	229247	129360	99887
50岁及以上	**3091967**	**1907417**	**1184550**	**3681**	**2843**	**838**	**3039900**	**1871936**	**1167964**

3-2 续表 7 单位：人

年龄	高中 肄业 小计	肄业 男	肄业 女	辍学 小计	辍学 男	辍学 女	其他 小计	其他 男	其他 女
总 计	**109664**	**69111**	**40553**	**75393**	**47291**	**28102**	**48809**	**28192**	**20617**
6-9岁									
6									
7									
8									
9									
10-14岁	**136**	**66**	**70**	**126**	**79**	**47**	**61**	**33**	**28**
10									
11									
12	1		1	1	1				
13	26	16	10	31	19	12	20	12	8
14	109	50	59	94	59	35	41	21	20
15-19岁	**12153**	**7257**	**4896**	**14215**	**8589**	**5626**	**2305**	**1262**	**1043**
15	316	191	125	449	264	185	77	38	39
16	1321	771	550	1861	1123	738	196	118	78
17	2881	1747	1134	3810	2273	1537	504	283	221
18	3789	2250	1539	4153	2543	1610	688	389	299
19	3846	2298	1548	3942	2386	1556	840	434	406
20-24岁	**19693**	**11779**	**7914**	**16129**	**9653**	**6476**	**5819**	**3178**	**2641**
20	4618	2748	1870	4270	2466	1804	1131	609	522
21	4348	2582	1766	3573	2162	1411	1128	623	505
22	3782	2283	1499	3013	1837	1176	1139	626	513
23	3863	2279	1584	2887	1732	1155	1260	681	579
24	3082	1887	1195	2386	1456	930	1161	639	522
25-29岁	**12013**	**7316**	**4697**	**8567**	**5307**	**3260**	**5107**	**2781**	**2326**
25	2641	1591	1050	1869	1131	738	1002	586	416
26	2371	1442	929	1758	1083	675	990	551	439
27	2253	1382	871	1643	1030	613	977	518	459
28	2568	1577	991	1766	1132	634	1115	583	532
29	2180	1324	856	1531	931	600	1023	543	480
30-34岁	**9809**	**6072**	**3737**	**6392**	**4024**	**2368**	**5141**	**2818**	**2323**
30	2017	1239	778	1377	869	508	1088	591	497
31	2097	1306	791	1336	838	498	1014	571	443
32	1971	1180	791	1224	764	460	1061	570	491
33	1817	1145	672	1171	744	427	949	514	435
34	1907	1202	705	1284	809	475	1029	572	457
35-39岁	**10125**	**6242**	**3883**	**6406**	**4008**	**2398**	**5782**	**3341**	**2441**
35	1890	1188	702	1255	785	470	1116	624	492
36	2044	1264	780	1305	829	476	1093	651	442
37	2048	1257	791	1325	813	512	1200	705	495
38	2115	1301	814	1236	768	468	1223	695	528
39	2028	1232	796	1285	813	472	1150	666	484
40-44岁	**9773**	**6196**	**3577**	**5718**	**3604**	**2114**	**5705**	**3279**	**2426**
40	2234	1444	790	1382	899	483	1361	772	589
41	1912	1222	690	1158	696	462	1154	642	512
42	2131	1313	818	1177	720	457	1244	721	523
43	1605	1049	556	919	596	323	932	562	370
44	1891	1168	723	1082	693	389	1014	582	432
45-49岁	**11822**	**7501**	**4321**	**6460**	**4133**	**2327**	**6023**	**3438**	**2585**
45	2072	1322	750	1195	775	420	1077	617	460
46	2280	1412	868	1251	774	477	1204	660	544
47	3118	1944	1174	1685	1099	586	1690	987	703
48	2818	1837	981	1399	901	498	1254	735	519
49	1534	986	548	930	584	346	798	439	359
50岁及以上	**24140**	**16682**	**7458**	**11380**	**7894**	**3486**	**12866**	**8062**	**4804**

3-2 续表 8

单位：人

年 龄	大学专科								
	合 计			在 校			毕 业		
	合计	男	女	小计	男	女	小计	男	女
总 计	**6592271**	**3519047**	**3073224**	**1281978**	**626186**	**655792**	**5270427**	**2869325**	**2401102**
6-9岁									
6									
7									
8									
9									
10-14岁	**137**	**73**	**64**	**115**	**62**	**53**	**20**	**10**	**10**
10	2	1	1	2	1	1			
11	22	13	9	18	10	8	4	3	1
12	40	24	16	30	20	10	9	4	5
13	22	10	12	17	7	10	4	2	2
14	51	25	26	48	24	24	3	1	2
15-19岁	**462270**	**211746**	**250524**	**427093**	**195994**	**231099**	**33706**	**15005**	**18701**
15	8882	3655	5227	8576	3485	5091	291	159	132
16	19573	8041	11532	18909	7705	11204	625	317	308
17	43131	18586	24545	40576	17411	23165	2429	1111	1318
18	130983	59564	71419	121820	55469	66351	8728	3880	4848
19	259701	121900	137801	237212	111924	125288	21633	9538	12095
20-24岁	**1697537**	**821756**	**875781**	**819456**	**411262**	**408194**	**869385**	**405925**	**463460**
20	418679	199732	218947	354845	171291	183554	62242	27625	34617
21	386013	187477	198536	256599	128634	127965	127635	57935	69700
22	319839	155919	163920	126850	67238	59612	191202	87768	103434
23	310332	150777	159555	58008	31430	26578	250452	118326	132126
24	262674	127851	134823	23154	12669	10485	237854	114271	123583
25-29岁	**1034586**	**510125**	**524461**	**23741**	**12657**	**11084**	**1004428**	**494023**	**510405**
25	215876	106670	109206	10542	5735	4807	203983	100205	103778
26	206349	102444	103905	5351	2837	2514	199681	98863	100818
27	201920	99037	102883	3319	1736	1583	197355	96656	100699
28	226942	111367	115575	2629	1366	1263	222934	109283	113651
29	183499	90607	92892	1900	983	917	180475	89016	91459
30-34岁	**801627**	**410597**	**391030**	**3964**	**1928**	**2036**	**792723**	**405878**	**386845**
30	168491	84636	83855	1455	719	736	166001	83349	82652
31	171736	86932	84804	778	365	413	169892	85972	83920
32	163614	83367	80247	675	353	322	161974	82473	79501
33	144845	74729	70116	540	235	305	143416	73975	69441
34	152941	80933	72008	516	256	260	151440	80109	71331
35-39岁	**727710**	**396242**	**331468**	**2484**	**1308**	**1176**	**720760**	**392354**	**328406**
35	148519	79464	69055	507	282	225	147089	78642	68447
36	148154	80195	67959	514	280	234	146703	79386	67317
37	148897	81065	67832	458	241	217	147538	80321	67217
38	143782	78892	64890	486	250	236	142408	78121	64287
39	138358	76626	61732	519	255	264	137022	75884	61138
40-44岁	**560510**	**319609**	**240901**	**1923**	**1017**	**906**	**555070**	**316479**	**238591**
40	141496	78945	62551	524	256	268	140090	78155	61935
41	119584	67161	52423	378	200	178	118438	66489	51949
42	121202	69244	51958	411	218	193	120055	68588	51467
43	83664	48778	34886	295	171	124	82850	48286	34564
44	94564	55481	39083	315	172	143	93637	54961	38676
45-49岁	**461401**	**278154**	**183247**	**1281**	**750**	**531**	**457219**	**275511**	**181708**
45	99597	59216	40381	317	179	138	98613	58600	40013
46	105514	62804	42710	309	169	140	104546	62216	42330
47	124560	74984	49576	322	189	133	123461	74285	49176
48	84730	52265	32465	228	151	77	83990	51772	32218
49	47000	28885	18115	105	62	43	46609	28638	17971
50岁及以上	**846493**	**570745**	**275748**	**1921**	**1208**	**713**	**837116**	**564140**	**272976**

3-2 续表 9

单位：人

年 龄	大学专科								
	肄 业			辍 学			其 他		
	小计	男	女	小计	男	女	小计	男	女
总 计	**15523**	**9502**	**6021**	**5336**	**3222**	**2114**	**19007**	**10812**	**8195**
6-9岁									
6									
7									
8									
9									
10-14岁	**1**	**1**					**1**		**1**
10									
11									
12							1		1
13	1	1							
14									
15-19岁	**542**	**293**	**249**	**471**	**246**	**225**	**458**	**208**	**250**
15	4	2	2	4	3	1	7	6	1
16	16	9	7	13	5	8	10	5	5
17	46	21	25	47	28	19	33	15	18
18	155	83	72	145	70	75	135	62	73
19	321	178	143	262	140	122	273	120	153
20-24岁	**3530**	**1895**	**1635**	**2057**	**1161**	**896**	**3109**	**1513**	**1596**
20	564	294	270	487	277	210	541	245	296
21	717	363	354	463	260	203	599	285	314
22	723	388	335	423	220	203	641	305	336
23	815	453	362	372	216	156	685	352	333
24	711	397	314	312	188	124	643	326	317
25-29岁	**2598**	**1472**	**1126**	**918**	**580**	**338**	**2901**	**1393**	**1508**
25	547	313	234	235	156	79	569	261	308
26	526	311	215	227	139	88	564	294	270
27	534	289	245	169	107	62	543	249	294
28	544	306	238	178	103	75	657	309	348
29	447	253	194	109	75	34	568	280	288
30-34岁	**1906**	**1119**	**787**	**462**	**293**	**169**	**2572**	**1379**	**1193**
30	400	235	165	111	66	45	524	267	257
31	402	236	166	100	69	31	564	290	274
32	366	215	151	104	61	43	495	265	230
33	367	216	151	73	44	29	449	259	190
34	371	217	154	74	53	21	540	298	242
35-39岁	**1608**	**945**	**663**	**375**	**240**	**135**	**2483**	**1395**	**1088**
35	333	209	124	85	63	22	505	268	237
36	347	197	150	74	49	25	516	283	233
37	310	170	140	82	52	30	509	281	228
38	319	183	136	75	45	30	494	293	201
39	299	186	113	59	31	28	459	270	189
40-44岁	**1176**	**724**	**452**	**271**	**168**	**103**	**2070**	**1221**	**849**
40	298	189	109	68	47	21	516	298	218
41	252	155	97	66	45	21	450	272	178
42	247	148	99	53	24	29	436	266	170
43	155	98	57	40	27	13	324	196	128
44	224	134	90	44	25	19	344	189	155
45-49岁	**1011**	**681**	**330**	**202**	**121**	**81**	**1688**	**1091**	**597**
45	232	156	76	45	28	17	390	253	137
46	235	152	83	54	28	26	370	239	131
47	262	182	80	60	36	24	455	292	163
48	188	128	60	24	17	7	300	197	103
49	94	63	31	19	12	7	173	110	63
50岁及以上	**3151**	**2372**	**779**	**580**	**413**	**167**	**3725**	**2612**	**1113**

3-2 续表 10

单位：人

年 龄	大学本科								
	合 计			在 校			毕 业		
	合计	男	女	小计	男	女	小计	男	女
总 计	**4470446**	**2453738**	**2016708**	**1346080**	**680714**	**665366**	**3110159**	**1764496**	**1345663**
6-9岁									
6									
7									
8									
9									
10-14岁	**37**	**18**	**19**	**28**	**15**	**13**	**9**	**3**	**6**
10	1	1					1	1	
11	7	2	5	4	1	3	3	1	2
12	9	5	4	9	5	4			
13	8	4	4	6	4	2	2		2
14	12	6	6	9	5	4	3	1	2
15-19岁	**328764**	**155500**	**173264**	**325519**	**153929**	**171590**	**3065**	**1472**	**1593**
15	989	481	508	908	433	475	80	47	33
16	2712	1295	1417	2598	1240	1358	107	51	56
17	16793	7622	9171	16520	7489	9031	256	122	134
18	99883	46027	53856	99146	45673	53473	692	329	363
19	208387	100075	108312	206347	99094	107253	1930	923	1007
20-24岁	**1340854**	**676302**	**664552**	**985386**	**507333**	**478053**	**353126**	**167709**	**185417**
20	332646	164699	167947	325663	161442	164221	6707	3109	3598
21	333659	168087	165572	311803	158144	153659	21510	9767	11743
22	273707	139974	133733	209890	110775	99115	63340	28929	34411
23	224124	114580	109544	102264	56478	45786	121228	57760	63468
24	176718	88962	87756	35766	20494	15272	140341	68144	72197
25-29岁	**798323**	**402339**	**395984**	**27937**	**15498**	**12439**	**767420**	**385268**	**382152**
25	153206	76774	76432	13344	7524	5820	139306	68948	70358
26	157734	79042	78692	6383	3553	2830	150779	75192	75587
27	162432	81247	81185	3555	1913	1642	158254	78988	79266
28	181766	91695	90071	2601	1420	1181	178481	89916	88565
29	143185	73581	69604	2054	1088	966	140600	72224	68376
30-34岁	**543646**	**289768**	**253878**	**3067**	**1580**	**1487**	**538487**	**287006**	**251481**
30	123415	64320	59095	1205	625	580	121767	63436	58331
31	119114	62534	56580	626	304	322	118009	61961	56048
32	109061	57755	51306	505	262	243	108124	57249	50875
33	94617	51336	43281	387	206	181	93881	50940	42941
34	97439	53823	43616	344	183	161	96706	53420	43286
35-39岁	**446227**	**257420**	**188807**	**1447**	**778**	**669**	**443059**	**255585**	**187474**
35	91243	51040	40203	329	172	157	90561	50655	39906
36	90252	51659	38593	286	157	129	89614	51297	38317
37	90962	52498	38464	263	145	118	90358	52143	38215
38	88163	51736	36427	282	138	144	87556	51398	36158
39	85607	50487	35120	287	166	121	84970	50092	34878
40-44岁	**354966**	**218410**	**136556**	**1194**	**640**	**554**	**352293**	**216823**	**135470**
40	85899	50837	35062	315	168	147	85235	50447	34788
41	74986	45471	29515	242	130	112	74420	45142	29278
42	77658	47830	29828	253	146	107	77091	47482	29609
43	55040	34759	20281	173	98	75	54615	34500	20115
44	61383	39513	21870	211	98	113	60932	39252	21680
45-49岁	**254717**	**170760**	**83957**	**702**	**424**	**278**	**252938**	**169598**	**83340**
45	61615	40610	21005	190	114	76	61168	40325	20843
46	60330	40065	20265	144	82	62	59907	39782	20125
47	67453	45455	21998	176	108	68	67002	45155	21847
48	42748	29432	13316	125	79	46	42440	29237	13203
49	22571	15198	7373	67	41	26	22421	15099	7322
50岁及以上	**402912**	**283221**	**119691**	**800**	**517**	**283**	**399762**	**281032**	**118730**

3-2 续表 11　　　　单位：人

年龄	大学本科								
	肄业			辍学			其他		
	小计	男	女	小计	男	女	小计	男	女
总计	**5768**	**3506**	**2262**	**1284**	**856**	**428**	**7155**	**4166**	**2989**
6-9岁									
6									
7									
8									
9									
10-14岁									
10									
11									
12									
13									
14									
15-19岁	**75**	**39**	**36**	**41**	**26**	**15**	**64**	**34**	**30**
15				1	1				
16	2	1	1	2	2		3	1	2
17	6	4	2	3	2	1	8	5	3
18	21	12	9	10	5	5	14	8	6
19	46	22	24	25	16	9	39	20	19
20-24岁	**911**	**488**	**423**	**439**	**280**	**159**	**992**	**492**	**500**
20	84	35	49	88	57	31	104	56	48
21	136	75	61	71	34	37	139	67	72
22	176	95	81	84	59	25	217	116	101
23	264	145	119	105	69	36	263	128	135
24	251	138	113	91	61	30	269	125	144
25-29岁	**1247**	**695**	**552**	**281**	**178**	**103**	**1438**	**700**	**738**
25	237	129	108	71	53	18	248	120	128
26	237	136	101	49	27	22	286	134	152
27	276	164	112	60	42	18	287	140	147
28	290	156	134	59	33	26	335	170	165
29	207	110	97	42	23	19	282	136	146
30-34岁	**817**	**477**	**340**	**118**	**80**	**38**	**1157**	**625**	**532**
30	160	102	58	32	24	8	251	133	118
31	196	116	80	17	12	5	266	141	125
32	155	92	63	28	19	9	249	133	116
33	139	70	69	21	12	9	189	108	81
34	167	97	70	20	13	7	202	110	92
35-39岁	**646**	**398**	**248**	**102**	**73**	**29**	**973**	**586**	**387**
35	136	83	53	27	23	4	190	107	83
36	142	79	63	18	14	4	192	112	80
37	121	75	46	25	18	7	195	117	78
38	116	73	43	16	9	7	193	118	75
39	131	88	43	16	9	7	203	132	71
40-44岁	**539**	**336**	**203**	**86**	**56**	**30**	**854**	**555**	**299**
40	142	86	56	17	12	5	190	124	66
41	122	69	53	21	12	9	181	118	63
42	111	72	39	20	13	7	183	117	66
43	90	61	29	9	5	4	153	95	58
44	74	48	26	19	14	5	147	101	46
45-49岁	**412**	**280**	**132**	**65**	**44**	**21**	**600**	**414**	**186**
45	91	60	31	11	5	6	155	106	49
46	110	80	30	20	17	3	149	104	45
47	106	71	35	17	9	8	152	112	40
48	73	45	28	12	9	3	98	62	36
49	32	24	8	5	4	1	46	30	16
50岁及以上	**1121**	**793**	**328**	**152**	**119**	**33**	**1077**	**760**	**317**

3-2 续表 12 单位：人

年龄	研究生								
	合计			在校			毕业		
	合计	男	女	小计	男	女	小计	男	女
总计	**427805**	**242051**	**185754**	**136690**	**67920**	**68770**	**289415**	**173065**	**116350**
6-9岁									
6									
7									
8									
9									
10-14岁	**6**	**3**	**3**	**5**	**3**	**2**	**1**		**1**
10									
11									
12	1	1		1	1				
13	3	1	2	2	1	1	1		1
14	2	1	1	2	1	1			
15-19岁	**825**	**420**	**405**	**644**	**315**	**329**	**173**	**98**	**75**
15	84	46	38	79	44	35	5	2	3
16	90	52	38	62	34	28	26	16	10
17	107	66	41	75	43	32	29	21	8
18	175	85	90	120	54	66	54	30	24
19	369	171	198	308	140	168	59	29	30
20-24岁	**79715**	**36930**	**42785**	**74518**	**34673**	**39845**	**5097**	**2209**	**2888**
20	1088	495	593	982	441	541	98	52	46
21	4198	1891	2307	4003	1805	2198	189	82	107
22	14637	6629	8008	14193	6418	7775	432	204	228
23	28282	12982	15300	26979	12418	14561	1269	548	721
24	31510	14933	16577	28361	13591	14770	3109	1323	1786
25-29岁	**125945**	**62268**	**63677**	**51636**	**27132**	**24504**	**73893**	**34909**	**38984**
25	26606	12873	13733	19845	9899	9946	6704	2948	3756
26	25147	12502	12645	13372	7093	6279	11690	5355	6335
27	24478	12081	12397	8398	4595	3803	15990	7443	8547
28	27361	13484	13877	6354	3490	2864	20912	9937	10975
29	22353	11328	11025	3667	2055	1612	18597	9226	9371
30-34岁	**79983**	**44218**	**35765**	**6806**	**3902**	**2904**	**72834**	**40120**	**32714**
30	19491	10174	9317	2471	1406	1065	16942	8721	8221
31	18620	10061	8559	1641	928	713	16890	9082	7808
32	16110	8980	7130	1135	652	483	14912	8295	6617
33	13181	7512	5669	849	495	354	12278	6986	5292
34	12581	7491	5090	710	421	289	11812	7036	4776
35-39岁	**54650**	**34290**	**20360**	**2104**	**1247**	**857**	**52292**	**32870**	**19422**
35	11503	6980	4523	586	343	243	10859	6600	4259
36	11152	6927	4225	489	285	204	10617	6609	4008
37	11592	7225	4367	450	268	182	11085	6918	4167
38	10537	6762	3775	307	195	112	10184	6533	3651
39	9866	6396	3470	272	156	116	9547	6210	3337
40-44岁	**37509**	**25755**	**11754**	**631**	**410**	**221**	**36692**	**25208**	**11484**
40	9390	6269	3121	216	153	63	9119	6069	3050
41	7945	5365	2580	150	92	58	7763	5248	2515
42	7890	5357	2533	117	71	46	7733	5257	2476
43	5630	3920	1710	71	43	28	5530	3860	1670
44	6654	4844	1810	77	51	26	6547	4774	1773
45-49岁	**28924**	**22189**	**6735**	**228**	**166**	**62**	**28522**	**21883**	**6639**
45	6957	5198	1759	54	40	14	6856	5121	1735
46	7343	5598	1745	62	49	13	7233	5512	1721
47	7909	6133	1776	66	49	17	7806	6054	1752
48	4553	3576	977	32	20	12	4494	3533	961
49	2162	1684	478	14	8	6	2133	1663	470
50岁及以上	**20248**	**15978**	**4270**	**118**	**72**	**46**	**19911**	**15768**	**4143**

3-2 续表 13 单位：人

年龄	研究生								
	肄业			辍学			其他		
	小计	男	女	小计	男	女	小计	男	女
总计	**550**	**366**	**184**	**116**	**73**	**43**	**1034**	**627**	**407**
6-9岁									
6									
7									
8									
9									
10-14岁									
10									
11									
12									
13									
14									
15-19岁	**3**	**3**		**3**	**3**		**2**	**1**	**1**
15									
16	1	1		1	1				
17				2	2		1		1
18							1	1	
19	2	2							
20-24岁	**24**	**13**	**11**	**7**	**2**	**5**	**69**	**33**	**36**
20	2	2		2		2	4		4
21	3	2	1	1	1		2	1	1
22	5	2	3	2	1	1	5	4	1
23	9	4	5	1		1	24	12	12
24	5	3	2	1		1	34	16	18
25-29岁	**96**	**52**	**44**	**19**	**12**	**7**	**301**	**163**	**138**
25	11	7	4	4	3	1	42	16	26
26	11	9	2	6	4	2	68	41	27
27	19	8	11	4	2	2	67	33	34
28	22	12	10	4	3	1	69	42	27
29	33	16	17	1		1	55	31	24
30-34岁	**120**	**68**	**52**	**17**	**11**	**6**	**206**	**117**	**89**
30	27	16	11	3	3		48	28	20
31	25	14	11	2	1	1	62	36	26
32	22	13	9	1	1		40	19	21
33	20	9	11	6	4	2	28	18	10
34	26	16	10	5	2	3	28	16	12
35-39岁	**92**	**69**	**23**	**17**	**13**	**4**	**145**	**91**	**54**
35	18	13	5	4	4		36	20	16
36	12	9	3	2	1	1	32	23	9
37	22	16	6	4	4		31	19	12
38	17	14	3	4	2	2	25	18	7
39	23	17	6	3	2	1	21	11	10
40-44岁	**68**	**55**	**13**	**9**	**6**	**3**	**109**	**76**	**33**
40	21	20	1	3	3		31	24	7
41	10	7	3				22	18	4
42	13	11	2	4	3	1	23	15	8
43	11	8	3	2		2	16	9	7
44	13	9	4				17	10	7
45-49岁	**63**	**59**	**4**	**12**	**7**	**5**	**99**	**74**	**25**
45	19	18	1	4	1	3	24	18	6
46	15	14	1	2	1	1	31	22	9
47	11	11		3	2	1	23	17	6
48	13	11	2	2	2		12	10	2
49	5	5		1	1		9	7	2
50岁及以上	**84**	**47**	**37**	**32**	**19**	**13**	**103**	**72**	**31**

3-2a 全国分年龄、性别、学业完成情况的6岁及以上各种受教育程度人口(城市)

单位：人

年龄	合计								
	合计			在校			毕业		
	合计	男	女	小计	男	女	小计	男	女
总计	**35149051**	**17956635**	**17192416**	**6346422**	**3303997**	**3042425**	**28074556**	**14312729**	**13761827**
6-9岁	**1191971**	**641754**	**550217**	**1182262**	**636550**	**545712**	**8038**	**4313**	**3725**
6	287417	154323	133094	284876	152971	131905	1995	1069	926
7	279820	150994	128826	277703	149858	127845	1764	945	819
8	308457	166089	142368	306110	164805	141305	2012	1105	907
9	316277	170348	145929	313573	168916	144657	2267	1194	1073
10-14岁	**1649858**	**884915**	**764943**	**1618365**	**867683**	**750682**	**27487**	**14901**	**12586**
10	336863	181885	154978	333695	180172	153523	2755	1478	1277
11	309693	166829	142864	305582	164599	140983	3642	1971	1671
12	330676	177828	152848	324369	174415	149954	5727	3085	2642
13	329839	176428	153411	322696	172517	150179	6296	3424	2872
14	342787	181945	160842	332023	175980	156043	9067	4943	4124
15-19岁	**2726290**	**1390226**	**1336064**	**2056633**	**1040403**	**1016230**	**643560**	**334389**	**309171**
15	407568	213978	193590	387517	202381	185136	17229	9798	7431
16	484095	249895	234200	429562	219497	210065	50391	27801	22590
17	566315	288726	277589	446132	225037	221095	114571	60350	54221
18	596778	302350	294428	396958	198846	198112	193524	99879	93645
19	671534	335277	336257	396464	194642	201822	267845	136561	131284
20-24岁	**4272217**	**2137422**	**2134795**	**1384066**	**702138**	**681928**	**2842066**	**1410065**	**1432001**
20	937682	466212	471470	508862	250110	258752	419459	210919	208540
21	916942	459145	457797	420794	211663	209131	487121	242462	244659
22	830274	418902	411372	256849	134765	122084	564512	279242	285270
23	842452	422438	420014	134561	72000	62561	698125	345081	353044
24	744867	370725	374142	63000	33600	29400	672849	332361	340488
25-29岁	**3479155**	**1724167**	**1754988**	**78292**	**41826**	**36466**	**3358121**	**1660198**	**1697923**
25	654112	325436	328676	31918	16756	15162	614038	304376	309662
26	660915	327573	333342	18922	10173	8749	633825	313113	320712
27	682894	336872	346022	12024	6474	5550	662756	326226	336530
28	799427	395506	403921	9272	5044	4228	780515	385497	395018
29	681807	338780	343027	6156	3379	2777	666987	330986	336001
30-34岁	**3291315**	**1652008**	**1639307**	**11623**	**6335**	**5288**	**3231575**	**1621287**	**1610288**
30	646956	323264	323692	4068	2219	1849	634337	316700	317637
31	688253	344418	343835	2572	1375	1197	676333	338211	338122
32	664602	332715	331887	2023	1111	912	653030	326853	326177
33	614805	309718	305087	1572	860	712	603647	303914	299733
34	676699	341893	334806	1388	770	618	664228	335609	328619
35-39岁	**3698365**	**1882529**	**1815836**	**5799**	**3257**	**2542**	**3626318**	**1846595**	**1779723**
35	683827	345298	338529	1287	742	545	670826	338743	332083
36	719664	364208	355456	1229	683	546	705682	357251	348431
37	755391	385166	370225	1216	692	524	740777	377797	362980
38	766644	391674	374970	1048	593	455	751557	384175	367382
39	772839	396183	376656	1019	547	472	757476	388629	368847
40-44岁	**3516726**	**1804645**	**1712081**	**3579**	**2083**	**1496**	**3438472**	**1766352**	**1672120**
40	819402	419745	399657	986	578	408	802438	411258	391180
41	729567	373408	356159	777	452	325	713700	365634	348066
42	766954	393634	373320	766	436	330	749729	385205	364524
43	563913	290001	273912	502	302	200	550615	283598	267017
44	636890	327857	309033	548	315	233	621990	320657	301333
45-49岁	**3032070**	**1568825**	**1463245**	**2310**	**1468**	**842**	**2969584**	**1539038**	**1430546**
45	661778	342974	318804	554	348	206	647076	335850	311226
46	673941	348278	325663	514	314	200	660124	341672	318452
47	803024	415754	387270	598	380	218	787312	408230	379082
48	559698	290611	269087	411	271	140	548082	285194	262888
49	333629	171208	162421	233	155	78	326990	168092	158898
50岁及以上	**8291084**	**4270144**	**4020940**	**3493**	**2254**	**1239**	**7929335**	**4115591**	**3813744**

3-2a 续表 1　　　　单位：人

年 龄	合 计								
	肄 业			辍 学			其 他		
	小计	男	女	小计	男	女	小计	男	女
总 计	**302591**	**142266**	**160325**	**277891**	**128534**	**149357**	**147591**	**69109**	**78482**
6-9岁	**845**	**443**	**402**	**158**	**79**	**79**	**668**	**369**	**299**
6	192	99	93	32	18	14	322	166	156
7	202	114	88	33	14	19	118	63	55
8	198	101	97	40	18	22	97	60	37
9	253	129	124	53	29	24	131	80	51
10-14岁	**1717**	**980**	**737**	**1709**	**1030**	**679**	**580**	**321**	**259**
10	231	130	101	71	43	28	111	62	49
11	271	155	116	113	56	57	85	48	37
12	301	181	120	155	87	68	124	60	64
13	362	196	166	377	226	151	108	65	43
14	552	318	234	993	618	375	152	86	66
15-19岁	**9962**	**5792**	**4170**	**13336**	**8122**	**5214**	**2799**	**1520**	**1279**
15	842	538	304	1819	1154	665	161	107	54
16	1459	881	578	2395	1543	852	288	173	115
17	2109	1247	862	2948	1790	1158	555	302	253
18	2555	1469	1086	2964	1741	1223	777	415	362
19	2997	1657	1340	3210	1894	1316	1018	523	495
20-24岁	**19209**	**10629**	**8580**	**17615**	**9969**	**7646**	**9261**	**4621**	**4640**
20	3789	2127	1662	3975	2263	1712	1597	793	804
21	3751	2104	1647	3614	2087	1527	1662	829	833
22	3738	2070	1668	3329	1918	1411	1846	907	939
23	4196	2329	1867	3478	1973	1505	2092	1055	1037
24	3735	1999	1736	3219	1728	1491	2064	1037	1027
25-29岁	**17624**	**9202**	**8422**	**14900**	**7978**	**6922**	**10218**	**4963**	**5255**
25	3393	1795	1598	2888	1573	1315	1875	936	939
26	3295	1712	1583	2933	1583	1350	1940	992	948
27	3389	1791	1598	2780	1465	1315	1945	916	1029
28	3970	2055	1915	3326	1800	1526	2344	1110	1234
29	3577	1849	1728	2973	1557	1416	2114	1009	1105
30-34岁	**19887**	**10113**	**9774**	**17139**	**8723**	**8416**	**11091**	**5550**	**5541**
30	3472	1779	1693	2937	1505	1432	2142	1061	1081
31	3899	2067	1832	3247	1656	1591	2202	1109	1093
32	3942	1958	1984	3358	1686	1672	2249	1107	1142
33	4017	2067	1950	3460	1809	1651	2109	1068	1041
34	4557	2242	2315	4137	2067	2070	2389	1205	1184
35-39岁	**27121**	**13422**	**13699**	**25033**	**12232**	**12801**	**14094**	**7023**	**7071**
35	4841	2411	2430	4339	2163	2176	2534	1239	1295
36	5296	2618	2678	4791	2346	2445	2666	1310	1356
37	5428	2728	2700	5079	2514	2565	2891	1435	1456
38	5671	2794	2877	5385	2586	2799	2983	1526	1457
39	5885	2871	3014	5439	2623	2816	3020	1513	1507
40-44岁	**30130**	**14625**	**15505**	**29798**	**14214**	**15584**	**14747**	**7371**	**7376**
40	6401	3144	3257	6278	3091	3187	3299	1674	1625
41	6099	2967	3132	5998	2882	3116	2993	1473	1520
42	6727	3293	3434	6457	3040	3417	3275	1660	1615
43	5176	2474	2702	5147	2417	2730	2473	1210	1263
44	5727	2747	2980	5918	2784	3134	2707	1354	1353
45-49岁	**25012**	**11992**	**13020**	**22383**	**10093**	**12290**	**12781**	**6234**	**6547**
45	5861	2784	3077	5499	2587	2912	2788	1405	1383
46	5579	2721	2858	4870	2199	2671	2854	1372	1482
47	6293	3046	3247	5488	2465	3023	3333	1633	1700
48	4662	2209	2453	4159	1809	2350	2384	1128	1256
49	2617	1232	1385	2367	1033	1334	1422	696	726
50岁及以上	**151084**	**65068**	**86016**	**135820**	**56094**	**79726**	**71352**	**31137**	**40215**

3-2a 续表 2　　　　单位：人

年龄	小学								
	合计			在校			毕业		
	合计	男	女	小计	男	女	小计	男	女
总　计	**5835919**	**2685048**	**3150871**	**1970060**	**1066042**	**904018**	**3490639**	**1472616**	**2018023**
6-9岁	**1187440**	**639297**	**548143**	**1178553**	**634549**	**544004**	**7264**	**3883**	**3381**
6	286447	153791	132656	284181	152595	131586	1744	924	820
7	278932	150511	128421	276977	149454	127523	1609	870	739
8	307393	165513	141880	305231	164337	140894	1834	1002	832
9	314668	169482	145186	312164	168163	144001	2077	1087	990
10-14岁	**804327**	**438564**	**365763**	**790751**	**431124**	**359627**	**11893**	**6489**	**5404**
10	331934	179300	152634	329119	177769	151350	2420	1307	1113
11	271498	147434	124064	268518	145826	122692	2598	1401	1197
12	140349	78795	61554	137223	77053	60170	2821	1569	1252
13	44410	24481	19929	42134	23234	18900	2030	1112	918
14	16136	8554	7582	13757	7242	6515	2024	1100	924
15-19岁	**26919**	**14944**	**11975**	**369**	**191**	**178**	**23971**	**13251**	**10720**
15	2888	1704	1184	131	73	58	2406	1409	997
16	3978	2326	1652	81	47	34	3432	1983	1449
17	5432	3113	2319	73	38	35	4827	2763	2064
18	6569	3553	3016	33	13	20	5978	3241	2737
19	8052	4248	3804	51	20	31	7328	3855	3473
20-24岁	**70187**	**33988**	**36199**	**103**	**53**	**50**	**65181**	**31461**	**33720**
20	11779	6101	5678	59	33	26	10859	5615	5244
21	12263	6237	6026	19	8	11	11426	5785	5641
22	13456	6560	6896	15	6	9	12500	6074	6426
23	16492	7730	8762	3	2	1	15370	7169	8201
24	16197	7360	8837	7	4	3	15026	6818	8208
25-29岁	**90944**	**38940**	**52004**	**18**	**6**	**12**	**84486**	**36074**	**48412**
25	15579	6929	8650	5	3	2	14451	6402	8049
26	16086	7062	9024	2	2		14919	6528	8391
27	16872	7178	9694	5		5	15694	6664	9030
28	21319	8947	12372	4		4	19820	8303	11517
29	21088	8824	12264	2	1	1	19602	8177	11425
30-34岁	**160669**	**65536**	**95133**	**41**	**20**	**21**	**149408**	**60831**	**88577**
30	23333	9445	13888	9	4	5	21648	8755	12893
31	28896	11992	16904	3	3		26934	11136	15798
32	31977	12958	19019	12	8	4	29707	12035	17672
33	33853	13747	20106	11	2	9	31503	12731	18772
34	42610	17394	25216	6	3	3	39616	16174	23442
35-39岁	**300965**	**123205**	**177760**	**35**	**16**	**19**	**279271**	**114351**	**164920**
35	48317	19834	28483	13	5	8	44838	18375	26463
36	55515	22551	32964	6	5	1	51588	20980	30608
37	60432	24978	35454	7	4	3	56100	23169	32931
38	65595	26691	38904	3	1	2	60795	24748	36047
39	71106	29151	41955	6	1	5	65950	27079	38871
40-44岁	**404896**	**169438**	**235458**	**28**	**13**	**15**	**374079**	**156835**	**217244**
40	82027	34085	47942	2		2	75956	31532	44424
41	81843	34349	47494	7	3	4	75657	31850	43807
42	90154	37781	52373	7	3	4	83287	34939	48348
43	71726	29914	41812	3	2	1	66152	27685	38467
44	79146	33309	45837	9	5	4	73027	30829	42198
45-49岁	**312380**	**125896**	**186484**	**24**	**15**	**9**	**286963**	**116283**	**170680**
45	74837	31152	43685	10	5	5	68772	28749	40023
46	68017	27880	40137	3	3		62576	25792	36784
47	76888	31172	45716	2	2		70803	28862	41941
48	58523	22576	35947	8	5	3	53622	20865	32757
49	34115	13116	20999	1		1	31190	12015	19175
50岁及以上	**2477192**	**1035240**	**1441952**	**138**	**55**	**83**	**2208123**	**933158**	**1274965**

3-2a 续表 3

单位：人

年龄	小学								
	肄业			辍学			其他		
	小计	男	女	小计	男	女	小计	男	女
总计	**146267**	**56331**	**89936**	**169296**	**66895**	**102401**	**59657**	**23164**	**36493**
6-9岁	**836**	**438**	**398**	**156**	**78**	**78**	**631**	**349**	**282**
6	189	98	91	31	17	14	302	157	145
7	201	114	87	33	14	19	112	59	53
8	196	99	97	40	18	22	92	57	35
9	250	127	123	52	29	23	125	76	49
10-14岁	**753**	**445**	**308**	**615**	**342**	**273**	**315**	**164**	**151**
10	224	126	98	66	40	26	105	58	47
11	225	130	95	91	42	49	66	35	31
12	141	89	52	97	56	41	67	28	39
13	73	42	31	142	75	67	31	18	13
14	90	58	32	219	129	90	46	25	21
15-19岁	**703**	**396**	**307**	**1559**	**938**	**621**	**317**	**168**	**149**
15	70	46	24	229	144	85	52	32	20
16	103	60	43	305	200	105	57	36	21
17	142	78	64	325	198	127	65	36	29
18	166	89	77	324	180	144	68	30	38
19	222	123	99	376	216	160	75	34	41
20-24岁	**1609**	**809**	**800**	**2609**	**1319**	**1290**	**685**	**346**	**339**
20	270	144	126	469	250	219	122	59	63
21	253	130	123	439	246	193	126	68	58
22	304	152	152	502	263	239	135	65	70
23	383	200	183	581	274	307	155	85	70
24	399	183	216	618	286	332	147	69	78
25-29岁	**2129**	**921**	**1208**	**3472**	**1551**	**1921**	**839**	**388**	**451**
25	357	162	195	616	301	315	150	61	89
26	359	157	202	628	284	344	178	91	87
27	410	176	234	607	265	342	156	73	83
28	505	210	295	812	348	464	178	86	92
29	498	216	282	809	353	456	177	77	100
30-34岁	**3892**	**1591**	**2301**	**5968**	**2495**	**3473**	**1360**	**599**	**761**
30	566	233	333	895	354	541	215	99	116
31	679	306	373	1061	448	613	219	99	120
32	788	310	478	1164	483	681	306	122	184
33	812	336	476	1245	545	700	282	133	149
34	1047	406	641	1603	665	938	338	146	192
35-39岁	**7707**	**3102**	**4605**	**11527**	**4696**	**6831**	**2425**	**1040**	**1385**
35	1249	535	714	1830	768	1062	387	151	236
36	1396	538	858	2070	813	1257	455	215	240
37	1540	633	907	2296	961	1335	489	211	278
38	1660	653	1007	2616	1056	1560	521	233	288
39	1862	743	1119	2715	1098	1617	573	230	343
40-44岁	**11125**	**4490**	**6635**	**16360**	**6698**	**9662**	**3304**	**1402**	**1902**
40	2203	913	1290	3198	1346	1852	668	294	374
41	2213	874	1339	3288	1349	1939	678	273	405
42	2515	1045	1470	3631	1499	2132	714	295	419
43	2015	787	1228	2957	1194	1763	599	246	353
44	2179	871	1308	3286	1310	1976	645	294	351
45-49岁	**9388**	**3487**	**5901**	**12801**	**4885**	**7916**	**3204**	**1226**	**1978**
45	2237	846	1391	3120	1260	1860	698	292	406
46	1986	758	1228	2720	1053	1667	732	274	458
47	2246	843	1403	3049	1154	1895	788	311	477
48	1810	633	1177	2458	873	1585	625	200	425
49	1109	407	702	1454	545	909	361	149	212
50岁及以上	**108125**	**40652**	**67473**	**114229**	**43893**	**70336**	**46577**	**17482**	**29095**

3-2a 续表 4　　　　单位：人

年龄	初中 合计 合计	初中 合计 男	初中 合计 女	初中 在校 小计	初中 在校 男	初中 在校 女	初中 毕业 小计	初中 毕业 男	初中 毕业 女
总　计	**12638883**	**6492730**	**6146153**	**1124190**	**600522**	**523668**	**11276035**	**5763704**	**5512331**
6-9岁	**4514**	**2445**	**2069**	**3698**	**1993**	**1705**	**768**	**426**	**342**
6	970	532	438	695	376	319	251	145	106
7	888	483	405	726	404	322	155	75	80
8	1053	567	486	872	462	410	174	100	74
9	1603	863	740	1405	751	654	188	106	82
10-14岁	**814762**	**431413**	**383349**	**797879**	**422185**	**375694**	**14629**	**7892**	**6737**
10	4904	2579	2325	4556	2400	2156	330	168	162
11	38133	19376	18757	37009	18758	18251	1037	566	471
12	190239	98994	91245	187068	97328	89740	2896	1511	1385
13	280749	149522	131227	276271	147077	129194	3893	2105	1788
14	300737	160942	139795	292975	156622	136353	6473	3542	2931
15-19岁	**750327**	**402081**	**348246**	**321891**	**175961**	**145930**	**412892**	**216743**	**196149**
15	207058	114816	92242	191179	105625	85554	13591	7715	5876
16	119853	65758	54095	75911	41235	34676	41061	22699	18362
17	120752	64275	56477	33029	17656	15373	84427	44640	39787
18	139932	72962	66970	14048	7320	6728	122540	63673	58867
19	162732	84270	78462	7724	4125	3599	151273	78016	73257
20-24岁	**1158161**	**586067**	**572094**	**281**	**148**	**133**	**1135034**	**573374**	**561660**
20	222803	113876	108927	120	62	58	217835	111108	106727
21	223038	113031	110007	55	30	25	218455	110500	107955
22	222417	112681	109736	55	27	28	217971	110237	107734
23	253851	128364	125487	30	18	12	249083	125721	123362
24	236052	118115	117937	21	11	10	231690	115808	115882
25-29岁	**1140963**	**568829**	**572134**	**81**	**41**	**40**	**1119581**	**557650**	**561931**
25	214736	107515	107221	25	14	11	210533	105293	105240
26	218209	108486	109723	18	5	13	214106	106351	107755
27	220633	109528	111105	10	6	4	216632	107479	109153
28	258055	128804	129251	15	9	6	253260	126291	126969
29	229330	114496	114834	13	7	6	225050	112236	112814
30-34岁	**1235226**	**615902**	**619324**	**60**	**37**	**23**	**1211231**	**603346**	**607885**
30	225727	112530	113197	6	3	3	221483	110342	111141
31	249296	124160	125136	9	6	3	244610	121689	122921
32	246399	122663	123736	15	8	7	241637	120181	121456
33	238546	119374	119172	20	14	6	233739	116826	116913
34	275258	137175	138083	10	6	4	269762	134308	135454
35-39岁	**1602586**	**798413**	**804173**	**92**	**43**	**49**	**1570868**	**781871**	**788997**
35	285586	141621	143965	16	9	7	279864	138696	141168
36	309975	153395	156580	18	12	6	303713	150120	153593
37	326648	162790	163858	21	9	12	320229	159406	160823
38	337595	168616	168979	19	6	13	330967	165128	165839
39	342782	171991	170791	18	7	11	336095	168521	167574
40-44岁	**1616470**	**815546**	**800924**	**77**	**42**	**35**	**1583698**	**798387**	**785311**
40	366818	184044	182774	16	9	7	359690	180323	179367
41	328829	165581	163248	18	11	7	322195	162099	160096
42	350774	177113	173661	12	7	5	343609	173369	170240
43	267570	135510	132060	16	7	9	262019	132621	129398
44	302479	153298	149181	15	8	7	296185	149975	146210
45-49岁	**1263710**	**645794**	**617916**	**39**	**20**	**19**	**1239786**	**633263**	**606523**
45	306690	155810	150880	9	5	4	300701	152668	148033
46	293618	148650	144968	9	5	4	288081	145738	142343
47	328011	168057	159954	8	4	4	321940	164909	157031
48	215870	111530	104340	7	3	4	211732	109352	102380
49	119521	61747	57774	6	3	3	117332	60596	56736
50岁及以上	**3052164**	**1626240**	**1425924**	**92**	**52**	**40**	**2987548**	**1590752**	**1396796**

3-2a 续表 5 单位：人

年 龄	初中								
	肄业			辍学			其他		
	小计	男	女	小计	男	女	小计	男	女
总 计	**109474**	**58628**	**50846**	**82102**	**45959**	**36143**	**47082**	**23917**	**23165**
6-9岁	**9**	**5**	**4**	**2**	**1**	**1**	**37**	**20**	**17**
6	3	1	2	1	1		20	9	11
7	1		1				6	4	2
8	2	2					5	3	2
9	3	2	1	1		1	6	4	2
10-14岁	**940**	**522**	**418**	**1073**	**672**	**401**	**241**	**142**	**99**
10	7	4	3	5	3	2	6	4	2
11	46	25	21	22	14	8	19	13	6
12	160	92	68	58	31	27	57	32	25
13	285	152	133	231	147	84	69	41	28
14	442	249	193	757	477	280	90	52	38
15-19岁	**6076**	**3595**	**2481**	**8134**	**5045**	**3089**	**1334**	**737**	**597**
15	712	466	246	1488	948	540	88	62	26
16	1079	659	420	1650	1076	574	152	89	63
17	1291	772	519	1736	1063	673	269	144	125
18	1385	817	568	1600	958	642	359	194	165
19	1609	881	728	1660	1000	660	466	248	218
20-24岁	**9999**	**5471**	**4528**	**9172**	**5208**	**3964**	**3675**	**1866**	**1809**
20	2026	1134	892	2128	1199	929	694	373	321
21	1955	1086	869	1883	1067	816	690	348	342
22	1971	1090	881	1717	992	725	703	335	368
23	2145	1181	964	1803	1054	749	790	390	400
24	1902	980	922	1641	896	745	798	420	378
25-29岁	**9528**	**4947**	**4581**	**7813**	**4263**	**3550**	**3960**	**1928**	**2032**
25	1855	978	877	1560	842	718	763	388	375
26	1799	897	902	1570	864	706	716	369	347
27	1827	958	869	1465	771	694	699	314	385
28	2134	1092	1042	1711	965	746	935	447	488
29	1913	1022	891	1507	821	686	847	410	437
30-34岁	**10879**	**5613**	**5266**	**8511**	**4638**	**3873**	**4545**	**2268**	**2277**
30	1904	962	942	1474	810	664	860	413	447
31	2152	1137	1015	1644	884	760	881	444	437
32	2144	1103	1041	1700	912	788	903	459	444
33	2197	1154	1043	1699	946	753	891	434	457
34	2482	1257	1225	1994	1086	908	1010	518	492
35-39岁	**14371**	**7429**	**6942**	**10879**	**5970**	**4909**	**6376**	**3100**	**3276**
35	2594	1285	1309	1990	1086	904	1122	545	577
36	2888	1515	1373	2162	1191	971	1194	557	637
37	2865	1535	1330	2234	1216	1018	1299	624	675
38	2981	1550	1431	2250	1235	1015	1378	697	681
39	3043	1544	1499	2243	1242	1001	1383	677	706
40-44岁	**14844**	**7635**	**7209**	**11309**	**6248**	**5061**	**6542**	**3234**	**3308**
40	3174	1616	1558	2541	1402	1139	1397	694	703
41	3036	1559	1477	2258	1261	997	1322	651	671
42	3277	1689	1588	2378	1298	1080	1498	750	748
43	2562	1325	1237	1870	1024	846	1103	533	570
44	2795	1446	1349	2262	1263	999	1222	606	616
45-49岁	**11180**	**5873**	**5307**	**7609**	**4100**	**3509**	**5096**	**2538**	**2558**
45	2786	1448	1338	1973	1070	903	1221	619	602
46	2647	1408	1239	1753	945	808	1128	554	574
47	2848	1500	1348	1919	1024	895	1296	620	676
48	1919	1003	916	1302	707	595	910	465	445
49	980	514	466	662	354	308	541	280	261
50岁及以上	**31648**	**17538**	**14110**	**17600**	**9814**	**7786**	**15276**	**8084**	**7192**

3-2a 续表 6

单位：人

年 龄	高中								
	合计			在校			毕业		
	合计	男	女	小计	男	女	小计	男	女
总 计	**8585216**	**4476707**	**4108509**	**1405309**	**725199**	**680110**	**7097413**	**3704494**	**3392919**
6-9岁	**17**	**12**	**5**	**11**	**8**	**3**	**6**	**4**	**2**
6									
7									
8	11	9	2	7	6	1	4	3	1
9	6	3	3	4	2	2	2	1	1
10-14岁	**30689**	**14899**	**15790**	**29669**	**14340**	**15329**	**951**	**515**	**436**
10	25	6	19	20	3	17	5	3	2
11	48	12	36	44	10	34	4	2	2
12	70	25	45	62	21	41	8	4	4
13	4662	2419	2243	4278	2201	2077	368	206	162
14	25884	12437	13447	25265	12105	13160	566	300	266
15-19岁	**1456060**	**747122**	**708938**	**1260706**	**646640**	**614066**	**188033**	**96252**	**91781**
15	191841	95151	96690	190610	94486	96124	1054	568	486
16	346765	176305	170460	340461	172898	167563	5516	2932	2584
17	405176	206435	198741	379471	193073	186398	23976	12342	11634
18	307965	161538	146427	245408	129337	116071	60349	30933	29416
19	204313	107693	96620	104756	56846	47910	97138	49477	47661
20-24岁	**984014**	**513244**	**470770**	**104940**	**57912**	**47028**	**866129**	**447912**	**418217**
20	215947	112181	103766	59048	32267	26781	153983	78262	75721
21	198691	103445	95246	26442	14511	11931	169579	87367	82212
22	188665	99090	89575	11837	6656	5181	174353	91005	83348
23	202185	105393	96792	5305	3075	2230	194280	100838	93442
24	178526	93135	85391	2308	1403	905	173934	90440	83494
25-29岁	**837674**	**429064**	**408610**	**4133**	**2409**	**1724**	**824214**	**421398**	**402816**
25	153817	79864	73953	1320	758	562	150738	78090	72648
26	152359	78411	73948	895	530	365	149645	76836	72809
27	160762	82117	78645	760	431	329	158203	80666	77537
28	197097	100589	96508	694	408	286	194324	99020	95304
29	173639	88083	85556	464	282	182	171304	86786	84518
30-34岁	**861383**	**441212**	**420171**	**1288**	**802**	**486**	**851506**	**435536**	**415970**
30	170174	86562	83612	392	238	154	168041	85325	82716
31	183830	93666	90164	261	162	99	181820	92493	89327
32	176436	90453	85983	245	155	90	174512	89375	85137
33	159529	82052	77477	192	125	67	157663	80965	76698
34	171414	88479	82935	198	122	76	169470	87378	82092
35-39岁	**905944**	**476355**	**429589**	**1326**	**845**	**481**	**895561**	**470370**	**425191**
35	170128	88215	81913	247	170	77	168125	87045	81080
36	175808	91783	84025	259	158	101	173755	90611	83144
37	185312	97602	87710	319	204	115	183118	96332	86786
38	187272	99081	88191	273	180	93	185125	97859	87266
39	187424	99674	87750	228	133	95	185438	98523	86915
40-44岁	**815894**	**429960**	**385934**	**977**	**666**	**311**	**806814**	**424623**	**382191**
40	199140	105796	93344	239	169	70	196878	104444	92434
41	173014	90973	82041	215	152	63	171179	89879	81300
42	178019	93867	84152	205	136	69	176025	92701	83324
43	123583	65376	58207	149	93	56	122216	64564	57652
44	142138	73948	68190	169	116	53	140516	73035	67481
45-49岁	**919384**	**468185**	**451199**	**798**	**565**	**233**	**910163**	**462989**	**447174**
45	162307	84480	77827	169	124	45	160572	83458	77114
46	188388	96315	92073	178	113	65	186495	95294	91201
47	251991	126910	125081	201	142	59	249477	125513	123964
48	190234	97196	93038	157	114	43	188324	96087	92237
49	126464	63284	63180	93	72	21	125295	62637	62658
50岁及以上	**1774157**	**956654**	**817503**	**1461**	**1012**	**449**	**1754036**	**944895**	**809141**

3-2a 续表 7

单位：人

年 龄	高中								
	肄业			辍学			其他		
	小计	男	女	小计	男	女	小计	男	女
总 计	**34907**	**20283**	**14624**	**23580**	**13919**	**9661**	**24007**	**12812**	**11195**
6-9岁									
6									
7									
8									
9									
10-14岁	**24**	**13**	**11**	**21**	**16**	**5**	**24**	**15**	**9**
10									
11									
12									
13	4	2	2	4	4		8	6	2
14	20	11	9	17	12	5	16	9	7
15-19岁	**2961**	**1689**	**1272**	**3452**	**2035**	**1417**	**908**	**506**	**402**
15	58	26	32	100	60	40	19	11	8
16	275	162	113	439	267	172	74	46	28
17	653	388	265	871	518	353	205	114	91
18	943	532	411	982	574	408	283	162	121
19	1032	581	451	1060	616	444	327	173	154
20-24岁	**5584**	**3273**	**2311**	**4902**	**2898**	**2004**	**2459**	**1249**	**1210**
20	1251	720	531	1209	713	496	456	219	237
21	1158	687	471	1097	664	433	415	216	199
22	1060	616	444	928	558	370	487	255	232
23	1154	671	483	884	527	357	562	282	280
24	961	579	382	784	436	348	539	277	262
25-29岁	**3806**	**2172**	**1634**	**3065**	**1828**	**1237**	**2456**	**1257**	**1199**
25	754	430	324	573	341	232	432	245	187
26	737	429	308	623	374	249	459	242	217
27	701	408	293	593	355	238	505	257	248
28	855	491	364	689	415	274	535	255	280
29	759	414	345	587	343	244	525	258	267
30-34岁	**3503**	**2029**	**1474**	**2371**	**1418**	**953**	**2715**	**1427**	**1288**
30	687	404	283	501	298	203	553	297	256
31	720	431	289	493	293	200	536	287	249
32	699	378	321	430	252	178	550	293	257
33	696	413	283	457	286	171	521	263	258
34	701	403	298	490	289	201	555	287	268
35-39岁	**3675**	**2102**	**1573**	**2365**	**1402**	**963**	**3017**	**1636**	**1381**
35	708	418	290	463	270	193	585	312	273
36	734	414	320	507	308	199	553	292	261
37	748	415	333	491	303	188	636	348	288
38	777	445	332	463	259	204	634	338	296
39	708	410	298	441	262	179	609	346	263
40-44岁	**3148**	**1900**	**1248**	**1940**	**1152**	**788**	**3015**	**1619**	**1396**
40	775	463	312	494	309	185	754	411	343
41	618	406	212	408	243	165	594	293	301
42	718	432	286	406	221	185	665	377	288
43	453	272	181	291	181	110	474	266	208
44	584	327	257	341	198	143	528	272	256
45-49岁	**3604**	**2080**	**1524**	**1844**	**1032**	**812**	**2975**	**1519**	**1456**
45	660	375	285	377	241	136	529	282	247
46	729	410	319	360	182	178	626	316	310
47	975	549	426	485	267	218	853	439	414
48	780	478	302	380	215	165	593	302	291
49	460	268	192	242	127	115	374	180	194
50岁及以上	**8602**	**5025**	**3577**	**3620**	**2138**	**1482**	**6438**	**3584**	**2854**

3-2a 续表 8 单位：人

年 龄	大学专科								
	合 计			在 校			毕 业		
	合计	男	女	小计	男	女	小计	男	女
总 计	**4245652**	**2204863**	**2040789**	**725702**	**348758**	**376944**	**3499015**	**1844465**	**1654550**
6-9岁									
6									
7									
8									
9									
10-14岁	**52**	**26**	**26**	**44**	**23**	**21**	**8**	**3**	**5**
10									
11	10	5	5	8	4	4	2	1	1
12	12	11	1	10	10		2	1	1
13	9	2	7	7	1	6	2	1	1
14	21	8	13	19	8	11	2		2
15-19岁	**260344**	**116808**	**143536**	**242878**	**109254**	**133624**	**16891**	**7272**	**9619**
15	5188	2018	3170	5057	1940	3117	126	75	51
16	11838	4715	7123	11522	4562	6960	310	152	158
17	24037	9961	14076	22825	9422	13403	1164	514	650
18	72156	32248	39908	67710	30323	37387	4280	1845	2435
19	147125	67866	79259	135764	63007	72757	11011	4686	6325
20-24岁	**987823**	**469123**	**518700**	**466729**	**231061**	**235668**	**517122**	**236038**	**281084**
20	240785	112881	127904	207366	98442	108924	32801	14131	18670
21	226158	107800	118358	151821	74917	76904	73523	32477	41046
22	184589	88761	95828	69757	37004	32753	113998	51343	62655
23	179672	85419	94253	27992	15322	12670	150789	69626	81163
24	156619	74262	82357	9793	5376	4417	146011	68461	77550
25-29岁	**675537**	**323067**	**352470**	**9684**	**5131**	**4553**	**662476**	**316236**	**346240**
25	132375	63393	68982	4030	2199	1831	127643	60840	66803
26	131239	63180	68059	2068	1100	968	128504	61723	66781
27	134648	64117	70531	1431	726	705	132555	63064	69491
28	153468	73060	80408	1221	625	596	151503	72063	79440
29	123807	59317	64490	934	481	453	122271	58546	63725
30-34岁	**537725**	**266613**	**271112**	**2066**	**961**	**1105**	**532930**	**264246**	**268684**
30	112531	55137	57394	689	341	348	111301	54524	56777
31	115614	56818	58796	406	172	234	114632	56354	58278
32	110042	54138	55904	375	178	197	109134	53697	55437
33	97677	48502	49175	304	131	173	96863	48088	48775
34	101861	52018	49843	292	139	153	101000	51583	49417
35-39岁	**493744**	**258728**	**235016**	**1415**	**700**	**715**	**489760**	**256623**	**233137**
35	99942	51302	48640	271	144	127	99148	50865	48283
36	99558	51843	47715	293	144	149	98743	51421	47322
37	101423	53207	48216	269	129	140	100612	52804	47808
38	97681	51590	46091	271	134	137	96916	51169	45747
39	95140	50786	44354	311	149	162	94341	50364	43977
40-44岁	**370519**	**202339**	**168180**	**1070**	**540**	**530**	**367489**	**200690**	**166799**
40	95891	51524	44367	311	145	166	95093	51111	43982
41	80367	43283	37084	222	109	113	79705	42905	36800
42	80514	44015	36499	243	122	121	79854	43658	36196
43	53829	29967	23862	150	91	59	53390	29711	23679
44	59918	33550	26368	144	73	71	59447	33305	26142
45-49岁	**305615**	**175473**	**130142**	**716**	**402**	**314**	**303339**	**174119**	**129220**
45	63545	36075	27470	173	92	81	63025	35770	27255
46	69116	39289	29827	162	85	77	68590	38993	29597
47	84119	48159	35960	194	110	84	83500	47777	35723
48	56221	32865	23356	122	75	47	55821	32617	23204
49	32614	19085	13529	65	40	25	32403	18962	13441
50岁及以上	**614293**	**392686**	**221607**	**1100**	**686**	**414**	**609000**	**389238**	**219762**

3-2a 续表 9

单位：人

年龄	大学专科								
	肄业			辍学			其他		
	小计	男	女	小计	男	女	小计	男	女
总计	**7651**	**4430**	**3221**	**2169**	**1272**	**897**	**11115**	**5938**	**5177**
6-9岁									
6									
7									
8									
9									
10-14岁									
10									
11									
12									
13									
14									
15-19岁	**193**	**97**	**96**	**172**	**92**	**80**	**210**	**93**	**117**
15	2		2	1	1		2	2	
16	2		2	1		1	3	1	2
17	21	8	13	15	11	4	12	6	6
18	53	28	25	52	26	26	61	26	35
19	115	61	54	103	54	49	132	58	74
20-24岁	**1497**	**794**	**703**	**725**	**408**	**317**	**1750**	**822**	**928**
20	210	117	93	135	77	58	273	114	159
21	308	154	154	158	93	65	348	159	189
22	321	165	156	148	79	69	365	170	195
23	339	182	157	156	84	72	396	205	191
24	319	176	143	128	75	53	368	174	194
25-29岁	**1277**	**687**	**590**	**381**	**230**	**151**	**1719**	**783**	**936**
25	274	146	128	101	60	41	327	148	179
26	235	134	101	89	51	38	343	172	171
27	263	142	121	78	48	30	321	137	184
28	265	148	117	70	46	24	409	178	231
29	240	117	123	43	25	18	319	148	171
30-34岁	**969**	**510**	**459**	**209**	**120**	**89**	**1551**	**776**	**775**
30	186	99	87	50	29	21	305	144	161
31	201	104	97	38	24	14	337	164	173
32	192	99	93	47	26	21	294	138	156
33	195	106	89	38	20	18	277	157	120
34	195	102	93	36	21	15	338	173	165
35-39岁	**853**	**480**	**373**	**200**	**123**	**77**	**1516**	**802**	**714**
35	185	112	73	42	27	15	296	154	142
36	169	94	75	41	27	14	312	157	155
37	175	84	91	43	23	20	324	167	157
38	166	95	71	42	30	12	286	162	124
39	158	95	63	32	16	16	298	162	136
40-44岁	**601**	**340**	**261**	**133**	**81**	**52**	**1226**	**688**	**538**
40	135	77	58	33	25	8	319	166	153
41	140	80	60	32	21	11	268	168	100
42	137	75	62	26	12	14	254	148	106
43	77	45	32	22	16	6	190	104	86
44	112	63	49	20	7	13	195	102	93
45-49岁	**502**	**316**	**186**	**84**	**46**	**38**	**974**	**590**	**384**
45	115	73	42	19	12	7	213	128	85
46	118	71	47	23	8	15	223	132	91
47	135	92	43	26	15	11	264	165	99
48	95	59	36	13	9	4	170	105	65
49	39	21	18	3	2	1	104	60	44
50岁及以上	**1759**	**1206**	**553**	**265**	**172**	**93**	**2169**	**1384**	**785**

3-2a 续表 10 单位：人

年 龄	大学本科								
	合 计			在 校			毕 业		
	合计	男	女	小计	男	女	小计	男	女
总 计	**3452311**	**1876432**	**1575879**	**999533**	**503198**	**496335**	**2443294**	**1367681**	**1075613**
6-9岁									
6									
7									
8									
9									
10-14岁	**25**	**12**	**13**	**20**	**10**	**10**	**5**	**2**	**3**
10									
11	4	2	2	3	1	2	1	1	
12	6	3	3	6	3	3			
13	8	4	4	6	4	2	2		2
14	7	3	4	5	2	3	2	1	1
15-19岁	**232211**	**109066**	**123145**	**230418**	**108182**	**122236**	**1716**	**841**	**875**
15	566	276	290	515	244	271	50	31	19
16	1632	774	858	1563	742	821	67	31	36
17	10879	4918	5961	10709	4833	5876	164	82	82
18	70071	32009	38062	69692	31822	37870	359	178	181
19	149063	71089	77974	147939	70541	77398	1076	519	557
20-24岁	**1001481**	**502406**	**499075**	**745696**	**382191**	**363505**	**254428**	**119487**	**134941**
20	245572	120830	124742	241517	118984	122533	3939	1782	2157
21	253334	127094	126240	239102	120698	118404	14038	6295	7743
22	208264	105970	102294	162621	85383	77238	45378	20436	24942
23	165060	83997	81063	77079	42500	34579	87580	41284	46296
24	129251	64515	64736	25377	14626	10751	103493	49690	53803
25-29岁	**620174**	**308225**	**311949**	**18274**	**10070**	**8204**	**599924**	**297139**	**302785**
25	113827	56267	57560	8740	4948	3792	104731	51134	53597
26	120496	59308	61188	3980	2199	1781	116150	56927	59223
27	127893	63087	64806	2374	1252	1122	125096	61599	63497
28	144598	71871	72727	1715	907	808	142416	70724	71692
29	113360	57692	55668	1465	764	701	111531	56755	54776
30-34岁	**421624**	**221700**	**199924**	**2095**	**1050**	**1045**	**418174**	**219917**	**198257**
30	97140	50227	46913	803	407	396	96048	49657	46391
31	93245	48450	44795	430	207	223	92503	48074	44429
32	84639	44134	40505	349	174	175	84011	43812	40199
33	72859	39037	33822	273	136	137	72354	38779	33575
34	73741	39852	33889	240	126	114	73258	39595	33663
35-39岁	**343830**	**193889**	**149941**	**1031**	**535**	**496**	**341664**	**192693**	**148971**
35	69102	37861	31241	211	102	109	68677	37640	31037
36	68375	38199	30176	203	107	96	67938	37966	29972
37	70654	39842	30812	193	104	89	70248	39610	30638
38	68611	39398	29213	216	106	110	68165	39164	29001
39	67088	38589	28499	208	116	92	66636	38313	28323
40-44岁	**274131**	**163614**	**110517**	**863**	**458**	**405**	**272283**	**162536**	**109747**
40	66767	38483	28284	226	120	106	66295	38206	28089
41	58117	34280	23837	178	92	86	57730	34065	23665
42	60186	35933	24253	193	105	88	59785	35698	24087
43	41992	25625	16367	122	71	51	41709	25458	16251
44	47069	29293	17776	144	70	74	46764	29109	17655
45-49岁	**204109**	**132945**	**71164**	**524**	**313**	**211**	**202809**	**132119**	**70690**
45	47908	30629	17279	145	85	60	47597	30440	17157
46	47978	30973	17005	103	61	42	47658	30763	16895
47	54681	35797	18884	133	79	54	54351	35581	18770
48	34623	23122	11501	87	55	32	34405	22987	11418
49	18919	12424	6495	56	33	23	18798	12348	6450
50岁及以上	**354726**	**244575**	**110151**	**612**	**389**	**223**	**352291**	**242947**	**109344**

3-2a 续表 11　　　　单位：人

年 龄	大学本科								
	肄 业			辍 学			其 他		
	小计	男	女	小计	男	女	小计	男	女
总 计	**3896**	**2329**	**1567**	**692**	**456**	**236**	**4896**	**2768**	**2128**
6-9岁									
6									
7									
8									
9									
10-14岁									
10									
11									
12									
13									
14									
15-19岁	**29**	**15**	**14**	**19**	**12**	**7**	**29**	**16**	**13**
15				1	1				
16							2	1	1
17	2	1	1	1		1	3	2	1
18	8	3	5	6	3	3	6	3	3
19	19	11	8	11	8	3	18	10	8
20-24岁	**511**	**278**	**233**	**206**	**136**	**70**	**640**	**314**	**326**
20	32	12	20	33	24	9	51	28	23
21	75	46	29	37	17	20	82	38	44
22	79	46	33	34	26	8	152	79	73
23	173	94	79	54	34	20	174	85	89
24	152	80	72	48	35	13	181	84	97
25-29岁	**808**	**436**	**372**	**163**	**104**	**59**	**1005**	**476**	**529**
25	147	75	72	37	29	8	172	81	91
26	156	88	68	21	9	12	189	85	104
27	173	100	73	36	26	10	214	110	104
28	194	105	89	42	25	17	231	110	121
29	138	68	70	27	15	12	199	90	109
30-34岁	**544**	**312**	**232**	**68**	**44**	**24**	**743**	**377**	**366**
30	105	67	38	16	13	3	168	83	85
31	129	78	51	10	6	4	173	85	88
32	102	59	43	16	12	4	161	77	84
33	100	49	51	16	8	8	116	65	51
34	108	59	49	10	5	5	125	67	58
35-39岁	**441**	**255**	**186**	**52**	**33**	**19**	**642**	**373**	**269**
35	91	51	40	10	8	2	113	60	53
36	97	48	49	10	7	3	127	71	56
37	85	52	33	11	7	4	117	69	48
38	73	40	33	13	6	7	144	82	62
39	95	64	31	8	5	3	141	91	50
40-44岁	**369**	**227**	**142**	**52**	**32**	**20**	**564**	**361**	**203**
40	102	63	39	10	7	3	134	87	47
41	85	44	41	12	8	4	112	71	41
42	71	45	26	15	9	6	122	76	46
43	63	41	22	6	2	4	92	53	39
44	48	34	14	9	6	3	104	74	30
45-49岁	**287**	**188**	**99**	**39**	**25**	**14**	**450**	**300**	**150**
45	50	30	20	8	3	5	108	71	37
46	85	61	24	13	10	3	119	78	41
47	78	51	27	8	4	4	111	82	29
48	49	28	21	5	4	1	77	48	29
49	25	18	7	5	4	1	35	21	14
50岁及以上	**907**	**618**	**289**	**93**	**70**	**23**	**823**	**551**	**272**

3-2a 续表 12 单位：人

年龄	研究生								
	合计			在校			毕业		
	合计	男	女	小计	男	女	小计	男	女
总计	**391070**	**220855**	**170215**	**121628**	**60278**	**61350**	**268160**	**159769**	**108391**
6-9岁									
6									
7									
8									
9									
10-14岁	**3**	**1**	**2**	**2**	**1**	**1**	**1**		**1**
10									
11									
12									
13	1		1				1		1
14	2	1	1	2	1	1			
15-19岁	**429**	**205**	**224**	**371**	**175**	**196**	**57**	**30**	**27**
15	27	13	14	25	13	12	2		2
16	29	17	12	24	13	11	5	4	1
17	39	24	15	25	15	10	13	9	4
18	85	40	45	67	31	36	18	9	9
19	249	111	138	230	103	127	19	8	11
20-24岁	**70551**	**32594**	**37957**	**66317**	**30773**	**35544**	**4172**	**1793**	**2379**
20	796	343	453	752	322	430	42	21	21
21	3458	1538	1920	3355	1499	1856	100	38	62
22	12883	5840	7043	12564	5689	6875	312	147	165
23	25192	11535	13657	24152	11083	13069	1023	443	580
24	28222	13338	14884	25494	12180	13314	2695	1144	1551
25-29岁	**113863**	**56042**	**57821**	**46102**	**24169**	**21933**	**67440**	**31701**	**35739**
25	23778	11468	12310	17798	8834	8964	5942	2617	3325
26	22526	11126	11400	11959	6337	5622	10501	4748	5753
27	22086	10845	11241	7444	4059	3385	14576	6754	7822
28	24890	12235	12655	5623	3095	2528	19192	9096	10096
29	20583	10368	10215	3278	1844	1434	17229	8486	8743
30-34岁	**74688**	**41045**	**33643**	**6073**	**3465**	**2608**	**68326**	**37411**	**30915**
30	18051	9363	8688	2169	1226	943	15816	8097	7719
31	17372	9332	8040	1463	825	638	15834	8465	7369
32	15109	8369	6740	1027	588	439	14029	7753	6276
33	12341	7006	5335	772	452	320	11525	6525	5000
34	11815	6975	4840	642	374	268	11122	6571	4551
35-39岁	**51296**	**31939**	**19357**	**1900**	**1118**	**782**	**49194**	**30687**	**18507**
35	10752	6465	4287	529	312	217	10174	6122	4052
36	10433	6437	3996	450	257	193	9945	6153	3792
37	10922	6747	4175	407	242	165	10470	6476	3994
38	9890	6298	3592	266	166	100	9589	6107	3482
39	9299	5992	3307	248	141	107	9016	5829	3187
40-44岁	**34816**	**23748**	**11068**	**564**	**364**	**200**	**34109**	**23281**	**10828**
40	8759	5813	2946	192	135	57	8526	5642	2884
41	7397	4942	2455	137	85	52	7234	4836	2398
42	7307	4925	2382	106	63	43	7169	4840	2329
43	5213	3609	1604	62	38	24	5129	3559	1570
44	6140	4459	1681	67	43	24	6051	4404	1647
45-49岁	**26872**	**20532**	**6340**	**209**	**153**	**56**	**26524**	**20265**	**6259**
45	6491	4828	1663	48	37	11	6409	4765	1644
46	6824	5171	1653	59	47	12	6724	5092	1632
47	7334	5659	1675	60	43	17	7241	5588	1653
48	4227	3322	905	30	19	11	4178	3286	892
49	1996	1552	444	12	7	5	1972	1534	438
50岁及以上	**18552**	**14749**	**3803**	**90**	**60**	**30**	**18337**	**14601**	**3736**

3-2a 续表 13 单位：人

年龄	研究生								
	肄业			辍学			其他		
	小计	男	女	小计	男	女	小计	男	女
总计	**396**	**265**	**131**	**52**	**33**	**19**	**834**	**510**	**324**
6-9岁									
6									
7									
8									
9									
10-14岁									
10									
11									
12									
13									
14									
15-19岁							**1**		**1**
15									
16									
17							1		1
18									
19									
20-24岁	**9**	**4**	**5**	**1**		**1**	**52**	**24**	**28**
20				1		1	1		1
21	2	1	1				1		1
22	3	1	2				4	3	1
23	2	1	1				15	8	7
24	2	1	1				31	13	18
25-29岁	**76**	**39**	**37**	**6**	**2**	**4**	**239**	**131**	**108**
25	6	4	2	1		1	31	13	18
26	9	7	2	2	1	1	55	33	22
27	15	7	8	1		1	50	25	25
28	17	9	8	2	1	1	56	34	22
29	29	12	17				47	26	21
30-34岁	**100**	**58**	**42**	**12**	**8**	**4**	**177**	**103**	**74**
30	24	14	10	1	1		41	25	16
31	18	11	7	1	1		56	30	26
32	17	9	8	1	1		35	18	17
33	17	9	8	5	4	1	22	16	6
34	24	15	9	4	1	3	23	14	9
35-39岁	**74**	**54**	**20**	**10**	**8**	**2**	**118**	**72**	**46**
35	14	10	4	4	4		31	17	14
36	12	9	3	1		1	25	18	7
37	15	9	6	4	4		26	16	10
38	14	11	3	1		1	20	14	6
39	19	15	4				16	7	9
40-44岁	**43**	**33**	**10**	**4**	**3**	**1**	**96**	**67**	**29**
40	12	12		2	2		27	22	5
41	7	4	3				19	17	2
42	9	7	2	1	1		22	14	8
43	6	4	2	1		1	15	8	7
44	9	6	3				13	6	7
45-49岁	**51**	**48**	**3**	**6**	**5**	**1**	**82**	**61**	**21**
45	13	12	1	2	1	1	19	13	6
46	14	13	1	1	1		26	18	8
47	11	11		1	1		21	16	5
48	9	8	1	1	1		9	8	1
49	4	4		1	1		7	6	1
50岁及以上	**43**	**29**	**14**	**13**	**7**	**6**	**69**	**52**	**17**

3-2b 全国分年龄、性别、学业完成情况的6岁及以上各种受教育程度人口(镇)

单位：人

年龄	合计								
	合计			在校			毕业		
	合计	男	女	小计	男	女	小计	男	女
总计	**21888889**	**11315934**	**10572955**	**4495361**	**2393212**	**2102149**	**16649232**	**8576578**	**8072654**
6-9岁	**1089122**	**594926**	**494196**	**1079996**	**590063**	**489933**	**7459**	**3952**	**3507**
6	265158	144845	120313	262810	143616	119194	1936	1010	926
7	264173	144364	119809	262080	143238	118842	1711	927	784
8	274382	149961	124421	272235	148790	123445	1755	941	814
9	285409	155756	129653	282871	154419	128452	2057	1074	983
10-14岁	**1498564**	**811868**	**686696**	**1466336**	**793840**	**672496**	**27403**	**15180**	**12223**
10	294580	161329	133251	291536	159613	131923	2573	1447	1126
11	278518	151378	127140	274453	149168	125285	3528	1912	1616
12	306736	166374	140362	300607	162975	137632	5425	2990	2435
13	300970	162205	138765	293668	158168	135500	6185	3389	2796
14	317760	170582	147178	306072	163916	142156	9692	5442	4250
15-19岁	**2018190**	**1051847**	**966343**	**1548433**	**798050**	**750383**	**445727**	**239493**	**206234**
15	374054	198238	175816	352038	185556	166482	18941	10743	8198
16	407664	211921	195743	359884	184977	174907	43666	24391	19275
17	448433	231148	217285	360121	182632	177489	83151	45458	37693
18	413215	215177	198038	279688	143569	136119	127848	68320	59528
19	374824	195363	179461	196702	101316	95386	172121	90581	81540
20-24岁	**2061066**	**1028538**	**1032528**	**376409**	**197365**	**179044**	**1646371**	**810608**	**835763**
20	448931	230092	218839	168755	87211	81544	272388	138579	133809
21	415706	209681	206025	106582	55639	50943	301326	149762	151564
22	392850	195484	197366	58253	31182	27071	327301	160396	166905
23	422047	207788	214259	29805	16192	13613	384208	187378	196830
24	381532	185493	196039	13014	7141	5873	361148	174493	186655
25-29岁	**1746599**	**855347**	**891252**	**15277**	**8305**	**6972**	**1695500**	**828802**	**866698**
25	340351	166584	173767	6482	3577	2905	326814	159379	167435
26	338462	165277	173185	3526	1874	1652	328021	159832	168189
27	332853	162830	170023	2239	1252	987	323762	158104	165658
28	389806	190905	198901	1820	975	845	380167	185987	194180
29	345127	169751	175376	1210	627	583	336736	165500	171236
30-34岁	**1824421**	**905239**	**919182**	**2733**	**1544**	**1189**	**1779887**	**883279**	**896608**
30	341505	168194	173311	930	511	419	333211	164022	169189
31	366432	181095	185337	560	305	255	357731	176822	180909
32	366286	181529	184757	471	281	190	357342	177060	180282
33	347861	173323	174538	373	211	162	339367	169133	170234
34	402337	201098	201239	399	236	163	392236	196242	195994
35-39岁	**2295528**	**1155476**	**1140052**	**1987**	**1214**	**773**	**2232288**	**1125313**	**1106975**
35	414735	207507	207228	416	257	159	403888	202226	201662
36	448230	224297	223933	398	248	150	436138	218494	217644
37	464536	233565	230971	430	253	177	451863	227541	224322
38	482596	243481	239115	400	242	158	469021	237122	231899
39	485431	246626	238805	343	214	129	471378	239930	231448
40-44岁	**2386945**	**1210346**	**1176599**	**1439**	**894**	**545**	**2311095**	**1175329**	**1135766**
40	532475	269908	262567	373	220	153	516937	262640	254297
41	476904	241143	235761	290	183	107	462074	234247	227827
42	516011	262494	253517	304	205	99	499514	254956	244558
43	403261	204263	198998	236	143	93	389592	198015	191577
44	458294	232538	225756	236	143	93	442978	225471	217507
45-49岁	**1953734**	**993383**	**960351**	**1018**	**700**	**318**	**1888622**	**965189**	**923433**
45	454767	231585	223182	232	147	85	439904	224798	215106
46	436559	221284	215275	254	157	97	422505	215213	207292
47	497266	254022	243244	239	170	69	481180	247031	234149
48	369197	187830	181367	201	155	46	356298	182429	173869
49	195945	98662	97283	92	71	21	188735	95718	93017
50岁及以上	**5014720**	**2708964**	**2305756**	**1733**	**1237**	**496**	**4614880**	**2529433**	**2085447**

3-2b 续表 1 单位：人

年龄	合计								
	肄业			辍学			其他		
	小计	男	女	小计	男	女	小计	男	女
总计	**312458**	**145947**	**166511**	**308144**	**141321**	**166823**	**123694**	**58876**	**64818**
6-9岁	**1102**	**609**	**493**	**175**	**96**	**79**	**390**	**206**	**184**
6	214	120	94	33	15	18	165	84	81
7	274	143	131	33	15	18	75	41	34
8	280	165	115	41	30	11	71	35	36
9	334	181	153	68	36	32	79	46	33
10-14岁	**2205**	**1267**	**938**	**2123**	**1299**	**824**	**497**	**282**	**215**
10	320	183	137	73	44	29	78	42	36
11	337	188	149	121	66	55	79	44	35
12	371	211	160	223	137	86	110	61	49
13	483	265	218	526	314	212	108	69	39
14	694	420	274	1180	738	442	122	66	56
15-19岁	**9421**	**5625**	**3796**	**12626**	**7626**	**5000**	**1983**	**1053**	**930**
15	965	624	341	1945	1216	729	165	99	66
16	1478	927	551	2412	1488	924	224	138	86
17	2055	1211	844	2760	1664	1096	346	183	163
18	2375	1389	986	2745	1609	1136	559	290	269
19	2548	1474	1074	2764	1649	1115	689	343	346
20-24岁	**16939**	**9152**	**7787**	**15166**	**8273**	**6893**	**6181**	**3140**	**3041**
20	3341	1903	1438	3369	1844	1525	1078	555	523
21	3455	1885	1570	3151	1756	1395	1192	639	553
22	3258	1774	1484	2818	1523	1295	1220	609	611
23	3575	1883	1692	3071	1668	1403	1388	667	721
24	3310	1707	1603	2757	1482	1275	1303	670	633
25-29岁	**15404**	**7832**	**7572**	**13278**	**6870**	**6408**	**7140**	**3538**	**3602**
25	3009	1518	1491	2521	1299	1222	1525	811	714
26	3075	1574	1501	2569	1350	1219	1271	647	624
27	2903	1455	1448	2610	1388	1222	1339	631	708
28	3380	1708	1672	2850	1445	1405	1589	790	799
29	3037	1577	1460	2728	1388	1340	1416	659	757
30-34岁	**17329**	**8444**	**8885**	**16113**	**7833**	**8280**	**8359**	**4139**	**4220**
30	3067	1508	1559	2736	1391	1345	1561	762	799
31	3482	1676	1806	3051	1477	1574	1608	815	793
32	3452	1727	1725	3286	1589	1697	1735	872	863
33	3370	1666	1704	3175	1555	1620	1576	758	818
34	3958	1867	2091	3865	1821	2044	1879	932	947
35-39岁	**25299**	**11822**	**13477**	**24566**	**11444**	**13122**	**11388**	**5683**	**5705**
35	4290	2104	2186	4068	1919	2149	2073	1001	1072
36	4830	2242	2588	4706	2225	2481	2158	1088	1070
37	5052	2349	2703	4900	2270	2630	2291	1152	1139
38	5439	2462	2977	5264	2407	2857	2472	1248	1224
39	5688	2665	3023	5628	2623	3005	2394	1194	1200
40-44岁	**30893**	**14173**	**16720**	**30859**	**13806**	**17053**	**12659**	**6144**	**6515**
40	6357	2971	3386	6154	2770	3384	2654	1307	1347
41	5962	2738	3224	6027	2743	3284	2551	1232	1319
42	6685	2979	3706	6775	3006	3769	2733	1348	1385
43	5642	2596	3046	5511	2429	3082	2280	1080	1200
44	6247	2889	3358	6392	2858	3534	2441	1177	1264
45-49岁	**26766**	**11450**	**15316**	**26627**	**10999**	**15628**	**10701**	**5045**	**5656**
45	6200	2796	3404	5993	2640	3353	2438	1204	1234
46	5705	2416	3289	5820	2431	3389	2275	1067	1208
47	6585	2806	3779	6595	2746	3849	2667	1269	1398
48	5321	2250	3071	5226	2024	3202	2151	972	1179
49	2955	1182	1773	2993	1158	1835	1170	533	637
50岁及以上	**167100**	**75573**	**91527**	**166611**	**73075**	**93536**	**64396**	**29646**	**34750**

3-2b 续表 2

单位：人

年龄	小学								
	合计			在校			毕业		
	合计	男	女	小计	男	女	小计	男	女
总计	**6019555**	**2800104**	**3219451**	**1849853**	**1011497**	**838356**	**3709830**	**1601909**	**2107921**
6-9岁	**1082910**	**591457**	**491453**	**1074637**	**587056**	**487581**	**6647**	**3519**	**3128**
6	264203	144323	119880	262081	143209	118872	1724	903	821
7	263222	143825	119397	261330	142813	118517	1518	819	699
8	273187	149282	123905	271233	148218	123015	1572	841	731
9	282298	154027	128271	279993	152816	127177	1833	956	877
10-14岁	**788670**	**431963**	**356707**	**774266**	**423962**	**350304**	**12216**	**6748**	**5468**
10	288295	157857	130438	285692	156380	129312	2157	1220	937
11	247175	134939	112236	244352	133390	110962	2383	1308	1075
12	164399	91015	73384	161195	89231	71964	2782	1546	1236
13	64471	35090	29381	61715	33571	28144	2329	1265	1064
14	24330	13062	11268	21312	11390	9922	2565	1409	1156
15-19岁	**36519**	**19212**	**17307**	**485**	**248**	**237**	**32619**	**17097**	**15522**
15	4198	2323	1875	222	121	101	3444	1891	1553
16	5479	3070	2409	99	49	50	4743	2648	2095
17	7276	3869	3407	62	31	31	6494	3448	3046
18	8960	4704	4256	49	20	29	8193	4308	3885
19	10606	5246	5360	53	27	26	9745	4802	4943
20-24岁	**89681**	**39456**	**50225**	**111**	**52**	**59**	**83436**	**36483**	**46953**
20	15730	7481	8249	64	31	33	14458	6852	7606
21	16216	7383	8833	22	10	12	15085	6826	8259
22	17463	7570	9893	9	4	5	16274	6985	9289
23	20381	8729	11652	10	4	6	19033	8132	10901
24	19891	8293	11598	6	3	3	18586	7688	10898
25-29岁	**111432**	**44339**	**67093**	**28**	**10**	**18**	**103627**	**41007**	**62620**
25	19425	7986	11439	8	4	4	18116	7442	10674
26	19998	7995	12003	3		3	18577	7374	11203
27	20867	8278	12589	4	2	2	19382	7653	11729
28	25710	10137	15573	8	3	5	23934	9361	14573
29	25432	9943	15489	5	1	4	23618	9177	14441
30-34岁	**185046**	**71722**	**113324**	**48**	**17**	**31**	**171895**	**66336**	**105559**
30	28088	10841	17247	6		6	26102	10036	16066
31	33445	13064	20381	11	4	7	31055	12086	18969
32	36728	14288	22440	10	3	7	34048	13162	20886
33	38479	14873	23606	14	8	6	35750	13755	21995
34	48306	18656	29650	7	2	5	44940	17297	27643
35-39岁	**335894**	**130531**	**205363**	**51**	**30**	**21**	**311491**	**120917**	**190574**
35	53883	20998	32885	10	4	6	50149	19506	30643
36	62180	24242	37938	17	12	5	57709	22447	35262
37	67391	26037	41354	10	5	5	62615	24161	38454
38	73435	28516	44919	8	5	3	67929	26402	41527
39	79005	30738	48267	6	4	2	73089	28401	44688
40-44岁	**464402**	**181582**	**282820**	**30**	**22**	**8**	**428403**	**168019**	**260384**
40	92455	36068	56387	9	8	1	85595	33501	52094
41	91508	36150	55358	6	5	1	84536	33476	51060
42	102130	40155	61975	7	4	3	94139	37144	56995
43	83597	32461	51136	2	1	1	76959	30021	46938
44	94712	36748	57964	6	4	2	87174	33877	53297
45-49岁	**393642**	**142679**	**250963**	**27**	**14**	**13**	**360251**	**131521**	**228730**
45	90625	34518	56107	7	4	3	83342	31861	51481
46	84889	31354	53535	7	5	2	77880	28950	48930
47	96074	34834	61240	3	1	2	88035	32158	55877
48	77558	26873	50685	7	2	5	70627	24728	45899
49	44496	15100	29396	3	2	1	40367	13824	26543
50岁及以上	**2531359**	**1147163**	**1384196**	**170**	**86**	**84**	**2199245**	**1010262**	**1188983**

3-2b 续表 3

单位：人

年 龄	小学								
	肄业			辍学			其他		
	小计	男	女	小计	男	女	小计	男	女
总 计	**179913**	**72120**	**107793**	**213775**	**87320**	**126455**	**66184**	**27258**	**38926**
6-9岁	**1088**	**599**	**489**	**170**	**91**	**79**	**368**	**192**	**176**
6	209	117	92	33	15	18	156	79	77
7	271	141	130	32	14	18	71	38	33
8	277	163	114	40	29	11	65	31	34
9	331	178	153	65	33	32	76	44	32
10-14岁	**1027**	**566**	**461**	**836**	**502**	**334**	**325**	**185**	**140**
10	310	178	132	66	39	27	70	40	30
11	272	148	124	103	56	47	65	37	28
12	189	105	84	155	92	63	78	41	37
13	138	71	67	223	140	83	66	43	23
14	118	64	54	289	175	114	46	24	22
15-19岁	**935**	**510**	**425**	**2106**	**1146**	**960**	**374**	**211**	**163**
15	126	73	53	355	206	149	51	32	19
16	170	108	62	405	230	175	62	35	27
17	207	101	106	437	246	191	76	43	33
18	208	111	97	422	220	202	88	45	43
19	224	117	107	487	244	243	97	56	41
20-24岁	**1965**	**920**	**1045**	**3328**	**1618**	**1710**	**841**	**383**	**458**
20	358	167	191	662	342	320	188	89	99
21	355	175	180	602	299	303	152	73	79
22	375	180	195	655	334	321	150	67	83
23	441	195	246	732	326	406	165	72	93
24	436	203	233	677	317	360	186	82	104
25-29岁	**2477**	**1008**	**1469**	**4210**	**1853**	**2357**	**1090**	**461**	**629**
25	406	154	252	697	310	387	198	76	122
26	464	198	266	761	341	420	193	82	111
27	481	192	289	801	345	456	199	86	113
28	575	233	342	942	428	514	251	112	139
29	551	231	320	1009	429	580	249	105	144
30-34岁	**4420**	**1719**	**2701**	**6954**	**2927**	**4027**	**1729**	**723**	**1006**
30	666	259	407	1032	439	593	282	107	175
31	804	317	487	1269	533	736	306	124	182
32	866	348	518	1444	606	838	360	169	191
33	960	361	599	1407	606	801	348	143	205
34	1124	434	690	1802	743	1059	433	180	253
35-39岁	**8426**	**3185**	**5241**	**12843**	**5138**	**7705**	**3083**	**1261**	**1822**
35	1263	524	739	1961	771	1190	500	193	307
36	1501	562	939	2408	1001	1407	545	220	325
37	1641	611	1030	2490	993	1497	635	267	368
38	1964	717	1247	2835	1093	1742	699	299	400
39	2057	771	1286	3149	1280	1869	704	282	422
40-44岁	**12729**	**4663**	**8066**	**18773**	**7157**	**11616**	**4467**	**1721**	**2746**
40	2389	845	1544	3620	1391	2229	842	323	519
41	2429	909	1520	3671	1437	2234	866	323	543
42	2811	1032	1779	4183	1578	2605	990	397	593
43	2448	902	1546	3334	1224	2110	854	313	541
44	2652	975	1677	3965	1527	2438	915	365	550
45-49岁	**12103**	**3858**	**8245**	**17171**	**5871**	**11300**	**4090**	**1415**	**2675**
45	2662	931	1731	3691	1371	2320	923	351	572
46	2484	804	1680	3686	1302	2384	832	293	539
47	2901	920	1981	4165	1423	2742	970	332	638
48	2512	763	1749	3554	1118	2436	858	262	596
49	1544	440	1104	2075	657	1418	507	177	330
50岁及以上	**134743**	**55092**	**79651**	**147384**	**61017**	**86367**	**49817**	**20706**	**29111**

3-2b 续表 4

单位：人

年龄	初中								
	合计			在校			毕业		
	合计	男	女	小计	男	女	小计	男	女
总计	**9616525**	**5019520**	**4597005**	**1054469**	**566296**	**488173**	**8343607**	**4334262**	**4009345**
6-9岁	**6207**	**3467**	**2740**	**5355**	**3006**	**2349**	**811**	**432**	**379**
6	955	522	433	729	407	322	212	107	105
7	951	539	412	750	425	325	193	108	85
8	1193	679	514	1000	572	428	183	100	83
9	3108	1727	1381	2876	1602	1274	223	117	106
10-14岁	**680716**	**365096**	**315620**	**663697**	**355528**	**308169**	**14457**	**8013**	**6444**
10	6277	3465	2812	5837	3227	2610	415	226	189
11	31315	16421	14894	30079	15762	14317	1139	602	537
12	142288	75329	66959	139376	73720	65656	2633	1439	1194
13	231272	124298	106974	227008	121942	105066	3591	1974	1617
14	269564	145583	123981	261397	140877	120520	6679	3772	2907
15-19岁	**716718**	**387275**	**329443**	**384788**	**207419**	**177369**	**317463**	**171101**	**146362**
15	230162	126088	104074	213231	116238	96993	14571	8333	6238
16	139742	76299	63443	101258	54584	46674	35736	19991	15745
17	111995	60528	51467	44033	23006	21027	64971	35714	29257
18	109956	58589	51367	17185	8968	8217	89673	47811	41862
19	124863	65771	59092	9081	4623	4458	112512	59252	53260
20-24岁	**956348**	**464199**	**492149**	**266**	**151**	**115**	**934872**	**452741**	**482131**
20	174525	88416	86109	112	59	53	170228	86021	84207
21	182224	89541	92683	64	39	25	177837	87159	90678
22	187242	90401	96841	39	23	16	183190	88293	94897
23	213051	102099	110952	28	15	13	208512	99698	108814
24	199306	93742	105564	23	15	8	195105	91570	103535
25-29岁	**953444**	**456777**	**496667**	**70**	**33**	**37**	**933390**	**446522**	**486868**
25	183305	87031	96274	23	15	8	179227	84912	94315
26	185571	88201	97370	18	4	14	181653	86209	95444
27	182399	87407	94992	11	7	4	178535	85407	93128
28	213303	102597	110706	9	2	7	209019	100460	108559
29	188866	91541	97325	9	5	4	184956	89534	95422
30-34岁	**999200**	**488849**	**510351**	**48**	**23**	**25**	**977646**	**478036**	**499610**
30	185425	90152	95273	8	3	5	181554	88188	93366
31	199182	96939	102243	8	5	3	194914	94829	100085
32	199734	97471	102263	8	5	3	195369	95264	100105
33	191613	94333	97280	12	7	5	187480	92209	95271
34	223246	109954	113292	12	3	9	218329	107546	110783
35-39岁	**1299927**	**648809**	**651118**	**67**	**39**	**28**	**1270463**	**633880**	**636583**
35	232056	114465	117591	15	7	8	226810	111796	115014
36	252788	124750	128038	15	10	5	247042	121880	125162
37	263508	131350	132158	12	6	6	257518	128329	129189
38	274628	137506	137122	11	7	4	268452	134395	134057
39	276947	140738	136209	14	9	5	270641	137480	133161
40-44岁	**1339077**	**683725**	**655352**	**62**	**31**	**31**	**1307434**	**667304**	**640130**
40	301062	152788	148274	18	9	9	294355	149305	145050
41	265657	134943	130714	12	4	8	259504	131747	127757
42	288121	147516	140605	12	10	2	281338	144037	137301
43	227196	116364	110832	6	4	2	221552	113441	108111
44	257041	132114	124927	14	4	10	250685	128774	121911
45-49岁	**1008413**	**518535**	**489878**	**39**	**20**	**19**	**984249**	**506199**	**478050**
45	251172	128822	122350	9	3	6	245167	125693	119474
46	232805	118659	114146	9	5	4	227353	115948	111405
47	254988	131101	123887	13	7	6	248908	128013	120895
48	179585	93208	86377	4	2	2	175146	90915	84231
49	89863	46745	43118	4	3	1	87675	45630	42045
50岁及以上	**1656475**	**1002788**	**653687**	**77**	**46**	**31**	**1602822**	**970034**	**632788**

3-2b 续表 5

单位：人

年龄	初中								
	肄业			辍学			其他		
	小计	男	女	小计	男	女	小计	男	女
总计	**103301**	**55616**	**47685**	**77193**	**43303**	**33890**	**37955**	**20043**	**17912**
6-9岁	**14**	**10**	**4**	**5**	**5**		**22**	**14**	**8**
6	5	3	2				9	5	4
7	3	2	1	1	1		4	3	1
8	3	2	1	1	1		6	4	2
9	3	3		3	3		3	2	1
10-14岁	**1149**	**687**	**462**	**1255**	**777**	**478**	**158**	**91**	**67**
10	10	5	5	7	5	2	8	2	6
11	65	40	25	18	10	8	14	7	7
12	181	106	75	67	44	23	31	20	11
13	340	189	151	298	171	127	35	22	13
14	553	347	206	865	547	318	70	40	30
15-19岁	**5858**	**3505**	**2353**	**7635**	**4711**	**2924**	**974**	**539**	**435**
15	762	500	262	1501	959	542	97	58	39
16	1016	640	376	1626	1012	614	106	72	34
17	1257	758	499	1574	966	608	160	84	76
18	1352	781	571	1471	877	594	275	152	123
19	1471	826	645	1463	897	566	336	173	163
20-24岁	**9996**	**5330**	**4666**	**8092**	**4426**	**3666**	**3122**	**1551**	**1571**
20	1921	1103	818	1762	977	785	502	256	246
21	2008	1087	921	1715	941	774	600	315	285
22	1933	1010	923	1449	773	676	631	302	329
23	2125	1115	1010	1646	914	732	740	357	383
24	2009	1015	994	1520	821	699	649	321	328
25-29岁	**9296**	**4631**	**4665**	**6969**	**3728**	**3241**	**3719**	**1863**	**1856**
25	1840	906	934	1343	696	647	872	502	370
26	1899	936	963	1373	738	635	628	314	314
27	1733	860	873	1404	796	608	716	337	379
28	1992	982	1010	1482	763	719	801	390	411
29	1832	947	885	1367	735	632	702	320	382
30-34岁	**9850**	**4884**	**4966**	**7565**	**3924**	**3641**	**4091**	**1982**	**2109**
30	1766	876	890	1354	725	629	743	360	383
31	2012	965	1047	1461	747	714	787	393	394
32	1996	1014	982	1521	782	739	840	406	434
33	1850	964	886	1479	782	697	792	371	421
34	2226	1065	1161	1750	888	862	929	452	477
35-39岁	**13716**	**6762**	**6954**	**10169**	**5350**	**4819**	**5512**	**2778**	**2734**
35	2430	1219	1211	1798	946	852	1003	497	506
36	2689	1297	1392	1991	1041	950	1051	522	529
37	2798	1365	1433	2087	1094	993	1093	556	537
38	2819	1366	1453	2146	1130	1016	1200	608	592
39	2980	1515	1465	2147	1139	1008	1165	595	570
40-44岁	**15185**	**7647**	**7538**	**10676**	**5801**	**4875**	**5720**	**2942**	**2778**
40	3237	1645	1592	2192	1175	1017	1260	654	606
41	2921	1454	1467	2066	1141	925	1154	597	557
42	3267	1588	1679	2286	1245	1041	1218	636	582
43	2701	1371	1330	1939	1052	887	998	496	502
44	3059	1589	1470	2193	1188	1005	1090	559	531
45-49岁	**11686**	**5762**	**5924**	**8036**	**4257**	**3779**	**4403**	**2297**	**2106**
45	2928	1475	1453	2035	1096	939	1033	555	478
46	2616	1251	1365	1827	945	882	1000	510	490
47	2941	1440	1501	2039	1079	960	1087	562	525
48	2165	1086	1079	1411	757	654	859	448	411
49	1036	510	526	724	380	344	424	222	202
50岁及以上	**26551**	**16398**	**10153**	**16791**	**10324**	**6467**	**10234**	**5986**	**4248**

3-2b 续表 6

单位：人

年 龄	高中								
	合计			在校			毕业		
	合计	男	女	小计	男	女	小计	男	女
总 计	**4063303**	**2265779**	**1797524**	**1160440**	**597799**	**562641**	**2850728**	**1635976**	**1214752**
6-9岁	**5**	**2**	**3**	**4**	**1**	**3**	**1**	**1**	
6									
7									
8	2		2	2		2			
9	3	2	1	2	1	1	1	1	
10-14岁	**29137**	**14787**	**14350**	**28343**	**14334**	**14009**	**720**	**413**	**307**
10	5	5		5	5				
11	19	12	7	17	12	5	2		2
12	35	23	12	27	19	8	6	3	3
13	5220	2814	2406	4939	2653	2286	264	149	115
14	23858	11933	11925	23355	11645	11710	448	261	187
15-19岁	**1123913**	**579202**	**544711**	**1030975**	**528152**	**502823**	**87202**	**47584**	**39618**
15	137951	69102	68849	136940	68519	68421	832	474	358
16	258434	130943	127491	254713	128834	125879	3010	1662	1348
17	317443	161629	155814	304959	154759	150200	11074	6031	5043
18	252466	132593	119873	222952	116334	106618	27779	15229	12550
19	157619	84935	72684	111411	59706	51705	44507	24188	20319
20-24岁	**492072**	**265018**	**227054**	**94868**	**51241**	**43627**	**388746**	**208748**	**179998**
20	134307	72397	61910	60178	32621	27557	72178	38638	33540
21	100396	53900	46496	21417	11438	9979	77099	41329	35770
22	88006	47621	40385	8144	4429	3715	78267	42218	36049
23	90637	48702	41935	3594	1920	1674	85418	45832	39586
24	78726	42398	36328	1535	833	702	75784	40731	35053
25-29岁	**339448**	**182651**	**156797**	**2752**	**1543**	**1209**	**330910**	**177645**	**153265**
25	66945	36285	30660	910	515	395	64790	35027	29763
26	64431	34707	29724	578	302	276	62695	33700	28995
27	63732	34181	29551	488	280	208	62161	33262	28899
28	75957	40633	35324	465	264	201	74251	39620	34631
29	68383	36845	31538	311	182	129	67013	36036	30977
30-34岁	**345877**	**188907**	**156970**	**759**	**496**	**263**	**339889**	**185307**	**154582**
30	68718	37014	31704	265	157	108	67335	36200	31135
31	72381	39302	33079	143	87	56	71171	38576	32595
32	70117	38328	31789	130	92	38	68944	37616	31328
33	63601	34904	28697	106	76	30	62540	34261	28279
34	71060	39359	31701	115	84	31	69899	38654	31245
35-39岁	**380944**	**213934**	**167010**	**807**	**533**	**274**	**374458**	**210020**	**164438**
35	71338	39494	31844	137	96	41	70111	38749	31362
36	75373	41879	33494	152	95	57	74100	41102	32998
37	77184	43403	33781	214	130	84	75833	42604	33229
38	79602	45134	34468	174	117	57	78278	44333	33945
39	77447	44024	33423	130	95	35	76136	43232	32904
40-44岁	**354480**	**202502**	**151978**	**513**	**381**	**132**	**348614**	**198888**	**149726**
40	84415	48320	36095	131	91	40	83019	47451	35568
41	72066	40870	31196	109	78	31	70854	40138	30716
42	76425	44031	32394	114	88	26	75186	43289	31897
43	56203	32201	24002	88	67	21	55197	31552	23645
44	65371	37080	28291	71	57	14	64358	36458	27900
45-49岁	**381650**	**218230**	**163420**	**460**	**373**	**87**	**375732**	**214600**	**161132**
45	71555	41071	30484	97	74	23	70395	40333	30062
46	78140	44447	33693	105	83	22	76939	43739	33200
47	102337	58461	43876	113	92	21	100776	57491	43285
48	82491	47329	35162	94	81	13	81251	46572	34679
49	47127	26922	20205	51	43	8	46371	26465	19906
50岁及以上	**615777**	**400546**	**215231**	**959**	**745**	**214**	**604456**	**392770**	**211686**

3-2b 续表 7 单位：人

年龄	高中								
	肄业			辍学			其他		
	小计	男	女	小计	男	女	小计	男	女
总计	**24071**	**14978**	**9093**	**15668**	**9772**	**5896**	**12396**	**7254**	**5142**
6-9岁									
6									
7									
8									
9									
10-14岁	**29**	**14**	**15**	**32**	**20**	**12**	**13**	**6**	**7**
10									
11									
12	1		1	1	1				
13	5	5		5	3	2	7	4	3
14	23	9	14	26	16	10	6	2	4
15-19岁	**2495**	**1530**	**965**	**2756**	**1703**	**1053**	**485**	**233**	**252**
15	76	50	26	88	51	37	15	8	7
16	285	174	111	375	243	132	51	30	21
17	580	347	233	737	445	292	93	47	46
18	773	470	303	809	491	318	153	69	84
19	781	489	292	747	473	274	173	79	94
20-24岁	**4002**	**2384**	**1618**	**3185**	**1905**	**1280**	**1271**	**740**	**531**
20	917	557	360	803	448	355	231	133	98
21	902	526	376	713	443	270	265	164	101
22	749	468	281	596	357	239	250	149	101
23	779	451	328	592	365	227	254	134	120
24	655	382	273	481	292	189	271	160	111
25-29岁	**2737**	**1684**	**1053**	**1833**	**1117**	**716**	**1216**	**662**	**554**
25	583	356	227	409	242	167	253	145	108
26	537	333	204	380	238	142	241	134	107
27	504	305	199	368	222	146	211	112	99
28	608	383	225	359	218	141	274	148	126
29	505	307	198	317	197	120	237	123	114
30-34岁	**2338**	**1415**	**923**	**1461**	**898**	**563**	**1430**	**791**	**639**
30	489	282	207	318	206	112	311	169	142
31	504	302	202	295	182	113	268	155	113
32	447	277	170	289	183	106	307	160	147
33	433	272	161	271	156	115	251	139	112
34	465	282	183	288	171	117	293	168	125
35-39岁	**2485**	**1477**	**1008**	**1456**	**892**	**564**	**1738**	**1012**	**726**
35	464	278	186	283	180	103	343	191	152
36	499	305	194	289	169	120	333	208	125
37	494	300	194	296	164	132	347	205	142
38	507	292	215	271	179	92	372	213	159
39	521	302	219	317	200	117	343	195	148
40-44岁	**2470**	**1527**	**943**	**1318**	**794**	**524**	**1565**	**912**	**653**
40	591	387	204	323	191	132	351	200	151
41	507	305	202	267	152	115	329	197	132
42	509	293	216	287	177	110	329	184	145
43	417	273	144	228	146	82	273	163	110
44	446	269	177	213	128	85	283	168	115
45-49岁	**2556**	**1541**	**1015**	**1358**	**834**	**524**	**1544**	**882**	**662**
45	498	313	185	254	167	87	311	184	127
46	501	292	209	293	176	117	302	157	145
47	646	383	263	372	232	140	430	263	167
48	578	353	225	252	142	110	316	181	135
49	333	200	133	187	117	70	185	97	88
50岁及以上	**4959**	**3406**	**1553**	**2269**	**1609**	**660**	**3134**	**2016**	**1118**

3-2b 续表 8 单位：人

年 龄	大学专科								
	合 计			在 校			毕 业		
	合计	男	女	小计	男	女	小计	男	女
总 计	**1443156**	**804536**	**638620**	**228634**	**114842**	**113792**	**1204120**	**683330**	**520790**
6-9岁									
6									
7									
8									
9									
10-14岁	**33**	**18**	**15**	**25**	**13**	**12**	**7**	**5**	**2**
10	2	1	1	2	1	1			
11	7	6	1	5	4	1	2	2	
12	13	6	7	8	4	4	4	2	2
13	5	2	3	4	1	3	1	1	
14	6	3	3	6	3	3			
15-19岁	**86884**	**40682**	**46202**	**78812**	**37128**	**41684**	**7709**	**3369**	**4340**
15	1560	640	920	1477	599	878	79	39	40
16	3433	1341	2092	3263	1251	2012	155	83	72
17	8340	3648	4692	7747	3390	4357	560	243	317
18	25208	11653	13555	23077	10715	12362	2015	874	1141
19	48343	23400	24943	43248	21173	22075	4900	2130	2770
20-24岁	**322144**	**158277**	**163867**	**142073**	**73579**	**68494**	**178106**	**83658**	**94448**
20	75344	37233	38111	61035	30708	30327	13937	6333	7604
21	70307	35069	35238	43132	22489	20643	26770	12360	14410
22	61410	30100	31310	22400	12004	10396	38612	17889	20723
23	61905	30024	31881	10927	5877	5050	50550	23924	26626
24	53178	25851	27327	4579	2501	2078	48237	23152	25085
25-29岁	**209342**	**103863**	**105479**	**4844**	**2548**	**2296**	**202943**	**100464**	**102479**
25	44136	22034	22102	2216	1204	1012	41597	20658	20939
26	41832	20802	21030	1073	561	512	40473	20065	20408
27	39683	19631	20052	642	337	305	38749	19144	19605
28	45402	22381	23021	517	255	262	44517	21937	22580
29	38289	19015	19274	396	191	205	37607	18660	18947
30-34岁	**189876**	**98704**	**91172**	**926**	**452**	**474**	**187582**	**97441**	**90141**
30	37442	18775	18667	314	155	159	36839	18451	18388
31	39440	20099	19341	188	90	98	38958	19840	19118
32	38770	20027	18743	161	86	75	38331	19773	18558
33	35202	18664	16538	128	54	74	34851	18480	16371
34	39022	21139	17883	135	67	68	38603	20897	17706
35-39岁	**186803**	**105761**	**81042**	**643**	**356**	**287**	**184834**	**104637**	**80197**
35	37852	21041	16811	139	82	57	37434	20803	16631
36	38270	21502	16768	136	81	55	37850	21259	16591
37	38165	21533	16632	121	68	53	37791	21315	16476
38	37284	21292	15992	128	66	62	36880	21070	15810
39	35232	20393	14839	119	59	60	34879	20190	14689
40-44岁	**154829**	**92553**	**62276**	**550**	**292**	**258**	**153194**	**91581**	**61613**
40	37101	21549	15552	143	70	73	36691	21301	15390
41	32204	18968	13236	106	59	47	31868	18776	13092
42	33279	19961	13318	113	62	51	32938	19755	13183
43	24222	14826	9396	90	44	46	23976	14677	9299
44	28023	17249	10774	98	57	41	27721	17072	10649
45-49岁	**123590**	**79248**	**44342**	**354**	**203**	**151**	**122346**	**78458**	**43888**
45	28860	18034	10826	84	44	40	28560	17851	10709
46	29265	18400	10865	102	51	51	28958	18208	10750
47	32081	20695	11386	74	43	31	31778	20512	11266
48	22233	14739	7494	69	49	20	22010	14582	7428
49	11151	7380	3771	25	16	9	11040	7305	3735
50岁及以上	**169655**	**125430**	**44225**	**407**	**271**	**136**	**167399**	**123717**	**43682**

3-2b 续表 9

单位：人

年 龄	大学专科								
	肄 业			辍 学			其 他		
	小计	男	女	小计	男	女	小计	男	女
总 计	**3895**	**2450**	**1445**	**1217**	**735**	**482**	**5290**	**3179**	**2111**
6-9岁									
6									
7									
8									
9									
10-14岁							**1**		**1**
10									
11									
12							1		1
13									
14									
15-19岁	**118**	**70**	**48**	**117**	**57**	**60**	**128**	**58**	**70**
15	1	1		1		1	2	1	1
16	7	5	2	4	1	3	4	1	3
17	8	3	5	11	6	5	14	6	8
18	36	23	13	42	20	22	38	21	17
19	66	38	28	59	30	29	70	29	41
20-24岁	**768**	**408**	**360**	**459**	**266**	**193**	**738**	**366**	**372**
20	124	66	58	117	65	52	131	61	70
21	154	80	74	104	66	38	147	74	73
22	150	90	60	95	44	51	153	73	80
23	186	98	88	77	47	30	165	78	87
24	154	74	80	66	44	22	142	80	62
25-29岁	**612**	**355**	**257**	**198**	**126**	**72**	**745**	**370**	**375**
25	132	76	56	52	35	17	139	61	78
26	120	77	43	41	25	16	125	74	51
27	122	63	59	26	17	9	144	70	74
28	139	76	63	53	27	26	176	86	90
29	99	63	36	26	22	4	161	79	82
30-34岁	**511**	**311**	**200**	**109**	**70**	**39**	**748**	**430**	**318**
30	105	65	40	26	18	8	158	86	72
31	108	67	41	23	12	11	163	90	73
32	99	62	37	26	15	11	153	91	62
33	94	54	40	15	10	5	114	66	48
34	105	63	42	19	15	4	160	97	63
35-39岁	**493**	**279**	**214**	**80**	**51**	**29**	**753**	**438**	**315**
35	97	58	39	22	18	4	160	80	80
36	103	53	50	15	11	4	166	98	68
37	86	53	33	22	15	7	145	82	63
38	109	57	52	11	4	7	156	95	61
39	98	58	40	10	3	7	126	83	43
40-44岁	**363**	**239**	**124**	**71**	**40**	**31**	**651**	**401**	**250**
40	102	72	30	16	10	6	149	96	53
41	75	48	27	17	11	6	138	74	64
42	66	42	24	16	5	11	146	97	49
43	49	31	18	7	4	3	100	70	30
44	71	46	25	15	10	5	118	64	54
45-49岁	**318**	**214**	**104**	**48**	**27**	**21**	**524**	**346**	**178**
45	76	51	25	11	5	6	129	83	46
46	82	53	29	11	6	5	112	82	30
47	74	47	27	13	8	5	142	85	57
48	50	37	13	6	4	2	98	67	31
49	36	26	10	7	4	3	43	29	14
50岁及以上	**712**	**574**	**138**	**135**	**98**	**37**	**1002**	**770**	**232**

3-2b 续表 10 单位：人

年龄	大学本科								
	合计			在校			毕业		
	合计	男	女	小计	男	女	小计	男	女
总计	**721445**	**411236**	**310209**	**192981**	**98218**	**94763**	**525245**	**311050**	**214195**
6-9岁									
6									
7									
8									
9									
10-14岁	**5**	**2**	**3**	**2**	**1**	**1**	**3**	**1**	**2**
10	1	1					1	1	
11	2		2				2		2
12									
13									
14	2	1	1	2	1	1			
15-19岁	**54011**	**25396**	**28615**	**53259**	**25042**	**28217**	**705**	**325**	**380**
15	167	75	92	153	70	83	14	5	9
16	562	259	303	543	253	290	17	5	12
17	3356	1460	1896	3300	1435	1865	50	20	30
18	16589	7621	8968	16399	7521	8878	178	92	86
19	33337	15981	17356	32864	15763	17101	446	203	243
20-24岁	**195322**	**98986**	**96336**	**134098**	**69972**	**64126**	**60721**	**28756**	**31965**
20	48885	24491	24394	47245	23729	23516	1568	724	844
21	46177	23602	22575	41592	21497	20095	4504	2068	2436
22	37650	19321	18329	26642	14280	12362	10901	4984	5917
23	34212	17371	16841	13527	7569	5958	20563	9741	10822
24	28398	14201	14197	5092	2897	2195	23185	11239	11946
25-29岁	**125025**	**63715**	**61310**	**4355**	**2457**	**1898**	**120010**	**60909**	**59101**
25	24786	12387	12399	2081	1186	895	22582	11134	11448
26	24968	12717	12251	1052	585	467	23777	12061	11716
27	24616	12551	12065	553	319	234	23937	12169	11768
28	27745	14307	13438	400	229	171	27192	13991	13201
29	22910	11753	11157	269	138	131	22522	11554	10968
30-34岁	**100554**	**54722**	**45832**	**516**	**283**	**233**	**99479**	**54116**	**45363**
30	20819	10849	9970	169	91	78	20543	10693	9850
31	21082	11165	9917	114	61	53	20838	11031	9807
32	20179	10945	9234	85	47	38	19976	10826	9150
33	18347	10169	8178	70	42	28	18177	10073	8104
34	20127	11594	8533	78	42	36	19945	11493	8452
35-39岁	**89312**	**54570**	**34742**	**281**	**165**	**116**	**88565**	**54106**	**34459**
35	19010	11101	7909	80	47	33	18828	10989	7839
36	19042	11534	7508	52	31	21	18892	11440	7452
37	17771	10867	6904	44	25	19	17627	10783	6844
38	17134	10663	6471	45	23	22	17010	10582	6428
39	16355	10405	5950	60	39	21	16208	10312	5896
40-44岁	**71995**	**48306**	**23689**	**237**	**134**	**103**	**71369**	**47921**	**23448**
40	16945	10798	6147	57	30	27	16806	10718	6088
41	15028	9862	5166	46	30	16	14888	9771	5117
42	15586	10477	5109	50	35	15	15457	10388	5069
43	11702	8145	3557	43	22	21	11580	8068	3512
44	12734	9024	3710	41	17	24	12638	8976	3662
45-49岁	**44790**	**33317**	**11473**	**124**	**81**	**43**	**44427**	**33062**	**11365**
45	12179	8831	3348	31	21	10	12074	8758	3316
46	11036	8064	2972	28	11	17	10958	8013	2945
47	11322	8544	2778	32	23	9	11225	8476	2749
48	7076	5472	1604	26	20	6	7015	5428	1587
49	3177	2406	771	7	6	1	3155	2387	768
50岁及以上	**40431**	**32222**	**8209**	**109**	**83**	**26**	**39966**	**31854**	**8112**

3-2b 续表 11 单位：人

年龄	大学本科								
	肄业			辍学			其他		
	小计	男	女	小计	男	女	小计	男	女
总计	**1199**	**725**	**474**	**273**	**177**	**96**	**1747**	**1066**	**681**
6-9岁									
6									
7									
8									
9									
10-14岁									
10									
11									
12									
13									
14									
15-19岁	**15**	**10**	**5**	**10**	**7**	**3**	**22**	**12**	**10**
15									
16				1	1		1		1
17	3	2	1				3	3	
18	6	4	2	1	1		5	3	2
19	6	4	2	8	5	3	13	6	7
20-24岁	**202**	**107**	**95**	**101**	**57**	**44**	**200**	**94**	**106**
20	21	10	11	25	12	13	26	16	10
21	36	17	19	17	7	10	28	13	15
22	49	25	24	22	14	8	36	18	18
23	41	23	18	24	16	8	57	22	35
24	55	32	23	13	8	5	53	25	28
25-29岁	**269**	**146**	**123**	**63**	**41**	**22**	**328**	**162**	**166**
25	46	26	20	19	15	4	58	26	32
26	54	29	25	13	7	6	72	35	37
27	60	34	26	10	7	3	56	22	34
28	63	32	31	12	7	5	78	48	30
29	46	25	21	9	5	4	64	31	33
30-34岁	**197**	**109**	**88**	**22**	**13**	**9**	**340**	**201**	**139**
30	38	24	14	6	3	3	63	38	25
31	49	23	26	3	3		78	47	31
32	41	24	17	6	3	3	71	45	26
33	31	15	16	2	1	1	67	38	29
34	38	23	15	5	3	2	61	33	28
35-39岁	**170**	**111**	**59**	**17**	**12**	**5**	**279**	**176**	**103**
35	35	24	11	4	4		63	37	26
36	38	25	13	2	2		58	36	22
37	29	16	13	5	4	1	66	39	27
38	38	28	10	1	1		40	29	11
39	30	18	12	5	1	4	52	35	17
40-44岁	**125**	**78**	**47**	**19**	**13**	**6**	**245**	**160**	**85**
40	31	16	15	2	2		49	32	17
41	27	19	8	6	2	4	61	40	21
42	28	20	8	2	1	1	49	33	16
43	22	15	7	3	3		54	37	17
44	17	8	9	6	5	1	32	18	14
45-49岁	**95**	**67**	**28**	**12**	**9**	**3**	**132**	**98**	**34**
45	32	22	10	2	1	1	40	29	11
46	21	15	6	2	2		27	23	4
47	23	16	7	5	3	2	37	26	11
48	14	9	5	3	3		18	12	6
49	5	5					10	8	2
50岁及以上	**126**	**97**	**29**	**29**	**25**	**4**	**201**	**163**	**38**

3-2b 续表 12

单位：人

年 龄	研究生								
	合计			在校			毕业		
	合计	男	女	小计	男	女	小计	男	女
总 计	**24905**	**14759**	**10146**	**8984**	**4560**	**4424**	**15702**	**10051**	**5651**
6-9岁									
6									
7									
8									
9									
10-14岁	**3**	**2**	**1**	**3**	**2**	**1**			
10									
11									
12	1	1		1	1				
13	2	1	1	2	1	1			
14									
15-19岁	**145**	**80**	**65**	**114**	**61**	**53**	**29**	**17**	**12**
15	16	10	6	15	9	6	1	1	
16	14	9	5	8	6	2	5	2	3
17	23	14	9	20	11	9	2	2	
18	36	17	19	26	11	15	10	6	4
19	56	30	26	45	24	21	11	6	5
20-24岁	**5499**	**2602**	**2897**	**4993**	**2370**	**2623**	**490**	**222**	**268**
20	140	74	66	121	63	58	19	11	8
21	386	186	200	355	166	189	31	20	11
22	1079	471	608	1019	442	577	57	27	30
23	1861	863	998	1719	807	912	132	51	81
24	2033	1008	1025	1779	892	887	251	113	138
25-29岁	**7908**	**4002**	**3906**	**3228**	**1714**	**1514**	**4620**	**2255**	**2365**
25	1754	861	893	1244	653	591	502	206	296
26	1662	855	807	802	422	380	846	423	423
27	1556	782	774	541	307	234	998	469	529
28	1689	850	839	421	222	199	1254	618	636
29	1247	654	593	220	110	110	1020	539	481
30-34岁	**3868**	**2335**	**1533**	**436**	**273**	**163**	**3396**	**2043**	**1353**
30	1013	563	450	168	105	63	838	454	384
31	902	526	376	96	58	38	795	460	335
32	758	470	288	77	48	29	674	419	255
33	619	380	239	43	24	19	569	355	214
34	576	396	180	52	38	14	520	355	165
35-39岁	**2648**	**1871**	**777**	**138**	**91**	**47**	**2477**	**1753**	**724**
35	596	408	188	35	21	14	556	383	173
36	577	390	187	26	19	7	545	366	179
37	517	375	142	29	19	10	479	349	130
38	513	370	143	34	24	10	472	340	132
39	445	328	117	14	8	6	425	315	110
40-44岁	**2162**	**1678**	**484**	**47**	**34**	**13**	**2081**	**1616**	**465**
40	497	385	112	15	12	3	471	364	107
41	441	350	91	11	7	4	424	339	85
42	470	354	116	8	6	2	456	343	113
43	341	266	75	7	5	2	328	256	72
44	413	323	90	6	4	2	402	314	88
45-49岁	**1649**	**1374**	**275**	**14**	**9**	**5**	**1617**	**1349**	**268**
45	376	309	67	4	1	3	366	302	64
46	424	360	64	3	2	1	417	355	62
47	464	387	77	4	4		458	381	77
48	254	209	45	1	1		249	204	45
49	131	109	22	2	1	1	127	107	20
50岁及以上	**1023**	**815**	**208**	**11**	**6**	**5**	**992**	**796**	**196**

3-2b 续表 13

单位：人

年龄	研究生								
	肄业			辍学			其他		
	小计	男	女	小计	男	女	小计	男	女
总计	**79**	**58**	**21**	**18**	**14**	**4**	**122**	**76**	**46**
6-9岁									
6									
7									
8									
9									
10-14岁									
10									
11									
12									
13									
14									
15-19岁				**2**	**2**				
15									
16				1	1				
17				1	1				
18									
19									
20-24岁	**6**	**3**	**3**	**1**	**1**		**9**	**6**	**3**
20									
21									
22	2	1	1	1	1				
23	3	1	2				7	4	3
24	1	1					2	2	
25-29岁	**13**	**8**	**5**	**5**	**5**		**42**	**20**	**22**
25	2		2	1	1		5	1	4
26	1	1		1	1		12	8	4
27	3	1	2	1	1		13	4	9
28	3	2	1	2	2		9	6	3
29	4	4					3	1	2
30-34岁	**13**	**6**	**7**	**2**	**1**	**1**	**21**	**12**	**9**
30	3	2	1				4	2	2
31	5	2	3				6	6	
32	3	2	1				4	1	3
33	2		2	1		1	4	1	3
34				1	1		3	2	1
35-39岁	**9**	**8**	**1**	**1**	**1**		**23**	**18**	**5**
35	1	1					4	3	1
36				1	1		5	4	1
37	4	4					5	3	2
38	2	2					5	4	1
39	2	1	1				4	4	
40-44岁	**21**	**19**	**2**	**2**	**1**	**1**	**11**	**8**	**3**
40	7	6	1	1	1		3	2	1
41	3	3					3	1	2
42	4	4		1		1	1	1	
43	5	4	1				1	1	
44	2	2					3	3	
45-49岁	**8**	**8**		**2**	**1**	**1**	**8**	**7**	**1**
45	4	4					2	2	
46	1	1		1		1	2	2	
47				1	1		1	1	
48	2	2					2	2	
49	1	1					1		1
50岁及以上	**9**	**6**	**3**	**3**	**2**	**1**	**8**	**5**	**3**

3-2c 全国分年龄、性别、学业完成情况的6岁及以上各种受教育程度人口(乡村)

单位：人

年龄	合计								
	合计			在校			毕业		
	合计	男	女	小计	男	女	小计	男	女
总计	**54563329**	**28781488**	**25781841**	**10308427**	**5500930**	**4807497**	**41321006**	**21851871**	**19469135**
6-9岁	**3052291**	**1662026**	**1390265**	**3023607**	**1646504**	**1377103**	**23242**	**12558**	**10684**
6	752696	410312	342384	745357	406368	338989	6014	3197	2817
7	753143	409719	343424	746551	406165	340386	5313	2877	2436
8	758455	413726	344729	751605	410011	341594	5556	3003	2553
9	787997	428269	359728	780094	423960	356134	6359	3481	2878
10-14岁	**4202175**	**2256615**	**1945560**	**4069890**	**2184435**	**1885455**	**108467**	**58741**	**49726**
10	800366	433409	366957	790750	428189	362561	7808	4243	3565
11	773369	417338	356031	758708	409479	349229	12367	6635	5732
12	869316	466493	402823	846416	454280	392136	19440	10329	9111
13	860758	461235	399523	830279	444517	385762	24965	13667	11298
14	898366	478140	420226	843737	447970	395767	43887	23867	20020
15-19岁	**4418640**	**2327096**	**2091544**	**2659476**	**1380549**	**1278927**	**1647863**	**882303**	**765560**
15	939000	500832	438168	828086	437956	390130	94004	52544	41460
16	849172	449754	399418	639126	331888	307238	190121	105986	84135
17	869898	458151	411747	517294	265312	251982	328912	179122	149790
18	871716	457148	414568	384686	197178	187508	462169	245895	216274
19	888854	461211	427643	290284	148215	142069	572657	298756	273901
20-24岁	**5216886**	**2582721**	**2634165**	**522302**	**270231**	**252071**	**4538327**	**2232045**	**2306282**
20	1144794	578207	566587	244310	124798	119512	867041	435733	431308
21	1060911	525322	535589	141309	72526	68783	888095	436509	451586
22	1003458	492053	511405	76249	40386	35863	897030	436273	460757
23	1067374	525771	541603	41191	22086	19105	994351	487384	506967
24	940349	461368	478981	19243	10435	8808	891810	436146	455664
25-29岁	**3984432**	**2006723**	**1977709**	**22947**	**12496**	**10451**	**3825998**	**1925396**	**1900602**
25	818797	404799	413998	9806	5305	4501	782301	385994	396307
26	795562	396730	398832	5468	2963	2505	763496	380291	383205
27	755782	381228	374554	3314	1788	1526	726550	366200	360350
28	857189	436610	420579	2633	1465	1168	825398	420368	405030
29	757102	387356	369746	1726	975	751	728253	372543	355710
30-34岁	**3788041**	**1940609**	**1847432**	**3205**	**1845**	**1360**	**3633113**	**1862924**	**1770189**
30	743239	377223	366016	1359	721	638	713559	362266	351293
31	758097	390145	367952	619	350	269	728655	375128	353527
32	753817	385418	368399	497	315	182	723071	370182	352889
33	709373	365572	343801	395	240	155	679702	350616	329086
34	823515	422251	401264	335	219	116	788126	404732	383394
35-39岁	**4947722**	**2523767**	**2423955**	**1818**	**1134**	**684**	**4721296**	**2414794**	**2306502**
35	858637	439987	418650	373	220	153	820406	421119	399287
36	954401	485502	468899	352	212	140	911222	464618	446604
37	998463	510526	487937	409	258	151	952561	488415	464146
38	1052455	534609	517846	363	246	117	1003732	511333	492399
39	1083766	553143	530623	321	198	123	1033375	529309	504066
40-44岁	**5736637**	**2911799**	**2824838**	**1327**	**937**	**390**	**5446941**	**2777287**	**2669654**
40	1209901	613160	596741	307	216	91	1152038	586107	565931
41	1109395	562795	546600	270	193	77	1054038	536930	517108
42	1237493	627090	610403	270	194	76	1174580	597871	576709
43	1021743	517989	503754	215	157	58	968581	493191	475390
44	1158105	590765	567340	265	177	88	1097704	563188	534516
45-49岁	**4906406**	**2493719**	**2412687**	**1131**	**855**	**276**	**4644771**	**2380082**	**2264689**
45	1127174	574116	553058	249	189	60	1068505	547823	520682
46	1079064	545728	533336	258	188	70	1022118	520517	501601
47	1229857	629660	600197	281	215	66	1165983	601903	564080
48	954720	486269	468451	226	176	50	902457	464297	438160
49	515591	257946	257645	117	87	30	485708	245542	240166
50岁及以上	**14310099**	**8076413**	**6233686**	**2724**	**1944**	**780**	**12730988**	**7305741**	**5425247**

3-2c 续表 1

单位：人

年龄	合计								
	肄业			辍学			其他		
	小计	男	女	小计	男	女	小计	男	女
总计	**1247024**	**606504**	**640520**	**1289726**	**626899**	**662827**	**397146**	**195284**	**201862**
6-9岁	**3505**	**1905**	**1600**	**784**	**413**	**371**	**1153**	**646**	**507**
6	722	395	327	130	69	61	473	283	190
7	866	469	397	164	84	80	249	124	125
8	878	491	387	202	108	94	214	113	101
9	1039	550	489	288	152	136	217	126	91
10-14岁	**9355**	**5233**	**4122**	**12463**	**7136**	**5327**	**2000**	**1070**	**930**
10	1093	598	495	444	230	214	271	149	122
11	1200	655	545	780	414	366	314	155	159
12	1602	901	701	1503	793	710	355	190	165
13	2013	1075	938	3097	1757	1340	404	219	185
14	3447	2004	1443	6639	3942	2697	656	357	299
15-19岁	**41994**	**24093**	**17901**	**61004**	**35681**	**25323**	**8303**	**4470**	**3833**
15	5152	3103	2049	10884	6744	4140	874	485	389
16	7091	4238	2853	11729	7033	4696	1105	609	496
17	8969	5263	3706	13143	7583	5560	1580	871	709
18	10002	5547	4455	12710	7355	5355	2149	1173	976
19	10780	5942	4838	12538	6966	5572	2595	1332	1263
20-24岁	**67402**	**34424**	**32978**	**68123**	**35872**	**32251**	**20732**	**10149**	**10583**
20	14054	7482	6572	15377	8185	7192	4012	2009	2003
21	13505	6949	6556	13959	7307	6652	4043	2031	2012
22	13131	6602	6529	13121	6911	6210	3927	1881	2046
23	13909	7033	6876	13415	7050	6365	4508	2218	2290
24	12803	6358	6445	12251	6419	5832	4242	2010	2232
25-29岁	**57859**	**29064**	**28795**	**57616**	**29866**	**27750**	**20012**	**9901**	**10111**
25	11484	5751	5733	11235	5797	5438	3971	1952	2019
26	11397	5707	5690	11265	5826	5439	3936	1943	1993
27	11099	5615	5484	11030	5783	5247	3789	1842	1947
28	12440	6231	6209	12420	6403	6017	4298	2143	2155
29	11439	5760	5679	11666	6057	5609	4018	2021	1997
30-34岁	**62890**	**31066**	**31824**	**67167**	**33901**	**33266**	**21666**	**10873**	**10793**
30	11806	5898	5908	12371	6249	6122	4144	2089	2055
31	11956	6029	5927	12560	6411	6149	4307	2227	2080
32	12398	6011	6387	13483	6802	6681	4368	2108	2260
33	12048	5955	6093	13154	6682	6472	4074	2079	1995
34	14682	7173	7509	15599	7757	7842	4773	2370	2403
35-39岁	**94193**	**44683**	**49510**	**100001**	**48228**	**51773**	**30414**	**14928**	**15486**
35	15799	7732	8067	16872	8307	8565	5187	2609	2578
36	18011	8628	9383	18969	9183	9786	5847	2861	2986
37	19186	9052	10134	20141	9750	10391	6166	3051	3115
38	20249	9561	10688	21520	10197	11323	6591	3272	3319
39	20948	9710	11238	22499	10791	11708	6623	3135	3488
40-44岁	**120402**	**54993**	**65409**	**130381**	**60495**	**69886**	**37586**	**18087**	**19499**
40	23877	10987	12890	25945	12121	13824	7734	3729	4005
41	22895	10495	12400	24973	11646	13327	7219	3531	3688
42	26225	11956	14269	28309	13176	15133	8109	3893	4216
43	22046	10136	11910	24046	11189	12857	6855	3316	3539
44	25359	11419	13940	27108	12363	14745	7669	3618	4051
45-49岁	**109296**	**47088**	**62208**	**117604**	**50156**	**67448**	**33604**	**15538**	**18066**
45	24537	10853	13684	26401	11700	14701	7482	3551	3931
46	23820	10424	13396	25651	11156	14495	7217	3443	3774
47	27160	11639	15521	28207	12097	16110	8226	3806	4420
48	21760	9137	12623	23496	9603	13893	6781	3056	3725
49	12019	5035	6984	13849	5600	8249	3898	1682	2216
50岁及以上	**680128**	**333955**	**346173**	**674583**	**325151**	**349432**	**221676**	**109622**	**112054**

3-2c 续表 2

单位：人

年 龄	小学								
	合 计			在 校			毕 业		
	合计	男	女	小计	男	女	小计	男	女
总 计	**22538438**	**10802704**	**11735734**	**5425313**	**2941785**	**2483528**	**15063255**	**6952534**	**8110721**
6-9岁	**3033811**	**1651588**	**1382223**	**3007810**	**1637533**	**1370277**	**20706**	**11173**	**9533**
6	749842	408709	341133	743210	405155	338055	5350	2827	2523
7	750321	408147	342174	744287	404883	339404	4781	2604	2177
8	755119	411813	343306	748914	408458	340456	4942	2660	2282
9	778529	422919	355610	771399	419037	352362	5633	3082	2551
10-14岁	**2484350**	**1339919**	**1144431**	**2411953**	**1301318**	**1110635**	**60149**	**32056**	**28093**
10	782600	423635	358965	774339	419170	355169	6548	3545	3003
11	706782	381672	325110	695948	375876	320072	8879	4764	4115
12	579971	313466	266505	565289	305602	259687	12243	6527	5716
13	287317	154419	132898	270876	145593	125283	13676	7340	6336
14	127680	66727	60953	105501	55077	50424	18803	9880	8923
15-19岁	**250152**	**125348**	**124804**	**3451**	**1803**	**1648**	**221366**	**110590**	**110776**
15	33501	17927	15574	1809	953	856	27427	14659	12768
16	40228	21164	19064	711	365	346	34991	18367	16624
17	50422	25656	24766	422	221	201	44931	22860	22071
18	59103	28990	30113	259	128	131	53265	26060	27205
19	66898	31611	35287	250	136	114	60752	28644	32108
20-24岁	**522197**	**224524**	**297673**	**515**	**272**	**243**	**478895**	**204901**	**273994**
20	96841	43263	53578	267	146	121	88478	39392	49086
21	99055	43066	55989	82	46	36	90764	39248	51516
22	101795	43481	58314	91	47	44	93360	39663	53697
23	114601	48645	65956	47	23	24	105414	44503	60911
24	109905	46069	63836	28	10	18	100879	42095	58784
25-29岁	**575056**	**240658**	**334398**	**136**	**63**	**73**	**525669**	**218820**	**306849**
25	104865	43750	61115	33	12	21	95982	39836	56146
26	107688	44683	63005	17	8	9	98604	40648	57956
27	108187	45316	62871	28	14	14	98699	41089	57610
28	129515	54216	75299	32	16	16	118492	49408	69084
29	124801	52693	72108	26	13	13	113892	47839	66053
30-34岁	**826343**	**343611**	**482732**	**205**	**98**	**107**	**755402**	**312754**	**442648**
30	138331	56859	81472	38	18	20	125922	51424	74498
31	150799	63348	87451	36	15	21	137982	57725	80257
32	165070	68383	96687	41	19	22	150828	62243	88585
33	166649	69967	96682	49	25	24	152478	63731	88747
34	205494	85054	120440	41	21	20	188192	77631	110561
35-39岁	**1419720**	**578817**	**840903**	**152**	**74**	**78**	**1300412**	**529343**	**771069**
35	228861	94886	133975	37	15	22	209594	86647	122947
36	264429	108315	156114	33	12	21	242389	99102	143287
37	285296	116787	168509	28	17	11	261154	106764	154390
38	310198	124768	185430	28	18	10	284048	113999	170049
39	330936	134061	196875	26	12	14	303227	122831	180396
40-44岁	**1983515**	**794163**	**1189352**	**175**	**114**	**61**	**1812107**	**726276**	**1085831**
40	388719	155208	233511	27	18	9	355878	142054	213824
41	377923	153156	224767	31	19	12	345376	140087	205289
42	433913	173934	259979	47	31	16	396743	159128	237615
43	367136	146459	220677	30	18	12	334897	133641	201256
44	415824	165406	250418	40	28	12	379213	151366	227847
45-49岁	**1763803**	**659364**	**1104439**	**143**	**74**	**69**	**1599886**	**602037**	**997849**
45	401690	156854	244836	31	18	13	365643	143328	222315
46	385110	146516	238594	31	18	13	349935	133827	216108
47	426736	159408	267328	43	20	23	387637	145913	241724
48	347389	124854	222535	27	14	13	313990	113937	200053
49	202878	71732	131146	11	4	7	182681	65032	117649
50岁及以上	**9679491**	**4844712**	**4834779**	**773**	**436**	**337**	**8288663**	**4204584**	**4084079**

3-2c 续表 3 单位：人

年 龄	小学								
	肄业			辍学			其他		
	小计	男	女	小计	男	女	小计	男	女
总 计	**811808**	**354076**	**457732**	**952356**	**423986**	**528370**	**285706**	**130323**	**155383**
6-9岁	**3443**	**1873**	**1570**	**750**	**395**	**355**	**1102**	**614**	**488**
6	710	393	317	124	66	58	448	268	180
7	854	461	393	157	79	78	242	120	122
8	862	482	380	193	104	89	208	109	99
9	1017	537	480	276	146	130	204	117	87
10-14岁	**4651**	**2551**	**2100**	**6202**	**3255**	**2947**	**1395**	**739**	**656**
10	1038	567	471	420	215	205	255	138	117
11	1004	546	458	686	353	333	265	133	132
12	1011	589	422	1161	606	555	267	142	125
13	800	418	382	1704	929	775	261	139	122
14	798	431	367	2231	1152	1079	347	187	160
15-19岁	**6684**	**3395**	**3289**	**15404**	**7906**	**7498**	**3247**	**1654**	**1593**
15	995	549	446	2799	1525	1274	471	241	230
16	1170	631	539	2850	1535	1315	506	266	240
17	1374	724	650	3073	1521	1552	622	330	292
18	1543	728	815	3277	1692	1585	759	382	377
19	1602	763	839	3405	1633	1772	889	435	454
20-24岁	**12983**	**5594**	**7389**	**23008**	**10641**	**12367**	**6796**	**3116**	**3680**
20	2333	1048	1285	4522	2104	2418	1241	573	668
21	2426	1066	1360	4474	2077	2397	1309	629	680
22	2484	1035	1449	4586	2161	2425	1274	575	699
23	2864	1224	1640	4775	2192	2583	1501	703	798
24	2876	1221	1655	4651	2107	2544	1471	636	835
25-29岁	**15580**	**6542**	**9038**	**25843**	**11733**	**14110**	**7828**	**3500**	**4328**
25	2704	1120	1584	4674	2124	2550	1472	658	814
26	2858	1228	1630	4752	2168	2584	1457	631	826
27	3009	1250	1759	4947	2275	2672	1504	688	816
28	3468	1419	2049	5807	2582	3225	1716	791	925
29	3541	1525	2016	5663	2584	3079	1679	732	947
30-34岁	**23214**	**9531**	**13683**	**37160**	**16508**	**20652**	**10362**	**4720**	**5642**
30	4040	1691	2349	6503	2879	3624	1828	847	981
31	4121	1734	2387	6703	2966	3737	1957	908	1049
32	4571	1832	2739	7482	3347	4135	2148	942	1206
33	4650	1918	2732	7460	3361	4099	2012	932	1080
34	5832	2356	3476	9012	3955	5057	2417	1091	1326
35-39岁	**41504**	**16354**	**25150**	**61358**	**26086**	**35272**	**16294**	**6960**	**9334**
35	6571	2714	3857	9950	4296	5654	2709	1214	1495
36	7607	3036	4571	11357	4857	6500	3043	1308	1735
37	8432	3321	5111	12369	5279	7090	3313	1406	1907
38	9130	3567	5563	13434	5643	7791	3558	1541	2017
39	9764	3716	6048	14248	6011	8237	3671	1491	2180
40-44岁	**61310**	**22980**	**38330**	**87548**	**35475**	**52073**	**22375**	**9318**	**13057**
40	11515	4409	7106	16914	6898	10016	4385	1829	2556
41	11556	4400	7156	16737	6860	9877	4223	1790	2433
42	13356	5050	8306	18986	7735	11251	4781	1990	2791
43	11607	4307	7300	16383	6693	9690	4219	1800	2419
44	13276	4814	8462	18528	7289	11239	4767	1909	2858
45-49岁	**60349**	**19774**	**40575**	**82338**	**29447**	**52891**	**21087**	**8032**	**13055**
45	13179	4674	8505	18151	6923	11228	4686	1911	2775
46	12943	4452	8491	17757	6463	11294	4444	1756	2688
47	14617	4626	9991	19430	6973	12457	5009	1876	3133
48	12300	3742	8558	16737	5589	11148	4335	1572	2763
49	7310	2280	5030	10263	3499	6764	2613	917	1696
50岁及以上	**582090**	**265482**	**316608**	**612745**	**282540**	**330205**	**195220**	**91670**	**103550**

3-2c 续表 4

单位：人

年龄	初中								
	合计			在校			毕业		
	合计	男	女	小计	男	女	小计	男	女
总计	**26157546**	**14442835**	**11714711**	**3019445**	**1595900**	**1423545**	**22363544**	**12398858**	**9964686**
6-9岁	**18463**	**10427**	**8036**	**15783**	**8963**	**6820**	**2533**	**1382**	**1151**
6	2854	1603	1251	2147	1213	934	664	370	294
7	2822	1572	1250	2264	1282	982	532	273	259
8	3325	1907	1418	2682	1549	1133	612	341	271
9	9462	5345	4117	8690	4919	3771	725	398	327
10-14岁	**1682333**	**898080**	**784253**	**1623880**	**865317**	**758563**	**47064**	**25964**	**21100**
10	17747	9761	7986	16396	9009	7387	1256	695	561
11	66542	35641	30901	62721	33581	29140	3482	1868	1614
12	289249	152979	136270	281043	148636	132407	7185	3796	3389
13	564394	301992	262402	550882	294393	256489	10808	6058	4750
14	744401	397707	346694	712838	379698	333140	24333	13547	10786
15-19岁	**2680737**	**1428410**	**1252327**	**1377296**	**720292**	**657004**	**1233685**	**666553**	**567132**
15	773728	415133	358595	696757	370522	326235	64818	36887	27931
16	548877	293902	254975	387052	201693	185359	148327	83865	64462
17	457471	244450	213021	184189	93542	90647	258766	142238	116528
18	433986	230515	203471	72528	36249	36279	347030	185957	161073
19	466675	244410	222265	36770	18286	18484	414744	217606	197138
20-24岁	**3266349**	**1599772**	**1666577**	**1444**	**727**	**717**	**3174936**	**1551901**	**1623035**
20	640228	322626	317602	727	369	358	620002	311703	308299
21	643557	315588	327969	332	148	184	625060	305915	319145
22	641101	309854	331247	178	97	81	623614	300832	322782
23	705313	343259	362054	121	62	59	686954	333674	353280
24	636150	308445	327705	86	51	35	619306	299777	319529
25-29岁	**2780756**	**1403040**	**1377716**	**219**	**119**	**100**	**2706725**	**1363673**	**1343052**
25	564351	276986	287365	68	43	25	549365	269155	280210
26	555934	276255	279679	41	17	24	540940	268373	272567
27	530514	268404	262110	36	21	15	516384	260847	255537
28	601573	308636	292937	40	20	20	585832	300205	285627
29	528384	272759	255625	34	18	16	514204	265093	249111
30-34岁	**2563836**	**1349314**	**1214522**	**188**	**113**	**75**	**2491224**	**1309764**	**1181460**
30	511331	264262	247069	34	20	14	497227	256627	240600
31	518564	272140	246424	37	19	18	504352	264289	240063
32	509353	267399	241954	34	19	15	494997	259687	235310
33	476137	253119	223018	49	31	18	462418	245578	216840
34	548451	292394	256057	34	24	10	532230	283583	248647
35-39岁	**3197355**	**1725431**	**1471924**	**182**	**100**	**82**	**3100008**	**1672478**	**1427530**
35	564457	302278	262179	42	24	18	547364	292900	254464
36	623234	333291	289943	36	19	17	604058	322955	281103
37	647345	349921	297424	39	20	19	627625	339199	288426
38	675575	365347	310228	31	20	11	654994	354181	300813
39	686744	374594	312150	34	17	17	665967	363243	302724
40-44岁	**3427634**	**1894412**	**1533222**	**159**	**86**	**73**	**3318665**	**1834105**	**1484560**
40	748602	408659	339943	34	18	16	725667	396199	329468
41	667643	366244	301399	37	22	15	646655	354649	292006
42	734299	405736	328563	37	15	22	710500	392620	317880
43	600069	333770	266299	24	16	8	580714	322880	257834
44	677021	380003	297018	27	15	12	655129	367757	287372
45-49岁	**2682481**	**1511932**	**1170549**	**114**	**63**	**51**	**2596591**	**1463939**	**1132652**
45	650342	364811	285531	35	18	17	629746	353454	276292
46	607225	338786	268439	34	18	16	587676	327810	259866
47	678503	383158	295345	19	12	7	656817	371084	285733
48	496584	283123	213461	18	11	7	480574	274096	206478
49	249827	142054	107773	8	4	4	241778	137495	104283
50岁及以上	**3857602**	**2622017**	**1235585**	**180**	**120**	**60**	**3692113**	**2509099**	**1183014**

3-2c 续表 5

单位：人

年龄	初中								
	肄业			辍学			其他		
	小计	男	女	小计	男	女	小计	男	女
总计	**379805**	**215461**	**164344**	**298910**	**177849**	**121061**	**95842**	**54767**	**41075**
6-9岁	**62**	**32**	**30**	**34**	**18**	**16**	**51**	**32**	**19**
6	12	2	10	6	3	3	25	15	10
7	12	8	4	7	5	2	7	4	3
8	16	9	7	9	4	5	6	4	2
9	22	13	9	12	6	6	13	9	4
10-14岁	**4620**	**2642**	**1978**	**6188**	**3838**	**2350**	**581**	**319**	**262**
10	55	31	24	24	15	9	16	11	5
11	196	109	87	94	61	33	49	22	27
12	591	312	279	342	187	155	88	48	40
13	1195	647	548	1371	816	555	138	78	60
14	2583	1543	1040	4357	2759	1598	290	160	130
15-19岁	**28348**	**16517**	**11831**	**37398**	**22819**	**14579**	**4010**	**2229**	**1781**
15	3974	2438	1536	7822	5064	2758	357	222	135
16	5150	3166	1984	7823	4880	2943	525	298	227
17	5929	3516	2413	7844	4738	3106	743	416	327
18	6313	3534	2779	7017	4160	2857	1098	615	483
19	6982	3863	3119	6892	3977	2915	1287	678	609
20-24岁	**42840**	**21906**	**20934**	**36063**	**19806**	**16257**	**11066**	**5432**	**5634**
20	9008	4837	4171	8331	4620	3711	2160	1097	1063
21	8510	4372	4138	7503	4063	3440	2152	1090	1062
22	8374	4211	4163	6837	3712	3125	2098	1002	1096
23	8771	4449	4322	7062	3914	3148	2405	1160	1245
24	8177	4037	4140	6330	3497	2833	2251	1083	1168
25-29岁	**35923**	**18514**	**17409**	**27702**	**15509**	**12193**	**10187**	**5225**	**4962**
25	7288	3704	3584	5575	3053	2522	2055	1031	1024
26	7243	3679	3564	5643	3111	2532	2067	1075	992
27	6849	3582	3267	5320	3003	2317	1925	951	974
28	7692	4007	3685	5835	3291	2544	2174	1113	1061
29	6851	3542	3309	5329	3051	2278	1966	1055	911
30-34岁	**35199**	**18549**	**16650**	**27272**	**15557**	**11715**	**9953**	**5331**	**4622**
30	6799	3572	3227	5263	2976	2287	2008	1067	941
31	6849	3641	3208	5265	3046	2219	2061	1145	916
32	6913	3589	3324	5459	3102	2357	1950	1002	948
33	6623	3515	3108	5228	3002	2226	1819	993	826
34	8015	4232	3783	6057	3431	2626	2115	1124	991
35-39岁	**48418**	**25441**	**22977**	**35924**	**20330**	**15594**	**12823**	**7082**	**5741**
35	8446	4477	3969	6379	3647	2732	2226	1230	996
36	9511	4991	4520	7079	3958	3121	2550	1368	1182
37	9889	5146	4743	7208	4104	3104	2584	1452	1132
38	10238	5393	4845	7557	4209	3348	2755	1544	1211
39	10334	5434	4900	7701	4412	3289	2708	1488	1220
40-44岁	**54676**	**29065**	**25611**	**40288**	**23302**	**16986**	**13846**	**7854**	**5992**
40	11422	5935	5487	8442	4809	3633	3037	1698	1339
41	10505	5551	4954	7733	4470	3263	2713	1552	1161
42	11909	6280	5629	8823	5107	3716	3030	1714	1316
43	9670	5298	4372	7251	4220	3031	2410	1356	1054
44	11170	6001	5169	8039	4696	3343	2656	1534	1122
45-49岁	**43060**	**23255**	**19805**	**31920**	**18383**	**13537**	**10796**	**6292**	**4504**
45	10392	5503	4889	7668	4398	3270	2501	1438	1063
46	9788	5230	4558	7271	4258	3013	2456	1470	986
47	10988	5954	5034	7923	4509	3414	2756	1599	1157
48	7945	4348	3597	5982	3463	2519	2065	1205	860
49	3947	2220	1727	3076	1755	1321	1018	580	438
50岁及以上	**86659**	**59540**	**27119**	**56121**	**38287**	**17834**	**22529**	**14971**	**7558**

3-2c 续表 6

单位：人

年龄	高中								
	合计			在校			毕业		
	合计	男	女	小计	男	女	小计	男	女
总计	**4655362**	**2853794**	**1801568**	**1376383**	**718279**	**658104**	**3179742**	**2069939**	**1109803**
6-9岁	**17**	**11**	**6**	**14**	**8**	**6**	**3**	**3**	
6									
7									
8	11	6	5	9	4	5	2	2	
9	6	5	1	5	4	1	1	1	
10-14岁	**35433**	**18583**	**16850**	**34005**	**17770**	**16235**	**1248**	**719**	**529**
10	19	13	6	15	10	5	4	3	1
11	39	23	16	33	20	13	6	3	3
12	78	39	39	69	34	35	9	5	4
13	9039	4818	4221	8515	4526	3989	480	269	211
14	26258	13690	12568	25373	13180	12193	749	439	310
15-19岁	**1329916**	**697909**	**632007**	**1131325**	**588058**	**543267**	**182975**	**100439**	**82536**
15	129340	66622	62718	127199	65394	61805	1655	941	714
16	255200	132415	122785	246717	127678	119039	6604	3647	2957
17	348648	181796	166852	320138	165712	154426	24454	13640	10814
18	331731	175555	156176	267784	140028	127756	59260	32643	26617
19	264997	141521	123476	169487	89246	80241	91002	49568	41434
20-24岁	**893054**	**487425**	**405629**	**200889**	**105910**	**94979**	**671927**	**369354**	**302573**
20	266834	143244	123590	119862	63357	56505	141820	76854	64966
21	194249	104502	89747	47847	25015	22832	141903	76820	65083
22	158254	86659	71595	20050	10613	9437	134340	73703	60637
23	152624	84737	67887	9168	4833	4335	139671	77642	62029
24	121093	68283	52810	3962	2092	1870	114193	64335	49858
25-29岁	**421615**	**247207**	**174408**	**5765**	**3116**	**2649**	**405276**	**237407**	**167869**
25	94549	54156	40393	2083	1116	967	89958	51491	38467
26	85433	49792	35641	1238	659	579	82053	47807	34246
27	78733	46156	32577	963	509	454	75779	44376	31403
28	87824	51916	35908	874	486	388	84821	50048	34773
29	75076	45187	29889	607	346	261	72665	43685	28980
30-34岁	**300941**	**188220**	**112721**	**1087**	**708**	**379**	**292330**	**182576**	**109754**
30	69176	41886	27290	468	258	210	67085	40585	26500
31	66919	41520	25399	198	132	66	65090	40323	24767
32	60106	37617	22489	181	131	50	58391	36515	21876
33	50989	32667	18322	111	87	24	49570	31706	17864
34	53751	34530	19221	129	100	29	52194	33447	18747
35-39岁	**269693**	**178325**	**91368**	**857**	**592**	**265**	**261259**	**172663**	**88596**
35	51308	33517	17791	137	92	45	49756	32477	17279
36	53435	35020	18415	154	98	56	51754	33874	17880
37	53823	35601	18222	234	154	80	52028	34407	17621
38	55313	36715	18598	189	144	45	53574	35533	18041
39	55814	37472	18342	143	104	39	54147	36372	17775
40-44岁	**280955**	**191688**	**89267**	**576**	**492**	**84**	**272639**	**186021**	**86618**
40	61755	41794	19961	135	115	20	59931	40525	19406
41	54868	37083	17785	132	112	20	53235	36007	17228
42	59873	40654	19219	118	106	12	58117	39478	18639
43	47503	32741	14762	96	82	14	46087	31753	14334
44	56956	39416	17540	95	77	18	55269	38258	17011
45-49岁	**421705**	**294209**	**127496**	**604**	**539**	**65**	**410677**	**286486**	**124191**
45	66332	46133	20199	107	100	7	64510	44881	19629
46	78185	54216	23969	135	109	26	76126	52794	23332
47	114697	79763	34934	152	139	13	111813	77727	34086
48	103350	72748	30602	131	120	11	100647	70826	29821
49	59141	41349	17792	79	71	8	57581	40258	17323
50岁及以上	**702033**	**550217**	**151816**	**1261**	**1086**	**175**	**681408**	**534271**	**147137**

3-2c 续表 7

单位：人

年龄	高中								
	肄业			辍学			其他		
	小计	男	女	小计	男	女	小计	男	女
总计	**50686**	**33850**	**16836**	**36145**	**23600**	**12545**	**12406**	**8126**	**4280**
6-9岁									
6									
7									
8									
9									
10-14岁	**83**	**39**	**44**	**73**	**43**	**30**	**24**	**12**	**12**
10									
11									
12									
13	17	9	8	22	12	10	5	2	3
14	66	30	36	51	31	20	19	10	9
15-19岁	**6697**	**4038**	**2659**	**8007**	**4851**	**3156**	**912**	**523**	**389**
15	182	115	67	261	153	108	43	19	24
16	761	435	326	1047	613	434	71	42	29
17	1648	1012	636	2202	1310	892	206	122	84
18	2073	1248	825	2362	1478	884	252	158	94
19	2033	1228	805	2135	1297	838	340	182	158
20-24岁	**10107**	**6122**	**3985**	**8042**	**4850**	**3192**	**2089**	**1189**	**900**
20	2450	1471	979	2258	1305	953	444	257	187
21	2288	1369	919	1763	1055	708	448	243	205
22	1973	1199	774	1489	922	567	402	222	180
23	1930	1157	773	1411	840	571	444	265	179
24	1466	926	540	1121	728	393	351	202	149
25-29岁	**5470**	**3460**	**2010**	**3669**	**2362**	**1307**	**1435**	**862**	**573**
25	1304	805	499	887	548	339	317	196	121
26	1097	680	417	755	471	284	290	175	115
27	1048	669	379	682	453	229	261	149	112
28	1105	703	402	718	499	219	306	180	126
29	916	603	313	627	391	236	261	162	99
30-34岁	**3968**	**2628**	**1340**	**2560**	**1708**	**852**	**996**	**600**	**396**
30	841	553	288	558	365	193	224	125	99
31	873	573	300	548	363	185	210	129	81
32	825	525	300	505	329	176	204	117	87
33	688	460	228	443	302	141	177	112	65
34	741	517	224	506	349	157	181	117	64
35-39岁	**3965**	**2663**	**1302**	**2585**	**1714**	**871**	**1027**	**693**	**334**
35	718	492	226	509	335	174	188	121	67
36	811	545	266	509	352	157	207	151	56
37	806	542	264	538	346	192	217	152	65
38	831	564	267	502	330	172	217	144	73
39	799	520	279	527	351	176	198	125	73
40-44岁	**4155**	**2769**	**1386**	**2460**	**1658**	**802**	**1125**	**748**	**377**
40	868	594	274	565	399	166	256	161	95
41	787	511	276	483	301	182	231	152	79
42	904	588	316	484	322	162	250	160	90
43	735	504	231	400	269	131	185	133	52
44	861	572	289	528	367	161	203	142	61
45-49岁	**5662**	**3880**	**1782**	**3258**	**2267**	**991**	**1504**	**1037**	**467**
45	914	634	280	564	367	197	237	151	86
46	1050	710	340	598	416	182	276	187	89
47	1497	1012	485	828	600	228	407	285	122
48	1460	1006	454	767	544	223	345	252	93
49	741	518	223	501	340	161	239	162	77
50岁及以上	**10579**	**8251**	**2328**	**5491**	**4147**	**1344**	**3294**	**2462**	**832**

3-2c 续表 8

单位：人

年 龄	大学专科								
	合 计			在 校			毕 业		
	合计	男	女	小计	男	女	小计	男	女
总 计	**903463**	**509648**	**393815**	**327642**	**162586**	**165056**	**567292**	**341530**	**225762**
6-9岁									
6									
7									
8									
9									
10-14岁	**52**	**29**	**23**	**46**	**26**	**20**	**5**	**2**	**3**
10									
11	5	2	3	5	2	3			
12	15	7	8	12	6	6	3	1	2
13	8	6	2	6	5	1	1		1
14	24	14	10	23	13	10	1	1	
15-19岁	**115042**	**54256**	**60786**	**105403**	**49612**	**55791**	**9106**	**4364**	**4742**
15	2134	997	1137	2042	946	1096	86	45	41
16	4302	1985	2317	4124	1892	2232	160	82	78
17	10754	4977	5777	10004	4599	5405	705	354	351
18	33619	15663	17956	31033	14431	16602	2433	1161	1272
19	64233	30634	33599	58200	27744	30456	5722	2722	3000
20-24岁	**387570**	**194356**	**193214**	**210654**	**106622**	**104032**	**174157**	**86229**	**87928**
20	102550	49618	52932	86444	42141	44303	15504	7161	8343
21	89548	44608	44940	61646	31228	30418	27342	13098	14244
22	73840	37058	36782	34693	18230	16463	38592	18536	20056
23	68755	35334	33421	19089	10231	8858	49113	24776	24337
24	52877	27738	25139	8782	4792	3990	43606	22658	20948
25-29岁	**149707**	**83195**	**66512**	**9213**	**4978**	**4235**	**139009**	**77323**	**61686**
25	39365	21243	18122	4296	2332	1964	34743	18707	16036
26	33278	18462	14816	2210	1176	1034	30704	17075	13629
27	27589	15289	12300	1246	673	573	26051	14448	11603
28	28072	15926	12146	891	486	405	26914	15283	11631
29	21403	12275	9128	570	311	259	20597	11810	8787
30-34岁	**74026**	**45280**	**28746**	**972**	**515**	**457**	**72211**	**44191**	**28020**
30	18518	10724	7794	452	223	229	17861	10374	7487
31	16682	10015	6667	184	103	81	16302	9778	6524
32	14802	9202	5600	139	89	50	14509	9003	5506
33	11966	7563	4403	108	50	58	11702	7407	4295
34	12058	7776	4282	89	50	39	11837	7629	4208
35-39岁	**47163**	**31753**	**15410**	**426**	**252**	**174**	**46166**	**31094**	**15072**
35	10725	7121	3604	97	56	41	10507	6974	3533
36	10326	6850	3476	85	55	30	10110	6706	3404
37	9309	6325	2984	68	44	24	9135	6202	2933
38	8817	6010	2807	87	50	37	8612	5882	2730
39	7986	5447	2539	89	47	42	7802	5330	2472
40-44岁	**35162**	**24717**	**10445**	**303**	**185**	**118**	**34387**	**24208**	**10179**
40	8504	5872	2632	70	41	29	8306	5743	2563
41	7013	4910	2103	50	32	18	6865	4808	2057
42	7409	5268	2141	55	34	21	7263	5175	2088
43	5613	3985	1628	55	36	19	5484	3898	1586
44	6623	4682	1941	73	42	31	6469	4584	1885
45-49岁	**32196**	**23433**	**8763**	**211**	**145**	**66**	**31534**	**22934**	**8600**
45	7192	5107	2085	60	43	17	7028	4979	2049
46	7133	5115	2018	45	33	12	6998	5015	1983
47	8360	6130	2230	54	36	18	8183	5996	2187
48	6276	4661	1615	37	27	10	6159	4573	1586
49	3235	2420	815	15	6	9	3166	2371	795
50岁及以上	**62545**	**52629**	**9916**	**414**	**251**	**163**	**60717**	**51185**	**9532**

3-2c 续表 9

单位：人

年龄	大学专科								
	肄业			辍学			其他		
	小计	男	女	小计	男	女	小计	男	女
总计	**3977**	**2622**	**1355**	**1950**	**1215**	**735**	**2602**	**1695**	**907**
6-9岁									
6									
7									
8									
9									
10-14岁	**1**	**1**							
10									
11									
12									
13	1	1							
14									
15-19岁	**231**	**126**	**105**	**182**	**97**	**85**	**120**	**57**	**63**
15	1	1		2	2		3	3	
16	7	4	3	8	4	4	3	3	
17	17	10	7	21	11	10	7	3	4
18	66	32	34	51	24	27	36	15	21
19	140	79	61	100	56	44	71	33	38
20-24岁	**1265**	**693**	**572**	**873**	**487**	**386**	**621**	**325**	**296**
20	230	111	119	235	135	100	137	70	67
21	255	129	126	201	101	100	104	52	52
22	252	133	119	180	97	83	123	62	61
23	290	173	117	139	85	54	124	69	55
24	238	147	91	118	69	49	133	72	61
25-29岁	**709**	**430**	**279**	**339**	**224**	**115**	**437**	**240**	**197**
25	141	91	50	82	61	21	103	52	51
26	171	100	71	97	63	34	96	48	48
27	149	84	65	65	42	23	78	42	36
28	140	82	58	55	30	25	72	45	27
29	108	73	35	40	28	12	88	53	35
30-34岁	**426**	**298**	**128**	**144**	**103**	**41**	**273**	**173**	**100**
30	109	71	38	35	19	16	61	37	24
31	93	65	28	39	33	6	64	36	28
32	75	54	21	31	20	11	48	36	12
33	78	56	22	20	14	6	58	36	22
34	71	52	19	19	17	2	42	28	14
35-39岁	**262**	**186**	**76**	**95**	**66**	**29**	**214**	**155**	**59**
35	51	39	12	21	18	3	49	34	15
36	75	50	25	18	11	7	38	28	10
37	49	33	16	17	14	3	40	32	8
38	44	31	13	22	11	11	52	36	16
39	43	33	10	17	12	5	35	25	10
40-44岁	**212**	**145**	**67**	**67**	**47**	**20**	**193**	**132**	**61**
40	61	40	21	19	12	7	48	36	12
41	37	27	10	17	13	4	44	30	14
42	44	31	13	11	7	4	36	21	15
43	29	22	7	11	7	4	34	22	12
44	41	25	16	9	8	1	31	23	8
45-49岁	**191**	**151**	**40**	**70**	**48**	**22**	**190**	**155**	**35**
45	41	32	9	15	11	4	48	42	6
46	35	28	7	20	14	6	35	25	10
47	53	43	10	21	13	8	49	42	7
48	43	32	11	5	4	1	32	25	7
49	19	16	3	9	6	3	26	21	5
50岁及以上	**680**	**592**	**88**	**180**	**143**	**37**	**554**	**458**	**96**

3-2c 续表 10

单位：人

年 龄	大学本科								
	合 计			在 校			毕 业		
	合计	男	女	小计	男	女	小计	男	女
总 计	**296690**	**166070**	**130620**	**153566**	**79298**	**74268**	**141620**	**85765**	**55855**
6-9岁									
6									
7									
8									
9									
10-14岁	**7**	**4**	**3**	**6**	**4**	**2**	**1**		**1**
10									
11	1		1	1		1			
12	3	2	1	3	2	1			
13									
14	3	2	1	2	2		1		1
15-19岁	**42542**	**21038**	**21504**	**41842**	**20705**	**21137**	**644**	**306**	**338**
15	256	130	126	240	119	121	16	11	5
16	518	262	256	492	245	247	23	15	8
17	2558	1244	1314	2511	1221	1290	42	20	22
18	13223	6397	6826	13055	6330	6725	155	59	96
19	25987	13005	12982	25544	12790	12754	408	201	207
20-24岁	**144051**	**74910**	**69141**	**105592**	**55170**	**50422**	**37977**	**19466**	**18511**
20	38189	19378	18811	36901	18729	18172	1200	603	597
21	34148	17391	16757	31109	15949	15160	2968	1404	1564
22	27793	14683	13110	20627	11112	9515	7061	3509	3552
23	24852	13212	11640	11658	6409	5249	13085	6735	6350
24	19069	10246	8823	5297	2971	2326	13663	7215	6448
25-29岁	**53124**	**30399**	**22725**	**5308**	**2971**	**2337**	**47486**	**27220**	**20266**
25	14593	8120	6473	2523	1390	1133	11993	6680	5313
26	12270	7017	5253	1351	769	582	10852	6204	4648
27	9923	5609	4314	628	342	286	9221	5220	4001
28	9423	5517	3906	486	284	202	8873	5201	3672
29	6915	4136	2779	320	186	134	6547	3915	2632
30-34岁	**21468**	**13346**	**8122**	**456**	**247**	**209**	**20834**	**12973**	**7861**
30	5456	3244	2212	233	127	106	5176	3086	2090
31	4787	2919	1868	82	36	46	4668	2856	1812
32	4243	2676	1567	71	41	30	4137	2611	1526
33	3411	2130	1281	44	28	16	3350	2088	1262
34	3571	2377	1194	26	15	11	3503	2332	1171
35-39岁	**13085**	**8961**	**4124**	**135**	**78**	**57**	**12830**	**8786**	**4044**
35	3131	2078	1053	38	23	15	3056	2026	1030
36	2835	1926	909	31	19	12	2784	1891	893
37	2537	1789	748	26	16	10	2483	1750	733
38	2418	1675	743	21	9	12	2381	1652	729
39	2164	1493	671	19	11	8	2126	1467	659
40-44岁	**8840**	**6490**	**2350**	**94**	**48**	**46**	**8641**	**6366**	**2275**
40	2187	1556	631	32	18	14	2134	1523	611
41	1841	1329	512	18	8	10	1802	1306	496
42	1886	1420	466	10	6	4	1849	1396	453
43	1346	989	357	8	5	3	1326	974	352
44	1580	1196	384	26	11	15	1530	1167	363
45-49岁	**5818**	**4498**	**1320**	**54**	**30**	**24**	**5702**	**4417**	**1285**
45	1528	1150	378	14	8	6	1497	1127	370
46	1316	1028	288	13	10	3	1291	1006	285
47	1450	1114	336	11	6	5	1426	1098	328
48	1049	838	211	12	4	8	1020	822	198
49	475	368	107	4	2	2	468	364	104
50岁及以上	**7755**	**6424**	**1331**	**79**	**45**	**34**	**7505**	**6231**	**1274**

3-2c 续表 11 单位：人

年 龄	大学本科								
	肄 业			辍 学			其 他		
	小计	男	女	小计	男	女	小计	男	女
总 计	**673**	**452**	**221**	**319**	**223**	**96**	**512**	**332**	**180**
6-9岁									
6									
7									
8									
9									
10-14岁									
10									
11									
12									
13									
14									
15-19岁	**31**	**14**	**17**	**12**	**7**	**5**	**13**	**6**	**7**
15									
16	2	1	1	1	1				
17	1	1		2	2		2		2
18	7	5	2	3	1	2	3	2	1
19	21	7	14	6	3	3	8	4	4
20-24岁	**198**	**103**	**95**	**132**	**87**	**45**	**152**	**84**	**68**
20	31	13	18	30	21	9	27	12	15
21	25	12	13	17	10	7	29	16	13
22	48	24	24	28	19	9	29	19	10
23	50	28	22	27	19	8	32	21	11
24	44	26	18	30	18	12	35	16	19
25-29岁	**170**	**113**	**57**	**55**	**33**	**22**	**105**	**62**	**43**
25	44	28	16	15	9	6	18	13	5
26	27	19	8	15	11	4	25	14	11
27	43	30	13	14	9	5	17	8	9
28	33	19	14	5	1	4	26	12	14
29	23	17	6	6	3	3	19	15	4
30-34岁	**76**	**56**	**20**	**28**	**23**	**5**	**74**	**47**	**27**
30	17	11	6	10	8	2	20	12	8
31	18	15	3	4	3	1	15	9	6
32	12	9	3	6	4	2	17	11	6
33	8	6	2	3	3		6	5	1
34	21	15	6	5	5		16	10	6
35-39岁	**35**	**32**	**3**	**33**	**28**	**5**	**52**	**37**	**15**
35	10	8	2	13	11	2	14	10	4
36	7	6	1	6	5	1	7	5	2
37	7	7		9	7	2	12	9	3
38	5	5		2	2		9	7	2
39	6	6		3	3		10	6	4
40-44岁	**45**	**31**	**14**	**15**	**11**	**4**	**45**	**34**	**11**
40	9	7	2	5	3	2	7	5	2
41	10	6	4	3	2	1	8	7	1
42	12	7	5	3	3		12	8	4
43	5	5					7	5	2
44	9	6	3	4	3	1	11	9	2
45-49岁	**30**	**25**	**5**	**14**	**10**	**4**	**18**	**16**	**2**
45	9	8	1	1	1		7	6	1
46	4	4		5	5		3	3	
47	5	4	1	4	2	2	4	4	
48	10	8	2	4	2	2	3	2	1
49	2	1	1				1	1	
50岁及以上	**88**	**78**	**10**	**30**	**24**	**6**	**53**	**46**	**7**

3-2c 续表 12

单位：人

年 龄	研究生								
	合 计			在 校			毕 业		
	合计	男	女	小计	男	女	小计	男	女
总 计	**11830**	**6437**	**5393**	**6078**	**3082**	**2996**	**5553**	**3245**	**2308**
6-9岁									
6									
7									
8									
9									
10-14岁									
10									
11									
12									
13									
14									
15-19岁	**251**	**135**	**116**	**159**	**79**	**80**	**87**	**51**	**36**
15	41	23	18	39	22	17	2	1	1
16	47	26	21	30	15	15	16	10	6
17	45	28	17	30	17	13	14	10	4
18	54	28	26	27	12	15	26	15	11
19	64	30	34	33	13	20	29	15	14
20-24岁	**3665**	**1734**	**1931**	**3208**	**1530**	**1678**	**435**	**194**	**241**
20	152	78	74	109	56	53	37	20	17
21	354	167	187	293	140	153	58	24	34
22	675	318	357	610	287	323	63	30	33
23	1229	584	645	1108	528	580	114	54	60
24	1255	587	668	1088	519	569	163	66	97
25-29岁	**4174**	**2224**	**1950**	**2306**	**1249**	**1057**	**1833**	**953**	**880**
25	1074	544	530	803	412	391	260	125	135
26	959	521	438	611	334	277	343	184	159
27	836	454	382	413	229	184	416	220	196
28	782	399	383	310	173	137	466	223	243
29	523	306	217	169	101	68	348	201	147
30-34岁	**1427**	**838**	**589**	**297**	**164**	**133**	**1112**	**666**	**446**
30	427	248	179	134	75	59	288	170	118
31	346	203	143	82	45	37	261	157	104
32	243	141	102	31	16	15	209	123	86
33	221	126	95	34	19	15	184	106	78
34	190	120	70	16	9	7	170	110	60
35-39岁	**706**	**480**	**226**	**66**	**38**	**28**	**621**	**430**	**191**
35	155	107	48	22	10	12	129	95	34
36	142	100	42	13	9	4	127	90	37
37	153	103	50	14	7	7	136	93	43
38	134	94	40	7	5	2	123	86	37
39	122	76	46	10	7	3	106	66	40
40-44岁	**531**	**329**	**202**	**20**	**12**	**8**	**502**	**311**	**191**
40	134	71	63	9	6	3	122	63	59
41	107	73	34	2		2	105	73	32
42	113	78	35	3	2	1	108	74	34
43	76	45	31	2		2	73	45	28
44	101	62	39	4	4		94	56	38
45-49岁	**403**	**283**	**120**	**5**	**4**	**1**	**381**	**269**	**112**
45	90	61	29	2	2		81	54	27
46	95	67	28				92	65	27
47	111	87	24	2	2		107	85	22
48	72	45	27	1		1	67	43	24
49	35	23	12				34	22	12
50岁及以上	**673**	**414**	**259**	**17**	**6**	**11**	**582**	**371**	**211**

3-2c 续表 13

单位：人

年龄	研究生								
	肄业			辍学			其他		
	小计	男	女	小计	男	女	小计	男	女
总　计	**75**	**43**	**32**	**46**	**26**	**20**	**78**	**41**	**37**
6-9岁									
6									
7									
8									
9									
10-14岁									
10									
11									
12									
13									
14									
15-19岁	**3**	**3**		**1**	**1**		**1**	**1**	
15									
16	1	1							
17				1	1				
18							1	1	
19	2	2							
20-24岁	**9**	**6**	**3**	**5**	**1**	**4**	**8**	**3**	**5**
20	2	2		1		1	3		3
21	1	1		1	1		1	1	
22				1		1	1	1	
23	4	2	2	1		1	2		2
24	2	1	1	1		1	1	1	
25-29岁	**7**	**5**	**2**	**8**	**5**	**3**	**20**	**12**	**8**
25	3	3		2	2		6	2	4
26	1	1		3	2	1	1		1
27	1		1	2	1	1	4	4	
28	2	1	1				4	2	2
29				1		1	5	4	1
30-34岁	**7**	**4**	**3**	**3**	**2**	**1**	**8**	**2**	**6**
30				2	2		3	1	2
31	2	1	1	1		1			
32	2	2					1		1
33	1		1				2	1	1
34	2	1	1				2		2
35-39岁	**9**	**7**	**2**	**6**	**4**	**2**	**4**	**1**	**3**
35	3	2	1				1		1
36							2	1	1
37	3	3							
38	1	1		3	2	1			
39	2	1	1	3	2	1	1		1
40-44岁	**4**	**3**	**1**	**3**	**2**	**1**	**2**	**1**	**1**
40	2	2					1		1
41									
42				2	2				
43				1		1			
44	2	1	1				1	1	
45-49岁	**4**	**3**	**1**	**4**	**1**	**3**	**9**	**6**	**3**
45	2	2		2		2	3	3	
46							3	2	1
47				1		1	1		1
48	2	1	1	1	1		1		1
49							1	1	
50岁及以上	**32**	**12**	**20**	**16**	**10**	**6**	**26**	**15**	**11**

第二部分 长表数据资料

第四卷 就业

4-1 各地区分性别的16岁及以上人口的就业状况

单位：人

地区 性别	总人口	16岁及以上人口	经济活动人口					非经济活动人口
			小计	就业人口			失业人口	
				小计	正在工作	暂未工作		
全国	**127339585**	**103817124**	**73666301**	**71547989**	**69677870**	**1870119**	**2118312**	**30150823**
北京	1849475	1672749	1020455	977387	956085	21302	43068	652294
天津	1127589	992504	581836	550787	537405	13382	31049	410668
河北	7037620	5759327	4094886	4004477	3778132	226345	90409	1664441
山西	3477805	2810549	1801393	1729275	1674324	54951	72118	1009156
内蒙古	2310941	1948123	1321004	1285021	1186599	98422	35983	627119
辽宁	4252076	3713575	2437622	2345361	2291700	53661	92261	1275953
吉林	2551123	2209254	1480029	1429001	1365792	63209	51028	729225
黑龙江	3465051	3000940	1940036	1868107	1609575	258532	71929	1060904
上海	2253525	2040875	1308691	1251461	1245956	5505	57230	732184
江苏	7577122	6482159	4591588	4486706	4466187	20519	104882	1890571
浙江	5400348	4611756	3385618	3280387	3253614	26773	105231	1226138
安徽	5312628	4211557	2962251	2897236	2857786	39450	65015	1249306
福建	3477491	2880394	2005135	1950006	1931138	18868	55129	875259
江西	4251692	3242397	2305307	2251205	2239007	12198	54102	937090
山东	9272503	7688407	5803432	5694220	5495610	198610	109212	1884975
河南	9224288	7124733	5153619	5006277	4619307	386970	147342	1971114
湖北	5226904	4391940	3126385	3035863	3006635	29228	90522	1265555
湖南	6096586	4920101	3499264	3389354	3342391	46963	109910	1420837
广东	9676589	7852679	5740925	5525078	5496123	28955	215847	2111754
广西	4362551	3301266	2530754	2447946	2426186	21760	82808	770512
海南	826560	640690	450576	426823	421295	5528	23753	190114
重庆	2609882	2107266	1424331	1374581	1366077	8504	49750	682935
四川	8161604	6598501	4801677	4688003	4650951	37052	113674	1796824
贵州	3332265	2404526	1723117	1676240	1657741	18499	46877	681409
云南	4467537	3438510	2710172	2668421	2661317	7104	41751	728338
西藏	265904	195270	149281	147821	143756	4065	1460	45989
陕西	3614887	3012481	2058807	1996061	1952780	43281	62746	953674
甘肃	2623094	2077912	1462388	1414319	1343839	70480	48069	615524
青海	535412	411514	296990	290469	278878	11591	6521	114524
宁夏	611957	467146	334932	327094	318587	8507	7838	132214
新疆	2086576	1608023	1163800	1133002	1103097	29905	30798	444223

4-1 续表 1

单位：人

地区 性别	总人口	16岁及以上人口	经济活动人口					非经济活动人口
			小计	就业人口			失业人口	
				小计	正在工作	暂未工作		
男	**64754454**	**52028085**	**40662617**	**39597282**	**38645017**	**952265**	**1065335**	**11365468**
北京	941325	848143	591544	567020	555715	11305	24524	256599
天津	581562	509612	355531	338079	330953	7126	17452	154081
河北	3554766	2870114	2301854	2257003	2143534	113469	44851	568260
山西	1771808	1422967	1093157	1055709	1027585	28124	37448	329810
内蒙古	1186071	996624	776759	757624	703385	54239	19135	219865
辽宁	2138602	1854589	1386928	1340465	1312232	28233	46463	467661
吉林	1287411	1107281	833746	806444	771609	34835	27302	273535
黑龙江	1749344	1507014	1120414	1083790	940326	143464	36624	386600
上海	1151331	1038379	765030	733721	730968	2753	31309	273349
江苏	3792269	3194553	2459341	2407685	2398026	9659	51656	735212
浙江	2761136	2341769	1920115	1873846	1859470	14376	46269	421654
安徽	2678455	2068461	1609523	1579261	1560403	18858	30262	458938
福建	1773098	1446008	1149166	1119937	1108662	11275	29229	296842
江西	2188051	1618848	1274198	1247920	1241092	6828	26278	344650
山东	4663609	3808506	3108999	3060094	2969078	91016	48905	699507
河南	4650716	3479024	2740214	2664028	2482282	181746	76186	738810
湖北	2658892	2195631	1698673	1652738	1637686	15052	45935	496958
湖南	3114294	2469463	1944888	1891784	1866014	25770	53104	524575
广东	5023631	4018518	3211523	3095633	3080278	15355	115890	806995
广西	2249997	1673382	1344983	1305217	1294072	11145	39766	328399
海南	432579	328565	249414	236426	233314	3112	12988	79151
重庆	1310663	1044574	768616	744505	739818	4687	24111	275958
四川	4120256	3295186	2556468	2500886	2481732	19154	55582	738718
贵州	1714400	1215438	935050	909979	900125	9854	25071	280388
云南	2300361	1756282	1455375	1433677	1429932	3745	21698	300907
西藏	134009	97972	80251	79528	77472	2056	723	17721
陕西	1848641	1521776	1147084	1114974	1092712	22262	32110	374692
甘肃	1330609	1039495	780695	758350	722701	35649	22345	258800
青海	273891	209613	165401	162076	156086	5990	3325	44212
宁夏	311355	235500	187286	183433	179283	4150	3853	48214
新疆	1061322	814798	650391	635450	618472	16978	14941	164407

4-1 续表 2

单位：人

地区 性别	总人口	16岁及以上人口	经济活动人口					非经济活动人口
			小计	就业人口			失业人口	
				小计	正在工作	暂未工作		
女	**62585131**	**51789039**	**33003684**	**31950707**	**31032853**	**917854**	**1052977**	**18785355**
北京	908150	824606	428911	410367	400370	9997	18544	395695
天津	546027	482892	226305	212708	206452	6256	13597	256587
河北	3482854	2889213	1793032	1747474	1634598	112876	45558	1096181
山西	1705997	1387582	708236	673566	646739	26827	34670	679346
内蒙古	1124870	951499	544245	527397	483214	44183	16848	407254
辽宁	2113474	1858986	1050694	1004896	979468	25428	45798	808292
吉林	1263712	1101973	646283	622557	594183	28374	23726	455690
黑龙江	1715707	1493926	819622	784317	669249	115068	35305	674304
上海	1102194	1002496	543661	517740	514988	2752	25921	458835
江苏	3784853	3287606	2132247	2079021	2068161	10860	53226	1155359
浙江	2639212	2269987	1465503	1406541	1394144	12397	58962	804484
安徽	2634173	2143096	1352728	1317975	1297383	20592	34753	790368
福建	1704393	1434386	855969	830069	822476	7593	25900	578417
江西	2063641	1623549	1031109	1003285	997915	5370	27824	592440
山东	4608894	3879901	2694433	2634126	2526532	107594	60307	1185468
河南	4573572	3645709	2413405	2342249	2137025	205224	71156	1232304
湖北	2568012	2196309	1427712	1383125	1368949	14176	44587	768597
湖南	2982292	2450638	1554376	1497570	1476377	21193	56806	896262
广东	4652958	3834161	2529402	2429445	2415845	13600	99957	1304759
广西	2112554	1627884	1185771	1142729	1132114	10615	43042	442113
海南	393981	312125	201162	190397	187981	2416	10765	110963
重庆	1299219	1062692	655715	630076	626259	3817	25639	406977
四川	4041348	3303315	2245209	2187117	2169219	17898	58092	1058106
贵州	1617865	1189088	788067	766261	757616	8645	21806	401021
云南	2167176	1682228	1254797	1234744	1231385	3359	20053	427431
西藏	131895	97298	69030	68293	66284	2009	737	28268
陕西	1766246	1490705	911723	881087	860068	21019	30636	578982
甘肃	1292485	1038417	681693	655969	621138	34831	25724	356724
青海	261521	201901	131589	128393	122792	5601	3196	70312
宁夏	300602	231646	147646	143661	139304	4357	3985	84000
新疆	1025254	793225	513409	497552	484625	12927	15857	279816

4-1a 各地区分性别的16岁及以上人口的就业状况(城市)

单位：人

地区 性别	总人口	16岁及以上人口	经济活动人口					非经济活动人口
			小计	就业人口			失业人口	
				小计	正在工作	暂未工作		
全国	**37900129**	**32675790**	**20342913**	**19206276**	**19040623**	**165653**	**1136637**	**12332877**
北京	1460988	1324468	792697	758507	752834	5673	34190	531771
天津	738104	665598	360155	333866	332011	1855	26289	305443
河北	1374251	1172609	661356	621484	610619	10865	39872	511253
山西	913637	761034	413614	382490	377296	5194	31124	347420
内蒙古	743231	631877	365809	346456	341198	5258	19353	266068
辽宁	2120011	1893979	1066418	995086	987223	7863	71332	827561
吉林	937651	831068	443569	408924	402814	6110	34645	387499
黑龙江	1268801	1127865	594073	548435	537284	11151	45638	533792
上海	1728415	1568927	969326	923295	919027	4268	46031	599601
江苏	2854574	2492786	1616688	1553697	1546940	6757	62991	876098
浙江	2018557	1748698	1250016	1201687	1194825	6862	48329	498682
安徽	1056968	892111	525895	497914	494436	3478	27981	366216
福建	1173597	998585	686786	662528	658642	3886	24258	311799
江西	692803	563772	337092	317515	315649	1866	19577	226680
山东	2678028	2264586	1461830	1394108	1377131	16977	67722	802756
河南	1734205	1433173	830030	762007	745504	16503	68023	603143
湖北	1600106	1380800	812952	759679	753939	5740	53273	567848
湖南	1151445	972774	574085	531439	526615	4824	42646	398689
广东	5002805	4322125	3215316	3070390	3059505	10885	144926	1106809
广西	791112	659403	432402	395248	390836	4412	37154	227001
海南	216333	175973	110444	100464	99260	1204	9980	65529
重庆	800559	694262	410304	383574	380844	2730	26730	283958
四川	1489596	1285019	762486	715417	710499	4918	47069	522533
贵州	509457	411996	236232	217980	216412	1568	18252	175764
云南	589897	495385	301016	282651	280608	2043	18365	194369
西藏	24355	21172	14340	13946	13856	90	394	6832
陕西	834243	720187	404420	377991	372973	5018	26429	315767
甘肃	490681	414689	236453	215573	213119	2454	20880	178236
青海	128181	106829	64084	61098	60437	661	2986	42745
宁夏	194503	159449	100201	95690	94482	1208	4511	59248
新疆	583035	484591	292824	277137	273805	3332	15687	191767

4-1a 续表 1 单位：人

地区 性别	总人口	16岁及以上人口	经济活动人口					非经济活动人口
			小计	就业人口			失业人口	
				小计	正在工作	暂未工作		
男	**19174007**	**16371914**	**11648131**	**11063430**	**10977480**	**85950**	**584701**	**4723783**
北京	738475	666416	453043	433559	430783	2776	19484	213373
天津	381889	343894	226033	211086	210130	956	14947	117861
河北	679055	573126	380277	359971	354684	5287	20306	192849
山西	456383	377451	252738	235934	233072	2862	16804	124713
内蒙古	375771	317959	222873	212516	209335	3181	10357	95086
辽宁	1053164	935086	622573	586092	581827	4265	36481	312513
吉林	464659	408584	256870	238270	234597	3673	18600	151714
黑龙江	632583	558583	352511	329146	322393	6753	23365	206072
上海	876673	792162	566095	540315	538247	2068	25780	226067
江苏	1444752	1250306	905776	874403	871268	3135	31373	344530
浙江	1030640	886539	704812	682971	679777	3194	21841	181727
安徽	534288	444935	307635	294157	292470	1687	13478	137300
福建	598904	503171	393291	379847	377671	2176	13444	109880
江西	349526	277942	192523	182574	181545	1029	9949	85419
山东	1341973	1122402	820171	789397	781923	7474	30774	302231
河南	868166	704310	474914	439181	431276	7905	35733	229396
湖北	809715	688998	460951	433406	430245	3161	27545	228047
湖南	576236	479404	323525	302011	299327	2684	21514	155879
广东	2627107	2247024	1840475	1762041	1756182	5859	78434	406549
广西	401330	329556	234680	217051	214749	2302	17629	94876
海南	111043	87816	62435	57165	56529	636	5270	25381
重庆	397387	342391	229347	216292	214797	1495	13055	113044
四川	738651	632225	425250	402141	399557	2584	23109	206975
贵州	256878	204674	135712	125820	124912	908	9892	68962
云南	295550	246713	169087	159357	158290	1067	9730	77626
西藏	12155	10509	8064	7862	7809	53	202	2445
陕西	418317	357730	226551	212390	209704	2686	14161	131179
甘肃	247464	207256	135785	125924	124665	1259	9861	71471
青海	64935	53794	37782	36264	35883	381	1518	16012
宁夏	97625	79196	57496	55248	54632	616	2248	21700
新疆	292713	241762	168856	161039	159201	1838	7817	72906

4-1a 续表 2 单位：人

地区 性别	总人口	16岁及以上人口	经济活动人口					非经济活动人口
			小计	就业人口			失业人口	
				小计	正在工作	暂未工作		
女	**18726122**	**16303876**	**8694782**	**8142846**	**8063143**	**79703**	**551936**	**7609094**
北京	722513	658052	339654	324948	322051	2897	14706	318398
天津	356215	321704	134122	122780	121881	899	11342	187582
河北	695196	599483	281079	261513	255935	5578	19566	318404
山西	457254	383583	160876	146556	144224	2332	14320	222707
内蒙古	367460	313918	142936	133940	131863	2077	8996	170982
辽宁	1066847	958893	443845	408994	405396	3598	34851	515048
吉林	472992	422484	186699	170654	168217	2437	16045	235785
黑龙江	636218	569282	241562	219289	214891	4398	22273	327720
上海	851742	776765	403231	382980	380780	2200	20251	373534
江苏	1409822	1242480	710912	679294	675672	3622	31618	531568
浙江	987917	862159	545204	518716	515048	3668	26488	316955
安徽	522680	447176	218260	203757	201966	1791	14503	228916
福建	574693	495414	293495	282681	280971	1710	10814	201919
江西	343277	285830	144569	134941	134104	837	9628	141261
山东	1336055	1142184	641659	604711	595208	9503	36948	500525
河南	866039	728863	355116	322826	314228	8598	32290	373747
湖北	790391	691802	352001	326273	323694	2579	25728	339801
湖南	575209	493370	250560	229428	227288	2140	21132	242810
广东	2375698	2075101	1374841	1308349	1303323	5026	66492	700260
广西	389782	329847	197722	178197	176087	2110	19525	132125
海南	105290	88157	48009	43299	42731	568	4710	40148
重庆	403172	351871	180957	167282	166047	1235	13675	170914
四川	750945	652794	337236	313276	310942	2334	23960	315558
贵州	252579	207322	100520	92160	91500	660	8360	106802
云南	294347	248672	131929	123294	122318	976	8635	116743
西藏	12200	10663	6276	6084	6047	37	192	4387
陕西	415926	362457	177869	165601	163269	2332	12268	184588
甘肃	243217	207433	100668	89649	88454	1195	11019	106765
青海	63246	53035	26302	24834	24554	280	1468	26733
宁夏	96878	80253	42705	40442	39850	592	2263	37548
新疆	290322	242829	123968	116098	114604	1494	7870	118861

4-1b 各地区分性别的16岁及以上人口的就业状况(镇)

单位：人

地区性别	总人口	16岁及以上人口	经济活动人口					非经济活动人口
			小计	就业人口			失业人口	
				小计	正在工作	暂未工作		
全国	**24633069**	**19932429**	**13478122**	**12979342**	**12712174**	**267168**	**498780**	**6454307**
北京	123425	110029	71271	68169	66073	2096	3102	38758
天津	133432	114574	67311	64853	63580	1273	2458	47263
河北	1659477	1348467	924524	900076	856924	43152	24448	423943
山西	736664	578233	351317	333195	324669	8526	18122	226916
内蒙古	534998	442252	267542	256525	244778	11747	11017	174710
辽宁	494675	426997	273289	262092	257287	4805	11197	153708
吉林	404474	349919	213693	203614	195520	8094	10079	136226
黑龙江	646817	558445	330145	313573	284989	28584	16572	228300
上海	283902	253590	183391	176516	175789	727	6875	70199
江苏	1629451	1374688	975173	954571	950315	4256	20602	399515
浙江	1289129	1086741	804560	778163	772828	5335	26397	282181
安徽	1180786	941239	624635	603809	597532	6277	20826	316604
福建	796759	652850	438865	424821	420177	4644	14044	213985
江西	1098316	844695	550056	531246	528163	3083	18810	294639
山东	1792126	1470004	1100352	1079184	1048567	30617	21168	369652
河南	1707844	1324433	893237	858427	807450	50977	34810	431196
湖北	902057	748667	508328	489564	485331	4233	18764	240339
湖南	1404000	1132089	760382	725342	716840	8502	35040	371707
广东	1452517	1145405	783081	752851	749064	3787	30230	362324
广西	935664	719409	534457	508274	504074	4200	26183	184952
海南	181990	141734	95676	88857	87611	1246	6819	46058
重庆	574709	457708	285917	271083	269204	1879	14834	171791
四川	1552582	1267202	803112	764817	759702	5115	38295	464090
贵州	574569	424335	276839	262505	259567	2938	14334	147496
云南	904369	708731	517591	503137	501105	2032	14454	191140
西藏	35681	28058	20909	20484	19981	503	425	7149
陕西	735971	600239	378185	361383	355930	5453	16802	222054
甘肃	372384	296380	189603	177915	172166	5749	11688	106777
青海	104534	80735	53616	51389	48052	3337	2227	27119
宁夏	91879	69470	48172	46914	45842	1072	1258	21298
新疆	297888	235111	152893	145993	143064	2929	6900	82218

4-1b 续表 1

单位：人

地区 性别	总人口	16岁及以上人口	经济活动人口					非经济活动人口
			小计	就业人口			失业人口	
				小计	正在工作	暂未工作		
男	**12507557**	**9951074**	**7584707**	**7339109**	**7199311**	**139798**	**245598**	**2366367**
北京	64459	57340	43380	41667	40476	1191	1713	13960
天津	68042	57913	40803	39505	38818	687	1298	17110
河北	839691	672480	529772	517724	495869	21855	12048	142708
山西	372860	289266	217950	208569	204244	4325	9381	71316
内蒙古	272054	223843	165822	159996	152884	7112	5826	58021
辽宁	248425	212302	158887	153510	150954	2556	5377	53415
吉林	204254	175624	125999	120347	115587	4760	5652	49625
黑龙江	325589	279594	199928	191451	174341	17110	8477	79666
上海	149029	132808	107773	104372	103980	392	3401	25035
江苏	816275	675068	523284	513409	511286	2123	9875	151784
浙江	658228	549999	454991	443075	439962	3113	11916	95008
安徽	594971	461179	350651	341376	338385	2991	9275	110528
福建	403821	324854	254342	246965	243932	3033	7377	70512
江西	563143	420277	311019	301957	300142	1815	9062	109258
山东	904125	728050	593800	584794	571259	13535	9006	134250
河南	867592	652506	490450	472728	448654	24074	17722	162056
湖北	456363	371239	281733	272470	270185	2285	9263	89506
湖南	714414	565077	430510	413296	408439	4857	17214	134567
广东	752760	583169	443858	427690	425525	2165	16168	139311
广西	480231	361253	283009	270642	268583	2059	12367	78244
海南	95827	72798	53721	49917	49161	756	3804	19077
重庆	286433	224325	158648	151613	150486	1127	7035	65677
四川	779371	629595	442581	423843	421004	2839	18738	187014
贵州	292825	211743	155567	148229	146569	1660	7338	56176
云南	458061	355656	279684	272302	271203	1099	7382	75972
西藏	18429	14492	11687	11471	11206	265	216	2805
陕西	378042	304013	221458	212990	209941	3049	8468	82555
甘肃	190759	149554	105645	100559	97637	2922	5086	43909
青海	53610	41313	31211	30081	28253	1828	1130	10102
宁夏	47607	35711	28569	27963	27410	553	606	7142
新疆	150267	118033	87975	84598	82936	1662	3377	30058

4-1b 续表 2

单位：人

地区 性别	总人口	16岁及以上人口	经济活动人口					非经济活动人口
			小计	就业人口			失业人口	
				小计	正在工作	暂未工作		
女	**12125512**	**9981355**	**5893415**	**5640233**	**5512863**	**127370**	**253182**	**4087940**
北京	58966	52689	27891	26502	25597	905	1389	24798
天津	65390	56661	26508	25348	24762	586	1160	30153
河北	819786	675987	394752	382352	361055	21297	12400	281235
山西	363804	288967	133367	124626	120425	4201	8741	155600
内蒙古	262944	218409	101720	96529	91894	4635	5191	116689
辽宁	246250	214695	114402	108582	106333	2249	5820	100293
吉林	200220	174295	87694	83267	79933	3334	4427	86601
黑龙江	321228	278851	130217	122122	110648	11474	8095	148634
上海	134873	120782	75618	72144	71809	335	3474	45164
江苏	813176	699620	451889	441162	439029	2133	10727	247731
浙江	630901	536742	349569	335088	332866	2222	14481	187173
安徽	585815	480060	273984	262433	259147	3286	11551	206076
福建	392938	327996	184523	177856	176245	1611	6667	143473
江西	535173	424418	239037	229289	228021	1268	9748	185381
山东	888001	741954	506552	494390	477308	17082	12162	235402
河南	840252	671927	402787	385699	358796	26903	17088	269140
湖北	445694	377428	226595	217094	215146	1948	9501	150833
湖南	689586	567012	329872	312046	308401	3645	17826	237140
广东	699757	562236	339223	325161	323539	1622	14062	223013
广西	455433	358156	251448	237632	235491	2141	13816	106708
海南	86163	68936	41955	38940	38450	490	3015	26981
重庆	288276	233383	127269	119470	118718	752	7799	106114
四川	773211	637607	360531	340974	338698	2276	19557	277076
贵州	281744	212592	121272	114276	112998	1278	6996	91320
云南	446308	353075	237907	230835	229902	933	7072	115168
西藏	17252	13566	9222	9013	8775	238	209	4344
陕西	357929	296226	156727	148393	145989	2404	8334	139499
甘肃	181625	146826	83958	77356	74529	2827	6602	62868
青海	50924	39422	22405	21308	19799	1509	1097	17017
宁夏	44272	33759	19603	18951	18432	519	652	14156
新疆	147621	117078	64918	61395	60128	1267	3523	52160

4-1c 各地区分性别的16岁及以上人口的就业状况(乡村)

单位：人

地区 性别	总人口	16岁及以上人口	经济活动人口					非经济活动人口
			小计	就业人口			失业人口	
				小计	正在工作	暂未工作		
全国	**64806387**	**51208905**	**39845266**	**39362371**	**37925073**	**1437298**	**482895**	**11363639**
北京	265062	238252	156487	150711	137178	13533	5776	81765
天津	256053	212332	154370	152068	141814	10254	2302	57962
河北	4003892	3238251	2509006	2482917	2310589	172328	26089	729245
山西	1827504	1471282	1036462	1013590	972359	41231	22872	434820
内蒙古	1032712	873994	687653	682040	600623	81417	5613	186341
辽宁	1637390	1392599	1097915	1088183	1047190	40993	9732	294684
吉林	1208998	1028267	822767	816463	767458	49005	6304	205500
黑龙江	1549433	1314630	1015818	1006099	787302	218797	9719	298812
上海	241208	218358	155974	151650	151140	510	4324	62384
江苏	3093097	2614685	1999727	1978438	1968932	9506	21289	614958
浙江	2092662	1776317	1331042	1300537	1285961	14576	30505	445275
安徽	3074874	2378207	1811721	1795513	1765818	29695	16208	566486
福建	1507135	1228959	879484	862657	852319	10338	16827	349475
江西	2460573	1833930	1418159	1402444	1395195	7249	15715	415771
山东	4802349	3953817	3241250	3220928	3069912	151016	20322	712567
河南	5782239	4367127	3430352	3385843	3066353	319490	44509	936775
湖北	2724741	2262473	1805105	1786620	1767365	19255	18485	457368
湖南	3541141	2815238	2164797	2132573	2098936	33637	32224	650441
广东	3221267	2385149	1742528	1701837	1687554	14283	40691	642621
广西	2635775	1922454	1563895	1544424	1531276	13148	19471	358559
海南	428237	322983	244456	237502	234424	3078	6954	78527
重庆	1234614	955296	728110	719924	716029	3895	8186	227186
四川	5119426	4046280	3236079	3207769	3180750	27019	28310	810201
贵州	2248239	1568195	1210046	1195755	1181762	13993	14291	358149
云南	2973271	2234394	1891565	1882633	1879604	3029	8932	342829
西藏	205868	146040	114032	113391	109919	3472	641	32008
陕西	2044673	1692055	1276202	1256687	1223877	32810	19515	415853
甘肃	1760029	1366843	1036332	1020831	958554	62277	15501	330511
青海	302697	223950	179290	177982	170389	7593	1308	44660
宁夏	325575	238227	186559	184490	178263	6227	2069	51668
新疆	1205653	888321	718083	709872	686228	23644	8211	170238

4-1c 续表 1 单位：人

地区 性别	总人口	16岁及以上人口	经济活动人口					非经济活动人口
			小计	就业人口			失业人口	
				小计	正在工作	暂未工作		
男	**33072890**	**25705097**	**21429779**	**21194743**	**20468226**	**726517**	**235036**	**4275318**
北京	138391	124387	95121	91794	84456	7338	3327	29266
天津	131631	107805	88695	87488	82005	5483	1207	19110
河北	2036020	1624508	1391805	1379308	1292981	86327	12497	232703
山西	942565	756250	622469	611206	590269	20937	11263	133781
内蒙古	538246	454822	388064	385112	341166	43946	2952	66758
辽宁	837013	707201	605468	600863	579451	21412	4605	101733
吉林	618498	523073	450877	447827	421425	26402	3050	72196
黑龙江	791172	668837	567975	563193	443592	119601	4782	100862
上海	125629	113409	91162	89034	88741	293	2128	22247
江苏	1531242	1269179	1030281	1019873	1015472	4401	10408	238898
浙江	1072268	905231	760312	747800	739731	8069	12512	144919
安徽	1549196	1162347	951237	943728	929548	14180	7509	211110
福建	770373	617983	501533	493125	487059	6066	8408	116450
江西	1275382	920629	770656	763389	759405	3984	7267	149973
山东	2417511	1958054	1695028	1685903	1615896	70007	9125	263026
河南	2914958	2122208	1774850	1752119	1602352	149767	22731	347358
湖北	1392814	1135394	955989	946862	937256	9606	9127	179405
湖南	1823644	1424982	1190853	1176477	1158248	18229	14376	234129
广东	1643764	1188325	927190	905902	898571	7331	21288	261135
广西	1368436	982573	827294	817524	810740	6784	9770	155279
海南	225709	167951	133258	129344	127624	1720	3914	34693
重庆	626843	477858	380621	376600	374535	2065	4021	97237
四川	2602234	2033366	1688637	1674902	1661171	13731	13735	344729
贵州	1164697	799021	643771	635930	628644	7286	7841	155250
云南	1546750	1153913	1006604	1002018	1000439	1579	4586	147309
西藏	103425	72971	60500	60195	58457	1738	305	12471
陕西	1052282	860033	699075	689594	673067	16527	9481	160958
甘肃	892386	682685	539265	531867	500399	31468	7398	143420
青海	155346	114506	96408	95731	91950	3781	677	18098
宁夏	166123	120593	101221	100222	97241	2981	999	19372
新疆	618342	455003	393560	389813	376335	13478	3747	61443

4-1c 续表 2

单位：人

地区 性别	总人口	16岁及以上人口	经济活动人口 小计	就业人口 小计	正在工作	暂未工作	失业人口	非经济活动人口
女	**31733497**	**25503808**	**18415487**	**18167628**	**17456847**	**710781**	**247859**	**7088321**
北京	126671	113865	61366	58917	52722	6195	2449	52499
天津	124422	104527	65675	64580	59809	4771	1095	38852
河北	1967872	1613743	1117201	1103609	1017608	86001	13592	496542
山西	884939	715032	413993	402384	382090	20294	11609	301039
内蒙古	494466	419172	299589	296928	259457	37471	2661	119583
辽宁	800377	685398	492447	487320	467739	19581	5127	192951
吉林	590500	505194	371890	368636	346033	22603	3254	133304
黑龙江	758261	645793	447843	442906	343710	99196	4937	197950
上海	115579	104949	64812	62616	62399	217	2196	40137
江苏	1561855	1345506	969446	958565	953460	5105	10881	376060
浙江	1020394	871086	570730	552737	546230	6507	17993	300356
安徽	1525678	1215860	860484	851785	836270	15515	8699	355376
福建	736762	610976	377951	369532	365260	4272	8419	233025
江西	1185191	913301	647503	639055	635790	3265	8448	265798
山东	2384838	1995763	1546222	1535025	1454016	81009	11197	449541
河南	2867281	2244919	1655502	1633724	1464001	169723	21778	589417
湖北	1331927	1127079	849116	839758	830109	9649	9358	277963
湖南	1717497	1390256	973944	956096	940688	15408	17848	416312
广东	1577503	1196824	815338	795935	788983	6952	19403	381486
广西	1267339	939881	736601	726900	720536	6364	9701	203280
海南	202528	155032	111198	108158	106800	1358	3040	43834
重庆	607771	477438	347489	343324	341494	1830	4165	129949
四川	2517192	2012914	1547442	1532867	1519579	13288	14575	465472
贵州	1083542	769174	566275	559825	553118	6707	6450	202899
云南	1426521	1080481	884961	880615	879165	1450	4346	195520
西藏	102443	73069	53532	53196	51462	1734	336	19537
陕西	992391	832022	577127	567093	550810	16283	10034	254895
甘肃	867643	684158	497067	488964	458155	30809	8103	187091
青海	147351	109444	82882	82251	78439	3812	631	26562
宁夏	159452	117634	85338	84268	81022	3246	1070	32296
新疆	587311	433318	324523	320059	309893	10166	4464	108795

4-2 全国分年龄、性别的16岁及以上人口的就业状况

单位：人

年龄 性别	16岁及以上人口	经济活动人口					非经济活动人口
		小计	就业人口			失业人口	
			小计	正在工作	暂未工作		
总　计	**103817124**	**73666301**	**71547989**	**69677870**	**1870119**	**2118312**	**30150823**
16-19岁	**7465843**	**2498820**	**2310082**	**2254768**	**55314**	**188738**	**4967023**
16	1745835	266951	242559	235801	6758	24392	1478884
17	1890104	503800	463832	452361	11471	39968	1386304
18	1888012	755014	698878	682245	16633	56136	1132998
19	1941892	973055	904813	884361	20452	68242	968837
20-24岁	**11604416**	**8443178**	**7931369**	**7746534**	**184835**	**511809**	**3161238**
20	2541160	1483500	1387485	1354568	32917	96015	1057660
21	2403729	1579631	1477217	1441444	35773	102414	824098
22	2237240	1668931	1560971	1524132	36839	107960	568309
23	2343655	1926378	1812608	1771336	41272	113770	417277
24	2078632	1784738	1693088	1655054	38034	91650	293894
25-29岁	**9278248**	**8247849**	**7953554**	**7779390**	**174164**	**294295**	**1030399**
25	1825649	1598604	1528049	1494063	33986	70555	227045
26	1807286	1600271	1538549	1504474	34075	61722	207015
27	1784563	1589960	1534170	1500403	33767	55790	194603
28	2061870	1844282	1784972	1746562	38410	59310	217588
29	1798880	1614732	1567814	1533888	33926	46918	184148
30-34岁	**8999299**	**8114106**	**7905130**	**7737503**	**167627**	**208976**	**885193**
30	1748871	1572215	1529159	1494700	34459	43056	176656
31	1830043	1648315	1605245	1571165	34080	43070	181728
32	1804144	1626255	1584706	1551298	33408	41549	177889
33	1690978	1526658	1487845	1457180	30665	38813	164320
34	1925263	1740663	1698175	1663160	35015	42488	184600
35-39岁	**11099483**	**10072324**	**9830485**	**9614085**	**216400**	**241839**	**1027159**
35	1982501	1794393	1750315	1714049	36266	44078	188108
36	2151131	1949273	1902456	1861472	40984	46817	201858
37	2250395	2041275	1991967	1948159	43808	49308	209120
38	2336699	2122885	2072305	2025172	47133	50580	213814
39	2378757	2164498	2113442	2065233	48209	51056	214259
40-44岁	**11881111**	**10777886**	**10539896**	**10279250**	**260646**	**237990**	**1103225**
40	2607916	2370058	2315045	2259573	55472	55013	237858
41	2360767	2143273	2094284	2044336	49948	48989	217494
42	2572170	2334912	2283294	2227006	56288	51618	237258
43	2034454	1845213	1806759	1760310	46449	38454	189241
44	2305804	2084430	2040514	1988025	52489	43916	221374
45-49岁	**10159832**	**8905771**	**8699909**	**8467546**	**232363**	**205862**	**1254061**
45	2297876	2055349	2010267	1958561	51706	45082	242527
46	2244611	1983721	1938156	1888458	49698	45565	260890
47	2593225	2267995	2213442	2154554	58888	54553	325230
48	1941352	1684247	1645971	1600871	45100	38276	257105
49	1082768	914459	892073	865102	26971	22386	168309
50-54岁	**7658776**	**5844520**	**5731203**	**5547383**	**183820**	**113317**	**1814256**
50	1376872	1086374	1062613	1027882	34731	23761	290498
51	1227864	948693	929207	899806	29401	19486	279171
52	1620810	1236642	1212513	1174660	37853	24129	384168
53	1785823	1350288	1325576	1283679	41897	24712	435535
54	1647407	1222523	1201294	1161356	39938	21229	424884
55-59岁	**8011414**	**5379123**	**5304269**	**5113868**	**190401**	**74854**	**2632291**
55	1735209	1233616	1214013	1172287	41726	19603	501593
56	1745269	1198321	1180695	1139263	41432	17626	546948
57	1584002	1063997	1049364	1011801	37563	14633	520005
58	1598225	1044378	1031141	993719	37422	13237	553847
59	1348709	838811	829056	796798	32258	9755	509898

4-2 续表 1

单位：人

年龄 性别	16岁及以上人口	经济活动人口					非经济活动人口
		小计	就业人口			失业人口	
			小计	正在工作	暂未工作		
60-64岁	**5832034**	**2887879**	**2866047**	**2755162**	**110885**	**21832**	**2944155**
60	1359849	734085	727730	699253	28477	6355	625764
61	1289086	662272	657298	631940	25358	4974	626814
62	1122945	551787	547861	526973	20888	3926	571158
63	1067659	498906	495367	476154	19213	3539	568753
64	992495	440829	437791	420842	16949	3038	551666
65-69岁	**4102100**	**1487051**	**1477246**	**1421703**	**55543**	**9805**	**2615049**
65	909600	380209	377665	362620	15045	2544	529391
66	863273	340491	338302	325810	12492	2189	522782
67	790915	285596	283741	273559	10182	1855	505319
68	772566	252328	250605	241252	9353	1723	520238
69	765746	228427	226933	218462	8471	1494	537319
70-74岁	**3285665**	**645927**	**641266**	**617845**	**23421**	**4661**	**2639738**
70	744329	180379	179100	172331	6769	1279	563950
71	618772	129591	128729	124034	4695	862	489181
72	685585	130646	129712	125147	4565	934	554939
73	630327	109663	108850	104916	3934	813	520664
74	606652	95648	94875	91417	3458	773	511004
75岁及以上	**4438903**	**361867**	**357533**	**342833**	**14700**	**4334**	**4077036**
男	**52028085**	**40662617**	**39597282**	**38645017**	**952265**	**1065335**	**11365468**
16-19岁	**3867481**	**1345978**	**1240355**	**1210221**	**30134**	**105623**	**2521503**
16	914091	150018	135675	131734	3941	14343	764073
17	980745	275674	252704	246339	6365	22970	705071
18	977703	404603	373352	364263	9089	31251	573100
19	994942	515683	478624	467885	10739	37059	479259
20-24岁	**5771671**	**4398909**	**4143156**	**4053800**	**89356**	**255753**	**1372762**
20	1278946	772002	722153	705361	16792	49849	506944
21	1198471	816860	764764	747300	17464	52096	381611
22	1110893	863966	810242	792434	17808	53724	246927
23	1160921	1009123	953244	933685	19559	55879	151798
24	1022440	936958	892753	875020	17733	44205	85482
25-29岁	**4611961**	**4417380**	**4280916**	**4200012**	**80904**	**136464**	**194581**
25	901688	847691	814098	798441	15657	33593	53997
26	894211	852906	823938	808196	15742	28968	41305
27	885861	851121	825399	809660	15739	25722	34740
28	1028817	993078	965969	948190	17779	27109	35739
29	901384	872584	851512	835525	15987	21072	28800
30-34岁	**4531862**	**4397685**	**4305772**	**4224381**	**81391**	**91913**	**134177**
30	874828	847975	828847	812264	16583	19128	26853
31	921997	894868	875775	859329	16446	19093	27129
32	906681	879929	861690	845528	16162	18239	26752
33	855326	830140	813123	798099	15024	17017	25186
34	973030	944773	926337	909161	17176	18436	28257
35-39岁	**5613221**	**5442087**	**5334779**	**5228019**	**106760**	**107308**	**171134**
35	1001429	971838	952488	934519	17969	19350	29591
36	1083530	1051373	1030707	1010503	20204	20666	32157
37	1139553	1104578	1082684	1060946	21738	21894	34975
38	1181054	1144527	1122032	1099063	22969	22495	36527
39	1207655	1169771	1146868	1122988	23880	22903	37884
40-44岁	**5994835**	**5785064**	**5676683**	**5549414**	**127269**	**108381**	**209771**
40	1316706	1273185	1248286	1221047	27239	24899	43521
41	1190535	1149573	1127329	1103027	24302	22244	40962
42	1297642	1251645	1228018	1200476	27542	23627	45997
43	1024680	988417	970917	948195	22722	17500	36263
44	1165272	1122244	1102133	1076669	25464	20111	43028

4-2 续表 2

单位：人

年龄 性别	16岁及以上人口	经济活动人口					非经济活动人口
		小计	就业人口			失业人口	
			小计	正在工作	暂未工作		
45-49岁	**5118861**	**4870305**	**4767226**	**4654172**	**113054**	**103079**	**248556**
45	1163067	1115797	1094168	1068932	25236	21629	47270
46	1128916	1077001	1054515	1030362	24153	22486	51915
47	1314190	1248876	1221526	1192671	28855	27350	65314
48	976978	926553	907011	885135	21876	19542	50425
49	535710	502078	490006	477072	12934	12072	33632
50-54岁	**3891177**	**3493291**	**3414673**	**3318166**	**96507**	**78618**	**397886**
50	692394	635713	620424	602539	17885	15289	56681
51	634338	576852	563345	547663	15682	13507	57486
52	825293	741903	724943	705038	19905	16960	83390
53	910268	811782	794131	772097	22034	17651	98486
54	828884	727041	711830	690829	21001	15211	101843
55-59岁	**4019336**	**3231383**	**3177006**	**3072886**	**104120**	**54377**	**787953**
55	878073	742974	728896	706446	22450	14078	135099
56	877852	722286	709407	686879	22528	12879	155566
57	790075	635311	624584	604106	20478	10727	154764
58	800381	627117	617481	596756	20725	9636	173264
59	672955	503695	496638	478699	17939	7057	169260
60-64岁	**2948425**	**1717785**	**1704217**	**1640073**	**64144**	**13568**	**1230640**
60	684946	431120	427094	411074	16020	4026	253826
61	659713	396641	393507	378699	14808	3134	263072
62	566205	327920	325503	313340	12163	2417	238285
63	540955	299630	297436	286244	11192	2194	241325
64	496606	262474	260677	250716	9961	1797	234132
65-69岁	**2061900**	**923920**	**918258**	**883746**	**34512**	**5662**	**1137980**
65	455023	229723	228236	219173	9063	1487	225300
66	437760	212180	210870	203066	7804	1310	225580
67	397524	177987	176926	170660	6266	1061	219537
68	387893	158860	157889	151943	5946	971	229033
69	383700	145170	144337	138904	5433	833	238530
70-74岁	**1626858**	**415975**	**413509**	**398282**	**15227**	**2466**	**1210883**
70	372418	114035	113352	109012	4340	683	258383
71	306909	84109	83679	80546	3133	430	222800
72	341151	85185	84685	81683	3002	500	255966
73	312178	71269	70833	68263	2570	436	240909
74	294202	61377	60960	58778	2182	417	232825
75岁及以上	**1970497**	**222855**	**220732**	**211845**	**8887**	**2123**	**1747642**
女	**51789039**	**33003684**	**31950707**	**31032853**	**917854**	**1052977**	**18785355**
16-19岁	**3598362**	**1152842**	**1069727**	**1044547**	**25180**	**83115**	**2445520**
16	831744	116933	106884	104067	2817	10049	714811
17	909359	228126	211128	206022	5106	16998	681233
18	910309	350411	325526	317982	7544	24885	559898
19	946950	457372	426189	416476	9713	31183	489578
20-24岁	**5832745**	**4044269**	**3788213**	**3692734**	**95479**	**256056**	**1788476**
20	1262214	711498	665332	649207	16125	46166	550716
21	1205258	762771	712453	694144	18309	50318	442487
22	1126347	804965	750729	731698	19031	54236	321382
23	1182734	917255	859364	837651	21713	57891	265479
24	1056192	847780	800335	780034	20301	47445	208412
25-29岁	**4666287**	**3830469**	**3672638**	**3579378**	**93260**	**157831**	**835818**
25	923961	750913	713951	695622	18329	36962	173048
26	913075	747365	714611	696278	18333	32754	165710
27	898702	738839	708771	690743	18028	30068	159863
28	1033053	851204	819003	798372	20631	32201	181849
29	897496	742148	716302	698363	17939	25846	155348

4-2 续表 3

单位：人

年龄 性别	16岁及以上人口	经济活动人口					非经济活动人口
		小计	就业人口			失业人口	
			小计	正在工作	暂未工作		
30-34岁	**4467437**	**3716421**	**3599358**	**3513122**	**86236**	**117063**	**751016**
30	874043	724240	700312	682436	17876	23928	149803
31	908046	753447	729470	711836	17634	23977	154599
32	897463	746326	723016	705770	17246	23310	151137
33	835652	696518	674722	659081	15641	21796	139134
34	952233	795890	771838	753999	17839	24052	156343
35-39岁	**5486262**	**4630237**	**4495706**	**4386066**	**109640**	**134531**	**856025**
35	981072	822555	797827	779530	18297	24728	158517
36	1067601	897900	871749	850969	20780	26151	169701
37	1110842	936697	909283	887213	22070	27414	174145
38	1155645	978358	950273	926109	24164	28085	177287
39	1171102	994727	966574	942245	24329	28153	176375
40-44岁	**5886276**	**4992822**	**4863213**	**4729836**	**133377**	**129609**	**893454**
40	1291210	1096873	1066759	1038526	28233	30114	194337
41	1170232	993700	966955	941309	25646	26745	176532
42	1274528	1083267	1055276	1026530	28746	27991	191261
43	1009774	856796	835842	812115	23727	20954	152978
44	1140532	962186	938381	911356	27025	23805	178346
45-49岁	**5040971**	**4035466**	**3932683**	**3813374**	**119309**	**102783**	**1005505**
45	1134809	939552	916099	889629	26470	23453	195257
46	1115695	906720	883641	858096	25545	23079	208975
47	1279035	1019119	991916	961883	30033	27203	259916
48	964374	757694	738960	715736	23224	18734	206680
49	547058	412381	402067	388030	14037	10314	134677
50-54岁	**3767599**	**2351229**	**2316530**	**2229217**	**87313**	**34699**	**1416370**
50	684478	450661	442189	425343	16846	8472	233817
51	593526	371841	365862	352143	13719	5979	221685
52	795517	494739	487570	469622	17948	7169	300778
53	875555	538506	531445	511582	19863	7061	337049
54	818523	495482	489464	470527	18937	6018	323041
55-59岁	**3992078**	**2147740**	**2127263**	**2040982**	**86281**	**20477**	**1844338**
55	857136	490642	485117	465841	19276	5525	366494
56	867417	476035	471288	452384	18904	4747	391382
57	793927	428686	424780	407695	17085	3906	365241
58	797844	417261	413660	396963	16697	3601	380583
59	675754	335116	332418	318099	14319	2698	340638
60-64岁	**2883609**	**1170094**	**1161830**	**1115089**	**46741**	**8264**	**1713515**
60	674903	302965	300636	288179	12457	2329	371938
61	629373	265631	263791	253241	10550	1840	363742
62	556740	223867	222358	213633	8725	1509	332873
63	526704	199276	197931	189910	8021	1345	327428
64	495889	178355	177114	170126	6988	1241	317534
65-69岁	**2040200**	**563131**	**558988**	**537957**	**21031**	**4143**	**1477069**
65	454577	150486	149429	143447	5982	1057	304091
66	425513	128311	127432	122744	4688	879	297202
67	393391	107609	106815	102899	3916	794	285782
68	384673	93468	92716	89309	3407	752	291205
69	382046	83257	82596	79558	3038	661	298789
70-74岁	**1658807**	**229952**	**227757**	**219563**	**8194**	**2195**	**1428855**
70	371911	66344	65748	63319	2429	596	305567
71	311863	45482	45050	43488	1562	432	266381
72	344434	45461	45027	43464	1563	434	298973
73	318149	38394	38017	36653	1364	377	279755
74	312450	34271	33915	32639	1276	356	278179
75岁及以上	**2468406**	**139012**	**136801**	**130988**	**5813**	**2211**	**2329394**

4-2a 全国分年龄、性别的16岁及以上人口的就业状况(城市)

单位：人

年龄 性别	16岁及以上人口	经济活动人口					非经济活动人口
		小计	就业人口			失业人口	
			小计	正在工作	暂未工作		
总　计	**32675790**	**20342913**	**19206276**	**19040623**	**165653**	**1136637**	**12332877**
16-19岁	**2320757**	**594259**	**541110**	**538267**	**2843**	**53149**	**1726498**
16	484537	46616	41624	41294	330	4992	437921
17	566826	108853	99627	99046	581	9226	457973
18	597294	184062	167732	166890	842	16330	413232
19	672100	254728	232127	231037	1090	22601	417372
20-24岁	**4276600**	**2614685**	**2375742**	**2361579**	**14163**	**238943**	**1661915**
20	938508	395596	360267	358445	1822	35329	542912
21	917761	452595	408628	406315	2313	43967	465166
22	831147	518174	465531	462825	2706	52643	312973
23	843387	636597	578016	574537	3479	58581	206790
24	745797	611723	563300	559457	3843	48423	134074
25-29岁	**3484422**	**3026904**	**2859229**	**2836605**	**22624**	**167675**	**457518**
25	655062	556867	518576	514905	3671	38291	98195
26	661865	572381	538085	533877	4208	34296	89484
27	683894	596597	564139	559500	4639	32458	87297
28	800669	701739	666629	661128	5501	35110	98930
29	682932	599320	571800	567195	4605	27520	83612
30-34岁	**3299594**	**2894386**	**2770292**	**2750791**	**19501**	**124094**	**405208**
30	648330	568696	543746	539570	4176	24950	79634
31	689772	605817	580004	575912	4092	25813	83955
32	666289	584281	559492	555575	3917	24789	82008
33	616532	540573	517233	513764	3469	23340	75959
34	678671	595019	569817	565970	3847	25202	83652
35-39岁	**3713982**	**3252836**	**3107213**	**3085595**	**21618**	**145623**	**461146**
35	686133	601077	575005	571205	3800	26072	85056
36	722469	632590	604784	600551	4233	27806	89879
37	758672	664653	635084	630673	4411	29569	94019
38	770114	674175	643452	638958	4494	30723	95939
39	776594	680341	648888	644208	4680	31453	96253
40-44岁	**3541583**	**3062942**	**2917200**	**2894215**	**22985**	**145742**	**478641**
40	823955	718576	684776	679661	5115	33800	105379
41	734462	637157	606620	602018	4602	30537	97305
42	772333	668825	636978	631931	5047	31847	103508
43	568598	489369	466324	462534	3790	23045	79229
44	642235	549015	522502	518071	4431	26513	93220
45-49岁	**3058752**	**2462292**	**2328952**	**2306429**	**22523**	**133340**	**596460**
45	667172	559219	531312	526570	4742	27907	107953
46	679265	556985	527575	522748	4827	29410	122280
47	809517	650718	614657	608683	5974	36061	158799
48	565447	444358	419492	415232	4260	24866	121089
49	337351	251012	235916	233196	2720	15096	86339
50-54岁	**2311229**	**1308132**	**1235906**	**1219657**	**16249**	**72226**	**1003097**
50	443370	278347	262894	259749	3145	15453	165023
51	388499	229857	217245	214609	2636	12612	158642
52	491202	277132	261750	258336	3414	15382	214070
53	520011	281895	266244	262604	3640	15651	238116
54	468147	240901	227773	224359	3414	13128	227246
55-59岁	**2158466**	**802177**	**759853**	**745116**	**14737**	**42324**	**1356289**
55	482758	212518	200960	197731	3229	11558	270240
56	484216	192426	182160	178911	3249	10266	291790
57	421675	153947	145715	142818	2897	8232	267728
58	414288	138481	131377	128465	2912	7104	275807
59	355529	104805	99641	97191	2450	5164	250724

4-2a 续表 1 单位：人

年龄 性别	16岁及以上人口	经济活动人口					非经济活动人口
		小计	就业人口			失业人口	
			小计	正在工作	暂未工作		
60-64岁	**1491823**	**205251**	**196960**	**192035**	**4925**	**8291**	**1286572**
60	359154	61443	58794	57442	1352	2649	297711
61	330549	47796	45896	44770	1126	1900	282753
62	282753	37243	35825	34905	920	1418	245510
63	270214	31725	30452	29626	826	1273	238489
64	249153	27044	25993	25292	701	1051	222109
65-69岁	**1017491**	**76828**	**73915**	**71763**	**2152**	**2913**	**940663**
65	223106	21801	21000	20402	598	801	201305
66	208950	18050	17402	16910	492	648	190900
67	194107	14033	13482	13111	371	551	180074
68	196726	12377	11872	11532	340	505	184349
69	194602	10567	10159	9808	351	408	184035
70-74岁	**868093**	**27457**	**26233**	**25364**	**869**	**1224**	**840636**
70	193349	8060	7745	7501	244	315	185289
71	167182	5570	5303	5123	180	267	161612
72	180561	5361	5152	4989	163	209	175200
73	166603	4769	4534	4386	148	235	161834
74	160398	3697	3499	3365	134	198	156701
75岁及以上	**1132998**	**14764**	**13671**	**13207**	**464**	**1093**	**1118234**
男	**16371914**	**11648131**	**11063430**	**10977480**	**85950**	**584701**	**4723783**
16-19岁	**1177370**	**308897**	**278523**	**276895**	**1628**	**30374**	**868473**
16	250147	25707	22716	22501	215	2991	224440
17	289015	57159	51728	51380	348	5431	231856
18	302635	95150	85821	85327	494	9329	207485
19	335573	130881	118258	117687	571	12623	204692
20-24岁	**2139628**	**1360414**	**1238236**	**1231866**	**6370**	**122178**	**779214**
20	466665	203193	184291	183358	933	18902	263472
21	459555	233053	210086	208953	1133	22967	226502
22	419318	268108	241274	240007	1267	26834	151210
23	422925	333335	303849	302346	1503	29486	89590
24	371165	322725	298736	297202	1534	23989	48440
25-29岁	**1726372**	**1624903**	**1545412**	**1537496**	**7916**	**79491**	**101469**
25	325876	296961	278224	276831	1393	18737	28915
26	327954	306100	289722	288246	1476	16378	21854
27	337321	319242	303880	302306	1574	15362	18079
28	396006	377609	361198	359402	1796	16411	18397
29	339215	324991	312388	310711	1677	12603	14224
30-34岁	**1654863**	**1591412**	**1536286**	**1527539**	**8747**	**55126**	**63451**
30	323793	311147	299822	298215	1607	11325	12646
31	344948	331898	320322	318539	1783	11576	13050
32	333311	320605	309708	307924	1784	10897	12706
33	310285	298211	287862	286191	1671	10349	12074
34	342526	329551	318572	316670	1902	10979	12975
35-39岁	**1887245**	**1806741**	**1741310**	**1730096**	**11214**	**65431**	**80504**
35	346021	332366	320703	318787	1916	11663	13655
36	365056	350278	337982	335895	2087	12296	14778
37	386166	369541	356148	353786	2362	13393	16625
38	392713	375265	361440	359077	2363	13825	17448
39	397289	379291	365037	362551	2486	14254	17998
40-44岁	**1811282**	**1711913**	**1644469**	**1632295**	**12174**	**67444**	**99369**
40	421035	400175	384632	381895	2737	15543	20860
41	374729	354616	340477	338031	2446	14139	20113
42	395058	373144	358325	355663	2662	14819	21914
43	291198	274527	263885	261889	1996	10642	16671
44	329262	309451	297150	294817	2333	12301	19811

4-2a 续表 2 单位：人

年龄 性别	16岁及以上人口	经济活动人口					非经济活动人口
		小计	就业人口			失业人口	
			小计	正在工作	暂未工作		
45-49岁	**1575076**	**1444391**	**1375957**	**1364076**	**11881**	**68434**	**130685**
45	344368	321275	307568	305056	2512	13707	23093
46	349609	322756	308004	305481	2523	14752	26853
47	417280	382064	363600	360416	3184	18464	35216
48	291814	265457	252392	250147	2245	13065	26357
49	172005	152839	144393	142976	1417	8446	19166
50-54岁	**1173073**	**948007**	**893810**	**883257**	**10553**	**54197**	**225066**
50	226301	193604	182982	181021	1961	10622	32697
51	199865	166908	157501	155743	1758	9407	32957
52	250399	203214	191473	189238	2235	11741	47185
53	262395	206961	194835	192494	2341	12126	55434
54	234113	177320	167019	164761	2258	10301	56793
55-59岁	**1061945**	**624130**	**590579**	**580447**	**10132**	**33551**	**437815**
55	240373	162841	153838	151687	2151	9003	77532
56	239208	149856	141689	139472	2217	8167	89352
57	206243	120061	113486	111524	1962	6575	86182
58	202366	108707	103027	101002	2025	5680	93659
59	173755	82665	78539	76762	1777	4126	91090
60-64岁	**734624**	**143929**	**138483**	**135462**	**3021**	**5446**	**590695**
60	178093	43724	41956	41117	839	1768	134369
61	163624	33420	32172	31469	703	1248	130204
62	137758	25809	24863	24310	553	946	111949
63	133006	22268	21433	20942	491	835	110738
64	122143	18708	18059	17624	435	649	103435
65-69岁	**490720**	**54266**	**52466**	**51048**	**1418**	**1800**	**436454**
65	108295	15266	14756	14370	386	510	93029
66	101336	12850	12435	12109	326	415	88486
67	93600	9900	9574	9340	234	326	83700
68	94157	8731	8424	8197	227	307	85426
69	93332	7519	7277	7032	245	242	85813
70-74岁	**416358**	**19412**	**18711**	**18115**	**596**	**701**	**396946**
70	93399	5726	5538	5379	159	188	87673
71	79323	3943	3798	3666	132	145	75380
72	86311	3877	3758	3649	109	119	82434
73	80801	3311	3177	3074	103	134	77490
74	76524	2555	2440	2347	93	115	73969
75岁及以上	**523358**	**9716**	**9188**	**8888**	**300**	**528**	**513642**
女	**16303876**	**8694782**	**8142846**	**8063143**	**79703**	**551936**	**7609094**
16-19岁	**1143387**	**285362**	**262587**	**261372**	**1215**	**22775**	**858025**
16	234390	20909	18908	18793	115	2001	213481
17	277811	51694	47899	47666	233	3795	226117
18	294659	88912	81911	81563	348	7001	205747
19	336527	123847	113869	113350	519	9978	212680
20-24岁	**2136972**	**1254271**	**1137506**	**1129713**	**7793**	**116765**	**882701**
20	471843	192403	175976	175087	889	16427	279440
21	458206	219542	198542	197362	1180	21000	238664
22	411829	250066	224257	222818	1439	25809	161763
23	420462	303262	274167	272191	1976	29095	117200
24	374632	288998	264564	262255	2309	24434	85634
25-29岁	**1758050**	**1402001**	**1313817**	**1299109**	**14708**	**88184**	**356049**
25	329186	259906	240352	238074	2278	19554	69280
26	333911	266281	248363	245631	2732	17918	67630
27	346573	277355	260259	257194	3065	17096	69218
28	404663	324130	305431	301726	3705	18699	80533
29	343717	274329	259412	256484	2928	14917	69388

4-2a 续表 3 单位：人

年龄 性别	16岁及以上人口	经济活动人口					非经济活动人口
		小计	就业人口			失业人口	
			小计	正在工作	暂未工作		
30-34岁	**1644731**	**1302974**	**1234006**	**1223252**	**10754**	**68968**	**341757**
30	324537	257549	243924	241355	2569	13625	66988
31	344824	273919	259682	257373	2309	14237	70905
32	332978	263676	249784	247651	2133	13892	69302
33	306247	242362	229371	227573	1798	12991	63885
34	336145	265468	251245	249300	1945	14223	70677
35-39岁	**1826737**	**1446095**	**1365903**	**1355499**	**10404**	**80192**	**380642**
35	340112	268711	254302	252418	1884	14409	71401
36	357413	282312	266802	264656	2146	15510	75101
37	372506	295112	278936	276887	2049	16176	77394
38	377401	298910	282012	279881	2131	16898	78491
39	379305	301050	283851	281657	2194	17199	78255
40-44岁	**1730301**	**1351029**	**1272731**	**1261920**	**10811**	**78298**	**379272**
40	402920	318401	300144	297766	2378	18257	84519
41	359733	282541	266143	263987	2156	16398	77192
42	377275	295681	278653	276268	2385	17028	81594
43	277400	214842	202439	200645	1794	12403	62558
44	312973	239564	225352	223254	2098	14212	73409
45-49岁	**1483676**	**1017901**	**952995**	**942353**	**10642**	**64906**	**465775**
45	322804	237944	223744	221514	2230	14200	84860
46	329656	234229	219571	217267	2304	14658	95427
47	392237	268654	251057	248267	2790	17597	123583
48	273633	178901	167100	165085	2015	11801	94732
49	165346	98173	91523	90220	1303	6650	67173
50-54岁	**1138156**	**360125**	**342096**	**336400**	**5696**	**18029**	**778031**
50	217069	84743	79912	78728	1184	4831	132326
51	188634	62949	59744	58866	878	3205	125685
52	240803	73918	70277	69098	1179	3641	166885
53	257616	74934	71409	70110	1299	3525	182682
54	234034	63581	60754	59598	1156	2827	170453
55-59岁	**1096521**	**178047**	**169274**	**164669**	**4605**	**8773**	**918474**
55	242385	49677	47122	46044	1078	2555	192708
56	245008	42570	40471	39439	1032	2099	202438
57	215432	33886	32229	31294	935	1657	181546
58	211922	29774	28350	27463	887	1424	182148
59	181774	22140	21102	20429	673	1038	159634
60-64岁	**757199**	**61322**	**58477**	**56573**	**1904**	**2845**	**695877**
60	181061	17719	16838	16325	513	881	163342
61	166925	14376	13724	13301	423	652	152549
62	144995	11434	10962	10595	367	472	133561
63	137208	9457	9019	8684	335	438	127751
64	127010	8336	7934	7668	266	402	118674
65-69岁	**526771**	**22562**	**21449**	**20715**	**734**	**1113**	**504209**
65	114811	6535	6244	6032	212	291	108276
66	107614	5200	4967	4801	166	233	102414
67	100507	4133	3908	3771	137	225	96374
68	102569	3646	3448	3335	113	198	98923
69	101270	3048	2882	2776	106	166	98222
70-74岁	**451735**	**8045**	**7522**	**7249**	**273**	**523**	**443690**
70	99950	2334	2207	2122	85	127	97616
71	87859	1627	1505	1457	48	122	86232
72	94250	1484	1394	1340	54	90	92766
73	85802	1458	1357	1312	45	101	84344
74	83874	1142	1059	1018	41	83	82732
75岁及以上	**609640**	**5048**	**4483**	**4319**	**164**	**565**	**604592**

4-2b 全国分年龄、性别的16岁及以上人口的就业状况(镇)

单位：人

年龄 性别	16岁及以上人口	经济活动人口					非经济活动人口
		小计	就业人口			失业人口	
			小计	正在工作	暂未工作		
总　计	**19932429**	**13478122**	**12979342**	**12712174**	**267168**	**498780**	**6454307**
16-19岁	**1646897**	**392693**	**348140**	**341372**	**6768**	**44553**	**1254204**
16	408257	38703	33358	32545	813	5345	369554
17	449038	75962	66691	65356	1335	9271	373076
18	413972	118605	105314	103329	1985	13291	295367
19	375630	159423	142777	140142	2635	16646	216207
20-24岁	**2067283**	**1484237**	**1360957**	**1335415**	**25542**	**123280**	**583046**
20	450093	249668	225500	221304	4196	24168	200425
21	416904	274164	248872	244106	4766	25292	142740
22	394052	294296	268427	263284	5143	25869	99756
23	423364	343682	317094	311105	5989	26588	79682
24	382870	322427	301064	295616	5448	21363	60443
25-29岁	**1754241**	**1521224**	**1456053**	**1430593**	**25460**	**65171**	**233017**
25	341683	292240	276041	271121	4920	16199	49443
26	339850	293533	279688	274761	4927	13845	46317
27	334273	290533	278388	273308	5080	12145	43740
28	391579	341216	328521	322964	5557	12695	50363
29	346856	303702	293415	288439	4976	10287	43154
30-34岁	**1835721**	**1613506**	**1564242**	**1538886**	**25356**	**49264**	**222215**
30	343498	301089	291314	286246	5068	9775	42409
31	368473	323630	313731	308551	5180	9899	44843
32	368541	324072	314330	309301	5029	9742	44469
33	350104	308235	298923	294267	4656	9312	41869
34	405105	356480	345944	340521	5423	10536	48625
35-39岁	**2315452**	**2041435**	**1980591**	**1947700**	**32891**	**60844**	**274017**
35	417891	367941	356650	351019	5631	11291	49950
36	451789	397412	385491	379179	6312	11921	54377
37	468589	412825	400357	393635	6722	12468	55764
38	487014	429921	417289	410228	7061	12632	57093
39	490169	433336	420804	413639	7165	12532	56833
40-44岁	**2418522**	**2130947**	**2072783**	**2034231**	**38552**	**58164**	**287575**
40	538270	475395	461938	453551	8387	13457	62875
41	482786	426390	414724	407299	7425	11666	56396
42	522861	461115	448564	440288	8276	12551	61746
43	409190	360248	350619	343797	6822	9629	48942
44	465415	407799	396938	389296	7642	10861	57616
45-49岁	**1990457**	**1690282**	**1644625**	**1611287**	**33338**	**45657**	**300175**
45	461821	400821	390012	382377	7635	10809	61000
46	443748	380331	370022	362912	7110	10309	63417
47	505993	429410	417678	409160	8518	11732	76583
48	377627	315848	307579	301206	6373	8269	61779
49	201268	163872	159334	155632	3702	4538	37396
50-54岁	**1409108**	**1022639**	**998375**	**972186**	**26189**	**24264**	**386469**
50	254786	194673	189643	184887	4756	5030	60113
51	227473	169367	165177	161033	4144	4190	58106
52	300407	218336	213167	207506	5661	5169	82071
53	326180	232984	227703	221816	5887	5281	93196
54	300262	207279	202685	196944	5741	4594	92983
55-59岁	**1434409**	**861122**	**843695**	**816732**	**26963**	**17427**	**573287**
55	314944	206190	201662	195619	6043	4528	108754
56	313504	194565	190528	184589	5939	4037	118939
57	283370	169208	165814	160607	5207	3394	114162
58	285016	162877	159676	154417	5259	3201	122139
59	237575	128282	126015	121500	4515	2267	109293

4-2b 续表 1

单位：人

年龄 性别	16岁及以上人口	经济活动人口					非经济活动人口
		小计	就业人口			失业人口	
			小计	正在工作	暂未工作		
60-64岁	**1030453**	**407629**	**402028**	**387374**	**14654**	**5601**	**622824**
60	241611	108066	106403	102575	3828	1663	133545
61	228896	94322	93072	89724	3348	1250	134574
62	198464	77035	76011	73258	2753	1024	121429
63	186618	68238	67341	64863	2478	897	118380
64	174864	59968	59201	56954	2247	767	114896
65-69岁	**718940**	**192127**	**189634**	**182661**	**6973**	**2493**	**526813**
65	161704	51255	50557	48665	1892	698	110449
66	151562	44402	43841	42215	1626	561	107160
67	137393	36068	35594	34348	1246	474	101325
68	135048	31893	31470	30309	1161	423	103155
69	133233	28509	28172	27124	1048	337	104724
70-74岁	**566514**	**77921**	**76841**	**74048**	**2793**	**1080**	**488593**
70	130866	22200	21914	21098	816	286	108666
71	106248	15576	15371	14818	553	205	90672
72	118407	15695	15467	14923	544	228	102712
73	108204	13179	12982	12505	477	197	95025
74	102789	11271	11107	10704	403	164	91518
75岁及以上	**744432**	**42360**	**41378**	**39689**	**1689**	**982**	**702072**
男	**9951074**	**7584707**	**7339109**	**7199311**	**139798**	**245598**	**2366367**
16-19岁	**855080**	**213478**	**188034**	**184247**	**3787**	**25444**	**641602**
16	212249	21634	18455	17977	478	3179	190615
17	231480	41816	36357	35603	754	5459	189664
18	215569	64193	56660	55559	1101	7533	151376
19	195782	85835	76562	75108	1454	9273	109947
20-24岁	**1031414**	**786013**	**723169**	**710584**	**12585**	**62844**	**245401**
20	230672	132463	119506	117311	2195	12957	98209
21	210268	144423	131218	128852	2366	13205	65845
22	196028	155355	142246	139674	2572	13109	40673
23	208370	182711	169537	166646	2891	13174	25659
24	186076	171061	160662	158101	2561	10399	15015
25-29岁	**858369**	**821823**	**791926**	**779770**	**12156**	**29897**	**36546**
25	167154	157256	149536	147206	2330	7720	9898
26	165828	158345	151853	149521	2332	6492	7483
27	163367	156851	151329	148881	2448	5522	6516
28	191585	184686	178999	176336	2663	5687	6899
29	170435	164685	160209	157826	2383	4476	5750
30-34岁	**909327**	**880733**	**859644**	**846880**	**12764**	**21089**	**28594**
30	168915	163354	159113	156556	2557	4241	5561
31	181838	176193	171956	169371	2585	4237	5645
32	182362	176681	172445	169938	2507	4236	5681
33	174142	168757	164829	162460	2369	3928	5385
34	202070	195748	191301	188555	2746	4447	6322
35-39岁	**1161925**	**1124222**	**1098365**	**1081344**	**17021**	**25857**	**37703**
35	208571	202003	197331	194398	2933	4672	6568
36	225475	218185	213070	209776	3294	5115	7290
37	234855	227254	222074	218592	3482	5180	7601
38	244921	236951	231557	227997	3560	5394	7970
39	248103	239829	234333	230581	3752	5496	8274
40-44岁	**1219074**	**1174362**	**1149030**	**1129421**	**19609**	**25332**	**44712**
40	271661	262214	256357	252074	4283	5857	9447
41	242829	234295	229303	225523	3780	4992	8534
42	264330	254490	248968	244709	4259	5522	9840
43	205866	198187	194001	190516	3485	4186	7679
44	234388	225176	220401	216599	3802	4775	9212

4-2b 续表 2

单位：人

年龄性别	16岁及以上人口	经济活动人口					非经济活动人口
		小计	就业人口			失业人口	
			小计	正在工作	暂未工作		
45-49岁	**1001276**	**951493**	**929676**	**912947**	**16729**	**21817**	**49783**
45	233310	223374	218463	214625	3838	4911	9936
46	222968	212493	207601	204012	3589	4892	10475
47	255900	243110	237417	233111	4306	5693	12790
48	189437	179273	175274	172114	3160	3999	10164
49	99661	93243	90921	89085	1836	2322	6418
50-54岁	**714077**	**631050**	**615855**	**601739**	**14116**	**15195**	**83027**
50	128384	116977	114008	111469	2539	2969	11407
51	117651	105951	103304	101058	2246	2647	11700
52	152816	135372	132146	129121	3025	3226	17444
53	165393	144776	141407	138200	3207	3369	20617
54	149833	127974	124990	121891	3099	2984	21859
55-59岁	**715367**	**545937**	**534014**	**518890**	**15124**	**11923**	**169430**
55	158736	130313	127313	124020	3293	3000	28423
56	156735	123709	120928	117568	3360	2781	33026
57	140388	106737	104368	101449	2919	2369	33651
58	141935	103674	101490	98525	2965	2184	38261
59	117573	81504	79915	77328	2587	1589	36069
60-64岁	**517225**	**254398**	**250785**	**242136**	**8649**	**3613**	**262827**
60	120709	67188	66103	63902	2201	1085	53521
61	115811	59230	58421	56444	1977	809	56581
62	99280	47808	47157	45527	1630	651	51472
63	94155	42933	42358	40885	1473	575	51222
64	87270	37239	36746	35378	1368	493	50031
65-69岁	**358694**	**123529**	**122033**	**117663**	**4370**	**1496**	**235165**
65	80705	32336	31913	30748	1165	423	48369
66	76183	28494	28148	27113	1035	346	47689
67	68254	23345	23062	22301	761	283	44909
68	67187	20713	20469	19744	725	244	46474
69	66365	18641	18441	17757	684	200	47724
70-74岁	**279896**	**51466**	**50882**	**49024**	**1858**	**584**	**228430**
70	65592	14463	14300	13751	549	163	51129
71	52267	10400	10299	9933	366	101	41867
72	58906	10433	10317	9961	356	116	48473
73	53401	8836	8727	8400	327	109	44565
74	49730	7334	7239	6979	260	95	42396
75岁及以上	**329350**	**26203**	**25696**	**24666**	**1030**	**507**	**303147**
女	**9981355**	**5893415**	**5640233**	**5512863**	**127370**	**253182**	**4087940**
16-19岁	**791817**	**179215**	**160106**	**157125**	**2981**	**19109**	**612602**
16	196008	17069	14903	14568	335	2166	178939
17	217558	34146	30334	29753	581	3812	183412
18	198403	54412	48654	47770	884	5758	143991
19	179848	73588	66215	65034	1181	7373	106260
20-24岁	**1035869**	**698224**	**637788**	**624831**	**12957**	**60436**	**337645**
20	219421	117205	105994	103993	2001	11211	102216
21	206636	129741	117654	115254	2400	12087	76895
22	198024	138941	126181	123610	2571	12760	59083
23	214994	160971	147557	144459	3098	13414	54023
24	196794	151366	140402	137515	2887	10964	45428
25-29岁	**895872**	**699401**	**664127**	**650823**	**13304**	**35274**	**196471**
25	174529	134984	126505	123915	2590	8479	39545
26	174022	135188	127835	125240	2595	7353	38834
27	170906	133682	127059	124427	2632	6623	37224
28	199994	156530	149522	146628	2894	7008	43464
29	176421	139017	133206	130613	2593	5811	37404

4-2b 续表 3

单位：人

年龄 性别	16岁及以上人口	经济活动人口					非经济活动人口
		小计	就业人口			失业人口	
			小计	正在工作	暂未工作		
30-34岁	**926394**	**732773**	**704598**	**692006**	**12592**	**28175**	**193621**
30	174583	137735	132201	129690	2511	5534	36848
31	186635	147437	141775	139180	2595	5662	39198
32	186179	147391	141885	139363	2522	5506	38788
33	175962	139478	134094	131807	2287	5384	36484
34	203035	160732	154643	151966	2677	6089	42303
35-39岁	**1153527**	**917213**	**882226**	**866356**	**15870**	**34987**	**236314**
35	209320	165938	159319	156621	2698	6619	43382
36	226314	179227	172421	169403	3018	6806	47087
37	233734	185571	178283	175043	3240	7288	48163
38	242093	192970	185732	182231	3501	7238	49123
39	242066	193507	186471	183058	3413	7036	48559
40-44岁	**1199448**	**956585**	**923753**	**904810**	**18943**	**32832**	**242863**
40	266609	213181	205581	201477	4104	7600	53428
41	239957	192095	185421	181776	3645	6674	47862
42	258531	206625	199596	195579	4017	7029	51906
43	203324	162061	156618	153281	3337	5443	41263
44	231027	182623	176537	172697	3840	6086	48404
45-49岁	**989181**	**738789**	**714949**	**698340**	**16609**	**23840**	**250392**
45	228511	177447	171549	167752	3797	5898	51064
46	220780	167838	162421	158900	3521	5417	52942
47	250093	186300	180261	176049	4212	6039	63793
48	188190	136575	132305	129092	3213	4270	51615
49	101607	70629	68413	66547	1866	2216	30978
50-54岁	**695031**	**391589**	**382520**	**370447**	**12073**	**9069**	**303442**
50	126402	77696	75635	73418	2217	2061	48706
51	109822	63416	61873	59975	1898	1543	46406
52	147591	82964	81021	78385	2636	1943	64627
53	160787	88208	86296	83616	2680	1912	72579
54	150429	79305	77695	75053	2642	1610	71124
55-59岁	**719042**	**315185**	**309681**	**297842**	**11839**	**5504**	**403857**
55	156208	75877	74349	71599	2750	1528	80331
56	156769	70856	69600	67021	2579	1256	85913
57	142982	62471	61446	59158	2288	1025	80511
58	143081	59203	58186	55892	2294	1017	83878
59	120002	46778	46100	44172	1928	678	73224
60-64岁	**513228**	**153231**	**151243**	**145238**	**6005**	**1988**	**359997**
60	120902	40878	40300	38673	1627	578	80024
61	113085	35092	34651	33280	1371	441	77993
62	99184	29227	28854	27731	1123	373	69957
63	92463	25305	24983	23978	1005	322	67158
64	87594	22729	22455	21576	879	274	64865
65-69岁	**360246**	**68598**	**67601**	**64998**	**2603**	**997**	**291648**
65	80999	18919	18644	17917	727	275	62080
66	75379	15908	15693	15102	591	215	59471
67	69139	12723	12532	12047	485	191	56416
68	67861	11180	11001	10565	436	179	56681
69	66868	9868	9731	9367	364	137	57000
70-74岁	**286618**	**26455**	**25959**	**25024**	**935**	**496**	**260163**
70	65274	7737	7614	7347	267	123	57537
71	53981	5176	5072	4885	187	104	48805
72	59501	5262	5150	4962	188	112	54239
73	54803	4343	4255	4105	150	88	50460
74	53059	3937	3868	3725	143	69	49122
75岁及以上	**415082**	**16157**	**15682**	**15023**	**659**	**475**	**398925**

4-2c 全国分年龄、性别的16岁及以上人口的就业状况(乡村)

单位：人

年龄 性别	16岁及以上人口	经济活动人口					非经济活动人口
		小计	就业人口			失业人口	
			小计	正在工作	暂未工作		
总　计	**51208905**	**39845266**	**39362371**	**37925073**	**1437298**	**482895**	**11363639**
16-19岁	**3498189**	**1511868**	**1420832**	**1375129**	**45703**	**91036**	**1986321**
16	853041	181632	167577	161962	5615	14055	671409
17	874240	318985	297514	287959	9555	21471	555255
18	876746	452347	425832	412026	13806	26515	424399
19	894162	558904	529909	513182	16727	28995	335258
20-24岁	**5260533**	**4344256**	**4194670**	**4049540**	**145130**	**149586**	**916277**
20	1152559	838236	801718	774819	26899	36518	314323
21	1069064	852872	819717	791023	28694	33155	216192
22	1012041	856461	827013	798023	28990	29448	155580
23	1076904	946099	917498	885694	31804	28601	130805
24	949965	850588	828724	799981	28743	21864	99377
25-29岁	**4039585**	**3699721**	**3638272**	**3512192**	**126080**	**61449**	**339864**
25	828904	749497	733432	708037	25395	16065	79407
26	805571	734357	720776	695836	24940	13581	71214
27	766396	702830	691643	667595	24048	11187	63566
28	869622	801327	789822	762470	27352	11505	68295
29	769092	711710	702599	678254	24345	9111	57382
30-34岁	**3863984**	**3606214**	**3570596**	**3447826**	**122770**	**35618**	**257770**
30	757043	702430	694099	668884	25215	8331	54613
31	771798	718868	711510	686702	24808	7358	52930
32	769314	717902	710884	686422	24462	7018	51412
33	724342	677850	671689	649149	22540	6161	46492
34	841487	789164	782414	756669	25745	6750	52323
35-39岁	**5070049**	**4778053**	**4742681**	**4580790**	**161891**	**35372**	**291996**
35	878477	825375	818660	791825	26835	6715	53102
36	976873	919271	912181	881742	30439	7090	57602
37	1023134	963797	956526	923851	32675	7271	59337
38	1079571	1018789	1011564	975986	35578	7225	60782
39	1111994	1050821	1043750	1007386	36364	7071	61173
40-44岁	**5921006**	**5583997**	**5549913**	**5350804**	**199109**	**34084**	**337009**
40	1245691	1176087	1168331	1126361	41970	7756	69604
41	1143519	1079726	1072940	1035019	37921	6786	63793
42	1276976	1204972	1197752	1154787	42965	7220	72004
43	1056666	995596	989816	953979	35837	5780	61070
44	1198154	1127616	1121074	1080658	40416	6542	70538
45-49岁	**5110623**	**4753197**	**4726332**	**4549830**	**176502**	**26865**	**357426**
45	1168883	1095309	1088943	1049614	39329	6366	73574
46	1121598	1046405	1040559	1002798	37761	5846	75193
47	1277715	1187867	1181107	1136711	44396	6760	89848
48	998278	924041	918900	884433	34467	5141	74237
49	544149	499575	496823	476274	20549	2752	44574
50-54岁	**3938439**	**3513749**	**3496922**	**3355540**	**141382**	**16827**	**424690**
50	678716	613354	610076	583246	26830	3278	65362
51	611892	549469	546785	524164	22621	2684	62423
52	829201	741174	737596	708818	28778	3578	88027
53	939632	835409	831629	799259	32370	3780	104223
54	878998	774343	770836	740053	30783	3507	104655
55-59岁	**4418539**	**3715824**	**3700721**	**3552020**	**148701**	**15103**	**702715**
55	937507	814908	811391	778937	32454	3517	122599
56	947549	811330	808007	775763	32244	3323	136219
57	878957	740842	737835	708376	29459	3007	138115
58	898921	743020	740088	710837	29251	2932	155901
59	755605	605724	603400	578107	25293	2324	149881

4-2c 续表 1

单位：人

年龄 性别	16岁及以上人口	经济活动人口					非经济活动人口
		小计	就业人口			失业人口	
			小计	正在工作	暂未工作		
60-64岁	**3309758**	**2274999**	**2267059**	**2175753**	**91306**	**7940**	**1034759**
60	759084	564576	562533	539236	23297	2043	194508
61	729641	520154	518330	497446	20884	1824	209487
62	641728	437509	436025	418810	17215	1484	204219
63	610827	398943	397574	381665	15909	1369	211884
64	568478	353817	352597	338596	14001	1220	214661
65-69岁	**2365669**	**1218096**	**1213697**	**1167279**	**46418**	**4399**	**1147573**
65	524790	307153	306108	293553	12555	1045	217637
66	502761	278039	277059	266685	10374	980	224722
67	459415	235495	234665	226100	8565	830	223920
68	440792	208058	207263	199411	7852	795	232734
69	437911	189351	188602	181530	7072	749	248560
70-74岁	**1851058**	**540549**	**538192**	**518433**	**19759**	**2357**	**1310509**
70	420114	150119	149441	143732	5709	678	269995
71	345342	108445	108055	104093	3962	390	236897
72	386617	109590	109093	105235	3858	497	277027
73	355520	91715	91334	88025	3309	381	263805
74	343465	80680	80269	77348	2921	411	262785
75岁及以上	**2561473**	**304743**	**302484**	**289937**	**12547**	**2259**	**2256730**
男	**25705097**	**21429779**	**21194743**	**20468226**	**726517**	**235036**	**4275318**
16-19岁	**1835031**	**823603**	**773798**	**749079**	**24719**	**49805**	**1011428**
16	451695	102677	94504	91256	3248	8173	349018
17	460250	176699	164619	159356	5263	12080	283551
18	459499	245260	230871	223377	7494	14389	214239
19	463587	298967	283804	275090	8714	15163	164620
20-24岁	**2600629**	**2252482**	**2181751**	**2111350**	**70401**	**70731**	**348147**
20	581609	436346	418356	404692	13664	17990	145263
21	528648	439384	423460	409495	13965	15924	89264
22	495547	440503	426722	412753	13969	13781	55044
23	529626	493077	479858	464693	15165	13219	36549
24	465199	443172	433355	419717	13638	9817	22027
25-29岁	**2027220**	**1970654**	**1943578**	**1882746**	**60832**	**27076**	**56566**
25	408658	393474	386338	374404	11934	7136	15184
26	400429	388461	382363	370429	11934	6098	11968
27	385173	375028	370190	358473	11717	4838	10145
28	441226	430783	425772	412452	13320	5011	10443
29	391734	382908	378915	366988	11927	3993	8826
30-34岁	**1967672**	**1925540**	**1909842**	**1849962**	**59880**	**15698**	**42132**
30	382120	373474	369912	357493	12419	3562	8646
31	395211	386777	383497	371419	12078	3280	8434
32	391008	382643	379537	367666	11871	3106	8365
33	370899	363172	360432	349448	10984	2740	7727
34	428434	419474	416464	403936	12528	3010	8960
35-39岁	**2564051**	**2511124**	**2495104**	**2416579**	**78525**	**16020**	**52927**
35	446837	437469	434454	421334	13120	3015	9368
36	492999	482910	479655	464832	14823	3255	10089
37	518532	507783	504462	488568	15894	3321	10749
38	543420	532311	529035	511989	17046	3276	11109
39	562263	550651	547498	529856	17642	3153	11612
40-44岁	**2964479**	**2898789**	**2883184**	**2787698**	**95486**	**15605**	**65690**
40	624010	610796	607297	587078	20219	3499	13214
41	572977	560662	557549	539473	18076	3113	12315
42	638254	624011	620725	600104	20621	3286	14243
43	527616	515703	513031	495790	17241	2672	11913
44	601622	587617	584582	565253	19329	3035	14005

4-2c 续表 2

单位：人

年龄 性别	16岁及以上人口	经济活动人口					非经济活动人口
		小计	就业人口			失业人口	
			小计	正在工作	暂未工作		
45-49岁	**2542509**	**2474421**	**2461593**	**2377149**	**84444**	**12828**	**68088**
45	585389	571148	568137	549251	18886	3011	14241
46	556339	541752	538910	520869	18041	2842	14587
47	641010	623702	620509	599144	21365	3193	17308
48	495727	481823	479345	462874	16471	2478	13904
49	264044	255996	254692	245011	9681	1304	8048
50-54岁	**2004027**	**1914234**	**1905008**	**1833170**	**71838**	**9226**	**89793**
50	337709	325132	323434	310049	13385	1698	12577
51	316822	303993	302540	290862	11678	1453	12829
52	422078	403317	401324	386679	14645	1993	18761
53	482480	460045	457889	441403	16486	2156	22435
54	444938	421747	419821	404177	15644	1926	23191
55-59岁	**2242024**	**2061316**	**2052413**	**1973549**	**78864**	**8903**	**180708**
55	478964	449820	447745	430739	17006	2075	29144
56	481909	448721	446790	429839	16951	1931	33188
57	443444	408513	406730	391133	15597	1783	34931
58	456080	414736	412964	397229	15735	1772	41344
59	381627	339526	338184	324609	13575	1342	42101
60-64岁	**1696576**	**1319458**	**1314949**	**1262475**	**52474**	**4509**	**377118**
60	386144	320208	319035	306055	12980	1173	65936
61	380278	303991	302914	290786	12128	1077	76287
62	329167	254303	253483	243503	9980	820	74864
63	313794	234429	233645	224417	9228	784	79365
64	287193	206527	205872	197714	8158	655	80666
65-69岁	**1212486**	**746125**	**743759**	**715035**	**28724**	**2366**	**466361**
65	266023	182121	181567	174055	7512	554	83902
66	260241	170836	170287	163844	6443	549	89405
67	235670	144742	144290	139019	5271	452	90928
68	226549	129416	128996	124002	4994	420	97133
69	224003	119010	118619	114115	4504	391	104993
70-74岁	**930604**	**345097**	**343916**	**331143**	**12773**	**1181**	**585507**
70	213427	93846	93514	89882	3632	332	119581
71	175319	69766	69582	66947	2635	184	105553
72	195934	70875	70610	68073	2537	265	125059
73	177976	59122	58929	56789	2140	193	118854
74	167948	51488	51281	49452	1829	207	116460
75岁及以上	**1117789**	**186936**	**185848**	**178291**	**7557**	**1088**	**930853**
女	**25503808**	**18415487**	**18167628**	**17456847**	**710781**	**247859**	**7088321**
16-19岁	**1663158**	**688265**	**647034**	**626050**	**20984**	**41231**	**974893**
16	401346	78955	73073	70706	2367	5882	322391
17	413990	142286	132895	128603	4292	9391	271704
18	417247	207087	194961	188649	6312	12126	210160
19	430575	259937	246105	238092	8013	13832	170638
20-24岁	**2659904**	**2091774**	**2012919**	**1938190**	**74729**	**78855**	**568130**
20	570950	401890	383362	370127	13235	18528	169060
21	540416	413488	396257	381528	14729	17231	126928
22	516494	415958	400291	385270	15021	15667	100536
23	547278	453022	437640	421001	16639	15382	94256
24	484766	407416	395369	380264	15105	12047	77350
25-29岁	**2012365**	**1729067**	**1694694**	**1629446**	**65248**	**34373**	**283298**
25	420246	356023	347094	333633	13461	8929	64223
26	405142	345896	338413	325407	13006	7483	59246
27	381223	327802	321453	309122	12331	6349	53421
28	428396	370544	364050	350018	14032	6494	57852
29	377358	328802	323684	311266	12418	5118	48556

4-2c 续表 3

单位：人

年龄 性别	16岁及以上人口	经济活动人口					非经济活动人口
		小计	就业人口			失业人口	
			小计	正在工作	暂未工作		
30－34岁	**1896312**	**1680674**	**1660754**	**1597864**	**62890**	**19920**	**215638**
30	374923	328956	324187	311391	12796	4769	45967
31	376587	332091	328013	315283	12730	4078	44496
32	378306	335259	331347	318756	12591	3912	43047
33	353443	314678	311257	299701	11556	3421	38765
34	413053	369690	365950	352733	13217	3740	43363
35－39岁	**2505998**	**2266929**	**2247577**	**2164211**	**83366**	**19352**	**239069**
35	431640	387906	384206	370491	13715	3700	43734
36	483874	436361	432526	416910	15616	3835	47513
37	504602	456014	452064	435283	16781	3950	48588
38	536151	486478	482529	463997	18532	3949	49673
39	549731	500170	496252	477530	18722	3918	49561
40－44岁	**2956527**	**2685208**	**2666729**	**2563106**	**103623**	**18479**	**271319**
40	621681	565291	561034	539283	21751	4257	56390
41	570542	519064	515391	495546	19845	3673	51478
42	638722	580961	577027	554683	22344	3934	57761
43	529050	479893	476785	458189	18596	3108	49157
44	596532	539999	536492	515405	21087	3507	56533
45－49岁	**2568114**	**2278776**	**2264739**	**2172681**	**92058**	**14037**	**289338**
45	583494	524161	520806	500363	20443	3355	59333
46	565259	504653	501649	481929	19720	3004	60606
47	636705	564165	560598	537567	23031	3567	72540
48	502551	442218	439555	421559	17996	2663	60333
49	280105	243579	242131	231263	10868	1448	36526
50－54岁	**1934412**	**1599515**	**1591914**	**1522370**	**69544**	**7601**	**334897**
50	341007	288222	286642	273197	13445	1580	52785
51	295070	245476	244245	233302	10943	1231	49594
52	407123	337857	336272	322139	14133	1585	69266
53	457152	375364	373740	357856	15884	1624	81788
54	434060	352596	351015	335876	15139	1581	81464
55－59岁	**2176515**	**1654508**	**1648308**	**1578471**	**69837**	**6200**	**522007**
55	458543	365088	363646	348198	15448	1442	93455
56	465640	362609	361217	345924	15293	1392	103031
57	435513	332329	331105	317243	13862	1224	103184
58	442841	328284	327124	313608	13516	1160	114557
59	373978	266198	265216	253498	11718	982	107780
60－64岁	**1613182**	**955541**	**952110**	**913278**	**38832**	**3431**	**657641**
60	372940	244368	243498	233181	10317	870	128572
61	349363	216163	215416	206660	8756	747	133200
62	312561	183206	182542	175307	7235	664	129355
63	297033	164514	163929	157248	6681	585	132519
64	281285	147290	146725	140882	5843	565	133995
65－69岁	**1153183**	**471971**	**469938**	**452244**	**17694**	**2033**	**681212**
65	258767	125032	124541	119498	5043	491	133735
66	242520	107203	106772	102841	3931	431	135317
67	223745	90753	90375	87081	3294	378	132992
68	214243	78642	78267	75409	2858	375	135601
69	213908	70341	69983	67415	2568	358	143567
70－74岁	**920454**	**195452**	**194276**	**187290**	**6986**	**1176**	**725002**
70	206687	56273	55927	53850	2077	346	150414
71	170023	38679	38473	37146	1327	206	131344
72	190683	38715	38483	37162	1321	232	151968
73	177544	32593	32405	31236	1169	188	144951
74	175517	29192	28988	27896	1092	204	146325
75岁及以上	**1443684**	**117807**	**116636**	**111646**	**4990**	**1171**	**1325877**

4-3　全国分受教育程度、性别的16岁及以上人口的就业状况

单位：人

受教育程度 性别	16岁及以上人口	经济活动人口					非经济活动人口
		小计	就业人口			失业人口	
			小计	正在工作	暂未工作		
总　计	**103817124**	**73666301**	**71547989**	**69677870**	**1870119**	**2118312**	**30150823**
未上过学	6620458	2461773	2442337	2350935	91402	19436	4158685
小　学	24971817	17265450	17071892	16526824	545068	193558	7706367
初　中	43995011	35849122	34916372	33894466	1021906	932750	8145889
高　中	16749451	10522259	9924532	9767374	157158	597727	6227192
大学专科	6583252	4521024	4263212	4227658	35554	257812	2062228
大学本科	4469420	2764683	2653730	2637195	16535	110953	1704737
研究生	427715	281990	275914	273418	2496	6076	145725
男	**52028085**	**40662617**	**39597282**	**38645017**	**952265**	**1065335**	**11365468**
未上过学	1739180	777735	771982	743327	28655	5753	961445
小　学	11173114	8354503	8268668	8013713	254955	85835	2818611
初　中	23588120	20743942	20283509	19735291	548218	460433	2844178
高　中	9317111	6512497	6192894	6097152	95742	319603	2804614
大学专科	3515319	2528989	2396818	2379453	17365	132171	986330
大学本科	2453239	1575056	1516500	1510070	6430	58556	878183
研究生	242002	169895	166911	166011	900	2984	72107
女	**51789039**	**33003684**	**31950707**	**31032853**	**917854**	**1052977**	**18785355**
未上过学	4881278	1684038	1670355	1607608	62747	13683	3197240
小　学	13798703	8910947	8803224	8513111	290113	107723	4887756
初　中	20406891	15105180	14632863	14159175	473688	472317	5301711
高　中	7432340	4009762	3731638	3670222	61416	278124	3422578
大学专科	3067933	1992035	1866394	1848205	18189	125641	1075898
大学本科	2016181	1189627	1137230	1127125	10105	52397	826554
研究生	185713	112095	109003	107407	1596	3092	73618

4-3a　全国分受教育程度、性别的16岁及以上人口的就业状况(城市)

单位：人

受教育程度 性别	16岁及以上人口	经济活动人口					非经济活动人口
		小计	就业人口			失业人口	
			小计	正在工作	暂未工作		
总　计	**32675790**	**20342913**	**19206276**	**19040623**	**165653**	**1136637**	**12332877**
未上过学	776136	122177	117623	115297	2326	4554	653959
小　学	3841264	1649910	1582509	1560116	22393	67401	2191354
初　中	11612549	8038091	7609725	7537903	71822	428366	3574458
高　中	8362669	5228294	4851927	4815610	36317	376367	3134375
大学专科	4240412	2912609	2742204	2723753	18451	170405	1327803
大学本科	3451720	2131008	2046712	2034560	12152	84296	1320712
研究生	391040	260824	255576	253384	2192	5248	130216
男	**16371914**	**11648131**	**11063430**	**10977480**	**85950**	**584701**	**4723783**
未上过学	155926	42799	41400	40613	787	1399	113127
小　学	1605483	875070	843380	831862	11518	31690	730413
初　中	5944056	4712824	4496205	4455895	40310	216619	1231232
高　中	4366645	3076143	2875368	2855108	20260	200775	1290502
大学专科	2202819	1587312	1499965	1491994	7971	87347	615507
大学本科	1876144	1197482	1153197	1148847	4350	44285	678662
研究生	220841	156501	153915	153161	754	2586	64340
女	**16303876**	**8694782**	**8142846**	**8063143**	**79703**	**551936**	**7609094**
未上过学	620210	79378	76223	74684	1539	3155	540832
小　学	2235781	774840	739129	728254	10875	35711	1460941
初　中	5668493	3325267	3113520	3082008	31512	211747	2343226
高　中	3996024	2152151	1976559	1960502	16057	175592	1843873
大学专科	2037593	1325297	1242239	1231759	10480	83058	712296
大学本科	1575576	933526	893515	885713	7802	40011	642050
研究生	170199	104323	101661	100223	1438	2662	65876

4-3b 全国分受教育程度、性别的16岁及以上人口的就业状况(镇)

单位：人

受教育程度 性别	16岁及以上人口	经济活动人口					非经济活动人口
		小计	就业人口			失业人口	
			小计	正在工作	暂未工作		
总计	**19932429**	**13478122**	**12979342**	**12712174**	**267168**	**498780**	**6454307**
未上过学	1005280	274637	270048	259001	11047	4589	730643
小学	4143777	2467435	2416803	2351242	65561	50632	1676342
初中	8699440	6824159	6587924	6439049	148875	236235	1875281
高中	3896210	2319406	2184557	2153346	31211	134849	1576804
大学专科	1441563	1079571	1025453	1017749	7704	54118	361992
大学本科	721273	497333	479561	476954	2607	17772	223940
研究生	24886	15581	14996	14833	163	585	9305
男	**9951074**	**7584707**	**7339109**	**7199311**	**139798**	**245598**	**2366367**
未上过学	240172	88012	86658	83146	3512	1354	152160
小学	1774361	1212001	1190111	1158670	31441	21890	562360
初中	4524869	3917040	3804360	3723912	80448	112680	607829
高中	2181888	1442770	1370809	1351691	19118	71961	739118
大学专科	803878	620334	592343	588300	4043	27991	183544
大学本科	411159	294475	285038	283885	1153	9437	116684
研究生	14747	10075	9790	9707	83	285	4672
女	**9981355**	**5893415**	**5640233**	**5512863**	**127370**	**253182**	**4087940**
未上过学	765108	186625	183390	175855	7535	3235	578483
小学	2369416	1255434	1226692	1192572	34120	28742	1113982
初中	4174571	2907119	2783564	2715137	68427	123555	1267452
高中	1714322	876636	813748	801655	12093	62888	837686
大学专科	637685	459237	433110	429449	3661	26127	178448
大学本科	310114	202858	194523	193069	1454	8335	107256
研究生	10139	5506	5206	5126	80	300	4633

4-3c 全国分受教育程度、性别的16岁及以上人口的就业状况(乡村)

单位：人

受教育程度 性别	16岁及以上人口	经济活动人口					非经济活动人口
		小计	就业人口			失业人口	
			小计	正在工作	暂未工作		
总计	**51208905**	**39845266**	**39362371**	**37925073**	**1437298**	**482895**	**11363639**
未上过学	4839042	2064959	2054666	1976637	78029	10293	2774083
小学	16986776	13148105	13072580	12615466	457114	75525	3838671
初中	23683022	20986872	20718723	19917514	801209	268149	2696150
高中	4490572	2974559	2888048	2798418	89630	86511	1516013
大学专科	901277	528844	495555	486156	9399	33289	372433
大学本科	296427	136342	127457	125681	1776	8885	160085
研究生	11789	5585	5342	5201	141	243	6204
男	**25705097**	**21429779**	**21194743**	**20468226**	**726517**	**235036**	**4275318**
未上过学	1343082	646924	643924	619568	24356	3000	696158
小学	7793270	6267432	6235177	6023181	211996	32255	1525838
初中	13119195	12114078	11982944	11555484	427460	131134	1005117
高中	2768578	1993584	1946717	1890353	56364	46867	774994
大学专科	508622	321343	304510	299159	5351	16833	187279
大学本科	165936	83099	78265	77338	927	4834	82837
研究生	6414	3319	3206	3143	63	113	3095
女	**25503808**	**18415487**	**18167628**	**17456847**	**710781**	**247859**	**7088321**
未上过学	3495960	1418035	1410742	1357069	53673	7293	2077925
小学	9193506	6880673	6837403	6592285	245118	43270	2312833
初中	10563827	8872794	8735779	8362030	373749	137015	1691033
高中	1721994	980975	941331	908065	33266	39644	741019
大学专科	392655	207501	191045	186997	4048	16456	185154
大学本科	130491	53243	49192	48343	849	4051	77248
研究生	5375	2266	2136	2058	78	130	3109

4-4 各地区分性别、行业大类的就业人口

单位：人

地区 性别	合计	一、农、林、牧、渔业	1.农业	2.林业	3.畜牧业	4.渔业	5.农、林、牧、渔服务业	二、采矿业	6.煤炭开采和洗选业
全国	**71547989**	**34584219**	**32589211**	**257471**	**1278067**	**314298**	**145172**	**809350**	**472184**
北京	977387	53312	46366	1049	4644	465	788	3330	1342
天津	550787	112500	104764	816	3397	1866	1657	7692	174
河北	4004477	2390479	2335118	3928	39719	4220	7494	52704	24618
山西	1729275	847304	822804	2153	20098	173	2076	94868	87137
内蒙古	1285021	646857	581008	4959	55930	362	4598	34393	23362
辽宁	2345361	1036220	983360	2318	33458	12343	4741	45561	17434
吉林	1429001	849219	828467	7021	9909	785	3037	17953	9037
黑龙江	1868107	1033174	981496	13655	31096	1167	5760	51665	31832
上海	1251461	36738	30434	1155	1641	2406	1102	372	36
江苏	4486706	1021904	934574	8766	36885	31972	9707	16509	5491
浙江	3280387	483757	405514	13110	35195	27317	2621	7714	648
安徽	2897236	1570071	1521780	7424	26587	8003	6277	37504	28628
福建	1950006	551508	475237	9159	26422	37017	3673	15571	7490
江西	2251205	999126	955725	7005	26143	6900	3353	24135	12281
山东	5694220	3104115	2992212	5716	77100	21265	7822	71420	38892
河南	5006277	3328227	3242821	4652	70242	2710	7802	62618	45188
湖北	3035863	1611757	1531041	3749	34997	33798	8172	17186	4774
湖南	3389354	1894114	1775952	13218	78333	16823	9788	31138	17641
广东	5525078	1357902	1232068	7933	47835	62759	7307	7338	408
广西	2447946	1639920	1532567	22327	66294	14988	3744	9210	1745
海南	426823	252313	195930	37493	5055	11231	2604	1579	41
重庆	1374581	690918	629991	3281	52951	2924	1771	18600	13964
四川	4688003	2823598	2616109	10089	181280	7552	8568	38619	24355
贵州	1676240	1154451	1125948	2079	24156	729	1539	24674	19766
云南	2668421	1849720	1686871	46428	108449	2830	5142	39117	18334
西藏	147821	110770	75819	286	34449	8	208	324	16
陕西	1996061	1091832	1050945	7165	28801	856	4065	34478	17815
甘肃	1414319	1013880	978183	4844	25442	158	5253	14202	6101
青海	290469	167732	126359	3052	37574	97	650	4485	1525
宁夏	327094	167209	159656	881	5904	161	607	8835	6711
新疆	1133002	693592	630092	1760	48081	413	13246	15556	5398

4-4 续表 1

单位：人

地区 性别	合计	一、农、林、牧、渔业	1.农业	2.林业	3.畜牧业	4.渔业	5.农、林、牧、渔服务业	二、采矿业	6.煤炭开采和洗选业
男	**39597282**	**17579444**	**16551268**	**164084**	**549416**	**223046**	**91630**	**666207**	**405874**
北京	567020	29143	24802	648	2895	316	482	2635	1121
天津	338079	60692	55517	532	2002	1551	1090	5451	120
河北	2257003	1223352	1190711	2330	22629	3270	4412	44767	21035
山西	1055709	464937	449179	1494	12681	113	1470	81592	75024
内蒙古	757624	349917	311355	3831	31256	257	3218	29336	20399
辽宁	1340465	549315	517613	1553	16664	10309	3176	37579	15307
吉林	806444	462011	448702	5111	5500	588	2110	14916	8143
黑龙江	1083790	574598	543207	10195	16159	851	4186	41123	28153
上海	733721	18423	14335	742	1029	1597	720	269	28
江苏	2407685	453267	403166	4815	17424	21207	6655	12580	4492
浙江	1873846	284923	237030	9254	14686	22180	1773	6634	542
安徽	1579261	756428	730958	5096	10956	5419	3999	31510	24548
福建	1119937	299673	249152	6604	14013	27800	2104	13209	6503
江西	1247920	508791	486875	5200	10035	4501	2180	19898	10523
山东	3060094	1520375	1455232	3497	40413	16558	4675	55231	31069
河南	2664028	1617561	1572583	2596	36038	1797	4547	50679	37564
湖北	1652738	803153	764354	2512	10669	20213	5405	13577	4222
湖南	1891784	997840	950263	8619	22605	10364	5989	26204	15637
广东	3095633	702899	622318	4949	25323	45843	4466	5626	295
广西	1305217	842860	783352	14404	32862	9899	2343	6885	1341
海南	236426	134209	99792	21858	2708	8533	1318	1072	19
重庆	744505	338749	323270	1954	10706	1687	1132	16102	12460
四川	2500886	1391964	1325976	6297	49561	4884	5246	32173	21417
贵州	909979	584342	572811	1376	8618	489	1048	21590	17664
云南	1433677	936805	867333	28361	35879	1785	3447	33071	16431
西藏	79528	57561	38457	172	18810	7	115	236	7
陕西	1114974	561534	543880	3958	10610	511	2575	28522	15609
甘肃	758350	510953	491458	2812	13518	89	3076	11101	4898
青海	162076	85539	63480	1682	19897	53	427	3652	1364
宁夏	183433	82926	78510	502	3392	109	413	7017	5534
新疆	635450	374704	335597	1130	29878	266	7833	11970	4405

4-4 续表 2

单位：人

地区 性别	合计	一、农、林、牧、渔业	1.农业	2.林业	3.畜牧业	4.渔业	5.农、林、牧、渔服务业	二、采矿业	6.煤炭开采和洗选业
女	**31950707**	**17004775**	**16037943**	**93387**	**728651**	**91252**	**53542**	**143143**	**66310**
北京	410367	24169	21564	401	1749	149	306	695	221
天津	212708	51808	49247	284	1395	315	567	2241	54
河北	1747474	1167127	1144407	1598	17090	950	3082	7937	3583
山西	673566	382367	373625	659	7417	60	606	13276	12113
内蒙古	527397	296940	269653	1128	24674	105	1380	5057	2963
辽宁	1004896	486905	465747	765	16794	2034	1565	7982	2127
吉林	622557	387208	379765	1910	4409	197	927	3037	894
黑龙江	784317	458576	438289	3460	14937	316	1574	10542	3679
上海	517740	18315	16099	413	612	809	382	103	8
江苏	2079021	568637	531408	3951	19461	10765	3052	3929	999
浙江	1406541	198834	168484	3856	20509	5137	848	1080	106
安徽	1317975	813643	790822	2328	15631	2584	2278	5994	4080
福建	830069	251835	226085	2555	12409	9217	1569	2362	987
江西	1003285	490335	468850	1805	16108	2399	1173	4237	1758
山东	2634126	1583740	1536980	2219	36687	4707	3147	16189	7823
河南	2342249	1710666	1670238	2056	34204	913	3255	11939	7624
湖北	1383125	808604	766687	1237	24328	13585	2767	3609	552
湖南	1497570	896274	825689	4599	55728	6459	3799	4934	2004
广东	2429445	655003	609750	2984	22512	16916	2841	1712	113
广西	1142729	797060	749215	7923	33432	5089	1401	2325	404
海南	190397	118104	96138	15635	2347	2698	1286	507	22
重庆	630076	352169	306721	1327	42245	1237	639	2498	1504
四川	2187117	1431634	1290133	3792	131719	2668	3322	6446	2938
贵州	766261	570109	553137	703	15538	240	491	3084	2102
云南	1234744	912915	819538	18067	72570	1045	1695	6046	1903
西藏	68293	53209	37362	114	15639	1	93	88	9
陕西	881087	530298	507065	3207	18191	345	1490	5956	2206
甘肃	655969	502927	486725	2032	11924	69	2177	3101	1203
青海	128393	82193	62879	1370	17677	44	223	833	161
宁夏	143661	84283	81146	379	2512	52	194	1818	1177
新疆	497552	318888	294495	630	18203	147	5413	3586	993

4-4 续表 3 单位：人

地区 性别	7.石油和天然气开采业	8.黑色金属矿采选业	9.有色金属矿采选业	10.非金属矿采选业	11.其他采矿业	三、制造业	12.农副食品加工业	13.食品制造业	14.饮料制造业
全国	**105240**	**59306**	**73157**	**89316**	**10147**	**12059240**	**378733**	**338504**	**146924**
北京	710	778	122	345	33	152617	3805	6594	3558
天津	6481	121	162	569	185	148549	2354	5603	1575
河北	6295	14825	1409	5100	457	510753	17529	14851	5465
山西	513	3097	1729	2199	193	150467	5592	6686	2783
内蒙古	1248	2946	4375	2232	230	81734	6179	8183	3022
辽宁	8473	10688	4254	4245	467	316707	15949	10113	4571
吉林	5284	984	1445	948	255	97181	6274	4648	3563
黑龙江	16961	304	698	1690	180	132186	10847	9333	5678
上海	181	17	43	61	34	443178	4326	12090	3097
江苏	2028	1714	511	5980	785	1527814	33390	28167	11209
浙江	82	246	533	6024	181	1437674	19679	12249	6885
安徽	456	2163	2156	3833	268	340464	17462	13590	6254
福建	257	717	1027	5900	180	558042	20444	17907	8905
江西	298	959	6405	3861	331	477371	9020	13017	3714
山东	15649	2977	5205	7947	750	924815	58633	36506	13584
河南	7711	818	4390	3770	741	416058	23601	24932	7124
湖北	2000	2981	1987	4540	904	394652	16793	11082	7410
湖南	736	1698	6093	4038	932	434972	13524	13323	4792
广东	1595	775	1532	2771	257	2170002	21729	30179	8376
广西	461	974	2951	2812	267	190463	14802	6226	3156
海南	65	602	87	759	25	19605	3108	1149	711
重庆	1433	665	401	1920	217	156803	5234	5264	2258
四川	3663	2385	2420	5111	685	411050	16755	16392	12682
贵州	234	428	995	3004	247	94058	4543	4449	4567
云南	321	1819	13863	4470	310	150245	11356	7827	4825
西藏	30	56	143	43	36	3196	95	81	118
陕西	9296	1570	3915	1509	373	163692	6103	7946	3114
甘肃	3409	762	2609	937	384	57466	3024	3665	1666
青海	939	247	701	1047	26	15606	982	613	284
宁夏	1619	29	80	331	65	24297	1218	1483	464
新疆	6812	961	916	1320	149	57523	4383	4356	1514

4-4 续表 4

单位：人

地区 性别	7.石油和天然气开采业	8.黑色金属矿采选业	9.有色金属矿采选业	10.非金属矿采选业	11.其他采矿业	三、制造业	12.农副食品加工业	13.食品制造业	14.饮料制造业
男	**72047**	**49372**	**57919**	**73528**	**7467**	**6758775**	**219755**	**172606**	**88288**
北京	437	667	83	313	14	95622	2308	3380	2227
天津	4564	84	98	452	133	90763	1565	3205	1024
河北	4550	13320	1189	4322	351	317277	10900	7495	3232
山西	350	2735	1402	1925	156	105379	3560	3676	1723
内蒙古	939	2422	3548	1857	171	53588	3929	4533	1884
辽宁	5717	8923	3681	3588	363	202293	8853	5194	3009
吉林	3862	839	1141	746	185	64174	3922	2410	2377
黑龙江	10662	253	548	1369	138	86787	7234	4970	3809
上海	121	14	31	47	28	258258	2538	6350	2007
江苏	1300	1264	354	4688	482	773263	18284	13033	6091
浙江	50	211	438	5258	135	756495	9793	6327	4210
安徽	306	1652	1650	3159	195	183582	10412	6707	3647
福建	161	567	849	4993	136	298521	10272	8854	4787
江西	196	725	5059	3139	256	249045	6006	7056	2226
山东	10295	2424	4188	6692	563	510625	31930	17413	7977
河南	5421	680	3360	3152	502	246939	14143	12178	4137
湖北	1281	2244	1531	3580	719	222932	9881	5894	4443
湖南	505	1377	4706	3301	678	245121	8278	6551	2842
广东	1165	613	1093	2270	190	1189876	13056	16540	5388
广西	289	752	2218	2088	197	106481	8909	3321	1864
海南	36	395	68	529	25	12161	1875	623	421
重庆	989	538	315	1631	169	95442	2945	2657	1364
四川	2483	1760	1820	4185	508	237076	9980	8224	7623
贵州	151	340	792	2464	179	59228	2699	2273	2786
云南	175	1508	11080	3647	230	93474	6457	3969	2817
西藏	12	38	118	36	25	1981	53	48	77
陕西	6909	1352	3101	1258	293	102513	3746	4115	1916
甘肃	2410	668	2101	760	264	37155	1895	1894	1033
青海	704	214	580	768	22	10406	663	290	160
宁夏	1082	18	62	279	42	16294	769	806	247
新疆	4925	775	715	1032	118	36024	2900	2620	940

4-4 续表 5

单位：人

地区 性别	7.石油和天然气开采业	8.黑色金属矿采选业	9.有色金属矿采选业	10.非金属矿采选业	11.其他采矿业	三、制造业	12.农副食品加工业	13.食品制造业	14.饮料制造业
女	**33193**	**9934**	**15238**	**15788**	**2680**	**5300465**	**158978**	**165898**	**58636**
北京	273	111	39	32	19	56995	1497	3214	1331
天津	1917	37	64	117	52	57786	789	2398	551
河北	1745	1505	220	778	106	193476	6629	7356	2233
山西	163	362	327	274	37	45088	2032	3010	1060
内蒙古	309	524	827	375	59	28146	2250	3650	1138
辽宁	2756	1765	573	657	104	114414	7096	4919	1562
吉林	1422	145	304	202	70	33007	2352	2238	1186
黑龙江	6299	51	150	321	42	45399	3613	4363	1869
上海	60	3	12	14	6	184920	1788	5740	1090
江苏	728	450	157	1292	303	754551	15106	15134	5118
浙江	32	35	95	766	46	681179	9886	5922	2675
安徽	150	511	506	674	73	156882	7050	6883	2607
福建	96	150	178	907	44	259521	10172	9053	4118
江西	102	234	1346	722	75	228326	3014	5961	1488
山东	5354	553	1017	1255	187	414190	26703	19093	5607
河南	2290	138	1030	618	239	169119	9458	12754	2987
湖北	719	737	456	960	185	171720	6912	5188	2967
湖南	231	321	1387	737	254	189851	5246	6772	1950
广东	430	162	439	501	67	980126	8673	13639	2988
广西	172	222	733	724	70	83982	5893	2905	1292
海南	29	207	19	230		7444	1233	526	290
重庆	444	127	86	289	48	61361	2289	2607	894
四川	1180	625	600	926	177	173974	6775	8168	5059
贵州	83	88	203	540	68	34830	1844	2176	1781
云南	146	311	2783	823	80	56771	4899	3858	2008
西藏	18	18	25	7	11	1215	42	33	41
陕西	2387	218	814	251	80	61179	2357	3831	1198
甘肃	999	94	508	177	120	20311	1129	1771	633
青海	235	33	121	279	4	5200	319	323	124
宁夏	537	11	18	52	23	8003	449	677	217
新疆	1887	186	201	288	31	21499	1483	1736	574

4-4 续表 6 单位：人

地区 性别	15.烟草制品业	16.纺织业	17.纺织服装、鞋、帽制造业	18.皮革、毛皮、羽毛(绒)及其制品业	19.木材加工及木、竹、藤、棕、草制品业	20.家具制造业	21.造纸及纸制品业	22.印刷业和记录媒介的复制	23.文教体育用品制造业
全国	**32233**	**929274**	**1479572**	**564748**	**331518**	**338628**	**211748**	**165900**	**259050**
北京	153	2959	16336	931	1797	7504	1686	6396	1602
天津	183	3902	13141	1879	1259	2957	2137	1891	2117
河北	954	43528	42051	27705	16028	15506	9568	7263	2068
山西	331	3228	2547	322	1413	2006	1488	1945	490
内蒙古	364	3574	3329	1149	3761	1334	857	968	245
辽宁	550	9353	29567	5447	5936	5756	4432	3414	1061
吉林	832	2856	2897	357	7272	2060	1849	1456	378
黑龙江	1031	4238	3621	833	16422	4578	2730	1689	698
上海	728	16233	40920	7034	5364	12685	6862	8661	7907
江苏	1021	196966	210961	23727	48276	23001	16722	15286	22896
浙江	405	204703	158372	105450	31493	30172	26361	20743	27310
安徽	1454	18518	64273	7955	12428	9986	3990	3406	8428
福建	1150	35680	107444	55661	17369	15603	12795	6188	9822
江西	951	21574	130208	40233	12889	24239	4901	3737	11953
山东	1893	104828	73675	18404	55821	21861	20280	9181	9939
河南	2464	30296	36436	10810	11214	10387	8918	4651	4965
湖北	1595	31764	87133	8545	7253	10836	4419	4724	5578
湖南	3288	21583	56675	33608	15576	14266	8438	4889	14524
广东	1277	114504	290492	156127	18773	70217	47046	41176	100573
广西	552	9659	22104	6329	13820	5451	5222	2175	5163
海南	81	208	2010	96	1323	691	844	401	187
重庆	782	5365	9270	8147	2201	5221	1887	1823	1502
四川	1408	18028	50721	30117	9339	26773	7244	4899	8247
贵州	2143	2786	5768	4484	3145	3205	1127	1103	2950
云南	5060	5242	7583	5610	5438	4820	2660	2307	5035
西藏	4	340	217	55	299	304	9	83	32
陕西	1129	9371	6151	2266	2494	3149	4029	2932	2385
甘肃	263	1601	1941	715	909	1482	654	990	452
青海	11	413	493	69	270	207	33	295	60
宁夏	52	653	365	155	300	442	1563	300	65
新疆	124	5321	2871	528	1636	1929	997	928	418

4-4 续表 7 单位：人

地区 性别	15.烟草制品业	16.纺织业	17.纺织服装、鞋、帽制造业	18.皮革、毛皮、羽毛(绒)及其制品业	19.木材加工及木、竹、藤、棕、草制品业	20.家具制造业	21.造纸及纸制品业	22.印刷业和记录媒介的复制	23.文教体育用品制造业
男	**19651**	**352757**	**500259**	**267805**	**207144**	**234609**	**124527**	**94606**	**116720**
北京	103	1182	7026	499	1291	5260	953	3838	897
天津	129	1723	4225	887	930	2032	1310	1092	1250
河北	622	17330	10804	12568	10705	10475	5530	3976	1007
山西	196	1196	848	148	1106	1591	824	1072	265
内蒙古	239	1080	776	319	2636	1036	528	483	116
辽宁	363	3430	7611	2486	4020	3892	2818	1890	493
吉林	547	1082	825	176	4852	1379	1209	794	198
黑龙江	671	1825	913	391	10928	3100	1781	950	354
上海	526	6456	12227	2939	3644	8693	3840	5028	3796
江苏	659	66883	50118	8110	27215	15947	9468	7910	5893
浙江	269	81973	52192	51689	18218	20242	15649	12075	11719
安徽	910	6202	17641	3014	8156	7433	2203	1835	1629
福建	667	13993	44224	24414	10772	10363	6703	3732	4699
江西	571	7867	50300	18851	9419	18099	2816	2172	5099
山东	1212	37355	17566	6256	29866	13903	12044	4800	3269
河南	1484	10756	11715	4964	6783	7360	5438	2571	2244
湖北	992	11794	32106	4222	5487	8244	2542	2685	2843
湖南	1830	8548	22318	16243	10740	10503	5093	2809	7169
广东	800	49670	116114	80588	12806	48539	28826	24911	50893
广西	342	3119	7529	2904	8185	3635	3002	1204	2488
海南	53	98	707	52	931	512	577	224	97
重庆	517	2046	3534	3935	1550	3589	1055	1000	681
四川	858	6890	19506	14464	6405	17492	4015	2634	3727
贵州	1282	1259	2452	2528	2339	2391	701	656	1542
云南	2816	2178	3082	3065	3797	3460	1580	1307	2622
西藏	3	68	110	27	249	239	5	38	16
陕西	703	3444	2155	1180	1768	2332	2095	1625	1218
甘肃	167	631	611	427	681	1031	388	546	240
青海	8	148	119	34	185	151	14	142	41
宁夏	25	221	85	79	197	319	935	134	30
新疆	87	2310	820	346	1283	1367	585	473	185

4-4 续表 8 单位：人

地区 性别	15.烟草制品业	16.纺织业	17.纺织服装、鞋、帽制造业	18.皮革、毛皮、羽毛(绒)及其制品业	19.木材加工及木、竹、藤、棕、草制品业	20.家具制造业	21.造纸及纸制品业	22.印刷业和记录媒介的复制	23.文教体育用品制造业
女	**12582**	**576517**	**979313**	**296943**	**124374**	**104019**	**87221**	**71294**	**142330**
北京	50	1777	9310	432	506	2244	733	2558	705
天津	54	2179	8916	992	329	925	827	799	867
河北	332	26198	31247	15137	5323	5031	4038	3287	1061
山西	135	2032	1699	174	307	415	664	873	225
内蒙古	125	2494	2553	830	1125	298	329	485	129
辽宁	187	5923	21956	2961	1916	1864	1614	1524	568
吉林	285	1774	2072	181	2420	681	640	662	180
黑龙江	360	2413	2708	442	5494	1478	949	739	344
上海	202	9777	28693	4095	1720	3992	3022	3633	4111
江苏	362	130083	160843	15617	21061	7054	7254	7376	17003
浙江	136	122730	106180	53761	13275	9930	10712	8668	15591
安徽	544	12316	46632	4941	4272	2553	1787	1571	6799
福建	483	21687	63220	31247	6597	5240	6092	2456	5123
江西	380	13707	79908	21382	3470	6140	2085	1565	6854
山东	681	67473	56109	12148	25955	7958	8236	4381	6670
河南	980	19540	24721	5846	4431	3027	3480	2080	2721
湖北	603	19970	55027	4323	1766	2592	1877	2039	2735
湖南	1458	13035	34357	17365	4836	3763	3345	2080	7355
广东	477	64834	174378	75539	5967	21678	18220	16265	49680
广西	210	6540	14575	3425	5635	1816	2220	971	2675
海南	28	110	1303	44	392	179	267	177	90
重庆	265	3319	5736	4212	651	1632	832	823	821
四川	550	11138	31215	15653	2934	9281	3229	2265	4520
贵州	861	1527	3316	1956	806	814	426	447	1408
云南	2244	3064	4501	2545	1641	1360	1080	1000	2413
西藏	1	272	107	28	50	65	4	45	16
陕西	426	5927	3996	1086	726	817	1934	1307	1167
甘肃	96	970	1330	288	228	451	266	444	212
青海	3	265	374	35	85	56	19	153	19
宁夏	27	432	280	76	103	123	628	166	35
新疆	37	3011	2051	182	353	562	412	455	233

4-4 续表 9

单位：人

地区 性别	24.石油加工、炼焦及核燃料加工业	25.化学原料及化学制品制造业	26.医药制造业	27.化学纤维制造业	28.橡胶制品业	29.塑料制品业	30.非金属矿物制品业	31.黑色金属冶炼及压延加工业	32.有色金属冶炼及压延加工业
全国	**83589**	**398388**	**149573**	**41596**	**121711**	**342743**	**706986**	**300187**	**145281**
北京	1849	4561	5820	152	721	2483	8566	3374	803
天津	2018	7988	4027	601	2363	3512	3894	8848	942
河北	6765	16235	8824	2250	7357	14261	43865	58642	4600
山西	10036	11570	2789	306	843	1123	22321	16538	4987
内蒙古	2479	6003	2066	51	247	995	8420	7120	3847
辽宁	10552	12329	5261	1095	3702	6211	20160	23732	5484
吉林	1186	5624	5982	1026	531	1242	6803	4399	929
黑龙江	2286	5117	5827	298	1065	2165	8758	3942	970
上海	2818	17689	7927	1244	4802	15571	13593	8407	4044
江苏	4219	54862	13531	11576	13359	37335	55981	29810	14070
浙江	1644	23691	10894	8109	19192	61760	46617	11760	12585
安徽	1099	11439	4925	609	3695	7489	25912	7016	2635
福建	810	7877	2355	1532	7960	19894	47492	5528	3254
江西	1459	23089	6002	889	2558	4687	34312	6308	5805
山东	8837	37386	13114	2883	17772	21041	63303	22660	9195
河南	3040	15100	7563	2710	4072	7198	38545	13370	13600
湖北	2043	15041	6561	342	1849	5877	22042	10332	3140
湖南	1412	29094	3681	625	2640	4974	29938	9240	6347
广东	3982	30359	9414	1809	15250	104419	79905	7659	13511
广西	560	6345	2546	110	938	2323	15883	4374	4133
海南	202	489	889	19	691	235	1868	178	97
重庆	424	6388	2837	795	1459	2375	11362	3286	2448
四川	2462	16797	6640	1126	3279	6636	35815	12683	4430
贵州	566	4893	1278	34	1868	1415	10635	3228	2906
云南	1322	8102	2215	152	1092	2782	19268	6107	6421
西藏	16	10	99	1	7	88	387	47	79
陕西	2541	6612	3816	388	1217	1488	14582	3628	3930
甘肃	1878	3827	1233	211	333	765	6320	2674	5184
青海	445	2458	394	9	29	129	1825	1252	2075
宁夏	1536	2709	558	22	499	348	2809	1598	1879
新疆	3103	4704	505	622	321	1922	5805	2447	951

4-4 续表 10 单位：人

地区 性别	24.石油加工、炼焦及核燃料加工业	25.化学原料及化学制品制造业	26.医药制造业	27.化学纤维制造业	28.橡胶制品业	29.塑料制品业	30.非金属矿物制品业	31.黑色金属冶炼及压延加工业	32.有色金属冶炼及压延加工业
男	**59899**	**252839**	**80182**	**23703**	**74680**	**186816**	**487806**	**235106**	**104829**
北京	1256	2844	2825	97	483	1475	6479	2782	574
天津	1456	5619	2280	394	1606	1911	3020	7318	753
河北	5092	11388	4822	1333	4845	7992	31665	47875	3500
山西	7930	8105	1369	193	603	660	16240	13553	3807
内蒙古	1891	4114	1264	24	175	600	6413	5484	3025
辽宁	7439	8501	2903	667	2584	3443	15050	19003	4155
吉林	840	3964	3208	670	356	799	5092	3376	717
黑龙江	1580	3390	3345	173	731	1399	6550	3011	683
上海	2025	10689	4193	783	2761	8169	9673	6892	2880
江苏	3022	35267	7079	5950	7894	18911	36506	22607	9371
浙江	1230	16068	6387	4858	11049	31408	32036	9341	8519
安徽	823	7429	2543	364	2231	3968	18244	5637	1995
福建	573	4936	1309	951	4720	11168	31966	4291	2366
江西	1034	10544	3092	521	1389	2554	22237	4576	4173
山东	6111	25132	7065	1660	11775	10733	44022	17530	6891
河南	2101	10072	3965	1354	2469	3843	27925	10246	10183
湖北	1380	10275	3384	178	1183	3213	15493	7988	2241
湖南	869	14396	1952	367	1581	2776	19634	6812	4596
广东	2823	19069	5063	1162	9039	60248	52216	5990	9601
广西	381	3688	1265	48	560	1265	10191	3252	2943
海南	153	313	428	14	386	144	1358	141	67
重庆	297	4050	1511	470	891	1303	7756	2449	1701
四川	1719	10827	3520	619	1872	3700	24300	8917	3184
贵州	401	3289	664	15	1243	785	7477	2409	2177
云南	917	5353	1110	81	706	1550	13438	4657	4562
西藏	14	5	51		4	50	263	40	55
陕西	1696	4333	2103	191	762	889	10587	2710	2811
甘肃	1222	2480	675	143	204	405	4577	2181	3605
青海	321	1648	200	6	22	63	1349	959	1566
宁夏	1183	1907	326	15	339	168	2052	1266	1407
新疆	2120	3144	281	402	217	1224	3997	1813	721

4-4 续表 11

单位：人

地区 性别	24.石油加工、炼焦及核燃料加工业	25.化学原料及化学制品制造业	26.医药制造业	27.化学纤维制造业	28.橡胶制品业	29.塑料制品业	30.非金属矿物制品业	31.黑色金属冶炼及压延加工业	32.有色金属冶炼及压延加工业
女	**23690**	**145549**	**69391**	**17893**	**47031**	**155927**	**219180**	**65081**	**40452**
北京	593	1717	2995	55	238	1008	2087	592	229
天津	562	2369	1747	207	757	1601	874	1530	189
河北	1673	4847	4002	917	2512	6269	12200	10767	1100
山西	2106	3465	1420	113	240	463	6081	2985	1180
内蒙古	588	1889	802	27	72	395	2007	1636	822
辽宁	3113	3828	2358	428	1118	2768	5110	4729	1329
吉林	346	1660	2774	356	175	443	1711	1023	212
黑龙江	706	1727	2482	125	334	766	2208	931	287
上海	793	7000	3734	461	2041	7402	3920	1515	1164
江苏	1197	19595	6452	5626	5465	18424	19475	7203	4699
浙江	414	7623	4507	3251	8143	30352	14581	2419	4066
安徽	276	4010	2382	245	1464	3521	7668	1379	640
福建	237	2941	1046	581	3240	8726	15526	1237	888
江西	425	12545	2910	368	1169	2133	12075	1732	1632
山东	2726	12254	6049	1223	5997	10308	19281	5130	2304
河南	939	5028	3598	1356	1603	3355	10620	3124	3417
湖北	663	4766	3177	164	666	2664	6549	2344	899
湖南	543	14698	1729	258	1059	2198	10304	2428	1751
广东	1159	11290	4351	647	6211	44171	27689	1669	3910
广西	179	2657	1281	62	378	1058	5692	1122	1190
海南	49	176	461	5	305	91	510	37	30
重庆	127	2338	1326	325	568	1072	3606	837	747
四川	743	5970	3120	507	1407	2936	11515	3766	1246
贵州	165	1604	614	19	625	630	3158	819	729
云南	405	2749	1105	71	386	1232	5830	1450	1859
西藏	2	5	48	1	3	38	124	7	24
陕西	845	2279	1713	197	455	599	3995	918	1119
甘肃	656	1347	558	68	129	360	1743	493	1579
青海	124	810	194	3	7	66	476	293	509
宁夏	353	802	232	7	160	180	757	332	472
新疆	983	1560	224	220	104	698	1808	634	230

4-4 续表 12

单位：人

地区 性别	33.金属制品业	34.通用设备制造业	35.专用设备制造业	36.交通运输设备制造业	37.电气机械及器材制造业	38.通信设备、计算机及其他电子设备制造业	39.仪器仪表及文化、办公用机械制造业	40.工艺品及其他制造业	41.废弃资源和废旧材料回收加工业
全国	**673244**	**699763**	**459008**	**629368**	**656313**	**888798**	**167201**	**330012**	**88647**
北京	8460	7922	9744	14903	8495	15655	3543	1990	255
天津	11008	8645	6776	16436	9122	15532	2548	3608	1683
河北	37126	37016	13883	22288	11716	7152	3177	7526	5554
山西	7625	13558	9001	4750	3050	7189	1280	3342	1328
内蒙古	3987	3287	2890	3055	1122	537	855	825	983
辽宁	15356	36895	16498	31535	13118	8500	4089	4337	1704
吉林	2423	3773	2974	19937	2019	1391	1047	695	758
黑龙江	4048	10854	6709	9417	3678	1041	1896	1259	1158
上海	30219	37393	25494	44752	36434	51905	8510	4321	2148
江苏	93201	129978	66071	82481	90807	152902	16529	21277	8203
浙江	90991	129363	49103	72663	107553	36957	22815	76648	11507
安徽	13298	18220	10803	21198	19745	11643	3187	5738	4069
福建	28956	10072	11838	15381	18499	28721	6615	29130	3160
江西	15179	7006	9455	11716	17567	38810	4045	9973	2075
山东	44158	91557	30442	45087	25320	29913	5991	25485	6066
河南	16306	26763	23958	16643	12008	13673	6141	15127	4443
湖北	14030	16264	12087	36061	14484	25930	4426	3955	3056
湖南	15659	13072	20338	14303	17982	41304	5035	10341	4501
广东	169125	40660	83572	42300	192624	336529	46380	78440	13595
广西	5807	3899	5582	12771	7015	12539	1730	7906	1343
海南	719	259	413	1297	436	248	194	305	257
重庆	5683	9478	4779	39207	6678	4549	3430	1532	1139
四川	14979	19318	14277	19362	16400	23001	4127	4110	3003
贵州	4315	2718	2537	6913	2860	3272	903	2225	1222
云南	7121	3761	3079	5323	4376	3625	1861	3984	1891
西藏	91	27	43	237	13	34	200	121	59
陕西	6488	11360	11349	14845	8975	14308	4059	1868	1169
甘肃	2681	3256	2585	2200	2359	1301	1170	1352	775
青海	831	580	186	383	161	86	214	602	217
宁夏	1269	1278	825	315	543	145	292	201	411
新疆	2105	1531	1717	1609	1154	406	912	1789	915

4-4 续表 13

单位：人

地区 性别	33.金属制品业	34.通用设备制造业	35.专用设备制造业	36.交通运输设备制造业	37.电气机械及器材制造业	38.通信设备、计算机及其他电子设备制造业	39.仪器仪表及文化、办公用机械制造业	40.工艺品及其他制造业	41.废弃资源和废旧材料回收加工业
男	**462926**	**495895**	**307221**	**457577**	**375154**	**456227**	**92752**	**148551**	**57885**
北京	6316	5974	6525	11067	5374	8958	2185	1271	173
天津	8335	6393	4356	11532	5469	6555	1485	1697	1212
河北	27425	28503	10106	16866	7754	3795	1869	4097	3706
山西	5851	10851	6239	3662	1961	4316	780	2082	972
内蒙古	3149	2465	2063	2504	805	322	540	496	695
辽宁	11732	28919	11190	24864	8058	3732	2381	2488	1125
吉林	1835	2873	2138	14795	1331	828	647	424	510
黑龙江	3015	8072	4892	7093	2607	657	1135	756	772
上海	20945	26851	16894	33135	20834	24796	4939	2239	1516
江苏	61907	88628	43274	57990	50864	73220	8373	7693	5096
浙江	58059	85028	35943	49001	55563	16813	12119	31497	7220
安徽	9893	13480	6579	15897	11675	5672	1846	2964	2553
福建	19871	7644	8285	11417	10611	13833	3362	15622	2116
江西	10694	5030	5696	8829	9872	19527	2291	5176	1328
山东	32016	62567	20501	34591	16082	14076	3352	8816	4114
河南	12044	20523	16674	12659	7746	7545	3603	7225	2989
湖北	10325	12052	7870	26217	8927	14343	2528	2327	1875
湖南	11017	9875	13197	10734	10795	22428	2953	5285	2930
广东	111066	28150	53872	30535	106977	179566	25072	32209	9087
广西	4039	2943	3668	9388	4033	6815	977	3682	841
海南	564	208	286	1013	281	170	119	189	157
重庆	3868	6622	3145	26398	4134	2379	1990	886	719
四川	10471	14130	8889	13987	9957	12456	2431	2346	1933
贵州	3099	1943	1709	4912	1784	1784	522	1332	775
云南	5259	2783	2055	4144	2857	2132	1090	2498	1132
西藏	60	24	25	185	11	20	127	79	35
陕西	4861	8496	7486	10547	5935	8352	2433	1215	809
甘肃	2015	2310	1829	1732	1546	732	699	762	494
青海	619	423	125	314	114	48	134	397	143
宁夏	949	985	570	261	356	82	185	134	262
新疆	1627	1150	1140	1308	841	275	585	667	596

4-4 续表 14 单位：人

地区 性别	33.金属制品业	34.通用设备制造业	35.专用设备制造业	36.交通运输设备制造业	37.电气机械及器材制造业	38.通信设备、计算机及其他电子设备制造业	39.仪器仪表及文化、办公用机械制造业	40.工艺品及其他制造业	41.废弃资源和废旧材料回收加工业
女	**210318**	**203868**	**151787**	**171791**	**281159**	**432571**	**74449**	**181461**	**30762**
北京	2144	1948	3219	3836	3121	6697	1358	719	82
天津	2673	2252	2420	4904	3653	8977	1063	1911	471
河北	9701	8513	3777	5422	3962	3357	1308	3429	1848
山西	1774	2707	2762	1088	1089	2873	500	1260	356
内蒙古	838	822	827	551	317	215	315	329	288
辽宁	3624	7976	5308	6671	5060	4768	1708	1849	579
吉林	588	900	836	5142	688	563	400	271	248
黑龙江	1033	2782	1817	2324	1071	384	761	503	386
上海	9274	10542	8600	11617	15600	27109	3571	2082	632
江苏	31294	41350	22797	24491	39943	79682	8156	13584	3107
浙江	32932	44335	13160	23662	51990	20144	10696	45151	4287
安徽	3405	4740	4224	5301	8070	5971	1341	2774	1516
福建	9085	2428	3553	3964	7888	14888	3253	13508	1044
江西	4485	1976	3759	2887	7695	19283	1754	4797	747
山东	12142	28990	9941	10496	9238	15837	2639	16669	1952
河南	4262	6240	7284	3984	4262	6128	2538	7902	1454
湖北	3705	4212	4217	9844	5557	11587	1898	1628	1181
湖南	4642	3197	7141	3569	7187	18876	2082	5056	1571
广东	58059	12510	29700	11765	85647	156963	21308	46231	4508
广西	1768	956	1914	3383	2982	5724	753	4224	502
海南	155	51	127	284	155	78	75	116	100
重庆	1815	2856	1634	12809	2544	2170	1440	646	420
四川	4508	5188	5388	5375	6443	10545	1696	1764	1070
贵州	1216	775	828	2001	1076	1488	381	893	447
云南	1862	978	1024	1179	1519	1493	771	1486	759
西藏	31	3	18	52	2	14	73	42	24
陕西	1627	2864	3863	4298	3040	5956	1626	653	360
甘肃	666	946	756	468	813	569	471	590	281
青海	212	157	61	69	47	38	80	205	74
宁夏	320	293	255	54	187	63	107	67	149
新疆	478	381	577	301	313	131	327	1122	319

4-4 续表 15

单位：人

地区 性别	四、电力、燃气及水的生产和供应业	42.电力、热力的生产和供应业	43.燃气生产和供应业	44.水的生产和供应业	五、建筑业	45.房屋和土木工程建筑业	46.建筑安装业	47.建筑装饰业	48.其他建筑业
全国	**495991**	**373771**	**46714**	**75506**	**3919862**	**2903099**	**223706**	**715783**	**77274**
北京	9320	6501	1405	1414	65813	37264	3586	23773	1190
天津	7104	4962	1067	1075	49434	37821	3825	5646	2142
河北	26590	21420	2245	2925	195871	159900	8158	25294	2519
山西	20725	15896	2432	2397	77632	56971	5090	13558	2013
内蒙古	17951	15039	1124	1788	83364	63529	4637	13166	2032
辽宁	28831	21000	3004	4827	93616	64898	5038	21613	2067
吉林	13860	10531	1211	2118	38715	25982	2558	8943	1232
黑龙江	21072	16286	1368	3418	64997	48776	4320	10025	1876
上海	9920	5355	2200	2365	79026	41736	7136	27505	2649
江苏	30690	21323	3177	6190	400328	274143	27675	91273	7237
浙江	22029	16230	1658	4141	232138	154110	11994	61137	4897
安徽	16417	12194	1487	2736	230010	172887	11955	42241	2927
福建	14738	11687	986	2065	139774	100095	9008	26947	3724
江西	13724	10751	969	2004	172558	126402	8464	34936	2756
山东	35099	27111	3464	4524	271870	209988	18015	38346	5521
河南	25254	19366	2092	3796	240449	199121	10982	27086	3260
湖北	19516	14023	1863	3630	175448	128320	10127	33056	3945
湖南	17952	13850	1284	2818	171235	127326	13176	27445	3288
广东	29185	19240	3371	6574	202596	128220	14318	55757	4301
广西	11248	8745	757	1746	78104	53807	4773	17692	1832
海南	2391	1562	249	580	16593	11496	1257	3193	647
重庆	9642	6645	1451	1546	89392	69196	3838	14705	1653
四川	27411	20535	3423	3453	315591	260566	12327	38747	3951
贵州	9606	7805	648	1153	60754	47840	2512	8782	1620
云南	14166	11928	639	1599	109219	91700	3771	11666	2082
西藏	746	686	16	44	3467	2574	235	367	291
陕西	13216	10579	1000	1637	128071	105769	6926	13293	2083
甘肃	9930	8052	631	1247	49764	39860	2813	6119	972
青海	3214	2647	327	240	16251	13046	902	1882	421
宁夏	4647	3970	279	398	23398	19483	666	2825	424
新疆	9797	7852	887	1058	44384	30273	3624	8765	1722

4-4 续表 16

单位：人

地区 性别	四、电力、燃气及水的生产和供应业	42.电力、热力的生产和供应业	43.燃气生产和供应业	44.水的生产和供应业	五、建筑业	45.房屋和土木工程建筑业	46.建筑安装业	47.建筑装饰业	48.其他建筑业
男	**353899**	**272829**	**31497**	**49573**	**3355130**	**2493317**	**192039**	**606200**	**63574**
北京	6639	4692	992	955	55266	31673	2888	19832	873
天津	5194	3698	747	749	43993	34160	3401	4668	1764
河北	19245	15919	1516	1810	177922	147396	7066	21265	2195
山西	14614	11517	1593	1504	69840	51643	4378	12060	1759
内蒙古	12762	10913	758	1091	72172	55393	4011	11072	1696
辽宁	21023	15721	2043	3259	81667	58253	4245	17455	1714
吉林	10146	7894	842	1410	33160	23026	2135	7021	978
黑龙江	14971	11789	957	2225	55296	42260	3578	7913	1545
上海	7449	4149	1644	1656	68540	36925	6039	23452	2124
江苏	23131	16579	2221	4331	350640	240831	24364	79403	6042
浙江	16920	12774	1135	3011	209965	138499	10892	56267	4307
安徽	12147	9261	1022	1864	197444	148205	10313	36464	2462
福建	10644	8569	676	1399	115355	81099	8103	23101	3052
江西	9442	7508	664	1270	143934	105045	7226	29331	2332
山东	24878	19840	2199	2839	233829	183026	15619	30493	4691
河南	17328	13699	1341	2288	210241	175445	9429	22743	2624
湖北	13386	9861	1257	2268	150634	110847	8792	27785	3210
湖南	12515	9878	834	1803	147125	109513	11296	23628	2688
广东	21460	14556	2374	4530	174628	109689	12447	48914	3578
广西	7672	6073	491	1108	63811	44319	3850	14191	1451
海南	1621	1111	164	346	13355	9164	1043	2619	529
重庆	6477	4620	904	953	73045	56587	3160	12015	1283
四川	18895	14512	2172	2211	252849	208906	10111	30762	3070
贵州	6761	5605	427	729	49789	38947	2093	7452	1297
云南	9998	8525	431	1042	90244	75857	3132	9600	1655
西藏	517	481	11	25	2659	1951	196	291	221
陕西	9179	7430	681	1068	109541	90891	5822	11118	1710
甘肃	6691	5507	433	751	41222	33330	2262	4882	748
青海	2364	1961	227	176	12796	10461	674	1328	333
宁夏	3269	2862	173	234	19617	16408	561	2312	336
新疆	6561	5325	568	668	34551	23568	2913	6763	1307

4-4 续表 17 单位：人

地区 性别	四、电力、燃气及水的生产和供应业	42.电力、热力的生产和供应业	43.燃气生产和供应业	44.水的生产和供应业	五、建筑业	45.房屋和土木工程建筑业	46.建筑安装业	47.建筑装饰业	48.其他建筑业
女	**142092**	**100942**	**15217**	**25933**	**564732**	**409782**	**31667**	**109583**	**13700**
北京	2681	1809	413	459	10547	5591	698	3941	317
天津	1910	1264	320	326	5441	3661	424	978	378
河北	7345	5501	729	1115	17949	12504	1092	4029	324
山西	6111	4379	839	893	7792	5328	712	1498	254
内蒙古	5189	4126	366	697	11192	8136	626	2094	336
辽宁	7808	5279	961	1568	11949	6645	793	4158	353
吉林	3714	2637	369	708	5555	2956	423	1922	254
黑龙江	6101	4497	411	1193	9701	6516	742	2112	331
上海	2471	1206	556	709	10486	4811	1097	4053	525
江苏	7559	4744	956	1859	49688	33312	3311	11870	1195
浙江	5109	3456	523	1130	22173	15611	1102	4870	590
安徽	4270	2933	465	872	32566	24682	1642	5777	465
福建	4094	3118	310	666	24419	18996	905	3846	672
江西	4282	3243	305	734	28624	21357	1238	5605	424
山东	10221	7271	1265	1685	38041	26962	2396	7853	830
河南	7926	5667	751	1508	30208	23676	1553	4343	636
湖北	6130	4162	606	1362	24814	17473	1335	5271	735
湖南	5437	3972	450	1015	24110	17813	1880	3817	600
广东	7725	4684	997	2044	27968	18531	1871	6843	723
广西	3576	2672	266	638	14293	9488	923	3501	381
海南	770	451	85	234	3238	2332	214	574	118
重庆	3165	2025	547	593	16347	12609	678	2690	370
四川	8516	6023	1251	1242	62742	51660	2216	7985	881
贵州	2845	2200	221	424	10965	8893	419	1330	323
云南	4168	3403	208	557	18975	15843	639	2066	427
西藏	229	205	5	19	808	623	39	76	70
陕西	4037	3149	319	569	18530	14878	1104	2175	373
甘肃	3239	2545	198	496	8542	6530	551	1237	224
青海	850	686	100	64	3455	2585	228	554	88
宁夏	1378	1108	106	164	3781	3075	105	513	88
新疆	3236	2527	319	390	9833	6705	711	2002	415

4-4 续表 18

单位：人

地区 性别	六、交通运输、仓储和邮政业	49.铁路运输业	50.道路运输业	51.城市公共交通业	52.水上运输业	53.航空运输业	54.管道运输业	55.装卸搬运和其他运输服务业	56.仓储业
全国	**2544704**	**223215**	**1355227**	**471165**	**73118**	**43768**	**4495**	**214563**	**71099**
北京	61509	5305	16127	24330	235	5242	75	2532	3194
天津	40218	3212	16675	7659	2624	1060	126	4734	2723
河北	131610	12765	85441	17829	2533	669	470	6255	2427
山西	97812	12540	63935	13432	43	567	70	3812	1438
内蒙古	74379	11717	37193	13173	38	626	115	8339	1519
辽宁	125852	15213	49038	38691	3721	1922	399	10126	3400
吉林	60323	9183	18029	24356	84	593	93	3912	2286
黑龙江	95563	17276	28450	31162	381	747	123	9633	4543
上海	94280	3305	28650	21922	5957	7427	90	11735	8258
江苏	180597	6529	108237	26065	10890	1585	313	16151	4271
浙江	128575	3169	70290	22411	9100	1479	39	14107	2194
安徽	96181	7244	58984	14085	3889	572	61	6349	2230
福建	83861	3610	46840	12486	5134	1654	42	8841	1956
江西	76863	7186	46642	10692	1246	523	61	6932	1296
山东	171013	12667	97697	26607	6849	2176	625	13447	6198
河南	125731	19214	73480	17985	246	879	292	7315	3174
湖北	106983	8261	61316	17159	3733	1304	208	9372	2616
湖南	107534	9840	61176	18466	1848	993	169	10438	1641
广东	164227	7175	79940	29057	7587	4538	127	20461	4718
广西	62718	4736	36360	8005	2902	664	120	6826	1270
海南	16279	370	9172	3379	750	829	29	931	281
重庆	48306	2703	26187	8077	2174	839	85	5728	1082
四川	118640	8023	73294	19404	606	2133	127	9159	2329
贵州	41768	3712	27159	4364	186	404	34	4232	620
云南	57698	3588	40140	5559	143	1244	26	4473	1034
西藏	2239	113	1225	453	1	54	1	166	39
陕西	72301	9766	43363	11557	125	1171	122	3158	1343
甘肃	33798	6460	15969	6725	37	594	89	1791	1141
青海	11484	1797	5598	3016	17	129	39	344	254
宁夏	14762	1568	8765	3082	10	215	134	461	171
新疆	41600	4968	19855	9977	29	936	191	2803	1453

4-4 续表 19

单位：人

地区 性别	六、交通运输、仓储和邮政业	49.铁路运输业	50.道路运输业	51.城市公共交通业	52.水上运输业	53.航空运输业	54.管道运输业	55.装卸搬运和其他运输服务业	56.仓储业
男	**2130365**	**166071**	**1192130**	**404683**	**57446**	**27113**	**3390**	**171969**	**50234**
北京	47218	4308	13147	19496	143	3045	51	1662	2302
天津	33210	2551	14766	6732	2019	639	104	3463	2035
河北	116162	10218	78476	15394	2081	464	354	5546	1739
山西	88756	10029	60496	12113	30	355	62	3487	1049
内蒙古	63833	9066	33821	11161	26	427	92	7199	1089
辽宁	108522	12228	43616	35136	3086	1148	296	8498	2405
吉林	51781	7219	15714	22029	66	383	72	3405	1759
黑龙江	81630	13502	24849	28656	302	498	92	8275	3482
上海	73092	2641	23460	18460	4580	4703	67	7861	6123
江苏	144542	4899	88865	21379	8068	1007	243	12473	3045
浙江	109364	2520	61542	19552	7840	898	35	11228	1617
安徽	81374	5520	52300	11815	2912	389	48	5085	1567
福建	72989	2713	43149	11140	4551	1066	32	6817	1441
江西	66639	5203	42593	9418	941	333	53	5817	886
山东	140414	8970	84986	22348	5162	1362	404	10485	3731
河南	102156	12584	64026	14667	179	538	232	6069	2049
湖北	89223	5568	53715	14651	2928	812	160	7779	1712
湖南	91149	6905	54341	16153	1375	568	146	8743	1137
广东	136289	5263	69888	25490	5815	2841	105	15891	3467
广西	50643	3665	31112	6228	2035	385	93	5087	886
海南	13019	262	7742	2643	592	527	25	671	201
重庆	40226	1946	22705	6688	1844	509	65	4802	783
四川	98850	5615	63976	16061	476	1281	90	7537	1632
贵州	35403	2744	24420	3584	139	269	28	3167	410
云南	48057	2665	34873	4345	108	763	19	3682	693
西藏	1743	71	999	384	1	41		116	20
陕西	61015	6825	38745	9783	86	721	95	2713	928
甘肃	26832	4398	13723	5350	25	363	73	1520	775
青海	9400	1257	4920	2486	9	86	30	286	170
宁夏	12593	1188	7863	2621	8	132	96	384	118
新疆	34241	3528	17302	8720	19	560	128	2221	983

4-4 续表 20 单位：人

地区 性别	六、交通运输、仓储和邮政业	49.铁路运输业	50.道路运输业	51.城市公共交通业	52.水上运输业	53.航空运输业	54.管道运输业	55.装卸搬运和其他运输服务业	56.仓储业
女	**414339**	**57144**	**163097**	**66482**	**15672**	**16655**	**1105**	**42594**	**20865**
北京	14291	997	2980	4834	92	2197	24	870	892
天津	7008	661	1909	927	605	421	22	1271	688
河北	15448	2547	6965	2435	452	205	116	709	688
山西	9056	2511	3439	1319	13	212	8	325	389
内蒙古	10546	2651	3372	2012	12	199	23	1140	430
辽宁	17330	2985	5422	3555	635	774	103	1628	995
吉林	8542	1964	2315	2327	18	210	21	507	527
黑龙江	13933	3774	3601	2506	79	249	31	1358	1061
上海	21188	664	5190	3462	1377	2724	23	3874	2135
江苏	36055	1630	19372	4686	2822	578	70	3678	1226
浙江	19211	649	8748	2859	1260	581	4	2879	577
安徽	14807	1724	6684	2270	977	183	13	1264	663
福建	10872	897	3691	1346	583	588	10	2024	515
江西	10224	1983	4049	1274	305	190	8	1115	410
山东	30599	3697	12711	4259	1687	814	221	2962	2467
河南	23575	6630	9454	3318	67	341	60	1246	1125
湖北	17760	2693	7601	2508	805	492	48	1593	904
湖南	16385	2935	6835	2313	473	425	23	1695	504
广东	27938	1912	10052	3567	1772	1697	22	4570	1251
广西	12075	1071	5248	1777	867	279	27	1739	384
海南	3260	108	1430	736	158	302	4	260	80
重庆	8080	757	3482	1389	330	330	20	926	299
四川	19790	2408	9318	3343	130	852	37	1622	697
贵州	6365	968	2739	780	47	135	6	1065	210
云南	9641	923	5267	1214	35	481	7	791	341
西藏	496	42	226	69		13	1	50	19
陕西	11286	2941	4618	1774	39	450	27	445	415
甘肃	6966	2062	2246	1375	12	231	16	271	366
青海	2084	540	678	530	8	43	9	58	84
宁夏	2169	380	902	461	2	83	38	77	53
新疆	7359	1440	2553	1257	10	376	63	582	470

4-4 续表 21 单位：人

地区 性别	57.邮政业	七、信息传输、计算机服务和软件业	58.电信和其他信息传输服务业	59.计算机服务业	60.软件业	八、批发和零售业	61.批发业	62.零售业	九、住宿和餐饮业
全　国	**88054**	**439412**	**274219**	**72086**	**93107**	**6656937**	**1341148**	**5315789**	**1953185**
北　京	4469	39806	15238	5062	19506	194595	49821	144774	57901
天　津	1405	5518	3145	982	1391	56293	12559	43734	16454
河　北	3221	15151	10868	2721	1562	263577	55978	207599	62431
山　西	1975	8828	6952	1332	544	148788	27758	121030	52925
内蒙古	1659	7461	6043	938	480	111694	21232	90462	40535
辽　宁	3342	19971	10977	3202	5792	266412	51113	215299	65773
吉　林	1787	8033	5753	1323	957	125501	21422	104079	40178
黑龙江	3248	11690	8578	2087	1025	165350	30615	134735	54582
上　海	6936	27803	10456	3937	13410	195249	60623	134626	60943
江　苏	6556	29582	17547	5010	7025	556554	122156	434398	139764
浙　江	5786	22768	13669	4201	4898	419929	124837	295092	108269
安　徽	2767	12429	9106	1780	1543	237899	50612	187287	80012
福　建	3298	15617	9530	2639	3448	243454	46030	197424	72908
江　西	2285	11727	7989	2152	1586	195839	27411	168428	56711
山　东	4747	21966	14423	4160	3383	452682	95154	357528	111946
河　南	3146	16370	12258	2720	1392	319221	62177	257044	79906
湖　北	3014	17524	11744	3247	2533	279171	48357	230814	85230
湖　南	2963	17510	11535	3887	2088	305812	50740	255072	93628
广　东	10624	43642	26366	7422	9854	717218	152637	564581	189361
广　西	1835	9903	7412	1648	843	190452	27406	163046	42972
海　南	538	2369	1819	387	163	41319	5665	35654	20128
重　庆	1431	8605	6161	1143	1301	141047	22362	118685	46475
四　川	3565	23159	15616	3466	4077	374173	63824	310349	133918
贵　州	1057	5783	4510	790	483	101171	15996	85175	29267
云　南	1491	8579	6530	1366	683	152124	26219	125905	65335
西　藏	187	485	407	53	25	8262	1024	7238	3534
陕　西	1696	12619	8337	2077	2205	176973	21552	155421	75147
甘　肃	992	4981	3831	927	223	75330	15217	60113	27388
青　海	290	1429	1128	250	51	21796	4284	17512	9251
宁　夏	356	1827	1414	252	161	31095	6942	24153	8504
新　疆	1388	6277	4877	925	475	87957	19425	68532	21809

4-4 续表 22 单位：人

地区 性别	57.邮政业	七、信息传输、计算机服务和软件业	58.电信和其他信息传输服务业	59.计算机服务业	60.软件业	八、批发和零售业	61.批发业	62.零售业	九、住宿和餐饮业
男	**57329**	**262912**	**153302**	**47508**	**62102**	**3145130**	**777107**	**2368023**	**903340**
北京	3064	24902	8858	3288	12756	99227	29414	69813	30711
天津	901	3306	1777	671	858	28243	7545	20698	8737
河北	1890	8933	6102	1813	1018	125429	34215	91214	30357
山西	1135	4834	3564	910	360	73204	17159	56045	27505
内蒙古	952	3999	3080	602	317	51829	13222	38607	17730
辽宁	2109	12082	6260	2189	3633	113796	29015	84781	29665
吉林	1134	4934	3357	929	648	54223	11478	42745	16077
黑龙江	1974	6979	4800	1488	691	72291	17173	55118	22816
上海	5197	18415	6375	2671	9369	96754	34730	62024	31311
江苏	4563	17005	9104	3186	4715	252236	70390	181846	61704
浙江	4132	13893	7678	2880	3335	201012	73140	127872	50093
安徽	1738	7299	5181	1122	996	112371	30346	82025	35773
福建	2080	9804	5662	1808	2334	120824	27685	93139	36440
江西	1395	6561	4220	1388	953	90927	15757	75170	24676
山东	2966	12899	7931	2766	2202	209651	54210	155441	55581
河南	1812	9156	6487	1735	934	152664	35658	117006	40805
湖北	1898	10302	6541	2088	1673	126773	27145	99628	37665
湖南	1781	9945	6212	2425	1308	143197	27905	115292	41874
广东	7529	27948	16044	5079	6825	382860	91203	291657	96207
广西	1152	5719	4050	1099	570	87502	14965	72537	18886
海南	356	1414	1044	258	112	19238	3158	16080	8876
重庆	884	5164	3481	773	910	61010	12401	48609	19216
四川	2182	13683	8595	2253	2835	168490	35218	133272	56497
贵州	642	3325	2500	518	307	47277	9242	38035	12082
云南	909	4900	3563	878	459	68245	14761	53484	25302
西藏	111	288	241	30	17	4546	598	3948	1502
陕西	1119	7233	4643	1212	1378	76026	12415	63611	33234
甘肃	605	2760	2081	536	143	35766	8616	27150	12821
青海	156	808	617	155	36	10848	2591	8257	4462
宁夏	183	1008	735	164	109	13976	4309	9667	3684
新疆	780	3414	2519	594	301	44695	11443	33252	11051

4-4 续表 23

单位：人

地区 性别	57.邮政业	七、信息传输、计算机服务和软件业	58.电信和其他信息传输服务业	59.计算机服务业	60.软件业	八、批发和零售业	61.批发业	62.零售业	九、住宿和餐饮业
女	**30725**	**176500**	**120917**	**24578**	**31005**	**3511807**	**564041**	**2947766**	**1049845**
北京	1405	14904	6380	1774	6750	95368	20407	74961	27190
天津	504	2212	1368	311	533	28050	5014	23036	7717
河北	1331	6218	4766	908	544	138148	21763	116385	32074
山西	840	3994	3388	422	184	75584	10599	64985	25420
内蒙古	707	3462	2963	336	163	59865	8010	51855	22805
辽宁	1233	7889	4717	1013	2159	152616	22098	130518	36108
吉林	653	3099	2396	394	309	71278	9944	61334	24101
黑龙江	1274	4711	3778	599	334	93059	13442	79617	31766
上海	1739	9388	4081	1266	4041	98495	25893	72602	29632
江苏	1993	12577	8443	1824	2310	304318	51766	252552	78060
浙江	1654	8875	5991	1321	1563	218917	51697	167220	58176
安徽	1029	5130	3925	658	547	125528	20266	105262	44239
福建	1218	5813	3868	831	1114	122630	18345	104285	36468
江西	890	5166	3769	764	633	104912	11654	93258	32035
山东	1781	9067	6492	1394	1181	243031	40944	202087	56365
河南	1334	7214	5771	985	458	166557	26519	140038	39101
湖北	1116	7222	5203	1159	860	152398	21212	131186	47565
湖南	1182	7565	5323	1462	780	162615	22835	139780	51754
广东	3095	15694	10322	2343	3029	334358	61434	272924	93154
广西	683	4184	3362	549	273	102950	12441	90509	24086
海南	182	955	775	129	51	22081	2507	19574	11252
重庆	547	3441	2680	370	391	80037	9961	70076	27259
四川	1383	9476	7021	1213	1242	205683	28606	177077	77421
贵州	415	2458	2010	272	176	53894	6754	47140	17185
云南	582	3679	2967	488	224	83879	11458	72421	40033
西藏	76	197	166	23	8	3716	426	3290	2032
陕西	577	5386	3694	865	827	100947	9137	91810	41913
甘肃	387	2221	1750	391	80	39564	6601	32963	14567
青海	134	621	511	95	15	10948	1693	9255	4789
宁夏	173	819	679	88	52	17119	2633	14486	4820
新疆	608	2863	2358	331	174	43262	7982	35280	10758

4-4 续表 24 单位：人

地区 性别	63.住宿业	64.餐饮业	十、金融业	65.银行业	66.证券业	67.保险业	68.其他金融活动	十一、房地产业	69.房地产业
全国	**321228**	**1631957**	**581162**	**340234**	**34156**	**159718**	**47054**	**481021**	**481021**
北京	17264	40637	26898	13736	3472	6725	2965	34711	34711
天津	2793	13661	9660	5849	595	2157	1059	8457	8457
河北	8001	54430	25204	16238	558	6962	1446	13263	13263
山西	7890	45035	16702	10803	325	4577	997	6065	6065
内蒙古	6066	34469	12869	8349	259	3261	1000	9195	9195
辽宁	8825	56948	31464	19042	1566	8762	2094	23114	23114
吉林	4431	35747	13839	9120	439	3394	886	6697	6697
黑龙江	6420	48162	18639	11358	572	5331	1378	10249	10249
上海	11930	49013	27616	13470	4427	6585	3134	38539	38539
江苏	19757	120007	38091	20874	2199	11643	3375	38786	38786
浙江	18490	89779	33581	20453	2364	8376	2388	30121	30121
安徽	8136	71876	16951	10403	646	4452	1450	15440	15440
福建	10625	62283	19013	10632	1223	5210	1948	13927	13927
江西	10253	46458	14510	9852	625	3170	863	8459	8459
山东	15234	96712	40737	23630	1665	12482	2960	26529	26529
河南	10074	69832	26586	16473	899	7331	1883	11973	11973
湖北	13073	72157	21951	12785	1138	5990	2038	15064	15064
湖南	22410	71218	20283	11344	1192	6153	1594	13005	13005
广东	36801	152560	53492	28805	5340	15175	4172	60691	60691
广西	8381	34591	12433	7741	567	3244	881	9997	9997
海南	7573	12555	3009	1784	200	718	307	4572	4572
重庆	5376	41099	11560	5975	660	3714	1211	14956	14956
四川	16195	117723	28405	15699	1576	8616	2514	27238	27238
贵州	4766	24501	7452	5048	166	1659	579	5760	5760
云南	14118	51217	11928	7596	268	3229	835	8079	8079
西藏	766	2768	644	557	3	70	14	164	164
陕西	14822	60325	14329	8354	557	4165	1253	10222	10222
甘肃	3771	23617	8773	5566	245	2379	583	4124	4124
青海	1401	7850	2281	1628	51	490	112	1445	1445
宁夏	1441	7063	3317	2057	66	871	323	3190	3190
新疆	4145	17664	8945	5013	293	2827	812	6989	6989

4-4 续表 25

单位：人

地区 性别	63.住宿业	64.餐饮业	十、金融业	65.银行业	66.证券业	67.保险业	68.其他金融活动	十一、房地产业	69.房地产业
男	**138356**	**764984**	**292923**	**178864**	**20934**	**67613**	**25512**	**305950**	**305950**
北京	8772	21939	12750	6374	2038	2863	1475	21530	21530
天津	1422	7315	4731	2883	361	933	554	5141	5141
河北	3566	26791	12908	8999	304	2812	793	8352	8352
山西	3812	23693	8179	5691	202	1781	505	3781	3781
内蒙古	2406	15324	6069	4315	149	1082	523	6248	6248
辽宁	3917	25748	16194	10286	961	3769	1178	14716	14716
吉林	1803	14274	7153	4906	262	1512	473	4419	4419
黑龙江	2648	20168	9980	6527	355	2349	749	6311	6311
上海	5758	25553	13688	6114	2767	3139	1668	25791	25791
江苏	8026	53678	18814	10856	1354	4758	1846	24545	24545
浙江	7233	42860	15661	9662	1497	3231	1271	18862	18862
安徽	3228	32545	8762	5739	383	1856	784	9778	9778
福建	4550	31890	9329	5474	770	2063	1022	9095	9095
江西	4143	20533	7864	5593	369	1392	510	5559	5559
山东	6929	48652	20830	12928	1010	5213	1679	15950	15950
河南	4754	36051	13382	8711	527	3103	1041	7447	7447
湖北	5302	32363	11027	6748	697	2454	1128	9639	9639
湖南	9474	32400	10507	6040	725	2876	866	8583	8583
广东	17220	78987	27549	14780	3397	7078	2294	39964	39964
广西	3347	15539	6373	4138	362	1361	512	6112	6112
海南	3368	5508	1694	1052	117	342	183	3034	3034
重庆	2086	17130	5708	3126	397	1533	652	9177	9177
四川	6501	49996	14093	8228	925	3586	1354	17581	17581
贵州	1904	10178	3888	2725	112	704	347	3794	3794
云南	5426	19876	6175	4219	173	1355	428	4897	4897
西藏	335	1167	389	338	2	39	10	112	112
陕西	6153	27081	7721	4686	335	1948	752	6494	6494
甘肃	1522	11299	4625	3170	136	1001	318	2435	2435
青海	533	3929	1132	874	34	170	54	872	872
宁夏	502	3182	1554	1047	33	302	172	1959	1959
新疆	1716	9335	4194	2635	180	1008	371	3772	3772

4-4 续表 26 单位：人

地区 性别	63.住宿业	64.餐饮业	十、金融业	65.银行业	66.证券业	67.保险业	68.其他金融活动	十一、房地产业	69.房地产业
女	**182872**	**866973**	**288239**	**161370**	**13222**	**92105**	**21542**	**175071**	**175071**
北京	8492	18698	14148	7362	1434	3862	1490	13181	13181
天津	1371	6346	4929	2966	234	1224	505	3316	3316
河北	4435	27639	12296	7239	254	4150	653	4911	4911
山西	4078	21342	8523	5112	123	2796	492	2284	2284
内蒙古	3660	19145	6800	4034	110	2179	477	2947	2947
辽宁	4908	31200	15270	8756	605	4993	916	8398	8398
吉林	2628	21473	6686	4214	177	1882	413	2278	2278
黑龙江	3772	27994	8659	4831	217	2982	629	3938	3938
上海	6172	23460	13928	7356	1660	3446	1466	12748	12748
江苏	11731	66329	19277	10018	845	6885	1529	14241	14241
浙江	11257	46919	17920	10791	867	5145	1117	11259	11259
安徽	4908	39331	8189	4664	263	2596	666	5662	5662
福建	6075	30393	9684	5158	453	3147	926	4832	4832
江西	6110	25925	6646	4259	256	1778	353	2900	2900
山东	8305	48060	19907	10702	655	7269	1281	10579	10579
河南	5320	33781	13204	7762	372	4228	842	4526	4526
湖北	7771	39794	10924	6037	441	3536	910	5425	5425
湖南	12936	38818	9776	5304	467	3277	728	4422	4422
广东	19581	73573	25943	14025	1943	8097	1878	20727	20727
广西	5034	19052	6060	3603	205	1883	369	3885	3885
海南	4205	7047	1315	732	83	376	124	1538	1538
重庆	3290	23969	5852	2849	263	2181	559	5779	5779
四川	9694	67727	14312	7471	651	5030	1160	9657	9657
贵州	2862	14323	3564	2323	54	955	232	1966	1966
云南	8692	31341	5753	3377	95	1874	407	3182	3182
西藏	431	1601	255	219	1	31	4	52	52
陕西	8669	33244	6608	3668	222	2217	501	3728	3728
甘肃	2249	12318	4148	2396	109	1378	265	1689	1689
青海	868	3921	1149	754	17	320	58	573	573
宁夏	939	3881	1763	1010	33	569	151	1231	1231
新疆	2429	8329	4751	2378	113	1819	441	3217	3217

4-4 续表 27 单位：人

地区 性别	十二、租赁和商务服务业	70.租赁业	71.商务服务业	十三、科学研究、技术服务和地质勘查业	72.研究与试验发展	73.专业技术服务业	74.科技交流和推广服务业	75.地质勘查业	十四、水利、环境和公共设施管理业
全国	**491322**	**39510**	**451812**	**229615**	**65755**	**111617**	**21665**	**30578**	**267564**
北京	49023	2567	46456	30488	15901	10108	3687	792	12292
天津	6151	685	5466	4687	1531	2217	433	506	5449
河北	14179	2275	11904	8600	1901	3574	519	2606	9225
山西	8978	719	8259	4326	1149	1639	362	1176	7053
内蒙古	6537	704	5833	4770	877	2123	317	1453	5927
辽宁	20858	1149	19709	10119	3298	4566	753	1502	12897
吉林	5185	367	4818	4047	1431	1457	416	743	6445
黑龙江	8794	682	8112	5423	1397	2369	501	1156	8253
上海	47038	2336	44702	16954	5549	9711	1393	301	16170
江苏	43533	6233	37300	14743	3961	8292	1359	1131	24491
浙江	32357	1683	30674	12494	1713	8671	1558	552	15487
安徽	12245	1250	10995	6240	1764	2631	603	1242	7885
福建	13746	850	12896	5734	829	3897	409	599	6272
江西	7907	763	7144	4359	955	2106	325	973	5425
山东	28189	3595	24594	10842	2153	6087	949	1653	18309
河南	15707	1511	14196	7339	2047	3119	571	1602	13349
湖北	15612	1181	14431	9031	2129	4707	942	1253	10857
湖南	14601	1363	13238	5512	1045	2732	587	1148	8786
广东	50803	2134	48669	16722	3256	11121	1417	928	18070
广西	10588	615	9973	4188	813	2010	677	688	6033
海南	4007	173	3834	1224	531	511	92	90	2094
重庆	9492	940	8552	3616	871	1869	353	523	4309
四川	22941	1887	21054	11250	3801	4611	828	2010	12123
贵州	4636	652	3984	3323	539	1572	357	855	3828
云南	11544	712	10832	5561	1215	2587	835	924	7035
西藏	395	39	356	305	58	137	21	89	337
陕西	8464	1157	7307	6126	2496	2222	355	1053	6526
甘肃	5735	315	5420	3501	1213	1276	307	705	3704
青海	1349	181	1168	1394	215	683	75	421	1103
宁夏	2152	252	1900	1034	221	454	120	239	1980
新疆	8576	540	8036	5663	896	2558	544	1665	5850

4-4　续表 28　　　　　　　　　　　　　　　　　　　　单位：人

地区 性别	十二、租赁和商务服务业	70.租赁业	71.商务服务业	十三、科学研究、技术服务和地质勘查业	72.研究与试验发展	73.专业技术服务业	74.科技交流和推广服务业	75.地质勘查业	十四、水利、环境和公共设施管理业
男	**304710**	**29941**	**274769**	**150831**	**41553**	**73015**	**13393**	**22870**	**156403**
北京	26240	2056	24184	18554	9690	6167	2172	525	7453
天津	3759	549	3210	3093	1004	1455	261	373	3677
河北	9105	1914	7191	5720	1221	2331	317	1851	5440
山西	5719	608	5111	2880	754	1030	227	869	4104
内蒙古	4302	539	3763	3218	519	1383	196	1120	3344
辽宁	13967	878	13089	6748	2138	3033	462	1115	7699
吉林	3278	287	2991	2829	984	978	266	601	3986
黑龙江	5710	556	5154	3593	894	1525	323	851	4919
上海	28406	1861	26545	10847	3568	6207	844	228	10459
江苏	25922	4008	21914	9852	2596	5553	871	832	14502
浙江	20070	1253	18817	8547	1138	5972	1011	426	9694
安徽	8000	996	7004	4309	1110	1826	384	989	4843
福建	8545	670	7875	3845	515	2594	259	477	3677
江西	5219	533	4686	2795	538	1301	222	734	3085
山东	18364	2920	15444	7112	1313	3973	559	1267	10729
河南	10173	1144	9029	4907	1347	2045	347	1168	7443
湖北	9967	847	9120	5928	1327	3042	595	964	6372
湖南	9327	963	8364	3616	630	1794	359	833	5133
广东	30863	1656	29207	10917	2099	7236	887	695	10136
广西	6745	415	6330	2861	496	1407	440	518	3102
海南	2622	138	2484	777	306	351	57	63	1048
重庆	5901	736	5165	2461	573	1284	214	390	2374
四川	14637	1414	13223	7435	2451	3016	516	1452	6365
贵州	3170	536	2634	2275	339	1041	221	674	2036
云南	7780	529	7251	3747	757	1751	535	704	3779
西藏	265	29	236	206	36	90	16	64	196
陕西	5531	889	4642	4074	1607	1492	218	757	3632
甘肃	3642	252	3390	2373	765	850	189	569	2141
青海	833	141	692	945	141	442	45	317	573
宁夏	1380	207	1173	691	140	295	83	173	1058
新疆	5268	417	4851	3676	557	1551	297	1271	3404

4-4 续表 29 单位：人

地区 性别	十二、租赁和商务服务业	70.租赁业	71.商务服务业	十三、科学研究、技术服务和地质勘查业	72.研究与试验发展	73.专业技术服务业	74.科技交流和推广服务业	75.地质勘查业	十四、水利、环境和公共设施管理业
女	**186612**	**9569**	**177043**	**78784**	**24202**	**38602**	**8272**	**7708**	**111161**
北京	22783	511	22272	11934	6211	3941	1515	267	4839
天津	2392	136	2256	1594	527	762	172	133	1772
河北	5074	361	4713	2880	680	1243	202	755	3785
山西	3259	111	3148	1446	395	609	135	307	2949
内蒙古	2235	165	2070	1552	358	740	121	333	2583
辽宁	6891	271	6620	3371	1160	1533	291	387	5198
吉林	1907	80	1827	1218	447	479	150	142	2459
黑龙江	3084	126	2958	1830	503	844	178	305	3334
上海	18632	475	18157	6107	1981	3504	549	73	5711
江苏	17611	2225	15386	4891	1365	2739	488	299	9989
浙江	12287	430	11857	3947	575	2699	547	126	5793
安徽	4245	254	3991	1931	654	805	219	253	3042
福建	5201	180	5021	1889	314	1303	150	122	2595
江西	2688	230	2458	1564	417	805	103	239	2340
山东	9825	675	9150	3730	840	2114	390	386	7580
河南	5534	367	5167	2432	700	1074	224	434	5906
湖北	5645	334	5311	3103	802	1665	347	289	4485
湖南	5274	400	4874	1896	415	938	228	315	3653
广东	19940	478	19462	5805	1157	3885	530	233	7934
广西	3843	200	3643	1327	317	603	237	170	2931
海南	1385	35	1350	447	225	160	35	27	1046
重庆	3591	204	3387	1155	298	585	139	133	1935
四川	8304	473	7831	3815	1350	1595	312	558	5758
贵州	1466	116	1350	1048	200	531	136	181	1792
云南	3764	183	3581	1814	458	836	300	220	3256
西藏	130	10	120	99	22	47	5	25	141
陕西	2933	268	2665	2052	889	730	137	296	2894
甘肃	2093	63	2030	1128	448	426	118	136	1563
青海	516	40	476	449	74	241	30	104	530
宁夏	772	45	727	343	81	159	37	66	922
新疆	3308	123	3185	1987	339	1007	247	394	2446

4-4 续表 30

单位：人

地区 性别	76.水利管理业	77.环境管理业	78.公共设施管理业	十五、居民服务和其他服务业	79.居民服务业	80.其他服务业	十六、教育	81.教育	十七、卫生、社会保障和社会福利业
全国	**44327**	**124304**	**98933**	**1387990**	**822169**	**565821**	**1650999**	**1650999**	**834040**
北京	924	5224	6144	29794	18963	10831	45991	45991	25288
天津	1092	2005	2352	14273	8372	5901	19380	19380	10942
河北	1731	3709	3785	48544	24873	23671	81016	81016	44106
山西	1380	3117	2556	36207	18435	17772	54185	54185	24071
内蒙古	1265	2956	1706	37067	19051	18016	37184	37184	17697
辽宁	1702	6488	4707	62756	43121	19635	63977	63977	36575
吉林	1440	3020	1985	31953	20221	11732	41481	41481	20346
黑龙江	1563	4578	2112	50987	34421	16566	51807	51807	25425
上海	1044	9031	6095	45627	31252	14375	35686	35686	24977
江苏	2947	11496	10048	142948	92901	50047	102785	102785	51091
浙江	1271	9285	4931	76528	50752	25776	72020	72020	36777
安徽	1676	3167	3042	48605	29838	18767	65857	65857	32240
福建	912	2979	2381	51829	31571	20258	52541	52541	22734
江西	700	2644	2081	42233	24111	18122	52145	52145	25530
山东	3219	7438	7652	83123	42987	40136	110255	110255	61114
河南	2769	5531	5049	55123	29347	25776	93031	93031	50346
湖北	2877	4237	3743	57701	34696	23005	71404	71404	39211
湖南	1840	4336	2610	60863	35211	25652	67592	67592	37144
广东	2622	8482	6966	116422	65395	51027	115486	115486	54280
广西	1071	2945	2017	33016	16938	16078	55454	55454	25076
海南	204	1042	848	8870	4369	4501	11527	11527	4959
重庆	507	2077	1725	32379	20817	11562	35905	35905	16694
四川	1535	6612	3976	85298	50702	34596	85560	85560	43682
贵州	724	2041	1063	24489	13214	11275	39998	39998	15758
云南	1243	2972	2820	33435	16576	16859	53540	53540	23738
西藏	74	146	117	1271	825	446	2891	2891	1014
陕西	1547	2700	2279	36330	20498	15832	49271	49271	24669
甘肃	1413	1018	1273	14422	8772	5650	32153	32153	12927
青海	317	523	263	3988	2162	1826	7398	7398	3973
宁夏	545	668	767	5441	2670	2771	8817	8817	4295
新疆	2173	1837	1840	16468	9108	7360	34662	34662	17361

4-4 续表 31

单位：人

地区 性别	76.水利管理业	77.环境管理业	78.公共设施管理业	十五、居民服务和其他服务业	79.居民服务业	80.其他服务业	十六、教育	81.教育	十七、卫生、社会保障和社会福利业
男	**31243**	**63639**	**61521**	**742217**	**334012**	**408205**	**734895**	**734895**	**336692**
北京	628	2942	3883	14059	6741	7318	18359	18359	7730
天津	724	1295	1658	8090	3880	4210	7703	7703	3990
河北	1172	1896	2372	29329	10892	18437	29959	29959	18603
山西	923	1588	1593	22946	8479	14467	19944	19944	9595
内蒙古	828	1460	1056	21434	8168	13266	15152	15152	7107
辽宁	1248	3371	3080	31521	17817	13704	24874	24874	13519
吉林	1011	1608	1367	16772	8414	8358	17166	17166	7875
黑龙江	1132	2426	1361	26020	14147	11873	21768	21768	10046
上海	814	5535	4110	19525	9824	9701	13181	13181	8224
江苏	2244	6023	6235	74024	41583	32441	45424	45424	20195
浙江	978	5372	3344	39276	19820	19456	27693	27693	13808
安徽	1213	1696	1934	26689	12607	14082	35852	35852	14683
福建	662	1518	1497	29359	13802	15557	23140	23140	9767
江西	493	1262	1330	22487	9117	13370	26057	26057	11644
山东	2276	3881	4572	47264	18260	29004	50763	50763	25452
河南	1827	2716	2900	32823	13479	19344	40237	40237	22155
湖北	1938	2093	2341	31616	15152	16464	36044	36044	16372
湖南	1324	2184	1625	32937	14074	18863	32877	32877	16042
广东	1920	4113	4103	61934	23890	38044	48084	48084	22499
广西	766	1175	1161	17447	6171	11276	25193	25193	9895
海南	145	389	514	5194	1903	3291	5576	5576	2050
重庆	334	1009	1031	15193	7848	7345	17864	17864	7153
四川	1095	2925	2345	41701	19178	22523	42408	42408	19258
贵州	496	866	674	14358	6004	8354	21687	21687	6322
云南	964	1238	1577	18790	6293	12497	26213	26213	8239
西藏	51	71	74	598	303	295	1482	1482	436
陕西	1054	1178	1400	19497	7717	11780	22556	22556	10072
甘肃	950	454	737	7083	3046	4037	17308	17308	5338
青海	218	209	146	2253	851	1402	3442	3442	1523
宁夏	364	291	403	3129	974	2155	4000	4000	1478
新疆	1451	855	1098	8869	3578	5291	12889	12889	5622

4-4 续表 32 单位：人

地区 性别	76.水利管理业	77.环境管理业	78.公共设施管理业	十五、居民服务和其他服务业	79.居民服务业	80.其他服务业	十六、教育	81.教育	十七、卫生、社会保障和社会福利业
女	**13084**	**60665**	**37412**	**645773**	**488157**	**157616**	**916104**	**916104**	**497348**
北京	296	2282	2261	15735	12222	3513	27632	27632	17558
天津	368	710	694	6183	4492	1691	11677	11677	6952
河北	559	1813	1413	19215	13981	5234	51057	51057	25503
山西	457	1529	963	13261	9956	3305	34241	34241	14476
内蒙古	437	1496	650	15633	10883	4750	22032	22032	10590
辽宁	454	3117	1627	31235	25304	5931	39103	39103	23056
吉林	429	1412	618	15181	11807	3374	24315	24315	12471
黑龙江	431	2152	751	24967	20274	4693	30039	30039	15379
上海	230	3496	1985	26102	21428	4674	22505	22505	16753
江苏	703	5473	3813	68924	51318	17606	57361	57361	30896
浙江	293	3913	1587	37252	30932	6320	44327	44327	22969
安徽	463	1471	1108	21916	17231	4685	30005	30005	17557
福建	250	1461	884	22470	17769	4701	29401	29401	12967
江西	207	1382	751	19746	14994	4752	26088	26088	13886
山东	943	3557	3080	35859	24727	11132	59492	59492	35662
河南	942	2815	2149	22300	15868	6432	52794	52794	28191
湖北	939	2144	1402	26085	19544	6541	35360	35360	22839
湖南	516	2152	985	27926	21137	6789	34715	34715	21102
广东	702	4369	2863	54488	41505	12983	67402	67402	31781
广西	305	1770	856	15569	10767	4802	30261	30261	15181
海南	59	653	334	3676	2466	1210	5951	5951	2909
重庆	173	1068	694	17186	12969	4217	18041	18041	9541
四川	440	3687	1631	43597	31524	12073	43152	43152	24424
贵州	228	1175	389	10131	7210	2921	18311	18311	9436
云南	279	1734	1243	14645	10283	4362	27327	27327	15499
西藏	23	75	43	673	522	151	1409	1409	578
陕西	493	1522	879	16833	12781	4052	26715	26715	14597
甘肃	463	564	536	7339	5726	1613	14845	14845	7589
青海	99	314	117	1735	1311	424	3956	3956	2450
宁夏	181	377	364	2312	1696	616	4817	4817	2817
新疆	722	982	742	7599	5530	2069	21773	21773	11739

4-4 续表 33

单位：人

地区 性别	82.卫生	83.社会保障业	84.社会福利业	十八、文化、体育和娱乐业	85.新闻出版业	86.广播、电视、电影和音像业	87.文化艺术业	88.体育	89.娱乐业
全国	**802859**	**13484**	**17697**	**324501**	**54136**	**69010**	**51070**	**13804**	**136481**
北京	23813	427	1048	27454	9602	6783	5217	758	5094
天津	10090	600	252	4237	854	994	789	269	1331
河北	42908	582	616	9683	2037	2865	1941	528	2312
山西	23349	337	385	7889	1397	2011	2125	363	1993
内蒙古	16991	329	377	6408	845	1858	1353	261	2091
辽宁	34798	825	952	12079	2348	2966	2059	468	4238
吉林	19607	349	390	6021	1295	1763	981	204	1778
黑龙江	24261	669	495	7497	1421	2322	1155	434	2165
上海	21998	1057	1922	15246	2231	2556	2312	661	7486
江苏	48547	1109	1435	20533	2672	4360	3160	681	9660
浙江	35443	349	985	22699	2170	3359	2668	398	14104
安徽	31363	346	531	9886	1505	2104	1385	356	4536
福建	22105	270	359	14167	1423	2601	2659	547	6937
江西	24859	274	397	6738	1189	1284	1038	387	2840
山东	59136	919	1059	14195	3000	4026	2449	896	3824
河南	49124	627	595	11747	2513	3173	2333	599	3129
湖北	37924	522	765	13066	2475	2853	2031	564	5143
湖南	36014	497	633	13149	1688	2857	1684	547	6373
广东	52394	491	1395	29374	3499	4786	2778	1989	16322
广西	24368	277	431	7611	1002	1521	1141	278	3669
海南	4794	65	100	2634	274	349	302	149	1560
重庆	16176	252	266	7051	1164	1258	853	163	3613
四川	42582	530	570	19079	2155	3027	2037	601	11259
贵州	15290	279	189	4996	566	939	613	198	2680
云南	23009	347	382	9044	867	1420	1471	316	4970
西藏	977	13	24	826	77	247	190	41	271
陕西	23905	334	430	8200	1446	1692	1899	390	2773
甘肃	12531	232	164	4086	694	841	882	338	1331
青海	3787	85	101	1291	238	308	258	82	405
宁夏	4142	56	97	1893	291	398	304	49	851
新疆	16574	435	352	5722	1198	1489	1003	289	1743

4-4 续表 34

单位：人

地 区 性 别	82.卫生	83.社会保障业	84.社会福利业	十八、文化、体育和娱乐业	85.新闻出版业	86.广播、电视、电影和音像业	87.文化艺术业	88.体育	89.娱乐业
男	**322463**	**6731**	**7498**	**174890**	**30216**	**41397**	**27034**	**9236**	**67007**
北 京	7151	182	397	14355	4600	3813	2778	444	2720
天 津	3641	231	118	2356	485	571	413	190	697
河 北	18003	300	300	5506	1199	1699	1019	372	1217
山 西	9249	166	180	4484	753	1186	1194	269	1082
内蒙古	6779	156	172	3524	440	1102	680	171	1131
辽 宁	12668	419	432	6891	1347	1750	1082	326	2386
吉 林	7535	161	179	3525	738	1090	518	127	1052
黑龙江	9494	312	240	4386	843	1467	579	309	1188
上 海	7193	471	560	7855	1180	1542	1194	426	3513
江 苏	19077	561	557	10822	1498	2642	1668	446	4568
浙 江	13258	178	372	11014	1241	2075	1285	240	6173
安 徽	14248	195	240	5378	870	1273	763	237	2235
福 建	9483	129	155	7583	842	1566	1509	326	3340
江 西	11292	143	209	3864	724	795	581	271	1493
山 东	24458	496	498	8131	1681	2363	1345	618	2124
河 南	21541	334	280	6940	1518	1868	1314	442	1798
湖 北	15744	298	330	7164	1497	1734	1041	386	2506
湖 南	15430	290	322	6952	1022	1709	894	385	2942
广 东	21644	264	591	15758	2113	3010	1433	1231	7971
广 西	9581	157	157	4277	555	966	577	189	1990
海 南	1967	37	46	1458	159	221	167	100	811
重 庆	6886	128	139	3560	640	773	437	117	1593
四 川	18733	265	260	9469	1198	1804	1130	384	4953
贵 州	6112	126	84	2619	330	556	291	150	1292
云 南	7886	181	172	4618	505	893	756	203	2261
西 藏	417	7	12	468	50	150	116	37	115
陕 西	9688	173	211	4670	842	1014	1013	282	1519
甘 肃	5157	115	66	2382	399	502	485	252	744
青 海	1434	47	42	710	151	170	124	60	205
宁 夏	1419	27	32	1026	142	234	156	29	465
新 疆	5295	182	145	3145	654	859	492	217	923

4-4 续表 35

单位：人

地区 性别	82.卫生	83.社会保障业	84.社会福利业	十八、文化、体育和娱乐业	85.新闻出版业	86.广播、电视、电影和音像业	87.文化艺术业	88.体育	89.娱乐业
女	**480396**	**6753**	**10199**	**149611**	**23920**	**27613**	**24036**	**4568**	**69474**
北京	16662	245	651	13099	5002	2970	2439	314	2374
天津	6449	369	134	1881	369	423	376	79	634
河北	24905	282	316	4177	838	1166	922	156	1095
山西	14100	171	205	3405	644	825	931	94	911
内蒙古	10212	173	205	2884	405	756	673	90	960
辽宁	22130	406	520	5188	1001	1216	977	142	1852
吉林	12072	188	211	2496	557	673	463	77	726
黑龙江	14767	357	255	3111	578	855	576	125	977
上海	14805	586	1362	7391	1051	1014	1118	235	3973
江苏	29470	548	878	9711	1174	1718	1492	235	5092
浙江	22185	171	613	11685	929	1284	1383	158	7931
安徽	17115	151	291	4508	635	831	622	119	2301
福建	12622	141	204	6584	581	1035	1150	221	3597
江西	13567	131	188	2874	465	489	457	116	1347
山东	34678	423	561	6064	1319	1663	1104	278	1700
河南	27583	293	315	4807	995	1305	1019	157	1331
湖北	22180	224	435	5902	978	1119	990	178	2637
湖南	20584	207	311	6197	666	1148	790	162	3431
广东	30750	227	804	13616	1386	1776	1345	758	8351
广西	14787	120	274	3334	447	555	564	89	1679
海南	2827	28	54	1176	115	128	135	49	749
重庆	9290	124	127	3491	524	485	416	46	2020
四川	23849	265	310	9610	957	1223	907	217	6306
贵州	9178	153	105	2377	236	383	322	48	1388
云南	15123	166	210	4426	362	527	715	113	2709
西藏	560	6	12	358	27	97	74	4	156
陕西	14217	161	219	3530	604	678	886	108	1254
甘肃	7374	117	98	1704	295	339	397	86	587
青海	2353	38	59	581	87	138	134	22	200
宁夏	2723	29	65	867	149	164	148	20	386
新疆	11279	253	207	2577	544	630	511	72	820

4-4 续表 36 单位：人

地区 性别	十九、公共管理和社会组织	90.中国共产党机关	91.国家机构	92.人民政协和民主党派	93.群众团体、社会团体和宗教组织	94.基层群众自治组织	二十、国际组织	95.国际组织
全国	**1836217**	**21558**	**1520464**	**8103**	**53217**	**232875**	**658**	**658**
北京	57014	491	39899	221	2767	13636	231	231
天津	23778	436	16979	119	533	5711	11	11
河北	101488	1709	88210	466	1459	9644	3	3
山西	64447	557	55389	282	1497	6722	3	3
内蒙古	48996	775	43866	289	955	3111	3	3
辽宁	72554	900	60955	294	1434	8971	25	25
吉林	42012	335	36433	174	940	4130	12	12
黑龙江	50752	815	45785	287	1000	2865	2	2
上海	36003	106	26946	102	1682	7167	96	96
江苏	105960	1110	84040	437	3650	16723	3	3
浙江	85465	570	66339	230	4309	14017	5	5
安徽	60900	690	51566	222	1468	6954		
福建	54548	726	42725	284	3240	7573	22	22
江西	55829	1038	48940	211	1253	4387	16	16
山东	135979	1499	103667	432	2870	27511	22	22
河南	107231	1224	96819	645	2075	6468	11	11
湖北	74478	828	63292	339	2035	7984	21	21
湖南	74503	729	67683	327	1465	4299	21	21
广东	128223	699	97401	290	2556	27277	44	44
广西	48548	587	43951	214	1272	2524	12	12
海南	11351	96	9826	26	410	993		
重庆	28819	346	24986	170	584	2733	12	12
四川	86240	1299	73701	650	3843	6747	28	28
贵州	44459	479	39098	243	807	3832	9	9
云南	58303	1238	49115	347	1815	5788	11	11
西藏	6950	133	6045	41	487	244	1	1
陕西	63587	705	48127	255	1387	13113	8	8
甘肃	38152	469	33397	232	1951	2103	3	3
青海	14999	224	9404	70	1789	3512		
宁夏	10400	60	9131	38	531	640	1	1
新疆	44249	685	36749	166	1153	5496	22	22

4-4 续表 37 单位：人

地 区 性 别	十九、公共管理和社会组织	90.中国共产党机 关	91.国家机构	92.人民政协和民主党派	93.群众团体、社会团体和宗教组织	94.基层群众自治组织	二十、国际组织	95.国际组织
男	**1242264**	**16078**	**1044588**	**5694**	**33232**	**142672**	**305**	**305**
北 京	34537	360	25252	155	1487	7283	90	90
天 津	15944	291	11816	76	297	3464	6	6
河 北	68637	1308	59483	342	822	6682		
山 西	43415	422	37216	192	912	4673	1	1
内蒙古	32057	539	29117	193	571	1637	3	3
辽 宁	48380	665	42994	199	786	3736	14	14
吉 林	28008	248	25291	123	562	1784	11	11
黑龙江	34565	604	32001	196	560	1204	1	1
上 海	23210	66	18158	59	1015	3912	24	24
江 苏	75217	818	60683	308	2464	10944		
浙 江	59920	442	47054	162	2938	9324	2	2
安 徽	43039	558	37260	158	909	4154		
福 建	38126	549	30597	196	1956	4828	12	12
江 西	39425	801	34778	160	754	2932	8	8
山 东	92004	1163	72006	326	1802	16707	12	12
河 南	70984	874	64119	415	1263	4313	8	8
湖 北	50949	617	44182	231	1235	4684	15	15
湖 南	50826	560	46622	228	896	2520	14	14
广 东	90112	509	67921	208	1486	19988	24	24
广 西	32744	442	29915	149	691	1547	9	9
海 南	8008	79	6932	21	271	705		
重 庆	19676	260	17342	117	348	1609	7	7
四 川	57451	945	49453	448	2323	4282	11	11
贵 州	30029	373	26714	178	442	2322	4	4
云 南	39337	920	33052	260	1084	4021	6	6
西 藏	4342	87	3782	25	308	140	1	1
陕 西	41926	516	32760	187	857	7606	4	4
甘 肃	25720	369	22562	187	1612	990	2	2
青 海	9518	161	6055	53	1545	1704		
宁 夏	6773	48	6049	28	375	273	1	1
新 疆	27385	484	23422	114	661	2704	15	15

4-4 续表38 单位：人

地区 性别	十九、公共管理和社会组织	90.中国共产党机关	91.国家机构	92.人民政协和民主党派	93.群众团体、社会团体和宗教组织	94.基层群众自治组织	二十、国际组织	95.国际组织
女	**593953**	**5480**	**475876**	**2409**	**19985**	**90203**	**353**	**353**
北京	22477	131	14647	66	1280	6353	141	141
天津	7834	145	5163	43	236	2247	5	5
河北	32851	401	28727	124	637	2962	3	3
山西	21032	135	18173	90	585	2049	2	2
内蒙古	16939	236	14749	96	384	1474		
辽宁	24174	235	17961	95	648	5235	11	11
吉林	14004	87	11142	51	378	2346	1	1
黑龙江	16187	211	13784	91	440	1661	1	1
上海	12793	40	8788	43	667	3255	72	72
江苏	30743	292	23357	129	1186	5779	3	3
浙江	25545	128	19285	68	1371	4693	3	3
安徽	17861	132	14306	64	559	2800		
福建	16422	177	12128	88	1284	2745	10	10
江西	16404	237	14162	51	499	1455	8	8
山东	43975	336	31661	106	1068	10804	10	10
河南	36247	350	32700	230	812	2155	3	3
湖北	23529	211	19110	108	800	3300	6	6
湖南	23677	169	21061	99	569	1779	7	7
广东	38111	190	29480	82	1070	7289	20	20
广西	15804	145	14036	65	581	977	3	3
海南	3343	17	2894	5	139	288		
重庆	9143	86	7644	53	236	1124	5	5
四川	28789	354	24248	202	1520	2465	17	17
贵州	14430	106	12384	65	365	1510	5	5
云南	18966	318	16063	87	731	1767	5	5
西藏	2608	46	2263	16	179	104		
陕西	21661	189	15367	68	530	5507	4	4
甘肃	12432	100	10835	45	339	1113	1	1
青海	5481	63	3349	17	244	1808		
宁夏	3627	12	3082	10	156	367		
新疆	16864	201	13327	52	492	2792	7	7

4-4a 各地区分性别、行业大类的就业人口(城市)

单位：人

地区 性别	合计	一、农、林、牧、渔业	1.农业	2.林业	3.畜牧业	4.渔业	5.农、林、牧、渔服务业	二、采矿业	6.煤炭开采和洗选业
全国	**19206276**	**945742**	**797925**	**22118**	**59752**	**38785**	**27162**	**278051**	**158400**
北京	758507	4691	2711	639	765	98	478	1727	527
天津	333866	4976	2352	372	469	677	1106	6249	108
河北	621484	62503	58890	531	2076	236	770	15309	9142
山西	382490	13600	11840	469	857	51	383	32239	31235
内蒙古	346456	11603	8061	882	1763	97	800	10731	7970
辽宁	995086	37745	28037	704	3622	3901	1481	25232	9875
吉林	408924	20750	16838	1794	1193	126	799	8707	3241
黑龙江	548435	26680	19864	2622	2296	137	1761	40187	24325
上海	923295	4222	3005	343	263	267	344	320	28
江苏	1553697	57098	49164	745	2913	2446	1830	5939	2470
浙江	1201687	24515	18904	467	2068	2624	452	1037	39
安徽	497914	26830	24064	431	1219	514	602	16679	14082
福建	662528	18969	13207	725	2420	2068	549	2008	827
江西	317515	20137	17317	495	1465	376	484	3479	1679
山东	1394108	130364	112721	1305	9205	5055	2078	28069	13543
河南	762007	70637	64343	714	3828	268	1484	26456	21063
湖北	759679	66169	59305	631	2126	2192	1915	4263	566
湖南	531439	50379	44220	594	3067	1290	1208	3953	1456
广东	3070390	83481	60433	1556	6591	12764	2137	3659	154
广西	395248	40433	34412	939	2735	1683	664	1515	378
海南	100464	7576	5822	361	479	757	157	167	12
重庆	383574	30606	27727	916	1376	268	319	3774	2043
四川	715417	38877	34743	607	2115	396	1016	7206	2587
贵州	217980	13852	12596	221	731	45	259	1662	849
云南	282651	26716	23710	982	1263	243	518	2658	912
西藏	13946	607	525	17	32	2	31	67	6
陕西	377991	22376	20154	526	695	68	933	4993	1630
甘肃	215573	10047	8485	438	470	33	621	5467	2242
青海	61098	1647	1173	138	236	9	91	824	130
宁夏	95690	5533	4373	477	499	23	161	4985	3671
新疆	277137	12123	8929	477	915	71	1731	8490	1610

4-4a 续表 1

单位：人

地区 性别	合计	一、农、林、牧、渔业	1.农业	2.林业	3.畜牧业	4.渔业	5.农、林、牧、渔服务业	二、采矿业	6.煤炭开采和洗选业
男	**11063430**	**486287**	**392388**	**14355**	**34009**	**28757**	**16778**	**212680**	**128482**
北京	433559	2763	1547	386	486	57	287	1231	401
天津	211086	3326	1445	273	310	610	688	4423	78
河北	359971	31299	29073	300	1273	174	479	11778	7238
山西	235934	7926	6756	319	579	33	239	26042	25299
内蒙古	212516	6767	4446	636	1061	76	548	8706	6701
辽宁	586092	21298	14499	477	2050	3328	944	19560	8444
吉林	238270	12219	9607	1263	742	90	517	6939	2919
黑龙江	329146	16070	11515	1905	1334	87	1229	31556	21543
上海	540315	2429	1640	228	175	183	203	231	22
江苏	874403	24799	19900	466	1636	1611	1186	4300	1881
浙江	682971	15333	11199	341	1216	2279	298	844	35
安徽	294157	12495	10884	260	667	336	348	13594	11688
福建	379847	11091	7265	522	1492	1467	345	1531	653
江西	182574	10838	9097	333	854	263	291	2658	1295
山东	789397	62853	51565	803	5081	4198	1206	20296	10365
河南	439181	33219	29538	380	2258	186	857	19632	15747
湖北	433406	32218	27932	415	1209	1453	1209	3067	444
湖南	302011	26862	23435	373	1547	814	693	2928	1166
广东	1762041	46935	31635	1029	3927	9026	1318	2731	121
广西	217051	20589	16892	594	1527	1196	380	1067	266
海南	57165	3875	2728	223	265	555	104	125	8
重庆	216292	14960	13596	509	498	171	186	2890	1630
四川	402141	18821	16664	347	937	251	622	5231	2077
贵州	125820	6752	6018	139	407	27	161	1228	632
云南	159357	12635	10984	571	654	150	276	1877	618
西藏	7862	293	241	8	21	2	21	42	3
陕西	212390	11554	10161	321	443	48	581	3479	1240
甘肃	125924	5323	4317	277	291	17	421	4169	1709
青海	36264	904	607	83	152	6	56	592	103
宁夏	55248	2885	2193	276	299	15	102	3758	2901
新疆	161039	6956	5009	298	618	48	983	6175	1255

4-4a 续表 2

单位：人

地区 性别	合计	一、农、林、牧、渔业	1.农业	2.林业	3.畜牧业	4.渔业	5.农、林、牧、渔服务业	二、采矿业	6.煤炭开采和洗选业
女	**8142846**	**459455**	**405537**	**7763**	**25743**	**10028**	**10384**	**65371**	**29918**
北京	324948	1928	1164	253	279	41	191	496	126
天津	122780	1650	907	99	159	67	418	1826	30
河北	261513	31204	29817	231	803	62	291	3531	1904
山西	146556	5674	5084	150	278	18	144	6197	5936
内蒙古	133940	4836	3615	246	702	21	252	2025	1269
辽宁	408994	16447	13538	227	1572	573	537	5672	1431
吉林	170654	8531	7231	531	451	36	282	1768	322
黑龙江	219289	10610	8349	717	962	50	532	8631	2782
上海	382980	1793	1365	115	88	84	141	89	6
江苏	679294	32299	29264	279	1277	835	644	1639	589
浙江	518716	9182	7705	126	852	345	154	193	4
安徽	203757	14335	13180	171	552	178	254	3085	2394
福建	282681	7878	5942	203	928	601	204	477	174
江西	134941	9299	8220	162	611	113	193	821	384
山东	604711	67511	61156	502	4124	857	872	7773	3178
河南	322826	37418	34805	334	1570	82	627	6824	5316
湖北	326273	33951	31373	216	917	739	706	1196	122
湖南	229428	23517	20785	221	1520	476	515	1025	290
广东	1308349	36546	28798	527	2664	3738	819	928	33
广西	178197	19844	17520	345	1208	487	284	448	112
海南	43299	3701	3094	138	214	202	53	42	4
重庆	167282	15646	14131	407	878	97	133	884	413
四川	313276	20056	18079	260	1178	145	394	1975	510
贵州	92160	7100	6578	82	324	18	98	434	217
云南	123294	14081	12726	411	609	93	242	781	294
西藏	6084	314	284	9	11		10	25	3
陕西	165601	10822	9993	205	252	20	352	1514	390
甘肃	89649	4724	4168	161	179	16	200	1298	533
青海	24834	743	566	55	84	3	35	232	27
宁夏	40442	2648	2180	201	200	8	59	1227	770
新疆	116098	5167	3920	179	297	23	748	2315	355

4-4a 续表 3 单位：人

地区 性别	7.石油和天然气开采业	8.黑色金属矿采选业	9.有色金属矿采选业	10.非金属矿采选业	11.其他采矿业	三、制造业	12.农副食品加工业	13.食品制造业	14.饮料制造业
全国	**69815**	**15259**	**15877**	**15297**	**3403**	**5364665**	**110581**	**141346**	**66761**
北京	677	307	113	76	27	100284	1828	4026	2164
天津	5346	67	140	424	164	97703	1311	4294	1176
河北	4119	1280	173	509	86	134284	3042	4001	2229
山西	152	196	233	349	74	57902	1202	1853	694
内蒙古	308	983	810	528	132	44066	2612	3332	1459
辽宁	8103	5076	577	1229	372	231016	8237	7392	3602
吉林	4180	572	299	282	133	66934	3317	2541	2331
黑龙江	14820	122	217	599	104	84158	4094	5050	3815
上海	169	17	41	33	32	272323	2549	8332	2347
江苏	1011	889	285	1155	129	567203	7216	9933	3063
浙江	31	60	141	731	35	486135	5192	5348	2652
安徽	254	458	1334	443	108	103776	3093	4050	2589
福建	139	138	168	675	61	243687	4112	6876	1965
江西	132	301	958	359	50	60579	1736	2168	1398
山东	9698	878	2303	1253	394	395842	19635	15519	6644
河南	3589	259	886	489	170	144918	6637	8871	2946
湖北	699	1121	807	930	140	164533	4087	4957	3765
湖南	297	155	1284	636	125	92277	2996	3471	1658
广东	1415	362	525	1091	112	1529065	9844	18856	6347
广西	177	167	398	314	81	61663	4470	2408	1154
海南	33	11	34	72	5	7357	700	512	557
重庆	1069	40	90	429	103	78248	1728	2721	1154
四川	2364	734	575	791	155	124648	3449	4949	5197
贵州	113	56	160	350	134	30294	1089	1429	1520
云南	105	206	975	388	72	36537	1804	1759	934
西藏	10	5	38	5	3	1310	19	41	67
陕西	2569	110	393	168	123	64049	1179	2005	1104
甘肃	1159	390	1338	187	151	32389	1024	1628	955
青海	214	27	199	237	17	7209	433	332	152
宁夏	1139	9	27	97	42	12118	335	556	287
新疆	5724	263	356	468	69	32158	1611	2136	836

4-4a 续表 4 单位：人

地区 性别	7.石油和天然气开采业	8.黑色金属矿采选业	9.有色金属矿采选业	10.非金属矿采选业	11.其他采矿业	三、制造业	12.农副食品加工业	13.食品制造业	14.饮料制造业
男	**46721**	**11618**	**11587**	**11810**	**2462**	**3140866**	**64208**	**74617**	**41460**
北京	419	259	77	66	9	63437	1093	2090	1300
天津	3761	52	83	331	118	62587	887	2470	759
河北	2971	975	123	407	64	86494	1802	2025	1388
山西	98	150	160	285	50	38510	766	1015	440
内蒙古	211	711	585	406	92	28521	1676	1873	890
辽宁	5433	3952	466	981	284	151213	4458	3840	2379
吉林	3001	480	221	222	96	44294	2108	1365	1588
黑龙江	9221	104	163	449	76	55869	2621	2766	2606
上海	112	14	29	28	26	162308	1493	4438	1506
江苏	654	643	190	835	97	313208	4193	4977	1827
浙江	22	45	106	610	26	267084	2664	2845	1650
安徽	172	328	979	346	81	64043	1865	2054	1564
福建	92	101	118	519	48	134862	2385	3570	1120
江西	86	214	743	285	35	35535	1150	1198	821
山东	6268	687	1714	980	282	224749	10453	7559	3920
河南	2540	196	651	381	117	90197	4001	4503	1814
湖北	421	818	593	693	98	98420	2440	2697	2237
湖南	182	111	889	482	98	56123	1802	1789	956
广东	1044	264	357	865	80	860241	5900	10620	4190
广西	111	120	273	234	63	36253	2482	1286	695
海南	23	5	27	57	5	4597	445	283	343
重庆	745	31	60	345	79	48978	953	1391	688
四川	1572	518	389	573	102	76360	1958	2650	3188
贵州	69	43	124	267	93	19328	633	745	947
云南	66	150	698	299	46	23033	1029	923	544
西藏	4	3	26	5	1	815	12	28	47
陕西	1668	84	275	122	90	40226	734	1080	690
甘肃	821	349	1040	134	116	21012	663	881	590
青海	149	21	141	165	13	4571	293	162	92
宁夏	735	5	17	75	25	7941	199	288	165
新疆	4050	185	270	363	52	20057	1050	1206	516

4-4a 续表 5 单位：人

地区 性别	7.石油和天然气开采业	8.黑色金属矿采选业	9.有色金属矿采选业	10.非金属矿采选业	11.其他采矿业	三、制造业	12.农副食品加工业	13.食品制造业	14.饮料制造业
女	**23094**	**3641**	**4290**	**3487**	**941**	**2223799**	**46373**	**66729**	**25301**
北京	258	48	36	10	18	36847	735	1936	864
天津	1585	15	57	93	46	35116	424	1824	417
河北	1148	305	50	102	22	47790	1240	1976	841
山西	54	46	73	64	24	19392	436	838	254
内蒙古	97	272	225	122	40	15545	936	1459	569
辽宁	2670	1124	111	248	88	79803	3779	3552	1223
吉林	1179	92	78	60	37	22640	1209	1176	743
黑龙江	5599	18	54	150	28	28289	1473	2284	1209
上海	57	3	12	5	6	110015	1056	3894	841
江苏	357	246	95	320	32	253995	3023	4956	1236
浙江	9	15	35	121	9	219051	2528	2503	1002
安徽	82	130	355	97	27	39733	1228	1996	1025
福建	47	37	50	156	13	108825	1727	3306	845
江西	46	87	215	74	15	25044	586	970	577
山东	3430	191	589	273	112	171093	9182	7960	2724
河南	1049	63	235	108	53	54721	2636	4368	1132
湖北	278	303	214	237	42	66113	1647	2260	1528
湖南	115	44	395	154	27	36154	1194	1682	702
广东	371	98	168	226	32	668824	3944	8236	2157
广西	66	47	125	80	18	25410	1988	1122	459
海南	10	6	7	15		2760	255	229	214
重庆	324	9	30	84	24	29270	775	1330	466
四川	792	216	186	218	53	48288	1491	2299	2009
贵州	44	13	36	83	41	10966	456	684	573
云南	39	56	277	89	26	13504	775	836	390
西藏	6	2	12		2	495	7	13	20
陕西	901	26	118	46	33	23823	445	925	414
甘肃	338	41	298	53	35	11377	361	747	365
青海	65	6	58	72	4	2638	140	170	60
宁夏	404	4	10	22	17	4177	136	268	122
新疆	1674	78	86	105	17	12101	561	930	320

4-4a 续表 6 单位：人

地区 性别	15.烟草制品业	16.纺织业	17.纺织服装、鞋、帽制造业	18.皮革、毛皮、羽毛(绒)及其制品业	19.木材加工及木、竹、藤、棕、草制品业	20.家具制造业	21.造纸及纸制品业	22.印刷业和记录媒介的复制	23.文教体育用品制造业
全国	**23273**	**301301**	**506091**	**231370**	**67246**	**124942**	**95517**	**101141**	**109311**
北京	132	1379	10452	688	1037	3350	873	4403	791
天津	178	2596	4302	1183	770	1651	1110	1604	1312
河北	873	8831	5182	2666	1331	1855	1863	2581	378
山西	252	1180	739	136	298	589	218	1150	297
内蒙古	292	2552	1460	888	1815	618	405	661	110
辽宁	517	6080	13310	1935	3208	4597	3308	2879	877
吉林	801	2318	1566	207	3082	845	837	1262	183
黑龙江	893	2386	1485	444	6163	3096	1717	1388	351
上海	709	7865	19072	2566	2560	5439	3460	6387	3735
江苏	860	48447	53286	6301	8110	7504	7320	7032	4903
浙江	370	53807	60812	53176	4786	7265	8877	6671	7581
安徽	1097	4868	5923	1273	1188	1806	1321	2009	742
福建	746	8857	51027	33790	4148	4873	5451	4161	4881
江西	455	3534	6614	1109	866	1779	650	1346	347
山东	1597	36878	33746	8228	7162	6923	8148	5834	4699
河南	2122	10895	6441	1767	935	1957	2293	2650	643
湖北	1218	13740	23521	879	1581	2596	2191	2948	845
湖南	1861	4351	6399	2152	1539	1492	2311	2017	524
广东	1019	62251	180032	101423	8945	52760	35241	33055	74341
广西	377	2729	4187	783	2013	1198	1933	1447	412
海南	55	74	463	23	283	245	209	317	20
重庆	579	1722	3002	1534	510	1888	749	1233	246
四川	805	3257	7199	6904	1801	5875	1865	2629	355
贵州	1389	589	674	274	461	743	297	699	99
云南	3131	806	1199	224	1036	1170	681	1290	135
西藏		167	72	25	124	99	2	47	5
陕西	581	4755	1491	211	386	854	820	1471	209
甘肃	216	902	625	290	305	393	237	745	125
青海	1	168	227	18	81	80	13	234	7
宁夏	37	189	200	56	75	244	451	218	28
新疆	110	3128	1383	217	647	1158	666	773	130

4-4a 续表 7 单位：人

地区 性别	15.烟草制品业	16.纺织业	17.纺织服装、鞋、帽制造业	18.皮革、毛皮、羽毛(绒)及其制品业	19.木材加工及木、竹、藤、棕、草制品业	20.家具制造业	21.造纸及纸制品业	22.印刷业和记录媒介的复制	23.文教体育用品制造业
男	**14415**	**125455**	**194818**	**115883**	**44858**	**84662**	**57172**	**58340**	**54056**
北京	91	673	4996	391	745	2332	514	2693	478
天津	128	1313	1915	639	566	1126	706	932	797
河北	572	3852	1767	1289	883	1153	1073	1413	184
山西	152	528	274	65	221	427	126	621	165
内蒙古	189	803	393	203	1297	456	262	341	47
辽宁	340	2386	3449	897	2120	3028	2166	1618	422
吉林	527	889	446	103	2060	572	548	694	92
黑龙江	578	1023	400	228	4200	2092	1109	797	173
上海	513	3370	6271	1167	1741	3728	1954	3762	1851
江苏	559	18673	15679	2320	4804	4912	4248	3763	1745
浙江	247	21945	23361	27987	3119	4861	5395	3934	3525
安徽	734	1865	1401	467	866	1263	696	1067	211
福建	428	4134	24425	16406	2734	3289	2985	2502	2348
江西	280	1444	2140	523	645	1218	357	749	169
山东	1025	14337	9214	2757	4404	4467	4844	3079	1896
河南	1270	4330	2138	960	645	1317	1394	1498	279
湖北	756	5298	8927	424	1152	1821	1268	1646	426
湖南	1058	1818	2741	811	1028	1000	1399	1154	262
广东	639	29303	77123	52895	6318	36421	21557	19979	38149
广西	227	910	1340	289	1308	780	1117	780	173
海南	37	39	142	12	216	182	134	172	8
重庆	389	693	1159	735	359	1248	404	692	122
四川	502	1360	2908	3581	1207	3715	1044	1392	180
贵州	810	265	259	141	313	549	187	418	51
云南	1762	353	515	120	712	801	390	738	65
西藏		30	44	11	104	73	1	19	3
陕西	369	2050	582	119	281	578	488	870	103
甘肃	138	368	198	172	209	264	148	411	59
青海	1	60	50	11	55	54	5	117	5
宁夏	19	71	55	28	54	172	269	102	11
新疆	75	1272	506	132	492	763	384	387	57

4-4a 续表 8

单位：人

地区 性别	15.烟草制品业	16.纺织业	17.纺织服装、鞋、帽制造业	18.皮革、毛皮、羽毛(绒)及其制品业	19.木材加工及木、竹、藤、棕、草制品业	20.家具制造业	21.造纸及纸制品业	22.印刷业和记录媒介的复制	23.文教体育用品制造业
女	**8858**	**175846**	**311273**	**115487**	**22388**	**40280**	**38345**	**42801**	**55255**
北京	41	706	5456	297	292	1018	359	1710	313
天津	50	1283	2387	544	204	525	404	672	515
河北	301	4979	3415	1377	448	702	790	1168	194
山西	100	652	465	71	77	162	92	529	132
内蒙古	103	1749	1067	685	518	162	143	320	63
辽宁	177	3694	9861	1038	1088	1569	1142	1261	455
吉林	274	1429	1120	104	1022	273	289	568	91
黑龙江	315	1363	1085	216	1963	1004	608	591	178
上海	196	4495	12801	1399	819	1711	1506	2625	1884
江苏	301	29774	37607	3981	3306	2592	3072	3269	3158
浙江	123	31862	37451	25189	1667	2404	3482	2737	4056
安徽	363	3003	4522	806	322	543	625	942	531
福建	318	4723	26602	17384	1414	1584	2466	1659	2533
江西	175	2090	4474	586	221	561	293	597	178
山东	572	22541	24532	5471	2758	2456	3304	2755	2803
河南	852	6565	4303	807	290	640	899	1152	364
湖北	462	8442	14594	455	429	775	923	1302	419
湖南	803	2533	3658	1341	511	492	912	863	262
广东	380	32948	102909	48528	2627	16339	13684	13076	36192
广西	150	1819	2847	494	705	418	816	667	239
海南	18	35	321	11	67	63	75	145	12
重庆	190	1029	1843	799	151	640	345	541	124
四川	303	1897	4291	3323	594	2160	821	1237	175
贵州	579	324	415	133	148	194	110	281	48
云南	1369	453	684	104	324	369	291	552	70
西藏		137	28	14	20	26	1	28	2
陕西	212	2705	909	92	105	276	332	601	106
甘肃	78	534	427	118	96	129	89	334	66
青海		108	177	7	26	26	8	117	2
宁夏	18	118	145	28	21	72	182	116	17
新疆	35	1856	877	85	155	395	282	386	73

4-4a 续表 9

单位：人

地区 性别	24.石油加工、炼焦及核燃料加工业	25.化学原料及化学制品制造业	26.医药制造业	27.化学纤维制造业	28.橡胶制品业	29.塑料制品业	30.非金属矿物制品业	31.黑色金属冶炼及压延加工业	32.有色金属冶炼及压延加工业
全国	**52225**	**191949**	**99110**	**19213**	**60022**	**170494**	**202417**	**156823**	**64763**
北京	1665	3199	4586	98	412	1117	4714	2669	456
天津	1863	6672	3491	551	1726	1710	2226	5329	708
河北	3020	6841	6558	1124	1689	2011	10954	21851	1208
山西	2061	5704	1282	159	408	514	3519	5211	1603
内蒙古	1506	2326	1163	35	168	444	3025	4507	2641
辽宁	9911	10078	4596	985	2721	4190	10413	19189	4251
吉林	966	4258	4325	921	382	708	3088	2903	538
黑龙江	1914	3523	4898	270	913	1272	3718	3192	858
上海	2526	12120	6576	791	2388	7502	7452	6993	2424
江苏	2870	22380	8737	3389	6248	14831	16629	12015	5300
浙江	1229	10067	5150	2446	6984	20197	9365	4976	3159
安徽	907	5427	3018	399	2249	2295	6035	4661	1480
福建	327	3917	1566	640	5695	11130	6128	2373	1557
江西	861	2587	2441	293	327	573	6094	2996	1656
山东	4570	20155	8518	1941	7804	7536	18916	11465	3253
河南	1768	7678	4025	1449	1596	2175	11378	6516	5653
湖北	1838	7757	4027	162	965	2439	7760	7986	2056
湖南	744	5748	2010	127	852	1064	7223	6186	3525
广东	3503	22095	7742	1369	11560	81108	35605	5391	8493
广西	331	2356	1541	48	357	863	4857	2291	1472
海南	102	283	710	14	65	148	409	107	45
重庆	279	3875	2152	729	799	963	3962	2333	554
四川	1381	7230	3612	664	675	2051	6431	7146	2205
贵州	219	1894	902	9	1241	408	1982	1779	1306
云南	311	2164	1510	64	225	795	2361	1687	1725
西藏	12	2	33		5	2	95	27	8
陕西	921	2998	2035	314	620	465	2468	1066	784
甘肃	1696	2433	929	82	238	378	1682	1501	3790
青海	224	1367	347	3	15	77	378	748	875
宁夏	764	1574	224	9	448	178	997	599	723
新疆	1936	3241	406	128	247	1350	2553	1130	457

4-4a 续表 10

单位：人

地区 性别	24.石油加工、炼焦及核燃料加工业	25.化学原料及化学制品制造业	26.医药制造业	27.化学纤维制造业	28.橡胶制品业	29.塑料制品业	30.非金属矿物制品业	31.黑色金属冶炼及压延加工业	32.有色金属冶炼及压延加工业
男	**36154**	**124775**	**53231**	**11544**	**37533**	**97334**	**138712**	**119752**	**45808**
北京	1120	1916	2246	65	276	693	3503	2199	325
天津	1339	4680	1937	374	1181	1096	1713	4373	559
河北	2084	4542	3489	705	1047	1180	7224	16869	901
山西	1547	3765	652	87	256	310	2624	3912	1124
内蒙古	1116	1547	671	18	110	254	2239	3410	2024
辽宁	6966	6870	2546	618	1971	2301	7639	15224	3183
吉林	687	2956	2327	605	252	436	2240	2152	414
黑龙江	1304	2325	2828	158	611	861	2710	2418	596
上海	1803	7231	3498	490	1507	3975	5325	5754	1751
江苏	2040	14742	4672	1925	3784	7989	11139	9179	3483
浙江	927	6727	2970	1544	4290	11101	6690	3935	2203
安徽	677	3561	1588	247	1398	1300	4234	3730	1128
福建	222	2415	864	400	3488	6348	4301	1781	1122
江西	584	1616	1364	175	191	325	3858	2152	1192
山东	3070	13269	4475	1116	5032	4100	12394	8492	2356
河南	1171	5041	2203	803	1077	1248	7948	4718	4034
湖北	1243	5267	2155	85	617	1302	5416	6088	1436
湖南	454	3477	1069	88	535	628	4378	4437	2393
广东	2444	13836	4146	870	6815	47321	23968	4124	5925
广西	221	1471	789	23	191	473	2988	1752	991
海南	68	188	343	10	40	83	287	78	33
重庆	198	2510	1145	438	489	574	2738	1749	393
四川	931	4625	1887	367	356	1216	4367	4804	1530
贵州	132	1231	465	4	842	242	1409	1284	958
云南	203	1438	757	35	145	479	1609	1257	1155
西藏	11	1	15		3	2	63	22	6
陕西	608	1948	1112	153	381	300	1793	744	550
甘肃	1081	1527	506	50	153	218	1203	1249	2616
青海	151	846	174	1	12	37	276	567	602
宁夏	527	1079	112	5	307	86	707	464	488
新疆	1225	2128	226	85	176	856	1729	835	337

4-4a 续表 11 单位：人

地区 性别	24.石油加工、炼焦及核燃料加工业	25.化学原料及化学制品制造业	26.医药制造业	27.化学纤维制造业	28.橡胶制品业	29.塑料制品业	30.非金属矿物制品业	31.黑色金属冶炼及压延加工业	32.有色金属冶炼及压延加工业
女	**16071**	**67174**	**45879**	**7669**	**22489**	**73160**	**63705**	**37071**	**18955**
北京	545	1283	2340	33	136	424	1211	470	131
天津	524	1992	1554	177	545	614	513	956	149
河北	936	2299	3069	419	642	831	3730	4982	307
山西	514	1939	630	72	152	204	895	1299	479
内蒙古	390	779	492	17	58	190	786	1097	617
辽宁	2945	3208	2050	367	750	1889	2774	3965	1068
吉林	279	1302	1998	316	130	272	848	751	124
黑龙江	610	1198	2070	112	302	411	1008	774	262
上海	723	4889	3078	301	881	3527	2127	1239	673
江苏	830	7638	4065	1464	2464	6842	5490	2836	1817
浙江	302	3340	2180	902	2694	9096	2675	1041	956
安徽	230	1866	1430	152	851	995	1801	931	352
福建	105	1502	702	240	2207	4782	1827	592	435
江西	277	971	1077	118	136	248	2236	844	464
山东	1500	6886	4043	825	2772	3436	6522	2973	897
河南	597	2637	1822	646	519	927	3430	1798	1619
湖北	595	2490	1872	77	348	1137	2344	1898	620
湖南	290	2271	941	39	317	436	2845	1749	1132
广东	1059	8259	3596	499	4745	33787	11637	1267	2568
广西	110	885	752	25	166	390	1869	539	481
海南	34	95	367	4	25	65	122	29	12
重庆	81	1365	1007	291	310	389	1224	584	161
四川	450	2605	1725	297	319	835	2064	2342	675
贵州	87	663	437	5	399	166	573	495	348
云南	108	726	753	29	80	316	752	430	570
西藏	1	1	18		2		32	5	2
陕西	313	1050	923	161	239	165	675	322	234
甘肃	615	906	423	32	85	160	479	252	1174
青海	73	521	173	2	3	40	102	181	273
宁夏	237	495	112	4	141	92	290	135	235
新疆	711	1113	180	43	71	494	824	295	120

4-4a 续表 12

单位：人

地区 性别	33.金属制品业	34.通用设备制造业	35.专用设备制造业	36.交通运输设备制造业	37.电气机械及器材制造业	38.通信设备、计算机及其他电子设备制造业	39.仪器仪表及文化、办公用机械制造业	40.工艺品及其他制造业	41.废弃资源和废旧材料回收加工业
全国	**300460**	**327311**	**280616**	**365874**	**376592**	**558228**	**108631**	**117791**	**33266**
北京	4289	5593	7818	9765	5839	12423	3021	1361	136
天津	6413	6000	5783	11513	7221	11409	2141	964	496
河北	6699	9652	6662	9381	4558	3958	1571	1120	595
山西	2216	5428	7401	3297	2458	6264	832	516	421
内蒙古	2411	2743	2111	2027	837	356	471	465	626
辽宁	11199	29982	14471	26620	11774	7564	3558	2458	1114
吉林	1728	3154	2373	17893	1709	1122	759	356	461
黑龙江	2657	9485	5523	8139	3306	880	1465	647	616
上海	14827	22059	17074	26771	24801	41962	6660	2906	1470
江苏	31022	51108	34307	36680	41628	96379	9636	7117	2952
浙江	27415	37500	21247	25713	38411	15934	11200	25255	3350
安徽	4231	7730	5200	12959	9850	3416	1177	1736	1047
福建	11714	5071	7533	8168	10997	19840	4566	10284	1294
江西	1806	2542	1548	5163	3316	2923	1187	1650	614
山东	19993	35470	19455	27342	17529	21899	3776	8644	2563
河南	5672	12108	13790	9124	5935	2373	2486	1559	1476
湖北	6698	10401	5665	25682	6858	6031	2362	1611	1907
湖南	3256	6320	5743	6647	4413	3394	1466	1465	1323
广东	116827	32134	70370	32899	150094	280673	40148	39493	5447
广西	1303	2479	2615	8839	2080	2453	876	3047	744
海南	335	78	209	793	260	105	50	78	108
重庆	2722	6510	2983	23344	4211	1995	2594	680	497
四川	5137	9920	6329	9712	6784	7321	1581	1172	1012
贵州	1558	1442	1103	3804	1238	758	326	525	537
云南	1796	2136	1703	1830	1484	440	701	866	570
西藏	31	18	35	181	7	25	83	40	38
陕西	2287	5017	7466	8530	5474	5216	2516	449	357
甘肃	1429	2836	1948	1484	1994	660	706	688	470
青海	413	257	80	156	82	34	116	177	114
宁夏	862	1016	704	189	418	103	218	126	290
新疆	1514	1122	1367	1229	1026	318	382	336	621

4-4a 续表 13

单位：人

地区 性别	33.金属制品业	34.通用设备制造业	35.专用设备制造业	36.交通运输设备制造业	37.电气机械及器材制造业	38.通信设备、计算机及其他电子设备制造业	39.仪器仪表及文化、办公用机械制造业	40.工艺品及其他制造业	41.废弃资源和废旧材料回收加工业
男	**207076**	**234875**	**187857**	**264338**	**217783**	**291167**	**60220**	**60702**	**22061**
北京	3098	4157	5217	7287	3779	7327	1868	871	94
天津	4835	4401	3725	8109	4471	5379	1263	565	349
河北	4915	7231	4674	7055	2949	2251	912	659	406
山西	1611	3929	5044	2414	1548	3774	493	332	288
内蒙古	1836	1997	1441	1614	595	212	298	265	444
辽宁	8374	23145	9732	20729	7325	3399	2060	1299	729
吉林	1279	2374	1694	13116	1114	674	467	211	304
黑龙江	1936	6947	3979	6002	2345	553	895	403	405
上海	10455	15890	11244	20333	14491	20364	3883	1457	1063
江苏	21128	35800	22348	25780	23945	47419	4896	3351	1888
浙江	18178	25938	15586	17226	20240	7968	6176	11719	2133
安徽	3142	5588	3488	9704	5909	1905	732	992	667
福建	8146	3795	5300	5883	6352	9410	2225	5597	887
江西	1304	1799	1060	3725	2038	1409	695	972	382
山东	14352	25609	12982	20562	11182	10523	2095	3447	1738
河南	4101	8706	9543	6726	3971	1475	1478	856	949
湖北	4884	7518	3774	18136	4392	3525	1361	953	1176
湖南	2319	4607	3914	4744	2777	1871	898	835	881
广东	77312	22074	45327	23475	82388	150533	21485	21220	3884
广西	926	1816	1821	6460	1169	1211	484	1621	459
海南	261	54	138	619	164	73	26	53	66
重庆	1858	4542	1956	15652	2635	1052	1525	384	307
四川	3636	7145	4263	6772	4278	4213	971	669	645
贵州	1108	993	757	2539	781	451	174	306	334
云南	1349	1520	1158	1361	1032	293	405	543	342
西藏	18	17	21	137	7	15	54	28	23
陕西	1651	3551	4854	5792	3559	3246	1522	277	241
甘肃	1011	1968	1378	1137	1285	357	431	434	307
青海	302	192	52	121	56	20	70	104	83
宁夏	627	749	477	151	268	54	134	91	182
新疆	1124	823	910	977	738	211	244	188	405

4-4a 续表 14 单位：人

地区 性别	33.金属制品业	34.通用设备制造业	35.专用设备制造业	36.交通运输设备制造业	37.电气机械及器材制造业	38.通信设备、计算机及其他电子设备制造业	39.仪器仪表及文化、办公用机械制造业	40.工艺品及其他制造业	41.废弃资源和废旧材料回收加工业
女	**93384**	**92436**	**92759**	**101536**	**158809**	**267061**	**48411**	**57089**	**11205**
北京	1191	1436	2601	2478	2060	5096	1153	490	42
天津	1578	1599	2058	3404	2750	6030	878	399	147
河北	1784	2421	1988	2326	1609	1707	659	461	189
山西	605	1499	2357	883	910	2490	339	184	133
内蒙古	575	746	670	413	242	144	173	200	182
辽宁	2825	6837	4739	5891	4449	4165	1498	1159	385
吉林	449	780	679	4777	595	448	292	145	157
黑龙江	721	2538	1544	2137	961	327	570	244	211
上海	4372	6169	5830	6438	10310	21598	2777	1449	407
江苏	9894	15308	11959	10900	17683	48960	4740	3766	1064
浙江	9237	11562	5661	8487	18171	7966	5024	13536	1217
安徽	1089	2142	1712	3255	3941	1511	445	744	380
福建	3568	1276	2233	2285	4645	10430	2341	4687	407
江西	502	743	488	1438	1278	1514	492	678	232
山东	5641	9861	6473	6780	6347	11376	1681	5197	825
河南	1571	3402	4247	2398	1964	898	1008	703	527
湖北	1814	2883	1891	7546	2466	2506	1001	658	731
湖南	937	1713	1829	1903	1636	1523	568	630	442
广东	39515	10060	25043	9424	67706	130140	18663	18273	1563
广西	377	663	794	2379	911	1242	392	1426	285
海南	74	24	71	174	96	32	24	25	42
重庆	864	1968	1027	7692	1576	943	1069	296	190
四川	1501	2775	2066	2940	2506	3108	610	503	367
贵州	450	449	346	1265	457	307	152	219	203
云南	447	616	545	469	452	147	296	323	228
西藏	13	1	14	44		10	29	12	15
陕西	636	1466	2612	2738	1915	1970	994	172	116
甘肃	418	868	570	347	709	303	275	254	163
青海	111	65	28	35	26	14	46	73	31
宁夏	235	267	227	38	150	49	84	35	108
新疆	390	299	457	252	288	107	138	148	216

4-4a 续表 15 单位：人

地区 性别	四、电力、燃气及水的生产和供应业	42.电力、热力的生产和供应业	43.燃气生产和供应业	44.水的生产和供应业	五、建筑业	45.房屋和土木工程建筑业	46.建筑安装业	47.建筑装饰业	48.其他建筑业
全国	**295970**	**214857**	**33690**	**47423**	**1265630**	**794912**	**100440**	**332119**	**38159**
北京	7973	5606	1185	1182	48487	24699	3038	19724	1026
天津	5982	4074	984	924	37331	27825	3459	4351	1696
河北	14754	11338	1518	1898	37218	25996	2783	7346	1093
山西	11882	8553	1773	1556	24008	14909	2800	5423	876
内蒙古	10718	8753	775	1190	41921	29677	2944	8155	1145
辽宁	23351	16556	2700	4095	53326	31044	4098	16573	1611
吉林	11090	8355	1056	1679	21276	12157	1850	6543	726
黑龙江	15759	11938	1186	2635	28863	19696	2243	5713	1211
上海	8292	4577	1885	1830	54642	26569	5897	20205	1971
江苏	18800	13353	2161	3286	120049	72211	10769	33205	3864
浙江	10557	7637	983	1937	85165	52294	4802	26048	2021
安徽	8659	6301	990	1368	44515	28862	4067	10393	1193
福建	6792	5109	585	1098	48496	30749	3244	13055	1448
江西	5898	4499	510	889	24263	15702	2080	5837	644
山东	22073	16311	2542	3220	89831	62117	7783	16954	2977
河南	16050	11816	1628	2606	46762	32468	3860	9027	1407
湖北	12506	8925	1330	2251	52473	33227	4135	13151	1960
湖南	8239	6134	735	1370	28831	18575	2385	6840	1031
广东	19470	12031	2669	4770	111557	60393	9401	39025	2738
广西	5484	4101	498	885	27998	16643	2287	8314	754
海南	1347	772	188	387	8041	4682	720	2367	272
重庆	5090	3279	975	836	31602	20239	1650	8940	773
四川	11373	8001	1817	1555	63247	41716	3644	16459	1428
贵州	4688	3634	491	563	20790	14189	1130	4577	894
云南	4974	3922	375	677	27793	20327	1569	5100	797
西藏	218	195	5	18	917	642	56	202	17
陕西	6372	4971	635	766	28975	20142	2858	5031	944
甘肃	6212	4917	404	891	15438	9778	1572	3625	463
青海	1693	1360	209	124	6581	4481	563	1343	194
宁夏	3098	2594	207	297	8217	5943	360	1716	198
新疆	6576	5245	691	640	27017	16960	2393	6877	787

4-4a 续表 16 单位：人

地区 性别	四、电力、燃气及水的生产和供应业	42.电力、热力的生产和供应业	43.燃气生产和供应业	44.水的生产和供应业	五、建筑业	45.房屋和土木工程建筑业	46.建筑安装业	47.建筑装饰业	48.其他建筑业
男	**204153**	**151098**	**22597**	**30458**	**1050285**	**662452**	**83472**	**273961**	**30400**
北京	5555	3953	821	781	39846	20328	2397	16386	735
天津	4317	2991	686	640	32674	24724	3077	3510	1363
河北	9992	7892	974	1126	30557	21929	2208	5568	852
山西	7841	5791	1123	927	19679	12091	2281	4625	682
内蒙古	7248	6043	503	702	35746	25590	2452	6774	930
辽宁	16817	12236	1837	2744	44170	26430	3370	13063	1307
吉林	8019	6168	726	1125	17616	10509	1502	5063	542
黑龙江	10951	8425	820	1706	23660	16501	1847	4333	979
上海	6195	3523	1406	1266	46481	23040	4927	16970	1544
江苏	13617	9910	1505	2202	102037	61915	9075	27896	3151
浙江	7804	5767	689	1348	74576	45210	4245	23402	1719
安徽	6064	4498	677	889	37270	24124	3384	8777	985
福建	4609	3522	395	692	39692	24813	2801	10892	1186
江西	3913	2998	347	568	20013	12927	1758	4801	527
山东	15243	11614	1610	2019	73695	51858	6433	12975	2429
河南	10585	7980	1036	1569	38861	27323	3199	7249	1090
湖北	8365	6077	910	1378	43707	27763	3468	10910	1566
湖南	5429	4089	498	842	24009	15541	1988	5675	805
广东	14052	8942	1880	3230	95181	51005	8030	33912	2234
广西	3707	2810	337	560	21711	12791	1796	6560	564
海南	871	530	122	219	6372	3655	585	1913	219
重庆	3302	2195	581	526	25506	16446	1340	7130	590
四川	7266	5185	1111	970	49964	32945	2949	12988	1082
贵州	3145	2487	319	339	16476	11005	900	3873	698
云南	3330	2650	266	414	21761	15833	1278	4068	582
西藏	149	129	5	15	660	458	38	148	16
陕西	4245	3321	431	493	23563	16474	2301	4021	767
甘肃	4004	3206	267	531	12235	7783	1226	2881	345
青海	1174	936	147	91	5177	3634	428	957	158
宁夏	2059	1767	127	165	6671	4866	289	1359	157
新疆	4285	3463	441	381	20719	12941	1900	5282	596

4-4a 续表 17　　　　单位：人

地区 性别	四、电力、燃气及水的生产和供应业	42.电力、热力的生产和供应业	43.燃气生产和供应业	44.水的生产和供应业	五、建筑业	45.房屋和土木工程建筑业	46.建筑安装业	47.建筑装饰业	48.其他建筑业
女	**91817**	**63759**	**11093**	**16965**	**215345**	**132460**	**16968**	**58158**	**7759**
北京	2418	1653	364	401	8641	4371	641	3338	291
天津	1665	1083	298	284	4657	3101	382	841	333
河北	4762	3446	544	772	6661	4067	575	1778	241
山西	4041	2762	650	629	4329	2818	519	798	194
内蒙古	3470	2710	272	488	6175	4087	492	1381	215
辽宁	6534	4320	863	1351	9156	4614	728	3510	304
吉林	3071	2187	330	554	3660	1648	348	1480	184
黑龙江	4808	3513	366	929	5203	3195	396	1380	232
上海	2097	1054	479	564	8161	3529	970	3235	427
江苏	5183	3443	656	1084	18012	10296	1694	5309	713
浙江	2753	1870	294	589	10589	7084	557	2646	302
安徽	2595	1803	313	479	7245	4738	683	1616	208
福建	2183	1587	190	406	8804	5936	443	2163	262
江西	1985	1501	163	321	4250	2775	322	1036	117
山东	6830	4697	932	1201	16136	10259	1350	3979	548
河南	5465	3836	592	1037	7901	5145	661	1778	317
湖北	4141	2848	420	873	8766	5464	667	2241	394
湖南	2810	2045	237	528	4822	3034	397	1165	226
广东	5418	3089	789	1540	16376	9388	1371	5113	504
广西	1777	1291	161	325	6287	3852	491	1754	190
海南	476	242	66	168	1669	1027	135	454	53
重庆	1788	1084	394	310	6096	3793	310	1810	183
四川	4107	2816	706	585	13283	8771	695	3471	346
贵州	1543	1147	172	224	4314	3184	230	704	196
云南	1644	1272	109	263	6032	4494	291	1032	215
西藏	69	66		3	257	184	18	54	1
陕西	2127	1650	204	273	5412	3668	557	1010	177
甘肃	2208	1711	137	360	3203	1995	346	744	118
青海	519	424	62	33	1404	847	135	386	36
宁夏	1039	827	80	132	1546	1077	71	357	41
新疆	2291	1782	250	259	6298	4019	493	1595	191

4-4a 续表 18 单位：人

地区 性别	六、交通运输、仓储和邮政业	49.铁路运输业	50.道路运输业	51.城市公共交通业	52.水上运输业	53.航空运输业	54.管道运输业	55.装卸搬运和其他运输服务业	56.仓储业
全国	**1249546**	**161978**	**483379**	**298246**	**43640**	**34037**	**3170**	**119267**	**45955**
北京	43522	4523	10622	15793	222	3626	70	2063	2609
天津	30700	2902	10222	5744	2525	1017	112	4294	2580
河北	42770	8532	17880	8906	1392	332	372	2085	1423
山西	33949	9738	13526	6880	21	460	53	1272	847
内蒙古	38337	9024	14763	7743	20	511	63	4256	891
辽宁	86375	12592	25221	29158	3364	1873	337	8244	2854
吉林	39295	7601	9676	16791	52	512	78	2140	1168
黑龙江	55392	14034	13065	18574	323	648	88	4605	1741
上海	76285	3041	21589	18214	5406	5925	78	10223	6229
江苏	82972	5272	38857	16406	5085	1182	221	8865	2690
浙江	58200	2194	26727	12033	3863	1119	21	7593	1302
安徽	35298	5041	15267	8129	1420	365	34	2582	1016
福建	36608	2596	15368	6663	1760	1417	29	5249	1408
江西	24101	5112	9432	5017	531	308	19	1941	611
山东	85360	8027	38169	17314	4627	1791	550	7863	3670
河南	51423	11300	23174	9883	114	500	143	2853	1517
湖北	54460	6199	24499	11394	2648	1054	75	5094	1593
湖南	37091	6814	13233	9853	868	574	50	3130	938
广东	116368	5500	47165	23273	6046	3858	80	17457	4095
广西	27268	3492	11580	5277	1173	496	101	3341	854
海南	8391	128	3600	2189	582	772	28	454	228
重庆	24782	1888	10300	5754	1242	720	57	3223	758
四川	44278	4773	20593	10784	216	1260	57	3475	1249
贵州	16806	2747	7746	2846	39	330	17	2171	346
云南	17399	2356	8512	3158	30	985	14	1221	458
西藏	643	39	352	105		19	1	30	21
陕西	25147	5363	10095	6286	39	903	50	777	704
甘肃	17344	4226	6136	4401	20	420	43	579	831
青海	6654	1539	2496	1962	2	93	37	198	122
宁夏	7202	1324	3179	1893	1	121	122	194	100
新疆	25126	4061	10335	5823	9	846	170	1795	1102

4-4a 续表 19　　单位：人

地区 性别	六、交通运输、仓储和邮政业	49.铁路运输业	50.道路运输业	51.城市公共交通业	52.水上运输业	53.航空运输业	54.管道运输业	55.装卸搬运和其他运输服务业	56.仓储业
男	**1000477**	**122591**	**405860**	**251582**	**33965**	**20644**	**2299**	**91930**	**32441**
北京	32178	3599	8497	11944	132	2093	46	1309	1852
天津	24452	2285	8747	4952	1928	614	93	3062	1934
河北	34814	7044	15150	7246	1092	202	276	1746	1002
山西	28269	7663	11937	5938	14	282	47	1137	596
内蒙古	31636	6825	13085	6397	14	350	48	3681	636
辽宁	72471	10004	21553	26269	2765	1116	244	6824	1977
吉林	33192	5946	8177	15155	39	322	61	1846	848
黑龙江	46104	10884	10979	16827	253	430	60	3963	1286
上海	58255	2424	17503	15276	4079	3604	59	6626	4521
江苏	65920	4042	32185	13191	3949	722	162	6726	1924
浙江	47360	1695	22455	10299	3280	660	18	5658	928
安徽	28593	3963	12994	6608	1110	236	25	2052	713
福建	29913	1924	13620	5813	1357	910	21	3859	1040
江西	19528	3687	8174	4352	391	196	17	1618	402
山东	67489	6188	31712	14177	3572	1114	352	5796	2455
河南	39768	8200	18857	7796	78	291	107	2361	965
湖北	43703	4273	20693	9592	2066	643	53	4137	1046
湖南	29594	4875	11052	8515	649	347	43	2505	655
广东	93896	4073	39872	20299	4616	2377	65	13341	2983
广西	21222	2715	9438	4175	850	286	78	2471	587
海南	6625	93	3027	1781	441	486	25	342	158
重庆	19874	1382	8489	4708	1032	425	43	2695	559
四川	34739	3421	16844	8792	168	711	41	2770	838
贵州	13340	1997	6653	2288	28	211	14	1589	225
云南	13428	1708	6924	2466	21	583	11	984	317
西藏	488	23	284	90		12		19	13
陕西	19683	3807	8411	5143	19	534	35	617	518
甘肃	13057	2943	4989	3399	13	256	31	459	557
青海	5198	1048	2140	1575	2	58	28	162	76
宁夏	5791	984	2736	1561		73	86	151	71
新疆	19897	2876	8683	4958	7	500	110	1424	759

4-4a 续表 20

单位：人

地 区 性 别	六、交通运输、仓储和邮政业	49.铁路运输业	50.道路运输业	51.城市公共交通业	52.水上运输业	53.航空运输业	54.管道运输业	55.装卸搬运和其他运输服务业	56.仓储业
女	**249069**	**39387**	**77519**	**46664**	**9675**	**13393**	**871**	**27337**	**13514**
北 京	11344	924	2125	3849	90	1533	24	754	757
天 津	6248	617	1475	792	597	403	19	1232	646
河 北	7956	1488	2730	1660	300	130	96	339	421
山 西	5680	2075	1589	942	7	178	6	135	251
内蒙古	6701	2199	1678	1346	6	161	15	575	255
辽 宁	13904	2588	3668	2889	599	757	93	1420	877
吉 林	6103	1655	1499	1636	13	190	17	294	320
黑龙江	9288	3150	2086	1747	70	218	28	642	455
上 海	18030	617	4086	2938	1327	2321	19	3597	1708
江 苏	17052	1230	6672	3215	1136	460	59	2139	766
浙 江	10840	499	4272	1734	583	459	3	1935	374
安 徽	6705	1078	2273	1521	310	129	9	530	303
福 建	6695	672	1748	850	403	507	8	1390	368
江 西	4573	1425	1258	665	140	112	2	323	209
山 东	17871	1839	6457	3137	1055	677	198	2067	1215
河 南	11655	3100	4317	2087	36	209	36	492	552
湖 北	10757	1926	3806	1802	582	411	22	957	547
湖 南	7497	1939	2181	1338	219	227	7	625	283
广 东	22472	1427	7293	2974	1430	1481	15	4116	1112
广 西	6046	777	2142	1102	323	210	23	870	267
海 南	1766	35	573	408	141	286	3	112	70
重 庆	4908	506	1811	1046	210	295	14	528	199
四 川	9539	1352	3749	1992	48	549	16	705	411
贵 州	3466	750	1093	558	11	119	3	582	121
云 南	3971	648	1588	692	9	402	3	237	141
西 藏	155	16	68	15		7	1	11	8
陕 西	5464	1556	1684	1143	20	369	15	160	186
甘 肃	4287	1283	1147	1002	7	164	12	120	274
青 海	1456	491	356	387		35	9	36	46
宁 夏	1411	340	443	332	1	48	36	43	29
新 疆	5229	1185	1652	865	2	346	60	371	343

4-4a 续表 21 单位：人

地区 性别	57.邮政业	七、信息传输、计算机服务和软件业	58.电信和其他信息传输服务业	59.计算机服务业	60.软件业	八、批发和零售业	61.批发业	62.零售业	九、住宿和餐饮业
全 国	**59874**	**322634**	**193408**	**46766**	**82460**	**3701832**	**837508**	**2864324**	**982500**
北 京	3994	37753	14260	4570	18923	167836	44948	122888	49500
天 津	1304	4814	2827	798	1189	45478	10366	35112	13355
河 北	1848	8810	6537	1266	1007	112243	24880	87363	22556
山 西	1152	5087	4038	656	393	72460	15642	56818	18926
内蒙古	1066	4678	3848	505	325	64136	11427	52709	19762
辽 宁	2732	17414	9054	2712	5648	203401	39679	163722	46829
吉 林	1277	6401	4634	949	818	87842	14843	72999	22342
黑龙江	2314	8807	6371	1525	911	107925	20984	86941	27390
上 海	5580	26167	9659	3679	12829	165396	52495	112901	52808
江 苏	4394	22114	12609	3329	6176	269753	66631	203122	68644
浙 江	3348	16181	9238	2575	4368	214967	72093	142874	57311
安 徽	1444	7251	5138	945	1168	96427	19280	77147	28913
福 建	2118	10521	5831	1731	2959	119542	25309	94233	33339
江 西	1130	6096	4202	934	960	67719	11702	56017	17563
山 东	3349	16424	10707	2809	2908	248865	57828	191037	56688
河 南	1939	10555	8158	1285	1112	150524	33411	117113	35257
湖 北	1904	11501	7884	1841	1776	156328	28752	127576	41111
湖 南	1631	9329	6511	1559	1259	121318	24266	97052	34474
广 东	8894	38591	23137	6059	9395	528289	128810	399479	141021
广 西	954	5964	4525	849	590	98462	14570	83892	21524
海 南	410	1672	1325	227	120	23200	3306	19894	11131
重 庆	840	6080	4182	748	1150	82443	16188	66255	22872
四 川	1871	14577	9568	1833	3176	163171	34212	128959	47232
贵 州	564	3337	2672	363	302	46794	9170	37624	12471
云 南	665	4344	3212	630	502	60022	13023	46999	18492
西 藏	76	253	207	30	16	3531	508	3023	1491
陕 西	930	7540	4935	872	1733	86226	11642	74584	25366
甘 肃	688	3438	2656	605	177	43928	8976	34952	11861
青 海	205	884	697	148	39	13615	3220	10395	4130
宁 夏	268	1395	1095	180	120	20470	4527	15943	4883
新 疆	985	4656	3691	554	411	59521	14820	44701	13258

4-4a 续表 22

单位：人

地区 性别	57.邮政业	七、信息传输、计算机服务和软件业	58.电信和其他信息传输服务业	59.计算机服务业	60.软件业	八、批发和零售业	61.批发业	62.零售业	九、住宿和餐饮业
男	**39165**	**195425**	**108226**	**31680**	**55519**	**1754678**	**481643**	**1273035**	**470580**
北京	2706	23649	8316	2934	12399	85916	26228	59688	26587
天津	837	2869	1587	551	731	22601	6128	16473	7147
河北	1056	5123	3571	895	657	50291	14281	36010	10774
山西	655	2801	2097	448	256	36336	9650	26686	9858
内蒙古	600	2500	1932	338	230	29372	6996	22376	8931
辽宁	1719	10513	5084	1873	3556	87026	22616	64410	21667
吉林	798	3953	2692	697	564	37570	7805	29765	9310
黑龙江	1422	5271	3531	1117	623	47490	11592	35898	12097
上海	4163	17358	5894	2487	8977	81679	29755	51924	27423
江苏	3019	12951	6567	2197	4187	121713	38196	83517	31956
浙江	2367	9821	5056	1763	3002	102636	41011	61625	27502
安徽	892	4289	2883	634	772	43781	11515	32266	12670
福建	1369	6545	3347	1196	2002	59022	14812	44210	16498
江西	691	3392	2209	618	565	30797	6746	24051	7773
山东	2123	9569	5806	1879	1884	112884	32357	80527	27838
河南	1113	5929	4316	872	741	71734	19017	52717	17896
湖北	1200	6881	4402	1250	1229	71563	16390	55173	18690
湖南	953	5335	3485	1051	799	57122	13629	43493	15896
广东	6270	24704	13978	4179	6547	281138	76648	204490	72619
广西	622	3505	2478	601	426	45553	8096	37457	9493
海南	272	1028	774	164	90	10893	1935	8958	5046
重庆	541	3715	2372	521	822	36204	8971	27233	9821
四川	1154	8762	5285	1239	2238	74586	19052	55534	21035
贵州	335	1963	1491	253	219	22567	5382	17185	5391
云南	414	2538	1758	420	360	28919	7529	21390	7989
西藏	47	148	122	14	12	1911	277	1634	636
陕西	599	4520	2834	557	1129	36603	6606	29997	11493
甘肃	410	1928	1473	335	120	20844	5006	15838	5694
青海	109	493	366	100	27	6791	1958	4833	2011
宁夏	129	806	593	122	91	8964	2763	6201	2147
新疆	580	2566	1927	375	264	30172	8696	21476	6692

4-4a 续表 23 单位：人

地区 性别	57.邮政业	七、信息传输、计算机服务和软件业	58.电信和其他信息传输服务业	59.计算机服务业	60.软件业	八、批发和零售业	61.批发业	62.零售业	九、住宿和餐饮业
女	**20709**	**127209**	**85182**	**15086**	**26941**	**1947154**	**355865**	**1591289**	**511920**
北京	1288	14104	5944	1636	6524	81920	18720	63200	22913
天津	467	1945	1240	247	458	22877	4238	18639	6208
河北	792	3687	2966	371	350	61952	10599	51353	11782
山西	497	2286	1941	208	137	36124	5992	30132	9068
内蒙古	466	2178	1916	167	95	34764	4431	30333	10831
辽宁	1013	6901	3970	839	2092	116375	17063	99312	25162
吉林	479	2448	1942	252	254	50272	7038	43234	13032
黑龙江	892	3536	2840	408	288	60435	9392	51043	15293
上海	1417	8809	3765	1192	3852	83717	22740	60977	25385
江苏	1375	9163	6042	1132	1989	148040	28435	119605	36688
浙江	981	6360	4182	812	1366	112331	31082	81249	29809
安徽	552	2962	2255	311	396	52646	7765	44881	16243
福建	749	3976	2484	535	957	60520	10497	50023	16841
江西	439	2704	1993	316	395	36922	4956	31966	9790
山东	1226	6855	4901	930	1024	135981	25471	110510	28850
河南	826	4626	3842	413	371	78790	14394	64396	17361
湖北	704	4620	3482	591	547	84765	12362	72403	22421
湖南	678	3994	3026	508	460	64196	10637	53559	18578
广东	2624	13887	9159	1880	2848	247151	52162	194989	68402
广西	332	2459	2047	248	164	52909	6474	46435	12031
海南	138	644	551	63	30	12307	1371	10936	6085
重庆	299	2365	1810	227	328	46239	7217	39022	13051
四川	717	5815	4283	594	938	88585	15160	73425	26197
贵州	229	1374	1181	110	83	24227	3788	20439	7080
云南	251	1806	1454	210	142	31103	5494	25609	10503
西藏	29	105	85	16	4	1620	231	1389	855
陕西	331	3020	2101	315	604	49623	5036	44587	13873
甘肃	278	1510	1183	270	57	23084	3970	19114	6167
青海	96	391	331	48	12	6824	1262	5562	2119
宁夏	139	589	502	58	29	11506	1764	9742	2736
新疆	405	2090	1764	179	147	29349	6124	23225	6566

4-4a 续表 24

单位：人

地区 性别	63.住宿业	64.餐饮业	十、金融业	65.银行业	66.证券业	67.保险业	68.其他金融活动	十一、房地产业	69.房地产业
全国	**201323**	**781177**	**433817**	**250005**	**30890**	**118087**	**34835**	**389613**	**389613**
北京	15037	34463	25190	12967	3377	6056	2790	31117	31117
天津	2374	10981	8466	5241	574	1699	952	7731	7731
河北	4426	18130	15498	10053	443	4176	826	8854	8854
山西	4018	14908	10427	6743	283	2858	543	4730	4730
内蒙古	3484	16278	8420	5296	235	2176	713	6885	6885
辽宁	7374	39455	26678	15938	1484	7551	1705	21399	21399
吉林	2983	19359	11242	7289	417	2838	698	5870	5870
黑龙江	4320	23070	14188	8606	544	4102	936	8741	8741
上海	10654	42154	26105	12704	4281	6136	2984	34461	34461
江苏	12374	56270	28988	16484	1929	8099	2476	30387	30387
浙江	11376	45935	23565	14610	1938	5467	1550	21412	21412
安徽	4019	24894	10733	6423	498	2877	935	11010	11010
福建	6969	26370	13532	7545	1049	3571	1367	11104	11104
江西	4104	13459	8330	5583	449	1848	450	4987	4987
山东	10605	46083	30838	17977	1430	9234	2197	22034	22034
河南	6161	29096	18781	11508	811	5094	1368	9750	9750
湖北	7205	33906	16260	9524	995	4308	1433	11846	11846
湖南	9581	24893	13030	7191	995	3971	873	8965	8965
广东	30631	110390	47850	25155	5161	13745	3789	55277	55277
广西	5202	16322	8305	4886	505	2341	573	8093	8093
海南	4424	6707	2373	1336	178	622	237	3655	3655
重庆	3279	19593	8546	4193	621	2785	947	12197	12197
四川	7961	39271	18378	9800	1272	5780	1526	18128	18128
贵州	2535	9936	4802	3079	141	1213	369	4198	4198
云南	5341	13151	6646	4101	217	1835	493	5684	5684
西藏	460	1031	325	266	3	48	8	117	117
陕西	6874	18492	9190	5227	483	2716	764	7661	7661
甘肃	2382	9479	6153	3840	214	1723	376	3436	3436
青海	941	3189	1582	1107	47	356	72	1239	1239
宁夏	1046	3837	2650	1643	52	686	269	2536	2536
新疆	3183	10075	6746	3690	264	2176	616	6109	6109

4-4a 续表 25 单位：人

地区 性别	63.住宿业	64.餐饮业	十、金融业	65.银行业	66.证券业	67.保险业	68.其他金融活动	十一、房地产业	69.房地产业
男	**88840**	**381740**	**214313**	**125803**	**18907**	**51020**	**18583**	**246311**	**246311**
北京	7682	18905	12016	6011	1978	2632	1395	19295	19295
天津	1209	5938	4117	2551	353	718	495	4712	4712
河北	1940	8834	7635	5254	242	1730	409	5439	5439
山西	1962	7896	4947	3326	174	1195	252	2918	2918
内蒙古	1408	7523	3840	2569	131	776	364	4683	4683
辽宁	3329	18338	13504	8376	908	3271	949	13597	13597
吉林	1252	8058	5694	3806	251	1276	361	3867	3867
黑龙江	1836	10261	7532	4791	336	1872	533	5367	5367
上海	5201	22222	12924	5743	2668	2923	1590	23127	23127
江苏	5129	26827	14254	8335	1196	3382	1341	19350	19350
浙江	4682	22820	10935	6680	1217	2198	840	13322	13322
安徽	1525	11145	5392	3372	291	1232	497	6801	6801
福建	3065	13433	6462	3706	645	1404	707	7228	7228
江西	1646	6127	4384	3028	260	836	260	3279	3279
山东	4874	22964	15557	9542	881	3907	1227	13180	13180
河南	2823	15073	9280	5906	467	2178	729	5948	5948
湖北	2928	15762	8032	4868	618	1777	769	7595	7595
湖南	4081	11815	6627	3693	614	1857	463	5814	5814
广东	14343	58276	24235	12532	3274	6357	2072	36310	36310
广西	2050	7443	4046	2408	325	995	318	4877	4877
海南	1973	3073	1293	750	110	291	142	2411	2411
重庆	1345	8476	4176	2102	376	1185	513	7398	7398
四川	3335	17700	8852	4844	742	2457	809	11390	11390
贵州	1005	4386	2386	1524	99	536	227	2648	2648
云南	2097	5892	3166	1992	138	792	244	3345	3345
西藏	206	430	177	143	2	26	6	80	80
陕西	2839	8654	4689	2678	282	1299	430	4800	4800
甘肃	1005	4689	3074	2031	119	736	188	2001	2001
青海	352	1659	767	572	30	134	31	743	743
宁夏	364	1783	1215	821	23	236	135	1513	1513
新疆	1354	5338	3105	1849	157	812	287	3273	3273

4-4a 续表 26

单位：人

地区 性别	63.住宿业	64.餐饮业	十、金融业	65.银行业	66.证券业	67.保险业	68.其他金融活动	十一、房地产业	69.房地产业
女	**112483**	**399437**	**219504**	**124202**	**11983**	**67067**	**16252**	**143302**	**143302**
北京	7355	15558	13174	6956	1399	3424	1395	11822	11822
天津	1165	5043	4349	2690	221	981	457	3019	3019
河北	2486	9296	7863	4799	201	2446	417	3415	3415
山西	2056	7012	5480	3417	109	1663	291	1812	1812
内蒙古	2076	8755	4580	2727	104	1400	349	2202	2202
辽宁	4045	21117	13174	7562	576	4280	756	7802	7802
吉林	1731	11301	5548	3483	166	1562	337	2003	2003
黑龙江	2484	12809	6656	3815	208	2230	403	3374	3374
上海	5453	19932	13181	6961	1613	3213	1394	11334	11334
江苏	7245	29443	14734	8149	733	4717	1135	11037	11037
浙江	6694	23115	12630	7930	721	3269	710	8090	8090
安徽	2494	13749	5341	3051	207	1645	438	4209	4209
福建	3904	12937	7070	3839	404	2167	660	3876	3876
江西	2458	7332	3946	2555	189	1012	190	1708	1708
山东	5731	23119	15281	8435	549	5327	970	8854	8854
河南	3338	14023	9501	5602	344	2916	639	3802	3802
湖北	4277	18144	8228	4656	377	2531	664	4251	4251
湖南	5500	13078	6403	3498	381	2114	410	3151	3151
广东	16288	52114	23615	12623	1887	7388	1717	18967	18967
广西	3152	8879	4259	2478	180	1346	255	3216	3216
海南	2451	3634	1080	586	68	331	95	1244	1244
重庆	1934	11117	4370	2091	245	1600	434	4799	4799
四川	4626	21571	9526	4956	530	3323	717	6738	6738
贵州	1530	5550	2416	1555	42	677	142	1550	1550
云南	3244	7259	3480	2109	79	1043	249	2339	2339
西藏	254	601	148	123	1	22	2	37	37
陕西	4035	9838	4501	2549	201	1417	334	2861	2861
甘肃	1377	4790	3079	1809	95	987	188	1435	1435
青海	589	1530	815	535	17	222	41	496	496
宁夏	682	2054	1435	822	29	450	134	1023	1023
新疆	1829	4737	3641	1841	107	1364	329	2836	2836

4-4a 续表 27 单位：人

地区 性别	十二、租赁和商务服务业	70.租赁业	71.商务服务业	十三、科学研究、技术服务和地质勘查业	72.研究与试验发展	73.专业技术服务业	74.科技交流和推广服务业	75.地质勘查业	十四、水利、环境和公共设施管理业
全国	**357426**	**23197**	**334229**	**192706**	**58699**	**92961**	**15869**	**25177**	**164964**
北京	44935	1879	43056	28884	15157	9490	3505	732	8703
天津	5327	523	4804	4344	1454	2067	402	421	4546
河北	7706	889	6817	6634	1577	2624	331	2102	5554
山西	5452	357	5095	3632	1054	1313	227	1038	3611
内蒙古	3777	454	3323	3892	775	1719	202	1196	3472
辽宁	17673	986	16687	9483	3163	4276	652	1392	10596
吉林	4188	303	3885	3588	1329	1308	289	662	4685
黑龙江	6036	530	5506	4495	1283	1871	332	1009	5446
上海	41342	2012	39330	15938	5369	9041	1260	268	11651
江苏	28589	2223	26366	12437	3534	6992	934	977	14357
浙江	21329	1005	20324	10234	1475	6951	1353	455	7925
安徽	7295	732	6563	4643	1360	1911	319	1053	4222
福建	9432	492	8940	4313	643	2991	269	410	3810
江西	3816	213	3603	2378	421	1108	206	643	2384
山东	20047	2245	17802	8810	1791	5185	649	1185	12232
河南	9769	759	9010	5890	1787	2260	365	1478	8709
湖北	10374	751	9623	7281	1885	3622	687	1087	7203
湖南	7581	513	7068	3796	781	1750	319	946	4363
广东	44338	1885	42453	15633	3065	10483	1240	845	13692
广西	7352	437	6915	3090	682	1523	313	572	3404
海南	2725	157	2568	701	159	408	59	75	958
重庆	7292	663	6629	3113	795	1588	273	457	2692
四川	14089	951	13138	8549	3226	3396	527	1400	5473
贵州	2855	346	2509	2519	473	1211	176	659	1854
云南	6308	413	5895	3803	964	1829	314	696	2835
西藏	226	29	197	225	55	103	18	49	175
陕西	5040	559	4481	5109	2298	1827	162	822	3423
甘肃	4162	190	3972	2755	1063	1059	156	477	2042
青海	856	129	727	1142	205	556	36	345	510
宁夏	1338	157	1181	806	178	383	50	195	1176
新疆	6177	415	5762	4589	698	2116	244	1531	3261

4-4a 续表 28

单位：人

地区 性别	十二、租赁和商务服务业	70.租赁业	71.商务服务业	十三、科学研究、技术服务和地质勘查业	72.研究与试验发展	73.专业技术服务业	74.科技交流和推广服务业	75.地质勘查业	十四、水利、环境和公共设施管理业
男	**213534**	**17997**	**195537**	**126407**	**37431**	**60869**	**9635**	**18472**	**95847**
北京	23691	1466	22225	17511	9232	5728	2072	479	5538
天津	3148	418	2730	2861	960	1352	242	307	3096
河北	4697	741	3956	4398	1011	1722	202	1463	3102
山西	3334	301	3033	2396	692	819	138	747	2089
内蒙古	2387	341	2046	2569	457	1096	125	891	1941
辽宁	11502	753	10749	6318	2060	2848	394	1016	6216
吉林	2616	237	2379	2508	923	873	185	527	2875
黑龙江	3746	432	3314	2956	817	1188	212	739	3230
上海	24267	1614	22653	10140	3455	5721	765	199	7704
江苏	16929	1662	15267	8318	2364	4696	556	702	8400
浙江	12797	742	12055	6957	985	4754	875	343	4758
安徽	4685	596	4089	3268	897	1350	198	823	2456
福建	5608	378	5230	2888	402	2017	157	312	2219
江西	2433	160	2273	1616	270	729	133	484	1333
山东	12522	1779	10743	5822	1142	3433	375	872	7102
河南	6113	564	5549	3932	1180	1460	227	1065	4737
湖北	6317	522	5795	4905	1202	2452	423	828	4162
湖南	4587	392	4195	2529	493	1170	183	683	2516
广东	26570	1486	25084	10253	1987	6851	776	639	7694
广西	4518	298	4220	2060	431	1017	185	427	1671
海南	1659	125	1534	465	98	278	38	51	447
重庆	4375	520	3855	2124	519	1104	164	337	1474
四川	8521	723	7798	5654	2100	2235	323	996	2870
贵州	1857	284	1573	1715	298	813	102	502	975
云南	3881	301	3580	2518	601	1209	187	521	1422
西藏	150	24	126	150	33	68	13	36	102
陕西	3085	444	2641	3376	1474	1239	97	566	1911
甘肃	2537	154	2383	1843	673	702	94	374	1136
青海	506	99	407	772	134	363	22	253	251
宁夏	810	129	681	517	107	242	35	133	617
新疆	3686	312	3374	3068	434	1340	137	1157	1803

4-4a 续表 29 单位：人

地区 性别	十二、租赁和商务服务业	70.租赁业	71.商务服务业	十三、科学研究、技术服务和地质勘查业	72.研究与试验发展	73.专业技术服务业	74.科技交流和推广服务业	75.地质勘查业	十四、水利、环境和公共设施管理业
女	**143892**	**5200**	**138692**	**66299**	**21268**	**32092**	**6234**	**6705**	**69117**
北京	21244	413	20831	11373	5925	3762	1433	253	3165
天津	2179	105	2074	1483	494	715	160	114	1450
河北	3009	148	2861	2236	566	902	129	639	2452
山西	2118	56	2062	1236	362	494	89	291	1522
内蒙古	1390	113	1277	1323	318	623	77	305	1531
辽宁	6171	233	5938	3165	1103	1428	258	376	4380
吉林	1572	66	1506	1080	406	435	104	135	1810
黑龙江	2290	98	2192	1539	466	683	120	270	2216
上海	17075	398	16677	5798	1914	3320	495	69	3947
江苏	11660	561	11099	4119	1170	2296	378	275	5957
浙江	8532	263	8269	3277	490	2197	478	112	3167
安徽	2610	136	2474	1375	463	561	121	230	1766
福建	3824	114	3710	1425	241	974	112	98	1591
江西	1383	53	1330	762	151	379	73	159	1051
山东	7525	466	7059	2988	649	1752	274	313	5130
河南	3656	195	3461	1958	607	800	138	413	3972
湖北	4057	229	3828	2376	683	1170	264	259	3041
湖南	2994	121	2873	1267	288	580	136	263	1847
广东	17768	399	17369	5380	1078	3632	464	206	5998
广西	2834	139	2695	1030	251	506	128	145	1733
海南	1066	32	1034	236	61	130	21	24	511
重庆	2917	143	2774	989	276	484	109	120	1218
四川	5568	228	5340	2895	1126	1161	204	404	2603
贵州	998	62	936	804	175	398	74	157	879
云南	2427	112	2315	1285	363	620	127	175	1413
西藏	76	5	71	75	22	35	5	13	73
陕西	1955	115	1840	1733	824	588	65	256	1512
甘肃	1625	36	1589	912	390	357	62	103	906
青海	350	30	320	370	71	193	14	92	259
宁夏	528	28	500	289	71	141	15	62	559
新疆	2491	103	2388	1521	264	776	107	374	1458

4-4a 续表 30

单位：人

地区 性别	76.水利管理业	77.环境管理业	78.公共设施管理业	十五、居民服务和其他服务业	79.居民服务业	80.其他服务业	十六、教育	81.教育	十七、卫生、社会保障和社会福利业
全国	**24036**	**76013**	**64915**	**662082**	**419489**	**242593**	**849249**	**849249**	**482248**
北京	602	3436	4665	25209	16587	8622	40452	40452	22215
天津	800	1651	2095	10833	6843	3990	15298	15298	9234
河北	987	2276	2291	16290	9841	6449	34655	34655	21270
山西	713	1448	1450	12553	7552	5001	23537	23537	12383
内蒙古	634	1726	1112	18551	10170	8381	17409	17409	9758
辽宁	1202	5518	3876	44724	32290	12434	45413	45413	28386
吉林	1027	2112	1546	19484	12719	6765	26980	26980	14469
黑龙江	937	2887	1622	28277	20307	7970	31737	31737	16894
上海	586	6292	4773	38000	26469	11531	30892	30892	21524
江苏	1552	6377	6428	49629	32170	17459	61592	61592	31691
浙江	628	4543	2754	36260	25226	11034	41057	41057	22377
安徽	807	1635	1780	16830	10673	6157	24793	24793	14793
福建	549	1750	1511	23614	15428	8186	24895	24895	12502
江西	270	1156	958	11188	6518	4670	17841	17841	9754
山东	2125	5087	5020	37057	20509	16548	62336	62336	36566
河南	1794	3705	3210	21820	12603	9217	42076	42076	25488
湖北	1746	2931	2526	27198	16767	10431	39382	39382	22479
湖南	756	2152	1455	19232	12022	7210	27848	27848	16794
广东	1631	6676	5385	83857	51089	32768	77083	77083	40580
广西	384	1771	1249	15656	8731	6925	19651	19651	11438
海南	71	580	307	4787	2727	2060	5221	5221	2768
重庆	274	1291	1127	17407	11789	5618	17160	17160	9138
四川	602	2838	2033	31737	19432	12305	33683	33683	19709
贵州	278	1052	524	10091	5920	4171	12039	12039	6968
云南	350	1330	1155	9343	5020	4323	14572	14572	8998
西藏	44	65	66	509	349	160	659	659	306
陕西	800	1320	1303	12175	7870	4305	22750	22750	11727
甘肃	583	563	896	6469	4084	2385	14170	14170	6870
青海	112	269	129	2002	1222	780	2770	2770	2076
宁夏	273	470	433	2853	1626	1227	5181	5181	2891
新疆	919	1106	1236	8447	4936	3511	16117	16117	10202

4-4a 续表 31

单位：人

地区 性别	76.水利管理业	77.环境管理业	78.公共设施管理业	十五、居民服务和其他服务业	79.居民服务业	80.其他服务业	十六、教育	81.教育	十七、卫生、社会保障和社会福利业
男	**16142**	**39247**	**40458**	**329479**	**162257**	**167222**	**344482**	**344482**	**172799**
北京	382	2190	2966	11780	5931	5849	15873	15873	6703
天津	529	1100	1467	5923	3144	2779	5755	5755	3196
河北	612	1096	1394	8608	4147	4461	12257	12257	7636
山西	454	759	876	7408	3576	3832	8699	8699	4234
内蒙古	387	852	702	10396	4419	5977	6326	6326	3465
辽宁	840	2854	2522	21441	13240	8201	16760	16760	9780
吉林	680	1131	1064	9804	5147	4657	10614	10614	5303
黑龙江	663	1536	1031	13814	8273	5541	12896	12896	6253
上海	444	4004	3256	15669	7883	7786	11335	11335	7087
江苏	1115	3278	4007	25195	13498	11697	25274	25274	11184
浙江	446	2440	1872	17430	9381	8049	15720	15720	7768
安徽	551	795	1110	8784	4339	4445	11381	11381	5540
福建	378	892	949	12347	6458	5889	9477	9477	4693
江西	176	562	595	5465	2306	3159	8000	8000	3769
山东	1456	2594	3052	19502	7962	11540	26648	26648	13630
河南	1149	1749	1839	12141	5639	6502	16853	16853	9642
湖北	1130	1470	1562	13829	6800	7029	18331	18331	8453
湖南	507	1139	870	9698	4702	4996	12609	12609	6551
广东	1159	3289	3246	40914	17851	23063	30097	30097	15507
广西	271	710	690	7509	2977	4532	7708	7708	4049
海南	53	204	190	2682	1150	1532	2261	2261	1027
重庆	168	641	665	7842	4397	3445	7754	7754	3207
四川	391	1277	1202	14866	7236	7630	14817	14817	7194
贵州	192	461	322	5528	2601	2927	4977	4977	2367
云南	232	553	637	4888	1887	3001	6109	6109	2816
西藏	32	28	42	226	120	106	310	310	119
陕西	529	592	790	5842	2890	2952	10142	10142	4272
甘肃	394	246	496	3288	1594	1694	6696	6696	2519
青海	76	104	71	1090	479	611	1081	1081	708
宁夏	174	202	241	1506	585	921	2063	2063	901
新疆	572	499	732	4064	1645	2419	5659	5659	3226

4-4a 续表 32 单位：人

地区 性别	76.水利管理业	77.环境管理业	78.公共设施管理业	十五、居民服务和其他服务业	79.居民服务业	80.其他服务业	十六、教育	81.教育	十七、卫生、社会保障和社会福利业
女	**7894**	**36766**	**24457**	**332603**	**257232**	**75371**	**504767**	**504767**	**309449**
北京	220	1246	1699	13429	10656	2773	24579	24579	15512
天津	271	551	628	4910	3699	1211	9543	9543	6038
河北	375	1180	897	7682	5694	1988	22398	22398	13634
山西	259	689	574	5145	3976	1169	14838	14838	8149
内蒙古	247	874	410	8155	5751	2404	11083	11083	6293
辽宁	362	2664	1354	23283	19050	4233	28653	28653	18606
吉林	347	981	482	9680	7572	2108	16366	16366	9166
黑龙江	274	1351	591	14463	12034	2429	18841	18841	10641
上海	142	2288	1517	22331	18586	3745	19557	19557	14437
江苏	437	3099	2421	24434	18672	5762	36318	36318	20507
浙江	182	2103	882	18830	15845	2985	25337	25337	14609
安徽	256	840	670	8046	6334	1712	13412	13412	9253
福建	171	858	562	11267	8970	2297	15418	15418	7809
江西	94	594	363	5723	4212	1511	9841	9841	5985
山东	669	2493	1968	17555	12547	5008	35688	35688	22936
河南	645	1956	1371	9679	6964	2715	25223	25223	15846
湖北	616	1461	964	13369	9967	3402	21051	21051	14026
湖南	249	1013	585	9534	7320	2214	15239	15239	10243
广东	472	3387	2139	42943	33238	9705	46986	46986	25073
广西	113	1061	559	8147	5754	2393	11943	11943	7389
海南	18	376	117	2105	1577	528	2960	2960	1741
重庆	106	650	462	9565	7392	2173	9406	9406	5931
四川	211	1561	831	16871	12196	4675	18866	18866	12515
贵州	86	591	202	4563	3319	1244	7062	7062	4601
云南	118	777	518	4455	3133	1322	8463	8463	6182
西藏	12	37	24	283	229	54	349	349	187
陕西	271	728	513	6333	4980	1353	12608	12608	7455
甘肃	189	317	400	3181	2490	691	7474	7474	4351
青海	36	165	58	912	743	169	1689	1689	1368
宁夏	99	268	192	1347	1041	306	3118	3118	1990
新疆	347	607	504	4383	3291	1092	10458	10458	6976

4-4a 续表 33

单位：人

地区 性别	82.卫生	83.社会保障业	84.社会福利业	十八、文化、体育和娱乐业	85.新闻出版业	86.广播、电视、电影和音像业	87.文化艺术业	88.体育	89.娱乐业
全　国	**462504**	**8634**	**11110**	**234039**	**46175**	**50153**	**35916**	**9068**	**92727**
北　京	21053	374	788	25573	9313	6472	4851	714	4223
天　津	8494	535	205	3827	804	891	724	210	1198
河　北	20582	364	324	5973	1621	1771	1146	272	1163
山　西	12020	158	205	4835	1113	1252	1110	174	1186
内蒙古	9316	217	225	4120	673	1218	782	153	1294
辽　宁	27006	711	669	10407	2198	2502	1797	386	3524
吉　林	13981	249	239	4934	1196	1434	776	151	1377
黑龙江	16102	457	335	5483	1245	1684	867	304	1383
上　海	19438	760	1326	13300	2163	2380	2104	546	6107
江　苏	30158	739	794	15092	2263	3281	2357	478	6713
浙　江	21664	227	486	14876	1725	2214	1731	280	8926
安　徽	14364	212	217	6122	1128	1335	749	175	2735
福　建	12144	136	222	8875	1140	1549	1296	412	4478
江　西	9497	114	143	3700	800	736	637	237	1290
山　东	35144	671	751	11038	2527	3084	1903	596	2928
河　南	24778	346	364	8081	1898	2224	1501	347	2111
湖　北	21662	345	472	8932	1939	1765	1460	330	3438
湖　南	16293	251	250	7875	1216	1743	996	261	3659
广　东	39022	404	1154	25366	3241	3678	2387	1554	14506
广　西	10994	139	305	5274	817	1044	743	193	2477
海　南	2659	31	78	1726	244	286	181	69	946
重　庆	8821	170	147	4733	993	934	554	103	2149
四　川	19178	249	282	10737	1661	1909	1283	276	5608
贵　州	6761	90	117	3362	482	680	433	119	1648
云　南	8662	144	192	5005	656	834	729	182	2604
西　藏	282	9	15	480	60	126	96	1	197
陕　西	11318	152	257	5090	1079	1069	1064	155	1723
甘　肃	6632	120	118	2916	583	557	616	172	988
青　海	1975	23	78	851	195	199	131	44	282
宁　夏	2797	29	65	1458	267	315	234	29	613
新　疆	9707	208	287	3998	935	987	678	145	1253

4-4a 续表 34

单位：人

地区 性别	82.卫生	83.社会保障业	84.社会福利业	十八、文化、体育和娱乐业	85.新闻出版业	86.广播、电视、电影和音像业	87.文化艺术业	88.体育	89.娱乐业
男	**163999**	**4164**	**4636**	**124169**	**24751**	**29282**	**18671**	**5768**	**45697**
北京	6242	154	307	13296	4447	3629	2549	417	2254
天津	2908	196	92	2103	452	507	373	147	624
河北	7297	186	153	3299	902	1013	597	180	607
山西	4061	75	98	2637	577	729	605	109	617
内蒙古	3271	94	100	2256	341	719	399	86	711
辽宁	9111	354	315	5886	1238	1470	916	261	2001
吉林	5051	125	127	2860	672	854	418	95	821
黑龙江	5875	212	166	3144	704	1032	435	202	771
上海	6331	337	419	6841	1140	1420	1085	355	2841
江苏	10514	382	288	7794	1219	1902	1218	296	3159
浙江	7476	103	189	7196	955	1311	824	169	3937
安徽	5341	116	83	3240	604	770	394	103	1369
福建	4547	53	93	4642	644	906	706	235	2151
江西	3652	52	65	2084	455	442	347	154	686
山东	12939	347	344	6208	1347	1780	1037	405	1639
河南	9326	156	160	4574	1037	1264	818	258	1197
湖北	8067	193	193	4776	1101	1037	743	220	1675
湖南	6286	145	120	4078	690	1007	524	168	1689
广东	14818	216	473	13298	1908	2261	1197	960	6972
广西	3864	74	111	2959	441	641	384	134	1359
海南	976	16	35	936	139	178	93	44	482
重庆	3050	83	74	2364	522	559	273	68	942
四川	6940	128	126	5335	883	1089	713	162	2488
贵州	2281	36	50	1763	275	396	192	83	817
云南	2650	75	91	2576	369	511	374	109	1213
西藏	107	4	8	249	40	70	57	1	81
陕西	4064	75	133	2824	600	623	556	104	941
甘肃	2412	59	48	1616	317	326	331	107	535
青海	665	11	32	463	123	106	66	30	138
宁夏	866	13	22	764	129	180	115	13	327
新疆	3011	94	121	2108	480	550	332	93	653

4-4a 续表 35　　　　单位：人

地区 性别	82.卫生	83.社会保障业	84.社会福利业	十八、文化、体育和娱乐业	85.新闻出版业	86.广播、电视、电影和音像业	87.文化艺术业	88.体育	89.娱乐业
女	**298505**	**4470**	**6474**	**109870**	**21424**	**20871**	**17245**	**3300**	**47030**
北京	14811	220	481	12277	4866	2843	2302	297	1969
天津	5586	339	113	1724	352	384	351	63	574
河北	13285	178	171	2674	719	758	549	92	556
山西	7959	83	107	2198	536	523	505	65	569
内蒙古	6045	123	125	1864	332	499	383	67	583
辽宁	17895	357	354	4521	960	1032	881	125	1523
吉林	8930	124	112	2074	524	580	358	56	556
黑龙江	10227	245	169	2339	541	652	432	102	612
上海	13107	423	907	6459	1023	960	1019	191	3266
江苏	19644	357	506	7298	1044	1379	1139	182	3554
浙江	14188	124	297	7680	770	903	907	111	4989
安徽	9023	96	134	2882	524	565	355	72	1366
福建	7597	83	129	4233	496	643	590	177	2327
江西	5845	62	78	1616	345	294	290	83	604
山东	22205	324	407	4830	1180	1304	866	191	1289
河南	15452	190	204	3507	861	960	683	89	914
湖北	13595	152	279	4156	838	728	717	110	1763
湖南	10007	106	130	3797	526	736	472	93	1970
广东	24204	188	681	12068	1333	1417	1190	594	7534
广西	7130	65	194	2315	376	403	359	59	1118
海南	1683	15	43	790	105	108	88	25	464
重庆	5771	87	73	2369	471	375	281	35	1207
四川	12238	121	156	5402	778	820	570	114	3120
贵州	4480	54	67	1599	207	284	241	36	831
云南	6012	69	101	2429	287	323	355	73	1391
西藏	175	5	7	231	20	56	39		116
陕西	7254	77	124	2266	479	446	508	51	782
甘肃	4220	61	70	1300	266	231	285	65	453
青海	1310	12	46	388	72	93	65	14	144
宁夏	1931	16	43	694	138	135	119	16	286
新疆	6696	114	166	1890	455	437	346	52	600

4-4a 续表 36 单位：人

地区 性别	十九、公共管理和社会组织	90.中国共产党机关	91.国家机构	92.人民政协和民主党派	93.群众团体、社会团体和宗教组织	94.基层群众自治组织	二十、国际组织	95.国际组织
全国	**1032992**	**10133**	**887573**	**4549**	**28099**	**102638**	**570**	**570**
北京	44226	463	33042	213	2652	7856	230	230
天津	17661	413	14200	89	470	2489	11	11
河北	48601	738	43095	189	733	3846	2	2
山西	31275	246	27624	134	696	2575	2	2
内蒙古	24217	330	22267	144	522	954	3	3
辽宁	55615	665	47141	228	1170	6411	23	23
吉林	28840	198	25796	136	658	2052	7	7
黑龙江	31976	444	29175	181	649	1527	1	1
上海	29535	86	23395	93	1358	4603	92	92
江苏	68361	788	58511	304	1854	6904	2	2
浙江	48579	376	40569	171	1760	5703	5	5
安徽	29125	244	26090	135	709	1947		
福建	30470	458	24768	180	1778	3286	19	19
江西	23292	277	21322	93	464	1136	10	10
山东	79616	751	67347	273	2295	8950	18	18
河南	59051	361	54470	231	1124	2865	10	10
湖北	45366	440	39466	227	1122	4111	14	14
湖南	36060	241	32959	183	675	2002	4	4
广东	95171	344	74619	237	2011	17960	42	42
广西	22668	223	20608	109	641	1087	6	6
海南	6668	51	5994	19	218	386		
重庆	15789	115	13942	138	413	1181	10	10
四川	40309	441	36141	273	956	2498	16	16
贵州	18590	177	16597	88	405	1323	8	8
云南	20514	376	17903	134	527	1574	8	8
西藏	1886	15	1595	18	117	141	1	1
陕西	24777	206	20553	76	655	3287	5	5
甘肃	20473	196	18292	125	548	1312	3	3
青海	4833	95	4281	31	158	268		
宁夏	6900	34	6285	20	213	348		
新疆	22548	341	19526	77	548	2056	18	18

4-4a 续表 37

单位：人

地区 性别	十九、公共管理和社会组织	90.中国共产党机关	91.国家机构	92.人民政协和民主党派	93.群众团体、社会团体和宗教组织	94.基层群众自治组织	二十、国际组织	95.国际组织
男	**680414**	**7323**	**597416**	**3130**	**16276**	**56269**	**244**	**244**
北京	26605	338	20935	149	1415	3768	89	89
天津	11773	273	9833	57	258	1352	6	6
河北	31778	544	28548	132	414	2140		
山西	20009	173	17854	87	395	1500	1	1
内蒙古	15223	222	14285	100	296	320	3	3
辽宁	36341	475	32920	152	646	2148	12	12
吉林	19011	138	17777	95	384	617	6	6
黑龙江	21140	321	19925	116	342	436		
上海	18841	55	15641	52	812	2281	21	21
江苏	47204	555	41270	217	1145	4017		
浙江	33126	290	28219	115	1076	3426	2	2
安徽	19811	203	18253	91	415	849		
福建	20510	326	17244	117	1014	1809	10	10
江西	15759	211	14664	66	272	546	5	5
山东	54602	588	46556	199	1447	5812	8	8
河南	38132	255	35345	168	630	1734	8	8
湖北	30384	322	27117	153	655	2137	8	8
湖南	23704	185	21963	121	382	1053		
广东	65643	248	51265	163	1152	12815	23	23
广西	14548	156	13560	75	349	408	6	6
海南	4552	43	4125	15	137	232		
重庆	10323	86	9369	90	240	538	5	5
四川	25871	304	23544	183	510	1330	7	7
贵州	11411	129	10487	62	213	520	3	3
云南	13122	263	11530	94	293	942	4	4
西藏	1156	8	970	12	94	72	1	1
陕西	16081	143	13567	53	401	1917	2	2
甘肃	12946	143	11843	101	365	494	2	2
青海	2972	66	2693	27	102	84		
宁夏	4320	25	4067	14	120	94		
新疆	13516	235	12047	54	302	878	12	12

4-4a 续表 38

单位：人

地 区 性 别	十九、公共管理和社会组织	90.中国共产党机 关	91.国家机构	92.人民政协和民主党派	93.群众团体、社会团体和宗教组织	94.基层群众自治组织	二十、国际组织	95.国际组织
女	**352578**	**2810**	**290157**	**1419**	**11823**	**46369**	**326**	**326**
北 京	17621	125	12107	64	1237	4088	141	141
天 津	5888	140	4367	32	212	1137	5	5
河 北	16823	194	14547	57	319	1706	2	2
山 西	11266	73	9770	47	301	1075	1	1
内蒙古	8994	108	7982	44	226	634		
辽 宁	19274	190	14221	76	524	4263	11	11
吉 林	9829	60	8019	41	274	1435	1	1
黑龙江	10836	123	9250	65	307	1091	1	1
上 海	10694	31	7754	41	546	2322	71	71
江 苏	21157	233	17241	87	709	2887	2	2
浙 江	15453	86	12350	56	684	2277	3	3
安 徽	9314	41	7837	44	294	1098		
福 建	9960	132	7524	63	764	1477	9	9
江 西	7533	66	6658	27	192	590	5	5
山 东	25014	163	20791	74	848	3138	10	10
河 南	20919	106	19125	63	494	1131	2	2
湖 北	14982	118	12349	74	467	1974	6	6
湖 南	12356	56	10996	62	293	949	4	4
广 东	29528	96	23354	74	859	5145	19	19
广 西	8120	67	7048	34	292	679		
海 南	2116	8	1869	4	81	154		
重 庆	5466	29	4573	48	173	643	5	5
四 川	14438	137	12597	90	446	1168	9	9
贵 州	7179	48	6110	26	192	803	5	5
云 南	7392	113	6373	40	234	632	4	4
西 藏	730	7	625	6	23	69		
陕 西	8696	63	6986	23	254	1370	3	3
甘 肃	7527	53	6449	24	183	818	1	1
青 海	1861	29	1588	4	56	184		
宁 夏	2580	9	2218	6	93	254		
新 疆	9032	106	7479	23	246	1178	6	6

4-4b 各地区分性别、行业大类的就业人口(镇)

单位：人

地区 性别	合计	一、农、林、牧、渔业	1.农业	2.林业	3.畜牧业	4.渔业	5.农、林、牧、渔服务业	二、采矿业	6.煤炭开采和洗选业
全国	**12979342**	**4203055**	**3881464**	**46682**	**163115**	**66512**	**45282**	**224670**	**130649**
北京	68169	5450	4650	99	555	60	86	899	595
天津	64853	10436	9421	188	490	157	180	1179	12
河北	900076	423875	411051	743	7809	1901	2371	15340	7624
山西	333195	98224	94404	551	2583	44	642	23101	20452
内蒙古	256525	59506	48948	2837	5788	72	1861	10252	7129
辽宁	262092	81738	74333	569	4244	1594	998	7996	3461
吉林	203614	86097	79724	2935	1821	217	1400	4576	2337
黑龙江	313573	104210	89826	5889	5798	366	2331	5243	2480
上海	176516	9457	7973	220	414	582	268	30	6
江苏	954571	192126	170744	1612	7981	8675	3114	5432	2068
浙江	778163	59986	47389	1053	3827	7063	654	1915	265
安徽	603809	215445	206828	1315	3863	1643	1796	13021	10423
福建	424821	73683	60284	1481	4075	6755	1088	3796	1749
江西	531246	121391	111644	1904	4864	1871	1108	8927	4507
山东	1079184	493532	471875	669	15078	3685	2225	24146	15097
河南	858427	393727	379095	1163	10369	368	2732	15505	8748
湖北	489564	170306	157674	932	4415	4460	2825	4762	767
湖南	725342	278925	257143	1775	13621	3401	2985	11261	6514
广东	752851	153862	129406	1433	8154	13214	1655	1622	90
广西	508274	234684	218828	2193	9156	3153	1354	3790	675
海南	88857	37623	27165	4120	922	4344	1072	957	11
重庆	271083	80689	72139	957	6355	583	655	6193	5318
四川	764817	211903	191375	1745	15089	1222	2472	10973	7135
贵州	262505	98681	95425	432	2061	132	631	5922	4463
云南	503137	239594	219183	5976	11468	685	2282	10756	4480
西藏	20484	6392	4927	43	1337	1	84	141	3
陕西	361383	109935	104920	694	3029	100	1192	13165	6921
甘肃	177915	72188	68418	686	1881	30	1173	5485	2682
青海	51389	14646	10181	1896	2159	43	367	2335	878
宁夏	46914	17797	16829	107	681	27	153	2289	1836
新疆	145993	46947	39662	465	3228	64	3528	3661	1923

4-4b 续表 1

单位：人

地区 性别	合计	一、农、林、牧、渔业	1.农业	2.林业	3.畜牧业	4.渔业	5.农、林、牧、渔服务业	二、采矿业	6.煤炭开采和洗选业
男	**7339109**	**2126791**	**1939953**	**31200**	**76869**	**49664**	**29105**	**183041**	**110827**
北京	41667	3055	2556	65	334	46	54	779	531
天津	39505	5570	4929	107	305	108	121	838	10
河北	517724	216046	208155	492	4521	1463	1415	12794	6482
山西	208569	53233	50747	410	1607	24	445	19527	17332
内蒙古	159996	33985	26881	2252	3432	48	1372	8699	6172
辽宁	153510	43731	39105	373	2264	1292	697	6921	3079
吉林	120347	48936	44478	2179	1122	163	994	3910	2119
黑龙江	191451	62374	52696	4440	3198	294	1746	4077	2123
上海	104372	4785	3811	151	252	387	184	22	4
江苏	513409	85006	72358	896	3805	5912	2035	4148	1755
浙江	443075	37279	27987	759	1931	6145	457	1604	212
安徽	341376	103052	97951	845	1919	1132	1205	11050	9013
福建	246965	41334	31709	1099	2368	5529	629	3171	1472
江西	301957	62960	57496	1390	2064	1264	746	7292	3801
山东	584794	236502	223930	477	7993	2776	1326	18186	11625
河南	472728	189500	181454	640	5580	254	1572	12603	7634
湖北	272470	84182	76990	636	1918	2825	1813	3559	662
湖南	413296	146714	136763	1219	4649	2188	1895	9372	5622
广东	427690	85023	68101	933	4407	10494	1088	1238	68
广西	270642	118081	108908	1480	4680	2150	863	2807	529
海南	49917	20483	13681	2446	516	3364	476	608	4
重庆	151613	39003	36190	602	1444	343	424	5335	4667
四川	423843	101267	93341	1112	4457	765	1592	8845	5977
贵州	148229	48870	47157	296	902	82	433	4970	3848
云南	272302	117547	107735	3599	4274	443	1496	8897	3962
西藏	11471	3197	2382	28	743	1	43	107	1
陕西	212990	56128	53586	432	1293	71	746	10818	6040
甘肃	100559	36286	34081	417	1070	16	702	4161	2137
青海	30081	7530	4928	1068	1273	21	240	1870	792
宁夏	27963	8803	8217	63	396	19	108	1925	1605
新疆	84598	26329	21650	294	2152	45	2188	2908	1549

4-4b 续表 2

单位：人

地区 性别	合计	一、农、林、牧、渔业	1.农业	2.林业	3.畜牧业	4.渔业	5.农、林、牧、渔服务业	二、采矿业	6.煤炭开采和洗选业
女	**5640233**	**2076264**	**1941511**	**15482**	**86246**	**16848**	**16177**	**41629**	**19822**
北京	26502	2395	2094	34	221	14	32	120	64
天津	25348	4866	4492	81	185	49	59	341	2
河北	382352	207829	202896	251	3288	438	956	2546	1142
山西	124626	44991	43657	141	976	20	197	3574	3120
内蒙古	96529	25521	22067	585	2356	24	489	1553	957
辽宁	108582	38007	35228	196	1980	302	301	1075	382
吉林	83267	37161	35246	756	699	54	406	666	218
黑龙江	122122	41836	37130	1449	2600	72	585	1166	357
上海	72144	4672	4162	69	162	195	84	8	2
江苏	441162	107120	98386	716	4176	2763	1079	1284	313
浙江	335088	22707	19402	294	1896	918	197	311	53
安徽	262433	112393	108877	470	1944	511	591	1971	1410
福建	177856	32349	28575	382	1707	1226	459	625	277
江西	229289	58431	54148	514	2800	607	362	1635	706
山东	494390	257030	247945	192	7085	909	899	5960	3472
河南	385699	204227	197641	523	4789	114	1160	2902	1114
湖北	217094	86124	80684	296	2497	1635	1012	1203	105
湖南	312046	132211	120380	556	8972	1213	1090	1889	892
广东	325161	68839	61305	500	3747	2720	567	384	22
广西	237632	116603	109920	713	4476	1003	491	983	146
海南	38940	17140	13484	1674	406	980	596	349	7
重庆	119470	41686	35949	355	4911	240	231	858	651
四川	340974	110636	98034	633	10632	457	880	2128	1158
贵州	114276	49811	48268	136	1159	50	198	952	615
云南	230835	122047	111448	2377	7194	242	786	1859	518
西藏	9013	3195	2545	15	594		41	34	2
陕西	148393	53807	51334	262	1736	29	446	2347	881
甘肃	77356	35902	34337	269	811	14	471	1324	545
青海	21308	7116	5253	828	886	22	127	465	86
宁夏	18951	8994	8612	44	285	8	45	364	231
新疆	61395	20618	18012	171	1076	19	1340	753	374

4-4b 续表 3

单位：人

地 区 性 别	7.石油和天然气开采业	8.黑色金属矿采选业	9.有色金属矿采选业	10.非金属矿采选业	11.其他采矿业	三、制造业	12.农副食品加工业	13.食品制造业	14.饮料制造业
全 国	**26788**	**16105**	**24996**	**24043**	**2089**	**2638044**	**123361**	**88329**	**40826**
北 京	21	231	3	46	3	15828	410	776	441
天 津	1053	4	6	98	6	22213	462	650	257
河 北	1730	3810	517	1563	96	145836	5877	4829	1908
山 西	96	1271	792	460	30	34198	1659	2109	1141
内蒙古	437	730	1176	722	58	21156	2141	2403	1096
辽 宁	207	1826	1671	796	35	33882	3088	1250	547
吉 林	900	144	847	324	24	16936	1608	1101	728
黑龙江	1923	88	343	364	45	31448	4568	2672	1127
上 海	9		2	12	1	89665	1041	2395	406
江 苏	793	536	67	1662	306	339401	10569	7268	4188
浙 江	22	119	180	1263	66	384641	5866	2865	1810
安 徽	118	991	316	1128	45	88857	6654	4154	2093
福 建	39	208	370	1383	47	134676	6108	4817	2442
江 西	72	243	2829	1164	112	133170	3389	3937	1227
山 东	5270	828	933	1941	77	209682	17115	9976	3897
河 南	3683	140	1715	1121	98	110845	7379	6971	2212
湖 北	1087	1011	366	1294	237	77698	5079	3133	1659
湖 南	150	565	2586	1225	221	105305	4936	4057	1388
广 东	80	113	641	647	51	302096	6581	4844	1021
广 西	177	314	1499	1047	78	60594	6875	2331	1210
海 南	15	584	13	331	3	6888	1698	358	87
重 庆	257	119	54	406	39	37813	1964	1360	673
四 川	940	736	569	1403	190	101736	6136	5005	3852
贵 州	58	128	272	978	23	22636	1939	1650	1610
云 南	69	431	4670	1051	55	38350	5178	2593	1578
西 藏	12	49	69	2	6	599	34	30	15
陕 西	3905	332	1595	356	56	38775	2048	2075	1088
甘 肃	1869	157	443	290	44	11954	1081	1009	442
青 海	665	38	227	524	3	4916	272	180	102
宁 夏	368	5	28	49	3	4817	272	433	104
新 疆	763	354	197	393	31	11433	1334	1098	477

4-4b 续表 4

单位：人

地区 性别	7.石油和天然气开采业	8.黑色金属矿采选业	9.有色金属矿采选业	10.非金属矿采选业	11.其他采矿业	三、制造业	12.农副食品加工业	13.食品制造业	14.饮料制造业
男	**18816**	**13072**	**19649**	**19142**	**1535**	**1455730**	**71948**	**44758**	**23889**
北京	12	190	2	41	3	9618	254	399	283
天津	735	3	5	79	6	12393	270	368	163
河北	1234	3351	413	1240	74	90509	3666	2480	1082
山西	79	1071	616	403	26	24008	1077	1198	688
内蒙古	301	633	951	599	43	13677	1335	1280	691
辽宁	153	1566	1431	666	26	20177	1811	587	376
吉林	711	118	688	254	20	11103	1007	555	489
黑龙江	1273	67	272	305	37	20413	3154	1438	783
上海	7		2	8	1	50843	607	1192	268
江苏	498	387	48	1294	166	166719	5840	3290	2246
浙江	12	101	152	1078	49	204618	2854	1519	1128
安徽	90	750	257	907	33	46972	3921	2122	1225
福建	24	158	324	1156	37	71149	3093	2434	1230
江西	50	168	2251	928	94	67962	2265	2127	732
山东	3502	648	753	1598	60	114255	9468	4776	2331
河南	2604	120	1262	909	74	65295	4467	3417	1252
湖北	736	749	263	963	186	43172	3002	1625	950
湖南	97	471	2027	991	164	59923	3000	1991	847
广东	57	86	461	524	42	159862	3897	2640	620
广西	117	245	1113	748	55	32852	4134	1218	706
海南	5	385	11	200	3	4302	1010	178	44
重庆	171	96	41	331	29	22687	1114	686	401
四川	666	521	423	1122	136	58959	3623	2559	2242
贵州	32	86	207	778	19	14217	1130	840	909
云南	31	341	3708	817	38	23629	2830	1275	863
西藏	4	33	62	2	5	369	16	14	10
陕西	2976	284	1181	295	42	24698	1220	1092	669
甘肃	1277	135	345	230	37	7500	653	455	271
青海	507	32	186	350	3	3340	177	83	51
宁夏	250	3	24	42	1	3194	163	250	50
新疆	605	274	170	284	26	7315	890	670	289

4-4b 续表 5

单位：人

地区 性别	7.石油和天然气开采业	8.黑色金属矿采选业	9.有色金属矿采选业	10.非金属矿采选业	11.其他采矿业	三、制造业	12.农副食品加工业	13.食品制造业	14.饮料制造业
女	**7972**	**3033**	**5347**	**4901**	**554**	**1182314**	**51413**	**43571**	**16937**
北京	9	41	1	5		6210	156	377	158
天津	318	1	1	19		9820	192	282	94
河北	496	459	104	323	22	55327	2211	2349	826
山西	17	200	176	57	4	10190	582	911	453
内蒙古	136	97	225	123	15	7479	806	1123	405
辽宁	54	260	240	130	9	13705	1277	663	171
吉林	189	26	159	70	4	5833	601	546	239
黑龙江	650	21	71	59	8	11035	1414	1234	344
上海	2			4		38822	434	1203	138
江苏	295	149	19	368	140	172682	4729	3978	1942
浙江	10	18	28	185	17	180023	3012	1346	682
安徽	28	241	59	221	12	41885	2733	2032	868
福建	15	50	46	227	10	63527	3015	2383	1212
江西	22	75	578	236	18	65208	1124	1810	495
山东	1768	180	180	343	17	95427	7647	5200	1566
河南	1079	20	453	212	24	45550	2912	3554	960
湖北	351	262	103	331	51	34526	2077	1508	709
湖南	53	94	559	234	57	45382	1936	2066	541
广东	23	27	180	123	9	142234	2684	2204	401
广西	60	69	386	299	23	27742	2741	1113	504
海南	10	199	2	131		2586	688	180	43
重庆	86	23	13	75	10	15126	850	674	272
四川	274	215	146	281	54	42777	2513	2446	1610
贵州	26	42	65	200	4	8419	809	810	701
云南	38	90	962	234	17	14721	2348	1318	715
西藏	8	16	7		1	230	18	16	5
陕西	929	48	414	61	14	14077	828	983	419
甘肃	592	22	98	60	7	4454	428	554	171
青海	158	6	41	174		1576	95	97	51
宁夏	118	2	4	7	2	1623	109	183	54
新疆	158	80	27	109	5	4118	444	428	188

4-4b 续表 6

单位：人

地区 性别	15.烟草制品业	16.纺织业	17.纺织服装、鞋、帽制造业	18.皮革、毛皮、羽毛(绒)及其制品业	19.木材加工及木、竹、藤、棕、草制品业	20.家具制造业	21.造纸及纸制品业	22.印刷业和记录媒介的复制	23.文教体育用品制造业
全国	**4971**	**254665**	**321937**	**116071**	**96619**	**70836**	**49515**	**31309**	**52248**
北京	5	498	1497	66	177	744	278	569	153
天津	4	383	1782	170	179	496	411	131	177
河北	42	11607	13287	9228	6363	5611	2581	1611	636
山西	38	1053	732	68	365	443	521	427	91
内蒙古	27	519	1247	143	1114	382	259	211	86
辽宁	11	1514	6452	1155	1097	321	465	354	55
吉林	15	191	588	65	3338	492	817	134	99
黑龙江	113	1420	963	201	8236	907	568	216	110
上海	6	3668	11376	2360	1324	2880	1624	1209	2049
江苏	61	56709	54199	6570	12133	4932	3555	3006	5307
浙江	20	57064	38288	18376	8648	9122	6994	8265	9561
安徽	252	5249	15395	2063	3505	2439	1159	676	3312
福建	205	12703	21341	6685	5193	4775	3337	1070	2258
江西	417	6671	30375	10621	3882	4858	1625	975	4138
山东	219	31552	12920	3499	16101	5116	6437	1600	1522
河南	208	9490	9313	3193	3269	3091	3280	878	1595
湖北	189	8770	15545	1479	1883	2055	990	810	998
湖南	310	5915	11183	6491	4161	3216	2445	1094	2696
广东	178	23756	51304	29296	3558	5783	4886	4411	12769
广西	140	3191	7193	2046	4910	1893	1755	430	1210
海南	17	93	729	18	510	205	539	45	75
重庆	133	1435	2020	3267	741	1445	591	284	304
四川	313	6079	9567	6813	2118	6406	2000	1178	1381
贵州	355	581	1040	667	974	768	255	171	437
云南	1219	925	1158	757	1609	1093	772	483	499
西藏	1	40	57	5	61	27	1	9	17
陕西	428	1805	1210	384	586	605	687	712	384
甘肃	26	336	461	189	202	311	204	153	134
青海	9	155	160	33	47	66	7	39	41
宁夏	5	215	69	21	44	77	338	37	14
新疆	5	1078	486	142	291	277	134	121	140

4-4b 续表 7 单位：人

地区 性别	15.烟草制品业	16.纺织业	17.纺织服装、鞋、帽制造业	18.皮革、毛皮、羽毛(绒)及其制品业	19.木材加工及木、竹、藤、棕、草制品业	20.家具制造业	21.造纸及纸制品业	22.印刷业和记录媒介的复制	23.文教体育用品制造业
男	**2972**	**96401**	**102352**	**53875**	**59651**	**48672**	**29097**	**17442**	**21963**
北京	5	157	541	31	130	531	148	323	68
天津	1	120	490	65	123	362	246	70	93
河北	25	4923	3863	4514	4212	3845	1551	886	301
山西	23	400	214	36	305	354	269	231	43
内蒙古	18	158	230	68	752	314	151	99	37
辽宁	8	508	1886	495	775	234	251	177	28
吉林	10	67	165	33	2191	351	549	66	55
黑龙江	80	677	226	62	5334	632	393	107	52
上海	4	1388	3346	945	890	1919	853	671	937
江苏	41	19210	12669	2440	6868	3489	2030	1577	1480
浙江	9	24564	12572	8683	5103	5954	4080	4771	4229
安徽	129	1748	3987	720	2263	1794	663	351	534
福建	126	4798	7124	2601	3235	3095	1778	631	1139
江西	239	2199	10455	4388	2802	3674	935	529	1592
山东	133	11312	2817	1345	8270	3147	3771	811	453
河南	136	3718	3405	1550	1911	2139	2036	470	701
湖北	120	3367	5506	728	1402	1569	573	440	536
湖南	180	2281	4092	2978	2811	2378	1541	615	1259
广东	106	8916	20040	15294	2387	4045	3035	2697	6262
广西	91	897	2417	849	2824	1262	985	231	504
海南	12	40	291	13	335	144	403	29	33
重庆	84	559	734	1598	507	979	341	153	153
四川	191	2335	3702	3298	1462	4132	1145	640	634
贵州	231	265	393	343	729	575	167	93	212
云南	682	374	418	373	1101	754	471	242	246
西藏		19	25	4	45	20	1	3	8
陕西	254	631	421	188	423	450	359	341	213
甘肃	18	120	138	118	154	219	105	88	72
青海	6	57	51	15	37	46	3	18	27
宁夏	5	74	13	14	33	58	179	16	9
新疆	5	519	121	86	237	207	85	66	53

4-4b 续表 8 单位：人

地区 性别	15.烟草制品业	16.纺织业	17.纺织服装、鞋、帽制造业	18.皮革、毛皮、羽毛(绒)及其制品业	19.木材加工及木、竹、藤、棕、草制品业	20.家具制造业	21.造纸及纸制品业	22.印刷业和记录媒介的复制	23.文教体育用品制造业
女	**1999**	**158264**	**219585**	**62196**	**36968**	**22164**	**20418**	**13867**	**30285**
北京		341	956	35	47	213	130	246	85
天津	3	263	1292	105	56	134	165	61	84
河北	17	6684	9424	4714	2151	1766	1030	725	335
山西	15	653	518	32	60	89	252	196	48
内蒙古	9	361	1017	75	362	68	108	112	49
辽宁	3	1006	4566	660	322	87	214	177	27
吉林	5	124	423	32	1147	141	268	68	44
黑龙江	33	743	737	139	2902	275	175	109	58
上海	2	2280	8030	1415	434	961	771	538	1112
江苏	20	37499	41530	4130	5265	1443	1525	1429	3827
浙江	11	32500	25716	9693	3545	3168	2914	3494	5332
安徽	123	3501	11408	1343	1242	645	496	325	2778
福建	79	7905	14217	4084	1958	1680	1559	439	1119
江西	178	4472	19920	6233	1080	1184	690	446	2546
山东	86	20240	10103	2154	7831	1969	2666	789	1069
河南	72	5772	5908	1643	1358	952	1244	408	894
湖北	69	5403	10039	751	481	486	417	370	462
湖南	130	3634	7091	3513	1350	838	904	479	1437
广东	72	14840	31264	14002	1171	1738	1851	1714	6507
广西	49	2294	4776	1197	2086	631	770	199	706
海南	5	53	438	5	175	61	136	16	42
重庆	49	876	1286	1669	234	466	250	131	151
四川	122	3744	5865	3515	656	2274	855	538	747
贵州	124	316	647	324	245	193	88	78	225
云南	537	551	740	384	508	339	301	241	253
西藏	1	21	32	1	16	7		6	9
陕西	174	1174	789	196	163	155	328	371	171
甘肃	8	216	323	71	48	92	99	65	62
青海	3	98	109	18	10	20	4	21	14
宁夏		141	56	7	11	19	159	21	5
新疆		559	365	56	54	70	49	55	87

4-4b 续表 9

单位：人

地区 性别	24.石油加工、炼焦及核燃料加工业	25.化学原料及化学制品制造业	26.医药制造业	27.化学纤维制造业	28.橡胶制品业	29.塑料制品业	30.非金属矿物制品业	31.黑色金属冶炼及压延加工业	32.有色金属冶炼及压延加工业
全国	**16379**	**99754**	**29254**	**9632**	**25136**	**67540**	**195357**	**62435**	**41514**
北京	49	449	462	14	114	389	1032	226	75
天津	114	553	291	25	248	1149	696	2191	96
河北	1674	4752	1179	389	2215	4229	10339	14486	1176
山西	2819	3294	874	126	210	226	5314	4152	1472
内蒙古	626	2755	408	6	31	395	2252	1609	676
辽宁	284	1144	361	61	509	743	3318	1608	586
吉林	127	838	1373	30	41	193	1812	738	283
黑龙江	223	1330	691	9	98	499	2746	446	79
上海	135	3024	718	242	1171	3820	3134	498	732
江苏	524	13359	2051	3017	2714	7466	12013	6688	3076
浙江	143	6066	3165	2349	5956	16011	13161	2299	4201
安徽	94	2913	1192	98	577	2343	6915	1134	523
福建	327	2057	485	261	952	3222	19541	1704	1013
江西	477	6165	2236	438	727	1411	11889	2118	2735
山东	2978	9702	3068	419	4074	5175	17139	5100	3702
河南	727	4336	1966	730	994	2173	10036	3673	4605
湖北	99	4380	1578	93	237	1299	5423	859	363
湖南	532	9243	1074	364	544	1173	8650	1359	1563
广东	231	3978	902	239	1576	11242	24190	1254	2956
广西	197	2425	745	26	183	700	5518	1344	1907
海南	98	73	82	3	202	24	815	32	32
重庆	74	1547	340	41	337	645	3265	440	1373
四川	746	4858	1833	169	876	1631	10578	2728	840
贵州	141	1782	182	6	97	227	2874	491	955
云南	758	3082	284	17	189	374	4626	1815	2033
西藏	4	4	26			1	91	17	7
陕西	1073	2236	1152	48	201	349	3251	1861	1958
甘肃	53	1087	204	116	25	121	1759	575	1147
青海	25	774	27	3	6	28	715	248	900
宁夏	380	661	251	10	21	61	618	344	318
新疆	647	887	54	283	11	221	1647	398	132

4-4b 续表 10

单位：人

地区 性别	24.石油加工、炼焦及核燃料加工业	25.化学原料及化学制品制造业	26.医药制造业	27.化学纤维制造业	28.橡胶制品业	29.塑料制品业	30.非金属矿物制品业	31.黑色金属冶炼及压延加工业	32.有色金属冶炼及压延加工业
男	**11898**	**63590**	**15879**	**5377**	**15235**	**35899**	**131689**	**48859**	**29954**
北京	34	301	256	8	87	210	788	181	55
天津	87	368	182	7	163	432	531	1773	80
河北	1325	3283	703	236	1438	2478	7545	11892	888
山西	2146	2283	410	93	166	142	3834	3528	1108
内蒙古	500	1939	248	4	24	246	1703	1233	530
辽宁	213	807	209	28	329	431	2431	1327	448
吉林	82	605	720	16	32	122	1429	576	213
黑龙江	157	881	417	4	78	290	2103	336	61
上海	97	1874	359	158	612	1979	2247	379	494
江苏	373	8637	1034	1515	1626	3714	7637	4941	2075
浙江	100	4159	1952	1427	3366	8134	8679	1808	2684
安徽	71	1944	630	61	324	1227	4839	919	401
福建	232	1304	260	160	479	1875	12263	1335	742
江西	358	3089	1171	256	456	734	7728	1507	1937
山东	2021	6529	1692	242	2752	2606	11907	4009	2711
河南	503	2853	1013	304	590	1176	7119	2824	3471
湖北	66	3009	779	46	147	747	3726	677	282
湖南	327	4668	569	212	318	585	5956	1027	1238
广东	186	2572	485	159	952	6425	15098	1050	2190
广西	137	1353	347	9	109	363	3538	934	1376
海南	84	44	36	2	115	16	586	27	20
重庆	55	975	179	21	207	339	2127	319	950
四川	540	3137	1055	101	517	889	6962	1921	633
贵州	104	1175	86	1	65	116	1971	362	720
云南	531	1954	146	9	120	198	3148	1367	1436
西藏	3	2	15			1	59	15	6
陕西	711	1496	614	24	129	201	2371	1395	1394
甘肃	39	723	108	85	11	57	1248	435	778
青海	17	563	17	3	5	15	515	186	700
宁夏	304	455	158	8	13	32	448	274	238
新疆	495	608	29	178	5	119	1153	302	95

4-4b 续表 11

单位：人

地区 性别	24.石油加工、炼焦及核燃料加工业	25.化学原料及化学制品制造业	26.医药制造业	27.化学纤维制造业	28.橡胶制品业	29.塑料制品业	30.非金属矿物制品业	31.黑色金属冶炼及压延加工业	32.有色金属冶炼及压延加工业
女	**4481**	**36164**	**13375**	**4255**	**9901**	**31641**	**63668**	**13576**	**11560**
北京	15	148	206	6	27	179	244	45	20
天津	27	185	109	18	85	717	165	418	16
河北	349	1469	476	153	777	1751	2794	2594	288
山西	673	1011	464	33	44	84	1480	624	364
内蒙古	126	816	160	2	7	149	549	376	146
辽宁	71	337	152	33	180	312	887	281	138
吉林	45	233	653	14	9	71	383	162	70
黑龙江	66	449	274	5	20	209	643	110	18
上海	38	1150	359	84	559	1841	887	119	238
江苏	151	4722	1017	1502	1088	3752	4376	1747	1001
浙江	43	1907	1213	922	2590	7877	4482	491	1517
安徽	23	969	562	37	253	1116	2076	215	122
福建	95	753	225	101	473	1347	7278	369	271
江西	119	3076	1065	182	271	677	4161	611	798
山东	957	3173	1376	177	1322	2569	5232	1091	991
河南	224	1483	953	426	404	997	2917	849	1134
湖北	33	1371	799	47	90	552	1697	182	81
湖南	205	4575	505	152	226	588	2694	332	325
广东	45	1406	417	80	624	4817	9092	204	766
广西	60	1072	398	17	74	337	1980	410	531
海南	14	29	46	1	87	8	229	5	12
重庆	19	572	161	20	130	306	1138	121	423
四川	206	1721	778	68	359	742	3616	807	207
贵州	37	607	96	5	32	111	903	129	235
云南	227	1128	138	8	69	176	1478	448	597
西藏	1	2	11				32	2	1
陕西	362	740	538	24	72	148	880	466	564
甘肃	14	364	96	31	14	64	511	140	369
青海	8	211	10		1	13	200	62	200
宁夏	76	206	93	2	8	29	170	70	80
新疆	152	279	25	105	6	102	494	96	37

4-4b 续表 12

单位：人

地区 性别	33.金属制品业	34.通用设备制造业	35.专用设备制造业	36.交通运输设备制造业	37.电气机械及器材制造业	38.通信设备、计算机及其他电子设备制造业	39.仪器仪表及文化、办公用机械制造业	40.工艺品及其他制造业	41.废弃资源和废旧材料回收加工业
全国	**153258**	**149123**	**72212**	**112936**	**117694**	**108959**	**22602**	**80696**	**22876**
北京	1279	723	607	1572	1242	1637	163	144	37
天津	1855	1082	588	2171	1276	3408	288	541	539
河北	13004	11822	3047	5332	3196	1220	609	1979	1608
山西	1527	2959	660	565	235	207	224	432	255
内蒙古	821	317	377	483	153	65	130	254	170
辽宁	1700	3066	796	1340	444	197	295	848	273
吉林	302	284	294	735	172	84	129	163	162
黑龙江	771	816	680	769	201	65	181	463	280
上海	7540	9275	5514	9643	5931	5952	1017	747	234
江苏	22540	26151	11792	16113	18618	16405	2307	4320	1750
浙江	26852	41366	11475	18586	28608	10403	4214	20528	2379
安徽	3997	5405	1955	3564	5444	2581	727	1341	1103
福建	8188	2079	1837	3496	4346	4814	921	7806	693
江西	3795	2128	2876	3042	5258	11258	897	2846	759
山东	9364	13855	4269	7388	2770	2161	949	6738	877
河南	4202	6446	3839	2737	2419	3458	1017	5746	862
湖北	2766	2715	2578	4240	2436	4017	676	846	503
湖南	3882	3574	4420	4198	3553	8168	1231	2489	1396
广东	25225	4157	5891	3518	22776	21544	2922	15527	5581
广西	2035	717	1202	2649	1816	2936	344	2258	408
海南	222	128	107	260	69	55	104	101	107
重庆	1482	1428	943	8729	936	904	372	369	371
四川	3930	4061	2960	4705	3575	4626	1037	1073	662
贵州	892	465	387	1693	339	479	192	613	374
云南	1959	492	393	1271	568	466	387	1110	662
西藏	29	2	1	51	1	1	5	49	13
陕西	1937	2877	2026	3456	997	1652	745	604	340
甘肃	503	187	351	277	163	110	208	339	181
青海	257	242	62	143	46	23	48	173	85
宁夏	162	100	61	44	50	10	25	20	52
新疆	240	204	224	166	56	53	238	229	160

4-4b 续表 13 单位：人

地区 性别	33.金属制品业	34.通用设备制造业	35.专用设备制造业	36.交通运输设备制造业	37.电气机械及器材制造业	38.通信设备、计算机及其他电子设备制造业	39.仪器仪表及文化、办公用机械制造业	40.工艺品及其他制造业	41.废弃资源和废旧材料回收加工业
男	**104992**	**105623**	**49051**	**81166**	**67035**	**53368**	**12644**	**35949**	**14502**
北京	951	566	420	1088	679	895	95	109	25
天津	1436	824	346	1438	649	911	146	277	372
河北	9418	8735	2199	3916	2031	587	373	1098	1016
山西	1175	2407	484	462	167	122	137	312	194
内蒙古	660	262	287	411	107	37	87	154	112
辽宁	1376	2496	599	1090	283	88	189	517	180
吉林	229	219	234	611	121	57	82	107	110
黑龙江	596	652	517	652	135	42	104	262	188
上海	5104	6680	3724	6798	3311	2822	612	411	162
江苏	14995	17850	7825	11392	10483	7665	1222	1452	1103
浙江	17012	27112	8554	12141	14998	4460	2157	8875	1534
安徽	3054	4010	1228	2665	3287	1116	409	666	664
福建	5574	1581	1245	2694	2438	2506	498	4210	469
江西	2710	1525	1700	2371	2835	5257	480	1421	490
山东	6633	9772	2921	5642	1698	1014	537	2335	600
河南	3093	5034	2576	2085	1524	1847	624	2877	580
湖北	1965	2058	1728	3251	1468	2256	367	485	297
湖南	2821	2782	3011	3150	2184	4186	738	1298	880
广东	16422	2980	3828	2656	13273	11345	1627	5270	3405
广西	1410	574	762	1911	1003	1515	192	946	255
海南	166	111	76	200	50	43	68	61	65
重庆	984	1018	634	5856	555	494	217	216	232
四川	2717	2930	1776	3428	2238	2525	600	617	410
贵州	688	348	253	1239	213	252	114	386	237
云南	1442	384	271	1029	371	262	226	717	389
西藏	21	2	1	44	1		3	24	7
陕西	1446	2145	1361	2424	700	929	421	436	240
甘肃	382	156	265	221	119	76	125	154	107
青海	189	164	42	118	36	11	30	110	48
宁夏	123	91	46	37	35	6	19	12	31
新疆	200	155	138	146	43	42	145	134	100

4-4b 续表 14 单位：人

地区 性别	33.金属制品业	34.通用设备制造业	35.专用设备制造业	36.交通运输设备制造业	37.电气机械及器材制造业	38.通信设备、计算机及其他电子设备制造业	39.仪器仪表及文化、办公用机械制造业	40.工艺品及其他制造业	41.废弃资源和废旧材料回收加工业
女	**48266**	**43500**	**23161**	**31770**	**50659**	**55591**	**9958**	**44747**	**8374**
北京	328	157	187	484	563	742	68	35	12
天津	419	258	242	733	627	2497	142	264	167
河北	3586	3087	848	1416	1165	633	236	881	592
山西	352	552	176	103	68	85	87	120	61
内蒙古	161	55	90	72	46	28	43	100	58
辽宁	324	570	197	250	161	109	106	331	93
吉林	73	65	60	124	51	27	47	56	52
黑龙江	175	164	163	117	66	23	77	201	92
上海	2436	2595	1790	2845	2620	3130	405	336	72
江苏	7545	8301	3967	4721	8135	8740	1085	2868	647
浙江	9840	14254	2921	6445	13610	5943	2057	11653	845
安徽	943	1395	727	899	2157	1465	318	675	439
福建	2614	498	592	802	1908	2308	423	3596	224
江西	1085	603	1176	671	2423	6001	417	1425	269
山东	2731	4083	1348	1746	1072	1147	412	4403	277
河南	1109	1412	1263	652	895	1611	393	2869	282
湖北	801	657	850	989	968	1761	309	361	206
湖南	1061	792	1409	1048	1369	3982	493	1191	516
广东	8803	1177	2063	862	9503	10199	1295	10257	2176
广西	625	143	440	738	813	1421	152	1312	153
海南	56	17	31	60	19	12	36	40	42
重庆	498	410	309	2873	381	410	155	153	139
四川	1213	1131	1184	1277	1337	2101	437	456	252
贵州	204	117	134	454	126	227	78	227	137
云南	517	108	122	242	197	204	161	393	273
西藏	8			7		1	2	25	6
陕西	491	732	665	1032	297	723	324	168	100
甘肃	121	31	86	56	44	34	83	185	74
青海	68	78	20	25	10	12	18	63	37
宁夏	39	9	15	7	15	4	6	8	21
新疆	40	49	86	20	13	11	93	95	60

4-4b 续表 15

单位：人

地 区 性 别	四、电力、燃气及水的生产和供应业	42.电力、热力的生产和供应业	43.燃气生产和供应业	44.水的生产和供应业	五、建筑业	45.房屋和土木工程建筑业	46.建筑安装业	47.建筑装饰业	48.其他建筑业
全 国	**126974**	**99655**	**7725**	**19594**	**837326**	**645661**	**42558**	**134018**	**15089**
北 京	596	405	93	98	5449	3857	171	1361	60
天 津	796	650	48	98	5553	4552	258	566	177
河 北	7464	6267	424	773	45667	37532	1884	5765	486
山 西	4884	3939	340	605	17387	13212	919	2910	346
内蒙古	5184	4521	166	497	21965	17970	749	2852	394
辽 宁	3867	3068	197	602	13563	10917	456	2018	172
吉 林	2092	1603	93	396	7179	5680	365	979	155
黑龙江	4474	3629	155	690	15730	12284	844	2287	315
上 海	965	473	182	310	13180	7958	735	4132	355
江 苏	6261	4196	530	1535	87983	64340	5200	17073	1370
浙 江	6275	4691	305	1279	50517	34824	2507	12074	1112
安 徽	4527	3359	271	897	50406	37589	2755	9539	523
福 建	4526	3728	219	579	34408	25582	1962	5624	1240
江 西	5516	4356	260	900	45125	32123	2557	9290	1155
山 东	8901	7476	475	950	55536	44650	3567	6451	868
河 南	5890	4706	255	929	51376	42463	2125	6117	671
湖 北	4380	3158	298	924	33246	25026	2032	5589	599
湖 南	6516	5035	334	1147	40733	30588	2637	6655	853
广 东	5676	4065	410	1201	33018	23360	1874	7118	666
广 西	4308	3365	204	739	19744	13506	1113	4581	544
海 南	677	499	34	144	3864	2931	284	495	154
重 庆	3386	2465	362	559	22028	18124	833	2802	269
四 川	9910	7356	1205	1349	66029	55092	2472	7667	798
贵 州	3071	2574	66	431	16176	13278	645	1997	256
云 南	5539	4828	154	557	26568	22390	891	2810	477
西 藏	260	225	11	24	749	585	21	95	48
陕 西	4482	3578	210	694	28006	23533	1363	2756	354
甘 肃	2675	2212	176	287	9797	8269	484	900	144
青 海	905	740	83	82	3237	2850	64	262	61
宁 夏	733	666	26	41	4437	3930	114	360	33
新 疆	2238	1822	139	277	8670	6666	677	893	434

4-4b 续表 16 单位：人

地区 性别	四、电力、燃气及水的生产和供应业	42.电力、热力的生产和供应业	43.燃气生产和供应业	44.水的生产和供应业	五、建筑业	45.房屋和土木工程建筑业	46.建筑安装业	47.建筑装饰业	48.其他建筑业
男	**89893**	**72238**	**5157**	**12498**	**721747**	**557674**	**37134**	**114445**	**12494**
北京	457	321	73	63	4848	3485	147	1169	47
天津	591	492	34	65	5105	4245	224	487	149
河北	5445	4651	310	484	41794	34814	1664	4869	447
山西	3562	2945	229	388	16125	12354	838	2611	322
内蒙古	3801	3384	112	305	19228	15845	663	2396	324
辽宁	2850	2315	131	404	12285	10010	416	1706	153
吉林	1575	1252	71	252	6414	5148	331	800	135
黑龙江	3310	2751	116	443	13838	10963	733	1876	266
上海	739	381	140	218	11714	7164	648	3609	293
江苏	4798	3386	358	1054	77633	56847	4657	14978	1151
浙江	4799	3690	204	905	45638	31253	2247	11160	978
安徽	3321	2543	186	592	43955	32678	2445	8361	471
福建	3265	2715	155	395	28207	20569	1791	4868	979
江西	3687	2974	167	546	38030	26978	2165	7896	991
山东	6220	5373	301	546	48545	39553	3150	5104	738
河南	4023	3354	149	520	44334	36965	1808	5051	510
湖北	2951	2208	186	557	28634	21732	1784	4631	487
湖南	4510	3571	193	746	35493	26694	2319	5770	710
广东	4122	3001	296	825	28238	19782	1677	6215	564
广西	2828	2252	118	458	15854	10924	882	3623	425
海南	457	347	22	88	3124	2360	237	399	128
重庆	2266	1689	250	327	18211	14922	712	2362	215
四川	6666	5040	785	841	53866	45039	2059	6123	645
贵州	2127	1818	43	266	12962	10518	548	1686	210
云南	3742	3311	86	345	22033	18550	747	2356	380
西藏	163	147	6	10	572	440	18	80	34
陕西	3076	2499	143	434	24165	20372	1154	2370	269
甘肃	1831	1538	126	167	8080	6873	384	710	113
青海	654	548	52	54	2454	2173	49	189	43
宁夏	547	503	20	24	3718	3277	103	311	27
新疆	1510	1239	95	176	6650	5147	534	679	290

4-4b 续表 17　　　　单位：人

地区 性别	四、电力、燃气及水的生产和供应业	42.电力、热力的生产和供应业	43.燃气生产和供应业	44.水的生产和供应业	五、建筑业	45.房屋和土木工程建筑业	46.建筑安装业	47.建筑装饰业	48.其他建筑业
女	**37081**	**27417**	**2568**	**7096**	**115579**	**87987**	**5424**	**19573**	**2595**
北京	139	84	20	35	601	372	24	192	13
天津	205	158	14	33	448	307	34	79	28
河北	2019	1616	114	289	3873	2718	220	896	39
山西	1322	994	111	217	1262	858	81	299	24
内蒙古	1383	1137	54	192	2737	2125	86	456	70
辽宁	1017	753	66	198	1278	907	40	312	19
吉林	517	351	22	144	765	532	34	179	20
黑龙江	1164	878	39	247	1892	1321	111	411	49
上海	226	92	42	92	1466	794	87	523	62
江苏	1463	810	172	481	10350	7493	543	2095	219
浙江	1476	1001	101	374	4879	3571	260	914	134
安徽	1206	816	85	305	6451	4911	310	1178	52
福建	1261	1013	64	184	6201	5013	171	756	261
江西	1829	1382	93	354	7095	5145	392	1394	164
山东	2681	2103	174	404	6991	5097	417	1347	130
河南	1867	1352	106	409	7042	5498	317	1066	161
湖北	1429	950	112	367	4612	3294	248	958	112
湖南	2006	1464	141	401	5240	3894	318	885	143
广东	1554	1064	114	376	4780	3578	197	903	102
广西	1480	1113	86	281	3890	2582	231	958	119
海南	220	152	12	56	740	571	47	96	26
重庆	1120	776	112	232	3817	3202	121	440	54
四川	3244	2316	420	508	12163	10053	413	1544	153
贵州	944	756	23	165	3214	2760	97	311	46
云南	1797	1517	68	212	4535	3840	144	454	97
西藏	97	78	5	14	177	145	3	15	14
陕西	1406	1079	67	260	3841	3161	209	386	85
甘肃	844	674	50	120	1717	1396	100	190	31
青海	251	192	31	28	783	677	15	73	18
宁夏	186	163	6	17	719	653	11	49	6
新疆	728	583	44	101	2020	1519	143	214	144

4-4b 续表 18

单位：人

地区性别	六、交通运输、仓储和邮政业	49.铁路运输业	50.道路运输业	51.城市公共交通业	52.水上运输业	53.航空运输业	54.管道运输业	55.装卸搬运和其他运输服务业	56.仓储业
全国	**621101**	**30178**	**391587**	**97831**	**13851**	**5313**	**729**	**47263**	**14819**
北京	6047	408	1532	2490	7	1107	2	128	206
天津	4271	189	2509	1090	54	26	8	243	85
河北	37401	2372	26019	4479	837	156	47	1971	555
山西	24921	1695	18113	3079	14	27	14	1075	311
内蒙古	24417	2050	14272	4103	10	54	42	3006	398
辽宁	20775	1958	10806	6023	151	22	46	980	348
吉林	14245	1100	5013	5593	15	51	9	1197	876
黑龙江	30174	2644	10264	10200	47	32	29	3901	2288
上海	10233	174	4257	2052	255	823	9	801	826
江苏	40793	475	27999	4672	2567	124	31	2797	873
浙江	31043	458	17917	5457	2152	236	11	2986	392
安徽	30574	874	21411	3540	1133	76	18	1880	758
福建	20350	529	12952	2623	1432	86	6	1607	326
江西	26420	1270	17819	3493	333	88	36	2190	407
山东	36104	1149	24788	4695	505	157	45	2578	1310
河南	34044	2655	21913	5004	68	209	71	2213	1034
湖北	24289	649	16595	3001	557	84	67	1997	602
湖南	31965	1385	21002	4488	432	245	26	3055	399
广东	22766	698	15176	2652	845	343	16	1619	259
广西	21291	855	13847	1941	1315	76	6	2213	329
海南	4440	67	3106	643	105	27	1	343	38
重庆	13582	334	8867	1601	646	68	21	1376	216
四川	36730	1692	24307	5364	214	676	54	2484	649
贵州	12654	520	9393	917	65	27	6	1208	155
云南	18307	649	13768	1647	39	104	6	1185	293
西藏	814	26	385	183		27		92	16
陕西	20526	1320	14453	2694	25	75	40	1020	333
甘肃	8135	1253	4633	1175	7	137	37	473	168
青海	2468	106	1462	607	3	25	1	75	107
宁夏	2766	63	1972	464	5	66	10	94	32
新疆	8556	561	5037	1861	13	59	14	476	230

4-4b 续表 19

单位：人

地区 性别	六、交通运输、仓储和邮政业	49.铁路运输业	50.道路运输业	51.城市公共交通业	52.水上运输业	53.航空运输业	54.管道运输业	55.装卸搬运和其他运输服务业	56.仓储业
男	**534736**	**23718**	**347626**	**86663**	**11134**	**3373**	**586**	**39205**	**10337**
北京	4781	378	1265	2183	5	594	2	93	144
天津	3863	168	2293	1015	49	17	5	214	62
河北	33638	1935	24041	4072	713	125	38	1774	387
山西	23278	1481	17281	2911	10	21	12	993	227
内蒙古	21603	1758	13057	3575	9	38	36	2577	275
辽宁	18783	1733	9841	5603	133	13	37	876	265
吉林	12598	940	4490	5065	11	36	6	1072	720
黑龙江	26675	2193	9248	9584	40	25	27	3331	1774
上海	8204	144	3493	1747	227	598	5	624	593
江苏	33607	350	23603	3931	1893	90	29	2220	618
浙江	26945	397	15768	4849	1937	152	11	2520	296
安徽	26346	710	19093	3092	819	53	16	1487	520
福建	18174	425	11951	2366	1338	59	5	1338	241
江西	23361	998	16286	3148	271	58	31	1845	273
山东	30472	812	21759	4105	409	90	32	2078	704
河南	28132	1619	19140	4267	53	110	54	1775	634
湖北	20719	492	14561	2603	440	63	51	1666	398
湖南	27606	1006	18682	3999	347	113	22	2609	273
广东	19911	533	13721	2444	639	227	13	1344	186
广西	16746	674	11548	1392	867	47	5	1573	234
海南	3445	44	2525	433	92	19		234	29
重庆	11665	267	7827	1398	551	49	17	1151	145
四川	30814	1197	21156	4585	165	426	34	2018	462
贵州	10818	418	8340	778	47	20	4	891	98
云南	15196	506	11784	1279	29	74	4	989	182
西藏	614	18	292	166		23		60	7
陕西	18223	1046	13137	2425	21	56	35	901	235
甘肃	6715	905	4000	998	5	83	34	411	121
青海	2063	86	1253	524	2	17	1	61	74
宁夏	2442	54	1788	410	4	36	8	85	20
新疆	7299	431	4403	1716	8	41	12	395	140

4-4b 续表 20 单位：人

地区 性别	六、交通运输、仓储和邮政业	49.铁路运输业	50.道路运输业	51.城市公共交通业	52.水上运输业	53.航空运输业	54.管道运输业	55.装卸搬运和其他运输服务业	56.仓储业
女	**86365**	**6460**	**43961**	**11168**	**2717**	**1940**	**143**	**8058**	**4482**
北京	1266	30	267	307	2	513		35	62
天津	408	21	216	75	5	9	3	29	23
河北	3763	437	1978	407	124	31	9	197	168
山西	1643	214	832	168	4	6	2	82	84
内蒙古	2814	292	1215	528	1	16	6	429	123
辽宁	1992	225	965	420	18	9	9	104	83
吉林	1647	160	523	528	4	15	3	125	156
黑龙江	3499	451	1016	616	7	7	2	570	514
上海	2029	30	764	305	28	225	4	177	233
江苏	7186	125	4396	741	674	34	2	577	255
浙江	4098	61	2149	608	215	84		466	96
安徽	4228	164	2318	448	314	23	2	393	238
福建	2176	104	1001	257	94	27	1	269	85
江西	3059	272	1533	345	62	30	5	345	134
山东	5632	337	3029	590	96	67	13	500	606
河南	5912	1036	2773	737	15	99	17	438	400
湖北	3570	157	2034	398	117	21	16	331	204
湖南	4359	379	2320	489	85	132	4	446	126
广东	2855	165	1455	208	206	116	3	275	73
广西	4545	181	2299	549	448	29	1	640	95
海南	995	23	581	210	13	8	1	109	9
重庆	1917	67	1040	203	95	19	4	225	71
四川	5916	495	3151	779	49	250	20	466	187
贵州	1836	102	1053	139	18	7	2	317	57
云南	3111	143	1984	368	10	30	2	196	111
西藏	200	8	93	17		4		32	9
陕西	2303	274	1316	269	4	19	5	119	98
甘肃	1420	348	633	177	2	54	3	62	47
青海	405	20	209	83	1	8		14	33
宁夏	324	9	184	54	1	30	2	9	12
新疆	1257	130	634	145	5	18	2	81	90

4-4b 续表 21

单位：人

地区 性别	57.邮政业	七、信息传输、计算机服务和软件业	58.电信和其他信息传输服务业	59.计算机服务业	60.软件业	八、批发和零售业	61.批发业	62.零售业	九、住宿和餐饮业
全国	**19530**	**73382**	**56025**	**11727**	**5630**	**1671189**	**268447**	**1402742**	**472771**
北京	167	1011	445	222	344	11403	2129	9274	3706
天津	67	503	228	105	170	5914	1270	4644	1806
河北	965	3850	2911	673	266	80218	15169	65049	18663
山西	593	2120	1832	242	46	39643	5851	33792	13412
内蒙古	482	2112	1783	250	79	33343	6578	26765	12961
辽宁	441	1775	1420	301	54	39159	7161	31998	10114
吉林	391	1164	918	164	82	25135	4097	21038	9160
黑龙江	769	2261	1846	365	50	40325	6652	33673	15136
上海	1036	1184	530	191	463	19980	5559	14421	5286
江苏	1255	3923	2869	743	311	128799	23552	105247	29788
浙江	1434	3886	2738	821	327	109331	26978	82353	28275
安徽	884	3284	2689	402	193	80073	15097	64976	25165
福建	789	3135	2424	443	268	64085	10539	53546	16873
江西	784	3692	2824	601	267	75245	8477	66768	20302
山东	877	3132	2321	628	183	98281	18199	80082	23960
河南	877	3396	2786	488	122	99626	15413	84213	23026
湖北	737	3452	2583	551	318	69008	10110	58898	19479
湖南	933	4769	3409	1004	356	103466	14617	88849	27449
广东	1158	3234	2310	631	293	113076	14065	99011	25436
广西	709	2909	2362	368	179	67777	9198	58579	13733
海南	110	546	415	99	32	12988	1647	11341	5101
重庆	453	1897	1598	224	75	42085	4383	37702	14063
四川	1290	5955	4386	892	677	128791	16009	112782	44279
贵州	363	1667	1339	219	109	34372	4081	30291	9584
云南	616	2772	2349	332	91	52738	7878	44860	20577
西藏	85	168	150	9	9	3265	399	2866	1273
陕西	566	2907	2297	432	178	47417	5580	41837	19490
甘肃	252	1048	914	112	22	19536	3634	15902	6516
青海	82	417	366	48	3	5769	679	5090	2405
宁夏	60	194	150	33	11	4959	1058	3901	1377
新疆	305	1019	833	134	52	15382	2388	12994	4376

4-4b 续表 22 单位：人

地区 性别	57.邮政业	七、信息传输、计算机服务和软件业	58.电信和其他信息传输服务业	59.计算机服务业	60.软件业	八、批发和零售业	61.批发业	62.零售业	九、住宿和餐饮业
男	**12094**	**41935**	**30729**	**7627**	**3579**	**781779**	**155657**	**626122**	**212041**
北京	117	593	255	126	212	6000	1393	4607	1863
天津	40	301	133	63	105	2955	787	2168	930
河北	553	2229	1622	433	174	39330	9451	29879	9258
山西	342	1119	930	157	32	19361	3631	15730	6919
内蒙古	278	1132	929	152	51	15570	4155	11415	5523
辽宁	282	1099	867	199	33	16632	3976	12656	4178
吉林	258	721	557	117	47	11303	2360	8943	3548
黑龙江	453	1338	1056	249	33	17484	3936	13548	6352
上海	773	761	318	133	310	10172	3378	6794	2589
江苏	873	2112	1480	432	200	58457	13549	44908	12857
浙江	1015	2363	1575	575	213	51928	16156	35772	12637
安徽	556	1883	1513	249	121	37997	8910	29087	11411
福建	451	1953	1459	316	178	31363	6441	24922	8089
江西	451	2041	1462	411	168	34287	4892	29395	8846
山东	483	1828	1294	405	129	45868	10461	35407	11508
河南	480	1840	1431	320	89	47682	8757	38925	11608
湖北	445	1917	1384	345	188	30633	5494	25139	8403
湖南	555	2679	1843	610	226	48382	7873	40509	12204
广东	804	2080	1452	451	177	60876	8529	52347	12353
广西	406	1644	1286	252	106	30466	4846	25620	6023
海南	69	305	226	62	17	5865	795	5070	2106
重庆	260	1062	877	141	44	17821	2435	15386	5752
四川	771	3394	2326	596	472	57452	8744	48708	18952
贵州	222	927	735	139	53	15549	2265	13284	3892
云南	349	1532	1255	228	49	23009	4381	18628	8029
西藏	48	98	87	6	5	1853	256	1597	567
陕西	367	1566	1210	258	98	21805	3342	18463	8886
甘肃	158	539	461	68	10	8992	2042	6950	2892
青海	45	233	204	28	1	2838	411	2427	1128
宁夏	37	100	69	25	6	2300	658	1642	596
新疆	153	546	433	81	32	7549	1353	6196	2142

4-4b 续表 23 单位：人

地 区 性 别	57.邮政业	七、信息传输、计算机服务和软件业	58.电信和其他信息传输服务业	59.计算机服务业	60.软件业	八、批发和零售业	61.批发业	62.零售业	九、住宿和餐饮业
女	**7436**	**31447**	**25296**	**4100**	**2051**	**889410**	**112790**	**776620**	**260730**
北 京	50	418	190	96	132	5403	736	4667	1843
天 津	27	202	95	42	65	2959	483	2476	876
河 北	412	1621	1289	240	92	40888	5718	35170	9405
山 西	251	1001	902	85	14	20282	2220	18062	6493
内蒙古	204	980	854	98	28	17773	2423	15350	7438
辽 宁	159	676	553	102	21	22527	3185	19342	5936
吉 林	133	443	361	47	35	13832	1737	12095	5612
黑龙江	316	923	790	116	17	22841	2716	20125	8784
上 海	263	423	212	58	153	9808	2181	7627	2697
江 苏	382	1811	1389	311	111	70342	10003	60339	16931
浙 江	419	1523	1163	246	114	57403	10822	46581	15638
安 徽	328	1401	1176	153	72	42076	6187	35889	13754
福 建	338	1182	965	127	90	32722	4098	28624	8784
江 西	333	1651	1362	190	99	40958	3585	37373	11456
山 东	394	1304	1027	223	54	52413	7738	44675	12452
河 南	397	1556	1355	168	33	51944	6656	45288	11418
湖 北	292	1535	1199	206	130	38375	4616	33759	11076
湖 南	378	2090	1566	394	130	55084	6744	48340	15245
广 东	354	1154	858	180	116	52200	5536	46664	13083
广 西	303	1265	1076	116	73	37311	4352	32959	7710
海 南	41	241	189	37	15	7123	852	6271	2995
重 庆	193	835	721	83	31	24264	1948	22316	8311
四 川	519	2561	2060	296	205	71339	7265	64074	25327
贵 州	141	740	604	80	56	18823	1816	17007	5692
云 南	267	1240	1094	104	42	29729	3497	26232	12548
西 藏	37	70	63	3	4	1412	143	1269	706
陕 西	199	1341	1087	174	80	25612	2238	23374	10604
甘 肃	94	509	453	44	12	10544	1592	8952	3624
青 海	37	184	162	20	2	2931	268	2663	1277
宁 夏	23	94	81	8	5	2659	400	2259	781
新 疆	152	473	400	53	20	7833	1035	6798	2234

4-4b 续表 24 单位：人

地区 性别	63.住宿业	64.餐饮业	十、金融业	65.银行业	66.证券业	67.保险业	68.其他金融活动	十一、房地产业	69.房地产业
全国	**65709**	**407062**	**114644**	**75020**	**2155**	**29393**	**8076**	**57594**	**57594**
北京	1038	2668	835	440	50	260	85	1719	1719
天津	283	1523	903	471	19	338	75	487	487
河北	2036	16627	7528	5206	83	1864	375	3019	3019
山西	1889	11523	4738	3274	27	1150	287	930	930
内蒙古	1931	11030	3820	2648	13	921	238	1730	1730
辽宁	926	9188	3874	2561	58	955	300	1329	1329
吉林	837	8323	2177	1594	14	433	136	562	562
黑龙江	1490	13646	3957	2502	19	1067	369	1146	1146
上海	783	4503	1045	549	119	273	104	3006	3006
江苏	3518	26270	5954	3260	150	2045	499	4138	4138
浙江	4633	23642	7087	4401	278	1874	534	5372	5372
安徽	2586	22579	4933	3351	72	1166	344	2886	2886
福建	2168	14705	4111	2482	117	1135	377	1945	1945
江西	3458	16844	5246	3755	126	1071	294	2584	2584
山东	2243	21717	7492	4731	180	2147	434	2518	2518
河南	2162	20864	6176	4261	57	1544	314	1358	1358
湖北	2732	16747	4336	2703	75	1211	347	1731	1731
湖南	6054	21395	5565	3525	127	1462	451	2384	2384
广东	3496	21940	4309	2931	105	1012	261	3038	3038
广西	2122	11611	3630	2545	51	786	248	1365	1365
海南	1522	3579	523	390	15	67	51	547	547
重庆	1457	12606	2588	1588	26	790	184	1931	1931
四川	5016	39263	8143	5105	253	2098	687	6318	6318
贵州	1433	8151	2177	1659	6	367	145	922	922
云南	4121	16456	4259	2864	29	1130	236	1496	1496
西藏	222	1051	257	243		11	3	19	19
陕西	3473	16017	4010	2699	39	949	323	1472	1472
甘肃	869	5647	2192	1470	23	546	153	510	510
青海	347	2058	634	472	4	120	38	155	155
宁夏	181	1196	374	242	3	94	35	319	319
新疆	683	3693	1771	1098	17	507	149	658	658

4-4b 续表 25

单位：人

地区 性别	63.住宿业	64.餐饮业	十、金融业	65.银行业	66.证券业	67.保险业	68.其他金融活动	十一、房地产业	69.房地产业
男	**26999**	**185042**	**60804**	**43655**	**1302**	**11470**	**4377**	**36965**	**36965**
北京	513	1350	385	223	37	90	35	1064	1064
天津	149	781	473	251	8	173	41	277	277
河北	927	8331	4131	3100	46	774	211	1900	1900
山西	894	6025	2429	1864	17	404	144	580	580
内蒙古	741	4782	1871	1487	9	242	133	1165	1165
辽宁	368	3810	2156	1550	35	407	164	865	865
吉林	327	3221	1208	948	6	180	74	377	377
黑龙江	603	5749	2162	1561	12	414	175	716	716
上海	343	2246	544	274	80	139	51	1935	1935
江苏	1439	11418	3071	1916	86	780	289	2565	2565
浙江	1648	10989	3310	2232	179	623	276	3357	3357
安徽	1111	10300	2608	1963	42	422	181	1886	1886
福建	871	7218	2111	1421	79	420	191	1266	1266
江西	1393	7453	2910	2242	79	413	176	1685	1685
山东	922	10586	3983	2809	91	842	241	1476	1476
河南	1040	10568	3212	2369	36	633	174	911	911
湖北	1088	7315	2233	1547	36	462	188	1080	1080
湖南	2582	9622	2958	1979	74	650	255	1615	1615
广东	1642	10711	2512	1794	71	501	146	2030	2030
广西	848	5175	2008	1517	31	307	153	833	833
海南	633	1473	326	261	2	34	29	396	396
重庆	523	5229	1299	904	11	295	89	1245	1245
四川	1990	16962	4243	2870	150	854	369	4227	4227
贵州	568	3324	1187	977	3	132	75	643	643
云南	1514	6515	2329	1751	19	442	117	928	928
西藏	97	470	171	162		7	2	12	12
陕西	1460	7426	2352	1709	29	406	208	960	960
甘肃	317	2575	1250	940	13	208	89	303	303
青海	138	990	326	269	4	32	21	91	91
宁夏	69	527	189	130	3	34	22	212	212
新疆	241	1901	857	635	14	150	58	365	365

4-4b 续表 26　　　　单位：人

地区 性别	63.住宿业	64.餐饮业	十、金融业	65.银行业	66.证券业	67.保险业	68.其他金融活动	十一、房地产业	69.房地产业
女	**38710**	**222020**	**53840**	**31365**	**853**	**17923**	**3699**	**20629**	**20629**
北京	525	1318	450	217	13	170	50	655	655
天津	134	742	430	220	11	165	34	210	210
河北	1109	8296	3397	2106	37	1090	164	1119	1119
山西	995	5498	2309	1410	10	746	143	350	350
内蒙古	1190	6248	1949	1161	4	679	105	565	565
辽宁	558	5378	1718	1011	23	548	136	464	464
吉林	510	5102	969	646	8	253	62	185	185
黑龙江	887	7897	1795	941	7	653	194	430	430
上海	440	2257	501	275	39	134	53	1071	1071
江苏	2079	14852	2883	1344	64	1265	210	1573	1573
浙江	2985	12653	3777	2169	99	1251	258	2015	2015
安徽	1475	12279	2325	1388	30	744	163	1000	1000
福建	1297	7487	2000	1061	38	715	186	679	679
江西	2065	9391	2336	1513	47	658	118	899	899
山东	1321	11131	3509	1922	89	1305	193	1042	1042
河南	1122	10296	2964	1892	21	911	140	447	447
湖北	1644	9432	2103	1156	39	749	159	651	651
湖南	3472	11773	2607	1546	53	812	196	769	769
广东	1854	11229	1797	1137	34	511	115	1008	1008
广西	1274	6436	1622	1028	20	479	95	532	532
海南	889	2106	197	129	13	33	22	151	151
重庆	934	7377	1289	684	15	495	95	686	686
四川	3026	22301	3900	2235	103	1244	318	2091	2091
贵州	865	4827	990	682	3	235	70	279	279
云南	2607	9941	1930	1113	10	688	119	568	568
西藏	125	581	86	81		4	1	7	7
陕西	2013	8591	1658	990	10	543	115	512	512
甘肃	552	3072	942	530	10	338	64	207	207
青海	209	1068	308	203		88	17	64	64
宁夏	112	669	185	112		60	13	107	107
新疆	442	1792	914	463	3	357	91	293	293

4-4b 续表 27

单位：人

地区 性别	十二、租赁和商务服务业	70.租赁业	71.商务服务业	十三、科学研究、技术服务和地质勘查业	72.研究与试验发展	73.专业技术服务业	74.科技交流和推广服务业	75.地质勘查业	十四、水利、环境和公共设施管理业
全国	**72347**	**7708**	**64639**	**22214**	**4216**	**10891**	**3754**	**3353**	**58003**
北京	1869	237	1632	885	432	308	106	39	1301
天津	494	75	419	258	58	109	20	71	519
河北	3571	590	2981	1181	225	512	106	338	1992
山西	2307	144	2163	413	50	202	92	69	1959
内蒙古	1600	188	1412	548	51	302	91	104	1813
辽宁	1947	77	1870	405	103	190	57	55	1532
吉林	636	30	606	342	69	118	100	55	1237
黑龙江	2051	113	1938	767	82	416	135	134	2293
上海	3652	187	3465	663	130	404	110	19	2358
江苏	6048	1753	4295	1053	182	584	209	78	4479
浙江	5935	353	5582	1440	151	1093	135	61	3392
安徽	2748	235	2513	814	138	399	186	91	2077
福建	2422	162	2260	793	119	491	83	100	1246
江西	2316	260	2056	1191	283	607	94	207	1831
山东	4186	735	3451	1030	121	522	163	224	3441
河南	3327	322	3005	807	154	431	142	80	2844
湖北	2371	182	2189	805	87	466	156	96	2095
湖南	3427	335	3092	969	178	488	157	146	2593
广东	3604	79	3525	586	93	360	82	51	2292
广西	2098	119	1979	866	111	369	287	99	1735
海南	660	12	648	465	364	76	19	6	625
重庆	1469	183	1286	325	49	189	58	29	1051
四川	5217	520	4697	1824	387	813	158	466	3816
贵州	1057	171	886	435	48	190	113	84	1369
云南	2463	171	2292	1107	154	469	358	126	2465
西藏	82	9	73	32	3	23	2	4	98
陕西	1640	253	1387	619	105	222	132	160	1879
甘肃	939	64	875	565	105	163	90	207	1237
青海	314	38	276	216	8	115	35	58	457
宁夏	330	44	286	144	25	39	44	36	383
新疆	1567	67	1500	666	151	221	234	60	1594

4-4b 续表 28

单位：人

地区 性别	十二、租赁和商务服务业	70.租赁业	71.商务服务业	十三、科学研究、技术服务和地质勘查业	72.研究与试验发展	73.专业技术服务业	74.科技交流和推广服务业	75.地质勘查业	十四、水利、环境和公共设施管理业
男	**48189**	**5674**	**42515**	**14850**	**2531**	**7294**	**2356**	**2669**	**33602**
北京	1107	192	915	542	259	196	60	27	751
天津	337	55	282	178	36	76	12	54	325
河北	2314	492	1822	800	141	359	59	241	1215
山西	1467	123	1344	271	32	122	57	60	1108
内蒙古	1057	148	909	393	31	209	58	95	1043
辽宁	1491	54	1437	263	58	119	36	50	921
吉林	409	23	386	238	42	83	61	52	769
黑龙江	1473	91	1382	535	58	284	92	101	1354
上海	2502	135	2367	449	87	286	61	15	1384
江苏	3848	1058	2790	705	100	392	148	65	2588
浙江	3742	258	3484	979	104	737	86	52	2134
安徽	1814	177	1637	558	70	280	128	80	1379
福建	1600	128	1472	552	76	329	61	86	714
江西	1574	194	1380	784	165	380	73	166	1047
山东	2909	612	2297	674	63	326	99	186	2043
河南	2182	231	1951	538	101	294	77	66	1669
湖北	1626	146	1480	529	52	294	103	80	1254
湖南	2295	249	2046	639	98	333	96	112	1582
广东	2290	54	2236	372	54	229	56	33	1244
广西	1375	76	1299	623	54	295	199	75	872
海南	485	11	474	275	204	53	12	6	312
重庆	1009	141	868	214	32	123	37	22	582
四川	3514	393	3121	1212	248	532	99	333	2071
贵州	750	137	613	288	29	119	69	71	700
云南	1747	122	1625	731	84	333	217	97	1283
西藏	50	4	46	21	3	14	2	2	55
陕西	1141	201	940	414	69	137	79	129	1051
甘肃	634	49	585	405	63	112	53	177	721
青海	200	29	171	143	5	69	20	49	244
宁夏	246	36	210	112	18	31	29	34	216
新疆	1001	55	946	413	95	148	117	53	971

4-4b 续表 29

单位：人

地区 性别	十二、租赁和商务服务业	70.租赁业	71.商务服务业	十三、科学研究、技术服务和地质勘查业	72.研究与试验发展	73.专业技术服务业	74.科技交流和推广服务业	75.地质勘查业	十四、水利、环境和公共设施管理业
女	**24158**	**2034**	**22124**	**7364**	**1685**	**3597**	**1398**	**684**	**24401**
北京	762	45	717	343	173	112	46	12	550
天津	157	20	137	80	22	33	8	17	194
河北	1257	98	1159	381	84	153	47	97	777
山西	840	21	819	142	18	80	35	9	851
内蒙古	543	40	503	155	20	93	33	9	770
辽宁	456	23	433	142	45	71	21	5	611
吉林	227	7	220	104	27	35	39	3	468
黑龙江	578	22	556	232	24	132	43	33	939
上海	1150	52	1098	214	43	118	49	4	974
江苏	2200	695	1505	348	82	192	61	13	1891
浙江	2193	95	2098	461	47	356	49	9	1258
安徽	934	58	876	256	68	119	58	11	698
福建	822	34	788	241	43	162	22	14	532
江西	742	66	676	407	118	227	21	41	784
山东	1277	123	1154	356	58	196	64	38	1398
河南	1145	91	1054	269	53	137	65	14	1175
湖北	745	36	709	276	35	172	53	16	841
湖南	1132	86	1046	330	80	155	61	34	1011
广东	1314	25	1289	214	39	131	26	18	1048
广西	723	43	680	243	57	74	88	24	863
海南	175	1	174	190	160	23	7		313
重庆	460	42	418	111	17	66	21	7	469
四川	1703	127	1576	612	139	281	59	133	1745
贵州	307	34	273	147	19	71	44	13	669
云南	716	49	667	376	70	136	141	29	1182
西藏	32	5	27	11		9		2	43
陕西	499	52	447	205	36	85	53	31	828
甘肃	305	15	290	160	42	51	37	30	516
青海	114	9	105	73	3	46	15	9	213
宁夏	84	8	76	32	7	8	15	2	167
新疆	566	12	554	253	56	73	117	7	623

4-4b 续表 30　　单位：人

地区 性别	76.水利管理业	77.环境管理业	78.公共设施管理业	十五、居民服务和其他服务业	79.居民服务业	80.其他服务业	十六、教育	81.教育	十七、卫生、社会保障和社会福利业
全国	**13692**	**27855**	**16456**	**353569**	**199345**	**154224**	**530663**	**530663**	**231719**
北京	166	534	601	1649	892	757	2851	2851	1406
天津	141	204	174	1837	875	962	2641	2641	1133
河北	445	843	704	15055	7652	7403	29627	29627	14280
山西	481	863	615	10303	4983	5320	19433	19433	7279
内蒙古	520	878	415	12711	6405	6306	14507	14507	5855
辽宁	272	707	553	10428	6773	3655	10770	10770	5062
吉林	293	670	274	7300	4543	2757	9435	9435	4154
黑龙江	536	1430	327	14983	9595	5388	14358	14358	6575
上海	249	1446	663	4735	3186	1549	3480	3480	2233
江苏	700	2327	1452	33368	20949	12419	27258	27258	11709
浙江	349	2138	905	20307	13477	6830	20739	20739	9338
安徽	644	889	544	15288	9336	5952	24898	24898	10915
福建	219	622	405	13401	7636	5765	18002	18002	6325
江西	268	987	576	14548	8340	6208	23884	23884	10297
山东	816	1506	1119	19175	8598	10577	32517	32517	16049
河南	739	1169	936	16169	8365	7804	30562	30562	15739
湖北	754	733	608	13994	8290	5704	21067	21067	10800
湖南	903	1226	464	19137	10822	8315	29264	29264	14137
广东	602	1068	622	17380	7963	9417	26790	26790	9041
广西	467	925	343	10943	5239	5704	24234	24234	10180
海南	58	334	233	2424	1037	1387	4516	4516	1653
重庆	187	518	346	9418	5989	3429	14535	14535	5288
四川	639	2134	1043	26194	15997	10197	38232	38232	16362
贵州	342	721	306	8599	4595	4004	16202	16202	5720
云南	527	1029	909	12416	6043	6373	21936	21936	9679
西藏	15	48	35	512	338	174	1437	1437	518
陕西	567	769	543	10399	5422	4977	18466	18466	8648
甘肃	721	335	181	4062	2329	1733	11762	11762	4241
青海	150	206	101	1159	581	578	3775	3775	1523
宁夏	154	93	136	942	413	529	2007	2007	776
新疆	768	503	323	4733	2682	2051	11478	11478	4804

4-4b 续表 31

单位：人

地区 性别	76.水利管理业	77.环境管理业	78.公共设施管理业	十五、居民服务和其他服务业	79.居民服务业	80.其他服务业	十六、教育	81.教育	十七、卫生、社会保障和社会福利业
男	**9668**	**13930**	**10004**	**200423**	**86650**	**113773**	**245057**	**245057**	**97324**
北京	116	259	376	832	334	498	1222	1222	444
天津	93	107	125	1087	408	679	1131	1131	463
河北	298	449	468	9282	3506	5776	10551	10551	5965
山西	308	441	359	6722	2356	4366	7055	7055	2957
内蒙古	352	451	240	7529	2787	4742	5946	5946	2465
辽宁	201	355	365	5412	2847	2565	4289	4289	2054
吉林	231	358	180	4047	2019	2028	3880	3880	1692
黑龙江	393	745	216	8013	4066	3947	5724	5724	2757
上海	187	770	427	2320	1226	1094	1307	1307	745
江苏	540	1219	829	18396	9986	8410	13272	13272	5113
浙江	277	1255	602	10825	5660	5165	8245	8245	3657
安徽	468	554	357	8761	4235	4526	13696	13696	4915
福建	165	292	257	7988	3499	4489	8544	8544	2858
江西	189	476	382	8009	3341	4668	12090	12090	4528
山东	585	814	644	11294	3759	7535	15526	15526	6861
河南	491	640	538	9832	3950	5882	13099	13099	6927
湖北	518	361	375	8078	3907	4171	11189	11189	4635
湖南	668	621	293	10999	4744	6255	14653	14653	6054
广东	433	485	326	11032	3361	7671	12400	12400	4220
广西	319	345	208	6213	2089	4124	10822	10822	3987
海南	42	120	150	1461	442	1019	2211	2211	718
重庆	131	251	200	4642	2387	2255	7675	7675	2461
四川	458	986	627	13295	6419	6876	20008	20008	7417
贵州	220	290	190	5065	2102	2963	8435	8435	2260
云南	403	393	487	7073	2396	4677	10188	10188	3270
西藏	9	22	24	252	142	110	744	744	224
陕西	377	352	322	6068	2267	3801	8159	8159	3527
甘肃	461	146	114	1971	783	1188	6191	6191	1706
青海	98	86	60	662	225	437	1825	1825	589
宁夏	107	40	69	555	159	396	990	990	285
新疆	530	247	194	2708	1248	1460	3990	3990	1570

4-4b 续表 32

单位：人

地区 性别	76.水利管理业	77.环境管理业	78.公共设施管理业	十五、居民服务和其他服务业	79.居民服务业	80.其他服务业	十六、教育	81.教育	十七、卫生、社会保障和社会福利业
女	**4024**	**13925**	**6452**	**153146**	**112695**	**40451**	**285606**	**285606**	**134395**
北京	50	275	225	817	558	259	1629	1629	962
天津	48	97	49	750	467	283	1510	1510	670
河北	147	394	236	5773	4146	1627	19076	19076	8315
山西	173	422	256	3581	2627	954	12378	12378	4322
内蒙古	168	427	175	5182	3618	1564	8561	8561	3390
辽宁	71	352	188	5016	3926	1090	6481	6481	3008
吉林	62	312	94	3253	2524	729	5555	5555	2462
黑龙江	143	685	111	6970	5529	1441	8634	8634	3818
上海	62	676	236	2415	1960	455	2173	2173	1488
江苏	160	1108	623	14972	10963	4009	13986	13986	6596
浙江	72	883	303	9482	7817	1665	12494	12494	5681
安徽	176	335	187	6527	5101	1426	11202	11202	6000
福建	54	330	148	5413	4137	1276	9458	9458	3467
江西	79	511	194	6539	4999	1540	11794	11794	5769
山东	231	692	475	7881	4839	3042	16991	16991	9188
河南	248	529	398	6337	4415	1922	17463	17463	8812
湖北	236	372	233	5916	4383	1533	9878	9878	6165
湖南	235	605	171	8138	6078	2060	14611	14611	8083
广东	169	583	296	6348	4602	1746	14390	14390	4821
广西	148	580	135	4730	3150	1580	13412	13412	6193
海南	16	214	83	963	595	368	2305	2305	935
重庆	56	267	146	4776	3602	1174	6860	6860	2827
四川	181	1148	416	12899	9578	3321	18224	18224	8945
贵州	122	431	116	3534	2493	1041	7767	7767	3460
云南	124	636	422	5343	3647	1696	11748	11748	6409
西藏	6	26	11	260	196	64	693	693	294
陕西	190	417	221	4331	3155	1176	10307	10307	5121
甘肃	260	189	67	2091	1546	545	5571	5571	2535
青海	52	120	41	497	356	141	1950	1950	934
宁夏	47	53	67	387	254	133	1017	1017	491
新疆	238	256	129	2025	1434	591	7488	7488	3234

4-4b 续表 33

单位：人

地 区 性 别	82.卫生	83.社会保障业	84.社会福利业	十八、文化、体育和娱乐业	85.新闻出版业	86.广播、电视、电影和音像业	87.文化艺术业	88.体育	89.娱乐业
全 国	**224627**	**3595**	**3497**	**59796**	**3965**	**14281**	**9809**	**2191**	**29550**
北 京	1313	28	65	876	182	197	200	16	281
天 津	1062	49	22	291	32	81	46	41	91
河 北	13928	167	185	2351	196	839	454	95	767
山 西	7044	141	94	1899	165	569	587	87	491
内蒙古	5648	103	104	1778	92	522	497	45	622
辽 宁	4842	91	129	1232	84	370	197	34	547
吉 林	3993	84	77	758	47	260	144	23	284
黑龙江	6248	197	130	1566	93	530	256	92	595
上 海	1696	200	337	1344	50	137	147	78	932
江 苏	11219	208	282	3112	184	704	464	103	1657
浙 江	9047	85	206	5290	273	867	474	69	3607
安 徽	10656	107	152	2418	147	552	405	99	1215
福 建	6157	98	70	3291	149	757	636	80	1669
江 西	10074	103	120	2074	226	423	274	91	1060
山 东	15715	175	159	1926	202	701	403	86	534
河 南	15379	206	154	2074	200	735	466	90	583
湖 北	10507	130	163	2633	216	784	404	91	1138
湖 南	13742	189	206	3587	184	858	451	135	1959
广 东	8829	62	150	2482	159	894	254	158	1017
广 西	9991	106	83	1871	116	413	329	56	957
海 南	1622	19	12	611	12	54	93	24	428
重 庆	5148	62	78	1755	105	253	212	33	1152
四 川	15992	213	157	6075	285	866	561	175	4188
贵 州	5559	127	34	1151	42	197	127	30	755
云 南	9402	164	113	2611	114	429	481	65	1522
西 藏	507	4	7	207	8	84	60		55
陕 西	8417	143	88	1980	150	431	576	147	676
甘 肃	4115	94	32	838	71	233	218	66	250
青 海	1446	58	19	345	24	101	108	14	98
宁 夏	741	17	18	208	8	52	36	8	104
新 疆	4588	165	51	1162	149	388	249	60	316

4-4b 续表 34 单位：人

地区 性别	82.卫生	83.社会保障业	84.社会福利业	十八、文化、体育和娱乐业	85.新闻出版业	86.广播、电视、电影和音像业	87.文化艺术业	88.体育	89.娱乐业
男	**93982**	**1858**	**1484**	**32151**	**2494**	**8910**	**5150**	**1582**	**14015**
北京	402	13	29	517	104	119	127	9	158
天津	420	31	12	171	19	48	27	30	47
河北	5781	88	96	1313	124	506	221	72	390
山西	2844	65	48	1107	91	327	334	71	284
内蒙古	2359	56	50	962	53	307	242	35	325
辽宁	1961	53	40	699	52	213	116	24	294
吉林	1627	32	33	473	30	187	71	18	167
黑龙江	2607	89	61	947	69	356	127	75	320
上海	575	85	85	683	30	91	77	47	438
江苏	4908	98	107	1649	116	458	242	79	754
浙江	3532	51	74	2468	171	560	223	34	1480
安徽	4789	56	70	1312	89	348	232	72	571
福建	2774	53	31	1714	95	452	346	55	766
江西	4408	60	60	1150	147	261	150	65	527
山东	6676	109	76	1100	120	429	219	61	271
河南	6724	127	76	1246	139	458	250	67	332
湖北	4488	77	70	1432	146	482	200	73	531
湖南	5840	110	104	1894	123	525	239	94	913
广东	4119	30	71	1541	124	598	155	108	556
广西	3896	63	28	1047	69	282	149	37	510
海南	701	12	5	327	7	35	58	15	212
重庆	2378	37	46	879	70	156	114	30	509
四川	7246	99	72	2965	163	535	297	115	1855
贵州	2189	57	14	563	26	118	63	24	332
云南	3144	84	42	1262	68	271	223	42	658
西藏	218	3	3	121	5	58	37		21
陕西	3418	72	37	1121	83	263	307	108	360
甘肃	1652	42	12	509	50	139	116	56	148
青海	548	33	8	182	10	59	49	10	54
宁夏	272	9	4	119	2	35	21	6	55
新疆	1486	64	20	678	99	234	118	50	177

4-4b 续表 35 单位：人

地区 性别	82.卫生	83.社会保障业	84.社会福利业	十八、文化、体育和娱乐业	85.新闻出版业	86.广播、电视、电影和音像业	87.文化艺术业	88.体育	89.娱乐业
女	**130645**	**1737**	**2013**	**27645**	**1471**	**5371**	**4659**	**609**	**15535**
北京	911	15	36	359	78	78	73	7	123
天津	642	18	10	120	13	33	19	11	44
河北	8147	79	89	1038	72	333	233	23	377
山西	4200	76	46	792	74	242	253	16	207
内蒙古	3289	47	54	816	39	215	255	10	297
辽宁	2881	38	89	533	32	157	81	10	253
吉林	2366	52	44	285	17	73	73	5	117
黑龙江	3641	108	69	619	24	174	129	17	275
上海	1121	115	252	661	20	46	70	31	494
江苏	6311	110	175	1463	68	246	222	24	903
浙江	5515	34	132	2822	102	307	251	35	2127
安徽	5867	51	82	1106	58	204	173	27	644
福建	3383	45	39	1577	54	305	290	25	903
江西	5666	43	60	924	79	162	124	26	533
山东	9039	66	83	826	82	272	184	25	263
河南	8655	79	78	828	61	277	216	23	251
湖北	6019	53	93	1201	70	302	204	18	607
湖南	7902	79	102	1693	61	333	212	41	1046
广东	4710	32	79	941	35	296	99	50	461
广西	6095	43	55	824	47	131	180	19	447
海南	921	7	7	284	5	19	35	9	216
重庆	2770	25	32	876	35	97	98	3	643
四川	8746	114	85	3110	122	331	264	60	2333
贵州	3370	70	20	588	16	79	64	6	423
云南	6258	80	71	1349	46	158	258	23	864
西藏	289	1	4	86	3	26	23		34
陕西	4999	71	51	859	67	168	269	39	316
甘肃	2463	52	20	329	21	94	102	10	102
青海	898	25	11	163	14	42	59	4	44
宁夏	469	8	14	89	6	17	15	2	49
新疆	3102	101	31	484	50	154	131	10	139

4-4b 续表 36 单位：人

地区 性别	十九、公共管理和社会组织	90.中国共产党机关	91.国家机构	92.人民政协和民主党派	93.群众团体、社会团体和宗教组织	94.基层群众自治组织	二十、国际组织	95.国际组织
全国	**610223**	**9494**	**540963**	**3105**	**13395**	**43266**	**58**	**58**
北京	4388	16	3076	6	61	1229	1	1
天津	3619	15	2336	21	51	1196		
河北	43158	819	39507	220	548	2064		
山西	26043	260	23543	137	614	1489	1	1
内蒙古	21267	372	19439	141	312	1003		
辽宁	12643	172	11297	53	148	973	1	1
吉林	10425	125	9351	28	233	688	4	4
黑龙江	16876	329	15293	85	297	872		
上海	4017	16	2544	6	168	1283	3	3
江苏	22945	214	18499	117	870	3245	1	1
浙江	23394	148	18873	53	1107	3213		
安徽	25480	368	22534	78	473	2027		
福建	17752	205	15112	78	730	1627	1	1
江西	27483	708	24777	108	522	1368	4	4
山东	37575	612	31991	130	346	4496	1	1
河南	41935	772	38453	362	782	1566	1	1
湖北	23112	335	20813	91	582	1291		
湖南	33880	403	31513	120	539	1305	10	10
广东	22542	308	18677	49	317	3191	1	1
广西	22517	290	21025	95	531	576	5	5
海南	3749	42	3327	6	138	236		
重庆	10986	167	9903	30	135	751	1	1
四川	36319	660	32649	352	758	1900	11	11
贵州	20109	243	18502	137	274	953	1	1
云南	29501	702	26540	205	847	1207	3	3
西藏	3661	112	3442	18	77	12		
陕西	27564	434	24754	156	586	1634	3	3
甘肃	14235	229	13123	101	447	335		
青海	5713	118	4741	38	384	432		
宁夏	2061	15	1833	12	87	114	1	1
新疆	15274	285	13496	72	431	990	4	4

4-4b 续表 37

单位：人

地区 性别	十九、公共管理和社会组织	90.中国共产党机关	91.国家机构	92.人民政协和民主党派	93.群众团体、社会团体和宗教组织	94.基层群众自治组织	二十、国际组织	95.国际组织
男	**422016**	**7145**	**377060**	**2229**	**8387**	**27195**	**35**	**35**
北京	2808	11	2047	4	38	708	1	1
天津	2517	12	1629	13	31	832		
河北	29210	639	26605	163	292	1511		
山西	17741	210	16061	97	383	990		
内蒙古	14347	259	13289	91	186	522		
辽宁	8703	136	8038	36	77	416	1	1
吉林	7142	99	6532	22	151	338	4	4
黑龙江	11909	254	11021	64	179	391		
上海	2672	8	1768	4	108	784	2	2
江苏	16865	173	13798	81	601	2212		
浙江	16547	118	13507	42	742	2138		
安徽	18460	294	16661	58	287	1160		
福建	12912	164	11159	60	450	1079	1	1
江西	19713	541	17895	86	309	882	1	1
山东	25543	461	21984	102	199	2797	1	1
河南	28095	543	25791	213	520	1028		
湖北	16244	252	14743	65	371	813		
湖南	23715	303	22201	88	336	787	9	9
广东	16346	222	13480	41	186	2417		
广西	15559	228	14568	65	288	410	2	2
海南	2711	33	2406	5	89	178		
重庆	7804	123	7115	27	78	461	1	1
四川	24673	463	22261	246	504	1199	3	3
贵州	14005	196	13023	99	157	530	1	1
云南	19875	522	17962	162	475	754	2	2
西藏	2281	74	2149	11	38	9		
陕西	18830	319	17072	118	341	980	2	2
甘肃	9873	187	9120	82	345	139		
青海	3709	85	3072	25	321	206		
宁夏	1413	13	1276	8	61	55	1	1
新疆	9794	203	8827	51	244	469	3	3

4-4b 续表 38

单位：人

地 区 性 别	十九、公共管理和社会组织	90.中国共产党机关	91.国家机构	92.人民政协和民主党派	93.群众团体、社会团体和宗教组织	94.基层群众自治组织	二十、国际组织	95.国际组织
女	**188207**	**2349**	**163903**	**876**	**5008**	**16071**	**23**	**23**
北 京	1580	5	1029	2	23	521		
天 津	1102	3	707	8	20	364		
河 北	13948	180	12902	57	256	553		
山 西	8302	50	7482	40	231	499	1	1
内 蒙 古	6920	113	6150	50	126	481		
辽 宁	3940	36	3259	17	71	557		
吉 林	3283	26	2819	6	82	350		
黑 龙 江	4967	75	4272	21	118	481		
上 海	1345	8	776	2	60	499	1	1
江 苏	6080	41	4701	36	269	1033	1	1
浙 江	6847	30	5366	11	365	1075		
安 徽	7020	74	5873	20	186	867		
福 建	4840	41	3953	18	280	548		
江 西	7770	167	6882	22	213	486	3	3
山 东	12032	151	10007	28	147	1699		
河 南	13840	229	12662	149	262	538	1	1
湖 北	6868	83	6070	26	211	478		
湖 南	10165	100	9312	32	203	518	1	1
广 东	6196	86	5197	8	131	774	1	1
广 西	6958	62	6457	30	243	166	3	3
海 南	1038	9	921	1	49	58		
重 庆	3182	44	2788	3	57	290		
四 川	11646	197	10388	106	254	701	8	8
贵 州	6104	47	5479	38	117	423		
云 南	9626	180	8578	43	372	453	1	1
西 藏	1380	38	1293	7	39	3		
陕 西	8734	115	7682	38	245	654	1	1
甘 肃	4362	42	4003	19	102	196		
青 海	2004	33	1669	13	63	226		
宁 夏	648	2	557	4	26	59		
新 疆	5480	82	4669	21	187	521	1	1

4-4c 各地区分性别、行业大类的就业人口(乡村)

单位：人

地区 性别	合计	一、农、林、牧、渔业	1.农业	2.林业	3.畜牧业	4.渔业	5.农、林、牧、渔服务业	二、采矿业	6.煤炭开采和洗选业
全国	**39362371**	**29435422**	**27909822**	**188671**	**1055200**	**209001**	**72728**	**306629**	**183135**
北京	150711	43171	39005	311	3324	307	224	704	220
天津	152068	97088	92991	256	2438	1032	371	264	54
河北	2482917	1904101	1865177	2654	29834	2083	4353	22055	7852
山西	1013590	735480	716560	1133	16658	78	1051	39528	35450
内蒙古	682040	575748	523999	1240	48379	193	1937	13410	8263
辽宁	1088183	916737	880990	1045	25592	6848	2262	12333	4098
吉林	816463	742372	731905	2292	6895	442	838	4670	3459
黑龙江	1006099	902284	871806	5144	23002	664	1668	6235	5027
上海	151650	23059	19456	592	964	1557	490	22	2
江苏	1978438	772680	714666	6409	25991	20851	4763	5138	953
浙江	1300537	399256	339221	11590	29300	17630	1515	4762	344
安徽	1795513	1327796	1290888	5678	21505	5846	3879	7804	4123
福建	862657	458856	401746	6953	19927	28194	2036	9767	4914
江西	1402444	857598	826764	4606	19814	4653	1761	11729	6095
山东	3220928	2480219	2407616	3742	52817	12525	3519	19205	10252
河南	3385843	2863863	2799383	2775	56045	2074	3586	20657	15377
湖北	1786620	1375282	1314062	2186	28456	27146	3432	8161	3441
湖南	2132573	1564810	1474589	10849	61645	12132	5595	15924	9671
广东	1701837	1120559	1042229	4944	33090	36781	3515	2057	164
广西	1544424	1364803	1279327	19195	54403	10152	1726	3905	692
海南	237502	207114	162943	33012	3654	6130	1375	455	18
重庆	719924	579623	530125	1408	45220	2073	797	8633	6603
四川	3207769	2572818	2389991	7737	164076	5934	5080	20440	14633
贵州	1195755	1041918	1017927	1426	21364	552	649	17090	14454
云南	1882633	1583410	1443978	39470	95718	1902	2342	25703	12942
西藏	113391	103771	70367	226	33080	5	93	116	7
陕西	1256687	959521	925871	5945	25077	688	1940	16320	9264
甘肃	1020831	931645	901280	3720	23091	95	3459	3250	1177
青海	177982	151439	115005	1018	35179	45	192	1326	517
宁夏	184490	143879	138454	297	4724	111	293	1561	1204
新疆	709872	634522	581501	818	43938	278	7987	3405	1865

4-4c 续表 1

单位：人

地区 性别	合计	一、农、林、牧、渔业	1.农业	2.林业	3.畜牧业	4.渔业	5.农、林、牧、渔服务业	二、采矿业	6.煤炭开采和洗选业
男	**21194743**	**14966366**	**14218927**	**118529**	**438538**	**144625**	**45747**	**270486**	**166565**
北京	91794	23325	20699	197	2075	213	141	625	189
天津	87488	51796	49143	152	1387	833	281	190	32
河北	1379308	976007	953483	1538	16835	1633	2518	20195	7315
山西	611206	403778	391676	765	10495	56	786	36023	32393
内蒙古	385112	309165	280028	943	26763	133	1298	11931	7526
辽宁	600863	484286	464009	703	12350	5689	1535	11098	3784
吉林	447827	400856	394617	1669	3636	335	599	4067	3105
黑龙江	563193	496154	478996	3850	11627	470	1211	5490	4487
上海	89034	11209	8884	363	602	1027	333	16	2
江苏	1019873	343462	310908	3453	11983	13684	3434	4132	856
浙江	747800	232311	197844	8154	11539	13756	1018	4186	295
安徽	943728	640881	622123	3991	8370	3951	2446	6866	3847
福建	493125	247248	210178	4983	10153	20804	1130	8507	4378
江西	763389	434993	420282	3477	7117	2974	1143	9948	5427
山东	1685903	1221020	1179737	2217	27339	9584	2143	16749	9079
河南	1752119	1394842	1361591	1576	28200	1357	2118	18444	14183
湖北	946862	686753	659432	1461	7542	15935	2383	6951	3116
湖南	1176477	824264	790065	7027	16409	7362	3401	13904	8849
广东	905902	570941	522582	2987	16989	26323	2060	1657	106
广西	817524	704190	657552	12330	26655	6553	1100	3011	546
海南	129344	109851	83383	19189	1927	4614	738	339	7
重庆	376600	284786	273484	843	8764	1173	522	7877	6163
四川	1674902	1271876	1215971	4838	44167	3868	3032	18097	13363
贵州	635930	528720	519636	941	7309	380	454	15392	13184
云南	1002018	806623	748614	24191	30951	1192	1675	22297	11851
西藏	60195	54071	35834	136	18046	4	51	87	3
陕西	689594	493852	480133	3205	8874	392	1248	14225	8329
甘肃	531867	469344	453060	2118	12157	56	1953	2771	1052
青海	95731	77105	57945	531	18472	26	131	1190	469
宁夏	100222	71238	68100	163	2697	75	203	1334	1028
新疆	389813	341419	308938	538	27108	173	4662	2887	1601

4-4c 续表 2

单位：人

地区 性别	合计	一、农、林、牧、渔业	1.农业	2.林业	3.畜牧业	4.渔业	5.农、林、牧、渔服务业	二、采矿业	6.煤炭开采和洗选业
女	**18167628**	**14469056**	**13690895**	**70142**	**616662**	**64376**	**26981**	**36143**	**16570**
北京	58917	19846	18306	114	1249	94	83	79	31
天津	64580	45292	43848	104	1051	199	90	74	22
河北	1103609	928094	911694	1116	12999	450	1835	1860	537
山西	402384	331702	324884	368	6163	22	265	3505	3057
内蒙古	296928	266583	243971	297	21616	60	639	1479	737
辽宁	487320	432451	416981	342	13242	1159	727	1235	314
吉林	368636	341516	337288	623	3259	107	239	603	354
黑龙江	442906	406130	392810	1294	11375	194	457	745	540
上海	62616	11850	10572	229	362	530	157	6	
江苏	958565	429218	403758	2956	14008	7167	1329	1006	97
浙江	552737	166945	141377	3436	17761	3874	497	576	49
安徽	851785	686915	668765	1687	13135	1895	1433	938	276
福建	369532	211608	191568	1970	9774	7390	906	1260	536
江西	639055	422605	406482	1129	12697	1679	618	1781	668
山东	1535025	1259199	1227879	1525	25478	2941	1376	2456	1173
河南	1633724	1469021	1437792	1199	27845	717	1468	2213	1194
湖北	839758	688529	654630	725	20914	11211	1049	1210	325
湖南	956096	740546	684524	3822	45236	4770	2194	2020	822
广东	795935	549618	519647	1957	16101	10458	1455	400	58
广西	726900	660613	621775	6865	27748	3599	626	894	146
海南	108158	97263	79560	13823	1727	1516	637	116	11
重庆	343324	294837	256641	565	36456	900	275	756	440
四川	1532867	1300942	1174020	2899	119909	2066	2048	2343	1270
贵州	559825	513198	498291	485	14055	172	195	1698	1270
云南	880615	776787	695364	15279	64767	710	667	3406	1091
西藏	53196	49700	34533	90	15034	1	42	29	4
陕西	567093	465669	445738	2740	16203	296	692	2095	935
甘肃	488964	462301	448220	1602	10934	39	1506	479	125
青海	82251	74334	57060	487	16707	19	61	136	48
宁夏	84268	72641	70354	134	2027	36	90	227	176
新疆	320059	293103	272563	280	16830	105	3325	518	264

4-4c 续表 3

单位：人

地区 性别	7.石油和天然气开采业	8.黑色金属矿采选业	9.有色金属矿采选业	10.非金属矿采选业	11.其他采矿业	三、制造业	12.农副食品加工业	13.食品制造业	14.饮料制造业
全国	**8637**	**27942**	**32284**	**49976**	**4655**	**4056531**	**144791**	**108829**	**39337**
北京	12	240	6	223	3	36505	1567	1792	953
天津	82	50	16	47	15	28633	581	659	142
河北	446	9735	719	3028	275	230633	8610	6021	1328
山西	265	1630	704	1390	89	58367	2731	2724	948
内蒙古	503	1233	2389	982	40	16512	1426	2448	467
辽宁	163	3786	2006	2220	60	51809	4624	1471	422
吉林	204	268	299	342	98	13311	1349	1006	504
黑龙江	218	94	138	727	31	16580	2185	1611	736
上海	3			16	1	81190	736	1363	344
江苏	224	289	159	3163	350	621210	15605	10966	3958
浙江	29	67	212	4030	80	566898	8621	4036	2423
安徽	84	714	506	2262	115	147831	7715	5386	1572
福建	79	371	489	3842	72	179679	10224	6214	4498
江西	94	415	2618	2338	169	283622	3895	6912	1089
山东	681	1271	1969	4753	279	319291	21883	11011	3043
河南	439	419	1789	2160	473	160295	9585	9090	1966
湖北	214	849	814	2316	527	152421	7627	2992	1986
湖南	289	978	2223	2177	586	237390	5592	5795	1746
广东	100	300	366	1033	94	338841	5304	6479	1008
广西	107	493	1054	1451	108	68206	3457	1487	792
海南	17	7	40	356	17	5360	710	279	67
重庆	107	506	257	1085	75	40742	1542	1183	431
四川	359	915	1276	2917	340	184666	7170	6438	3633
贵州	63	244	563	1676	90	41128	1515	1370	1437
云南	147	1182	8218	3031	183	75358	4374	3475	2313
西藏	8	2	36	36	27	1287	42	10	36
陕西	2822	1128	1927	985	194	60868	2876	3866	922
甘肃	381	215	828	460	189	13123	919	1028	269
青海	60	182	275	286	6	3481	277	101	30
宁夏	112	15	25	185	20	7362	611	494	73
新疆	325	344	363	459	49	13932	1438	1122	201

4-4c 续表 4

单位：人

地区 性别	7.石油和天然气开采业	8.黑色金属矿采选业	9.有色金属矿采选业	10.非金属矿采选业	11.其他采矿业	三、制造业	12.农副食品加工业	13.食品制造业	14.饮料制造业
男	**6510**	**24682**	**26683**	**42576**	**3470**	**2162179**	**83599**	**53231**	**22939**
北京	6	218	4	206	2	22567	961	891	644
天津	68	29	10	42	9	15783	408	367	102
河北	345	8994	653	2675	213	140274	5432	2990	762
山西	173	1514	626	1237	80	42861	1717	1463	595
内蒙古	427	1078	2012	852	36	11390	918	1380	303
辽宁	131	3405	1784	1941	53	30903	2584	767	254
吉林	150	241	232	270	69	8777	807	490	300
黑龙江	168	82	113	615	25	10505	1459	766	420
上海	2			11	1	45107	438	720	233
江苏	148	234	116	2559	219	293336	8251	4766	2018
浙江	16	65	180	3570	60	284793	4275	1963	1432
安徽	44	574	414	1906	81	72567	4626	2531	858
福建	45	308	407	3318	51	92510	4794	2850	2437
江西	60	343	2065	1926	127	145548	2591	3731	673
山东	525	1089	1721	4114	221	171621	12009	5078	1726
河南	277	364	1447	1862	311	91447	5675	4258	1071
湖北	124	677	675	1924	435	81340	4439	1572	1256
湖南	226	795	1790	1828	416	129075	3476	2771	1039
广东	64	263	275	881	68	169773	3259	3280	578
广西	61	387	832	1106	79	37376	2293	817	463
海南	8	5	30	272	17	3262	420	162	34
重庆	73	411	214	955	61	23777	878	580	275
四川	245	721	1008	2490	270	101757	4399	3015	2193
贵州	50	211	461	1419	67	25683	936	688	930
云南	78	1017	6674	2531	146	46812	2598	1771	1410
西藏	4	2	30	29	19	797	25	6	20
陕西	2265	984	1645	841	161	37589	1792	1943	557
甘肃	312	184	716	396	111	8643	579	558	172
青海	48	161	253	253	6	2495	193	45	17
宁夏	97	10	21	162	16	5159	407	268	32
新疆	270	316	275	385	40	8652	960	744	135

4-4c 续表 5

单位：人

地区 性别	7.石油和天然气开采业	8.黑色金属矿采选业	9.有色金属矿采选业	10.非金属矿采选业	11.其他采矿业	三、制造业	12.农副食品加工业	13.食品制造业	14.饮料制造业
女	**2127**	**3260**	**5601**	**7400**	**1185**	**1894352**	**61192**	**55598**	**16398**
北京	6	22	2	17	1	13938	606	901	309
天津	14	21	6	5	6	12850	173	292	40
河北	101	741	66	353	62	90359	3178	3031	566
山西	92	116	78	153	9	15506	1014	1261	353
内蒙古	76	155	377	130	4	5122	508	1068	164
辽宁	32	381	222	279	7	20906	2040	704	168
吉林	54	27	67	72	29	4534	542	516	204
黑龙江	50	12	25	112	6	6075	726	845	316
上海	1			5		36083	298	643	111
江苏	76	55	43	604	131	327874	7354	6200	1940
浙江	13	2	32	460	20	282105	4346	2073	991
安徽	40	140	92	356	34	75264	3089	2855	714
福建	34	63	82	524	21	87169	5430	3364	2061
江西	34	72	553	412	42	138074	1304	3181	416
山东	156	182	248	639	58	147670	9874	5933	1317
河南	162	55	342	298	162	68848	3910	4832	895
湖北	90	172	139	392	92	71081	3188	1420	730
湖南	63	183	433	349	170	108315	2116	3024	707
广东	36	37	91	152	26	169068	2045	3199	430
广西	46	106	222	345	29	30830	1164	670	329
海南	9	2	10	84		2098	290	117	33
重庆	34	95	43	130	14	16965	664	603	156
四川	114	194	268	427	70	82909	2771	3423	1440
贵州	13	33	102	257	23	15445	579	682	507
云南	69	165	1544	500	37	28546	1776	1704	903
西藏	4		6	7	8	490	17	4	16
陕西	557	144	282	144	33	23279	1084	1923	365
甘肃	69	31	112	64	78	4480	340	470	97
青海	12	21	22	33		986	84	56	13
宁夏	15	5	4	23	4	2203	204	226	41
新疆	55	28	88	74	9	5280	478	378	66

4-4c 续表 6

单位：人

地区 性别	15.烟草制品业	16.纺织业	17.纺织服装、鞋、帽制造业	18.皮革、毛皮、羽毛(绒)及其制品业	19.木材加工及木、竹、藤、棕、草制品业	20.家具制造业	21.造纸及纸制品业	22.印刷业和记录媒介的复制	23.文教体育用品制造业
全国	**3989**	**373308**	**651544**	**217307**	**167653**	**142850**	**66716**	**33450**	**97491**
北京	16	1082	4387	177	583	3410	535	1424	658
天津	1	923	7057	526	310	810	616	156	628
河北	39	23090	23582	15811	8334	8040	5124	3071	1054
山西	41	995	1076	118	750	974	749	368	102
内蒙古	45	503	622	118	832	334	193	96	49
辽宁	22	1759	9805	2357	1631	838	659	181	129
吉林	16	347	743	85	852	723	195	60	96
黑龙江	25	432	1173	188	2023	575	445	85	237
上海	13	4700	10472	2108	1480	4366	1778	1065	2123
江苏	100	91810	103476	10856	28033	10565	5847	5248	12686
浙江	15	93832	59272	33898	18059	13785	10490	5807	10168
安徽	105	8401	42955	4619	7735	5741	1510	721	4374
福建	199	14120	35076	15186	8028	5955	4007	957	2683
江西	79	11369	93219	28503	8141	17602	2626	1416	7468
山东	77	36398	27009	6677	32558	9822	5695	1747	3718
河南	134	9911	20682	5850	7010	5339	3345	1123	2727
湖北	188	9254	48067	6187	3789	6185	1238	966	3735
湖南	1117	11317	39093	24965	9876	9558	3682	1778	11304
广东	80	28497	59156	25408	6270	11674	6919	3710	13463
广西	35	3739	10724	3500	6897	2360	1534	298	3541
海南	9	41	818	55	530	241	96	39	92
重庆	70	2208	4248	3346	950	1888	547	306	952
四川	290	8692	33955	16400	5420	14492	3379	1092	6511
贵州	399	1616	4054	3543	1710	1694	575	233	2414
云南	710	3511	5226	4629	2793	2557	1207	534	4401
西藏	3	133	88	25	114	178	6	27	10
陕西	120	2811	3450	1671	1522	1690	2522	749	1792
甘肃	21	363	855	236	402	778	213	92	193
青海	1	90	106	18	142	61	13	22	12
宁夏	10	249	96	78	181	121	774	45	23
新疆	9	1115	1002	169	698	494	197	34	148

4-4c 续表 7

单位：人

地区 性别	15.烟草制品业	16.纺织业	17.纺织服装、鞋、帽制造业	18.皮革、毛皮、羽毛(绒)及其制品业	19.木材加工及木、竹、藤、棕、草制品业	20.家具制造业	21.造纸及纸制品业	22.印刷业和记录媒介的复制	23.文教体育用品制造业
男	**2264**	**130901**	**203089**	**98047**	**102635**	**101275**	**38258**	**18824**	**40701**
北　京	7	352	1489	77	416	2397	291	822	351
天　津		290	1820	183	241	544	358	90	360
河　北	25	8555	5174	6765	5610	5477	2906	1677	522
山　西	21	268	360	47	580	810	429	220	57
内蒙古	32	119	153	48	587	266	115	43	32
辽　宁	15	536	2276	1094	1125	630	401	95	43
吉　林	10	126	214	40	601	456	112	34	51
黑龙江	13	125	287	101	1394	376	279	46	129
上　海	9	1698	2610	827	1013	3046	1033	595	1008
江　苏	59	29000	21770	3350	15543	7546	3190	2570	2668
浙　江	13	35464	16259	15019	9996	9427	6174	3370	3965
安　徽	47	2589	12253	1827	5027	4376	844	417	884
福　建	113	5061	12675	5407	4803	3979	1940	599	1212
江　西	52	4224	37705	13940	5972	13207	1524	894	3338
山　东	54	11706	5535	2154	17192	6289	3429	910	920
河　南	78	2708	6172	2454	4227	3904	2008	603	1264
湖　北	116	3129	17673	3070	2933	4854	701	599	1881
湖　南	592	4449	15485	12454	6901	7125	2153	1040	5648
广　东	55	11451	18951	12399	4101	8073	4234	2235	6482
广　西	24	1312	3772	1766	4053	1593	900	193	1811
海　南	4	19	274	27	380	186	40	23	56
重　庆	44	794	1641	1602	684	1362	310	155	406
四　川	165	3195	12896	7585	3736	9645	1826	602	2913
贵　州	241	729	1800	2044	1297	1267	347	145	1279
云　南	372	1451	2149	2572	1984	1905	719	327	2311
西　藏	3	19	41	12	100	146	3	16	5
陕　西	80	763	1152	873	1064	1304	1248	414	902
甘　肃	11	143	275	137	318	548	135	47	109
青　海	1	31	18	8	93	51	6	7	9
宁　夏	1	76	17	37	110	89	487	16	10
新　疆	7	519	193	128	554	397	116	20	75

4-4c 续表 8 单位：人

地区 性别	15.烟草制品业	16.纺织业	17.纺织服装、鞋、帽制造业	18.皮革、毛皮、羽毛(绒)及其制品业	19.木材加工及木、竹、藤、棕、草制品业	20.家具制造业	21.造纸及纸制品业	22.印刷业和记录媒介的复制	23.文教体育用品制造业
女	**1725**	**242407**	**448455**	**119260**	**65018**	**41575**	**28458**	**14626**	**56790**
北京	9	730	2898	100	167	1013	244	602	307
天津	1	633	5237	343	69	266	258	66	268
河北	14	14535	18408	9046	2724	2563	2218	1394	532
山西	20	727	716	71	170	164	320	148	45
内蒙古	13	384	469	70	245	68	78	53	17
辽宁	7	1223	7529	1263	506	208	258	86	86
吉林	6	221	529	45	251	267	83	26	45
黑龙江	12	307	886	87	629	199	166	39	108
上海	4	3002	7862	1281	467	1320	745	470	1115
江苏	41	62810	81706	7506	12490	3019	2657	2678	10018
浙江	2	58368	43013	18879	8063	4358	4316	2437	6203
安徽	58	5812	30702	2792	2708	1365	666	304	3490
福建	86	9059	22401	9779	3225	1976	2067	358	1471
江西	27	7145	55514	14563	2169	4395	1102	522	4130
山东	23	24692	21474	4523	15366	3533	2266	837	2798
河南	56	7203	14510	3396	2783	1435	1337	520	1463
湖北	72	6125	30394	3117	856	1331	537	367	1854
湖南	525	6868	23608	12511	2975	2433	1529	738	5656
广东	25	17046	40205	13009	2169	3601	2685	1475	6981
广西	11	2427	6952	1734	2844	767	634	105	1730
海南	5	22	544	28	150	55	56	16	36
重庆	26	1414	2607	1744	266	526	237	151	546
四川	125	5497	21059	8815	1684	4847	1553	490	3598
贵州	158	887	2254	1499	413	427	228	88	1135
云南	338	2060	3077	2057	809	652	488	207	2090
西藏		114	47	13	14	32	3	11	5
陕西	40	2048	2298	798	458	386	1274	335	890
甘肃	10	220	580	99	84	230	78	45	84
青海		59	88	10	49	10	7	15	3
宁夏	9	173	79	41	71	32	287	29	13
新疆	2	596	809	41	144	97	81	14	73

4-4c 续表 9

单位：人

地区 性别	24.石油加工、炼焦及核燃料加工业	25.化学原料及化学制品制造业	26.医药制造业	27.化学纤维制造业	28.橡胶制品业	29.塑料制品业	30.非金属矿物制品业	31.黑色金属冶炼及压延加工业	32.有色金属冶炼及压延加工业
全国	**14985**	**106685**	**21209**	**12751**	**36553**	**104709**	**309212**	**80929**	**39004**
北京	135	913	772	40	195	977	2820	479	272
天津	41	763	245	25	389	653	972	1328	138
河北	2071	4642	1087	737	3453	8021	22572	22305	2216
山西	5156	2572	633	21	225	383	13488	7175	1912
内蒙古	347	922	495	10	48	156	3143	1004	530
辽宁	357	1107	304	49	472	1278	6429	2935	647
吉林	93	528	284	75	108	341	1903	758	108
黑龙江	149	264	238	19	54	394	2294	304	33
上海	157	2545	633	211	1243	4249	3007	916	888
江苏	825	19123	2743	5170	4397	15038	27339	11107	5694
浙江	272	7558	2579	3314	6252	25552	24091	4485	5225
安徽	98	3099	715	112	869	2851	12962	1221	632
福建	156	1903	304	631	1313	5542	21823	1451	684
江西	121	14337	1325	158	1504	2703	16329	1194	1414
山东	1289	7529	1528	523	5894	8330	27248	6095	2240
河南	545	3086	1572	531	1482	2850	17131	3181	3342
湖北	106	2904	956	87	647	2139	8859	1487	721
湖南	136	14103	597	134	1244	2737	14065	1695	1259
广东	248	4286	770	201	2114	12069	20110	1014	2062
广西	32	1564	260	36	398	760	5508	739	754
海南	2	133	97	2	424	63	644	39	20
重庆	71	966	345	25	323	767	4135	513	521
四川	335	4709	1195	293	1728	2954	18806	2809	1385
贵州	206	1217	194	19	530	780	5779	958	645
云南	253	2856	421	71	678	1613	12281	2605	2663
西藏		4	40	1	2	85	201	3	64
陕西	547	1378	629	26	396	674	8863	701	1188
甘肃	129	307	100	13	70	266	2879	598	247
青海	196	317	20	3	8	24	732	256	300
宁夏	392	474	83	3	30	109	1194	655	838
新疆	520	576	45	211	63	351	1605	919	362

4-4c 续表 10 单位：人

地区 性别	24.石油加工、炼焦及核燃料加工业	25.化学原料及化学制品制造业	26.医药制造业	27.化学纤维制造业	28.橡胶制品业	29.塑料制品业	30.非金属矿物制品业	31.黑色金属冶炼及压延加工业	32.有色金属冶炼及压延加工业
男	**11847**	**64474**	**11072**	**6782**	**21912**	**53583**	**217405**	**66495**	**29067**
北京	102	627	323	24	120	572	2188	402	194
天津	30	571	161	13	262	383	776	1172	114
河北	1683	3563	630	392	2360	4334	16896	19114	1711
山西	4237	2057	307	13	181	208	9782	6113	1575
内蒙古	275	628	345	2	41	100	2471	841	471
辽宁	260	824	148	21	284	711	4980	2452	524
吉林	71	403	161	49	72	241	1423	648	90
黑龙江	119	184	100	11	42	248	1737	257	26
上海	125	1584	336	135	642	2215	2101	759	635
江苏	609	11888	1373	2510	2484	7208	17730	8487	3813
浙江	203	5182	1465	1887	3393	12173	16667	3598	3632
安徽	75	1924	325	56	509	1441	9171	988	466
福建	119	1217	185	391	753	2945	15402	1175	502
江西	92	5839	557	90	742	1495	10651	917	1044
山东	1020	5334	898	302	3991	4027	19721	5029	1824
河南	427	2178	749	247	802	1419	12858	2704	2678
湖北	71	1999	450	47	419	1164	6351	1223	523
湖南	88	6251	314	67	728	1563	9300	1348	965
广东	193	2661	432	133	1272	6502	13150	816	1486
广西	23	864	129	16	260	429	3665	566	576
海南	1	81	49	2	231	45	485	36	14
重庆	44	565	187	11	195	390	2891	381	358
四川	248	3065	578	151	999	1595	12971	2192	1021
贵州	165	883	113	10	336	427	4097	763	499
云南	183	1961	207	37	441	873	8681	2033	1971
西藏		2	21		1	47	141	3	43
陕西	377	889	377	14	252	388	6423	571	867
甘肃	102	230	61	8	40	130	2126	497	211
青海	153	239	9	2	5	11	558	206	264
宁夏	352	373	56	2	19	50	897	528	681
新疆	400	408	26	139	36	249	1115	676	289

4-4c 续表 11

单位：人

地 区 性 别	24.石油加工、炼焦及核燃料加工业	25.化学原料及化学制品制造业	26.医药制造业	27.化学纤 维制造业	28.橡胶制品业	29.塑料制品业	30.非金属矿物制品业	31.黑色金属冶炼及压延加工业	32.有色金属冶炼及压延加工业
女	**3138**	**42211**	**10137**	**5969**	**14641**	**51126**	**91807**	**14434**	**9937**
北 京	33	286	449	16	75	405	632	77	78
天 津	11	192	84	12	127	270	196	156	24
河 北	388	1079	457	345	1093	3687	5676	3191	505
山 西	919	515	326	8	44	175	3706	1062	337
内蒙古	72	294	150	8	7	56	672	163	59
辽 宁	97	283	156	28	188	567	1449	483	123
吉 林	22	125	123	26	36	100	480	110	18
黑龙江	30	80	138	8	12	146	557	47	7
上 海	32	961	297	76	601	2034	906	157	253
江 苏	216	7235	1370	2660	1913	7830	9609	2620	1881
浙 江	69	2376	1114	1427	2859	13379	7424	887	1593
安 徽	23	1175	390	56	360	1410	3791	233	166
福 建	37	686	119	240	560	2597	6421	276	182
江 西	29	8498	768	68	762	1208	5678	277	370
山 东	269	2195	630	221	1903	4303	7527	1066	416
河 南	118	908	823	284	680	1431	4273	477	664
湖 北	35	905	506	40	228	975	2508	264	198
湖 南	48	7852	283	67	516	1174	4765	347	294
广 东	55	1625	338	68	842	5567	6960	198	576
广 西	9	700	131	20	138	331	1843	173	178
海 南	1	52	48		193	18	159	3	6
重 庆	27	401	158	14	128	377	1244	132	163
四 川	87	1644	617	142	729	1359	5835	617	364
贵 州	41	334	81	9	194	353	1682	195	146
云 南	70	895	214	34	237	740	3600	572	692
西 藏		2	19	1	1	38	60		21
陕 西	170	489	252	12	144	286	2440	130	321
甘 肃	27	77	39	5	30	136	753	101	36
青 海	43	78	11	1	3	13	174	50	36
宁 夏	40	101	27	1	11	59	297	127	157
新 疆	120	168	19	72	27	102	490	243	73

4-4c 续表 12 单位：人

地区 性别	33.金属制品业	34.通用设备制造业	35.专用设备制造业	36.交通运输设备制造业	37.电气机械及器材制造业	38.通信设备、计算机及其他电子设备制造业	39.仪器仪表及文化、办公用机械制造业	40.工艺品及其他制造业	41.废弃资源和废旧材料回收加工业
全国	**219526**	**223329**	**106180**	**150558**	**162027**	**221611**	**35968**	**131525**	**32505**
北京	2892	1606	1319	3566	1414	1595	359	485	82
天津	2740	1563	405	2752	625	715	119	2103	648
河北	17423	15542	4174	7575	3962	1974	997	4427	3351
山西	3882	5171	940	888	357	718	224	2394	652
内蒙古	755	227	402	545	132	116	254	106	187
辽宁	2457	3847	1231	3575	900	739	236	1031	317
吉林	393	335	307	1309	138	185	159	176	135
黑龙江	620	553	506	509	171	96	250	149	262
上海	7852	6059	2906	8338	5702	3991	833	668	444
江苏	39639	52719	19972	29688	30561	40118	4586	9840	3501
浙江	36724	50497	16381	28364	40534	10620	7401	30865	5778
安徽	5070	5085	3648	4675	4451	5646	1283	2661	1919
福建	9054	2922	2468	3717	3156	4067	1128	11040	1173
江西	9578	2336	5031	3511	8993	24629	1961	5477	702
山东	14801	42232	6718	10357	5021	5853	1266	10103	2626
河南	6432	8209	6329	4782	3654	7842	2638	7822	2105
湖北	4566	3148	3844	6139	5190	15882	1388	1498	646
湖南	8521	3178	10175	3458	10016	29742	2338	6387	1782
广东	27073	4369	7311	5883	19754	34312	3310	23420	2567
广西	2469	703	1765	1283	3119	7150	510	2601	191
海南	162	53	97	244	107	88	40	126	42
重庆	1479	1540	853	7134	1531	1650	464	483	271
四川	5912	5337	4988	4945	6041	11054	1509	1865	1329
贵州	1865	811	1047	1416	1283	2035	385	1087	311
云南	3366	1133	983	2222	2324	2719	773	2008	659
西藏	31	7	7	5	5	8	112	32	8
陕西	2264	3466	1857	2859	2504	7440	798	815	472
甘肃	749	233	286	439	202	531	256	325	124
青海	161	81	44	84	33	29	50	252	18
宁夏	245	162	60	82	75	32	49	55	69
新疆	351	205	126	214	72	35	292	1224	134

4-4c 续表 13 单位：人

地区 性别	33.金属制品业	34.通用设备制造业	35.专用设备制造业	36.交通运输设备制造业	37.电气机械及器材制造业	38.通信设备、计算机及其他电子设备制造业	39.仪器仪表及文化、办公用机械制造业	40.工艺品及其他制造业	41.废弃资源和废旧材料回收加工业
男	**150858**	**155397**	**70313**	**112073**	**90336**	**111692**	**19888**	**51900**	**21322**
北京	2267	1251	888	2692	916	736	222	291	54
天津	2064	1168	285	1985	349	265	76	855	491
河北	13092	12537	3233	5895	2774	957	584	2340	2284
山西	3065	4515	711	786	246	420	150	1438	490
内蒙古	653	206	335	479	103	73	155	77	139
辽宁	1982	3278	859	3045	450	245	132	672	216
吉林	327	280	210	1068	96	97	98	106	96
黑龙江	483	473	396	439	127	62	136	91	179
上海	5386	4281	1926	6004	3032	1610	444	371	291
江苏	25784	34978	13101	20818	16436	18136	2255	2890	2105
浙江	22869	31978	11803	19634	20325	4385	3786	10903	3553
安徽	3697	3882	1863	3528	2479	2651	705	1306	1222
福建	6151	2268	1740	2840	1821	1917	639	5815	760
江西	6680	1706	2936	2733	4999	12861	1116	2783	456
山东	11031	27186	4598	8387	3202	2539	720	3034	1776
河南	4850	6783	4555	3848	2251	4223	1501	3492	1460
湖北	3476	2476	2368	4830	3067	8562	800	889	402
湖南	5877	2486	6272	2840	5834	16371	1317	3152	1169
广东	17332	3096	4717	4404	11316	17688	1960	5719	1798
广西	1703	553	1085	1017	1861	4089	301	1115	127
海南	137	43	72	194	67	54	25	75	26
重庆	1026	1062	555	4890	944	833	248	286	180
四川	4118	4055	2850	3787	3441	5718	860	1060	878
贵州	1303	602	699	1134	790	1081	234	640	204
云南	2468	879	626	1754	1454	1577	459	1238	401
西藏	21	5	3	4	3	5	70	27	5
陕西	1764	2800	1271	2331	1676	4177	490	502	328
甘肃	622	186	186	374	142	299	143	174	80
青海	128	67	31	75	22	17	34	183	12
宁夏	199	145	47	73	53	22	32	31	49
新疆	303	172	92	185	60	22	196	345	91

4-4c 续表 14 单位：人

地 区 性 别	33.金属制品业	34.通用设备制造业	35.专用设备制造业	36.交通运输设备制造业	37.电气机械及器材制造业	38.通信设备、计算机及其他电子设备制造业	39.仪器仪表及文化、办公用机械制造业	40.工艺品及其他制造业	41.废弃资源和废旧材料回收加工业
女	**68668**	**67932**	**35867**	**38485**	**71691**	**109919**	**16080**	**79625**	**11183**
北 京	625	355	431	874	498	859	137	194	28
天 津	676	395	120	767	276	450	43	1248	157
河 北	4331	3005	941	1680	1188	1017	413	2087	1067
山 西	817	656	229	102	111	298	74	956	162
内蒙古	102	21	67	66	29	43	99	29	48
辽 宁	475	569	372	530	450	494	104	359	101
吉 林	66	55	97	241	42	88	61	70	39
黑龙江	137	80	110	70	44	34	114	58	83
上 海	2466	1778	980	2334	2670	2381	389	297	153
江 苏	13855	17741	6871	8870	14125	21982	2331	6950	1396
浙 江	13855	18519	4578	8730	20209	6235	3615	19962	2225
安 徽	1373	1203	1785	1147	1972	2995	578	1355	697
福 建	2903	654	728	877	1335	2150	489	5225	413
江 西	2898	630	2095	778	3994	11768	845	2694	246
山 东	3770	15046	2120	1970	1819	3314	546	7069	850
河 南	1582	1426	1774	934	1403	3619	1137	4330	645
湖 北	1090	672	1476	1309	2123	7320	588	609	244
湖 南	2644	692	3903	618	4182	13371	1021	3235	613
广 东	9741	1273	2594	1479	8438	16624	1350	17701	769
广 西	766	150	680	266	1258	3061	209	1486	64
海 南	25	10	25	50	40	34	15	51	16
重 庆	453	478	298	2244	587	817	216	197	91
四 川	1794	1282	2138	1158	2600	5336	649	805	451
贵 州	562	209	348	282	493	954	151	447	107
云 南	898	254	357	468	870	1142	314	770	258
西 藏	10	2	4	1	2	3	42	5	3
陕 西	500	666	586	528	828	3263	308	313	144
甘 肃	127	47	100	65	60	232	113	151	44
青 海	33	14	13	9	11	12	16	69	6
宁 夏	46	17	13	9	22	10	17	24	20
新 疆	48	33	34	29	12	13	96	879	43

4-4c 续表 15

单位：人

地区 性别	四、电力、燃气及水的生产和供应业	42.电力、热力的生产和供应业	43.燃气生产和供应业	44.水的生产和供应业	五、建筑业	45.房屋和土木工程建筑业	46.建筑安装业	47.建筑装饰业	48.其他建筑业
全国	**73047**	**59259**	**5299**	**8489**	**1816906**	**1462526**	**80708**	**249646**	**24026**
北京	751	490	127	134	11877	8708	377	2688	104
天津	326	238	35	53	6550	5444	108	729	269
河北	4372	3815	303	254	112986	96372	3491	12183	940
山西	3959	3404	319	236	36237	28850	1371	5225	791
内蒙古	2049	1765	183	101	19478	15882	944	2159	493
辽宁	1613	1376	107	130	26727	22937	484	3022	284
吉林	678	573	62	43	10260	8145	343	1421	351
黑龙江	839	719	27	93	20404	16796	1233	2025	350
上海	663	305	133	225	11204	7209	504	3168	323
江苏	5629	3774	486	1369	192296	137592	11706	40995	2003
浙江	5197	3902	370	925	96456	66992	4685	23015	1764
安徽	3231	2534	226	471	135089	106436	5133	22309	1211
福建	3420	2850	182	388	56870	43764	3802	8268	1036
江西	2310	1896	199	215	103170	78577	3827	19809	957
山东	4125	3324	447	354	126503	103221	6665	14941	1676
河南	3314	2844	209	261	142311	124190	4997	11942	1182
湖北	2630	1940	235	455	89729	70067	3960	14316	1386
湖南	3197	2681	215	301	101671	78163	8154	13950	1404
广东	4039	3144	292	603	58021	44467	3043	9614	897
广西	1456	1279	55	122	30362	23658	1373	4797	534
海南	367	291	27	49	4688	3883	253	331	221
重庆	1166	901	114	151	35762	30833	1355	2963	611
四川	6128	5178	401	549	186315	163758	6211	14621	1725
贵州	1847	1597	91	159	23788	20373	737	2208	470
云南	3653	3178	110	365	54858	48983	1311	3756	808
西藏	268	266		2	1801	1347	158	70	226
陕西	2362	2030	155	177	71090	62094	2705	5506	785
甘肃	1043	923	51	69	24529	21813	757	1594	365
青海	616	547	35	34	6433	5715	275	277	166
宁夏	816	710	46	60	10744	9610	192	749	193
新疆	983	785	57	141	8697	6647	554	995	501

4-4c 续表 16 单位：人

地区 性别	四、电力、燃气及水的生产和供应业	42.电力、热力的生产和供应业	43.燃气生产和供应业	44.水的生产和供应业	五、建筑业	45.房屋和土木工程建筑业	46.建筑安装业	47.建筑装饰业	48.其他建筑业
男	**59853**	**49493**	**3743**	**6617**	**1583098**	**1273191**	**71433**	**217794**	**20680**
北京	627	418	98	111	10572	7860	344	2277	91
天津	286	215	27	44	6214	5191	100	671	252
河北	3808	3376	232	200	105571	90653	3194	10828	896
山西	3211	2781	241	189	34036	27198	1259	4824	755
内蒙古	1713	1486	143	84	17198	13958	896	1902	442
辽宁	1356	1170	75	111	25212	21813	459	2686	254
吉林	552	474	45	33	9130	7369	302	1158	301
黑龙江	710	613	21	76	17798	14796	998	1704	300
上海	515	245	98	172	10345	6721	464	2873	287
江苏	4716	3283	358	1075	170970	122069	10632	36529	1740
浙江	4317	3317	242	758	89751	62036	4400	21705	1610
安徽	2762	2220	159	383	116219	91403	4484	19326	1006
福建	2770	2332	126	312	47456	35717	3511	7341	887
江西	1842	1536	150	156	85891	65140	3303	16634	814
山东	3415	2853	288	274	111589	91615	6036	12414	1524
河南	2720	2365	156	199	127046	111157	4422	10443	1024
湖北	2070	1576	161	333	78293	61352	3540	12244	1157
湖南	2576	2218	143	215	87623	67278	6989	12183	1173
广东	3286	2613	198	475	51209	38902	2740	8787	780
广西	1137	1011	36	90	26246	20604	1172	4008	462
海南	293	234	20	39	3859	3149	221	307	182
重庆	909	736	73	100	29328	25219	1108	2523	478
四川	4963	4287	276	400	149019	130922	5103	11651	1343
贵州	1489	1300	65	124	20351	17424	645	1893	389
云南	2926	2564	79	283	46450	41474	1107	3176	693
西藏	205	205			1427	1053	140	63	171
陕西	1858	1610	107	141	61813	54045	2367	4727	674
甘肃	856	763	40	53	20907	18674	652	1291	290
青海	536	477	28	31	5165	4654	197	182	132
宁夏	663	592	26	45	9228	8265	169	642	152
新疆	766	623	32	111	7182	5480	479	802	421

4-4c 续表 17

单位：人

地区 性别	四、电力、燃气及水的生产和供应业	42.电力、热力的生产和供应业	43.燃气生产和供应业	44.水的生产和供应业	五、建筑业	45.房屋和土木工程建筑业	46.建筑安装业	47.建筑装饰业	48.其他建筑业
女	**13194**	**9766**	**1556**	**1872**	**233808**	**189335**	**9275**	**31852**	**3346**
北京	124	72	29	23	1305	848	33	411	13
天津	40	23	8	9	336	253	8	58	17
河北	564	439	71	54	7415	5719	297	1355	44
山西	748	623	78	47	2201	1652	112	401	36
内蒙古	336	279	40	17	2280	1924	48	257	51
辽宁	257	206	32	19	1515	1124	25	336	30
吉林	126	99	17	10	1130	776	41	263	50
黑龙江	129	106	6	17	2606	2000	235	321	50
上海	148	60	35	53	859	488	40	295	36
江苏	913	491	128	294	21326	15523	1074	4466	263
浙江	880	585	128	167	6705	4956	285	1310	154
安徽	469	314	67	88	18870	15033	649	2983	205
福建	650	518	56	76	9414	8047	291	927	149
江西	468	360	49	59	17279	13437	524	3175	143
山东	710	471	159	80	14914	11606	629	2527	152
河南	594	479	53	62	15265	13033	575	1499	158
湖北	560	364	74	122	11436	8715	420	2072	229
湖南	621	463	72	86	14048	10885	1165	1767	231
广东	753	531	94	128	6812	5565	303	827	117
广西	319	268	19	32	4116	3054	201	789	72
海南	74	57	7	10	829	734	32	24	39
重庆	257	165	41	51	6434	5614	247	440	133
四川	1165	891	125	149	37296	32836	1108	2970	382
贵州	358	297	26	35	3437	2949	92	315	81
云南	727	614	31	82	8408	7509	204	580	115
西藏	63	61		2	374	294	18	7	55
陕西	504	420	48	36	9277	8049	338	779	111
甘肃	187	160	11	16	3622	3139	105	303	75
青海	80	70	7	3	1268	1061	78	95	34
宁夏	153	118	20	15	1516	1345	23	107	41
新疆	217	162	25	30	1515	1167	75	193	80

4-4c 续表 18

单位：人

地区 性别	六、交通运输、仓储和邮政业	49.铁路运输业	50.道路运输业	51.城市公共交通业	52.水上运输业	53.航空运输业	54.管道运输业	55.装卸搬运和其他运输服务业	56.仓储业
全国	**674057**	**31059**	**480261**	**75088**	**15627**	**4418**	**596**	**48033**	**10325**
北京	11940	374	3973	6047	6	509	3	341	379
天津	5247	121	3944	825	45	17	6	197	58
河北	51439	1861	41542	4444	304	181	51	2199	449
山西	38942	1107	32296	3473	8	80	3	1465	280
内蒙古	11625	643	8158	1327	8	61	10	1077	230
辽宁	18702	663	13011	3510	206	27	16	902	198
吉林	6783	482	3340	1972	17	30	6	575	242
黑龙江	9997	598	5121	2388	11	67	6	1127	514
上海	7762	90	2804	1656	296	679	3	711	1203
江苏	56832	782	41381	4987	3238	279	61	4489	708
浙江	39332	517	25646	4921	3085	124	7	3528	500
安徽	30309	1329	22306	2416	1336	131	9	1887	456
福建	26903	485	18520	3200	1942	151	7	1985	222
江西	26342	804	19391	2182	382	127	6	2801	278
山东	49549	3491	34740	4598	1717	228	30	3006	1218
河南	40264	5259	28393	3098	64	170	78	2249	623
湖北	28234	1413	20222	2764	528	166	66	2281	421
湖南	38478	1641	26941	4125	548	174	93	4253	304
广东	25093	977	17599	3132	696	337	31	1385	364
广西	14159	389	10933	787	414	92	13	1272	87
海南	3448	175	2466	547	63	30		134	15
重庆	9942	481	7020	722	286	51	7	1129	108
四川	37632	1558	28394	3256	176	197	16	3200	431
贵州	12308	445	10020	601	82	47	11	853	119
云南	21992	583	17860	754	74	155	6	2067	283
西藏	782	48	488	165	1	8		44	2
陕西	26628	3083	18815	2577	61	193	32	1361	306
甘肃	8319	981	5200	1149	10	37	9	739	142
青海	2362	152	1640	447	12	11	1	71	25
宁夏	4794	181	3614	725	4	28	2	173	39
新疆	7918	346	4483	2293	7	31	7	532	121

4-4c 续表 19 单位：人

地区 性别	六、交通运输、仓储和邮政业	49.铁路运输业	50.道路运输业	51.城市公共交通业	52.水上运输业	53.航空运输业	54.管道运输业	55.装卸搬运和其他运输服务业	56.仓储业
男	**595152**	**19762**	**438644**	**66438**	**12347**	**3096**	**505**	**40834**	**7456**
北京	10259	331	3385	5369	6	358	3	260	306
天津	4895	98	3726	765	42	8	6	187	39
河北	47710	1239	39285	4076	276	137	40	2026	350
山西	37209	885	31278	3264	6	52	3	1357	226
内蒙古	10594	483	7679	1189	3	39	8	941	178
辽宁	17268	491	12222	3264	188	19	15	798	163
吉林	5991	333	3047	1809	16	25	5	487	191
黑龙江	8851	425	4622	2245	9	43	5	981	422
上海	6633	73	2464	1437	274	501	3	611	1009
江苏	45015	507	33077	4257	2226	195	52	3527	503
浙江	35059	428	23319	4404	2623	86	6	3050	393
安徽	26435	847	20213	2115	983	100	7	1546	334
福建	24902	364	17578	2961	1856	97	6	1620	160
江西	23750	518	18133	1918	279	79	5	2354	211
山东	42453	1970	31515	4066	1181	158	20	2611	572
河南	34256	2765	26029	2604	48	137	71	1933	450
湖北	24801	803	18461	2456	422	106	56	1976	268
湖南	33949	1024	24607	3639	379	108	81	3629	209
广东	22482	657	16295	2747	560	237	27	1206	298
广西	12675	276	10126	661	318	52	10	1043	65
海南	2949	125	2190	429	59	22		95	14
重庆	8687	297	6389	582	261	35	5	956	79
四川	33297	997	25976	2684	143	144	15	2749	332
贵州	11245	329	9427	518	64	38	10	687	87
云南	19433	451	16165	600	58	106	4	1709	194
西藏	641	30	423	128	1	6		37	
陕西	23109	1972	17197	2215	46	131	25	1195	175
甘肃	7060	550	4734	953	7	24	8	650	97
青海	2139	123	1527	387	5	11	1	63	20
宁夏	4360	150	3339	650	4	23	2	148	27
新疆	7045	221	4216	2046	4	19	6	402	84

4-4c 续表 20 单位：人

地区 性别	六、交通运输、仓储和邮政业	49.铁路运输业	50.道路运输业	51.城市公共交通业	52.水上运输业	53.航空运输业	54.管道运输业	55.装卸搬运和其他运输服务业	56.仓储业
女	**78905**	**11297**	**41617**	**8650**	**3280**	**1322**	**91**	**7199**	**2869**
北京	1681	43	588	678		151		81	73
天津	352	23	218	60	3	9		10	19
河北	3729	622	2257	368	28	44	11	173	99
山西	1733	222	1018	209	2	28		108	54
内蒙古	1031	160	479	138	5	22	2	136	52
辽宁	1434	172	789	246	18	8	1	104	35
吉林	792	149	293	163	1	5	1	88	51
黑龙江	1146	173	499	143	2	24	1	146	92
上海	1129	17	340	219	22	178		100	194
江苏	11817	275	8304	730	1012	84	9	962	205
浙江	4273	89	2327	517	462	38	1	478	107
安徽	3874	482	2093	301	353	31	2	341	122
福建	2001	121	942	239	86	54	1	365	62
江西	2592	286	1258	264	103	48	1	447	67
山东	7096	1521	3225	532	536	70	10	395	646
河南	6008	2494	2364	494	16	33	7	316	173
湖北	3433	610	1761	308	106	60	10	305	153
湖南	4529	617	2334	486	169	66	12	624	95
广东	2611	320	1304	385	136	100	4	179	66
广西	1484	113	807	126	96	40	3	229	22
海南	499	50	276	118	4	8		39	1
重庆	1255	184	631	140	25	16	2	173	29
四川	4335	561	2418	572	33	53	1	451	99
贵州	1063	116	593	83	18	9	1	166	32
云南	2559	132	1695	154	16	49	2	358	89
西藏	141	18	65	37		2		7	2
陕西	3519	1111	1618	362	15	62	7	166	131
甘肃	1259	431	466	196	3	13	1	89	45
青海	223	29	113	60	7			8	5
宁夏	434	31	275	75		5		25	12
新疆	873	125	267	247	3	12	1	130	37

4-4c 续表 21 单位：人

地区 性别	57.邮政业	七、信息传输、计算机服务和软件业	58.电信和其他信息传输服务业	59.计算机服务业	60.软件业	八、批发和零售业	61.批发业	62.零售业	九、住宿和餐饮业
全国	**8650**	**43396**	**24786**	**13593**	**5017**	**1283916**	**235193**	**1048723**	**497914**
北京	308	1042	533	270	239	15356	2744	12612	4695
天津	34	201	90	79	32	4901	923	3978	1293
河北	408	2491	1420	782	289	71116	15929	55187	21212
山西	230	1621	1082	434	105	36685	6265	30420	20587
内蒙古	111	671	412	183	76	14215	3227	10988	7812
辽宁	169	782	503	189	90	23852	4273	19579	8830
吉林	119	468	201	210	57	12524	2482	10042	8676
黑龙江	165	622	361	197	64	17100	2979	14121	12056
上海	320	452	267	67	118	9873	2569	7304	2849
江苏	907	3545	2069	938	538	158002	31973	126029	41332
浙江	1004	2701	1693	805	203	95631	25766	69865	22683
安徽	439	1894	1279	433	182	61399	16235	45164	25934
福建	391	1961	1275	465	221	59827	10182	49645	22696
江西	371	1939	963	617	359	52875	7232	45643	18846
山东	521	2410	1395	723	292	105536	19127	86409	31298
河南	330	2419	1314	947	158	69071	13353	55718	21623
湖北	373	2571	1277	855	439	53835	9495	44340	24640
湖南	399	3412	1615	1324	473	81028	11857	69171	31705
广东	572	1817	919	732	166	75853	9762	66091	22904
广西	172	1030	525	431	74	24213	3638	20575	7715
海南	18	151	79	61	11	5131	712	4419	3896
重庆	138	628	381	171	76	16519	1791	14728	9540
四川	404	2627	1662	741	224	82211	13603	68608	42407
贵州	130	779	499	208	72	20005	2745	17260	7212
云南	210	1463	969	404	90	39364	5318	34046	26266
西藏	26	64	50	14		1466	117	1349	770
陕西	200	2172	1105	773	294	43330	4330	39000	30291
甘肃	52	495	261	210	24	11866	2607	9259	9011
青海	3	128	65	54	9	2412	385	2027	2716
宁夏	28	238	169	39	30	5666	1357	4309	2244
新疆	98	602	353	237	12	13054	2217	10837	4175

4-4c 续表 22

单位：人

地区 性别	57.邮政业	七、信息传输、计算机服务和软件业	58.电信和其他信息传输服务业	59.计算机服务业	60.软件业	八、批发和零售业	61.批发业	62.零售业	九、住宿和餐饮业
男	**6070**	**25552**	**14347**	**8201**	**3004**	**608673**	**139807**	**468866**	**220719**
北京	241	660	287	228	145	7311	1793	5518	2261
天津	24	136	57	57	22	2687	630	2057	660
河北	281	1581	909	485	187	35808	10483	25325	10325
山西	138	914	537	305	72	17507	3878	13629	10728
内蒙古	74	367	219	112	36	6887	2071	4816	3276
辽宁	108	470	309	117	44	10138	2423	7715	3820
吉林	78	260	108	115	37	5350	1313	4037	3219
黑龙江	99	370	213	122	35	7317	1645	5672	4367
上海	261	296	163	51	82	4903	1597	3306	1299
江苏	671	1942	1057	557	328	72066	18645	53421	16891
浙江	750	1709	1047	542	120	46448	15973	30475	9954
安徽	290	1127	785	239	103	30593	9921	20672	11692
福建	260	1306	856	296	154	30439	6432	24007	11853
江西	253	1128	549	359	220	25843	4119	21724	8057
山东	360	1502	831	482	189	50899	11392	39507	16235
河南	219	1387	740	543	104	33248	7884	25364	11301
湖北	253	1504	755	493	256	24577	5261	19316	10572
湖南	273	1931	884	764	283	37693	6403	31290	13774
广东	455	1164	614	449	101	40846	6026	34820	11235
广西	124	570	286	246	38	11483	2023	9460	3370
海南	15	81	44	32	5	2480	428	2052	1724
重庆	83	387	232	111	44	6985	995	5990	3643
四川	257	1527	984	418	125	36452	7422	29030	16510
贵州	85	435	274	126	35	9161	1595	7566	2799
云南	146	830	550	230	50	16317	2851	13466	9284
西藏	16	42	32	10		782	65	717	299
陕西	153	1147	599	397	151	17618	2467	15151	12855
甘肃	37	293	147	133	13	5930	1568	4362	4235
青海	2	82	47	27	8	1219	222	997	1323
宁夏	17	102	73	17	12	2712	888	1824	941
新疆	47	302	159	138	5	6974	1394	5580	2217

4-4c 续表 23 单位：人

地区 性别	57.邮政业	七、信息传输、计算机服务和软件业	58.电信和其他信息传输服务业	59.计算机服务业	60.软件业	八、批发和零售业	61.批发业	62.零售业	九、住宿和餐饮业
女	**2580**	**17844**	**10439**	**5392**	**2013**	**675243**	**95386**	**579857**	**277195**
北京	67	382	246	42	94	8045	951	7094	2434
天津	10	65	33	22	10	2214	293	1921	633
河北	127	910	511	297	102	35308	5446	29862	10887
山西	92	707	545	129	33	19178	2387	16791	9859
内蒙古	37	304	193	71	40	7328	1156	6172	4536
辽宁	61	312	194	72	46	13714	1850	11864	5010
吉林	41	208	93	95	20	7174	1169	6005	5457
黑龙江	66	252	148	75	29	9783	1334	8449	7689
上海	59	156	104	16	36	4970	972	3998	1550
江苏	236	1603	1012	381	210	85936	13328	72608	24441
浙江	254	992	646	263	83	49183	9793	39390	12729
安徽	149	767	494	194	79	30806	6314	24492	14242
福建	131	655	419	169	67	29388	3750	25638	10843
江西	118	811	414	258	139	27032	3113	23919	10789
山东	161	908	564	241	103	54637	7735	46902	15063
河南	111	1032	574	404	54	35823	5469	30354	10322
湖北	120	1067	522	362	183	29258	4234	25024	14068
湖南	126	1481	731	560	190	43335	5454	37881	17931
广东	117	653	305	283	65	35007	3736	31271	11669
广西	48	460	239	185	36	12730	1615	11115	4345
海南	3	70	35	29	6	2651	284	2367	2172
重庆	55	241	149	60	32	9534	796	8738	5897
四川	147	1100	678	323	99	45759	6181	39578	25897
贵州	45	344	225	82	37	10844	1150	9694	4413
云南	64	633	419	174	40	23047	2467	20580	16982
西藏	10	22	18	4		684	52	632	471
陕西	47	1025	506	376	143	25712	1863	23849	17436
甘肃	15	202	114	77	11	5936	1039	4897	4776
青海	1	46	18	27	1	1193	163	1030	1393
宁夏	11	136	96	22	18	2954	469	2485	1303
新疆	51	300	194	99	7	6080	823	5257	1958

4-4c 续表 24 单位：人

地区 性别	63.住宿业	64.餐饮业	十、金融业	65.银行业	66.证券业	67.保险业	68.其他金融活动	十一、房地产业	69.房地产业
全国	**54196**	**443718**	**32701**	**15209**	**1111**	**12238**	**4143**	**33814**	**33814**
北京	1189	3506	873	329	45	409	90	1875	1875
天津	136	1157	291	137	2	120	32	239	239
河北	1539	19673	2178	979	32	922	245	1390	1390
山西	1983	18604	1537	786	15	569	167	405	405
内蒙古	651	7161	629	405	11	164	49	580	580
辽宁	525	8305	912	543	24	256	89	386	386
吉林	611	8065	420	237	8	123	52	265	265
黑龙江	610	11446	494	250	9	162	73	362	362
上海	493	2356	466	217	27	176	46	1072	1072
江苏	3865	37467	3149	1130	120	1499	400	4261	4261
浙江	2481	20202	2929	1442	148	1035	304	3337	3337
安徽	1531	24403	1285	629	76	409	171	1544	1544
福建	1488	21208	1370	605	57	504	204	878	878
江西	2691	16155	934	514	50	251	119	888	888
山东	2386	28912	2407	922	55	1101	329	1977	1977
河南	1751	19872	1629	704	31	693	201	865	865
湖北	3136	21504	1355	558	68	471	258	1487	1487
湖南	6775	24930	1688	628	70	720	270	1656	1656
广东	2674	20230	1333	719	74	418	122	2376	2376
广西	1057	6658	498	310	11	117	60	539	539
海南	1627	2269	113	58	7	29	19	370	370
重庆	640	8900	426	194	13	139	80	828	828
四川	3218	39189	1884	794	51	738	301	2792	2792
贵州	798	6414	473	310	19	79	65	640	640
云南	4656	21610	1023	631	22	264	106	899	899
西藏	84	686	62	48		11	3	28	28
陕西	4475	25816	1129	428	35	500	166	1089	1089
甘肃	520	8491	428	256	8	110	54	178	178
青海	113	2603	65	49		14	2	51	51
宁夏	214	2030	293	172	11	91	19	335	335
新疆	279	3896	428	225	12	144	47	222	222

4-4c 续表 25

单位：人

地区 性别	63.住宿业	64.餐饮业	十、金融业	65.银行业	66.证券业	67.保险业	68.其他金融活动	十一、房地产业	69.房地产业
男	**22517**	**198202**	**17806**	**9406**	**725**	**5123**	**2552**	**22674**	**22674**
北京	577	1684	349	140	23	141	45	1171	1171
天津	64	596	141	81		42	18	152	152
河北	699	9626	1142	645	16	308	173	1013	1013
山西	956	9772	803	501	11	182	109	283	283
内蒙古	257	3019	358	259	9	64	26	400	400
辽宁	220	3600	534	360	18	91	65	254	254
吉林	224	2995	251	152	5	56	38	175	175
黑龙江	209	4158	286	175	7	63	41	228	228
上海	214	1085	220	97	19	77	27	729	729
江苏	1458	15433	1489	605	72	596	216	2630	2630
浙江	903	9051	1416	750	101	410	155	2183	2183
安徽	592	11100	762	404	50	202	106	1091	1091
福建	614	11239	756	347	46	239	124	601	601
江西	1104	6953	570	323	30	143	74	595	595
山东	1133	15102	1290	577	38	464	211	1294	1294
河南	891	10410	890	436	24	292	138	588	588
湖北	1286	9286	762	333	43	215	171	964	964
湖南	2811	10963	922	368	37	369	148	1154	1154
广东	1235	10000	802	454	52	220	76	1624	1624
广西	449	2921	319	213	6	59	41	402	402
海南	762	962	75	41	5	17	12	227	227
重庆	218	3425	233	120	10	53	50	534	534
四川	1176	15334	998	514	33	275	176	1964	1964
贵州	331	2468	315	224	10	36	45	503	503
云南	1815	7469	680	476	16	121	67	624	624
西藏	32	267	41	33		6	2	20	20
陕西	1854	11001	680	299	24	243	114	734	734
甘肃	200	4035	301	199	4	57	41	131	131
青海	43	1280	39	33		4	2	38	38
宁夏	69	872	150	96	7	32	15	234	234
新疆	121	2096	232	151	9	46	26	134	134

4-4c 续表 26

单位：人

地区 性别	63.住宿业	64.餐饮业	十、金融业	65.银行业	66.证券业	67.保险业	68.其他金融活动	十一、房地产业	69.房地产业
女	**31679**	**245516**	**14895**	**5803**	**386**	**7115**	**1591**	**11140**	**11140**
北京	612	1822	524	189	22	268	45	704	704
天津	72	561	150	56	2	78	14	87	87
河北	840	10047	1036	334	16	614	72	377	377
山西	1027	8832	734	285	4	387	58	122	122
内蒙古	394	4142	271	146	2	100	23	180	180
辽宁	305	4705	378	183	6	165	24	132	132
吉林	387	5070	169	85	3	67	14	90	90
黑龙江	401	7288	208	75	2	99	32	134	134
上海	279	1271	246	120	8	99	19	343	343
江苏	2407	22034	1660	525	48	903	184	1631	1631
浙江	1578	11151	1513	692	47	625	149	1154	1154
安徽	939	13303	523	225	26	207	65	453	453
福建	874	9969	614	258	11	265	80	277	277
江西	1587	9202	364	191	20	108	45	293	293
山东	1253	13810	1117	345	17	637	118	683	683
河南	860	9462	739	268	7	401	63	277	277
湖北	1850	12218	593	225	25	256	87	523	523
湖南	3964	13967	766	260	33	351	122	502	502
广东	1439	10230	531	265	22	198	46	752	752
广西	608	3737	179	97	5	58	19	137	137
海南	865	1307	38	17	2	12	7	143	143
重庆	422	5475	193	74	3	86	30	294	294
四川	2042	23855	886	280	18	463	125	828	828
贵州	467	3946	158	86	9	43	20	137	137
云南	2841	14141	343	155	6	143	39	275	275
西藏	52	419	21	15		5	1	8	8
陕西	2621	14815	449	129	11	257	52	355	355
甘肃	320	4456	127	57	4	53	13	47	47
青海	70	1323	26	16		10		13	13
宁夏	145	1158	143	76	4	59	4	101	101
新疆	158	1800	196	74	3	98	21	88	88

4-4c 续表 27 单位：人

地区 性别	十二、租赁和商务服务业	70.租赁业	71.商务服务业	十三、科学研究、技术服务和地质勘查业	72.研究与试验发展	73.专业技术服务业	74.科技交流和推广服务业	75.地质勘查业	十四、水利、环境和公共设施管理业
全 国	**61549**	**8605**	**52944**	**14695**	**2840**	**7765**	**2042**	**2048**	**44597**
北 京	2219	451	1768	719	312	310	76	21	2288
天 津	330	87	243	85	19	41	11	14	384
河 北	2902	796	2106	785	99	438	82	166	1679
山 西	1219	218	1001	281	45	124	43	69	1483
内蒙古	1160	62	1098	330	51	102	24	153	642
辽 宁	1238	86	1152	231	32	100	44	55	769
吉 林	361	34	327	117	33	31	27	26	523
黑龙江	707	39	668	161	32	82	34	13	514
上 海	2044	137	1907	353	50	266	23	14	2161
江 苏	8896	2257	6639	1253	245	716	216	76	5655
浙 江	5093	325	4768	820	87	627	70	36	4170
安 徽	2202	283	1919	783	266	321	98	98	1586
福 建	1892	196	1696	628	67	415	57	89	1216
江 西	1775	290	1485	790	251	391	25	123	1210
山 东	3956	615	3341	1002	241	380	137	244	2636
河 南	2611	430	2181	642	106	428	64	44	1796
湖 北	2867	248	2619	945	157	619	99	70	1559
湖 南	3593	515	3078	747	86	494	111	56	1830
广 东	2861	170	2691	503	98	278	95	32	2086
广 西	1138	59	1079	232	20	118	77	17	894
海 南	622	4	618	58	8	27	14	9	511
重 庆	731	94	637	178	27	92	22	37	566
四 川	3635	416	3219	877	188	402	143	144	2834
贵 州	724	135	589	369	18	171	68	112	605
云 南	2773	128	2645	651	97	289	163	102	1735
西 藏	87	1	86	48		11	1	36	64
陕 西	1784	345	1439	398	93	173	61	71	1224
甘 肃	634	61	573	181	45	54	61	21	425
青 海	179	14	165	36	2	12	4	18	136
宁 夏	484	51	433	84	18	32	26	8	421
新 疆	832	58	774	408	47	221	66	74	995

4-4c 续表 28 单位：人

地区 性别	十二、租赁和商务服务业	70.租赁业	71.商务服务业	十三、科学研究、技术服务和地质勘查业	72.研究与试验发展	73.专业技术服务业	74.科技交流和推广服务业	75.地质勘查业	十四、水利、环境和公共设施管理业
男	**42987**	**6270**	**36717**	**9574**	**1591**	**4852**	**1402**	**1729**	**26954**
北京	1442	398	1044	501	199	243	40	19	1164
天津	274	76	198	54	8	27	7	12	256
河北	2094	681	1413	522	69	250	56	147	1123
山西	918	184	734	213	30	89	32	62	907
内蒙古	858	50	808	256	31	78	13	134	360
辽宁	974	71	903	167	20	66	32	49	562
吉林	253	27	226	83	19	22	20	22	342
黑龙江	491	33	458	102	19	53	19	11	335
上海	1637	112	1525	258	26	200	18	14	1371
江苏	5145	1288	3857	829	132	465	167	65	3514
浙江	3531	253	3278	611	49	481	50	31	2802
安徽	1501	223	1278	483	143	196	58	86	1008
福建	1337	164	1173	405	37	248	41	79	744
江西	1212	179	1033	395	103	192	16	84	705
山东	2933	529	2404	616	108	214	85	209	1584
河南	1878	349	1529	437	66	291	43	37	1037
湖北	2024	179	1845	494	73	296	69	56	956
湖南	2445	322	2123	448	39	291	80	38	1035
广东	2003	116	1887	292	58	156	55	23	1198
广西	852	41	811	178	11	95	56	16	559
海南	478	2	476	37	4	20	7	6	289
重庆	517	75	442	123	22	57	13	31	318
四川	2602	298	2304	569	103	249	94	123	1424
贵州	563	115	448	272	12	109	50	101	361
云南	2152	106	2046	498	72	209	131	86	1074
西藏	65	1	64	35		8	1	26	39
陕西	1305	244	1061	284	64	116	42	62	670
甘肃	471	49	422	125	29	36	42	18	284
青海	127	13	114	30	2	10	3	15	78
宁夏	324	42	282	62	15	22	19	6	225
新疆	581	50	531	195	28	63	43	61	630

4-4c 续表 29 单位：人

地区性别	十二、租赁和商务服务业	70.租赁业	71.商务服务业	十三、科学研究、技术服务和地质勘查业	72.研究与试验发展	73.专业技术服务业	74.科技交流和推广服务业	75.地质勘查业	十四、水利、环境和公共设施管理业
女	**18562**	**2335**	**16227**	**5121**	**1249**	**2913**	**640**	**319**	**17643**
北京	777	53	724	218	113	67	36	2	1124
天津	56	11	45	31	11	14	4	2	128
河北	808	115	693	263	30	188	26	19	556
山西	301	34	267	68	15	35	11	7	576
内蒙古	302	12	290	74	20	24	11	19	282
辽宁	264	15	249	64	12	34	12	6	207
吉林	108	7	101	34	14	9	7	4	181
黑龙江	216	6	210	59	13	29	15	2	179
上海	407	25	382	95	24	66	5		790
江苏	3751	969	2782	424	113	251	49	11	2141
浙江	1562	72	1490	209	38	146	20	5	1368
安徽	701	60	641	300	123	125	40	12	578
福建	555	32	523	223	30	167	16	10	472
江西	563	111	452	395	148	199	9	39	505
山东	1023	86	937	386	133	166	52	35	1052
河南	733	81	652	205	40	137	21	7	759
湖北	843	69	774	451	84	323	30	14	603
湖南	1148	193	955	299	47	203	31	18	795
广东	858	54	804	211	40	122	40	9	888
广西	286	18	268	54	9	23	21	1	335
海南	144	2	142	21	4	7	7	3	222
重庆	214	19	195	55	5	35	9	6	248
四川	1033	118	915	308	85	153	49	21	1410
贵州	161	20	141	97	6	62	18	11	244
云南	621	22	599	153	25	80	32	16	661
西藏	22		22	13		3		10	25
陕西	479	101	378	114	29	57	19	9	554
甘肃	163	12	151	56	16	18	19	3	141
青海	52	1	51	6		2	1	3	58
宁夏	160	9	151	22	3	10	7	2	196
新疆	251	8	243	213	19	158	23	13	365

4-4c 续表 30 单位：人

地区 性别	76.水利管理业	77.环境管理业	78.公共设施管理业	十五、居民服务和其他服务业	79.居民服务业	80.其他服务业	十六、教育	81.教育	十七、卫生、社会保障和社会福利业
全国	**6599**	**20436**	**17562**	**372339**	**203335**	**169004**	**271087**	**271087**	**120073**
北京	156	1254	878	2936	1484	1452	2688	2688	1667
天津	151	150	83	1603	654	949	1441	1441	575
河北	299	590	790	17199	7380	9819	16734	16734	8556
山西	186	806	491	13351	5900	7451	11215	11215	4409
内蒙古	111	352	179	5805	2476	3329	5268	5268	2084
辽宁	228	263	278	7604	4058	3546	7794	7794	3127
吉林	120	238	165	5169	2959	2210	5066	5066	1723
黑龙江	90	261	163	7727	4519	3208	5712	5712	1956
上海	209	1293	659	2892	1597	1295	1314	1314	1220
江苏	695	2792	2168	59951	39782	20169	13935	13935	7691
浙江	294	2604	1272	19961	12049	7912	10224	10224	5062
安徽	225	643	718	16487	9829	6658	16166	16166	6532
福建	144	607	465	14814	8507	6307	9644	9644	3907
江西	162	501	547	16497	9253	7244	10420	10420	5479
山东	278	845	1513	26891	13880	13011	15402	15402	8499
河南	236	657	903	17134	8379	8755	20393	20393	9119
湖北	377	573	609	16509	9639	6870	10955	10955	5932
湖南	181	958	691	22494	12367	10127	10480	10480	6213
广东	389	738	959	15185	6343	8842	11613	11613	4659
广西	220	249	425	6417	2968	3449	11569	11569	3458
海南	75	128	308	1659	605	1054	1790	1790	538
重庆	46	268	252	5554	3039	2515	4210	4210	2268
四川	294	1640	900	27367	15273	12094	13645	13645	7611
贵州	104	268	233	5799	2699	3100	11757	11757	3070
云南	366	613	756	11676	5513	6163	17032	17032	5061
西藏	15	33	16	250	138	112	795	795	190
陕西	180	611	433	13756	7206	6550	8055	8055	4294
甘肃	109	120	196	3891	2359	1532	6221	6221	1816
青海	55	48	33	827	359	468	853	853	374
宁夏	118	105	198	1646	631	1015	1629	1629	628
新疆	486	228	281	3288	1490	1798	7067	7067	2355

4-4c 续表 31 单位：人

地区 性别	76.水利管理业	77.环境管理业	78.公共设施管理业	十五、居民服务和其他服务业	79.居民服务业	80.其他服务业	十六、教育	81.教育	十七、卫生、社会保障和社会福利业
男	**5433**	**10462**	**11059**	**212315**	**85105**	**127210**	**145356**	**145356**	**66569**
北京	130	493	541	1447	476	971	1264	1264	583
天津	102	88	66	1080	328	752	817	817	331
河北	262	351	510	11439	3239	8200	7151	7151	5002
山西	161	388	358	8816	2547	6269	4190	4190	2404
内蒙古	89	157	114	3509	962	2547	2880	2880	1177
辽宁	207	162	193	4668	1730	2938	3825	3825	1685
吉林	100	119	123	2921	1248	1673	2672	2672	880
黑龙江	76	145	114	4193	1808	2385	3148	3148	1036
上海	183	761	427	1536	715	821	539	539	392
江苏	589	1526	1399	30433	18099	12334	6878	6878	3898
浙江	255	1677	870	11021	4779	6242	3728	3728	2383
安徽	194	347	467	9144	4033	5111	10775	10775	4228
福建	119	334	291	9024	3845	5179	5119	5119	2216
江西	128	224	353	9013	3470	5543	5967	5967	3347
山东	235	473	876	16468	6539	9929	8589	8589	4961
河南	187	327	523	10850	3890	6960	10285	10285	5586
湖北	290	262	404	9709	4445	5264	6524	6524	3284
湖南	149	424	462	12240	4628	7612	5615	5615	3437
广东	328	339	531	9988	2678	7310	5587	5587	2772
广西	176	120	263	3725	1105	2620	6663	6663	1859
海南	50	65	174	1051	311	740	1104	1104	305
重庆	35	117	166	2709	1064	1645	2435	2435	1485
四川	246	662	516	13540	5523	8017	7583	7583	4647
贵州	84	115	162	3765	1301	2464	8275	8275	1695
云南	329	292	453	6829	2010	4819	9916	9916	2153
西藏	10	21	8	120	41	79	428	428	93
陕西	148	234	288	7587	2560	5027	4255	4255	2273
甘肃	95	62	127	1824	669	1155	4421	4421	1113
青海	44	19	15	501	147	354	536	536	226
宁夏	83	49	93	1068	230	838	947	947	292
新疆	349	109	172	2097	685	1412	3240	3240	826

4-4c 续表 32 单位：人

地区 性别	76.水利管理业	77.环境管理业	78.公共设施管理业	十五、居民服务和其他服务业	79.居民服务业	80.其他服务业	十六、教育	81.教育	十七、卫生、社会保障和社会福利业
女	**1166**	**9974**	**6503**	**160024**	**118230**	**41794**	**125731**	**125731**	**53504**
北京	26	761	337	1489	1008	481	1424	1424	1084
天津	49	62	17	523	326	197	624	624	244
河北	37	239	280	5760	4141	1619	9583	9583	3554
山西	25	418	133	4535	3353	1182	7025	7025	2005
内蒙古	22	195	65	2296	1514	782	2388	2388	907
辽宁	21	101	85	2936	2328	608	3969	3969	1442
吉林	20	119	42	2248	1711	537	2394	2394	843
黑龙江	14	116	49	3534	2711	823	2564	2564	920
上海	26	532	232	1356	882	474	775	775	828
江苏	106	1266	769	29518	21683	7835	7057	7057	3793
浙江	39	927	402	8940	7270	1670	6496	6496	2679
安徽	31	296	251	7343	5796	1547	5391	5391	2304
福建	25	273	174	5790	4662	1128	4525	4525	1691
江西	34	277	194	7484	5783	1701	4453	4453	2132
山东	43	372	637	10423	7341	3082	6813	6813	3538
河南	49	330	380	6284	4489	1795	10108	10108	3533
湖北	87	311	205	6800	5194	1606	4431	4431	2648
湖南	32	534	229	10254	7739	2515	4865	4865	2776
广东	61	399	428	5197	3665	1532	6026	6026	1887
广西	44	129	162	2692	1863	829	4906	4906	1599
海南	25	63	134	608	294	314	686	686	233
重庆	11	151	86	2845	1975	870	1775	1775	783
四川	48	978	384	13827	9750	4077	6062	6062	2964
贵州	20	153	71	2034	1398	636	3482	3482	1375
云南	37	321	303	4847	3503	1344	7116	7116	2908
西藏	5	12	8	130	97	33	367	367	97
陕西	32	377	145	6169	4646	1523	3800	3800	2021
甘肃	14	58	69	2067	1690	377	1800	1800	703
青海	11	29	18	326	212	114	317	317	148
宁夏	35	56	105	578	401	177	682	682	336
新疆	137	119	109	1191	805	386	3827	3827	1529

4-4c 续表 33 单位：人

地区 性别	82.卫生	83.社会保障业	84.社会福利业	十八、文化、体育和娱乐业	85.新闻出版业	86.广播、电视、电影和音像业	87.文化艺术业	88.体育	89.娱乐业
全　国	**115728**	**1255**	**3090**	**30666**	**3996**	**4576**	**5345**	**2545**	**14204**
北　京	1447	25	195	1005	107	114	166	28	590
天　津	534	16	25	119	18	22	19	18	42
河　北	8398	51	107	1359	220	255	341	161	382
山　西	4285	38	86	1155	119	190	428	102	316
内蒙古	2027	9	48	510	80	118	74	63	175
辽　宁	2950	23	154	440	66	94	65	48	167
吉　林	1633	16	74	329	52	69	61	30	117
黑龙江	1911	15	30	448	83	108	32	38	187
上　海	864	97	259	602	18	39	61	37	447
江　苏	7170	162	359	2329	225	375	339	100	1290
浙　江	4732	37	293	2533	172	278	463	49	1571
安　徽	6343	27	162	1346	230	217	231	82	586
福　建	3804	36	67	2001	134	295	727	55	790
江　西	5288	57	134	964	163	125	127	59	490
山　东	8277	73	149	1231	271	241	143	214	362
河　南	8967	75	77	1592	415	214	366	162	435
湖　北	5755	47	130	1501	320	304	167	143	567
湖　南	5979	57	177	1687	288	256	237	151	755
广　东	4543	25	91	1526	99	214	137	277	799
广　西	3383	32	43	466	69	64	69	29	235
海　南	513	15	10	297	18	9	28	56	186
重　庆	2207	20	41	563	66	71	87	27	312
四　川	7412	68	131	2267	209	252	193	150	1463
贵　州	2970	62	38	483	42	62	53	49	277
云　南	4945	39	77	1428	97	157	261	69	844
西　藏	188		2	139	9	37	34	40	19
陕　西	4170	39	85	1130	217	192	259	88	374
甘　肃	1784	18	14	332	40	51	48	100	93
青　海	366	4	4	95	19	8	19	24	25
宁　夏	604	10	14	227	16	31	34	12	134
新　疆	2279	62	14	562	114	114	76	84	174

4-4c 续表 34　　单位：人

地区 性别	82.卫生	83.社会保障业	84.社会福利业	十八、文化、体育和娱乐业	85.新闻出版业	86.广播、电视、电影和音像业	87.文化艺术业	88.体育	89.娱乐业
男	**64482**	**709**	**1378**	**18570**	**2971**	**3205**	**3213**	**1886**	**7295**
北　京	507	15	61	542	49	65	102	18	308
天　津	313	4	14	82	14	16	13	13	26
河　北	4925	26	51	894	173	180	201	120	220
山　西	2344	26	34	740	85	130	255	89	181
内蒙古	1149	6	22	306	46	76	39	50	95
辽　宁	1596	12	77	306	57	67	50	41	91
吉　林	857	4	19	192	36	49	29	14	64
黑龙江	1012	11	13	295	70	79	17	32	97
上　海	287	49	56	331	10	31	32	24	234
江　苏	3655	81	162	1379	163	282	208	71	655
浙　江	2250	24	109	1350	115	204	238	37	756
安　徽	4118	23	87	826	177	155	137	62	295
福　建	2162	23	31	1227	103	208	457	36	423
江　西	3232	31	84	630	122	92	84	52	280
山　东	4843	40	78	823	214	154	89	152	214
河　南	5491	51	44	1120	342	146	246	117	269
湖　北	3189	28	67	956	250	215	98	93	300
湖　南	3304	35	98	980	209	177	131	123	340
广　东	2707	18	47	919	81	151	81	163	443
广　西	1821	20	18	271	45	43	44	18	121
海　南	290	9	6	195	13	8	16	41	117
重　庆	1458	8	19	317	48	58	50	19	142
四　川	4547	38	62	1169	152	180	120	107	610
贵　州	1642	33	20	293	29	42	36	43	143
云　南	2092	22	39	780	68	111	159	52	390
西　藏	92		1	98	5	22	22	36	13
陕　西	2206	26	41	725	159	128	150	70	218
甘　肃	1093	14	6	257	32	37	38	89	61
青　海	221	3	2	65	18	5	9	20	13
宁　夏	281	5	6	143	11	19	20	10	83
新　疆	798	24	4	359	75	75	42	74	93

4-4c 续表 35

单位：人

地区/性别	82.卫生	83.社会保障业	84.社会福利业	十八、文化、体育和娱乐业	85.新闻出版业	86.广播、电视、电影和音像业	87.文化艺术业	88.体育	89.娱乐业
女	**51246**	**546**	**1712**	**12096**	**1025**	**1371**	**2132**	**659**	**6909**
北京	940	10	134	463	58	49	64	10	282
天津	221	12	11	37	4	6	6	5	16
河北	3473	25	56	465	47	75	140	41	162
山西	1941	12	52	415	34	60	173	13	135
内蒙古	878	3	26	204	34	42	35	13	80
辽宁	1354	11	77	134	9	27	15	7	76
吉林	776	12	55	137	16	20	32	16	53
黑龙江	899	4	17	153	13	29	15	6	90
上海	577	48	203	271	8	8	29	13	213
江苏	3515	81	197	950	62	93	131	29	635
浙江	2482	13	184	1183	57	74	225	12	815
安徽	2225	4	75	520	53	62	94	20	291
福建	1642	13	36	774	31	87	270	19	367
江西	2056	26	50	334	41	33	43	7	210
山东	3434	33	71	408	57	87	54	62	148
河南	3476	24	33	472	73	68	120	45	166
湖北	2566	19	63	545	70	89	69	50	267
湖南	2675	22	79	707	79	79	106	28	415
广东	1836	7	44	607	18	63	56	114	356
广西	1562	12	25	195	24	21	25	11	114
海南	223	6	4	102	5	1	12	15	69
重庆	749	12	22	246	18	13	37	8	170
四川	2865	30	69	1098	57	72	73	43	853
贵州	1328	29	18	190	13	20	17	6	134
云南	2853	17	38	648	29	46	102	17	454
西藏	96		1	41	4	15	12	4	6
陕西	1964	13	44	405	58	64	109	18	156
甘肃	691	4	8	75	8	14	10	11	32
青海	145	1	2	30	1	3	10	4	12
宁夏	323	5	8	84	5	12	14	2	51
新疆	1481	38	10	203	39	39	34	10	81

4-4c 续表 36 单位：人

地区 性别	十九、公共管理和社会组织	90.中国共产党机关	91.国家机构	92.人民政协和民主党派	93.群众团体、社会团体和宗教组织	94.基层群众自治组织	二十、国际组织	95.国际组织
全国	**193002**	**1931**	**91928**	**449**	**11723**	**86971**	**30**	**30**
北京	8400	12	3781	2	54	4551		
天津	2498	8	443	9	12	2026		
河北	9729	152	5608	57	178	3734	1	1
山西	7129	51	4222	11	187	2658		
内蒙古	3512	73	2160	4	121	1154		
辽宁	4296	63	2517	13	116	1587	1	1
吉林	2747	12	1286	10	49	1390	1	1
黑龙江	1900	42	1317	21	54	466	1	1
上海	2451	4	1007	3	156	1281	1	1
江苏	14654	108	7030	16	926	6574		
浙江	13492	46	6897	6	1442	5101		
安徽	6295	78	2942	9	286	2980		
福建	6326	63	2845	26	732	2660	2	2
江西	5054	53	2841	10	267	1883	2	2
山东	18788	136	4329	29	229	14065	3	3
河南	6245	91	3896	52	169	2037		
湖北	6000	53	3013	21	331	2582	7	7
湖南	4563	85	3211	24	251	992	7	7
广东	10510	47	4105	4	228	6126	1	1
广西	3363	74	2318	10	100	861	1	1
海南	934	3	505	1	54	371		
重庆	2044	64	1141	2	36	801	1	1
四川	9612	198	4911	25	2129	2349	1	1
贵州	5760	59	3999	18	128	1556		
云南	8288	160	4672	8	441	3007		
西藏	1403	6	1008	5	293	91		
陕西	11246	65	2820	23	146	8192		
甘肃	3444	44	1982	6	956	456		
青海	4453	11	382	1	1247	2812		
宁夏	1439	11	1013	6	231	178		
新疆	6427	59	3727	17	174	2450		

4-4c 续表 37 单位：人

地区 性别	十九、公共管理和社会组织	90.中国共产党机关	91.国家机构	92.人民政协和民主党派	93.群众团体、社会团体和宗教组织	94.基层群众自治组织	二十、国际组织	95.国际组织
男	**139834**	**1610**	**70112**	**335**	**8569**	**59208**	**26**	**26**
北京	5124	11	2270	2	34	2807		
天津	1654	6	354	6	8	1280		
河北	7649	125	4330	47	116	3031		
山西	5665	39	3301	8	134	2183		
内蒙古	2487	58	1543	2	89	795		
辽宁	3336	54	2036	11	63	1172	1	1
吉林	1855	11	982	6	27	829	1	1
黑龙江	1516	29	1055	16	39	377	1	1
上海	1697	3	749	3	95	847	1	1
江苏	11148	90	5615	10	718	4715		
浙江	10247	34	5328	5	1120	3760		
安徽	4768	61	2346	9	207	2145		
福建	4704	59	2194	19	492	1940	1	1
江西	3953	49	2219	8	173	1504	2	2
山东	11859	114	3466	25	156	8098	3	3
河南	4757	76	2983	34	113	1551		
湖北	4321	43	2322	13	209	1734	7	7
湖南	3407	72	2458	19	178	680	5	5
广东	8123	39	3176	4	148	4756	1	1
广西	2637	58	1787	9	54	729	1	1
海南	745	3	401	1	45	295		
重庆	1549	51	858		30	610	1	1
四川	6907	178	3648	19	1309	1753	1	1
贵州	4613	48	3204	17	72	1272		
云南	6340	135	3560	4	316	2325		
西藏	905	5	663	2	176	59		
陕西	7015	54	2121	16	115	4709		
甘肃	2901	39	1599	4	902	357		
青海	2837	10	290	1	1122	1414		
宁夏	1040	10	706	6	194	124		
新疆	4075	46	2548	9	115	1357		

4-4c 续表 38

单位：人

地区 性别	十九、公共管理和社会组织	90.中国共产党机关	91.国家机构	92.人民政协和民主党派	93.群众团体、社会团体和宗教组织	94.基层群众自治组织	二十、国际组织	95.国际组织
女	**53168**	**321**	**21816**	**114**	**3154**	**27763**	**4**	**4**
北京	3276	1	1511		20	1744		
天津	844	2	89	3	4	746		
河北	2080	27	1278	10	62	703	1	1
山西	1464	12	921	3	53	475		
内蒙古	1025	15	617	2	32	359		
辽宁	960	9	481	2	53	415		
吉林	892	1	304	4	22	561		
黑龙江	384	13	262	5	15	89		
上海	754	1	258		61	434		
江苏	3506	18	1415	6	208	1859		
浙江	3245	12	1569	1	322	1341		
安徽	1527	17	596		79	835		
福建	1622	4	651	7	240	720	1	1
江西	1101	4	622	2	94	379		
山东	6929	22	863	4	73	5967		
河南	1488	15	913	18	56	486		
湖北	1679	10	691	8	122	848		
湖南	1156	13	753	5	73	312	2	2
广东	2387	8	929		80	1370		
广西	726	16	531	1	46	132		
海南	189		104		9	76		
重庆	495	13	283	2	6	191		
四川	2705	20	1263	6	820	596		
贵州	1147	11	795	1	56	284		
云南	1948	25	1112	4	125	682		
西藏	498	1	345	3	117	32		
陕西	4231	11	699	7	31	3483		
甘肃	543	5	383	2	54	99		
青海	1616	1	92		125	1398		
宁夏	399	1	307		37	54		
新疆	2352	13	1179	8	59	1093		

4-5 全国分年龄、性别、行业大类的就业人口

单位：人

年龄组 性 别	合 计	一、农、林、牧、渔业	1.农业	2.林业	3.畜牧业	4.渔业	5.农、林、牧、渔服务业	二、采 矿 业	6.煤炭开采和洗选业
总 计	**71547989**	**34584219**	**32589211**	**257471**	**1278067**	**314298**	**145172**	**809350**	**472184**
16-19岁	2310082	1040536	986499	6722	38257	5970	3088	10746	5370
20-24岁	7931369	3017534	2860010	19545	104439	21894	11646	68138	39883
25-29岁	7953554	2709919	2545024	22494	104931	24151	13319	86127	50399
30-34岁	7905130	2779726	2598858	25208	112796	26948	15916	100688	57823
35-39岁	9830485	3905211	3648616	36192	157168	41519	21716	150732	87937
40-44岁	10539896	4835683	4527031	45086	184892	53920	24754	161846	97536
45-49岁	8699909	4357272	4080340	40562	165212	50197	20961	125181	75468
50-54岁	5731203	3451260	3255140	24136	121856	36555	13573	62659	36714
55-59岁	5304269	3835856	3641622	20160	131317	31173	11584	32303	15872
60-64岁	2866047	2422655	2315231	9714	78915	13855	4940	7468	3428
65-69岁	1477246	1314458	1257703	4712	44272	5422	2349	2333	1169
70-74岁	641266	585374	559434	1971	21180	1941	848	713	358
75岁及以上	357533	328735	313703	969	12832	753	478	416	227
男	**39597282**	**17579444**	**16551268**	**164084**	**549416**	**223046**	**91630**	**666207**	**405874**
16-19岁	1240355	567165	536968	4368	19599	4471	1759	8886	4541
20-24岁	4143156	1483109	1399469	11912	49212	15821	6695	56142	34079
25-29岁	4280916	1334230	1246218	13739	48966	17393	7914	69698	42674
30-34岁	4305772	1369951	1275558	15490	50325	19047	9531	80569	49058
35-39岁	5334779	1897064	1767618	22090	65476	28545	13335	119718	74344
40-44岁	5676683	2327562	2173812	27695	74344	36619	15092	130405	82385
45-49岁	4767226	2098429	1959031	25345	66489	34426	13138	103730	65032
50-54岁	3414673	1753783	1650349	16753	50944	26253	9484	57145	34215
55-59岁	3177006	2015513	1915945	14237	53634	23288	8409	30096	14865
60-64岁	1704217	1365601	1310583	6806	33916	10725	3571	6811	3165
65-69岁	918258	794213	764729	3413	20011	4316	1744	2066	1025
70-74岁	413509	371663	357656	1490	10327	1545	645	600	298
75岁及以上	220732	201161	193332	746	6173	597	313	341	193
女	**31950707**	**17004775**	**16037943**	**93387**	**728651**	**91252**	**53542**	**143143**	**66310**
16-19岁	1069727	473371	449531	2354	18658	1499	1329	1860	829
20-24岁	3788213	1534425	1460541	7633	55227	6073	4951	11996	5804
25-29岁	3672638	1375689	1298806	8755	55965	6758	5405	16429	7725
30-34岁	3599358	1409775	1323300	9718	62471	7901	6385	20119	8765
35-39岁	4495706	2008147	1880998	14102	91692	12974	8381	31014	13593
40-44岁	4863213	2508121	2353219	17391	110548	17301	9662	31441	15151
45-49岁	3932683	2258843	2121309	15217	98723	15771	7823	21451	10436
50-54岁	2316530	1697477	1604791	7383	70912	10302	4089	5514	2499
55-59岁	2127263	1820343	1725677	5923	77683	7885	3175	2207	1007
60-64岁	1161830	1057054	1004648	2908	44999	3130	1369	657	263
65-69岁	558988	520245	492974	1299	24261	1106	605	267	144
70-74岁	227757	213711	201778	481	10853	396	203	113	60
75岁及以上	136801	127574	120371	223	6659	156	165	75	34

4-5 续表 1

单位：人

年龄组 性别	7.石油和天然气开采业	8.黑色金属矿采选业	9.有色金属矿采选业	10.非金属矿采选业	11.其他采矿业	三、制造业	12.农副食品加工业	13.食品制造业	14.饮料制造业
总　计	**105240**	**59306**	**73157**	**89316**	**10147**	**12059240**	**378733**	**338504**	**146924**
16-19岁	778	1162	1369	1837	230	665111	10553	14349	3377
20-24岁	7542	5455	6804	7353	1101	2093084	39904	50038	17348
25-29岁	13371	5636	7708	7882	1131	1789564	38522	47249	20011
30-34岁	16264	6693	9480	9240	1188	1618983	41646	45010	20278
35-39岁	23201	9974	13778	14293	1549	1824322	58238	52544	25268
40-44岁	19202	11391	14626	17317	1774	1717369	67225	51867	24763
45-49岁	13874	9440	10904	14073	1422	1192578	54311	38476	18348
50-54岁	6028	5433	5150	8489	845	581059	30471	19364	9097
55-59岁	4368	3073	2460	5951	579	379579	23197	12826	5776
60-64岁	438	750	571	2087	194	127040	9199	4362	1713
65-69岁	108	206	196	573	81	46532	3644	1591	604
70-74岁	45	60	59	153	38	15921	1301	565	214
75岁及以上	21	33	52	68	15	8098	522	263	127
男	**72047**	**49372**	**57919**	**73528**	**7467**	**6758775**	**219755**	**172606**	**88288**
16-19岁	563	983	1080	1552	167	335851	5798	6910	1947
20-24岁	5197	4647	5373	6052	794	1137087	22754	24482	10010
25-29岁	9031	4753	6089	6367	784	1014223	22469	24407	12002
30-34岁	10601	5429	7312	7317	852	897453	23434	22839	11938
35-39岁	14603	7896	10465	11283	1127	971629	31732	25103	14266
40-44岁	12690	9054	11253	13732	1291	895559	36129	24290	13858
45-49岁	9538	7743	8754	11597	1066	668391	30548	19062	10988
50-54岁	5195	4983	4564	7527	661	408424	19993	12195	6708
55-59岁	4145	2902	2263	5441	480	285968	16241	8618	4553
60-64岁	346	714	504	1936	146	93438	6668	2981	1318
65-69岁	88	187	174	529	63	34357	2678	1135	463
70-74岁	34	55	47	140	26	11365	950	406	156
75岁及以上	16	26	41	55	10	5030	361	178	81
女	**33193**	**9934**	**15238**	**15788**	**2680**	**5300465**	**158978**	**165898**	**58636**
16-19岁	215	179	289	285	63	329260	4755	7439	1430
20-24岁	2345	808	1431	1301	307	955997	17150	25556	7338
25-29岁	4340	883	1619	1515	347	775341	16053	22842	8009
30-34岁	5663	1264	2168	1923	336	721530	18212	22171	8340
35-39岁	8598	2078	3313	3010	422	852693	26506	27441	11002
40-44岁	6512	2337	3373	3585	483	821810	31096	27577	10905
45-49岁	4336	1697	2150	2476	356	524187	23763	19414	7360
50-54岁	833	450	586	962	184	172635	10478	7169	2389
55-59岁	223	171	197	510	99	93611	6956	4208	1223
60-64岁	92	36	67	151	48	33602	2531	1381	395
65-69岁	20	19	22	44	18	12175	966	456	141
70-74岁	11	5	12	13	12	4556	351	159	58
75岁及以上	5	7	11	13	5	3068	161	85	46

4-5 续表 2

单位：人

年龄组 性别	15.烟草制品业	16.纺织业	17.纺织服装、鞋、帽制造业	18.皮革、毛皮、羽毛(绒)及其制品业	19.木材加工及木、竹、藤、棕、草制品业	20.家具制造业	21.造纸及纸制品业	22.印刷业和记录媒介的复制	23.文教体育用品制造业
总　计	**32233**	**929274**	**1479572**	**564748**	**331518**	**338628**	**211748**	**165900**	**259050**
16-19岁	335	49851	114152	46076	9266	12863	8923	8401	19356
20-24岁	2064	148534	314702	117371	35735	46313	31010	27526	53705
25-29岁	3310	121464	238797	93716	33942	46082	29608	26688	42696
30-34岁	4240	119361	208153	82876	35175	45975	28947	24241	37321
35-39岁	6408	147153	222575	87784	50086	56066	33344	25611	39031
40-44岁	6815	151059	190878	70134	60184	56579	32395	21984	32889
45-49岁	5388	103199	112899	38424	47237	38788	23363	16719	18782
50-54岁	2269	44433	40159	14395	25398	17011	12103	7936	7371
55-59岁	1072	27841	23275	8798	19784	11718	7968	4755	4999
60-64岁	205	10589	8757	3259	8820	4719	2719	1326	1783
65-69岁	91	3873	3266	1206	3665	1593	904	495	732
70-74岁	23	1319	1134	423	1427	564	320	148	229
75岁及以上	13	598	825	286	799	357	144	70	156
男	**19651**	**352757**	**500259**	**267805**	**207144**	**234609**	**124527**	**94606**	**116720**
16-19岁	202	17855	38740	22440	5995	9460	5067	4816	8672
20-24岁	1267	54724	107982	57632	22252	31927	18260	15723	25238
25-29岁	1992	47039	85962	46798	21225	31020	17866	15784	20936
30-34岁	2481	44249	72359	40095	21384	30860	16854	13996	17441
35-39岁	3670	50815	71414	39201	29511	36824	18434	13735	16257
40-44岁	3810	49865	54664	28805	35230	37726	17264	11119	12206
45-49岁	3307	38379	33514	16484	29193	27506	13246	8735	7524
50-54岁	1795	23369	16498	7813	17510	13495	8497	5548	3935
55-59岁	892	16692	11667	5294	14195	9679	6006	3645	2892
60-64岁	150	6340	4668	2062	6396	4027	2029	971	975
65-69岁	64	2387	1851	780	2667	1339	671	378	436
70-74岁	12	763	593	247	1032	472	243	110	131
75岁及以上	9	280	347	154	554	274	90	46	77
女	**12582**	**576517**	**979313**	**296943**	**124374**	**104019**	**87221**	**71294**	**142330**
16-19岁	133	31996	75412	23636	3271	3403	3856	3585	10684
20-24岁	797	93810	206720	59739	13483	14386	12750	11803	28467
25-29岁	1318	74425	152835	46918	12717	15062	11742	10904	21760
30-34岁	1759	75112	135794	42781	13791	15115	12093	10245	19880
35-39岁	2738	96338	151161	48583	20575	19242	14910	11876	22774
40-44岁	3005	101194	136214	41329	24954	18853	15131	10865	20683
45-49岁	2081	64820	79385	21940	18044	11282	10117	7984	11258
50-54岁	474	21064	23661	6582	7888	3516	3606	2388	3436
55-59岁	180	11149	11608	3504	5589	2039	1962	1110	2107
60-64岁	55	4249	4089	1197	2424	692	690	355	808
65-69岁	27	1486	1415	426	998	254	233	117	296
70-74岁	11	556	541	176	395	92	77	38	98
75岁及以上	4	318	478	132	245	83	54	24	79

4-5 续表 3

单位：人

年龄组 性 别	24.石油加工、炼焦及核燃料加工业	25.化学原料及化学制品制造业	26.医药制造业	27.化学纤维制造业	28.橡胶制品业	29.塑料制品业	30.非金属矿物制品业	31.黑色金属冶炼及压延加工业	32.有色金属冶炼及压延加工业
总 计	**83589**	**398388**	**149573**	**41596**	**121711**	**342743**	**706986**	**300187**	**145281**
16-19岁	1173	7925	3008	1316	5283	19163	19870	6484	3561
20-24岁	8766	44286	20456	5246	19344	56786	78415	38936	17798
25-29岁	11214	51145	25836	5037	18263	50482	79851	39992	19356
30-34岁	10796	53902	23685	5734	17027	46998	86844	39621	20175
35-39岁	15835	69231	24403	7196	19422	52297	117782	50895	25986
40-44岁	14792	70358	21549	7539	18004	49093	124902	50677	25293
45-49岁	11010	51169	16787	5083	12334	33442	93778	38272	17882
50-54岁	5783	27372	7922	2317	6399	16464	51719	19911	8343
55-59岁	3459	16275	4502	1485	3772	11463	35725	11617	4833
60-64岁	536	4521	947	410	1228	4297	12389	2639	1419
65-69岁	154	1552	310	158	419	1528	4170	790	429
70-74岁	48	454	107	60	163	486	1145	228	136
75岁及以上	23	198	61	15	53	244	396	125	70
男	**59899**	**252839**	**80182**	**23703**	**74680**	**186816**	**487806**	**235106**	**104829**
16-19岁	890	4552	1343	742	3144	10120	13713	5270	2651
20-24岁	6561	26567	10102	3063	12329	31366	53195	31774	13155
25-29岁	8078	31646	13356	2871	11628	28926	53991	31807	13994
30-34岁	7347	32547	12288	3129	10306	25949	57239	30161	14094
35-39岁	10436	41607	12307	3708	11091	27048	75987	37501	17794
40-44岁	9886	42194	10834	3884	9754	23686	81157	37455	17377
45-49岁	7772	33419	8961	2856	7271	17197	64405	29394	12845
50-54岁	5055	21704	6063	1778	4765	10324	41478	17767	6974
55-59岁	3210	13382	3841	1208	2948	7739	30651	10634	4161
60-64岁	476	3527	738	310	956	2976	10925	2343	1238
65-69岁	130	1232	237	104	329	1035	3721	695	373
70-74岁	38	331	78	41	125	312	1021	200	116
75岁及以上	20	131	34	9	34	138	323	105	57
女	**23690**	**145549**	**69391**	**17893**	**47031**	**155927**	**219180**	**65081**	**40452**
16-19岁	283	3373	1665	574	2139	9043	6157	1214	910
20-24岁	2205	17719	10354	2183	7015	25420	25220	7162	4643
25-29岁	3136	19499	12480	2166	6635	21556	25860	8185	5362
30-34岁	3449	21355	11397	2605	6721	21049	29605	9460	6081
35-39岁	5399	27624	12096	3488	8331	25249	41795	13394	8192
40-44岁	4906	28164	10715	3655	8250	25407	43745	13222	7916
45-49岁	3238	17750	7826	2227	5063	16245	29373	8878	5037
50-54岁	728	5668	1859	539	1634	6140	10241	2144	1369
55-59岁	249	2893	661	277	824	3724	5074	983	672
60-64岁	60	994	209	100	272	1321	1464	296	181
65-69岁	24	320	73	54	90	493	449	95	56
70-74岁	10	123	29	19	38	174	124	28	20
75岁及以上	3	67	27	6	19	106	73	20	13

4-5 续表 4

单位：人

年龄组 性 别	33.金属制品业	34.通用设备制造业	35.专用设备制造业	36.交通运输设备制造业	37.电气机械及器材制造业	38.通信设备、计算机及其他电子设备制造业	39.仪器仪表及文化、办公用机械制造业	40.工艺品及其他制造业	41.废弃资源和废旧材料回收加工业
总 计	**673244**	**699763**	**459008**	**629368**	**656313**	**888798**	**167201**	**330012**	**88647**
16-19岁	30218	24623	23093	28390	47523	113230	12081	18711	1957
20-24岁	104650	98380	82283	112182	142709	284655	34132	52866	6944
25-29岁	99049	92498	76045	101592	114013	178903	29172	47103	7928
30-34岁	95286	89972	64565	88152	91442	114974	23346	43331	9910
35-39岁	107338	107013	66049	94968	89812	85549	22503	49321	14614
40-44岁	100160	109189	58909	83094	76366	57636	18851	47377	16808
45-49岁	67829	83089	43955	61355	50327	31442	13635	32511	12744
50-54岁	34593	47329	23400	33040	23214	12214	6874	16881	7277
55-59岁	22812	32108	15034	19998	14526	7115	4471	12556	5819
60-64岁	7591	9872	3762	4449	4233	1903	1297	5383	2713
65-69岁	2634	3738	1280	1511	1443	690	539	2364	1159
70-74岁	749	1379	443	451	464	253	195	972	521
75岁及以上	335	573	190	186	241	234	105	636	253
男	**462926**	**495895**	**307221**	**457577**	**375154**	**456227**	**92752**	**148551**	**57885**
16-19岁	21608	19062	14509	22736	23790	48126	5625	8681	1387
20-24岁	74283	74761	54644	87347	79512	139456	17222	24794	4705
25-29岁	68878	66548	50499	74791	66316	98736	16367	23139	5152
30-34岁	64557	62280	42437	62062	52561	63080	13111	20173	6202
35-39岁	70401	70949	41985	63540	48980	44742	12235	21411	8945
40-44岁	63778	70032	36967	54169	40794	28945	10060	19211	10410
45-49岁	44510	55187	29212	41583	29091	16992	7831	13339	8040
50-54岁	26655	37657	19144	27764	17348	8426	5122	7842	5202
55-59岁	18796	26898	13075	17874	11800	5481	3606	5948	4342
60-64岁	6331	7927	3160	3845	3290	1404	970	2383	2054
65-69岁	2231	3041	1080	1325	1144	520	389	1038	884
70-74岁	652	1122	372	389	366	184	145	366	392
75岁及以上	246	431	137	152	162	135	69	226	170
女	**210318**	**203868**	**151787**	**171791**	**281159**	**432571**	**74449**	**181461**	**30762**
16-19岁	8610	5561	8584	5654	23733	65104	6456	10030	570
20-24岁	30367	23619	27639	24835	63197	145199	16910	28072	2239
25-29岁	30171	25950	25546	26801	47697	80167	12805	23964	2776
30-34岁	30729	27692	22128	26090	38881	51894	10235	23158	3708
35-39岁	36937	36064	24064	31428	40832	40807	10268	27910	5669
40-44岁	36382	39157	21942	28925	35572	28691	8791	28166	6398
45-49岁	23319	27902	14743	19772	21236	14450	5804	19172	4704
50-54岁	7938	9672	4256	5276	5866	3788	1752	9039	2075
55-59岁	4016	5210	1959	2124	2726	1634	865	6608	1477
60-64岁	1260	1945	602	604	943	499	327	3000	659
65-69岁	403	697	200	186	299	170	150	1326	275
70-74岁	97	257	71	62	98	69	50	606	129
75岁及以上	89	142	53	34	79	99	36	410	83

4-5 续表 5　　　　单位：人

年龄组 性别	四、电力、燃气及水的生产和供应业	42.电力、热力的生产和供应业	43.燃气生产和供应业	44.水的生产和供应业	五、建筑业	45.房屋和土木工程建筑业	46.建筑安装业	47.建筑装饰业	48.其他建筑业
总　计	**495991**	**373771**	**46714**	**75506**	**3919862**	**2903099**	**223706**	**715783**	**77274**
16-19岁	4201	3178	487	536	93889	68425	5668	17826	1970
20-24岁	35552	27543	3692	4317	386407	272595	25197	80271	8344
25-29岁	57240	43468	5715	8057	408560	278609	26670	93954	9327
30-34岁	69689	52357	6479	10853	456368	315182	29263	102147	9776
35-39岁	94645	72250	8358	14037	660161	478857	38368	130048	12888
40-44岁	90995	69011	8262	13722	747704	561972	39490	132870	13372
45-49岁	73623	55005	6830	11788	553053	424095	29353	89258	10347
50-54岁	40412	29919	3849	6644	300634	240715	15905	38192	5822
55-59岁	24095	17435	2362	4298	214192	178154	9868	22473	3697
60-64岁	3757	2486	442	829	72632	62027	2875	6509	1221
65-69岁	1231	784	167	280	20367	17543	764	1710	350
70-74岁	363	201	55	107	4143	3511	177	333	122
75岁及以上	188	134	16	38	1752	1414	108	192	38
男	**353899**	**272829**	**31497**	**49573**	**3355130**	**2493317**	**192039**	**606200**	**63574**
16-19岁	3260	2544	306	410	82825	60183	5099	15814	1729
20-24岁	25219	19999	2382	2838	330129	234455	21837	66968	6869
25-29岁	39370	30722	3620	5028	342177	235037	22435	77232	7473
30-34岁	46487	35930	3965	6592	380573	263243	24700	84810	7820
35-39岁	63451	49810	5301	8340	547141	396729	32188	107880	10344
40-44岁	61902	48293	5281	8328	627981	472066	33232	111972	10711
45-49岁	52088	40004	4618	7466	476514	365628	25037	77360	8489
50-54岁	34744	25971	3281	5492	274484	219772	14604	34920	5188
55-59岁	22435	16338	2155	3942	200574	166820	9273	21099	3382
60-64岁	3406	2261	381	764	68558	58629	2699	6114	1116
65-69岁	1083	685	147	251	19042	16447	695	1583	317
70-74岁	309	173	46	90	3746	3185	159	296	106
75岁及以上	145	99	14	32	1386	1123	81	152	30
女	**142092**	**100942**	**15217**	**25933**	**564732**	**409782**	**31667**	**109583**	**13700**
16-19岁	941	634	181	126	11064	8242	569	2012	241
20-24岁	10333	7544	1310	1479	56278	38140	3360	13303	1475
25-29岁	17870	12746	2095	3029	66383	43572	4235	16722	1854
30-34岁	23202	16427	2514	4261	75795	51939	4563	17337	1956
35-39岁	31194	22440	3057	5697	113020	82128	6180	22168	2544
40-44岁	29093	20718	2981	5394	119723	89906	6258	20898	2661
45-49岁	21535	15001	2212	4322	76539	58467	4316	11898	1858
50-54岁	5668	3948	568	1152	26150	20943	1301	3272	634
55-59岁	1660	1097	207	356	13618	11334	595	1374	315
60-64岁	351	225	61	65	4074	3398	176	395	105
65-69岁	148	99	20	29	1325	1096	69	127	33
70-74岁	54	28	9	17	397	326	18	37	16
75岁及以上	43	35	2	6	366	291	27	40	8

4-5 续表 6　　　　单位：人

年龄组 性　别	六、交通运输、仓储和邮政业	49.铁路运输业	50.道路运输业	51.城市公共交通业	52.水上运输业	53.航空运输业	54.管道运输业	55.装卸搬运和其他运输服务业	56.仓储业
总　计	**2544704**	**223215**	**1355227**	**471165**	**73118**	**43768**	**4495**	**214563**	**71099**
16-19岁	31147	1741	18856	3067	692	704	52	3735	1086
20-24岁	221808	13030	125400	30142	6154	7415	312	20889	7041
25-29岁	333759	19735	187372	56219	8752	10097	514	27053	8682
30-34岁	384626	24498	218168	74998	8453	6643	656	27987	8727
35-39岁	477300	35223	266553	94476	10941	6843	872	36142	11143
40-44岁	446483	39841	239109	87451	12165	5083	774	37440	11915
45-49岁	340940	44183	164425	66836	11235	3691	681	28796	10990
50-54岁	181139	26033	80288	36273	8060	1957	359	17201	6341
55-59岁	98202	14564	42400	17285	5152	1156	232	11157	3796
60-64岁	20189	2489	9065	3151	1076	125	26	3030	883
65-69岁	6084	1086	2493	849	297	38	12	838	332
70-74岁	1875	460	667	257	86	7	2	214	116
75岁及以上	1152	332	431	161	55	9	3	81	47
男	**2130365**	**166071**	**1192130**	**404683**	**57446**	**27113**	**3390**	**171969**	**50234**
16-19岁	25004	1058	16063	2381	537	332	41	2992	801
20-24岁	177417	9003	108033	25302	4495	3794	248	15252	4706
25-29岁	274443	14258	164583	48481	6197	5731	364	19530	5842
30-34岁	322845	18180	192374	64456	6284	4091	482	21741	5894
35-39岁	399498	25654	234290	79948	8439	4431	620	29029	7496
40-44岁	369391	28210	208117	73193	9350	3332	559	30346	8003
45-49岁	281505	31614	143013	56625	8918	2586	501	23873	7664
50-54岁	164040	22333	74127	33930	7187	1608	320	15347	5327
55-59岁	90841	12745	39968	16428	4711	1055	219	10129	3360
60-64岁	17799	1718	8384	2875	950	107	23	2737	717
65-69岁	5160	736	2252	726	264	33	10	745	285
70-74岁	1542	336	571	217	68	6	1	190	100
75岁及以上	880	226	355	121	46	7	2	58	39
女	**414339**	**57144**	**163097**	**66482**	**15672**	**16655**	**1105**	**42594**	**20865**
16-19岁	6143	683	2793	686	155	372	11	743	285
20-24岁	44391	4027	17367	4840	1659	3621	64	5637	2335
25-29岁	59316	5477	22789	7738	2555	4366	150	7523	2840
30-34岁	61781	6318	25794	10542	2169	2552	174	6246	2833
35-39岁	77802	9569	32263	14528	2502	2412	252	7113	3647
40-44岁	77092	11631	30992	14258	2815	1751	215	7094	3912
45-49岁	59435	12569	21412	10211	2317	1105	180	4923	3326
50-54岁	17099	3700	6161	2343	873	349	39	1854	1014
55-59岁	7361	1819	2432	857	441	101	13	1028	436
60-64岁	2390	771	681	276	126	18	3	293	166
65-69岁	924	350	241	123	33	5	2	93	47
70-74岁	333	124	96	40	18	1	1	24	16
75岁及以上	272	106	76	40	9	2	1	23	8

4-5 续表 7 单位：人

年龄组 性 别	57.邮政业	七、信息传输、计算机服务和软件业	58.电信和其他信息传输服务业	59.计算机服务业	60.软件业	八、批发和零售业	61.批发业	62.零售业	九、住宿和餐饮业
总 计	**88054**	**439412**	**274219**	**72086**	**93107**	**6656937**	**1341148**	**5315789**	**1953185**
16-19岁	1214	9986	5622	3217	1147	185163	29566	155597	131683
20-24岁	11425	88151	52836	16816	18499	894813	150697	744116	345303
25-29岁	15335	121165	69122	18752	33291	1006739	192391	814348	280500
30-34岁	14496	79979	48760	11852	19367	990778	193970	796808	252537
35-39岁	15107	56703	38538	8076	10089	1104937	224356	880581	285183
40-44岁	12705	37128	26361	5504	5263	1008348	217604	790744	271427
45-49岁	10103	26068	19021	3828	3219	734852	166016	568836	202685
50-54岁	4627	11488	8304	1911	1273	358036	83153	274883	95915
55-59岁	2460	6556	4577	1290	689	233574	54621	178953	58775
60-64岁	344	1350	702	476	172	83986	18052	65934	19310
65-69岁	139	493	228	210	55	34725	6927	27798	6900
70-74岁	66	195	72	98	25	13663	2572	11091	1943
75岁及以上	33	150	76	56	18	7323	1223	6100	1024
男	**57329**	**262912**	**153302**	**47508**	**62102**	**3145130**	**777107**	**2368023**	**903340**
16-19岁	799	4912	2439	1895	578	74460	16368	58092	63423
20-24岁	6584	45818	23441	10935	11442	358550	77977	280573	162762
25-29岁	9457	70597	35264	12935	22398	439665	102673	336992	137026
30-34岁	9343	49704	28002	8136	13566	444248	107267	336981	119936
35-39岁	9591	36069	23897	5262	6910	508579	127205	381374	124722
40-44岁	8281	23324	16536	3358	3430	480470	125076	355394	109265
45-49岁	6711	16627	12296	2263	2068	369559	98902	270657	83604
50-54岁	3861	8786	6534	1303	949	220518	59043	161475	50633
55-59岁	2226	5498	4054	887	557	154602	40987	113615	34180
60-64岁	288	984	562	295	127	55852	13404	42448	11637
65-69岁	109	369	179	149	41	23938	5347	18591	4325
70-74岁	53	135	52	61	22	9699	1958	7741	1262
75岁及以上	26	89	46	29	14	4990	900	4090	565
女	**30725**	**176500**	**120917**	**24578**	**31005**	**3511807**	**564041**	**2947766**	**1049845**
16-19岁	415	5074	3183	1322	569	110703	13198	97505	68260
20-24岁	4841	42333	29395	5881	7057	536263	72720	463543	182541
25-29岁	5878	50568	33858	5817	10893	567074	89718	477356	143474
30-34岁	5153	30275	20758	3716	5801	546530	86703	459827	132601
35-39岁	5516	20634	14641	2814	3179	596358	97151	499207	160461
40-44岁	4424	13804	9825	2146	1833	527878	92528	435350	162162
45-49岁	3392	9441	6725	1565	1151	365293	67114	298179	119081
50-54岁	766	2702	1770	608	324	137518	24110	113408	45282
55-59岁	234	1058	523	403	132	78972	13634	65338	24595
60-64岁	56	366	140	181	45	28134	4648	23486	7673
65-69岁	30	124	49	61	14	10787	1580	9207	2575
70-74岁	13	60	20	37	3	3964	614	3350	681
75岁及以上	7	61	30	27	4	2333	323	2010	459

4-5 续表 8 单位：人

年龄组 性别	63.住宿业	64.餐饮业	十、金融业	65.银行业	66.证券业	67.保险业	68.其他金融活动	十一、房地产业	69.房地产业
总　计	**321228**	**1631957**	**581162**	**340234**	**34156**	**159718**	**47054**	**481021**	**481021**
16-19岁	18884	112799	2621	951	168	1055	447	6780	6780
20-24岁	60889	284414	63543	31158	5322	20226	6837	53148	53148
25-29岁	48826	231674	107141	55384	8927	32818	10012	70577	70577
30-34岁	41222	211315	84289	43380	5582	27714	7613	63209	63209
35-39岁	44641	240542	105334	62905	5901	28961	7567	68186	68186
40-44岁	42741	228686	96909	63286	4025	23373	6225	69497	69497
45-49岁	33619	169066	74935	51437	2567	16166	4765	64862	64862
50-54岁	16578	79337	31002	21954	1032	5880	2136	43470	43470
55-59岁	9684	49091	12549	8198	511	2737	1103	29885	29885
60-64岁	2726	16584	1832	996	85	541	210	7651	7651
65-69岁	966	5934	636	362	18	166	90	2611	2611
70-74岁	299	1644	210	124	12	41	33	828	828
75岁及以上	153	871	161	99	6	40	16	317	317
男	**138356**	**764984**	**292923**	**178864**	**20934**	**67613**	**25512**	**305950**	**305950**
16-19岁	7859	55564	1315	591	76	403	245	4704	4704
20-24岁	24873	137889	27567	12716	2880	9001	2970	30743	30743
25-29岁	21296	115730	49886	24694	5366	14983	4843	40766	40766
30-34岁	17691	102245	39465	21279	3364	10935	3887	38023	38023
35-39岁	17614	107108	50711	32026	3537	11039	4109	40664	40664
40-44岁	15936	93329	49047	34043	2654	8774	3576	40947	40947
45-49岁	13841	69763	40961	29656	1718	6607	2980	40398	40398
50-54岁	9977	40656	21422	15573	819	3372	1658	34977	34977
55-59岁	6581	27599	10376	7062	435	1927	952	25439	25439
60-64岁	1754	9883	1391	770	62	385	174	6233	6233
65-69岁	650	3675	508	283	12	137	76	2155	2155
70-74岁	195	1067	170	101	7	32	30	668	668
75岁及以上	89	476	104	70	4	18	12	233	233
女	**182872**	**866973**	**288239**	**161370**	**13222**	**92105**	**21542**	**175071**	**175071**
16-19岁	11025	57235	1306	360	92	652	202	2076	2076
20-24岁	36016	146525	35976	18442	2442	11225	3867	22405	22405
25-29岁	27530	115944	57255	30690	3561	17835	5169	29811	29811
30-34岁	23531	109070	44824	22101	2218	16779	3726	25186	25186
35-39岁	27027	133434	54623	30879	2364	17922	3458	27522	27522
40-44岁	26805	135357	47862	29243	1371	14599	2649	28550	28550
45-49岁	19778	99303	33974	21781	849	9559	1785	24464	24464
50-54岁	6601	38681	9580	6381	213	2508	478	8493	8493
55-59岁	3103	21492	2173	1136	76	810	151	4446	4446
60-64岁	972	6701	441	226	23	156	36	1418	1418
65-69岁	316	2259	128	79	6	29	14	456	456
70-74岁	104	577	40	23	5	9	3	160	160
75岁及以上	64	395	57	29	2	22	4	84	84

4-5 续表 9 单位：人

年龄组 性别	十二、租赁和商务服务业	70.租赁业	71.商务服务业	十三、科学研究、技术服务和地质勘查业	72.研究与试验发展	73.专业技术服务业	74.科技交流和推广服务业	75.地质勘查业	十四、水利、环境和公共设施管理业
总计	**491322**	**39510**	**451812**	**229615**	**65755**	**111617**	**21665**	**30578**	**267564**
16-19岁	9909	769	9140	1856	320	1177	174	185	1949
20-24岁	70277	4003	66274	21891	4566	13018	2230	2077	13993
25-29岁	92036	5070	86966	42906	11783	23177	4177	3769	22816
30-34岁	75098	5525	69573	34502	10113	17344	3650	3395	27586
35-39岁	71131	6742	64389	32851	9186	15627	3322	4716	37651
40-44岁	62847	6686	56161	32550	9304	14610	2869	5767	45255
45-49岁	52591	5254	47337	32082	10262	13290	2554	5976	46056
50-54岁	29816	2882	26934	17820	5695	7471	1468	3186	32288
55-59岁	19119	1723	17396	10460	3711	4586	945	1218	25158
60-64岁	5213	535	4678	1610	439	834	176	161	9318
65-69岁	2122	202	1920	653	206	324	52	71	3773
70-74岁	793	85	708	307	113	115	39	40	1279
75岁及以上	370	34	336	127	57	44	9	17	442
男	**304710**	**29941**	**274769**	**150831**	**41553**	**73015**	**13393**	**22870**	**156403**
16-19岁	6356	550	5806	1063	169	649	99	146	1185
20-24岁	37161	2851	34310	12885	2608	7598	1193	1486	8416
25-29岁	49830	3733	46097	26392	7136	14260	2355	2641	13761
30-34岁	44302	4172	40130	22225	6277	11280	2223	2445	16207
35-39岁	44221	5132	39089	21142	5608	10168	1968	3398	20514
40-44岁	39999	4978	35021	20782	5446	9394	1760	4182	22531
45-49岁	35101	3979	31122	21355	6393	8837	1636	4489	23453
50-54岁	24257	2404	21853	13421	4026	5598	1110	2687	21569
55-59岁	16531	1444	15087	9259	3210	4094	819	1136	18148
60-64岁	4298	448	3850	1375	355	725	149	146	6318
65-69岁	1748	158	1590	567	179	278	44	66	2871
70-74岁	639	70	569	264	96	103	30	35	1061
75岁及以上	267	22	245	101	50	31	7	13	369
女	**186612**	**9569**	**177043**	**78784**	**24202**	**38602**	**8272**	**7708**	**111161**
16-19岁	3553	219	3334	793	151	528	75	39	764
20-24岁	33116	1152	31964	9006	1958	5420	1037	591	5577
25-29岁	42206	1337	40869	16514	4647	8917	1822	1128	9055
30-34岁	30796	1353	29443	12277	3836	6064	1427	950	11379
35-39岁	26910	1610	25300	11709	3578	5459	1354	1318	17137
40-44岁	22848	1708	21140	11768	3858	5216	1109	1585	22724
45-49岁	17490	1275	16215	10727	3869	4453	918	1487	22603
50-54岁	5559	478	5081	4399	1669	1873	358	499	10719
55-59岁	2588	279	2309	1201	501	492	126	82	7010
60-64岁	915	87	828	235	84	109	27	15	3000
65-69岁	374	44	330	86	27	46	8	5	902
70-74岁	154	15	139	43	17	12	9	5	218
75岁及以上	103	12	91	26	7	13	2	4	73

4-5 续表 10 单位：人

年龄组 性别	76.水利管理业	77.环境管理业	78.公共设施管理业	十五、居民服务和其他服务业	79.居民服务业	80.其他服务业	十六、教育	81.教育	十七、卫生、社会保障和社会福利业
总　计	**44327**	**124304**	**98933**	**1387990**	**822169**	**565821**	**1650999**	**1650999**	**834040**
16-19岁	179	580	1190	71040	43890	27150	13863	13863	9208
20-24岁	1861	4713	7419	208740	126937	81803	110410	110410	86045
25-29岁	4183	8032	10601	183933	106712	77221	250637	250637	131048
30-34岁	5952	10359	11275	172371	97664	74707	288814	288814	129145
35-39岁	7900	15815	13936	199942	117420	82522	273267	273267	133481
40-44岁	7974	21547	15734	201379	121381	79998	253657	253657	112337
45-49岁	7451	23017	15588	156053	94975	61078	218178	218178	100930
50-54岁	4746	16764	10778	85381	49299	36082	137891	137891	62241
55-59岁	3073	13948	8137	61600	35103	26497	82981	82981	43663
60-64岁	643	5910	2765	27063	15883	11180	13859	13859	15069
65-69岁	237	2501	1035	12573	7572	5001	4635	4635	7112
70-74岁	86	846	347	5081	3289	1792	1840	1840	2612
75岁及以上	42	272	128	2834	2044	790	967	967	1149
男	**31243**	**63639**	**61521**	**742217**	**334012**	**408205**	**734895**	**734895**	**336692**
16-19岁	132	344	709	43975	19813	24162	3150	3150	1461
20-24岁	1235	2926	4255	121449	53996	67453	27152	27152	17362
25-29岁	2692	4769	6300	105010	45170	59840	81520	81520	41785
30-34岁	3840	5556	6811	92077	37343	54734	111030	111030	49041
35-39岁	5175	7270	8069	97817	42403	55414	116013	116013	53931
40-44岁	5255	8492	8784	92181	42622	49559	115352	115352	46649
45-49岁	5155	9366	8932	71110	33950	37160	110583	110583	41913
50-54岁	3983	9558	8028	49674	23973	25701	84520	84520	32357
55-59岁	2857	8867	6424	38739	18959	19780	68821	68821	31407
60-64岁	584	3705	2029	16850	8500	8350	10928	10928	11872
65-69岁	218	1855	798	8233	4261	3972	3652	3652	5885
70-74岁	80	698	283	3415	1940	1475	1466	1466	2117
75岁及以上	37	233	99	1687	1082	605	708	708	912
女	**13084**	**60665**	**37412**	**645773**	**488157**	**157616**	**916104**	**916104**	**497348**
16-19岁	47	236	481	27065	24077	2988	10713	10713	7747
20-24岁	626	1787	3164	87291	72941	14350	83258	83258	68683
25-29岁	1491	3263	4301	78923	61542	17381	169117	169117	89263
30-34岁	2112	4803	4464	80294	60321	19973	177784	177784	80104
35-39岁	2725	8545	5867	102125	75017	27108	157254	157254	79550
40-44岁	2719	13055	6950	109198	78759	30439	138305	138305	65688
45-49岁	2296	13651	6656	84943	61025	23918	107595	107595	59017
50-54岁	763	7206	2750	35707	25326	10381	53371	53371	29884
55-59岁	216	5081	1713	22861	16144	6717	14160	14160	12256
60-64岁	59	2205	736	10213	7383	2830	2931	2931	3197
65-69岁	19	646	237	4340	3311	1029	983	983	1227
70-74岁	6	148	64	1666	1349	317	374	374	495
75岁及以上	5	39	29	1147	962	185	259	259	237

4-5 续表 11

单位：人

年龄组 性 别	82.卫生	83.社会保障业	84.社会福利业	十八、文化、体育和娱乐业	85.新闻出版业	86.广播、电视、电影和音像业	87.文化艺术业	88.体育	89.娱乐业
总 计	**802859**	**13484**	**17697**	**324501**	**54136**	**69010**	**51070**	**13804**	**136481**
16-19岁	8999	68	141	12006	430	621	1147	459	9349
20-24岁	84029	1112	904	52899	5000	8051	6094	1649	32105
25-29岁	127683	1993	1372	56236	10092	13836	7765	1906	22637
30-34岁	125593	2022	1530	44928	9044	11311	6472	1814	16287
35-39岁	129207	2087	2187	44703	8664	10775	6682	2013	16569
40-44岁	107167	2077	3093	41302	7771	8860	7286	1903	15482
45-49岁	95262	2111	3557	35792	6684	7718	7266	1784	12340
50-54岁	58842	1135	2264	20029	3746	4526	4529	1200	6028
55-59岁	41184	728	1751	12247	2244	2770	2779	760	3694
60-64岁	14445	96	528	2732	326	373	618	186	1229
65-69岁	6835	39	238	984	87	106	242	83	466
70-74岁	2515	10	87	418	29	43	128	35	183
75岁及以上	1098	6	45	225	19	20	62	12	112
男	**322463**	**6731**	**7498**	**174890**	**30216**	**41397**	**27034**	**9236**	**67007**
16-19岁	1362	45	54	5493	267	315	511	247	4153
20-24岁	16534	487	341	25114	2258	4030	2678	1008	15140
25-29岁	40356	893	536	28534	4673	7386	3703	1221	11551
30-34岁	47538	918	585	23581	4669	6405	3151	1234	8122
35-39岁	52230	937	764	23564	4744	6447	3247	1348	7778
40-44岁	44714	947	988	21630	4472	5456	3614	1238	6850
45-49岁	39745	940	1228	19640	4062	4957	3762	1154	5705
50-54岁	30322	805	1230	13902	2744	3488	3076	886	3708
55-59岁	29563	646	1198	10036	1929	2463	2404	663	2577
60-64岁	11482	75	315	2122	285	314	519	142	862
65-69岁	5697	27	161	778	78	84	207	55	354
70-74岁	2043	7	67	332	22	38	113	31	128
75岁及以上	877	4	31	164	13	14	49	9	79
女	**480396**	**6753**	**10199**	**149611**	**23920**	**27613**	**24036**	**4568**	**69474**
16-19岁	7637	23	87	6513	163	306	636	212	5196
20-24岁	67495	625	563	27785	2742	4021	3416	641	16965
25-29岁	87327	1100	836	27702	5419	6450	4062	685	11086
30-34岁	78055	1104	945	21347	4375	4906	3321	580	8165
35-39岁	76977	1150	1423	21139	3920	4328	3435	665	8791
40-44岁	62453	1130	2105	19672	3299	3404	3672	665	8632
45-49岁	55517	1171	2329	16152	2622	2761	3504	630	6635
50-54岁	28520	330	1034	6127	1002	1038	1453	314	2320
55-59岁	11621	82	553	2211	315	307	375	97	1117
60-64岁	2963	21	213	610	41	59	99	44	367
65-69岁	1138	12	77	206	9	22	35	28	112
70-74岁	472	3	20	86	7	5	15	4	55
75岁及以上	221	2	14	61	6	6	13	3	33

4-5 续表 12 单位：人

年龄组 性别	十九、公共管理和社会组织	90.中国共产党机关	91.国家机构	92.人民政协和民主党派	93.群众团体、社会团体和宗教组织	94.基层群众自治组织	二十、国际组织	95.国际组织
总 计	**1836217**	**21558**	**1520464**	**8103**	**53217**	**232875**	**658**	**658**
16-19岁	8385	71	5242	18	894	2160	3	3
20-24岁	99587	836	80499	259	3669	14324	46	46
25-29岁	202477	2185	174669	657	6171	18795	174	174
30-34岁	251673	3382	221083	951	6730	19527	141	141
35-39岁	304664	3724	263654	1105	7634	28547	81	81
40-44岁	307104	3714	257917	1137	8033	36303	76	76
45-49岁	312109	3689	256920	1477	7984	42039	69	69
50-54岁	188623	2189	150966	1203	4921	29344	40	40
55-59岁	123453	1494	92556	1090	3745	24568	22	22
60-64岁	23311	184	11255	156	1449	10267	2	2
65-69岁	9022	59	3542	28	842	4551	2	2
70-74岁	3706	18	1367	11	594	1716	2	2
75岁及以上	2103	13	794	11	551	734		
男	**1242264**	**16078**	**1044588**	**5694**	**33232**	**142672**	**305**	**305**
16-19岁	5866	51	3758	11	706	1340	1	1
20-24岁	59058	487	48716	117	2161	7577	16	16
25-29岁	121951	1377	106765	396	3527	9886	52	52
30-34岁	157999	2396	140887	595	3863	10258	56	56
35-39岁	198289	2751	175223	716	4492	15107	42	42
40-44岁	201664	2773	173667	741	4760	19723	42	42
45-49岁	212225	2889	179011	1033	4818	24474	40	40
50-54岁	145986	1778	118500	948	3462	21298	31	31
55-59岁	108524	1341	83802	958	2995	19428	19	19
60-64岁	18742	163	9488	137	1053	7901	2	2
65-69岁	7306	48	2978	24	607	3649	2	2
70-74岁	3054	14	1160	9	428	1443	2	2
75岁及以上	1600	10	633	9	360	588		
女	**593953**	**5480**	**475876**	**2409**	**19985**	**90203**	**353**	**353**
16-19岁	2519	20	1484	7	188	820	2	2
20-24岁	40529	349	31783	142	1508	6747	30	30
25-29岁	80526	808	67904	261	2644	8909	122	122
30-34岁	93674	986	80196	356	2867	9269	85	85
35-39岁	106375	973	88431	389	3142	13440	39	39
40-44岁	105440	941	84250	396	3273	16580	34	34
45-49岁	99884	800	77909	444	3166	17565	29	29
50-54岁	42637	411	32466	255	1459	8046	9	9
55-59岁	14929	153	8754	132	750	5140	3	3
60-64岁	4569	21	1767	19	396	2366		
65-69岁	1716	11	564	4	235	902		
70-74岁	652	4	207	2	166	273		
75岁及以上	503	3	161	2	191	146		

4-5a 全国分年龄、性别、行业大类的就业人口(城市)

单位：人

年龄组 性 别	合 计	一、农、林、牧、渔业	1.农业	2.林业	3.畜牧业	4.渔业	5.农、林、牧、渔服务业	二、采矿业	6.煤炭开采和洗选业
总 计	**19206276**	**945742**	**797925**	**22118**	**59752**	**38785**	**27162**	**278051**	**158400**
16-19岁	541110	15080	13611	243	654	296	276	1327	714
20-24岁	2375742	63446	55771	1090	3082	1790	1713	16174	9546
25-29岁	2859229	68734	57841	1623	3997	2574	2699	28510	15897
30-34岁	2770292	75176	61156	2200	5202	3294	3324	35734	18803
35-39岁	3107213	111097	89762	3411	8130	5353	4441	54001	28758
40-44岁	2917200	141419	114612	4282	10493	7182	4850	57675	33944
45-49岁	2328952	135801	110243	4132	10134	6938	4354	48255	29538
50-54岁	1235906	108666	91518	2373	6940	5080	2755	23694	14858
55-59岁	759853	114794	100496	1789	6514	4086	1909	10610	5171
60-64岁	196960	63377	57927	593	2868	1494	495	1361	717
65-69岁	73915	30241	28138	252	1161	482	208	439	275
70-74岁	26233	11850	11129	99	375	161	86	168	106
75岁及以上	13671	6061	5721	31	202	55	52	103	73
男	**11063430**	**486287**	**392388**	**14355**	**34009**	**28757**	**16778**	**212680**	**128482**
16-19岁	278523	8785	7771	189	428	244	153	1088	620
20-24岁	1238236	32107	27246	687	1823	1379	972	12470	7804
25-29岁	1545412	34101	27355	981	2323	1938	1504	21185	12621
30-34岁	1536286	37629	29018	1356	2873	2448	1934	26073	14865
35-39岁	1741310	54968	41898	2079	4452	3958	2581	38782	22447
40-44岁	1644469	68650	52494	2620	5473	5222	2841	42541	26522
45-49岁	1375957	65907	50208	2565	5473	4965	2696	37359	24037
50-54岁	893810	56358	44744	1777	4094	3784	1959	21380	13694
55-59岁	590579	61093	51115	1370	4017	3087	1504	9996	4843
60-64岁	138483	36004	32201	434	1846	1151	372	1219	652
65-69岁	52466	18876	17331	189	799	393	164	359	224
70-74岁	18711	7881	7325	84	270	140	62	143	91
75岁及以上	9188	3928	3682	24	138	48	36	85	62
女	**8142846**	**459455**	**405537**	**7763**	**25743**	**10028**	**10384**	**65371**	**29918**
16-19岁	262587	6295	5840	54	226	52	123	239	94
20-24岁	1137506	31339	28525	403	1259	411	741	3704	1742
25-29岁	1313817	34633	30486	642	1674	636	1195	7325	3276
30-34岁	1234006	37547	32138	844	2329	846	1390	9661	3938
35-39岁	1365903	56129	47864	1332	3678	1395	1860	15219	6311
40-44岁	1272731	72769	62118	1662	5020	1960	2009	15134	7422
45-49岁	952995	69894	60035	1567	4661	1973	1658	10896	5501
50-54岁	342096	52308	46774	596	2846	1296	796	2314	1164
55-59岁	169274	53701	49381	419	2497	999	405	614	328
60-64岁	58477	27373	25726	159	1022	343	123	142	65
65-69岁	21449	11365	10807	63	362	89	44	80	51
70-74岁	7522	3969	3804	15	105	21	24	25	15
75岁及以上	4483	2133	2039	7	64	7	16	18	11

4-5a 续表 1　　　　单位：人

年龄组 性 别	7.石油和天然气开采业	8.黑色金属矿采选业	9.有色金属矿采选业	10.非金属矿采选业	11.其他采矿业	三、制造业	12.农副食品加工业	13.食品制造业	14.饮料制造业
总 计	**69815**	**15259**	**15877**	**15297**	**3403**	**5364665**	**110581**	**141346**	**66761**
16-19岁	236	76	98	159	44	279310	2682	4510	917
20-24岁	3798	772	841	948	269	912181	10643	18370	6782
25-29岁	8211	1180	1426	1385	411	843989	12262	21069	10088
30-34岁	10791	1742	2096	1811	491	764928	13939	20929	10287
35-39岁	15764	2881	3339	2693	566	830239	18783	22968	12230
40-44岁	13288	3307	3440	3099	597	746792	19893	21581	11423
45-49岁	10099	2884	2686	2518	530	536416	16183	17075	8511
50-54岁	4297	1553	1229	1463	294	257183	8521	8306	3895
55-59岁	3039	746	590	905	159	146629	5410	4855	2089
60-64岁	220	85	84	227	28	31777	1476	1145	359
65-69岁	46	20	25	62	11	10200	550	350	115
70-74岁	18	9	15	18	2	3193	167	110	40
75岁及以上	8	4	8	9	1	1828	72	78	25
男	**46721**	**11618**	**11587**	**11810**	**2462**	**3140866**	**64208**	**74617**	**41460**
16-19岁	185	62	61	126	34	140244	1421	2173	554
20-24岁	2549	595	588	735	199	509628	6102	9194	4077
25-29岁	5301	895	1045	1040	283	496182	7137	11147	6182
30-34岁	6816	1286	1435	1327	344	443286	7853	10833	6307
35-39岁	9657	2077	2243	1978	380	463831	10267	11382	7113
40-44岁	8543	2332	2480	2259	405	409945	10616	10511	6586
45-49岁	6801	2169	2013	1943	396	317957	9114	8756	5240
50-54岁	3701	1391	1058	1297	239	200421	5980	5819	3145
55-59岁	2927	706	551	824	145	122576	4033	3628	1816
60-64岁	180	78	75	209	25	25090	1096	807	292
65-69岁	39	15	21	51	9	8036	415	245	100
70-74岁	14	9	11	16	2	2427	121	73	32
75岁及以上	8	3	6	5	1	1243	53	49	16
女	**23094**	**3641**	**4290**	**3487**	**941**	**2223799**	**46373**	**66729**	**25301**
16-19岁	51	14	37	33	10	139066	1261	2337	363
20-24岁	1249	177	253	213	70	402553	4541	9176	2705
25-29岁	2910	285	381	345	128	347807	5125	9922	3906
30-34岁	3975	456	661	484	147	321642	6086	10096	3980
35-39岁	6107	804	1096	715	186	366408	8516	11586	5117
40-44岁	4745	975	960	840	192	336847	9277	11070	4837
45-49岁	3298	715	673	575	134	218459	7069	8319	3271
50-54岁	596	162	171	166	55	56762	2541	2487	750
55-59岁	112	40	39	81	14	24053	1377	1227	273
60-64岁	40	7	9	18	3	6687	380	338	67
65-69岁	7	5	4	11	2	2164	135	105	15
70-74岁	4		4	2		766	46	37	8
75岁及以上		1	2	4		585	19	29	9

4-5a 续表 2 单位：人

年龄组 性别	15.烟草制品业	16.纺织业	17.纺织服装、鞋、帽制造业	18.皮革、毛皮、羽毛(绒)及其制品业	19.木材加工及木、竹、藤、棕、草制品业	20.家具制造业	21.造纸及纸制品业	22.印刷业和记录媒介的复制	23.文教体育用品制造业
总　计	**23273**	**301301**	**506091**	**231370**	**67246**	**124942**	**95517**	**101141**	**109311**
16-19岁	119	13399	34331	18947	1556	4555	3820	4413	7235
20-24岁	1223	40999	99209	48465	6722	17484	13551	15651	22895
25-29岁	2308	38331	82320	39471	7486	19049	14048	16221	19375
30-34岁	3026	40565	74150	35485	8117	18965	14122	15289	17073
35-39岁	4618	51205	80306	36564	11175	21453	15744	16321	17271
40-44岁	5146	52046	68394	27841	12637	20299	14668	13645	13343
45-49岁	4239	37766	41986	15011	9886	13183	10632	10843	7341
50-54岁	1759	15435	14317	5389	5126	5456	5007	5110	2621
55-59岁	736	8513	7777	2895	3079	3131	2898	2799	1550
60-64岁	60	2043	2241	870	991	966	727	572	384
65-69岁	27	656	712	293	326	266	210	184	149
70-74岁	5	226	187	72	96	71	64	63	32
75岁及以上	7	117	161	67	49	64	26	30	42
男	**14415**	**125455**	**194818**	**115883**	**44858**	**84662**	**57172**	**58340**	**54056**
16-19岁	75	4818	12888	9676	1106	3416	2154	2539	3337
20-24岁	769	16286	39288	25266	4465	11817	8005	8941	11420
25-29岁	1417	16086	33627	20754	4864	12490	8582	9569	10256
30-34岁	1796	16249	28836	17990	5354	12567	8343	8903	8685
35-39岁	2707	19176	28735	17084	7038	13973	8928	8830	7914
40-44岁	2896	18990	22557	11950	7897	13215	8011	7047	5724
45-49岁	2600	15682	14636	6916	6528	9103	6223	5767	3460
50-54岁	1430	10058	7422	3298	3950	4338	3806	3819	1708
55-59岁	655	6103	4769	1999	2494	2584	2351	2296	1130
60-64岁	45	1364	1421	627	786	824	543	423	275
65-69岁	20	428	443	230	264	226	161	141	106
70-74岁	1	150	113	51	75	59	49	46	19
75岁及以上	4	65	83	42	37	50	16	19	22
女	**8858**	**175846**	**311273**	**115487**	**22388**	**40280**	**38345**	**42801**	**55255**
16-19岁	44	8581	21443	9271	450	1139	1666	1874	3898
20-24岁	454	24713	59921	23199	2257	5667	5546	6710	11475
25-29岁	891	22245	48693	18717	2622	6559	5466	6652	9119
30-34岁	1230	24316	45314	17495	2763	6398	5779	6386	8388
35-39岁	1911	32029	51571	19480	4137	7480	6816	7491	9357
40-44岁	2250	33056	45837	15891	4740	7084	6657	6598	7619
45-49岁	1639	22084	27350	8095	3358	4080	4409	5076	3881
50-54岁	329	5377	6895	2091	1176	1118	1201	1291	913
55-59岁	81	2410	3008	896	585	547	547	503	420
60-64岁	15	679	820	243	205	142	184	149	109
65-69岁	7	228	269	63	62	40	49	43	43
70-74岁	4	76	74	21	21	12	15	17	13
75岁及以上	3	52	78	25	12	14	10	11	20

4-5a 续表 3 单位：人

年龄组 性　别	24.石油加工、炼焦及核燃料加工业	25.化学原料及化学制品制造业	26.医药制造业	27.化学纤维制造业	28.橡胶制品业	29.塑料制品业	30.非金属矿物制品业	31.黑色金属冶炼及压延加工业	32.有色金属冶炼及压延加工业
总　计	**52225**	**191949**	**99110**	**19213**	**60022**	**170494**	**202417**	**156823**	**64763**
16-19岁	270	2421	1310	349	2234	9996	4201	1558	1126
20-24岁	3168	17555	11513	1828	9146	30155	20666	13598	6260
25-29岁	5878	25355	17636	2243	9403	27434	24126	19037	8016
30-34岁	6907	27765	16444	2799	9086	25044	27021	21241	9347
35-39岁	10825	35424	16630	3673	10093	26537	35157	28943	12476
40-44岁	10485	35133	14448	3787	8631	23298	36498	29521	12359
45-49岁	7961	26018	11807	2610	6068	15098	28262	23502	8938
50-54岁	4071	13486	5667	1135	3210	6924	14933	12015	3839
55-59岁	2351	6937	3055	647	1612	4250	8491	6246	1874
60-64岁	210	1294	425	91	371	1211	2114	808	366
65-69岁	69	389	108	38	103	374	682	232	112
70-74岁	15	110	41	8	47	107	192	77	31
75岁及以上	15	62	26	5	18	66	74	45	19
男	**36154**	**124775**	**53231**	**11544**	**37533**	**97334**	**138712**	**119752**	**45808**
16-19岁	202	1394	549	205	1320	5273	2917	1327	817
20-24岁	2329	10608	5589	1108	5907	16911	13880	11081	4583
25-29岁	4024	15627	8951	1323	6015	16187	16093	14980	5657
30-34岁	4547	16911	8565	1602	5603	14418	17802	15761	6374
35-39岁	6887	21737	8452	1983	5884	14524	22758	20549	8271
40-44岁	6758	21590	7272	2115	4746	12007	23423	20910	8309
45-49岁	5388	17737	6240	1579	3697	8468	19286	17533	6405
50-54岁	3558	11481	4458	945	2582	4913	12447	10792	3289
55-59岁	2206	6154	2687	573	1356	3295	7439	5806	1658
60-64岁	180	1075	343	73	293	927	1840	709	315
65-69岁	53	329	79	28	85	289	602	200	92
70-74岁	7	86	30	7	33	78	165	66	21
75岁及以上	15	46	16	3	12	44	60	38	17
女	**16071**	**67174**	**45879**	**7669**	**22489**	**73160**	**63705**	**37071**	**18955**
16-19岁	68	1027	761	144	914	4723	1284	231	309
20-24岁	839	6947	5924	720	3239	13244	6786	2517	1677
25-29岁	1854	9728	8685	920	3388	11247	8033	4057	2359
30-34岁	2360	10854	7879	1197	3483	10626	9219	5480	2973
35-39岁	3938	13687	8178	1690	4209	12013	12399	8394	4205
40-44岁	3727	13543	7176	1672	3885	11291	13075	8611	4050
45-49岁	2573	8281	5567	1031	2371	6630	8976	5969	2533
50-54岁	513	2005	1209	190	628	2011	2486	1223	550
55-59岁	145	783	368	74	256	955	1052	440	216
60-64岁	30	219	82	18	78	284	274	99	51
65-69岁	16	60	29	10	18	85	80	32	20
70-74岁	8	24	11	1	14	29	27	11	10
75岁及以上		16	10	2	6	22	14	7	2

4-5a 续表 4

单位：人

年龄组 性别	33.金属制品业	34.通用设备制造业	35.专用设备制造业	36.交通运输设备制造业	37.电气机械及器材制造业	38.通信设备、计算机及其他电子设备制造业	39.仪器仪表及文化、办公用机械制造业	40.工艺品及其他制造业	41.废弃资源和废旧材料回收加工业
总计	**300460**	**327311**	**280616**	**365874**	**376592**	**558228**	**108631**	**117791**	**33266**
16-19岁	12499	9103	11440	13032	25981	71691	8027	7086	502
20-24岁	45542	40856	44490	58532	80597	180598	22681	20901	2101
25-29岁	45893	44131	47068	59195	67377	116771	20084	19534	2780
30-34岁	44314	44081	41481	52400	54605	73650	15942	16989	3865
35-39岁	49495	52559	41956	56687	51907	50997	14221	18179	5842
40-44岁	44315	51480	37080	49126	42640	33248	11409	15807	6611
45-49岁	30717	42007	29391	39319	29239	18740	8641	10487	4955
50-54岁	15562	24179	15874	22344	13864	7330	4321	4669	2818
55-59岁	8937	14840	9517	12617	7987	4002	2593	2806	2135
60-64岁	2157	2846	1562	1789	1587	769	465	860	1018
65-69岁	734	801	485	566	539	262	157	318	393
70-74岁	211	284	184	188	164	90	57	95	159
75岁及以上	84	144	88	79	105	80	33	60	87
男	**207076**	**234875**	**187857**	**264338**	**217783**	**291167**	**60220**	**60702**	**22061**
16-19岁	8622	6966	7033	10332	12336	29416	3495	3509	374
20-24岁	31744	30711	29152	45054	43928	88315	11109	10480	1509
25-29岁	31670	31385	30838	42993	39278	65527	11209	10476	1838
30-34岁	30065	30543	27156	36596	31789	41641	9000	8762	2435
35-39岁	32674	35188	26750	37553	29080	27899	7890	8941	3664
40-44岁	28671	33743	23432	31833	23600	17741	6189	7487	4119
45-49岁	20531	28687	19633	26742	17758	10831	5091	5183	3143
50-54岁	12659	20720	13342	19354	11107	5517	3416	3007	2061
55-59岁	7703	13442	8560	11620	6970	3356	2255	1988	1650
60-64岁	1848	2463	1339	1549	1296	604	377	570	786
65-69岁	636	686	406	494	439	199	124	208	308
70-74岁	188	234	149	154	129	70	43	58	120
75岁及以上	65	107	67	64	73	51	22	33	54
女	**93384**	**92436**	**92759**	**101536**	**158809**	**267061**	**48411**	**57089**	**11205**
16-19岁	3877	2137	4407	2700	13645	42275	4532	3577	128
20-24岁	13798	10145	15338	13478	36669	92283	11572	10421	592
25-29岁	14223	12746	16230	16202	28099	51244	8875	9058	942
30-34岁	14249	13538	14325	15804	22816	32009	6942	8227	1430
35-39岁	16821	17371	15206	19134	22827	23098	6331	9238	2178
40-44岁	15644	17737	13648	17293	19040	15507	5220	8320	2492
45-49岁	10186	13320	9758	12577	11481	7909	3550	5304	1812
50-54岁	2903	3459	2532	2990	2757	1813	905	1662	757
55-59岁	1234	1398	957	997	1017	646	338	818	485
60-64岁	309	383	223	240	291	165	88	290	232
65-69岁	98	115	79	72	100	63	33	110	85
70-74岁	23	50	35	34	35	20	14	37	39
75岁及以上	19	37	21	15	32	29	11	27	33

4-5a 续表 5 单位：人

年龄组 性 别	四、电力、燃气及水的生产和供应业	42.电力、热力的生产和供应业	43.燃气生产和供应业	44.水的生产和供应业	五、建筑业	45.房屋和土木工程建筑业	46.建筑安装业	47.建筑装饰业	48.其他建筑业
总 计	**295970**	**214857**	**33690**	**47423**	**1265630**	**794912**	**100440**	**332119**	**38159**
16-19岁	1276	855	203	218	19789	12062	1594	5613	520
20-24岁	16780	12066	2208	2506	109700	64359	8922	32939	3480
25-29岁	33853	24406	4074	5373	141927	80625	11462	44889	4951
30-34岁	41728	29912	4711	7105	163059	94080	13632	50186	5161
35-39岁	58186	43063	6232	8891	226328	137788	18113	63810	6617
40-44岁	56402	41578	6203	8621	243116	154381	18614	63315	6806
45-49岁	45822	32999	5190	7633	184408	121989	14557	42508	5354
50-54岁	25328	18200	2904	4224	98366	70019	8041	17293	3013
55-59岁	14569	10409	1675	2485	58449	43573	4296	8916	1664
60-64岁	1380	936	197	247	15240	11914	904	2004	418
65-69岁	431	292	66	73	3957	3150	209	471	127
70-74岁	126	75	20	31	871	676	60	100	35
75岁及以上	89	66	7	16	420	296	36	75	13
男	**204153**	**151098**	**22597**	**30458**	**1050285**	**662452**	**83472**	**273961**	**30400**
16-19岁	988	675	141	172	17494	10726	1435	4877	456
20-24岁	11328	8289	1427	1612	89140	53210	7444	25838	2648
25-29岁	22268	16474	2542	3252	112521	64360	9158	35280	3723
30-34岁	26782	19680	2841	4261	131928	76198	11062	40704	3964
35-39岁	37732	28656	3910	5166	183768	111568	14738	52233	5229
40-44岁	36951	27878	3939	5134	198746	125858	15142	52408	5338
45-49岁	31155	22930	3481	4744	153920	101561	11950	36116	4293
50-54岁	21564	15552	2510	3502	89011	63226	7372	15733	2680
55-59岁	13630	9773	1560	2297	54620	40710	4064	8320	1526
60-64岁	1224	839	166	219	14310	11222	834	1869	385
65-69岁	366	245	59	62	3681	2945	191	429	116
70-74岁	101	61	16	24	792	616	56	90	30
75岁及以上	64	46	5	13	354	252	26	64	12
女	**91817**	**63759**	**11093**	**16965**	**215345**	**132460**	**16968**	**58158**	**7759**
16-19岁	288	180	62	46	2295	1336	159	736	64
20-24岁	5452	3777	781	894	20560	11149	1478	7101	832
25-29岁	11585	7932	1532	2121	29406	16265	2304	9609	1228
30-34岁	14946	10232	1870	2844	31131	17882	2570	9482	1197
35-39岁	20454	14407	2322	3725	42560	26220	3375	11577	1388
40-44岁	19451	13700	2264	3487	44370	28523	3472	10907	1468
45-49岁	14667	10069	1709	2889	30488	20428	2607	6392	1061
50-54岁	3764	2648	394	722	9355	6793	669	1560	333
55-59岁	939	636	115	188	3829	2863	232	596	138
60-64岁	156	97	31	28	930	692	70	135	33
65-69岁	65	47	7	11	276	205	18	42	11
70-74岁	25	14	4	7	79	60	4	10	5
75岁及以上	25	20	2	3	66	44	10	11	1

4-5a 续表 6

单位：人

年龄组 性 别	六、交通运输、仓储和邮政业	49.铁路运输业	50.道路运输业	51.城市公共交通业	52.水上运输业	53.航空运输业	54.管道运输业	55.装卸搬运和其他运输服务业	56.仓储业
总 计	**1249546**	**161978**	**483379**	**298246**	**43640**	**34037**	**3170**	**119267**	**45955**
16-19岁	9347	541	4127	1223	179	399	23	1460	634
20-24岁	90781	7434	35405	15973	3222	5126	157	11620	4610
25-29岁	157715	13865	62034	33580	5762	8011	357	17167	6183
30-34岁	186483	18193	77373	46989	5431	5335	473	16777	5921
35-39岁	233157	26178	96521	60240	6664	5548	607	19999	7135
40-44岁	221575	29590	88104	56534	6853	4008	581	20020	7353
45-49岁	186509	34508	65518	46103	6837	2976	526	15876	7098
50-54岁	102741	20115	33698	24996	5271	1599	263	9366	4112
55-59岁	51700	10395	16933	10778	3006	946	160	5416	2343
60-64岁	6746	712	2652	1322	311	66	12	1153	391
65-69岁	1857	236	697	347	69	17	7	309	118
70-74岁	546	103	195	89	17	3	1	75	41
75岁及以上	389	108	122	72	18	3	3	29	16
男	**1000477**	**122591**	**405860**	**251582**	**33965**	**20644**	**2299**	**91930**	**32441**
16-19岁	6993	303	3329	926	135	173	17	1111	487
20-24岁	66307	5302	28009	13076	2174	2545	116	7638	3103
25-29岁	119311	10088	50339	28232	3793	4357	239	11356	4126
30-34岁	148143	13619	64670	39626	3902	3145	331	12400	3945
35-39岁	185914	19044	81102	49896	5107	3506	413	15597	4765
40-44岁	175536	20972	73738	46185	5327	2567	405	15975	4903
45-49岁	147771	24710	54503	38159	5472	2083	373	13012	4900
50-54岁	93176	17707	30848	23471	4837	1319	234	8440	3558
55-59岁	48794	9845	16000	10352	2848	868	154	4981	2164
60-64岁	6107	615	2437	1216	280	60	10	1050	333
65-69岁	1640	204	622	307	62	15	5	281	107
70-74岁	471	91	166	81	14	3		65	37
75岁及以上	314	91	97	55	14	3	2	24	13
女	**249069**	**39387**	**77519**	**46664**	**9675**	**13393**	**871**	**27337**	**13514**
16-19岁	2354	238	798	297	44	226	6	349	147
20-24岁	24474	2132	7396	2897	1048	2581	41	3982	1507
25-29岁	38404	3777	11695	5348	1969	3654	118	5811	2057
30-34岁	38340	4574	12703	7363	1529	2190	142	4377	1976
35-39岁	47243	7134	15419	10344	1557	2042	194	4402	2370
40-44岁	46039	8618	14366	10349	1526	1441	176	4045	2450
45-49岁	38738	9798	11015	7944	1365	893	153	2864	2198
50-54岁	9565	2408	2850	1525	434	280	29	926	554
55-59岁	2906	550	933	426	158	78	6	435	179
60-64岁	639	97	215	106	31	6	2	103	58
65-69岁	217	32	75	40	7	2	2	28	11
70-74岁	75	12	29	8	3		1	10	4
75岁及以上	75	17	25	17	4		1	5	3

4-5a 续表 7

单位：人

年龄组 性别	57.邮政业	七、信息传输、计算机服务和软件业	58.电信和其他信息传输服务业	59.计算机服务业	60.软件业	八、批发和零售业	61.批发业	62.零售业	九、住宿和餐饮业
总 计	**59874**	**322634**	**193408**	**46766**	**82460**	**3701832**	**837508**	**2864324**	**982500**
16-19岁	761	5079	2919	1426	734	84141	16269	67872	62846
20-24岁	7234	60765	34988	10157	15620	488158	93780	394378	174149
25-29岁	10756	95111	51284	13452	30375	612593	132582	480011	145079
30-34岁	9991	62296	35935	8597	17764	599321	131108	468213	131118
35-39岁	10265	41703	27081	5574	9048	639327	144557	494770	145497
40-44岁	8532	26056	18061	3466	4529	553811	132294	421517	137235
45-49岁	7067	18297	13268	2324	2705	400272	100272	300000	104904
50-54岁	3321	8098	6014	1067	1017	181421	48008	133413	47424
55-59岁	1723	4330	3273	548	509	101174	28051	73123	25438
60-64岁	127	604	392	106	106	27122	6946	20176	6242
65-69岁	57	166	113	29	24	9406	2404	7002	1799
70-74岁	22	64	38	10	16	3331	834	2497	479
75岁及以上	18	65	42	10	13	1755	403	1352	290
男	**39165**	**195425**	**108226**	**31680**	**55519**	**1754678**	**481643**	**1273035**	**470580**
16-19岁	512	2568	1316	870	382	35391	9112	26279	31923
20-24岁	4344	32417	15914	6761	9742	199271	47907	151364	85264
25-29岁	6781	56208	26382	9333	20493	268822	69438	199384	73187
30-34岁	6505	39028	20520	6010	12498	269144	71937	197207	64419
35-39岁	6484	26648	16593	3755	6300	294686	81861	212825	65880
40-44岁	5464	16284	11065	2220	2999	264609	75960	188649	56580
45-49岁	4559	11594	8401	1409	1784	202680	59774	142906	44298
50-54岁	2762	6216	4674	778	764	118860	35369	83491	27132
55-59岁	1582	3788	2920	433	435	72307	22198	50109	16306
60-64岁	106	466	309	78	79	18820	5265	13555	3929
65-69岁	37	125	82	23	20	6667	1895	4772	1204
70-74岁	14	45	25	7	13	2303	630	1673	301
75岁及以上	15	38	25	3	10	1118	297	821	157
女	**20709**	**127209**	**85182**	**15086**	**26941**	**1947154**	**355865**	**1591289**	**511920**
16-19岁	249	2511	1603	556	352	48750	7157	41593	30923
20-24岁	2890	28348	19074	3396	5878	288887	45873	243014	88885
25-29岁	3975	38903	24902	4119	9882	343771	63144	280627	71892
30-34岁	3486	23268	15415	2587	5266	330177	59171	271006	66699
35-39岁	3781	15055	10488	1819	2748	344641	62696	281945	79617
40-44岁	3068	9772	6996	1246	1530	289202	56334	232868	80655
45-49岁	2508	6703	4867	915	921	197592	40498	157094	60606
50-54岁	559	1882	1340	289	253	62561	12639	49922	20292
55-59岁	141	542	353	115	74	28867	5853	23014	9132
60-64岁	21	138	83	28	27	8302	1681	6621	2313
65-69岁	20	41	31	6	4	2739	509	2230	595
70-74岁	8	19	13	3	3	1028	204	824	178
75岁及以上	3	27	17	7	3	637	106	531	133

4-5a 续表 8

单位：人

年龄组 性　别	63.住宿业	64.餐饮业	十、 金融业	65.银行业	66.证券业	67.保险业	68.其他 金融活动	十一、房 地产业	69.房地 产业
总　计	**201323**	**781177**	**433817**	**250005**	**30890**	**118087**	**34835**	**389613**	**389613**
16-19岁	9929	52917	1429	478	107	658	186	4817	4817
20-24岁	36682	137467	46313	22082	4555	14965	4711	41003	41003
25-29岁	31187	113892	86076	43764	8210	26235	7867	58572	58572
30-34岁	26792	104326	66697	34175	5157	21439	5926	52485	52485
35-39岁	28719	116778	79670	47181	5467	21336	5686	55735	55735
40-44岁	27593	109642	68961	44519	3667	16285	4490	56527	56527
45-49岁	22290	82614	52754	35868	2320	11138	3428	53517	53517
50-54岁	10737	36687	22043	15580	923	3960	1580	35953	35953
55-59岁	5705	19733	8516	5603	413	1711	789	23566	23566
60-64岁	1177	5065	910	502	50	255	103	5207	5207
65-69岁	350	1449	267	146	11	64	46	1578	1578
70-74岁	90	389	92	54	6	18	14	469	469
75岁及以上	72	218	89	53	4	23	9	184	184
男	**88840**	**381740**	**214313**	**125803**	**18907**	**51020**	**18583**	**246311**	**246311**
16-19岁	4244	27679	682	297	50	248	87	3358	3358
20-24岁	15207	70057	19954	8749	2458	6729	2018	23704	23704
25-29岁	13963	59224	39671	18837	4923	12134	3777	33544	33544
30-34岁	11739	52680	31018	16228	3091	8683	3016	31152	31152
35-39岁	11639	54241	37815	23127	3261	8411	3016	32883	32883
40-44岁	10434	46146	34148	22807	2428	6367	2546	32871	32871
45-49岁	9328	34970	27987	19702	1542	4650	2093	33132	33132
50-54岁	6936	20196	15025	10717	735	2356	1217	29301	29301
55-59岁	4219	12087	7029	4778	366	1208	677	20299	20299
60-64岁	790	3139	667	384	38	164	81	4228	4228
65-69岁	241	963	199	106	8	48	37	1310	1310
70-74岁	56	245	67	38	4	12	13	388	388
75岁及以上	44	113	51	33	3	10	5	141	141
女	**112483**	**399437**	**219504**	**124202**	**11983**	**67067**	**16252**	**143302**	**143302**
16-19岁	5685	25238	747	181	57	410	99	1459	1459
20-24岁	21475	67410	26359	13333	2097	8236	2693	17299	17299
25-29岁	17224	54668	46405	24927	3287	14101	4090	25028	25028
30-34岁	15053	51646	35679	17947	2066	12756	2910	21333	21333
35-39岁	17080	62537	41855	24054	2206	12925	2670	22852	22852
40-44岁	17159	63496	34813	21712	1239	9918	1944	23656	23656
45-49岁	12962	47644	24767	16166	778	6488	1335	20385	20385
50-54岁	3801	16491	7018	4863	188	1604	363	6652	6652
55-59岁	1486	7646	1487	825	47	503	112	3267	3267
60-64岁	387	1926	243	118	12	91	22	979	979
65-69岁	109	486	68	40	3	16	9	268	268
70-74岁	34	144	25	16	2	6	1	81	81
75岁及以上	28	105	38	20	1	13	4	43	43

4-5a 续表 9 单位：人

年龄组 性别	十二、租赁和商务服务业	70.租赁业	71.商务服务业	十三、科学研究、技术服务和地质勘查业	72.研究与试验发展	73.专业技术服务业	74.科技交流和推广服务业	75.地质勘查业	十四、水利、环境和公共设施管理业
总计	**357426**	**23197**	**334229**	**192706**	**58699**	**92961**	**15869**	**25177**	**164964**
16-19岁	5235	312	4923	883	164	572	83	64	709
20-24岁	48171	1975	46196	16569	3671	9757	1720	1421	7534
25-29岁	71946	3006	68940	37177	10657	19899	3533	3088	15002
30-34岁	58474	3516	54958	29625	9215	14766	2858	2786	17731
35-39岁	53289	4159	49130	27461	8186	13086	2364	3825	24186
40-44岁	45450	3965	41485	27271	8238	12309	1911	4813	28764
45-49岁	38155	3220	34935	27613	9298	11460	1683	5172	30025
50-54岁	21189	1834	19355	15441	5237	6415	1003	2786	20483
55-59岁	12157	891	11266	8729	3359	3781	580	1009	14411
60-64岁	2215	205	2010	1131	359	577	80	115	4155
65-69岁	779	78	701	472	167	224	25	56	1447
70-74岁	239	30	209	235	99	85	21	30	400
75岁及以上	127	6	121	99	49	30	8	12	117
男	**213534**	**17997**	**195537**	**126407**	**37431**	**60869**	**9635**	**18472**	**95847**
16-19岁	3288	240	3048	523	91	336	45	51	469
20-24岁	23808	1403	22405	9715	2157	5701	902	955	4508
25-29岁	36888	2212	34676	22708	6484	12120	1981	2123	8951
30-34岁	33189	2681	30508	19050	5768	9600	1721	1961	10413
35-39岁	32218	3221	28997	17668	5044	8542	1392	2690	13120
40-44岁	28285	3016	25269	17384	4846	7937	1168	3433	14126
45-49岁	25023	2542	22481	18296	5826	7602	1055	3813	15226
50-54岁	17371	1595	15776	11587	3707	4804	755	2321	14153
55-59岁	10735	805	9930	7788	2933	3414	505	936	10686
60-64岁	1805	182	1623	981	298	514	66	103	2728
65-69岁	636	67	569	415	146	196	22	51	1053
70-74岁	196	28	168	209	87	79	17	26	322
75岁及以上	92	5	87	83	44	24	6	9	92
女	**143892**	**5200**	**138692**	**66299**	**21268**	**32092**	**6234**	**6705**	**69117**
16-19岁	1947	72	1875	360	73	236	38	13	240
20-24岁	24363	572	23791	6854	1514	4056	818	466	3026
25-29岁	35058	794	34264	14469	4173	7779	1552	965	6051
30-34岁	25285	835	24450	10575	3447	5166	1137	825	7318
35-39岁	21071	938	20133	9793	3142	4544	972	1135	11066
40-44岁	17165	949	16216	9887	3392	4372	743	1380	14638
45-49岁	13132	678	12454	9317	3472	3858	628	1359	14799
50-54岁	3818	239	3579	3854	1530	1611	248	465	6330
55-59岁	1422	86	1336	941	426	367	75	73	3725
60-64岁	410	23	387	150	61	63	14	12	1427
65-69岁	143	11	132	57	21	28	3	5	394
70-74岁	43	2	41	26	12	6	4	4	78
75岁及以上	35	1	34	16	5	6	2	3	25

4-5a 续表 10　　单位：人

年龄组 性别	76.水利管理业	77.环境管理业	78.公共设施管理业	十五、居民服务和其他服务业	79.居民服务业	80.其他服务业	十六、教育	81.教育	十七、卫生、社会保障和社会福利业
总　计	**24036**	**76013**	**64915**	**662082**	**419489**	**242593**	**849249**	**849249**	**482248**
16-19岁	62	228	419	28944	19940	9004	5737	5737	4385
20-24岁	944	2686	3904	91510	62239	29271	54855	54855	49689
25-29岁	2568	5360	7074	86518	55394	31124	134355	134355	82209
30-34岁	3316	6722	7693	84446	51908	32538	151545	151545	74573
35-39岁	4424	10156	9606	100666	62177	38489	145642	145642	76245
40-44岁	4371	13683	10710	103224	65088	38136	134821	134821	65563
45-49岁	4086	15052	10887	84307	53966	30341	113325	113325	62129
50-54岁	2550	10432	7501	42349	25141	17208	64021	64021	37044
55-59岁	1414	7776	5221	26369	15325	11044	36420	36420	22435
60-64岁	196	2658	1301	8762	5224	3538	5533	5533	4478
65-69岁	66	945	436	3394	2084	1310	1818	1818	2100
70-74岁	27	254	119	1107	691	416	752	752	949
75岁及以上	12	61	44	486	312	174	425	425	449
男	**16142**	**39247**	**40458**	**329479**	**162257**	**167222**	**344482**	**344482**	**172799**
16-19岁	45	151	273	17096	8986	8110	1362	1362	680
20-24岁	582	1681	2245	49776	26096	23680	13397	13397	8968
25-29岁	1595	3216	4140	46591	23198	23393	40739	40739	23462
30-34岁	2064	3698	4651	42582	19650	22932	53052	53052	25707
35-39岁	2784	4783	5553	46170	21477	24693	56064	56064	27389
40-44岁	2719	5513	5894	42984	20666	22318	55498	55498	24311
45-49岁	2722	6297	6207	34571	17151	17420	53243	53243	23445
50-54岁	2078	6310	5765	24491	12236	12255	36005	36005	17843
55-59岁	1297	5107	4282	16759	8454	8305	28875	28875	15421
60-64岁	168	1589	971	5212	2629	2583	4054	4054	3071
65-69岁	57	653	343	2168	1118	1050	1362	1362	1517
70-74岁	22	202	98	748	404	344	538	538	676
75岁及以上	9	47	36	331	192	139	293	293	309
女	**7894**	**36766**	**24457**	**332603**	**257232**	**75371**	**504767**	**504767**	**309449**
16-19岁	17	77	146	11848	10954	894	4375	4375	3705
20-24岁	362	1005	1659	41734	36143	5591	41458	41458	40721
25-29岁	973	2144	2934	39927	32196	7731	93616	93616	58747
30-34岁	1252	3024	3042	41864	32258	9606	98493	98493	48866
35-39岁	1640	5373	4053	54496	40700	13796	89578	89578	48856
40-44岁	1652	8170	4816	60240	44422	15818	79323	79323	41252
45-49岁	1364	8755	4680	49736	36815	12921	60082	60082	38684
50-54岁	472	4122	1736	17858	12905	4953	28016	28016	19201
55-59岁	117	2669	939	9610	6871	2739	7545	7545	7014
60-64岁	28	1069	330	3550	2595	955	1479	1479	1407
65-69岁	9	292	93	1226	966	260	456	456	583
70-74岁	5	52	21	359	287	72	214	214	273
75岁及以上	3	14	8	155	120	35	132	132	140

4-5a 续表 11

单位：人

年龄组 性 别	82.卫生	83.社会保障业	84.社会福利业	十八、文化、体育和娱乐业	85.新闻出版业	86.广播、电视、电影和音像业	87.文化艺术业	88.体育	89.娱乐业
总　计	**462504**	**8634**	**11110**	**234039**	**46175**	**50153**	**35916**	**9068**	**92727**
16-19岁	4289	17	79	7773	218	331	584	241	6399
20-24岁	48477	622	590	38383	3849	5796	4012	991	23735
25-29岁	79929	1314	966	42972	8737	10837	5740	1233	16425
30-34岁	72237	1291	1045	33223	7968	8418	4741	1145	10951
35-39岁	73461	1326	1458	31885	7527	7772	4628	1285	10673
40-44岁	62185	1334	2044	28754	6596	6166	5017	1284	9691
45-49岁	58368	1447	2314	25545	5810	5359	5178	1260	7938
50-54岁	34891	765	1388	14773	3254	3259	3458	907	3895
55-59岁	21046	455	934	8599	1905	1950	2052	559	2133
60-64岁	4259	43	176	1397	226	182	303	98	588
65-69岁	2014	15	71	453	51	53	116	37	196
70-74岁	918	2	29	182	20	20	63	22	57
75岁及以上	430	3	16	100	14	10	24	6	46
男	**163999**	**4164**	**4636**	**124169**	**24751**	**29282**	**18671**	**5768**	**45697**
16-19岁	636	11	33	3469	117	170	269	123	2790
20-24岁	8496	258	214	17800	1578	2830	1703	553	11136
25-29岁	22538	560	364	21334	3865	5645	2655	724	8445
30-34岁	24734	589	384	17127	3955	4619	2242	733	5578
35-39岁	26302	561	526	16611	3955	4555	2231	795	5075
40-44岁	23071	571	669	14905	3618	3712	2433	799	4343
45-49岁	22029	615	801	13825	3417	3343	2622	752	3691
50-54岁	16510	542	791	10283	2352	2470	2323	660	2478
55-59岁	14341	411	669	7171	1635	1719	1777	504	1536
60-64岁	2936	34	101	1080	191	154	250	78	407
65-69岁	1456	10	51	350	44	41	92	23	150
70-74岁	655	1	20	149	16	19	55	20	39
75岁及以上	295	1	13	65	8	5	19	4	29
女	**298505**	**4470**	**6474**	**109870**	**21424**	**20871**	**17245**	**3300**	**47030**
16-19岁	3653	6	46	4304	101	161	315	118	3609
20-24岁	39981	364	376	20583	2271	2966	2309	438	12599
25-29岁	57391	754	602	21638	4872	5192	3085	509	7980
30-34岁	47503	702	661	16096	4013	3799	2499	412	5373
35-39岁	47159	765	932	15274	3572	3217	2397	490	5598
40-44岁	39114	763	1375	13849	2978	2454	2584	485	5348
45-49岁	36339	832	1513	11720	2393	2016	2556	508	4247
50-54岁	18381	223	597	4490	902	789	1135	247	1417
55-59岁	6705	44	265	1428	270	231	275	55	597
60-64岁	1323	9	75	317	35	28	53	20	181
65-69岁	558	5	20	103	7	12	24	14	46
70-74岁	263	1	9	33	4	1	8	2	18
75岁及以上	135	2	3	35	6	5	5	2	17

4-5a 续表 12

单位：人

年龄组 性 别	十九、公共管理和社会组织	90.中国共产党机 关	91.国家机构	92.人民政协和民主党派	93.群众团体、社会团体和宗教组织	94.基层群众自治组织	二十、国际组织	95.国际组织
总 计	**1032992**	**10133**	**887573**	**4549**	**28099**	**102638**	**570**	**570**
16-19岁	3000	21	2268	9	174	528	3	3
20-24岁	49543	341	41561	108	1605	5928	38	38
25-29岁	116737	971	102877	336	3399	9154	154	154
30-34岁	141522	1510	126139	518	3608	9747	128	128
35-39岁	172830	1694	152399	626	4092	14019	69	69
40-44岁	173719	1690	150163	627	4330	16909	65	65
45-49岁	180837	1800	154277	828	4604	19328	61	61
50-54岁	109656	1172	92335	705	2983	12461	33	33
55-59岁	70941	831	57562	667	2206	9675	17	17
60-64岁	9322	71	5489	103	570	3089	1	1
65-69岁	3110	20	1545	10	267	1268	1	1
70-74岁	1180	6	627	7	142	398		
75岁及以上	595	6	331	5	119	134		
男	**680414**	**7323**	**597416**	**3130**	**16276**	**56269**	**244**	**244**
16-19岁	2121	14	1601	5	121	380	1	1
20-24岁	28665	195	24514	50	768	3138	9	9
25-29岁	67698	594	60646	202	1687	4569	41	41
30-34岁	86514	1049	78605	325	1883	4652	50	50
35-39岁	109128	1194	98927	407	2195	6405	35	35
40-44岁	110083	1192	98591	388	2346	7566	32	32
45-49岁	118533	1362	104729	556	2647	9239	35	35
50-54岁	83608	920	71300	517	2063	8808	25	25
55-59岁	62692	720	51918	574	1774	7706	14	14
60-64岁	7487	57	4558	90	431	2351	1	1
65-69岁	2501	15	1267	8	193	1018	1	1
70-74岁	954	5	512	5	103	329		
75岁及以上	430	6	248	3	65	108		
女	**352578**	**2810**	**290157**	**1419**	**11823**	**46369**	**326**	**326**
16-19岁	879	7	667	4	53	148	2	2
20-24岁	20878	146	17047	58	837	2790	29	29
25-29岁	49039	377	42231	134	1712	4585	113	113
30-34岁	55008	461	47534	193	1725	5095	78	78
35-39岁	63702	500	53472	219	1897	7614	34	34
40-44岁	63636	498	51572	239	1984	9343	33	33
45-49岁	62304	438	49548	272	1957	10089	26	26
50-54岁	26048	252	21035	188	920	3653	8	8
55-59岁	8249	111	5644	93	432	1969	3	3
60-64岁	1835	14	931	13	139	738		
65-69岁	609	5	278	2	74	250		
70-74岁	226	1	115	2	39	69		
75岁及以上	165		83	2	54	26		

4-5b 全国分年龄、性别、行业大类的就业人口(镇)

单位：人

年龄组 性 别	合 计	一、农、林、牧、渔业	1.农业	2.林业	3.畜牧业	4.渔业	5.农、林、牧、渔服务业	二、采矿业	6.煤炭开采和洗选业
总 计	**12979342**	**4203055**	**3881464**	**46682**	**163115**	**66512**	**45282**	**224670**	**130649**
16-19岁	348140	101917	96450	730	3053	1110	574	2406	1240
20-24岁	1360957	348954	328321	2580	10980	4337	2736	18822	11368
25-29岁	1456053	337007	312708	3437	12093	5072	3697	24598	14458
30-34岁	1564242	347649	317208	4918	14367	5857	5299	29553	17063
35-39岁	1980591	485721	439978	7841	21319	9051	7532	43603	25337
40-44岁	2072783	606983	550845	9623	26132	11778	8605	45362	26916
45-49岁	1644625	549552	499127	8267	23981	11060	7117	33700	20061
50-54岁	998375	431628	398303	4293	16749	7899	4384	16160	9255
55-59岁	843695	471382	441301	3074	17340	6338	3329	7949	3799
60-64岁	402028	281258	267001	1105	9303	2631	1218	1752	783
65-69岁	189634	145241	138685	514	4564	954	524	510	247
70-74岁	76841	61905	59140	198	2070	312	185	154	69
75岁及以上	41378	33858	32397	102	1164	113	82	101	53
男	**7339109**	**2126791**	**1939953**	**31200**	**76869**	**49664**	**29105**	**183041**	**110827**
16-19岁	188034	57239	53858	484	1705	852	340	1966	1027
20-24岁	723169	173059	161013	1624	5531	3296	1595	15369	9614
25-29岁	791926	164681	150524	2149	5921	3845	2242	19690	12002
30-34岁	859644	170491	152915	3152	6874	4370	3180	23460	14226
35-39岁	1098365	235936	209880	5012	9672	6606	4766	34229	21091
40-44岁	1149030	291652	259997	6257	11611	8460	5327	36039	22372
45-49岁	929676	261072	232472	5474	10572	8016	4538	27854	17250
50-54岁	615855	217279	196925	3302	7894	6025	3133	14761	8653
55-59岁	534014	248082	229937	2351	8369	4936	2489	7387	3543
60-64岁	250785	159202	150743	802	4628	2139	890	1618	723
65-69岁	122033	88138	84248	366	2353	774	397	458	224
70-74岁	50882	39459	37754	157	1152	247	149	129	57
75岁及以上	25696	20501	19687	70	587	98	59	81	45
女	**5640233**	**2076264**	**1941511**	**15482**	**86246**	**16848**	**16177**	**41629**	**19822**
16-19岁	160106	44678	42592	246	1348	258	234	440	213
20-24岁	637788	175895	167308	956	5449	1041	1141	3453	1754
25-29岁	664127	172326	162184	1288	6172	1227	1455	4908	2456
30-34岁	704598	177158	164293	1766	7493	1487	2119	6093	2837
35-39岁	882226	249785	230098	2829	11647	2445	2766	9374	4246
40-44岁	923753	315331	290848	3366	14521	3318	3278	9323	4544
45-49岁	714949	288480	266655	2793	13409	3044	2579	5846	2811
50-54岁	382520	214349	201378	991	8855	1874	1251	1399	602
55-59岁	309681	223300	211364	723	8971	1402	840	562	256
60-64岁	151243	122056	116258	303	4675	492	328	134	60
65-69岁	67601	57103	54437	148	2211	180	127	52	23
70-74岁	25959	22446	21386	41	918	65	36	25	12
75岁及以上	15682	13357	12710	32	577	15	23	20	8

4-5b 续表 1

单位：人

年龄组 性 别	7.石油和天然气开采业	8.黑色金属矿采选业	9.有色金属矿采选业	10.非金属矿采选业	11.其他采矿业	三、制造业	12.农副食品加工业	13.食品制造业	14.饮料制造业
总 计	**26788**	**16105**	**24996**	**24043**	**2089**	**2638044**	**123361**	**88329**	**40826**
16-19岁	189	281	305	355	36	123949	2746	3132	829
20-24岁	2007	1333	2090	1819	205	416644	11514	11383	4433
25-29岁	3706	1547	2547	2138	202	363901	11680	10778	4865
30-34岁	4394	1972	3295	2600	229	349642	13305	11001	5518
35-39岁	6138	2946	4748	4125	309	421080	19635	14365	7211
40-44岁	4774	3157	5235	4888	392	409105	22962	14961	7342
45-49岁	3075	2531	3945	3776	312	278360	18672	10907	5352
50-54岁	1335	1338	1825	2226	181	133854	10364	5659	2709
55-59岁	1040	749	768	1449	144	90618	7810	3885	1747
60-64岁	103	181	150	491	44	33148	3077	1460	545
65-69岁	14	50	58	117	24	11922	1072	544	185
70-74岁	9	15	14	40	7	3952	381	180	58
75岁及以上	4	5	16	19	4	1869	143	74	32
男	**18816**	**13072**	**19649**	**19142**	**1535**	**1455730**	**71948**	**44758**	**23889**
16-19岁	136	231	249	297	26	63869	1579	1502	478
20-24岁	1421	1116	1627	1439	152	227519	6736	5592	2521
25-29岁	2592	1285	1999	1678	134	203177	6925	5564	2840
30-34岁	2983	1564	2510	2010	167	188185	7551	5545	3113
35-39岁	3951	2241	3590	3123	233	219025	10673	6804	3941
40-44岁	3256	2460	3976	3696	279	209200	12483	6993	3969
45-49岁	2197	2027	3135	3010	235	152054	10493	5371	3135
50-54岁	1180	1209	1632	1952	135	89057	6699	3337	1938
55-59岁	989	707	716	1316	116	65904	5393	2489	1333
60-64岁	88	171	140	464	32	24579	2241	988	417
65-69岁	12	46	52	106	18	9034	803	389	141
70-74岁	8	12	11	36	5	2952	271	129	44
75岁及以上	3	3	12	15	3	1175	101	55	19
女	**7972**	**3033**	**5347**	**4901**	**554**	**1182314**	**51413**	**43571**	**16937**
16-19岁	53	50	56	58	10	60080	1167	1630	351
20-24岁	586	217	463	380	53	189125	4778	5791	1912
25-29岁	1114	262	548	460	68	160724	4755	5214	2025
30-34岁	1411	408	785	590	62	161457	5754	5456	2405
35-39岁	2187	705	1158	1002	76	202055	8962	7561	3270
40-44岁	1518	697	1259	1192	113	199905	10479	7968	3373
45-49岁	878	504	810	766	77	126306	8179	5536	2217
50-54岁	155	129	193	274	46	44797	3665	2322	771
55-59岁	51	42	52	133	28	24714	2417	1396	414
60-64岁	15	10	10	27	12	8569	836	472	128
65-69岁	2	4	6	11	6	2888	269	155	44
70-74岁	1	3	3	4	2	1000	110	51	14
75岁及以上	1	2	4	4	1	694	42	19	13

4-5b 续表 2 单位：人

年龄组 性 别	15.烟草制品业	16.纺织业	17.纺织服装、鞋、帽制造业	18.皮革、毛皮、羽毛(绒)及其制品业	19.木材加工及木、竹、藤、棕、草制品业	20.家具制造业	21.造纸及纸制品业	22.印刷业和记录媒介的复制	23.文教体育用品制造业
总 计	**4971**	**254665**	**321937**	**116071**	**96619**	**70836**	**49515**	**31309**	**52248**
16-19岁	63	13003	21943	8415	2318	2392	1692	1527	3275
20-24岁	347	40212	63593	22995	9528	8946	6677	4862	9354
25-29岁	531	33054	49207	18612	9302	8570	6547	4717	8020
30-34岁	759	33049	44895	16678	10239	9010	6580	4468	7462
35-39岁	1119	41689	50390	18518	15252	11693	8114	5010	8266
40-44岁	1016	42392	44900	15338	18371	12382	8111	4459	7533
45-49岁	685	27702	27295	8799	14277	9055	5674	3241	4590
50-54岁	272	11674	10073	3428	7562	4066	2994	1509	1802
55-59岁	126	7375	5951	2100	5835	2919	2064	984	1231
60-64岁	35	2983	2325	756	2402	1165	702	333	464
65-69岁	13	1068	859	276	999	405	233	141	164
70-74岁	3	324	297	92	365	143	84	39	54
75岁及以上	2	140	209	64	169	90	43	19	33
男	**2972**	**96401**	**102352**	**53875**	**59651**	**48672**	**29097**	**17442**	**21963**
16-19岁	33	4865	7347	3956	1465	1682	1007	875	1434
20-24岁	208	15229	21240	11155	5833	6033	3966	2776	4247
25-29岁	316	12746	16575	9069	5743	5752	3909	2730	3597
30-34岁	441	12023	14129	7788	6102	5921	3784	2483	3162
35-39岁	619	14288	14803	7985	8932	7696	4424	2625	3177
40-44岁	563	14024	11910	6205	10554	8094	4321	2184	2605
45-49岁	431	10308	7648	3805	8694	6320	3217	1695	1691
50-54岁	214	5752	3818	1841	5199	3201	2070	936	920
55-59岁	104	4328	2857	1282	4235	2438	1552	724	689
60-64岁	29	1850	1246	504	1774	997	564	260	277
65-69岁	10	706	532	195	726	349	186	105	106
70-74岁	2	213	167	59	277	121	70	33	41
75岁及以上	2	69	80	31	117	68	27	16	17
女	**1999**	**158264**	**219585**	**62196**	**36968**	**22164**	**20418**	**13867**	**30285**
16-19岁	30	8138	14596	4459	853	710	685	652	1841
20-24岁	139	24983	42353	11840	3695	2913	2711	2086	5107
25-29岁	215	20308	32632	9543	3559	2818	2638	1987	4423
30-34岁	318	21026	30766	8890	4137	3089	2796	1985	4300
35-39岁	500	27401	35587	10533	6320	3997	3690	2385	5089
40-44岁	453	28368	32990	9133	7817	4288	3790	2275	4928
45-49岁	254	17394	19647	4994	5583	2735	2457	1546	2899
50-54岁	58	5922	6255	1587	2363	865	924	573	882
55-59岁	22	3047	3094	818	1600	481	512	260	542
60-64岁	6	1133	1079	252	628	168	138	73	187
65-69岁	3	362	327	81	273	56	47	36	58
70-74岁	1	111	130	33	88	22	14	6	13
75岁及以上		71	129	33	52	22	16	3	16

4-5b 续表 3 单位：人

年龄组 性 别	24.石油加工、炼焦及核燃料加工业	25.化学原料及化学制品制造业	26.医药制造业	27.化学纤维制造业	28.橡胶制品业	29.塑料制品业	30.非金属矿物制品业	31.黑色金属冶炼及压延加工业	32.有色金属冶炼及压延加工业
总 计	**16379**	**99754**	**29254**	**9632**	**25136**	**67540**	**195357**	**62435**	**41514**
16-19岁	312	2002	707	355	1129	3255	5013	1629	1064
20-24岁	2492	11697	4340	1316	4005	10159	21009	10203	5742
25-29岁	2798	12426	4665	1243	3566	9078	22288	9387	6043
30-34岁	2270	13485	4452	1344	3259	9082	25189	8419	5885
35-39岁	2977	18102	4929	1689	4086	10430	33956	10186	7337
40-44岁	2400	17869	4504	1578	3922	10269	34943	9634	6793
45-49岁	1653	12073	3114	1081	2628	7275	25518	6531	4548
50-54岁	833	6429	1333	513	1285	3752	13478	3366	2189
55-59岁	466	3993	819	322	817	2643	9367	2153	1321
60-64岁	126	1115	241	127	292	1089	3177	666	419
65-69岁	42	399	104	40	99	359	1044	185	118
70-74岁	7	121	33	19	36	103	282	56	36
75岁及以上	3	43	13	5	12	46	93	20	19
男	**11898**	**63590**	**15879**	**5377**	**15235**	**35899**	**131689**	**48859**	**29954**
16-19岁	239	1188	332	219	675	1687	3383	1264	794
20-24岁	1826	7193	2324	753	2521	5482	14010	8121	4189
25-29岁	2079	7949	2538	705	2264	5090	14718	7334	4348
30-34岁	1543	8243	2284	718	1936	4832	16165	6353	4106
35-39岁	1987	10766	2494	853	2286	5246	21439	7646	5038
40-44岁	1664	10844	2294	780	2132	4822	22280	7347	4734
45-49岁	1239	7922	1677	582	1531	3581	17152	5099	3259
50-54岁	733	4961	960	385	919	2301	10495	2942	1828
55-59岁	431	3216	671	246	617	1732	7985	1919	1135
60-64岁	111	876	190	94	238	774	2808	599	369
65-69岁	39	315	84	31	79	254	929	169	105
70-74岁	5	91	26	8	27	71	253	48	35
75岁及以上	2	26	5	3	10	27	72	18	14
女	**4481**	**36164**	**13375**	**4255**	**9901**	**31641**	**63668**	**13576**	**11560**
16-19岁	73	814	375	136	454	1568	1630	365	270
20-24岁	666	4504	2016	563	1484	4677	6999	2082	1553
25-29岁	719	4477	2127	538	1302	3988	7570	2053	1695
30-34岁	727	5242	2168	626	1323	4250	9024	2066	1779
35-39岁	990	7336	2435	836	1800	5184	12517	2540	2299
40-44岁	736	7025	2210	798	1790	5447	12663	2287	2059
45-49岁	414	4151	1437	499	1097	3694	8366	1432	1289
50-54岁	100	1468	373	128	366	1451	2983	424	361
55-59岁	35	777	148	76	200	911	1382	234	186
60-64岁	15	239	51	33	54	315	369	67	50
65-69岁	3	84	20	9	20	105	115	16	13
70-74岁	2	30	7	11	9	32	29	8	1
75岁及以上	1	17	8	2	2	19	21	2	5

4-5b 续表 4 单位：人

年龄组 性别	33.金属制品业	34.通用设备制造业	35.专用设备制造业	36.交通运输设备制造业	37.电气机械及器材制造业	38.通信设备、计算机及其他电子设备制造业	39.仪器仪表及文化、办公用机械制造业	40.工艺品及其他制造业	41.废弃资源和废旧材料回收加工业
总 计	**153258**	**149123**	**72212**	**112936**	**117694**	**108959**	**22602**	**80696**	**22876**
16-19岁	6191	5542	3521	5294	8379	12559	1221	3938	503
20-24岁	22529	21933	13170	19968	25021	31959	3888	11476	1893
25-29岁	21489	20024	11204	17869	19348	20384	3379	10669	2158
30-34岁	21522	19450	9725	16145	15838	14490	2982	10486	2655
35-39岁	24980	23364	10850	18061	16729	12260	3527	12673	3682
40-44岁	24030	24062	9993	15655	15032	8776	3139	12480	4259
45-49岁	16019	16681	6809	10239	9250	4862	2164	8497	3169
50-54岁	7956	8879	3396	4952	4035	1870	1066	4560	1850
55-59岁	5514	5975	2330	3253	2668	1174	774	3450	1552
60-64岁	2027	2077	811	1009	917	385	282	1504	637
65-69岁	693	781	283	345	318	149	119	591	294
70-74岁	204	262	83	108	115	49	36	230	152
75岁及以上	104	93	37	38	44	42	25	142	72
男	**104992**	**105623**	**49051**	**81166**	**67035**	**53368**	**12644**	**35949**	**14502**
16-19岁	4532	4262	2295	4215	4365	5400	631	1814	351
20-24岁	16028	16646	9095	15342	14292	15470	2051	5431	1209
25-29岁	14901	14415	7639	13117	11334	10592	1883	5167	1338
30-34岁	14474	13477	6505	11200	8992	7270	1658	4746	1641
35-39岁	16417	15610	6892	12123	9005	5756	1872	5448	2180
40-44岁	15222	15523	6326	10191	7835	4025	1643	5051	2582
45-49岁	10437	11104	4606	6918	5161	2362	1214	3466	1936
50-54岁	5967	6892	2686	3951	2831	1197	754	2051	1279
55-59岁	4452	4999	1980	2801	2108	841	593	1632	1122
60-64岁	1705	1728	678	888	718	274	213	696	473
65-69岁	593	658	248	298	262	119	93	294	216
70-74岁	180	229	74	94	99	38	23	100	124
75岁及以上	84	80	27	28	33	24	16	53	51
女	**48266**	**43500**	**23161**	**31770**	**50659**	**55591**	**9958**	**44747**	**8374**
16-19岁	1659	1280	1226	1079	4014	7159	590	2124	152
20-24岁	6501	5287	4075	4626	10729	16489	1837	6045	684
25-29岁	6588	5609	3565	4752	8014	9792	1496	5502	820
30-34岁	7048	5973	3220	4945	6846	7220	1324	5740	1014
35-39岁	8563	7754	3958	5938	7724	6504	1655	7225	1502
40-44岁	8808	8539	3667	5464	7197	4751	1496	7429	1677
45-49岁	5582	5577	2203	3321	4089	2500	950	5031	1233
50-54岁	1989	1987	710	1001	1204	673	312	2509	571
55-59岁	1062	976	350	452	560	333	181	1818	430
60-64岁	322	349	133	121	199	111	69	808	164
65-69岁	100	123	35	47	56	30	26	297	78
70-74岁	24	33	9	14	16	11	13	130	28
75岁及以上	20	13	10	10	11	18	9	89	21

4-5b 续表 5 单位：人

年龄组 性别	四、电力、燃气及水的生产和供应业	42.电力、热力的生产和供应业	43.燃气生产和供应业	44.水的生产和供应业	五、建筑业	45.房屋和土木工程建筑业	46.建筑安装业	47.建筑装饰业	48.其他建筑业
总计	**126974**	**99655**	**7725**	**19594**	**837326**	**645661**	**42558**	**134018**	**15089**
16-19岁	980	763	104	113	16842	12252	989	3199	402
20-24岁	9248	7508	733	1007	74667	54051	4737	14258	1621
25-29岁	13978	11241	930	1807	81217	57886	4949	16744	1638
30-34岁	19237	15283	1105	2849	95733	69202	5607	19002	1922
35-39岁	25716	20385	1340	3991	144312	109179	7605	24897	2631
40-44岁	23541	18393	1334	3814	165124	129648	7652	25205	2619
45-49岁	17917	13860	1050	3007	122618	98269	5398	16904	2047
50-54岁	9250	7106	546	1598	65934	54577	2848	7420	1089
55-59岁	5516	4109	391	1016	48481	41237	1934	4577	733
60-64岁	1091	703	120	268	16551	14295	626	1358	272
65-69岁	334	208	50	76	4591	4008	155	347	81
70-74岁	115	62	16	37	892	757	31	75	29
75岁及以上	51	34	6	11	364	300	27	32	5
男	**89893**	**72238**	**5157**	**12498**	**721747**	**557674**	**37134**	**114445**	**12494**
16-19岁	728	590	54	84	14909	10804	902	2850	353
20-24岁	6486	5389	452	645	64275	46624	4138	12155	1358
25-29岁	9636	7895	607	1134	69365	49632	4272	14083	1378
30-34岁	12797	10430	690	1677	80739	58363	4839	15966	1571
35-39岁	17198	14023	859	2316	120849	91465	6527	20749	2108
40-44岁	16018	12934	839	2245	139280	109249	6568	21363	2100
45-49岁	12573	10032	701	1840	105745	84804	4697	14574	1670
50-54岁	7940	6208	445	1287	60048	49776	2604	6717	951
55-59岁	5093	3841	340	912	45413	38653	1809	4286	665
60-64岁	987	634	102	251	15682	13563	589	1290	240
65-69岁	291	180	46	65	4321	3788	141	320	72
70-74岁	103	55	16	32	820	704	26	66	24
75岁及以上	43	27	6	10	301	249	22	26	4
女	**37081**	**27417**	**2568**	**7096**	**115579**	**87987**	**5424**	**19573**	**2595**
16-19岁	252	173	50	29	1933	1448	87	349	49
20-24岁	2762	2119	281	362	10392	7427	599	2103	263
25-29岁	4342	3346	323	673	11852	8254	677	2661	260
30-34岁	6440	4853	415	1172	14994	10839	768	3036	351
35-39岁	8518	6362	481	1675	23463	17714	1078	4148	523
40-44岁	7523	5459	495	1569	25844	20399	1084	3842	519
45-49岁	5344	3828	349	1167	16873	13465	701	2330	377
50-54岁	1310	898	101	311	5886	4801	244	703	138
55-59岁	423	268	51	104	3068	2584	125	291	68
60-64岁	104	69	18	17	869	732	37	68	32
65-69岁	43	28	4	11	270	220	14	27	9
70-74岁	12	7		5	72	53	5	9	5
75岁及以上	8	7		1	63	51	5	6	1

4-5b 续表 6 单位：人

年龄组 性 别	六、交通运输、仓储和邮政业	49.铁路运输业	50.道路运输业	51.城市公共交通业	52.水上运输业	53.航空运输业	54.管道运输业	55.装卸搬运和其他运输服务业	56.仓储业
总 计	**621101**	**30178**	**391587**	**97831**	**13851**	**5313**	**729**	**47263**	**14819**
16-19岁	6761	274	4364	679	177	112	6	740	200
20-24岁	49717	2064	31918	6124	1233	1252	67	3604	1085
25-29岁	75739	2607	50544	11260	1411	1158	89	4450	1268
30-34岁	95284	3423	63943	15445	1519	691	103	5367	1638
35-39岁	123879	5058	81003	20373	2120	689	165	8315	2508
40-44岁	115792	5691	72712	18878	2590	576	108	9193	2905
45-49岁	81452	5642	48393	12851	2106	447	91	6939	2624
50-54岁	41160	3143	22685	7027	1364	227	54	4302	1386
55-59岁	23099	1614	12088	3847	951	120	38	3085	827
60-64岁	5804	395	2822	1018	267	27	6	913	230
65-69岁	1672	155	801	229	85	11	2	251	93
70-74岁	477	61	197	65	17	1		76	39
75岁及以上	265	51	117	35	11	2		28	16
男	**534736**	**23718**	**347626**	**86663**	**11134**	**3373**	**586**	**39205**	**10337**
16-19岁	5449	180	3688	537	141	51	5	578	137
20-24岁	41120	1523	27860	5327	966	611	53	2886	701
25-29岁	65320	2040	45203	10086	1123	726	67	3629	834
30-34岁	82613	2702	57062	13725	1190	493	84	4385	1116
35-39岁	106481	3975	71782	17757	1679	470	129	6805	1656
40-44岁	98330	4353	63627	16394	2027	390	88	7514	1932
45-49岁	69476	4397	42456	11374	1676	307	72	5727	1837
50-54岁	37380	2755	20985	6557	1175	183	47	3755	1112
55-59岁	21272	1371	11355	3645	817	109	34	2780	700
60-64岁	5221	264	2607	963	241	23	5	832	183
65-69岁	1466	90	732	212	78	8	2	226	79
70-74岁	408	41	171	58	12			72	35
75岁及以上	200	27	98	28	9	2		16	15
女	**86365**	**6460**	**43961**	**11168**	**2717**	**1940**	**143**	**8058**	**4482**
16-19岁	1312	94	676	142	36	61	1	162	63
20-24岁	8597	541	4058	797	267	641	14	718	384
25-29岁	10419	567	5341	1174	288	432	22	821	434
30-34岁	12671	721	6881	1720	329	198	19	982	522
35-39岁	17398	1083	9221	2616	441	219	36	1510	852
40-44岁	17462	1338	9085	2484	563	186	20	1679	973
45-49岁	11976	1245	5937	1477	430	140	19	1212	787
50-54岁	3780	388	1700	470	189	44	7	547	274
55-59岁	1827	243	733	202	134	11	4	305	127
60-64岁	583	131	215	55	26	4	1	81	47
65-69岁	206	65	69	17	7	3		25	14
70-74岁	69	20	26	7	5	1		4	4
75岁及以上	65	24	19	7	2			12	1

4-5b 续表 7

单位：人

年龄组 性 别	57.邮政业	七、信息传输、计算机服务和软件业	58.电信和其他信息传输服务业	59.计算机服务业	60.软件业	八、批发和零售业	61.批发业	62.零售业	九、住宿和餐饮业
总 计	**19530**	**73382**	**56025**	**11727**	**5630**	**1671189**	**268447**	**1402742**	**472771**
16-19岁	209	2133	1304	687	142	40272	5106	35166	22952
20-24岁	2370	14883	10675	2916	1292	191742	25666	166076	64818
25-29岁	2952	16443	12171	2655	1617	214277	30964	183313	60333
30-34岁	3155	12264	9445	1819	1000	232699	34747	197952	61389
35-39岁	3648	10778	8860	1299	619	287299	45360	241939	76086
40-44岁	3139	7705	6346	959	400	276743	47608	229135	75370
45-49岁	2359	5335	4346	692	297	205417	37768	167649	57292
50-54岁	972	2095	1631	335	129	104736	19599	85137	27733
55-59岁	529	1264	945	234	85	72915	13703	59212	17872
60-64岁	126	290	177	79	34	27528	4996	22532	6023
65-69岁	45	119	81	29	9	11184	1914	9270	2037
70-74岁	21	40	18	17	5	4127	683	3444	570
75岁及以上	5	33	26	6	1	2250	333	1917	296
男	**12094**	**41935**	**30729**	**7627**	**3579**	**781779**	**155657**	**626122**	**212041**
16-19岁	132	1000	535	398	67	15913	2852	13061	10844
20-24岁	1193	7099	4334	1963	802	76635	13674	62961	30120
25-29岁	1612	8682	5780	1834	1068	92248	17068	75180	28121
30-34岁	1856	7182	5291	1211	680	101748	19257	82491	27791
35-39岁	2228	6695	5500	821	374	128986	25340	103646	32275
40-44岁	2005	4836	4073	534	229	128826	26812	102014	30101
45-49岁	1630	3414	2847	392	175	100991	21953	79038	23497
50-54岁	811	1620	1306	224	90	60638	13072	47566	13909
55-59岁	461	1039	825	157	57	45754	9699	36055	9946
60-64岁	103	220	138	55	27	18005	3679	14326	3639
65-69岁	39	94	69	21	4	7604	1488	6116	1256
70-74岁	19	29	13	11	5	2924	528	2396	376
75岁及以上	5	25	18	6	1	1507	235	1272	166
女	**7436**	**31447**	**25296**	**4100**	**2051**	**889410**	**112790**	**776620**	**260730**
16-19岁	77	1133	769	289	75	24359	2254	22105	12108
20-24岁	1177	7784	6341	953	490	115107	11992	103115	34698
25-29岁	1340	7761	6391	821	549	122029	13896	108133	32212
30-34岁	1299	5082	4154	608	320	130951	15490	115461	33598
35-39岁	1420	4083	3360	478	245	158313	20020	138293	43811
40-44岁	1134	2869	2273	425	171	147917	20796	127121	45269
45-49岁	729	1921	1499	300	122	104426	15815	88611	33795
50-54岁	161	475	325	111	39	44098	6527	37571	13824
55-59岁	68	225	120	77	28	27161	4004	23157	7926
60-64岁	23	70	39	24	7	9523	1317	8206	2384
65-69岁	6	25	12	8	5	3580	426	3154	781
70-74岁	2	11	5	6		1203	155	1048	194
75岁及以上		8	8			743	98	645	130

4-5b 续表 8 单位：人

年龄组 性别	63.住宿业	64.餐饮业	十、金融业	65.银行业	66.证券业	67.保险业	68.其他金融活动	十一、房地产业	69.房地产业
总计	**65709**	**407062**	**114644**	**75020**	**2155**	**29393**	**8076**	**57594**	**57594**
16-19岁	3303	19649	544	245	28	176	95	817	817
20-24岁	10414	54404	10815	6130	452	3120	1113	6432	6432
25-29岁	8888	51445	14785	8691	452	4356	1286	7124	7124
30-34岁	8246	53143	13920	7796	315	4604	1205	6995	6995
35-39岁	9743	66343	21480	13892	304	5873	1411	8469	8469
40-44岁	9763	65607	23546	16589	263	5371	1323	8743	8743
45-49岁	7660	49632	18469	13601	171	3693	1004	7785	7785
50-54岁	3953	23780	7201	5456	67	1310	368	4973	4973
55-59岁	2479	15393	2991	2074	70	658	189	4017	4017
60-64岁	817	5206	560	330	23	155	52	1444	1444
65-69岁	313	1724	216	136	4	57	19	572	572
70-74岁	95	475	72	51	4	10	7	170	170
75岁及以上	35	261	45	29	2	10	4	53	53
男	**26999**	**185042**	**60804**	**43655**	**1302**	**11470**	**4377**	**36965**	**36965**
16-19岁	1322	9522	278	144	12	73	49	550	550
20-24岁	4159	25961	4727	2675	236	1351	465	3582	3582
25-29岁	3532	24589	6986	4288	273	1840	585	4106	4106
30-34岁	3313	24478	6586	4180	195	1630	581	4304	4304
35-39岁	3608	28667	10702	7720	185	2017	780	5145	5145
40-44岁	3556	26545	12475	9762	165	1804	744	5361	5361
45-49岁	3057	20440	10677	8518	121	1401	637	4917	4917
50-54岁	2125	11784	5152	4106	47	709	290	3822	3822
55-59岁	1502	8444	2519	1831	48	464	176	3307	3307
60-64岁	528	3111	431	255	15	118	43	1195	1195
65-69岁	205	1051	178	110	3	49	16	495	495
70-74岁	70	306	61	44	1	9	7	140	140
75岁及以上	22	144	32	22	1	5	4	41	41
女	**38710**	**222020**	**53840**	**31365**	**853**	**17923**	**3699**	**20629**	**20629**
16-19岁	1981	10127	266	101	16	103	46	267	267
20-24岁	6255	28443	6088	3455	216	1769	648	2850	2850
25-29岁	5356	26856	7799	4403	179	2516	701	3018	3018
30-34岁	4933	28665	7334	3616	120	2974	624	2691	2691
35-39岁	6135	37676	10778	6172	119	3856	631	3324	3324
40-44岁	6207	39062	11071	6827	98	3567	579	3382	3382
45-49岁	4603	29192	7792	5083	50	2292	367	2868	2868
50-54岁	1828	11996	2049	1350	20	601	78	1151	1151
55-59岁	977	6949	472	243	22	194	13	710	710
60-64岁	289	2095	129	75	8	37	9	249	249
65-69岁	108	673	38	26	1	8	3	77	77
70-74岁	25	169	11	7	3	1		30	30
75岁及以上	13	117	13	7	1	5		12	12

4-5b 续表 9

单位：人

年龄组 性 别	十二、租赁和商务服务业	70.租赁业	71.商务服务业	十三、科学研究、技术服务和地质勘查业	72.研究与试验发 展	73.专业技 术服务业	74.科技交流和推广服务业	75.地质勘查业	十四、水利、环境和公共设施管理业
总 计	**72347**	**7708**	**64639**	**22214**	**4216**	**10891**	**3754**	**3353**	**58003**
16-19岁	1579	139	1440	312	55	192	31	34	364
20-24岁	9689	781	8908	2403	367	1515	231	290	2841
25-29岁	10532	994	9538	3180	637	1809	363	371	4370
30-34岁	9663	992	8671	3151	555	1663	527	406	6336
35-39岁	10864	1342	9522	3503	638	1622	671	572	8824
40-44岁	10565	1390	9175	3529	726	1476	668	659	10190
45-49岁	8770	1018	7752	3115	669	1228	639	579	9586
50-54岁	4940	487	4453	1603	290	712	329	272	6345
55-59岁	3535	371	3164	1059	206	493	228	132	5340
60-64岁	1313	114	1199	229	42	121	45	21	2331
65-69岁	576	36	540	87	18	47	13	9	1020
70-74岁	219	28	191	34	9	11	9	5	345
75岁及以上	102	16	86	9	4	2		3	111
男	**48189**	**5674**	**42515**	**14850**	**2531**	**7294**	**2356**	**2669**	**33602**
16-19岁	1037	102	935	181	29	112	15	25	196
20-24岁	5685	586	5099	1477	194	929	122	232	1690
25-29岁	6489	724	5765	2038	388	1179	207	264	2688
30-34岁	6135	731	5404	2064	320	1107	321	316	3683
35-39岁	7021	1003	6018	2259	358	1061	395	445	4859
40-44岁	6936	996	5940	2252	407	955	390	500	5153
45-49岁	6018	712	5306	2111	398	827	410	476	4842
50-54岁	3976	382	3594	1242	208	537	247	250	4035
55-59岁	3032	286	2746	926	175	431	194	126	3706
60-64岁	1099	94	1005	190	28	105	37	20	1586
65-69岁	501	28	473	77	15	42	11	9	781
70-74岁	179	21	158	26	7	8	7	4	291
75岁及以上	81	9	72	7	4	1		2	92
女	**24158**	**2034**	**22124**	**7364**	**1685**	**3597**	**1398**	**684**	**24401**
16-19岁	542	37	505	131	26	80	16	9	168
20-24岁	4004	195	3809	926	173	586	109	58	1151
25-29岁	4043	270	3773	1142	249	630	156	107	1682
30-34岁	3528	261	3267	1087	235	556	206	90	2653
35-39岁	3843	339	3504	1244	280	561	276	127	3965
40-44岁	3629	394	3235	1277	319	521	278	159	5037
45-49岁	2752	306	2446	1004	271	401	229	103	4744
50-54岁	964	105	859	361	82	175	82	22	2310
55-59岁	503	85	418	133	31	62	34	6	1634
60-64岁	214	20	194	39	14	16	8	1	745
65-69岁	75	8	67	10	3	5	2		239
70-74岁	40	7	33	8	2	3	2	1	54
75岁及以上	21	7	14	2		1		1	19

4-5b 续表 10 单位：人

年龄组 性 别	76.水利管理业	77.环境管理业	78.公共设施管理业	十五、居民服务和其他服务业	79.居民服务业	80.其他服务业	十六、教育	81.教育	十七、卫生、社会保障和社会福利业
总 计	**13692**	**27855**	**16456**	**353569**	**199345**	**154224**	**530663**	**530663**	**231719**
16-19岁	36	107	221	16154	9753	6401	3264	3264	2415
20-24岁	469	970	1402	49399	28770	20629	29566	29566	20888
25-29岁	1096	1548	1726	46375	25399	20976	77725	77725	32222
30-34岁	1966	2364	2006	45438	24438	21000	99304	99304	37761
35-39岁	2703	3641	2480	53805	30496	23309	96170	96170	40651
40-44岁	2607	4886	2697	52108	29842	22266	87968	87968	33593
45-49岁	2309	4878	2399	38489	22007	16482	68224	68224	28787
50-54岁	1342	3498	1505	21689	11910	9779	40473	40473	16927
55-59岁	907	3269	1164	16663	9013	7650	22086	22086	11630
60-64岁	169	1622	540	7713	4346	3367	3819	3819	3921
65-69岁	57	756	207	3631	2074	1557	1303	1303	1876
70-74岁	22	238	85	1413	860	553	496	496	734
75岁及以上	9	78	24	692	437	255	265	265	314
男	**9668**	**13930**	**10004**	**200423**	**86650**	**113773**	**245057**	**245057**	**97324**
16-19岁	31	61	104	10202	4505	5697	746	746	359
20-24岁	317	605	768	29913	12854	17059	7360	7360	4580
25-29岁	700	951	1037	27583	11208	16375	25985	25985	11135
30-34岁	1255	1241	1187	25264	9545	15719	40281	40281	14548
35-39岁	1795	1656	1408	27745	11651	16094	44273	44273	16890
40-44岁	1760	1858	1535	26463	11804	14659	43603	43603	14425
45-49岁	1585	1888	1369	19901	9134	10767	35648	35648	12505
50-54岁	1136	1816	1083	13174	6121	7053	24390	24390	9042
55-59岁	850	1978	878	11026	5193	5833	18201	18201	8341
60-64岁	157	1041	388	5139	2553	2586	2986	2986	3071
65-69岁	53	574	154	2535	1263	1272	995	995	1557
70-74岁	21	197	73	1023	560	463	404	404	615
75岁及以上	8	64	20	455	259	196	185	185	256
女	**4024**	**13925**	**6452**	**153146**	**112695**	**40451**	**285606**	**285606**	**134395**
16-19岁	5	46	117	5952	5248	704	2518	2518	2056
20-24岁	152	365	634	19486	15916	3570	22206	22206	16308
25-29岁	396	597	689	18792	14191	4601	51740	51740	21087
30-34岁	711	1123	819	20174	14893	5281	59023	59023	23213
35-39岁	908	1985	1072	26060	18845	7215	51897	51897	23761
40-44岁	847	3028	1162	25645	18038	7607	44365	44365	19168
45-49岁	724	2990	1030	18588	12873	5715	32576	32576	16282
50-54岁	206	1682	422	8515	5789	2726	16083	16083	7885
55-59岁	57	1291	286	5637	3820	1817	3885	3885	3289
60-64岁	12	581	152	2574	1793	781	833	833	850
65-69岁	4	182	53	1096	811	285	308	308	319
70-74岁	1	41	12	390	300	90	92	92	119
75岁及以上	1	14	4	237	178	59	80	80	58

4-5b 续表 11 单位：人

年龄组 性 别	82.卫生	83.社会保障业	84.社会福利业	十八、文化、体育和娱乐业	85.新闻出版业	86.广播、电视、电影和音像业	87.文化艺术业	88.体育	89.娱乐业
总 计	**224627**	**3595**	**3497**	**59796**	**3965**	**14281**	**9809**	**2191**	**29550**
16-19岁	2375	23	17	2322	62	120	222	73	1845
20-24岁	20468	277	143	8522	484	1407	1067	229	5335
25-29岁	31502	483	237	8414	679	2170	1203	266	4096
30-34岁	36881	569	311	8101	572	2262	1200	313	3754
35-39岁	39576	622	453	9126	599	2482	1451	379	4215
40-44岁	32405	575	613	8944	626	2186	1646	350	4136
45-49岁	27571	518	698	7349	482	1907	1542	278	3140
50-54岁	16183	284	460	3615	260	992	759	157	1447
55-59岁	11086	197	347	2258	152	577	458	92	979
60-64岁	3764	29	128	710	29	119	150	33	379
65-69岁	1810	12	54	250	13	35	59	14	129
70-74岁	707	5	22	124	5	18	28	6	67
75岁及以上	299	1	14	61	2	6	24	1	28
男	**93982**	**1858**	**1484**	**32151**	**2494**	**8910**	**5150**	**1582**	**14015**
16-19岁	334	17	8	1043	34	50	91	39	829
20-24岁	4388	130	62	4086	261	724	443	161	2497
25-29岁	10802	227	106	4330	353	1214	592	186	1985
30-34岁	14177	251	120	4240	344	1341	590	225	1740
35-39岁	16448	304	138	4717	381	1508	689	282	1857
40-44岁	13957	279	189	4609	422	1356	816	231	1784
45-49岁	12021	243	241	4033	331	1269	810	210	1413
50-54岁	8592	202	248	2447	199	779	517	126	826
55-59岁	7938	171	232	1762	125	522	391	77	647
60-64岁	2969	19	83	541	27	100	119	27	268
65-69岁	1516	9	32	201	12	26	51	11	101
70-74岁	593	5	17	95	3	16	23	6	47
75岁及以上	247	1	8	47	2	5	18	1	21
女	**130645**	**1737**	**2013**	**27645**	**1471**	**5371**	**4659**	**609**	**15535**
16-19岁	2041	6	9	1279	28	70	131	34	1016
20-24岁	16080	147	81	4436	223	683	624	68	2838
25-29岁	20700	256	131	4084	326	956	611	80	2111
30-34岁	22704	318	191	3861	228	921	610	88	2014
35-39岁	23128	318	315	4409	218	974	762	97	2358
40-44岁	18448	296	424	4335	204	830	830	119	2352
45-49岁	15550	275	457	3316	151	638	732	68	1727
50-54岁	7591	82	212	1168	61	213	242	31	621
55-59岁	3148	26	115	496	27	55	67	15	332
60-64岁	795	10	45	169	2	19	31	6	111
65-69岁	294	3	22	49	1	9	8	3	28
70-74岁	114		5	29	2	2	5		20
75岁及以上	52		6	14		1	6		7

4-5b 续表 12 单位：人

年龄组 性别	十九、公共管理和社会组织	90.中国共产党机关	91.国家机构	92.人民政协和民主党派	93.群众团体、社会团体和宗教组织	94.基层群众自治组织	二十、国际组织	95.国际组织
总　计	**610223**	**9494**	**540963**	**3105**	**13395**	**43266**	**58**	**58**
16-19岁	2157	22	1640	5	201	289		
20-24岁	30903	356	27086	106	816	2539	4	4
25-29岁	63821	1029	57833	254	1348	3357	12	12
30-34岁	90114	1613	82792	366	1659	3684	9	9
35-39岁	109216	1755	99536	422	2012	5491	9	9
40-44岁	107866	1749	96605	457	2183	6872	6	6
45-49岁	102403	1551	90402	586	2188	7676	5	5
50-54岁	58053	821	50160	459	1260	5353	6	6
55-59岁	35016	490	28745	385	875	4521	4	4
60-64岁	6543	71	4000	43	322	2107		
65-69岁	2492	26	1313	15	222	916	1	1
70-74岁	1000	8	508	3	148	333	2	2
75岁及以上	639	3	343	4	161	128		
男	**422016**	**7145**	**377060**	**2229**	**8387**	**27195**	**35**	**35**
16-19岁	1525	16	1172	3	151	183		
20-24岁	18384	200	16349	43	479	1313	3	3
25-29岁	39661	659	36319	145	795	1743	5	5
30-34岁	57530	1149	53259	229	946	1947	3	3
35-39岁	73076	1322	67367	266	1147	2974	4	4
40-44岁	73466	1348	66581	309	1299	3929	5	5
45-49岁	72345	1223	64602	431	1318	4771	3	3
50-54岁	45938	680	40010	399	905	3944	5	5
55-59岁	31300	453	26183	347	729	3588	4	4
60-64岁	5394	66	3407	37	235	1649		
65-69岁	2050	22	1101	13	163	751	1	1
70-74岁	846	6	434	3	111	292	2	2
75岁及以上	501	1	276	4	109	111		
女	**188207**	**2349**	**163903**	**876**	**5008**	**16071**	**23**	**23**
16-19岁	632	6	468	2	50	106		
20-24岁	12519	156	10737	63	337	1226	1	1
25-29岁	24160	370	21514	109	553	1614	7	7
30-34岁	32584	464	29533	137	713	1737	6	6
35-39岁	36140	433	32169	156	865	2517	5	5
40-44岁	34400	401	30024	148	884	2943	1	1
45-49岁	30058	328	25800	155	870	2905	2	2
50-54岁	12115	141	10150	60	355	1409	1	1
55-59岁	3716	37	2562	38	146	933		
60-64岁	1149	5	593	6	87	458		
65-69岁	442	4	212	2	59	165		
70-74岁	154	2	74		37	41		
75岁及以上	138	2	67		52	17		

4-5c 全国分年龄、性别、行业大类的就业人口(乡村)

单位：人

年龄组 性 别	合 计	一、农、林、牧、渔业	1.农业	2.林业	3.畜牧业	4.渔业	5.农、林、牧、渔服务业	二、采矿业	6.煤炭开采和洗选业
总 计	**39362371**	**29435422**	**27909822**	**188671**	**1055200**	**209001**	**72728**	**306629**	**183135**
16-19岁	1420832	923539	876438	5749	34550	4564	2238	7013	3416
20-24岁	4194670	2605134	2475918	15875	90377	15767	7197	33142	18969
25-29岁	3638272	2304178	2174475	17434	88841	16505	6923	33019	20044
30-34岁	3570596	2356901	2220494	18090	93227	17797	7293	35401	21957
35-39岁	4742681	3308393	3118876	24940	127719	27115	9743	53128	33842
40-44岁	5549913	4087281	3861574	31181	148267	34960	11299	58809	36676
45-49岁	4726332	3671919	3470970	28163	131097	32199	9490	43226	25869
50-54岁	3496922	2910966	2765319	17470	98167	23576	6434	22805	12601
55-59岁	3700721	3249680	3099825	15297	107463	20749	6346	13744	6902
60-64岁	2267059	2078020	1990303	8016	66744	9730	3227	4355	1928
65-69岁	1213697	1138976	1090880	3946	38547	3986	1617	1384	647
70-74岁	538192	511619	489165	1674	18735	1468	577	391	183
75岁及以上	302484	288816	275585	836	11466	585	344	212	101
男	**21194743**	**14966366**	**14218927**	**118529**	**438538**	**144625**	**45747**	**270486**	**166565**
16-19岁	773798	501141	475339	3695	17466	3375	1266	5832	2894
20-24岁	2181751	1277943	1211210	9601	41858	11146	4128	28303	16661
25-29岁	1943578	1135448	1068339	10609	40722	11610	4168	28823	18051
30-34岁	1909842	1161831	1093625	10982	40578	12229	4417	31036	19967
35-39岁	2495104	1606160	1515840	14999	51352	17981	5988	46707	30806
40-44岁	2883184	1967260	1861321	18818	57260	22937	6924	51825	33491
45-49岁	2461593	1771450	1676351	17306	50444	21445	5904	38517	23745
50-54岁	1905008	1480146	1408680	11674	38956	16444	4392	21004	11868
55-59岁	2052413	1706338	1634893	10516	41248	15265	4416	12713	6479
60-64岁	1314949	1170395	1127639	5570	27442	7435	2309	3974	1790
65-69岁	743759	687199	663150	2858	16859	3149	1183	1249	577
70-74岁	343916	324323	312577	1249	8905	1158	434	328	150
75岁及以上	185848	176732	169963	652	5448	451	218	175	86
女	**18167628**	**14469056**	**13690895**	**70142**	**616662**	**64376**	**26981**	**36143**	**16570**
16-19岁	647034	422398	401099	2054	17084	1189	972	1181	522
20-24岁	2012919	1327191	1264708	6274	48519	4621	3069	4839	2308
25-29岁	1694694	1168730	1106136	6825	48119	4895	2755	4196	1993
30-34岁	1660754	1195070	1126869	7108	52649	5568	2876	4365	1990
35-39岁	2247577	1702233	1603036	9941	76367	9134	3755	6421	3036
40-44岁	2666729	2120021	2000253	12363	91007	12023	4375	6984	3185
45-49岁	2264739	1900469	1794619	10857	80653	10754	3586	4709	2124
50-54岁	1591914	1430820	1356639	5796	59211	7132	2042	1801	733
55-59岁	1648308	1543342	1464932	4781	66215	5484	1930	1031	423
60-64岁	952110	907625	862664	2446	39302	2295	918	381	138
65-69岁	469938	451777	427730	1088	21688	837	434	135	70
70-74岁	194276	187296	176588	425	9830	310	143	63	33
75岁及以上	116636	112084	105622	184	6018	134	126	37	15

4-5c 续表 1

单位：人

年龄组 性 别	7.石油和天然气开采业	8.黑色金属矿采选业	9.有色金属矿采选业	10.非金属矿采选业	11.其他采矿业	三、制造业	12.农副食品加工业	13.食品制造业	14.饮料制造业
总 计	**8637**	**27942**	**32284**	**49976**	**4655**	**4056531**	**144791**	**108829**	**39337**
16-19岁	353	805	966	1323	150	261852	5125	6707	1631
20-24岁	1737	3350	3873	4586	627	764259	17747	20285	6133
25-29岁	1454	2909	3735	4359	518	581674	14580	15402	5058
30-34岁	1079	2979	4089	4829	468	504413	14402	13080	4473
35-39岁	1299	4147	5691	7475	674	573003	19820	15211	5827
40-44岁	1140	4927	5951	9330	785	561472	24370	15325	5998
45-49岁	700	4025	4273	7779	580	377802	19456	10494	4485
50-54岁	396	2542	2096	4800	370	190022	11586	5399	2493
55-59岁	289	1578	1102	3597	276	142332	9977	4086	1940
60-64岁	115	484	337	1369	122	62115	4646	1757	809
65-69岁	48	136	113	394	46	24410	2022	697	304
70-74岁	18	36	30	95	29	8776	753	275	116
75岁及以上	9	24	28	40	10	4401	307	111	70
男	**6510**	**24682**	**26683**	**42576**	**3470**	**2162179**	**83599**	**53231**	**22939**
16-19岁	242	690	770	1129	107	131738	2798	3235	915
20-24岁	1227	2936	3158	3878	443	399940	9916	9696	3412
25-29岁	1138	2573	3045	3649	367	314864	8407	7696	2980
30-34岁	802	2579	3367	3980	341	265982	8030	6461	2518
35-39岁	995	3578	4632	6182	514	288773	10792	6917	3212
40-44岁	891	4262	4797	7777	607	276414	13030	6786	3303
45-49岁	540	3547	3606	6644	435	198380	10941	4935	2613
50-54岁	314	2383	1874	4278	287	118946	7314	3039	1625
55-59岁	229	1489	996	3301	219	97488	6815	2501	1404
60-64岁	78	465	289	1263	89	43769	3331	1186	609
65-69岁	37	126	101	372	36	17287	1460	501	222
70-74岁	12	34	25	88	19	5986	558	204	80
75岁及以上	5	20	23	35	6	2612	207	74	46
女	**2127**	**3260**	**5601**	**7400**	**1185**	**1894352**	**61192**	**55598**	**16398**
16-19岁	111	115	196	194	43	130114	2327	3472	716
20-24岁	510	414	715	708	184	364319	7831	10589	2721
25-29岁	316	336	690	710	151	266810	6173	7706	2078
30-34岁	277	400	722	849	127	238431	6372	6619	1955
35-39岁	304	569	1059	1293	160	284230	9028	8294	2615
40-44岁	249	665	1154	1553	178	285058	11340	8539	2695
45-49岁	160	478	667	1135	145	179422	8515	5559	1872
50-54岁	82	159	222	522	83	71076	4272	2360	868
55-59岁	60	89	106	296	57	44844	3162	1585	536
60-64岁	37	19	48	106	33	18346	1315	571	200
65-69岁	11	10	12	22	10	7123	562	196	82
70-74岁	6	2	5	7	10	2790	195	71	36
75岁及以上	4	4	5	5	4	1789	100	37	24

4-5c 续表 2　　单位：人

年龄组 性　别	15.烟草制品业	16.纺织业	17.纺织服装、鞋、帽制造业	18.皮革、毛皮、羽毛(绒)及其制品业	19.木材加工及木、竹、藤、棕、草制品业	20.家具制造业	21.造纸及纸制品业	22.印刷业和记录媒介的复制	23.文教体育用品制造业
总　计	**3989**	**373308**	**651544**	**217307**	**167653**	**142850**	**66716**	**33450**	**97491**
16-19岁	153	23449	57878	18714	5392	5916	3411	2461	8846
20-24岁	494	67323	151900	45911	19485	19883	10782	7013	21456
25-29岁	471	50079	107270	35633	17154	18463	9013	5750	15301
30-34岁	455	45747	89108	30713	16819	18000	8245	4484	12786
35-39岁	671	54259	91879	32702	23659	22920	9486	4280	13494
40-44岁	653	56621	77584	26955	29176	23898	9616	3880	12013
45-49岁	464	37731	43618	14614	23074	16550	7057	2635	6851
50-54岁	238	17324	15769	5578	12710	7489	4102	1317	2948
55-59岁	210	11953	9547	3803	10870	5668	3006	972	2218
60-64岁	110	5563	4191	1633	5427	2588	1290	421	935
65-69岁	51	2149	1695	637	2340	922	461	170	419
70-74岁	15	769	650	259	966	350	172	46	143
75岁及以上	4	341	455	155	581	203	75	21	81
男	**2264**	**130901**	**203089**	**98047**	**102635**	**101275**	**38258**	**18824**	**40701**
16-19岁	94	8172	18505	8808	3424	4362	1906	1402	3901
20-24岁	290	23209	47454	21211	11954	14077	6289	4006	9571
25-29岁	259	18207	35760	16975	10618	12778	5375	3485	7083
30-34岁	244	15977	29394	14317	9928	12372	4727	2610	5594
35-39岁	344	17351	27876	14132	13541	15155	5082	2280	5166
40-44岁	351	16851	20197	10650	16779	16417	4932	1888	3877
45-49岁	276	12389	11230	5763	13971	12083	3806	1273	2373
50-54岁	151	7559	5258	2674	8361	5956	2621	793	1307
55-59岁	133	6261	4041	2013	7466	4657	2103	625	1073
60-64岁	76	3126	2001	931	3836	2206	922	288	423
65-69岁	34	1253	876	355	1677	764	324	132	224
70-74岁	9	400	313	137	680	292	124	31	71
75岁及以上	3	146	184	81	400	156	47	11	38
女	**1725**	**242407**	**448455**	**119260**	**65018**	**41575**	**28458**	**14626**	**56790**
16-19岁	59	15277	39373	9906	1968	1554	1505	1059	4945
20-24岁	204	44114	104446	24700	7531	5806	4493	3007	11885
25-29岁	212	31872	71510	18658	6536	5685	3638	2265	8218
30-34岁	211	29770	59714	16396	6891	5628	3518	1874	7192
35-39岁	327	36908	64003	18570	10118	7765	4404	2000	8328
40-44岁	302	39770	57387	16305	12397	7481	4684	1992	8136
45-49岁	188	25342	32388	8851	9103	4467	3251	1362	4478
50-54岁	87	9765	10511	2904	4349	1533	1481	524	1641
55-59岁	77	5692	5506	1790	3404	1011	903	347	1145
60-64岁	34	2437	2190	702	1591	382	368	133	512
65-69岁	17	896	819	282	663	158	137	38	195
70-74岁	6	369	337	122	286	58	48	15	72
75岁及以上	1	195	271	74	181	47	28	10	43

4-5c 续表 3 单位：人

年龄组 性　别	24.石油加工、炼焦及核燃料加工业	25.化学原料及化学制品制造业	26.医药制造业	27.化学纤维制造业	28.橡胶制品业	29.塑料制品业	30.非金属矿物制品业	31.黑色金属冶炼及压延加工业	32.有色金属冶炼及压延加工业
总　计	**14985**	**106685**	**21209**	**12751**	**36553**	**104709**	**309212**	**80929**	**39004**
16-19岁	591	3502	991	612	1920	5912	10656	3297	1371
20-24岁	3106	15034	4603	2102	6193	16472	36740	15135	5796
25-29岁	2538	13364	3535	1551	5294	13970	33437	11568	5297
30-34岁	1619	12652	2789	1591	4682	12872	34634	9961	4943
35-39岁	2033	15705	2844	1834	5243	15330	48669	11766	6173
40-44岁	1907	17356	2597	2174	5451	15526	53461	11522	6141
45-49岁	1396	13078	1866	1392	3638	11069	39998	8239	4396
50-54岁	879	7457	922	669	1904	5788	23308	4530	2315
55-59岁	642	5345	628	516	1343	4570	17867	3218	1638
60-64岁	200	2112	281	192	565	1997	7098	1165	634
65-69岁	43	764	98	80	217	795	2444	373	199
70-74岁	26	223	33	33	80	276	671	95	69
75岁及以上	5	93	22	5	23	132	229	60	32
男	**11847**	**64474**	**11072**	**6782**	**21912**	**53583**	**217405**	**66495**	**29067**
16-19岁	449	1970	462	318	1149	3160	7413	2679	1040
20-24岁	2406	8766	2189	1202	3901	8973	25305	12572	4383
25-29岁	1975	8070	1867	843	3349	7649	23180	9493	3989
30-34岁	1257	7393	1439	809	2767	6699	23272	8047	3614
35-39岁	1562	9104	1361	872	2921	7278	31790	9306	4485
40-44岁	1464	9760	1268	989	2876	6857	35454	9198	4334
45-49岁	1145	7760	1044	695	2043	5148	27967	6762	3181
50-54岁	764	5262	645	448	1264	3110	18536	4033	1857
55-59岁	573	4012	483	389	975	2712	15227	2909	1368
60-64岁	185	1576	205	143	425	1275	6277	1035	554
65-69岁	38	588	74	45	165	492	2190	326	176
70-74岁	26	154	22	26	65	163	603	86	60
75岁及以上	3	59	13	3	12	67	191	49	26
女	**3138**	**42211**	**10137**	**5969**	**14641**	**51126**	**91807**	**14434**	**9937**
16-19岁	142	1532	529	294	771	2752	3243	618	331
20-24岁	700	6268	2414	900	2292	7499	11435	2563	1413
25-29岁	563	5294	1668	708	1945	6321	10257	2075	1308
30-34岁	362	5259	1350	782	1915	6173	11362	1914	1329
35-39岁	471	6601	1483	962	2322	8052	16879	2460	1688
40-44岁	443	7596	1329	1185	2575	8669	18007	2324	1807
45-49岁	251	5318	822	697	1595	5921	12031	1477	1215
50-54岁	115	2195	277	221	640	2678	4772	497	458
55-59岁	69	1333	145	127	368	1858	2640	309	270
60-64岁	15	536	76	49	140	722	821	130	80
65-69岁	5	176	24	35	52	303	254	47	23
70-74岁		69	11	7	15	113	68	9	9
75岁及以上	2	34	9	2	11	65	38	11	6

4-5c 续表 4 单位：人

年龄组 性 别	33.金属制品业	34.通用设备制造业	35.专用设备制造业	36.交通运输设备制造业	37.电气机械及器材制造业	38.通信设备、计算机及其他电子设备制造业	39.仪器仪表及文化、办公用机械制造业	40.工艺品及其他制造业	41.废弃资源和废旧材料回收加工业
总 计	**219526**	**223329**	**106180**	**150558**	**162027**	**221611**	**35968**	**131525**	**32505**
16-19岁	11528	9978	8132	10064	13163	28980	2833	7687	952
20-24岁	36579	35591	24623	33682	37091	72098	7563	20489	2950
25-29岁	31667	28343	17773	24528	27288	41748	5709	16900	2990
30-34岁	29450	26441	13359	19607	20999	26834	4422	15856	3390
35-39岁	32863	31090	13243	20220	21176	22292	4755	18469	5090
40-44岁	31815	33647	11836	18313	18694	15612	4303	19090	5938
45-49岁	21093	24401	7755	11797	11838	7840	2830	13527	4620
50-54岁	11075	14271	4130	5744	5315	3014	1487	7652	2609
55-59岁	8361	11293	3187	4128	3871	1939	1104	6300	2132
60-64岁	3407	4949	1389	1651	1729	749	550	3019	1058
65-69岁	1207	2156	512	600	586	279	263	1455	472
70-74岁	334	833	176	155	185	114	102	647	210
75岁及以上	147	336	65	69	92	112	47	434	94
男	**150858**	**155397**	**70313**	**112073**	**90336**	**111692**	**19888**	**51900**	**21322**
16-19岁	8454	7834	5181	8189	7089	13310	1499	3358	662
20-24岁	26511	27404	16397	26951	21292	35671	4062	8883	1987
25-29岁	22307	20748	12022	18681	15704	22617	3275	7496	1976
30-34岁	20018	18260	8776	14266	11780	14169	2453	6665	2126
35-39岁	21310	20151	8343	13864	10895	11087	2473	7022	3101
40-44岁	19885	20766	7209	12145	9359	7179	2228	6673	3709
45-49岁	13542	15396	4973	7923	6172	3799	1526	4690	2961
50-54岁	8029	10045	3116	4459	3410	1712	952	2784	1862
55-59岁	6641	8457	2535	3453	2722	1284	758	2328	1570
60-64岁	2778	3736	1143	1408	1276	526	380	1117	795
65-69岁	1002	1697	426	533	443	202	172	536	360
70-74岁	284	659	149	141	138	76	79	208	148
75岁及以上	97	244	43	60	56	60	31	140	65
女	**68668**	**67932**	**35867**	**38485**	**71691**	**109919**	**16080**	**79625**	**11183**
16-19岁	3074	2144	2951	1875	6074	15670	1334	4329	290
20-24岁	10068	8187	8226	6731	15799	36427	3501	11606	963
25-29岁	9360	7595	5751	5847	11584	19131	2434	9404	1014
30-34岁	9432	8181	4583	5341	9219	12665	1969	9191	1264
35-39岁	11553	10939	4900	6356	10281	11205	2282	11447	1989
40-44岁	11930	12881	4627	6168	9335	8433	2075	12417	2229
45-49岁	7551	9005	2782	3874	5666	4041	1304	8837	1659
50-54岁	3046	4226	1014	1285	1905	1302	535	4868	747
55-59岁	1720	2836	652	675	1149	655	346	3972	562
60-64岁	629	1213	246	243	453	223	170	1902	263
65-69岁	205	459	86	67	143	77	91	919	112
70-74岁	50	174	27	14	47	38	23	439	62
75岁及以上	50	92	22	9	36	52	16	294	29

4-5c 续表 5

单位：人

年龄组 性　别	四、电力、燃气及水的生产和供应业	42.电力、热力的生产和供应业	43.燃气生产和供应业	44.水的生产和供应业	五、建筑　业	45.房屋和土木工程建筑业	46.建筑安装业	47.建筑装饰业	48.其他建筑业
总　计	**73047**	**59259**	**5299**	**8489**	**1816906**	**1462526**	**80708**	**249646**	**24026**
16-19岁	1945	1560	180	205	57258	44111	3085	9014	1048
20-24岁	9524	7969	751	804	202040	154185	11538	33074	3243
25-29岁	9409	7821	711	877	185416	140098	10259	32321	2738
30-34岁	8724	7162	663	899	197576	151900	10024	32959	2693
35-39岁	10743	8802	786	1155	289521	231890	12650	41341	3640
40-44岁	11052	9040	725	1287	339464	277943	13224	44350	3947
45-49岁	9884	8146	590	1148	246027	203837	9398	29846	2946
50-54岁	5834	4613	399	822	136334	116119	5016	13479	1720
55-59岁	4010	2917	296	797	107262	93344	3638	8980	1300
60-64岁	1286	847	125	314	40841	35818	1345	3147	531
65-69岁	466	284	51	131	11819	10385	400	892	142
70-74岁	122	64	19	39	2380	2078	86	158	58
75岁及以上	48	34	3	11	968	818	45	85	20
男	**59853**	**49493**	**3743**	**6617**	**1583098**	**1273191**	**71433**	**217794**	**20680**
16-19岁	1544	1279	111	154	50422	38653	2762	8087	920
20-24岁	7405	6321	503	581	176714	134621	10255	28975	2863
25-29岁	7466	6353	471	642	160291	121045	9005	27869	2372
30-34岁	6908	5820	434	654	167906	128682	8799	28140	2285
35-39岁	8521	7131	532	858	242524	193696	10923	34898	3007
40-44岁	8933	7481	503	949	289955	236959	11522	38201	3273
45-49岁	8360	7042	436	882	216849	179263	8390	26670	2526
50-54岁	5240	4211	326	703	125425	106770	4628	12470	1557
55-59岁	3712	2724	255	733	100541	87457	3400	8493	1191
60-64岁	1195	788	113	294	38566	33844	1276	2955	491
65-69岁	426	260	42	124	11040	9714	363	834	129
70-74岁	105	57	14	34	2134	1865	77	140	52
75岁及以上	38	26	3	9	731	622	33	62	14
女	**13194**	**9766**	**1556**	**1872**	**233808**	**189335**	**9275**	**31852**	**3346**
16-19岁	401	281	69	51	6836	5458	323	927	128
20-24岁	2119	1648	248	223	25326	19564	1283	4099	380
25-29岁	1943	1468	240	235	25125	19053	1254	4452	366
30-34岁	1816	1342	229	245	29670	23218	1225	4819	408
35-39岁	2222	1671	254	297	46997	38194	1727	6443	633
40-44岁	2119	1559	222	338	49509	40984	1702	6149	674
45-49岁	1524	1104	154	266	29178	24574	1008	3176	420
50-54岁	594	402	73	119	10909	9349	388	1009	163
55-59岁	298	193	41	64	6721	5887	238	487	109
60-64岁	91	59	12	20	2275	1974	69	192	40
65-69岁	40	24	9	7	779	671	37	58	13
70-74岁	17	7	5	5	246	213	9	18	6
75岁及以上	10	8		2	237	196	12	23	6

4-5c 续表 6

单位：人

年龄组 性　别	六、交通运输、仓储和邮政业	49.铁路运输业	50.道路运输业	51.城市公共交通业	52.水上运输业	53.航空运输业	54.管道运输业	55.装卸搬运和其他运输服务业	56.仓储业
总　计	**674057**	**31059**	**480261**	**75088**	**15627**	**4418**	**596**	**48033**	**10325**
16-19岁	15039	926	10365	1165	336	193	23	1535	252
20-24岁	81310	3532	58077	8045	1699	1037	88	5665	1346
25-29岁	100305	3263	74794	11379	1579	928	68	5436	1231
30-34岁	102859	2882	76852	12564	1503	617	80	5843	1168
35-39岁	120264	3987	89029	13863	2157	606	100	7828	1500
40-44岁	109116	4560	78293	12039	2722	499	85	8227	1657
45-49岁	72979	4033	50514	7882	2292	268	64	5981	1268
50-54岁	37238	2775	23905	4250	1425	131	42	3533	843
55-59岁	23403	2555	13379	2660	1195	90	34	2656	626
60-64岁	7639	1382	3591	811	498	32	8	964	262
65-69岁	2555	695	995	273	143	10	3	278	121
70-74岁	852	296	275	103	52	3	1	63	36
75岁及以上	498	173	192	54	26	4		24	15
男	**595152**	**19762**	**438644**	**66438**	**12347**	**3096**	**505**	**40834**	**7456**
16-19岁	12562	575	9046	918	261	108	19	1303	177
20-24岁	69990	2178	52164	6899	1355	638	79	4728	902
25-29岁	89812	2130	69041	10163	1281	648	58	4545	882
30-34岁	92089	1859	70642	11105	1192	453	67	4956	833
35-39岁	107103	2635	81406	12295	1653	455	78	6627	1075
40-44岁	95525	2885	70752	10614	1996	375	66	6857	1168
45-49岁	64258	2507	46054	7092	1770	196	56	5134	927
50-54岁	33484	1871	22294	3902	1175	106	39	3152	657
55-59岁	20775	1529	12613	2431	1046	78	31	2368	496
60-64岁	6471	839	3340	696	429	24	8	855	201
65-69岁	2054	442	898	207	124	10	3	238	99
70-74岁	663	204	234	78	42	3	1	53	28
75岁及以上	366	108	160	38	23	2		18	11
女	**78905**	**11297**	**41617**	**8650**	**3280**	**1322**	**91**	**7199**	**2869**
16-19岁	2477	351	1319	247	75	85	4	232	75
20-24岁	11320	1354	5913	1146	344	399	9	937	444
25-29岁	10493	1133	5753	1216	298	280	10	891	349
30-34岁	10770	1023	6210	1459	311	164	13	887	335
35-39岁	13161	1352	7623	1568	504	151	22	1201	425
40-44岁	13591	1675	7541	1425	726	124	19	1370	489
45-49岁	8721	1526	4460	790	522	72	8	847	341
50-54岁	3754	904	1611	348	250	25	3	381	186
55-59岁	2628	1026	766	229	149	12	3	288	130
60-64岁	1168	543	251	115	69	8		109	61
65-69岁	501	253	97	66	19			40	22
70-74岁	189	92	41	25	10			10	8
75岁及以上	132	65	32	16	3	2		6	4

4-5c 续表 7 单位：人

年龄组 性 别	57.邮政业	七、信息传输、计算机服务和软件业	58.电信和其他信息传输服务业	59.计算机服务业	60.软件业	八、批发和零售业	61.批发业	62.零售业	九、住宿和餐饮业
总 计	**8650**	**43396**	**24786**	**13593**	**5017**	**1283916**	**235193**	**1048723**	**497914**
16-19岁	244	2774	1399	1104	271	60750	8191	52559	45885
20-24岁	1821	12503	7173	3743	1587	214913	31251	183662	106336
25-29岁	1627	9611	5667	2645	1299	179869	28845	151024	75088
30-34岁	1350	5419	3380	1436	603	158758	28115	130643	60030
35-39岁	1194	4222	2597	1203	422	178311	34439	143872	63600
40-44岁	1034	3367	1954	1079	334	177794	37702	140092	58822
45-49岁	677	2436	1407	812	217	129163	27976	101187	40489
50-54岁	334	1295	659	509	127	71879	15546	56333	20758
55-59岁	208	962	359	508	95	59485	12867	46618	15465
60-64岁	91	456	133	291	32	29336	6110	23226	7045
65-69岁	37	208	34	152	22	14135	2609	11526	3064
70-74岁	23	91	16	71	4	6205	1055	5150	894
75岁及以上	10	52	8	40	4	3318	487	2831	438
男	**6070**	**25552**	**14347**	**8201**	**3004**	**608673**	**139807**	**468866**	**220719**
16-19岁	155	1344	588	627	129	23156	4404	18752	20656
20-24岁	1047	6302	3193	2211	898	82644	16396	66248	47378
25-29岁	1064	5707	3102	1768	837	78595	16167	62428	35718
30-34岁	982	3494	2191	915	388	73356	16073	57283	27726
35-39岁	879	2726	1804	686	236	84907	20004	64903	26567
40-44岁	812	2204	1398	604	202	87035	22304	64731	22584
45-49岁	522	1619	1048	462	109	65888	17175	48713	15809
50-54岁	288	950	554	301	95	41020	10602	30418	9592
55-59岁	183	671	309	297	65	36541	9090	27451	7928
60-64岁	79	298	115	162	21	19027	4460	14567	4069
65-69岁	33	150	28	105	17	9667	1964	7703	1865
70-74岁	20	61	14	43	4	4472	800	3672	585
75岁及以上	6	26	3	20	3	2365	368	1997	242
女	**2580**	**17844**	**10439**	**5392**	**2013**	**675243**	**95386**	**579857**	**277195**
16-19岁	89	1430	811	477	142	37594	3787	33807	25229
20-24岁	774	6201	3980	1532	689	132269	14855	117414	58958
25-29岁	563	3904	2565	877	462	101274	12678	88596	39370
30-34岁	368	1925	1189	521	215	85402	12042	73360	32304
35-39岁	315	1496	793	517	186	93404	14435	78969	37033
40-44岁	222	1163	556	475	132	90759	15398	75361	36238
45-49岁	155	817	359	350	108	63275	10801	52474	24680
50-54岁	46	345	105	208	32	30859	4944	25915	11166
55-59岁	25	291	50	211	30	22944	3777	19167	7537
60-64岁	12	158	18	129	11	10309	1650	8659	2976
65-69岁	4	58	6	47	5	4468	645	3823	1199
70-74岁	3	30	2	28		1733	255	1478	309
75岁及以上	4	26	5	20	1	953	119	834	196

4-5c 续表 8

单位：人

年龄组 性别	63.住宿业	64.餐饮业	十、金融业	65.银行业	66.证券业	67.保险业	68.其他金融活动	十一、房地产业	69.房地产业
总　计	**54196**	**443718**	**32701**	**15209**	**1111**	**12238**	**4143**	**33814**	**33814**
16-19岁	5652	40233	648	228	33	221	166	1146	1146
20-24岁	13793	92543	6415	2946	315	2141	1013	5713	5713
25-29岁	8751	66337	6280	2929	265	2227	859	4881	4881
30-34岁	6184	53846	3672	1409	110	1671	482	3729	3729
35-39岁	6179	57421	4184	1832	130	1752	470	3982	3982
40-44岁	5385	53437	4402	2178	95	1717	412	4227	4227
45-49岁	3669	36820	3712	1968	76	1335	333	3560	3560
50-54岁	1888	18870	1758	918	42	610	188	2544	2544
55-59岁	1500	13965	1042	521	28	368	125	2302	2302
60-64岁	732	6313	362	164	12	131	55	1000	1000
65-69岁	303	2761	153	80	3	45	25	461	461
70-74岁	114	780	46	19	2	13	12	189	189
75岁及以上	46	392	27	17		7	3	80	80
男	**22517**	**198202**	**17806**	**9406**	**725**	**5123**	**2552**	**22674**	**22674**
16-19岁	2293	18363	355	150	14	82	109	796	796
20-24岁	5507	41871	2886	1292	186	921	487	3457	3457
25-29岁	3801	31917	3229	1569	170	1009	481	3116	3116
30-34岁	2639	25087	1861	871	78	622	290	2567	2567
35-39岁	2367	24200	2194	1179	91	611	313	2636	2636
40-44岁	1946	20638	2424	1474	61	603	286	2715	2715
45-49岁	1456	14353	2297	1436	55	556	250	2349	2349
50-54岁	916	8676	1245	750	37	307	151	1854	1854
55-59岁	860	7068	828	453	21	255	99	1833	1833
60-64岁	436	3633	293	131	9	103	50	810	810
65-69岁	204	1661	131	67	1	40	23	350	350
70-74岁	69	516	42	19	2	11	10	140	140
75岁及以上	23	219	21	15		3	3	51	51
女	**31679**	**245516**	**14895**	**5803**	**386**	**7115**	**1591**	**11140**	**11140**
16-19岁	3359	21870	293	78	19	139	57	350	350
20-24岁	8286	50672	3529	1654	129	1220	526	2256	2256
25-29岁	4950	34420	3051	1360	95	1218	378	1765	1765
30-34岁	3545	28759	1811	538	32	1049	192	1162	1162
35-39岁	3812	33221	1990	653	39	1141	157	1346	1346
40-44岁	3439	32799	1978	704	34	1114	126	1512	1512
45-49岁	2213	22467	1415	532	21	779	83	1211	1211
50-54岁	972	10194	513	168	5	303	37	690	690
55-59岁	640	6897	214	68	7	113	26	469	469
60-64岁	296	2680	69	33	3	28	5	190	190
65-69岁	99	1100	22	13	2	5	2	111	111
70-74岁	45	264	4			2	2	49	49
75岁及以上	23	173	6	2		4		29	29

4-5c 续表 9 单位：人

年龄组 性　别	十二、租赁和商务服务业	70.租赁业	71.商务服务业	十三、科学研究、技术服务和地质勘查业	72.研究与试验发展	73.专业技术服务业	74.科技交流和推广服务业	75.地质勘查业	十四、水利、环境和公共设施管理业
总　计	**61549**	**8605**	**52944**	**14695**	**2840**	**7765**	**2042**	**2048**	**44597**
16-19岁	3095	318	2777	661	101	413	60	87	876
20-24岁	12417	1247	11170	2919	528	1746	279	366	3618
25-29岁	9558	1070	8488	2549	489	1469	281	310	3444
30-34岁	6961	1017	5944	1726	343	915	265	203	3519
35-39岁	6978	1241	5737	1887	362	919	287	319	4641
40-44岁	6832	1331	5501	1750	340	825	290	295	6301
45-49岁	5666	1016	4650	1354	295	602	232	225	6445
50-54岁	3687	561	3126	776	168	344	136	128	5460
55-59岁	3427	461	2966	672	146	312	137	77	5407
60-64岁	1685	216	1469	250	38	136	51	25	2832
65-69岁	767	88	679	94	21	53	14	6	1306
70-74岁	335	27	308	38	5	19	9	5	534
75岁及以上	141	12	129	19	4	12	1	2	214
男	**42987**	**6270**	**36717**	**9574**	**1591**	**4852**	**1402**	**1729**	**26954**
16-19岁	2031	208	1823	359	49	201	39	70	520
20-24岁	7668	862	6806	1693	257	968	169	299	2218
25-29岁	6453	797	5656	1646	264	961	167	254	2122
30-34岁	4978	760	4218	1111	189	573	181	168	2111
35-39岁	4982	908	4074	1215	206	565	181	263	2535
40-44岁	4778	966	3812	1146	193	502	202	249	3252
45-49岁	4060	725	3335	948	169	408	171	200	3385
50-54岁	2910	427	2483	592	111	257	108	116	3381
55-59岁	2764	353	2411	545	102	249	120	74	3756
60-64岁	1394	172	1222	204	29	106	46	23	2004
65-69岁	611	63	548	75	18	40	11	6	1037
70-74岁	264	21	243	29	2	16	6	5	448
75岁及以上	94	8	86	11	2	6	1	2	185
女	**18562**	**2335**	**16227**	**5121**	**1249**	**2913**	**640**	**319**	**17643**
16-19岁	1064	110	954	302	52	212	21	17	356
20-24岁	4749	385	4364	1226	271	778	110	67	1400
25-29岁	3105	273	2832	903	225	508	114	56	1322
30-34岁	1983	257	1726	615	154	342	84	35	1408
35-39岁	1996	333	1663	672	156	354	106	56	2106
40-44岁	2054	365	1689	604	147	323	88	46	3049
45-49岁	1606	291	1315	406	126	194	61	25	3060
50-54岁	777	134	643	184	57	87	28	12	2079
55-59岁	663	108	555	127	44	63	17	3	1651
60-64岁	291	44	247	46	9	30	5	2	828
65-69岁	156	25	131	19	3	13	3		269
70-74岁	71	6	65	9	3	3	3		86
75岁及以上	47	4	43	8	2	6			29

4-5c 续表 10　　　　单位：人

年龄组 性 别	76.水利管理业	77.环境管理业	78.公共设 施管理业	十五、居民服务和其他服务业	79.居民服务业	80.其他服务业	十六、教育	81.教育	十七、卫生、社会保障和社会福利业
总 计	**6599**	**20436**	**17562**	**372339**	**203335**	**169004**	**271087**	**271087**	**120073**
16-19岁	81	245	550	25942	14197	11745	4862	4862	2408
20-24岁	448	1057	2113	67831	35928	31903	25989	25989	15468
25-29岁	519	1124	1801	51040	25919	25121	38557	38557	16617
30-34岁	670	1273	1576	42487	21318	21169	37965	37965	16811
35-39岁	773	2018	1850	45471	24747	20724	31455	31455	16585
40-44岁	996	2978	2327	46047	26451	19596	30868	30868	13181
45-49岁	1056	3087	2302	33257	19002	14255	36629	36629	10014
50-54岁	854	2834	1772	21343	12248	9095	33397	33397	8270
55-59岁	752	2903	1752	18568	10765	7803	24475	24475	9598
60-64岁	278	1630	924	10588	6313	4275	4507	4507	6670
65-69岁	114	800	392	5548	3414	2134	1514	1514	3136
70-74岁	37	354	143	2561	1738	823	592	592	929
75岁及以上	21	133	60	1656	1295	361	277	277	386
男	**5433**	**10462**	**11059**	**212315**	**85105**	**127210**	**145356**	**145356**	**66569**
16-19岁	56	132	332	16677	6322	10355	1042	1042	422
20-24岁	336	640	1242	41760	15046	26714	6395	6395	3814
25-29岁	397	602	1123	30836	10764	20072	14796	14796	7188
30-34岁	521	617	973	24231	8148	16083	17697	17697	8786
35-39岁	596	831	1108	23902	9275	14627	15676	15676	9652
40-44岁	776	1121	1355	22734	10152	12582	16251	16251	7913
45-49岁	848	1181	1356	16638	7665	8973	21692	21692	5963
50-54岁	769	1432	1180	12009	5616	6393	24125	24125	5472
55-59岁	710	1782	1264	10954	5312	5642	21745	21745	7645
60-64岁	259	1075	670	6499	3318	3181	3888	3888	5730
65-69岁	108	628	301	3530	1880	1650	1295	1295	2811
70-74岁	37	299	112	1644	976	668	524	524	826
75岁及以上	20	122	43	901	631	270	230	230	347
女	**1166**	**9974**	**6503**	**160024**	**118230**	**41794**	**125731**	**125731**	**53504**
16-19岁	25	113	218	9265	7875	1390	3820	3820	1986
20-24岁	112	417	871	26071	20882	5189	19594	19594	11654
25-29岁	122	522	678	20204	15155	5049	23761	23761	9429
30-34岁	149	656	603	18256	13170	5086	20268	20268	8025
35-39岁	177	1187	742	21569	15472	6097	15779	15779	6933
40-44岁	220	1857	972	23313	16299	7014	14617	14617	5268
45-49岁	208	1906	946	16619	11337	5282	14937	14937	4051
50-54岁	85	1402	592	9334	6632	2702	9272	9272	2798
55-59岁	42	1121	488	7614	5453	2161	2730	2730	1953
60-64岁	19	555	254	4089	2995	1094	619	619	940
65-69岁	6	172	91	2018	1534	484	219	219	325
70-74岁		55	31	917	762	155	68	68	103
75岁及以上	1	11	17	755	664	91	47	47	39

4-5c 续表 11　　　单位：人

年龄组 性别	82.卫生	83.社会保障业	84.社会福利业	十八、文化、体育和娱乐业	85.新闻出版业	86.广播、电视、电影和音像业	87.文化艺术业	88.体育	89.娱乐业
总 计	**115728**	**1255**	**3090**	**30666**	**3996**	**4576**	**5345**	**2545**	**14204**
16-19岁	2335	28	45	1911	150	170	341	145	1105
20-24岁	15084	213	171	5994	667	848	1015	429	3035
25-29岁	16252	196	169	4850	676	829	822	407	2116
30-34岁	16475	162	174	3604	504	631	531	356	1582
35-39岁	16170	139	276	3692	538	521	603	349	1681
40-44岁	12577	168	436	3604	549	508	623	269	1655
45-49岁	9323	146	545	2898	392	452	546	246	1262
50-54岁	7768	86	416	1641	232	275	312	136	686
55-59岁	9052	76	470	1390	187	243	269	109	582
60-64岁	6422	24	224	625	71	72	165	55	262
65-69岁	3011	12	113	281	23	18	67	32	141
70-74岁	890	3	36	112	4	5	37	7	59
75岁及以上	369	2	15	64	3	4	14	5	38
男	**64482**	**709**	**1378**	**18570**	**2971**	**3205**	**3213**	**1886**	**7295**
16-19岁	392	17	13	981	116	95	151	85	534
20-24岁	3650	99	65	3228	419	476	532	294	1507
25-29岁	7016	106	66	2870	455	527	456	311	1121
30-34岁	8627	78	81	2214	370	445	319	276	804
35-39岁	9480	72	100	2236	408	384	327	271	846
40-44岁	7686	97	130	2116	432	388	365	208	723
45-49岁	5695	82	186	1782	314	345	330	192	601
50-54岁	5220	61	191	1172	193	239	236	100	404
55-59岁	7284	64	297	1103	169	222	236	82	394
60-64岁	5577	22	131	501	67	60	150	37	187
65-69岁	2725	8	78	227	22	17	64	21	103
70-74岁	795	1	30	88	3	3	35	5	42
75岁及以上	335	2	10	52	3	4	12	4	29
女	**51246**	**546**	**1712**	**12096**	**1025**	**1371**	**2132**	**659**	**6909**
16-19岁	1943	11	32	930	34	75	190	60	571
20-24岁	11434	114	106	2766	248	372	483	135	1528
25-29岁	9236	90	103	1980	221	302	366	96	995
30-34岁	7848	84	93	1390	134	186	212	80	778
35-39岁	6690	67	176	1456	130	137	276	78	835
40-44岁	4891	71	306	1488	117	120	258	61	932
45-49岁	3628	64	359	1116	78	107	216	54	661
50-54岁	2548	25	225	469	39	36	76	36	282
55-59岁	1768	12	173	287	18	21	33	27	188
60-64岁	845	2	93	124	4	12	15	18	75
65-69岁	286	4	35	54	1	1	3	11	38
70-74岁	95	2	6	24	1	2	2	2	17
75岁及以上	34		5	12			2	1	9

4-5c 续表 12

单位：人

年龄组 性 别	十九、公共管理和社会组织	90.中国共产党机 关	91.国家机构	92.人民政协和民主党派	93.群众团体、社会团体和宗教组织	94.基层群众自治组织	二十、国际组织	95.国际组织
总 计	**193002**	**1931**	**91928**	**449**	**11723**	**86971**	**30**	**30**
16-19岁	3228	28	1334	4	519	1343		
20-24岁	19141	139	11852	45	1248	5857	4	4
25-29岁	21919	185	13959	67	1424	6284	8	8
30-34岁	20037	259	12152	67	1463	6096	4	4
35-39岁	22618	275	11719	57	1530	9037	3	3
40-44岁	25519	275	11149	53	1520	12522	5	5
45-49岁	28869	338	12241	63	1192	15035	3	3
50-54岁	20914	196	8471	39	678	11530	1	1
55-59岁	17496	173	6249	38	664	10372	1	1
60-64岁	7446	42	1766	10	557	5071	1	1
65-69岁	3420	13	684	3	353	2367		
70-74岁	1526	4	232	1	304	985		
75岁及以上	869	4	120	2	271	472		
男	**139834**	**1610**	**70112**	**335**	**8569**	**59208**	**26**	**26**
16-19岁	2220	21	985	3	434	777		
20-24岁	12009	92	7853	24	914	3126	4	4
25-29岁	14592	124	9800	49	1045	3574	6	6
30-34岁	13955	198	9023	41	1034	3659	3	3
35-39岁	16085	235	8929	43	1150	5728	3	3
40-44岁	18115	233	8495	44	1115	8228	5	5
45-49岁	21347	304	9680	46	853	10464	2	2
50-54岁	16440	178	7190	32	494	8546	1	1
55-59岁	14532	168	5701	37	492	8134	1	1
60-64岁	5861	40	1523	10	387	3901	1	1
65-69岁	2755	11	610	3	251	1880		
70-74岁	1254	3	214	1	214	822		
75岁及以上	669	3	109	2	186	369		
女	**53168**	**321**	**21816**	**114**	**3154**	**27763**	**4**	**4**
16-19岁	1008	7	349	1	85	566		
20-24岁	7132	47	3999	21	334	2731		
25-29岁	7327	61	4159	18	379	2710	2	2
30-34岁	6082	61	3129	26	429	2437	1	1
35-39岁	6533	40	2790	14	380	3309		
40-44岁	7404	42	2654	9	405	4294		
45-49岁	7522	34	2561	17	339	4571	1	1
50-54岁	4474	18	1281	7	184	2984		
55-59岁	2964	5	548	1	172	2238		
60-64岁	1585	2	243		170	1170		
65-69岁	665	2	74		102	487		
70-74岁	272	1	18		90	163		
75岁及以上	200	1	11		85	103		

4-6 全国分受教育程度、性别、行业中类的就业人口

单位：人

行业中类 性别	合计	未上过学	小学	初中	高中	大学专科	大学本科	研究生
总计	**71547989**	**2442337**	**17071892**	**34916372**	**9924532**	**4263212**	**2653730**	**275914**
农、林、牧、渔业	**34584219**	**2166108**	**12860682**	**17343271**	**2007314**	**171095**	**32870**	**2879**
农业	32589211	2014468	12136888	16434429	1843998	135385	21877	2166
谷物及其他作物的种植	29831842	1894234	11191053	14967346	1639661	119049	18587	1912
蔬菜、园艺作物的种植	1485741	68475	520205	780866	105286	8695	2064	150
水果、坚果、饮料和香料作物的种植	1190663	44578	393534	649653	94528	7160	1118	92
中药材的种植	80965	7181	32096	36564	4523	481	108	12
林业	257471	11735	84022	120314	29179	8972	3068	181
林木的培育和种植	159509	6115	49944	74117	19766	6894	2508	165
木材和竹材的采运	31586	624	8113	16569	4639	1294	340	7
林产品的采集	66376	4996	25965	29628	4774	784	220	9
畜牧业	1278067	126194	506985	552472	80095	9967	2183	171
牲畜的饲养	403521	65215	171794	141431	20796	3415	804	66
猪的饲养	574136	46477	241180	249269	33314	3285	573	38
家禽的饲养	217465	10090	62621	121976	19803	2411	529	35
狩猎和捕捉动物	1448	30	337	796	190	58	30	7
其他畜牧业	81497	4382	31053	39000	5992	798	247	25
渔业	314298	9800	104086	167637	28547	3175	970	83
海洋渔业	131622	3735	44813	70773	10511	1294	452	44
内陆渔业	182676	6065	59273	96864	18036	1881	518	39
农、林、牧、渔服务业	145172	3911	28701	68419	25495	13596	4772	278
农业服务业	86623	3045	19432	42799	12947	6024	2247	129
林业服务业	18497	200	2330	8114	4303	2581	924	45
畜牧服务业	24832	269	2878	9543	6229	4473	1363	77
渔业服务业	15220	397	4061	7963	2016	518	238	27
采矿业	**809350**	**5416**	**106006**	**405849**	**185986**	**70340**	**33431**	**2322**
煤炭开采和洗选业	472184	2935	62587	262245	97445	34411	12081	480
烟煤和无烟煤的开采洗选	438796	2749	58397	244450	90309	31562	10905	424
褐煤的开采洗选	16057	64	1449	8468	3897	1542	614	23
其他煤炭采选	17331	122	2741	9327	3239	1307	562	33
石油和天然气开采业	105240	153	2719	20595	42842	21792	15690	1449
天然原油和天然气开采	62912	122	1923	12502	26247	12706	8658	754
与石油和天然气开采有关的服务活动	42328	31	796	8093	16595	9086	7032	695
黑色金属矿采选业	59306	351	7875	33105	12440	3889	1562	84
铁矿采选	54096	320	6844	30390	11519	3562	1391	70
其他黑色金属矿采选	5210	31	1031	2715	921	327	171	14
有色金属矿采选业	73157	722	11596	34144	17684	6191	2617	203
常用有色金属矿采选	45756	559	7854	20234	11150	4068	1733	158
贵金属矿采选	17171	118	2470	8777	3999	1317	465	25
稀有稀土金属矿采选	10230	45	1272	5133	2535	806	419	20
非金属矿采选业	89316	1125	19647	50510	13596	3301	1082	55
土砂石开采	69757	921	16509	40717	9345	1739	501	25
化学矿采选	4796	35	685	2294	1128	441	200	13
采盐	8372	112	1224	3932	2046	800	254	4
石棉及其他非金属矿采选	6391	57	1229	3567	1077	321	127	13
其他采矿业	10147	130	1582	5250	1979	756	399	51
其他采矿业	10147	130	1582	5250	1979	756	399	51

4-6 续表 1

单位：人

行业中类 性别	合计	未上过学	小学	初中	高中	大学专科	大学本科	研究生
制造业	**12059240**	**90112**	**1581914**	**6784566**	**2418523**	**775099**	**374151**	**34875**
农副食品加工业	378733	6134	73444	213898	62581	16457	5885	334
谷物磨制	55719	998	11886	31488	8758	1973	582	34
饲料加工	28315	300	4024	14348	5845	2526	1162	110
植物油加工	27876	296	4250	14477	5909	2061	844	39
制糖	13616	48	913	5456	5193	1584	415	7
屠宰及肉类加工	107960	1222	18917	66128	16673	3744	1217	59
水产品加工	44978	1240	11561	24154	5977	1429	589	28
蔬菜、水果和坚果加工	24454	461	5047	13821	3774	975	365	11
其他农副食品加工	75815	1569	16846	44026	10452	2165	711	46
食品制造业	338504	3295	47306	188157	67006	22531	9592	617
焙烤食品制造	133639	1298	19267	79400	24863	6324	2365	122
糖果、巧克力及蜜饯制造	24893	189	3682	13910	4823	1564	676	49
方便食品制造	79542	1110	13668	46192	13218	3723	1545	86
液体乳及乳制品制造	21153	87	1324	8861	5762	3446	1584	89
罐头制造	14929	146	2303	8337	2872	913	337	21
调味品、发酵制品制造	23105	124	2290	11396	6073	2262	907	53
其他食品制造	41243	341	4772	20061	9395	4299	2178	197
饮料制造业	146924	1018	16856	69542	37870	15075	6191	372
酒精制造	6976	41	581	3453	1952	706	219	24
酒的制造	86047	491	8971	40378	23576	9053	3420	158
软饮料制造	40635	215	3655	18972	10418	4855	2356	164
精制茶加工	13266	271	3649	6739	1924	461	196	26
烟草制品业	32233	150	2315	10034	10084	5983	3350	317
烟叶复烤	7289	109	1308	3083	1571	845	353	20
卷烟制造	22715	28	854	6121	7887	4745	2806	274
其他烟草制品加工	2229	13	153	830	626	393	191	23
纺织业	929274	8819	150380	586004	146682	28423	8588	378
棉、化纤纺织及印染精加工	398874	3315	58850	248650	70759	13370	3755	175
毛纺织和染整精加工	59487	584	9431	37461	9627	1835	529	20
麻纺织	8964	55	1110	5488	1816	371	120	4
丝绢纺织及精加工	27105	272	5124	16275	4194	900	327	13
纺织制成品制造	170390	1899	26763	105178	27687	6488	2276	99
针织品、编织品及其制品制造	264454	2694	49102	172952	32599	5459	1581	67
纺织服装、鞋、帽制造业	1479572	9116	218792	1021087	184154	34414	11489	520
纺织服装制造	1340695	7679	195681	927082	167311	31697	10753	492
纺织面料鞋的制造	118432	875	19065	81071	14474	2311	611	25
制帽	20445	562	4046	12934	2369	406	125	3
皮革、毛皮、羽毛(绒)及其制品业	564748	4352	89847	387920	68146	11388	2964	131
皮革鞣制加工	17990	207	2954	11189	2644	742	246	8
皮革制品制造	510205	3731	81048	351972	61104	9799	2446	105
毛皮鞣制及制品加工	21387	190	3300	15000	2339	415	134	9
羽毛(绒)加工及制品制造	15166	224	2545	9759	2059	432	138	9
木材加工及木、竹、藤、棕、草制品业	331518	6288	76624	201581	38261	6594	2065	105
锯材、木片加工	119892	2198	27338	74782	13170	1843	535	26
人造板制造	91136	1335	18911	57243	10869	2096	651	31
木制品制造	79747	913	15782	49219	10849	2191	751	42
竹、藤、棕、草制品制造	40743	1842	14593	20337	3373	464	128	6
家具制造业	338628	2624	56988	219389	46158	9896	3422	151
木质家具制造	265671	1990	45542	174347	34652	6774	2272	94
竹、藤家具制造	7257	177	2125	3874	786	208	81	6
金属家具制造	29803	202	4184	18324	5124	1434	510	25
塑料家具制造	5004	49	757	2907	882	274	130	5
其他家具制造	30893	206	4380	19937	4714	1206	429	21

4-6 续表 2

单位：人

行业中类 性　别	合　计	未上过学	小　学	初　中	高　中	大学专科	大学本科	研究生
造纸及纸制品业	211748	1779	30016	118334	44612	12401	4382	224
纸浆制造	10814	62	1092	4951	2937	1197	549	26
造纸	78703	516	9729	41021	19227	5996	2114	100
纸制品制造	122231	1201	19195	72362	22448	5208	1719	98
印刷业和记录媒介的复制	165900	841	14296	85153	45158	14656	5484	312
印刷	153858	799	13338	79157	41799	13456	5031	278
装订及其他印刷服务活动	9840	32	793	4971	2766	952	306	20
记录媒介的复制	2202	10	165	1025	593	248	147	14
文教体育用品制造业	259050	1986	39151	163355	38657	10938	4665	298
文化用品制造	33423	501	5893	18601	5448	1871	990	119
体育用品制造	37221	225	4320	22885	6845	1968	916	62
乐器制造	12151	28	904	6098	2383	1613	1092	33
玩具制造	170834	1197	27450	112844	22824	4980	1469	70
游艺器材及娱乐用品制造	5421	35	584	2927	1157	506	198	14
石油加工、炼焦及核燃料加工业	83589	168	3345	27408	27216	15604	9099	749
精炼石油产品的制造	52188	65	1368	12454	18299	11732	7611	659
炼焦	29793	98	1913	14512	8456	3501	1255	58
核燃料加工	1608	5	64	442	461	371	233	32
化学原料及化学制品制造业	398388	1915	40169	173475	109492	48093	23272	1972
基础化学原料制造	89160	350	6485	34754	27714	13225	6166	466
肥料制造	74516	332	5638	29765	24954	10143	3527	157
农药制造	15526	51	1350	6543	4402	2109	988	83
涂料、油墨、颜料及类似产品制造	40986	222	4395	19430	10141	4244	2339	215
合成材料制造	28303	172	2874	11928	7659	3647	1875	148
专用化学产品制造	107671	606	15831	51685	23869	9819	5297	564
日用化学产品制造	42226	182	3596	19370	10753	4906	3080	339
医药制造业	149573	347	6598	46866	45702	29037	18488	2535
化学药品原药制造	31400	50	1314	9036	9773	6447	4208	572
化学药品制剂制造	36415	42	1085	9938	11696	7732	5198	724
中药饮片加工	11361	85	877	4530	3232	1652	908	77
中成药制造	38204	61	1308	11407	12779	7697	4485	467
兽用药品制造	4082	7	226	1423	1170	813	392	51
生物、生化制品的制造	11215	16	395	2732	3013	2438	2102	519
卫生材料及医药用品制造	16896	86	1393	7800	4039	2258	1195	125
化学纤维制造业	41596	198	4687	20537	10917	3613	1542	102
纤维素纤维原料及纤维制造	12145	46	937	5537	3863	1267	453	42
合成纤维制造	29451	152	3750	15000	7054	2346	1089	60
橡胶制品业	121711	902	15578	67715	26306	7969	3054	187
轮胎制造	38997	117	2972	19243	11249	3818	1508	90
橡胶板、管、带的制造	19500	203	2594	10823	4037	1307	506	30
橡胶零件制造	18148	167	2524	10168	3741	1142	387	19
再生橡胶制造	3004	29	491	1713	559	151	59	2
日用及医用橡胶制品制造	4907	26	653	2886	919	293	121	9
橡胶靴鞋制造	24234	285	4637	15598	3074	503	128	9
其他橡胶制品制造	12921	75	1707	7284	2727	755	345	28
塑料制品业	342743	3748	55252	200682	61791	15466	5466	338
塑料薄膜制造	33895	325	4856	19326	6650	1916	757	65
塑料板、管、型材的制造	47661	407	6559	26233	9852	3270	1265	75
塑料丝、绳及编织品的制造	33074	918	7667	19327	4083	843	228	8
泡沫塑料制造	15579	156	2748	9318	2601	576	171	9
塑料人造革、合成革制造	8910	65	1582	5118	1576	417	144	8
塑料包装箱及容器制造	31441	215	4424	18545	6018	1595	611	33
塑料零件制造	44823	424	6427	26259	8859	2103	709	42
日用塑料制造	67612	763	12737	40211	10755	2314	791	41
其他塑料制品制造	59748	475	8252	36345	11397	2432	790	57

4-6 续表 3

单位：人

行业中类 性别	合计	未上过学	小学	初中	高中	大学专科	大学本科	研究生
非金属矿物制品业	706986	7992	132432	403474	120155	31087	11204	642
水泥、石灰和石膏的制造	116488	1004	15671	60269	27798	8889	2729	128
水泥及石膏制品制造	69034	833	12049	37875	12853	3860	1473	91
砖瓦、石材及其他建筑材料制造	265881	4680	68257	154647	30531	5668	1996	102
玻璃及玻璃制品制造	112240	630	15013	65637	22324	5978	2509	149
陶瓷制品制造	95099	531	15170	58044	16532	3581	1180	61
耐火材料制品制造	28624	141	3912	17054	5323	1527	619	48
石墨及其他非金属矿物制品制造	19620	173	2360	9948	4794	1584	698	63
黑色金属冶炼及压延加工业	300187	1110	24587	141944	82320	34075	15154	997
炼铁	54366	281	5432	27471	13901	5100	2063	118
炼钢	125448	257	7117	54134	38429	17048	7894	569
钢压延加工	102526	441	9791	50985	25808	10532	4703	266
铁合金冶炼	17847	131	2247	9354	4182	1395	494	44
有色金属冶炼及压延加工业	145281	830	14885	68094	38609	15891	6558	414
常用有色金属冶炼	78899	427	7075	34450	22943	9865	3888	251
贵金属冶炼	5745	28	469	2371	1755	735	351	36
稀有稀土金属冶炼	7175	42	816	3426	1698	794	379	20
有色金属合金制造	7666	31	802	3710	1813	884	402	24
有色金属压延加工	45796	302	5723	24137	10400	3613	1538	83
金属制品业	673244	4100	92249	400941	128457	33910	12889	698
结构性金属制品制造	280864	1436	35030	167612	55400	15285	5792	309
金属工具制造	103306	606	14284	61263	20270	5033	1769	81
集装箱及金属包装容器制造	22967	95	2232	12288	5608	1800	888	56
金属丝绳及其制品的制造	22399	122	2912	13005	4634	1201	487	38
建筑、安全用金属制品制造	69639	574	11165	41286	11550	3482	1495	87
金属表面处理及热处理加工	45236	611	9022	27145	6616	1376	442	24
搪瓷制品制造	6499	32	934	3679	1323	346	178	7
不锈钢及类似日用金属制品制造	76716	452	11804	46425	13562	3290	1133	50
其他金属制品制造	45618	172	4866	28238	9494	2097	705	46
通用设备制造业	699763	4690	79816	360645	167327	58152	27187	1946
锅炉及原动机制造	43633	107	2570	18571	13515	5454	3152	264
金属加工机械制造	159543	498	12675	81654	42944	14840	6502	430
起重运输设备制造	29413	87	1889	12649	8373	3799	2395	221
泵、阀门、压缩机及类似机械的制造	86783	888	11635	42664	20199	7499	3655	243
轴承、齿轮、传动和驱动部件的制造	71816	349	7941	38359	17429	5487	2140	111
烘炉、熔炉及电炉制造	3947	4	407	1935	1010	377	195	19
风机、衡器、包装设备等通用设备制造	65500	253	5877	31140	16969	7058	3854	349
通用零部件制造及机械修理	172627	2055	26594	95228	34613	10094	3840	203
金属铸、锻加工	66501	449	10228	38445	12275	3544	1454	106
专用设备制造业	459008	1604	31846	211623	127920	52704	29889	3422
矿山、冶金、建筑专用设备制造	75537	208	3948	30321	23955	10496	6045	564
化工、木材、非金属加工专用设备制造	120393	442	9458	62802	34055	9791	3601	244
食品、饮料、烟草及饲料生产专用设备制造	9821	56	815	4484	2675	1106	643	42
印刷、制药、日化生产专用设备制造	26358	89	2048	12167	7264	2947	1707	136
纺织、服装和皮革工业专用设备制造	30538	196	3410	16050	7535	2282	1005	60
电子和电工机械专用设备制造	115165	216	6292	51680	31369	14822	9436	1350
农、林、牧、渔专用机械制造	25447	222	2487	12675	6656	2291	1034	82
医疗仪器设备及器械制造	26572	70	1532	10281	6781	4265	3075	568
环保、社会公共安全及其他专用设备制造	29177	105	1856	11163	7630	4704	3343	376

4-6 续表 4

单位：人

行业中类 性 别	合 计	未上过学	小 学	初 中	高 中	大学专科	大学本科	研究生
交通运输设备制造业	629368	2427	50301	289434	172269	69686	41047	4204
铁路运输设备制造	40724	52	1340	13105	15501	6568	3871	287
汽车制造	379266	1397	27866	173550	108507	41990	23654	2302
摩托车制造	47593	292	6552	25567	10840	2942	1335	65
自行车制造	30015	217	4094	18210	5563	1419	491	21
船舶及浮动装置制造	96054	438	9541	50822	20789	8676	5280	508
航空航天器制造	27035	14	279	4063	8682	7121	5890	986
交通器材及其他交通运输设备制造	8681	17	629	4117	2387	970	526	35
电气机械及器材制造业	656313	2757	60544	335423	162424	60358	31945	2862
电机制造	98161	337	7984	45888	26180	10955	6175	642
输配电及控制设备制造	150357	603	11872	74941	38011	15761	8411	758
电线、电缆、光缆及电工器材制造	81531	306	6860	43219	20208	7339	3322	277
电池制造	42663	116	2966	22095	11701	3742	1838	205
家用电力器具制造	163511	597	15581	83167	41465	14060	8001	640
非电力家用器具制造	17004	77	1741	7919	4183	1923	1063	98
照明器具制造	86926	644	12173	50779	16551	4640	2008	131
其他电气机械及器材制造	16160	77	1367	7415	4125	1938	1127	111
通信设备、计算机及其他电子设备制造业	888798	1540	46332	444307	252836	81418	53876	8489
通信设备制造	104810	114	3337	39467	32722	12759	12939	3472
雷达及配套设备制造	2294	3	75	550	604	499	463	100
广播电视设备制造	7869	16	443	3215	2144	1140	805	106
电子计算机制造	102307	79	2644	39344	38948	10978	9050	1264
电子器件制造	203467	350	10756	99422	58477	20155	12472	1835
电子元件制造	381012	826	24139	214366	98409	28416	13617	1239
家用视听设备制造	51845	105	2943	29273	12800	4048	2446	230
其他电子设备制造	35194	47	1995	18670	8732	3423	2084	243
仪器仪表及文化、办公用机械制造业	167201	997	14617	82253	40951	16549	10580	1254
通用仪器仪表制造	56121	486	5675	23254	13522	7362	5132	690
专用仪器仪表制造	20601	92	1386	7799	5593	3213	2251	267
钟表与计时仪器制造	23654	49	1935	15417	4814	1026	383	30
光学仪器及眼镜制造	38401	237	4024	22843	7954	2204	1027	112
文化、办公用机械制造	23863	91	1172	10930	7866	2200	1471	133
其他仪器仪表的制造及修理	4561	42	425	2010	1202	544	316	22
工艺品及其他制造业	330012	5477	66976	196419	45545	11104	4224	267
工艺美术品制造	245764	3854	48897	149152	33583	7558	2583	137
日用杂品制造	61925	1214	13806	35629	8036	2293	905	42
煤制品制造	9080	205	2060	4971	1371	316	134	23
核辐射加工	488		20	134	119	84	107	24
其他未列明的制造业	12755	204	2193	6533	2436	853	495	41
废弃资源和废旧材料回收加工业	88647	2908	25685	48872	8917	1627	600	38
金属废料和碎屑的加工处理	48558	1441	13634	26779	5306	1044	333	21
非金属废料和碎屑的加工处理	40089	1467	12051	22093	3611	583	267	17
电力、燃气及水的生产和供应业	**495991**	**959**	**20676**	**140389**	**164079**	**109200**	**56874**	**3814**
电力、热力的生产和供应业	373771	647	13956	101703	123020	85807	45449	3189
电力生产	142993	274	6107	37855	46782	32996	17765	1214
电力供应	194749	268	6408	52259	63746	45871	24376	1821
热力生产和供应	36029	105	1441	11589	12492	6940	3308	154
燃气生产和供应业	46714	132	2608	15341	15035	8617	4692	289
燃气生产和供应业	46714	132	2608	15341	15035	8617	4692	289
水的生产和供应业	75506	180	4112	23345	26024	14776	6733	336
自来水的生产和供应	66457	144	3367	20691	23452	13013	5554	236
污水处理及其再生利用	6406	18	431	1683	1928	1397	876	73
其他水的处理、利用与分配	2643	18	314	971	644	366	303	27

4-6 续表 5

单位：人

行业中类 性别	合计	未上过学	小学	初中	高中	大学专科	大学本科	研究生
建筑业	**3919862**	**43553**	**781974**	**2371551**	**489395**	**151698**	**77478**	**4213**
房屋和土木工程建筑业	2903099	37217	634080	1749789	329686	98787	50802	2738
房屋工程建筑	2551101	33788	575261	1572906	269834	67631	30172	1509
土木工程建筑	351998	3429	58819	176883	59852	31156	20630	1229
建筑安装业	223706	1380	29253	128522	42508	14451	7242	350
建筑安装业	223706	1380	29253	128522	42508	14451	7242	350
建筑装饰业	715783	4069	106153	453661	103909	32210	15030	751
建筑装饰业	715783	4069	106153	453661	103909	32210	15030	751
其他建筑业	77274	887	12488	39579	13292	6250	4404	374
工程准备	25336	272	4273	12830	4111	2060	1637	153
提供施工设备服务	16771	121	1897	9191	3397	1306	799	60
其他未列明的建筑活动	35167	494	6318	17558	5784	2884	1968	161
交通运输、仓储和邮政业	**2544704**	**12981**	**255128**	**1388087**	**613659**	**188842**	**81679**	**4328**
铁路运输业	223215	1618	12749	71315	90616	33912	12506	499
铁路旅客运输	91419	1374	8298	30905	32830	12886	4941	185
铁路货物运输	37079	84	1490	12232	15363	5676	2139	95
铁路运输辅助活动	94717	160	2961	28178	42423	15350	5426	219
道路运输业	1355227	5225	147654	851224	269238	60486	20493	907
公路旅客运输	298223	1114	30552	179622	69646	13444	3702	143
道路货物运输	926124	3423	104508	614439	164229	29555	9504	466
道路运输辅助活动	130880	688	12594	57163	35363	17487	7287	298
城市公共交通业	471165	2126	39456	262806	133820	24642	7943	372
公共电汽车客运	103221	317	4680	45419	39963	9586	3148	108
轨道交通	11214	66	609	2980	2916	2805	1712	126
出租车客运	292558	584	19166	178593	80760	10813	2543	99
城市轮渡	692	5	52	274	241	75	41	4
其他城市公共交通	63480	1154	14949	35540	9940	1363	499	35
水上运输业	73118	573	8647	27750	18216	10429	7012	491
水上旅客运输	11330	89	1419	4444	2800	1532	969	77
水上货物运输	44217	439	6142	17453	10114	5823	3961	285
水上运输辅助活动	17571	45	1086	5853	5302	3074	2082	129
航空运输业	43768	53	1006	7468	9287	13061	11990	903
航空客货运输	26424	28	418	3507	5239	8361	8301	570
通用航空服务	5421	13	300	1811	1113	1197	917	70
航空运输辅助活动	11923	12	288	2150	2935	3503	2772	263
管道运输业	4495	15	255	1497	1355	818	525	30
管道运输业	4495	15	255	1497	1355	818	525	30
装卸搬运和其他运输服务业	214563	2912	37286	110264	38502	16203	8887	509
装卸搬运	133164	2683	31594	77060	17717	3031	1021	58
运输代理服务	81399	229	5692	33204	20785	13172	7866	451
仓储业	71099	384	5662	30083	20648	9946	4114	262
谷物、棉花等农产品仓储	22609	113	1686	9218	7285	3312	930	65
其他仓储	48490	271	3976	20865	13363	6634	3184	197
邮政业	88054	75	2413	25680	31977	19345	8209	355
国家邮政	57306	34	1108	13477	21613	14719	6100	255
其他寄递服务	30748	41	1305	12203	10364	4626	2109	100

4-6 续表 6 单位：人

行业中类 性别	合计	未上过学	小学	初中	高中	大学专科	大学本科	研究生
信息传输、计算机服务和软件业	**439412**	**642**	**9760**	**80098**	**106916**	**118731**	**108127**	**15138**
电信和其他信息传输服务业	274219	243	5112	52040	76058	79175	55668	5923
电信	214070	192	4076	41842	62113	62221	39653	3973
互联网信息服务	45486	35	748	7720	10111	12707	12471	1694
广播电视传输服务	13790	14	271	2310	3639	4027	3326	203
卫星传输服务	873	2	17	168	195	220	218	53
计算机服务业	72086	332	3516	20066	19184	15582	11859	1547
计算机系统服务	27390	233	1869	6899	5491	6032	5949	917
数据处理	6552	15	268	1406	1584	1524	1516	239
计算机维修	18827	32	587	5435	6471	4359	1843	100
其他计算机服务	19317	52	792	6326	5638	3667	2551	291
软件业	93107	67	1132	7992	11674	23974	40600	7668
公共软件服务	77988	34	529	4451	8796	20658	36541	6979
其他软件服务	15119	33	603	3541	2878	3316	4059	689
批发和零售业	**6656937**	**54900**	**735134**	**3328355**	**1714604**	**579537**	**230668**	**13739**
批发业	1341148	13515	156054	611609	321196	149182	82914	6678
农畜产品批发	96210	1145	14875	51854	19585	6133	2432	186
食品、饮料及烟草制品批发	284075	2597	37312	148086	64004	22095	9371	610
纺织、服装及日用品批发	273481	993	20458	129970	75951	29736	15487	886
文化、体育用品及器材批发	33844	106	1912	12836	10314	5552	2946	178
医药及医疗器材批发	49625	134	1995	13355	15492	11717	6388	544
矿产品、建材及化工产品批发	236767	1271	23237	106791	61936	27689	14560	1283
机械设备、五金交电及电子产品批发	160743	328	7910	56762	46491	29159	18416	1677
贸易经纪与代理	42780	51	947	6582	10375	12593	11110	1122
其他批发	163623	6890	47408	85373	17048	4508	2204	192
零售业	5315789	41385	579080	2716746	1393408	430355	147754	7061
综合零售	1756329	12945	179330	926207	475820	124147	36431	1449
食品、饮料及烟草制品专门零售	1124420	18080	210538	631468	208096	42735	12909	594
纺织、服装及日用品专门零售	1024299	4231	82425	540600	292533	78788	24712	1010
文化、体育用品及器材专门零售	141898	635	10094	60169	45094	18212	7382	312
医药及医疗器材专门零售	148444	472	6358	47372	54585	29216	9907	534
汽车、摩托车、燃料及零配件专门零售	192216	469	10378	79544	57467	31389	12300	669
家用电器及电子产品专门零售	363655	505	14486	135786	120563	62805	27852	1658
五金、家具及室内装修材料专门零售	375155	1544	35678	197892	99686	29714	10202	439
无店铺及其他零售	189373	2504	29793	97708	39564	13349	6059	396
住宿和餐饮业	**1953185**	**19147**	**254425**	**1139989**	**416335**	**93946**	**28132**	**1211**
住宿业	321228	1847	27958	152336	94644	33025	10956	462
旅游饭店	166858	587	10611	72856	53557	21414	7482	351
一般旅馆	133157	1087	15013	68850	35439	9810	2868	90
其他住宿服务	21213	173	2334	10630	5648	1801	606	21
餐饮业	1631957	17300	226467	987653	321691	60921	17176	749
正餐服务	1099234	9721	140164	671645	222935	42523	11734	512
快餐服务	270987	3309	40907	161255	52019	10128	3235	134
饮料及冷饮服务	29014	268	3328	15383	7498	1886	614	37
其他餐饮服务	232722	4002	42068	139370	39239	6384	1593	66
金融业	**581162**	**302**	**6911**	**69573**	**140621**	**189668**	**157389**	**16698**
银行业	340234	156	3278	28282	74250	120584	104215	9469
中央银行	25113	15	283	2360	5145	8565	7921	824
商业银行	257602	112	2437	20562	55220	91174	80623	7474
其他银行	57519	29	558	5360	13885	20845	15671	1171
证券业	34156	27	459	2917	5107	9510	13036	3100
证券市场管理	4410	6	106	551	674	1194	1564	315
证券经纪与交易	16428	13	173	1135	2141	4586	6767	1613
证券投资	11414	7	134	1020	1975	3200	4063	1015
证券分析与咨询	1904	1	46	211	317	530	642	157

4-6 续表 7

单位：人

行业中类 性 别	合 计	未上过学	小 学	初 中	高 中	大学专科	大学本科	研究生
保险业	159718	75	2277	30755	49734	45472	29206	2199
人寿保险	117485	58	1766	24146	37671	32149	20313	1382
非人寿保险	38185	15	471	6036	10966	12036	7970	691
保险辅助服务	4048	2	40	573	1097	1287	923	126
其他金融活动	47054	44	897	7619	11530	14102	10932	1930
金融信托与管理	15262	23	368	2766	3188	3932	3962	1023
金融租赁	1700	3	75	311	406	428	389	88
财务公司	6566	1	69	600	1393	2387	1845	271
邮政储蓄	10713	2	117	1774	3401	3637	1704	78
典当	2925	4	81	691	873	791	455	30
其他未列明的金融活动	9888	11	187	1477	2269	2927	2577	440
房地产业	**481021**	**3500**	**41012**	**161910**	**131740**	**88014**	**51154**	**3691**
房地产业	481021	3500	41012	161910	131740	88014	51154	3691
房地产开发经营	177632	518	10409	45968	42737	44671	30708	2621
物业管理	236926	2756	27676	100251	68374	26515	10879	475
房地产中介服务	53846	137	1847	11558	17455	14362	7989	498
其他房地产活动	12617	89	1080	4133	3174	2466	1578	97
租赁和商务服务业	**491322**	**1978**	**28185**	**144950**	**119402**	**101596**	**83787**	**11424**
租赁业	39510	246	3844	20876	10039	2996	1403	106
机械设备租赁	33165	156	2859	17383	8860	2578	1228	101
文化及日用品出租	6345	90	985	3493	1179	418	175	5
商务服务业	451812	1732	24341	124074	109363	98600	82384	11318
企业管理服务	71015	206	3411	16349	17348	16241	14685	2775
法律服务	25664	30	322	1624	2739	6273	12368	2308
咨询与调查	49704	20	406	3283	8615	16208	17838	3334
广告业	82299	81	1912	17597	22146	23617	16060	886
知识产权服务	2977	3	38	273	409	782	1082	390
职业中介服务	37658	350	3475	16090	8575	4861	3854	453
市场管理	15477	164	1867	6453	3866	2062	997	68
旅行社	43712	72	1043	7300	13344	14312	7303	338
其他商务服务	123306	806	11867	55105	32321	14244	8197	766
科学研究、技术服务和地质勘查业	**229615**	**324**	**5031**	**31253**	**43039**	**54916**	**74503**	**20549**
研究与试验发展	65755	107	1065	6689	10213	12740	22978	11963
自然科学研究与试验发展	12292	11	182	1220	1843	2264	3932	2840
工程和技术研究与试验发展	36039	23	276	2718	5625	7203	14008	6186
农业科学研究与试验发展	10148	65	454	2017	1861	1895	2609	1247
医学研究与试验发展	4299	6	122	507	561	808	1390	905
社会人文科学研究与试验发展	2977	2	31	227	323	570	1039	785
专业技术服务业	111617	162	2534	15161	20028	29346	38218	6168
气象服务	8134	31	507	2602	1404	1467	1821	302
地震服务	2431	14	217	923	375	363	437	102
海洋服务	1394	4	55	339	284	255	340	117
测绘服务	5046	2	81	691	1250	1513	1364	145
技术检测	17989	20	299	2507	4125	4822	5352	864
环境监测	3740	6	99	492	733	997	1129	284
工程技术与规划管理	58703	56	856	5031	8946	16383	23722	3709
其他专业技术服务	14180	29	420	2576	2911	3546	4053	645
科技交流和推广服务业	21665	31	689	3199	4110	5900	6326	1410
技术推广服务	13681	20	383	1804	2649	3822	4016	987
科技中介服务	3936	6	129	633	696	1015	1214	243
其他科技服务	4048	5	177	762	765	1063	1096	180
地质勘查业	30578	24	743	6204	8688	6930	6981	1008
矿产地质勘查	20149	11	461	4260	5938	4529	4345	605
基础地质勘查	4960	8	142	1043	1363	1095	1138	171
地质勘查技术服务	5469	5	140	901	1387	1306	1498	232

4-6 续表 8

单位：人

行业中类 性别	合计	未上过学	小学	初中	高中	大学专科	大学本科	研究生
水利、环境和公共设施管理业	**267564**	**6219**	**44833**	**95480**	**59433**	**37191**	**22664**	**1744**
水利管理业	44327	136	2039	10716	13358	11005	6599	474
防洪管理	5661	18	250	1273	1793	1392	872	63
水资源管理	31956	94	1465	7883	9551	7953	4671	339
其他水利管理	6710	24	324	1560	2014	1660	1056	72
环境管理业	124304	4586	30019	50301	21733	10408	6600	657
自然保护	4102	38	370	1119	998	867	598	112
环境治理	120202	4548	29649	49182	20735	9541	6002	545
公共设施管理业	98933	1497	12775	34463	24342	15778	9465	613
市政公共设施管理	38937	447	3746	12658	10158	7106	4530	292
城市绿化管理	32726	826	6218	12071	6658	4181	2624	148
游览景区管理	27270	224	2811	9734	7526	4491	2311	173
居民服务和其他服务业	**1387990**	**22834**	**211548**	**791433**	**282992**	**60544**	**17824**	**815**
居民服务业	822169	15550	128469	461905	168466	36398	10913	468
家庭服务	173749	8531	47719	88069	24257	3808	1273	92
托儿所	8510	65	738	3264	2521	1411	490	21
洗染服务	27660	249	3868	16530	5583	1089	333	8
理发及美容保健服务	306032	1530	27185	193917	68915	11508	2846	131
洗浴服务	68090	665	9229	42059	13413	2189	518	17
婚姻服务	8792	29	419	3282	3070	1437	539	16
殡葬服务	13550	237	2804	6638	2582	938	348	3
摄影扩印服务	40210	71	1604	17047	14779	5149	1524	36
其他居民服务	175576	4173	34903	91099	33346	8869	3042	144
其他服务业	565821	7284	83079	329528	114526	24146	6911	347
修理与维护	391270	2349	42374	237255	86926	17741	4451	174
清洁服务	102979	3636	27673	53603	14607	2628	781	51
其他未列明的服务	71572	1299	13032	38670	12993	3777	1679	122
教育	**1650999**	**2189**	**27808**	**148817**	**297226**	**549211**	**547901**	**77847**
教育	1650999	2189	27808	148817	297226	549211	547901	77847
学前教育	165719	330	4460	33902	58939	49506	18046	536
初等教育	501034	554	7307	36446	116278	225968	113036	1445
中等教育	659111	731	9403	41705	78155	214603	303154	11360
高等教育	227719	450	4678	21493	22547	33234	84546	60771
其他教育	97416	124	1960	15271	21307	25900	29119	3735
卫生、社会保障和社会福利业	**834040**	**1805**	**20864**	**119212**	**229025**	**282996**	**160687**	**19451**
卫生	802859	1477	18418	110497	220968	276177	156112	19210
医院	545874	953	10385	56628	133042	196339	130682	17845
卫生院及社区医疗活动	115311	233	3490	22323	40650	38393	9962	260
门诊部医疗活动	79284	136	2925	22585	29318	19713	4435	172
计划生育技术服务活动	10830	21	179	1467	3386	4354	1385	38
妇幼保健活动	12477	26	216	1169	3393	5041	2506	126
专科疾病防治活动	5167	5	114	783	1537	1711	923	94
疾病预防控制及防疫活动	18206	28	222	1753	5013	6609	4074	507
其他卫生活动	15710	75	887	3789	4629	4017	2145	168
社会保障业	13484	28	344	2351	3406	4099	3083	173
社会保障业	13484	28	344	2351	3406	4099	3083	173
社会福利业	17697	300	2102	6364	4651	2720	1492	68
提供住宿的社会福利	14531	262	1822	5245	3775	2204	1175	48
不提供住宿的社会福利	3166	38	280	1119	876	516	317	20

4-6 续表 9

单位：人

行业中类 性别	合计	未上过学	小学	初中	高中	大学专科	大学本科	研究生
文化、体育和娱乐业	**324501**	**1096**	**16906**	**102093**	**81889**	**60210**	**56302**	**6005**
新闻出版业	54136	81	1531	8568	9512	12693	18823	2928
新闻业	11232	20	348	1715	1777	2804	4117	451
出版业	42904	61	1183	6853	7735	9889	14706	2477
广播、电视、电影和音像业	69010	63	1036	9195	15545	20456	21044	1671
广播	15101	9	193	1835	3524	4812	4433	295
电视	32801	20	303	2840	5736	10209	12605	1088
电影	10389	22	310	2018	3425	2639	1819	156
音像制作	10719	12	230	2502	2860	2796	2187	132
文化艺术业	51070	118	2134	11239	13428	12940	10193	1018
文艺创作与表演	19035	42	1090	5357	5206	4022	3040	278
艺术表演场馆	5044	11	178	1198	1640	1222	744	51
图书馆与档案馆	8377	7	120	949	2105	2623	2317	256
文物及文化保护	3074	14	104	571	765	900	644	76
博物馆	4697	7	119	684	1089	1367	1241	190
烈士陵园、纪念馆	1161	6	83	271	315	282	194	10
群众文化活动	4538	13	238	972	1115	1233	910	57
文化艺术经纪代理	1331	1	15	142	279	395	460	39
其他文化艺术	3813	17	187	1095	914	896	643	61
体育	13804	117	1084	4776	3409	2370	1881	167
体育组织	7668	49	556	2690	1702	1337	1207	127
体育场馆	4030	29	262	1231	1204	791	488	25
其他体育	2106	39	266	855	503	242	186	15
娱乐业	136481	717	11121	68315	39995	11751	4361	221
室内娱乐活动	87041	459	7529	46163	25081	6036	1701	72
游乐园	6126	40	562	2415	1875	820	384	30
休闲健身娱乐活动	26466	139	1780	12184	7834	3000	1461	68
其他娱乐活动	16848	79	1250	7553	5205	1895	815	51
公共管理和社会组织	**1836217**	**8271**	**63087**	**269412**	**422253**	**580279**	**457870**	**35045**
中国共产党机关	21558	18	301	1946	4041	6900	7387	965
中国共产党机关	21558	18	301	1946	4041	6900	7387	965
国家机构	1520464	2290	24441	163399	340689	530199	427253	32193
国家权力机构	32711	42	474	3410	6857	11590	9484	854
国家行政机构	1384645	2139	22612	150662	315010	485996	380373	27853
人民法院和人民检察院	58934	42	526	3570	8010	17768	26271	2747
其他国家机构	44174	67	829	5757	10812	14845	11125	739
人民政协和民主党派	8103	10	115	752	1582	2871	2474	299
人民政协	7082	6	88	617	1405	2605	2114	247
民主党派	1021	4	27	135	177	266	360	52
群众团体、社会团体和宗教组织	53217	1082	6518	12151	11070	11365	9746	1285
群众团体	14801	70	582	2093	3222	4393	3984	457
社会团体	23538	94	1100	4691	5704	5964	5240	745
宗教组织	14878	918	4836	5367	2144	1008	522	83
基层群众自治组织	232875	4871	31712	91164	64871	28944	11010	303
社区自治组织	84807	668	6827	25499	27844	16759	7004	206
村民自治组织	148068	4203	24885	65665	37027	12185	4006	97
国际组织	**658**	**1**	**8**	**84**	**101**	**99**	**239**	**126**
国际组织	658	1	8	84	101	99	239	126
国际组织	658	1	8	84	101	99	239	126

4-6 续表 10 单位：人

行业中类 性 别	合 计	未上过学	小 学	初 中	高 中	大学专科	大学本科	研究生
男	**39597282**	**771982**	**8268668**	**20283509**	**6192894**	**2396818**	**1516500**	**166911**
农、林、牧、渔业	**17579444**	**664065**	**5939715**	**9517644**	**1328297**	**107264**	**20823**	**1636**
农业	16551268	614997	5626407	8997681	1214796	82798	13443	1146
谷物及其他作物的种植	15143120	580168	5199067	8197447	1081334	72705	11395	1004
蔬菜、园艺作物的种植	735993	18834	229374	414425	66798	5232	1253	77
水果、坚果、饮料和香料作物的种植	628005	13504	181755	363919	63509	4538	721	59
中药材的种植	44150	2491	16211	21890	3155	323	74	6
林业	164084	4945	49010	80481	21225	6218	2072	133
林木的培育和种植	98856	2331	27733	48027	14195	4764	1684	122
木材和竹材的采运	24308	386	6076	13224	3510	874	233	5
林产品的采集	40920	2228	15201	19230	3520	580	155	6
畜牧业	549416	38260	181235	270582	51094	6645	1482	118
牲畜的饲养	225217	30048	94141	84357	13793	2289	537	52
猪的饲养	183842	5240	52124	103435	20397	2220	405	21
家禽的饲养	101705	2137	22698	61997	12896	1592	362	23
狩猎和捕捉动物	946	12	195	537	133	41	22	6
其他畜牧业	37706	823	12077	20256	3875	503	156	16
渔业	223046	4432	67836	124613	23048	2367	690	60
海洋渔业	103879	1991	33284	58322	8951	987	311	33
内陆渔业	119167	2441	34552	66291	14097	1380	379	27
农、林、牧、渔服务业	91630	1431	15227	44287	18134	9236	3136	179
农业服务业	52036	1082	9998	26634	8833	3944	1460	85
林业服务业	13340	86	1498	6110	3204	1786	630	26
畜牧服务业	17428	125	1801	6794	4638	3147	877	46
渔业服务业	8826	138	1930	4749	1459	359	169	22
采矿业	**666207**	**3893**	**91281**	**351332**	**144048**	**49974**	**23883**	**1796**
煤炭开采和洗选业	405874	2259	56130	232466	79585	25846	9179	409
烟煤和无烟煤的开采洗选	377785	2117	52481	216861	73898	23768	8296	364
褐煤的开采洗选	13523	46	1232	7455	3169	1133	468	20
其他煤炭采选	14566	96	2417	8150	2518	945	415	25
石油和天然气开采业	72047	85	1995	15536	28751	14013	10586	1081
天然原油和天然气开采	42852	64	1403	9435	17431	8163	5792	564
与石油和天然气开采有关的服务活动	29195	21	592	6101	11320	5850	4794	517
黑色金属矿采选业	49372	245	6684	28494	9922	2815	1141	71
铁矿采选	45219	228	5859	26251	9226	2573	1023	59
其他黑色金属矿采选	4153	17	825	2243	696	242	118	12
有色金属矿采选业	57919	502	9294	28157	13397	4465	1941	163
常用有色金属矿采选	35850	399	6263	16485	8366	2934	1275	128
贵金属矿采选	14096	77	2102	7497	3060	982	359	19
稀有稀土金属矿采选	7973	26	929	4175	1971	549	307	16
非金属矿采选业	73528	748	16062	42691	10888	2328	773	38
土砂石开采	58956	616	13700	35140	7811	1308	363	18
化学矿采选	3630	20	532	1822	816	285	146	9
采盐	6127	75	865	2984	1495	526	180	2
石棉及其他非金属矿采选	4815	37	965	2745	766	209	84	9
其他采矿业	7467	54	1116	3988	1505	507	263	34
其他采矿业	7467	54	1116	3988	1505	507	263	34

4-6 续表 11

单位：人

行业中类 性别	合计	未上过学	小学	初中	高中	大学专科	大学本科	研究生
制造业	**6758775**	**27855**	**715617**	**3722073**	**1540297**	**483368**	**245192**	**24373**
农副食品加工业	219755	1884	36110	126120	41383	10248	3769	241
谷物磨制	34757	404	6584	20043	6106	1227	371	22
饲料加工	19503	124	2568	10082	4212	1638	797	82
植物油加工	18300	122	2486	9601	4193	1348	523	27
制糖	8424	23	524	3269	3289	1027	286	6
屠宰及肉类加工	66630	512	10924	41035	10987	2352	774	46
水产品加工	20384	189	3655	11685	3660	809	369	17
蔬菜、水果和坚果加工	10790	91	1704	6057	2193	533	204	8
其他农副食品加工	40967	419	7665	24348	6743	1314	445	33
食品制造业	172606	938	19607	94661	38927	12626	5463	384
焙烤食品制造	65449	349	7722	38869	13775	3368	1298	68
糖果、巧克力及蜜饯制造	11865	41	1261	6436	2828	882	393	24
方便食品制造	39869	335	5743	22962	7700	2179	896	54
液体乳及乳制品制造	11774	32	638	4828	3404	1924	898	50
罐头制造	7343	34	832	4079	1654	534	194	16
调味品、发酵制品制造	13484	48	1174	6547	3817	1314	545	39
其他食品制造	22822	99	2237	10940	5749	2425	1239	133
饮料制造业	88288	360	8682	41159	24450	9505	3897	235
酒精制造	4377	14	347	2133	1265	454	148	16
酒的制造	52656	199	5090	24143	15090	5773	2246	115
软饮料制造	24057	75	1753	10920	6835	3011	1375	88
精制茶加工	7198	72	1492	3963	1260	267	128	16
烟草制品业	19651	44	1117	5790	6428	3803	2237	232
烟叶复烤	4009	29	555	1590	1039	539	245	12
卷烟制造	14245	8	488	3728	4953	3007	1856	205
其他烟草制品加工	1397	7	74	472	436	257	136	15
纺织业	352757	1562	44039	216211	71403	14436	4880	226
棉、化纤纺织及印染精加工	164978	781	20585	98325	35785	7161	2236	105
毛纺织和染整精加工	23665	109	3016	14591	4721	901	313	14
麻纺织	3670	17	366	2059	956	199	69	4
丝绢纺织及精加工	10970	57	1698	6415	2126	459	207	8
纺织制成品制造	63916	268	7533	38296	13311	3221	1224	63
针织品、编织品及其制品制造	85558	330	10841	56525	14504	2495	831	32
纺织服装、鞋、帽制造业	500259	1334	51140	348057	79678	14603	5177	270
纺织服装制造	442040	1144	44333	307503	70785	13236	4789	250
纺织面料鞋的制造	51908	156	6059	36310	7848	1179	336	20
制帽	6311	34	748	4244	1045	188	52	
皮革、毛皮、羽毛(绒)及其制品业	267805	917	32923	187145	39096	6002	1641	81
皮革鞣制加工	9372	60	1310	5784	1674	395	145	4
皮革制品制造	243530	793	29785	171283	35086	5172	1348	63
毛皮鞣制及制品加工	9536	40	1149	6729	1310	222	81	5
羽毛(绒)加工及制品制造	5367	24	679	3349	1026	213	67	9
木材加工及木、竹、藤、棕、草制品业	207144	2236	40414	131062	27840	4194	1327	71
锯材、木片加工	79038	893	15463	51053	10014	1224	371	20
人造板制造	54380	484	9265	35100	7767	1314	430	20
木制品制造	56254	410	10253	35644	8049	1414	457	27
竹、藤、棕、草制品制造	17472	449	5433	9265	2010	242	69	4
家具制造业	234609	1144	35155	156893	33518	5769	2038	92
木质家具制造	188400	901	28925	127504	25651	4024	1335	60
竹、藤家具制造	4136	75	1117	2246	514	124	58	2
金属家具制造	19613	81	2327	12463	3614	788	323	17
塑料家具制造	3068	14	378	1832	603	163	76	2
其他家具制造	19392	73	2408	12848	3136	670	246	11

4-6 续表 12

单位：人

行业中类 性别	合计	未上过学	小学	初中	高中	大学专科	大学本科	研究生
造纸及纸制品业	124527	559	14557	69534	29292	7662	2773	150
纸浆制造	6991	25	617	3168	2014	780	368	19
造纸	49683	228	5565	25540	12988	3879	1416	67
纸制品制造	67853	306	8375	40826	14290	3003	989	64
印刷业和记录媒介的复制	94606	244	6496	48822	27472	8199	3188	185
印刷	88171	229	6083	45683	25549	7539	2923	165
装订及其他印刷服务活动	5236	12	339	2589	1589	523	173	11
记录媒介的复制	1199	3	74	550	334	137	92	9
文教体育用品制造业	116720	282	12177	73836	21775	5975	2509	166
文化用品制造	15488	64	1908	8664	3234	985	568	65
体育用品制造	18991	28	1603	11556	4161	1105	497	41
乐器制造	6545	9	421	3231	1398	896	574	16
玩具制造	72920	170	7987	48853	12358	2754	764	34
游艺器材及娱乐用品制造	2776	11	258	1532	624	235	106	10
石油加工、炼焦及核燃料加工业	59899	98	2529	21046	19038	10341	6309	538
精炼石油产品的制造	35869	36	974	9082	12411	7649	5246	471
炼焦	22937	59	1513	11645	6316	2459	900	45
核燃料加工	1093	3	42	319	311	233	163	22
化学原料及化学制品制造业	252839	833	21673	109884	73361	30516	15293	1279
基础化学原料制造	62064	198	4462	24972	19213	8730	4172	317
肥料制造	50790	174	3638	20786	16910	6690	2476	116
农药制造	10263	25	802	4314	3023	1404	646	49
涂料、油墨、颜料及类似产品制造	28823	135	3043	14088	7220	2634	1553	150
合成材料制造	18210	58	1615	7592	5161	2378	1307	99
专用化学产品制造	61178	192	6523	28529	15904	6151	3516	363
日用化学产品制造	21511	51	1590	9603	5930	2529	1623	185
医药制造业	80182	128	3180	24281	25163	15567	10460	1403
化学药品原药制造	18125	23	785	5395	5670	3467	2457	328
化学药品制剂制造	19878	20	579	5406	6397	4193	2900	383
中药饮片加工	6024	28	413	2394	1785	861	499	44
中成药制造	20213	22	671	5829	6889	4066	2467	269
兽用药品制造	2413	4	129	805	704	476	267	28
生物、生化制品的制造	6296	5	215	1592	1676	1344	1181	283
卫生材料及医药用品制造	7233	26	388	2860	2042	1160	689	68
化学纤维制造业	23703	63	2311	11088	6865	2259	1034	83
纤维素纤维原料及纤维制造	7215	16	476	3238	2367	782	306	30
合成纤维制造	16488	47	1835	7850	4498	1477	728	53
橡胶制品业	74680	268	7709	41231	18128	5187	2028	129
轮胎制造	27824	51	1831	13601	8535	2727	1013	66
橡胶板、管、带的制造	12229	58	1443	6883	2696	805	322	22
橡胶零件制造	10130	46	1101	5622	2388	681	281	11
再生橡胶制造	1947	12	281	1130	395	88	40	1
日用及医用橡胶制品制造	2231	5	242	1265	483	148	82	6
橡胶靴鞋制造	12841	79	1984	8517	1898	285	75	3
其他橡胶制品制造	7478	17	827	4213	1733	453	215	20
塑料制品业	186816	915	23150	110323	39542	9184	3474	228
塑料薄膜制造	19757	94	2240	11320	4441	1151	467	44
塑料板、管、型材的制造	29397	144	3351	16247	6717	2053	836	49
塑料丝、绳及编织品的制造	13912	171	2337	8433	2313	508	145	5
泡沫塑料制造	9369	52	1417	5733	1701	346	113	7
塑料人造革、合成革制造	5555	26	854	3212	1116	241	99	7
塑料包装箱及容器制造	16394	48	1773	9496	3755	908	394	20
塑料零件制造	23796	119	2599	13876	5508	1225	439	30
日用塑料制造	35743	146	5050	21903	6803	1320	492	29
其他塑料制品制造	32893	115	3529	20103	7188	1432	489	37

4-6 续表 13

单位：人

行业中类 性别	合计	未上过学	小学	初中	高中	大学专科	大学本科	研究生
非金属矿物制品业	487806	4256	85096	282496	87224	20579	7696	459
水泥、石灰和石膏的制造	87320	610	11726	46146	20648	6131	1966	93
水泥及石膏制品制造	52575	493	8828	29706	9878	2602	1010	58
砖瓦、石材及其他建筑材料制造	192158	2557	46025	114890	23494	3767	1354	71
玻璃及玻璃制品制造	68636	242	7533	39835	15304	3882	1732	108
陶瓷制品制造	53054	180	6770	32643	10567	2124	726	44
耐火材料制品制造	20670	83	2751	12391	3943	1032	434	36
石墨及其他非金属矿物制品制造	13393	91	1463	6885	3390	1041	474	49
黑色金属冶炼及压延加工业	235106	708	19071	114071	64025	25144	11265	822
炼铁	42575	180	4278	22138	10657	3680	1545	97
炼钢	98662	170	5579	43838	29998	12726	5889	462
钢压延加工	80435	271	7594	40896	20238	7749	3461	226
铁合金冶炼	13434	87	1620	7199	3132	989	370	37
有色金属冶炼及压延加工业	104829	437	10053	50503	28263	10580	4671	322
常用有色金属冶炼	58460	238	5071	26521	16968	6655	2816	191
贵金属冶炼	4143	15	349	1725	1278	496	254	26
稀有稀土金属冶炼	4795	23	527	2297	1169	509	251	19
有色金属合金制造	5349	18	510	2646	1286	573	294	22
有色金属压延加工	32082	143	3596	17314	7562	2347	1056	64
金属制品业	462926	1603	53570	281295	94623	22639	8657	539
结构性金属制品制造	203772	633	21862	124334	42336	10400	3964	243
金属工具制造	67538	221	7858	40495	14407	3345	1153	59
集装箱及金属包装容器制造	16520	40	1305	9006	4262	1258	606	43
金属丝绳及其制品的制造	14897	48	1734	8671	3295	795	325	29
建筑、安全用金属制品制造	45400	189	6028	27793	8136	2223	965	66
金属表面处理及热处理加工	30193	230	5101	18796	4839	902	307	18
搪瓷制品制造	4115	18	517	2352	893	217	111	7
不锈钢及类似日用金属制品制造	50294	159	6447	31068	9767	2070	744	39
其他金属制品制造	30197	65	2718	18780	6688	1429	482	35
通用设备制造业	495895	1871	47629	259674	126102	40021	19198	1400
锅炉及原动机制造	32614	58	1831	14375	10138	3764	2254	194
金属加工机械制造	122158	272	8887	64039	33431	10552	4660	317
起重运输设备制造	22715	34	1332	10123	6609	2753	1700	164
泵、阀门、压缩机及类似机械的制造	58911	294	6327	29617	15097	4898	2504	174
轴承、齿轮、传动和驱动部件的制造	47921	133	4377	25784	12365	3662	1519	81
烘炉、熔炉及电炉制造	2943	3	273	1482	770	264	140	11
风机、衡器、包装设备等通用设备制造	43263	98	3089	20125	12275	4764	2679	233
通用零部件制造及机械修理	114796	706	14242	64208	25906	6881	2704	149
金属铸、锻加工	50574	273	7271	29921	9511	2483	1038	77
专用设备制造业	307221	627	18433	140991	90057	34465	20246	2402
矿山、冶金、建筑专用设备制造	57210	110	2864	23915	18255	7328	4313	425
化工、木材、非金属加工专用设备制造	90139	210	6221	47347	26740	6961	2491	169
食品、饮料、烟草及饲料生产专用设备制造	6794	25	497	3192	1896	716	437	31
印刷、制药、日化生产专用设备制造	16359	37	1082	7532	4718	1821	1087	82
纺织、服装和皮革工业专用设备制造	18508	67	1738	9503	5075	1449	634	42
电子和电工机械专用设备制造	66593	56	2859	27856	19242	9186	6415	979
农、林、牧、渔专用机械制造	18156	66	1488	9262	4954	1581	751	54
医疗仪器设备及器械制造	13045	18	515	4305	3626	2362	1866	353
环保、社会公共安全及其他专用设备制造	20417	38	1169	8079	5551	3061	2252	267

4-6 续表 14

单位：人

行业中类 性　别	合　计	未　上 过　学	小　学	初　中	高　中	大　学 专　科	大　学 本　科	研究生
交通运输设备制造业	457577	1046	31260	213401	130282	49268	29211	3109
铁路运输设备制造	30747	32	1017	10264	11702	4724	2796	212
汽车制造	272393	588	16792	124846	81852	29785	16840	1690
摩托车制造	31513	96	3509	17190	7793	1948	928	49
自行车制造	19048	72	2180	11759	3855	861	305	16
船舶及浮动装置制造	79436	244	7147	43429	17568	6671	3985	392
航空航天器制造	18158	7	173	2891	5779	4608	3976	724
交通器材及其他交通运输设备制造	6282	7	442	3022	1733	671	381	26
电气机械及器材制造业	375154	775	27261	182669	102775	38260	21352	2062
电机制造	60617	129	4032	26736	17762	7209	4291	458
输配电及控制设备制造	81966	164	5077	37905	22851	9825	5580	564
电线、电缆、光缆及电工器材制造	48662	130	3581	24985	12947	4622	2196	201
电池制造	23583	37	1296	11586	6939	2376	1212	137
家用电力器具制造	95634	167	7188	46698	26737	8990	5386	468
非电力家用器具制造	10544	20	943	4808	2785	1219	694	75
照明器具制造	43769	105	4435	25279	9891	2731	1245	83
其他电气机械及器材制造	10379	23	709	4672	2863	1288	748	76
通信设备、计算机及其他电子设备制造业	456227	362	17719	209742	137303	49324	35617	6160
通信设备制造	58710	43	1479	20017	18048	7763	8800	2560
雷达及配套设备制造	1365	2	40	294	370	279	303	77
广播电视设备制造	4216		148	1541	1239	696	518	74
电子计算机制造	54201	17	1070	18819	20741	6767	5936	851
电子器件制造	103116	82	3962	46373	30946	12230	8192	1331
电子元件制造	188757	178	9038	98938	53866	16958	8862	917
家用视听设备制造	27308	30	1152	14661	7094	2563	1638	170
其他电子设备制造	18554	10	830	9099	4999	2068	1368	180
仪器仪表及文化、办公用机械制造业	92752	344	6808	44234	23685	9844	6936	901
通用仪器仪表制造	33245	196	2887	13399	8369	4487	3417	490
专用仪器仪表制造	12120	31	682	4432	3365	1903	1515	192
钟表与计时仪器制造	12611	20	780	8207	2767	585	233	19
光学仪器及眼镜制造	19955	50	1629	11946	4424	1187	630	89
文化、办公用机械制造	11927	32	587	4988	3949	1339	937	95
其他仪器仪表的制造及修理	2894	15	243	1262	811	343	204	16
工艺品及其他制造业	148551	868	20608	92325	25954	6141	2479	176
工艺美术品制造	106313	487	13725	68064	18472	4012	1459	94
日用杂品制造	28028	199	4421	16742	4754	1336	546	30
煤制品制造	6429	104	1348	3626	1041	203	93	14
核辐射加工	290		8	73	75	55	67	12
其他未列明的制造业	7491	78	1106	3820	1612	535	314	26
废弃资源和废旧材料回收加工业	57885	1149	15140	33529	6645	1027	367	28
金属废料和碎屑的加工处理	32309	593	8247	18660	3943	646	207	13
非金属废料和碎屑的加工处理	25576	556	6893	14869	2702	381	160	15
电力、燃气及水的生产和供应业	**353899**	**572**	**15802**	**109041**	**116460**	**70955**	**38221**	**2848**
电力、热力的生产和供应业	272829	392	10761	81309	89647	57053	31249	2418
电力生产	102698	147	4382	28531	33329	22518	12853	938
电力供应	144367	171	5244	43598	47561	30182	16245	1366
热力生产和供应	25764	74	1135	9180	8757	4353	2151	114
燃气生产和供应业	31497	73	1889	10952	10138	5325	2909	211
燃气生产和供应业	31497	73	1889	10952	10138	5325	2909	211
水的生产和供应业	49573	107	3152	16780	16675	8577	4063	219
自来水的生产和供应	43328	85	2596	14798	14912	7480	3297	160
污水处理及其再生利用	4355	8	319	1245	1304	866	568	45
其他水的处理、利用与分配	1890	14	237	737	459	231	198	14

4-6 续表 15

单位：人

行业中类 性　别	合计	未上过学	小学	初中	高中	大学专科	大学本科	研究生
建筑业	**3355130**	**30271**	**635637**	**2092951**	**426164**	**111117**	**55844**	**3146**
房屋和土木工程建筑业	2493317	26073	516358	1548192	289396	73665	37545	2088
房屋工程建筑	2195508	23675	467423	1391046	238948	50946	22326	1144
土木工程建筑	297809	2398	48935	157146	50448	22719	15219	944
建筑安装业	192039	966	24192	114207	36638	10534	5230	272
建筑安装业	192039	966	24192	114207	36638	10534	5230	272
建筑装饰业	606200	2651	85204	396165	89103	22548	10009	520
建筑装饰业	606200	2651	85204	396165	89103	22548	10009	520
其他建筑业	63574	581	9883	34387	11027	4370	3060	266
工程准备	20777	188	3438	11177	3409	1368	1088	109
提供施工设备服务	14302	88	1537	8246	2900	923	566	42
其他未列明的建筑活动	28495	305	4908	14964	4718	2079	1406	115
交通运输、仓储和邮政业	**2130365**	**8498**	**214096**	**1224797**	**502659**	**125685**	**51669**	**2961**
铁路运输业	166071	601	7601	53622	69960	25034	8892	361
铁路旅客运输	61445	456	4082	20540	23811	9013	3415	128
铁路货物运输	30039	50	1220	10332	12490	4332	1543	72
铁路运输辅助活动	74587	95	2299	22750	33659	11689	3934	161
道路运输业	1192130	3796	129069	773075	230710	41590	13220	670
公路旅客运输	243959	703	24006	150995	56574	9193	2378	110
道路货物运输	850228	2641	94964	575868	148672	21552	6200	331
道路运输辅助活动	97943	452	10099	46212	25464	10845	4642	229
城市公共交通业	404683	1492	33853	232006	113032	18470	5558	272
公共电汽车客运	72975	132	3258	33657	27835	6049	1956	88
轨道交通	7857	21	345	2130	2121	1987	1167	86
出租车客运	267438	461	17097	164179	74219	9347	2062	73
城市轮渡	532	4	38	224	186	55	23	2
其他城市公共交通	55881	874	13115	31816	8671	1032	350	23
水上运输业	57446	320	6596	22860	15155	7536	4633	346
水上旅客运输	8692	57	1097	3503	2222	1125	632	56
水上货物运输	34807	236	4636	14341	8656	4184	2554	200
水上运输辅助活动	13947	27	863	5016	4277	2227	1447	90
航空运输业	27113	25	671	5526	6011	6994	7298	588
航空客货运输	15805	13	256	2456	3338	4390	4998	354
通用航空服务	3663	8	241	1516	703	593	550	52
航空运输辅助活动	7645	4	174	1554	1970	2011	1750	182
管道运输业	3390	11	215	1233	1029	531	347	24
管道运输业	3390	11	215	1233	1029	531	347	24
装卸搬运和其他运输服务业	171969	2002	30363	94515	30725	9251	4802	311
装卸搬运	112312	1853	25643	66546	15229	2268	733	40
运输代理服务	59657	149	4720	27969	15496	6983	4069	271
仓储业	50234	211	3956	22757	14620	6076	2442	172
谷物、棉花等农产品仓储	15668	56	1154	6743	5032	2076	564	43
其他仓储	34566	155	2802	16014	9588	4000	1878	129
邮政业	57329	40	1772	19203	21417	10203	4477	217
国家邮政	34381	19	767	9293	13561	7362	3217	162
其他寄递服务	22948	21	1005	9910	7856	2841	1260	55

4-6 续表 16

单位：人

行业中类 性别	合计	未上过学	小学	初中	高中	大学专科	大学本科	研究生
信息传输、计算机服务和软件业	**262912**	**240**	**5389**	**48020**	**62330**	**66980**	**69340**	**10613**
电信和其他信息传输服务业	153302	107	3109	31081	41901	40383	32663	4058
电信	115879	90	2495	24504	32943	30160	22943	2744
互联网信息服务	27764	8	406	4694	6237	7646	7623	1150
广播电视传输服务	9118	7	197	1787	2611	2444	1946	126
卫星传输服务	541	2	11	96	110	133	151	38
计算机服务业	47508	104	1718	12383	13155	10827	8201	1120
计算机系统服务	17064	78	876	3922	3506	3957	4073	652
数据处理	3593	3	117	686	789	860	964	174
计算机维修	14791	12	370	4102	5253	3528	1451	75
其他计算机服务	12060	11	355	3673	3607	2482	1713	219
软件业	62102	29	562	4556	7274	15770	28476	5435
公共软件服务	52874	15	273	2677	5616	13653	25687	4953
其他软件服务	9228	14	289	1879	1658	2117	2789	482
批发和零售业	**3145130**	**16295**	**324308**	**1547482**	**830440**	**290194**	**127754**	**8657**
批发业	777107	5292	84785	360422	191741	82755	47774	4338
农畜产品批发	58892	421	7894	32200	12824	3856	1562	135
食品、饮料及烟草制品批发	162257	795	18439	84556	39187	13222	5657	401
纺织、服装及日用品批发	126979	288	8906	59629	36567	13583	7512	494
文化、体育用品及器材批发	17677	26	835	6715	5606	2840	1543	112
医药及医疗器材批发	26383	59	1028	7151	8171	6070	3597	307
矿产品、建材及化工产品批发	153983	568	14238	70897	41271	16924	9198	887
机械设备、五金交电及电子产品批发	100871	128	4323	35858	30094	17585	11708	1175
贸易经纪与代理	23190	26	566	4189	6024	6013	5672	700
其他批发	106875	2981	28556	59227	11997	2662	1325	127
零售业	2368023	11003	239523	1187060	638699	207439	79980	4319
综合零售	657337	3378	65863	341132	179776	49664	16737	787
食品、饮料及烟草制品专门零售	568743	4550	92126	323309	116895	23865	7648	350
纺织、服装及日用品专门零售	352006	922	27444	177250	104785	30047	11011	547
文化、体育用品及器材专门零售	64748	186	4297	26735	20868	8665	3827	170
医药及医疗器材专门零售	62413	187	2852	19182	21615	13009	5256	312
汽车、摩托车、燃料及零配件专门零售	122634	179	6004	51569	38071	18785	7557	469
家用电器及电子产品专门零售	211803	174	7125	74768	71852	38552	18181	1151
五金、家具及室内装修材料专门零售	222656	570	19109	117715	61386	17386	6211	279
无店铺及其他零售	105683	857	14703	55400	23451	7466	3552	254
住宿和餐饮业	**903340**	**3834**	**88849**	**534395**	**216344**	**45099**	**14146**	**673**
住宿业	138356	360	9139	64006	44725	14782	5112	232
旅游饭店	75616	120	3530	32461	26259	9641	3430	175
一般旅馆	53443	203	4712	26959	15832	4320	1373	44
其他住宿服务	9297	37	897	4586	2634	821	309	13
餐饮业	764984	3474	79710	470389	171619	30317	9034	441
正餐服务	516165	1893	48330	319805	118794	20955	6085	303
快餐服务	128596	733	14944	77893	28079	5124	1741	82
饮料及冷饮服务	12615	56	1252	6421	3610	932	322	22
其他餐饮服务	107608	792	15184	66270	21136	3306	886	34
金融业	**292923**	**116**	**3574**	**35698**	**71194**	**93040**	**79596**	**9705**
银行业	178864	59	1849	17846	41881	60644	51380	5205
中央银行	14017	6	154	1428	3063	4705	4165	496
商业银行	133675	34	1362	12992	30990	45068	39174	4055
其他银行	31172	19	333	3426	7828	10871	8041	654
证券业	20934	11	251	1845	3262	5580	7882	2103
证券市场管理	2608	2	55	327	412	685	913	214
证券经纪与交易	10034	6	91	701	1376	2643	4118	1099
证券投资	7106	2	72	687	1288	1929	2443	685
证券分析与咨询	1186	1	33	130	186	323	408	105

4-6 续表 17

单位：人

行业中类 性别	合计	未上过学	小学	初中	高中	大学专科	大学本科	研究生
保险业	67613	26	888	10983	19577	20258	14661	1220
人寿保险	48305	22	666	8325	14469	13994	10066	763
非人寿保险	17360	3	200	2398	4617	5641	4115	386
保险辅助服务	1948	1	22	260	491	623	480	71
其他金融活动	25512	20	586	5024	6474	6558	5673	1177
金融信托与管理	9254	11	247	2026	2084	2066	2176	644
金融租赁	975	1	54	211	239	220	197	53
财务公司	2879	1	39	321	625	919	838	136
邮政储蓄	4871	1	75	1006	1607	1394	745	43
典当	1730	1	55	450	531	413	260	20
其他未列明的金融活动	5803	5	116	1010	1388	1546	1457	281
房地产业	**305950**	**1334**	**25268**	**112560**	**86151**	**48448**	**29761**	**2428**
房地产业	305950	1334	25268	112560	86151	48448	29761	2428
房地产开发经营	114634	305	7530	34498	27506	24672	18348	1775
物业管理	153378	955	16129	68631	46685	14697	5991	290
房地产中介服务	29981	37	982	6552	9918	7702	4486	304
其他房地产活动	7957	37	627	2879	2042	1377	936	59
租赁和商务服务业	**304710**	**935**	**18885**	**104211**	**76626**	**53166**	**44382**	**6505**
租赁业	29941	116	2594	16377	7919	1973	893	69
机械设备租赁	26558	94	2174	14434	7229	1755	805	67
文化及日用品出租	3383	22	420	1943	690	218	88	2
商务服务业	274769	819	16291	87834	68707	51193	43489	6436
企业管理服务	42464	96	1844	10415	10575	9179	8531	1824
法律服务	16023	17	195	1077	1708	3860	7780	1386
咨询与调查	22504	12	230	1722	3911	6781	8142	1706
广告业	49998	40	1259	11945	14086	13497	8692	479
知识产权服务	1469	1	23	160	221	368	527	169
职业中介服务	20963	90	1906	10071	4746	2319	1621	210
市场管理	9670	64	1186	4132	2440	1213	589	46
旅行社	19603	25	593	4101	6304	5302	3100	178
其他商务服务	92075	474	9055	44211	24716	8674	4507	438
科学研究、技术服务和地质勘查业	**150831**	**130**	**2964**	**21589**	**29260**	**34417**	**48716**	**13755**
研究与试验发展	41553	33	542	4283	6540	7528	14639	7988
自然科学研究与试验发展	7822	3	109	827	1194	1312	2472	1905
工程和技术研究与试验发展	23743	11	151	1922	3658	4345	9212	4444
农业科学研究与试验发展	6083	14	225	1165	1186	1124	1648	721
医学研究与试验发展	2117	5	42	210	297	399	702	462
社会人文科学研究与试验发展	1788		15	159	205	348	605	456
专业技术服务业	73015	66	1430	10119	13512	18640	25157	4091
气象服务	4286	12	171	1057	846	914	1113	173
地震服务	1477	2	107	517	248	236	294	73
海洋服务	984	3	36	202	227	183	238	95
测绘服务	3434		47	469	886	990	938	104
技术检测	11061	11	180	1639	2519	2787	3382	543
环境监测	2351	2	42	358	474	601	710	164
工程技术与规划管理	40187	23	575	3980	6411	10759	15929	2510
其他专业技术服务	9235	13	272	1897	1901	2170	2553	429
科技交流和推广服务业	13393	14	383	2061	2619	3469	3886	961
技术推广服务	8635	8	215	1190	1728	2304	2496	694
科技中介服务	2316	4	74	410	420	546	716	146
其他科技服务	2442	2	94	461	471	619	674	121
地质勘查业	22870	17	609	5126	6589	4780	5034	715
矿产地质勘查	15037	6	367	3491	4474	3115	3149	435
基础地质勘查	3764	6	122	868	1039	774	834	121
地质勘查技术服务	4069	5	120	767	1076	891	1051	159

4-6 续表 18 单位：人

行业中类 性别	合计	未上过学	小学	初中	高中	大学专科	大学本科	研究生
水利、环境和公共设施管理业	**156403**	**2327**	**22709**	**54752**	**38003**	**23052**	**14446**	**1114**
水利管理业	31243	87	1621	8219	9391	7116	4478	331
防洪管理	4007	12	196	955	1277	907	614	46
水资源管理	22442	67	1170	6052	6685	5085	3147	236
其他水利管理	4794	8	255	1212	1429	1124	717	49
环境管理业	63639	1632	13678	24367	12828	6520	4224	390
自然保护	2695	21	243	738	661	572	381	79
环境治理	60944	1611	13435	23629	12167	5948	3843	311
公共设施管理业	61521	608	7410	22166	15784	9416	5744	393
市政公共设施管理	26902	190	2279	9279	7342	4632	2980	200
城市绿化管理	19070	322	3432	7064	4172	2458	1537	85
游览景区管理	15549	96	1699	5823	4270	2326	1227	108
居民服务和其他服务业	**742217**	**6423**	**93770**	**434587**	**163985**	**33208**	**9772**	**472**
居民服务业	334012	3359	44811	190556	74190	15794	5059	243
家庭服务	31286	597	6199	16773	5825	1368	484	40
托儿所	2228	18	266	1056	540	220	123	5
洗染服务	11201	57	1177	6685	2560	533	183	6
理发及美容保健服务	121178	722	10948	76769	27724	3939	1011	65
洗浴服务	31590	239	3913	19314	6741	1117	256	10
婚姻服务	4357	15	224	1680	1496	673	266	3
殡葬服务	8878	84	1780	4468	1789	569	187	1
摄影扩印服务	19072	24	656	7717	7179	2610	863	23
其他居民服务	104222	1603	19648	56094	20336	4765	1686	90
其他服务业	408205	3064	48959	244031	89795	17414	4713	229
修理与维护	322438	1376	31663	197930	74245	13772	3316	136
清洁服务	38045	1047	8984	19547	6631	1381	426	29
其他未列明的服务	47722	641	8312	26554	8919	2261	971	64
教育	**734895**	**747**	**12611**	**66848**	**133324**	**241453**	**240890**	**39022**
教育	734895	747	12611	66848	133324	241453	240890	39022
学前教育	23372	71	1212	6036	7276	6041	2567	169
初等教育	212166	212	3605	16679	58077	95380	37659	554
中等教育	330596	279	4565	22029	42072	111647	145129	4875
高等教育	118002	126	1985	11600	13002	16841	42755	31693
其他教育	50759	59	1244	10504	12897	11544	12780	1731
卫生、社会保障和社会福利业	**336692**	**492**	**9502**	**60820**	**89746**	**96110**	**69688**	**10334**
卫生	322463	419	8519	56950	86035	92899	67439	10202
医院	196252	245	4136	25936	42993	57761	55640	9541
卫生院及社区医疗活动	54354	70	1771	12460	18738	16447	4735	133
门诊部医疗活动	44626	53	1750	13663	16280	10361	2418	101
计划生育技术服务活动	4068	5	72	600	1298	1532	544	17
妇幼保健活动	2771	5	68	370	727	938	629	34
专科疾病防治活动	2470		61	476	715	741	436	41
疾病预防控制及防疫活动	9438	10	142	1107	2684	3225	2024	246
其他卫生活动	8484	31	519	2338	2600	1894	1013	89
社会保障业	6731	12	203	1296	1604	1980	1540	96
社会保障业	6731	12	203	1296	1604	1980	1540	96
社会福利业	7498	61	780	2574	2107	1231	709	36
提供住宿的社会福利	6048	50	652	2099	1689	983	550	25
不提供住宿的社会福利	1450	11	128	475	418	248	159	11

4-6 续表 19

单位：人

行业中类 性　别	合　计	未　上 过　学	小　学	初　中	高　中	大　学 专　科	大　学 本　科	研究生
文化、体育和娱乐业	**174890**	**363**	**8336**	**53934**	**46776**	**33198**	**29340**	**2943**
新闻出版业	30216	47	1011	5753	5769	6829	9433	1374
新闻业	6605	13	239	1218	1117	1598	2185	235
出版业	23611	34	772	4535	4652	5231	7248	1139
广播、电视、电影和音像业	41397	20	699	6225	10100	11986	11511	856
广播	9177	3	134	1339	2342	2860	2340	159
电视	19739	7	220	2124	3865	6034	6950	539
电影	6290	7	208	1341	2153	1499	999	83
音像制作	6191	3	137	1421	1740	1593	1222	75
文化艺术业	27034	52	1280	6640	7415	6476	4692	479
文艺创作与表演	10785	21	658	3197	3019	2168	1568	154
艺术表演场馆	2850	2	111	715	970	674	358	20
图书馆与档案馆	3309	4	61	441	826	1031	845	101
文物及文化保护	1774	7	70	361	450	485	360	41
博物馆	2462		62	418	641	689	562	90
烈士陵园、纪念馆	616	2	54	161	184	128	80	7
群众文化活动	2336	7	133	581	606	602	383	24
文化艺术经纪代理	680		11	78	150	222	204	15
其他文化艺术	2222	9	120	688	569	477	332	27
体育	9236	36	682	3462	2251	1527	1177	101
体育组织	5454	18	395	2128	1196	885	757	75
体育场馆	2462	9	158	772	718	485	303	17
其他体育	1320	9	129	562	337	157	117	9
娱乐业	67007	208	4664	31854	21241	6380	2527	133
室内娱乐活动	42838	111	3005	21524	13556	3563	1029	50
游乐园	3327	13	286	1336	1045	409	226	12
休闲健身娱乐活动	12281	54	753	5347	3859	1430	798	40
其他娱乐活动	8561	30	620	3647	2781	978	474	31
公共管理和社会组织	**1242264**	**3591**	**40350**	**190711**	**290713**	**390046**	**302952**	**23901**
中国共产党机关	16078	7	220	1513	3077	5103	5421	737
中国共产党机关	16078	7	220	1513	3077	5103	5421	737
国家机构	1044588	1035	15565	117778	239709	362442	285979	22080
国家权力机构	24286	19	310	2565	5169	8688	6916	619
国家行政机构	948194	956	14402	108288	220818	330490	253899	19341
人民法院和人民检察院	41438	24	320	2679	6140	13079	17584	1612
其他国家机构	30670	36	533	4246	7582	10185	7580	508
人民政协和民主党派	5694	5	66	506	1170	2015	1711	221
人民政协	5046	2	51	416	1043	1842	1505	187
民主党派	648	3	15	90	127	173	206	34
群众团体、社会团体和宗教组织	33232	623	4434	8800	7103	6372	5188	712
群众团体	7895	43	365	1296	1886	2183	1894	228
社会团体	14263	33	689	3138	3569	3466	2942	426
宗教组织	11074	547	3380	4366	1648	723	352	58
基层群众自治组织	142672	1921	20065	62114	39654	14114	4653	151
社区自治组织	41011	279	4307	15490	12315	6032	2489	99
村民自治组织	101661	1642	15758	46624	27339	8082	2164	52
国际组织	**305**	**1**	**5**	**64**	**77**	**44**	**85**	**29**
国际组织	305	1	5	64	77	44	85	29
国际组织	305	1	5	64	77	44	85	29

4-6 续表 20　　　　单位：人

行业中类 性别	合计	未上过学	小学	初中	高中	大学专科	大学本科	研究生
女	**31950707**	**1670355**	**8803224**	**14632863**	**3731638**	**1866394**	**1137230**	**109003**
农、林、牧、渔业	**17004775**	**1502043**	**6920967**	**7825627**	**679017**	**63831**	**12047**	**1243**
农业	16037943	1399471	6510481	7436748	629202	52587	8434	1020
谷物及其他作物的种植	14688722	1314066	5991986	6769899	558327	46344	7192	908
蔬菜、园艺作物的种植	749748	49641	290831	366441	38488	3463	811	73
水果、坚果、饮料和香料作物的种植	562658	31074	211779	285734	31019	2622	397	33
中药材的种植	36815	4690	15885	14674	1368	158	34	6
林业	93387	6790	35012	39833	7954	2754	996	48
林木的培育和种植	60653	3784	22211	26090	5571	2130	824	43
木材和竹材的采运	7278	238	2037	3345	1129	420	107	2
林产品的采集	25456	2768	10764	10398	1254	204	65	3
畜牧业	728651	87934	325750	281890	29001	3322	701	53
牲畜的饲养	178304	35167	77653	57074	7003	1126	267	14
猪的饲养	390294	41237	189056	145834	12917	1065	168	17
家禽的饲养	115760	7953	39923	59979	6907	819	167	12
狩猎和捕捉动物	502	18	142	259	57	17	8	1
其他畜牧业	43791	3559	18976	18744	2117	295	91	9
渔业	91252	5368	36250	43024	5499	808	280	23
海洋渔业	27743	1744	11529	12451	1560	307	141	11
内陆渔业	63509	3624	24721	30573	3939	501	139	12
农、林、牧、渔服务业	53542	2480	13474	24132	7361	4360	1636	99
农业服务业	34587	1963	9434	16165	4114	2080	787	44
林业服务业	5157	114	832	2004	1099	795	294	19
畜牧服务业	7404	144	1077	2749	1591	1326	486	31
渔业服务业	6394	259	2131	3214	557	159	69	5
采矿业	**143143**	**1523**	**14725**	**54517**	**41938**	**20366**	**9548**	**526**
煤炭开采和洗选业	66310	676	6457	29779	17860	8565	2902	71
烟煤和无烟煤的开采洗选	61011	632	5916	27589	16411	7794	2609	60
褐煤的开采洗选	2534	18	217	1013	728	409	146	3
其他煤炭采选	2765	26	324	1177	721	362	147	8
石油和天然气开采业	33193	68	724	5059	14091	7779	5104	368
天然原油和天然气开采	20060	58	520	3067	8816	4543	2866	190
与石油和天然气开采有关的服务活动	13133	10	204	1992	5275	3236	2238	178
黑色金属矿采选业	9934	106	1191	4611	2518	1074	421	13
铁矿采选	8877	92	985	4139	2293	989	368	11
其他黑色金属矿采选	1057	14	206	472	225	85	53	2
有色金属矿采选业	15238	220	2302	5987	4287	1726	676	40
常用有色金属矿采选	9906	160	1591	3749	2784	1134	458	30
贵金属矿采选	3075	41	368	1280	939	335	106	6
稀有稀土金属矿采选	2257	19	343	958	564	257	112	4
非金属矿采选业	15788	377	3585	7819	2708	973	309	17
土砂石开采	10801	305	2809	5577	1534	431	138	7
化学矿采选	1166	15	153	472	312	156	54	4
采盐	2245	37	359	948	551	274	74	2
石棉及其他非金属矿采选	1576	20	264	822	311	112	43	4
其他采矿业	2680	76	466	1262	474	249	136	17
其他采矿业	2680	76	466	1262	474	249	136	17

4-6 续表 21 单位：人

行业中类 性 别	合 计	未上过学	小 学	初 中	高 中	大学专科	大学本科	研究生
制造业	**5300465**	**62257**	**866297**	**3062493**	**878226**	**291731**	**128959**	**10502**
农副食品加工业	158978	4250	37334	87778	21198	6209	2116	93
谷物磨制	20962	594	5302	11445	2652	746	211	12
饲料加工	8812	176	1456	4266	1633	888	365	28
植物油加工	9576	174	1764	4876	1716	713	321	12
制糖	5192	25	389	2187	1904	557	129	1
屠宰及肉类加工	41330	710	7993	25093	5686	1392	443	13
水产品加工	24594	1051	7906	12469	2317	620	220	11
蔬菜、水果和坚果加工	13664	370	3343	7764	1581	442	161	3
其他农副食品加工	34848	1150	9181	19678	3709	851	266	13
食品制造业	165898	2357	27699	93496	28079	9905	4129	233
焙烤食品制造	68190	949	11545	40531	11088	2956	1067	54
糖果、巧克力及蜜饯制造	13028	148	2421	7474	1995	682	283	25
方便食品制造	39673	775	7925	23230	5518	1544	649	32
液体乳及乳制品制造	9379	55	686	4033	2358	1522	686	39
罐头制造	7586	112	1471	4258	1218	379	143	5
调味品、发酵制品制造	9621	76	1116	4849	2256	948	362	14
其他食品制造	18421	242	2535	9121	3646	1874	939	64
饮料制造业	58636	658	8174	28383	13420	5570	2294	137
酒精制造	2599	27	234	1320	687	252	71	8
酒的制造	33391	292	3881	16235	8486	3280	1174	43
软饮料制造	16578	140	1902	8052	3583	1844	981	76
精制茶加工	6068	199	2157	2776	664	194	68	10
烟草制品业	12582	106	1198	4244	3656	2180	1113	85
烟叶复烤	3280	80	753	1493	532	306	108	8
卷烟制造	8470	20	366	2393	2934	1738	950	69
其他烟草制品加工	832	6	79	358	190	136	55	8
纺织业	576517	7257	106341	369793	75279	13987	3708	152
棉、化纤纺织及印染精加工	233896	2534	38265	150325	34974	6209	1519	70
毛纺织和染整精加工	35822	475	6415	22870	4906	934	216	6
麻纺织	5294	38	744	3429	860	172	51	
丝绢纺织及精加工	16135	215	3426	9860	2068	441	120	5
纺织制成品制造	106474	1631	19230	66882	14376	3267	1052	36
针织品、编织品及其制品制造	178896	2364	38261	116427	18095	2964	750	35
纺织服装、鞋、帽制造业	979313	7782	167652	673030	104476	19811	6312	250
纺织服装制造	898655	6535	151348	619579	96526	18461	5964	242
纺织面料鞋的制造	66524	719	13006	44761	6626	1132	275	5
制帽	14134	528	3298	8690	1324	218	73	3
皮革、毛皮、羽毛(绒)及其制品业	296943	3435	56924	200775	29050	5386	1323	50
皮革鞣制加工	8618	147	1644	5405	970	347	101	4
皮革制品制造	266675	2938	51263	180689	26018	4627	1098	42
毛皮鞣制及制品加工	11851	150	2151	8271	1029	193	53	4
羽毛(绒)加工及制品制造	9799	200	1866	6410	1033	219	71	
木材加工及木、竹、藤、棕、草制品业	124374	4052	36210	70519	10421	2400	738	34
锯材、木片加工	40854	1305	11875	23729	3156	619	164	6
人造板制造	36756	851	9646	22143	3102	782	221	11
木制品制造	23493	503	5529	13575	2800	777	294	15
竹、藤、棕、草制品制造	23271	1393	9160	11072	1363	222	59	2
家具制造业	104019	1480	21833	62496	12640	4127	1384	59
木质家具制造	77271	1089	16617	46843	9001	2750	937	34
竹、藤家具制造	3121	102	1008	1628	272	84	23	4
金属家具制造	10190	121	1857	5861	1510	646	187	8
塑料家具制造	1936	35	379	1075	279	111	54	3
其他家具制造	11501	133	1972	7089	1578	536	183	10

4-6 续表 22 单位：人

行业中类 性别	合计	未上过学	小学	初中	高中	大学专科	大学本科	研究生
造纸及纸制品业	87221	1220	15459	48800	15320	4739	1609	74
纸浆制造	3823	37	475	1783	923	417	181	7
造纸	29020	288	4164	15481	6239	2117	698	33
纸制品制造	54378	895	10820	31536	8158	2205	730	34
印刷业和记录媒介的复制	71294	597	7800	36331	17686	6457	2296	127
印刷	65687	570	7255	33474	16250	5917	2108	113
装订及其他印刷服务活动	4604	20	454	2382	1177	429	133	9
记录媒介的复制	1003	7	91	475	259	111	55	5
文教体育用品制造业	142330	1704	26974	89519	16882	4963	2156	132
文化用品制造	17935	437	3985	9937	2214	886	422	54
体育用品制造	18230	197	2717	11329	2684	863	419	21
乐器制造	5606	19	483	2867	985	717	518	17
玩具制造	97914	1027	19463	63991	10466	2226	705	36
游艺器材及娱乐用品制造	2645	24	326	1395	533	271	92	4
石油加工、炼焦及核燃料加工业	23690	70	816	6362	8178	5263	2790	211
精炼石油产品的制造	16319	29	394	3372	5888	4083	2365	188
炼焦	6856	39	400	2867	2140	1042	355	13
核燃料加工	515	2	22	123	150	138	70	10
化学原料及化学制品制造业	145549	1082	18496	63591	36131	17577	7979	693
基础化学原料制造	27096	152	2023	9782	8501	4495	1994	149
肥料制造	23726	158	2000	8979	8044	3453	1051	41
农药制造	5263	26	548	2229	1379	705	342	34
涂料、油墨、颜料及类似产品制造	12163	87	1352	5342	2921	1610	786	65
合成材料制造	10093	114	1259	4336	2498	1269	568	49
专用化学产品制造	46493	414	9308	23156	7965	3668	1781	201
日用化学产品制造	20715	131	2006	9767	4823	2377	1457	154
医药制造业	69391	219	3418	22585	20539	13470	8028	1132
化学药品原药制造	13275	27	529	3641	4103	2980	1751	244
化学药品制剂制造	16537	22	506	4532	5299	3539	2298	341
中药饮片加工	5337	57	464	2136	1447	791	409	33
中成药制造	17991	39	637	5578	5890	3631	2018	198
兽用药品制造	1669	3	97	618	466	337	125	23
生物、生化制品的制造	4919	11	180	1140	1337	1094	921	236
卫生材料及医药用品制造	9663	60	1005	4940	1997	1098	506	57
化学纤维制造业	17893	135	2376	9449	4052	1354	508	19
纤维素纤维原料及纤维制造	4930	30	461	2299	1496	485	147	12
合成纤维制造	12963	105	1915	7150	2556	869	361	7
橡胶制品业	47031	634	7869	26484	8178	2782	1026	58
轮胎制造	11173	66	1141	5642	2714	1091	495	24
橡胶板、管、带的制造	7271	145	1151	3940	1341	502	184	8
橡胶零件制造	8018	121	1423	4546	1353	461	106	8
再生橡胶制造	1057	17	210	583	164	63	19	1
日用及医用橡胶制品制造	2676	21	411	1621	436	145	39	3
橡胶靴鞋制造	11393	206	2653	7081	1176	218	53	6
其他橡胶制品制造	5443	58	880	3071	994	302	130	8
塑料制品业	155927	2833	32102	90359	22249	6282	1992	110
塑料薄膜制造	14138	231	2616	8006	2209	765	290	21
塑料板、管、型材的制造	18264	263	3208	9986	3135	1217	429	26
塑料丝、绳及编织品的制造	19162	747	5330	10894	1770	335	83	3
泡沫塑料制造	6210	104	1331	3585	900	230	58	2
塑料人造革、合成革制造	3355	39	728	1906	460	176	45	1
塑料包装箱及容器制造	15047	167	2651	9049	2263	687	217	13
塑料零件制造	21027	305	3828	12383	3351	878	270	12
日用塑料制造	31869	617	7687	18308	3952	994	299	12
其他塑料制品制造	26855	360	4723	16242	4209	1000	301	20

4-6 续表 23

单位：人

行业中类 性　别	合　计	未　上 过　学	小　学	初　中	高　中	大　学 专　科	大　学 本　科	研究生
非金属矿物制品业	219180	3736	47336	120978	32931	10508	3508	183
水泥、石灰和石膏的制造	29168	394	3945	14123	7150	2758	763	35
水泥及石膏制品制造	16459	340	3221	8169	2975	1258	463	33
砖瓦、石材及其他建筑材料制造	73723	2123	22232	39757	7037	1901	642	31
玻璃及玻璃制品制造	43604	388	7480	25802	7020	2096	777	41
陶瓷制品制造	42045	351	8400	25401	5965	1457	454	17
耐火材料制品制造	7954	58	1161	4663	1380	495	185	12
石墨及其他非金属矿物制品制造	6227	82	897	3063	1404	543	224	14
黑色金属冶炼及压延加工业	65081	402	5516	27873	18295	8931	3889	175
炼铁	11791	101	1154	5333	3244	1420	518	21
炼钢	26786	87	1538	10296	8431	4322	2005	107
钢压延加工	22091	170	2197	10089	5570	2783	1242	40
铁合金冶炼	4413	44	627	2155	1050	406	124	7
有色金属冶炼及压延加工业	40452	393	4832	17591	10346	5311	1887	92
常用有色金属冶炼	20439	189	2004	7929	5975	3210	1072	60
贵金属冶炼	1602	13	120	646	477	239	97	10
稀有稀土金属冶炼	2380	19	289	1129	529	285	128	1
有色金属合金制造	2317	13	292	1064	527	311	108	2
有色金属压延加工	13714	159	2127	6823	2838	1266	482	19
金属制品业	210318	2497	38679	119646	33834	11271	4232	159
结构性金属制品制造	77092	803	13168	43278	13064	4885	1828	66
金属工具制造	35768	385	6426	20768	5863	1688	616	22
集装箱及金属包装容器制造	6447	55	927	3282	1346	542	282	13
金属丝绳及其制品的制造	7502	74	1178	4334	1339	406	162	9
建筑、安全用金属制品制造	24239	385	5137	13493	3414	1259	530	21
金属表面处理及热处理加工	15043	381	3921	8349	1777	474	135	6
搪瓷制品制造	2384	14	417	1327	430	129	67	
不锈钢及类似日用金属制品制造	26422	293	5357	15357	3795	1220	389	11
其他金属制品制造	15421	107	2148	9458	2806	668	223	11
通用设备制造业	203868	2819	32187	100971	41225	18131	7989	546
锅炉及原动机制造	11019	49	739	4196	3377	1690	898	70
金属加工机械制造	37385	226	3788	17615	9513	4288	1842	113
起重运输设备制造	6698	53	557	2526	1764	1046	695	57
泵、阀门、压缩机及类似机械的制造	27872	594	5308	13047	5102	2601	1151	69
轴承、齿轮、传动和驱动部件的制造	23895	216	3564	12575	5064	1825	621	30
烘炉、熔炉及电炉制造	1004	1	134	453	240	113	55	8
风机、衡器、包装设备等通用设备制造	22237	155	2788	11015	4694	2294	1175	116
通用零部件制造及机械修理	57831	1349	12352	31020	8707	3213	1136	54
金属铸、锻加工	15927	176	2957	8524	2764	1061	416	29
专用设备制造业	151787	977	13413	70632	37863	18239	9643	1020
矿山、冶金、建筑专用设备制造	18327	98	1084	6406	5700	3168	1732	139
化工、木材、非金属加工专用设备制造	30254	232	3237	15455	7315	2830	1110	75
食品、饮料、烟草及饲料生产专用设备制造	3027	31	318	1292	779	390	206	11
印刷、制药、日化生产专用设备制造	9999	52	966	4635	2546	1126	620	54
纺织、服装和皮革工业专用设备制造	12030	129	1672	6547	2460	833	371	18
电子和电工机械专用设备制造	48572	160	3433	23824	12127	5636	3021	371
农、林、牧、渔专用机械制造	7291	156	999	3413	1702	710	283	28
医疗仪器设备及器械制造	13527	52	1017	5976	3155	1903	1209	215
环保、社会公共安全及其他专用设备制造	8760	67	687	3084	2079	1643	1091	109

4-6 续表 24

单位：人

行业中类 性别	合计	未上过学	小学	初中	高中	大学专科	大学本科	研究生
交通运输设备制造业	171791	1381	19041	76033	41987	20418	11836	1095
铁路运输设备制造	9977	20	323	2841	3799	1844	1075	75
汽车制造	106873	809	11074	48704	26655	12205	6814	612
摩托车制造	16080	196	3043	8377	3047	994	407	16
自行车制造	10967	145	1914	6451	1708	558	186	5
船舶及浮动装置制造	16618	194	2394	7393	3221	2005	1295	116
航空航天器制造	8877	7	106	1172	2903	2513	1914	262
交通器材及其他交通运输设备制造	2399	10	187	1095	654	299	145	9
电气机械及器材制造业	281159	1982	33283	152754	59649	22098	10593	800
电机制造	37544	208	3952	19152	8418	3746	1884	184
输配电及控制设备制造	68391	439	6795	37036	15160	5936	2831	194
电线、电缆、光缆及电工器材制造	32869	176	3279	18234	7261	2717	1126	76
电池制造	19080	79	1670	10509	4762	1366	626	68
家用电力器具制造	67877	430	8393	36469	14728	5070	2615	172
非电力家用器具制造	6460	57	798	3111	1398	704	369	23
照明器具制造	43157	539	7738	25500	6660	1909	763	48
其他电气机械及器材制造	5781	54	658	2743	1262	650	379	35
通信设备、计算机及其他电子设备制造业	432571	1178	28613	234565	115533	32094	18259	2329
通信设备制造	46100	71	1858	19450	14674	4996	4139	912
雷达及配套设备制造	929	1	35	256	234	220	160	23
广播电视设备制造	3653	16	295	1674	905	444	287	32
电子计算机制造	48106	62	1574	20525	18207	4211	3114	413
电子器件制造	100351	268	6794	53049	27531	7925	4280	504
电子元件制造	192255	648	15101	115428	44543	11458	4755	322
家用视听设备制造	24537	75	1791	14612	5706	1485	808	60
其他电子设备制造	16640	37	1165	9571	3733	1355	716	63
仪器仪表及文化、办公用机械制造业	74449	653	7809	38019	17266	6705	3644	353
通用仪器仪表制造	22876	290	2788	9855	5153	2875	1715	200
专用仪器仪表制造	8481	61	704	3367	2228	1310	736	75
钟表与计时仪器制造	11043	29	1155	7210	2047	441	150	11
光学仪器及眼镜制造	18446	187	2395	10897	3530	1017	397	23
文化、办公用机械制造	11936	59	585	5942	3917	861	534	38
其他仪器仪表的制造及修理	1667	27	182	748	391	201	112	6
工艺品及其他制造业	181461	4609	46368	104094	19591	4963	1745	91
工艺美术品制造	139451	3367	35172	81088	15111	3546	1124	43
日用杂品制造	33897	1015	9385	18887	3282	957	359	12
煤制品制造	2651	101	712	1345	330	113	41	9
核辐射加工	198		12	61	44	29	40	12
其他未列明的制造业	5264	126	1087	2713	824	318	181	15
废弃资源和废旧材料回收加工业	30762	1759	10545	15343	2272	600	233	10
金属废料和碎屑的加工处理	16249	848	5387	8119	1363	398	126	8
非金属废料和碎屑的加工处理	14513	911	5158	7224	909	202	107	2
电力、燃气及水的生产和供应业	**142092**	**387**	**4874**	**31348**	**47619**	**38245**	**18653**	**966**
电力、热力的生产和供应业	100942	255	3195	20394	33373	28754	14200	771
电力生产	40295	127	1725	9324	13453	10478	4912	276
电力供应	50382	97	1164	8661	16185	15689	8131	455
热力生产和供应	10265	31	306	2409	3735	2587	1157	40
燃气生产和供应业	15217	59	719	4389	4897	3292	1783	78
燃气生产和供应业	15217	59	719	4389	4897	3292	1783	78
水的生产和供应业	25933	73	960	6565	9349	6199	2670	117
自来水的生产和供应	23129	59	771	5893	8540	5533	2257	76
污水处理及其再生利用	2051	10	112	438	624	531	308	28
其他水的处理、利用与分配	753	4	77	234	185	135	105	13

4-6 续表 25 单位：人

行业中类 性别	合计	未上过学	小学	初中	高中	大学专科	大学本科	研究生
建筑业	**564732**	**13282**	**146337**	**278600**	**63231**	**40581**	**21634**	**1067**
房屋和土木工程建筑业	409782	11144	117722	201597	40290	25122	13257	650
房屋工程建筑	355593	10113	107838	181860	30886	16685	7846	365
土木工程建筑	54189	1031	9884	19737	9404	8437	5411	285
建筑安装业	31667	414	5061	14315	5870	3917	2012	78
建筑安装业	31667	414	5061	14315	5870	3917	2012	78
建筑装饰业	109583	1418	20949	57496	14806	9662	5021	231
建筑装饰业	109583	1418	20949	57496	14806	9662	5021	231
其他建筑业	13700	306	2605	5192	2265	1880	1344	108
工程准备	4559	84	835	1653	702	692	549	44
提供施工设备服务	2469	33	360	945	497	383	233	18
其他未列明的建筑活动	6672	189	1410	2594	1066	805	562	46
交通运输、仓储和邮政业	**414339**	**4483**	**41032**	**163290**	**111000**	**63157**	**30010**	**1367**
铁路运输业	57144	1017	5148	17693	20656	8878	3614	138
铁路旅客运输	29974	918	4216	10365	9019	3873	1526	57
铁路货物运输	7040	34	270	1900	2873	1344	596	23
铁路运输辅助活动	20130	65	662	5428	8764	3661	1492	58
道路运输业	163097	1429	18585	78149	38528	18896	7273	237
公路旅客运输	54264	411	6546	28627	13072	4251	1324	33
道路货物运输	75896	782	9544	38571	15557	8003	3304	135
道路运输辅助活动	32937	236	2495	10951	9899	6642	2645	69
城市公共交通业	66482	634	5603	30800	20788	6172	2385	100
公共电汽车客运	30246	185	1422	11762	12128	3537	1192	20
轨道交通	3357	45	264	850	795	818	545	40
出租车客运	25120	123	2069	14414	6541	1466	481	26
城市轮渡	160	1	14	50	55	20	18	2
其他城市公共交通	7599	280	1834	3724	1269	331	149	12
水上运输业	15672	253	2051	4890	3061	2893	2379	145
水上旅客运输	2638	32	322	941	578	407	337	21
水上货物运输	9410	203	1506	3112	1458	1639	1407	85
水上运输辅助活动	3624	18	223	837	1025	847	635	39
航空运输业	16655	28	335	1942	3276	6067	4692	315
航空客货运输	10619	15	162	1051	1901	3971	3303	216
通用航空服务	1758	5	59	295	410	604	367	18
航空运输辅助活动	4278	8	114	596	965	1492	1022	81
管道运输业	1105	4	40	264	326	287	178	6
管道运输业	1105	4	40	264	326	287	178	6
装卸搬运和其他运输服务业	42594	910	6923	15749	7777	6952	4085	198
装卸搬运	20852	830	5951	10514	2488	763	288	18
运输代理服务	21742	80	972	5235	5289	6189	3797	180
仓储业	20865	173	1706	7326	6028	3870	1672	90
谷物、棉花等农产品仓储	6941	57	532	2475	2253	1236	366	22
其他仓储	13924	116	1174	4851	3775	2634	1306	68
邮政业	30725	35	641	6477	10560	9142	3732	138
国家邮政	22925	15	341	4184	8052	7357	2883	93
其他寄递服务	7800	20	300	2293	2508	1785	849	45

4-6 续表 26

单位：人

行业中类 性　别	合　计	未上 过学	小　学	初　中	高　中	大学 专科	大学 本科	研究生
信息传输、计算机服务和软件业	**176500**	**402**	**4371**	**32078**	**44586**	**51751**	**38787**	**4525**
电信和其他信息传输服务业	120917	136	2003	20959	34157	38792	23005	1865
电信	98191	102	1581	17338	29170	32061	16710	1229
互联网信息服务	17722	27	342	3026	3874	5061	4848	544
广播电视传输服务	4672	7	74	523	1028	1583	1380	77
卫星传输服务	332		6	72	85	87	67	15
计算机服务业	24578	228	1798	7683	6029	4755	3658	427
计算机系统服务	10326	155	993	2977	1985	2075	1876	265
数据处理	2959	12	151	720	795	664	552	65
计算机维修	4036	20	217	1333	1218	831	392	25
其他计算机服务	7257	41	437	2653	2031	1185	838	72
软件业	31005	38	570	3436	4400	8204	12124	2233
公共软件服务	25114	19	256	1774	3180	7005	10854	2026
其他软件服务	5891	19	314	1662	1220	1199	1270	207
批发和零售业	**3511807**	**38605**	**410826**	**1780873**	**884164**	**289343**	**102914**	**5082**
批发业	564041	8223	71269	251187	129455	66427	35140	2340
农畜产品批发	37318	724	6981	19654	6761	2277	870	51
食品、饮料及烟草制品批发	121818	1802	18873	63530	24817	8873	3714	209
纺织、服装及日用品批发	146502	705	11552	70341	39384	16153	7975	392
文化、体育用品及器材批发	16167	80	1077	6121	4708	2712	1403	66
医药及医疗器材批发	23242	75	967	6204	7321	5647	2791	237
矿产品、建材及化工产品批发	82784	703	8999	35894	20665	10765	5362	396
机械设备、五金交电及电子产品批发	59872	200	3587	20904	16397	11574	6708	502
贸易经纪与代理	19590	25	381	2393	4351	6580	5438	422
其他批发	56748	3909	18852	26146	5051	1846	879	65
零售业	2947766	30382	339557	1529686	754709	222916	67774	2742
综合零售	1098992	9567	113467	585075	296044	74483	19694	662
食品、饮料及烟草制品专门零售	555677	13530	118412	308159	91201	18870	5261	244
纺织、服装及日用品专门零售	672293	3309	54981	363350	187748	48741	13701	463
文化、体育用品及器材专门零售	77150	449	5797	33434	24226	9547	3555	142
医药及医疗器材专门零售	86031	285	3506	28190	32970	16207	4651	222
汽车、摩托车、燃料及零配件专门零售	69582	290	4374	27975	19396	12604	4743	200
家用电器及电子产品专门零售	151852	331	7361	61018	48711	24253	9671	507
五金、家具及室内装修材料专门零售	152499	974	16569	80177	38300	12328	3991	160
无店铺及其他零售	83690	1647	15090	42308	16113	5883	2507	142
住宿和餐饮业	**1049845**	**15313**	**165576**	**605594**	**199991**	**48847**	**13986**	**538**
住宿业	182872	1487	18819	88330	49919	18243	5844	230
旅游饭店	91242	467	7081	40395	27298	11773	4052	176
一般旅馆	79714	884	10301	41891	19607	5490	1495	46
其他住宿服务	11916	136	1437	6044	3014	980	297	8
餐饮业	866973	13826	146757	517264	150072	30604	8142	308
正餐服务	583069	7828	91834	351840	104141	21568	5649	209
快餐服务	142391	2576	25963	83362	23940	5004	1494	52
饮料及冷饮服务	16399	212	2076	8962	3888	954	292	15
其他餐饮服务	125114	3210	26884	73100	18103	3078	707	32
金融业	**288239**	**186**	**3337**	**33875**	**69427**	**96628**	**77793**	**6993**
银行业	161370	97	1429	10436	32369	59940	52835	4264
中央银行	11096	9	129	932	2082	3860	3756	328
商业银行	123927	78	1075	7570	24230	46106	41449	3419
其他银行	26347	10	225	1934	6057	9974	7630	517
证券业	13222	16	208	1072	1845	3930	5154	997
证券市场管理	1802	4	51	224	262	509	651	101
证券经纪与交易	6394	7	82	434	765	1943	2649	514
证券投资	4308	5	62	333	687	1271	1620	330
证券分析与咨询	718		13	81	131	207	234	52

4-6 续表 27

单位：人

行业中类 性别	合计	未上过学	小学	初中	高中	大学专科	大学本科	研究生
保险业	92105	49	1389	19772	30157	25214	14545	979
人寿保险	69180	36	1100	15821	23202	18155	10247	619
非人寿保险	20825	12	271	3638	6349	6395	3855	305
保险辅助服务	2100	1	18	313	606	664	443	55
其他金融活动	21542	24	311	2595	5056	7544	5259	753
金融信托与管理	6008	12	121	740	1104	1866	1786	379
金融租赁	725	2	21	100	167	208	192	35
财务公司	3687		30	279	768	1468	1007	135
邮政储蓄	5842	1	42	768	1794	2243	959	35
典当	1195	3	26	241	342	378	195	10
其他未列明的金融活动	4085	6	71	467	881	1381	1120	159
房地产业	**175071**	**2166**	**15744**	**49350**	**45589**	**39566**	**21393**	**1263**
房地产业	175071	2166	15744	49350	45589	39566	21393	1263
房地产开发经营	62998	213	2879	11470	15231	19999	12360	846
物业管理	83548	1801	11547	31620	21689	11818	4888	185
房地产中介服务	23865	100	865	5006	7537	6660	3503	194
其他房地产活动	4660	52	453	1254	1132	1089	642	38
租赁和商务服务业	**186612**	**1043**	**9300**	**40739**	**42776**	**48430**	**39405**	**4919**
租赁业	9569	130	1250	4499	2120	1023	510	37
机械设备租赁	6607	62	685	2949	1631	823	423	34
文化及日用品出租	2962	68	565	1550	489	200	87	3
商务服务业	177043	913	8050	36240	40656	47407	38895	4882
企业管理服务	28551	110	1567	5934	6773	7062	6154	951
法律服务	9641	13	127	547	1031	2413	4588	922
咨询与调查	27200	8	176	1561	4704	9427	9696	1628
广告业	32301	41	653	5652	8060	10120	7368	407
知识产权服务	1508	2	15	113	188	414	555	221
职业中介服务	16695	260	1569	6019	3829	2542	2233	243
市场管理	5807	100	681	2321	1426	849	408	22
旅行社	24109	47	450	3199	7040	9010	4203	160
其他商务服务	31231	332	2812	10894	7605	5570	3690	328
科学研究、技术服务和地质勘查业	**78784**	**194**	**2067**	**9664**	**13779**	**20499**	**25787**	**6794**
研究与试验发展	24202	74	523	2406	3673	5212	8339	3975
自然科学研究与试验发展	4470	8	73	393	649	952	1460	935
工程和技术研究与试验发展	12296	12	125	796	1967	2858	4796	1742
农业科学研究与试验发展	4065	51	229	852	675	771	961	526
医学研究与试验发展	2182	1	80	297	264	409	688	443
社会人文科学研究与试验发展	1189	2	16	68	118	222	434	329
专业技术服务业	38602	96	1104	5042	6516	10706	13061	2077
气象服务	3848	19	336	1545	558	553	708	129
地震服务	954	12	110	406	127	127	143	29
海洋服务	410	1	19	137	57	72	102	22
测绘服务	1612	2	34	222	364	523	426	41
技术检测	6928	9	119	868	1606	2035	1970	321
环境监测	1389	4	57	134	259	396	419	120
工程技术与规划管理	18516	33	281	1051	2535	5624	7793	1199
其他专业技术服务	4945	16	148	679	1010	1376	1500	216
科技交流和推广服务业	8272	17	306	1138	1491	2431	2440	449
技术推广服务	5046	12	168	614	921	1518	1520	293
科技中介服务	1620	2	55	223	276	469	498	97
其他科技服务	1606	3	83	301	294	444	422	59
地质勘查业	7708	7	134	1078	2099	2150	1947	293
矿产地质勘查	5112	5	94	769	1464	1414	1196	170
基础地质勘查	1196	2	20	175	324	321	304	50
地质勘查技术服务	1400		20	134	311	415	447	73

4-6 续表 28 单位：人

行业中类 性别	合计	未上过学	小学	初中	高中	大学专科	大学本科	研究生
水利、环境和公共设施管理业	**111161**	**3892**	**22124**	**40728**	**21430**	**14139**	**8218**	**630**
水利管理业	13084	49	418	2497	3967	3889	2121	143
防洪管理	1654	6	54	318	516	485	258	17
水资源管理	9514	27	295	1831	2866	2868	1524	103
其他水利管理	1916	16	69	348	585	536	339	23
环境管理业	60665	2954	16341	25934	8905	3888	2376	267
自然保护	1407	17	127	381	337	295	217	33
环境治理	59258	2937	16214	25553	8568	3593	2159	234
公共设施管理业	37412	889	5365	12297	8558	6362	3721	220
市政公共设施管理	12035	257	1467	3379	2816	2474	1550	92
城市绿化管理	13656	504	2786	5007	2486	1723	1087	63
游览景区管理	11721	128	1112	3911	3256	2165	1084	65
居民服务和其他服务业	**645773**	**16411**	**117778**	**356846**	**119007**	**27336**	**8052**	**343**
居民服务业	488157	12191	83658	271349	94276	20604	5854	225
家庭服务	142463	7934	41520	71296	18432	2440	789	52
托儿所	6282	47	472	2208	1981	1191	367	16
洗染服务	16459	192	2691	9845	3023	556	150	2
理发及美容保健服务	184854	808	16237	117148	41191	7569	1835	66
洗浴服务	36500	426	5316	22745	6672	1072	262	7
婚姻服务	4435	14	195	1602	1574	764	273	13
殡葬服务	4672	153	1024	2170	793	369	161	2
摄影扩印服务	21138	47	948	9330	7600	2539	661	13
其他居民服务	71354	2570	15255	35005	13010	4104	1356	54
其他服务业	157616	4220	34120	85497	24731	6732	2198	118
修理与维护	68832	973	10711	39325	12681	3969	1135	38
清洁服务	64934	2589	18689	34056	7976	1247	355	22
其他未列明的服务	23850	658	4720	12116	4074	1516	708	58
教育	**916104**	**1442**	**15197**	**81969**	**163902**	**307758**	**307011**	**38825**
教育	916104	1442	15197	81969	163902	307758	307011	38825
学前教育	142347	259	3248	27866	51663	43465	15479	367
初等教育	288868	342	3702	19767	58201	130588	75377	891
中等教育	328515	452	4838	19676	36083	102956	158025	6485
高等教育	109717	324	2693	9893	9545	16393	41791	29078
其他教育	46657	65	716	4767	8410	14356	16339	2004
卫生、社会保障和社会福利业	**497348**	**1313**	**11362**	**58392**	**139279**	**186886**	**90999**	**9117**
卫生	480396	1058	9899	53547	134933	183278	88673	9008
医院	349622	708	6249	30692	90049	138578	75042	8304
卫生院及社区医疗活动	60957	163	1719	9863	21912	21946	5227	127
门诊部医疗活动	34658	83	1175	8922	13038	9352	2017	71
计划生育技术服务活动	6762	16	107	867	2088	2822	841	21
妇幼保健活动	9706	21	148	799	2666	4103	1877	92
专科疾病防治活动	2697	5	53	307	822	970	487	53
疾病预防控制及防疫活动	8768	18	80	646	2329	3384	2050	261
其他卫生活动	7226	44	368	1451	2029	2123	1132	79
社会保障业	6753	16	141	1055	1802	2119	1543	77
社会保障业	6753	16	141	1055	1802	2119	1543	77
社会福利业	10199	239	1322	3790	2544	1489	783	32
提供住宿的社会福利	8483	212	1170	3146	2086	1221	625	23
不提供住宿的社会福利	1716	27	152	644	458	268	158	9

4-6 续表 29 单位：人

行业中类 性别	合计	未上过学	小学	初中	高中	大学专科	大学本科	研究生
文化、体育和娱乐业	**149611**	**733**	**8570**	**48159**	**35113**	**27012**	**26962**	**3062**
新闻出版业	23920	34	520	2815	3743	5864	9390	1554
新闻业	4627	7	109	497	660	1206	1932	216
出版业	19293	27	411	2318	3083	4658	7458	1338
广播、电视、电影和音像业	27613	43	337	2970	5445	8470	9533	815
广播	5924	6	59	496	1182	1952	2093	136
电视	13062	13	83	716	1871	4175	5655	549
电影	4099	15	102	677	1272	1140	820	73
音像制作	4528	9	93	1081	1120	1203	965	57
文化艺术业	24036	66	854	4599	6013	6464	5501	539
文艺创作与表演	8250	21	432	2160	2187	1854	1472	124
艺术表演场馆	2194	9	67	483	670	548	386	31
图书馆与档案馆	5068	3	59	508	1279	1592	1472	155
文物及文化保护	1300	7	34	210	315	415	284	35
博物馆	2235	7	57	266	448	678	679	100
烈士陵园、纪念馆	545	4	29	110	131	154	114	3
群众文化活动	2202	6	105	391	509	631	527	33
文化艺术经纪代理	651	1	4	64	129	173	256	24
其他文化艺术	1591	8	67	407	345	419	311	34
体育	4568	81	402	1314	1158	843	704	66
体育组织	2214	31	161	562	506	452	450	52
体育场馆	1568	20	104	459	486	306	185	8
其他体育	786	30	137	293	166	85	69	6
娱乐业	69474	509	6457	36461	18754	5371	1834	88
室内娱乐活动	44203	348	4524	24639	11525	2473	672	22
游乐园	2799	27	276	1079	830	411	158	18
休闲健身娱乐活动	14185	85	1027	6837	3975	1570	663	28
其他娱乐活动	8287	49	630	3906	2424	917	341	20
公共管理和社会组织	**593953**	**4680**	**22737**	**78701**	**131540**	**190233**	**154918**	**11144**
中国共产党机关	5480	11	81	433	964	1797	1966	228
中国共产党机关	5480	11	81	433	964	1797	1966	228
国家机构	475876	1255	8876	45621	100980	167757	141274	10113
国家权力机构	8425	23	164	845	1688	2902	2568	235
国家行政机构	436451	1183	8210	42374	94192	155506	126474	8512
人民法院和人民检察院	17496	18	206	891	1870	4689	8687	1135
其他国家机构	13504	31	296	1511	3230	4660	3545	231
人民政协和民主党派	2409	5	49	246	412	856	763	78
人民政协	2036	4	37	201	362	763	609	60
民主党派	373	1	12	45	50	93	154	18
群众团体、社会团体和宗教组织	19985	459	2084	3351	3967	4993	4558	573
群众团体	6906	27	217	797	1336	2210	2090	229
社会团体	9275	61	411	1553	2135	2498	2298	319
宗教组织	3804	371	1456	1001	496	285	170	25
基层群众自治组织	90203	2950	11647	29050	25217	14830	6357	152
社区自治组织	43796	389	2520	10009	15529	10727	4515	107
村民自治组织	46407	2561	9127	19041	9688	4103	1842	45
国际组织	**353**		**3**	**20**	**24**	**55**	**154**	**97**
国际组织	353		3	20	24	55	154	97
国际组织	353		3	20	24	55	154	97

4-6a 全国分受教育程度、性别、行业中类的就业人口(城市)

单位：人

行业中类 性别	合计	未上过学	小学	初中	高中	大学专科	大学本科	研究生
总计	**19206276**	**117623**	**1582509**	**7609725**	**4851927**	**2742204**	**2046712**	**255576**
农、林、牧、渔业	**945742**	**32134**	**277339**	**509048**	**98374**	**19270**	**8734**	**843**
农业	797925	29157	245888	437621	72505	9155	3293	306
谷物及其他作物的种植	582148	21612	176863	323712	51218	6346	2200	197
蔬菜、园艺作物的种植	183616	6771	60122	96088	17464	2230	871	70
水果、坚果、饮料和香料作物的种植	30878	737	8628	17198	3611	497	176	31
中药材的种植	1283	37	275	623	212	82	46	8
林业	22118	338	3093	8349	5585	2948	1653	152
林木的培育和种植	17067	283	2474	6164	4151	2407	1446	142
木材和竹材的采运	3505	22	280	1591	1037	423	146	6
林产品的采集	1546	33	339	594	397	118	61	4
畜牧业	59752	1540	14637	32446	8357	1897	787	88
牲畜的饲养	12432	390	3118	6341	1698	566	281	38
猪的饲养	26696	782	7402	14669	3225	471	138	9
家禽的饲养	15688	285	3188	8924	2529	558	191	13
狩猎和捕捉动物	320	1	30	147	81	33	21	7
其他畜牧业	4616	82	899	2365	824	269	156	21
渔业	38785	863	10881	20377	5110	983	510	61
海洋渔业	16845	351	4167	9390	2112	514	276	35
内陆渔业	21940	512	6714	10987	2998	469	234	26
农、林、牧、渔服务业	27162	236	2840	10255	6817	4287	2491	236
农业服务业	13800	127	1554	5353	3375	2113	1169	109
林业服务业	4672	32	373	1749	1288	722	469	39
畜牧服务业	5031	19	261	1431	1403	1182	670	65
渔业服务业	3659	58	652	1722	751	270	183	23
采矿业	**278051**	**660**	**12319**	**110198**	**89514**	**40466**	**22988**	**1906**
煤炭开采和洗选业	158400	404	8148	78718	44940	18508	7328	354
烟煤和无烟煤的开采洗选	146872	383	7618	73660	41520	16869	6509	313
褐煤的开采洗选	5465	6	221	2416	1679	733	397	13
其他煤炭采选	6063	15	309	2642	1741	906	422	28
石油和天然气开采业	69815	35	933	10980	29023	15323	12254	1267
天然原油和天然气开采	39422	21	516	5778	17226	8539	6682	660
与石油和天然气开采有关的服务活动	30393	14	417	5202	11797	6784	5572	607
黑色金属矿采选业	15259	32	511	6610	5007	1992	1040	67
铁矿采选	14243	31	452	6226	4729	1834	916	55
其他黑色金属矿采选	1016	1	59	384	278	158	124	12
有色金属矿采选业	15877	74	783	5174	5677	2629	1403	137
常用有色金属矿采选	10211	58	529	3213	3623	1728	950	110
贵金属矿采选	3931	9	169	1416	1434	621	266	16
稀有稀土金属矿采选	1735	7	85	545	620	280	187	11
非金属矿采选业	15297	110	1761	7440	3878	1456	615	37
土砂石开采	10634	93	1406	5463	2527	822	306	17
化学矿采选	938	5	42	367	286	151	81	6
采盐	2231	9	195	934	644	312	135	2
石棉及其他非金属矿采选	1494	3	118	676	421	171	93	12
其他采矿业	3403	5	183	1276	989	558	348	44
其他采矿业	3403	5	183	1276	989	558	348	44

4-6a 续表 1

单位：人

行业中类 性别	合计	未上过学	小学	初中	高中	大学专科	大学本科	研究生
制造业	**5364665**	**20911**	**426856**	**2608499**	**1422439**	**545461**	**308476**	**32023**
农副食品加工业	110581	1166	14748	56138	25060	9087	4116	266
谷物磨制	10193	84	1208	4735	2692	1035	410	29
饲料加工	9694	38	869	3945	2498	1451	800	93
植物油加工	8140	45	649	3230	2401	1181	602	32
制糖	3233	9	184	1158	1227	467	185	3
屠宰及肉类加工	35282	339	4410	19383	7863	2347	899	41
水产品加工	17960	245	3154	9863	3211	994	471	22
蔬菜、水果和坚果加工	6509	97	871	3385	1393	502	253	8
其他农副食品加工	19570	309	3403	10439	3775	1110	496	38
食品制造业	141346	929	12880	66463	37079	15632	7811	552
焙烤食品制造	50293	339	4835	25936	12939	4253	1883	108
糖果、巧克力及蜜饯制造	10093	56	1062	4863	2489	1037	541	45
方便食品制造	29531	297	3474	14798	6882	2676	1323	81
液体乳及乳制品制造	12235	31	514	4339	3587	2405	1282	77
罐头制造	5725	48	620	2756	1459	551	271	20
调味品、发酵制品制造	12368	40	822	5333	3910	1523	692	48
其他食品制造	21101	118	1553	8438	5813	3187	1819	173
饮料制造业	66761	185	3837	25344	21778	10365	4925	327
酒精制造	3022	4	124	1217	1070	436	152	19
酒的制造	39988	122	2325	15185	13535	6074	2611	136
软饮料制造	21972	43	1158	8241	6683	3669	2031	147
精制茶加工	1779	16	230	701	490	186	131	25
烟草制品业	23273	45	825	6169	7965	4959	3006	304
烟叶复烤	2953	21	289	1138	754	481	252	18
卷烟制造	19161	22	495	4701	6851	4218	2610	264
其他烟草制品加工	1159	2	41	330	360	260	144	22
纺织业	301301	1659	32610	176793	67808	16187	5947	297
棉、化纤纺织及印染精加工	120441	530	10428	66843	32696	7356	2464	124
毛纺织和染整精加工	19903	104	2290	11661	4449	1021	360	18
麻纺织	2713	13	202	1432	763	213	87	3
丝绢纺织及精加工	5318	41	516	2777	1370	398	204	12
纺织制成品制造	58978	384	6101	33039	13637	4058	1677	82
针织品、编织品及其制品制造	93948	587	13073	61041	14893	3141	1155	58
纺织服装、鞋、帽制造业	506091	2133	56348	333571	84616	20467	8528	428
纺织服装制造	456778	1835	49563	300953	77035	18984	8004	404
纺织面料鞋的制造	44284	249	6139	29359	6776	1290	449	22
制帽	5029	49	646	3259	805	193	75	2
皮革、毛皮、羽毛(绒)及其制品业	231370	1425	30640	157665	33221	6397	1928	94
皮革鞣制加工	5725	42	669	3349	1120	396	142	7
皮革制品制造	218142	1335	28991	149890	30680	5567	1605	74
毛皮鞣制及制品加工	3308	15	358	1964	699	183	84	5
羽毛(绒)加工及制品制造	4195	33	622	2462	722	251	97	8
木材加工及木、竹、藤、棕、草制品业	67246	621	10481	38918	12525	3266	1367	68
锯材、木片加工	20455	229	3057	12001	3978	833	341	16
人造板制造	18729	142	2861	10788	3535	1002	387	14
木制品制造	24324	171	3599	14194	4458	1291	576	35
竹、藤、棕、草制品制造	3738	79	964	1935	554	140	63	3
家具制造业	124942	675	16402	77039	21945	6232	2521	128
木质家具制造	89655	465	11970	56199	15167	4158	1616	80
竹、藤家具制造	1968	21	408	1059	299	113	63	5
金属家具制造	13058	79	1526	7358	2844	844	384	23
塑料家具制造	2320	12	252	1245	507	193	106	5
其他家具制造	17941	98	2246	11178	3128	924	352	15

4-6a 续表 2

单位：人

行业中类 性别	合计	未上过学	小学	初中	高中	大学专科	大学本科	研究生
造纸及纸制品业	95517	497	9718	50140	24162	7687	3126	187
纸浆制造	3823	9	217	1451	1267	558	301	20
造纸	32673	108	2678	14677	9937	3659	1528	86
纸制品制造	59021	380	6823	34012	12958	3470	1297	81
印刷业和记录媒介的复制	101141	225	5959	47352	31368	11330	4620	287
印刷	94321	211	5555	44457	29160	10446	4236	256
装订及其他印刷服务活动	5555	13	338	2397	1827	699	264	17
记录媒介的复制	1265	1	66	498	381	185	120	14
文教体育用品制造业	109311	418	11069	68534	20171	5828	3045	246
文化用品制造	14132	113	1657	7353	2988	1193	736	92
体育用品制造	22659	77	1892	13967	4615	1331	722	55
乐器制造	4936	12	260	2308	1116	660	553	27
玩具制造	65136	202	7088	43711	10839	2341	896	59
游艺器材及娱乐用品制造	2448	14	172	1195	613	303	138	13
石油加工、炼焦及核燃料加工业	52225	42	1058	12818	18756	11297	7567	687
精炼石油产品的制造	39497	20	604	8085	14489	9133	6556	610
炼焦	11711	20	433	4490	3993	1908	819	48
核燃料加工	1017	2	21	243	274	256	192	29
化学原料及化学制品制造业	191949	491	9378	64322	64613	33009	18370	1766
基础化学原料制造	48751	99	1801	15233	17468	9010	4734	406
肥料制造	33564	77	1416	10521	12831	6089	2497	133
农药制造	7351	17	412	2313	2410	1402	736	61
涂料、油墨、颜料及类似产品制造	21247	80	1492	8371	6166	3091	1846	201
合成材料制造	16702	69	1060	5826	5354	2692	1568	133
专用化学产品制造	39190	73	1852	12612	12964	6854	4319	516
日用化学产品制造	25144	76	1345	9446	7420	3871	2670	316
医药制造业	99110	108	2538	23838	31814	22469	16026	2317
化学药品原药制造	20448	23	515	4361	6654	4882	3484	529
化学药品制剂制造	26662	22	541	5919	8672	6269	4604	635
中药饮片加工	6701	17	302	2124	2193	1224	776	65
中成药制造	26452	21	578	6453	9115	5922	3932	431
兽用药品制造	2134	1	84	552	625	528	297	47
生物、生化制品的制造	7847	7	147	1363	2028	1924	1889	489
卫生材料及医药用品制造	8866	17	371	3066	2527	1720	1044	121
化学纤维制造业	19213	44	1048	7454	6858	2495	1221	93
纤维素纤维原料及纤维制造	6887	11	259	2516	2731	950	384	36
合成纤维制造	12326	33	789	4938	4127	1545	837	57
橡胶制品业	60022	248	5085	29795	16636	5621	2471	166
轮胎制造	21887	39	1022	9005	7710	2750	1280	81
橡胶板、管、带的制造	7356	28	538	3360	2189	836	379	26
橡胶零件制造	8595	44	804	4394	2244	797	294	18
再生橡胶制造	891	3	94	427	237	86	42	2
日用及医用橡胶制品制造	2068	8	202	1013	532	209	95	9
橡胶靴鞋制造	12295	104	1816	8005	1906	360	100	4
其他橡胶制品制造	6930	22	609	3591	1818	583	281	26
塑料制品业	170494	1018	19604	96760	37806	10740	4270	296
塑料薄膜制造	15948	98	1653	8181	3968	1373	616	59
塑料板、管、型材的制造	23022	125	2147	11567	5834	2292	997	60
塑料丝、绳及编织品的制造	7865	103	1042	4623	1566	399	128	4
泡沫塑料制造	8707	55	1228	5206	1707	373	129	9
塑料人造革、合成革制造	4266	37	703	2268	874	278	98	8
塑料包装箱及容器制造	15114	62	1520	8311	3573	1127	490	31
塑料零件制造	26423	131	2672	15638	5940	1467	538	37
日用塑料制造	33880	258	5186	19640	6516	1610	630	40
其他塑料制品制造	35269	149	3453	21326	7828	1821	644	48

4-6a 续表 3

单位：人

行业中类 性别	合计	未上过学	小学	初中	高中	大学专科	大学本科	研究生
非金属矿物制品业	202417	1176	20795	101589	52365	18020	7948	524
水泥、石灰和石膏的制造	36760	149	2666	15803	11662	4594	1775	111
水泥及石膏制品制造	22527	167	2417	10748	5689	2368	1062	76
砖瓦、石材及其他建筑材料制造	48501	508	7806	26259	9585	2958	1305	80
玻璃及玻璃制品制造	45501	155	3538	23492	12290	3982	1928	116
陶瓷制品制造	30253	138	2967	16108	7941	2159	890	50
耐火材料制品制造	11641	26	939	6140	2931	1074	490	41
石墨及其他非金属矿物制品制造	7234	33	462	3039	2267	885	498	50
黑色金属冶炼及压延加工业	156823	313	6841	57188	53837	25114	12621	909
炼铁	25188	65	1180	9550	8743	3836	1704	110
炼钢	73964	91	2347	24598	26837	12897	6677	517
钢压延加工	52350	139	2984	20946	16513	7633	3893	242
铁合金冶炼	5321	18	330	2094	1744	748	347	40
有色金属冶炼及压延加工业	64763	196	3859	24896	21100	9807	4559	346
常用有色金属冶炼	35188	94	1530	12227	12346	6071	2706	214
贵金属冶炼	2605	7	94	815	987	444	228	30
稀有稀土金属冶炼	2768	8	144	925	885	507	284	15
有色金属合金制造	4228	10	301	1825	1172	593	305	22
有色金属压延加工	19974	77	1790	9104	5710	2192	1036	65
金属制品业	300460	1217	30442	163808	71935	22506	9932	620
结构性金属制品制造	124073	435	11552	66410	30691	10246	4466	273
金属工具制造	40540	131	3780	21781	10342	3110	1329	67
集装箱及金属包装容器制造	12888	30	858	6365	3561	1312	712	50
金属丝绳及其制品的制造	9123	35	891	4532	2546	739	346	34
建筑、安全用金属制品制造	30518	187	3821	16183	6575	2443	1227	82
金属表面处理及热处理加工	17548	195	2877	10176	3244	748	289	19
搪瓷制品制造	2831	10	260	1329	813	258	156	5
不锈钢及类似日用金属制品制造	32894	118	3845	18760	7199	2086	838	48
其他金属制品制造	30045	76	2558	18272	6964	1564	569	42
通用设备制造业	327311	940	21020	137225	101365	42276	22672	1813
锅炉及原动机制造	29269	43	1070	10326	10243	4525	2809	253
金属加工机械制造	82449	158	4268	34616	26664	10909	5431	403
起重运输设备制造	16020	12	594	5314	5155	2748	1999	198
泵、阀门、压缩机及类似机械的制造	38419	144	2722	15219	11877	5246	2986	225
轴承、齿轮、传动和驱动部件的制造	34286	76	2120	15015	11027	4149	1793	106
烘炉、熔炉及电炉制造	2009	4	145	807	584	278	172	19
风机、衡器、包装设备等通用设备制造	37497	81	2058	14806	11406	5479	3339	328
通用零部件制造及机械修理	64422	306	5768	30083	18369	6699	3014	183
金属铸、锻加工	22940	116	2275	11039	6040	2243	1129	98
专用设备制造业	280616	549	12550	108321	88548	41242	26217	3189
矿山、冶金、建筑专用设备制造	49817	85	1605	16676	17577	8254	5136	484
化工、木材、非金属加工专用设备制造	72305	190	4331	35200	22326	7043	2988	227
食品、饮料、烟草及饲料生产专用设备制造	5500	22	294	1887	1792	887	578	40
印刷、制药、日化生产专用设备制造	16220	35	906	6306	5060	2297	1491	125
纺织、服装和皮革工业专用设备制造	16233	63	1272	7421	4845	1727	848	57
电子和电工机械专用设备制造	70980	46	2170	24930	22195	11889	8468	1282
农、林、牧、渔专用机械制造	12022	34	581	4637	4100	1690	902	78
医疗仪器设备及器械制造	17852	19	610	5259	5040	3561	2816	547
环保、社会公共安全及其他专用设备制造	19687	55	781	6005	5613	3894	2990	349

4-6a 续表 4

单位：人

行业中类 性别	合计	未上过学	小学	初中	高中	大学专科	大学本科	研究生
交通运输设备制造业	365874	741	17809	133402	120238	54395	35398	3891
铁路运输设备制造	34105	23	716	9562	13871	6026	3634	273
汽车制造	220827	427	9975	80189	74809	32785	20534	2108
摩托车制造	23617	109	2507	10858	6791	2185	1104	63
自行车制造	13719	77	1418	7783	3177	906	343	15
船舶及浮动装置制造	46741	91	2769	19849	13032	6084	4442	474
航空航天器制造	21565	9	185	3171	6775	5631	4871	923
交通器材及其他交通运输设备制造	5300	5	239	1990	1783	778	470	35
电气机械及器材制造业	376592	914	22755	171226	107309	44634	27101	2653
电机制造	63809	131	3419	26077	19307	8769	5492	614
输配电及控制设备制造	87461	220	4566	38502	24681	11626	7155	711
电线、电缆、光缆及电工器材制造	43627	95	2262	20384	12823	5163	2655	245
电池制造	25005	24	1015	12224	7628	2508	1426	180
家用电力器具制造	99062	221	6336	45429	28840	10674	6959	603
非电力家用器具制造	8851	18	571	3452	2516	1341	870	83
照明器具制造	39742	194	4124	21801	8834	3100	1574	115
其他电气机械及器材制造	9035	11	462	3357	2680	1453	970	102
通信设备、计算机及其他电子设备制造业	558228	467	16489	238961	183521	62765	47912	8113
通信设备制造	78284	41	1292	24669	26060	10685	12147	3390
雷达及配套设备制造	1856	3	17	310	516	461	449	100
广播电视设备制造	5605	7	168	1969	1683	937	737	104
电子计算机制造	82894	42	1559	29617	32954	9297	8231	1194
电子器件制造	127898	122	3847	53711	41892	15543	11025	1758
电子元件制造	202441	200	7494	98711	63904	19763	11256	1113
家用视听设备制造	35438	27	1209	18450	10020	3318	2192	222
其他电子设备制造	23812	25	903	11524	6492	2761	1875	232
仪器仪表及文化、办公用机械制造业	108631	245	5441	48418	30581	13289	9463	1194
通用仪器仪表制造	30954	67	1436	9431	9080	5767	4515	658
专用仪器仪表制造	13554	34	491	4006	4154	2591	2020	258
钟表与计时仪器制造	17579	21	1130	11296	3918	849	337	28
光学仪器及眼镜制造	24996	68	1634	14580	5933	1765	909	107
文化、办公用机械制造	18750	41	577	8057	6679	1889	1384	123
其他仪器仪表的制造及修理	2798	14	173	1048	817	428	298	20
工艺品及其他制造业	117791	947	15253	67505	23182	7328	3345	231
工艺美术品制造	88177	615	11002	52399	17053	4990	2008	110
日用杂品制造	20739	199	3095	11406	3875	1426	700	38
煤制品制造	2889	66	522	1317	655	208	100	21
核辐射加工	345		5	59	95	65	97	24
其他未列明的制造业	5641	67	629	2324	1504	639	440	38
废弃资源和废旧材料回收加工业	33266	1277	9374	16847	4277	1017	443	31
金属废料和碎屑的加工处理	19496	665	5257	9907	2724	670	254	19
非金属废料和碎屑的加工处理	13770	612	4117	6940	1553	347	189	12
电力、燃气及水的生产和供应业	**295970**	**326**	**6604**	**63490**	**101116**	**74788**	**46163**	**3483**
电力、热力的生产和供应业	214857	213	3992	42458	72551	56608	36136	2899
电力生产	81108	88	1505	15400	28063	21599	13400	1053
电力供应	106582	78	1844	19463	34590	29160	19743	1704
热力生产和供应	27167	47	643	7595	9898	5849	2993	142
燃气生产和供应业	33690	63	1159	9141	11580	7247	4222	278
燃气生产和供应业	33690	63	1159	9141	11580	7247	4222	278
水的生产和供应业	47423	50	1453	11891	16985	10933	5805	306
自来水的生产和供应	41410	40	1175	10515	15134	9549	4778	219
污水处理及其再生利用	4528	6	205	981	1415	1103	755	63
其他水的处理、利用与分配	1485	4	73	395	436	281	272	24

4-6a 续表 5

单位：人

行业中类 性别	合计	未上过学	小学	初中	高中	大学专科	大学本科	研究生
建筑业	**1265630**	**10308**	**190312**	**660253**	**228181**	**108390**	**64398**	**3788**
房屋和土木工程建筑业	794912	7829	132046	409585	136057	66274	40702	2419
房屋工程建筑	650706	6968	118299	354148	102117	43954	23926	1294
土木工程建筑	144206	861	13747	55437	33940	22320	16776	1125
建筑安装业	100440	473	9785	47119	24869	11489	6380	325
建筑安装业	100440	473	9785	47119	24869	11489	6380	325
建筑装饰业	332119	1696	44100	187498	59071	25659	13406	689
建筑装饰业	332119	1696	44100	187498	59071	25659	13406	689
其他建筑业	38159	310	4381	16051	8184	4968	3910	355
工程准备	12628	111	1573	5158	2507	1653	1484	142
提供施工设备服务	8311	53	680	3777	2032	1025	686	58
其他未列明的建筑活动	17220	146	2128	7116	3645	2290	1740	155
交通运输、仓储和邮政业	**1249546**	**4008**	**82294**	**551064**	**390112**	**146213**	**71764**	**4091**
铁路运输业	161978	155	3191	42564	74668	29422	11502	476
铁路旅客运输	57808	66	1060	14093	26565	11269	4579	176
铁路货物运输	28672	37	762	8517	12568	4786	1913	89
铁路运输辅助活动	75498	52	1369	19954	35535	13367	5010	211
道路运输业	483379	1500	39859	254699	130057	40017	16425	822
公路旅客运输	103688	260	7128	50927	33684	8672	2886	131
道路货物运输	314074	1042	28704	180262	76007	19908	7743	408
道路运输辅助活动	65617	198	4027	23510	20366	11437	5796	283
城市公共交通业	298246	799	17758	150600	100784	20761	7188	356
公共电汽车客运	79703	68	2031	30927	34869	8749	2956	103
轨道交通	8582	16	175	1559	2457	2604	1649	122
出租车客运	176562	234	8966	99766	57029	8340	2133	94
城市轮渡	493	1	19	182	188	62	37	4
其他城市公共交通	32906	480	6567	18166	6241	1006	413	33
水上运输业	43640	122	2200	12084	13525	8826	6402	481
水上旅客运输	6209	13	345	1657	1982	1272	866	74
水上货物运输	23653	91	1293	6340	7033	4933	3683	280
水上运输辅助活动	13778	18	562	4087	4510	2621	1853	127
航空运输业	34037	25	376	3623	7060	11179	10928	846
航空客货运输	21758	11	186	1877	4181	7347	7619	537
通用航空服务	3363	6	80	638	742	985	847	65
航空运输辅助活动	8916	8	110	1108	2137	2847	2462	244
管道运输业	3170	8	105	839	1017	682	489	30
管道运输业	3170	8	105	839	1017	682	489	30
装卸搬运和其他运输服务业	119267	1197	14706	53681	26626	14184	8379	494
装卸搬运	57848	1063	11461	32589	9711	2138	836	50
运输代理服务	61419	134	3245	21092	16915	12046	7543	444
仓储业	45955	161	2802	17381	14240	7580	3550	241
谷物、棉花等农产品仓储	10964	31	575	3707	3743	2117	735	56
其他仓储	34991	130	2227	13674	10497	5463	2815	185
邮政业	59874	41	1297	15593	22135	13562	6901	345
国家邮政	36703	12	467	7136	14003	9822	5017	246
其他寄递服务	23171	29	830	8457	8132	3740	1884	99

4-6a 续表 6

单位：人

行业中类 性别	合计	未上过学	小学	初中	高中	大学专科	大学本科	研究生
信息传输、计算机服务和软件业	**322634**	**201**	**3749**	**39025**	**72344**	**94182**	**98486**	**14647**
电信和其他信息传输服务业	193408	120	2337	25533	50046	60302	49323	5747
电信	147621	84	1842	20314	40458	46475	34595	3853
互联网信息服务	36322	25	377	4183	7439	10905	11740	1653
广播电视传输服务	8807	9	112	958	2016	2736	2785	191
卫星传输服务	658	2	6	78	133	186	203	50
计算机服务业	46766	54	901	8944	12613	12110	10669	1475
计算机系统服务	17440	13	236	2311	3660	4926	5422	872
数据处理	4335	5	75	557	922	1162	1383	231
计算机维修	11638	10	187	2485	4156	3162	1544	94
其他计算机服务	13353	26	403	3591	3875	2860	2320	278
软件业	82460	27	511	4548	9685	21770	38494	7425
公共软件服务	71004	13	289	2916	7534	18812	34676	6764
其他软件服务	11456	14	222	1632	2151	2958	3818	661
批发和零售业	**3701832**	**20898**	**289533**	**1587702**	**1128840**	**457174**	**204639**	**13046**
批发业	837508	6184	70913	324713	227917	125106	76240	6435
农畜产品批发	32497	241	3469	14515	8339	3778	1983	172
食品、饮料及烟草制品批发	165955	1141	17855	78922	42341	16969	8149	578
纺织、服装及日用品批发	196631	504	11640	83708	60035	25659	14236	849
文化、体育用品及器材批发	25970	51	1124	8698	8290	4869	2764	174
医药及医疗器材批发	35856	47	875	7301	11278	9903	5922	530
矿产品、建材及化工产品批发	138306	467	9213	51175	40596	22461	13163	1231
机械设备、五金交电及电子产品批发	124270	165	4351	36712	37640	26242	17523	1637
贸易经纪与代理	37912	28	547	4901	9192	11633	10531	1080
其他批发	80111	3540	21839	38781	10206	3592	1969	184
零售业	2864324	14714	218620	1262989	900923	332068	128399	6611
综合零售	881298	3103	53135	397779	302224	92937	30792	1328
食品、饮料及烟草制品专门零售	556268	7386	87330	296573	123454	30322	10680	523
纺织、服装及日用品专门零售	552174	1504	30803	249434	188214	60081	21183	955
文化、体育用品及器材专门零售	91577	250	4671	32932	32171	14696	6570	287
医药及医疗器材专门零售	91575	153	2162	23224	35070	21742	8708	516
汽车、摩托车、燃料及零配件专门零售	122337	197	4628	40264	40135	25588	10893	632
家用电器及电子产品专门零售	242046	213	6338	71306	85584	51862	25162	1581
五金、家具及室内装修材料专门零售	221100	705	16302	103210	67582	23978	8916	407
无店铺及其他零售	105949	1203	13251	48267	26489	10862	5495	382
住宿和餐饮业	**982500**	**7501**	**92729**	**519262**	**266267**	**71731**	**23927**	**1083**
住宿业	201323	760	11748	82278	69259	27139	9709	430
旅游饭店	115309	278	4997	42912	41815	18234	6744	329
一般旅馆	73371	398	5684	33825	23478	7465	2435	86
其他住宿服务	12643	84	1067	5541	3966	1440	530	15
餐饮业	781177	6741	80981	436984	197008	44592	14218	653
正餐服务	510905	3461	45995	286026	134660	30724	9595	444
快餐服务	141557	1449	17066	78521	33731	7887	2781	122
饮料及冷饮服务	17199	89	1330	8273	5412	1523	538	34
其他餐饮服务	111516	1742	16590	64164	23205	4458	1304	53
金融业	**433817**	**149**	**3500**	**38931**	**95050**	**142237**	**137716**	**16234**
银行业	250005	76	1685	15878	47718	86250	89238	9160
中央银行	18966	9	150	1474	3524	6275	6744	790
商业银行	191067	55	1282	11569	35721	65809	69384	7247
其他银行	39972	12	253	2835	8473	14166	13110	1123
证券业	30890	14	244	2001	4476	8679	12430	3046
证券市场管理	3686	1	41	299	530	1032	1478	305
证券经纪与交易	15104	7	104	788	1915	4216	6481	1593
证券投资	10448	6	85	794	1760	2950	3856	997
证券分析与咨询	1652		14	120	271	481	615	151

4-6a 续表 7

单位：人

行业中类 性别	合计	未上过学	小学	初中	高中	大学专科	大学本科	研究生
保险业	118087	42	1160	17014	34972	36464	26292	2143
人寿保险	85474	30	875	13117	26163	25706	18244	1339
非人寿保险	29302	12	264	3551	7953	9658	7183	681
保险辅助服务	3311		21	346	856	1100	865	123
其他金融活动	34835	17	411	4038	7884	10844	9756	1885
金融信托与管理	11705	6	143	1295	2334	3265	3656	1006
金融租赁	1427	2	48	216	334	372	368	87
财务公司	5316		44	379	1011	1951	1669	262
邮政储蓄	6098	1	40	769	1793	2164	1259	72
典当	2325	2	49	449	669	699	427	30
其他未列明的金融活动	7964	6	87	930	1743	2393	2377	428
房地产业	**389613**	**2488**	**28094**	**121349**	**110414**	**76711**	**47005**	**3552**
房地产业	389613	2488	28094	121349	110414	76711	47005	3552
房地产开发经营	139097	301	6213	30329	33581	38091	28060	2522
物业管理	193940	2060	20108	78884	58913	23491	10036	448
房地产中介服务	46534	70	1068	9072	15342	13020	7473	489
其他房地产活动	10042	57	705	3064	2578	2109	1436	93
租赁和商务服务业	**357426**	**867**	**12710**	**82366**	**89070**	**84700**	**76650**	**11063**
租赁业	23197	85	1550	10625	7206	2400	1233	98
机械设备租赁	21106	73	1394	9751	6604	2103	1086	95
文化及日用品出租	2091	12	156	874	602	297	147	3
商务服务业	334229	782	11160	71741	81864	82300	75417	10965
企业管理服务	53119	82	1357	9463	12930	13273	13321	2693
法律服务	20704	11	114	791	1867	4756	10960	2205
咨询与调查	42577	7	240	2081	6662	13679	16648	3260
广告业	65863	55	1171	11448	17264	20257	14821	847
知识产权服务	2698	2	21	182	346	724	1035	388
职业中介服务	28623	235	2067	10814	7099	4331	3631	446
市场管理	10712	107	1141	4273	2737	1542	849	63
旅行社	35120	17	391	4414	10778	12421	6767	332
其他商务服务	74813	266	4658	28275	22181	11317	7385	731
科学研究、技术服务和地质勘查业	**192706**	**130**	**2262**	**18810**	**34813**	**47185**	**69714**	**19792**
研究与试验发展	58699	40	486	4297	8926	11572	21859	11519
自然科学研究与试验发展	11064	4	87	845	1602	2036	3740	2750
工程和技术研究与试验发展	33793	15	177	2151	5217	6781	13469	5983
农业科学研究与试验发展	7461	19	167	928	1377	1487	2330	1153
医学研究与试验发展	3722	2	39	232	473	758	1339	879
社会人文科学研究与试验发展	2659		16	141	257	510	981	754
专业技术服务业	92961	65	1178	8789	15943	25236	35760	5990
气象服务	4321	6	107	642	757	999	1513	297
地震服务	1259	4	42	230	217	272	397	97
海洋服务	1079	1	21	164	225	225	328	115
测绘服务	4054	1	37	380	992	1271	1233	140
技术检测	15480	11	194	1858	3409	4188	5000	820
环境监测	2985	2	41	282	560	803	1021	276
工程技术与规划管理	52146	26	545	3718	7492	14339	22402	3624
其他专业技术服务	11637	14	191	1515	2291	3139	3866	621
科技交流和推广服务业	15869	14	216	1531	2721	4327	5707	1353
技术推广服务	9546	7	101	773	1595	2583	3539	948
科技中介服务	3278	5	78	388	543	865	1165	234
其他科技服务	3045	2	37	370	583	879	1003	171
地质勘查业	25177	11	382	4193	7223	6050	6388	930
矿产地质勘查	16395	5	218	2857	4877	3912	3971	555
基础地质勘查	4093	2	79	694	1158	979	1021	160
地质勘查技术服务	4689	4	85	642	1188	1159	1396	215

4-6a 续表 8

单位：人

行业中类 性别	合计	未上过学	小学	初中	高中	大学专科	大学本科	研究生
水利、环境和公共设施管理业	**164964**	**3119**	**21686**	**53647**	**39524**	**26388**	**18956**	**1644**
水利管理业	24036	41	558	4238	7115	6492	5138	454
防洪管理	3138	8	98	557	935	818	663	59
水资源管理	17261	23	371	3055	5116	4711	3660	325
其他水利管理	3637	10	89	626	1064	963	815	70
环境管理业	76013	2324	14988	29843	14923	7710	5606	619
自然保护	2281	12	139	491	566	511	459	103
环境治理	73732	2312	14849	29352	14357	7199	5147	516
公共设施管理业	64915	754	6140	19566	17486	12186	8212	571
市政公共设施管理	26063	149	1462	7029	7412	5670	4068	273
城市绿化管理	23069	509	3562	7875	5195	3462	2324	142
游览景区管理	15783	96	1116	4662	4879	3054	1820	156
居民服务和其他服务业	**662082**	**9519**	**81275**	**345101**	**168235**	**42747**	**14479**	**726**
居民服务业	419489	6590	50787	218001	107909	26766	9014	422
家庭服务	94772	3876	21469	48074	17285	2908	1075	85
托儿所	4920	15	282	1505	1593	1067	438	20
洗染服务	13242	109	1368	7362	3377	794	226	6
理发及美容保健服务	147001	492	8623	84029	43033	8392	2305	127
洗浴服务	37229	253	3618	22164	9103	1637	440	14
婚姻服务	5856	8	154	1697	2284	1210	488	15
殡葬服务	5532	66	739	2327	1434	690	274	2
摄影扩印服务	22892	23	536	7534	9508	3938	1323	30
其他居民服务	88045	1748	13998	43309	20292	6130	2445	123
其他服务业	242593	2929	30488	127100	60326	15981	5465	304
修理与维护	153450	765	12811	81407	43403	11434	3483	147
清洁服务	53942	1610	12508	28010	9264	1883	622	45
其他未列明的服务	35201	554	5169	17683	7659	2664	1360	112
教育	**849249**	**963**	**11924**	**68264**	**126211**	**232483**	**337369**	**72035**
教育	849249	963	11924	68264	126211	232483	337369	72035
学前教育	87148	137	2037	14258	29230	28183	12811	492
初等教育	173798	133	2006	10338	29380	70450	60332	1159
中等教育	311726	274	3586	18111	32958	84984	162522	9291
高等教育	201612	336	3192	16223	19257	28503	76528	57573
其他教育	74965	83	1103	9334	15386	20363	25176	3520
卫生、社会保障和社会福利业	**482248**	**917**	**8670**	**48406**	**114063**	**165559**	**126068**	**18565**
卫生	462504	746	7601	43786	108895	160817	122319	18340
医院	369544	587	5778	31866	80895	127818	105508	17092
卫生院及社区医疗活动	34350	61	696	4080	10942	12878	5484	209
门诊部医疗活动	25332	32	554	4381	8654	8547	3009	155
计划生育技术服务活动	3252	5	45	330	904	1272	668	28
妇幼保健活动	7025	11	89	549	1702	2740	1818	116
专科疾病防治活动	3307	2	52	352	908	1136	767	90
疾病预防控制及防疫活动	11205	16	100	855	2685	3829	3234	486
其他卫生活动	8489	32	287	1373	2205	2597	1831	164
社会保障业	8634	16	130	1220	2063	2626	2419	160
社会保障业	8634	16	130	1220	2063	2626	2419	160
社会福利业	11110	155	939	3400	3105	2116	1330	65
提供住宿的社会福利	8966	134	811	2718	2491	1716	1051	45
不提供住宿的社会福利	2144	21	128	682	614	400	279	20

4-6a 续表 9 单位：人

行业中类 性 别	合 计	未 上 过 学	小 学	初 中	高 中	大 学 专 科	大 学 本 科	研究生
文化、体育和娱乐业	**234039**	**533**	**8213**	**60794**	**59877**	**48029**	**50779**	**5814**
新闻出版业	46175	24	665	5201	8152	11455	17822	2856
新闻业	9042	6	114	984	1422	2329	3750	437
出版业	37133	18	551	4217	6730	9126	14072	2419
广播、电视、电影和音像业	50153	31	428	4645	9880	15117	18438	1614
广播	9635	2	69	784	1792	3051	3657	280
电视	25362	11	157	1527	3785	7667	11159	1056
电影	7467	14	110	1129	2371	2076	1618	149
音像制作	7689	4	92	1205	1932	2323	2004	129
文化艺术业	35916	38	826	5361	9598	10067	9043	983
文艺创作与表演	12462	8	329	2155	3760	3232	2716	262
艺术表演场馆	3839	4	87	721	1280	1021	675	51
图书馆与档案馆	6315	5	65	568	1468	1937	2023	249
文物及文化保护	1924	4	39	270	425	583	527	76
博物馆	3946	4	81	499	870	1156	1152	184
烈士陵园、纪念馆	790	3	52	156	224	192	153	10
群众文化活动	3026	5	111	474	741	876	767	52
文化艺术经纪代理	1184		9	96	229	366	445	39
其他文化艺术	2430	5	53	422	601	704	585	60
体育	9068	67	458	2217	2512	1977	1675	162
体育组织	4558	14	134	939	1147	1113	1085	126
体育场馆	3046	18	149	786	975	668	428	22
其他体育	1464	35	175	492	390	196	162	14
娱乐业	92727	373	5836	43370	29735	9413	3801	199
室内娱乐活动	59332	258	4024	29827	18859	4834	1471	59
游乐园	3995	19	317	1376	1307	628	320	28
休闲健身娱乐活动	19088	65	930	8201	6022	2499	1307	64
其他娱乐活动	10312	31	565	3966	3547	1452	703	48
公共管理和社会组织	**1032992**	**1991**	**22438**	**123469**	**217397**	**318406**	**318174**	**31117**
中国共产党机关	10133	8	99	756	1576	2855	4060	779
中国共产党机关	10133	8	99	756	1576	2855	4060	779
国家机构	887573	986	11148	81731	177772	289833	297428	28675
国家权力机构	18386	15	218	1621	3389	6045	6366	732
国家行政机构	804435	919	10293	75185	163832	264711	264728	24767
人民法院和人民检察院	37886	18	234	1994	4594	10441	18107	2498
其他国家机构	26866	34	403	2931	5957	8636	8227	678
人民政协和民主党派	4549	4	45	378	779	1453	1630	260
人民政协	3760	2	34	305	670	1237	1303	209
民主党派	789	2	11	73	109	216	327	51
群众团体、社会团体和宗教组织	28099	145	1303	4688	5981	7141	7669	1172
群众团体	9254	18	245	1135	1893	2640	2917	406
社会团体	15228	29	453	2316	3324	3989	4409	708
宗教组织	3617	98	605	1237	764	512	343	58
基层群众自治组织	102638	848	9843	35916	31289	17124	7387	231
社区自治组织	61693	412	4410	17384	20471	13053	5783	180
村民自治组织	40945	436	5433	18532	10818	4071	1604	51
国际组织	**570**		**2**	**47**	**86**	**84**	**227**	**124**
国际组织	570		2	47	86	84	227	124
国际组织	570		2	47	86	84	227	124

4-6a 续表 10 单位：人

行业中类 性别	合计	未上过学	小学	初中	高中	大学专科	大学本科	研究生
男	**11063430**	**41400**	**843380**	**4496205**	**2875368**	**1499965**	**1153197**	**153915**
农、林、牧、渔业	**486287**	**9616**	**130063**	**267785**	**60837**	**11854**	**5576**	**556**
农业	392388	8379	111709	221541	43203	5342	2034	180
谷物及其他作物的种植	282765	6221	79240	161733	30437	3648	1366	120
蔬菜、园艺作物的种植	91797	1914	27769	49869	10369	1320	521	35
水果、坚果、饮料和香料作物的种植	17085	228	4552	9579	2272	316	118	20
中药材的种植	741	16	148	360	125	58	29	5
林业	14355	170	1790	5569	3750	1924	1043	109
林木的培育和种植	10809	139	1413	3969	2705	1563	917	103
木材和竹材的采运	2529	10	201	1222	721	279	92	4
林产品的采集	1017	21	176	378	324	82	34	2
畜牧业	34009	535	7413	18571	5626	1258	534	72
牲畜的饲养	7826	200	1937	3926	1158	374	197	34
猪的饲养	14561	208	3441	8264	2213	332	95	8
家禽的饲养	8753	101	1559	4927	1657	365	134	10
狩猎和捕捉动物	206	1	18	90	52	24	15	6
其他畜牧业	2663	25	458	1364	546	163	93	14
渔业	28757	453	7586	15634	3963	709	369	43
海洋渔业	13862	197	3345	8022	1707	369	197	25
内陆渔业	14895	256	4241	7612	2256	340	172	18
农、林、牧、渔服务业	16778	79	1565	6470	4295	2621	1596	152
农业服务业	8183	34	806	3213	2032	1269	756	73
林业服务业	3272	6	246	1320	908	467	303	22
畜牧服务业	3018	10	148	874	826	711	411	38
渔业服务业	2305	29	365	1063	529	174	126	19
采矿业	**212680**	**501**	**10417**	**91151**	**65682**	**27572**	**15920**	**1437**
煤炭开采和洗选业	128482	322	7206	66875	35004	13369	5414	292
烟煤和无烟煤的开采洗选	119492	310	6762	62698	32403	12247	4811	261
褐煤的开采洗选	4310	5	190	2022	1306	483	294	10
其他煤炭采选	4680	7	254	2155	1295	639	309	21
石油和天然气开采业	46721	25	724	8171	19128	9634	8108	931
天然原油和天然气开采	26045	13	405	4220	11210	5324	4389	484
与石油和天然气开采有关的服务活动	20676	12	319	3951	7918	4310	3719	447
黑色金属矿采选业	11618	20	389	5221	3780	1400	752	56
铁矿采选	10875	20	340	4931	3584	1288	666	46
其他黑色金属矿采选	743		49	290	196	112	86	10
有色金属矿采选业	11587	54	590	3902	4108	1832	996	105
常用有色金属矿采选	7427	43	390	2391	2642	1207	669	85
贵金属矿采选	2912	6	132	1106	1018	438	200	12
稀有稀土金属矿采选	1248	5	68	405	448	187	127	8
非金属矿采选业	11810	77	1365	6003	2935	983	424	23
土砂石开采	8522	64	1123	4551	1977	577	220	10
化学矿采选	663	4	30	273	206	92	53	5
采盐	1580	6	127	687	463	205	92	
石棉及其他非金属矿采选	1045	3	85	492	289	109	59	8
其他采矿业	2462	3	143	979	727	354	226	30
其他采矿业	2462	3	143	979	727	354	226	30

4-6a 续表 11　　　　单位：人

行业中类 性　别	合　计	未　上 过　学	小　学	初　中	高　中	大　学 专　科	大　学 本　科	研究生
制造业	**3140866**	**7005**	**204138**	**1469913**	**897589**	**338578**	**201279**	**22364**
农副食品加工业	64208	367	7256	32303	15958	5545	2586	193
谷物磨制	6446	31	710	3083	1744	617	244	17
饲料加工	6716	19	597	2838	1744	916	532	70
植物油加工	5326	20	396	2086	1673	764	366	21
制糖	1966	2	95	695	754	295	123	2
屠宰及肉类加工	20942	134	2374	11477	4895	1452	576	34
水产品加工	8831	47	1151	4775	1984	559	302	13
蔬菜、水果和坚果加工	3098	21	299	1535	817	278	141	7
其他农副食品加工	10883	93	1634	5814	2347	664	302	29
食品制造业	74617	271	5635	34204	20987	8745	4428	347
焙烤食品制造	24974	101	2020	12719	6835	2210	1027	62
糖果、巧克力及蜜饯制造	5214	14	414	2418	1459	595	293	21
方便食品制造	15275	85	1530	7403	3857	1570	779	51
液体乳及乳制品制造	6861	11	261	2373	2087	1349	736	44
罐头制造	3078	11	257	1482	838	322	153	15
调味品、发酵制品制造	7194	15	415	3044	2395	882	407	36
其他食品制造	12021	34	738	4765	3516	1817	1033	118
饮料制造业	41460	69	2231	15471	13937	6496	3054	202
酒精制造	2007	1	88	826	701	277	101	13
酒的制造	24991	49	1422	9309	8549	3861	1706	95
软饮料制造	13520	16	620	4998	4385	2253	1169	79
精制茶加工	942	3	101	338	302	105	78	15
烟草制品业	14415	10	415	3656	4996	3103	2012	223
烟叶复烤	1635	3	118	554	478	292	179	11
卷烟制造	12049	6	279	2912	4272	2650	1732	198
其他烟草制品加工	731	1	18	190	246	161	101	14
纺织业	125455	359	10698	69393	33145	8317	3364	179
棉、化纤纺织及印染精加工	53185	138	4042	27259	16225	3977	1469	75
毛纺织和染整精加工	8666	28	796	4872	2222	518	217	13
麻纺织	1196	4	77	564	378	118	52	3
丝绢纺织及精加工	2499	9	203	1240	721	193	125	8
纺织制成品制造	24731	81	2051	12897	6710	2042	897	53
针织品、编织品及其制品制造	35178	99	3529	22561	6889	1469	604	27
纺织服装、鞋、帽制造业	194818	372	16500	127891	37462	8613	3752	228
纺织服装制造	171743	309	14144	112332	33393	7875	3481	209
纺织面料鞋的制造	21565	57	2226	14623	3744	657	239	19
制帽	1510	6	130	936	325	81	32	
皮革、毛皮、羽毛(绒)及其制品业	115883	351	11931	80194	19022	3267	1058	60
皮革鞣制加工	3215	18	310	1898	698	210	78	3
皮革制品制造	109682	322	11316	76622	17623	2863	890	46
毛皮鞣制及制品加工	1461	5	124	821	378	88	42	3
羽毛(绒)加工及制品制造	1525	6	181	853	323	106	48	8
木材加工及木、竹、藤、棕、草制品业	44858	253	6164	26657	8875	2011	854	44
锯材、木片加工	14248	93	1916	8592	2885	520	229	13
人造板制造	11791	59	1499	6880	2473	617	255	8
木制品制造	16913	78	2314	10162	3190	809	339	21
竹、藤、棕、草制品制造	1906	23	435	1023	327	65	31	2
家具制造业	84662	294	9992	54090	15210	3512	1486	78
木质家具制造	62117	207	7506	40349	10671	2397	936	51
竹、藤家具制造	1221	6	223	680	203	63	45	1
金属家具制造	8574	39	870	4979	1981	447	243	15
塑料家具制造	1461	6	132	803	345	111	62	2
其他家具制造	11289	36	1261	7279	2010	494	200	9

4-6a 续表 12 单位：人

行业中类 性别	合计	未上过学	小学	初中	高中	大学专科	大学本科	研究生
造纸及纸制品业	57172	152	4735	29910	15678	4672	1901	124
纸浆制造	2422	3	122	926	832	351	174	14
造纸	20765	50	1518	9165	6642	2341	993	56
纸制品制造	33985	99	3095	19819	8204	1980	734	54
印刷业和记录媒介的复制	58340	82	2817	27405	18870	6316	2680	170
印刷	54547	77	2633	25784	17600	5841	2461	151
装订及其他印刷服务活动	3077	5	150	1341	1052	375	144	10
记录媒介的复制	716		34	280	218	100	75	9
文教体育用品制造业	54056	70	3841	33635	11597	3136	1638	139
文化用品制造	7167	22	594	3666	1798	619	420	48
体育用品制造	11955	8	749	7238	2807	728	388	37
乐器制造	2697	3	124	1273	656	354	275	12
玩具制造	30964	33	2305	20845	5988	1284	476	33
游艺器材及娱乐用品制造	1273	4	69	613	348	151	79	9
石油加工、炼焦及核燃料加工业	36154	24	789	9510	12820	7323	5194	494
精炼石油产品的制造	26818	11	434	5850	9737	5853	4495	438
炼焦	8650	12	341	3489	2900	1308	565	35
核燃料加工	686	1	14	171	183	162	134	21
化学原料及化学制品制造业	124775	241	5851	42769	42413	20517	11860	1124
基础化学原料制造	33368	54	1287	10935	11856	5809	3157	270
肥料制造	22608	45	949	7295	8537	3966	1719	97
农药制造	4890	8	265	1585	1600	922	476	34
涂料、油墨、颜料及类似产品制造	14661	47	1010	6121	4269	1873	1204	137
合成材料制造	10792	26	625	3673	3543	1748	1090	87
专用化学产品制造	25686	39	1108	8481	8629	4256	2840	333
日用化学产品制造	12770	22	607	4679	3979	1943	1374	166
医药制造业	53231	48	1311	12614	17254	11840	8881	1283
化学药品原药制造	11356	11	298	2493	3736	2555	1967	296
化学药品制剂制造	14455	11	297	3293	4695	3308	2506	345
中药饮片加工	3567	5	150	1133	1209	627	408	35
中成药制造	14149	11	316	3413	4915	3102	2145	247
兽用药品制造	1233	1	48	300	359	298	200	27
生物、生化制品的制造	4275	2	73	742	1081	1055	1055	267
卫生材料及医药用品制造	4196	7	129	1240	1259	895	600	66
化学纤维制造业	11544	16	559	4272	4276	1537	808	76
纤维素纤维原料及纤维制造	4105	3	141	1493	1623	568	251	26
合成纤维制造	7439	13	418	2779	2653	969	557	50
橡胶制品业	37533	85	2504	18183	11367	3656	1623	115
轮胎制造	15637	14	627	6341	5801	1945	851	58
橡胶板、管、带的制造	4639	12	307	2104	1441	520	236	19
橡胶零件制造	4873	14	358	2401	1395	480	215	10
再生橡胶制造	559	1	56	274	151	47	29	1
日用及医用橡胶制品制造	983	2	58	468	279	108	62	6
橡胶靴鞋制造	6748	36	803	4463	1175	211	58	2
其他橡胶制品制造	4094	6	295	2132	1125	345	172	19
塑料制品业	97334	305	8763	54807	24155	6380	2726	198
塑料薄膜制造	9421	26	770	4771	2630	812	374	38
塑料板、管、型材的制造	14600	55	1141	7315	3962	1434	655	38
塑料丝、绳及编织品的制造	3814	28	401	2166	882	251	84	2
泡沫塑料制造	5331	18	665	3225	1111	220	85	7
塑料人造革、合成革制造	2682	17	394	1441	599	155	69	7
塑料包装箱及容器制造	8269	14	620	4414	2236	643	324	18
塑料零件制造	14355	41	1081	8403	3631	844	329	26
日用塑料制造	18796	55	2187	11071	4120	940	394	29
其他塑料制品制造	20066	51	1504	12001	4984	1081	412	33

4-6a 续表 13

单位：人

行业中类 性 别	合 计	未上过学	小 学	初 中	高 中	大学专科	大学本科	研究生
非金属矿物制品业	138712	592	13401	70551	36733	11730	5333	372
水泥、石灰和石膏的制造	26860	91	1938	11979	8417	3118	1238	79
水泥及石膏制品制造	17038	84	1807	8579	4238	1562	719	49
砖瓦、石材及其他建筑材料制造	34776	256	5281	19355	7052	1921	858	53
玻璃及玻璃制品制造	29528	68	1939	15042	8492	2591	1310	86
陶瓷制品制造	17217	56	1483	9054	4800	1247	542	35
耐火材料制品制造	8310	19	653	4420	2134	712	341	31
石墨及其他非金属矿物制品制造	4983	18	300	2122	1600	579	325	39
黑色金属冶炼及压延加工业	119752	199	5288	44686	41091	18408	9329	751
炼铁	18923	40	916	7395	6493	2725	1265	89
炼钢	56608	60	1807	19237	20577	9567	4939	421
钢压延加工	40330	86	2332	16480	12762	5592	2872	206
铁合金冶炼	3891	13	233	1574	1259	524	253	35
有色金属冶炼及压延加工业	45808	104	2549	18055	15203	6427	3208	262
常用有色金属冶炼	25303	60	1088	9071	8955	4015	1955	159
贵金属冶炼	1758	5	56	556	684	287	148	22
稀有稀土金属冶炼	1842	6	105	624	586	320	187	14
有色金属合金制造	2882	5	196	1243	832	370	216	20
有色金属压延加工	14023	28	1104	6561	4146	1435	702	47
金属制品业	207076	515	18016	114524	52040	14857	6641	483
结构性金属制品制造	89756	201	7418	49071	22932	6890	3029	215
金属工具制造	26545	53	2068	14315	7172	2025	861	51
集装箱及金属包装容器制造	9480	14	539	4803	2691	913	482	38
金属丝绳及其制品的制造	6230	15	551	3070	1828	507	232	27
建筑、安全用金属制品制造	19869	63	2112	10771	4520	1542	798	63
金属表面处理及热处理加工	11807	81	1655	7013	2347	488	209	14
搪瓷制品制造	1806	7	150	857	531	159	97	5
不锈钢及类似日用金属制品制造	21641	48	2054	12522	5151	1280	549	37
其他金属制品制造	19942	33	1469	12102	4868	1053	384	33
通用设备制造业	234875	454	13418	100210	74734	28828	15927	1304
锅炉及原动机制造	21560	28	790	7962	7517	3091	1986	186
金属加工机械制造	61595	85	3003	26569	20110	7667	3867	294
起重运输设备制造	12094	7	420	4187	3964	1959	1409	148
泵、阀门、压缩机及类似机械的制造	27124	75	1745	10999	8724	3382	2038	161
轴承、齿轮、传动和驱动部件的制造	23281	33	1250	10277	7625	2745	1275	76
烘炉、熔炉及电炉制造	1468	3	102	612	429	189	122	11
风机、衡器、包装设备等通用设备制造	25271	28	1141	9716	8176	3680	2310	220
通用零部件制造及机械修理	45501	118	3369	21520	13672	4576	2108	138
金属铸、锻加工	16981	77	1598	8368	4517	1539	812	70
专用设备制造业	187857	221	7509	72381	61197	26683	17638	2228
矿山、冶金、建筑专用设备制造	36957	45	1175	12948	13113	5702	3615	359
化工、木材、非金属加工专用设备制造	53143	84	2851	25951	17105	4926	2070	156
食品、饮料、烟草及饲料生产专用设备制造	3739	11	174	1324	1245	568	388	29
印刷、制药、日化生产专用设备制造	10165	13	528	3984	3207	1417	939	77
纺织、服装和皮革工业专用设备制造	10032	20	648	4470	3239	1083	532	40
电子和电工机械专用设备制造	42622	12	1048	13816	13740	7343	5735	928
农、林、牧、渔专用机械制造	8487	13	385	3319	2924	1145	649	52
医疗仪器设备及器械制造	9189	4	218	2307	2639	1983	1698	340
环保、社会公共安全及其他专用设备制造	13523	19	482	4262	3985	2516	2012	247

4-6a 续表 14 单位：人

行业中类 性别	合计	未上过学	小学	初中	高中	大学专科	大学本科	研究生
交通运输设备制造业	264338	337	10999	97189	89588	38255	25106	2864
铁路运输设备制造	25447	14	536	7367	10410	4311	2609	200
汽车制造	157826	212	6025	56803	55483	23167	14599	1537
摩托车制造	15454	29	1279	7162	4755	1423	758	48
自行车制造	8884	27	753	5106	2219	553	213	13
船舶及浮动装置制造	38346	46	2131	17023	10869	4588	3321	368
航空航天器制造	14596	5	112	2285	4576	3681	3265	672
交通器材及其他交通运输设备制造	3785	4	163	1443	1276	532	341	26
电气机械及器材制造业	217783	287	10381	91927	67089	28060	18131	1908
电机制造	39073	63	1756	14546	12795	5688	3790	435
输配电及控制设备制造	48144	69	1932	19001	14649	7221	4743	529
电线、电缆、光缆及电工器材制造	25654	39	1198	11242	8027	3191	1779	178
电池制造	13784	8	433	6252	4458	1577	936	120
家用电力器具制造	58745	59	2893	25462	18440	6759	4690	442
非电力家用器具制造	5569	6	330	2137	1622	848	566	60
照明器具制造	20827	40	1563	11132	5239	1796	983	74
其他电气机械及器材制造	5987	3	276	2155	1859	980	644	70
通信设备、计算机及其他电子设备制造业	291167	108	6411	110892	98253	37935	31680	5888
通信设备制造	45030	9	553	12680	14487	6538	8260	2503
雷达及配套设备制造	1128	2	11	179	308	258	293	77
广播电视设备制造	3073		63	955	934	569	479	73
电子计算机制造	44148	9	605	13989	17599	5752	5393	801
电子器件制造	65250	25	1399	24236	21748	9352	7221	1269
电子元件制造	101245	51	2876	44312	34137	11714	7324	831
家用视听设备制造	18469	6	514	8889	5335	2088	1473	164
其他电子设备制造	12824	6	390	5652	3705	1664	1237	170
仪器仪表及文化、办公用机械制造业	60220	80	2500	25536	17248	7812	6189	855
通用仪器仪表制造	18643	23	732	5432	5521	3466	3003	466
专用仪器仪表制造	8060	13	240	2288	2467	1518	1350	184
钟表与计时仪器制造	9471	8	452	6071	2242	477	204	17
光学仪器及眼镜制造	13200	17	698	7704	3206	936	554	85
文化、办公用机械制造	9103	14	280	3401	3283	1151	885	89
其他仪器仪表的制造及修理	1743	5	98	640	529	264	193	14
工艺品及其他制造业	60702	226	5936	35211	13277	3974	1928	150
工艺美术品制造	44714	119	4232	27111	9487	2585	1106	74
日用杂品制造	10283	40	1025	5666	2284	825	416	27
煤制品制造	1988	35	330	944	465	133	67	14
核辐射加工	210		2	38	58	41	59	12
其他未列明的制造业	3507	32	347	1452	983	390	280	23
废弃资源和废旧材料回收加工业	22061	513	5738	11787	3114	623	264	22
金属废料和碎屑的加工处理	13168	279	3271	7056	1986	409	155	12
非金属废料和碎屑的加工处理	8893	234	2467	4731	1128	214	109	10
电力、燃气及水的生产和供应业	**204153**	**187**	**5010**	**48038**	**70063**	**47696**	**30553**	**2606**
电力、热力的生产和供应业	151098	127	3026	32818	51485	36975	24461	2206
电力生产	56952	44	1073	11493	19661	14379	9483	819
电力供应	75174	48	1452	15423	24955	18965	13050	1281
热力生产和供应	18972	35	501	5902	6869	3631	1928	106
燃气生产和供应业	22597	37	868	6715	7764	4399	2611	203
燃气生产和供应业	22597	37	868	6715	7764	4399	2611	203
水的生产和供应业	30458	23	1116	8505	10814	6322	3481	197
自来水的生产和供应	26418	16	914	7481	9560	5478	2822	147
污水处理及其再生利用	3030	3	147	737	951	672	481	39
其他水的处理、利用与分配	1010	4	55	287	303	172	178	11

4-6a 续表 15

单位：人

行业中类 性别	合计	未上过学	小学	初中	高中	大学专科	大学本科	研究生
建筑业	**1050285**	**6909**	**154099**	**575021**	**189517**	**76572**	**45363**	**2804**
房屋和土木工程建筑业	662452	5308	107306	357871	113379	47475	29288	1825
房屋工程建筑	546397	4732	95817	309599	86170	31839	17273	967
土木工程建筑	116055	576	11489	48272	27209	15636	12015	858
建筑安装业	83472	334	8206	41408	20549	8161	4562	252
建筑安装业	83472	334	8206	41408	20549	8161	4562	252
建筑装饰业	273961	1059	35124	161852	49069	17531	8849	477
建筑装饰业	273961	1059	35124	161852	49069	17531	8849	477
其他建筑业	30400	208	3463	13890	6520	3405	2664	250
工程准备	9952	77	1266	4497	1976	1067	971	98
提供施工设备服务	6812	41	551	3348	1654	710	467	41
其他未列明的建筑活动	13636	90	1646	6045	2890	1628	1226	111
交通运输、仓储和邮政业	**1000477**	**2834**	**69995**	**476070**	**308781**	**95221**	**44787**	**2789**
铁路运输业	122591	80	2419	33317	56907	21418	8107	343
铁路旅客运输	41165	28	695	10352	19043	7779	3146	122
铁路货物运输	22940	21	630	7112	10116	3630	1365	66
铁路运输辅助活动	58486	31	1094	15853	27748	10009	3596	155
道路运输业	405860	1088	34857	226617	106350	26068	10276	604
公路旅客运输	82176	160	5885	42603	26020	5641	1766	101
道路货物运输	276462	802	25693	165217	66050	13558	4857	285
道路运输辅助活动	47222	126	3279	18797	14280	6869	3653	218
城市公共交通业	251582	595	15364	131625	83497	15281	4960	260
公共电汽车客运	55470	32	1522	22559	23962	5491	1820	84
轨道交通	6096	8	110	1144	1781	1846	1124	83
出租车客运	160806	187	7975	91482	52223	7158	1713	68
城市轮渡	367	1	16	142	142	45	19	2
其他城市公共交通	28843	367	5741	16298	5389	741	284	23
水上运输业	33965	71	1806	10242	11115	6217	4177	337
水上旅客运输	4726	6	283	1357	1559	915	553	53
水上货物运输	18382	54	1071	5357	5933	3430	2341	196
水上运输辅助活动	10857	11	452	3528	3623	1872	1283	88
航空运输业	20644	13	249	2656	4488	6055	6630	553
航空客货运输	12870	6	110	1336	2625	3890	4568	335
通用航空服务	2056	4	66	499	443	486	510	48
航空运输辅助活动	5718	3	73	821	1420	1679	1552	170
管道运输业	2299	5	93	671	753	434	319	24
管道运输业	2299	5	93	671	753	434	319	24
装卸搬运和其他运输服务业	91930	861	12150	45687	20592	7862	4475	303
装卸搬运	48891	780	9467	28198	8236	1577	597	36
运输代理服务	43039	81	2683	17489	12356	6285	3878	267
仓储业	32441	98	2117	13432	10007	4569	2064	154
谷物、棉花等农产品仓储	7370	14	412	2699	2496	1291	424	34
其他仓储	25071	84	1705	10733	7511	3278	1640	120
邮政业	39165	23	940	11823	15072	7317	3779	211
国家邮政	21929	8	297	4898	8879	5032	2658	157
其他寄递服务	17236	15	643	6925	6193	2285	1121	54

4-6a 续表16　　　　　　　　　　　　　　　　　　　　　　单位：人

行业中类 性　别	合　计	未上过学	小　学	初　中	高　中	大学专科	大学本科	研究生
信息传输、计算机服务和软件业	**195425**	**80**	**2160**	**24102**	**42094**	**53463**	**63271**	**10255**
电信和其他信息传输服务业	108226	54	1423	15681	27376	30795	28955	3942
电信	80061	41	1133	12310	21356	22504	20048	2669
互联网信息服务	22171	7	208	2603	4545	6542	7147	1119
广播电视传输服务	5575	4	78	723	1401	1635	1617	117
卫星传输服务	419	2	4	45	74	114	143	37
计算机服务业	31680	15	466	5739	8679	8366	7349	1066
计算机系统服务	11468	5	127	1429	2351	3240	3694	622
数据处理	2483	2	36	293	457	633	894	168
计算机维修	9195	1	118	1893	3361	2542	1210	70
其他计算机服务	8534	7	185	2124	2510	1951	1551	206
软件业	55519	11	271	2682	6039	14302	26967	5247
公共软件服务	48290	6	158	1784	4798	12410	24349	4785
其他软件服务	7229	5	113	898	1241	1892	2618	462
批发和零售业	**1754678**	**6566**	**134907**	**739810**	**526601**	**225976**	**112578**	**8240**
批发业	481643	2513	39495	190910	132598	68314	43640	4173
农畜产品批发	19544	77	1895	8761	5159	2280	1249	123
食品、饮料及烟草制品批发	97018	368	9367	46491	25539	10001	4873	379
纺织、服装及日用品批发	92224	164	5245	39280	28568	11639	6857	471
文化、体育用品及器材批发	13603	11	488	4620	4462	2480	1433	109
医药及医疗器材批发	19102	23	458	3980	5908	5117	3316	300
矿产品、建材及化工产品批发	89834	227	5986	34506	26567	13482	8220	846
机械设备、五金交电及电子产品批发	78116	72	2457	23475	24144	15700	11123	1145
贸易经纪与代理	20391	14	327	3136	5294	5547	5395	678
其他批发	51811	1557	13272	26661	6957	2068	1174	122
零售业	1273035	4053	95412	548900	394003	157662	68938	4067
综合零售	307612	832	19892	134639	102223	35496	13796	734
食品、饮料及烟草制品专门零售	285405	1890	39445	153541	67323	16636	6261	309
纺织、服装及日用品专门零售	189300	327	11014	81091	64358	22630	9363	517
文化、体育用品及器材专门零售	42133	88	2129	14950	14560	6884	3366	156
医药及医疗器材专门零售	37242	68	988	8946	12945	9416	4576	303
汽车、摩托车、燃料及零配件专门零售	78851	79	2816	26958	26669	15253	6632	444
家用电器及电子产品专门零售	143480	83	3381	40319	50548	31662	16382	1105
五金、家具及室内装修材料专门零售	130123	261	9131	61154	40160	13774	5385	258
无店铺及其他零售	58889	425	6616	27302	15217	5911	3177	241
住宿和餐饮业	**470580**	**1503**	**34339**	**250936**	**136942**	**34314**	**11948**	**598**
住宿业	88840	138	3872	35391	32599	12160	4467	213
旅游饭店	53394	45	1631	19674	20591	8243	3049	161
一般旅馆	29822	72	1826	13301	10181	3253	1147	42
其他住宿服务	5624	21	415	2416	1827	664	271	10
餐饮业	381740	1365	30467	215545	104343	22154	7481	385
正餐服务	251608	646	17030	142089	71506	15100	4972	265
快餐服务	68504	323	6455	38450	17724	3978	1501	73
饮料及冷饮服务	7766	15	505	3569	2615	765	277	20
其他餐饮服务	53862	381	6477	31437	12498	2311	731	27
金融业	**214313**	**51**	**1742**	**19978**	**46831**	**67609**	**68692**	**9410**
银行业	125803	25	890	9777	25759	41320	43017	5015
中央银行	10211	4	84	879	2029	3283	3455	477
商业银行	94957	13	655	7127	19219	31052	32980	3911
其他银行	20635	8	151	1771	4511	6985	6582	627
证券业	18907	6	127	1302	2858	5054	7495	2065
证券市场管理	2184	1	20	184	331	579	860	209
证券经纪与交易	9238	3	57	503	1238	2415	3939	1083
证券投资	6459	2	41	538	1132	1768	2307	671
证券分析与咨询	1026		9	77	157	292	389	102

4-6a 续表 17 单位：人

行业中类 性别	合计	未上过学	小学	初中	高中	大学专科	大学本科	研究生
保险业	51020	11	461	6281	13769	16192	13124	1182
人寿保险	35980	9	334	4671	10074	11183	8977	732
非人寿保险	13417	2	115	1445	3305	4472	3699	379
保险辅助服务	1623		12	165	390	537	448	71
其他金融活动	18583	9	264	2618	4445	5043	5056	1148
金融信托与管理	6786	3	95	896	1491	1669	1999	633
金融租赁	802	1	36	145	193	190	185	52
财务公司	2280		25	203	435	727	759	131
邮政储蓄	2750	1	23	457	868	822	539	40
典当	1341	1	35	282	394	367	242	20
其他未列明的金融活动	4624	3	50	635	1064	1268	1332	272
房地产业	**246311**	**907**	**16956**	**84465**	**72284**	**42139**	**27228**	**2332**
房地产业	246311	907	16956	84465	72284	42139	27228	2332
房地产开发经营	88556	181	4494	22928	21598	20947	16704	1704
物业管理	125367	681	11438	54203	40264	13014	5492	275
房地产中介服务	26054	21	607	5176	8770	6998	4185	297
其他房地产活动	6334	24	417	2158	1652	1180	847	56
租赁和商务服务业	**213534**	**396**	**8395**	**58823**	**56092**	**43424**	**40137**	**6267**
租赁业	17997	54	1166	8638	5738	1557	779	65
机械设备租赁	16916	50	1087	8171	5429	1412	703	64
文化及日用品出租	1081	4	79	467	309	145	76	1
商务服务业	195537	342	7229	50185	50354	41867	39358	6202
企业管理服务	31510	48	792	6069	7778	7400	7659	1764
法律服务	12447	7	61	466	1047	2753	6798	1315
咨询与调查	19043	4	128	1069	2948	5673	7559	1662
广告业	39227	32	771	7804	10846	11375	7942	457
知识产权服务	1305	1	9	111	182	336	498	168
职业中介服务	14993	42	959	6405	3822	2038	1521	206
市场管理	6462	40	682	2649	1694	870	484	43
旅行社	15806	10	242	2643	5199	4651	2888	173
其他商务服务	54744	158	3585	22969	16838	6771	4009	414
科学研究、技术服务和地质勘查业	**126407**	**61**	**1460**	**13670**	**23439**	**29181**	**45360**	**13236**
研究与试验发展	37431	17	285	2994	5730	6815	13907	7683
自然科学研究与试验发展	7091		60	609	1045	1183	2351	1843
工程和技术研究与试验发展	22321	8	105	1590	3400	4072	8849	4297
农业科学研究与试验发展	4531	7	97	575	864	871	1457	660
医学研究与试验发展	1888	2	16	119	254	374	674	449
社会人文科学研究与试验发展	1600		7	101	167	315	576	434
专业技术服务业	60869	28	744	6275	10651	15782	23411	3978
气象服务	2508	3	45	308	466	599	919	168
地震服务	786		16	118	147	175	261	69
海洋服务	802	1	15	111	189	163	229	94
测绘服务	2731		23	270	687	815	836	100
技术检测	9459	5	116	1214	2061	2397	3145	521
环境监测	1854		10	208	356	482	639	159
工程技术与规划管理	35275	13	391	2938	5270	9255	14952	2456
其他专业技术服务	7454	6	128	1108	1475	1896	2430	411
科技交流和推广服务业	9635	8	128	981	1656	2472	3472	918
技术推广服务	5900	4	60	506	988	1502	2178	662
科技中介服务	1904	3	46	251	315	461	687	141
其他科技服务	1831	1	22	224	353	509	607	115
地质勘查业	18472	8	303	3420	5402	4112	4570	657
矿产地质勘查	12011	3	169	2312	3622	2649	2858	398
基础地质勘查	3039	1	62	570	870	681	741	114
地质勘查技术服务	3422	4	72	538	910	782	971	145

4-6a 续表 18 单位：人

行业中类 性别	合计	未上过学	小学	初中	高中	大学专科	大学本科	研究生
水利、环境和公共设施管理业	**95847**	**1011**	**10455**	**30521**	**24975**	**15941**	**11908**	**1036**
水利管理业	16142	21	431	3132	4831	4007	3407	313
防洪管理	2128	5	70	403	642	507	459	42
水资源管理	11532	14	293	2257	3468	2872	2404	224
其他水利管理	2482	2	68	472	721	628	544	47
环境管理业	39247	694	6437	14620	8877	4704	3551	364
自然保护	1420	7	80	293	362	325	282	71
环境治理	37827	687	6357	14327	8515	4379	3269	293
公共设施管理业	40458	296	3587	12769	11267	7230	4950	359
市政公共设施管理	18114	62	924	5293	5339	3650	2662	184
城市绿化管理	13537	199	2006	4671	3215	2026	1339	81
游览景区管理	8807	35	657	2805	2713	1554	949	94
居民服务和其他服务业	**329479**	**2246**	**32525**	**174578**	**89609**	**22374**	**7734**	**413**
居民服务业	162257	1128	15856	85374	44384	11226	4073	216
家庭服务	14894	159	2151	7555	3565	1024	403	37
托儿所	996	3	79	369	283	147	110	5
洗染服务	5300	28	409	2918	1434	385	122	4
理发及美容保健服务	55928	151	3030	32761	16392	2739	793	62
洗浴服务	16405	83	1492	9513	4292	807	210	8
婚姻服务	2803	2	78	849	1072	562	237	3
殡葬服务	3550	32	481	1545	947	403	141	1
摄影扩印服务	10732	6	235	3369	4410	1956	736	20
其他居民服务	51649	664	7901	26495	11989	3203	1321	76
其他服务业	167222	1118	16669	89204	45225	11148	3661	197
修理与维护	124350	464	9489	67077	36034	8607	2566	113
清洁服务	19075	383	3794	9596	3965	976	335	26
其他未列明的服务	23797	271	3386	12531	5226	1565	760	58
教育	**344482**	**298**	**5174**	**32546**	**49880**	**84877**	**135806**	**35901**
教育	344482	298	5174	32546	49880	84877	135806	35901
学前教育	10042	25	505	2727	2991	2187	1457	150
初等教育	52849	43	915	4568	10249	21051	15635	388
中等教育	140120	98	1703	9892	16480	38601	69602	3744
高等教育	104444	96	1391	9095	11167	14283	38405	30007
其他教育	37027	36	660	6264	8993	8755	10707	1612
卫生、社会保障和社会福利业	**172799**	**231**	**3326**	**21873**	**37103**	**48442**	**52031**	**9793**
卫生	163999	191	2946	19851	34841	46238	50262	9670
医院	126234	145	2112	14091	24008	33800	42996	9082
卫生院及社区医疗活动	12757	12	290	1833	3771	4433	2318	100
门诊部医疗活动	11521	10	277	2170	3592	3833	1552	87
计划生育技术服务活动	1061	1	19	126	288	388	228	11
妇幼保健活动	1536	2	27	169	368	486	452	32
专科疾病防治活动	1393		25	187	367	434	340	40
疾病预防控制及防疫活动	5471	7	57	509	1368	1769	1528	233
其他卫生活动	4026	14	139	766	1079	1095	848	85
社会保障业	4164	8	78	680	904	1252	1153	89
社会保障业	4164	8	78	680	904	1252	1153	89
社会福利业	4636	32	302	1342	1358	952	616	34
提供住宿的社会福利	3654	23	243	1055	1067	763	480	23
不提供住宿的社会福利	982	9	59	287	291	189	136	11

4-6a 续表 19 单位：人

行业中类 性别	合计	未上过学	小学	初中	高中	大学专科	大学本科	研究生
文化、体育和娱乐业	**124169**	**149**	**3769**	**31223**	**33688**	**26211**	**26294**	**2835**
新闻出版业	24751	10	379	3166	4867	6103	8895	1331
新闻业	5092	4	70	636	861	1301	1993	227
出版业	19659	6	309	2530	4006	4802	6902	1104
广播、电视、电影和音像业	29282	10	269	3088	6273	8773	10046	823
广播	5574		46	553	1164	1764	1898	149
电视	14913	4	103	1113	2510	4527	6134	522
电影	4346	4	66	703	1437	1166	892	78
音像制作	4449	2	54	719	1162	1316	1122	74
文化艺术业	18671	11	482	3258	5286	5033	4140	461
文艺创作与表演	7014	3	209	1353	2177	1730	1398	144
艺术表演场馆	2170		52	449	768	561	320	20
图书馆与档案馆	2450	3	31	257	566	765	730	98
文物及文化保护	1125	2	23	183	259	322	295	41
博物馆	2055		41	315	513	575	523	88
烈士陵园、纪念馆	415		36	98	128	84	62	7
群众文化活动	1498	2	58	292	394	421	310	21
文化艺术经纪代理	603		6	53	123	206	200	15
其他文化艺术	1341	1	26	258	358	369	302	27
体育	5768	18	251	1520	1610	1236	1037	96
体育组织	3023	4	91	694	768	711	681	74
体育场馆	1843	5	87	499	583	396	259	14
其他体育	902	9	73	327	259	129	97	8
娱乐业	45697	100	2388	20191	15652	5066	2176	124
室内娱乐活动	29530	60	1602	13998	10116	2837	874	43
游乐园	2146	6	158	762	719	305	184	12
休闲健身娱乐活动	8761	26	360	3521	2923	1181	712	38
其他娱乐活动	5260	8	268	1910	1894	743	406	31
公共管理和社会组织	**680414**	**849**	**14449**	**85670**	**143297**	**208483**	**206652**	**21014**
中国共产党机关	7323	2	69	569	1152	2047	2895	589
中国共产党机关	7323	2	69	569	1152	2047	2895	589
国家机构	597416	400	6956	57829	122200	194727	195819	19485
国家权力机构	13499	6	145	1211	2510	4543	4558	526
国家行政机构	539752	364	6419	53043	112090	176809	173982	17045
人民法院和人民检察院	25863	9	138	1458	3483	7546	11778	1451
其他国家机构	18302	21	254	2117	4117	5829	5501	463
人民政协和民主党派	3130	1	22	239	565	1021	1094	188
人民政协	2642		17	196	483	884	908	154
民主党派	488	1	5	43	82	137	186	34
群众团体、社会团体和宗教组织	16276	65	815	3179	3574	3926	4076	641
群众团体	4946	6	147	719	1100	1349	1423	202
社会团体	8867	8	276	1550	1971	2238	2424	400
宗教组织	2463	51	392	910	503	339	229	39
基层群众自治组织	56269	381	6587	23854	15806	6762	2768	111
社区自治组织	27973	157	2745	10403	8336	4299	1947	86
村民自治组织	28296	224	3842	13451	7470	2463	821	25
国际组织	**244**		**1**	**32**	**64**	**38**	**80**	**29**
国际组织	244		1	32	64	38	80	29
国际组织	244		1	32	64	38	80	29

4-6a 续表 20 单位：人

行业中类 性 别	合 计	未 上 过 学	小 学	初 中	高 中	大 学 专 科	大 学 本 科	研究生
女	**8142846**	**76223**	**739129**	**3113520**	**1976559**	**1242239**	**893515**	**101661**
农、林、牧、渔业	**459455**	**22518**	**147276**	**241263**	**37537**	**7416**	**3158**	**287**
农业	405537	20778	134179	216080	29302	3813	1259	126
谷物及其他作物的种植	299383	15391	97623	161979	20781	2698	834	77
蔬菜、园艺作物的种植	91819	4857	32353	46219	7095	910	350	35
水果、坚果、饮料和香料作物的种植	13793	509	4076	7619	1339	181	58	11
中药材的种植	542	21	127	263	87	24	17	3
林业	7763	168	1303	2780	1835	1024	610	43
林木的培育和种植	6258	144	1061	2195	1446	844	529	39
木材和竹材的采运	976	12	79	369	316	144	54	2
林产品的采集	529	12	163	216	73	36	27	2
畜牧业	25743	1005	7224	13875	2731	639	253	16
牲畜的饲养	4606	190	1181	2415	540	192	84	4
猪的饲养	12135	574	3961	6405	1012	139	43	1
家禽的饲养	6935	184	1629	3997	872	193	57	3
狩猎和捕捉动物	114		12	57	29	9	6	1
其他畜牧业	1953	57	441	1001	278	106	63	7
渔业	10028	410	3295	4743	1147	274	141	18
海洋渔业	2983	154	822	1368	405	145	79	10
内陆渔业	7045	256	2473	3375	742	129	62	8
农、林、牧、渔服务业	10384	157	1275	3785	2522	1666	895	84
农业服务业	5617	93	748	2140	1343	844	413	36
林业服务业	1400	26	127	429	380	255	166	17
畜牧服务业	2013	9	113	557	577	471	259	27
渔业服务业	1354	29	287	659	222	96	57	4
采矿业	**65371**	**159**	**1902**	**19047**	**23832**	**12894**	**7068**	**469**
煤炭开采和洗选业	29918	82	942	11843	9936	5139	1914	62
烟煤和无烟煤的开采洗选	27380	73	856	10962	9117	4622	1698	52
褐煤的开采洗选	1155	1	31	394	373	250	103	3
其他煤炭采选	1383	8	55	487	446	267	113	7
石油和天然气开采业	23094	10	209	2809	9895	5689	4146	336
天然原油和天然气开采	13377	8	111	1558	6016	3215	2293	176
与石油和天然气开采有关的服务活动	9717	2	98	1251	3879	2474	1853	160
黑色金属矿采选业	3641	12	122	1389	1227	592	288	11
铁矿采选	3368	11	112	1295	1145	546	250	9
其他黑色金属矿采选	273	1	10	94	82	46	38	2
有色金属矿采选业	4290	20	193	1272	1569	797	407	32
常用有色金属矿采选	2784	15	139	822	981	521	281	25
贵金属矿采选	1019	3	37	310	416	183	66	4
稀有稀土金属矿采选	487	2	17	140	172	93	60	3
非金属矿采选业	3487	33	396	1437	943	473	191	14
土砂石开采	2112	29	283	912	550	245	86	7
化学矿采选	275	1	12	94	80	59	28	1
采盐	651	3	68	247	181	107	43	2
石棉及其他非金属矿采选	449		33	184	132	62	34	4
其他采矿业	941	2	40	297	262	204	122	14
其他采矿业	941	2	40	297	262	204	122	14

4-6a 续表 21

单位：人

行业中类 性别	合计	未上过学	小学	初中	高中	大学专科	大学本科	研究生
制造业	**2223799**	**13906**	**222718**	**1138586**	**524850**	**206883**	**107197**	**9659**
农副食品加工业	46373	799	7492	23835	9102	3542	1530	73
谷物磨制	3747	53	498	1652	948	418	166	12
饲料加工	2978	19	272	1107	754	535	268	23
植物油加工	2814	25	253	1144	728	417	236	11
制糖	1267	7	89	463	473	172	62	1
屠宰及肉类加工	14340	205	2036	7906	2968	895	323	7
水产品加工	9129	198	2003	5088	1227	435	169	9
蔬菜、水果和坚果加工	3411	76	572	1850	576	224	112	1
其他农副食品加工	8687	216	1769	4625	1428	446	194	9
食品制造业	66729	658	7245	32259	16092	6887	3383	205
焙烤食品制造	25319	238	2815	13217	6104	2043	856	46
糖果、巧克力及蜜饯制造	4879	42	648	2445	1030	442	248	24
方便食品制造	14256	212	1944	7395	3025	1106	544	30
液体乳及乳制品制造	5374	20	253	1966	1500	1056	546	33
罐头制造	2647	37	363	1274	621	229	118	5
调味品、发酵制品制造	5174	25	407	2289	1515	641	285	12
其他食品制造	9080	84	815	3673	2297	1370	786	55
饮料制造业	25301	116	1606	9873	7841	3869	1871	125
酒精制造	1015	3	36	391	369	159	51	6
酒的制造	14997	73	903	5876	4986	2213	905	41
软饮料制造	8452	27	538	3243	2298	1416	862	68
精制茶加工	837	13	129	363	188	81	53	10
烟草制品业	8858	35	410	2513	2969	1856	994	81
烟叶复烤	1318	18	171	584	276	189	73	7
卷烟制造	7112	16	216	1789	2579	1568	878	66
其他烟草制品加工	428	1	23	140	114	99	43	8
纺织业	175846	1300	21912	107400	34663	7870	2583	118
棉、化纤纺织及印染精加工	67256	392	6386	39584	16471	3379	995	49
毛纺织和染整精加工	11237	76	1494	6789	2227	503	143	5
麻纺织	1517	9	125	868	385	95	35	
丝绢纺织及精加工	2819	32	313	1537	649	205	79	4
纺织制成品制造	34247	303	4050	20142	6927	2016	780	29
针织品、编织品及其制品制造	58770	488	9544	38480	8004	1672	551	31
纺织服装、鞋、帽制造业	311273	1761	39848	205680	47154	11854	4776	200
纺织服装制造	285035	1526	35419	188621	43642	11109	4523	195
纺织面料鞋的制造	22719	192	3913	14736	3032	633	210	3
制帽	3519	43	516	2323	480	112	43	2
皮革、毛皮、羽毛(绒)及其制品业	115487	1074	18709	77471	14199	3130	870	34
皮革鞣制加工	2510	24	359	1451	422	186	64	4
皮革制品制造	108460	1013	17675	73268	13057	2704	715	28
毛皮鞣制及制品加工	1847	10	234	1143	321	95	42	2
羽毛(绒)加工及制品制造	2670	27	441	1609	399	145	49	
木材加工及木、竹、藤、棕、草制品业	22388	368	4317	12261	3650	1255	513	24
锯材、木片加工	6207	136	1141	3409	1093	313	112	3
人造板制造	6938	83	1362	3908	1062	385	132	6
木制品制造	7411	93	1285	4032	1268	482	237	14
竹、藤、棕、草制品制造	1832	56	529	912	227	75	32	1
家具制造业	40280	381	6410	22949	6735	2720	1035	50
木质家具制造	27538	258	4464	15850	4496	1761	680	29
竹、藤家具制造	747	15	185	379	96	50	18	4
金属家具制造	4484	40	656	2379	863	397	141	8
塑料家具制造	859	6	120	442	162	82	44	3
其他家具制造	6652	62	985	3899	1118	430	152	6

4-6a 续表 22 单位：人

行业中类 性别	合计	未上过学	小学	初中	高中	大学专科	大学本科	研究生
造纸及纸制品业	38345	345	4983	20230	8484	3015	1225	63
纸浆制造	1401	6	95	525	435	207	127	6
造纸	11908	58	1160	5512	3295	1318	535	30
纸制品制造	25036	281	3728	14193	4754	1490	563	27
印刷业和记录媒介的复制	42801	143	3142	19947	12498	5014	1940	117
印刷	39774	134	2922	18673	11560	4605	1775	105
装订及其他印刷服务活动	2478	8	188	1056	775	324	120	7
记录媒介的复制	549	1	32	218	163	85	45	5
文教体育用品制造业	55255	348	7228	34899	8574	2692	1407	107
文化用品制造	6965	91	1063	3687	1190	574	316	44
体育用品制造	10704	69	1143	6729	1808	603	334	18
乐器制造	2239	9	136	1035	460	306	278	15
玩具制造	34172	169	4783	22866	4851	1057	420	26
游艺器材及娱乐用品制造	1175	10	103	582	265	152	59	4
石油加工、炼焦及核燃料加工业	16071	18	269	3308	5936	3974	2373	193
精炼石油产品的制造	12679	9	170	2235	4752	3280	2061	172
炼焦	3061	8	92	1001	1093	600	254	13
核燃料加工	331	1	7	72	91	94	58	8
化学原料及化学制品制造业	67174	250	3527	21553	22200	12492	6510	642
基础化学原料制造	15383	45	514	4298	5612	3201	1577	136
肥料制造	10956	32	467	3226	4294	2123	778	36
农药制造	2461	9	147	728	810	480	260	27
涂料、油墨、颜料及类似产品制造	6586	33	482	2250	1897	1218	642	64
合成材料制造	5910	43	435	2153	1811	944	478	46
专用化学产品制造	13504	34	744	4131	4335	2598	1479	183
日用化学产品制造	12374	54	738	4767	3441	1928	1296	150
医药制造业	45879	60	1227	11224	14560	10629	7145	1034
化学药品原药制造	9092	12	217	1868	2918	2327	1517	233
化学药品制剂制造	12207	11	244	2626	3977	2961	2098	290
中药饮片加工	3134	12	152	991	984	597	368	30
中成药制造	12303	10	262	3040	4200	2820	1787	184
兽用药品制造	901		36	252	266	230	97	20
生物、生化制品的制造	3572	5	74	621	947	869	834	222
卫生材料及医药用品制造	4670	10	242	1826	1268	825	444	55
化学纤维制造业	7669	28	489	3182	2582	958	413	17
纤维素纤维原料及纤维制造	2782	8	118	1023	1108	382	133	10
合成纤维制造	4887	20	371	2159	1474	576	280	7
橡胶制品业	22489	163	2581	11612	5269	1965	848	51
轮胎制造	6250	25	395	2664	1909	805	429	23
橡胶板、管、带的制造	2717	16	231	1256	748	316	143	7
橡胶零件制造	3722	30	446	1993	849	317	79	8
再生橡胶制造	332	2	38	153	86	39	13	1
日用及医用橡胶制品制造	1085	6	144	545	253	101	33	3
橡胶靴鞋制造	5547	68	1013	3542	731	149	42	2
其他橡胶制品制造	2836	16	314	1459	693	238	109	7
塑料制品业	73160	713	10841	41953	13651	4360	1544	98
塑料薄膜制造	6527	72	883	3410	1338	561	242	21
塑料板、管、型材的制造	8422	70	1006	4252	1872	858	342	22
塑料丝、绳及编织品的制造	4051	75	641	2457	684	148	44	2
泡沫塑料制造	3376	37	563	1981	596	153	44	2
塑料人造革、合成革制造	1584	20	309	827	275	123	29	1
塑料包装箱及容器制造	6845	48	900	3897	1337	484	166	13
塑料零件制造	12068	90	1591	7235	2309	623	209	11
日用塑料制造	15084	203	2999	8569	2396	670	236	11
其他塑料制品制造	15203	98	1949	9325	2844	740	232	15

4-6a 续表 23

单位：人

行业中类 性别	合计	未上过学	小学	初中	高中	大学专科	大学本科	研究生
非金属矿物制品业	63705	584	7394	31038	15632	6290	2615	152
水泥、石灰和石膏的制造	9900	58	728	3824	3245	1476	537	32
水泥及石膏制品制造	5489	83	610	2169	1451	806	343	27
砖瓦、石材及其他建筑材料制造	13725	252	2525	6904	2533	1037	447	27
玻璃及玻璃制品制造	15973	87	1599	8450	3798	1391	618	30
陶瓷制品制造	13036	82	1484	7054	3141	912	348	15
耐火材料制品制造	3331	7	286	1720	797	362	149	10
石墨及其他非金属矿物制品制造	2251	15	162	917	667	306	173	11
黑色金属冶炼及压延加工业	37071	114	1553	12502	12746	6706	3292	158
炼铁	6265	25	264	2155	2250	1111	439	21
炼钢	17356	31	540	5361	6260	3330	1738	96
钢压延加工	12020	53	652	4466	3751	2041	1021	36
铁合金冶炼	1430	5	97	520	485	224	94	5
有色金属冶炼及压延加工业	18955	92	1310	6841	5897	3380	1351	84
常用有色金属冶炼	9885	34	442	3156	3391	2056	751	55
贵金属冶炼	847	2	38	259	303	157	80	8
稀有稀土金属冶炼	926	2	39	301	299	187	97	1
有色金属合金制造	1346	5	105	582	340	223	89	2
有色金属压延加工	5951	49	686	2543	1564	757	334	18
金属制品业	93384	702	12426	49284	19895	7649	3291	137
结构性金属制品制造	34317	234	4134	17339	7759	3356	1437	58
金属工具制造	13995	78	1712	7466	3170	1085	468	16
集装箱及金属包装容器制造	3408	16	319	1562	870	399	230	12
金属丝绳及其制品的制造	2893	20	340	1462	718	232	114	7
建筑、安全用金属制品制造	10649	124	1709	5412	2055	901	429	19
金属表面处理及热处理加工	5741	114	1222	3163	897	260	80	5
搪瓷制品制造	1025	3	110	472	282	99	59	
不锈钢及类似日用金属制品制造	11253	70	1791	6238	2048	806	289	11
其他金属制品制造	10103	43	1089	6170	2096	511	185	9
通用设备制造业	92436	486	7602	37015	26631	13448	6745	509
锅炉及原动机制造	7709	15	280	2364	2726	1434	823	67
金属加工机械制造	20854	73	1265	8047	6554	3242	1564	109
起重运输设备制造	3926	5	174	1127	1191	789	590	50
泵、阀门、压缩机及类似机械的制造	11295	69	977	4220	3153	1864	948	64
轴承、齿轮、传动和驱动部件的制造	11005	43	870	4738	3402	1404	518	30
烘炉、熔炉及电炉制造	541	1	43	195	155	89	50	8
风机、衡器、包装设备等通用设备制造	12226	53	917	5090	3230	1799	1029	108
通用零部件制造及机械修理	18921	188	2399	8563	4697	2123	906	45
金属铸、锻加工	5959	39	677	2671	1523	704	317	28
专用设备制造业	92759	328	5041	35940	27351	14559	8579	961
矿山、冶金、建筑专用设备制造	12860	40	430	3728	4464	2552	1521	125
化工、木材、非金属加工专用设备制造	19162	106	1480	9249	5221	2117	918	71
食品、饮料、烟草及饲料生产专用设备制造	1761	11	120	563	547	319	190	11
印刷、制药、日化生产专用设备制造	6055	22	378	2322	1853	880	552	48
纺织、服装和皮革工业专用设备制造	6201	43	624	2951	1606	644	316	17
电子和电工机械专用设备制造	28358	34	1122	11114	8455	4546	2733	354
农、林、牧、渔专用机械制造	3535	21	196	1318	1176	545	253	26
医疗仪器设备及器械制造	8663	15	392	2952	2401	1578	1118	207
环保、社会公共安全及其他专用设备制造	6164	36	299	1743	1628	1378	978	102

4-6a 续表 24 单位：人

行业中类 性 别	合 计	未上过学	小 学	初 中	高 中	大学专科	大学本科	研究生
交通运输设备制造业	101536	404	6810	36213	30650	16140	10292	1027
铁路运输设备制造	8658	9	180	2195	3461	1715	1025	73
汽车制造	63001	215	3950	23386	19326	9618	5935	571
摩托车制造	8163	80	1228	3696	2036	762	346	15
自行车制造	4835	50	665	2677	958	353	130	2
船舶及浮动装置制造	8395	45	638	2826	2163	1496	1121	106
航空航天器制造	6969	4	73	886	2199	1950	1606	251
交通器材及其他交通运输设备制造	1515	1	76	547	507	246	129	9
电气机械及器材制造业	158809	627	12374	79299	40220	16574	8970	745
电机制造	24736	68	1663	11531	6512	3081	1702	179
输配电及控制设备制造	39317	151	2634	19501	10032	4405	2412	182
电线、电缆、光缆及电工器材制造	17973	56	1064	9142	4796	1972	876	67
电池制造	11221	16	582	5972	3170	931	490	60
家用电力器具制造	40317	162	3443	19967	10400	3915	2269	161
非电力家用器具制造	3282	12	241	1315	894	493	304	23
照明器具制造	18915	154	2561	10669	3595	1304	591	41
其他电气机械及器材制造	3048	8	186	1202	821	473	326	32
通信设备、计算机及其他电子设备制造业	267061	359	10078	128069	85268	24830	16232	2225
通信设备制造	33254	32	739	11989	11573	4147	3887	887
雷达及配套设备制造	728	1	6	131	208	203	156	23
广播电视设备制造	2532	7	105	1014	749	368	258	31
电子计算机制造	38746	33	954	15628	15355	3545	2838	393
电子器件制造	62648	97	2448	29475	20144	6191	3804	489
电子元件制造	101196	149	4618	54399	29767	8049	3932	282
家用视听设备制造	16969	21	695	9561	4685	1230	719	58
其他电子设备制造	10988	19	513	5872	2787	1097	638	62
仪器仪表及文化、办公用机械制造业	48411	165	2941	22882	13333	5477	3274	339
通用仪器仪表制造	12311	44	704	3999	3559	2301	1512	192
专用仪器仪表制造	5494	21	251	1718	1687	1073	670	74
钟表与计时仪器制造	8108	13	678	5225	1676	372	133	11
光学仪器及眼镜制造	11796	51	936	6876	2727	829	355	22
文化、办公用机械制造	9647	27	297	4656	3396	738	499	34
其他仪器仪表的制造及修理	1055	9	75	408	288	164	105	6
工艺品及其他制造业	57089	721	9317	32294	9905	3354	1417	81
工艺美术品制造	43463	496	6770	25288	7566	2405	902	36
日用杂品制造	10456	159	2070	5740	1591	601	284	11
煤制品制造	901	31	192	373	190	75	33	7
核辐射加工	135		3	21	37	24	38	12
其他未列明的制造业	2134	35	282	872	521	249	160	15
废弃资源和废旧材料回收加工业	11205	764	3636	5060	1163	394	179	9
金属废料和碎屑的加工处理	6328	386	1986	2851	738	261	99	7
非金属废料和碎屑的加工处理	4877	378	1650	2209	425	133	80	2
电力、燃气及水的生产和供应业	**91817**	**139**	**1594**	**15452**	**31053**	**27092**	**15610**	**877**
电力、热力的生产和供应业	63759	86	966	9640	21066	19633	11675	693
电力生产	24156	44	432	3907	8402	7220	3917	234
电力供应	31408	30	392	4040	9635	10195	6693	423
热力生产和供应	8195	12	142	1693	3029	2218	1065	36
燃气生产和供应业	11093	26	291	2426	3816	2848	1611	75
燃气生产和供应业	11093	26	291	2426	3816	2848	1611	75
水的生产和供应业	16965	27	337	3386	6171	4611	2324	109
自来水的生产和供应	14992	24	261	3034	5574	4071	1956	72
污水处理及其再生利用	1498	3	58	244	464	431	274	24
其他水的处理、利用与分配	475		18	108	133	109	94	13

4-6a 续表 25

单位：人

行业中类 性别	合计	未上过学	小学	初中	高中	大学专科	大学本科	研究生
建筑业	**215345**	**3399**	**36213**	**85232**	**38664**	**31818**	**19035**	**984**
房屋和土木工程建筑业	132460	2521	24740	51714	22678	18799	11414	594
房屋工程建筑	104309	2236	22482	44549	15947	12115	6653	327
土木工程建筑	28151	285	2258	7165	6731	6684	4761	267
建筑安装业	16968	139	1579	5711	4320	3328	1818	73
建筑安装业	16968	139	1579	5711	4320	3328	1818	73
建筑装饰业	58158	637	8976	25646	10002	8128	4557	212
建筑装饰业	58158	637	8976	25646	10002	8128	4557	212
其他建筑业	7759	102	918	2161	1664	1563	1246	105
工程准备	2676	34	307	661	531	586	513	44
提供施工设备服务	1499	12	129	429	378	315	219	17
其他未列明的建筑活动	3584	56	482	1071	755	662	514	44
交通运输、仓储和邮政业	**249069**	**1174**	**12299**	**74994**	**81331**	**50992**	**26977**	**1302**
铁路运输业	39387	75	772	9247	17761	8004	3395	133
铁路旅客运输	16643	38	365	3741	7522	3490	1433	54
铁路货物运输	5732	16	132	1405	2452	1156	548	23
铁路运输辅助活动	17012	21	275	4101	7787	3358	1414	56
道路运输业	77519	412	5002	28082	23707	13949	6149	218
公路旅客运输	21512	100	1243	8324	7664	3031	1120	30
道路货物运输	37612	240	3011	15045	9957	6350	2886	123
道路运输辅助活动	18395	72	748	4713	6086	4568	2143	65
城市公共交通业	46664	204	2394	18975	17287	5480	2228	96
公共电汽车客运	24233	36	509	8368	10907	3258	1136	19
轨道交通	2486	8	65	415	676	758	525	39
出租车客运	15756	47	991	8284	4806	1182	420	26
城市轮渡	126		3	40	46	17	18	2
其他城市公共交通	4063	113	826	1868	852	265	129	10
水上运输业	9675	51	394	1842	2410	2609	2225	144
水上旅客运输	1483	7	62	300	423	357	313	21
水上货物运输	5271	37	222	983	1100	1503	1342	84
水上运输辅助活动	2921	7	110	559	887	749	570	39
航空运输业	13393	12	127	967	2572	5124	4298	293
航空客货运输	8888	5	76	541	1556	3457	3051	202
通用航空服务	1307	2	14	139	299	499	337	17
航空运输辅助活动	3198	5	37	287	717	1168	910	74
管道运输业	871	3	12	168	264	248	170	6
管道运输业	871	3	12	168	264	248	170	6
装卸搬运和其他运输服务业	27337	336	2556	7994	6034	6322	3904	191
装卸搬运	8957	283	1994	4391	1475	561	239	14
运输代理服务	18380	53	562	3603	4559	5761	3665	177
仓储业	13514	63	685	3949	4233	3011	1486	87
谷物、棉花等农产品仓储	3594	17	163	1008	1247	826	311	22
其他仓储	9920	46	522	2941	2986	2185	1175	65
邮政业	20709	18	357	3770	7063	6245	3122	134
国家邮政	14774	4	170	2238	5124	4790	2359	89
其他寄递服务	5935	14	187	1532	1939	1455	763	45

4-6a 续表 26

单位：人

行业中类 性别	合计	未上过学	小学	初中	高中	大学专科	大学本科	研究生
信息传输、计算机服务和软件业	**127209**	**121**	**1589**	**14923**	**30250**	**40719**	**35215**	**4392**
电信和其他信息传输服务业	85182	66	914	9852	22670	29507	20368	1805
电信	67560	43	709	8004	19102	23971	14547	1184
互联网信息服务	14151	18	169	1580	2894	4363	4593	534
广播电视传输服务	3232	5	34	235	615	1101	1168	74
卫星传输服务	239		2	33	59	72	60	13
计算机服务业	15086	39	435	3205	3934	3744	3320	409
计算机系统服务	5972	8	109	882	1309	1686	1728	250
数据处理	1852	3	39	264	465	529	489	63
计算机维修	2443	9	69	592	795	620	334	24
其他计算机服务	4819	19	218	1467	1365	909	769	72
软件业	26941	16	240	1866	3646	7468	11527	2178
公共软件服务	22714	7	131	1132	2736	6402	10327	1979
其他软件服务	4227	9	109	734	910	1066	1200	199
批发和零售业	**1947154**	**14332**	**154626**	**847892**	**602239**	**231198**	**92061**	**4806**
批发业	355865	3671	31418	133803	95319	56792	32600	2262
农畜产品批发	12953	164	1574	5754	3180	1498	734	49
食品、饮料及烟草制品批发	68937	773	8488	32431	16802	6968	3276	199
纺织、服装及日用品批发	104407	340	6395	44428	31467	14020	7379	378
文化、体育用品及器材批发	12367	40	636	4078	3828	2389	1331	65
医药及医疗器材批发	16754	24	417	3321	5370	4786	2606	230
矿产品、建材及化工产品批发	48472	240	3227	16669	14029	8979	4943	385
机械设备、五金交电及电子产品批发	46154	93	1894	13237	13496	10542	6400	492
贸易经纪与代理	17521	14	220	1765	3898	6086	5136	402
其他批发	28300	1983	8567	12120	3249	1524	795	62
零售业	1591289	10661	123208	714089	506920	174406	59461	2544
综合零售	573686	2271	33243	263140	200001	57441	16996	594
食品、饮料及烟草制品专门零售	270863	5496	47885	143032	56131	13686	4419	214
纺织、服装及日用品专门零售	362874	1177	19789	168343	123856	37451	11820	438
文化、体育用品及器材专门零售	49444	162	2542	17982	17611	7812	3204	131
医药及医疗器材专门零售	54333	85	1174	14278	22125	12326	4132	213
汽车、摩托车、燃料及零配件专门零售	43486	118	1812	13306	13466	10335	4261	188
家用电器及电子产品专门零售	98566	130	2957	30987	35036	20200	8780	476
五金、家具及室内装修材料专门零售	90977	444	7171	42056	27422	10204	3531	149
无店铺及其他零售	47060	778	6635	20965	11272	4951	2318	141
住宿和餐饮业	**511920**	**5998**	**58390**	**268326**	**129325**	**37417**	**11979**	**485**
住宿业	112483	622	7876	46887	36660	14979	5242	217
旅游饭店	61915	233	3366	23238	21224	9991	3695	168
一般旅馆	43549	326	3858	20524	13297	4212	1288	44
其他住宿服务	7019	63	652	3125	2139	776	259	5
餐饮业	399437	5376	50514	221439	92665	22438	6737	268
正餐服务	259297	2815	28965	143937	63154	15624	4623	179
快餐服务	73053	1126	10611	40071	16007	3909	1280	49
饮料及冷饮服务	9433	74	825	4704	2797	758	261	14
其他餐饮服务	57654	1361	10113	32727	10707	2147	573	26
金融业	**219504**	**98**	**1758**	**18953**	**48219**	**74628**	**69024**	**6824**
银行业	124202	51	795	6101	21959	44930	46221	4145
中央银行	8755	5	66	595	1495	2992	3289	313
商业银行	96110	42	627	4442	16502	34757	36404	3336
其他银行	19337	4	102	1064	3962	7181	6528	496
证券业	11983	8	117	699	1618	3625	4935	981
证券市场管理	1502		21	115	199	453	618	96
证券经纪与交易	5866	4	47	285	677	1801	2542	510
证券投资	3989	4	44	256	628	1182	1549	326
证券分析与咨询	626		5	43	114	189	226	49

4-6a 续表 27

单位：人

行业中类 性别	合计	未上过学	小学	初中	高中	大学专科	大学本科	研究生
保险业	67067	31	699	10733	21203	20272	13168	961
人寿保险	49494	21	541	8446	16089	14523	9267	607
非人寿保险	15885	10	149	2106	4648	5186	3484	302
保险辅助服务	1688		9	181	466	563	417	52
其他金融活动	16252	8	147	1420	3439	5801	4700	737
金融信托与管理	4919	3	48	399	843	1596	1657	373
金融租赁	625	1	12	71	141	182	183	35
财务公司	3036		19	176	576	1224	910	131
邮政储蓄	3348		17	312	925	1342	720	32
典当	984	1	14	167	275	332	185	10
其他未列明的金融活动	3340	3	37	295	679	1125	1045	156
房地产业	**143302**	**1581**	**11138**	**36884**	**38130**	**34572**	**19777**	**1220**
房地产业	143302	1581	11138	36884	38130	34572	19777	1220
房地产开发经营	50541	120	1719	7401	11983	17144	11356	818
物业管理	68573	1379	8670	24681	18649	10477	4544	173
房地产中介服务	20480	49	461	3896	6572	6022	3288	192
其他房地产活动	3708	33	288	906	926	929	589	37
租赁和商务服务业	**143892**	**471**	**4315**	**23543**	**32978**	**41276**	**36513**	**4796**
租赁业	5200	31	384	1987	1468	843	454	33
机械设备租赁	4190	23	307	1580	1175	691	383	31
文化及日用品出租	1010	8	77	407	293	152	71	2
商务服务业	138692	440	3931	21556	31510	40433	36059	4763
企业管理服务	21609	34	565	3394	5152	5873	5662	929
法律服务	8257	4	53	325	820	2003	4162	890
咨询与调查	23534	3	112	1012	3714	8006	9089	1598
广告业	26636	23	400	3644	6418	8882	6879	390
知识产权服务	1393	1	12	71	164	388	537	220
职业中介服务	13630	193	1108	4409	3277	2293	2110	240
市场管理	4250	67	459	1624	1043	672	365	20
旅行社	19314	7	149	1771	5579	7770	3879	159
其他商务服务	20069	108	1073	5306	5343	4546	3376	317
科学研究、技术服务和地质勘查业	**66299**	**69**	**802**	**5140**	**11374**	**18004**	**24354**	**6556**
研究与试验发展	21268	23	201	1303	3196	4757	7952	3836
自然科学研究与试验发展	3973	4	27	236	557	853	1389	907
工程和技术研究与试验发展	11472	7	72	561	1817	2709	4620	1686
农业科学研究与试验发展	2930	12	70	353	513	616	873	493
医学研究与试验发展	1834		23	113	219	384	665	430
社会人文科学研究与试验发展	1059		9	40	90	195	405	320
专业技术服务业	32092	37	434	2514	5292	9454	12349	2012
气象服务	1813	3	62	334	291	400	594	129
地震服务	473	4	26	112	70	97	136	28
海洋服务	277		6	53	36	62	99	21
测绘服务	1323	1	14	110	305	456	397	40
技术检测	6021	6	78	644	1348	1791	1855	299
环境监测	1131	2	31	74	204	321	382	117
工程技术与规划管理	16871	13	154	780	2222	5084	7450	1168
其他专业技术服务	4183	8	63	407	816	1243	1436	210
科技交流和推广服务业	6234	6	88	550	1065	1855	2235	435
技术推广服务	3646	3	41	267	607	1081	1361	286
科技中介服务	1374	2	32	137	228	404	478	93
其他科技服务	1214	1	15	146	230	370	396	56
地质勘查业	6705	3	79	773	1821	1938	1818	273
矿产地质勘查	4384	2	49	545	1255	1263	1113	157
基础地质勘查	1054	1	17	124	288	298	280	46
地质勘查技术服务	1267		13	104	278	377	425	70

4-6a 续表 28 单位：人

行业中类 性别	合计	未上过学	小学	初中	高中	大学专科	大学本科	研究生
水利、环境和公共设施管理业	**69117**	**2108**	**11231**	**23126**	**14549**	**10447**	**7048**	**608**
水利管理业	7894	20	127	1106	2284	2485	1731	141
防洪管理	1010	3	28	154	293	311	204	17
水资源管理	5729	9	78	798	1648	1839	1256	101
其他水利管理	1155	8	21	154	343	335	271	23
环境管理业	36766	1630	8551	15223	6046	3006	2055	255
自然保护	861	5	59	198	204	186	177	32
环境治理	35905	1625	8492	15025	5842	2820	1878	223
公共设施管理业	24457	458	2553	6797	6219	4956	3262	212
市政公共设施管理	7949	87	538	1736	2073	2020	1406	89
城市绿化管理	9532	310	1556	3204	1980	1436	985	61
游览景区管理	6976	61	459	1857	2166	1500	871	62
居民服务和其他服务业	**332603**	**7273**	**48750**	**170523**	**78626**	**20373**	**6745**	**313**
居民服务业	257232	5462	34931	132627	63525	15540	4941	206
家庭服务	79878	3717	19318	40519	13720	1884	672	48
托儿所	3924	12	203	1136	1310	920	328	15
洗染服务	7942	81	959	4444	1943	409	104	2
理发及美容保健服务	91073	341	5593	51268	26641	5653	1512	65
洗浴服务	20824	170	2126	12651	4811	830	230	6
婚姻服务	3053	6	76	848	1212	648	251	12
殡葬服务	1982	34	258	782	487	287	133	1
摄影扩印服务	12160	17	301	4165	5098	1982	587	10
其他居民服务	36396	1084	6097	16814	8303	2927	1124	47
其他服务业	75371	1811	13819	37896	15101	4833	1804	107
修理与维护	29100	301	3322	14330	7369	2827	917	34
清洁服务	34867	1227	8714	18414	5299	907	287	19
其他未列明的服务	11404	283	1783	5152	2433	1099	600	54
教育	**504767**	**665**	**6750**	**35718**	**76331**	**147606**	**201563**	**36134**
教育	504767	665	6750	35718	76331	147606	201563	36134
学前教育	77106	112	1532	11531	26239	25996	11354	342
初等教育	120949	90	1091	5770	19131	49399	44697	771
中等教育	171606	176	1883	8219	16478	46383	92920	5547
高等教育	97168	240	1801	7128	8090	14220	38123	27566
其他教育	37938	47	443	3070	6393	11608	14469	1908
卫生、社会保障和社会福利业	**309449**	**686**	**5344**	**26533**	**76960**	**117117**	**74037**	**8772**
卫生	298505	555	4655	23935	74054	114579	72057	8670
医院	243310	442	3666	17775	56887	94018	62512	8010
卫生院及社区医疗活动	21593	49	406	2247	7171	8445	3166	109
门诊部医疗活动	13811	22	277	2211	5062	4714	1457	68
计划生育技术服务活动	2191	4	26	204	616	884	440	17
妇幼保健活动	5489	9	62	380	1334	2254	1366	84
专科疾病防治活动	1914	2	27	165	541	702	427	50
疾病预防控制及防疫活动	5734	9	43	346	1317	2060	1706	253
其他卫生活动	4463	18	148	607	1126	1502	983	79
社会保障业	4470	8	52	540	1159	1374	1266	71
社会保障业	4470	8	52	540	1159	1374	1266	71
社会福利业	6474	123	637	2058	1747	1164	714	31
提供住宿的社会福利	5312	111	568	1663	1424	953	571	22
不提供住宿的社会福利	1162	12	69	395	323	211	143	9

4-6a 续表 29

单位：人

行业中类 性别	合计	未上过学	小学	初中	高中	大学专科	大学本科	研究生
文化、体育和娱乐业	**109870**	**384**	**4444**	**29571**	**26189**	**21818**	**24485**	**2979**
新闻出版业	21424	14	286	2035	3285	5352	8927	1525
新闻业	3950	2	44	348	561	1028	1757	210
出版业	17474	12	242	1687	2724	4324	7170	1315
广播、电视、电影和音像业	20871	21	159	1557	3607	6344	8392	791
广播	4061	2	23	231	628	1287	1759	131
电视	10449	7	54	414	1275	3140	5025	534
电影	3121	10	44	426	934	910	726	71
音像制作	3240	2	38	486	770	1007	882	55
文化艺术业	17245	27	344	2103	4312	5034	4903	522
文艺创作与表演	5448	5	120	802	1583	1502	1318	118
艺术表演场馆	1669	4	35	272	512	460	355	31
图书馆与档案馆	3865	2	34	311	902	1172	1293	151
文物及文化保护	799	2	16	87	166	261	232	35
博物馆	1891	4	40	184	357	581	629	96
烈士陵园、纪念馆	375	3	16	58	96	108	91	3
群众文化活动	1528	3	53	182	347	455	457	31
文化艺术经纪代理	581		3	43	106	160	245	24
其他文化艺术	1089	4	27	164	243	335	283	33
体育	3300	49	207	697	902	741	638	66
体育组织	1535	10	43	245	379	402	404	52
体育场馆	1203	13	62	287	392	272	169	8
其他体育	562	26	102	165	131	67	65	6
娱乐业	47030	273	3448	23179	14083	4347	1625	75
室内娱乐活动	29802	198	2422	15829	8743	1997	597	16
游乐园	1849	13	159	614	588	323	136	16
休闲健身娱乐活动	10327	39	570	4680	3099	1318	595	26
其他娱乐活动	5052	23	297	2056	1653	709	297	17
公共管理和社会组织	**352578**	**1142**	**7989**	**37799**	**74100**	**109923**	**111522**	**10103**
中国共产党机关	2810	6	30	187	424	808	1165	190
中国共产党机关	2810	6	30	187	424	808	1165	190
国家机构	290157	586	4192	23902	55572	95106	101609	9190
国家权力机构	4887	9	73	410	879	1502	1808	206
国家行政机构	264683	555	3874	22142	51742	87902	90746	7722
人民法院和人民检察院	12023	9	96	536	1111	2895	6329	1047
其他国家机构	8564	13	149	814	1840	2807	2726	215
人民政协和民主党派	1419	3	23	139	214	432	536	72
人民政协	1118	2	17	109	187	353	395	55
民主党派	301	1	6	30	27	79	141	17
群众团体、社会团体和宗教组织	11823	80	488	1509	2407	3215	3593	531
群众团体	4308	12	98	416	793	1291	1494	204
社会团体	6361	21	177	766	1353	1751	1985	308
宗教组织	1154	47	213	327	261	173	114	19
基层群众自治组织	46369	467	3256	12062	15483	10362	4619	120
社区自治组织	33720	255	1665	6981	12135	8754	3836	94
村民自治组织	12649	212	1591	5081	3348	1608	783	26
国际组织	**326**		**1**	**15**	**22**	**46**	**147**	**95**
国际组织	326		1	15	22	46	147	95
国际组织	326		1	15	22	46	147	95

4-6b 全国分受教育程度、性别、行业中类的就业人口(镇)

单位：人

行业中类 性别	合计	未上过学	小学	初中	高中	大学专科	大学本科	研究生
总计	**12979342**	**270048**	**2416803**	**6587924**	**2184557**	**1025453**	**479561**	**14996**
农、林、牧、渔业	**4203055**	**200183**	**1357514**	**2271706**	**325795**	**38753**	**8707**	**397**
农业	3881464	186876	1268862	2110962	284072	25291	5090	311
谷物及其他作物的种植	3451837	170120	1128834	1878692	247287	22159	4468	277
蔬菜、园艺作物的种植	270115	12013	92934	142171	20896	1717	361	23
水果、坚果、饮料和香料作物的种植	150169	4287	44340	84936	15061	1306	230	9
中药材的种植	9343	456	2754	5163	828	109	31	2
林业	46682	1852	9256	21804	8913	3812	1026	19
林木的培育和种植	28211	519	5160	12774	6058	2923	761	16
木材和竹材的采运	8946	57	1016	5184	1900	629	159	1
林产品的采集	9525	1276	3080	3846	955	260	106	2
畜牧业	163115	8466	51405	84425	15840	2402	553	24
牲畜的饲养	37929	3089	12530	17768	3607	723	205	7
猪的饲养	77101	3852	26458	39116	6701	816	151	7
家禽的饲养	37678	1099	9342	22127	4361	609	133	7
狩猎和捕捉动物	323	4	75	174	51	12	7	
其他畜牧业	10084	422	3000	5240	1120	242	57	3
渔业	66512	2347	21739	34673	6693	812	235	13
海洋渔业	32106	1100	11006	16830	2742	306	117	5
内陆渔业	34406	1247	10733	17843	3951	506	118	8
农、林、牧、渔服务业	45282	642	6252	19842	10277	6436	1803	30
农业服务业	25158	436	3899	11901	5211	2839	856	16
林业服务业	7158	44	563	2842	1986	1352	366	5
畜牧服务业	8762	59	701	2894	2460	2093	547	8
渔业服务业	4204	103	1089	2205	620	152	34	1
采矿业	**224670**	**1324**	**23364**	**111724**	**58996**	**20919**	**8023**	**320**
煤炭开采和洗选业	130649	658	13273	71600	31013	10592	3428	85
烟煤和无烟煤的开采洗选	122390	606	12485	67097	29073	9866	3189	74
褐煤的开采洗选	4591	21	360	2382	1203	461	156	8
其他煤炭采选	3668	31	428	2121	737	265	83	3
石油和天然气开采业	26788	38	700	5786	11578	5434	3091	161
天然原油和天然气开采	16523	27	487	3681	7238	3313	1700	77
与石油和天然气开采有关的服务活动	10265	11	213	2105	4340	2121	1391	84
黑色金属矿采选业	16105	74	1690	8672	4085	1211	363	10
铁矿采选	14731	65	1484	7994	3759	1091	328	10
其他黑色金属矿采选	1374	9	206	678	326	120	35	
有色金属矿采选业	24996	208	2899	11598	7153	2331	757	50
常用有色金属矿采选	16404	184	2161	7424	4547	1563	488	37
贵金属矿采选	4442	13	354	2170	1395	395	109	6
稀有稀土金属矿采选	4150	11	384	2004	1211	373	160	7
非金属矿采选业	24043	310	4472	12894	4748	1258	352	9
土砂石开采	16567	212	3498	9484	2736	507	125	5
化学矿采选	2015	18	221	909	547	226	93	1
采盐	3867	62	485	1659	1111	436	112	2
石棉及其他非金属矿采选	1594	18	268	842	354	89	22	1
其他采矿业	2089	36	330	1174	419	93	32	5
其他采矿业	2089	36	330	1174	419	93	32	5

4-6b 续表 1

单位：人

行业中类 性别	合计	未上过学	小学	初中	高中	大学专科	大学本科	研究生
制造业	**2638044**	**22268**	**385101**	**1557467**	**495118**	**133621**	**42453**	**2016**
农副食品加工业	123361	2025	23099	69829	22187	4934	1245	42
谷物磨制	18263	303	3388	10434	3355	648	131	4
饲料加工	8383	74	1129	4345	1904	693	231	7
植物油加工	10079	92	1453	5424	2261	652	194	3
制糖	6780	19	285	2542	2943	812	175	4
屠宰及肉类加工	35616	415	6595	22293	5156	912	231	14
水产品加工	11472	482	3458	5777	1439	238	75	3
蔬菜、水果和坚果加工	7725	131	1561	4413	1277	284	59	
其他农副食品加工	25043	509	5230	14601	3852	695	149	7
食品制造业	88329	1015	13496	51614	16819	4213	1129	43
焙烤食品制造	36616	441	5641	22298	6664	1243	320	9
糖果、巧克力及蜜饯制造	6332	40	923	3651	1285	335	95	3
方便食品制造	21853	351	4115	13293	3341	613	137	3
液体乳及乳制品制造	4495	22	313	2057	1284	633	181	5
罐头制造	4654	40	702	2720	903	246	42	1
调味品、发酵制品制造	5034	38	560	2672	1267	400	93	4
其他食品制造	9345	83	1242	4923	2075	743	261	18
饮料制造业	40826	286	4789	20889	10400	3477	950	35
酒精制造	1995	15	167	1006	576	182	45	4
酒的制造	26831	146	2897	13547	7191	2380	652	18
软饮料制造	8232	55	862	4357	1986	751	208	13
精制茶加工	3768	70	863	1979	647	164	45	
烟草制品业	4971	14	444	1745	1550	897	310	11
烟叶复烤	1999	4	276	752	542	326	97	2
卷烟制造	2219	4	110	677	791	458	171	8
其他烟草制品加工	753	6	58	316	217	113	42	1
纺织业	254665	2216	40819	162913	40096	7013	1565	43
棉、化纤纺织及印染精加工	115487	871	16683	73328	20159	3637	784	25
毛纺织和染整精加工	14967	125	2393	9554	2385	427	82	1
麻纺织	2803	15	316	1737	604	102	29	
丝绢纺织及精加工	8964	67	1332	5694	1493	300	77	1
纺织制成品制造	47420	533	7739	30130	7253	1410	342	13
针织品、编织品及其制品制造	65024	605	12356	42470	8202	1137	251	3
纺织服装、鞋、帽制造业	321937	2157	47946	221935	41585	6582	1690	42
纺织服装制造	289028	1807	42568	199567	37517	5961	1569	39
纺织面料鞋的制造	27157	213	4350	18691	3314	497	90	2
制帽	5752	137	1028	3677	754	124	31	1
皮革、毛皮、羽毛(绒)及其制品业	116071	861	17591	79024	15430	2517	626	22
皮革鞣制加工	4287	52	686	2577	705	197	70	
皮革制品制造	99875	692	15236	68247	13092	2090	498	20
毛皮鞣制及制品加工	6933	37	925	4966	852	123	29	1
羽毛(绒)加工及制品制造	4976	80	744	3234	781	107	29	1
木材加工及木、竹、藤、棕、草制品业	96619	1605	20644	59623	12377	1909	440	21
锯材、木片加工	37731	613	8118	23820	4469	579	128	4
人造板制造	27373	331	5080	17406	3723	660	164	9
木制品制造	20587	236	3838	12856	3049	503	100	5
竹、藤、棕、草制品制造	10928	425	3608	5541	1136	167	48	3
家具制造业	70836	601	12505	45663	9639	1876	541	11
木质家具制造	56142	488	10116	36373	7467	1308	385	5
竹、藤家具制造	1578	31	436	851	195	55	10	
金属家具制造	7624	44	1112	4905	1137	347	79	
塑料家具制造	1027	9	161	610	189	40	18	
其他家具制造	4465	29	680	2924	651	126	49	6

4-6b 续表 2 单位：人

行业中类 性别	合计	未上过学	小学	初中	高中	大学专科	大学本科	研究生
造纸及纸制品业	49515	437	6928	27347	11004	2907	863	29
纸浆制造	3643	16	266	1544	1146	473	192	6
造纸	20786	130	2337	11093	5340	1477	401	8
纸制品制造	25086	291	4325	14710	4518	957	270	15
印刷业和记录媒介的复制	31309	302	3748	16598	7976	2081	586	18
印刷	29078	285	3551	15506	7310	1867	542	17
装订及其他印刷服务活动	1803	11	162	883	548	173	25	1
记录媒介的复制	428	6	35	209	118	41	19	
文教体育用品制造业	52248	488	8599	31232	8085	2699	1106	39
文化用品制造	8325	113	1712	4656	1258	388	174	24
体育用品制造	6125	51	815	3691	1093	343	127	5
乐器制造	3210	9	208	1361	598	602	429	3
玩具制造	33164	305	5672	20740	4865	1239	336	7
游艺器材及娱乐用品制造	1424	10	192	784	271	127	40	
石油加工、炼焦及核燃料加工业	16379	58	753	6205	5144	3004	1166	49
精炼石油产品的制造	8054	23	269	2211	2740	1926	846	39
炼焦	7916	34	470	3893	2255	975	282	7
核燃料加工	409	1	14	101	149	103	38	3
化学原料及化学制品制造业	99754	482	10185	46779	27974	10611	3559	164
基础化学原料制造	21442	99	1685	8975	6560	2991	1085	47
肥料制造	25432	108	1708	10310	9223	3219	845	19
农药制造	4702	10	368	2235	1364	518	186	21
涂料、油墨、颜料及类似产品制造	8655	55	1056	4567	2019	651	295	12
合成材料制造	5339	30	584	2427	1389	680	217	12
专用化学产品制造	26587	155	3945	14122	5705	1969	657	34
日用化学产品制造	7597	25	839	4143	1714	583	274	19
医药制造业	29254	121	1699	11874	9124	4484	1772	180
化学药品原药制造	6694	16	311	2519	2185	1092	535	36
化学药品制剂制造	6000	12	240	2174	2045	1008	443	78
中药饮片加工	2615	35	240	1251	685	308	85	11
中成药制造	6873	21	296	2560	2367	1204	406	19
兽用药品制造	1119	6	61	442	358	187	61	4
生物、生化制品的制造	1957	6	137	690	606	346	143	29
卫生材料及医药用品制造	3996	25	414	2238	878	339	99	3
化学纤维制造业	9632	56	1323	5175	2169	694	211	4
纤维素纤维原料及纤维制造	2434	14	251	1253	664	199	50	3
合成纤维制造	7198	42	1072	3922	1505	495	161	1
橡胶制品业	25136	216	3845	14549	4792	1344	375	15
轮胎制造	7095	23	689	3897	1736	597	145	8
橡胶板、管、带的制造	4858	62	717	2680	1002	309	85	3
橡胶零件制造	4017	27	611	2338	784	192	64	1
再生橡胶制造	940	12	166	553	171	30	8	
日用及医用橡胶制品制造	1138	2	151	742	174	50	19	
橡胶靴鞋制造	5196	81	1220	3261	538	80	14	2
其他橡胶制品制造	1892	9	291	1078	387	86	40	1
塑料制品业	67540	813	12068	39767	11500	2612	749	31
塑料薄膜制造	7145	79	1060	4263	1340	311	87	5
塑料板、管、型材的制造	9588	77	1361	5431	1919	614	172	14
塑料丝、绳及编织品的制造	9651	232	2266	5583	1212	278	77	3
泡沫塑料制造	2609	22	500	1567	386	109	25	
塑料人造革、合成革制造	1892	9	340	1106	340	67	30	
塑料包装箱及容器制造	6855	55	1141	4118	1223	245	72	1
塑料零件制造	7636	96	1350	4374	1380	327	107	2
日用塑料制造	12912	135	2474	7894	1969	348	91	1
其他塑料制品制造	9252	108	1576	5431	1731	313	88	5

4-6b 续表 3 单位：人

行业中类 性 别	合 计	未上过学	小 学	初 中	高 中	大学专科	大学本科	研究生
非金属矿物制品业	195357	1933	34581	113639	34927	8088	2110	79
水泥、石灰和石膏的制造	34847	283	4199	17963	9081	2695	615	11
水泥及石膏制品制造	17108	216	2954	9375	3392	912	247	12
砖瓦、石材及其他建筑材料制造	69257	998	15542	41391	9276	1583	455	12
玻璃及玻璃制品制造	28664	167	4303	17371	5289	1162	351	21
陶瓷制品制造	34746	174	6277	21767	5322	992	207	7
耐火材料制品制造	5108	29	694	2972	1041	280	87	5
石墨及其他非金属矿物制品制造	5627	66	612	2800	1526	464	148	11
黑色金属冶炼及压延加工业	62435	264	6285	33228	15379	5542	1672	65
炼铁	12233	72	1487	6814	2770	849	233	8
炼钢	22105	65	1495	10779	6297	2604	828	37
钢压延加工	21227	84	2507	11821	4677	1618	504	16
铁合金冶炼	6870	43	796	3814	1635	471	107	4
有色金属冶炼及压延加工业	41514	183	4131	20020	11326	4329	1473	52
常用有色金属冶炼	22615	99	1844	10110	6979	2715	844	24
贵金属冶炼	1696	6	173	715	489	206	101	6
稀有稀土金属冶炼	2700	11	316	1497	579	215	78	4
有色金属合金制造	1772	4	154	876	423	235	79	1
有色金属压延加工	12731	63	1644	6822	2856	958	371	17
金属制品业	153258	1006	22946	93964	27052	6390	1848	52
结构性金属制品制造	64146	331	8494	40033	11690	2742	832	24
金属工具制造	26037	174	3935	15518	4988	1130	284	8
集装箱及金属包装容器制造	4173	19	439	2247	1063	287	115	3
金属丝绳及其制品的制造	5502	27	767	3325	1006	292	82	3
建筑、安全用金属制品制造	15276	145	2649	9454	2270	587	167	4
金属表面处理及热处理加工	9740	122	1887	5900	1431	310	86	4
搪瓷制品制造	1273	9	221	770	221	36	14	2
不锈钢及类似日用金属制品制造	21224	140	3728	13058	3361	743	193	1
其他金属制品制造	5887	39	826	3659	1022	263	75	3
通用设备制造业	149123	1043	19359	83844	32586	9165	3030	96
锅炉及原动机制造	6312	22	555	3199	1748	548	235	5
金属加工机械制造	31692	108	2890	17735	7950	2280	714	15
起重运输设备制造	7216	33	528	3607	2011	721	294	22
泵、阀门、压缩机及类似机械的制造	21185	258	3478	11406	4313	1261	453	16
轴承、齿轮、传动和驱动部件的制造	16784	113	2351	9789	3463	824	239	5
烘炉、熔炉及电炉制造	781		78	432	203	55	13	
风机、衡器、包装设备等通用设备制造	11361	56	1277	6167	2638	868	342	13
通用零部件制造及机械修理	37755	350	5630	21908	7388	1912	552	15
金属铸、锻加工	16037	103	2572	9601	2872	696	188	5
专用设备制造业	72212	276	6307	37088	19338	6631	2395	177
矿山、冶金、建筑专用设备制造	12265	31	822	5499	3686	1483	676	68
化工、木材、非金属加工专用设备制造	19145	80	1813	10146	5343	1419	335	9
食品、饮料、烟草及饲料生产专用设备制造	2027	14	219	1129	479	146	38	2
印刷、制药、日化生产专用设备制造	4449	12	339	2245	1251	437	156	9
纺织、服装和皮革工业专用设备制造	5383	32	686	2936	1312	314	100	3
电子和电工机械专用设备制造	15030	48	1036	7773	3962	1540	621	50
农、林、牧、渔专用机械制造	5758	23	624	3266	1393	379	71	2
医疗仪器设备及器械制造	3772	15	335	1935	901	405	167	14
环保、社会公共安全及其他专用设备制造	4383	21	433	2159	1011	508	231	20

4-6b 续表 4

单位：人

行业中类 性　别	合 计	未 上 过 学	小 学	初 中	高 中	大 学 专 科	大 学 本 科	研究生
交通运输设备制造业	112936	667	12180	61199	26283	8706	3671	230
铁路运输设备制造	2601	5	182	1210	795	284	118	7
汽车制造	71405	435	7146	38890	17330	5357	2100	147
摩托车制造	10852	63	1636	6336	2212	460	144	1
自行车制造	6664	48	1023	4148	1113	253	76	3
船舶及浮动装置制造	15552	109	2011	9178	2944	995	303	12
航空航天器制造	4426	1	51	577	1587	1251	899	60
交通器材及其他交通运输设备制造	1436	6	131	860	302	106	31	
电气机械及器材制造业	117694	628	14003	65873	25856	8301	2874	159
电机制造	13770	72	1560	7283	3213	1177	440	25
输配电及控制设备制造	22042	116	2125	11800	5323	1978	670	30
电线、电缆、光缆及电工器材制造	14693	68	1445	8478	3212	1087	381	22
电池制造	9171	49	870	4880	2379	709	265	19
家用电力器具制造	30775	152	4360	17136	6507	1939	650	31
非电力家用器具制造	3328	24	443	1704	752	291	104	10
照明器具制造	21273	129	2930	13180	3868	878	274	14
其他电气机械及器材制造	2642	18	270	1412	602	242	90	8
通信设备、计算机及其他电子设备制造业	108959	347	8396	62182	26361	8291	3138	244
通信设备制造	10625	20	588	5249	3174	1037	502	55
雷达及配套设备制造	181		22	81	42	27	9	
广播电视设备制造	909	3	89	439	219	114	44	1
电子计算机制造	5916	9	288	2792	1747	688	345	47
电子器件制造	23419	68	1712	12664	6150	2025	749	51
电子元件制造	58458	215	4844	35197	13142	3761	1223	76
家用视听设备制造	5818	27	566	3587	1095	378	159	6
其他电子设备制造	3633	5	287	2173	792	261	107	8
仪器仪表及文化、办公用机械制造业	22602	224	2808	11914	5082	1842	696	36
通用仪器仪表制造	9547	114	1196	4709	2177	939	391	21
专用仪器仪表制造	3213	24	342	1485	825	374	159	4
钟表与计时仪器制造	2142	8	271	1362	390	86	23	2
光学仪器及眼镜制造	4799	55	654	2875	924	226	62	3
文化、办公用机械制造	2063	12	240	1066	543	146	52	4
其他仪器仪表的制造及修理	838	11	105	417	223	71	9	2
工艺品及其他制造业	80696	1325	17302	48564	10794	2135	554	22
工艺美术品制造	60037	958	12581	36710	7988	1424	359	17
日用杂品制造	15344	266	3572	8925	1934	511	133	3
煤制品制造	2734	58	644	1529	404	71	27	1
核辐射加工	74		8	32	14	13	7	
其他未列明的制造业	2507	43	497	1368	454	116	28	1
废弃资源和废旧材料回收加工业	22876	619	6322	13191	2283	347	109	5
金属废料和碎屑的加工处理	11894	288	3098	6966	1271	217	52	2
非金属废料和碎屑的加工处理	10982	331	3224	6225	1012	130	57	3
电力、燃气及水的生产和供应业	**126974**	**247**	**5415**	**38516**	**45845**	**28197**	**8514**	**240**
电力、热力的生产和供应业	99655	168	3630	28432	36071	23783	7363	208
电力生产	36011	64	1559	10247	12609	8383	3038	111
电力供应	57783	86	1711	15901	21392	14536	4069	88
热力生产和供应	5861	18	360	2284	2070	864	256	9
燃气生产和供应业	7725	33	632	3203	2437	1046	365	9
燃气生产和供应业	7725	33	632	3203	2437	1046	365	9
水的生产和供应业	19594	46	1153	6881	7337	3368	786	23
自来水的生产和供应	17967	40	975	6316	6860	3091	673	12
污水处理及其再生利用	1083	4	96	317	357	214	87	8
其他水的处理、利用与分配	544	2	82	248	120	63	26	3

4-6b 续表 5

单位：人

行业中类 性 别	合 计	未 上 过 学	小 学	初 中	高 中	大 学 专 科	大 学 本 科	研究生
建筑业	**837326**	**9871**	**172189**	**512187**	**110799**	**24266**	**7762**	**252**
房屋和土木工程建筑业	645661	8552	143098	389873	80154	17954	5850	180
房屋工程建筑	579922	7862	131201	354138	69116	13536	3950	119
土木工程建筑	65739	690	11897	35735	11038	4418	1900	61
建筑安装业	42558	285	5962	26157	7803	1748	586	17
建筑安装业	42558	285	5962	26157	7803	1748	586	17
建筑装饰业	134018	853	20423	87648	20246	3796	1012	40
建筑装饰业	134018	853	20423	87648	20246	3796	1012	40
其他建筑业	15089	181	2706	8509	2596	768	314	15
工程准备	4931	52	914	2877	758	228	93	9
提供施工设备服务	3439	18	444	2073	692	151	59	2
其他未列明的建筑活动	6719	111	1348	3559	1146	389	162	4
交通运输、仓储和邮政业	**621101**	**3765**	**71227**	**368435**	**138720**	**31298**	**7496**	**160**
铁路运输业	30178	278	2274	11847	11653	3399	714	13
铁路旅客运输	11952	240	1330	4996	4020	1121	242	3
铁路货物运输	5335	11	322	2027	2107	697	166	5
铁路运输辅助活动	12891	27	622	4824	5526	1581	306	5
道路运输业	391587	1549	42483	248179	81527	14744	3054	51
公路旅客运输	99874	391	10322	61345	23530	3637	641	8
道路货物运输	253540	951	28662	169603	47057	6069	1166	32
道路运输辅助活动	38173	207	3499	17231	10940	5038	1247	11
城市公共交通业	97831	674	11415	59838	22501	2828	565	10
公共电汽车客运	10827	40	929	6264	2915	546	130	3
轨道交通	1020	7	114	492	247	117	40	3
出租车客运	66112	224	5394	41855	16441	1874	321	3
城市轮渡	115		10	52	44	7	2	
其他城市公共交通	19757	403	4968	11175	2854	284	72	1
水上运输业	13851	204	2564	6932	2636	1069	440	6
水上旅客运输	2506	27	394	1335	496	182	71	1
水上货物运输	9401	164	1962	4845	1702	536	189	3
水上运输辅助活动	1944	13	208	752	438	351	180	2
航空运输业	5313	8	242	1553	1226	1391	845	48
航空客货运输	2677	2	90	660	573	766	560	26
通用航空服务	872	2	79	433	173	139	42	4
航空运输辅助活动	1764	4	73	460	480	486	243	18
管道运输业	729	4	59	294	232	106	34	
管道运输业	729	4	59	294	232	106	34	
装卸搬运和其他运输服务业	47263	935	10391	27158	7127	1303	338	11
装卸搬运	37962	886	9378	21944	4977	639	132	6
运输代理服务	9301	49	1013	5214	2150	664	206	5
仓储业	14819	92	1227	6855	4488	1736	409	12
谷物、棉花等农产品仓储	7886	35	539	3399	2735	1013	161	4
其他仓储	6933	57	688	3456	1753	723	248	8
邮政业	19530	21	572	5779	7330	4722	1097	9
国家邮政	15053	17	326	3780	5891	4107	924	8
其他寄递服务	4477	4	246	1999	1439	615	173	1

4-6b 续表 6 单位：人

行业中类 性别	合计	未上过学	小学	初中	高中	大学专科	大学本科	研究生
信息传输、计算机服务和软件业	**73382**	**125**	**2263**	**20726**	**23988**	**18457**	**7443**	**380**
电信和其他信息传输服务业	56025	62	1377	14740	19233	15189	5283	141
电信	46404	53	1097	12053	16103	12769	4237	92
互联网信息服务	5899	7	202	1955	1873	1284	543	35
广播电视传输服务	3596	2	74	699	1209	1109	491	12
卫星传输服务	126		4	33	48	27	12	2
计算机服务业	11727	47	639	4538	3687	2016	743	57
计算机系统服务	3667	26	275	1447	935	606	342	36
数据处理	906	6	68	322	290	146	67	7
计算机维修	3644	5	117	1266	1325	739	188	4
其他计算机服务	3510	10	179	1503	1137	525	146	10
软件业	5630	16	247	1448	1068	1252	1417	182
公共软件服务	3883	10	77	654	669	1052	1260	161
其他软件服务	1747	6	170	794	399	200	157	21
批发和零售业	**1671189**	**15810**	**215333**	**936098**	**398013**	**86276**	**19142**	**517**
批发业	268447	3167	37675	144228	61259	17043	4890	185
农畜产品批发	33266	354	4743	18734	7349	1737	339	10
食品、饮料及烟草制品批发	69091	753	10028	38029	15203	4028	1023	27
纺织、服装及日用品批发	43217	229	4411	24446	10422	2758	921	30
文化、体育用品及器材批发	4697	25	397	2267	1379	500	125	4
医药及医疗器材批发	8850	42	553	3534	3077	1300	334	10
矿产品、建材及化工产品批发	53972	362	6240	28540	14029	3750	1014	37
机械设备、五金交电及电子产品批发	20501	86	1811	10513	5601	1864	599	27
贸易经纪与代理	2674	18	176	777	688	581	397	37
其他批发	32179	1298	9316	17388	3511	525	138	3
零售业	1402742	12643	177658	791870	336754	69233	14252	332
综合零售	458247	3855	53717	263453	111988	21137	4013	84
食品、饮料及烟草制品专门零售	329564	5574	64536	189205	59302	9193	1709	45
纺织、服装及日用品专门零售	289111	1414	27521	168317	75333	13758	2730	38
文化、体育用品及器材专门零售	34027	193	3062	17276	10006	2805	664	21
医药及医疗器材专门零售	36440	146	2087	14341	13705	5279	866	16
汽车、摩托车、燃料及零配件专门零售	41359	133	2987	21844	11498	3878	991	28
家用电器及电子产品专门零售	73692	149	4400	36332	23584	7273	1896	58
五金、家具及室内装修材料专门零售	94704	471	11020	55314	22710	4194	967	28
无店铺及其他零售	45598	708	8328	25788	8628	1716	416	14
住宿和餐饮业	**472771**	**5398**	**70071**	**288372**	**91427**	**14508**	**2910**	**85**
住宿业	65709	588	7626	35407	17016	4143	906	23
旅游饭店	26404	157	2425	13767	7415	2099	524	17
一般旅馆	34697	387	4615	19125	8470	1778	318	4
其他住宿服务	4608	44	586	2515	1131	266	64	2
餐饮业	407062	4810	62445	252965	74411	10365	2004	62
正餐服务	267411	2632	37433	167482	51046	7336	1439	43
快餐服务	67584	930	11180	42222	11455	1480	308	9
饮料及冷饮服务	7321	103	1099	4297	1497	262	61	2
其他餐饮服务	64746	1145	12733	38964	10413	1287	196	8
金融业	**114644**	**93**	**1973**	**18996**	**36258**	**40367**	**16590**	**367**
银行业	75020	51	1007	8425	22306	30098	12884	249
中央银行	5385	4	82	593	1454	2139	1085	28
商业银行	55264	37	721	6164	16350	22188	9621	183
其他银行	14371	10	204	1668	4502	5771	2178	38
证券业	2155	8	130	550	436	571	419	41
证券市场管理	417	1	24	126	95	107	56	8
证券经纪与交易	897	5	49	220	166	249	193	15
证券投资	627	1	26	123	138	176	151	12
证券分析与咨询	214	1	31	81	37	39	19	6

4-6b 续表 7

单位：人

行业中类 性 别	合 计	未 上 过 学	小 学	初 中	高 中	大 学 专 科	大 学 本 科	研究生
保险业	29393	19	637	8199	10906	7232	2355	45
人寿保险	22243	15	493	6470	8419	5149	1664	33
非人寿保险	6691	3	135	1611	2324	1961	648	9
保险辅助服务	459	1	9	118	163	122	43	3
其他金融活动	8076	15	199	1822	2610	2466	932	32
金融信托与管理	2003	10	68	601	554	510	246	14
金融租赁	163	1	15	48	47	35	17	
财务公司	775	1	10	115	240	277	125	7
邮政储蓄	3479	1	34	619	1241	1204	376	4
典当	437	1	22	157	161	77	19	
其他未列明的金融活动	1219	1	50	282	367	363	149	7
房地产业	**57594**	**554**	**6963**	**23329**	**15177**	**8324**	**3149**	**98**
房地产业	57594	554	6963	23329	15177	8324	3149	98
房地产开发经营	24793	123	2319	8785	6582	4900	2009	75
物业管理	26831	399	4209	12641	6738	2187	641	16
房地产中介服务	4505	16	300	1387	1459	955	383	5
其他房地产活动	1465	16	135	516	398	282	116	2
租赁和商务服务业	**72347**	**456**	**6419**	**29108**	**19008**	**11662**	**5409**	**285**
租赁业	7708	50	884	4516	1689	425	137	7
机械设备租赁	6118	36	652	3600	1370	338	117	5
文化及日用品出租	1590	14	232	916	319	87	20	2
商务服务业	64639	406	5535	24592	17319	11237	5272	278
企业管理服务	10941	54	733	3412	3246	2307	1116	73
法律服务	3304	8	77	344	548	1133	1115	79
咨询与调查	4597	9	87	592	1195	1733	922	59
广告业	10004	9	374	3324	3235	2180	853	29
知识产权服务	128		1	28	36	30	31	2
职业中介服务	4595	38	589	2567	885	346	163	7
市场管理	3126	40	420	1320	803	427	113	3
旅行社	4804	29	276	1328	1552	1227	386	6
其他商务服务	23140	219	2978	11677	5819	1854	573	20
科学研究、技术服务和地质勘查业	**22214**	**96**	**1102**	**5612**	**5499**	**5665**	**3636**	**604**
研究与试验发展	4216	39	279	1101	814	818	813	352
自然科学研究与试验发展	703	1	35	187	144	144	128	64
工程和技术研究与试验发展	1400	3	36	247	251	293	402	168
农业科学研究与试验发展	1618	34	160	520	327	301	202	74
医学研究与试验发展	274	1	43	105	42	31	32	20
社会人文科学研究与试验发展	221		5	42	50	49	49	26
专业技术服务业	10891	42	469	2705	2650	3015	1868	142
气象服务	1963	13	138	701	415	418	275	3
地震服务	499	1	51	245	83	75	39	5
海洋服务	121	1	9	46	30	24	9	2
测绘服务	546	1	9	127	165	154	86	4
技术检测	1647	3	44	322	482	485	270	41
环境监测	496	3	24	105	127	149	83	5
工程技术与规划管理	4198	15	104	663	954	1426	972	64
其他专业技术服务	1421	5	90	496	394	284	134	18
科技交流和推广服务业	3754	9	231	836	963	1156	510	49
技术推广服务	2767	7	123	511	756	931	405	34
科技中介服务	379	1	24	117	90	101	39	7
其他科技服务	608	1	84	208	117	124	66	8
地质勘查业	3353	6	123	970	1072	676	445	61
矿产地质勘查	2384	2	87	698	785	483	286	43
基础地质勘查	482	4	20	145	146	80	83	4
地质勘查技术服务	487		16	127	141	113	76	14

4-6b 续表 8　　　　单位: 人

行业中类 性　别	合　计	未　上 过　学	小　学	初　中	高　中	大　学 专　科	大　学 本　科	研究生
水利、环境和公共设施管理业	**58003**	**1419**	**10127**	**20981**	**13941**	**8494**	**2967**	**74**
水利管理业	13692	37	536	3533	4680	3679	1210	17
防洪管理	1825	2	58	411	681	491	178	4
水资源管理	9784	28	398	2601	3283	2621	841	12
其他水利管理	2083	7	80	521	716	567	191	1
环境管理业	27855	1136	7326	11331	5024	2206	807	25
自然保护	1136	10	94	343	316	264	106	3
环境治理	26719	1126	7232	10988	4708	1942	701	22
公共设施管理业	16456	246	2265	6117	4237	2609	950	32
市政公共设施管理	6464	87	711	2282	1846	1148	375	15
城市绿化管理	4570	115	1011	1805	916	499	220	4
游览景区管理	5422	44	543	2030	1475	962	355	13
居民服务和其他服务业	**353569**	**5470**	**54927**	**209332**	**69510**	**11854**	**2417**	**59**
居民服务业	199345	3457	31828	117061	38743	6803	1420	33
家庭服务	31021	1528	8753	15887	4133	578	136	6
托儿所	1798	13	180	800	524	240	40	1
洗染服务	6368	56	851	3912	1275	192	80	2
理发及美容保健服务	81430	425	8307	53676	16507	2124	388	3
洗浴服务	14830	192	2304	9289	2602	386	55	2
婚姻服务	1769	11	118	883	555	161	41	
殡葬服务	4208	78	984	2144	743	198	61	
摄影扩印服务	11176	31	585	5741	3748	896	169	6
其他居民服务	46745	1123	9746	24729	8656	2028	450	13
其他服务业	154224	2013	23099	92271	30767	5051	997	26
修理与维护	112962	737	13141	70455	24195	3770	647	17
清洁服务	22203	916	6234	11298	3131	506	115	3
其他未列明的服务	19059	360	3724	10518	3441	775	235	6
教育	**530663**	**604**	**7956**	**40731**	**90424**	**213858**	**172351**	**4739**
教育	530663	604	7956	40731	90424	213858	172351	4739
学前教育	44899	92	1216	9156	15893	14341	4164	37
初等教育	186819	166	2258	11111	39423	94298	39356	207
中等教育	265287	266	3311	14540	28953	97382	119073	1762
高等教育	17953	59	758	2594	2077	3495	6420	2550
其他教育	15705	21	413	3330	4078	4342	3338	183
卫生、社会保障和社会福利业	**231719**	**467**	**5378**	**32504**	**72899**	**89662**	**30080**	**729**
卫生	224627	402	4794	30431	70908	88008	29369	715
医院	137118	225	2445	14555	39579	57112	22571	631
卫生院及社区医疗活动	43343	88	1049	6907	15522	16358	3383	36
门诊部医疗活动	22874	40	810	6099	8841	6070	1004	10
计划生育技术服务活动	5448	7	68	609	1779	2375	601	9
妇幼保健活动	4665	12	73	418	1418	2089	646	9
专科疾病防治活动	1455	1	34	273	510	499	136	2
疾病预防控制及防疫活动	5998	9	66	586	2020	2526	775	16
其他卫生活动	3726	20	249	984	1239	979	253	2
社会保障业	3595	8	108	678	1006	1202	581	12
社会保障业	3595	8	108	678	1006	1202	581	12
社会福利业	3497	57	476	1395	985	452	130	2
提供住宿的社会福利	2868	51	398	1157	799	362	99	2
不提供住宿的社会福利	629	6	78	238	186	90	31	

4-6b 续表 9

单位: 人

行业中类 性别	合计	未上过学	小学	初中	高中	大学专科	大学本科	研究生
文化、体育和娱乐业	**59796**	**278**	**4538**	**24213**	**16296**	**9777**	**4536**	**158**
新闻出版业	3965	13	256	1173	817	892	757	57
新闻业	1224	5	68	269	221	363	285	13
出版业	2741	8	188	904	596	529	472	44
广播、电视、电影和音像业	14281	19	352	2750	4377	4496	2238	49
广播	4326	4	58	636	1380	1550	685	13
电视	5914	8	78	766	1559	2217	1259	27
电影	2168	4	131	619	827	420	161	6
音像制作	1873	3	85	729	611	309	133	3
文化艺术业	9809	35	566	2870	2934	2418	959	27
文艺创作与表演	3659	12	306	1370	1042	654	264	11
艺术表演场馆	790	5	40	251	273	162	59	
图书馆与档案馆	1748	1	30	284	562	618	247	6
文物及文化保护	845	5	30	159	269	278	104	
博物馆	554	2	17	89	176	186	78	6
烈士陵园、纪念馆	252	2	14	58	72	72	34	
群众文化活动	1050	5	59	262	301	298	122	3
文化艺术经纪代理	93		3	25	36	21	8	
其他文化艺术	818	3	67	372	203	129	43	1
体育	2191	11	208	1047	497	273	150	5
体育组织	1428	7	134	723	322	147	94	1
体育场馆	468	3	39	174	114	97	38	3
其他体育	295	1	35	150	61	29	18	1
娱乐业	29550	200	3156	16373	7671	1698	432	20
室内娱乐活动	19855	136	2200	11448	4943	929	187	12
游乐园	1236	10	126	553	365	133	47	2
休闲健身娱乐活动	4086	35	443	2078	1089	326	111	4
其他娱乐活动	4373	19	387	2294	1274	310	87	2
公共管理和社会组织	**610223**	**1619**	**14939**	**77871**	**156834**	**229482**	**125964**	**3514**
中国共产党机关	9494	7	118	762	1873	3560	3000	174
中国共产党机关	9494	7	118	762	1873	3560	3000	174
国家机构	540963	781	8475	57237	137743	215238	118323	3166
国家权力机构	12366	21	172	1253	2900	5020	2887	113
国家行政机构	495331	717	7828	52981	127797	198017	105219	2772
人民法院和人民检察院	19030	20	212	1143	3005	6756	7667	227
其他国家机构	14236	23	263	1860	4041	5445	2550	54
人民政协和民主党派	3105	3	45	267	672	1288	792	38
人民政协	2942	3	39	236	625	1241	761	37
民主党派	163		6	31	47	47	31	1
群众团体、社会团体和宗教组织	13395	174	1265	3225	3385	3467	1791	88
群众团体	4270	15	124	536	1028	1542	977	48
社会团体	5934	28	313	1408	1813	1627	715	30
宗教组织	3191	131	828	1281	544	298	99	10
基层群众自治组织	43266	654	5036	16380	13161	5929	2058	48
社区自治组织	15630	141	1291	5058	5344	2863	912	21
村民自治组织	27636	513	3745	11322	7817	3066	1146	27
国际组织	**58**	**1**	**4**	**16**	**10**	**13**	**12**	**2**
国际组织	58	1	4	16	10	13	12	2
国际组织	58	1	4	16	10	13	12	2

4-6b 续表 10 单位：人

行业中类 性别	合计	未上过学	小学	初中	高中	大学专科	大学本科	研究生
男	**7339109**	**86658**	**1190111**	**3804360**	**1370809**	**592343**	**285038**	**9790**
农、林、牧、渔业	**2126791**	**59427**	**616537**	**1211439**	**208983**	**24572**	**5622**	**211**
农业	1939953	54728	572830	1114127	179694	15298	3125	151
谷物及其他作物的种植	1722971	49999	510141	990422	156216	13348	2715	130
蔬菜、园艺作物的种植	132674	3310	41154	73941	12989	1033	231	16
水果、坚果、饮料和香料作物的种植	79203	1284	20210	46782	9921	844	157	5
中药材的种植	5105	135	1325	2982	568	73	22	
林业	31200	860	5457	15097	6372	2642	755	17
林木的培育和种植	18553	204	2936	8499	4316	2030	554	14
木材和竹材的采运	6902	40	785	4134	1406	421	115	1
林产品的采集	5745	616	1736	2464	650	191	86	2
畜牧业	76869	2390	19449	42903	10137	1590	386	14
牲畜的饲养	22380	1460	7081	10784	2420	486	144	5
猪的饲养	30641	599	7397	17835	4141	555	111	3
家禽的饲养	18782	246	3702	11526	2827	390	86	5
狩猎和捕捉动物	221		47	120	40	9	5	
其他畜牧业	4845	85	1222	2638	709	150	40	1
渔业	49664	1238	15537	26651	5472	604	152	10
海洋渔业	26604	670	8922	14300	2405	233	70	4
内陆渔业	23060	568	6615	12351	3067	371	82	6
农、林、牧、渔服务业	29105	211	3264	12661	7308	4438	1204	19
农业服务业	15593	142	2036	7340	3605	1906	553	11
林业服务业	5152	19	362	2117	1468	927	256	3
畜牧服务业	6104	25	430	1984	1802	1491	368	4
渔业服务业	2256	25	436	1220	433	114	27	1
采矿业	**183041**	**964**	**19838**	**94905**	**45900**	**15195**	**5968**	**271**
煤炭开采和洗选业	110827	526	11759	62294	25483	8053	2636	76
烟煤和无烟煤的开采洗选	103863	485	11103	58352	23906	7494	2457	66
褐煤的开采洗选	3887	17	291	2086	999	361	125	8
其他煤炭采选	3077	24	365	1856	578	198	54	2
石油和天然气开采业	18816	23	538	4402	7871	3652	2200	130
天然原油和天然气开采	11544	17	378	2833	4821	2246	1185	64
与石油和天然气开采有关的服务活动	7272	6	160	1569	3050	1406	1015	66
黑色金属矿采选业	13072	51	1404	7272	3182	887	267	9
铁矿采选	12018	46	1254	6719	2946	798	246	9
其他黑色金属矿采选	1054	5	150	553	236	89	21	
有色金属矿采选业	19649	159	2356	9480	5362	1668	580	44
常用有色金属矿采选	12882	147	1787	6025	3395	1129	366	33
贵金属矿采选	3555	8	302	1819	1040	293	88	5
稀有稀土金属矿采选	3212	4	267	1636	927	246	126	6
非金属矿采选业	19142	190	3553	10574	3688	867	261	9
土砂石开采	13731	124	2831	8039	2258	384	90	5
化学矿采选	1494	9	173	708	389	141	73	1
采盐	2746	45	340	1198	797	281	83	2
石棉及其他非金属矿采选	1171	12	209	629	244	61	15	1
其他采矿业	1535	15	228	883	314	68	24	3
其他采矿业	1535	15	228	883	314	68	24	3

4-6b 续表 11

单位：人

行业中类 性别	合计	未上过学	小学	初中	高中	大学专科	大学本科	研究生
制造业	**1455730**	**6902**	**172811**	**843696**	**317912**	**84422**	**28550**	**1437**
农副食品加工业	71948	599	11201	41277	14878	3137	830	26
谷物磨制	11525	122	1894	6618	2371	419	97	4
饲料加工	5734	29	695	2970	1403	460	175	2
植物油加工	6562	41	808	3579	1585	425	122	2
制糖	4241	9	181	1543	1867	516	121	4
屠宰及肉类加工	22037	178	3739	13872	3510	592	138	8
水产品加工	5040	59	1059	2847	886	141	45	3
蔬菜、水果和坚果加工	3466	31	539	1965	750	147	34	
其他农副食品加工	13343	130	2286	7883	2506	437	98	3
食品制造业	44758	270	5591	25766	10034	2386	682	29
焙烤食品制造	17999	109	2269	10839	3882	712	183	5
糖果、巧克力及蜜饯制造	3042	13	333	1701	746	173	74	2
方便食品制造	10888	99	1717	6595	2030	368	77	2
液体乳及乳制品制造	2504	9	153	1134	761	341	103	3
罐头制造	2254	8	230	1322	519	149	25	1
调味品、发酵制品制造	2997	13	303	1577	807	231	64	2
其他食品制造	5074	19	586	2598	1289	412	156	14
饮料制造业	23889	97	2340	11926	6650	2207	642	27
酒精制造	1230	4	101	597	366	126	33	3
酒的制造	15891	58	1550	7758	4573	1499	436	17
软饮料制造	4818	17	401	2451	1314	491	137	7
精制茶加工	1950	18	288	1120	397	91	36	
烟草制品业	2972	8	201	921	1023	609	203	7
烟叶复烤	1124	3	105	367	366	218	64	1
卷烟制造	1390	2	66	387	509	312	109	5
其他烟草制品加工	458	3	30	167	148	79	30	1
纺织业	96401	421	11972	59728	19670	3659	922	29
棉、化纤纺织及印染精加工	48604	228	5896	29556	10413	2030	462	19
毛纺织和染整精加工	5793	22	752	3633	1143	192	51	
麻纺织	1204	4	109	670	348	57	16	
丝绢纺织及精加工	3524	16	460	2129	714	158	47	
纺织制成品制造	17157	76	2090	10641	3442	700	200	8
针织品、编织品及其制品制造	20119	75	2665	13099	3610	522	146	2
纺织服装、鞋、帽制造业	102352	337	10526	70257	17514	2865	834	19
纺织服装制造	89299	287	9021	61272	15389	2547	765	18
纺织面料鞋的制造	10979	35	1288	7605	1741	250	59	1
制帽	2074	15	217	1380	384	68	10	
皮革、毛皮、羽毛(绒)及其制品业	53875	165	6195	36970	8775	1393	363	14
皮革鞣制加工	2238	16	308	1310	449	110	45	
皮革制品制造	46550	129	5365	32224	7390	1148	282	12
毛皮鞣制及制品加工	3146	9	323	2220	500	72	21	1
羽毛(绒)加工及制品制造	1941	11	199	1216	436	63	15	1
木材加工及木、竹、藤、棕、草制品业	59651	550	10642	37952	8942	1267	283	15
锯材、木片加工	24638	245	4507	16028	3365	401	88	4
人造板制造	16346	108	2417	10588	2700	425	103	5
木制品制造	14046	108	2411	8899	2216	344	64	4
竹、藤、棕、草制品制造	4621	89	1307	2437	661	97	28	2
家具制造业	48672	269	7722	32099	7102	1135	339	6
木质家具制造	39432	221	6445	26131	5587	798	246	4
竹、藤家具制造	889	14	226	476	131	35	7	
金属家具制造	4971	20	602	3307	801	198	43	
塑料家具制造	604	2	71	360	133	26	12	
其他家具制造	2776	12	378	1825	450	78	31	2

4-6b 续表 12 单位：人

行业中类 性别	合计	未上过学	小学	初中	高中	大学专科	大学本科	研究生
造纸及纸制品业	29097	142	3450	15882	7192	1813	600	18
纸浆制造	2429	8	161	995	791	318	151	5
造纸	12959	58	1363	6786	3520	940	287	5
纸制品制造	13709	76	1926	8101	2881	555	162	8
印刷业和记录媒介的复制	17442	80	1667	9276	4846	1217	346	10
印刷	16267	76	1590	8713	4477	1088	314	9
装订及其他印刷服务活动	945	3	65	446	308	103	19	1
记录媒介的复制	230	1	12	117	61	26	13	
文教体育用品制造业	21963	69	2513	12897	4396	1477	593	18
文化用品制造	3793	17	569	2141	735	216	100	15
体育用品制造	3009	8	274	1779	669	204	73	2
乐器制造	1643	3	89	656	330	332	232	1
玩具制造	12810	35	1493	7919	2534	662	167	
游艺器材及娱乐用品制造	708	6	88	402	128	63	21	
石油加工、炼焦及核燃料加工业	11898	32	539	4775	3646	2052	821	33
精炼石油产品的制造	5575	12	179	1613	1844	1312	590	25
炼焦	6053	19	351	3088	1705	678	205	7
核燃料加工	270	1	9	74	97	62	26	1
化学原料及化学制品制造业	63590	213	5476	29358	18943	6976	2498	126
基础化学原料制造	14995	51	1115	6423	4551	2046	772	37
肥料制造	17167	54	1094	7024	6223	2130	628	14
农药制造	3104	5	209	1436	967	352	121	14
涂料、油墨、颜料及类似产品制造	6150	38	731	3259	1472	428	210	12
合成材料制造	3451	11	314	1564	941	453	158	10
专用化学产品制造	14774	50	1633	7610	3767	1243	448	23
日用化学产品制造	3949	4	380	2042	1022	324	161	16
医药制造业	15879	43	779	6076	5164	2577	1142	98
化学药品原药制造	4068	6	174	1533	1320	641	367	27
化学药品制剂制造	3393	3	116	1121	1182	644	296	31
中药饮片加工	1427	15	112	685	383	162	61	9
中成药制造	3491	6	142	1225	1229	648	229	12
兽用药品制造	674	3	38	249	220	119	44	1
生物、生化制品的制造	1200	3	76	450	372	197	86	16
卫生材料及医药用品制造	1626	7	121	813	458	166	59	2
化学纤维制造业	5377	19	668	2743	1361	439	144	3
纤维素纤维原料及纤维制造	1480	6	123	746	436	128	39	2
合成纤维制造	3897	13	545	1997	925	311	105	1
橡胶制品业	15235	59	1878	8846	3289	889	263	11
轮胎制造	4978	10	415	2702	1303	444	97	7
橡胶板、管、带的制造	3045	18	375	1733	667	191	59	2
橡胶零件制造	2277	6	261	1328	520	112	49	1
再生橡胶制造	623	4	89	373	128	23	6	
日用及医用橡胶制品制造	524		64	325	96	22	17	
橡胶靴鞋制造	2742	19	545	1803	325	41	8	1
其他橡胶制品制造	1046	2	129	582	250	56	27	
塑料制品业	35899	188	4962	21342	7369	1552	464	22
塑料薄膜制造	4256	27	525	2522	927	195	55	5
塑料板、管、型材的制造	5882	24	692	3346	1307	383	120	10
塑料丝、绳及编织品的制造	4083	35	708	2430	690	170	48	2
泡沫塑料制造	1520	7	245	928	260	64	16	
塑料人造革、合成革制造	1191	3	180	697	246	45	20	
塑料包装箱及容器制造	3404	15	444	1996	767	138	43	1
塑料零件制造	3967	28	540	2260	882	191	64	2
日用塑料制造	6688	27	953	4182	1276	195	55	
其他塑料制品制造	4908	22	675	2981	1014	171	43	2

4-6b 续表 13

单位：人

行业中类 性别	合计	未上过学	小学	初中	高中	大学专科	大学本科	研究生
非金属矿物制品业	131689	990	21116	77308	25292	5398	1525	60
水泥、石灰和石膏的制造	25727	170	3149	13402	6689	1843	464	10
水泥及石膏制品制造	12727	141	2099	7110	2574	625	172	6
砖瓦、石材及其他建筑材料制造	49417	522	10324	30107	7056	1074	324	10
玻璃及玻璃制品制造	17016	63	2122	10256	3564	746	250	15
陶瓷制品制造	19360	49	2584	12397	3577	607	140	6
耐火材料制品制造	3628	16	475	2109	765	194	65	4
石墨及其他非金属矿物制品制造	3814	29	363	1927	1067	309	110	9
黑色金属冶炼及压延加工业	48859	184	4783	26402	12025	4126	1283	56
炼铁	9614	54	1120	5428	2182	632	190	8
炼钢	17443	42	1164	8626	4974	1968	636	33
钢压延加工	16730	59	1950	9483	3655	1197	373	13
铁合金冶炼	5072	29	549	2865	1214	329	84	2
有色金属冶炼及压延加工业	29954	94	2776	14763	8268	2923	1084	46
常用有色金属冶炼	16873	62	1333	7812	5150	1874	621	21
贵金属冶炼	1285	3	140	546	363	144	85	4
稀有稀土金属冶炼	1720	2	180	939	406	139	50	4
有色金属合金制造	1246	2	93	643	282	161	64	1
有色金属压延加工	8830	25	1030	4823	2067	605	264	16
金属制品业	104992	407	13341	65594	20014	4337	1260	39
结构性金属制品制造	46429	154	5299	29431	9020	1925	580	20
金属工具制造	16915	67	2206	10146	3535	764	192	5
集装箱及金属包装容器制造	2909	8	230	1578	811	198	81	3
金属丝绳及其制品的制造	3536	8	437	2169	690	178	53	1
建筑、安全用金属制品制造	9938	46	1395	6382	1635	378	100	2
金属表面处理及热处理加工	6628	52	1054	4201	1063	199	56	3
搪瓷制品制造	827	5	121	513	155	21	10	2
不锈钢及类似日用金属制品制造	13927	52	2131	8739	2384	488	132	1
其他金属制品制造	3883	15	468	2435	721	186	56	2
通用设备制造业	105623	411	11683	59943	24924	6385	2204	73
锅炉及原动机制造	4759	9	378	2422	1363	396	186	5
金属加工机械制造	24437	59	2036	13860	6329	1621	518	14
起重运输设备制造	5774	16	371	2948	1666	541	216	16
泵、阀门、压缩机及类似机械的制造	14621	86	1993	8043	3321	846	321	11
轴承、齿轮、传动和驱动部件的制造	10931	39	1304	6356	2512	549	166	5
烘炉、熔炉及电炉制造	599		47	341	161	41	9	
风机、衡器、包装设备等通用设备制造	7401	25	660	3928	1908	613	258	9
通用零部件制造及机械修理	25022	120	3060	14684	5459	1288	402	9
金属铸、锻加工	12079	57	1834	7361	2205	490	128	4
专用设备制造业	49051	128	3688	24893	14084	4438	1690	130
矿山、冶金、建筑专用设备制造	9342	19	573	4268	2877	1042	508	55
化工、木材、非金属加工专用设备制造	14615	44	1179	7808	4343	1009	227	5
食品、饮料、烟草及饲料生产专用设备制造	1438	7	142	801	361	98	27	2
印刷、制药、日化生产专用设备制造	2824	4	159	1393	871	284	109	4
纺织、服装和皮革工业专用设备制造	3370	14	380	1779	911	217	67	2
电子和电工机械专用设备制造	8232	15	455	3982	2353	953	437	37
农、林、牧、渔专用机械制造	4274	13	405	2445	1079	275	55	2
医疗仪器设备及器械制造	1779	5	116	819	507	223	101	8
环保、社会公共安全及其他专用设备制造	3177	7	279	1598	782	337	159	15

4-6b 续表 14 单位：人

行业中类 性 别	合 计	未上过学	小 学	初 中	高 中	大学专科	大学本科	研究生
交通运输设备制造业	81166	287	7545	44470	19937	6091	2655	181
铁路运输设备制造	1985	3	137	941	601	203	94	6
汽车制造	51142	172	4354	27909	13288	3790	1515	114
摩托车制造	7125	23	881	4213	1583	314	110	1
自行车制造	4285	20	559	2731	766	159	49	1
船舶及浮动装置制造	12778	67	1489	7687	2498	784	243	10
航空航天器制造	2805		29	364	981	761	621	49
交通器材及其他交通运输设备制造	1046	2	96	625	220	80	23	
电气机械及器材制造业	67035	178	6285	36425	16690	5408	1939	110
电机制造	8863	24	801	4564	2298	830	326	20
输配电及控制设备制造	11900	32	896	5920	3310	1271	450	21
电线、电缆、光缆及电工器材制造	8998	25	742	5113	2128	729	246	15
电池制造	5116	10	392	2621	1458	441	182	12
家用电力器具制造	17721	53	1997	9695	4237	1281	438	20
非电力家用器具制造	2018	6	235	992	525	180	70	10
照明器具制造	10785	21	1092	6641	2322	531	171	7
其他电气机械及器材制造	1634	7	130	879	412	145	56	5
通信设备、计算机及其他电子设备制造业	53368	78	2981	28255	14750	5062	2060	182
通信设备制造	5217	12	246	2346	1642	597	336	38
雷达及配套设备制造	104		12	41	30	14	7	
广播电视设备制造	458		26	196	141	71	24	
电子计算机制造	3100	2	125	1294	995	414	234	36
电子器件制造	11673	13	590	5811	3428	1287	504	40
电子元件制造	28025	44	1667	15810	7407	2257	784	56
家用视听设备制造	3046	7	200	1795	681	258	100	5
其他电子设备制造	1745		115	962	426	164	71	7
仪器仪表及文化、办公用机械制造业	12644	101	1290	6459	3163	1140	462	29
通用仪器仪表制造	5594	69	610	2665	1382	596	257	15
专用仪器仪表制造	1799	6	149	811	495	224	110	4
钟表与计时仪器制造	1097	4	119	678	223	53	18	2
光学仪器及眼镜制造	2424	17	237	1435	558	133	41	3
文化、办公用机械制造	1183	2	115	605	340	87	31	3
其他仪器仪表的制造及修理	547	3	60	265	165	47	5	2
工艺品及其他制造业	35949	227	5393	22426	6295	1241	351	16
工艺美术品制造	25509	144	3475	16336	4507	806	229	12
日用杂品制造	6955	40	1228	4141	1157	303	83	3
煤制品制造	1918	25	411	1102	312	48	20	
核辐射加工	37		3	11	10	8	5	
其他未列明的制造业	1530	18	276	836	309	76	14	1
废弃资源和废旧材料回收加工业	14502	256	3608	8667	1676	223	68	4
金属废料和碎屑的加工处理	7694	117	1832	4648	922	138	36	1
非金属废料和碎屑的加工处理	6808	139	1776	4019	754	85	32	3
电力、燃气及水的生产和供应业	**89893**	**164**	**4038**	**28972**	**32063**	**18508**	**5964**	**184**
电力、热力的生产和供应业	72238	114	2735	22152	25915	15908	5253	161
电力生产	25606	39	1079	7496	8769	5822	2310	91
电力供应	42281	62	1359	12813	15688	9527	2767	65
热力生产和供应	4351	13	297	1843	1458	559	176	5
燃气生产和供应业	5157	19	444	2158	1630	676	223	7
燃气生产和供应业	5157	19	444	2158	1630	676	223	7
水的生产和供应业	12498	31	859	4662	4518	1924	488	16
自来水的生产和供应	11365	28	727	4250	4198	1746	407	9
污水处理及其再生利用	727	2	70	215	238	135	63	4
其他水的处理、利用与分配	406	1	62	197	82	43	18	3

4-6b 续表 15

单位：人

行业中类 性别	合计	未上过学	小学	初中	高中	大学专科	大学本科	研究生
建筑业	**721747**	**6882**	**140078**	**451195**	**98289**	**19002**	**6107**	**194**
房屋和土木工程建筑业	557674	5985	116647	344484	71493	14218	4706	141
房屋工程建筑	500775	5525	106827	312644	61823	10716	3147	93
土木工程建筑	56899	460	9820	31840	9670	3502	1559	48
建筑安装业	37134	206	4872	23285	6956	1362	438	15
建筑安装业	37134	206	4872	23285	6956	1362	438	15
建筑装饰业	114445	584	16468	76159	17619	2871	718	26
建筑装饰业	114445	584	16468	76159	17619	2871	718	26
其他建筑业	12494	107	2091	7267	2221	551	245	12
工程准备	4082	32	713	2450	648	161	69	9
提供施工设备服务	3002	12	362	1853	620	106	48	1
其他未列明的建筑活动	5410	63	1016	2964	953	284	128	2
交通运输、仓储和邮政业	**534736**	**2552**	**60004**	**326509**	**118201**	**22191**	**5169**	**110**
铁路运输业	23718	101	1404	9231	9647	2767	558	10
铁路旅客运输	8375	72	651	3418	3167	885	180	2
铁路货物运输	4493	6	258	1756	1775	557	136	5
铁路运输辅助活动	10850	23	495	4057	4705	1325	242	3
道路运输业	347626	1145	37034	224715	71445	11042	2210	35
公路旅客运输	82579	266	8147	51326	19690	2665	479	6
道路货物运输	236454	736	26148	159823	43778	5047	900	22
道路运输辅助活动	28593	143	2739	13566	7977	3330	831	7
城市公共交通业	86663	519	9811	53404	20111	2366	444	8
公共电汽车客运	8192	28	679	4799	2230	363	90	3
轨道交通	745	3	75	360	191	88	26	2
出租车客运	60423	183	4777	38362	15150	1675	273	3
城市轮渡	97		6	46	37	6	2	
其他城市公共交通	17206	305	4274	9837	2503	234	53	
水上运输业	11134	123	1970	5635	2227	857	316	6
水上旅客运输	1926	18	292	1027	395	144	49	1
水上货物运输	7659	99	1519	3980	1480	436	142	3
水上运输辅助活动	1549	6	159	628	352	277	125	2
航空运输业	3373	4	158	1141	834	681	526	29
航空客货运输	1634	2	55	460	381	371	350	15
通用航空服务	670	1	63	385	125	71	22	3
航空运输辅助活动	1069	1	40	296	328	239	154	11
管道运输业	586	3	47	244	188	77	27	
管道运输业	586	3	47	244	188	77	27	
装卸搬运和其他运输服务业	39205	597	8347	23115	5990	935	214	7
装卸搬运	31674	561	7519	18716	4273	507	95	3
运输代理服务	7531	36	828	4399	1717	428	119	4
仓储业	10337	48	813	4944	3151	1095	276	10
谷物、棉花等农产品仓储	5602	17	370	2501	1934	661	115	4
其他仓储	4735	31	443	2443	1217	434	161	6
邮政业	12094	12	420	4080	4608	2371	598	5
国家邮政	8812	10	234	2521	3566	1986	491	4
其他寄递服务	3282	2	186	1559	1042	385	107	1

4-6b 续表 16　　　　单位：人

行业中类 性别	合计	未上过学	小学	初中	高中	大学专科	大学本科	研究生
信息传输、计算机服务和软件业	**41935**	**44**	**1207**	**11785**	**13910**	**10037**	**4673**	**279**
电信和其他信息传输服务业	30729	23	797	8278	10677	7754	3103	97
电信	24667	22	643	6615	8606	6273	2447	61
互联网信息服务	3572	1	99	1119	1188	786	352	27
广播电视传输服务	2420		53	525	857	679	297	9
卫星传输服务	70		2	19	26	16	7	
计算机服务业	7627	14	303	2720	2552	1453	540	45
计算机系统服务	2210	9	121	783	624	397	251	25
数据处理	416	1	35	127	127	87	33	6
计算机维修	2857	4	71	932	1087	608	151	4
其他计算机服务	2144		76	878	714	361	105	10
软件业	3579	7	107	787	681	830	1030	137
公共软件服务	2603	4	32	376	442	708	918	123
其他软件服务	976	3	75	411	239	122	112	14
批发和零售业	**781779**	**4529**	**91192**	**425045**	**203847**	**45633**	**11220**	**313**
批发业	155657	1188	19721	83038	38228	10296	3059	127
农畜产品批发	20195	129	2432	11394	4837	1157	237	9
食品、饮料及烟草制品批发	38578	230	4703	20862	9546	2557	661	19
纺织、服装及日用品批发	20089	67	1880	10978	5321	1335	488	20
文化、体育用品及器材批发	2434	7	175	1140	760	272	77	3
医药及医疗器材批发	4618	19	278	1819	1603	687	208	4
矿产品、建材及化工产品批发	34720	144	3644	18215	9521	2443	723	30
机械设备、五金交电及电子产品批发	12706	26	944	6370	3740	1215	390	21
贸易经纪与代理	1538	8	99	495	433	295	189	19
其他批发	20779	558	5566	11765	2467	335	86	2
零售业	626122	3341	71471	342007	165619	35337	8161	186
综合零售	179823	1062	19656	98542	48798	9618	2113	34
食品、饮料及烟草制品专门零售	164410	1373	27476	94774	34293	5405	1063	26
纺织、服装及日用品专门零售	102312	297	9011	56355	29717	5610	1300	22
文化、体育用品及器材专门零售	15475	49	1245	7434	4915	1437	383	12
医药及医疗器材专门零售	15650	66	901	5727	5934	2528	486	8
汽车、摩托车、燃料及零配件专门零售	25874	52	1642	13552	7564	2400	646	18
家用电器及电子产品专门零售	41453	40	2022	19135	14342	4604	1276	34
五金、家具及室内装修材料专门零售	56061	179	5546	32267	14755	2668	627	19
无店铺及其他零售	25064	223	3972	14221	5301	1067	267	13
住宿和餐饮业	**212041**	**1067**	**24139**	**130131**	**47979**	**7121**	**1557**	**47**
住宿业	26999	112	2513	13971	8060	1859	469	15
旅游饭店	11204	34	779	5625	3554	929	272	11
一般旅馆	13831	72	1502	7289	3991	810	165	2
其他住宿服务	1964	6	232	1057	515	120	32	2
餐饮业	185042	955	21626	116160	39919	5262	1088	32
正餐服务	121637	499	12774	76678	27194	3694	776	22
快餐服务	31272	209	3964	19761	6389	779	164	6
饮料及冷饮服务	3006	21	391	1727	707	121	38	1
其他餐饮服务	29127	226	4497	17994	5629	668	110	3
金融业	**60804**	**41**	**1027**	**9400**	**19003**	**21777**	**9321**	**235**
银行业	43655	22	600	5291	13231	17033	7323	155
中央银行	3380	1	47	385	922	1339	670	16
商业银行	31812	15	435	3866	9625	12349	5406	116
其他银行	8463	6	118	1040	2684	3345	1247	23
证券业	1302	3	72	309	275	358	256	29
证券市场管理	231		12	68	49	68	30	4
证券经纪与交易	514	2	21	114	100	151	113	13
证券投资	414		16	76	103	111	99	9
证券分析与咨询	143	1	23	51	23	28	14	3

4-6b 续表 17

单位：人

行业中类 性 别	合 计	未 上 过 学	小 学	初 中	高 中	大 学 专 科	大 学 本 科	研究生
保险业	11470	8	226	2649	4093	3211	1253	30
人寿保险	8290	6	165	1992	3030	2192	881	24
非人寿保险	2985	1	56	609	999	965	349	6
保险辅助服务	195	1	5	48	64	54	23	
其他金融活动	4377	8	129	1151	1404	1175	489	21
金融信托与管理	1334	7	47	453	371	305	142	9
金融租赁	96		9	34	26	19	8	
财务公司	388	1	4	60	123	139	57	4
邮政储蓄	1549		23	317	561	464	181	3
典当	274		14	103	107	38	12	
其他未列明的金融活动	736		32	184	216	210	89	5
房地产业	**36965**	**246**	**4510**	**15879**	**9651**	**4661**	**1951**	**67**
房地产业	36965	246	4510	15879	9651	4661	1951	67
房地产开发经营	16488	70	1677	6426	4203	2788	1272	52
物业管理	17138	163	2583	8336	4427	1234	385	10
房地产中介服务	2397	7	162	748	774	483	220	3
其他房地产活动	942	6	88	369	247	156	74	2
租赁和商务服务业	**48189**	**235**	**4345**	**20569**	**12667**	**6893**	**3290**	**190**
租赁业	5674	25	578	3417	1272	286	93	3
机械设备租赁	4811	22	488	2909	1070	236	84	2
文化及日用品出租	863	3	90	508	202	50	9	1
商务服务业	42515	210	3767	17152	11395	6607	3197	187
企业管理服务	6841	26	425	2165	2037	1397	739	52
法律服务	2361	5	42	241	403	828	782	60
咨询与调查	2315	5	49	337	589	821	479	35
广告业	6542	3	242	2201	2159	1401	522	14
知识产权服务	70		1	14	21	17	16	1
职业中介服务	2950	16	388	1759	527	184	72	4
市场管理	2060	14	283	880	514	285	82	2
旅行社	2067	8	136	651	680	436	151	5
其他商务服务	17309	133	2201	8904	4465	1238	354	14
科学研究、技术服务和地质勘查业	**14850**	**33**	**632**	**3685**	**3807**	**3766**	**2514**	**413**
研究与试验发展	2531	8	127	609	509	506	530	242
自然科学研究与试验发展	407		16	110	80	80	78	43
工程和技术研究与试验发展	919	2	17	156	156	192	276	120
农业科学研究与试验发展	961	5	77	283	223	189	134	50
医学研究与试验发展	114	1	14	33	22	16	19	9
社会人文科学研究与试验发展	130		3	27	28	29	23	20
专业技术服务业	7294	17	277	1737	1805	2063	1305	90
气象服务	1076	5	59	306	252	282	169	3
地震服务	313		32	136	60	49	32	4
海洋服务	77		7	26	18	18	7	1
测绘服务	391		6	89	118	108	66	4
技术检测	1031	1	27	212	301	292	176	22
环境监测	315	1	15	72	82	86	56	3
工程技术与规划管理	3110	6	72	533	713	1039	707	40
其他专业技术服务	981	4	59	363	261	189	92	13
科技交流和推广服务业	2356	4	119	522	639	698	338	36
技术推广服务	1750	2	63	323	501	569	265	27
科技中介服务	237	1	15	76	63	53	25	4
其他科技服务	369	1	41	123	75	76	48	5
地质勘查业	2669	4	109	817	854	499	341	45
矿产地质勘查	1883		76	582	620	358	216	31
基础地质勘查	395	4	19	125	119	60	66	2
地质勘查技术服务	391		14	110	115	81	59	12

4-6b 续表 18

单位：人

行业中类 性 别	合 计	未 上 过 学	小 学	初 中	高 中	大 学 专 科	大 学 本 科	研究生
水利、环境和公共设施管理业	**33602**	**574**	**5072**	**11595**	**8757**	**5545**	**2001**	**58**
水利管理业	9668	23	425	2615	3268	2459	863	15
防洪管理	1306	1	46	302	486	337	130	4
水资源管理	6857	20	317	1919	2263	1726	602	10
其他水利管理	1505	2	62	394	519	396	131	1
环境管理业	13930	445	3354	5272	2811	1484	547	17
自然保护	768	3	62	236	210	180	74	3
环境治理	13162	442	3292	5036	2601	1304	473	14
公共设施管理业	10004	106	1293	3708	2678	1602	591	26
市政公共设施管理	4368	41	421	1579	1285	775	253	14
城市绿化管理	2574	44	553	973	563	299	140	2
游览景区管理	3062	21	319	1156	830	528	198	10
居民服务和其他服务业	**200423**	**1808**	**26880**	**120020**	**43255**	**6979**	**1443**	**38**
居民服务业	86650	940	12506	50659	18600	3197	730	18
家庭服务	6617	115	1323	3638	1263	221	54	3
托儿所	506	2	61	262	130	45	6	
洗染服务	2430	10	262	1450	567	94	45	2
理发及美容保健服务	33020	212	3425	21336	7115	776	154	2
洗浴服务	7034	78	1016	4322	1370	217	30	1
婚姻服务	926	7	59	464	291	79	26	
殡葬服务	2714	27	583	1402	537	129	36	
摄影扩印服务	5410	14	223	2615	1961	489	105	3
其他居民服务	27993	475	5554	15170	5366	1147	274	7
其他服务业	113773	868	14374	69361	24655	3782	713	20
修理与维护	92413	422	9741	57922	20797	3022	494	15
清洁服务	8518	269	2210	4226	1463	282	66	2
其他未列明的服务	12842	177	2423	7213	2395	478	153	3
教育	**245057**	**192**	**3649**	**17370**	**38716**	**97721**	**84822**	**2587**
教育	245057	192	3649	17370	38716	97721	84822	2587
学前教育	6904	18	374	1614	1973	2087	824	14
初等教育	77686	53	1074	4782	17721	38578	15350	128
中等教育	141690	96	1589	7352	15277	53011	63387	978
高等教育	9484	14	322	1284	1128	1872	3501	1363
其他教育	9293	11	290	2338	2617	2173	1760	104
卫生、社会保障和社会福利业	**97324**	**139**	**2434**	**15549**	**28880**	**34445**	**15428**	**449**
卫生	93982	125	2179	14662	27931	33644	14999	442
医院	52542	65	991	6335	13458	19798	11508	387
卫生院及社区医疗活动	19636	29	480	3429	6665	7205	1801	27
门诊部医疗活动	12606	18	460	3407	4785	3331	596	9
计划生育技术服务活动	2023	1	22	250	679	812	253	6
妇幼保健活动	1016	3	22	130	288	405	166	2
专科疾病防治活动	812		18	176	268	266	84	
疾病预防控制及防疫活动	3286	2	43	364	1104	1305	459	9
其他卫生活动	2061	7	143	571	684	522	132	2
社会保障业	1858	3	64	340	499	592	354	6
社会保障业	1858	3	64	340	499	592	354	6
社会福利业	1484	11	191	547	450	209	75	1
提供住宿的社会福利	1202	10	155	453	363	164	56	1
不提供住宿的社会福利	282	1	36	94	87	45	19	

4-6b 续表 19

单位：人

行业中类 性别	合计	未上过学	小学	初中	高中	大学专科	大学本科	研究生
文化、体育和娱乐业	**32151**	**93**	**2160**	**12272**	**9455**	**5583**	**2499**	**89**
新闻出版业	2494	5	171	821	518	532	413	34
新闻业	799	3	51	198	160	229	150	8
出版业	1695	2	120	623	358	303	263	26
广播、电视、电影和音像业	8910	9	242	1808	2885	2688	1249	29
广播	2754	3	42	443	908	960	389	9
电视	3695	3	60	559	1054	1304	701	14
电影	1397	2	91	430	544	239	86	5
音像制作	1064	1	49	376	379	185	73	1
文化艺术业	5150	15	333	1565	1564	1204	457	12
文艺创作与表演	2018	7	176	748	588	356	136	7
艺术表演场馆	433	2	25	136	150	88	32	
图书馆与档案馆	702		16	130	219	241	94	2
文物及文化保护	470	1	20	98	149	140	62	
博物馆	300		9	51	101	100	37	2
烈士陵园、纪念馆	129	1	11	27	42	35	13	
群众文化活动	546	3	29	141	158	155	59	1
文化艺术经纪代理	50		3	14	20	11	2	
其他文化艺术	502	1	44	220	137	78	22	
体育	1582	6	143	775	353	201	99	5
体育组织	1091	4	99	578	240	113	56	1
体育场馆	297	2	22	100	73	70	27	3
其他体育	194		22	97	40	18	16	1
娱乐业	14015	58	1271	7303	4135	958	281	9
室内娱乐活动	9374	34	826	5107	2703	563	134	7
游乐园	667	2	61	295	203	74	32	
休闲健身娱乐活动	1839	15	199	857	553	155	58	2
其他娱乐活动	2135	7	185	1044	676	166	57	
公共管理和社会组织	**422016**	**765**	**9556**	**54330**	**109526**	**158287**	**86934**	**2618**
中国共产党机关	7145	5	80	581	1403	2672	2264	140
中国共产党机关	7145	5	80	581	1403	2672	2264	140
国家机构	377060	380	5322	40292	97100	149462	82138	2366
国家权力机构	9224	10	109	899	2191	3740	2188	87
国家行政机构	343759	346	4915	37196	89759	136800	72651	2092
人民法院和人民检察院	14100	13	131	865	2324	5128	5491	148
其他国家机构	9977	11	167	1332	2826	3794	1808	39
人民政协和民主党派	2229	1	27	181	506	903	578	33
人民政协	2120	1	24	159	474	870	559	33
民主党派	109		3	22	32	33	19	
群众团体、社会团体和宗教组织	8387	75	863	2267	2222	1966	941	53
群众团体	2182	11	73	318	595	741	420	24
社会团体	3773	13	202	911	1177	1006	442	22
宗教组织	2432	51	588	1038	450	219	79	7
基层群众自治组织	27195	304	3264	11009	8295	3284	1013	26
社区自治组织	8007	71	792	2899	2595	1253	388	9
村民自治组织	19188	233	2472	8110	5700	2031	625	17
国际组织	**35**	**1**	**2**	**14**	**8**	**5**	**5**	
国际组织	35	1	2	14	8	5	5	
国际组织	35	1	2	14	8	5	5	

4-6b 续表 20

单位：人

行业中类 性别	合计	未上过学	小学	初中	高中	大学专科	大学本科	研究生
女	**5640233**	**183390**	**1226692**	**2783564**	**813748**	**433110**	**194523**	**5206**
农、林、牧、渔业	**2076264**	**140756**	**740977**	**1060267**	**116812**	**14181**	**3085**	**186**
农业	1941511	132148	696032	996835	104378	9993	1965	160
谷物及其他作物的种植	1728866	120121	618693	888270	91071	8811	1753	147
蔬菜、园艺作物的种植	137441	8703	51780	68230	7907	684	130	7
水果、坚果、饮料和香料作物的种植	70966	3003	24130	38154	5140	462	73	4
中药材的种植	4238	321	1429	2181	260	36	9	2
林业	15482	992	3799	6707	2541	1170	271	2
林木的培育和种植	9658	315	2224	4275	1742	893	207	2
木材和竹材的采运	2044	17	231	1050	494	208	44	
林产品的采集	3780	660	1344	1382	305	69	20	
畜牧业	86246	6076	31956	41522	5703	812	167	10
牲畜的饲养	15549	1629	5449	6984	1187	237	61	2
猪的饲养	46460	3253	19061	21281	2560	261	40	4
家禽的饲养	18896	853	5640	10601	1534	219	47	2
狩猎和捕捉动物	102	4	28	54	11	3	2	
其他畜牧业	5239	337	1778	2602	411	92	17	2
渔业	16848	1109	6202	8022	1221	208	83	3
海洋渔业	5502	430	2084	2530	337	73	47	1
内陆渔业	11346	679	4118	5492	884	135	36	2
农、林、牧、渔服务业	16177	431	2988	7181	2969	1998	599	11
农业服务业	9565	294	1863	4561	1606	933	303	5
林业服务业	2006	25	201	725	518	425	110	2
畜牧服务业	2658	34	271	910	658	602	179	4
渔业服务业	1948	78	653	985	187	38	7	
采矿业	**41629**	**360**	**3526**	**16819**	**13096**	**5724**	**2055**	**49**
煤炭开采和洗选业	19822	132	1514	9306	5530	2539	792	9
烟煤和无烟煤的开采洗选	18527	121	1382	8745	5167	2372	732	8
褐煤的开采洗选	704	4	69	296	204	100	31	
其他煤炭采选	591	7	63	265	159	67	29	1
石油和天然气开采业	7972	15	162	1384	3707	1782	891	31
天然原油和天然气开采	4979	10	109	848	2417	1067	515	13
与石油和天然气开采有关的服务活动	2993	5	53	536	1290	715	376	18
黑色金属矿采选业	3033	23	286	1400	903	324	96	1
铁矿采选	2713	19	230	1275	813	293	82	1
其他黑色金属矿采选	320	4	56	125	90	31	14	
有色金属矿采选业	5347	49	543	2118	1791	663	177	6
常用有色金属矿采选	3522	37	374	1399	1152	434	122	4
贵金属矿采选	887	5	52	351	355	102	21	1
稀有稀土金属矿采选	938	7	117	368	284	127	34	1
非金属矿采选业	4901	120	919	2320	1060	391	91	
土砂石开采	2836	88	667	1445	478	123	35	
化学矿采选	521	9	48	201	158	85	20	
采盐	1121	17	145	461	314	155	29	
石棉及其他非金属矿采选	423	6	59	213	110	28	7	
其他采矿业	554	21	102	291	105	25	8	2
其他采矿业	554	21	102	291	105	25	8	2

4-6b 续表 21

单位：人

行业中类 性别	合计	未上过学	小学	初中	高中	大学专科	大学本科	研究生
制造业	**1182314**	**15366**	**212290**	**713771**	**177206**	**49199**	**13903**	**579**
农副食品加工业	51413	1426	11898	28552	7309	1797	415	16
谷物磨制	6738	181	1494	3816	984	229	34	
饲料加工	2649	45	434	1375	501	233	56	5
植物油加工	3517	51	645	1845	676	227	72	1
制糖	2539	10	104	999	1076	296	54	
屠宰及肉类加工	13579	237	2856	8421	1646	320	93	6
水产品加工	6432	423	2399	2930	553	97	30	
蔬菜、水果和坚果加工	4259	100	1022	2448	527	137	25	
其他农副食品加工	11700	379	2944	6718	1346	258	51	4
食品制造业	43571	745	7905	25848	6785	1827	447	14
焙烤食品制造	18617	332	3372	11459	2782	531	137	4
糖果、巧克力及蜜饯制造	3290	27	590	1950	539	162	21	1
方便食品制造	10965	252	2398	6698	1311	245	60	1
液体乳及乳制品制造	1991	13	160	923	523	292	78	2
罐头制造	2400	32	472	1398	384	97	17	
调味品、发酵制品制造	2037	25	257	1095	460	169	29	2
其他食品制造	4271	64	656	2325	786	331	105	4
饮料制造业	16937	189	2449	8963	3750	1270	308	8
酒精制造	765	11	66	409	210	56	12	1
酒的制造	10940	88	1347	5789	2618	881	216	1
软饮料制造	3414	38	461	1906	672	260	71	6
精制茶加工	1818	52	575	859	250	73	9	
烟草制品业	1999	6	243	824	527	288	107	4
烟叶复烤	875	1	171	385	176	108	33	1
卷烟制造	829	2	44	290	282	146	62	3
其他烟草制品加工	295	3	28	149	69	34	12	
纺织业	158264	1795	28847	103185	20426	3354	643	14
棉、化纤纺织及印染精加工	66883	643	10787	43772	9746	1607	322	6
毛纺织和染整精加工	9174	103	1641	5921	1242	235	31	1
麻纺织	1599	11	207	1067	256	45	13	
丝绢纺织及精加工	5440	51	872	3565	779	142	30	1
纺织制成品制造	30263	457	5649	19489	3811	710	142	5
针织品、编织品及其制品制造	44905	530	9691	29371	4592	615	105	1
纺织服装、鞋、帽制造业	219585	1820	37420	151678	24071	3717	856	23
纺织服装制造	199729	1520	33547	138295	22128	3414	804	21
纺织面料鞋的制造	16178	178	3062	11086	1573	247	31	1
制帽	3678	122	811	2297	370	56	21	1
皮革、毛皮、羽毛(绒)及其制品业	62196	696	11396	42054	6655	1124	263	8
皮革鞣制加工	2049	36	378	1267	256	87	25	
皮革制品制造	53325	563	9871	36023	5702	942	216	8
毛皮鞣制及制品加工	3787	28	602	2746	352	51	8	
羽毛(绒)加工及制品制造	3035	69	545	2018	345	44	14	
木材加工及木、竹、藤、棕、草制品业	36968	1055	10002	21671	3435	642	157	6
锯材、木片加工	13093	368	3611	7792	1104	178	40	
人造板制造	11027	223	2663	6818	1023	235	61	4
木制品制造	6541	128	1427	3957	833	159	36	1
竹、藤、棕、草制品制造	6307	336	2301	3104	475	70	20	1
家具制造业	22164	332	4783	13564	2537	741	202	5
木质家具制造	16710	267	3671	10242	1880	510	139	1
竹、藤家具制造	689	17	210	375	64	20	3	
金属家具制造	2653	24	510	1598	336	149	36	
塑料家具制造	423	7	90	250	56	14	6	
其他家具制造	1689	17	302	1099	201	48	18	4

4-6b 续表 22

单位：人

行业中类 性　别	合 计	未上过学	小 学	初 中	高 中	大学专科	大学本科	研究生
造纸及纸制品业	20418	295	3478	11465	3812	1094	263	11
纸浆制造	1214	8	105	549	355	155	41	1
造纸	7827	72	974	4307	1820	537	114	3
纸制品制造	11377	215	2399	6609	1637	402	108	7
印刷业和记录媒介的复制	13867	222	2081	7322	3130	864	240	8
印刷	12811	209	1961	6793	2833	779	228	8
装订及其他印刷服务活动	858	8	97	437	240	70	6	
记录媒介的复制	198	5	23	92	57	15	6	
文教体育用品制造业	30285	419	6086	18335	3689	1222	513	21
文化用品制造	4532	96	1143	2515	523	172	74	9
体育用品制造	3116	43	541	1912	424	139	54	3
乐器制造	1567	6	119	705	268	270	197	2
玩具制造	20354	270	4179	12821	2331	577	169	7
游艺器材及娱乐用品制造	716	4	104	382	143	64	19	
石油加工、炼焦及核燃料加工业	4481	26	214	1430	1498	952	345	16
精炼石油产品的制造	2479	11	90	598	896	614	256	14
炼焦	1863	15	119	805	550	297	77	
核燃料加工	139		5	27	52	41	12	2
化学原料及化学制品制造业	36164	269	4709	17421	9031	3635	1061	38
基础化学原料制造	6447	48	570	2552	2009	945	313	10
肥料制造	8265	54	614	3286	3000	1089	217	5
农药制造	1598	5	159	799	397	166	65	7
涂料、油墨、颜料及类似产品制造	2505	17	325	1308	547	223	85	
合成材料制造	1888	19	270	863	448	227	59	2
专用化学产品制造	11813	105	2312	6512	1938	726	209	11
日用化学产品制造	3648	21	459	2101	692	259	113	3
医药制造业	13375	78	920	5798	3960	1907	630	82
化学药品原药制造	2626	10	137	986	865	451	168	9
化学药品制剂制造	2607	9	124	1053	863	364	147	47
中药饮片加工	1188	20	128	566	302	146	24	2
中成药制造	3382	15	154	1335	1138	556	177	7
兽用药品制造	445	3	23	193	138	68	17	3
生物、生化制品的制造	757	3	61	240	234	149	57	13
卫生材料及医药用品制造	2370	18	293	1425	420	173	40	1
化学纤维制造业	4255	37	655	2432	808	255	67	1
纤维素纤维原料及纤维制造	954	8	128	507	228	71	11	1
合成纤维制造	3301	29	527	1925	580	184	56	
橡胶制品业	9901	157	1967	5703	1503	455	112	4
轮胎制造	2117	13	274	1195	433	153	48	1
橡胶板、管、带的制造	1813	44	342	947	335	118	26	1
橡胶零件制造	1740	21	350	1010	264	80	15	
再生橡胶制造	317	8	77	180	43	7	2	
日用及医用橡胶制品制造	614	2	87	417	78	28	2	
橡胶靴鞋制造	2454	62	675	1458	213	39	6	1
其他橡胶制品制造	846	7	162	496	137	30	13	1
塑料制品业	31641	625	7106	18425	4131	1060	285	9
塑料薄膜制造	2889	52	535	1741	413	116	32	
塑料板、管、型材的制造	3706	53	669	2085	612	231	52	4
塑料丝、绳及编织品的制造	5568	197	1558	3153	522	108	29	1
泡沫塑料制造	1089	15	255	639	126	45	9	
塑料人造革、合成革制造	701	6	160	409	94	22	10	
塑料包装箱及容器制造	3451	40	697	2122	456	107	29	
塑料零件制造	3669	68	810	2114	498	136	43	
日用塑料制造	6224	108	1521	3712	693	153	36	1
其他塑料制品制造	4344	86	901	2450	717	142	45	3

4-6b 续表 23

单位：人

行业中类 性别	合计	未上过学	小学	初中	高中	大学专科	大学本科	研究生
非金属矿物制品业	63668	943	13465	36331	9635	2690	585	19
水泥、石灰和石膏的制造	9120	113	1050	4561	2392	852	151	1
水泥及石膏制品制造	4381	75	855	2265	818	287	75	6
砖瓦、石材及其他建筑材料制造	19840	476	5218	11284	2220	509	131	2
玻璃及玻璃制品制造	11648	104	2181	7115	1725	416	101	6
陶瓷制品制造	15386	125	3693	9370	1745	385	67	1
耐火材料制品制造	1480	13	219	863	276	86	22	1
石墨及其他非金属矿物制品制造	1813	37	249	873	459	155	38	2
黑色金属冶炼及压延加工业	13576	80	1502	6826	3354	1416	389	9
炼铁	2619	18	367	1386	588	217	43	
炼钢	4662	23	331	2153	1323	636	192	4
钢压延加工	4497	25	557	2338	1022	421	131	3
铁合金冶炼	1798	14	247	949	421	142	23	2
有色金属冶炼及压延加工业	11560	89	1355	5257	3058	1406	389	6
常用有色金属冶炼	5742	37	511	2298	1829	841	223	3
贵金属冶炼	411	3	33	169	126	62	16	2
稀有稀土金属冶炼	980	9	136	558	173	76	28	
有色金属合金制造	526	2	61	233	141	74	15	
有色金属压延加工	3901	38	614	1999	789	353	107	1
金属制品业	48266	599	9605	28370	7038	2053	588	13
结构性金属制品制造	17717	177	3195	10602	2670	817	252	4
金属工具制造	9122	107	1729	5372	1453	366	92	3
集装箱及金属包装容器制造	1264	11	209	669	252	89	34	
金属丝绳及其制品的制造	1966	19	330	1156	316	114	29	2
建筑、安全用金属制品制造	5338	99	1254	3072	635	209	67	2
金属表面处理及热处理加工	3112	70	833	1699	368	111	30	1
搪瓷制品制造	446	4	100	257	66	15	4	
不锈钢及类似日用金属制品制造	7297	88	1597	4319	977	255	61	
其他金属制品制造	2004	24	358	1224	301	77	19	1
通用设备制造业	43500	632	7676	23901	7662	2780	826	23
锅炉及原动机制造	1553	13	177	777	385	152	49	
金属加工机械制造	7255	49	854	3875	1621	659	196	1
起重运输设备制造	1442	17	157	659	345	180	78	6
泵、阀门、压缩机及类似机械的制造	6564	172	1485	3363	992	415	132	5
轴承、齿轮、传动和驱动部件的制造	5853	74	1047	3433	951	275	73	
烘炉、熔炉及电炉制造	182		31	91	42	14	4	
风机、衡器、包装设备等通用设备制造	3960	31	617	2239	730	255	84	4
通用零部件制造及机械修理	12733	230	2570	7224	1929	624	150	6
金属铸、锻加工	3958	46	738	2240	667	206	60	1
专用设备制造业	23161	148	2619	12195	5254	2193	705	47
矿山、冶金、建筑专用设备制造	2923	12	249	1231	809	441	168	13
化工、木材、非金属加工专用设备制造	4530	36	634	2338	1000	410	108	4
食品、饮料、烟草及饲料生产专用设备制造	589	7	77	328	118	48	11	
印刷、制药、日化生产专用设备制造	1625	8	180	852	380	153	47	5
纺织、服装和皮革工业专用设备制造	2013	18	306	1157	401	97	33	1
电子和电工机械专用设备制造	6798	33	581	3791	1609	587	184	13
农、林、牧、渔专用机械制造	1484	10	219	821	314	104	16	
医疗仪器设备及器械制造	1993	10	219	1116	394	182	66	6
环保、社会公共安全及其他专用设备制造	1206	14	154	561	229	171	72	5

4-6b 续表 24 单位：人

行业中类 性别	合计	未上过学	小学	初中	高中	大学专科	大学本科	研究生
交通运输设备制造业	31770	380	4635	16729	6346	2615	1016	49
铁路运输设备制造	616	2	45	269	194	81	24	1
汽车制造	20263	263	2792	10981	4042	1567	585	33
摩托车制造	3727	40	755	2123	629	146	34	
自行车制造	2379	28	464	1417	347	94	27	2
船舶及浮动装置制造	2774	42	522	1491	446	211	60	2
航空航天器制造	1621	1	22	213	606	490	278	11
交通器材及其他交通运输设备制造	390	4	35	235	82	26	8	
电气机械及器材制造业	50659	450	7718	29448	9166	2893	935	49
电机制造	4907	48	759	2719	915	347	114	5
输配电及控制设备制造	10142	84	1229	5880	2013	707	220	9
电线、电缆、光缆及电工器材制造	5695	43	703	3365	1084	358	135	7
电池制造	4055	39	478	2259	921	268	83	7
家用电力器具制造	13054	99	2363	7441	2270	658	212	11
非电力家用器具制造	1310	18	208	712	227	111	34	
照明器具制造	10488	108	1838	6539	1546	347	103	7
其他电气机械及器材制造	1008	11	140	533	190	97	34	3
通信设备、计算机及其他电子设备制造业	55591	269	5415	33927	11611	3229	1078	62
通信设备制造	5408	8	342	2903	1532	440	166	17
雷达及配套设备制造	77		10	40	12	13	2	
广播电视设备制造	451	3	63	243	78	43	20	1
电子计算机制造	2816	7	163	1498	752	274	111	11
电子器件制造	11746	55	1122	6853	2722	738	245	11
电子元件制造	30433	171	3177	19387	5735	1504	439	20
家用视听设备制造	2772	20	366	1792	414	120	59	1
其他电子设备制造	1888	5	172	1211	366	97	36	1
仪器仪表及文化、办公用机械制造业	9958	123	1518	5455	1919	702	234	7
通用仪器仪表制造	3953	45	586	2044	795	343	134	6
专用仪器仪表制造	1414	18	193	674	330	150	49	
钟表与计时仪器制造	1045	4	152	684	167	33	5	
光学仪器及眼镜制造	2375	38	417	1440	366	93	21	
文化、办公用机械制造	880	10	125	461	203	59	21	1
其他仪器仪表的制造及修理	291	8	45	152	58	24	4	
工艺品及其他制造业	44747	1098	11909	26138	4499	894	203	6
工艺美术品制造	34528	814	9106	20374	3481	618	130	5
日用杂品制造	8389	226	2344	4784	777	208	50	
煤制品制造	816	33	233	427	92	23	7	1
核辐射加工	37		5	21	4	5	2	
其他未列明的制造业	977	25	221	532	145	40	14	
废弃资源和废旧材料回收加工业	8374	363	2714	4524	607	124	41	1
金属废料和碎屑的加工处理	4200	171	1266	2318	349	79	16	1
非金属废料和碎屑的加工处理	4174	192	1448	2206	258	45	25	
电力、燃气及水的生产和供应业	**37081**	**83**	**1377**	**9544**	**13782**	**9689**	**2550**	**56**
电力、热力的生产和供应业	27417	54	895	6280	10156	7875	2110	47
电力生产	10405	25	480	2751	3840	2561	728	20
电力供应	15502	24	352	3088	5704	5009	1302	23
热力生产和供应	1510	5	63	441	612	305	80	4
燃气生产和供应业	2568	14	188	1045	807	370	142	2
燃气生产和供应业	2568	14	188	1045	807	370	142	2
水的生产和供应业	7096	15	294	2219	2819	1444	298	7
自来水的生产和供应	6602	12	248	2066	2662	1345	266	3
污水处理及其再生利用	356	2	26	102	119	79	24	4
其他水的处理、利用与分配	138	1	20	51	38	20	8	

4-6b 续表 25 单位：人

行业中类 性别	合计	未上过学	小学	初中	高中	大学专科	大学本科	研究生
建筑业	**115579**	**2989**	**32111**	**60992**	**12510**	**5264**	**1655**	**58**
房屋和土木工程建筑业	87987	2567	26451	45389	8661	3736	1144	39
房屋工程建筑	79147	2337	24374	41494	7293	2820	803	26
土木工程建筑	8840	230	2077	3895	1368	916	341	13
建筑安装业	5424	79	1090	2872	847	386	148	2
建筑安装业	5424	79	1090	2872	847	386	148	2
建筑装饰业	19573	269	3955	11489	2627	925	294	14
建筑装饰业	19573	269	3955	11489	2627	925	294	14
其他建筑业	2595	74	615	1242	375	217	69	3
工程准备	849	20	201	427	110	67	24	
提供施工设备服务	437	6	82	220	72	45	11	1
其他未列明的建筑活动	1309	48	332	595	193	105	34	2
交通运输、仓储和邮政业	**86365**	**1213**	**11223**	**41926**	**20519**	**9107**	**2327**	**50**
铁路运输业	6460	177	870	2616	2006	632	156	3
铁路旅客运输	3577	168	679	1578	853	236	62	1
铁路货物运输	842	5	64	271	332	140	30	
铁路运输辅助活动	2041	4	127	767	821	256	64	2
道路运输业	43961	404	5449	23464	10082	3702	844	16
公路旅客运输	17295	125	2175	10019	3840	972	162	2
道路货物运输	17086	215	2514	9780	3279	1022	266	10
道路运输辅助活动	9580	64	760	3665	2963	1708	416	4
城市公共交通业	11168	155	1604	6434	2390	462	121	2
公共电汽车客运	2635	12	250	1465	685	183	40	
轨道交通	275	4	39	132	56	29	14	1
出租车客运	5689	41	617	3493	1291	199	48	
城市轮渡	18		4	6	7	1		
其他城市公共交通	2551	98	694	1338	351	50	19	1
水上运输业	2717	81	594	1297	409	212	124	
水上旅客运输	580	9	102	308	101	38	22	
水上货物运输	1742	65	443	865	222	100	47	
水上运输辅助活动	395	7	49	124	86	74	55	
航空运输业	1940	4	84	412	392	710	319	19
航空客货运输	1043		35	200	192	395	210	11
通用航空服务	202	1	16	48	48	68	20	1
航空运输辅助活动	695	3	33	164	152	247	89	7
管道运输业	143	1	12	50	44	29	7	
管道运输业	143	1	12	50	44	29	7	
装卸搬运和其他运输服务业	8058	338	2044	4043	1137	368	124	4
装卸搬运	6288	325	1859	3228	704	132	37	3
运输代理服务	1770	13	185	815	433	236	87	1
仓储业	4482	44	414	1911	1337	641	133	2
谷物、棉花等农产品仓储	2284	18	169	898	801	352	46	
其他仓储	2198	26	245	1013	536	289	87	2
邮政业	7436	9	152	1699	2722	2351	499	4
国家邮政	6241	7	92	1259	2325	2121	433	4
其他寄递服务	1195	2	60	440	397	230	66	

4-6b 续表 26

单位：人

行业中类 性别	合计	未上过学	小学	初中	高中	大学专科	大学本科	研究生
信息传输、计算机服务和软件业	**31447**	**81**	**1056**	**8941**	**10078**	**8420**	**2770**	**101**
电信和其他信息传输服务业	25296	39	580	6462	8556	7435	2180	44
电信	21737	31	454	5438	7497	6496	1790	31
互联网信息服务	2327	6	103	836	685	498	191	8
广播电视传输服务	1176	2	21	174	352	430	194	3
卫星传输服务	56		2	14	22	11	5	2
计算机服务业	4100	33	336	1818	1135	563	203	12
计算机系统服务	1457	17	154	664	311	209	91	11
数据处理	490	5	33	195	163	59	34	1
计算机维修	787	1	46	334	238	131	37	
其他计算机服务	1366	10	103	625	423	164	41	
软件业	2051	9	140	661	387	422	387	45
公共软件服务	1280	6	45	278	227	344	342	38
其他软件服务	771	3	95	383	160	78	45	7
批发和零售业	**889410**	**11281**	**124141**	**511053**	**194166**	**40643**	**7922**	**204**
批发业	112790	1979	17954	61190	23031	6747	1831	58
农畜产品批发	13071	225	2311	7340	2512	580	102	1
食品、饮料及烟草制品批发	30513	523	5325	17167	5657	1471	362	8
纺织、服装及日用品批发	23128	162	2531	13468	5101	1423	433	10
文化、体育用品及器材批发	2263	18	222	1127	619	228	48	1
医药及医疗器材批发	4232	23	275	1715	1474	613	126	6
矿产品、建材及化工产品批发	19252	218	2596	10325	4508	1307	291	7
机械设备、五金交电及电子产品批发	7795	60	867	4143	1861	649	209	6
贸易经纪与代理	1136	10	77	282	255	286	208	18
其他批发	11400	740	3750	5623	1044	190	52	1
零售业	776620	9302	106187	449863	171135	33896	6091	146
综合零售	278424	2793	34061	164911	63190	11519	1900	50
食品、饮料及烟草制品专门零售	165154	4201	37060	94431	25009	3788	646	19
纺织、服装及日用品专门零售	186799	1117	18510	111962	45616	8148	1430	16
文化、体育用品及器材专门零售	18552	144	1817	9842	5091	1368	281	9
医药及医疗器材专门零售	20790	80	1186	8614	7771	2751	380	8
汽车、摩托车、燃料及零配件专门零售	15485	81	1345	8292	3934	1478	345	10
家用电器及电子产品专门零售	32239	109	2378	17197	9242	2669	620	24
五金、家具及室内装修材料专门零售	38643	292	5474	23047	7955	1526	340	9
无店铺及其他零售	20534	485	4356	11567	3327	649	149	1
住宿和餐饮业	**260730**	**4331**	**45932**	**158241**	**43448**	**7387**	**1353**	**38**
住宿业	38710	476	5113	21436	8956	2284	437	8
旅游饭店	15200	123	1646	8142	3861	1170	252	6
一般旅馆	20866	315	3113	11836	4479	968	153	2
其他住宿服务	2644	38	354	1458	616	146	32	
餐饮业	222020	3855	40819	136805	34492	5103	916	30
正餐服务	145774	2133	24659	90804	23852	3642	663	21
快餐服务	36312	721	7216	22461	5066	701	144	3
饮料及冷饮服务	4315	82	708	2570	790	141	23	1
其他餐饮服务	35619	919	8236	20970	4784	619	86	5
金融业	**53840**	**52**	**946**	**9596**	**17255**	**18590**	**7269**	**132**
银行业	31365	29	407	3134	9075	13065	5561	94
中央银行	2005	3	35	208	532	800	415	12
商业银行	23452	22	286	2298	6725	9839	4215	67
其他银行	5908	4	86	628	1818	2426	931	15
证券业	853	5	58	241	161	213	163	12
证券市场管理	186	1	12	58	46	39	26	4
证券经纪与交易	383	3	28	106	66	98	80	2
证券投资	213	1	10	47	35	65	52	3
证券分析与咨询	71		8	30	14	11	5	3

4-6b 续表 27

单位：人

行业中类 性　别	合计	未上过学	小学	初中	高中	大学专科	大学本科	研究生
保险业	17923	11	411	5550	6813	4021	1102	15
人寿保险	13953	9	328	4478	5389	2957	783	9
非人寿保险	3706	2	79	1002	1325	996	299	3
保险辅助服务	264		4	70	99	68	20	3
其他金融活动	3699	7	70	671	1206	1291	443	11
金融信托与管理	669	3	21	148	183	205	104	5
金融租赁	67	1	6	14	21	16	9	
财务公司	387		6	55	117	138	68	3
邮政储蓄	1930	1	11	302	680	740	195	1
典当	163	1	8	54	54	39	7	
其他未列明的金融活动	483	1	18	98	151	153	60	2
房地产业	**20629**	**308**	**2453**	**7450**	**5526**	**3663**	**1198**	**31**
房地产业	20629	308	2453	7450	5526	3663	1198	31
房地产开发经营	8305	53	642	2359	2379	2112	737	23
物业管理	9693	236	1626	4305	2311	953	256	6
房地产中介服务	2108	9	138	639	685	472	163	2
其他房地产活动	523	10	47	147	151	126	42	
租赁和商务服务业	**24158**	**221**	**2074**	**8539**	**6341**	**4769**	**2119**	**95**
租赁业	2034	25	306	1099	417	139	44	4
机械设备租赁	1307	14	164	691	300	102	33	3
文化及日用品出租	727	11	142	408	117	37	11	1
商务服务业	22124	196	1768	7440	5924	4630	2075	91
企业管理服务	4100	28	308	1247	1209	910	377	21
法律服务	943	3	35	103	145	305	333	19
咨询与调查	2282	4	38	255	606	912	443	24
广告业	3462	6	132	1123	1076	779	331	15
知识产权服务	58			14	15	13	15	1
职业中介服务	1645	22	201	808	358	162	91	3
市场管理	1066	26	137	440	289	142	31	1
旅行社	2737	21	140	677	872	791	235	1
其他商务服务	5831	86	777	2773	1354	616	219	6
科学研究、技术服务和地质勘查业	**7364**	**63**	**470**	**1927**	**1692**	**1899**	**1122**	**191**
研究与试验发展	1685	31	152	492	305	312	283	110
自然科学研究与试验发展	296	1	19	77	64	64	50	21
工程和技术研究与试验发展	481	1	19	91	95	101	126	48
农业科学研究与试验发展	657	29	83	237	104	112	68	24
医学研究与试验发展	160		29	72	20	15	13	11
社会人文科学研究与试验发展	91		2	15	22	20	26	6
专业技术服务业	3597	25	192	968	845	952	563	52
气象服务	887	8	79	395	163	136	106	
地震服务	186	1	19	109	23	26	7	1
海洋服务	44	1	2	20	12	6	2	1
测绘服务	155	1	3	38	47	46	20	
技术检测	616	2	17	110	181	193	94	19
环境监测	181	2	9	33	45	63	27	2
工程技术与规划管理	1088	9	32	130	241	387	265	24
其他专业技术服务	440	1	31	133	133	95	42	5
科技交流和推广服务业	1398	5	112	314	324	458	172	13
技术推广服务	1017	5	60	188	255	362	140	7
科技中介服务	142		9	41	27	48	14	3
其他科技服务	239		43	85	42	48	18	3
地质勘查业	684	2	14	153	218	177	104	16
矿产地质勘查	501	2	11	116	165	125	70	12
基础地质勘查	87		1	20	27	20	17	2
地质勘查技术服务	96		2	17	26	32	17	2

4-6b 续表 28

单位：人

行业中类 性别	合计	未上过学	小学	初中	高中	大学专科	大学本科	研究生
水利、环境和公共设施管理业	**24401**	**845**	**5055**	**9386**	**5184**	**2949**	**966**	**16**
水利管理业	4024	14	111	918	1412	1220	347	2
防洪管理	519	1	12	109	195	154	48	
水资源管理	2927	8	81	682	1020	895	239	2
其他水利管理	578	5	18	127	197	171	60	
环境管理业	13925	691	3972	6059	2213	722	260	8
自然保护	368	7	32	107	106	84	32	
环境治理	13557	684	3940	5952	2107	638	228	8
公共设施管理业	6452	140	972	2409	1559	1007	359	6
市政公共设施管理	2096	46	290	703	561	373	122	1
城市绿化管理	1996	71	458	832	353	200	80	2
游览景区管理	2360	23	224	874	645	434	157	3
居民服务和其他服务业	**153146**	**3662**	**28047**	**89312**	**26255**	**4875**	**974**	**21**
居民服务业	112695	2517	19322	66402	20143	3606	690	15
家庭服务	24404	1413	7430	12249	2870	357	82	3
托儿所	1292	11	119	538	394	195	34	1
洗染服务	3938	46	589	2462	708	98	35	
理发及美容保健服务	48410	213	4882	32340	9392	1348	234	1
洗浴服务	7796	114	1288	4967	1232	169	25	1
婚姻服务	843	4	59	419	264	82	15	
殡葬服务	1494	51	401	742	206	69	25	
摄影扩印服务	5766	17	362	3126	1787	407	64	3
其他居民服务	18752	648	4192	9559	3290	881	176	6
其他服务业	40451	1145	8725	22910	6112	1269	284	6
修理与维护	20549	315	3400	12533	3398	748	153	2
清洁服务	13685	647	4024	7072	1668	224	49	1
其他未列明的服务	6217	183	1301	3305	1046	297	82	3
教育	**285606**	**412**	**4307**	**23361**	**51708**	**116137**	**87529**	**2152**
教育	285606	412	4307	23361	51708	116137	87529	2152
学前教育	37995	74	842	7542	13920	12254	3340	23
初等教育	109133	113	1184	6329	21702	55720	24006	79
中等教育	123597	170	1722	7188	13676	44371	55686	784
高等教育	8469	45	436	1310	949	1623	2919	1187
其他教育	6412	10	123	992	1461	2169	1578	79
卫生、社会保障和社会福利业	**134395**	**328**	**2944**	**16955**	**44019**	**55217**	**14652**	**280**
卫生	130645	277	2615	15769	42977	54364	14370	273
医院	84576	160	1454	8220	26121	37314	11063	244
卫生院及社区医疗活动	23707	59	569	3478	8857	9153	1582	9
门诊部医疗活动	10268	22	350	2692	4056	2739	408	1
计划生育技术服务活动	3425	6	46	359	1100	1563	348	3
妇幼保健活动	3649	9	51	288	1130	1684	480	7
专科疾病防治活动	643	1	16	97	242	233	52	2
疾病预防控制及防疫活动	2712	7	23	222	916	1221	316	7
其他卫生活动	1665	13	106	413	555	457	121	
社会保障业	1737	5	44	338	507	610	227	6
社会保障业	1737	5	44	338	507	610	227	6
社会福利业	2013	46	285	848	535	243	55	1
提供住宿的社会福利	1666	41	243	704	436	198	43	1
不提供住宿的社会福利	347	5	42	144	99	45	12	

4-6b 续表 29　　　　　　　　　　　　　　　　　　　　　　　　　单位：人

行业中类 性　别	合　计	未上过学	小　学	初　中	高　中	大学专科	大学本科	研究生
文化、体育和娱乐业	**27645**	**185**	**2378**	**11941**	**6841**	**4194**	**2037**	**69**
新闻出版业	1471	8	85	352	299	360	344	23
新闻业	425	2	17	71	61	134	135	5
出版业	1046	6	68	281	238	226	209	18
广播、电视、电影和音像业	5371	10	110	942	1492	1808	989	20
广播	1572	1	16	193	472	590	296	4
电视	2219	5	18	207	505	913	558	13
电影	771	2	40	189	283	181	75	1
音像制作	809	2	36	353	232	124	60	2
文化艺术业	4659	20	233	1305	1370	1214	502	15
文艺创作与表演	1641	5	130	622	454	298	128	4
艺术表演场馆	357	3	15	115	123	74	27	
图书馆与档案馆	1046	1	14	154	343	377	153	4
文物及文化保护	375	4	10	61	120	138	42	
博物馆	254	2	8	38	75	86	41	4
烈士陵园、纪念馆	123	1	3	31	30	37	21	
群众文化活动	504	2	30	121	143	143	63	2
文化艺术经纪代理	43			11	16	10	6	
其他文化艺术	316	2	23	152	66	51	21	1
体育	609	5	65	272	144	72	51	
体育组织	337	3	35	145	82	34	38	
体育场馆	171	1	17	74	41	27	11	
其他体育	101	1	13	53	21	11	2	
娱乐业	15535	142	1885	9070	3536	740	151	11
室内娱乐活动	10481	102	1374	6341	2240	366	53	5
游乐园	569	8	65	258	162	59	15	2
休闲健身娱乐活动	2247	20	244	1221	536	171	53	2
其他娱乐活动	2238	12	202	1250	598	144	30	2
公共管理和社会组织	**188207**	**854**	**5383**	**23541**	**47308**	**71195**	**39030**	**896**
中国共产党机关	2349	2	38	181	470	888	736	34
中国共产党机关	2349	2	38	181	470	888	736	34
国家机构	163903	401	3153	16945	40643	65776	36185	800
国家权力机构	3142	11	63	354	709	1280	699	26
国家行政机构	151572	371	2913	15785	38038	61217	32568	680
人民法院和人民检察院	4930	7	81	278	681	1628	2176	79
其他国家机构	4259	12	96	528	1215	1651	742	15
人民政协和民主党派	876	2	18	86	166	385	214	5
人民政协	822	2	15	77	151	371	202	4
民主党派	54		3	9	15	14	12	1
群众团体、社会团体和宗教组织	5008	99	402	958	1163	1501	850	35
群众团体	2088	4	51	218	433	801	557	24
社会团体	2161	15	111	497	636	621	273	8
宗教组织	759	80	240	243	94	79	20	3
基层群众自治组织	16071	350	1772	5371	4866	2645	1045	22
社区自治组织	7623	70	499	2159	2749	1610	524	12
村民自治组织	8448	280	1273	3212	2117	1035	521	10
国际组织	**23**		**2**	**2**	**2**	**8**	**7**	**2**
国际组织	23		2	2	2	8	7	2
国际组织	23		2	2	2	8	7	2

4-6c 全国分受教育程度、性别、行业中类的就业人口(乡村)

单位：人

行业中类 性别	合计	未上过学	小学	初中	高中	大学专科	大学本科	研究生
总　计	**39362371**	**2054666**	**13072580**	**20718723**	**2888048**	**495555**	**127457**	**5342**
农、林、牧、渔业	**29435422**	**1933791**	**11225829**	**14562517**	**1583145**	**113072**	**15429**	**1639**
农业	27909822	1798435	10622138	13885846	1487421	100939	13494	1549
谷物及其他作物的种植	25797857	1702502	9885356	12764942	1341156	90544	11919	1438
蔬菜、园艺作物的种植	1032010	49691	367149	542607	66926	4748	832	57
水果、坚果、饮料和香料作物的种植	1009616	39554	340566	547519	75856	5357	712	52
中药材的种植	70339	6688	29067	30778	3483	290	31	2
林业	188671	9545	71673	90161	14681	2212	389	10
林木的培育和种植	114231	5313	42310	55179	9557	1564	301	7
木材和竹材的采运	19135	545	6817	9794	1702	242	35	
林产品的采集	55305	3687	22546	25188	3422	406	53	3
畜牧业	1055200	116188	440943	435601	55898	5668	843	59
牲畜的饲养	353160	61736	156146	117322	15491	2126	318	21
猪的饲养	470339	41843	207320	195484	23388	1998	284	22
家禽的饲养	164099	8706	50091	90925	12913	1244	205	15
狩猎和捕捉动物	805	25	232	475	58	13	2	
其他畜牧业	66797	3878	27154	31395	4048	287	34	1
渔业	209001	6590	71466	112587	16744	1380	225	9
海洋渔业	82671	2284	29640	44553	5657	474	59	4
内陆渔业	126330	4306	41826	68034	11087	906	166	5
农、林、牧、渔服务业	72728	3033	19609	38322	8401	2873	478	12
农业服务业	47665	2482	13979	25545	4361	1072	222	4
林业服务业	6667	124	1394	3523	1029	507	89	1
畜牧服务业	11039	191	1916	5218	2366	1198	146	4
渔业服务业	7357	236	2320	4036	645	96	21	3
采矿业	**306629**	**3432**	**70323**	**183927**	**37476**	**8955**	**2420**	**96**
煤炭开采和洗选业	183135	1873	41166	111927	21492	5311	1325	41
烟煤和无烟煤的开采洗选	169534	1760	38294	103693	19716	4827	1207	37
褐煤的开采洗选	6001	37	868	3670	1015	348	61	2
其他煤炭采选	7600	76	2004	4564	761	136	57	2
石油和天然气开采业	8637	80	1086	3829	2241	1035	345	21
天然原油和天然气开采	6967	74	920	3043	1783	854	276	17
与石油和天然气开采有关的服务活动	1670	6	166	786	458	181	69	4
黑色金属矿采选业	27942	245	5674	17823	3348	686	159	7
铁矿采选	25122	224	4908	16170	3031	637	147	5
其他黑色金属矿采选	2820	21	766	1653	317	49	12	2
有色金属矿采选业	32284	440	7914	17372	4854	1231	457	16
常用有色金属矿采选	19141	317	5164	9597	2980	777	295	11
贵金属矿采选	8798	96	1947	5191	1170	301	90	3
稀有稀土金属矿采选	4345	27	803	2584	704	153	72	2
非金属矿采选业	49976	705	13414	30176	4970	587	115	9
土砂石开采	42556	616	11605	25770	4082	410	70	3
化学矿采选	1843	12	422	1018	295	64	26	6
采盐	2274	41	544	1339	291	52	7	
石棉及其他非金属矿采选	3303	36	843	2049	302	61	12	
其他采矿业	4655	89	1069	2800	571	105	19	2
其他采矿业	4655	89	1069	2800	571	105	19	2

4-6c 续表 1

单位：人

行业中类 性别	合计	未上过学	小学	初中	高中	大学专科	大学本科	研究生
制造业	**4056531**	**46933**	**769957**	**2618600**	**500966**	**96017**	**23222**	**836**
农副食品加工业	144791	2943	35597	87931	15334	2436	524	26
谷物磨制	27263	611	7290	16319	2711	290	41	1
饲料加工	10238	188	2026	6058	1443	382	131	10
植物油加工	9657	159	2148	5823	1247	228	48	4
制糖	3603	20	444	1756	1023	305	55	
屠宰及肉类加工	37062	468	7912	24452	3654	485	87	4
水产品加工	15546	513	4949	8514	1327	197	43	3
蔬菜、水果和坚果加工	10220	233	2615	6023	1104	189	53	3
其他农副食品加工	31202	751	8213	18986	2825	360	66	1
食品制造业	108829	1351	20930	70080	13108	2686	652	22
焙烤食品制造	46730	518	8791	31166	5260	828	162	5
糖果、巧克力及蜜饯制造	8468	93	1697	5396	1049	192	40	1
方便食品制造	28158	462	6079	18101	2995	434	85	2
液体乳及乳制品制造	4423	34	497	2465	891	408	121	7
罐头制造	4550	58	981	2861	510	116	24	
调味品、发酵制品制造	5703	46	908	3391	896	339	122	1
其他食品制造	10797	140	1977	6700	1507	369	98	6
饮料制造业	39337	547	8230	23309	5692	1233	316	10
酒精制造	1959	22	290	1230	306	88	22	1
酒的制造	19228	223	3749	11646	2850	599	157	4
软饮料制造	10431	117	1635	6374	1749	435	117	4
精制茶加工	7719	185	2556	4059	787	111	20	1
烟草制品业	3989	91	1046	2120	569	127	34	2
烟叶复烤	2337	84	743	1193	275	38	4	
卷烟制造	1335	2	249	743	245	69	25	2
其他烟草制品加工	317	5	54	184	49	20	5	
纺织业	373308	4944	76951	246298	38778	5223	1076	38
棉、化纤纺织及印染精加工	162946	1914	31739	108479	17904	2377	507	26
毛纺织和染整精加工	24617	355	4748	16246	2793	387	87	1
麻纺织	3448	27	592	2319	449	56	4	1
丝绢纺织及精加工	12823	164	3276	7804	1331	202	46	
纺织制成品制造	63992	982	12923	42009	6797	1020	257	4
针织品、编织品及其制品制造	105482	1502	23673	69441	9504	1181	175	6
纺织服装、鞋、帽制造业	651544	4826	114498	465581	57953	7365	1271	50
纺织服装制造	594889	4037	103550	426562	52759	6752	1180	49
纺织面料鞋的制造	46991	413	8576	33021	4384	524	72	1
制帽	9664	376	2372	5998	810	89	19	
皮革、毛皮、羽毛(绒)及其制品业	217307	2066	41616	151231	19495	2474	410	15
皮革鞣制加工	7978	113	1599	5263	819	149	34	1
皮革制品制造	192188	1704	36821	133835	17332	2142	343	11
毛皮鞣制及制品加工	11146	138	2017	8070	788	109	21	3
羽毛(绒)加工及制品制造	5995	111	1179	4063	556	74	12	
木材加工及木、竹、藤、棕、草制品业	167653	4062	45499	103040	13359	1419	258	16
锯材、木片加工	61706	1356	16163	38961	4723	431	66	6
人造板制造	45034	862	10970	29049	3611	434	100	8
木制品制造	34836	506	8345	22169	3342	397	75	2
竹、藤、棕、草制品制造	26077	1338	10021	12861	1683	157	17	
家具制造业	142850	1348	28081	96687	14574	1788	360	12
木质家具制造	119874	1037	23456	81775	12018	1308	271	9
竹、藤家具制造	3711	125	1281	1964	292	40	8	1
金属家具制造	9121	79	1546	6061	1143	243	47	2
塑料家具制造	1657	28	344	1052	186	41	6	
其他家具制造	8487	79	1454	5835	935	156	28	

4-6c 续表 2

单位：人

行业中类 性别	合计	未上过学	小学	初中	高中	大学专科	大学本科	研究生
造纸及纸制品业	66716	845	13370	40847	9446	1807	393	8
纸浆制造	3348	37	609	1956	524	166	56	
造纸	25244	278	4714	15251	3950	860	185	6
纸制品制造	38124	530	8047	23640	4972	781	152	2
印刷业和记录媒介的复制	33450	314	4589	21203	5814	1245	278	7
印刷	30459	303	4232	19194	5329	1143	253	5
装订及其他印刷服务活动	2482	8	293	1691	391	80	17	2
记录媒介的复制	509	3	64	318	94	22	8	
文教体育用品制造业	97491	1080	19483	63589	10401	2411	514	13
文化用品制造	10966	275	2524	6592	1202	290	80	3
体育用品制造	8437	97	1613	5227	1137	294	67	2
乐器制造	4005	7	436	2429	669	351	110	3
玩具制造	72534	690	14690	48393	7120	1400	237	4
游艺器材及娱乐用品制造	1549	11	220	948	273	76	20	1
石油加工、炼焦及核燃料加工业	14985	68	1534	8385	3316	1303	366	13
精炼石油产品的制造	4637	22	495	2158	1070	673	209	10
炼焦	10166	44	1010	6129	2208	618	154	3
核燃料加工	182	2	29	98	38	12	3	
化学原料及化学制品制造业	106685	942	20606	62374	16905	4473	1343	42
基础化学原料制造	18967	152	2999	10546	3686	1224	347	13
肥料制造	15520	147	2514	8934	2900	835	185	5
农药制造	3473	24	570	1995	628	189	66	1
涂料、油墨、颜料及类似产品制造	11084	87	1847	6492	1956	502	198	2
合成材料制造	6262	73	1230	3675	916	275	90	3
专用化学产品制造	41894	378	10034	24951	5200	996	321	14
日用化学产品制造	9485	81	1412	5781	1619	452	136	4
医药制造业	21209	118	2361	11154	4764	2084	690	38
化学药品原药制造	4258	11	488	2156	934	473	189	7
化学药品制剂制造	3753	8	304	1845	979	455	151	11
中药饮片加工	2045	33	335	1155	354	120	47	1
中成药制造	4879	19	434	2394	1297	571	147	17
兽用药品制造	829		81	429	187	98	34	
生物、生化制品的制造	1411	3	111	679	379	168	70	1
卫生材料及医药用品制造	4034	44	608	2496	634	199	52	1
化学纤维制造业	12751	98	2316	7908	1890	424	110	5
纤维素纤维原料及纤维制造	2824	21	427	1768	468	118	19	3
合成纤维制造	9927	77	1889	6140	1422	306	91	2
橡胶制品业	36553	438	6648	23371	4878	1004	208	6
轮胎制造	10015	55	1261	6341	1803	471	83	1
橡胶板、管、带的制造	7286	113	1339	4783	846	162	42	1
橡胶零件制造	5536	96	1109	3436	713	153	29	
再生橡胶制造	1173	14	231	733	151	35	9	
日用及医用橡胶制品制造	1701	16	300	1131	213	34	7	
橡胶靴鞋制造	6743	100	1601	4332	630	63	14	3
其他橡胶制品制造	4099	44	807	2615	522	86	24	1
塑料制品业	104709	1917	23580	64155	12485	2114	447	11
塑料薄膜制造	10802	148	2143	6882	1342	232	54	1
塑料板、管、型材的制造	15051	205	3051	9235	2099	364	96	1
塑料丝、绳及编织品的制造	15558	583	4359	9121	1305	166	23	1
泡沫塑料制造	4263	79	1020	2545	508	94	17	
塑料人造革、合成革制造	2752	19	539	1744	362	72	16	
塑料包装箱及容器制造	9472	98	1763	6116	1222	223	49	1
塑料零件制造	10764	197	2405	6247	1539	309	64	3
日用塑料制造	20820	370	5077	12677	2270	356	70	
其他塑料制品制造	15227	218	3223	9588	1838	298	58	4

4-6c 续表 3 单位：人

行业中类 性别	合计	未上过学	小学	初中	高中	大学专科	大学本科	研究生
非金属矿物制品业	309212	4883	77056	188246	32863	4979	1146	39
水泥、石灰和石膏的制造	44881	572	8806	26503	7055	1600	339	6
水泥及石膏制品制造	29399	450	6678	17752	3772	580	164	3
砖瓦、石材及其他建筑材料制造	148123	3174	44909	86997	11670	1127	236	10
玻璃及玻璃制品制造	38075	308	7172	24774	4745	834	230	12
陶瓷制品制造	30100	219	5926	20169	3269	430	83	4
耐火材料制品制造	11875	86	2279	7942	1351	173	42	2
石墨及其他非金属矿物制品制造	6759	74	1286	4109	1001	235	52	2
黑色金属冶炼及压延加工业	80929	533	11461	51528	13104	3419	861	23
炼铁	16945	144	2765	11107	2388	415	126	
炼钢	29379	101	3275	18757	5295	1547	389	15
钢压延加工	28949	218	4300	18218	4618	1281	306	8
铁合金冶炼	5656	70	1121	3446	803	176	40	
有色金属冶炼及压延加工业	39004	451	6895	23178	6183	1755	526	16
常用有色金属冶炼	21096	234	3701	12113	3618	1079	338	13
贵金属冶炼	1444	15	202	841	279	85	22	
稀有稀土金属冶炼	1707	23	356	1004	234	72	17	1
有色金属合金制造	1666	17	347	1009	218	56	18	1
有色金属压延加工	13091	162	2289	8211	1834	463	131	1
金属制品业	219526	1877	38861	143169	29470	5014	1109	26
结构性金属制品制造	92645	670	14984	61169	13019	2297	494	12
金属工具制造	36729	301	6569	23964	4940	793	156	6
集装箱及金属包装容器制造	5906	46	935	3676	984	201	61	3
金属丝绳及其制品的制造	7774	60	1254	5148	1082	170	59	1
建筑、安全用金属制品制造	23845	242	4695	15649	2705	452	101	1
金属表面处理及热处理加工	17948	294	4258	11069	1941	318	67	1
搪瓷制品制造	2395	13	453	1580	289	52	8	
不锈钢及类似日用金属制品制造	22598	194	4231	14607	3002	461	102	1
其他金属制品制造	9686	57	1482	6307	1508	270	61	1
通用设备制造业	223329	2707	39437	139576	33376	6711	1485	37
锅炉及原动机制造	8052	42	945	5046	1524	381	108	6
金属加工机械制造	45402	232	5517	29303	8330	1651	357	12
起重运输设备制造	6177	42	767	3728	1207	330	102	1
泵、阀门、压缩机及类似机械的制造	27179	486	5435	16039	4009	992	216	2
轴承、齿轮、传动和驱动部件的制造	20746	160	3470	13555	2939	514	108	
烘炉、熔炉及电炉制造	1157		184	696	223	44	10	
风机、衡器、包装设备等通用设备制造	16642	116	2542	10167	2925	711	173	8
通用零部件制造及机械修理	70450	1399	15196	43237	8856	1483	274	5
金属铸、锻加工	27524	230	5381	17805	3363	605	137	3
专用设备制造业	106180	779	12989	66214	20034	4831	1277	56
矿山、冶金、建筑专用设备制造	13455	92	1521	8146	2692	759	233	12
化工、木材、非金属加工专用设备制造	28943	172	3314	17456	6386	1329	278	8
食品、饮料、烟草及饲料生产专用设备制造	2294	20	302	1468	404	73	27	
印刷、制药、日化生产专用设备制造	5689	42	803	3616	953	213	60	2
纺织、服装和皮革工业专用设备制造	8922	101	1452	5693	1378	241	57	
电子和电工机械专用设备制造	29155	122	3086	18977	5212	1393	347	18
农、林、牧、渔专用机械制造	7667	165	1282	4772	1163	222	61	2
医疗仪器设备及器械制造	4948	36	587	3087	840	299	92	7
环保、社会公共安全及其他专用设备制造	5107	29	642	2999	1006	302	122	7

4-6c 续表 4 单位：人

行业中类 性　别	合 计	未上过学	小 学	初 中	高 中	大学专科	大学本科	研究生
交通运输设备制造业	150558	1019	20312	94833	25748	6585	1978	83
铁路运输设备制造	4018	24	442	2333	835	258	119	7
汽车制造	87034	535	10745	54471	16368	3848	1020	47
摩托车制造	13124	120	2409	8373	1837	297	87	1
自行车制造	9632	92	1653	6279	1273	260	72	3
船舶及浮动装置制造	33761	238	4761	21795	4813	1597	535	22
航空航天器制造	1044	4	43	315	320	239	120	3
交通器材及其他交通运输设备制造	1945	6	259	1267	302	86	25	
电气机械及器材制造业	162027	1215	23786	98324	29259	7423	1970	50
电机制造	20582	134	3005	12528	3660	1009	243	3
输配电及控制设备制造	40854	267	5181	24639	8007	2157	586	17
电线、电缆、光缆及电工器材制造	23211	143	3153	14357	4173	1089	286	10
电池制造	8487	43	1081	4991	1694	525	147	6
家用电力器具制造	33674	224	4885	20602	6118	1447	392	6
非电力家用器具制造	4825	35	727	2763	915	291	89	5
照明器具制造	25911	321	5119	15798	3849	662	160	2
其他电气机械及器材制造	4483	48	635	2646	843	243	67	1
通信设备、计算机及其他电子设备制造业	221611	726	21447	143164	42954	10362	2826	132
通信设备制造	15901	53	1457	9549	3488	1037	290	27
雷达及配套设备制造	257		36	159	46	11	5	
广播电视设备制造	1355	6	186	807	242	89	24	1
电子计算机制造	13497	28	797	6935	4247	993	474	23
电子器件制造	52150	160	5197	33047	10435	2587	698	26
电子元件制造	120113	411	11801	80458	21363	4892	1138	50
家用视听设备制造	10589	51	1168	7236	1685	352	95	2
其他电子设备制造	7749	17	805	4973	1448	401	102	3
仪器仪表及文化、办公用机械制造业	35968	528	6368	21921	5288	1418	421	24
通用仪器仪表制造	15620	305	3043	9114	2265	656	226	11
专用仪器仪表制造	3834	34	553	2308	614	248	72	5
钟表与计时仪器制造	3933	20	534	2759	506	91	23	
光学仪器及眼镜制造	8606	114	1736	5388	1097	213	56	2
文化、办公用机械制造	3050	38	355	1807	644	165	35	6
其他仪器仪表的制造及修理	925	17	147	545	162	45	9	
工艺品及其他制造业	131525	3205	34421	80350	11569	1641	325	14
工艺美术品制造	97550	2281	25314	60043	8542	1144	216	10
日用杂品制造	25842	749	7139	15298	2227	356	72	1
煤制品制造	3457	81	894	2125	312	37	7	1
核辐射加工	69		7	43	10	6	3	
其他未列明的制造业	4607	94	1067	2841	478	98	27	2
废弃资源和废旧材料回收加工业	32505	1012	9989	18834	2357	263	48	2
金属废料和碎屑的加工处理	17168	488	5279	9906	1311	157	27	
非金属废料和碎屑的加工处理	15337	524	4710	8928	1046	106	21	2
电力、燃气及水的生产和供应业	**73047**	**386**	**8657**	**38383**	**17118**	**6215**	**2197**	**91**
电力、热力的生产和供应业	59259	266	6334	30813	14398	5416	1950	82
电力生产	25874	122	3043	12208	6110	3014	1327	50
电力供应	30384	104	2853	16895	7764	2175	564	29
热力生产和供应	3001	40	438	1710	524	227	59	3
燃气生产和供应业	5299	36	817	2997	1018	324	105	2
燃气生产和供应业	5299	36	817	2997	1018	324	105	2
水的生产和供应业	8489	84	1506	4573	1702	475	142	7
自来水的生产和供应	7080	64	1217	3860	1458	373	103	5
污水处理及其再生利用	795	8	130	385	156	80	34	2
其他水的处理、利用与分配	614	12	159	328	88	22	5	

4-6c 续表 5

单位：人

行业中类 性别	合计	未上过学	小学	初中	高中	大学专科	大学本科	研究生
建筑业	**1816906**	**23374**	**419473**	**1199111**	**150415**	**19042**	**5318**	**173**
房屋和土木工程建筑业	1462526	20836	358936	950331	113475	14559	4250	139
房屋工程建筑	1320473	18958	325761	864620	98601	10141	2296	96
土木工程建筑	142053	1878	33175	85711	14874	4418	1954	43
建筑安装业	80708	622	13506	55246	9836	1214	276	8
建筑安装业	80708	622	13506	55246	9836	1214	276	8
建筑装饰业	249646	1520	41630	178515	24592	2755	612	22
建筑装饰业	249646	1520	41630	178515	24592	2755	612	22
其他建筑业	24026	396	5401	15019	2512	514	180	4
工程准备	7777	109	1786	4795	846	179	60	2
提供施工设备服务	5021	50	773	3341	673	130	54	
其他未列明的建筑活动	11228	237	2842	6883	993	205	66	2
交通运输、仓储和邮政业	**674057**	**5208**	**101607**	**468588**	**84827**	**11331**	**2419**	**77**
铁路运输业	31059	1185	7284	16904	4295	1091	290	10
铁路旅客运输	21659	1068	5908	11816	2245	496	120	6
铁路货物运输	3072	36	406	1688	688	193	60	1
铁路运输辅助活动	6328	81	970	3400	1362	402	110	3
道路运输业	480261	2176	65312	348346	57654	5725	1014	34
公路旅客运输	94661	463	13102	67350	12432	1135	175	4
道路货物运输	358510	1430	47142	264574	41165	3578	595	26
道路运输辅助活动	27090	283	5068	16422	4057	1012	244	4
城市公共交通业	75088	653	10283	52368	10535	1053	190	6
公共电汽车客运	12691	209	1720	8228	2179	291	62	2
轨道交通	1612	43	320	929	212	84	23	1
出租车客运	49884	126	4806	36972	7290	599	89	2
城市轮渡	84	4	23	40	9	6	2	
其他城市公共交通	10817	271	3414	6199	845	73	14	1
水上运输业	15627	247	3883	8734	2055	534	170	4
水上旅客运输	2615	49	680	1452	322	78	32	2
水上货物运输	11163	184	2887	6268	1379	354	89	2
水上运输辅助活动	1849	14	316	1014	354	102	49	
航空运输业	4418	20	388	2292	1001	491	217	9
航空客货运输	1989	15	142	970	485	248	122	7
通用航空服务	1186	5	141	740	198	73	28	1
航空运输辅助活动	1243		105	582	318	170	67	1
管道运输业	596	3	91	364	106	30	2	
管道运输业	596	3	91	364	106	30	2	
装卸搬运和其他运输服务业	48033	780	12189	29425	4749	716	170	4
装卸搬运	37354	734	10755	22527	3029	254	53	2
运输代理服务	10679	46	1434	6898	1720	462	117	2
仓储业	10325	131	1633	5847	1920	630	155	9
谷物、棉花等农产品仓储	3759	47	572	2112	807	182	34	5
其他仓储	6566	84	1061	3735	1113	448	121	4
邮政业	8650	13	544	4308	2512	1061	211	1
国家邮政	5550	5	315	2561	1719	790	159	1
其他寄递服务	3100	8	229	1747	793	271	52	

4-6c 续表 6 单位：人

行业中类 性别	合计	未上过学	小学	初中	高中	大学专科	大学本科	研究生
信息传输、计算机服务和软件业	**43396**	**316**	**3748**	**20347**	**10584**	**6092**	**2198**	**111**
电信和其他信息传输服务业	24786	61	1398	11767	6779	3684	1062	35
电信	20045	55	1137	9475	5552	2977	821	28
互联网信息服务	3265	3	169	1582	799	518	188	6
广播电视传输服务	1387	3	85	653	414	182	50	
卫星传输服务	89		7	57	14	7	3	1
计算机服务业	13593	231	1976	6584	2884	1456	447	15
计算机系统服务	6283	194	1358	3141	896	500	185	9
数据处理	1311	4	125	527	372	216	66	1
计算机维修	3545	17	283	1684	990	458	111	2
其他计算机服务	2454	16	210	1232	626	282	85	3
软件业	5017	24	374	1996	921	952	689	61
公共软件服务	3101	11	163	881	593	794	605	54
其他软件服务	1916	13	211	1115	328	158	84	7
批发和零售业	**1283916**	**18192**	**230268**	**804555**	**187751**	**36087**	**6887**	**176**
批发业	235193	4164	47466	142668	32020	7033	1784	58
农畜产品批发	30447	550	6663	18605	3897	618	110	4
食品、饮料及烟草制品批发	49029	703	9429	31135	6460	1098	199	5
纺织、服装及日用品批发	33633	260	4407	21816	5494	1319	330	7
文化、体育用品及器材批发	3177	30	391	1871	645	183	57	
医药及医疗器材批发	4919	45	567	2520	1137	514	132	4
矿产品、建材及化工产品批发	44489	442	7784	27076	7311	1478	383	15
机械设备、五金交电及电子产品批发	15972	77	1748	9537	3250	1053	294	13
贸易经纪与代理	2194	5	224	904	495	379	182	5
其他批发	51333	2052	16253	29204	3331	391	97	5
零售业	1048723	14028	182802	661887	155731	29054	5103	118
综合零售	416784	5987	72478	264975	61608	10073	1626	37
食品、饮料及烟草制品专门零售	238588	5120	58672	145690	25340	3220	520	26
纺织、服装及日用品专门零售	183014	1313	24101	122849	28986	4949	799	17
文化、体育用品及器材专门零售	16294	192	2361	9961	2917	711	148	4
医药及医疗器材专门零售	20429	173	2109	9807	5810	2195	333	2
汽车、摩托车、燃料及零配件专门零售	28520	139	2763	17436	5834	1923	416	9
家用电器及电子产品专门零售	47917	143	3748	28148	11395	3670	794	19
五金、家具及室内装修材料专门零售	59351	368	8356	39368	9394	1542	319	4
无店铺及其他零售	37826	593	8214	23653	4447	771	148	
住宿和餐饮业	**497914**	**6248**	**91625**	**332355**	**58641**	**7707**	**1295**	**43**
住宿业	54196	499	8584	34651	8369	1743	341	9
旅游饭店	25145	152	3189	16177	4327	1081	214	5
一般旅馆	25089	302	4714	15900	3491	567	115	
其他住宿服务	3962	45	681	2574	551	95	12	4
餐饮业	443718	5749	83041	297704	50272	5964	954	34
正餐服务	320918	3628	56736	218137	37229	4463	700	25
快餐服务	61846	930	12661	40512	6833	761	146	3
饮料及冷饮服务	4494	76	899	2813	589	101	15	1
其他餐饮服务	56460	1115	12745	36242	5621	639	93	5
金融业	**32701**	**60**	**1438**	**11646**	**9313**	**7064**	**3083**	**97**
银行业	15209	29	586	3979	4226	4236	2093	60
中央银行	762	2	51	293	167	151	92	6
商业银行	11271	20	434	2829	3149	3177	1618	44
其他银行	3176	7	101	857	910	908	383	10
证券业	1111	5	85	366	195	260	187	13
证券市场管理	307	4	41	126	49	55	30	2
证券经纪与交易	427	1	20	127	60	121	93	5
证券投资	339		23	103	77	74	56	6
证券分析与咨询	38		1	10	9	10	8	

4-6c 续表 7

单位：人

行业中类 性别	合计	未上过学	小学	初中	高中	大学专科	大学本科	研究生
保险业	12238	14	480	5542	3856	1776	559	11
人寿保险	9768	13	398	4559	3089	1294	405	10
非人寿保险	2192		72	874	689	417	139	1
保险辅助服务	278	1	10	109	78	65	15	
其他金融活动	4143	12	287	1759	1036	792	244	13
金融信托与管理	1554	7	157	870	300	157	60	3
金融租赁	110		12	47	25	21	4	1
财务公司	475		15	106	142	159	51	2
邮政储蓄	1136		43	386	367	269	69	2
典当	163	1	10	85	43	15	9	
其他未列明的金融活动	705	4	50	265	159	171	51	5
房地产业	**33814**	**458**	**5955**	**17232**	**6149**	**2979**	**1000**	**41**
房地产业	33814	458	5955	17232	6149	2979	1000	41
房地产开发经营	13742	94	1877	6854	2574	1680	639	24
物业管理	16155	297	3359	8726	2723	837	202	11
房地产中介服务	2807	51	479	1099	654	387	133	4
其他房地产活动	1110	16	240	553	198	75	26	2
租赁和商务服务业	**61549**	**655**	**9056**	**33476**	**11324**	**5234**	**1728**	**76**
租赁业	8605	111	1410	5735	1144	171	33	1
机械设备租赁	5941	47	813	4032	886	137	25	1
文化及日用品出租	2664	64	597	1703	258	34	8	
商务服务业	52944	544	7646	27741	10180	5063	1695	75
企业管理服务	6955	70	1321	3474	1172	661	248	9
法律服务	1656	11	131	489	324	384	293	24
咨询与调查	2530	4	79	610	758	796	268	15
广告业	6432	17	367	2825	1647	1180	386	10
知识产权服务	151	1	16	63	27	28	16	
职业中介服务	4440	77	819	2709	591	184	60	
市场管理	1639	17	306	860	326	93	35	2
旅行社	3788	26	376	1558	1014	664	150	
其他商务服务	25353	321	4231	15153	4321	1073	239	15
科学研究、技术服务和地质勘查业	**14695**	**98**	**1667**	**6831**	**2727**	**2066**	**1153**	**153**
研究与试验发展	2840	28	300	1291	473	350	306	92
自然科学研究与试验发展	525	6	60	188	97	84	64	26
工程和技术研究与试验发展	846	5	63	320	157	129	137	35
农业科学研究与试验发展	1069	12	127	569	157	107	77	20
医学研究与试验发展	303	3	40	170	46	19	19	6
社会人文科学研究与试验发展	97	2	10	44	16	11	9	5
专业技术服务业	7765	55	887	3667	1435	1095	590	36
气象服务	1850	12	262	1259	232	50	33	2
地震服务	673	9	124	448	75	16	1	
海洋服务	194	2	25	129	29	6	3	
测绘服务	446		35	184	93	88	45	1
技术检测	862	6	61	327	234	149	82	3
环境监测	259	1	34	105	46	45	25	3
工程技术与规划管理	2359	15	207	650	500	618	348	21
其他专业技术服务	1122	10	139	565	226	123	53	6
科技交流和推广服务业	2042	8	242	832	426	417	109	8
技术推广服务	1368	6	159	520	298	308	72	5
科技中介服务	279		27	128	63	49	10	2
其他科技服务	395	2	56	184	65	60	27	1
地质勘查业	2048	7	238	1041	393	204	148	17
矿产地质勘查	1370	4	156	705	276	134	88	7
基础地质勘查	385	2	43	204	59	36	34	7
地质勘查技术服务	293	1	39	132	58	34	26	3

4-6c 续表 8

单位：人

行业中类 性别	合计	未上过学	小学	初中	高中	大学专科	大学本科	研究生
水利、环境和公共设施管理业	**44597**	**1681**	**13020**	**20852**	**5968**	**2309**	**741**	**26**
水利管理业	6599	58	945	2945	1563	834	251	3
防洪管理	698	8	94	305	177	83	31	
水资源管理	4911	43	696	2227	1152	621	170	2
其他水利管理	990	7	155	413	234	130	50	1
环境管理业	20436	1126	7705	9127	1786	492	187	13
自然保护	685	16	137	285	116	92	33	6
环境治理	19751	1110	7568	8842	1670	400	154	7
公共设施管理业	17562	497	4370	8780	2619	983	303	10
市政公共设施管理	6410	211	1573	3347	900	288	87	4
城市绿化管理	5087	202	1645	2391	547	220	80	2
游览景区管理	6065	84	1152	3042	1172	475	136	4
居民服务和其他服务业	**372339**	**7845**	**75346**	**237000**	**45247**	**5943**	**928**	**30**
居民服务业	203335	5503	45854	126843	21814	2829	479	13
家庭服务	47956	3127	17497	24108	2839	322	62	1
托儿所	1792	37	276	959	404	104	12	
洗染服务	8050	84	1649	5256	931	103	27	
理发及美容保健服务	77601	613	10255	56212	9375	992	153	1
洗浴服务	16031	220	3307	10606	1708	166	23	1
婚姻服务	1167	10	147	702	231	66	10	1
殡葬服务	3810	93	1081	2167	405	50	13	1
摄影扩印服务	6142	17	483	3772	1523	315	32	
其他居民服务	40786	1302	11159	23061	4398	711	147	8
其他服务业	169004	2342	29492	110157	23433	3114	449	17
修理与维护	124858	847	16422	85393	19328	2537	321	10
清洁服务	26834	1110	8931	14295	2212	239	44	3
其他未列明的服务	17312	385	4139	10469	1893	338	84	4
教育	**271087**	**622**	**7928**	**39822**	**80591**	**102870**	**38181**	**1073**
教育	271087	622	7928	39822	80591	102870	38181	1073
学前教育	33672	101	1207	10488	13816	6982	1071	7
初等教育	140417	255	3043	14997	47475	61220	13348	79
中等教育	82098	191	2506	9054	16244	32237	21559	307
高等教育	8154	55	728	2676	1213	1236	1598	648
其他教育	6746	20	444	2607	1843	1195	605	32
卫生、社会保障和社会福利业	**120073**	**421**	**6816**	**38302**	**42063**	**27775**	**4539**	**157**
卫生	115728	329	6023	36280	41165	27352	4424	155
医院	39212	141	2162	10207	12568	11409	2603	122
卫生院及社区医疗活动	37618	84	1745	11336	14186	9157	1095	15
门诊部医疗活动	31078	64	1561	12105	11823	5096	422	7
计划生育技术服务活动	2130	9	66	528	703	707	116	1
妇幼保健活动	787	3	54	202	273	212	42	1
专科疾病防治活动	405	2	28	158	119	76	20	2
疾病预防控制及防疫活动	1003	3	56	312	308	254	65	5
其他卫生活动	3495	23	351	1432	1185	441	61	2
社会保障业	1255	4	106	453	337	271	83	1
社会保障业	1255	4	106	453	337	271	83	1
社会福利业	3090	88	687	1569	561	152	32	1
提供住宿的社会福利	2697	77	613	1370	485	126	25	1
不提供住宿的社会福利	393	11	74	199	76	26	7	

4-6c 续表 9

单位：人

行业中类 性别	合计	未上过学	小学	初中	高中	大学专科	大学本科	研究生
文化、体育和娱乐业	**30666**	**285**	**4155**	**17086**	**5716**	**2404**	**987**	**33**
新闻出版业	3996	44	610	2194	543	346	244	15
新闻业	966	9	166	462	134	112	82	1
出版业	3030	35	444	1732	409	234	162	14
广播、电视、电影和音像业	4576	13	256	1800	1288	843	368	8
广播	1140	3	66	415	352	211	91	2
电视	1525	1	68	547	392	325	187	5
电影	754	4	69	270	227	143	40	1
音像制作	1157	5	53	568	317	164	50	
文化艺术业	5345	45	742	3008	896	455	191	8
文艺创作与表演	2914	22	455	1832	404	136	60	5
艺术表演场馆	415	2	51	226	87	39	10	
图书馆与档案馆	314	1	25	97	75	68	47	1
文物及文化保护	305	5	35	142	71	39	13	
博物馆	197	1	21	96	43	25	11	
烈士陵园、纪念馆	119	1	17	57	19	18	7	
群众文化活动	462	3	68	236	73	59	21	2
文化艺术经纪代理	54	1	3	21	14	8	7	
其他文化艺术	565	9	67	301	110	63	15	
体育	2545	39	418	1512	400	120	56	
体育组织	1682	28	288	1028	233	77	28	
体育场馆	516	8	74	271	115	26	22	
其他体育	347	3	56	213	52	17	6	
娱乐业	14204	144	2129	8572	2589	640	128	2
室内娱乐活动	7854	65	1305	4888	1279	273	43	1
游乐园	895	11	119	486	203	59	17	
休闲健身娱乐活动	3292	39	407	1905	723	175	43	
其他娱乐活动	2163	29	298	1293	384	133	25	1
公共管理和社会组织	**193002**	**4661**	**25710**	**68072**	**48022**	**32391**	**13732**	**414**
中国共产党机关	1931	3	84	428	592	485	327	12
中国共产党机关	1931	3	84	428	592	485	327	12
国家机构	91928	523	4818	24431	25174	25128	11502	352
国家权力机构	1959	6	84	536	568	525	231	9
国家行政机构	84879	503	4491	22496	23381	23268	10426	314
人民法院和人民检察院	2018	4	80	433	411	571	497	22
其他国家机构	3072	10	163	966	814	764	348	7
人民政协和民主党派	449	3	25	107	131	130	52	1
人民政协	380	1	15	76	110	127	50	1
民主党派	69	2	10	31	21	3	2	
群众团体、社会团体和宗教组织	11723	763	3950	4238	1704	757	286	25
群众团体	1277	37	213	422	301	211	90	3
社会团体	2376	37	334	967	567	348	116	7
宗教组织	8070	689	3403	2849	836	198	80	15
基层群众自治组织	86971	3369	16833	38868	20421	5891	1565	24
社区自治组织	7484	115	1126	3057	2029	843	309	5
村民自治组织	79487	3254	15707	35811	18392	5048	1256	19
国际组织	**30**		**2**	**21**	**5**	**2**		
国际组织	30		2	21	5	2		
国际组织	30		2	21	5	2		

4-6c 续表 10 单位：人

行业中类 性别	合计	未上过学	小学	初中	高中	大学专科	大学本科	研究生
男	**21194743**	**643924**	**6235177**	**11982944**	**1946717**	**304510**	**78265**	**3206**
农、林、牧、渔业	**14966366**	**595022**	**5193115**	**8038420**	**1058477**	**70838**	**9625**	**869**
农业	14218927	551890	4941868	7662013	991899	62158	8284	815
谷物及其他作物的种植	13137384	523948	4609686	7045292	894681	55709	7314	754
蔬菜、园艺作物的种植	511522	13610	160451	290615	43440	2879	501	26
水果、坚果、饮料和香料作物的种植	531717	11992	156993	307558	51316	3378	446	34
中药材的种植	38304	2340	14738	18548	2462	192	23	1
林业	118529	3915	41763	59815	11103	1652	274	7
林木的培育和种植	69494	1988	23384	35559	7174	1171	213	5
木材和竹材的采运	14877	336	5090	7868	1383	174	26	
林产品的采集	34158	1591	13289	16388	2546	307	35	2
畜牧业	438538	35335	154373	209108	35331	3797	562	32
牲畜的饲养	195011	28388	85123	69647	10215	1429	196	13
猪的饲养	138640	4433	41286	77336	14043	1333	199	10
家禽的饲养	74170	1790	17437	45544	8412	837	142	8
狩猎和捕捉动物	519	11	130	327	41	8	2	
其他畜牧业	30198	713	10397	16254	2620	190	23	1
渔业	144625	2741	44713	82328	13613	1054	169	7
海洋渔业	63413	1124	21017	36000	4839	385	44	4
内陆渔业	81212	1617	23696	46328	8774	669	125	3
农、林、牧、渔服务业	45747	1141	10398	25156	6531	2177	336	8
农业服务业	28260	906	7156	16081	3196	769	151	1
林业服务业	4916	61	890	2673	828	392	71	1
畜牧服务业	8306	90	1223	3936	2010	945	98	4
渔业服务业	4265	84	1129	2466	497	71	16	2
采矿业	**270486**	**2428**	**61026**	**165276**	**32466**	**7207**	**1995**	**88**
煤炭开采和洗选业	166565	1411	37165	103297	19098	4424	1129	41
烟煤和无烟煤的开采洗选	154430	1322	34616	95811	17589	4027	1028	37
褐煤的开采洗选	5326	24	751	3347	864	289	49	2
其他煤炭采选	6809	65	1798	4139	645	108	52	2
石油和天然气开采业	6510	37	733	2963	1752	727	278	20
天然原油和天然气开采	5263	34	620	2382	1400	593	218	16
与石油和天然气开采有关的服务活动	1247	3	113	581	352	134	60	4
黑色金属矿采选业	24682	174	4891	16001	2960	528	122	6
铁矿采选	22326	162	4265	14601	2696	487	111	4
其他黑色金属矿采选	2356	12	626	1400	264	41	11	2
有色金属矿采选业	26683	289	6348	14775	3927	965	365	14
常用有色金属矿采选	15541	209	4086	8069	2329	598	240	10
贵金属矿采选	7629	63	1668	4572	1002	251	71	2
稀有稀土金属矿采选	3513	17	594	2134	596	116	54	2
非金属矿采选业	42576	481	11144	26114	4265	478	88	6
土砂石开采	36703	428	9746	22550	3576	347	53	3
化学矿采选	1473	7	329	841	221	52	20	3
采盐	1801	24	398	1099	235	40	5	
石棉及其他非金属矿采选	2599	22	671	1624	233	39	10	
其他采矿业	3470	36	745	2126	464	85	13	1
其他采矿业	3470	36	745	2126	464	85	13	1

4-6c 续表 11

单位：人

行业中类 性 别	合 计	未上过学	小 学	初 中	高 中	大学专科	大学本科	研究生
制造业	**2162179**	**13948**	**338668**	**1408464**	**324796**	**60368**	**15363**	**572**
农副食品加工业	83599	918	17653	52540	10547	1566	353	22
谷物磨制	16786	251	3980	10342	1991	191	30	1
饲料加工	7053	76	1276	4274	1065	262	90	10
植物油加工	6412	61	1282	3936	935	159	35	4
制糖	2217	12	248	1031	668	216	42	
屠宰及肉类加工	23651	200	4811	15686	2582	308	60	4
水产品加工	6513	83	1445	4063	790	109	22	1
蔬菜、水果和坚果加工	4226	39	866	2557	626	108	29	1
其他农副食品加工	16741	196	3745	10651	1890	213	45	1
食品制造业	53231	397	8381	34691	7906	1495	353	8
焙烤食品制造	22476	139	3433	15311	3058	446	88	1
糖果、巧克力及蜜饯制造	3609	14	514	2317	623	114	26	1
方便食品制造	13706	151	2496	8964	1813	241	40	1
液体乳及乳制品制造	2409	12	224	1321	556	234	59	3
罐头制造	2011	15	345	1275	297	63	16	
调味品、发酵制品制造	3293	20	456	1926	615	201	74	1
其他食品制造	5727	46	913	3577	944	196	50	1
饮料制造业	22939	194	4111	13762	3863	802	201	6
酒精制造	1140	9	158	710	198	51	14	
酒的制造	11774	92	2118	7076	1968	413	104	3
软饮料制造	5719	42	732	3471	1136	267	69	2
精制茶加工	4306	51	1103	2505	561	71	14	1
烟草制品业	2264	26	501	1213	409	91	22	2
烟叶复烤	1250	23	332	669	195	29	2	
卷烟制造	806		143	429	172	45	15	2
其他烟草制品加工	208	3	26	115	42	17	5	
纺织业	130901	782	21369	87090	18588	2460	594	18
棉、化纤纺织及印染精加工	63189	415	10647	41510	9147	1154	305	11
毛纺织和染整精加工	9206	59	1468	6086	1356	191	45	1
麻纺织	1270	9	180	825	230	24	1	1
丝绢纺织及精加工	4947	32	1035	3046	691	108	35	
纺织制成品制造	22028	111	3392	14758	3159	479	127	2
针织品、编织品及其制品制造	30261	156	4647	20865	4005	504	81	3
纺织服装、鞋、帽制造业	203089	625	24114	149909	24702	3125	591	23
纺织服装制造	180998	548	21168	133899	22003	2814	543	23
纺织面料鞋的制造	19364	64	2545	14082	2363	272	38	
制帽	2727	13	401	1928	336	39	10	
皮革、毛皮、羽毛(绒)及其制品业	98047	401	14797	69981	11299	1342	220	7
皮革鞣制加工	3919	26	692	2576	527	75	22	1
皮革制品制造	87298	342	13104	62437	10073	1161	176	5
毛皮鞣制及制品加工	4929	26	702	3688	432	62	18	1
羽毛(绒)加工及制品制造	1901	7	299	1280	267	44	4	
木材加工及木、竹、藤、棕、草制品业	102635	1433	23608	66453	10023	916	190	12
锯材、木片加工	40152	555	9040	26433	3764	303	54	3
人造板制造	26243	317	5349	17632	2594	272	72	7
木制品制造	25295	224	5528	16583	2643	261	54	2
竹、藤、棕、草制品制造	10945	337	3691	5805	1022	80	10	
家具制造业	101275	581	17441	70704	11206	1122	213	8
木质家具制造	86851	473	14974	61024	9393	829	153	5
竹、藤家具制造	2026	55	668	1090	180	26	6	1
金属家具制造	6068	22	855	4177	832	143	37	2
塑料家具制造	1003	6	175	669	125	26	2	
其他家具制造	5327	25	769	3744	676	98	15	

4-6c 续表 12 单位：人

行业中类 性别	合计	未上过学	小学	初中	高中	大学专科	大学本科	研究生
造纸及纸制品业	38258	265	6372	23742	6422	1177	272	8
纸浆制造	2140	14	334	1247	391	111	43	
造纸	15959	120	2684	9589	2826	598	136	6
纸制品制造	20159	131	3354	12906	3205	468	93	2
印刷业和记录媒介的复制	18824	82	2012	12141	3756	666	162	5
印刷	17357	76	1860	11186	3472	610	148	5
装订及其他印刷服务活动	1214	4	124	802	229	45	10	
记录媒介的复制	253	2	28	153	55	11	4	
文教体育用品制造业	40701	143	5823	27304	5782	1362	278	9
文化用品制造	4528	25	745	2857	701	150	48	2
体育用品制造	4027	12	580	2539	685	173	36	2
乐器制造	2205	3	208	1302	412	210	67	3
玩具制造	29146	102	4189	20089	3836	808	121	1
游艺器材及娱乐用品制造	795	1	101	517	148	21	6	1
石油加工、炼焦及核燃料加工业	11847	42	1201	6761	2572	966	294	11
精炼石油产品的制造	3476	13	361	1619	830	484	161	8
炼焦	8234	28	821	5068	1711	473	130	3
核燃料加工	137	1	19	74	31	9	3	
化学原料及化学制品制造业	64474	379	10346	37757	12005	3023	935	29
基础化学原料制造	13701	93	2060	7614	2806	875	243	10
肥料制造	11015	75	1595	6467	2150	594	129	5
农药制造	2269	12	328	1293	456	130	49	1
涂料、油墨、颜料及类似产品制造	8012	50	1302	4708	1479	333	139	1
合成材料制造	3967	21	676	2355	677	177	59	2
专用化学产品制造	20718	103	3782	12438	3508	652	228	7
日用化学产品制造	4792	25	603	2882	929	262	88	3
医药制造业	11072	37	1090	5591	2745	1150	437	22
化学药品原药制造	2701	6	313	1369	614	271	123	5
化学药品制剂制造	2030	6	166	992	520	241	98	7
中药饮片加工	1030	8	151	576	193	72	30	
中成药制造	2573	5	213	1191	745	316	93	10
兽用药品制造	506		43	256	125	59	23	
生物、生化制品的制造	821		66	400	223	92	40	
卫生材料及医药用品制造	1411	12	138	807	325	99	30	
化学纤维制造业	6782	28	1084	4073	1228	283	82	4
纤维素纤维原料及纤维制造	1630	7	212	999	308	86	16	2
合成纤维制造	5152	21	872	3074	920	197	66	2
橡胶制品业	21912	124	3327	14202	3472	642	142	3
轮胎制造	7209	27	789	4558	1431	338	65	1
橡胶板、管、带的制造	4545	28	761	3046	588	94	27	1
橡胶零件制造	2980	26	482	1893	473	89	17	
再生橡胶制造	765	7	136	483	116	18	5	
日用及医用橡胶制品制造	724	3	120	472	108	18	3	
橡胶靴鞋制造	3351	24	636	2251	398	33	9	
其他橡胶制品制造	2338	9	403	1499	358	52	16	1
塑料制品业	53583	422	9425	34174	8018	1252	284	8
塑料薄膜制造	6080	41	945	4027	884	144	38	1
塑料板、管、型材的制造	8915	65	1518	5586	1448	236	61	1
塑料丝、绳及编织品的制造	6015	108	1228	3837	741	87	13	1
泡沫塑料制造	2518	27	507	1580	330	62	12	
塑料人造革、合成革制造	1682	6	280	1074	271	41	10	
塑料包装箱及容器制造	4721	19	709	3086	752	127	27	1
塑料零件制造	5474	50	978	3213	995	190	46	2
日用塑料制造	10259	64	1910	6650	1407	185	43	
其他塑料制品制造	7919	42	1350	5121	1190	180	34	2

4-6c 续表 13

单位：人

行业中类 性别	合计	未上过学	小学	初中	高中	大学专科	大学本科	研究生
非金属矿物制品业	217405	2674	50579	134637	25199	3451	838	27
水泥、石灰和石膏的制造	34733	349	6639	20765	5542	1170	264	4
水泥及石膏制品制造	22810	268	4922	14017	3066	415	119	3
砖瓦、石材及其他建筑材料制造	107965	1779	30420	65428	9386	772	172	8
玻璃及玻璃制品制造	22092	111	3472	14537	3248	545	172	7
陶瓷制品制造	16477	75	2703	11192	2190	270	44	3
耐火材料制品制造	8732	48	1623	5862	1044	126	28	1
石墨及其他非金属矿物制品制造	4596	44	800	2836	723	153	39	1
黑色金属冶炼及压延加工业	66495	325	9000	42983	10909	2610	653	15
炼铁	14038	86	2242	9315	1982	323	90	
炼钢	24611	68	2608	15975	4447	1191	314	8
钢压延加工	23375	126	3312	14933	3821	960	216	7
铁合金冶炼	4471	45	838	2760	659	136	33	
有色金属冶炼及压延加工业	29067	239	4728	17685	4792	1230	379	14
常用有色金属冶炼	16284	116	2650	9638	2863	766	240	11
贵金属冶炼	1100	7	153	623	231	65	21	
稀有稀土金属冶炼	1233	15	242	734	177	50	14	1
有色金属合金制造	1221	11	221	760	172	42	14	1
有色金属压延加工	9229	90	1462	5930	1349	307	90	1
金属制品业	150858	681	22213	101177	22569	3445	756	17
结构性金属制品制造	67587	278	9145	45832	10384	1585	355	8
金属工具制造	24078	101	3584	16034	3700	556	100	3
集装箱及金属包装容器制造	4131	18	536	2625	760	147	43	2
金属丝绳及其制品的制造	5131	25	746	3432	777	110	40	1
建筑、安全用金属制品制造	15593	80	2521	10640	1981	303	67	1
金属表面处理及热处理加工	11758	97	2392	7582	1429	215	42	1
搪瓷制品制造	1482	6	246	982	207	37	4	
不锈钢及类似日用金属制品制造	14726	59	2262	9807	2232	302	63	1
其他金属制品制造	6372	17	781	4243	1099	190	42	
通用设备制造业	155397	1006	22528	99521	26444	4808	1067	23
锅炉及原动机制造	6295	21	663	3991	1258	277	82	3
金属加工机械制造	36126	128	3848	23610	6992	1264	275	9
起重运输设备制造	4847	11	541	2988	979	253	75	
泵、阀门、压缩机及类似机械的制造	17166	133	2589	10575	3052	670	145	2
轴承、齿轮、传动和驱动部件的制造	13709	61	1823	9151	2228	368	78	
烘炉、熔炉及电炉制造	876		124	529	180	34	9	
风机、衡器、包装设备等通用设备制造	10591	45	1288	6481	2191	471	111	4
通用零部件制造及机械修理	44273	468	7813	28004	6775	1017	194	2
金属铸、锻加工	21514	139	3839	14192	2789	454	98	3
专用设备制造业	70313	278	7236	43717	14776	3344	918	44
矿山、冶金、建筑专用设备制造	10911	46	1116	6699	2265	584	190	11
化工、木材、非金属加工专用设备制造	22381	82	2191	13588	5292	1026	194	8
食品、饮料、烟草及饲料生产专用设备制造	1617	7	181	1067	290	50	22	
印刷、制药、日化生产专用设备制造	3370	20	395	2155	640	120	39	1
纺织、服装和皮革工业专用设备制造	5106	33	710	3254	925	149	35	
电子和电工机械专用设备制造	15739	29	1356	10058	3149	890	243	14
农、林、牧、渔专用机械制造	5395	40	698	3498	951	161	47	
医疗仪器设备及器械制造	2077	9	181	1179	480	156	67	5
环保、社会公共安全及其他专用设备制造	3717	12	408	2219	784	208	81	5

4-6c 续表 14

单位：人

行业中类 性 别	合 计	未 上 过 学	小 学	初 中	高 中	大 学 专 科	大 学 本 科	研究生
交通运输设备制造业	112073	422	12716	71742	20757	4922	1450	64
铁路运输设备制造	3315	15	344	1956	691	210	93	6
汽车制造	63425	204	6413	40134	13081	2828	726	39
摩托车制造	8934	44	1349	5815	1455	211	60	
自行车制造	5879	25	868	3922	870	149	43	2
船舶及浮动装置制造	28312	131	3527	18719	4201	1299	421	14
航空航天器制造	757	2	32	242	222	166	90	3
交通器材及其他交通运输设备制造	1451	1	183	954	237	59	17	
电气机械及器材制造业	90336	310	10595	54317	18996	4792	1282	44
电机制造	12681	42	1475	7626	2669	691	175	3
输配电及控制设备制造	21922	63	2249	12984	4892	1333	387	14
电线、电缆、光缆及电工器材制造	14010	66	1641	8630	2792	702	171	8
电池制造	4683	19	471	2713	1023	358	94	5
家用电力器具制造	19168	55	2298	11541	4060	950	258	6
非电力家用器具制造	2957	8	378	1679	638	191	58	5
照明器具制造	12157	44	1780	7506	2330	404	91	2
其他电气机械及器材制造	2758	13	303	1638	592	163	48	1
通信设备、计算机及其他电子设备制造业	111692	176	8327	70595	24300	6327	1877	90
通信设备制造	8463	22	680	4991	1919	628	204	19
雷达及配套设备制造	133		17	74	32	7	3	
广播电视设备制造	685		59	390	164	56	15	1
电子计算机制造	6953	6	340	3536	2147	601	309	14
电子器件制造	26193	44	1973	16326	5770	1591	467	22
电子元件制造	59487	83	4495	38816	12322	2987	754	30
家用视听设备制造	5793	17	438	3977	1078	217	65	1
其他电子设备制造	3985	4	325	2485	868	240	60	3
仪器仪表及文化、办公用机械制造业	19888	163	3018	12239	3274	892	285	17
通用仪器仪表制造	9008	104	1545	5302	1466	425	157	9
专用仪器仪表制造	2261	12	293	1333	403	161	55	4
钟表与计时仪器制造	2043	8	209	1458	302	55	11	
光学仪器及眼镜制造	4331	16	694	2807	660	118	35	1
文化、办公用机械制造	1641	16	192	982	326	101	21	3
其他仪器仪表的制造及修理	604	7	85	357	117	32	6	
工艺品及其他制造业	51900	415	9279	34688	6382	926	200	10
工艺美术品制造	36090	224	6018	24617	4478	621	124	8
日用杂品制造	10790	119	2168	6935	1313	208	47	
煤制品制造	2523	44	607	1580	264	22	6	
核辐射加工	43		3	24	7	6	3	
其他未列明的制造业	2454	28	483	1532	320	69	20	2
废弃资源和废旧材料回收加工业	21322	380	5794	13075	1855	181	35	2
金属废料和碎屑的加工处理	11447	197	3144	6956	1035	99	16	
非金属废料和碎屑的加工处理	9875	183	2650	6119	820	82	19	2
电力、燃气及水的生产和供应业	**59853**	**221**	**6754**	**32031**	**14334**	**4751**	**1704**	**58**
电力、热力的生产和供应业	49493	151	5000	26339	12247	4170	1535	51
电力生产	20140	64	2230	9542	4899	2317	1060	28
电力供应	26912	61	2433	15362	6918	1690	428	20
热力生产和供应	2441	26	337	1435	430	163	47	3
燃气生产和供应业	3743	17	577	2079	744	250	75	1
燃气生产和供应业	3743	17	577	2079	744	250	75	1
水的生产和供应业	6617	53	1177	3613	1343	331	94	6
自来水的生产和供应	5545	41	955	3067	1154	256	68	4
污水处理及其再生利用	598	3	102	293	115	59	24	2
其他水的处理、利用与分配	474	9	120	253	74	16	2	

4-6c 续表 15

单位：人

行业中类 性别	合计	未上过学	小学	初中	高中	大学专科	大学本科	研究生
建筑业	**1583098**	**16480**	**341460**	**1066735**	**138358**	**15543**	**4374**	**148**
房屋和土木工程建筑业	1273191	14780	292405	845837	104524	11972	3551	122
房屋工程建筑	1148336	13418	264779	768803	90955	8391	1906	84
土木工程建筑	124855	1362	27626	77034	13569	3581	1645	38
建筑安装业	71433	426	11114	49514	9133	1011	230	5
建筑安装业	71433	426	11114	49514	9133	1011	230	5
建筑装饰业	217794	1008	33612	158154	22415	2146	442	17
建筑装饰业	217794	1008	33612	158154	22415	2146	442	17
其他建筑业	20680	266	4329	13230	2286	414	151	4
工程准备	6743	79	1459	4230	785	140	48	2
提供施工设备服务	4488	35	624	3045	626	107	51	
其他未列明的建筑活动	9449	152	2246	5955	875	167	52	2
交通运输、仓储和邮政业	**595152**	**3112**	**84097**	**422218**	**75677**	**8273**	**1713**	**62**
铁路运输业	19762	420	3778	11074	3406	849	227	8
铁路旅客运输	11905	356	2736	6770	1601	349	89	4
铁路货物运输	2606	23	332	1464	599	145	42	1
铁路运输辅助活动	5251	41	710	2840	1206	355	96	3
道路运输业	438644	1563	57178	321743	52915	4480	734	31
公路旅客运输	79204	277	9974	57066	10864	887	133	3
道路货物运输	337312	1103	43123	250828	38844	2947	443	24
道路运输辅助活动	22128	183	4081	13849	3207	646	158	4
城市公共交通业	66438	378	8678	46977	9424	823	154	4
公共电汽车客运	9313	72	1057	6299	1643	195	46	1
轨道交通	1016	10	160	626	149	53	17	1
出租车客运	46209	91	4345	34335	6846	514	76	2
城市轮渡	68	3	16	36	7	4	2	
其他城市公共交通	9832	202	3100	5681	779	57	13	
水上运输业	12347	126	2820	6983	1813	462	140	3
水上旅客运输	2040	33	522	1119	268	66	30	2
水上货物运输	8766	83	2046	5004	1243	318	71	1
水上运输辅助活动	1541	10	252	860	302	78	39	
航空运输业	3096	8	264	1729	689	258	142	6
航空客货运输	1301	5	91	660	332	129	80	4
通用航空服务	937	3	112	632	135	36	18	1
航空运输辅助活动	858		61	437	222	93	44	1
管道运输业	505	3	75	318	88	20	1	
管道运输业	505	3	75	318	88	20	1	
装卸搬运和其他运输服务业	40834	544	9866	25713	4143	454	113	1
装卸搬运	31747	512	8657	19632	2720	184	41	1
运输代理服务	9087	32	1209	6081	1423	270	72	
仓储业	7456	65	1026	4381	1462	412	102	8
谷物、棉花等农产品仓储	2696	25	372	1543	602	124	25	5
其他仓储	4760	40	654	2838	860	288	77	3
邮政业	6070	5	412	3300	1737	515	100	1
国家邮政	3640	1	236	1874	1116	344	68	1
其他寄递服务	2430	4	176	1426	621	171	32	

4-6c 续表 16 单位：人

行业中类 性 别	合 计	未上过学	小 学	初 中	高 中	大学专科	大学本科	研究生
信息传输、计算机服务和软件业	**25552**	**116**	**2022**	**12133**	**6326**	**3480**	**1396**	**79**
电信和其他信息传输服务业	14347	30	889	7122	3848	1834	605	19
电信	11151	27	719	5579	2981	1383	448	14
互联网信息服务	2021		99	972	504	318	124	4
广播电视传输服务	1123	3	66	539	353	130	32	
卫星传输服务	52		5	32	10	3	1	1
计算机服务业	8201	75	949	3924	1924	1008	312	9
计算机系统服务	3386	64	628	1710	531	320	128	5
数据处理	694		46	266	205	140	37	
计算机维修	2739	7	181	1277	805	378	90	1
其他计算机服务	1382	4	94	671	383	170	57	3
软件业	3004	11	184	1087	554	638	479	51
公共软件服务	1981	5	83	517	376	535	420	45
其他软件服务	1023	6	101	570	178	103	59	6
批发和零售业	**608673**	**5200**	**98209**	**382627**	**99992**	**18585**	**3956**	**104**
批发业	139807	1591	25569	86474	20915	4145	1075	38
农畜产品批发	19153	215	3567	12045	2828	419	76	3
食品、饮料及烟草制品批发	26661	197	4369	17203	4102	664	123	3
纺织、服装及日用品批发	14666	57	1781	9371	2678	609	167	3
文化、体育用品及器材批发	1640	8	172	955	384	88	33	
医药及医疗器材批发	2663	17	292	1352	660	266	73	3
矿产品、建材及化工产品批发	29429	197	4608	18176	5183	999	255	11
机械设备、五金交电及电子产品批发	10049	30	922	6013	2210	670	195	9
贸易经纪与代理	1261	4	140	558	297	171	88	3
其他批发	34285	866	9718	20801	2573	259	65	3
零售业	468866	3609	72640	296153	79077	14440	2881	66
综合零售	169902	1484	26315	107951	28755	4550	828	19
食品、饮料及烟草制品专门零售	118928	1287	25205	74994	15279	1824	324	15
纺织、服装及日用品专门零售	60394	298	7419	39804	10710	1807	348	8
文化、体育用品及器材专门零售	7140	49	923	4351	1393	344	78	2
医药及医疗器材专门零售	9521	53	963	4509	2736	1065	194	1
汽车、摩托车、燃料及零配件专门零售	17909	48	1546	11059	3838	1132	279	7
家用电器及电子产品专门零售	26870	51	1722	15314	6962	2286	523	12
五金、家具及室内装修材料专门零售	36472	130	4432	24294	6471	944	199	2
无店铺及其他零售	21730	209	4115	13877	2933	488	108	
住宿和餐饮业	**220719**	**1264**	**30371**	**153328**	**31423**	**3664**	**641**	**28**
住宿业	22517	110	2754	14644	4066	763	176	4
旅游饭店	11018	41	1120	7162	2114	469	109	3
一般旅馆	9790	59	1384	6369	1660	257	61	
其他住宿服务	1709	10	250	1113	292	37	6	1
餐饮业	198202	1154	27617	138684	27357	2901	465	24
正餐服务	142920	748	18526	101038	20094	2161	337	16
快餐服务	28820	201	4525	19682	3966	367	76	3
饮料及冷饮服务	1843	20	356	1125	288	46	7	1
其他餐饮服务	24619	185	4210	16839	3009	327	45	4
金融业	**17806**	**24**	**805**	**6320**	**5360**	**3654**	**1583**	**60**
银行业	9406	12	359	2778	2891	2291	1040	35
中央银行	426	1	23	164	112	83	40	3
商业银行	6906	6	272	1999	2146	1667	788	28
其他银行	2074	5	64	615	633	541	212	4
证券业	725	2	52	234	129	168	131	9
证券市场管理	193	1	23	75	32	38	23	1
证券经纪与交易	282	1	13	84	38	77	66	3
证券投资	233		15	73	53	50	37	5
证券分析与咨询	17		1	2	6	3	5	

4-6c 续表 17

单位：人

行业中类 性 别	合 计	未 上 过 学	小 学	初 中	高 中	大 学 专 科	大 学 本 科	研究生
保险业	5123	7	201	2053	1715	855	284	8
人寿保险	4035	7	167	1662	1365	619	208	7
非人寿保险	958		29	344	313	204	67	1
保险辅助服务	130		5	47	37	32	9	
其他金融活动	2552	3	193	1255	625	340	128	8
金融信托与管理	1134	1	105	677	222	92	35	2
金融租赁	77		9	32	20	11	4	1
财务公司	211		10	58	67	53	22	1
邮政储蓄	572		29	232	178	108	25	
典当	115		6	65	30	8	6	
其他未列明的金融活动	443	2	34	191	108	68	36	4
房地产业	**22674**	**181**	**3802**	**12216**	**4216**	**1648**	**582**	**29**
房地产业	22674	181	3802	12216	4216	1648	582	29
房地产开发经营	9590	54	1359	5144	1705	937	372	19
物业管理	10873	111	2108	6092	1994	449	114	5
房地产中介服务	1530	9	213	628	374	221	81	4
其他房地产活动	681	7	122	352	143	41	15	1
租赁和商务服务业	**42987**	**304**	**6145**	**24819**	**7867**	**2849**	**955**	**48**
租赁业	6270	37	850	4322	909	130	21	1
机械设备租赁	4831	22	599	3354	730	107	18	1
文化及日用品出租	1439	15	251	968	179	23	3	
商务服务业	36717	267	5295	20497	6958	2719	934	47
企业管理服务	4113	22	627	2181	760	382	133	8
法律服务	1215	5	92	370	258	279	200	11
咨询与调查	1146	3	53	316	374	287	104	9
广告业	4229	5	246	1940	1081	721	228	8
知识产权服务	94		13	35	18	15	13	
职业中介服务	3020	32	559	1907	397	97	28	
市场管理	1148	10	221	603	232	58	23	1
旅行社	1730	7	215	807	425	215	61	
其他商务服务	20022	183	3269	12338	3413	665	144	10
科学研究、技术服务和地质勘查业	**9574**	**36**	**872**	**4234**	**2014**	**1470**	**842**	**106**
研究与试验发展	1591	8	130	680	301	207	202	63
自然科学研究与试验发展	324	3	33	108	69	49	43	19
工程和技术研究与试验发展	503	1	29	176	102	81	87	27
农业科学研究与试验发展	591	2	51	307	99	64	57	11
医学研究与试验发展	115	2	12	58	21	9	9	4
社会人文科学研究与试验发展	58		5	31	10	4	6	2
专业技术服务业	4852	21	409	2107	1056	795	441	23
气象服务	702	4	67	443	128	33	25	2
地震服务	378	2	59	263	41	12	1	
海洋服务	105	2	14	65	20	2	2	
测绘服务	312		18	110	81	67	36	
技术检测	571	5	37	213	157	98	61	
环境监测	182	1	17	78	36	33	15	2
工程技术与规划管理	1802	4	112	509	428	465	270	14
其他专业技术服务	800	3	85	426	165	85	31	5
科技交流和推广服务业	1402	2	136	558	324	299	76	7
技术推广服务	985	2	92	361	239	233	53	5
科技中介服务	175		13	83	42	32	4	1
其他科技服务	242		31	114	43	34	19	1
地质勘查业	1729	5	197	889	333	169	123	13
矿产地质勘查	1143	3	122	597	232	108	75	6
基础地质勘查	330	1	41	173	50	33	27	5
地质勘查技术服务	256	1	34	119	51	28	21	2

4-6c 续表 18 单位：人

行业中类 性　别	合　计	未上过学	小　学	初　中	高　中	大学专科	大学本科	研究生
水利、环境和公共设施管理业	**26954**	**742**	**7182**	**12636**	**4271**	**1566**	**537**	**20**
水利管理业	5433	43	765	2472	1292	650	208	3
防洪管理	573	6	80	250	149	63	25	
水资源管理	4053	33	560	1876	954	487	141	2
其他水利管理	807	4	125	346	189	100	42	1
环境管理业	10462	493	3887	4475	1140	332	126	9
自然保护	507	11	101	209	89	67	25	5
环境治理	9955	482	3786	4266	1051	265	101	4
公共设施管理业	11059	206	2530	5689	1839	584	203	8
市政公共设施管理	4420	87	934	2407	718	207	65	2
城市绿化管理	2959	79	873	1420	394	133	58	2
游览景区管理	3680	40	723	1862	727	244	80	4
居民服务和其他服务业	**212315**	**2369**	**34365**	**139989**	**31121**	**3855**	**595**	**21**
居民服务业	85105	1291	16449	54523	11206	1371	256	9
家庭服务	9775	323	2725	5580	997	123	27	
托儿所	726	13	126	425	127	28	7	
洗染服务	3471	19	506	2317	559	54	16	
理发及美容保健服务	32230	359	4493	22672	4217	424	64	1
洗浴服务	8151	78	1405	5479	1079	93	16	1
婚姻服务	628	6	87	367	133	32	3	
殡葬服务	2614	25	716	1521	305	37	10	
摄影扩印服务	2930	4	198	1733	808	165	22	
其他居民服务	24580	464	6193	14429	2981	415	91	7
其他服务业	127210	1078	17916	85466	19915	2484	339	12
修理与维护	105675	490	12433	72931	17414	2143	256	8
清洁服务	10452	395	2980	5725	1203	123	25	1
其他未列明的服务	11083	193	2503	6810	1298	218	58	3
教育	**145356**	**257**	**3788**	**16932**	**44728**	**58855**	**20262**	**534**
教育	145356	257	3788	16932	44728	58855	20262	534
学前教育	6426	28	333	1695	2312	1767	286	5
初等教育	81631	116	1616	7329	30107	35751	6674	38
中等教育	48786	85	1273	4785	10315	20035	12140	153
高等教育	4074	16	272	1221	707	686	849	323
其他教育	4439	12	294	1902	1287	616	313	15
卫生、社会保障和社会福利业	**66569**	**122**	**3742**	**23398**	**23763**	**13223**	**2229**	**92**
卫生	64482	103	3394	22437	23263	13017	2178	90
医院	17476	35	1033	5510	5527	4163	1136	72
卫生院及社区医疗活动	21961	29	1001	7198	8302	4809	616	6
门诊部医疗活动	20499	25	1013	8086	7903	3197	270	5
计划生育技术服务活动	984	3	31	224	331	332	63	
妇幼保健活动	219		19	71	71	47	11	
专科疾病防治活动	265		18	113	80	41	12	1
疾病预防控制及防疫活动	681	1	42	234	212	151	37	4
其他卫生活动	2397	10	237	1001	837	277	33	2
社会保障业	709	1	61	276	201	136	33	1
社会保障业	709	1	61	276	201	136	33	1
社会福利业	1378	18	287	685	299	70	18	1
提供住宿的社会福利	1192	17	254	591	259	56	14	1
不提供住宿的社会福利	186	1	33	94	40	14	4	

4-6c 续表 19

单位：人

行业中类 性　　别	合 计	未 上 过 学	小 学	初 中	高 中	大 学 专 科	大 学 本 科	研究生
文化、体育和娱乐业	**18570**	**121**	**2407**	**10439**	**3633**	**1404**	**547**	**19**
新闻出版业	2971	32	461	1766	384	194	125	9
新闻业	714	6	118	384	96	68	42	
出版业	2257	26	343	1382	288	126	83	9
广播、电视、电影和音像业	3205	1	188	1329	942	525	216	4
广播	849		46	343	270	136	53	1
电视	1131		57	452	301	203	115	3
电影	547	1	51	208	172	94	21	
音像制作	678		34	326	199	92	27	
文化艺术业	3213	26	465	1817	565	239	95	6
文艺创作与表演	1753	11	273	1096	254	82	34	3
艺术表演场馆	247		34	130	52	25	6	
图书馆与档案馆	157	1	14	54	41	25	21	1
文物及文化保护	179	4	27	80	42	23	3	
博物馆	107		12	52	27	14	2	
烈士陵园、纪念馆	72	1	7	36	14	9	5	
群众文化活动	292	2	46	148	54	26	14	2
文化艺术经纪代理	27		2	11	7	5	2	
其他文化艺术	379	7	50	210	74	30	8	
体育	1886	12	288	1167	288	90	41	
体育组织	1340	10	205	856	188	61	20	
体育场馆	322	2	49	173	62	19	17	
其他体育	224		34	138	38	10	4	
娱乐业	7295	50	1005	4360	1454	356	70	
室内娱乐活动	3934	17	577	2419	737	163	21	
游乐园	514	5	67	279	123	30	10	
休闲健身娱乐活动	1681	13	194	969	383	94	28	
其他娱乐活动	1166	15	167	693	211	69	11	
公共管理和社会组织	**139834**	**1977**	**16345**	**50711**	**37890**	**23276**	**9366**	**269**
中国共产党机关	1610		71	363	522	384	262	8
中国共产党机关	1610		71	363	522	384	262	8
国家机构	70112	255	3287	19657	20409	18253	8022	229
国家权力机构	1563	3	56	455	468	405	170	6
国家行政机构	64683	246	3068	18049	18969	16881	7266	204
人民法院和人民检察院	1475	2	51	356	333	405	315	13
其他国家机构	2391	4	112	797	639	562	271	6
人民政协和民主党派	335	3	17	86	99	91	39	
人民政协	284	1	10	61	86	88	38	
民主党派	51	2	7	25	13	3	1	
群众团体、社会团体和宗教组织	8569	483	2756	3354	1307	480	171	18
群众团体	767	26	145	259	191	93	51	2
社会团体	1623	12	211	677	421	222	76	4
宗教组织	6179	445	2400	2418	695	165	44	12
基层群众自治组织	59208	1236	10214	27251	15553	4068	872	14
社区自治组织	5031	51	770	2188	1384	480	154	4
村民自治组织	54177	1185	9444	25063	14169	3588	718	10
国际组织	**26**		**2**	**18**	**5**	**1**		
国际组织	26		2	18	5	1		
国际组织	26		2	18	5	1		

4-6c 续表 20

单位：人

行业中类 性别	合计	未上过学	小学	初中	高中	大学专科	大学本科	研究生
女	**18167628**	**1410742**	**6837403**	**8735779**	**941331**	**191045**	**49192**	**2136**
农、林、牧、渔业	**14469056**	**1338769**	**6032714**	**6524097**	**524668**	**42234**	**5804**	**770**
农业	13690895	1246545	5680270	6223833	495522	38781	5210	734
谷物及其他作物的种植	12660473	1178554	5275670	5719650	446475	34835	4605	684
蔬菜、园艺作物的种植	520488	36081	206698	251992	23486	1869	331	31
水果、坚果、饮料和香料作物的种植	477899	27562	183573	239961	24540	1979	266	18
中药材的种植	32035	4348	14329	12230	1021	98	8	1
林业	70142	5630	29910	30346	3578	560	115	3
林木的培育和种植	44737	3325	18926	19620	2383	393	88	2
木材和竹材的采运	4258	209	1727	1926	319	68	9	
林产品的采集	21147	2096	9257	8800	876	99	18	1
畜牧业	616662	80853	286570	226493	20567	1871	281	27
牲畜的饲养	158149	33348	71023	47675	5276	697	122	8
猪的饲养	331699	37410	166034	118148	9345	665	85	12
家禽的饲养	89929	6916	32654	45381	4501	407	63	7
狩猎和捕捉动物	286	14	102	148	17	5		
其他畜牧业	36599	3165	16757	15141	1428	97	11	
渔业	64376	3849	26753	30259	3131	326	56	2
海洋渔业	19258	1160	8623	8553	818	89	15	
内陆渔业	45118	2689	18130	21706	2313	237	41	2
农、林、牧、渔服务业	26981	1892	9211	13166	1870	696	142	4
农业服务业	19405	1576	6823	9464	1165	303	71	3
林业服务业	1751	63	504	850	201	115	18	
畜牧服务业	2733	101	693	1282	356	253	48	
渔业服务业	3092	152	1191	1570	148	25	5	1
采矿业	**36143**	**1004**	**9297**	**18651**	**5010**	**1748**	**425**	**8**
煤炭开采和洗选业	16570	462	4001	8630	2394	887	196	
烟煤和无烟煤的开采洗选	15104	438	3678	7882	2127	800	179	
褐煤的开采洗选	675	13	117	323	151	59	12	
其他煤炭采选	791	11	206	425	116	28	5	
石油和天然气开采业	2127	43	353	866	489	308	67	1
天然原油和天然气开采	1704	40	300	661	383	261	58	1
与石油和天然气开采有关的服务活动	423	3	53	205	106	47	9	
黑色金属矿采选业	3260	71	783	1822	388	158	37	1
铁矿采选	2796	62	643	1569	335	150	36	1
其他黑色金属矿采选	464	9	140	253	53	8	1	
有色金属矿采选业	5601	151	1566	2597	927	266	92	2
常用有色金属矿采选	3600	108	1078	1528	651	179	55	1
贵金属矿采选	1169	33	279	619	168	50	19	1
稀有稀土金属矿采选	832	10	209	450	108	37	18	
非金属矿采选业	7400	224	2270	4062	705	109	27	3
土砂石开采	5853	188	1859	3220	506	63	17	
化学矿采选	370	5	93	177	74	12	6	3
采盐	473	17	146	240	56	12	2	
石棉及其他非金属矿采选	704	14	172	425	69	22	2	
其他采矿业	1185	53	324	674	107	20	6	1
其他采矿业	1185	53	324	674	107	20	6	1

4-6c 续表 21 单位：人

行业中类 性别	合计	未上过学	小学	初中	高中	大学专科	大学本科	研究生
制造业	**1894352**	**32985**	**431289**	**1210136**	**176170**	**35649**	**7859**	**264**
农副食品加工业	61192	2025	17944	35391	4787	870	171	4
谷物磨制	10477	360	3310	5977	720	99	11	
饲料加工	3185	112	750	1784	378	120	41	
植物油加工	3245	98	866	1887	312	69	13	
制糖	1386	8	196	725	355	89	13	
屠宰及肉类加工	13411	268	3101	8766	1072	177	27	
水产品加工	9033	430	3504	4451	537	88	21	2
蔬菜、水果和坚果加工	5994	194	1749	3466	478	81	24	2
其他农副食品加工	14461	555	4468	8335	935	147	21	
食品制造业	55598	954	12549	35389	5202	1191	299	14
焙烤食品制造	24254	379	5358	15855	2202	382	74	4
糖果、巧克力及蜜饯制造	4859	79	1183	3079	426	78	14	
方便食品制造	14452	311	3583	9137	1182	193	45	1
液体乳及乳制品制造	2014	22	273	1144	335	174	62	4
罐头制造	2539	43	636	1586	213	53	8	
调味品、发酵制品制造	2410	26	452	1465	281	138	48	
其他食品制造	5070	94	1064	3123	563	173	48	5
饮料制造业	16398	353	4119	9547	1829	431	115	4
酒精制造	819	13	132	520	108	37	8	1
酒的制造	7454	131	1631	4570	882	186	53	1
软饮料制造	4712	75	903	2903	613	168	48	2
精制茶加工	3413	134	1453	1554	226	40	6	
烟草制品业	1725	65	545	907	160	36	12	
烟叶复烤	1087	61	411	524	80	9	2	
卷烟制造	529	2	106	314	73	24	10	
其他烟草制品加工	109	2	28	69	7	3		
纺织业	242407	4162	55582	159208	20190	2763	482	20
棉、化纤纺织及印染精加工	99757	1499	21092	66969	8757	1223	202	15
毛纺织和染整精加工	15411	296	3280	10160	1437	196	42	
麻纺织	2178	18	412	1494	219	32	3	
丝绢纺织及精加工	7876	132	2241	4758	640	94	11	
纺织制成品制造	41964	871	9531	27251	3638	541	130	2
针织品、编织品及其制品制造	75221	1346	19026	48576	5499	677	94	3
纺织服装、鞋、帽制造业	448455	4201	90384	315672	33251	4240	680	27
纺织服装制造	413891	3489	82382	292663	30756	3938	637	26
纺织面料鞋的制造	27627	349	6031	18939	2021	252	34	1
制帽	6937	363	1971	4070	474	50	9	
皮革、毛皮、羽毛(绒)及其制品业	119260	1665	26819	81250	8196	1132	190	8
皮革鞣制加工	4059	87	907	2687	292	74	12	
皮革制品制造	104890	1362	23717	71398	7259	981	167	6
毛皮鞣制及制品加工	6217	112	1315	4382	356	47	3	2
羽毛(绒)加工及制品制造	4094	104	880	2783	289	30	8	
木材加工及木、竹、藤、棕、草制品业	65018	2629	21891	36587	3336	503	68	4
锯材、木片加工	21554	801	7123	12528	959	128	12	3
人造板制造	18791	545	5621	11417	1017	162	28	1
木制品制造	9541	282	2817	5586	699	136	21	
竹、藤、棕、草制品制造	15132	1001	6330	7056	661	77	7	
家具制造业	41575	767	10640	25983	3368	666	147	4
木质家具制造	33023	564	8482	20751	2625	479	118	4
竹、藤家具制造	1685	70	613	874	112	14	2	
金属家具制造	3053	57	691	1884	311	100	10	
塑料家具制造	654	22	169	383	61	15	4	
其他家具制造	3160	54	685	2091	259	58	13	

4-6c 续表 22

单位：人

行业中类 性别	合计	未上过学	小学	初中	高中	大学专科	大学本科	研究生
造纸及纸制品业	28458	580	6998	17105	3024	630	121	
纸浆制造	1208	23	275	709	133	55	13	
造纸	9285	158	2030	5662	1124	262	49	
纸制品制造	17965	399	4693	10734	1767	313	59	
印刷业和记录媒介的复制	14626	232	2577	9062	2058	579	116	2
印刷	13102	227	2372	8008	1857	533	105	
装订及其他印刷服务活动	1268	4	169	889	162	35	7	2
记录媒介的复制	256	1	36	165	39	11	4	
文教体育用品制造业	56790	937	13660	36285	4619	1049	236	4
文化用品制造	6438	250	1779	3735	501	140	32	1
体育用品制造	4410	85	1033	2688	452	121	31	
乐器制造	1800	4	228	1127	257	141	43	
玩具制造	43388	588	10501	28304	3284	592	116	3
游艺器材及娱乐用品制造	754	10	119	431	125	55	14	
石油加工、炼焦及核燃料加工业	3138	26	333	1624	744	337	72	2
精炼石油产品的制造	1161	9	134	539	240	189	48	2
炼焦	1932	16	189	1061	497	145	24	
核燃料加工	45	1	10	24	7	3		
化学原料及化学制品制造业	42211	563	10260	24617	4900	1450	408	13
基础化学原料制造	5266	59	939	2932	880	349	104	3
肥料制造	4505	72	919	2467	750	241	56	
农药制造	1204	12	242	702	172	59	17	
涂料、油墨、颜料及类似产品制造	3072	37	545	1784	477	169	59	1
合成材料制造	2295	52	554	1320	239	98	31	1
专用化学产品制造	21176	275	6252	12513	1692	344	93	7
日用化学产品制造	4693	56	809	2899	690	190	48	1
医药制造业	10137	81	1271	5563	2019	934	253	16
化学药品原药制造	1557	5	175	787	320	202	66	2
化学药品制剂制造	1723	2	138	853	459	214	53	4
中药饮片加工	1015	25	184	579	161	48	17	1
中成药制造	2306	14	221	1203	552	255	54	7
兽用药品制造	323		38	173	62	39	11	
生物、生化制品的制造	590	3	45	279	156	76	30	1
卫生材料及医药用品制造	2623	32	470	1689	309	100	22	1
化学纤维制造业	5969	70	1232	3835	662	141	28	1
纤维素纤维原料及纤维制造	1194	14	215	769	160	32	3	1
合成纤维制造	4775	56	1017	3066	502	109	25	
橡胶制品业	14641	314	3321	9169	1406	362	66	3
轮胎制造	2806	28	472	1783	372	133	18	
橡胶板、管、带的制造	2741	85	578	1737	258	68	15	
橡胶零件制造	2556	70	627	1543	240	64	12	
再生橡胶制造	408	7	95	250	35	17	4	
日用及医用橡胶制品制造	977	13	180	659	105	16	4	
橡胶靴鞋制造	3392	76	965	2081	232	30	5	3
其他橡胶制品制造	1761	35	404	1116	164	34	8	
塑料制品业	51126	1495	14155	29981	4467	862	163	3
塑料薄膜制造	4722	107	1198	2855	458	88	16	
塑料板、管、型材的制造	6136	140	1533	3649	651	128	35	
塑料丝、绳及编织品的制造	9543	475	3131	5284	564	79	10	
泡沫塑料制造	1745	52	513	965	178	32	5	
塑料人造革、合成革制造	1070	13	259	670	91	31	6	
塑料包装箱及容器制造	4751	79	1054	3030	470	96	22	
塑料零件制造	5290	147	1427	3034	544	119	18	1
日用塑料制造	10561	306	3167	6027	863	171	27	
其他塑料制品制造	7308	176	1873	4467	648	118	24	2

4-6c 续表 23

单位：人

行业中类 性别	合计	未上过学	小学	初中	高中	大学专科	大学本科	研究生
非金属矿物制品业	91807	2209	26477	53609	7664	1528	308	12
水泥、石灰和石膏的制造	10148	223	2167	5738	1513	430	75	2
水泥及石膏制品制造	6589	182	1756	3735	706	165	45	
砖瓦、石材及其他建筑材料制造	40158	1395	14489	21569	2284	355	64	2
玻璃及玻璃制品制造	15983	197	3700	10237	1497	289	58	5
陶瓷制品制造	13623	144	3223	8977	1079	160	39	1
耐火材料制品制造	3143	38	656	2080	307	47	14	1
石墨及其他非金属矿物制品制造	2163	30	486	1273	278	82	13	1
黑色金属冶炼及压延加工业	14434	208	2461	8545	2195	809	208	8
炼铁	2907	58	523	1792	406	92	36	
炼钢	4768	33	667	2782	848	356	75	7
钢压延加工	5574	92	988	3285	797	321	90	1
铁合金冶炼	1185	25	283	686	144	40	7	
有色金属冶炼及压延加工业	9937	212	2167	5493	1391	525	147	2
常用有色金属冶炼	4812	118	1051	2475	755	313	98	2
贵金属冶炼	344	8	49	218	48	20	1	
稀有稀土金属冶炼	474	8	114	270	57	22	3	
有色金属合金制造	445	6	126	249	46	14	4	
有色金属压延加工	3862	72	827	2281	485	156	41	
金属制品业	68668	1196	16648	41992	6901	1569	353	9
结构性金属制品制造	25058	392	5839	15337	2635	712	139	4
金属工具制造	12651	200	2985	7930	1240	237	56	3
集装箱及金属包装容器制造	1775	28	399	1051	224	54	18	1
金属丝绳及其制品的制造	2643	35	508	1716	305	60	19	
建筑、安全用金属制品制造	8252	162	2174	5009	724	149	34	
金属表面处理及热处理加工	6190	197	1866	3487	512	103	25	
搪瓷制品制造	913	7	207	598	82	15	4	
不锈钢及类似日用金属制品制造	7872	135	1969	4800	770	159	39	
其他金属制品制造	3314	40	701	2064	409	80	19	1
通用设备制造业	67932	1701	16909	40055	6932	1903	418	14
锅炉及原动机制造	1757	21	282	1055	266	104	26	3
金属加工机械制造	9276	104	1669	5693	1338	387	82	3
起重运输设备制造	1330	31	226	740	228	77	27	1
泵、阀门、压缩机及类似机械的制造	10013	353	2846	5464	957	322	71	
轴承、齿轮、传动和驱动部件的制造	7037	99	1647	4404	711	146	30	
烘炉、熔炉及电炉制造	281		60	167	43	10	1	
风机、衡器、包装设备等通用设备制造	6051	71	1254	3686	734	240	62	4
通用零部件制造及机械修理	26177	931	7383	15233	2081	466	80	3
金属铸、锻加工	6010	91	1542	3613	574	151	39	
专用设备制造业	35867	501	5753	22497	5258	1487	359	12
矿山、冶金、建筑专用设备制造	2544	46	405	1447	427	175	43	1
化工、木材、非金属加工专用设备制造	6562	90	1123	3868	1094	303	84	
食品、饮料、烟草及饲料生产专用设备制造	677	13	121	401	114	23	5	
印刷、制药、日化生产专用设备制造	2319	22	408	1461	313	93	21	1
纺织、服装和皮革工业专用设备制造	3816	68	742	2439	453	92	22	
电子和电工机械专用设备制造	13416	93	1730	8919	2063	503	104	4
农、林、牧、渔专用机械制造	2272	125	584	1274	212	61	14	2
医疗仪器设备及器械制造	2871	27	406	1908	360	143	25	2
环保、社会公共安全及其他专用设备制造	1390	17	234	780	222	94	41	2

4-6c 续表 24 单位：人

行业中类 性　别	合　计	未　上 过　学	小　学	初　中	高　中	大　学 专　科	大　学 本　科	研究生
交通运输设备制造业	38485	597	7596	23091	4991	1663	528	19
铁路运输设备制造	703	9	98	377	144	48	26	1
汽车制造	23609	331	4332	14337	3287	1020	294	8
摩托车制造	4190	76	1060	2558	382	86	27	1
自行车制造	3753	67	785	2357	403	111	29	1
船舶及浮动装置制造	5449	107	1234	3076	612	298	114	8
航空航天器制造	287	2	11	73	98	73	30	
交通器材及其他交通运输设备制造	494	5	76	313	65	27	8	
电气机械及器材制造业	71691	905	13191	44007	10263	2631	688	6
电机制造	7901	92	1530	4902	991	318	68	
输配电及控制设备制造	18932	204	2932	11655	3115	824	199	3
电线、电缆、光缆及电工器材制造	9201	77	1512	5727	1381	387	115	2
电池制造	3804	24	610	2278	671	167	53	1
家用电力器具制造	14506	169	2587	9061	2058	497	134	
非电力家用器具制造	1868	27	349	1084	277	100	31	
照明器具制造	13754	277	3339	8292	1519	258	69	
其他电气机械及器材制造	1725	35	332	1008	251	80	19	
通信设备、计算机及其他电子设备制造业	109919	550	13120	72569	18654	4035	949	42
通信设备制造	7438	31	777	4558	1569	409	86	8
雷达及配套设备制造	124		19	85	14	4	2	
广播电视设备制造	670	6	127	417	78	33	9	
电子计算机制造	6544	22	457	3399	2100	392	165	9
电子器件制造	25957	116	3224	16721	4665	996	231	4
电子元件制造	60626	328	7306	41642	9041	1905	384	20
家用视听设备制造	4796	34	730	3259	607	135	30	1
其他电子设备制造	3764	13	480	2488	580	161	42	
仪器仪表及文化、办公用机械制造业	16080	365	3350	9682	2014	526	136	7
通用仪器仪表制造	6612	201	1498	3812	799	231	69	2
专用仪器仪表制造	1573	22	260	975	211	87	17	1
钟表与计时仪器制造	1890	12	325	1301	204	36	12	
光学仪器及眼镜制造	4275	98	1042	2581	437	95	21	1
文化、办公用机械制造	1409	22	163	825	318	64	14	3
其他仪器仪表的制造及修理	321	10	62	188	45	13	3	
工艺品及其他制造业	79625	2790	25142	45662	5187	715	125	4
工艺美术品制造	61460	2057	19296	35426	4064	523	92	2
日用杂品制造	15052	630	4971	8363	914	148	25	1
煤制品制造	934	37	287	545	48	15	1	1
核辐射加工	26		4	19	3			
其他未列明的制造业	2153	66	584	1309	158	29	7	
废弃资源和废旧材料回收加工业	11183	632	4195	5759	502	82	13	
金属废料和碎屑的加工处理	5721	291	2135	2950	276	58	11	
非金属废料和碎屑的加工处理	5462	341	2060	2809	226	24	2	
电力、燃气及水的生产和供应业	**13194**	**165**	**1903**	**6352**	**2784**	**1464**	**493**	**33**
电力、热力的生产和供应业	9766	115	1334	4474	2151	1246	415	31
电力生产	5734	58	813	2666	1211	697	267	22
电力供应	3472	43	420	1533	846	485	136	9
热力生产和供应	560	14	101	275	94	64	12	
燃气生产和供应业	1556	19	240	918	274	74	30	1
燃气生产和供应业	1556	19	240	918	274	74	30	1
水的生产和供应业	1872	31	329	960	359	144	48	1
自来水的生产和供应	1535	23	262	793	304	117	35	1
污水处理及其再生利用	197	5	28	92	41	21	10	
其他水的处理、利用与分配	140	3	39	75	14	6	3	

4-6c 续表 25　　　　单位：人

行业中类 性　　别	合　计	未上过学	小　学	初　中	高　中	大学专科	大学本科	研究生
建筑业	**233808**	**6894**	**78013**	**132376**	**12057**	**3499**	**944**	**25**
房屋和土木工程建筑业	189335	6056	66531	104494	8951	2587	699	17
房屋工程建筑	172137	5540	60982	95817	7646	1750	390	12
土木工程建筑	17198	516	5549	8677	1305	837	309	5
建筑安装业	9275	196	2392	5732	703	203	46	3
建筑安装业	9275	196	2392	5732	703	203	46	3
建筑装饰业	31852	512	8018	20361	2177	609	170	5
建筑装饰业	31852	512	8018	20361	2177	609	170	5
其他建筑业	3346	130	1072	1789	226	100	29	
工程准备	1034	30	327	565	61	39	12	
提供施工设备服务	533	15	149	296	47	23	3	
其他未列明的建筑活动	1779	85	596	928	118	38	14	
交通运输、仓储和邮政业	**78905**	**2096**	**17510**	**46370**	**9150**	**3058**	**706**	**15**
铁路运输业	11297	765	3506	5830	889	242	63	2
铁路旅客运输	9754	712	3172	5046	644	147	31	2
铁路货物运输	466	13	74	224	89	48	18	
铁路运输辅助活动	1077	40	260	560	156	47	14	
道路运输业	41617	613	8134	26603	4739	1245	280	3
公路旅客运输	15457	186	3128	10284	1568	248	42	1
道路货物运输	21198	327	4019	13746	2321	631	152	2
道路运输辅助活动	4962	100	987	2573	850	366	86	
城市公共交通业	8650	275	1605	5391	1111	230	36	2
公共电汽车客运	3378	137	663	1929	536	96	16	1
轨道交通	596	33	160	303	63	31	6	
出租车客运	3675	35	461	2637	444	85	13	
城市轮渡	16	1	7	4	2	2		
其他城市公共交通	985	69	314	518	66	16	1	1
水上运输业	3280	121	1063	1751	242	72	30	1
水上旅客运输	575	16	158	333	54	12	2	
水上货物运输	2397	101	841	1264	136	36	18	1
水上运输辅助活动	308	4	64	154	52	24	10	
航空运输业	1322	12	124	563	312	233	75	3
航空客货运输	688	10	51	310	153	119	42	3
通用航空服务	249	2	29	108	63	37	10	
航空运输辅助活动	385		44	145	96	77	23	
管道运输业	91		16	46	18	10	1	
管道运输业	91		16	46	18	10	1	
装卸搬运和其他运输服务业	7199	236	2323	3712	606	262	57	3
装卸搬运	5607	222	2098	2895	309	70	12	1
运输代理服务	1592	14	225	817	297	192	45	2
仓储业	2869	66	607	1466	458	218	53	1
谷物、棉花等农产品仓储	1063	22	200	569	205	58	9	
其他仓储	1806	44	407	897	253	160	44	1
邮政业	2580	8	132	1008	775	546	111	
国家邮政	1910	4	79	687	603	446	91	
其他寄递服务	670	4	53	321	172	100	20	

4-6c 续表 26

单位：人

行业中类 性别	合计	未上过学	小学	初中	高中	大学专科	大学本科	研究生
信息传输、计算机服务和软件业	**17844**	**200**	**1726**	**8214**	**4258**	**2612**	**802**	**32**
电信和其他信息传输服务业	10439	31	509	4645	2931	1850	457	16
电信	8894	28	418	3896	2571	1594	373	14
互联网信息服务	1244	3	70	610	295	200	64	2
广播电视传输服务	264		19	114	61	52	18	
卫星传输服务	37		2	25	4	4	2	
计算机服务业	5392	156	1027	2660	960	448	135	6
计算机系统服务	2897	130	730	1431	365	180	57	4
数据处理	617	4	79	261	167	76	29	1
计算机维修	806	10	102	407	185	80	21	1
其他计算机服务	1072	12	116	561	243	112	28	
软件业	2013	13	190	909	367	314	210	10
公共软件服务	1120	6	80	364	217	259	185	9
其他软件服务	893	7	110	545	150	55	25	1
批发和零售业	**675243**	**12992**	**132059**	**421928**	**87759**	**17502**	**2931**	**72**
批发业	95386	2573	21897	56194	11105	2888	709	20
农畜产品批发	11294	335	3096	6560	1069	199	34	1
食品、饮料及烟草制品批发	22368	506	5060	13932	2358	434	76	2
纺织、服装及日用品批发	18967	203	2626	12445	2816	710	163	4
文化、体育用品及器材批发	1537	22	219	916	261	95	24	
医药及医疗器材批发	2256	28	275	1168	477	248	59	1
矿产品、建材及化工产品批发	15060	245	3176	8900	2128	479	128	4
机械设备、五金交电及电子产品批发	5923	47	826	3524	1040	383	99	4
贸易经纪与代理	933	1	84	346	198	208	94	2
其他批发	17048	1186	6535	8403	758	132	32	2
零售业	579857	10419	110162	365734	76654	14614	2222	52
综合零售	246882	4503	46163	157024	32853	5523	798	18
食品、饮料及烟草制品专门零售	119660	3833	33467	70696	10061	1396	196	11
纺织、服装及日用品专门零售	122620	1015	16682	83045	18276	3142	451	9
文化、体育用品及器材专门零售	9154	143	1438	5610	1524	367	70	2
医药及医疗器材专门零售	10908	120	1146	5298	3074	1130	139	1
汽车、摩托车、燃料及零配件专门零售	10611	91	1217	6377	1996	791	137	2
家用电器及电子产品专门零售	21047	92	2026	12834	4433	1384	271	7
五金、家具及室内装修材料专门零售	22879	238	3924	15074	2923	598	120	2
无店铺及其他零售	16096	384	4099	9776	1514	283	40	
住宿和餐饮业	**277195**	**4984**	**61254**	**179027**	**27218**	**4043**	**654**	**15**
住宿业	31679	389	5830	20007	4303	980	165	5
旅游饭店	14127	111	2069	9015	2213	612	105	2
一般旅馆	15299	243	3330	9531	1831	310	54	
其他住宿服务	2253	35	431	1461	259	58	6	3
餐饮业	245516	4595	55424	159020	22915	3063	489	10
正餐服务	177998	2880	38210	117099	17135	2302	363	9
快餐服务	33026	729	8136	20830	2867	394	70	
饮料及冷饮服务	2651	56	543	1688	301	55	8	
其他餐饮服务	31841	930	8535	19403	2612	312	48	1
金融业	**14895**	**36**	**633**	**5326**	**3953**	**3410**	**1500**	**37**
银行业	5803	17	227	1201	1335	1945	1053	25
中央银行	336	1	28	129	55	68	52	3
商业银行	4365	14	162	830	1003	1510	830	16
其他银行	1102	2	37	242	277	367	171	6
证券业	386	3	33	132	66	92	56	4
证券市场管理	114	3	18	51	17	17	7	1
证券经纪与交易	145		7	43	22	44	27	2
证券投资	106		8	30	24	24	19	1
证券分析与咨询	21			8	3	7	3	

4-6c 续表 27　　　　单位：人

行业中类 性　　别	合　计	未　上 过　学	小　学	初　中	高　中	大　学 专　科	大　学 本　科	研究生
保险业	7115	7	279	3489	2141	921	275	3
人寿保险	5733	6	231	2897	1724	675	197	3
非人寿保险	1234		43	530	376	213	72	
保险辅助服务	148	1	5	62	41	33	6	
其他金融活动	1591	9	94	504	411	452	116	5
金融信托与管理	420	6	52	193	78	65	25	1
金融租赁	33		3	15	5	10		
财务公司	264		5	48	75	106	29	1
邮政储蓄	564		14	154	189	161	44	2
典当	48	1	4	20	13	7	3	
其他未列明的金融活动	262	2	16	74	51	103	15	1
房地产业	**11140**	**277**	**2153**	**5016**	**1933**	**1331**	**418**	**12**
房地产业	11140	277	2153	5016	1933	1331	418	12
房地产开发经营	4152	40	518	1710	869	743	267	5
物业管理	5282	186	1251	2634	729	388	88	6
房地产中介服务	1277	42	266	471	280	166	52	
其他房地产活动	429	9	118	201	55	34	11	1
租赁和商务服务业	**18562**	**351**	**2911**	**8657**	**3457**	**2385**	**773**	**28**
租赁业	2335	74	560	1413	235	41	12	
机械设备租赁	1110	25	214	678	156	30	7	
文化及日用品出租	1225	49	346	735	79	11	5	
商务服务业	16227	277	2351	7244	3222	2344	761	28
企业管理服务	2842	48	694	1293	412	279	115	1
法律服务	441	6	39	119	66	105	93	13
咨询与调查	1384	1	26	294	384	509	164	6
广告业	2203	12	121	885	566	459	158	2
知识产权服务	57	1	3	28	9	13	3	
职业中介服务	1420	45	260	802	194	87	32	
市场管理	491	7	85	257	94	35	12	1
旅行社	2058	19	161	751	589	449	89	
其他商务服务	5331	138	962	2815	908	408	95	5
科学研究、技术服务和地质勘查业	**5121**	**62**	**795**	**2597**	**713**	**596**	**311**	**47**
研究与试验发展	1249	20	170	611	172	143	104	29
自然科学研究与试验发展	201	3	27	80	28	35	21	7
工程和技术研究与试验发展	343	4	34	144	55	48	50	8
农业科学研究与试验发展	478	10	76	262	58	43	20	9
医学研究与试验发展	188	1	28	112	25	10	10	2
社会人文科学研究与试验发展	39	2	5	13	6	7	3	3
专业技术服务业	2913	34	478	1560	379	300	149	13
气象服务	1148	8	195	816	104	17	8	
地震服务	295	7	65	185	34	4		
海洋服务	89		11	64	9	4	1	
测绘服务	134		17	74	12	21	9	1
技术检测	291	1	24	114	77	51	21	3
环境监测	77		17	27	10	12	10	1
工程技术与规划管理	557	11	95	141	72	153	78	7
其他专业技术服务	322	7	54	139	61	38	22	1
科技交流和推广服务业	640	6	106	274	102	118	33	1
技术推广服务	383	4	67	159	59	75	19	
科技中介服务	104		14	45	21	17	6	1
其他科技服务	153	2	25	70	22	26	8	
地质勘查业	319	2	41	152	60	35	25	4
矿产地质勘查	227	1	34	108	44	26	13	1
基础地质勘查	55	1	2	31	9	3	7	2
地质勘查技术服务	37		5	13	7	6	5	1

4-6c 续表 28 单位：人

行业中类 性别	合计	未上过学	小学	初中	高中	大学专科	大学本科	研究生
水利、环境和公共设施管理业	**17643**	**939**	**5838**	**8216**	**1697**	**743**	**204**	**6**
水利管理业	1166	15	180	473	271	184	43	
防洪管理	125	2	14	55	28	20	6	
水资源管理	858	10	136	351	198	134	29	
其他水利管理	183	3	30	67	45	30	8	
环境管理业	9974	633	3818	4652	646	160	61	4
自然保护	178	5	36	76	27	25	8	1
环境治理	9796	628	3782	4576	619	135	53	3
公共设施管理业	6503	291	1840	3091	780	399	100	2
市政公共设施管理	1990	124	639	940	182	81	22	2
城市绿化管理	2128	123	772	971	153	87	22	
游览景区管理	2385	44	429	1180	445	231	56	
居民服务和其他服务业	**160024**	**5476**	**40981**	**97011**	**14126**	**2088**	**333**	**9**
居民服务业	118230	4212	29405	72320	10608	1458	223	4
家庭服务	38181	2804	14772	18528	1842	199	35	1
托儿所	1066	24	150	534	277	76	5	
洗染服务	4579	65	1143	2939	372	49	11	
理发及美容保健服务	45371	254	5762	33540	5158	568	89	
洗浴服务	7880	142	1902	5127	629	73	7	
婚姻服务	539	4	60	335	98	34	7	1
殡葬服务	1196	68	365	646	100	13	3	1
摄影扩印服务	3212	13	285	2039	715	150	10	
其他居民服务	16206	838	4966	8632	1417	296	56	1
其他服务业	41794	1264	11576	24691	3518	630	110	5
修理与维护	19183	357	3989	12462	1914	394	65	2
清洁服务	16382	715	5951	8570	1009	116	19	2
其他未列明的服务	6229	192	1636	3659	595	120	26	1
教育	**125731**	**365**	**4140**	**22890**	**35863**	**44015**	**17919**	**539**
教育	125731	365	4140	22890	35863	44015	17919	539
学前教育	27246	73	874	8793	11504	5215	785	2
初等教育	58786	139	1427	7668	17368	25469	6674	41
中等教育	33312	106	1233	4269	5929	12202	9419	154
高等教育	4080	39	456	1455	506	550	749	325
其他教育	2307	8	150	705	556	579	292	17
卫生、社会保障和社会福利业	**53504**	**299**	**3074**	**14904**	**18300**	**14552**	**2310**	**65**
卫生	51246	226	2629	13843	17902	14335	2246	65
医院	21736	106	1129	4697	7041	7246	1467	50
卫生院及社区医疗活动	15657	55	744	4138	5884	4348	479	9
门诊部医疗活动	10579	39	548	4019	3920	1899	152	2
计划生育技术服务活动	1146	6	35	304	372	375	53	1
妇幼保健活动	568	3	35	131	202	165	31	1
专科疾病防治活动	140	2	10	45	39	35	8	1
疾病预防控制及防疫活动	322	2	14	78	96	103	28	1
其他卫生活动	1098	13	114	431	348	164	28	
社会保障业	546	3	45	177	136	135	50	
社会保障业	546	3	45	177	136	135	50	
社会福利业	1712	70	400	884	262	82	14	
提供住宿的社会福利	1505	60	359	779	226	70	11	
不提供住宿的社会福利	207	10	41	105	36	12	3	

4-6c 续表 29

单位：人

行业中类 性别	合计	未上过学	小学	初中	高中	大学专科	大学本科	研究生
文化、体育和娱乐业	**12096**	**164**	**1748**	**6647**	**2083**	**1000**	**440**	**14**
新闻出版业	1025	12	149	428	159	152	119	6
新闻业	252	3	48	78	38	44	40	1
出版业	773	9	101	350	121	108	79	5
广播、电视、电影和音像业	1371	12	68	471	346	318	152	4
广播	291	3	20	72	82	75	38	1
电视	394	1	11	95	91	122	72	2
电影	207	3	18	62	55	49	19	1
音像制作	479	5	19	242	118	72	23	
文化艺术业	2132	19	277	1191	331	216	96	2
文艺创作与表演	1161	11	182	736	150	54	26	2
艺术表演场馆	168	2	17	96	35	14	4	
图书馆与档案馆	157		11	43	34	43	26	
文物及文化保护	126	1	8	62	29	16	10	
博物馆	90	1	9	44	16	11	9	
烈士陵园、纪念馆	47		10	21	5	9	2	
群众文化活动	170	1	22	88	19	33	7	
文化艺术经纪代理	27	1	1	10	7	3	5	
其他文化艺术	186	2	17	91	36	33	7	
体育	659	27	130	345	112	30	15	
体育组织	342	18	83	172	45	16	8	
体育场馆	194	6	25	98	53	7	5	
其他体育	123	3	22	75	14	7	2	
娱乐业	6909	94	1124	4212	1135	284	58	2
室内娱乐活动	3920	48	728	2469	542	110	22	1
游乐园	381	6	52	207	80	29	7	
休闲健身娱乐活动	1611	26	213	936	340	81	15	
其他娱乐活动	997	14	131	600	173	64	14	1
公共管理和社会组织	**53168**	**2684**	**9365**	**17361**	**10132**	**9115**	**4366**	**145**
中国共产党机关	321	3	13	65	70	101	65	4
中国共产党机关	321	3	13	65	70	101	65	4
国家机构	21816	268	1531	4774	4765	6875	3480	123
国家权力机构	396	3	28	81	100	120	61	3
国家行政机构	20196	257	1423	4447	4412	6387	3160	110
人民法院和人民检察院	543	2	29	77	78	166	182	9
其他国家机构	681	6	51	169	175	202	77	1
人民政协和民主党派	114		8	21	32	39	13	1
人民政协	96		5	15	24	39	12	1
民主党派	18		3	6	8		1	
群众团体、社会团体和宗教组织	3154	280	1194	884	397	277	115	7
群众团体	510	11	68	163	110	118	39	1
社会团体	753	25	123	290	146	126	40	3
宗教组织	1891	244	1003	431	141	33	36	3
基层群众自治组织	27763	2133	6619	11617	4868	1823	693	10
社区自治组织	2453	64	356	869	645	363	155	1
村民自治组织	25310	2069	6263	10748	4223	1460	538	9
国际组织	**4**			**3**		**1**		
国际组织	4			3		1		
国际组织	4			3		1		

4-7 各地区分性别、职业中类的就业人口

单位：人

地区 性别	合计	一、国家机关、党群组织、企业、事业单位负责人	1.中国共产党中央委员会和地方各级组织负责人	2.国家机关及其工作机构负责人	3.民主党派和社会团体及其工作机构负责人	4.事业单位负责人	5.企业负责人	二、专业技术人员	6.科学研究人员
全国	**71547989**	**1268641**	**10764**	**107373**	**74297**	**81860**	**994347**	**4890941**	**48835**
北京	977387	29034	669	1376	1449	1204	24336	199325	4275
天津	550787	20207	120	1735	1146	2017	15189	77682	1297
河北	4004477	63387	741	6110	4502	4924	47110	233061	2084
山西	1729275	28047	403	3801	2835	3096	17912	136452	1118
内蒙古	1285021	20598	321	3460	1154	2139	13524	101924	760
辽宁	2345361	49582	332	4528	3171	4347	37204	209911	1793
吉林	1429001	18156	107	2492	1188	2616	11753	106288	1195
黑龙江	1868107	30612	333	4580	1990	3352	20357	141281	1378
上海	1251461	65970	300	1152	1401	1426	61691	188155	2597
江苏	4486706	120713	708	5333	4982	4579	105111	358827	2492
浙江	3280387	110734	440	3506	3375	2357	101056	254374	1002
安徽	2897236	52537	427	4504	3324	3404	40878	164690	1094
福建	1950006	50067	326	3778	2575	1915	41473	148520	841
江西	2251205	30962	364	3439	2618	2345	22196	129009	990
山东	5694220	90576	640	6071	5996	6680	71189	352073	4849
河南	5006277	42741	325	5456	3786	4696	28478	250215	3978
湖北	3035863	39893	405	4455	3192	4288	27553	197514	2218
湖南	3389354	39551	308	6376	2839	4008	26020	184441	1364
广东	5525078	152302	286	4927	5100	4391	137598	404043	2623
广西	2447946	20971	235	3315	1551	1863	14007	121731	905
海南	426823	5255	81	658	430	477	3609	25353	191
重庆	1374581	25365	204	1763	1411	1487	20500	93326	839
四川	4688003	49399	977	5860	3806	3239	35517	234909	3325
贵州	1676240	16720	224	3015	1957	1792	9732	83962	745
云南	2668421	22062	620	3683	3273	1591	12895	127897	962
西藏	147821	1499	69	780	142	158	350	7584	112
陕西	1996061	27167	217	3665	1683	2696	18906	140723	1454
甘肃	1414319	14101	218	2781	918	1583	8601	78766	1014
青海	290469	5281	60	810	285	493	3633	21736	202
宁夏	327094	5495	41	454	325	318	4357	25114	155
新疆	1133002	19657	263	3510	1893	2379	11612	92055	983

4-7 续表 1

单位：人

地区 性别	合计	一、国家机关、党群组织、企业、事业单位负责人	1.中国共产党中央委员会和地方各级组织负责人	2.国家机关及其工作机构负责人	3.民主党派和社会团体及其工作机构负责人	4.事业单位负责人	5.企业负责人	二、专业技术人员	6.科学研究人员
男	**39597282**	**949786**	**8988**	**85362**	**50356**	**60322**	**744758**	**2391016**	**29334**
北京	567020	21478	537	1045	910	775	18211	93301	2516
天津	338079	15003	96	1301	700	1410	11496	38544	783
河北	2257003	50337	576	4968	3415	3673	37705	105881	1204
山西	1055709	22363	355	3091	2143	2239	14535	61754	655
内蒙古	757624	15781	268	2746	673	1579	10515	48759	417
辽宁	1340465	36149	277	3569	1736	3108	27459	96286	1086
吉林	806444	13121	90	1972	614	1903	8542	49576	768
黑龙江	1083790	22475	281	3549	1040	2415	15190	67712	798
上海	733721	47768	220	889	851	915	44893	92929	1593
江苏	2407685	93082	599	4448	3578	3546	80911	176724	1592
浙江	1873846	84460	395	2955	2589	1670	76851	111587	641
安徽	1579261	40331	368	3753	2337	2768	31105	88197	747
福建	1119937	38226	295	3038	1907	1461	31525	72960	523
江西	1247920	23478	314	2863	1820	1827	16654	66783	616
山东	3060094	69718	550	4833	4212	5056	55067	169338	2674
河南	2664028	31882	279	4061	2602	3346	21594	122770	2174
湖北	1652738	29148	337	3560	2060	3143	20048	101942	1347
湖南	1891784	27726	253	4913	1645	2796	18119	94930	845
广东	3095633	112346	256	3912	3716	3181	101281	196891	1710
广西	1305217	15080	195	2560	1048	1414	9863	58376	562
海南	236426	4006	70	532	332	390	2682	12930	116
重庆	744505	17447	174	1370	921	1085	13897	48525	516
四川	2500886	34477	754	4565	2398	2409	24351	122711	2060
贵州	909979	12425	196	2455	1368	1331	7075	44998	441
云南	1433677	16635	519	2970	2368	1209	9569	63809	609
西藏	79528	1056	50	552	87	105	262	4317	66
陕西	1114974	20392	189	2895	1166	2037	14105	73629	885
甘肃	758350	10628	188	2253	606	1256	6325	42426	616
青海	162076	4069	55	674	168	382	2790	11052	120
宁夏	183433	4200	32	374	206	244	3344	12187	98
新疆	635450	14499	220	2696	1140	1649	8794	39192	556

4-7 续表 2 单位：人

地区 性别	合计	一、国家机关、党群组织、企业、事业单位负责人	1.中国共产党中央委员会和地方各级组织负责人	2.国家机关及其工作机构负责人	3.民主党派和社会团体及其工作机构负责人	4.事业单位负责人	5.企业负责人	二、专业技术人员	6.科学研究人员
女	**31950707**	**318855**	**1776**	**22011**	**23941**	**21538**	**249589**	**2499925**	**19501**
北京	410367	7556	132	331	539	429	6125	106024	1759
天津	212708	5204	24	434	446	607	3693	39138	514
河北	1747474	13050	165	1142	1087	1251	9405	127180	880
山西	673566	5684	48	710	692	857	3377	74698	463
内蒙古	527397	4817	53	714	481	560	3009	53165	343
辽宁	1004896	13433	55	959	1435	1239	9745	113625	707
吉林	622557	5035	17	520	574	713	3211	56712	427
黑龙江	784317	8137	52	1031	950	937	5167	73569	580
上海	517740	18202	80	263	550	511	16798	95226	1004
江苏	2079021	27631	109	885	1404	1033	24200	182103	900
浙江	1406541	26274	45	551	786	687	24205	142787	361
安徽	1317975	12206	59	751	987	636	9773	76493	347
福建	830069	11841	31	740	668	454	9948	75560	318
江西	1003285	7484	50	576	798	518	5542	62226	374
山东	2634126	20858	90	1238	1784	1624	16122	182735	2175
河南	2342249	10859	46	1395	1184	1350	6884	127445	1804
湖北	1383125	10745	68	895	1132	1145	7505	95572	871
湖南	1497570	11825	55	1463	1194	1212	7901	89511	519
广东	2429445	39956	30	1015	1384	1210	36317	207152	913
广西	1142729	5891	40	755	503	449	4144	63355	343
海南	190397	1249	11	126	98	87	927	12423	75
重庆	630076	7918	30	393	490	402	6603	44801	323
四川	2187117	14922	223	1295	1408	830	11166	112198	1265
贵州	766261	4295	28	560	589	461	2657	38964	304
云南	1234744	5427	101	713	905	382	3326	64088	353
西藏	68293	443	19	228	55	53	88	3267	46
陕西	881087	6775	28	770	517	659	4801	67094	569
甘肃	655969	3473	30	528	312	327	2276	36340	398
青海	128393	1212	5	136	117	111	843	10684	82
宁夏	143661	1295	9	80	119	74	1013	12927	57
新疆	497552	5158	43	814	753	730	2818	52863	427

4-7 续表 3

单位：人

地区 性别	7.工程技术人员	8.农业技术人员	9.飞机和船舶技术人员	10.卫生专业技术人员	11.经济业务人员	12.金融业务人员	13.法律专业人员	14.教学人员	15.文学艺术工作人员
全国	**1038710**	**65658**	**15842**	**678482**	**933343**	**346633**	**62947**	**1446111**	**108066**
北京	59318	764	316	18946	39713	15518	3546	32013	11907
天津	23674	500	492	8537	15906	5676	1005	16596	969
河北	40639	5519	339	37221	46402	15164	3078	73588	2601
山西	23790	1070	59	20002	24919	9804	1756	48233	2228
内蒙古	20942	2053	47	14392	16484	7561	1542	33463	1623
辽宁	45365	1798	1242	29331	41335	20837	2955	55964	2820
吉林	18325	1163	83	16853	15563	9583	1523	37454	1277
黑龙江	27287	1799	197	20445	22426	12696	2113	46651	1501
上海	62643	733	1247	16889	45200	15402	2798	26114	8241
江苏	97960	3874	1134	39806	84860	21530	4223	86598	6994
浙江	46052	1291	2743	28565	73222	21926	2429	61338	8828
安徽	29594	2084	457	26322	29230	8760	1980	58376	2508
福建	26838	2536	1073	18342	28301	10799	1751	46210	6474
江西	21463	1426	646	22406	20431	8074	1471	47023	1906
山东	71410	3620	1197	50584	78732	24791	4992	98535	4485
河南	47042	5227	294	42062	35872	16575	3079	85692	3702
湖北	40097	2826	990	32045	33147	12794	2554	62144	2807
湖南	36801	2990	457	31520	28012	12212	2317	60862	2748
广东	95326	3051	923	44901	96924	31346	4045	99447	17117
广西	17897	2233	299	20544	16199	8020	1632	49778	1884
海南	3279	713	194	4058	3678	1691	312	10164	486
重庆	19876	1552	301	13510	14923	6175	1237	30180	2367
四川	49352	4652	444	36167	34787	15987	2835	74464	4289
贵州	13687	1701	79	12943	10612	3942	1058	36433	883
云南	21766	3566	133	19799	20009	6602	1796	48195	2080
西藏	1549	136	1	876	913	435	223	2625	205
陕西	38496	1583	140	19629	22031	8092	1356	42117	2135
甘肃	13400	1700	73	10991	11014	5586	1120	29799	838
青海	3666	354	6	3139	3695	1278	349	6653	390
宁夏	4984	508	23	3558	4082	2180	424	7833	462
新疆	16192	2636	213	14099	14721	5597	1448	31569	1311

4-7 续表 4 单位：人

地区 性别	7.工程技术人员	8.农业技术人员	9.飞机和船舶技术人员	10.卫生专业技术人员	11.经济业务人员	12.金融业务人员	13.法律专业人员	14.教学人员	15.文学艺术工作人员
男	**789984**	**41425**	**12452**	**262176**	**275151**	**169574**	**41884**	**620854**	**66686**
北京	42995	452	293	4912	9332	7270	1883	11090	7057
天津	17676	344	435	2934	4602	2708	645	6058	595
河北	30964	3090	180	15118	15096	7521	2176	25284	1550
山西	18714	716	39	7564	8888	4525	1161	16303	1322
内蒙古	16330	1272	25	5567	5146	3416	1018	13033	931
辽宁	34421	1234	1064	10079	11066	10305	1829	20080	1694
吉林	14051	805	50	6188	4642	4817	1041	14678	758
黑龙江	20885	1223	125	7678	6759	6508	1420	18686	907
上海	48550	472	1149	4707	10918	7499	1573	8545	4824
江苏	73489	2541	891	15094	22908	10580	2870	37292	4194
浙江	35880	954	2716	10115	17846	9580	1658	22617	5567
安徽	23134	1414	325	11548	9906	4302	1417	31409	1518
福建	20809	1638	964	7779	7914	5058	1222	19628	4203
江西	16217	985	299	10120	7194	4060	1069	23065	1229
山东	52161	2136	871	19852	25046	12423	3350	43491	2606
河南	35219	2884	163	17783	12341	8169	2192	35668	2260
湖北	30176	1856	685	12955	10594	6317	1813	31116	1709
湖南	27894	1925	231	13167	9232	6190	1628	29119	1663
广东	74069	1822	719	18171	26015	15939	2589	39747	11475
广西	13652	1425	210	7754	4837	4074	1168	22282	1168
海南	2597	463	159	1597	1373	942	229	4817	316
重庆	15478	1016	262	5676	4360	2935	872	14527	1505
四川	37544	2916	264	15660	10853	7607	1856	36094	2646
贵州	10783	1112	52	4988	3606	2006	754	19612	550
云南	17008	2354	89	6453	6353	3283	1190	23528	1252
西藏	1232	76	1	377	341	263	134	1332	145
陕西	29073	998	77	7624	8076	4303	948	18304	1289
甘肃	10111	1088	29	4347	3969	2855	777	15777	519
青海	2812	228	2	1073	1128	584	222	3016	245
宁夏	3997	323	6	1138	1085	997	259	3488	259
新疆	12063	1663	77	4158	3725	2538	921	11168	730

4-7 续表 5 单位：人

地 区 性 别	7.工程技术人员	8.农业技术人员	9.飞机和船舶技术人员	10.卫生专业技术人员	11.经济业务人员	12.金融业务人员	13.法律专业人员	14.教学人员	15.文学艺术工作人员
女	**248726**	**24233**	**3390**	**416306**	**658192**	**177059**	**21063**	**825257**	**41380**
北 京	16323	312	23	14034	30381	8248	1663	20923	4850
天 津	5998	156	57	5603	11304	2968	360	10538	374
河 北	9675	2429	159	22103	31306	7643	902	48304	1051
山 西	5076	354	20	12438	16031	5279	595	31930	906
内蒙古	4612	781	22	8825	11338	4145	524	20430	692
辽 宁	10944	564	178	19252	30269	10532	1126	35884	1126
吉 林	4274	358	33	10665	10921	4766	482	22776	519
黑龙江	6402	576	72	12767	15667	6188	693	27965	594
上 海	14093	261	98	12182	34282	7903	1225	17569	3417
江 苏	24471	1333	243	24712	61952	10950	1353	49306	2800
浙 江	10172	337	27	18450	55376	12346	771	38721	3261
安 徽	6460	670	132	14774	19324	4458	563	26967	990
福 建	6029	898	109	10563	20387	5741	529	26582	2271
江 西	5246	441	347	12286	13237	4014	402	23958	677
山 东	19249	1484	326	30732	53686	12368	1642	55044	1879
河 南	11823	2343	131	24279	23531	8406	887	50024	1442
湖 北	9921	970	305	19090	22553	6477	741	31028	1098
湖 南	8907	1065	226	18353	18780	6022	689	31743	1085
广 东	21257	1229	204	26730	70909	15407	1456	59700	5642
广 西	4245	808	89	12790	11362	3946	464	27496	716
海 南	682	250	35	2461	2305	749	83	5347	170
重 庆	4398	536	39	7834	10563	3240	365	15653	862
四 川	11808	1736	180	20507	23934	8380	979	38370	1643
贵 州	2904	589	27	7955	7006	1936	304	16821	333
云 南	4758	1212	44	13346	13656	3319	606	24667	828
西 藏	317	60		499	572	172	89	1293	60
陕 西	9423	585	63	12005	13955	3789	408	23813	846
甘 肃	3289	612	44	6644	7045	2731	343	14022	319
青 海	854	126	4	2066	2567	694	127	3637	145
宁 夏	987	185	17	2420	2997	1183	165	4345	203
新 疆	4129	973	136	9941	10996	3059	527	20401	581

4-7 续表 6

单位：人

地区 性别	16.体育工作人员	17.新闻出版、文化工作人员	18.宗教职业者	19.其他专业技术人员	三、办事人员和有关人员	20.行政办公人员	21.安全保卫和消防人员	22.邮政和电信业务人员	23.其他办事人员和有关人员
全国	**4326**	**88814**	**12857**	**40317**	**3093184**	**1848112**	**836196**	**160578**	**248298**
北京	289	12361	77	282	151121	117139	25466	6023	2493
天津	130	1431	31	1438	40626	23191	10446	1943	5046
河北	152	3678	56	2540	125291	74726	32857	6554	11154
山西	131	2531	144	667	88159	52672	21937	4801	8749
内蒙古	76	2160	113	708	62105	38744	14815	3591	4955
辽宁	242	4556	185	1488	119165	65025	38478	7300	8362
吉林	67	2447	68	687	55004	31181	15536	4101	4186
黑龙江	174	2942	58	1614	71073	35525	23666	6519	5363
上海	251	4205	222	1613	168631	111576	40734	5634	10687
江苏	227	5338	1045	2746	224317	124207	64901	11024	24185
浙江	147	3761	2020	1050	196985	119382	52321	10406	14876
安徽	107	2272	299	1607	85305	47412	23623	5200	9070
福建	238	2095	976	2046	105659	60007	23305	5600	16747
江西	69	1624	190	1290	80629	48554	21203	4934	5938
山东	326	5573	121	2858	172455	99021	51468	8528	13438
河南	167	3661	210	2654	139992	82555	33349	7223	16865
湖北	175	3312	223	2182	110638	64766	28910	6288	10674
湖南	121	2530	173	2334	109533	61628	30084	6845	10976
广东	371	5212	297	2460	383867	242161	110924	15125	15657
广西	127	1627	44	542	67793	37654	20227	4442	5470
海南	26	422	19	120	17845	8753	5819	1109	2164
重庆	50	1370	53	893	56607	32472	16097	2468	5570
四川	158	3235	2187	3027	142264	83114	41200	7390	10560
贵州	55	1093	104	627	51283	31225	12582	2315	5161
云南	80	1910	444	555	71814	37038	24796	3353	6627
西藏	26	181	278	24	5690	3739	1190	376	385
陕西	81	2359	85	1165	76378	46995	19859	4246	5278
甘肃	123	1344	1205	559	40331	24995	9899	2450	2987
青海	22	397	1529	56	11385	6346	3158	766	1115
宁夏	18	576	237	74	14558	9186	3598	759	1015
新疆	100	2611	164	411	46681	27123	13748	3265	2545

4-7 续表 7

单位：人

地区 性别	16.体育工作人员	17.新闻出版、文化工作人员	18.宗教职业者	19.其他专业技术人员	三、办事人员和有关人员	20.行政办公人员	21.安全保卫和消防人员	22.邮政和电信业务人员	23.其他办事人员和有关人员
男	**2883**	**40344**	**9869**	**28400**	**2072499**	**1083273**	**752938**	**90057**	**146231**
北京	194	5087	62	158	90786	62626	23045	3327	1788
天津	90	595	25	1054	26435	13040	9531	1121	2743
河北	104	1754	51	1789	85748	46136	29658	3525	6429
山西	91	1191	114	471	59385	32116	19467	2344	5458
内蒙古	38	956	101	509	41488	23683	13026	1795	2984
辽宁	163	2075	91	1099	82736	38693	35516	4025	4502
吉林	46	1225	33	474	38682	19766	14146	2334	2436
黑龙江	103	1420	34	1166	50412	22437	21306	3502	3167
上海	166	1678	177	1078	105426	57943	37359	3774	6350
江苏	159	2331	907	1876	153496	74186	58640	6325	14345
浙江	100	1555	1602	756	133579	70003	48225	6079	9272
安徽	71	1100	199	1107	59917	30652	21068	2882	5315
福建	148	978	643	1453	70998	35817	21353	3266	10562
江西	54	826	115	934	56786	31477	19257	2624	3428
山东	208	2549	84	1887	120504	61816	46146	4559	7983
河南	127	1792	122	1876	93870	51366	28654	3706	10144
湖北	110	1569	146	1549	76474	41009	25545	3607	6313
湖南	81	1260	129	1566	75682	38829	26698	3682	6473
广东	253	2348	205	1829	242722	121623	103213	9700	8186
广西	86	748	27	383	46849	23129	17962	2535	3223
海南	16	216	15	74	12870	5604	5374	632	1260
重庆	41	679	35	623	37410	18515	14294	1355	3246
四川	93	1561	1372	2185	95424	48784	36306	4151	6183
贵州	34	539	61	460	34944	19733	10972	1262	2977
云南	52	917	322	399	50681	22726	22072	1826	4057
西藏	24	96	211	19	3563	2151	992	206	214
陕西	52	1082	54	864	52053	29089	17528	2320	3116
甘肃	80	690	1176	392	26891	15684	8331	1236	1640
青海	17	176	1390	39	7366	3725	2663	364	614
宁夏	12	252	214	59	9626	5620	3078	377	551
新疆	70	1099	152	272	29696	15295	11513	1616	1272

4-7 续表 8

单位：人

地 区 性 别	16.体育工作人员	17.新闻出版、文化工作人员	18.宗教职业者	19.其他专业技术人员	三、办事人员和有关人员	20.行政办公人员	21.安全保卫和消防人员	22.邮政和电信业务人员	23.其他办事人员和有关人员
女	**1443**	**48470**	**2988**	**11917**	**1020685**	**764839**	**83258**	**70521**	**102067**
北 京	95	7274	15	124	60335	54513	2421	2696	705
天 津	40	836	6	384	14191	10151	915	822	2303
河 北	48	1924	5	751	39543	28590	3199	3029	4725
山 西	40	1340	30	196	28774	20556	2470	2457	3291
内蒙古	38	1204	12	199	20617	15061	1789	1796	1971
辽 宁	79	2481	94	389	36429	26332	2962	3275	3860
吉 林	21	1222	35	213	16322	11415	1390	1767	1750
黑龙江	71	1522	24	448	20661	13088	2360	3017	2196
上 海	85	2527	45	535	63205	53633	3375	1860	4337
江 苏	68	3007	138	870	70821	50021	6261	4699	9840
浙 江	47	2206	418	294	63406	49379	4096	4327	5604
安 徽	36	1172	100	500	25388	16760	2555	2318	3755
福 建	90	1117	333	593	34661	24190	1952	2334	6185
江 西	15	798	75	356	23843	17077	1946	2310	2510
山 东	118	3024	37	971	51951	37205	5322	3969	5455
河 南	40	1869	88	778	46122	31189	4695	3517	6721
湖 北	65	1743	77	633	34164	23757	3365	2681	4361
湖 南	40	1270	44	768	33851	22799	3386	3163	4503
广 东	118	2864	92	631	141145	120538	7711	5425	7471
广 西	41	879	17	159	20944	14525	2265	1907	2247
海 南	10	206	4	46	4975	3149	445	477	904
重 庆	9	691	18	270	19197	13957	1803	1113	2324
四 川	65	1674	815	842	46840	34330	4894	3239	4377
贵 州	21	554	43	167	16339	11492	1610	1053	2184
云 南	28	993	122	156	21133	14312	2724	1527	2570
西 藏	2	85	67	5	2127	1588	198	170	171
陕 西	29	1277	31	301	24325	17906	2331	1926	2162
甘 肃	43	654	29	167	13440	9311	1568	1214	1347
青 海	5	221	139	17	4019	2621	495	402	501
宁 夏	6	324	23	15	4932	3566	520	382	464
新 疆	30	1512	12	139	16985	11828	2235	1649	1273

4-7 续表 9

单位：人

地区 性别	四、商业、服务业人员	24.购销人员	25.仓储人员	26.餐饮服务人员	27.饭店、旅游及健身娱乐场所服务人员	28.运输服务人员	29.医疗卫生辅助服务人员	30.社会服务和居民生活服务人员	31.其他商业、服务业人员
全国	**11572490**	**6764621**	**399299**	**1460051**	**450970**	**661233**	**41712**	**1567991**	**226613**
北京	330555	180275	12900	41609	16509	10263	1020	66971	1008
天津	120255	56849	7065	13450	4088	15697	708	18435	3963
河北	442326	270684	13666	46718	15022	32697	2351	50756	10432
山西	277508	145502	11173	38006	14848	21486	1164	38972	6357
内蒙古	211089	113443	5581	29775	9684	14476	903	31466	5761
辽宁	446153	250546	18801	47599	18663	27444	1693	74089	7318
吉林	224870	122292	6011	26596	11567	19692	989	32265	5458
黑龙江	306523	154841	11220	36895	15345	24943	1211	52042	10026
上海	357374	180270	22304	45023	14583	14047	1125	74213	5809
江苏	983626	578689	35753	111979	31619	49451	2352	159596	14187
浙江	711508	438511	32109	82161	26031	27164	1403	99900	4229
安徽	414938	243263	10047	60045	15795	23603	1518	51476	9191
福建	408552	246743	13786	55703	12523	21900	1256	48844	7797
江西	340746	201786	9433	43158	11328	24116	979	41799	8147
山东	779130	472300	33788	86139	23862	50450	3375	92917	16299
河南	545343	336088	14573	58722	19155	40065	3238	58818	14684
湖北	499244	292254	11856	67690	16428	36594	1984	58039	14399
湖南	540938	317928	13918	64037	27501	40343	1984	61023	14204
广东	1158603	722058	58055	136942	40395	36650	1846	150843	11814
广西	299579	196366	6138	30447	10853	15134	1153	32419	7069
海南	76689	42935	1240	11474	6397	3104	251	8797	2491
重庆	246911	141535	7184	37782	6559	11944	953	34920	6034
四川	679341	387138	15268	105727	24264	37292	2434	90175	17043
贵州	169623	105279	3522	21858	6769	7265	797	19805	4328
云南	281365	160361	5305	49455	18519	12085	1027	29626	4987
西藏	14976	8544	186	2626	788	971	31	1432	398
陕西	324459	182433	7729	52447	19487	16872	2179	38415	4897
甘肃	138567	75609	4148	22760	4805	10083	719	17599	2844
青海	39590	20929	1048	7665	1406	2428	168	4957	989
宁夏	51487	30999	1311	7004	1670	2778	127	6971	627
新疆	150622	88171	4181	18559	4507	10196	774	20411	3823

4-7 续表 10 单位：人

地区 性别	四、商业、服务业人员	24.购销人员	25.仓储人员	26.餐饮服务人员	27.饭店、旅游及健身娱乐场所服务人员	28.运输服务人员	29.医疗卫生辅助服务人员	30.社会服务和居民生活服务人员	31.其他商业、服务业人员
男	**5584497**	**3147721**	**231464**	**684237**	**159725**	**534472**	**16445**	**684655**	**125778**
北京	162732	90532	7944	22585	6987	4640	291	29188	565
天津	67943	28823	4435	7201	1884	13726	277	9309	2288
河北	226275	128876	7711	23902	5291	28045	974	25475	6001
山西	144316	68885	6608	21012	5439	18831	456	19204	3881
内蒙古	99686	50466	3303	13267	3273	11839	334	13683	3521
辽宁	196408	101255	9579	21758	6509	22624	597	30202	3884
吉林	102463	50322	3545	11081	3804	16648	378	13535	3150
黑龙江	138410	62778	6697	16030	4813	20646	461	21729	5256
上海	173397	87801	14685	23461	5256	9555	349	29061	3229
江苏	457381	263310	18133	49570	10513	36144	870	71022	7819
浙江	343896	210508	17849	38211	8553	20667	558	45141	2409
安徽	198322	111916	5749	27655	5062	19237	696	22882	5125
福建	207160	120465	9009	28408	4483	18813	500	21263	4219
江西	164046	92138	5797	18655	3632	20660	408	18024	4732
山东	388399	221624	16608	44454	8904	42038	1449	44342	8980
河南	280781	161583	7839	31478	7945	32602	1397	29490	8447
湖北	239520	131352	6917	29787	5628	30556	793	26522	7965
湖南	265269	146859	9110	28941	9947	33829	819	28224	7540
广东	600778	379806	36900	69066	15330	30143	664	62244	6625
广西	138986	88933	3621	13381	3801	11700	422	13423	3705
海南	35023	19306	834	4999	2328	2309	93	3733	1421
重庆	106286	58883	3905	15628	2125	9218	374	13129	3024
四川	309330	170054	8844	44791	8318	30465	1064	36648	9146
贵州	77578	47883	1995	8866	2425	5553	349	8075	2432
云南	121673	69839	3215	18033	6301	9628	368	11579	2710
西藏	7724	4604	110	1122	267	850	12	534	225
陕西	144390	77135	4490	23632	6379	13243	829	15917	2765
甘肃	66843	34750	2446	10742	1758	7972	328	7258	1589
青海	19295	9898	574	3651	469	1899	67	2163	574
宁夏	22892	13215	714	3033	562	2104	48	2857	359
新疆	77295	43922	2298	9837	1739	8288	220	8799	2192

4-7 续表 11

单位：人

地区 性别	四、商业、服务业人员	24.购销人员	25.仓储人员	26.餐饮服务人员	27.饭店、旅游及健身娱乐场所服务人员	28.运输服务人员	29.医疗卫生辅助服务人员	30.社会服务和居民生活服务人员	31.其他商业、服务业人员
女	**5987993**	**3616900**	**167835**	**775814**	**291245**	**126761**	**25267**	**883336**	**100835**
北京	167823	89743	4956	19024	9522	5623	729	37783	443
天津	52312	28026	2630	6249	2204	1971	431	9126	1675
河北	216051	141808	5955	22816	9731	4652	1377	25281	4431
山西	133192	76617	4565	16994	9409	2655	708	19768	2476
内蒙古	111403	62977	2278	16508	6411	2637	569	17783	2240
辽宁	249745	149291	9222	25841	12154	4820	1096	43887	3434
吉林	122407	71970	2466	15515	7763	3044	611	18730	2308
黑龙江	168113	92063	4523	20865	10532	4297	750	30313	4770
上海	183977	92469	7619	21562	9327	4492	776	45152	2580
江苏	526245	315379	17620	62409	21106	13307	1482	88574	6368
浙江	367612	228003	14260	43950	17478	6497	845	54759	1820
安徽	216616	131347	4298	32390	10733	4366	822	28594	4066
福建	201392	126278	4777	27295	8040	3087	756	27581	3578
江西	176700	109648	3636	24503	7696	3456	571	23775	3415
山东	390731	250676	17180	41685	14958	8412	1926	48575	7319
河南	264562	174505	6734	27244	11210	7463	1841	29328	6237
湖北	259724	160902	4939	37903	10800	6038	1191	31517	6434
湖南	275669	171069	4808	35096	17554	6514	1165	32799	6664
广东	557825	342252	21155	67876	25065	6507	1182	88599	5189
广西	160593	107433	2517	17066	7052	3434	731	18996	3364
海南	41666	23629	406	6475	4069	795	158	5064	1070
重庆	140625	82652	3279	22154	4434	2726	579	21791	3010
四川	370011	217084	6424	60936	15946	6827	1370	53527	7897
贵州	92045	57396	1527	12992	4344	1712	448	11730	1896
云南	159692	90522	2090	31422	12218	2457	659	18047	2277
西藏	7252	3940	76	1504	521	121	19	898	173
陕西	180069	105298	3239	28815	13108	3629	1350	22498	2132
甘肃	71724	40859	1702	12018	3047	2111	391	10341	1255
青海	20295	11031	474	4014	937	529	101	2794	415
宁夏	28595	17784	597	3971	1108	674	79	4114	268
新疆	73327	44249	1883	8722	2768	1908	554	11612	1631

4-7 续表 12

单位：人

地区 性别	五、农、林、牧、渔、水利业生产人员	32.种植业生产人员	33.林业生产及野生动植物保护人员	34.畜牧业生产人员	35.渔业生产人员	36.水利设施管理养护人员	37.其他农、林、牧、渔、水利业生产人员	六、生产、运输设备操作人员及有关人员	38.勘测及矿物开采人员
全国	**34565439**	**32707766**	**174671**	**1289259**	**347040**	**27920**	**18783**	**16087734**	**451480**
北京	56803	47945	3484	4385	442	364	183	210543	1451
天津	113744	107366	513	3538	1743	462	122	176689	2591
河北	2382155	2333514	3197	39196	4566	1079	603	755479	24186
山西	846313	822743	2213	20117	165	577	498	351466	49465
内蒙古	642431	581017	3533	56476	317	595	493	245000	16351
辽宁	1038544	985781	2259	33435	16155	702	212	480189	22238
吉林	847525	830217	5256	10245	895	656	256	176009	10900
黑龙江	1026018	981458	10891	31285	1242	665	477	290848	33032
上海	37847	31418	1363	1690	2422	855	99	432735	601
江苏	1023809	941920	4724	37147	34824	1474	3720	1771788	9562
浙江	491138	412013	12737	34809	30249	679	651	1514820	4064
安徽	1567595	1524789	5595	26395	9031	919	866	609463	23212
福建	557524	479580	7925	26295	42183	570	971	675964	9470
江西	996717	955817	6209	26296	7181	608	606	669811	14356
山东	3120161	3004146	7890	77592	28052	1605	876	1176785	39713
河南	3324407	3242842	4310	70418	2833	3092	912	697733	34015
湖北	1608253	1531873	3073	35783	35123	1548	853	574283	9706
湖南	1885689	1773105	12831	78799	18089	1821	1044	623602	20095
广东	1358469	1236082	6041	47871	66551	1513	411	2063108	3129
广西	1637835	1535728	17330	67128	16285	946	418	296921	4870
海南	251721	224687	8694	5374	12554	214	198	49443	931
重庆	689100	628766	3187	53681	2840	292	334	261982	11847
四川	2815842	2610758	11860	183008	7884	1480	852	760965	24132
贵州	1152001	1124318	2124	24192	731	514	122	200975	15813
云南	1845869	1718227	14093	108922	3040	909	678	318598	25487
西藏	110447	75687	90	34611	29	30		7497	184
陕西	1097695	1059141	6695	29553	800	806	700	328156	18701
甘肃	1012815	982541	3327	25664	168	919	196	128948	7457
青海	169810	128664	626	40245	53	159	63	42426	1743
宁夏	167050	159904	659	5933	137	351	66	63337	4343
新疆	690112	635719	1942	49176	456	1516	1303	132171	7835

4-7 续表 13

单位：人

地区 性别	五、农、林、牧、渔、水利业生产人员	32.种植业生产人员	33.林业生产及野生动植物保护人员	34.畜牧业生产人员	35.渔业生产人员	36.水利设施管理养护人员	37.其他农、林、牧、渔、水利业生产人员	六、生产、运输设备操作人员及有关人员	38.勘测及矿物开采人员
男	**17554298**	**16612451**	**117343**	**555821**	**233641**	**19173**	**15869**	**11001695**	**395467**
北京	30943	25706	1819	2662	303	280	173	167775	1317
天津	61232	56922	341	2109	1411	350	99	127815	1961
河北	1218538	1189407	2210	22233	3443	731	514	568317	21821
山西	464188	448953	1574	12713	121	406	421	302686	46375
内蒙古	346816	311173	2887	31636	227	444	449	203754	14636
辽宁	549453	518850	1652	16767	11436	565	183	378112	19573
吉林	460482	449619	3858	5696	639	472	198	141345	9487
黑龙江	569691	543004	8417	16409	905	523	433	233841	27938
上海	19196	14954	858	1051	1588	655	90	294552	442
江苏	453606	406392	2904	17579	22371	1103	3257	1071219	7575
浙江	286365	239967	9038	14478	21683	591	608	913436	3498
安徽	754374	732322	4063	10902	5766	619	702	436304	20799
福建	301244	251247	5871	13896	28950	402	878	427209	8313
江西	507367	486960	4741	10199	4635	391	441	427415	12286
山东	1526728	1460488	4748	40435	19240	1050	767	783418	33117
河南	1615321	1572624	2504	36062	1812	1665	654	516209	29919
湖北	801126	764789	2201	11371	21006	1042	717	400791	8089
湖南	993103	948559	8504	22895	11135	1182	828	431647	17813
广东	702061	624223	3937	25229	47231	1122	319	1238026	2507
广西	841193	785183	11366	33269	10469	626	280	202922	3830
海南	133540	116371	5006	2887	8957	137	182	37737	622
重庆	337780	322710	1915	11014	1737	187	217	196285	10864
四川	1388061	1323430	7318	50559	5117	952	685	547646	21375
贵州	583071	572064	1399	8701	495	325	87	155916	14523
云南	934799	885095	10104	36348	1919	715	618	245566	22873
西藏	57396	38390	64	18905	17	20		5417	129
陕西	564743	548215	3841	11041	500	547	599	258786	16193
甘肃	510313	493699	2102	13650	101	610	151	100736	6139
青海	86436	64672	399	21177	34	100	54	33691	1486
宁夏	82765	78564	383	3414	91	254	59	51727	3680
新疆	372367	337899	1319	30534	302	1107	1206	101395	6287

4-7 续表14 单位：人

地区 性别	五、农、林、牧、渔、水利业生产人员	32.种植业生产人员	33.林业生产及野生动植物保护人员	34.畜牧业生产人员	35.渔业生产人员	36.水利设施管理养护人员	37.其他农、林、牧、渔、水利业生产人员	六、生产、运输设备操作人员及有关人员	38.勘测及矿物开采人员
女	**17011141**	**16095315**	**57328**	**733438**	**113399**	**8747**	**2914**	**5086039**	**56013**
北京	25860	22239	1665	1723	139	84	10	42768	134
天津	52512	50444	172	1429	332	112	23	48874	630
河北	1163617	1144107	987	16963	1123	348	89	187162	2365
山西	382125	373790	639	7404	44	171	77	48780	3090
内蒙古	295615	269844	646	24840	90	151	44	41246	1715
辽宁	489091	466931	607	16668	4719	137	29	102077	2665
吉林	387043	380598	1398	4549	256	184	58	34664	1413
黑龙江	456327	438454	2474	14876	337	142	44	57007	5094
上海	18651	16464	505	639	834	200	9	138183	159
江苏	570203	535528	1820	19568	12453	371	463	700569	1987
浙江	204773	172046	3699	20331	8566	88	43	601384	566
安徽	813221	792467	1532	15493	3265	300	164	173159	2413
福建	256280	228333	2054	12399	13233	168	93	248755	1157
江西	489350	468857	1468	16097	2546	217	165	242396	2070
山东	1593433	1543658	3142	37157	8812	555	109	393367	6596
河南	1709086	1670218	1806	34356	1021	1427	258	181524	4096
湖北	807127	767084	872	24412	14117	506	136	173492	1617
湖南	892586	824546	4327	55904	6954	639	216	191955	2282
广东	656408	611859	2104	22642	19320	391	92	825082	622
广西	796642	750545	5964	33859	5816	320	138	93999	1040
海南	118181	108316	3688	2487	3597	77	16	11706	309
重庆	351320	306056	1272	42667	1103	105	117	65697	983
四川	1427781	1287328	4542	132449	2767	528	167	213319	2757
贵州	568930	552254	725	15491	236	189	35	45059	1290
云南	911070	833132	3989	72574	1121	194	60	73032	2614
西藏	53051	37297	26	15706	12	10		2080	55
陕西	532952	510926	2854	18512	300	259	101	69370	2508
甘肃	502502	488842	1225	12014	67	309	45	28212	1318
青海	83374	63992	227	19068	19	59	9	8735	257
宁夏	84285	81340	276	2519	46	97	7	11610	663
新疆	317745	297820	623	18642	154	409	97	30776	1548

4-7 续表 15

单位：人

地区 性别	39.金属冶炼、轧制人员	40.化工产品生产人员	41.机械制造加工人员	42.机电产品装配人员	43.机械设备修理人员	44.电力设备安装、运行、检修及供电人员	45.电子元器件与设备制造、装配、调试及维修人员	46.橡胶和塑料制品生产人员	47.纺织、针织、印染人员
全国	**328358**	**290894**	**1098265**	**788563**	**520905**	**486190**	**704136**	**274279**	**658614**
北京	1856	2176	14869	9136	10459	14178	6302	1336	1332
天津	8403	5553	12816	13938	6021	6030	12110	3864	3074
河北	40946	14270	55938	17314	31974	28798	7681	14210	33564
山西	14352	11559	20848	5367	18722	18677	3214	1016	2190
内蒙古	7040	4841	5990	2836	11201	11465	898	625	2369
辽宁	16538	10320	44148	18192	21932	23716	9047	5677	5973
吉林	3450	4132	11806	5674	7116	9355	1485	936	2441
黑龙江	3668	4398	13256	5300	11846	13528	1753	1984	2885
上海	6664	7638	49621	37923	16256	13894	31102	10306	9360
江苏	37717	39527	177996	106762	49586	41103	121692	29992	139744
浙江	15552	18600	191827	131124	34829	22712	33813	50570	123398
安徽	7946	7411	28084	20471	18006	18257	9953	7176	12559
福建	9865	7139	23533	28530	15517	17186	25929	16438	30588
江西	10868	13110	14993	19973	15462	14418	34851	4451	19169
山东	26559	26337	112485	35537	48295	34105	26766	23269	74377
河南	19440	14756	41987	17300	26173	24414	15103	6968	23419
湖北	10360	10852	30329	21824	18740	17108	21696	4860	23351
湖南	11324	22323	22425	20651	16836	17502	43099	5446	18724
广东	23154	18304	114587	204360	43173	39321	241079	66607	82771
广西	5998	5128	9214	10418	10598	10182	13587	2042	9559
海南	403	488	527	1138	2051	2680	473	838	136
重庆	3648	4246	27764	11278	8339	8580	3854	2013	4191
四川	11817	11368	30181	16775	23979	26115	19397	5596	15810
贵州	3978	3081	5918	4277	8391	7540	3589	1759	2442
云南	8841	6833	6346	5850	14787	11464	3933	2738	4310
西藏	121	50	68	55	282	332	23	16	134
陕西	4629	4927	19797	10746	13734	13171	9158	1412	6029
甘肃	5427	3807	5096	2770	4964	6979	1344	619	876
青海	1734	1263	1070	555	1564	2786	179	104	230
宁夏	3005	2054	1827	855	3238	3846	319	306	380
新疆	3055	4403	2919	1634	6834	6748	707	1105	3229

4-7 续表 16

单位：人

地区 性别	39.金属冶炼、轧制人员	40.化工产品生产人员	41.机械制造加工人员	42.机电产品装配人员	43.机械设备修理人员	44.电力设备安装、运行、检修及供电人员	45.电子元器件与设备制造、装配、调试及维修人员	46.橡胶和塑料制品生产人员	47.纺织、针织、印染人员
男	**257997**	**181284**	**825864**	**487707**	**463884**	**413384**	**361147**	**149915**	**202804**
北京	1581	1500	12136	6804	9518	12959	3399	797	387
天津	6871	3806	9992	9065	5375	5256	4780	2062	954
河北	34091	9540	44984	12019	28822	24963	4633	7946	10726
山西	12235	8870	17193	3859	17218	15950	1963	640	568
内蒙古	5796	3345	5140	2293	10096	9537	691	392	446
辽宁	14084	7095	37995	13768	19937	20542	4279	3348	1639
吉林	2837	2798	9644	4203	6306	7870	1100	660	770
黑龙江	2969	2824	10647	4013	10459	11248	1395	1287	1035
上海	5358	5006	36939	24412	15016	12714	13802	5221	3045
江苏	27406	23545	126531	62564	44217	36276	57229	14827	33725
浙江	11785	11759	137309	68970	32417	20262	14914	25183	42991
安徽	6343	4690	20847	12677	15732	15849	5299	3588	3132
福建	7574	4460	18572	18301	14049	14891	12689	9347	10557
江西	8073	6554	11073	11870	13533	11849	17259	2463	6118
山东	20738	17252	81668	24186	41901	28782	13521	13000	19512
河南	15070	8926	33353	11794	22530	19864	8577	3761	6220
湖北	8085	7052	23139	15056	16405	13980	12358	2586	6138
湖南	8616	10623	17518	13131	14700	14257	23529	2969	6756
广东	17579	11748	86820	124399	39375	34469	126799	39232	33308
广西	4448	2805	7036	6901	9018	8083	7528	1138	2702
海南	319	310	427	829	1781	2299	353	496	47
重庆	2791	2571	19937	7490	7346	7174	2242	1105	1309
四川	9050	7069	22951	10767	20795	21472	10685	3128	4961
贵州	3105	2050	4548	2794	7552	6237	2211	1102	1045
云南	6878	4294	5102	4147	13017	9261	2515	1534	1686
西藏	78	28	47	34	231	245	19	8	41
陕西	3692	3080	15548	7139	11971	10834	5522	858	1523
甘肃	4238	2382	3905	1901	4272	5397	914	326	269
青海	1432	840	861	413	1381	2268	134	59	57
宁夏	2424	1508	1536	650	2920	3275	236	140	92
新疆	2451	2954	2466	1258	5994	5321	572	712	1045

4-7 续表 17

单位：人

地区 性别	39.金属冶炼、轧制人员	40.化工产品生产人员	41.机械制造加工人员	42.机电产品装配人员	43.机械设备修理人员	44.电力设备安装、运行、检修及供电人员	45.电子元器件与设备制造、装配、调试及维修人员	46.橡胶和塑料制品生产人员	47.纺织、针织、印染人员
女	**70361**	**109610**	**272401**	**300856**	**57021**	**72806**	**342989**	**124364**	**455810**
北京	275	676	2733	2332	941	1219	2903	539	945
天津	1532	1747	2824	4873	646	774	7330	1802	2120
河北	6855	4730	10954	5295	3152	3835	3048	6264	22838
山西	2117	2689	3655	1508	1504	2727	1251	376	1622
内蒙古	1244	1496	850	543	1105	1928	207	233	1923
辽宁	2454	3225	6153	4424	1995	3174	4768	2329	4334
吉林	613	1334	2162	1471	810	1485	385	276	1671
黑龙江	699	1574	2609	1287	1387	2280	358	697	1850
上海	1306	2632	12682	13511	1240	1180	17300	5085	6315
江苏	10311	15982	51465	44198	5369	4827	64463	15165	106019
浙江	3767	6841	54518	62154	2412	2450	18899	25387	80407
安徽	1603	2721	7237	7794	2274	2408	4654	3588	9427
福建	2291	2679	4961	10229	1468	2295	13240	7091	20031
江西	2795	6556	3920	8103	1929	2569	17592	1988	13051
山东	5821	9085	30817	11351	6394	5323	13245	10269	54865
河南	4370	5830	8634	5506	3643	4550	6526	3207	17199
湖北	2275	3800	7190	6768	2335	3128	9338	2274	17213
湖南	2708	11700	4907	7520	2136	3245	19570	2477	11968
广东	5575	6556	27767	79961	3798	4852	114280	27375	49463
广西	1550	2323	2178	3517	1580	2099	6059	904	6857
海南	84	178	100	309	270	381	120	342	89
重庆	857	1675	7827	3788	993	1406	1612	908	2882
四川	2767	4299	7230	6008	3184	4643	8712	2468	10849
贵州	873	1031	1370	1483	839	1303	1378	657	1397
云南	1963	2539	1244	1703	1770	2203	1418	1204	2624
西藏	43	22	21	21	51	87	4	8	93
陕西	937	1847	4249	3607	1763	2337	3636	554	4506
甘肃	1189	1425	1191	869	692	1582	430	293	607
青海	302	423	209	142	183	518	45	45	173
宁夏	581	546	291	205	318	571	83	166	288
新疆	604	1449	453	376	840	1427	135	393	2184

4-7 续表 18 单位：人

地区 性别	48.裁剪、缝纫和皮革制品加工制作人员	49.粮油、食品、饮料生产加工及饲料生产加工人员	50.烟草及其制品加工人员	51.药品生产人员	52.木材加工、人造板生产、木制品制作及制浆、造纸和纸制品生产加工人员	53.建筑材料生产加工人员	54.玻璃、陶瓷、搪瓷及其制品生产加工人员	55.广播影视制品制作、播放及文物保护作业人员	56.印刷人员
全国	**1789208**	**409440**	**17055**	**53972**	**719890**	**337662**	**180559**	**22222**	**115027**
北京	13668	5131	35	1355	12086	2539	1093	682	4091
天津	11753	4420	88	1359	6381	3574	1116	315	1262
河北	68362	18990	473	3856	34471	17524	10566	1080	5568
山西	2263	7281	80	1218	5489	7107	6183	517	1506
内蒙古	3574	8035	123	817	7035	5102	713	479	694
辽宁	31372	10240	267	2017	14271	7815	2659	748	2250
吉林	2387	6161	470	2346	8544	3699	662	536	1047
黑龙江	4140	11649	606	2452	18817	5603	1036	623	1219
上海	34343	6382	224	1628	19917	5612	2781	667	4912
江苏	214026	42199	608	4070	88357	24296	16079	1219	10640
浙江	251006	15551	177	4290	56815	16163	13541	669	14630
安徽	65903	18614	744	2109	28775	13028	3791	690	2477
福建	135621	18821	639	936	35718	25852	11747	695	4953
江西	157416	13855	569	1896	43132	17874	14227	576	2708
山东	83474	51274	805	5045	78839	28956	15334	1625	6542
河南	42422	29312	1258	2789	23163	24991	7035	1484	3673
湖北	87909	17822	1085	2292	22783	13707	3456	1110	3435
湖南	77565	17816	2186	1555	33449	16551	11319	1397	3374
广东	355042	23636	598	3710	70705	18695	33722	1938	27206
广西	24342	12882	279	1100	17661	9274	4688	523	1525
海南	1860	2481	62	342	2664	1926	127	84	313
重庆	14916	5234	357	993	8210	6747	2259	422	1152
四川	71134	22945	805	2144	42440	21705	8769	1273	3356
贵州	8690	7844	1023	399	6875	6333	880	415	783
云南	11504	12145	2602	812	11157	11406	3597	551	1605
西藏	287	164		49	568	539	42	63	62
陕西	7106	7679	639	1211	9290	9493	1672	562	1963
甘肃	2533	3952	154	518	3837	4874	583	447	842
青海	555	800	6	174	1080	1020	91	66	215
宁夏	573	1589	20	324	2357	1640	178	139	283
新疆	3462	4536	73	166	5004	4017	613	627	741

4-7 续表 19

单位：人

地区 性别	48.裁剪、缝纫和皮革制品加工制作人员	49.粮油、食品、饮料生产加工及饲料生产加工人员	50.烟草及其制品加工人员	51.药品生产人员	52.木材加工、人造板生产、木制品制作及制浆、造纸和纸制品生产加工人员	53.建筑材料生产加工人员	54.玻璃、陶瓷、搪瓷及其制品生产加工人员	55.广播影视制品制作、播放及文物保护作业人员	56.印刷人员
男	**606813**	**227433**	**9880**	**28632**	**526167**	**261212**	**103433**	**13276**	**65553**
北京	5569	2824	26	610	10344	2067	838	447	2507
天津	3421	2557	59	805	5182	3092	759	185	750
河北	20982	10511	306	2010	25090	14307	6089	555	2927
山西	650	4550	50	560	4601	5910	3528	290	709
内蒙古	696	4617	82	508	5899	4107	481	285	313
辽宁	7831	5737	164	1079	11450	6334	1653	436	1278
吉林	559	3530	311	1170	6060	2889	411	305	551
黑龙江	1031	6982	406	1399	13383	4205	639	351	647
上海	8905	3449	159	832	16216	4691	1721	441	3008
江苏	43521	20894	360	2087	63452	17927	8259	741	5207
浙江	86528	8747	118	2638	41537	12103	8113	445	8503
安徽	16969	10361	443	1040	22539	9793	2181	450	1278
福建	52360	10136	347	474	23387	19883	5990	435	2902
江西	61670	8305	321	994	34457	13361	7875	336	1570
山东	16300	26147	503	2770	48540	22357	8726	918	3279
河南	13765	15730	714	1399	16008	19903	4249	848	1952
湖北	31895	10287	633	1140	18775	10574	2108	671	1913
湖南	31571	10066	1132	804	25202	13352	6239	828	1941
广东	144121	14319	357	2021	50870	14808	20216	1191	17378
广西	8409	7609	155	510	11363	6583	2414	316	838
海南	614	1455	37	155	2038	1420	76	49	172
重庆	6235	3033	238	549	6611	5279	1360	278	641
四川	29023	13397	472	1196	31953	16524	4862	778	1803
贵州	4060	4690	568	181	5463	4758	535	261	448
云南	5213	6739	1396	418	8377	8557	2093	341	927
西藏	115	85		26	457	398	16	38	25
陕西	2541	4185	372	614	6962	7271	1053	337	1077
甘肃	879	2222	94	282	3162	3707	383	275	445
青海	155	459	5	80	912	783	54	43	96
宁夏	147	909	9	186	1852	1295	124	81	110
新疆	1078	2901	43	95	4025	2974	388	321	358

4-7 续表 20 单位：人

地区 性别	48.裁剪、缝纫和皮革制品加工制作人员	49.粮油、食品、饮料生产加工及饲料生产加工人员	50.烟草及其制品加工人员	51.药品生产人员	52.木材加工、人造板生产、木制品制作及制浆、造纸和纸制品生产加工人员	53.建筑材料生产加工人员	54.玻璃、陶瓷、搪瓷及其制品生产加工人员	55.广播影视制品制作、播放及文物保护作业人员	56.印刷人员
女	**1182395**	**182007**	**7175**	**25340**	**193723**	**76450**	**77126**	**8946**	**49474**
北京	8099	2307	9	745	1742	472	255	235	1584
天津	8332	1863	29	554	1199	482	357	130	512
河北	47380	8479	167	1846	9381	3217	4477	525	2641
山西	1613	2731	30	658	888	1197	2655	227	797
内蒙古	2878	3418	41	309	1136	995	232	194	381
辽宁	23541	4503	103	938	2821	1481	1006	312	972
吉林	1828	2631	159	1176	2484	810	251	231	496
黑龙江	3109	4667	200	1053	5434	1398	397	272	572
上海	25438	2933	65	796	3701	921	1060	226	1904
江苏	170505	21305	248	1983	24905	6369	7820	478	5433
浙江	164478	6804	59	1652	15278	4060	5428	224	6127
安徽	48934	8253	301	1069	6236	3235	1610	240	1199
福建	83261	8685	292	462	12331	5969	5757	260	2051
江西	95746	5550	248	902	8675	4513	6352	240	1138
山东	67174	25127	302	2275	30299	6599	6608	707	3263
河南	28657	13582	544	1390	7155	5088	2786	636	1721
湖北	56014	7535	452	1152	4008	3133	1348	439	1522
湖南	45994	7750	1054	751	8247	3199	5080	569	1433
广东	210921	9317	241	1689	19835	3887	13506	747	9828
广西	15933	5273	124	590	6298	2691	2274	207	687
海南	1246	1026	25	187	626	506	51	35	141
重庆	8681	2201	119	444	1599	1468	899	144	511
四川	42111	9548	333	948	10487	5181	3907	495	1553
贵州	4630	3154	455	218	1412	1575	345	154	335
云南	6291	5406	1206	394	2780	2849	1504	210	678
西藏	172	79		23	111	141	26	25	37
陕西	4565	3494	267	597	2328	2222	619	225	886
甘肃	1654	1730	60	236	675	1167	200	172	397
青海	400	341	1	94	168	237	37	23	119
宁夏	426	680	11	138	505	345	54	58	173
新疆	2384	1635	30	71	979	1043	225	306	383

4-7 续表 21 单位：人

地区 性别	57.工艺、美术品制作人员	58.文化教育、体育用品制作人员	59.工程施工人员	60.运输设备操作人员及有关人员	61.环境监测与废物处理人员	62.检验、计量人员	63.其他生产、运输设备操作人员及有关人员	七、不便分类的其他从业人员
全国	**330770**	**37253**	**2910245**	**1844310**	**23087**	**384625**	**1310725**	**69560**
北京	912	555	34014	48979	374	7615	14319	6
天津	2523	837	33486	20761	497	5239	8678	1584
河北	4447	721	148056	113890	1168	12215	45211	2778
山西	810	70	54046	85050	753	8094	25589	1330
内蒙古	595	69	61128	56103	463	4502	31952	1874
辽宁	2639	299	60730	97261	769	13735	55336	1817
吉林	339	60	27405	38724	309	3753	22272	1149
黑龙江	666	126	42288	60314	461	6159	43039	1752
上海	3410	2131	42832	62803	1013	23144	37571	749
江苏	23403	3858	294849	138835	2435	43848	109385	3626
浙江	43048	8111	175418	101603	1186	40836	145287	828
安徽	9183	825	184716	74192	710	9723	40908	2708
福建	22139	2594	100727	57444	656	13190	60037	3720
江西	19556	2722	128849	48466	576	8639	47099	3331
山东	26193	1847	209508	131152	1677	23565	63506	3040
河南	10837	390	197336	81205	1142	9730	37391	5846
湖北	5998	517	134874	64720	852	9586	35311	6038
湖南	17365	896	131497	58425	863	10158	40761	5600
广东	97646	8912	154984	124091	2270	84668	218800	4686
广西	11343	304	66019	41455	589	4477	18864	3116
海南	410	2	13515	11858	109	373	3652	517
重庆	1906	144	61981	33732	536	6163	31470	1290
四川	9798	469	236729	77431	1442	11845	63510	5283
贵州	3391	163	45278	33481	266	3283	25083	1676
云南	6303	355	85384	45314	612	4599	30063	816
西藏	304	1	2531	1374	35	35	178	128
陕西	2750	162	88778	57978	460	7678	28431	1483
甘肃	817	61	36266	23510	270	2425	8520	791
青海	377	8	11463	10561	116	887	3779	241
宁夏	182	4	16107	13876	105	1565	4222	53
新疆	1480	40	29451	29722	373	2896	10501	1704

4-7 续表 22 单位：人

地区 性别	57.工艺、美术品制作人员	58.文化教育、体育用品制作人员	59.工程施工人员	60.运输设备操作人员及有关人员	61.环境监测与废物处理人员	62.检验、计量人员	63.其他生产、运输设备操作人员及有关人员	七、不便分类的其他从业人员
男	**139892**	**17286**	**2552909**	**1714729**	**14668**	**162338**	**818021**	**43491**
北京	551	300	30893	46146	246	3918	10091	5
天津	1039	472	30605	19394	345	2626	6402	1107
河北	2399	407	137592	107666	708	5550	31673	1907
山西	523	48	50824	81750	463	3348	20011	1017
内蒙古	348	47	54526	52257	307	2283	24626	1340
辽宁	1476	156	55161	91786	532	6617	44162	1321
吉林	201	35	24169	35950	194	1999	17336	775
黑龙江	337	61	37021	56566	268	2984	33746	1249
上海	1775	978	39337	58486	693	9576	22330	453
江苏	6297	1377	263956	124489	1523	16446	60788	2177
浙江	16783	2858	162563	95691	936	13802	82983	523
安徽	2937	250	161090	68360	471	4571	24615	1816
福建	12615	1314	85276	55304	445	4883	32705	2140
江西	8369	1159	111026	45511	346	4026	27011	2045
山东	7336	903	183488	120581	1033	9342	37518	1989
河南	4960	205	174653	73918	711	4327	22853	3195
湖北	3499	288	118329	59708	503	4530	23050	3737
湖南	8898	535	115598	54175	501	4674	26219	3427
广东	40130	4932	136292	118059	1542	35716	119838	2809
广西	4923	172	54739	37062	350	2151	11839	1811
海南	252	2	10930	10532	56	211	2255	320
重庆	977	88	53175	31352	327	2563	20750	772
四川	4946	271	193844	70790	861	5399	39274	3237
贵州	1850	80	38294	31301	143	1665	16452	1047
云南	3613	189	72453	41209	352	2060	20322	514
西藏	142	1	1873	1222	18	20	121	55
陕西	1472	96	78019	54167	290	3778	20192	981
甘肃	395	31	30671	21004	162	1105	6176	513
青海	242	8	9117	9703	66	405	2632	167
宁夏	111	1	13920	12950	60	604	2907	36
新疆	496	22	23475	27640	216	1159	7144	1006

4-7 续表 23 单位：人

地区 性别	57.工艺、美术品制作人员	58.文化教育、体育用品制作人员	59.工程施工人员	60.运输设备操作人员及有关人员	61.环境监测与废物处理人员	62.检验、计量人员	63.其他生产、运输设备操作人员及有关人员	七、不便分类的其他从业人员
女	**190878**	**19967**	**357336**	**129581**	**8419**	**222287**	**492704**	**26069**
北京	361	255	3121	2833	128	3697	4228	1
天津	1484	365	2881	1367	152	2613	2276	477
河北	2048	314	10464	6224	460	6665	13538	871
山西	287	22	3222	3300	290	4746	5578	313
内蒙古	247	22	6602	3846	156	2219	7326	534
辽宁	1163	143	5569	5475	237	7118	11174	496
吉林	138	25	3236	2774	115	1754	4936	374
黑龙江	329	65	5267	3748	193	3175	9293	503
上海	1635	1153	3495	4317	320	13568	15241	296
江苏	17106	2481	30893	14346	912	27402	48597	1449
浙江	26265	5253	12855	5912	250	27034	62304	305
安徽	6246	575	23626	5832	239	5152	16293	892
福建	9524	1280	15451	2140	211	8307	27332	1580
江西	11187	1563	17823	2955	230	4613	20088	1286
山东	18857	944	26020	10571	644	14223	25988	1051
河南	5877	185	22683	7287	431	5403	14538	2651
湖北	2499	229	16545	5012	349	5056	12261	2301
湖南	8467	361	15899	4250	362	5484	14542	2173
广东	57516	3980	18692	6032	728	48952	98962	1877
广西	6420	132	11280	4393	239	2326	7025	1305
海南	158		2585	1326	53	162	1397	197
重庆	929	56	8806	2380	209	3600	10720	518
四川	4852	198	42885	6641	581	6446	24236	2046
贵州	1541	83	6984	2180	123	1618	8631	629
云南	2690	166	12931	4105	260	2539	9741	302
西藏	162		658	152	17	15	57	73
陕西	1278	66	10759	3811	170	3900	8239	502
甘肃	422	30	5595	2506	108	1320	2344	278
青海	135		2346	858	50	482	1147	74
宁夏	71	3	2187	926	45	961	1315	17
新疆	984	18	5976	2082	157	1737	3357	698

4-7a 各地区分性别、职业中类的就业人口(城市)

单位：人

地区 性别	合计	一、国家机关、党群组织、企业、事业单位负责人	1.中国共产党中央委员会和地方各级组织负责人	2.国家机关及其工作机构负责人	3.民主党派和社会团体及其工作机构负责人	4.事业单位负责人	5.企业负责人	二、专业技术人员	6.科学研究人员
全国	**19206276**	**797308**	**3727**	**53012**	**25001**	**47488**	**668080**	**2998416**	**32353**
北京	758507	24921	500	1278	936	1086	21121	182612	4138
天津	333866	15565	97	1085	660	1684	12039	65161	1177
河北	621484	25661	138	2450	1173	2491	19409	113896	1062
山西	382490	13273	88	1397	743	1519	9526	72330	719
内蒙古	346456	10966	58	1390	424	1159	7935	55791	497
辽宁	995086	39258	179	2989	1753	3224	31113	169016	1594
吉林	408924	13808	61	1847	706	1908	9286	76891	1024
黑龙江	548435	21042	152	2957	938	2190	14805	97872	1058
上海	923295	57575	247	1054	1009	1236	54029	167664	2435
江苏	1553697	71343	329	3560	1819	2696	62939	230111	1877
浙江	1201687	56076	164	2136	1203	1385	51188	151437	704
安徽	497914	26263	133	2015	795	1603	21717	79181	660
福建	662528	31675	111	1846	737	1061	27920	84223	609
江西	317515	12462	76	1179	531	989	9687	51462	538
山东	1394108	61174	213	3616	2668	4584	50093	224984	2099
河南	762007	25700	115	2626	1264	3028	18667	130965	1303
湖北	759679	27222	137	2549	1301	2631	20604	122038	1659
湖南	531439	20556	93	2872	905	1687	14999	85315	768
广东	3070390	123783	140	3030	1773	3176	115664	315075	2128
广西	395248	12750	85	1282	352	922	10109	56999	536
海南	100464	3498	35	264	81	262	2856	13967	93
重庆	383574	16462	70	981	454	693	14264	56820	546
四川	715417	25720	125	1988	704	1216	21687	114447	1773
贵州	217980	8000	38	944	360	630	6028	35037	345
云南	282651	9511	110	927	435	542	7497	47448	642
西藏	13946	437	3	165	24	63	182	2471	67
陕西	377991	14900	43	1510	409	1337	11601	72459	870
甘肃	215573	8045	80	1005	216	721	6023	42534	585
青海	61098	3141	17	251	78	216	2579	9977	157
宁夏	95690	3659	16	204	97	129	3213	16747	118
新疆	277137	12862	74	1615	453	1420	9300	53486	572

4-7a 续表 1

单位：人

地区 性别	合计	一、国家机关、党群组织、企业、事业单位负责人	1.中国共产党中央委员会和地方各级组织负责人	2.国家机关及其工作机构负责人	3.民主党派和社会团体及其工作机构负责人	4.事业单位负责人	5.企业负责人	二、专业技术人员	6.科学研究人员
男	**11063430**	**580269**	**3007**	**40935**	**14670**	**33415**	**488242**	**1403015**	**19831**
北京	433559	18184	382	956	493	693	15660	85705	2434
天津	211086	11275	77	812	312	1160	8914	31617	706
河北	359971	19172	109	1945	747	1761	14610	49338	620
山西	235934	10193	76	1107	456	1062	7492	31629	427
内蒙古	212516	8092	47	1050	189	789	6017	24984	276
辽宁	586092	28183	140	2359	788	2242	22654	76165	974
吉林	238270	9803	50	1423	310	1357	6663	34978	661
黑龙江	329146	15064	123	2191	385	1505	10860	46345	598
上海	540315	41131	181	810	566	776	38798	82452	1490
江苏	874403	53693	269	2924	1167	2014	47319	110127	1205
浙江	682971	41937	145	1797	853	952	38190	65522	434
安徽	294157	19521	106	1632	474	1208	16101	38577	462
福建	379847	23399	99	1470	475	754	20601	39077	369
江西	182574	8972	60	944	280	737	6951	24551	331
山东	789397	46096	183	2847	1790	3399	37877	103404	1245
河南	439181	18840	100	1947	836	2098	13859	60204	753
湖北	433406	19216	105	1960	735	1840	14576	59939	1018
湖南	302011	13964	76	2107	492	1088	10201	41190	494
广东	1762041	90151	118	2395	1261	2221	84156	151735	1382
广西	217051	8819	70	974	182	671	6922	25799	338
海南	57165	2593	28	206	62	210	2087	6583	57
重庆	216292	10976	55	699	243	472	9507	28135	350
四川	402141	17365	98	1445	409	851	14562	55564	1158
贵州	125820	5600	29	702	178	425	4266	16151	205
云南	159357	6782	83	694	279	375	5351	21430	410
西藏	7862	302	2	103	16	44	137	1346	39
陕西	212390	10647	33	1107	255	952	8300	35951	538
甘肃	125924	5876	72	766	123	553	4362	20661	359
青海	36264	2358	16	197	37	157	1951	4263	94
宁夏	55248	2687	12	166	35	94	2380	7449	77
新疆	161039	9378	63	1200	242	955	6918	22144	327

4-7a 续表 2 单位：人

地区 性别	合计	一、国家机关、党群组织、企业、事业单位负责人	1.中国共产党中央委员会和地方各级组织负责人	2.国家机关及其工作机构负责人	3.民主党派和社会团体及其工作机构负责人	4.事业单位负责人	5.企业负责人	二、专业技术人员	6.科学研究人员
女	**8142846**	**217039**	**720**	**12077**	**10331**	**14073**	**179838**	**1595401**	**12522**
北京	324948	6737	118	322	443	393	5461	96907	1704
天津	122780	4290	20	273	348	524	3125	33544	471
河北	261513	6489	29	505	426	730	4799	64558	442
山西	146556	3080	12	290	287	457	2034	40701	292
内蒙古	133940	2874	11	340	235	370	1918	30807	221
辽宁	408994	11075	39	630	965	982	8459	92851	620
吉林	170654	4005	11	424	396	551	2623	41913	363
黑龙江	219289	5978	29	766	553	685	3945	51527	460
上海	382980	16444	66	244	443	460	15231	85212	945
江苏	679294	17650	60	636	652	682	15620	119984	672
浙江	518716	14139	19	339	350	433	12998	85915	270
安徽	203757	6742	27	383	321	395	5616	40604	198
福建	282681	8276	12	376	262	307	7319	45146	240
江西	134941	3490	16	235	251	252	2736	26911	207
山东	604711	15078	30	769	878	1185	12216	121580	854
河南	322826	6860	15	679	428	930	4808	70761	550
湖北	326273	8006	32	589	566	791	6028	62099	641
湖南	229428	6592	17	765	413	599	4798	44125	274
广东	1308349	33632	22	635	512	955	31508	163340	746
广西	178197	3931	15	308	170	251	3187	31200	198
海南	43299	905	7	58	19	52	769	7384	36
重庆	167282	5486	15	282	211	221	4757	28685	196
四川	313276	8355	27	543	295	365	7125	58883	615
贵州	92160	2400	9	242	182	205	1762	18886	140
云南	123294	2729	27	233	156	167	2146	26018	232
西藏	6084	135	1	62	8	19	45	1125	28
陕西	165601	4253	10	403	154	385	3301	36508	332
甘肃	89649	2169	8	239	93	168	1661	21873	226
青海	24834	783	1	54	41	59	628	5714	63
宁夏	40442	972	4	38	62	35	833	9298	41
新疆	116098	3484	11	415	211	465	2382	31342	245

4-7a 续表 3

单位：人

地区/性别	7.工程技术人员	8.农业技术人员	9.飞机和船舶技术人员	10.卫生专业技术人员	11.经济业务人员	12.金融业务人员	13.法律专业人员	14.教学人员	15.文学艺术工作人员
全国	**716130**	**19501**	**8360**	**384302**	**636561**	**255182**	**45135**	**712990**	**83024**
北京	55651	563	249	16776	35483	14403	3394	28251	11152
天津	20140	314	468	7166	13524	4892	891	12964	902
河北	22795	855	131	17533	24727	9232	1762	30594	1289
山西	14753	452	46	10221	15107	6028	1027	20491	1139
内蒙古	12654	502	30	7797	10201	4810	926	15279	1045
辽宁	39826	997	949	22764	35334	17613	2576	39014	2552
吉林	14714	671	50	11983	11965	7682	1231	23702	1063
黑龙江	21829	824	134	13365	16759	9531	1584	27910	1260
上海	55517	465	1095	15012	39600	14579	2639	22957	7837
江苏	65857	1298	661	24777	53372	16149	3253	50920	5176
浙江	29833	477	703	17406	41333	14985	1784	34595	5703
安徽	17945	421	166	11886	16254	5605	1181	20894	1530
福建	17072	443	309	9835	18285	7502	1220	21131	4297
江西	9374	267	161	8130	9428	4450	778	15584	925
山东	47665	1799	722	29819	56802	18228	3718	53678	3489
河南	26461	1038	147	20676	23194	11613	2082	37104	2686
湖北	27520	1100	646	17971	22476	9524	1848	33022	2074
湖南	17222	691	118	13954	15401	7584	1291	23654	1515
广东	79953	1424	606	33114	79333	27857	3665	64469	15213
广西	11024	691	113	9035	9983	5092	998	16477	1385
海南	1994	162	120	2235	2590	1330	231	4430	375
重庆	14465	376	193	7144	11064	4443	907	13819	1934
四川	27582	823	202	15895	20771	10491	1699	27819	3083
贵州	7511	318	42	5551	6266	2487	582	10185	537
云南	9563	723	65	7316	9998	3444	862	12090	1169
西藏	570	24		260	429	206	95	531	89
陕西	21533	357	93	8807	13197	4857	770	18238	1385
甘肃	8643	549	37	5683	7835	3833	679	12473	610
青海	1935	74	4	1590	2260	898	168	2319	213
宁夏	3435	170	9	2414	3124	1706	314	4535	409
新疆	11094	633	91	8187	10466	4128	980	13861	988

4-7a 续表 4

单位：人

地区 性别	7.工程技术人员	8.农业技术人员	9.飞机和船舶技术人员	10.卫生专业技术人员	11.经济业务人员	12.金融业务人员	13.法律专业人员	14.教学人员	15.文学艺术工作人员
男	**541632**	**12099**	**7022**	**127171**	**166178**	**123209**	**29080**	**270765**	**51287**
北京	40162	323	227	4277	8244	6800	1803	9595	6544
天津	14920	211	418	2307	3672	2313	574	4389	548
河北	16901	486	96	5832	6971	4481	1210	9887	724
山西	11117	264	31	3192	4457	2735	667	6856	664
内蒙古	9575	293	15	2603	2702	2104	589	5177	598
辽宁	30008	655	828	7146	8751	8596	1578	13024	1523
吉林	11146	474	28	4099	3227	3773	833	8614	634
黑龙江	16556	513	110	4680	4649	4881	1033	10635	770
上海	42786	307	1003	4118	9515	7097	1473	7467	4562
江苏	49689	874	554	8158	12843	7898	2163	20053	3127
浙江	23135	351	694	5546	9324	6615	1195	12700	3591
安徽	14082	266	137	4090	4519	2703	791	9154	943
福建	13380	307	274	3502	4502	3433	812	7557	2889
江西	7179	177	121	2994	2681	2178	557	6677	592
山东	34969	1046	580	10169	16605	9110	2485	21537	2026
河南	19379	597	89	7207	6944	5662	1455	13878	1654
湖北	20709	674	511	6401	6357	4638	1276	14777	1279
湖南	13125	429	80	5103	4288	3779	891	10311	917
广东	62841	879	494	12155	19737	13936	2326	23771	10192
广西	8477	401	91	2983	2476	2490	675	6130	868
海南	1611	103	98	767	793	716	172	1814	246
重庆	11210	255	173	2330	2885	2104	612	5875	1241
四川	20684	505	146	5413	5667	4947	1077	11621	1910
贵州	5806	179	35	1718	1632	1211	381	3982	320
云南	7371	416	46	2070	2566	1591	541	4852	735
西藏	429	12		95	174	106	57	241	60
陕西	15698	230	57	2883	4004	2440	514	7501	845
甘肃	6324	353	14	1936	2420	1856	436	5655	369
青海	1430	48	2	450	589	398	111	818	129
宁夏	2702	100	4	678	711	769	188	1752	233
新疆	8231	371	66	2269	2273	1849	605	4465	554

4-7a 续表 5

单位：人

地区 性别	7.工程技术人员	8.农业技术人员	9.飞机和船舶技术人员	10.卫生专业技术人员	11.经济业务人员	12.金融业务人员	13.法律专业人员	14.教学人员	15.文学艺术工作人员
女	**174498**	**7402**	**1338**	**257131**	**470383**	**131973**	**16055**	**442225**	**31737**
北京	15489	240	22	12499	27239	7603	1591	18656	4608
天津	5220	103	50	4859	9852	2579	317	8575	354
河北	5894	369	35	11701	17756	4751	552	20707	565
山西	3636	188	15	7029	10650	3293	360	13635	475
内蒙古	3079	209	15	5194	7499	2706	337	10102	447
辽宁	9818	342	121	15618	26583	9017	998	25990	1029
吉林	3568	197	22	7884	8738	3909	398	15088	429
黑龙江	5273	311	24	8685	12110	4650	551	17275	490
上海	12731	158	92	10894	30085	7482	1166	15490	3275
江苏	16168	424	107	16619	40529	8251	1090	30867	2049
浙江	6698	126	9	11860	32009	8370	589	21895	2112
安徽	3863	155	29	7796	11735	2902	390	11740	587
福建	3692	136	35	6333	13783	4069	408	13574	1408
江西	2195	90	40	5136	6747	2272	221	8907	333
山东	12696	753	142	19650	40197	9118	1233	32141	1463
河南	7082	441	58	13469	16250	5951	627	23226	1032
湖北	6811	426	135	11570	16119	4886	572	18245	795
湖南	4097	262	38	8851	11113	3805	400	13343	598
广东	17112	545	112	20959	59596	13921	1339	40698	5021
广西	2547	290	22	6052	7507	2602	323	10347	517
海南	383	59	22	1468	1797	614	59	2616	129
重庆	3255	121	20	4814	8179	2339	295	7944	693
四川	6898	318	56	10482	15104	5544	622	16198	1173
贵州	1705	139	7	3833	4634	1276	201	6203	217
云南	2192	307	19	5246	7432	1853	321	7238	434
西藏	141	12		165	255	100	38	290	29
陕西	5835	127	36	5924	9193	2417	256	10737	540
甘肃	2319	196	23	3747	5415	1977	243	6818	241
青海	505	26	2	1140	1671	500	57	1501	84
宁夏	733	70	5	1736	2413	937	126	2783	176
新疆	2863	262	25	5918	8193	2279	375	9396	434

4-7a 续表 6 单位：人

地区 性别	16.体育工作人员	17.新闻出版、文化工作人员	18.宗教职业者	19.其他专业技术人员	三、办事人员和有关人员	20.行政办公人员	21.安全保卫和消防人员	22.邮政和电信业务人员	23.其他办事人员和有关人员
全国	**3483**	**73712**	**2475**	**25208**	**2077914**	**1304365**	**513701**	**104310**	**155538**
北京	275	11953	65	259	136855	109569	20473	5136	1677
天津	120	1303	24	1276	36116	21111	8517	1722	4766
河北	125	2645	24	1122	68137	40795	16316	3567	7459
山西	97	1819	27	404	51258	32964	10498	2757	5039
内蒙古	58	1494	45	453	36790	23317	8141	2219	3113
辽宁	228	4154	111	1304	99845	55668	31026	5907	7244
吉林	60	2159	34	553	41182	23230	11337	3171	3444
黑龙江	154	2417	35	1012	48760	24516	15828	4550	3866
上海	236	3979	131	1182	142063	97742	31925	4920	7476
江苏	190	4525	268	1788	154496	92350	38337	7243	16566
浙江	100	2937	337	540	117123	79496	25954	6042	5631
安徽	72	1742	40	785	49132	29076	12632	2702	4722
福建	184	1680	290	1366	67103	41539	13268	3318	8978
江西	47	1130	9	641	37652	24040	8972	2337	2303
山东	272	4738	71	1884	118981	70117	32778	5955	10131
河南	130	3054	116	1361	84834	50613	19503	4316	10402
湖北	120	2693	64	1321	75109	46364	17818	4036	6891
湖南	84	1765	53	1215	56730	33017	13846	3587	6280
广东	319	4769	168	2057	311793	202804	85508	12490	10991
广西	84	1244	26	311	37869	21414	11380	2296	2779
海南	6	308	7	86	11435	5702	3118	793	1822
重庆	35	1156	33	705	38925	23536	10258	1462	3669
四川	129	2350	114	1716	82963	52852	20218	3973	5920
贵州	40	820	28	325	26600	16102	6467	1275	2756
云南	58	1250	69	199	33160	17911	10134	1434	3681
西藏		137	55	8	1714	865	552	141	156
陕西	57	1671	51	573	40298	25943	9150	2216	2989
甘肃	94	998	77	438	24763	14680	6571	1579	1933
青海	17	276	22	44	6818	3598	1916	483	821
宁夏	13	462	23	15	10912	7336	2355	566	655
新疆	79	2084	58	265	28498	16098	8905	2117	1378

4-7a 续表 7 单位：人

地区 性别	16.体育工作人员	17.新闻出版、文化工作人员	18.宗教职业者	19.其他专业技术人员	三、办事人员和有关人员	20.行政办公人员	21.安全保卫和消防人员	22.邮政和电信业务人员	23.其他办事人员和有关人员
男	**2285**	**33086**	**1779**	**17591**	**1340405**	**734597**	**459682**	**57633**	**88493**
北京	183	4917	54	142	80923	58511	18439	2858	1115
天津	84	532	21	922	23071	11753	7738	996	2584
河北	82	1243	23	782	44858	24395	14432	1819	4212
山西	63	854	19	283	32995	19516	9096	1380	3003
内蒙古	26	665	38	323	23872	13862	7098	1094	1818
辽宁	154	1899	62	967	68071	32467	28527	3220	3857
吉林	43	1057	18	371	28622	14502	10340	1777	2003
黑龙江	90	1128	13	689	33827	14987	14158	2422	2260
上海	155	1590	114	775	86900	50232	29144	3280	4244
江苏	135	1961	221	1246	101673	53546	34649	3947	9531
浙江	63	1213	276	385	75608	45219	23686	3407	3296
安徽	48	820	16	546	33264	18033	11163	1403	2665
福建	107	800	182	963	42889	23556	12051	1871	5411
江西	35	564	6	459	25677	15063	8103	1179	1332
山东	170	2146	49	1267	80921	42948	29007	3073	5893
河南	95	1505	58	928	55305	30445	16597	2140	6123
湖北	79	1279	41	900	50432	28516	15638	2278	4000
湖南	54	875	29	815	37410	19890	11997	1884	3639
广东	223	2147	115	1537	192403	99619	79257	7932	5595
广西	60	574	14	222	25018	12222	9953	1268	1575
海南	1	153	5	47	7790	3476	2826	444	1044
重庆	29	558	21	492	24609	12622	9106	790	2091
四川	74	1096	68	1198	52897	29797	17532	2209	3359
贵州	23	400	20	239	17013	9349	5509	669	1486
云南	37	596	43	156	21892	10183	8805	750	2154
西藏		72	55	6	1083	465	457	75	86
陕西	39	753	32	417	26211	15411	7965	1170	1665
甘肃	59	507	71	302	16123	8890	5444	773	1016
青海	12	130	20	32	4330	2029	1625	213	463
宁夏	8	196	19	12	7046	4418	2007	281	340
新疆	54	856	56	168	17672	8675	7333	1031	633

4-7a 续表 8　　　　单位：人

地　区 性　别	16.体育工作人员	17.新闻出版、文化工作人员	18.宗教职业者	19.其他专业技术人员	三、办事人员和有关人员	20.行政办公人员	21.安全保卫和消防人员	22.邮政和电信业务人员	23.其他办事人员和有关人员
女	**1198**	**40626**	**696**	**7617**	**737509**	**569768**	**54019**	**46677**	**67045**
北　京	92	7036	11	117	55932	51058	2034	2278	562
天　津	36	771	3	354	13045	9358	779	726	2182
河　北	43	1402	1	340	23279	16400	1884	1748	3247
山　西	34	965	8	121	18263	13448	1402	1377	2036
内蒙古	32	829	7	130	12918	9455	1043	1125	1295
辽　宁	74	2255	49	337	31774	23201	2499	2687	3387
吉　林	17	1102	16	182	12560	8728	997	1394	1441
黑龙江	64	1289	22	323	14933	9529	1670	2128	1606
上　海	81	2389	17	407	55163	47510	2781	1640	3232
江　苏	55	2564	47	542	52823	38804	3688	3296	7035
浙　江	37	1724	61	155	41515	34277	2268	2635	2335
安　徽	24	922	24	239	15868	11043	1469	1299	2057
福　建	77	880	108	403	24214	17983	1217	1447	3567
江　西	12	566	3	182	11975	8977	869	1158	971
山　东	102	2592	22	617	38060	27169	3771	2882	4238
河　南	35	1549	58	433	29529	20168	2906	2176	4279
湖　北	41	1414	23	421	24677	17848	2180	1758	2891
湖　南	30	890	24	400	19320	13127	1849	1703	2641
广　东	96	2622	53	520	119390	103185	6251	4558	5396
广　西	24	670	12	89	12851	9192	1427	1028	1204
海　南	5	155	2	39	3645	2226	292	349	778
重　庆	6	598	12	213	14316	10914	1152	672	1578
四　川	55	1254	46	518	30066	23055	2686	1764	2561
贵　州	17	420	8	86	9587	6753	958	606	1270
云　南	21	654	26	43	11268	7728	1329	684	1527
西　藏		65		2	631	400	95	66	70
陕　西	18	918	19	156	14087	10532	1185	1046	1324
甘　肃	35	491	6	136	8640	5790	1127	806	917
青　海	5	146	2	12	2488	1569	291	270	358
宁　夏	5	266	4	3	3866	2918	348	285	315
新　疆	25	1228	2	97	10826	7423	1572	1086	745

4-7a 续表 9

单位：人

地区 性别	四、商业、服务业人员	24.购销人员	25.仓储人员	26.餐饮服务人员	27.饭店、旅游及健身娱乐场所服务人员	28.运输服务人员	29.医疗卫生辅助服务人员	30.社会服务和居民生活服务人员	31.其他商业、服务业人员
全国	**6125032**	**3616627**	**247340**	**679332**	**244293**	**328330**	**21200**	**872313**	**115597**
北京	276267	153826	10186	34520	14426	7884	865	53674	886
天津	94664	44453	5969	10760	3369	11690	567	14725	3131
河北	178526	110849	6834	15645	5247	13576	1062	20877	4436
山西	120421	67596	5203	12082	5584	9778	540	16829	2809
内蒙古	114748	64611	3503	13554	4734	7798	461	17184	2903
辽宁	334646	186251	16182	32768	13553	20279	1168	58444	6001
吉林	148965	84142	4366	14237	6235	13870	661	21915	3539
黑龙江	187535	99708	8101	17871	8242	15527	748	32349	4989
上海	292273	149456	16482	37010	12464	11561	880	59456	4964
江苏	448493	264682	20897	49520	17346	20035	1215	68199	6599
浙江	346014	210018	14809	40301	15589	12531	691	49645	2430
安徽	160215	93407	5411	18871	6437	9800	545	21648	4096
福建	191639	114268	8062	22577	7332	9750	681	24966	4003
江西	110899	66612	3143	11327	3814	9465	416	13357	2765
山东	412158	253729	18767	40314	13285	26362	1717	50429	7555
河南	249511	155316	8739	23286	8593	17346	1495	28250	6486
湖北	264516	157853	7421	30179	8621	19996	979	31890	7577
湖南	202103	121713	4999	21647	10122	14047	703	22580	6292
广东	849340	521711	46501	99225	31986	24121	1312	116814	7670
广西	151309	99027	3777	13471	5961	6741	531	17939	3862
海南	41775	23501	891	5861	3473	1346	106	5183	1414
重庆	135691	80140	4698	17204	3545	6084	445	20290	3285
四川	272404	163168	7369	34205	9205	12983	880	37379	7215
贵州	74824	46251	1807	8257	3386	2848	243	9710	2322
云南	96303	58562	2000	12412	6415	3435	312	11143	2024
西藏	6470	3732	99	985	483	335	12	681	143
陕西	141625	87311	4030	15406	7606	6996	1283	16846	2147
甘肃	73486	44108	2367	9126	2213	4488	237	9691	1256
青海	21284	12432	685	2937	829	1030	45	2886	440
宁夏	31410	19859	933	3515	1216	1258	61	4222	346
新疆	95518	58335	3109	10259	2982	5370	339	13112	2012

4-7a 续表 10 单位：人

地区 性别	四、商业、服务业人员	24.购销人员	25.仓储人员	26.餐饮服务人员	27.饭店、旅游及健身娱乐场所服务人员	28.运输服务人员	29.医疗卫生辅助服务人员	30.社会服务和居民生活服务人员	31.其他商业、服务业人员
男	**2925412**	**1674175**	**139861**	**335343**	**88311**	**255211**	**6999**	**362517**	**62995**
北京	137644	77747	6316	19306	6163	3653	251	23720	488
天津	52559	22084	3760	5823	1561	10043	219	7316	1753
河北	85109	48969	3407	7895	1800	11015	357	9353	2313
山西	61425	32160	2764	6630	2232	7971	169	7934	1565
内蒙古	53536	28331	1892	6336	1676	6084	136	7385	1696
辽宁	146345	74599	8084	15411	4893	16343	367	23486	3162
吉林	67438	33898	2424	6141	2206	11497	235	9009	2028
黑龙江	84361	40369	4521	8210	2711	12391	271	13216	2672
上海	142204	72680	10959	19790	4572	7782	282	23405	2734
江苏	206417	118011	10820	24091	5704	15562	385	28219	3625
浙江	165226	99228	8451	20088	5321	9189	234	21339	1376
安徽	73403	40750	2842	8767	2013	7757	200	8824	2250
福建	94190	54626	5122	11696	2603	7986	224	10023	1910
江西	51965	29029	1741	5132	1142	7788	143	5477	1513
山东	199508	116258	8926	20631	4918	21564	657	22510	4044
河南	124714	74053	4359	12554	3532	13161	534	12812	3709
湖北	126792	71148	4061	13963	2994	16273	304	13941	4108
湖南	97737	55999	3043	10183	3643	11160	246	10098	3365
广东	435662	273092	29215	50954	12174	19164	407	46339	4317
广西	69211	44747	2163	6060	2058	5149	142	6862	2030
海南	18924	10493	596	2684	1262	1003	25	2047	814
重庆	58524	33820	2489	7518	1194	4441	118	7354	1590
四川	124279	72297	4035	15554	3235	9922	274	14969	3993
贵州	34248	21478	872	3655	1226	1929	89	3699	1300
云南	43282	26897	1078	5304	2215	2408	84	4189	1107
西藏	3238	1976	59	429	160	283	3	255	73
陕西	62339	36673	2188	7480	2542	4970	406	6871	1209
甘肃	34617	20137	1199	4448	819	3234	94	4008	678
青海	10021	5746	355	1479	253	684	16	1219	269
宁夏	13270	8161	460	1631	385	854	19	1569	191
新疆	47224	28719	1660	5500	1104	3951	108	5069	1113

4-7a 续表 11

单位：人

地区 性别	四、商业、服务业人员	24.购销人员	25.仓储人员	26.餐饮服务人员	27.饭店、旅游及健身娱乐场所服务人员	28.运输服务人员	29.医疗卫生辅助服务人员	30.社会服务和居民生活服务人员	31.其他商业、服务业人员
女	**3199620**	**1942452**	**107479**	**343989**	**155982**	**73119**	**14201**	**509796**	**52602**
北京	138623	76079	3870	15214	8263	4231	614	29954	398
天津	42105	22369	2209	4937	1808	1647	348	7409	1378
河北	93417	61880	3427	7750	3447	2561	705	11524	2123
山西	58996	35436	2439	5452	3352	1807	371	8895	1244
内蒙古	61212	36280	1611	7218	3058	1714	325	9799	1207
辽宁	188301	111652	8098	17357	8660	3936	801	34958	2839
吉林	81527	50244	1942	8096	4029	2373	426	12906	1511
黑龙江	103174	59339	3580	9661	5531	3136	477	19133	2317
上海	150069	76776	5523	17220	7892	3779	598	36051	2230
江苏	242076	146671	10077	25429	11642	4473	830	39980	2974
浙江	180788	110790	6358	20213	10268	3342	457	28306	1054
安徽	86812	52657	2569	10104	4424	2043	345	12824	1846
福建	97449	59642	2940	10881	4729	1764	457	14943	2093
江西	58934	37583	1402	6195	2672	1677	273	7880	1252
山东	212650	137471	9841	19683	8367	4798	1060	27919	3511
河南	124797	81263	4380	10732	5061	4185	961	15438	2777
湖北	137724	86705	3360	16216	5627	3723	675	17949	3469
湖南	104366	65714	1956	11464	6479	2887	457	12482	2927
广东	413678	248619	17286	48271	19812	4957	905	70475	3353
广西	82098	54280	1614	7411	3903	1592	389	11077	1832
海南	22851	13008	295	3177	2211	343	81	3136	600
重庆	77167	46320	2209	9686	2351	1643	327	12936	1695
四川	148125	90871	3334	18651	5970	3061	606	22410	3222
贵州	40576	24773	935	4602	2160	919	154	6011	1022
云南	53021	31665	922	7108	4200	1027	228	6954	917
西藏	3232	1756	40	556	323	52	9	426	70
陕西	79286	50638	1842	7926	5064	2026	877	9975	938
甘肃	38869	23971	1168	4678	1394	1254	143	5683	578
青海	11263	6686	330	1458	576	346	29	1667	171
宁夏	18140	11698	473	1884	831	404	42	2653	155
新疆	48294	29616	1449	4759	1878	1419	231	8043	899

4-7a 续表 12 单位：人

地区 性别	五、农、林、牧、渔、水利业生产人员	32.种植业生产人员	33.林业生产及野生动植物保护人员	34.畜牧业生产人员	35.渔业生产人员	36.水利设施管理养护人员	37.其他农、林、牧、渔、水利业生产人员	六、生产、运输设备操作人员及有关人员	38.勘测及矿物开采人员
全国	**943179**	**807815**	**16542**	**58819**	**48462**	**8440**	**3101**	**6232360**	**131401**
北京	5426	3915	648	621	79	124	39	132421	552
天津	4689	3057	145	536	552	360	39	116331	1806
河北	62511	59358	420	1973	249	367	144	171804	5942
山西	13295	11800	389	822	36	223	25	111337	14655
内蒙古	10556	7836	539	1757	89	196	139	116630	4686
辽宁	39117	28461	619	3593	6011	378	55	311722	10062
吉林	19897	17111	1072	1277	156	250	31	107764	4816
黑龙江	24677	20060	1850	2272	129	296	70	167558	25125
上海	5208	3876	373	281	273	358	47	257988	371
江苏	56887	49540	746	2851	2768	529	453	590944	3212
浙江	26218	19722	436	1956	3808	227	69	504573	627
安徽	26558	24239	289	1170	551	190	119	155514	9792
福建	18722	13280	484	2332	2310	226	90	266948	982
江西	19871	17497	323	1453	420	84	94	84235	1454
山东	133118	113770	1284	8964	8177	616	307	441846	12529
河南	69983	64575	710	3725	260	559	154	199526	11457
湖北	65661	59570	572	2116	2641	573	189	202026	1800
湖南	49439	43511	370	3150	1598	412	398	115393	2154
广东	83772	61932	834	6541	13740	630	95	1383797	1337
广西	40567	34398	684	2695	2614	134	42	94218	792
海南	7785	5957	304	502	885	39	98	21773	111
重庆	30297	27641	908	1352	277	96	23	104689	1546
四川	37923	34768	415	2034	318	254	134	179487	2927
贵州	13680	12641	147	757	38	79	18	58942	664
云南	26403	24400	356	1187	250	169	41	69597	894
西藏	578	528	9	28	3	10		2271	46
陕西	22276	20966	280	678	51	270	31	85726	1953
甘肃	9945	8538	503	507	65	277	55	56475	2547
青海	1463	1137	76	205	11	34		18313	210
宁夏	5485	4570	264	509	14	124	4	27453	2348
新疆	11172	9161	493	975	89	356	98	75059	4004

4-7a 续表 13 单位：人

地区 性别	五、农、林、牧、渔、水利业生产人员	32.种植业生产人员	33.林业生产及野生动植物保护人员	34.畜牧业生产人员	35.渔业生产人员	36.水利设施管理养护人员	37.其他农、林、牧、渔、水利业生产人员	六、生产、运输设备操作人员及有关人员	38.勘测及矿物开采人员
男	**483042**	**397723**	**11274**	**33466**	**31990**	**6058**	**2531**	**4311050**	**109469**
北京	3279	2309	404	377	52	101	36	107820	479
天津	3088	1856	108	363	459	274	28	88539	1386
河北	31344	29336	263	1195	189	242	119	129524	5074
山西	7782	6754	270	560	31	151	16	91479	13364
内蒙古	6108	4295	404	1063	76	140	130	95244	4059
辽宁	21394	14707	443	2056	3849	293	46	244873	8317
吉林	11578	9738	743	793	99	182	23	85562	4087
黑龙江	14764	11625	1413	1362	83	223	58	134057	21068
上海	3148	2212	252	187	181	275	41	184157	279
江苏	24783	20067	475	1594	1860	398	389	376841	2470
浙江	15889	11733	330	1149	2430	181	66	318642	519
安徽	12402	10973	200	646	355	133	95	116315	8638
福建	10891	7272	379	1436	1572	153	79	168110	781
江西	10751	9226	236	856	294	57	82	60071	1189
山东	63787	51963	820	4921	5396	425	262	294520	9903
河南	32917	29696	398	2183	175	360	105	146235	9507
湖北	32094	28155	444	1230	1702	404	159	143092	1368
湖南	26422	23032	259	1578	977	294	282	84089	1704
广东	46631	32303	629	3875	9268	494	62	843739	1091
广西	20547	16894	443	1502	1582	95	31	66789	605
海南	4022	2795	193	281	632	27	94	17103	91
重庆	14809	13552	513	490	173	60	21	78835	1327
四川	18372	16696	276	891	216	178	115	132141	2342
贵州	6656	6050	95	418	26	57	10	45628	538
云南	12499	11333	250	607	152	124	33	53326	670
西藏	279	243	8	19	1	8		1613	33
陕西	11455	10597	188	423	39	182	26	65338	1396
甘肃	5251	4346	322	319	40	190	34	43180	2073
青海	802	583	53	134	9	23		14418	170
宁夏	2851	2297	148	301	9	92	4	21929	1879
新疆	6447	5085	315	657	63	242	85	57841	3062

4-7a 续表 14

单位：人

地区 性别	五、农、林、牧、渔、水利业生产人员	32.种植业生产人员	33.林业生产及野生动植物保护人员	34.畜牧业生产人员	35.渔业生产人员	36.水利设施管理养护人员	37.其他农、林、牧、渔、水利业生产人员	六、生产、运输设备操作人员及有关人员	38.勘测及矿物开采人员
女	**460137**	**410092**	**5268**	**25353**	**16472**	**2382**	**570**	**1921310**	**21932**
北京	2147	1606	244	244	27	23	3	24601	73
天津	1601	1201	37	173	93	86	11	27792	420
河北	31167	30022	157	778	60	125	25	42280	868
山西	5513	5046	119	262	5	72	9	19858	1291
内蒙古	4448	3541	135	694	13	56	9	21386	627
辽宁	17723	13754	176	1537	2162	85	9	66849	1745
吉林	8319	7373	329	484	57	68	8	22202	729
黑龙江	9913	8435	437	910	46	73	12	33501	4057
上海	2060	1664	121	94	92	83	6	73831	92
江苏	32104	29473	271	1257	908	131	64	214103	742
浙江	10329	7989	106	807	1378	46	3	185931	108
安徽	14156	13266	89	524	196	57	24	39199	1154
福建	7831	6008	105	896	738	73	11	98838	201
江西	9120	8271	87	597	126	27	12	24164	265
山东	69331	61807	464	4043	2781	191	45	147326	2626
河南	37066	34879	312	1542	85	199	49	53291	1950
湖北	33567	31415	128	886	939	169	30	58934	432
湖南	23017	20479	111	1572	621	118	116	31304	450
广东	37141	29629	205	2666	4472	136	33	540058	246
广西	20020	17504	241	1193	1032	39	11	27429	187
海南	3763	3162	111	221	253	12	4	4670	20
重庆	15488	14089	395	862	104	36	2	25854	219
四川	19551	18072	139	1143	102	76	19	47346	585
贵州	7024	6591	52	339	12	22	8	13314	126
云南	13904	13067	106	580	98	45	8	16271	224
西藏	299	285	1	9	2	2		658	13
陕西	10821	10369	92	255	12	88	5	20388	557
甘肃	4694	4192	181	188	25	87	21	13295	474
青海	661	554	23	71	2	11		3895	40
宁夏	2634	2273	116	208	5	32		5524	469
新疆	4725	4076	178	318	26	114	13	17218	942

4-7a 续表 15　　单位：人

地区 性别	39.金属冶炼、轧制人员	40.化工产品生产人员	41.机械制造加工人员	42.机电产品装配人员	43.机械设备修理人员	44.电力设备安装、运行、检修及供电人员	45.电子元器件与设备制造、装配、调试及维修人员	46.橡胶和塑料制品生产人员	47.纺织、针织、印染人员
全　国	**132381**	**125936**	**492646**	**412280**	**242260**	**261114**	**394844**	**124490**	**186881**
北　京	1182	1399	7981	5434	7886	10746	3836	511	454
天　津	4123	4511	8590	9467	4671	4817	8210	1964	1568
河　北	10224	4737	13628	5521	11511	12972	3864	1608	6047
山　西	3640	3909	10803	3394	6966	9091	2081	518	646
内蒙古	3940	2262	4105	1772	4938	6477	564	319	1628
辽　宁	12151	8868	33376	15498	15766	18752	7893	3903	3830
吉　林	2081	3042	9670	4866	4505	7199	1120	537	1860
黑龙江	2651	3103	11069	4191	7176	9925	1267	1338	1505
上　海	4171	4614	21231	22151	11805	10381	23299	4792	3942
江　苏	13447	14008	60697	42658	20613	20526	71691	12056	29511
浙　江	4361	7295	54983	45844	12984	9654	11598	14386	26896
安　徽	3872	3902	11997	9103	6961	8863	2566	2183	3072
福　建	4196	2907	11900	14453	6451	7082	16477	9815	8048
江　西	3185	1772	3666	2576	3825	4981	2667	416	2150
山　东	10071	12287	41599	19964	22614	18826	17931	8544	22876
河　南	6934	6404	17833	7343	11997	14006	2684	1910	6582
湖　北	5870	5413	17181	11109	8739	9713	4295	2052	9188
湖　南	4686	3728	9039	4335	5512	5945	2903	1087	2622
广　东	12366	12635	87623	154361	28166	26186	197117	50688	43288
广　西	2291	1501	5259	3839	4338	4808	2631	662	2090
海　南	142	224	260	574	1049	1662	182	138	37
重　庆	1557	2624	14226	6934	4271	4373	1492	726	1015
四　川	4550	3843	13226	5633	8444	9281	3899	1240	1938
贵　州	1545	1097	2926	1420	2905	3327	729	748	370
云　南	1965	1053	2671	1561	4086	3861	502	621	405
西　藏	23	14	28	22	155	99	9	9	28
陕　西	965	1949	9010	4596	4479	5338	1966	528	2874
甘　肃	3289	2609	4056	1764	2846	3958	549	272	441
青　海	528	527	646	245	724	1453	94	44	83
宁　夏	1138	1203	1216	547	1623	2291	227	187	111
新　疆	1237	2496	2151	1105	4254	4521	501	688	1776

4-7a 续表 16 单位：人

地区 性别	39.金属冶炼、轧制人员	40.化工产品生产人员	41.机械制造加工人员	42.机电产品装配人员	43.机械设备修理人员	44.电力设备安装、运行、检修及供电人员	45.电子元器件与设备制造、装配、调试及维修人员	46.橡胶和塑料制品生产人员	47.纺织、针织、印染人员
男	**103488**	**81473**	**377634**	**261814**	**215663**	**219370**	**203551**	**71994**	**63315**
北京	1014	964	6568	4216	7188	9727	2195	328	183
天津	3431	3132	6705	6223	4182	4171	3658	1299	613
河北	8468	3040	11094	4043	10131	10686	2332	935	1988
山西	2916	2676	8250	2496	6192	7457	1158	323	208
内蒙古	3246	1539	3419	1434	4386	5185	422	191	312
辽宁	10271	6109	28392	11773	14251	16065	3749	2347	1121
吉林	1681	2069	7801	3573	3958	5992	854	372	619
黑龙江	2119	2031	8760	3211	6265	8107	1002	886	509
上海	3462	3098	16452	14646	10895	9483	10279	2547	1354
江苏	9880	8895	44082	26324	18463	17631	34151	6194	7605
浙江	3458	4856	41460	24850	11979	8550	5453	7919	10134
安徽	3109	2494	9030	5999	6158	7475	1569	1196	724
福建	3240	1806	9183	9149	5744	6138	7774	5857	3308
江西	2342	1114	2800	1682	3405	4069	1340	250	558
山东	7581	7978	31917	13463	19674	15559	9186	4820	6568
河南	5213	3828	13621	5276	10220	11012	1824	1185	1797
湖北	4592	3510	13006	8006	7688	7839	2706	1112	2307
湖南	3505	2173	6834	2982	4749	4736	1763	629	821
广东	9349	8134	66233	93383	25771	23078	103973	30089	19423
广西	1723	886	4063	2600	3773	3963	1477	368	533
海南	107	149	217	422	920	1461	138	71	12
重庆	1183	1618	10206	4662	3756	3680	891	435	291
四川	3450	2389	10088	3731	7387	7487	2386	738	613
贵州	1197	700	2186	904	2613	2701	478	523	152
云南	1478	686	2095	1143	3627	3133	401	359	125
西藏	19	7	19	11	129	82	8	5	9
陕西	729	1200	6809	2991	3889	4258	1335	326	768
甘肃	2488	1609	3057	1194	2426	3065	404	149	122
青海	418	305	506	184	653	1134	76	23	20
宁夏	847	847	990	398	1475	1882	168	86	34
新疆	972	1631	1791	845	3716	3564	401	432	484

4-7a 续表 17 单位：人

地区 性别	39.金属冶炼、轧制人员	40.化工产品生产人员	41.机械制造加工人员	42.机电产品装配人员	43.机械设备修理人员	44.电力设备安装、运行、检修及供电人员	45.电子元器件与设备制造、装配、调试及维修人员	46.橡胶和塑料制品生产人员	47.纺织、针织、印染人员
女	**28893**	**44463**	**115012**	**150466**	**26597**	**41744**	**191293**	**52496**	**123566**
北京	168	435	1413	1218	698	1019	1641	183	271
天津	692	1379	1885	3244	489	646	4552	665	955
河北	1756	1697	2534	1478	1380	2286	1532	673	4059
山西	724	1233	2553	898	774	1634	923	195	438
内蒙古	694	723	686	338	552	1292	142	128	1316
辽宁	1880	2759	4984	3725	1515	2687	4144	1556	2709
吉林	400	973	1869	1293	547	1207	266	165	1241
黑龙江	532	1072	2309	980	911	1818	265	452	996
上海	709	1516	4779	7505	910	898	13020	2245	2588
江苏	3567	5113	16615	16334	2150	2895	37540	5862	21906
浙江	903	2439	13523	20994	1005	1104	6145	6467	16762
安徽	763	1408	2967	3104	803	1388	997	987	2348
福建	956	1101	2717	5304	707	944	8703	3958	4740
江西	843	658	866	894	420	912	1327	166	1592
山东	2490	4309	9682	6501	2940	3267	8745	3724	16308
河南	1721	2576	4212	2067	1777	2994	860	725	4785
湖北	1278	1903	4175	3103	1051	1874	1589	940	6881
湖南	1181	1555	2205	1353	763	1209	1140	458	1801
广东	3017	4501	21390	60978	2395	3108	93144	20599	23865
广西	568	615	1196	1239	565	845	1154	294	1557
海南	35	75	43	152	129	201	44	67	25
重庆	374	1006	4020	2272	515	693	601	291	724
四川	1100	1454	3138	1902	1057	1794	1513	502	1325
贵州	348	397	740	516	292	626	251	225	218
云南	487	367	576	418	459	728	101	262	280
西藏	4	7	9	11	26	17	1	4	19
陕西	236	749	2201	1605	590	1080	631	202	2106
甘肃	801	1000	999	570	420	893	145	123	319
青海	110	222	140	61	71	319	18	21	63
宁夏	291	356	226	149	148	409	59	101	77
新疆	265	865	360	260	538	957	100	256	1292

4-7a 续表 18 单位：人

地区 性别	48.裁剪、缝纫和皮革制品加工制作人员	49.粮油、食品、饮料生产加工及饲料生产加工人员	50.烟草及其制品加工人员	51.药品生产人员	52.木材加工、人造板生产、木制品制作及制浆、造纸和纸制品生产加工人员	53.建筑材料生产加工人员	54.玻璃、陶瓷、搪瓷及其制品生产加工人员	55.广播影视制品制作、播放及文物保护作业人员	56.印刷人员
全国	**597222**	**117917**	**11115**	**32498**	**203314**	**75924**	**55117**	**11721**	**65064**
北京	8452	2543	31	911	7232	1197	682	610	2729
天津	3598	2729	79	1111	4106	2133	891	229	1049
河北	5928	3829	439	2761	4108	2678	3647	486	1813
山西	736	1453	64	514	1091	1460	349	260	892
内蒙古	1671	2722	107	446	3434	1871	345	231	477
辽宁	12782	5510	253	1727	8418	3425	1111	534	1906
吉林	1374	3042	449	1545	3634	1377	404	304	864
黑龙江	1766	5219	509	1933	8085	2109	595	334	988
上海	13527	3887	215	1190	9857	3164	1594	587	3441
江苏	48452	8629	513	2737	20323	5004	5227	687	4392
浙江	102339	4382	159	1758	14217	3129	2175	372	4229
安徽	5679	4122	536	1153	4122	2141	1238	252	1208
福建	67626	5035	353	486	10409	3077	1602	325	2786
江西	7057	1819	256	686	3486	1742	4012	224	869
山东	34514	15124	642	2948	15501	6556	5654	932	3768
河南	7144	8025	1060	1438	3533	4595	2065	650	1909
湖北	21487	5189	741	1416	5136	3847	1477	661	2004
湖南	7374	3548	1048	728	3785	2438	3425	478	1345
广东	217610	12202	453	2822	46319	7940	12532	1412	21415
广西	4156	3209	203	590	3770	2422	1881	243	908
海南	381	655	33	224	796	579	59	35	236
重庆	3830	1630	245	659	2461	2316	975	246	667
四川	12935	4720	350	867	7374	3127	1483	457	1566
贵州	909	1774	469	207	1663	1246	190	135	446
云南	1329	1757	1407	441	2342	1320	297	176	811
西藏	79	75		21	225	187	26	14	39
陕西	1511	1378	278	530	1900	1354	531	226	820
甘肃	853	1160	140	323	1711	1141	313	197	592
青海	192	353	4	151	597	176	27	35	165
宁夏	257	411	14	77	906	651	41	86	167
新疆	1674	1786	65	98	2773	1522	269	303	563

4-7a 续表 19 单位：人

地区 性别	48.裁剪、缝纫和皮革制品加工制作人员	49.粮油、食品、饮料生产加工及饲料生产加工人员	50.烟草及其制品加工人员	51.药品生产人员	52.木材加工、人造板生产、木制品制作及制浆、造纸和纸制品生产加工人员	53.建筑材料生产加工人员	54.玻璃、陶瓷、搪瓷及其制品生产加工人员	55.广播影视制品制作、播放及文物保护作业人员	56.印刷人员
男	**229528**	**65689**	**6577**	**17000**	**153112**	**58977**	**33237**	**6765**	**38215**
北京	4051	1389	23	425	6371	1003	535	401	1738
天津	1442	1587	55	638	3480	1883	616	135	637
河北	1802	2086	284	1384	3050	2130	2114	239	944
山西	201	895	40	250	951	1180	233	137	408
内蒙古	309	1625	72	253	2889	1498	236	121	221
辽宁	2882	3059	154	949	6550	2779	654	308	1098
吉林	296	1806	295	784	2609	1055	258	165	457
黑龙江	480	3079	334	1091	5829	1573	324	184	530
上海	3898	2132	150	614	8207	2731	995	381	2145
江苏	11824	4445	320	1371	15091	3823	2976	390	2301
浙江	42035	2508	108	1002	10806	2406	1395	251	2572
安徽	1174	2266	343	565	3204	1549	774	151	625
福建	30854	2727	188	255	7110	2423	1037	203	1673
江西	2260	1118	150	362	2815	1296	2308	127	481
山东	7145	7372	413	1539	10583	4893	3125	509	1896
河南	2332	4276	602	712	2561	3467	1227	342	1034
湖北	7732	2935	447	749	4061	2913	910	377	1128
湖南	2891	1925	528	378	2770	1932	1756	286	758
广东	94889	7526	264	1540	33646	6385	8224	834	13727
广西	1156	1822	119	277	2483	1730	908	139	503
海南	79	372	20	102	641	406	33	20	124
重庆	1560	899	175	373	2084	1813	646	161	380
四川	5767	2812	214	468	5502	2421	872	272	853
贵州	340	1054	246	87	1419	942	115	69	258
云南	552	985	738	216	1804	949	193	104	485
西藏	44	33		10	180	136	8	6	16
陕西	551	755	160	277	1512	1041	330	116	487
甘肃	279	676	84	172	1449	850	205	108	325
青海	46	206	3	70	518	120	20	20	73
宁夏	64	214	7	37	733	541	33	50	67
新疆	593	1105	41	50	2204	1109	177	159	271

4-7a 续表 20 单位：人

地区 性别	48.裁剪、缝纫和皮革制品加工制作人员	49.粮油、食品、饮料生产加工及饲料生产加工人员	50.烟草及其制品加工人员	51.药品生产人员	52.木材加工、人造板生产、木制品制作及制浆、造纸和纸制品生产加工人员	53.建筑材料生产加工人员	54.玻璃、陶瓷、搪瓷及其制品生产加工人员	55.广播影视制品制作、播放及文物保护作业人员	56.印刷人员
女	**367694**	**52228**	**4538**	**15498**	**50202**	**16947**	**21880**	**4956**	**26849**
北京	4401	1154	8	486	861	194	147	209	991
天津	2156	1142	24	473	626	250	275	94	412
河北	4126	1743	155	1377	1058	548	1533	247	869
山西	535	558	24	264	140	280	116	123	484
内蒙古	1362	1097	35	193	545	373	109	110	256
辽宁	9900	2451	99	778	1868	646	457	226	808
吉林	1078	1236	154	761	1025	322	146	139	407
黑龙江	1286	2140	175	842	2256	536	271	150	458
上海	9629	1755	65	576	1650	433	599	206	1296
江苏	36628	4184	193	1366	5232	1181	2251	297	2091
浙江	60304	1874	51	756	3411	723	780	121	1657
安徽	4505	1856	193	588	918	592	464	101	583
福建	36772	2308	165	231	3299	654	565	122	1113
江西	4797	701	106	324	671	446	1704	97	388
山东	27369	7752	229	1409	4918	1663	2529	423	1872
河南	4812	3749	458	726	972	1128	838	308	875
湖北	13755	2254	294	667	1075	934	567	284	876
湖南	4483	1623	520	350	1015	506	1669	192	587
广东	122721	4676	189	1282	12673	1555	4308	578	7688
广西	3000	1387	84	313	1287	692	973	104	405
海南	302	283	13	122	155	173	26	15	112
重庆	2270	731	70	286	377	503	329	85	287
四川	7168	1908	136	399	1872	706	611	185	713
贵州	569	720	223	120	244	304	75	66	188
云南	777	772	669	225	538	371	104	72	326
西藏	35	42		11	45	51	18	8	23
陕西	960	623	118	253	388	313	201	110	333
甘肃	574	484	56	151	262	291	108	89	267
青海	146	147	1	81	79	56	7	15	92
宁夏	193	197	7	40	173	110	8	36	100
新疆	1081	681	24	48	569	413	92	144	292

4-7a 续表 21

单位：人

地区 性别	57.工艺、美术品制作人员	58.文化教育、体育用品制作人员	59.工程施工人员	60.运输设备操作人员及有关人员	61.环境监测与废物处理人员	62.检验、计量人员	63.其他生产、运输设备操作人员及有关人员	七、不便分类的其他从业人员
全国	**98763**	**15529**	**793036**	**857030**	**12201**	**230004**	**551672**	**32067**
北京	599	197	22476	32140	281	5274	7086	5
天津	425	349	25067	14066	362	4380	6030	1340
河北	435	88	21201	31739	574	6198	9826	949
山西	183	31	11997	25868	395	3719	6622	576
内蒙古	355	25	29636	26480	248	2785	15106	975
辽宁	1062	245	31775	64816	621	11520	35918	1482
吉林	202	38	13647	24818	191	2815	13364	417
黑龙江	365	100	16244	36384	292	4123	21162	991
上海	1965	1051	27352	47077	753	15385	20186	524
江苏	5739	1056	76482	63109	1202	23076	35897	1423
浙江	12310	2336	59957	42366	525	16711	48980	246
安徽	1438	98	28958	26045	321	4633	11259	1051
福建	6611	1366	31988	22490	293	7374	22816	2218
江西	621	58	14848	12372	187	2232	7074	934
山东	5348	1146	56563	62146	934	15006	27823	1847
河南	851	106	30184	32753	554	5415	12094	1488
湖北	899	213	33191	31029	481	4943	13952	3107
湖南	852	129	17628	19553	309	2965	7777	1903
广东	51966	6516	77896	84883	1463	68546	156055	2830
广西	2678	56	20200	16590	344	1956	6801	1536
海南	86	2	5973	6010	64	243	2018	231
重庆	431	78	17991	16961	257	3692	13486	690
四川	1079	82	39279	28242	476	5143	17326	2473
贵州	238	26	13131	12704	86	1454	8533	897
云南	694	43	18460	13397	256	1793	7455	229
西藏	141		553	434	14	11	19	5
陕西	366	37	15515	18845	209	3292	5276	707
甘肃	241	21	8714	13153	170	1721	3694	325
青海	145	4	4323	5783	62	546	1196	102
宁夏	99	2	4772	6611	60	1023	1385	24
新疆	339	30	17035	18166	217	2030	5456	542

4-7a 续表 22

单位：人

地区 性别	57.工艺、美术品制作人员	58.文化教育、体育用品制作人员	59.工程施工人员	60.运输设备操作人员及有关人员	61.环境监测与废物处理人员	62.检验、计量人员	63.其他生产、运输设备操作人员及有关人员	七、不便分类的其他从业人员
男	**49668**	**7960**	**689223**	**788831**	**7795**	**100906**	**349796**	**20237**
北京	395	118	20337	29995	186	2804	5187	4
天津	249	184	22683	12989	262	2297	4602	937
河北	204	49	18472	29081	332	2865	6697	626
山西	116	23	10855	24182	232	1593	5143	431
内蒙古	203	14	26375	24055	156	1364	11660	680
辽宁	478	124	27867	60677	422	5705	28772	1061
吉林	121	25	11805	22937	112	1528	10303	289
黑龙江	202	50	13943	33761	162	1982	16575	728
上海	985	517	25109	43782	514	6808	12694	323
江苏	2300	434	67965	56860	780	9361	20905	869
浙江	5666	941	54704	39679	409	6939	28043	147
安徽	718	52	25158	23794	219	2284	7047	675
福建	3670	693	26685	21392	187	2751	13282	1291
江西	330	38	13057	11341	107	1094	4438	587
山东	1751	567	48292	56777	603	6146	16260	1161
河南	409	56	26203	29161	332	2477	7561	966
湖北	599	118	28906	28057	297	2417	9312	1841
湖南	508	82	15700	17753	175	1413	5338	1199
广东	27063	3632	68665	80635	1022	28596	86567	1720
广西	1361	36	16043	14727	202	969	4323	868
海南	67	2	4852	5328	32	149	1288	150
重庆	255	49	15406	15630	151	1626	9578	404
四川	650	51	32384	25256	278	2439	11291	1523
贵州	141	20	10839	11723	52	677	5654	524
云南	475	24	15099	12020	146	820	4999	146
西藏	39		396	397	7	9	10	1
陕西	221	29	13322	17331	133	1538	3834	449
甘肃	134	11	7189	11521	97	773	2720	216
青海	88	4	3425	5205	34	249	848	72
宁夏	72		4016	6069	30	411	979	16
新疆	198	17	13471	16716	124	822	3886	333

4-7a 续表 23 单位：人

地 区 性 别	57.工艺、美术品制作人员	58.文化教育、体育用品制作人员	59.工程施工人员	60.运输设备操作人员及有关人员	61.环境监测与废物处理人员	62.检验、计量人员	63.其他生产、运输设备操作人员及有关人员	七、不便分类的其他从业人员
女	**49095**	**7569**	**103813**	**68199**	**4406**	**129098**	**201876**	**11830**
北 京	204	79	2139	2145	95	2470	1899	1
天 津	176	165	2384	1077	100	2083	1428	403
河 北	231	39	2729	2658	242	3333	3129	323
山 西	67	8	1142	1686	163	2126	1479	145
内蒙古	152	11	3261	2425	92	1421	3446	295
辽 宁	584	121	3908	4139	199	5815	7146	421
吉 林	81	13	1842	1881	79	1287	3061	128
黑龙江	163	50	2301	2623	130	2141	4587	263
上 海	980	534	2243	3295	239	8577	7492	201
江 苏	3439	622	8517	6249	422	13715	14992	554
浙 江	6644	1395	5253	2687	116	9772	20937	99
安 徽	720	46	3800	2251	102	2349	4212	376
福 建	2941	673	5303	1098	106	4623	9534	927
江 西	291	20	1791	1031	80	1138	2636	347
山 东	3597	579	8271	5369	331	8860	11563	686
河 南	442	50	3981	3592	222	2938	4533	522
湖 北	300	95	4285	2972	184	2526	4640	1266
湖 南	344	47	1928	1800	134	1552	2439	704
广 东	24903	2884	9231	4248	441	39950	69488	1110
广 西	1317	20	4157	1863	142	987	2478	668
海 南	19		1121	682	32	94	730	81
重 庆	176	29	2585	1331	106	2066	3908	286
四 川	429	31	6895	2986	198	2704	6035	950
贵 州	97	6	2292	981	34	777	2879	373
云 南	219	19	3361	1377	110	973	2456	83
西 藏	102		157	37	7	2	9	4
陕 西	145	8	2193	1514	76	1754	1442	258
甘 肃	107	10	1525	1632	73	948	974	109
青 海	57		898	578	28	297	348	30
宁 夏	27	2	756	542	30	612	406	8
新 疆	141	13	3564	1450	93	1208	1570	209

4-7b 各地区分性别、职业中类的就业人口(镇)

单位：人

地区 性别	合计	一、国家机关、党群组织、企业、事业单位负责人	1.中国共产党中央委员会和地方各级组织负责人	2.国家机关及其工作机构负责人	3.民主党派和社会团体及其工作机构负责人	4.事业单位负责人	5.企业负责人	二、专业技术人员	6.科学研究人员
全国	**12979342**	**294364**	**4407**	**46033**	**18431**	**25324**	**200169**	**1189104**	**6373**
北京	68169	1946	58	83	118	71	1616	8510	94
天津	64853	2826	19	593	257	254	1703	8214	61
河北	900076	22524	286	3107	1121	1874	16136	73346	470
山西	333195	9797	209	2133	798	1187	5470	40187	209
内蒙古	256525	7446	213	1925	394	828	4086	32704	145
辽宁	262092	6401	92	1245	427	734	3903	25120	104
吉林	203614	3177	37	540	219	524	1857	19870	99
黑龙江	313573	7608	142	1416	560	920	4570	32160	164
上海	176516	5576	27	79	221	134	5115	14144	103
江苏	954571	26214	176	1394	1204	1295	22145	72173	233
浙江	778163	30248	132	1175	874	739	27328	62230	113
安徽	603809	17653	192	2203	920	1303	13035	51919	215
福建	424821	10787	140	1716	836	587	7508	38929	123
江西	531246	12108	208	1975	827	1017	8081	50941	234
山东	1079184	18561	198	2169	1254	1633	13307	78883	861
河南	858427	10711	139	2401	863	1189	6119	68020	352
湖北	489564	7676	207	1566	610	1114	4179	46771	309
湖南	725342	12494	136	3005	834	1810	6709	64128	275
广东	752851	17265	84	1669	1061	764	13687	56731	230
广西	508274	6013	104	1718	425	727	3039	45497	213
海南	88857	1154	35	292	147	147	533	7907	68
重庆	271083	6405	84	652	423	616	4630	26656	100
四川	764817	15923	580	3139	1152	1517	9535	79730	565
贵州	262505	5459	132	1628	479	810	2410	29028	123
云南	503137	7611	333	2180	817	691	3590	48342	191
西藏	20484	731	49	468	27	76	111	2993	38
陕西	361383	8649	137	1859	681	1001	4971	43105	257
甘肃	177915	4331	82	1457	276	656	1860	23572	122
青海	51389	1644	30	517	111	247	739	8321	35
宁夏	46914	995	12	189	88	125	581	4329	16
新疆	145993	4431	134	1540	407	734	1616	24644	251

4-7b 续表 1

单位：人

地区 性别	合计	一、国家机关、党群组织、企业、事业单位负责人	1.中国共产党中央委员会和地方各级组织负责人	2.国家机关及其工作机构负责人	3.民主党派和社会团体及其工作机构负责人	4.事业单位负责人	5.企业负责人	二、专业技术人员	6.科学研究人员
男	**7339109**	**228767**	**3738**	**37606**	**12722**	**19804**	**154897**	**579218**	**3820**
北京	41667	1535	56	75	90	49	1265	3793	57
天津	39505	2220	15	442	203	185	1375	4353	31
河北	517724	18355	254	2577	882	1487	13155	32011	252
山西	208569	7859	184	1751	575	889	4460	17439	119
内蒙古	159996	5875	174	1570	228	666	3237	15393	77
辽宁	153510	4862	81	973	235	550	3023	11452	57
吉林	120347	2428	34	457	118	406	1413	9168	61
黑龙江	191451	5852	125	1193	293	713	3528	14788	107
上海	104372	4390	19	63	150	93	4065	6996	64
江苏	513409	20657	154	1201	887	1059	17356	35964	150
浙江	443075	23161	116	992	656	544	20853	26894	79
安徽	341376	13829	168	1876	637	1128	10020	27466	148
福建	246965	8545	128	1401	605	485	5926	19431	81
江西	301957	9376	178	1667	575	804	6152	26167	149
山东	584794	14868	176	1764	896	1293	10739	38153	465
河南	472728	8106	120	1772	618	899	4697	32661	195
湖北	272470	6067	178	1302	424	900	3263	24400	188
湖南	413296	9213	108	2406	502	1354	4843	33122	181
广东	427690	13554	80	1333	807	621	10713	27770	150
广西	270642	4571	84	1347	289	562	2289	21160	133
海南	49917	924	31	250	110	126	407	4103	39
重庆	151613	4602	71	554	281	475	3221	14141	63
四川	423843	11513	431	2529	751	1158	6644	41951	369
贵州	148229	4183	117	1363	320	601	1782	15020	80
云南	272302	5869	272	1799	515	535	2748	23028	119
西藏	11471	522	37	344	14	48	79	1614	23
陕西	212990	6880	121	1559	485	824	3891	21553	142
甘肃	100559	3389	76	1230	176	518	1389	12676	79
青海	30081	1306	26	437	69	199	575	4159	20
宁夏	27963	817	11	151	64	100	491	2247	9
新疆	84598	3439	113	1228	267	533	1298	10145	133

4-7b 续表 2

单位：人

地 区 性 别	合 计	一、国家机关、党群组织、企业、事业单位负责人	1.中国共产党中央委员会和地方各级组织负责人	2.国家机关及其工作机构负责人	3.民主党派和社会团体及其工作机构负责人	4.事业单位负责人	5.企业负责人	二、专业技术人员	6.科学研究人员
女	**5640233**	**65597**	**669**	**8427**	**5709**	**5520**	**45272**	**609886**	**2553**
北 京	26502	411	2	8	28	22	351	4717	37
天 津	25348	606	4	151	54	69	328	3861	30
河 北	382352	4169	32	530	239	387	2981	41335	218
山 西	124626	1938	25	382	223	298	1010	22748	90
内蒙古	96529	1571	39	355	166	162	849	17311	68
辽 宁	108582	1539	11	272	192	184	880	13668	47
吉 林	83267	749	3	83	101	118	444	10702	38
黑龙江	122122	1756	17	223	267	207	1042	17372	57
上 海	72144	1186	8	16	71	41	1050	7148	39
江 苏	441162	5557	22	193	317	236	4789	36209	83
浙 江	335088	7087	16	183	218	195	6475	35336	34
安 徽	262433	3824	24	327	283	175	3015	24453	67
福 建	177856	2242	12	315	231	102	1582	19498	42
江 西	229289	2732	30	308	252	213	1929	24774	85
山 东	494390	3693	22	405	358	340	2568	40730	396
河 南	385699	2605	19	629	245	290	1422	35359	157
湖 北	217094	1609	29	264	186	214	916	22371	121
湖 南	312046	3281	28	599	332	456	1866	31006	94
广 东	325161	3711	4	336	254	143	2974	28961	80
广 西	237632	1442	20	371	136	165	750	24337	80
海 南	38940	230	4	42	37	21	126	3804	29
重 庆	119470	1803	13	98	142	141	1409	12515	37
四 川	340974	4410	149	610	401	359	2891	37779	196
贵 州	114276	1276	15	265	159	209	628	14008	43
云 南	230835	1742	61	381	302	156	842	25314	72
西 藏	9013	209	12	124	13	28	32	1379	15
陕 西	148393	1769	16	300	196	177	1080	21552	115
甘 肃	77356	942	6	227	100	138	471	10896	43
青 海	21308	338	4	80	42	48	164	4162	15
宁 夏	18951	178	1	38	24	25	90	2082	7
新 疆	61395	992	21	312	140	201	318	14499	118

4-7b 续表 3　　　　单位：人

地区 性别	7.工程技术人员	8.农业技术人员	9.飞机和船舶技术人员	10.卫生专业技术人员	11.经济业务人员	12.金融业务人员	13.法律专业人员	14.教学人员	15.文学艺术工作人员
全国	**164008**	**19604**	**3384**	**192311**	**192318**	**71410**	**14660**	**488678**	**13864**
北京	1849	85	61	1055	1943	549	106	2121	382
天津	2452	92	11	902	1444	628	76	2341	41
河北	9524	1590	57	12110	14071	4515	1124	27538	673
山西	4368	378	5	5998	6582	2883	571	17881	550
内蒙古	4754	492	7	4812	4812	2396	548	13435	491
辽宁	3086	374	162	4007	4002	2616	311	9815	170
吉林	2047	323	20	3402	2739	1584	248	8926	140
黑龙江	3739	582	9	5363	4548	2834	493	13310	196
上海	4775	152	74	1271	3875	547	122	2468	275
江苏	14187	1104	188	9124	16862	3490	623	24339	874
浙江	8483	297	1159	7365	17886	4878	503	18459	1590
安徽	5647	704	115	8957	8943	2534	675	22671	486
福建	4881	690	468	5196	6118	2452	454	16586	990
江西	6489	579	103	9186	7509	3041	564	21817	474
山东	11607	932	124	13435	13724	5025	989	30612	544
河南	9033	906	42	13399	8649	3966	841	29355	464
湖北	5769	655	128	8907	7301	2612	574	19219	426
湖南	9133	1201	58	12033	7655	3609	770	27515	682
广东	7669	588	155	7728	10641	2723	260	24922	1120
广西	4242	974	143	8552	4908	2600	590	22388	376
海南	722	223	54	1381	763	301	69	4129	65
重庆	3165	614	72	4436	2973	1510	298	12846	303
四川	11430	1433	91	13741	10044	4455	991	34670	818
贵州	3130	627	15	4729	3066	1223	420	15118	228
云南	6185	1634	10	8122	7181	2565	813	20264	495
西藏	362	80		434	345	179	101	1345	68
陕西	7466	614	11	7161	6274	2477	518	17027	453
甘肃	2810	505	21	3697	2509	1448	394	11305	161
青海	1050	195	2	1237	1277	340	168	3538	80
宁夏	706	131	12	619	521	264	69	1840	30
新疆	3248	850	7	3952	3153	1166	377	10878	219

4-7b 续表 4

单位：人

地区 性别	7.工程技术人员	8.农业技术人员	9.飞机和船舶技术人员	10.卫生专业技术人员	11.经济业务人员	12.金融业务人员	13.法律专业人员	14.教学人员	15.文学艺术工作人员
男	**125756**	**12757**	**2794**	**77838**	**67208**	**36103**	**10629**	**220450**	**8390**
北京	1396	52	60	288	463	252	56	800	249
天津	1934	68	9	352	498	329	48	958	27
河北	7311	897	28	4871	4899	2385	818	9114	415
山西	3530	253	2	2305	2661	1372	391	6062	328
内蒙古	3825	327	5	1937	1720	1107	386	5293	285
辽宁	2486	245	135	1543	1368	1382	210	3683	101
吉林	1636	210	15	1331	1033	852	176	3564	75
黑龙江	2939	411	3	2095	1563	1454	360	5132	109
上海	3834	94	71	393	881	282	78	853	167
江苏	10672	684	143	3864	5311	1773	462	11691	515
浙江	6729	220	1153	2753	4492	2081	369	7118	1010
安徽	4453	510	81	3864	3481	1243	524	12291	278
福建	3735	448	446	2336	1993	1179	360	7687	575
江西	4989	404	43	4001	2836	1532	415	10884	310
山东	8295	551	75	5389	5054	2546	696	14217	318
河南	6850	562	25	5664	3559	2022	622	12278	271
湖北	4360	485	73	3685	2761	1333	440	10299	234
湖南	7082	781	29	4978	2831	1878	578	13640	418
广东	5596	347	110	3575	3744	1552	192	11335	750
广西	3104	647	88	3202	1763	1376	459	9895	219
海南	553	145	45	574	377	187	50	2018	37
重庆	2472	419	70	2048	1079	720	235	6629	189
四川	8838	970	53	6122	3472	2157	680	17822	501
贵州	2426	451	7	1792	1201	640	325	7765	139
云南	4786	1048	5	2570	2500	1311	557	9381	278
西藏	284	44		192	114	121	62	698	47
陕西	5649	395	8	2782	2786	1434	382	7240	268
甘肃	2181	339	8	1439	1151	784	301	5866	103
青海	812	121		430	455	162	102	1703	42
宁夏	571	89	1	215	195	127	42	897	18
新疆	2428	540	3	1248	967	530	253	3637	114

4-7b 续表 5 单位：人

地区 性别	7.工程技术人员	8.农业技术人员	9.飞机和船舶技术人员	10.卫生专业技术人员	11.经济业务人员	12.金融业务人员	13.法律专业人员	14.教学人员	15.文学艺术工作人员
女	**38252**	**6847**	**590**	**114473**	**125110**	**35307**	**4031**	**268228**	**5474**
北京	453	33	1	767	1480	297	50	1321	133
天津	518	24	2	550	946	299	28	1383	14
河北	2213	693	29	7239	9172	2130	306	18424	258
山西	838	125	3	3693	3921	1511	180	11819	222
内蒙古	929	165	2	2875	3092	1289	162	8142	206
辽宁	600	129	27	2464	2634	1234	101	6132	69
吉林	411	113	5	2071	1706	732	72	5362	65
黑龙江	800	171	6	3268	2985	1380	133	8178	87
上海	941	58	3	878	2994	265	44	1615	108
江苏	3515	420	45	5260	11551	1717	161	12648	359
浙江	1754	77	6	4612	13394	2797	134	11341	580
安徽	1194	194	34	5093	5462	1291	151	10380	208
福建	1146	242	22	2860	4125	1273	94	8899	415
江西	1500	175	60	5185	4673	1509	149	10933	164
山东	3312	381	49	8046	8670	2479	293	16395	226
河南	2183	344	17	7735	5090	1944	219	17077	193
湖北	1409	170	55	5222	4540	1279	134	8920	192
湖南	2051	420	29	7055	4824	1731	192	13875	264
广东	2073	241	45	4153	6897	1171	68	13587	370
广西	1138	327	55	5350	3145	1224	131	12493	157
海南	169	78	9	807	386	114	19	2111	28
重庆	693	195	2	2388	1894	790	63	6217	114
四川	2592	463	38	7619	6572	2298	311	16848	317
贵州	704	176	8	2937	1865	583	95	7353	89
云南	1399	586	5	5552	4681	1254	256	10883	217
西藏	78	36		242	231	58	39	647	21
陕西	1817	219	3	4379	3488	1043	136	9787	185
甘肃	629	166	13	2258	1358	664	93	5439	58
青海	238	74	2	807	822	178	66	1835	38
宁夏	135	42	11	404	326	137	27	943	12
新疆	820	310	4	2704	2186	636	124	7241	105

4-7b 续表 6

单位：人

地 区 性 别	16.体育工作人员	17.新闻出版、文化工作人 员	18.宗教职业者	19.其他专业技术人 员	三、办事人员和有关人员	20.行政办公人员	21.安全保卫和消防人员	22.邮政和电信业务人员	23.其他办事人员和有关人 员
全 国	**501**	**11520**	**2638**	**7835**	**713468**	**432051**	**177377**	**38161**	**65879**
北 京	7	247	3	8	6978	4312	2041	305	320
天 津	6	96	3	61	3061	1602	1105	150	204
河 北	23	827	13	811	43299	29468	8898	2053	2880
山 西	12	528	75	147	26421	16655	5849	1316	2601
内 蒙 古	14	554	39	205	20214	13313	4416	1111	1374
辽 宁	9	324	20	120	14376	7684	4794	1009	889
吉 林	4	229	24	85	11116	7083	2657	765	611
黑 龙 江	18	461	16	427	19215	10160	6088	1645	1322
上 海	13	181	36	252	17562	10084	4685	427	2366
江 苏	20	466	237	426	36444	18957	11534	1931	4022
浙 江	31	613	619	234	45703	25347	12063	2557	5736
安 徽	20	426	106	420	26682	15288	6570	1645	3179
福 建	41	308	239	383	25572	13835	5437	1460	4840
江 西	17	383	56	489	32463	20555	7663	1844	2401
山 东	41	653	29	307	40001	25337	10310	1690	2664
河 南	16	479	49	469	44498	28629	8369	2020	5480
湖 北	12	404	58	397	25059	14988	5898	1496	2677
湖 南	23	536	49	589	38083	24236	8127	2278	3442
广 东	16	322	49	308	43341	25404	12777	1798	3362
广 西	34	313	13	151	23923	14286	5743	1695	2199
海 南	12	97	3	20	4517	2503	1508	267	239
重 庆	5	169	15	150	13973	7623	3981	770	1599
四 川	19	713	145	615	44011	25315	12776	2465	3455
贵 州	10	216	31	92	18343	12282	3588	760	1713
云 南	17	531	111	223	26786	15795	7785	1302	1904
西 藏		18	12	11	2896	2248	358	138	152
陕 西	17	564	18	248	27403	18383	5710	1424	1886
甘 肃	27	275	225	73	12287	8553	2161	648	925
青 海	3	112	273	11	3926	2494	944	233	255
宁 夏	2	66	44	9	2035	1139	526	106	264
新 疆	12	409	28	94	13280	8493	3016	853	918

4-7b 续表 7

单位：人

地区 性别	16.体育工作人员	17.新闻出版、文化工作人员	18.宗教职业者	19.其他专业技术人员	三、办事人员和有关人员	20.行政办公人员	21.安全保卫和消防人员	22.邮政和电信业务人员	23.其他办事人员和有关人员
男	**349**	**5473**	**2065**	**5586**	**500341**	**279543**	**158962**	**21382**	**40454**
北京	6	105	2	7	4650	2408	1849	160	233
天津	4	42	3	50	2194	992	1010	80	112
河北	19	405	11	586	29564	18714	8067	1102	1681
山西	7	239	69	101	18010	10541	5180	621	1668
内蒙古	9	235	36	151	13791	8477	3895	554	865
辽宁	6	138	5	93	10564	5020	4457	572	515
吉林	2	138	9	66	7899	4655	2408	477	359
黑龙江	11	260	14	330	14021	6827	5506	898	790
上海	9	68	29	173	11809	5630	4331	294	1554
江苏	12	208	202	277	26916	12765	10388	1190	2573
浙江	22	245	453	170	32183	15851	11057	1523	3752
安徽	14	224	71	284	19388	10625	5867	956	1940
福建	33	134	154	270	18170	9198	4993	864	3115
江西	15	203	31	355	23092	13861	6889	974	1368
山东	27	304	18	198	28280	16485	9209	930	1656
河南	16	226	38	333	30235	18609	7228	1045	3353
湖北	8	192	41	301	17919	10281	5152	840	1646
湖南	16	268	42	400	27007	16362	7246	1255	2144
广东	10	147	35	227	30233	15279	11957	1138	1859
广西	18	140	10	106	17047	9587	5150	999	1311
海南	8	53	2	15	3430	1710	1414	159	147
重庆	5	97	9	106	10008	5066	3538	427	977
四川	11	378	123	455	30652	15885	11323	1355	2089
贵州	6	107	17	64	12853	8252	3146	440	1015
云南	13	243	72	145	18999	10284	6838	715	1162
西藏		9	10	10	1759	1300	301	74	84
陕西	10	256	14	187	18829	11917	4969	773	1170
甘肃	19	140	220	46	8267	5589	1810	335	533
青海	3	44	259	6	2560	1536	770	123	131
宁夏	1	34	41	7	1412	743	456	51	162
新疆	9	191	25	67	8600	5094	2558	458	490

4-7b 续表 8

单位：人

地区 性别	16.体育工作人员	17.新闻出版、文化工作人员	18.宗教职业者	19.其他专业技术人员	三、办事人员和有关人员	20.行政办公人员	21.安全保卫和消防人员	22.邮政和电信业务人员	23.其他办事人员和有关人员
女	**152**	**6047**	**573**	**2249**	**213127**	**152508**	**18415**	**16779**	**25425**
北京	1	142	1	1	2328	1904	192	145	87
天津	2	54		11	867	610	95	70	92
河北	4	422	2	225	13735	10754	831	951	1199
山西	5	289	6	46	8411	6114	669	695	933
内蒙古	5	319	3	54	6423	4836	521	557	509
辽宁	3	186	15	27	3812	2664	337	437	374
吉林	2	91	15	19	3217	2428	249	288	252
黑龙江	7	201	2	97	5194	3333	582	747	532
上海	4	113	7	79	5753	4454	354	133	812
江苏	8	258	35	149	9528	6192	1146	741	1449
浙江	9	368	166	64	13520	9496	1006	1034	1984
安徽	6	202	35	136	7294	4663	703	689	1239
福建	8	174	85	113	7402	4637	444	596	1725
江西	2	180	25	134	9371	6694	774	870	1033
山东	14	349	11	109	11721	8852	1101	760	1008
河南		253	11	136	14263	10020	1141	975	2127
湖北	4	212	17	96	7140	4707	746	656	1031
湖南	7	268	7	189	11076	7874	881	1023	1298
广东	6	175	14	81	13108	10125	820	660	1503
广西	16	173	3	45	6876	4699	593	696	888
海南	4	44	1	5	1087	793	94	108	92
重庆		72	6	44	3965	2557	443	343	622
四川	8	335	22	160	13359	9430	1453	1110	1366
贵州	4	109	14	28	5490	4030	442	320	698
云南	4	288	39	78	7787	5511	947	587	742
西藏		9	2	1	1137	948	57	64	68
陕西	7	308	4	61	8574	6466	741	651	716
甘肃	8	135	5	27	4020	2964	351	313	392
青海		68	14	5	1366	958	174	110	124
宁夏	1	32	3	2	623	396	70	55	102
新疆	3	218	3	27	4680	3399	458	395	428

4-7b 续表 9　　　　单位：人

地区 性别	四、商业、服务业人员	24.购销人员	25.仓储人员	26.餐饮服务人员	27.饭店、旅游及健身娱乐场所服务人员	28.运输服务人员	29.医疗卫生辅助服务人员	30.社会服务和居民生活服务人员	31.其他商业、服务业人员
全国	**2878626**	**1759847**	**75382**	**361355**	**105671**	**162551**	**11175**	**342788**	**59857**
北京	21660	11118	948	2819	953	1153	51	4572	46
天津	13903	6595	583	1570	379	2051	89	2126	510
河北	131824	83005	3718	13933	4484	8346	641	14830	2867
山西	71746	40125	2312	9677	3462	4415	310	9938	1507
内蒙古	64423	34092	1344	9679	3128	4177	262	9712	2029
辽宁	66181	39570	1585	7725	2803	3907	297	9558	736
吉林	46917	25240	1155	6190	2801	3652	217	6452	1210
黑龙江	79176	38123	2302	10444	3885	6865	308	13858	3391
上海	40829	20417	3455	4913	1361	1547	148	8463	525
江苏	223574	139214	6204	24475	6244	11145	592	32321	3379
浙江	187524	119015	8029	21054	6677	7197	380	24174	998
安徽	134468	83194	2579	18970	4874	7507	487	14433	2424
福建	105234	67036	2774	13043	3072	5129	280	11827	2073
江西	12598[illegible]	78960	3157	15581	3868	7608	305	13932	2576
山东	169260	104915	6464	18631	5326	10294	900	18675	4055
河南	162040	103618	3186	17291	5620	11458	927	15193	4747
湖北	121431	75431	2125	16308	3587	7940	508	11862	3670
湖南	174738	108657	3733	19252	8057	12373	773	17513	4380
广东	175940	119972	5950	18707	4506	6327	310	17809	2359
广西	103737	71043	1520	10865	3149	5059	401	9420	2280
海南	22856	14024	226	3210	1535	935	96	2281	549
重庆	74037	43911	1559	11728	1995	3391	314	9279	1860
四川	228536	136484	3975	34778	8488	12086	857	26837	5031
贵州	57936	37604	918	7348	1996	2422	273	6278	1097
云南	96978	58462	1475	15446	5720	4162	335	9696	1682
西藏	5559	3265	69	983	227	326	10	510	169
陕西	85387	49303	1835	13730	4687	4058	491	9907	1376
甘肃	36432	19801	1103	5401	1323	3132	262	4410	1000
青海	11484	6136	252	2147	365	857	65	1370	292
宁夏	8691	5148	193	1352	212	430	30	1216	110
新疆	30138	16369	654	4105	887	2602	256	4336	929

4-7b 续表 10

单位：人

地 区 性 别	四、商业、服务业人 员	24.购销人员	25.仓储人员	26.餐饮服务人员	27.饭店、旅游及健身娱乐场所服务人 员	28.运输服务人员	29.医疗卫生辅助服务人员	30.社会服务和居民生活服务人员	31.其他商业、服务业人员
男	**1388484**	**813165**	**44279**	**163347**	**36701**	**134817**	**4520**	**158438**	**33217**
北 京	10449	5709	554	1360	402	488	15	1894	27
天 津	7988	3385	338	793	173	1873	29	1081	316
河 北	68210	40365	2196	7236	1627	7255	259	7606	1666
山 西	37095	18978	1449	5316	1214	3992	131	5048	967
内蒙古	30517	15197	867	4210	995	3518	105	4328	1297
辽 宁	29079	16232	870	3204	938	3393	122	3913	407
吉 林	22201	10996	795	2603	835	3228	92	2918	734
黑龙江	36656	15332	1570	4574	1200	6064	109	6059	1748
上 海	19595	10050	2161	2337	418	1123	41	3165	300
江 苏	105470	63943	2983	10433	2154	8337	217	15573	1830
浙 江	90487	57050	4262	9435	1985	5678	152	11364	561
安 徽	64999	38336	1537	8739	1626	6197	216	7016	1332
福 建	53008	32441	1846	6295	1058	4464	106	5557	1241
江 西	59921	35527	1902	6804	1241	6643	118	6161	1525
山 东	84695	49828	3156	9328	1909	8661	394	9165	2254
河 南	83419	49385	1837	9110	2325	9528	410	8115	2709
湖 北	57443	33306	1302	6909	1267	6685	218	5734	2022
湖 南	85817	49927	2526	8678	2977	10520	310	8562	2317
广 东	93689	63827	3938	8900	1659	5447	134	8502	1282
广 西	47652	31699	872	4677	1150	3706	166	4230	1152
海 南	10195	6281	144	1300	533	634	42	973	288
重 庆	31805	17843	874	4808	631	2736	129	3808	976
四 川	104063	59483	2352	14954	2982	9830	375	11453	2634
贵 州	26208	16760	570	2901	732	1905	109	2636	595
云 南	41959	25068	895	5766	1973	3397	117	3863	880
西 藏	2981	1810	42	441	77	282	5	218	106
陕 西	39760	22161	1022	6234	1589	3348	222	4420	764
甘 肃	17668	8944	754	2416	464	2561	97	1885	547
青 海	5664	2975	143	956	133	721	16	564	156
宁 夏	3988	2296	132	547	85	314	11	542	61
新 疆	15803	8031	390	2083	349	2289	53	2085	523

4-7b 续表 11

单位：人

地区 性别	四、商业、服务业人员	24.购销人员	25.仓储人员	26.餐饮服务人员	27.饭店、旅游及健身娱乐场所服务人员	28.运输服务人员	29.医疗卫生辅助服务人员	30.社会服务和居民生活服务人员	31.其他商业、服务业人员
女	**1490142**	**946682**	**31103**	**198008**	**68970**	**27734**	**6655**	**184350**	**26640**
北京	11211	5409	394	1459	551	665	36	2678	19
天津	5915	3210	245	777	206	178	60	1045	194
河北	63614	42640	1522	6697	2857	1091	382	7224	1201
山西	34651	21147	863	4361	2248	423	179	4890	540
内蒙古	33906	18895	477	5469	2133	659	157	5384	732
辽宁	37102	23338	715	4521	1865	514	175	5645	329
吉林	24716	14244	360	3587	1966	424	125	3534	476
黑龙江	42520	22791	732	5870	2685	801	199	7799	1643
上海	21234	10367	1294	2576	943	424	107	5298	225
江苏	118104	75271	3221	14042	4090	2808	375	16748	1549
浙江	97037	61965	3767	11619	4692	1519	228	12810	437
安徽	69469	44858	1042	10231	3248	1310	271	7417	1092
福建	52226	34595	928	6748	2014	665	174	6270	832
江西	66066	43433	1255	8777	2627	965	187	7771	1051
山东	84565	55087	3308	9303	3417	1633	506	9510	1801
河南	78621	54233	1349	8181	3295	1930	517	7078	2038
湖北	63988	42125	823	9399	2320	1255	290	6128	1648
湖南	88921	58730	1207	10574	5080	1853	463	8951	2063
广东	82251	56145	2012	9807	2847	880	176	9307	1077
广西	56085	39344	648	6188	1999	1353	235	5190	1128
海南	12661	7743	82	1910	1002	301	54	1308	261
重庆	42232	26068	685	6920	1364	655	185	5471	884
四川	124473	77001	1623	19824	5506	2256	482	15384	2397
贵州	31728	20844	348	4447	1264	517	164	3642	502
云南	55019	33394	580	9680	3747	765	218	5833	802
西藏	2578	1455	27	542	150	44	5	292	63
陕西	45627	27142	813	7496	3098	710	269	5487	612
甘肃	18764	10857	349	2985	859	571	165	2525	453
青海	5820	3161	109	1191	232	136	49	806	136
宁夏	4703	2852	61	805	127	116	19	674	49
新疆	14335	8338	264	2022	538	313	203	2251	406

4-7b 续表 12

单位：人

地区 性别	五、农、林、牧、渔、水利业生产人员	32.种植业生产人员	33.林业生产及野生动植物保护人员	34.畜牧业生产人员	35.渔业生产人员	36.水利设施管理养护人员	37.其他农、林、牧、渔、水利业生产人员	六、生产、运输设备操作人员及有关人员	38.勘测及矿物开采人员
全国	**4186672**	**3900884**	**32892**	**165216**	**74680**	**8235**	**4765**	**3699285**	**119596**
北京	5701	4730	278	538	62	73	20	23374	546
天津	10872	9993	84	493	180	62	60	25890	617
河北	420474	409330	859	7740	2095	292	158	207691	6586
山西	97918	94468	544	2610	40	164	92	86751	11259
内蒙古	57379	49131	1919	5915	63	263	88	73767	5021
辽宁	81553	74615	529	4289	1932	149	39	68334	4159
吉林	84597	79907	2196	1896	247	240	111	37453	2730
黑龙江	101094	89741	4675	5844	413	249	172	73729	2811
上海	9526	7994	306	423	604	185	14	88764	131
江苏	192690	172495	743	8085	9785	375	1207	402452	2957
浙江	61751	48603	1023	3737	8039	181	168	390462	959
安徽	214776	207562	978	3786	1954	317	179	157663	8214
福建	75091	61340	1251	4083	8041	133	243	168680	2039
江西	120050	111454	1506	4845	1991	174	80	188790	4874
山东	495701	474250	757	15452	4724	373	145	276306	13345
河南	393830	380892	1236	10437	468	529	268	177289	8133
湖北	168562	158136	656	4635	4540	386	209	118648	2424
湖南	276501	256604	1648	13615	3576	827	231	157951	6382
广东	154519	130148	1171	7992	14739	347	122	304017	642
广西	233791	218727	1916	9407	3276	370	95	94399	1828
海南	37355	30278	990	979	4998	78	32	14859	494
重庆	80154	71994	938	6521	566	103	32	69608	3921
四川	210482	191474	1862	15392	1224	386	144	184853	6158
贵州	98150	95280	374	2127	110	199	60	53187	3129
云南	238080	223296	1887	11627	743	326	201	85158	6570
西藏	6364	4966	35	1345	7	11		1918	11
陕西	109947	105379	844	3147	103	308	166	86539	6849
甘肃	71965	68842	705	1927	34	401	56	29180	2807
青海	14515	11864	209	2347	10	74	11	11423	971
宁夏	17778	16832	146	644	35	111	10	13081	1251
新疆	45506	40559	627	3338	81	549	352	27069	1778

4-7b 续表 13

单位：人

地区 性别	五、农、林、牧、渔、水利业生产人员	32.种植业生产人员	33.林业生产及野生动植物保护人员	34.畜牧业生产人员	35.渔业生产人员	36.水利设施管理养护人员	37.其他农、林、牧、渔、水利业生产人员	六、生产、运输设备操作人员及有关人员	38.勘测及矿物开采人员
男	**2112133**	**1948692**	**23464**	**78216**	**51762**	**5864**	**4135**	**2519009**	**103495**
北京	3186	2593	162	314	44	54	19	18054	514
天津	5819	5231	61	310	124	42	51	16875	424
河北	213859	206856	615	4468	1568	210	142	155049	5830
山西	53027	50749	424	1630	24	116	84	74845	10442
内蒙古	32392	26926	1607	3543	42	193	81	61596	4464
辽宁	43500	39240	376	2314	1412	123	35	53949	3826
吉林	47830	44584	1631	1178	181	176	80	30498	2370
黑龙江	60261	52623	3662	3276	331	207	162	59477	2290
上海	4812	3810	200	255	398	135	14	56710	91
江苏	84961	73055	456	3868	6241	276	1065	238844	2377
浙江	37309	28545	743	1902	5801	161	157	232881	835
安徽	102375	98233	685	1875	1205	229	148	112864	7390
福建	41520	32129	981	2360	5724	95	231	105985	1767
江西	62138	57422	1142	2092	1289	129	64	120722	4124
山东	237182	224945	546	8112	3201	253	125	181310	10865
河南	189306	182182	698	5608	285	312	221	127880	7074
湖北	83108	77224	466	2092	2866	279	181	82601	1912
湖南	145325	136435	1206	4644	2295	549	196	111899	5667
广东	85024	68434	835	4303	11104	256	92	176823	508
广西	117409	108774	1295	4816	2195	259	70	62289	1437
海南	20222	15421	600	552	3571	54	24	10918	296
重庆	38672	36124	582	1521	347	73	25	52234	3562
四川	100466	93393	1204	4683	777	283	126	134401	5285
贵州	48576	47100	273	949	75	133	46	41144	2832
云南	116711	110122	1285	4393	482	250	179	65631	5844
西藏	3182	2399	24	749	5	5		1398	8
陕西	56223	53877	565	1361	69	216	135	69498	5870
甘肃	36159	34267	466	1109	21	254	42	22302	2205
青海	7416	5853	140	1365	5	44	9	8924	813
宁夏	8788	8207	89	372	25	87	8	10709	1117
新疆	25375	21939	445	2202	55	411	323	20699	1456

4-7b 续表 14 单位：人

地区 性别	五、农、林、牧、渔、水利业生产人员	32.种植业生产人员	33.林业生产及野生动植物保护人员	34.畜牧业生产人员	35.渔业生产人员	36.水利设施管理养护人员	37.其他农、林、牧、渔、水利业生产人员	六、生产、运输设备操作人员及有关人员	38.勘测及矿物开采人员
女	**2074539**	**1952192**	**9428**	**87000**	**22918**	**2371**	**630**	**1180276**	**16101**
北京	2515	2137	116	224	18	19	1	5320	32
天津	5053	4762	23	183	56	20	9	9015	193
河北	206615	202474	244	3272	527	82	16	52642	756
山西	44891	43719	120	980	16	48	8	11906	817
内蒙古	24987	22205	312	2372	21	70	7	12171	557
辽宁	38053	35375	153	1975	520	26	4	14385	333
吉林	36767	35323	565	718	66	64	31	6955	360
黑龙江	40833	37118	1013	2568	82	42	10	14252	521
上海	4714	4184	106	168	206	50		32054	40
江苏	107729	99440	287	4217	3544	99	142	163608	580
浙江	24442	20058	280	1835	2238	20	11	157581	124
安徽	112401	109329	293	1911	749	88	31	44799	824
福建	33571	29211	270	1723	2317	38	12	62695	272
江西	57912	54032	364	2753	702	45	16	68068	750
山东	258519	249305	211	7340	1523	120	20	94996	2480
河南	204524	198710	538	4829	183	217	47	49409	1059
湖北	85454	80912	190	2543	1674	107	28	36047	512
湖南	131176	120169	442	8971	1281	278	35	46052	715
广东	69495	61714	336	3689	3635	91	30	127194	134
广西	116382	109953	621	4591	1081	111	25	32110	391
海南	17133	14857	390	427	1427	24	8	3941	198
重庆	41482	35870	356	5000	219	30	7	17374	359
四川	110016	98081	658	10709	447	103	18	50452	873
贵州	49574	48180	101	1178	35	66	14	12043	297
云南	121369	113174	602	7234	261	76	22	19527	726
西藏	3182	2567	11	596	2	6		520	3
陕西	53724	51502	279	1786	34	92	31	17041	979
甘肃	35806	34575	239	818	13	147	14	6878	602
青海	7099	6011	69	982	5	30	2	2499	158
宁夏	8990	8625	57	272	10	24	2	2372	134
新疆	20131	18620	182	1136	26	138	29	6370	322

4-7b 续表 15 单位：人

地区 性别	39.金属冶炼、轧制人员	40.化工产品生产人员	41.机械制造加工人员	42.机电产品装配人员	43.机械设备修理人员	44.电力设备安装、运行、检修及供电人员	45.电子元器件与设备制造、装配、调试及维修人员	46.橡胶和塑料制品生产人员	47.纺织、针织、印染人员
全国	**84198**	**77234**	**230542**	**149458**	**129650**	**116341**	**103510**	**58265**	**177652**
北京	234	361	1882	1224	925	1269	1408	203	256
天津	2295	494	1515	2197	622	760	3270	1246	486
河北	12038	4184	16663	3877	8275	7456	1503	4339	8578
山西	3767	3275	3113	751	4764	4754	360	184	817
内蒙古	1946	1891	901	574	3624	3354	169	194	332
辽宁	1623	687	3878	973	2754	2837	315	709	1145
吉林	669	651	892	327	1505	1412	161	135	180
黑龙江	478	875	1240	631	2913	2811	321	416	1016
上海	1083	1457	14603	8049	2488	1949	4503	2409	2200
江苏	8922	9175	38174	21902	11778	8378	15414	5961	38436
浙江	4411	4627	55777	35972	8885	5640	9834	15444	33593
安徽	1722	1856	7045	5056	4965	4760	2234	2164	3144
福建	2612	2387	5251	6371	4185	4602	4950	2489	9933
江西	3678	4859	4438	5643	5686	5289	10200	1207	5560
山东	6979	7954	19279	5930	12517	8683	2458	5587	23314
河南	6223	4703	9406	3929	6648	5521	3910	2094	7766
湖北	1842	3008	5475	3031	4519	3716	3866	845	6376
湖南	2873	7481	5883	5044	5110	5886	8341	1294	4822
广东	6108	2743	10547	23730	7483	6585	18196	7318	17289
广西	2153	1865	2108	2632	3979	3506	3698	603	3431
海南	109	144	172	334	664	685	133	234	53
重庆	889	893	7198	1859	2243	2726	758	583	1085
四川	2810	3765	6679	4175	7261	8353	4256	1516	4605
贵州	856	998	1199	761	2799	2265	688	174	452
云南	2627	2637	1154	1132	5306	3861	689	329	745
西藏	21	14	12	20	79	163	12		44
陕西	2040	1546	4800	2327	3943	4146	1486	248	933
甘肃	1184	830	522	419	1137	2105	210	142	190
青海	697	378	285	168	577	703	51	27	89
宁夏	696	443	187	133	637	768	26	38	98
新疆	613	1053	264	287	1379	1398	90	133	684

4-7b 续表 16 单位：人

地区 性别	39.金属冶炼、轧制人员	40.化工产品生产人员	41.机械制造加工人员	42.机电产品装配人员	43.机械设备修理人员	44.电力设备安装、运行、检修及供电人员	45.电子元器件与设备制造、装配、调试及维修人员	46.橡胶和塑料制品生产人员	47.纺织、针织、印染人员
男	**65658**	**47248**	**172163**	**90556**	**114818**	**96718**	**52916**	**30676**	**52953**
北京	191	248	1526	791	855	1189	702	115	57
天津	1810	307	1186	1396	553	669	854	378	110
河北	9820	2805	13030	2650	7489	6369	932	2487	2931
山西	3215	2434	2685	505	4407	4044	287	125	218
内蒙古	1550	1319	810	447	3280	2835	146	125	55
辽宁	1398	478	3398	750	2532	2491	201	412	280
吉林	552	441	767	267	1338	1219	126	92	39
黑龙江	397	545	1045	493	2635	2428	263	251	426
上海	808	949	10656	5045	2274	1805	2189	1198	727
江苏	6453	5410	27240	12777	10396	7516	7396	2902	9086
浙江	3181	2876	40042	18375	8243	4964	4283	7744	12429
安徽	1386	1186	5373	2990	4358	4166	1181	1023	709
福建	1992	1503	4185	4200	3812	3856	2684	1366	3360
江西	2729	2435	3143	3281	4941	4256	4774	632	1567
山东	5484	5109	14294	4052	10705	7182	1240	3077	6062
河南	4750	2839	7464	2573	5741	4465	2189	1144	2225
湖北	1392	1971	4072	2135	3922	2999	2277	441	1688
湖南	2213	3676	4680	3274	4542	4714	4445	686	1630
广东	4914	1767	7941	14798	6760	5509	9664	4262	5666
广西	1561	930	1613	1751	3299	2608	1960	326	854
海南	89	86	131	237	572	553	109	127	19
重庆	685	533	5172	1232	1992	2195	479	308	351
四川	2142	2316	5054	2754	6280	6689	2397	848	1341
贵州	674	657	949	541	2502	1815	465	96	206
云南	2023	1607	953	804	4615	2922	465	175	283
西藏	14	10	10	15	62	116	9	13	13
陕西	1630	973	3733	1652	3467	3320	905	151	240
甘肃	939	533	396	310	976	1528	161	71	61
青海	570	257	233	129	501	569	36	18	23
宁夏	581	326	168	107	567	679	18	18	21
新疆	515	722	214	225	1202	1048	79	78	276

4-7b 续表 17

单位：人

地区 性别	39.金属冶炼、轧制人员	40.化工产品生产人员	41.机械制造加工人员	42.机电产品装配人员	43.机械设备修理人员	44.电力设备安装、运行、检修及供电人员	45.电子元器件与设备制造、装配、调试及维修人员	46.橡胶和塑料制品生产人员	47.纺织、针织、印染人员
女	**18540**	**29986**	**58379**	**58902**	**14832**	**19623**	**50594**	**27589**	**124699**
北京	43	113	356	433	70	80	706	88	199
天津	485	187	329	801	69	91	2416	868	376
河北	2218	1379	3633	1227	786	1087	571	1852	5647
山西	552	841	428	246	357	710	73	59	599
内蒙古	396	572	91	127	344	519	23	69	277
辽宁	225	209	480	223	222	346	114	297	865
吉林	117	210	125	60	167	193	35	43	141
黑龙江	81	330	195	138	278	383	58	165	590
上海	275	508	3947	3004	214	144	2314	1211	1473
江苏	2469	3765	10934	9125	1382	862	8018	3059	29350
浙江	1230	1751	15735	17597	642	676	5551	7700	21164
安徽	336	670	1672	2066	607	594	1053	1141	2435
福建	620	884	1066	2171	373	746	2266	1123	6573
江西	949	2424	1295	2362	745	1033	5426	575	3993
山东	1495	2845	4985	1878	1812	1501	1218	2510	17252
河南	1473	1864	1942	1356	907	1056	1721	950	5541
湖北	450	1037	1403	896	597	717	1589	404	4688
湖南	660	3805	1203	1770	568	1172	3896	608	3192
广东	1194	976	2606	8932	723	1076	8532	3056	11623
广西	592	935	495	881	680	898	1738	277	2577
海南	20	58	41	97	92	132	24	107	34
重庆	204	360	2026	627	251	531	279	275	734
四川	668	1449	1625	1421	981	1664	1859	668	3264
贵州	182	341	250	220	297	450	223	78	246
云南	604	1030	201	328	691	939	224	154	462
西藏	7	4	2	5	17	47	3		31
陕西	410	573	1067	675	476	826	581	97	693
甘肃	245	297	126	109	161	577	49	71	129
青海	127	121	52	39	76	134	15	9	66
宁夏	115	117	19	26	70	89	8	20	77
新疆	98	331	50	62	177	350	11	55	408

4-7b 续表 18 单位：人

地区 性别	48.裁剪、缝纫和皮革制品加工制作人员	49.粮油、食品、饮料生产加工及饲料生产加工人员	50.烟草及其制品加工人员	51.药品生产人员	52.木材加工、人造板生产、木制品制作及制浆、造纸和纸制品生产加工人员	53.建筑材料生产加工人员	54.玻璃、陶瓷、搪瓷及其制品生产加工人员	55.广播影视制品制作、播放及文物保护作业人员	56.印刷人员
全国	**391384**	**127825**	**2684**	**12565**	**174237**	**83417**	**57551**	**6187**	**23517**
北京	1259	725	1	176	1199	264	139	31	398
天津	1514	893	3	129	1027	709	87	51	97
河北	22144	6395	24	573	10772	4029	2659	315	1291
山西	650	2278	7	411	1550	1490	1717	166	326
内蒙古	1286	3172	3	132	1930	1394	257	184	147
辽宁	6835	1935	3	110	1886	1231	809	104	229
吉林	459	1685	13	704	3494	1147	143	137	110
黑龙江	1209	3995	38	420	7668	1620	252	171	149
上海	10507	1485	3	237	4294	1317	572	64	759
江苏	56622	11875	37	599	20562	5332	4081	264	2178
浙江	54675	3763	10	1394	14769	3297	5597	178	5718
安徽	16071	6120	179	579	7219	3318	1062	264	575
福建	24842	5642	106	265	9774	8700	6541	189	1308
江西	36864	4675	255	813	10133	5318	4885	231	704
山东	15479	16100	79	1422	22073	6814	4534	392	1265
河南	11574	9100	100	754	6296	5752	2312	420	794
湖北	15405	5071	105	555	4728	3099	788	293	624
湖南	15354	5781	156	438	8447	4677	2663	609	762
广东	65309	5369	91	427	8808	3593	12363	307	3080
广西	7904	6094	48	342	6313	2765	1579	180	390
海南	709	1235	10	52	1106	584	36	35	44
重庆	4535	1765	59	136	2309	1556	620	113	238
四川	14061	7806	169	782	9416	5382	2609	524	917
贵州	1495	3350	148	97	1730	1643	185	133	148
云南	1731	5239	723	163	2833	3010	411	221	396
西藏	53	37		17	94	64	10	41	5
陕西	1346	2555	301	449	1939	2163	338	203	536
甘肃	622	1517	7	139	580	1318	111	139	149
青海	222	257	2	14	143	332	31	18	30
宁夏	113	460	1	194	444	279	65	22	55
新疆	535	1451	3	42	701	1220	95	188	95

4-7b 续表 19 单位：人

地区 性别	48.裁剪、缝纫和皮革制品加工制作人员	49.粮油、食品、饮料生产加工及饲料生产加工人员	50.烟草及其制品加工人员	51.药品生产人员	52.木材加工、人造板生产、木制品制作及制浆、造纸和纸制品生产加工人员	53.建筑材料生产加工人员	54.玻璃、陶瓷、搪瓷及其制品生产加工人员	55.广播影视制品制作、播放及文物保护作业人员	56.印刷人员
男	**124699**	**71490**	**1564**	**6825**	**123686**	**63775**	**32086**	**3728**	**12644**
北京	387	388	1	88	1035	227	103	21	226
天津	357	490	1	79	816	610	55	31	50
河北	7645	3510	17	331	7697	3328	1480	157	683
山西	189	1448	5	182	1264	1255	992	97	155
内蒙古	246	1762	3	61	1562	1123	166	118	58
辽宁	1923	1105	2	53	1562	953	555	63	120
吉林	113	963	9	334	2375	921	82	82	52
黑龙江	258	2554	29	271	5233	1231	177	100	72
上海	2669	745	3	110	3433	1083	373	48	448
江苏	11864	6077	18	313	14636	3991	1966	169	1043
浙江	17772	2226	4	944	10650	2499	3384	119	3223
安徽	3714	3426	84	297	5690	2525	584	167	260
福建	7761	3057	61	127	6291	6547	3040	112	694
江西	12491	2815	142	426	8095	4076	2692	133	385
山东	2940	8315	48	830	12816	5172	2608	224	596
河南	4453	4926	61	386	4125	4458	1391	245	406
湖北	5341	2861	59	236	3805	2322	475	178	320
湖南	5816	3327	90	234	6285	3732	1596	355	421
广东	25833	3292	58	233	6239	2777	6977	205	1915
广西	2673	3490	24	156	3915	1915	849	109	198
海南	277	716	7	21	808	435	23	21	28
重庆	1932	1054	31	75	1799	1166	350	68	127
四川	5761	4611	100	462	7073	3965	1427	322	483
贵州	615	1957	101	42	1361	1187	111	78	75
云南	695	2805	423	90	2043	2172	232	140	206
西藏	26	21		9	73	41	5	27	2
陕西	453	1449	175	215	1538	1710	204	140	252
甘肃	226	788	4	77	436	991	67	83	68
青海	78	144	2	6	120	245	18	13	14
宁夏	28	260	1	112	353	207	44	14	22
新疆	163	908	1	25	558	911	60	89	42

4-7b 续表 20

单位：人

地区 性别	48.裁剪、缝纫和皮革制品加工制作人员	49.粮油、食品、饮料生产加工及饲料生产加工人员	50.烟草及其制品加工人员	51.药品生产人员	52.木材加工、人造板生产、木制品制作及制浆、造纸和纸制品生产加工人员	53.建筑材料生产加工人员	54.玻璃、陶瓷、搪瓷及其制品生产加工人员	55.广播影视制品制作、播放及文物保护作业人员	56.印刷人员
女	**266685**	**56335**	**1120**	**5740**	**50551**	**19642**	**25465**	**2459**	**10873**
北京	872	337		88	164	37	36	10	172
天津	1157	403	2	50	211	99	32	20	47
河北	14499	2885	7	242	3075	701	1179	158	608
山西	461	830	2	229	286	235	725	69	171
内蒙古	1040	1410		71	368	271	91	66	89
辽宁	4912	830	1	57	324	278	254	41	109
吉林	346	722	4	370	1119	226	61	55	58
黑龙江	951	1441	9	149	2435	389	75	71	77
上海	7838	740		127	861	234	199	16	311
江苏	44758	5798	19	286	5926	1341	2115	95	1135
浙江	36903	1537	6	450	4119	798	2213	59	2495
安徽	12357	2694	95	282	1529	793	478	97	315
福建	17081	2585	45	138	3483	2153	3501	77	614
江西	24373	1860	113	387	2038	1242	2193	98	319
山东	12539	7785	31	592	9257	1642	1926	168	669
河南	7121	4174	39	368	2171	1294	921	175	388
湖北	10064	2210	46	319	923	777	313	115	304
湖南	9538	2454	66	204	2162	945	1067	254	341
广东	39476	2077	33	194	2569	816	5386	102	1165
广西	5231	2604	24	186	2398	850	730	71	192
海南	432	519	3	31	298	149	13	14	16
重庆	2603	711	28	61	510	390	270	45	111
四川	8300	3195	69	320	2343	1417	1182	202	434
贵州	880	1393	47	55	369	456	74	55	73
云南	1036	2434	300	73	790	838	179	81	190
西藏	27	16		8	21	23	5	14	3
陕西	893	1106	126	234	401	453	134	63	284
甘肃	396	729	3	62	144	327	44	56	81
青海	144	113		8	23	87	13	5	16
宁夏	85	200		82	91	72	21	8	33
新疆	372	543	2	17	143	309	35	99	53

4-7b 续表 21

单位：人

地区 性别	57.工艺、美术品制作人员	58.文化教育、体育用品制作人员	59.工程施工人员	60.运输设备操作人员及有关人员	61.环境监测与废物处理人员	62.检验、计量人员	63.其他生产、运输设备操作人员及有关人员	七、不便分类的其他从业人员
全国	**77005**	**7801**	**641578**	**459308**	**5771**	**74149**	**307860**	**17823**
北京	77	82	3197	4959	34	786	1739	
天津	281	94	3359	2625	71	427	1021	87
河北	1168	172	35316	32977	298	3266	12793	918
山西	160	13	13250	22702	206	2083	6698	375
内蒙古	174	13	16141	19039	129	1197	10563	592
辽宁	697	5	9227	16099	99	1151	8834	127
吉林	55	12	5597	9414	58	738	5025	484
黑龙江	222	14	10784	17426	125	1650	14474	591
上海	545	475	7761	8812	124	4504	8433	115
江苏	5070	849	66014	32317	399	8042	27114	1024
浙江	11631	2511	38503	23857	304	10889	38224	245
安徽	2798	354	40567	23426	199	2488	11284	648
福建	6042	502	25499	14770	186	2932	16563	528
江西	4644	921	33335	18155	234	2798	13391	907
山东	7515	197	45064	30033	311	4711	14271	472
河南	3617	53	43699	21676	313	2176	10320	2039
湖北	1072	87	26232	15261	248	1751	8227	1417
湖南	3323	194	32219	17360	285	2320	10247	1447
广东	19596	918	27374	18010	503	7992	29636	1038
广西	3114	46	17791	14484	174	1317	6055	914
海南	148		3420	3297	32	104	1025	209
重庆	475	20	15982	9661	184	1431	8369	250
四川	1880	109	48749	23936	525	3232	15178	1282
贵州	538	40	12819	9958	100	895	6587	402
云南	1028	37	21226	14567	228	1403	6892	182
西藏	43	1	718	348	12	13	86	23
陕西	564	47	18801	17973	151	2263	8592	353
甘肃	247	24	7605	4976	76	513	1611	148
青海	104	4	2219	2466	45	225	1365	76
宁夏	39	2	3135	2744	22	271	958	5
新疆	138	5	5975	5980	96	581	2285	925

4-7b 续表 22

单位：人

地区 性别	57.工艺、美术品制作人员	58.文化教育、体育用品制作人员	59.工程施工人员	60.运输设备操作人员及有关人员	61.环境监测与废物处理人员	62.检验、计量人员	63.其他生产、运输设备操作人员及有关人员	七、不便分类的其他从业人员
男	**30820**	**3232**	**561995**	**429665**	**3539**	**29784**	**192276**	**11157**
北京	46	47	2936	4727	22	376	1236	
天津	134	50	3123	2500	40	173	679	56
河北	725	90	32879	31488	169	1511	8996	676
山西	99	8	12554	22063	127	853	5192	294
内蒙古	97	12	14314	18023	88	615	8317	432
辽宁	397	2	8484	15370	72	509	7013	104
吉林	39	4	5059	8755	44	382	4073	323
黑龙江	104	6	9628	16629	72	804	11536	396
上海	297	194	7021	8190	85	1702	4567	60
江苏	1264	302	59006	28984	262	2798	14598	597
浙江	4692	870	35500	22589	232	3086	22119	160
安徽	630	67	35830	21770	121	1164	6773	455
福建	3622	267	21544	14303	135	1071	8628	306
江西	1962	396	28759	17145	139	1222	7962	541
山东	2161	89	39793	27643	179	1669	8157	306
河南	1671	27	37921	19882	189	886	6389	1121
湖北	646	47	22971	14293	130	780	5328	932
湖南	1601	120	28500	16272	171	1125	6727	913
广东	6589	471	23587	17139	310	3595	15814	597
广西	1193	20	14389	12690	100	621	3608	514
海南	77		2707	2906	18	49	606	125
重庆	261	12	13796	9041	117	555	5341	151
四川	1042	62	40687	22114	307	1488	9391	797
贵州	298	12	10569	9349	47	439	4166	245
云南	633	19	17935	13226	130	556	4635	105
西藏	21	1	526	329	5	3	52	15
陕西	271	19	16650	17061	87	1112	6221	247
甘肃	93	12	6328	4573	43	224	1109	98
青海	68	4	1706	2316	28	98	915	52
宁夏	20	1	2708	2610	14	90	623	2
新疆	67	1	4585	5685	56	228	1505	537

4-7b 续表 23　　　　单位：人

地 区 性 别	57.工艺、美术品制作人员	58.文化教育、体育用品制作人员	59.工程施工人员	60.运输设备操作人员及有关人员	61.环境监测与废物处理人员	62.检验、计量人员	63.其他生产、运输设备操作人员及有关人员	七、不便分类的其他从业人员
女	**46185**	**4569**	**79583**	**29643**	**2232**	**44365**	**115584**	**6666**
北 京	31	35	261	232	12	410	503	
天 津	147	44	236	125	31	254	342	31
河 北	443	82	2437	1489	129	1755	3797	242
山 西	61	5	696	639	79	1230	1506	81
内 蒙 古	77	1	1827	1016	41	582	2246	160
辽 宁	300	3	743	729	27	642	1821	23
吉 林	16	8	538	659	14	356	952	161
黑 龙 江	118	8	1156	797	53	846	2938	195
上 海	248	281	740	622	39	2802	3866	55
江 苏	3806	547	7008	3333	137	5244	12516	427
浙 江	6939	1641	3003	1268	72	7803	16105	85
安 徽	2168	287	4737	1656	78	1324	4511	193
福 建	2420	235	3955	467	51	1861	7935	222
江 西	2682	525	4576	1010	95	1576	5429	366
山 东	5354	108	5271	2390	132	3042	6114	166
河 南	1946	26	5778	1794	124	1290	3931	918
湖 北	426	40	3261	968	118	971	2899	485
湖 南	1722	74	3719	1088	114	1195	3520	534
广 东	13007	447	3787	871	193	4397	13822	441
广 西	1921	26	3402	1794	74	696	2447	400
海 南	71		713	391	14	55	419	84
重 庆	214	8	2186	620	67	876	3028	99
四 川	838	47	8062	1822	218	1744	5787	485
贵 州	240	28	2250	609	53	456	2421	157
云 南	395	18	3291	1341	98	847	2257	77
西 藏	22		192	19	7	10	34	8
陕 西	293	28	2151	912	64	1151	2371	106
甘 肃	154	12	1277	403	33	289	502	50
青 海	36		513	150	17	127	450	24
宁 夏	19	1	427	134	8	181	335	3
新 疆	71	4	1390	295	40	353	780	388

4-7c 各地区分性别、职业中类的就业人口(乡村)

单位：人

地区 性别	合计	一、国家机关、党群组织、企业、事业单位负责人	1.中国共产党中央委员会和地方各级组织负责人	2.国家机关及其工作机构负责人	3.民主党派和社会团体及其工作机构负责人	4.事业单位负责人	5.企业负责人	二、专业技术人员	6.科学研究人员
全国	**39362371**	**176969**	**2630**	**8328**	**30865**	**9048**	**126098**	**703421**	**10109**
北京	150711	2167	111	15	395	47	1599	8203	43
天津	152068	1816	4	57	229	79	1447	4307	59
河北	2482917	15202	317	553	2208	559	11565	45819	552
山西	1013590	4977	106	271	1294	390	2916	23935	190
内蒙古	682040	2186	50	145	336	152	1503	13429	118
辽宁	1088183	3923	61	294	991	389	2188	15775	95
吉林	816463	1171	9	105	263	184	610	9527	72
黑龙江	1006099	1962	39	207	492	242	982	11249	156
上海	151650	2819	26	19	171	56	2547	6347	59
江苏	1978438	23156	203	379	1959	588	20027	56543	382
浙江	1300537	24410	144	195	1298	233	22540	40707	185
安徽	1795513	8621	102	286	1609	498	6126	33590	219
福建	862657	7605	75	216	1002	267	6045	25368	109
江西	1402444	6392	80	285	1260	339	4428	26606	218
山东	3220928	10841	229	286	2074	463	7789	48206	1889
河南	3385843	6330	71	429	1659	479	3692	51230	2323
湖北	1786620	4995	61	340	1281	543	2770	28705	250
湖南	2132573	6501	79	499	1100	511	4312	34998	321
广东	1701837	11254	62	228	2266	451	8247	32237	265
广西	1544424	2208	46	315	774	214	859	19235	156
海南	237502	603	11	102	202	68	220	3479	30
重庆	719924	2498	50	130	534	178	1606	9850	193
四川	3207769	7756	272	733	1950	506	4295	40732	987
贵州	1195755	3261	54	443	1118	352	1294	19897	277
云南	1882633	4940	177	576	2021	358	1808	32107	129
西藏	113391	331	17	147	91	19	57	2120	7
陕西	1256687	3618	37	296	593	358	2334	25159	327
甘肃	1020831	1725	56	319	426	206	718	12660	307
青海	177982	496	13	42	96	30	315	3438	10
宁夏	184490	841	13	61	140	64	563	4038	21
新疆	709872	2364	55	355	1033	225	696	13925	160

4-7c 续表 1

单位：人

地区 性别	合计	一、国家机关、党群组织、企业、事业单位负责人	1.中国共产党中央委员会和地方各级组织负责人	2.国家机关及其工作机构负责人	3.民主党派和社会团体及其工作机构负责人	4.事业单位负责人	5.企业负责人	二、专业技术人员	6.科学研究人员
男	**21194743**	**140750**	**2243**	**6821**	**22964**	**7103**	**101619**	**408783**	**5683**
北京	91794	1759	99	14	327	33	1286	3803	25
天津	87488	1508	4	47	185	65	1207	2574	46
河北	1379308	12810	213	446	1786	425	9940	24532	332
山西	611206	4311	95	233	1112	288	2583	12686	109
内蒙古	385112	1814	47	126	256	124	1261	8382	64
辽宁	600863	3104	56	237	713	316	1782	8669	55
吉林	447827	890	6	92	186	140	466	5430	46
黑龙江	563193	1559	33	165	362	197	802	6579	93
上海	89034	2247	20	16	135	46	2030	3481	39
江苏	1019873	18732	176	323	1524	473	16236	30633	237
浙江	747800	19362	134	166	1080	174	17808	19171	128
安徽	943728	6981	94	245	1226	432	4984	22154	137
福建	493125	6282	68	167	827	222	4998	14452	73
江西	763389	5130	76	252	965	286	3551	16065	136
山东	1685903	8754	191	222	1526	364	6451	27781	964
河南	1752119	4936	59	342	1148	349	3038	29905	1226
湖北	946862	3865	54	298	901	403	2209	17603	141
湖南	1176477	4549	69	400	651	354	3075	20618	170
广东	905902	8641	58	184	1648	339	6412	17386	178
广西	817524	1690	41	239	577	181	652	11417	91
海南	129344	489	11	76	160	54	188	2244	20
重庆	376600	1869	48	117	397	138	1169	6249	103
四川	1674902	5599	225	591	1238	400	3145	25196	533
贵州	635930	2642	50	390	870	305	1027	13827	156
云南	1002018	3984	164	477	1574	299	1470	19351	80
西藏	60195	232	11	105	57	13	46	1357	4
陕西	689594	2865	35	229	426	261	1914	16125	205
甘肃	531867	1363	40	257	307	185	574	9089	178
青海	95731	405	13	40	62	26	264	2630	6
宁夏	100222	696	9	57	107	50	473	2491	12
新疆	389813	1682	44	268	631	161	578	6903	96

4-7c 续表 2 单位：人

地区 性别	合计	一、国家机关、党群组织、企业、事业单位负责人	1.中国共产党中央委员会和地方各级组织负责人	2.国家机关及其工作机构负责人	3.民主党派和社会团体及其工作机构负责人	4.事业单位负责人	5.企业负责人	二、专业技术人员	6.科学研究人员
女	**18167628**	**36219**	**387**	**1507**	**7901**	**1945**	**24479**	**294638**	**4426**
北京	58917	408	12	1	68	14	313	4400	18
天津	64580	308		10	44	14	240	1733	13
河北	1103609	2392	104	107	422	134	1625	21287	220
山西	402384	666	11	38	182	102	333	11249	81
内蒙古	296928	372	3	19	80	28	242	5047	54
辽宁	487320	819	5	57	278	73	406	7106	40
吉林	368636	281	3	13	77	44	144	4097	26
黑龙江	442906	403	6	42	130	45	180	4670	63
上海	62616	572	6	3	36	10	517	2866	20
江苏	958565	4424	27	56	435	115	3791	25910	145
浙江	552737	5048	10	29	218	59	4732	21536	57
安徽	851785	1640	8	41	383	66	1142	11436	82
福建	369532	1323	7	49	175	45	1047	10916	36
江西	639055	1262	4	33	295	53	877	10541	82
山东	1535025	2087	38	64	548	99	1338	20425	925
河南	1633724	1394	12	87	511	130	654	21325	1097
湖北	839758	1130	7	42	380	140	561	11102	109
湖南	956096	1952	10	99	449	157	1237	14380	151
广东	795935	2613	4	44	618	112	1835	14851	87
广西	726900	518	5	76	197	33	207	7818	65
海南	108158	114		26	42	14	32	1235	10
重庆	343324	629	2	13	137	40	437	3601	90
四川	1532867	2157	47	142	712	106	1150	15536	454
贵州	559825	619	4	53	248	47	267	6070	121
云南	880615	956	13	99	447	59	338	12756	49
西藏	53196	99	6	42	34	6	11	763	3
陕西	567093	753	2	67	167	97	420	9034	122
甘肃	488964	362	16	62	119	21	144	3571	129
青海	82251	91		2	34	4	51	808	4
宁夏	84268	145	4	4	33	14	90	1547	9
新疆	320059	682	11	87	402	64	118	7022	64

4-7c 续表 3

单位：人

地区 性别	7.工程技术人员	8.农业技术人员	9.飞机和船舶技术人员	10.卫生专业技术人员	11.经济业务人员	12.金融业务人员	13.法律专业人员	14.教学人员	15.文学艺术工作人员
全国	**158572**	**26553**	**4098**	**101869**	**104464**	**20041**	**3152**	**244443**	**11178**
北京	1818	116	6	1115	2287	566	46	1641	373
天津	1082	94	13	469	938	156	38	1291	26
河北	8320	3074	151	7578	7604	1417	192	15456	639
山西	4669	240	8	3783	3230	893	158	9861	539
内蒙古	3534	1059	10	1783	1471	355	68	4749	87
辽宁	2453	427	131	2560	1999	608	68	7135	98
吉林	1564	169	13	1468	859	317	44	4826	74
黑龙江	1719	393	54	1717	1119	331	36	5431	45
上海	2351	116	78	606	1725	276	37	689	129
江苏	17916	1472	285	5905	14626	1891	347	11339	944
浙江	7736	517	881	3794	14003	2063	142	8284	1535
安徽	6002	959	176	5479	4033	621	124	14811	492
福建	4885	1403	296	3311	3898	845	77	8493	1187
江西	5600	580	382	5090	3494	583	129	9622	507
山东	12138	889	351	7330	8206	1538	285	14245	452
河南	11548	3283	105	7987	4029	996	156	19233	552
湖北	6808	1071	216	5167	3370	658	132	9903	307
湖南	10446	1098	281	5533	4956	1019	256	9693	551
广东	7704	1039	162	4059	6950	766	120	10056	784
广西	2631	568	43	2957	1308	328	44	10913	123
海南	563	328	20	442	325	60	12	1605	46
重庆	2246	562	36	1930	886	222	32	3515	130
四川	10340	2396	151	6531	3972	1041	145	11975	388
贵州	3046	756	22	2663	1280	232	56	11130	118
云南	6018	1209	58	4361	2830	593	121	15841	416
西藏	617	32	1	182	139	50	27	749	48
陕西	9497	612	36	3661	2560	758	68	6852	297
甘肃	1947	646	15	1611	670	305	47	6021	67
青海	681	85		312	158	40	13	796	97
宁夏	843	207	2	525	437	210	41	1458	23
新疆	1850	1153	115	1960	1102	303	91	6830	104

4-7c 续表 4

单位：人

地区 性别	7.工程技术人员	8.农业技术人员	9.飞机和船舶技术人员	10.卫生专业技术人员	11.经济业务人员	12.金融业务人员	13.法律专业人员	14.教学人员	15.文学艺术工作人员
男	**122596**	**16569**	**2636**	**57167**	**41765**	**10262**	**2175**	**129639**	**7009**
北京	1437	77	6	347	625	218	24	695	264
天津	822	65	8	275	432	66	23	711	20
河北	6752	1707	56	4415	3226	655	148	6283	411
山西	4067	199	6	2067	1770	418	103	3385	330
内蒙古	2930	652	5	1027	724	205	43	2563	48
辽宁	1927	334	101	1390	947	327	41	3373	70
吉林	1269	121	7	758	382	192	32	2500	49
黑龙江	1390	299	12	903	547	173	27	2919	28
上海	1930	71	75	196	522	120	22	225	95
江苏	13128	983	194	3072	4754	909	245	5548	552
浙江	6016	383	869	1816	4030	884	94	2799	966
安徽	4599	638	107	3594	1906	356	102	9964	297
福建	3694	883	244	1941	1419	446	50	4384	739
江西	4049	404	135	3125	1677	350	97	5504	327
山东	8897	539	216	4294	3387	767	169	7737	262
河南	8990	1725	49	4912	1838	485	115	9512	335
湖北	5107	697	101	2869	1476	346	97	6040	196
湖南	7687	715	122	3086	2113	533	159	5168	328
广东	5632	596	115	2441	2534	451	71	4641	533
广西	2071	377	31	1569	598	208	34	6257	81
海南	433	215	16	256	203	39	7	985	33
重庆	1796	342	19	1298	396	111	25	2023	75
四川	8022	1441	65	4125	1714	503	99	6651	235
贵州	2551	482	10	1478	773	155	48	7865	91
云南	4851	890	38	1813	1287	381	92	9295	239
西藏	519	20	1	90	53	36	15	393	38
陕西	7726	373	12	1959	1286	429	52	3563	176
甘肃	1606	396	7	972	398	215	40	4256	47
青海	570	59		193	84	24	9	495	74
宁夏	724	134	1	245	179	101	29	839	8
新疆	1404	752	8	641	485	159	63	3066	62

4-7c 续表 5

单位：人

地区 性别	7.工程技术人员	8.农业技术人员	9.飞机和船舶技术人员	10.卫生专业技术人员	11.经济业务人员	12.金融业务人员	13.法律专业人员	14.教学人员	15.文学艺术工作人员
女	**35976**	**9984**	**1462**	**44702**	**62699**	**9779**	**977**	**114804**	**4169**
北京	381	39		768	1662	348	22	946	109
天津	260	29	5	194	506	90	15	580	6
河北	1568	1367	95	3163	4378	762	44	9173	228
山西	602	41	2	1716	1460	475	55	6476	209
内蒙古	604	407	5	756	747	150	25	2186	39
辽宁	526	93	30	1170	1052	281	27	3762	28
吉林	295	48	6	710	477	125	12	2326	25
黑龙江	329	94	42	814	572	158	9	2512	17
上海	421	45	3	410	1203	156	15	464	34
江苏	4788	489	91	2833	9872	982	102	5791	392
浙江	1720	134	12	1978	9973	1179	48	5485	569
安徽	1403	321	69	1885	2127	265	22	4847	195
福建	1191	520	52	1370	2479	399	27	4109	448
江西	1551	176	247	1965	1817	233	32	4118	180
山东	3241	350	135	3036	4819	771	116	6508	190
河南	2558	1558	56	3075	2191	511	41	9721	217
湖北	1701	374	115	2298	1894	312	35	3863	111
湖南	2759	383	159	2447	2843	486	97	4525	223
广东	2072	443	47	1618	4416	315	49	5415	251
广西	560	191	12	1388	710	120	10	4656	42
海南	130	113	4	186	122	21	5	620	13
重庆	450	220	17	632	490	111	7	1492	55
四川	2318	955	86	2406	2258	538	46	5324	153
贵州	495	274	12	1185	507	77	8	3265	27
云南	1167	319	20	2548	1543	212	29	6546	177
西藏	98	12		92	86	14	12	356	10
陕西	1771	239	24	1702	1274	329	16	3289	121
甘肃	341	250	8	639	272	90	7	1765	20
青海	111	26		119	74	16	4	301	23
宁夏	119	73	1	280	258	109	12	619	15
新疆	446	401	107	1319	617	144	28	3764	42

4-7c 续表 6

单位：人

地区 性别	16.体育工作人员	17.新闻出版、文化工作人员	18.宗教职业者	19.其他专业技术人员	三、办事人员和有关人员	20.行政办公人员	21.安全保卫和消防人员	22.邮政和电信业务人员	23.其他办事人员和有关人员
全国	**342**	**3582**	**7744**	**7274**	**301802**	**111696**	**145118**	**18107**	**26881**
北京	7	161	9	15	7288	3258	2952	582	496
天津	4	32	4	101	1449	478	824	71	76
河北	4	206	19	607	13855	4463	7643	934	815
山西	22	184	42	116	10480	3053	5590	728	1109
内蒙古	4	112	29	50	5101	2114	2258	261	468
辽宁	5	78	54	64	4944	1673	2658	384	229
吉林	3	59	10	49	2706	868	1542	165	131
黑龙江	2	64	7	175	3098	849	1750	324	175
上海	2	45	55	179	9006	3750	4124	287	845
江苏	17	347	540	532	33377	12900	15030	1850	3597
浙江	16	211	1064	276	34159	14539	14304	1807	3509
安徽	15	104	153	402	9491	3048	4421	853	1169
福建	13	107	447	297	12984	4633	4600	822	2929
江西	5	111	125	160	10514	3959	4568	753	1234
山东	13	182	21	667	13473	3567	8380	883	643
河南	21	128	45	824	10660	3313	5477	887	983
湖北	43	215	101	464	10470	3414	5194	756	1106
湖南	14	229	71	530	14720	4375	8111	980	1254
广东	36	121	80	95	28733	13953	12639	837	1304
广西	9	70	5	80	6001	1954	3104	451	492
海南	8	17	9	14	1893	548	1193	49	103
重庆	10	45	5	38	3709	1313	1858	236	302
四川	10	172	1928	696	15290	4947	8206	952	1185
贵州	5	57	45	210	6340	2841	2527	280	692
云南	5	129	264	133	11868	3332	6877	617	1042
西藏	26	26	211	5	1080	626	280	97	77
陕西	7	124	16	344	8677	2669	4999	606	403
甘肃	2	71	903	48	3281	1762	1167	223	129
青海	2	9	1234	1	641	254	298	50	39
宁夏	3	48	170	50	1611	711	717	87	96
新疆	9	118	78	52	4903	2532	1827	295	249

4-7c 续表 7

单位：人

地区 性别	16.体育工作人员	17.新闻出版、文化工作人员	18.宗教职业者	19.其他专业技术人员	三、办事人员和有关人员	20.行政办公人员	21.安全保卫和消防人员	22.邮政和电信业务人员	23.其他办事人员和有关人员
男	**249**	**1785**	**6025**	**5223**	**231753**	**69133**	**134294**	**11042**	**17284**
北京	5	65	6	9	5213	1707	2757	309	440
天津	2	21	1	82	1170	295	783	45	47
河北	3	106	17	421	11326	3027	7159	604	536
山西	21	98	26	87	8380	2059	5191	343	787
内蒙古	3	56	27	35	3825	1344	2033	147	301
辽宁	3	38	24	39	4101	1206	2532	233	130
吉林	1	30	6	37	2161	609	1398	80	74
黑龙江	2	32	7	147	2564	623	1642	182	117
上海	2	20	34	130	6717	2081	3884	200	552
江苏	12	162	484	353	24907	7875	13603	1188	2241
浙江	15	97	873	201	25788	8933	13482	1149	2224
安徽	9	56	112	277	7265	1994	4038	523	710
福建	8	44	307	220	9939	3063	4309	531	2036
江西	4	59	78	120	8017	2553	4265	471	728
山东	11	99	17	422	11303	2383	7930	556	434
河南	16	61	26	615	8330	2312	4829	521	668
湖北	23	98	64	348	8123	2212	4755	489	667
湖南	11	117	58	351	11265	2577	7455	543	690
广东	20	54	55	65	20086	6725	11999	630	732
广西	8	34	3	55	4784	1320	2859	268	337
海南	7	10	8	12	1650	418	1134	29	69
重庆	7	24	5	25	2793	827	1650	138	178
四川	8	87	1181	532	11875	3102	7451	587	735
贵州	5	32	24	157	5078	2132	2317	153	476
云南	2	78	207	98	9790	2259	6429	361	741
西藏	24	15	146	3	721	386	234	57	44
陕西	3	73	8	260	7013	1761	4594	377	281
甘肃	2	43	885	44	2501	1205	1077	128	91
青海	2	2	1111	1	476	160	268	28	20
宁夏	3	22	154	40	1168	459	615	45	49
新疆	7	52	71	37	3424	1526	1622	127	149

4-7c 续表 8 单位：人

地 区 性 别	16.体育工作人员	17.新闻出版、文化工作人 员	18.宗教职业者	19.其他专业技术人 员	三、办事人员和有关人员	20.行政办公人员	21.安全保卫和消防人员	22.邮政和电信业务人员	23.其他办事人员和有关人 员
女	**93**	**1797**	**1719**	**2051**	**70049**	**42563**	**10824**	**7065**	**9597**
北 京	2	96	3	6	2075	1551	195	273	56
天 津	2	11	3	19	279	183	41	26	29
河 北	1	100	2	186	2529	1436	484	330	279
山 西	1	86	16	29	2100	994	399	385	322
内蒙古	1	56	2	15	1276	770	225	114	167
辽 宁	2	40	30	25	843	467	126	151	99
吉 林	2	29	4	12	545	259	144	85	57
黑龙江		32		28	534	226	108	142	58
上 海		25	21	49	2289	1669	240	87	293
江 苏	5	185	56	179	8470	5025	1427	662	1356
浙 江	1	114	191	75	8371	5606	822	658	1285
安 徽	6	48	41	125	2226	1054	383	330	459
福 建	5	63	140	77	3045	1570	291	291	893
江 西	1	52	47	40	2497	1406	303	282	506
山 东	2	83	4	245	2170	1184	450	327	209
河 南	5	67	19	209	2330	1001	648	366	315
湖 北	20	117	37	116	2347	1202	439	267	439
湖 南	3	112	13	179	3455	1798	656	437	564
广 东	16	67	25	30	8647	7228	640	207	572
广 西	1	36	2	25	1217	634	245	183	155
海 南	1	7	1	2	243	130	59	20	34
重 庆	3	21		13	916	486	208	98	124
四 川	2	85	747	164	3415	1845	755	365	450
贵 州		25	21	53	1262	709	210	127	216
云 南	3	51	57	35	2078	1073	448	256	301
西 藏	2	11	65	2	359	240	46	40	33
陕 西	4	51	8	84	1664	908	405	229	122
甘 肃		28	18	4	780	557	90	95	38
青 海		7	123		165	94	30	22	19
宁 夏		26	16	10	443	252	102	42	47
新 疆	2	66	7	15	1479	1006	205	168	100

4-7c 续表 9

单位：人

地区 性别	四、商业、服务业人员	24.购销人员	25.仓储人员	26.餐饮服务人员	27.饭店、旅游及健身娱乐场所服务人员	28.运输服务人员	29.医疗卫生辅助服务人员	30.社会服务和居民生活服务人员	31.其他商业、服务业人员
全国	**2568832**	**1388147**	**76577**	**419364**	**101006**	**170352**	**9337**	**352890**	**51159**
北京	32628	15331	1766	4270	1130	1226	104	8725	76
天津	11688	5801	513	1120	340	1956	52	1584	322
河北	131976	76830	3114	17140	5291	10775	648	15049	3129
山西	85341	37781	3658	16247	5802	7293	314	12205	2041
内蒙古	31918	14740	734	6542	1822	2501	180	4570	829
辽宁	45326	24725	1034	7106	2307	3258	228	6087	581
吉林	28988	12910	490	6169	2531	2170	111	3898	709
黑龙江	39812	17010	817	8580	3218	2551	155	5835	1646
上海	24272	10397	2367	3100	758	939	97	6294	320
江苏	311559	174793	8652	37984	8029	18271	545	59076	4209
浙江	177970	109478	9271	20806	3765	7436	332	26081	801
安徽	120255	66662	2057	22204	4484	6296	486	15395	2671
福建	111679	65439	2950	20083	2119	7021	295	12051	1721
江西	103860	56214	3133	16250	3646	7043	258	14510	2806
山东	197712	113656	8557	27194	5251	13794	758	23813	4689
河南	133792	77154	2648	18145	4942	11261	816	15375	3451
湖北	113297	58970	2310	21203	4220	8658	497	14287	3152
湖南	164097	87558	5186	23138	9322	13923	508	20930	3532
广东	133323	80375	5604	19010	3903	6202	224	16220	1785
广西	44533	26296	841	6111	1743	3334	221	5060	927
海南	12058	5410	123	2403	1389	823	49	1333	528
重庆	37183	17484	927	8850	1019	2469	194	5351	889
四川	178401	87486	3924	36744	6571	12223	697	25959	4797
贵州	36863	21424	797	6253	1387	1995	281	3817	909
云南	88084	43337	1830	21597	6384	4488	380	8787	1281
西藏	2947	1547	18	658	78	310	9	241	86
陕西	97447	45819	1864	23311	7194	5818	405	11662	1374
甘肃	28649	11700	678	8233	1269	2463	220	3498	588
青海	6822	2361	111	2581	212	541	58	701	257
宁夏	11386	5992	185	2137	242	1090	36	1533	171
新疆	24966	13467	418	4195	638	2224	179	2963	882

4-7c 续表 10 单位：人

地区 性别	四、商业、服务业人员	24.购销人员	25.仓储人员	26.餐饮服务人员	27.饭店、旅游及健身娱乐场所服务人员	28.运输服务人员	29.医疗卫生辅助服务人员	30.社会服务和居民生活服务人员	31.其他商业、服务业人员
男	**1270601**	**660381**	**47324**	**185547**	**34713**	**144444**	**4926**	**163700**	**29566**
北京	14639	7076	1074	1919	422	499	25	3574	50
天津	7396	3354	337	585	150	1810	29	912	219
河北	72956	39542	2108	8771	1864	9775	358	8516	2022
山西	45796	17747	2395	9066	1993	6868	156	6222	1349
内蒙古	15633	6938	544	2721	602	2237	93	1970	528
辽宁	20984	10424	625	3143	678	2888	108	2803	315
吉林	12824	5428	326	2337	763	1923	51	1608	388
黑龙江	17393	7077	606	3246	902	2191	81	2454	836
上海	11598	5071	1565	1334	266	650	26	2491	195
江苏	145494	81356	4330	15046	2655	12245	268	27230	2364
浙江	88183	54230	5136	8688	1247	5800	172	12438	472
安徽	59920	32830	1370	10149	1423	5283	280	7042	1543
福建	59962	33398	2041	10417	822	6363	170	5683	1068
江西	52160	27582	2154	6719	1249	6229	147	6386	1694
山东	104196	55538	4526	14495	2077	11813	398	12667	2682
河南	72648	38145	1643	9814	2088	9913	453	8563	2029
湖北	55285	26898	1554	8915	1367	7598	271	6847	1835
湖南	81715	40933	3541	10080	3327	12149	263	9564	1858
广东	71427	42887	3747	9212	1497	5532	123	7403	1026
广西	22123	12487	586	2644	593	2845	114	2331	523
海南	5904	2532	94	1015	533	672	26	713	319
重庆	15957	7220	542	3302	300	2041	127	1967	458
四川	80988	38274	2457	14283	2101	10713	415	10226	2519
贵州	17122	9645	553	2310	467	1719	151	1740	537
云南	36432	17874	1242	6963	2113	3823	167	3527	723
西藏	1505	818	9	252	30	285	4	61	46
陕西	42291	18301	1280	9918	2248	4925	201	4626	792
甘肃	14558	5669	493	3878	475	2177	137	1365	364
青海	3610	1177	76	1216	83	494	35	380	149
宁夏	5634	2758	122	855	92	936	18	746	107
新疆	14268	7172	248	2254	286	2048	59	1645	556

4-7c 续表 11　　单位：人

地区 性别	四、商业、服务业人员	24.购销人员	25.仓储人员	26.餐饮服务人员	27.饭店、旅游及健身娱乐场所服务人员	28.运输服务人员	29.医疗卫生辅助服务人员	30.社会服务和居民生活服务人员	31.其他商业、服务业人员
女	**1298231**	**727766**	**29253**	**233817**	**66293**	**25908**	**4411**	**189190**	**21593**
北京	17989	8255	692	2351	708	727	79	5151	26
天津	4292	2447	176	535	190	146	23	672	103
河北	59020	37288	1006	8369	3427	1000	290	6533	1107
山西	39545	20034	1263	7181	3809	425	158	5983	692
内蒙古	16285	7802	190	3821	1220	264	87	2600	301
辽宁	24342	14301	409	3963	1629	370	120	3284	266
吉林	16164	7482	164	3832	1768	247	60	2290	321
黑龙江	22419	9933	211	5334	2316	360	74	3381	810
上海	12674	5326	802	1766	492	289	71	3803	125
江苏	166065	93437	4322	22938	5374	6026	277	31846	1845
浙江	89787	55248	4135	12118	2518	1636	160	13643	329
安徽	60335	33832	687	12055	3061	1013	206	8353	1128
福建	51717	32041	909	9666	1297	658	125	6368	653
江西	51700	28632	979	9531	2397	814	111	8124	1112
山东	93516	58118	4031	12699	3174	1981	360	11146	2007
河南	61144	39009	1005	8331	2854	1348	363	6812	1422
湖北	58012	32072	756	12288	2853	1060	226	7440	1317
湖南	82382	46625	1645	13058	5995	1774	245	11366	1674
广东	61896	37488	1857	9798	2406	670	101	8817	759
广西	22410	13809	255	3467	1150	489	107	2729	404
海南	6154	2878	29	1388	856	151	23	620	209
重庆	21226	10264	385	5548	719	428	67	3384	431
四川	97413	49212	1467	22461	4470	1510	282	15733	2278
贵州	19741	11779	244	3943	920	276	130	2077	372
云南	51652	25463	588	14634	4271	665	213	5260	558
西藏	1442	729	9	406	48	25	5	180	40
陕西	55156	27518	584	13393	4946	893	204	7036	582
甘肃	14091	6031	185	4355	794	286	83	2133	224
青海	3212	1184	35	1365	129	47	23	321	108
宁夏	5752	3234	63	1282	150	154	18	787	64
新疆	10698	6295	170	1941	352	176	120	1318	326

4-7c 续表 12

单位：人

地区 性别	五、农、林、牧、渔、水利业生产人员	32.种植业生产人员	33.林业生产及野生动植物保护人员	34.畜牧业生产人员	35.渔业生产人员	36.水利设施管理养护人员	37.其他农、林、牧、渔、水利业生产人员	六、生产、运输设备操作人员及有关人员	38.勘测及矿物开采人员
全国	**29435588**	**27999067**	**125237**	**1065224**	**223898**	**11245**	**10917**	**6156089**	**200483**
北京	45676	39300	2558	3226	301	167	124	54748	353
天津	98183	94316	284	2509	1011	40	23	34468	168
河北	1899170	1864826	1918	29483	2222	420	301	375984	11658
山西	735100	716475	1280	16685	89	190	381	153378	23551
内蒙古	574496	524050	1075	48804	165	136	266	54603	6644
辽宁	917874	882705	1111	25553	8212	175	118	100133	8017
吉林	743031	733199	1988	7072	492	166	114	30792	3354
黑龙江	900247	871657	4366	23169	700	120	235	49561	5096
上海	23113	19548	684	986	1545	312	38	85983	99
江苏	774232	719885	3235	26211	22271	570	2060	778392	3393
浙江	403169	343688	11278	29116	18402	271	414	619785	2478
安徽	1326261	1292988	4328	21439	6526	412	568	296286	5206
福建	463711	404960	6190	19880	31832	211	638	240336	6449
江西	856796	826866	4380	19998	4770	350	432	396786	8028
山东	2491342	2416126	5849	53176	15151	616	424	458633	13839
河南	2860594	2797375	2364	56256	2105	2004	490	320918	14425
湖北	1374030	1314167	1845	29032	27942	589	455	253609	5482
湖南	1559749	1472990	10813	62034	12915	582	415	350258	11559
广东	1120178	1044002	4036	33338	38072	536	194	375294	1150
广西	1363477	1282603	14730	55026	10395	442	281	108304	2250
海南	206581	188452	7400	3893	6671	97	68	12811	326
重庆	578649	529131	1341	45808	1997	93	279	87685	6380
四川	2567437	2384516	9583	165582	6342	840	574	396625	15047
贵州	1040171	1016397	1603	21308	583	236	44	88846	12020
云南	1581386	1470531	11850	96108	2047	414	436	163843	18023
西藏	103505	70193	46	33238	19	9		3308	127
陕西	965472	932796	5571	25728	646	228	503	155891	9899
甘肃	930905	905161	2119	23230	69	241	85	43293	2103
青海	153832	115663	341	37693	32	51	52	12690	562
宁夏	143787	138502	249	4780	88	116	52	22803	744
新疆	633434	585999	822	44863	286	611	853	30043	2053

4-7c 续表 13

单位：人

地区 性别	五、农、林、牧、渔、水利业生产人员	32.种植业生产人员	33.林业生产及野生动植物保护人员	34.畜牧业生产人员	35.渔业生产人员	36.水利设施管理养护人员	37.其他农、林、牧、渔、水利业生产人员	六、生产、运输设备操作人员及有关人员	38.勘测及矿物开采人员
男	**14959123**	**14266036**	**82605**	**444139**	**149889**	**7251**	**9203**	**4171636**	**182503**
北京	24478	20804	1253	1971	207	125	118	41901	324
天津	52325	49835	172	1436	828	34	20	22401	151
河北	973335	953215	1332	16570	1686	279	253	283744	10917
山西	403379	391450	880	10523	66	139	321	136362	22569
内蒙古	308316	279952	876	27030	109	111	238	46914	6113
辽宁	484559	464903	833	12397	6175	149	102	79290	7430
吉林	401074	395297	1484	3725	359	114	95	25285	3030
黑龙江	494666	478756	3342	11771	491	93	213	40307	4580
上海	11236	8932	406	609	1009	245	35	53685	72
江苏	343862	313270	1973	12117	14270	429	1803	455534	2728
浙江	233167	199689	7965	11427	13452	249	385	361913	2144
安徽	639597	623116	3178	8381	4206	257	459	207125	4771
福建	248833	211846	4511	10100	21654	154	568	153114	5765
江西	434478	420312	3363	7251	3052	205	295	246622	6973
山东	1225759	1183580	3382	27402	10643	372	380	307588	12349
河南	1393098	1360746	1408	28271	1352	993	328	242094	13338
湖北	685924	659410	1291	8049	16438	359	377	175098	4809
湖南	821356	789092	7039	16673	7863	339	350	235659	10442
广东	570406	523486	2473	17051	26859	372	165	217464	908
广西	703237	659515	9628	26951	6692	272	179	73844	1788
海南	109296	98155	4213	2054	4754	56	64	9716	235
重庆	284299	273034	820	9003	1217	54	171	65216	5975
四川	1269223	1213341	5838	44985	4124	491	444	281104	13748
贵州	527839	518914	1031	7334	394	135	31	69144	11153
云南	805589	763640	8569	31348	1285	341	406	126609	16359
西藏	53935	35748	32	18137	11	7		2406	88
陕西	497065	483741	3088	9257	392	149	438	123950	8927
甘肃	468903	455086	1314	12222	40	166	75	35254	1861
青海	78218	58236	206	19678	20	33	45	10349	503
宁夏	71126	68060	146	2741	57	75	47	19089	684
新疆	340545	310875	559	27675	184	454	798	22855	1769

4-7c 续表 14　　　　单位：人

地区 性别	五、农、林、牧、渔、水利业生产人员	32.种植业生产人员	33.林业生产及野生动植物保护人员	34.畜牧业生产人员	35.渔业生产人员	36.水利设施管理养护人员	37.其他农、林、牧、渔、水利业生产人员	六、生产、运输设备操作人员及有关人员	38.勘测及矿物开采人员
女	**14476465**	**13733031**	**42632**	**621085**	**74009**	**3994**	**1714**	**1984453**	**17980**
北京	21198	18496	1305	1255	94	42	6	12847	29
天津	45858	44481	112	1073	183	6	3	12067	17
河北	925835	911611	586	12913	536	141	48	92240	741
山西	331721	325025	400	6162	23	51	60	17016	982
内蒙古	266180	244098	199	21774	56	25	28	7689	531
辽宁	433315	417802	278	13156	2037	26	16	20843	587
吉林	341957	337902	504	3347	133	52	19	5507	324
黑龙江	405581	392901	1024	11398	209	27	22	9254	516
上海	11877	10616	278	377	536	67	3	32298	27
江苏	430370	406615	1262	14094	8001	141	257	322858	665
浙江	170002	143999	3313	17689	4950	22	29	257872	334
安徽	686664	669872	1150	13058	2320	155	109	89161	435
福建	214878	193114	1679	9780	10178	57	70	87222	684
江西	422318	406554	1017	12747	1718	145	137	150164	1055
山东	1265583	1232546	2467	25774	4508	244	44	151045	1490
河南	1467496	1436629	956	27985	753	1011	162	78824	1087
湖北	688106	654757	554	20983	11504	230	78	78511	673
湖南	738393	683898	3774	45361	5052	243	65	114599	1117
广东	549772	520516	1563	16287	11213	164	29	157830	242
广西	660240	623088	5102	28075	3703	170	102	34460	462
海南	97285	90297	3187	1839	1917	41	4	3095	91
重庆	294350	256097	521	36805	780	39	108	22469	405
四川	1298214	1171175	3745	120597	2218	349	130	115521	1299
贵州	512332	497483	572	13974	189	101	13	19702	867
云南	775797	706891	3281	64760	762	73	30	37234	1664
西藏	49570	34445	14	15101	8	2		902	39
陕西	468407	449055	2483	16471	254	79	65	31941	972
甘肃	462002	450075	805	11008	29	75	10	8039	242
青海	75614	57427	135	18015	12	18	7	2341	59
宁夏	72661	70442	103	2039	31	41	5	3714	60
新疆	292889	275124	263	17188	102	157	55	7188	284

4-7c 续表 15

单位：人

地区 性别	39.金属冶炼、轧制人员	40.化工产品生产人员	41.机械制造加工人员	42.机电产品装配人员	43.机械设备修理人员	44.电力设备安装、运行、检修及供电人员	45.电子元器件与设备制造、装配、调试及维修人员	46.橡胶和塑料制品生产人员	47.纺织、针织、印染人员
全国	**111779**	**87724**	**375077**	**226825**	**148995**	**108735**	**205782**	**91524**	**294081**
北京	440	416	5006	2478	1648	2163	1058	622	622
天津	1985	548	2711	2274	728	453	630	654	1020
河北	18684	5349	25647	7916	12188	8370	2314	8263	18939
山西	6945	4375	6932	1222	6992	4832	773	314	727
内蒙古	1154	688	984	490	2639	1634	165	112	409
辽宁	2764	765	6894	1721	3412	2127	839	1065	998
吉林	700	439	1244	481	1106	744	204	264	401
黑龙江	539	420	947	478	1757	792	165	230	364
上海	1410	1567	13787	7723	1963	1564	3300	3105	3218
江苏	15348	16344	79125	42202	17195	12199	34587	11975	71797
浙江	6780	6678	81067	49308	12960	7418	12381	20740	62909
安徽	2352	1653	9042	6312	6080	4634	5153	2829	6343
福建	3057	1845	6382	7706	4881	5502	4502	4134	12607
江西	4005	6479	6889	11754	5951	4148	21984	2828	11459
山东	9509	6096	51607	9643	13164	6596	6377	9138	28187
河南	6283	3649	14748	6028	7528	4887	8509	2964	9071
湖北	2648	2431	7673	7684	5482	3679	13535	1963	7787
湖南	3765	11114	7503	11272	6214	5671	31855	3065	11280
广东	4680	2926	16417	26269	7524	6550	25766	8601	22194
广西	1554	1762	1847	3947	2281	1868	7258	777	4038
海南	152	120	95	230	338	333	158	466	46
重庆	1202	729	6340	2485	1825	1481	1604	704	2091
四川	4457	3760	10276	6967	8274	8481	11242	2840	9267
贵州	1577	986	1793	2096	2687	1948	2172	837	1620
云南	4249	3143	2521	3157	5395	3742	2742	1788	3160
西藏	77	22	28	13	48	70	2	7	62
陕西	1624	1432	5987	3823	5312	3687	5706	636	2222
甘肃	954	368	518	587	981	916	585	205	245
青海	509	358	139	142	263	630	34	33	58
宁夏	1171	408	424	175	978	787	66	81	171
新疆	1205	854	504	242	1201	829	116	284	769

4-7c 续表 16 单位：人

地区 性别	39.金属冶炼、轧制人员	40.化工产品生产人员	41.机械制造加工人员	42.机电产品装配人员	43.机械设备修理人员	44.电力设备安装、运行、检修及供电人员	45.电子元器件与设备制造、装配、调试及维修人员	46.橡胶和塑料制品生产人员	47.纺织、针织、印染人员
男	**88851**	**52563**	**276067**	**135337**	**133403**	**97296**	**104680**	**47245**	**86536**
北京	376	288	4042	1797	1475	2043	502	354	147
天津	1630	367	2101	1446	640	416	268	385	231
河北	15803	3695	20860	5326	11202	7908	1369	4524	5807
山西	6104	3760	6258	858	6619	4449	518	192	142
内蒙古	1000	487	911	412	2430	1517	123	76	79
辽宁	2415	508	6205	1245	3154	1986	329	589	238
吉林	604	288	1076	363	1010	659	120	196	112
黑龙江	453	248	842	309	1559	713	130	150	100
上海	1088	959	9831	4721	1847	1426	1334	1476	964
江苏	11073	9240	55209	23463	15358	11129	15682	5731	17034
浙江	5146	4027	55807	25745	12195	6748	5178	9520	20428
安徽	1848	1010	6444	3688	5216	4208	2549	1369	1699
福建	2342	1151	5204	4952	4493	4897	2231	2124	3889
江西	3002	3005	5130	6907	5187	3524	11145	1581	3993
山东	7673	4165	35457	6671	11522	6041	3095	5103	6882
河南	5107	2259	12268	3945	6569	4387	4564	1432	2198
湖北	2101	1571	6061	4915	4795	3142	7375	1033	2143
湖南	2898	4774	6004	6875	5409	4807	17321	1654	4305
广东	3316	1847	12646	16218	6844	5882	13162	4881	8219
广西	1164	989	1360	2550	1946	1512	4091	444	1315
海南	123	75	79	170	289	285	106	298	16
重庆	923	420	4559	1596	1598	1299	872	362	667
四川	3458	2364	7809	4282	7128	7296	5902	1542	3007
贵州	1234	693	1413	1349	2437	1721	1268	483	687
云南	3377	2001	2054	2200	4775	3206	1649	1000	1278
西藏	45	11	18	8	40	47	2	3	19
陕西	1333	907	5006	2496	4615	3256	3282	381	515
甘肃	811	240	452	397	870	804	349	106	86
青海	444	278	122	100	227	565	22	18	14
宁夏	996	335	378	145	878	714	50	36	37
新疆	964	601	461	188	1076	709	92	202	285

4-7c 续表 17 单位：人

地区 性别	39.金属冶炼、轧制人员	40.化工产品生产人员	41.机械制造加工人员	42.机电产品装配人员	43.机械设备修理人员	44.电力设备安装、运行、检修及供电人员	45.电子元器件与设备制造、装配、调试及维修人员	46.橡胶和塑料制品生产人员	47.纺织、针织、印染人员
女	**22928**	**35161**	**99010**	**91488**	**15592**	**11439**	**101102**	**44279**	**207545**
北京	64	128	964	681	173	120	556	268	475
天津	355	181	610	828	88	37	362	269	789
河北	2881	1654	4787	2590	986	462	945	3739	13132
山西	841	615	674	364	373	383	255	122	585
内蒙古	154	201	73	78	209	117	42	36	330
辽宁	349	257	689	476	258	141	510	476	760
吉林	96	151	168	118	96	85	84	68	289
黑龙江	86	172	105	169	198	79	35	80	264
上海	322	608	3956	3002	116	138	1966	1629	2254
江苏	4275	7104	23916	18739	1837	1070	18905	6244	54763
浙江	1634	2651	25260	23563	765	670	7203	11220	42481
安徽	504	643	2598	2624	864	426	2604	1460	4644
福建	715	694	1178	2754	388	605	2271	2010	8718
江西	1003	3474	1759	4847	764	624	10839	1247	7466
山东	1836	1931	16150	2972	1642	555	3282	4035	21305
河南	1176	1390	2480	2083	959	500	3945	1532	6873
湖北	547	860	1612	2769	687	537	6160	930	5644
湖南	867	6340	1499	4397	805	864	14534	1411	6975
广东	1364	1079	3771	10051	680	668	12604	3720	13975
广西	390	773	487	1397	335	356	3167	333	2723
海南	29	45	16	60	49	48	52	168	30
重庆	279	309	1781	889	227	182	732	342	1424
四川	999	1396	2467	2685	1146	1185	5340	1298	6260
贵州	343	293	380	747	250	227	904	354	933
云南	872	1142	467	957	620	536	1093	788	1882
西藏	32	11	10	5	8	23		4	43
陕西	291	525	981	1327	697	431	2424	255	1707
甘肃	143	128	66	190	111	112	236	99	159
青海	65	80	17	42	36	65	12	15	44
宁夏	175	73	46	30	100	73	16	45	134
新疆	241	253	43	54	125	120	24	82	484

4-7c 续表 18 单位：人

地区 性别	48.裁剪、缝纫和皮革制品加工制作人员	49.粮油、食品、饮料生产加工及饲料生产加工人员	50.烟草及其制品加工人员	51.药品生产人员	52.木材加工、人造板生产、木制品制作及制浆、造纸和纸制品生产加工人员	53.建筑材料生产加工人员	54.玻璃、陶瓷、搪瓷及其制品生产加工人员	55.广播影视制品制作、播放及文物保护作业人员	56.印刷人员
全国	**800602**	**163698**	**3256**	**8909**	**342339**	**178321**	**67891**	**4314**	**26446**
北京	3957	1863	3	268	3655	1078	272	41	964
天津	6641	798	6	119	1248	732	138	35	116
河北	40290	8766	10	522	19591	10817	4260	279	2464
山西	877	3550	9	293	2848	4157	4117	91	288
内蒙古	617	2141	13	239	1671	1837	111	64	70
辽宁	11755	2795	11	180	3967	3159	739	110	115
吉林	554	1434	8	97	1416	1175	115	95	73
黑龙江	1165	2435	59	99	3064	1874	189	118	82
上海	10309	1010	6	201	5766	1131	615	16	712
江苏	108952	21695	58	734	47472	13960	6771	268	4070
浙江	93992	7406	8	1138	27829	9737	5769	119	4683
安徽	44153	8372	29	377	17434	7569	1491	174	694
福建	43153	8144	180	185	15535	14075	3604	181	859
江西	113495	7361	58	397	29513	10814	5330	121	1135
山东	33481	20050	84	675	41265	15586	5146	301	1509
河南	23704	12187	98	597	13334	14644	2658	414	970
湖北	51017	7562	239	321	12919	6761	1191	156	807
湖南	54837	8487	982	389	21217	9436	5231	310	1267
广东	72123	6065	54	461	15578	7162	8827	219	2711
广西	12282	3579	28	168	7578	4087	1228	100	227
海南	770	591	19	66	762	763	32	14	33
重庆	6551	1839	53	198	3440	2875	664	63	247
四川	44138	10419	286	495	25650	13196	4677	292	873
贵州	6286	2720	406	95	3482	3444	505	147	189
云南	8444	5149	472	208	5982	7076	2889	154	398
西藏	155	52		11	249	288	6	8	18
陕西	4249	3746	60	232	5451	5976	803	133	607
甘肃	1058	1275	7	56	1546	2415	159	111	101
青海	141	190		9	340	512	33	13	20
宁夏	203	718	5	53	1007	710	72	31	61
新疆	1253	1299	5	26	1530	1275	249	136	83

4-7c 续表 19 单位：人

地区 性别	48.裁剪、缝纫和皮革制品加工制作人员	49.粮油、食品、饮料生产加工及饲料生产加工人员	50.烟草及其制品加工人员	51.药品生产人员	52.木材加工、人造板生产、木制品制作及制浆、造纸和纸制品生产加工人员	53.建筑材料生产加工人员	54.玻璃、陶瓷、搪瓷及其制品生产加工人员	55.广播影视制品制作、播放及文物保护作业人员	56.印刷人员
男	**252586**	**90254**	**1739**	**4807**	**249369**	**138460**	**38110**	**2783**	**14694**
北京	1131	1047	2	97	2938	837	200	25	543
天津	1622	480	3	88	886	599	88	19	63
河北	11535	4915	5	295	14343	8849	2495	159	1300
山西	260	2207	5	128	2386	3475	2303	56	146
内蒙古	141	1230	7	194	1448	1486	79	46	34
辽宁	3026	1573	8	77	3338	2602	444	65	60
吉林	150	761	7	52	1076	913	71	58	42
黑龙江	293	1349	43	37	2321	1401	138	67	45
上海	2338	572	6	108	4576	877	353	12	415
江苏	19833	10372	22	403	33725	10113	3317	182	1863
浙江	26721	4013	6	692	20081	7198	3334	75	2708
安徽	12081	4669	16	178	13645	5719	823	132	393
福建	13745	4352	98	92	9986	10913	1913	120	535
江西	46919	4372	29	206	23547	7989	2875	76	704
山东	6215	10460	42	401	25141	12292	2993	185	787
河南	6980	6528	51	301	9322	11978	1631	261	512
湖北	18822	4491	127	155	10909	5339	723	116	465
湖南	22864	4814	514	192	16147	7688	2887	187	762
广东	23399	3501	35	248	10985	5646	5015	152	1736
广西	4580	2297	12	77	4965	2938	657	68	137
海南	258	367	10	32	589	579	20	8	20
重庆	2743	1080	32	101	2728	2300	364	49	134
四川	17495	5974	158	266	19378	10138	2563	184	467
贵州	3105	1679	221	52	2683	2629	309	114	115
云南	3966	2949	235	112	4530	5436	1668	97	236
西藏	45	31		7	204	221	3	5	7
陕西	1537	1981	37	122	3912	4520	519	81	338
甘肃	374	758	6	33	1277	1866	111	84	52
青海	31	109		4	274	418	16	10	9
宁夏	55	435	1	37	766	547	47	17	21
新疆	322	888	1	20	1263	954	151	73	45

4-7c 续表 20

单位：人

地区 性别	48.裁剪、缝纫和皮革制品加工制作人员	49.粮油、食品、饮料生产加工及饲料生产加工人员	50.烟草及其制品加工人员	51.药品生产人员	52.木材加工、人造板生产、木制品制作及制浆、造纸和纸制品生产加工人员	53.建筑材料生产加工人员	54.玻璃、陶瓷、搪瓷及其制品生产加工人员	55.广播影视制品制作、播放及文物保护作业人员	56.印刷人员
女	**548016**	**73444**	**1517**	**4102**	**92970**	**39861**	**29781**	**1531**	**11752**
北京	2826	816	1	171	717	241	72	16	421
天津	5019	318	3	31	362	133	50	16	53
河北	28755	3851	5	227	5248	1968	1765	120	1164
山西	617	1343	4	165	462	682	1814	35	142
内蒙古	476	911	6	45	223	351	32	18	36
辽宁	8729	1222	3	103	629	557	295	45	55
吉林	404	673	1	45	340	262	44	37	31
黑龙江	872	1086	16	62	743	473	51	51	37
上海	7971	438		93	1190	254	262	4	297
江苏	89119	11323	36	331	13747	3847	3454	86	2207
浙江	67271	3393	2	446	7748	2539	2435	44	1975
安徽	32072	3703	13	199	3789	1850	668	42	301
福建	29408	3792	82	93	5549	3162	1691	61	324
江西	66576	2989	29	191	5966	2825	2455	45	431
山东	27266	9590	42	274	16124	3294	2153	116	722
河南	16724	5659	47	296	4012	2666	1027	153	458
湖北	32195	3071	112	166	2010	1422	468	40	342
湖南	31973	3673	468	197	5070	1748	2344	123	505
广东	48724	2564	19	213	4593	1516	3812	67	975
广西	7702	1282	16	91	2613	1149	571	32	90
海南	512	224	9	34	173	184	12	6	13
重庆	3808	759	21	97	712	575	300	14	113
四川	26643	4445	128	229	6272	3058	2114	108	406
贵州	3181	1041	185	43	799	815	196	33	74
云南	4478	2200	237	96	1452	1640	1221	57	162
西藏	110	21		4	45	67	3	3	11
陕西	2712	1765	23	110	1539	1456	284	52	269
甘肃	684	517	1	23	269	549	48	27	49
青海	110	81		5	66	94	17	3	11
宁夏	148	283	4	16	241	163	25	14	40
新疆	931	411	4	6	267	321	98	63	38

4-7c 续表 21 单位：人

地区 性别	57.工艺、美术品制作人员	58.文化教育、体育用品制作人员	59.工程施工人员	60.运输设备操作人员及有关人员	61.环境监测与废物处理人员	62.检验、计量人员	63.其他生产、运输设备操作人员及有关人员	七、不便分类的其他从业人员
全国	**155002**	**13923**	**1475631**	**527972**	**5115**	**80472**	**451193**	**19670**
北京	236	276	8341	11880	59	1555	5494	1
天津	1817	394	5060	4070	64	432	1627	157
河北	2844	461	91539	49174	296	2751	22592	911
山西	467	26	28799	36480	152	2292	12269	379
内蒙古	66	31	15351	10584	86	520	6283	307
辽宁	880	49	19728	16346	49	1064	10584	208
吉林	82	10	8161	4492	60	200	3883	248
黑龙江	79	12	15260	6504	44	386	7403	170
上海	900	605	7719	6914	136	3255	8952	110
江苏	12594	1953	152353	43409	834	12730	46374	1179
浙江	19107	3264	76958	35380	357	13236	58083	337
安徽	4947	373	115191	24721	190	2602	18365	1009
福建	9486	726	43240	20184	177	2884	20658	974
江西	14291	1743	80666	17939	155	3609	26634	1490
山东	13330	504	107881	38973	432	3848	21412	721
河南	6369	231	123453	26776	275	2139	14977	2319
湖北	4027	217	75451	18430	123	2892	13132	1514
湖南	13190	573	81650	21512	269	4873	22737	2250
广东	26084	1478	49714	21198	304	8130	33109	818
广西	5551	202	28028	10381	71	1204	6008	666
海南	176		4122	2551	13	26	609	77
重庆	1000	46	28008	7110	95	1040	9615	350
四川	6839	278	148701	25253	441	3470	31006	1528
贵州	2615	97	19328	10819	80	934	9963	377
云南	4581	275	45698	17350	128	1403	15716	405
西藏	120		1260	592	9	11	73	100
陕西	1820	78	54462	21160	100	2123	14563	423
甘肃	329	16	19947	5381	24	191	3215	318
青海	128		4921	2312	9	116	1218	63
宁夏	44		8200	4521	23	271	1879	24
新疆	1003	5	6441	5576	60	285	2760	237

4-7c 续表 22　　单位：人

地区 性别	57.工艺、美术品制作人员	58.文化教育、体育用品制作人员	59.工程施工人员	60.运输设备操作人员及有关人员	61.环境监测与废物处理人员	62.检验、计量人员	63.其他生产、运输设备操作人员及有关人员	七、不便分类的其他从业人员
男	**59404**	**6094**	**1301691**	**496233**	**3334**	**31648**	**275949**	**12097**
北京	110	135	7620	11424	38	738	3668	1
天津	656	238	4799	3905	43	156	1121	114
河北	1470	268	86241	47097	207	1174	15980	605
山西	308	17	27415	35505	104	902	9676	292
内蒙古	48	21	13837	10179	63	304	4649	228
辽宁	601	30	18810	15739	38	403	8377	156
吉林	41	6	7305	4258	38	89	2960	163
黑龙江	31	5	13450	6176	34	198	5635	125
上海	493	267	7207	6514	94	1066	5069	70
江苏	2733	641	136985	38645	481	4287	25285	711
浙江	6425	1047	72359	33423	295	3777	32821	216
安徽	1589	131	100102	22796	131	1123	10795	686
福建	5323	354	37047	19609	123	1061	10795	543
江西	6077	725	69210	17025	100	1710	14611	917
山东	3424	247	95403	36161	251	1527	13101	522
河南	2880	122	110529	24875	190	964	8903	1108
湖北	2254	123	66452	17358	76	1333	8410	964
湖南	6789	333	71398	20150	155	2136	14154	1315
广东	6478	829	44040	20285	210	3525	17457	492
广西	2369	116	24307	9645	48	561	3908	429
海南	108		3371	2298	6	13	361	45
重庆	461	27	23973	6681	59	382	5831	217
四川	3254	158	120773	23420	276	1472	18592	917
贵州	1411	48	16886	10229	44	549	6632	278
云南	2505	146	39419	15963	76	684	10688	263
西藏	82		951	496	6	8	59	39
陕西	980	48	48047	19775	70	1128	10137	285
甘肃	168	8	17154	4910	22	108	2347	199
青海	86		3986	2182	4	58	869	43
宁夏	19		7196	4271	16	103	1305	18
新疆	231	4	5419	5239	36	109	1753	136

4-7c 续表 23 单位：人

地区 性别	57.工艺、美术品制作人员	58.文化教育、体育用品制作人员	59.工程施工人员	60.运输设备操作人员及有关人员	61.环境监测与废物处理人员	62.检验、计量人员	63.其他生产、运输设备操作人员及有关人员	七、不便分类的其他从业人员
女	**95598**	**7829**	**173940**	**31739**	**1781**	**48824**	**175244**	**7573**
北京	126	141	721	456	21	817	1826	
天津	1161	156	261	165	21	276	506	43
河北	1374	193	5298	2077	89	1577	6612	306
山西	159	9	1384	975	48	1390	2593	87
内蒙古	18	10	1514	405	23	216	1634	79
辽宁	279	19	918	607	11	661	2207	52
吉林	41	4	856	234	22	111	923	85
黑龙江	48	7	1810	328	10	188	1768	45
上海	407	338	512	400	42	2189	3883	40
江苏	9861	1312	15368	4764	353	8443	21089	468
浙江	12682	2217	4599	1957	62	9459	25262	121
安徽	3358	242	15089	1925	59	1479	7570	323
福建	4163	372	6193	575	54	1823	9863	431
江西	8214	1018	11456	914	55	1899	12023	573
山东	9906	257	12478	2812	181	2321	8311	199
河南	3489	109	12924	1901	85	1175	6074	1211
湖北	1773	94	8999	1072	47	1559	4722	550
湖南	6401	240	10252	1362	114	2737	8583	935
广东	19606	649	5674	913	94	4605	15652	326
广西	3182	86	3721	736	23	643	2100	237
海南	68		751	253	7	13	248	32
重庆	539	19	4035	429	36	658	3784	133
四川	3585	120	27928	1833	165	1998	12414	611
贵州	1204	49	2442	590	36	385	3331	99
云南	2076	129	6279	1387	52	719	5028	142
西藏	38		309	96	3	3	14	61
陕西	840	30	6415	1385	30	995	4426	138
甘肃	161	8	2793	471	2	83	868	119
青海	42		935	130	5	58	349	20
宁夏	25		1004	250	7	168	574	6
新疆	772	1	1022	337	24	176	1007	101

4-8 全国分年龄、性别、职业中类的就业人口

单位：人

年龄组 性别	合计	一、国家机关、党群组织、企业、事业单位负责人	1.中国共产党中央委员会和地方各级组织负责人	2.国家机关及其工作机构负责人	3.民主党派和社会团体及其工作机构负责人	4.事业单位负责人	5.企业负责人	二、专业技术人员	6.科学研究人员
总计	**71547989**	**1268641**	**10764**	**107373**	**74297**	**81860**	**994347**	**4890941**	**48835**
16-19岁	2310082	4167	14	162	313	234	3444	53596	523
20-24岁	7931369	54001	145	2176	2796	1953	46931	516145	3886
25-29岁	7953554	130927	334	5792	4728	5148	114925	879686	8054
30-34岁	7905130	177101	831	11078	5984	8385	150823	819075	7442
35-39岁	9830485	228096	1496	17282	9508	12743	187067	799337	7291
40-44岁	10539896	236764	2118	21237	12359	15680	185370	696332	7025
45-49岁	8699909	216659	2626	24593	15629	17949	155862	572451	6513
50-54岁	5731203	119488	1693	14703	10563	11283	81246	305677	3666
55-59岁	5304269	77558	1194	9103	8366	7199	51696	179833	2814
60-64岁	2866047	16742	240	885	2677	824	12116	41575	874
65-69岁	1477246	4904	55	211	921	285	3432	17158	429
70-74岁	641266	1482	11	92	290	106	983	6496	195
75岁及以上	357533	752	7	59	163	71	452	3580	123
男	**39597282**	**949786**	**8988**	**85362**	**50356**	**60322**	**744758**	**2391016**	**29334**
16-19岁	1240355	2464	7	112	158	122	2065	20936	274
20-24岁	4143156	32553	72	1257	1284	1019	28921	205134	2121
25-29岁	4280916	85047	209	3586	2426	2839	75987	389658	4567
30-34岁	4305772	123739	609	7921	3326	5470	106413	370029	4343
35-39岁	5334779	166143	1209	13161	5753	8755	137265	375496	4265
40-44岁	5676683	178083	1764	16934	7983	11380	140022	341048	4057
45-49岁	4767226	169384	2278	20155	10730	13834	122387	296149	3966
50-54岁	3414673	101561	1471	12692	8324	9250	69824	191731	2477
55-59岁	3177006	69987	1095	8450	7104	6571	46767	145641	2173
60-64岁	1704217	14776	211	795	2222	699	10849	33427	566
65-69岁	918258	4218	48	177	714	235	3044	14031	294
70-74岁	413509	1237	10	75	214	92	846	5153	140
75岁及以上	220732	594	5	47	118	56	368	2583	91
女	**31950707**	**318855**	**1776**	**22011**	**23941**	**21538**	**249589**	**2499925**	**19501**
16-19岁	1069727	1703	7	50	155	112	1379	32660	249
20-24岁	3788213	21448	73	919	1512	934	18010	311011	1765
25-29岁	3672638	45880	125	2206	2302	2309	38938	490028	3487
30-34岁	3599358	53362	222	3157	2658	2915	44410	449046	3099
35-39岁	4495706	61953	287	4121	3755	3988	49802	423841	3026
40-44岁	4863213	58681	354	4303	4376	4300	45348	355284	2968
45-49岁	3932683	47275	348	4438	4899	4115	33475	276302	2547
50-54岁	2316530	17927	222	2011	2239	2033	11422	113946	1189
55-59岁	2127263	7571	99	653	1262	628	4929	34192	641
60-64岁	1161830	1966	29	90	455	125	1267	8148	308
65-69岁	558988	686	7	34	207	50	388	3127	135
70-74岁	227757	245	1	17	76	14	137	1343	55
75岁及以上	136801	158	2	12	45	15	84	997	32

4-8 续表 1

单位：人

年龄组 性别	7.工程技术人员	8.农业技术人员	9.飞机和船舶技术人员	10.卫生专业技术人员	11.经济业务人员	12.金融业务人员	13.法律专业人员	14.教学人员	15.文学艺术工作人员
总计	**1038710**	**65658**	**15842**	**678482**	**933343**	**346633**	**62947**	**1446111**	**108066**
16-19岁	17482	877	277	7987	8271	1520	175	11121	3031
20-24岁	138153	4401	1707	75081	106037	41546	3513	99662	23199
25-29岁	217740	6170	2413	114493	158549	67913	10079	235225	28636
30-34岁	165974	7341	1929	110898	153546	51162	10119	269471	17668
35-39岁	154627	9806	2529	110766	162115	62389	10401	245621	12405
40-44岁	135595	10680	2380	86612	140765	56198	10698	218563	9338
45-49岁	108393	9726	2061	73903	119624	42272	8623	179016	6978
50-54岁	56159	6420	1474	45157	49548	16138	5013	110236	3593
55-59岁	34014	5939	822	31862	24316	6122	3559	63306	2214
60-64岁	6913	2496	191	12288	6611	882	511	9005	608
65-69岁	2404	1142	35	6144	2759	298	173	2906	241
70-74岁	809	450	16	2287	826	105	53	1220	92
75岁及以上	447	210	8	1004	376	88	30	759	63
男	**789984**	**41425**	**12452**	**262176**	**275151**	**169574**	**41884**	**620854**	**66686**
16-19岁	11597	510	124	1003	2075	617	92	1571	1543
20-24岁	99543	2466	1005	13426	24315	17762	1531	21278	12551
25-29岁	162317	3695	1800	34863	40322	31492	4986	73447	17265
30-34岁	125499	4387	1438	40836	39196	23353	6023	101042	11194
35-39岁	116167	5881	2014	44076	43875	29178	6917	102946	8047
40-44岁	101657	6410	1924	35857	39883	27673	7636	99362	5940
45-49岁	84042	6116	1781	30085	36398	22554	6569	91268	4591
50-54岁	48425	4500	1364	21870	23348	10973	4185	66164	2774
55-59岁	31351	4390	774	22382	17383	4950	3262	53021	1933
60-64岁	6226	1771	180	9935	5114	649	465	7085	522
65-69岁	2132	846	31	5167	2314	238	153	2192	208
70-74岁	701	321	12	1861	670	81	43	939	77
75岁及以上	327	132	5	815	258	54	22	539	41
女	**248726**	**24233**	**3390**	**416306**	**658192**	**177059**	**21063**	**825257**	**41380**
16-19岁	5885	367	153	6984	6196	903	83	9550	1488
20-24岁	38610	1935	702	61655	81722	23784	1982	78384	10648
25-29岁	55423	2475	613	79630	118227	36421	5093	161778	11371
30-34岁	40475	2954	491	70062	114350	27809	4096	168429	6474
35-39岁	38460	3925	515	66690	118240	33211	3484	142675	4358
40-44岁	33938	4270	456	50755	100882	28525	3062	119201	3398
45-49岁	24351	3610	280	43818	83226	19718	2054	87748	2387
50-54岁	7734	1920	110	23287	26200	5165	828	44072	819
55-59岁	2663	1549	48	9480	6933	1172	297	10285	281
60-64岁	687	725	11	2353	1497	233	46	1920	86
65-69岁	272	296	4	977	445	60	20	714	33
70-74岁	108	129	4	426	156	24	10	281	15
75岁及以上	120	78	3	189	118	34	8	220	22

4-8 续表 2

单位：人

年龄组 性 别	16.体育工作人员	17.新闻出版、文化工作人员	18.宗教职业者	19.其他专业技术人员	三、办事人员和有关人员	20.行政办公人员	21.安全保卫和消防人员	22.邮政和电信业务人员	23.其他办事人员和有关人员
总 计	**4326**	**88814**	**12857**	**40317**	**3093184**	**1848112**	**836196**	**160578**	**248298**
16-19岁	257	474	671	930	39405	14189	19786	3019	2411
20-24岁	758	10810	1251	6141	315153	173054	88731	28878	24490
25-29岁	763	20572	1499	7580	458888	294012	92865	34979	37032
30-34岁	572	15146	1674	6133	433129	284385	86051	26904	35789
35-39岁	510	12997	1806	6074	460907	297578	99312	24305	39712
40-44岁	463	10891	1780	5344	432645	271958	103556	18740	38391
45-49岁	447	9570	1177	4148	414793	257443	108447	13939	34964
50-54岁	333	5116	589	2235	269843	148110	96835	5875	19023
55-59岁	189	2727	631	1318	188832	91849	81483	3054	12446
60-64岁	24	323	571	278	47572	10655	33792	524	2601
65-69岁	7	118	409	93	21215	2990	17056	207	962
70-74岁	2	43	372	26	7847	1108	6333	86	320
75岁及以上	1	27	427	17	2955	781	1949	68	157
男	**2883**	**40344**	**9869**	**28400**	**2072499**	**1083273**	**752938**	**90057**	**146231**
16-19岁	155	187	583	605	25201	4553	18158	1371	1119
20-24岁	469	3614	1033	4020	168331	64396	80372	12522	11041
25-29岁	491	8116	1205	5092	255597	136725	82700	17477	18695
30-34岁	393	6730	1286	4309	266567	155560	75757	15361	19889
35-39岁	340	6159	1412	4219	301454	177073	86896	14720	22765
40-44岁	297	5162	1399	3791	291563	167917	89923	11501	22222
45-49岁	288	4649	889	2953	292184	167023	94940	8943	21278
50-54岁	243	3084	428	1896	224728	113952	91246	4738	14792
55-59岁	176	2231	447	1168	174515	82977	77791	2708	11039
60-64岁	22	264	399	229	43238	9103	31528	436	2171
65-69岁	6	94	269	87	19394	2503	15895	165	831
70-74岁	2	34	253	19	7173	882	5962	70	259
75岁及以上	1	20	266	12	2554	609	1770	45	130
女	**1443**	**48470**	**2988**	**11917**	**1020685**	**764839**	**83258**	**70521**	**102067**
16-19岁	102	287	88	325	14204	9636	1628	1648	1292
20-24岁	289	7196	218	2121	146822	108658	8359	16356	13449
25-29岁	272	12456	294	2488	203291	157287	10165	17502	18337
30-34岁	179	8416	388	1824	166562	128825	10294	11543	15900
35-39岁	170	6838	394	1855	159453	120505	12416	9585	16947
40-44岁	166	5729	381	1553	141082	104041	13633	7239	16169
45-49岁	159	4921	288	1195	122609	90420	13507	4996	13686
50-54岁	90	2032	161	339	45115	34158	5589	1137	4231
55-59岁	13	496	184	150	14317	8872	3692	346	1407
60-64岁	2	59	172	49	4334	1552	2264	88	430
65-69岁	1	24	140	6	1821	487	1161	42	131
70-74岁		9	119	7	674	226	371	16	61
75岁及以上		7	161	5	401	172	179	23	27

4-8 续表 3　　　　单位：人

年龄组 性别	四、商业、服务业人员	24.购销人员	25.仓储人员	26.餐饮服务人员	27.饭店、旅游及健身娱乐场所服务人员	28.运输服务人员	29.医疗卫生辅助服务人员	30.社会服务和居民生活服务人员	31.其他商业、服务业人员
总　计	**11572490**	**6764621**	**399299**	**1460051**	**450970**	**661233**	**41712**	**1567991**	**226613**
16-19岁	409571	193173	10459	101082	34516	9062	660	53780	6839
20-24岁	1617184	945796	52909	247782	100687	61356	4767	174008	29879
25-29岁	1659658	1047256	54057	197124	72366	86328	6254	164707	31566
30-34岁	1593637	1005980	51916	180395	56046	98529	6149	164986	29636
35-39岁	1825578	1112018	61634	210477	58279	121903	6403	219687	35177
40-44岁	1748375	1010622	61401	206969	54722	115001	5621	259652	34387
45-49岁	1333637	728829	52672	159532	40633	89777	5021	230649	26524
50-54岁	671496	348779	27884	78677	17925	47096	2982	133414	14739
55-59岁	446801	229813	18145	51400	10531	25301	2267	98784	10560
60-64岁	163157	85165	5368	17924	3446	4870	935	41232	4217
65-69岁	66019	35368	2002	6036	1218	1332	433	17547	2083
70-74岁	24558	14157	602	1734	390	420	153	6448	654
75岁及以上	12819	7665	250	919	211	258	67	3097	352
男	**5584497**	**3147721**	**231464**	**684237**	**159725**	**534472**	**16445**	**684655**	**125778**
16-19岁	183190	73918	6297	51321	12986	6810	123	27727	4008
20-24岁	715596	372380	31306	125483	35567	46885	980	87471	15524
25-29岁	785648	456625	31336	102970	25903	68648	1949	81534	16683
30-34岁	754907	448228	28031	89802	19019	80088	2334	71541	15864
35-39岁	849066	505586	31293	92309	18442	98170	2469	82423	18374
40-44岁	800207	475549	30722	79770	16552	90890	2230	86490	18004
45-49岁	630017	361633	27824	60976	13455	71023	1919	78824	14363
50-54岁	401440	210334	21849	38245	8699	42222	1564	68468	10059
55-59岁	288695	148492	15690	27959	5902	23594	1614	57740	7704
60-64岁	105275	55920	4633	10150	2028	4397	724	24422	3001
65-69岁	44732	23982	1770	3653	790	1182	358	11549	1448
70-74岁	17332	9946	514	1092	261	349	127	4552	491
75岁及以上	8392	5128	199	507	121	214	54	1914	255
女	**5987993**	**3616900**	**167835**	**775814**	**291245**	**126761**	**25267**	**883336**	**100835**
16-19岁	226381	119255	4162	49761	21530	2252	537	26053	2831
20-24岁	901588	573416	21603	122299	65120	14471	3787	86537	14355
25-29岁	874010	590631	22721	94154	46463	17680	4305	83173	14883
30-34岁	838730	557752	23885	90593	37027	18441	3815	93445	13772
35-39岁	976512	606432	30341	118168	39837	23733	3934	137264	16803
40-44岁	948168	535073	30679	127199	38170	24111	3391	173162	16383
45-49岁	703620	367196	24848	98556	27178	18754	3102	151825	12161
50-54岁	270056	138445	6035	40432	9226	4874	1418	64946	4680
55-59岁	158106	81321	2455	23441	4629	1707	653	41044	2856
60-64岁	57882	29245	735	7774	1418	473	211	16810	1216
65-69岁	21287	11386	232	2383	428	150	75	5998	635
70-74岁	7226	4211	88	642	129	71	26	1896	163
75岁及以上	4427	2537	51	412	90	44	13	1183	97

4-8 续表 4

单位：人

年龄组 性别	五、农、林、牧、渔、水利业生产人员	32.种植业生产人员	33.林业生产及野生动植物保护人员	34.畜牧业生产人员	35.渔业生产人员	36.水利设施管理养护人员	37.其他农、林、牧、渔、水利业生产人员	六、生产、运输设备操作人员及有关人员	38.勘测及矿物开采人员
总计	**34565439**	**32707766**	**174671**	**1289259**	**347040**	**27920**	**18783**	**16087734**	**451480**
16-19岁	1041882	991200	3757	38539	7656	409	321	759294	5957
20-24岁	3018859	2872251	11705	105590	26182	1598	1533	2402496	38862
25-29岁	2708843	2558201	13124	106253	27229	2304	1732	2107557	48099
30-34岁	2776305	2611036	15679	114136	30226	3157	2071	2097571	57442
35-39岁	3899404	3663288	24423	158517	46053	4125	2998	2606047	86869
40-44岁	4830876	4546289	30677	186243	59464	4640	3563	2583442	92830
45-49岁	4352780	4097607	27295	166304	54497	4408	2669	1800546	67419
50-54岁	3450209	3265698	17985	122604	39155	3008	1759	909204	32727
55-59岁	3835181	3649786	15932	132437	33165	2475	1386	572102	15818
60-64岁	2422774	2319103	7797	79671	14748	960	495	172714	3658
65-69岁	1314221	1259209	3851	44713	5783	500	165	53019	1163
70-74岁	585330	560026	1607	21341	2071	218	67	15241	365
75岁及以上	328775	314072	839	12911	811	118	24	8501	271
男	**17554298**	**16612451**	**117343**	**555821**	**233641**	**19173**	**15869**	**11001695**	**395467**
16-19岁	567747	539725	2552	19754	5189	260	267	439513	5127
20-24岁	1483745	1406266	7735	49800	17675	985	1284	1533282	33768
25-29岁	1333321	1253339	8751	49692	18568	1510	1461	1426734	41800
30-34岁	1367087	1281677	10321	51164	20085	2111	1729	1418513	49618
35-39岁	1891512	1774473	15923	66221	29719	2678	2498	1744519	74577
40-44岁	2321636	2182666	19804	75129	38004	3045	2988	1737424	80548
45-49岁	2092782	1967081	17861	67122	35522	2955	2241	1281148	59789
50-54岁	1751205	1656239	12576	51421	27069	2329	1571	740160	30648
55-59岁	2013652	1920732	11409	54308	24003	1988	1212	481408	14794
60-64岁	1365140	1312975	5642	34290	11108	711	414	141241	3278
65-69岁	793776	765653	2884	20260	4481	360	138	41563	1007
70-74岁	371552	358073	1244	10440	1593	153	49	10828	301
75岁及以上	201143	193552	641	6220	625	88	17	5362	212
女	**17011141**	**16095315**	**57328**	**733438**	**113399**	**8747**	**2914**	**5086039**	**56013**
16-19岁	474135	451475	1205	18785	2467	149	54	319781	830
20-24岁	1535114	1465985	3970	55790	8507	613	249	869214	5094
25-29岁	1375522	1304862	4373	56561	8661	794	271	680823	6299
30-34岁	1409218	1329359	5358	62972	10141	1046	342	679058	7824
35-39岁	2007892	1888815	8500	92296	16334	1447	500	861528	12292
40-44岁	2509240	2363623	10873	111114	21460	1595	575	846018	12282
45-49岁	2259998	2130526	9434	99182	18975	1453	428	519398	7630
50-54岁	1699004	1609459	5409	71183	12086	679	188	169044	2079
55-59岁	1821529	1729054	4523	78129	9162	487	174	90694	1024
60-64岁	1057634	1006128	2155	45381	3640	249	81	31473	380
65-69岁	520445	493556	967	24453	1302	140	27	11456	156
70-74岁	213778	201953	363	10901	478	65	18	4413	64
75岁及以上	127632	120520	198	6691	186	30	7	3139	59

4-8 续表 5

单位：人

年龄组 性别	39.金属冶炼、轧制人员	40.化工产品生产人员	41.机械制造加工人员	42.机电产品装配人员	43.机械设备修理人员	44.电力设备安装、运行、检修及供电人员	45.电子元器件与设备制造、装配、调试及维修人员	46.橡胶和塑料制品生产人员	47.纺织、针织、印染人员
总 计	**328358**	**290894**	**1098265**	**788563**	**520905**	**486190**	**704136**	**274279**	**658614**
16-19岁	10416	8039	56043	62945	27698	10359	100844	17653	40916
20-24岁	46817	37350	191007	172583	89467	53749	236049	48985	115430
25-29岁	43896	37078	152478	125617	77468	59394	128819	40120	90043
30-34岁	44238	38762	146127	106566	71183	66489	82212	36940	86943
35-39岁	56040	51144	172560	112381	76792	86483	67990	41842	106894
40-44岁	54497	51366	163896	97731	68158	82391	47572	39339	106622
45-49岁	38152	35356	110537	61384	51488	64333	24646	25513	65891
50-54岁	19484	17804	57577	27787	32473	37367	8893	11986	24812
55-59岁	11035	10021	34650	16052	19727	20952	4879	7889	13534
60-64岁	2671	2693	8941	3788	4281	3383	1327	2625	4790
65-69岁	716	835	2930	1127	1433	905	498	918	1629
70-74岁	240	288	1017	365	496	245	179	287	702
75岁及以上	156	158	502	237	241	140	228	182	408
男	**257997**	**181284**	**825864**	**487707**	**463884**	**413384**	**361147**	**149915**	**202804**
16-19岁	8234	4726	44403	36605	25929	8794	44148	9768	13664
20-24岁	38291	23589	155947	110230	81761	46145	119303	28957	37419
25-29岁	35163	23769	119754	81425	68974	50458	72392	24017	29865
30-34岁	34019	23343	108825	65205	62303	55086	43861	20524	26517
35-39岁	41977	29704	121039	64574	66244	70588	33954	21001	29355
40-44岁	40744	29607	111423	54365	58393	67819	22921	18116	26987
45-49岁	29540	22191	77587	37175	45163	54600	13268	12597	18505
50-54岁	17000	13651	46936	21133	30417	35282	6167	7309	10408
55-59岁	9764	7874	29363	12963	18731	20234	3624	5149	6608
60-64岁	2348	1983	7171	2828	4001	3228	950	1668	2294
65-69岁	611	575	2297	819	1306	831	328	553	746
70-74岁	185	178	774	235	450	207	107	164	285
75岁及以上	121	94	345	150	212	112	124	92	151
女	**70361**	**109610**	**272401**	**300856**	**57021**	**72806**	**342989**	**124364**	**455810**
16-19岁	2182	3313	11640	26340	1769	1565	56696	7885	27252
20-24岁	8526	13761	35060	62353	7706	7604	116746	20028	78011
25-29岁	8733	13309	32724	44192	8494	8936	56427	16103	60178
30-34岁	10219	15419	37302	41361	8880	11403	38351	16416	60426
35-39岁	14063	21440	51521	47807	10548	15895	34036	20841	77539
40-44岁	13753	21759	52473	43366	9765	14572	24651	21223	79635
45-49岁	8612	13165	32950	24209	6325	9733	11378	12916	47386
50-54岁	2484	4153	10641	6654	2056	2085	2726	4677	14404
55-59岁	1271	2147	5287	3089	996	718	1255	2740	6926
60-64岁	323	710	1770	960	280	155	377	957	2496
65-69岁	105	260	633	308	127	74	170	365	883
70-74岁	55	110	243	130	46	38	72	123	417
75岁及以上	35	64	157	87	29	28	104	90	257

4-8 续表 6

单位：人

年龄组 性别	48.裁剪、缝纫和皮革制品加工制作人员	49.粮油、食品、饮料生产加工及饲料生产加工人员	50.烟草及其制品加工人员	51.药品生产人员	52.木材加工、人造板生产、木制品制作及制浆、造纸和纸制品生产加工人员	53.建筑材料生产加工人员	54.玻璃、陶瓷、搪瓷及其制品生产加工人员	55.广播影视制品制作、播放及文物保护作业人员	56.印刷人员
总计	**1789208**	**409440**	**17055**	**53972**	**719890**	**337662**	**180559**	**22222**	**115027**
16-19岁	151100	15039	219	1371	23939	8721	8495	476	7290
20-24岁	388549	51180	1212	8120	85008	32804	27422	2928	21559
25-29岁	288535	45630	1730	8456	80528	32898	24982	3980	18982
30-34岁	253438	47143	2228	7956	83543	37904	24986	3550	16764
35-39岁	272932	63564	3519	9000	115283	56590	30417	3251	17402
40-44岁	229514	71093	3572	8370	132771	64479	28829	2854	14676
45-49岁	127604	54162	2686	6193	98681	48666	19158	2474	10435
50-54岁	41830	28232	1066	2725	47827	27088	8854	1485	4539
55-59岁	22456	20861	586	1362	33497	19458	5252	907	2401
60-64岁	7947	7877	146	283	12606	6475	1494	207	645
65-69岁	3012	3067	56	81	4190	1934	450	68	222
70-74岁	1248	1094	22	35	1281	465	145	27	68
75岁及以上	1043	498	13	20	736	180	75	15	44
男	**606813**	**227433**	**9880**	**28632**	**526167**	**261212**	**103433**	**13276**	**65553**
16-19岁	55662	8074	105	681	17291	6984	5192	247	4348
20-24岁	143289	28177	730	4358	61009	25653	16937	1549	13214
25-29岁	108039	25681	1054	4566	58150	25326	14974	2215	11776
30-34岁	88636	25476	1250	4051	59305	28364	13859	2017	9697
35-39岁	85525	32999	1880	4375	80897	41554	15826	1885	9022
40-44岁	61928	36393	1875	4016	94421	47705	14639	1717	7038
45-49岁	34588	29202	1582	3109	73725	37273	10338	1512	5080
50-54岁	14570	18064	792	2057	38404	22980	6025	1103	2999
55-59岁	9126	14357	456	1127	27629	17249	4001	780	1732
60-64岁	3364	5619	98	204	10382	5829	1158	171	425
65-69岁	1272	2241	37	52	3362	1743	329	51	155
70-74岁	455	811	12	25	1028	411	103	17	42
75岁及以上	359	339	9	11	564	141	52	12	25
女	**1182395**	**182007**	**7175**	**25340**	**193723**	**76450**	**77126**	**8946**	**49474**
16-19岁	95438	6965	114	690	6648	1737	3303	229	2942
20-24岁	245260	23003	482	3762	23999	7151	10485	1379	8345
25-29岁	180496	19949	676	3890	22378	7572	10008	1765	7206
30-34岁	164802	21667	978	3905	24238	9540	11127	1533	7067
35-39岁	187407	30565	1639	4625	34386	15036	14591	1366	8380
40-44岁	167586	34700	1697	4354	38350	16774	14190	1137	7638
45-49岁	93016	24960	1104	3084	24956	11393	8820	962	5355
50-54岁	27260	10168	274	668	9423	4108	2829	382	1540
55-59岁	13330	6504	130	235	5868	2209	1251	127	669
60-64岁	4583	2258	48	79	2224	646	336	36	220
65-69岁	1740	826	19	29	828	191	121	17	67
70-74岁	793	283	10	10	253	54	42	10	26
75岁及以上	684	159	4	9	172	39	23	3	19

4-8 续表 7

单位：人

年龄组 性别	57.工艺、美术品制作人员	58.文化教育、体育用品制作人员	59.工程施工人员	60.运输设备操作人员及有关人员	61.环境监测与废物处理人员	62.检验、计量人员	63.其他生产、运输设备操作人员及有关人员	七、不便分类的其他从业人员
总　计	**330770**	**37253**	**2910245**	**1844310**	**23087**	**384625**	**1310725**	**69560**
16-19岁	23423	2643	73824	24234	289	21001	56360	2167
20-24岁	62526	7247	284468	162738	1727	78101	156608	7531
25-29岁	50727	5607	289046	249071	2523	65889	135961	7995
30-34岁	43917	5170	332892	297134	2695	54113	147236	8312
35-39岁	48634	5570	494427	361425	3602	56776	204660	11116
40-44岁	44109	5059	570918	322769	4133	50026	225868	11462
45-49岁	27486	3149	414002	232548	3434	35291	169858	9043
50-54岁	13060	1291	221207	122313	2125	13872	100780	5286
55-59岁	9650	879	158525	59191	1585	7479	73456	3962
60-64岁	4142	369	53017	9514	612	1450	27773	1513
65-69岁	1785	174	14118	2257	236	402	8813	710
70-74岁	778	60	2593	630	88	141	2382	312
75岁及以上	533	35	1208	486	38	84	970	151
男	**139892**	**17286**	**2552909**	**1714729**	**14668**	**162338**	**818021**	**43491**
16-19岁	10836	1215	65811	21995	194	6628	32852	1304
20-24岁	29357	3726	250988	150503	1172	32203	95007	4515
25-29岁	24588	2948	252080	233088	1623	30226	82783	4911
30-34岁	19939	2444	286165	276636	1654	22457	87262	4930
35-39岁	19385	2268	420246	333561	2101	21402	118580	6589
40-44岁	15596	1952	490854	296627	2367	18173	131200	6722
45-49岁	9591	1247	365685	215486	2049	14602	105664	5562
50-54岁	4756	692	204661	117870	1544	9273	75419	3848
55-59岁	3424	474	149563	57149	1239	5860	58138	3108
60-64岁	1385	191	50350	8881	466	1066	21903	1120
65-69岁	598	87	13235	2000	169	304	6855	544
70-74岁	251	25	2319	534	65	99	1745	234
75岁及以上	186	17	952	399	25	45	613	104
女	**190878**	**19967**	**357336**	**129581**	**8419**	**222287**	**492704**	**26069**
16-19岁	12587	1428	8013	2239	95	14373	23508	863
20-24岁	33169	3521	33480	12235	555	45898	61601	3016
25-29岁	26139	2659	36966	15983	900	35663	53178	3084
30-34岁	23978	2726	46727	20498	1041	31656	59974	3382
35-39岁	29249	3302	74181	27864	1501	35374	86080	4527
40-44岁	28513	3107	80064	26142	1766	31853	94668	4740
45-49岁	17895	1902	48317	17062	1385	20689	64194	3481
50-54岁	8304	599	16546	4443	581	4599	25361	1438
55-59岁	6226	405	8962	2042	346	1619	15318	854
60-64岁	2757	178	2667	633	146	384	5870	393
65-69岁	1187	87	883	257	67	98	1958	166
70-74岁	527	35	274	96	23	42	637	78
75岁及以上	347	18	256	87	13	39	357	47

4-8a 全国分年龄、性别、职业中类的就业人口(城市)

单位：人

年龄组 性别	合计	一、国家机关、党群组织、企业、事业单位负责人	1.中国共产党中央委员会和地方各级组织负责人	2.国家机关及其工作机构负责人	3.民主党派和社会团体及其工作机构负责人	4.事业单位负责人	5.企业负责人	二、专业技术人员	6.科学研究人员
总计	**19206276**	**797308**	**3727**	**53012**	**25001**	**47488**	**668080**	**2998416**	**32353**
16-19岁	541110	1986		34	39	87	1826	22189	107
20-24岁	2375742	32746	27	805	794	1010	30110	303836	2093
25-29岁	2859229	91149	79	2691	1806	3128	83445	590278	6104
30-34岁	2770292	121475	218	4805	2307	4812	109333	524428	5537
35-39岁	3107213	149707	428	7901	3542	7377	130459	501449	5019
40-44岁	2917200	144965	630	10092	4184	8846	121213	423890	4554
45-49岁	2328952	128838	954	12341	5309	10215	100019	347580	4477
50-54岁	1235906	71136	733	8125	3513	6833	51932	170654	2361
55-59岁	759853	45248	582	5565	2672	4562	31867	89801	1626
60-64岁	196960	7229	65	489	590	407	5678	14652	241
65-69岁	73915	1950	10	93	182	139	1526	5776	113
70-74岁	26233	586	1	44	36	39	466	2483	67
75岁及以上	13671	293		27	27	33	206	1400	54
男	**11063430**	**580269**	**3007**	**40935**	**14670**	**33415**	**488242**	**1403015**	**19831**
16-19岁	278523	1169		26	18	43	1082	8340	56
20-24岁	1238236	19189	7	463	317	527	17875	121826	1189
25-29岁	1545412	57662	57	1575	834	1656	53540	262196	3448
30-34岁	1536286	82728	147	3289	1086	2958	75248	232645	3281
35-39岁	1741310	106045	317	5686	1783	4749	93510	224491	2982
40-44岁	1644469	105983	500	7686	2208	5997	89592	195260	2679
45-49岁	1375957	98056	788	9713	2985	7482	77088	168620	2788
50-54岁	893810	59752	600	6808	2535	5373	44436	100987	1649
55-59岁	590579	40950	524	5117	2215	4119	28975	70494	1373
60-64岁	138483	6340	58	434	493	338	5017	10977	185
65-69岁	52466	1680	8	81	148	113	1330	4395	96
70-74岁	18711	488	1	37	28	35	387	1832	59
75岁及以上	9188	227		20	20	25	162	952	46
女	**8142846**	**217039**	**720**	**12077**	**10331**	**14073**	**179838**	**1595401**	**12522**
16-19岁	262587	817		8	21	44	744	13849	51
20-24岁	1137506	13557	20	342	477	483	12235	182010	904
25-29岁	1313817	33487	22	1116	972	1472	29905	328082	2656
30-34岁	1234006	38747	71	1516	1221	1854	34085	291783	2256
35-39岁	1365903	43662	111	2215	1759	2628	36949	276958	2037
40-44岁	1272731	38982	130	2406	1976	2849	31621	228630	1875
45-49岁	952995	30782	166	2628	2324	2733	22931	178960	1689
50-54岁	342096	11384	133	1317	978	1460	7496	69667	712
55-59岁	169274	4298	58	448	457	443	2892	19307	253
60-64岁	58477	889	7	55	97	69	661	3675	56
65-69岁	21449	270	2	12	34	26	196	1381	17
70-74岁	7522	98		7	8	4	79	651	8
75岁及以上	4483	66		7	7	8	44	448	8

4-8a 续表 1

单位：人

年龄组 性 别	7.工程技术人员	8.农业技术人员	9.飞机和船舶技术人员	10.卫生专业技术人员	11.经济业务人员	12.金融业务人员	13.法律专业人员	14.教学人员	15.文学艺术工作人员
总 计	**716130**	**19501**	**8360**	**384302**	**636561**	**255182**	**45135**	**712990**	**83024**
16-19岁	7036	114	62	3703	3378	872	77	4228	1717
20-24岁	84313	1084	703	42914	62634	30347	2201	47571	17446
25-29岁	164152	2046	1400	71304	113370	54328	7650	122991	23518
30-34岁	123160	2309	1105	63309	111430	39994	7736	137884	14375
35-39岁	107144	3050	1339	62252	116704	46346	7588	127051	9493
40-44岁	90246	3389	1242	49090	97486	38893	7510	111683	6719
45-49岁	74129	3270	1132	44244	81897	28875	5986	87200	5029
50-54岁	38616	2071	866	25784	32070	10961	3450	45541	2705
55-59岁	22238	1522	441	15257	13712	3951	2483	23577	1547
60-64岁	3218	416	46	3414	2556	412	309	3272	284
65-69岁	1166	140	14	1792	903	109	97	1128	114
70-74岁	478	66	7	842	268	44	32	533	45
75岁及以上	234	24	3	397	153	50	16	331	32
男	**541632**	**12099**	**7022**	**127171**	**166178**	**123209**	**29080**	**270765**	**51287**
16-19岁	4637	66	39	391	805	351	43	520	899
20-24岁	60999	625	508	6519	13459	13067	926	9764	9351
25-29岁	121784	1221	1134	19096	26901	25172	3606	35136	14045
30-34岁	93052	1359	884	20860	26092	18338	4444	46246	9121
35-39岁	79991	1802	1132	21602	28543	21586	4926	47417	6258
40-44岁	66570	1890	1024	17731	24601	18805	5209	45309	4402
45-49岁	56235	1955	994	15926	21169	14906	4450	40659	3345
50-54岁	33039	1496	812	10813	13000	7355	2832	23730	2102
55-59岁	20736	1219	429	9723	9021	3203	2244	18314	1365
60-64岁	2939	292	45	2353	1672	290	276	2304	243
65-69岁	1042	106	11	1292	652	76	87	784	96
70-74岁	425	48	7	586	175	33	25	366	41
75岁及以上	183	20	3	279	88	27	12	216	19
女	**174498**	**7402**	**1338**	**257131**	**470383**	**131973**	**16055**	**442225**	**31737**
16-19岁	2399	48	23	3312	2573	521	34	3708	818
20-24岁	23314	459	195	36395	49175	17280	1275	37807	8095
25-29岁	42368	825	266	52208	86469	29156	4044	87855	9473
30-34岁	30108	950	221	42449	85338	21656	3292	91638	5254
35-39岁	27153	1248	207	40650	88161	24760	2662	79634	3235
40-44岁	23676	1499	218	31359	72885	20088	2301	66374	2317
45-49岁	17894	1315	138	28318	60728	13969	1536	46541	1684
50-54岁	5577	575	54	14971	19070	3606	618	21811	603
55-59岁	1502	303	12	5534	4691	748	239	5263	182
60-64岁	279	124	1	1061	884	122	33	968	41
65-69岁	124	34	3	500	251	33	10	344	18
70-74岁	53	18		256	93	11	7	167	4
75岁及以上	51	4		118	65	23	4	115	13

4-8a 续表 2 单位: 人

年龄组 性别	16.体育工作人员	17.新闻出版、文化工作人员	18.宗教职业者	19.其他专业技术人员	三、办事人员和有关人员	20.行政办公人员	21.安全保卫和消防人员	22.邮政和电信业务人员	23.其他办事人员和有关人员
总 计	**3483**	**73712**	**2475**	**25208**	**2077914**	**1304365**	**513701**	**104310**	**155538**
16-19岁	190	276	63	366	21351	9132	9464	1643	1112
20-24岁	583	8283	181	3483	203113	122847	47819	18031	14416
25-29岁	597	17391	231	5196	325762	221017	56136	23845	24764
30-34岁	455	12796	296	4042	298462	202500	54668	18106	23188
35-39岁	417	10856	386	3804	311905	206865	64617	15624	24799
40-44岁	371	9047	424	3236	290677	187084	68076	11898	23619
45-49岁	383	7974	286	2698	283830	178573	73823	9073	22361
50-54岁	297	4353	143	1436	186041	103631	66564	3811	12035
55-59岁	161	2351	155	780	123846	64218	50088	1931	7609
60-64岁	21	249	104	110	21197	6036	13862	199	1100
65-69岁	5	84	71	40	7920	1505	5995	82	338
70-74岁	2	33	55	11	2713	561	1991	32	129
75岁及以上	1	19	80	6	1097	396	598	35	68
男	**2285**	**33086**	**1779**	**17591**	**1340405**	**734597**	**459682**	**57633**	**88493**
16-19岁	117	111	56	249	12707	2720	8698	783	506
20-24岁	344	2687	146	2242	100377	42981	43218	7875	6303
25-29岁	376	6698	175	3404	170616	97229	49536	11905	11946
30-34岁	308	5581	224	2855	176139	105891	47704	10179	12365
35-39岁	274	5095	268	2615	197437	118509	56006	9224	13698
40-44岁	233	4234	303	2270	190266	111533	58555	7024	13154
45-49岁	242	3867	205	1879	194744	112038	64025	5598	13083
50-54岁	213	2603	103	1240	153915	78574	62992	3050	9299
55-59岁	150	1907	105	705	114664	57986	48141	1729	6808
60-64岁	20	199	76	83	19120	5146	12905	165	904
65-69岁	5	66	45	37	7137	1258	5537	57	285
70-74岁	2	24	33	8	2384	433	1835	24	92
75岁及以上	1	14	40	4	899	299	530	20	50
女	**1198**	**40626**	**696**	**7617**	**737509**	**569768**	**54019**	**46677**	**67045**
16-19岁	73	165	7	117	8644	6412	766	860	606
20-24岁	239	5596	35	1241	102736	79866	4601	10156	8113
25-29岁	221	10693	56	1792	155146	123788	6600	11940	12818
30-34岁	147	7215	72	1187	122323	96609	6964	7927	10823
35-39岁	143	5761	118	1189	114468	88356	8611	6400	11101
40-44岁	138	4813	121	966	100411	75551	9521	4874	10465
45-49岁	141	4107	81	819	89086	66535	9798	3475	9278
50-54岁	84	1750	40	196	32126	25057	3572	761	2736
55-59岁	11	444	50	75	9182	6232	1947	202	801
60-64岁	1	50	28	27	2077	890	957	34	196
65-69岁		18	26	3	783	247	458	25	53
70-74岁		9	22	3	329	128	156	8	37
75岁及以上		5	40	2	198	97	68	15	18

4-8a 续表 3

单位：人

年龄组 性别	四、商业、服务业人员	24.购销人员	25.仓储人员	26.餐饮服务人员	27.饭店、旅游及健身娱乐场所服务人员	28.运输服务人员	29.医疗卫生辅助服务人员	30.社会服务和居民生活服务人员	31.其他商业、服务业人员
总　计	**6125032**	**3616627**	**247340**	**679332**	**244293**	**328330**	**21200**	**872313**	**115597**
16-19岁	186159	86007	5698	49062	16937	2559	302	23128	2466
20-24岁	842736	507137	31454	120228	57099	24826	2496	85122	14374
25-29岁	943246	622319	34398	93696	41880	41008	3500	89081	17364
30-34岁	898394	589238	32950	85459	31085	47975	3071	92466	16150
35-39岁	993339	617627	38740	98308	31130	59716	3194	126053	18571
40-44岁	924852	527658	38608	95867	28666	57802	2914	155464	17873
45-49岁	718966	373187	34564	75590	21968	50657	2816	145853	14331
50-54岁	340138	163145	17645	34745	9150	27437	1539	78828	7649
55-59岁	196701	90846	10424	19553	4627	13908	959	51655	4729
60-64岁	53397	25480	1943	4956	1184	1749	231	16521	1333
65-69岁	18120	8914	639	1339	377	427	114	5804	506
70-74岁	5928	3255	188	331	104	149	43	1685	173
75岁及以上	3056	1814	89	198	86	117	21	653	78
男	**2925412**	**1674175**	**139861**	**335343**	**88311**	**255211**	**6999**	**362517**	**62995**
16-19岁	84841	33270	3546	26507	6497	1743	53	11728	1497
20-24岁	373402	201865	19047	64530	20958	17248	460	42093	7201
25-29岁	443840	272769	20060	51611	15649	30244	935	43589	8983
30-34岁	422217	262584	17511	45152	10818	37267	987	39395	8503
35-39岁	455168	279396	18881	45580	9897	46045	1021	44789	9559
40-44岁	412562	246502	18116	38156	8570	43961	980	47160	9117
45-49岁	332072	184558	17162	29779	7192	38551	896	46332	7602
50-54岁	213494	103816	13947	18349	4794	24857	749	41578	5404
55-59岁	134901	62687	9162	11663	2879	13133	646	31121	3610
60-64岁	34559	17273	1663	2867	707	1564	146	9365	974
65-69岁	12303	6110	547	840	240	377	80	3742	367
70-74岁	4106	2224	152	200	67	126	31	1186	120
75岁及以上	1947	1121	67	109	43	95	15	439	58
女	**3199620**	**1942452**	**107479**	**343989**	**155982**	**73119**	**14201**	**509796**	**52602**
16-19岁	101318	52737	2152	22555	10440	816	249	11400	969
20-24岁	469334	305272	12407	55698	36141	7578	2036	43029	7173
25-29岁	499406	349550	14338	42085	26231	10764	2565	45492	8381
30-34岁	476177	326654	15439	40307	20267	10708	2084	53071	7647
35-39岁	538171	338231	19859	52728	21233	13671	2173	81264	9012
40-44岁	512290	281156	20492	57711	20096	13841	1934	108304	8756
45-49岁	386894	188629	17402	45811	14776	12106	1920	99521	6729
50-54岁	126644	59329	3698	16396	4356	2580	790	37250	2245
55-59岁	61800	28159	1262	7890	1748	775	313	20534	1119
60-64岁	18838	8207	280	2089	477	185	85	7156	359
65-69岁	5817	2804	92	499	137	50	34	2062	139
70-74岁	1822	1031	36	131	37	23	12	499	53
75岁及以上	1109	693	22	89	43	22	6	214	20

4-8a 续表 4

单位：人

年龄组 性别	五、农、林、牧、渔、水利业生产人员	32.种植业生产人员	33.林业生产及野生动植物保护人员	34.畜牧业生产人员	35.渔业生产人员	36.水利设施管理养护人员	37.其他农、林、牧、渔、水利业生产人员	六、生产、运输设备操作人员及有关人员	38.勘测及矿物开采人员
总计	**943179**	**807815**	**16542**	**58819**	**48462**	**8440**	**3101**	**6232360**	**131401**
16-19岁	15595	13805	130	642	950	41	27	293244	717
20-24岁	63700	56329	735	2987	3046	369	234	926592	8537
25-29岁	68000	58403	1166	3911	3357	865	298	836876	13611
30-34岁	74192	61701	1647	5071	4334	1095	344	849134	17333
35-39岁	110029	90664	2585	8028	6859	1391	502	1035423	25757
40-44岁	140977	116358	3157	10362	9006	1557	537	986415	27635
45-49岁	135326	112227	2960	9926	8272	1471	470	709933	22015
50-54岁	108733	92867	1903	6910	5753	954	346	356591	10758
55-59岁	114951	101806	1415	6409	4519	555	247	187603	4093
60-64岁	63546	58458	480	2843	1616	87	62	36500	589
65-69岁	30271	28291	242	1164	510	41	23	9680	209
70-74岁	11825	11164	89	370	184	10	8	2615	88
75岁及以上	6034	5742	33	196	56	4	3	1754	59
男	**483042**	**397723**	**11274**	**33466**	**31990**	**6058**	**2531**	**4311050**	**109469**
16-19岁	8942	7876	91	419	505	32	19	162158	606
20-24岁	32242	27582	498	1784	1924	258	196	589407	7139
25-29岁	33841	27716	789	2282	2217	605	232	574877	11223
30-34岁	37031	29265	1098	2800	2804	790	274	583020	14049
35-39岁	53905	42150	1689	4403	4363	905	395	701045	20460
40-44岁	67656	53134	1986	5402	5671	1026	437	669543	22509
45-49岁	65106	51081	1912	5383	5362	995	373	514558	18727
50-54岁	56309	45657	1456	4044	4033	810	309	307357	10063
55-59岁	61201	52122	1128	3940	3284	510	217	166979	3867
60-64岁	36152	32639	349	1814	1223	79	48	30995	526
65-69岁	18886	17450	177	794	406	36	23	7912	177
70-74岁	7863	7359	74	265	151	9	5	1970	76
75岁及以上	3908	3692	27	136	47	3	3	1229	47
女	**460137**	**410092**	**5268**	**25353**	**16472**	**2382**	**570**	**1921310**	**21932**
16-19岁	6653	5929	39	223	445	9	8	131086	111
20-24岁	31458	28747	237	1203	1122	111	38	337185	1398
25-29岁	34159	30687	377	1629	1140	260	66	261999	2388
30-34岁	37161	32436	549	2271	1530	305	70	266114	3284
35-39岁	56124	48514	896	3625	2496	486	107	334378	5297
40-44岁	73321	63224	1171	4960	3335	531	100	316872	5126
45-49岁	70220	61146	1048	4543	2910	476	97	195375	3288
50-54岁	52424	47210	447	2866	1720	144	37	49234	695
55-59岁	53750	49684	287	2469	1235	45	30	20624	226
60-64岁	27394	25819	131	1029	393	8	14	5505	63
65-69岁	11385	10841	65	370	104	5		1768	32
70-74岁	3962	3805	15	105	33	1	3	645	12
75岁及以上	2126	2050	6	60	9	1		525	12

4-8a 续表 5

单位：人

年龄组 性 别	39.金属冶炼、轧制人员	40.化工产品生产人员	41.机械制造加工人员	42.机电产品装配人员	43.机械设备修理人员	44.电力设备安装、运行、检修及供电人员	45.电子元器件与设备制造、装配、调试及维修人员	46.橡胶和塑料制品生产人员	47.纺织、针织、印染人员
总 计	**132381**	**125936**	**492646**	**412280**	**242260**	**261114**	**394844**	**124490**	**186881**
16-19岁	2844	2329	24168	33920	9813	3626	61741	8427	10035
20-24岁	14763	13093	83225	93818	34859	22867	142016	24073	28260
25-29岁	16417	15504	67914	66945	33032	29452	72791	19860	24857
30-34岁	18611	17888	67401	56110	32450	35248	43953	18027	26169
35-39岁	24481	24159	80215	57800	37732	48367	33782	19305	33150
40-44岁	23903	23797	73850	47792	34588	47071	22122	16775	32463
45-49岁	17481	16439	51766	31219	28451	37657	11578	10238	20686
50-54岁	8862	8016	27220	14990	18969	23035	4169	4446	6853
55-59岁	4174	3827	13919	8019	10459	12079	2067	2468	3247
60-64岁	585	593	2110	1173	1370	1224	387	600	767
65-69岁	149	180	567	310	352	313	137	178	241
70-74岁	72	65	179	105	117	103	42	48	81
75岁及以上	39	46	112	79	68	72	59	45	72
男	**103488**	**81473**	**377634**	**261814**	**215663**	**219370**	**203551**	**71994**	**63315**
16-19岁	2287	1413	18752	19014	9273	3075	25996	4718	3560
20-24岁	12167	8624	67700	59732	32040	19469	71403	14694	10449
25-29岁	13255	10295	53915	44185	29565	24672	41858	12445	9312
30-34岁	14122	11119	50855	35223	28374	28853	23881	10508	8828
35-39岁	18141	14416	57250	34390	32375	38940	17258	10254	9793
40-44岁	17625	14073	51851	27908	29424	37902	11028	8197	8819
45-49岁	13433	10804	38001	20310	24802	31388	6639	5548	6295
50-54岁	7953	6736	23978	12600	17975	21795	3270	3157	3700
55-59岁	3790	3317	12804	7114	10068	11699	1745	1879	1960
60-64岁	506	467	1843	972	1269	1161	309	417	412
65-69岁	124	141	466	234	325	279	103	121	125
70-74岁	53	40	140	75	110	81	27	27	31
75岁及以上	32	28	79	57	63	56	34	29	31
女	**28893**	**44463**	**115012**	**150466**	**26597**	**41744**	**191293**	**52496**	**123566**
16-19岁	557	916	5416	14906	540	551	35745	3709	6475
20-24岁	2596	4469	15525	34086	2819	3398	70613	9379	17811
25-29岁	3162	5209	13999	22760	3467	4780	30933	7415	15545
30-34岁	4489	6769	16546	20887	4076	6395	20072	7519	17341
35-39岁	6340	9743	22965	23410	5357	9427	16524	9051	23357
40-44岁	6278	9724	21999	19884	5164	9169	11094	8578	23644
45-49岁	4048	5635	13765	10909	3649	6269	4939	4690	14391
50-54岁	909	1280	3242	2390	994	1240	899	1289	3153
55-59岁	384	510	1115	905	391	380	322	589	1287
60-64岁	79	126	267	201	101	63	78	183	355
65-69岁	25	39	101	76	27	34	34	57	116
70-74岁	19	25	39	30	7	22	15	21	50
75岁及以上	7	18	33	22	5	16	25	16	41

4-8a　续表 6　　单位：人

年龄组 性　别	48.裁剪、缝纫和皮革制品加工制作人员	49.粮油、食品、饮料生产加工及饲料生产加工人员	50.烟草及其制品加工人员	51.药品生产人员	52.木材加工、人造板生产、木制品制作及制浆、造纸和纸制品生产加工人员	53.建筑材料生产加工人员	54.玻璃、陶瓷、搪瓷及其制品生产加工人员	55.广播影视制品制作、播放及文物保护作业人员	56.印刷人员
总　计	**597222**	**117917**	**11115**	**32498**	**203314**	**75924**	**55117**	**11721**	**65064**
16-19岁	50173	3886	66	558	6732	1474	2093	221	3671
20-24岁	127332	14018	671	3986	24095	6540	8074	1668	11582
25-29岁	97468	14222	1116	4983	24483	7447	7417	2380	10685
30-34岁	87673	15221	1464	4934	26193	9126	7684	1931	9765
35-39岁	94861	19986	2316	5603	34936	13607	9366	1670	10240
40-44岁	76903	20658	2490	5286	37986	15067	9085	1418	8549
45-49岁	42359	15862	1934	4272	27268	11635	6452	1240	6369
50-54岁	12345	7693	720	1827	12115	6127	2993	684	2649
55-59岁	5761	4533	295	887	6965	3647	1494	391	1240
60-64岁	1531	1241	26	115	1875	942	310	76	209
65-69岁	508	412	8	25	470	238	102	25	57
70-74岁	155	115	3	16	109	45	30	14	31
75岁及以上	153	70	6	6	87	29	17	3	17
男	**229528**	**65689**	**6577**	**17000**	**153112**	**58977**	**33237**	**6765**	**38215**
16-19岁	20704	2104	32	250	5015	1241	1372	110	2256
20-24岁	54747	8022	426	2054	18037	5234	5324	872	7360
25-29岁	41962	8278	712	2647	18404	5806	4762	1333	6806
30-34岁	34077	8259	839	2496	19437	6924	4490	1075	5795
35-39岁	32578	10402	1262	2679	25339	10119	5119	928	5461
40-44岁	22902	10504	1306	2452	27708	11144	4804	825	4230
45-49岁	13129	8399	1141	2104	20796	8845	3644	714	3210
50-54岁	5354	5203	570	1437	10194	5297	2211	486	1934
55-59岁	2888	3244	261	761	6056	3245	1161	340	968
60-64岁	801	857	19	90	1585	846	238	56	132
65-69岁	246	290	4	16	389	213	75	16	36
70-74岁	72	79	1	10	85	42	24	7	18
75岁及以上	68	48	4	4	67	21	13	3	9
女	**367694**	**52228**	**4538**	**15498**	**50202**	**16947**	**21880**	**4956**	**26849**
16-19岁	29469	1782	34	308	1717	233	721	111	1415
20-24岁	72585	5996	245	1932	6058	1306	2750	796	4222
25-29岁	55506	5944	404	2336	6079	1641	2655	1047	3879
30-34岁	53596	6962	625	2438	6756	2202	3194	856	3970
35-39岁	62283	9584	1054	2924	9597	3488	4247	742	4779
40-44岁	54001	10154	1184	2834	10278	3923	4281	593	4319
45-49岁	29230	7463	793	2168	6472	2790	2808	526	3159
50-54岁	6991	2490	150	390	1921	830	782	198	715
55-59岁	2873	1289	34	126	909	402	333	51	272
60-64岁	730	384	7	25	290	96	72	20	77
65-69岁	262	122	4	9	81	25	27	9	21
70-74岁	83	36	2	6	24	3	6	7	13
75岁及以上	85	22	2	2	20	8	4		8

4-8a 续表 7 单位：人

年龄组 性别	57.工艺、美术品制作人员	58.文化教育、体育用品制作人员	59.工程施工人员	60.运输设备操作人员及有关人员	61.环境监测与废物处理人员	62.检验、计量人员	63.其他生产、运输设备操作人员及有关人员	七、不便分类的其他从业人员
总 计	**98763**	**15529**	**793036**	**857030**	**12201**	**230004**	**551672**	**32067**
16-19岁	7474	1166	14889	5894	96	12418	24813	586
20-24岁	20609	3422	68831	55592	782	44982	68897	3019
25-29岁	17350	2585	80356	103516	1500	40566	60419	3918
30-34岁	14441	2309	98800	136579	1525	32934	65365	4207
35-39岁	15066	2332	144371	171647	2029	33972	88673	5361
40-44岁	12387	1882	160540	156129	2186	29394	96459	5424
45-49岁	6965	1100	117121	123366	1888	21669	72903	4479
50-54岁	2494	429	60003	69353	1144	8654	40043	2613
55-59岁	1348	217	35873	30803	721	4570	24506	1703
60-64岁	386	54	9482	3063	216	591	6985	439
65-69岁	154	23	2184	704	81	152	1901	198
70-74岁	42	7	367	210	21	59	491	83
75岁及以上	47	3	219	174	12	43	217	37
男	**49668**	**7960**	**689223**	**788831**	**7795**	**100906**	**349796**	**20237**
16-19岁	3860	525	13491	5187	65	3531	13721	366
20-24岁	10872	1827	60322	50726	530	18343	41294	1793
25-29岁	9610	1455	69385	95543	966	19248	37235	2380
30-34岁	7458	1232	84561	125708	955	14342	39560	2506
35-39岁	6877	1032	122223	156141	1188	13483	52937	3219
40-44岁	5355	821	136213	141457	1249	11364	57873	3199
45-49岁	3056	540	102041	113059	1145	9618	47170	2801
50-54岁	1412	306	55469	67111	854	6394	31898	1996
55-59岁	831	163	33922	30036	593	3930	20337	1390
60-64岁	209	41	9016	2889	162	473	5699	340
65-69岁	89	14	2061	647	64	119	1538	153
70-74岁	17	4	330	180	15	41	385	68
75岁及以上	22		189	147	9	20	149	26
女	**49095**	**7569**	**103813**	**68199**	**4406**	**129098**	**201876**	**11830**
16-19岁	3614	641	1398	707	31	8887	11092	220
20-24岁	9737	1595	8509	4866	252	26639	27603	1226
25-29岁	7740	1130	10971	7973	534	21318	23184	1538
30-34岁	6983	1077	14239	10871	570	18592	25805	1701
35-39岁	8189	1300	22148	15506	841	20489	35736	2142
40-44岁	7032	1061	24327	14672	937	18030	38586	2225
45-49岁	3909	560	15080	10307	743	12051	25733	1678
50-54岁	1082	123	4534	2242	290	2260	8145	617
55-59岁	517	54	1951	767	128	640	4169	313
60-64岁	177	13	466	174	54	118	1286	99
65-69岁	65	9	123	57	17	33	363	45
70-74岁	25	3	37	30	6	18	106	15
75岁及以上	25	3	30	27	3	23	68	11

4-8b 全国分年龄、性别、职业中类的就业人口(镇)

单位：人

年龄组 性别	合计	一、国家机关、党群组织、企业、事业单位负责人	1.中国共产党中央委员会和地方各级组织负责人	2.国家机关及其工作机构负责人	3.民主党派和社会团体及其工作机构负责人	4.事业单位负责人	5.企业负责人	二、专业技术人员	6.科学研究人员
总计	**12979342**	**294364**	**4407**	**46033**	**18431**	**25324**	**200169**	**1189104**	**6373**
16-19岁	348140	894	1	55	44	48	746	11709	72
20-24岁	1360957	11177	46	868	742	499	9022	105625	519
25-29岁	1456053	23877	142	2298	1308	1273	18856	178802	833
30-34岁	1564242	35627	397	5135	1638	2548	25909	201860	925
35-39岁	1980591	51380	740	8038	2394	4087	36121	211272	1025
40-44岁	2072783	59820	1062	9861	3107	5408	40382	191025	1024
45-49岁	1644625	56719	1093	10733	3851	6015	35027	149220	898
50-54岁	998375	29941	540	5686	2514	3253	17948	78222	500
55-59岁	843695	18563	305	2951	1910	1839	11558	44315	358
60-64岁	402028	4444	62	276	631	221	3254	10305	132
65-69岁	189634	1326	16	78	199	71	962	4277	57
70-74岁	76841	396	1	31	66	35	263	1571	16
75岁及以上	41378	200	2	23	27	27	121	901	14
男	**7339109**	**228767**	**3738**	**37606**	**12722**	**19804**	**154897**	**579218**	**3820**
16-19岁	188034	535	1	36	23	24	451	4255	37
20-24岁	723169	7016	23	499	347	262	5885	39096	280
25-29岁	791926	16166	85	1472	695	717	13197	73429	487
30-34岁	859644	25706	303	3740	952	1748	18963	88188	526
35-39岁	1098365	38772	617	6355	1481	3034	27285	100798	586
40-44岁	1149030	46509	894	8163	2062	4234	31156	96447	585
45-49岁	929676	45711	961	9118	2702	4921	28009	78747	549
50-54岁	615855	25903	489	5077	2028	2833	15476	48637	340
55-59岁	534014	16797	290	2783	1646	1724	10354	35862	284
60-64岁	250785	3981	59	255	543	195	2929	8288	90
65-69岁	122033	1169	14	63	172	58	862	3511	34
70-74岁	50882	340	1	26	51	32	230	1301	12
75岁及以上	25696	162	1	19	20	22	100	659	10
女	**5640233**	**65597**	**669**	**8427**	**5709**	**5520**	**45272**	**609886**	**2553**
16-19岁	160106	359		19	21	24	295	7454	35
20-24岁	637788	4161	23	369	395	237	3137	66529	239
25-29岁	664127	7711	57	826	613	556	5659	105373	346
30-34岁	704598	9921	94	1395	686	800	6946	113672	399
35-39岁	882226	12608	123	1683	913	1053	8836	110474	439
40-44岁	923753	13311	168	1698	1045	1174	9226	94578	439
45-49岁	714949	11008	132	1615	1149	1094	7018	70473	349
50-54岁	382520	4038	51	609	486	420	2472	29585	160
55-59岁	309681	1766	15	168	264	115	1204	8453	74
60-64岁	151243	463	3	21	88	26	325	2017	42
65-69岁	67601	157	2	15	27	13	100	766	23
70-74岁	25959	56		5	15	3	33	270	4
75岁及以上	15682	38	1	4	7	5	21	242	4

4-8b 续表 1

单位：人

年龄组 性别	7.工程技术人员	8.农业技术人员	9.飞机和船舶技术人员	10.卫生专业技术人员	11.经济业务人员	12.金融业务人员	13.法律专业人员	14.教学人员	15.文学艺术工作人员
总 计	**164008**	**19604**	**3384**	**192311**	**192318**	**71410**	**14660**	**488678**	**13864**
16-19岁	3390	156	46	2174	1798	324	36	2765	520
20-24岁	22697	1021	285	18630	20741	7216	809	27924	2829
25-29岁	27077	1742	369	28569	26472	9734	1836	75509	2838
30-34岁	23898	2571	372	32785	29208	8900	1932	95840	1984
35-39岁	26485	3395	564	34236	33947	13489	2468	90306	1806
40-44岁	24632	3501	617	26754	32263	14515	2835	80074	1612
45-49岁	18606	3050	528	21896	27563	11129	2314	59613	1137
50-54岁	9130	1839	338	12811	11615	4127	1335	34714	541
55-59岁	5841	1495	193	8783	6000	1564	892	18115	347
60-64岁	1501	503	64	3154	1684	260	145	2473	147
65-69岁	527	213	4	1621	705	100	41	809	61
70-74岁	145	78	3	627	218	29	9	322	24
75岁及以上	79	40	1	271	104	23	8	214	18
男	**125756**	**12757**	**2794**	**77838**	**67208**	**36103**	**10629**	**220450**	**8390**
16-19岁	2262	100	21	269	456	133	17	440	247
20-24岁	16388	577	173	3698	5186	3039	363	6318	1513
25-29岁	20396	1061	281	9494	7778	4451	1025	24636	1712
30-34岁	17946	1534	300	12211	8850	3971	1260	38358	1220
35-39岁	19921	2092	459	14009	11001	6367	1738	41372	1118
40-44岁	18765	2216	539	11349	10822	7399	2172	39697	950
45-49岁	14825	2010	465	9295	10127	6268	1860	31156	727
50-54岁	7967	1364	311	6547	6189	2893	1157	20556	405
55-59岁	5297	1187	177	6282	4571	1268	851	15037	295
60-64岁	1344	363	60	2543	1362	191	136	1895	119
65-69岁	464	171	4	1377	606	85	36	584	55
70-74岁	124	59	3	537	186	22	8	254	17
75岁及以上	57	23	1	227	74	16	6	147	12
女	**38252**	**6847**	**590**	**114473**	**125110**	**35307**	**4031**	**268228**	**5474**
16-19岁	1128	56	25	1905	1342	191	19	2325	273
20-24岁	6309	444	112	14932	15555	4177	446	21606	1316
25-29岁	6681	681	88	19075	18694	5283	811	50873	1126
30-34岁	5952	1037	72	20574	20358	4929	672	57482	764
35-39岁	6564	1303	105	20227	22946	7122	730	48934	688
40-44岁	5867	1285	78	15405	21441	7116	663	40377	662
45-49岁	3781	1040	63	12601	17436	4861	454	28457	410
50-54岁	1163	475	27	6264	5426	1234	178	14158	136
55-59岁	544	308	16	2501	1429	296	41	3078	52
60-64岁	157	140	4	611	322	69	9	578	28
65-69岁	63	42		244	99	15	5	225	6
70-74岁	21	19		90	32	7	1	68	7
75岁及以上	22	17		44	30	7	2	67	6

4-8b 续表 2 单位：人

年龄组 性别	16.体育工作人员	17.新闻出版、文化工作人员	18.宗教职业者	19.其他专业技术人员	三、办事人员和有关人员	20.行政办公人员	21.安全保卫和消防人员	22.邮政和电信业务人员	23.其他办事人员和有关人员
总　计	**501**	**11520**	**2638**	**7835**	**713468**	**432051**	**177377**	**38161**	**65879**
16-19岁	17	79	145	187	7344	2366	3721	611	646
20-24岁	73	1510	227	1144	60600	30068	18401	6203	5928
25-29岁	93	2243	278	1209	89416	53895	19764	7420	8337
30-34岁	75	1896	305	1169	102298	67857	18654	6271	9516
35-39岁	63	1846	325	1317	117060	77316	21620	6571	11553
40-44岁	74	1566	387	1171	110831	72299	22201	5059	11272
45-49岁	53	1376	247	810	101018	66359	21695	3623	9341
50-54岁	30	644	149	449	61068	36427	18224	1413	5004
55-59岁	20	286	140	281	42159	21303	16988	735	3133
60-64岁	1	43	126	72	12717	2812	9012	154	739
65-69岁	2	20	99	18	5914	807	4749	62	296
70-74岁		7	89	4	2175	296	1777	24	78
75岁及以上		4	121	4	868	246	571	15	36
男	**349**	**5473**	**2065**	**5586**	**500341**	**279543**	**158962**	**21382**	**40454**
16-19岁	12	30	115	116	4903	923	3439	243	298
20-24岁	52	543	196	770	35390	13566	16437	2573	2814
25-29岁	60	973	248	827	54971	29533	17432	3490	4516
30-34岁	52	911	256	793	66363	40966	16325	3487	5585
35-39岁	43	905	252	935	79405	49526	18922	4010	6947
40-44岁	48	757	306	842	76930	47673	19319	3166	6772
45-49岁	38	653	178	596	73155	45770	19046	2420	5919
50-54岁	24	390	113	381	50658	28686	16952	1133	3887
55-59岁	18	247	110	238	38870	19368	16104	647	2751
60-64岁	1	38	82	64	11531	2424	8360	128	619
65-69岁	1	17	60	17	5392	672	4419	52	249
70-74岁		7	69	3	2009	241	1680	20	68
75岁及以上		2	80	4	764	195	527	13	29
女	**152**	**6047**	**573**	**2249**	**213127**	**152508**	**18415**	**16779**	**25425**
16-19岁	5	49	30	71	2441	1443	282	368	348
20-24岁	21	967	31	374	25210	16502	1964	3630	3114
25-29岁	33	1270	30	382	34445	24362	2332	3930	3821
30-34岁	23	985	49	376	35935	26891	2329	2784	3931
35-39岁	20	941	73	382	37655	27790	2698	2561	4606
40-44岁	26	809	81	329	33901	24626	2882	1893	4500
45-49岁	15	723	69	214	27863	20589	2649	1203	3422
50-54岁	6	254	36	68	10410	7741	1272	280	1117
55-59岁	2	39	30	43	3289	1935	884	88	382
60-64岁		5	44	8	1186	388	652	26	120
65-69岁	1	3	39	1	522	135	330	10	47
70-74岁			20	1	166	55	97	4	10
75岁及以上		2	41		104	51	44	2	7

4-8b 续表 3

单位：人

年龄组 性 别	四、商业、服务业人员	24.购销人员	25.仓储人员	26.餐饮服务人员	27.饭店、旅游及健身娱乐场所服务人员	28.运输服务人员	29.医疗卫生辅助服务人员	30.社会服务和居民生活服务人员	31.其他商业、服务业人员
总 计	**2878626**	**1759847**	**75382**	**361355**	**105671**	**162551**	**11175**	**342788**	**59857**
16-19岁	83722	42768	1602	17101	6580	2050	154	11833	1634
20-24岁	340375	206491	8646	46609	18414	14159	1069	38014	6973
25-29岁	361978	229394	8918	43880	14789	19792	1480	36276	7449
30-34岁	385839	245646	9512	45453	13494	24582	1772	37814	7566
35-39岁	481495	301362	12237	57753	15510	32173	1884	50672	9904
40-44岁	473464	290283	12749	58776	15113	29925	1655	55240	9723
45-49岁	357444	214739	10337	45573	11493	21082	1376	45537	7307
50-54岁	184587	107792	5486	22990	5240	10712	814	27476	4077
55-59岁	129493	74916	3830	15391	3317	6099	608	22267	3065
60-64岁	49697	28381	1353	5358	1146	1460	220	10543	1236
65-69岁	19835	11462	493	1711	385	364	84	4715	621
70-74岁	7088	4278	161	496	133	106	41	1679	194
75岁及以上	3609	2335	58	264	57	47	18	722	108
男	**1388484**	**813165**	**44279**	**163347**	**36701**	**134817**	**4520**	**158438**	**33217**
16-19岁	37159	16462	915	8531	2456	1550	26	6294	925
20-24岁	150416	81215	4947	23135	6212	11225	240	19769	3673
25-29岁	168875	97881	5002	21834	4869	16380	482	18414	4013
30-34岁	179317	106345	5138	21370	4388	20479	674	16843	4080
35-39岁	222431	133922	6349	24523	4893	26604	739	20293	5108
40-44岁	218997	133967	6746	22694	4745	24283	644	20833	5085
45-49岁	171119	104538	5874	17505	3952	17310	556	17418	3966
50-54岁	105927	61680	4244	10927	2386	9566	432	14042	2650
55-59岁	80970	46474	3270	8258	1747	5613	436	13012	2160
60-64岁	32287	18436	1162	3077	668	1339	170	6551	884
65-69岁	13521	7700	440	1022	254	334	73	3252	446
70-74岁	5072	3006	142	318	95	92	34	1230	155
75岁及以上	2393	1539	50	153	36	42	14	487	72
女	**1490142**	**946682**	**31103**	**198008**	**68970**	**27734**	**6655**	**184350**	**26640**
16-19岁	46563	26306	687	8570	4124	500	128	5539	709
20-24岁	189959	125276	3699	23474	12202	2934	829	18245	3300
25-29岁	193103	131513	3916	22046	9920	3412	998	17862	3436
30-34岁	206522	139301	4374	24083	9106	4103	1098	20971	3486
35-39岁	259064	167440	5888	33230	10617	5569	1145	30379	4796
40-44岁	254467	156316	6003	36082	10368	5642	1011	34407	4638
45-49岁	186325	110201	4463	28068	7541	3772	820	28119	3341
50-54岁	78660	46112	1242	12063	2854	1146	382	13434	1427
55-59岁	48523	28442	560	7133	1570	486	172	9255	905
60-64岁	17410	9945	191	2281	478	121	50	3992	352
65-69岁	6314	3762	53	689	131	30	11	1463	175
70-74岁	2016	1272	19	178	38	14	7	449	39
75岁及以上	1216	796	8	111	21	5	4	235	36

4-8b 续表 4 单位：人

年龄组 性别	五、农、林、牧、渔、水利业生产人员	32.种植业生产人员	33.林业生产及野生动植物保护人员	34.畜牧业生产人员	35.渔业生产人员	36.水利设施管理养护人员	37.其他农、林、牧、渔、水利业生产人员	六、生产、运输设备操作人员及有关人员	38.勘测及矿物开采人员
总计	**4186672**	**3900884**	**32892**	**165216**	**74680**	**8235**	**4765**	**3699285**	**119596**
16-19岁	102122	97140	349	3056	1473	45	59	141821	1236
20-24岁	348768	330029	1619	11049	5392	339	340	492595	10303
25-29岁	335825	314448	2177	12264	5907	615	414	464281	13285
30-34岁	345543	319132	3420	14665	6657	1109	560	490992	16356
35-39岁	482263	442584	5641	21584	10171	1479	804	634163	24179
40-44岁	603175	554250	6883	26483	13091	1519	949	631421	24549
45-49岁	546175	501997	5814	24232	12091	1363	678	431675	17036
50-54岁	429957	399957	3247	16907	8548	834	464	213219	7859
55-59岁	470548	442774	2319	17603	6889	612	351	137572	3639
60-64岁	281281	267796	834	9438	2921	189	103	43169	800
65-69岁	145174	138975	371	4655	1060	81	32	12916	215
70-74岁	61955	59318	139	2097	356	37	8	3578	78
75岁及以上	33886	32484	79	1183	124	13	3	1883	61
男	**2112133**	**1948692**	**23464**	**78216**	**51762**	**5864**	**4135**	**2519009**	**103495**
16-19岁	57326	54255	252	1714	1018	32	55	83523	1055
20-24岁	172945	161917	1152	5584	3768	229	295	317191	8890
25-29岁	163834	151324	1574	6003	4170	402	361	313498	11364
30-34岁	168921	153695	2342	7072	4585	754	473	329904	13976
35-39岁	233201	210924	3892	9864	6826	1004	691	421973	20435
40-44岁	288430	261377	4729	11814	8663	1041	806	419927	20986
45-49岁	257991	233566	4037	10741	8118	955	574	301520	14986
50-54岁	215488	197700	2547	8019	6119	681	422	168283	7366
55-59岁	247014	230721	1847	8555	5051	518	322	113701	3397
60-64岁	159050	151234	638	4684	2248	148	98	35344	731
65-69岁	88007	84394	286	2406	831	61	29	10278	194
70-74岁	39430	37861	113	1160	262	28	6	2667	67
75岁及以上	20496	19724	55	600	103	11	3	1200	48
女	**2074539**	**1952192**	**9428**	**87000**	**22918**	**2371**	**630**	**1180276**	**16101**
16-19岁	44796	42885	97	1342	455	13	4	58298	181
20-24岁	175823	168112	467	5465	1624	110	45	175404	1413
25-29岁	171991	163124	603	6261	1737	213	53	150783	1921
30-34岁	176622	165437	1078	7593	2072	355	87	161088	2380
35-39岁	249062	231660	1749	11720	3345	475	113	212190	3744
40-44岁	314745	292873	2154	14669	4428	478	143	211494	3563
45-49岁	288184	268431	1777	13491	3973	408	104	130155	2050
50-54岁	214469	202257	700	8888	2429	153	42	44936	493
55-59岁	223534	212053	472	9048	1838	94	29	23871	242
60-64岁	122231	116562	196	4754	673	41	5	7825	69
65-69岁	57167	54581	85	2249	229	20	3	2638	21
70-74岁	22525	21457	26	937	94	9	2	911	11
75岁及以上	13390	12760	24	583	21	2		683	13

4-8b 续表 5

单位：人

年龄组 性别	39.金属冶炼、轧制人员	40.化工产品生产人员	41.机械制造加工人员	42.机电产品装配人员	43.机械设备修理人员	44.电力设备安装、运行、检修及供电人员	45.电子元器件与设备制造、装配、调试及维修人员	46.橡胶和塑料制品生产人员	47.纺织、针织、印染人员
总 计	**84198**	**77234**	**230542**	**149458**	**129650**	**116341**	**103510**	**58265**	**177652**
16-19岁	2716	1988	10912	10441	6258	2116	12123	3455	10076
20-24岁	12945	10431	38637	29370	21133	12331	29701	9684	30339
25-29岁	11923	10192	32017	22818	19550	14306	18360	7860	23966
30-34岁	11604	10571	31355	20571	18810	17053	13307	7610	23786
35-39岁	14296	13971	38021	23008	20513	22285	12467	9203	30046
40-44岁	13655	13327	36095	20958	17780	20378	9296	8915	29582
45-49岁	8926	8744	22893	12663	12395	14765	4887	5933	17606
50-54岁	4423	4363	11157	5198	6932	7547	1823	2803	6670
55-59岁	2619	2548	6863	3164	4449	4376	1056	1858	3614
60-64岁	761	757	1854	884	1180	869	293	637	1311
65-69岁	219	228	521	254	434	228	109	206	410
70-74岁	66	78	137	83	157	58	42	62	156
75岁及以上	45	36	80	46	59	29	46	39	90
男	**65658**	**47248**	**172163**	**90556**	**114818**	**96718**	**52916**	**30676**	**52953**
16-19岁	2132	1195	8711	6302	5861	1809	5373	1866	3372
20-24岁	10413	6583	31567	18933	19218	10429	15203	5486	9854
25-29岁	9394	6502	24960	14568	17241	11904	10053	4576	7600
30-34岁	8923	6230	23190	12258	16403	13608	6880	4022	6743
35-39岁	10692	7924	26630	12900	17633	17738	6074	4455	7966
40-44岁	10221	7631	24281	11360	15298	16565	4456	3996	7299
45-49岁	6874	5393	15916	7262	10911	12330	2561	2833	4828
50-54岁	3756	3158	8928	3644	6384	7027	1226	1676	2585
55-59岁	2285	1882	5816	2404	4162	4209	757	1165	1736
60-64岁	682	546	1551	640	1110	819	202	427	660
65-69岁	192	141	436	198	404	204	76	122	213
70-74岁	57	46	116	56	143	51	29	34	67
75岁及以上	37	17	61	31	50	25	26	18	30
女	**18540**	**29986**	**58379**	**58902**	**14832**	**19623**	**50594**	**27589**	**124699**
16-19岁	584	793	2201	4139	397	307	6750	1589	6704
20-24岁	2532	3848	7070	10437	1915	1902	14498	4198	20485
25-29岁	2529	3690	7057	8250	2309	2402	8307	3284	16366
30-34岁	2681	4341	8165	8313	2407	3445	6427	3588	17043
35-39岁	3604	6047	11391	10108	2880	4547	6393	4748	22080
40-44岁	3434	5696	11814	9598	2482	3813	4840	4919	22283
45-49岁	2052	3351	6977	5401	1484	2435	2326	3100	12778
50-54岁	667	1205	2229	1554	548	520	597	1127	4085
55-59岁	334	666	1047	760	287	167	299	693	1878
60-64岁	79	211	303	244	70	50	91	210	651
65-69岁	27	87	85	56	30	24	33	84	197
70-74岁	9	32	21	27	14	7	13	28	89
75岁及以上	8	19	19	15	9	4	20	21	60

4-8b 续表 6 单位：人

年龄组 性 别	48.裁剪、缝纫和皮革制品加工制作人员	49.粮油、食品、饮料生产加工及饲料生产加工人员	50.烟草及其制品加工人员	51.药品生产人员	52.木材加工、人造板生产、木制品制作及制浆、造纸和纸制品生产加工人员	53.建筑材料生产加工人员	54.玻璃、陶瓷、搪瓷及其制品生产加工人员	55.广播影视制品制作、播放及文物保护作业人员	56.印刷人员
总 计	**391384**	**127825**	**2684**	**12565**	**174237**	**83417**	**57551**	**6187**	**23517**
16-19岁	29216	3672	46	350	4820	1930	2373	81	1413
20-24岁	79094	13865	198	2070	18539	7743	7899	579	4015
25-29岁	60206	13071	287	1981	18208	8146	7891	943	3739
30-34岁	54972	14557	424	1939	19719	9687	8301	1034	3369
35-39岁	62069	20735	645	2169	28492	14503	10351	1070	3788
40-44岁	54402	23548	526	1934	33209	16098	9528	955	3176
45-49岁	31413	18079	341	1178	24962	12021	6226	763	2166
50-54岁	10800	9466	116	550	12420	6555	2782	422	998
55-59岁	5902	6981	76	281	9043	4663	1605	254	580
60-64岁	2056	2529	18	71	3235	1500	426	55	185
65-69岁	721	900	3	27	1087	431	114	20	66
70-74岁	285	298	3	9	327	105	31	6	12
75岁及以上	248	124	1	6	176	35	24	5	10
男	**124699**	**71490**	**1564**	**6825**	**123686**	**63775**	**32086**	**3728**	**12644**
16-19岁	10451	2012	26	183	3385	1513	1427	44	801
20-24岁	28482	7750	124	1233	12845	6064	4734	298	2357
25-29岁	21077	7375	172	1108	12661	6177	4585	508	2200
30-34岁	17477	7927	248	987	13468	7158	4466	561	1800
35-39岁	17784	10817	348	1074	19440	10542	5228	638	1855
40-44岁	13716	12261	274	963	22718	11721	4793	590	1463
45-49岁	8265	9790	206	588	18081	9093	3332	481	1009
50-54岁	3596	5988	86	392	9752	5512	1814	321	558
55-59岁	2379	4787	63	223	7372	4133	1232	216	401
60-64岁	920	1809	12	46	2695	1348	350	45	135
65-69岁	348	661	3	18	868	393	85	16	48
70-74岁	124	227	1	7	270	93	24	5	10
75岁及以上	80	86	1	3	131	28	16	5	7
女	**266685**	**56335**	**1120**	**5740**	**50551**	**19642**	**25465**	**2459**	**10873**
16-19岁	18765	1660	20	167	1435	417	946	37	612
20-24岁	50612	6115	74	837	5694	1679	3165	281	1658
25-29岁	39129	5696	115	873	5547	1969	3306	435	1539
30-34岁	37495	6630	176	952	6251	2529	3835	473	1569
35-39岁	44285	9918	297	1095	9052	3961	5123	432	1933
40-44岁	40686	11287	252	971	10491	4377	4735	365	1713
45-49岁	23148	8289	135	590	6881	2928	2894	282	1157
50-54岁	7204	3478	30	158	2668	1043	968	101	440
55-59岁	3523	2194	13	58	1671	530	373	38	179
60-64岁	1136	720	6	25	540	152	76	10	50
65-69岁	373	239		9	219	38	29	4	18
70-74岁	161	71	2	2	57	12	7	1	2
75岁及以上	168	38		3	45	7	8		3

4-8b 续表 7 单位：人

年龄组 性 别	57.工艺、美术品制作人员	58.文化教育、体育用品制作人员	59.工程施工人员	60.运输设备操作人员及有关人员	61.环境监测与废物处理人员	62.检验、计量人员	63.其他生产、运输设备操作人员及有关人员	七、不便分类的其他从业人员
总 计	**77005**	**7801**	**641578**	**459308**	**5771**	**74149**	**307860**	**17823**
16-19岁	4363	490	13019	5491	69	3001	10166	528
20-24岁	12684	1322	55484	39143	436	13420	31230	1817
25-29岁	11057	1080	60278	61597	566	11759	29195	1874
30-34岁	10260	1081	72967	76088	682	10705	34184	2083
35-39岁	12058	1227	111984	94205	882	12142	49854	2958
40-44岁	11345	1192	129481	83128	1073	11215	56076	3047
45-49岁	7214	775	94877	55109	815	7316	42572	2374
50-54岁	3577	291	50795	26866	530	2720	25556	1381
55-59岁	2653	209	36621	13905	412	1418	18783	1045
60-64岁	1116	94	12115	2810	183	318	7112	415
65-69岁	415	30	3145	672	80	95	2286	192
70-74岁	166	4	569	172	32	25	617	78
75岁及以上	97	6	243	122	11	15	229	31
男	**30820**	**3232**	**561995**	**429665**	**3539**	**29784**	**192276**	**11157**
16-19岁	1930	221	11659	5010	45	1023	6117	333
20-24岁	5848	628	48974	36301	293	5653	19031	1115
25-29岁	4998	521	52738	58050	362	5080	17724	1153
30-34岁	4380	432	62711	71353	397	4062	20244	1245
35-39岁	4586	441	95302	87677	491	4270	29033	1785
40-44岁	3778	402	110966	77102	594	3796	32697	1790
45-49岁	2447	261	83226	51482	444	2888	26033	1433
50-54岁	1246	136	46699	25806	374	1628	18625	959
55-59岁	962	113	34507	13366	312	1042	14780	800
60-64岁	393	58	11531	2658	137	239	5600	304
65-69岁	159	14	2969	608	58	74	1776	155
70-74岁	62	2	513	150	25	21	467	63
75岁及以上	31	3	200	102	7	8	149	22
女	**46185**	**4569**	**79583**	**29643**	**2232**	**44365**	**115584**	**6666**
16-19岁	2433	269	1360	481	24	1978	4049	195
20-24岁	6836	694	6510	2842	143	7767	12199	702
25-29岁	6059	559	7540	3547	204	6679	11471	721
30-34岁	5880	649	10256	4735	285	6643	13940	838
35-39岁	7472	786	16682	6528	391	7872	20821	1173
40-44岁	7567	790	18515	6026	479	7419	23379	1257
45-49岁	4767	514	11651	3627	371	4428	16539	941
50-54岁	2331	155	4096	1060	156	1092	6931	422
55-59岁	1691	96	2114	539	100	376	4003	245
60-64岁	723	36	584	152	46	79	1512	111
65-69岁	256	16	176	64	22	21	510	37
70-74岁	104	2	56	22	7	4	150	15
75岁及以上	66	3	43	20	4	7	80	9

4-8c 全国分年龄、性别、职业中类的就业人口(乡村)

单位：人

年龄组 性别	合计	一、国家机关、党群组织、企业、事业单位负责人	1.中国共产党中央委员会和地方各级组织负责人	2.国家机关及其工作机构负责人	3.民主党派和社会团体及其工作机构负责人	4.事业单位负责人	5.企业负责人	二、专业技术人员	6.科学研究人员
总计	**39362371**	**176969**	**2630**	**8328**	**30865**	**9048**	**126098**	**703421**	**10109**
16-19岁	1420832	1287	13	73	230	99	872	19698	344
20-24岁	4194670	10078	72	503	1260	444	7799	106684	1274
25-29岁	3638272	15901	113	803	1614	747	12624	110606	1117
30-34岁	3570596	19999	216	1138	2039	1025	15581	92787	980
35-39岁	4742681	27009	328	1343	3572	1279	20487	86616	1247
40-44岁	5549913	31979	426	1284	5068	1426	23775	81417	1447
45-49岁	4726332	31102	579	1519	6469	1719	20816	75651	1138
50-54岁	3496922	18411	420	892	4536	1197	11366	56801	805
55-59岁	3700721	13747	307	587	3784	798	8271	45717	830
60-64岁	2267059	5069	113	120	1456	196	3184	16618	501
65-69岁	1213697	1628	29	40	540	75	944	7105	259
70-74岁	538192	500	9	17	188	32	254	2442	112
75岁及以上	302484	259	5	9	109	11	125	1279	55
男	**21194743**	**140750**	**2243**	**6821**	**22964**	**7103**	**101619**	**408783**	**5683**
16-19岁	773798	760	6	50	117	55	532	8341	181
20-24岁	2181751	6348	42	295	620	230	5161	44212	652
25-29岁	1943578	11219	67	539	897	466	9250	54033	632
30-34岁	1909842	15305	159	892	1288	764	12202	49196	536
35-39岁	2495104	21326	275	1120	2489	972	16470	50207	697
40-44岁	2883184	25591	370	1085	3713	1149	19274	49341	793
45-49岁	2461593	25617	529	1324	5043	1431	17290	48782	629
50-54岁	1905008	15906	382	807	3761	1044	9912	42107	488
55-59岁	2052413	12240	281	550	3243	728	7438	39285	516
60-64岁	1314949	4455	94	106	1186	166	2903	14162	291
65-69岁	743759	1369	26	33	394	64	852	6125	164
70-74岁	343916	409	8	12	135	25	229	2020	69
75岁及以上	185848	205	4	8	78	9	106	972	35
女	**18167628**	**36219**	**387**	**1507**	**7901**	**1945**	**24479**	**294638**	**4426**
16-19岁	647034	527	7	23	113	44	340	11357	163
20-24岁	2012919	3730	30	208	640	214	2638	62472	622
25-29岁	1694694	4682	46	264	717	281	3374	56573	485
30-34岁	1660754	4694	57	246	751	261	3379	43591	444
35-39岁	2247577	5683	53	223	1083	307	4017	36409	550
40-44岁	2666729	6388	56	199	1355	277	4501	32076	654
45-49岁	2264739	5485	50	195	1426	288	3526	26869	509
50-54岁	1591914	2505	38	85	775	153	1454	14694	317
55-59岁	1648308	1507	26	37	541	70	833	6432	314
60-64岁	952110	614	19	14	270	30	281	2456	210
65-69岁	469938	259	3	7	146	11	92	980	95
70-74岁	194276	91	1	5	53	7	25	422	43
75岁及以上	116636	54	1	1	31	2	19	307	20

4-8c 续表 1　　单位：人

年龄组 性别	7.工程技术人员	8.农业技术人员	9.飞机和船舶技术人员	10.卫生专业技术人员	11.经济业务人员	12.金融业务人员	13.法律专业人员	14.教学人员	15.文学艺术工作人员
总 计	**158572**	**26553**	**4098**	**101869**	**104464**	**20041**	**3152**	**244443**	**11178**
16-19岁	7056	607	169	2110	3095	324	62	4128	794
20-24岁	31143	2296	719	13537	22662	3983	503	24167	2924
25-29岁	26511	2382	644	14620	18707	3851	593	36725	2280
30-34岁	18916	2461	452	14804	12908	2268	451	35747	1309
35-39岁	20998	3361	626	14278	11464	2554	345	28264	1106
40-44岁	20717	3790	521	10768	11016	2790	353	26806	1007
45-49岁	15658	3406	401	7763	10164	2268	323	32203	812
50-54岁	8413	2510	270	6562	5863	1050	228	29981	347
55-59岁	5935	2922	188	7822	4604	607	184	21614	320
60-64岁	2194	1577	81	5720	2371	210	57	3260	177
65-69岁	711	789	17	2731	1151	89	35	969	66
70-74岁	186	306	6	818	340	32	12	365	23
75岁及以上	134	146	4	336	119	15	6	214	13
男	**122596**	**16569**	**2636**	**57167**	**41765**	**10262**	**2175**	**129639**	**7009**
16-19岁	4698	344	64	343	814	133	32	611	397
20-24岁	22156	1264	324	3209	5670	1656	242	5196	1687
25-29岁	20137	1413	385	6273	5643	1869	355	13675	1508
30-34岁	14501	1494	254	7765	4254	1044	319	16438	853
35-39岁	16255	1987	423	8465	4331	1225	253	14157	671
40-44岁	16322	2304	361	6777	4460	1469	255	14356	588
45-49岁	12982	2151	322	4864	5102	1380	259	19453	519
50-54岁	7419	1640	241	4510	4159	725	196	21878	267
55-59岁	5318	1984	168	6377	3791	479	167	19670	273
60-64岁	1943	1116	75	5039	2080	168	53	2886	160
65-69岁	626	569	16	2498	1056	77	30	824	57
70-74岁	152	214	2	738	309	26	10	319	19
75岁及以上	87	89	1	309	96	11	4	176	10
女	**35976**	**9984**	**1462**	**44702**	**62699**	**9779**	**977**	**114804**	**4169**
16-19岁	2358	263	105	1767	2281	191	30	3517	397
20-24岁	8987	1032	395	10328	16992	2327	261	18971	1237
25-29岁	6374	969	259	8347	13064	1982	238	23050	772
30-34岁	4415	967	198	7039	8654	1224	132	19309	456
35-39岁	4743	1374	203	5813	7133	1329	92	14107	435
40-44岁	4395	1486	160	3991	6556	1321	98	12450	419
45-49岁	2676	1255	79	2899	5062	888	64	12750	293
50-54岁	994	870	29	2052	1704	325	32	8103	80
55-59岁	617	938	20	1445	813	128	17	1944	47
60-64岁	251	461	6	681	291	42	4	374	17
65-69岁	85	220	1	233	95	12	5	145	9
70-74岁	34	92	4	80	31	6	2	46	4
75岁及以上	47	57	3	27	23	4	2	38	3

4-8c 续表 2 单位：人

年龄组 性别	16.体育工作人员	17.新闻出版、文化工作人员	18.宗教职业者	19.其他专业技术人员	三、办事人员和有关人员	20.行政办公人员	21.安全保卫和消防人员	22.邮政和电信业务人员	23.其他办事人员和有关人员
总　计	**342**	**3582**	**7744**	**7274**	**301802**	**111696**	**145118**	**18107**	**26881**
16-19岁	50	119	463	377	10710	2691	6601	765	653
20-24岁	102	1017	843	1514	51440	20139	22511	4644	4146
25-29岁	73	938	990	1175	43710	19100	16965	3714	3931
30-34岁	42	454	1073	922	32369	14028	12729	2527	3085
35-39岁	30	295	1095	953	31942	13397	13075	2110	3360
40-44岁	18	278	969	937	31137	12575	13279	1783	3500
45-49岁	11	220	644	640	29945	12511	12929	1243	3262
50-54岁	6	119	297	350	22734	8052	12047	651	1984
55-59岁	8	90	336	257	22827	6328	14407	388	1704
60-64岁	2	31	341	96	13658	1807	10918	171	762
65-69岁		14	239	35	7381	678	6312	63	328
70-74岁		3	228	11	2959	251	2565	30	113
75岁及以上		4	226	7	990	139	780	18	53
男	**249**	**1785**	**6025**	**5223**	**231753**	**69133**	**134294**	**11042**	**17284**
16-19岁	26	46	412	240	7591	910	6021	345	315
20-24岁	73	384	691	1008	32564	7849	20717	2074	1924
25-29岁	55	445	782	861	30010	9963	15732	2082	2233
30-34岁	33	238	806	661	24065	8703	11728	1695	1939
35-39岁	23	159	892	669	24612	9038	11968	1486	2120
40-44岁	16	171	790	679	24367	8711	12049	1311	2296
45-49岁	8	129	506	478	24285	9215	11869	925	2276
50-54岁	6	91	212	275	20155	6692	11302	555	1606
55-59岁	8	77	232	225	20981	5623	13546	332	1480
60-64岁	1	27	241	82	12587	1533	10263	143	648
65-69岁		11	164	33	6865	573	5939	56	297
70-74岁		3	151	8	2780	208	2447	26	99
75岁及以上		4	146	4	891	115	713	12	51
女	**93**	**1797**	**1719**	**2051**	**70049**	**42563**	**10824**	**7065**	**9597**
16-19岁	24	73	51	137	3119	1781	580	420	338
20-24岁	29	633	152	506	18876	12290	1794	2570	2222
25-29岁	18	493	208	314	13700	9137	1233	1632	1698
30-34岁	9	216	267	261	8304	5325	1001	832	1146
35-39岁	7	136	203	284	7330	4359	1107	624	1240
40-44岁	2	107	179	258	6770	3864	1230	472	1204
45-49岁	3	91	138	162	5660	3296	1060	318	986
50-54岁		28	85	75	2579	1360	745	96	378
55-59岁		13	104	32	1846	705	861	56	224
60-64岁	1	4	100	14	1071	274	655	28	114
65-69岁		3	75	2	516	105	373	7	31
70-74岁			77	3	179	43	118	4	14
75岁及以上			80	3	99	24	67	6	2

4-8c 续表 3

单位：人

年龄组 性 别	四、商业、服务业人员	24.购销人员	25.仓储人员	26.餐饮服务人员	27.饭店、旅游及健身娱乐场所服务人员	28.运输服务人员	29.医疗卫生辅助服务人员	30.社会服务和居民生活服务人员	31.其他商业、服务业人员
总 计	**2568832**	**1388147**	**76577**	**419364**	**101006**	**170352**	**9337**	**352890**	**51159**
16-19岁	139690	64398	3159	34919	10999	4453	204	18819	2739
20-24岁	434073	232168	12809	80945	25174	22371	1202	50872	8532
25-29岁	354434	195543	10741	59548	15697	25528	1274	39350	6753
30-34岁	309404	171096	9454	49483	11467	25972	1306	34706	5920
35-39岁	350744	193029	10657	54416	11639	30014	1325	42962	6702
40-44岁	350059	192681	10044	52326	10943	27274	1052	48948	6791
45-49岁	257227	140903	7771	38369	7172	18038	829	39259	4886
50-54岁	146771	77842	4753	20942	3535	8947	629	27110	3013
55-59岁	120607	64051	3891	16456	2587	5294	700	24862	2766
60-64岁	60063	31304	2072	7610	1116	1661	484	14168	1648
65-69岁	28064	14992	870	2986	456	541	235	7028	956
70-74岁	11542	6624	253	907	153	165	69	3084	287
75岁及以上	6154	3516	103	457	68	94	28	1722	166
男	**1270601**	**660381**	**47324**	**185547**	**34713**	**144444**	**4926**	**163700**	**29566**
16-19岁	61190	24186	1836	16283	4033	3517	44	9705	1586
20-24岁	191778	89300	7312	37818	8397	18412	280	25609	4650
25-29岁	172933	85975	6274	29525	5385	22024	532	19531	3687
30-34岁	153373	79299	5382	23280	3813	22342	673	15303	3281
35-39岁	171467	92268	6063	22206	3652	25521	709	17341	3707
40-44岁	168648	95080	5860	18920	3237	22646	606	18497	3802
45-49岁	126826	72537	4788	13692	2311	15162	467	15074	2795
50-54岁	82019	44838	3658	8969	1519	7799	383	12848	2005
55-59岁	72824	39331	3258	8038	1276	4848	532	13607	1934
60-64岁	38429	20211	1808	4206	653	1494	408	8506	1143
65-69岁	18908	10172	783	1791	296	471	205	4555	635
70-74岁	8154	4716	220	574	99	131	62	2136	216
75岁及以上	4052	2468	82	245	42	77	25	988	125
女	**1298231**	**727766**	**29253**	**233817**	**66293**	**25908**	**4411**	**189190**	**21593**
16-19岁	78500	40212	1323	18636	6966	936	160	9114	1153
20-24岁	242295	142868	5497	43127	16777	3959	922	25263	3882
25-29岁	181501	109568	4467	30023	10312	3504	742	19819	3066
30-34岁	156031	91797	4072	26203	7654	3630	633	19403	2639
35-39岁	179277	100761	4594	32210	7987	4493	616	25621	2995
40-44岁	181411	97601	4184	33406	7706	4628	446	30451	2989
45-49岁	130401	68366	2983	24677	4861	2876	362	24185	2091
50-54岁	64752	33004	1095	11973	2016	1148	246	14262	1008
55-59岁	47783	24720	633	8418	1311	446	168	11255	832
60-64岁	21634	11093	264	3404	463	167	76	5662	505
65-69岁	9156	4820	87	1195	160	70	30	2473	321
70-74岁	3388	1908	33	333	54	34	7	948	71
75岁及以上	2102	1048	21	212	26	17	3	734	41

4-8c 续表 4

单位：人

年龄组 性别	五、农、林、牧、渔、水利业生产人员	32.种植业生产人员	33.林业生产及野生动植物保护人员	34.畜牧业生产人员	35.渔业生产人员	36.水利设施管理养护人员	37.其他农、林、牧、渔、水利业生产人员	六、生产、运输设备操作人员及有关人员	38.勘测及矿物开采人员
总 计	**29435588**	**27999067**	**125237**	**1065224**	**223898**	**11245**	**10917**	**6156089**	**200483**
16-19岁	924165	880255	3278	34841	5233	323	235	324229	4004
20-24岁	2606391	2485893	9351	91554	17744	890	959	983309	20022
25-29岁	2305018	2185350	9781	90078	17965	824	1020	806400	21203
30-34岁	2356570	2230203	10612	94400	19235	953	1167	757445	23753
35-39岁	3307112	3130040	16197	128905	29023	1255	1692	936461	36933
40-44岁	4086724	3875681	20637	149398	37367	1564	2077	965606	40646
45-49岁	3671279	3483383	18521	132146	34134	1574	1521	658938	28368
50-54岁	2911519	2772874	12835	98787	24854	1220	949	339394	14110
55-59岁	3249682	3105206	12198	108425	21757	1308	788	246927	8086
60-64岁	2077947	1992849	6483	67390	10211	684	330	93045	2269
65-69岁	1138776	1091943	3238	38894	4213	378	110	30423	739
70-74岁	511550	489544	1379	18874	1531	171	51	9048	199
75岁及以上	288855	275846	727	11532	631	101	18	4864	151
男	**14959123**	**14266036**	**82605**	**444139**	**149889**	**7251**	**9203**	**4171636**	**182503**
16-19岁	501479	477594	2209	17621	3666	196	193	193832	3466
20-24岁	1278558	1216767	6085	42432	11983	498	793	626684	17739
25-29岁	1135646	1074299	6388	41407	12181	503	868	538359	19213
30-34岁	1161135	1098717	6881	41292	12696	567	982	505589	21593
35-39岁	1604406	1521399	10342	51954	18530	769	1412	621501	33682
40-44岁	1965550	1868155	13089	57913	23670	978	1745	647954	37053
45-49岁	1769685	1682434	11912	50998	22042	1005	1294	465070	26076
50-54岁	1479408	1412882	8573	39358	16917	838	840	264520	13219
55-59岁	1705437	1637889	8434	41813	15668	960	673	200728	7530
60-64岁	1169938	1129102	4655	27792	7637	484	268	74902	2021
65-69岁	686883	663809	2421	17060	3244	263	86	23373	636
70-74岁	324259	312853	1057	9015	1180	116	38	6191	158
75岁及以上	176739	170136	559	5484	475	74	11	2933	117
女	**14476465**	**13733031**	**42632**	**621085**	**74009**	**3994**	**1714**	**1984453**	**17980**
16-19岁	422686	402661	1069	17220	1567	127	42	130397	538
20-24岁	1327833	1269126	3266	49122	5761	392	166	356625	2283
25-29岁	1169372	1111051	3393	48671	5784	321	152	268041	1990
30-34岁	1195435	1131486	3731	53108	6539	386	185	251856	2160
35-39岁	1702706	1608641	5855	76951	10493	486	280	314960	3251
40-44岁	2121174	2007526	7548	91485	13697	586	332	317652	3593
45-49岁	1901594	1800949	6609	81148	12092	569	227	193868	2292
50-54岁	1432111	1359992	4262	59429	7937	382	109	74874	891
55-59岁	1544245	1467317	3764	66612	6089	348	115	46199	556
60-64岁	908009	863747	1828	39598	2574	200	62	18143	248
65-69岁	451893	428134	817	21834	969	115	24	7050	103
70-74岁	187291	176691	322	9859	351	55	13	2857	41
75岁及以上	112116	105710	168	6048	156	27	7	1931	34

4-8c 续表 5

单位：人

年龄组 性别	39.金属冶炼、轧制人员	40.化工产品生产人员	41.机械制造加工人员	42.机电产品装配人员	43.机械设备修理人员	44.电力设备安装、运行、检修及供电人员	45.电子元器件与设备制造、装配、调试及维修人员	46.橡胶和塑料制品生产人员	47.纺织、针织、印染人员
总计	**111779**	**87724**	**375077**	**226825**	**148995**	**108735**	**205782**	**91524**	**294081**
16-19岁	4856	3722	20963	18584	11627	4617	26980	5771	20805
20-24岁	19109	13826	69145	49395	33475	18551	64332	15228	56831
25-29岁	15556	11382	52547	35854	24886	15636	37668	12400	41220
30-34岁	14023	10303	47371	29885	19923	14188	24952	11303	36988
35-39岁	17263	13014	54324	31573	18547	15831	21741	13334	43698
40-44岁	16939	14242	53951	28981	15790	14942	16154	13649	44577
45-49岁	11745	10173	35878	17502	10642	11911	8181	9342	27599
50-54岁	6199	5425	19200	7599	6572	6785	2901	4737	11289
55-59岁	4242	3646	13868	4869	4819	4497	1756	3563	6673
60-64岁	1325	1343	4977	1731	1731	1290	647	1388	2712
65-69岁	348	427	1842	563	647	364	252	534	978
70-74岁	102	145	701	177	222	84	95	177	465
75岁及以上	72	76	310	112	114	39	123	98	246
男	**88851**	**52563**	**276067**	**135337**	**133403**	**97296**	**104680**	**47245**	**86536**
16-19岁	3815	2118	16940	11289	10795	3910	12779	3184	6732
20-24岁	15711	8382	56680	31565	30503	16247	32697	8777	17116
25-29岁	12514	6972	40879	22672	22168	13882	20481	6996	12953
30-34岁	10974	5994	34780	17724	17526	12625	13100	5994	10946
35-39岁	13144	7364	37159	17284	16236	13910	10622	6292	11596
40-44岁	12898	7903	35291	15097	13671	13352	7437	5923	10869
45-49岁	9233	5994	23670	9603	9450	10882	4068	4216	7382
50-54岁	5291	3757	14030	4889	6058	6460	1671	2476	4123
55-59岁	3689	2675	10743	3445	4501	4326	1122	2105	2912
60-64岁	1160	970	3777	1216	1622	1248	439	824	1222
65-69岁	295	293	1395	387	577	348	149	310	408
70-74岁	75	92	518	104	197	75	51	103	187
75岁及以上	52	49	205	62	99	31	64	45	90
女	**22928**	**35161**	**99010**	**91488**	**15592**	**11439**	**101102**	**44279**	**207545**
16-19岁	1041	1604	4023	7295	832	707	14201	2587	14073
20-24岁	3398	5444	12465	17830	2972	2304	31635	6451	39715
25-29岁	3042	4410	11668	13182	2718	1754	17187	5404	28267
30-34岁	3049	4309	12591	12161	2397	1563	11852	5309	26042
35-39岁	4119	5650	17165	14289	2311	1921	11119	7042	32102
40-44岁	4041	6339	18660	13884	2119	1590	8717	7726	33708
45-49岁	2512	4179	12208	7899	1192	1029	4113	5126	20217
50-54岁	908	1668	5170	2710	514	325	1230	2261	7166
55-59岁	553	971	3125	1424	318	171	634	1458	3761
60-64岁	165	373	1200	515	109	42	208	564	1490
65-69岁	53	134	447	176	70	16	103	224	570
70-74岁	27	53	183	73	25	9	44	74	278
75岁及以上	20	27	105	50	15	8	59	53	156

4-8c 续表 6 单位：人

年龄组 性 别	48.裁剪、缝纫和皮革制品加工制作人员	49.粮油、食品、饮料生产加工及饲料生产加工人员	50.烟草及其制品加工人员	51.药品生产人员	52.木材加工、人造板生产、木制品制作及制浆、造纸和纸制品生产加工人员	53.建筑材料生产加工人员	54.玻璃、陶瓷、搪瓷及其制品生产加工人员	55.广播影视制品制作、播放及文物保护作业人员	56.印刷人员
总 计	**800602**	**163698**	**3256**	**8909**	**342339**	**178321**	**67891**	**4314**	**26446**
16-19岁	71711	7481	107	463	12387	5317	4029	174	2206
20-24岁	182123	23297	343	2064	42374	18521	11449	681	5962
25-29岁	130861	18337	327	1492	37837	17305	9674	657	4558
30-34岁	110793	17365	340	1083	37631	19091	9001	585	3630
35-39岁	116002	22843	558	1228	51855	28480	10700	511	3374
40-44岁	98209	26887	556	1150	61576	33314	10216	481	2951
45-49岁	53832	20221	411	743	46451	25010	6480	471	1900
50-54岁	18685	11073	230	348	23292	14406	3079	379	892
55-59岁	10793	9347	215	194	17489	11148	2153	262	581
60-64岁	4360	4107	102	97	7496	4033	758	76	251
65-69岁	1783	1755	45	29	2633	1265	234	23	99
70-74岁	808	681	16	10	845	315	84	7	25
75岁及以上	642	304	6	8	473	116	34	7	17
男	**252586**	**90254**	**1739**	**4807**	**249369**	**138460**	**38110**	**2783**	**14694**
16-19岁	24507	3958	47	248	8891	4230	2393	93	1291
20-24岁	60060	12405	180	1071	30127	14355	6879	379	3497
25-29岁	45000	10028	170	811	27085	13343	5627	374	2770
30-34岁	37082	9290	163	568	26400	14282	4903	381	2102
35-39岁	35163	11780	270	622	36118	20893	5479	319	1706
40-44岁	25310	13628	295	601	43995	24840	5042	302	1345
45-49岁	13194	11013	235	417	34848	19335	3362	317	861
50-54岁	5620	6873	136	228	18458	12171	2000	296	507
55-59岁	3859	6326	132	143	14201	9871	1608	224	363
60-64岁	1643	2953	67	68	6102	3635	570	70	158
65-69岁	678	1290	30	18	2105	1137	169	19	71
70-74岁	259	505	10	8	673	276	55	5	14
75岁及以上	211	205	4	4	366	92	23	4	9
女	**548016**	**73444**	**1517**	**4102**	**92970**	**39861**	**29781**	**1531**	**11752**
16-19岁	47204	3523	60	215	3496	1087	1636	81	915
20-24岁	122063	10892	163	993	12247	4166	4570	302	2465
25-29岁	85861	8309	157	681	10752	3962	4047	283	1788
30-34岁	73711	8075	177	515	11231	4809	4098	204	1528
35-39岁	80839	11063	288	606	15737	7587	5221	192	1668
40-44岁	72899	13259	261	549	17581	8474	5174	179	1606
45-49岁	40638	9208	176	326	11603	5675	3118	154	1039
50-54岁	13065	4200	94	120	4834	2235	1079	83	385
55-59岁	6934	3021	83	51	3288	1277	545	38	218
60-64岁	2717	1154	35	29	1394	398	188	6	93
65-69岁	1105	465	15	11	528	128	65	4	28
70-74岁	549	176	6	2	172	39	29	2	11
75岁及以上	431	99	2	4	107	24	11	3	8

4-8c 续表 7

单位：人

年龄组 性别	57.工艺、美术品制作人员	58.文化教育、体育用品制作人员	59.工程施工人员	60.运输设备操作人员及有关人员	61.环境监测与废物处理人员	62.检验、计量人员	63.其他生产、运输设备操作人员及有关人员	七、不便分类的其他从业人员
总 计	**155002**	**13923**	**1475631**	**527972**	**5115**	**80472**	**451193**	**19670**
16-19岁	11586	987	45916	12849	124	5582	21381	1053
20-24岁	29233	2503	160153	68003	509	19699	56481	2695
25-29岁	22320	1942	148412	83958	457	13564	46347	2203
30-34岁	19216	1780	161125	84467	488	10474	47687	2022
35-39岁	21510	2011	238072	95573	691	10662	66133	2797
40-44岁	20377	1985	280897	83512	874	9417	73333	2991
45-49岁	13307	1274	202004	54073	731	6306	54383	2190
50-54岁	6989	571	110409	26094	451	2498	35181	1292
55-59岁	5649	453	86031	14483	452	1491	30167	1214
60-64岁	2640	221	31420	3641	213	541	13676	659
65-69岁	1216	121	8789	881	75	155	4626	320
70-74岁	570	49	1657	248	35	57	1274	151
75岁及以上	389	26	746	190	15	26	524	83
男	**59404**	**6094**	**1301691**	**496233**	**3334**	**31648**	**275949**	**12097**
16-19岁	5046	469	40661	11798	84	2074	13014	605
20-24岁	12637	1271	141692	63476	349	8207	34682	1607
25-29岁	9980	972	129957	79495	295	5898	27824	1378
30-34岁	8101	780	138893	79575	302	4053	27458	1179
35-39岁	7922	795	202721	89743	422	3649	36610	1585
40-44岁	6463	729	243675	78068	524	3013	40630	1733
45-49岁	4088	446	180418	50945	460	2096	32461	1328
50-54岁	2098	250	102493	24953	316	1251	24896	893
55-59岁	1631	198	81134	13747	334	888	23021	918
60-64岁	783	92	29803	3334	167	354	10604	476
65-69岁	350	59	8205	745	47	111	3541	236
70-74岁	172	19	1476	204	25	37	893	103
75岁及以上	133	14	563	150	9	17	315	56
女	**95598**	**7829**	**173940**	**31739**	**1781**	**48824**	**175244**	**7573**
16-19岁	6540	518	5255	1051	40	3508	8367	448
20-24岁	16596	1232	18461	4527	160	11492	21799	1088
25-29岁	12340	970	18455	4463	162	7666	18523	825
30-34岁	11115	1000	22232	4892	186	6421	20229	843
35-39岁	13588	1216	35351	5830	269	7013	29523	1212
40-44岁	13914	1256	37222	5444	350	6404	32703	1258
45-49岁	9219	828	21586	3128	271	4210	21922	862
50-54岁	4891	321	7916	1141	135	1247	10285	399
55-59岁	4018	255	4897	736	118	603	7146	296
60-64岁	1857	129	1617	307	46	187	3072	183
65-69岁	866	62	584	136	28	44	1085	84
70-74岁	398	30	181	44	10	20	381	48
75岁及以上	256	12	183	40	6	9	209	27

4-9 各地区分性别、受教育程度的就业人口

单位：人

地区 性别	合计	未上过学	小学	初中	高中	大学专科	大学本科	研究生
全国	**71547989**	**2442337**	**17071892**	**34916372**	**9924532**	**4263212**	**2653730**	**275914**
北京	977387	4652	47114	334274	210323	143938	187413	49673
天津	550787	4455	66931	247030	113836	56554	56126	5855
河北	4004477	64619	780832	2350936	500686	198098	102571	6735
山西	1729275	20183	279782	979200	263193	121904	61330	3683
内蒙古	1285021	44728	294281	599170	187348	100993	55363	3138
辽宁	2345361	16732	410555	1264777	335080	178704	128433	11080
吉林	1429001	12844	322348	719552	222208	85630	61623	4796
黑龙江	1868107	17088	386331	997056	275999	118483	68162	4988
上海	1251461	12857	113009	502708	268591	158110	164285	31901
江苏	4486706	105488	904180	2189462	751414	318460	196942	20760
浙江	3280387	116076	831152	1466299	487595	214318	152188	12759
安徽	2897236	236322	773030	1392922	276808	137403	74330	6421
福建	1950006	30413	526441	919323	279415	111038	77937	5439
江西	2251205	47884	598101	1156016	287821	105326	52123	3934
山东	5694220	203833	1205195	2980669	800227	305249	184189	14858
河南	5006277	189627	955475	2868540	651358	233000	100019	8258
湖北	3035863	118328	682334	1497080	458770	170975	97372	11004
湖南	3389354	59097	770634	1739280	552823	177382	83376	6762
广东	5525078	47934	866965	2935099	1082134	357029	213370	22547
广西	2447946	51379	700586	1237663	278241	114545	61066	4466
海南	426823	13518	75119	232594	67022	24142	13460	968
重庆	1374581	54823	475078	532486	169539	84290	53675	4690
四川	4688003	252929	1648743	2001050	456678	208503	110143	9957
贵州	1676240	183990	664500	600931	108165	74806	41797	2051
云南	2668421	185444	1240511	876834	192468	103031	65988	4145
西藏	147821	54149	57009	20072	6095	5977	4237	282
陕西	1996061	66538	430147	1003541	286538	132643	69058	7596
甘肃	1414319	141841	478272	525013	154357	72857	39106	2873
青海	290469	39664	100066	88889	28425	20005	12780	640
宁夏	327094	22260	86796	135950	40421	25876	15038	753
新疆	1133002	22642	300375	521956	130954	103943	50230	2902

4-9 续表 1

单位：人

地区 性别	合计	未上过学	小学	初中	高中	大学专科	大学本科	研究生
男	**39597282**	**771982**	**8268668**	**20283509**	**6192894**	**2396818**	**1516500**	**166911**
北京	567020	1732	26224	212644	125572	74201	98250	28397
天津	338079	1880	38520	162836	69972	31340	30201	3330
河北	2257003	22551	382950	1373008	312263	106671	55732	3828
山西	1055709	9669	152853	620258	169498	68000	33412	2019
内蒙古	757624	15571	153793	380068	119116	57498	29894	1684
辽宁	1340465	6092	214460	745356	200064	97888	70354	6251
吉林	806444	5569	165413	416945	134417	47561	33828	2711
黑龙江	1083790	7147	202412	598981	168647	66228	37467	2908
上海	733721	4035	58234	308560	168230	86288	89015	19359
江苏	2407685	27032	391262	1214778	464931	181131	115509	13042
浙江	1873846	40885	451787	871625	301073	116327	84136	8013
安徽	1579261	75798	355097	830716	183471	82214	47667	4298
福建	1119937	8431	247214	570783	180849	62594	46711	3355
江西	1247920	14409	262661	679912	192009	63484	32877	2568
山东	3060094	60560	534181	1675626	499128	175039	106829	8731
河南	2664028	61133	425498	1582268	403490	129410	57254	4975
湖北	1652738	33291	311076	853007	288948	101046	58365	7005
湖南	1891784	19867	390879	978133	346934	101422	50220	4329
广东	3095633	13204	396559	1658434	680796	204352	127760	14528
广西	1305217	12471	320668	696985	173242	63376	35725	2750
海南	236426	3118	31806	132508	45037	14854	8486	617
重庆	744505	16312	241920	304262	100889	47092	31104	2926
四川	2500886	81009	826254	1132085	274460	116236	64505	6337
贵州	909979	44611	336920	386979	70371	44384	25413	1301
云南	1433677	58678	625317	536032	115954	57577	37622	2497
西藏	79528	24069	33177	12559	3661	3477	2389	196
陕西	1114974	23954	208066	586952	177631	73715	40034	4622
甘肃	758350	46345	227152	315120	101379	42874	23695	1785
青海	162076	14807	53329	57374	17648	11336	7177	405
宁夏	183433	7001	42493	84938	25397	14655	8510	439
新疆	635450	10751	160493	303777	77817	54548	26359	1705

4-9 续表 2 单位：人

地区 性别	合计	未上过学	小学	初中	高中	大学专科	大学本科	研究生
女	**31950707**	**1670355**	**8803224**	**14632863**	**3731638**	**1866394**	**1137230**	**109003**
北京	410367	2920	20890	121630	84751	69737	89163	21276
天津	212708	2575	28411	84194	43864	25214	25925	2525
河北	1747474	42068	397882	977928	188423	91427	46839	2907
山西	673566	10514	126929	358942	93695	53904	27918	1664
内蒙古	527397	29157	140488	219102	68232	43495	25469	1454
辽宁	1004896	10640	196095	519421	135016	80816	58079	4829
吉林	622557	7275	156935	302607	87791	38069	27795	2085
黑龙江	784317	9941	183919	398075	107352	52255	30695	2080
上海	517740	8822	54775	194148	100361	71822	75270	12542
江苏	2079021	78456	512918	974684	286483	137329	81433	7718
浙江	1406541	75191	379365	594674	186522	97991	68052	4746
安徽	1317975	160524	417933	562206	93337	55189	26663	2123
福建	830069	21982	279227	348540	98566	48444	31226	2084
江西	1003285	33475	335440	476104	95812	41842	19246	1366
山东	2634126	143273	671014	1305043	301099	130210	77360	6127
河南	2342249	128494	529977	1286272	247868	103590	42765	3283
湖北	1383125	85037	371258	644073	169822	69929	39007	3999
湖南	1497570	39230	379755	761147	205889	75960	33156	2433
广东	2429445	34730	470406	1276665	401338	152677	85610	8019
广西	1142729	38908	379918	540678	104999	51169	25341	1716
海南	190397	10400	43313	100086	21985	9288	4974	351
重庆	630076	38511	233158	228224	68650	37198	22571	1764
四川	2187117	171920	822489	868965	182218	92267	45638	3620
贵州	766261	139379	327580	213952	37794	30422	16384	750
云南	1234744	126766	615194	340802	76514	45454	28366	1648
西藏	68293	30080	23832	7513	2434	2500	1848	86
陕西	881087	42584	222081	416589	108907	58928	29024	2974
甘肃	655969	95496	251120	209893	52978	29983	15411	1088
青海	128393	24857	46737	31515	10777	8669	5603	235
宁夏	143661	15259	44303	51012	15024	11221	6528	314
新疆	497552	11891	139882	218179	53137	49395	23871	1197

4-9a 各地区分性别、受教育程度的就业人口(城市)

单位：人

地区 性别	合计	未上过学	小学	初中	高中	大学专科	大学本科	研究生
全国	**19206276**	**117623**	**1582509**	**7609725**	**4851927**	**2742204**	**2046712**	**255576**
北京	758507	2076	25787	213524	163922	127223	177104	48871
天津	333866	1277	19338	119438	88560	48929	50825	5499
河北	621484	1667	36174	233304	170453	106729	67625	5532
山西	382490	751	16263	142016	108391	69331	42539	3199
内蒙古	346456	2850	26846	135824	85237	56350	36696	2653
辽宁	995086	1103	43103	432756	243715	146798	116880	10731
吉林	408924	553	14992	137443	137079	62424	51893	4540
黑龙江	548435	893	23687	217596	163863	81756	55868	4772
上海	923295	6352	57083	321182	216000	139023	152905	30750
江苏	1553697	12013	143588	613103	389160	219170	157400	19263
浙江	1201687	17781	187730	510761	229121	134126	110535	11633
安徽	497914	8047	47513	192503	117827	77092	49266	5666
福建	662528	6100	96274	290437	139083	68746	56977	4911
江西	317515	1745	29510	116035	89455	46976	30886	2908
山东	1394108	9093	100574	552915	372672	205746	139744	13364
河南	762007	4018	40371	278438	221374	138091	72564	7151
湖北	759679	5761	52437	288746	213733	113526	75332	10144
湖南	531439	1377	35593	186207	160686	88612	53110	5854
广东	3070390	8911	265681	1513733	774504	293305	192422	21834
广西	395248	1329	33387	158475	101826	57928	38455	3848
海南	100464	590	6722	39451	28144	14639	10140	778
重庆	383574	2196	47179	136188	95026	57505	41157	4323
四川	715417	4231	81677	262253	170026	113637	75126	8467
贵州	217980	4330	33257	77879	42427	32619	25650	1818
云南	282651	4067	43881	99051	57035	41071	33924	3622
西藏	13946	1315	3008	4095	2200	1710	1436	182
陕西	377991	1318	16170	125905	107048	72605	48086	6859
甘肃	215573	1954	15057	67828	61317	39969	26806	2642
青海	61098	1025	6426	21142	13928	10437	7620	520
宁夏	95690	941	7221	35091	22438	17658	11637	704
新疆	277137	1959	25980	86406	65677	58473	36104	2538

4-9a 续表 1

单位：人

地区 性别	合计	未上过学	小学	初中	高中	大学专科	大学本科	研究生
男	**11063430**	**41400**	**843380**	**4496205**	**2875368**	**1499965**	**1153197**	**153915**
北京	433559	621	13829	136202	96983	65275	92718	27931
天津	211086	664	13383	85518	54361	26872	27182	3106
河北	359971	679	20927	142207	99631	56766	36655	3106
山西	235934	398	10870	95586	66149	38073	23130	1728
内蒙古	212516	1330	17330	90706	51309	30863	19581	1397
辽宁	586092	469	25926	267127	142908	79622	64019	6021
吉林	238270	266	8928	82684	80998	34268	28570	2556
黑龙江	329146	469	15145	138476	96516	45049	30724	2767
上海	540315	1895	28814	199119	134007	75372	82469	18639
江苏	874403	3593	70990	346949	227384	121947	91454	12086
浙江	682971	6387	100251	300324	136697	71623	60444	7245
安徽	294157	3000	24504	115566	72750	43939	30636	3762
福建	379847	1630	47516	173676	83734	36929	33364	2998
江西	182574	642	14862	66544	53302	26545	18776	1903
山东	789397	3180	52570	313007	217141	115293	80346	7860
河南	439181	1539	22298	164436	129993	75338	41242	4335
湖北	433406	1642	25492	163622	127256	64939	43998	6457
湖南	302011	523	19684	104784	93539	48535	31236	3710
广东	1762041	2929	133782	859767	471287	165503	114682	14091
广西	217051	402	16098	87075	58255	30828	22063	2330
海南	57165	148	3073	21747	16898	8551	6247	501
重庆	216292	895	25928	78260	54173	31044	23312	2680
四川	402141	1654	45254	149672	96299	60651	43254	5357
贵州	125820	1325	18319	47823	24942	17601	14679	1131
云南	159357	1364	24000	59250	31972	21810	18825	2136
西藏	7862	528	1686	2467	1256	982	814	129
陕西	212390	550	8877	72907	60412	38122	27403	4119
甘肃	125924	845	8671	40728	36154	22119	15778	1629
青海	36264	520	4138	13352	8065	5675	4196	318
宁夏	55248	365	4084	21435	12992	9572	6395	405
新疆	161039	948	16151	55189	38005	30259	19005	1482

4-9a 续表 2

单位：人

地区 性别	合计	未上过学	小学	初中	高中	大学专科	大学本科	研究生
女	**8142846**	**76223**	**739129**	**3113520**	**1976559**	**1242239**	**893515**	**101661**
北京	324948	1455	11958	77322	66939	61948	84386	20940
天津	122780	613	5955	33920	34199	22057	23643	2393
河北	261513	988	15247	91097	70822	49963	30970	2426
山西	146556	353	5393	46430	42242	31258	19409	1471
内蒙古	133940	1520	9516	45118	33928	25487	17115	1256
辽宁	408994	634	17177	165629	100807	67176	52861	4710
吉林	170654	287	6064	54759	56081	28156	23323	1984
黑龙江	219289	424	8542	79120	67347	36707	25144	2005
上海	382980	4457	28269	122063	81993	63651	70436	12111
江苏	679294	8420	72598	266154	161776	97223	65946	7177
浙江	518716	11394	87479	210437	92424	62503	50091	4388
安徽	203757	5047	23009	76937	45077	33153	18630	1904
福建	282681	4470	48758	116761	55349	31817	23613	1913
江西	134941	1103	14648	49491	36153	20431	12110	1005
山东	604711	5913	48004	239908	155531	90453	59398	5504
河南	322826	2479	18073	114002	91381	62753	31322	2816
湖北	326273	4119	26945	125124	86477	48587	31334	3687
湖南	229428	854	15909	81423	67147	40077	21874	2144
广东	1308349	5982	131899	653966	303217	127802	77740	7743
广西	178197	927	17289	71400	43571	27100	16392	1518
海南	43299	442	3649	17704	11246	6088	3893	277
重庆	167282	1301	21251	57928	40853	26461	17845	1643
四川	313276	2577	36423	112581	73727	52986	31872	3110
贵州	92160	3005	14938	30056	17485	15018	10971	687
云南	123294	2703	19881	39801	25063	19261	15099	1486
西藏	6084	787	1322	1628	944	728	622	53
陕西	165601	768	7293	52998	46636	34483	20683	2740
甘肃	89649	1109	6386	27100	25163	17850	11028	1013
青海	24834	505	2288	7790	5863	4762	3424	202
宁夏	40442	576	3137	13656	9446	8086	5242	299
新疆	116098	1011	9829	31217	27672	28214	17099	1056

4-9b 各地区分性别、受教育程度的就业人口(镇)

单位：人

地区 性别	合计	未上过学	小学	初中	高中	大学专科	大学本科	研究生
全国	**12979342**	**270048**	**2416803**	**6587924**	**2184557**	**1025453**	**479561**	**14996**
北京	68169	385	4407	31731	15588	8525	6899	634
天津	64853	580	9171	34314	11139	5104	4243	302
河北	900076	9762	143153	522758	131359	62451	29666	927
山西	333195	1537	33070	180413	65280	37174	15341	380
内蒙古	256525	3424	33879	119844	51419	32622	15079	258
辽宁	262092	988	32506	159747	39643	20132	8812	264
吉林	203614	1241	28197	110304	40742	15554	7401	175
黑龙江	313573	1496	34794	173677	64167	28712	10570	157
上海	176516	2675	23513	93708	32574	13765	9253	1028
江苏	954571	20364	185481	507652	157672	55620	26950	832
浙江	778163	20489	187909	365885	121246	50453	31289	892
安徽	603809	32533	129542	303752	75096	41712	20564	610
福建	424821	4916	99630	207567	68296	28070	15957	385
江西	531246	6454	98683	267374	97467	42585	17814	869
山东	1079184	32069	209522	573060	160958	65885	36570	1120
河南	858427	21278	121368	480806	152702	60335	21431	507
湖北	489564	10709	78542	246850	98897	37999	16061	506
湖南	725342	6523	117738	360553	153886	61449	24490	703
广东	752851	5582	129332	417380	141171	43489	15472	425
广西	508274	4767	99409	263189	79855	41600	18968	486
海南	88857	1954	12243	47766	17440	6625	2685	144
重庆	271083	5459	69180	122554	41839	21097	10630	324
四川	764817	16017	167155	353257	129165	68451	29514	1258
贵州	262505	14527	69552	107482	29857	28095	12821	171
云南	503137	19729	164550	194942	59041	39927	24519	429
西藏	20484	3472	5522	4175	2263	2955	2046	51
陕西	361383	6173	51135	171110	73012	42181	17181	591
甘肃	177915	6958	33843	70976	33032	22844	10116	146
青海	51389	4504	11587	15255	7666	7738	4537	102
宁夏	46914	2016	9426	21956	6619	4694	2173	30
新疆	145993	1467	22764	57887	25466	27610	10509	290

4-9b 续表 1 单位：人

地区 性别	合计	未上过学	小学	初中	高中	大学专科	大学本科	研究生
男	**7339109**	**86658**	**1190111**	**3804360**	**1370809**	**592343**	**285038**	**9790**
北京	41667	163	2729	20537	9532	4604	3732	370
天津	39505	272	5757	21526	6391	2954	2419	186
河北	517724	3400	72950	308262	82300	34088	16150	574
山西	208569	798	19535	116840	42289	20688	8201	218
内蒙古	159996	1379	19741	78570	33039	18965	8138	164
辽宁	153510	394	18037	94654	24157	11315	4779	174
吉林	120347	572	15397	66363	25229	8715	3957	114
黑龙江	191451	745	20288	108161	40138	16245	5768	106
上海	104372	964	12374	56220	21012	7859	5306	637
江苏	513409	5414	80734	276714	100516	33024	16456	551
浙江	443075	6993	100518	214559	75014	27745	17624	622
安徽	341376	10644	61399	179888	49552	25609	13843	441
福建	246965	1275	46423	127465	44759	16682	10104	257
江西	301957	2007	45296	152539	63516	26281	11752	566
山东	584794	9704	93383	319030	101433	38946	21628	670
河南	472728	6881	57388	268276	93733	33610	12524	316
湖北	272470	3042	36323	137918	61079	23328	10453	327
湖南	413296	2257	61229	201705	96239	36082	15306	478
广东	427690	1731	60509	236727	92646	26183	9615	279
广西	270642	1300	45453	141356	47583	23220	11400	330
海南	49917	464	5170	26465	11687	4242	1799	90
重庆	151613	1632	35762	69457	25630	12347	6563	222
四川	423843	5350	87042	195997	77479	39311	17819	845
贵州	148229	3499	34669	66211	18686	16691	8342	131
云南	272302	6310	82163	112878	34219	22194	14240	298
西藏	11471	1480	3087	2609	1393	1718	1149	35
陕西	212990	2431	26600	103030	45882	24380	10253	414
甘肃	100559	2242	15990	40854	21319	13652	6402	100
青海	30081	1909	6419	9918	4804	4410	2547	74
宁夏	27963	694	4785	13880	4407	2834	1342	21
新疆	84598	712	12961	35751	15146	14421	5427	180

4-9b 续表 2 单位：人

地区 性别	合计	未上过学	小学	初中	高中	大学专科	大学本科	研究生
女	**5640233**	**183390**	**1226692**	**2783564**	**813748**	**433110**	**194523**	**5206**
北京	26502	222	1678	11194	6056	3921	3167	264
天津	25348	308	3414	12788	4748	2150	1824	116
河北	382352	6362	70203	214496	49059	28363	13516	353
山西	124626	739	13535	63573	22991	16486	7140	162
内蒙古	96529	2045	14138	41274	18380	13657	6941	94
辽宁	108582	594	14469	65093	15486	8817	4033	90
吉林	83267	669	12800	43941	15513	6839	3444	61
黑龙江	122122	751	14506	65516	24029	12467	4802	51
上海	72144	1711	11139	37488	11562	5906	3947	391
江苏	441162	14950	104747	230938	57156	22596	10494	281
浙江	335088	13496	87391	151326	46232	22708	13665	270
安徽	262433	21889	68143	123864	25544	16103	6721	169
福建	177856	3641	53207	80102	23537	11388	5853	128
江西	229289	4447	53387	114835	33951	16304	6062	303
山东	494390	22365	116139	254030	59525	26939	14942	450
河南	385699	14397	63980	212530	58969	26725	8907	191
湖北	217094	7667	42219	108932	37818	14671	5608	179
湖南	312046	4266	56509	158848	57647	25367	9184	225
广东	325161	3851	68823	180653	48525	17306	5857	146
广西	237632	3467	53956	121833	32272	18380	7568	156
海南	38940	1490	7073	21301	5753	2383	886	54
重庆	119470	3827	33418	53097	16209	8750	4067	102
四川	340974	10667	80113	157260	51686	29140	11695	413
贵州	114276	11028	34883	41271	11171	11404	4479	40
云南	230835	13419	82387	82064	24822	17733	10279	131
西藏	9013	1992	2435	1566	870	1237	897	16
陕西	148393	3742	24535	68080	27130	17801	6928	177
甘肃	77356	4716	17853	30122	11713	9192	3714	46
青海	21308	2595	5168	5337	2862	3328	1990	28
宁夏	18951	1322	4641	8076	2212	1860	831	9
新疆	61395	755	9803	22136	10320	13189	5082	110

4-9c 各地区分性别、受教育程度的就业人口(乡村)

单位：人

地区 性别	合计	未上过学	小学	初中	高中	大学专科	大学本科	研究生
全国	**39362371**	**2054666**	**13072580**	**20718723**	**2888048**	**495555**	**127457**	**5342**
北京	150711	2191	16920	89019	30813	8190	3410	168
天津	152068	2598	38422	93278	14137	2521	1058	54
河北	2482917	53190	601505	1594874	198874	28918	5280	276
山西	1013590	17895	230449	656771	89522	15399	3450	104
内蒙古	682040	38454	233556	343502	50692	12021	3588	227
辽宁	1088183	14641	334946	672274	51722	11774	2741	85
吉林	816463	11050	279159	471805	44387	7652	2329	81
黑龙江	1006099	14699	327850	605783	47969	8015	1724	59
上海	151650	3830	32413	87818	20017	5322	2127	123
江苏	1978438	73111	575111	1068707	204582	43670	12592	665
浙江	1300537	77806	455513	589653	137228	29739	10364	234
安徽	1795513	195742	595975	896667	83885	18599	4500	145
福建	862657	19397	330537	421319	72036	14222	5003	143
江西	1402444	39685	469908	772607	100899	15765	3423	157
山东	3220928	162671	895099	1854694	266597	33618	7875	374
河南	3385843	164331	793736	2109296	277282	34574	6024	600
湖北	1786620	101858	551355	961484	146140	19450	5979	354
湖南	2132573	51197	617303	1192520	238251	27321	5776	205
广东	1701837	33441	471952	1003986	166459	20235	5476	288
广西	1544424	45283	567790	815999	96560	15017	3643	132
海南	237502	10974	56154	145377	21438	2878	635	46
重庆	719924	47168	358719	273744	32674	5688	1888	43
四川	3207769	232681	1399911	1385540	157487	26415	5503	232
贵州	1195755	165133	561691	415570	35881	14092	3326	62
云南	1882633	161648	1032080	582841	76392	22033	7545	94
西藏	113391	49362	48479	11802	1632	1312	755	49
陕西	1256687	59047	362842	706526	106478	17857	3791	146
甘肃	1020831	132929	429372	386209	60008	10044	2184	85
青海	177982	34135	82053	52492	6831	1830	623	18
宁夏	184490	19303	70149	78903	11364	3524	1228	19
新疆	709872	19216	251631	377663	39811	17860	3617	74

4-9c 续表 1 单位：人

地区 性别	合计	未上过学	小学	初中	高中	大学专科	大学本科	研究生
男	**21194743**	**643924**	**6235177**	**11982944**	**1946717**	**304510**	**78265**	**3206**
北京	91794	948	9666	55905	19057	4322	1800	96
天津	87488	944	19380	55792	9220	1514	600	38
河北	1379308	18472	289073	922539	130332	15817	2927	148
山西	611206	8473	122448	407832	61060	9239	2081	73
内蒙古	385112	12862	116722	210792	34768	7670	2175	123
辽宁	600863	5229	170497	383575	32999	6951	1556	56
吉林	447827	4731	141088	267898	28190	4578	1301	41
黑龙江	563193	5933	166979	352344	31993	4934	975	35
上海	89034	1176	17046	53221	13211	3057	1240	83
江苏	1019873	18025	239538	591115	137031	26160	7599	405
浙江	747800	27505	251018	356742	89362	16959	6068	146
安徽	943728	62154	269194	535262	61169	12666	3188	95
福建	493125	5526	153275	269642	52356	8983	3243	100
江西	763389	11760	202503	460829	75191	10658	2349	99
山东	1685903	47676	388228	1043589	180554	20800	4855	201
河南	1752119	52713	345812	1149556	179764	20462	3488	324
湖北	946862	28607	249261	551467	100613	12779	3914	221
湖南	1176477	17087	309966	671644	157156	16805	3678	141
广东	905902	8544	202268	561940	116863	12666	3463	158
广西	817524	10769	259117	468554	67404	9328	2262	90
海南	129344	2506	23563	84296	16452	2061	440	26
重庆	376600	13785	180230	156545	21086	3701	1229	24
四川	1674902	74005	693958	786416	100682	16274	3432	135
贵州	635930	39787	283932	272945	26743	10092	2392	39
云南	1002018	51004	519154	363904	49763	13573	4557	63
西藏	60195	22061	28404	7483	1012	777	426	32
陕西	689594	20973	172589	411015	71337	11213	2378	89
甘肃	531867	43258	202491	233538	43906	7103	1515	56
青海	95731	12378	42772	34104	4779	1251	434	13
宁夏	100222	5942	33624	49623	7998	2249	773	13
新疆	389813	9091	131381	212837	24666	9868	1927	43

4-9c 续表 2

单位：人

地区 性别	合计	未上过学	小学	初中	高中	大学专科	大学本科	研究生
女	**18167628**	**1410742**	**6837403**	**8735779**	**941331**	**191045**	**49192**	**2136**
北京	58917	1243	7254	33114	11756	3868	1610	72
天津	64580	1654	19042	37486	4917	1007	458	16
河北	1103609	34718	312432	672335	68542	13101	2353	128
山西	402384	9422	108001	248939	28462	6160	1369	31
内蒙古	296928	25592	116834	132710	15924	4351	1413	104
辽宁	487320	9412	164449	288699	18723	4823	1185	29
吉林	368636	6319	138071	203907	16197	3074	1028	40
黑龙江	442906	8766	160871	253439	15976	3081	749	24
上海	62616	2654	15367	34597	6806	2265	887	40
江苏	958565	55086	335573	477592	67551	17510	4993	260
浙江	552737	50301	204495	232911	47866	12780	4296	88
安徽	851785	133588	326781	361405	22716	5933	1312	50
福建	369532	13871	177262	151677	19680	5239	1760	43
江西	639055	27925	267405	311778	25708	5107	1074	58
山东	1535025	114995	506871	811105	86043	12818	3020	173
河南	1633724	111618	447924	959740	97518	14112	2536	276
湖北	839758	73251	302094	410017	45527	6671	2065	133
湖南	956096	34110	307337	520876	81095	10516	2098	64
广东	795935	24897	269684	442046	49596	7569	2013	130
广西	726900	34514	308673	347445	29156	5689	1381	42
海南	108158	8468	32591	61081	4986	817	195	20
重庆	343324	33383	178489	117199	11588	1987	659	19
四川	1532867	158676	705953	599124	56805	10141	2071	97
贵州	559825	125346	277759	142625	9138	4000	934	23
云南	880615	110644	512926	218937	26629	8460	2988	31
西藏	53196	27301	20075	4319	620	535	329	17
陕西	567093	38074	190253	295511	35141	6644	1413	57
甘肃	488964	89671	226881	152671	16102	2941	669	29
青海	82251	21757	39281	18388	2052	579	189	5
宁夏	84268	13361	36525	29280	3366	1275	455	6
新疆	320059	10125	120250	164826	15145	7992	1690	31

4-10 各地区分性别、周工作时间的正在工作人口

单位：人

地区 性别	合计	1-8 小时	9-19 小时	20-34 小时	35 小时	36-39 小时	40 小时	41-47 小时	48 小时	48小时 以上	周平均 工作时间 (小时)
全国	**69677870**	**461198**	**1672396**	**8185883**	**1488035**	**1067478**	**20100762**	**3524063**	**6443370**	**26734685**	**45.16**
北京	956085	1473	3593	20028	4731	4656	618709	26226	68894	207775	44.33
天津	537405	1809	4585	22175	3363	3036	236602	11732	56399	197704	47.05
河北	3778132	70291	176540	595636	82326	55983	995463	161425	201755	1438713	42.74
山西	1674324	16115	59221	245992	34911	24147	501051	73942	107251	611694	43.51
内蒙古	1186599	6416	20940	94629	35682	13187	254582	52614	58964	649585	49.26
辽宁	2291700	8333	42657	236074	39472	21768	793947	88798	160452	900199	45.51
吉林	1365792	9519	29759	135296	24437	14972	383166	53454	82208	632981	46.94
黑龙江	1609575	13099	46247	173133	26168	21239	473269	60909	167234	628277	45.47
上海	1245956	853	3590	18367	2670	5225	800909	31388	163288	219666	44.39
江苏	4466187	15251	75849	414313	62046	53046	1406375	186011	614474	1638822	46.06
浙江	3253614	8026	36957	216580	50644	25858	804423	112304	440395	1558427	49.41
安徽	2857786	18720	96102	459529	69922	49407	714409	153888	206990	1088819	44.07
福建	1931138	6414	26193	163703	46253	29053	442662	103748	210295	902817	48.49
江西	2239007	6903	27961	216215	36973	41092	610836	121076	226192	951759	46.48
山东	5495610	34448	151597	724679	96578	83124	1416477	255161	468524	2265022	44.99
河南	4619307	102925	299090	919804	113764	80673	1279794	205921	272860	1344476	40.03
湖北	3006635	13339	58348	389814	76694	49259	935725	148734	262217	1072505	44.49
湖南	3342391	24054	116774	625154	97983	69737	889173	225917	289049	1004550	42.21
广东	5496123	19042	48186	334872	88238	63458	1527070	272037	1001493	2141727	47.53
广西	2426186	10048	35809	252638	91093	52454	597819	175908	189276	1021141	45.79
海南	421295	3061	6710	47513	17960	11531	106426	34898	36472	156724	44.60
重庆	1366077	6447	27327	170494	32125	27485	449229	78853	129976	444141	44.13
四川	4650951	21041	108181	710039	125954	106914	1406884	333404	362972	1475562	43.19
贵州	1657741	7332	27852	200036	40943	31831	507365	89123	122366	630893	44.92
云南	2661317	4377	17928	169716	67923	36287	537976	189733	184408	1452969	49.24
西藏	143756	1035	3251	18125	5269	3454	28481	14710	6921	62510	45.67
陕西	1952780	11607	40098	242795	33163	29839	601716	87849	141173	764540	45.63
甘肃	1343839	9914	39779	173055	30924	30762	314650	81306	93296	570153	45.42
青海	278878	2623	9038	29358	14791	5267	57743	16804	16564	126690	45.90
宁夏	318587	1464	6097	34822	6900	5695	87008	21829	25429	129343	46.09
新疆	1103097	5219	26137	131299	28135	17039	320823	54361	75583	444501	45.77

4-10 续表 1

单位：人

地区 性别	合 计	1-8 小时	9-19 小时	20-34 小时	35 小时	36-39 小时	40 小时	41-47 小时	48 小时	48小时 以 上	周平均 工作时间 (小时)
男	**38645017**	**202124**	**681442**	**3625041**	**745203**	**532595**	**11152645**	**1918882**	**3710450**	**16076635**	**46.40**
北 京	555715	750	1747	10306	2499	2432	348815	15101	40620	133445	44.86
天 津	330953	801	1928	9813	1789	1612	140053	6724	34923	133310	48.07
河 北	2143534	29513	70872	260275	42261	29322	562925	91067	122782	934517	44.90
山 西	1027585	6537	21845	112352	19275	13420	302353	46310	71549	433944	45.69
内蒙古	703385	3112	9298	44278	18958	6927	145362	28749	35207	411494	50.55
辽 宁	1312232	3500	15859	98068	19918	11307	452390	49731	93944	567515	46.95
吉 林	771609	4338	11941	58003	12470	7638	213926	29226	47179	386888	48.35
黑龙江	940326	5975	18991	81060	13874	11681	273174	35971	101682	397918	46.81
上 海	730968	373	1433	8904	1409	2913	465714	18002	97229	134991	44.59
江 苏	2398026	6194	27492	161855	28097	23790	759816	96465	344319	949998	47.21
浙 江	1859470	4074	17471	110148	27556	14032	452185	63156	250814	920034	49.81
安 徽	1560403	7226	35834	190064	33408	23853	394605	82816	121363	671234	46.01
福 建	1108662	3109	11621	78451	24791	15198	251502	57962	121675	544353	49.21
江 西	1241092	3173	10967	90581	17906	19195	336863	63781	127686	570940	47.59
山 东	2969078	13328	56400	288478	45268	39214	759717	135099	267757	1363817	46.75
河 南	2482282	42846	121826	404694	56046	40373	705188	113669	161714	835926	42.09
湖 北	1637686	6127	23895	173397	38195	24102	515247	79884	147862	628977	45.54
湖 南	1866014	10981	48096	291793	51902	36411	505394	131580	172397	617460	43.56
广 东	3080278	10061	22580	159715	45728	32556	845361	149684	568836	1245757	48.02
广 西	1294072	5166	17291	122444	46923	26584	318797	91989	102434	562444	46.24
海 南	233314	1682	3442	24329	9528	6082	59588	19079	20230	89354	44.96
重 庆	739818	3059	11826	78095	15670	13612	245294	42372	73525	256365	45.00
四 川	2481732	9594	46097	322696	60612	52074	761335	176631	205100	847593	44.16
贵 州	900125	3607	12674	93461	20227	15976	278578	47465	69212	358925	45.62
云 南	1429932	2103	7792	74606	31899	16796	286864	96027	101443	812402	49.91
西 藏	77472	519	1664	8921	2722	1799	15586	7836	3789	34636	46.18
陕 西	1092712	5349	15864	104194	15974	14646	327479	48145	83796	477265	47.27
甘 肃	722701	4575	16937	77021	15243	14998	171666	42171	52602	327488	46.58
青 海	156086	1295	4140	13621	7915	2782	31953	9036	9460	75884	47.10
宁 夏	179283	666	2455	14659	3270	2806	48255	11777	14792	80603	47.63
新 疆	618472	2491	11164	58759	13870	8464	176660	31377	44529	271158	47.07

4-10 续表 2 单位：人

地区 性别	合计	1-8 小时	9-19 小时	20-34 小时	35 小时	36-39 小时	40 小时	41-47 小时	48 小时	48小时 以上	周平均 工作时间 (小时)
女	**31032853**	**259074**	**990954**	**4560842**	**742832**	**534883**	**8948117**	**1605181**	**2732920**	**10658050**	**43.63**
北京	400370	723	1846	9722	2232	2224	269894	11125	28274	74330	43.60
天津	206452	1008	2657	12362	1574	1424	96549	5008	21476	64394	45.42
河北	1634598	40778	105668	335361	40065	26661	432538	70358	78973	504196	39.91
山西	646739	9578	37376	133640	15636	10727	198698	27632	35702	177750	40.05
内蒙古	483214	3304	11642	50351	16724	6260	109220	23865	23757	238091	47.37
辽宁	979468	4833	26798	138006	19554	10461	341557	39067	66508	332684	43.57
吉林	594183	5181	17818	77293	11967	7334	169240	24228	35029	246093	45.10
黑龙江	669249	7124	27256	92073	12294	9558	200095	24938	65552	230359	43.59
上海	514988	480	2157	9463	1261	2312	335195	13386	66059	84675	44.11
江苏	2068161	9057	48357	252458	33949	29256	646559	89546	270155	688824	44.72
浙江	1394144	3952	19486	106432	23088	11826	352238	49148	189581	638393	48.88
安徽	1297383	11494	60268	269465	36514	25554	319804	71072	85627	417585	41.74
福建	822476	3305	14572	85252	21462	13855	191160	45786	88620	358464	47.51
江西	997915	3730	16994	125634	19067	21897	273973	57295	98506	380819	45.10
山东	2526532	21120	95197	436201	51310	43910	656760	120062	200767	901205	42.93
河南	2137025	60079	177264	515110	57718	40300	574606	92252	111146	508550	37.64
湖北	1368949	7212	34453	216417	38499	25157	420478	68850	114355	443528	43.25
湖南	1476377	13073	68678	333361	46081	33326	383779	94337	116652	387090	40.49
广东	2415845	8981	25606	175157	42510	30902	681709	122353	432657	895970	46.91
广西	1132114	4882	18518	130194	44170	25870	279022	83919	86842	458697	45.28
海南	187981	1379	3268	23184	8432	5449	46838	15819	16242	67370	44.16
重庆	626259	3388	15501	92399	16455	13873	203935	36481	56451	187776	43.10
四川	2169219	11447	62084	387343	65342	54840	645549	156773	157872	627969	42.09
贵州	757616	3725	15178	106575	20716	15855	228787	41658	53154	271968	44.09
云南	1231385	2274	10136	95110	36024	19491	251112	93706	82965	640567	48.46
西藏	66284	516	1587	9204	2547	1655	12895	6874	3132	27874	45.09
陕西	860068	6258	24234	138601	17189	15193	274237	39704	57377	287275	43.54
甘肃	621138	5339	22842	96034	15681	15764	142984	39135	40694	242665	44.06
青海	122792	1328	4898	15737	6876	2485	25790	7768	7104	50806	44.39
宁夏	139304	798	3642	20163	3630	2889	38753	10052	10637	48740	44.10
新疆	484625	2728	14973	72540	14265	8575	144163	22984	31054	173343	44.12

4-10a 各地区分性别、周工作时间的正在工作人口(城市)

单位：人

地区 性别	合计	1-8小时	9-19小时	20-34小时	35小时	36-39小时	40小时	41-47小时	48小时	48小时以上	周平均工作时间(小时)
全国	**19040623**	**43159**	**82225**	**473485**	**206703**	**123094**	**8247997**	**603289**	**2602377**	**6658294**	**47.48**
北京	752834	769	1095	8364	3119	3217	527375	18908	51325	138662	43.94
天津	332011	400	655	3507	1196	1367	186102	5666	41483	91635	46.34
河北	610619	3374	5302	19779	5365	4301	297940	15242	48193	211123	46.10
山西	377296	966	1501	9452	2710	2488	202773	8916	29696	118794	46.09
内蒙古	341198	897	1281	10015	11005	2876	107174	10535	21544	175871	50.80
辽宁	987223	848	2476	16185	4635	3704	493176	24139	99565	342495	47.14
吉林	402814	555	1320	6939	4382	1900	187541	8946	34392	156839	47.88
黑龙江	537284	876	1992	8068	4584	2539	237794	10937	71634	198860	47.78
上海	919027	361	885	6099	1519	3853	647956	23077	98274	137003	43.84
江苏	1546940	2349	5811	36388	11175	8305	686288	51056	256918	488650	47.11
浙江	1194825	1447	4265	27904	14337	7088	379016	37168	186123	537477	50.40
安徽	494436	1162	2357	15806	6609	3474	191137	18666	56194	199031	48.39
福建	658642	1254	2823	16478	13716	4937	185351	24123	93500	316460	51.18
江西	315649	719	1437	10675	4051	2868	143037	10729	37338	104795	46.52
山东	1377131	3534	8696	45559	11522	8795	513766	40421	193618	551220	47.85
河南	745504	4202	9115	30232	7014	5699	353349	22298	69045	244550	45.77
湖北	753939	1985	3442	27516	13346	6589	335023	26860	89662	249516	46.79
湖南	526615	2540	4715	27998	12085	5426	219839	20443	62926	170643	46.25
广东	3059505	5346	7523	52601	26275	17788	954175	120132	707752	1167913	48.98
广西	390836	1695	1875	12813	14805	6524	149050	17841	49938	136295	46.82
海南	99260	646	661	4121	1897	1127	39161	4560	11335	35752	46.32
重庆	380844	1330	2985	16012	3324	3508	169364	13387	58403	112531	46.10
四川	710499	1828	3226	21848	7641	5276	331607	24362	83554	231157	46.67
贵州	216412	602	1282	8075	1984	1425	104473	5864	20224	72483	46.69
云南	280608	678	1148	8627	3517	1774	122450	9619	33243	99552	47.29
西藏	13856	147	89	562	447	83	4173	874	671	6810	49.27
陕西	372973	1187	1759	10178	2057	2489	195161	10924	38506	110712	46.29
甘肃	213119	567	1029	4984	3972	1599	100221	5399	18628	76720	47.36
青海	60437	91	171	1083	5571	500	18011	1993	5256	27761	49.52
宁夏	94482	173	399	1848	618	499	42928	3924	9052	35041	48.08
新疆	273805	631	910	3769	2225	1076	122586	6280	24385	111943	48.78

4-10a 续表 1

单位：人

地区 性别	合计	1-8 小时	9-19 小时	20-34 小时	35 小时	36-39 小时	40 小时	41-47 小时	48 小时	48小时 以上	周平均 工作时间 (小时)
男	**10977480**	**22670**	**38264**	**232993**	**110858**	**65541**	**4664852**	**328736**	**1486431**	**4027135**	**47.91**
北京	430783	418	561	4270	1600	1591	293992	10614	29814	87923	44.37
天津	210130	248	415	1939	666	798	110849	3292	26294	65629	47.11
河北	354684	1515	2356	9302	2816	2355	169235	8051	27736	131318	46.81
山西	233072	560	815	5381	1523	1467	119859	5192	18548	79727	46.69
内蒙古	209335	554	725	5466	5867	1656	61132	5555	12664	115716	51.77
辽宁	581827	472	1070	7807	2477	2109	285587	13439	57335	211531	47.59
吉林	234597	300	632	3615	2491	1103	107987	4928	19574	93967	48.23
黑龙江	322393	525	1017	4251	2557	1494	137988	6406	43121	125034	48.24
上海	538247	204	438	3131	770	2160	374914	13008	58558	85064	43.99
江苏	871268	1196	2200	15553	5780	4017	381731	26680	143972	290139	47.56
浙江	679777	823	2402	14934	7555	3649	210187	19759	104789	315679	50.65
安徽	292470	554	1094	7163	3476	1839	111557	10029	33244	123514	48.98
福建	377671	668	1435	8875	7417	2577	104025	12983	52626	187065	51.47
江西	181545	405	665	5115	2210	1441	81700	5585	20889	63535	46.96
山东	781923	1548	3279	19363	6058	4570	286918	21492	108121	330574	48.53
河南	431276	1922	3834	14521	3797	3100	200606	12434	40729	150333	46.43
湖北	430245	1093	1572	13317	7207	3386	191284	14500	50387	147499	47.13
湖南	299327	1351	2160	14395	6713	2924	124304	11449	35459	100572	46.61
广东	1756182	3150	3870	27505	14318	9618	536450	67456	404076	689739	49.23
广西	214749	943	988	6489	7880	3497	81648	9414	26801	77089	47.04
海南	56529	359	357	2197	997	616	22197	2545	6199	21062	46.59
重庆	214797	709	1323	7902	1768	1789	94091	7124	32945	67146	46.58
四川	399557	913	1614	10903	4013	2778	184144	13035	46533	135624	47.00
贵州	124912	346	652	4070	1048	775	59284	3207	11866	43664	47.06
云南	158290	376	584	4144	1740	845	67836	4981	18801	58983	47.70
西藏	7809	78	47	309	265	42	2358	479	395	3836	49.31
陕西	209704	621	833	5014	1073	1279	104800	5674	22314	68096	47.06
甘肃	124665	309	538	2486	2219	933	57250	2861	10875	47194	47.90
青海	35883	52	99	637	3041	303	10130	1087	2968	17566	50.28
宁夏	54632	90	177	834	302	235	23933	2094	5067	21900	48.87
新疆	159201	368	512	2105	1214	595	66876	3383	13731	70417	49.58

4-10a 续表 2 单位：人

地区 性别	合计	1-8小时	9-19小时	20-34小时	35小时	36-39小时	40小时	41-47小时	48小时	48小时以上	周平均工作时间(小时)
女	**8063143**	**20489**	**43961**	**240492**	**95845**	**57553**	**3583145**	**274553**	**1115946**	**2631159**	**46.89**
北京	322051	351	534	4094	1519	1626	233383	8294	21511	50739	43.36
天津	121881	152	240	1568	530	569	75253	2374	15189	26006	45.00
河北	255935	1859	2946	10477	2549	1946	128705	7191	20457	79805	45.12
山西	144224	406	686	4071	1187	1021	82914	3724	11148	39067	45.12
内蒙古	131863	343	556	4549	5138	1220	46042	4980	8880	60155	49.27
辽宁	405396	376	1406	8378	2158	1595	207589	10700	42230	130964	46.48
吉林	168217	255	688	3324	1891	797	79554	4018	14818	62872	47.39
黑龙江	214891	351	975	3817	2027	1045	99806	4531	28513	73826	47.09
上海	380780	157	447	2968	749	1693	273042	10069	39716	51939	43.61
江苏	675672	1153	3611	20835	5395	4288	304557	24376	112946	198511	46.52
浙江	515048	624	1863	12970	6782	3439	168829	17409	81334	221798	50.08
安徽	201966	608	1263	8643	3133	1635	79580	8637	22950	75517	47.52
福建	280971	586	1388	7603	6299	2360	81326	11140	40874	129395	50.80
江西	134104	314	772	5560	1841	1427	61337	5144	16449	41260	45.94
山东	595208	1986	5417	26196	5464	4225	226848	18929	85497	220646	46.97
河南	314228	2280	5281	15711	3217	2599	152743	9864	28316	94217	44.86
湖北	323694	892	1870	14199	6139	3203	143739	12360	39275	102017	46.34
湖南	227288	1189	2555	13603	5372	2502	95535	8994	27467	70071	45.78
广东	1303323	2196	3653	25096	11957	8170	417725	52676	303676	478174	48.66
广西	176087	752	887	6324	6925	3027	67402	8427	23137	59206	46.56
海南	42731	287	304	1924	900	511	16964	2015	5136	14690	45.97
重庆	166047	621	1662	8110	1556	1719	75273	6263	25458	45385	45.47
四川	310942	915	1612	10945	3628	2498	147463	11327	37021	95533	46.24
贵州	91500	256	630	4005	936	650	45189	2657	8358	28819	46.19
云南	122318	302	564	4483	1777	929	54614	4638	14442	40569	46.75
西藏	6047	69	42	253	182	41	1815	395	276	2974	49.23
陕西	163269	566	926	5164	984	1210	90361	5250	16192	42616	45.30
甘肃	88454	258	491	2498	1753	666	42971	2538	7753	29526	46.60
青海	24554	39	72	446	2530	197	7881	906	2288	10195	48.41
宁夏	39850	83	222	1014	316	264	18995	1830	3985	13141	47.00
新疆	114604	263	398	1664	1011	481	55710	2897	10654	41526	47.67

4-10b 各地区分性别、周工作时间的正在工作人口(镇)

单位：人

地区 性别	合计	1-8 小时	9-19 小时	20-34 小时	35 小时	36-39 小时	40 小时	41-47 小时	48 小时	48小时 以上	周平均 工作时间 (小时)
全国	**12712174**	**71742**	**236503**	**1223282**	**231929**	**161067**	**3801078**	**547268**	**1120255**	**5319050**	**46.38**
北京	66073	116	313	1831	411	410	35540	2438	5661	19353	45.83
天津	63580	310	611	2533	382	361	21716	1310	5452	30905	49.54
河北	856924	13261	32533	110347	15330	11033	240059	32889	47402	354070	44.26
山西	324669	2175	7993	34787	4539	3419	108151	10816	20804	131985	45.41
内蒙古	244778	729	1995	11472	6318	1839	61715	7245	11645	141820	51.26
辽宁	257287	1032	3737	21788	3317	1911	77442	7670	12884	127506	47.91
吉林	195520	1563	2623	14911	5235	1933	58416	6367	9939	94533	47.87
黑龙江	284989	1001	3743	15838	3778	2883	84994	7859	23212	141681	49.00
上海	175789	167	683	3891	454	637	86855	4669	33008	45425	46.45
江苏	950315	2957	16409	90439	13319	10521	256649	38290	130786	390945	46.81
浙江	772828	1552	5880	39787	10228	5200	174340	23318	111955	400568	50.62
安徽	597532	2674	14887	74357	12195	8097	166195	26769	42108	250250	45.76
福建	420177	1274	4478	29321	7719	4673	104623	19302	42538	206249	49.30
江西	528163	1184	4588	34754	5745	6504	163442	22258	55177	234511	47.74
山东	1048567	7252	25604	126421	16039	14400	266177	46105	85833	460736	45.62
河南	807450	13648	36909	123256	15979	11299	256648	31122	48671	269918	42.25
湖北	485331	1854	6732	49087	10107	6283	166884	20068	38034	186282	45.48
湖南	716840	4084	18544	107496	19270	13630	219288	43221	61326	229981	43.61
广东	749064	2933	6107	50229	11489	9246	192092	38797	104156	334015	47.99
广西	504074	2026	7236	48210	17737	8386	149301	30025	36281	204872	45.78
海南	87611	768	1366	9339	3363	2160	24858	5814	6376	33567	44.86
重庆	269204	770	4006	27167	5350	4629	98011	13417	21920	93934	45.09
四川	759702	2463	11528	78643	15103	12630	275802	39785	63555	260193	44.87
贵州	259567	1158	3001	23067	4281	3428	99648	9800	16194	98990	45.73
云南	501105	1120	3681	31786	11638	5872	138564	27296	30470	250678	48.54
西藏	19981	19	106	1917	603	314	5670	1354	851	9147	47.81
陕西	355930	1546	4894	31302	4094	3904	130862	12434	24899	141995	46.68
甘肃	172166	1259	3280	14517	2353	3002	56536	8146	12856	70217	46.22
青海	48052	215	904	3548	2842	651	14666	2144	2695	20387	46.85
宁夏	45842	199	693	4805	934	657	12163	2271	3930	20190	47.16
新疆	143064	433	1439	6436	1777	1155	53771	4269	9637	64147	48.49

4-10b 续表 1

单位：人

地区 性别	合计	1-8 小时	9-19 小时	20-34 小时	35 小时	36-39 小时	40 小时	41-47 小时	48 小时	48小时 以上	周平均 工作时间 (小时)
男	**7199311**	**32249**	**96989**	**552068**	**119058**	**82740**	**2149080**	**303037**	**650448**	**3213642**	**47.42**
北京	40476	55	125	972	245	238	21031	1547	3446	12817	46.48
天津	38818	90	231	1148	218	158	13039	786	2832	20316	50.42
河北	495869	5611	13001	49894	7873	5889	136651	18639	28772	229539	46.14
山西	204244	878	3065	16468	2548	1936	65464	6758	13727	93400	47.18
内蒙古	152884	424	962	6041	3555	1058	36606	4179	7240	92819	52.09
辽宁	150954	456	1382	9696	1727	1047	44844	4419	7712	79671	49.13
吉林	115587	777	1133	7067	2881	1015	33795	3772	6051	59096	48.86
黑龙江	174341	536	1750	8127	2160	1680	50628	4792	14516	90152	49.73
上海	103980	71	263	1857	257	357	51243	2788	19692	27452	46.60
江苏	511286	1163	5832	35532	6115	4729	138738	20149	73674	225354	47.97
浙江	439962	834	2912	20600	5533	2892	97634	12986	63073	233498	50.88
安徽	338385	1080	5692	31608	5894	4158	95870	14860	25316	153907	47.23
福建	243932	678	2036	14480	4253	2548	60606	10998	24666	123667	49.79
江西	300142	608	1936	15377	2974	3330	93340	11940	31208	139429	48.39
山东	571259	2829	9397	49511	7489	6854	143556	24588	49916	277119	47.34
河南	448654	5702	14889	55081	7871	5788	143708	17601	29080	168934	44.02
湖北	270185	865	2795	22504	5206	3134	93850	10821	21630	109380	46.26
湖南	408439	1944	7801	51314	10384	7226	126889	25480	36918	140483	44.64
广东	425525	1546	2921	24183	6215	4909	108192	21795	59199	196565	48.49
广西	268583	1067	3536	23173	9213	4193	80426	15633	19571	111771	46.14
海南	49161	441	749	4824	1808	1172	14285	3176	3625	19081	45.09
重庆	150486	365	1704	12728	2663	2377	55260	7393	12696	55300	45.82
四川	421004	1216	4882	36457	7643	6384	154762	21533	36483	151644	45.57
贵州	146569	616	1409	10980	2156	1800	57058	5468	9485	57597	46.23
云南	271203	515	1619	13886	5615	2779	75550	13744	16968	140527	49.13
西藏	11206	10	54	1067	310	165	3211	705	458	5226	48.07
陕西	209941	770	1967	13958	2136	2058	75349	7128	15236	91339	47.97
甘肃	97637	606	1408	6454	1203	1565	32614	4351	7488	41948	47.14
青海	28253	133	429	1755	1545	323	8436	1290	1621	12721	47.70
宁夏	27410	115	354	2025	446	352	7006	1290	2388	13434	48.74
新疆	82936	248	755	3301	922	626	29439	2428	5761	39456	49.22

4-10b 续表 2 单位：人

地区 性别	合计	1-8小时	9-19小时	20-34小时	35小时	36-39小时	40小时	41-47小时	48小时	48小时以上	周平均工作时间（小时）
女	**5512863**	**39493**	**139514**	**671214**	**112871**	**78327**	**1651998**	**244231**	**469807**	**2105408**	**45.03**
北京	25597	61	188	859	166	172	14509	891	2215	6536	44.80
天津	24762	220	380	1385	164	203	8677	524	2620	10589	48.16
河北	361055	7650	19532	60453	7457	5144	103408	14250	18630	124531	41.68
山西	120425	1297	4928	18319	1991	1483	42687	4058	7077	38585	42.41
内蒙古	91894	305	1033	5431	2763	781	25109	3066	4405	49001	49.87
辽宁	106333	576	2355	12092	1590	864	32598	3251	5172	47835	46.17
吉林	79933	786	1490	7844	2354	918	24621	2595	3888	35437	46.44
黑龙江	110648	465	1993	7711	1618	1203	34366	3067	8696	51529	47.85
上海	71809	96	420	2034	197	280	35612	1881	13316	17973	46.22
江苏	439029	1794	10577	54907	7204	5792	117911	18141	57112	165591	45.47
浙江	332866	718	2968	19187	4695	2308	76706	10332	48882	167070	50.28
安徽	259147	1594	9195	42749	6301	3939	70325	11909	16792	96343	43.83
福建	176245	596	2442	14841	3466	2125	44017	8304	17872	82582	48.62
江西	228021	576	2652	19377	2771	3174	70102	10318	23969	95082	46.89
山东	477308	4423	16207	76910	8550	7546	122621	21517	35917	183617	43.57
河南	358796	7946	22020	68175	8108	5511	112940	13521	19591	100984	40.03
湖北	215146	989	3937	26583	4901	3149	73034	9247	16404	76902	44.50
湖南	308401	2140	10743	56182	8886	6404	92399	17741	24408	89498	42.24
广东	323539	1387	3186	26046	5274	4337	83900	17002	44957	137450	47.34
广西	235491	959	3700	25037	8524	4193	68875	14392	16710	93101	45.37
海南	38450	327	617	4515	1555	988	10573	2638	2751	14486	44.57
重庆	118718	405	2302	14439	2687	2252	42751	6024	9224	38634	44.16
四川	338698	1247	6646	42186	7460	6246	121040	18252	27072	108549	44.00
贵州	112998	542	1592	12087	2125	1628	42590	4332	6709	41393	45.08
云南	229902	605	2062	17900	6023	3093	63014	13552	13502	110151	47.84
西藏	8775	9	52	850	293	149	2459	649	393	3921	47.47
陕西	145989	776	2927	17344	1958	1846	55513	5306	9663	50656	44.82
甘肃	74529	653	1872	8063	1150	1437	23922	3795	5368	28269	45.02
青海	19799	82	475	1793	1297	328	6230	854	1074	7666	45.65
宁夏	18432	84	339	2780	488	305	5157	981	1542	6756	44.81
新疆	60128	185	684	3135	855	529	24332	1841	3876	24691	47.50

4-10c 各地区分性别、周工作时间的正在工作人口(乡村)

单位：人

地区 性别	合计	1-8 小时	9-19 小时	20-34 小时	35 小时	36-39 小时	40 小时	41-47 小时	48 小时	48小时 以上	周平均 工作时间 (小时)
全国	**37925073**	**346297**	**1353668**	**6489116**	**1049403**	**783317**	**8051687**	**2373506**	**2720738**	**14757341**	**43.60**
北京	137178	588	2185	9833	1201	1029	55794	4880	11908	49760	45.75
天津	141814	1099	3319	16135	1785	1308	28784	4756	9464	75164	47.60
河北	2310589	53656	138705	465510	61631	40649	457464	113294	106160	873520	41.29
山西	972359	12974	49727	201753	27662	18240	190127	54210	56751	360915	41.87
内蒙古	600623	4790	17664	73142	18359	8472	85693	34834	25775	331894	47.57
辽宁	1047190	6453	36444	198101	31520	16153	223329	56989	48003	430198	43.38
吉林	767458	7401	25816	113446	14820	11139	137209	38141	37877	381609	46.21
黑龙江	787302	11222	40512	149227	17806	15817	150481	42113	72388	287736	42.61
上海	151140	325	2022	8377	697	735	66098	3642	32006	37238	45.36
江苏	1968932	9945	53629	287486	37552	34220	463438	96665	226770	759227	44.87
浙江	1285961	5027	26812	148889	26079	13570	251067	51818	142317	620382	47.77
安徽	1765818	14884	78858	369366	51118	37836	357077	108453	108688	639538	42.29
福建	852319	3886	18892	117904	24818	19443	152688	60323	74257	380108	46.01
江西	1395195	5000	21936	170786	27177	31720	304357	88089	133677	612453	45.99
山东	3069912	23662	117297	552699	69017	59929	636534	168635	189073	1253066	43.49
河南	3066353	85075	253066	766316	90771	63675	669797	152501	155144	830008	38.05
湖北	1767365	9500	48174	313211	53241	36387	433818	101806	134521	636707	43.25
湖南	2098936	17430	93515	489660	66628	50681	450046	162253	164797	603926	40.71
广东	1687554	10763	34556	232042	50474	36424	380803	113108	189585	639799	44.69
广西	1531276	6327	26698	191615	58551	37544	299468	128042	103057	679974	45.53
海南	234424	1647	4683	34053	12700	8244	42407	24524	18761	87405	43.78
重庆	716029	4347	20336	127315	23451	19348	181854	52049	49653	237676	42.73
四川	3180750	16750	93427	609548	103210	89008	799475	269257	215863	984212	42.01
贵州	1181762	5572	23569	168894	34678	26978	303244	73459	85948	459420	44.42
云南	1879604	2579	13099	129303	52768	28641	276962	152818	120695	1102739	49.72
西藏	109919	869	3056	15646	4219	3057	18638	12482	5399	46553	44.83
陕西	1223877	8874	33445	201315	27012	23446	275693	64491	77768	511833	45.12
甘肃	958554	8088	35470	153554	24599	26161	157893	67761	61812	423216	44.84
青海	170389	2317	7963	24727	6378	4116	25066	12667	8613	78542	44.36
宁夏	178263	1092	5005	28169	5348	4539	31917	15634	12447	74112	44.75
新疆	686228	4155	23788	121094	24133	14808	144466	43812	41561	268411	44.01

4-10c 续表 1

单位：人

地区 性别	合计	1-8 小时	9-19 小时	20-34 小时	35 小时	36-39 小时	40 小时	41-47 小时	48 小时	48小时 以上	周平均 工作时间 (小时)
男	**20468226**	**147205**	**546189**	**2839980**	**515287**	**384314**	**4338713**	**1287109**	**1573571**	**8835858**	**45.22**
北京	84456	277	1061	5064	654	603	33792	2940	7360	32705	46.57
天津	82005	463	1282	6726	905	656	16165	2646	5797	47365	49.40
河北	1292981	22387	55515	201079	31572	21078	257039	64377	66274	573660	43.91
山西	590269	5099	17965	90503	15204	10017	117030	34360	39274	260817	44.77
内蒙古	341166	2134	7611	32771	9536	4213	47624	19015	15303	202959	49.12
辽宁	579451	2572	13407	80565	15714	8151	121959	31873	28897	276313	45.74
吉林	421425	3261	10176	47321	7098	5520	72144	20526	21554	233825	48.27
黑龙江	443592	4914	16224	68682	9157	8507	84558	24773	44045	182732	44.62
上海	88741	98	732	3916	382	396	39557	2206	18979	22475	45.80
江苏	1015472	3835	19460	110770	16202	15044	239347	49636	126673	434505	46.53
浙江	739731	2417	12157	74614	14468	7491	144364	30411	82952	370857	48.40
安徽	929548	5592	29048	151293	24038	17856	187178	57927	62803	393813	44.63
福建	487059	1763	8150	55096	13121	10073	86871	33981	44383	233621	47.17
江西	759405	2160	8366	70089	12722	14424	161823	46256	75589	367976	47.42
山东	1615896	8951	43724	219604	31721	27790	329243	89019	109720	756124	45.67
河南	1602352	35222	103103	335092	44378	31485	360874	83634	91905	516659	40.38
湖北	937256	4169	19528	137576	25782	17582	230113	54563	75845	372098	44.60
湖南	1158248	7686	38135	226084	34805	26261	254201	94651	100020	376405	42.39
广东	898571	5365	15789	108027	25195	18029	200719	60433	105561	359453	45.44
广西	810740	3156	12767	92782	29830	18894	156723	66942	56062	373584	46.05
海南	127624	882	2336	17308	6723	4294	23106	13358	10406	49211	44.19
重庆	374535	1985	8799	57465	11239	9446	95943	27855	27884	133919	43.77
四川	1661171	7465	39601	275336	48956	42912	422429	142063	122084	560325	43.11
贵州	628644	2645	10613	78411	17023	13401	162236	38790	47861	257664	45.20
云南	1000439	1212	5589	56576	24544	13172	143478	77302	65674	612892	50.46
西藏	58457	431	1563	7545	2147	1592	10017	6652	2936	25574	45.39
陕西	673067	3958	13064	85222	12765	11309	147330	35343	46246	317830	47.12
甘肃	500399	3660	14991	68081	11821	12500	81802	34959	34239	238346	46.14
青海	91950	1110	3612	11229	3329	2156	13387	6659	4871	45597	45.67
宁夏	97241	461	1924	11800	2522	2219	17316	8393	7337	45269	46.62
新疆	376335	1875	9897	53353	11734	7243	80345	25566	25037	161285	45.54

4-10c 续表 2

单位：人

地区 性别	合计	1-8小时	9-19小时	20-34小时	35小时	36-39小时	40小时	41-47小时	48小时	48小时以上	周平均工作时间(小时)
女	**17456847**	**199092**	**807479**	**3649136**	**534116**	**399003**	**3712974**	**1086397**	**1147167**	**5921483**	**41.69**
北京	52722	311	1124	4769	547	426	22002	1940	4548	17055	44.44
天津	59809	636	2037	9409	880	652	12619	2110	3667	27799	45.13
河北	1017608	31269	83190	264431	30059	19571	200425	48917	39886	299860	37.97
山西	382090	7875	31762	111250	12458	8223	73097	19850	17477	100098	37.39
内蒙古	259457	2656	10053	40371	8823	4259	38069	15819	10472	128935	45.52
辽宁	467739	3881	23037	117536	15806	8002	101370	25116	19106	153885	40.45
吉林	346033	4140	15640	66125	7722	5619	65065	17615	16323	147784	43.69
黑龙江	343710	6308	24288	80545	8649	7310	65923	17340	28343	105004	40.03
上海	62399	227	1290	4461	315	339	26541	1436	13027	14763	44.74
江苏	953460	6110	34169	176716	21350	19176	224091	47029	100097	324722	43.10
浙江	546230	2610	14655	74275	11611	6079	106703	21407	59365	249525	46.90
安徽	836270	9292	49810	218073	27080	19980	169899	50526	45885	245725	39.70
福建	365260	2123	10742	62808	11697	9370	65817	26342	29874	146487	44.45
江西	635790	2840	13570	100697	14455	17296	142534	41833	58088	244477	44.28
山东	1454016	14711	73573	333095	37296	32139	307291	79616	79353	496942	41.07
河南	1464001	49853	149963	431224	46393	32190	308923	68867	63239	313349	35.50
湖北	830109	5331	28646	175635	27459	18805	203705	47243	58676	264609	41.72
湖南	940688	9744	55380	263576	31823	24420	195845	67602	64777	227521	38.64
广东	788983	5398	18767	124015	25279	18395	180084	52675	84024	280346	43.83
广西	720536	3171	13931	98833	28721	18650	142745	61100	46995	306390	44.94
海南	106800	765	2347	16745	5977	3950	19301	11166	8355	38194	43.29
重庆	341494	2362	11537	69850	12212	9902	85911	24194	21769	103757	41.58
四川	1519579	9285	53826	334212	54254	46096	377046	127194	93779	423887	40.81
贵州	553118	2927	12956	90483	17655	13577	141008	34669	38087	201756	43.54
云南	879165	1367	7510	72727	28224	15469	133484	75516	55021	489847	48.86
西藏	51462	438	1493	8101	2072	1465	8621	5830	2463	20979	44.19
陕西	550810	4916	20381	116093	14247	12137	128363	29148	31522	194003	42.67
甘肃	458155	4428	20479	85473	12778	13661	76091	32802	27573	184870	43.42
青海	78439	1207	4351	13498	3049	1960	11679	6008	3742	32945	42.82
宁夏	81022	631	3081	16369	2826	2320	14601	7241	5110	28843	42.51
新疆	309893	2280	13891	67741	12399	7565	64121	18246	16524	107126	42.15

4-11 全国分年龄、性别、周工作时间的正在工作人口

单位：人

年龄组 性别	合计	1-8 小时	9-19 小时	20-34 小时	35 小时	36-39 小时	40 小时	41-47 小时	48 小时	48小时 以上	周平均 工作时间 (小时)
总计	**69677870**	**461198**	**1672396**	**8185883**	**1488035**	**1067478**	**20100762**	**3524063**	**6443370**	**26734685**	**45.16**
16-19岁	2254768	16756	61417	290550	44876	36497	533646	115614	257710	897702	45.36
20-24岁	7746534	48128	157274	776061	135692	111750	2173924	387512	942155	3014038	45.83
25-29岁	7779390	38891	123281	642002	133617	101018	2544117	368534	875012	2952918	46.07
30-34岁	7737503	35467	112221	612816	135926	98483	2498676	361507	803160	3079247	46.52
35-39岁	9614085	44573	147406	822016	182732	134172	2923406	466218	929207	3964355	46.64
40-44岁	10279250	54104	185836	1013998	210413	150837	2985193	521614	924963	4232292	46.24
45-49岁	8467546	48400	172248	925169	187652	129928	2533781	433101	716507	3320760	45.53
50-54岁	5547383	39013	146296	760364	139497	94939	1587234	294472	414385	2071183	44.36
55-59岁	5113868	46312	185249	910781	146182	100640	1303344	294085	336021	1791254	42.81
60-64岁	2755162	35745	154515	678172	90211	59728	575588	160188	148154	852861	40.21
65-69岁	1421703	23914	107206	419208	49318	31079	279074	78363	63270	370271	37.81
70-74岁	617845	15713	68044	212315	21369	12502	108135	29131	22203	128433	34.70
75岁及以上	342833	14182	51403	122431	10550	5905	54644	13724	10623	59371	32.04
男	**38645017**	**202124**	**681442**	**3625041**	**745203**	**532595**	**11152645**	**1918882**	**3710450**	**16076635**	**46.40**
16-19岁	1210221	8398	30645	149963	24074	19400	280298	62531	135081	499831	45.74
20-24岁	4053800	20250	61906	334825	65400	54063	1100675	201231	502261	1713189	46.95
25-29岁	4200012	16254	44687	262910	63863	49217	1319764	197152	491233	1754932	47.34
30-34岁	4224381	15242	41339	249857	65238	47434	1326172	192947	455179	1830973	47.72
35-39岁	5228019	19080	53780	328618	86245	63528	1573470	245876	522681	2334741	47.85
40-44岁	5549414	22612	66682	401057	98366	70288	1612962	272844	519785	2484818	47.56
45-49岁	4654172	19815	61380	366993	89810	61375	1422130	229510	417905	1985254	46.93
50-54岁	3318166	16572	55818	326853	71734	48709	1017142	167719	275322	1338297	45.93
55-59岁	3072886	19985	74659	414673	78021	53537	858064	171223	226504	1176220	44.57
60-64岁	1640073	16483	70293	345490	50889	34018	355033	98049	98889	570929	42.01
65-69岁	883746	11749	54042	236999	30537	19139	179756	51127	43310	257087	39.36
70-74岁	398282	8378	37831	131668	14125	8161	72320	19737	15418	90644	35.90
75岁及以上	211845	7306	28380	75135	6901	3726	34859	8936	6882	39720	33.09
女	**31032853**	**259074**	**990954**	**4560842**	**742832**	**534883**	**8948117**	**1605181**	**2732920**	**10658050**	**43.63**
16-19岁	1044547	8358	30772	140587	20802	17097	253348	53083	122629	397871	44.92
20-24岁	3692734	27878	95368	441236	70292	57687	1073249	186281	439894	1300849	44.61
25-29岁	3579378	22637	78594	379092	69754	51801	1224353	171382	383779	1197986	44.59
30-34岁	3513122	20225	70882	362959	70688	51049	1172504	168560	347981	1248274	45.09
35-39岁	4386066	25493	93626	493398	96487	70644	1349936	220342	406526	1629614	45.21
40-44岁	4729836	31492	119154	612941	112047	80549	1372231	248770	405178	1747474	44.69
45-49岁	3813374	28585	110868	558176	97842	68553	1111651	203591	298602	1335506	43.82
50-54岁	2229217	22441	90478	433511	67763	46230	570092	126753	139063	732886	42.02
55-59岁	2040982	26327	110590	496108	68161	47103	445280	122862	109517	615034	40.16
60-64岁	1115089	19262	84222	332682	39322	25710	220555	62139	49265	281932	37.57
65-69岁	537957	12165	53164	182209	18781	11940	99318	27236	19960	113184	35.26
70-74岁	219563	7335	30213	80647	7244	4341	35815	9394	6785	37789	32.52
75岁及以上	130988	6876	23023	47296	3649	2179	19785	4788	3741	19651	30.35

4-11a 全国分年龄、性别、周工作时间的正在工作人口(城市)

单位：人

年龄组 性 别	合 计	1-8 小时	9-19 小时	20-34 小时	35 小时	36-39 小时	40 小时	41-47 小时	48 小时	48小时 以 上	周平均 工作时间 (小时)
总 计	**19040623**	**43159**	**82225**	**473485**	**206703**	**123094**	**8247997**	**603289**	**2602377**	**6658294**	**47.48**
16-19岁	538267	1131	1837	10062	2536	2815	148710	18552	110049	242575	50.37
20-24岁	2361579	5067	6992	41306	17001	14394	878243	84547	443232	870797	48.32
25-29岁	2836605	5240	7208	46734	26314	17044	1304463	92334	433338	903930	47.09
30-34岁	2750791	5145	7619	47485	26452	15693	1247285	84375	379030	937707	47.48
35-39岁	3085595	6025	9800	61936	32642	19086	1341458	94270	397345	1123033	47.88
40-44岁	2894215	6176	11368	70344	33989	18747	1243367	89653	353437	1067134	47.83
45-49岁	2306429	5151	10351	63887	31346	16004	1074719	69016	262458	773497	46.96
50-54岁	1219657	3332	7647	44665	17905	9191	588572	35495	126749	386101	46.26
55-59岁	745116	2807	8205	42883	12156	6570	339120	23391	71662	238322	45.77
60-64岁	192035	1473	5277	23602	3802	2183	54324	7295	17256	76823	45.86
65-69岁	71763	800	3175	12220	1596	897	18066	2946	5363	26700	43.96
70-74岁	25364	463	1601	5519	658	324	6256	970	1564	8009	41.24
75岁及以上	13207	349	1145	2842	306	146	3414	445	894	3666	39.27
男	**10977480**	**22670**	**38264**	**232993**	**110858**	**65541**	**4664852**	**328736**	**1486431**	**4027135**	**47.91**
16-19岁	276895	577	967	5522	1228	1386	72952	8822	55442	129999	50.69
20-24岁	1231866	2448	3256	19605	7780	6615	434929	40752	230426	486055	48.91
25-29岁	1537496	2618	3221	21868	12503	8351	668179	47888	240020	532848	47.75
30-34岁	1527539	2710	3538	22395	13311	7946	661608	44721	213391	557919	48.08
35-39岁	1730096	3135	4398	28872	16735	9767	729279	50308	222266	665336	48.38
40-44岁	1632295	3257	4922	31915	17683	9735	687313	47953	197107	632410	48.29
45-49岁	1364076	2722	4333	29151	17038	8586	630187	39044	155473	477542	47.39
50-54岁	883257	1929	3602	23799	11632	6133	436613	24467	95715	279367	46.51
55-59岁	580447	1581	3877	23747	8780	4667	283985	16786	57614	179410	45.99
60-64岁	135462	760	2704	13140	2436	1407	39967	4924	13038	57086	47.04
65-69岁	51048	448	1757	7465	1065	632	13099	2076	4135	20371	45.35
70-74岁	18115	283	980	3666	461	223	4464	693	1172	6173	42.42
75岁及以上	8888	202	709	1848	206	93	2277	302	632	2619	40.15
女	**8063143**	**20489**	**43961**	**240492**	**95845**	**57553**	**3583145**	**274553**	**1115946**	**2631159**	**46.89**
16-19岁	261372	554	870	4540	1308	1429	75758	9730	54607	112576	50.02
20-24岁	1129713	2619	3736	21701	9221	7779	443314	43795	212806	384742	47.68
25-29岁	1299109	2622	3987	24866	13811	8693	636284	44446	193318	371082	46.30
30-34岁	1223252	2435	4081	25090	13141	7747	585677	39654	165639	379788	46.74
35-39岁	1355499	2890	5402	33064	15907	9319	612179	43962	175079	457697	47.25
40-44岁	1261920	2919	6446	38429	16306	9012	556054	41700	156330	434724	47.22
45-49岁	942353	2429	6018	34736	14308	7418	444532	29972	106985	295955	46.34
50-54岁	336400	1403	4045	20866	6273	3058	151959	11028	31034	106734	45.62
55-59岁	164669	1226	4328	19136	3376	1903	55135	6605	14048	58912	45.02
60-64岁	56573	713	2573	10462	1366	776	14357	2371	4218	19737	43.06
65-69岁	20715	352	1418	4755	531	265	4967	870	1228	6329	40.53
70-74岁	7249	180	621	1853	197	101	1792	277	392	1836	38.30
75岁及以上	4319	147	436	994	100	53	1137	143	262	1047	37.47

4-11b 全国分年龄、性别、周工作时间的正在工作人口(镇)

单位：人

年龄组 性别	合计	1-8 小时	9-19 小时	20-34 小时	35 小时	36-39 小时	40 小时	41-47 小时	48 小时	48小时 以上	周平均 工作时间 (小时)
总计	**12712174**	**71742**	**236503**	**1223282**	**231929**	**161067**	**3801078**	**547268**	**1120255**	**5319050**	**46.38**
16-19岁	341372	2196	6867	35161	5305	4598	80066	15232	38404	153543	47.06
20-24岁	1335415	7179	21178	112789	20241	16753	372572	59033	151376	574294	46.96
25-29岁	1430593	6365	18352	103249	21656	16243	453530	60093	146224	604881	47.12
30-34岁	1538886	6135	17153	100554	23487	16718	503936	61968	145166	663769	47.47
35-39岁	1947700	7722	22539	133098	31924	22469	614437	79997	175302	860212	47.62
40-44岁	2034231	9224	27786	162631	35489	23957	619976	86609	174413	894146	47.27
45-49岁	1611287	7936	25892	146114	30982	20035	504495	69293	130281	676259	46.54
50-54岁	972186	6258	21754	116461	21213	13761	292088	43162	71173	386316	45.30
55-59岁	816732	7180	26881	132625	20838	13835	218327	39828	54267	302951	43.63
60-64岁	387374	4947	20810	90126	11411	7279	84315	19125	21528	127833	40.99
65-69岁	182661	3094	13525	52048	5767	3464	37139	8465	8156	51003	38.45
70-74岁	74048	1910	8061	24810	2450	1341	13380	2993	2722	16381	35.21
75岁及以上	39689	1596	5705	13616	1166	614	6817	1470	1243	7462	32.82
男	**7199311**	**32249**	**96989**	**552068**	**119058**	**82740**	**2149080**	**303037**	**650448**	**3213642**	**47.42**
16-19岁	184247	1095	3562	18707	2840	2539	42869	8312	19988	84335	47.19
20-24岁	710584	3127	8688	50233	9815	8358	190559	31221	81427	327156	47.89
25-29岁	779770	2708	6830	43175	10477	8126	235909	32389	82067	358089	48.27
30-34岁	846880	2759	6459	42384	11525	8162	268307	33447	81834	392003	48.47
35-39岁	1081344	3464	8382	55149	15694	11208	338308	43000	98899	507240	48.57
40-44岁	1129421	4057	10089	66799	17326	11696	346172	46475	99282	527525	48.29
45-49岁	912947	3319	9254	59396	15529	9794	292842	37717	77282	407814	47.68
50-54岁	601739	2725	8227	51645	11495	7336	190134	25349	47889	256939	46.74
55-59岁	518890	3216	11015	63003	11738	7757	150931	24201	38121	208908	45.34
60-64岁	242136	2370	9695	47603	6595	4269	54789	12219	15030	89566	42.87
65-69岁	117663	1543	7026	30043	3619	2197	24744	5688	5866	36937	40.18
70-74岁	49024	1055	4607	15556	1637	916	9176	2056	1982	12039	36.61
75岁及以上	24666	811	3155	8375	768	382	4340	963	781	5091	34.00
女	**5512863**	**39493**	**139514**	**671214**	**112871**	**78327**	**1651998**	**244231**	**469807**	**2105408**	**45.03**
16-19岁	157125	1101	3305	16454	2465	2059	37197	6920	18416	69208	46.92
20-24岁	624831	4052	12490	62556	10426	8395	182013	27812	69949	247138	45.89
25-29岁	650823	3657	11522	60074	11179	8117	217621	27704	64157	246792	45.74
30-34岁	692006	3376	10694	58170	11962	8556	235629	28521	63332	271766	46.25
35-39岁	866356	4258	14157	77949	16230	11261	276129	36997	76403	352972	46.45
40-44岁	904810	5167	17697	95832	18163	12261	273804	40134	75131	366621	46.00
45-49岁	698340	4617	16638	86718	15453	10241	211653	31576	52999	268445	45.06
50-54岁	370447	3533	13527	64816	9718	6425	101954	17813	23284	129377	42.95
55-59岁	297842	3964	15866	69622	9100	6078	67396	15627	16146	94043	40.67
60-64岁	145238	2577	11115	42523	4816	3010	29526	6906	6498	38267	37.86
65-69岁	64998	1551	6499	22005	2148	1267	12395	2777	2290	14066	35.34
70-74岁	25024	855	3454	9254	813	425	4204	937	740	4342	32.48
75岁及以上	15023	785	2550	5241	398	232	2477	507	462	2371	30.87

4-11c 全国分年龄、性别、周工作时间的正在工作人口(乡村)

单位：人

年龄组 性别	合计	1-8 小时	9-19 小时	20-34 小时	35 小时	36-39 小时	40 小时	41-47 小时	48 小时	48小时 以上	周平均 工作时间 (小时)
总 计	**37925073**	**346297**	**1353668**	**6489116**	**1049403**	**783317**	**8051687**	**2373506**	**2720738**	**14757341**	**43.60**
16-19岁	1375129	13429	52713	245327	37035	29084	304870	81830	109257	501584	42.98
20-24岁	4049540	35882	129104	621966	98450	80603	923109	243932	347547	1568947	44.01
25-29岁	3512192	27286	97721	492019	85647	67731	786124	216107	295450	1444107	44.82
30-34岁	3447826	24187	87449	464777	85987	66072	747455	215164	278964	1477771	45.34
35-39岁	4580790	30826	115067	626982	118166	92617	967511	291951	356560	1981110	45.39
40-44岁	5350804	38704	146682	781023	140935	108133	1121850	345352	397113	2271012	45.00
45-49岁	4549830	35313	136005	715168	125324	93889	954567	294792	323768	1871004	44.44
50-54岁	3355540	29423	116895	599238	100379	71987	706574	215815	216463	1298766	43.39
55-59岁	3552020	36325	150163	735273	113188	80235	745897	230866	210092	1249981	42.00
60-64岁	2175753	29325	128428	564444	74998	50266	436949	133768	109370	648205	39.58
65-69岁	1167279	20020	90506	354940	41955	26718	223869	66952	49751	292568	37.33
70-74岁	518433	13340	58382	181986	18261	10837	88499	25168	17917	104043	34.31
75岁及以上	289937	12237	44553	105973	9078	5145	44413	11809	8486	48243	31.60
男	**20468226**	**147205**	**546189**	**2839980**	**515287**	**384314**	**4338713**	**1287109**	**1573571**	**8835858**	**45.22**
16-19岁	749079	6726	26116	125734	20006	15475	164477	45397	59651	285497	43.55
20-24岁	2111350	14675	49962	264987	47805	39090	475187	129258	190408	899978	45.49
25-29岁	1882746	10928	34636	197867	40883	32740	415676	116875	169146	863995	46.61
30-34岁	1849962	9773	31342	185078	40402	31326	396257	114779	159954	881051	47.08
35-39岁	2416579	12481	41000	244597	53816	42553	505883	152568	201516	1162165	47.14
40-44岁	2787698	15298	51671	302343	63357	48857	579477	178416	223396	1324883	46.84
45-49岁	2377149	13774	47793	278446	57243	42995	499101	152749	185150	1099898	46.38
50-54岁	1833170	11918	43989	251409	48607	35240	390395	117903	131718	801991	45.38
55-59岁	1973549	15188	59767	327923	57503	41113	423148	130236	130769	787902	43.95
60-64岁	1262475	13353	57894	284747	41858	28342	260277	80906	70821	424277	41.30
65-69岁	715035	9758	45259	199491	25853	16310	141913	43363	33309	199779	38.79
70-74岁	331143	7040	32244	112446	12027	7022	58680	16988	12264	72432	35.44
75岁及以上	178291	6293	24516	64912	5927	3251	28242	7671	5469	32010	32.61
女	**17456847**	**199092**	**807479**	**3649136**	**534116**	**399003**	**3712974**	**1086397**	**1147167**	**5921483**	**41.69**
16-19岁	626050	6703	26597	119593	17029	13609	140393	36433	49606	216087	42.29
20-24岁	1938190	21207	79142	356979	50645	41513	447922	114674	157139	668969	42.41
25-29岁	1629446	16358	63085	294152	44764	34991	370448	99232	126304	580112	42.76
30-34岁	1597864	14414	56107	279699	45585	34746	351198	100385	119010	596720	43.32
35-39岁	2164211	18345	74067	382385	64350	50064	461628	139383	155044	818945	43.43
40-44岁	2563106	23406	95011	478680	77578	59276	542373	166936	173717	946129	42.99
45-49岁	2172681	21539	88212	436722	68081	50894	455466	142043	138618	771106	42.32
50-54岁	1522370	17505	72906	347829	51772	36747	316179	97912	84745	496775	41.00
55-59岁	1578471	21137	90396	407350	55685	39122	322749	100630	79323	462079	39.55
60-64岁	913278	15972	70534	279697	33140	21924	176672	52862	38549	223928	37.18
65-69岁	452244	10262	45247	155449	16102	10408	81956	23589	16442	92789	35.01
70-74岁	187290	6300	26138	69540	6234	3815	29819	8180	5653	31611	32.30
75岁及以上	111646	5944	20037	41061	3151	1894	16171	4138	3017	16233	30.00

4-12 全国分性别、行业中类、

行业中类 性 别	合 计	1-8 小时	9-19 小时	20-34 小时
总 计	**69677870**	**461198**	**1672396**	**8185883**
农、林、牧、渔业	**32961386**	**382170**	**1507341**	**6837300**
农业	30999126	368702	1443827	6497743
谷物及其他作物的种植	28304613	353678	1374357	6073283
蔬菜、园艺作物的种植	1452166	9620	42544	232884
水果、坚果、饮料和香料作物的种植	1165326	4990	25100	179858
中药材的种植	77021	414	1826	11718
林业	250820	1384	5013	34553
林木的培育和种植	156430	1043	3521	23710
木材和竹材的采运	30799	133	578	3760
林产品的采集	63591	208	914	7083
畜牧业	1263287	9834	49818	245736
牲畜的饲养	395285	2924	13698	65952
猪的饲养	570627	4443	25677	131600
家禽的饲养	215487	2094	9186	38747
狩猎和捕捉动物	1432	2	26	188
其他畜牧业	80456	371	1231	9249
渔业	306725	1133	6174	45357
海洋渔业	127346	477	2135	16399
内陆渔业	179379	656	4039	28958
农、林、牧、渔服务业	141428	1117	2509	13911
农业服务业	83693	869	1721	8899
林业服务业	18210	97	131	1172
畜牧服务业	24575	100	382	2111
渔业服务业	14950	51	275	1729
采矿业	**800302**	**2200**	**3067**	**25612**
煤炭开采和洗选业	467026	1382	1716	14493
烟煤和无烟煤的开采洗选	434021	1309	1622	13313
褐煤的开采洗选	15834	22	45	554
其他煤炭采选	17171	51	49	626
石油和天然气开采业	104144	206	303	1470
天然原油和天然气开采	62182	127	150	879
与石油和天然气开采有关的服务活动	41962	79	153	591
黑色金属矿采选业	58501	190	236	2062
铁矿采选	53352	170	218	1714
其他黑色金属矿采选	5149	20	18	348
有色金属矿采选业	72256	163	222	2139
常用有色金属矿采选	45193	89	141	1252
贵金属矿采选	16963	42	55	580
稀有稀土金属矿采选	10100	32	26	307
非金属矿采选业	88453	219	515	4809
土砂石开采	69097	148	425	4098
化学矿采选	4739	11	18	203
采盐	8296	49	21	211
石棉及其他非金属矿采选	6321	11	51	297
其他采矿业	9922	40	75	639
其他采矿业	9922	40	75	639

周工作时间的正在工作人口

单位：人

35 小时	36-39 小时	40 小时	41-47 小时	48 小时	48小时 以上	周平均 工作时间 (小时)
1488035	**1067478**	**20100762**	**3524063**	**6443370**	**26734685**	**45.16**
1056970	**758720**	**6749857**	**2181666**	**1889223**	**11598139**	**41.82**
990501	716834	6348154	2043274	1774533	10815558	41.68
913032	661414	5813315	1862175	1608532	9644827	41.38
41997	29608	285328	95533	90353	624299	44.73
33735	23700	234129	80222	70159	513433	45.09
1737	2112	15382	5344	5489	32999	45.17
9800	5113	64597	17679	16619	96062	44.33
6165	3321	45557	10316	10368	52429	43.11
743	539	8955	1670	2208	12213	45.13
2892	1253	10085	5693	4043	31420	46.96
43295	28511	231270	93486	66189	495148	43.30
13743	7912	64766	30943	18639	176708	44.96
21184	14812	110891	44047	30121	187852	41.32
6142	4497	41392	13349	12831	87249	43.69
35	23	365	76	135	582	45.54
2191	1267	13856	5071	4463	42757	48.12
10182	6363	59698	20903	21731	135184	45.96
3942	2810	21989	8308	7989	63297	47.73
6240	3553	37709	12595	13742	71887	44.71
3192	1899	46138	6324	10151	56187	45.74
1927	1116	24384	4031	6110	34636	45.91
349	197	8276	584	1325	6079	45.40
514	263	9820	994	1689	8702	45.01
402	323	3658	715	1027	6770	46.39
7169	**6853**	**323140**	**25616**	**86215**	**320430**	**47.28**
3839	3966	171045	15571	57992	197022	47.71
3396	3699	159310	14636	54043	182693	47.69
265	123	5331	367	1706	7421	48.39
178	144	6404	568	2243	6908	47.45
654	553	74835	1648	5476	18999	43.57
390	314	43562	1184	3317	12259	43.89
264	239	31273	464	2159	6740	43.10
525	595	21459	1742	4777	26915	47.96
456	526	19875	1511	4352	24530	48.01
69	69	1584	231	425	2385	47.43
842	658	28994	2418	8240	28580	47.23
520	419	19525	1487	4873	16887	46.84
202	142	5629	614	1715	7984	48.36
120	97	3840	317	1652	3709	47.03
1182	980	23434	3896	8649	44769	49.01
902	732	16315	3078	6409	36990	49.49
44	136	1821	164	660	1682	46.68
160	61	3810	405	815	2764	45.99
76	51	1488	249	765	3333	49.42
127	101	3373	341	1081	4145	47.05
127	101	3373	341	1081	4145	47.05

4-12 续表 1

行业中类 性 别	合 计	1-8 小时	9-19 小时	20-34 小时
制造业	**11995424**	**20063**	**42654**	**381302**
农副食品加工业	375522	1077	3628	28873
谷物磨制	55329	285	972	6298
饲料加工	28135	70	196	1492
植物油加工	27536	90	199	1839
制糖	13265	31	42	383
屠宰及肉类加工	107418	276	789	7450
水产品加工	44349	99	550	3922
蔬菜、水果和坚果加工	24260	58	162	1545
其他农副食品加工	75230	168	718	5944
食品制造业	336310	738	1927	16032
焙烤食品制造	132838	268	816	6652
糖果、巧克力及蜜饯制造	24719	68	125	1150
方便食品制造	79129	192	581	4882
液体乳及乳制品制造	20953	42	73	537
罐头制造	14817	25	61	582
调味品、发酵制品制造	22969	46	73	657
其他食品制造	40885	97	198	1572
饮料制造业	145531	352	616	5617
酒精制造	6909	16	31	303
酒的制造	85325	220	280	2717
软饮料制造	40340	82	169	1408
精制茶加工	12957	34	136	1189
烟草制品业	31847	81	71	865
烟叶复烤	7197	15	43	350
卷烟制造	22455	53	21	463
其他烟草制品加工	2195	13	7	52
纺织业	924716	1451	3870	32020
棉、化纤纺织及印染精加工	396655	659	1602	11794
毛纺织和染整精加工	59228	73	243	2147
麻纺织	8909	20	37	285
丝绢纺织及精加工	26982	22	89	672
纺织制成品制造	169517	332	619	5982
针织品、编织品及其制品制造	263425	345	1280	11140
纺织服装、鞋、帽制造业	1473596	2376	6120	56091
纺织服装制造	1335258	2181	5555	51073
纺织面料鞋的制造	117955	167	391	3749
制帽	20383	28	174	1269
皮革、毛皮、羽毛(绒)及其制品业	562605	678	1726	15908
皮革鞣制加工	17873	40	83	801
皮革制品制造	508330	582	1413	12458
毛皮鞣制及制品加工	21295	46	174	2060
羽毛(绒)加工及制品制造	15107	10	56	589
木材加工及木、竹、藤、棕、草制品业	329111	678	2451	22292
锯材、木片加工	119011	315	1028	8225
人造板制造	90327	141	486	5135
木制品制造	79291	107	387	3523
竹、藤、棕、草制品制造	40482	115	550	5409
家具制造业	337165	684	1415	12819
木质家具制造	264512	583	1177	10866
竹、藤家具制造	7200	20	77	576
金属家具制造	29690	36	71	643
塑料家具制造	4966	7	18	133
其他家具制造	30797	38	72	601

单位：人

35小时	36-39小时	40小时	41-47小时	48小时	48小时以上	周平均工作时间(小时)
95145	**91741**	**3595310**	**446150**	**2047102**	**5275957**	**49.11**
7180	4168	96087	16959	39449	178101	48.27
1098	723	14219	2661	4964	24109	46.33
367	280	8625	1096	3757	12252	47.86
362	249	8327	1060	2862	12548	47.96
562	109	6918	372	1029	3819	45.03
2164	1167	25169	5182	11542	53679	49.09
728	592	10589	2024	5330	20515	47.86
353	254	5674	1040	3020	12154	49.32
1546	794	16566	3524	6945	39025	49.28
4245	3213	100128	14281	43948	151798	48.80
1655	1343	35504	5780	15990	64830	49.51
292	233	7929	1183	3388	10351	48.08
1225	779	20897	3483	9457	37633	49.06
197	165	8195	798	3163	7783	47.66
175	126	4302	666	2144	6736	48.83
201	164	8316	867	3794	8851	47.62
500	403	14985	1504	6012	15614	47.69
1759	1364	55985	5844	21076	52918	47.02
82	70	2548	258	792	2809	47.27
1002	717	35207	3286	12584	29312	46.66
345	337	15027	1441	6389	15142	47.71
330	240	3203	859	1311	5655	47.09
416	214	18711	882	3999	6608	44.06
125	51	2824	274	902	2613	46.26
262	154	14688	554	2874	3386	43.25
29	9	1199	54	223	609	45.18
6724	7159	207375	33529	149633	482955	51.03
2468	2781	91792	13302	63451	208806	51.05
479	501	12420	2360	10275	30730	50.99
69	76	2426	296	1398	4302	49.29
156	166	6891	1120	5918	11948	50.16
1378	1299	41547	6086	27318	84956	50.43
2174	2336	52299	10365	41273	142213	51.56
12378	13393	307932	59664	229769	785873	51.22
11227	12411	280476	54667	205769	711899	51.20
904	788	22700	4124	20937	64195	51.75
247	194	4756	873	3063	9779	49.57
3623	3928	104979	22328	98181	311254	52.21
189	169	4178	718	2452	9243	50.26
3011	3395	93411	19998	91688	282374	52.40
300	224	4679	991	2203	10618	48.52
123	140	2711	621	1838	9019	53.33
4386	4427	72420	17224	39289	165944	48.89
1840	1914	25092	7400	12378	60819	48.70
908	1091	20182	4449	12291	45644	49.37
769	730	18606	3142	11199	40828	49.76
869	692	8540	2233	3421	18653	46.68
2743	2855	76640	13809	56284	169916	49.74
2282	2373	60213	11131	43109	132778	49.55
111	81	1624	321	814	3576	48.66
187	214	6563	1067	5568	15341	50.62
35	47	1137	218	909	2462	50.52
128	140	7103	1072	5884	15759	50.65

4-12 续表 2

行业中类 性 别	合 计	1-8 小时	9-19 小时	20-34 小时
造纸及纸制品业	210659	284	630	6066
纸浆制造	10722	40	53	425
造纸	78145	126	215	2105
纸制品制造	121792	118	362	3536
印刷业和记录媒介的复制	164960	229	424	3517
印刷	152987	206	387	3201
装订及其他印刷服务活动	9785	12	25	256
记录媒介的复制	2188	11	12	60
文教体育用品制造业	258174	437	807	7293
文化用品制造	33290	59	98	1175
体育用品制造	37132	46	45	375
乐器制造	12097	27	38	288
玩具制造	170265	297	609	5324
游艺器材及娱乐用品制造	5390	8	17	131
石油加工、炼焦及核燃料加工业	82971	210	142	1513
精炼石油产品的制造	51788	108	65	766
炼焦	29590	102	70	696
核燃料加工	1593		7	51
化学原料及化学制品制造业	395528	686	1042	11415
基础化学原料制造	88492	141	203	1755
肥料制造	73649	175	221	1937
农药制造	15374	20	50	328
涂料、油墨、颜料及类似产品制造	40767	77	77	714
合成材料制造	28129	41	40	537
专用化学产品制造	107121	151	335	5341
日用化学产品制造	41996	81	116	803
医药制造业	148539	265	241	2475
化学药品原药制造	31159	51	43	411
化学药品制剂制造	36168	63	41	503
中药饮片加工	11268	28	36	384
中成药制造	37932	73	58	572
兽用药品制造	4061	9	5	92
生物、生化制品的制造	11172	27	19	103
卫生材料及医药用品制造	16779	14	39	410
化学纤维制造业	41411	83	66	689
纤维素纤维原料及纤维制造	12087	51	17	222
合成纤维制造	29324	32	49	467
橡胶制品业	121051	218	293	2753
轮胎制造	38714	56	73	714
橡胶板、管、带的制造	19389	38	63	565
橡胶零件制造	18067	30	50	557
再生橡胶制造	2979	11	9	140
日用及医用橡胶制品制造	4891	7	12	79
橡胶靴鞋制造	24145	28	44	417
其他橡胶制品制造	12866	48	42	281
塑料制品业	341555	527	1103	9697
塑料薄膜制造	33739	53	126	923
塑料板、管、型材的制造	47468	131	106	1123
塑料丝、绳及编织品的制造	32912	94	204	2103
泡沫塑料制造	15538	16	32	343
塑料人造革、合成革制造	8877	11	22	186
塑料包装箱及容器制造	31337	48	88	677
塑料零件制造	44701	32	126	711
日用塑料制造	67407	92	260	2209
其他塑料制品制造	59576	50	139	1422

单位：人

35 小时	36-39 小时	40 小时	41-47 小时	48 小时	48小时 以　上	周平均 工作时间 (小时)
1657	1591	60230	7631	40268	92302	49.02
92	109	4542	328	1431	3702	46.23
773	609	24249	2813	13504	33751	48.52
792	873	31439	4490	25333	54849	49.58
1196	992	58576	5509	32510	62007	48.17
1100	904	54363	5084	30562	57180	48.16
76	68	3389	343	1576	4040	48.57
20	20	824	82	372	787	47.39
1760	1920	71515	10635	52576	111231	49.19
262	218	9550	1245	6748	13935	49.07
142	176	10977	1412	9490	14469	49.36
87	75	4931	394	1994	4263	47.18
1230	1407	44266	7420	33353	76359	49.33
39	44	1791	164	991	2205	48.72
1096	774	47594	1977	9412	20253	44.73
896	441	35323	1116	4697	8376	43.26
174	264	11310	830	4577	11567	47.36
26	69	961	31	138	310	43.44
3691	3914	171032	14513	61440	127795	46.41
727	579	42736	2614	13179	26558	46.06
609	697	34258	2842	10070	22840	45.94
109	143	6479	545	2789	4911	46.68
276	227	15140	1301	8291	14664	47.79
417	202	12464	801	4983	8644	46.71
1243	1811	41875	4793	13966	37606	46.32
310	255	18080	1617	8162	12572	46.60
1317	1189	79307	4592	23626	35527	45.15
262	231	17064	923	4939	7235	45.04
286	278	20985	1181	5675	7156	44.43
113	145	5044	392	1727	3399	45.90
399	272	20970	1085	5799	8704	44.87
22	32	1693	126	766	1316	46.75
113	94	6677	332	1546	2261	44.34
122	137	6874	553	3174	5456	47.16
235	277	15562	1132	7611	15756	48.27
41	118	5650	313	2031	3644	46.42
194	159	9912	819	5580	12112	49.03
691	615	35833	3601	21758	55289	49.61
169	186	12898	1125	7995	15498	48.54
141	143	6381	664	3081	8313	48.68
118	86	5352	522	3574	7778	49.05
51	17	705	90	429	1527	49.47
29	35	1382	105	869	2373	50.03
101	91	4741	680	3528	14515	53.08
82	57	4374	415	2282	5285	48.42
2242	2176	88437	11812	67407	158154	50.12
269	204	9503	1332	5927	15402	49.70
292	294	14090	1425	8769	21238	49.50
361	377	7372	1131	3636	17634	50.01
55	92	3894	454	3118	7534	50.56
32	46	1650	229	1331	5370	56.19
207	154	9006	1048	6395	13714	49.76
169	193	11720	1467	10481	19802	50.34
531	493	14898	2507	13578	32839	50.64
326	323	16304	2219	14172	24621	49.30

4-12 续表 3

行业中类 性 别	合 计	1-8 小时	9-19 小时	20-34 小时
非金属矿物制品业	702434	1427	2558	26271
水泥、石灰和石膏的制造	115506	272	426	3841
水泥及石膏制品制造	68633	147	319	2741
砖瓦、石材及其他建筑材料制造	264020	610	1216	12496
玻璃及玻璃制品制造	111780	133	248	3009
陶瓷制品制造	94559	182	223	2788
耐火材料制品制造	28441	53	60	814
石墨及其他非金属矿物制品制造	19495	30	66	582
黑色金属冶炼及压延加工业	298054	484	693	5554
炼铁	53987	95	158	1260
炼钢	124440	173	256	1983
钢压延加工	101948	194	229	1853
铁合金冶炼	17679	22	50	458
有色金属冶炼及压延加工业	144371	297	331	3191
常用有色金属冶炼	78255	188	206	1991
贵金属冶炼	5712	15	20	160
稀有稀土金属冶炼	7127	15	15	119
有色金属合金制造	7639	5	8	107
有色金属压延加工	45638	74	82	814
金属制品业	670634	951	1672	15924
结构性金属制品制造	279711	395	712	7206
金属工具制造	102858	176	313	2892
集装箱及金属包装容器制造	22876	32	47	342
金属丝绳及其制品的制造	22307	75	126	725
建筑、安全用金属制品制造	69308	70	160	1458
金属表面处理及热处理加工	45113	49	89	689
搪瓷制品制造	6461	6	19	130
不锈钢及类似日用金属制品制造	76530	82	146	1836
其他金属制品制造	45470	66	60	646
通用设备制造业	693190	1107	2738	19357
锅炉及原动机制造	43401	64	57	670
金属加工机械制造	158706	215	402	3262
起重运输设备制造	29276	24	42	335
泵、阀门、压缩机及类似机械的制造	86445	88	209	2315
轴承、齿轮、传动和驱动部件的制造	71511	74	149	1682
烘炉、熔炉及电炉制造	3928	16	15	91
风机、衡器、包装设备等通用设备制造	65290	61	145	1199
通用零部件制造及机械修理	168443	463	1553	8057
金属铸、锻加工	66190	102	166	1746
专用设备制造业	456661	667	827	7947
矿山、冶金、建筑专用设备制造	75042	175	138	1226
化工、木材、非金属加工专用设备制造	119907	127	191	1898
食品、饮料、烟草及饲料生产专用设备制造	9750	14	22	227
印刷、制药、日化生产专用设备制造	26213	22	25	399
纺织、服装和皮革工业专用设备制造	30371	35	97	591
电子和电工机械专用设备制造	114625	190	194	2116
农、林、牧、渔专用机械制造	25260	32	86	828
医疗仪器设备及器械制造	26459	22	35	289
环保、社会公共安全及其他专用设备制造	29034	50	39	373

单位：人

35 小时	36-39 小时	40 小时	41-47 小时	48 小时	48小时 以　上	周平均 工作时间 (小时)
6148	6353	181051	26881	96317	355428	49.52
1093	1016	39784	4146	15344	49584	48.02
621	639	19676	2376	9427	32687	49.31
2631	2811	54299	10810	29624	149523	50.18
724	672	31340	3825	20057	51772	49.37
771	869	20603	4230	15225	49668	50.25
147	207	8130	873	4039	14118	49.20
161	139	7219	621	2601	8076	47.85
1595	2013	126004	7963	44181	109567	47.45
340	443	21485	1579	7241	21386	47.58
698	838	59133	3167	19047	39145	46.46
424	587	39350	2620	15467	41224	48.40
133	145	6036	597	2426	7812	48.49
1064	1108	57424	4199	23761	52996	47.55
720	593	35563	2344	11378	25272	46.37
57	71	2335	173	894	1987	46.87
46	48	2391	175	1098	3220	48.82
31	48	2940	180	1554	2766	47.89
210	348	14195	1327	8837	19751	49.41
4037	3954	173070	23220	128098	319708	49.94
1742	1653	74355	9342	48725	135581	49.86
849	764	27155	4168	19297	47244	49.21
82	115	8215	723	4964	8356	48.61
134	154	6461	692	3914	10026	49.24
359	416	15964	2218	12722	35941	50.82
180	216	10157	1317	9282	23134	51.53
28	49	1733	239	1258	2999	49.55
476	412	15563	2622	16118	39275	50.76
187	175	13467	1899	11818	17152	48.87
4475	4152	234830	20955	133975	271601	47.97
257	190	20308	1044	7671	13140	46.46
937	936	56189	4842	30815	61108	47.95
111	132	13767	688	5721	8456	46.40
628	525	27986	2762	16888	35044	48.35
478	376	24305	2279	15008	27160	47.92
27	18	1499	105	770	1387	47.42
299	333	24000	1972	14502	22779	47.76
1352	1244	49009	5230	31031	70504	47.95
386	398	17767	2033	11569	32023	49.57
2703	2603	185213	15185	88619	152897	47.35
454	400	35845	2071	12419	22314	46.24
501	543	36684	4009	27122	48832	49.19
65	59	4048	274	1790	3251	46.99
155	123	10278	761	5509	8941	47.68
145	157	9813	947	6466	12120	48.55
794	843	52487	4453	20567	32981	46.33
232	198	8875	975	4509	9525	47.57
154	126	13096	830	5140	6767	46.14
203	154	14087	865	5097	8166	46.15

4-12 续表 4

行业中类 性　别	合　计	1-8 小时	9-19 小时	20-34 小时
交通运输设备制造业	626416	828	1109	9590
铁路运输设备制造	40421	85	63	454
汽车制造	377519	520	709	5975
摩托车制造	47382	66	122	1070
自行车制造	29936	24	52	621
船舶及浮动装置制造	95597	76	133	1235
航空航天器制造	26918	48	12	116
交通器材及其他交通运输设备制造	8643	9	18	119
电气机械及器材制造业	653885	734	1053	9983
电机制造	97691	120	167	1414
输配电及控制设备制造	149784	179	258	2304
电线、电缆、光缆及电工器材制造	81194	100	154	1480
电池制造	42521	37	46	517
家用电力器具制造	162993	181	230	2077
非电力家用器具制造	16930	17	14	296
照明器具制造	86680	79	157	1647
其他电气机械及器材制造	16092	21	27	248
通信设备、计算机及其他电子设备制造业	885579	1313	1508	14876
通信设备制造	104355	182	105	1301
雷达及配套设备制造	2271	1	3	26
广播电视设备制造	7826	10	12	89
电子计算机制造	102043	121	123	1453
电子器件制造	202699	300	351	3396
电子元件制造	379625	583	716	7092
家用视听设备制造	51697	49	138	1042
其他电子设备制造	35063	67	60	477
仪器仪表及文化、办公用机械制造业	166241	346	525	3774
通用仪器仪表制造	55596	162	289	2141
专用仪器仪表制造	20472	49	47	461
钟表与计时仪器制造	23574	43	67	339
光学仪器及眼镜制造	38290	46	60	390
文化、办公用机械制造	23785	34	41	293
其他仪器仪表的制造及修理	4524	12	21	150
工艺品及其他制造业	328408	656	2474	22863
工艺美术品制造	244582	491	1941	18396
日用杂品制造	61686	96	414	3316
煤制品制造	8996	20	69	536
核辐射加工	484	4	1	19
其他未列明的制造业	12660	45	49	596
废弃资源和废旧材料回收加工业	88300	199	594	6037
金属废料和碎屑的加工处理	48358	127	305	3125
非金属废料和碎屑的加工处理	39942	72	289	2912
电力、燃气及水的生产和供应业	**492731**	**1023**	**1054**	**11055**
电力、热力的生产和供应业	371257	794	753	8491
电力生产	141922	295	309	3812
电力供应	193572	414	391	4146
热力生产和供应	35763	85	53	533
燃气生产和供应业	46401	76	113	930
燃气生产和供应业	46401	76	113	930
水的生产和供应业	75073	153	188	1634
自来水的生产和供应	66058	139	164	1463
污水处理及其再生利用	6387	6	9	107
其他水的处理、利用与分配	2628	8	15	64

单位：人

35小时	36-39小时	40小时	41-47小时	48小时	48小时以上	周平均工作时间（小时）
3441	3494	249360	18763	119119	220712	47.69
280	252	23642	903	6018	8724	44.76
1899	1870	143500	11249	74241	137556	48.02
256	296	13280	1624	10111	20557	49.26
136	243	7586	923	6544	13807	49.93
510	669	36371	3196	18535	34872	47.81
314	131	21347	641	2156	2153	41.93
46	33	3634	227	1514	3043	47.53
3084	3473	219715	22632	145326	247885	48.61
517	514	40783	3080	19322	31774	47.32
701	802	55625	4884	32812	52219	47.89
364	470	29264	2740	17531	29091	48.03
132	244	14401	1580	10672	14892	48.48
775	772	46685	6185	38157	67931	49.68
74	100	5219	607	3865	6738	48.82
438	475	21509	3093	19908	39374	49.98
83	96	6229	463	3059	5866	47.82
3925	4881	340487	35406	183682	299501	47.87
597	565	50584	3401	17633	29987	46.68
6	10	1424	68	308	425	44.19
38	33	3848	213	1416	2167	46.48
196	355	45205	3906	22784	27900	46.93
788	1161	79432	8548	41266	67457	47.85
1973	2196	128109	15813	81898	141245	48.47
184	267	18387	2111	10722	18797	48.17
143	294	13498	1346	7655	11523	47.74
1286	1010	66126	5752	29478	57944	47.61
740	514	25036	1998	7908	16808	45.86
143	125	10182	741	2992	5732	45.84
105	124	7251	804	5673	9168	48.91
160	104	11647	1144	8061	16678	50.40
88	108	10193	905	4219	7904	47.49
50	35	1817	160	625	1654	47.45
4689	3480	74603	14966	48439	156238	48.95
3688	2713	52972	11453	36279	116649	48.90
728	544	14463	2631	9684	29810	49.49
131	87	2541	400	844	4368	48.70
10	6	304	13	41	86	42.95
132	130	4323	469	1591	5325	47.82
1359	1051	19084	4306	7871	47799	49.69
704	512	10623	2252	4363	26347	49.92
655	539	8461	2054	3508	21452	49.40
10956	**4569**	**308281**	**12333**	**42604**	**100856**	**43.82**
8959	3627	233597	9140	31054	74842	43.70
4257	1979	85153	3926	12626	29565	43.79
4315	1423	127380	4339	14948	36216	43.37
387	225	21064	875	3480	9061	45.08
605	362	26460	1285	4838	11732	45.11
605	362	26460	1285	4838	11732	45.11
1392	580	48224	1908	6712	14282	43.61
1244	487	43060	1621	5685	12195	43.45
102	74	3845	198	783	1263	44.39
46	19	1319	89	244	824	45.77

4-12 续表 5

行业中类 性　别	合　计	1-8 小时	9-19 小时	20-34 小时
建筑业	**3883205**	**8825**	**21322**	**193118**
房屋和土木工程建筑业	2875275	6721	16630	150789
房屋工程建筑	2527120	5903	15150	137461
土木工程建筑	348155	818	1480	13328
建筑安装业	221663	521	1165	9744
建筑安装业	221663	521	1165	9744
建筑装饰业	709854	1405	3085	29028
建筑装饰业	709854	1405	3085	29028
其他建筑业	76413	178	442	3557
工程准备	25017	63	168	1180
提供施工设备服务	16593	56	89	800
其他未列明的建筑活动	34803	59	185	1577
交通运输、仓储和邮政业	**2522454**	**5739**	**14761**	**120250**
铁路运输业	219896	638	2037	8630
铁路旅客运输	89481	319	1798	6009
铁路货物运输	36679	105	82	783
铁路运输辅助活动	93736	214	157	1838
道路运输业	1344376	3134	8410	77891
公路旅客运输	296153	717	1819	16743
道路货物运输	918502	2142	6074	56165
道路运输辅助活动	129721	275	517	4983
城市公共交通业	468211	848	1886	14774
公共电汽车客运	102498	215	294	2737
轨道交通	11146	20	52	581
出租车客运	290880	482	1148	8176
城市轮渡	683		4	28
其他城市公共交通	63004	131	388	3252
水上运输业	71381	121	263	2280
水上旅客运输	11058	27	81	521
水上货物运输	42931	71	143	1423
水上运输辅助活动	17392	23	39	336
航空运输业	43410	99	134	1210
航空客货运输	26190	50	79	774
通用航空服务	5378	26	35	216
航空运输辅助活动	11842	23	20	220
管道运输业	4465	7	10	90
管道运输业	4465	7	10	90
装卸搬运和其他运输服务业	212644	601	1641	12094
装卸搬运	131670	461	1404	10155
运输代理服务	80974	140	237	1939
仓储业	70480	112	234	1674
谷物、棉花等农产品仓储	22310	40	99	763
其他仓储	48170	72	135	911
邮政业	87591	179	146	1607
国家邮政	56969	114	93	1084
其他寄递服务	30622	65	53	523

单位：人

35小时	36-39小时	40小时	41-47小时	48小时	48小时以上	周平均工作时间(小时)
39208	**39927**	**949511**	**158872**	**399263**	**2073159**	**49.74**
29713	30703	686320	120065	284324	1550010	49.76
26127	27756	572069	107043	249299	1386312	49.88
3586	2947	114251	13022	35025	163698	48.83
2342	2112	67684	8214	24598	105283	48.74
2342	2112	67684	8214	24598	105283	48.74
6312	6459	170989	27908	82327	382341	50.10
6312	6459	170989	27908	82327	382341	50.10
841	653	24518	2685	8014	35525	48.62
291	186	8067	824	2646	11592	48.63
179	143	5234	570	1701	7821	48.51
371	324	11217	1291	3667	16112	48.67
33004	**25792**	**841057**	**98370**	**243418**	**1140063**	**48.67**
2728	2484	129535	6565	20823	46456	43.85
1385	1111	47844	3150	7960	19905	43.30
334	469	21987	1079	3877	7963	44.57
1009	904	59704	2336	8986	18588	44.11
19336	15172	364561	57721	124938	673213	49.25
4336	3353	82809	13788	27426	145162	49.13
12886	10431	225775	39535	84969	480525	49.60
2114	1388	55977	4398	12543	47526	47.02
4598	3615	127687	16804	43476	254523	51.51
1053	939	46807	4260	13565	32628	46.67
103	85	6894	408	983	2020	43.18
2475	1954	61211	9560	24024	181850	53.48
11	20	379	16	60	165	44.57
956	617	12396	2560	4844	37860	51.85
880	727	33790	2528	7109	23683	46.61
199	95	5099	453	1089	3494	45.71
481	418	18310	1568	4082	16435	47.69
200	214	10381	507	1938	3754	44.50
505	456	29376	1185	3996	6449	43.00
302	320	18733	672	2176	3084	42.30
65	41	2837	201	481	1476	45.00
138	95	7806	312	1339	1889	43.65
59	27	2657	98	330	1187	44.94
59	27	2657	98	330	1187	44.94
2797	2123	68864	8635	22830	93059	48.07
2065	1505	32409	5550	12486	65635	48.66
732	618	36455	3085	10344	27424	47.11
835	574	35009	2127	8500	21415	46.26
415	164	11488	663	1887	6791	45.62
420	410	23521	1464	6613	14624	46.55
1266	614	49578	2707	11416	20078	44.90
1020	445	37135	1630	5929	9519	43.32
246	169	12443	1077	5487	10559	47.85

4-12 续表 6

行业中类 性 别	合 计	1-8 小时	9-19 小时	20-34 小时
信息传输、计算机服务和软件业	**436722**	**887**	**909**	**7886**
电信和其他信息传输服务业	272660	570	417	4564
电信	212855	448	310	3612
互联网信息服务	45225	103	75	669
广播电视传输服务	13714	18	32	270
卫星传输服务	866	1		13
计算机服务业	71470	183	384	2430
计算机系统服务	27088	100	220	1226
数据处理	6489	11	21	167
计算机维修	18679	31	69	584
其他计算机服务	19214	41	74	453
软件业	92592	134	108	892
公共软件服务	77569	114	70	575
其他软件服务	15023	20	38	317
批发和零售业	**6617279**	**13671**	**34654**	**267278**
批发业	1333015	2467	5975	48848
农畜产品批发	95177	249	892	7486
食品、饮料及烟草制品批发	282243	576	1490	11175
纺织、服装及日用品批发	272154	461	846	6374
文化、体育用品及器材批发	33691	51	91	810
医药及医疗器材批发	49248	82	141	1509
矿产品、建材及化工产品批发	235314	439	993	8216
机械设备、五金交电及电子产品批发	159903	259	388	2942
贸易经纪与代理	42446	73	77	664
其他批发	162839	277	1057	9672
零售业	5284264	11204	28679	218430
综合零售	1743962	4382	10706	79827
食品、饮料及烟草制品专门零售	1118346	2343	7700	59776
纺织、服装及日用品专门零售	1018454	1962	4493	35694
文化、体育用品及器材专门零售	141132	251	698	4536
医药及医疗器材专门零售	147453	279	558	4539
汽车、摩托车、燃料及零配件专门零售	191383	305	576	4535
家用电器及电子产品专门零售	361845	638	900	7640
五金、家具及室内装修材料专门零售	373691	600	1286	10125
无店铺及其他零售	187998	444	1762	11758
住宿和餐饮业	**1940244**	**4303**	**10502**	**80304**
住宿业	318755	691	1237	8873
旅游饭店	165689	367	443	3642
一般旅馆	132064	279	670	4491
其他住宿服务	21002	45	124	740
餐饮业	1621489	3612	9265	71431
正餐服务	1092944	2345	5505	43840
快餐服务	268518	680	1958	13582
饮料及冷饮服务	28773	66	134	1110
其他餐饮服务	231254	521	1668	12899
金融业	**577951**	**1173**	**1164**	**11759**
银行业	338489	616	316	4600
中央银行	25008	52	20	340
商业银行	256281	446	227	3432
其他银行	57200	118	69	828
证券业	33924	70	82	1541
证券市场管理	4394	7	8	142
证券经纪与交易	16321	32	32	587
证券投资	11327	29	38	756
证券分析与咨询	1882	2	4	56

单位：人

35小时	36-39小时	40小时	41-47小时	48小时	48小时以上	周平均工作时间(小时)
5765	**3059**	**263348**	**13669**	**46874**	**94325**	**44.46**
4307	1956	164511	8299	30139	57897	44.40
3585	1590	127439	6505	23913	45453	44.37
445	276	27190	1413	4970	10084	44.99
264	83	9341	353	1170	2183	43.04
13	7	541	28	86	177	44.07
732	578	31739	2522	8598	24304	46.80
348	252	13783	1052	2977	7130	44.69
55	55	3766	202	592	1620	44.78
178	156	6856	679	2648	7478	47.98
151	115	7334	589	2381	8076	49.32
726	525	67098	2848	8137	12124	42.84
575	398	58985	2318	6492	8042	42.33
151	127	8113	530	1645	4082	45.49
73590	**57206**	**1885898**	**275029**	**752688**	**3257265**	**49.86**
15284	9990	438998	49522	147564	614367	49.16
1665	1044	26614	4194	7302	45731	48.42
3699	2226	78924	11080	28793	144280	50.44
2038	1642	79150	9825	32095	139723	50.69
328	216	13125	1104	4018	13948	48.44
864	461	24708	1910	6254	13319	45.30
2574	1784	83892	7737	26546	103133	48.42
1227	889	68429	5305	22646	57818	47.62
532	205	27752	1327	5012	6804	43.49
2357	1523	36404	7040	14898	89611	50.21
58306	47216	1446900	225507	605124	2642898	50.04
18842	18327	514186	83470	221381	792841	48.84
16671	9848	238841	48301	91320	643546	51.86
9887	8730	256567	41514	108960	550647	50.82
1626	1241	45391	5739	15969	65681	49.62
1630	1261	55017	6031	20507	57631	47.90
1473	1181	65632	6073	31358	80250	48.87
2722	2484	124014	13825	55127	154495	48.93
2657	2277	95688	12898	44110	204050	51.05
2798	1867	51564	7656	16392	93757	49.50
22013	**16135**	**491010**	**78894**	**235806**	**1001277**	**50.72**
2773	2482	116667	11806	51269	122957	48.36
1357	1196	68322	6248	30897	53217	46.99
1199	1138	41511	4836	17709	60231	49.86
217	148	6834	722	2663	9509	49.78
19240	13653	374343	67088	184537	878320	51.18
11172	9249	262319	44237	133381	580896	50.91
3636	2160	56668	11255	26825	151754	51.82
352	264	7646	1277	3833	14091	50.27
4080	1980	47710	10319	20498	131579	51.83
11611	**3809**	**406019**	**13941**	**49416**	**79059**	**42.55**
7396	2062	252537	7453	25041	38468	42.18
635	138	18717	497	1676	2933	42.24
5632	1540	191753	5749	18911	28591	42.14
1129	384	42067	1207	4454	6944	42.30
744	223	24927	752	2339	3246	41.39
103	38	3086	115	318	577	42.27
379	85	12560	316	1004	1326	41.24
225	91	7927	272	864	1125	41.14
37	9	1354	49	153	218	42.16

4-12 续表 7

行业中类 性 别	合 计	1-8 小时	9-19 小时	20-34 小时
保险业	158782	415	665	4650
人寿保险	116777	312	529	3682
非人寿保险	37983	95	129	879
保险辅助服务	4022	8	7	89
其他金融活动	46756	72	101	968
金融信托与管理	15166	30	40	335
金融租赁	1685	1	3	35
财务公司	6511	15	17	92
邮政储蓄	10661	12	13	211
典当	2914	4	4	59
其他未列明的金融活动	9819	10	24	236
房地产业	**478073**	**1484**	**1860**	**10238**
房地产业	478073	1484	1860	10238
房地产开发经营	176170	434	323	2628
物业管理	235864	787	1201	6026
房地产中介服务	53514	160	200	1022
其他房地产活动	12525	103	136	562
租赁和商务服务业	**487370**	**974**	**1698**	**13390**
租赁业	39225	87	266	1912
机械设备租赁	32937	75	171	1319
文化及日用品出租	6288	12	95	593
商务服务业	448145	887	1432	11478
企业管理服务	70344	126	191	1672
法律服务	25482	54	59	572
咨询与调查	49334	86	86	849
广告业	81792	116	165	1413
知识产权服务	2962	5	6	34
职业中介服务	37283	72	223	1514
市场管理	15410	27	52	532
旅行社	42896	93	156	1197
其他商务服务	122642	308	494	3695
科学研究、技术服务和地质勘查业	**227701**	**400**	**337**	**3149**
研究与试验发展	65287	100	75	690
自然科学研究与试验发展	12201	13	14	120
工程和技术研究与试验发展	35844	31	21	241
农业科学研究与试验发展	10028	43	20	197
医学研究与试验发展	4260	7	12	96
社会人文科学研究与试验发展	2954	6	8	36
专业技术服务业	110885	167	170	1633
气象服务	8078	16	31	352
地震服务	2421	16	15	116
海洋服务	1378	2	6	27
测绘服务	5003	4	10	75
技术检测	17897	23	16	200
环境监测	3715	6	7	50
工程技术与规划管理	58311	76	62	563
其他专业技术服务	14082	24	23	250
科技交流和推广服务业	21501	33	49	415
技术推广服务	13586	23	33	256
科技中介服务	3897	4	9	59
其他科技服务	4018	6	7	100
地质勘查业	30028	100	43	411
矿产地质勘查	19762	81	28	275
基础地质勘查	4873	6	7	63
地质勘查技术服务	5393	13	8	73

单位：人

35 小时	36-39 小时	40 小时	41-47 小时	48 小时	48小时 以 上	周平均 工作时间 (小时)
2642	1203	97549	4574	17582	29502	43.39
1837	882	70445	3524	13171	22395	43.47
749	290	24484	965	3961	6431	43.17
56	31	2620	85	450	676	43.34
829	321	31006	1162	4454	7843	43.29
248	118	10120	367	1307	2601	43.24
26	11	1074	53	173	309	43.74
125	33	4686	151	622	770	42.37
190	71	6984	284	1057	1839	43.36
38	25	1607	78	338	761	45.65
202	63	6535	229	957	1563	43.13
4667	**3366**	**236438**	**15500**	**76306**	**128214**	**45.92**
4667	3366	236438	15500	76306	128214	45.92
1956	1087	89782	5542	25542	48876	45.99
2032	1941	112414	8067	40422	62974	46.03
463	278	27701	1576	8814	13300	45.54
216	60	6541	315	1528	3064	44.55
6092	**3587**	**260528**	**15730**	**56597**	**128774**	**45.35**
399	296	12948	1518	4053	17746	48.90
293	226	10962	985	3428	15478	49.48
106	70	1986	533	625	2268	45.87
5693	3291	247580	14212	52544	111028	45.04
1385	536	46995	1675	6060	11704	43.18
448	125	18566	562	1767	3329	42.30
732	272	37278	1232	3896	4903	41.97
693	454	41399	2817	12017	22718	45.97
46	10	2224	80	237	320	42.26
403	293	17782	1191	3864	11941	46.09
261	126	6372	582	1948	5510	47.29
522	309	24460	1335	5320	9504	44.43
1203	1166	52504	4738	17435	41099	46.98
4818	**1754**	**165988**	**4818**	**16676**	**29761**	**42.61**
1207	551	52329	1140	3569	5626	41.69
209	96	9889	180	610	1070	41.70
492	323	29645	591	2055	2445	41.48
363	75	7106	233	569	1422	42.44
89	44	3275	81	223	433	41.61
54	13	2414	55	112	256	41.63
2490	854	77560	2518	9420	16073	42.97
320	104	4502	218	558	1977	44.14
58	22	1229	95	221	649	44.36
30	10	862	50	69	322	43.81
134	24	3437	97	443	779	43.17
312	119	13691	356	1367	1813	42.19
92	27	2759	65	210	499	42.57
1327	436	42282	1197	4966	7402	42.71
217	112	8798	440	1586	2632	44.09
358	145	15263	498	1641	3099	42.78
238	82	9937	303	932	1782	42.47
63	30	2731	108	330	563	42.97
57	33	2595	87	379	754	43.62
763	204	20836	662	2046	4963	43.14
470	137	13580	465	1341	3385	43.23
174	29	3414	92	323	765	42.94
119	38	3842	105	382	813	43.02

4-12 续表 8

行业中类 性 别	合 计	1-8 小时	9-19 小时	20-34 小时
水利、环境和公共设施管理业	**265580**	**662**	**1274**	**10295**
水利管理业	43911	102	109	1041
防洪管理	5605	10	9	114
水资源管理	31652	66	71	758
其他水利管理	6654	26	29	169
环境管理业	123683	330	770	6088
自然保护	4068	11	15	136
环境治理	119615	319	755	5952
公共设施管理业	97986	230	395	3166
市政公共设施管理	38564	101	188	1327
城市绿化管理	32474	52	119	1045
游览景区管理	26948	77	88	794
居民服务和其他服务业	**1377233**	**4530**	**13839**	**88246**
居民服务业	815207	2821	9078	54462
家庭服务	171232	934	3836	19564
托儿所	8465	21	54	383
洗染服务	27513	82	185	1533
理发及美容保健服务	304234	748	2007	14144
洗浴服务	67695	149	389	2838
婚姻服务	8710	52	148	612
殡葬服务	13457	99	263	1417
摄影扩印服务	39981	96	264	1661
其他居民服务	173920	640	1932	12310
其他服务业	562026	1709	4761	33784
修理与维护	389182	1032	2736	20284
清洁服务	102283	383	1229	8052
其他未列明的服务	70561	294	796	5448
教育	**1638219**	**5826**	**7097**	**47441**
教育	1638219	5826	7097	47441
学前教育	164611	358	529	4847
初等教育	497180	1333	1991	17469
中等教育	654375	1892	2299	16779
高等教育	225738	1356	1295	5177
其他教育	96315	887	983	3169
卫生、社会保障和社会福利业	**828642**	**1947**	**2050**	**18877**
卫生	797631	1869	1956	17975
医院	542032	1196	797	8436
卫生院及社区医疗活动	114679	296	385	3933
门诊部医疗活动	78909	235	607	3942
计划生育技术服务活动	10761	30	32	322
妇幼保健活动	12387	22	14	239
专科疾病防治活动	5135	10	13	107
疾病预防控制及防疫活动	18106	35	29	339
其他卫生活动	15622	45	79	657
社会保障业	13411	31	32	354
社会保障业	13411	31	32	354
社会福利业	17600	47	62	548
提供住宿的社会福利	14460	41	38	409
不提供住宿的社会福利	3140	6	24	139

单位：人

35小时	36-39小时	40小时	41-47小时	48小时	48小时以上	周平均工作时间（小时）
4658	**2169**	**136269**	**8573**	**28012**	**73668**	**45.02**
987	353	29862	840	3095	7522	43.03
155	34	3820	115	460	888	42.98
691	265	21660	590	2143	5408	43.01
141	54	4382	135	492	1226	43.18
2238	1048	53261	4869	14218	40861	45.89
87	39	2462	111	340	867	43.78
2151	1009	50799	4758	13878	39994	45.96
1433	768	53146	2864	10699	25285	44.82
595	296	22650	1022	3558	8827	44.23
453	259	16418	1012	3886	9230	45.26
385	213	14078	830	3255	7228	45.12
17838	**13993**	**349465**	**55897**	**145673**	**687752**	**49.44**
10584	8277	206215	32325	83927	407518	49.66
3118	2451	46488	8098	18562	68181	46.07
126	70	3844	295	1023	2649	45.74
322	285	6413	1143	2673	14877	50.88
3111	2726	67554	11412	30434	172098	51.86
579	544	15934	2542	8090	36630	51.78
105	71	2880	252	1130	3460	46.78
256	171	4609	461	1226	4955	45.43
373	285	11351	1298	4814	19839	49.89
2594	1674	47142	6824	15975	84829	48.96
7254	5716	143250	23572	61746	280234	49.11
4524	3545	93434	16132	41603	205892	49.89
1650	1300	30285	4702	13383	41299	46.80
1080	871	19531	2738	6760	33043	48.11
28443	**11333**	**1182211**	**40357**	**101956**	**213555**	**42.08**
28443	11333	1182211	40357	101956	213555	42.08
2707	1204	106305	4921	15355	28385	43.06
9455	3837	361929	12447	25196	63523	41.83
9958	4295	475434	16583	41160	85975	42.20
4646	1285	177724	3908	11193	19154	41.25
1677	712	60819	2498	9052	16518	42.76
14787	**8474**	**480856**	**33438**	**83576**	**184637**	**44.36**
14166	8256	461374	32740	80881	178414	44.38
9979	5948	345009	23802	56784	90081	43.43
1706	1123	52820	4324	12362	37730	46.10
1030	674	23048	2906	7282	39185	49.21
239	79	7291	265	751	1752	42.72
277	130	8164	451	1133	1957	43.09
97	53	3118	186	443	1108	44.26
538	118	14070	283	877	1817	41.65
300	131	7854	523	1249	4784	45.62
317	84	9897	251	796	1649	42.06
317	84	9897	251	796	1649	42.06
304	134	9585	447	1899	4574	45.39
232	105	7830	372	1636	3797	45.56
72	29	1755	75	263	777	44.62

4-12 续表 9

行业中类 性　别	合　计	1-8 小时	9-19 小时	20-34 小时
文化、体育和娱乐业	**321807**	**926**	**1627**	**11349**
新闻出版业	53751	125	123	1295
新闻业	11140	30	22	254
出版业	42611	95	101	1041
广播、电视、电影和音像业	68472	158	163	1445
广播	14998	44	36	307
电视	32592	56	55	552
电影	10233	34	48	324
音像制作	10649	24	24	262
文化艺术业	50386	272	600	3122
文艺创作与表演	18648	155	414	1964
艺术表演场馆	4969	23	57	302
图书馆与档案馆	8319	17	23	185
文物及文化保护	3048	7	5	60
博物馆	4663	8	4	67
烈士陵园、纪念馆	1152	8	2	23
群众文化活动	4497	24	49	242
文化艺术经纪代理	1316	5	3	39
其他文化艺术	3774	25	43	240
体育	13633	50	95	852
体育组织	7543	27	56	461
体育场馆	4001	18	9	129
其他体育	2089	5	30	262
娱乐业	135565	321	646	4635
室内娱乐活动	86541	175	366	3125
游乐园	5993	11	21	171
休闲健身娱乐活动	26318	76	138	670
其他娱乐活动	16713	59	121	669
公共管理和社会组织	**1824893**	**4395**	**5185**	**47028**
中国共产党机关	21454	39	34	428
中国共产党机关	21454	39	34	428
国家机构	1511258	3079	1584	24824
国家权力机构	32499	50	42	558
国家行政机构	1376323	2809	1441	22760
人民法院和人民检察院	58595	120	36	837
其他国家机构	43841	100	65	669
人民政协和民主党派	8052	9	14	136
人民政协	7036	8	10	125
民主党派	1016	1	4	11
群众团体、社会团体和宗教组织	52600	375	983	4053
群众团体	14692	34	47	411
社会团体	23356	62	102	748
宗教组织	14552	279	834	2894
基层群众自治组织	231529	893	2570	17587
社区自治组织	84365	227	408	4184
村民自治组织	147164	666	2162	13403
国际组织	**654**		**1**	**6**
国际组织	654		1	6
国际组织	654		1	6

单位：人

35小时	36-39小时	40小时	41-47小时	48小时	48小时以上	周平均工作时间（小时）
5381	**2551**	**162104**	**10607**	**33856**	**93406**	**45.86**
955	418	37174	1475	4097	8089	42.79
195	97	7540	316	841	1845	43.04
760	321	29634	1159	3256	6244	42.73
1228	459	46779	1699	5555	10986	43.06
323	126	10660	355	1045	2102	42.49
675	176	24096	677	2237	4068	42.34
132	94	6638	284	952	1727	43.17
98	63	5385	383	1321	3089	46.00
1210	443	32027	1301	3332	8079	41.98
506	159	10282	591	1169	3408	41.34
132	50	3128	167	342	768	41.86
240	72	6323	154	444	861	41.72
53	31	2078	60	187	567	43.37
88	25	3559	77	332	503	42.25
19	20	746	16	98	220	43.58
94	41	3007	93	287	660	41.99
6	5	970	29	85	174	42.39
72	40	1934	114	388	918	43.80
264	167	7069	442	1246	3448	44.24
144	105	3861	256	577	2056	44.53
67	37	2254	105	516	866	44.27
53	25	954	81	153	526	43.14
1724	1064	39055	5690	19626	62804	50.08
1207	688	21564	3886	12305	43225	50.82
85	43	2728	218	851	1865	46.32
228	195	9721	993	4731	9566	48.13
204	138	5042	593	1739	8148	50.65
45915	**12438**	**1312951**	**34598**	**108068**	**254315**	**42.35**
524	145	16246	367	1088	2583	42.03
524	145	16246	367	1088	2583	42.03
39268	9406	1156779	24391	80143	171784	42.03
879	179	24749	480	1789	3773	42.07
35651	8622	1051299	22374	73583	157784	42.05
1779	332	47680	832	2265	4714	41.33
959	273	33051	705	2506	5513	42.36
242	54	6400	124	345	728	41.54
206	47	5638	109	282	611	41.41
36	7	762	15	63	117	42.40
1306	458	30334	1578	3361	10152	42.08
373	103	10855	315	740	1814	42.00
528	161	15565	483	1662	4045	43.01
405	194	3914	780	959	4293	40.68
4575	2375	103192	8138	23131	69068	44.51
1594	628	49066	2197	8013	18048	43.74
2981	1747	54126	5941	15118	51020	44.95
5	**2**	**521**	**5**	**41**	**73**	**42.13**
5	2	521	5	41	73	42.13
5	2	521	5	41	73	42.13

4-12 续表 10

行业中类 性别	合计	1-8 小时	9-19 小时	20-34 小时
男	**38645017**	**202124**	**681442**	**3625041**
农、林、牧、渔业	**16770758**	**155919**	**594437**	**2906812**
农业	15762407	150767	573987	2777484
谷物及其他作物的种植	14386434	144524	547187	2600621
蔬菜、园艺作物的种植	719100	3833	15802	94397
水果、坚果、饮料和香料作物的种植	614869	2213	10187	77075
中药材的种植	42004	197	811	5391
林业	160109	786	2613	19060
林木的培育和种植	97057	553	1713	12396
木材和竹材的采运	23691	112	376	2625
林产品的采集	39361	121	524	4039
畜牧业	541712	3095	13229	75600
牲畜的饲养	220604	1324	5700	30493
猪的饲养	182288	1041	4636	28901
家禽的饲养	100742	567	2380	12487
狩猎和捕捉动物	938	1	14	110
其他畜牧业	37140	162	499	3609
渔业	217066	705	3472	27496
海洋渔业	100228	344	1410	11187
内陆渔业	116838	361	2062	16309
农、林、牧、渔服务业	89464	566	1136	7172
农业服务业	50399	410	754	4306
林业服务业	13156	61	70	711
畜牧服务业	17245	66	222	1377
渔业服务业	8664	29	90	778
采矿业	**659097**	**1816**	**2222**	**20012**
煤炭开采和洗选业	401690	1193	1310	11903
烟煤和无烟煤的开采洗选	373909	1132	1241	10933
褐煤的开采洗选	13338	20	35	474
其他煤炭采选	14443	41	34	496
石油和天然气开采业	71299	143	163	835
天然原油和天然气开采	42352	89	81	523
与石油和天然气开采有关的服务活动	28947	54	82	312
黑色金属矿采选业	48703	160	173	1645
铁矿采选	44596	145	163	1377
其他黑色金属矿采选	4107	15	10	268
有色金属矿采选业	57255	124	147	1618
常用有色金属矿采选	35445	66	91	928
贵金属矿采选	13929	34	39	458
稀有稀土金属矿采选	7881	24	17	232
非金属矿采选业	72828	166	388	3591
土砂石开采	58407	119	328	3108
化学矿采选	3581	5	13	140
采盐	6073	33	12	129
石棉及其他非金属矿采选	4767	9	35	214
其他采矿业	7322	30	41	420
其他采矿业	7322	30	41	420

单位：人

35小时	36-39小时	40小时	41-47小时	48小时	48小时以上	周平均工作时间（小时）
745203	**532595**	**11152645**	**1918882**	**3710450**	**16076635**	**46.40**
504913	**359338**	**3439953**	**1143241**	**1041710**	**6624435**	**43.53**
473614	341055	3228980	1074617	977033	6164870	43.36
437583	315724	2963537	982201	887000	5508057	43.07
18958	13182	137617	46934	47812	340565	46.28
16212	11120	119844	42553	39177	296488	46.49
861	1029	7982	2929	3044	19760	46.48
5849	3074	41841	11287	11158	64441	45.15
3572	1946	29011	6441	6910	34515	44.06
551	378	6642	1309	1728	9970	45.83
1726	750	6188	3537	2520	19956	47.41
16731	9888	98188	38609	31273	255099	46.19
7465	3929	35916	16818	10832	108127	46.53
5878	3703	36483	13312	11526	76808	44.84
2482	1748	19186	6193	6641	49058	46.88
26	11	230	56	89	401	46.26
880	497	6373	2230	2185	20705	48.96
6818	4289	41036	14835	15627	102788	47.16
2876	2097	16806	6427	6352	52729	48.82
3942	2192	24230	8408	9275	50059	45.74
1901	1032	29908	3893	6619	37237	46.58
1075	588	14985	2340	3761	22180	46.98
232	133	5909	414	998	4628	46.01
366	179	6870	739	1196	6230	45.29
228	132	2144	400	664	4199	47.73
5648	**5698**	**245572**	**21427**	**73052**	**283650**	**47.89**
3213	3476	137452	13559	50642	178942	48.18
2848	3253	128285	12765	47190	166262	48.17
225	104	4163	305	1453	6559	48.80
140	119	5004	489	1999	6121	47.95
418	364	49234	1135	3926	15081	44.25
247	211	28336	811	2359	9695	44.61
171	153	20898	324	1567	5386	43.72
408	467	16528	1433	4024	23865	48.55
361	412	15335	1249	3677	21877	48.61
47	55	1193	184	347	1988	47.95
638	537	21585	1927	6595	24084	47.73
378	329	14497	1170	3909	14077	47.35
164	128	4258	504	1399	6945	48.87
96	80	2830	253	1287	3062	47.41
886	787	18380	3134	7050	38446	49.56
704	605	13309	2557	5403	32274	49.98
22	99	1322	123	535	1322	47.13
106	45	2713	275	560	2200	46.57
54	38	1036	179	552	2650	49.96
85	67	2393	239	815	3232	47.65
85	67	2393	239	815	3232	47.65

4-12 续表 11

行业中类 性　别	合　计	1-8 小时	9-19 小时	20-34 小时
制造业	**6725569**	**10987**	**18778**	**163455**
农副食品加工业	218031	586	1683	14003
谷物磨制	34524	155	490	3194
饲料加工	19385	48	101	797
植物油加工	18110	51	104	1005
制糖	8235	19	23	192
屠宰及肉类加工	66291	171	481	4582
水产品加工	20116	41	158	1097
蔬菜、水果和坚果加工	10711	24	38	502
其他农副食品加工	40659	77	288	2634
食品制造业	171523	352	829	6607
焙烤食品制造	65067	128	331	2747
糖果、巧克力及蜜饯制造	11777	28	42	385
方便食品制造	39671	86	245	1942
液体乳及乳制品制造	11681	19	44	275
罐头制造	7286	15	33	211
调味品、发酵制品制造	13414	22	33	352
其他食品制造	22627	54	101	695
饮料制造业	87563	200	283	2661
酒精制造	4332	9	9	139
酒的制造	52258	131	147	1394
软饮料制造	23907	46	81	614
精制茶加工	7066	14	46	514
烟草制品业	19442	49	44	443
烟叶复烤	3959	10	26	150
卷烟制造	14104	32	12	266
其他烟草制品加工	1379	7	6	27
纺织业	351218	507	986	7279
棉、化纤纺织及印染精加工	164173	236	506	3372
毛纺织和染整精加工	23567	18	61	503
麻纺织	3653	7	13	84
丝绢纺织及精加工	10927	10	33	171
纺织制成品制造	63610	154	188	1380
针织品、编织品及其制品制造	85288	82	185	1769
纺织服装、鞋、帽制造业	498491	768	1523	12450
纺织服装制造	440465	707	1359	11102
纺织面料鞋的制造	51729	58	142	1166
制帽	6297	3	22	182
皮革、毛皮、羽毛(绒)及其制品业	266941	305	702	5894
皮革鞣制加工	9311	18	34	323
皮革制品制造	242794	263	580	4644
毛皮鞣制及制品加工	9492	20	74	798
羽毛(绒)加工及制品制造	5344	4	14	129
木材加工及木、竹、藤、棕、草制品业	205671	406	1222	10794
锯材、木片加工	78439	189	570	4501
人造板制造	53956	80	208	2350
木制品制造	55929	82	258	2274
竹、藤、棕、草制品制造	17347	55	186	1669
家具制造业	233656	493	856	7694
木质家具制造	187614	433	723	6659
竹、藤家具制造	4109	10	45	258
金属家具制造	19546	23	44	376
塑料家具制造	3046	4	8	66
其他家具制造	19341	23	36	335

单位：人

35 小时	36-39 小时	40 小时	41-47 小时	48 小时	48小时 以　上	周平均 工作时间 （小时）
47158	**45398**	**2059565**	**240093**	**1156931**	**2983204**	**49.29**
4033	2168	55685	9777	22931	107165	48.85
623	386	8711	1655	3194	16116	47.36
230	169	5744	732	2600	8964	48.61
215	145	5299	670	1887	8734	48.71
313	62	4258	218	639	2511	45.47
1459	715	15455	3344	6858	33226	49.04
266	205	4888	795	2577	10089	49.35
138	101	2500	461	1362	5585	50.21
789	385	8830	1902	3814	21940	50.03
2000	1427	51443	7060	22507	79298	49.16
764	574	17236	2766	7821	32700	49.94
113	89	3951	565	1660	4944	48.33
572	335	10457	1668	4752	19614	49.63
99	77	4458	435	1691	4583	48.04
76	51	2163	323	1033	3381	49.21
111	87	4785	526	2173	5325	47.91
265	214	8393	777	3377	8751	47.84
952	741	33258	3417	12989	33062	47.49
46	37	1592	149	520	1831	47.94
562	437	21114	1986	7796	18691	47.04
158	165	8846	800	3960	9237	48.20
186	102	1706	482	713	3303	48.08
238	120	11703	526	2372	3947	44.04
72	25	1677	133	424	1442	46.31
149	90	9260	360	1796	2139	43.29
17	5	766	33	152	366	45.18
1886	2041	78810	12142	59459	188108	51.90
828	896	37816	5422	26857	88240	51.85
143	140	4800	920	4228	12754	52.08
28	28	1024	111	590	1768	49.49
55	54	2883	485	2554	4682	50.31
403	353	15920	2083	10713	32416	51.07
429	570	16367	3121	14517	48248	52.86
3219	3536	100763	18970	80146	277116	52.12
2869	3239	89735	17079	69722	244653	52.09
316	266	9565	1648	9401	29167	52.42
34	31	1463	243	1023	3296	51.48
1496	1596	48914	10352	46639	151043	52.61
95	86	2117	363	1323	4952	50.96
1230	1402	43754	9363	43638	137920	52.78
136	79	2063	443	1041	4838	49.05
35	29	980	183	637	3333	54.14
2407	2368	43720	9642	25379	109733	49.71
1117	1091	16098	4064	8477	42332	49.44
442	539	11447	2427	7411	29052	50.23
516	492	12754	2241	7868	29444	50.03
332	246	3421	910	1623	8905	48.31
1768	1918	50948	9616	38388	121975	50.15
1490	1633	40873	7939	30004	97860	50.00
57	42	932	168	470	2127	49.27
121	138	4138	704	3663	10339	50.89
20	28	664	126	563	1567	51.11
80	77	4341	679	3688	10082	50.91

4-12 续表 12

行业中类 性别	合计	1-8 小时	9-19 小时	20-34 小时
造纸及纸制品业	123981	163	275	2601
纸浆制造	6944	27	33	239
造纸	49382	77	110	1043
纸制品制造	67655	59	132	1319
印刷业和记录媒介的复制	94113	123	229	1761
印刷	87714	116	207	1622
装订及其他印刷服务活动	5208	3	15	119
记录媒介的复制	1191	4	7	20
文教体育用品制造业	116387	201	274	2307
文化用品制造	15442	22	23	432
体育用品制造	18958	30	17	129
乐器制造	6517	15	21	133
玩具制造	72709	131	207	1568
游艺器材及娱乐用品制造	2761	3	6	45
石油加工、炼焦及核燃料加工业	59514	123	102	1003
精炼石油产品的制造	35637	65	39	492
炼焦	22795	58	59	484
核燃料加工	1082		4	27
化学原料及化学制品制造业	251210	433	533	5369
基础化学原料制造	61684	96	127	1056
肥料制造	50257	117	127	1092
农药制造	10168	11	29	171
涂料、油墨、颜料及类似产品制造	28695	53	49	462
合成材料制造	18111	31	22	304
专用化学产品制造	60890	79	125	1930
日用化学产品制造	21405	46	54	354
医药制造业	79729	146	118	1231
化学药品原药制造	18003	22	26	236
化学药品制剂制造	19781	37	24	275
中药饮片加工	5980	15	18	187
中成药制造	20092	40	28	291
兽用药品制造	2404	6	2	53
生物、生化制品的制造	6279	20	9	49
卫生材料及医药用品制造	7190	6	11	140
化学纤维制造业	23621	58	24	259
纤维素纤维原料及纤维制造	7186	33	8	92
合成纤维制造	16435	25	16	167
橡胶制品业	74311	118	133	1385
轮胎制造	27641	36	43	464
橡胶板、管、带的制造	12165	24	28	303
橡胶零件制造	10089	13	20	218
再生橡胶制造	1935	8	4	84
日用及医用橡胶制品制造	2223	1	4	26
橡胶靴鞋制造	12807	9	19	163
其他橡胶制品制造	7451	27	15	127
塑料制品业	186234	268	462	3705
塑料薄膜制造	19681	35	68	424
塑料板、管、型材的制造	29272	77	54	565
塑料丝、绳及编织品的制造	13846	35	49	471
泡沫塑料制造	9347	10	21	167
塑料人造革、合成革制造	5538	9	9	77
塑料包装箱及容器制造	16354	20	31	275
塑料零件制造	23736	17	70	300
日用塑料制造	35646	39	103	884
其他塑料制品制造	32814	26	57	542

单位：人

35小时	36-39小时	40小时	41-47小时	48小时	48小时以上	周平均工作时间（小时）
868	885	35267	4378	23846	55698	49.40
50	78	2938	207	897	2475	46.49
444	368	15186	1795	8516	21843	48.84
374	439	17143	2376	14433	31380	50.10
598	568	32603	3092	18535	36604	48.54
562	515	30328	2869	17504	33991	48.53
26	42	1837	180	831	2155	48.75
10	11	438	43	200	458	48.05
683	762	32546	4754	25389	49471	49.32
120	104	4526	611	3248	6356	49.12
63	84	5591	685	5012	7347	49.46
46	34	2614	206	1047	2401	47.45
436	517	18985	3170	15502	32193	49.48
18	23	830	82	580	1174	49.47
733	567	32643	1438	7047	15858	45.20
587	313	23664	774	3425	6278	43.61
131	203	8335	644	3524	9357	47.76
15	51	644	20	98	223	43.86
2082	2083	107854	8684	39555	84617	46.83
480	384	28816	1776	9232	19717	46.49
345	441	22769	1873	6897	16596	46.42
65	84	4170	352	1913	3373	47.06
191	159	10274	914	5764	10829	48.15
260	135	7972	521	3156	5710	46.88
578	751	24737	2408	8446	21836	46.87
163	129	9116	840	4147	6556	46.78
715	633	42056	2505	12778	19547	45.27
156	152	9408	559	2900	4544	45.43
168	152	11271	626	3226	4002	44.53
54	80	2648	217	898	1863	46.16
213	122	10939	575	3118	4766	45.04
11	22	1001	77	443	789	46.97
54	50	3609	186	899	1403	44.81
59	55	3180	265	1294	2180	46.62
111	139	9246	625	4341	8818	48.26
20	63	3396	174	1180	2220	46.64
91	76	5850	451	3161	6598	48.96
389	350	22058	2238	13432	34208	49.72
112	124	9220	838	5706	11098	48.58
85	81	3881	417	1922	5424	49.06
58	42	2960	297	2007	4474	49.42
31	10	456	61	287	994	49.63
13	13	653	46	370	1097	50.07
53	48	2392	328	1845	7950	53.59
37	32	2496	251	1295	3171	48.74
1048	993	48170	6383	37584	87621	50.49
121	87	5519	772	3611	9044	49.92
171	178	8644	854	5326	13403	49.79
95	110	3137	436	1676	7837	51.25
21	48	2233	282	1900	4665	51.04
11	21	958	130	826	3497	57.35
97	85	4753	546	3405	7142	49.85
91	88	6065	759	5643	10703	50.54
273	227	7839	1363	7382	17536	50.97
168	149	9022	1241	7815	13794	49.56

4-12 续表13

行业中类 性别	合计	1-8 小时	9-19 小时	20-34 小时
非金属矿物制品业	484856	982	1577	15753
水泥、石灰和石膏的制造	86660	185	276	2630
水泥及石膏制品制造	52295	109	214	1764
砖瓦、石材及其他建筑材料制造	190862	441	769	7728
玻璃及玻璃制品制造	68392	80	130	1474
陶瓷制品制造	52791	105	108	1320
耐火材料制品制造	20542	44	41	503
石墨及其他非金属矿物制品制造	13314	18	39	334
黑色金属冶炼及压延加工业	233565	365	496	3950
炼铁	42308	67	119	914
炼钢	97934	126	182	1425
钢压延加工	80014	154	159	1310
铁合金冶炼	13309	18	36	301
有色金属冶炼及压延加工业	104240	212	229	2122
常用有色金属冶炼	58030	137	147	1377
贵金属冶炼	4126	10	15	115
稀有稀土金属冶炼	4767	9	10	69
有色金属合金制造	5332	4	4	75
有色金属压延加工	31985	52	53	486
金属制品业	461237	653	1022	9430
结构性金属制品制造	202981	299	465	4534
金属工具制造	67263	112	182	1680
集装箱及金属包装容器制造	16452	17	32	230
金属丝绳及其制品的制造	14848	42	65	367
建筑、安全用金属制品制造	45209	54	93	818
金属表面处理及热处理加工	30115	34	59	444
搪瓷制品制造	4092	4	11	80
不锈钢及类似日用金属制品制造	50174	54	79	941
其他金属制品制造	30103	37	36	336
通用设备制造业	492114	701	1435	11155
锅炉及原动机制造	32457	51	45	480
金属加工机械制造	121562	158	287	2276
起重运输设备制造	22623	19	32	235
泵、阀门、压缩机及类似机械的制造	58707	60	97	1158
轴承、齿轮、传动和驱动部件的制造	47741	53	75	1036
烘炉、熔炉及电炉制造	2933	14	8	68
风机、衡器、包装设备等通用设备制造	43139	39	77	609
通用零部件制造及机械修理	112603	232	691	4066
金属铸、锻加工	50349	75	123	1227
专用设备制造业	305852	447	484	4627
矿山、冶金、建筑专用设备制造	56892	131	93	877
化工、木材、非金属加工专用设备制造	89838	92	113	1290
食品、饮料、烟草及饲料生产专用设备制造	6746	9	10	120
印刷、制药、日化生产专用设备制造	16277	14	15	208
纺织、服装和皮革工业专用设备制造	18420	20	48	221
电子和电工机械专用设备制造	66315	104	118	1061
农、林、牧、渔专用机械制造	18017	26	53	477
医疗仪器设备及器械制造	13005	14	15	121
环保、社会公共安全及其他专用设备制造	20342	37	19	252

单位：人

35小时	36-39小时	40小时	41-47小时	48小时	48小时以上	周平均工作时间（小时）
3990	4209	122332	18140	65601	252272	49.89
778	751	28535	2929	11533	39043	48.51
431	452	14414	1763	7175	25973	49.89
1780	1935	38310	7770	21166	110963	50.63
388	358	19340	2298	12361	31963	49.56
407	478	11342	2320	8708	28003	50.43
92	142	5606	632	2922	10560	49.65
114	93	4785	428	1736	5767	48.32
1168	1548	94882	6291	34500	90365	47.86
264	340	16044	1245	5680	17635	48.03
509	650	44896	2533	15046	32567	46.84
297	455	29681	2053	11949	33956	48.83
98	103	4261	460	1825	6207	49.01
717	801	40100	3052	17100	39907	47.88
494	437	25307	1791	8478	19862	46.77
36	59	1624	114	649	1504	47.14
33	40	1532	122	724	2228	49.19
20	30	1950	128	1088	2033	48.28
134	235	9687	897	6161	14280	49.72
2613	2597	116505	15928	86384	226105	50.24
1210	1155	52218	6764	34728	101608	50.21
520	472	17579	2778	12423	31517	49.46
56	80	5810	529	3497	6201	48.95
88	93	4211	436	2666	6880	49.78
218	259	10237	1425	8050	24055	51.10
112	141	6645	911	6011	15758	51.65
17	27	1053	132	826	1942	49.80
286	255	10011	1717	10449	26382	51.07
106	115	8741	1236	7734	11762	49.14
2834	2697	164141	14502	94495	200154	48.37
177	135	14701	764	5692	10412	46.79
684	691	41212	3720	23348	49186	48.33
76	96	10456	526	4394	6789	46.63
343	300	18964	1746	11564	24475	48.77
281	238	15872	1508	9904	18774	48.19
25	16	1108	79	564	1051	47.52
169	188	15926	1267	9725	15139	47.92
795	744	32879	3411	20792	48993	48.58
284	289	13023	1481	8512	25335	49.95
1665	1577	120239	9880	59619	107314	47.70
309	299	25824	1547	9632	18180	46.70
377	381	26103	2950	20266	38266	49.57
35	36	2718	175	1313	2330	47.34
86	73	6137	453	3530	5761	47.98
69	68	6017	564	3959	7454	48.80
454	446	30980	2532	11780	18840	46.28
136	117	6144	668	3191	7205	48.11
69	51	6852	411	2316	3156	45.79
130	106	9464	580	3632	6122	46.55

4-12 续表 14

行业中类 性　别	合　计	1-8 小时	9-19 小时	20-34 小时
交通运输设备制造业	455643	577	794	6537
铁路运输设备制造	30548	63	49	338
汽车制造	271278	350	499	4134
摩托车制造	31381	46	91	681
自行车制造	19002	18	29	301
船舶及浮动装置制造	79079	64	105	911
航空航天器制造	18095	30	8	81
交通器材及其他交通运输设备制造	6260	6	13	91
电气机械及器材制造业	373903	421	530	4892
电机制造	60353	79	87	789
输配电及控制设备制造	81695	109	136	1129
电线、电缆、光缆及电工器材制造	48469	68	90	816
电池制造	23525	16	29	243
家用电力器具制造	95354	86	114	1040
非电力家用器具制造	10499	6	8	164
照明器具制造	43668	44	47	556
其他电气机械及器材制造	10340	13	19	155
通信设备、计算机及其他电子设备制造业	454786	738	690	7090
通信设备制造	58498	115	59	675
雷达及配套设备制造	1352		3	15
广播电视设备制造	4195	6	8	47
电子计算机制造	54104	66	48	855
电子器件制造	102775	170	162	1539
电子元件制造	188128	303	310	3223
家用视听设备制造	27242	31	71	533
其他电子设备制造	18492	47	29	203
仪器仪表及文化、办公用机械制造业	92265	190	273	1937
通用仪器仪表制造	32972	82	150	1099
专用仪器仪表制造	12052	32	25	262
钟表与计时仪器制造	12580	31	28	146
光学仪器及眼镜制造	19906	18	34	172
文化、办公用机械制造	11884	23	25	160
其他仪器仪表的制造及修理	2871	4	11	98
工艺品及其他制造业	147814	269	623	5108
工艺美术品制造	105811	183	434	3634
日用杂品制造	27918	44	125	877
煤制品制造	6364	12	38	312
核辐射加工	288	4		12
其他未列明的制造业	7433	26	26	273
废弃资源和废旧材料回收加工业	57658	133	347	3408
金属废料和碎屑的加工处理	32180	83	188	1884
非金属废料和碎屑的加工处理	25478	50	159	1524
电力、燃气及水的生产和供应业	**351793**	**733**	**744**	**7757**
电力、热力的生产和供应业	271171	583	545	6148
电力生产	102029	205	206	2603
电力供应	143549	319	302	3173
热力生产和供应	25593	59	37	372
燃气生产和供应业	31306	49	69	556
燃气生产和供应业	31306	49	69	556
水的生产和供应业	49316	101	130	1053
自来水的生产和供应	43089	89	113	944
污水处理及其再生利用	4346	5	5	65
其他水的处理、利用与分配	1881	7	12	44

单位：人

35小时	36-39小时	40小时	41-47小时	48小时	48小时以上	周平均工作时间(小时)
2368	2489	177622	13714	85136	166406	47.92
195	191	17393	707	4576	7036	45.06
1322	1311	100699	8145	51833	102985	48.28
170	199	8698	1041	6599	13856	49.36
71	129	4788	579	4113	8974	50.20
374	547	29332	2653	15429	29664	48.04
202	86	14188	407	1501	1592	42.11
34	26	2524	182	1085	2299	47.77
1678	1926	127204	12840	82393	142019	48.61
293	302	25318	1892	12284	19309	47.20
364	450	30992	2614	17653	28248	47.74
222	287	17298	1649	10318	17721	48.17
69	130	8018	857	5661	8502	48.62
446	406	27522	3605	21930	40205	49.81
48	65	3211	375	2349	4273	48.99
180	223	10879	1543	10216	19980	50.14
56	63	3966	305	1982	3781	47.87
1959	2355	176537	18232	93403	153782	47.84
329	292	29061	1978	9630	16359	46.40
4	7	854	39	179	251	44.11
18	20	2133	111	720	1132	46.30
110	190	23656	1937	11928	15314	47.06
354	552	40831	4188	20713	34266	47.87
964	1029	63214	8137	40409	70539	48.53
110	137	9679	1131	5723	9827	48.13
70	128	7109	711	4101	6094	47.69
739	531	36688	3147	16166	32594	47.71
460	284	14934	1167	4627	10169	46.07
85	77	6033	452	1756	3330	45.84
39	63	3688	455	3053	5077	49.22
75	44	5893	543	4289	8838	50.63
48	41	5020	434	2036	4097	47.68
32	22	1120	96	405	1083	47.60
1348	1140	33619	5916	23510	76281	50.48
940	819	22283	4314	17411	55793	50.78
255	187	6803	1061	4539	14027	50.30
80	62	1737	268	594	3261	49.36
4	5	181	8	26	48	42.53
69	67	2615	265	940	3152	48.09
853	633	12009	2852	5307	32116	50.17
462	332	6820	1510	2984	17917	50.26
391	301	5189	1342	2323	14199	50.06
7333	**3197**	**210502**	**9078**	**31883**	**80566**	**44.30**
6128	2602	163311	6883	23832	61139	44.17
2906	1401	59248	2836	9356	23268	44.20
2963	1052	89889	3427	11890	30534	43.86
259	149	14174	620	2586	7337	45.77
377	233	17203	868	3331	8620	45.62
377	233	17203	868	3331	8620	45.62
828	362	29988	1327	4720	10807	44.21
726	303	26611	1131	3978	9194	44.04
71	48	2485	139	574	954	44.96
31	11	892	57	168	659	46.43

4-12 续表 15

行业中类 性　别	合　计	1-8 小时	9-19 小时	20-34 小时
建筑业	**3324898**	**7191**	**16157**	**151176**
房屋和土木工程建筑业	2470344	5480	12559	117897
房屋工程建筑	2175602	4811	11404	107369
土木工程建筑	294742	669	1155	10528
建筑安装业	190390	436	925	7801
建筑安装业	190390	436	925	7801
建筑装饰业	601254	1124	2361	22680
建筑装饰业	601254	1124	2361	22680
其他建筑业	62910	151	312	2798
工程准备	20536	48	107	923
提供施工设备服务	14158	49	71	678
其他未列明的建筑活动	28216	54	134	1197
交通运输、仓储和邮政业	**2112764**	**4655**	**11527**	**98824**
铁路运输业	163988	416	989	4829
铁路旅客运输	60358	168	814	2841
铁路货物运输	29748	83	63	613
铁路运输辅助活动	73882	165	112	1375
道路运输业	1182846	2709	7246	68098
公路旅客运输	242331	570	1385	13172
道路货物运输	843360	1945	5449	51167
道路运输辅助活动	97155	194	412	3759
城市公共交通业	402337	689	1550	11947
公共电汽车客运	72557	149	187	1777
轨道交通	7822	9	24	326
出租车客运	265954	425	1014	7092
城市轮渡	525		4	23
其他城市公共交通	55479	106	321	2729
水上运输业	55901	94	195	1642
水上旅客运输	8474	21	56	367
水上货物运输	33627	53	107	1004
水上运输辅助活动	13800	20	32	271
航空运输业	26957	72	88	746
航空客货运输	15700	31	53	453
通用航空服务	3640	22	21	159
航空运输辅助活动	7617	19	14	134
管道运输业	3366	5	9	67
管道运输业	3366	5	9	67
装卸搬运和其他运输服务业	170461	471	1194	9386
装卸搬运	111083	365	1008	7864
运输代理服务	59378	106	186	1522
仓储业	49810	75	151	1077
谷物、棉花等农产品仓储	15463	26	60	489
其他仓储	34347	49	91	588
邮政业	57098	124	105	1032
国家邮政	34221	76	60	657
其他寄递服务	22877	48	45	375

单位：人

35小时	36-39小时	40小时	41-47小时	48小时	48小时以上	周平均工作时间(小时)
31322	**32413**	**775790**	**134583**	**342342**	**1833924**	**50.17**
23690	24918	564098	101907	244967	1374828	50.19
20947	22533	473932	90877	214906	1228823	50.30
2743	2385	90166	11030	30061	146005	49.38
1897	1752	54778	7030	21365	94406	49.20
1897	1752	54778	7030	21365	94406	49.20
5083	5242	138049	23440	69402	333873	50.47
5083	5242	138049	23440	69402	333873	50.47
652	501	18865	2206	6608	30817	49.19
208	147	6092	702	2177	10132	49.35
154	117	4166	476	1438	7009	48.98
290	237	8607	1028	2993	13676	49.17
26561	**21401**	**646383**	**82698**	**202556**	**1018159**	**49.32**
1774	1816	96780	4781	16100	36503	44.36
779	711	33227	2061	5644	14113	44.08
257	398	17332	890	3234	6878	44.91
738	707	46221	1830	7222	15512	44.37
16755	13303	299800	50901	108557	615477	49.65
3435	2680	63418	11130	22406	124135	49.64
11878	9632	197929	36408	76854	452098	49.86
1442	991	38453	3363	9297	39244	47.79
3713	2981	101023	14084	36861	229489	52.18
675	642	31169	2952	9955	25051	47.35
73	57	4821	287	716	1509	43.67
2114	1752	54372	8610	21876	168699	53.75
9	14	280	8	50	137	44.93
842	516	10381	2227	4264	34093	52.24
592	544	25305	1898	5755	19876	47.21
147	71	3764	324	853	2871	46.24
301	302	13608	1178	3288	13786	48.40
144	171	7933	396	1614	3219	44.91
290	253	17697	738	2562	4511	43.42
166	169	11012	400	1384	2032	42.60
46	26	1757	147	310	1152	45.74
78	58	4928	191	868	1327	43.98
33	19	1892	80	266	995	45.56
33	19	1892	80	266	995	45.56
2154	1695	49962	6980	18358	80261	48.79
1661	1235	26496	4645	10574	57235	49.15
493	460	23466	2335	7784	23026	48.10
512	405	23653	1466	6205	16266	46.86
261	108	7658	431	1364	5066	46.18
251	297	15995	1035	4841	11200	47.16
738	385	30271	1770	7892	14781	45.60
583	260	21577	942	3792	6274	43.68
155	125	8694	828	4100	8507	48.47

4-12 续表 16

行业中类 性 别	合 计	1-8 小时	9-19 小时	20-34 小时
信息传输、计算机服务和软件业	**261711**	**524**	**487**	**4060**
电信和其他信息传输服务业	152653	333	211	2255
电信	115389	260	156	1710
互联网信息服务	27645	59	38	367
广播电视传输服务	9082	14	17	171
卫星传输服务	537			7
计算机服务业	47184	109	212	1289
计算机系统服务	16920	53	103	565
数据处理	3563	3	11	72
计算机维修	14690	25	51	422
其他计算机服务	12011	28	47	230
软件业	61874	82	64	516
公共软件服务	52693	72	45	349
其他软件服务	9181	10	19	167
批发和零售业	**3126988**	**6309**	**15234**	**113104**
批发业	772692	1333	3088	25590
农畜产品批发	58241	125	461	4085
食品、饮料及烟草制品批发	161246	300	710	5343
纺织、服装及日用品批发	126422	209	364	2568
文化、体育用品及器材批发	17609	27	52	385
医药及医疗器材批发	26212	47	73	797
矿产品、建材及化工产品批发	153094	272	592	4767
机械设备、五金交电及电子产品批发	100439	152	227	1609
贸易经纪与代理	23061	41	34	367
其他批发	106368	160	575	5669
零售业	2354296	4976	12146	87514
综合零售	652435	1806	4221	28664
食品、饮料及烟草制品专门零售	565668	1084	3403	26273
纺织、服装及日用品专门零售	350000	694	1582	11301
文化、体育用品及器材专门零售	64397	131	290	1870
医药及医疗器材专门零售	61982	126	264	1950
汽车、摩托车、燃料及零配件专门零售	122204	196	349	2494
家用电器及电子产品专门零售	210912	355	474	3863
五金、家具及室内装修材料专门零售	221780	360	711	5352
无店铺及其他零售	104918	224	852	5747
住宿和餐饮业	**897293**	**1955**	**4300**	**29826**
住宿业	137293	306	503	3246
旅游饭店	75104	180	172	1413
一般旅馆	52989	113	277	1547
其他住宿服务	9200	13	54	286
餐饮业	760000	1649	3797	26580
正餐服务	513202	1078	2326	16108
快餐服务	127415	316	788	5174
饮料及冷饮服务	12508	26	52	401
其他餐饮服务	106875	229	631	4897
金融业	**291624**	**567**	**489**	**5267**
银行业	178141	328	178	2269
中央银行	13974	29	15	191
商业银行	133142	233	122	1655
其他银行	31025	66	41	423
证券业	20823	40	57	1009
证券市场管理	2599	2	4	85
证券经纪与交易	9986	21	21	369
证券投资	7062	17	29	516
证券分析与咨询	1176		3	39

单位：人

35小时	36-39小时	40小时	41-47小时	48小时	48小时以上	周平均工作时间（小时）
3182	**1694**	**157351**	**7925**	**27823**	**58665**	**44.68**
2260	1010	91858	4363	16480	33883	44.62
1830	793	69250	3244	12579	25567	44.56
257	160	16284	861	3049	6570	45.26
167	53	5984	241	805	1630	43.44
6	4	340	17	47	116	44.29
458	343	20734	1645	5829	16565	47.17
207	131	8756	632	1913	4560	45.10
27	26	2135	101	325	863	44.75
138	120	5213	538	2119	6064	48.28
86	66	4630	374	1472	5078	49.43
464	341	44759	1917	5514	8217	42.92
380	265	39678	1586	4481	5837	42.50
84	76	5081	331	1033	2380	45.37
33801	**23897**	**877243**	**121145**	**339485**	**1596770**	**50.38**
8522	5394	249245	28117	85128	366275	49.49
995	620	16236	2539	4485	28695	48.83
2014	1143	44835	6077	16587	84237	50.82
854	656	36011	4329	14564	66867	51.12
146	103	6797	545	2087	7467	48.70
489	241	13063	975	3277	7250	45.42
1526	1084	52786	4982	17310	69775	48.84
734	540	42178	3321	14319	37359	47.86
268	102	14559	703	2716	4271	43.96
1496	905	22780	4646	9783	60354	50.69
25279	18503	627998	93028	254357	1230495	50.67
6992	6119	183887	27491	73353	319902	49.72
8169	4611	117557	24198	45844	334529	52.35
3320	2596	87269	13043	34353	195842	51.42
749	467	20509	2401	6933	31047	50.09
720	513	23371	2318	7598	25122	48.25
888	697	40647	3852	19890	53191	49.25
1477	1282	71597	7856	31677	92331	49.21
1539	1245	55332	7655	25379	124207	51.37
1425	973	27829	4214	9330	54324	50.02
8991	**6419**	**220959**	**34520**	**107625**	**482698**	**51.43**
1109	933	50700	4832	21427	54237	48.69
560	508	31396	2693	13590	24592	47.19
458	379	16356	1819	6728	25312	50.54
91	46	2948	320	1109	4333	50.30
7882	5486	170259	29688	86198	428461	51.93
4526	3656	119574	19571	62624	283739	51.63
1515	947	25893	5114	12550	75118	52.62
146	97	3297	522	1636	6331	50.76
1695	786	21495	4481	9388	63273	52.70
5660	**1855**	**203281**	**6871**	**25176**	**42458**	**42.80**
3771	1069	130842	3780	13448	22456	42.44
347	72	10476	271	906	1667	42.28
2817	782	97943	2899	10105	16586	42.43
607	215	22423	610	2437	4203	42.57
446	151	15036	475	1503	2106	41.50
57	23	1809	64	197	358	42.45
228	59	7575	200	656	857	41.36
139	62	4819	178	553	749	41.21
22	7	833	33	97	142	42.30

4-12 续表 17

行业中类 性别	合计	1-8 小时	9-19 小时	20-34 小时
保险业	67276	154	199	1440
人寿保险	48047	112	157	1119
非人寿保险	17289	39	39	289
保险辅助服务	1940	3	3	32
其他金融活动	25384	45	55	549
金融信托与管理	9210	24	22	224
金融租赁	967		2	18
财务公司	2865	8	8	48
邮政储蓄	4852	5	5	84
典当	1725	2	2	35
其他未列明的金融活动	5765	6	16	140
房地产业	**304367**	**948**	**1129**	**5615**
房地产业	304367	948	1129	5615
房地产开发经营	113837	264	200	1629
物业管理	152784	533	751	3213
房地产中介服务	29841	97	114	498
其他房地产活动	7905	54	64	275
租赁和商务服务业	**302705**	**595**	**937**	**7689**
租赁业	29731	66	171	1233
机械设备租赁	26379	61	121	965
文化及日用品出租	3352	5	50	268
商务服务业	272974	529	766	6456
企业管理服务	42088	77	86	838
法律服务	15946	34	41	389
咨询与调查	22409	36	43	390
广告业	49775	71	93	826
知识产权服务	1466	3	3	19
职业中介服务	20756	36	94	778
市场管理	9630	17	28	310
旅行社	19249	42	68	475
其他商务服务	91655	213	310	2431
科学研究、技术服务和地质勘查业	**149644**	**265**	**185**	**1791**
研究与试验发展	41297	60	41	390
自然科学研究与试验发展	7765	7	10	71
工程和技术研究与试验发展	23639	19	10	154
农业科学研究与试验发展	6014	28	9	117
医学研究与试验发展	2103	3	5	29
社会人文科学研究与试验发展	1776	3	7	19
专业技术服务业	72617	113	96	890
气象服务	4255	3	10	108
地震服务	1473	10	8	61
海洋服务	972	2	5	12
测绘服务	3410	3	7	49
技术检测	11023	13	12	119
环境监测	2337	5	3	25
工程技术与规划管理	39967	62	38	365
其他专业技术服务	9180	15	13	151
科技交流和推广服务业	13308	16	24	230
技术推广服务	8585	11	21	153
科技中介服务	2298	2	1	29
其他科技服务	2425	3	2	48
地质勘查业	22422	76	24	281
矿产地质勘查	14727	61	13	189
基础地质勘查	3688	6	5	41
地质勘查技术服务	4007	9	6	51

单位：人

35小时	36-39小时	40小时	41-47小时	48小时	48小时以上	周平均工作时间（小时）
1036	459	41278	1970	7772	12968	43.76
701	340	28900	1486	5681	9551	43.84
310	107	11120	450	1861	3074	43.52
25	12	1258	34	230	343	43.85
407	176	16125	646	2453	4928	43.80
135	77	5813	247	813	1855	43.80
17	4	581	35	112	198	44.36
41	16	2003	66	274	401	42.78
83	34	3101	125	479	936	43.77
19	14	897	46	194	516	46.38
112	31	3730	127	581	1022	43.47
2591	**1941**	**142971**	**9655**	**48366**	**91151**	**46.70**
2591	1941	142971	9655	48366	91151	46.70
1144	603	54074	3561	15962	36400	46.88
1090	1179	69754	5022	26499	44743	46.78
226	132	15167	865	4905	7837	45.90
131	27	3976	207	1000	2171	45.46
3409	**2196**	**150201**	**9824**	**36499**	**91355**	**46.20**
270	202	9339	1056	3052	14342	49.71
224	170	8354	771	2704	13009	50.09
46	32	985	285	348	1333	46.75
3139	1994	140862	8768	33447	77013	45.81
797	299	27709	968	3632	7682	43.58
270	76	11274	375	1130	2357	42.60
309	119	16680	564	1757	2511	42.21
383	272	23428	1703	7521	15478	46.66
19	5	1063	42	128	184	42.55
184	154	8668	650	2106	8086	47.50
141	79	3917	356	1249	3533	47.48
219	137	10645	581	2355	4727	44.98
817	853	37478	3529	13569	32455	47.49
2990	**1093**	**106931**	**3206**	**11586**	**21597**	**42.95**
730	319	32918	724	2381	3734	41.82
125	43	6214	109	405	781	42.00
320	211	19305	399	1447	1774	41.64
221	41	4307	143	334	814	42.35
38	16	1659	42	123	188	41.67
26	8	1433	31	72	177	41.91
1517	540	49769	1627	6540	11525	43.33
174	52	2601	97	263	947	44.05
34	15	780	64	131	370	44.11
24	5	623	34	48	219	43.72
87	16	2303	62	309	574	43.44
187	68	8291	211	871	1251	42.44
51	21	1689	46	136	361	43.09
827	288	27929	838	3751	5869	43.18
133	75	5553	275	1031	1934	44.58
224	91	9272	323	1040	2088	43.08
149	54	6144	198	614	1241	42.77
38	16	1585	66	186	375	43.39
37	21	1543	59	240	472	43.88
519	143	14972	532	1625	4250	43.70
316	94	9735	379	1059	2881	43.79
127	24	2482	74	263	666	43.46
76	25	2755	79	303	703	43.59

4-12 续表 18

行业中类 性 别	合 计	1-8 小时	9-19 小时	20-34 小时
水利、环境和公共设施管理业	**155305**	**364**	**671**	**5193**
水利管理业	30966	68	85	757
防洪管理	3970	4	5	85
水资源管理	22238	46	58	551
其他水利管理	4758	18	22	121
环境管理业	63319	164	394	2778
自然保护	2674	8	10	93
环境治理	60645	156	384	2685
公共设施管理业	61020	132	192	1658
市政公共设施管理	26670	64	87	745
城市绿化管理	18956	28	56	506
游览景区管理	15394	40	49	407
居民服务和其他服务业	**736661**	**2197**	**5811**	**38913**
居民服务业	331130	1064	3070	18517
家庭服务	30488	178	662	2931
托儿所	2211	7	19	105
洗染服务	11138	30	60	506
理发及美容保健服务	120560	286	819	5277
洗浴服务	31399	64	169	1227
婚姻服务	4316	31	88	351
殡葬服务	8812	66	171	945
摄影扩印服务	18967	36	133	758
其他居民服务	103239	366	949	6417
其他服务业	405531	1133	2741	20396
修理与维护	320715	825	1957	14960
清洁服务	37759	126	396	2508
其他未列明的服务	47057	182	388	2928
教育	**729683**	**2861**	**3487**	**22353**
教育	729683	2861	3487	22353
学前教育	23195	78	153	1028
初等教育	210508	625	1066	8642
中等教育	328541	1005	1248	8805
高等教育	117225	732	614	2468
其他教育	50214	421	406	1410
卫生、社会保障和社会福利业	**335007**	**900**	**1064**	**9189**
卫生	320851	868	1023	8816
医院	195173	496	364	3536
卫生院及社区医疗活动	54119	158	215	2098
门诊部医疗活动	44449	148	352	2397
计划生育技术服务活动	4040	10	6	91
妇幼保健活动	2762	4	6	61
专科疾病防治活动	2460	6	8	65
疾病预防控制及防疫活动	9396	16	22	190
其他卫生活动	8452	30	50	378
社会保障业	6698	11	13	163
社会保障业	6698	11	13	163
社会福利业	7458	21	28	210
提供住宿的社会福利	6018	21	17	148
不提供住宿的社会福利	1440		11	62

单位：人

35 小时	36-39 小时	40 小时	41-47 小时	48 小时	48小时 以　上	周平均 工作时间 (小时)
2654	**1177**	**82271**	**4507**	**16017**	**42451**	**45.08**
676	239	20257	613	2299	5972	43.45
106	24	2649	76	319	702	43.32
471	175	14607	442	1613	4275	43.42
99	40	3001	95	367	995	43.67
1132	486	29355	2205	7006	19799	45.70
54	24	1608	81	224	572	43.82
1078	462	27747	2124	6782	19227	45.78
846	452	32659	1689	6712	16680	45.27
386	188	15427	666	2570	6537	44.75
245	141	9436	574	2321	5649	45.69
215	123	7796	449	1821	4494	45.65
8556	**6769**	**177765**	**29087**	**76434**	**391129**	**50.25**
3803	2943	79823	12391	32491	177028	50.70
464	348	8271	1279	3187	13168	46.79
29	17	769	74	220	971	47.74
108	103	2602	483	1140	6106	51.43
1177	1053	25022	4430	11380	71116	52.75
245	224	7025	1141	3641	17663	52.28
53	43	1323	127	500	1800	46.73
146	124	3038	301	841	3180	45.25
175	132	5370	654	2098	9611	50.16
1406	899	26403	3902	9484	53413	49.71
4753	3826	97942	16696	43943	214101	49.88
3546	2870	74678	13341	34748	173790	50.24
579	387	10948	1561	4660	16594	47.77
628	569	12316	1794	4535	23717	49.16
12167	**5197**	**515246**	**18306**	**45234**	**104832**	**42.31**
12167	5197	515246	18306	45234	104832	42.31
369	188	13260	754	2038	5327	43.92
3844	1783	145991	5741	11324	31492	42.14
4820	2210	234009	8564	21204	46676	42.41
2319	666	92156	1953	5825	10492	41.39
815	350	29830	1294	4843	10845	43.79
5855	**3414**	**178252**	**13661**	**31833**	**90839**	**45.20**
5567	3318	169241	13374	30687	87957	45.26
3504	2228	119092	8872	19721	37360	43.88
807	519	22010	2125	5464	20723	47.02
618	350	11346	1647	3687	23904	49.92
85	25	2642	113	297	771	43.46
66	36	1733	96	227	533	43.80
43	30	1378	76	196	658	45.11
278	60	7153	143	449	1085	41.87
166	70	3887	302	646	2923	46.34
154	42	4800	133	428	954	42.57
154	42	4800	133	428	954	42.57
134	54	4211	154	718	1928	45.25
102	42	3425	122	600	1541	45.29
32	12	786	32	118	387	45.11

4-12 续表 19

行业中类 性别	合计	1-8 小时	9-19 小时	20-34 小时
文化、体育和娱乐业	**173579**	**485**	**851**	**5709**
新闻出版业	30064	65	65	708
新闻业	6558	18	10	160
出版业	23506	47	55	548
广播、电视、电影和音像业	41116	89	103	832
广播	9119	26	19	169
电视	19649	26	31	312
电影	6197	21	35	220
音像制作	6151	16	18	131
文化艺术业	26699	150	334	1703
文艺创作与表演	10584	82	231	1089
艺术表演场馆	2813	12	36	172
图书馆与档案馆	3290	7	12	74
文物及文化保护	1757	6	3	34
博物馆	2451	5	1	32
烈士陵园、纪念馆	613	7	2	15
群众文化活动	2313	11	22	123
文化艺术经纪代理	670	3		19
其他文化艺术	2208	17	27	145
体育	9134	36	57	504
体育组织	5380	20	38	309
体育场馆	2444	11	7	65
其他体育	1310	5	12	130
娱乐业	66566	145	292	1962
室内娱乐活动	42582	85	173	1280
游乐园	3274	4	12	91
休闲健身娱乐活动	12214	35	43	277
其他娱乐活动	8496	21	64	314
公共管理和社会组织	**1235267**	**2853**	**2931**	**28293**
中国共产党机关	16011	28	24	308
中国共产党机关	16011	28	24	308
国家机构	1038934	2049	972	15728
国家权力机构	24140	36	30	379
国家行政机构	943106	1868	871	14356
人民法院和人民检察院	41225	75	27	564
其他国家机构	30463	70	44	429
人民政协和民主党派	5662	7	8	83
人民政协	5016	6	5	76
民主党派	646	1	3	7
群众团体、社会团体和宗教组织	32803	297	685	2627
群众团体	7846	19	24	202
社会团体	14159	38	62	434
宗教组织	10798	240	599	1991
基层群众自治组织	141857	472	1242	9547
社区自治组织	40799	99	195	1896
村民自治组织	101058	373	1047	7651
国际组织	**304**		**1**	**3**
国际组织	304		1	3
国际组织	304		1	3

单位：人

35小时	36-39小时	40小时	41-47小时	48小时	48小时以上	周平均工作时间（小时）
2734	**1280**	**87214**	**5470**	**17999**	**51837**	**46.07**
522	242	19707	861	2472	5422	43.42
108	61	4195	195	533	1278	43.63
414	181	15512	666	1939	4144	43.36
727	257	27365	1029	3382	7332	43.44
190	80	6280	211	656	1488	42.97
403	86	14171	432	1384	2804	42.74
83	56	3901	169	559	1153	43.45
51	35	3013	217	783	1887	46.39
607	227	16247	716	1868	4847	42.37
280	90	5683	334	706	2089	41.69
75	27	1738	81	200	472	42.10
87	32	2426	73	181	398	42.10
30	16	1173	33	113	349	43.59
38	12	1825	46	174	318	42.74
9	9	376	8	59	128	43.80
43	22	1496	58	152	386	42.51
4	3	478	15	46	102	42.84
41	16	1052	68	237	605	44.30
165	100	4570	285	840	2577	44.99
103	72	2597	166	435	1640	45.31
39	18	1373	66	306	559	44.64
23	10	600	53	99	378	44.34
713	454	19325	2579	9437	31659	50.52
478	292	10510	1758	5992	22014	51.43
45	24	1438	127	463	1070	46.76
98	77	4825	415	2093	4351	48.02
92	61	2552	279	889	4224	50.99
29675	**8217**	**874977**	**23581**	**77877**	**186863**	**42.67**
368	109	12040	268	816	2050	42.20
368	109	12040	268	816	2050	42.20
25784	6257	783635	17039	58695	128775	42.30
639	127	18218	356	1379	2976	42.26
23286	5725	709643	15574	53823	117960	42.32
1213	229	33299	586	1633	3599	41.49
646	176	22475	523	1860	4240	42.71
171	36	4532	84	243	498	41.53
145	30	4059	77	199	419	41.40
26	6	473	7	44	79	42.54
799	286	17567	1062	2263	7217	42.49
179	45	5644	188	423	1122	42.48
325	81	9072	298	1076	2773	43.51
295	160	2851	576	764	3322	41.16
2553	1529	57203	5128	15860	48323	45.57
667	320	20925	1196	4885	10616	44.84
1886	1209	36278	3932	10975	37707	45.86
3	**1**	**218**	**4**	**22**	**52**	**43.08**
3	1	218	4	22	52	43.08
3	1	218	4	22	52	43.08

4-12 续表 20

行业中类 性 别	合 计	1-8 小时	9-19 小时	20-34 小时
女	**31032853**	**259074**	**990954**	**4560842**
农、林、牧、渔业	**16190628**	**226251**	**912904**	**3930488**
农业	15236719	217935	869840	3720259
谷物及其他作物的种植	13918179	209154	827170	3472662
蔬菜、园艺作物的种植	733066	5787	26742	138487
水果、坚果、饮料和香料作物的种植	550457	2777	14913	102783
中药材的种植	35017	217	1015	6327
林业	90711	598	2400	15493
林木的培育和种植	59373	490	1808	11314
木材和竹材的采运	7108	21	202	1135
林产品的采集	24230	87	390	3044
畜牧业	721575	6739	36589	170136
牲畜的饲养	174681	1600	7998	35459
猪的饲养	388339	3402	21041	102699
家禽的饲养	114745	1527	6806	26260
狩猎和捕捉动物	494	1	12	78
其他畜牧业	43316	209	732	5640
渔业	89659	428	2702	17861
海洋渔业	27118	133	725	5212
内陆渔业	62541	295	1977	12649
农、林、牧、渔服务业	51964	551	1373	6739
农业服务业	33294	459	967	4593
林业服务业	5054	36	61	461
畜牧服务业	7330	34	160	734
渔业服务业	6286	22	185	951
采矿业	**141205**	**384**	**845**	**5600**
煤炭开采和洗选业	65336	189	406	2590
烟煤和无烟煤的开采洗选	60112	177	381	2380
褐煤的开采洗选	2496	2	10	80
其他煤炭采选	2728	10	15	130
石油和天然气开采业	32845	63	140	635
天然原油和天然气开采	19830	38	69	356
与石油和天然气开采有关的服务活动	13015	25	71	279
黑色金属矿采选业	9798	30	63	417
铁矿采选	8756	25	55	337
其他黑色金属矿采选	1042	5	8	80
有色金属矿采选业	15001	39	75	521
常用有色金属矿采选	9748	23	50	324
贵金属矿采选	3034	8	16	122
稀有稀土金属矿采选	2219	8	9	75
非金属矿采选业	15625	53	127	1218
土砂石开采	10690	29	97	990
化学矿采选	1158	6	5	63
采盐	2223	16	9	82
石棉及其他非金属矿采选	1554	2	16	83
其他采矿业	2600	10	34	219
其他采矿业	2600	10	34	219

单位：人

35小时	36-39小时	40小时	41-47小时	48小时	48小时以上	周平均工作时间（小时）
742832	**534883**	**8948117**	**1605181**	**2732920**	**10658050**	**43.63**
552057	**399382**	**3309904**	**1038425**	**847513**	**4973704**	**40.05**
516887	375779	3119174	968657	797500	4650688	39.95
475449	345690	2849778	879974	721532	4136770	39.63
23039	16426	147711	48599	42541	283734	43.22
17523	12580	114285	37669	30982	216945	43.52
876	1083	7400	2415	2445	13239	43.61
3951	2039	22756	6392	5461	31621	42.90
2593	1375	16546	3875	3458	17914	41.55
192	161	2313	361	480	2243	42.81
1166	503	3897	2156	1523	11464	46.22
26564	18623	133082	54877	34916	240049	41.13
6278	3983	28850	14125	7807	68581	42.98
15306	11109	74408	30735	18595	111044	39.67
3660	2749	22206	7156	6190	38191	40.89
9	12	135	20	46	181	44.17
1311	770	7483	2841	2278	22052	47.41
3364	2074	18662	6068	6104	32396	43.05
1066	713	5183	1881	1637	10568	43.69
2298	1361	13479	4187	4467	21828	42.78
1291	867	16230	2431	3532	18950	44.29
852	528	9399	1691	2349	12456	44.30
117	64	2367	170	327	1451	43.81
148	84	2950	255	493	2472	44.35
174	191	1514	315	363	2571	44.53
1521	**1155**	**77568**	**4189**	**13163**	**36780**	**44.43**
626	490	33593	2012	7350	18080	44.78
548	446	31025	1871	6853	16431	44.72
40	19	1168	62	253	862	46.22
38	25	1400	79	244	787	44.78
236	189	25601	513	1550	3918	42.11
143	103	15226	373	958	2564	42.36
93	86	10375	140	592	1354	41.72
117	128	4931	309	753	3050	45.01
95	114	4540	262	675	2653	44.97
22	14	391	47	78	397	45.37
204	121	7409	491	1645	4496	45.31
142	90	5028	317	964	2810	45.00
38	14	1371	110	316	1039	46.02
24	17	1010	64	365	647	45.71
296	193	5054	762	1599	6323	46.44
198	127	3006	521	1006	4716	46.79
22	37	499	41	125	360	45.28
54	16	1097	130	255	564	44.42
22	13	452	70	213	683	47.76
42	34	980	102	266	913	45.37
42	34	980	102	266	913	45.37

4-12 续表 21

行业中类 性　别	合　计	1-8 小时	9-19 小时	20-34 小时
制造业	**5269855**	**9076**	**23876**	**217847**
农副食品加工业	157491	491	1945	14870
谷物磨制	20805	130	482	3104
饲料加工	8750	22	95	695
植物油加工	9426	39	95	834
制糖	5030	12	19	191
屠宰及肉类加工	41127	105	308	2868
水产品加工	24233	58	392	2825
蔬菜、水果和坚果加工	13549	34	124	1043
其他农副食品加工	34571	91	430	3310
食品制造业	164787	386	1098	9425
焙烤食品制造	67771	140	485	3905
糖果、巧克力及蜜饯制造	12942	40	83	765
方便食品制造	39458	106	336	2940
液体乳及乳制品制造	9272	23	29	262
罐头制造	7531	10	28	371
调味品、发酵制品制造	9555	24	40	305
其他食品制造	18258	43	97	877
饮料制造业	57968	152	333	2956
酒精制造	2577	7	22	164
酒的制造	33067	89	133	1323
软饮料制造	16433	36	88	794
精制茶加工	5891	20	90	675
烟草制品业	12405	32	27	422
烟叶复烤	3238	5	17	200
卷烟制造	8351	21	9	197
其他烟草制品加工	816	6	1	25
纺织业	573498	944	2884	24741
棉、化纤纺织及印染精加工	232482	423	1096	8422
毛纺织和染整精加工	35661	55	182	1644
麻纺织	5256	13	24	201
丝绢纺织及精加工	16055	12	56	501
纺织制成品制造	105907	178	431	4602
针织品、编织品及其制品制造	178137	263	1095	9371
纺织服装、鞋、帽制造业	975105	1608	4597	43641
纺织服装制造	894793	1474	4196	39971
纺织面料鞋的制造	66226	109	249	2583
制帽	14086	25	152	1087
皮革、毛皮、羽毛(绒)及其制品业	295664	373	1024	10014
皮革鞣制加工	8562	22	49	478
皮革制品制造	265536	319	833	7814
毛皮鞣制及制品加工	11803	26	100	1262
羽毛(绒)加工及制品制造	9763	6	42	460
木材加工及木、竹、藤、棕、草制品业	123440	272	1229	11498
锯材、木片加工	40572	126	458	3724
人造板制造	36371	61	278	2785
木制品制造	23362	25	129	1249
竹、藤、棕、草制品制造	23135	60	364	3740
家具制造业	103509	191	559	5125
木质家具制造	76898	150	454	4207
竹、藤家具制造	3091	10	32	318
金属家具制造	10144	13	27	267
塑料家具制造	1920	3	10	67
其他家具制造	11456	15	36	266

单位：人

35小时	36-39小时	40小时	41-47小时	48小时	48小时以上	周平均工作时间（小时）
47987	**46343**	**1535745**	**206057**	**890171**	**2292753**	**48.89**
3147	2000	40402	7182	16518	70936	47.47
475	337	5508	1006	1770	7993	44.61
137	111	2881	364	1157	3288	46.21
147	104	3028	390	975	3814	46.53
249	47	2660	154	390	1308	44.30
705	452	9714	1838	4684	20453	49.16
462	387	5701	1229	2753	10426	46.63
215	153	3174	579	1658	6569	48.63
757	409	7736	1622	3131	17085	48.39
2245	1786	48685	7221	21441	72500	48.43
891	769	18268	3014	8169	32130	49.09
179	144	3978	618	1728	5407	47.84
653	444	10440	1815	4705	18019	48.48
98	88	3737	363	1472	3200	47.17
99	75	2139	343	1111	3355	48.47
90	77	3531	341	1621	3526	47.21
235	189	6592	727	2635	6863	47.52
807	623	22727	2427	8087	19856	46.31
36	33	956	109	272	978	46.14
440	280	14093	1300	4788	10621	46.06
187	172	6181	641	2429	5905	47.00
144	138	1497	377	598	2352	45.91
178	94	7008	356	1627	2661	44.09
53	26	1147	141	478	1171	46.20
113	64	5428	194	1078	1247	43.17
12	4	433	21	71	243	45.18
4838	5118	128565	21387	90174	294847	50.50
1640	1885	53976	7880	36594	120566	50.48
336	361	7620	1440	6047	17976	50.26
41	48	1402	185	808	2534	49.15
101	112	4008	635	3364	7266	50.06
975	946	25627	4003	16605	52540	50.05
1745	1766	35932	7244	26756	93965	50.94
9159	9857	207169	40694	149623	508757	50.76
8358	9172	190741	37588	136047	467246	50.76
588	522	13135	2476	11536	35028	51.23
213	163	3293	630	2040	6483	48.71
2127	2332	56065	11976	51542	160211	51.84
94	83	2061	355	1129	4291	49.49
1781	1993	49657	10635	48050	144454	52.04
164	145	2616	548	1162	5780	48.10
88	111	1731	438	1201	5686	52.89
1979	2059	28700	7582	13910	56211	47.52
723	823	8994	3336	3901	18487	47.28
466	552	8735	2022	4880	16592	48.10
253	238	5852	901	3331	11384	49.09
537	446	5119	1323	1798	9748	45.46
975	937	25692	4193	17896	47941	48.81
792	740	19340	3192	13105	34918	48.46
54	39	692	153	344	1449	47.85
66	76	2425	363	1905	5002	50.09
15	19	473	92	346	895	49.57
48	63	2762	393	2196	5677	50.21

4-12 续表 22

行业中类 性　别	合　计	1-8 小时	9-19 小时	20-34 小时
造纸及纸制品业	86678	121	355	3465
纸浆制造	3778	13	20	186
造纸	28763	49	105	1062
纸制品制造	54137	59	230	2217
印刷业和记录媒介的复制	70847	106	195	1756
印刷	65273	90	180	1579
装订及其他印刷服务活动	4577	9	10	137
记录媒介的复制	997	7	5	40
文教体育用品制造业	141787	236	533	4986
文化用品制造	17848	37	75	743
体育用品制造	18174	16	28	246
乐器制造	5580	12	17	155
玩具制造	97556	166	402	3756
游艺器材及娱乐用品制造	2629	5	11	86
石油加工、炼焦及核燃料加工业	23457	87	40	510
精炼石油产品的制造	16151	43	26	274
炼焦	6795	44	11	212
核燃料加工	511		3	24
化学原料及化学制品制造业	144318	253	509	6046
基础化学原料制造	26808	45	76	699
肥料制造	23392	58	94	845
农药制造	5206	9	21	157
涂料、油墨、颜料及类似产品制造	12072	24	28	252
合成材料制造	10018	10	18	233
专用化学产品制造	46231	72	210	3411
日用化学产品制造	20591	35	62	449
医药制造业	68810	119	123	1244
化学药品原药制造	13156	29	17	175
化学药品制剂制造	16387	26	17	228
中药饮片加工	5288	13	18	197
中成药制造	17840	33	30	281
兽用药品制造	1657	3	3	39
生物、生化制品的制造	4893	7	10	54
卫生材料及医药用品制造	9589	8	28	270
化学纤维制造业	17790	25	42	430
纤维素纤维原料及纤维制造	4901	18	9	130
合成纤维制造	12889	7	33	300
橡胶制品业	46740	100	160	1368
轮胎制造	11073	20	30	250
橡胶板、管、带的制造	7224	14	35	262
橡胶零件制造	7978	17	30	339
再生橡胶制造	1044	3	5	56
日用及医用橡胶制品制造	2668	6	8	53
橡胶靴鞋制造	11338	19	25	254
其他橡胶制品制造	5415	21	27	154
塑料制品业	155321	259	641	5992
塑料薄膜制造	14058	18	58	499
塑料板、管、型材的制造	18196	54	52	558
塑料丝、绳及编织品的制造	19066	59	155	1632
泡沫塑料制造	6191	6	11	176
塑料人造革、合成革制造	3339	2	13	109
塑料包装箱及容器制造	14983	28	57	402
塑料零件制造	20965	15	56	411
日用塑料制造	31761	53	157	1325
其他塑料制品制造	26762	24	82	880

单位：人

35 小时	36-39 小时	40 小时	41-47 小时	48 小时	48小时 以 上	周平均 工作时间 (小时)
789	706	24963	3253	16422	36604	48.47
42	31	1604	121	534	1227	45.74
329	241	9063	1018	4988	11908	47.97
418	434	14296	2114	10900	23469	48.93
598	424	25973	2417	13975	25403	47.69
538	389	24035	2215	13058	23189	47.66
50	26	1552	163	745	1885	48.37
10	9	386	39	172	329	46.61
1077	1158	38969	5881	27187	61760	49.08
142	114	5024	634	3500	7579	49.02
79	92	5386	727	4478	7122	49.26
41	41	2317	188	947	1862	46.87
794	890	25281	4250	17851	44166	49.22
21	21	961	82	411	1031	47.93
363	207	14951	539	2365	4395	43.52
309	128	11659	342	1272	2098	42.50
43	61	2975	186	1053	2210	46.03
11	18	317	11	40	87	42.56
1609	1831	63178	5829	21885	43178	45.69
247	195	13920	838	3947	6841	45.06
264	256	11489	969	3173	6244	44.92
44	59	2309	193	876	1538	45.92
85	68	4866	387	2527	3835	46.91
157	67	4492	280	1827	2934	46.40
665	1060	17138	2385	5520	15770	45.61
147	126	8964	777	4015	6016	46.42
602	556	37251	2087	10848	15980	45.01
106	79	7656	364	2039	2691	44.50
118	126	9714	555	2449	3154	44.30
59	65	2396	175	829	1536	45.62
186	150	10031	510	2681	3938	44.68
11	10	692	49	323	527	46.42
59	44	3068	146	647	858	43.75
63	82	3694	288	1880	3276	47.57
124	138	6316	507	3270	6938	48.28
21	55	2254	139	851	1424	46.09
103	83	4062	368	2419	5514	49.11
302	265	13775	1363	8326	21081	49.44
57	62	3678	287	2289	4400	48.43
56	62	2500	247	1159	2889	48.04
60	44	2392	225	1567	3304	48.57
20	7	249	29	142	533	49.17
16	22	729	59	499	1276	50.01
48	43	2349	352	1683	6565	52.50
45	25	1878	164	987	2114	47.99
1194	1183	40267	5429	29823	70533	49.67
148	117	3984	560	2316	6358	49.38
121	116	5446	571	3443	7835	49.02
266	267	4235	695	1960	9797	49.11
34	44	1661	172	1218	2869	49.84
21	25	692	99	505	1873	54.28
110	69	4253	502	2990	6572	49.66
78	105	5655	708	4838	9099	50.11
258	266	7059	1144	6196	15303	50.28
158	174	7282	978	6357	10827	48.98

4-12 续表 23

行业中类 性 别	合 计	1-8 小时	9-19 小时	20-34 小时
非金属矿物制品业	217578	445	981	10518
水泥、石灰和石膏的制造	28846	87	150	1211
水泥及石膏制品制造	16338	38	105	977
砖瓦、石材及其他建筑材料制造	73158	169	447	4768
玻璃及玻璃制品制造	43388	53	118	1535
陶瓷制品制造	41768	77	115	1468
耐火材料制品制造	7899	9	19	311
石墨及其他非金属矿物制品制造	6181	12	27	248
黑色金属冶炼及压延加工业	64489	119	197	1604
炼铁	11679	28	39	346
炼钢	26506	47	74	558
钢压延加工	21934	40	70	543
铁合金冶炼	4370	4	14	157
有色金属冶炼及压延加工业	40131	85	102	1069
常用有色金属冶炼	20225	51	59	614
贵金属冶炼	1586	5	5	45
稀有稀土金属冶炼	2360	6	5	50
有色金属合金制造	2307	1	4	32
有色金属压延加工	13653	22	29	328
金属制品业	209397	298	650	6494
结构性金属制品制造	76730	96	247	2672
金属工具制造	35595	64	131	1212
集装箱及金属包装容器制造	6424	15	15	112
金属丝绳及其制品的制造	7459	33	61	358
建筑、安全用金属制品制造	24099	16	67	640
金属表面处理及热处理加工	14998	15	30	245
搪瓷制品制造	2369	2	8	50
不锈钢及类似日用金属制品制造	26356	28	67	895
其他金属制品制造	15367	29	24	310
通用设备制造业	201076	406	1303	8202
锅炉及原动机制造	10944	13	12	190
金属加工机械制造	37144	57	115	986
起重运输设备制造	6653	5	10	100
泵、阀门、压缩机及类似机械的制造	27738	28	112	1157
轴承、齿轮、传动和驱动部件的制造	23770	21	74	646
烘炉、熔炉及电炉制造	995	2	7	23
风机、衡器、包装设备等通用设备制造	22151	22	68	590
通用零部件制造及机械修理	55840	231	862	3991
金属铸、锻加工	15841	27	43	519
专用设备制造业	150809	220	343	3320
矿山、冶金、建筑专用设备制造	18150	44	45	349
化工、木材、非金属加工专用设备制造	30069	35	78	608
食品、饮料、烟草及饲料生产专用设备制造	3004	5	12	107
印刷、制药、日化生产专用设备制造	9936	8	10	191
纺织、服装和皮革工业专用设备制造	11951	15	49	370
电子和电工机械专用设备制造	48310	86	76	1055
农、林、牧、渔专用机械制造	7243	6	33	351
医疗仪器设备及器械制造	13454	8	20	168
环保、社会公共安全及其他专用设备制造	8692	13	20	121

单位：人

35小时	36-39小时	40小时	41-47小时	48小时	48小时以上	周平均工作时间(小时)
2158	2144	58719	8741	30716	103156	48.69
315	265	11249	1217	3811	10541	46.56
190	187	5262	613	2252	6714	47.46
851	876	15989	3040	8458	38560	49.04
336	314	12000	1527	7696	19809	49.08
364	391	9261	1910	6517	21665	50.02
55	65	2524	241	1117	3558	48.04
47	46	2434	193	865	2309	46.83
427	465	31122	1672	9681	19202	45.96
76	103	5441	334	1561	3751	45.99
189	188	14237	634	4001	6578	45.07
127	132	9669	567	3518	7268	46.83
35	42	1775	137	601	1605	46.89
347	307	17324	1147	6661	13089	46.70
226	156	10256	553	2900	5410	45.22
21	12	711	59	245	483	46.17
13	8	859	53	374	992	48.06
11	18	990	52	466	733	46.97
76	113	4508	430	2676	5471	48.66
1424	1357	56565	7292	41714	93603	49.28
532	498	22137	2578	13997	33973	48.93
329	292	9576	1390	6874	15727	48.75
26	35	2405	194	1467	2155	47.74
46	61	2250	256	1248	3146	48.18
141	157	5727	793	4672	11886	50.29
68	75	3512	406	3271	7376	51.28
11	22	680	107	432	1057	49.11
190	157	5552	905	5669	12893	50.17
81	60	4726	663	4084	5390	48.34
1641	1455	70689	6453	39480	71447	46.99
80	55	5607	280	1979	2728	45.48
253	245	14977	1122	7467	11922	46.70
35	36	3311	162	1327	1667	45.62
285	225	9022	1016	5324	10569	47.46
197	138	8433	771	5104	8386	47.36
2	2	391	26	206	336	47.12
130	145	8074	705	4777	7640	47.44
557	500	16130	1819	10239	21511	46.67
102	109	4744	552	3057	6688	48.40
1038	1026	64974	5305	29000	45583	46.66
145	101	10021	524	2787	4134	44.80
124	162	10581	1059	6856	10566	48.04
30	23	1330	99	477	921	46.21
69	50	4141	308	1979	3180	47.18
76	89	3796	383	2507	4666	48.16
340	397	21507	1921	8787	14141	46.40
96	81	2731	307	1318	2320	46.25
85	75	6244	419	2824	3611	46.48
73	48	4623	285	1465	2044	45.22

4-12 续表 24

行业中类 性 别	合 计	1-8 小时	9-19 小时	20-34 小时
交通运输设备制造业	170773	251	315	3053
铁路运输设备制造	9873	22	14	116
汽车制造	106241	170	210	1841
摩托车制造	16001	20	31	389
自行车制造	10934	6	23	320
船舶及浮动装置制造	16518	12	28	324
航空航天器制造	8823	18	4	35
交通器材及其他交通运输设备制造	2383	3	5	28
电气机械及器材制造业	279982	313	523	5091
电机制造	37338	41	80	625
输配电及控制设备制造	68089	70	122	1175
电线、电缆、光缆及电工器材制造	32725	32	64	664
电池制造	18996	21	17	274
家用电力器具制造	67639	95	116	1037
非电力家用器具制造	6431	11	6	132
照明器具制造	43012	35	110	1091
其他电气机械及器材制造	5752	8	8	93
通信设备、计算机及其他电子设备制造业	430793	575	818	7786
通信设备制造	45857	67	46	626
雷达及配套设备制造	919	1		11
广播电视设备制造	3631	4	4	42
电子计算机制造	47939	55	75	598
电子器件制造	99924	130	189	1857
电子元件制造	191497	280	406	3869
家用视听设备制造	24455	18	67	509
其他电子设备制造	16571	20	31	274
仪器仪表及文化、办公用机械制造业	73976	156	252	1837
通用仪器仪表制造	22624	80	139	1042
专用仪器仪表制造	8420	17	22	199
钟表与计时仪器制造	10994	12	39	193
光学仪器及眼镜制造	18384	28	26	218
文化、办公用机械制造	11901	11	16	133
其他仪器仪表的制造及修理	1653	8	10	52
工艺品及其他制造业	180594	387	1851	17755
工艺美术品制造	138771	308	1507	14762
日用杂品制造	33768	52	289	2439
煤制品制造	2632	8	31	224
核辐射加工	196		1	7
其他未列明的制造业	5227	19	23	323
废弃资源和废旧材料回收加工业	30642	66	247	2629
金属废料和碎屑的加工处理	16178	44	117	1241
非金属废料和碎屑的加工处理	14464	22	130	1388
电力、燃气及水的生产和供应业	**140938**	**290**	**310**	**3298**
电力、热力的生产和供应业	100086	211	208	2343
电力生产	39893	90	103	1209
电力供应	50023	95	89	973
热力生产和供应	10170	26	16	161
燃气生产和供应业	15095	27	44	374
燃气生产和供应业	15095	27	44	374
水的生产和供应业	25757	52	58	581
自来水的生产和供应	22969	50	51	519
污水处理及其再生利用	2041	1	4	42
其他水的处理、利用与分配	747	1	3	20

单位：人

35 小时	36-39 小时	40 小时	41-47 小时	48 小时	48小时 以 上	周平均 工作时间 (小时)
1073	1005	71738	5049	33983	54306	47.07
85	61	6249	196	1442	1688	43.85
577	559	42801	3104	22408	34571	47.35
86	97	4582	583	3512	6701	49.08
65	114	2798	344	2431	4833	49.47
136	122	7039	543	3106	5208	46.69
112	45	7159	234	655	561	41.54
12	7	1110	45	429	744	46.89
1406	1547	92511	9792	62933	105866	48.60
224	212	15465	1188	7038	12465	47.52
337	352	24633	2270	15159	23971	48.06
142	183	11966	1091	7213	11370	47.82
63	114	6383	723	5011	6390	48.31
329	366	19163	2580	16227	27726	49.50
26	35	2008	232	1516	2465	48.54
258	252	10630	1550	9692	19394	49.82
27	33	2263	158	1077	2085	47.72
1966	2526	163950	17174	90279	145719	47.90
268	273	21523	1423	8003	13628	47.05
2	3	570	29	129	174	44.32
20	13	1715	102	696	1035	46.70
86	165	21549	1969	10856	12586	46.79
434	609	38601	4360	20553	33191	47.83
1009	1167	64895	7676	41489	70706	48.42
74	130	8708	980	4999	8970	48.22
73	166	6389	635	3554	5429	47.80
547	479	29438	2605	13312	25350	47.49
280	230	10102	831	3281	6639	45.55
58	48	4149	289	1236	2402	45.84
66	61	3563	349	2620	4091	48.55
85	60	5754	601	3772	7840	50.15
40	67	5173	471	2183	3807	47.31
18	13	697	64	220	571	47.19
3341	2340	40984	9050	24929	79957	47.70
2748	1894	30689	7139	18868	60856	47.46
473	357	7660	1570	5145	15783	48.83
51	25	804	132	250	1107	47.11
6	1	123	5	15	38	43.57
63	63	1708	204	651	2173	47.43
506	418	7075	1454	2564	15683	48.78
242	180	3803	742	1379	8430	49.26
264	238	3272	712	1185	7253	48.25
3623	**1372**	**97779**	**3255**	**10721**	**20290**	**42.60**
2831	1025	70286	2257	7222	13703	42.42
1351	578	25905	1090	3270	6297	42.74
1352	371	37491	912	3058	5682	41.97
128	76	6890	255	894	1724	43.34
228	129	9257	417	1507	3112	44.06
228	129	9257	417	1507	3112	44.06
564	218	18236	581	1992	3475	42.46
518	184	16449	490	1707	3001	42.34
31	26	1360	59	209	309	43.17
15	8	427	32	76	165	44.10

4-12 续表 25

行业中类 性　别	合　计	1-8 小时	9-19 小时	20-34 小时
建筑业	**558307**	**1634**	**5165**	**41942**
房屋和土木工程建筑业	404931	1241	4071	32892
房屋工程建筑	351518	1092	3746	30092
土木工程建筑	53413	149	325	2800
建筑安装业	31273	85	240	1943
建筑安装业	31273	85	240	1943
建筑装饰业	108600	281	724	6348
建筑装饰业	108600	281	724	6348
其他建筑业	13503	27	130	759
工程准备	4481	15	61	257
提供施工设备服务	2435	7	18	122
其他未列明的建筑活动	6587	5	51	380
交通运输、仓储和邮政业	**409690**	**1084**	**3234**	**21426**
铁路运输业	55908	222	1048	3801
铁路旅客运输	29123	151	984	3168
铁路货物运输	6931	22	19	170
铁路运输辅助活动	19854	49	45	463
道路运输业	161530	425	1164	9793
公路旅客运输	53822	147	434	3571
道路货物运输	75142	197	625	4998
道路运输辅助活动	32566	81	105	1224
城市公共交通业	65874	159	336	2827
公共电汽车客运	29941	66	107	960
轨道交通	3324	11	28	255
出租车客运	24926	57	134	1084
城市轮渡	158			5
其他城市公共交通	7525	25	67	523
水上运输业	15480	27	68	638
水上旅客运输	2584	6	25	154
水上货物运输	9304	18	36	419
水上运输辅助活动	3592	3	7	65
航空运输业	16453	27	46	464
航空客货运输	10490	19	26	321
通用航空服务	1738	4	14	57
航空运输辅助活动	4225	4	6	86
管道运输业	1099	2	1	23
管道运输业	1099	2	1	23
装卸搬运和其他运输服务业	42183	130	447	2708
装卸搬运	20587	96	396	2291
运输代理服务	21596	34	51	417
仓储业	20670	37	83	597
谷物、棉花等农产品仓储	6847	14	39	274
其他仓储	13823	23	44	323
邮政业	30493	55	41	575
国家邮政	22748	38	33	427
其他寄递服务	7745	17	8	148

单位：人

35 小时	36-39 小时	40 小时	41-47 小时	48 小时	48小时 以　上	周平均 工作时间 （小时）
7886	**7514**	**173721**	**24289**	**56921**	**239235**	**47.18**
6023	5785	122222	18158	39357	175182	47.08
5180	5223	98137	16166	34393	157489	47.28
843	562	24085	1992	4964	17693	45.76
445	360	12906	1184	3233	10877	45.95
445	360	12906	1184	3233	10877	45.95
1229	1217	32940	4468	12925	48468	48.06
1229	1217	32940	4468	12925	48468	48.06
189	152	5653	479	1406	4708	46.00
83	39	1975	122	469	1460	45.33
25	26	1068	94	263	812	45.80
81	87	2610	263	674	2436	46.52
6443	**4391**	**194674**	**15672**	**40862**	**121904**	**45.32**
954	668	32755	1784	4723	9953	42.36
606	400	14617	1089	2316	5792	41.66
77	71	4655	189	643	1085	43.09
271	197	13483	506	1764	3076	43.14
2581	1869	64761	6820	16381	57736	46.31
901	673	19391	2658	5020	21027	46.83
1008	799	27846	3127	8115	28427	46.64
672	397	17524	1035	3246	8282	44.70
885	634	26664	2720	6615	25034	47.43
378	297	15638	1308	3610	7577	45.03
30	28	2073	121	267	511	42.02
361	202	6839	950	2148	13151	50.58
2	6	99	8	10	28	43.37
114	101	2015	333	580	3767	49.02
288	183	8485	630	1354	3807	44.43
52	24	1335	129	236	623	43.95
180	116	4702	390	794	2649	45.14
56	43	2448	111	324	535	42.92
215	203	11679	447	1434	1938	42.32
136	151	7721	272	792	1052	41.84
19	15	1080	54	171	324	43.44
60	37	2878	121	471	562	43.03
26	8	765	18	64	192	43.03
26	8	765	18	64	192	43.03
643	428	18902	1655	4472	12798	45.16
404	270	5913	905	1912	8400	45.98
239	158	12989	750	2560	4398	44.38
323	169	11356	661	2295	5149	44.81
154	56	3830	232	523	1725	44.37
169	113	7526	429	1772	3424	45.04
528	229	19307	937	3524	5297	43.59
437	185	15558	688	2137	3245	42.77
91	44	3749	249	1387	2052	46.02

4-12 续表 26

行业中类 性 别	合 计	1-8 小时	9-19 小时	20-34 小时
信息传输、计算机服务和软件业	**175011**	**363**	**422**	**3826**
电信和其他信息传输服务业	120007	237	206	2309
电信	97466	188	154	1902
互联网信息服务	17580	44	37	302
广播电视传输服务	4632	4	15	99
卫星传输服务	329	1		6
计算机服务业	24286	74	172	1141
计算机系统服务	10168	47	117	661
数据处理	2926	8	10	95
计算机维修	3989	6	18	162
其他计算机服务	7203	13	27	223
软件业	30718	52	44	376
公共软件服务	24876	42	25	226
其他软件服务	5842	10	19	150
批发和零售业	**3490291**	**7362**	**19420**	**154174**
批发业	560323	1134	2887	23258
农畜产品批发	36936	124	431	3401
食品、饮料及烟草制品批发	120997	276	780	5832
纺织、服装及日用品批发	145732	252	482	3806
文化、体育用品及器材批发	16082	24	39	425
医药及医疗器材批发	23036	35	68	712
矿产品、建材及化工产品批发	82220	167	401	3449
机械设备、五金交电及电子产品批发	59464	107	161	1333
贸易经纪与代理	19385	32	43	297
其他批发	56471	117	482	4003
零售业	2929968	6228	16533	130916
综合零售	1091527	2576	6485	51163
食品、饮料及烟草制品专门零售	552678	1259	4297	33503
纺织、服装及日用品专门零售	668454	1268	2911	24393
文化、体育用品及器材专门零售	76735	120	408	2666
医药及医疗器材专门零售	85471	153	294	2589
汽车、摩托车、燃料及零配件专门零售	69179	109	227	2041
家用电器及电子产品专门零售	150933	283	426	3777
五金、家具及室内装修材料专门零售	151911	240	575	4773
无店铺及其他零售	83080	220	910	6011
住宿和餐饮业	**1042951**	**2348**	**6202**	**50478**
住宿业	181462	385	734	5627
旅游饭店	90585	187	271	2229
一般旅馆	79075	166	393	2944
其他住宿服务	11802	32	70	454
餐饮业	861489	1963	5468	44851
正餐服务	579742	1267	3179	27732
快餐服务	141103	364	1170	8408
饮料及冷饮服务	16265	40	82	709
其他餐饮服务	124379	292	1037	8002
金融业	**286327**	**606**	**675**	**6492**
银行业	160348	288	138	2331
中央银行	11034	23	5	149
商业银行	123139	213	105	1777
其他银行	26175	52	28	405
证券业	13101	30	25	532
证券市场管理	1795	5	4	57
证券经纪与交易	6335	11	11	218
证券投资	4265	12	9	240
证券分析与咨询	706	2	1	17

单位：人

35小时	36-39小时	40小时	41-47小时	48小时	48小时以上	周平均工作时间（小时）
2583	**1365**	**105997**	**5744**	**19051**	**35660**	**44.15**
2047	946	72653	3936	13659	24014	44.12
1755	797	58189	3261	11334	19886	44.14
188	116	10906	552	1921	3514	44.56
97	30	3357	112	365	553	42.26
7	3	201	11	39	61	43.70
274	235	11005	877	2769	7739	46.10
141	121	5027	420	1064	2570	44.02
28	29	1631	101	267	757	44.81
40	36	1643	141	529	1414	46.88
65	49	2704	215	909	2998	49.14
262	184	22339	931	2623	3907	42.68
195	133	19307	732	2011	2205	41.97
67	51	3032	199	612	1702	45.69
39789	**33309**	**1008655**	**153884**	**413203**	**1660495**	**49.40**
6762	4596	189753	21405	62436	248092	48.71
670	424	10378	1655	2817	17036	47.76
1685	1083	34089	5003	12206	60043	49.94
1184	986	43139	5496	17531	72856	50.31
182	113	6328	559	1931	6481	48.17
375	220	11645	935	2977	6069	45.15
1048	700	31106	2755	9236	33358	47.64
493	349	26251	1984	8327	20459	47.21
264	103	13193	624	2296	2533	42.93
861	618	13624	2394	5115	29257	49.31
33027	28713	818902	132479	350767	1412403	49.53
11850	12208	330299	55979	148028	472939	48.32
8502	5237	121284	24103	45476	309017	51.35
6567	6134	169298	28471	74607	354805	50.50
877	774	24882	3338	9036	34634	49.23
910	748	31646	3713	12909	32509	47.65
585	484	24985	2221	11468	27059	48.19
1245	1202	52417	5969	23450	62164	48.54
1118	1032	40356	5243	18731	79843	50.59
1373	894	23735	3442	7062	39433	48.84
13022	**9716**	**270051**	**44374**	**128181**	**518579**	**50.10**
1664	1549	65967	6974	29842	68720	48.11
797	688	36926	3555	17307	28625	46.82
741	759	25155	3017	10981	34919	49.41
126	102	3886	402	1554	5176	49.37
11358	8167	204084	37400	98339	449859	50.52
6646	5593	142745	24666	70757	297157	50.28
2121	1213	30775	6141	14275	76636	51.09
206	167	4349	755	2197	7760	49.89
2385	1194	26215	5838	11110	68306	51.08
5951	**1954**	**202738**	**7070**	**24240**	**36601**	**42.31**
3625	993	121695	3673	11593	16012	41.88
288	66	8241	226	770	1266	42.18
2815	758	93810	2850	8806	12005	41.83
522	169	19644	597	2017	2741	41.99
298	72	9891	277	836	1140	41.22
46	15	1277	51	121	219	42.02
151	26	4985	116	348	469	41.05
86	29	3108	94	311	376	41.03
15	2	521	16	56	76	41.93

4-12 续表 27

行业中类 性　别	合　计	1-8 小时	9-19 小时	20-34 小时
保险业	91506	261	466	3210
人寿保险	68730	200	372	2563
非人寿保险	20694	56	90	590
保险辅助服务	2082	5	4	57
其他金融活动	21372	27	46	419
金融信托与管理	5956	6	18	111
金融租赁	718	1	1	17
财务公司	3646	7	9	44
邮政储蓄	5809	7	8	127
典当	1189	2	2	24
其他未列明的金融活动	4054	4	8	96
房地产业	**173706**	**536**	**731**	**4623**
房地产业	173706	536	731	4623
房地产开发经营	62333	170	123	999
物业管理	83080	254	450	2813
房地产中介服务	23673	63	86	524
其他房地产活动	4620	49	72	287
租赁和商务服务业	**184665**	**379**	**761**	**5701**
租赁业	9494	21	95	679
机械设备租赁	6558	14	50	354
文化及日用品出租	2936	7	45	325
商务服务业	175171	358	666	5022
企业管理服务	28256	49	105	834
法律服务	9536	20	18	183
咨询与调查	26925	50	43	459
广告业	32017	45	72	587
知识产权服务	1496	2	3	15
职业中介服务	16527	36	129	736
市场管理	5780	10	24	222
旅行社	23647	51	88	722
其他商务服务	30987	95	184	1264
科学研究、技术服务和地质勘查业	**78057**	**135**	**152**	**1358**
研究与试验发展	23990	40	34	300
自然科学研究与试验发展	4436	6	4	49
工程和技术研究与试验发展	12205	12	11	87
农业科学研究与试验发展	4014	15	11	80
医学研究与试验发展	2157	4	7	67
社会人文科学研究与试验发展	1178	3	1	17
专业技术服务业	38268	54	74	743
气象服务	3823	13	21	244
地震服务	948	6	7	55
海洋服务	406		1	15
测绘服务	1593	1	3	26
技术检测	6874	10	4	81
环境监测	1378	1	4	25
工程技术与规划管理	18344	14	24	198
其他专业技术服务	4902	9	10	99
科技交流和推广服务业	8193	17	25	185
技术推广服务	5001	12	12	103
科技中介服务	1599	2	8	30
其他科技服务	1593	3	5	52
地质勘查业	7606	24	19	130
矿产地质勘查	5035	20	15	86
基础地质勘查	1185		2	22
地质勘查技术服务	1386	4	2	22

单位：人

35 小时	36-39 小时	40 小时	41-47 小时	48 小时	48小时 以 上	周平均 工作时间 (小时)
1606	744	56271	2604	9810	16534	43.12
1136	542	41545	2038	7490	12844	43.20
439	183	13364	515	2100	3357	42.87
31	19	1362	51	220	333	42.86
422	145	14881	516	2001	2915	42.68
113	41	4307	120	494	746	42.37
9	7	493	18	61	111	42.91
84	17	2683	85	348	369	42.04
107	37	3883	159	578	903	43.01
19	11	710	32	144	245	44.60
90	32	2805	102	376	541	42.65
2076	**1425**	**93467**	**5845**	**27940**	**37063**	**44.56**
2076	1425	93467	5845	27940	37063	44.56
812	484	35708	1981	9580	12476	44.38
942	762	42660	3045	13923	18231	44.64
237	146	12534	711	3909	5463	45.09
85	33	2565	108	528	893	42.98
2683	**1391**	**110327**	**5906**	**20098**	**37419**	**43.97**
129	94	3609	462	1001	3404	46.35
69	56	2608	214	724	2469	47.01
60	38	1001	248	277	935	44.87
2554	1297	106718	5444	19097	34015	43.84
588	237	19286	707	2428	4022	42.58
178	49	7292	187	637	972	41.79
423	153	20598	668	2139	2392	41.78
310	182	17971	1114	4496	7240	44.91
27	5	1161	38	109	136	41.98
219	139	9114	541	1758	3855	44.33
120	47	2455	226	699	1977	46.97
303	172	13815	754	2965	4777	43.97
386	313	15026	1209	3866	8644	45.46
1828	**661**	**59057**	**1612**	**5090**	**8164**	**41.96**
477	232	19411	416	1188	1892	41.45
84	53	3675	71	205	289	41.19
172	112	10340	192	608	671	41.18
142	34	2799	90	235	608	42.59
51	28	1616	39	100	245	41.56
28	5	981	24	40	79	41.22
973	314	27791	891	2880	4548	42.29
146	52	1901	121	295	1030	44.25
24	7	449	31	90	279	44.74
6	5	239	16	21	103	44.04
47	8	1134	35	134	205	42.60
125	51	5400	145	496	562	41.78
41	6	1070	19	74	138	41.70
500	148	14353	359	1215	1533	41.68
84	37	3245	165	555	698	43.19
134	54	5991	175	601	1011	42.29
89	28	3793	105	318	541	41.96
25	14	1146	42	144	188	42.35
20	12	1052	28	139	282	43.24
244	61	5864	130	421	713	41.51
154	43	3845	86	282	504	41.59
47	5	932	18	60	99	41.31
43	13	1087	26	79	110	41.37

4-12 续表 28

行业中类 性 别	合 计	1-8 小时	9-19 小时	20-34 小时
水利、环境和公共设施管理业	**110275**	**298**	**603**	**5102**
水利管理业	12945	34	24	284
防洪管理	1635	6	4	29
水资源管理	9414	20	13	207
其他水利管理	1896	8	7	48
环境管理业	60364	166	376	3310
自然保护	1394	3	5	43
环境治理	58970	163	371	3267
公共设施管理业	36966	98	203	1508
市政公共设施管理	11894	37	101	582
城市绿化管理	13518	24	63	539
游览景区管理	11554	37	39	387
居民服务和其他服务业	**640572**	**2333**	**8028**	**49333**
居民服务业	484077	1757	6008	35945
家庭服务	140744	756	3174	16633
托儿所	6254	14	35	278
洗染服务	16375	52	125	1027
理发及美容保健服务	183674	462	1188	8867
洗浴服务	36296	85	220	1611
婚姻服务	4394	21	60	261
殡葬服务	4645	33	92	472
摄影扩印服务	21014	60	131	903
其他居民服务	70681	274	983	5893
其他服务业	156495	576	2020	13388
修理与维护	68467	207	779	5324
清洁服务	64524	257	833	5544
其他未列明的服务	23504	112	408	2520
教育	**908536**	**2965**	**3610**	**25088**
教育	908536	2965	3610	25088
学前教育	141416	280	376	3819
初等教育	286672	708	925	8827
中等教育	325834	887	1051	7974
高等教育	108513	624	681	2709
其他教育	46101	466	577	1759
卫生、社会保障和社会福利业	**493635**	**1047**	**986**	**9688**
卫生	476780	1001	933	9159
医院	346859	700	433	4900
卫生院及社区医疗活动	60560	138	170	1835
门诊部医疗活动	34460	87	255	1545
计划生育技术服务活动	6721	20	26	231
妇幼保健活动	9625	18	8	178
专科疾病防治活动	2675	4	5	42
疾病预防控制及防疫活动	8710	19	7	149
其他卫生活动	7170	15	29	279
社会保障业	6713	20	19	191
社会保障业	6713	20	19	191
社会福利业	10142	26	34	338
提供住宿的社会福利	8442	20	21	261
不提供住宿的社会福利	1700	6	13	77

单位：人

35 小时	36-39 小时	40 小时	41-47 小时	48 小时	48小时 以 上	周平均 工作时间 (小时)
2004	**992**	**53998**	**4066**	**11995**	**31217**	**44.93**
311	114	9605	227	796	1550	42.04
49	10	1171	39	141	186	42.16
220	90	7053	148	530	1133	42.03
42	14	1381	40	125	231	41.96
1106	562	23906	2664	7212	21062	46.08
33	15	854	30	116	295	43.68
1073	547	23052	2634	7096	20767	46.14
587	316	20487	1175	3987	8605	44.07
209	108	7223	356	988	2290	43.06
208	118	6982	438	1565	3581	44.67
170	90	6282	381	1434	2734	44.41
9282	**7224**	**171700**	**26810**	**69239**	**296623**	**48.50**
6781	5334	126392	19934	51436	230490	48.95
2654	2103	38217	6819	15375	55013	45.91
97	53	3075	221	803	1678	45.03
214	182	3811	660	1533	8771	50.51
1934	1673	42532	6982	19054	100982	51.27
334	320	8909	1401	4449	18967	51.35
52	28	1557	125	630	1660	46.83
110	47	1571	160	385	1775	45.79
198	153	5981	644	2716	10228	49.64
1188	775	20739	2922	6491	31416	47.85
2501	1890	45308	6876	17803	66133	47.10
978	675	18756	2791	6855	32102	48.29
1071	913	19337	3141	8723	24705	46.24
452	302	7215	944	2225	9326	45.99
16276	**6136**	**666965**	**22051**	**56722**	**108723**	**41.89**
16276	6136	666965	22051	56722	108723	41.89
2338	1016	93045	4167	13317	23058	42.92
5611	2054	215938	6706	13872	32031	41.60
5138	2085	241425	8019	19956	39299	41.99
2327	619	85568	1955	5368	8662	41.09
862	362	30989	1204	4209	5673	41.64
8932	**5060**	**302604**	**19777**	**51743**	**93798**	**43.79**
8599	4938	292133	19366	50194	90457	43.78
6475	3720	225917	14930	37063	52721	43.17
899	604	30810	2199	6898	17007	45.28
412	324	11702	1259	3595	15281	48.30
154	54	4649	152	454	981	42.27
211	94	6431	355	906	1424	42.89
54	23	1740	110	247	450	43.48
260	58	6917	140	428	732	41.42
134	61	3967	221	603	1861	44.77
163	42	5097	118	368	695	41.55
163	42	5097	118	368	695	41.55
170	80	5374	293	1181	2646	45.50
130	63	4405	250	1036	2256	45.76
40	17	969	43	145	390	44.21

4-12 续表 29

行业中类 性　别	合　计	1-8 小时	9-19 小时	20-34 小时
文化、体育和娱乐业	**148228**	**441**	**776**	**5640**
新闻出版业	23687	60	58	587
新闻业	4582	12	12	94
出版业	19105	48	46	493
广播、电视、电影和音像业	27356	69	60	613
广播	5879	18	17	138
电视	12943	30	24	240
电影	4036	13	13	104
音像制作	4498	8	6	131
文化艺术业	23687	122	266	1419
文艺创作与表演	8064	73	183	875
艺术表演场馆	2156	11	21	130
图书馆与档案馆	5029	10	11	111
文物及文化保护	1291	1	2	26
博物馆	2212	3	3	35
烈士陵园、纪念馆	539	1		8
群众文化活动	2184	13	27	119
文化艺术经纪代理	646	2	3	20
其他文化艺术	1566	8	16	95
体育	4499	14	38	348
体育组织	2163	7	18	152
体育场馆	1557	7	2	64
其他体育	779		18	132
娱乐业	68999	176	354	2673
室内娱乐活动	43959	90	193	1845
游乐园	2719	7	9	80
休闲健身娱乐活动	14104	41	95	393
其他娱乐活动	8217	38	57	355
公共管理和社会组织	**589626**	**1542**	**2254**	**18735**
中国共产党机关	5443	11	10	120
中国共产党机关	5443	11	10	120
国家机构	472324	1030	612	9096
国家权力机构	8359	14	12	179
国家行政机构	433217	941	570	8404
人民法院和人民检察院	17370	45	9	273
其他国家机构	13378	30	21	240
人民政协和民主党派	2390	2	6	53
人民政协	2020	2	5	49
民主党派	370		1	4
群众团体、社会团体和宗教组织	19797	78	298	1426
群众团体	6846	15	23	209
社会团体	9197	24	40	314
宗教组织	3754	39	235	903
基层群众自治组织	89672	421	1328	8040
社区自治组织	43566	128	213	2288
村民自治组织	46106	293	1115	5752
国际组织	**350**			**3**
国际组织	350			3
国际组织	350			3

单位：人

35小时	36-39小时	40小时	41-47小时	48小时	48小时以上	周平均工作时间(小时)
2647	**1271**	**74890**	**5137**	**15857**	**41569**	**45.61**
433	176	17467	614	1625	2667	41.99
87	36	3345	121	308	567	42.21
346	140	14122	493	1317	2100	41.94
501	202	19414	670	2173	3654	42.50
133	46	4380	144	389	614	41.75
272	90	9925	245	853	1264	41.73
49	38	2737	115	393	574	42.75
47	28	2372	166	538	1202	45.47
603	216	15780	585	1464	3232	41.55
226	69	4599	257	463	1319	40.89
57	23	1390	86	142	296	41.54
153	40	3897	81	263	463	41.47
23	15	905	27	74	218	43.06
50	13	1734	31	158	185	41.70
10	11	370	8	39	92	43.34
51	19	1511	35	135	274	41.45
2	2	492	14	39	72	41.91
31	24	882	46	151	313	43.10
99	67	2499	157	406	871	42.71
41	33	1264	90	142	416	42.59
28	19	881	39	210	307	43.68
30	15	354	28	54	148	41.12
1011	610	19730	3111	10189	31145	49.66
729	396	11054	2128	6313	21211	50.24
40	19	1290	91	388	795	45.79
130	118	4896	578	2638	5215	48.23
112	77	2490	314	850	3924	50.31
16240	**4221**	**437974**	**11017**	**30191**	**67452**	**41.66**
156	36	4206	99	272	533	41.53
156	36	4206	99	272	533	41.53
13484	3149	373144	7352	21448	43009	41.45
240	52	6531	124	410	797	41.53
12365	2897	341656	6800	19760	39824	41.47
566	103	14381	246	632	1115	40.95
313	97	10576	182	646	1273	41.58
71	18	1868	40	102	230	41.55
61	17	1579	32	83	192	41.44
10	1	289	8	19	38	42.15
507	172	12767	516	1098	2935	41.41
194	58	5211	127	317	692	41.44
203	80	6493	185	586	1272	42.25
110	34	1063	204	195	971	39.28
2022	846	45989	3010	7271	20745	42.83
927	308	28141	1001	3128	7432	42.71
1095	538	17848	2009	4143	13313	42.95
2	**1**	**303**	**1**	**19**	**21**	**41.30**
2	1	303	1	19	21	41.30
2	1	303	1	19	21	41.30

4-12a　全国分性别、行业中类、

行业中类 性　别	合　计	1-8 小时	9-19 小时	20-34 小时
总　计	**19040623**	**43159**	**82225**	**473485**
农、林、牧、渔业	**891193**	**11026**	**39537**	**165373**
农业	746181	10595	37920	154254
谷物及其他作物的种植	536356	9600	33037	125277
蔬菜、园艺作物的种植	179207	832	4142	24111
水果、坚果、饮料和香料作物的种植	29376	157	728	4739
中药材的种植	1242	6	13	127
林业	21544	80	279	1168
林木的培育和种植	16669	63	255	964
木材和竹材的采运	3391	8	7	104
林产品的采集	1484	9	17	100
畜牧业	59217	193	794	5855
牲畜的饲养	12287	35	123	1022
猪的饲养	26535	101	427	3226
家禽的饲养	15534	42	209	1290
狩猎和捕捉动物	317		2	17
其他畜牧业	4544	15	33	300
渔业	37743	86	368	3002
海洋渔业	16113	28	122	1068
内陆渔业	21630	58	246	1934
农、林、牧、渔服务业	26508	72	176	1094
农业服务业	13380	47	113	595
林业服务业	4569	11	3	133
畜牧服务业	4974	8	14	129
渔业服务业	3585	6	46	237
采矿业	**275221**	**542**	**457**	**3135**
煤炭开采和洗选业	156854	312	221	1634
烟煤和无烟煤的开采洗选	145439	292	209	1490
褐煤的开采洗选	5422	7	7	54
其他煤炭采选	5993	13	5	90
石油和天然气开采业	69138	118	145	634
天然原油和天然气开采	39007	68	44	297
与石油和天然气开采有关的服务活动	30131	50	101	337
黑色金属矿采选业	15057	25	15	170
铁矿采选	14051	20	12	141
其他黑色金属矿采选	1006	5	3	29
有色金属矿采选业	15679	39	26	226
常用有色金属矿采选	10077	26	14	148
贵金属矿采选	3891	6	6	46
稀有稀土金属矿采选	1711	7	6	32
非金属矿采选业	15134	30	45	410
土砂石开采	10517	24	35	338
化学矿采选	928	1	1	16
采盐	2213	5	8	32
石棉及其他非金属矿采选	1476		1	24
其他采矿业	3359	18	5	61
其他采矿业	3359	18	5	61

周工作时间的正在工作人口(城市)

单位：人

35小时	36-39小时	40小时	41-47小时	48小时	48小时以上	周平均工作时间(小时)
206703	**123094**	**8247997**	**603289**	**2602377**	**6658294**	**47.48**
22641	**15324**	**212747**	**45052**	**61686**	**317807**	**42.51**
19472	13849	169843	38890	49311	252047	41.46
14197	10735	123740	27902	32499	159369	39.73
4502	2612	38264	9596	14397	80751	46.18
750	487	7467	1334	2315	11399	44.08
23	15	372	58	100	528	47.39
448	211	10325	619	1992	6422	44.79
368	176	8368	481	1581	4413	44.03
58	20	1566	84	285	1259	47.01
22	15	391	54	126	750	48.27
1460	663	12515	2985	4654	30098	48.42
308	125	2804	627	870	6373	49.07
734	351	5221	1507	1901	13067	47.57
293	154	3283	676	1466	8121	49.10
6	1	104	6	60	121	47.81
119	32	1103	169	357	2416	49.30
793	432	7800	1790	3311	20161	49.78
274	189	3249	658	1155	9370	51.51
519	243	4551	1132	2156	10791	48.49
468	169	12264	768	2418	9079	46.39
182	90	6129	380	1355	4489	46.17
94	27	2372	104	398	1427	46.33
124	28	2627	140	398	1506	46.00
68	24	1136	144	267	1657	47.86
1767	**1409**	**154313**	**5786**	**30154**	**77658**	**45.69**
832	681	73421	3456	21441	54856	47.05
615	619	67452	3228	19995	51539	47.14
166	20	2720	90	532	1826	46.38
51	42	3249	138	914	1491	45.43
458	338	54558	1052	3414	8421	42.47
257	157	30827	747	1897	4713	42.48
201	181	23731	305	1517	3708	42.45
85	148	9675	337	1260	3342	44.47
71	137	9130	317	1187	3036	44.42
14	11	545	20	73	306	45.17
212	117	9040	424	1642	3953	44.94
147	93	6098	266	1005	2280	44.52
49	16	1848	119	450	1351	46.52
16	8	1094	39	187	322	43.82
152	109	5954	455	1944	6035	48.12
119	75	3612	332	1264	4718	49.01
7	10	484	25	196	188	45.00
15	20	1298	57	304	474	44.57
11	4	560	41	180	655	49.09
28	16	1665	62	453	1051	46.26
28	16	1665	62	453	1051	46.26

4-12a 续表 1

行业中类 性 别	合 计	1-8 小时	9-19 小时	20-34 小时
制造业	**5338777**	**6932**	**8437**	**62609**
农副食品加工业	109634	227	483	3555
谷物磨制	10105	31	58	373
饲料加工	9643	19	23	165
植物油加工	8055	25	11	171
制糖	3150	8	6	50
屠宰及肉类加工	35106	51	148	1147
水产品加工	17696	41	142	765
蔬菜、水果和坚果加工	6459	13	23	136
其他农副食品加工	19420	39	72	748
食品制造业	140460	211	336	2770
焙烤食品制造	49986	72	140	1055
糖果、巧克力及蜜饯制造	10034	14	16	159
方便食品制造	29390	29	76	694
液体乳及乳制品制造	12160	21	34	213
罐头制造	5675	8	11	93
调味品、发酵制品制造	12291	24	20	189
其他食品制造	20924	43	39	367
饮料制造业	66270	141	124	978
酒精制造	2999	7	8	33
酒的制造	39672	90	74	576
软饮料制造	21846	37	36	313
精制茶加工	1753	7	6	56
烟草制品业	23008	57	20	423
烟叶复烤	2925	8	1	36
卷烟制造	18938	42	16	369
其他烟草制品加工	1145	7	3	18
纺织业	299346	368	620	4282
棉、化纤纺织及印染精加工	119457	184	286	1401
毛纺织和染整精加工	19781	18	36	327
麻纺织	2688	4	6	31
丝绢纺织及精加工	5271	5	16	65
纺织制成品制造	58582	73	98	713
针织品、编织品及其制品制造	93567	84	178	1745
纺织服装、鞋、帽制造业	504457	522	1010	6908
纺织服装制造	455284	485	922	6376
纺织面料鞋的制造	44155	33	79	426
制帽	5018	4	9	106
皮革、毛皮、羽毛(绒)及其制品业	230612	210	405	2003
皮革鞣制加工	5667	8	8	96
皮革制品制造	217484	198	387	1821
毛皮鞣制及制品加工	3286		6	52
羽毛(绒)加工及制品制造	4175	4	4	34
木材加工及木、竹、藤、棕、草制品业	66792	87	176	1887
锯材、木片加工	20271	32	60	589
人造板制造	18617	19	34	673
木制品制造	24194	18	51	429
竹、藤、棕、草制品制造	3710	18	31	196
家具制造业	124559	164	246	1537
木质家具制造	89389	130	190	1228
竹、藤家具制造	1955	2	2	32
金属家具制造	13005	14	24	107
塑料家具制造	2313	3	6	23
其他家具制造	17897	15	24	147

单位：人

35 小时	36-39 小时	40 小时	41-47 小时	48 小时	48小时 以　上	周平均 工作时间 （小时）
26945	**24485**	**2026194**	**163064**	**1070458**	**1949653**	**48.55**
1319	763	34098	3850	15474	49865	49.45
101	58	3912	356	1281	3935	47.73
66	72	3789	311	1674	3524	47.68
59	50	3480	203	1082	2974	47.80
54	14	1597	111	403	907	45.96
531	275	9299	1378	5027	17250	50.35
167	131	5091	598	2678	8083	49.02
65	33	1829	191	912	3257	50.95
276	130	5101	702	2417	9935	50.74
1235	815	52126	4702	22898	55367	48.85
421	299	15890	1679	7754	22676	50.06
66	59	4059	354	1767	3540	48.19
304	143	9715	994	4469	12966	50.00
118	96	5695	413	1980	3590	46.61
44	25	1955	166	999	2374	49.25
75	78	5620	459	2317	3509	46.30
207	115	9192	637	3612	6712	47.33
510	405	31412	2078	11257	19365	46.49
21	15	1395	94	344	1082	47.10
334	243	19654	1265	6547	10889	46.00
138	127	9693	641	4102	6759	47.23
17	20	670	78	264	635	47.27
264	145	15011	543	3065	3480	43.31
22	14	1398	69	462	915	46.36
227	127	12884	440	2466	2367	42.82
15	4	729	34	137	198	43.57
1392	1408	82897	9795	62266	136318	50.51
494	518	36788	3934	23804	52048	49.82
118	97	5135	773	4414	8863	50.46
17	20	986	88	593	943	48.10
18	29	1908	174	1150	1906	49.16
318	253	18119	1757	12600	24651	49.75
427	491	19961	3069	19705	47907	52.01
2157	2510	104793	15122	101481	269954	52.80
1960	2332	96910	13870	90258	242171	52.68
165	135	6469	1042	9915	25891	54.39
32	43	1414	210	1308	1892	49.39
631	759	38738	7269	50509	130088	53.88
36	15	1392	135	961	3016	51.75
563	717	35410	6838	48068	123482	54.02
15	14	1014	103	611	1471	49.90
17	13	922	193	869	2119	52.53
500	442	17248	2185	10600	33667	50.27
211	131	4967	657	2535	11089	50.83
128	167	4880	833	3109	8774	49.63
130	117	6591	592	4508	11758	50.25
31	27	810	103	448	2046	50.65
475	504	29381	3943	27156	61153	50.64
353	397	21032	2832	19224	44003	50.55
12	13	454	56	339	1045	51.43
51	36	3205	379	2955	6234	50.75
13	7	624	97	509	1031	50.66
46	51	4066	579	4129	8840	50.92

4-12a 续表 2

行业中类 性 别	合 计	1-8 小时	9-19 小时	20-34 小时
造纸及纸制品业	95054	122	156	1100
纸浆制造	3791	27	9	55
造纸	32432	51	52	354
纸制品制造	58831	44	95	691
印刷业和记录媒介的复制	100633	119	169	1047
印刷	93851	105	152	990
装订及其他印刷服务活动	5524	7	10	51
记录媒介的复制	1258	7	7	6
文教体育用品制造业	109047	114	134	992
文化用品制造	14073	20	12	207
体育用品制造	22610	18	13	75
乐器制造	4912	10	7	40
玩具制造	65018	61	94	642
游艺器材及娱乐用品制造	2434	5	8	28
石油加工、炼焦及核燃料加工业	51810	88	60	699
精炼石油产品的制造	39198	64	46	488
炼焦	11604	24	9	172
核燃料加工	1008		5	39
化学原料及化学制品制造业	190461	322	264	2144
基础化学原料制造	48341	69	70	466
肥料制造	33203	91	46	412
农药制造	7279	11	19	73
涂料、油墨、颜料及类似产品制造	21123	32	34	219
合成材料制造	16574	25	14	184
专用化学产品制造	38947	51	36	516
日用化学产品制造	24994	43	45	274
医药制造业	98443	137	87	1049
化学药品原药制造	20314	38	14	191
化学药品制剂制造	26465	34	26	278
中药饮片加工	6651	5	10	147
中成药制造	26262	30	22	252
兽用药品制造	2123	6	3	39
生物、生化制品的制造	7821	16	6	56
卫生材料及医药用品制造	8807	8	6	86
化学纤维制造业	19092	37	21	230
纤维素纤维原料及纤维制造	6850	18	8	96
合成纤维制造	12242	19	13	134
橡胶制品业	59702	109	70	525
轮胎制造	21751	37	19	159
橡胶板、管、带的制造	7314	15	5	83
橡胶零件制造	8550	6	12	58
再生橡胶制造	882		1	16
日用及医用橡胶制品制造	2056	1	3	15
橡胶靴鞋制造	12248	16	12	119
其他橡胶制品制造	6901	34	18	75
塑料制品业	169949	222	371	2275
塑料薄膜制造	15871	20	38	184
塑料板、管、型材的制造	22929	65	27	233
塑料丝、绳及编织品的制造	7825	12	17	166
泡沫塑料制造	8686	4	14	139
塑料人造革、合成革制造	4253	5	6	61
塑料包装箱及容器制造	15061	26	21	110
塑料零件制造	26359	13	68	212
日用塑料制造	33781	44	117	766
其他塑料制品制造	35184	33	63	404

单位：人

35小时	36-39小时	40小时	41-47小时	48小时	48小时以上	周平均工作时间(小时)
473	519	31568	3021	22553	35542	48.63
32	34	1804	115	651	1064	46.00
212	187	12669	872	6800	11235	47.58
229	298	17095	2034	15102	23243	49.38
583	504	40990	3084	22210	31927	47.62
537	468	38154	2878	20856	29711	47.60
37	27	2288	175	1093	1836	48.07
9	9	548	31	261	380	46.91
322	382	33282	3705	28211	41905	49.28
101	50	4926	499	3163	5095	48.95
52	96	7323	846	6643	7544	48.73
25	18	2403	104	978	1327	46.29
133	208	17578	2190	16988	27124	49.83
11	10	1052	66	439	815	47.54
908	483	36674	1092	4632	7174	42.87
820	339	29514	760	2979	4188	42.20
77	77	6542	316	1570	2817	45.12
11	67	618	16	83	169	42.86
1785	1329	106008	5508	30472	42629	45.04
394	297	29066	1312	6887	9780	44.49
270	303	19042	994	4574	7471	44.74
65	78	3903	250	1212	1668	45.18
113	110	9639	630	4624	5722	46.48
336	105	8917	416	2863	3714	45.34
461	317	22322	1064	5534	8646	44.80
146	119	13119	842	4778	5628	45.40
839	721	60682	2864	15113	16951	44.03
131	131	12898	552	3031	3328	43.88
224	187	17333	874	3686	3823	43.44
70	81	3578	197	1121	1442	44.59
278	189	15816	714	4108	4853	44.27
18	16	1033	67	398	543	45.56
68	71	5360	217	982	1045	43.16
50	46	4664	243	1787	1917	45.44
145	79	10358	481	3283	4458	45.42
25	28	4071	127	1023	1454	44.73
120	51	6287	354	2260	3004	45.80
261	193	21944	1559	12122	22919	48.93
70	70	8943	531	5081	6841	47.54
46	28	3418	203	1353	2163	46.88
34	30	3112	245	1805	3248	48.94
17	4	289	33	157	365	48.59
15	5	720	37	454	806	49.41
39	25	2785	301	1917	7034	53.17
40	31	2677	209	1355	2462	47.87
724	657	50433	5491	39876	69900	49.96
94	59	5190	563	3413	6310	49.57
117	97	8353	680	4878	8479	48.64
48	51	2289	209	1337	3696	50.52
15	30	2161	237	1883	4203	51.21
7	21	911	105	629	2508	56.44
61	55	5038	442	3534	5774	49.32
79	87	7738	854	6599	10709	50.13
200	158	8146	1136	8036	15178	50.76
103	99	10607	1265	9567	13043	49.16

4-12a 续表 3

行业中类 性 别	合 计	1-8 小时	9-19 小时	20-34 小时
非金属矿物制品业	200879	413	370	3258
水泥、石灰和石膏的制造	36435	92	52	631
水泥及石膏制品制造	22360	54	68	434
砖瓦、石材及其他建筑材料制造	48152	134	136	1118
玻璃及玻璃制品制造	45245	62	48	349
陶瓷制品制造	29955	47	45	454
耐火材料制品制造	11550	13	10	178
石墨及其他非金属矿物制品制造	7182	11	11	94
黑色金属冶炼及压延加工业	155693	165	157	1513
炼铁	25026	35	30	333
炼钢	73379	71	57	631
钢压延加工	52026	56	67	488
铁合金冶炼	5262	3	3	61
有色金属冶炼及压延加工业	64329	109	80	836
常用有色金属冶炼	34877	79	41	470
贵金属冶炼	2592	2	5	39
稀有稀土金属冶炼	2746	8	3	38
有色金属合金制造	4213	2	3	41
有色金属压延加工	19901	18	28	248
金属制品业	299352	375	421	3361
结构性金属制品制造	123535	185	185	1469
金属工具制造	40375	39	64	536
集装箱及金属包装容器制造	12839	26	16	118
金属丝绳及其制品的制造	9084	8	7	89
建筑、安全用金属制品制造	30399	23	41	302
金属表面处理及热处理加工	17503	19	31	168
搪瓷制品制造	2816	5	6	32
不锈钢及类似日用金属制品制造	32822	28	45	519
其他金属制品制造	29979	42	26	128
通用设备制造业	325487	390	505	3189
锅炉及原动机制造	29101	30	21	252
金属加工机械制造	81963	94	119	684
起重运输设备制造	15940	7	5	106
泵、阀门、压缩机及类似机械的制造	38231	36	50	363
轴承、齿轮、传动和驱动部件的制造	34094	18	26	328
烘炉、熔炉及电炉制造	1994	9	3	10
风机、衡器、包装设备等通用设备制造	37340	26	39	286
通用零部件制造及机械修理	63994	144	221	900
金属铸、锻加工	22830	26	21	260
专用设备制造业	279173	358	269	2193
矿山、冶金、建筑专用设备制造	49478	89	55	382
化工、木材、非金属加工专用设备制造	72066	73	75	590
食品、饮料、烟草及饲料生产专用设备制造	5453	11	2	49
印刷、制药、日化生产专用设备制造	16131	8	10	113
纺织、服装和皮革工业专用设备制造	16129	19	21	163
电子和电工机械专用设备制造	70655	88	57	459
农、林、牧、渔专用机械制造	11913	17	17	148
医疗仪器设备及器械制造	17764	17	11	98
环保、社会公共安全及其他专用设备制造	19584	36	21	191

单位：人

35小时	36-39小时	40小时	41-47小时	48小时	48小时以上	周平均工作时间(小时)
1215	1099	71089	5830	35700	81905	48.60
308	219	16800	1079	5373	11881	46.77
145	124	8540	636	3639	8720	48.58
329	279	13213	1499	7952	23492	49.78
174	166	16265	1299	9820	17062	48.60
159	204	8290	883	5985	13888	49.64
41	51	4397	254	1879	4727	48.21
59	56	3584	180	1052	2135	46.20
667	907	90652	3878	22886	34868	45.10
104	206	14882	604	3318	5514	44.77
382	436	45743	1935	10569	13555	44.30
150	229	27180	1177	8307	14372	46.30
31	36	2847	162	692	1427	45.95
497	501	33454	1616	10328	16908	45.98
339	282	20359	826	4915	7566	44.75
14	18	1353	54	423	684	45.87
26	14	1476	58	458	665	45.62
18	20	2183	97	789	1060	45.97
100	167	8083	581	3743	6933	48.19
1164	1148	92577	9239	66166	124901	49.47
544	482	39463	3449	24780	52978	49.48
157	153	12889	1277	8959	16301	48.85
43	41	5358	354	2956	3927	47.86
19	34	3612	284	1931	3100	48.13
113	158	8711	969	6483	13599	50.07
63	65	4361	545	3917	8334	50.98
14	27	914	91	657	1070	48.54
171	124	8105	1052	7619	15159	50.45
40	64	9164	1218	8864	10433	48.89
1516	1272	146923	8300	67738	95654	46.82
150	99	16225	699	5082	6543	45.23
378	305	36151	2158	17608	24466	46.88
56	59	9008	350	3171	3178	45.09
213	160	17403	1121	7413	11472	47.00
151	119	15237	901	7843	9471	46.63
7	5	974	51	389	546	46.43
130	135	16931	988	8653	10152	46.74
342	288	25788	1478	12929	21904	47.63
89	102	9206	554	4650	7922	47.69
1303	1084	135428	8170	55763	74605	46.43
252	181	27315	1302	8244	11658	45.34
233	228	25010	2193	17580	26084	48.77
39	28	2837	135	999	1353	45.82
85	61	7515	412	3511	4416	46.69
57	51	6746	448	3612	5012	47.46
303	310	38755	2266	12894	15523	45.41
76	48	5544	347	2426	3290	46.39
100	76	10571	471	3212	3208	44.77
158	101	11135	596	3285	4061	44.91

4-12a 续表 4

行业中类 性　别	合　计	1-8 小时	9-19 小时	20-34 小时
交通运输设备制造业	364165	469	382	2706
铁路运输设备制造	33850	69	19	239
汽车制造	219842	284	247	1658
摩托车制造	23532	37	47	312
自行车制造	13677	12	10	84
船舶及浮动装置制造	46518	42	44	294
航空航天器制造	21476	19	6	80
交通器材及其他交通运输设备制造	5270	6	9	39
电气机械及器材制造业	375188	389	397	2664
电机制造	63502	92	89	462
输配电及控制设备制造	87144	101	103	621
电线、电缆、光缆及电工器材制造	43442	47	43	322
电池制造	24909	19	16	142
家用电力器具制造	98753	82	89	633
非电力家用器具制造	8811	12	4	70
照明器具制造	39629	30	42	350
其他电气机械及器材制造	8998	6	11	64
通信设备、计算机及其他电子设备制造业	556651	632	490	3948
通信设备制造	78023	108	49	443
雷达及配套设备制造	1836		2	12
广播电视设备制造	5573	6	7	24
电子计算机制造	82690	42	85	1064
电子器件制造	127501	170	113	1069
电子元件制造	201939	232	165	1115
家用视听设备制造	35346	28	41	117
其他电子设备制造	23743	46	28	104
仪器仪表及文化、办公用机械制造业	108142	163	145	939
通用仪器仪表制造	30731	65	53	416
专用仪器仪表制造	13464	31	14	106
钟表与计时仪器制造	17532	9	22	130
光学仪器及眼镜制造	24933	27	33	141
文化、办公用机械制造	18697	26	17	110
其他仪器仪表的制造及修理	2785	5	6	36
工艺品及其他制造业	117239	155	327	2296
工艺美术品制造	87767	115	239	1710
日用杂品制造	20650	23	68	377
煤制品制造	2872	2	7	79
核辐射加工	342	2		14
其他未列明的制造业	5608	13	13	116
废弃资源和废旧材料回收加工业	33150	57	142	1302
金属废料和碎屑的加工处理	19436	43	77	809
非金属废料和碎屑的加工处理	13714	14	65	493
电力、燃气及水的生产和供应业	**294127**	**473**	**311**	**3944**
电力、热力的生产和供应业	213523	333	205	2919
电力生产	80548	106	88	1409
电力供应	105998	180	95	1241
热力生产和供应	26977	47	22	269
燃气生产和供应业	33448	44	48	392
燃气生产和供应业	33448	44	48	392
水的生产和供应业	47156	96	58	633
自来水的生产和供应	41167	87	53	564
污水处理及其再生利用	4514	6	3	59
其他水的处理、利用与分配	1475	3	2	10

单位：人

35小时	36-39小时	40小时	41-47小时	48小时	48小时以上	周平均工作时间(小时)
1617	1511	176897	9655	69923	101005	46.60
234	216	21541	695	4933	5904	44.09
881	782	100844	5840	44729	64577	47.05
90	98	7541	739	5901	8767	48.76
27	39	4213	358	3439	5495	49.68
190	248	22714	1375	8246	13365	46.55
173	114	17220	546	1720	1598	41.86
22	14	2824	102	955	1299	45.78
1285	1356	150234	12052	87215	119596	47.84
263	231	31208	1888	12301	16968	46.49
287	349	38589	2606	19666	24822	47.07
131	165	19141	1286	9871	12436	47.11
48	91	9489	831	7060	7213	47.86
359	309	32367	3588	23879	37447	49.27
38	56	3404	328	2277	2622	47.35
118	111	11776	1263	10225	15714	49.41
41	44	4260	262	1936	2374	46.38
1244	1650	243154	19591	123047	162895	47.46
323	264	41731	2251	13292	19562	46.18
3	9	1315	49	208	238	43.12
12	17	3129	141	1014	1223	45.54
119	196	37996	3190	19147	20851	46.67
208	431	57519	4641	27278	36072	47.34
470	501	77693	7182	48322	66259	48.32
55	107	13768	1312	7882	12036	48.30
54	125	10003	825	5904	6654	47.24
758	416	50018	3275	20808	31620	47.09
444	154	17571	869	4616	6543	44.87
77	53	8009	423	2019	2732	44.79
56	68	5728	542	4418	6559	49.07
98	48	8791	658	5966	9171	49.55
49	79	8557	687	3401	5771	47.24
34	14	1362	96	388	844	47.06
773	640	30359	3988	24400	54301	50.56
511	481	20531	2960	19240	41980	50.95
199	114	6063	834	4000	8972	49.96
32	7	1017	71	329	1328	49.46
2	4	256	5	24	35	41.67
29	34	2492	118	807	1986	47.70
383	283	7766	1178	3306	18733	51.22
227	170	4677	656	1946	10831	50.93
156	113	3089	522	1360	7902	51.62
7194	**2506**	**208045**	**6400**	**24124**	**41130**	**42.83**
5770	1958	152702	4471	16685	28480	42.64
2799	1122	55910	1913	6654	10547	42.53
2668	685	79214	1968	7377	12570	42.33
303	151	17578	590	2654	5363	44.18
452	215	21729	830	3405	6333	44.13
452	215	21729	830	3405	6333	44.13
972	333	33614	1099	4034	6317	42.77
866	270	29650	912	3412	5353	42.64
79	51	3046	147	476	647	43.35
27	12	918	40	146	317	44.46

4-12a 续表 5

行业中类 性　别	合　计	1-8 小时	9-19 小时	20-34 小时
建筑业	**1252997**	**2421**	**3752**	**30754**
房屋和土木工程建筑业	786660	1563	2395	19657
房屋工程建筑	644301	1238	2129	17423
土木工程建筑	142359	325	266	2234
建筑安装业	99391	204	259	2199
建筑安装业	99391	204	259	2199
建筑装饰业	329142	565	994	7939
建筑装饰业	329142	565	994	7939
其他建筑业	37804	89	104	959
工程准备	12516	31	53	299
提供施工设备服务	8236	32	14	212
其他未列明的建筑活动	17052	26	37	448
交通运输、仓储和邮政业	**1239720**	**2234**	**3726**	**28693**
铁路运输业	160388	364	283	2714
铁路旅客运输	57231	129	151	1214
铁路货物运输	28393	81	45	433
铁路运输辅助活动	74764	154	87	1067
道路运输业	479742	837	1715	13855
公路旅客运输	102926	219	360	2791
道路货物运输	311766	501	1191	9523
道路运输辅助活动	65050	117	164	1541
城市公共交通业	296465	451	823	5492
公共电汽车客运	79130	145	119	1282
轨道交通	8538	7	6	136
出租车客运	175706	226	509	2879
城市轮渡	487		1	13
其他城市公共交通	32604	73	188	1182
水上运输业	42652	63	77	568
水上旅客运输	6064	10	15	110
水上货物运输	22947	39	42	291
水上运输辅助活动	13641	14	20	167
航空运输业	33757	81	77	802
航空客货运输	21561	44	43	576
通用航空服务	3346	21	21	80
航空运输辅助活动	8850	16	13	146
管道运输业	3154	5	3	33
管道运输业	3154	5	3	33
装卸搬运和其他运输服务业	118342	276	557	3845
装卸搬运	57235	199	422	3006
运输代理服务	61107	77	135	839
仓储业	45625	52	113	654
谷物、棉花等农产品仓储	10868	13	28	214
其他仓储	34757	39	85	440
邮政业	59595	105	78	730
国家邮政	36504	67	43	453
其他寄递服务	23091	38	35	277

单位：人

35小时	36-39小时	40小时	41-47小时	48小时	48小时以上	周平均工作时间（小时）
9124	**7462**	**389186**	**36129**	**150154**	**624015**	**50.06**
5724	4560	243099	21799	89709	398154	50.23
4418	3832	176956	18312	74248	345745	50.80
1306	728	66143	3487	15461	52409	47.63
899	639	39455	2690	12085	40961	48.36
899	639	39455	2690	12085	40961	48.36
2124	2024	91111	10651	43865	169869	50.42
2124	2024	91111	10651	43865	169869	50.42
377	239	15521	989	4495	15031	48.06
125	71	5202	290	1475	4970	48.12
90	44	3246	242	995	3361	48.08
162	124	7073	457	2025	6700	48.00
12310	**9527**	**521055**	**39349**	**136971**	**485855**	**48.40**
1635	1714	106183	4112	16348	27035	43.77
619	658	37008	1519	5873	10060	43.92
243	344	18476	794	3133	4844	43.87
773	712	50699	1799	7342	12131	43.61
4977	3741	162761	16083	54428	221345	49.52
1128	828	37031	3718	11570	45281	49.24
2838	2275	92871	10529	35931	156107	50.25
1011	638	32859	1836	6927	19957	46.48
2243	1891	91863	9801	30256	153645	51.66
697	661	39825	3155	11107	22139	46.24
50	57	6110	295	771	1106	42.96
1096	896	38880	5157	15669	110394	54.36
7	5	298	11	48	104	44.77
393	272	6750	1183	2661	19902	52.64
470	359	26365	1225	4555	8970	44.71
101	36	3662	166	651	1313	44.64
215	150	13814	671	2410	5315	45.25
154	173	8889	388	1494	2342	43.85
425	260	24560	814	2803	3935	42.43
265	189	16230	500	1594	2120	41.95
45	16	2146	102	315	600	43.56
115	55	6184	212	894	1215	43.17
44	16	2170	58	220	605	43.89
44	16	2170	58	220	605	43.89
1180	866	46522	4223	14429	46444	48.02
706	500	15647	1992	6308	28455	49.56
474	366	30875	2231	8121	17989	46.58
518	319	25064	1222	5994	11689	45.77
230	56	6463	239	1000	2625	45.02
288	263	18601	983	4994	9064	46.00
818	361	35567	1811	7938	12187	44.69
661	239	25581	983	3756	4721	42.83
157	122	9986	828	4182	7466	47.62

4-12a 续表 6

行业中类 性别	合计	1-8 小时	9-19 小时	20-34 小时
信息传输、计算机服务和软件业	**320895**	**581**	**352**	**3098**
电信和其他信息传输服务业	192382	386	193	2035
电信	146844	291	146	1592
互联网信息服务	36138	84	40	340
广播电视传输服务	8748	10	7	94
卫星传输服务	652	1		9
计算机服务业	46482	72	83	563
计算机系统服务	17312	38	26	182
数据处理	4294	5	7	48
计算机维修	11574	13	23	174
其他计算机服务	13302	16	27	159
软件业	82031	123	76	500
公共软件服务	70647	105	52	394
其他软件服务	11384	18	24	106
批发和零售业	**3682524**	**5890**	**9452**	**64862**
批发业	833322	1193	1895	13216
农畜产品批发	32232	65	115	796
食品、饮料及烟草制品批发	165146	254	453	3057
纺织、服装及日用品批发	195860	267	399	2355
文化、体育用品及器材批发	25864	34	38	330
医药及医疗器材批发	35640	47	50	671
矿产品、建材及化工产品批发	137550	190	269	2101
机械设备、五金交电及电子产品批发	123659	183	228	1231
贸易经纪与代理	37631	64	52	429
其他批发	79740	89	291	2246
零售业	2849202	4697	7557	51646
综合零售	875875	1592	2078	14949
食品、饮料及烟草制品专门零售	553631	868	2226	14324
纺织、服装及日用品专门零售	549139	894	1320	9283
文化、体育用品及器材专门零售	91136	126	263	1590
医药及医疗器材专门零售	91095	157	160	1403
汽车、摩托车、燃料及零配件专门零售	121858	151	182	1373
家用电器及电子产品专门零售	240899	375	357	2491
五金、家具及室内装修材料专门零售	220266	305	398	2782
无店铺及其他零售	105303	229	573	3451
住宿和餐饮业	**977199**	**1681**	**3093**	**17920**
住宿业	199795	383	420	2494
旅游饭店	114511	207	173	1219
一般旅馆	72778	145	207	1035
其他住宿服务	12506	31	40	240
餐饮业	777404	1298	2673	15426
正餐服务	508430	763	1437	7827
快餐服务	140919	293	618	3627
饮料及冷饮服务	17070	35	56	317
其他餐饮服务	110985	207	562	3655
金融业	**431558**	**818**	**616**	**6733**
银行业	248812	438	138	2589
中央银行	18889	36	12	191
商业银行	190163	326	100	2002
其他银行	39760	76	26	396
证券业	30693	60	61	1303
证券市场管理	3674	5	4	106
证券经纪与交易	15015	27	23	492
证券投资	10371	26	31	663
证券分析与咨询	1633	2	3	42

单位：人

35小时	36-39小时	40小时	41-47小时	48小时	48小时以上	周平均工作时间(小时)
4047	**1910**	**213235**	**9600**	**35027**	**53045**	**43.74**
3067	1257	126123	5704	21882	31735	43.72
2550	994	95619	4354	17056	24242	43.67
330	207	23689	1107	4012	6329	44.20
178	50	6370	221	749	1069	42.61
9	6	445	22	65	95	43.02
365	265	24559	1425	6125	13025	46.31
150	89	10938	570	2086	3233	44.22
35	32	2866	127	422	752	43.78
85	76	4904	359	1810	4130	47.63
95	68	5851	369	1807	4910	48.68
615	388	62553	2471	7020	8285	42.33
513	333	55437	2060	5689	6064	42.01
102	55	7116	411	1331	2221	44.34
30287	**22938**	**1204782**	**139568**	**501253**	**1703492**	**50.15**
7589	4250	318761	27144	103959	355315	49.20
383	181	11324	1095	3140	15133	49.95
1737	907	50962	5699	19348	82729	51.03
1153	875	62362	6550	24328	97571	50.88
219	126	10928	801	3319	10069	48.30
684	275	20152	1286	4779	7696	44.57
1266	697	59349	3828	17715	52135	47.91
855	566	58913	3840	18814	39029	47.04
464	169	25793	1170	4324	5166	43.14
828	454	18978	2875	8192	45787	51.79
22698	18688	886021	112424	397294	1348177	50.43
6314	7348	299580	41848	142851	359315	49.01
5905	3054	123721	20117	51381	332035	53.68
4116	3417	153126	20501	69064	287418	51.21
903	685	33400	3595	11755	38819	49.41
882	689	39631	3761	15004	29408	47.17
792	559	47575	3682	23737	43807	48.27
1424	1337	94036	8564	42436	89879	48.34
1091	892	63176	6740	30799	114083	51.10
1271	707	31776	3616	10267	53413	50.69
7599	**5215**	**277161**	**34203**	**148168**	**482159**	**51.38**
1354	1135	83765	6783	37486	65975	47.92
793	637	52794	4040	23897	30751	46.45
462	450	26339	2332	11827	29981	49.90
99	48	4632	411	1762	5243	49.90
6245	4080	193396	27420	110682	416184	52.27
2955	2565	133501	17127	79937	262318	51.80
1443	758	31486	5226	16820	80648	53.21
164	120	5011	681	2724	7962	50.55
1683	637	23398	4386	11201	65256	53.48
8863	**2705**	**318610**	**10038**	**36351**	**46824**	**42.15**
5658	1460	193986	5335	17598	21610	41.75
484	95	14566	375	1250	1880	41.98
4341	1113	148650	4131	13280	16220	41.72
833	252	30770	829	3068	3510	41.82
674	201	23336	644	2038	2376	41.11
91	30	2749	77	262	350	41.68
351	78	11878	278	880	1008	41.02
201	85	7458	244	771	892	40.96
31	8	1251	45	125	126	41.50

4-12a 续表 7

行业中类 性　别	合　计	1-8 小时	9-19 小时	20-34 小时
保险业	117430	277	365	2328
人寿保险	84981	211	289	1769
非人寿保险	29155	59	71	507
保险辅助服务	3294	7	5	52
其他金融活动	34623	43	52	513
金融信托与管理	11628	13	14	175
金融租赁	1415		3	27
财务公司	5279	12	10	55
邮政储蓄	6069	6	6	71
典当	2318	3	3	36
其他未列明的金融活动	7914	9	16	149
房地产业	**387323**	**982**	**1196**	**6173**
房地产业	387323	982	1196	6173
房地产开发经营	138004	306	194	1516
物业管理	193089	443	788	3739
房地产中介服务	46263	144	129	633
其他房地产活动	9967	89	85	285
租赁和商务服务业	**354760**	**621**	**793**	**6212**
租赁业	23031	40	77	634
机械设备租赁	20977	38	66	529
文化及日用品出租	2054	2	11	105
商务服务业	331729	581	716	5578
企业管理服务	52726	96	70	627
法律服务	20566	40	36	363
咨询与调查	42266	73	61	591
广告业	65472	92	104	799
知识产权服务	2685	5	6	22
职业中介服务	28380	44	138	1043
市场管理	10667	15	25	234
旅行社	34552	78	100	632
其他商务服务	74415	138	176	1267
科学研究、技术服务和地质勘查业	**191211**	**292**	**185**	**1702**
研究与试验发展	58311	85	47	410
自然科学研究与试验发展	10982	11	12	82
工程和技术研究与试验发展	33610	28	19	200
农业科学研究与试验发展	7394	36	4	64
医学研究与试验发展	3686	4	5	35
社会人文科学研究与试验发展	2639	6	7	29
专业技术服务业	92374	117	92	873
气象服务	4295	2	10	72
地震服务	1252	13		27
海洋服务	1070	2	1	7
测绘服务	4020	2	5	37
技术检测	15398	18	12	147
环境监测	2963	5	3	28
工程技术与规划管理	51820	63	48	409
其他专业技术服务	11556	12	13	146
科技交流和推广服务业	15756	24	11	165
技术推广服务	9485	14	4	91
科技中介服务	3242	4	4	30
其他科技服务	3029	6	3	44
地质勘查业	24770	66	35	254
矿产地质勘查	16103	54	22	171
基础地质勘查	4029	4	5	34
地质勘查技术服务	4638	8	8	49

单位：人

35 小时	36-39 小时	40 小时	41-47 小时	48 小时	48小时 以 上	周平均 工作时间 (小时)
1901	819	76473	3243	13558	18466	43.12
1268	588	54536	2460	10065	13795	43.21
584	207	19697	717	3121	4192	42.87
49	24	2240	66	372	479	43.09
630	225	24815	816	3157	4372	42.66
186	81	8570	255	946	1388	42.46
24	9	961	40	139	212	43.20
111	25	3991	126	490	459	41.87
115	44	4279	154	591	803	42.81
31	15	1391	59	271	509	44.94
163	51	5623	182	720	1001	42.58
3723	**2589**	**203322**	**12285**	**63381**	**93672**	**45.63**
3723	2589	203322	12285	63381	93672	45.63
1586	773	76289	4137	19973	33230	45.41
1616	1564	96629	6566	34230	47514	45.89
358	215	24889	1318	7843	10734	45.43
163	37	5515	264	1335	2194	44.56
4159	**2210**	**212684**	**10331**	**42240**	**75510**	**44.68**
194	128	8758	631	2663	9906	49.37
159	118	7978	564	2377	9148	49.49
35	10	780	67	286	758	48.10
3965	2082	203926	9700	39577	65604	44.36
882	369	38676	1098	4466	6442	42.62
377	92	15774	427	1370	2087	41.87
611	213	33265	1003	3193	3256	41.63
540	333	36059	2195	9918	15432	45.38
41	9	2096	67	208	231	41.84
320	205	15209	901	3101	7419	45.14
170	74	4644	396	1472	3637	47.49
400	220	21257	982	4311	6572	44.06
624	567	36946	2631	11538	20528	46.40
4174	**1389**	**147748**	**3683**	**13331**	**18707**	**42.08**
1076	474	48677	926	2887	3729	41.29
190	76	9166	145	488	812	41.45
458	308	28332	542	1782	1941	41.26
299	48	5877	127	360	579	41.31
81	31	3055	61	175	239	41.19
48	11	2247	51	82	158	41.04
2176	659	68769	1916	7573	10199	42.42
242	45	3004	75	264	581	42.55
31	6	846	26	92	211	43.01
25	3	774	35	35	188	42.95
115	14	2937	76	348	486	42.70
286	100	12248	303	1088	1196	41.74
87	21	2335	41	156	287	41.90
1211	386	38788	1022	4268	5625	42.39
179	84	7837	338	1322	1625	43.37
249	87	12150	352	1211	1507	42.14
155	45	7536	202	642	796	41.86
53	20	2398	86	281	366	42.59
41	22	2216	64	288	345	42.52
673	169	18152	489	1660	3272	42.62
398	112	11756	328	1065	2197	42.67
162	22	2984	72	255	491	42.40
113	35	3412	89	340	584	42.64

4-12a 续表 8

行业中类 性　别	合　计	1-8 小时	9-19 小时	20-34 小时
水利、环境和公共设施管理业	**163858**	**327**	**382**	**3609**
水利管理业	23829	57	17	297
防洪管理	3115	3	3	30
水资源管理	17108	42	10	204
其他水利管理	3606	12	4	63
环境管理业	75646	159	253	2251
自然保护	2263	2	3	41
环境治理	73383	157	250	2210
公共设施管理业	64383	111	112	1061
市政公共设施管理	25842	31	33	305
城市绿化管理	22919	31	47	479
游览景区管理	15622	49	32	277
居民服务和其他服务业	**657616**	**1636**	**4291**	**24517**
居民服务业	416675	1079	3063	16510
家庭服务	93865	434	1608	8384
托儿所	4898	8	19	124
洗染服务	13180	13	33	274
理发及美容保健服务	146292	235	466	2273
洗浴服务	37071	32	94	577
婚姻服务	5807	35	69	249
殡葬服务	5509	15	36	273
摄影扩印服务	22746	46	77	366
其他居民服务	87307	261	661	3990
其他服务业	240941	557	1228	8007
修理与维护	152635	284	517	3482
清洁服务	53568	168	450	2766
其他未列明的服务	34738	105	261	1759
教育	**842866**	**3261**	**2947**	**15290**
教育	842866	3261	2947	15290
学前教育	86613	174	149	1249
初等教育	172556	364	323	2838
中等教育	309546	754	634	4680
高等教育	199905	1191	1098	4357
其他教育	74246	778	743	2166
卫生、社会保障和社会福利业	**478934**	**928**	**568**	**5656**
卫生	459299	878	541	5278
医院	366878	726	361	3758
卫生院及社区医疗活动	34150	51	42	503
门诊部医疗活动	25197	47	85	504
计划生育技术服务活动	3225	6	4	59
妇幼保健活动	6964	7	6	88
专科疾病防治活动	3289	5	6	33
疾病预防控制及防疫活动	11152	17	12	162
其他卫生活动	8444	19	25	171
社会保障业	8589	23	14	180
社会保障业	8589	23	14	180
社会福利业	11046	27	13	198
提供住宿的社会福利	8918	24	4	130
不提供住宿的社会福利	2128	3	9	68

单位：人

35小时	36-39小时	40小时	41-47小时	48小时	48小时以上	周平均工作时间(小时)
2633	**1112**	**94482**	**4666**	**17713**	**38934**	**44.76**
521	178	17933	401	1585	2840	42.36
73	13	2269	67	279	378	42.74
378	145	13001	259	1090	1979	42.26
70	20	2663	75	216	483	42.52
1178	524	36563	2625	9214	22879	45.97
51	16	1524	53	196	377	43.38
1127	508	35039	2572	9018	22502	46.05
934	410	39986	1640	6914	13215	44.23
364	153	17429	531	2324	4672	43.87
318	164	12911	662	2800	5507	44.79
252	93	9646	447	1790	3036	43.99
5956	**4705**	**184130**	**21760**	**85030**	**325591**	**50.61**
3816	2954	114180	13559	51850	209664	51.02
1407	1112	27770	3789	12319	37042	47.09
67	32	2559	165	685	1239	45.23
81	88	3274	394	1451	7572	53.08
766	645	33651	4210	17936	86110	53.99
165	198	9198	1151	5427	20229	53.12
53	38	2175	150	896	2142	47.06
89	52	2355	164	620	1905	46.89
127	100	7223	662	3485	10660	50.42
1061	689	25975	2874	9031	42765	50.06
2140	1751	69950	8201	33180	115927	49.90
1078	812	41711	4751	20831	79169	51.01
643	534	17299	2266	8628	20814	47.46
419	405	10940	1184	3721	15944	48.79
14707	**4528**	**648784**	**18011**	**51398**	**83940**	**41.74**
14707	4528	648784	18011	51398	83940	41.74
1246	445	60201	2482	8560	12107	42.86
3150	887	138845	3346	7987	14816	41.47
4915	1595	239218	7107	18980	31663	41.91
4116	1060	161380	3193	8924	14586	41.02
1280	541	49140	1883	6947	10768	42.32
8995	**4943**	**314646**	**19712**	**49677**	**73809**	**43.43**
8590	4815	301001	19306	48046	70844	43.44
6930	4090	248541	16501	38495	47476	42.92
550	320	19557	1201	4117	7809	45.03
277	140	9172	792	3012	11168	49.64
96	18	2398	68	228	348	42.11
171	80	4794	273	665	880	42.69
64	38	2210	124	294	515	43.47
356	78	9089	149	511	778	41.19
146	51	5240	198	724	1870	44.70
210	50	6821	138	446	707	41.42
210	50	6821	138	446	707	41.42
195	78	6824	268	1185	2258	44.87
144	60	5485	217	1008	1846	45.08
51	18	1339	51	177	412	44.03

4-12a 续表 9

行业中类 性　别	合　计	1-8 小时	9-19 小时	20-34 小时
文化、体育和娱乐业	**232213**	**566**	**781**	**5612**
新闻出版业	45862	97	80	857
新闻业	8979	22	12	152
出版业	36883	75	68	705
广播、电视、电影和音像业	49776	103	73	771
广播	9573	21	20	151
电视	25209	44	22	346
电影	7352	24	18	159
音像制作	7642	14	13	115
文化艺术业	35457	173	245	1387
文艺创作与表演	12208	99	162	815
艺术表演场馆	3791	18	29	159
图书馆与档案馆	6268	13	11	112
文物及文化保护	1908	5	3	31
博物馆	3921	4	3	52
烈士陵园、纪念馆	785	6		11
群众文化活动	2994	11	20	84
文化艺术经纪代理	1174	5	2	26
其他文化艺术	2408	12	15	97
体育	8972	23	36	389
体育组织	4491	8	14	123
体育场馆	3028	11	2	67
其他体育	1453	4	20	199
娱乐业	92146	170	347	2208
室内娱乐活动	58986	100	189	1512
游乐园	3951	2	9	76
休闲健身娱乐活动	18981	45	96	395
其他娱乐活动	10228	23	53	225
公共管理和社会组织	**1027064**	**1948**	**1349**	**17589**
中国共产党机关	10084	19	13	120
中国共产党机关	10084	19	13	120
国家机构	882475	1601	650	11818
国家权力机构	18271	27	15	250
国家行政机构	799867	1453	596	10828
人民法院和人民检察院	37675	75	12	413
其他国家机构	26662	46	27	327
人民政协和民主党派	4517	3	2	43
人民政协	3732	2	2	39
民主党派	785	1		4
群众团体、社会团体和宗教组织	27887	68	131	831
群众团体	9182	18	15	177
社会团体	15116	35	43	387
宗教组织	3589	15	73	267
基层群众自治组织	102101	257	553	4777
社区自治组织	61445	157	247	2824
村民自治组织	40656	100	306	1953
国际组织	**567**			**4**
国际组织	567			4
国际组织	567			4

单位：人

35小时	36-39小时	40小时	41-47小时	48小时	48小时以上	周平均工作时间(小时)
3750	**1689**	**128996**	**7195**	**25742**	**57882**	**45.37**
834	307	33998	1154	3381	5154	42.18
172	66	6550	248	661	1096	42.38
662	241	27448	906	2720	4058	42.13
903	306	35914	1193	4057	6456	42.66
219	82	7171	220	654	1035	42.07
516	127	19238	508	1707	2701	42.11
95	60	5056	209	703	1028	42.90
73	37	4449	256	993	1692	44.97
790	278	24997	779	2392	4416	41.87
298	77	7870	320	805	1762	41.53
98	36	2589	108	274	480	41.80
176	60	4951	107	336	502	41.39
35	20	1383	36	109	286	42.86
69	17	3074	67	276	359	42.05
12	16	572	10	67	91	42.31
47	20	2236	52	192	332	41.87
6	5	893	25	76	136	42.22
49	27	1429	54	257	468	43.60
181	102	5507	257	836	1641	43.29
86	53	2905	136	342	824	43.41
55	29	1868	77	396	523	43.74
40	20	734	44	98	294	42.01
1042	696	28580	3812	15076	40215	49.98
707	444	15632	2602	9655	28145	50.81
64	29	1968	155	586	1062	46.01
147	139	7442	735	3668	6314	47.79
124	84	3538	320	1167	4694	50.76
27826	**6446**	**787402**	**16453**	**59490**	**108561**	**41.97**
287	60	8139	137	408	901	41.57
287	60	8139	137	408	901	41.57
24897	5442	700198	12899	45342	79628	41.70
504	98	14420	235	965	1757	41.82
22654	4974	633548	11801	41405	72608	41.71
1186	209	31546	456	1426	2352	41.06
553	161	20684	407	1546	2911	42.19
151	25	3776	56	183	278	41.18
118	19	3140	46	142	224	41.08
33	6	636	10	41	54	41.63
704	185	19637	542	1731	4058	42.57
250	54	7120	171	462	915	41.81
360	99	10985	267	952	1988	42.43
94	32	1532	104	317	1155	45.11
1787	734	55652	2819	11826	23696	44.22
1188	399	37436	1522	5845	11827	43.52
599	335	18216	1297	5981	11869	45.29
3	**2**	**475**	**4**	**29**	**50**	**41.77**
3	2	475	4	29	50	41.77
3	2	475	4	29	50	41.77

4-12a 续表 10

行业中类 性别	合计	1-8 小时	9-19 小时	20-34 小时
男	**10977480**	**22670**	**38264**	**232993**
农、林、牧、渔业	**459607**	**4288**	**15124**	**69240**
农业	367607	4062	14398	63661
谷物及其他作物的种植	261128	3655	12424	51200
蔬菜、园艺作物的种植	89494	340	1635	10075
水果、坚果、饮料和香料作物的种植	16259	63	335	2322
中药材的种植	726	4	4	64
林业	14012	47	128	602
林木的培育和种植	10579	35	116	481
木材和竹材的采运	2447	7	6	64
林产品的采集	986	5	6	57
畜牧业	33696	82	303	2457
牲畜的饲养	7735	19	64	543
猪的饲养	14470	35	141	1237
家禽的饲养	8670	19	77	520
狩猎和捕捉动物	205		1	11
其他畜牧业	2616	9	20	146
渔业	27893	57	224	1945
海洋渔业	13226	20	78	752
内陆渔业	14667	37	146	1193
农、林、牧、渔服务业	16399	40	71	575
农业服务业	7954	24	42	294
林业服务业	3207	8	1	83
畜牧服务业	2985	4	9	81
渔业服务业	2253	4	19	117
采矿业	**210643**	**413**	**320**	**2225**
煤炭开采和洗选业	127337	249	167	1249
烟煤和无烟煤的开采洗选	118419	234	158	1138
褐煤的开采洗选	4283	5	4	48
其他煤炭采选	4635	10	5	63
石油和天然气开采业	46258	79	87	356
天然原油和天然气开采	25758	46	30	180
与石油和天然气开采有关的服务活动	20500	33	57	176
黑色金属矿采选业	11480	19	12	125
铁矿采选	10744	16	9	104
其他黑色金属矿采选	736	3	3	21
有色金属矿采选业	11452	29	18	162
常用有色金属矿采选	7330	18	9	104
贵金属矿采选	2890	5	5	34
稀有稀土金属矿采选	1232	6	4	24
非金属矿采选业	11689	23	31	294
土砂石开采	8432	18	26	255
化学矿采选	657			6
采盐	1567	5	4	21
石棉及其他非金属矿采选	1033		1	12
其他采矿业	2427	14	5	39
其他采矿业	2427	14	5	39

单位：人

35 小时	36-39 小时	40 小时	41-47 小时	48 小时	48小时 以 上	周平均 工作时间 (小时)
110858	**65541**	**4664852**	**328736**	**1486431**	**4027135**	**47.91**
10902	**7257**	**111718**	**23630**	**34369**	**183079**	**44.31**
9045	6381	84685	19768	26576	139031	43.20
6537	4943	61673	14273	17606	88817	41.66
2087	1168	18738	4695	7566	43190	47.33
408	265	4053	771	1342	6700	45.00
13	5	221	29	62	324	48.27
277	127	6680	411	1289	4451	45.49
218	103	5343	313	1022	2948	44.69
42	16	1086	64	188	974	47.39
17	8	251	34	79	529	49.33
757	330	7081	1690	2671	18325	49.73
187	76	1731	386	544	4185	49.82
368	164	2814	827	1082	7802	49.34
146	67	1851	379	791	4820	50.31
3	1	72	4	37	76	47.24
53	22	613	94	217	1442	49.89
544	326	5619	1309	2367	15502	50.49
206	158	2556	533	920	8003	52.28
338	168	3063	776	1447	7499	48.88
279	93	7653	452	1466	5770	46.73
106	48	3723	204	770	2743	46.53
58	20	1603	69	301	1064	46.85
71	12	1594	90	226	898	45.88
44	13	733	89	169	1065	48.38
1223	**1018**	**109555**	**4450**	**24417**	**67022**	**46.43**
626	527	55130	2793	18016	48580	47.70
455	476	50772	2605	16809	45772	47.79
135	17	2003	75	446	1550	46.86
36	34	2355	113	761	1258	45.95
288	223	35461	715	2405	6644	42.98
162	108	19745	498	1312	3677	42.97
126	115	15716	217	1093	2967	43.00
56	95	7108	259	1018	2788	44.91
50	87	6721	245	963	2549	44.86
6	8	387	14	55	239	45.62
134	85	6341	298	1184	3201	45.43
94	62	4293	183	737	1830	44.99
27	15	1284	88	325	1107	47.07
13	8	764	27	122	264	44.22
102	76	4387	342	1464	4970	48.73
82	57	2754	262	986	3992	49.61
3	6	337	16	159	130	45.37
10	10	931	35	195	356	44.69
7	3	365	29	124	492	49.79
17	12	1128	43	330	839	46.88
17	12	1128	43	330	839	46.88

4-12a 续表 11

行业中类 性　别	合　计	1-8 小时	9-19 小时	20-34 小时
制造业	**3127421**	**4145**	**4437**	**31376**
农副食品加工业	63696	135	254	1797
谷物磨制	6390	20	36	215
饲料加工	6682	16	9	93
植物油加工	5278	11	7	94
制糖	1920	5	2	31
屠宰及肉类加工	20829	30	94	644
水产品加工	8710	23	60	306
蔬菜、水果和坚果加工	3080	7	8	44
其他农副食品加工	10807	23	38	370
食品制造业	74192	106	171	1268
焙烤食品制造	24835	36	73	459
糖果、巧克力及蜜饯制造	5179	8	6	62
方便食品制造	15203	12	37	307
液体乳及乳制品制造	6830	10	22	119
罐头制造	3055	6	8	40
调味品、发酵制品制造	7158	13	5	103
其他食品制造	11932	21	20	178
饮料制造业	41196	83	63	486
酒精制造	1993	4	2	19
酒的制造	24820	57	41	289
软饮料制造	13458	20	16	165
精制茶加工	925	2	4	13
烟草制品业	14275	34	13	240
烟叶复烤	1624	5	1	16
卷烟制造	11928	25	10	215
其他烟草制品加工	723	4	2	9
纺织业	124697	158	225	1224
棉、化纤纺织及印染精加工	52783	75	129	458
毛纺织和染整精加工	8611	7	12	103
麻纺织	1186	1	2	15
丝绢纺织及精加工	2476	3	9	25
纺织制成品制造	24576	36	38	246
针织品、编织品及其制品制造	35065	36	35	377
纺织服装、鞋、帽制造业	194289	204	339	1769
纺织服装制造	171271	194	299	1592
纺织面料鞋的制造	21509	10	38	163
制帽	1509		2	14
皮革、毛皮、羽毛(绒)及其制品业	115609	86	187	836
皮革鞣制加工	3191	5	5	48
皮革制品制造	109450	78	179	761
毛皮鞣制及制品加工	1448		2	16
羽毛(绒)加工及制品制造	1520	3	1	11
木材加工及木、竹、藤、棕、草制品业	44556	60	101	1037
锯材、木片加工	14120	24	39	360
人造板制造	11722	12	21	314
木制品制造	16825	13	30	280
竹、藤、棕、草制品制造	1889	11	11	83
家具制造业	84422	105	152	913
木质家具制造	61945	83	119	734
竹、藤家具制造	1215	1	1	14
金属家具制造	8543	10	16	69
塑料家具制造	1456	2	4	14
其他家具制造	11263	9	12	82

单位：人

35小时	36-39小时	40小时	41-47小时	48小时	48小时以上	周平均工作时间(小时)
15213	**13782**	**1211258**	**93024**	**620986**	**1133200**	**48.46**
790	392	19885	2203	8965	29275	49.60
59	35	2397	223	820	2585	48.10
40	50	2529	215	1148	2582	48.14
39	31	2226	119	696	2055	48.26
32	7	979	62	232	570	46.08
341	140	5565	816	2908	10291	50.32
89	56	2461	287	1359	4069	49.46
31	10	895	89	447	1549	51.13
159	63	2833	392	1355	5574	50.94
627	386	27884	2403	12010	29337	48.87
200	135	7941	814	3763	11414	50.24
27	26	2200	189	902	1759	47.77
156	68	5049	503	2333	6738	50.03
60	50	3119	218	1066	2166	46.95
17	12	1091	84	525	1272	49.30
44	38	3256	271	1331	2097	46.48
123	57	5228	324	2090	3891	47.45
277	230	19115	1287	7182	12473	46.80
11	10	916	58	233	740	47.44
194	147	12032	793	4165	7102	46.30
64	65	5804	392	2639	4293	47.60
8	8	363	44	145	338	47.54
151	85	9459	350	1848	2095	43.23
14	7	868	37	198	478	45.83
130	75	8136	292	1554	1491	42.85
7	3	455	21	96	126	43.72
500	529	35359	4060	26091	56551	50.69
205	205	16504	1742	10502	22963	50.05
47	39	2230	392	1919	3862	50.82
7	9	439	34	257	422	48.10
9	11	911	78	501	929	49.47
131	88	7904	736	5290	10107	49.69
101	177	7371	1078	7622	18268	52.50
658	783	38316	5477	38872	107871	53.53
585	732	35028	4958	33610	94273	53.38
68	49	2842	451	4827	13061	54.95
5	2	446	68	435	537	49.37
286	341	19097	3541	25173	66062	54.11
19	8	759	77	540	1730	52.17
258	321	17502	3359	24014	62978	54.25
6	7	455	50	289	623	49.78
3	5	381	55	330	731	52.00
301	265	11157	1379	7107	23149	50.69
133	95	3335	450	1757	7927	51.20
69	72	3002	473	2035	5724	50.18
86	87	4418	400	3097	8414	50.53
13	11	402	56	218	1084	51.40
313	334	18948	2664	18280	42713	50.96
233	270	13782	1946	13168	31610	50.94
7	9	286	30	213	654	51.57
35	21	2020	270	1948	4154	50.92
9	4	380	51	325	667	51.06
29	30	2480	367	2626	5628	51.08

4-12a 续表 12

行业中类 性 别	合 计	1-8 小时	9-19 小时	20-34 小时
造纸及纸制品业	56944	70	72	500
纸浆制造	2403	15	5	32
造纸	20643	33	34	189
纸制品制造	33898	22	33	279
印刷业和记录媒介的复制	58070	63	111	559
印刷	54301	58	100	530
装订及其他印刷服务活动	3057	2	6	27
记录媒介的复制	712	3	5	2
文教体育用品制造业	53940	56	36	381
文化用品制造	7140	10	5	120
体育用品制造	11939	9	2	32
乐器制造	2684	5	4	18
玩具制造	30912	29	22	204
游艺器材及娱乐用品制造	1265	3	3	7
石油加工、炼焦及核燃料加工业	35907	63	39	456
精炼石油产品的制造	26647	45	27	313
炼焦	8582	18	9	122
核燃料加工	678		3	21
化学原料及化学制品制造业	123938	216	167	1328
基础化学原料制造	33136	49	54	312
肥料制造	22400	62	30	253
农药制造	4839	7	13	51
涂料、油墨、颜料及类似产品制造	14592	21	23	153
合成材料制造	10718	20	9	126
专用化学产品制造	25553	31	21	299
日用化学产品制造	12700	26	17	134
医药制造业	52960	73	48	572
化学药品原药制造	11307	15	10	104
化学药品制剂制造	14379	20	14	160
中药饮片加工	3542	1	6	81
中成药制造	14065	18	11	141
兽用药品制造	1227	3		23
生物、生化制品的制造	4267	11	2	27
卫生材料及医药用品制造	4173	5	5	36
化学纤维制造业	11486	24	10	122
纤维素纤维原料及纤维制造	4087	9	4	45
合成纤维制造	7399	15	6	77
橡胶制品业	37361	60	31	286
轮胎制造	15558	23	11	100
橡胶板、管、带的制造	4609	10	1	43
橡胶零件制造	4850	5	7	29
再生橡胶制造	555		1	11
日用及医用橡胶制品制造	977		1	6
橡胶靴鞋制造	6729	4	4	58
其他橡胶制品制造	4083	18	6	39
塑料制品业	97072	131	196	1032
塑料薄膜制造	9385	15	18	93
塑料板、管、型材的制造	14539	45	15	134
塑料丝、绳及编织品的制造	3803	7	10	56
泡沫塑料制造	5320	3	13	80
塑料人造革、合成革制造	2676	4	3	30
塑料包装箱及容器制造	8251	10	10	57
塑料零件制造	14320	8	46	96
日用塑料制造	18751	20	51	343
其他塑料制品制造	20027	19	30	143

单位：人

35小时	36-39小时	40小时	41-47小时	48小时	48小时以上	周平均工作时间(小时)
289	297	18812	1672	13498	21734	48.84
19	23	1111	74	418	706	46.32
138	124	8000	509	4281	7335	47.74
132	150	9701	1089	8799	13693	49.69
296	298	23137	1750	12757	19099	47.91
278	276	21572	1637	12034	17816	47.89
13	16	1254	95	587	1057	48.41
5	6	311	18	136	226	47.08
155	205	16169	1884	14481	20573	49.32
66	27	2488	279	1638	2507	48.56
25	54	3813	417	3589	3998	48.78
15	8	1247	60	516	811	46.87
44	109	8124	1093	8475	12812	49.96
5	7	497	35	263	445	48.20
599	341	24779	771	3390	5469	43.19
537	234	19651	535	2157	3148	42.47
55	58	4705	225	1182	2208	45.45
7	49	423	11	51	113	42.98
1077	855	67702	3550	19713	29330	45.29
259	204	19432	893	4709	7224	44.79
149	196	12575	637	3092	5406	45.08
39	45	2554	176	812	1142	45.38
76	81	6398	429	3177	4234	46.86
213	81	5715	288	1798	2468	45.41
272	188	14368	712	3713	5949	45.08
69	60	6660	415	2412	2907	45.46
442	381	32178	1588	8140	9538	44.17
70	81	6931	339	1712	2045	44.19
128	101	9289	469	2033	2165	43.54
33	39	1884	117	590	791	44.75
146	90	8314	391	2234	2720	44.44
8	11	606	37	223	316	45.68
33	36	2849	109	580	620	43.50
24	23	2305	126	768	881	45.05
81	44	6296	297	1930	2682	45.42
14	17	2451	79	575	893	44.87
67	27	3845	218	1355	1789	45.72
143	115	13875	981	7592	14278	48.89
43	44	6436	401	3589	4911	47.53
27	17	2113	135	826	1437	47.17
16	18	1752	138	1018	1867	49.00
9	3	179	21	100	231	48.76
8	3	356	16	213	374	49.16
23	14	1459	154	1059	3954	53.57
17	16	1580	116	787	1504	48.11
411	318	28562	3183	23124	40115	50.07
46	27	3076	359	2082	3669	49.50
67	58	5231	413	3101	5475	48.77
22	20	1102	101	700	1785	50.72
8	16	1251	158	1125	2666	51.65
3	8	539	64	383	1642	57.28
35	31	2728	240	1993	3147	49.34
47	42	4054	447	3655	5925	50.29
121	67	4583	622	4593	8351	50.78
62	49	5998	779	5492	7455	49.25

4-12a 续表 13

行业中类 性 别	合 计	1-8 小时	9-19 小时	20-34 小时
非金属矿物制品业	137805	298	236	2039
水泥、石灰和石膏的制造	26652	63	37	441
水泥及石膏制品制造	16928	43	47	311
砖瓦、石材及其他建筑材料制造	34541	104	88	683
玻璃及玻璃制品制造	29395	43	32	203
陶瓷制品制造	17081	29	19	224
耐火材料制品制造	8251	9	6	111
石墨及其他非金属矿物制品制造	4957	7	7	66
黑色金属冶炼及压延加工业	118971	117	120	1113
炼铁	18816	24	23	247
炼钢	56201	50	40	457
钢压延加工	40102	41	54	371
铁合金冶炼	3852	2	3	38
有色金属冶炼及压延加工业	45547	78	57	548
常用有色金属冶炼	25112	59	30	325
贵金属冶炼	1751	1	4	26
稀有稀土金属冶炼	1833	5	2	19
有色金属合金制造	2873	1	2	27
有色金属压延加工	13978	12	19	151
金属制品业	206370	270	282	2062
结构性金属制品制造	89399	146	138	1002
金属工具制造	26452	25	33	327
集装箱及金属包装容器制造	9445	13	8	82
金属丝绳及其制品的制造	6206	6	4	52
建筑、安全用金属制品制造	19796	18	31	183
金属表面处理及热处理加工	11780	12	21	105
搪瓷制品制造	1799	3	4	18
不锈钢及类似日用金属制品制造	21596	21	26	219
其他金属制品制造	19897	26	17	74
通用设备制造业	233766	260	313	2057
锅炉及原动机制造	21447	22	16	182
金属加工机械制造	61273	64	91	478
起重运输设备制造	12047	5	5	72
泵、阀门、压缩机及类似机械的制造	27013	29	34	212
轴承、齿轮、传动和驱动部件的制造	23168	13	17	243
烘炉、熔炉及电炉制造	1461	7	3	7
风机、衡器、包装设备等通用设备制造	25176	16	23	166
通用零部件制造及机械修理	45272	85	110	520
金属铸、锻加工	16909	19	14	177
专用设备制造业	187057	246	167	1348
矿山、冶金、建筑专用设备制造	36742	65	38	245
化工、木材、非金属加工专用设备制造	53016	55	46	401
食品、饮料、烟草及饲料生产专用设备制造	3706	7	1	26
印刷、制药、日化生产专用设备制造	10115	7	5	70
纺织、服装和皮革工业专用设备制造	9976	12	11	69
电子和电工机械专用设备制造	42454	49	38	261
农、林、牧、渔专用机械制造	8413	13	12	105
医疗仪器设备及器械制造	9161	11	5	51
环保、社会公共安全及其他专用设备制造	13474	27	11	120

单位：人

35 小时	36-39 小时	40 小时	41-47 小时	48 小时	48小时 以上	周平均 工作时间 (小时)
824	721	47701	3876	24107	58003	48.91
219	146	11749	735	3968	9294	47.28
104	95	6141	451	2760	6976	49.16
220	204	9162	1063	5627	17390	50.17
108	95	10603	827	6296	11188	48.66
100	108	4634	505	3405	8057	49.88
27	36	2998	169	1345	3550	48.67
46	37	2414	126	706	1548	46.50
481	692	67235	3024	17845	28344	45.41
80	149	10888	468	2533	4404	45.07
276	324	34146	1529	8349	11030	44.57
101	188	20202	910	6444	11791	46.67
24	31	1999	117	519	1119	46.33
332	348	22983	1147	7354	12700	46.31
227	200	14184	612	3609	5866	45.09
9	15	893	26	289	488	46.09
19	10	919	40	307	512	46.43
12	11	1426	69	531	794	46.45
65	112	5561	400	2618	5040	48.47
778	811	62358	6317	44789	88703	49.71
379	360	27658	2472	17587	39657	49.75
85	97	8291	854	5853	10887	49.02
34	26	3837	259	2121	3065	48.33
17	25	2424	188	1359	2131	48.26
77	106	5517	636	4174	9054	50.24
43	47	2844	376	2562	5770	51.20
7	16	540	51	447	713	49.02
108	86	5258	681	4906	10291	50.74
28	48	5989	800	5780	7135	49.09
1016	869	102950	5850	48460	71991	47.11
102	69	11617	497	3736	5206	45.57
255	210	25937	1601	13171	19466	47.27
46	40	6620	257	2427	2575	45.41
127	113	12015	761	5228	8494	47.35
86	73	10070	599	5303	6764	46.86
6	3	723	32	267	413	46.47
95	89	11416	654	5851	6866	46.81
238	204	17922	1050	9078	16065	47.94
61	68	6630	399	3399	6142	48.00
821	725	87952	5381	37754	52663	46.73
172	121	19387	949	6315	9450	45.81
171	175	17602	1574	12980	20012	49.09
20	18	1897	84	704	949	45.98
49	37	4487	249	2313	2898	47.03
31	24	4276	268	2217	3068	47.39
181	206	23493	1381	7637	9208	45.35
52	34	3777	245	1739	2436	46.67
46	35	5628	245	1499	1641	44.60
99	75	7405	386	2350	3001	45.28

4-12a 续表 14

行业中类 性　别	合　计	1-8 小时	9-19 小时	20-34 小时
交通运输设备制造业	263293	324	264	1813
铁路运输设备制造	25288	52	14	175
汽车制造	157250	181	168	1123
摩托车制造	15406	27	30	180
自行车制造	8861	10	6	41
船舶及浮动装置制造	38174	37	35	208
航空航天器制造	14548	14	4	55
交通器材及其他交通运输设备制造	3766	3	7	31
电气机械及器材制造业	217064	233	213	1312
电机制造	38905	60	41	258
输配电及控制设备制造	47993	60	61	305
电线、电缆、光缆及电工器材制造	25550	37	30	180
电池制造	13745	9	11	62
家用电力器具制造	58589	42	47	314
非电力家用器具制造	5542	6	1	48
照明器具制造	20778	15	12	105
其他电气机械及器材制造	5962	4	10	40
通信设备、计算机及其他电子设备制造业	290497	375	256	2202
通信设备制造	44926	68	30	260
雷达及配套设备制造	1115		2	6
广播电视设备制造	3055	3	6	11
电子计算机制造	44075	25	30	673
电子器件制造	65082	87	59	530
电子元件制造	101028	137	92	599
家用视听设备制造	18423	21	23	72
其他电子设备制造	12793	34	14	51
仪器仪表及文化、办公用机械制造业	59977	89	85	487
通用仪器仪表制造	18528	36	30	224
专用仪器仪表制造	8010	19	9	68
钟表与计时仪器制造	9456	6	6	42
光学仪器及眼镜制造	13171	7	24	72
文化、办公用机械制造	9077	19	11	57
其他仪器仪表的制造及修理	1735	2	5	24
工艺品及其他制造业	60479	90	140	783
工艺美术品制造	44564	64	99	555
日用杂品制造	10246	15	27	119
煤制品制造	1973	1	3	39
核辐射加工	209	2		10
其他未列明的制造业	3487	8	11	60
废弃资源和废旧材料回收加工业	21985	38	89	806
金属废料和碎屑的加工处理	13127	27	48	514
非金属废料和碎屑的加工处理	8858	11	41	292
电力、燃气及水的生产和供应业	**203058**	**319**	**190**	**2595**
电力、热力的生产和供应业	150291	226	126	1980
电力生产	56634	66	50	954
电力供应	74803	130	63	835
热力生产和供应	18854	30	13	191
燃气生产和供应业	22453	30	27	232
燃气生产和供应业	22453	30	27	232
水的生产和供应业	30314	63	37	383
自来水的生产和供应	26286	56	35	336
污水处理及其再生利用	3024	5	1	39
其他水的处理、利用与分配	1004	2	1	8

单位：人

35 小时	36-39 小时	40 小时	41-47 小时	48 小时	48小时 以 上	周平均 工作时间 (小时)
1065	1074	125256	6916	50287	76294	46.84
155	167	15753	534	3743	4695	44.35
559	537	70424	4181	31698	48379	47.33
65	69	4882	416	3891	5846	48.87
11	22	2726	226	2186	3633	49.76
143	196	17959	1136	6878	11582	46.89
117	74	11564	344	1198	1178	42.00
15	9	1948	79	693	981	46.08
756	797	87915	6886	50102	68850	47.77
161	136	19158	1133	7868	10090	46.29
159	206	21767	1367	10694	13374	46.84
82	107	11285	770	5761	7298	47.08
26	54	5274	472	3701	4136	47.96
222	173	19395	2106	13927	22363	49.32
25	36	2125	199	1415	1687	47.49
54	56	6151	670	5455	8260	49.49
27	29	2760	169	1281	1642	46.57
682	835	127644	10028	63854	84621	47.38
195	151	24384	1333	7539	10966	45.94
2	7	795	28	124	151	43.15
7	11	1748	78	530	661	45.44
69	113	19930	1554	10095	11586	46.79
105	207	29921	2165	13801	18207	47.25
241	240	38276	3764	24303	33376	48.37
33	61	7179	653	4222	6159	48.23
30	45	5411	453	3240	3515	47.06
471	232	27771	1772	11489	17581	47.08
304	98	10642	516	2724	3954	44.85
50	38	4787	238	1189	1612	44.78
16	37	2913	316	2446	3674	49.43
51	23	4432	319	3260	4983	49.78
28	27	4165	325	1622	2823	47.31
22	9	832	58	248	535	47.03
330	272	15803	2011	12546	28504	50.83
212	203	10171	1509	9832	21919	51.36
81	41	3201	380	1987	4395	49.98
18	5	695	46	215	951	49.84
1	3	151	3	18	21	41.54
18	20	1585	73	494	1218	47.65
261	207	4960	776	2246	12602	51.42
154	132	3036	447	1362	7407	51.09
107	75	1924	329	884	5195	51.90
4705	**1691**	**139582**	**4559**	**17592**	**31825**	**43.21**
3843	1351	104698	3221	12439	22407	42.99
1899	791	38561	1344	4866	8103	42.82
1748	465	54394	1482	5628	10058	42.69
196	95	11743	395	1945	4246	44.73
283	146	14088	573	2352	4722	44.62
283	146	14088	573	2352	4722	44.62
579	194	20796	765	2801	4696	43.24
500	156	18254	635	2349	3965	43.11
60	33	1941	106	353	486	43.85
19	5	601	24	99	245	45.00

4-12a 续表 15

行业中类 性　别	合　计	1-8 小时	9-19 小时	20-34 小时
建筑业	**1040338**	**1929**	**2928**	**23916**
房屋和土木工程建筑业	655964	1262	1843	15042
房屋工程建筑	541228	1005	1636	13331
土木工程建筑	114736	257	207	1711
建筑安装业	82682	164	220	1788
建筑安装业	82682	164	220	1788
建筑装饰业	271547	428	784	6342
建筑装饰业	271547	428	784	6342
其他建筑业	30145	75	81	744
工程准备	9872	23	38	233
提供施工设备服务	6758	27	12	179
其他未列明的建筑活动	13515	25	31	332
交通运输、仓储和邮政业	**993118**	**1750**	**3052**	**23003**
铁路运输业	121504	265	193	1967
铁路旅客运输	40797	86	87	816
铁路货物运输	22741	60	36	350
铁路运输辅助活动	57966	119	70	801
道路运输业	402956	690	1475	11773
公路旅客运输	81598	159	277	2170
道路货物运输	274486	445	1064	8503
道路运输辅助活动	46872	86	134	1100
城市公共交通业	250237	361	708	4358
公共电汽车客运	55148	103	88	809
轨道交通	6077	3	6	98
出租车客运	160060	196	456	2448
城市轮渡	362		1	11
其他城市公共交通	28590	59	157	992
水上运输业	33092	45	65	443
水上旅客运输	4609	7	11	83
水上货物运输	17742	26	37	221
水上运输辅助活动	10741	12	17	139
航空运输业	20531	58	50	486
航空客货运输	12789	26	29	346
通用航空服务	2048	19	12	49
航空运输辅助活动	5694	13	9	91
管道运输业	2288	3	3	20
管道运输业	2288	3	3	20
装卸搬运和其他运输服务业	91251	224	422	3016
装卸搬运	48399	164	319	2408
运输代理服务	42852	60	103	608
仓储业	32224	35	77	463
谷物、棉花等农产品仓储	7309	9	19	146
其他仓储	24915	26	58	317
邮政业	39035	69	59	477
国家邮政	21846	42	30	266
其他寄递服务	17189	27	29	211

单位：人

35 小时	36-39 小时	40 小时	41-47 小时	48 小时	48小时 以 上	周平均 工作时间 (小时)
6892	**5856**	**301172**	**29673**	**124627**	**543345**	**50.59**
4236	3568	188471	18037	75054	348451	50.79
3317	3021	139212	15146	62173	302387	51.31
919	547	49259	2891	12881	46064	48.36
700	491	30562	2203	10218	36336	48.93
700	491	30562	2203	10218	36336	48.93
1677	1622	70708	8647	35740	145599	50.82
1677	1622	70708	8647	35740	145599	50.82
279	175	11431	786	3615	12959	48.74
81	54	3727	237	1173	4306	48.96
76	32	2453	191	812	2976	48.70
122	89	5251	358	1630	5677	48.60
9054	**7426**	**379623**	**31386**	**110096**	**427728**	**49.26**
1137	1307	79290	3153	12673	21519	43.97
402	468	26188	1099	4263	7388	44.09
187	291	14413	655	2586	4163	44.16
548	548	38689	1399	5824	9968	43.82
3971	3035	123913	13414	45341	199344	50.22
828	624	26599	2834	9198	38909	50.08
2467	2012	75597	9237	31161	144000	50.74
676	399	21717	1343	4982	16435	47.44
1731	1508	70397	8009	25250	137915	52.48
432	446	26150	2157	8096	16867	46.91
41	41	4298	206	566	818	43.10
915	795	34252	4612	14213	102173	54.66
5	4	211	4	39	87	45.33
338	222	5486	1030	2336	17970	53.11
312	281	19539	950	3699	7758	45.28
74	28	2665	119	518	1104	45.12
127	115	10114	531	1946	4625	45.95
111	138	6760	300	1235	2029	44.25
236	154	14663	488	1728	2668	42.72
144	115	9484	291	980	1374	42.17
30	6	1265	64	180	423	44.02
62	33	3914	133	568	871	43.51
21	11	1512	47	173	498	44.54
21	11	1512	47	173	498	44.54
865	664	31764	3293	11282	39721	48.91
577	411	12634	1690	5327	24869	49.97
288	253	19130	1603	5955	14852	47.70
314	237	16782	841	4385	9090	46.40
143	38	4201	146	706	1901	45.44
171	199	12581	695	3679	7189	46.69
467	229	21763	1191	5565	9215	45.44
372	140	14846	562	2426	3162	43.21
95	89	6917	629	3139	6053	48.28

4-12a 续表 16

行业中类 性 别	合 计	1-8 小时	9-19 小时	20-34 小时
信息传输、计算机服务和软件业	**194708**	**342**	**212**	**1666**
电信和其他信息传输服务业	107842	218	109	992
电信	79779	165	87	750
互联网信息服务	22097	46	20	191
广播电视传输服务	5550	7	2	47
卫星传输服务	416			4
计算机服务业	31523	52	54	363
计算机系统服务	11406	27	12	111
数据处理	2464	2	3	25
计算机维修	9145	13	20	143
其他计算机服务	8508	10	19	84
软件业	55343	72	49	311
公共软件服务	48146	64	35	246
其他软件服务	7197	8	14	65
批发和零售业	**1746468**	**2806**	**4626**	**28828**
批发业	479576	650	1077	7253
农畜产品批发	19392	38	70	464
食品、饮料及烟草制品批发	96579	133	251	1585
纺织、服装及日用品批发	91946	127	204	1056
文化、体育用品及器材批发	13559	19	21	154
医药及医疗器材批发	19017	26	27	388
矿产品、建材及化工产品批发	89400	109	173	1296
机械设备、五金交电及电子产品批发	77818	110	144	726
贸易经纪与代理	20292	35	19	236
其他批发	51573	53	168	1348
零售业	1266892	2156	3549	21575
综合零售	305800	636	883	5045
食品、饮料及烟草制品专门零售	284060	444	1099	6539
纺织、服装及日用品专门零售	188272	326	519	3096
文化、体育用品及器材专门零售	41956	69	132	701
医药及医疗器材专门零售	37067	79	75	602
汽车、摩托车、燃料及零配件专门零售	78620	101	124	829
家用电器及电子产品专门零售	142939	209	196	1408
五金、家具及室内装修材料专门零售	129645	173	238	1600
无店铺及其他零售	58533	119	283	1755
住宿和餐饮业	**468127**	**812**	**1446**	**7150**
住宿业	88183	189	185	972
旅游饭店	53044	121	80	514
一般旅馆	29579	59	83	361
其他住宿服务	5560	9	22	97
餐饮业	379944	623	1261	6178
正餐服务	250441	361	720	3131
快餐服务	68198	149	276	1436
饮料及冷饮服务	7707	14	23	131
其他餐饮服务	53598	99	242	1480
金融业	**213484**	**366**	**247**	**3066**
银行业	125365	214	70	1212
中央银行	10184	17	9	106
商业银行	94629	160	45	917
其他银行	20552	37	16	189
证券业	18819	33	46	866
证券市场管理	2176	2	2	67
证券经纪与交易	9202	17	17	320
证券投资	6424	14	24	449
证券分析与咨询	1017		3	30

单位：人

35小时	36-39小时	40小时	41-47小时	48小时	48小时以上	周平均工作时间(小时)
2247	**1102**	**128513**	**5641**	**21050**	**33935**	**43.93**
1598	655	70422	2962	11982	18904	43.93
1296	499	52021	2118	8955	13888	43.87
195	124	14163	685	2502	4171	44.43
102	29	3953	143	487	780	42.99
5	3	285	16	38	65	43.33
241	183	16233	980	4237	9180	46.53
100	58	7121	371	1396	2210	44.39
20	18	1649	68	246	433	43.77
65	64	3704	290	1459	3387	47.90
56	43	3759	251	1136	3150	48.70
408	264	41858	1699	4831	5851	42.45
340	226	37334	1433	3965	4503	42.18
68	38	4524	266	866	1348	44.26
13937	**9055**	**567028**	**58166**	**224970**	**837052**	**50.59**
4211	2292	179912	15153	59587	209441	49.42
237	108	6761	666	1879	9169	50.01
985	492	29332	3211	11349	49241	51.26
506	352	28643	2890	11056	47112	51.21
91	60	5670	388	1719	5437	48.57
396	143	10669	640	2512	4216	44.66
740	435	37299	2489	11473	35386	48.27
512	344	36293	2415	11918	25356	47.25
227	79	13504	610	2349	3233	43.57
517	279	11741	1844	5332	30291	52.13
9726	6763	387116	43013	165383	627611	51.03
2125	2040	102392	11343	44642	136694	50.03
2843	1453	61879	9915	25817	174071	54.02
1384	877	52647	5867	21428	102128	51.80
427	248	15253	1484	5110	18532	49.79
382	242	16759	1298	5408	12222	47.39
498	348	29621	2365	15132	29602	48.62
807	702	55106	4905	24737	54869	48.56
642	502	36344	3912	17321	68913	51.36
618	351	17115	1924	5788	30580	51.08
3200	**2189**	**130139**	**15648**	**69123**	**238420**	**51.87**
551	460	37465	2843	15803	29715	48.11
341	292	24810	1778	10587	14521	46.53
170	154	10575	878	4511	12788	50.54
40	14	2080	187	705	2406	50.17
2649	1729	92674	12805	53320	208705	52.74
1263	1078	64625	8048	38748	132467	52.22
595	334	14701	2473	7992	40242	53.81
74	50	2238	285	1174	3718	50.88
717	267	11110	1999	5406	32278	54.09
4265	**1299**	**156693**	**4852**	**18187**	**24509**	**42.34**
2810	713	96839	2568	9068	11871	41.95
261	45	7892	194	644	1016	41.99
2113	541	73196	1985	6810	8862	41.93
436	127	15751	389	1614	1993	42.00
401	137	14058	411	1302	1565	41.21
50	18	1610	45	161	221	41.84
211	55	7163	179	574	666	41.15
121	58	4516	157	488	597	41.05
19	6	769	30	79	81	41.53

4-12a 续表 17

行业中类 性别	合计	1-8 小时	9-19 小时	20-34 小时
保险业	50799	95	104	707
人寿保险	35811	69	82	525
非人寿保险	13368	23	19	165
保险辅助服务	1620	3	3	17
其他金融活动	18501	24	27	281
金融信托与管理	6751	8	5	110
金融租赁	796		2	13
财务公司	2275	7	5	28
邮政储蓄	2741	2	3	26
典当	1339	1	2	18
其他未列明的金融活动	4599	6	10	86
房地产业	**245140**	**621**	**765**	**3404**
房地产业	245140	621	765	3404
房地产开发经营	87992	184	120	927
物业管理	124909	301	537	1988
房地产中介服务	25946	88	72	333
其他房地产活动	6293	48	36	156
租赁和商务服务业	**212300**	**348**	**409**	**3490**
租赁业	17875	32	54	447
机械设备租赁	16815	31	46	395
文化及日用品出租	1060	1	8	52
商务服务业	194425	316	355	3043
企业管理服务	31305	53	40	359
法律服务	12394	24	25	231
咨询与调查	18967	31	27	252
广告业	39068	55	54	450
知识产权服务	1303	3	3	10
职业中介服务	14871	18	46	510
市场管理	6437	9	13	127
旅行社	15571	36	40	267
其他商务服务	54509	87	107	837
科学研究、技术服务和地质勘查业	**125521**	**194**	**109**	**1040**
研究与试验发展	37226	50	27	255
自然科学研究与试验发展	7040	6	8	54
工程和技术研究与试验发展	22225	16	10	129
农业科学研究与试验发展	4497	23	1	40
医学研究与试验发展	1874	2	2	14
社会人文科学研究与试验发展	1590	3	6	18
专业技术服务业	60562	85	58	524
气象服务	2491		3	30
地震服务	783	9		15
海洋服务	795	2	1	5
测绘服务	2715	2	4	27
技术检测	9424	9	9	85
环境监测	1843	4	1	14
工程技术与规划管理	35100	52	32	266
其他专业技术服务	7411	7	8	82
科技交流和推广服务业	9583	11	4	97
技术推广服务	5873	6	3	55
科技中介服务	1889	2		15
其他科技服务	1821	3	1	27
地质勘查业	18150	48	20	164
矿产地质勘查	11786	38	10	110
基础地质勘查	2984	4	4	18
地质勘查技术服务	3380	6	6	36

单位：人

35小时	36-39小时	40小时	41-47小时	48小时	48小时以上	周平均工作时间（小时）
745	334	32943	1426	6096	8349	43.45
480	243	22879	1063	4413	6057	43.54
242	81	8977	332	1489	2040	43.19
23	10	1087	31	194	252	43.64
309	115	12853	447	1721	2724	43.10
101	47	4810	164	564	942	42.90
16	3	516	25	88	133	43.77
36	12	1672	54	222	239	42.25
54	20	1887	70	257	422	43.22
12	8	772	32	152	342	45.73
90	25	3196	102	438	646	42.87
2049	**1503**	**122753**	**7598**	**40116**	**66331**	**46.34**
2049	1503	122753	7598	40116	66331	46.34
916	422	45636	2594	12344	24849	46.27
856	964	60026	4118	22490	33629	46.56
179	99	13744	717	4389	6325	45.72
98	18	3347	169	893	1528	45.28
2179	**1347**	**119018**	**6295**	**26627**	**52587**	**45.49**
128	99	6425	484	2035	8171	50.03
112	94	6038	444	1879	7776	50.14
16	5	387	40	156	395	48.17
2051	1248	112593	5811	24592	44416	45.08
490	216	22613	649	2656	4229	42.91
220	53	9309	268	841	1423	42.12
247	95	14752	438	1429	1696	41.88
289	195	20100	1300	6173	10452	46.07
17	4	988	34	110	134	42.13
134	103	7258	474	1648	4680	46.27
88	45	2746	238	927	2244	47.70
175	101	9272	446	1920	3314	44.58
391	436	25555	1964	8888	16244	46.97
2582	**895**	**94874**	**2460**	**9349**	**14018**	**42.41**
657	291	30711	604	1975	2656	41.47
113	42	5783	89	333	612	41.73
300	203	18485	371	1261	1450	41.43
186	27	3552	83	223	362	41.36
35	13	1555	34	101	118	41.30
23	6	1336	27	57	114	41.33
1321	430	44022	1246	5304	7572	42.77
138	24	1828	38	138	292	42.28
18	3	550	14	54	120	42.68
21	3	567	29	25	142	42.98
72	9	1948	50	247	356	42.96
168	56	7394	178	700	825	41.94
48	16	1431	28	100	201	42.26
747	262	25389	708	3201	4443	42.82
109	57	4915	201	839	1193	43.78
150	53	7264	226	755	1023	42.39
91	28	4594	129	414	553	42.11
31	10	1375	53	158	245	42.98
28	15	1295	44	183	225	42.72
454	121	12877	384	1315	2767	43.12
264	80	8325	263	847	1849	43.19
118	18	2140	55	202	425	42.86
72	23	2412	66	266	493	43.12

4-12a 续表 18

行业中类 性 别	合 计	1-8 小时	9-19 小时	20-34 小时
水利、环境和公共设施管理业	**95238**	**168**	**195**	**1664**
水利管理业	16017	36	10	203
防洪管理	2111	1	1	20
水资源管理	11441	28	7	134
其他水利管理	2465	7	2	49
环境管理业	39046	68	124	924
自然保护	1408	1	1	28
环境治理	37638	67	123	896
公共设施管理业	40175	64	61	537
市政公共设施管理	17969	23	20	172
城市绿化管理	13465	17	24	246
游览景区管理	8741	24	17	119
居民服务和其他服务业	**327354**	**713**	**1542**	**9136**
居民服务业	161194	366	882	4739
家庭服务	14678	75	205	981
托儿所	994	3	5	30
洗染服务	5274	3	11	85
理发及美容保健服务	55720	73	179	772
洗浴服务	16334	17	49	263
婚姻服务	2779	20	41	138
殡葬服务	3532	13	22	192
摄影扩印服务	10668	21	50	192
其他居民服务	51215	141	320	2086
其他服务业	166160	347	660	4397
修理与维护	123719	226	404	2633
清洁服务	18948	50	115	726
其他未列明的服务	23493	71	141	1038
教育	**342432**	**1554**	**1261**	**6206**
教育	342432	1554	1261	6206
学前教育	9987	32	35	226
初等教育	52555	137	114	960
中等教育	139358	373	292	2079
高等教育	103804	645	516	2060
其他教育	36728	367	304	881
卫生、社会保障和社会福利业	**171912**	**391**	**259**	**2217**
卫生	163155	369	247	2067
医院	125528	298	155	1424
卫生院及社区医疗活动	12708	23	19	194
门诊部医疗活动	11478	23	48	248
计划生育技术服务活动	1050	3	2	13
妇幼保健活动	1529	2	1	23
专科疾病防治活动	1390	2	2	15
疾病预防控制及防疫活动	5455	7	7	75
其他卫生活动	4017	11	13	75
社会保障业	4146	7	6	79
社会保障业	4146	7	6	79
社会福利业	4611	15	6	71
提供住宿的社会福利	3636	15	2	40
不提供住宿的社会福利	975		4	31

单位：人

35小时	36-39小时	40小时	41-47小时	48小时	48小时以上	周平均工作时间（小时）
1476	**596**	**56846**	**2444**	**10006**	**21843**	**44.73**
338	111	11717	282	1124	2196	42.75
49	7	1519	41	179	294	43.05
244	91	8435	192	787	1523	42.65
45	13	1763	49	158	379	42.97
609	259	20527	1179	4537	10819	45.65
30	9	951	35	119	234	43.45
579	250	19576	1144	4418	10585	45.73
529	226	24602	983	4345	8828	44.62
233	93	11869	364	1672	3523	44.25
168	87	7441	390	1673	3419	45.16
128	46	5292	229	1000	1886	44.56
2537	**1999**	**87783**	**10055**	**41187**	**172402**	**51.46**
1248	953	42042	4721	18747	87496	52.27
177	128	4483	497	1894	6238	47.89
13	8	450	29	115	341	46.78
30	37	1326	142	609	3031	53.41
275	213	11759	1478	6318	34653	55.35
63	77	3884	473	2281	9227	53.58
26	23	977	74	385	1095	47.16
48	38	1500	104	423	1192	46.67
61	45	3376	315	1488	5120	50.67
555	384	14287	1609	5234	26599	50.72
1289	1046	45741	5334	22440	84906	50.67
826	633	32593	3860	17083	65461	51.23
192	143	6235	674	2890	7923	48.45
271	270	6913	800	2467	11522	49.53
5820	**1862**	**258785**	**7157**	**21070**	**38717**	**42.03**
5820	1862	258785	7157	21070	38717	42.03
147	57	6143	308	992	2047	44.21
892	272	40528	1057	2793	5802	41.99
2149	748	105375	3267	9048	16027	42.21
2060	535	83594	1594	4736	8064	41.17
572	250	23145	931	3501	6777	43.25
3168	**1767**	**109086**	**7056**	**16844**	**31124**	**43.98**
2984	1711	102859	6897	16197	29824	44.02
2324	1457	83019	5836	12648	18367	43.26
193	95	6735	447	1450	3552	46.09
133	58	3583	333	1212	5840	51.03
29	3	771	23	67	139	42.58
41	24	1033	59	122	224	43.04
23	19	907	40	115	267	44.19
175	35	4426	66	235	429	41.32
66	20	2385	93	348	1006	45.48
97	25	3227	70	226	409	41.85
97	25	3227	70	226	409	41.85
87	31	3000	89	421	891	44.42
64	23	2394	65	343	690	44.45
23	8	606	24	78	201	44.32

4-12a 续表 19

行业中类 性　别	合　计	1-8 小时	9-19 小时	20-34 小时
文化、体育和娱乐业	**123345**	**294**	**389**	**2623**
新闻出版业	24643	49	42	399
新闻业	5062	14	7	79
出版业	19581	35	35	320
广播、电视、电影和音像业	29096	59	45	424
广播	5542	15	11	77
电视	14855	20	11	189
电影	4276	13	12	89
音像制作	4423	11	11	69
文化艺术业	18458	92	136	728
文艺创作与表演	6888	52	92	446
艺术表演场馆	2145	9	20	93
图书馆与档案馆	2437	4	5	35
文物及文化保护	1115	5	2	17
博物馆	2048	2	1	22
烈士陵园、纪念馆	414	5		5
群众文化活动	1482	5	9	40
文化艺术经纪代理	597	3		13
其他文化艺术	1332	7	7	57
体育	5717	17	18	202
体育组织	2990	7	10	77
体育场馆	1832	6	1	31
其他体育	895	4	7	94
娱乐业	45431	77	148	870
室内娱乐活动	29356	52	90	575
游乐园	2131	1	7	35
休闲健身娱乐活动	8716	15	26	158
其他娱乐活动	5228	9	25	102
公共管理和社会组织	**677023**	**1217**	**753**	**10146**
中国共产党机关	7293	13	7	83
中国共产党机关	7293	13	7	83
国家机构	594466	1039	397	7258
国家权力机构	13421	19	12	163
国家行政机构	537123	942	361	6618
人民法院和人民检察院	25737	47	9	271
其他国家机构	18185	31	15	206
人民政协和民主党派	3114	3	1	28
人民政协	2627	2	1	25
民主党派	487	1		3
群众团体、社会团体和宗教组织	16165	40	77	453
群众团体	4916	10	6	82
社会团体	8807	20	25	216
宗教组织	2442	10	46	155
基层群众自治组织	55985	122	271	2324
社区自治组织	27866	63	107	1151
村民自治组织	28119	59	164	1173
国际组织	**243**			**2**
国际组织	243			2
国际组织	243			2

单位：人

35 小时	36-39 小时	40 小时	41-47 小时	48 小时	48小时 以　上	周平均 工作时间 （小时）
1896	**784**	**68599**	**3605**	**13506**	**31649**	**45.59**
447	164	17767	622	1964	3189	42.59
93	38	3564	148	401	718	42.81
354	126	14203	474	1563	2471	42.53
515	158	20601	698	2401	4195	42.98
126	50	4074	124	387	678	42.37
301	59	11125	319	1040	1791	42.45
53	28	2908	120	401	652	43.21
35	21	2494	135	573	1074	45.33
400	132	12566	418	1317	2669	42.25
170	38	4344	178	486	1082	41.81
58	22	1440	55	156	292	41.92
64	26	1884	50	135	234	41.78
20	12	788	18	69	184	43.09
30	7	1557	39	146	244	42.69
6	7	281	6	42	62	42.97
22	9	1086	31	90	190	42.25
4	3	441	13	40	80	42.56
26	8	745	28	153	301	44.19
112	55	3458	148	536	1171	43.88
57	34	1876	76	239	614	43.88
33	13	1124	46	228	350	44.19
22	8	458	26	69	207	43.22
422	275	14207	1719	7288	20425	50.45
267	177	7695	1177	4764	14559	51.43
37	15	1016	88	321	611	46.46
65	46	3701	310	1602	2793	47.68
53	37	1795	144	601	2462	51.14
17512	**4112**	**511636**	**11034**	**42296**	**78317**	**42.26**
193	38	5847	106	299	707	41.75
193	38	5847	106	299	707	41.75
16010	3555	465226	8893	32914	59174	41.96
375	66	10497	175	731	1383	42.01
14464	3238	419508	8117	30032	53843	41.98
800	146	21394	315	1007	1748	41.19
371	105	13827	286	1144	2200	42.51
107	18	2616	36	124	181	41.12
83	12	2229	32	96	147	41.01
24	6	387	4	28	34	41.67
387	95	10968	330	1086	2729	43.11
119	22	3742	103	260	572	42.26
217	49	6202	154	594	1330	42.87
51	24	1024	73	232	827	45.67
815	406	26979	1669	7873	15526	45.33
451	186	15035	784	3486	6603	44.66
364	220	11944	885	4387	8923	45.99
1	**1**	**191**	**3**	**13**	**32**	**42.48**
1	1	191	3	13	32	42.48
1	1	191	3	13	32	42.48

4-12a 续表 20

行业中类 性 别	合 计	1-8 小时	9-19 小时	20-34 小时
女	**8063143**	**20489**	**43961**	**240492**
农、林、牧、渔业	**431586**	**6738**	**24413**	**96133**
农业	378574	6533	23522	90593
谷物及其他作物的种植	275228	5945	20613	74077
蔬菜、园艺作物的种植	89713	492	2507	14036
水果、坚果、饮料和香料作物的种植	13117	94	393	2417
中药材的种植	516	2	9	63
林业	7532	33	151	566
林木的培育和种植	6090	28	139	483
木材和竹材的采运	944	1	1	40
林产品的采集	498	4	11	43
畜牧业	25521	111	491	3398
牲畜的饲养	4552	16	59	479
猪的饲养	12065	66	286	1989
家禽的饲养	6864	23	132	770
狩猎和捕捉动物	112		1	6
其他畜牧业	1928	6	13	154
渔业	9850	29	144	1057
海洋渔业	2887	8	44	316
内陆渔业	6963	21	100	741
农、林、牧、渔服务业	10109	32	105	519
农业服务业	5426	23	71	301
林业服务业	1362	3	2	50
畜牧服务业	1989	4	5	48
渔业服务业	1332	2	27	120
采矿业	**64578**	**129**	**137**	**910**
煤炭开采和洗选业	29517	63	54	385
烟煤和无烟煤的开采洗选	27020	58	51	352
褐煤的开采洗选	1139	2	3	6
其他煤炭采选	1358	3		27
石油和天然气开采业	22880	39	58	278
天然原油和天然气开采	13249	22	14	117
与石油和天然气开采有关的服务活动	9631	17	44	161
黑色金属矿采选业	3577	6	3	45
铁矿采选	3307	4	3	37
其他黑色金属矿采选	270	2		8
有色金属矿采选业	4227	10	8	64
常用有色金属矿采选	2747	8	5	44
贵金属矿采选	1001	1	1	12
稀有稀土金属矿采选	479	1	2	8
非金属矿采选业	3445	7	14	116
土砂石开采	2085	6	9	83
化学矿采选	271	1	1	10
采盐	646		4	11
石棉及其他非金属矿采选	443			12
其他采矿业	932	4		22
其他采矿业	932	4		22

单位：人

35小时	36-39小时	40小时	41-47小时	48小时	48小时以上	周平均工作时间(小时)
95845	**57553**	**3583145**	**274553**	**1115946**	**2631159**	**46.89**
11739	**8067**	**101029**	**21422**	**27317**	**134728**	**40.58**
10427	7468	85158	19122	22735	113016	39.78
7660	5792	62067	13629	14893	70552	37.91
2415	1444	19526	4901	6831	37561	45.03
342	222	3414	563	973	4699	42.94
10	10	151	29	38	204	46.15
171	84	3645	208	703	1971	43.49
150	73	3025	168	559	1465	42.89
16	4	480	20	97	285	46.01
5	7	140	20	47	221	46.18
703	333	5434	1295	1983	11773	46.68
121	49	1073	241	326	2188	47.80
366	187	2407	680	819	5265	45.44
147	87	1432	297	675	3301	47.57
3		32	2	23	45	48.84
66	10	490	75	140	974	48.49
249	106	2181	481	944	4659	47.77
68	31	693	125	235	1367	47.99
181	75	1488	356	709	3292	47.67
189	76	4611	316	952	3309	45.85
76	42	2406	176	585	1746	45.64
36	7	769	35	97	363	45.13
53	16	1033	50	172	608	46.17
24	11	403	55	98	592	46.97
544	**391**	**44758**	**1336**	**5737**	**10636**	**43.25**
206	154	18291	663	3425	6276	44.26
160	143	16680	623	3186	5767	44.28
31	3	717	15	86	276	44.55
15	8	894	25	153	233	43.65
170	115	19097	337	1009	1777	41.42
95	49	11082	249	585	1036	41.52
75	66	8015	88	424	741	41.29
29	53	2567	78	242	554	43.04
21	50	2409	72	224	487	42.97
8	3	158	6	18	67	43.93
78	32	2699	126	458	752	43.61
53	31	1805	83	268	450	43.26
22	1	564	31	125	244	44.95
3		330	12	65	58	42.78
50	33	1567	113	480	1065	46.07
37	18	858	70	278	726	46.57
4	4	147	9	37	58	44.11
5	10	367	22	109	118	44.30
4	1	195	12	56	163	47.45
11	4	537	19	123	212	44.67
11	4	537	19	123	212	44.67

4-12a 续表 21

行业中类 性　别	合　计	1-8 小时	9-19 小时	20-34 小时
制造业	**2211356**	**2787**	**4000**	**31233**
农副食品加工业	45938	92	229	1758
谷物磨制	3715	11	22	158
饲料加工	2961	3	14	72
植物油加工	2777	14	4	77
制糖	1230	3	4	19
屠宰及肉类加工	14277	21	54	503
水产品加工	8986	18	82	459
蔬菜、水果和坚果加工	3379	6	15	92
其他农副食品加工	8613	16	34	378
食品制造业	66268	105	165	1502
焙烤食品制造	25151	36	67	596
糖果、巧克力及蜜饯制造	4855	6	10	97
方便食品制造	14187	17	39	387
液体乳及乳制品制造	5330	11	12	94
罐头制造	2620	2	3	53
调味品、发酵制品制造	5133	11	15	86
其他食品制造	8992	22	19	189
饮料制造业	25074	58	61	492
酒精制造	1006	3	6	14
酒的制造	14852	33	33	287
软饮料制造	8388	17	20	148
精制茶加工	828	5	2	43
烟草制品业	8733	23	7	183
烟叶复烤	1301	3		20
卷烟制造	7010	17	6	154
其他烟草制品加工	422	3	1	9
纺织业	174649	210	395	3058
棉、化纤纺织及印染精加工	66674	109	157	943
毛纺织和染整精加工	11170	11	24	224
麻纺织	1502	3	4	16
丝绢纺织及精加工	2795	2	7	40
纺织制成品制造	34006	37	60	467
针织品、编织品及其制品制造	58502	48	143	1368
纺织服装、鞋、帽制造业	310168	318	671	5139
纺织服装制造	284013	291	623	4784
纺织面料鞋的制造	22646	23	41	263
制帽	3509	4	7	92
皮革、毛皮、羽毛(绒)及其制品业	115003	124	218	1167
皮革鞣制加工	2476	3	3	48
皮革制品制造	108034	120	208	1060
毛皮鞣制及制品加工	1838		4	36
羽毛(绒)加工及制品制造	2655	1	3	23
木材加工及木、竹、藤、棕、草制品业	22236	27	75	850
锯材、木片加工	6151	8	21	229
人造板制造	6895	7	13	359
木制品制造	7369	5	21	149
竹、藤、棕、草制品制造	1821	7	20	113
家具制造业	40137	59	94	624
木质家具制造	27444	47	71	494
竹、藤家具制造	740	1	1	18
金属家具制造	4462	4	8	38
塑料家具制造	857	1	2	9
其他家具制造	6634	6	12	65

单位：人

35小时	36-39小时	40小时	41-47小时	48小时	48小时以上	周平均工作时间（小时）
11732	**10703**	**814936**	**70040**	**449472**	**816453**	**48.68**
529	371	14213	1647	6509	20590	49.24
42	23	1515	133	461	1350	47.08
26	22	1260	96	526	942	46.62
20	19	1254	84	386	919	46.92
22	7	618	49	171	337	45.79
190	135	3734	562	2119	6959	50.38
78	75	2630	311	1319	4014	48.60
34	23	934	102	465	1708	50.79
117	67	2268	310	1062	4361	50.48
608	429	24242	2299	10888	26030	48.82
221	164	7949	865	3991	11262	49.89
39	33	1859	165	865	1781	48.65
148	75	4666	491	2136	6228	49.97
58	46	2576	195	914	1424	46.17
27	13	864	82	474	1102	49.18
31	40	2364	188	986	1412	46.04
84	58	3964	313	1522	2821	47.18
233	175	12297	791	4075	6892	45.97
10	5	479	36	111	342	46.43
140	96	7622	472	2382	3787	45.50
74	62	3889	249	1463	2466	46.65
9	12	307	34	119	297	46.97
113	60	5552	193	1217	1385	43.44
8	7	530	32	264	437	47.01
97	52	4748	148	912	876	42.79
8	1	274	13	41	72	43.32
892	879	47538	5735	36175	79767	50.38
289	313	20284	2192	13302	29085	49.65
71	58	2905	381	2495	5001	50.19
10	11	547	54	336	521	48.10
9	18	997	96	649	977	48.89
187	165	10215	1021	7310	14544	49.80
326	314	12590	1991	12083	29639	51.72
1499	1727	66477	9645	62609	162083	52.34
1375	1600	61882	8912	56648	147898	52.26
97	86	3627	591	5088	12830	53.86
27	41	968	142	873	1355	49.39
345	418	19641	3728	25336	64026	53.65
17	7	633	58	421	1286	51.21
305	396	17908	3479	24054	60504	53.79
9	7	559	53	322	848	50.00
14	8	541	138	539	1388	52.83
199	177	6091	806	3493	10518	49.45
78	36	1632	207	778	3162	50.00
59	95	1878	360	1074	3050	48.69
44	30	2173	192	1411	3344	49.59
18	16	408	47	230	962	49.88
162	170	10433	1279	8876	18440	49.96
120	127	7250	886	6056	12393	49.68
5	4	168	26	126	391	51.20
16	15	1185	109	1007	2080	50.43
4	3	244	46	184	364	49.99
17	21	1586	212	1503	3212	50.65

4-12a 续表 22

行业中类 性 别	合 计	1-8 小时	9-19 小时	20-34 小时
造纸及纸制品业	38110	52	84	600
纸浆制造	1388	12	4	23
造纸	11789	18	18	165
纸制品制造	24933	22	62	412
印刷业和记录媒介的复制	42563	56	58	488
印刷	39550	47	52	460
装订及其他印刷服务活动	2467	5	4	24
记录媒介的复制	546	4	2	4
文教体育用品制造业	55107	58	98	611
文化用品制造	6933	10	7	87
体育用品制造	10671	9	11	43
乐器制造	2228	5	3	22
玩具制造	34106	32	72	438
游艺器材及娱乐用品制造	1169	2	5	21
石油加工、炼焦及核燃料加工业	15903	25	21	243
精炼石油产品的制造	12551	19	19	175
炼焦	3022	6		50
核燃料加工	330		2	18
化学原料及化学制品制造业	66523	106	97	816
基础化学原料制造	15205	20	16	154
肥料制造	10803	29	16	159
农药制造	2440	4	6	22
涂料、油墨、颜料及类似产品制造	6531	11	11	66
合成材料制造	5856	5	5	58
专用化学产品制造	13394	20	15	217
日用化学产品制造	12294	17	28	140
医药制造业	45483	64	39	477
化学药品原药制造	9007	23	4	87
化学药品制剂制造	12086	14	12	118
中药饮片加工	3109	4	4	66
中成药制造	12197	12	11	111
兽用药品制造	896	3	3	16
生物、生化制品的制造	3554	5	4	29
卫生材料及医药用品制造	4634	3	1	50
化学纤维制造业	7606	13	11	108
纤维素纤维原料及纤维制造	2763	9	4	51
合成纤维制造	4843	4	7	57
橡胶制品业	22341	49	39	239
轮胎制造	6193	14	8	59
橡胶板、管、带的制造	2705	5	4	40
橡胶零件制造	3700	1	5	29
再生橡胶制造	327			5
日用及医用橡胶制品制造	1079	1	2	9
橡胶靴鞋制造	5519	12	8	61
其他橡胶制品制造	2818	16	12	36
塑料制品业	72877	91	175	1243
塑料薄膜制造	6486	5	20	91
塑料板、管、型材的制造	8390	20	12	99
塑料丝、绳及编织品的制造	4022	5	7	110
泡沫塑料制造	3366	1	1	59
塑料人造革、合成革制造	1577	1	3	31
塑料包装箱及容器制造	6810	16	11	53
塑料零件制造	12039	5	22	116
日用塑料制造	15030	24	66	423
其他塑料制品制造	15157	14	33	261

单位：人

35小时	36-39小时	40小时	41-47小时	48小时	48小时以上	周平均工作时间（小时）
184	222	12756	1349	9055	13808	48.33
13	11	693	41	233	358	45.46
74	63	4669	363	2519	3900	47.32
97	148	7394	945	6303	9550	48.96
287	206	17853	1334	9453	12828	47.22
259	192	16582	1241	8822	11895	47.20
24	11	1034	80	506	779	47.64
4	3	237	13	125	154	46.68
167	177	17113	1821	13730	21332	49.24
35	23	2438	220	1525	2588	49.36
27	42	3510	429	3054	3546	48.68
10	10	1156	44	462	516	45.58
89	99	9454	1097	8513	14312	49.71
6	3	555	31	176	370	46.83
309	142	11895	321	1242	1705	42.14
283	105	9863	225	822	1040	41.63
22	19	1837	91	388	609	44.22
4	18	195	5	32	56	42.62
708	474	38306	1958	10759	13299	44.57
135	93	9634	419	2178	2556	43.82
121	107	6467	357	1482	2065	44.05
26	33	1349	74	400	526	44.77
37	29	3241	201	1447	1488	45.63
123	24	3202	128	1065	1246	45.22
189	129	7954	352	1821	2697	44.27
77	59	6459	427	2366	2721	45.35
397	340	28504	1276	6973	7413	43.88
61	50	5967	213	1319	1283	43.49
96	86	8044	405	1653	1658	43.32
37	42	1694	80	531	651	44.42
132	99	7502	323	1874	2133	44.08
10	5	427	30	175	227	45.40
35	35	2511	108	402	425	42.74
26	23	2359	117	1019	1036	45.80
64	35	4062	184	1353	1776	45.42
11	11	1620	48	448	561	44.53
53	24	2442	136	905	1215	45.94
118	78	8069	578	4530	8641	49.00
27	26	2507	130	1492	1930	47.57
19	11	1305	68	527	726	46.39
18	12	1360	107	787	1381	48.86
8	1	110	12	57	134	48.31
7	2	364	21	241	432	49.64
16	11	1326	147	858	3080	52.67
23	15	1097	93	568	958	47.52
313	339	21871	2308	16752	29785	49.82
48	32	2114	204	1331	2641	49.68
50	39	3122	267	1777	3004	48.43
26	31	1187	108	637	1911	50.33
7	14	910	79	758	1537	50.52
4	13	372	41	246	866	55.00
26	24	2310	202	1541	2627	49.30
32	45	3684	407	2944	4784	49.93
79	91	3563	514	3443	6827	50.72
41	50	4609	486	4075	5588	49.04

4-12a 续表 23

行业中类 性 别	合 计	1-8 小时	9-19 小时	20-34 小时
非金属矿物制品业	63074	115	134	1219
水泥、石灰和石膏的制造	9783	29	15	190
水泥及石膏制品制造	5432	11	21	123
砖瓦、石材及其他建筑材料制造	13611	30	48	435
玻璃及玻璃制品制造	15850	19	16	146
陶瓷制品制造	12874	18	26	230
耐火材料制品制造	3299	4	4	67
石墨及其他非金属矿物制品制造	2225	4	4	28
黑色金属冶炼及压延加工业	36722	48	37	400
炼铁	6210	11	7	86
炼钢	17178	21	17	174
钢压延加工	11924	15	13	117
铁合金冶炼	1410	1		23
有色金属冶炼及压延加工业	18782	31	23	288
常用有色金属冶炼	9765	20	11	145
贵金属冶炼	841	1	1	13
稀有稀土金属冶炼	913	3	1	19
有色金属合金制造	1340	1	1	14
有色金属压延加工	5923	6	9	97
金属制品业	92982	105	139	1299
结构性金属制品制造	34136	39	47	467
金属工具制造	13923	14	31	209
集装箱及金属包装容器制造	3394	13	8	36
金属丝绳及其制品的制造	2878	2	3	37
建筑、安全用金属制品制造	10603	5	10	119
金属表面处理及热处理加工	5723	7	10	63
搪瓷制品制造	1017	2	2	14
不锈钢及类似日用金属制品制造	11226	7	19	300
其他金属制品制造	10082	16	9	54
通用设备制造业	91721	130	192	1132
锅炉及原动机制造	7654	8	5	70
金属加工机械制造	20690	30	28	206
起重运输设备制造	3893	2		34
泵、阀门、压缩机及类似机械的制造	11218	7	16	151
轴承、齿轮、传动和驱动部件的制造	10926	5	9	85
烘炉、熔炉及电炉制造	533	2		3
风机、衡器、包装设备等通用设备制造	12164	10	16	120
通用零部件制造及机械修理	18722	59	111	380
金属铸、锻加工	5921	7	7	83
专用设备制造业	92116	112	102	845
矿山、冶金、建筑专用设备制造	12736	24	17	137
化工、木材、非金属加工专用设备制造	19050	18	29	189
食品、饮料、烟草及饲料生产专用设备制造	1747	4	1	23
印刷、制药、日化生产专用设备制造	6016	1	5	43
纺织、服装和皮革工业专用设备制造	6153	7	10	94
电子和电工机械专用设备制造	28201	39	19	198
农、林、牧、渔专用机械制造	3500	4	5	43
医疗仪器设备及器械制造	8603	6	6	47
环保、社会公共安全及其他专用设备制造	6110	9	10	71

单位：人

35 小时	36-39 小时	40 小时	41-47 小时	48 小时	48小时 以 上	周平均 工作时间 (小时)
391	378	23388	1954	11593	23902	47.92
89	73	5051	344	1405	2587	45.40
41	29	2399	185	879	1744	46.80
109	75	4051	436	2325	6102	48.80
66	71	5662	472	3524	5874	48.49
59	96	3656	378	2580	5831	49.32
14	15	1399	85	534	1177	47.06
13	19	1170	54	346	587	45.53
186	215	23417	854	5041	6524	44.07
24	57	3994	136	785	1110	43.86
106	112	11597	406	2220	2525	43.41
49	41	6978	267	1863	2581	45.04
7	5	848	45	173	308	44.90
165	153	10471	469	2974	4208	45.18
112	82	6175	214	1306	1700	43.88
5	3	460	28	134	196	45.40
7	4	557	18	151	153	44.00
6	9	757	28	258	266	44.95
35	55	2522	181	1125	1893	47.52
386	337	30219	2922	21377	36198	48.93
165	122	11805	977	7193	13321	48.76
72	56	4598	423	3106	5414	48.52
9	15	1521	95	835	862	46.56
2	9	1188	96	572	969	47.84
36	52	3194	333	2309	4545	49.75
20	18	1517	169	1355	2564	50.53
7	11	374	40	210	357	47.69
63	38	2847	371	2713	4868	49.87
12	16	3175	418	3084	3298	48.51
500	403	43973	2450	19278	23663	46.07
48	30	4608	202	1346	1337	44.26
123	95	10214	557	4437	5000	45.72
10	19	2388	93	744	603	44.10
86	47	5388	360	2185	2978	46.17
65	46	5167	302	2540	2707	46.16
1	2	251	19	122	133	46.30
35	46	5515	334	2802	3286	46.59
104	84	7866	428	3851	5839	46.90
28	34	2576	155	1251	1780	46.82
482	359	47476	2789	18009	21942	45.83
80	60	7928	353	1929	2208	44.00
62	53	7408	619	4600	6072	47.88
19	10	940	51	295	404	45.49
36	24	3028	163	1198	1518	46.12
26	27	2470	180	1395	1944	47.58
122	104	15262	885	5257	6315	45.51
24	14	1767	102	687	854	45.73
54	41	4943	226	1713	1567	44.96
59	26	3730	210	935	1060	44.09

4-12a 续表 24

行业中类 性　别	合　计	1-8 小时	9-19 小时	20-34 小时
交通运输设备制造业	100872	145	118	893
铁路运输设备制造	8562	17	5	64
汽车制造	62592	103	79	535
摩托车制造	8126	10	17	132
自行车制造	4816	2	4	43
船舶及浮动装置制造	8344	5	9	86
航空航天器制造	6928	5	2	25
交通器材及其他交通运输设备制造	1504	3	2	8
电气机械及器材制造业	158124	156	184	1352
电机制造	24597	32	48	204
输配电及控制设备制造	39151	41	42	316
电线、电缆、光缆及电工器材制造	17892	10	13	142
电池制造	11164	10	5	80
家用电力器具制造	40164	40	42	319
非电力家用器具制造	3269	6	3	22
照明器具制造	18851	15	30	245
其他电气机械及器材制造	3036	2	1	24
通信设备、计算机及其他电子设备制造业	266154	257	234	1746
通信设备制造	33097	40	19	183
雷达及配套设备制造	721			6
广播电视设备制造	2518	3	1	13
电子计算机制造	38615	17	55	391
电子器件制造	62419	83	54	539
电子元件制造	100911	95	73	516
家用视听设备制造	16923	7	18	45
其他电子设备制造	10950	12	14	53
仪器仪表及文化、办公用机械制造业	48165	74	60	452
通用仪器仪表制造	12203	29	23	192
专用仪器仪表制造	5454	12	5	38
钟表与计时仪器制造	8076	3	16	88
光学仪器及眼镜制造	11762	20	9	69
文化、办公用机械制造	9620	7	6	53
其他仪器仪表的制造及修理	1050	3	1	12
工艺品及其他制造业	56760	65	187	1513
工艺美术品制造	43203	51	140	1155
日用杂品制造	10404	8	41	258
煤制品制造	899	1	4	40
核辐射加工	133			4
其他未列明的制造业	2121	5	2	56
废弃资源和废旧材料回收加工业	11165	19	53	496
金属废料和碎屑的加工处理	6309	16	29	295
非金属废料和碎屑的加工处理	4856	3	24	201
电力、燃气及水的生产和供应业	**91069**	**154**	**121**	**1349**
电力、热力的生产和供应业	63232	107	79	939
电力生产	23914	40	38	455
电力供应	31195	50	32	406
热力生产和供应	8123	17	9	78
燃气生产和供应业	10995	14	21	160
燃气生产和供应业	10995	14	21	160
水的生产和供应业	16842	33	21	250
自来水的生产和供应	14881	31	18	228
污水处理及其再生利用	1490	1	2	20
其他水的处理、利用与分配	471	1	1	2

单位：人

35 小时	36-39 小时	40 小时	41-47 小时	48 小时	48小时 以 上	周平均 工作时间 (小时)
552	437	51641	2739	19636	24711	45.97
79	49	5788	161	1190	1209	43.34
322	245	30420	1659	13031	16198	46.37
25	29	2659	323	2010	2921	48.55
16	17	1487	132	1253	1862	49.52
47	52	4755	239	1368	1783	44.97
56	40	5656	202	522	420	41.57
7	5	876	23	262	318	45.04
529	559	62319	5166	37113	50746	47.94
102	95	12050	755	4433	6878	46.81
128	143	16822	1239	8972	11448	47.36
49	58	7856	516	4110	5138	47.15
22	37	4215	359	3359	3077	47.73
137	136	12972	1482	9952	15084	49.19
13	20	1279	129	862	935	47.11
64	55	5625	593	4770	7454	49.32
14	15	1500	93	655	732	46.01
562	815	115510	9563	59193	78274	47.54
128	113	17347	918	5753	8596	46.50
1	2	520	21	84	87	43.08
5	6	1381	63	484	562	45.66
50	83	18066	1636	9052	9265	46.54
103	224	27598	2476	13477	17865	47.43
229	261	39417	3418	24019	32883	48.27
22	46	6589	659	3660	5877	48.38
24	80	4592	372	2664	3139	47.45
287	184	22247	1503	9319	14039	47.09
140	56	6929	353	1892	2589	44.90
27	15	3222	185	830	1120	44.80
40	31	2815	226	1972	2885	48.66
47	25	4359	339	2706	4188	49.28
21	52	4392	362	1779	2948	47.18
12	5	530	38	140	309	47.12
443	368	14556	1977	11854	25797	50.27
299	278	10360	1451	9408	20061	50.54
118	73	2862	454	2013	4577	49.93
14	2	322	25	114	377	48.63
1	1	105	2	6	14	41.88
11	14	907	45	313	768	47.77
122	76	2806	402	1060	6131	50.82
73	38	1641	209	584	3424	50.59
49	38	1165	193	476	2707	51.12
2489	**815**	**68463**	**1841**	**6532**	**9305**	**41.98**
1927	607	48004	1250	4246	6073	41.80
900	331	17349	569	1788	2444	41.86
920	220	24820	486	1749	2512	41.48
107	56	5835	195	709	1117	42.89
169	69	7641	257	1053	1611	43.13
169	69	7641	257	1053	1611	43.13
393	139	12818	334	1233	1621	41.91
366	114	11396	277	1063	1388	41.82
19	18	1105	41	123	161	42.32
8	7	317	16	47	72	43.30

4-12a　续表 25

行业中类 性　　别	合　计	1-8 小时	9-19 小时	20-34 小时
建筑业	**212659**	**492**	**824**	**6838**
房屋和土木工程建筑业	130696	301	552	4615
房屋工程建筑	103073	233	493	4092
土木工程建筑	27623	68	59	523
建筑安装业	16709	40	39	411
建筑安装业	16709	40	39	411
建筑装饰业	57595	137	210	1597
建筑装饰业	57595	137	210	1597
其他建筑业	7659	14	23	215
工程准备	2644	8	15	66
提供施工设备服务	1478	5	2	33
其他未列明的建筑活动	3537	1	6	116
交通运输、仓储和邮政业	**246602**	**484**	**674**	**5690**
铁路运输业	38884	99	90	747
铁路旅客运输	16434	43	64	398
铁路货物运输	5652	21	9	83
铁路运输辅助活动	16798	35	17	266
道路运输业	76786	147	240	2082
公路旅客运输	21328	60	83	621
道路货物运输	37280	56	127	1020
道路运输辅助活动	18178	31	30	441
城市公共交通业	46228	90	115	1134
公共电汽车客运	23982	42	31	473
轨道交通	2461	4		38
出租车客运	15646	30	53	431
城市轮渡	125			2
其他城市公共交通	4014	14	31	190
水上运输业	9560	18	12	125
水上旅客运输	1455	3	4	27
水上货物运输	5205	13	5	70
水上运输辅助活动	2900	2	3	28
航空运输业	13226	23	27	316
航空客货运输	8772	18	14	230
通用航空服务	1298	2	9	31
航空运输辅助活动	3156	3	4	55
管道运输业	866	2		13
管道运输业	866	2		13
装卸搬运和其他运输服务业	27091	52	135	829
装卸搬运	8836	35	103	598
运输代理服务	18255	17	32	231
仓储业	13401	17	36	191
谷物、棉花等农产品仓储	3559	4	9	68
其他仓储	9842	13	27	123
邮政业	20560	36	19	253
国家邮政	14658	25	13	187
其他寄递服务	5902	11	6	66

单位：人

35小时	36-39小时	40小时	41-47小时	48小时	48小时以上	周平均工作时间（小时）
2232	**1606**	**88014**	**6456**	**25527**	**80670**	**47.48**
1488	992	54628	3762	14655	49703	47.38
1101	811	37744	3166	12075	43358	48.12
387	181	16884	596	2580	6345	44.62
199	148	8893	487	1867	4625	45.58
199	148	8893	487	1867	4625	45.58
447	402	20403	2004	8125	24270	48.54
447	402	20403	2004	8125	24270	48.54
98	64	4090	203	880	2072	45.36
44	17	1475	53	302	664	45.01
14	12	793	51	183	385	45.21
40	35	1822	99	395	1023	45.70
3256	**2101**	**141432**	**7963**	**26875**	**58127**	**44.95**
498	407	26893	959	3675	5516	43.13
217	190	10820	420	1610	2672	43.52
56	53	4063	139	547	681	42.67
225	164	12010	400	1518	2163	42.89
1006	706	38848	2669	9087	22001	45.87
300	204	10432	884	2372	6372	46.04
371	263	17274	1292	4770	12107	46.69
335	239	11142	493	1945	3522	43.99
512	383	21466	1792	5006	15730	47.20
265	215	13675	998	3011	5272	44.71
9	16	1812	89	205	288	42.62
181	101	4628	545	1456	8221	51.24
2	1	87	7	9	17	43.14
55	50	1264	153	325	1932	49.30
158	78	6826	275	856	1212	42.75
27	8	997	47	133	209	43.11
88	35	3700	140	464	690	42.87
43	35	2129	88	259	313	42.35
189	106	9897	326	1075	1267	41.97
121	74	6746	209	614	746	41.62
15	10	881	38	135	177	42.83
53	22	2270	79	326	344	42.56
23	5	658	11	47	107	42.16
23	5	658	11	47	107	42.16
315	202	14758	930	3147	6723	45.06
129	89	3013	302	981	3586	47.34
186	113	11745	628	2166	3137	43.95
204	82	8282	381	1609	2599	44.25
87	18	2262	93	294	724	44.16
117	64	6020	288	1315	1875	44.28
351	132	13804	620	2373	2972	43.25
289	99	10735	421	1330	1559	42.27
62	33	3069	199	1043	1413	45.68

4-12a 续表 26

行业中类 性 别	合 计	1-8 小时	9-19 小时	20-34 小时
信息传输、计算机服务和软件业	**126187**	**239**	**140**	**1432**
电信和其他信息传输服务业	84540	168	84	1043
电信	67065	126	59	842
互联网信息服务	14041	38	20	149
广播电视传输服务	3198	3	5	47
卫星传输服务	236	1		5
计算机服务业	14959	20	29	200
计算机系统服务	5906	11	14	71
数据处理	1830	3	4	23
计算机维修	2429		3	31
其他计算机服务	4794	6	8	75
软件业	26688	51	27	189
公共软件服务	22501	41	17	148
其他软件服务	4187	10	10	41
批发和零售业	**1936056**	**3084**	**4826**	**36034**
批发业	353746	543	818	5963
农畜产品批发	12840	27	45	332
食品、饮料及烟草制品批发	68567	121	202	1472
纺织、服装及日用品批发	103914	140	195	1299
文化、体育用品及器材批发	12305	15	17	176
医药及医疗器材批发	16623	21	23	283
矿产品、建材及化工产品批发	48150	81	96	805
机械设备、五金交电及电子产品批发	45841	73	84	505
贸易经纪与代理	17339	29	33	193
其他批发	28167	36	123	898
零售业	1582310	2541	4008	30071
综合零售	570075	956	1195	9904
食品、饮料及烟草制品专门零售	269571	424	1127	7785
纺织、服装及日用品专门零售	360867	568	801	6187
文化、体育用品及器材专门零售	49180	57	131	889
医药及医疗器材专门零售	54028	78	85	801
汽车、摩托车、燃料及零配件专门零售	43238	50	58	544
家用电器及电子产品专门零售	97960	166	161	1083
五金、家具及室内装修材料专门零售	90621	132	160	1182
无店铺及其他零售	46770	110	290	1696
住宿和餐饮业	**509072**	**869**	**1647**	**10770**
住宿业	111612	194	235	1522
旅游饭店	61467	86	93	705
一般旅馆	43199	86	124	674
其他住宿服务	6946	22	18	143
餐饮业	397460	675	1412	9248
正餐服务	257989	402	717	4696
快餐服务	72721	144	342	2191
饮料及冷饮服务	9363	21	33	186
其他餐饮服务	57387	108	320	2175
金融业	**218074**	**452**	**369**	**3667**
银行业	123447	224	68	1377
中央银行	8705	19	3	85
商业银行	95534	166	55	1085
其他银行	19208	39	10	207
证券业	11874	27	15	437
证券市场管理	1498	3	2	39
证券经纪与交易	5813	10	6	172
证券投资	3947	12	7	214
证券分析与咨询	616	2		12

单位：人

35 小时	36-39 小时	40 小时	41-47 小时	48 小时	48小时 以上	周平均 工作时间 (小时)
1800	**808**	**84722**	**3959**	**13977**	**19110**	**43.44**
1469	602	55701	2742	9900	12831	43.45
1254	495	43598	2236	8101	10354	43.44
135	83	9526	422	1510	2158	43.83
76	21	2417	78	262	289	41.95
4	3	160	6	27	30	42.46
124	82	8326	445	1888	3845	45.84
50	31	3817	199	690	1023	43.89
15	14	1217	59	176	319	43.78
20	12	1200	69	351	743	46.62
39	25	2092	118	671	1760	48.64
207	124	20695	772	2189	2434	42.08
173	107	18103	627	1724	1561	41.64
34	17	2592	145	465	873	44.48
16350	**13883**	**637754**	**81402**	**276283**	**866440**	**49.76**
3378	1958	138849	11991	44372	145874	48.90
146	73	4563	429	1261	5964	49.85
752	415	21630	2488	7999	33488	50.71
647	523	33719	3660	13272	50459	50.59
128	66	5258	413	1600	4632	48.01
288	132	9483	646	2267	3480	44.47
526	262	22050	1339	6242	16749	47.26
343	222	22620	1425	6896	13673	46.69
237	90	12289	560	1975	1933	42.63
311	175	7237	1031	2860	15496	51.16
12972	11925	498905	69411	231911	720566	49.95
4189	5308	197188	30505	98209	222621	48.47
3062	1601	61842	10202	25564	157964	53.31
2732	2540	100479	14634	47636	185290	50.91
476	437	18147	2111	6645	20287	49.08
500	447	22872	2463	9596	17186	47.02
294	211	17954	1317	8605	14205	47.65
617	635	38930	3659	17699	35010	48.02
449	390	26832	2828	13478	45170	50.73
653	356	14661	1692	4479	22833	50.21
4399	**3026**	**147022**	**18555**	**79045**	**243739**	**50.93**
803	675	46300	3940	21683	36260	47.77
452	345	27984	2262	13310	16230	46.37
292	296	15764	1454	7316	17193	49.46
59	34	2552	224	1057	2837	49.69
3596	2351	100722	14615	57362	207479	51.82
1692	1487	68876	9079	41189	129851	51.39
848	424	16785	2753	8828	40406	52.66
90	70	2773	396	1550	4244	50.27
966	370	12288	2387	5795	32978	52.92
4598	**1406**	**161917**	**5186**	**18164**	**22315**	**41.97**
2848	747	97147	2767	8530	9739	41.56
223	50	6674	181	606	864	41.96
2228	572	75454	2146	6470	7358	41.51
397	125	15019	440	1454	1517	41.63
273	64	9278	233	736	811	40.94
41	12	1139	32	101	129	41.46
140	23	4715	99	306	342	40.83
80	27	2942	87	283	295	40.82
12	2	482	15	46	45	41.45

4-12a 续表 27

行业中类 性别	合计	1-8 小时	9-19 小时	20-34 小时
保险业	66631	182	261	1621
人寿保险	49170	142	207	1244
非人寿保险	15787	36	52	342
保险辅助服务	1674	4	2	35
其他金融活动	16122	19	25	232
金融信托与管理	4877	5	9	65
金融租赁	619		1	14
财务公司	3004	5	5	27
邮政储蓄	3328	4	3	45
典当	979	2	1	18
其他未列明的金融活动	3315	3	6	63
房地产业	**142183**	**361**	**431**	**2769**
房地产业	142183	361	431	2769
房地产开发经营	50012	122	74	589
物业管理	68180	142	251	1751
房地产中介服务	20317	56	57	300
其他房地产活动	3674	41	49	129
租赁和商务服务业	**142460**	**273**	**384**	**2722**
租赁业	5156	8	23	187
机械设备租赁	4162	7	20	134
文化及日用品出租	994	1	3	53
商务服务业	137304	265	361	2535
企业管理服务	21421	43	30	268
法律服务	8172	16	11	132
咨询与调查	23299	42	34	339
广告业	26404	37	50	349
知识产权服务	1382	2	3	12
职业中介服务	13509	26	92	533
市场管理	4230	6	12	107
旅行社	18981	42	60	365
其他商务服务	19906	51	69	430
科学研究、技术服务和地质勘查业	**65690**	**98**	**76**	**662**
研究与试验发展	21085	35	20	155
自然科学研究与试验发展	3942	5	4	28
工程和技术研究与试验发展	11385	12	9	71
农业科学研究与试验发展	2897	13	3	24
医学研究与试验发展	1812	2	3	21
社会人文科学研究与试验发展	1049	3	1	11
专业技术服务业	31812	32	34	349
气象服务	1804	2	7	42
地震服务	469	4		12
海洋服务	275			2
测绘服务	1305		1	10
技术检测	5974	9	3	62
环境监测	1120	1	2	14
工程技术与规划管理	16720	11	16	143
其他专业技术服务	4145	5	5	64
科技交流和推广服务业	6173	13	7	68
技术推广服务	3612	8	1	36
科技中介服务	1353	2	4	15
其他科技服务	1208	3	2	17
地质勘查业	6620	18	15	90
矿产地质勘查	4317	16	12	61
基础地质勘查	1045		1	16
地质勘查技术服务	1258	2	2	13

单位：人

35 小时	36-39 小时	40 小时	41-47 小时	48 小时	48小时 以 上	周平均 工作时间 (小时)
1156	485	43530	1817	7462	10117	42.87
788	345	31657	1397	5652	7738	42.97
342	126	10720	385	1632	2152	42.60
26	14	1153	35	178	227	42.57
321	110	11962	369	1436	1648	42.14
85	34	3760	91	382	446	41.84
8	6	445	15	51	79	42.46
75	13	2319	72	268	220	41.58
61	24	2392	84	334	381	42.48
19	7	619	27	119	167	43.87
73	26	2427	80	282	355	42.19
1674	**1086**	**80569**	**4687**	**23265**	**27341**	**44.40**
1674	1086	80569	4687	23265	27341	44.40
670	351	30653	1543	7629	8381	43.88
760	600	36603	2448	11740	13885	44.65
179	116	11145	601	3454	4409	45.05
65	19	2168	95	442	666	43.33
1980	**863**	**93666**	**4036**	**15613**	**22923**	**43.48**
66	29	2333	147	628	1735	47.08
47	24	1940	120	498	1372	46.85
19	5	393	27	130	363	48.04
1914	834	91333	3889	14985	21188	43.34
392	153	16063	449	1810	2213	42.20
157	39	6465	159	529	664	41.50
364	118	18513	565	1764	1560	41.43
251	138	15959	895	3745	4980	44.35
24	5	1108	33	98	97	41.58
186	102	7951	427	1453	2739	43.90
82	29	1898	158	545	1393	47.15
225	119	11985	536	2391	3258	43.64
233	131	11391	667	2650	4284	44.87
1592	**494**	**52874**	**1223**	**3982**	**4689**	**41.45**
419	183	17966	322	912	1073	40.97
77	34	3383	56	155	200	40.95
158	105	9847	171	521	491	40.92
113	21	2325	44	137	217	41.23
46	18	1500	27	74	121	41.09
25	5	911	24	25	44	40.61
855	229	24747	670	2269	2627	41.76
104	21	1176	37	126	289	42.91
13	3	296	12	38	91	43.55
4		207	6	10	46	42.85
43	5	989	26	101	130	42.16
118	44	4854	125	388	371	41.42
39	5	904	13	56	86	41.31
464	124	13399	314	1067	1182	41.48
70	27	2922	137	483	432	42.63
99	34	4886	126	456	484	41.74
64	17	2942	73	228	243	41.47
22	10	1023	33	123	121	42.05
13	7	921	20	105	120	42.23
219	48	5275	105	345	505	41.25
134	32	3431	65	218	348	41.26
44	4	844	17	53	66	41.07
41	12	1000	23	74	91	41.34

4-12a 续表 28

行业中类 性　别	合　计	1-8 小时	9-19 小时	20-34 小时
水利、环境和公共设施管理业	**68620**	**159**	**187**	**1945**
水利管理业	7812	21	7	94
防洪管理	1004	2	2	10
水资源管理	5667	14	3	70
其他水利管理	1141	5	2	14
环境管理业	36600	91	129	1327
自然保护	855	1	2	13
环境治理	35745	90	127	1314
公共设施管理业	24208	47	51	524
市政公共设施管理	7873	8	13	133
城市绿化管理	9454	14	23	233
游览景区管理	6881	25	15	158
居民服务和其他服务业	**330262**	**923**	**2749**	**15381**
居民服务业	255481	713	2181	11771
家庭服务	79187	359	1403	7403
托儿所	3904	5	14	94
洗染服务	7906	10	22	189
理发及美容保健服务	90572	162	287	1501
洗浴服务	20737	15	45	314
婚姻服务	3028	15	28	111
殡葬服务	1977	2	14	81
摄影扩印服务	12078	25	27	174
其他居民服务	36092	120	341	1904
其他服务业	74781	210	568	3610
修理与维护	28916	58	113	849
清洁服务	34620	118	335	2040
其他未列明的服务	11245	34	120	721
教育	**500434**	**1707**	**1686**	**9084**
教育	500434	1707	1686	9084
学前教育	76626	142	114	1023
初等教育	120001	227	209	1878
中等教育	170188	381	342	2601
高等教育	96101	546	582	2297
其他教育	37518	411	439	1285
卫生、社会保障和社会福利业	**307022**	**537**	**309**	**3439**
卫生	296144	509	294	3211
医院	241350	428	206	2334
卫生院及社区医疗活动	21442	28	23	309
门诊部医疗活动	13719	24	37	256
计划生育技术服务活动	2175	3	2	46
妇幼保健活动	5435	5	5	65
专科疾病防治活动	1899	3	4	18
疾病预防控制及防疫活动	5697	10	5	87
其他卫生活动	4427	8	12	96
社会保障业	4443	16	8	101
社会保障业	4443	16	8	101
社会福利业	6435	12	7	127
提供住宿的社会福利	5282	9	2	90
不提供住宿的社会福利	1153	3	5	37

单位：人

35小时	36-39小时	40小时	41-47小时	48小时	48小时以上	周平均工作时间(小时)
1157	**516**	**37636**	**2222**	**7707**	**17091**	**44.80**
183	67	6216	119	461	644	41.56
24	6	750	26	100	84	42.08
134	54	4566	67	303	456	41.47
25	7	900	26	58	104	41.55
569	265	16036	1446	4677	12060	46.31
21	7	573	18	77	143	43.26
548	258	15463	1428	4600	11917	46.38
405	184	15384	657	2569	4387	43.58
131	60	5560	167	652	1149	43.01
150	77	5470	272	1127	2088	44.27
124	47	4354	218	790	1150	43.28
3419	**2706**	**96347**	**11705**	**43843**	**153189**	**49.77**
2568	2001	72138	8838	33103	122168	50.23
1230	984	23287	3292	10425	30804	46.95
54	24	2109	136	570	898	44.83
51	51	1948	252	842	4541	52.85
491	432	21892	2732	11618	51457	53.15
102	121	5314	678	3146	11002	52.76
27	15	1198	76	511	1047	46.97
41	14	855	60	197	713	47.29
66	55	3847	347	1997	5540	50.21
506	305	11688	1265	3797	16166	49.12
851	705	24209	2867	10740	31021	48.20
252	179	9118	891	3748	13708	50.10
451	391	11064	1592	5738	12891	46.92
148	135	4027	384	1254	4422	47.23
8887	**2666**	**389999**	**10854**	**30328**	**45223**	**41.54**
8887	2666	389999	10854	30328	45223	41.54
1099	388	54058	2174	7568	10060	42.68
2258	615	98317	2289	5194	9014	41.24
2766	847	133843	3840	9932	15636	41.67
2056	525	77786	1599	4188	6522	40.85
708	291	25995	952	3446	3991	41.41
5827	**3176**	**205560**	**12656**	**32833**	**42685**	**43.13**
5606	3104	198142	12409	31849	41020	43.11
4606	2633	165522	10665	25847	29109	42.75
357	225	12822	754	2667	4257	44.41
144	82	5589	459	1800	5328	48.48
67	15	1627	45	161	209	41.88
130	56	3761	214	543	656	42.59
41	19	1303	84	179	248	42.94
181	43	4663	83	276	349	41.06
80	31	2855	105	376	864	44.00
113	25	3594	68	220	298	41.01
113	25	3594	68	220	298	41.01
108	47	3824	179	764	1367	45.20
80	37	3091	152	665	1156	45.51
28	10	733	27	99	211	43.78

4-12a 续表 29

行业中类 性　别	合　计	1-8 小时	9-19 小时	20-34 小时
文化、体育和娱乐业	**108868**	**272**	**392**	**2989**
新闻出版业	21219	48	38	458
新闻业	3917	8	5	73
出版业	17302	40	33	385
广播、电视、电影和音像业	20680	44	28	347
广播	4031	6	9	74
电视	10354	24	11	157
电影	3076	11	6	70
音像制作	3219	3	2	46
文化艺术业	16999	81	109	659
文艺创作与表演	5320	47	70	369
艺术表演场馆	1646	9	9	66
图书馆与档案馆	3831	9	6	77
文物及文化保护	793		1	14
博物馆	1873	2	2	30
烈士陵园、纪念馆	371	1		6
群众文化活动	1512	6	11	44
文化艺术经纪代理	577	2	2	13
其他文化艺术	1076	5	8	40
体育	3255	6	18	187
体育组织	1501	1	4	46
体育场馆	1196	5	1	36
其他体育	558		13	105
娱乐业	46715	93	199	1338
室内娱乐活动	29630	48	99	937
游乐园	1820	1	2	41
休闲健身娱乐活动	10265	30	70	237
其他娱乐活动	5000	14	28	123
公共管理和社会组织	**350041**	**731**	**596**	**7443**
中国共产党机关	2791	6	6	37
中国共产党机关	2791	6	6	37
国家机构	288009	562	253	4560
国家权力机构	4850	8	3	87
国家行政机构	262744	511	235	4210
人民法院和人民检察院	11938	28	3	142
其他国家机构	8477	15	12	121
人民政协和民主党派	1403		1	15
人民政协	1105		1	14
民主党派	298			1
群众团体、社会团体和宗教组织	11722	28	54	378
群众团体	4266	8	9	95
社会团体	6309	15	18	171
宗教组织	1147	5	27	112
基层群众自治组织	46116	135	282	2453
社区自治组织	33579	94	140	1673
村民自治组织	12537	41	142	780
国际组织	**324**			**2**
国际组织	324			2
国际组织	324			2

单位：人

35小时	36-39小时	40小时	41-47小时	48小时	48小时以上	周平均工作时间（小时）
1854	**905**	**60397**	**3590**	**12236**	**26233**	**45.13**
387	143	16231	532	1417	1965	41.71
79	28	2986	100	260	378	41.81
308	115	13245	432	1157	1587	41.69
388	148	15313	495	1656	2261	42.20
93	32	3097	96	267	357	41.65
215	68	8113	189	667	910	41.63
42	32	2148	89	302	376	42.46
38	16	1955	121	420	618	44.47
390	146	12431	361	1075	1747	41.46
128	39	3526	142	319	680	41.17
40	14	1149	53	118	188	41.64
112	34	3067	57	201	268	41.14
15	8	595	18	40	102	42.54
39	10	1517	28	130	115	41.34
6	9	291	4	25	29	41.56
25	11	1150	21	102	142	41.49
2	2	452	12	36	56	41.86
23	19	684	26	104	167	42.86
69	47	2049	109	300	470	42.27
29	19	1029	60	103	210	42.48
22	16	744	31	168	173	43.04
18	12	276	18	29	87	40.06
620	421	14373	2093	7788	19790	49.52
440	267	7937	1425	4891	13586	50.20
27	14	952	67	265	451	45.49
82	93	3741	425	2066	3521	47.88
71	47	1743	176	566	2232	50.36
10314	**2334**	**275766**	**5419**	**17194**	**30244**	**41.41**
94	22	2292	31	109	194	41.08
94	22	2292	31	109	194	41.08
8887	1887	234972	4006	12428	20454	41.16
129	32	3923	60	234	374	41.30
8190	1736	214040	3684	11373	18765	41.17
386	63	10152	141	419	604	40.78
182	56	6857	121	402	711	41.50
44	7	1160	20	59	97	41.31
35	7	911	14	46	77	41.25
9		249	6	13	20	41.56
317	90	8669	212	645	1329	41.82
131	32	3378	68	202	343	41.29
143	50	4783	113	358	658	41.80
43	8	508	31	85	328	43.92
972	328	28673	1150	3953	8170	42.87
737	213	22401	738	2359	5224	42.57
235	115	6272	412	1594	2946	43.70
2	**1**	**284**	**1**	**16**	**18**	**41.25**
2	1	284	1	16	18	41.25
2	1	284	1	16	18	41.25

4-12b 全国分性别、行业中类、

行业中类 性别	合计	1-8 小时	9-19 小时	20-34 小时
总计	**12712174**	**71742**	**236503**	**1223282**
农、林、牧、渔业	**3994903**	**52088**	**194590**	**858211**
农业	3681402	50526	187234	813773
谷物及其他作物的种植	3260953	47890	175906	745841
蔬菜、园艺作物的种植	264793	1882	7702	43827
水果、坚果、饮料和香料作物的种植	146845	718	3429	22814
中药材的种植	8811	36	197	1291
林业	43819	180	536	4273
林木的培育和种植	27470	121	383	2905
木材和竹材的采运	8617	25	74	556
林产品的采集	7732	34	79	812
畜牧业	161302	978	5231	28414
牲畜的饲养	37108	198	944	5354
猪的饲养	76592	516	2947	16238
家禽的饲养	37333	229	1185	5630
狩猎和捕捉动物	317		9	34
其他畜牧业	9952	35	146	1158
渔业	64122	254	1172	8473
海洋渔业	30686	112	465	3725
内陆渔业	33436	142	707	4748
农、林、牧、渔服务业	44258	150	417	3278
农业服务业	24387	93	275	2055
林业服务业	7069	22	23	276
畜牧服务业	8677	28	68	515
渔业服务业	4125	7	51	432
采矿业	**222141**	**523**	**708**	**5775**
煤炭开采和洗选业	129200	271	384	3230
烟煤和无烟煤的开采洗选	121109	260	365	2892
褐煤的开采洗选	4463	2	10	210
其他煤炭采选	3628	9	9	128
石油和天然气开采业	26508	65	77	381
天然原油和天然气开采	16337	38	39	207
与石油和天然气开采有关的服务活动	10171	27	38	174
黑色金属矿采选业	15922	38	44	491
铁矿采选	14561	32	39	422
其他黑色金属矿采选	1361	6	5	69
有色金属矿采选业	24649	39	49	482
常用有色金属矿采选	16175	18	34	321
贵金属矿采选	4363	9	10	96
稀有稀土金属矿采选	4111	12	5	65
非金属矿采选业	23803	104	133	1049
土砂石开采	16402	52	110	892
化学矿采选	1997	9	8	69
采盐	3833	43	6	40
石棉及其他非金属矿采选	1571		9	48
其他采矿业	2059	6	21	142
其他采矿业	2059	6	21	142

周工作时间的正在工作人口(镇)

单位：人

35小时	36-39小时	40小时	41-47小时	48小时	48小时以上	周平均工作时间(小时)
231929	**161067**	**3801078**	**547268**	**1120255**	**5319050**	**46.38**
122090	**85947**	**877254**	**233404**	**221843**	**1349476**	**41.29**
113022	80266	799264	215850	202389	1219078	40.95
100987	71865	713233	189153	175755	1040323	40.46
7365	5289	52445	17184	16761	112338	44.66
4493	2817	31673	9154	9354	62393	44.70
177	295	1913	359	519	4024	45.46
1326	584	16262	2190	2975	15493	44.85
836	335	11472	1147	1979	8292	43.70
199	99	3105	298	591	3670	47.00
291	150	1685	745	405	3531	46.57
4961	3197	32211	10088	9247	66975	44.33
1089	566	6779	2248	1956	17974	46.44
2599	1734	15858	5151	4192	27357	42.39
997	725	7339	2080	2485	16663	45.44
4	4	75	12	21	158	47.30
272	168	2160	597	593	4823	47.08
1927	1325	12123	3832	4408	30608	47.35
796	656	4799	1815	2004	16314	49.25
1131	669	7324	2017	2404	14294	45.60
854	575	17394	1444	2824	17322	46.41
479	283	8471	831	1594	10306	46.99
126	63	3726	149	391	2293	45.64
147	68	4101	308	576	2866	45.26
102	161	1096	156	263	1857	46.69
1495	**1657**	**96075**	**5956**	**24294**	**85658**	**47.27**
725	1064	52794	3540	16073	51119	47.53
662	1010	49942	3340	15237	47401	47.47
25	23	1473	94	462	2164	48.92
38	31	1379	106	374	1554	47.82
124	116	17750	302	1309	6384	44.66
74	76	10803	187	815	4098	44.97
50	40	6947	115	494	2286	44.17
166	158	6316	395	1252	7062	47.77
153	138	5808	332	1114	6523	47.87
13	20	508	63	138	539	46.68
184	123	11276	613	3183	8700	46.84
127	89	7857	389	1927	5413	46.43
30	17	1643	120	427	2011	48.45
27	17	1776	104	829	1276	46.77
272	177	7322	1023	2267	11456	48.91
168	139	4048	645	1471	8877	50.01
20	15	887	59	206	724	46.52
66	20	1964	258	352	1084	45.27
18	3	423	61	238	771	49.37
24	19	617	83	210	937	47.56
24	19	617	83	210	937	47.56

4-12b 续表 1

行业中类 性 别	合 计	1-8 小时	9-19 小时	20-34 小时
制造业	**2623468**	**4558**	**10091**	**96819**
农副食品加工业	122207	344	1084	9398
谷物磨制	18151	87	212	1727
饲料加工	8336	15	53	412
植物油加工	9925	25	69	600
制糖	6582	23	11	142
屠宰及肉类加工	35456	98	263	2663
水产品加工	11254	29	170	1344
蔬菜、水果和坚果加工	7668	18	52	567
其他农副食品加工	24835	49	254	1943
食品制造业	87743	211	577	4883
焙烤食品制造	36408	61	246	2169
糖果、巧克力及蜜饯制造	6276	26	33	317
方便食品制造	21733	71	203	1547
液体乳及乳制品制造	4450	13	13	90
罐头制造	4624	7	23	212
调味品、发酵制品制造	5001	8	18	178
其他食品制造	9251	25	41	370
饮料制造业	40447	101	176	1601
酒精制造	1974	3	6	94
酒的制造	26633	74	94	885
软饮料制造	8152	17	54	341
精制茶加工	3688	7	22	281
烟草制品业	4907	13	9	110
烟叶复烤	1978	4	5	47
卷烟制造	2191	6	2	42
其他烟草制品加工	738	3	2	21
纺织业	253581	368	1055	8682
棉、化纤纺织及印染精加工	114996	142	425	3087
毛纺织和染整精加工	14894	23	79	597
麻纺织	2782	5	7	66
丝绢纺织及精加工	8926	5	24	217
纺织制成品制造	47240	108	187	1933
针织品、编织品及其制品制造	64743	85	333	2782
纺织服装、鞋、帽制造业	320501	553	1283	12773
纺织服装制造	287728	496	1156	11589
纺织面料鞋的制造	27039	44	82	888
制帽	5734	13	45	296
皮革、毛皮、羽毛(绒)及其制品业	115543	130	308	3150
皮革鞣制加工	4257	6	27	208
皮革制品制造	99435	96	222	2278
毛皮鞣制及制品加工	6896	27	38	529
羽毛(绒)加工及制品制造	4955	1	21	135
木材加工及木、竹、藤、棕、草制品业	95880	153	686	5708
锯材、木片加工	37443	86	327	2327
人造板制造	27119	16	139	1256
木制品制造	20453	24	89	917
竹、藤、棕、草制品制造	10865	27	131	1208
家具制造业	70422	120	290	3179
木质家具制造	55807	94	241	2661
竹、藤家具制造	1566	5	10	129
金属家具制造	7599	6	16	198
塑料家具制造	1011		6	36
其他家具制造	4439	15	17	155

单位：人

35小时	36-39小时	40小时	41-47小时	48小时	48小时以上	周平均工作时间(小时)
23183	**21190**	**657452**	**98567**	**405682**	**1305926**	**49.96**
2626	1261	30652	5611	11091	60140	48.50
342	198	4499	820	1572	8694	47.55
99	61	2453	323	970	3950	48.57
118	69	2780	404	939	4921	48.69
407	37	3748	164	380	1670	44.16
796	380	7945	1688	3046	18577	49.26
265	182	2211	587	1267	5199	47.42
87	76	1743	393	866	3866	49.14
512	258	5273	1232	2051	13263	49.45
1218	864	22245	3727	9080	44938	49.63
515	362	8735	1550	3377	19393	50.12
77	49	1831	290	664	2989	48.68
356	234	4832	977	2070	11443	49.56
40	28	1318	105	566	2277	50.12
57	37	1218	273	555	2242	48.90
52	27	1360	207	762	2389	49.34
121	127	2951	325	1086	4205	48.82
494	353	14361	1575	5371	16415	47.60
22	17	572	62	258	940	48.70
335	204	10132	991	3750	10168	47.19
75	87	2658	330	921	3669	48.65
62	45	999	192	442	1638	47.59
52	33	2601	111	445	1533	45.63
20	14	926	39	175	748	46.54
24	16	1308	57	219	517	44.53
8	3	367	15	51	268	46.44
1733	1948	50293	8765	38967	141770	51.80
587	680	22981	3358	17740	65996	52.19
131	173	2868	620	2402	8001	51.19
14	15	657	74	356	1588	50.86
77	59	2019	323	2521	3681	49.77
418	411	9929	1696	6686	25872	51.08
506	610	11839	2694	9262	36632	52.11
2706	2661	65220	12538	44897	177870	51.37
2441	2432	57779	11458	39662	160715	51.42
213	187	6226	876	4544	13979	50.79
52	42	1215	204	691	3176	51.52
654	693	22476	4523	17637	65972	52.18
48	54	1097	118	540	2159	49.23
472	560	19198	3935	16071	56603	52.27
101	57	1477	363	671	3633	49.40
33	22	704	107	355	3577	56.73
1235	1302	20506	4821	10586	50883	49.53
559	618	7978	2250	3437	19861	49.12
292	329	5782	1130	3508	14667	50.20
197	174	4499	799	2541	11213	50.42
187	181	2247	642	1100	5142	47.62
712	619	15315	2644	9702	37841	50.03
579	504	12351	2153	7492	29732	49.85
31	26	393	61	107	804	48.81
71	57	1431	262	1281	4277	50.93
8	14	203	43	173	528	50.73
23	18	937	125	649	2500	51.00

4-12b 续表 2

行业中类 性 别	合 计	1-8 小时	9-19 小时	20-34 小时
造纸及纸制品业	49249	69	156	1652
纸浆制造	3599	9	25	131
造纸	20645	33	52	522
纸制品制造	25005	27	79	999
印刷业和记录媒介的复制	31094	46	124	977
印刷	28876	43	112	896
装订及其他印刷服务活动	1794	1	10	69
记录媒介的复制	424	2	2	12
文教体育用品制造业	52010	103	155	1721
文化用品制造	8293	14	19	202
体育用品制造	6106	8	10	94
乐器制造	3198	14	11	97
玩具制造	32996	66	114	1281
游艺器材及娱乐用品制造	1417	1	1	47
石油加工、炼焦及核燃料加工业	16274	45	24	306
精炼石油产品的制造	7995	35	9	148
炼焦	7874	10	14	154
核燃料加工	405		1	4
化学原料及化学制品制造业	98933	172	249	2828
基础化学原料制造	21311	41	40	495
肥料制造	25068	43	61	568
农药制造	4649	7	10	76
涂料、油墨、颜料及类似产品制造	8600	19	15	165
合成材料制造	5316	7	12	106
专用化学产品制造	26423	37	84	1266
日用化学产品制造	7566	18	27	152
医药制造业	29033	74	65	587
化学药品原药制造	6629	6	9	115
化学药品制剂制造	5968	14	10	103
中药饮片加工	2596	15	8	81
中成药制造	6817	32	22	130
兽用药品制造	1112	1	2	18
生物、生化制品的制造	1950	6	8	24
卫生材料及医药用品制造	3961		6	116
化学纤维制造业	9605	12	6	157
纤维素纤维原料及纤维制造	2424		1	43
合成纤维制造	7181	12	5	114
橡胶制品业	25017	34	63	774
轮胎制造	7061	6	13	236
橡胶板、管、带的制造	4830	6	21	145
橡胶零件制造	3999	8	12	209
再生橡胶制造	930	5	4	49
日用及医用橡胶制品制造	1137	3	1	21
橡胶靴鞋制造	5180	5	6	71
其他橡胶制品制造	1880	1	6	43
塑料制品业	67278	108	240	2390
塑料薄膜制造	7110	16	37	278
塑料板、管、型材的制造	9534	22	32	299
塑料丝、绳及编织品的制造	9609	12	49	544
泡沫塑料制造	2602	7	3	52
塑料人造革、合成革制造	1883	3	3	35
塑料包装箱及容器制造	6832	13	14	210
塑料零件制造	7613	11	15	157
日用塑料制造	12882	16	67	497
其他塑料制品制造	9213	8	20	318

单位：人

35 小时	36-39 小时	40 小时	41-47 小时	48 小时	48小时 以　上	周平均 工作时间 (小时)
526	373	13242	1830	7675	23726	49.36
29	34	1744	90	340	1197	45.54
326	134	5688	796	3138	9956	49.17
171	205	5810	944	4197	12573	50.06
285	184	9080	1068	4733	14597	49.22
267	162	8459	975	4482	13480	49.21
15	18	506	74	202	899	49.33
3	4	115	19	49	218	49.98
386	427	13196	1983	9267	24772	49.97
45	76	1807	357	1675	4098	50.59
33	33	1490	192	1176	3070	51.66
30	31	1273	101	427	1214	47.26
260	273	8240	1283	5758	15721	49.76
18	14	386	50	231	669	50.03
81	154	6720	411	2701	5832	47.11
40	79	4008	243	1156	2277	45.84
28	75	2414	159	1521	3499	48.62
13		298	9	24	56	42.61
748	1104	36271	3892	15774	37895	47.51
157	112	8462	653	3522	7829	47.37
190	195	10752	984	3645	8630	46.62
21	21	1617	167	1047	1683	47.84
72	54	2520	274	1624	3857	49.38
28	54	1956	160	1085	1908	47.78
240	624	8608	1331	3383	10850	47.36
40	44	2356	323	1468	3138	48.86
254	247	11513	893	5130	10270	47.26
75	65	2817	232	1131	2179	46.75
36	49	2340	172	1375	1869	46.90
21	41	850	95	352	1133	48.65
79	36	3111	177	1002	2228	46.30
4	7	397	26	219	438	48.18
9	16	819	58	307	703	47.00
30	33	1179	133	744	1720	49.29
25	60	2533	236	2057	4519	50.38
6	23	829	91	510	921	48.71
19	37	1704	145	1547	3598	50.95
172	121	5777	651	4128	13297	50.59
34	38	1664	178	1378	3514	49.77
34	34	1350	166	693	2381	49.98
49	15	1038	109	765	1794	48.74
27	9	187	26	125	498	49.78
1	3	289	13	157	649	50.40
16	14	685	93	687	3603	54.36
11	8	564	66	323	858	49.27
498	513	15742	2467	11285	34035	50.48
68	42	1931	338	925	3475	49.54
64	80	2478	224	1484	4851	50.34
74	116	2202	364	967	5281	50.09
9	13	607	98	591	1222	50.13
3	5	302	41	249	1242	57.89
54	39	1678	286	1298	3240	50.20
28	30	1699	283	1689	3701	50.90
130	92	2685	495	2225	6675	50.75
68	96	2160	338	1857	4348	49.79

4-12b 续表 3

行业中类 性　别	合　计	1-8 小时	9-19 小时	20-34 小时
非金属矿物制品业	194132	353	587	6903
水泥、石灰和石膏的制造	34490	74	130	1054
水泥及石膏制品制造	16999	39	65	682
砖瓦、石材及其他建筑材料制造	68804	139	238	2771
玻璃及玻璃制品制造	28572	19	70	1065
陶瓷制品制造	34606	62	59	1021
耐火材料制品制造	5084	9	7	131
石墨及其他非金属矿物制品制造	5577	11	18	179
黑色金属冶炼及压延加工业	61980	132	135	1286
炼铁	12127	17	40	281
炼钢	21931	29	38	452
钢压延加工	21115	78	44	359
铁合金冶炼	6807	8	13	194
有色金属冶炼及压延加工业	41305	87	103	962
常用有色金属冶炼	22474	57	65	596
贵金属冶炼	1682	6	6	59
稀有稀土金属冶炼	2689	3	8	34
有色金属合金制造	1765		2	22
有色金属压延加工	12695	21	22	251
金属制品业	152647	247	443	4408
结构性金属制品制造	63863	69	186	1944
金属工具制造	25911	68	68	861
集装箱及金属包装容器制造	4157	4	14	76
金属丝绳及其制品的制造	5474	46	44	224
建筑、安全用金属制品制造	15217	14	52	404
金属表面处理及热处理加工	9719	12	22	149
搪瓷制品制造	1258		4	19
不锈钢及类似日用金属制品制造	21172	30	39	529
其他金属制品制造	5876	4	14	202
通用设备制造业	148268	229	532	4576
锅炉及原动机制造	6277	19	10	164
金属加工机械制造	31551	53	97	918
起重运输设备制造	7196	7	23	92
泵、阀门、压缩机及类似机械的制造	21119	16	51	697
轴承、齿轮、传动和驱动部件的制造	16739	37	32	476
烘炉、熔炉及电炉制造	778	4	1	41
风机、衡器、包装设备等通用设备制造	11343	8	25	276
通用零部件制造及机械修理	37306	59	247	1483
金属铸、锻加工	15959	26	46	429
专用设备制造业	71848	105	144	1609
矿山、冶金、建筑专用设备制造	12200	43	16	256
化工、木材、非金属加工专用设备制造	19046	23	35	434
食品、饮料、烟草及饲料生产专用设备制造	2016	1	9	57
印刷、制药、日化生产专用设备制造	4420	3	3	75
纺织、服装和皮革工业专用设备制造	5347	2	20	90
电子和电工机械专用设备制造	14959	17	27	381
农、林、牧、渔专用机械制造	5730	7	19	189
医疗仪器设备及器械制造	3765	1	7	62
环保、社会公共安全及其他专用设备制造	4365	8	8	65

单位：人

35 小时	36-39 小时	40 小时	41-47 小时	48 小时	48小时 以 上	周平均 工作时间 (小时)
1621	1670	46030	7269	25403	104296	50.15
279	296	12085	1185	4513	14874	48.07
168	159	4582	543	2312	8449	49.50
572	667	13284	2480	7580	41073	50.85
236	174	6460	999	4535	15014	50.25
286	306	6433	1711	5052	19676	51.38
29	38	1280	174	690	2726	49.97
51	30	1906	177	721	2484	48.37
339	386	17070	1654	10734	30244	49.65
66	93	3093	335	2030	6172	49.91
114	126	6278	443	4451	10000	49.14
95	120	5726	630	3228	10835	50.18
64	47	1973	246	1025	3237	49.24
245	225	13899	1102	7393	17289	48.47
172	121	9108	681	3657	8017	47.08
16	6	635	61	278	615	47.19
9	5	548	46	426	1610	51.23
6	14	370	26	461	864	50.13
42	79	3238	288	2571	6183	50.29
1057	964	33323	5278	26366	80561	50.66
451	388	14369	2064	10042	34350	50.62
242	233	6104	1198	4279	12858	49.75
12	13	1231	89	925	1793	49.81
43	37	1340	141	939	2660	49.33
66	81	2902	418	2684	8596	51.85
34	46	2186	285	1835	5150	51.95
6	3	229	83	207	707	51.02
143	119	3400	736	4412	11764	51.33
60	44	1562	264	1043	2683	49.29
963	1019	39621	4553	29015	67760	49.10
41	28	1846	136	1325	2708	48.91
198	267	9281	1040	5483	14214	48.78
24	36	3114	147	1359	2394	46.97
167	138	4957	628	4534	9931	49.59
153	107	4369	556	3299	7710	49.12
17	6	199	20	170	320	47.70
56	75	3037	386	2568	4912	49.25
226	284	9339	1146	7512	17010	48.91
81	78	3479	494	2765	8561	50.52
572	548	22829	2551	13604	29886	48.68
108	80	4775	331	2019	4572	47.46
96	134	4809	704	4042	8769	49.85
14	9	644	65	355	862	48.35
25	30	1391	139	820	1934	49.27
26	44	1255	206	1198	2506	49.99
182	192	5630	577	2673	5280	47.47
54	32	1645	210	879	2695	49.05
39	14	1130	187	762	1563	49.17
28	13	1550	132	856	1705	48.10

4-12b 续表 4

行业中类 性　别	合　计	1-8 小时	9-19 小时	20-34 小时
交通运输设备制造业	112386	135	262	2424
铁路运输设备制造	2577	2	8	66
汽车制造	71045	86	176	1450
摩托车制造	10797	11	24	246
自行车制造	6658	4	16	269
船舶及浮动装置制造	15469	13	28	346
航空航天器制造	4408	17	5	18
交通器材及其他交通运输设备制造	1432	2	5	29
电气机械及器材制造业	117286	144	184	2307
电机制造	13713	10	19	326
输配电及控制设备制造	21942	31	42	466
电线、电缆、光缆及电工器材制造	14630	11	24	339
电池制造	9145	13	15	160
家用电力器具制造	30696	47	53	535
非电力家用器具制造	3316	1	2	86
照明器具制造	21214	24	25	347
其他电气机械及器材制造	2630	7	4	48
通信设备、计算机及其他电子设备制造业	108362	184	252	2735
通信设备制造	10571	21	14	222
雷达及配套设备制造	180		1	1
广播电视设备制造	902	4	3	18
电子计算机制造	5901	13	20	94
电子器件制造	23299	29	45	481
电子元件制造	58105	97	111	1436
家用视听设备制造	5798	12	53	398
其他电子设备制造	3606	8	5	85
仪器仪表及文化、办公用机械制造业	22429	66	110	775
通用仪器仪表制造	9424	24	55	438
专用仪器仪表制造	3197	4	10	101
钟表与计时仪器制造	2129	24	21	49
光学仪器及眼镜制造	4789	10	14	77
文化、办公用机械制造	2054	1	4	58
其他仪器仪表的制造及修理	836	3	6	52
工艺品及其他制造业	80298	163	631	6225
工艺美术品制造	59725	120	510	5147
日用杂品制造	15305	31	94	802
煤制品制造	2698	10	18	151
核辐射加工	74	1		5
其他未列明的制造业	2496	1	9	120
废弃资源和废旧材料回收加工业	22803	57	158	1733
金属废料和碎屑的加工处理	11854	37	89	838
非金属废料和碎屑的加工处理	10949	20	69	895
电力、燃气及水的生产和供应业	**126090**	**305**	**287**	**3139**
电力、热力的生产和供应业	98929	244	205	2414
电力生产	35706	91	86	1036
电力供应	57420	134	108	1241
热力生产和供应	5803	19	11	137
燃气生产和供应业	7688	21	27	218
燃气生产和供应业	7688	21	27	218
水的生产和供应业	19473	40	55	507
自来水的生产和供应	17851	36	48	474
污水处理及其再生利用	1080		4	23
其他水的处理、利用与分配	542	4	3	10

单位：人

35小时	36-39小时	40小时	41-47小时	48小时	48小时以上	周平均工作时间（小时）
763	771	34971	3769	21094	48197	48.95
10	8	988	71	444	980	47.80
376	418	20927	2362	13902	31348	49.29
57	67	2768	407	2042	5175	50.05
56	90	1350	260	1182	3431	50.10
120	172	5065	529	2997	6199	48.23
135	7	3473	80	284	389	41.93
9	9	400	60	243	675	49.64
624	659	30224	4301	24800	54043	49.99
91	101	4413	508	2686	5559	48.47
124	117	6872	708	4779	8803	48.63
95	79	4328	526	3143	6085	48.93
42	89	2967	432	1884	3543	48.70
162	135	6060	1223	6772	15709	51.49
15	20	786	116	607	1683	50.21
76	107	3936	708	4512	11479	51.60
19	11	862	80	417	1182	48.91
661	771	32776	4761	21303	44919	49.18
71	104	3928	386	1941	3884	48.61
	1	66	5	47	59	47.76
9	6	311	23	170	358	48.23
17	33	2041	215	1191	2277	49.02
128	162	7108	1092	4653	9601	49.42
385	401	16571	2604	11828	24672	49.33
30	32	1591	289	893	2500	47.75
21	32	1160	147	580	1568	49.66
219	145	7256	790	3271	9797	48.83
118	88	3533	369	1228	3571	47.18
22	23	1140	108	406	1383	48.29
31	9	549	85	462	899	48.41
21	10	1239	90	771	2557	52.17
17	10	570	114	314	966	49.87
10	5	225	24	90	421	49.00
1317	836	17022	3624	10184	40296	49.09
1072	647	12493	2790	7121	29825	48.84
177	120	3123	594	2486	7878	50.15
38	33	714	133	244	1357	49.20
8		29	1	8	22	45.22
22	36	663	106	325	1214	48.80
397	279	4688	1169	1989	12333	49.49
187	120	2379	530	1005	6669	50.19
210	159	2309	639	984	5664	48.74
2671	**1210**	**74962**	**3178**	**10242**	**30096**	**44.31**
2284	985	59936	2467	7800	22594	44.09
1031	546	20164	1139	3103	8510	44.20
1195	392	37188	1201	4204	11757	43.64
58	47	2584	127	493	2327	47.74
84	70	3299	234	822	2913	47.25
84	70	3299	234	822	2913	47.25
303	155	11727	477	1620	4589	44.26
277	136	10948	429	1442	4061	44.07
18	17	550	27	140	301	45.86
8	2	229	21	38	227	47.49

4-12b 续表 5

行业中类 性　　别	合　计	1-8 小时	9-19 小时	20-34 小时
建筑业	**828629**	**1765**	**4570**	**42254**
房屋和土木工程建筑业	638727	1400	3639	33284
房屋工程建筑	573955	1273	3255	30332
土木工程建筑	64772	127	384	2952
建筑安装业	42142	80	205	2071
建筑安装业	42142	80	205	2071
建筑装饰业	132892	250	636	6074
建筑装饰业	132892	250	636	6074
其他建筑业	14868	35	90	825
工程准备	4862	10	26	280
提供施工设备服务	3389	13	32	235
其他未列明的建筑活动	6617	12	32	310
交通运输、仓储和邮政业	**615633**	**1462**	**3830**	**33070**
铁路运输业	29843	126	274	1471
铁路旅客运输	11825	63	243	1002
铁路货物运输	5276	16	9	148
铁路运输辅助活动	12742	47	22	321
道路运输业	388471	888	2414	22265
公路旅客运输	99195	220	606	5366
道路货物运输	251463	572	1666	15449
道路运输辅助活动	37813	96	142	1450
城市公共交通业	97227	195	466	3693
公共电汽车客运	10774	46	54	455
轨道交通	1008	3	6	67
出租车客运	65687	114	300	2111
城市轮渡	114		1	4
其他城市公共交通	19644	32	105	1056
水上运输业	13413	32	79	625
水上旅客运输	2428	5	19	143
水上货物运输	9065	20	51	413
水上运输辅助活动	1920	7	9	69
航空运输业	5268	7	12	199
航空客货运输	2654	2	8	123
通用航空服务	856	1	2	46
航空运输辅助活动	1758	4	2	30
管道运输业	718		5	21
管道运输业	718		5	21
装卸搬运和其他运输服务业	46673	135	478	3870
装卸搬运	37418	122	452	3456
运输代理服务	9255	13	26	414
仓储业	14624	39	67	466
谷物、棉花等农产品仓储	7738	20	41	256
其他仓储	6886	19	26	210
邮政业	19396	40	35	460
国家邮政	14947	31	26	339
其他寄递服务	4449	9	9	121

单位：人

35小时	36-39小时	40小时	41-47小时	48小时	48小时以上	周平均工作时间（小时）
7875	**8226**	**181460**	**32541**	**77018**	**472920**	**50.44**
6116	6425	139625	25204	58468	364566	50.42
5463	5790	122045	22892	52602	330303	50.48
653	635	17580	2312	5866	34263	49.86
421	414	10524	1618	4226	22583	49.73
421	414	10524	1618	4226	22583	49.73
1198	1251	27619	5155	12939	77770	50.81
1198	1251	27619	5155	12939	77770	50.81
140	136	3692	564	1385	8001	49.92
45	35	1169	181	458	2658	49.92
25	41	846	129	290	1778	49.10
70	60	1677	254	637	3565	50.33
8627	**6255**	**168667**	**24331**	**48908**	**320483**	**49.74**
360	333	14955	933	2373	9018	45.20
175	127	5472	452	901	3390	44.01
52	88	2529	169	395	1870	46.89
133	118	6954	312	1077	3758	45.59
5535	4066	97918	16256	30642	208487	49.93
1446	1051	25193	4457	7674	53182	49.97
3454	2675	56455	10450	19924	140818	50.34
635	340	16270	1349	3044	14487	47.14
1201	786	19824	3479	6841	60742	52.57
174	110	3493	445	1073	4924	48.81
26	12	390	47	71	386	46.67
669	478	12351	2189	4374	43101	53.40
1	3	60	2	7	36	45.18
331	183	3530	796	1316	12295	52.19
185	103	3900	521	1134	6834	49.75
39	24	826	105	203	1064	47.47
119	60	2135	380	749	5138	51.15
27	19	939	36	182	632	46.02
33	134	2960	189	608	1126	44.30
19	104	1620	84	247	447	43.09
4	8	297	43	74	381	48.12
10	22	1043	62	287	298	44.28
8	4	335	15	53	277	46.86
8	4	335	15	53	277	46.86
777	544	11529	1902	3776	23662	48.63
657	431	8822	1544	2772	19162	48.43
120	113	2707	358	1004	4500	49.43
197	152	6554	470	1315	5364	46.77
118	66	3904	255	560	2518	45.67
79	86	2650	215	755	2846	47.99
331	133	10692	566	2166	4973	45.01
286	117	9164	427	1425	3132	43.83
45	16	1528	139	741	1841	48.98

4-12b 续表 6

行业中类 性 别	合 计	1-8 小时	9-19 小时	20-34 小时
信息传输、计算机服务和软件业	**72896**	**169**	**194**	**1985**
电信和其他信息传输服务业	55683	125	106	1300
电信	46122	107	75	1040
互联网信息服务	5853	12	22	165
广播电视传输服务	3583	6	9	93
卫星传输服务	125			2
计算机服务业	11624	38	75	559
计算机系统服务	3627	20	35	226
数据处理	895	2	7	50
计算机维修	3619	8	15	157
其他计算机服务	3483	8	18	126
软件业	5589	6	13	126
公共软件服务	3854	5	7	64
其他软件服务	1735	1	6	62
批发和零售业	**1661798**	**3719**	**10088**	**84624**
批发业	266530	635	1631	14015
农畜产品批发	32911	87	323	2575
食品、饮料及烟草制品批发	68589	180	438	3557
纺织、服装及日用品批发	42950	120	200	1648
文化、体育用品及器材批发	4668	8	20	201
医药及医疗器材批发	8773	16	38	362
矿产品、建材及化工产品批发	53596	103	316	2466
机械设备、五金交电及电子产品批发	20382	43	63	781
贸易经纪与代理	2644	2	6	90
其他批发	32017	76	227	2335
零售业	1395268	3084	8457	70609
综合零售	455545	1188	2856	24731
食品、饮料及烟草制品专门零售	327852	726	2457	20583
纺织、服装及日用品专门零售	287681	550	1433	11951
文化、体育用品及器材专门零售	33869	81	245	1529
医药及医疗器材专门零售	36202	68	180	1447
汽车、摩托车、燃料及零配件专门零售	41188	67	160	1328
家用电器及电子产品专门零售	73335	132	249	2285
五金、家具及室内装修材料专门零售	94376	149	439	3443
无店铺及其他零售	45220	123	438	3312
住宿和餐饮业	**469706**	**1067**	**2864**	**23465**
住宿业	65220	150	326	2623
旅游饭店	26237	87	98	923
一般旅馆	34402	54	200	1473
其他住宿服务	4581	9	28	227
餐饮业	404486	917	2538	20842
正餐服务	265867	607	1502	12342
快餐服务	67105	163	538	4009
饮料及冷饮服务	7257	15	47	399
其他餐饮服务	64257	132	451	4092
金融业	**113954**	**241**	**323**	**2911**
银行业	74581	119	107	1382
中央银行	5358	15	6	114
商业银行	54931	82	80	993
其他银行	14292	22	21	275
证券业	2131	9	15	146
证券市场管理	414	2	2	18
证券经纪与交易	883	4	8	67
证券投资	623	3	5	50
证券分析与咨询	211			11

单位：人

35小时	36-39小时	40小时	41-47小时	48小时	48小时以上	周平均工作时间(小时)
1096	**572**	**35968**	**2223**	**6838**	**23851**	**46.30**
908	403	29668	1618	5175	16380	45.63
768	353	24770	1370	4344	13295	45.47
72	34	2476	167	554	2351	48.25
65	16	2360	75	268	691	43.40
3		62	6	9	43	46.88
128	108	3505	439	1118	5654	49.41
47	42	1209	122	357	1569	47.46
7	12	367	30	65	355	46.83
47	33	1033	161	400	1765	49.41
27	21	896	126	296	1965	52.11
60	61	2795	166	545	1817	46.43
32	25	2262	114	406	939	45.05
28	36	533	52	139	878	49.51
20346	**15644**	**391877**	**69162**	**136553**	**929785**	**50.68**
3430	2440	67545	10433	22486	143915	50.08
557	334	8570	1398	2109	16958	48.87
1005	661	17463	2811	5194	37280	50.61
406	338	9138	1621	4299	25180	51.18
66	40	1357	169	398	2409	50.05
91	111	3133	365	927	3730	47.88
653	477	14574	1893	4740	28374	49.74
152	167	5444	705	1842	11185	50.55
36	16	1191	76	353	874	46.43
464	296	6675	1395	2624	17925	49.94
16916	13204	324332	58729	114067	785870	50.80
5321	4751	117193	20211	41102	238192	49.69
5373	3297	66675	14849	22282	191610	51.38
2831	2528	62380	11481	22369	172158	51.65
462	294	8117	1335	2737	19069	51.09
432	317	10344	1356	3446	18612	49.80
319	289	11338	1248	4272	22167	50.74
656	594	18092	2902	7213	41212	51.13
786	656	19639	3328	7425	58511	52.08
736	478	10554	2019	3221	24339	49.76
6341	**4055**	**102206**	**18957**	**39432**	**271319**	**51.59**
697	537	18680	2322	7009	32876	50.29
256	213	8471	989	3427	11773	48.83
387	278	9028	1182	3128	18672	51.32
54	46	1181	151	454	2431	50.94
5644	3518	83526	16635	32423	238443	51.80
3158	2337	57075	10472	22515	155859	51.75
1090	541	12699	2845	4695	40525	52.07
121	67	1597	321	657	4033	50.85
1275	573	12155	2997	4556	38026	51.83
2208	**768**	**73255**	**2745**	**9367**	**22136**	**43.42**
1530	477	51275	1629	5650	12412	43.03
138	29	3845	89	311	811	42.62
1125	340	37599	1252	4307	9153	43.06
267	108	9831	288	1032	2448	43.07
52	11	1118	55	191	534	43.82
9	4	223	17	27	112	44.65
19	3	483	23	69	207	43.39
18	3	331	12	68	133	42.84
6	1	81	3	27	82	46.90

4-12b 续表 7

行业中类 性别	合计	1-8 小时	9-19 小时	20-34 小时
保险业	29215	100	176	1168
人寿保险	22105	71	139	936
非人寿保险	6657	28	36	213
保险辅助服务	453	1	1	19
其他金融活动	8027	13	25	215
金融信托与管理	1996	5	11	58
金融租赁	161	1		3
财务公司	765	1	6	15
邮政储蓄	3462	5	4	81
典当	433		1	16
其他未列明的金融活动	1210	1	3	42
房地产业	**57211**	**289**	**407**	**2182**
房地产业	57211	289	407	2182
房地产开发经营	24573	61	77	601
物业管理	26713	212	285	1372
房地产中介服务	4470	8	19	121
其他房地产活动	1455	8	26	88
租赁和商务服务业	**71716**	**199**	**362**	**3039**
租赁业	7662	21	68	473
机械设备租赁	6078	18	41	311
文化及日用品出租	1584	3	27	162
商务服务业	64054	178	294	2566
企业管理服务	10806	19	28	366
法律服务	3279	12	10	102
咨询与调查	4566	4	12	142
广告业	9936	18	28	248
知识产权服务	128			4
职业中介服务	4522	13	28	183
市场管理	3113	8	13	157
旅行社	4697	7	28	348
其他商务服务	23007	97	147	1016
科学研究、技术服务和地质勘查业	**21990**	**59**	**71**	**595**
研究与试验发展	4179	8	19	143
自然科学研究与试验发展	697	1	1	16
工程和技术研究与试验发展	1394	3		15
农业科学研究与试验发展	1596	4	13	68
医学研究与试验发展	273		5	39
社会人文科学研究与试验发展	219			5
专业技术服务业	10811	30	31	283
气象服务	1948	8	7	85
地震服务	498		6	24
海洋服务	115		3	7
测绘服务	542	1	3	14
技术检测	1640	3	1	26
环境监测	494		1	13
工程技术与规划管理	4163	7	6	73
其他专业技术服务	1411	11	4	41
科技交流和推广服务业	3723	4	15	111
技术推广服务	2742	4	8	59
科技中介服务	377		4	17
其他科技服务	604		3	35
地质勘查业	3277	17	6	58
矿产地质勘查	2337	12	4	35
基础地质勘查	469		2	13
地质勘查技术服务	471	5		10

单位：人

35 小时	36-39 小时	40 小时	41-47 小时	48 小时	48小时 以 上	周平均 工作时间 (小时)
498	222	16247	862	2738	7204	44.07
360	170	12120	668	2113	5528	44.10
132	51	3871	179	579	1568	43.98
6	1	256	15	46	108	43.97
128	58	4615	199	788	1986	44.61
34	19	1043	51	181	594	45.38
2	1	75	6	22	51	46.03
9	3	483	15	79	154	43.85
56	16	2234	90	309	667	43.56
6	10	166	14	44	176	48.12
21	9	614	23	153	344	45.41
602	**421**	**22672**	**1887**	**7699**	**21052**	**47.15**
602	421	22672	1887	7699	21052	47.15
233	190	9629	856	3387	9539	47.92
273	192	10439	860	3605	9475	46.63
58	33	1912	140	600	1579	46.85
38	6	692	31	107	459	44.78
919	**603**	**29114**	**2378**	**7204**	**27898**	**47.24**
81	65	2048	251	603	4052	49.70
54	49	1560	192	498	3355	50.41
27	16	488	59	105	697	47.00
838	538	27066	2127	6601	23846	46.95
163	65	6153	278	865	2869	44.76
53	20	2096	83	244	659	43.35
91	22	2908	132	390	865	43.35
69	64	3347	342	1236	4584	49.01
1		83	3	10	27	44.34
42	29	1381	130	408	2308	49.59
68	26	1264	95	275	1207	46.84
73	47	2028	152	521	1493	45.32
278	265	7806	912	2652	9834	48.15
424	**189**	**12797**	**614**	**1787**	**5454**	**44.57**
89	46	2444	124	350	956	44.20
10	13	428	11	79	138	43.88
22	6	949	32	117	250	43.39
47	18	816	68	116	446	45.20
6	8	115	12	20	68	42.61
4	1	136	1	18	54	45.00
201	96	6022	310	962	2876	45.04
45	29	948	64	137	625	45.64
12	7	227	23	35	164	45.63
3	3	48	4	15	32	44.18
13	6	331	12	43	119	43.95
16	12	1037	29	162	354	44.45
4	3	315	12	29	117	44.46
82	29	2522	109	402	933	44.41
26	7	594	57	139	532	47.21
64	28	2304	84	240	873	44.06
45	19	1832	59	167	549	43.60
5	2	218	13	27	91	43.75
14	7	254	12	46	233	46.32
70	19	2027	96	235	749	44.11
61	12	1399	84	178	552	44.33
6	5	294	6	32	111	44.12
3	2	334	6	25	86	43.00

4-12b 续表 8

行业中类 性 别	合 计	1-8 小时	9-19 小时	20-34 小时
水利、环境和公共设施管理业	**57561**	**170**	**345**	**2793**
水利管理业	13567	32	26	368
防洪管理	1802	4	2	48
水资源管理	9696	16	16	274
其他水利管理	2069	12	8	46
环境管理业	27692	78	237	1687
自然保护	1125	4	4	38
环境治理	26567	74	233	1649
公共设施管理业	16302	60	82	738
市政公共设施管理	6409	33	31	310
城市绿化管理	4532	11	33	198
游览景区管理	5361	16	18	230
居民服务和其他服务业	**351066**	**1176**	**3480**	**24028**
居民服务业	197841	638	2120	13928
家庭服务	30598	156	624	3430
托儿所	1788	7	11	103
洗染服务	6353	10	44	381
理发及美容保健服务	81015	184	564	4068
洗浴服务	14744	29	102	767
婚姻服务	1747	6	37	182
殡葬服务	4170	32	93	480
摄影扩印服务	11126	26	93	672
其他居民服务	46300	188	552	3845
其他服务业	153225	538	1360	10100
修理与维护	112422	346	857	6465
清洁服务	22058	95	297	2160
其他未列明的服务	18745	97	206	1475
教育	**527226**	**1606**	**2005**	**15995**
教育	527226	1606	2005	15995
学前教育	44579	98	176	1494
初等教育	185598	499	611	6085
中等教育	263791	836	949	7302
高等教育	17787	98	122	501
其他教育	15471	75	147	613
卫生、社会保障和社会福利业	**230438**	**582**	**553**	**5669**
卫生	223383	569	525	5439
医院	136292	336	222	2655
卫生院及社区医疗活动	43125	105	107	1215
门诊部医疗活动	22791	69	148	1013
计划生育技术服务活动	5420	17	6	116
妇幼保健活动	4642	13	5	96
专科疾病防治活动	1444	2	4	36
疾病预防控制及防疫活动	5961	15	6	121
其他卫生活动	3708	12	27	187
社会保障业	3574	6	11	92
社会保障业	3574	6	11	92
社会福利业	3481	7	17	138
提供住宿的社会福利	2859	6	11	105
不提供住宿的社会福利	622	1	6	33

单位：人

35 小时	36-39 小时	40 小时	41-47 小时	48 小时	48小时 以　上	周平均 工作时间 （小时）
1183	**492**	**27824**	**1874**	**5124**	**17756**	**45.18**
365	105	9102	230	903	2436	43.04
68	17	1214	22	123	304	42.77
241	70	6591	178	600	1710	43.00
56	18	1297	30	180	422	43.44
566	243	10903	1139	2627	10212	46.06
23	15	676	36	73	256	43.84
543	228	10227	1103	2554	9956	46.15
252	144	7819	505	1594	5108	45.49
127	43	3333	182	526	1824	44.92
69	44	2005	158	485	1529	45.76
56	57	2481	165	583	1755	45.95
4864	**3498**	**80302**	**13908**	**27654**	**192156**	**49.99**
2785	1989	45445	7691	14864	108381	50.22
596	452	7845	1469	2399	13627	46.68
27	22	726	64	166	662	46.45
82	66	1359	262	505	3644	50.99
895	777	16322	3068	5901	49236	52.20
159	124	3032	497	1287	8747	52.40
36	18	433	55	124	856	47.60
87	49	1317	145	300	1667	45.60
154	98	2634	376	848	6225	50.35
749	383	11777	1755	3334	23717	48.92
2079	1509	34857	6217	12790	83775	49.70
1380	1058	24215	4609	9274	64218	50.38
396	267	6015	945	2007	9876	46.96
303	184	4627	663	1509	9681	48.86
8630	**3826**	**374841**	**13707**	**32010**	**74606**	**42.27**
8630	3826	374841	13707	32010	74606	42.27
832	331	28355	1260	3724	8309	43.14
3458	1453	137814	4532	8905	22241	41.73
3685	1801	187584	7048	16690	37896	42.39
353	141	12102	470	1385	2615	42.51
302	100	8986	397	1306	3545	43.76
3959	**2212**	**127886**	**8793**	**21812**	**58972**	**44.80**
3816	2168	123734	8648	21252	57232	44.81
2512	1437	81543	5746	13570	28271	43.96
581	393	21438	1562	4544	13180	45.70
247	184	6841	788	1768	11733	49.57
112	41	3840	132	343	813	42.58
97	42	3034	148	388	819	43.34
20	4	806	39	114	419	45.46
161	32	4529	98	274	725	42.00
86	35	1703	135	251	1272	45.96
84	24	2473	77	216	591	42.79
84	24	2473	77	216	591	42.79
59	20	1679	68	344	1149	46.28
49	13	1390	55	295	935	46.23
10	7	289	13	49	214	46.50

4-12b 续表 9

行业中类 性 别	合 计	1-8 小时	9-19 小时	20-34 小时
文化、体育和娱乐业	**59267**	**205**	**371**	**2912**
新闻出版业	3927	7	17	139
新闻业	1206	1	6	37
出版业	2721	6	11	102
广播、电视、电影和音像业	14168	36	42	397
广播	4301	16	6	107
电视	5878	7	20	129
电影	2133	8	15	96
音像制作	1856	5	1	65
文化艺术业	9674	51	127	762
文艺创作与表演	3592	28	88	456
艺术表演场馆	764	2	11	67
图书馆与档案馆	1739	1	2	52
文物及文化保护	839	2	1	11
博物馆	547	3	1	11
烈士陵园、纪念馆	251		1	10
群众文化活动	1048	10	10	81
文化艺术经纪代理	88			7
其他文化艺术	806	5	13	67
体育	2170	12	14	166
体育组织	1417	6	10	105
体育场馆	461	5	4	23
其他体育	292	1		38
娱乐业	29328	99	171	1448
室内娱乐活动	19748	59	101	1002
游乐园	1158	7	6	58
休闲健身娱乐活动	4069	13	26	150
其他娱乐活动	4353	20	38	238
公共管理和社会组织	**606424**	**1559**	**1363**	**13814**
中国共产党机关	9453	17	12	210
中国共产党机关	9453	17	12	210
国家机构	537695	1228	572	9524
国家权力机构	12293	19	16	238
国家行政机构	492335	1124	527	8700
人民法院和人民检察院	18922	42	16	358
其他国家机构	14145	43	13	228
人民政协和民主党派	3090	5	7	73
人民政协	2927	5	6	69
民主党派	163		1	4
群众团体、社会团体和宗教组织	13248	111	152	811
群众团体	4242	10	16	119
社会团体	5882	20	25	209
宗教组织	3124	81	111	483
基层群众自治组织	42938	198	620	3196
社区自治组织	15510	44	88	763
村民自治组织	27428	154	532	2433
国际组织	**57**		**1**	**2**
国际组织	57		1	2
国际组织	57		1	2

单位：人

35 小时	36-39 小时	40 小时	41-47 小时	48 小时	48小时 以 上	周平均 工作时间 (小时)
1112	**467**	**24145**	**2046**	**4928**	**23081**	**47.45**
75	46	2029	139	316	1159	45.28
18	12	719	17	80	316	44.39
57	34	1310	122	236	843	45.67
260	98	8953	316	1049	3017	43.80
90	31	2971	91	281	708	42.72
132	40	4114	116	391	929	42.75
28	14	1292	41	164	475	43.76
10	13	576	68	213	905	49.70
279	81	5463	259	567	2085	42.67
114	39	1718	121	175	853	41.91
23	8	417	30	45	161	42.20
56	8	1230	35	85	270	42.66
13	4	582	11	51	164	43.52
18	4	382	7	39	82	42.49
6	2	135	3	20	74	45.90
33	9	621	24	59	201	42.55
		52	3	4	22	44.05
16	7	326	25	89	258	44.73
30	26	851	80	184	807	46.61
21	18	560	56	107	534	46.73
7	5	202	10	50	155	45.92
2	3	89	14	27	118	47.08
468	216	6849	1252	2812	16013	51.13
365	156	4238	891	1825	11111	51.40
12	9	437	37	141	451	46.94
38	30	1186	137	479	2010	50.31
53	21	988	187	367	2441	51.79
14304	**3835**	**442284**	**10997**	**31856**	**86412**	**42.36**
212	68	7097	169	548	1120	42.01
212	68	7097	169	548	1120	42.01
12929	3241	406119	9004	26502	68576	42.18
342	67	9272	202	626	1511	42.06
11673	2997	371143	8261	24500	63410	42.21
558	99	14993	320	668	1868	41.57
356	78	10711	221	708	1787	42.21
90	19	2402	44	119	331	41.66
87	19	2298	42	104	297	41.50
3		104	2	15	34	44.56
292	125	7585	383	901	2888	42.95
105	28	3178	68	177	541	41.88
113	49	3616	138	477	1235	43.66
74	48	791	177	247	1112	43.08
781	382	19081	1397	3786	13497	44.57
286	136	8627	424	1211	3931	44.12
495	246	10454	973	2575	9566	44.82
		37		**4**	**13**	**42.93**
		37		4	13	42.93
		37		4	13	42.93

4-12b 续表 10

行业中类 性　别	合　计	1-8 小时	9-19 小时	20-34 小时
男	**7199311**	**32249**	**96989**	**552068**
农、林、牧、渔业	**2023030**	**20826**	**75080**	**361271**
农业	1841416	20147	72609	342577
谷物及其他作物的种植	1629224	19050	68371	314480
蔬菜、园艺作物的种植	129934	777	2770	17683
水果、坚果、饮料和香料作物的种植	77476	307	1375	9858
中药材的种植	4782	13	93	556
林业	29473	100	276	2379
林木的培育和种植	18111	61	177	1532
木材和竹材的采运	6633	20	54	389
林产品的采集	4729	19	45	458
畜牧业	75902	340	1309	9066
牲畜的饲养	21909	88	402	2519
猪的饲养	30401	153	545	4139
家禽的饲养	18597	78	290	1901
狩猎和捕捉动物	219		5	22
其他畜牧业	4776	21	67	485
渔业	47716	154	685	5523
海洋渔业	25388	69	323	2739
内陆渔业	22328	85	362	2784
农、林、牧、渔服务业	28523	85	201	1726
农业服务业	15169	52	126	1048
林业服务业	5094	14	12	164
畜牧服务业	6043	17	42	334
渔业服务业	2217	2	21	180
采矿业	**181043**	**414**	**491**	**4397**
煤炭开采和洗选业	109640	223	287	2544
烟煤和无烟煤的开采洗选	102822	214	274	2266
褐煤的开采洗选	3773	2	7	185
其他煤炭采选	3045	7	6	93
石油和天然气开采业	18631	48	35	224
天然原油和天然气开采	11422	29	17	130
与石油和天然气开采有关的服务活动	7209	19	18	94
黑色金属矿采选业	12925	33	29	399
铁矿采选	11881	27	27	346
其他黑色金属矿采选	1044	6	2	53
有色金属矿采选业	19387	29	33	365
常用有色金属矿采选	12712	13	21	242
贵金属矿采选	3492	9	8	74
稀有稀土金属矿采选	3183	7	4	49
非金属矿采选业	18946	75	98	768
土砂石开采	13587	44	87	656
化学矿采选	1478	4	5	53
采盐	2727	27	2	26
石棉及其他非金属矿采选	1154		4	33
其他采矿业	1514	6	9	97
其他采矿业	1514	6	9	97

单位：人

35 小时	36-39 小时	40 小时	41-47 小时	48 小时	48小时 以 上	周平均 工作时间 (小时)
119058	**82740**	**2149080**	**303037**	**650448**	**3213642**	**47.42**
57899	**40712**	**450787**	**121967**	**122369**	**772119**	**43.10**
53186	37876	404556	112243	110311	687911	42.69
47646	33990	361780	98747	96207	588953	42.24
3305	2368	25255	8417	8705	60654	46.21
2161	1365	16520	4873	5129	35888	46.05
74	153	1001	206	270	2416	47.01
829	352	11006	1437	2104	10990	45.62
514	190	7726	733	1375	5803	44.55
141	65	2260	248	465	2991	47.60
174	97	1020	456	264	2196	46.94
2062	1234	15117	4508	4789	37477	47.23
599	299	4068	1276	1179	11479	47.91
912	554	6409	1934	1957	13798	46.05
418	308	3554	1013	1347	9688	48.23
3	4	44	10	16	115	48.19
130	69	1042	275	290	2397	47.70
1307	959	8589	2874	3287	24338	48.56
600	528	3828	1458	1669	14174	50.33
707	431	4761	1416	1618	10164	46.55
515	291	11519	905	1878	11403	46.86
269	161	5370	503	1013	6627	47.58
89	46	2663	103	289	1714	46.06
105	49	2869	219	414	1994	45.32
52	35	617	80	162	1068	48.00
1160	**1394**	**73287**	**4886**	**20215**	**74799**	**47.86**
607	947	42236	3012	13784	46000	48.03
550	902	39957	2859	13057	42743	47.97
23	16	1183	71	387	1899	49.24
34	29	1096	82	340	1358	48.27
87	78	11982	209	936	5032	45.28
50	50	7234	133	578	3201	45.55
37	28	4748	76	358	1831	44.86
122	128	4765	314	1006	6129	48.38
115	115	4394	265	900	5692	48.49
7	13	371	49	106	437	47.19
141	89	8362	503	2533	7332	47.36
95	67	5883	321	1538	4532	46.89
24	10	1188	96	338	1745	49.19
22	12	1291	86	657	1055	47.19
190	140	5489	789	1794	9603	49.60
131	110	3214	533	1225	7587	50.57
10	11	630	47	157	561	47.01
39	16	1354	173	247	843	45.91
10	3	291	36	165	612	50.11
13	12	453	59	162	703	47.94
13	12	453	59	162	703	47.94

4-12b 续表 11

行业中类 性 别	合 计	1-8 小时	9-19 小时	20-34 小时
制造业	**1448008**	**2438**	**4425**	**41326**
农副食品加工业	71339	184	477	4446
谷物磨制	11463	48	113	867
饲料加工	5705	13	27	228
植物油加工	6483	18	35	330
制糖	4137	14	8	75
屠宰及肉类加工	21933	60	157	1620
水产品加工	4951	7	35	334
蔬菜、水果和坚果加工	3440	6	9	186
其他农副食品加工	13227	18	93	806
食品制造业	44472	104	244	2029
焙烤食品制造	17902	29	91	920
糖果、巧克力及蜜饯制造	3015	13	15	116
方便食品制造	10830	33	80	611
液体乳及乳制品制造	2485	6	10	49
罐头制造	2239	2	16	74
调味品、发酵制品制造	2982	6	10	98
其他食品制造	5019	15	22	161
饮料制造业	23682	58	79	754
酒精制造	1214	2	1	43
酒的制造	15775	41	47	448
软饮料制造	4776	11	30	146
精制茶加工	1917	4	1	117
烟草制品业	2937	7	6	54
烟叶复烤	1109	3	3	16
卷烟制造	1376	3	1	27
其他烟草制品加工	452	1	2	11
纺织业	96057	134	262	1923
棉、化纤纺织及印染精加工	48433	62	117	874
毛纺织和染整精加工	5770	4	25	158
麻纺织	1198	2	5	18
丝绢纺织及精加工	3512	1	9	55
纺织制成品制造	17107	51	49	380
针织品、编织品及其制品制造	20037	14	57	438
纺织服装、鞋、帽制造业	101946	161	270	2814
纺织服装制造	88947	144	235	2480
纺织面料鞋的制造	10931	17	28	279
制帽	2068		7	55
皮革、毛皮、羽毛(绒)及其制品业	53625	62	132	1248
皮革鞣制加工	2219	3	15	96
皮革制品制造	46345	46	93	893
毛皮鞣制及制品加工	3132	13	17	214
羽毛(绒)加工及制品制造	1929		7	45
木材加工及木、竹、藤、棕、草制品业	59218	87	339	2725
锯材、木片加工	24448	49	185	1248
人造板制造	16224	9	51	563
木制品制造	13949	17	61	563
竹、藤、棕、草制品制造	4597	12	42	351
家具制造业	48402	77	176	1852
木质家具制造	39204	65	148	1582
竹、藤家具制造	883	2	6	55
金属家具制造	4956	2	10	105
塑料家具制造	596		2	19
其他家具制造	2763	8	10	91

单位：人

35小时	36-39小时	40小时	41-47小时	48小时	48小时以上	周平均工作时间（小时）
11466	**10349**	**366699**	**52452**	**225514**	**733339**	**50.22**
1469	647	17915	3221	6529	36451	49.14
203	114	2817	515	1008	5778	48.35
65	32	1591	219	671	2859	49.29
73	44	1720	257	624	3382	49.38
231	19	2314	103	251	1122	44.61
523	235	4859	1090	1825	11564	49.30
87	54	1010	207	642	2575	49.77
34	27	792	167	362	1857	50.29
253	122	2812	663	1146	7314	50.24
582	398	11192	1889	4617	23417	50.06
237	162	4227	767	1684	9785	50.59
38	18	879	147	328	1461	49.04
161	100	2373	468	1005	5999	50.31
18	13	710	69	303	1307	50.42
30	15	584	134	258	1126	49.34
30	14	763	130	449	1482	49.81
68	76	1656	174	590	2257	48.56
262	192	8263	881	3160	10033	48.08
15	8	347	32	157	609	49.47
182	123	5850	578	2195	6311	47.62
37	40	1558	174	548	2232	49.21
28	21	508	97	260	881	48.19
24	17	1620	57	268	884	45.57
10	8	550	12	102	405	46.41
9	8	825	36	136	331	44.71
5	1	245	9	30	148	46.12
466	515	18536	3032	15461	55728	52.93
188	224	9452	1374	7565	28577	53.28
38	43	1019	226	948	3309	52.53
6	8	282	29	164	684	50.93
24	20	803	124	1047	1429	50.10
122	98	3599	490	2525	9793	52.17
88	122	3381	789	3212	11936	53.46
690	698	20369	3777	14582	58585	52.08
602	634	17289	3384	12509	51670	52.17
79	55	2649	339	1819	5666	51.00
9	9	431	54	254	1249	53.75
259	289	10320	2079	7797	31439	52.50
31	33	569	55	283	1134	49.47
170	228	8820	1830	7090	27175	52.63
44	23	664	158	309	1690	49.98
14	5	267	36	115	1440	56.99
656	668	12120	2590	6721	33312	50.37
332	338	5031	1132	2386	13747	49.92
133	156	3227	629	2066	9390	51.11
120	112	2981	576	1760	7759	50.65
71	62	881	253	509	2416	49.27
448	418	10035	1845	6491	27060	50.56
375	348	8247	1532	5120	21787	50.41
11	14	228	40	58	469	49.50
43	36	886	169	819	2886	51.38
4	10	111	26	103	321	51.33
15	10	563	78	391	1597	51.37

4-12b 续表 12

行业中类 性 别	合 计	1-8 小时	9-19 小时	20-34 小时
造纸及纸制品业	28958	47	85	706
纸浆制造	2409	9	19	76
造纸	12884	21	29	264
纸制品制造	13665	17	37	366
印刷业和记录媒介的复制	17327	24	66	477
印刷	16157	24	58	447
装订及其他印刷服务活动	942		7	25
记录媒介的复制	228		1	5
文教体育用品制造业	21876	38	55	512
文化用品制造	3785	4	4	73
体育用品制造	3004	4	6	33
乐器制造	1638	8	5	52
玩具制造	12746	22	39	337
游艺器材及娱乐用品制造	703		1	17
石油加工、炼焦及核燃料加工业	11831	23	16	209
精炼石油产品的制造	5540	17	5	103
炼焦	6022	6	11	104
核燃料加工	269			2
化学原料及化学制品制造业	63109	104	116	1312
基础化学原料制造	14919	28	19	289
肥料制造	16943	27	32	309
农药制造	3075	3	5	36
涂料、油墨、颜料及类似产品制造	6114	14	7	97
合成材料制造	3436	5	6	61
专用化学产品制造	14689	18	35	459
日用化学产品制造	3933	9	12	61
医药制造业	15771	43	36	298
化学药品原药制造	4023	4	4	68
化学药品制剂制造	3379	9	7	59
中药饮片加工	1417	11	5	40
中成药制造	3468	13	10	64
兽用药品制造	672	1	2	6
生物、生化制品的制造	1198	5	6	13
卫生材料及医药用品制造	1614		2	48
化学纤维制造业	5369	9	3	48
纤维素纤维原料及纤维制造	1476		1	18
合成纤维制造	3893	9	2	30
橡胶制品业	15174	19	32	399
轮胎制造	4955	5	8	142
橡胶板、管、带的制造	3032	2	9	80
橡胶零件制造	2270	5	7	93
再生橡胶制造	616	4	1	25
日用及医用橡胶制品制造	523	1	1	7
橡胶靴鞋制造	2738	1	4	30
其他橡胶制品制造	1040	1	2	22
塑料制品业	35776	49	96	926
塑料薄膜制造	4238	10	18	136
塑料板、管、型材的制造	5848	11	19	143
塑料丝、绳及编织品的制造	4065	3	5	129
泡沫塑料制造	1519	4		22
塑料人造革、合成革制造	1189	3	2	14
塑料包装箱及容器制造	3394	3	5	77
塑料零件制造	3958	4	9	76
日用塑料制造	6673	8	30	216
其他塑料制品制造	4892	3	8	113

单位：人

35小时	36-39小时	40小时	41-47小时	48小时	48小时以上	周平均工作时间(小时)
274	213	7702	1116	4491	14324	49.77
19	24	1179	61	214	808	45.61
188	75	3496	520	1921	6370	49.53
67	114	3027	535	2356	7146	50.74
142	100	4801	599	2641	8477	49.73
133	86	4479	543	2496	7891	49.73
7	12	273	45	115	458	49.22
2	2	49	11	30	128	51.39
128	167	5749	824	4093	10310	50.07
15	39	828	165	783	1874	50.84
12	13	745	104	578	1509	52.08
15	12	677	48	204	617	46.89
78	95	3329	487	2409	5950	49.71
8	8	170	20	119	360	51.20
58	122	4647	280	1989	4487	47.55
27	62	2671	161	823	1671	46.24
24	60	1784	115	1145	2773	48.95
7		192	4	21	43	43.34
451	548	22818	2360	10297	25103	47.99
117	77	5693	452	2490	5754	47.83
120	116	7049	651	2459	6180	47.11
13	18	1008	104	730	1158	48.32
56	33	1776	190	1130	2811	49.73
21	32	1246	94	692	1279	48.08
100	254	4887	687	2007	6242	48.00
24	18	1159	182	789	1679	49.37
158	154	6151	476	2866	5589	47.34
51	47	1632	127	712	1378	47.12
22	31	1284	91	851	1025	46.87
11	28	462	56	189	615	48.57
50	16	1522	87	534	1172	46.64
3	5	232	18	138	267	48.60
4	9	500	34	171	456	47.26
17	18	519	63	271	676	48.78
9	27	1473	122	1173	2505	50.60
4	9	493	46	332	573	49.33
5	18	980	76	841	1932	51.09
102	75	3443	416	2513	8175	50.76
23	29	1124	131	991	2502	49.99
17	23	808	100	430	1563	50.53
28	6	589	69	435	1038	49.05
17	5	125	17	87	335	50.02
		147	4	57	306	50.29
8	8	357	53	355	1922	54.49
9	4	293	42	158	509	49.76
261	221	8307	1305	5895	18716	51.01
37	21	1158	173	573	2112	49.97
45	53	1497	139	851	3090	50.76
24	25	949	139	425	2366	51.22
4	6	336	54	373	720	50.59
2	3	176	19	162	808	59.15
32	21	846	153	643	1614	50.23
16	15	880	149	879	1930	50.89
68	43	1318	302	1132	3556	51.23
33	34	1147	177	857	2520	50.52

4-12b 续表 13

行业中类 性 别	合 计	1-8 小时	9-19 小时	20-34 小时
非金属矿物制品业	130881	230	374	4071
水泥、石灰和石膏的制造	25491	49	91	711
水泥及石膏制品制造	12654	25	38	430
砖瓦、石材及其他建筑材料制造	49096	94	161	1709
玻璃及玻璃制品制造	16967	13	35	557
陶瓷制品制造	19282	36	31	483
耐火材料制品制造	3612	7	6	77
石墨及其他非金属矿物制品制造	3779	6	12	104
黑色金属冶炼及压延加工业	48526	106	93	888
炼铁	9541	12	29	188
炼钢	17314	24	29	326
钢压延加工	16646	63	27	252
铁合金冶炼	5025	7	8	122
有色金属冶炼及压延加工业	29820	62	70	633
常用有色金属冶炼	16777	38	41	404
贵金属冶炼	1277	5	5	46
稀有稀土金属冶炼	1714	2	7	18
有色金属合金制造	1243		1	14
有色金属压延加工	8809	17	16	151
金属制品业	104586	164	280	2596
结构性金属制品制造	46228	48	123	1178
金属工具制造	16832	45	46	500
集装箱及金属包装容器制造	2894	4	11	55
金属丝绳及其制品的制造	3527	26	24	120
建筑、安全用金属制品制造	9903	12	29	233
金属表面处理及热处理加工	6612	10	17	99
搪瓷制品制造	818		2	15
不锈钢及类似日用金属制品制造	13892	17	19	296
其他金属制品制造	3880	2	9	100
通用设备制造业	105100	164	308	2626
锅炉及原动机制造	4736	17	7	126
金属加工机械制造	24328	42	66	606
起重运输设备制造	5763	5	16	66
泵、阀门、压缩机及类似机械的制造	14582	10	29	341
轴承、齿轮、传动和驱动部件的制造	10904	27	19	266
烘炉、熔炉及电炉制造	597	4		30
风机、衡器、包装设备等通用设备制造	7387	3	12	136
通用零部件制造及机械修理	24782	38	125	761
金属铸、锻加工	12021	18	34	294
专用设备制造业	48829	68	87	962
矿山、冶金、建筑专用设备制造	9304	32	7	185
化工、木材、非金属加工专用设备制造	14548	13	22	301
食品、饮料、烟草及饲料生产专用设备制造	1430		7	32
印刷、制药、日化生产专用设备制造	2804	2	2	42
纺织、服装和皮革工业专用设备制造	3352	2	8	39
电子和电工机械专用设备制造	8195	7	19	168
农、林、牧、渔专用机械制造	4254	7	13	119
医疗仪器设备及器械制造	1777	1	4	27
环保、社会公共安全及其他专用设备制造	3165	4	5	49

单位：人

35小时	36-39小时	40小时	41-47小时	48小时	48小时以上	周平均工作时间（小时）
1015	1088	30576	4769	17100	71658	50.42
209	213	8581	841	3395	11401	48.47
116	113	3282	394	1727	6529	50.08
369	457	9308	1739	5283	29976	51.23
122	95	3777	570	2706	9092	50.52
147	165	3546	965	3033	10876	51.32
16	23	863	133	485	2002	50.46
36	22	1219	127	471	1782	48.97
245	290	12889	1284	8083	24648	50.05
48	74	2354	262	1581	4993	50.28
84	99	4803	352	3347	8250	49.48
68	85	4363	481	2408	8899	50.61
45	32	1369	189	747	2506	49.79
183	168	9778	817	5304	12805	48.72
133	92	6533	516	2711	6309	47.50
14	5	470	47	214	471	47.23
5	4	356	33	253	1036	51.38
4	8	252	17	327	620	50.36
27	59	2167	204	1799	4369	50.52
679	598	22351	3577	17598	56743	50.99
315	273	9972	1485	7140	25694	51.04
150	133	3944	784	2721	8509	49.99
6	9	862	63	604	1280	50.04
24	26	831	86	610	1780	49.95
41	41	1902	270	1574	5801	52.22
22	28	1479	206	1212	3539	51.89
5	1	148	43	127	477	51.13
85	68	2194	475	2922	7816	51.56
31	19	1019	165	688	1847	49.75
619	664	27664	3217	20197	49641	49.49
30	22	1344	105	1014	2071	49.04
155	200	6838	823	4132	11466	49.20
10	27	2556	114	1060	1909	47.01
95	78	3394	418	3118	7099	50.09
91	66	2756	372	2147	5160	49.43
16	6	149	18	136	238	47.68
26	44	1979	253	1728	3206	49.45
139	168	6143	743	4848	11817	49.47
57	53	2505	371	2014	6675	50.91
343	322	14922	1694	9278	21153	49.03
71	65	3412	256	1581	3695	47.94
66	73	3432	531	3064	7046	50.37
9	6	442	44	265	625	48.68
11	20	881	79	537	1230	49.15
12	19	764	132	763	1613	50.49
103	103	3173	300	1473	2849	47.35
36	21	1183	163	640	2072	49.46
16	6	551	92	357	723	49.03
19	9	1084	97	598	1300	48.40

4-12b 续表 14

行业中类 性 别	合 计	1-8 小时	9-19 小时	20-34 小时
交通运输设备制造业	80788	94	197	1615
铁路运输设备制造	1966	1	6	47
汽车制造	50903	61	126	997
摩托车制造	7086	7	22	150
自行车制造	4280	3	9	118
船舶及浮动装置制造	12712	11	26	272
航空航天器制造	2797	9	3	12
交通器材及其他交通运输设备制造	1044	2	5	19
电气机械及器材制造业	66814	72	91	1154
电机制造	8831	8	10	182
输配电及控制设备制造	11852	20	20	225
电线、电缆、光缆及电工器材制造	8957	6	15	189
电池制造	5105	5	8	70
家用电力器具制造	17676	14	25	268
非电力家用器具制造	2012		1	53
照明器具制造	10755	16	10	135
其他电气机械及器材制造	1626	3	2	32
通信设备、计算机及其他电子设备制造业	53052	101	110	1242
通信设备制造	5181	15	6	116
雷达及配套设备制造	104		1	1
广播电视设备制造	457	3	1	8
电子计算机制造	3095	5	8	47
电子器件制造	11606	16	20	209
电子元件制造	27839	53	42	613
家用视听设备制造	3037	3	30	205
其他电子设备制造	1733	6	2	43
仪器仪表及文化、办公用机械制造业	12547	39	58	397
通用仪器仪表制造	5528	10	35	222
专用仪器仪表制造	1788	1	6	53
钟表与计时仪器制造	1089	19	11	28
光学仪器及眼镜制造	2420	7	4	30
文化、办公用机械制造	1177	1	1	30
其他仪器仪表的制造及修理	545	1	1	34
工艺品及其他制造业	35743	70	178	1505
工艺美术品制造	25361	48	134	1131
日用杂品制造	6933	14	30	225
煤制品制造	1890	6	8	83
核辐射加工	37	1		2
其他未列明的制造业	1522	1	6	64
废弃资源和废旧材料回收加工业	14453	38	89	905
金属废料和碎屑的加工处理	7668	25	50	474
非金属废料和碎屑的加工处理	6785	13	39	431
电力、燃气及水的生产和供应业	**89294**	**213**	**196**	**2147**
电力、热力的生产和供应业	71740	174	141	1702
电力生产	25398	62	55	701
电力供应	42028	100	78	913
热力生产和供应	4314	12	8	88
燃气生产和供应业	5134	13	17	124
燃气生产和供应业	5134	13	17	124
水的生产和供应业	12420	26	38	321
自来水的生产和供应	11289	22	33	298
污水处理及其再生利用	725		3	14
其他水的处理、利用与分配	406	4	2	9

单位：人

35 小时	36-39 小时	40 小时	41-47 小时	48 小时	48小时 以 上	周平均 工作时间 （小时）
527	542	24599	2725	14600	35889	49.21
8	3	740	55	328	778	48.11
280	299	14606	1701	9374	23459	49.59
35	37	1801	273	1275	3486	50.20
30	46	844	165	775	2290	50.69
87	144	4165	429	2485	5093	48.27
81	4	2164	52	188	284	42.30
6	9	279	50	175	499	49.70
335	341	17448	2464	13851	31058	50.05
45	50	2982	340	1716	3498	48.31
56	66	3835	409	2564	4657	48.34
63	53	2588	322	1873	3848	49.17
19	47	1675	213	1041	2027	48.88
87	67	3448	698	3792	9277	51.82
13	10	469	65	355	1046	50.33
40	41	1948	360	2248	5957	51.79
12	7	503	57	262	748	49.18
332	330	16580	2468	10061	21828	49.00
33	44	2078	200	820	1869	47.83
		33	4	27	38	48.13
4	3	177	12	81	168	47.44
9	19	1081	126	606	1194	48.94
59	62	3585	521	2290	4844	49.51
197	173	8229	1343	5550	11639	49.16
18	19	876	177	419	1290	47.41
12	10	521	85	268	786	49.87
114	77	4166	432	1697	5567	48.94
66	50	2089	203	694	2159	47.53
8	12	639	61	228	780	48.46
15	4	288	45	191	488	48.29
10	3	662	49	357	1298	52.28
8	6	347	57	164	563	49.89
7	2	141	17	63	279	49.28
417	314	7394	1386	4864	19615	50.69
322	225	5073	994	3330	14104	50.76
56	45	1414	245	1158	3746	51.04
23	21	481	90	176	1002	49.94
3		20		2	9	43.14
13	23	406	57	198	754	49.03
218	146	2871	750	1297	8139	50.11
112	69	1497	331	671	4439	50.55
106	77	1374	419	626	3700	49.61
1773	**839**	**50718**	**2252**	**7513**	**23643**	**44.82**
1557	704	41587	1788	5867	18220	44.59
692	381	13828	792	2241	6646	44.66
821	291	26010	905	3258	9652	44.13
44	32	1749	91	368	1922	48.73
53	38	2116	150	545	2078	47.77
53	38	2116	150	545	2078	47.77
163	97	7015	314	1101	3345	44.94
149	83	6498	282	977	2947	44.75
9	12	357	17	95	218	46.30
5	2	160	15	29	180	47.83

4-12b 续表 15

行业中类 性 别	合 计	1-8 小时	9-19 小时	20-34 小时
建筑业	**714330**	**1461**	**3515**	**32874**
房屋和土木工程建筑业	551747	1151	2809	25887
房屋工程建筑	495685	1045	2490	23528
土木工程建筑	56062	106	319	2359
建筑安装业	36779	71	166	1660
建筑安装业	36779	71	166	1660
建筑装饰业	113481	210	475	4697
建筑装饰业	113481	210	475	4697
其他建筑业	12323	29	65	630
工程准备	4031	8	20	214
提供施工设备服务	2959	12	21	191
其他未列明的建筑活动	5333	9	24	225
交通运输、仓储和邮政业	**530145**	**1201**	**3070**	**27325**
铁路运输业	23472	85	118	832
铁路旅客运输	8289	33	98	468
铁路货物运输	4446	16	9	106
铁路运输辅助活动	10737	36	11	258
道路运输业	344918	764	2070	19411
公路旅客运输	82038	177	468	4217
道路货物运输	234549	521	1493	14116
道路运输辅助活动	28331	66	109	1078
城市公共交通业	86136	159	396	3081
公共电汽车客运	8154	29	37	340
轨道交通	737	3	3	34
出租车客运	60039	104	269	1846
城市轮渡	96		1	4
其他城市公共交通	17110	23	86	857
水上运输业	10751	27	55	440
水上旅客运输	1867	5	15	91
水上货物运输	7351	16	33	290
水上运输辅助活动	1533	6	7	59
航空运输业	3350	5	8	109
航空客货运输	1620	2	5	60
通用航空服务	663		2	36
航空运输辅助活动	1067	3	1	13
管道运输业	576		4	16
管道运输业	576		4	16
装卸搬运和其他运输服务业	38716	105	351	2892
装卸搬运	31222	92	328	2566
运输代理服务	7494	13	23	326
仓储业	10204	27	43	272
谷物、棉花等农产品仓储	5503	15	26	162
其他仓储	4701	12	17	110
邮政业	12022	29	25	272
国家邮政	8755	23	17	192
其他寄递服务	3267	6	8	80

单位：人

35 小时	36-39 小时	40 小时	41-47 小时	48 小时	48小时 以 上	周平均 工作时间 (小时)
6358	**6763**	**151461**	**27666**	**66506**	**417726**	**50.81**
4947	5265	116860	21420	50503	322905	50.80
4424	4751	102291	19413	45434	292309	50.87
523	514	14569	2007	5069	30596	50.25
348	366	8849	1408	3697	20214	50.05
348	366	8849	1408	3697	20214	50.05
952	1024	22794	4367	11154	67808	51.14
952	1024	22794	4367	11154	67808	51.14
111	108	2958	471	1152	6799	50.33
34	27	908	161	378	2281	50.52
23	37	720	108	254	1593	49.49
54	44	1330	202	520	2925	50.65
7110	**5263**	**136007**	**20815**	**41762**	**287592**	**50.25**
248	254	11930	702	1910	7393	45.82
105	81	4018	301	659	2526	45.10
40	72	2105	143	336	1619	47.19
103	101	5807	258	915	3248	45.80
4797	3586	82323	14386	26980	190601	50.29
1147	834	19792	3610	6290	45503	50.41
3234	2487	51205	9749	18416	133328	50.54
416	265	11326	1027	2274	11770	47.82
984	672	16812	3005	6009	55018	52.95
121	86	2503	334	824	3880	49.28
16	6	274	37	55	309	47.81
556	428	11009	1963	3994	39870	53.63
1	3	52	1	6	28	44.61
290	149	2974	670	1130	10931	52.59
122	75	3036	373	914	5709	50.36
28	15	632	77	149	855	47.97
74	45	1685	268	607	4333	51.82
20	15	719	28	158	521	46.29
21	56	1801	119	434	797	44.97
10	37	972	51	178	305	43.73
4	8	208	37	60	308	48.64
7	11	621	31	196	184	44.58
5	3	257	13	42	236	47.27
5	3	257	13	42	236	47.27
620	439	9160	1536	3134	20479	49.25
522	351	7150	1238	2334	16641	49.08
98	88	2010	298	800	3838	49.97
124	103	4400	323	955	3957	47.34
77	45	2662	173	423	1920	46.25
47	58	1738	150	532	2037	48.63
189	75	6288	358	1384	3402	45.62
162	64	5218	244	865	1970	44.16
27	11	1070	114	519	1432	49.54

4-12b 续表 16

行业中类 性 别	合 计	1-8 小时	9-19 小时	20-34 小时
信息传输、计算机服务和软件业	**41681**	**106**	**96**	**964**
电信和其他信息传输服务业	30554	80	49	604
电信	24531	66	33	457
互联网信息服务	3541	8	12	83
广播电视传输服务	2413	6	4	63
卫星传输服务	69			1
计算机服务业	7577	21	41	293
计算机系统服务	2193	12	16	112
数据处理	412		4	20
计算机维修	2840	4	12	102
其他计算机服务	2132	5	9	59
软件业	3550	5	6	67
公共软件服务	2582	4	4	36
其他软件服务	968	1	2	31
批发和零售业	**777139**	**1691**	**4336**	**35285**
批发业	154493	336	781	7064
农畜产品批发	19967	43	155	1378
食品、饮料及烟草制品批发	38277	87	197	1678
纺织、服装及日用品批发	19951	49	65	630
文化、体育用品及器材批发	2420	3	8	94
医药及医疗器材批发	4575	12	21	185
矿产品、建材及化工产品批发	34475	71	174	1413
机械设备、五金交电及电子产品批发	12637	27	39	370
贸易经纪与代理	1525	1	3	53
其他批发	20666	43	119	1263
零售业	622646	1355	3555	28221
综合零售	178641	505	1164	9120
食品、饮料及烟草制品专门零售	163525	322	1049	8921
纺织、服装及日用品专门零售	101792	201	510	3973
文化、体育用品及器材专门零售	15398	43	86	602
医药及医疗器材专门零售	15535	25	84	593
汽车、摩托车、燃料及零配件专门零售	25779	46	95	673
家用电器及电子产品专门零售	41263	67	133	1081
五金、家具及室内装修材料专门零售	55854	94	227	1733
无店铺及其他零售	24859	52	207	1525
住宿和餐饮业	**210578**	**469**	**1145**	**8683**
住宿业	26779	43	120	932
旅游饭店	11130	22	33	335
一般旅馆	13697	19	77	507
其他住宿服务	1952	2	10	90
餐饮业	183799	426	1025	7751
正餐服务	120898	289	627	4601
快餐服务	31037	74	215	1491
饮料及冷饮服务	2980	4	16	129
其他餐饮服务	28884	59	167	1530
金融业	**60468**	**133**	**133**	**1226**
银行业	43428	75	60	693
中央银行	3364	11	5	66
商业银行	31648	50	45	485
其他银行	8416	14	10	142
证券业	1287	7	9	85
证券市场管理	230		1	13
证券经纪与交易	505	4	4	32
证券投资	410	3	4	33
证券分析与咨询	142			7

单位：人

35小时	36-39小时	40小时	41-47小时	48小时	48小时以上	周平均工作时间（小时）
597	**286**	**20478**	**1218**	**3843**	**14093**	**46.61**
487	195	16415	841	2753	9130	45.81
401	168	13349	692	2239	7126	45.60
41	17	1502	93	315	1470	48.64
45	10	1531	55	193	506	43.74
		33	1	6	28	48.16
79	51	2221	282	753	3836	49.97
23	17	737	69	221	986	47.99
3	3	148	13	35	186	48.12
39	22	802	125	308	1426	49.71
14	9	534	75	189	1238	52.72
31	40	1842	95	337	1127	46.34
23	17	1536	65	260	637	45.11
8	23	306	30	77	490	49.63
9188	**6759**	**178707**	**31510**	**61575**	**448088**	**51.21**
1883	1345	38826	5904	13092	85262	50.47
323	205	5166	837	1327	10533	49.32
525	341	9891	1462	2897	21199	51.01
165	152	4160	713	1995	12022	51.71
31	20	714	87	213	1250	50.19
43	60	1648	201	472	1933	47.82
398	273	9064	1172	3130	18780	50.14
91	104	3377	456	1152	7021	50.81
20	10	634	48	189	567	47.14
287	180	4172	928	1717	11957	50.56
7305	5414	139881	25606	48483	362826	51.39
2011	1707	43931	7529	14492	98182	50.43
2610	1571	32445	7481	11146	97980	51.85
966	811	21557	3994	7506	62274	52.16
212	112	3678	574	1201	8890	51.62
202	151	4361	576	1298	8245	50.30
178	160	6910	764	2676	14277	51.18
323	299	10021	1617	3911	23811	51.56
441	354	11329	1989	4442	35245	52.41
362	249	5649	1082	1811	13922	50.37
2614	**1601**	**43765**	**8129**	**17231**	**126941**	**52.38**
267	182	7527	909	2797	14002	50.94
82	78	3595	401	1414	5170	49.39
156	86	3473	449	1177	7753	52.08
29	18	459	59	206	1079	51.86
2347	1419	36238	7220	14434	112939	52.59
1309	920	24697	4557	10045	73853	52.51
462	240	5633	1249	2140	19533	52.91
44	25	671	126	268	1697	51.41
532	234	5237	1288	1981	17856	52.72
1105	**393**	**39033**	**1390**	**4988**	**12067**	**43.66**
830	287	29635	914	3315	7619	43.26
80	19	2416	56	203	508	42.68
598	194	21462	693	2524	5597	43.32
152	74	5757	165	588	1514	43.28
31	7	667	30	122	329	43.91
5	2	121	6	16	66	44.80
10	2	278	12	42	121	43.52
13	2	213	9	47	86	42.70
3	1	55	3	17	56	47.38

4-12b 续表 17

行业中类 性 别	合 计	1-8 小时	9-19 小时	20-34 小时
保险业	11403	43	51	329
人寿保险	8241	29	38	250
非人寿保险	2971	14	13	74
保险辅助服务	191			5
其他金融活动	4350	8	13	119
金融信托与管理	1330	5	7	42
金融租赁	95			3
财务公司	382		3	9
邮政储蓄	1541	3		28
典当	271			12
其他未列明的金融活动	731		3	25
房地产业	**36716**	**195**	**213**	**1195**
房地产业	36716	195	213	1195
房地产开发经营	16342	35	45	386
物业管理	17061	150	140	712
房地产中介服务	2378	6	11	49
其他房地产活动	935	4	17	48
租赁和商务服务业	**47813**	**144**	**227**	**1792**
租赁业	5642	14	43	309
机械设备租赁	4781	13	30	227
文化及日用品出租	861	1	13	82
商务服务业	42171	130	184	1483
企业管理服务	6762	17	16	205
法律服务	2347	9	8	78
咨询与调查	2305	2	8	77
广告业	6499	15	17	153
知识产权服务	70			4
职业中介服务	2906	8	14	106
市场管理	2052	7	7	91
旅行社	2012	2	15	125
其他商务服务	17218	70	99	644
科学研究、技术服务和地质勘查业	**14691**	**38**	**36**	**315**
研究与试验发展	2505	6	9	60
自然科学研究与试验发展	403		1	7
工程和技术研究与试验发展	915	3		9
农业科学研究与试验发展	945	3	6	38
医学研究与试验发展	114		2	5
社会人文科学研究与试验发展	128			1
专业技术服务业	7244	19	19	160
气象服务	1068	3	3	39
地震服务	313		4	14
海洋服务	73		3	4
测绘服务	388		1	7
技术检测	1029	3	1	15
环境监测	313		1	5
工程技术与规划管理	3088	5	4	51
其他专业技术服务	972	8	2	25
科技交流和推广服务业	2336	1	6	57
技术推广服务	1733	1	4	33
科技中介服务	235		1	10
其他科技服务	368		1	14
地质勘查业	2606	12	2	38
矿产地质勘查	1844	9	1	23
基础地质勘查	383		1	10
地质勘查技术服务	379	3		5

单位：人

35 小时	36-39 小时	40 小时	41-47 小时	48 小时	48小时 以 上	周平均 工作时间 （小时）
186	64	6345	341	1113	2931	44.58
130	50	4489	253	840	2162	44.64
54	14	1741	86	254	721	44.41
2		115	2	19	48	44.52
58	35	2386	105	438	1188	45.09
18	16	645	38	126	433	45.84
1		42	4	15	30	46.12
3	1	247	7	31	81	44.08
19	7	992	34	154	304	43.82
6	6	91	10	25	121	48.50
11	5	369	12	87	219	45.53
338	**228**	**13577**	**1195**	**4802**	**14973**	**48.20**
338	228	13577	1195	4802	14973	48.20
134	102	5969	592	2105	6974	48.78
153	105	6234	500	2321	6746	47.86
28	18	958	80	314	914	47.58
23	3	416	23	62	339	45.82
571	**370**	**18515**	**1524**	**4866**	**19804**	**47.87**
57	41	1442	182	445	3109	50.42
46	33	1188	150	382	2712	50.91
11	8	254	32	63	397	47.68
514	329	17073	1342	4421	16695	47.53
98	41	3794	168	532	1891	45.05
38	16	1464	68	179	487	43.47
47	6	1447	69	192	457	43.50
42	41	2073	211	808	3139	49.42
1		45	1	5	14	43.56
25	17	730	77	245	1684	51.01
40	17	830	55	187	818	47.04
26	15	846	61	221	701	46.06
197	176	5844	632	2052	7504	48.53
273	**105**	**8477**	**402**	**1232**	**3813**	**44.94**
48	17	1510	63	211	581	44.41
4	1	254	5	42	89	44.41
14	4	612	18	79	176	43.64
25	10	503	34	71	255	45.12
3	1	61	5	10	27	43.90
2	1	80	1	9	34	45.15
132	56	3984	200	663	2011	45.41
24	17	564	29	68	321	45.44
9	5	143	18	26	94	45.29
2		30	1	13	20	43.88
11	5	238	7	30	89	44.21
11	9	632	15	97	246	45.03
2	2	190	9	17	87	45.46
59	14	1799	80	311	765	44.95
14	4	388	41	101	389	47.83
40	19	1436	55	159	563	44.33
29	13	1126	40	116	371	43.98
3	2	141	7	13	58	43.68
8	4	169	8	30	134	46.39
53	13	1547	84	199	658	44.69
45	7	1059	73	148	479	44.88
5	4	227	6	29	101	44.79
3	2	261	5	22	78	43.68

4-12b 续表 18

行业中类 性别	合计	1-8 小时	9-19 小时	20-34 小时
水利、环境和公共设施管理业	**33350**	**104**	**172**	**1413**
水利管理业	9585	22	18	263
防洪管理	1293	2	2	35
水资源管理	6797	11	12	200
其他水利管理	1495	9	4	28
环境管理业	13849	45	118	759
自然保护	763	2	4	21
环境治理	13086	43	114	738
公共设施管理业	9916	37	36	391
市政公共设施管理	4333	23	16	186
城市绿化管理	2555	6	14	87
游览景区管理	3028	8	6	118
居民服务和其他服务业	**199032**	**623**	**1615**	**11489**
居民服务业	86006	280	808	5368
家庭服务	6510	40	120	593
托儿所	504	2	6	29
洗染服务	2424		14	125
理发及美容保健服务	32879	77	231	1534
洗浴服务	6993	10	41	334
婚姻服务	913	4	22	106
殡葬服务	2688	20	57	309
摄影扩印服务	5388	7	34	296
其他居民服务	27707	120	283	2042
其他服务业	113026	343	807	6121
修理与维护	91950	262	599	4593
清洁服务	8452	27	94	715
其他未列明的服务	12624	54	114	813
教育	**243622**	**790**	**1018**	**7634**
教育	243622	790	1018	7634
学前教育	6858	21	51	325
初等教育	77197	213	305	2831
中等教育	141017	467	543	3926
高等教育	9412	53	62	251
其他教育	9138	36	57	301
卫生、社会保障和社会福利业	**96887**	**265**	**280**	**2582**
卫生	93563	262	266	2493
医院	52289	139	103	1084
卫生院及社区医疗活动	19553	56	54	560
门诊部医疗活动	12567	44	82	595
计划生育技术服务活动	2012	5	1	31
妇幼保健活动	1015	2	3	21
专科疾病防治活动	807	1	3	24
疾病预防控制及防疫活动	3268	6	4	70
其他卫生活动	2052	9	16	108
社会保障业	1847	3	6	41
社会保障业	1847	3	6	41
社会福利业	1477		8	48
提供住宿的社会福利	1197		6	35
不提供住宿的社会福利	280		2	13

单位：人

35 小时	36-39 小时	40 小时	41-47 小时	48 小时	48小时 以 上	周平均 工作时间 (小时)
682	**256**	**16769**	**995**	**2900**	**10059**	**45.21**
259	75	6239	163	651	1895	43.37
46	13	850	16	90	239	43.09
170	50	4481	125	430	1318	43.31
43	12	908	22	131	338	43.89
279	99	5784	528	1301	4936	45.99
14	8	463	27	60	164	43.80
265	91	5321	501	1241	4772	46.12
144	82	4746	304	948	3228	45.89
79	26	2248	118	355	1282	45.34
34	22	1126	89	286	891	46.21
31	34	1372	97	307	1055	46.43
2451	**1840**	**43282**	**7783**	**15956**	**113993**	**50.70**
1063	772	18881	3227	6463	49144	50.97
91	71	1645	271	526	3153	47.72
8	3	151	17	45	243	48.01
23	27	524	111	198	1402	51.46
335	321	6268	1245	2364	20504	52.88
66	45	1366	219	617	4295	52.85
18	8	198	26	68	463	47.67
50	37	886	97	201	1031	45.24
73	50	1265	211	402	3050	50.66
399	210	6578	1030	2042	15003	49.73
1388	1068	24401	4556	9493	64849	50.49
1069	844	19275	3792	7726	53790	50.79
146	92	2217	330	738	4093	48.03
173	132	2909	434	1029	6966	49.95
3669	**1843**	**170971**	**6528**	**14761**	**36408**	**42.42**
3669	1843	170971	6528	14761	36408	42.42
107	57	3965	209	544	1579	43.78
1328	682	55854	1997	3788	10199	41.91
1888	960	99700	3838	8911	20784	42.48
174	87	6401	260	696	1428	42.60
172	57	5051	224	822	2418	44.73
1624	**940**	**50273**	**3734**	**8887**	**28302**	**45.51**
1549	924	48306	3661	8622	27480	45.54
933	590	30187	2278	5139	11836	44.35
261	171	9041	734	1991	6685	46.41
143	89	3352	416	919	6927	50.29
44	17	1379	55	142	338	43.13
23	11	617	30	83	225	44.44
10	4	414	22	60	269	46.19
88	20	2443	51	156	430	42.20
47	22	873	75	132	770	46.50
48	10	1249	46	117	327	43.13
48	10	1249	46	117	327	43.13
27	6	718	27	148	495	46.77
22	5	594	22	121	392	46.60
5	1	124	5	27	103	47.49

4-12b 续表 19

行业中类 性　别	合　计	1-8 小时	9-19 小时	20-34 小时
文化、体育和娱乐业	**31860**	**101**	**192**	**1487**
新闻出版业	2473	2	6	89
新闻业	788		2	27
出版业	1685	2	4	62
广播、电视、电影和音像业	8839	21	25	235
广播	2735	9	3	58
电视	3671	2	11	73
电影	1379	6	10	75
音像制作	1054	4	1	29
文化艺术业	5080	25	68	412
文艺创作与表演	1981	13	46	261
艺术表演场馆	422	1	5	31
图书馆与档案馆	697	1	1	25
文物及文化保护	466	1	1	7
博物馆	297	2		7
烈士陵园、纪念馆	128		1	8
群众文化活动	544	4	4	34
文化艺术经纪代理	46			2
其他文化艺术	499	3	10	37
体育	1567	9	13	114
体育组织	1083	3	10	79
体育场馆	291	5	3	14
其他体育	193	1		21
娱乐业	13901	44	80	637
室内娱乐活动	9314	25	47	424
游乐园	634	2	4	35
休闲健身娱乐活动	1829	7	7	66
其他娱乐活动	2124	10	22	112
公共管理和社会组织	**419589**	**1037**	**748**	**8662**
中国共产党机关	7120	12	9	143
中国共产党机关	7120	12	9	143
国家机构	374967	824	334	6110
国家权力机构	9171	14	9	167
国家行政机构	341856	753	304	5547
人民法院和人民检察院	14023	26	12	253
其他国家机构	9917	31	9	143
人民政协和民主党派	2217	4	5	43
人民政协	2108	4	4	41
民主党派	109		1	2
群众团体、社会团体和宗教组织	8288	91	123	544
群众团体	2168	5	9	56
社会团体	3742	11	17	126
宗教组织	2378	75	97	362
基层群众自治组织	26997	106	277	1822
社区自治组织	7943	21	43	391
村民自治组织	19054	85	234	1431
国际组织	**35**		**1**	**1**
国际组织	35		1	1
国际组织	35		1	1

单位：人

35 小时	36-39 小时	40 小时	41-47 小时	48 小时	48小时 以　上	周平均 工作时间 （小时）
546	**242**	**13218**	**1051**	**2614**	**12409**	**47.51**
43	29	1174	100	212	818	46.08
11	6	446	10	62	224	44.95
32	23	728	90	150	594	46.61
170	62	5440	195	678	2013	44.11
53	20	1830	54	192	516	43.23
89	22	2512	72	245	645	43.14
22	11	790	27	96	342	44.06
6	9	308	42	145	510	49.86
126	43	2767	139	315	1185	43.08
51	24	928	65	99	494	42.23
12	3	224	13	32	101	43.15
19	4	474	18	34	121	43.14
10	1	324	6	25	91	43.42
7	2	208	4	21	46	42.46
3	1	69		11	35	45.28
14	4	320	17	36	111	43.43
		25	2	3	14	45.87
10	4	195	14	54	172	45.17
20	16	600	60	137	598	47.01
18	12	407	41	84	429	47.30
2	2	134	9	38	84	45.47
	2	59	10	15	85	47.70
187	92	3237	557	1272	7795	51.60
139	67	1980	399	797	5436	52.08
4	5	239	20	77	248	47.25
15	13	551	53	210	907	50.13
29	7	467	85	188	1204	52.05
9634	**2557**	**303036**	**7540**	**22911**	**63464**	**42.60**
158	58	5342	116	410	872	42.13
158	58	5342	116	410	872	42.13
8779	2176	280439	6288	19173	50844	42.39
245	50	6882	148	479	1177	42.21
7904	2012	255059	5731	17698	46848	42.42
389	66	11090	236	493	1458	41.72
241	48	7408	173	503	1361	42.48
63	13	1747	29	86	227	41.63
61	13	1676	29	75	205	41.48
2		71		11	22	44.49
189	67	4386	249	621	2018	43.27
53	11	1590	37	102	305	42.22
76	23	2224	94	317	854	44.09
60	33	572	118	202	859	42.94
445	243	11122	858	2621	9503	45.56
129	71	4002	231	729	2326	45.01
316	172	7120	627	1892	7177	45.79
		20		**3**	**10**	**43.80**
		20		3	10	43.80
		20		3	10	43.80

4-12b 续表 20

行业中类 性别	合计	1-8 小时	9-19 小时	20-34 小时
女	**5512863**	**39493**	**139514**	**671214**
农、林、牧、渔业	**1971873**	**31262**	**119510**	**496940**
农业	1839986	30379	114625	471196
谷物及其他作物的种植	1631729	28840	107535	431361
蔬菜、园艺作物的种植	134859	1105	4932	26144
水果、坚果、饮料和香料作物的种植	69369	411	2054	12956
中药材的种植	4029	23	104	735
林业	14346	80	260	1894
林木的培育和种植	9359	60	206	1373
木材和竹材的采运	1984	5	20	167
林产品的采集	3003	15	34	354
畜牧业	85400	638	3922	19348
牲畜的饲养	15199	110	542	2835
猪的饲养	46191	363	2402	12099
家禽的饲养	18736	151	895	3729
狩猎和捕捉动物	98		4	12
其他畜牧业	5176	14	79	673
渔业	16406	100	487	2950
海洋渔业	5298	43	142	986
内陆渔业	11108	57	345	1964
农、林、牧、渔服务业	15735	65	216	1552
农业服务业	9218	41	149	1007
林业服务业	1975	8	11	112
畜牧服务业	2634	11	26	181
渔业服务业	1908	5	30	252
采矿业	**41098**	**109**	**217**	**1378**
煤炭开采和洗选业	19560	48	97	686
烟煤和无烟煤的开采洗选	18287	46	91	626
褐煤的开采洗选	690		3	25
其他煤炭采选	583	2	3	35
石油和天然气开采业	7877	17	42	157
天然原油和天然气开采	4915	9	22	77
与石油和天然气开采有关的服务活动	2962	8	20	80
黑色金属矿采选业	2997	5	15	92
铁矿采选	2680	5	12	76
其他黑色金属矿采选	317		3	16
有色金属矿采选业	5262	10	16	117
常用有色金属矿采选	3463	5	13	79
贵金属矿采选	871		2	22
稀有稀土金属矿采选	928	5	1	16
非金属矿采选业	4857	29	35	281
土砂石开采	2815	8	23	236
化学矿采选	519	5	3	16
采盐	1106	16	4	14
石棉及其他非金属矿采选	417		5	15
其他采矿业	545		12	45
其他采矿业	545		12	45

单位：人

35 小时	36-39 小时	40 小时	41-47 小时	48 小时	48小时 以 上	周平均 工作时间 (小时)
112871	**78327**	**1651998**	**244231**	**469807**	**2105408**	**45.03**
64191	**45235**	**426467**	**111437**	**99474**	**577357**	**39.43**
59836	42390	394708	103607	92078	531167	39.20
53341	37875	351453	90406	79548	451370	38.69
4060	2921	27190	8767	8056	51684	43.17
2332	1452	15153	4281	4225	26505	43.19
103	142	912	153	249	1608	43.63
497	232	5256	753	871	4503	43.28
322	145	3746	414	604	2489	42.05
58	34	845	50	126	679	45.02
117	53	665	289	141	1335	45.98
2899	1963	17094	5580	4458	29498	41.75
490	267	2711	972	777	6495	44.33
1687	1180	9449	3217	2235	13559	39.99
579	417	3785	1067	1138	6975	42.68
1		31	2	5	43	45.30
142	99	1118	322	303	2426	46.50
620	366	3534	958	1121	6270	43.82
196	128	971	357	335	2140	44.09
424	238	2563	601	786	4130	43.69
339	284	5875	539	946	5919	45.58
210	122	3101	328	581	3679	46.02
37	17	1063	46	102	579	44.54
42	19	1232	89	162	872	45.11
50	126	479	76	101	789	45.18
335	**263**	**22788**	**1070**	**4079**	**10859**	**44.69**
118	117	10558	528	2289	5119	44.73
112	108	9985	481	2180	4658	44.61
2	7	290	23	75	265	47.19
4	2	283	24	34	196	45.48
37	38	5768	93	373	1352	43.19
24	26	3569	54	237	897	43.60
13	12	2199	39	136	455	42.50
44	30	1551	81	246	933	45.11
38	23	1414	67	214	831	45.12
6	7	137	14	32	102	44.99
43	34	2914	110	650	1368	44.94
32	22	1974	68	389	881	44.71
6	7	455	24	89	266	45.46
5	5	485	18	172	221	45.32
82	37	1833	234	473	1853	46.24
37	29	834	112	246	1290	47.28
10	4	257	12	49	163	45.12
27	4	610	85	105	241	43.71
8		132	25	73	159	47.32
11	7	164	24	48	234	46.52
11	7	164	24	48	234	46.52

4-12b 续表 21

行业中类 性 别	合 计	1-8 小时	9-19 小时	20-34 小时
制造业	**1175460**	**2120**	**5666**	**55493**
农副食品加工业	50868	160	607	4952
谷物磨制	6688	39	99	860
饲料加工	2631	2	26	184
植物油加工	3442	7	34	270
制糖	2445	9	3	67
屠宰及肉类加工	13523	38	106	1043
水产品加工	6303	22	135	1010
蔬菜、水果和坚果加工	4228	12	43	381
其他农副食品加工	11608	31	161	1137
食品制造业	43271	107	333	2854
焙烤食品制造	18506	32	155	1249
糖果、巧克力及蜜饯制造	3261	13	18	201
方便食品制造	10903	38	123	936
液体乳及乳制品制造	1965	7	3	41
罐头制造	2385	5	7	138
调味品、发酵制品制造	2019	2	8	80
其他食品制造	4232	10	19	209
饮料制造业	16765	43	97	847
酒精制造	760	1	5	51
酒的制造	10858	33	47	437
软饮料制造	3376	6	24	195
精制茶加工	1771	3	21	164
烟草制品业	1970	6	3	56
烟叶复烤	869	1	2	31
卷烟制造	815	3	1	15
其他烟草制品加工	286	2		10
纺织业	157524	234	793	6759
棉、化纤纺织及印染精加工	66563	80	308	2213
毛纺织和染整精加工	9124	19	54	439
麻纺织	1584	3	2	48
丝绢纺织及精加工	5414	4	15	162
纺织制成品制造	30133	57	138	1553
针织品、编织品及其制品制造	44706	71	276	2344
纺织服装、鞋、帽制造业	218555	392	1013	9959
纺织服装制造	198781	352	921	9109
纺织面料鞋的制造	16108	27	54	609
制帽	3666	13	38	241
皮革、毛皮、羽毛(绒)及其制品业	61918	68	176	1902
皮革鞣制加工	2038	3	12	112
皮革制品制造	53090	50	129	1385
毛皮鞣制及制品加工	3764	14	21	315
羽毛(绒)加工及制品制造	3026	1	14	90
木材加工及木、竹、藤、棕、草制品业	36662	66	347	2983
锯材、木片加工	12995	37	142	1079
人造板制造	10895	7	88	693
木制品制造	6504	7	28	354
竹、藤、棕、草制品制造	6268	15	89	857
家具制造业	22020	43	114	1327
木质家具制造	16603	29	93	1079
竹、藤家具制造	683	3	4	74
金属家具制造	2643	4	6	93
塑料家具制造	415		4	17
其他家具制造	1676	7	7	64

单位：人

35小时	36-39小时	40小时	41-47小时	48小时	48小时以上	周平均工作时间（小时）
11717	**10841**	**290753**	**46115**	**180168**	**572587**	**49.63**
1157	614	12737	2390	4562	23689	47.61
139	84	1682	305	564	2916	46.17
34	29	862	104	299	1091	47.01
45	25	1060	147	315	1539	47.41
176	18	1434	61	129	548	43.40
273	145	3086	598	1221	7013	49.19
178	128	1201	380	625	2624	45.57
53	49	951	226	504	2009	48.20
259	136	2461	569	905	5949	48.56
636	466	11053	1838	4463	21521	49.19
278	200	4508	783	1693	9608	49.66
39	31	952	143	336	1528	48.35
195	134	2459	509	1065	5444	48.81
22	15	608	36	263	970	49.75
27	22	634	139	297	1116	48.48
22	13	597	77	313	907	48.64
53	51	1295	151	496	1948	49.13
232	161	6098	694	2211	6382	46.91
7	9	225	30	101	331	47.46
153	81	4282	413	1555	3857	46.57
38	47	1100	156	373	1437	47.86
34	24	491	95	182	757	46.93
28	16	981	54	177	649	45.72
10	6	376	27	73	343	46.71
15	8	483	21	83	186	44.23
3	2	122	6	21	120	46.95
1267	1433	31757	5733	23506	86042	51.11
399	456	13529	1984	10175	37419	51.39
93	130	1849	394	1454	4692	50.33
8	7	375	45	192	904	50.81
53	39	1216	199	1474	2252	49.55
296	313	6330	1206	4161	16079	50.46
418	488	8458	1905	6050	24696	51.50
2016	1963	44851	8761	30315	119285	51.04
1839	1798	40490	8074	27153	109045	51.09
134	132	3577	537	2725	8313	50.65
43	33	784	150	437	1927	50.26
395	404	12156	2444	9840	34533	51.89
17	21	528	63	257	1025	48.97
302	332	10378	2105	8981	29428	51.95
57	34	813	205	362	1943	48.92
19	17	437	71	240	2137	56.57
579	634	8386	2231	3865	17571	48.18
227	280	2947	1118	1051	6114	47.61
159	173	2555	501	1442	5277	48.84
77	62	1518	223	781	3454	49.94
116	119	1366	389	591	2726	46.40
264	201	5280	799	3211	10781	48.88
204	156	4104	621	2372	7945	48.54
20	12	165	21	49	335	47.93
28	21	545	93	462	1391	50.10
4	4	92	17	70	207	49.87
8	8	374	47	258	903	50.40

4-12b 续表 22

行业中类 性 别	合 计	1-8 小时	9-19 小时	20-34 小时
造纸及纸制品业	20291	22	71	946
纸浆制造	1190		6	55
造纸	7761	12	23	258
纸制品制造	11340	10	42	633
印刷业和记录媒介的复制	13767	22	58	500
印刷	12719	19	54	449
装订及其他印刷服务活动	852	1	3	44
记录媒介的复制	196	2	1	7
文教体育用品制造业	30134	65	100	1209
文化用品制造	4508	10	15	129
体育用品制造	3102	4	4	61
乐器制造	1560	6	6	45
玩具制造	20250	44	75	944
游艺器材及娱乐用品制造	714	1		30
石油加工、炼焦及核燃料加工业	4443	22	8	97
精炼石油产品的制造	2455	18	4	45
炼焦	1852	4	3	50
核燃料加工	136		1	2
化学原料及化学制品制造业	35824	68	133	1516
基础化学原料制造	6392	13	21	206
肥料制造	8125	16	29	259
农药制造	1574	4	5	40
涂料、油墨、颜料及类似产品制造	2486	5	8	68
合成材料制造	1880	2	6	45
专用化学产品制造	11734	19	49	807
日用化学产品制造	3633	9	15	91
医药制造业	13262	31	29	289
化学药品原药制造	2606	2	5	47
化学药品制剂制造	2589	5	3	44
中药饮片加工	1179	4	3	41
中成药制造	3349	19	12	66
兽用药品制造	440			12
生物、生化制品的制造	752	1	2	11
卫生材料及医药用品制造	2347		4	68
化学纤维制造业	4236	3	3	109
纤维素纤维原料及纤维制造	948			25
合成纤维制造	3288	3	3	84
橡胶制品业	9843	15	31	375
轮胎制造	2106	1	5	94
橡胶板、管、带的制造	1798	4	12	65
橡胶零件制造	1729	3	5	116
再生橡胶制造	314	1	3	24
日用及医用橡胶制品制造	614	2		14
橡胶靴鞋制造	2442	4	2	41
其他橡胶制品制造	840		4	21
塑料制品业	31502	59	144	1464
塑料薄膜制造	2872	6	19	142
塑料板、管、型材的制造	3686	11	13	156
塑料丝、绳及编织品的制造	5544	9	44	415
泡沫塑料制造	1083	3	3	30
塑料人造革、合成革制造	694		1	21
塑料包装箱及容器制造	3438	10	9	133
塑料零件制造	3655	7	6	81
日用塑料制造	6209	8	37	281
其他塑料制品制造	4321	5	12	205

单位：人

35 小时	36-39 小时	40 小时	41-47 小时	48 小时	48小时 以 上	周平均 工作时间 (小时)
252	160	5540	714	3184	9402	48.77
10	10	565	29	126	389	45.40
138	59	2192	276	1217	3586	48.59
104	91	2783	409	1841	5427	49.24
143	84	4279	469	2092	6120	48.59
134	76	3980	432	1986	5589	48.54
8	6	233	29	87	441	49.45
1	2	66	8	19	90	48.34
258	260	7447	1159	5174	14462	49.90
30	37	979	192	892	2224	50.38
21	20	745	88	598	1561	51.25
15	19	596	53	223	597	47.65
182	178	4911	796	3349	9771	49.79
10	6	216	30	112	309	48.88
23	32	2073	131	712	1345	45.92
13	17	1337	82	333	606	44.93
4	15	630	44	376	726	47.58
6		106	5	3	13	41.18
297	556	13453	1532	5477	12792	46.66
40	35	2769	201	1032	2075	46.32
70	79	3703	333	1186	2450	45.59
8	3	609	63	317	525	46.90
16	21	744	84	494	1046	48.53
7	22	710	66	393	629	47.23
140	370	3721	644	1376	4608	46.56
16	26	1197	141	679	1459	48.30
96	93	5362	417	2264	4681	47.17
24	18	1185	105	419	801	46.17
14	18	1056	81	524	844	46.94
10	13	388	39	163	518	48.74
29	20	1589	90	468	1056	45.94
1	2	165	8	81	171	47.53
5	7	319	24	136	247	46.59
13	15	660	70	473	1044	49.64
16	33	1060	114	884	2014	50.11
2	14	336	45	178	348	47.75
14	19	724	69	706	1666	50.79
70	46	2334	235	1615	5122	50.32
11	9	540	47	387	1012	49.27
17	11	542	66	263	818	49.04
21	9	449	40	330	756	48.35
10	4	62	9	38	163	49.32
1	3	142	9	100	343	50.50
8	6	328	40	332	1681	54.22
2	4	271	24	165	349	48.67
237	292	7435	1162	5390	15319	49.87
31	21	773	165	352	1363	48.92
19	27	981	85	633	1761	49.67
50	91	1253	225	542	2915	49.27
5	7	271	44	218	502	49.47
1	2	126	22	87	434	55.73
22	18	832	133	655	1626	50.18
12	15	819	134	810	1771	50.91
62	49	1367	193	1093	3119	50.23
35	62	1013	161	1000	1828	48.97

4-12b 续表 23

行业中类 性　别	合　计	1-8 小时	9-19 小时	20-34 小时
非金属矿物制品业	63251	123	213	2832
水泥、石灰和石膏的制造	8999	25	39	343
水泥及石膏制品制造	4345	14	27	252
砖瓦、石材及其他建筑材料制造	19708	45	77	1062
玻璃及玻璃制品制造	11605	6	35	508
陶瓷制品制造	15324	26	28	538
耐火材料制品制造	1472	2	1	54
石墨及其他非金属矿物制品制造	1798	5	6	75
黑色金属冶炼及压延加工业	13454	26	42	398
炼铁	2586	5	11	93
炼钢	4617	5	9	126
钢压延加工	4469	15	17	107
铁合金冶炼	1782	1	5	72
有色金属冶炼及压延加工业	11485	25	33	329
常用有色金属冶炼	5697	19	24	192
贵金属冶炼	405	1	1	13
稀有稀土金属冶炼	975	1	1	16
有色金属合金制造	522		1	8
有色金属压延加工	3886	4	6	100
金属制品业	48061	83	163	1812
结构性金属制品制造	17635	21	63	766
金属工具制造	9079	23	22	361
集装箱及金属包装容器制造	1263		3	21
金属丝绳及其制品的制造	1947	20	20	104
建筑、安全用金属制品制造	5314	2	23	171
金属表面处理及热处理加工	3107	2	5	50
搪瓷制品制造	440		2	4
不锈钢及类似日用金属制品制造	7280	13	20	233
其他金属制品制造	1996	2	5	102
通用设备制造业	43168	65	224	1950
锅炉及原动机制造	1541	2	3	38
金属加工机械制造	7223	11	31	312
起重运输设备制造	1433	2	7	26
泵、阀门、压缩机及类似机械的制造	6537	6	22	356
轴承、齿轮、传动和驱动部件的制造	5835	10	13	210
烘炉、熔炉及电炉制造	181		1	11
风机、衡器、包装设备等通用设备制造	3956	5	13	140
通用零部件制造及机械修理	12524	21	122	722
金属铸、锻加工	3938	8	12	135
专用设备制造业	23019	37	57	647
矿山、冶金、建筑专用设备制造	2896	11	9	71
化工、木材、非金属加工专用设备制造	4498	10	13	133
食品、饮料、烟草及饲料生产专用设备制造	586	1	2	25
印刷、制药、日化生产专用设备制造	1616	1	1	33
纺织、服装和皮革工业专用设备制造	1995		12	51
电子和电工机械专用设备制造	6764	10	8	213
农、林、牧、渔专用机械制造	1476		6	70
医疗仪器设备及器械制造	1988		3	35
环保、社会公共安全及其他专用设备制造	1200	4	3	16

单位：人

35 小时	36-39 小时	40 小时	41-47 小时	48 小时	48小时 以 上	周平均 工作时间 （小时）
606	582	15454	2500	8303	32638	49.60
70	83	3504	344	1118	3473	46.94
52	46	1300	149	585	1920	47.82
203	210	3976	741	2297	11097	49.89
114	79	2683	429	1829	5922	49.86
139	141	2887	746	2019	8800	51.45
13	15	417	41	205	724	48.78
15	8	687	50	250	702	47.13
94	96	4181	370	2651	5596	48.21
18	19	739	73	449	1179	48.55
30	27	1475	91	1104	1750	47.87
27	35	1363	149	820	1936	48.56
19	15	604	57	278	731	47.71
62	57	4121	285	2089	4484	47.83
39	29	2575	165	946	1708	45.87
2	1	165	14	64	144	47.05
4	1	192	13	173	574	50.97
2	6	118	9	134	244	49.57
15	20	1071	84	772	1814	49.76
378	366	10972	1701	8768	23818	49.94
136	115	4397	579	2902	8656	49.52
92	100	2160	414	1558	4349	49.30
6	4	369	26	321	513	49.29
19	11	509	55	329	880	48.23
25	40	1000	148	1110	2795	51.16
12	18	707	79	623	1611	52.07
1	2	81	40	80	230	50.81
58	51	1206	261	1490	3948	50.89
29	25	543	99	355	836	48.38
344	355	11957	1336	8818	18119	48.16
11	6	502	31	311	637	48.51
43	67	2443	217	1351	2748	47.38
14	9	558	33	299	485	46.81
72	60	1563	210	1416	2832	48.49
62	41	1613	184	1152	2550	48.52
1		50	2	34	82	47.73
30	31	1058	133	840	1706	48.87
87	116	3196	403	2664	5193	47.81
24	25	974	123	751	1886	49.32
229	226	7907	857	4326	8733	47.92
37	15	1363	75	438	877	45.93
30	61	1377	173	978	1723	48.19
5	3	202	21	90	237	47.55
14	10	510	60	283	704	49.47
14	25	491	74	435	893	49.15
79	89	2457	277	1200	2431	47.62
18	11	462	47	239	623	47.88
23	8	579	95	405	840	49.29
9	4	466	35	258	405	47.31

4-12b 续表 24

行业中类 性　别	合　计	1-8 小时	9-19 小时	20-34 小时
交通运输设备制造业	31598	41	65	809
铁路运输设备制造	611	1	2	19
汽车制造	20142	25	50	453
摩托车制造	3711	4	2	96
自行车制造	2378	1	7	151
船舶及浮动装置制造	2757	2	2	74
航空航天器制造	1611	8	2	6
交通器材及其他交通运输设备制造	388			10
电气机械及器材制造业	50472	72	93	1153
电机制造	4882	2	9	144
输配电及控制设备制造	10090	11	22	241
电线、电缆、光缆及电工器材制造	5673	5	9	150
电池制造	4040	8	7	90
家用电力器具制造	13020	33	28	267
非电力家用器具制造	1304	1	1	33
照明器具制造	10459	8	15	212
其他电气机械及器材制造	1004	4	2	16
通信设备、计算机及其他电子设备制造业	55310	83	142	1493
通信设备制造	5390	6	8	106
雷达及配套设备制造	76			
广播电视设备制造	445	1	2	10
电子计算机制造	2806	8	12	47
电子器件制造	11693	13	25	272
电子元件制造	30266	44	69	823
家用视听设备制造	2761	9	23	193
其他电子设备制造	1873	2	3	42
仪器仪表及文化、办公用机械制造业	9882	27	52	378
通用仪器仪表制造	3896	14	20	216
专用仪器仪表制造	1409	3	4	48
钟表与计时仪器制造	1040	5	10	21
光学仪器及眼镜制造	2369	3	10	47
文化、办公用机械制造	877		3	28
其他仪器仪表的制造及修理	291	2	5	18
工艺品及其他制造业	44555	93	453	4720
工艺美术品制造	34364	72	376	4016
日用杂品制造	8372	17	64	577
煤制品制造	808	4	10	68
核辐射加工	37			3
其他未列明的制造业	974		3	56
废弃资源和废旧材料回收加工业	8350	19	69	828
金属废料和碎屑的加工处理	4186	12	39	364
非金属废料和碎屑的加工处理	4164	7	30	464
电力、燃气及水的生产和供应业	**36796**	**92**	**91**	**992**
电力、热力的生产和供应业	27189	70	64	712
电力生产	10308	29	31	335
电力供应	15392	34	30	328
热力生产和供应	1489	7	3	49
燃气生产和供应业	2554	8	10	94
燃气生产和供应业	2554	8	10	94
水的生产和供应业	7053	14	17	186
自来水的生产和供应	6562	14	15	176
污水处理及其再生利用	355		1	9
其他水的处理、利用与分配	136		1	1

单位：人

35小时	36-39小时	40小时	41-47小时	48小时	48小时以上	周平均工作时间（小时）
236	229	10372	1044	6494	12308	48.29
2	5	248	16	116	202	46.82
96	119	6321	661	4528	7889	48.54
22	30	967	134	767	1689	49.76
26	44	506	95	407	1141	49.03
33	28	900	100	512	1106	48.05
54	3	1309	28	96	105	41.30
3		121	10	68	176	49.47
289	318	12776	1837	10949	22985	49.91
46	51	1431	168	970	2061	48.75
68	51	3037	299	2215	4146	48.96
32	26	1740	204	1270	2237	48.54
23	42	1292	219	843	1516	48.48
75	68	2612	525	2980	6432	51.03
2	10	317	51	252	637	50.03
36	66	1988	348	2264	5522	51.41
7	4	359	23	155	434	48.47
329	441	16196	2293	11242	23091	49.34
38	60	1850	186	1121	2015	49.37
	1	33	1	20	21	47.25
5	3	134	11	89	190	49.04
8	14	960	89	585	1083	49.12
69	100	3523	571	2363	4757	49.34
188	228	8342	1261	6278	13033	49.48
12	13	715	112	474	1210	48.12
9	22	639	62	312	782	49.46
105	68	3090	358	1574	4230	48.70
52	38	1444	166	534	1412	46.68
14	11	501	47	178	603	48.06
16	5	261	40	271	411	48.54
11	7	577	41	414	1259	52.05
9	4	223	57	150	403	49.84
3	3	84	7	27	142	48.48
900	522	9628	2238	5320	20681	47.82
750	422	7420	1796	3791	15721	47.42
121	75	1709	349	1328	4132	49.41
15	12	233	43	68	355	47.47
5		9	1	6	13	47.30
9	13	257	49	127	460	48.45
179	133	1817	419	692	4194	48.43
75	51	882	199	334	2230	49.53
104	82	935	220	358	1964	47.32
898	**371**	**24244**	**926**	**2729**	**6453**	**43.05**
727	281	18349	679	1933	4374	42.75
339	165	6336	347	862	1864	43.08
374	101	11178	296	946	2105	42.32
14	15	835	36	125	405	44.86
31	32	1183	84	277	835	46.20
31	32	1183	84	277	835	46.20
140	58	4712	163	519	1244	43.06
128	53	4450	147	465	1114	42.89
9	5	193	10	45	83	44.95
3		69	6	9	47	46.49

4-12b 续表 25

行业中类 性别	合计	1-8 小时	9-19 小时	20-34 小时
建筑业	**114299**	**304**	**1055**	**9380**
房屋和土木工程建筑业	86980	249	830	7397
房屋工程建筑	78270	228	765	6804
土木工程建筑	8710	21	65	593
建筑安装业	5363	9	39	411
建筑安装业	5363	9	39	411
建筑装饰业	19411	40	161	1377
建筑装饰业	19411	40	161	1377
其他建筑业	2545	6	25	195
工程准备	831	2	6	66
提供施工设备服务	430	1	11	44
其他未列明的建筑活动	1284	3	8	85
交通运输、仓储和邮政业	**85488**	**261**	**760**	**5745**
铁路运输业	6371	41	156	639
铁路旅客运输	3536	30	145	534
铁路货物运输	830			42
铁路运输辅助活动	2005	11	11	63
道路运输业	43553	124	344	2854
公路旅客运输	17157	43	138	1149
道路货物运输	16914	51	173	1333
道路运输辅助活动	9482	30	33	372
城市公共交通业	11091	36	70	612
公共电汽车客运	2620	17	17	115
轨道交通	271		3	33
出租车客运	5648	10	31	265
城市轮渡	18			
其他城市公共交通	2534	9	19	199
水上运输业	2662	5	24	185
水上旅客运输	561		4	52
水上货物运输	1714	4	18	123
水上运输辅助活动	387	1	2	10
航空运输业	1918	2	4	90
航空客货运输	1034		3	63
通用航空服务	193	1		10
航空运输辅助活动	691	1	1	17
管道运输业	142		1	5
管道运输业	142		1	5
装卸搬运和其他运输服务业	7957	30	127	978
装卸搬运	6196	30	124	890
运输代理服务	1761		3	88
仓储业	4420	12	24	194
谷物、棉花等农产品仓储	2235	5	15	94
其他仓储	2185	7	9	100
邮政业	7374	11	10	188
国家邮政	6192	8	9	147
其他寄递服务	1182	3	1	41

单位：人

35 小时	36-39 小时	40 小时	41-47 小时	48 小时	48小时 以　上	周平均 工作时间 （小时）
1517	**1463**	**29999**	**4875**	**10512**	**55194**	**48.12**
1169	1160	22765	3784	7965	41661	47.99
1039	1039	19754	3479	7168	37994	48.07
130	121	3011	305	797	3667	47.35
73	48	1675	210	529	2369	47.52
73	48	1675	210	529	2369	47.52
246	227	4825	788	1785	9962	48.90
246	227	4825	788	1785	9962	48.90
29	28	734	93	233	1202	47.92
11	8	261	20	80	377	47.02
2	4	126	21	36	185	46.46
16	16	347	52	117	640	48.99
1517	**992**	**32660**	**3516**	**7146**	**32891**	**46.55**
112	79	3025	231	463	1625	42.91
70	46	1454	151	242	864	41.46
12	16	424	26	59	251	45.29
30	17	1147	54	162	510	44.49
738	480	15595	1870	3662	17886	47.13
299	217	5401	847	1384	7679	47.88
220	188	5250	701	1508	7490	47.49
219	75	4944	322	770	2717	45.11
217	114	3012	474	832	5724	49.59
53	24	990	111	249	1044	47.34
10	6	116	10	16	77	43.57
113	50	1342	226	380	3231	50.96
		8	1	1	8	48.22
41	34	556	126	186	1364	49.51
63	28	864	148	220	1125	47.29
11	9	194	28	54	209	45.81
45	15	450	112	142	805	48.31
7	4	220	8	24	111	44.96
12	78	1159	70	174	329	43.12
9	67	648	33	69	142	42.07
		89	6	14	73	46.32
3	11	422	31	91	114	43.80
3	1	78	2	11	41	45.16
3	1	78	2	11	41	45.16
157	105	2369	366	642	3183	45.61
135	80	1672	306	438	2521	45.17
22	25	697	60	204	662	47.15
73	49	2154	147	360	1407	45.43
41	21	1242	82	137	598	44.26
32	28	912	65	223	809	46.63
142	58	4404	208	782	1571	44.01
124	53	3946	183	560	1162	43.36
18	5	458	25	222	409	47.45

4-12b 续表 26

行业中类 性 别	合 计	1-8 小时	9-19 小时	20-34 小时
信息传输、计算机服务和软件业	**31215**	**63**	**98**	**1021**
电信和其他信息传输服务业	25129	45	57	696
电信	21591	41	42	583
互联网信息服务	2312	4	10	82
广播电视传输服务	1170		5	30
卫星传输服务	56			1
计算机服务业	4047	17	34	266
计算机系统服务	1434	8	19	114
数据处理	483	2	3	30
计算机维修	779	4	3	55
其他计算机服务	1351	3	9	67
软件业	2039	1	7	59
公共软件服务	1272	1	3	28
其他软件服务	767		4	31
批发和零售业	**884659**	**2028**	**5752**	**49339**
批发业	112037	299	850	6951
农畜产品批发	12944	44	168	1197
食品、饮料及烟草制品批发	30312	93	241	1879
纺织、服装及日用品批发	22999	71	135	1018
文化、体育用品及器材批发	2248	5	12	107
医药及医疗器材批发	4198	4	17	177
矿产品、建材及化工产品批发	19121	32	142	1053
机械设备、五金交电及电子产品批发	7745	16	24	411
贸易经纪与代理	1119	1	3	37
其他批发	11351	33	108	1072
零售业	772622	1729	4902	42388
综合零售	276904	683	1692	15611
食品、饮料及烟草制品专门零售	164327	404	1408	11662
纺织、服装及日用品专门零售	185889	349	923	7978
文化、体育用品及器材专门零售	18471	38	159	927
医药及医疗器材专门零售	20667	43	96	854
汽车、摩托车、燃料及零配件专门零售	15409	21	65	655
家用电器及电子产品专门零售	32072	65	116	1204
五金、家具及室内装修材料专门零售	38522	55	212	1710
无店铺及其他零售	20361	71	231	1787
住宿和餐饮业	**259128**	**598**	**1719**	**14782**
住宿业	38441	107	206	1691
旅游饭店	15107	65	65	588
一般旅馆	20705	35	123	966
其他住宿服务	2629	7	18	137
餐饮业	220687	491	1513	13091
正餐服务	144969	318	875	7741
快餐服务	36068	89	323	2518
饮料及冷饮服务	4277	11	31	270
其他餐饮服务	35373	73	284	2562
金融业	**53486**	**108**	**190**	**1685**
银行业	31153	44	47	689
中央银行	1994	4	1	48
商业银行	23283	32	35	508
其他银行	5876	8	11	133
证券业	844	2	6	61
证券市场管理	184	2	1	5
证券经纪与交易	378		4	35
证券投资	213		1	17
证券分析与咨询	69			4

单位：人

35 小时	36-39 小时	40 小时	41-47 小时	48 小时	48小时 以 上	周平均 工作时间 （小时）
499	**286**	**15490**	**1005**	**2995**	**9758**	**45.87**
421	208	13253	777	2422	7250	45.41
367	185	11421	678	2105	6169	45.32
31	17	974	74	239	881	47.66
20	6	829	20	75	185	42.69
3		29	5	3	15	45.30
49	57	1284	157	365	1818	48.36
24	25	472	53	136	583	46.65
4	9	219	17	30	169	45.73
8	11	231	36	92	339	48.35
13	12	362	51	107	727	51.13
29	21	953	71	208	690	46.60
9	8	726	49	146	302	44.93
20	13	227	22	62	388	49.37
11158	**8885**	**213170**	**37652**	**74978**	**481697**	**50.22**
1547	1095	28719	4529	9394	58653	49.56
234	129	3404	561	782	6425	48.17
480	320	7572	1349	2297	16081	50.10
241	186	4978	908	2304	13158	50.72
35	20	643	82	185	1159	49.91
48	51	1485	164	455	1797	47.95
255	204	5510	721	1610	9594	49.00
61	63	2067	249	690	4164	50.12
16	6	557	28	164	307	45.46
177	116	2503	467	907	5968	48.80
9611	7790	184451	33123	65584	423044	50.32
3310	3044	73262	12682	26610	140010	49.22
2763	1726	34230	7368	11136	93630	50.90
1865	1717	40823	7487	14863	109884	51.37
250	182	4439	761	1536	10179	50.64
230	166	5983	780	2148	10367	49.43
141	129	4428	484	1596	7890	50.00
333	295	8071	1285	3302	17401	50.57
345	302	8310	1339	2983	23266	51.61
374	229	4905	937	1410	10417	49.03
3727	**2454**	**58441**	**10828**	**22201**	**144378**	**50.95**
430	355	11153	1413	4212	18874	49.84
174	135	4876	588	2013	6603	48.41
231	192	5555	733	1951	10919	50.82
25	28	722	92	248	1352	50.27
3297	2099	47288	9415	17989	125504	51.14
1849	1417	32378	5915	12470	82006	51.12
628	301	7066	1596	2555	20992	51.35
77	42	926	195	389	2336	50.46
743	339	6918	1709	2575	20170	51.11
1103	**375**	**34222**	**1355**	**4379**	**10069**	**43.15**
700	190	21640	715	2335	4793	42.70
58	10	1429	33	108	303	42.51
527	146	16137	559	1783	3556	42.70
115	34	4074	123	444	934	42.76
21	4	451	25	69	205	43.68
4	2	102	11	11	46	44.48
9	1	205	11	27	86	43.21
5	1	118	3	21	47	43.10
3		26		10	26	45.90

4-12b 续表 27

行业中类 性　别	合　计	1-8 小时	9-19 小时	20-34 小时
保险业	17812	57	125	839
人寿保险	13864	42	101	686
非人寿保险	3686	14	23	139
保险辅助服务	262	1	1	14
其他金融活动	3677	5	12	96
金融信托与管理	666		4	16
金融租赁	66	1		
财务公司	383	1	3	6
邮政储蓄	1921	2	4	53
典当	162		1	4
其他未列明的金融活动	479	1		17
房地产业	**20495**	**94**	**194**	**987**
房地产业	20495	94	194	987
房地产开发经营	8231	26	32	215
物业管理	9652	62	145	660
房地产中介服务	2092	2	8	72
其他房地产活动	520	4	9	40
租赁和商务服务业	**23903**	**55**	**135**	**1247**
租赁业	2020	7	25	164
机械设备租赁	1297	5	11	84
文化及日用品出租	723	2	14	80
商务服务业	21883	48	110	1083
企业管理服务	4044	2	12	161
法律服务	932	3	2	24
咨询与调查	2261	2	4	65
广告业	3437	3	11	95
知识产权服务	58			
职业中介服务	1616	5	14	77
市场管理	1061	1	6	66
旅行社	2685	5	13	223
其他商务服务	5789	27	48	372
科学研究、技术服务和地质勘查业	**7299**	**21**	**35**	**280**
研究与试验发展	1674	2	10	83
自然科学研究与试验发展	294	1		9
工程和技术研究与试验发展	479			6
农业科学研究与试验发展	651	1	7	30
医学研究与试验发展	159		3	34
社会人文科学研究与试验发展	91			4
专业技术服务业	3567	11	12	123
气象服务	880	5	4	46
地震服务	185		2	10
海洋服务	42			3
测绘服务	154	1	2	7
技术检测	611			11
环境监测	181			8
工程技术与规划管理	1075	2	2	22
其他专业技术服务	439	3	2	16
科技交流和推广服务业	1387	3	9	54
技术推广服务	1009	3	4	26
科技中介服务	142		3	7
其他科技服务	236		2	21
地质勘查业	671	5	4	20
矿产地质勘查	493	3	3	12
基础地质勘查	86		1	3
地质勘查技术服务	92	2		5

单位：人

35小时	36-39小时	40小时	41-47小时	48小时	48小时以上	周平均工作时间(小时)
312	158	9902	521	1625	4273	43.74
230	120	7631	415	1273	3366	43.77
78	37	2130	93	325	847	43.64
4	1	141	13	27	60	43.57
70	23	2229	94	350	798	44.05
16	3	398	13	55	161	44.47
1	1	33	2	7	21	45.91
6	2	236	8	48	73	43.63
37	9	1242	56	155	363	43.34
	4	75	4	19	55	47.49
10	4	245	11	66	125	45.22
264	**193**	**9095**	**692**	**2897**	**6079**	**45.27**
264	193	9095	692	2897	6079	45.27
99	88	3660	264	1282	2565	46.19
120	87	4205	360	1284	2729	44.45
30	15	954	60	286	665	46.01
15	3	276	8	45	120	42.89
348	**233**	**10599**	**854**	**2338**	**8094**	**45.99**
24	24	606	69	158	943	47.71
8	16	372	42	116	643	48.55
16	8	234	27	42	300	46.19
324	209	9993	785	2180	7151	45.83
65	24	2359	110	333	978	44.28
15	4	632	15	65	172	43.03
44	16	1461	63	198	408	43.21
27	23	1274	131	428	1445	48.23
		38	2	5	13	45.28
17	12	651	53	163	624	47.03
28	9	434	40	88	389	46.47
47	32	1182	91	300	792	44.77
81	89	1962	280	600	2330	47.02
151	**84**	**4320**	**212**	**555**	**1641**	**43.84**
41	29	934	61	139	375	43.88
6	12	174	6	37	49	43.15
8	2	337	14	38	74	42.93
22	8	313	34	45	191	45.31
3	7	54	7	10	41	41.69
2		56		9	20	44.78
69	40	2038	110	299	865	44.29
21	12	384	35	69	304	45.89
3	2	84	5	9	70	46.20
1	3	18	3	2	12	44.71
2	1	93	5	13	30	43.30
5	3	405	14	65	108	43.48
2	1	125	3	12	30	42.72
23	15	723	29	91	168	42.86
12	3	206	16	38	143	45.83
24	9	868	29	81	310	43.61
16	6	706	19	51	178	42.96
2		77	6	14	33	43.87
6	3	85	4	16	99	46.22
17	6	480	12	36	91	41.86
16	5	340	11	30	73	42.30
1	1	67		3	10	41.14
		73	1	3	8	40.18

4-12b 续表 28

行业中类 性 别	合 计	1-8 小时	9-19 小时	20-34 小时
水利、环境和公共设施管理业	**24211**	**66**	**173**	**1380**
水利管理业	3982	10	8	105
防洪管理	509	2		13
水资源管理	2899	5	4	74
其他水利管理	574	3	4	18
环境管理业	13843	33	119	928
自然保护	362	2		17
环境治理	13481	31	119	911
公共设施管理业	6386	23	46	347
市政公共设施管理	2076	10	15	124
城市绿化管理	1977	5	19	111
游览景区管理	2333	8	12	112
居民服务和其他服务业	**152034**	**553**	**1865**	**12539**
居民服务业	111835	358	1312	8560
家庭服务	24088	116	504	2837
托儿所	1284	5	5	74
洗染服务	3929	10	30	256
理发及美容保健服务	48136	107	333	2534
洗浴服务	7751	19	61	433
婚姻服务	834	2	15	76
殡葬服务	1482	12	36	171
摄影扩印服务	5738	19	59	376
其他居民服务	18593	68	269	1803
其他服务业	40199	195	553	3979
修理与维护	20472	84	258	1872
清洁服务	13606	68	203	1445
其他未列明的服务	6121	43	92	662
教育	**283604**	**816**	**987**	**8361**
教育	283604	816	987	8361
学前教育	37721	77	125	1169
初等教育	108401	286	306	3254
中等教育	122774	369	406	3376
高等教育	8375	45	60	250
其他教育	6333	39	90	312
卫生、社会保障和社会福利业	**133551**	**317**	**273**	**3087**
卫生	129820	307	259	2946
医院	84003	197	119	1571
卫生院及社区医疗活动	23572	49	53	655
门诊部医疗活动	10224	25	66	418
计划生育技术服务活动	3408	12	5	85
妇幼保健活动	3627	11	2	75
专科疾病防治活动	637	1	1	12
疾病预防控制及防疫活动	2693	9	2	51
其他卫生活动	1656	3	11	79
社会保障业	1727	3	5	51
社会保障业	1727	3	5	51
社会福利业	2004	7	9	90
提供住宿的社会福利	1662	6	5	70
不提供住宿的社会福利	342	1	4	20

单位：人

35 小时	36-39 小时	40 小时	41-47 小时	48 小时	48小时 以 上	周平均 工作时间 (小时)
501	**236**	**11055**	**879**	**2224**	**7697**	**45.15**
106	30	2863	67	252	541	42.24
22	4	364	6	33	65	41.96
71	20	2110	53	170	392	42.28
13	6	389	8	49	84	42.26
287	144	5119	611	1326	5276	46.12
9	7	213	9	13	92	43.93
278	137	4906	602	1313	5184	46.18
108	62	3073	201	646	1880	44.87
48	17	1085	64	171	542	44.04
35	22	879	69	199	638	45.18
25	23	1109	68	276	700	45.34
2413	**1658**	**37020**	**6125**	**11698**	**78163**	**49.07**
1722	1217	26564	4464	8401	59237	49.64
505	381	6200	1198	1873	10474	46.40
19	19	575	47	121	419	45.85
59	39	835	151	307	2242	50.71
560	456	10054	1823	3537	28732	51.74
93	79	1666	278	670	4452	51.98
18	10	235	29	56	393	47.51
37	12	431	48	99	636	46.25
81	48	1369	165	446	3175	50.05
350	173	5199	725	1292	8714	47.71
691	441	10456	1661	3297	18926	47.49
311	214	4940	817	1548	10428	48.54
250	175	3798	615	1269	5783	46.30
130	52	1718	229	480	2715	46.61
4961	**1983**	**203870**	**7179**	**17249**	**38198**	**42.13**
4961	1983	203870	7179	17249	38198	42.13
725	274	24390	1051	3180	6730	43.03
2130	771	81960	2535	5117	12042	41.60
1797	841	87884	3210	7779	17112	42.29
179	54	5701	210	689	1187	42.40
130	43	3935	173	484	1127	42.38
2335	**1272**	**77613**	**5059**	**12925**	**30670**	**44.29**
2267	1244	75428	4987	12630	29752	44.29
1579	847	51356	3468	8431	16435	43.72
320	222	12397	828	2553	6495	45.11
104	95	3489	372	849	4806	48.69
68	24	2461	77	201	475	42.25
74	31	2417	118	305	594	43.03
10		392	17	54	150	44.54
73	12	2086	47	118	295	41.76
39	13	830	60	119	502	45.28
36	14	1224	31	99	264	42.43
36	14	1224	31	99	264	42.43
32	14	961	41	196	654	45.92
27	8	796	33	174	543	45.97
5	6	165	8	22	111	45.68

4-12b 续表 29

行业中类 性 别	合 计	1-8 小时	9-19 小时	20-34 小时
文化、体育和娱乐业	**27407**	**104**	**179**	**1425**
新闻出版业	1454	5	11	50
新闻业	418	1	4	10
出版业	1036	4	7	40
广播、电视、电影和音像业	5329	15	17	162
广播	1566	7	3	49
电视	2207	5	9	56
电影	754	2	5	21
音像制作	802	1		36
文化艺术业	4594	26	59	350
文艺创作与表演	1611	15	42	195
艺术表演场馆	342	1	6	36
图书馆与档案馆	1042		1	27
文物及文化保护	373	1		4
博物馆	250	1	1	4
烈士陵园、纪念馆	123			2
群众文化活动	504	6	6	47
文化艺术经纪代理	42			5
其他文化艺术	307	2	3	30
体育	603	3	1	52
体育组织	334	3		26
体育场馆	170		1	9
其他体育	99			17
娱乐业	15427	55	91	811
室内娱乐活动	10434	34	54	578
游乐园	524	5	2	23
休闲健身娱乐活动	2240	6	19	84
其他娱乐活动	2229	10	16	126
公共管理和社会组织	**186835**	**522**	**615**	**5152**
中国共产党机关	2333	5	3	67
中国共产党机关	2333	5	3	67
国家机构	162728	404	238	3414
国家权力机构	3122	5	7	71
国家行政机构	150479	371	223	3153
人民法院和人民检察院	4899	16	4	105
其他国家机构	4228	12	4	85
人民政协和民主党派	873	1	2	30
人民政协	819	1	2	28
民主党派	54			2
群众团体、社会团体和宗教组织	4960	20	29	267
群众团体	2074	5	7	63
社会团体	2140	9	8	83
宗教组织	746	6	14	121
基层群众自治组织	15941	92	343	1374
社区自治组织	7567	23	45	372
村民自治组织	8374	69	298	1002
国际组织	**22**			**1**
国际组织	22			1
国际组织	22			1

单位：人

35小时	36-39小时	40小时	41-47小时	48小时	48小时以上	周平均工作时间（小时）
566	**225**	**10927**	**995**	**2314**	**10672**	**47.37**
32	17	855	39	104	341	43.91
7	6	273	7	18	92	43.34
25	11	582	32	86	249	44.14
90	36	3513	121	371	1004	43.29
37	11	1141	37	89	192	41.83
43	18	1602	44	146	284	42.11
6	3	502	14	68	133	43.22
4	4	268	26	68	395	49.48
153	38	2696	120	252	900	42.21
63	15	790	56	76	359	41.53
11	5	193	17	13	60	41.02
37	4	756	17	51	149	42.33
3	3	258	5	26	73	43.64
11	2	174	3	18	36	42.52
3	1	66	3	9	39	46.55
19	5	301	7	23	90	41.60
		27	1	1	8	42.05
6	3	131	11	35	86	44.02
10	10	251	20	47	209	45.55
3	6	153	15	23	105	44.89
5	3	68	1	12	71	46.68
2	1	30	4	12	33	45.87
281	124	3612	695	1540	8218	50.71
226	89	2258	492	1028	5675	50.79
8	4	198	17	64	203	46.57
23	17	635	84	269	1103	50.47
24	14	521	102	179	1237	51.55
4670	**1278**	**139248**	**3457**	**8945**	**22948**	**41.83**
54	10	1755	53	138	248	41.66
54	10	1755	53	138	248	41.66
4150	1065	125680	2716	7329	17732	41.71
97	17	2390	54	147	334	41.64
3769	985	116084	2530	6802	16562	41.73
169	33	3903	84	175	410	41.15
115	30	3303	48	205	426	41.55
27	6	655	15	33	104	41.75
26	6	622	13	29	92	41.56
1		33	2	4	12	44.70
103	58	3199	134	280	870	42.42
52	17	1588	31	75	236	41.53
37	26	1392	44	160	381	42.91
14	15	219	59	45	253	43.52
336	139	7959	539	1165	3994	42.89
157	65	4625	193	482	1605	43.19
179	74	3334	346	683	2389	42.62
		17		**1**	**3**	**41.55**
		17		1	3	41.55
		17		1	3	41.55

4-12c 全国分性别、行业中类、

行业中类 性别	合计	1-8小时	9-19小时	20-34小时
总计	**37925073**	**346297**	**1353668**	**6489116**
农、林、牧、渔业	**28075290**	**319056**	**1273214**	**5813716**
农业	26571543	307581	1218673	5529716
谷物及其他作物的种植	24507304	296188	1165414	5202165
蔬菜、园艺作物的种植	1008166	6906	30700	164946
水果、坚果、饮料和香料作物的种植	989105	4115	20943	152305
中药材的种植	66968	372	1616	10300
林业	185457	1124	4198	29112
林木的培育和种植	112291	859	2883	19841
木材和竹材的采运	18791	100	497	3100
林产品的采集	54375	165	818	6171
畜牧业	1042768	8663	43793	211467
牲畜的饲养	345890	2691	12631	59576
猪的饲养	467500	3826	22303	112136
家禽的饲养	162620	1823	7792	31827
狩猎和捕捉动物	798	2	15	137
其他畜牧业	65960	321	1052	7791
渔业	204860	793	4634	33882
海洋渔业	80547	337	1548	11606
内陆渔业	124313	456	3086	22276
农、林、牧、渔服务业	70662	895	1916	9539
农业服务业	45926	729	1333	6249
林业服务业	6572	64	105	763
畜牧服务业	10924	64	300	1467
渔业服务业	7240	38	178	1060
采矿业	**302940**	**1135**	**1902**	**16702**
煤炭开采和洗选业	180972	799	1111	9629
烟煤和无烟煤的开采洗选	167473	757	1048	8931
褐煤的开采洗选	5949	13	28	290
其他煤炭采选	7550	29	35	408
石油和天然气开采业	8498	23	81	455
天然原油和天然气开采	6838	21	67	375
与石油和天然气开采有关的服务活动	1660	2	14	80
黑色金属矿采选业	27522	127	177	1401
铁矿采选	24740	118	167	1151
其他黑色金属矿采选	2782	9	10	250
有色金属矿采选业	31928	85	147	1431
常用有色金属矿采选	18941	45	93	783
贵金属矿采选	8709	27	39	438
稀有稀土金属矿采选	4278	13	15	210
非金属矿采选业	49516	85	337	3350
土砂石开采	42178	72	280	2868
化学矿采选	1814	1	9	118
采盐	2250	1	7	139
石棉及其他非金属矿采选	3274	11	41	225
其他采矿业	4504	16	49	436
其他采矿业	4504	16	49	436

周工作时间的正在工作人口(乡村)

单位：人

35 小时	36-39 小时	40 小时	41-47 小时	48 小时	48小时 以 上	周平均 工作时间 (小时)
1049403	**783317**	**8051687**	**2373506**	**2720738**	**14757341**	**43.60**
912239	**657449**	**5659856**	**1903210**	**1605694**	**9930856**	**41.88**
858007	622719	5379047	1788534	1522833	9344433	41.79
797848	578814	4976342	1645120	1400278	8445135	41.53
30130	21707	194619	68753	59195	431210	44.50
28492	20396	194989	69734	58490	439641	45.18
1537	1802	13097	4927	4870	28447	45.09
8026	4318	38010	14870	11652	74147	44.16
4961	2810	25717	8688	6808	39724	42.83
486	420	4284	1288	1332	7284	43.94
2579	1088	8009	4894	3512	27139	46.98
36874	24651	186544	80413	52288	398075	42.85
12346	7221	55183	28068	15813	152361	44.66
17851	12727	89812	37389	24028	147428	40.79
4852	3618	30770	10593	8880	62465	42.77
25	18	186	58	54	303	43.94
1800	1067	10593	4305	3513	35518	48.20
7462	4606	39775	15281	14012	84415	44.82
2872	1965	13941	5835	4830	37613	46.40
4590	2641	25834	9446	9182	46802	43.81
1870	1155	16480	4112	4909	29786	45.08
1266	743	9784	2820	3161	19841	45.27
129	107	2178	331	536	2359	44.50
243	167	3092	546	715	4330	44.36
232	138	1426	415	497	3256	45.48
3907	**3787**	**72752**	**13874**	**31767**	**157114**	**48.73**
2282	2221	44830	8575	20478	91047	48.41
2119	2070	41916	8068	18811	83753	48.34
74	80	1138	183	712	3431	49.84
89	71	1776	324	955	3863	48.88
72	99	2527	294	753	4194	49.19
59	81	1932	250	605	3448	49.39
13	18	595	44	148	746	48.34
274	289	5468	1010	2265	16511	49.98
232	251	4937	862	2051	14971	50.13
42	38	531	148	214	1540	48.61
446	418	8678	1381	3415	15927	48.64
246	237	5570	832	1941	9194	48.43
123	109	2138	375	838	4622	49.13
77	72	970	174	636	2111	48.58
758	694	10158	2418	4438	27278	49.32
615	518	8655	2101	3674	23395	49.41
17	111	450	80	258	770	47.70
79	21	548	90	159	1206	48.62
47	44	505	147	347	1907	49.59
75	66	1091	196	418	2157	47.41
75	66	1091	196	418	2157	47.41

4-12c 续表 1

行业中类 性 别	合 计	1-8 小时	9-19 小时	20-34 小时
制造业	**4033179**	**8573**	**24126**	**221874**
农副食品加工业	143681	506	2061	15920
谷物磨制	27073	167	702	4198
饲料加工	10156	36	120	915
植物油加工	9556	40	119	1068
制糖	3533		25	191
屠宰及肉类加工	36856	127	378	3640
水产品加工	15399	29	238	1813
蔬菜、水果和坚果加工	10133	27	87	842
其他农副食品加工	30975	80	392	3253
食品制造业	108107	316	1014	8379
焙烤食品制造	46444	135	430	3428
糖果、巧克力及蜜饯制造	8409	28	76	674
方便食品制造	28006	92	302	2641
液体乳及乳制品制造	4343	8	26	234
罐头制造	4518	10	27	277
调味品、发酵制品制造	5677	14	35	290
其他食品制造	10710	29	118	835
饮料制造业	38814	110	316	3038
酒精制造	1936	6	17	176
酒的制造	19020	56	112	1256
软饮料制造	10342	28	79	754
精制茶加工	7516	20	108	852
烟草制品业	3932	11	42	332
烟叶复烤	2294	3	37	267
卷烟制造	1326	5	3	52
其他烟草制品加工	312	3	2	13
纺织业	371789	715	2195	19056
棉、化纤纺织及印染精加工	162202	333	891	7306
毛纺织和染整精加工	24553	32	128	1223
麻纺织	3439	11	24	188
丝绢纺织及精加工	12785	12	49	390
纺织制成品制造	63695	151	334	3336
针织品、编织品及其制品制造	105115	176	769	6613
纺织服装、鞋、帽制造业	648638	1301	3827	36410
纺织服装制造	592246	1200	3477	33108
纺织面料鞋的制造	46761	90	230	2435
制帽	9631	11	120	867
皮革、毛皮、羽毛(绒)及其制品业	216450	338	1013	10755
皮革鞣制加工	7949	26	48	497
皮革制品制造	191411	288	804	8359
毛皮鞣制及制品加工	11113	19	130	1479
羽毛(绒)加工及制品制造	5977	5	31	420
木材加工及木、竹、藤、棕、草制品业	166439	438	1589	14697
锯材、木片加工	61297	197	641	5309
人造板制造	44591	106	313	3206
木制品制造	34644	65	247	2177
竹、藤、棕、草制品制造	25907	70	388	4005
家具制造业	142184	400	879	8103
木质家具制造	119316	359	746	6977
竹、藤家具制造	3679	13	65	415
金属家具制造	9086	16	31	338
塑料家具制造	1642	4	6	74
其他家具制造	8461	8	31	299

单位：人

35 小时	36-39 小时	40 小时	41-47 小时	48 小时	48小时 以　上	周平均 工作时间 （小时）
45017	**46066**	**911664**	**184519**	**570962**	**2020378**	**49.31**
3235	2144	31337	7498	12884	68096	47.18
655	467	5808	1485	2111	11480	44.98
202	147	2383	462	1113	4778	47.46
185	130	2067	453	841	4653	47.35
101	58	1573	97	246	1242	45.80
837	512	7925	2116	3469	17852	47.72
296	279	3287	839	1385	7233	46.86
201	145	2102	456	1242	5031	48.43
758	406	6192	1590	2477	15827	48.22
1792	1534	25757	5852	11970	51493	48.07
719	682	10879	2551	4859	22761	48.43
149	125	2039	539	957	3822	47.49
565	402	6350	1512	2918	13224	47.68
39	41	1182	280	617	1916	48.07
74	64	1129	227	590	2120	48.25
74	59	1336	201	715	2953	48.96
172	161	2842	542	1314	4697	47.42
755	606	10212	2191	4448	17138	47.32
39	38	581	102	190	787	46.06
333	270	5421	1030	2287	8255	47.31
132	123	2676	470	1366	4714	47.97
251	175	1534	589	605	3382	46.80
100	36	1099	228	489	1595	46.48
83	23	500	166	265	950	45.89
11	11	496	57	189	502	47.13
6	2	103	5	35	143	48.07
3599	3803	74185	14969	48400	204867	50.93
1387	1583	32023	6010	21907	90762	51.14
230	231	4417	967	3459	13866	51.29
38	41	783	134	449	1771	48.94
61	78	2964	623	2247	6361	50.85
642	635	13499	2633	8032	34433	50.57
1241	1235	20499	4602	12306	57674	50.81
7515	8222	137919	32004	83391	338049	49.92
6826	7647	125787	29339	75849	309013	49.95
526	466	10005	2206	6478	24325	49.82
163	109	2127	459	1064	4711	48.50
2338	2476	43765	10536	30035	115194	50.44
105	100	1689	465	951	4068	49.74
1976	2118	38803	9225	27549	102289	50.62
184	153	2188	525	921	5514	47.57
73	105	1085	321	614	3323	51.07
2651	2683	34666	10218	18103	81394	47.97
1070	1165	12147	4493	6406	29869	47.74
488	595	9520	2486	5674	22203	48.76
442	439	7516	1751	4150	17857	49.02
651	484	5483	1488	1873	11465	45.72
1556	1732	31944	7222	19426	70922	48.81
1350	1472	26830	6146	16393	59043	48.67
68	42	777	204	368	1727	47.12
65	121	1927	426	1332	4830	50.16
14	26	310	78	227	903	50.18
59	71	2100	368	1106	4419	49.88

4-12c 续表 2

行业中类 性　别	合　计	1-8 小时	9-19 小时	20-34 小时
造纸及纸制品业	66356	93	318	3314
纸浆制造	3332	4	19	239
造纸	25068	42	111	1229
纸制品制造	37956	47	188	1846
印刷业和记录媒介的复制	33233	64	131	1493
印刷	30260	58	123	1315
装订及其他印刷服务活动	2467	4	5	136
记录媒介的复制	506	2	3	42
文教体育用品制造业	97117	220	518	4580
文化用品制造	10924	25	67	766
体育用品制造	8416	20	22	206
乐器制造	3987	3	20	151
玩具制造	72251	170	401	3401
游艺器材及娱乐用品制造	1539	2	8	56
石油加工、炼焦及核燃料加工业	14887	77	58	508
精炼石油产品的制造	4595	9	10	130
炼焦	10112	68	47	370
核燃料加工	180		1	8
化学原料及化学制品制造业	106134	192	529	6443
基础化学原料制造	18840	31	93	794
肥料制造	15378	41	114	957
农药制造	3446	2	21	179
涂料、油墨、颜料及类似产品制造	11044	26	28	330
合成材料制造	6239	9	14	247
专用化学产品制造	41751	63	215	3559
日用化学产品制造	9436	20	44	377
医药制造业	21063	54	89	839
化学药品原药制造	4216	7	20	105
化学药品制剂制造	3735	15	5	122
中药饮片加工	2021	8	18	156
中成药制造	4853	11	14	190
兽用药品制造	826	2		35
生物、生化制品的制造	1401	5	5	23
卫生材料及医药用品制造	4011	6	27	208
化学纤维制造业	12714	34	39	302
纤维素纤维原料及纤维制造	2813	33	8	83
合成纤维制造	9901	1	31	219
橡胶制品业	36332	75	160	1454
轮胎制造	9902	13	41	319
橡胶板、管、带的制造	7245	17	37	337
橡胶零件制造	5518	16	26	290
再生橡胶制造	1167	6	4	75
日用及医用橡胶制品制造	1698	3	8	43
橡胶靴鞋制造	6717	7	26	227
其他橡胶制品制造	4085	13	18	163
塑料制品业	104328	197	492	5032
塑料薄膜制造	10758	17	51	461
塑料板、管、型材的制造	15005	44	47	591
塑料丝、绳及编织品的制造	15478	70	138	1393
泡沫塑料制造	4250	5	15	152
塑料人造革、合成革制造	2741	3	13	90
塑料包装箱及容器制造	9444	9	53	357
塑料零件制造	10729	8	43	342
日用塑料制造	20744	32	76	946
其他塑料制品制造	15179	9	56	700

单位：人

35 小时	36-39 小时	40 小时	41-47 小时	48 小时	48小时 以 上	周平均工作时间（小时）
658	699	15420	2780	10040	33034	49.31
31	41	994	123	440	1441	47.23
235	288	5892	1145	3566	12560	49.20
392	370	8534	1512	6034	19033	49.57
328	304	8506	1357	5567	15483	48.89
296	274	7750	1231	5224	13989	48.91
24	23	595	94	281	1305	49.15
8	7	161	32	62	189	46.44
1052	1111	25037	4947	15098	44554	48.67
116	92	2817	389	1910	4742	48.05
57	47	2164	374	1671	3855	49.40
32	26	1255	189	589	1722	48.22
837	926	18448	3947	10607	33514	48.69
10	20	353	48	321	721	49.37
107	137	4200	474	2079	7247	48.59
36	23	1801	113	562	1911	47.84
69	112	2354	355	1486	5251	48.94
2	2	45	6	31	85	48.57
1158	1481	28753	5113	15194	47271	47.86
176	170	5208	649	2770	8949	48.59
149	199	4464	864	1851	6739	47.44
23	44	959	128	530	1560	48.27
91	63	2981	397	2043	5085	49.04
53	43	1591	225	1035	3022	49.42
542	870	10945	2398	5049	18110	47.09
124	92	2605	452	1916	3806	47.97
224	221	7112	835	3383	8306	47.44
56	35	1349	139	777	1728	47.94
26	42	1312	135	614	1464	47.46
22	23	616	100	254	824	46.68
42	47	2043	194	689	1623	46.14
	9	263	33	149	335	47.86
36	7	498	57	257	513	47.27
42	58	1031	177	643	1819	48.84
65	138	2671	415	2271	6779	50.94
10	67	750	95	498	1269	48.55
55	71	1921	320	1773	5510	51.62
258	301	8112	1391	5508	19073	50.06
65	78	2291	416	1536	5143	49.85
61	81	1613	295	1035	3769	49.64
35	41	1202	168	1004	2736	49.43
7	4	229	31	147	664	49.89
13	27	373	55	258	918	50.54
46	52	1271	286	924	3878	51.93
31	18	1133	140	604	1965	48.97
1020	1006	22262	3854	16246	54219	50.13
107	103	2382	431	1589	5617	49.97
111	117	3259	521	2407	7908	50.27
239	210	2881	558	1332	8657	49.71
31	49	1126	119	644	2109	49.51
22	20	437	83	453	1620	54.65
92	60	2290	320	1563	4700	50.14
62	76	2283	330	2193	5392	50.45
201	243	4067	876	3317	10986	50.40
155	128	3537	616	2748	7230	49.32

4-12c 续表 3

行业中类 性别	合计	1-8 小时	9-19 小时	20-34 小时
非金属矿物制品业	307423	661	1601	16110
水泥、石灰和石膏的制造	44581	106	244	2156
水泥及石膏制品制造	29274	54	186	1625
砖瓦、石材及其他建筑材料制造	147064	337	842	8607
玻璃及玻璃制品制造	37963	52	130	1595
陶瓷制品制造	29998	73	119	1313
耐火材料制品制造	11807	31	43	505
石墨及其他非金属矿物制品制造	6736	8	37	309
黑色金属冶炼及压延加工业	80381	187	401	2755
炼铁	16834	43	88	646
炼钢	29130	73	161	900
钢压延加工	28807	60	118	1006
铁合金冶炼	5610	11	34	203
有色金属冶炼及压延加工业	38737	101	148	1393
常用有色金属冶炼	20904	52	100	925
贵金属冶炼	1438	7	9	62
稀有稀土金属冶炼	1692	4	4	47
有色金属合金制造	1661	3	3	44
有色金属压延加工	13042	35	32	315
金属制品业	218635	329	808	8155
结构性金属制品制造	92313	141	341	3793
金属工具制造	36572	69	181	1495
集装箱及金属包装容器制造	5880	2	17	148
金属丝绳及其制品的制造	7749	21	75	412
建筑、安全用金属制品制造	23692	33	67	752
金属表面处理及热处理加工	17891	18	36	372
搪瓷制品制造	2387	1	9	79
不锈钢及类似日用金属制品制造	22536	24	62	788
其他金属制品制造	9615	20	20	316
通用设备制造业	219435	488	1701	11592
锅炉及原动机制造	8023	15	26	254
金属加工机械制造	45192	68	186	1660
起重运输设备制造	6140	10	14	137
泵、阀门、压缩机及类似机械的制造	27095	36	108	1255
轴承、齿轮、传动和驱动部件的制造	20678	19	91	878
烘炉、熔炉及电炉制造	1156	3	11	40
风机、衡器、包装设备等通用设备制造	16607	27	81	637
通用零部件制造及机械修理	67143	260	1085	5674
金属铸、锻加工	27401	50	99	1057
专用设备制造业	105640	204	414	4145
矿山、冶金、建筑专用设备制造	13364	43	67	588
化工、木材、非金属加工专用设备制造	28795	31	81	874
食品、饮料、烟草及饲料生产专用设备制造	2281	2	11	121
印刷、制药、日化生产专用设备制造	5662	11	12	211
纺织、服装和皮革工业专用设备制造	8895	14	56	338
电子和电工机械专用设备制造	29011	85	110	1276
农、林、牧、渔专用机械制造	7617	8	50	491
医疗仪器设备及器械制造	4930	4	17	129
环保、社会公共安全及其他专用设备制造	5085	6	10	117

单位：人

35小时	36-39小时	40小时	41-47小时	48小时	48小时以上	周平均工作时间（小时）
3312	3584	63932	13782	35214	169227	49.72
506	501	10899	1882	5458	22829	49.00
308	356	6554	1197	3476	15518	49.75
1730	1865	27802	6831	14092	84958	50.01
314	332	8615	1527	5702	19696	49.64
326	359	5880	1636	4188	16104	49.56
77	118	2453	445	1470	6665	49.85
51	53	1729	264	828	3457	49.17
589	720	18282	2431	10561	44455	50.30
170	144	3510	640	1893	9700	50.09
202	276	7112	789	4027	15590	49.90
179	238	6444	813	3932	16017	50.89
38	62	1216	189	709	3148	49.95
322	382	10071	1481	6040	18799	49.18
209	190	6096	837	2806	9689	48.30
27	47	347	58	193	688	48.31
11	29	367	71	214	945	50.17
7	14	387	57	304	842	50.37
68	102	2874	458	2523	6635	50.41
1816	1842	47170	8703	35566	114246	50.08
747	783	20523	3829	13903	48253	49.83
450	378	8162	1693	6059	18085	49.24
27	61	1626	280	1083	2636	49.39
72	83	1509	267	1044	4266	50.49
180	177	4351	831	3555	13746	51.11
83	105	3610	487	3530	9650	51.84
8	19	590	65	394	1222	49.97
162	169	4058	834	4087	12352	50.68
87	67	2741	417	1911	4036	48.54
1996	1861	48286	8102	37222	108187	48.92
66	63	2237	209	1264	3889	49.01
361	364	10757	1644	7724	22428	49.31
31	37	1645	191	1191	2884	49.13
248	227	5626	1013	4941	13641	49.29
174	150	4699	822	3866	9979	49.07
3	7	326	34	211	521	48.95
113	123	4032	598	3281	7715	49.03
784	672	13882	2606	10590	31590	47.71
216	218	5082	985	4154	15540	50.59
828	971	26956	4464	19252	48406	48.88
94	139	3755	438	2156	6084	48.45
172	181	6865	1112	5500	13979	49.79
12	22	567	74	436	1036	48.58
45	32	1372	210	1178	2591	49.25
62	62	1812	293	1656	4602	49.65
309	341	8102	1610	5000	12178	47.98
102	118	1686	418	1204	3540	48.31
15	36	1395	172	1166	1996	48.76
17	40	1402	137	956	2400	49.26

4-12c 续表 4

行业中类 性　别	合　计	1-8 小时	9-19 小时	20-34 小时
交通运输设备制造业	149865	224	465	4460
铁路运输设备制造	3994	14	36	149
汽车制造	86632	150	286	2867
摩托车制造	13053	18	51	512
自行车制造	9601	8	26	268
船舶及浮动装置制造	33610	21	61	595
航空航天器制造	1034	12	1	18
交通器材及其他交通运输设备制造	1941	1	4	51
电气机械及器材制造业	161411	201	472	5012
电机制造	20476	18	59	626
输配电及控制设备制造	40698	47	113	1217
电线、电缆、光缆及电工器材制造	23122	42	87	819
电池制造	8467	5	15	215
家用电力器具制造	33544	52	88	909
非电力家用器具制造	4803	4	8	140
照明器具制造	25837	25	90	950
其他电气机械及器材制造	4464	8	12	136
通信设备、计算机及其他电子设备制造业	220566	497	766	8193
通信设备制造	15761	53	42	636
雷达及配套设备制造	255	1		13
广播电视设备制造	1351		2	47
电子计算机制造	13452	66	18	295
电子器件制造	51899	101	193	1846
电子元件制造	119581	254	440	4541
家用视听设备制造	10553	9	44	527
其他电子设备制造	7714	13	27	288
仪器仪表及文化、办公用机械制造业	35670	117	270	2060
通用仪器仪表制造	15441	73	181	1287
专用仪器仪表制造	3811	14	23	254
钟表与计时仪器制造	3913	10	24	160
光学仪器及眼镜制造	8568	9	13	172
文化、办公用机械制造	3034	7	20	125
其他仪器仪表的制造及修理	903	4	9	62
工艺品及其他制造业	130871	338	1516	14342
工艺美术品制造	97090	256	1192	11539
日用杂品制造	25731	42	252	2137
煤制品制造	3426	8	44	306
核辐射加工	68	1	1	
其他未列明的制造业	4556	31	27	360
废弃资源和废旧材料回收加工业	32347	85	294	3002
金属废料和碎屑的加工处理	17068	47	139	1478
非金属废料和碎屑的加工处理	15279	38	155	1524
电力、燃气及水的生产和供应业	**72514**	**245**	**456**	**3972**
电力、热力的生产和供应业	58805	217	343	3158
电力生产	25668	98	135	1367
电力供应	30154	100	188	1664
热力生产和供应	2983	19	20	127
燃气生产和供应业	5265	11	38	320
燃气生产和供应业	5265	11	38	320
水的生产和供应业	8444	17	75	494
自来水的生产和供应	7040	16	63	425
污水处理及其再生利用	793		2	25
其他水的处理、利用与分配	611	1	10	44

单位：人

35小时	36-39小时	40小时	41-47小时	48小时	48小时以上	周平均工作时间（小时）
1061	1212	37492	5339	28102	71510	49.41
36	28	1113	137	641	1840	48.51
642	670	21729	3047	15610	41631	49.42
109	131	2971	478	2168	6615	49.51
53	114	2023	305	1923	4881	50.18
200	249	8592	1292	7292	15308	49.35
6	10	654	15	152	166	43.20
15	10	410	65	316	1069	50.71
1175	1458	39257	6279	33311	74246	49.37
163	182	5162	684	4335	9247	49.14
290	336	10164	1570	8367	18594	49.23
138	226	5795	928	4517	10570	49.19
42	64	1945	317	1728	4136	50.08
254	328	8258	1374	7506	14775	49.24
21	24	1029	163	981	2433	50.55
244	257	5797	1122	5171	12181	49.53
23	41	1107	121	706	2310	50.06
2020	2460	64557	11054	39332	91687	48.25
203	197	4925	764	2400	6541	47.90
3		43	14	53	128	49.39
17	10	408	49	232	586	49.21
60	126	5168	501	2446	4772	47.61
452	568	14805	2815	9335	21784	48.39
1118	1294	33845	6027	21748	50314	48.31
99	128	3028	510	1947	4261	47.96
68	137	2335	374	1171	3301	48.38
309	449	8852	1687	5399	16527	48.43
178	272	3932	760	2064	6694	47.02
44	49	1033	210	567	1617	47.49
18	47	974	177	793	1710	48.43
41	46	1617	396	1324	4950	51.89
22	19	1066	104	504	1167	47.42
6	16	230	40	147	389	47.22
2599	2004	27222	7354	13855	61641	47.43
2105	1585	19948	5703	9918	44844	47.07
352	310	5277	1203	3198	12960	48.74
61	47	810	196	271	1683	47.68
	2	19	7	9	29	46.93
81	60	1168	245	459	2125	47.43
579	489	6630	1959	2576	16733	48.26
290	222	3567	1066	1412	8847	48.59
289	267	3063	893	1164	7886	47.89
1091	**853**	**25274**	**2755**	**8238**	**29630**	**46.96**
905	684	20959	2202	6569	23768	46.87
427	311	9079	874	2869	10508	47.16
452	346	10978	1170	3367	11889	46.51
26	27	902	158	333	1371	48.08
69	77	1432	221	611	2486	48.22
69	77	1432	221	611	2486	48.22
117	92	2883	332	1058	3376	46.81
101	81	2462	280	831	2781	46.59
5	6	249	24	167	315	48.32
11	5	172	28	60	280	47.40

4-12c 续表 5

行业中类 性别	合计	1-8 小时	9-19 小时	20-34 小时
建筑业	**1801579**	**4639**	**13000**	**120110**
房屋和土木工程建筑业	1449888	3758	10596	97848
房屋工程建筑	1308864	3392	9766	89706
土木工程建筑	141024	366	830	8142
建筑安装业	80130	237	701	5474
建筑安装业	80130	237	701	5474
建筑装饰业	247820	590	1455	15015
建筑装饰业	247820	590	1455	15015
其他建筑业	23741	54	248	1773
工程准备	7639	22	89	601
提供施工设备服务	4968	11	43	353
其他未列明的建筑活动	11134	21	116	819
交通运输、仓储和邮政业	**667101**	**2043**	**7205**	**58487**
铁路运输业	29665	148	1480	4445
铁路旅客运输	20425	127	1404	3793
铁路货物运输	3010	8	28	202
铁路运输辅助活动	6230	13	48	450
道路运输业	476163	1409	4281	41771
公路旅客运输	94032	278	853	8586
道路货物运输	355273	1069	3217	31193
道路运输辅助活动	26858	62	211	1992
城市公共交通业	74519	202	597	5589
公共电汽车客运	12594	24	121	1000
轨道交通	1600	10	40	378
出租车客运	49487	142	339	3186
城市轮渡	82		2	11
其他城市公共交通	10756	26	95	1014
水上运输业	15316	26	107	1087
水上旅客运输	2566	12	47	268
水上货物运输	10919	12	50	719
水上运输辅助活动	1831	2	10	100
航空运输业	4385	11	45	209
航空客货运输	1975	4	28	75
通用航空服务	1176	4	12	90
航空运输辅助活动	1234	3	5	44
管道运输业	593	2	2	36
管道运输业	593	2	2	36
装卸搬运和其他运输服务业	47629	190	606	4379
装卸搬运	37017	140	530	3693
运输代理服务	10612	50	76	686
仓储业	10231	21	54	554
谷物、棉花等农产品仓储	3704	7	30	293
其他仓储	6527	14	24	261
邮政业	8600	34	33	417
国家邮政	5518	16	24	292
其他寄递服务	3082	18	9	125

单位：人

35 小时	36-39 小时	40 小时	41-47 小时	48 小时	48小时 以　上	周平均 工作时间 (小时)
22209	**24239**	**378865**	**90202**	**172091**	**976224**	**49.19**
17873	19718	303596	73062	136147	787290	49.21
16246	18134	273068	65839	122449	710264	49.17
1627	1584	30528	7223	13698	77026	49.55
1022	1059	17705	3906	8287	41739	48.69
1022	1059	17705	3906	8287	41739	48.69
2990	3184	52259	12102	25523	134702	49.30
2990	3184	52259	12102	25523	134702	49.30
324	278	5305	1132	2134	12493	48.72
121	80	1696	353	713	3964	48.64
64	58	1142	199	416	2682	48.84
139	140	2467	580	1005	5847	48.72
12067	**10010**	**151335**	**34690**	**57539**	**333725**	**48.19**
733	437	8397	1520	2102	10403	42.96
591	326	5364	1179	1186	6455	41.12
39	37	982	116	349	1249	47.11
103	74	2051	225	567	2699	47.01
8824	7365	103882	25382	39868	243381	48.40
1762	1474	20585	5613	8182	46699	48.12
6594	5481	76449	18556	29114	183600	48.50
468	410	6848	1213	2572	13082	48.14
1154	938	16000	3524	6379	40136	49.55
182	168	3489	660	1385	5565	47.54
27	16	394	66	141	528	42.13
710	580	9980	2214	3981	28355	50.46
3	12	21	3	5	25	42.56
232	162	2116	581	867	5663	48.85
225	265	3525	782	1420	7879	49.12
59	35	611	182	235	1117	46.58
147	208	2361	517	923	5982	49.95
19	22	553	83	262	780	47.79
47	62	1856	182	585	1388	45.84
18	27	883	88	335	517	45.05
16	17	394	56	92	495	46.82
13	18	579	38	158	376	46.16
7	7	152	25	57	305	48.18
7	7	152	25	57	305	48.18
840	713	10813	2510	4625	22953	47.63
702	574	7940	2014	3406	18018	47.48
138	139	2873	496	1219	4935	48.13
120	103	3391	435	1191	4362	47.71
67	42	1121	169	327	1648	47.27
53	61	2270	266	864	2714	47.96
117	120	3319	330	1312	2918	46.15
73	89	2390	220	748	1666	45.13
44	31	929	110	564	1252	47.98

4-12c 续表 6

行业中类 性　别	合　计	1-8 小时	9-19 小时	20-34 小时
信息传输、计算机服务和软件业	**42931**	**137**	**363**	**2803**
电信和其他信息传输服务业	24595	59	118	1229
电信	19889	50	89	980
互联网信息服务	3234	7	13	164
广播电视传输服务	1383	2	16	83
卫星传输服务	89			2
计算机服务业	13364	73	226	1308
计算机系统服务	6149	42	159	818
数据处理	1300	4	7	69
计算机维修	3486	10	31	253
其他计算机服务	2429	17	29	168
软件业	4972	5	19	266
公共软件服务	3068	4	11	117
其他软件服务	1904	1	8	149
批发和零售业	**1272957**	**4062**	**15114**	**117792**
批发业	233163	639	2449	21617
农畜产品批发	30034	97	454	4115
食品、饮料及烟草制品批发	48508	142	599	4561
纺织、服装及日用品批发	33344	74	247	2371
文化、体育用品及器材批发	3159	9	33	279
医药及医疗器材批发	4835	19	53	476
矿产品、建材及化工产品批发	44168	146	408	3649
机械设备、五金交电及电子产品批发	15862	33	97	930
贸易经纪与代理	2171	7	19	145
其他批发	51082	112	539	5091
零售业	1039794	3423	12665	96175
综合零售	412542	1602	5772	40147
食品、饮料及烟草制品专门零售	236863	749	3017	24869
纺织、服装及日用品专门零售	181634	518	1740	14460
文化、体育用品及器材专门零售	16127	44	190	1417
医药及医疗器材专门零售	20156	54	218	1689
汽车、摩托车、燃料及零配件专门零售	28337	87	234	1834
家用电器及电子产品专门零售	47611	131	294	2864
五金、家具及室内装修材料专门零售	59049	146	449	3900
无店铺及其他零售	37475	92	751	4995
住宿和餐饮业	**493339**	**1555**	**4545**	**38919**
住宿业	53740	158	491	3756
旅游饭店	24941	73	172	1500
一般旅馆	24884	80	263	1983
其他住宿服务	3915	5	56	273
餐饮业	439599	1397	4054	35163
正餐服务	318647	975	2566	23671
快餐服务	60494	224	802	5946
饮料及冷饮服务	4446	16	31	394
其他餐饮服务	56012	182	655	5152
金融业	**32439**	**114**	**225**	**2115**
银行业	15096	59	71	629
中央银行	761	1	2	35
商业银行	11187	38	47	437
其他银行	3148	20	22	157
证券业	1100	1	6	92
证券市场管理	306		2	18
证券经纪与交易	423	1	1	28
证券投资	333		2	43
证券分析与咨询	38		1	3

单位：人

35 小时	36-39 小时	40 小时	41-47 小时	48 小时	48小时 以 上	周平均 工作时间 (小时)
622	**577**	**14145**	**1846**	**5009**	**17429**	**46.77**
332	296	8720	977	3082	9782	46.96
267	243	7050	781	2513	7916	46.95
43	35	1025	139	404	1404	47.90
21	17	611	57	153	423	44.89
1	1	34		12	39	47.82
239	205	3675	658	1355	5625	46.27
151	121	1636	360	534	2328	44.39
13	11	533	45	105	513	46.67
46	47	919	159	438	1583	47.64
29	26	587	94	278	1201	48.82
51	76	1750	211	572	2022	47.21
30	40	1286	144	397	1039	46.26
21	36	464	67	175	983	48.73
22957	**18624**	**289239**	**66299**	**114882**	**623988**	**47.96**
4265	3300	52692	11945	21119	115137	47.95
725	529	6720	1701	2053	13640	46.27
957	658	10499	2570	4251	24271	48.18
479	429	7650	1654	3468	16972	48.90
43	50	840	134	301	1470	47.23
89	75	1423	259	548	1893	45.91
655	610	9969	2016	4091	22624	48.40
220	156	4072	760	1990	7604	48.35
32	20	768	81	335	764	45.94
1065	773	10751	2770	4082	25899	47.93
18692	15324	236547	54354	93763	508851	47.96
7207	6228	97413	21411	37428	195334	47.54
5393	3497	48445	13335	17657	119901	48.26
2940	2785	41061	9532	17527	91071	48.30
261	262	3874	809	1477	7793	47.78
316	255	5042	914	2057	9611	47.79
362	333	6719	1143	3349	14276	48.71
642	553	11886	2359	5478	23404	48.56
780	729	12873	2830	5886	31456	49.21
791	682	9234	2021	2904	16005	45.82
8073	**6865**	**111643**	**25734**	**48206**	**247799**	**48.58**
722	810	14222	2701	6774	24106	47.65
308	346	7057	1219	3573	10693	47.52
350	410	6144	1322	2754	11578	47.73
64	54	1021	160	447	1835	48.01
7351	6055	97421	23033	41432	223693	48.69
5059	4347	71743	16638	30929	162719	48.80
1103	861	12483	3184	5310	30581	48.28
67	77	1038	275	452	2096	48.23
1122	770	12157	2936	4741	28297	48.55
540	**336**	**14154**	**1158**	**3698**	**10099**	**44.86**
208	125	7276	489	1793	4446	44.96
13	14	306	33	115	242	45.93
166	87	5504	366	1324	3218	44.88
29	24	1466	90	354	986	44.97
18	11	473	53	110	336	44.63
3	4	114	21	29	115	46.17
9	4	199	15	55	111	44.38
6	3	138	16	25	100	43.60
		22	1	1	10	44.18

4-12c 续表 7

行业中类 性别	合计	1-8 小时	9-19 小时	20-34 小时
保险业	12137	38	124	1154
人寿保险	9691	30	101	977
非人寿保险	2171	8	22	159
保险辅助服务	275		1	18
其他金融活动	4106	16	24	240
金融信托与管理	1542	12	15	102
金融租赁	109			5
财务公司	467	2	1	22
邮政储蓄	1130	1	3	59
典当	163	1		7
其他未列明的金融活动	695		5	45
房地产业	**33539**	**213**	**257**	**1883**
房地产业	33539	213	257	1883
房地产开发经营	13593	67	52	511
物业管理	16062	132	128	915
房地产中介服务	2781	8	52	268
其他房地产活动	1103	6	25	189
租赁和商务服务业	**60894**	**154**	**543**	**4139**
租赁业	8532	26	121	805
机械设备租赁	5882	19	64	479
文化及日用品出租	2650	7	57	326
商务服务业	52362	128	422	3334
企业管理服务	6812	11	93	679
法律服务	1637	2	13	107
咨询与调查	2502	9	13	116
广告业	6384	6	33	366
知识产权服务	149			8
职业中介服务	4381	15	57	288
市场管理	1630	4	14	141
旅行社	3647	8	28	217
其他商务服务	25220	73	171	1412
科学研究、技术服务和地质勘查业	**14500**	**49**	**81**	**852**
研究与试验发展	2797	7	9	137
自然科学研究与试验发展	522	1	1	22
工程和技术研究与试验发展	840		2	26
农业科学研究与试验发展	1038	3	3	65
医学研究与试验发展	301	3	2	22
社会人文科学研究与试验发展	96		1	2
专业技术服务业	7700	20	47	477
气象服务	1835	6	14	195
地震服务	671	3	9	65
海洋服务	193		2	13
测绘服务	441	1	2	24
技术检测	859	2	3	27
环境监测	258	1	3	9
工程技术与规划管理	2328	6	8	81
其他专业技术服务	1115	1	6	63
科技交流和推广服务业	2022	5	23	139
技术推广服务	1359	5	21	106
科技中介服务	278		1	12
其他科技服务	385		1	21
地质勘查业	1981	17	2	99
矿产地质勘查	1322	15	2	69
基础地质勘查	375	2		16
地质勘查技术服务	284			14

单位：人

35 小时	36-39 小时	40 小时	41-47 小时	48 小时	48小时 以 上	周平均 工作时间 （小时）
243	162	4829	469	1286	3832	44.36
209	124	3789	396	993	3072	44.28
33	32	916	69	261	671	44.64
1	6	124	4	32	89	45.21
71	38	1576	147	509	1485	46.07
28	18	507	61	180	619	46.41
	1	38	7	12	46	47.45
5	5	212	10	53	157	45.50
19	11	471	40	157	369	45.66
1		50	5	23	76	49.22
18	3	298	24	84	218	45.39
342	**356**	**10444**	**1328**	**5226**	**13490**	**47.22**
342	356	10444	1328	5226	13490	47.22
137	124	3864	549	2182	6107	48.45
143	185	5346	641	2587	5985	46.73
47	30	900	118	371	987	45.33
15	17	334	20	86	411	44.14
1014	**774**	**18730**	**3021**	**7153**	**25366**	**47.04**
124	103	2142	636	787	3788	46.90
80	59	1424	229	553	2975	48.45
44	44	718	407	234	813	43.46
890	671	16588	2385	6366	21578	47.06
340	102	2166	299	729	2393	45.01
18	13	696	52	153	583	45.52
30	37	1105	97	313	782	45.24
84	57	1993	280	863	2702	47.32
4	1	45	10	19	62	48.01
41	59	1192	160	355	2214	48.64
23	26	464	91	201	666	46.85
49	42	1175	201	488	1439	46.74
301	334	7752	1195	3245	10737	47.61
220	**176**	**5443**	**521**	**1558**	**5600**	**46.57**
42	31	1208	90	332	941	46.24
9	7	295	24	43	120	44.02
12	9	364	17	156	254	47.23
17	9	413	38	93	397	46.30
2	5	105	8	28	126	45.86
2	1	31	3	12	44	50.17
113	99	2769	292	885	2998	46.62
33	30	550	79	157	771	46.29
15	9	156	46	94	274	45.94
2	4	40	11	19	102	48.39
6	4	169	9	52	174	46.48
10	7	406	24	117	263	45.94
1	3	109	12	25	95	46.70
34	21	972	66	296	844	46.68
12	21	367	45	125	475	47.66
45	30	809	62	190	719	45.39
38	18	569	42	123	437	44.46
5	8	115	9	22	106	46.28
2	4	125	11	45	176	48.03
20	16	657	77	151	942	48.07
11	13	425	53	98	636	48.04
6	2	136	14	36	163	47.30
3	1	96	10	17	143	49.24

4-12c 续表 8

行业中类 性 别	合 计	1-8 小时	9-19 小时	20-34 小时
水利、环境和公共设施管理业	**44161**	**165**	**547**	**3893**
水利管理业	6515	13	66	376
防洪管理	688	3	4	36
水资源管理	4848	8	45	280
其他水利管理	979	2	17	60
环境管理业	20345	93	280	2150
自然保护	680	5	8	57
环境治理	19665	88	272	2093
公共设施管理业	17301	59	201	1367
市政公共设施管理	6313	37	124	712
城市绿化管理	5023	10	39	368
游览景区管理	5965	12	38	287
居民服务和其他服务业	**368551**	**1718**	**6068**	**39701**
居民服务业	200691	1104	3895	24024
家庭服务	46769	344	1604	7750
托儿所	1779	6	24	156
洗染服务	7980	59	108	878
理发及美容保健服务	76927	329	977	7803
洗浴服务	15880	88	193	1494
婚姻服务	1156	11	42	181
殡葬服务	3778	52	134	664
摄影扩印服务	6109	24	94	623
其他居民服务	40313	191	719	4475
其他服务业	167860	614	2173	15677
修理与维护	124125	402	1362	10337
清洁服务	26657	120	482	3126
其他未列明的服务	17078	92	329	2214
教育	**268127**	**959**	**2145**	**16156**
教育	268127	959	2145	16156
学前教育	33419	86	204	2104
初等教育	139026	470	1057	8546
中等教育	81038	302	716	4797
高等教育	8046	67	75	319
其他教育	6598	34	93	390
卫生、社会保障和社会福利业	**119270**	**437**	**929**	**7552**
卫生	114949	422	890	7258
医院	38862	134	214	2023
卫生院及社区医疗活动	37404	140	236	2215
门诊部医疗活动	30921	119	374	2425
计划生育技术服务活动	2116	7	22	147
妇幼保健活动	781	2	3	55
专科疾病防治活动	402	3	3	38
疾病预防控制及防疫活动	993	3	11	56
其他卫生活动	3470	14	27	299
社会保障业	1248	2	7	82
社会保障业	1248	2	7	82
社会福利业	3073	13	32	212
提供住宿的社会福利	2683	11	23	174
不提供住宿的社会福利	390	2	9	38

单位：人

35 小时	36-39 小时	40 小时	41-47 小时	48 小时	48小时 以 上	周平均 工作时间 (小时)
842	**565**	**13963**	**2033**	**5175**	**16978**	**45.77**
101	70	2827	209	607	2246	45.47
14	4	337	26	58	206	44.62
72	50	2068	153	453	1719	45.67
15	16	422	30	96	321	45.06
494	281	5795	1105	2377	7770	45.36
13	8	262	22	71	234	44.99
481	273	5533	1083	2306	7536	45.37
247	214	5341	719	2191	6962	46.37
104	100	1888	309	708	2331	45.00
66	51	1502	192	601	2194	46.96
77	63	1951	218	882	2437	47.32
7018	**5790**	**85033**	**20229**	**32989**	**170005**	**46.81**
3983	3334	46590	11075	17213	89473	46.30
1115	887	10873	2840	3844	17512	43.60
32	16	559	66	172	748	46.43
159	131	1780	487	717	3661	47.16
1450	1304	17581	4134	6597	36752	47.45
255	222	3704	894	1376	7654	48.08
16	15	272	47	110	462	44.13
80	70	937	152	306	1383	43.12
92	87	1494	260	481	2954	47.04
784	602	9390	2195	3610	18347	46.61
3035	2456	38443	9154	15776	80532	47.42
2066	1675	27508	6772	11498	62505	48.07
611	499	6971	1491	2748	10609	45.34
358	282	3964	891	1530	7418	45.90
5106	**2979**	**158586**	**8639**	**18548**	**55009**	**42.76**
5106	2979	158586	8639	18548	55009	42.76
629	428	17749	1179	3071	7969	43.49
2847	1497	85270	4569	8304	26466	42.42
1358	899	48632	2428	5490	16416	42.69
177	84	4242	245	884	1953	44.17
95	71	2693	218	799	2205	45.33
1833	**1319**	**38324**	**4933**	**12087**	**51856**	**47.22**
1760	1273	36639	4786	11583	50338	47.28
537	421	14925	1555	4719	14334	46.27
575	410	11825	1561	3701	16741	47.54
506	350	7035	1326	2502	16284	48.59
31	20	1053	65	180	591	44.00
9	8	336	30	80	258	45.26
13	11	102	23	35	174	46.38
21	8	452	36	92	314	44.75
68	45	911	190	274	1642	47.49
23	10	603	36	134	351	44.42
23	10	603	36	134	351	44.42
50	36	1082	111	370	1167	46.27
39	32	955	100	333	1016	46.47
11	4	127	11	37	151	44.87

4-12c 续表 9

行业中类 性别	合计	1-8 小时	9-19 小时	20-34 小时
文化、体育和娱乐业	**30327**	**155**	**475**	**2825**
新闻出版业	3962	21	26	299
新闻业	955	7	4	65
出版业	3007	14	22	234
广播、电视、电影和音像业	4528	19	48	277
广播	1124	7	10	49
电视	1505	5	13	77
电影	748	2	15	69
音像制作	1151	5	10	82
文化艺术业	5255	48	228	973
文艺创作与表演	2848	28	164	693
艺术表演场馆	414	3	17	76
图书馆与档案馆	312	3	10	21
文物及文化保护	301		1	18
博物馆	195	1		4
烈士陵园、纪念馆	116	2	1	2
群众文化活动	455	3	19	77
文化艺术经纪代理	54		1	6
其他文化艺术	560	8	15	76
体育	2491	15	45	297
体育组织	1635	13	32	233
体育场馆	512	2	3	39
其他体育	344		10	25
娱乐业	14091	52	128	979
室内娱乐活动	7807	16	76	611
游乐园	884	2	6	37
休闲健身娱乐活动	3268	18	16	125
其他娱乐活动	2132	16	30	206
公共管理和社会组织	**191405**	**888**	**2473**	**15625**
中国共产党机关	1917	3	9	98
中国共产党机关	1917	3	9	98
国家机构	91088	250	362	3482
国家权力机构	1935	4	11	70
国家行政机构	84121	232	318	3232
人民法院和人民检察院	1998	3	8	66
其他国家机构	3034	11	25	114
人民政协和民主党派	445	1	5	20
人民政协	377	1	2	17
民主党派	68		3	3
群众团体、社会团体和宗教组织	11465	196	700	2411
群众团体	1268	6	16	115
社会团体	2358	7	34	152
宗教组织	7839	183	650	2144
基层群众自治组织	86490	438	1397	9614
社区自治组织	7410	26	73	597
村民自治组织	79080	412	1324	9017
国际组织	**30**			
国际组织	30			
国际组织	30			

单位：人

35 小时	36-39 小时	40 小时	41-47 小时	48 小时	48小时 以 上	周平均 工作时间 (小时)
519	**395**	**8963**	**1366**	**3186**	**12443**	**46.45**
46	65	1147	182	400	1776	47.38
5	19	271	51	100	433	47.62
41	46	876	131	300	1343	47.31
65	55	1912	190	449	1513	45.23
14	13	518	44	110	359	45.21
27	9	744	53	139	438	44.47
9	20	290	34	85	224	44.23
15	13	360	59	115	492	46.90
141	84	1567	263	373	1578	41.47
94	43	694	150	189	793	39.83
11	6	122	29	23	127	41.75
8	4	142	12	23	89	43.08
5	7	113	13	27	117	46.14
1	4	103	3	17	62	45.70
1	2	39	3	11	55	47.18
14	12	150	17	36	127	41.55
		25	1	5	16	43.33
7	6	179	35	42	192	43.36
53	39	711	105	226	1000	45.60
37	34	396	64	128	698	45.70
5	3	184	18	70	188	45.94
11	2	131	23	28	114	44.60
214	152	3626	626	1738	6576	48.58
135	88	1694	393	825	3969	49.44
9	5	323	26	124	352	46.90
43	26	1093	121	584	1242	47.45
27	33	516	86	205	1013	47.82
3785	**2157**	**83265**	**7148**	**16722**	**59342**	**44.32**
25	17	1010	61	132	562	44.53
25	17	1010	61	132	562	44.53
1442	723	50462	2488	8299	23580	44.39
33	14	1057	43	198	505	44.43
1324	651	46608	2312	7678	21766	44.39
35	24	1141	56	171	494	44.20
50	34	1656	77	252	815	44.60
1	10	222	24	43	119	44.28
1	9	200	21	36	90	43.94
	1	22	3	7	29	46.13
310	148	3112	653	729	3206	39.90
18	21	557	76	101	358	43.75
55	13	964	78	233	822	45.18
237	114	1591	499	395	2026	37.69
2007	1259	28459	3922	7519	31875	44.82
120	93	3003	251	957	2290	44.77
1887	1166	25456	3671	6562	29585	44.82
2		**9**	**1**	**8**	**10**	**47.27**
2		9	1	8	10	47.27
2		9	1	8	10	47.27

4-12c 续表 10

行业中类 性别	合计	1-8 小时	9-19 小时	20-34 小时
男	**20468226**	**147205**	**546189**	**2839980**
农、林、牧、渔业	**14288121**	**130805**	**504233**	**2476301**
农业	13553384	126558	486980	2371246
谷物及其他作物的种植	12496082	121819	466392	2234941
蔬菜、园艺作物的种植	499672	2716	11397	66639
水果、坚果、饮料和香料作物的种植	521134	1843	8477	64895
中药材的种植	36496	180	714	4771
林业	116624	639	2209	16079
林木的培育和种植	68367	457	1420	10383
木材和竹材的采运	14611	85	316	2172
林产品的采集	33646	97	473	3524
畜牧业	432114	2673	11617	64077
牲畜的饲养	190960	1217	5234	27431
猪的饲养	137417	853	3950	23525
家禽的饲养	73475	470	2013	10066
狩猎和捕捉动物	514	1	8	77
其他畜牧业	29748	132	412	2978
渔业	141457	494	2563	20028
海洋渔业	61614	255	1009	7696
内陆渔业	79843	239	1554	12332
农、林、牧、渔服务业	44542	441	864	4871
农业服务业	27276	334	586	2964
林业服务业	4855	39	57	464
畜牧服务业	8217	45	171	962
渔业服务业	4194	23	50	481
采矿业	**267411**	**989**	**1411**	**13390**
煤炭开采和洗选业	164713	721	856	8110
烟煤和无烟煤的开采洗选	152668	684	809	7529
褐煤的开采洗选	5282	13	24	241
其他煤炭采选	6763	24	23	340
石油和天然气开采业	6410	16	41	255
天然原油和天然气开采	5172	14	34	213
与石油和天然气开采有关的服务活动	1238	2	7	42
黑色金属矿采选业	24298	108	132	1121
铁矿采选	21971	102	127	927
其他黑色金属矿采选	2327	6	5	194
有色金属矿采选业	26416	66	96	1091
常用有色金属矿采选	15403	35	61	582
贵金属矿采选	7547	20	26	350
稀有稀土金属矿采选	3466	11	9	159
非金属矿采选业	42193	68	259	2529
土砂石开采	36388	57	215	2197
化学矿采选	1446	1	8	81
采盐	1779	1	6	82
石棉及其他非金属矿采选	2580	9	30	169
其他采矿业	3381	10	27	284
其他采矿业	3381	10	27	284

单位：人

35小时	36-39小时	40小时	41-47小时	48小时	48小时以上	周平均工作时间（小时）
515287	**384314**	**4338713**	**1287109**	**1573571**	**8835858**	**45.22**
436112	**311369**	**2877448**	**997644**	**884972**	**5669237**	**43.57**
411383	296798	2739739	942606	840146	5337928	43.45
383400	276791	2540084	869181	773187	4830287	43.20
13566	9646	93624	33822	31541	236721	46.11
13643	9490	99271	36909	32706	253900	46.61
774	871	6760	2694	2712	17020	46.38
4743	2595	24155	9439	7765	49000	44.99
2840	1653	15942	5395	4513	25764	43.84
368	297	3296	997	1075	6005	44.76
1535	645	4917	3047	2177	17231	47.43
13912	8324	75990	32411	23813	199297	45.73
6679	3554	30117	15156	9109	92463	46.24
4598	2985	27260	10551	8487	55208	44.09
1918	1373	13781	4801	4503	34550	46.14
20	6	114	42	36	210	45.04
697	406	4718	1861	1678	16866	49.08
4967	3004	26828	10652	9973	62948	46.04
2070	1411	10422	4436	3763	30552	47.46
2897	1593	16406	6216	6210	32396	44.93
1107	648	10736	2536	3275	20064	46.35
700	379	5892	1633	1978	12810	46.77
85	67	1643	242	408	1850	45.41
190	118	2407	430	556	3338	45.06
132	84	794	231	333	2066	47.24
3265	**3286**	**62730**	**12091**	**28420**	**141829**	**49.06**
1980	2002	40086	7754	18842	84362	48.67
1843	1875	37556	7301	17324	77747	48.59
67	71	977	159	620	3110	50.07
70	56	1553	294	898	3505	49.19
43	63	1791	211	585	3405	50.39
35	53	1357	180	469	2817	50.69
8	10	434	31	116	588	49.13
230	244	4655	860	2000	14948	50.36
196	210	4220	739	1814	13636	50.50
34	34	435	121	186	1312	49.03
363	363	6882	1126	2878	13551	48.99
189	200	4321	666	1634	7715	48.85
113	103	1786	320	736	4093	49.41
61	60	775	140	508	1743	48.74
594	571	8504	2003	3792	23873	49.77
491	438	7341	1762	3192	20695	49.85
9	82	355	60	219	631	48.04
57	19	428	67	118	1001	49.26
37	32	380	114	263	1546	49.96
55	43	812	137	323	1690	48.08
55	43	812	137	323	1690	48.08

4-12c 续表 11

行业中类 性 别	合 计	1-8 小时	9-19 小时	20-34 小时
制造业	**2150140**	**4404**	**9916**	**90753**
农副食品加工业	82996	267	952	7760
谷物磨制	16671	87	341	2112
饲料加工	6998	19	65	476
植物油加工	6349	22	62	581
制糖	2178		13	86
屠宰及肉类加工	23529	81	230	2318
水产品加工	6455	11	63	457
蔬菜、水果和坚果加工	4191	11	21	272
其他农副食品加工	16625	36	157	1458
食品制造业	52859	142	414	3310
焙烤食品制造	22330	63	167	1368
糖果、巧克力及蜜饯制造	3583	7	21	207
方便食品制造	13638	41	128	1024
液体乳及乳制品制造	2366	3	12	107
罐头制造	1992	7	9	97
调味品、发酵制品制造	3274	3	18	151
其他食品制造	5676	18	59	356
饮料制造业	22685	59	141	1421
酒精制造	1125	3	6	77
酒的制造	11663	33	59	657
软饮料制造	5673	15	35	303
精制茶加工	4224	8	41	384
烟草制品业	2230	8	25	149
烟叶复烤	1226	2	22	118
卷烟制造	800	4	1	24
其他烟草制品加工	204	2	2	7
纺织业	130464	215	499	4132
棉、化纤纺织及印染精加工	62957	99	260	2040
毛纺织和染整精加工	9186	7	24	242
麻纺织	1269	4	6	51
丝绢纺织及精加工	4939	6	15	91
纺织制成品制造	21927	67	101	754
针织品、编织品及其制品制造	30186	32	93	954
纺织服装、鞋、帽制造业	202256	403	914	7867
纺织服装制造	180247	369	825	7030
纺织面料鞋的制造	19289	31	76	724
制帽	2720	3	13	113
皮革、毛皮、羽毛(绒)及其制品业	97707	157	383	3810
皮革鞣制加工	3901	10	14	179
皮革制品制造	86999	139	308	2990
毛皮鞣制及制品加工	4912	7	55	568
羽毛(绒)加工及制品制造	1895	1	6	73
木材加工及木、竹、藤、棕、草制品业	101897	259	782	7032
锯材、木片加工	39871	116	346	2893
人造板制造	26010	59	136	1473
木制品制造	25155	52	167	1431
竹、藤、棕、草制品制造	10861	32	133	1235
家具制造业	100832	311	528	4929
木质家具制造	86465	285	456	4343
竹、藤家具制造	2011	7	38	189
金属家具制造	6047	11	18	202
塑料家具制造	994	2	2	33
其他家具制造	5315	6	14	162

单位：人

35小时	36-39小时	40小时	41-47小时	48小时	48小时以上	周平均工作时间(小时)
20479	**21267**	**481608**	**94617**	**310431**	**1116665**	**49.85**
1774	1129	17885	4353	7437	41439	48.02
361	237	3497	917	1366	7753	46.40
125	87	1624	298	781	3523	48.51
103	70	1353	294	567	3297	48.40
50	36	965	53	156	819	46.57
595	340	5031	1438	2125	11371	47.67
90	95	1417	301	576	3445	48.89
73	64	813	205	553	2179	49.46
377	200	3185	847	1313	9052	49.27
791	643	12367	2768	5880	26544	48.81
327	277	5068	1185	2374	11501	49.10
48	45	872	229	430	1724	48.56
255	167	3035	697	1414	6877	48.64
21	14	629	148	322	1110	48.71
29	24	488	105	250	983	48.93
37	35	766	125	393	1746	49.28
74	81	1509	279	697	2603	48.01
413	319	5880	1249	2647	10556	48.10
20	19	329	59	130	482	47.16
186	167	3232	615	1436	5278	47.86
57	60	1484	234	773	2712	48.77
150	73	835	341	308	2084	48.14
63	18	624	119	256	968	47.21
48	10	259	84	124	559	46.86
10	7	299	32	106	317	47.48
5	1	66	3	26	92	48.26
920	997	24915	5050	17907	75829	52.29
435	467	11860	2306	8790	36700	52.27
58	58	1551	302	1361	5583	52.99
15	11	303	48	169	662	49.41
22	23	1169	283	1006	2324	50.89
150	167	4417	857	2898	12516	51.76
240	271	5615	1254	3683	18044	52.86
1871	2055	42078	9716	26692	110660	50.79
1682	1873	37418	8737	23603	98710	50.83
169	162	4074	858	2755	10440	50.41
20	20	586	121	334	1510	50.93
951	966	19497	4732	13669	53542	50.91
45	45	789	231	500	2088	50.81
802	853	17432	4174	12534	47767	51.02
86	49	944	235	443	2525	48.23
18	19	332	92	192	1162	52.95
1450	1435	20443	5673	11551	53272	48.91
652	658	7732	2482	4334	20658	48.53
240	311	5218	1325	3310	13938	49.70
310	293	5355	1265	3011	13271	49.35
248	173	2138	601	896	5405	47.37
1007	1166	21965	5107	13617	52202	49.28
882	1015	18844	4461	11716	44463	49.15
39	19	418	98	199	1004	47.78
43	81	1232	265	896	3299	50.46
7	14	173	49	135	579	51.07
36	37	1298	234	671	2857	50.29

4-12c 续表 12

行业中类 性别	合计	1-8 小时	9-19 小时	20-34 小时
造纸及纸制品业	38079	46	118	1395
纸浆制造	2132	3	9	131
造纸	15855	23	47	590
纸制品制造	20092	20	62	674
印刷业和记录媒介的复制	18716	36	52	725
印刷	17256	34	49	645
装订及其他印刷服务活动	1209	1	2	67
记录媒介的复制	251	1	1	13
文教体育用品制造业	40571	107	183	1414
文化用品制造	4517	8	14	239
体育用品制造	4015	17	9	64
乐器制造	2195	2	12	63
玩具制造	29051	80	146	1027
游艺器材及娱乐用品制造	793		2	21
石油加工、炼焦及核燃料加工业	11776	37	47	338
精炼石油产品的制造	3450	3	7	76
炼焦	8191	34	39	258
核燃料加工	135		1	4
化学原料及化学制品制造业	64163	113	250	2729
基础化学原料制造	13629	19	54	455
肥料制造	10914	28	65	530
农药制造	2254	1	11	84
涂料、油墨、颜料及类似产品制造	7989	18	19	212
合成材料制造	3957	6	7	117
专用化学产品制造	20648	30	69	1172
日用化学产品制造	4772	11	25	159
医药制造业	10998	30	34	361
化学药品原药制造	2673	3	12	64
化学药品制剂制造	2023	8	3	56
中药饮片加工	1021	3	7	66
中成药制造	2559	9	7	86
兽用药品制造	505	2		24
生物、生化制品的制造	814	4	1	9
卫生材料及医药用品制造	1403	1	4	56
化学纤维制造业	6766	25	11	89
纤维素纤维原料及纤维制造	1623	24	3	29
合成纤维制造	5143	1	8	60
橡胶制品业	21776	39	70	700
轮胎制造	7128	8	24	222
橡胶板、管、带的制造	4524	12	18	180
橡胶零件制造	2969	3	6	96
再生橡胶制造	764	4	2	48
日用及医用橡胶制品制造	723		2	13
橡胶靴鞋制造	3340	4	11	75
其他橡胶制品制造	2328	8	7	66
塑料制品业	53386	88	170	1747
塑料薄膜制造	6058	10	32	195
塑料板、管、型材的制造	8885	21	20	288
塑料丝、绳及编织品的制造	5978	25	34	286
泡沫塑料制造	2508	3	8	65
塑料人造革、合成革制造	1673	2	4	33
塑料包装箱及容器制造	4709	7	16	141
塑料零件制造	5458	5	15	128
日用塑料制造	10222	11	22	325
其他塑料制品制造	7895	4	19	286

单位：人

35小时	36-39小时	40小时	41-47小时	48小时	48小时以上	周平均工作时间（小时）
305	375	8753	1590	5857	19640	49.94
12	31	648	72	265	961	47.69
118	169	3690	766	2314	8138	49.72
175	175	4415	752	3278	10541	50.36
160	170	4665	743	3137	9028	49.40
151	153	4277	689	2974	8284	49.44
6	14	310	40	129	640	49.24
3	3	78	14	34	104	47.79
400	390	10628	2046	6815	18588	48.91
39	38	1210	167	827	1975	48.57
26	17	1033	164	845	1840	49.53
16	14	690	98	327	973	48.58
314	313	7532	1590	4618	13431	48.87
5	8	163	27	198	369	49.95
76	104	3217	387	1668	5902	48.97
23	17	1342	78	445	1459	48.17
52	85	1846	304	1197	4376	49.30
1	2	29	5	26	67	49.31
554	680	17334	2774	9545	30184	48.67
104	103	3691	431	2033	6739	49.14
76	129	3145	585	1346	5010	48.12
13	21	608	72	371	1073	48.95
59	45	2100	295	1457	3784	49.30
26	22	1011	139	666	1963	49.81
206	309	5482	1009	2726	9645	48.26
70	51	1297	243	946	1970	48.16
115	98	3727	441	1772	4420	47.62
35	24	845	93	476	1121	48.13
18	20	698	66	342	812	47.61
10	13	302	44	119	457	47.68
17	16	1103	97	350	874	46.22
	6	163	22	82	206	47.94
17	5	260	43	148	327	48.04
18	14	356	76	255	623	48.79
21	68	1477	206	1238	3631	51.21
2	37	452	49	273	754	48.68
19	31	1025	157	965	2877	52.02
144	160	4740	841	3327	11755	50.44
46	51	1660	306	1126	3685	49.89
41	41	960	182	666	2424	50.01
14	18	619	90	554	1569	50.40
5	2	152	23	100	428	49.96
5	10	150	26	100	417	51.13
22	26	576	121	431	2074	52.90
11	12	623	93	350	1158	49.39
376	454	11301	1895	8565	28790	50.89
38	39	1285	240	956	3263	50.54
59	67	1916	302	1374	4838	50.83
49	65	1086	196	551	3686	51.61
9	26	646	70	402	1279	50.03
6	10	243	47	281	1047	56.18
30	33	1179	153	769	2381	50.47
28	31	1131	163	1109	2848	50.93
84	117	1938	439	1657	5629	51.14
73	66	1877	285	1466	3819	49.75

4-12c 续表 13

行业中类 性　别	合　计	1-8 小时	9-19 小时	20-34 小时
非金属矿物制品业	216170	454	967	9643
水泥、石灰和石膏的制造	34517	73	148	1478
水泥及石膏制品制造	22713	41	129	1023
砖瓦、石材及其他建筑材料制造	107225	243	520	5336
玻璃及玻璃制品制造	22030	24	63	714
陶瓷制品制造	16428	40	58	613
耐火材料制品制造	8679	28	29	315
石墨及其他非金属矿物制品制造	4578	5	20	164
黑色金属冶炼及压延加工业	66068	142	283	1949
炼铁	13951	31	67	479
炼钢	24419	52	113	642
钢压延加工	23266	50	78	687
铁合金冶炼	4432	9	25	141
有色金属冶炼及压延加工业	28873	72	102	941
常用有色金属冶炼	16141	40	76	648
贵金属冶炼	1098	4	6	43
稀有稀土金属冶炼	1220	2	1	32
有色金属合金制造	1216	3	1	34
有色金属压延加工	9198	23	18	184
金属制品业	150281	219	460	4772
结构性金属制品制造	67354	105	204	2354
金属工具制造	23979	42	103	853
集装箱及金属包装容器制造	4113		13	93
金属丝绳及其制品的制造	5115	10	37	195
建筑、安全用金属制品制造	15510	24	33	402
金属表面处理及热处理加工	11723	12	21	240
搪瓷制品制造	1475	1	5	47
不锈钢及类似日用金属制品制造	14686	16	34	426
其他金属制品制造	6326	9	10	162
通用设备制造业	153248	277	814	6472
锅炉及原动机制造	6274	12	22	172
金属加工机械制造	35961	52	130	1192
起重运输设备制造	4813	9	11	97
泵、阀门、压缩机及类似机械的制造	17112	21	34	605
轴承、齿轮、传动和驱动部件的制造	13669	13	39	527
烘炉、熔炉及电炉制造	875	3	5	31
风机、衡器、包装设备等通用设备制造	10576	20	42	307
通用零部件制造及机械修理	42549	109	456	2785
金属铸、锻加工	21419	38	75	756
专用设备制造业	69966	133	230	2317
矿山、冶金、建筑专用设备制造	10846	34	48	447
化工、木材、非金属加工专用设备制造	22274	24	45	588
食品、饮料、烟草及饲料生产专用设备制造	1610	2	2	62
印刷、制药、日化生产专用设备制造	3358	5	8	96
纺织、服装和皮革工业专用设备制造	5092	6	29	113
电子和电工机械专用设备制造	15666	48	61	632
农、林、牧、渔专用机械制造	5350	6	28	253
医疗仪器设备及器械制造	2067	2	6	43
环保、社会公共安全及其他专用设备制造	3703	6	3	83

单位：人

35小时	36-39小时	40小时	41-47小时	48小时	48小时以上	周平均工作时间（小时）
2151	2400	44055	9495	24394	122611	50.20
350	392	8205	1353	4170	18348	49.49
211	244	4991	918	2688	12468	50.33
1191	1274	19840	4968	10256	63597	50.49
158	168	4960	901	3359	11683	50.03
160	205	3162	850	2270	9070	49.96
49	83	1745	330	1092	5008	50.25
32	34	1152	175	559	2437	49.75
442	566	14758	1983	8572	37373	50.65
136	117	2802	515	1566	8238	50.47
149	227	5947	652	3350	13287	50.20
128	182	5116	662	3097	13266	51.27
29	40	893	154	559	2582	50.46
202	285	7339	1088	4442	14402	49.49
134	145	4590	663	2158	7687	48.63
13	39	261	41	146	545	48.70
9	26	257	49	164	680	50.27
4	11	272	42	230	619	50.50
42	64	1959	293	1744	4871	50.87
1156	1188	31796	6034	23997	80659	50.45
516	522	14588	2807	10001	36257	50.24
285	242	5344	1140	3849	12121	49.57
16	45	1111	207	772	1856	49.60
47	42	956	162	697	2969	51.50
100	112	2818	519	2302	9200	51.49
47	66	2322	329	2237	6449	51.97
5	10	365	38	252	752	50.02
93	101	2559	561	2621	8275	51.08
47	48	1733	271	1266	2780	48.93
1199	1164	33527	5435	25838	78522	49.53
45	44	1740	162	942	3135	49.25
274	281	8437	1296	6045	18254	49.56
20	29	1280	155	907	2305	49.23
121	109	3555	567	3218	8882	49.90
104	99	3046	537	2454	6850	49.48
3	7	236	29	161	400	49.16
48	55	2531	360	2146	5067	49.49
418	372	8814	1618	6866	21111	48.76
166	168	3888	711	3099	12518	50.94
501	530	17365	2805	12587	33498	49.34
66	113	3025	342	1736	5035	48.66
140	133	5069	845	4222	11208	50.20
6	12	379	47	344	756	49.27
26	16	769	125	680	1633	49.86
26	25	977	164	979	2773	50.44
170	137	4314	851	2670	6783	48.24
48	62	1184	260	812	2697	49.30
7	10	673	74	460	792	48.27
12	22	975	97	684	1821	49.59

4-12c 续表 14

行业中类 性　　别	合　计	1-8 小时	9-19 小时	20-34 小时
交通运输设备制造业	111562	159	333	3109
铁路运输设备制造	3294	10	29	116
汽车制造	63125	108	205	2014
摩托车制造	8889	12	39	351
自行车制造	5861	5	14	142
船舶及浮动装置制造	28193	16	44	431
航空航天器制造	750	7	1	14
交通器材及其他交通运输设备制造	1450	1	1	41
电气机械及器材制造业	90025	116	226	2426
电机制造	12617	11	36	349
输配电及控制设备制造	21850	29	55	599
电线、电缆、光缆及电工器材制造	13962	25	45	447
电池制造	4675	2	10	111
家用电力器具制造	19089	30	42	458
非电力家用器具制造	2945		6	63
照明器具制造	12135	13	25	316
其他电气机械及器材制造	2752	6	7	83
通信设备、计算机及其他电子设备制造业	111237	262	324	3646
通信设备制造	8391	32	23	299
雷达及配套设备制造	133			8
广播电视设备制造	683		1	28
电子计算机制造	6934	36	10	135
电子器件制造	26087	67	83	800
电子元件制造	59261	113	176	2011
家用视听设备制造	5782	7	18	256
其他电子设备制造	3966	7	13	109
仪器仪表及文化、办公用机械制造业	19741	62	130	1053
通用仪器仪表制造	8916	36	85	653
专用仪器仪表制造	2254	12	10	141
钟表与计时仪器制造	2035	6	11	76
光学仪器及眼镜制造	4315	4	6	70
文化、办公用机械制造	1630	3	13	73
其他仪器仪表的制造及修理	591	1	5	40
工艺品及其他制造业	51592	109	305	2820
工艺美术品制造	35886	71	201	1948
日用杂品制造	10739	15	68	533
煤制品制造	2501	5	27	190
核辐射加工	42	1		
其他未列明的制造业	2424	17	9	149
废弃资源和废旧材料回收加工业	21220	57	169	1697
金属废料和碎屑的加工处理	11385	31	90	896
非金属废料和碎屑的加工处理	9835	26	79	801
电力、燃气及水的生产和供应业	**59441**	**201**	**358**	**3015**
电力、热力的生产和供应业	49140	183	278	2466
电力生产	19997	77	101	948
电力供应	26718	89	161	1425
热力生产和供应	2425	17	16	93
燃气生产和供应业	3719	6	25	200
燃气生产和供应业	3719	6	25	200
水的生产和供应业	6582	12	55	349
自来水的生产和供应	5514	11	45	310
污水处理及其再生利用	597		1	12
其他水的处理、利用与分配	471	1	9	27

单位：人

35 小时	36-39 小时	40 小时	41-47 小时	48 小时	48小时 以 上	周平均 工作时间 (小时)
776	873	27767	4073	20249	54223	49.56
32	21	900	118	505	1563	48.74
483	475	15669	2263	10761	31147	49.59
70	93	2015	352	1433	4524	49.52
30	61	1218	188	1152	3051	50.50
144	207	7208	1088	6066	12989	49.49
4	8	460	11	115	130	43.57
13	8	297	53	217	819	50.77
587	788	21841	3490	18440	42111	49.57
87	116	3178	419	2700	5721	49.24
149	178	5390	838	4395	10217	49.40
77	127	3425	557	2684	6575	49.52
24	29	1069	172	919	2339	50.27
137	166	4679	801	4211	8565	49.44
10	19	617	111	579	1540	50.90
86	126	2780	513	2513	5763	49.81
17	27	703	79	439	1391	49.90
945	1190	32313	5736	19488	47333	48.46
101	97	2599	445	1271	3524	47.97
2		26	7	28	62	49.03
7	6	208	21	109	303	49.38
32	58	2645	257	1227	2534	47.95
190	283	7325	1502	4622	11215	48.66
526	616	16709	3030	10556	25524	48.50
59	57	1624	301	1082	2378	48.17
28	73	1177	173	593	1793	48.76
154	222	4751	943	2980	9446	48.83
90	136	2203	448	1209	4056	47.71
27	27	607	153	339	938	47.52
8	22	487	94	416	915	48.74
14	18	799	175	672	2557	52.28
12	8	508	52	250	711	48.14
3	11	147	21	94	269	47.74
601	554	10422	2519	6100	28162	49.93
406	391	7039	1811	4249	19770	50.09
118	101	2188	436	1394	5886	50.13
39	36	561	132	203	1308	48.55
	2	10	5	6	18	46.93
38	24	624	135	248	1180	48.14
374	280	4178	1326	1764	11375	48.92
196	131	2287	732	951	6071	49.09
178	149	1891	594	813	5304	48.72
855	**667**	**20202**	**2267**	**6778**	**25098**	**47.25**
728	547	17026	1874	5526	20512	47.15
315	229	6859	700	2249	8519	47.54
394	296	9485	1040	3004	10824	46.72
19	22	682	134	273	1169	48.59
41	49	999	145	434	1820	48.64
41	49	999	145	434	1820	48.64
86	71	2177	248	818	2766	47.29
77	64	1859	214	652	2282	47.02
2	3	187	16	126	250	48.95
7	4	131	18	40	234	48.27

4-12c 续表 15

行业中类 性 别	合 计	1-8 小时	9-19 小时	20-34 小时
建筑业	**1570230**	**3801**	**9714**	**94386**
房屋和土木工程建筑业	1262633	3067	7907	76968
房屋工程建筑	1138689	2761	7278	70510
土木工程建筑	123944	306	629	6458
建筑安装业	70929	201	539	4353
建筑安装业	70929	201	539	4353
建筑装饰业	216226	486	1102	11641
建筑装饰业	216226	486	1102	11641
其他建筑业	20442	47	166	1424
工程准备	6633	17	49	476
提供施工设备服务	4441	10	38	308
其他未列明的建筑活动	9368	20	79	640
交通运输、仓储和邮政业	**589501**	**1704**	**5405**	**48496**
铁路运输业	19012	66	678	2030
铁路旅客运输	11272	49	629	1557
铁路货物运输	2561	7	18	157
铁路运输辅助活动	5179	10	31	316
道路运输业	434972	1255	3701	36914
公路旅客运输	78695	234	640	6785
道路货物运输	334325	979	2892	28548
道路运输辅助活动	21952	42	169	1581
城市公共交通业	65964	169	446	4508
公共电汽车客运	9255	17	62	628
轨道交通	1008	3	15	194
出租车客运	45855	125	289	2798
城市轮渡	67		2	8
其他城市公共交通	9779	24	78	880
水上运输业	12058	22	75	759
水上旅客运输	1998	9	30	193
水上货物运输	8534	11	37	493
水上运输辅助活动	1526	2	8	73
航空运输业	3076	9	30	151
航空客货运输	1291	3	19	47
通用航空服务	929	3	7	74
航空运输辅助活动	856	3	4	30
管道运输业	502	2	2	31
管道运输业	502	2	2	31
装卸搬运和其他运输服务业	40494	142	421	3478
装卸搬运	31462	109	361	2890
运输代理服务	9032	33	60	588
仓储业	7382	13	31	342
谷物、棉花等农产品仓储	2651	2	15	181
其他仓储	4731	11	16	161
邮政业	6041	26	21	283
国家邮政	3620	11	13	199
其他寄递服务	2421	15	8	84

单位：人

35小时	36-39小时	40小时	41-47小时	48小时	48小时以上	周平均工作时间（小时）
18072	**19794**	**323157**	**77244**	**151209**	**872853**	**49.60**
14507	16085	258767	62450	119410	703472	49.62
13206	14761	232429	56318	107299	634127	49.58
1301	1324	26338	6132	12111	69345	49.94
849	895	15367	3419	7450	37856	49.07
849	895	15367	3419	7450	37856	49.07
2454	2596	44547	10426	22508	120466	49.69
2454	2596	44547	10426	22508	120466	49.69
262	218	4476	949	1841	11059	49.16
93	66	1457	304	626	3545	49.23
55	48	993	177	372	2440	49.07
114	104	2026	468	843	5074	49.16
10397	**8712**	**130753**	**30497**	**50698**	**302839**	**48.60**
389	255	5560	926	1517	7591	45.04
272	162	3021	661	722	4199	43.32
30	35	814	92	312	1096	47.59
87	58	1725	173	483	2296	47.51
7987	6682	93564	23101	36236	225532	48.61
1460	1222	17027	4686	6918	39723	48.39
6177	5133	71127	17422	27277	174770	48.67
350	327	5410	993	2041	11039	48.49
998	801	13814	3070	5602	36556	50.03
122	110	2516	461	1035	4304	48.28
16	10	249	44	95	382	44.08
643	529	9111	2035	3669	26656	50.72
3	7	17	3	5	22	43.25
214	145	1921	527	798	5192	49.08
158	188	2730	575	1142	6409	49.69
45	28	467	128	186	912	47.24
100	142	1809	379	735	4828	50.54
13	18	454	68	221	669	48.19
33	43	1233	131	400	1046	46.33
12	17	556	58	226	353	45.45
12	12	284	46	70	421	47.46
9	14	393	27	104	272	46.43
7	5	123	20	51	261	48.23
7	5	123	20	51	261	48.23
669	592	9038	2151	3942	20061	48.08
562	473	6712	1717	2913	15725	47.97
107	119	2326	434	1029	4336	48.47
74	65	2471	302	865	3219	48.17
41	25	795	112	235	1245	48.06
33	40	1676	190	630	1974	48.23
82	81	2220	221	943	2164	46.57
49	56	1513	136	501	1142	45.36
33	25	707	85	442	1022	48.38

4-12c 续表 16

行业中类 性　别	合　计	1-8 小时	9-19 小时	20-34 小时
信息传输、计算机服务和软件业	**25322**	**76**	**179**	**1430**
电信和其他信息传输服务业	14257	35	53	659
电信	11079	29	36	503
互联网信息服务	2007	5	6	93
广播电视传输服务	1119	1	11	61
卫星传输服务	52			2
计算机服务业	8084	36	117	633
计算机系统服务	3321	14	75	342
数据处理	687	1	4	27
计算机维修	2705	8	19	177
其他计算机服务	1371	13	19	87
软件业	2981	5	9	138
公共软件服务	1965	4	6	67
其他软件服务	1016	1	3	71
批发和零售业	**603381**	**1812**	**6272**	**48991**
批发业	138623	347	1230	11273
农畜产品批发	18882	44	236	2243
食品、饮料及烟草制品批发	26390	80	262	2080
纺织、服装及日用品批发	14525	33	95	882
文化、体育用品及器材批发	1630	5	23	137
医药及医疗器材批发	2620	9	25	224
矿产品、建材及化工产品批发	29219	92	245	2058
机械设备、五金交电及电子产品批发	9984	15	44	513
贸易经纪与代理	1244	5	12	78
其他批发	34129	64	288	3058
零售业	464758	1465	5042	37718
综合零售	167994	665	2174	14499
食品、饮料及烟草制品专门零售	118083	318	1255	10813
纺织、服装及日用品专门零售	59936	167	553	4232
文化、体育用品及器材专门零售	7043	19	72	567
医药及医疗器材专门零售	9380	22	105	755
汽车、摩托车、燃料及零配件专门零售	17805	49	130	992
家用电器及电子产品专门零售	26710	79	145	1374
五金、家具及室内装修材料专门零售	36281	93	246	2019
无店铺及其他零售	21526	53	362	2467
住宿和餐饮业	**218588**	**674**	**1709**	**13993**
住宿业	22331	74	198	1342
旅游饭店	10930	37	59	564
一般旅馆	9713	35	117	679
其他住宿服务	1688	2	22	99
餐饮业	196257	600	1511	12651
正餐服务	141863	428	979	8376
快餐服务	28180	93	297	2247
饮料及冷饮服务	1821	8	13	141
其他餐饮服务	24393	71	222	1887
金融业	**17672**	**68**	**109**	**975**
银行业	9348	39	48	364
中央银行	426	1	1	19
商业银行	6865	23	32	253
其他银行	2057	15	15	92
证券业	717		2	58
证券市场管理	193		1	5
证券经纪与交易	279			17
证券投资	228		1	34
证券分析与咨询	17			2

单位：人

35 小时	36-39 小时	40 小时	41-47 小时	48 小时	48小时 以 上	周平均 工作时间 (小时)
338	**306**	**8360**	**1066**	**2930**	**10637**	**47.23**
175	160	5021	560	1745	5849	47.27
133	126	3880	434	1385	4553	47.29
21	19	619	83	232	929	48.43
20	14	500	43	125	344	45.07
1	1	22		3	23	46.87
138	109	2280	383	839	3549	47.03
84	56	898	192	296	1364	45.62
4	5	338	20	44	244	46.22
34	34	707	123	352	1251	48.05
16	14	337	48	147	690	48.83
25	37	1059	123	346	1239	47.57
17	22	808	88	256	697	46.74
8	15	251	35	90	542	49.18
10676	**8083**	**131508**	**31469**	**52940**	**311630**	**48.70**
2428	1757	30507	7060	12449	71572	48.61
435	307	4309	1036	1279	8993	47.09
504	310	5612	1404	2341	13797	48.90
183	152	3208	726	1513	7733	49.72
24	23	413	70	155	780	47.58
50	38	746	134	293	1101	46.71
388	376	6423	1321	2707	15609	49.04
131	92	2508	450	1249	4982	48.90
21	13	421	45	178	471	46.37
692	446	6867	1874	2734	18106	48.60
8248	6326	101001	24409	40491	240058	48.73
2856	2372	37564	8619	14219	85026	48.42
2716	1587	23233	6802	8881	62478	48.99
970	908	13065	3182	5419	31440	48.99
110	107	1578	343	622	3625	48.53
136	120	2251	444	892	4655	48.23
212	189	4116	723	2082	9312	49.24
347	281	6470	1334	3029	13651	49.09
456	389	7659	1754	3616	20049	49.77
445	373	5065	1208	1731	9822	46.74
3177	**2629**	**47055**	**10743**	**21271**	**117337**	**49.59**
291	291	5708	1080	2827	10520	48.28
137	138	2991	514	1589	4901	48.11
132	139	2308	492	1040	4771	48.35
22	14	409	74	198	848	48.94
2886	2338	41347	9663	18444	106817	49.74
1954	1658	30252	6966	13831	77419	49.82
458	373	5559	1392	2418	15343	49.44
28	22	388	111	194	916	49.15
446	285	5148	1194	2001	13139	49.64
290	**163**	**7555**	**629**	**2001**	**5882**	**45.41**
131	69	4368	298	1065	2966	45.31
6	8	168	21	59	143	46.02
106	47	3285	221	771	2127	45.23
19	14	915	56	235	696	45.43
14	7	311	34	79	212	44.63
2	3	78	13	20	71	46.59
7	2	134	9	40	70	44.46
5	2	90	12	18	66	43.11
		9		1	5	45.71

4-12c 续表 17

行业中类 性 别	合 计	1-8 小时	9-19 小时	20-34 小时
保险业	5074	16	44	404
人寿保险	3995	14	37	344
非人寿保险	950	2	7	50
保险辅助服务	129			10
其他金融活动	2533	13	15	149
金融信托与管理	1129	11	10	72
金融租赁	76			2
财务公司	208	1		11
邮政储蓄	570		2	30
典当	115	1		5
其他未列明的金融活动	435		3	29
房地产业	**22511**	**132**	**151**	**1016**
房地产业	22511	132	151	1016
房地产开发经营	9503	45	35	316
物业管理	10814	82	74	513
房地产中介服务	1517	3	31	116
其他房地产活动	677	2	11	71
租赁和商务服务业	**42592**	**103**	**301**	**2407**
租赁业	6214	20	74	477
机械设备租赁	4783	17	45	343
文化及日用品出租	1431	3	29	134
商务服务业	36378	83	227	1930
企业管理服务	4021	7	30	274
法律服务	1205	1	8	80
咨询与调查	1137	3	8	61
广告业	4208	1	22	223
知识产权服务	93			5
职业中介服务	2979	10	34	162
市场管理	1141	1	8	92
旅行社	1666	4	13	83
其他商务服务	19928	56	104	950
科学研究、技术服务和地质勘查业	**9432**	**33**	**40**	**436**
研究与试验发展	1566	4	5	75
自然科学研究与试验发展	322	1	1	10
工程和技术研究与试验发展	499			16
农业科学研究与试验发展	572	2	2	39
医学研究与试验发展	115	1	1	10
社会人文科学研究与试验发展	58		1	
专业技术服务业	4811	9	19	206
气象服务	696		4	39
地震服务	377	1	4	32
海洋服务	104		1	3
测绘服务	307	1	2	15
技术检测	570	1	2	19
环境监测	181	1	1	6
工程技术与规划管理	1779	5	2	48
其他专业技术服务	797		3	44
科技交流和推广服务业	1389	4	14	76
技术推广服务	979	4	14	65
科技中介服务	174			4
其他科技服务	236			7
地质勘查业	1666	16	2	79
矿产地质勘查	1097	14	2	56
基础地质勘查	321	2		13
地质勘查技术服务	248			10

单位：人

35小时	36-39小时	40小时	41-47小时	48小时	48小时以上	周平均工作时间(小时)
105	61	1990	203	563	1688	45.05
91	47	1532	170	428	1332	44.92
14	12	402	32	118	313	45.52
	2	56	1	17	43	45.56
40	26	886	94	294	1016	46.71
16	14	358	45	123	480	46.82
	1	23	6	9	35	48.37
2	3	84	5	21	81	46.18
10	7	222	21	68	210	46.29
1		34	4	17	53	48.99
11	1	165	13	56	157	46.31
204	**210**	**6641**	**862**	**3448**	**9847**	**48.17**
204	210	6641	862	3448	9847	48.17
94	79	2469	375	1513	4577	49.19
81	110	3494	404	1688	4368	47.63
19	15	465	68	202	598	46.34
10	6	213	15	45	304	46.71
659	**479**	**12668**	**2005**	**5006**	**18964**	**47.83**
85	62	1472	390	572	3062	48.16
66	43	1128	177	443	2521	49.06
19	19	344	213	129	541	45.14
574	417	11196	1615	4434	15902	47.78
209	42	1302	151	444	1562	46.34
12	7	501	39	110	447	45.83
15	18	481	57	136	358	45.16
52	36	1255	192	540	1887	47.80
1	1	30	7	13	36	47.72
25	34	680	99	213	1722	50.19
13	17	341	63	135	471	47.01
18	21	527	74	214	712	47.48
229	241	6079	933	2629	8707	48.04
135	**93**	**3580**	**344**	**1005**	**3766**	**47.02**
25	11	697	57	195	497	46.02
8		177	15	30	80	44.66
6	4	208	10	107	148	47.04
10	4	252	26	40	197	45.56
	2	43	3	12	43	45.43
1	1	17	3	6	29	50.60
64	54	1763	181	573	1942	47.23
12	11	209	30	57	334	48.24
7	7	87	32	51	156	46.10
1	2	26	4	10	57	49.22
4	2	117	5	32	129	46.66
8	3	265	18	74	180	46.09
1	3	68	9	19	73	47.46
21	12	741	50	239	661	47.05
10	14	250	33	91	352	48.01
34	19	572	42	126	502	45.72
29	13	424	29	84	317	44.64
4	4	69	6	15	72	47.48
1	2	79	7	27	113	48.89
12	9	548	64	111	825	48.43
7	7	351	43	64	553	48.39
4	2	115	13	32	140	47.46
1		82	8	15	132	49.82

4-12c 续表 18

行业中类 性别	合计	1-8 小时	9-19 小时	20-34 小时
水利、环境和公共设施管理业	**26717**	**92**	**304**	**2116**
水利管理业	5364	10	57	291
防洪管理	566	1	2	30
水资源管理	4000	7	39	217
其他水利管理	798	2	16	44
环境管理业	10424	51	152	1095
自然保护	503	5	5	44
环境治理	9921	46	147	1051
公共设施管理业	10929	31	95	730
市政公共设施管理	4368	18	51	387
城市绿化管理	2936	5	18	173
游览景区管理	3625	8	26	170
居民服务和其他服务业	**210275**	**861**	**2654**	**18288**
居民服务业	83930	418	1380	8410
家庭服务	9300	63	337	1357
托儿所	713	2	8	46
洗染服务	3440	27	35	296
理发及美容保健服务	31961	136	409	2971
洗浴服务	8072	37	79	630
婚姻服务	624	7	25	107
殡葬服务	2592	33	92	444
摄影扩印服务	2911	8	49	270
其他居民服务	24317	105	346	2289
其他服务业	126345	443	1274	9878
修理与维护	105046	337	954	7734
清洁服务	10359	49	187	1067
其他未列明的服务	10940	57	133	1077
教育	**143629**	**517**	**1208**	**8513**
教育	143629	517	1208	8513
学前教育	6350	25	67	477
初等教育	80756	275	647	4851
中等教育	48166	165	413	2800
高等教育	4009	34	36	157
其他教育	4348	18	45	228
卫生、社会保障和社会福利业	**66208**	**244**	**525**	**4390**
卫生	64133	237	510	4256
医院	17356	59	106	1028
卫生院及社区医疗活动	21858	79	142	1344
门诊部医疗活动	20404	81	222	1554
计划生育技术服务活动	978	2	3	47
妇幼保健活动	218		2	17
专科疾病防治活动	263	3	3	26
疾病预防控制及防疫活动	673	3	11	45
其他卫生活动	2383	10	21	195
社会保障业	705	1	1	43
社会保障业	705	1	1	43
社会福利业	1370	6	14	91
提供住宿的社会福利	1185	6	9	73
不提供住宿的社会福利	185		5	18

单位：人

35小时	36-39小时	40小时	41-47小时	48小时	48小时以上	周平均工作时间（小时）
496	**325**	**8656**	**1068**	**3111**	**10549**	**46.18**
79	53	2301	168	524	1881	45.65
11	4	280	19	50	169	44.82
57	34	1691	125	396	1434	45.82
11	15	330	24	78	278	45.39
244	128	3044	498	1168	4044	45.51
10	7	194	19	45	174	44.91
234	121	2850	479	1123	3870	45.54
173	144	3311	402	1419	4624	47.08
74	69	1310	184	543	1732	46.24
43	32	869	95	362	1339	47.63
56	43	1132	123	514	1553	47.64
3568	**2930**	**46700**	**11249**	**19291**	**104734**	**47.95**
1492	1218	18900	4443	7281	40388	47.44
196	149	2143	511	767	3777	44.41
8	6	168	28	60	387	48.90
55	39	752	230	333	1673	48.37
567	519	6995	1707	2698	15959	48.08
116	102	1775	449	743	4141	49.14
9	12	148	27	47	242	43.41
48	49	652	100	217	957	43.31
41	37	729	128	208	1441	47.35
452	305	5538	1263	2208	11811	47.56
2076	1712	27800	6806	12010	64346	48.30
1651	1393	22810	5689	9939	54539	48.58
241	152	2496	557	1032	4578	46.32
184	167	2494	560	1039	5229	47.47
2678	**1492**	**85490**	**4621**	**9403**	**29707**	**42.79**
2678	1492	85490	4621	9403	29707	42.79
115	74	3152	237	502	1701	43.62
1624	829	49609	2687	4743	15491	42.46
783	502	28934	1459	3245	9865	42.78
85	44	2161	99	393	1000	44.15
71	43	1634	139	520	1650	46.34
1063	**707**	**18893**	**2871**	**6102**	**31413**	**47.92**
1034	683	18076	2816	5868	30653	47.98
247	181	5886	758	1934	7157	46.95
353	253	6234	944	2023	10486	48.10
342	203	4411	898	1556	11137	49.06
12	5	492	35	88	294	45.09
2	1	83	7	22	84	46.17
10	7	57	14	21	122	46.66
15	5	284	26	58	226	44.68
53	28	629	134	166	1147	47.67
9	7	324	17	85	218	45.37
9	7	324	17	85	218	45.37
20	17	493	38	149	542	46.42
16	14	437	35	136	459	46.54
4	3	56	3	13	83	45.70

4-12c 续表 19

行业中类 性 别	合 计	1-8 小时	9-19 小时	20-34 小时
文化、体育和娱乐业	**18374**	**90**	**270**	**1599**
新闻出版业	2948	14	17	220
新闻业	708	4	1	54
出版业	2240	10	16	166
广播、电视、电影和音像业	3181	9	33	173
广播	842	2	5	34
电视	1123	4	9	50
电影	542	2	13	56
音像制作	674	1	6	33
文化艺术业	3161	33	130	563
文艺创作与表演	1715	17	93	382
艺术表演场馆	246	2	11	48
图书馆与档案馆	156	2	6	14
文物及文化保护	176			10
博物馆	106	1		3
烈士陵园、纪念馆	71	2	1	2
群众文化活动	287	2	9	49
文化艺术经纪代理	27			4
其他文化艺术	377	7	10	51
体育	1850	10	26	188
体育组织	1307	10	18	153
体育场馆	321		3	20
其他体育	222		5	15
娱乐业	7234	24	64	455
室内娱乐活动	3912	8	36	281
游乐园	509	1	1	21
休闲健身娱乐活动	1669	13	10	53
其他娱乐活动	1144	2	17	100
公共管理和社会组织	**138655**	**599**	**1430**	**9485**
中国共产党机关	1598	3	8	82
中国共产党机关	1598	3	8	82
国家机构	69501	186	241	2360
国家权力机构	1548	3	9	49
国家行政机构	64127	173	206	2191
人民法院和人民检察院	1465	2	6	40
其他国家机构	2361	8	20	80
人民政协和民主党派	331		2	12
人民政协	281			10
民主党派	50		2	2
群众团体、社会团体和宗教组织	8350	166	485	1630
群众团体	762	4	9	64
社会团体	1610	7	20	92
宗教组织	5978	155	456	1474
基层群众自治组织	58875	244	694	5401
社区自治组织	4990	15	45	354
村民自治组织	53885	229	649	5047
国际组织	**26**			
国际组织	26			
国际组织	26			

单位：人

35 小时	36-39 小时	40 小时	41-47 小时	48 小时	48小时 以 上	周平均 工作时间 (小时)
292	**254**	**5397**	**814**	**1879**	**7779**	**46.81**
32	49	766	139	296	1415	48.13
4	17	185	37	70	336	48.00
28	32	581	102	226	1079	48.18
42	37	1324	136	303	1124	45.75
11	10	376	33	77	294	46.01
13	5	534	41	99	368	45.24
8	17	203	22	62	159	43.76
10	5	211	40	65	303	47.86
81	52	914	159	236	993	41.92
59	28	411	91	121	513	40.59
5	2	74	13	12	79	41.88
4	2	68	5	12	43	42.44
	3	61	9	19	74	47.23
1	3	60	3	7	28	44.53
	1	26	2	6	31	45.92
7	9	90	10	26	85	42.11
		12		3	8	43.93
5	4	112	26	30	132	43.55
33	29	512	77	167	808	46.74
28	26	314	49	112	597	46.94
4	3	115	11	40	125	46.45
1		83	17	15	86	45.95
104	87	1881	303	877	3439	48.89
72	48	835	182	431	2019	49.82
4	4	183	19	65	211	47.45
18	18	573	52	281	651	47.53
10	17	290	50	100	558	48.31
2529	**1548**	**60305**	**5007**	**12670**	**45082**	**44.92**
17	13	851	46	107	471	44.54
17	13	851	46	107	471	44.54
995	526	37970	1858	6608	18757	44.72
19	11	839	33	169	416	44.66
918	475	35076	1726	6093	17269	44.70
24	17	815	35	133	393	44.65
34	23	1240	64	213	679	45.13
1	5	169	19	33	90	44.75
1	5	154	16	28	67	44.37
		15	3	5	23	46.86
223	124	2213	483	556	2470	40.52
7	12	312	48	61	245	44.64
32	9	646	50	165	589	45.66
184	103	1255	385	330	1636	38.62
1293	880	19102	2601	5366	23294	45.79
87	63	1888	181	670	1687	45.53
1206	817	17214	2420	4696	21607	45.82
2		**7**	**1**	**6**	**10**	**47.77**
2		7	1	6	10	47.77
2		7	1	6	10	47.77

4-12c 续表 20

行业中类 性别	合计	1-8 小时	9-19 小时	20-34 小时
女	**17456847**	**199092**	**807479**	**3649136**
农、林、牧、渔业	**13787169**	**188251**	**768981**	**3337415**
农业	13018159	181023	731693	3158470
谷物及其他作物的种植	12011222	174369	699022	2967224
蔬菜、园艺作物的种植	508494	4190	19303	98307
水果、坚果、饮料和香料作物的种植	467971	2272	12466	87410
中药材的种植	30472	192	902	5529
林业	68833	485	1989	13033
林木的培育和种植	43924	402	1463	9458
木材和竹材的采运	4180	15	181	928
林产品的采集	20729	68	345	2647
畜牧业	610654	5990	32176	147390
牲畜的饲养	154930	1474	7397	32145
猪的饲养	330083	2973	18353	88611
家禽的饲养	89145	1353	5779	21761
狩猎和捕捉动物	284	1	7	60
其他畜牧业	36212	189	640	4813
渔业	63403	299	2071	13854
海洋渔业	18933	82	539	3910
内陆渔业	44470	217	1532	9944
农、林、牧、渔服务业	26120	454	1052	4668
农业服务业	18650	395	747	3285
林业服务业	1717	25	48	299
畜牧服务业	2707	19	129	505
渔业服务业	3046	15	128	579
采矿业	**35529**	**146**	**491**	**3312**
煤炭开采和洗选业	16259	78	255	1519
烟煤和无烟煤的开采洗选	14805	73	239	1402
褐煤的开采洗选	667		4	49
其他煤炭采选	787	5	12	68
石油和天然气开采业	2088	7	40	200
天然原油和天然气开采	1666	7	33	162
与石油和天然气开采有关的服务活动	422		7	38
黑色金属矿采选业	3224	19	45	280
铁矿采选	2769	16	40	224
其他黑色金属矿采选	455	3	5	56
有色金属矿采选业	5512	19	51	340
常用有色金属矿采选	3538	10	32	201
贵金属矿采选	1162	7	13	88
稀有稀土金属矿采选	812	2	6	51
非金属矿采选业	7323	17	78	821
土砂石开采	5790	15	65	671
化学矿采选	368		1	37
采盐	471		1	57
石棉及其他非金属矿采选	694	2	11	56
其他采矿业	1123	6	22	152
其他采矿业	1123	6	22	152

单位：人

35小时	36-39小时	40小时	41-47小时	48小时	48小时以上	周平均工作时间(小时)
534116	**399003**	**3712974**	**1086397**	**1147167**	**5921483**	**41.69**
476127	**346080**	**2782408**	**905566**	**720722**	**4261619**	**40.12**
446624	325921	2639308	845928	682687	4006505	40.06
414448	302023	2436258	775939	627091	3614848	39.80
16564	12061	100995	34931	27654	194489	42.91
14849	10906	95718	32825	25784	185741	43.59
763	931	6337	2233	2158	11427	43.56
3283	1723	13855	5431	3887	25147	42.75
2121	1157	9775	3293	2295	13960	41.26
118	123	988	291	257	1279	41.05
1044	443	3092	1847	1335	9908	46.26
22962	16327	110554	48002	28475	198778	40.81
5667	3667	25066	12912	6704	59898	42.71
13253	9742	62552	26838	15541	92220	39.41
2934	2245	16989	5792	4377	27915	40.00
5	12	72	16	18	93	41.95
1103	661	5875	2444	1835	18652	47.48
2495	1602	12947	4629	4039	21467	42.12
802	554	3519	1399	1067	7061	42.92
1693	1048	9428	3230	2972	14406	41.78
763	507	5744	1576	1634	9722	42.91
566	364	3892	1187	1183	7031	43.07
44	40	535	89	128	509	41.93
53	49	685	116	159	992	42.27
100	54	632	184	164	1190	43.06
642	**501**	**10022**	**1783**	**3347**	**15285**	**46.27**
302	219	4744	821	1636	6685	45.80
276	195	4360	767	1487	6006	45.68
7	9	161	24	92	321	48.05
19	15	223	30	57	358	46.21
29	36	736	83	168	789	45.50
24	28	575	70	136	631	45.36
5	8	161	13	32	158	46.03
44	45	813	150	265	1563	47.12
36	41	717	123	237	1335	47.22
8	4	96	27	28	228	46.49
83	55	1796	255	537	2376	46.98
57	37	1249	166	307	1479	46.64
10	6	352	55	102	529	47.37
16	12	195	34	128	368	47.88
164	123	1654	415	646	3405	46.75
124	80	1314	339	482	2700	46.63
8	29	95	20	39	139	46.38
22	2	120	23	41	205	46.23
10	12	125	33	84	361	48.22
20	23	279	59	95	467	45.38
20	23	279	59	95	467	45.38

4-12c 续表 21

行业中类 性 别	合 计	1-8 小时	9-19 小时	20-34 小时
制造业	**1883039**	**4169**	**14210**	**131121**
农副食品加工业	60685	239	1109	8160
谷物磨制	10402	80	361	2086
饲料加工	3158	17	55	439
植物油加工	3207	18	57	487
制糖	1355		12	105
屠宰及肉类加工	13327	46	148	1322
水产品加工	8944	18	175	1356
蔬菜、水果和坚果加工	5942	16	66	570
其他农副食品加工	14350	44	235	1795
食品制造业	55248	174	600	5069
焙烤食品制造	24114	72	263	2060
糖果、巧克力及蜜饯制造	4826	21	55	467
方便食品制造	14368	51	174	1617
液体乳及乳制品制造	1977	5	14	127
罐头制造	2526	3	18	180
调味品、发酵制品制造	2403	11	17	139
其他食品制造	5034	11	59	479
饮料制造业	16129	51	175	1617
酒精制造	811	3	11	99
酒的制造	7357	23	53	599
软饮料制造	4669	13	44	451
精制茶加工	3292	12	67	468
烟草制品业	1702	3	17	183
烟叶复烤	1068	1	15	149
卷烟制造	526	1	2	28
其他烟草制品加工	108	1		6
纺织业	241325	500	1696	14924
棉、化纤纺织及印染精加工	99245	234	631	5266
毛纺织和染整精加工	15367	25	104	981
麻纺织	2170	7	18	137
丝绢纺织及精加工	7846	6	34	299
纺织制成品制造	41768	84	233	2582
针织品、编织品及其制品制造	74929	144	676	5659
纺织服装、鞋、帽制造业	446382	898	2913	28543
纺织服装制造	411999	831	2652	26078
纺织面料鞋的制造	27472	59	154	1711
制帽	6911	8	107	754
皮革、毛皮、羽毛(绒)及其制品业	118743	181	630	6945
皮革鞣制加工	4048	16	34	318
皮革制品制造	104412	149	496	5369
毛皮鞣制及制品加工	6201	12	75	911
羽毛(绒)加工及制品制造	4082	4	25	347
木材加工及木、竹、藤、棕、草制品业	64542	179	807	7665
锯材、木片加工	21426	81	295	2416
人造板制造	18581	47	177	1733
木制品制造	9489	13	80	746
竹、藤、棕、草制品制造	15046	38	255	2770
家具制造业	41352	89	351	3174
木质家具制造	32851	74	290	2634
竹、藤家具制造	1668	6	27	226
金属家具制造	3039	5	13	136
塑料家具制造	648	2	4	41
其他家具制造	3146	2	17	137

单位：人

35小时	36-39小时	40小时	41-47小时	48小时	48小时以上	周平均工作时间（小时）
24538	**24799**	**430056**	**89902**	**260531**	**903713**	**48.69**
1461	1015	13452	3145	5447	26657	46.03
294	230	2311	568	745	3727	42.71
77	60	759	164	332	1255	45.15
82	60	714	159	274	1356	45.26
51	22	608	44	90	423	44.55
242	172	2894	678	1344	6481	47.80
206	184	1870	538	809	3788	45.39
128	81	1289	251	689	2852	47.70
381	206	3007	743	1164	6775	46.99
1001	891	13390	3084	6090	24949	47.35
392	405	5811	1366	2485	11260	47.81
101	80	1167	310	527	2098	46.69
310	235	3315	815	1504	6347	46.77
18	27	553	132	295	806	47.31
45	40	641	122	340	1137	47.72
37	24	570	76	322	1207	48.52
98	80	1333	263	617	2094	46.75
342	287	4332	942	1801	6582	46.23
19	19	252	43	60	305	44.53
147	103	2189	415	851	2977	46.44
75	63	1192	236	593	2002	46.99
101	102	699	248	297	1298	45.09
37	18	475	109	233	627	45.53
35	13	241	82	141	391	44.79
1	4	197	25	83	185	46.60
1	1	37	2	9	51	47.71
2679	2806	49270	9919	30493	129038	50.20
952	1116	20163	3704	13117	54062	50.43
172	173	2866	665	2098	8283	50.28
23	30	480	86	280	1109	48.67
39	55	1795	340	1241	4037	50.83
492	468	9082	1776	5134	21917	49.95
1001	964	14884	3348	8623	39630	49.99
5644	6167	95841	22288	56699	227389	49.53
5144	5774	88369	20602	52246	210303	49.57
357	304	5931	1348	3723	13885	49.41
143	89	1541	338	730	3201	47.54
1387	1510	24268	5804	16366	61652	50.05
60	55	900	234	451	1980	48.70
1174	1265	21371	5051	15015	54522	50.28
98	104	1244	290	478	2989	47.04
55	86	753	229	422	2161	50.20
1201	1248	14223	4545	6552	28122	46.48
418	507	4415	2011	2072	9211	46.29
248	284	4302	1161	2364	8265	47.44
132	146	2161	486	1139	4586	48.12
403	311	3345	887	977	6060	44.54
549	566	9979	2115	5809	18720	47.67
468	457	7986	1685	4677	14580	47.39
29	23	359	106	169	723	46.34
22	40	695	161	436	1531	49.57
7	12	137	29	92	324	48.82
23	34	802	134	435	1562	49.19

4-12c 续表 22

行业中类 性　别	合　计	1-8 小时	9-19 小时	20-34 小时
造纸及纸制品业	28277	47	200	1919
纸浆制造	1200	1	10	108
造纸	9213	19	64	639
纸制品制造	17864	27	126	1172
印刷业和记录媒介的复制	14517	28	79	768
印刷	13004	24	74	670
装订及其他印刷服务活动	1258	3	3	69
记录媒介的复制	255	1	2	29
文教体育用品制造业	56546	113	335	3166
文化用品制造	6407	17	53	527
体育用品制造	4401	3	13	142
乐器制造	1792	1	8	88
玩具制造	43200	90	255	2374
游艺器材及娱乐用品制造	746	2	6	35
石油加工、炼焦及核燃料加工业	3111	40	11	170
精炼石油产品的制造	1145	6	3	54
炼焦	1921	34	8	112
核燃料加工	45			4
化学原料及化学制品制造业	41971	79	279	3714
基础化学原料制造	5211	12	39	339
肥料制造	4464	13	49	427
农药制造	1192	1	10	95
涂料、油墨、颜料及类似产品制造	3055	8	9	118
合成材料制造	2282	3	7	130
专用化学产品制造	21103	33	146	2387
日用化学产品制造	4664	9	19	218
医药制造业	10065	24	55	478
化学药品原药制造	1543	4	8	41
化学药品制剂制造	1712	7	2	66
中药饮片加工	1000	5	11	90
中成药制造	2294	2	7	104
兽用药品制造	321			11
生物、生化制品的制造	587	1	4	14
卫生材料及医药用品制造	2608	5	23	152
化学纤维制造业	5948	9	28	213
纤维素纤维原料及纤维制造	1190	9	5	54
合成纤维制造	4758		23	159
橡胶制品业	14556	36	90	754
轮胎制造	2774	5	17	97
橡胶板、管、带的制造	2721	5	19	157
橡胶零件制造	2549	13	20	194
再生橡胶制造	403	2	2	27
日用及医用橡胶制品制造	975	3	6	30
橡胶靴鞋制造	3377	3	15	152
其他橡胶制品制造	1757	5	11	97
塑料制品业	50942	109	322	3285
塑料薄膜制造	4700	7	19	266
塑料板、管、型材的制造	6120	23	27	303
塑料丝、绳及编织品的制造	9500	45	104	1107
泡沫塑料制造	1742	2	7	87
塑料人造革、合成革制造	1068	1	9	57
塑料包装箱及容器制造	4735	2	37	216
塑料零件制造	5271	3	28	214
日用塑料制造	10522	21	54	621
其他塑料制品制造	7284	5	37	414

单位：人

35小时	36-39小时	40小时	41-47小时	48小时	48小时以上	周平均工作时间（小时）
353	324	6667	1190	4183	13394	48.46
19	10	346	51	175	480	46.41
117	119	2202	379	1252	4422	48.29
217	195	4119	760	2756	8492	48.68
168	134	3841	614	2430	6455	48.22
145	121	3473	542	2250	5705	48.20
18	9	285	54	152	665	49.06
5	4	83	18	28	85	45.11
652	721	14409	2901	8283	25966	48.50
77	54	1607	222	1083	2767	47.69
31	30	1131	210	826	2015	49.28
16	12	565	91	262	749	47.78
523	613	10916	2357	5989	20083	48.57
5	12	190	21	123	352	48.74
31	33	983	87	411	1345	47.16
13	6	459	35	117	452	46.84
17	27	508	51	289	875	47.37
1		16	1	5	18	46.33
604	801	11419	2339	5649	17087	46.63
72	67	1517	218	737	2210	47.14
73	70	1319	279	505	1729	45.79
10	23	351	56	159	487	46.98
32	18	881	102	586	1301	48.35
27	21	580	86	369	1059	48.75
336	561	5463	1389	2323	8465	45.94
54	41	1308	209	970	1836	47.78
109	123	3385	394	1611	3886	47.25
21	11	504	46	301	607	47.60
8	22	614	69	272	652	47.29
12	10	314	56	135	367	45.66
25	31	940	97	339	749	46.06
	3	100	11	67	129	47.73
19	2	238	14	109	186	46.21
24	44	675	101	388	1196	48.86
44	70	1194	209	1033	3148	50.63
8	30	298	46	225	515	48.38
36	40	896	163	808	2633	51.19
114	141	3372	550	2181	7318	49.50
19	27	631	110	410	1458	49.73
20	40	653	113	369	1345	49.02
21	23	583	78	450	1167	48.31
2	2	77	8	47	236	49.76
8	17	223	29	158	501	50.10
24	26	695	165	493	1804	50.97
20	6	510	47	254	807	48.41
644	552	10961	1959	7681	25429	49.34
69	64	1097	191	633	2354	49.24
52	50	1343	219	1033	3070	49.45
190	145	1795	362	781	4971	48.50
22	23	480	49	242	830	48.77
16	10	194	36	172	573	52.27
62	27	1111	167	794	2319	49.81
34	45	1152	167	1084	2544	49.95
117	126	2129	437	1660	5357	49.68
82	62	1660	331	1282	3411	48.86

4-12c 续表 23

行业中类 性别	合计	1-8 小时	9-19 小时	20-34 小时
非金属矿物制品业	91253	207	634	6467
水泥、石灰和石膏的制造	10064	33	96	678
水泥及石膏制品制造	6561	13	57	602
砖瓦、石材及其他建筑材料制造	39839	94	322	3271
玻璃及玻璃制品制造	15933	28	67	881
陶瓷制品制造	13570	33	61	700
耐火材料制品制造	3128	3	14	190
石墨及其他非金属矿物制品制造	2158	3	17	145
黑色金属冶炼及压延加工业	14313	45	118	806
炼铁	2883	12	21	167
炼钢	4711	21	48	258
钢压延加工	5541	10	40	319
铁合金冶炼	1178	2	9	62
有色金属冶炼及压延加工业	9864	29	46	452
常用有色金属冶炼	4763	12	24	277
贵金属冶炼	340	3	3	19
稀有稀土金属冶炼	472	2	3	15
有色金属合金制造	445		2	10
有色金属压延加工	3844	12	14	131
金属制品业	68354	110	348	3383
结构性金属制品制造	24959	36	137	1439
金属工具制造	12593	27	78	642
集装箱及金属包装容器制造	1767	2	4	55
金属丝绳及其制品的制造	2634	11	38	217
建筑、安全用金属制品制造	8182	9	34	350
金属表面处理及热处理加工	6168	6	15	132
搪瓷制品制造	912		4	32
不锈钢及类似日用金属制品制造	7850	8	28	362
其他金属制品制造	3289	11	10	154
通用设备制造业	66187	211	887	5120
锅炉及原动机制造	1749	3	4	82
金属加工机械制造	9231	16	56	468
起重运输设备制造	1327	1	3	40
泵、阀门、压缩机及类似机械的制造	9983	15	74	650
轴承、齿轮、传动和驱动部件的制造	7009	6	52	351
烘炉、熔炉及电炉制造	281		6	9
风机、衡器、包装设备等通用设备制造	6031	7	39	330
通用零部件制造及机械修理	24594	151	629	2889
金属铸、锻加工	5982	12	24	301
专用设备制造业	35674	71	184	1828
矿山、冶金、建筑专用设备制造	2518	9	19	141
化工、木材、非金属加工专用设备制造	6521	7	36	286
食品、饮料、烟草及饲料生产专用设备制造	671		9	59
印刷、制药、日化生产专用设备制造	2304	6	4	115
纺织、服装和皮革工业专用设备制造	3803	8	27	225
电子和电工机械专用设备制造	13345	37	49	644
农、林、牧、渔专用机械制造	2267	2	22	238
医疗仪器设备及器械制造	2863	2	11	86
环保、社会公共安全及其他专用设备制造	1382		7	34

单位：人

35小时	36-39小时	40小时	41-47小时	48小时	48小时以上	周平均工作时间(小时)
1161	1184	19877	4287	10820	46616	48.59
156	109	2694	529	1288	4481	47.35
97	112	1563	279	788	3050	47.76
539	591	7962	1863	3836	21361	48.69
156	164	3655	626	2343	8013	49.09
166	154	2718	786	1918	7034	49.07
28	35	708	115	378	1657	48.73
19	19	577	89	269	1020	47.92
147	154	3524	448	1989	7082	48.67
34	27	708	125	327	1462	48.27
53	49	1165	137	677	2303	48.36
51	56	1328	151	835	2751	49.28
9	22	323	35	150	566	48.01
120	97	2732	393	1598	4397	48.27
75	45	1506	174	648	2002	47.20
14	8	86	17	47	143	47.04
2	3	110	22	50	265	49.92
3	3	115	15	74	223	50.00
26	38	915	165	779	1764	49.31
660	654	15374	2669	11569	33587	49.27
231	261	5935	1022	3902	11996	48.73
165	136	2818	553	2210	5964	48.62
11	16	515	73	311	780	48.89
25	41	553	105	347	1297	48.52
80	65	1533	312	1253	4546	50.41
36	39	1288	158	1293	3201	51.58
3	9	225	27	142	470	49.88
69	68	1499	273	1466	4077	49.94
40	19	1008	146	645	1256	47.81
797	697	14759	2667	11384	29665	47.50
21	19	497	47	322	754	48.15
87	83	2320	348	1679	4174	48.35
11	8	365	36	284	579	48.78
127	118	2071	446	1723	4759	48.24
70	51	1653	285	1412	3129	48.27
		90	5	50	121	48.28
65	68	1501	238	1135	2648	48.22
366	300	5068	988	3724	10479	45.91
50	50	1194	274	1055	3022	49.34
327	441	9591	1659	6665	14908	47.96
28	26	730	96	420	1049	47.53
32	48	1796	267	1278	2771	48.41
6	10	188	27	92	280	46.92
19	16	603	85	498	958	48.35
36	37	835	129	677	1829	48.60
139	204	3788	759	2330	5395	47.67
54	56	502	158	392	843	45.98
8	26	722	98	706	1204	49.11
5	18	427	40	272	579	48.36

4-12c 续表 24

行业中类 性别	合计	1-8 小时	9-19 小时	20-34 小时
交通运输设备制造业	38303	65	132	1351
铁路运输设备制造	700	4	7	33
汽车制造	23507	42	81	853
摩托车制造	4164	6	12	161
自行车制造	3740	3	12	126
船舶及浮动装置制造	5417	5	17	164
航空航天器制造	284	5		4
交通器材及其他交通运输设备制造	491		3	10
电气机械及器材制造业	71386	85	246	2586
电机制造	7859	7	23	277
输配电及控制设备制造	18848	18	58	618
电线、电缆、光缆及电工器材制造	9160	17	42	372
电池制造	3792	3	5	104
家用电力器具制造	14455	22	46	451
非电力家用器具制造	1858	4	2	77
照明器具制造	13702	12	65	634
其他电气机械及器材制造	1712	2	5	53
通信设备、计算机及其他电子设备制造业	109329	235	442	4547
通信设备制造	7370	21	19	337
雷达及配套设备制造	122	1		5
广播电视设备制造	668		1	19
电子计算机制造	6518	30	8	160
电子器件制造	25812	34	110	1046
电子元件制造	60320	141	264	2530
家用视听设备制造	4771	2	26	271
其他电子设备制造	3748	6	14	179
仪器仪表及文化、办公用机械制造业	15929	55	140	1007
通用仪器仪表制造	6525	37	96	634
专用仪器仪表制造	1557	2	13	113
钟表与计时仪器制造	1878	4	13	84
光学仪器及眼镜制造	4253	5	7	102
文化、办公用机械制造	1404	4	7	52
其他仪器仪表的制造及修理	312	3	4	22
工艺品及其他制造业	79279	229	1211	11522
工艺美术品制造	61204	185	991	9591
日用杂品制造	14992	27	184	1604
煤制品制造	925	3	17	116
核辐射加工	26		1	
其他未列明的制造业	2132	14	18	211
废弃资源和废旧材料回收加工业	11127	28	125	1305
金属废料和碎屑的加工处理	5683	16	49	582
非金属废料和碎屑的加工处理	5444	12	76	723
电力、燃气及水的生产和供应业	**13073**	**44**	**98**	**957**
电力、热力的生产和供应业	9665	34	65	692
电力生产	5671	21	34	419
电力供应	3436	11	27	239
热力生产和供应	558	2	4	34
燃气生产和供应业	1546	5	13	120
燃气生产和供应业	1546	5	13	120
水的生产和供应业	1862	5	20	145
自来水的生产和供应	1526	5	18	115
污水处理及其再生利用	196		1	13
其他水的处理、利用与分配	140		1	17

单位：人

35小时	36-39小时	40小时	41-47小时	48小时	48小时以上	周平均工作时间（小时）
285	339	9725	1266	7853	17287	48.98
4	7	213	19	136	277	47.41
159	195	6060	784	4849	10484	48.94
39	38	956	126	735	2091	49.51
23	53	805	117	771	1830	49.68
56	42	1384	204	1226	2319	48.66
2	2	194	4	37	36	42.21
2	2	113	12	99	250	50.54
588	670	17416	2789	14871	32135	49.12
76	66	1984	265	1635	3526	48.98
141	158	4774	732	3972	8377	49.03
61	99	2370	371	1833	3995	48.70
18	35	876	145	809	1797	49.85
117	162	3579	573	3295	6210	48.97
11	5	412	52	402	893	50.00
158	131	3017	609	2658	6418	49.29
6	14	404	42	267	919	50.33
1075	1270	32244	5318	19844	44354	48.04
102	100	2326	319	1129	3017	47.83
1		17	7	25	66	49.79
10	4	200	28	123	283	49.05
28	68	2523	244	1219	2238	47.26
262	285	7480	1313	4713	10569	48.11
592	678	17136	2997	11192	24790	48.13
40	71	1404	209	865	1883	47.71
40	64	1158	201	578	1508	47.98
155	227	4101	744	2419	7081	47.95
88	136	1729	312	855	2638	46.08
17	22	426	57	228	679	47.45
10	25	487	83	377	795	48.09
27	28	818	221	652	2393	51.49
10	11	558	52	254	456	46.58
3	5	83	19	53	120	46.24
1998	1450	16800	4835	7755	33479	45.80
1699	1194	12909	3892	5669	25074	45.30
234	209	3089	767	1804	7074	47.74
22	11	249	64	68	375	45.32
		9	2	3	11	46.92
43	36	544	110	211	945	46.63
205	209	2452	633	812	5358	46.99
94	91	1280	334	461	2776	47.57
111	118	1172	299	351	2582	46.38
236	**186**	**5072**	**488**	**1460**	**4532**	**45.64**
177	137	3933	328	1043	3256	45.49
112	82	2220	174	620	1989	45.85
58	50	1493	130	363	1065	44.84
7	5	220	24	60	202	45.85
28	28	433	76	177	666	47.19
28	28	433	76	177	666	47.19
31	21	706	84	240	610	45.14
24	17	603	66	179	499	45.04
3	3	62	8	41	65	46.43
4	1	41	10	20	46	44.47

4-12c 续表 25

行业中类 性　别	合　计	1-8 小时	9-19 小时	20-34 小时
建筑业	**231349**	**838**	**3286**	**25724**
房屋和土木工程建筑业	187255	691	2689	20880
房屋工程建筑	170175	631	2488	19196
土木工程建筑	17080	60	201	1684
建筑安装业	9201	36	162	1121
建筑安装业	9201	36	162	1121
建筑装饰业	31594	104	353	3374
建筑装饰业	31594	104	353	3374
其他建筑业	3299	7	82	349
工程准备	1006	5	40	125
提供施工设备服务	527	1	5	45
其他未列明的建筑活动	1766	1	37	179
交通运输、仓储和邮政业	**77600**	**339**	**1800**	**9991**
铁路运输业	10653	82	802	2415
铁路旅客运输	9153	78	775	2236
铁路货物运输	449	1	10	45
铁路运输辅助活动	1051	3	17	134
道路运输业	41191	154	580	4857
公路旅客运输	15337	44	213	1801
道路货物运输	20948	90	325	2645
道路运输辅助活动	4906	20	42	411
城市公共交通业	8555	33	151	1081
公共电汽车客运	3339	7	59	372
轨道交通	592	7	25	184
出租车客运	3632	17	50	388
城市轮渡	15			3
其他城市公共交通	977	2	17	134
水上运输业	3258	4	32	328
水上旅客运输	568	3	17	75
水上货物运输	2385	1	13	226
水上运输辅助活动	305		2	27
航空运输业	1309	2	15	58
航空客货运输	684	1	9	28
通用航空服务	247	1	5	16
航空运输辅助活动	378		1	14
管道运输业	91			5
管道运输业	91			5
装卸搬运和其他运输服务业	7135	48	185	901
装卸搬运	5555	31	169	803
运输代理服务	1580	17	16	98
仓储业	2849	8	23	212
谷物、棉花等农产品仓储	1053	5	15	112
其他仓储	1796	3	8	100
邮政业	2559	8	12	134
国家邮政	1898	5	11	93
其他寄递服务	661	3	1	41

单位：人

35小时	36-39小时	40小时	41-47小时	48小时	48小时以上	周平均工作时间（小时）
4137	**4445**	**55708**	**12958**	**20882**	**103371**	**46.44**
3366	3633	44829	10612	16737	83818	46.45
3040	3373	40639	9521	15150	76137	46.41
326	260	4190	1091	1587	7681	46.78
173	164	2338	487	837	3883	45.70
173	164	2338	487	837	3883	45.70
536	588	7712	1676	3015	14236	46.66
536	588	7712	1676	3015	14236	46.66
62	60	829	183	293	1434	45.98
28	14	239	49	87	419	44.77
9	10	149	22	44	242	46.94
25	36	441	112	162	773	46.38
1670	**1298**	**20582**	**4193**	**6841**	**30886**	**45.13**
344	182	2837	594	585	2812	39.26
319	164	2343	518	464	2256	38.40
9	2	168	24	37	153	44.36
16	16	326	52	84	403	44.55
837	683	10318	2281	3632	17849	46.28
302	252	3558	927	1264	6976	46.74
417	348	5322	1134	1837	8830	45.87
118	83	1438	220	531	2043	46.56
156	137	2186	454	777	3580	45.85
60	58	973	199	350	1261	45.47
11	6	145	22	46	146	38.81
67	51	869	179	312	1699	47.18
	5	4			3	39.47
18	17	195	54	69	471	46.57
67	77	795	207	278	1470	47.02
14	7	144	54	49	205	44.26
47	66	552	138	188	1154	47.83
6	4	99	15	41	111	45.82
14	19	623	51	185	342	44.68
6	10	327	30	109	164	44.31
4	5	110	10	22	74	44.39
4	4	186	11	54	104	45.55
	2	29	5	6	44	47.93
	2	29	5	6	44	47.93
171	121	1775	359	683	2892	45.07
140	101	1228	297	493	2293	44.74
31	20	547	62	190	599	46.22
46	38	920	133	326	1143	46.53
26	17	326	57	92	403	45.29
20	21	594	76	234	740	47.25
35	39	1099	109	369	754	45.15
24	33	877	84	247	524	44.68
11	6	222	25	122	230	46.51

4-12c 续表 26

行业中类 性别	合计	1-8 小时	9-19 小时	20-34 小时
信息传输、计算机服务和软件业	**17609**	**61**	**184**	**1373**
电信和其他信息传输服务业	10338	24	65	570
电信	8810	21	53	477
互联网信息服务	1227	2	7	71
广播电视传输服务	264	1	5	22
卫星传输服务	37			
计算机服务业	5280	37	109	675
计算机系统服务	2828	28	84	476
数据处理	613	3	3	42
计算机维修	781	2	12	76
其他计算机服务	1058	4	10	81
软件业	1991		10	128
公共软件服务	1103		5	50
其他软件服务	888		5	78
批发和零售业	**669576**	**2250**	**8842**	**68801**
批发业	94540	292	1219	10344
农畜产品批发	11152	53	218	1872
食品、饮料及烟草制品批发	22118	62	337	2481
纺织、服装及日用品批发	18819	41	152	1489
文化、体育用品及器材批发	1529	4	10	142
医药及医疗器材批发	2215	10	28	252
矿产品、建材及化工产品批发	14949	54	163	1591
机械设备、五金交电及电子产品批发	5878	18	53	417
贸易经纪与代理	927	2	7	67
其他批发	16953	48	251	2033
零售业	575036	1958	7623	58457
综合零售	244548	937	3598	25648
食品、饮料及烟草制品专门零售	118780	431	1762	14056
纺织、服装及日用品专门零售	121698	351	1187	10228
文化、体育用品及器材专门零售	9084	25	118	850
医药及医疗器材专门零售	10776	32	113	934
汽车、摩托车、燃料及零配件专门零售	10532	38	104	842
家用电器及电子产品专门零售	20901	52	149	1490
五金、家具及室内装修材料专门零售	22768	53	203	1881
无店铺及其他零售	15949	39	389	2528
住宿和餐饮业	**274751**	**881**	**2836**	**24926**
住宿业	31409	84	293	2414
旅游饭店	14011	36	113	936
一般旅馆	15171	45	146	1304
其他住宿服务	2227	3	34	174
餐饮业	243342	797	2543	22512
正餐服务	176784	547	1587	15295
快餐服务	32314	131	505	3699
饮料及冷饮服务	2625	8	18	253
其他餐饮服务	31619	111	433	3265
金融业	**14767**	**46**	**116**	**1140**
银行业	5748	20	23	265
中央银行	335		1	16
商业银行	4322	15	15	184
其他银行	1091	5	7	65
证券业	383	1	4	34
证券市场管理	113		1	13
证券经纪与交易	144	1	1	11
证券投资	105		1	9
证券分析与咨询	21		1	1

单位：人

35小时	36-39小时	40小时	41-47小时	48小时	48小时以上	周平均工作时间(小时)
284	**271**	**5785**	**780**	**2079**	**6792**	**46.12**
157	136	3699	417	1337	3933	46.54
134	117	3170	347	1128	3363	46.52
22	16	406	56	172	475	47.04
1	3	111	14	28	79	44.15
		12		9	16	49.16
101	96	1395	275	516	2076	45.10
67	65	738	168	238	964	42.95
9	6	195	25	61	269	47.17
12	13	212	36	86	332	46.23
13	12	250	46	131	511	48.81
26	39	691	88	226	783	46.66
13	18	478	56	141	342	45.40
13	21	213	32	85	441	48.22
12281	**10541**	**157731**	**34830**	**61942**	**312358**	**47.29**
1837	1543	22185	4885	8670	43565	46.99
290	222	2411	665	774	4647	44.89
453	348	4887	1166	1910	10474	47.33
296	277	4442	928	1955	9239	48.28
19	27	427	64	146	690	46.85
39	37	677	125	255	792	44.97
267	234	3546	695	1384	7015	47.14
89	64	1564	310	741	2622	47.42
11	7	347	36	157	293	45.36
373	327	3884	896	1348	7793	46.58
10444	8998	135546	29945	53272	268793	47.33
4351	3856	59849	12792	23209	110308	46.94
2677	1910	25212	6533	8776	57423	47.54
1970	1877	27996	6350	12108	59631	47.97
151	155	2296	466	855	4168	47.19
180	135	2791	470	1165	4956	47.40
150	144	2603	420	1267	4964	47.80
295	272	5416	1025	2449	9753	47.88
324	340	5214	1076	2270	11407	48.32
346	309	4169	813	1173	6183	44.59
4896	**4236**	**64588**	**14991**	**26935**	**130462**	**47.77**
431	519	8514	1621	3947	13586	47.21
171	208	4066	705	1984	5792	47.06
218	271	3836	830	1714	6807	47.33
42	40	612	86	249	987	47.30
4465	3717	56074	13370	22988	116876	47.84
3105	2689	41491	9672	17098	85300	47.98
645	488	6924	1792	2892	15238	47.27
39	55	650	164	258	1180	47.59
676	485	7009	1742	2740	15158	47.71
250	**173**	**6599**	**529**	**1697**	**4217**	**44.21**
77	56	2908	191	728	1480	44.38
7	6	138	12	56	99	45.81
60	40	2219	145	553	1091	44.33
10	10	551	34	119	290	44.12
4	4	162	19	31	124	44.64
1	1	36	8	9	44	45.45
2	2	65	6	15	41	44.22
1	1	48	4	7	34	44.67
		13	1		5	42.95

4-12c 续表 27

行业中类 性别	合计	1-8 小时	9-19 小时	20-34 小时
保险业	7063	22	80	750
人寿保险	5696	16	64	633
非人寿保险	1221	6	15	109
保险辅助服务	146		1	8
其他金融活动	1573	3	9	91
金融信托与管理	413	1	5	30
金融租赁	33			3
财务公司	259	1	1	11
邮政储蓄	560	1	1	29
典当	48			2
其他未列明的金融活动	260		2	16
房地产业	**11028**	**81**	**106**	**867**
房地产业	11028	81	106	867
房地产开发经营	4090	22	17	195
物业管理	5248	50	54	402
房地产中介服务	1264	5	21	152
其他房地产活动	426	4	14	118
租赁和商务服务业	**18302**	**51**	**242**	**1732**
租赁业	2318	6	47	328
机械设备租赁	1099	2	19	136
文化及日用品出租	1219	4	28	192
商务服务业	15984	45	195	1404
企业管理服务	2791	4	63	405
法律服务	432	1	5	27
咨询与调查	1365	6	5	55
广告业	2176	5	11	143
知识产权服务	56			3
职业中介服务	1402	5	23	126
市场管理	489	3	6	49
旅行社	1981	4	15	134
其他商务服务	5292	17	67	462
科学研究、技术服务和地质勘查业	**5068**	**16**	**41**	**416**
研究与试验发展	1231	3	4	62
自然科学研究与试验发展	200			12
工程和技术研究与试验发展	341		2	10
农业科学研究与试验发展	466	1	1	26
医学研究与试验发展	186	2	1	12
社会人文科学研究与试验发展	38			2
专业技术服务业	2889	11	28	271
气象服务	1139	6	10	156
地震服务	294	2	5	33
海洋服务	89		1	10
测绘服务	134			9
技术检测	289	1	1	8
环境监测	77		2	3
工程技术与规划管理	549	1	6	33
其他专业技术服务	318	1	3	19
科技交流和推广服务业	633	1	9	63
技术推广服务	380	1	7	41
科技中介服务	104		1	8
其他科技服务	149		1	14
地质勘查业	315	1		20
矿产地质勘查	225	1		13
基础地质勘查	54			3
地质勘查技术服务	36			4

单位：人

35 小时	36-39 小时	40 小时	41-47 小时	48 小时	48小时 以 上	周平均 工作时间 (小时)
138	101	2839	266	723	2144	43.88
118	77	2257	226	565	1740	43.83
19	20	514	37	143	358	43.96
1	4	68	3	15	46	44.90
31	12	690	53	215	469	45.03
12	4	149	16	57	139	45.29
		15	1	3	11	45.33
3	2	128	5	32	76	44.95
9	4	249	19	89	159	45.01
		16	1	6	23	49.77
7	2	133	11	28	61	43.84
138	**146**	**3803**	**466**	**1778**	**3643**	**45.29**
138	146	3803	466	1778	3643	45.29
43	45	1395	174	669	1530	46.75
62	75	1852	237	899	1617	44.86
28	15	435	50	169	389	44.12
5	11	121	5	41	107	40.06
355	**295**	**6062**	**1016**	**2147**	**6402**	**45.19**
39	41	670	246	215	726	43.54
14	16	296	52	110	454	45.82
25	25	374	194	105	272	41.50
316	254	5392	770	1932	5676	45.42
131	60	864	148	285	831	43.09
6	6	195	13	43	136	44.64
15	19	624	40	177	424	45.30
32	21	738	88	323	815	46.40
3		15	3	6	26	48.48
16	25	512	61	142	492	45.34
10	9	123	28	66	195	46.50
31	21	648	127	274	727	46.12
72	93	1673	262	616	2030	45.98
85	**83**	**1863**	**177**	**553**	**1834**	**45.74**
17	20	511	33	137	444	46.51
1	7	118	9	13	40	42.98
6	5	156	7	49	106	47.50
7	5	161	12	53	200	47.22
2	3	62	5	16	83	46.13
1		14		6	15	49.50
49	45	1006	111	312	1056	45.59
21	19	341	49	100	437	45.11
8	2	69	14	43	118	45.73
1	2	14	7	9	45	47.42
2	2	52	4	20	45	46.07
2	4	141	6	43	83	45.65
		41	3	6	22	44.91
13	9	231	16	57	183	45.50
2	7	117	12	34	123	46.78
11	11	237	20	64	217	44.66
9	5	145	13	39	120	43.98
1	4	46	3	7	34	44.26
1	2	46	4	18	63	46.67
8	7	109	13	40	117	46.18
4	6	74	10	34	83	46.30
2		21	1	4	23	46.33
2	1	14	2	2	11	45.22

4-12c 续表 28

行业中类 性 别	合 计	1-8 小时	9-19 小时	20-34 小时
水利、环境和公共设施管理业	**17444**	**73**	**243**	**1777**
水利管理业	1151	3	9	85
防洪管理	122	2	2	6
水资源管理	848	1	6	63
其他水利管理	181		1	16
环境管理业	9921	42	128	1055
自然保护	177		3	13
环境治理	9744	42	125	1042
公共设施管理业	6372	28	106	637
市政公共设施管理	1945	19	73	325
城市绿化管理	2087	5	21	195
游览景区管理	2340	4	12	117
居民服务和其他服务业	**158276**	**857**	**3414**	**21413**
居民服务业	116761	686	2515	15614
家庭服务	37469	281	1267	6393
托儿所	1066	4	16	110
洗染服务	4540	32	73	582
理发及美容保健服务	44966	193	568	4832
洗浴服务	7808	51	114	864
婚姻服务	532	4	17	74
殡葬服务	1186	19	42	220
摄影扩印服务	3198	16	45	353
其他居民服务	15996	86	373	2186
其他服务业	41515	171	899	5799
修理与维护	19079	65	408	2603
清洁服务	16298	71	295	2059
其他未列明的服务	6138	35	196	1137
教育	**124498**	**442**	**937**	**7643**
教育	124498	442	937	7643
学前教育	27069	61	137	1627
初等教育	58270	195	410	3695
中等教育	32872	137	303	1997
高等教育	4037	33	39	162
其他教育	2250	16	48	162
卫生、社会保障和社会福利业	**53062**	**193**	**404**	**3162**
卫生	50816	185	380	3002
医院	21506	75	108	995
卫生院及社区医疗活动	15546	61	94	871
门诊部医疗活动	10517	38	152	871
计划生育技术服务活动	1138	5	19	100
妇幼保健活动	563	2	1	38
专科疾病防治活动	139			12
疾病预防控制及防疫活动	320			11
其他卫生活动	1087	4	6	104
社会保障业	543	1	6	39
社会保障业	543	1	6	39
社会福利业	1703	7	18	121
提供住宿的社会福利	1498	5	14	101
不提供住宿的社会福利	205	2	4	20

单位：人

35 小时	36-39 小时	40 小时	41-47 小时	48 小时	48小时 以 上	周平均 工作时间 （小时）
346	**240**	**5307**	**965**	**2064**	**6429**	**45.14**
22	17	526	41	83	365	44.60
3		57	7	8	37	43.70
15	16	377	28	57	285	44.95
4	1	92	6	18	43	43.58
250	153	2751	607	1209	3726	45.20
3	1	68	3	26	60	45.23
247	152	2683	604	1183	3666	45.20
74	70	2030	317	772	2338	45.15
30	31	578	125	165	599	42.21
23	19	633	97	239	855	46.03
21	20	819	95	368	884	46.82
3450	**2860**	**38333**	**8980**	**13698**	**65271**	**45.28**
2491	2116	27690	6632	9932	49085	45.48
919	738	8730	2329	3077	13735	43.40
24	10	391	38	112	361	44.78
104	92	1028	257	384	1988	46.25
883	785	10586	2427	3899	20793	47.00
139	120	1929	445	633	3513	46.98
7	3	124	20	63	220	44.99
32	21	285	52	89	426	42.69
51	50	765	132	273	1513	46.76
332	297	3852	932	1402	6536	45.16
959	744	10643	2348	3766	16186	44.74
415	282	4698	1083	1559	7966	45.28
370	347	4475	934	1716	6031	44.72
174	115	1470	331	491	2189	43.10
2428	**1487**	**73096**	**4018**	**9145**	**25302**	**42.73**
2428	1487	73096	4018	9145	25302	42.73
514	354	14597	942	2569	6268	43.46
1223	668	35661	1882	3561	10975	42.36
575	397	19698	969	2245	6551	42.56
92	40	2081	146	491	953	44.19
24	28	1059	79	279	555	43.38
770	**612**	**19431**	**2062**	**5985**	**20443**	**46.35**
726	590	18563	1970	5715	19685	46.39
290	240	9039	797	2785	7177	45.72
222	157	5591	617	1678	6255	46.74
164	147	2624	428	946	5147	47.68
19	15	561	30	92	297	43.06
7	7	253	23	58	174	44.91
3	4	45	9	14	52	45.86
6	3	168	10	34	88	44.89
15	17	282	56	108	495	47.11
14	3	279	19	49	133	43.18
14	3	279	19	49	133	43.18
30	19	589	73	221	625	46.14
23	18	518	65	197	557	46.42
7	1	71	8	24	68	44.12

4-12c 续表 29

行业中类 性　别	合　计	1-8 小时	9-19 小时	20-34 小时
文化、体育和娱乐业	**11953**	**65**	**205**	**1226**
新闻出版业	1014	7	9	79
新闻业	247	3	3	11
出版业	767	4	6	68
广播、电视、电影和音像业	1347	10	15	104
广播	282	5	5	15
电视	382	1	4	27
电影	206		2	13
音像制作	477	4	4	49
文化艺术业	2094	15	98	410
文艺创作与表演	1133	11	71	311
艺术表演场馆	168	1	6	28
图书馆与档案馆	156	1	4	7
文物及文化保护	125		1	8
博物馆	89			1
烈士陵园、纪念馆	45			
群众文化活动	168	1	10	28
文化艺术经纪代理	27		1	2
其他文化艺术	183	1	5	25
体育	641	5	19	109
体育组织	328	3	14	80
体育场馆	191	2		19
其他体育	122		5	10
娱乐业	6857	28	64	524
室内娱乐活动	3895	8	40	330
游乐园	375	1	5	16
休闲健身娱乐活动	1599	5	6	72
其他娱乐活动	988	14	13	106
公共管理和社会组织	**52750**	**289**	**1043**	**6140**
中国共产党机关	319		1	16
中国共产党机关	319		1	16
国家机构	21587	64	121	1122
国家权力机构	387	1	2	21
国家行政机构	19994	59	112	1041
人民法院和人民检察院	533	1	2	26
其他国家机构	673	3	5	34
人民政协和民主党派	114	1	3	8
人民政协	96	1	2	7
民主党派	18		1	1
群众团体、社会团体和宗教组织	3115	30	215	781
群众团体	506	2	7	51
社会团体	748		14	60
宗教组织	1861	28	194	670
基层群众自治组织	27615	194	703	4213
社区自治组织	2420	11	28	243
村民自治组织	25195	183	675	3970
国际组织	**4**			
国际组织	4			
国际组织	4			

单位：人

35 小时	36-39 小时	40 小时	41-47 小时	48 小时	48小时 以 上	周平均 工作时间 （小时）
227	**141**	**3566**	**552**	**1307**	**4664**	**45.89**
14	16	381	43	104	361	45.20
1	2	86	14	30	97	46.55
13	14	295	29	74	264	44.76
23	18	588	54	146	389	44.02
3	3	142	11	33	65	42.83
14	4	210	12	40	70	42.21
1	3	87	12	23	65	45.47
5	8	149	19	50	189	45.54
60	32	653	104	137	585	40.80
35	15	283	59	68	280	38.67
6	4	48	16	11	48	41.55
4	2	74	7	11	46	43.72
5	4	52	4	8	43	44.59
	1	43		10	34	47.09
1	1	13	1	5	24	49.18
7	3	60	7	10	42	40.60
		13	1	2	8	42.74
2	2	67	9	12	60	42.97
20	10	199	28	59	192	42.31
9	8	82	15	16	101	40.75
1		69	7	30	63	45.08
10	2	48	6	13	28	42.15
110	65	1745	323	861	3137	48.25
63	40	859	211	394	1950	49.06
5	1	140	7	59	141	46.16
25	8	520	69	303	591	47.37
17	16	226	36	105	455	47.25
1256	**609**	**22960**	**2141**	**4052**	**14260**	**42.73**
8	4	159	15	25	91	44.45
8	4	159	15	25	91	44.45
447	197	12492	630	1691	4823	43.36
14	3	218	10	29	89	43.50
406	176	11532	586	1585	4497	43.39
11	7	326	21	38	101	42.97
16	11	416	13	39	136	42.73
	5	53	5	10	29	42.91
	4	46	5	8	23	42.69
	1	7		2	6	44.11
87	24	899	170	173	736	38.23
11	9	245	28	40	113	42.42
23	4	318	28	68	233	44.13
53	11	336	114	65	390	34.72
714	379	9357	1321	2153	8581	42.73
33	30	1115	70	287	603	43.20
681	349	8242	1251	1866	7978	42.68
		2		**2**		**44.00**
		2		2		44.00
		2		2		44.00

中国人口普查
CHINA POPULATION CENSUS

中国2010年
人口普查资料〔下册〕

TABULATION ON THE 2010 POPULATION CENSUS OF THE PEOPLE`S REPUBLIC OF CHINA（BOOK III）

国 务 院 人 口 普 查 办 公 室
国家统计局人口和就业统计司 编

Compiled by
Population Census Office under the State Council
Department of Population and Employment Statistics
National Bureau of Statistics

中国统计出版社
China Statistics Press

目　　录

下　册

第二部分　长表数据资料(续)

第四卷　就业(续)

第九卷　住房

附 录

Contents

Book Ⅲ

Part Ⅱ Data from Households Using Long Form(continued)

Volume 9 Housing

Appendixes

第二部分 长表数据资料

第四卷 就业

4-13 全国分性别、职业小类、

职业小类 性别	合计	1-8 小时	9-19 小时	20-34 小时
总计	**69677870**	**461198**	**1672396**	**8185883**
国家机关、党群组织、企业、事业单位负责人	**1261631**	**2081**	**3323**	**26467**
中国共产党中央委员会和地方各级组织负责人	10715	21	26	308
中国共产党中央委员会和地方各级组织负责人	10715	21	26	308
国家机关及其工作机构负责人	106709	224	147	1910
国家权力机关及其工作机构负责人	12712	40	34	359
人民政协及其工作机构负责人	5054	15	21	124
人民法院负责人	3075	9	10	73
人民检察院负责人	2323		1	35
国家行政机关及其工作机构负责人	67208	115	63	1051
其他国家机关及其工作机构负责人	16337	45	18	268
民主党派和社会团体及其工作机构负责人	73784	231	694	4942
民主党派负责人	3305	20	100	459
工会、共青团、妇联、其他人民团体及其工作机构负责人	14389	50	184	1068
群众自治组织负责人	49547	140	371	3138
其他社会团体及其工作机构负责人	6543	21	39	277
事业单位负责人	81310	191	178	1517
教育教学单位负责人	22039	56	72	473
卫生单位负责人	9101	30	46	270
科研单位负责人	3459	11	4	58
其他事业单位负责人	46711	94	56	716
企业负责人	989113	1414	2278	17790
企业负责人	989113	1414	2278	17790
专业技术人员	**4853386**	**12830**	**16258**	**119827**
科学研究人员	48003	209	328	2414
哲学研究人员	5363	88	161	909
经济学研究人员	1469	3	12	48
法学研究人员	777	3	10	38
社会学研究人员	1432	7	6	27
教育科学研究人员	3379	35	29	159
文学、艺术研究人员	876	1	2	45
图书馆学、情报学研究人员	1158	4	12	30
历史学研究人员	442	1	2	6
管理科学研究人员	2882	4	7	61
数学研究人员	3040	6	36	645
物理学研究人员	1953	1	5	22
化学研究人员	4185	14	5	59
天文学研究人员	422	2		10
地球科学研究人员	791	2	4	7
生物科学研究人员	3144	6	4	38
农业科学研究人员	5382	10	17	166
医学研究人员	5286	9	9	80
其他科学研究人员	6022	13	7	64
工程技术人员	1031114	2081	2210	18147
地质勘探工程技术人员	15071	41	31	291
测绘工程技术人员	12702	26	31	291
矿山工程技术人员	22521	49	59	544
石油工程技术人员	17349	27	22	137
冶金工程技术人员	18270	34	34	288
化工工程技术人员	20964	51	26	265
机械工程技术人员	94504	203	129	1066

周工作时间的正在工作人口

单位：人

35小时	36-39小时	40小时	41-47小时	48小时	48小时以上	周平均工作时间（小时）
1488035	**1067478**	**20100762**	**3524063**	**6443370**	**26734685**	**45.16**
15699	**6995**	**602348**	**32427**	**132517**	**439774**	**47.28**
229	82	7345	217	589	1898	42.87
229	82	7345	217	589	1898	42.87
2845	641	83580	1499	4825	11038	41.69
333	87	9453	227	677	1502	41.80
135	27	3736	71	293	632	42.01
73	14	2412	59	118	307	41.53
76	12	1910	36	74	179	41.21
1792	409	53701	851	2840	6386	41.57
436	92	12368	255	823	2032	42.12
1458	691	36233	2367	6128	21040	44.19
107	44	1194	174	182	1025	42.86
318	126	8853	358	921	2511	41.91
893	476	22538	1676	4526	15789	44.92
140	45	3648	159	499	1715	44.34
1750	492	59165	1571	4933	11513	42.55
383	110	16455	456	1170	2864	42.20
191	97	5856	279	666	1666	43.09
82	11	2520	75	181	517	42.76
1094	274	34334	761	2916	6466	42.59
9417	5089	416025	26773	116042	394285	48.55
9417	5089	416025	26773	116042	394285	48.55
78247	**36114**	**3106945**	**138637**	**457243**	**887285**	**43.43**
1083	671	32145	1326	3029	6798	41.93
128	77	1948	236	290	1526	41.78
24	11	981	37	100	253	42.84
11	12	459	22	57	165	43.34
20	11	1069	30	73	189	42.16
50	24	2297	84	178	523	41.89
13	10	560	28	66	151	42.90
31	7	868	24	51	131	41.41
11	2	344	4	16	56	42.01
44	19	1960	67	250	470	43.18
205	353	1340	148	103	204	38.07
26	7	1555	47	93	197	41.82
51	21	2852	113	424	646	43.15
8	3	278	16	29	76	43.21
8	7	627	27	31	78	41.79
47	15	2488	61	195	290	41.90
174	44	3930	104	282	655	41.81
80	17	3979	127	385	600	42.20
152	31	4610	151	406	588	41.96
11644	6970	586813	29761	121257	252231	45.01
333	122	9893	343	1121	2896	43.65
205	77	8111	315	1175	2471	43.78
215	188	10261	568	2540	8097	46.68
196	106	13152	243	996	2470	42.87
174	130	10390	510	2278	4432	45.02
235	172	13039	591	2491	4094	44.01
675	463	51942	2791	15838	21397	45.12

4-13 续表 1

职业小类 性 别	合 计	1-8 小时	9-19 小时	20-34 小时
兵器工程技术人员	2864	1	3	17
航空工程技术人员	6361	8	5	63
航天工程技术人员	5776	10	13	83
电子工程技术人员	67628	157	79	761
通信工程技术人员	44199	67	42	509
计算机与应用工程技术人员	119034	175	132	1086
电气工程技术人员	25719	47	39	320
电力工程技术人员	67046	144	117	1353
邮政工程技术人员	2927	9	3	66
广播、电影、电视工程技术人员	10953	25	21	225
交通工程技术人员	22490	56	64	475
民用航空工程技术人员	2811	9	16	102
铁路工程技术人员	23560	51	37	352
建筑工程技术人员	195256	433	734	5430
建材工程技术人员	21997	59	80	662
林业工程技术人员	8095	34	41	266
水利工程技术人员	16103	31	22	295
海洋工程技术人员	1353	5	5	21
水产工程技术人员	1444	5	3	49
纺织工程技术人员	26558	59	113	726
食品工程技术人员	15700	39	87	519
气象工程技术人员	3435	2	7	59
地震工程技术人员	1194	1	2	28
环境保护工程技术人员	8055	20	10	111
安全工程技术人员	14558	20	23	181
标准化、计量、质量工程技术人员	25074	33	37	293
管理(工业)工程技术人员	58549	97	80	749
其他工程技术人员	30994	53	63	464
农业技术人员	64572	362	1060	5931
土壤肥料技术人员	7733	41	262	1201
植物保护技术人员	5453	23	68	352
园艺技术人员	16322	42	175	1412
作物遗传育种栽培技术人员	3236	9	22	131
兽医、兽药技术人员	11314	38	105	814
畜牧与草业技术人员	6323	69	146	753
其他农业技术人员	14191	140	282	1268
飞机和船舶技术人员	15369	32	86	730
飞行人员和领航人员	4282	15	40	441
船舶指挥和引航人员	7208	9	38	239
其他飞机和船舶技术人员	3879	8	8	50
卫生专业技术人员	673817	1514	1676	15368
西医医师	222422	459	605	5005
中医医师	41225	108	160	1281
中西医结合医师	59310	191	237	1971
民族医生	3070	14	12	148
公共卫生医师	13888	56	54	486
药剂人员	36094	91	74	682
医疗技术人员	42734	84	110	1087
护理人员	220589	423	307	3595
其他卫生专业技术人员	34485	88	117	1113
经济业务人员	926782	1694	1681	16044
经济计划人员	27632	69	120	938
统计人员	65233	113	111	1134
会计人员	773497	1379	1316	12872
审计人员	18547	26	16	228
国际商务人员	9680	6	5	86
其他经济业务人员	32193	101	113	786

单位：人

35小时	36-39小时	40小时	41-47小时	48小时	48小时以上	周平均工作时间(小时)
27	38	2215	48	263	252	42.07
33	62	4891	172	445	682	42.43
23	29	4286	125	377	830	42.80
384	380	40017	2336	10091	13423	44.62
625	252	30663	1229	4253	6559	43.15
1041	741	83332	3641	11638	17248	43.22
279	146	14799	770	3596	5723	44.84
1313	650	40378	1667	6581	14843	44.28
39	21	1908	75	279	527	43.41
212	73	7305	278	959	1855	43.22
308	123	11943	635	2516	6370	45.68
34	29	1678	87	210	646	44.12
227	147	15114	534	2271	4827	44.22
2337	1424	90743	6156	20492	67507	46.63
209	184	8427	731	2759	8886	47.72
190	52	4958	195	734	1625	43.45
380	104	11438	305	1094	2434	42.75
9	3	969	25	96	220	43.05
30	17	787	64	118	371	44.57
192	252	9264	1013	4380	10559	48.06
174	128	5820	582	2268	6083	47.73
157	33	2463	75	202	437	42.36
26	6	738	24	101	268	44.24
158	56	5865	158	600	1077	42.58
157	105	8265	351	1751	3705	45.27
292	147	14395	648	3477	5752	45.01
471	290	29530	1573	9212	16547	46.22
284	220	17834	903	4055	7118	44.95
1358	663	28317	2177	5145	19559	43.78
110	63	3434	164	586	1872	41.18
123	52	2850	180	484	1321	43.43
344	202	6916	681	1652	4898	44.36
62	21	1508	99	208	1176	45.34
218	119	5224	399	913	3484	44.58
169	75	2281	279	503	2048	43.75
332	131	6104	375	799	4760	43.68
155	152	6447	414	1342	6011	48.05
72	62	1821	150	382	1299	44.29
52	53	2210	172	538	3897	52.24
31	37	2416	92	422	815	44.42
11688	6904	389193	27487	67527	152460	44.41
3606	2069	129083	8646	20561	52388	44.57
667	443	22232	1704	4001	10629	44.86
1047	601	28951	2530	5358	18424	45.73
50	27	1457	146	299	917	45.19
255	116	7414	488	1224	3795	44.96
657	433	21500	1585	3863	7209	44.03
796	482	25097	1772	3926	9380	44.16
3926	2388	134586	9311	25189	40864	43.82
684	345	18873	1305	3106	8854	44.66
14781	6231	570675	24987	115081	175608	43.92
401	181	14878	768	3124	7153	44.98
998	415	37819	1587	9084	13972	44.51
12256	5269	479335	20908	95929	144233	43.86
457	115	14329	374	1350	1652	41.81
121	37	6543	344	1519	1019	42.97
548	214	17771	1006	4075	7579	44.69

4-13 续表 2

职业小类 性 别	合 计	1-8 小时	9-19 小时	20-34 小时
金融业务人员	344658	749	763	7860
银行业务人员	192352	363	171	2693
保险业务人员	108906	303	505	3502
证券业务人员	20277	35	49	988
其他金融业务人员	23123	48	38	677
法律专业人员	62542	131	92	1184
法官	15391	36	15	228
检察官	8079	15	4	138
律师	21247	46	48	467
公证员	2082	3	2	52
司法鉴定人员	1979	5	3	37
书记员	4591	8	3	69
其他法律专业人员	9173	18	17	193
教学人员	1434707	5046	6455	42486
高等教育教师	156982	741	977	4043
中等职业教育教师	86185	290	328	1975
中学教师	531336	1534	1937	13756
小学教师	449898	1199	1828	16121
幼儿教师	131884	284	345	3627
特殊教育教师	7002	47	68	197
其他教学人员	71420	951	972	2767
文学艺术工作人员	106944	386	789	4264
文艺创作和评论人员	2424	19	20	139
编导和音乐指挥人员	2804	13	16	99
演员	12459	134	298	1565
乐器演奏员	4157	61	214	833
电影、电视制作及舞台专业人员	6708	15	26	198
美术专业人员	6741	25	51	232
工艺美术专业人员	67093	96	111	954
其他文学艺术工作人员	4558	23	53	244
体育工作人员	4248	17	40	221
体育工作人员	4248	17	40	221
新闻出版、文化工作人员	88065	231	151	1455
记者	17966	38	24	213
编辑	26710	47	30	377
校对员	2776	1	5	84
播音员及节目主持人	5266	23	32	154
翻译	9022	25	23	167
图书资料与档案业务人员	16755	72	19	250
考古及文物保护工作人员	1216	2	5	22
其他新闻出版、文化工作人员	8354	23	13	188
宗教职业者	12544	266	826	2830
宗教职业者	12544	266	826	2830
其他专业技术人员	40021	112	101	893
其他专业技术人员	40021	112	101	893
办事人员和有关人员	**3075476**	**5683**	**4519**	**48107**
行政办公人员	1836531	3294	1985	24644
行政业务人员	871875	1607	1029	12212
行政事务人员	758052	1306	716	9345
其他行政办公人员	206604	381	240	3087
安全保卫和消防人员	832768	1472	1679	15517
人民警察	159815	266	110	1751
治安保卫人员	578349	964	1356	11721
消防人员	9742	26	12	131
其他安全保卫和消防人员	84862	216	201	1914

单位：人

35小时	36-39小时	40小时	41-47小时	48小时	48小时以上	周平均工作时间（小时）
6722	2393	240922	8454	29817	46978	42.48
4094	1265	144962	4290	14092	20422	42.00
1709	854	64844	3192	12429	21568	43.55
438	139	14890	445	1423	1870	41.28
481	135	16226	527	1873	3118	42.41
1574	339	48976	1118	3163	5965	41.58
452	102	12192	238	670	1458	41.56
248	49	6775	99	258	493	40.87
363	91	15984	479	1378	2391	41.95
54	16	1595	37	118	205	41.60
42	10	1574	38	88	182	41.58
146	20	3713	60	214	358	41.28
269	51	7143	167	437	878	41.52
25264	9991	1057103	34914	83594	169854	41.77
3325	874	130802	2432	5471	8317	40.46
1624	579	65848	2005	4979	8557	41.59
7947	3494	392684	13502	31524	64958	41.95
8725	3482	332485	11008	22222	52828	41.58
2172	961	85617	3961	12711	22206	43.02
137	38	5039	157	459	860	41.74
1334	563	44628	1849	6228	12128	42.32
1407	745	55371	3785	14600	25597	44.57
38	19	1487	96	184	422	42.27
52	14	1981	73	168	388	42.27
418	136	6365	448	785	2310	40.78
103	68	1686	139	219	834	39.13
98	37	4479	187	557	1111	43.10
70	50	3138	247	874	2054	45.86
543	380	33771	2422	11365	17451	45.87
85	41	2464	173	448	1027	43.59
71	43	2713	138	426	579	42.08
71	43	2713	138	426	579	42.08
1687	532	65999	2009	6108	9893	42.09
341	82	13602	383	1180	2103	42.24
473	169	21008	613	1681	2312	41.65
35	21	1877	90	271	392	42.72
114	42	3618	135	393	755	42.28
80	38	6126	251	939	1373	43.01
445	125	13141	291	920	1492	41.53
27	9	931	13	57	150	42.14
172	46	5696	233	667	1316	42.98
366	185	2974	732	746	3619	39.68
366	185	2974	732	746	3619	39.68
447	295	19297	1335	5408	12133	46.21
447	295	19297	1335	5408	12133	46.21
51317	**20313**	**1918724**	**75735**	**328939**	**622139**	**44.36**
36402	10880	1315154	39207	165510	239455	42.73
19022	5150	646521	16815	61658	107861	42.44
13239	4351	528572	17621	82482	100420	42.94
4141	1379	140061	4771	21370	31174	43.19
7901	6545	359655	25113	117755	297131	47.99
2874	725	114490	2920	11522	25157	43.32
4188	4985	207941	19162	92700	235332	49.18
109	85	5466	241	1022	2650	46.13
730	750	31758	2790	12511	33992	48.93

4-13 续表 3

职业小类 性　别	合　计	1-8 小时	9-19 小时	20-34 小时
邮政和电信业务人员	159650	377	345	3301
邮政业务人员	52668	113	141	1293
电信业务人员	69187	181	123	1273
电信通信传输业务人员	24994	57	41	471
其他邮政和电信业务人员	12801	26	40	264
其他办事人员和有关人员	246527	540	510	4645
其他办事人员和有关人员	246527	540	510	4645
商业、服务业人员	**11496249**	**27224**	**68340**	**514618**
购销人员	6722621	14385	36965	287297
营业人员	5112182	11139	29102	223774
推销、展销人员	946522	1875	3283	27642
采购人员	139898	285	643	5323
拍卖、典当及租赁业务人员	8741	81	127	539
废旧物资回收利用人员	191716	346	1429	13310
粮油管理人员	8423	27	105	527
商品监督和市场管理人员	57339	123	151	1129
其他购销人员	257800	509	2125	15053
仓储人员	396956	684	1048	8499
保管人员	300415	462	569	4833
储运人员	75370	174	386	2922
其他仓储人员	21171	48	93	744
餐饮服务人员	1450599	3368	8570	67686
中餐烹饪人员	548950	1271	3112	25104
西餐烹饪人员	18884	32	88	567
调酒和茶艺人员	7637	18	36	329
营养配餐人员	9011	27	74	350
餐厅服务人员	685952	1626	4037	31570
其他餐饮服务人员	180165	394	1223	9766
饭店、旅游及健身娱乐场所服务人员	447191	1196	2265	17818
饭店服务人员	306164	766	1531	12726
旅游及公共游览场所服务人员	39917	118	186	1468
健身和娱乐场所服务人员	72038	229	319	2240
其他饭店、旅游及健身娱乐场所服务人员	29072	83	229	1384
运输服务人员	655585	1556	3318	30914
公路、道路运输服务人员	458276	1112	2501	23507
铁路客货运输服务人员	66431	153	135	1587
航空运输服务人员	14505	49	49	476
水上运输服务人员	17315	32	86	731
其他运输服务人员	99058	210	547	4613
医疗卫生辅助服务人员	41427	120	170	1260
医疗卫生辅助服务人员	41427	120	170	1260
社会服务和居民生活服务人员	1557216	5053	14314	89710
社会中介服务人员	53761	144	352	2242
物业管理人员	104843	723	1001	4190
供水、供热及生活燃料供应服务人员	83044	144	257	2150
美容美发人员	283749	682	1892	13556
摄影服务人员	32989	87	246	1476
验光配镜人员	4529	13	9	107
洗染织补人员	30591	85	225	1711
浴池服务人员	46834	144	395	2686
印章刻字人员	3802	7	21	157
日用机电产品维修人员	120383	293	960	6826
办公设备维修人员	16395	47	55	464

单位：人

35 小时	36-39 小时	40 小时	41-47 小时	48 小时	48小时 以 上	周平均 工作时间 (小时)
2687	1272	92140	5240	19399	34889	44.42
812	439	30156	1700	6527	11487	44.36
1232	553	40381	2339	8418	14687	44.32
430	183	14890	760	2808	5354	44.27
213	97	6713	441	1646	3361	45.43
4327	1616	151775	6175	26275	50664	44.21
4327	1616	151775	6175	26275	50664	44.21
136831	**103389**	**3391382**	**473627**	**1350802**	**5430036**	**49.37**
77995	59157	1912770	281877	760862	3291313	49.74
58877	45877	1346934	217826	558336	2620317	50.20
9390	6999	371752	35877	136756	352948	47.66
1687	1120	54091	5491	19422	51836	47.36
132	52	3380	265	971	3194	46.35
2951	2182	37449	9009	15473	109567	50.36
136	61	3413	366	743	3045	46.25
757	404	27397	1903	7671	17804	46.60
4065	2462	68354	11140	21490	132602	50.01
3268	2657	160412	13458	68797	138133	47.43
2325	1876	127173	9714	54640	98823	47.22
740	603	25589	2894	10732	31330	48.17
203	178	7650	850	3425	7980	47.75
18186	12859	354734	61968	172386	750842	50.50
6906	4576	132030	23177	60763	292011	50.87
189	138	5195	770	2671	9234	50.39
81	80	2422	330	1006	3335	48.69
117	83	2715	387	1157	4101	49.48
7825	6355	169717	29067	88030	347725	50.22
3068	1627	42655	8237	18759	94436	50.57
4902	3814	138687	17663	60552	200294	49.17
3122	2670	91136	12054	40198	141961	49.39
498	331	20073	1348	5123	10772	45.17
890	568	19117	3089	11534	34052	50.35
392	245	8361	1172	3697	13509	49.52
8737	7265	232092	26189	66000	279514	48.12
6315	5124	147016	19249	45780	207672	48.50
659	743	39833	1899	7004	14418	44.68
157	230	9545	410	1414	2175	42.98
250	163	7546	647	1748	6112	46.83
1356	1005	28152	3984	10054	49137	49.66
649	361	20485	1687	4597	12098	45.64
649	361	20485	1687	4597	12098	45.64
20186	15055	502541	61934	194056	654367	47.99
582	456	25847	1775	6442	15921	45.62
1194	842	51987	3125	14634	27147	45.18
1068	619	39203	2347	8592	28664	46.91
2938	2515	62092	10698	28025	161351	51.85
347	265	9649	1105	3800	16014	49.47
45	26	1402	178	777	1972	49.74
344	302	7299	1256	3338	16031	50.43
503	439	11315	1920	5107	24325	50.74
42	22	1215	139	451	1748	48.81
1413	1219	30374	5343	13079	60876	49.33
172	115	6498	591	2449	6004	47.34

4-13 续表 4

职业小类 性 别	合 计	1-8 小时	9-19 小时	20-34 小时
保育、家庭服务人员	155056	715	3018	16068
环境卫生人员	457734	1264	3629	25160
殡葬服务人员	8065	76	190	1029
其他社会服务和居民生活服务人员	155441	629	2064	11888
其他商业、服务业人员	224654	862	1690	11434
其他商业、服务业人员	224654	862	1690	11434
农、林、牧、渔、水利业生产人员	**32944509**	**381574**	**1507338**	**6837311**
种植业生产人员	31114506	368877	1445491	6511924
大田作物生产人员	28537212	355043	1381412	6113604
农业实验人员	25676	203	968	4704
园艺作物生产人员	1914842	9665	46038	291656
热带作物生产人员	89522	326	1298	10187
中药材生产人员	75956	420	1846	11926
农副林特产品加工人员	92315	469	2422	15999
其他种植业生产人员	378983	2751	11507	63848
林业生产及野生动植物保护人员	170985	987	3774	24225
营造林人员	91582	613	2565	15631
森林资源管护人员	29920	169	422	2508
野生动植物保护及自然保护区人员	2542	14	29	180
木材采运人员	23621	111	484	3241
其他林业生产及野生动植物保护人员	23320	80	274	2665
畜牧业生产人员	1274260	9854	50140	247617
家畜饲养人员	962735	7222	39075	197077
家禽饲养人员	217559	2189	9616	40348
蜜蜂饲养人员	9144	74	271	1628
实验动物饲养人员	988	11	21	114
动物疫病防治人员	9181	40	134	686
草业生产人员	2025	5	19	141
其他畜牧业生产人员	72628	313	1004	7623
渔业生产人员	339121	1255	6746	49528
水产养殖人员	210896	724	4450	33273
水产捕捞及有关人员	91183	415	1592	11984
水产品加工人员	30169	75	482	3210
其他渔业生产人员	6873	41	222	1061
水利设施管理养护人员	27346	540	923	2276
河道、水库管养人员	14286	489	814	1733
农田灌排工程建设管理维护人员	3770	22	58	255
水土保持作业人员	1133	1	7	52
水文勘测作业人员	1826	2	14	38
其他水利设施管理养护人员	6331	26	30	198
其他农、林、牧、渔、水利业生产人员	18291	61	264	1741
农林专用机械操作人员	16973	57	248	1667
农村能源开发利用人员	1318	4	16	74
生产、运输设备操作人员及有关人员	**15978094**	**31551**	**71984**	**635184**
勘测及矿物开采人员	445940	1365	2085	15872
地质勘查人员	19195	105	409	969
测绘人员	6957	14	14	135
矿物开采人员	319713	986	1292	12000
矿物处理人员	36077	109	216	1411
钻井人员	12391	31	42	349
石油、天然气开采人员	33063	47	45	306
盐业生产人员	6962	47	15	271
其他勘测及矿物开采人员	11582	26	52	431

单位：人

35小时	36-39小时	40小时	41-47小时	48小时	48小时以上	周平均工作时间(小时)
2839	2173	44698	7332	17147	61066	46.37
6156	4405	157018	19770	74844	165488	46.66
165	106	2650	304	674	2871	44.53
2378	1551	51294	6051	14697	64889	47.29
2908	2221	69661	8851	23552	103475	48.78
2908	2221	69661	8851	23552	103475	48.78
1056264	**758384**	**6739681**	**2182413**	**1889860**	**11591684**	**41.82**
995445	718165	6372028	2052970	1783433	10866173	41.70
919492	665658	5861007	1877426	1622119	9741451	41.40
680	587	6254	1562	1582	9136	42.79
54625	37791	383773	129544	120432	841318	45.12
4630	1925	14723	8483	5727	42223	46.27
1716	2111	15064	5211	5345	32317	45.04
2499	1691	18692	5839	6705	37999	44.55
11803	8402	72515	24905	21523	161729	44.45
4976	3577	47841	10497	11974	63134	44.09
3152	2110	24048	5851	6189	31423	42.86
591	394	12350	1184	2376	9926	44.71
43	28	924	103	259	962	46.23
563	492	5691	1475	1646	9918	45.18
627	553	4828	1884	1504	10905	46.75
44176	29045	235454	94618	66198	497158	43.26
35424	22970	174418	75252	48300	362997	42.80
6354	4626	41531	13630	12470	86795	43.40
242	149	1977	522	619	3662	44.12
46	21	371	65	76	263	42.78
195	105	4219	364	648	2790	44.24
41	37	736	110	172	764	46.13
1874	1137	12202	4675	3913	39887	48.70
10815	7035	66375	22565	24885	149917	45.97
7166	4359	42373	15119	15350	88082	45.06
2838	2002	15933	5639	5895	44885	47.72
593	455	6801	1485	3093	13975	47.22
218	219	1268	322	547	2975	45.16
545	308	13593	860	1954	6347	41.89
308	192	5942	563	959	3286	40.05
60	33	1887	88	242	1125	44.25
19	12	679	38	70	255	43.60
41	20	1229	43	114	325	43.14
117	51	3856	128	569	1356	43.96
307	254	4390	903	1416	8955	48.04
289	242	3944	852	1303	8371	48.10
18	12	446	51	113	584	47.26
148624	**141632**	**4319315**	**618361**	**2276718**	**7734725**	**49.54**
4173	4257	155750	16048	51460	194930	47.84
269	198	7769	700	1962	6814	45.68
112	45	3991	171	750	1725	44.86
2973	3241	95740	12434	39636	151411	48.46
280	317	12138	1102	4009	16495	48.22
70	89	5785	311	936	4778	47.37
167	203	23150	617	1940	6588	44.09
150	51	2993	318	700	2417	46.06
152	113	4184	395	1527	4702	47.45

4-13 续表 5

职业小类 性 别	合 计	1-8 小时	9-19 小时	20-34 小时
金属冶炼、轧制人员	326260	645	1037	8692
炼铁人员	40576	94	138	1024
炼钢人员	64474	121	136	1233
铁合金冶炼人员	14614	23	47	396
重有色金属冶炼人员	13667	27	30	384
轻有色金属冶炼人员	19214	28	48	523
稀贵金属冶炼人员	4926	13	20	129
半导体材料制备人员	4243	10	8	67
金属轧制人员	104812	182	397	2997
铸铁管人员	13402	14	39	365
炭素制品生产人员	9144	20	42	342
硬质合金生产人员	7568	13	39	352
其他金属冶炼、轧制人员	29620	100	93	880
化工产品生产人员	288625	555	971	9573
化工产品生产通用工艺人员	51362	83	139	1300
石油炼制生产人员	15793	42	16	250
煤化工生产人员	21662	52	82	798
化学肥料生产人员	34035	70	136	989
无机化工产品生产人员	12552	20	17	207
基本有机化工产品生产人员	3769	3	3	56
合成树脂生产人员	7377	11	19	166
合成橡胶生产人员	12450	15	31	287
化学纤维生产人员	20232	21	43	368
合成革生产人员	11452	32	69	520
精细化工产品生产人员	20286	38	79	638
信息记录材料生产人员	5376	19	51	308
火药、炸药制造人员	23157	57	138	1942
林产化工产品生产人员	2657	9	14	198
复合材料加工人员	6030	10	10	142
日用化学品生产人员	21842	33	70	785
其他化工产品生产人员	18593	40	54	619
机械制造加工人员	1089837	1620	3366	25598
机械冷加工人员	482454	757	2015	12992
机械热加工人员	355635	491	906	7797
特种加工设备操作人员	19942	37	49	345
冷作钣金加工人员	23876	33	34	352
工件表面处理加工人员	71058	98	76	1154
磨料磨具制造加工人员	49140	77	82	1039
航天器件加工成型人员	2120	1	2	34
其他机械制造加工人员	85612	126	202	1885
机电产品装配人员	785562	951	1763	16008
基础件、部件装配人员	110101	124	243	2086
机械设备装配人员	94879	95	140	1290
动力设备装配人员	21927	24	28	278
电气元件及设备装配人员	89793	132	203	1717
电子专用设备装配调试人员	35557	58	61	652
仪器仪表装配人员	31037	36	51	526
运输车辆装配人员	68230	106	182	1561
膜法水处理设备制造人员	719	1	2	40
医疗器械装配及假肢与矫形器制作人员	10673	9	37	242
日用机械电器制造装配人员	83613	72	145	1365
五金制品制作、装配人员	191671	216	573	5232
装甲车辆装试人员	675	7	5	23

单位：人

35小时	36-39小时	40小时	41-47小时	48小时	48小时以上	周平均工作时间（小时）
2319	2470	109094	10521	50126	141356	48.59
285	359	14346	1265	5496	17569	48.16
361	448	26973	1824	10015	23363	47.27
97	115	4841	527	2095	6473	48.54
112	98	5734	427	2138	4717	46.78
143	194	7356	577	2964	7381	47.67
51	34	1974	150	832	1723	47.07
23	37	1638	96	845	1519	47.76
758	718	27891	3663	16941	51265	49.89
77	89	4328	429	1916	6145	49.14
90	83	2824	379	1218	4146	48.36
82	73	2353	267	1088	3301	48.43
240	222	8836	917	4578	13754	49.12
2852	2940	112888	10860	43095	104891	47.18
557	435	21662	1735	8276	17175	46.68
391	143	10146	375	1668	2762	43.51
127	179	7578	734	3389	8723	47.55
293	317	14964	1359	5067	10840	46.05
79	87	6026	304	1866	3946	46.30
28	40	1867	108	585	1079	46.12
74	65	2741	255	1203	2843	48.21
104	106	4249	598	1878	5182	48.65
75	110	7417	571	3343	8284	48.74
122	106	2722	403	1419	6059	52.35
183	179	6288	750	3520	8611	48.62
51	45	1854	228	580	2240	47.32
327	737	7192	1662	2308	8794	45.85
62	28	725	87	321	1213	47.69
38	38	2077	191	1054	2470	48.80
174	167	8239	866	3882	7626	47.14
167	158	7141	634	2736	7044	47.31
6419	6578	312362	34761	210473	488660	49.31
2872	2843	139981	14798	97000	209196	48.94
2014	2333	96611	11301	64339	169843	49.82
87	90	7036	590	3970	7738	48.27
116	107	7440	810	4672	10312	49.15
337	401	17585	2432	14117	34858	50.77
272	249	13018	1653	10179	22571	49.75
89	7	1154	48	248	537	44.95
632	548	29537	3129	15948	33605	48.24
4370	4402	240312	26991	164602	326163	49.05
596	590	34363	3616	23969	44514	48.97
456	513	35849	3043	19998	33495	47.95
139	112	8207	657	4588	7894	48.15
445	508	27640	2928	19466	36754	48.93
196	270	12329	1533	7136	13322	48.42
195	181	12632	960	5988	10468	47.58
418	385	24695	2064	13492	25327	48.05
8	1	250	16	103	298	47.87
66	71	3979	292	2181	3796	48.04
345	339	21233	2952	19207	37955	50.22
1220	1159	41874	7217	39963	94217	50.32
4	16	228	31	132	229	46.39

4-13 续表 6

职业小类 性 别	合 计	1-8 小时	9-19 小时	20-34 小时
枪炮制造人员	697	2		8
弹制造人员	637		2	12
引信加工制造人员	210	1	2	13
火工品制造人员	4137	7	20	287
防化器材制造人员	419	2	1	10
船舶制造人员	25221	30	38	384
航空产品装配与调试人员	2395	15	3	24
航空产品试验人员	437	2		6
导弹卫星装配测试人员	219	1		4
火箭发动机装配试验人员	68			1
航天器结构强度、温度、环境试验人员	167			4
靶场试验人员	65		2	1
其他机电产品装配人员	12015	11	25	242
机械设备修理人员	517767	1055	1905	15327
机械设备维修人员	470564	950	1756	13976
仪器仪表修理人员	11660	31	21	219
民用航空器维修人员	3268	5	5	47
其他机械设备修理人员	32275	69	123	1085
电力设备安装、运行、检修及供电人员	482832	904	1176	11838
电力设备安装人员	61707	111	161	1657
发电运行值班人员	30647	74	58	988
输电、配电、变电设备值班人员	15652	30	24	327
电力设备检修人员	82322	144	165	1593
供用电人员	71352	155	181	1776
生活、生产电力设备安装、操作、修理人员	197302	344	524	4909
其他电力设备安装、运行、检修及供电人员	23850	46	63	588
电子元器件与设备制造、装配、调试及维修人员	701796	1055	1588	15102
电子器件制造人员	235639	401	514	4700
电子元件制造人员	221922	346	507	4419
电池制造人员	25710	28	74	474
电子设备装配、调试人员	115979	104	165	2848
电子产品维修人员	42217	99	178	1373
其他电子元器件与设备制造、装配、调试及维修人员	60329	77	150	1288
橡胶和塑料制品生产人员	273202	454	854	8051
橡胶制品生产人员	61228	140	199	1624
塑料制品加工人员	182968	276	553	5349
其他橡胶和塑料制品生产人员	29006	38	102	1078
纺织、针织、印染人员	655390	1146	3183	26028
纤维预处理人员	25638	58	176	1269
纺纱人员	154915	378	752	5804
织造人员	185296	251	742	6740
针织人员	177172	268	974	9004
印染人员	58833	89	256	1145
其他纺织、针织、印染人员	53536	102	283	2066
裁剪、缝纫和皮革制品加工制作人员	1782453	2771	7594	69067
裁剪、缝纫人员	1215029	1983	5184	48045
鞋帽制作人员	347178	368	1217	11001
皮革、毛皮加工人员	104534	207	594	5275
缝纫制品再加工人员	41510	84	212	1707
其他裁剪、缝纫和皮革、毛皮制品加工制作人员	74202	129	387	3039
粮油、食品、饮料生产加工及饲料生产加工人员	406339	1174	3630	29561
粮油生产加工人员	67310	238	1028	7417
制糖和糖制品加工人员	18567	52	91	827

单位：人

35 小时	36-39 小时	40 小时	41-47 小时	48 小时	48小时 以 上	周平均 工作时间 (小时)
2	1	330	103	99	152	45.33
3	1	411	20	74	114	43.71
1		98	7	38	50	45.10
87	56	1615	206	373	1486	46.05
	1	134	16	106	149	47.95
104	112	8895	736	4877	10045	48.41
15	19	1654	96	268	301	42.91
3	4	275	21	52	74	43.33
1	2	112	4	30	65	45.92
	1	40	1	7	18	45.82
		126	7	14	16	42.41
	1	33	2	8	18	44.82
66	59	3310	463	2433	5406	49.48
4476	3783	170323	17560	73139	230199	48.80
4011	3446	150759	16075	66930	212661	48.96
134	88	6334	324	1551	2958	45.19
27	30	2057	68	427	602	44.20
304	219	11173	1093	4231	13978	48.30
6524	3978	231560	14702	61635	150515	46.10
691	503	25697	2054	7926	22907	47.20
687	458	18023	1094	3076	6189	43.86
270	132	9642	395	1678	3154	44.05
1300	618	44042	2124	9890	22446	45.41
1311	596	40151	1788	6844	18550	44.72
1900	1444	82441	6505	29157	70078	47.09
365	227	11564	742	3064	7191	45.90
3561	4358	232026	28584	147940	267582	48.61
1149	1413	78435	9828	48151	91048	48.75
1102	1469	69915	9120	48139	86905	48.84
102	185	7820	1051	6063	9913	48.86
440	590	42156	4621	26545	38510	47.81
419	346	14673	1656	6382	17091	48.22
349	355	19027	2308	12660	24115	48.87
1735	1822	66933	9293	52556	131504	50.37
331	392	16744	1902	11590	28306	49.66
1187	1200	43244	6388	35848	88923	50.64
217	230	6945	1003	5118	14275	50.17
5289	5569	142440	24722	101665	345348	51.02
267	218	5934	911	3892	12913	50.05
1080	1309	37372	5503	23614	79103	49.76
1409	1472	39828	6648	29056	99150	51.23
1792	1872	36832	7651	25780	92999	51.03
302	276	9820	1743	9860	35342	54.79
439	422	12654	2266	9463	25841	50.22
14689	15857	342356	71787	271812	986520	51.67
10074	11228	236081	48842	181186	672406	51.60
2449	2518	60697	13584	56270	199074	52.67
1024	1067	22116	4837	17335	52079	49.99
440	429	8706	1662	5830	22440	50.91
702	615	14756	2862	11191	40521	51.10
7311	4806	106700	19011	44605	189541	48.30
1365	982	16327	3497	5881	30575	46.88
434	183	7545	737	2121	6577	46.47

4-13 续表 7

职业小类 性 别	合 计	1-8 小时	9-19 小时	20-34 小时
乳品、冷仪器及罐头、饮料制作人员	35657	86	181	1671
酿酒、食品添加剂及调味品制作人员	46418	127	188	1891
粮油食品制作人员	97155	275	914	7256
屠宰加工人员	52576	143	504	4770
肉、蛋食品加工人员	25696	74	163	1371
饲料生产加工人员	12446	48	144	878
其他粮油、食品、饮料生产加工及饲料生产加工人员	50514	131	417	3480
烟草及其制品加工人员	16832	54	54	620
原烟复烤人员	4611	14	32	299
卷烟生产人员	9201	16	16	212
烟用醋酸纤维丝束滤棒制作人员	350	2	1	19
其他烟草及其制品加工人员	2670	22	5	90
药品生产人员	53543	124	102	920
合成药物制造人员	18042	35	32	309
生物技术制药(品)人员	6278	13	6	90
药物制剂人员	9404	17	11	121
中药制药人员	8753	35	30	195
其他药品生产人员	11066	24	23	205
木材加工、人造板生产、木制品制作及制浆、造纸和纸制品生产加工人员	715323	1449	3767	35061
木材加工人员	202194	523	1433	12479
人造板生产人员	67268	148	462	4398
木材制品制作人员	296715	501	1251	11849
制浆人员	7790	20	24	202
造纸人员	40523	65	121	1286
纸制品制作人员	56195	67	222	2263
其他木材加工、人造板生产、木制品制作及制浆、造纸和纸制品生产加工人员	44638	125	254	2584
建筑材料生产加工人员	334757	816	1831	17038
水泥及水泥制品生产加工人员	109805	284	592	5365
墙体屋面材料生产人员	87232	240	492	4808
建筑防水密封材料生产人员	5154	7	32	261
建筑保温及吸音材料生产人员	5557	17	40	342
装饰石材生产人员	44211	66	198	1837
非金属矿及其制品生产加工人员	13199	22	80	827
耐火材料生产人员	16767	51	57	598
其他建筑材料生产加工人员	52832	129	340	3000
玻璃、陶瓷、搪瓷及其制品生产加工人员	179688	371	465	5635
玻璃熔制人员	48472	80	127	1729
玻璃纤维及其制品生产人员	21637	53	61	658
石英玻璃制品加工人员	5479	9	17	216
陶瓷制品生产人员	82476	196	204	2335
搪瓷制品生产人员	3126	5	1	88
其他玻璃、陶瓷、搪瓷及其制品生产加工人员	18498	28	55	609
广播影视制品制作、播放及文物保护作业人员	21974	90	121	852
影视制品制作人员	4292	13	21	141
音像制品制作、复制人员	4500	24	24	197
广播影视舞台设备安装调试及运行操作人员	6634	26	34	253
电影放映人员	2695	15	21	136
文物保护作业人员	378	4	1	7
其他广播影视制品制作、播放及文物保护作业人员	3475	8	20	118
印刷人员	114353	139	320	2629
印前处理人员	17089	33	50	361

单位：人

35小时	36-39小时	40小时	41-47小时	48小时	48小时以上	周平均工作时间(小时)
356	347	10922	1546	5179	15369	48.50
636	476	16986	1947	6721	17446	47.03
1704	1074	21808	4436	9769	49919	49.43
1410	703	11471	2923	4450	26202	48.36
362	244	5644	1072	3315	13451	50.11
190	186	3527	506	1525	5442	47.55
854	611	12470	2347	5644	24560	48.95
229	118	8895	528	2270	4064	44.48
94	41	1536	233	539	1823	46.54
85	49	5789	221	1354	1459	43.40
5	3	158	16	62	84	44.61
45	25	1412	58	315	698	44.64
451	520	26265	1676	9212	14273	45.72
154	161	8987	555	3055	4754	45.62
53	50	3401	191	1211	1263	44.75
72	106	4830	292	1467	2488	45.63
78	101	4094	285	1373	2562	45.90
94	102	4953	353	2106	3206	46.36
6991	7780	156348	32822	96531	374574	49.76
2587	2756	42693	10980	22565	106178	49.29
671	856	14625	3404	8631	34073	49.22
2385	2707	61759	12394	40339	163530	50.48
48	44	2445	190	1149	3668	48.81
344	377	11891	1482	6885	18072	48.69
472	460	13289	2305	10848	26269	49.57
484	580	9646	2067	6114	22784	49.27
3388	3611	78166	14564	37559	177784	49.56
1033	1108	29440	4686	13456	53841	48.95
964	1031	18640	4053	8953	48051	49.75
52	45	1314	160	610	2673	49.37
50	53	1420	194	629	2812	49.33
401	413	7853	2093	4661	26689	50.94
170	164	3162	602	1275	6897	49.32
102	132	3691	540	2329	9267	49.94
616	665	12646	2236	5646	27554	49.36
1443	1600	40914	7251	28142	93867	50.14
406	368	12532	1668	7837	23725	49.63
170	183	6226	946	3787	9553	48.82
35	21	1208	223	1003	2747	50.02
641	838	15817	3413	12256	46776	50.88
29	33	672	172	496	1630	49.86
162	157	4459	829	2763	9436	49.82
345	199	12769	657	2109	4832	43.91
49	31	2463	124	466	984	44.37
62	42	2550	146	434	1021	43.88
131	74	3997	181	608	1330	43.53
41	26	1642	69	235	510	43.03
5	3	211	24	17	106	44.68
57	23	1906	113	349	881	44.74
812	785	37712	3915	21800	46241	48.65
157	128	6330	545	3126	6359	47.85

4-13 续表 8

职业小类 性 别	合 计	1-8 小时	9-19 小时	20-34 小时
印刷操作人员	72088	84	182	1568
印后制作人员	14601	13	44	350
其他印刷人员	10575	9	44	350
工艺、美术品制作人员	329399	723	2456	23501
珠宝首饰加工制作人员	30436	56	165	1147
地毯制作人员	7376	19	72	607
玩具制作人员	106167	215	464	4251
漆器工艺品制作人员	24112	43	99	1187
抽纱、刺绣工艺品制作人员	44653	146	803	7476
金属工艺品制作人员	15205	13	70	694
雕刻工艺品制作人员	26189	68	184	1432
美术品制作	8111	7	30	270
其他工艺、美术品制作人员	67150	156	569	6437
文化教育、体育用品制作人员	37121	86	106	1148
文教用品制作人员	15336	41	65	688
体育用品制作人员	12581	26	24	198
乐器制作人员	4660	6	9	106
其他文化教育、体育用品制作人员	4544	13	8	156
工程施工人员	2884039	6736	16491	150276
土石方施工人员	188615	575	1363	11407
砌筑人员	1367117	3317	8696	77947
混凝土配制及制品加工人员	185106	493	1070	10995
钢筋加工人员	156335	269	654	6289
施工架子搭设人员	65922	142	360	3054
工程防水人员	17372	59	136	962
装饰、装修人员	639868	1325	2920	28268
古建筑修建人员	3410	19	19	175
筑路、养护、维修人员	67750	165	283	2248
工程设备安装人员	58301	126	236	1738
其他工程施工人员	134243	246	754	7193
运输设备操作人员及有关人员	1829856	3768	8945	78403
公(道)路运输机械设备操作及有关人员	1644698	3390	8233	72231
铁路、地铁运输机械设备操作及有关人员	51658	95	106	1047
民用航空设备操作及有关人员	3742	7	23	132
水上运输设备操作及有关人员	19825	29	106	875
起重装卸机械操作及有关人员	63372	128	209	1810
其他运输设备操作人员及有关人员	46561	119	268	2308
环境监测与废物处理人员	22953	70	119	943
环境监测人员	5248	10	7	101
海洋环境调查与监测人员	668		6	22
废物处理人员	14379	51	88	700
其他环境监测与废物处理人员	2658	9	18	120
检验、计量人员	382531	447	571	5271
检验人员	346627	385	460	4380
航空产品检验人员	1292		1	23
航天器检验、测试人员	5544	15	52	294
计量人员	16134	25	32	341
其他检验、计量人员	12934	22	26	233
其他生产、运输设备操作人员及有关人员	1299722	2983	7484	62170
包装人员	376452	477	970	9409
机泵操作人员	14873	31	34	370
简单体力劳动人员	908397	2475	6480	52391
不便分类的其他从业人员	**68525**	**255**	**634**	**4369**

单位：人

35 小时	36-39 小时	40 小时	41-47 小时	48 小时	48小时 以 上	周平均 工作时间 （小时）
476	501	23224	2528	14002	29523	48.84
86	85	4437	489	2860	6237	49.01
93	71	3721	353	1812	4122	48.16
4382	3919	73206	16202	49142	155868	48.81
285	289	5892	1458	6562	14582	50.26
107	111	1898	360	866	3336	47.46
938	1033	26972	4822	19254	48218	49.10
200	209	5115	1034	3566	12659	50.21
1391	982	8687	3103	4305	17760	45.67
116	114	3490	605	2734	7369	49.74
327	255	5032	1155	3192	14544	49.89
44	70	2182	307	1181	4020	50.94
974	856	13938	3358	7482	33380	48.53
265	216	10342	1257	7978	15723	49.18
133	116	3813	529	3099	6852	49.31
59	44	3565	420	3196	5049	49.45
26	32	1517	164	929	1871	48.54
47	24	1447	144	754	1951	48.63
29298	31166	626166	123597	293566	1606743	50.07
2252	2052	43283	8009	18827	100847	49.44
14164	15767	276706	60555	131412	778553	50.12
2150	2154	38718	8338	19243	101945	49.85
1392	1534	32464	6685	15607	91441	51.10
544	690	13337	2751	6396	38648	50.84
155	186	4560	736	1789	8789	49.00
5893	6304	137456	26057	71914	359731	50.42
31	44	899	146	339	1738	48.89
798	532	27479	2397	6896	26952	47.30
535	409	18030	2082	7484	27661	49.17
1384	1494	33234	5841	13659	70438	49.59
21821	16921	548465	68187	188250	895096	49.57
20026	15047	474258	62138	166398	822977	49.77
492	635	31629	1466	5433	10755	44.45
46	34	1871	111	390	1128	45.73
231	237	5978	774	1750	9845	49.64
440	498	22241	1900	9379	26767	48.65
586	470	12488	1798	4900	23624	49.76
354	223	9760	805	2566	8113	46.70
126	44	3627	115	383	835	43.05
9	7	317	25	61	221	46.16
175	139	4669	558	1869	6130	48.12
44	33	1147	107	253	927	46.38
2644	2169	155440	12072	72064	131853	47.82
2281	1880	138744	10995	67396	120106	47.95
10	12	843	30	136	237	43.91
64	65	1854	182	544	2474	48.07
155	117	7856	486	2009	5113	46.45
134	95	6143	379	1979	3923	46.32
12483	11585	312123	49988	192421	648485	49.71
2213	2684	88779	14335	79364	178221	50.22
105	126	5969	414	2112	5712	47.84
10165	8775	217375	35239	110945	464552	49.52
1053	**651**	**22367**	**2863**	**7291**	**29042**	**47.58**

4-13 续表 9

职业小类 性　别	合　计	1-8 小时	9-19 小时	20-34 小时
男	**38645017**	**202124**	**681442**	**3625041**
国家机关、党群组织、企业、事业单位负责人	**944832**	**1436**	**2213**	**18488**
中国共产党中央委员会和地方各级组织负责人	8946	12	21	251
中国共产党中央委员会和地方各级组织负责人	8946	12	21	251
国家机关及其工作机构负责人	84842	159	94	1435
国家权力机关及其工作机构负责人	10213	30	19	250
人民政协及其工作机构负责人	3853	10	14	82
人民法院负责人	2350	6	8	53
人民检察院负责人	1842		1	25
国家行政机关及其工作机构负责人	54140	84	41	826
其他国家机关及其工作机构负责人	12444	29	11	199
民主党派和社会团体及其工作机构负责人	50035	138	374	3002
民主党派负责人	2006	11	34	225
工会、共青团、妇联、其他人民团体及其工作机构负责人	7468	19	80	380
群众自治组织负责人	36186	94	234	2227
其他社会团体及其工作机构负责人	4375	14	26	170
事业单位负责人	59907	130	116	1034
教育教学单位负责人	15520	44	48	330
卫生单位负责人	6321	18	28	155
科研单位负责人	2470	4	2	37
其他事业单位负责人	35596	64	38	512
企业负责人	741102	997	1608	12766
企业负责人	741102	997	1608	12766
专业技术人员	**2374567**	**6611**	**8482**	**60424**
科学研究人员	28903	116	122	1011
哲学研究人员	2957	41	49	407
经济学研究人员	921	2	7	28
法学研究人员	522	1	2	24
社会学研究人员	888	4	4	15
教育科学研究人员	1908	19	14	78
文学、艺术研究人员	523		1	23
图书馆学、情报学研究人员	450	3	8	16
历史学研究人员	264	1		1
管理科学研究人员	1949	3	6	33
数学研究人员	1623	2	4	133
物理学研究人员	1360		3	17
化学研究人员	2339	13	1	27
天文学研究人员	313	1		8
地球科学研究人员	541		4	4
生物科学研究人员	1894	5	2	22
农业科学研究人员	3489	9	5	87
医学研究人员	2830	2	6	47
其他科学研究人员	4132	10	6	41
工程技术人员	784823	1553	1554	12849
地质勘探工程技术人员	11962	35	18	194
测绘工程技术人员	9316	22	19	158
矿山工程技术人员	19044	38	47	449
石油工程技术人员	12688	21	15	108
冶金工程技术人员	14129	28	22	220
化工工程技术人员	14429	32	17	163
机械工程技术人员	74618	152	91	754

单位：人

35 小时	36-39 小时	40 小时	41-47 小时	48 小时	48小时 以 上	周平均 工作时间 (小时)
745203	**532595**	**11152645**	**1918882**	**3710450**	**16076635**	**46.40**
11627	**5086**	**449678**	**23873**	**100781**	**331650**	**47.29**
190	71	6047	182	522	1650	43.06
190	71	6047	182	522	1650	43.06
2233	496	66401	1190	3842	8992	41.77
264	68	7651	172	537	1222	41.89
97	19	2869	62	218	482	42.13
60	10	1858	44	84	227	41.46
61	9	1527	30	55	134	41.15
1427	321	43075	697	2331	5338	41.66
324	69	9421	185	617	1589	42.20
926	468	23148	1626	4441	15912	44.93
62	17	780	99	116	662	43.92
155	45	4842	157	471	1319	42.38
615	368	15122	1265	3515	12746	45.57
94	38	2404	105	339	1185	44.49
1284	354	43794	1127	3653	8415	42.56
268	81	11706	308	809	1926	42.09
135	67	3988	205	488	1237	43.44
64	7	1827	53	119	357	42.69
817	199	26273	561	2237	4895	42.60
6994	3697	310288	19748	88323	296681	48.52
6994	3697	310288	19748	88323	296681	48.52
35882	**17308**	**1456739**	**68671**	**223315**	**497135**	**43.93**
598	296	19574	857	1922	4407	42.47
72	41	1090	143	192	922	43.24
18	7	614	23	59	163	42.83
6	6	307	14	38	124	44.36
12	10	669	18	45	111	41.99
18	18	1311	37	100	313	42.27
10	8	325	17	38	101	43.30
13	4	297	14	27	68	41.75
6	2	202	3	9	40	42.57
29	12	1318	46	165	337	43.39
73	108	987	124	63	129	40.45
18	5	1072	35	62	148	41.99
26	9	1634	69	217	343	43.01
5	1	205	14	21	58	43.42
3	6	418	20	23	63	42.30
27	9	1438	41	130	220	42.48
110	22	2528	69	207	452	42.16
44	9	2055	62	226	379	42.57
108	19	3104	108	300	436	42.11
8495	4979	437635	22750	93562	201446	45.29
252	88	7646	288	919	2522	44.12
137	49	5778	246	886	2021	44.35
165	156	8310	485	2200	7194	47.08
136	73	9404	190	765	1976	43.16
126	98	7848	381	1838	3568	45.25
129	105	8835	416	1750	2982	44.29
531	351	40199	2223	12808	17509	45.32

4-13 续表 10

职业小类 性　别	合　计	1-8 小时	9-19 小时	20-34 小时
兵器工程技术人员	2027	1	3	12
航空工程技术人员	4485	6	4	39
航天工程技术人员	3793	5	8	45
电子工程技术人员	48227	102	51	454
通信工程技术人员	33577	49	31	366
计算机与应用工程技术人员	89354	123	92	731
电气工程技术人员	20188	34	30	244
电力工程技术人员	54996	117	103	1113
邮政工程技术人员	1981	7	2	40
广播、电影、电视工程技术人员	7863	15	12	151
交通工程技术人员	18758	46	52	389
民用航空工程技术人员	2018	5	10	66
铁路工程技术人员	19412	41	28	282
建筑工程技术人员	161841	358	535	4232
建材工程技术人员	17193	50	64	463
林业工程技术人员	5596	26	27	158
水利工程技术人员	12195	22	17	228
海洋工程技术人员	1054	4	5	18
水产工程技术人员	998	4	2	29
纺织工程技术人员	11078	20	48	200
食品工程技术人员	9076	23	40	243
气象工程技术人员	2151	2	5	39
地震工程技术人员	892	1	1	20
环境保护工程技术人员	5454	14	7	55
安全工程技术人员	12465	15	19	152
标准化、计量、质量工程技术人员	15314	18	23	171
管理(工业)工程技术人员	43231	75	62	529
其他工程技术人员	23420	42	44	334
农业技术人员	40771	182	501	3008
土壤肥料技术人员	4593	17	82	546
植物保护技术人员	3428	12	35	156
园艺技术人员	9616	23	75	634
作物遗传育种栽培技术人员	1956	5	13	59
兽医、兽药技术人员	8569	30	86	623
畜牧与草业技术人员	3662	29	64	336
其他农业技术人员	8947	66	146	654
飞机和船舶技术人员	12015	26	66	465
飞行人员和领航人员	2282	12	23	210
船舶指挥和引航人员	6806	9	36	220
其他飞机和船舶技术人员	2927	5	7	35
卫生专业技术人员	260815	678	905	7694
西医医师	122077	261	369	3063
中医医师	24489	70	106	870
中西医结合医师	35800	121	163	1344
民族医生	1736	8	8	85
公共卫生医师	7718	30	37	316
药剂人员	14292	36	38	274
医疗技术人员	22160	50	66	645
护理人员	15295	54	54	476
其他卫生专业技术人员	17248	48	64	621
经济业务人员	273546	575	577	5429
经济计划人员	15921	41	61	484
统计人员	21346	38	38	440
会计人员	208391	430	427	3991
审计人员	8766	15	9	110
国际商务人员	4352	3	3	49
其他经济业务人员	14770	48	39	355

单位：人

35小时	36-39小时	40小时	41-47小时	48小时	48小时以上	周平均工作时间（小时）
15	17	1562	33	183	201	42.24
26	49	3433	119	330	479	42.47
14	15	2831	70	270	535	42.84
264	244	29184	1706	7236	8986	44.45
459	185	23111	939	3357	5080	43.26
760	519	62267	2804	8877	13181	43.32
210	107	11435	613	2852	4663	45.01
1037	504	31916	1404	5602	13200	44.65
24	14	1269	43	206	376	43.70
145	49	5181	193	682	1435	43.47
245	96	9602	549	2115	5664	46.06
24	16	1248	51	138	460	44.16
171	117	12220	469	1890	4194	44.47
1810	1128	71046	5139	17324	60269	47.21
165	132	6439	562	2137	7181	48.04
120	30	3392	137	505	1201	43.76
266	67	8422	246	866	2061	43.12
6	3	750	21	76	171	43.09
26	13	530	46	80	268	44.90
64	89	4008	416	2010	4223	48.23
104	64	3447	341	1348	3466	47.86
90	19	1560	39	127	270	42.27
16	4	546	21	75	208	44.47
115	43	3950	93	432	745	42.73
125	90	6933	285	1511	3335	45.53
183	84	8905	372	2132	3426	44.94
329	213	21261	1139	6908	12715	46.48
206	148	13167	671	3127	5681	45.23
830	379	18539	1332	3252	12748	44.42
61	36	2201	87	360	1203	42.78
74	32	1825	103	322	869	44.06
175	103	4204	383	975	3044	45.08
31	13	936	53	125	721	45.63
173	89	3873	314	673	2708	44.62
96	31	1417	157	287	1245	44.73
220	75	4083	235	510	2958	44.08
104	105	5078	293	986	4892	48.78
38	28	1213	72	176	510	42.93
44	50	2056	161	496	3734	52.51
22	27	1809	60	314	648	44.67
4407	2689	134131	10866	24686	74759	45.43
1974	1174	65383	4942	11514	33397	45.28
395	273	12131	1051	2424	7169	45.47
607	360	15749	1576	3206	12674	46.51
33	14	740	88	160	600	46.02
128	74	3566	305	714	2548	46.00
244	161	8279	657	1556	3047	44.31
425	264	12070	978	2034	5628	44.75
240	176	7497	594	1599	4605	45.91
361	193	8716	675	1479	5091	45.31
4393	1892	164788	7462	30046	58384	44.17
223	106	8183	449	1815	4559	45.60
356	137	12537	500	2485	4815	44.49
3295	1483	126201	5767	22776	44021	44.11
217	58	6782	163	591	821	41.83
53	11	2936	142	650	505	43.11
249	97	8149	441	1729	3663	44.81

4-13 续表 11

职业小类 性 别	合 计	1-8 小时	9-19 小时	20-34 小时
金融业务人员	168776	352	318	3426
银行业务人员	97095	194	105	1304
保险业务人员	46252	114	156	1075
证券业务人员	12710	19	32	656
其他金融业务人员	12719	25	25	391
法律专业人员	41675	88	64	806
法官	10255	23	10	150
检察官	5907	11	3	90
律师	14623	33	34	355
公证员	1163	3	1	26
司法鉴定人员	1367	4	3	17
书记员	2251	2	2	39
其他法律专业人员	6109	12	11	129
教学人员	616371	2395	3138	19978
高等教育教师	79467	391	470	1945
中等职业教育教师	42290	156	153	982
中学教师	265215	795	1106	7472
小学教师	181186	531	951	7953
幼儿教师	8796	45	48	367
特殊教育教师	2820	26	33	70
其他教学人员	36597	451	377	1189
文学艺术工作人员	66095	217	462	2409
文艺创作和评论人员	1478	12	12	81
编导和音乐指挥人员	1596	9	9	62
演员	5971	51	150	736
乐器演奏员	2832	44	137	549
电影、电视制作及舞台专业人员	4358	9	20	134
美术专业人员	4607	18	35	156
工艺美术专业人员	42565	60	66	551
其他文学艺术工作人员	2688	14	33	140
体育工作人员	2840	11	25	129
体育工作人员	2840	11	25	129
新闻出版、文化工作人员	40105	105	77	640
记者	10580	24	10	125
编辑	12684	23	17	166
校对员	1257		3	30
播音员及节目主持人	2031	7	18	58
翻译	2994	6	9	62
图书资料与档案业务人员	5066	32	7	82
考古及文物保护工作人员	687	1	5	12
其他新闻出版、文化工作人员	4806	12	8	105
宗教职业者	9606	234	598	1976
宗教职业者	9606	234	598	1976
其他专业技术人员	28226	79	75	604
其他专业技术人员	28226	79	75	604
办事人员和有关人员	**2062684**	**3728**	**2994**	**31617**
行政办公人员	1077556	1947	1111	14180
行政业务人员	566056	1019	621	7487
行政事务人员	387645	713	338	4879
其他行政办公人员	123855	215	152	1814
安全保卫和消防人员	750112	1232	1404	13071
人民警察	134794	202	97	1410
治安保卫人员	530185	822	1132	9976
消防人员	8881	24	12	118
其他安全保卫和消防人员	76252	184	163	1567

单位：人

35 小时	36-39 小时	40 小时	41-47 小时	48 小时	48小时以上	周平均工作时间（小时）
3232	1125	118503	4043	14571	23206	42.55
2028	621	72955	2073	7059	10756	42.07
667	333	27527	1383	5569	9428	43.91
271	96	9173	296	920	1247	41.39
266	75	8848	291	1023	1775	42.44
1028	223	32490	761	2066	4149	41.65
304	65	8302	149	370	882	41.35
182	34	4969	71	189	358	40.88
255	64	10779	346	966	1791	42.11
26	8	883	22	75	119	41.78
28	8	1087	28	62	130	41.69
60	11	1787	28	110	212	41.58
173	33	4683	117	294	657	41.77
10593	4552	446403	15469	35375	78468	41.86
1654	450	65899	1233	2838	4587	40.58
807	295	31538	1006	2613	4740	41.85
3877	1827	192623	7014	16044	34457	42.05
3431	1616	127688	4891	9481	24644	41.77
138	75	5049	305	797	1972	43.68
49	17	1925	67	205	428	42.18
637	272	21681	953	3397	7640	43.29
833	436	32904	2304	9307	17223	45.07
22	16	895	56	114	270	42.48
26	5	1091	48	103	243	42.58
208	59	2981	219	380	1187	41.09
74	51	1096	86	158	637	39.61
62	22	2887	121	371	732	43.18
45	34	2035	171	583	1530	46.28
343	227	20524	1498	7327	11969	46.31
53	22	1395	105	271	655	43.94
52	32	1815	81	284	411	42.36
52	32	1815	81	284	411	42.36
747	242	29358	922	2828	5186	42.43
199	46	7881	220	698	1377	42.51
216	93	9761	296	839	1273	41.92
15	11	831	40	133	194	43.08
49	12	1360	45	150	332	42.60
32	16	1949	75	306	539	43.48
122	36	3830	99	274	584	41.95
14	5	519	7	31	93	42.40
100	23	3227	140	397	794	43.17
274	159	2326	560	631	2848	40.21
274	159	2326	560	631	2848	40.21
296	199	13195	971	3799	9008	46.56
296	199	13195	971	3799	9008	46.56
32383	**13717**	**1224708**	**50899**	**224939**	**477699**	**45.00**
21897	6271	772465	21750	89340	148595	42.82
12212	3236	415107	10763	40566	75045	42.62
7175	2207	274299	8202	36409	53423	42.92
2510	828	83059	2785	12365	20127	43.39
6666	5824	315053	22740	109190	274932	48.23
2296	610	95106	2486	10090	22497	43.56
3663	4470	187320	17529	86620	218653	49.32
94	77	4909	218	941	2488	46.32
613	667	27718	2507	11539	31294	49.17

4-13 续表 12

职业小类 性 别	合 计	1-8 小时	9-19 小时	20-34 小时
邮政和电信业务人员	89680	232	197	1759
邮政业务人员	33008	80	97	784
电信业务人员	31601	98	53	539
电信通信传输业务人员	16889	33	22	293
其他邮政和电信业务人员	8182	21	25	143
其他办事人员和有关人员	145336	317	282	2607
其他办事人员和有关人员	145336	317	282	2607
商业、服务业人员	**5547801**	**13077**	**29679**	**219074**
购销人员	3128420	6696	16020	121276
营业人员	2180487	4883	12057	88020
推销、展销人员	538071	1033	1610	13920
采购人员	94641	171	359	3229
拍卖、典当及租赁业务人员	5489	46	65	315
废旧物资回收利用人员	126227	219	808	7656
粮油管理人员	5337	14	50	264
商品监督和市场管理人员	37252	73	79	682
其他购销人员	140916	257	992	7190
仓储人员	230211	409	561	4567
保管人员	160363	249	287	2368
储运人员	57503	130	242	1906
其他仓储人员	12345	30	32	293
餐饮服务人员	679680	1553	3366	24241
中餐烹饪人员	364240	746	1620	11743
西餐烹饪人员	11616	22	43	260
调酒和茶艺人员	3625	7	17	137
营养配餐人员	4603	8	38	135
餐厅服务人员	220392	605	1205	8621
其他餐饮服务人员	75204	165	443	3345
饭店、旅游及健身娱乐场所服务人员	158327	463	850	5447
饭店服务人员	98273	268	560	3559
旅游及公共游览场所服务人员	16617	60	78	553
健身和娱乐场所服务人员	31359	110	128	870
其他饭店、旅游及健身娱乐场所服务人员	12078	25	84	465
运输服务人员	530152	1233	2553	24365
公路、道路运输服务人员	375982	901	1938	18806
铁路客货运输服务人员	47477	103	94	1112
航空运输服务人员	7035	26	22	178
水上运输服务人员	13915	26	61	526
其他运输服务人员	85743	177	438	3743
医疗卫生辅助服务人员	16361	55	91	563
医疗卫生辅助服务人员	16361	55	91	563
社会服务和居民生活服务人员	679937	2227	5395	33016
社会中介服务人员	30358	85	179	1212
物业管理人员	68582	498	654	2379
供水、供热及生活燃料供应服务人员	64332	112	204	1582
美容美发人员	111821	257	758	5017
摄影服务人员	17825	42	137	744
验光配镜人员	2342	4	3	42
洗染织补人员	11740	29	62	550
浴池服务人员	20668	61	131	970
印章刻字人员	2073	7	13	85
日用机电产品维修人员	100544	227	688	5045
办公设备维修人员	13386	29	34	311

单位：人

35小时	36-39小时	40小时	41-47小时	48小时	48小时以上	周平均工作时间（小时）
1390	688	49970	2786	11146	21512	44.85
459	252	17737	1046	4463	8090	45.00
525	253	18510	969	3632	7022	44.44
273	116	9699	500	1936	4017	44.75
133	67	4024	271	1115	2383	46.09
2430	934	87220	3623	15263	32660	44.61
2430	934	87220	3623	15263	32660	44.61
62714	**44991**	**1623739**	**215913**	**626430**	**2712184**	**49.84**
35633	24522	888422	123224	339747	1572880	50.12
24798	17465	554902	86994	220386	1170982	50.83
5063	3405	215599	19005	78088	200348	47.70
1094	733	34657	3559	12906	37933	48.04
85	31	2086	162	605	2094	46.86
1887	1349	23985	6045	10342	73936	50.80
82	37	2212	220	497	1961	46.64
490	252	17676	1179	4970	11851	46.76
2134	1250	37305	6060	11953	73775	50.33
1718	1483	87893	7718	38641	87221	48.09
1110	970	64893	5103	28427	56956	47.81
509	423	18626	2153	8214	25300	48.78
99	90	4374	462	2000	4965	48.57
7124	5033	161367	26983	80511	369502	51.38
3511	2560	84459	13925	41967	203709	51.84
91	75	3239	451	1761	5674	50.60
36	39	1160	160	506	1563	48.66
41	22	1353	177	593	2236	50.45
2253	1737	53935	9026	28264	114746	50.70
1192	600	17221	3244	7420	41574	51.47
1622	1147	48751	5983	20465	73599	49.68
946	715	28807	3660	12126	47632	49.97
200	132	8271	558	2059	4706	45.45
326	218	8314	1286	4823	15284	50.69
150	82	3359	479	1457	5977	50.46
6875	5687	175172	21094	53381	239792	48.67
5043	4072	113570	15584	37417	178651	48.98
445	545	27708	1387	5066	11017	44.97
66	90	4579	211	735	1128	43.38
175	126	6019	493	1432	5057	47.16
1146	854	23296	3419	8731	43939	50.08
253	124	7185	714	1637	5739	46.57
253	124	7185	714	1637	5739	46.57
7982	5823	217695	25412	79262	303125	48.71
310	254	13648	1036	3689	9945	46.25
723	494	32506	2025	9675	19628	45.81
745	459	28188	1832	6897	24313	47.61
1075	962	22558	4159	10391	66644	52.85
179	141	5390	613	1976	8603	49.48
21	13	682	94	380	1103	50.61
113	95	2745	498	1391	6257	51.03
189	169	4751	797	2247	11353	51.59
21	11	639	71	249	977	48.93
1132	996	24946	4398	11190	51922	49.68
147	88	5337	461	2062	4917	47.52

4-13 续表 13

职业小类 性 别	合 计	1-8 小时	9-19 小时	20-34 小时
保育、家庭服务人员	16672	111	389	1576
环境卫生人员	130045	399	1152	7365
殡葬服务人员	5228	52	123	685
其他社会服务和居民生活服务人员	84321	314	868	5453
其他商业、服务业人员	124713	441	843	5599
其他商业、服务业人员	124713	441	843	5599
农、林、牧、渔、水利业生产人员	**16746988**	**155602**	**594266**	**2905214**
种植业生产人员	15822000	150856	574718	2784040
大田作物生产人员	14495406	145052	549567	2616135
农业实验人员	12909	74	370	1890
园艺作物生产人员	980783	4045	17737	121067
热带作物生产人员	50592	179	706	5462
中药材生产人员	41347	194	821	5457
农副林特产品加工人员	45787	185	850	6422
其他种植业生产人员	195176	1127	4667	27607
林业生产及野生动植物保护人员	115061	554	1922	13630
营造林人员	57353	301	1220	8195
森林资源管护人员	22205	111	213	1552
野生动植物保护及自然保护区人员	1864	9	16	103
木材采运人员	18751	90	319	2270
其他林业生产及野生动植物保护人员	14888	43	154	1510
畜牧业生产人员	548007	3121	13370	76483
家畜饲养人员	401285	2344	10324	59419
家禽饲养人员	99497	577	2410	12722
蜜蜂饲养人员	5755	42	132	852
实验动物饲养人员	518	3	5	51
动物疫病防治人员	7200	30	106	567
草业生产人员	1086	3	10	60
其他畜牧业生产人员	32666	122	383	2812
渔业生产人员	227626	764	3627	28542
水产养殖人员	138857	410	2266	18676
水产捕捞及有关人员	73901	310	1201	8790
水产品加工人员	11716	27	118	770
其他渔业生产人员	3152	17	42	306
水利设施管理养护人员	18839	255	451	1214
河道、水库管养人员	9045	220	368	815
农田灌排工程建设管理维护人员	2921	16	44	197
水土保持作业人员	827	1	3	38
水文勘测作业人员	1312	1	9	27
其他水利设施管理养护人员	4734	17	27	137
其他农、林、牧、渔、水利业生产人员	15455	52	178	1305
农林专用机械操作人员	14567	50	169	1260
农村能源开发利用人员	888	2	9	45
生产、运输设备操作人员及有关人员	**10925262**	**21509**	**43458**	**387917**
勘测及矿物开采人员	390844	1168	1517	13150
地质勘查人员	14335	74	195	542
测绘人员	5275	9	9	104
矿物开采人员	295933	898	1067	10483
矿物处理人员	26879	82	136	1019
钻井人员	11442	27	37	298
石油、天然气开采人员	22326	31	28	206
盐业生产人员	5176	30	7	170
其他勘测及矿物开采人员	9478	17	38	328

单位：人

35 小时	36-39 小时	40 小时	41-47 小时	48 小时	48小时 以　上	周平均 工作时间 (小时)
267	200	4895	713	1761	6760	46.43
1813	1101	44565	5216	18669	49765	46.97
97	71	1719	184	467	1830	44.39
1150	769	25126	3315	8218	39108	48.51
1507	1172	37254	4785	12786	60326	49.36
1507	1172	37254	4785	12786	60326	49.36
504286	**359132**	**3429815**	**1142934**	**1041411**	**6614328**	**43.53**
476215	341809	3240286	1080094	982003	6191979	43.37
440133	317396	2984059	989560	893664	5559840	43.09
308	279	3301	792	858	5037	44.31
25544	17330	191149	66125	65790	471996	46.57
2610	1089	8035	4902	3330	24279	46.53
859	1040	7852	2800	2986	19338	46.37
1158	733	8995	2969	3508	20967	46.15
5603	3942	36895	12946	11867	90522	45.83
3131	2180	32410	7103	8503	45628	45.17
1867	1226	15123	3772	4207	21442	44.13
421	263	9126	888	1826	7805	45.49
33	18	666	77	195	747	46.98
422	365	4451	1173	1350	8311	45.98
388	308	3044	1193	925	7323	47.43
17329	10270	100754	39090	31367	256223	46.11
13748	7884	71392	30218	22088	183868	45.72
2496	1748	18796	6204	6366	48178	46.71
146	81	1254	308	401	2539	45.61
20	11	195	36	39	158	44.41
157	90	3137	305	514	2294	44.38
27	13	412	67	95	399	46.63
735	443	5568	1952	1864	18787	49.56
7006	4467	43145	15335	16905	107835	47.12
4506	2667	27297	10245	10456	62334	46.19
2199	1605	12565	4458	4816	37957	48.53
188	132	2683	490	1315	5993	48.96
113	63	600	142	318	1551	48.06
349	203	9645	547	1423	4752	43.10
177	115	4120	321	657	2252	41.73
51	25	1405	73	198	912	44.65
12	7	494	27	51	194	43.83
26	13	867	31	83	255	43.48
83	43	2759	95	434	1139	44.52
256	203	3575	765	1210	7911	48.73
243	196	3292	732	1129	7496	48.78
13	7	283	33	81	415	47.94
97707	**91976**	**2954196**	**414860**	**1489060**	**5424579**	**49.76**
3507	3759	128974	14177	45874	178718	48.27
188	131	5935	507	1465	5298	46.32
71	30	2932	132	586	1402	45.27
2667	3013	86414	11482	36876	143033	48.68
194	235	8297	790	2890	13236	48.91
61	79	5250	287	864	4539	47.64
106	143	14746	425	1400	5241	44.82
107	38	2202	223	485	1914	46.55
113	90	3198	331	1308	4055	47.97

4-13 续表 14

职业小类 性　别	合　计	1-8 小时	9-19 小时	20-34 小时
金属冶炼、轧制人员	256463	497	726	5977
炼铁人员	33718	85	104	779
炼钢人员	54155	99	110	949
铁合金冶炼人员	11324	17	35	265
重有色金属冶炼人员	10515	20	25	284
轻有色金属冶炼人员	14944	17	32	377
稀贵金属冶炼人员	3615	10	15	97
半导体材料制备人员	2602	4	3	37
金属轧制人员	80491	139	275	1917
铸铁管人员	10946	12	26	261
炭素制品生产人员	6774	15	22	211
硬质合金生产人员	5154	9	19	203
其他金属冶炼、轧制人员	22225	70	60	597
化工产品生产人员	179977	314	465	4623
化工产品生产通用工艺人员	34337	47	71	688
石油炼制生产人员	11108	26	8	185
煤化工生产人员	17217	32	59	600
化学肥料生产人员	22378	46	79	494
无机化工产品生产人员	8728	12	10	145
基本有机化工产品生产人员	2644	2	3	33
合成树脂生产人员	4714	7	12	89
合成橡胶生产人员	7716	13	14	149
化学纤维生产人员	10362	9	9	144
合成革生产人员	6320	17	35	233
精细化工产品生产人员	13494	18	43	362
信息记录材料生产人员	2465	13	26	128
火药、炸药制造人员	9921	24	33	575
林产化工产品生产人员	1691	3	6	118
复合材料加工人员	3900	3	4	75
日用化学品生产人员	11255	12	26	295
其他化工产品生产人员	11727	30	27	310
机械制造加工人员	820548	1131	1942	15903
机械冷加工人员	345629	447	962	7077
机械热加工人员	290796	411	677	5848
特种加工设备操作人员	14933	32	36	234
冷作钣金加工人员	19717	27	27	251
工件表面处理加工人员	49367	69	51	672
磨料磨具制造加工人员	37302	58	57	705
航天器件加工成型人员	1484		1	24
其他机械制造加工人员	61320	87	131	1092
机电产品装配人员	485884	580	967	8214
基础件、部件装配人员	61785	64	118	1011
机械设备装配人员	70971	66	81	793
动力设备装配人员	14107	14	20	169
电气元件及设备装配人员	46299	80	111	834
电子专用设备装配调试人员	17964	26	24	318
仪器仪表装配人员	16903	21	24	226
运输车辆装配人员	51107	79	140	1131
膜法水处理设备制造人员	487			19
医疗器械装配及假肢与矫形器制作人员	4252	5	13	69
日用机械电器制造装配人员	46527	43	78	583
五金制品制作、装配人员	120127	129	293	2476
装甲车辆装试人员	509	4	5	19

单位：人

35 小时	36-39 小时	40 小时	41-47 小时	48 小时	48小时 以　上	周平均 工作时间 (小时)
1697	1869	84268	8221	39109	114099	48.86
227	302	11580	1063	4527	15051	48.43
291	359	22160	1567	8422	20198	47.50
78	95	3558	398	1636	5242	49.01
85	72	4278	328	1653	3770	47.05
100	147	5501	462	2283	6025	48.03
40	25	1380	100	609	1339	47.44
13	24	1051	58	458	954	47.82
524	514	21195	2781	12849	40297	50.20
57	68	3523	347	1561	5091	49.33
69	52	2044	266	922	3173	48.77
48	48	1545	190	738	2354	49.02
165	163	6453	661	3451	10605	49.48
1608	1557	70837	6440	27499	66634	47.47
328	281	14206	1140	5607	11969	47.05
257	101	6950	277	1228	2076	43.80
111	144	5703	592	2652	7324	47.96
150	193	9742	845	3385	7444	46.44
53	61	4087	199	1304	2857	46.53
20	26	1284	80	418	778	46.31
46	36	1791	173	754	1806	48.22
60	54	2647	354	1205	3220	48.78
33	51	4136	294	1733	3953	48.35
56	52	1467	195	747	3518	53.69
111	119	4137	476	2518	5710	48.79
20	14	915	113	253	983	47.05
123	220	3267	679	1053	3947	46.68
39	19	461	62	206	777	48.00
22	18	1306	115	683	1674	49.16
81	78	4283	456	2009	4015	47.48
98	90	4455	390	1744	4583	47.68
4417	4598	232873	25491	158200	375993	49.56
1851	1799	100517	10268	70156	152552	49.23
1555	1860	77916	9152	51748	141629	49.97
64	62	5114	436	2988	5967	48.49
88	83	6110	639	3906	8586	49.28
221	258	11946	1613	9921	24616	51.01
183	168	9667	1234	7754	17476	50.00
66	6	792	36	186	373	45.02
389	362	20811	2113	11541	24794	48.52
2463	2526	152553	16550	101629	200402	49.03
298	307	20176	1995	13369	24447	48.85
301	360	27560	2197	14931	24682	47.87
82	56	5357	416	3000	4993	47.96
221	251	14612	1527	10123	18540	48.71
100	128	6605	755	3443	6565	48.14
101	99	6915	514	3167	5836	47.70
296	277	18484	1568	9959	19173	48.12
1		165	11	74	217	48.71
28	24	1806	127	841	1339	47.23
166	172	11999	1610	10859	21017	50.21
685	671	25848	4616	25535	59874	50.62
4	11	176	18	98	174	46.32

4-13 续表 15

职业小类 性 别	合 计	1-8 小时	9-19 小时	20-34 小时
枪炮制造人员	457	1		7
弹制造人员	394		1	5
引信加工制造人员	119		1	4
火工品制造人员	2153	3	7	100
防化器材制造人员	281	1	1	5
船舶制造人员	21915	25	32	300
航空产品装配与调试人员	1695	9	2	17
航空产品试验人员	287	1		4
导弹卫星装配测试人员	134	1		2
火箭发动机装配试验人员	43			
航天器结构强度、温度、环境试验人员	114			2
靶场试验人员	53		2	1
其他机电产品装配人员	7201	8	14	119
机械设备修理人员	461199	900	1504	12146
机械设备维修人员	421829	808	1386	11078
仪器仪表修理人员	8563	23	17	154
民用航空器维修人员	2617	5	3	34
其他机械设备修理人员	28190	64	98	880
电力设备安装、运行、检修及供电人员	410678	749	991	9938
电力设备安装人员	53614	96	129	1421
发电运行值班人员	21632	43	38	673
输电、配电、变电设备值班人员	11269	22	15	233
电力设备检修人员	72161	129	140	1386
供用电人员	55628	120	148	1429
生活、生产电力设备安装、操作、修理人员	177024	302	465	4332
其他电力设备安装、运行、检修及供电人员	19350	37	56	464
电子元器件与设备制造、装配、调试及维修人员	360012	603	743	7514
电子器件制造人员	113780	214	217	2034
电子元件制造人员	105942	191	198	1842
电池制造人员	13810	11	46	243
电子设备装配、调试人员	59599	59	80	1683
电子产品维修人员	34176	79	124	1043
其他电子元器件与设备制造、装配、调试及维修人员	32705	49	78	669
橡胶和塑料制品生产人员	149359	240	356	3110
橡胶制品生产人员	37962	85	104	877
塑料制品加工人员	95235	136	223	1905
其他橡胶和塑料制品生产人员	16162	19	29	328
纺织、针织、印染人员	201950	347	721	4979
纤维预处理人员	9724	20	55	310
纺纱人员	36425	110	144	1053
织造人员	49350	68	175	1415
针织人员	49111	63	139	1263
印染人员	35988	49	125	483
其他纺织、针织、印染人员	21352	37	83	455
裁剪、缝纫和皮革制品加工制作人员	604827	906	1980	15409
裁剪、缝纫人员	352390	585	1175	9024
鞋帽制作人员	160282	150	414	3339
皮革、毛皮加工人员	48181	83	243	1914
缝纫制品再加工人员	13804	22	65	348
其他裁剪、缝纫和皮革、毛皮制品加工制作人员	30170	66	83	784
粮油、食品、饮料生产加工及饲料生产加工人员	225768	612	1714	14171
粮油生产加工人员	39747	127	487	3574
制糖和糖制品加工人员	9775	25	42	300

单位：人

35小时	36-39小时	40小时	41-47小时	48小时	48小时以上	周平均工作时间（小时）
1		226	70	53	99	44.94
2	1	245	12	49	79	44.25
1		59	3	21	30	45.33
40	27	914	114	188	760	46.40
	1	99	15	48	111	48.19
86	90	7740	629	4144	8869	48.52
11	11	1150	58	203	234	43.28
1	3	181	13	33	51	43.36
1	2	70	3	21	34	45.43
	1	21		6	15	47.98
		86	6	10	10	41.99
	1	26	2	7	14	44.43
37	33	2033	271	1447	3239	49.51
3815	3272	149228	15543	66357	208434	49.02
3436	3000	133451	14275	61117	193278	49.16
102	65	4502	262	1151	2287	45.44
21	26	1705	55	318	450	43.85
256	181	9570	951	3771	12419	48.53
5217	3303	188586	12717	53721	135456	46.46
588	441	21555	1849	6925	20610	47.45
467	329	12330	787	2208	4757	44.23
188	103	6775	293	1203	2437	44.32
1089	511	37506	1875	8928	20597	45.67
947	472	29135	1460	5693	16224	45.32
1646	1269	72265	5838	26250	64657	47.28
292	178	9020	615	2514	6174	46.25
1855	2170	116816	14833	75248	140230	48.72
565	656	36714	4745	23268	45367	48.95
511	705	32711	4655	23249	41880	48.95
55	97	4158	571	3041	5588	49.10
225	283	21202	2294	13816	19957	47.81
320	257	11703	1326	5236	14088	48.42
179	172	10328	1242	6638	13350	48.93
806	848	36690	5029	29884	72396	50.63
178	223	10296	1171	7426	17602	49.79
535	511	22285	3339	19656	46645	50.96
93	114	4109	519	2802	8149	50.67
1197	1238	42382	7326	32835	110925	52.30
71	68	2278	296	1553	5073	50.98
236	216	8899	1423	5319	19025	50.33
320	334	10814	1775	7636	26813	51.71
307	380	9778	1934	7903	27344	52.71
136	133	5730	1029	6161	22142	55.58
127	107	4883	869	4263	10528	51.13
3804	4150	109974	23114	94313	351177	52.69
2182	2493	64585	13273	53115	205958	52.74
868	945	26925	5957	26313	95371	53.42
420	418	10110	2175	8275	24543	50.46
111	101	2678	595	1930	7954	51.98
223	193	5676	1114	4680	17351	52.07
3975	2441	59188	10652	24817	108198	48.71
755	503	9461	2020	3648	19172	47.83
203	72	4188	379	1106	3460	46.68

4-13 续表 16

职业小类 性 别	合 计	1-8 小时	9-19 小时	20-34 小时
乳品、冷仪器及罐头、饮料制作人员	17434	47	69	619
酿酒、食品添加剂及调味品制作人员	28607	69	95	988
粮油食品制作人员	48625	123	373	2975
屠宰加工人员	34661	98	340	3153
肉、蛋食品加工人员	13262	36	76	639
饲料生产加工人员	8402	31	77	450
其他粮油、食品、饮料生产加工及饲料生产加工人员	25255	56	155	1473
烟草及其制品加工人员	9766	30	33	293
原烟复烤人员	2447	9	15	126
卷烟生产人员	5557	8	13	119
烟用醋酸纤维丝束滤棒制作人员	201	1		8
其他烟草及其制品加工人员	1561	12	5	40
药品生产人员	28438	68	47	438
合成药物制造人员	9899	18	17	165
生物技术制药(品)人员	3603	8	2	47
药物制剂人员	5032	10	5	56
中药制药人员	4412	19	9	80
其他药品生产人员	5492	13	14	90
木材加工、人造板生产、木制品制作及制浆、造纸和纸制品生产加工人员	523011	1033	2270	21226
木材加工人员	151473	367	869	7702
人造板生产人员	39087	80	212	1956
木材制品制作人员	247329	415	937	8933
制浆人员	5586	14	12	112
造纸人员	24433	36	63	585
纸制品制作人员	28360	29	66	686
其他木材加工、人造板生产、木制品制作及制浆、造纸和纸制品生产加工人员	26743	92	111	1252
建筑材料生产加工人员	259007	611	1218	11572
水泥及水泥制品生产加工人员	86689	209	405	3851
墙体屋面材料生产人员	66979	178	339	3248
建筑防水密封材料生产人员	3880	7	17	171
建筑保温及吸音材料生产人员	3836	15	22	195
装饰石材生产人员	35610	45	131	1234
非金属矿及其制品生产加工人员	9325	11	48	469
耐火材料生产人员	12320	48	34	360
其他建筑材料生产加工人员	40368	98	222	2044
玻璃、陶瓷、搪瓷及其制品生产加工人员	102997	214	234	2735
玻璃熔制人员	30902	54	67	893
玻璃纤维及其制品生产人员	11610	21	25	282
石英玻璃制品加工人员	3238	6	9	104
陶瓷制品生产人员	45147	114	104	1123
搪瓷制品生产人员	1482	3	1	37
其他玻璃、陶瓷、搪瓷及其制品生产加工人员	10618	16	28	296
广播影视制品制作、播放及文物保护作业人员	13117	48	78	507
影视制品制作人员	2363	4	10	80
音像制品制作、复制人员	2458	11	18	106
广播影视舞台设备安装调试及运行操作人员	4200	15	20	148
电影放映人员	1763	11	16	103
文物保护作业人员	224	2	1	4
其他广播影视制品制作、播放及文物保护作业人员	2109	5	13	66
印刷人员	65230	67	172	1304
印前处理人员	9610	20	28	186

单位：人

35小时	36-39小时	40小时	41-47小时	48小时	48小时以上	周平均工作时间（小时）
146	134	5523	736	2638	7522	48.78
370	287	10466	1199	4190	10943	47.26
796	477	10559	2224	4867	26231	50.24
999	463	7535	2037	2801	17235	48.23
193	121	2863	558	1730	7046	50.41
111	119	2379	336	1051	3848	48.27
402	265	6214	1163	2786	12741	49.45
139	59	5391	290	1239	2292	44.42
51	20	901	124	212	989	46.83
54	26	3512	128	816	881	43.41
2	1	105	7	41	36	44.11
32	12	873	31	170	386	44.31
248	287	13692	893	5051	7714	45.85
91	96	4859	305	1659	2689	45.75
29	30	1789	111	801	786	45.31
35	66	2584	133	825	1318	45.59
40	42	2063	154	706	1299	46.06
53	53	2397	190	1060	1622	46.47
4545	5174	111275	22599	70252	284637	50.30
1728	1814	31380	7142	17359	83112	49.95
342	420	8047	1769	5207	21054	50.12
1837	2184	50663	10247	33034	139079	50.75
35	31	1699	133	830	2720	49.22
192	233	7179	937	4213	10995	48.98
181	209	6621	1113	5865	13590	50.23
230	283	5686	1258	3744	14087	49.82
2450	2630	58575	10910	29119	141922	50.03
743	833	22424	3472	10704	44048	49.39
725	750	14020	3051	6850	37818	50.18
40	38	949	121	458	2079	49.84
38	38	953	121	449	2005	49.86
284	314	6141	1648	3738	22075	51.40
115	101	2118	433	914	5116	50.07
67	90	2653	391	1702	6975	50.30
438	466	9317	1673	4304	21806	49.89
747	854	23518	4078	16533	54084	50.31
231	216	8084	1038	5103	15216	49.83
76	88	3246	523	2096	5253	49.27
21	6	752	117	593	1630	50.24
327	444	8578	1832	6942	25683	50.95
7	18	320	53	234	809	50.63
85	82	2538	515	1565	5493	50.07
225	116	7331	406	1267	3139	44.31
23	16	1329	69	264	568	44.75
41	24	1334	93	201	630	44.33
90	43	2474	107	418	885	43.82
32	15	1015	48	156	367	43.28
4	2	111	17	10	73	45.37
35	16	1068	72	218	616	45.50
390	440	21024	2200	12643	26990	49.00
66	72	3325	311	1826	3776	48.43

4-13 续表 17

职业小类 性　　别	合　计	1-8 小时	9-19 小时	20-34 小时
印刷操作人员	43242	41	108	821
印后制作人员	6465	4	16	140
其他印刷人员	5913	2	20	157
工艺、美术品制作人员	139318	259	553	5078
珠宝首饰加工制作人员	15313	24	50	328
地毯制作人员	2478	6	13	110
玩具制作人员	42981	90	133	1130
漆器工艺品制作人员	16037	26	56	643
抽纱、刺绣工艺品制作人员	5743	8	39	259
金属工艺品制作人员	8426	6	35	273
雕刻工艺品制作人员	18514	54	103	879
美术品制作	4635	5	18	140
其他工艺、美术品制作人员	25191	40	106	1316
文化教育、体育用品制作人员	17235	48	29	380
文教用品制作人员	6316	19	13	213
体育用品制作人员	6247	19	8	59
乐器制作人员	2414	4	7	52
其他文化教育、体育用品制作人员	2258	6	1	56
工程施工人员	2530782	5576	12665	120038
土石方施工人员	161384	461	1000	8650
砌筑人员	1234720	2791	6754	64585
混凝土配制及制品加工人员	151424	397	791	8125
钢筋加工人员	138640	229	541	5043
施工架子搭设人员	58823	119	277	2481
工程防水人员	15079	56	100	748
装饰、装修人员	551920	1088	2212	22111
古建筑修建人员	3015	7	16	146
筑路、养护、维修人员	57373	140	217	1751
工程设备安装人员	52834	110	206	1488
其他工程施工人员	105570	178	551	4910
运输设备操作人员及有关人员	1701795	3405	7968	71221
公(道)路运输机械设备操作及有关人员	1546841	3082	7361	66051
铁路、地铁运输机械设备操作及有关人员	43685	83	87	899
民用航空设备操作及有关人员	2611	7	18	85
水上运输设备操作及有关人员	16637	24	88	660
起重装卸机械操作及有关人员	51716	109	184	1555
其他运输设备操作人员及有关人员	40305	100	230	1971
环境监测与废物处理人员	14590	40	62	524
环境监测人员	3303	6	6	62
海洋环境调查与监测人员	504		2	14
废物处理人员	9123	29	44	388
其他环境监测与废物处理人员	1660	5	10	60
检验、计量人员	161575	220	219	2142
检验人员	142931	186	157	1689
航空产品检验人员	698		1	17
航天器检验、测试人员	3734	8	31	172
计量人员	7950	12	15	149
其他检验、计量人员	6262	14	15	115
其他生产、运输设备操作人员及有关人员	810892	1843	4284	35325
包装人员	155279	192	360	2982
机泵操作人员	9544	21	24	252
简单体力劳动人员	646069	1630	3900	32091
不便分类的其他从业人员	**42883**	**161**	**350**	**2307**

单位：人

35 小时	36-39 小时	40 小时	41-47 小时	48 小时	48小时 以 上	周平均 工作时间 (小时)
256	294	13650	1485	8583	18004	49.16
25	37	1961	222	1205	2855	49.22
43	37	2088	182	1029	2355	48.51
1135	1251	30026	6153	23449	71414	50.36
101	145	2927	704	3483	7551	51.01
20	20	656	106	332	1215	49.24
316	369	10913	1986	8612	19432	49.36
121	142	3272	700	2502	8575	50.57
60	48	894	246	738	3451	53.41
54	58	1895	353	1560	4192	50.37
211	178	3363	794	2243	10689	50.45
24	39	1248	165	706	2290	50.97
228	252	4858	1099	3273	14019	50.78
93	93	4916	558	3947	7171	49.28
39	45	1630	225	1387	2745	49.29
25	21	1808	192	1693	2422	49.47
10	18	779	84	477	983	48.59
19	9	699	57	390	1021	49.45
24272	25922	537035	107143	258629	1439502	50.40
1843	1671	36421	6805	16351	88182	49.81
12172	13561	245694	54082	119160	715921	50.42
1654	1651	31097	6707	15860	85142	50.18
1148	1256	28276	5849	13806	82492	51.37
439	584	11594	2395	5778	35156	51.19
130	155	3899	634	1552	7805	49.34
4790	5142	115527	22377	62298	316375	50.71
28	37	761	129	290	1601	49.40
611	450	22552	2054	5899	23699	47.66
466	357	15856	1855	6795	25701	49.43
991	1058	25358	4256	10840	57428	50.15
20155	15606	502358	63040	174274	843768	49.73
18652	14011	442362	57963	156519	780840	49.89
406	542	26362	1237	4630	9439	44.62
31	24	1289	81	258	818	46.03
167	185	4985	600	1508	8420	49.97
385	433	17169	1580	7255	23046	48.98
514	411	10191	1579	4104	21205	50.14
231	144	6059	530	1662	5338	47.14
77	33	2261	65	247	546	43.27
7	5	234	20	46	176	46.59
120	85	2863	372	1200	4022	48.64
27	21	701	73	169	594	46.79
1223	966	70092	5270	29084	52359	47.26
1009	810	61566	4709	26832	45973	47.32
8	6	451	15	61	139	44.10
38	46	1165	120	334	1820	48.97
75	60	3895	245	944	2555	46.55
93	44	3015	181	913	1872	46.20
7493	6703	190535	30697	112425	421587	50.12
820	981	36825	6061	32733	74325	50.37
72	83	3625	264	1300	3903	48.25
6601	5639	150085	24372	78392	343359	50.09
604	**385**	**13770**	**1732**	**4514**	**19060**	**48.17**

4-13 续表 18

职业小类 性 别	合 计	1-8 小时	9-19 小时	20-34 小时
女	**31032853**	**259074**	**990954**	**4560842**
国家机关、党群组织、企业、事业单位负责人	**316799**	**645**	**1110**	**7979**
中国共产党中央委员会和地方各级组织负责人	1769	9	5	57
中国共产党中央委员会和地方各级组织负责人	1769	9	5	57
国家机关及其工作机构负责人	21867	65	53	475
国家权力机关及其工作机构负责人	2499	10	15	109
人民政协及其工作机构负责人	1201	5	7	42
人民法院负责人	725	3	2	20
人民检察院负责人	481			10
国家行政机关及其工作机构负责人	13068	31	22	225
其他国家机关及其工作机构负责人	3893	16	7	69
民主党派和社会团体及其工作机构负责人	23749	93	320	1940
民主党派负责人	1299	9	66	234
工会、共青团、妇联、其他人民团体及其工作机构负责人	6921	31	104	688
群众自治组织负责人	13361	46	137	911
其他社会团体及其工作机构负责人	2168	7	13	107
事业单位负责人	21403	61	62	483
教育教学单位负责人	6519	12	24	143
卫生单位负责人	2780	12	18	115
科研单位负责人	989	7	2	21
其他事业单位负责人	11115	30	18	204
企业负责人	248011	417	670	5024
企业负责人	248011	417	670	5024
专业技术人员	**2478819**	**6219**	**7776**	**59403**
科学研究人员	19100	93	206	1403
哲学研究人员	2406	47	112	502
经济学研究人员	548	1	5	20
法学研究人员	255	2	8	14
社会学研究人员	544	3	2	12
教育科学研究人员	1471	16	15	81
文学、艺术研究人员	353	1	1	22
图书馆学、情报学研究人员	708	1	4	14
历史学研究人员	178		2	5
管理科学研究人员	933	1	1	28
数学研究人员	1417	4	32	512
物理学研究人员	593	1	2	5
化学研究人员	1846	1	4	32
天文学研究人员	109	1		2
地球科学研究人员	250	2		3
生物科学研究人员	1250	1	2	16
农业科学研究人员	1893	1	12	79
医学研究人员	2456	7	3	33
其他科学研究人员	1890	3	1	23
工程技术人员	246291	528	656	5298
地质勘探工程技术人员	3109	6	13	97
测绘工程技术人员	3386	4	12	133
矿山工程技术人员	3477	11	12	95
石油工程技术人员	4661	6	7	29
冶金工程技术人员	4141	6	12	68
化工工程技术人员	6535	19	9	102
机械工程技术人员	19886	51	38	312

单位：人

35小时	36-39小时	40小时	41-47小时	48小时	48小时以上	周平均工作时间（小时）
742832	**534883**	**8948117**	**1605181**	**2732920**	**10658050**	**43.63**
4072	**1909**	**152670**	**8554**	**31736**	**108124**	**47.24**
39	11	1298	35	67	248	41.94
39	11	1298	35	67	248	41.94
612	145	17179	309	983	2046	41.40
69	19	1802	55	140	280	41.41
38	8	867	9	75	150	41.61
13	4	554	15	34	80	41.74
15	3	383	6	19	45	41.44
365	88	10626	154	509	1048	41.23
112	23	2947	70	206	443	41.86
532	223	13085	741	1687	5128	42.62
45	27	414	75	66	363	41.22
163	81	4011	201	450	1192	41.39
278	108	7416	411	1011	3043	43.17
46	7	1244	54	160	530	44.02
466	138	15371	444	1280	3098	42.51
115	29	4749	148	361	938	42.47
56	30	1868	74	178	429	42.29
18	4	693	22	62	160	42.94
277	75	8061	200	679	1571	42.56
2423	1392	105737	7025	27719	97604	48.65
2423	1392	105737	7025	27719	97604	48.65
42365	**18806**	**1650206**	**69966**	**233928**	**390150**	**42.94**
485	375	12571	469	1107	2391	41.12
56	36	858	93	98	604	39.99
6	4	367	14	41	90	42.86
5	6	152	8	19	41	41.25
8	1	400	12	28	78	42.43
32	6	986	47	78	210	41.39
3	2	235	11	28	50	42.30
18	3	571	10	24	63	41.19
5		142	1	7	16	41.18
15	7	642	21	85	133	42.75
132	245	353	24	40	75	35.35
8	2	483	12	31	49	41.44
25	12	1218	44	207	303	43.32
3	2	73	2	8	18	42.62
5	1	209	7	8	15	40.70
20	6	1050	20	65	70	41.02
64	22	1402	35	75	203	41.16
36	8	1924	65	159	221	41.76
44	12	1506	43	106	152	41.61
3149	1991	149178	7011	27695	50785	44.13
81	34	2247	55	202	374	41.86
68	28	2333	69	289	450	42.24
50	32	1951	83	340	903	44.54
60	33	3748	53	231	494	42.08
48	32	2542	129	440	864	44.25
106	67	4204	175	741	1112	43.38
144	112	11743	568	3030	3888	44.37

4-13 续表 19

职业小类 性 别	合 计	1-8 小时	9-19 小时	20-34 小时
兵器工程技术人员	837			5
航空工程技术人员	1876	2	1	24
航天工程技术人员	1983	5	5	38
电子工程技术人员	19401	55	28	307
通信工程技术人员	10622	18	11	143
计算机与应用工程技术人员	29680	52	40	355
电气工程技术人员	5531	13	9	76
电力工程技术人员	12050	27	14	240
邮政工程技术人员	946	2	1	26
广播、电影、电视工程技术人员	3090	10	9	74
交通工程技术人员	3732	10	12	86
民用航空工程技术人员	793	4	6	36
铁路工程技术人员	4148	10	9	70
建筑工程技术人员	33415	75	199	1198
建材工程技术人员	4804	9	16	199
林业工程技术人员	2499	8	14	108
水利工程技术人员	3908	9	5	67
海洋工程技术人员	299	1		3
水产工程技术人员	446	1	1	20
纺织工程技术人员	15480	39	65	526
食品工程技术人员	6624	16	47	276
气象工程技术人员	1284		2	20
地震工程技术人员	302		1	8
环境保护工程技术人员	2601	6	3	56
安全工程技术人员	2093	5	4	29
标准化、计量、质量工程技术人员	9760	15	14	122
管理(工业)工程技术人员	15318	22	18	220
其他工程技术人员	7574	11	19	130
农业技术人员	23801	180	559	2923
土壤肥料技术人员	3140	24	180	655
植物保护技术人员	2025	11	33	196
园艺技术人员	6706	19	100	778
作物遗传育种栽培技术人员	1280	4	9	72
兽医、兽药技术人员	2745	8	19	191
畜牧与草业技术人员	2661	40	82	417
其他农业技术人员	5244	74	136	614
飞机和船舶技术人员	3354	6	20	265
飞行人员和领航人员	2000	3	17	231
船舶指挥和引航人员	402		2	19
其他飞机和船舶技术人员	952	3	1	15
卫生专业技术人员	413002	836	771	7674
西医医师	100345	198	236	1942
中医医师	16736	38	54	411
中西医结合医师	23510	70	74	627
民族医生	1334	6	4	63
公共卫生医师	6170	26	17	170
药剂人员	21802	55	36	408
医疗技术人员	20574	34	44	442
护理人员	205294	369	253	3119
其他卫生专业技术人员	17237	40	53	492
经济业务人员	653236	1119	1104	10615
经济计划人员	11711	28	59	454
统计人员	43887	75	73	694
会计人员	565106	949	889	8881
审计人员	9781	11	7	118
国际商务人员	5328	3	2	37
其他经济业务人员	17423	53	74	431

单位：人

35小时	36-39小时	40小时	41-47小时	48小时	48小时以上	周平均工作时间(小时)
12	21	653	15	80	51	41.67
7	13	1458	53	115	203	42.34
9	14	1455	55	107	295	42.74
120	136	10833	630	2855	4437	45.06
166	67	7552	290	896	1479	42.81
281	222	21065	837	2761	4067	42.94
69	39	3364	157	744	1060	44.23
276	146	8462	263	979	1643	42.59
15	7	639	32	73	151	42.82
67	24	2124	85	277	420	42.58
63	27	2341	86	401	706	43.76
10	13	430	36	72	186	44.02
56	30	2894	65	381	633	43.06
527	296	19697	1017	3168	7238	43.80
44	52	1988	169	622	1705	46.57
70	22	1566	58	229	424	42.77
114	37	3016	59	228	373	41.59
3		219	4	20	49	42.94
4	4	257	18	38	103	43.85
128	163	5256	597	2370	6336	47.94
70	64	2373	241	920	2617	47.57
67	14	903	36	75	167	42.53
10	2	192	3	26	60	43.57
43	13	1915	65	168	332	42.27
32	15	1332	66	240	370	43.70
109	63	5490	276	1345	2326	45.13
142	77	8269	434	2304	3832	45.47
78	72	4667	232	928	1437	44.07
528	284	9778	845	1893	6811	42.69
49	27	1233	77	226	669	38.84
49	20	1025	77	162	452	42.38
169	99	2712	298	677	1854	43.34
31	8	572	46	83	455	44.90
45	30	1351	85	240	776	44.43
73	44	864	122	216	803	42.41
112	56	2021	140	289	1802	42.98
51	47	1369	121	356	1119	45.43
34	34	608	78	206	789	45.85
8	3	154	11	42	163	47.58
9	10	607	32	108	167	43.66
7281	4215	255062	16621	42841	77701	43.76
1632	895	63700	3704	9047	18991	43.71
272	170	10101	653	1577	3460	43.96
440	241	13202	954	2152	5750	44.54
17	13	717	58	139	317	44.11
127	42	3848	183	510	1247	43.66
413	272	13221	928	2307	4162	43.84
371	218	13027	794	1892	3752	43.52
3686	2212	127089	8717	23590	36259	43.67
323	152	10157	630	1627	3763	44.01
10388	4339	405887	17525	85035	117224	43.81
178	75	6695	319	1309	2594	44.15
642	278	25282	1087	6599	9157	44.52
8961	3786	353134	15141	73153	100212	43.76
240	57	7547	211	759	831	41.78
68	26	3607	202	869	514	42.86
299	117	9622	565	2346	3916	44.58

4-13 续表 20

职业小类 性 别	合 计	1-8 小时	9-19 小时	20-34 小时
金融业务人员	175882	397	445	4434
银行业务人员	95257	169	66	1389
保险业务人员	62654	189	349	2427
证券业务人员	7567	16	17	332
其他金融业务人员	10404	23	13	286
法律专业人员	20867	43	28	378
法官	5136	13	5	78
检察官	2172	4	1	48
律师	6624	13	14	112
公证员	919		1	26
司法鉴定人员	612	1		20
书记员	2340	6	1	30
其他法律专业人员	3064	6	6	64
教学人员	818336	2651	3317	22508
高等教育教师	77515	350	507	2098
中等职业教育教师	43895	134	175	993
中学教师	266121	739	831	6284
小学教师	268712	668	877	8168
幼儿教师	123088	239	297	3260
特殊教育教师	4182	21	35	127
其他教学人员	34823	500	595	1578
文学艺术工作人员	40849	169	327	1855
文艺创作和评论人员	946	7	8	58
编导和音乐指挥人员	1208	4	7	37
演员	6488	83	148	829
乐器演奏员	1325	17	77	284
电影、电视制作及舞台专业人员	2350	6	6	64
美术专业人员	2134	7	16	76
工艺美术专业人员	24528	36	45	403
其他文学艺术工作人员	1870	9	20	104
体育工作人员	1408	6	15	92
体育工作人员	1408	6	15	92
新闻出版、文化工作人员	47960	126	74	815
记者	7386	14	14	88
编辑	14026	24	13	211
校对员	1519	1	2	54
播音员及节目主持人	3235	16	14	96
翻译	6028	19	14	105
图书资料与档案业务人员	11689	40	12	168
考古及文物保护工作人员	529	1		10
其他新闻出版、文化工作人员	3548	11	5	83
宗教职业者	2938	32	228	854
宗教职业者	2938	32	228	854
其他专业技术人员	11795	33	26	289
其他专业技术人员	11795	33	26	289
办事人员和有关人员	**1012792**	**1955**	**1525**	**16490**
行政办公人员	758975	1347	874	10464
行政业务人员	305819	588	408	4725
行政事务人员	370407	593	378	4466
其他行政办公人员	82749	166	88	1273
安全保卫和消防人员	82656	240	275	2446
人民警察	25021	64	13	341
治安保卫人员	48164	142	224	1745
消防人员	861	2		13
其他安全保卫和消防人员	8610	32	38	347

单位：人

35小时	36-39小时	40小时	41-47小时	48小时	48小时以上	周平均工作时间(小时)
3490	1268	122419	4411	15246	23772	42.40
2066	644	72007	2217	7033	9666	41.92
1042	521	37317	1809	6860	12140	43.29
167	43	5717	149	503	623	41.09
215	60	7378	236	850	1343	42.37
546	116	16486	357	1097	1816	41.43
148	37	3890	89	300	576	41.96
66	15	1806	28	69	135	40.85
108	27	5205	133	412	600	41.58
28	8	712	15	43	86	41.38
14	2	487	10	26	52	41.33
86	9	1926	32	104	146	40.99
96	18	2460	50	143	221	41.02
14671	5439	610700	19445	48219	91386	41.69
1671	424	64903	1199	2633	3730	40.33
817	284	34310	999	2366	3817	41.34
4070	1667	200061	6488	15480	30501	41.84
5294	1866	204797	6117	12741	28184	41.46
2034	886	80568	3656	11914	20234	42.98
88	21	3114	90	254	432	41.43
697	291	22947	896	2831	4488	41.30
574	309	22467	1481	5293	8374	43.75
16	3	592	40	70	152	41.93
26	9	890	25	65	145	41.87
210	77	3384	229	405	1123	40.50
29	17	590	53	61	197	38.09
36	15	1592	66	186	379	42.95
25	16	1103	76	291	524	44.95
200	153	13247	924	4038	5482	45.11
32	19	1069	68	177	372	43.09
19	11	898	57	142	168	41.51
19	11	898	57	142	168	41.51
940	290	36641	1087	3280	4707	41.81
142	36	5721	163	482	726	41.85
257	76	11247	317	842	1039	41.40
20	10	1046	50	138	198	42.43
65	30	2258	90	243	423	42.07
48	22	4177	176	633	834	42.78
323	89	9311	192	646	908	41.34
13	4	412	6	26	57	41.81
72	23	2469	93	270	522	42.72
92	26	648	172	115	771	37.96
92	26	648	172	115	771	37.96
151	96	6102	364	1609	3125	45.36
151	96	6102	364	1609	3125	45.36
18934	**6596**	**694016**	**24836**	**104000**	**144440**	**43.06**
14505	4609	542689	17457	76170	90860	42.60
6810	1914	231414	6052	21092	32816	42.10
6064	2144	254273	9419	46073	46997	42.95
1631	551	57002	1986	9005	11047	42.90
1235	721	44602	2373	8565	22199	45.83
578	115	19384	434	1432	2660	41.98
525	515	20621	1633	6080	16679	47.70
15	8	557	23	81	162	44.09
117	83	4040	283	972	2698	46.78

4-13 续表 21

职业小类 性别	合计	1-8 小时	9-19 小时	20-34 小时
邮政和电信业务人员	69970	145	148	1542
邮政业务人员	19660	33	44	509
电信业务人员	37586	83	70	734
电信通信传输业务人员	8105	24	19	178
其他邮政和电信业务人员	4619	5	15	121
其他办事人员和有关人员	101191	223	228	2038
其他办事人员和有关人员	101191	223	228	2038
商业、服务业人员	**5948448**	**14147**	**38661**	**295544**
购销人员	3594201	7689	20945	166021
营业人员	2931695	6256	17045	135754
推销、展销人员	408451	842	1673	13722
采购人员	45257	114	284	2094
拍卖、典当及租赁业务人员	3252	35	62	224
废旧物资回收利用人员	65489	127	621	5654
粮油管理人员	3086	13	55	263
商品监督和市场管理人员	20087	50	72	447
其他购销人员	116884	252	1133	7863
仓储人员	166745	275	487	3932
保管人员	140052	213	282	2465
储运人员	17867	44	144	1016
其他仓储人员	8826	18	61	451
餐饮服务人员	770919	1815	5204	43445
中餐烹饪人员	184710	525	1492	13361
西餐烹饪人员	7268	10	45	307
调酒和茶艺人员	4012	11	19	192
营养配餐人员	4408	19	36	215
餐厅服务人员	465560	1021	2832	22949
其他餐饮服务人员	104961	229	780	6421
饭店、旅游及健身娱乐场所服务人员	288864	733	1415	12371
饭店服务人员	207891	498	971	9167
旅游及公共游览场所服务人员	23300	58	108	915
健身和娱乐场所服务人员	40679	119	191	1370
其他饭店、旅游及健身娱乐场所服务人员	16994	58	145	919
运输服务人员	125433	323	765	6549
公路、道路运输服务人员	82294	211	563	4701
铁路客货运输服务人员	18954	50	41	475
航空运输服务人员	7470	23	27	298
水上运输服务人员	3400	6	25	205
其他运输服务人员	13315	33	109	870
医疗卫生辅助服务人员	25066	65	79	697
医疗卫生辅助服务人员	25066	65	79	697
社会服务和居民生活服务人员	877279	2826	8919	56694
社会中介服务人员	23403	59	173	1030
物业管理人员	36261	225	347	1811
供水、供热及生活燃料供应服务人员	18712	32	53	568
美容美发人员	171928	425	1134	8539
摄影服务人员	15164	45	109	732
验光配镜人员	2187	9	6	65
洗染织补人员	18851	56	163	1161
浴池服务人员	26166	83	264	1716
印章刻字人员	1729		8	72
日用机电产品维修人员	19839	66	272	1781
办公设备维修人员	3009	18	21	153

单位：人

35小时	36-39小时	40小时	41-47小时	48小时	48小时以上	周平均工作时间（小时）
1297	584	42170	2454	8253	13377	43.85
353	187	12419	654	2064	3397	43.30
707	300	21871	1370	4786	7665	44.22
157	67	5191	260	872	1337	43.27
80	30	2689	170	531	978	44.26
1897	682	64555	2552	11012	18004	43.64
1897	682	64555	2552	11012	18004	43.64
74117	**58398**	**1767643**	**257714**	**724372**	**2717852**	**48.93**
42362	34635	1024348	158653	421115	1718433	49.40
34079	28412	792032	130832	337950	1449335	49.73
4327	3594	156153	16872	58668	152600	47.61
593	387	19434	1932	6516	13903	45.94
47	21	1294	103	366	1100	45.48
1064	833	13464	2964	5131	35631	49.49
54	24	1201	146	246	1084	45.57
267	152	9721	724	2701	5953	46.31
1931	1212	31049	5080	9537	58827	49.63
1550	1174	72519	5740	30156	50912	46.51
1215	906	62280	4611	26213	41867	46.54
231	180	6963	741	2518	6030	46.22
104	88	3276	388	1425	3015	46.61
11062	7826	193367	34985	91875	381340	49.72
3395	2016	47571	9252	18796	88302	48.96
98	63	1956	319	910	3560	50.05
45	41	1262	170	500	1772	48.73
76	61	1362	210	564	1865	48.46
5572	4618	115782	20041	59766	232979	49.99
1876	1027	25434	4993	11339	52862	49.92
3280	2667	89936	11680	40087	126695	48.90
2176	1955	62329	8394	28072	94329	49.11
298	199	11802	790	3064	6066	44.98
564	350	10803	1803	6711	18768	50.09
242	163	5002	693	2240	7532	48.85
1862	1578	56920	5095	12619	39722	45.79
1272	1052	33446	3665	8363	29021	46.32
214	198	12125	512	1938	3401	43.96
91	140	4966	199	679	1047	42.60
75	37	1527	154	316	1055	45.44
210	151	4856	565	1323	5198	46.99
396	237	13300	973	2960	6359	45.03
396	237	13300	973	2960	6359	45.03
12204	9232	284846	36522	114794	351242	47.43
272	202	12199	739	2753	5976	44.79
471	348	19481	1100	4959	7519	43.98
323	160	11015	515	1695	4351	44.51
1863	1553	39534	6539	17634	94707	51.20
168	124	4259	492	1824	7411	49.46
24	13	720	84	397	869	48.80
231	207	4554	758	1947	9774	50.06
314	270	6564	1123	2860	12972	50.06
21	11	576	68	202	771	48.67
281	223	5428	945	1889	8954	47.59
25	27	1161	130	387	1087	46.57

4-13 续表 22

职业小类 性 别	合 计	1-8 小时	9-19 小时	20-34 小时
保育、家庭服务人员	138384	604	2629	14492
环境卫生人员	327689	865	2477	17795
殡葬服务人员	2837	24	67	344
其他社会服务和居民生活服务人员	71120	315	1196	6435
其他商业、服务业人员	99941	421	847	5835
其他商业、服务业人员	99941	421	847	5835
农、林、牧、渔、水利业生产人员	**16197521**	**225972**	**913072**	**3932097**
种植业生产人员	15292506	218021	870773	3727884
大田作物生产人员	14041806	209991	831845	3497469
农业实验人员	12767	129	598	2814
园艺作物生产人员	934059	5620	28301	170589
热带作物生产人员	38930	147	592	4725
中药材生产人员	34609	226	1025	6469
农副林特产品加工人员	46528	284	1572	9577
其他种植业生产人员	183807	1624	6840	36241
林业生产及野生动植物保护人员	55924	433	1852	10595
营造林人员	34229	312	1345	7436
森林资源管护人员	7715	58	209	956
野生动植物保护及自然保护区人员	678	5	13	77
木材采运人员	4870	21	165	971
其他林业生产及野生动植物保护人员	8432	37	120	1155
畜牧业生产人员	726253	6733	36770	171134
家畜饲养人员	561450	4878	28751	137658
家禽饲养人员	118062	1612	7206	27626
蜜蜂饲养人员	3389	32	139	776
实验动物饲养人员	470	8	16	63
动物疫病防治人员	1981	10	28	119
草业生产人员	939	2	9	81
其他畜牧业生产人员	39962	191	621	4811
渔业生产人员	111495	491	3119	20986
水产养殖人员	72039	314	2184	14597
水产捕捞及有关人员	17282	105	391	3194
水产品加工人员	18453	48	364	2440
其他渔业生产人员	3721	24	180	755
水利设施管理养护人员	8507	285	472	1062
河道、水库管养人员	5241	269	446	918
农田灌排工程建设管理维护人员	849	6	14	58
水土保持作业人员	306		4	14
水文勘测作业人员	514	1	5	11
其他水利设施管理养护人员	1597	9	3	61
其他农、林、牧、渔、水利业生产人员	2836	9	86	436
农林专用机械操作人员	2406	7	79	407
农村能源开发利用人员	430	2	7	29
生产、运输设备操作人员及有关人员	**5052832**	**10042**	**28526**	**247267**
勘测及矿物开采人员	55096	197	568	2722
地质勘查人员	4860	31	214	427
测绘人员	1682	5	5	31
矿物开采人员	23780	88	225	1517
矿物处理人员	9198	27	80	392
钻井人员	949	4	5	51
石油、天然气开采人员	10737	16	17	100
盐业生产人员	1786	17	8	101
其他勘测及矿物开采人员	2104	9	14	103

单位：人

35小时	36-39小时	40小时	41-47小时	48小时	48小时以上	周平均工作时间（小时）
2572	1973	39803	6619	15386	54306	46.36
4343	3304	112453	14554	56175	115723	46.53
68	35	931	120	207	1041	44.79
1228	782	26168	2736	6479	25781	45.85
1401	1049	32407	4066	10766	43149	48.06
1401	1049	32407	4066	10766	43149	48.06
551978	**399252**	**3309866**	**1039479**	**848449**	**4977356**	**40.06**
519230	376356	3131742	972876	801430	4674194	39.97
479359	348262	2876948	887866	728455	4181611	39.66
372	308	2953	770	724	4099	41.26
29081	20461	192624	63419	54642	369322	43.60
2020	836	6688	3581	2397	17944	45.92
857	1071	7212	2411	2359	12979	43.45
1341	958	9697	2870	3197	17032	42.98
6200	4460	35620	11959	9656	71207	42.97
1845	1397	15431	3394	3471	17506	41.86
1285	884	8925	2079	1982	9981	40.74
170	131	3224	296	550	2121	42.48
10	10	258	26	64	215	44.17
141	127	1240	302	296	1607	42.06
239	245	1784	691	579	3582	45.55
26847	18775	134700	55528	34831	240935	41.11
21676	15086	103026	45034	26212	179129	40.71
3858	2878	22735	7426	6104	38617	40.61
96	68	723	214	218	1123	41.60
26	10	176	29	37	105	41.00
38	15	1082	59	134	496	43.74
14	24	324	43	77	365	45.55
1139	694	6634	2723	2049	21100	47.99
3809	2568	23230	7230	7980	42082	43.63
2660	1692	15076	4874	4894	25748	42.88
639	397	3368	1181	1079	6928	44.28
405	323	4118	995	1778	7982	46.11
105	156	668	180	229	1424	42.71
196	105	3948	313	531	1595	39.20
131	77	1822	242	302	1034	37.14
9	8	482	15	44	213	42.89
7	5	185	11	19	61	42.99
15	7	362	12	31	70	42.28
34	8	1097	33	135	217	42.27
51	51	815	138	206	1044	44.28
46	46	652	120	174	875	44.00
5	5	163	18	32	169	45.85
50917	**49656**	**1365119**	**203501**	**787658**	**2310146**	**49.07**
666	498	26776	1871	5586	16212	44.84
81	67	1834	193	497	1516	43.79
41	15	1059	39	164	323	43.58
306	228	9326	952	2760	8378	45.65
86	82	3841	312	1119	3259	46.20
9	10	535	24	72	239	44.17
61	60	8404	192	540	1347	42.58
43	13	791	95	215	503	44.61
39	23	986	64	219	647	45.13

4-13 续表 23

职业小类 性别	合计	1-8 小时	9-19 小时	20-34 小时
金属冶炼、轧制人员	69797	148	311	2715
炼铁人员	6858	9	34	245
炼钢人员	10319	22	26	284
铁合金冶炼人员	3290	6	12	131
重有色金属冶炼人员	3152	7	5	100
轻有色金属冶炼人员	4270	11	16	146
稀贵金属冶炼人员	1311	3	5	32
半导体材料制备人员	1641	6	5	30
金属轧制人员	24321	43	122	1080
铸铁管人员	2456	2	13	104
炭素制品生产人员	2370	5	20	131
硬质合金生产人员	2414	4	20	149
其他金属冶炼、轧制人员	7395	30	33	283
化工产品生产人员	108648	241	506	4950
化工产品生产通用工艺人员	17025	36	68	612
石油炼制生产人员	4685	16	8	65
煤化工生产人员	4445	20	23	198
化学肥料生产人员	11657	24	57	495
无机化工产品生产人员	3824	8	7	62
基本有机化工产品生产人员	1125	1		23
合成树脂生产人员	2663	4	7	77
合成橡胶生产人员	4734	2	17	138
化学纤维生产人员	9870	12	34	224
合成革生产人员	5132	15	34	287
精细化工产品生产人员	6792	20	36	276
信息记录材料生产人员	2911	6	25	180
火药、炸药制造人员	13236	33	105	1367
林产化工产品生产人员	966	6	8	80
复合材料加工人员	2130	7	6	67
日用化学品生产人员	10587	21	44	490
其他化工产品生产人员	6866	10	27	309
机械制造加工人员	269289	489	1424	9695
机械冷加工人员	136825	310	1053	5915
机械热加工人员	64839	80	229	1949
特种加工设备操作人员	5009	5	13	111
冷作钣金加工人员	4159	6	7	101
工件表面处理加工人员	21691	29	25	482
磨料磨具制造加工人员	11838	19	25	334
航天器件加工成型人员	636	1	1	10
其他机械制造加工人员	24292	39	71	793
机电产品装配人员	299678	371	796	7794
基础件、部件装配人员	48316	60	125	1075
机械设备装配人员	23908	29	59	497
动力设备装配人员	7820	10	8	109
电气元件及设备装配人员	43494	52	92	883
电子专用设备装配调试人员	17593	32	37	334
仪器仪表装配人员	14134	15	27	300
运输车辆装配人员	17123	27	42	430
膜法水处理设备制造人员	232	1	2	21
医疗器械装配及假肢与矫形器制作人员	6421	4	24	173
日用机械电器制造装配人员	37086	29	67	782
五金制品制作、装配人员	71544	87	280	2756
装甲车辆装试人员	166	3		4

单位：人

35 小时	36-39 小时	40 小时	41-47 小时	48 小时	48小时 以 上	周平均 工作时间 (小时)
622	601	24826	2300	11017	27257	47.57
58	57	2766	202	969	2518	46.85
70	89	4813	257	1593	3165	46.05
19	20	1283	129	459	1231	46.92
27	26	1456	99	485	947	45.90
43	47	1855	115	681	1356	46.43
11	9	594	50	223	384	46.08
10	13	587	38	387	565	47.66
234	204	6696	882	4092	10968	48.87
20	21	805	82	355	1054	48.30
21	31	780	113	296	973	47.18
34	25	808	77	350	947	47.17
75	59	2383	256	1127	3149	48.05
1244	1383	42051	4420	15596	38257	46.69
229	154	7456	595	2669	5206	45.93
134	42	3196	98	440	686	42.84
16	35	1875	142	737	1399	45.94
143	124	5222	514	1682	3396	45.30
26	26	1939	105	562	1089	45.77
8	14	583	28	167	301	45.69
28	29	950	82	449	1037	48.20
44	52	1602	244	673	1962	48.44
42	59	3281	277	1610	4331	49.15
66	54	1255	208	672	2541	50.71
72	60	2151	274	1002	2901	48.29
31	31	939	115	327	1257	47.54
204	517	3925	983	1255	4847	45.23
23	9	264	25	115	436	47.15
16	20	771	76	371	796	48.12
93	89	3956	410	1873	3611	46.77
69	68	2686	244	992	2461	46.67
2002	1980	79489	9270	52273	112667	48.54
1021	1044	39464	4530	26844	56644	48.20
459	473	18695	2149	12591	28214	49.12
23	28	1922	154	982	1771	47.60
28	24	1330	171	766	1726	48.54
116	143	5639	819	4196	10242	50.22
89	81	3351	419	2425	5095	48.96
23	1	362	12	62	164	44.81
243	186	8726	1016	4407	8811	47.55
1907	1876	87759	10441	62973	125761	49.08
298	283	14187	1621	10600	20067	49.12
155	153	8289	846	5067	8813	48.19
57	56	2850	241	1588	2901	48.49
224	257	13028	1401	9343	18214	49.16
96	142	5724	778	3693	6757	48.70
94	82	5717	446	2821	4632	47.43
122	108	6211	496	3533	6154	47.86
7	1	85	5	29	81	46.09
38	47	2173	165	1340	2457	48.57
179	167	9234	1342	8348	16938	50.23
535	488	16026	2601	14428	34343	49.83
	5	52	13	34	55	46.60

4-13 续表 24

职业小类 性别	合计	1-8 小时	9-19 小时	20-34 小时
枪炮制造人员	240	1		1
弹制造人员	243		1	7
引信加工制造人员	91	1	1	9
火工品制造人员	1984	4	13	187
防化器材制造人员	138	1		5
船舶制造人员	3306	5	6	84
航空产品装配与调试人员	700	6	1	7
航空产品试验人员	150	1		2
导弹卫星装配测试人员	85			2
火箭发动机装配试验人员	25			1
航天器结构强度、温度、环境试验人员	53			2
靶场试验人员	12			
其他机电产品装配人员	4814	3	11	123
机械设备修理人员	56568	155	401	3181
机械设备维修人员	48735	142	370	2898
仪器仪表修理人员	3097	8	4	65
民用航空器维修人员	651		2	13
其他机械设备修理人员	4085	5	25	205
电力设备安装、运行、检修及供电人员	72154	155	185	1900
电力设备安装人员	8093	15	32	236
发电运行值班人员	9015	31	20	315
输电、配电、变电设备值班人员	4383	8	9	94
电力设备检修人员	10161	15	25	207
供用电人员	15724	35	33	347
生活、生产电力设备安装、操作、修理人员	20278	42	59	577
其他电力设备安装、运行、检修及供电人员	4500	9	7	124
电子元器件与设备制造、装配、调试及维修人员	341784	452	845	7588
电子器件制造人员	121859	187	297	2666
电子元件制造人员	115980	155	309	2577
电池制造人员	11900	17	28	231
电子设备装配、调试人员	56380	45	85	1165
电子产品维修人员	8041	20	54	330
其他电子元器件与设备制造、装配、调试及维修人员	27624	28	72	619
橡胶和塑料制品生产人员	123843	214	498	4941
橡胶制品生产人员	23266	55	95	747
塑料制品加工人员	87733	140	330	3444
其他橡胶和塑料制品生产人员	12844	19	73	750
纺织、针织、印染人员	453440	799	2462	21049
纤维预处理人员	15914	38	121	959
纺纱人员	118490	268	608	4751
织造人员	135946	183	567	5325
针织人员	128061	205	835	7741
印染人员	22845	40	131	662
其他纺织、针织、印染人员	32184	65	200	1611
裁剪、缝纫和皮革制品加工制作人员	1177626	1865	5614	53658
裁剪、缝纫人员	862639	1398	4009	39021
鞋帽制作人员	186896	218	803	7662
皮革、毛皮加工人员	56353	124	351	3361
缝纫制品再加工人员	27706	62	147	1359
其他裁剪、缝纫和皮革、毛皮制品加工制作人员	44032	63	304	2255
粮油、食品、饮料生产加工及饲料生产加工人员	180571	562	1916	15390
粮油生产加工人员	27563	111	541	3843
制糖和糖制品加工人员	8792	27	49	527

单位：人

35 小时	36-39 小时	40 小时	41-47 小时	48 小时	48小时 以　上	周平均 工作时间 （小时）
1	1	104	33	46	53	46.09
1		166	8	25	35	42.84
		39	4	17	20	44.80
47	29	701	92	185	726	45.67
		35	1	58	38	47.48
18	22	1155	107	733	1176	47.69
4	8	504	38	65	67	42.02
2	1	94	8	19	23	43.27
		42	1	9	31	46.71
		19	1	1	3	42.12
		40	1	4	6	43.30
		7		1	4	46.50
29	26	1277	192	986	2167	49.44
661	511	21095	2017	6782	21765	46.99
575	446	17308	1800	5813	19383	47.20
32	23	1832	62	400	671	44.47
6	4	352	13	109	152	45.61
48	38	1603	142	460	1559	46.72
1307	675	42974	1985	7914	15059	44.07
103	62	4142	205	1001	2297	45.54
220	129	5693	307	868	1432	42.98
82	29	2867	102	475	717	43.34
211	107	6536	249	962	1849	43.55
364	124	11016	328	1151	2326	42.61
254	175	10176	667	2907	5421	45.43
73	49	2544	127	550	1017	44.42
1706	2188	115210	13751	72692	127352	48.49
584	757	41721	5083	24883	45681	48.56
591	764	37204	4465	24890	45025	48.74
47	88	3662	480	3022	4325	48.59
215	307	20954	2327	12729	18553	47.81
99	89	2970	330	1146	3003	47.37
170	183	8699	1066	6022	10765	48.80
929	974	30243	4264	22672	59108	50.06
153	169	6448	731	4164	10704	49.44
652	689	20959	3049	16192	42278	50.30
124	116	2836	484	2316	6126	49.55
4092	4331	100058	17396	68830	234423	50.45
196	150	3656	615	2339	7840	49.48
844	1093	28473	4080	18295	60078	49.58
1089	1138	29014	4873	21420	72337	51.05
1485	1492	27054	5717	17877	65655	50.39
166	143	4090	714	3699	13200	53.54
312	315	7771	1397	5200	15313	49.61
10885	11707	232382	48673	177499	635343	51.15
7892	8735	171496	35569	128071	466448	51.13
1581	1573	33772	7627	29957	103703	52.02
604	649	12006	2662	9060	27536	49.59
329	328	6028	1067	3900	14486	50.37
479	422	9080	1748	6511	23170	50.43
3336	2365	47512	8359	19788	81343	47.79
610	479	6866	1477	2233	11403	45.51
231	111	3357	358	1015	3117	46.25

4-13 续表 25

职业小类 性 别	合 计	1-8 小时	9-19 小时	20-34 小时
乳品、冷仪器及罐头、饮料制作人员	18223	39	112	1052
酿酒、食品添加剂及调味品制作人员	17811	58	93	903
粮油食品制作人员	48530	152	541	4281
屠宰加工人员	17915	45	164	1617
肉、蛋食品加工人员	12434	38	87	732
饲料生产加工人员	4044	17	67	428
其他粮油、食品、饮料生产加工及饲料生产加工人员	25259	75	262	2007
烟草及其制品加工人员	7066	24	21	327
原烟复烤人员	2164	5	17	173
卷烟生产人员	3644	8	3	93
烟用醋酸纤维丝束滤棒制作人员	149	1	1	11
其他烟草及其制品加工人员	1109	10		50
药品生产人员	25105	56	55	482
合成药物制造人员	8143	17	15	144
生物技术制药(品)人员	2675	5	4	43
药物制剂人员	4372	7	6	65
中药制药人员	4341	16	21	115
其他药品生产人员	5574	11	9	115
木材加工、人造板生产、木制品制作及制浆、造纸和纸制品生产加工人员	192312	416	1497	13835
木材加工人员	50721	156	564	4777
人造板生产人员	28181	68	250	2442
木材制品制作人员	49386	86	314	2916
制浆人员	2204	6	12	90
造纸人员	16090	29	58	701
纸制品制作人员	27835	38	156	1577
其他木材加工、人造板生产、木制品制作及制浆、造纸和纸制品生产加工人员	17895	33	143	1332
建筑材料生产加工人员	75750	205	613	5466
水泥及水泥制品生产加工人员	23116	75	187	1514
墙体屋面材料生产人员	20253	62	153	1560
建筑防水密封材料生产人员	1274		15	90
建筑保温及吸音材料生产人员	1721	2	18	147
装饰石材生产人员	8601	21	67	603
非金属矿及其制品生产加工人员	3874	11	32	358
耐火材料生产人员	4447	3	23	238
其他建筑材料生产加工人员	12464	31	118	956
玻璃、陶瓷、搪瓷及其制品生产加工人员	76691	157	231	2900
玻璃熔制人员	17570	26	60	836
玻璃纤维及其制品生产人员	10027	32	36	376
石英玻璃制品加工人员	2241	3	8	112
陶瓷制品生产人员	37329	82	100	1212
搪瓷制品生产人员	1644	2		51
其他玻璃、陶瓷、搪瓷及其制品生产加工人员	7880	12	27	313
广播影视制品制作、播放及文物保护作业人员	8857	42	43	345
影视制品制作人员	1929	9	11	61
音像制品制作、复制人员	2042	13	6	91
广播影视舞台设备安装调试及运行操作人员	2434	11	14	105
电影放映人员	932	4	5	33
文物保护作业人员	154	2		3
其他广播影视制品制作、播放及文物保护作业人员	1366	3	7	52
印刷人员	49123	72	148	1325
印前处理人员	7479	13	22	175

单位：人

35 小时	36-39 小时	40 小时	41-47 小时	48 小时	48小时 以 上	周平均 工作时间 （小时）
210	213	5399	810	2541	7847	48.24
266	189	6520	748	2531	6503	46.66
908	597	11249	2212	4902	23688	48.62
411	240	3936	886	1649	8967	48.59
169	123	2781	514	1585	6405	49.79
79	67	1148	170	474	1594	46.05
452	346	6256	1184	2858	11819	48.44
90	59	3504	238	1031	1772	44.56
43	21	635	109	327	834	46.21
31	23	2277	93	538	578	43.38
3	2	53	9	21	48	45.28
13	13	539	27	145	312	45.11
203	233	12573	783	4161	6559	45.56
63	65	4128	250	1396	2065	45.45
24	20	1612	80	410	477	43.99
37	40	2246	159	642	1170	45.67
38	59	2031	131	667	1263	45.74
41	49	2556	163	1046	1584	46.25
2446	2606	45073	10223	26279	89937	48.29
859	942	11313	3838	5206	23066	47.30
329	436	6578	1635	3424	13019	47.96
548	523	11096	2147	7305	24451	49.12
13	13	746	57	319	948	47.76
152	144	4712	545	2672	7077	48.27
291	251	6668	1192	4983	12679	48.90
254	297	3960	809	2370	8697	48.43
938	981	19591	3654	8440	35862	47.96
290	275	7016	1214	2752	9793	47.27
239	281	4620	1002	2103	10233	48.33
12	7	365	39	152	594	47.93
12	15	467	73	180	807	48.16
117	99	1712	445	923	4614	49.03
55	63	1044	169	361	1781	47.52
35	42	1038	149	627	2292	48.93
178	199	3329	563	1342	5748	47.67
696	746	17396	3173	11609	39783	49.91
175	152	4448	630	2734	8509	49.26
94	95	2980	423	1691	4300	48.30
14	15	456	106	410	1117	49.70
314	394	7239	1581	5314	21093	50.79
22	15	352	119	262	821	49.17
77	75	1921	314	1198	3943	49.48
120	83	5438	251	842	1693	43.33
26	15	1134	55	202	416	43.91
21	18	1216	53	233	391	43.33
41	31	1523	74	190	445	43.02
9	11	627	21	79	143	42.57
1	1	100	7	7	33	43.67
22	7	838	41	131	265	43.57
422	345	16688	1715	9157	19251	48.20
91	56	3005	234	1300	2583	47.11

4-13 续表 26

职业小类 性　别	合　计	1-8 小时	9-19 小时	20-34 小时
印刷操作人员	28846	43	74	747
印后制作人员	8136	9	28	210
其他印刷人员	4662	7	24	193
工艺、美术品制作人员	190081	464	1903	18423
珠宝首饰加工制作人员	15123	32	115	819
地毯制作人员	4898	13	59	497
玩具制作人员	63186	125	331	3121
漆器工艺品制作人员	8075	17	43	544
抽纱、刺绣工艺品制作人员	38910	138	764	7217
金属工艺品制作人员	6779	7	35	421
雕刻工艺品制作人员	7675	14	81	553
美术品制作	3476	2	12	130
其他工艺、美术品制作人员	41959	116	463	5121
文化教育、体育用品制作人员	19886	38	77	768
文教用品制作人员	9020	22	52	475
体育用品制作人员	6334	7	16	139
乐器制作人员	2246	2	2	54
其他文化教育、体育用品制作人员	2286	7	7	100
工程施工人员	353257	1160	3826	30238
土石方施工人员	27231	114	363	2757
砌筑人员	132397	526	1942	13362
混凝土配制及制品加工人员	33682	96	279	2870
钢筋加工人员	17695	40	113	1246
施工架子搭设人员	7099	23	83	573
工程防水人员	2293	3	36	214
装饰、装修人员	87948	237	708	6157
古建筑修建人员	395	12	3	29
筑路、养护、维修人员	10377	25	66	497
工程设备安装人员	5467	16	30	250
其他工程施工人员	28673	68	203	2283
运输设备操作人员及有关人员	128061	363	977	7182
公(道)路运输机械设备操作及有关人员	97857	308	872	6180
铁路、地铁运输机械设备操作及有关人员	7973	12	19	148
民用航空设备操作及有关人员	1131		5	47
水上运输设备操作及有关人员	3188	5	18	215
起重装卸机械操作及有关人员	11656	19	25	255
其他运输设备操作人员及有关人员	6256	19	38	337
环境监测与废物处理人员	8363	30	57	419
环境监测人员	1945	4	1	39
海洋环境调查与监测人员	164		4	8
废物处理人员	5256	22	44	312
其他环境监测与废物处理人员	998	4	8	60
检验、计量人员	220956	227	352	3129
检验人员	203696	199	303	2691
航空产品检验人员	594			6
航天器检验、测试人员	1810	7	21	122
计量人员	8184	13	17	192
其他检验、计量人员	6672	8	11	118
其他生产、运输设备操作人员及有关人员	488830	1140	3200	26845
包装人员	221173	285	610	6427
机泵操作人员	5329	10	10	118
简单体力劳动人员	262328	845	2580	20300
不便分类的其他从业人员	**25642**	**94**	**284**	**2062**

单位：人

35小时	36-39小时	40小时	41-47小时	48小时	48小时以上	周平均工作时间(小时)
220	207	9574	1043	5419	11519	48.37
61	48	2476	267	1655	3382	48.85
50	34	1633	171	783	1767	47.72
3247	2668	43180	10049	25693	84454	47.67
184	144	2965	754	3079	7031	49.50
87	91	1242	254	534	2121	46.55
622	664	16059	2836	10642	28786	48.92
79	67	1843	334	1064	4084	49.49
1331	934	7793	2857	3567	14309	44.53
62	56	1595	252	1174	3177	48.97
116	77	1669	361	949	3855	48.54
20	31	934	142	475	1730	50.90
746	604	9080	2259	4209	19361	47.17
172	123	5426	699	4031	8552	49.09
94	71	2183	304	1712	4107	49.33
34	23	1757	228	1503	2627	49.44
16	14	738	80	452	888	48.49
28	15	748	87	364	930	47.81
5026	5244	89131	16454	34937	167241	47.76
409	381	6862	1204	2476	12665	47.25
1992	2206	31012	6473	12252	62632	47.28
496	503	7621	1631	3383	16803	48.35
244	278	4188	836	1801	8949	48.95
105	106	1743	356	618	3492	47.97
25	31	661	102	237	984	46.77
1103	1162	21929	3680	9616	43356	48.63
3	7	138	17	49	137	45.02
187	82	4927	343	997	3253	45.29
69	52	2174	227	689	1960	46.66
393	436	7876	1585	2819	13010	47.54
1666	1315	46107	5147	13976	51328	47.43
1374	1036	31896	4175	9879	42137	47.80
86	93	5267	229	803	1316	43.52
15	10	582	30	132	310	45.04
64	52	993	174	242	1425	47.90
55	65	5072	320	2124	3721	47.19
72	59	2297	219	796	2419	47.27
123	79	3701	275	904	2775	45.94
49	11	1366	50	136	289	42.67
2	2	83	5	15	45	44.81
55	54	1806	186	669	2108	47.23
17	12	446	34	84	333	45.70
1421	1203	85348	6802	42980	79494	48.23
1272	1070	77178	6286	40564	74133	48.40
2	6	392	15	75	98	43.69
26	19	689	62	210	654	46.20
80	57	3961	241	1065	2558	46.36
41	51	3128	198	1066	2051	46.43
4990	4882	121588	19291	79996	226898	49.01
1393	1703	51954	8274	46631	103896	50.11
33	43	2344	150	812	1809	47.12
3564	3136	67290	10867	32553	121193	48.12
449	**266**	**8597**	**1131**	**2777**	**9982**	**46.60**

4-13a 全国分性别、职业小类、

职业小类 性　别	合　计	1-8 小时	9-19 小时	20-34 小时
总　计	**19040623**	**43159**	**82225**	**473485**
国家机关、党群组织、企业、事业单位负责人	**793443**	**1154**	**1298**	**9522**
中国共产党中央委员会和地方各级组织负责人	3711	6	4	35
中国共产党中央委员会和地方各级组织负责人	3711	6	4	35
国家机关及其工作机构负责人	52703	87	26	633
国家权力机关及其工作机构负责人	5355	9	3	68
人民政协及其工作机构负责人	2314	4	1	31
人民法院负责人	1695	3	1	23
人民检察院负责人	1470		1	20
国家行政机关及其工作机构负责人	33730	55	15	394
其他国家机关及其工作机构负责人	8139	16	5	97
民主党派和社会团体及其工作机构负责人	24885	50	64	686
民主党派负责人	790	4		14
工会、共青团、妇联、其他人民团体及其工作机构负责人	6665	11	11	122
群众自治组织负责人	14425	27	39	485
其他社会团体及其工作机构负责人	3005	8	14	65
事业单位负责人	47194	93	34	549
教育教学单位负责人	11670	29	11	153
卫生单位负责人	4471	16	4	67
科研单位负责人	2615	6	1	30
其他事业单位负责人	28438	42	18	299
企业负责人	664950	918	1170	7619
企业负责人	664950	918	1170	7619
专业技术人员	**2976848**	**6811**	**5699**	**40572**
科学研究人员	32029	59	53	374
哲学研究人员	780	1	5	22
经济学研究人员	1069	2	5	13
法学研究人员	458	1	2	11
社会学研究人员	1191	6	5	15
教育科学研究人员	1990	5	15	46
文学、艺术研究人员	625	1	1	9
图书馆学、情报学研究人员	843		1	8
历史学研究人员	347	1	1	3
管理科学研究人员	2212	3	4	24
数学研究人员	663	3		13
物理学研究人员	1777	1	2	12
化学研究人员	3234	5	2	31
天文学研究人员	331	2		6
地球科学研究人员	652	1		5
生物科学研究人员	2821	6	3	25
农业科学研究人员	3666	6		43
医学研究人员	4213	4	4	42
其他科学研究人员	5157	11	3	46
工程技术人员	711342	1184	720	6011
地质勘探工程技术人员	11520	34	14	117
测绘工程技术人员	8987	15	16	98
矿山工程技术人员	9709	28	2	95
石油工程技术人员	13584	24	9	78
冶金工程技术人员	12868	20	11	119
化工工程技术人员	14761	27	10	94
机械工程技术人员	68256	85	43	341

周工作时间的正在工作人口(城市)

单位：人

35小时	36-39小时	40小时	41-47小时	48小时	48小时以上	周平均工作时间(小时)
206703	**123094**	**8247997**	**603289**	**2602377**	**6658294**	**47.48**
9470	**3687**	**424163**	**18819**	**87317**	**238013**	**46.73**
82	32	3000	48	176	328	41.74
82	32	3000	48	176	328	41.74
1582	308	43797	596	2118	3556	41.16
154	40	4349	71	251	410	41.34
80	12	1904	21	104	157	41.13
44	7	1411	28	71	107	41.15
53	7	1234	21	44	90	40.91
1013	189	28283	346	1289	2146	41.08
238	53	6616	109	359	646	41.42
457	133	16519	498	2032	4446	43.29
11	4	539	15	56	147	43.68
130	42	5217	110	369	653	41.82
240	75	8795	315	1377	3072	43.89
76	12	1968	58	230	574	43.57
1104	279	36460	814	2640	5221	42.19
212	48	9260	211	534	1212	41.95
106	45	3271	117	308	537	42.42
66	8	2041	50	129	284	42.09
720	178	21888	436	1669	3188	42.27
6245	2935	324387	16863	80351	224462	47.65
6245	2935	324387	16863	80351	224462	47.65
48173	**18933**	**2089835**	**78211**	**288375**	**400239**	**42.84**
618	163	25148	640	2047	2927	41.84
6	5	367	25	81	268	47.48
16	8	813	20	65	127	42.20
8	3	327	10	40	56	42.69
15	4	971	18	57	100	41.34
28	13	1620	19	97	147	41.19
10	5	447	23	47	82	42.96
23	7	692	15	37	60	41.23
9		296	3	11	23	41.17
32	14	1676	36	173	250	42.34
11	2	467	20	56	91	42.71
22	5	1473	40	74	148	41.56
47	18	2376	78	333	344	42.46
6		239	11	21	46	42.60
5	6	551	12	24	48	41.48
45	11	2334	51	158	188	41.40
131	28	2977	49	180	252	41.20
68	11	3404	89	274	317	41.59
136	23	4118	121	319	380	41.51
8156	4028	468773	18060	81867	122543	43.89
283	87	8366	220	778	1621	42.77
159	41	6240	180	859	1379	43.32
93	60	5754	193	1116	2368	44.96
166	90	11011	190	712	1304	41.97
118	78	8558	314	1507	2143	43.78
190	127	10439	332	1596	1946	42.98
397	269	42791	1807	11202	11321	44.20

4-13a 续表 1

职业小类 性　别	合　计	1-8 小时	9-19 小时	20-34 小时
兵器工程技术人员	2367	1	2	9
航空工程技术人员	5171	7	1	22
航天工程技术人员	4968	2	5	32
电子工程技术人员	51529	112	31	285
通信工程技术人员	35813	54	23	269
计算机与应用工程技术人员	103411	143	78	634
电气工程技术人员	18853	21	13	142
电力工程技术人员	42192	63	38	468
邮政工程技术人员	1851	7	2	25
广播、电影、电视工程技术人员	7072	12	10	90
交通工程技术人员	15176	31	20	145
民用航空工程技术人员	1782	5	3	31
铁路工程技术人员	17974	41	16	154
建筑工程技术人员	116768	224	198	1313
建材工程技术人员	11227	28	24	167
林业工程技术人员	4307	9	7	71
水利工程技术人员	10149	12	6	131
海洋工程技术人员	1138	2	3	8
水产工程技术人员	859	4		12
纺织工程技术人员	12052	17	31	124
食品工程技术人员	7871	18	21	109
气象工程技术人员	2329	1	4	24
地震工程技术人员	733	1		6
环境保护工程技术人员	6238	14	8	61
安全工程技术人员	9736	15	7	72
标准化、计量、质量工程技术人员	17337	20	19	140
管理(工业)工程技术人员	40193	49	28	305
其他工程技术人员	22561	38	17	220
农业技术人员	19229	42	68	566
土壤肥料技术人员	1895	9	12	59
植物保护技术人员	1967	4	10	73
园艺技术人员	7146	12	21	217
作物遗传育种栽培技术人员	1134	1	4	35
兽医、兽药技术人员	2478	2	5	55
畜牧与草业技术人员	1605	6	7	50
其他农业技术人员	3004	8	9	77
飞机和船舶技术人员	8152	17	28	247
飞行人员和领航人员	1931	8	19	184
船舶指挥和引航人员	3321	6	7	44
其他飞机和船舶技术人员	2900	3	2	19
卫生专业技术人员	381496	679	441	4381
西医医师	128370	226	185	1457
中医医师	21241	43	55	379
中西医结合医师	25105	61	29	331
民族医生	1151	6	1	15
公共卫生医师	6187	28	10	91
药剂人员	22143	46	17	252
医疗技术人员	22195	33	25	258
护理人员	139367	209	95	1372
其他卫生专业技术人员	15737	27	24	226
经济业务人员	632234	1040	720	7030
经济计划人员	16777	31	10	170
统计人员	39123	59	33	444
会计人员	532435	865	635	5918
审计人员	15231	19	11	153
国际商务人员	8428	4	3	65
其他经济业务人员	20240	62	28	280

单位：人

35小时	36-39小时	40小时	41-47小时	48小时	48小时以上	周平均工作时间(小时)
19	22	1886	34	207	187	41.93
24	54	4141	147	351	424	42.08
12	18	4010	81	306	502	42.23
262	212	34148	1670	7446	7363	43.69
499	173	26613	966	3343	3873	42.50
895	613	76333	3066	9597	12052	42.71
235	95	12289	483	2557	3018	43.83
984	420	28786	929	3989	6515	43.25
26	17	1304	43	170	257	42.83
137	39	5110	168	635	871	42.63
171	66	9551	357	1745	3090	44.49
19	9	1320	37	119	239	42.70
190	113	12606	395	1676	2783	43.41
1448	615	67621	2902	12772	29675	45.37
106	69	5509	319	1609	3396	46.42
92	22	2932	89	414	671	43.08
282	75	7769	166	601	1107	42.10
8	2	865	18	73	159	42.84
18	4	565	27	65	164	43.83
58	96	5381	356	2318	3671	47.00
79	42	3904	231	1196	2271	46.47
120	16	1790	34	134	206	41.73
19	3	552	8	47	97	42.77
130	42	4889	114	409	571	41.85
115	64	6322	199	1077	1865	44.24
235	82	11293	406	2261	2881	43.90
356	156	23533	975	6060	8731	45.10
211	137	14592	604	2920	3822	43.98
408	126	11292	470	1866	4391	44.23
36	9	1061	37	202	470	44.39
67	7	1223	49	183	351	43.02
108	46	4056	202	804	1680	44.53
30	5	753	25	73	208	43.19
57	19	1471	53	233	583	44.68
29	17	801	42	163	490	45.83
81	23	1927	62	208	609	43.38
68	66	4816	194	692	2024	45.51
32	24	1137	55	140	332	42.23
17	9	1611	81	253	1293	49.37
19	33	2068	58	299	399	43.27
7043	3953	251845	15867	39401	57886	43.37
2189	1178	85899	5018	11937	20281	43.43
347	214	13278	883	2126	3916	43.96
443	242	15715	1057	2397	4830	44.13
12	17	672	53	144	231	44.35
137	51	4261	198	521	890	43.09
415	276	14810	983	2419	2925	43.01
455	268	15187	974	2074	2921	42.92
2696	1558	91598	6132	16267	19440	43.22
349	149	10425	569	1516	2452	43.30
10415	3909	426982	16227	77949	87962	43.17
233	86	10961	399	1921	2966	44.03
639	235	25328	897	5413	6075	43.59
8724	3334	360313	13746	65634	73266	43.13
372	96	12114	296	1090	1080	41.52
108	33	5984	297	1178	756	42.58
339	125	12282	592	2713	3819	44.20

4-13a 续表 2

职业小类 性　别	合　计	1-8 小时	9-19 小时	20-34 小时
金融业务人员	253811	519	387	4435
银行业务人员	139739	260	53	1484
保险业务人员	77945	196	274	1656
证券业务人员	18293	29	37	808
其他金融业务人员	17834	34	23	487
法律专业人员	44851	85	52	634
法官	10037	18	9	102
检察官	5411	10	2	66
律师	17326	36	34	305
公证员	1364	2	1	16
司法鉴定人员	1345	2	1	22
书记员	3132	6	2	32
其他法律专业人员	6236	11	3	91
教学人员	707460	2653	2654	13199
高等教育教师	139448	623	847	3497
中等职业教育教师	58340	189	210	1086
中学教师	226924	525	440	3234
小学教师	155346	322	274	2501
幼儿教师	69809	126	105	882
特殊教育教师	4911	28	36	117
其他教学人员	52682	840	742	1882
文学艺术工作人员	82218	250	342	1989
文艺创作和评论人员	1751	15	8	86
编导和音乐指挥人员	2410	11	11	69
演员	7576	91	128	677
乐器演奏员	2001	24	60	250
电影、电视制作及舞台专业人员	5610	10	18	116
美术专业人员	5181	12	27	141
工艺美术专业人员	54742	73	66	566
其他文学艺术工作人员	2947	14	24	84
体育工作人员	3427	12	29	149
体育工作人员	3427	12	29	149
新闻出版、文化工作人员	73119	194	107	1052
记者	14915	31	16	155
编辑	24076	40	23	309
校对员	2168	1	4	48
播音员及节目主持人	3806	14	25	106
翻译	7758	22	19	134
图书资料与档案业务人员	13159	65	13	176
考古及文物保护工作人员	879	2		15
其他新闻出版、文化工作人员	6358	19	7	109
宗教职业者	2441	9	61	221
宗教职业者	2441	9	61	221
其他专业技术人员	25039	68	37	284
其他专业技术人员	25039	68	37	284
办事人员和有关人员	**2066358**	**3405**	**2130**	**23147**
行政办公人员	1296518	2030	1020	13224
行政业务人员	597078	952	468	6136
行政事务人员	558931	842	440	5508
其他行政办公人员	140509	236	112	1580
安全保卫和消防人员	511655	804	759	6639
人民警察	109130	168	64	987
治安保卫人员	348906	521	614	4835
消防人员	6016	18	3	52
其他安全保卫和消防人员	47603	97	78	765

单位：人

35 小时	36-39 小时	40 小时	41-47 小时	48 小时	48小时 以 上	周平均 工作时间 (小时)
5028	1662	186148	6021	22005	27606	42.12
3093	882	109767	3081	9892	11227	41.61
1163	550	49379	2168	9450	13109	43.30
401	126	13846	392	1231	1423	41.09
371	104	13156	380	1432	1847	41.91
1134	215	36449	737	2203	3342	41.30
322	62	8356	125	412	631	41.07
172	25	4662	63	156	255	40.68
297	70	13462	361	1088	1673	41.73
36	12	1103	18	77	99	41.35
34	7	1109	20	59	91	41.22
86	10	2674	32	121	169	40.89
187	29	5083	118	290	424	41.19
12540	3716	557989	14714	39326	60669	41.38
2902	716	118001	2009	4504	6349	40.33
1153	327	46436	1261	3137	4541	41.25
3482	1103	178850	5083	12977	21230	41.68
2916	777	127707	2983	6733	11133	41.14
990	365	49018	1966	7025	9332	42.76
105	22	3684	99	320	500	41.56
992	406	34293	1313	4630	7584	41.84
1013	487	46725	2751	11901	16760	44.38
19	12	1173	52	137	249	41.92
44	13	1780	57	140	285	42.09
253	70	4564	242	490	1061	40.72
49	17	1133	47	120	301	40.05
85	29	3945	138	447	822	42.90
55	34	2619	180	732	1381	45.52
450	290	29735	1953	9515	12094	45.31
58	22	1776	82	320	567	43.55
59	34	2316	102	332	394	41.74
59	34	2316	102	332	394	41.74
1374	406	56409	1636	4939	7002	41.84
273	64	11426	312	991	1647	42.18
419	134	19337	547	1462	1805	41.47
23	16	1589	64	212	211	42.13
86	35	2663	103	296	478	42.04
69	27	5493	208	748	1038	42.67
348	93	10656	216	688	904	41.17
24	6	692	11	36	93	42.03
132	31	4553	175	506	826	42.54
75	22	928	73	215	837	44.84
75	22	928	73	215	837	44.84
242	146	14015	719	3632	5896	45.40
242	146	14015	719	3632	5896	45.40
34898	**12704**	**1370433**	**49577**	**228176**	**341888**	**43.83**
25494	7125	959213	27217	119329	141866	42.47
13206	3195	457755	11057	42742	61567	42.19
9456	3048	402329	13042	61878	62388	42.65
2832	882	99129	3118	14709	17911	42.90
4738	3895	243233	15423	79007	157157	47.38
2031	510	79956	1927	7913	15574	43.15
2275	2924	139064	11842	62607	124224	48.63
62	47	3792	133	625	1284	45.17
370	414	20421	1521	7862	16075	48.16

4-13a 续表 3

职业小类 性 别	合 计	1-8 小时	9-19 小时	20-34 小时
邮政和电信业务人员	103758	219	142	1333
邮政业务人员	32974	55	57	529
电信业务人员	45201	114	53	547
电信通信传输业务人员	17122	34	21	184
其他邮政和电信业务人员	8461	16	11	73
其他办事人员和有关人员	154427	352	209	1951
其他办事人员和有关人员	154427	352	209	1951
商业、服务业人员	**6089930**	**11375**	**19600**	**129530**
购销人员	3597250	5973	9503	66725
营业人员	2595637	4235	6870	48220
推销、展销人员	634568	1153	1275	9265
采购人员	82850	105	139	1191
拍卖、典当及租赁业务人员	5514	54	79	252
废旧物资回收利用人员	82646	111	381	2954
粮油管理人员	3439	4	10	55
商品监督和市场管理人员	42962	89	68	533
其他购销人员	149634	222	681	4255
仓储人员	245921	326	364	2635
保管人员	190666	236	212	1620
储运人员	43815	79	140	882
其他仓储人员	11440	11	12	133
餐饮服务人员	675953	1250	2333	14456
中餐烹饪人员	245517	456	899	5436
西餐烹饪人员	11596	16	23	166
调酒和茶艺人员	4230	5	16	93
营养配餐人员	4748	8	16	83
餐厅服务人员	326769	622	978	6101
其他餐饮服务人员	83093	143	401	2577
饭店、旅游及健身娱乐场所服务人员	242375	512	734	4401
饭店服务人员	149169	261	397	2381
旅游及公共游览场所服务人员	26938	80	83	615
健身和娱乐场所服务人员	50191	135	174	1051
其他饭店、旅游及健身娱乐场所服务人员	16077	36	80	354
运输服务人员	325500	619	879	7587
公路、道路运输服务人员	200299	367	534	4751
铁路客货运输服务人员	52798	99	78	919
航空运输服务人员	11245	28	31	328
水上运输服务人员	9655	18	23	158
其他运输服务人员	51503	107	213	1431
医疗卫生辅助服务人员	21040	42	47	290
医疗卫生辅助服务人员	21040	42	47	290
社会服务和居民生活服务人员	867161	2243	5256	30591
社会中介服务人员	36848	67	115	814
物业管理人员	78802	399	651	2218
供水、供热及生活燃料供应服务人员	47412	77	77	777
美容美发人员	131645	196	402	2033
摄影服务人员	17750	42	74	367
验光配镜人员	2665	5	4	19
洗染织补人员	14309	17	55	323
浴池服务人员	23144	31	76	465
印章刻字人员	2121	3	9	40
日用机电产品维修人员	49066	71	182	1177
办公设备维修人员	10388	28	27	179

单位：人

35 小时	36-39 小时	40 小时	41-47 小时	48 小时	48小时 以 上	周平均 工作时间 (小时)
1777	728	64356	3304	13306	18593	44.00
478	222	19966	1038	4296	6333	44.23
847	332	28563	1498	5862	7385	43.70
310	117	11066	502	1988	2900	43.69
142	57	4761	266	1160	1975	45.29
2889	956	103631	3633	16534	24272	43.46
2889	956	103631	3633	16534	24272	43.46
53563	**39342**	**2075291**	**222128**	**857023**	**2682078**	**49.68**
30383	22646	1174974	136207	489200	1661639	50.12
21084	16790	764751	100801	347114	1285772	50.86
5189	3549	286746	22273	100898	204220	47.22
690	467	39057	2893	13221	25087	46.85
76	23	2477	129	664	1760	45.81
896	655	15060	3087	7299	52203	52.66
61	13	1733	92	346	1125	47.00
548	302	22410	1415	6150	11447	46.02
1839	847	42740	5517	13508	80025	51.52
1805	1344	114230	8046	46248	70923	46.76
1377	1017	91813	6088	36818	51485	46.45
345	264	17464	1527	7205	15909	47.95
83	63	4953	431	2225	3529	47.40
5688	3787	180669	24485	101050	342235	51.48
2117	1266	65319	8671	33748	127605	51.81
71	66	3630	455	1991	5178	50.28
41	27	1548	174	703	1623	48.45
39	30	1727	145	735	1965	49.78
2288	1858	86972	11780	53357	162813	51.29
1132	540	21473	3260	10516	43051	51.64
1973	1453	86232	8335	40430	98305	49.25
1009	810	51575	4859	25205	62672	49.62
310	194	15342	829	3542	5943	44.63
498	347	14087	2102	9245	22552	50.40
156	102	5228	545	2438	7138	50.06
3387	2715	144391	10322	37091	118509	47.77
2066	1578	80026	6516	23693	80768	48.53
506	585	33868	1444	5752	9547	44.24
128	115	7958	283	987	1387	42.52
118	53	5496	267	1080	2442	45.58
569	384	17043	1812	5579	24365	49.95
327	192	12331	824	2562	4425	44.80
327	192	12331	824	2562	4425	44.80
8864	6407	320696	30119	126278	336707	48.29
313	221	20750	1031	4804	8733	45.12
858	616	42849	2267	11614	17330	44.86
614	323	26719	1188	5049	12588	45.68
668	573	29712	3786	15954	78321	54.12
138	78	5850	526	2601	8074	49.91
27	13	987	93	565	952	48.76
99	93	3727	441	1831	7723	52.11
112	132	5929	723	3184	12492	52.71
21	12	740	64	287	945	49.22
328	329	14230	1694	6641	24414	50.56
95	62	4738	346	1701	3212	46.65

4-13a 续表 4

职业小类 性　　别	合　计	1-8 小时	9-19 小时	20-34 小时
保育、家庭服务人员	90059	341	1425	7398
环境卫生人员	282496	698	1557	11008
殡葬服务人员	3100	11	28	193
其他社会服务和居民生活服务人员	77356	257	574	3580
其他商业、服务业人员	114730	410	484	2845
其他商业、服务业人员	114730	410	484	2845
农、林、牧、渔、水利业生产人员	**888874**	**11018**	**39608**	**165443**
种植业生产人员	755848	10611	37954	154512
大田作物生产人员	575705	9843	34225	131603
农业实验人员	4184	26	105	494
园艺作物生产人员	145337	625	2911	18415
热带作物生产人员	1189	2	35	105
中药材生产人员	1696	3	6	130
农副林特产品加工人员	6548	30	89	582
其他种植业生产人员	21189	82	583	3183
林业生产及野生动植物保护人员	16125	62	250	969
营造林人员	8137	33	223	715
森林资源管护人员	4912	20	12	125
野生动植物保护及自然保护区人员	726	4	8	34
木材采运人员	1488	3	7	67
其他林业生产及野生动植物保护人员	862	2		28
畜牧业生产人员	58287	191	822	5888
家畜饲养人员	37458	134	579	4233
家禽饲养人员	13861	31	203	1291
蜜蜂饲养人员	1223	9	15	74
实验动物饲养人员	255	1		1
动物疫病防治人员	1702	5	5	39
草业生产人员	607	2	2	22
其他畜牧业生产人员	3181	9	18	228
渔业生产人员	47229	121	513	3700
水产养殖人员	22608	52	261	1881
水产捕捞及有关人员	12609	30	109	1108
水产品加工人员	10724	31	114	595
其他渔业生产人员	1288	8	29	116
水利设施管理养护人员	8356	24	19	140
河道、水库管养人员	2922	11	6	57
农田灌排工程建设管理维护人员	897	3	2	18
水土保持作业人员	431	1		8
水文勘测作业人员	1015		8	9
其他水利设施管理养护人员	3091	9	3	48
其他农、林、牧、渔、水利业生产人员	3029	9	50	234
农林专用机械操作人员	2668	7	48	225
农村能源开发利用人员	361	2	2	9
生产、运输设备操作人员及有关人员	**6193650**	**9288**	**13743**	**103940**
勘测及矿物开采人员	129820	244	201	1469
地质勘查人员	7831	24	15	83
测绘人员	4338	7	5	56
矿物开采人员	78090	165	126	934
矿物处理人员	8499	15	5	106
钻井人员	5695	5	10	58
石油、天然气开采人员	19779	15	20	116
盐业生产人员	1844	2	5	26
其他勘测及矿物开采人员	3744	11	15	90

单位：人

35小时	36-39小时	40小时	41-47小时	48小时	48小时以上	周平均工作时间（小时）
1367	1046	28326	3642	11735	34779	47.18
3200	2281	103181	11705	51835	97031	46.91
52	29	1351	100	329	1007	46.03
972	599	31607	2513	8148	29106	47.70
1136	798	41768	3790	14164	49335	49.20
1136	798	41768	3790	14164	49335	49.20
22360	**15375**	**210962**	**45074**	**62745**	**316289**	**42.47**
19534	13896	174353	39157	51077	254754	41.51
15274	11296	131071	30073	35680	176640	40.11
109	72	1503	156	333	1386	44.29
3528	2107	34497	7624	12460	63170	46.00
33	11	245	70	120	568	46.64
24	37	643	44	269	540	45.91
99	64	1547	255	692	3190	48.16
467	309	4847	935	1523	9260	45.55
292	186	7260	486	1665	4955	44.96
169	97	3311	289	846	2454	43.96
74	57	2616	108	497	1403	45.49
11	7	367	20	87	188	45.49
18	14	511	52	168	648	48.14
20	11	455	17	67	262	45.47
1447	675	12584	2959	4393	29328	48.23
1032	483	7275	2102	2545	19075	48.06
278	142	2762	638	1219	7297	48.90
17	9	292	45	141	621	49.48
7	1	152	6	29	58	45.10
36	6	1119	33	139	320	43.63
11	8	246	43	87	186	45.65
66	26	738	92	233	1771	50.11
904	519	9984	2153	4649	24686	49.42
432	250	4628	1129	2132	11843	49.01
323	168	2173	618	928	7152	50.86
112	87	2874	354	1436	5121	48.88
37	14	309	52	153	570	47.16
133	76	5790	198	660	1316	43.15
46	24	1948	81	258	491	43.27
16	9	601	20	51	177	43.57
3	5	312	13	24	65	43.04
16	14	782	25	55	106	42.17
52	24	2147	59	272	477	43.25
50	23	991	121	301	1250	46.99
47	21	794	119	261	1146	47.20
3	2	197	2	40	104	45.46
37786	**32836**	**2065215**	**188428**	**1075030**	**2667384**	**49.56**
772	639	62074	3122	16435	44864	46.98
99	48	4246	207	873	2236	45.74
75	19	2810	85	473	808	43.97
338	367	28837	1981	11754	33588	48.60
51	70	4086	210	1090	2866	46.90
32	25	3470	99	413	1583	46.01
123	78	15590	415	1026	2396	42.58
10	11	1126	41	221	402	44.53
44	21	1909	84	585	985	45.44

4-13a 续表 5

职业小类 性别	合计	1-8 小时	9-19 小时	20-34 小时
金属冶炼、轧制人员	131435	216	173	1526
炼铁人员	16503	20	21	188
炼钢人员	33206	55	18	305
铁合金冶炼人员	4714	8	8	78
重有色金属冶炼人员	5186	7	5	84
轻有色金属冶炼人员	7490	13	4	113
稀贵金属冶炼人员	2115	4	3	30
半导体材料制备人员	2160	7	3	20
金属轧制人员	37823	56	79	431
铸铁管人员	5383	7	5	52
炭素制品生产人员	2895	3	5	43
硬质合金生产人员	3029	10	3	44
其他金属冶炼、轧制人员	10931	26	19	138
化工产品生产人员	124879	182	174	1703
化工产品生产通用工艺人员	25086	36	32	320
石油炼制生产人员	11701	24	10	176
煤化工生产人员	7152	8	10	98
化学肥料生产人员	14351	29	26	196
无机化工产品生产人员	6455	10	5	74
基本有机化工产品生产人员	2190	2	2	33
合成树脂生产人员	3713	6	5	53
合成橡胶生产人员	5752	8	6	47
化学纤维生产人员	8783	9	8	78
合成革生产人员	4370	9	4	67
精细化工产品生产人员	8762	8	18	154
信息记录材料生产人员	2405	4	4	32
火药、炸药制造人员	2615	5	3	54
林产化工产品生产人员	668	2		10
复合材料加工人员	2996	6	3	52
日用化学品生产人员	9751	7	20	127
其他化工产品生产人员	8129	9	18	132
机械制造加工人员	490077	664	695	4583
机械冷加工人员	204412	263	322	1869
机械热加工人员	161011	204	210	1566
特种加工设备操作人员	11126	20	17	112
冷作钣金加工人员	11523	22	16	118
工件表面处理加工人员	32115	58	36	245
磨料磨具制造加工人员	23902	38	25	254
航天器件加工成型人员	1378	1	1	13
其他机械制造加工人员	44610	58	68	406
机电产品装配人员	410822	401	510	3389
基础件、部件装配人员	54832	42	66	476
机械设备装配人员	56407	48	47	430
动力设备装配人员	13954	13	11	97
电气元件及设备装配人员	41376	49	58	258
电子专用设备装配调试人员	19882	18	18	105
仪器仪表装配人员	19009	15	23	132
运输车辆装配人员	39165	61	60	377
膜法水处理设备制造人员	383			3
医疗器械装配及假肢与矫形器制作人员	5709	4	13	37
日用机械电器制造装配人员	50590	40	62	371
五金制品制作、装配人员	87689	75	128	909
装甲车辆装试人员	420	3	2	9

单位：人

35 小时	36-39 小时	40 小时	41-47 小时	48 小时	48小时 以 上	周平均 工作时间 (小时)
612	765	62589	3550	22712	39292	46.73
80	114	8709	437	2632	4302	45.75
124	170	18872	991	5357	7314	45.08
26	33	2437	153	671	1300	45.90
33	43	3042	110	819	1043	44.57
60	82	3857	185	1200	1976	46.02
15	21	1038	67	408	529	45.96
11	6	1043	46	478	546	46.17
137	172	14030	969	7257	14692	48.74
20	22	2460	150	894	1773	47.21
14	16	1325	76	469	944	47.00
23	11	1291	85	471	1091	48.04
69	75	4485	281	2056	3782	47.74
1342	921	65018	3620	19364	32555	45.89
316	236	13744	768	4046	5588	44.97
352	111	8464	241	994	1329	42.27
33	42	3778	236	971	1976	45.92
108	114	7899	454	2171	3354	44.97
32	53	3833	147	980	1321	44.64
20	22	1292	64	353	402	44.41
46	31	1749	105	599	1119	46.87
40	30	2488	152	1125	1856	47.71
46	27	4478	218	1528	2391	46.60
25	25	1196	145	539	2360	54.18
81	79	3306	274	1585	3257	48.36
19	18	1049	79	280	920	48.00
67	30	1554	88	222	592	44.15
10	2	318	14	85	227	46.76
17	13	1180	86	594	1045	48.12
46	38	4641	307	2008	2557	46.28
84	50	4049	242	1284	2261	45.96
2008	1840	177272	13780	103750	185485	48.64
750	683	77384	5448	44619	73074	48.21
658	678	53631	4494	33002	66568	49.25
30	36	4868	256	2407	3380	47.14
50	38	4490	378	2425	3986	48.02
122	130	9485	1106	6896	14037	50.17
83	79	7314	711	5374	10024	49.65
86	2	894	21	137	223	43.38
229	194	19206	1366	8890	14193	47.39
1394	1337	148342	12508	94027	148914	48.68
194	148	20881	1638	12494	18893	48.48
235	234	25599	1643	12252	15919	46.95
62	65	5874	411	2884	4537	47.75
92	106	15523	1098	9893	14299	48.43
59	80	7752	753	4389	6708	48.37
117	100	9156	518	3781	5167	46.81
165	130	16309	1001	8878	12184	47.55
2		135	7	76	160	48.97
31	22	2713	134	1276	1479	46.76
105	101	14409	1693	12286	21523	50.12
255	270	20154	2847	22057	40994	50.81
	14	169	21	98	104	45.54

4-13a 续表 6

职业小类 性 别	合 计	1-8 小时	9-19 小时	20-34 小时
枪炮制造人员	458	1		3
弹制造人员	507			1
引信加工制造人员	114		1	
火工品制造人员	1420	4	3	18
防化器材制造人员	180	1		2
船舶制造人员	10220	20	8	67
航空产品装配与调试人员	1844	1	2	14
航空产品试验人员	304			2
导弹卫星装配测试人员	182	1		4
火箭发动机装配试验人员	49			1
航天器结构强度、温度、环境试验人员	136			3
靶场试验人员	51		1	
其他机电产品装配人员	5941	5	7	70
机械设备修理人员	240729	381	387	2937
机械设备维修人员	216323	335	357	2664
仪器仪表修理人员	7632	16	8	78
民用航空器维修人员	2069	1	1	18
其他机械设备修理人员	14705	29	21	177
电力设备安装、运行、检修及供电人员	259319	396	356	3598
电力设备安装人员	30225	42	44	387
发电运行值班人员	15564	19	19	362
输电、配电、变电设备值班人员	9347	20	7	117
电力设备检修人员	48748	60	54	542
供用电人员	31729	54	36	386
生活、生产电力设备安装、操作、修理人员	110115	173	174	1579
其他电力设备安装、运行、检修及供电人员	13591	28	22	225
电子元器件与设备制造、装配、调试及维修人员	393921	372	363	3504
电子器件制造人员	129012	136	103	581
电子元件制造人员	113792	102	88	522
电池制造人员	12845	12	8	61
电子设备装配、调试人员	81257	48	88	1771
电子产品维修人员	24537	46	40	346
其他电子元器件与设备制造、装配、调试及维修人员	32478	28	36	223
橡胶和塑料制品生产人员	124040	185	233	1595
橡胶制品生产人员	28324	60	55	284
塑料制品加工人员	83584	106	161	1128
其他橡胶和塑料制品生产人员	12132	19	17	183
纺织、针织、印染人员	185666	272	450	2855
纤维预处理人员	7163	17	21	104
纺纱人员	42585	74	62	534
织造人员	48653	51	81	569
针织人员	50853	52	122	1202
印染人员	19348	55	109	182
其他纺织、针织、印染人员	17064	23	55	264
裁剪、缝纫和皮革制品加工制作人员	595584	582	1224	7671
裁剪、缝纫人员	389616	397	802	5422
鞋帽制作人员	134011	104	294	1348
皮革、毛皮加工人员	32119	22	49	287
缝纫制品再加工人员	15418	19	36	285
其他裁剪、缝纫和皮革、毛皮制品加工制作人员	24420	40	43	329
粮油、食品、饮料生产加工及饲料生产加工人员	117070	245	396	3192
粮油生产加工人员	11474	29	58	484
制糖和糖制品加工人员	5485	14	13	96

单位：人

35小时	36-39小时	40小时	41-47小时	48小时	48小时以上	周平均工作时间（小时）
1		201	101	68	83	44.92
2	1	371	11	54	67	43.16
1		70	3	24	15	44.32
9	5	789	38	122	432	45.55
		85	1	38	53	46.56
29	19	4325	311	1773	3668	47.99
8	18	1381	89	174	157	42.23
1	4	234	8	31	24	42.16
1		106	3	28	39	44.60
		31		4	13	45.65
		115	7	6	5	40.85
	1	29	2	5	13	44.61
25	19	1931	170	1336	2378	49.19
1652	1237	101944	6633	39316	86242	47.87
1442	1089	88972	6008	35887	79569	48.09
88	53	4875	168	976	1370	44.03
15	20	1538	36	226	214	42.63
107	75	6559	421	2227	5089	47.43
3472	1856	145160	6982	35156	62343	45.17
307	181	15382	828	4367	8687	46.21
389	212	10533	548	1566	1916	42.57
175	73	6429	221	972	1333	43.19
811	328	30060	1150	5848	9895	44.39
590	240	21213	658	3075	5477	43.48
987	690	53840	3225	17573	31874	46.30
213	132	7703	352	1755	3161	44.89
761	1163	146111	13694	93386	134567	48.55
171	296	49240	4367	28578	45540	48.89
175	345	40106	4027	28377	40050	48.94
13	41	4398	438	3835	4039	48.51
159	249	31158	2941	20431	24412	47.49
173	140	9686	843	4309	8954	48.18
70	92	11523	1078	7856	11572	48.73
520	455	35360	3832	29346	52514	50.23
91	98	9482	764	6439	11051	49.19
358	303	22350	2745	20181	36252	50.63
71	54	3528	323	2726	5211	49.92
887	858	48851	6125	38989	86379	50.80
31	26	2378	234	1537	2815	49.24
165	208	13387	1381	8552	18222	49.31
211	203	12843	1470	10672	22553	50.86
322	276	11449	1938	10517	24975	51.67
66	75	3930	530	4268	10133	52.59
92	70	4864	572	3443	7681	50.46
2108	2648	100961	17573	117478	345339	53.89
1470	1852	69057	11517	75864	223235	53.58
378	420	17889	3753	25749	84076	55.68
87	170	6462	1051	8233	15758	51.81
70	100	3052	573	2656	8627	52.31
103	106	4501	679	4976	13643	52.88
1270	796	37039	4145	17575	52412	49.62
110	71	3782	369	1459	5112	48.97
39	25	2323	172	892	1911	47.68

4-13a 续表 7

职业小类 性 别	合 计	1-8 小时	9-19 小时	20-34 小时
乳品、冷仪器及罐头、饮料制作人员	14116	23	27	210
酿酒、食品添加剂及调味品制作人员	18528	43	24	278
粮油食品制作人员	28115	53	109	802
屠宰加工人员	12012	17	70	570
肉、蛋食品加工人员	9995	21	36	301
饲料生产加工人员	3019	8	15	77
其他粮油、食品、饮料生产加工及饲料生产加工人员	14326	37	44	374
烟草及其制品加工人员	10981	35	15	226
原烟复烤人员	1299	5	1	13
卷烟生产人员	7829	13	10	170
烟用醋酸纤维丝束滤棒制作人员	246	1	1	12
其他烟草及其制品加工人员	1607	16	3	31
药品生产人员	32236	40	25	293
合成药物制造人员	11021	10	11	94
生物技术制药(品)人员	4034	9	1	33
药物制剂人员	5954	6	3	47
中药制药人员	4700	6	1	43
其他药品生产人员	6527	9	9	76
木材加工、人造板生产、木制品制作及制浆、造纸和纸制品生产加工人员	202242	268	493	3811
木材加工人员	43399	70	148	988
人造板生产人员	13832	5	34	596
木材制品制作人员	92660	117	212	1484
制浆人员	2500	7	4	31
造纸人员	15205	24	21	161
纸制品制作人员	23446	32	46	319
其他木材加工、人造板生产、木制品制作及制浆、造纸和纸制品生产加工人员	11200	13	28	232
建筑材料生产加工人员	75208	186	246	1977
水泥及水泥制品生产加工人员	29820	93	97	759
墙体屋面材料生产人员	13245	27	34	352
建筑防水密封材料生产人员	1965		9	62
建筑保温及吸音材料生产人员	1825	1	5	35
装饰石材生产人员	8112	22	27	180
非金属矿及其制品生产加工人员	2154	3	2	51
耐火材料生产人员	4340	5	6	93
其他建筑材料生产加工人员	13747	35	66	445
玻璃、陶瓷、搪瓷及其制品生产加工人员	54720	106	83	792
玻璃熔制人员	15971	26	24	183
玻璃纤维及其制品生产人员	9104	31	20	123
石英玻璃制品加工人员	1616	2	1	14
陶瓷制品生产人员	21328	35	31	377
搪瓷制品生产人员	750	1		31
其他玻璃、陶瓷、搪瓷及其制品生产加工人员	5951	11	7	64
广播影视制品制作、播放及文物保护作业人员	11631	49	36	253
影视制品制作人员	2721	4	5	48
音像制品制作、复制人员	1883	12	4	41
广播影视舞台设备安装调试及运行操作人员	3225	15	9	79
电影放映人员	1542	9	9	41
文物保护作业人员	196	2	1	3
其他广播影视制品制作、播放及文物保护作业人员	2064	7	8	41
印刷人员	64715	66	126	624
印前处理人员	10589	14	21	89

单位：人

35小时	36-39小时	40小时	41-47小时	48小时	48小时以上	周平均工作时间（小时）
80	84	5294	427	2570	5401	48.90
155	119	8445	639	3154	5671	46.57
326	156	6952	993	3844	14880	51.55
276	130	2747	603	1297	6302	50.41
110	66	2287	340	1687	5147	51.22
24	36	1067	91	499	1202	48.13
150	109	4142	511	2173	6786	50.29
102	61	6800	255	1662	1825	43.58
10	6	552	36	237	439	46.94
68	40	5118	173	1178	1059	43.05
3	3	139	14	29	44	43.19
21	12	991	32	218	283	43.53
268	261	18548	940	5397	6464	44.69
91	84	6398	320	1926	2087	44.54
45	38	2565	104	571	668	43.81
37	39	3569	178	899	1176	44.57
49	42	2535	124	810	1090	45.24
46	58	3481	214	1191	1443	45.17
911	1146	47525	6637	36167	105284	50.99
271	290	9814	1281	6138	24399	51.48
76	148	3156	658	2199	6960	50.22
326	434	19547	2930	16052	51558	51.69
18	15	903	42	524	956	48.05
84	92	5499	437	3429	5458	48.09
80	126	5953	928	5851	10111	50.01
56	41	2653	361	1974	5842	50.88
510	483	21923	2282	10616	36985	49.92
218	196	9396	900	4416	13745	49.31
102	69	3271	355	1620	7415	51.17
13	17	628	56	260	920	49.11
11	7	552	51	264	899	50.92
43	59	1868	324	1245	4344	50.74
16	18	696	62	330	976	49.24
15	28	1318	112	710	2053	49.39
92	89	4194	422	1771	6633	49.83
300	382	16212	1701	11132	24012	49.36
74	89	5467	448	3332	6328	48.78
45	53	2944	358	1859	3671	48.70
4		527	35	332	701	49.92
135	194	5227	609	4292	10428	50.03
1	18	220	21	158	300	48.21
41	28	1827	230	1159	2584	49.56
163	76	7338	337	1295	2084	43.70
28	9	1767	77	316	467	43.84
20	5	1117	49	254	381	44.36
57	29	2022	90	355	569	43.52
21	17	1038	33	144	230	42.80
1	1	128	11	9	40	43.40
36	15	1266	77	217	397	43.90
348	415	24793	2019	14136	22188	48.15
85	70	4438	312	2206	3354	47.42

4-13a 续表 8

职业小类 性　别	合　计	1-8 小时	9-19 小时	20-34 小时
印刷操作人员	40466	47	72	389
印后制作人员	7515	3	11	68
其他印刷人员	6145	2	22	78
工艺、美术品制作人员	98418	126	290	1924
珠宝首饰加工制作人员	15059	21	50	179
地毯制作人员	1166		2	20
玩具制作人员	32472	33	73	382
漆器工艺品制作人员	8569	15	10	124
抽纱、刺绣工艺品制作人员	7734	16	49	478
金属工艺品制作人员	6448	3	22	86
雕刻工艺品制作人员	7607	11	22	198
美术品制作	4838	4	12	86
其他工艺、美术品制作人员	14525	23	50	371
文化教育、体育用品制作人员	15475	24	12	125
文教用品制作人员	5359	12	5	57
体育用品制作人员	6714	6	7	26
乐器制作人员	1848	2		15
其他文化教育、体育用品制作人员	1554	4		27
工程施工人员	785327	1642	2516	21060
土石方施工人员	52379	171	189	1644
砌筑人员	261274	620	945	7951
混凝土配制及制品加工人员	48322	92	155	1618
钢筋加工人员	43864	68	108	687
施工架子搭设人员	18338	35	46	409
工程防水人员	7989	15	34	202
装饰、装修人员	251410	449	767	6457
古建筑修建人员	989	1	4	21
筑路、养护、维修人员	26800	66	44	412
工程设备安装人员	28625	58	61	433
其他工程施工人员	45337	67	163	1226
运输设备操作人员及有关人员	850982	1355	2452	17566
公(道)路运输机械设备操作及有关人员	748112	1163	2187	15571
铁路、地铁运输机械设备操作及有关人员	41738	71	72	726
民用航空设备操作及有关人员	2190	2	10	50
水上运输设备操作及有关人员	6933	6	29	136
起重装卸机械操作及有关人员	31094	58	62	502
其他运输设备操作人员及有关人员	20915	55	92	581
环境监测与废物处理人员	12125	20	29	273
环境监测人员	3416	3	4	37
海洋环境调查与监测人员	368		1	6
废物处理人员	6895	12	23	186
其他环境监测与废物处理人员	1446	5	1	44
检验、计量人员	228748	250	240	1759
检验人员	209546	227	204	1500
航空产品检验人员	897			6
航天器检验、测试人员	2737	3	19	101
计量人员	8624	12	7	81
其他检验、计量人员	6944	8	10	71
其他生产、运输设备操作人员及有关人员	547480	981	2018	15235
包装人员	180111	182	280	2129
机泵操作人员	6919	8	8	88
简单体力劳动人员	360450	791	1730	13018
不便分类的其他从业人员	**31520**	**108**	**147**	**1331**

单位：人

35 小时	36-39 小时	40 小时	41-47 小时	48 小时	48小时 以 上	周平均 工作时间 (小时)
184	283	15149	1297	8950	14095	48.30
35	30	2754	244	1744	2626	48.40
44	32	2452	166	1236	2113	48.12
492	476	23073	3335	21839	46863	50.82
69	50	3097	518	4344	6731	51.11
7	11	301	39	243	543	50.06
56	120	8760	1056	8315	13677	49.79
34	29	1813	260	1767	4517	51.93
104	85	1496	344	1425	3737	50.56
22	33	1510	208	1339	3225	51.09
77	43	1450	274	1117	4415	51.32
20	30	1416	178	681	2411	51.99
103	75	3230	458	2608	7607	51.59
56	48	5155	389	4143	5523	49.17
22	17	1571	166	1317	2192	50.28
15	14	2080	162	2018	2386	49.41
4	11	887	31	466	432	46.44
15	6	617	30	342	513	47.61
5020	4803	189938	23875	95246	441227	51.25
409	312	13962	1590	6316	27786	50.53
1577	1643	52623	7876	29012	159027	51.98
316	293	10575	1522	5995	27756	51.57
172	197	9500	1085	5194	26853	52.91
99	104	3719	415	2063	11448	52.68
38	54	2460	209	873	4104	49.95
1608	1646	58332	8229	32914	141008	51.24
6	5	317	29	126	480	50.00
277	125	14152	839	2990	7895	46.08
220	128	10918	797	4032	11978	48.69
298	296	13380	1284	5731	22892	50.27
7431	5632	314468	25802	102298	373978	49.50
6579	4660	262152	22864	89269	343667	49.92
390	512	26877	1141	4631	7318	44.00
20	16	1359	44	234	455	44.23
70	60	3290	192	797	2353	47.30
177	227	14110	851	5038	10069	47.29
195	157	6680	710	2329	10116	50.05
158	115	6303	366	1317	3544	46.10
82	25	2573	70	236	386	42.32
4	4	238	8	26	81	44.59
59	67	2735	232	917	2664	48.13
13	19	757	56	138	413	45.76
1541	1076	108276	6815	44196	64595	46.90
1363	933	97414	6324	41592	59989	47.05
6	6	652	12	98	117	43.20
16	21	1104	75	322	1076	47.99
83	64	5218	220	1054	1885	44.84
73	52	3888	184	1130	1528	45.16
3688	3347	144142	18111	98052	261906	50.23
625	798	45014	5873	45421	79789	50.38
40	45	3659	162	1127	1782	45.90
3023	2504	95469	12076	51504	180335	50.24
453	**217**	**12098**	**1052**	**3711**	**12403**	**47.92**

4-13a 续表 9

职业小类 性 别	合 计	1-8 小时	9-19 小时	20-34 小时
男	**10977480**	**22670**	**38264**	**232993**
国家机关、党群组织、企业、事业单位负责人	**577722**	**783**	**873**	**6590**
中国共产党中央委员会和地方各级组织负责人	2993	3	3	31
中国共产党中央委员会和地方各级组织负责人	2993	3	3	31
国家机关及其工作机构负责人	40700	61	14	482
国家权力机关及其工作机构负责人	4236	6		57
人民政协及其工作机构负责人	1725	3		22
人民法院负责人	1261	2	1	17
人民检察院负责人	1144		1	13
国家行政机关及其工作机构负责人	26307	40	9	301
其他国家机关及其工作机构负责人	6027	10	3	72
民主党派和社会团体及其工作机构负责人	14605	29	38	364
民主党派负责人	509	2		6
工会、共青团、妇联、其他人民团体及其工作机构负责人	3776	7	3	47
群众自治组织负责人	8426	15	28	275
其他社会团体及其工作机构负责人	1894	5	7	36
事业单位负责人	33204	69	24	357
教育教学单位负责人	7552	24	8	101
卫生单位负责人	2889	9	3	36
科研单位负责人	1876	3		19
其他事业单位负责人	20887	33	13	201
企业负责人	486220	621	794	5356
企业负责人	486220	621	794	5356
专业技术人员	**1394972**	**3328**	**2685**	**18257**
科学研究人员	19661	39	34	211
哲学研究人员	516		3	13
经济学研究人员	666	1	3	9
法学研究人员	304	1		9
社会学研究人员	749	4	3	8
教育科学研究人员	1140	4	9	20
文学、艺术研究人员	364		1	6
图书馆学、情报学研究人员	299		1	4
历史学研究人员	205	1		1
管理科学研究人员	1477	2	4	13
数学研究人员	410	1		5
物理学研究人员	1227		1	10
化学研究人员	1855	5	1	16
天文学研究人员	240	1		4
地球科学研究人员	439			3
生物科学研究人员	1660	5	2	13
农业科学研究人员	2358	6		26
医学研究人员	2207		3	22
其他科学研究人员	3545	8	3	29
工程技术人员	538592	892	551	4404
地质勘探工程技术人员	9069	29	11	92
测绘工程技术人员	6459	14	11	60
矿山工程技术人员	7864	22	2	63
石油工程技术人员	9859	18	7	64
冶金工程技术人员	9878	17	5	93
化工工程技术人员	10142	19	8	60
机械工程技术人员	53544	58	36	254

单位：人

35 小时	36-39 小时	40 小时	41-47 小时	48 小时	48小时 以 上	周平均 工作时间 (小时)
110858	**65541**	**4664852**	**328736**	**1486431**	**4027135**	**47.91**
6879	**2594**	**308890**	**13426**	**64822**	**172865**	**46.68**
68	25	2388	42	158	275	41.89
68	25	2388	42	158	275	41.89
1219	233	33723	468	1638	2862	41.23
119	29	3449	53	195	328	41.38
54	10	1417	19	76	124	41.25
36	7	1052	23	47	76	41.03
42	4	964	21	30	69	40.93
791	148	21955	276	1021	1766	41.17
177	35	4886	76	269	499	41.51
245	86	9247	303	1365	2928	43.74
8	2	345	9	37	100	43.90
81	24	2998	56	202	358	41.83
109	50	4685	204	972	2088	44.56
47	10	1219	34	154	382	43.82
792	189	25808	549	1849	3567	42.14
137	31	6064	121	333	733	41.78
74	27	2088	83	214	355	42.58
52	5	1479	38	86	194	41.96
529	126	16177	307	1216	2285	42.23
4555	2061	237724	12064	59812	163233	47.57
4555	2061	237724	12064	59812	163233	47.57
21007	**8468**	**954261**	**36013**	**136590**	**214363**	**43.26**
378	96	15241	410	1285	1967	42.04
3	4	238	16	58	181	47.68
12	5	508	13	37	78	42.00
4	2	209	7	27	45	43.37
10	4	611	12	37	60	41.23
11	10	926	10	55	95	41.56
7	4	253	12	27	54	43.13
10	4	228	6	18	28	41.55
4		172	2	6	19	41.63
20	7	1122	24	106	179	42.45
9	1	292	13	34	55	42.90
15	4	1011	29	47	110	41.71
25	7	1377	50	179	195	42.41
3		179	10	13	30	42.48
2	5	364	9	18	38	41.90
27	6	1338	32	103	134	41.75
82	15	1888	34	132	175	41.38
37	5	1752	43	149	196	41.85
97	13	2773	88	239	295	41.73
5934	2932	348096	13840	63409	98534	44.13
214	64	6445	187	627	1400	43.06
104	32	4342	136	637	1123	43.79
68	50	4487	156	943	2073	45.40
113	63	7838	145	552	1059	42.22
83	60	6428	226	1233	1733	44.02
103	83	7058	234	1149	1428	43.22
321	209	32964	1416	8993	9293	44.37

4-13a 续表 10

职业小类 性 别	合 计	1-8 小时	9-19 小时	20-34 小时
兵器工程技术人员	1660	1	2	7
航空工程技术人员	3697	5	1	19
航天工程技术人员	3335	1	3	18
电子工程技术人员	38161	79	23	209
通信工程技术人员	27324	37	18	201
计算机与应用工程技术人员	78481	98	64	467
电气工程技术人员	14896	20	11	108
电力工程技术人员	33723	51	35	371
邮政工程技术人员	1263	7	2	14
广播、电影、电视工程技术人员	4950	8	5	62
交通工程技术人员	12380	23	18	104
民用航空工程技术人员	1378	3	3	25
铁路工程技术人员	14624	34	14	128
建筑工程技术人员	93788	184	154	1030
建材工程技术人员	8647	24	21	114
林业工程技术人员	2880	8	5	41
水利工程技术人员	7464	9	5	99
海洋工程技术人员	875	2	3	6
水产工程技术人员	578	3		8
纺织工程技术人员	5602	8	14	48
食品工程技术人员	4651	13	14	59
气象工程技术人员	1462	1	2	14
地震工程技术人员	528	1		4
环境保护工程技术人员	4236	9	5	33
安全工程技术人员	8193	11	6	62
标准化、计量、质量工程技术人员	10720	11	11	84
管理(工业)工程技术人员	29349	36	20	226
其他工程技术人员	16932	28	12	157
农业技术人员	11933	28	34	278
土壤肥料技术人员	1129	6	5	28
植物保护技术人员	1196	3	4	33
园艺技术人员	4360	8	11	93
作物遗传育种栽培技术人员	703	1	3	16
兽医、兽药技术人员	1631		3	35
畜牧与草业技术人员	979	4	3	28
其他农业技术人员	1935	6	5	45
飞机和船舶技术人员	6829	16	26	203
飞行人员和领航人员	1452	8	17	148
船舶指挥和引航人员	3155	6	7	42
其他飞机和船舶技术人员	2222	2	2	13
卫生专业技术人员	126490	268	209	1706
西医医师	64566	114	103	807
中医医师	11575	29	34	232
中西医结合医师	13158	34	19	173
民族医生	555	4		7
公共卫生医师	2803	13	7	50
药剂人员	8578	19	9	105
医疗技术人员	10558	20	13	123
护理人员	7591	19	15	113
其他卫生专业技术人员	7106	16	9	96
经济业务人员	165382	309	198	1832
经济计划人员	9275	17	9	95
统计人员	11669	23	10	143
会计人员	124360	231	158	1365
审计人员	7008	12	6	74
国际商务人员	3855	2	2	33
其他经济业务人员	9215	24	13	122

单位：人

35小时	36-39小时	40小时	41-47小时	48小时	48小时以上	周平均工作时间(小时)
12	11	1319	20	142	146	42.03
20	43	2928	104	263	314	42.15
9	10	2675	47	233	339	42.31
191	152	25349	1297	5549	5312	43.62
365	131	20053	737	2677	3105	42.65
666	445	57361	2402	7448	9530	42.83
178	72	9587	383	2034	2503	43.96
761	317	22392	749	3346	5701	43.58
17	11	871	26	128	187	43.06
88	27	3544	112	441	663	42.81
131	49	7569	305	1456	2725	44.87
16	7	1015	27	85	197	42.81
145	91	10107	345	1388	2372	43.59
1088	471	51691	2385	10586	26199	45.92
79	50	4113	233	1246	2767	46.76
57	14	1917	63	282	493	43.36
194	47	5596	136	453	925	42.42
5	2	667	15	58	117	42.81
16	2	364	17	46	122	44.28
25	38	2593	176	1127	1573	46.71
48	26	2345	141	729	1276	46.26
72	10	1129	19	87	128	41.67
11	2	395	8	30	77	43.09
94	33	3302	66	297	397	41.96
91	55	5250	158	914	1646	44.44
148	49	6939	235	1436	1807	43.95
247	115	16759	691	4531	6724	45.38
154	91	10704	443	2263	3080	44.28
240	75	7105	269	1146	2758	44.38
20	6	669	18	117	260	44.24
37	4	748	27	118	222	43.42
57	28	2493	119	493	1058	44.81
16	4	469	16	43	135	43.49
42	11	962	31	142	405	44.81
14	9	510	20	99	292	45.83
54	13	1254	38	134	386	43.31
52	50	4040	153	542	1747	45.72
23	18	952	39	82	165	40.80
16	9	1511	77	236	1251	49.55
13	23	1577	37	224	331	43.50
2274	1311	79347	5304	12507	23564	44.06
1124	634	41175	2652	6225	11732	43.94
187	119	6798	503	1202	2471	44.56
224	128	7770	569	1263	2978	44.87
7	8	300	28	73	128	45.03
57	30	1772	99	261	514	43.97
159	100	5668	397	941	1180	43.15
224	133	6963	500	988	1594	43.33
130	78	4281	290	905	1760	45.34
162	81	4620	266	649	1207	43.62
2760	1000	112305	4182	18136	24660	43.25
121	44	5887	229	1057	1816	44.43
210	71	7652	253	1379	1928	43.58
2056	778	84818	3196	13577	18181	43.16
173	48	5599	125	462	509	41.48
48	10	2737	124	527	372	42.69
152	49	5612	255	1134	1854	44.33

4-13a 续表 11

职业小类 性 别	合 计	1-8 小时	9-19 小时	20-34 小时
金融业务人员	122692	228	147	1983
银行业务人员	67469	128	28	653
保险业务人员	33941	68	77	485
证券业务人员	11488	16	26	549
其他金融业务人员	9794	16	16	296
法律专业人员	28940	56	34	420
法官	6479	10	5	71
检察官	3862	7	1	42
律师	11612	25	23	220
公证员	722	2		7
司法鉴定人员	900	2	1	12
书记员	1439	2	1	15
其他法律专业人员	3926	8	3	53
教学人员	269141	1196	1102	5224
高等教育教师	70252	323	391	1649
中等职业教育教师	27201	93	95	502
中学教师	98054	255	213	1460
小学教师	42332	100	85	756
幼儿教师	3723	14	13	69
特殊教育教师	1871	15	17	40
其他教学人员	25708	396	288	748
文学艺术工作人员	50879	145	216	1139
文艺创作和评论人员	1059	10	5	52
编导和音乐指挥人员	1366	8	6	41
演员	3612	38	72	326
乐器演奏员	1345	16	38	157
电影、电视制作及舞台专业人员	3651	6	13	84
美术专业人员	3539	9	21	95
工艺美术专业人员	34555	48	44	337
其他文学艺术工作人员	1752	10	17	47
体育工作人员	2260	6	17	82
体育工作人员	2260	6	17	82
新闻出版、文化工作人员	32908	91	54	444
记者	8657	18	6	85
编辑	11296	21	14	134
校对员	976		3	19
播音员及节目主持人	1458	5	13	45
翻译	2591	5	7	48
图书资料与档案业务人员	3839	31	6	51
考古及文物保护工作人员	495	1		7
其他新闻出版、文化工作人员	3596	10	5	55
宗教职业者	1763	6	39	143
宗教职业者	1763	6	39	143
其他专业技术人员	17502	48	24	188
其他专业技术人员	17502	48	24	188
办事人员和有关人员	**1334505**	**2105**	**1398**	**14569**
行政办公人员	731068	1120	549	7364
行政业务人员	377184	571	290	3709
行政事务人员	272357	423	194	2746
其他行政办公人员	81527	126	65	909
安全保卫和消防人员	458022	660	653	5485
人民警察	91231	123	57	776
治安保卫人员	318908	436	530	4045
消防人员	5434	17	3	49
其他安全保卫和消防人员	42449	84	63	615

单位：人

35 小时	36-39 小时	40 小时	41-47 小时	48 小时	48小时 以 上	周平均 工作时间 (小时)
2417	790	90280	2834	10559	13454	42.17
1514	414	53149	1395	4691	5497	41.64
459	226	21442	959	4298	5927	43.64
246	88	8548	270	789	956	41.18
198	62	7141	210	781	1074	41.96
723	140	23393	484	1392	2298	41.38
217	41	5482	79	208	366	40.89
121	19	3335	41	109	187	40.71
200	46	8869	252	741	1236	41.91
16	7	574	9	49	58	41.58
25	5	738	14	40	63	41.26
31	5	1216	14	63	92	41.12
113	17	3179	75	182	296	41.37
4761	1475	210114	5486	14769	25014	41.48
1440	363	59254	994	2341	3497	40.46
541	159	21191	596	1572	2452	41.50
1491	513	75966	2277	5889	9990	41.84
750	226	33977	847	2045	3546	41.36
59	22	2392	100	373	681	43.59
34	8	1355	32	127	243	41.93
446	184	15979	640	2422	4605	42.75
613	278	27793	1682	7612	11401	44.84
13	10	695	32	84	158	41.99
23	5	979	34	90	180	42.42
129	33	2140	124	226	524	40.72
35	12	737	27	90	233	40.54
53	15	2554	89	296	541	42.96
35	24	1693	127	486	1049	45.98
291	169	17965	1200	6145	8356	45.75
34	10	1030	49	195	360	43.80
44	27	1535	58	221	270	41.98
44	27	1535	58	221	270	41.98
603	182	24846	737	2258	3693	42.17
159	36	6523	178	580	1072	42.48
188	68	8894	254	723	1000	41.72
10	8	705	27	103	101	42.32
37	9	994	35	115	205	42.26
27	11	1760	66	239	428	43.20
90	29	3032	71	197	332	41.43
13	5	383	6	16	64	42.60
79	16	2555	100	285	491	42.69
45	17	665	59	183	606	45.13
45	17	665	59	183	606	45.13
163	95	9501	515	2571	4397	45.77
163	95	9501	515	2571	4397	45.77
21234	**8315**	**846462**	**32004**	**151893**	**256525**	**44.45**
14817	3933	542367	14314	61818	84786	42.55
8265	1962	285963	6853	27476	42095	42.37
4876	1463	199426	5712	26028	31489	42.63
1676	508	56978	1749	8314	11202	43.09
3920	3455	211717	13964	73228	144940	47.62
1613	428	65896	1633	6896	13809	43.39
1960	2623	124747	10851	58520	115196	48.76
54	41	3371	120	568	1211	45.39
293	363	17703	1360	7244	14724	48.40

4-13a 续表 12

职业小类 性 别	合 计	1-8 小时	9-19 小时	20-34 小时
邮政和电信业务人员	57431	124	79	669
邮政业务人员	20808	37	37	323
电信业务人员	20077	55	21	202
电信通信传输业务人员	11114	21	13	110
其他邮政和电信业务人员	5432	11	8	34
其他办事人员和有关人员	87984	201	117	1051
其他办事人员和有关人员	87984	201	117	1051
商业、服务业人员	**2909617**	**5530**	**8796**	**54084**
购销人员	1665980	2878	4496	29125
营业人员	1081111	1907	3120	19255
推销、展销人员	360430	632	632	4738
采购人员	54976	67	93	777
拍卖、典当及租赁业务人员	3408	30	41	141
废旧物资回收利用人员	54429	76	227	1778
粮油管理人员	2177	1	6	30
商品监督和市场管理人员	27720	52	40	328
其他购销人员	81729	113	337	2078
仓储人员	139174	183	220	1496
保管人员	98941	116	110	786
储运人员	33440	59	104	651
其他仓储人员	6793	8	6	59
餐饮服务人员	333664	618	1050	5405
中餐烹饪人员	174129	292	515	2530
西餐烹饪人员	7512	12	17	85
调酒和茶艺人员	2090	1	8	44
营养配餐人员	2595	3	10	28
餐厅服务人员	111038	248	338	1788
其他餐饮服务人员	36300	62	162	930
饭店、旅游及健身娱乐场所服务人员	87635	212	283	1365
饭店服务人员	48229	97	159	675
旅游及公共游览场所服务人员	11098	40	30	215
健身和娱乐场所服务人员	21495	61	66	363
其他饭店、旅游及健身娱乐场所服务人员	6813	14	28	112
运输服务人员	253208	471	678	5709
公路、道路运输服务人员	159233	290	420	3667
铁路客货运输服务人员	36420	61	53	613
航空运输服务人员	5405	15	11	119
水上运输服务人员	7833	15	18	122
其他运输服务人员	44317	90	176	1188
医疗卫生辅助服务人员	6965	12	21	99
医疗卫生辅助服务人员	6965	12	21	99
社会服务和居民生活服务人员	360445	941	1806	9498
社会中介服务人员	19555	41	49	396
物业管理人员	50812	275	464	1279
供水、供热及生活燃料供应服务人员	35791	60	67	562
美容美发人员	49614	56	147	659
摄影服务人员	9934	24	53	218
验光配镜人员	1333	1	2	8
洗染织补人员	5208	2	12	85
浴池服务人员	9614	16	32	145
印章刻字人员	1119	3	4	25
日用机电产品维修人员	41982	59	153	966
办公设备维修人员	8602	19	16	116

单位：人

35小时	36-39小时	40小时	41-47小时	48小时	48小时以上	周平均工作时间（小时）
904	390	34363	1689	7585	11628	44.50
261	126	11743	634	2999	4648	45.00
357	160	12824	586	2460	3412	43.76
196	65	6961	308	1318	2122	44.12
90	39	2835	161	808	1446	46.07
1593	537	58015	2037	9262	15171	43.79
1593	537	58015	2037	9262	15171	43.79
24048	**16134**	**1000434**	**95253**	**389785**	**1315553**	**50.03**
13839	8685	553035	55221	214882	783819	50.38
8533	5677	310896	36059	132280	563384	51.53
2851	1643	167342	11434	57024	114134	47.13
464	292	24545	1787	8671	18280	47.48
47	13	1518	78	402	1138	46.27
593	445	9747	2032	4854	34677	52.84
35	8	1121	52	220	704	46.97
355	180	14308	870	3967	7620	46.19
961	427	23558	2909	7464	43882	51.63
888	735	61004	4436	25825	44387	47.43
607	512	45584	3062	18991	29173	47.04
238	186	12611	1135	5537	12919	48.46
43	37	2809	239	1297	2295	48.07
2274	1573	87774	11395	49001	174574	52.05
1063	746	44819	5691	24663	93810	52.49
32	34	2372	292	1362	3306	50.22
19	18	763	84	362	791	48.49
13	11	902	68	412	1148	50.64
687	557	29743	3921	17936	55820	51.48
460	207	9175	1339	4266	19699	52.39
666	436	31176	2832	13892	36773	49.65
309	196	16664	1424	7651	21054	50.11
129	74	6295	342	1410	2563	44.86
164	130	6076	853	3865	9917	50.71
64	36	2141	213	966	3239	50.86
2489	1984	104194	7884	29027	100772	48.51
1568	1139	59157	4962	18817	69213	49.23
316	423	22968	1019	4022	6945	44.44
55	56	3832	142	486	689	42.70
78	44	4380	218	897	2061	45.86
472	322	13857	1543	4805	21864	50.43
108	54	3893	285	788	1705	45.48
108	54	3893	285	788	1705	45.48
3208	2259	137354	11250	48889	145240	48.85
147	113	10661	556	2630	4962	45.53
503	359	26612	1435	7599	12286	45.34
415	241	19038	910	3960	10538	46.28
214	186	10076	1306	5529	31441	55.71
75	47	3423	294	1373	4427	49.66
13	6	467	47	251	538	49.54
24	34	1325	151	739	2836	52.66
43	45	2291	274	1296	5472	53.59
8	5	378	27	159	510	49.28
274	275	11992	1468	5816	20979	50.60
80	54	3961	265	1438	2653	46.75

4-13a 续表 13

职业小类 性　别	合　计	1-8 小时	9-19 小时	20-34 小时
保育、家庭服务人员	8703	55	138	635
环境卫生人员	76201	185	415	2741
殡葬服务人员	1980	11	20	148
其他社会服务和居民生活服务人员	39997	134	234	1515
其他商业、服务业人员	62546	215	242	1387
其他商业、服务业人员	62546	215	242	1387
农、林、牧、渔、水利业生产人员	**456536**	**4282**	**15151**	**69183**
种植业生产人员	372817	4068	14402	63758
大田作物生产人员	279979	3745	12889	53904
农业实验人员	2218	9	34	208
园艺作物生产人员	74977	258	1188	7984
热带作物生产人员	643	2	21	49
中药材生产人员	970	2	3	65
农副林特产品加工人员	3157	12	39	231
其他种植业生产人员	10873	40	228	1317
林业生产及野生动植物保护人员	11031	34	114	500
营造林人员	5072	14	96	346
森林资源管护人员	3723	14	9	86
野生动植物保护及自然保护区人员	510	2	4	17
木材采运人员	1165	2	5	36
其他林业生产及野生动植物保护人员	561	2		15
畜牧业生产人员	33160	79	313	2459
家畜饲养人员	21161	53	204	1752
家禽饲养人员	7587	12	81	494
蜜蜂饲养人员	978	5	12	54
实验动物饲养人员	140			1
动物疫病防治人员	1136	2	3	31
草业生产人员	344		1	11
其他畜牧业生产人员	1814	7	12	116
渔业生产人员	31052	77	277	2197
水产养殖人员	15553	34	148	1141
水产捕捞及有关人员	10391	25	80	814
水产品加工人员	4378	14	42	206
其他渔业生产人员	730	4	7	36
水利设施管理养护人员	6005	16	13	96
河道、水库管养人员	2131	7	3	37
农田灌排工程建设管理维护人员	645	3	2	17
水土保持作业人员	303	1		6
水文勘测作业人员	703		5	4
其他水利设施管理养护人员	2223	5	3	32
其他农、林、牧、渔、水利业生产人员	2471	8	32	173
农林专用机械操作人员	2228	7	32	167
农村能源开发利用人员	243	1		6
生产、运输设备操作人员及有关人员	**4284212**	**6576**	**9276**	**69515**
勘测及矿物开采人员	108208	196	155	1171
地质勘查人员	6189	20	8	65
测绘人员	3174	4	5	43
矿物开采人员	71007	142	99	795
矿物处理人员	5676	13	4	61
钻井人员	5236	4	10	53
石油、天然气开采人员	12745	7	16	71
盐业生产人员	1308	1	1	16
其他勘测及矿物开采人员	2873	5	12	67

单位：人

35小时	36-39小时	40小时	41-47小时	48小时	48小时以上	周平均工作时间（小时）
103	77	2924	269	1083	3419	47.29
856	524	28649	2874	12435	27522	47.31
29	22	833	61	232	624	45.77
424	271	14724	1313	4349	17033	48.94
576	408	22004	1950	7481	28283	49.72
576	408	22004	1950	7481	28283	49.72
10788	**7278**	**110277**	**23599**	**35027**	**180951**	**44.25**
9105	6413	87197	19896	27617	140361	43.22
7045	5193	64867	15322	19212	97802	41.98
64	42	869	73	186	733	45.00
1684	986	17711	3829	6830	34507	46.99
24	5	131	32	69	310	46.75
11	19	353	29	147	341	46.58
45	28	725	119	364	1594	48.87
232	140	2541	492	809	5074	46.76
202	113	4836	341	1201	3690	45.93
107	55	2042	191	572	1649	45.08
57	36	1864	84	396	1177	46.18
8	5	250	14	64	146	46.35
15	12	389	40	123	543	48.76
15	5	291	12	46	175	45.75
753	330	7158	1676	2549	17843	49.56
540	237	4045	1184	1494	11652	49.60
135	60	1505	360	636	4304	50.33
13	7	230	32	120	505	49.75
2	1	80	4	16	36	46.34
25	4	733	21	89	228	43.67
9	3	140	26	50	104	45.96
29	18	425	49	144	1014	50.32
592	348	6271	1439	2901	16950	50.13
281	168	3176	780	1446	8379	49.51
239	146	1750	493	752	6092	51.49
52	26	1155	137	605	2141	49.35
20	8	190	29	98	338	48.48
97	54	4063	138	499	1029	43.51
33	15	1416	55	197	368	43.52
14	7	414	17	40	131	43.69
3	3	210	9	19	52	43.43
8	8	535	19	40	84	42.57
39	21	1488	38	203	394	43.77
39	20	752	109	260	1078	47.75
36	18	635	108	231	994	47.84
3	2	117	1	29	84	46.94
26649	**22609**	**1437085**	**127820**	**705983**	**1878699**	**49.61**
594	506	48225	2562	14200	40599	47.58
80	32	3282	163	667	1872	45.96
44	12	2013	64	349	640	44.30
292	325	25243	1758	10783	31570	48.91
31	41	2609	129	708	2080	47.43
27	22	3165	91	369	1495	46.19
79	56	9700	267	711	1838	43.10
8	4	813	23	142	300	44.67
33	14	1400	67	471	804	45.90

4-13a　续表 14

职业小类 性　别	合　计	1-8 小时	9-19 小时	20-34 小时
金属冶炼、轧制人员	102827	160	126	1118
炼铁人员	13357	19	14	143
炼钢人员	27389	45	14	255
铁合金冶炼人员	3578	5	6	52
重有色金属冶炼人员	3851	6	4	68
轻有色金属冶炼人员	5600	8	3	85
稀贵金属冶炼人员	1506	3	1	25
半导体材料制备人员	1317	2	2	15
金属轧制人员	29324	43	62	294
铸铁管人员	4435	5	4	37
炭素制品生产人员	2167	2	2	23
硬质合金生产人员	2079	7	1	26
其他金属冶炼、轧制人员	8224	15	13	95
化工产品生产人员	80877	114	96	1019
化工产品生产通用工艺人员	17014	20	20	199
石油炼制生产人员	8117	18	4	130
煤化工生产人员	5352	6	6	74
化学肥料生产人员	9521	19	18	117
无机化工产品生产人员	4373	7	4	52
基本有机化工产品生产人员	1536	1	2	22
合成树脂生产人员	2413	3	3	32
合成橡胶生产人员	3668	8	3	28
化学纤维生产人员	4960	4	1	42
合成革生产人员	2512	6	2	31
精细化工产品生产人员	5904	6	11	91
信息记录材料生产人员	1092	1	3	9
火药、炸药制造人员	1508	3	1	21
林产化工产品生产人员	409	1		6
复合材料加工人员	1918	1	2	24
日用化学品生产人员	5318	3	7	63
其他化工产品生产人员	5262	7	9	78
机械制造加工人员	375860	487	481	3218
机械冷加工人员	152871	169	195	1197
机械热加工人员	131065	168	163	1235
特种加工设备操作人员	8181	17	16	72
冷作钣金加工人员	9654	20	12	93
工件表面处理加工人员	22855	42	24	150
磨料磨具制造加工人员	18340	29	19	193
航天器件加工成型人员	942			8
其他机械制造加工人员	31952	42	52	270
机电产品装配人员	260910	257	311	1935
基础件、部件装配人员	32234	27	35	243
机械设备装配人员	43374	35	29	303
动力设备装配人员	8973	7	8	62
电气元件及设备装配人员	21231	29	35	130
电子专用设备装配调试人员	10076	6	6	55
仪器仪表装配人员	10522	7	14	79
运输车辆装配人员	29667	46	47	278
膜法水处理设备制造人员	269			3
医疗器械装配及假肢与矫形器制作人员	2543	3	6	16
日用机械电器制造装配人员	28677	23	37	166
五金制品制作、装配人员	56914	46	79	474
装甲车辆装试人员	324	1	2	8

单位：人

35 小时	36-39 小时	40 小时	41-47 小时	48 小时	48小时 以 上	周平均 工作时间 （小时）
469	572	48373	2844	17612	31553	46.87
69	94	6943	369	2134	3572	45.89
103	130	15329	855	4453	6205	45.21
19	30	1782	123	515	1046	46.26
29	31	2215	81	588	829	44.73
37	56	2783	141	930	1557	46.25
11	13	708	41	289	415	46.42
6	2	662	25	253	350	46.12
105	126	10807	769	5468	11650	48.88
14	16	2035	122	734	1468	47.24
12	12	981	56	345	734	47.35
16	8	852	59	322	788	48.37
48	54	3276	203	1581	2939	48.05
819	595	41998	2336	12577	21323	45.95
196	167	9101	548	2782	3981	45.22
229	75	5744	183	731	1003	42.51
29	33	2732	172	723	1577	46.21
56	72	5161	295	1472	2311	45.19
18	35	2566	99	655	937	44.81
16	16	881	49	256	293	44.56
29	19	1166	65	392	704	46.73
25	19	1598	96	715	1176	47.64
30	20	2620	138	850	1255	46.17
10	13	671	69	300	1410	55.19
46	54	2217	162	1135	2182	48.37
7	3	529	32	111	397	47.70
38	10	930	46	124	335	44.12
8	1	196	7	53	137	46.62
10	7	711	55	392	716	48.63
21	20	2605	180	1036	1383	46.06
51	31	2570	140	850	1526	46.27
1475	1391	133602	10220	79452	145534	48.79
525	497	57265	3941	33467	55615	48.33
535	560	42826	3586	26498	55494	49.39
20	22	3474	184	1797	2579	47.34
44	31	3793	292	2015	3354	48.01
74	88	6572	767	4920	10218	50.41
62	61	5539	520	4207	7710	49.77
63	1	612	17	102	139	43.25
152	131	13521	913	6446	10425	47.54
839	843	96018	7831	59688	93188	48.54
97	90	12475	908	7417	10942	48.41
160	176	20003	1207	9357	12104	46.86
45	30	3827	255	1894	2845	47.42
43	61	8341	585	5202	6805	47.88
35	43	4164	373	2162	3232	47.97
64	56	5055	297	2026	2924	46.78
115	92	12306	745	6667	9371	47.62
		94	5	54	113	48.82
17	13	1258	63	521	646	46.36
59	60	8300	934	7006	12092	50.01
145	168	12869	1898	14585	26650	50.91
	9	134	11	82	77	45.66

4-13a 续表 15

职业小类 性 别	合 计	1-8 小时	9-19 小时	20-34 小时
枪炮制造人员	304	1		2
弹制造人员	319			
引信加工制造人员	66		1	
火工品制造人员	896	2	1	11
防化器材制造人员	134			1
船舶制造人员	8938	19	6	51
航空产品装配与调试人员	1294		1	11
航空产品试验人员	206			1
导弹卫星装配测试人员	107	1		2
火箭发动机装配试验人员	33			
航天器结构强度、温度、环境试验人员	94			1
靶场试验人员	39		1	
其他机电产品装配人员	3676	4	3	38
机械设备修理人员	214362	335	332	2414
机械设备维修人员	194236	294	306	2206
仪器仪表修理人员	5483	13	6	51
民用航空器维修人员	1771	1	1	15
其他机械设备修理人员	12872	27	19	142
电力设备安装、运行、检修及供电人员	217954	326	305	3017
电力设备安装人员	25650	34	36	339
发电运行值班人员	10969	14	10	255
输电、配电、变电设备值班人员	6689	16	3	78
电力设备检修人员	42104	53	48	479
供用电人员	23560	35	28	275
生活、生产电力设备安装、操作、修理人员	98056	151	160	1422
其他电力设备安装、运行、检修及供电人员	10926	23	20	169
电子元器件与设备制造、装配、调试及维修人员	203089	232	189	2084
电子器件制造人员	61541	74	48	266
电子元件制造人员	54475	65	45	201
电池制造人员	6744	5	8	33
电子设备装配、调试人员	42043	30	38	1161
电子产品维修人员	20423	38	34	295
其他电子元器件与设备制造、装配、调试及维修人员	17863	20	16	128
橡胶和塑料制品生产人员	71766	106	120	745
橡胶制品生产人员	18043	37	31	163
塑料制品加工人员	46163	58	82	495
其他橡胶和塑料制品生产人员	7560	11	7	87
纺织、针织、印染人员	62941	113	160	640
纤维预处理人员	3191	9	10	33
纺纱人员	10406	22	15	114
织造人员	13555	17	25	133
针织人员	16737	18	21	194
印染人员	12081	36	66	87
其他纺织、针织、印染人员	6971	11	23	79
裁剪、缝纫和皮革制品加工制作人员	229044	221	417	1732
裁剪、缝纫人员	129680	143	239	995
鞋帽制作人员	66858	43	136	500
皮革、毛皮加工人员	15937	8	25	101
缝纫制品再加工人员	5637	2	8	52
其他裁剪、缝纫和皮革、毛皮制品加工制作人员	10932	25	9	84
粮油、食品、饮料生产加工及饲料生产加工人员	65240	129	214	1592
粮油生产加工人员	6910	14	34	258
制糖和糖制品加工人员	2942	5	8	41

单位：人

35 小时	36-39 小时	40 小时	41-47 小时	48 小时	48小时 以　上	周平均 工作时间 （小时）
1		141	69	39	51	44.45
2	1	221	7	41	47	43.56
1		37	2	13	12	44.83
6	3	504	18	75	276	45.83
		64	1	23	45	47.25
27	16	3696	270	1535	3318	48.22
5	10	966	52	130	119	42.44
1	3	159	5	20	17	42.05
1		65	3	19	16	43.99
		19		3	11	47.24
		80	6	3	4	40.97
	1	22	2	4	9	44.03
15	11	1218	115	810	1462	49.15
1406	1063	89303	5918	35693	77898	48.01
1234	939	78979	5390	32785	72103	48.18
67	40	3413	136	720	1037	44.26
13	18	1339	33	174	177	42.46
92	66	5572	359	2014	4581	47.66
2703	1504	117604	6001	30488	56006	45.52
265	151	12662	730	3732	7701	46.47
264	155	7278	403	1141	1449	42.76
122	55	4548	164	680	1023	43.40
661	263	25346	1011	5232	9011	44.63
396	177	14954	514	2512	4669	44.04
828	602	46805	2891	15770	29427	46.50
167	101	6011	288	1421	2726	45.24
460	631	73110	7005	48492	70886	48.64
95	146	22372	1966	14006	22568	49.13
87	174	18548	2128	13992	19235	49.07
8	23	2300	244	1823	2300	48.81
89	131	15681	1346	10852	12715	47.48
138	112	7910	697	3622	7577	48.30
43	45	6299	624	4197	6491	48.76
301	230	20546	2263	17413	30042	50.16
48	58	6063	470	4205	6968	49.15
213	139	12178	1600	11546	19852	50.60
40	33	2305	193	1662	3222	49.92
257	260	16158	2006	13601	29746	51.39
11	12	1063	89	704	1260	49.46
35	38	3497	359	1995	4331	49.30
59	59	3691	416	3068	6087	50.83
73	86	3703	609	3727	8306	52.43
37	42	2314	326	2690	6483	53.05
42	23	1890	207	1417	3279	51.10
566	758	35630	6406	45155	138159	54.76
319	451	21064	3582	24734	78153	54.65
149	184	8445	1745	13090	42566	56.06
46	75	3191	540	4148	7803	51.78
16	21	1029	256	936	3317	53.15
36	27	1901	283	2247	6320	53.41
730	407	20990	2286	9854	29038	49.57
69	40	2277	215	893	3110	49.19
15	11	1354	99	472	937	47.00

4-13a 续表 16

职业小类 性 别	合 计	1-8 小时	9-19 小时	20-34 小时
乳品、冷仪器及罐头、饮料制作人员	7394	11	11	93
酿酒、食品添加剂及调味品制作人员	11532	27	10	162
粮油食品制作人员	14190	26	47	361
屠宰加工人员	7495	14	53	346
肉、蛋食品加工人员	5308	10	21	145
饲料生产加工人员	2124	5	10	31
其他粮油、食品、饮料生产加工及饲料生产加工人员	7345	17	20	155
烟草及其制品加工人员	6511	18	14	120
原烟复烤人员	632	2	1	2
卷烟生产人员	4774	6	10	97
烟用醋酸纤维丝束滤棒制作人员	151			6
其他烟草及其制品加工人员	954	10	3	15
药品生产人员	16893	21	14	146
合成药物制造人员	5898	3	3	50
生物技术制药(品)人员	2198	5	1	17
药物制剂人员	3135	4	2	21
中药制药人员	2423	4	1	21
其他药品生产人员	3239	5	7	37
木材加工、人造板生产、木制品制作及制浆、造纸和纸制品生产加工人员	152324	192	340	2480
木材加工人员	35064	54	106	727
人造板生产人员	8414	2	24	254
木材制品制作人员	77981	96	165	1169
制浆人员	1787	5	2	20
造纸人员	9465	14	13	79
纸制品制作人员	12651	12	15	117
其他木材加工、人造板生产、木制品制作及制浆、造纸和纸制品生产加工人员	6962	9	15	114
建筑材料生产加工人员	58451	129	164	1379
水泥及水泥制品生产加工人员	23427	60	62	550
墙体屋面材料生产人员	10529	21	21	236
建筑防水密封材料生产人员	1496		7	45
建筑保温及吸音材料生产人员	1286	1	2	17
装饰石材生产人员	6520	17	20	121
非金属矿及其制品生产加工人员	1503			30
耐火材料生产人员	3274	5	4	54
其他建筑材料生产加工人员	10416	25	48	326
玻璃、陶瓷、搪瓷及其制品生产加工人员	33051	69	49	399
玻璃熔制人员	11019	22	19	113
玻璃纤维及其制品生产人员	4947	13	9	42
石英玻璃制品加工人员	1083	2	1	10
陶瓷制品生产人员	11757	23	16	175
搪瓷制品生产人员	460			19
其他玻璃、陶瓷、搪瓷及其制品生产加工人员	3785	9	4	40
广播影视制品制作、播放及文物保护作业人员	6710	26	23	136
影视制品制作人员	1568	3	3	32
音像制品制作、复制人员	952	6	4	21
广播影视舞台设备安装调试及运行操作人员	1959	7	5	43
电影放映人员	957	5	5	27
文物保护作业人员	102	1	1	
其他广播影视制品制作、播放及文物保护作业人员	1172	4	5	13
印刷人员	38043	32	80	356
印前处理人员	5997	9	12	52

单位：人

35 小时	36-39 小时	40 小时	41-47 小时	48 小时	48小时 以 上	周平均 工作时间 (小时)
47	38	2907	213	1413	2661	48.56
101	71	5250	392	1993	3526	46.56
158	81	3341	514	1938	7724	52.03
191	65	1728	361	762	3975	50.27
58	27	1194	176	910	2767	51.39
14	27	754	60	363	860	48.40
77	47	2185	256	1110	3478	50.25
65	29	4157	153	926	1029	43.38
4	2	338	24	71	188	45.96
44	21	3121	105	718	652	43.07
1	1	93	6	19	25	43.25
16	5	605	18	118	164	43.24
147	137	9607	503	2881	3437	44.74
52	48	3375	175	1037	1155	44.69
25	23	1347	49	329	402	44.14
16	19	1907	82	481	603	44.42
30	13	1278	77	433	566	45.31
24	34	1700	120	601	711	45.11
643	825	34889	4748	26559	81648	51.32
205	232	7804	1003	4911	20022	51.75
38	67	1930	366	1406	4327	50.78
268	365	16232	2409	13203	44074	51.85
12	9	620	28	372	719	48.42
57	66	3440	268	2115	3413	48.15
35	57	3213	456	3291	5455	50.18
28	29	1650	218	1261	3638	51.08
374	355	16342	1638	8230	29840	50.37
166	148	7051	622	3491	11277	49.78
75	51	2556	255	1251	6063	51.56
9	13	470	40	206	706	49.29
9	5	375	34	195	648	51.33
27	48	1473	266	974	3574	51.03
11	8	475	42	231	706	49.77
10	19	948	73	532	1629	49.90
67	63	2994	306	1350	5237	50.37
170	210	9805	999	6782	14568	49.51
50	55	3773	267	2345	4375	48.86
19	24	1524	205	1020	2091	49.23
4		378	21	203	464	49.34
73	99	2869	325	2414	5763	50.20
	12	128	15	89	197	48.92
24	20	1133	166	711	1678	49.77
96	45	4085	204	747	1348	44.14
11	8	997	44	185	285	44.05
11	2	543	30	99	236	45.05
39	16	1181	56	238	374	43.87
14	9	635	20	90	152	43.05
	1	61	5	6	27	44.27
21	9	668	49	129	274	44.82
177	251	14212	1175	8395	13365	48.40
36	41	2348	180	1286	2033	47.97

4-13a 续表 17

职业小类 性 别	合 计	1-8 小时	9-19 小时	20-34 小时
印刷操作人员	25047	21	54	236
印后制作人员	3475	1	5	32
其他印刷人员	3524	1	9	36
工艺、美术品制作人员	49523	57	97	549
珠宝首饰加工制作人员	8211	11	24	66
地毯制作人员	481		1	4
玩具制作人员	14856	14	18	101
漆器工艺品制作人员	5681	8	3	65
抽纱、刺绣工艺品制作人员	1675		1	21
金属工艺品制作人员	3564	3	16	32
雕刻工艺品制作人员	5144	7	14	115
美术品制作	2819	3	6	46
其他工艺、美术品制作人员	7092	11	14	99
文化教育、体育用品制作人员	7938	18	1	62
文教用品制作人员	2481	10		29
体育用品制作人员	3695	3	1	9
乐器制作人员	959	2		10
其他文化教育、体育用品制作人员	803	3		14
工程施工人员	682799	1357	2015	16971
土石方施工人员	45012	126	144	1262
砌筑人员	234604	533	762	6550
混凝土配制及制品加工人员	39868	77	120	1235
钢筋加工人员	38973	54	91	572
施工架子搭设人员	16833	31	36	344
工程防水人员	7006	15	30	166
装饰、装修人员	214101	362	610	5219
古建筑修建人员	846	1	4	17
筑路、养护、维修人员	22659	56	36	320
工程设备安装人员	25737	50	51	380
其他工程施工人员	37160	52	131	906
运输设备操作人员及有关人员	783515	1198	2212	15935
公(道)路运输机械设备操作及有关人员	699061	1039	1976	14252
铁路、地铁运输机械设备操作及有关人员	34943	62	63	629
民用航空设备操作及有关人员	1510	2	8	30
水上运输设备操作及有关人员	6135	5	26	124
起重装卸机械操作及有关人员	24222	46	56	425
其他运输设备操作人员及有关人员	17644	44	83	475
环境监测与废物处理人员	7754	12	15	162
环境监测人员	2137	2	3	25
海洋环境调查与监测人员	277			3
废物处理人员	4449	7	12	114
其他环境监测与废物处理人员	891	3		20
检验、计量人员	100455	124	96	772
检验人员	90303	113	73	636
航空产品检验人员	490			5
航天器检验、测试人员	1818	2	12	60
计量人员	4404	4	4	33
其他检验、计量人员	3440	5	7	38
其他生产、运输设备操作人员及有关人员	347167	647	1250	9363
包装人员	77246	65	110	690
机泵操作人员	4267	6	6	57
简单体力劳动人员	265654	576	1134	8616
不便分类的其他从业人员	**19916**	**66**	**85**	**795**

单位：人

35 小时	36-39 小时	40 小时	41-47 小时	48 小时	48小时 以 上	周平均 工作时间 (小时)
107	178	9189	794	5608	8860	48.52
9	13	1265	121	774	1255	48.50
25	19	1410	80	727	1217	48.20
187	200	11107	1671	11377	24278	51.32
31	28	1664	291	2428	3668	51.21
	3	128	16	102	227	50.76
14	55	3769	537	4049	6299	50.11
22	15	1138	178	1241	3011	52.03
8	8	283	66	349	939	53.58
11	16	805	123	720	1838	51.67
47	25	946	184	768	3038	51.60
12	21	831	97	395	1408	51.84
42	29	1543	179	1325	3850	52.36
31	28	2631	215	2216	2736	48.87
10	8	703	91	682	948	49.53
8	11	1175	93	1122	1273	49.21
3	6	461	17	233	227	46.53
10	3	292	14	179	288	48.14
4147	3993	160876	20533	82722	390185	51.48
348	265	11792	1370	5465	24240	50.76
1361	1413	46297	6967	25967	144754	52.21
250	214	8615	1210	5034	23113	51.74
134	164	8345	941	4545	24127	53.09
86	94	3341	371	1890	10640	52.89
28	44	2126	175	750	3672	50.18
1309	1355	48318	6969	28112	121847	51.43
6	3	257	21	109	428	50.36
208	107	11646	745	2570	6971	46.38
195	113	9480	737	3603	11128	48.97
222	221	10659	1027	4677	19265	50.62
6758	5100	284446	23497	94051	350318	49.68
6063	4280	242900	21070	83521	323960	50.03
318	431	22223	945	3917	6355	44.14
13	9	943	31	155	319	44.40
56	55	2831	167	706	2165	47.61
148	192	10349	676	3837	8493	47.75
160	133	5200	608	1915	9026	50.65
105	77	3962	241	883	2297	46.34
48	20	1613	38	141	247	42.43
3	4	176	8	22	61	44.84
45	44	1714	154	630	1729	48.36
9	9	459	41	90	260	46.14
743	528	49962	3083	18461	26686	46.41
643	452	44309	2817	17205	24055	46.50
5	3	356	6	45	70	43.33
8	14	690	52	204	776	48.69
37	34	2671	121	500	1000	45.00
50	25	1936	87	507	785	45.17
2387	2071	89447	11482	57528	172992	50.54
266	317	19455	2598	19372	34373	50.40
23	24	2165	91	692	1203	46.33
2098	1730	67827	8793	37464	137416	50.65
253	**143**	**7443**	**621**	**2331**	**8179**	**48.27**

4-13a 续表 18

职业小类 性　　别	合　计	1-8 小时	9-19 小时	20-34 小时
女	**8063143**	**20489**	**43961**	**240492**
国家机关、党群组织、企业、事业单位负责人	**215721**	**371**	**425**	**2932**
中国共产党中央委员会和地方各级组织负责人	718	3	1	4
中国共产党中央委员会和地方各级组织负责人	718	3	1	4
国家机关及其工作机构负责人	12003	26	12	151
国家权力机关及其工作机构负责人	1119	3	3	11
人民政协及其工作机构负责人	589	1	1	9
人民法院负责人	434	1		6
人民检察院负责人	326			7
国家行政机关及其工作机构负责人	7423	15	6	93
其他国家机关及其工作机构负责人	2112	6	2	25
民主党派和社会团体及其工作机构负责人	10280	21	26	322
民主党派负责人	281	2		8
工会、共青团、妇联、其他人民团体及其工作机构负责人	2889	4	8	75
群众自治组织负责人	5999	12	11	210
其他社会团体及其工作机构负责人	1111	3	7	29
事业单位负责人	13990	24	10	192
教育教学单位负责人	4118	5	3	52
卫生单位负责人	1582	7	1	31
科研单位负责人	739	3	1	11
其他事业单位负责人	7551	9	5	98
企业负责人	178730	297	376	2263
企业负责人	178730	297	376	2263
专业技术人员	**1581876**	**3483**	**3014**	**22315**
科学研究人员	12368	20	19	163
哲学研究人员	264	1	2	9
经济学研究人员	403	1	2	4
法学研究人员	154		2	2
社会学研究人员	442	2	2	7
教育科学研究人员	850	1	6	26
文学、艺术研究人员	261	1		3
图书馆学、情报学研究人员	544			4
历史学研究人员	142		1	2
管理科学研究人员	735	1		11
数学研究人员	253	2		8
物理学研究人员	550	1	1	2
化学研究人员	1379		1	15
天文学研究人员	91	1		2
地球科学研究人员	213	1		2
生物科学研究人员	1161	1	1	12
农业科学研究人员	1308			17
医学研究人员	2006	4	1	20
其他科学研究人员	1612	3		17
工程技术人员	172750	292	169	1607
地质勘探工程技术人员	2451	5	3	25
测绘工程技术人员	2528	1	5	38
矿山工程技术人员	1845	6		32
石油工程技术人员	3725	6	2	14
冶金工程技术人员	2990	3	6	26
化工工程技术人员	4619	8	2	34
机械工程技术人员	14712	27	7	87

单位：人

35小时	36-39小时	40小时	41-47小时	48小时	48小时以上	周平均工作时间（小时）
95845	**57553**	**3583145**	**274553**	**1115946**	**2631159**	**46.89**
2591	**1093**	**115273**	**5393**	**22495**	**65148**	**46.86**
14	7	612	6	18	53	41.13
14	7	612	6	18	53	41.13
363	75	10074	128	480	694	40.92
35	11	900	18	56	82	41.21
26	2	487	2	28	33	40.80
8		359	5	24	31	41.49
11	3	270		14	21	40.86
222	41	6328	70	268	380	40.79
61	18	1730	33	90	147	41.17
212	47	7272	195	667	1518	42.66
3	2	194	6	19	47	43.27
49	18	2219	54	167	295	41.81
131	25	4110	111	405	984	42.95
29	2	749	24	76	192	43.15
312	90	10652	265	791	1654	42.32
75	17	3196	90	201	479	42.25
32	18	1183	34	94	182	42.13
14	3	562	12	43	90	42.42
191	52	5711	129	453	903	42.38
1690	874	86663	4799	20539	61229	47.88
1690	874	86663	4799	20539	61229	47.88
27166	**10465**	**1135574**	**42198**	**151785**	**185876**	**42.48**
240	67	9907	230	762	960	41.53
3	1	129	9	23	87	47.09
4	3	305	7	28	49	42.52
4	1	118	3	13	11	41.36
5		360	6	20	40	41.53
17	3	694	9	42	52	40.70
3	1	194	11	20	28	42.73
13	3	464	9	19	32	41.06
5		124	1	5	4	40.51
12	7	554	12	67	71	42.11
2	1	175	7	22	36	42.42
7	1	462	11	27	38	41.24
22	11	999	28	154	149	42.53
3		60	1	8	16	42.93
3	1	187	3	6	10	40.63
18	5	996	19	55	54	40.89
49	13	1089	15	48	77	40.89
31	6	1652	46	125	121	41.32
39	10	1345	33	80	85	41.01
2222	1096	120677	4220	18458	24009	43.15
69	23	1921	33	151	221	41.68
55	9	1898	44	222	256	42.13
25	10	1267	37	173	295	43.08
53	27	3173	45	160	245	41.30
35	18	2130	88	274	410	42.98
87	44	3381	98	447	518	42.47
76	60	9827	391	2209	2028	43.57

4-13a 续表 19

职业小类 性别	合计	1-8 小时	9-19 小时	20-34 小时
兵器工程技术人员	707			2
航空工程技术人员	1474	2		3
航天工程技术人员	1633	1	2	14
电子工程技术人员	13368	33	8	76
通信工程技术人员	8489	17	5	68
计算机与应用工程技术人员	24930	45	14	167
电气工程技术人员	3957	1	2	34
电力工程技术人员	8469	12	3	97
邮政工程技术人员	588			11
广播、电影、电视工程技术人员	2122	4	5	28
交通工程技术人员	2796	8	2	41
民用航空工程技术人员	404	2		6
铁路工程技术人员	3350	7	2	26
建筑工程技术人员	22980	40	44	283
建材工程技术人员	2580	4	3	53
林业工程技术人员	1427	1	2	30
水利工程技术人员	2685	3	1	32
海洋工程技术人员	263			2
水产工程技术人员	281	1		4
纺织工程技术人员	6450	9	17	76
食品工程技术人员	3220	5	7	50
气象工程技术人员	867		2	10
地震工程技术人员	205			2
环境保护工程技术人员	2002	5	3	28
安全工程技术人员	1543	4	1	10
标准化、计量、质量工程技术人员	6617	9	8	56
管理(工业)工程技术人员	10844	13	8	79
其他工程技术人员	5629	10	5	63
农业技术人员	7296	14	34	288
土壤肥料技术人员	766	3	7	31
植物保护技术人员	771	1	6	40
园艺技术人员	2786	4	10	124
作物遗传育种栽培技术人员	431		1	19
兽医、兽药技术人员	847	2	2	20
畜牧与草业技术人员	626	2	4	22
其他农业技术人员	1069	2	4	32
飞机和船舶技术人员	1323	1	2	44
飞行人员和领航人员	479		2	36
船舶指挥和引航人员	166			2
其他飞机和船舶技术人员	678	1		6
卫生专业技术人员	255006	411	232	2675
西医医师	63804	112	82	650
中医医师	9666	14	21	147
中西医结合医师	11947	27	10	158
民族医生	596	2	1	8
公共卫生医师	3384	15	3	41
药剂人员	13565	27	8	147
医疗技术人员	11637	13	12	135
护理人员	131776	190	80	1259
其他卫生专业技术人员	8631	11	15	130
经济业务人员	466852	731	522	5198
经济计划人员	7502	14	1	75
统计人员	27454	36	23	301
会计人员	408075	634	477	4553
审计人员	8223	7	5	79
国际商务人员	4573	2	1	32
其他经济业务人员	11025	38	15	158

单位：人

35小时	36-39小时	40小时	41-47小时	48小时	48小时以上	周平均工作时间(小时)
7	11	567	14	65	41	41.69
4	11	1213	43	88	110	41.90
3	8	1335	34	73	163	42.08
71	60	8799	373	1897	2051	43.89
134	42	6560	229	666	768	42.04
229	168	18972	664	2149	2522	42.33
57	23	2702	100	523	515	43.35
223	103	6394	180	643	814	41.96
9	6	433	17	42	70	42.33
49	12	1566	56	194	208	42.20
40	17	1982	52	289	365	42.81
3	2	305	10	34	42	42.31
45	22	2499	50	288	411	42.63
360	144	15930	517	2186	3476	43.13
27	19	1396	86	363	629	45.30
35	8	1015	26	132	178	42.50
88	28	2173	30	148	182	41.19
3		198	3	15	42	42.92
2	2	201	10	19	42	42.90
33	58	2788	180	1191	2098	47.25
31	16	1559	90	467	995	46.77
48	6	661	15	47	78	41.85
8	1	157		17	20	41.95
36	9	1587	48	112	174	41.60
24	9	1072	41	163	219	43.13
87	33	4354	171	825	1074	43.81
109	41	6774	284	1529	2007	44.34
57	46	3888	161	657	742	43.09
168	51	4187	201	720	1633	43.99
16	3	392	19	85	210	44.62
30	3	475	22	65	129	42.40
51	18	1563	83	311	622	44.08
14	1	284	9	30	73	42.69
15	8	509	22	91	178	44.41
15	8	291	22	64	198	45.83
27	10	673	24	74	223	43.52
16	16	776	41	150	277	44.42
9	6	185	16	58	167	46.59
1		100	4	17	42	45.88
6	10	491	21	75	68	42.52
4769	2642	172498	10563	26894	34322	43.02
1065	544	44724	2366	5712	8549	42.92
160	95	6480	380	924	1445	43.23
219	114	7945	488	1134	1852	43.32
5	9	372	25	71	103	43.72
80	21	2489	99	260	376	42.36
256	176	9142	586	1478	1745	42.93
231	135	8224	474	1086	1327	42.55
2566	1480	87317	5842	15362	17680	43.10
187	68	5805	303	867	1245	43.02
7655	2909	314677	12045	59813	63302	43.15
112	42	5074	170	864	1150	43.54
429	164	17676	644	4034	4147	43.59
6668	2556	275495	10550	52057	55085	43.12
199	48	6515	171	628	571	41.55
60	23	3247	173	651	384	42.49
187	76	6670	337	1579	1965	44.09

4-13a 续表 20

职业小类 性 别	合 计	1-8 小时	9-19 小时	20-34 小时
金融业务人员	131119	291	240	2452
银行业务人员	72270	132	25	831
保险业务人员	44004	128	197	1171
证券业务人员	6805	13	11	259
其他金融业务人员	8040	18	7	191
法律专业人员	15911	29	18	214
法官	3558	8	4	31
检察官	1549	3	1	24
律师	5714	11	11	85
公证员	642		1	9
司法鉴定人员	445			10
书记员	1693	4	1	17
其他法律专业人员	2310	3		38
教学人员	438319	1457	1552	7975
高等教育教师	69196	300	456	1848
中等职业教育教师	31139	96	115	584
中学教师	128870	270	227	1774
小学教师	113014	222	189	1745
幼儿教师	66086	112	92	813
特殊教育教师	3040	13	19	77
其他教学人员	26974	444	454	1134
文学艺术工作人员	31339	105	126	850
文艺创作和评论人员	692	5	3	34
编导和音乐指挥人员	1044	3	5	28
演员	3964	53	56	351
乐器演奏员	656	8	22	93
电影、电视制作及舞台专业人员	1959	4	5	32
美术专业人员	1642	3	6	46
工艺美术专业人员	20187	25	22	229
其他文学艺术工作人员	1195	4	7	37
体育工作人员	1167	6	12	67
体育工作人员	1167	6	12	67
新闻出版、文化工作人员	40211	103	53	608
记者	6258	13	10	70
编辑	12780	19	9	175
校对员	1192	1	1	29
播音员及节目主持人	2348	9	12	61
翻译	5167	17	12	86
图书资料与档案业务人员	9320	34	7	125
考古及文物保护工作人员	384	1		8
其他新闻出版、文化工作人员	2762	9	2	54
宗教职业者	678	3	22	78
宗教职业者	678	3	22	78
其他专业技术人员	7537	20	13	96
其他专业技术人员	7537	20	13	96
办事人员和有关人员	**731853**	**1300**	**732**	**8578**
行政办公人员	565450	910	471	5860
行政业务人员	219894	381	178	2427
行政事务人员	286574	419	246	2762
其他行政办公人员	58982	110	47	671
安全保卫和消防人员	53633	144	106	1154
人民警察	17899	45	7	211
治安保卫人员	29998	85	84	790
消防人员	582	1		3
其他安全保卫和消防人员	5154	13	15	150

单位：人

35 小时	36-39 小时	40 小时	41-47 小时	48 小时	48小时 以 上	周平均 工作时间 (小时)
2611	872	95868	3187	11446	14152	42.06
1579	468	56618	1686	5201	5730	41.59
704	324	27937	1209	5152	7182	43.05
155	38	5298	122	442	467	40.94
173	42	6015	170	651	773	41.85
411	75	13056	253	811	1044	41.15
105	21	2874	46	204	265	41.41
51	6	1327	22	47	68	40.60
97	24	4593	109	347	437	41.37
20	5	529	9	28	41	41.08
9	2	371	6	19	28	41.13
55	5	1458	18	58	77	40.69
74	12	1904	43	108	128	40.90
7779	2241	347875	9228	24557	35655	41.31
1462	353	58747	1015	2163	2852	40.20
612	168	25245	665	1565	2089	41.03
1991	590	102884	2806	7088	11240	41.56
2166	551	93730	2136	4688	7587	41.06
931	343	46626	1866	6652	8651	42.71
71	14	2329	67	193	257	41.32
546	222	18314	673	2208	2979	40.97
400	209	18932	1069	4289	5359	43.64
6	2	478	20	53	91	41.81
21	8	801	23	50	105	41.65
124	37	2424	118	264	537	40.71
14	5	396	20	30	68	39.05
32	14	1391	49	151	281	42.78
20	10	926	53	246	332	44.52
159	121	11770	753	3370	3738	44.56
24	12	746	33	125	207	43.19
15	7	781	44	111	124	41.27
15	7	781	44	111	124	41.27
771	224	31563	899	2681	3309	41.56
114	28	4903	134	411	575	41.77
231	66	10443	293	739	805	41.24
13	8	884	37	109	110	41.98
49	26	1669	68	181	273	41.91
42	16	3733	142	509	610	42.40
258	64	7624	145	491	572	41.06
11	1	309	5	20	29	41.29
53	15	1998	75	221	335	42.35
30	5	263	14	32	231	44.08
30	5	263	14	32	231	44.08
79	51	4514	204	1061	1499	44.52
79	51	4514	204	1061	1499	44.52
13664	**4389**	**523971**	**17573**	**76283**	**85363**	**42.71**
10677	3192	416846	12903	57511	57080	42.36
4941	1233	171792	4204	15266	19472	41.88
4580	1585	202903	7330	35850	30899	42.68
1156	374	42151	1369	6395	6709	42.63
818	440	31516	1459	5779	12217	45.35
418	82	14060	294	1017	1765	41.90
315	301	14317	991	4087	9028	47.30
8	6	421	13	57	73	43.10
77	51	2718	161	618	1351	46.19

4-13a 续表 21

职业小类 性 别	合 计	1-8 小时	9-19 小时	20-34 小时
邮政和电信业务人员	46327	95	63	664
邮政业务人员	12166	18	20	206
电信业务人员	25124	59	32	345
电信通信传输业务人员	6008	13	8	74
其他邮政和电信业务人员	3029	5	3	39
其他办事人员和有关人员	66443	151	92	900
其他办事人员和有关人员	66443	151	92	900
商业、服务业人员	**3180313**	**5845**	**10804**	**75446**
购销人员	1931270	3095	5007	37600
营业人员	1514526	2328	3750	28965
推销、展销人员	274138	521	643	4527
采购人员	27874	38	46	414
拍卖、典当及租赁业务人员	2106	24	38	111
废旧物资回收利用人员	28217	35	154	1176
粮油管理人员	1262	3	4	25
商品监督和市场管理人员	15242	37	28	205
其他购销人员	67905	109	344	2177
仓储人员	106747	143	144	1139
保管人员	91725	120	102	834
储运人员	10375	20	36	231
其他仓储人员	4647	3	6	74
餐饮服务人员	342289	632	1283	9051
中餐烹饪人员	71388	164	384	2906
西餐烹饪人员	4084	4	6	81
调酒和茶艺人员	2140	4	8	49
营养配餐人员	2153	5	6	55
餐厅服务人员	215731	374	640	4313
其他餐饮服务人员	46793	81	239	1647
饭店、旅游及健身娱乐场所服务人员	154740	300	451	3036
饭店服务人员	100940	164	238	1706
旅游及公共游览场所服务人员	15840	40	53	400
健身和娱乐场所服务人员	28696	74	108	688
其他饭店、旅游及健身娱乐场所服务人员	9264	22	52	242
运输服务人员	72292	148	201	1878
公路、道路运输服务人员	41066	77	114	1084
铁路客货运输服务人员	16378	38	25	306
航空运输服务人员	5840	13	20	209
水上运输服务人员	1822	3	5	36
其他运输服务人员	7186	17	37	243
医疗卫生辅助服务人员	14075	30	26	191
医疗卫生辅助服务人员	14075	30	26	191
社会服务和居民生活服务人员	506716	1302	3450	21093
社会中介服务人员	17293	26	66	418
物业管理人员	27990	124	187	939
供水、供热及生活燃料供应服务人员	11621	17	10	215
美容美发人员	82031	140	255	1374
摄影服务人员	7816	18	21	149
验光配镜人员	1332	4	2	11
洗染织补人员	9101	15	43	238
浴池服务人员	13530	15	44	320
印章刻字人员	1002		5	15
日用机电产品维修人员	7084	12	29	211
办公设备维修人员	1786	9	11	63

单位：人

35小时	36-39小时	40小时	41-47小时	48小时	48小时以上	周平均工作时间(小时)
873	338	29993	1615	5721	6965	43.38
217	96	8223	404	1297	1685	42.92
490	172	15739	912	3402	3973	43.65
114	52	4105	194	670	778	42.90
52	18	1926	105	352	529	43.90
1296	419	45616	1596	7272	9101	43.03
1296	419	45616	1596	7272	9101	43.03
29515	**23208**	**1074857**	**126875**	**467238**	**1366525**	**49.36**
16544	13961	621939	80986	274318	877820	49.90
12551	11113	453855	64742	214834	722388	50.38
2338	1906	119404	10839	43874	90086	47.33
226	175	14512	1106	4550	6807	45.62
29	10	959	51	262	622	45.06
303	210	5313	1055	2445	17526	52.30
26	5	612	40	126	421	47.04
193	122	8102	545	2183	3827	45.70
878	420	19182	2608	6044	36143	51.39
917	609	53226	3610	20423	26536	45.88
770	505	46229	3026	17827	22312	45.81
107	78	4853	392	1668	2990	46.30
40	26	2144	192	928	1234	46.42
3414	2214	92895	13090	52049	167661	50.91
1054	520	20500	2980	9085	33795	50.16
39	32	1258	163	629	1872	50.40
22	9	785	90	341	832	48.42
26	19	825	77	323	817	48.75
1601	1301	57229	7859	35421	106993	51.19
672	333	12298	1921	6250	23352	51.05
1307	1017	55056	5503	26538	61532	49.03
700	614	34911	3435	17554	41618	49.38
181	120	9047	487	2132	3380	44.46
334	217	8011	1249	5380	12635	50.17
92	66	3087	332	1472	3899	49.47
898	731	40197	2438	8064	17737	45.17
498	439	20869	1554	4876	11555	45.83
190	162	10900	425	1730	2602	43.78
73	59	4126	141	501	698	42.35
40	9	1116	49	183	381	44.39
97	62	3186	269	774	2501	46.99
219	138	8438	539	1774	2720	44.47
219	138	8438	539	1774	2720	44.47
5656	4148	183342	18869	77389	191467	47.88
166	108	10089	475	2174	3771	44.66
355	257	16237	832	4015	5044	43.99
199	82	7681	278	1089	2050	43.82
454	387	19636	2480	10425	46880	53.16
63	31	2427	232	1228	3647	50.24
14	7	520	46	314	414	47.98
75	59	2402	290	1092	4887	51.79
69	87	3638	449	1888	7020	52.09
13	7	362	37	128	435	49.15
54	54	2238	226	825	3435	50.32
15	8	777	81	263	559	46.19

4-13a 续表 22

职业小类 性别	合计	1-8 小时	9-19 小时	20-34 小时
保育、家庭服务人员	81356	286	1287	6763
环境卫生人员	206295	513	1142	8267
殡葬服务人员	1120		8	45
其他社会服务和居民生活服务人员	37359	123	340	2065
其他商业、服务业人员	52184	195	242	1458
其他商业、服务业人员	52184	195	242	1458
农、林、牧、渔、水利业生产人员	**432338**	**6736**	**24457**	**96260**
种植业生产人员	383031	6543	23552	90754
大田作物生产人员	295726	6098	21336	77699
农业实验人员	1966	17	71	286
园艺作物生产人员	70360	367	1723	10431
热带作物生产人员	546		14	56
中药材生产人员	726	1	3	65
农副林特产品加工人员	3391	18	50	351
其他种植业生产人员	10316	42	355	1866
林业生产及野生动植物保护人员	5094	28	136	469
营造林人员	3065	19	127	369
森林资源管护人员	1189	6	3	39
野生动植物保护及自然保护区人员	216	2	4	17
木材采运人员	323	1	2	31
其他林业生产及野生动植物保护人员	301			13
畜牧业生产人员	25127	112	509	3429
家畜饲养人员	16297	81	375	2481
家禽饲养人员	6274	19	122	797
蜜蜂饲养人员	245	4	3	20
实验动物饲养人员	115	1		
动物疫病防治人员	566	3	2	8
草业生产人员	263	2	1	11
其他畜牧业生产人员	1367	2	6	112
渔业生产人员	16177	44	236	1503
水产养殖人员	7055	18	113	740
水产捕捞及有关人员	2218	5	29	294
水产品加工人员	6346	17	72	389
其他渔业生产人员	558	4	22	80
水利设施管理养护人员	2351	8	6	44
河道、水库管养人员	791	4	3	20
农田灌排工程建设管理维护人员	252			1
水土保持作业人员	128			2
水文勘测作业人员	312		3	5
其他水利设施管理养护人员	868	4		16
其他农、林、牧、渔、水利业生产人员	558	1	18	61
农林专用机械操作人员	440		16	58
农村能源开发利用人员	118	1	2	3
生产、运输设备操作人员及有关人员	**1909438**	**2712**	**4467**	**34425**
勘测及矿物开采人员	21612	48	46	298
地质勘查人员	1642	4	7	18
测绘人员	1164	3		13
矿物开采人员	7083	23	27	139
矿物处理人员	2823	2	1	45
钻井人员	459	1		5
石油、天然气开采人员	7034	8	4	45
盐业生产人员	536	1	4	10
其他勘测及矿物开采人员	871	6	3	23

单位：人

35 小时	36-39 小时	40 小时	41-47 小时	48 小时	48小时 以 上	周平均 工作时间 (小时)
1264	969	25402	3373	10652	31360	47.17
2344	1757	74532	8831	39400	69509	46.76
23	7	518	39	97	383	46.51
548	328	16883	1200	3799	12073	46.37
560	390	19764	1840	6683	21052	48.58
560	390	19764	1840	6683	21052	48.58
11572	**8097**	**100685**	**21475**	**27718**	**135338**	**40.59**
10429	7483	87156	19261	23460	114393	39.85
8229	6103	66204	14751	16468	78838	38.34
45	30	634	83	147	653	43.50
1844	1121	16786	3795	5630	28663	44.94
9	6	114	38	51	258	46.51
13	18	290	15	122	199	45.00
54	36	822	136	328	1596	47.51
235	169	2306	443	714	4186	44.26
90	73	2424	145	464	1265	42.85
62	42	1269	98	274	805	42.09
17	21	752	24	101	226	43.33
3	2	117	6	23	42	43.45
3	2	122	12	45	105	45.90
5	6	164	5	21	87	44.93
694	345	5426	1283	1844	11485	46.48
492	246	3230	918	1051	7423	46.05
143	82	1257	278	583	2993	47.16
4	2	62	13	21	116	48.40
5		72	2	13	22	43.59
11	2	386	12	50	92	43.53
2	5	106	17	37	82	45.25
37	8	313	43	89	757	49.84
312	171	3713	714	1748	7736	48.07
151	82	1452	349	686	3464	47.91
84	22	423	125	176	1060	47.88
60	61	1719	217	831	2980	48.56
17	6	119	23	55	232	45.45
36	22	1727	60	161	287	42.22
13	9	532	26	61	123	42.60
2	2	187	3	11	46	43.27
	2	102	4	5	13	42.10
8	6	247	6	15	22	41.26
13	3	659	21	69	83	41.93
11	3	239	12	41	172	43.65
11	3	159	11	30	152	43.98
		80	1	11	20	42.41
11137	**10227**	**628130**	**60608**	**369047**	**788685**	**49.45**
178	133	13849	560	2235	4265	44.00
19	16	964	44	206	364	44.89
31	7	797	21	124	168	43.06
46	42	3594	223	971	2018	45.55
20	29	1477	81	382	786	45.85
5	3	305	8	44	88	43.94
44	22	5890	148	315	558	41.64
2	7	313	18	79	102	44.18
11	7	509	17	114	181	43.91

4-13a 续表 23

职业小类 性 别	合 计	1-8 小时	9-19 小时	20-34 小时
金属冶炼、轧制人员	28608	56	47	408
炼铁人员	3146	1	7	45
炼钢人员	5817	10	4	50
铁合金冶炼人员	1136	3	2	26
重有色金属冶炼人员	1335	1	1	16
轻有色金属冶炼人员	1890	5	1	28
稀贵金属冶炼人员	609	1	2	5
半导体材料制备人员	843	5	1	5
金属轧制人员	8499	13	17	137
铸铁管人员	948	2	1	15
炭素制品生产人员	728	1	3	20
硬质合金生产人员	950	3	2	18
其他金属冶炼、轧制人员	2707	11	6	43
化工产品生产人员	44002	68	78	684
化工产品生产通用工艺人员	8072	16	12	121
石油炼制生产人员	3584	6	6	46
煤化工生产人员	1800	2	4	24
化学肥料生产人员	4830	10	8	79
无机化工产品生产人员	2082	3	1	22
基本有机化工产品生产人员	654	1		11
合成树脂生产人员	1300	3	2	21
合成橡胶生产人员	2084		3	19
化学纤维生产人员	3823	5	7	36
合成革生产人员	1858	3	2	36
精细化工产品生产人员	2858	2	7	63
信息记录材料生产人员	1313	3	1	23
火药、炸药制造人员	1107	2	2	33
林产化工产品生产人员	259	1		4
复合材料加工人员	1078	5	1	28
日用化学品生产人员	4433	4	13	64
其他化工产品生产人员	2867	2	9	54
机械制造加工人员	114217	177	214	1365
机械冷加工人员	51541	94	127	672
机械热加工人员	29946	36	47	331
特种加工设备操作人员	2945	3	1	40
冷作钣金加工人员	1869	2	4	25
工件表面处理加工人员	9260	16	12	95
磨料磨具制造加工人员	5562	9	6	61
航天器件加工成型人员	436	1	1	5
其他机械制造加工人员	12658	16	16	136
机电产品装配人员	149912	144	199	1454
基础件、部件装配人员	22598	15	31	233
机械设备装配人员	13033	13	18	127
动力设备装配人员	4981	6	3	35
电气元件及设备装配人员	20145	20	23	128
电子专用设备装配调试人员	9806	12	12	50
仪器仪表装配人员	8487	8	9	53
运输车辆装配人员	9498	15	13	99
膜法水处理设备制造人员	114			
医疗器械装配及假肢与矫形器制作人员	3166	1	7	21
日用机械电器制造装配人员	21913	17	25	205
五金制品制作、装配人员	30775	29	49	435
装甲车辆装试人员	96	2		1

单位：人

35 小时	36-39 小时	40 小时	41-47 小时	48 小时	48小时 以 上	周平均 工作时间 (小时)
143	193	14216	706	5100	7739	46.21
11	20	1766	68	498	730	45.14
21	40	3543	136	904	1109	44.48
7	3	655	30	156	254	44.78
4	12	827	29	231	214	44.10
23	26	1074	44	270	419	45.33
4	8	330	26	119	114	44.82
5	4	381	21	225	196	46.23
32	46	3223	200	1789	3042	48.23
6	6	425	28	160	305	47.06
2	4	344	20	124	210	45.97
7	3	439	26	149	303	47.31
21	21	1209	78	475	843	46.78
523	326	23020	1284	6787	11232	45.79
120	69	4643	220	1264	1607	44.43
123	36	2720	58	263	326	41.73
4	9	1046	64	248	399	45.06
52	42	2738	159	699	1043	44.53
14	18	1267	48	325	384	44.31
4	6	411	15	97	109	44.06
17	12	583	40	207	415	47.14
15	11	890	56	410	680	47.82
16	7	1858	80	678	1136	47.15
15	12	525	76	239	950	52.81
35	25	1089	112	450	1075	48.32
12	15	520	47	169	523	48.25
29	20	624	42	98	257	44.20
2	1	122	7	32	90	46.99
7	6	469	31	202	329	47.22
25	18	2036	127	972	1174	46.54
33	19	1479	102	434	735	45.39
533	449	43670	3560	24298	39951	48.14
225	186	20119	1507	11152	17459	47.86
123	118	10805	908	6504	11074	48.66
10	14	1394	72	610	801	46.59
6	7	697	86	410	632	48.07
48	42	2913	339	1976	3819	49.58
21	18	1775	191	1167	2314	49.27
23	1	282	4	35	84	43.64
77	63	5685	453	2444	3768	47.00
555	494	52324	4677	34339	55726	48.91
97	58	8406	730	5077	7951	48.58
75	58	5596	436	2895	3815	47.26
17	35	2047	156	990	1692	48.35
49	45	7182	513	4691	7494	49.00
24	37	3588	380	2227	3476	48.79
53	44	4101	221	1755	2243	46.85
50	38	4003	256	2211	2813	47.32
2		41	2	22	47	49.32
14	9	1455	71	755	833	47.07
46	41	6109	759	5280	9431	50.26
110	102	7285	949	7472	14344	50.63
	5	35	10	16	27	45.13

4-13a 续表 24

职业小类 性　别	合　计	1-8 小时	9-19 小时	20-34 小时
枪炮制造人员	154			1
弹制造人员	188			1
引信加工制造人员	48			
火工品制造人员	524	2	2	7
防化器材制造人员	46	1		1
船舶制造人员	1282	1	2	16
航空产品装配与调试人员	550	1	1	3
航空产品试验人员	98			1
导弹卫星装配测试人员	75			2
火箭发动机装配试验人员	16			1
航天器结构强度、温度、环境试验人员	42			2
靶场试验人员	12			
其他机电产品装配人员	2265	1	4	32
机械设备修理人员	26367	46	55	523
机械设备维修人员	22087	41	51	458
仪器仪表修理人员	2149	3	2	27
民用航空器维修人员	298			3
其他机械设备修理人员	1833	2	2	35
电力设备安装、运行、检修及供电人员	41365	70	51	581
电力设备安装人员	4575	8	8	48
发电运行值班人员	4595	5	9	107
输电、配电、变电设备值班人员	2658	4	4	39
电力设备检修人员	6644	7	6	63
供用电人员	8169	19	8	111
生活、生产电力设备安装、操作、修理人员	12059	22	14	157
其他电力设备安装、运行、检修及供电人员	2665	5	2	56
电子元器件与设备制造、装配、调试及维修人员	190832	140	174	1420
电子器件制造人员	67471	62	55	315
电子元件制造人员	59317	37	43	321
电池制造人员	6101	7		28
电子设备装配、调试人员	39214	18	50	610
电子产品维修人员	4114	8	6	51
其他电子元器件与设备制造、装配、调试及维修人员	14615	8	20	95
橡胶和塑料制品生产人员	52274	79	113	850
橡胶制品生产人员	10281	23	24	121
塑料制品加工人员	37421	48	79	633
其他橡胶和塑料制品生产人员	4572	8	10	96
纺织、针织、印染人员	122725	159	290	2215
纤维预处理人员	3972	8	11	71
纺纱人员	32179	52	47	420
织造人员	35098	34	56	436
针织人员	34116	34	101	1008
印染人员	7267	19	43	95
其他纺织、针织、印染人员	10093	12	32	185
裁剪、缝纫和皮革制品加工制作人员	366540	361	807	5939
裁剪、缝纫人员	259936	254	563	4427
鞋帽制作人员	67153	61	158	848
皮革、毛皮加工人员	16182	14	24	186
缝纫制品再加工人员	9781	17	28	233
其他裁剪、缝纫和皮革、毛皮制品加工制作人员	13488	15	34	245
粮油、食品、饮料生产加工及饲料生产加工人员	51830	116	182	1600
粮油生产加工人员	4564	15	24	226
制糖和糖制品加工人员	2543	9	5	55

单位：人

35小时	36-39小时	40小时	41-47小时	48小时	48小时以上	周平均工作时间（小时）
		60	32	29	32	45.86
		150	4	13	20	42.48
		33	1	11	3	43.60
3	2	285	20	47	156	45.07
		21		15	8	44.54
2	3	629	41	238	350	46.37
3	8	415	37	44	38	41.75
	1	75	3	11	7	42.39
		41		9	23	45.47
		12		1	2	42.38
		35	1	3	1	40.60
		7		1	4	46.50
10	8	713	55	526	916	49.25
246	174	12641	715	3623	8344	46.77
208	150	9993	618	3102	7466	47.21
21	13	1462	32	256	333	43.45
2	2	199	3	52	37	43.64
15	9	987	62	213	508	45.79
769	352	27556	981	4668	6337	43.35
42	30	2720	98	635	986	44.78
125	57	3255	145	425	467	42.13
53	18	1881	57	292	310	42.68
150	65	4714	139	616	884	42.85
194	63	6259	144	563	808	41.88
159	88	7035	334	1803	2447	44.66
46	31	1692	64	334	435	43.45
301	532	73001	6689	44894	63681	48.44
76	150	26868	2401	14572	22972	48.67
88	171	21558	1899	14385	20815	48.83
5	18	2098	194	2012	1739	48.18
70	118	15477	1595	9579	11697	47.51
35	28	1776	146	687	1377	47.60
27	47	5224	454	3659	5081	48.68
219	225	14814	1569	11933	22472	50.33
43	40	3419	294	2234	4083	49.27
145	164	10172	1145	8635	16400	50.67
31	21	1223	130	1064	1989	49.92
630	598	32693	4119	25388	56633	50.51
20	14	1315	145	833	1555	49.07
130	170	9890	1022	6557	13891	49.31
152	144	9152	1054	7604	16466	50.87
249	190	7746	1329	6790	16669	51.29
29	33	1616	204	1578	3650	51.82
50	47	2974	365	2026	4402	50.02
1542	1890	65331	11167	72323	207180	53.35
1151	1401	47993	7935	51130	145082	53.04
229	236	9444	2008	12659	41510	55.31
41	95	3271	511	4085	7955	51.84
54	79	2023	317	1720	5310	51.82
67	79	2600	396	2729	7323	52.45
540	389	16049	1859	7721	23374	49.69
41	31	1505	154	566	2002	48.63
24	14	969	73	420	974	48.47

4-13a 续表 25

职业小类 性　别	合　计	1-8 小时	9-19 小时	20-34 小时
乳品、冷仪器及罐头、饮料制作人员	6722	12	16	117
酿酒、食品添加剂及调味品制作人员	6996	16	14	116
粮油食品制作人员	13925	27	62	441
屠宰加工人员	4517	3	17	224
肉、蛋食品加工人员	4687	11	15	156
饲料生产加工人员	895	3	5	46
其他粮油、食品、饮料生产加工及饲料生产加工人员	6981	20	24	219
烟草及其制品加工人员	4470	17	1	106
原烟复烤人员	667	3		11
卷烟生产人员	3055	7		73
烟用醋酸纤维丝束滤棒制作人员	95	1	1	6
其他烟草及其制品加工人员	653	6		16
药品生产人员	15343	19	11	147
合成药物制造人员	5123	7	8	44
生物技术制药(品)人员	1836	4		16
药物制剂人员	2819	2	1	26
中药制药人员	2277	2		22
其他药品生产人员	3288	4	2	39
木材加工、人造板生产、木制品制作及制浆、造纸和纸制品生产加工人员	49918	76	153	1331
木材加工人员	8335	16	42	261
人造板生产人员	5418	3	10	342
木材制品制作人员	14679	21	47	315
制浆人员	713	2	2	11
造纸人员	5740	10	8	82
纸制品制作人员	10795	20	31	202
其他木材加工、人造板生产、木制品制作及制浆、造纸和纸制品生产加工人员	4238	4	13	118
建筑材料生产加工人员	16757	57	82	598
水泥及水泥制品生产加工人员	6393	33	35	209
墙体屋面材料生产人员	2716	6	13	116
建筑防水密封材料生产人员	469		2	17
建筑保温及吸音材料生产人员	539		3	18
装饰石材生产人员	1592	5	7	59
非金属矿及其制品生产加工人员	651	3	2	21
耐火材料生产人员	1066		2	39
其他建筑材料生产加工人员	3331	10	18	119
玻璃、陶瓷、搪瓷及其制品生产加工人员	21669	37	34	393
玻璃熔制人员	4952	4	5	70
玻璃纤维及其制品生产人员	4157	18	11	81
石英玻璃制品加工人员	533			4
陶瓷制品生产人员	9571	12	15	202
搪瓷制品生产人员	290	1		12
其他玻璃、陶瓷、搪瓷及其制品生产加工人员	2166	2	3	24
广播影视制品制作、播放及文物保护作业人员	4921	23	13	117
影视制品制作人员	1153	1	2	16
音像制品制作、复制人员	931	6		20
广播影视舞台设备安装调试及运行操作人员	1266	8	4	36
电影放映人员	585	4	4	14
文物保护作业人员	94	1		3
其他广播影视制品制作、播放及文物保护作业人员	892	3	3	28
印刷人员	26672	34	46	268
印前处理人员	4592	5	9	37

单位：人

35 小时	36-39 小时	40 小时	41-47 小时	48 小时	48小时 以 上	周平均 工作时间 (小时)
33	46	2387	214	1157	2740	49.29
54	48	3195	247	1161	2145	46.59
168	75	3611	479	1906	7156	51.06
85	65	1019	242	535	2327	50.65
52	39	1093	164	777	2380	51.04
10	9	313	31	136	342	47.48
73	62	1957	255	1063	3308	50.34
37	32	2643	102	736	796	43.88
6	4	214	12	166	251	47.87
24	19	1997	68	460	407	43.02
2	2	46	8	10	19	43.08
5	7	386	14	100	119	43.96
121	124	8941	437	2516	3027	44.63
39	36	3023	145	889	932	44.38
20	15	1218	55	242	266	43.42
21	20	1662	96	418	573	44.74
19	29	1257	47	377	524	45.17
22	24	1781	94	590	732	45.23
268	321	12636	1889	9608	23636	49.97
66	58	2010	278	1227	4377	50.37
38	81	1226	292	793	2633	49.34
58	69	3315	521	2849	7484	50.84
6	6	283	14	152	237	47.11
27	26	2059	169	1314	2045	47.98
45	69	2740	472	2560	4656	49.80
28	12	1003	143	713	2204	50.55
136	128	5581	644	2386	7145	48.36
52	48	2345	278	925	2468	47.59
27	18	715	100	369	1352	49.67
4	4	158	16	54	214	48.53
2	2	177	17	69	251	49.95
16	11	395	58	271	770	49.57
5	10	221	20	99	270	48.02
5	9	370	39	178	424	47.81
25	26	1200	116	421	1396	48.15
130	172	6407	702	4350	9444	49.14
24	34	1694	181	987	1953	48.60
26	29	1420	153	839	1580	48.06
		149	14	129	237	51.09
62	95	2358	284	1878	4665	49.83
1	6	92	6	69	103	47.09
17	8	694	64	448	906	49.19
67	31	3253	133	548	736	43.10
17	1	770	33	131	182	43.54
9	3	574	19	155	145	43.65
18	13	841	34	117	195	42.98
7	8	403	13	54	78	42.38
1		67	6	3	13	42.46
15	6	598	28	88	123	42.68
171	164	10581	844	5741	8823	47.79
49	29	2090	132	920	1321	46.70

4-13a 续表 26

职业小类 性 别	合 计	1-8 小时	9-19 小时	20-34 小时
印刷操作人员	15419	26	18	153
印后制作人员	4040	2	6	36
其他印刷人员	2621	1	13	42
工艺、美术品制作人员	48895	69	193	1375
珠宝首饰加工制作人员	6848	10	26	113
地毯制作人员	685		1	16
玩具制作人员	17616	19	55	281
漆器工艺品制作人员	2888	7	7	59
抽纱、刺绣工艺品制作人员	6059	16	48	457
金属工艺品制作人员	2884		6	54
雕刻工艺品制作人员	2463	4	8	83
美术品制作	2019	1	6	40
其他工艺、美术品制作人员	7433	12	36	272
文化教育、体育用品制作人员	7537	6	11	63
文教用品制作人员	2878	2	5	28
体育用品制作人员	3019	3	6	17
乐器制作人员	889			5
其他文化教育、体育用品制作人员	751	1		13
工程施工人员	102528	285	501	4089
土石方施工人员	7367	45	45	382
砌筑人员	26670	87	183	1401
混凝土配制及制品加工人员	8454	15	35	383
钢筋加工人员	4891	14	17	115
施工架子搭设人员	1505	4	10	65
工程防水人员	983		4	36
装饰、装修人员	37309	87	157	1238
古建筑修建人员	143			4
筑路、养护、维修人员	4141	10	8	92
工程设备安装人员	2888	8	10	53
其他工程施工人员	8177	15	32	320
运输设备操作人员及有关人员	67467	157	240	1631
公(道)路运输机械设备操作及有关人员	49051	124	211	1319
铁路、地铁运输机械设备操作及有关人员	6795	9	9	97
民用航空设备操作及有关人员	680		2	20
水上运输设备操作及有关人员	798	1	3	12
起重装卸机械操作及有关人员	6872	12	6	77
其他运输设备操作人员及有关人员	3271	11	9	106
环境监测与废物处理人员	4371	8	14	111
环境监测人员	1279	1	1	12
海洋环境调查与监测人员	91		1	3
废物处理人员	2446	5	11	72
其他环境监测与废物处理人员	555	2	1	24
检验、计量人员	128293	126	144	987
检验人员	119243	114	131	864
航空产品检验人员	407			1
航天器检验、测试人员	919	1	7	41
计量人员	4220	8	3	48
其他检验、计量人员	3504	3	3	33
其他生产、运输设备操作人员及有关人员	200313	334	768	5872
包装人员	102865	117	170	1439
机泵操作人员	2652	2	2	31
简单体力劳动人员	94796	215	596	4402
不便分类的其他从业人员	**11604**	**42**	**62**	**536**

单位：人

35小时	36-39小时	40小时	41-47小时	48小时	48小时以上	周平均工作时间(小时)
77	105	5960	503	3342	5235	47.94
26	17	1489	123	970	1371	48.31
19	13	1042	86	509	896	48.02
305	276	11966	1664	10462	22585	50.31
38	22	1433	227	1916	3063	50.99
7	8	173	23	141	316	49.57
42	65	4991	519	4266	7378	49.53
12	14	675	82	526	1506	51.74
96	77	1213	278	1076	2798	49.73
11	17	705	85	619	1387	50.38
30	18	504	90	349	1377	50.75
8	9	585	81	286	1003	52.19
61	46	1687	279	1283	3757	50.86
25	20	2524	174	1927	2787	49.49
12	9	868	75	635	1244	50.92
7	3	905	69	896	1113	49.66
1	5	426	14	233	205	46.33
5	3	325	16	163	225	47.04
873	810	29062	3342	12524	51042	49.67
61	47	2170	220	851	3546	49.14
216	230	6326	909	3045	14273	49.96
66	79	1960	312	961	4643	50.77
38	33	1155	144	649	2726	51.44
13	10	378	44	173	808	50.35
10	10	334	34	123	432	48.38
299	291	10014	1260	4802	19161	50.16
	2	60	8	17	52	47.89
69	18	2506	94	420	924	44.42
25	15	1438	60	429	850	46.18
76	75	2721	257	1054	3627	48.69
673	532	30022	2305	8247	23660	47.39
516	380	19252	1794	5748	19707	48.33
72	81	4654	196	714	963	43.28
7	7	416	13	79	136	43.87
14	5	459	25	91	188	44.97
29	35	3761	175	1201	1576	45.68
35	24	1480	102	414	1090	46.83
53	38	2341	125	434	1247	45.67
34	5	960	32	95	139	42.14
1		62		4	20	43.81
14	23	1021	78	287	935	47.71
4	10	298	15	48	153	45.15
798	548	58314	3732	25735	37909	47.29
720	481	53105	3507	24387	35934	47.46
1	3	296	6	53	47	43.05
8	7	414	23	118	300	46.59
46	30	2547	99	554	885	44.66
23	27	1952	97	623	743	45.15
1301	1276	54695	6629	40524	88914	49.69
359	481	25559	3275	26049	45416	50.36
17	21	1494	71	435	579	45.20
925	774	27642	3283	14040	42919	49.07
200	**74**	**4655**	**431**	**1380**	**4224**	**47.32**

4-13b 全国分性别、职业小类、

职业小类 性　别	合　计	1-8 小时	9-19 小时	20-34 小时
总　计	**12712174**	**71742**	**236503**	**1223282**
国家机关、党群组织、企业、事业单位负责人	**292571**	**475**	**765**	**7190**
中国共产党中央委员会和地方各级组织负责人	4383	1	4	114
中国共产党中央委员会和地方各级组织负责人	4383	1	4	114
国家机关及其工作机构负责人	45767	99	58	918
国家权力机关及其工作机构负责人	5927	26	10	175
人民政协及其工作机构负责人	2200	7	5	57
人民法院负责人	1152	6	1	29
人民检察院负责人	761			14
国家行政机关及其工作机构负责人	29094	49	33	526
其他国家机关及其工作机构负责人	6633	11	9	117
民主党派和社会团体及其工作机构负责人	18295	57	117	947
民主党派负责人	647	1	8	51
工会、共青团、妇联、其他人民团体及其工作机构负责人	3683	9	22	132
群众自治组织负责人	11930	38	78	684
其他社会团体及其工作机构负责人	2035	9	9	80
事业单位负责人	25154	59	43	500
教育教学单位负责人	7202	21	12	152
卫生单位负责人	3113	8	11	80
科研单位负责人	571	2	1	11
其他事业单位负责人	14268	28	19	257
企业负责人	198972	259	543	4711
企业负责人	198972	259	543	4711
专业技术人员	**1180529**	**3301**	**4058**	**33418**
科学研究人员	6272	16	62	409
哲学研究人员	560	4	21	75
经济学研究人员	217		3	8
法学研究人员	138	1		6
社会学研究人员	127			2
教育科学研究人员	715	1	3	40
文学、艺术研究人员	123		1	13
图书馆学、情报学研究人员	159	1		3
历史学研究人员	59			1
管理科学研究人员	351		1	8
数学研究人员	695	1	15	166
物理学研究人员	104		2	4
化学研究人员	593	3	1	19
天文学研究人员	44			1
地球科学研究人员	74		1	
生物科学研究人员	188			
农业科学研究人员	969	2	10	36
医学研究人员	642	1	2	15
其他科学研究人员	514	2	2	12
工程技术人员	162555	417	504	4163
地质勘探工程技术人员	1975	6	4	34
测绘工程技术人员	2094	4	2	39
矿山工程技术人员	6064	6	9	143
石油工程技术人员	2926	3	3	34
冶金工程技术人员	2691	2	8	59
化工工程技术人员	3597	8	7	51
机械工程技术人员	14054	76	33	240

周工作时间的正在工作人口(镇)

单位：人

35小时	36-39小时	40小时	41-47小时	48小时	48小时以上	周平均工作时间(小时)
231929	**161067**	**3801078**	**547268**	**1120255**	**5319050**	**46.38**
3959	**1685**	**127126**	**7267**	**26089**	**118015**	**48.08**
104	31	3113	90	219	707	42.69
104	31	3113	90	219	707	42.69
1148	254	35150	667	2160	5313	41.89
155	31	4380	121	329	700	41.81
48	9	1611	28	153	282	42.06
25	5	905	13	39	129	41.69
23	5	613	14	25	67	41.39
725	178	22772	388	1251	3172	41.77
172	26	4869	103	363	963	42.51
333	152	9691	488	1426	5084	44.30
16	4	318	24	27	198	44.02
78	20	2445	78	221	678	42.77
199	113	5777	338	1029	3674	44.81
40	15	1151	48	149	534	44.17
510	147	17999	475	1507	3914	42.70
120	42	5339	153	395	968	42.28
52	30	1998	98	222	614	43.37
11	3	360	16	32	135	44.59
327	72	10302	208	858	2197	42.68
1864	1101	61173	5547	20777	102997	50.64
1864	1101	61173	5547	20777	102997	50.64
19051	**9060**	**726079**	**33719**	**99529**	**252314**	**43.81**
126	128	3500	218	459	1354	43.04
5	10	177	30	38	200	43.39
4	1	107	11	27	56	45.21
2	2	60	5	10	52	46.78
2	2	69	4	9	39	45.61
11	2	497	28	32	101	41.88
3	1	68	3	12	22	42.84
5		101	2	11	36	43.86
1	2	38		1	16	44.12
4	1	198	15	37	87	45.06
39	85	294	29	11	55	37.28
1	1	60	3	13	20	43.02
3	2	333	18	56	158	44.72
2	3	18		3	17	46.36
2	1	49	4	5	12	43.11
2	1	107	2	19	57	46.32
24	7	648	20	55	167	42.52
8	4	369	27	63	153	44.40
8	3	307	17	57	106	43.69
1879	1163	72593	4873	19344	57619	46.86
35	16	1082	45	197	556	45.64
31	20	1283	54	150	511	44.51
43	37	2717	127	678	2304	47.15
23	13	1811	37	207	795	45.56
25	17	947	99	397	1137	48.39
23	22	1755	128	537	1066	45.84
170	94	5702	470	2493	4776	46.88

4-13b 续表 1

职业小类 性 别	合 计	1-8 小时	9-19 小时	20-34 小时
兵器工程技术人员	355		1	6
航空工程技术人员	864	1		16
航天工程技术人员	424	4	4	23
电子工程技术人员	6167	16	11	101
通信工程技术人员	5049	7	10	108
计算机与应用工程技术人员	8880	18	19	195
电气工程技术人员	3475	17	11	77
电力工程技术人员	14684	45	30	398
邮政工程技术人员	661	1	1	14
广播、电影、电视工程技术人员	2699	7	4	57
交通工程技术人员	3934	7	15	123
民用航空工程技术人员	409	1	3	17
铁路工程技术人员	3092	4	2	60
建筑工程技术人员	33265	87	180	1266
建材工程技术人员	4944	18	20	171
林业工程技术人员	2315	2	8	62
水利工程技术人员	4174	9	7	95
海洋工程技术人员	109			7
水产工程技术人员	292			7
纺织工程技术人员	6105	19	24	171
食品工程技术人员	3961	7	27	170
气象工程技术人员	853		3	29
地震工程技术人员	234		2	5
环境保护工程技术人员	1218	4		26
安全工程技术人员	2657	3	9	42
标准化、计量、质量工程技术人员	4306	5	4	48
管理(工业)工程技术人员	9176	19	23	176
其他工程技术人员	4852	11	20	93
农业技术人员	19363	101	213	1040
土壤肥料技术人员	2340	5	22	77
植物保护技术人员	2015	5	10	128
园艺技术人员	3388	5	48	212
作物遗传育种栽培技术人员	774	4	1	20
兽医、兽药技术人员	4206	10	25	212
畜牧与草业技术人员	1611	7	3	104
其他农业技术人员	5029	65	104	287
飞机和船舶技术人员	3202	5	20	173
飞行人员和领航人员	650	1	4	40
船舶指挥和引航人员	2165	2	14	118
其他飞机和船舶技术人员	387	2	2	15
卫生专业技术人员	191171	471	457	4602
西医医师	60654	122	161	1422
中医医师	12965	37	46	361
中西医结合医师	19630	72	59	544
民族医生	1032	4	2	63
公共卫生医师	4070	14	9	162
药剂人员	9861	27	33	231
医疗技术人员	13528	30	29	359
护理人员	58149	134	85	1149
其他卫生专业技术人员	11282	31	33	311
经济业务人员	190972	379	393	4165
经济计划人员	5498	9	28	218
统计人员	16007	31	24	306
会计人员	158327	313	318	3375
审计人员	2598	4	3	44
国际商务人员	699		1	6
其他经济业务人员	7843	22	19	216

单位：人

35 小时	36-39 小时	40 小时	41-47 小时	48 小时	48小时 以 上	周平均 工作时间 (小时)
5	16	261	9	33	24	41.48
4	5	657	10	61	110	42.65
3	5	178	20	40	147	45.56
36	49	2664	214	987	2089	47.18
82	45	2774	147	516	1360	45.18
77	56	4355	303	1121	2736	46.40
21	26	1337	167	535	1284	47.25
212	123	8211	345	1385	3935	44.90
10	3	428	17	47	140	43.80
57	21	1730	58	197	568	43.72
94	25	1498	108	381	1683	48.05
3	8	201	13	26	137	45.67
16	9	1768	60	262	911	45.82
379	255	11681	1077	3158	15182	48.49
42	37	1491	134	538	2493	49.23
71	14	1500	43	162	453	43.44
83	15	2906	67	284	708	42.96
	1	71		13	17	42.94
3	5	145	11	29	92	45.57
60	43	1806	264	994	2724	48.90
38	29	1003	168	580	1939	49.60
31	15	577	31	43	124	42.43
6	1	131	8	18	63	45.12
19	3	738	18	124	286	44.45
30	14	1323	66	318	852	46.30
43	31	2017	104	656	1398	46.82
66	54	3663	301	1519	3355	47.70
38	36	2182	150	658	1664	46.81
349	157	10346	601	1297	5259	43.92
37	13	1510	41	176	459	43.17
37	26	1173	69	139	428	43.08
69	34	1495	149	274	1102	44.89
10	5	485	30	52	167	43.77
59	31	2226	127	324	1192	44.54
45	11	767	64	92	518	45.16
92	37	2690	121	240	1393	43.06
38	20	751	94	271	1830	52.21
14	3	238	27	64	259	46.59
18	17	325	55	166	1450	55.09
6		188	12	41	121	45.57
3143	1850	105373	7368	18198	49709	44.90
941	546	33312	2338	5539	16273	45.09
192	140	6891	504	1219	3575	45.13
353	200	9497	761	1748	6396	46.08
19	2	501	40	94	307	45.09
77	29	2141	115	380	1143	45.00
182	118	5232	445	995	2598	45.01
229	131	7714	473	1178	3385	44.65
957	578	33834	2284	6087	13041	44.28
193	106	6251	408	958	2991	44.85
3144	1278	106986	4883	21900	47844	44.81
90	31	2544	173	639	1766	45.94
260	107	8875	377	1997	4030	45.01
2574	1074	89218	4020	18073	39362	44.76
76	16	1883	49	167	356	42.51
10	2	339	25	176	140	45.50
134	48	4127	239	848	2190	45.26

4-13b 续表 2

职业小类 性别	合计	1-8 小时	9-19 小时	20-34 小时
金融业务人员	70978	167	199	2011
银行业务人员	44087	78	58	862
保险业务人员	21618	77	126	918
证券业务人员	1302	3	5	109
其他金融业务人员	3971	9	10	122
法律专业人员	14567	39	21	338
法官	4595	17	5	89
检察官	2459	5	1	39
律师	2928	7	8	95
公证员	557	1	1	18
司法鉴定人员	498	2	1	14
书记员	1225	2	1	25
其他法律专业人员	2305	5	4	58
教学人员	485483	1509	1862	14645
高等教育教师	13802	85	93	371
中等职业教育教师	21997	80	73	554
中学教师	234345	730	835	6361
小学教师	164546	431	579	5640
幼儿教师	35646	92	110	1109
特殊教育教师	1649	18	27	60
其他教学人员	13498	73	145	550
文学艺术工作人员	13700	73	166	968
文艺创作和评论人员	420	4	5	26
编导和音乐指挥人员	292	2	1	15
演员	2766	21	56	367
乐器演奏员	983	18	62	236
电影、电视制作及舞台专业人员	781	3	2	46
美术专业人员	721	6	9	38
工艺美术专业人员	6688	14	16	154
其他文学艺术工作人员	1049	5	15	86
体育工作人员	497	3	9	13
体育工作人员	497	3	9	13
新闻出版、文化工作人员	11423	24	19	229
记者	2561	5	3	37
编辑	1985	3	3	37
校对员	367			9
播音员及节目主持人	1201	7	4	35
翻译	736	1	2	15
图书资料与档案业务人员	2920	6	5	54
考古及文物保护工作人员	267			4
其他新闻出版、文化工作人员	1386	2	2	38
宗教职业者	2582	77	110	453
宗教职业者	2582	77	110	453
其他专业技术人员	7764	20	23	209
其他专业技术人员	7764	20	23	209
办事人员和有关人员	**709240**	**1567**	**1100**	**13345**
行政办公人员	429335	992	463	7216
行政业务人员	226718	517	227	3816
行政事务人员	152365	365	159	2474
其他行政办公人员	50252	110	77	926
安全保卫和消防人员	176588	353	389	3804
人民警察	42012	77	24	524
治安保卫人员	113233	214	306	2768
消防人员	2193	4	5	37
其他安全保卫和消防人员	19150	58	54	475

单位：人

35小时	36-39小时	40小时	41-47小时	48小时	48小时以上	周平均工作时间（小时）
1362	514	45934	1710	5592	13489	43.22
880	310	30860	932	3212	6895	42.76
369	173	11815	645	1999	5496	44.13
27	6	754	35	98	265	42.60
86	25	2505	98	283	833	43.58
381	86	11031	264	673	1734	41.87
106	30	3561	80	181	526	41.77
75	18	2023	31	80	187	41.15
53	15	2020	79	196	455	42.49
15	3	409	13	27	70	41.89
7	1	384	10	21	58	41.92
55	7	912	19	68	136	41.80
70	12	1722	32	100	302	42.04
7989	3545	351899	12486	28464	63084	42.00
302	109	10303	331	775	1433	41.41
359	184	15905	561	1392	2889	42.20
3259	1589	170146	6294	14173	30958	42.13
3114	1290	123700	3878	7851	18063	41.49
659	260	22657	1038	3121	6600	43.15
20	10	1129	40	94	251	41.64
276	103	8059	344	1058	2890	43.31
208	128	5570	484	1433	4670	45.46
15	4	234	19	26	87	42.78
5	1	170	10	18	70	43.67
89	40	1311	95	127	660	41.70
19	22	311	31	44	240	38.90
10	5	439	25	73	178	43.74
9	5	265	25	67	297	47.08
41	39	2338	222	996	2868	48.53
20	12	502	57	82	270	43.65
8	3	288	25	37	111	44.06
8	3	288	25	37	111	44.06
249	85	7944	245	783	1845	42.88
53	13	1920	50	152	328	42.24
45	28	1370	40	149	310	42.82
4	1	203	14	30	106	45.23
26	6	815	22	76	210	42.73
5	4	398	22	108	181	45.00
84	27	2144	53	161	386	42.25
3		202	2	16	40	42.59
29	6	892	42	91	284	43.89
63	44	613	145	170	907	42.13
63	44	613	145	170	907	42.13
112	59	3251	323	908	2859	47.07
112	59	3251	323	908	2859	47.07
13082	**4743**	**440932**	**15634**	**59322**	**159515**	**44.46**
9452	2781	306532	8232	30085	63582	42.73
5120	1437	166554	4096	13464	31487	42.48
3209	976	105877	3040	12486	23779	42.97
1123	368	34101	1096	4135	8316	43.12
1916	1230	74719	4648	19392	70137	48.47
743	161	29784	796	2715	7188	43.35
921	906	37217	3206	14286	53409	50.15
27	19	1134	49	181	737	47.37
225	144	6584	597	2210	8803	49.87

4-13b 续表 3

职业小类 性别	合计	1-8 小时	9-19 小时	20-34 小时
邮政和电信业务人员	37923	97	99	957
邮政业务人员	13438	37	41	367
电信业务人员	16538	43	33	372
电信通信传输业务人员	5072	11	6	130
其他邮政和电信业务人员	2875	6	19	88
其他办事人员和有关人员	65394	125	149	1368
其他办事人员和有关人员	65394	125	149	1368
商业、服务业人员	**2860809**	**7104**	**18952**	**153017**
购销人员	1749777	3998	10951	91581
营业人员	1443732	3295	9122	75213
推销、展销人员	168722	346	751	7120
采购人员	29324	69	179	1427
拍卖、典当及租赁业务人员	1759	12	21	107
废旧物资回收利用人员	40646	99	316	3195
粮油管理人员	2797	9	9	139
商品监督和市场管理人员	8899	24	42	254
其他购销人员	53898	144	511	4126
仓储人员	74880	149	250	2132
保管人员	57093	110	149	1308
储运人员	13617	30	78	634
其他仓储人员	4170	9	23	190
餐饮服务人员	359099	853	2321	19184
中餐烹饪人员	141833	334	893	7221
西餐烹饪人员	3460	8	25	140
调酒和茶艺人员	2093	6	10	129
营养配餐人员	2031	8	24	91
餐厅服务人员	158387	375	1032	8448
其他餐饮服务人员	51295	122	337	3155
饭店、旅游及健身娱乐场所服务人员	104831	297	593	5438
饭店服务人员	76251	205	402	3822
旅游及公共游览场所服务人员	6818	21	43	446
健身和娱乐场所服务人员	14342	45	73	708
其他饭店、旅游及健身娱乐场所服务人员	7420	26	75	462
运输服务人员	161238	397	876	8462
公路、道路运输服务人员	121328	301	668	6560
铁路客货运输服务人员	9334	39	24	294
航空运输服务人员	2015	3	9	76
水上运输服务人员	3558	10	28	177
其他运输服务人员	25003	44	147	1355
医疗卫生辅助服务人员	11112	35	42	321
医疗卫生辅助服务人员	11112	35	42	321
社会服务和居民生活服务人员	340613	1160	3422	22351
社会中介服务人员	7065	26	60	412
物业管理人员	14840	200	220	1071
供水、供热及生活燃料供应服务人员	20570	42	70	606
美容美发人员	77384	174	537	3925
摄影服务人员	9707	24	86	533
验光配镜人员	914	2	3	33
洗染织补人员	6707	13	48	440
浴池服务人员	10532	28	89	678
印章刻字人员	1020	2	7	47
日用机电产品维修人员	33672	86	277	2052
办公设备维修人员	3199	5	11	103

单位：人

35小时	36-39小时	40小时	41-47小时	48小时	48小时以上	周平均工作时间（小时）
647	311	21172	1148	3692	9800	44.73
239	124	7734	397	1357	3142	44.22
284	125	9110	517	1592	4462	44.98
76	37	2857	130	448	1377	44.97
48	25	1471	104	295	819	45.27
1067	421	38509	1606	6153	15996	44.83
1067	421	38509	1606	6153	15996	44.83
37984	**27102**	**719951**	**117864**	**248660**	**1530175**	**50.16**
22426	16515	421618	73348	146628	962712	50.45
18248	13499	338850	60451	115590	809464	50.69
1908	1527	48122	6785	19411	82752	49.35
412	288	8452	1069	3336	14092	49.03
18	15	530	55	153	848	48.66
647	466	7988	1969	3175	22791	49.90
42	21	1188	114	236	1039	46.84
136	54	3476	250	884	3779	48.34
1015	645	13012	2655	3843	27947	49.25
688	574	26422	2301	11102	31262	48.28
483	403	21177	1648	9108	22707	48.09
151	120	3878	503	1469	6754	49.08
54	51	1367	150	525	1801	48.24
5232	3209	79725	15202	30640	202733	51.14
1940	1191	31214	5850	11667	81523	51.50
51	22	768	142	288	2016	51.84
27	25	551	94	155	1096	49.85
31	21	495	78	194	1089	50.44
2208	1490	35628	6625	14266	88315	50.92
975	460	11069	2413	4070	28694	50.87
1402	937	27441	4139	9633	54951	50.27
897	673	19548	2986	6786	40932	50.50
90	63	2818	235	742	2360	45.93
274	139	3200	625	1428	7850	51.10
141	62	1875	293	677	3809	50.28
2339	1821	48921	6530	13487	78405	48.98
1804	1353	35953	5056	9850	59783	49.03
97	79	4639	287	854	3021	46.29
14	99	1112	60	274	368	43.92
49	32	1042	127	290	1803	49.21
375	258	6175	1000	2219	13430	50.12
190	71	5444	444	1112	3453	45.77
190	71	5444	444	1112	3453	45.77
4827	3363	94361	13489	31361	166279	48.84
111	61	2376	268	736	3015	47.60
192	87	5846	412	1580	5232	45.77
262	159	8546	588	1831	8466	48.00
856	724	15393	2912	5674	47189	52.22
118	90	2375	348	743	5390	50.30
11	3	185	38	98	541	53.28
85	71	1422	255	576	3797	50.85
126	105	2198	420	882	6006	51.48
10	4	321	44	88	497	49.00
445	339	7537	1495	2890	18551	49.86
37	15	1033	116	358	1521	49.28

4-13b 续表 4

职业小类 性 别	合 计	1-8 小时	9-19 小时	20-34 小时
保育、家庭服务人员	26318	114	494	2746
环境卫生人员	88206	255	949	6337
殡葬服务人员	2508	24	70	320
其他社会服务和居民生活服务人员	37971	165	501	3048
其他商业、服务业人员	59259	215	497	3548
其他商业、服务业人员	59259	215	497	3548
农、林、牧、渔、水利业生产人员	**3979196**	**52003**	**194663**	**858878**
种植业生产人员	3698891	50533	187547	816533
大田作物生产人员	3312994	48165	177799	757758
农业实验人员	4589	27	159	818
园艺作物生产人员	297700	1817	7445	45550
热带作物生产人员	10211	44	111	1040
中药材生产人员	8977	32	194	1367
农副林特产品加工人员	18435	86	376	2443
其他种植业生产人员	45985	362	1463	7557
林业生产及野生动植物保护人员	31945	150	450	2977
营造林人员	14127	93	302	1764
森林资源管护人员	9276	33	73	448
野生动植物保护及自然保护区人员	760	2	3	39
木材采运人员	5084	14	41	391
其他林业生产及野生动植物保护人员	2698	8	31	335
畜牧业生产人员	163308	982	5224	28784
家畜饲养人员	112104	675	3815	21647
家禽饲养人员	36735	266	1227	5768
蜜蜂饲养人员	1665	13	53	218
实验动物饲养人员	132			10
动物疫病防治人员	3377	13	24	187
草业生产人员	369		3	34
其他畜牧业生产人员	8926	15	102	920
渔业生产人员	72279	282	1324	9764
水产养殖人员	36302	131	689	4928
水产捕捞及有关人员	26182	127	452	3437
水产品加工人员	7807	20	138	1115
其他渔业生产人员	1988	4	45	284
水利设施管理养护人员	8101	46	74	465
河道、水库管养人员	3618	21	55	297
农田灌排工程建设管理维护人员	1479	9	7	87
水土保持作业人员	409		1	15
水文勘测作业人员	563	1		9
其他水利设施管理养护人员	2032	15	11	57
其他农、林、牧、渔、水利业生产人员	4672	10	44	355
农林专用机械操作人员	4363	9	41	337
农村能源开发利用人员	309	1	3	18
生产、运输设备操作人员及有关人员	**3672278**	**7238**	**16775**	**156189**
勘测及矿物开采人员	118159	326	421	3229
地质勘查人员	4141	9	36	148
测绘人员	1385	4	6	27
矿物开采人员	83281	218	307	2442
矿物处理人员	10592	17	39	297
钻井人员	3376	13	15	105
石油、天然气开采人员	9872	26	10	92
盐业生产人员	2683	37	3	43
其他勘测及矿物开采人员	2829	2	5	75

单位：人

35 小时	36-39 小时	40 小时	41-47 小时	48 小时	48小时 以 上	周平均 工作时间 (小时)
548	405	7084	1290	2031	11606	46.84
1357	914	28944	3712	10759	34979	46.55
60	30	765	103	165	971	44.80
609	356	10336	1488	2950	18518	48.33
880	612	16019	2411	4697	30380	49.39
880	612	16019	2411	4697	30380	49.39
121540	**85770**	**867984**	**233462**	**221432**	**1343464**	**41.26**
113442	80359	801916	217231	203908	1227422	40.97
102233	73020	722004	192925	178385	1060705	40.50
124	78	1331	238	291	1523	42.61
8595	5666	61530	19470	19834	127793	44.93
577	192	1830	867	610	4940	46.63
173	319	1846	393	538	4115	45.50
344	261	3959	936	1452	8578	46.59
1396	823	9416	2402	2798	19768	44.69
691	407	12937	1290	2246	10797	44.64
359	185	5445	656	1006	4317	43.16
162	91	4761	245	654	2809	45.01
13	9	341	29	78	246	45.76
70	58	1492	215	383	2420	47.69
87	64	898	145	125	1005	45.05
5030	3238	33559	10285	9229	66977	44.23
3648	2332	22185	7395	6017	44390	43.62
1029	700	7106	2143	2307	16189	45.12
41	16	392	94	116	722	45.46
1	1	56	8	13	43	45.75
67	31	1811	121	214	909	44.12
6	3	157	9	23	134	45.59
238	155	1852	515	539	4590	47.99
2143	1634	13576	4286	5161	34109	47.06
1185	758	7592	2311	2774	15934	46.03
674	608	4166	1435	1460	13823	48.79
229	147	1476	455	794	3433	46.28
55	121	342	85	133	919	46.15
159	65	4802	180	550	1760	43.03
68	42	2053	97	228	757	42.32
19	10	837	27	96	387	44.00
11		281	9	24	68	42.63
23	1	353	11	34	131	44.14
38	12	1278	36	168	417	43.34
75	67	1194	190	338	2399	48.97
70	64	1064	182	309	2287	49.21
5	3	130	8	29	112	45.54
36052	**32545**	**913582**	**138582**	**463513**	**1907802**	**50.05**
814	1114	47314	3363	13683	47895	47.61
54	36	1828	126	408	1496	46.42
28	13	795	40	119	353	44.46
546	863	29699	2491	10547	36168	48.09
52	60	4266	257	1265	4339	47.97
17	15	1625	70	240	1276	47.16
35	86	6558	109	555	2401	44.96
53	16	1289	176	264	802	45.61
29	25	1254	94	285	1060	47.09

4-13b 续表 5

职业小类 性　别	合　计	1-8 小时	9-19 小时	20-34 小时
金属冶炼、轧制人员	83664	190	319	2573
炼铁人员	9499	31	38	283
炼钢人员	12832	18	31	336
铁合金冶炼人员	5026	7	15	141
重有色金属冶炼人员	4410	4	11	148
轻有色金属冶炼人员	5763	7	20	160
稀贵金属冶炼人员	1511	4	9	45
半导体材料制备人员	830	3	2	14
金属轧制人员	28828	62	134	949
铸铁管人员	3040	3	20	91
炭素制品生产人员	2311	6	9	64
硬质合金生产人员	1694	2	5	84
其他金属冶炼、轧制人员	7920	43	25	258
化工产品生产人员	76560	162	226	2666
化工产品生产通用工艺人员	12868	21	28	371
石油炼制生产人员	2649	12	3	42
煤化工生产人员	6290	10	16	251
化学肥料生产人员	12036	24	37	273
无机化工产品生产人员	3311	9	8	51
基本有机化工产品生产人员	817	1	1	10
合成树脂生产人员	1428	2	3	24
合成橡胶生产人员	2814	1	6	83
化学纤维生产人员	4768	5	6	96
合成革生产人员	2911	10	15	145
精细化工产品生产人员	5418	13	11	184
信息记录材料生产人员	1412	10	22	100
火药、炸药制造人员	8291	13	38	620
林产化工产品生产人员	634	3	5	40
复合材料加工人员	1419	1	2	29
日用化学品生产人员	4943	8	12	185
其他化工产品生产人员	4551	19	13	162
机械制造加工人员	229286	275	639	5703
机械冷加工人员	107823	116	315	2623
机械热加工人员	73830	106	227	1941
特种加工设备操作人员	3368	4	7	66
冷作钣金加工人员	4621	9	5	69
工件表面处理加工人员	14162	12	12	279
磨料磨具制造加工人员	9110	7	22	219
航天器件加工成型人员	324			4
其他机械制造加工人员	16048	21	51	502
机电产品装配人员	148868	207	399	3882
基础件、部件装配人员	22888	27	63	498
机械设备装配人员	16449	19	36	299
动力设备装配人员	2907	7	6	60
电气元件及设备装配人员	17724	24	35	374
电子专用设备装配调试人员	5713	18	20	137
仪器仪表装配人员	4698	10	2	129
运输车辆装配人员	12130	24	54	419
膜法水处理设备制造人员	103			5
医疗器械装配及假肢与矫形器制作人员	1853	1	4	47
日用机械电器制造装配人员	14808	17	33	300
五金制品制作、装配人员	40943	43	123	1325
装甲车辆装试人员	99	1		4

单位：人

35小时	36-39小时	40小时	41-47小时	48小时	48小时以上	周平均工作时间(小时)
619	535	21623	2633	12839	42333	49.73
80	76	2457	307	1167	5060	49.65
84	76	3623	295	2047	6322	49.38
33	41	1364	177	779	2469	49.46
34	26	1744	156	827	1460	46.78
41	30	1985	144	1032	2344	48.12
12	5	582	35	242	577	47.40
2	8	206	21	166	408	50.32
215	185	5786	1011	4589	15897	50.79
14	13	801	128	400	1570	50.38
20	17	668	78	289	1160	49.41
16	22	425	57	234	849	49.25
68	36	1982	224	1067	4217	49.83
600	860	25845	3075	11703	31423	47.95
103	82	4439	445	2164	5215	48.00
29	16	1251	93	461	742	46.03
25	61	1798	160	1206	2763	48.42
103	90	5030	432	1934	4113	46.53
20	14	1362	107	516	1224	47.15
2	8	372	23	111	289	47.14
5	10	476	52	226	630	49.75
25	14	927	174	311	1273	48.62
14	37	1464	123	791	2232	49.83
38	23	782	96	281	1521	51.43
41	34	1525	216	950	2444	49.09
15	11	441	72	128	613	47.10
109	365	2261	648	966	3271	46.47
12	3	177	21	79	294	48.14
8	11	500	35	221	612	49.00
28	37	1460	217	735	2261	48.92
23	44	1580	161	623	1926	47.81
1559	1556	55688	7423	43163	113280	50.12
708	687	26547	3211	21986	51630	49.91
486	542	17108	2443	12549	38428	50.45
9	14	898	120	567	1683	50.30
32	23	1243	170	784	2286	49.95
92	100	3115	518	2645	7389	51.34
73	54	2119	305	1816	4495	50.14
3	4	123	7	41	142	48.40
156	132	4535	649	2775	7227	48.97
1024	1029	39013	5338	28493	69483	49.68
131	133	5783	726	4999	10528	49.77
96	101	5039	562	3325	6972	48.98
39	15	983	82	611	1104	48.05
85	131	4991	648	3394	8042	49.49
43	70	1829	343	1090	2163	48.34
27	14	1695	146	891	1784	48.12
97	93	3799	393	1851	5400	48.84
		36		9	53	48.96
15	9	531	72	316	858	49.91
75	85	2670	490	3207	7931	51.55
333	304	8335	1565	7502	21413	50.56
	1	29	2	19	43	48.53

4-13b 续表 6

职业小类 性　别	合　计	1-8 小时	9-19 小时	20-34 小时
枪炮制造人员	180			
弹制造人员	54			4
引信加工制造人员	21			2
火工品制造人员	1009	1	9	97
防化器材制造人员	68		1	3
船舶制造人员	4643	2	7	123
航空产品装配与调试人员	337	9	1	4
航空产品试验人员	90			
导弹卫星装配测试人员	17			
火箭发动机装配试验人员	9			
航天器结构强度、温度、环境试验人员	16			1
靶场试验人员	8		1	
其他机电产品装配人员	2101	4	4	51
机械设备修理人员	128956	290	563	4449
机械设备维修人员	117942	264	525	4049
仪器仪表修理人员	2120	10	5	58
民用航空器维修人员	585	1		9
其他机械设备修理人员	8309	15	33	333
电力设备安装、运行、检修及供电人员	115538	222	278	2988
电力设备安装人员	14573	31	44	399
发电运行值班人员	9052	15	10	233
输电、配电、变电设备值班人员	4028	4	8	88
电力设备检修人员	18763	37	34	389
供用电人员	23876	46	53	565
生活、生产电力设备安装、操作、修理人员	39869	82	115	1158
其他电力设备安装、运行、检修及供电人员	5377	7	14	156
电子元器件与设备制造、装配、调试及维修人员	102981	183	289	2923
电子器件制造人员	32123	62	79	929
电子元件制造人员	34772	52	82	926
电池制造人员	5981	13	27	139
电子设备装配、调试人员	12154	20	20	324
电子产品维修人员	8093	25	45	297
其他电子元器件与设备制造、装配、调试及维修人员	9858	11	36	308
橡胶和塑料制品生产人员	58055	81	188	2068
橡胶制品生产人员	12738	23	37	509
塑料制品加工人员	37985	47	119	1267
其他橡胶和塑料制品生产人员	7332	11	32	292
纺织、针织、印染人员	176881	287	852	6790
纤维预处理人员	7162	18	69	383
纺纱人员	46411	136	254	1651
织造人员	48606	40	194	1713
针织人员	44286	52	216	2189
印染人员	15706	12	56	287
其他纺织、针织、印染人员	14710	29	63	567
裁剪、缝纫和皮革制品加工制作人员	389627	608	1497	15375
裁剪、缝纫人员	266774	432	1041	10928
鞋帽制作人员	74417	78	270	2176
皮革、毛皮加工人员	21513	53	100	1143
缝纫制品再加工人员	8770	18	29	385
其他裁剪、缝纫和皮革、毛皮制品加工制作人员	18153	27	57	743
粮油、食品、饮料生产加工及饲料生产加工人员	126813	359	1077	9055
粮油生产加工人员	21989	59	282	2100
制糖和糖制品加工人员	6691	32	27	237

单位：人

35 小时	36-39 小时	40 小时	41-47 小时	48 小时	48小时 以 上	周平均 工作时间 (小时)
1		119		16	44	45.73
		23	5	7	15	46.04
		8	3	1	7	46.81
20	11	460	52	80	279	43.79
		21	4	14	25	47.06
35	46	1863	135	731	1701	47.35
6		197	4	36	80	44.71
1		27	11	18	33	46.60
	1	4		1	11	51.12
		5		2	2	45.11
		4		6	5	51.63
		3		3	1	43.50
20	15	559	95	364	989	49.28
1122	974	34541	4374	15902	66741	49.95
1023	895	30899	4018	14606	61663	50.07
25	15	914	63	290	740	46.72
2	5	352	10	91	115	44.47
72	59	2376	283	915	4223	49.43
1700	950	54379	3367	13029	38625	46.33
164	102	5809	427	1617	5980	47.66
182	176	5313	350	857	1916	44.03
69	27	2430	102	371	929	44.41
322	147	9403	488	2118	5825	45.95
454	169	13743	544	2016	6286	44.73
413	284	15211	1279	5343	15984	47.73
96	45	2470	177	707	1705	46.12
736	778	28732	4378	19308	45654	49.56
200	264	8991	1269	6672	13657	49.31
231	227	9030	1466	6662	16096	49.92
36	58	1942	299	1058	2409	48.72
66	119	3772	582	2176	5075	49.43
107	54	2387	321	898	3959	49.53
96	56	2610	441	1842	4458	49.81
367	453	12268	1970	9725	30935	51.03
78	78	2927	367	2199	6520	50.27
239	293	8068	1334	6432	20186	51.17
50	82	1273	269	1094	4229	51.62
1298	1506	34111	6297	25760	99980	51.84
73	56	1324	242	1082	3915	50.45
288	339	10155	1449	6972	25167	50.18
337	431	9148	1677	6987	28079	51.99
411	519	8522	1966	5936	24475	51.65
64	53	2085	350	2092	10707	58.05
125	108	2877	613	2691	7637	51.22
3177	3142	75996	15197	53334	221301	51.69
2250	2191	51618	10323	35400	152591	51.77
440	478	14571	2945	11558	41901	51.90
230	222	4680	975	2891	11219	50.18
100	82	1587	313	1281	4975	51.38
157	169	3540	641	2204	10615	51.64
2488	1373	32838	5920	11672	62031	48.59
406	255	5274	1196	1809	10608	47.72
289	61	2996	234	574	2241	45.74

4-13b 续表 7

职业小类 性　别	合　计	1-8 小时	9-19 小时	20-34 小时
乳品、冷仪器及罐头、饮料制作人员	9212	30	61	458
酿酒、食品添加剂及调味品制作人员	14587	43	62	614
粮油食品制作人员	28847	58	264	2217
屠宰加工人员	19295	61	159	1731
肉、蛋食品加工人员	6882	8	51	432
饲料生产加工人员	3951	16	29	223
其他粮油、食品、饮料生产加工及饲料生产加工人员	15359	52	142	1043
烟草及其制品加工人员	2649	8	4	58
原烟复烤人员	1031	3	1	20
卷烟生产人员	906	3	3	21
烟用醋酸纤维丝束滤棒制作人员	52			
其他烟草及其制品加工人员	660	2		17
药品生产人员	12471	51	29	269
合成药物制造人员	4059	11	6	122
生物技术制药(品)人员	1430	2	3	17
药物制剂人员	2104	8	5	30
中药制药人员	2299	20	11	52
其他药品生产人员	2579	10	4	48
木材加工、人造板生产、木制品制作及制浆、造纸和纸制品生产加工人员	172936	301	915	8686
木材加工人员	53191	130	357	3183
人造板生产人员	18513	14	134	1037
木材制品制作人员	63681	103	281	2711
制浆人员	2420	5	7	62
造纸人员	10699	20	30	303
纸制品制作人员	12436	10	37	691
其他木材加工、人造板生产、木制品制作及制浆、造纸和纸制品生产加工人员	11996	19	69	699
建筑材料生产加工人员	82696	200	392	3898
水泥及水泥制品生产加工人员	29878	75	162	1435
墙体屋面材料生产人员	18538	48	77	961
建筑防水密封材料生产人员	1110	3	8	51
建筑保温及吸音材料生产人员	1352	1	7	101
装饰石材生产人员	12735	15	48	456
非金属矿及其制品生产加工人员	3242	5	10	179
耐火材料生产人员	3286	18	6	99
其他建筑材料生产加工人员	12555	35	74	616
玻璃、陶瓷、搪瓷及其制品生产加工人员	57298	106	142	1884
玻璃熔制人员	13735	18	34	592
玻璃纤维及其制品生产人员	5518	9	23	243
石英玻璃制品加工人员	1516	2	4	67
陶瓷制品生产人员	30713	70	64	808
搪瓷制品生产人员	1102	3		15
其他玻璃、陶瓷、搪瓷及其制品生产加工人员	4714	4	17	159
广播影视制品制作、播放及文物保护作业人员	6123	16	33	249
影视制品制作人员	883	4	6	30
音像制品制作、复制人员	1232	3	5	45
广播影视舞台设备安装调试及运行操作人员	2202	4	10	99
电影放映人员	726	4	6	39
文物保护作业人员	133	1		3
其他广播影视制品制作、播放及文物保护作业人员	947		6	33
印刷人员	23362	29	88	737
印前处理人员	3104	9	12	87

单位：人

35 小时	36-39 小时	40 小时	41-47 小时	48 小时	48小时 以 上	周平均 工作时间 （小时）
103	91	2638	443	1036	4352	48.83
204	165	5107	584	1999	5809	47.29
560	305	6204	1375	2236	15628	49.86
549	216	4225	958	1456	9940	48.62
97	64	1405	314	660	3851	50.32
47	34	1234	157	423	1788	48.25
233	182	3755	659	1479	7814	49.08
26	14	1306	71	261	901	46.13
8	6	481	19	77	416	46.94
6	4	500	31	104	234	44.87
1		10		25	16	49.02
11	4	315	21	55	235	46.37
93	157	4717	364	2472	4319	47.26
29	37	1637	108	711	1398	46.95
6	7	537	40	533	285	46.16
17	50	793	68	339	794	47.53
13	39	841	83	347	893	47.50
28	24	909	65	542	949	47.92
1816	1867	37040	7734	20207	94370	50.08
691	765	11027	2816	5375	28847	49.60
223	212	3904	863	1991	10135	50.15
523	549	12829	2499	7625	36561	50.87
16	10	868	64	271	1117	48.36
103	76	2967	422	1481	5297	49.20
137	105	2792	532	1899	6233	49.64
123	150	2653	538	1565	6180	49.46
796	786	19661	3352	9090	44521	49.76
273	251	8565	1171	3535	14411	48.77
190	197	4145	819	1934	10167	49.83
12	3	272	23	120	618	50.02
12	16	350	39	115	711	49.06
94	96	2045	540	1370	8071	51.49
57	27	833	115	283	1733	50.03
23	17	688	97	498	1840	50.29
135	179	2763	548	1235	6970	50.12
488	445	10881	2458	8050	32844	51.20
161	88	3044	517	1897	7384	50.37
41	37	1455	222	814	2674	49.12
9	6	305	69	295	759	50.17
226	275	5036	1371	4182	18681	52.03
6	3	153	74	146	702	51.38
45	36	888	205	716	2644	50.90
101	38	3616	143	439	1488	44.14
12	14	412	22	88	295	46.05
13	3	761	33	95	274	43.86
47	16	1408	41	137	440	43.26
10	3	481	15	42	126	42.48
4	1	57	11	5	51	46.77
15	1	497	21	72	302	45.71
217	130	6452	806	3450	11453	49.66
38	18	985	115	395	1445	48.87

4-13b 续表 8

职业小类 性别	合计	1-8 小时	9-19 小时	20-34 小时
印刷操作人员	15016	15	57	461
印后制作人员	3231	3	6	100
其他印刷人员	2011	2	13	89
工艺、美术品制作人员	76588	164	569	6162
珠宝首饰加工制作人员	6504	11	34	273
地毯制作人员	1637	1	11	93
玩具制作人员	22289	50	89	1037
漆器工艺品制作人员	5267	8	34	374
抽纱、刺绣工艺品制作人员	12713	35	199	2189
金属工艺品制作人员	3132	2	6	178
雕刻工艺品制作人员	7250	7	84	471
美术品制作	1469	3	5	67
其他工艺、美术品制作人员	16327	47	107	1480
文化教育、体育用品制作人员	7766	20	21	202
文教用品制作人员	3790	7	12	111
体育用品制作人员	2063	4	3	32
乐器制作人员	813	4	3	20
其他文化教育、体育用品制作人员	1100	5	3	39
工程施工人员	635186	1321	3407	32524
土石方施工人员	40246	75	295	2434
砌筑人员	316137	639	1771	16586
混凝土配制及制品加工人员	43704	135	242	2698
钢筋加工人员	32108	61	129	1388
施工架子搭设人员	12107	29	50	556
工程防水人员	2834	7	19	192
装饰、装修人员	129729	245	620	6093
古建筑修建人员	760	3		37
筑路、养护、维修人员	16426	37	70	521
工程设备安装人员	11390	25	63	389
其他工程施工人员	29745	65	148	1630
运输设备操作人员及有关人员	455600	955	2340	21402
公(道)路运输机械设备操作及有关人员	416433	878	2186	19787
铁路、地铁运输机械设备操作及有关人员	6717	12	14	185
民用航空设备操作及有关人员	638	3	3	24
水上运输设备操作及有关人员	5493	9	34	285
起重装卸机械操作及有关人员	13071	26	42	448
其他运输设备操作人员及有关人员	13248	27	61	673
环境监测与废物处理人员	5738	18	43	312
环境监测人员	1356	4		39
海洋环境调查与监测人员	123		1	6
废物处理人员	3604	12	33	227
其他环境监测与废物处理人员	655	2	9	40
检验、计量人员	73733	83	117	1294
检验人员	65031	60	92	1041
航空产品检验人员	243			4
航天器检验、测试人员	1148	7	14	84
计量人员	4060	10	10	94
其他检验、计量人员	3251	6	1	71
其他生产、运输设备操作人员及有关人员	304744	776	1927	16811
包装人员	77363	143	259	2362
机泵操作人员	3560	10	5	84
简单体力劳动人员	223821	623	1663	14365
不便分类的其他从业人员	**17551**	**54**	**190**	**1245**

单位：人

35小时	36-39小时	40小时	41-47小时	48小时	48小时以上	周平均工作时间（小时）
143	77	3950	538	2253	7522	49.93
20	17	888	88	552	1557	49.67
16	18	629	65	250	929	48.82
1138	912	16381	3599	9806	37857	48.96
84	90	1060	362	1018	3572	51.20
27	16	403	86	187	813	48.56
220	200	5300	874	3786	10733	49.71
58	45	1188	232	553	2775	49.68
381	256	2425	786	983	5459	46.30
29	15	605	103	558	1636	50.56
89	69	1400	300	850	3980	49.16
10	17	337	60	263	707	49.68
240	204	3663	796	1608	8182	48.45
53	62	1600	288	1511	4009	50.84
25	41	720	155	820	1899	50.49
7	5	455	55	362	1140	52.37
9	13	147	39	167	411	50.07
12	3	278	39	162	559	49.74
6199	6460	134316	25632	58562	366765	50.51
430	399	9033	1636	3653	22291	49.93
3033	3306	63135	12893	28385	186389	50.67
514	489	8862	1970	3904	24890	50.05
285	311	6539	1216	2978	19201	51.32
97	141	2402	488	1157	7187	51.17
35	38	672	193	214	1464	49.33
1183	1202	26348	5049	12671	76318	50.82
2	17	228	37	70	366	48.45
237	141	7306	487	1493	6134	46.79
117	88	3100	449	1286	5873	49.80
266	328	6691	1214	2751	16652	50.22
5735	4094	118411	16918	38578	247167	50.38
5336	3740	106381	15656	34278	228191	50.47
55	86	3671	175	536	1983	45.69
10	6	276	24	57	235	47.14
57	49	1250	259	405	3145	51.19
103	90	3724	340	1995	6303	49.71
174	123	3109	464	1307	7310	50.61
112	69	2191	205	645	2143	46.76
40	16	871	19	98	269	43.66
3	2	44	4	11	52	46.99
51	43	1052	153	470	1563	47.89
18	8	224	29	66	259	46.93
570	438	25559	2245	13301	30126	48.80
474	369	22008	1984	12202	26801	49.00
1	3	151	11	20	53	44.19
22	15	316	34	86	570	47.97
35	30	1686	130	535	1530	47.51
38	21	1398	86	458	1172	47.10
3204	2803	69103	11432	38530	160158	49.90
541	638	16785	3091	14238	39306	50.55
31	33	1229	94	480	1594	49.34
2632	2132	51089	8247	23812	119258	49.68
261	**162**	**5424**	**740**	**1710**	**7765**	**47.62**

4-13b 续表 9

职业小类 性 别	合 计	1-8 小时	9-19 小时	20-34 小时
男	**7199311**	**32249**	**96989**	**552068**
国家机关、党群组织、企业、事业单位负责人	**227377**	**342**	**533**	**5164**
中国共产党中央委员会和地方各级组织负责人	3718	1	3	83
中国共产党中央委员会和地方各级组织负责人	3718	1	3	83
国家机关及其工作机构负责人	37393	72	39	710
国家权力机关及其工作机构负责人	4854	19	7	126
人民政协及其工作机构负责人	1709	5	4	37
人民法院负责人	922	4	1	24
人民检察院负责人	624			11
国家行政机关及其工作机构负责人	24127	36	21	422
其他国家机关及其工作机构负责人	5157	8	6	90
民主党派和社会团体及其工作机构负责人	12632	35	67	624
民主党派负责人	445	1	5	30
工会、共青团、妇联、其他人民团体及其工作机构负责人	1958	4	9	53
群众自治组织负责人	8775	23	45	488
其他社会团体及其工作机构负责人	1454	7	8	53
事业单位负责人	19669	41	28	350
教育教学单位负责人	5520	15	8	110
卫生单位负责人	2329	5	8	49
科研单位负责人	427	1	1	11
其他事业单位负责人	11393	20	11	180
企业负责人	153965	193	396	3397
企业负责人	153965	193	396	3397
专业技术人员	**575169**	**1710**	**2116**	**16593**
科学研究人员	3770	9	21	162
哲学研究人员	322	1	7	31
经济学研究人员	142		2	5
法学研究人员	98			4
社会学研究人员	80			2
教育科学研究人员	405	1	1	19
文学、艺术研究人员	81			10
图书馆学、情报学研究人员	63	1		2
历史学研究人员	39			
管理科学研究人员	240		1	5
数学研究人员	350		1	37
物理学研究人员	78		2	2
化学研究人员	300	2		8
天文学研究人员	34			1
地球科学研究人员	53		1	
生物科学研究人员	132			
农业科学研究人员	643	2	2	20
医学研究人员	343		2	7
其他科学研究人员	367	2	2	9
工程技术人员	124656	312	317	2885
地质勘探工程技术人员	1586	5	3	16
测绘工程技术人员	1637	4	1	31
矿山工程技术人员	5188	4	7	121
石油工程技术人员	2160	3	3	24
冶金工程技术人员	2065	2	5	41
化工工程技术人员	2400	5	3	32
机械工程技术人员	11253	67	20	158

单位：人

35 小时	36-39 小时	40 小时	41-47 小时	48 小时	48小时 以 上	周平均 工作时间 (小时)
119058	**82740**	**2149080**	**303037**	**650448**	**3213642**	**47.42**
3029	**1286**	**100207**	**5505**	**20591**	**90720**	**47.96**
85	27	2645	75	187	612	42.78
85	27	2645	75	187	612	42.78
931	203	28802	536	1754	4346	41.91
133	25	3597	92	265	590	41.92
39	6	1276	24	111	207	42.01
20	2	728	12	32	99	41.66
19	5	512	8	20	49	41.21
592	141	18869	324	1060	2662	41.81
128	24	3820	76	266	739	42.47
213	109	6389	329	1026	3840	44.85
12	3	223	17	16	138	44.35
42	6	1299	39	122	384	43.20
130	87	4049	239	792	2922	45.34
29	13	818	34	96	396	44.29
386	116	14209	367	1183	2989	42.69
92	37	4150	116	306	686	42.16
38	23	1476	82	170	478	43.60
9	2	276	9	20	98	44.33
247	54	8307	160	687	1727	42.70
1414	831	48162	4198	16441	78933	50.48
1414	831	48162	4198	16441	78933	50.48
8620	**4372**	**340548**	**16679**	**48091**	**136440**	**44.27**
54	48	2210	130	283	853	43.73
3	4	115	19	19	123	44.81
2	1	74	6	16	36	44.96
1	2	48	4	6	33	46.69
	2	46	2	4	24	45.00
5	1	292	7	18	61	42.23
3	1	44	3	7	13	42.25
		37	1	7	15	44.22
1	2	26			10	44.08
3	1	132	11	29	58	45.15
8	23	217	24	6	34	40.12
1		45	3	9	16	43.01
1	2	174	11	26	76	44.65
2	1	11		3	16	48.21
	1	33	3	3	12	44.19
	1	68	1	14	48	47.63
16	2	440	11	36	114	42.89
4	2	185	11	41	91	44.93
4	2	223	13	39	73	43.45
1381	819	54786	3699	14718	45739	47.17
26	13	833	39	169	482	46.31
19	9	979	46	119	429	44.86
37	33	2242	106	582	2056	47.48
18	9	1321	33	150	599	45.67
19	10	726	75	298	889	48.54
13	12	1152	91	332	760	46.22
127	74	4484	378	2077	3868	47.04

4-13b 续表 10

职业小类 性 别	合 计	1-8 小时	9-19 小时	20-34 小时
兵器工程技术人员	258		1	4
航空工程技术人员	584	1		10
航天工程技术人员	245	2	2	13
电子工程技术人员	4103	5	3	54
通信工程技术人员	3764	7	8	72
计算机与应用工程技术人员	6331	14	9	112
电气工程技术人员	2709	7	9	58
电力工程技术人员	12152	34	26	313
邮政工程技术人员	433			8
广播、电影、电视工程技术人员	1994	4	2	40
交通工程技术人员	3356	7	14	105
民用航空工程技术人员	265		1	8
铁路工程技术人员	2651	3	1	49
建筑工程技术人员	28642	73	115	966
建材工程技术人员	3861	15	11	117
林业工程技术人员	1646	2	4	42
水利工程技术人员	3215	7	4	72
海洋工程技术人员	88			7
水产工程技术人员	203			3
纺织工程技术人员	2395	4	9	44
食品工程技术人员	2391	4	8	84
气象工程技术人员	531		3	21
地震工程技术人员	182		1	3
环境保护工程技术人员	821	3		11
安全工程技术人员	2317	2	6	32
标准化、计量、质量工程技术人员	2600	3	4	29
管理(工业)工程技术人员	6912	14	20	116
其他工程技术人员	3718	11	14	69
农业技术人员	12605	47	104	556
土壤肥料技术人员	1506	2	2	39
植物保护技术人员	1231	2	3	37
园艺技术人员	1949	3	14	104
作物遗传育种栽培技术人员	484	2	1	11
兽医、兽药技术人员	3106	5	20	149
畜牧与草业技术人员	1024	5	2	56
其他农业技术人员	3305	28	62	160
飞机和船舶技术人员	2621	4	16	140
飞行人员和领航人员	304	1	1	18
船舶指挥和引航人员	2066	2	13	112
其他飞机和船舶技术人员	251	1	2	10
卫生专业技术人员	77484	210	237	2127
西医医师	34246	66	93	814
中医医师	7823	24	31	240
中西医结合医师	11853	48	38	350
民族医生	585	3	2	32
公共卫生医师	2343	9	5	98
药剂人员	3877	10	16	85
医疗技术人员	6979	17	16	208
护理人员	4333	19	18	144
其他卫生专业技术人员	5445	14	18	156
经济业务人员	66764	137	149	1542
经济计划人员	3303	8	14	120
统计人员	5848	7	7	119
会计人员	52447	108	118	1176
审计人员	1392	2	3	21
国际商务人员	275		1	3
其他经济业务人员	3499	12	6	103

单位：人

35 小时	36-39 小时	40 小时	41-47 小时	48 小时	48小时 以 上	周平均 工作时间 （小时）
	6	196	8	23	20	41.76
4	3	441	4	48	73	42.68
1	1	106	9	22	89	45.87
26	26	1833	143	697	1316	47.10
59	30	2068	108	388	1024	45.28
50	37	3097	223	795	1994	46.62
16	18	1023	135	404	1039	47.56
170	97	6553	305	1164	3490	45.28
5	2	283	9	32	94	44.02
45	14	1272	44	140	433	43.84
76	19	1249	94	311	1481	48.24
2	4	145	6	10	89	45.68
13	9	1489	54	220	813	46.01
304	215	9623	907	2736	13703	49.05
36	22	1169	107	410	1974	49.59
48	8	1071	29	110	332	43.55
58	9	2185	48	233	599	43.29
	1	54		12	14	43.07
2	3	107	9	20	59	45.30
22	14	704	103	425	1070	49.43
25	11	608	101	369	1181	50.12
16	8	362	17	25	79	42.47
4	1	106	8	16	43	44.79
16	3	489	16	87	196	44.62
22	11	1125	51	286	782	46.66
27	21	1285	62	362	807	46.61
48	40	2756	219	1141	2558	47.79
27	26	1650	112	505	1304	46.97
221	88	6862	363	873	3491	44.30
20	5	991	21	118	308	43.77
25	17	752	32	90	273	43.84
37	17	863	71	152	688	45.60
6	2	298	13	42	109	44.08
39	21	1627	100	251	894	44.69
32	3	509	42	55	320	45.07
62	23	1822	84	165	899	43.39
26	20	536	68	211	1600	53.44
7	3	137	10	25	102	45.43
15	17	299	52	157	1399	55.41
4		100	6	29	99	46.96
1239	769	39144	3040	7106	23612	45.72
509	318	17725	1372	3174	10175	45.65
110	85	3896	306	758	2373	45.65
203	121	5338	474	1067	4214	46.69
11	1	263	23	45	205	45.99
46	14	1137	74	231	729	45.64
60	46	1992	183	410	1075	45.35
128	75	3767	250	613	1905	45.06
69	56	2175	166	354	1332	45.58
103	53	2851	192	454	1604	45.38
1087	448	38004	1736	6774	16887	44.73
50	19	1471	106	382	1133	46.39
101	35	3430	135	595	1419	44.70
837	360	30108	1360	5295	13085	44.65
38	8	1010	22	86	202	42.66
3	1	123	5	63	76	46.72
58	25	1862	108	353	972	45.05

4-13b 续表 11

职业小类 性　　别	合　计	1-8 小时	9-19 小时	20-34 小时
金融业务人员	35909	93	83	815
银行业务人员	24612	49	36	434
保险业务人员	8329	34	37	258
证券业务人员	787	3	3	64
其他金融业务人员	2181	7	7	59
法律专业人员	10572	29	19	242
法官	3324	12	4	59
检察官	1905	4	1	23
律师	2249	7	7	81
公证员	340	1	1	11
司法鉴定人员	364	2	1	5
书记员	676		1	16
其他法律专业人员	1714	3	4	47
教学人员	219152	732	943	6984
高等教育教师	7287	49	52	205
中等职业教育教师	11641	47	32	296
中学教师	125071	389	497	3511
小学教师	64044	178	283	2578
幼儿教师	2809	22	13	125
特殊教育教师	725	11	14	22
其他教学人员	7575	36	52	247
文学艺术工作人员	8300	39	92	542
文艺创作和评论人员	256	2	2	14
编导和音乐指挥人员	162	1		10
演员	1277	4	27	164
乐器演奏员	657	14	37	158
电影、电视制作及舞台专业人员	496	3	1	27
美术专业人员	483	4	4	25
工艺美术专业人员	4384	9	12	94
其他文学艺术工作人员	585	2	9	50
体育工作人员	346	3	7	10
体育工作人员	346	3	7	10
新闻出版、文化工作人员	5433	8	11	114
记者	1612	4	1	26
编辑	1055		2	18
校对员	165			2
播音员及节目主持人	445	2	3	10
翻译	234		2	9
图书资料与档案业务人员	955	1	1	21
考古及文物保护工作人员	151			4
其他新闻出版、文化工作人员	816	1	2	24
宗教职业者	2017	74	98	347
宗教职业者	2017	74	98	347
其他专业技术人员	5540	13	19	127
其他专业技术人员	5540	13	19	127
办事人员和有关人员	**497701**	**1089**	**721**	**8851**
行政办公人员	277950	654	280	4397
行政业务人员	154956	353	150	2443
行政事务人员	90850	234	75	1404
其他行政办公人员	32144	67	55	550
安全保卫和消防人员	158310	292	311	3201
人民警察	35908	59	21	440
治安保卫人员	103287	185	242	2344
消防人员	2018	4	5	32
其他安全保卫和消防人员	17097	44	43	385

单位：人

35小时	36-39小时	40小时	41-47小时	48小时	48小时以上	周平均工作时间（小时）
644	242	23705	835	2865	6627	43.23
438	170	17328	516	1820	3821	42.77
130	57	4543	251	828	2191	44.60
18	4	446	18	64	167	42.74
58	11	1388	50	153	448	43.42
268	59	8055	197	475	1228	41.81
74	17	2649	54	119	336	41.53
60	14	1578	25	63	137	41.12
44	14	1524	64	157	351	42.46
9	1	254	8	16	39	41.71
3	1	286	7	16	43	42.06
27	3	505	9	31	84	41.96
51	9	1259	30	73	238	42.19
3343	1686	157439	5861	12728	29436	42.06
152	64	5377	189	399	800	41.52
197	96	8287	309	773	1604	42.37
1660	859	90391	3438	7536	16790	42.16
1142	583	46982	1615	3109	7574	41.53
35	23	1584	103	227	677	43.82
8	3	469	22	53	123	41.97
149	58	4349	185	631	1868	44.18
111	73	3178	277	896	3092	46.18
7	3	143	9	18	58	43.54
1		93	8	8	41	44.15
40	14	588	42	59	339	42.36
12	16	197	18	28	177	39.36
8	4	270	15	52	116	43.90
7	4	176	18	47	198	47.13
23	25	1460	136	633	1992	48.96
13	7	251	31	51	171	44.24
5	1	195	14	27	84	44.52
5	1	195	14	27	84	44.52
114	45	3720	118	371	932	43.06
34	7	1205	28	94	213	42.26
22	22	716	24	77	174	43.05
1	1	86	6	15	54	46.21
10	3	298	7	27	85	42.99
3	3	113	5	33	66	45.31
26	7	677	19	52	151	42.68
1		114	1	11	20	42.23
17	2	511	28	62	169	44.01
51	34	464	98	146	705	41.74
51	34	464	98	146	705	41.74
76	40	2250	243	618	2154	47.48
76	40	2250	243	618	2154	47.48
8792	**3262**	**299111**	**11014**	**42246**	**122615**	**44.95**
6210	1762	199038	5204	18558	41847	42.76
3507	947	113300	2776	9289	22191	42.58
1987	581	63969	1725	6732	14143	42.92
716	234	21769	703	2537	5513	43.21
1627	1090	65120	4201	17877	64591	48.72
600	138	25095	675	2389	6491	43.58
809	806	33299	2943	13287	49372	50.30
23	18	1033	44	165	694	47.56
195	128	5693	539	2036	8034	50.12

4-13b 续表 12

职业小类 性　　别	合　计	1-8 小时	9-19 小时	20-34 小时
邮政和电信业务人员	21274	69	56	494
邮政业务人员	7902	27	27	203
电信业务人员	7946	29	15	167
电信通信传输业务人员	3648	7	4	76
其他邮政和电信业务人员	1778	6	10	48
其他办事人员和有关人员	40167	74	74	759
其他办事人员和有关人员	40167	74	74	759
商业、服务业人员	**1379415**	**3412**	**8221**	**65469**
购销人员	808222	1830	4642	38097
营业人员	628518	1453	3733	29739
推销、展销人员	94880	179	345	3556
采购人员	20631	41	102	885
拍卖、典当及租赁业务人员	1116	6	10	69
废旧物资回收利用人员	26271	59	179	1695
粮油管理人员	1807	7	3	77
商品监督和市场管理人员	5950	17	23	159
其他购销人员	29049	68	247	1917
仓储人员	43992	103	139	1166
保管人员	30910	72	80	653
储运人员	10619	24	51	439
其他仓储人员	2463	7	8	74
餐饮服务人员	162263	374	904	6902
中餐烹饪人员	89837	186	465	3390
西餐烹饪人员	1914	4	12	56
调酒和茶艺人员	935	3	4	47
营养配餐人员	1014	2	11	49
餐厅服务人员	47548	132	298	2253
其他餐饮服务人员	21015	47	114	1107
饭店、旅游及健身娱乐场所服务人员	36380	98	227	1710
饭店服务人员	24368	62	152	1120
旅游及公共游览场所服务人员	2825	13	21	172
健身和娱乐场所服务人员	6202	17	31	261
其他饭店、旅游及健身娱乐场所服务人员	2985	6	23	157
运输服务人员	133756	312	670	6720
公路、道路运输服务人员	100728	239	507	5274
铁路客货运输服务人员	7536	28	19	224
航空运输服务人员	978	1	5	29
水上运输服务人员	2860	8	19	125
其他运输服务人员	21654	36	120	1068
医疗卫生辅助服务人员	4498	15	22	143
医疗卫生辅助服务人员	4498	15	22	143
社会服务和居民生活服务人员	157432	564	1364	9012
社会中介服务人员	4147	17	33	213
物业管理人员	9736	139	116	605
供水、供热及生活燃料供应服务人员	15590	30	49	431
美容美发人员	31248	72	220	1476
摄影服务人员	5075	10	36	260
验光配镜人员	500	1	1	12
洗染织补人员	2449	3	16	146
浴池服务人员	4759	10	28	283
印章刻字人员	576	2	5	27
日用机电产品维修人员	27927	64	201	1487
办公设备维修人员	2557	2	9	70

单位：人

35小时	36-39小时	40小时	41-47小时	48小时	48小时以上	周平均工作时间(小时)
338	162	11738	618	2082	5717	44.96
133	67	4386	223	840	1996	44.64
124	51	4466	231	721	2142	44.95
53	27	2011	99	332	1039	45.30
28	17	875	65	189	540	45.71
617	248	23215	991	3729	10460	45.17
617	248	23215	991	3729	10460	45.17
17481	**12125**	**339475**	**55440**	**117431**	**760361**	**50.65**
10080	7095	190266	33357	66550	456305	50.89
7732	5449	142050	25923	47881	364558	51.25
1026	775	27069	3717	11330	46883	49.51
269	206	5728	732	2290	10378	49.56
14	12	324	34	99	548	49.06
386	271	5023	1280	2084	15294	50.51
27	14	769	70	170	670	46.92
91	41	2378	164	589	2488	48.21
535	327	6925	1437	2107	15486	49.68
397	316	14862	1349	6015	19645	48.86
257	211	11179	879	4604	12975	48.56
115	89	2887	378	1118	5518	49.63
25	16	796	92	293	1152	49.30
2075	1268	33930	6464	13623	96723	52.12
988	676	18516	3427	7488	54701	52.57
21	13	423	67	157	1161	52.51
11	9	258	51	68	484	49.51
12	4	236	43	88	569	51.04
646	378	10284	1900	4226	27431	51.51
397	188	4213	976	1596	12377	51.74
465	288	9343	1426	3047	19776	50.81
285	198	6064	929	1940	13618	51.03
27	23	1154	102	303	1010	46.18
108	45	1379	269	549	3543	51.78
45	22	746	126	255	1605	51.39
1894	1437	38849	5327	11206	67341	49.38
1449	1108	28625	4125	8163	51238	49.40
84	60	3689	234	708	2490	46.48
6	26	516	35	165	195	44.78
36	23	826	91	230	1502	49.72
319	220	5193	842	1940	11916	50.47
75	26	2022	181	407	1607	46.58
75	26	2022	181	407	1607	46.58
2045	1383	41642	6043	13969	81410	49.66
56	38	1258	164	445	1923	48.44
123	51	3636	269	1025	3772	46.74
181	109	5838	452	1433	7067	48.92
312	297	5814	1187	2244	19626	52.97
63	51	1239	202	382	2832	50.51
5	1	97	22	58	303	54.51
28	24	500	99	225	1408	51.54
43	33	975	163	401	2823	51.89
5	2	174	27	44	290	49.22
365	276	6121	1221	2435	15757	50.26
33	11	805	94	299	1234	49.55

4-13b 续表 13

职业小类 性 别	合 计	1-8 小时	9-19 小时	20-34 小时
保育、家庭服务人员	3469	22	68	319
环境卫生人员	26114	90	300	1945
殡葬服务人员	1614	16	43	200
其他社会服务和居民生活服务人员	21671	86	239	1538
其他商业、服务业人员	32872	116	253	1719
其他商业、服务业人员	32872	116	253	1719
农、林、牧、渔、水利业生产人员	**2008890**	**20781**	**75036**	**361042**
种植业生产人员	1849159	20152	72685	343817
大田作物生产人员	1652677	19174	69009	319333
农业实验人员	2346	9	55	337
园艺作物生产人员	151516	769	2800	18883
热带作物生产人员	5750	23	59	556
中药材生产人员	4870	7	80	601
农副林特产品加工人员	8774	36	125	938
其他种植业生产人员	23226	134	557	3169
林业生产及野生动植物保护人员	22821	88	233	1711
营造林人员	9242	44	150	913
森林资源管护人员	7098	25	33	285
野生动植物保护及自然保护区人员	579	2	1	26
木材采运人员	4154	11	37	295
其他林业生产及野生动植物保护人员	1748	6	12	192
畜牧业生产人员	77190	343	1316	9219
家畜饲养人员	51097	222	941	6657
家禽饲养人员	17974	99	284	1919
蜜蜂饲养人员	1102	7	28	122
实验动物饲养人员	80			5
动物疫病防治人员	2523	8	19	146
草业生产人员	206		2	17
其他畜牧业生产人员	4208	7	42	353
渔业生产人员	49888	163	728	5745
水产养殖人员	24811	77	360	2922
水产捕捞及有关人员	21260	82	331	2517
水产品加工人员	2982	4	23	228
其他渔业生产人员	835		14	78
水利设施管理养护人员	5781	28	39	265
河道、水库管养人员	2470	9	25	145
农田灌排工程建设管理维护人员	1114	6	3	65
水土保持作业人员	300			9
水文勘测作业人员	414	1		7
其他水利设施管理养护人员	1483	12	11	39
其他农、林、牧、渔、水利业生产人员	4051	7	35	285
农林专用机械操作人员	3833	7	34	275
农村能源开发利用人员	218		1	10
生产、运输设备操作人员及有关人员	**2499774**	**4877**	**10254**	**94311**
勘测及矿物开采人员	102314	272	315	2639
地质勘查人员	3159	6	18	85
测绘人员	1066	3	1	20
矿物开采人员	76346	195	250	2083
矿物处理人员	7677	14	26	213
钻井人员	3056	10	13	89
石油、天然气开采人员	6812	18	2	63
盐业生产人员	1951	24	1	31
其他勘测及矿物开采人员	2247	2	4	55

单位：人

35小时	36-39小时	40小时	41-47小时	48小时	48小时以上	周平均工作时间(小时)
58	43	886	165	290	1618	47.37
414	231	8425	1062	2853	10794	46.83
36	21	519	62	116	601	44.56
323	195	5355	854	1719	11362	49.33
450	312	8561	1293	2614	17554	49.99
450	312	8561	1293	2614	17554	49.99
57424	**40576**	**443906**	**121726**	**121867**	**766532**	**43.07**
53339	37939	405293	112944	111073	691917	42.71
48077	34474	365216	100486	97415	599493	42.27
67	37	699	139	161	842	44.09
4014	2639	30866	9907	10648	70990	46.34
331	128	986	521	357	2789	46.81
82	172	950	223	289	2466	47.12
153	99	1839	448	717	4419	47.88
615	390	4737	1220	1486	10918	46.18
449	243	9200	922	1667	8308	45.56
212	90	3608	432	697	3096	44.32
117	65	3572	201	515	2285	45.59
10	4	258	21	55	202	46.34
55	43	1181	185	312	2035	48.07
55	41	581	83	88	690	45.75
2108	1268	16057	4626	4802	37451	47.04
1505	876	10092	3222	3035	24547	46.71
414	299	3381	1024	1234	9320	48.00
27	10	248	61	72	527	46.86
1		37	5	6	26	45.65
49	25	1294	95	172	715	44.29
4	1	94	1	10	77	45.97
108	57	911	218	273	2239	48.78
1362	1021	8945	2960	3628	25336	48.39
764	486	4967	1641	1951	11643	47.06
512	487	3218	1147	1206	11760	49.84
61	39	604	139	400	1484	48.88
25	9	156	33	71	449	49.23
100	46	3415	113	403	1372	43.71
40	27	1438	57	172	557	43.30
17	7	606	17	74	319	44.59
7		210	7	15	52	42.93
16	1	260	6	24	99	44.12
20	11	901	26	118	345	43.78
66	59	996	161	294	2148	49.35
63	59	908	155	272	2060	49.52
3		88	6	22	88	46.47
23554	**21032**	**622448**	**92193**	**299184**	**1331921**	**50.30**
677	986	38809	2962	12020	43634	48.05
40	25	1423	96	305	1161	46.70
20	9	601	32	103	277	44.74
499	802	26461	2292	9684	34080	48.36
30	43	2778	197	887	3489	48.93
15	10	1428	64	224	1203	47.55
19	63	4276	77	406	1888	45.60
32	13	926	124	173	627	46.11
22	21	916	80	238	909	47.67

4-13b 续表 14

职业小类 性 别	合 计	1-8 小时	9-19 小时	20-34 小时
金属冶炼、轧制人员	65266	150	223	1706
炼铁人员	7800	29	27	202
炼钢人员	10802	14	28	244
铁合金冶炼人员	3885	6	9	92
重有色金属冶炼人员	3413	2	9	110
轻有色金属冶炼人员	4481	3	14	102
稀贵金属冶炼人员	1097	4	9	31
半导体材料制备人员	501	2	1	7
金属轧制人员	22144	50	90	591
铸铁管人员	2472	3	14	64
炭素制品生产人员	1664	6	4	41
硬质合金生产人员	1141	1	2	46
其他金属冶炼、轧制人员	5866	30	16	176
化工产品生产人员	46857	85	105	1276
化工产品生产通用工艺人员	8388	12	12	186
石油炼制生产人员	1897	6	2	34
煤化工生产人员	4915	5	13	188
化学肥料生产人员	7778	13	17	122
无机化工产品生产人员	2309	4	3	39
基本有机化工产品生产人员	546	1	1	4
合成树脂生产人员	952	2	2	16
合成橡胶生产人员	1708	1	2	42
化学纤维生产人员	2347	4	2	45
合成革生产人员	1587	4	8	71
精细化工产品生产人员	3480	3	3	97
信息记录材料生产人员	681	7	14	51
火药、炸药制造人员	3553	4	12	185
林产化工产品生产人员	406		2	24
复合材料加工人员	968	1	1	17
日用化学品生产人员	2453	3	5	66
其他化工产品生产人员	2889	15	6	89
机械制造加工人员	171318	208	405	3527
机械冷加工人员	76656	79	172	1483
机械热加工人员	60432	94	177	1381
特种加工设备操作人员	2515	4	2	47
冷作钣金加工人员	3642	6	3	47
工件表面处理加工人员	9530	7	8	146
磨料磨具制造加工人员	6759	5	14	139
航天器件加工成型人员	233			4
其他机械制造加工人员	11551	13	29	280
机电产品装配人员	90191	142	217	1982
基础件、部件装配人员	12535	16	30	223
机械设备装配人员	12012	17	19	184
动力设备装配人员	1992	5	4	36
电气元件及设备装配人员	9407	17	22	158
电子专用设备装配调试人员	2837	12	9	60
仪器仪表装配人员	2562	8		63
运输车辆装配人员	8998	20	43	313
膜法水处理设备制造人员	71			2
医疗器械装配及假肢与矫形器制作人员	685		2	18
日用机械电器制造装配人员	7822	10	15	125
五金制品制作、装配人员	24942	26	58	628
装甲车辆装试人员	72			4

单位：人

35 小时	36-39 小时	40 小时	41-47 小时	48 小时	48小时 以 上	周平均 工作时间 (小时)
445	396	16432	2026	9981	33907	50.06
56	67	1956	251	951	4261	49.94
63	62	2970	256	1688	5477	49.67
29	31	1018	127	604	1969	49.80
27	17	1340	120	677	1111	46.79
30	25	1510	105	758	1934	48.58
11	5	403	23	177	434	47.54
	6	128	15	95	247	50.59
153	119	4329	774	3562	12476	51.16
8	10	640	109	322	1302	50.77
14	12	455	50	212	870	49.84
10	14	275	45	154	594	49.96
44	28	1408	151	781	3232	50.20
333	396	15660	1758	7418	19826	48.40
69	47	2793	287	1409	3573	48.47
20	13	880	61	321	560	46.29
23	48	1314	132	931	2261	48.79
57	50	3214	262	1251	2792	47.00
13	10	901	69	363	907	47.60
2	4	241	15	75	203	47.51
4	7	306	39	148	428	49.93
13	8	544	99	194	805	49.09
2	13	771	55	410	1045	49.60
19	10	426	48	136	865	52.77
27	24	966	140	675	1545	49.31
8	4	223	43	67	264	46.18
36	110	987	264	469	1486	47.44
6	1	118	17	51	187	48.61
4	6	351	20	143	425	48.95
15	16	658	103	381	1206	49.96
15	25	967	104	394	1274	48.29
1105	1072	40797	5470	31938	86796	50.40
499	419	18642	2236	15525	37601	50.20
380	442	13851	2010	10116	31981	50.61
7	11	643	85	424	1292	50.70
18	17	941	135	647	1828	50.24
63	64	1996	290	1824	5132	51.77
41	35	1463	236	1327	3499	50.67
3	4	85	7	30	100	48.23
94	80	3176	471	2045	5363	49.37
565	569	24652	3275	16971	41818	49.64
65	64	3486	409	2610	5632	49.56
66	69	3756	419	2456	5026	48.97
15	8	719	57	414	734	47.97
42	58	2709	343	1840	4218	49.41
21	28	974	163	483	1087	48.17
13	6	977	74	438	983	48.21
66	69	2816	300	1306	4065	48.88
		24		7	38	49.32
4	4	232	35	114	276	48.91
30	42	1427	272	1754	4147	51.47
185	166	5000	986	4605	13288	50.86
	1	22	2	9	34	48.28

4-13b 续表 15

职业小类 性　别	合　计	1-8 小时	9-19 小时	20-34 小时
枪炮制造人员	115			
弹制造人员	30			2
引信加工制造人员	12			
火工品制造人员	469	1	3	35
防化器材制造人员	48		1	2
船舶制造人员	3993	2	7	103
航空产品装配与调试人员	236	5	1	2
航空产品试验人员	56			
导弹卫星装配测试人员	14			
火箭发动机装配试验人员	5			
航天器结构强度、温度、环境试验人员	12			1
靶场试验人员	8		1	
其他机电产品装配人员	1258	3	2	23
机械设备修理人员	114218	236	444	3426
机械设备维修人员	104981	215	414	3116
仪器仪表修理人员	1587	6	4	40
民用航空器维修人员	452	1		9
其他机械设备修理人员	7198	14	26	261
电力设备安装、运行、检修及供电人员	96075	178	232	2437
电力设备安装人员	12725	26	36	331
发电运行值班人员	6169	9	7	160
输电、配电、变电设备值班人员	2749	2	6	61
电力设备检修人员	16461	32	27	324
供用电人员	17912	38	43	425
生活、生产电力设备安装、操作、修理人员	35723	67	101	1012
其他电力设备安装、运行、检修及供电人员	4336	4	12	124
电子元器件与设备制造、装配、调试及维修人员	52639	92	148	1402
电子器件制造人员	15508	24	36	391
电子元件制造人员	15859	24	29	387
电池制造人员	3196	5	17	63
电子设备装配、调试人员	6169	13	11	175
电子产品维修人员	6516	19	32	217
其他电子元器件与设备制造、装配、调试及维修人员	5391	7	23	169
橡胶和塑料制品生产人员	30572	44	76	801
橡胶制品生产人员	7700	12	18	278
塑料制品加工人员	19123	27	49	439
其他橡胶和塑料制品生产人员	3749	5	9	84
纺织、针织、印染人员	52767	88	166	1230
纤维预处理人员	2624	6	18	87
纺纱人员	10678	48	38	280
织造人员	12502	5	38	329
针织人员	11109	14	24	289
印染人员	9848	4	29	123
其他纺织、针织、印染人员	6006	11	19	122
裁剪、缝纫和皮革制品加工制作人员	124154	179	342	3418
裁剪、缝纫人员	71466	105	189	1995
鞋帽制作人员	33205	29	80	694
皮革、毛皮加工人员	9670	26	43	445
缝纫制品再加工人员	2740	5	6	91
其他裁剪、缝纫和皮革、毛皮制品加工制作人员	7073	14	24	193
粮油、食品、饮料生产加工及饲料生产加工人员	70923	189	482	4423
粮油生产加工人员	13097	31	124	1016
制糖和糖制品加工人员	3673	19	15	95

单位：人

35 小时	36-39 小时	40 小时	41-47 小时	48 小时	48小时 以 上	周平均 工作时间 (小时)
		80		8	27	45.06
		12	3	2	11	48.17
		5	1	1	5	48.92
9	6	239	29	31	116	43.51
		15	4	7	19	46.92
32	38	1645	112	623	1431	47.20
5		126	4	28	65	46.00
		14	7	11	24	47.71
	1	3		1	9	50.71
		2		2	1	47.20
		4		5	2	45.17
		3		3	1	43.50
12	9	362	55	213	579	49.11
952	839	30033	3861	14390	60037	50.22
870	778	27035	3554	13289	55710	50.33
18	9	667	52	223	568	46.96
1	5	263	7	80	86	44.42
63	47	2068	248	798	3673	49.61
1332	770	42853	2815	11165	34293	46.78
138	94	4914	385	1428	5373	47.92
121	123	3465	237	589	1458	44.50
50	22	1618	65	244	681	44.63
275	118	8000	425	1925	5335	46.25
310	124	9658	409	1607	5298	45.36
361	253	13316	1149	4788	14676	47.92
77	36	1882	145	584	1472	46.59
385	365	14971	2385	9237	23654	49.50
95	114	4492	646	2996	6714	49.29
106	100	4164	779	2919	7351	49.82
14	30	1023	148	571	1325	48.86
37	54	1894	360	1102	2523	49.14
77	44	1898	256	723	3250	49.73
56	23	1500	196	926	2491	49.67
176	202	6379	1023	5165	16706	51.42
47	48	1711	229	1364	3993	50.56
103	123	3949	668	3352	10413	51.62
26	31	719	126	449	2300	52.17
262	314	9452	1692	7889	31674	53.62
12	16	480	76	406	1523	51.90
67	63	2380	347	1505	5950	50.80
68	94	2328	431	1782	7427	52.70
53	89	1947	429	1690	6574	53.44
30	24	1238	206	1298	6896	59.17
32	28	1079	203	1208	3304	52.56
807	817	23605	4603	16711	73672	52.53
485	468	13322	2566	9298	43038	52.79
146	171	6493	1282	4834	19476	52.54
99	90	2051	429	1304	5183	50.69
32	24	435	100	413	1634	52.33
45	64	1304	226	862	4341	52.53
1382	714	18243	3351	6502	35637	49.01
234	135	3031	691	1130	6705	48.65
153	26	1686	130	300	1249	46.02

4-13b 续表 16

职业小类 性 别	合 计	1-8 小时	9-19 小时	20-34 小时
乳品、冷仪器及罐头、饮料制作人员	4428	16	29	174
酿酒、食品添加剂及调味品制作人员	8834	24	27	308
粮油食品制作人员	14495	25	107	928
屠宰加工人员	12635	40	106	1139
肉、蛋食品加工人员	3509	4	20	192
饲料生产加工人员	2592	10	14	125
其他粮油、食品、饮料生产加工及饲料生产加工人员	7660	20	40	446
烟草及其制品加工人员	1546	4	2	25
原烟复烤人员	596	2		7
卷烟生产人员	528	2	2	13
烟用醋酸纤维丝束滤棒制作人员	32			
其他烟草及其制品加工人员	390			5
药品生产人员	6772	31	15	137
合成药物制造人员	2335	9	4	71
生物技术制药(品)人员	926	2	1	13
药物制剂人员	1158	5	3	15
中药制药人员	1111	10	5	24
其他药品生产人员	1242	5	2	14
木材加工、人造板生产、木制品制作及制浆、造纸和纸制品生产加工人员	122815	203	553	5043
木材加工人员	38425	87	219	1863
人造板生产人员	10748	9	53	452
木材制品制作人员	52468	78	214	2007
制浆人员	1724	4	3	40
造纸人员	6330	12	20	137
纸制品制作人员	6128	5	19	207
其他木材加工、人造板生产、木制品制作及制浆、造纸和纸制品生产加工人员	6992	8	25	337
建筑材料生产加工人员	63239	143	277	2614
水泥及水泥制品生产加工人员	22986	57	112	1000
墙体屋面材料生产人员	14281	34	56	669
建筑防水密封材料生产人员	829	3	3	34
建筑保温及吸音材料生产人员	869		6	54
装饰石材生产人员	10139	8	34	294
非金属矿及其制品生产加工人员	2269	2	9	97
耐火材料生产人员	2329	15	3	49
其他建筑材料生产加工人员	9537	24	54	417
玻璃、陶瓷、搪瓷及其制品生产加工人员	31951	58	80	940
玻璃熔制人员	8472	11	21	310
玻璃纤维及其制品生产人员	2844	2	13	119
石英玻璃制品加工人员	841	2	1	40
陶瓷制品生产人员	16751	38	36	387
搪瓷制品生产人员	472	3		4
其他玻璃、陶瓷、搪瓷及其制品生产加工人员	2571	2	9	80
广播影视制品制作、播放及文物保护作业人员	3684	8	17	154
影视制品制作人员	449		2	15
音像制品制作、复制人员	643	1	3	22
广播影视舞台设备安装调试及运行操作人员	1405	2	3	62
电影放映人员	488	4	5	30
文物保护作业人员	97	1		3
其他广播影视制品制作、播放及文物保护作业人员	602		4	22
印刷人员	12573	13	48	345
印前处理人员	1705	5	6	43

单位：人

35 小时	36-39 小时	40 小时	41-47 小时	48 小时	48小时 以 上	周平均 工作时间 （小时）
45	37	1273	205	502	2147	49.17
119	98	3065	354	1230	3609	47.63
259	147	3050	699	1105	8175	50.60
381	152	2739	664	922	6492	48.55
50	32	703	169	325	2014	50.84
27	20	803	106	271	1216	48.68
114	67	1893	333	717	4030	49.63
15	8	817	35	146	494	45.87
6	5	303	11	33	229	46.60
3	2	297	15	61	133	44.82
1		8		18	5	47.59
5	1	209	9	34	127	46.04
54	104	2485	187	1455	2304	47.28
19	28	943	59	400	802	46.89
3	5	300	24	401	177	46.52
10	37	417	30	217	424	47.45
6	23	406	39	174	424	47.48
16	11	419	35	263	477	48.27
1123	1200	25417	5140	14339	69797	50.69
444	469	7750	1643	4047	21903	50.34
109	96	2046	457	1194	6332	51.26
391	459	10420	2109	6138	30652	51.14
13	7	592	48	192	825	48.69
53	46	1761	287	875	3139	49.39
53	50	1342	278	985	3189	50.49
60	73	1506	318	908	3757	50.20
544	549	14434	2496	7058	35124	50.25
177	176	6315	856	2798	11495	49.26
136	147	3090	602	1505	8042	50.26
7	3	191	16	84	488	50.66
8	7	227	21	75	471	49.65
72	68	1587	428	1092	6556	51.93
37	17	556	82	201	1268	50.68
15	10	487	72	346	1332	50.68
92	121	1981	419	957	5472	50.64
242	230	5967	1373	4670	18391	51.28
87	53	1866	317	1165	4642	50.66
17	23	728	122	434	1386	49.36
6	4	163	33	153	439	50.71
108	134	2686	754	2450	10158	51.97
2	2	65	22	65	309	51.81
22	14	459	125	403	1457	51.05
73	21	2113	87	276	935	44.44
8	4	204	9	43	164	46.95
8	3	376	20	54	156	44.31
32	11	893	24	98	280	43.45
9	1	309	12	26	92	42.61
4	1	39	10	3	36	46.51
12	1	292	12	52	207	46.16
97	66	3298	430	1859	6417	50.18
15	11	510	61	229	825	49.43

4-13b 续表 17

职业小类 性 别	合 计	1-8 小时	9-19 小时	20-34 小时
印刷操作人员	8408	7	31	227
印后制作人员	1361	1	4	30
其他印刷人员	1099		7	45
工艺、美术品制作人员	30639	49	142	1280
珠宝首饰加工制作人员	3318	4	13	102
地毯制作人员	527		2	8
玩具制作人员	8014	13	22	256
漆器工艺品制作人员	3345	7	22	176
抽纱、刺绣工艺品制作人员	1694	5	16	53
金属工艺品制作人员	1847	1	3	72
雕刻工艺品制作人员	5118	5	42	304
美术品制作	835	2	4	34
其他工艺、美术品制作人员	5941	12	18	275
文化教育、体育用品制作人员	3220	8	7	61
文教用品制作人员	1414	2	3	35
体育用品制作人员	888	2	2	5
乐器制作人员	388	2	2	11
其他文化教育、体育用品制作人员	530	2		10
工程施工人员	556493	1090	2648	25781
土石方施工人员	34216	63	224	1793
砌筑人员	285416	529	1406	13735
混凝土配制及制品加工人员	35097	107	163	1961
钢筋加工人员	28397	53	117	1097
施工架子搭设人员	10879	28	41	483
工程防水人员	2414	6	14	141
装饰、装修人员	111995	204	466	4718
古建筑修建人员	664	3		29
筑路、养护、维修人员	13467	31	53	380
工程设备安装人员	10421	22	58	335
其他工程施工人员	23527	44	106	1109
运输设备操作人员及有关人员	426288	882	2099	19426
公(道)路运输机械设备操作及有关人员	393157	814	1972	18107
铁路、地铁运输机械设备操作及有关人员	5869	9	11	154
民用航空设备操作及有关人员	454	3	3	15
水上运输设备操作及有关人员	4554	7	24	206
起重装卸机械操作及有关人员	10745	24	38	374
其他运输设备操作人员及有关人员	11509	25	51	570
环境监测与废物处理人员	3517	10	22	169
环境监测人员	821	2		21
海洋环境调查与监测人员	88			4
废物处理人员	2228	8	19	126
其他环境监测与废物处理人员	380		3	18
检验、计量人员	29628	41	51	539
检验人员	25414	29	35	402
航空产品检验人员	124			3
航天器检验、测试人员	810	3	11	53
计量人员	1819	6	5	45
其他检验、计量人员	1461	3		36
其他生产、运输设备操作人员及有关人员	190115	474	1138	9530
包装人员	30543	55	108	766
机泵操作人员	2246	7	5	59
简单体力劳动人员	157326	412	1025	8705
不便分类的其他从业人员	**10985**	**38**	**108**	**638**

单位：人

35 小时	36-39 小时	40 小时	41-47 小时	48 小时	48小时 以　上	周平均 工作时间 (小时)
69	38	2082	295	1276	4383	50.47
6	8	367	40	229	676	50.02
7	9	339	34	125	533	49.37
283	309	6288	1265	4442	16581	50.62
20	61	524	150	522	1922	52.02
5	5	112	26	79	290	50.94
70	76	2022	314	1519	3722	49.55
31	30	703	150	380	1846	50.47
21	10	268	63	144	1114	54.94
17	10	370	60	334	980	51.06
65	51	912	186	582	2971	49.81
5	10	184	25	181	390	49.86
49	56	1193	291	701	3346	50.77
13	27	685	104	638	1677	51.18
4	18	279	45	312	716	50.62
3	1	208	29	159	479	52.99
3	6	69	16	77	202	49.36
3	2	129	14	90	280	50.95
5132	5375	114807	22212	51502	327946	50.83
343	316	7524	1405	3141	19407	50.34
2640	2830	55938	11531	25750	171057	50.95
386	371	6956	1549	3133	20471	50.46
235	264	5635	1063	2608	17325	51.60
77	121	2119	434	1035	6541	51.38
27	31	577	163	188	1267	49.69
946	988	22175	4354	10994	67150	51.12
2	13	194	33	55	335	48.93
177	118	5798	410	1251	5249	47.19
99	78	2790	398	1171	5470	49.99
200	245	5101	872	2176	13674	50.81
5305	3782	109967	15710	35725	233392	50.51
4967	3484	99955	14660	32344	216854	50.58
48	76	3181	157	471	1762	45.84
5	6	185	18	42	177	47.63
36	39	1036	185	343	2678	51.65
94	76	3003	287	1441	5408	49.95
155	101	2607	403	1084	6513	50.90
69	38	1299	129	402	1379	47.39
25	10	518	10	67	168	44.10
3		31	4	6	40	47.52
32	20	623	100	283	1017	48.53
9	8	127	15	46	154	47.77
266	195	11246	903	5077	11310	48.07
205	155	9568	778	4582	9660	48.17
1	2	71	7	8	32	44.83
14	11	204	22	42	450	49.14
18	17	763	58	234	673	47.41
28	10	640	38	211	495	46.81
1917	1688	41739	6901	22208	104520	50.39
201	236	6566	1260	5556	15795	50.73
22	22	732	64	283	1052	49.55
1694	1430	34441	5577	16369	87673	50.34
158	**87**	**3385**	**480**	**1038**	**5053**	**48.23**

4-13b 续表 18

职业小类 性别	合计	1-8 小时	9-19 小时	20-34 小时
女	**5512863**	**39493**	**139514**	**671214**
国家机关、党群组织、企业、事业单位负责人	**65194**	**133**	**232**	**2026**
中国共产党中央委员会和地方各级组织负责人	665		1	31
中国共产党中央委员会和地方各级组织负责人	665		1	31
国家机关及其工作机构负责人	8374	27	19	208
国家权力机关及其工作机构负责人	1073	7	3	49
人民政协及其工作机构负责人	491	2	1	20
人民法院负责人	230	2		5
人民检察院负责人	137			3
国家行政机关及其工作机构负责人	4967	13	12	104
其他国家机关及其工作机构负责人	1476	3	3	27
民主党派和社会团体及其工作机构负责人	5663	22	50	323
民主党派负责人	202		3	21
工会、共青团、妇联、其他人民团体及其工作机构负责人	1725	5	13	79
群众自治组织负责人	3155	15	33	196
其他社会团体及其工作机构负责人	581	2	1	27
事业单位负责人	5485	18	15	150
教育教学单位负责人	1682	6	4	42
卫生单位负责人	784	3	3	31
科研单位负责人	144	1		
其他事业单位负责人	2875	8	8	77
企业负责人	45007	66	147	1314
企业负责人	45007	66	147	1314
专业技术人员	**605360**	**1591**	**1942**	**16825**
科学研究人员	2502	7	41	247
哲学研究人员	238	3	14	44
经济学研究人员	75		1	3
法学研究人员	40	1		2
社会学研究人员	47			
教育科学研究人员	310		2	21
文学、艺术研究人员	42		1	3
图书馆学、情报学研究人员	96			1
历史学研究人员	20			1
管理科学研究人员	111			3
数学研究人员	345	1	14	129
物理学研究人员	26			2
化学研究人员	293	1	1	11
天文学研究人员	10			
地球科学研究人员	21			
生物科学研究人员	56			
农业科学研究人员	326		8	16
医学研究人员	299	1		8
其他科学研究人员	147			3
工程技术人员	37899	105	187	1278
地质勘探工程技术人员	389	1	1	18
测绘工程技术人员	457		1	8
矿山工程技术人员	876	2	2	22
石油工程技术人员	766			10
冶金工程技术人员	626		3	18
化工工程技术人员	1197	3	4	19
机械工程技术人员	2801	9	13	82

单位：人

35小时	36-39小时	40小时	41-47小时	48小时	48小时以上	周平均工作时间(小时)
112871	**78327**	**1651998**	**244231**	**469807**	**2105408**	**45.03**
930	**399**	**26919**	**1762**	**5498**	**27295**	**48.48**
19	4	468	15	32	95	42.19
19	4	468	15	32	95	42.19
217	51	6348	131	406	967	41.78
22	6	783	29	64	110	41.33
9	3	335	4	42	75	42.20
5	3	177	1	7	30	41.82
4		101	6	5	18	42.20
133	37	3903	64	191	510	41.56
44	2	1049	27	97	224	42.67
120	43	3302	159	400	1244	43.05
4	1	95	7	11	60	43.31
36	14	1146	39	99	294	42.28
69	26	1728	99	237	752	43.31
11	2	333	14	53	138	43.87
124	31	3790	108	324	925	42.73
28	5	1189	37	89	282	42.69
14	7	522	16	52	136	42.67
2	1	84	7	12	37	45.37
80	18	1995	48	171	470	42.63
450	270	13011	1349	4336	24064	51.20
450	270	13011	1349	4336	24064	51.20
10431	**4688**	**385531**	**17040**	**51438**	**115874**	**43.38**
72	80	1290	88	176	501	42.01
2	6	62	11	19	77	41.47
2		33	5	11	20	45.67
1		12	1	4	19	47.00
2		23	2	5	15	46.64
6	1	205	21	14	40	41.42
		24		5	9	43.98
5		64	1	4	21	43.63
		12		1	6	44.20
1		66	4	8	29	44.87
31	62	77	5	5	21	34.40
	1	15		4	4	43.04
2		159	7	30	82	44.79
	2	7			1	40.10
2		16	1	2		40.38
2		39	1	5	9	43.25
8	5	208	9	19	53	41.80
4	2	184	16	22	62	43.79
4	1	84	4	18	33	44.29
498	344	17807	1174	4626	11880	45.87
9	3	249	6	28	74	42.94
12	11	304	8	31	82	43.24
6	4	475	21	96	248	45.20
5	4	490	4	57	196	45.25
6	7	221	24	99	248	47.91
10	10	603	37	205	306	45.10
43	20	1218	92	416	908	46.23

4-13b 续表 19

职业小类 性 别	合 计	1-8 小时	9-19 小时	20-34 小时
兵器工程技术人员	97			2
航空工程技术人员	280			6
航天工程技术人员	179	2	2	10
电子工程技术人员	2064	11	8	47
通信工程技术人员	1285		2	36
计算机与应用工程技术人员	2549	4	10	83
电气工程技术人员	766	10	2	19
电力工程技术人员	2532	11	4	85
邮政工程技术人员	228	1	1	6
广播、电影、电视工程技术人员	705	3	2	17
交通工程技术人员	578		1	18
民用航空工程技术人员	144	1	2	9
铁路工程技术人员	441	1	1	11
建筑工程技术人员	4623	14	65	300
建材工程技术人员	1083	3	9	54
林业工程技术人员	669		4	20
水利工程技术人员	959	2	3	23
海洋工程技术人员	21			
水产工程技术人员	89			4
纺织工程技术人员	3710	15	15	127
食品工程技术人员	1570	3	19	86
气象工程技术人员	322			8
地震工程技术人员	52		1	2
环境保护工程技术人员	397	1		15
安全工程技术人员	340	1	3	10
标准化、计量、质量工程技术人员	1706	2		19
管理(工业)工程技术人员	2264	5	3	60
其他工程技术人员	1134		6	24
农业技术人员	6758	54	109	484
土壤肥料技术人员	834	3	20	38
植物保护技术人员	784	3	7	91
园艺技术人员	1439	2	34	108
作物遗传育种栽培技术人员	290	2		9
兽医、兽药技术人员	1100	5	5	63
畜牧与草业技术人员	587	2	1	48
其他农业技术人员	1724	37	42	127
飞机和船舶技术人员	581	1	4	33
飞行人员和领航人员	346		3	22
船舶指挥和引航人员	99		1	6
其他飞机和船舶技术人员	136	1		5
卫生专业技术人员	113687	261	220	2475
西医医师	26408	56	68	608
中医医师	5142	13	15	121
中西医结合医师	7777	24	21	194
民族医生	447	1		31
公共卫生医师	1727	5	4	64
药剂人员	5984	17	17	146
医疗技术人员	6549	13	13	151
护理人员	53816	115	67	1005
其他卫生专业技术人员	5837	17	15	155
经济业务人员	124208	242	244	2623
经济计划人员	2195	1	14	98
统计人员	10159	24	17	187
会计人员	105880	205	200	2199
审计人员	1206	2		23
国际商务人员	424			3
其他经济业务人员	4344	10	13	113

单位：人

35 小时	36-39 小时	40 小时	41-47 小时	48 小时	48小时 以 上	周平均 工作时间 (小时)
5	10	65	1	10	4	40.75
	2	216	6	13	37	42.60
2	4	72	11	18	58	45.13
10	23	831	71	290	773	47.34
23	15	706	39	128	336	44.88
27	19	1258	80	326	742	45.86
5	8	314	32	131	245	46.12
42	26	1658	40	221	445	43.09
5	1	145	8	15	46	43.39
12	7	458	14	57	135	43.39
18	6	249	14	70	202	46.92
1	4	56	7	16	48	45.65
3		279	6	42	98	44.65
75	40	2058	170	422	1479	45.04
6	15	322	27	128	519	47.94
23	6	429	14	52	121	43.15
25	6	721	19	51	109	41.82
		17		1	3	42.38
1	2	38	2	9	33	46.19
38	29	1102	161	569	1654	48.56
13	18	395	67	211	758	48.80
15	7	215	14	18	45	42.35
2		25		2	20	46.27
3		249	2	37	90	44.12
8	3	198	15	32	70	43.81
16	10	732	42	294	591	47.15
18	14	907	82	378	797	47.41
11	10	532	38	153	360	46.26
128	69	3484	238	424	1768	43.21
17	8	519	20	58	151	42.09
12	9	421	37	49	155	41.89
32	17	632	78	122	414	43.92
4	3	187	17	10	58	43.25
20	10	599	27	73	298	44.14
13	8	258	22	37	198	45.31
30	14	868	37	75	494	42.43
12		215	26	60	230	46.66
7		101	17	39	157	47.61
3		26	3	9	51	48.37
2		88	6	12	22	43.01
1904	1081	66229	4328	11092	26097	44.33
432	228	15587	966	2365	6098	44.36
82	55	2995	198	461	1202	44.34
150	79	4159	287	681	2182	45.16
8	1	238	17	49	102	43.90
31	15	1004	41	149	414	44.12
122	72	3240	262	585	1523	44.79
101	56	3947	223	565	1480	44.21
888	522	31659	2118	5733	11709	44.18
90	53	3400	216	504	1387	44.37
2057	830	68982	3147	15126	30957	44.85
40	12	1073	67	257	633	45.28
159	72	5445	242	1402	2611	45.19
1737	714	59110	2660	12778	26277	44.81
38	8	873	27	81	154	42.33
7	1	216	20	113	64	44.71
76	23	2265	131	495	1218	45.43

4-13b 续表 20

职业小类 性　别	合　计	1-8 小时	9-19 小时	20-34 小时
金融业务人员	35069	74	116	1196
银行业务人员	19475	29	22	428
保险业务人员	13289	43	89	660
证券业务人员	515		2	45
其他金融业务人员	1790	2	3	63
法律专业人员	3995	10	2	96
法官	1271	5	1	30
检察官	554	1		16
律师	679		1	14
公证员	217			7
司法鉴定人员	134			9
书记员	549	2		9
其他法律专业人员	591	2		11
教学人员	266331	777	919	7661
高等教育教师	6515	36	41	166
中等职业教育教师	10356	33	41	258
中学教师	109274	341	338	2850
小学教师	100502	253	296	3062
幼儿教师	32837	70	97	984
特殊教育教师	924	7	13	38
其他教学人员	5923	37	93	303
文学艺术工作人员	5400	34	74	426
文艺创作和评论人员	164	2	3	12
编导和音乐指挥人员	130	1	1	5
演员	1489	17	29	203
乐器演奏员	326	4	25	78
电影、电视制作及舞台专业人员	285		1	19
美术专业人员	238	2	5	13
工艺美术专业人员	2304	5	4	60
其他文学艺术工作人员	464	3	6	36
体育工作人员	151		2	3
体育工作人员	151		2	3
新闻出版、文化工作人员	5990	16	8	115
记者	949	1	2	11
编辑	930	3	1	19
校对员	202			7
播音员及节目主持人	756	5	1	25
翻译	502	1		6
图书资料与档案业务人员	1965	5	4	33
考古及文物保护工作人员	116			
其他新闻出版、文化工作人员	570	1		14
宗教职业者	565	3	12	106
宗教职业者	565	3	12	106
其他专业技术人员	2224	7	4	82
其他专业技术人员	2224	7	4	82
办事人员和有关人员	**211539**	**478**	**379**	**4494**
行政办公人员	151385	338	183	2819
行政业务人员	71762	164	77	1373
行政事务人员	61515	131	84	1070
其他行政办公人员	18108	43	22	376
安全保卫和消防人员	18278	61	78	603
人民警察	6104	18	3	84
治安保卫人员	9946	29	64	424
消防人员	175			5
其他安全保卫和消防人员	2053	14	11	90

单位：人

35小时	36-39小时	40小时	41-47小时	48小时	48小时以上	周平均工作时间（小时）
718	272	22229	875	2727	6862	43.20
442	140	13532	416	1392	3074	42.74
239	116	7272	394	1171	3305	43.84
9	2	308	17	34	98	42.38
28	14	1117	48	130	385	43.78
113	27	2976	67	198	506	42.01
32	13	912	26	62	190	42.39
15	4	445	6	17	50	41.26
9	1	496	15	39	104	42.60
6	2	155	5	11	31	42.18
4		98	3	5	15	41.55
28	4	407	10	37	52	41.62
19	3	463	2	27	64	41.62
4646	1859	194460	6625	15736	33648	41.95
150	45	4926	142	376	633	41.30
162	88	7618	252	619	1285	42.00
1599	730	79755	2856	6637	14168	42.09
1972	707	76718	2263	4742	10489	41.46
624	237	21073	935	2894	5923	43.09
12	7	660	18	41	128	41.37
127	45	3710	159	427	1022	42.19
97	55	2392	207	537	1578	44.35
8	1	91	10	8	29	41.60
4	1	77	2	10	29	43.07
49	26	723	53	68	321	41.13
7	6	114	13	16	63	37.96
2	1	169	10	21	62	43.47
2	1	89	7	20	99	46.98
18	14	878	86	363	876	47.73
7	5	251	26	31	99	42.91
3	2	93	11	10	27	43.01
3	2	93	11	10	27	43.01
135	40	4224	127	412	913	42.71
19	6	715	22	58	115	42.20
23	6	654	16	72	136	42.55
3		117	8	15	52	44.44
16	3	517	15	49	125	42.57
2	1	285	17	75	115	44.86
58	20	1467	34	109	235	42.04
2		88	1	5	20	43.06
12	4	381	14	29	115	43.73
12	10	149	47	24	202	43.53
12	10	149	47	24	202	43.53
36	19	1001	80	290	705	46.03
36	19	1001	80	290	705	46.03
4290	**1481**	**141821**	**4620**	**17076**	**36900**	**43.31**
3242	1019	107494	3028	11527	21735	42.67
1613	490	53254	1320	4175	9296	42.27
1222	395	41908	1315	5754	9636	43.06
407	134	12332	393	1598	2803	42.96
289	140	9599	447	1515	5546	46.25
143	23	4689	121	326	697	42.02
112	100	3918	263	999	4037	48.54
4	1	101	5	16	43	45.14
30	16	891	58	174	769	47.82

4-13b 续表 21

职业小类 性 别	合 计	1-8 小时	9-19 小时	20-34 小时
邮政和电信业务人员	16649	28	43	463
邮政业务人员	5536	10	14	164
电信业务人员	8592	14	18	205
电信通信传输业务人员	1424	4	2	54
其他邮政和电信业务人员	1097		9	40
其他办事人员和有关人员	25227	51	75	609
其他办事人员和有关人员	25227	51	75	609
商业、服务业人员	**1481394**	**3692**	**10731**	**87548**
购销人员	941555	2168	6309	53484
营业人员	815214	1842	5389	45474
推销、展销人员	73842	167	406	3564
采购人员	8693	28	77	542
拍卖、典当及租赁业务人员	643	6	11	38
废旧物资回收利用人员	14375	40	137	1500
粮油管理人员	990	2	6	62
商品监督和市场管理人员	2949	7	19	95
其他购销人员	24849	76	264	2209
仓储人员	30888	46	111	966
保管人员	26183	38	69	655
储运人员	2998	6	27	195
其他仓储人员	1707	2	15	116
餐饮服务人员	196836	479	1417	12282
中餐烹饪人员	51996	148	428	3831
西餐烹饪人员	1546	4	13	84
调酒和茶艺人员	1158	3	6	82
营养配餐人员	1017	6	13	42
餐厅服务人员	110839	243	734	6195
其他餐饮服务人员	30280	75	223	2048
饭店、旅游及健身娱乐场所服务人员	68451	199	366	3728
饭店服务人员	51883	143	250	2702
旅游及公共游览场所服务人员	3993	8	22	274
健身和娱乐场所服务人员	8140	28	42	447
其他饭店、旅游及健身娱乐场所服务人员	4435	20	52	305
运输服务人员	27482	85	206	1742
公路、道路运输服务人员	20600	62	161	1286
铁路客货运输服务人员	1798	11	5	70
航空运输服务人员	1037	2	4	47
水上运输服务人员	698	2	9	52
其他运输服务人员	3349	8	27	287
医疗卫生辅助服务人员	6614	20	20	178
医疗卫生辅助服务人员	6614	20	20	178
社会服务和居民生活服务人员	183181	596	2058	13339
社会中介服务人员	2918	9	27	199
物业管理人员	5104	61	104	466
供水、供热及生活燃料供应服务人员	4980	12	21	175
美容美发人员	46136	102	317	2449
摄影服务人员	4632	14	50	273
验光配镜人员	414	1	2	21
洗染织补人员	4258	10	32	294
浴池服务人员	5773	18	61	395
印章刻字人员	444		2	20
日用机电产品维修人员	5745	22	76	565
办公设备维修人员	642	3	2	33

单位：人

35小时	36-39小时	40小时	41-47小时	48小时	48小时以上	周平均工作时间(小时)
309	149	9434	530	1610	4083	44.44
106	57	3348	174	517	1146	43.63
160	74	4644	286	871	2320	45.00
23	10	846	31	116	338	44.11
20	8	596	39	106	279	44.55
450	173	15294	615	2424	5536	44.29
450	173	15294	615	2424	5536	44.29
20503	**14977**	**380476**	**62424**	**131229**	**769814**	**49.71**
12346	9420	231352	39991	80078	506407	50.08
10516	8050	196800	34528	67709	444906	50.26
882	752	21053	3068	8081	35869	49.14
143	82	2724	337	1046	3714	47.78
4	3	206	21	54	300	47.96
261	195	2965	689	1091	7497	48.78
15	7	419	44	66	369	46.68
45	13	1098	86	295	1291	48.60
480	318	6087	1218	1736	12461	48.75
291	258	11560	952	5087	11617	47.45
226	192	9998	769	4504	9732	47.53
36	31	991	125	351	1236	47.13
29	35	571	58	232	649	46.70
3157	1941	45795	8738	17017	106010	50.33
952	515	12698	2423	4179	26822	49.65
30	9	345	75	131	855	51.02
16	16	293	43	87	612	50.12
19	17	259	35	106	520	49.84
1562	1112	25344	4725	10040	60884	50.66
578	272	6856	1437	2474	16317	50.27
937	649	18098	2713	6586	35175	49.98
612	475	13484	2057	4846	27314	50.25
63	40	1664	133	439	1350	45.75
166	94	1821	356	879	4307	50.58
96	40	1129	167	422	2204	49.53
445	384	10072	1203	2281	11064	47.05
355	245	7328	931	1687	8545	47.25
13	19	950	53	146	531	45.46
8	73	596	25	109	173	43.12
13	9	216	36	60	301	47.12
56	38	982	158	279	1514	47.88
115	45	3422	263	705	1846	45.22
115	45	3422	263	705	1846	45.22
2782	1980	52719	7446	17392	84869	48.14
55	23	1118	104	291	1092	46.39
69	36	2210	143	555	1460	43.90
81	50	2708	136	398	1399	45.11
544	427	9579	1725	3430	27563	51.71
55	39	1136	146	361	2558	50.06
6	2	88	16	40	238	51.79
57	47	922	156	351	2389	50.45
83	72	1223	257	481	3183	51.15
5	2	147	17	44	207	48.72
80	63	1416	274	455	2794	47.90
4	4	228	22	59	287	48.19

4-13b 续表 22

职业小类 性　别	合　计	1-8 小时	9-19 小时	20-34 小时
保育、家庭服务人员	22849	92	426	2427
环境卫生人员	62092	165	649	4392
殡葬服务人员	894	8	27	120
其他社会服务和居民生活服务人员	16300	79	262	1510
其他商业、服务业人员	26387	99	244	1829
其他商业、服务业人员	26387	99	244	1829
农、林、牧、渔、水利业生产人员	**1970306**	**31222**	**119627**	**497836**
种植业生产人员	1849732	30381	114862	472716
大田作物生产人员	1660317	28991	108790	438425
农业实验人员	2243	18	104	481
园艺作物生产人员	146184	1048	4645	26667
热带作物生产人员	4461	21	52	484
中药材生产人员	4107	25	114	766
农副林特产品加工人员	9661	50	251	1505
其他种植业生产人员	22759	228	906	4388
林业生产及野生动植物保护人员	9124	62	217	1266
营造林人员	4885	49	152	851
森林资源管护人员	2178	8	40	163
野生动植物保护及自然保护区人员	181		2	13
木材采运人员	930	3	4	96
其他林业生产及野生动植物保护人员	950	2	19	143
畜牧业生产人员	86118	639	3908	19565
家畜饲养人员	61007	453	2874	14990
家禽饲养人员	18761	167	943	3849
蜜蜂饲养人员	563	6	25	96
实验动物饲养人员	52			5
动物疫病防治人员	854	5	5	41
草业生产人员	163		1	17
其他畜牧业生产人员	4718	8	60	567
渔业生产人员	22391	119	596	4019
水产养殖人员	11491	54	329	2006
水产捕捞及有关人员	4922	45	121	920
水产品加工人员	4825	16	115	887
其他渔业生产人员	1153	4	31	206
水利设施管理养护人员	2320	18	35	200
河道、水库管养人员	1148	12	30	152
农田灌排工程建设管理维护人员	365	3	4	22
水土保持作业人员	109		1	6
水文勘测作业人员	149			2
其他水利设施管理养护人员	549	3		18
其他农、林、牧、渔、水利业生产人员	621	3	9	70
农林专用机械操作人员	530	2	7	62
农村能源开发利用人员	91	1	2	8
生产、运输设备操作人员及有关人员	**1172504**	**2361**	**6521**	**61878**
勘测及矿物开采人员	15845	54	106	590
地质勘查人员	982	3	18	63
测绘人员	319	1	5	7
矿物开采人员	6935	23	57	359
矿物处理人员	2915	3	13	84
钻井人员	320	3	2	16
石油、天然气开采人员	3060	8	8	29
盐业生产人员	732	13	2	12
其他勘测及矿物开采人员	582		1	20

单位：人

35 小时	36-39 小时	40 小时	41-47 小时	48 小时	48小时 以 上	周平均 工作时间 (小时)
490	362	6198	1125	1741	9988	46.76
943	683	20519	2650	7906	24185	46.43
24	9	246	41	49	370	45.24
286	161	4981	634	1231	7156	47.00
430	300	7458	1118	2083	12826	48.65
430	300	7458	1118	2083	12826	48.65
64116	**45194**	**424078**	**111736**	**99565**	**576932**	**39.42**
60103	42420	396623	104287	92835	535505	39.24
54156	38546	356788	92439	80970	461212	38.74
57	41	632	99	130	681	41.07
4581	3027	30664	9563	9186	56803	43.47
246	64	844	346	253	2151	46.39
91	147	896	170	249	1649	43.58
191	162	2120	488	735	4159	45.41
781	433	4679	1182	1312	8850	43.17
242	164	3737	368	579	2489	42.35
147	95	1837	224	309	1221	40.97
45	26	1189	44	139	524	43.13
3	5	83	8	23	44	43.91
15	15	311	30	71	385	46.01
32	23	317	62	37	315	43.77
2922	1970	17502	5659	4427	29526	41.70
2143	1456	12093	4173	2982	19843	41.02
615	401	3725	1119	1073	6869	42.35
14	6	144	33	44	195	42.72
	1	19	3	7	17	45.90
18	6	517	26	42	194	43.59
2	2	63	8	13	57	45.10
130	98	941	297	266	2351	47.29
781	613	4631	1326	1533	8773	44.10
421	272	2625	670	823	4291	43.81
162	121	948	288	254	2063	44.28
168	108	872	316	394	1949	44.67
30	112	186	52	62	470	43.92
59	19	1387	67	147	388	41.32
28	15	615	40	56	200	40.24
2	3	231	10	22	68	42.18
4		71	2	9	16	41.79
7		93	5	10	32	44.19
18	1	377	10	50	72	42.15
9	8	198	29	44	251	46.45
7	5	156	27	37	227	46.99
2	3	42	2	7	24	43.30
12498	**11513**	**291134**	**46389**	**164329**	**575881**	**49.51**
137	128	8505	401	1663	4261	44.79
14	11	405	30	103	335	45.50
8	4	194	8	16	76	43.49
47	61	3238	199	863	2088	45.13
22	17	1488	60	378	850	45.43
2	5	197	6	16	73	43.40
16	23	2282	32	149	513	43.54
21	3	363	52	91	175	44.27
7	4	338	14	47	151	44.85

4-13b 续表 23

职业小类 性　别	合　计	1-8 小时	9-19 小时	20-34 小时
金属冶炼、轧制人员	18398	40	96	867
炼铁人员	1699	2	11	81
炼钢人员	2030	4	3	92
铁合金冶炼人员	1141	1	6	49
重有色金属冶炼人员	997	2	2	38
轻有色金属冶炼人员	1282	4	6	58
稀贵金属冶炼人员	414			14
半导体材料制备人员	329	1	1	7
金属轧制人员	6684	12	44	358
铸铁管人员	568		6	27
炭素制品生产人员	647		5	23
硬质合金生产人员	553	1	3	38
其他金属冶炼、轧制人员	2054	13	9	82
化工产品生产人员	29703	77	121	1390
化工产品生产通用工艺人员	4480	9	16	185
石油炼制生产人员	752	6	1	8
煤化工生产人员	1375	5	3	63
化学肥料生产人员	4258	11	20	151
无机化工产品生产人员	1002	5	5	12
基本有机化工产品生产人员	271			6
合成树脂生产人员	476		1	8
合成橡胶生产人员	1106		4	41
化学纤维生产人员	2421	1	4	51
合成革生产人员	1324	6	7	74
精细化工产品生产人员	1938	10	8	87
信息记录材料生产人员	731	3	8	49
火药、炸药制造人员	4738	9	26	435
林产化工产品生产人员	228	3	3	16
复合材料加工人员	451		1	12
日用化学品生产人员	2490	5	7	119
其他化工产品生产人员	1662	4	7	73
机械制造加工人员	57968	67	234	2176
机械冷加工人员	31167	37	143	1140
机械热加工人员	13398	12	50	560
特种加工设备操作人员	853		5	19
冷作钣金加工人员	979	3	2	22
工件表面处理加工人员	4632	5	4	133
磨料磨具制造加工人员	2351	2	8	80
航天器件加工成型人员	91			
其他机械制造加工人员	4497	8	22	222
机电产品装配人员	58677	65	182	1900
基础件、部件装配人员	10353	11	33	275
机械设备装配人员	4437	2	17	115
动力设备装配人员	915	2	2	24
电气元件及设备装配人员	8317	7	13	216
电子专用设备装配调试人员	2876	6	11	77
仪器仪表装配人员	2136	2	2	66
运输车辆装配人员	3132	4	11	106
膜法水处理设备制造人员	32			3
医疗器械装配及假肢与矫形器制作人员	1168	1	2	29
日用机械电器制造装配人员	6986	7	18	175
五金制品制作、装配人员	16001	17	65	697
装甲车辆装试人员	27	1		

单位：人

35 小时	36-39 小时	40 小时	41-47 小时	48 小时	48小时 以 上	周平均 工作时间 (小时)
174	139	5191	607	2858	8426	48.54
24	9	501	56	216	799	48.32
21	14	653	39	359	845	47.81
4	10	346	50	175	500	48.26
7	9	404	36	150	349	46.73
11	5	475	39	274	410	46.51
1		179	12	65	143	47.05
2	2	78	6	71	161	49.91
62	66	1457	237	1027	3421	49.56
6	3	161	19	78	268	48.66
6	5	213	28	77	290	48.30
6	8	150	12	80	255	47.79
24	8	574	73	286	985	48.76
267	464	10185	1317	4285	11597	47.25
34	35	1646	158	755	1642	47.13
9	3	371	32	140	182	45.39
2	13	484	28	275	502	47.10
46	40	1816	170	683	1321	45.68
7	4	461	38	153	317	46.12
	4	131	8	36	86	46.38
1	3	170	13	78	202	49.40
12	6	383	75	117	468	47.88
12	24	693	68	381	1187	50.05
19	13	356	48	145	656	49.82
14	10	559	76	275	899	48.71
7	7	218	29	61	349	47.96
73	255	1274	384	497	1785	45.74
6	2	59	4	28	107	47.30
4	5	149	15	78	187	49.12
13	21	802	114	354	1055	47.88
8	19	613	57	229	652	46.99
454	484	14891	1953	11225	26484	49.30
209	268	7905	975	6461	14029	49.21
106	100	3257	433	2433	6447	49.71
2	3	255	35	143	391	49.13
14	6	302	35	137	458	48.89
29	36	1119	228	821	2257	50.46
32	19	656	69	489	996	48.63
		38		11	42	48.81
62	52	1359	178	730	1864	47.95
459	460	14361	2063	11522	27665	49.76
66	69	2297	317	2389	4896	50.03
30	32	1283	143	869	1946	49.02
24	7	264	25	197	370	48.24
43	73	2282	305	1554	3824	49.58
22	42	855	180	607	1076	48.51
14	8	718	72	453	801	48.00
31	24	983	93	545	1335	48.74
		12		2	15	48.16
11	5	299	37	202	582	50.49
45	43	1243	218	1453	3784	51.64
148	138	3335	579	2897	8125	50.09
		7		10	9	49.19

4-13b 续表 24

职业小类 性　别	合　计	1-8 小时	9-19 小时	20-34 小时
枪炮制造人员	65			
弹制造人员	24			2
引信加工制造人员	9			2
火工品制造人员	540		6	62
防化器材制造人员	20			1
船舶制造人员	650			20
航空产品装配与调试人员	101	4		2
航空产品试验人员	34			
导弹卫星装配测试人员	3			
火箭发动机装配试验人员	4			
航天器结构强度、温度、环境试验人员	4			
靶场试验人员				
其他机电产品装配人员	843	1	2	28
机械设备修理人员	14738	54	119	1023
机械设备维修人员	12961	49	111	933
仪器仪表修理人员	533	4	1	18
民用航空器维修人员	133			
其他机械设备修理人员	1111	1	7	72
电力设备安装、运行、检修及供电人员	19463	44	46	551
电力设备安装人员	1848	5	8	68
发电运行值班人员	2883	6	3	73
输电、配电、变电设备值班人员	1279	2	2	27
电力设备检修人员	2302	5	7	65
供用电人员	5964	8	10	140
生活、生产电力设备安装、操作、修理人员	4146	15	14	146
其他电力设备安装、运行、检修及供电人员	1041	3	2	32
电子元器件与设备制造、装配、调试及维修人员	50342	91	141	1521
电子器件制造人员	16615	38	43	538
电子元件制造人员	18913	28	53	539
电池制造人员	2785	8	10	76
电子设备装配、调试人员	5985	7	9	149
电子产品维修人员	1577	6	13	80
其他电子元器件与设备制造、装配、调试及维修人员	4467	4	13	139
橡胶和塑料制品生产人员	27483	37	112	1267
橡胶制品生产人员	5038	11	19	231
塑料制品加工人员	18862	20	70	828
其他橡胶和塑料制品生产人员	3583	6	23	208
纺织、针织、印染人员	124114	199	686	5560
纤维预处理人员	4538	12	51	296
纺纱人员	35733	88	216	1371
织造人员	36104	35	156	1384
针织人员	33177	38	192	1900
印染人员	5858	8	27	164
其他纺织、针织、印染人员	8704	18	44	445
裁剪、缝纫和皮革制品加工制作人员	265473	429	1155	11957
裁剪、缝纫人员	195308	327	852	8933
鞋帽制作人员	41212	49	190	1482
皮革、毛皮加工人员	11843	27	57	698
缝纫制品再加工人员	6030	13	23	294
其他裁剪、缝纫和皮革、毛皮制品加工制作人员	11080	13	33	550
粮油、食品、饮料生产加工及饲料生产加工人员	55890	170	595	4632
粮油生产加工人员	8892	28	158	1084
制糖和糖制品加工人员	3018	13	12	142

单位：人

35 小时	36-39 小时	40 小时	41-47 小时	48 小时	48小时 以 上	周平均 工作时间 (小时)
1		39		8	17	46.92
		11	2	5	4	43.38
		3	2		2	44.00
11	5	221	23	49	163	44.03
		6		7	6	47.40
3	8	218	23	108	270	48.29
1		71		8	15	41.70
1		13	4	7	9	44.76
		1			2	53.00
		3			1	42.50
				1	3	71.00
8	6	197	40	151	410	49.53
170	135	4508	513	1512	6704	47.87
153	117	3864	464	1317	5953	47.94
7	6	247	11	67	172	46.02
1		89	3	11	29	44.64
9	12	308	35	117	550	48.26
368	180	11526	552	1864	4332	44.10
26	8	895	42	189	607	45.92
61	53	1848	113	268	458	43.04
19	5	812	37	127	248	43.93
47	29	1403	63	193	490	43.80
144	45	4085	135	409	988	42.85
52	31	1895	130	555	1308	46.04
19	9	588	32	123	233	44.16
351	413	13761	1993	10071	22000	49.63
105	150	4499	623	3676	6943	49.34
125	127	4866	687	3743	8745	50.01
22	28	919	151	487	1084	48.56
29	65	1878	222	1074	2552	49.72
30	10	489	65	175	709	48.74
40	33	1110	245	916	1967	49.97
191	251	5889	947	4560	14229	50.59
31	30	1216	138	835	2527	49.82
136	170	4119	666	3080	9773	50.71
24	51	554	143	645	1929	51.04
1036	1192	24659	4605	17871	68306	51.09
61	40	844	166	676	2392	49.61
221	276	7775	1102	5467	19217	50.00
269	337	6820	1246	5205	20652	51.74
358	430	6575	1537	4246	17901	51.05
34	29	847	144	794	3811	56.16
93	80	1798	410	1483	4333	50.30
2370	2325	52391	10594	36623	147629	51.30
1765	1723	38296	7757	26102	109553	51.40
294	307	8078	1663	6724	22425	51.38
131	132	2629	546	1587	6036	49.77
68	58	1152	213	868	3341	50.95
112	105	2236	415	1342	6274	51.08
1106	659	14595	2569	5170	26394	48.06
172	120	2243	505	679	3903	46.35
136	35	1310	104	274	992	45.39

4-13b 续表 25

职业小类 性别	合计	1-8 小时	9-19 小时	20-34 小时
乳品、冷仪器及罐头、饮料制作人员	4784	14	32	284
酿酒、食品添加剂及调味品制作人员	5753	19	35	306
粮油食品制作人员	14352	33	157	1289
屠宰加工人员	6660	21	53	592
肉、蛋食品加工人员	3373	4	31	240
饲料生产加工人员	1359	6	15	98
其他粮油、食品、饮料生产加工及饲料生产加工人员	7699	32	102	597
烟草及其制品加工人员	1103	4	2	33
原烟复烤人员	435	1	1	13
卷烟生产人员	378	1	1	8
烟用醋酸纤维丝束滤棒制作人员	20			
其他烟草及其制品加工人员	270	2		12
药品生产人员	5699	20	14	132
合成药物制造人员	1724	2	2	51
生物技术制药(品)人员	504		2	4
药物制剂人员	946	3	2	15
中药制药人员	1188	10	6	28
其他药品生产人员	1337	5	2	34
木材加工、人造板生产、木制品制作及制浆、造纸和纸制品生产加工人员	50121	98	362	3643
木材加工人员	14766	43	138	1320
人造板生产人员	7765	5	81	585
木材制品制作人员	11213	25	67	704
制浆人员	696	1	4	22
造纸人员	4369	8	10	166
纸制品制作人员	6308	5	18	484
其他木材加工、人造板生产、木制品制作及制浆、造纸和纸制品生产加工人员	5004	11	44	362
建筑材料生产加工人员	19457	57	115	1284
水泥及水泥制品生产加工人员	6892	18	50	435
墙体屋面材料生产人员	4257	14	21	292
建筑防水密封材料生产人员	281		5	17
建筑保温及吸音材料生产人员	483	1	1	47
装饰石材生产人员	2596	7	14	162
非金属矿及其制品生产加工人员	973	3	1	82
耐火材料生产人员	957	3	3	50
其他建筑材料生产加工人员	3018	11	20	199
玻璃、陶瓷、搪瓷及其制品生产加工人员	25347	48	62	944
玻璃熔制人员	5263	7	13	282
玻璃纤维及其制品生产人员	2674	7	10	124
石英玻璃制品加工人员	675		3	27
陶瓷制品生产人员	13962	32	28	421
搪瓷制品生产人员	630			11
其他玻璃、陶瓷、搪瓷及其制品生产加工人员	2143	2	8	79
广播影视制品制作、播放及文物保护作业人员	2439	8	16	95
影视制品制作人员	434	4	4	15
音像制品制作、复制人员	589	2	2	23
广播影视舞台设备安装调试及运行操作人员	797	2	7	37
电影放映人员	238		1	9
文物保护作业人员	36			
其他广播影视制品制作、播放及文物保护作业人员	345		2	11
印刷人员	10789	16	40	392
印前处理人员	1399	4	6	44

单位：人

35小时	36-39小时	40小时	41-47小时	48小时	48小时以上	周平均工作时间（小时）
58	54	1365	238	534	2205	48.53
85	67	2042	230	769	2200	46.76
301	158	3154	676	1131	7453	49.13
168	64	1486	294	534	3448	48.76
47	32	702	145	335	1837	49.79
20	14	431	51	152	572	47.45
119	115	1862	326	762	3784	48.52
11	6	489	36	115	407	46.49
2	1	178	8	44	187	47.41
3	2	203	16	43	101	44.93
		2		7	11	51.30
6	3	106	12	21	108	46.85
39	53	2232	177	1017	2015	47.23
10	9	694	49	311	596	47.02
3	2	237	16	132	108	45.51
7	13	376	38	122	370	47.62
7	16	435	44	173	469	47.53
12	13	490	30	279	472	47.59
693	667	11623	2594	5868	24573	48.58
247	296	3277	1173	1328	6944	47.68
114	116	1858	406	797	3803	48.60
132	90	2409	390	1487	5909	49.61
3	3	276	16	79	292	47.55
50	30	1206	135	606	2158	48.92
84	55	1450	254	914	3044	48.82
63	77	1147	220	657	2423	48.44
252	237	5227	856	2032	9397	48.19
96	75	2250	315	737	2916	47.15
54	50	1055	217	429	2125	48.38
5		81	7	36	130	48.11
4	9	123	18	40	240	47.99
22	28	458	112	278	1515	49.79
20	10	277	33	82	465	48.52
8	7	201	25	152	508	49.33
43	58	782	129	278	1498	48.51
246	215	4914	1085	3380	14453	51.09
74	35	1178	200	732	2742	49.90
24	14	727	100	380	1288	48.86
3	2	142	36	142	320	49.51
118	141	2350	617	1732	8523	52.11
4	1	88	52	81	393	51.06
23	22	429	80	313	1187	50.72
28	17	1503	56	163	553	43.70
4	10	208	13	45	131	45.12
5		385	13	41	118	43.37
15	5	515	17	39	160	42.91
1	2	172	3	16	34	42.20
		18	1	2	15	47.50
3		205	9	20	95	44.92
120	64	3154	376	1591	5036	49.04
23	7	475	54	166	620	48.19

4-13b 续表 26

职业小类 性　　别	合　计	1-8 小时	9-19 小时	20-34 小时
印刷操作人员	6608	8	26	234
印后制作人员	1870	2	2	70
其他印刷人员	912	2	6	44
工艺、美术品制作人员	45949	115	427	4882
珠宝首饰加工制作人员	3186	7	21	171
地毯制作人员	1110	1	9	85
玩具制作人员	14275	37	67	781
漆器工艺品制作人员	1922	1	12	198
抽纱、刺绣工艺品制作人员	11019	30	183	2136
金属工艺品制作人员	1285	1	3	106
雕刻工艺品制作人员	2132	2	42	167
美术品制作	634	1	1	33
其他工艺、美术品制作人员	10386	35	89	1205
文化教育、体育用品制作人员	4546	12	14	141
文教用品制作人员	2376	5	9	76
体育用品制作人员	1175	2	1	27
乐器制作人员	425	2	1	9
其他文化教育、体育用品制作人员	570	3	3	29
工程施工人员	78693	231	759	6743
土石方施工人员	6030	12	71	641
砌筑人员	30721	110	365	2851
混凝土配制及制品加工人员	8607	28	79	737
钢筋加工人员	3711	8	12	291
施工架子搭设人员	1228	1	9	73
工程防水人员	420	1	5	51
装饰、装修人员	17734	41	154	1375
古建筑修建人员	96			8
筑路、养护、维修人员	2959	6	17	141
工程设备安装人员	969	3	5	54
其他工程施工人员	6218	21	42	521
运输设备操作人员及有关人员	29312	73	241	1976
公(道)路运输机械设备操作及有关人员	23276	64	214	1680
铁路、地铁运输机械设备操作及有关人员	848	3	3	31
民用航空设备操作及有关人员	184			9
水上运输设备操作及有关人员	939	2	10	79
起重装卸机械操作及有关人员	2326	2	4	74
其他运输设备操作人员及有关人员	1739	2	10	103
环境监测与废物处理人员	2221	8	21	143
环境监测人员	535	2		18
海洋环境调查与监测人员	35		1	2
废物处理人员	1376	4	14	101
其他环境监测与废物处理人员	275	2	6	22
检验、计量人员	44105	42	66	755
检验人员	39617	31	57	639
航空产品检验人员	119			1
航天器检验、测试人员	338	4	3	31
计量人员	2241	4	5	49
其他检验、计量人员	1790	3	1	35
其他生产、运输设备操作人员及有关人员	114629	302	789	7281
包装人员	46820	88	151	1596
机泵操作人员	1314	3		25
简单体力劳动人员	66495	211	638	5660
不便分类的其他从业人员	**6566**	**16**	**82**	**607**

单位：人

35 小时	36-39 小时	40 小时	41-47 小时	48 小时	48小时 以 上	周平均 工作时间 (小时)
74	39	1868	243	977	3139	49.24
14	9	521	48	323	881	49.41
9	9	290	31	125	396	48.15
855	603	10093	2334	5364	21276	47.85
64	29	536	212	496	1650	50.35
22	11	291	60	108	523	47.43
150	124	3278	560	2267	7011	49.79
27	15	485	82	173	929	48.32
360	246	2157	723	839	4345	44.97
12	5	235	43	224	656	49.84
24	18	488	114	268	1009	47.58
5	7	153	35	82	317	49.43
191	148	2470	505	907	4836	47.12
40	35	915	184	873	2332	50.60
21	23	441	110	508	1183	50.40
4	4	247	26	203	661	51.91
6	7	78	23	90	209	50.72
9	1	149	25	72	279	48.62
1067	1085	19509	3420	7060	38819	48.22
87	83	1509	231	512	2884	47.60
393	476	7197	1362	2635	15332	48.15
128	118	1906	421	771	4419	48.38
50	47	904	153	370	1876	49.20
20	20	283	54	122	646	49.33
8	7	95	30	26	197	47.28
237	214	4173	695	1677	9168	48.87
	4	34	4	15	31	45.18
60	23	1508	77	242	885	44.96
18	10	310	51	115	403	47.70
66	83	1590	342	575	2978	47.99
430	312	8444	1208	2853	13775	48.49
369	256	6426	996	1934	11337	48.60
7	10	490	18	65	221	44.65
5		91	6	15	58	45.93
21	10	214	74	62	467	48.95
9	14	721	53	554	895	48.57
19	22	502	61	223	797	48.70
43	31	892	76	243	764	45.77
15	6	353	9	31	101	42.99
	2	13		5	12	45.66
19	23	429	53	187	546	46.85
9		97	14	20	105	45.76
304	243	14313	1342	8224	18816	49.29
269	214	12440	1206	7620	17141	49.53
	1	80	4	12	21	43.51
8	4	112	12	44	120	45.17
17	13	923	72	301	857	47.58
10	11	758	48	247	677	47.35
1287	1115	27364	4531	16322	55638	49.08
340	402	10219	1831	8682	23511	50.43
9	11	497	30	197	542	48.99
938	702	16648	2670	7443	31585	48.13
103	**75**	**2039**	**260**	**672**	**2712**	**46.61**

4-13c 全国分性别、职业小类、

职业小类 性 别	合 计	1-8 小时	9-19 小时	20-34 小时
总 计	**37925073**	**346297**	**1353668**	**6489116**
国家机关、党群组织、企业、事业单位负责人	**175617**	**452**	**1260**	**9755**
中国共产党中央委员会和地方各级组织负责人	2621	14	18	159
中国共产党中央委员会和地方各级组织负责人	2621	14	18	159
国家机关及其工作机构负责人	8239	38	63	359
国家权力机关及其工作机构负责人	1430	5	21	116
人民政协及其工作机构负责人	540	4	15	36
人民法院负责人	228		8	21
人民检察院负责人	92			1
国家行政机关及其工作机构负责人	4384	11	15	131
其他国家机关及其工作机构负责人	1565	18	4	54
民主党派和社会团体及其工作机构负责人	30604	124	513	3309
民主党派负责人	1868	15	92	394
工会、共青团、妇联、其他人民团体及其工作机构负责人	4041	30	151	814
群众自治组织负责人	23192	75	254	1969
其他社会团体及其工作机构负责人	1503	4	16	132
事业单位负责人	8962	39	101	468
教育教学单位负责人	3167	6	49	168
卫生单位负责人	1517	6	31	123
科研单位负责人	273	3	2	17
其他事业单位负责人	4005	24	19	160
企业负责人	125191	237	565	5460
企业负责人	125191	237	565	5460
专业技术人员	**696009**	**2718**	**6501**	**45837**
科学研究人员	9702	134	213	1631
哲学研究人员	4023	83	135	812
经济学研究人员	183	1	4	27
法学研究人员	181	1	8	21
社会学研究人员	114	1	1	10
教育科学研究人员	674	29	11	73
文学、艺术研究人员	128			23
图书馆学、情报学研究人员	156	3	11	19
历史学研究人员	36		1	2
管理科学研究人员	319	1	2	29
数学研究人员	1682	2	21	466
物理学研究人员	72		1	6
化学研究人员	358	6	2	9
天文学研究人员	47			3
地球科学研究人员	65	1	3	2
生物科学研究人员	135		1	13
农业科学研究人员	747	2	7	87
医学研究人员	431	4	3	23
其他科学研究人员	351		2	6
工程技术人员	157217	480	986	7973
地质勘探工程技术人员	1576	1	13	140
测绘工程技术人员	1621	7	13	154
矿山工程技术人员	6748	15	48	306
石油工程技术人员	839		10	25
冶金工程技术人员	2711	12	15	110
化工工程技术人员	2606	16	9	120
机械工程技术人员	12194	42	53	485

周工作时间的正在工作人口(乡村)

单位：人

35小时	36-39小时	40小时	41-47小时	48小时	48小时以上	周平均工作时间(小时)
1049403	**783317**	**8051687**	**2373506**	**2720738**	**14757341**	**43.60**
2270	**1623**	**51059**	**6341**	**19111**	**83746**	**48.45**
43	19	1232	79	194	863	44.78
43	19	1232	79	194	863	44.78
115	79	4633	236	547	2169	44.03
24	16	724	35	97	392	43.45
7	6	221	22	36	193	45.58
4	2	96	18	8	71	43.48
		63	1	5	22	44.50
54	42	2646	117	300	1068	44.03
26	13	883	43	101	423	44.08
668	406	10023	1381	2670	11510	44.85
80	36	337	135	99	680	42.10
110	64	1191	170	331	1180	41.26
454	288	7966	1023	2120	9043	45.62
24	18	529	53	120	607	46.09
136	66	4706	282	786	2378	43.98
51	20	1856	92	241	684	42.93
33	22	587	64	136	515	44.45
5		119	9	20	98	45.36
47	24	2144	117	389	1081	44.54
1308	1053	30465	4363	14914	66826	50.02
1308	1053	30465	4363	14914	66826	50.02
11023	**8121**	**291031**	**26707**	**69339**	**234732**	**45.28**
339	380	3497	468	523	2517	41.50
117	62	1404	181	171	1058	40.45
4	2	61	6	8	70	43.81
1	7	72	7	7	57	42.35
3	5	29	8	7	50	46.85
11	9	180	37	49	275	43.95
	4	45	2	7	47	42.64
3		75	7	3	35	39.85
1		10	1	4	17	46.61
8	4	86	16	40	133	46.98
155	266	579	99	36	58	36.57
3	1	22	4	6	29	46.54
1	1	143	17	35	144	46.75
		21	5	5	13	44.55
1		27	11	2	18	43.38
	3	47	8	18	45	46.24
19	9	305	35	47	236	43.83
4	2	206	11	48	130	44.79
8	5	185	13	30	102	46.00
1609	1779	45447	6828	20046	72069	48.17
15	19	445	78	146	719	47.63
15	16	588	81	166	581	45.43
79	91	1790	248	746	3425	48.75
7	3	330	16	77	371	48.16
31	35	885	97	374	1152	47.60
22	23	845	131	358	1082	47.25
108	100	3449	514	2143	5300	48.28

4-13c 续表 1

职业小类 性　别	合　计	1-8 小时	9-19 小时	20-34 小时
兵器工程技术人员	142			2
航空工程技术人员	326		4	25
航天工程技术人员	384	4	4	28
电子工程技术人员	9932	29	37	375
通信工程技术人员	3337	6	9	132
计算机与应用工程技术人员	6743	14	35	257
电气工程技术人员	3391	9	15	101
电力工程技术人员	10170	36	49	487
邮政工程技术人员	415	1		27
广播、电影、电视工程技术人员	1182	6	7	78
交通工程技术人员	3380	18	29	207
民用航空工程技术人员	620	3	10	54
铁路工程技术人员	2494	6	19	138
建筑工程技术人员	45223	122	356	2851
建材工程技术人员	5826	13	36	324
林业工程技术人员	1473	23	26	133
水利工程技术人员	1780	10	9	69
海洋工程技术人员	106	3	2	6
水产工程技术人员	293	1	3	30
纺织工程技术人员	8401	23	58	431
食品工程技术人员	3868	14	39	240
气象工程技术人员	253	1		6
地震工程技术人员	227			17
环境保护工程技术人员	599	2	2	24
安全工程技术人员	2165	2	7	67
标准化、计量、质量工程技术人员	3431	8	14	105
管理(工业)工程技术人员	9180	29	29	268
其他工程技术人员	3581	4	26	151
农业技术人员	25980	219	779	4325
土壤肥料技术人员	3498	27	228	1065
植物保护技术人员	1471	14	48	151
园艺技术人员	5788	25	106	983
作物遗传育种栽培技术人员	1328	4	17	76
兽医、兽药技术人员	4630	26	75	547
畜牧与草业技术人员	3107	56	136	599
其他农业技术人员	6158	67	169	904
飞机和船舶技术人员	4015	10	38	310
飞行人员和领航人员	1701	6	17	217
船舶指挥和引航人员	1722	1	17	77
其他飞机和船舶技术人员	592	3	4	16
卫生专业技术人员	101150	364	778	6385
西医医师	33398	111	259	2126
中医医师	7019	28	59	541
中西医结合医师	14575	58	149	1096
民族医生	887	4	9	70
公共卫生医师	3631	14	35	233
药剂人员	4090	18	24	199
医疗技术人员	7011	21	56	470
护理人员	23073	80	127	1074
其他卫生专业技术人员	7466	30	60	576
经济业务人员	103576	275	568	4849
经济计划人员	5357	29	82	550
统计人员	10103	23	54	384
会计人员	82735	201	363	3579
审计人员	718	3	2	31
国际商务人员	553	2	1	15
其他经济业务人员	4110	17	66	290

单位：人

35 小时	36-39 小时	40 小时	41-47 小时	48 小时	48小时 以　上	周平均 工作时间 (小时)
3		68	5	23	41	45.99
5	3	93	15	33	148	47.40
8	6	98	24	31	181	47.15
86	119	3205	452	1658	3971	47.87
44	34	1276	116	394	1326	47.03
69	72	2644	272	920	2460	46.84
23	25	1173	120	504	1421	48.01
117	107	3381	393	1207	4393	47.64
3	1	176	15	62	130	45.40
18	13	465	52	127	416	45.62
43	32	894	170	390	1597	48.26
12	12	157	37	65	270	47.19
21	25	740	79	333	1133	48.09
510	554	11441	2177	4562	22650	48.50
61	78	1427	278	612	2997	48.95
27	16	526	63	158	501	44.58
15	14	763	72	209	619	45.97
1		33	7	10	44	45.51
9	8	77	26	24	115	45.78
74	113	2077	393	1068	4164	48.98
57	57	913	183	492	1873	48.40
6	2	96	10	25	107	47.96
1	2	55	8	36	108	48.10
9	11	238	26	67	220	46.41
12	27	620	86	356	988	48.65
14	34	1085	138	560	1473	48.39
49	80	2334	297	1633	4461	49.61
35	47	1060	149	477	1632	48.48
601	380	6679	1106	1982	9909	43.34
37	41	863	86	208	943	38.11
19	19	454	62	162	542	44.47
167	122	1365	330	574	2116	43.85
22	11	270	44	83	801	48.10
102	69	1527	219	356	1709	44.56
95	47	713	173	248	1040	41.95
159	71	1487	192	351	2758	44.32
49	66	880	126	379	2157	49.89
26	35	446	68	178	708	45.75
17	27	274	36	119	1154	54.19
6	4	160	22	82	295	49.29
1502	1101	31975	4252	9928	44865	47.39
476	345	9872	1290	3085	15834	48.00
128	89	2063	317	656	3138	47.07
251	159	3739	712	1213	7198	48.02
19	8	284	53	61	379	46.42
41	36	1012	175	323	1762	48.12
60	39	1458	157	449	1686	47.13
112	83	2196	325	674	3074	47.12
273	252	9154	895	2835	8383	46.31
142	90	2197	328	632	3411	47.23
1222	1044	36707	3877	15232	39802	46.81
78	64	1373	196	564	2421	46.98
99	73	3616	313	1674	3867	47.27
958	861	29804	3142	12222	31605	46.80
9	3	332	29	93	216	45.36
3	2	220	22	165	123	45.74
75	41	1362	175	514	1570	46.01

4-13c 续表 2

职业小类 性 别	合 计	1-8 小时	9-19 小时	20-34 小时
金融业务人员	19869	63	177	1414
银行业务人员	8526	25	60	347
保险业务人员	9343	30	105	928
证券业务人员	682	3	7	71
其他金融业务人员	1318	5	5	68
法律专业人员	3124	7	19	212
法官	759	1	1	37
检察官	209		1	33
律师	993	3	6	67
公证员	161			18
司法鉴定人员	136	1	1	1
书记员	234			12
其他法律专业人员	632	2	10	44
教学人员	241764	884	1939	14642
高等教育教师	3732	33	37	175
中等职业教育教师	5848	21	45	335
中学教师	70067	279	662	4161
小学教师	130006	446	975	7980
幼儿教师	26429	66	130	1636
特殊教育教师	442	1	5	20
其他教学人员	5240	38	85	335
文学艺术工作人员	11026	63	281	1307
文艺创作和评论人员	253		7	27
编导和音乐指挥人员	102		4	15
演员	2117	22	114	521
乐器演奏员	1173	19	92	347
电影、电视制作及舞台专业人员	317	2	6	36
美术专业人员	839	7	15	53
工艺美术专业人员	5663	9	29	234
其他文学艺术工作人员	562	4	14	74
体育工作人员	324	2	2	59
体育工作人员	324	2	2	59
新闻出版、文化工作人员	3523	13	25	174
记者	490	2	5	21
编辑	649	4	4	31
校对员	241		1	27
播音员及节目主持人	259	2	3	13
翻译	528	2	2	18
图书资料与档案业务人员	676	1	1	20
考古及文物保护工作人员	70		5	3
其他新闻出版、文化工作人员	610	2	4	41
宗教职业者	7521	180	655	2156
宗教职业者	7521	180	655	2156
其他专业技术人员	7218	24	41	400
其他专业技术人员	7218	24	41	400
办事人员和有关人员	**299878**	**711**	**1289**	**11615**
行政办公人员	110678	272	502	4204
行政业务人员	48079	138	334	2260
行政事务人员	46756	99	117	1363
其他行政办公人员	15843	35	51	581
安全保卫和消防人员	144525	315	531	5074
人民警察	8673	21	22	240
治安保卫人员	116210	229	436	4118
消防人员	1533	4	4	42
其他安全保卫和消防人员	18109	61	69	674

单位：人

35 小时	36-39 小时	40 小时	41-47 小时	48 小时	48小时 以 上	周平均 工作时间 (小时)
332	217	8840	723	2220	5883	44.42
121	73	4335	277	988	2300	44.42
177	131	3650	379	980	2963	44.28
10	7	290	18	94	182	43.83
24	6	565	49	158	438	45.64
59	38	1496	117	287	889	44.27
24	10	275	33	77	301	46.63
1	6	90	5	22	51	42.80
13	6	502	39	94	263	44.09
3	1	83	6	14	36	42.76
1	2	81	8	8	33	43.93
5	3	127	9	25	53	43.79
12	10	338	17	47	152	42.85
4735	2730	147215	7714	15804	46101	42.43
121	49	2498	92	192	535	41.56
112	68	3507	183	450	1127	42.69
1206	802	43688	2125	4374	12770	42.22
2695	1415	81078	4147	7638	23632	42.23
523	336	13942	957	2565	6274	43.56
12	6	226	18	45	109	44.11
66	54	2276	192	540	1654	44.61
186	130	3076	550	1266	4167	44.86
4	3	80	25	21	86	43.81
3		31	6	10	33	42.63
76	26	490	111	168	589	39.82
35	29	242	61	55	293	37.75
3	3	95	24	37	111	44.98
6	11	254	42	75	376	46.92
52	51	1698	247	854	2489	48.11
7	7	186	34	46	190	43.69
4	6	109	11	57	74	42.59
4	6	109	11	57	74	42.59
64	41	1646	128	386	1046	44.84
15	5	256	21	37	128	44.08
9	7	301	26	70	197	44.81
8	4	85	12	29	75	44.23
2	1	140	10	21	67	43.60
6	7	235	21	83	154	45.33
13	5	341	22	71	202	45.47
	3	37		5	17	41.87
11	9	251	16	70	206	45.47
228	119	1433	514	361	1875	37.16
228	119	1433	514	361	1875	37.16
93	90	2031	293	868	3378	48.11
93	90	2031	293	868	3378	48.11
3337	**2866**	**107359**	**10524**	**41441**	**120736**	**47.76**
1456	974	49409	3758	16096	34007	45.79
696	518	22212	1662	5452	14807	45.32
574	327	20366	1539	8118	14253	46.20
186	129	6831	557	2526	4947	46.05
1247	1420	41703	5042	19356	69837	49.60
100	54	4750	197	894	2395	45.24
992	1155	31660	4114	15807	57699	49.89
20	19	540	59	216	629	48.11
135	192	4753	672	2439	9114	49.95

4-13c 续表 3

职业小类 性 别	合 计	1-8 小时	9-19 小时	20-34 小时
邮政和电信业务人员	17969	61	104	1011
邮政业务人员	6256	21	43	397
电信业务人员	7448	24	37	354
电信通信传输业务人员	2800	12	14	157
其他邮政和电信业务人员	1465	4	10	103
其他办事人员和有关人员	26706	63	152	1326
其他办事人员和有关人员	26706	63	152	1326
商业、服务业人员	**2545510**	**8745**	**29788**	**232071**
购销人员	1375594	4414	16511	128991
营业人员	1072813	3609	13110	100341
推销、展销人员	143232	376	1257	11257
采购人员	27724	111	325	2705
拍卖、典当及租赁业务人员	1468	15	27	180
废旧物资回收利用人员	68424	136	732	7161
粮油管理人员	2187	14	86	333
商品监督和市场管理人员	5478	10	41	342
其他购销人员	54268	143	933	6672
仓储人员	76155	209	434	3732
保管人员	52656	116	208	1905
储运人员	17938	65	168	1406
其他仓储人员	5561	28	58	421
餐饮服务人员	415547	1265	3916	34046
中餐烹饪人员	161600	481	1320	12447
西餐烹饪人员	3828	8	40	261
调酒和茶艺人员	1314	7	10	107
营养配餐人员	2232	11	34	176
餐厅服务人员	200796	629	2027	17021
其他餐饮服务人员	45777	129	485	4034
饭店、旅游及健身娱乐场所服务人员	99985	387	938	7979
饭店服务人员	80744	300	732	6523
旅游及公共游览场所服务人员	6161	17	60	407
健身和娱乐场所服务人员	7505	49	72	481
其他饭店、旅游及健身娱乐场所服务人员	5575	21	74	568
运输服务人员	168847	540	1563	14865
公路、道路运输服务人员	136649	444	1299	12196
铁路客货运输服务人员	4299	15	33	374
航空运输服务人员	1245	18	9	72
水上运输服务人员	4102	4	35	396
其他运输服务人员	22552	59	187	1827
医疗卫生辅助服务人员	9275	43	81	649
医疗卫生辅助服务人员	9275	43	81	649
社会服务和居民生活服务人员	349442	1650	5636	36768
社会中介服务人员	9848	51	177	1016
物业管理人员	11201	124	130	901
供水、供热及生活燃料供应服务人员	15062	25	110	767
美容美发人员	74720	312	953	7598
摄影服务人员	5532	21	86	576
验光配镜人员	950	6	2	55
洗染织补人员	9575	55	122	948
浴池服务人员	13158	85	230	1543
印章刻字人员	661	2	5	70
日用机电产品维修人员	37645	136	501	3597
办公设备维修人员	2808	14	17	182

单位：人

35小时	36-39小时	40小时	41-47小时	48小时	48小时以上	周平均工作时间(小时)
263	233	6612	788	2401	6496	46.17
95	93	2456	265	874	2012	45.36
101	96	2708	324	964	2840	46.63
44	29	967	128	372	1077	46.54
23	15	481	71	191	567	46.57
371	239	9635	936	3588	10396	47.03
371	239	9635	936	3588	10396	47.03
45284	**36945**	**596140**	**133635**	**245119**	**1217783**	**47.74**
25186	19996	316178	72322	125034	666962	47.81
19545	15588	243333	56574	95632	525081	47.93
2293	1923	36884	6819	16447	65976	47.62
585	365	6582	1529	2865	12657	47.10
38	14	373	81	154	586	45.61
1408	1061	14401	3953	4999	34573	47.85
33	27	492	160	161	881	44.31
73	48	1511	238	637	2578	48.35
1211	970	12602	2968	4139	24630	46.59
775	739	19760	3111	11447	35948	48.75
465	456	14183	1978	8714	24631	49.06
244	219	4247	864	2058	8667	48.03
66	64	1330	269	675	2650	48.11
7266	5863	94340	22281	40696	205874	48.35
2849	2119	35497	8656	15348	82883	48.88
67	50	797	173	392	2040	49.40
13	28	323	62	148	616	47.63
47	32	493	164	228	1047	47.96
3329	3007	47117	10662	20407	96597	47.94
961	627	10113	2564	4173	22691	48.29
1527	1424	25014	5189	10489	47038	47.84
1216	1187	20013	4209	8207	38357	47.92
98	74	1913	284	839	2469	46.74
118	82	1830	362	861	3650	48.60
95	81	1258	334	582	2562	46.94
3011	2729	38780	9337	15422	82600	47.98
2445	2193	31037	7677	12237	67121	47.97
56	79	1326	168	398	1850	46.70
15	16	475	67	153	420	45.62
83	78	1008	253	378	1867	47.69
412	363	4934	1172	2256	11342	48.48
132	98	2710	419	923	4220	47.38
132	98	2710	419	923	4220	47.38
6495	5285	87484	18326	36417	151381	46.42
158	174	2721	476	902	4173	46.04
144	139	3292	446	1440	4585	46.63
192	137	3938	571	1712	7610	49.29
1414	1218	16987	4000	6397	35841	47.47
91	97	1424	231	456	2550	46.60
7	10	230	47	114	479	49.07
160	138	2150	560	931	4511	47.63
265	202	3188	777	1041	5827	46.66
11	6	154	31	76	306	47.23
640	551	8607	2154	3548	17911	47.27
40	38	727	129	390	1271	47.69

4-13c 续表 4

职业小类 性　别	合　计	1-8 小时	9-19 小时	20-34 小时
保育、家庭服务人员	38679	260	1099	5924
环境卫生人员	87032	311	1123	7815
殡葬服务人员	2457	41	92	516
其他社会服务和居民生活服务人员	40114	207	989	5260
其他商业、服务业人员	50665	237	709	5041
其他商业、服务业人员	50665	237	709	5041
农、林、牧、渔、水利业生产人员	**28076439**	**318553**	**1273067**	**5812990**
种植业生产人员	26659767	307733	1219990	5540879
大田作物生产人员	24648513	297035	1169388	5224243
农业实验人员	16903	150	704	3392
园艺作物生产人员	1471805	7223	35682	227691
热带作物生产人员	78122	280	1152	9042
中药材生产人员	65283	385	1646	10429
农副林特产品加工人员	67332	353	1957	12974
其他种植业生产人员	311809	2307	9461	53108
林业生产及野生动植物保护人员	122915	775	3074	20279
营造林人员	69318	487	2040	13152
森林资源管护人员	15732	116	337	1935
野生动植物保护及自然保护区人员	1056	8	18	107
木材采运人员	17049	94	436	2783
其他林业生产及野生动植物保护人员	19760	70	243	2302
畜牧业生产人员	1052665	8681	44094	212945
家畜饲养人员	813173	6413	34681	171197
家禽饲养人员	166963	1892	8186	33289
蜜蜂饲养人员	6256	52	203	1336
实验动物饲养人员	601	10	21	103
动物疫病防治人员	4102	22	105	460
草业生产人员	1049	3	14	85
其他畜牧业生产人员	60521	289	884	6475
渔业生产人员	219613	852	4909	36064
水产养殖人员	151986	541	3500	26464
水产捕捞及有关人员	52392	258	1031	7439
水产品加工人员	11638	24	230	1500
其他渔业生产人员	3597	29	148	661
水利设施管理养护人员	10889	470	830	1671
河道、水库管养人员	7746	457	753	1379
农田灌排工程建设管理维护人员	1394	10	49	150
水土保持作业人员	293		6	29
水文勘测作业人员	248	1	6	20
其他水利设施管理养护人员	1208	2	16	93
其他农、林、牧、渔、水利业生产人员	10590	42	170	1152
农林专用机械操作人员	9942	41	159	1105
农村能源开发利用人员	648	1	11	47
生产、运输设备操作人员及有关人员	**6112166**	**15025**	**41466**	**375055**
勘测及矿物开采人员	197961	795	1463	11174
地质勘查人员	7223	72	358	738
测绘人员	1234	3	3	52
矿物开采人员	158342	603	859	8624
矿物处理人员	16986	77	172	1008
钻井人员	3320	13	17	186
石油、天然气开采人员	3412	6	15	98
盐业生产人员	2435	8	7	202
其他勘测及矿物开采人员	5009	13	32	266

单位：人

35 小时	36-39 小时	40 小时	41-47 小时	48 小时	48小时 以 上	周平均 工作时间 (小时)
924	722	9288	2400	3381	14681	44.15
1599	1210	24893	4353	12250	33478	45.95
53	47	534	101	180	893	42.37
797	596	9351	2050	3599	17265	45.53
892	811	11874	2650	4691	23760	47.12
892	811	11874	2650	4691	23760	47.12
912364	**657239**	**5660735**	**1903877**	**1605683**	**9931931**	**41.88**
862469	623910	5395759	1796582	1528448	9383997	41.80
801985	581342	5007932	1654428	1408054	8504106	41.55
447	437	3420	1168	958	6227	42.47
42502	30018	287746	102450	88138	650355	45.07
4020	1722	12648	7546	4997	36715	46.22
1519	1755	12575	4774	4538	27662	44.96
2056	1366	13186	4648	4561	26231	43.65
9940	7270	58252	21568	17202	132701	44.33
3993	2984	27644	8721	8063	47382	43.83
2624	1828	15292	4906	4337	24652	42.67
355	246	4973	831	1225	5714	44.29
19	12	216	54	94	528	47.07
475	420	3688	1208	1095	6850	44.17
520	478	3475	1722	1312	9638	47.04
37699	25132	189311	81374	52576	400853	42.84
30744	20155	144958	65755	39738	299532	42.44
5047	3784	31663	10849	8944	63309	42.56
184	124	1293	383	362	2319	42.72
38	19	163	51	34	162	41.15
92	68	1289	210	295	1561	44.60
24	26	333	58	62	444	46.60
1570	956	9612	4068	3141	33526	48.73
7768	4882	42815	16126	15075	91122	44.87
5549	3351	30153	11679	10444	60305	44.24
1841	1226	9594	3586	3507	23910	46.43
252	221	2451	676	863	5421	46.31
126	84	617	185	261	1486	43.90
253	167	3001	482	744	3271	40.07
194	126	1941	385	473	2038	37.77
25	14	449	41	95	561	44.96
5	7	86	16	22	122	45.80
2	5	94	7	25	88	44.87
27	15	431	33	129	462	46.80
182	164	2205	592	777	5306	47.93
172	157	2086	551	733	4938	47.85
10	7	119	41	44	368	49.08
74786	**76251**	**1340518**	**291351**	**738175**	**3159539**	**49.21**
2587	2504	46362	9563	21342	102171	48.55
116	114	1695	367	681	3082	45.18
9	13	386	46	158	564	48.48
2089	2011	37204	7962	17335	81655	48.58
177	187	3786	635	1654	9290	49.02
21	49	690	142	283	1919	49.93
9	39	1002	93	359	1791	50.35
87	24	578	101	215	1213	47.71
79	67	1021	217	657	2657	49.16

4-13c 续表 5

职业小类 性 别	合 计	1-8 小时	9-19 小时	20-34 小时
金属冶炼、轧制人员	111161	239	545	4593
炼铁人员	14574	43	79	553
炼钢人员	18436	48	87	592
铁合金冶炼人员	4874	8	24	177
重有色金属冶炼人员	4071	16	14	152
轻有色金属冶炼人员	5961	8	24	250
稀贵金属冶炼人员	1300	5	8	54
半导体材料制备人员	1253		3	33
金属轧制人员	38161	64	184	1617
铸铁管人员	4979	4	14	222
炭素制品生产人员	3938	11	28	235
硬质合金生产人员	2845	1	31	224
其他金属冶炼、轧制人员	10769	31	49	484
化工产品生产人员	87186	211	571	5204
化工产品生产通用工艺人员	13408	26	79	609
石油炼制生产人员	1443	6	3	32
煤化工生产人员	8220	34	56	449
化学肥料生产人员	7648	17	73	520
无机化工产品生产人员	2786	1	4	82
基本有机化工产品生产人员	762			13
合成树脂生产人员	2236	3	11	89
合成橡胶生产人员	3884	6	19	157
化学纤维生产人员	6681	7	29	194
合成革生产人员	4171	13	50	308
精细化工产品生产人员	6106	17	50	300
信息记录材料生产人员	1559	5	25	176
火药、炸药制造人员	12251	39	97	1268
林产化工产品生产人员	1355	4	9	148
复合材料加工人员	1615	3	5	61
日用化学品生产人员	7148	18	38	473
其他化工产品生产人员	5913	12	23	325
机械制造加工人员	370474	681	2032	15312
机械冷加工人员	170219	378	1378	8500
机械热加工人员	120794	181	469	4290
特种加工设备操作人员	5448	13	25	167
冷作钣金加工人员	7732	2	13	165
工件表面处理加工人员	24781	28	28	630
磨料磨具制造加工人员	16128	32	35	566
航天器件加工成型人员	418		1	17
其他机械制造加工人员	24954	47	83	977
机电产品装配人员	225872	343	854	8737
基础件、部件装配人员	32381	55	114	1112
机械设备装配人员	22023	28	57	561
动力设备装配人员	5066	4	11	121
电气元件及设备装配人员	30693	59	110	1085
电子专用设备装配调试人员	9962	22	23	410
仪器仪表装配人员	7330	11	26	265
运输车辆装配人员	16935	21	68	765
膜法水处理设备制造人员	233	1	2	32
医疗器械装配及假肢与矫形器制作人员	3111	4	20	158
日用机械电器制造装配人员	18215	15	50	694
五金制品制作、装配人员	63039	98	322	2998
装甲车辆装试人员	156	3	3	10

单位：人

35 小时	36-39 小时	40 小时	41-47 小时	48 小时	48小时 以 上	周平均 工作时间 (小时)
1088	1170	24882	4338	14575	59731	49.93
125	169	3180	521	1697	8207	49.93
153	202	4478	538	2611	9727	49.74
38	41	1040	197	645	2704	50.15
45	29	948	161	492	2214	49.61
42	82	1514	248	732	3061	49.33
24	8	354	48	182	617	48.50
10	23	389	29	201	565	48.80
406	361	8075	1683	5095	20676	50.35
43	54	1067	151	622	2802	50.47
56	50	831	225	460	2042	48.74
43	40	637	125	383	1361	48.36
103	111	2369	412	1455	5755	50.01
910	1159	22025	4165	12028	40913	48.33
138	117	3479	522	2066	6372	48.60
10	16	431	41	213	691	48.95
69	76	2002	338	1212	3984	48.29
82	113	2035	473	962	3373	47.33
27	20	831	50	370	1401	49.10
6	10	203	21	121	388	49.97
23	24	516	98	378	1094	49.45
39	62	834	272	442	2053	50.08
15	46	1475	230	1024	3661	50.77
59	58	744	162	599	2178	51.09
61	66	1457	260	985	2910	48.58
17	16	364	77	172	707	46.47
151	342	3377	926	1120	4931	45.79
40	23	230	52	157	692	47.93
13	14	397	70	239	813	49.86
100	92	2138	342	1139	2808	47.07
60	64	1512	231	829	2857	48.76
2852	3182	79402	13558	63560	189895	49.70
1414	1473	36050	6139	30395	84492	49.18
870	1113	25872	4364	18788	64847	50.18
48	40	1270	214	996	2675	49.30
34	46	1707	262	1463	4040	50.35
123	171	4985	808	4576	13432	51.22
116	116	3585	637	2989	8052	49.67
	1	137	20	70	172	47.48
247	222	5796	1114	4283	12185	49.30
1952	2036	52957	9145	42082	107766	49.30
271	309	7699	1252	6476	15093	49.23
125	178	5211	838	4421	10604	49.74
38	32	1350	164	1093	2253	49.29
268	271	7126	1182	6179	14413	49.29
94	120	2748	437	1657	4451	48.56
51	67	1781	296	1316	3517	49.22
156	162	4587	670	2763	7743	48.65
6	1	79	9	18	85	45.58
20	40	735	86	589	1459	49.27
165	153	4154	769	3714	8501	49.41
632	585	13385	2805	10404	31810	49.49
4	1	30	8	15	82	47.33

4-13c 续表 6

职业小类 性　别	合　计	1-8 小时	9-19 小时	20-34 小时
枪炮制造人员	59	1		5
弹制造人员	76		2	7
引信加工制造人员	75	1	1	11
火工品制造人员	1708	2	8	172
防化器材制造人员	171	1		5
船舶制造人员	10358	8	23	194
航空产品装配与调试人员	214	5		6
航空产品试验人员	43	2		4
导弹卫星装配测试人员	20			
火箭发动机装配试验人员	10			
航天器结构强度、温度、环境试验人员	15			
靶场试验人员	6			1
其他机电产品装配人员	3973	2	14	121
机械设备修理人员	148082	384	955	7941
机械设备维修人员	136299	351	874	7263
仪器仪表修理人员	1908	5	8	83
民用航空器维修人员	614	3	4	20
其他机械设备修理人员	9261	25	69	575
电力设备安装、运行、检修及供电人员	107975	286	542	5252
电力设备安装人员	16909	38	73	871
发电运行值班人员	6031	40	29	393
输电、配电、变电设备值班人员	2277	6	9	122
电力设备检修人员	14811	47	77	662
供用电人员	15747	55	92	825
生活、生产电力设备安装、操作、修理人员	47318	89	235	2172
其他电力设备安装、运行、检修及供电人员	4882	11	27	207
电子元器件与设备制造、装配、调试及维修人员	204894	500	936	8675
电子器件制造人员	74504	203	332	3190
电子元件制造人员	73358	192	337	2971
电池制造人员	6884	3	39	274
电子设备装配、调试人员	22568	36	57	753
电子产品维修人员	9587	28	93	730
其他电子元器件与设备制造、装配、调试及维修人员	17993	38	78	757
橡胶和塑料制品生产人员	91107	188	433	4388
橡胶制品生产人员	20166	57	107	831
塑料制品加工人员	61399	123	273	2954
其他橡胶和塑料制品生产人员	9542	8	53	603
纺织、针织、印染人员	292843	587	1881	16383
纤维预处理人员	11313	23	86	782
纺纱人员	65919	168	436	3619
织造人员	88037	160	467	4458
针织人员	82033	164	636	5613
印染人员	23779	22	91	676
其他纺织、针织、印染人员	21762	50	165	1235
裁剪、缝纫和皮革制品加工制作人员	797242	1581	4873	46021
裁剪、缝纫人员	558639	1154	3341	31695
鞋帽制作人员	138750	186	653	7477
皮革、毛皮加工人员	50902	132	445	3845
缝纫制品再加工人员	17322	47	147	1037
其他裁剪、缝纫和皮革、毛皮制品加工制作人员	31629	62	287	1967
粮油、食品、饮料生产加工及饲料生产加工人员	162456	570	2157	17314
粮油生产加工人员	33847	150	688	4833
制糖和糖制品加工人员	6391	6	51	494

单位：人

35小时	36-39小时	40小时	41-47小时	48小时	48小时以上	周平均工作时间(小时)
	1	10	2	15	25	47.31
1		17	4	13	32	45.74
		20	1	13	28	45.81
58	40	366	116	171	775	47.81
	1	28	11	54	71	49.77
40	47	2707	290	2373	4676	49.31
1	1	76	3	58	64	45.94
1		14	2	3	17	44.72
	1	2	1	1	15	53.55
	1	4	1	1	3	47.30
		7		2	6	46.67
		1			4	48.33
21	25	820	198	733	2039	50.02
1702	1572	33838	6553	17921	77216	49.31
1546	1462	30888	6049	16437	71429	49.38
21	20	545	93	285	848	48.09
10	5	167	22	110	273	49.21
125	85	2238	389	1089	4666	48.65
1352	1172	32021	4353	13450	49547	48.09
220	220	4506	799	1942	8240	48.57
116	70	2177	196	653	2357	46.92
26	32	783	72	335	892	46.92
167	143	4579	486	1924	6726	48.06
267	187	5195	586	1753	6787	47.21
500	470	13390	2001	6241	22220	48.40
56	50	1391	213	602	2325	48.48
2064	2417	57183	10512	35246	87361	48.24
778	853	20204	4192	12901	31851	48.27
696	897	20779	3627	13100	30759	48.18
53	86	1480	314	1170	3465	49.65
215	222	7226	1098	3938	9023	48.08
139	152	2600	492	1175	4178	47.21
183	207	4894	789	2962	8085	48.61
848	914	19305	3491	13485	48055	50.13
162	216	4335	771	2952	10735	49.92
590	604	12826	2309	9235	32485	50.32
96	94	2144	411	1298	4835	49.37
3104	3205	59478	12300	36916	158989	50.65
163	136	2232	435	1273	6183	50.30
627	762	13830	2673	8090	35714	49.75
861	838	17837	3501	11397	48518	51.01
1059	1077	16861	3747	9327	43549	50.30
172	148	3805	863	3500	14502	54.42
222	244	4913	1081	3329	10523	49.35
9404	10067	165399	39017	101000	419880	50.01
6354	7185	115406	27002	69922	296580	50.13
1631	1620	28237	6886	18963	73097	50.17
707	675	10974	2811	6211	25102	48.76
270	247	4067	776	1893	8838	49.42
442	340	6715	1542	4011	16263	49.41
3553	2637	36823	8946	15358	75098	47.12
849	656	7271	1932	2613	14855	45.62
106	97	2226	331	655	2425	46.21

4-13c 续表 7

职业小类 性 别	合 计	1-8 小时	9-19 小时	20-34 小时
乳品、冷仪器及罐头、饮料制作人员	12329	33	93	1003
酿酒、食品添加剂及调味品制作人员	13303	41	102	999
粮油食品制作人员	40193	164	541	4237
屠宰加工人员	21269	65	275	2469
肉、蛋食品加工人员	8819	45	76	638
饲料生产加工人员	5476	24	100	578
其他粮油、食品、饮料生产加工及饲料生产加工人员	20829	42	231	2063
烟草及其制品加工人员	3202	11	35	336
原烟复烤人员	2281	6	30	266
卷烟生产人员	466		3	21
烟用醋酸纤维丝束滤棒制作人员	52	1		7
其他烟草及其制品加工人员	403	4	2	42
药品生产人员	8836	33	48	358
合成药物制造人员	2962	14	15	93
生物技术制药(品)人员	814	2	2	40
药物制剂人员	1346	3	3	44
中药制药人员	1754	9	18	100
其他药品生产人员	1960	5	10	81
木材加工、人造板生产、木制品制作及制浆、造纸和纸制品生产加工人员	340145	880	2359	22564
木材加工人员	105604	323	928	8308
人造板生产人员	34923	129	294	2765
木材制品制作人员	140374	281	758	7654
制浆人员	2870	8	13	109
造纸人员	14619	21	70	822
纸制品制作人员	20313	25	139	1253
其他木材加工、人造板生产、木制品制作及制浆、造纸和纸制品生产加工人员	21442	93	157	1653
建筑材料生产加工人员	176853	430	1193	11163
水泥及水泥制品生产加工人员	50107	116	333	3171
墙体屋面材料生产人员	55449	165	381	3495
建筑防水密封材料生产人员	2079	4	15	148
建筑保温及吸音材料生产人员	2380	15	28	206
装饰石材生产人员	23364	29	123	1201
非金属矿及其制品生产加工人员	7803	14	68	597
耐火材料生产人员	9141	28	45	406
其他建筑材料生产加工人员	26530	59	200	1939
玻璃、陶瓷、搪瓷及其制品生产加工人员	67670	159	240	2959
玻璃熔制人员	18766	36	69	954
玻璃纤维及其制品生产人员	7015	13	18	292
石英玻璃制品加工人员	2347	5	12	135
陶瓷制品生产人员	30435	91	109	1150
搪瓷制品生产人员	1274	1	1	42
其他玻璃、陶瓷、搪瓷及其制品生产加工人员	7833	13	31	386
广播影视制品制作、播放及文物保护作业人员	4220	25	52	350
影视制品制作人员	688	5	10	63
音像制品制作、复制人员	1385	9	15	111
广播影视舞台设备安装调试及运行操作人员	1207	7	15	75
电影放映人员	427	2	6	56
文物保护作业人员	49	1		1
其他广播影视制品制作、播放及文物保护作业人员	464	1	6	44
印刷人员	26276	44	106	1268
印前处理人员	3396	10	17	185

单位：人

35 小时	36-39 小时	40 小时	41-47 小时	48 小时	48小时 以 上	周平均 工作时间 (小时)
173	172	2990	676	1573	5616	47.79
277	192	3434	724	1568	5966	47.39
818	613	8652	2068	3689	19411	47.63
585	357	4499	1362	1697	9960	46.95
155	114	1952	418	968	4453	48.68
119	116	1226	258	603	2452	46.72
471	320	4573	1177	1992	9960	47.92
101	43	789	202	347	1338	46.20
76	29	503	178	225	968	46.13
11	5	171	17	72	166	46.40
1		9	2	8	24	46.90
13	9	106	5	42	180	46.25
90	102	3000	372	1343	3490	47.30
34	40	952	127	418	1269	47.78
2	5	299	47	107	310	46.89
18	17	468	46	229	518	47.32
16	20	718	78	216	579	45.57
20	20	563	74	373	814	48.27
4264	4767	71783	18451	40157	174920	48.86
1625	1701	21852	6883	11052	52932	48.22
372	496	7565	1883	4441	16978	48.33
1536	1724	29383	6965	16662	75411	49.50
14	19	674	84	354	1595	49.85
157	209	3425	623	1975	7317	48.96
255	229	4544	845	3098	9925	49.02
305	389	4340	1168	2575	10762	48.31
2082	2342	36582	8930	17853	96278	49.31
542	661	11479	2615	5505	25685	48.83
672	765	11224	2879	5399	30469	49.38
27	25	414	81	230	1135	49.26
27	30	518	104	250	1202	48.27
264	258	3940	1229	2046	14274	50.70
97	119	1633	425	662	4188	49.05
64	87	1685	331	1121	5374	50.07
389	397	5689	1266	2640	13951	48.76
655	773	13821	3092	8960	37011	49.87
171	191	4021	703	2608	10013	49.80
84	93	1827	366	1114	3208	48.74
22	15	376	119	376	1287	49.98
280	369	5554	1433	3782	17667	50.31
22	12	299	77	192	628	49.52
76	93	1744	394	888	4208	49.37
81	85	1815	177	375	1260	44.18
9	8	284	25	62	222	44.34
29	34	672	64	85	366	43.24
27	29	567	50	116	321	44.03
10	6	123	21	49	154	44.83
	1	26	2	3	15	44.08
6	7	143	15	60	182	46.54
247	240	6467	1090	4214	12600	49.01
34	40	907	118	525	1560	48.26

4-13c 续表 8

职业小类 性别	合计	1-8 小时	9-19 小时	20-34 小时
印刷操作人员	16606	22	53	718
印后制作人员	3855	7	27	182
其他印刷人员	2419	5	9	183
工艺、美术品制作人员	154393	433	1597	15415
珠宝首饰加工制作人员	8873	24	81	695
地毯制作人员	4573	18	59	494
玩具制作人员	51406	132	302	2832
漆器工艺品制作人员	10276	20	55	689
抽纱、刺绣工艺品制作人员	24206	95	555	4809
金属工艺品制作人员	5625	8	42	430
雕刻工艺品制作人员	11332	50	78	763
美术品制作	1804		13	117
其他工艺、美术品制作人员	36298	86	412	4586
文化教育、体育用品制作人员	13880	42	73	821
文教用品制作人员	6187	22	48	520
体育用品制作人员	3804	16	14	140
乐器制作人员	1999		6	71
其他文化教育、体育用品制作人员	1890	4	5	90
工程施工人员	1463526	3773	10568	96692
土石方施工人员	95990	329	879	7329
砌筑人员	789706	2058	5980	53410
混凝土配制及制品加工人员	93080	266	673	6679
钢筋加工人员	80363	140	417	4214
施工架子搭设人员	35477	78	264	2089
工程防水人员	6549	37	83	568
装饰、装修人员	258729	631	1533	15718
古建筑修建人员	1661	15	15	117
筑路、养护、维修人员	24524	62	169	1315
工程设备安装人员	18286	43	112	916
其他工程施工人员	59161	114	443	4337
运输设备操作人员及有关人员	523274	1458	4153	39435
公(道)路运输机械设备操作及有关人员	480153	1349	3860	36873
铁路、地铁运输机械设备操作及有关人员	3203	12	20	136
民用航空设备操作及有关人员	914	2	10	58
水上运输设备操作及有关人员	7399	14	43	454
起重装卸机械操作及有关人员	19207	44	105	860
其他运输设备操作人员及有关人员	12398	37	115	1054
环境监测与废物处理人员	5090	32	47	358
环境监测人员	476	3	3	25
海洋环境调查与监测人员	177		4	10
废物处理人员	3880	27	32	287
其他环境监测与废物处理人员	557	2	8	36
检验、计量人员	80050	114	214	2218
检验人员	72050	98	164	1839
航空产品检验人员	152		1	13
航天器检验、测试人员	1659	5	19	109
计量人员	3450	3	15	166
其他检验、计量人员	2739	8	15	91
其他生产、运输设备操作人员及有关人员	447498	1226	3539	30124
包装人员	118978	152	431	4918
机泵操作人员	4394	13	21	198
简单体力劳动人员	324126	1061	3087	25008
不便分类的其他从业人员	**19454**	**93**	**297**	**1793**

单位：人

35小时	36-39小时	40小时	41-47小时	48小时	48小时以上	周平均工作时间(小时)
149	141	4125	693	2799	7906	49.20
31	38	795	157	564	2054	49.67
33	21	640	122	326	1080	47.71
2752	2531	33752	9268	17497	71148	47.45
132	149	1735	578	1200	4279	48.13
73	84	1194	235	436	1980	46.39
662	713	12912	2892	7153	23808	48.40
108	135	2114	542	1246	5367	49.04
906	641	4766	1973	1897	8564	43.78
65	66	1375	294	837	2508	47.75
161	143	2182	581	1225	6149	49.40
14	23	429	69	237	902	49.16
631	577	7045	2104	3266	17591	47.33
156	106	3587	580	2324	6191	48.26
86	58	1522	208	962	2761	47.76
37	25	1030	203	816	1523	47.95
13	8	483	94	296	1028	49.86
20	15	552	75	250	879	48.81
18079	19903	301912	74090	139758	798751	49.26
1413	1341	20288	4783	8858	50770	48.64
9554	10818	160948	39786	74015	433137	49.28
1320	1372	19281	4846	9344	49299	48.86
935	1026	16425	4384	7435	45387	50.02
348	445	7216	1848	3176	20013	49.78
82	94	1428	334	702	3221	47.69
3102	3456	52776	12779	26329	142405	49.42
23	22	354	80	143	892	48.43
284	266	6021	1071	2413	12923	48.96
198	193	4012	836	2166	9810	49.54
820	870	13163	3343	5177	30894	48.75
8655	7195	115586	25467	47374	273951	48.97
8111	6647	105725	23618	42851	251119	48.92
47	37	1081	150	266	1454	47.73
16	12	236	43	99	438	48.34
104	128	1438	323	548	4347	50.67
160	181	4407	709	2346	10395	50.14
217	190	2699	624	1264	6198	48.35
84	39	1266	234	604	2426	48.07
4	3	183	26	49	180	46.50
2	1	35	13	24	88	48.84
65	29	882	173	482	1903	48.33
13	6	166	22	49	255	47.34
533	655	21605	3012	14567	37132	49.56
444	578	19322	2687	13602	33316	49.65
3	3	40	7	18	67	47.66
26	29	434	73	136	828	48.26
37	23	952	136	420	1698	49.25
23	22	857	109	391	1223	48.34
5591	5435	98878	20445	55839	226421	48.93
1047	1248	26980	5371	19705	59126	49.77
34	48	1081	158	505	2336	49.69
4510	4139	70817	14916	35629	164959	48.62
339	**272**	**4845**	**1071**	**1870**	**8874**	**46.99**

4-13c 续表 9

职业小类 性　别	合　计	1-8 小时	9-19 小时	20-34 小时
男	**20468226**	**147205**	**546189**	**2839980**
国家机关、党群组织、企业、事业单位负责人	**139733**	**311**	**807**	**6734**
中国共产党中央委员会和地方各级组织负责人	2235	8	15	137
中国共产党中央委员会和地方各级组织负责人	2235	8	15	137
国家机关及其工作机构负责人	6749	26	41	243
国家权力机关及其工作机构负责人	1123	5	12	67
人民政协及其工作机构负责人	419	2	10	23
人民法院负责人	167		6	12
人民检察院负责人	74			1
国家行政机关及其工作机构负责人	3706	8	11	103
其他国家机关及其工作机构负责人	1260	11	2	37
民主党派和社会团体及其工作机构负责人	22798	74	269	2014
民主党派负责人	1052	8	29	189
工会、共青团、妇联、其他人民团体及其工作机构负责人	1734	8	68	280
群众自治组织负责人	18985	56	161	1464
其他社会团体及其工作机构负责人	1027	2	11	81
事业单位负责人	7034	20	64	327
教育教学单位负责人	2448	5	32	119
卫生单位负责人	1103	4	17	70
科研单位负责人	167		1	7
其他事业单位负责人	3316	11	14	131
企业负责人	100917	183	418	4013
企业负责人	100917	183	418	4013
专业技术人员	**404426**	**1573**	**3681**	**25574**
科学研究人员	5472	68	67	638
哲学研究人员	2119	40	39	363
经济学研究人员	113	1	2	14
法学研究人员	120		2	11
社会学研究人员	59		1	5
教育科学研究人员	363	14	4	39
文学、艺术研究人员	78			7
图书馆学、情报学研究人员	88	2	7	10
历史学研究人员	20			
管理科学研究人员	232	1	1	15
数学研究人员	863	1	3	91
物理学研究人员	55			5
化学研究人员	184	6		3
天文学研究人员	39			3
地球科学研究人员	49		3	1
生物科学研究人员	102			9
农业科学研究人员	488	1	3	41
医学研究人员	280	2	1	18
其他科学研究人员	220		1	3
工程技术人员	121575	349	686	5560
地质勘探工程技术人员	1307	1	4	86
测绘工程技术人员	1220	4	7	67
矿山工程技术人员	5992	12	38	265
石油工程技术人员	669		5	20
冶金工程技术人员	2186	9	12	86
化工工程技术人员	1887	8	6	71
机械工程技术人员	9821	27	35	342

单位：人

35 小时	36-39 小时	40 小时	41-47 小时	48 小时	48小时 以 上	周平均 工作时间 (小时)
515287	**384314**	**4338713**	**1287109**	**1573571**	**8835858**	**45.22**
1719	**1206**	**40581**	**4942**	**15368**	**68065**	**48.75**
37	19	1014	65	177	763	45.08
37	19	1014	65	177	763	45.08
83	60	3876	186	450	1784	44.22
12	14	605	27	77	304	43.74
4	3	176	19	31	151	46.29
4	1	78	9	5	52	43.58
		51	1	5	16	44.09
44	32	2251	97	250	910	44.10
19	10	715	33	82	351	44.40
468	273	7512	994	2050	9144	45.74
42	12	212	73	63	424	43.74
32	15	545	62	147	577	42.68
376	231	6388	822	1751	7736	46.11
18	15	367	37	89	407	46.02
106	49	3777	211	621	1859	44.16
39	13	1492	71	170	507	42.86
23	17	424	40	104	404	45.32
3		72	6	13	65	46.71
41	19	1789	94	334	883	44.61
1025	805	24402	3486	12070	54515	50.13
1025	805	24402	3486	12070	54515	50.13
6255	**4468**	**161930**	**15979**	**38634**	**146332**	**45.79**
166	152	2123	317	354	1587	43.15
66	33	737	108	115	618	41.92
4	1	32	4	6	49	45.05
1	2	50	3	5	46	44.98
2	4	12	4	4	27	47.54
2	7	93	20	27	157	44.56
	3	28	2	4	34	45.22
3		32	7	2	25	40.66
1		4	1	3	11	49.20
6	4	64	11	30	100	47.56
56	84	478	87	23	40	39.42
2	1	16	3	6	22	46.80
		83	8	12	72	46.35
		15	4	5	12	45.03
1		21	8	2	13	43.84
	2	32	8	13	38	47.74
12	5	200	24	39	163	44.97
3	2	118	8	36	92	45.38
7	4	108	7	22	68	45.98
1180	1228	34753	5211	15435	57173	48.50
12	11	368	62	123	640	48.81
14	8	457	64	130	469	46.62
60	73	1581	223	675	3065	48.93
5	1	245	12	63	318	48.99
24	28	694	80	307	946	47.73
13	10	625	91	269	794	47.58
83	68	2751	429	1738	4348	48.57

4-13c 续表 10

职业小类 性 别	合 计	1-8 小时	9-19 小时	20-34 小时
兵器工程技术人员	109			1
航空工程技术人员	204		3	10
航天工程技术人员	213	2	3	14
电子工程技术人员	5963	18	25	191
通信工程技术人员	2489	5	5	93
计算机与应用工程技术人员	4542	11	19	152
电气工程技术人员	2583	7	10	78
电力工程技术人员	9121	32	42	429
邮政工程技术人员	285			18
广播、电影、电视工程技术人员	919	3	5	49
交通工程技术人员	3022	16	20	180
民用航空工程技术人员	375	2	6	33
铁路工程技术人员	2137	4	13	105
建筑工程技术人员	39411	101	266	2236
建材工程技术人员	4685	11	32	232
林业工程技术人员	1070	16	18	75
水利工程技术人员	1516	6	8	57
海洋工程技术人员	91	2	2	5
水产工程技术人员	217	1	2	18
纺织工程技术人员	3081	8	25	108
食品工程技术人员	2034	6	18	100
气象工程技术人员	158	1		4
地震工程技术人员	182			13
环境保护工程技术人员	397	2	2	11
安全工程技术人员	1955	2	7	58
标准化、计量、质量工程技术人员	1994	4	8	58
管理(工业)工程技术人员	6970	25	22	187
其他工程技术人员	2770	3	18	108
农业技术人员	16233	107	363	2174
土壤肥料技术人员	1958	9	75	479
植物保护技术人员	1001	7	28	86
园艺技术人员	3307	12	50	437
作物遗传育种栽培技术人员	769	2	9	32
兽医、兽药技术人员	3832	25	63	439
畜牧与草业技术人员	1659	20	59	252
其他农业技术人员	3707	32	79	449
飞机和船舶技术人员	2565	6	24	122
飞行人员和领航人员	526	3	5	44
船舶指挥和引航人员	1585	1	16	66
其他飞机和船舶技术人员	454	2	3	12
卫生专业技术人员	56841	200	459	3861
西医医师	23265	81	173	1442
中医医师	5091	17	41	398
中西医结合医师	10789	39	106	821
民族医生	596	1	6	46
公共卫生医师	2572	8	25	168
药剂人员	1837	7	13	84
医疗技术人员	4623	13	37	314
护理人员	3371	16	21	219
其他卫生专业技术人员	4697	18	37	369
经济业务人员	41400	129	230	2055
经济计划人员	3343	16	38	269
统计人员	3829	8	21	178
会计人员	31584	91	151	1450
审计人员	366	1		15
国际商务人员	222	1		13
其他经济业务人员	2056	12	20	130

单位：人

35 小时	36-39 小时	40 小时	41-47 小时	48 小时	48小时 以 上	周平均 工作时间 (小时)
3		47	5	18	35	46.62
2	3	64	11	19	92	47.63
4	4	50	14	15	107	47.58
47	66	2002	266	990	2358	47.92
35	24	990	94	292	951	46.90
44	37	1809	179	634	1657	47.03
16	17	825	95	414	1121	48.39
106	90	2971	350	1092	4009	47.77
2	1	115	8	46	95	46.02
12	8	365	37	101	339	46.21
38	28	784	150	348	1458	48.51
6	5	88	18	43	174	48.05
13	17	624	70	282	1009	48.59
418	442	9732	1847	4002	20367	48.95
50	60	1157	222	481	2440	49.14
15	8	404	45	113	376	45.12
14	11	641	62	180	537	46.17
1		29	6	6	40	45.75
8	8	59	20	14	87	46.19
17	37	711	137	458	1580	50.08
31	27	494	99	250	1009	48.84
2	1	69	3	15	63	47.15
1	1	45	5	29	88	48.16
5	7	159	11	48	152	46.99
12	24	558	76	311	907	48.75
8	14	681	75	334	812	48.09
34	58	1746	229	1236	3433	49.79
25	31	813	116	359	1297	48.69
369	216	4572	700	1233	6499	44.53
21	25	541	48	125	635	41.18
12	11	325	44	114	374	45.09
81	58	848	193	330	1298	45.12
9	7	169	24	40	477	48.57
92	57	1284	183	280	1409	44.49
50	19	398	95	133	633	43.87
104	39	1007	113	211	1673	45.11
26	35	502	72	233	1545	52.16
8	7	124	23	69	243	47.36
13	24	246	32	103	1084	54.63
5	4	132	17	61	218	49.11
894	609	15640	2522	5073	27583	48.09
341	222	6483	918	2115	11490	48.43
98	69	1437	242	464	2325	47.26
180	111	2641	533	876	5482	48.32
15	5	177	37	42	267	46.98
25	30	657	132	222	1305	48.56
25	15	619	77	205	792	47.56
73	56	1340	228	433	2129	47.54
41	42	1041	138	340	1513	47.61
96	59	1245	217	376	2280	47.77
546	444	14479	1544	5136	16837	46.99
52	43	825	114	376	1610	48.04
45	31	1455	112	511	1468	46.92
402	345	11275	1211	3904	12755	46.94
6	2	173	16	43	110	45.49
2		76	13	60	57	45.97
39	23	675	78	242	837	46.60

4-13c 续表 11

职业小类 性　别	合　计	1-8 小时	9-19 小时	20-34 小时
金融业务人员	10175	31	88	628
银行业务人员	5014	17	41	217
保险业务人员	3982	12	42	332
证券业务人员	435		3	43
其他金融业务人员	744	2	2	36
法律专业人员	2163	3	11	144
法官	452	1	1	20
检察官	140		1	25
律师	762	1	4	54
公证员	101			8
司法鉴定人员	103		1	
书记员	136			8
其他法律专业人员	469	1	4	29
教学人员	128078	467	1093	7770
高等教育教师	1928	19	27	91
中等职业教育教师	3448	16	26	184
中学教师	42090	151	396	2501
小学教师	74810	253	583	4619
幼儿教师	2264	9	22	173
特殊教育教师	224		2	8
其他教学人员	3314	19	37	194
文学艺术工作人员	6916	33	154	728
文艺创作和评论人员	163		5	15
编导和音乐指挥人员	68		3	11
演员	1082	9	51	246
乐器演奏员	830	14	62	234
电影、电视制作及舞台专业人员	211		6	23
美术专业人员	585	5	10	36
工艺美术专业人员	3626	3	10	120
其他文学艺术工作人员	351	2	7	43
体育工作人员	234	2	1	37
体育工作人员	234	2	1	37
新闻出版、文化工作人员	1764	6	12	82
记者	311	2	3	14
编辑	333	2	1	14
校对员	116			9
播音员及节目主持人	128		2	3
翻译	169	1		5
图书资料与档案业务人员	272			10
考古及文物保护工作人员	41		5	1
其他新闻出版、文化工作人员	394	1	1	26
宗教职业者	5826	154	461	1486
宗教职业者	5826	154	461	1486
其他专业技术人员	5184	18	32	289
其他专业技术人员	5184	18	32	289
办事人员和有关人员	**230478**	**534**	**875**	**8197**
行政办公人员	68538	173	282	2419
行政业务人员	33916	95	181	1335
行政事务人员	24438	56	69	729
其他行政办公人员	10184	22	32	355
安全保卫和消防人员	133780	280	440	4385
人民警察	7655	20	19	194
治安保卫人员	107990	201	360	3587
消防人员	1429	3	4	37
其他安全保卫和消防人员	16706	56	57	567

单位：人

35 小时	36-39 小时	40 小时	41-47 小时	48 小时	48小时 以 上	周平均 工作时间 （小时）
171	93	4518	374	1147	3125	44.77
76	37	2478	162	548	1438	44.53
78	50	1542	173	443	1310	44.85
7	4	179	8	67	124	44.63
10	2	319	31	89	253	45.96
37	24	1042	80	199	623	44.47
13	7	171	16	43	180	46.72
1	1	56	5	17	34	42.59
11	4	386	30	68	204	44.15
1		55	5	10	22	43.44
	2	63	7	6	24	44.20
2	3	66	5	16	36	44.59
9	7	245	12	39	123	43.65
2489	1391	78850	4122	7878	24018	42.33
62	23	1268	50	98	290	41.45
69	40	2060	101	268	684	42.85
726	455	26266	1299	2619	7677	42.22
1539	807	46729	2429	4327	13524	42.20
44	30	1073	102	197	614	43.65
7	6	101	13	25	62	44.97
42	30	1353	128	344	1167	45.45
109	85	1933	345	799	2730	45.45
2	3	57	15	12	54	43.99
2		19	6	5	22	42.03
39	12	253	53	95	324	40.84
27	23	162	41	40	227	38.31
1	3	63	17	23	75	45.17
3	6	166	26	50	283	47.40
29	33	1099	162	549	1621	48.42
6	5	114	25	25	124	44.16
3	4	85	9	36	57	42.81
3	4	85	9	36	57	42.81
30	15	792	67	199	561	45.33
6	3	153	14	24	92	44.72
6	3	151	18	39	99	44.90
4	2	40	7	15	39	45.03
2		68	3	8	42	45.12
2	2	76	4	34	45	45.37
6		121	9	25	101	46.78
		22		4	9	40.61
4	5	161	12	50	134	45.79
178	108	1197	403	302	1537	38.19
178	108	1197	403	302	1537	38.19
57	64	1444	213	610	2457	48.25
57	64	1444	213	610	2457	48.25
2357	**2140**	**79135**	**7881**	**30800**	**98559**	**48.30**
870	576	31060	2232	8964	21962	45.95
440	327	15844	1134	3801	10759	45.63
312	163	10904	765	3649	7791	46.22
118	86	4312	333	1514	3412	46.37
1119	1279	38216	4575	18085	65401	49.76
83	44	4115	178	805	2197	45.52
894	1041	29274	3735	14813	54085	50.02
17	18	505	54	208	583	48.14
125	176	4322	608	2259	8536	50.16

4-13c 续表 12

职业小类 性 别	合 计	1-8 小时	9-19 小时	20-34 小时
邮政和电信业务人员	10975	39	62	596
邮政业务人员	4298	16	33	258
电信业务人员	3578	14	17	170
电信通信传输业务人员	2127	5	5	107
其他邮政和电信业务人员	972	4	7	61
其他办事人员和有关人员	17185	42	91	797
其他办事人员和有关人员	17185	42	91	797
商业、服务业人员	**1258769**	**4135**	**12662**	**99521**
购销人员	654218	1988	6882	54054
营业人员	470858	1523	5204	39026
推销、展销人员	82761	222	633	5626
采购人员	19034	63	164	1567
拍卖、典当及租赁业务人员	965	10	14	105
废旧物资回收利用人员	45527	84	402	4183
粮油管理人员	1353	6	41	157
商品监督和市场管理人员	3582	4	16	195
其他购销人员	30138	76	408	3195
仓储人员	47045	123	202	1905
保管人员	30512	61	97	929
储运人员	13444	47	87	816
其他仓储人员	3089	15	18	160
餐饮服务人员	183753	561	1412	11934
中餐烹饪人员	100274	268	640	5823
西餐烹饪人员	2190	6	14	119
调酒和茶艺人员	600	3	5	46
营养配餐人员	994	3	17	58
餐厅服务人员	61806	225	569	4580
其他餐饮服务人员	17889	56	167	1308
饭店、旅游及健身娱乐场所服务人员	34312	153	340	2372
饭店服务人员	25676	109	249	1764
旅游及公共游览场所服务人员	2694	7	27	166
健身和娱乐场所服务人员	3662	32	31	246
其他饭店、旅游及健身娱乐场所服务人员	2280	5	33	196
运输服务人员	143188	450	1205	11936
公路、道路运输服务人员	116021	372	1011	9865
铁路客货运输服务人员	3521	14	22	275
航空运输服务人员	652	10	6	30
水上运输服务人员	3222	3	24	279
其他运输服务人员	19772	51	142	1487
医疗卫生辅助服务人员	4898	28	48	321
医疗卫生辅助服务人员	4898	28	48	321
社会服务和居民生活服务人员	162060	722	2225	14506
社会中介服务人员	6656	27	97	603
物业管理人员	8034	84	74	495
供水、供热及生活燃料供应服务人员	12951	22	88	589
美容美发人员	30959	129	391	2882
摄影服务人员	2816	8	48	266
验光配镜人员	509	2		22
洗染织补人员	4083	24	34	319
浴池服务人员	6295	35	71	542
印章刻字人员	378	2	4	33
日用机电产品维修人员	30635	104	334	2592
办公设备维修人员	2227	8	9	125

单位：人

35小时	36-39小时	40小时	41-47小时	48小时	48小时以上	周平均工作时间（小时）
148	136	3869	479	1479	4167	46.52
65	59	1608	189	624	1446	45.67
44	42	1220	152	451	1468	47.10
24	24	727	93	286	856	47.10
15	11	314	45	118	397	46.93
220	149	5990	595	2272	7029	47.48
220	149	5990	595	2272	7029	47.48
21185	**16732**	**283830**	**65220**	**119214**	**636270**	**48.51**
11714	8742	145121	34646	58315	332756	48.50
8533	6339	101956	25012	40225	243040	48.67
1186	987	21188	3854	9734	39331	48.10
361	235	4384	1040	1945	9275	48.02
24	6	244	50	104	408	46.39
908	633	9215	2733	3404	23965	48.54
20	15	322	98	107	587	45.72
44	31	990	145	414	1743	48.71
638	496	6822	1714	2382	14407	47.42
433	432	12027	1933	6801	23189	49.35
246	247	8130	1162	4832	14808	49.57
156	148	3128	640	1559	6863	48.90
31	37	769	131	410	1518	49.08
2775	2192	39663	9124	17887	98205	49.51
1460	1138	21124	4807	9816	55198	50.04
38	28	444	92	242	1207	50.24
6	12	139	25	76	288	47.93
16	7	215	66	93	519	49.36
920	802	13908	3205	6102	31495	48.69
335	205	3833	929	1558	9498	49.29
491	423	8232	1725	3526	17050	48.53
352	321	6079	1307	2535	12960	48.70
44	35	822	114	346	1133	47.08
54	43	859	164	409	1824	48.71
41	24	472	140	236	1133	48.01
2492	2266	32129	7883	13148	71679	48.30
2026	1825	25788	6497	10437	58200	48.26
45	62	1051	134	336	1582	47.26
5	8	231	34	84	244	46.87
61	59	813	184	305	1494	48.08
355	312	4246	1034	1986	10159	48.84
70	44	1270	248	442	2427	48.14
70	44	1270	248	442	2427	48.14
2729	2181	38699	8119	16404	76475	47.48
107	103	1729	316	614	3060	47.01
97	84	2258	321	1051	3570	47.68
149	109	3312	470	1504	6708	49.68
549	479	6668	1666	2618	15577	48.15
41	43	728	117	221	1344	46.98
3	6	118	25	71	262	49.60
61	37	920	248	427	2013	48.64
103	91	1485	360	550	3058	48.30
8	4	87	17	46	177	47.47
493	445	6833	1709	2939	15186	47.88
34	23	571	102	325	1030	48.14

4-13c 续表 13

职业小类 性　别	合　计	1-8 小时	9-19 小时	20-34 小时
保育、家庭服务人员	4500	34	183	622
环境卫生人员	27730	124	437	2679
殡葬服务人员	1634	25	60	337
其他社会服务和居民生活服务人员	22653	94	395	2400
其他商业、服务业人员	29295	110	348	2493
其他商业、服务业人员	29295	110	348	2493
农、林、牧、渔、水利业生产人员	**14281562**	**130539**	**504079**	**2474989**
种植业生产人员	13600024	126636	487631	2376465
大田作物生产人员	12562750	122133	467669	2242898
农业实验人员	8345	56	281	1345
园艺作物生产人员	754290	3018	13749	94200
热带作物生产人员	44199	154	626	4857
中药材生产人员	35507	185	738	4791
农副林特产品加工人员	33856	137	686	5253
其他种植业生产人员	161077	953	3882	23121
林业生产及野生动植物保护人员	81209	432	1575	11419
营造林人员	43039	243	974	6936
森林资源管护人员	11384	72	171	1181
野生动植物保护及自然保护区人员	775	5	11	60
木材采运人员	13432	77	277	1939
其他林业生产及野生动植物保护人员	12579	35	142	1303
畜牧业生产人员	437657	2699	11741	64805
家畜饲养人员	329027	2069	9179	51010
家禽饲养人员	73936	466	2045	10309
蜜蜂饲养人员	3675	30	92	676
实验动物饲养人员	298	3	5	45
动物疫病防治人员	3541	20	84	390
草业生产人员	536	3	7	32
其他畜牧业生产人员	26644	108	329	2343
渔业生产人员	146686	524	2622	20600
水产养殖人员	98493	299	1758	14613
水产捕捞及有关人员	42250	203	790	5459
水产品加工人员	4356	9	53	336
其他渔业生产人员	1587	13	21	192
水利设施管理养护人员	7053	211	399	853
河道、水库管养人员	4444	204	340	633
农田灌排工程建设管理维护人员	1162	7	39	115
水土保持作业人员	224		3	23
水文勘测作业人员	195		4	16
其他水利设施管理养护人员	1028		13	66
其他农、林、牧、渔、水利业生产人员	8933	37	111	847
农林专用机械操作人员	8506	36	103	818
农村能源开发利用人员	427	1	8	29
生产、运输设备操作人员及有关人员	**4141276**	**10056**	**23928**	**224091**
勘测及矿物开采人员	180322	700	1047	9340
地质勘查人员	4987	48	169	392
测绘人员	1035	2	3	41
矿物开采人员	148580	561	718	7605
矿物处理人员	13526	55	106	745
钻井人员	3150	13	14	156
石油、天然气开采人员	2769	6	10	72
盐业生产人员	1917	5	5	123
其他勘测及矿物开采人员	4358	10	22	206

单位：人

35 小时	36-39 小时	40 小时	41-47 小时	48 小时	48小时 以 上	周平均 工作时间 (小时)
106	80	1085	279	388	1723	44.05
543	346	7491	1280	3381	11449	46.18
32	28	367	61	119	605	42.56
403	303	5047	1148	2150	10713	46.98
481	452	6689	1542	2691	14489	47.88
481	452	6689	1542	2691	14489	47.88
436074	**311278**	**2875632**	**997609**	**884517**	**5666845**	**43.57**
413771	297457	2747796	947254	843313	5359701	43.46
385011	277729	2553976	873752	777037	4862545	43.22
177	200	1733	580	511	3462	44.19
19846	13705	142572	52389	48312	366499	46.57
2255	956	6918	4349	2904	21180	46.49
766	849	6549	2548	2550	16531	46.26
960	606	6431	2402	2427	14954	45.44
4756	3412	29617	11234	9572	74530	45.72
2480	1824	18374	5840	5635	33630	44.95
1548	1081	9473	3149	2938	16697	43.97
247	162	3690	603	915	4343	45.20
15	9	158	42	76	399	47.87
352	310	2881	948	915	5733	45.10
318	262	2172	1098	791	6458	47.74
14468	8672	77539	32788	24016	200929	45.68
11703	6771	57255	25812	17559	147669	45.31
1947	1389	13910	4820	4496	34554	46.02
106	64	776	215	209	1507	44.13
17	10	78	27	17	96	43.16
83	61	1110	189	253	1351	44.67
14	9	178	40	35	218	47.32
598	368	4232	1685	1447	15534	49.63
5052	3098	27929	10936	10376	65549	46.05
3461	2013	19154	7824	7059	42312	45.45
1448	972	7597	2818	2858	20105	47.14
75	67	924	214	310	2368	48.62
68	46	254	80	149	764	47.26
152	103	2167	296	521	2351	42.25
104	73	1266	209	288	1327	40.01
20	11	385	39	84	462	45.23
2	4	74	11	17	90	45.57
2	4	72	6	19	72	45.38
24	11	370	31	113	400	47.24
151	124	1827	495	656	4685	48.71
144	119	1749	469	626	4442	48.69
7	5	78	26	30	243	49.26
47504	**48335**	**894663**	**194847**	**483893**	**2213959**	**49.58**
2236	2267	41940	8653	19654	94485	48.81
68	74	1230	248	493	2265	46.51
7	9	318	36	134	485	48.80
1876	1886	34710	7432	16409	77383	48.74
133	151	2910	464	1295	7667	49.51
19	47	657	132	271	1841	50.13
8	24	770	81	283	1515	50.82
67	21	463	76	170	987	48.29
58	55	882	184	599	2342	49.48

4-13c 续表 14

职业小类 性　别	合　计	1-8 小时	9-19 小时	20-34 小时
金属冶炼、轧制人员	88370	187	377	3153
炼铁人员	12561	37	63	434
炼钢人员	15964	40	68	450
铁合金冶炼人员	3861	6	20	121
重有色金属冶炼人员	3251	12	12	106
轻有色金属冶炼人员	4863	6	15	190
稀贵金属冶炼人员	1012	3	5	41
半导体材料制备人员	784			15
金属轧制人员	29023	46	123	1032
铸铁管人员	4039	4	8	160
炭素制品生产人员	2943	7	16	147
硬质合金生产人员	1934	1	16	131
其他金属冶炼、轧制人员	8135	25	31	326
化工产品生产人员	52243	115	264	2328
化工产品生产通用工艺人员	8935	15	39	303
石油炼制生产人员	1094	2	2	21
煤化工生产人员	6950	21	40	338
化学肥料生产人员	5079	14	44	255
无机化工产品生产人员	2046	1	3	54
基本有机化工产品生产人员	562			7
合成树脂生产人员	1349	2	7	41
合成橡胶生产人员	2340	4	9	79
化学纤维生产人员	3055	1	6	57
合成革生产人员	2221	7	25	131
精细化工产品生产人员	4110	9	29	174
信息记录材料生产人员	692	5	9	68
火药、炸药制造人员	4860	17	20	369
林产化工产品生产人员	876	2	4	88
复合材料加工人员	1014	1	1	34
日用化学品生产人员	3484	6	14	166
其他化工产品生产人员	3576	8	12	143
机械制造加工人员	273370	436	1056	9158
机械冷加工人员	116102	199	595	4397
机械热加工人员	99299	149	337	3232
特种加工设备操作人员	4237	11	18	115
冷作钣金加工人员	6421	1	12	111
工件表面处理加工人员	16982	20	19	376
磨料磨具制造加工人员	12203	24	24	373
航天器件加工成型人员	309		1	12
其他机械制造加工人员	17817	32	50	542
机电产品装配人员	134783	181	439	4297
基础件、部件装配人员	17016	21	53	545
机械设备装配人员	15585	14	33	306
动力设备装配人员	3142	2	8	71
电气元件及设备装配人员	15661	34	54	546
电子专用设备装配调试人员	5051	8	9	203
仪器仪表装配人员	3819	6	10	84
运输车辆装配人员	12442	13	50	540
膜法水处理设备制造人员	147			14
医疗器械装配及假肢与矫形器制作人员	1024	2	5	35
日用机械电器制造装配人员	10028	10	26	292
五金制品制作、装配人员	38271	57	156	1374
装甲车辆装试人员	113	3	3	7

单位：人

35小时	36-39小时	40小时	41-47小时	48小时	48小时以上	周平均工作时间（小时）
783	901	19463	3351	11516	48639	50.30
102	141	2681	443	1442	7218	50.19
125	167	3861	456	2281	8516	49.97
30	34	758	148	517	2227	50.77
29	24	723	127	388	1830	50.07
33	66	1208	216	595	2534	49.58
18	7	269	36	143	490	48.83
7	16	261	18	110	357	48.89
266	269	6059	1238	3819	16171	50.80
35	42	848	116	505	2321	50.73
43	28	608	160	365	1569	49.22
22	26	418	86	262	972	49.17
73	81	1769	307	1089	4434	50.39
456	566	13179	2346	7504	25485	48.98
63	67	2312	305	1416	4415	49.18
8	13	326	33	176	513	49.04
59	63	1657	288	998	3486	48.72
37	71	1367	288	662	2341	47.95
22	16	620	31	286	1013	48.99
2	6	162	16	87	282	49.93
13	10	319	69	214	674	49.67
22	27	505	159	296	1239	50.34
1	18	745	101	473	1653	50.91
27	29	370	78	311	1243	52.65
38	41	954	174	708	1983	48.95
5	7	163	38	75	322	46.89
49	100	1350	369	460	2126	46.91
25	17	147	38	102	453	48.35
8	5	244	40	148	533	50.37
45	42	1020	173	592	1426	47.90
32	34	918	146	500	1783	49.25
1837	2135	58474	9801	46810	143663	50.09
827	883	24610	4091	21164	59336	49.76
640	858	21239	3556	15134	54154	50.35
37	29	997	167	767	2096	49.39
26	35	1376	212	1244	3404	50.64
84	106	3378	556	3177	9266	51.39
80	72	2665	478	2220	6267	49.98
	1	95	12	54	134	47.97
143	151	4114	729	3050	9006	49.71
1059	1114	31883	5444	24970	65396	49.55
136	153	4215	678	3342	7873	49.17
75	115	3801	571	3118	7552	49.85
22	18	811	104	692	1414	49.48
136	132	3562	599	3081	7517	49.42
44	57	1467	219	798	2246	48.49
24	37	883	143	703	1929	49.90
115	116	3362	523	1986	5737	48.74
1		47	6	13	66	48.22
7	7	316	29	206	417	48.28
77	70	2272	404	2099	4778	49.79
355	337	7979	1732	6345	19936	50.03
4	1	20	5	7	63	46.97

4-13c 续表 15

职业小类 性 别	合 计	1-8 小时	9-19 小时	20-34 小时
枪炮制造人员	38			5
弹制造人员	45		1	3
引信加工制造人员	41			4
火工品制造人员	788		3	54
防化器材制造人员	99	1		2
船舶制造人员	8984	4	19	146
航空产品装配与调试人员	165	4		4
航空产品试验人员	25	1		3
导弹卫星装配测试人员	13			
火箭发动机装配试验人员	5			
航天器结构强度、温度、环境试验人员	8			
靶场试验人员	6			1
其他机电产品装配人员	2267	1	9	58
机械设备修理人员	132619	329	728	6306
机械设备维修人员	122612	299	666	5756
仪器仪表修理人员	1493	4	7	63
民用航空器维修人员	394	3	2	10
其他机械设备修理人员	8120	23	53	477
电力设备安装、运行、检修及供电人员	96649	245	454	4484
电力设备安装人员	15239	36	57	751
发电运行值班人员	4494	20	21	258
输电、配电、变电设备值班人员	1831	4	6	94
电力设备检修人员	13596	44	65	583
供用电人员	14156	47	77	729
生活、生产电力设备安装、操作、修理人员	43245	84	204	1898
其他电力设备安装、运行、检修及供电人员	4088	10	24	171
电子元器件与设备制造、装配、调试及维修人员	104284	279	406	4028
电子器件制造人员	36731	116	133	1377
电子元件制造人员	35608	102	124	1254
电池制造人员	3870	1	21	147
电子设备装配、调试人员	11387	16	31	347
电子产品维修人员	7237	22	58	531
其他电子元器件与设备制造、装配、调试及维修人员	9451	22	39	372
橡胶和塑料制品生产人员	47021	90	160	1564
橡胶制品生产人员	12219	36	55	436
塑料制品加工人员	29949	51	92	971
其他橡胶和塑料制品生产人员	4853	3	13	157
纺织、针织、印染人员	86242	146	395	3109
纤维预处理人员	3909	5	27	190
纺纱人员	15341	40	91	659
织造人员	23293	46	112	953
针织人员	21265	31	94	780
印染人员	14059	9	30	273
其他纺织、针织、印染人员	8375	15	41	254
裁剪、缝纫和皮革制品加工制作人员	251629	506	1221	10259
裁剪、缝纫人员	151244	337	747	6034
鞋帽制作人员	60219	78	198	2145
皮革、毛皮加工人员	22574	49	175	1368
缝纫制品再加工人员	5427	15	51	205
其他裁剪、缝纫和皮革、毛皮制品加工制作人员	12165	27	50	507
粮油、食品、饮料生产加工及饲料生产加工人员	89605	294	1018	8156
粮油生产加工人员	19740	82	329	2300
制糖和糖制品加工人员	3160	1	19	164

单位：人

35 小时	36-39 小时	40 小时	41-47 小时	48 小时	48小时 以　上	周平均 工作时间 (小时)
		5	1	6	21	48.45
		12	2	6	21	46.53
		17		7	13	45.07
25	18	171	67	82	368	48.78
	1	20	10	18	47	50.06
27	36	2399	247	1986	4120	49.41
1	1	58	2	45	50	46.01
		8	1	2	10	44.32
	1	2		1	9	51.54
	1			1	3	53.60
		2		2	4	49.25
		1			4	48.33
10	13	453	101	424	1198	50.31
1457	1370	29892	5764	16274	70499	49.64
1332	1283	27437	5331	15043	65465	49.70
17	16	422	74	208	682	48.17
7	3	103	15	64	187	49.40
101	68	1930	344	959	4165	48.92
1182	1029	28129	3901	12068	45157	48.27
185	196	3979	734	1765	7536	48.72
82	51	1587	147	478	1850	47.44
16	26	609	64	279	733	47.25
153	130	4160	439	1771	6251	48.16
241	171	4523	537	1574	6257	47.41
457	414	12144	1798	5692	20554	48.52
48	41	1127	182	509	1976	48.57
1010	1174	28735	5443	17519	45690	48.46
375	396	9850	2133	6266	16085	48.51
318	431	9999	1748	6338	15294	48.40
33	44	835	179	647	1963	49.81
99	98	3627	588	1862	4719	48.32
105	101	1895	373	891	3261	47.59
80	104	2529	422	1515	4368	48.82
329	416	9765	1743	7306	25648	50.82
83	117	2522	472	1857	6641	50.25
219	249	6158	1071	4758	16380	51.08
27	50	1085	200	691	2627	50.65
678	664	16772	3628	11345	49505	52.15
48	40	735	131	443	2290	51.59
134	115	3022	717	1819	8744	50.71
193	181	4795	928	2786	13299	51.69
181	205	4128	896	2486	12464	52.54
69	67	2178	497	2173	8763	55.23
53	56	1914	459	1638	3945	50.14
2431	2575	50739	12105	32447	139346	50.88
1378	1574	30199	7125	19083	84767	51.09
573	590	11987	2930	8389	33329	50.99
275	253	4868	1206	2823	11557	49.43
63	56	1214	239	581	3003	50.60
142	102	2471	605	1571	6690	50.60
1863	1320	19955	5015	8461	43523	47.85
452	328	4153	1114	1625	9357	46.81
35	35	1148	150	334	1274	47.14

4-13c 续表 16

职业小类 性 别	合 计	1-8 小时	9-19 小时	20-34 小时
乳品、冷仪器及罐头、饮料制作人员	5612	20	29	352
酿酒、食品添加剂及调味品制作人员	8241	18	58	518
粮油食品制作人员	19940	72	219	1686
屠宰加工人员	14531	44	181	1668
肉、蛋食品加工人员	4445	22	35	302
饲料生产加工人员	3686	16	53	294
其他粮油、食品、饮料生产加工及饲料生产加工人员	10250	19	95	872
烟草及其制品加工人员	1709	8	17	148
原烟复烤人员	1219	5	14	117
卷烟生产人员	255		1	9
烟用醋酸纤维丝束滤棒制作人员	18	1		2
其他烟草及其制品加工人员	217	2	2	20
药品生产人员	4773	16	18	155
合成药物制造人员	1666	6	10	44
生物技术制药(品)人员	479	1		17
药物制剂人员	739	1		20
中药制药人员	878	5	3	35
其他药品生产人员	1011	3	5	39
木材加工、人造板生产、木制品制作及制浆、造纸和纸制品生产加工人员	247872	638	1377	13703
木材加工人员	77984	226	544	5112
人造板生产人员	19925	69	135	1250
木材制品制作人员	116880	241	558	5757
制浆人员	2075	5	7	52
造纸人员	8638	10	30	369
纸制品制作人员	9581	12	32	362
其他木材加工、人造板生产、木制品制作及制浆、造纸和纸制品生产加工人员	12789	75	71	801
建筑材料生产加工人员	137317	339	777	7579
水泥及水泥制品生产加工人员	40276	92	231	2301
墙体屋面材料生产人员	42169	123	262	2343
建筑防水密封材料生产人员	1555	4	7	92
建筑保温及吸音材料生产人员	1681	14	14	124
装饰石材生产人员	18951	20	77	819
非金属矿及其制品生产加工人员	5553	9	39	342
耐火材料生产人员	6717	28	27	257
其他建筑材料生产加工人员	20415	49	120	1301
玻璃、陶瓷、搪瓷及其制品生产加工人员	37995	87	105	1396
玻璃熔制人员	11411	21	27	470
玻璃纤维及其制品生产人员	3819	6	3	121
石英玻璃制品加工人员	1314	2	7	54
陶瓷制品生产人员	16639	53	52	561
搪瓷制品生产人员	550		1	14
其他玻璃、陶瓷、搪瓷及其制品生产加工人员	4262	5	15	176
广播影视制品制作、播放及文物保护作业人员	2723	14	38	217
影视制品制作人员	346	1	5	33
音像制品制作、复制人员	863	4	11	63
广播影视舞台设备安装调试及运行操作人员	836	6	12	43
电影放映人员	318	2	6	46
文物保护作业人员	25			1
其他广播影视制品制作、播放及文物保护作业人员	335	1	4	31
印刷人员	14614	22	44	603
印前处理人员	1908	6	10	91

单位：人

35小时	36-39小时	40小时	41-47小时	48小时	48小时以上	周平均工作时间（小时）
54	59	1343	318	723	2714	48.76
150	118	2151	453	967	3808	47.85
379	249	4168	1011	1824	10332	48.70
427	246	3068	1012	1117	6768	46.90
85	62	966	213	495	2265	48.91
70	72	822	170	417	1772	47.91
211	151	2136	574	959	5233	48.75
59	22	417	102	167	769	47.10
41	13	260	89	108	572	47.39
7	3	94	8	37	96	46.85
		4	1	4	6	45.11
11	6	59	4	18	95	45.92
47	46	1600	203	715	1973	47.77
20	20	541	71	222	732	47.90
1	2	142	38	71	207	48.36
9	10	260	21	127	291	47.62
4	6	379	38	99	309	46.35
13	8	278	35	196	434	48.63
2779	3149	50969	12711	29354	133192	49.47
1079	1113	15826	4496	8401	41187	48.95
195	257	4071	946	2607	10395	49.23
1178	1360	24011	5729	13693	64353	49.84
10	15	487	57	266	1176	50.35
82	121	1978	382	1223	4443	49.57
93	102	2066	379	1589	4946	50.12
142	181	2530	722	1575	6692	48.94
1532	1726	27799	6776	13831	76958	49.78
400	509	9058	1994	4415	21276	49.24
514	552	8374	2194	4094	23713	49.81
24	22	288	65	168	885	49.93
21	26	351	66	179	886	48.84
185	198	3081	954	1672	11945	51.24
67	76	1087	309	482	3142	49.90
42	61	1218	246	824	4014	50.36
279	282	4342	948	1997	11097	49.29
335	414	7746	1706	5081	21125	50.19
94	108	2445	454	1593	6199	50.16
40	41	994	196	642	1776	49.25
11	2	211	63	237	727	50.67
146	211	3023	753	2078	9762	50.46
5	4	127	16	80	303	51.04
39	48	946	224	451	2358	49.75
56	50	1133	115	244	856	44.55
4	4	128	16	36	119	45.05
22	19	415	43	48	238	43.55
19	16	400	27	82	231	44.33
9	5	71	16	40	123	44.99
		11	2	1	10	45.44
2	6	108	11	37	135	46.71
116	123	3514	595	2389	7208	49.53
15	20	467	70	311	918	48.98

4-13c 续表 17

职业小类 性 别	合 计	1-8 小时	9-19 小时	20-34 小时
印刷操作人员	9787	13	23	358
印后制作人员	1629	2	7	78
其他印刷人员	1290	1	4	76
工艺、美术品制作人员	59156	153	314	3249
珠宝首饰加工制作人员	3784	9	13	160
地毯制作人员	1470	6	10	98
玩具制作人员	20111	63	93	773
漆器工艺品制作人员	7011	11	31	402
抽纱、刺绣工艺品制作人员	2374	3	22	185
金属工艺品制作人员	3015	2	16	169
雕刻工艺品制作人员	8252	42	47	460
美术品制作	981		8	60
其他工艺、美术品制作人员	12158	17	74	942
文化教育、体育用品制作人员	6077	22	21	257
文教用品制作人员	2421	7	10	149
体育用品制作人员	1664	14	5	45
乐器制作人员	1067		5	31
其他文化教育、体育用品制作人员	925	1	1	32
工程施工人员	1291490	3129	8002	77286
土石方施工人员	82156	272	632	5595
砌筑人员	714700	1729	4586	44300
混凝土配制及制品加工人员	76459	213	508	4929
钢筋加工人员	71270	122	333	3374
施工架子搭设人员	31111	60	200	1654
工程防水人员	5659	35	56	441
装饰、装修人员	225824	522	1136	12174
古建筑修建人员	1505	3	12	100
筑路、养护、维修人员	21247	53	128	1051
工程设备安装人员	16676	38	97	773
其他工程施工人员	44883	82	314	2895
运输设备操作人员及有关人员	491992	1325	3657	35860
公(道)路运输机械设备操作及有关人员	454623	1229	3413	33692
铁路、地铁运输机械设备操作及有关人员	2873	12	13	116
民用航空设备操作及有关人员	647	2	7	40
水上运输设备操作及有关人员	5948	12	38	330
起重装卸机械操作及有关人员	16749	39	90	756
其他运输设备操作人员及有关人员	11152	31	96	926
环境监测与废物处理人员	3319	18	25	193
环境监测人员	345	2	3	16
海洋环境调查与监测人员	139		2	7
废物处理人员	2446	14	13	148
其他环境监测与废物处理人员	389	2	7	22
检验、计量人员	31492	55	72	831
检验人员	27214	44	49	651
航空产品检验人员	84		1	9
航天器检验、测试人员	1106	3	8	59
计量人员	1727	2	6	71
其他检验、计量人员	1361	6	8	41
其他生产、运输设备操作人员及有关人员	273610	722	1896	16432
包装人员	47490	72	142	1526
机泵操作人员	3031	8	13	136
简单体力劳动人员	223089	642	1741	14770
不便分类的其他从业人员	**11982**	**57**	**157**	**874**

单位：人

35小时	36-39小时	40小时	41-47小时	48小时	48小时以上	周平均工作时间(小时)
80	78	2379	396	1699	4761	49.67
10	16	329	61	202	924	50.07
11	9	339	68	177	605	48.60
665	742	12631	3217	7630	30555	49.43
50	56	739	263	533	1961	49.69
15	12	416	64	151	698	48.13
232	238	5122	1135	3044	9411	48.74
68	97	1431	372	881	3718	49.44
31	30	343	117	245	1398	52.19
26	32	720	170	506	1374	48.41
99	102	1505	424	893	4680	50.14
7	8	233	43	130	492	49.44
137	167	2122	629	1247	6823	49.86
49	38	1600	239	1093	2758	48.80
25	19	648	89	393	1081	48.27
14	9	425	70	412	670	48.17
4	6	249	51	167	554	50.15
6	4	278	29	121	453	49.73
14993	16554	261352	64398	124405	721371	49.63
1152	1090	17105	4030	7745	44535	49.07
8171	9318	143459	35584	67443	400110	49.63
1018	1066	15526	3948	7693	41558	49.24
779	828	14296	3845	6653	41040	50.34
276	369	6134	1590	2853	17975	50.20
75	80	1196	296	614	2866	48.16
2535	2799	45034	11054	23192	127378	49.81
20	21	310	75	126	838	49.06
226	225	5108	899	2078	11479	49.31
172	166	3586	720	2021	9103	49.79
569	592	9598	2357	3987	24489	49.40
8092	6724	107945	23833	44498	260058	49.12
7622	6247	99507	22233	40654	240026	49.08
40	35	958	135	242	1322	47.97
13	9	161	32	61	322	48.71
75	91	1118	248	459	3577	51.12
143	165	3817	617	1977	9145	50.15
199	177	2384	568	1105	5666	48.56
57	29	798	160	377	1662	48.74
4	3	130	17	39	131	46.48
1	1	27	8	18	75	49.50
43	21	526	118	287	1276	49.25
9	4	115	17	33	180	47.31
214	243	8884	1284	5546	14363	49.21
161	203	7689	1114	5045	12258	49.24
2	1	24	2	8	37	47.50
16	21	271	46	88	594	49.30
20	9	461	66	210	882	49.59
15	9	439	56	195	592	48.18
3189	2944	59349	12314	32689	144075	49.40
353	428	10804	2203	7805	24157	50.11
27	37	728	109	325	1648	49.99
2809	2479	47817	10002	24559	118270	49.25
193	**155**	**2942**	**631**	**1145**	**5828**	**47.94**

4-13c 续表 18

职业小类 性别	合计	1-8 小时	9-19 小时	20-34 小时
女	**17456847**	**199092**	**807479**	**3649136**
国家机关、党群组织、企业、事业单位负责人	**35884**	**141**	**453**	**3021**
中国共产党中央委员会和地方各级组织负责人	386	6	3	22
中国共产党中央委员会和地方各级组织负责人	386	6	3	22
国家机关及其工作机构负责人	1490	12	22	116
国家权力机关及其工作机构负责人	307		9	49
人民政协及其工作机构负责人	121	2	5	13
人民法院负责人	61		2	9
人民检察院负责人	18			
国家行政机关及其工作机构负责人	678	3	4	28
其他国家机关及其工作机构负责人	305	7	2	17
民主党派和社会团体及其工作机构负责人	7806	50	244	1295
民主党派负责人	816	7	63	205
工会、共青团、妇联、其他人民团体及其工作机构负责人	2307	22	83	534
群众自治组织负责人	4207	19	93	505
其他社会团体及其工作机构负责人	476	2	5	51
事业单位负责人	1928	19	37	141
教育教学单位负责人	719	1	17	49
卫生单位负责人	414	2	14	53
科研单位负责人	106	3	1	10
其他事业单位负责人	689	13	5	29
企业负责人	24274	54	147	1447
企业负责人	24274	54	147	1447
专业技术人员	**291583**	**1145**	**2820**	**20263**
科学研究人员	4230	66	146	993
哲学研究人员	1904	43	96	449
经济学研究人员	70		2	13
法学研究人员	61	1	6	10
社会学研究人员	55	1		5
教育科学研究人员	311	15	7	34
文学、艺术研究人员	50			16
图书馆学、情报学研究人员	68	1	4	9
历史学研究人员	16		1	2
管理科学研究人员	87		1	14
数学研究人员	819	1	18	375
物理学研究人员	17		1	1
化学研究人员	174		2	6
天文学研究人员	8			
地球科学研究人员	16	1		1
生物科学研究人员	33		1	4
农业科学研究人员	259	1	4	46
医学研究人员	151	2	2	5
其他科学研究人员	131		1	3
工程技术人员	35642	131	300	2413
地质勘探工程技术人员	269		9	54
测绘工程技术人员	401	3	6	87
矿山工程技术人员	756	3	10	41
石油工程技术人员	170		5	5
冶金工程技术人员	525	3	3	24
化工工程技术人员	719	8	3	49
机械工程技术人员	2373	15	18	143

单位：人

35小时	36-39小时	40小时	41-47小时	48小时	48小时以上	周平均工作时间（小时）
534116	**399003**	**3712974**	**1086397**	**1147167**	**5921483**	**41.69**
551	**417**	**10478**	**1399**	**3743**	**15681**	**47.29**
6		218	14	17	100	43.02
6		218	14	17	100	43.02
32	19	757	50	97	385	43.18
12	2	119	8	20	88	42.40
3	3	45	3	5	42	43.12
	1	18	9	3	19	43.20
		12			6	46.17
10	10	395	20	50	158	43.65
7	3	168	10	19	72	42.76
200	133	2511	387	620	2366	42.27
38	24	125	62	36	256	39.99
78	49	646	108	184	603	40.20
78	57	1578	201	369	1307	43.39
6	3	162	16	31	200	46.25
30	17	929	71	165	519	43.31
12	7	364	21	71	177	43.17
10	5	163	24	32	111	42.15
2		47	3	7	33	43.24
6	5	355	23	55	198	44.17
283	248	6063	877	2844	12311	49.55
283	248	6063	877	2844	12311	49.55
4768	**3653**	**129101**	**10728**	**30705**	**88400**	**44.58**
173	228	1374	151	169	930	39.38
51	29	667	73	56	440	38.82
	1	29	2	2	21	41.80
	5	22	4	2	11	37.20
1	1	17	4	3	23	46.11
9	2	87	17	22	118	43.24
	1	17		3	13	38.62
		43		1	10	38.81
		6		1	6	43.38
2		22	5	10	33	45.43
99	182	101	12	13	18	33.56
1		6	1		7	45.71
1	1	60	9	23	72	47.16
		6	1		1	42.25
		6	3		5	42.00
	1	15		5	7	41.64
7	4	105	11	8	73	41.69
1		88	3	12	38	43.70
1	1	77	6	8	34	46.03
429	551	10694	1617	4611	14896	47.05
3	8	77	16	23	79	41.91
1	8	131	17	36	112	41.80
19	18	209	25	71	360	47.36
2	2	85	4	14	53	44.89
7	7	191	17	67	206	47.08
9	13	220	40	89	288	46.39
25	32	698	85	405	952	47.11

4-13c 续表 19

职业小类 性 别	合 计	1-8 小时	9-19 小时	20-34 小时
兵器工程技术人员	33			1
航空工程技术人员	122		1	15
航天工程技术人员	171	2	1	14
电子工程技术人员	3969	11	12	184
通信工程技术人员	848	1	4	39
计算机与应用工程技术人员	2201	3	16	105
电气工程技术人员	808	2	5	23
电力工程技术人员	1049	4	7	58
邮政工程技术人员	130	1		9
广播、电影、电视工程技术人员	263	3	2	29
交通工程技术人员	358	2	9	27
民用航空工程技术人员	245	1	4	21
铁路工程技术人员	357	2	6	33
建筑工程技术人员	5812	21	90	615
建材工程技术人员	1141	2	4	92
林业工程技术人员	403	7	8	58
水利工程技术人员	264	4	1	12
海洋工程技术人员	15	1		1
水产工程技术人员	76		1	12
纺织工程技术人员	5320	15	33	323
食品工程技术人员	1834	8	21	140
气象工程技术人员	95			2
地震工程技术人员	45			4
环境保护工程技术人员	202			13
安全工程技术人员	210			9
标准化、计量、质量工程技术人员	1437	4	6	47
管理(工业)工程技术人员	2210	4	7	81
其他工程技术人员	811	1	8	43
农业技术人员	9747	112	416	2151
土壤肥料技术人员	1540	18	153	586
植物保护技术人员	470	7	20	65
园艺技术人员	2481	13	56	546
作物遗传育种栽培技术人员	559	2	8	44
兽医、兽药技术人员	798	1	12	108
畜牧与草业技术人员	1448	36	77	347
其他农业技术人员	2451	35	90	455
飞机和船舶技术人员	1450	4	14	188
飞行人员和领航人员	1175	3	12	173
船舶指挥和引航人员	137		1	11
其他飞机和船舶技术人员	138	1	1	4
卫生专业技术人员	44309	164	319	2524
西医医师	10133	30	86	684
中医医师	1928	11	18	143
中西医结合医师	3786	19	43	275
民族医生	291	3	3	24
公共卫生医师	1059	6	10	65
药剂人员	2253	11	11	115
医疗技术人员	2388	8	19	156
护理人员	19702	64	106	855
其他卫生专业技术人员	2769	12	23	207
经济业务人员	62176	146	338	2794
经济计划人员	2014	13	44	281
统计人员	6274	15	33	206
会计人员	51151	110	212	2129
审计人员	352	2	2	16
国际商务人员	331	1	1	2
其他经济业务人员	2054	5	46	160

单位：人

35 小时	36-39 小时	40 小时	41-47 小时	48 小时	48小时 以 上	周平均 工作时间 (小时)
		21		5	6	43.88
3		29	4	14	56	47.01
4	2	48	10	16	74	46.62
39	53	1203	186	668	1613	47.80
9	10	286	22	102	375	47.41
25	35	835	93	286	803	46.45
7	8	348	25	90	300	46.80
11	17	410	43	115	384	46.48
1		61	7	16	35	44.05
6	5	100	15	26	77	43.53
5	4	110	20	42	139	46.14
6	7	69	19	22	96	45.88
8	8	116	9	51	124	45.11
92	112	1709	330	560	2283	45.46
11	18	270	56	131	557	48.16
12	8	122	18	45	125	43.13
1	3	122	10	29	82	44.82
		4	1	4	4	44.07
1		18	6	10	28	44.61
57	76	1366	256	610	2584	48.34
26	30	419	84	242	864	47.90
4	1	27	7	10	44	49.32
	1	10	3	7	20	47.82
4	4	79	15	19	68	45.28
	3	62	10	45	81	47.71
6	20	404	63	226	661	48.81
15	22	588	68	397	1028	49.03
10	16	247	33	118	335	47.76
232	164	2107	406	749	3410	41.36
16	16	322	38	83	308	34.20
7	8	129	18	48	168	43.16
86	64	517	137	244	818	42.16
13	4	101	20	43	324	47.47
10	12	243	36	76	300	44.86
45	28	315	78	115	407	39.75
55	32	480	79	140	1085	43.13
23	31	378	54	146	612	45.87
18	28	322	45	109	465	45.02
4	3	28	4	16	70	49.06
1		28	5	21	77	49.88
608	492	16335	1730	4855	17282	46.49
135	123	3389	372	970	4344	47.02
30	20	626	75	192	813	46.58
71	48	1098	179	337	1716	47.14
4	3	107	16	19	112	45.25
16	6	355	43	101	457	47.05
35	24	839	80	244	894	46.79
39	27	856	97	241	945	46.31
232	210	8113	757	2495	6870	46.09
46	31	952	111	256	1131	46.33
676	600	22228	2333	10096	22965	46.69
26	21	548	82	188	811	45.22
54	42	2161	201	1163	2399	47.49
556	516	18529	1931	8318	18850	46.72
3	1	159	13	50	106	45.22
1	2	144	9	105	66	45.59
36	18	687	97	272	733	45.41

4-13c 续表 20

职业小类 性　别	合　计	1-8 小时	9-19 小时	20-34 小时
金融业务人员	9694	32	89	786
银行业务人员	3512	8	19	130
保险业务人员	5361	18	63	596
证券业务人员	247	3	4	28
其他金融业务人员	574	3	3	32
法律专业人员	961	4	8	68
法官	307			17
检察官	69			8
律师	231	2	2	13
公证员	60			10
司法鉴定人员	33	1		1
书记员	98			4
其他法律专业人员	163	1	6	15
教学人员	113686	417	846	6872
高等教育教师	1804	14	10	84
中等职业教育教师	2400	5	19	151
中学教师	27977	128	266	1660
小学教师	55196	193	392	3361
幼儿教师	24165	57	108	1463
特殊教育教师	218	1	3	12
其他教学人员	1926	19	48	141
文学艺术工作人员	4110	30	127	579
文艺创作和评论人员	90		2	12
编导和音乐指挥人员	34		1	4
演员	1035	13	63	275
乐器演奏员	343	5	30	113
电影、电视制作及舞台专业人员	106	2		13
美术专业人员	254	2	5	17
工艺美术专业人员	2037	6	19	114
其他文学艺术工作人员	211	2	7	31
体育工作人员	90		1	22
体育工作人员	90		1	22
新闻出版、文化工作人员	1759	7	13	92
记者	179		2	7
编辑	316	2	3	17
校对员	125		1	18
播音员及节目主持人	131	2	1	10
翻译	359	1	2	13
图书资料与档案业务人员	404	1	1	10
考古及文物保护工作人员	29			2
其他新闻出版、文化工作人员	216	1	3	15
宗教职业者	1695	26	194	670
宗教职业者	1695	26	194	670
其他专业技术人员	2034	6	9	111
其他专业技术人员	2034	6	9	111
办事人员和有关人员	**69400**	**177**	**414**	**3418**
行政办公人员	42140	99	220	1785
行政业务人员	14163	43	153	925
行政事务人员	22318	43	48	634
其他行政办公人员	5659	13	19	226
安全保卫和消防人员	10745	35	91	689
人民警察	1018	1	3	46
治安保卫人员	8220	28	76	531
消防人员	104	1		5
其他安全保卫和消防人员	1403	5	12	107

单位：人

35 小时	36-39 小时	40 小时	41-47 小时	48 小时	48小时 以 上	周平均 工作时间 (小时)
161	124	4322	349	1073	2758	44.05
45	36	1857	115	440	862	44.26
99	81	2108	206	537	1653	43.86
3	3	111	10	27	58	42.43
14	4	246	18	69	185	45.21
22	14	454	37	88	266	43.82
11	3	104	17	34	121	46.50
	5	34		5	17	43.22
2	2	116	9	26	59	43.90
2	1	28	1	4	14	41.62
1		18	1	2	9	43.06
3		61	4	9	17	42.68
3	3	93	5	8	29	40.57
2246	1339	68365	3592	7926	22083	42.54
59	26	1230	42	94	245	41.68
43	28	1447	82	182	443	42.46
480	347	17422	826	1755	5093	42.21
1156	608	34349	1718	3311	10108	42.27
479	306	12869	855	2368	5660	43.55
5		125	5	20	47	43.22
24	24	923	64	196	487	43.17
77	45	1143	205	467	1437	43.86
2		23	10	9	32	43.48
1		12		5	11	43.82
37	14	237	58	73	265	38.76
8	6	80	20	15	66	36.37
2		32	7	14	36	44.61
3	5	88	16	25	93	45.83
23	18	599	85	305	868	47.54
1	2	72	9	21	66	42.90
1	2	24	2	21	17	42.03
1	2	24	2	21	17	42.03
34	26	854	61	187	485	44.35
9	2	103	7	13	36	42.96
3	4	150	8	31	98	44.72
4	2	45	5	14	36	43.49
	1	72	7	13	25	42.11
4	5	159	17	49	109	45.31
7	5	220	13	46	101	44.59
	3	15		1	8	43.66
7	4	90	4	20	72	44.88
50	11	236	111	59	338	33.65
50	11	236	111	59	338	33.65
36	26	587	80	258	921	47.76
36	26	587	80	258	921	47.76
980	**726**	**28224**	**2643**	**10641**	**22177**	**45.95**
586	398	18349	1526	7132	12045	45.54
256	191	6368	528	1651	4048	44.58
262	164	9462	774	4469	6462	46.18
68	43	2519	224	1012	1535	45.46
128	141	3487	467	1271	4436	47.56
17	10	635	19	89	198	43.13
98	114	2386	379	994	3614	48.12
3	1	35	5	8	46	47.82
10	16	431	64	180	578	47.43

4-13c 续表 21

职业小类 性　别	合　计	1-8 小时	9-19 小时	20-34 小时
邮政和电信业务人员	6994	22	42	415
邮政业务人员	1958	5	10	139
电信业务人员	3870	10	20	184
电信通信传输业务人员	673	7	9	50
其他邮政和电信业务人员	493		3	42
其他办事人员和有关人员	9521	21	61	529
其他办事人员和有关人员	9521	21	61	529
商业、服务业人员	**1286741**	**4610**	**17126**	**132550**
购销人员	721376	2426	9629	74937
营业人员	601955	2086	7906	61315
推销、展销人员	60471	154	624	5631
采购人员	8690	48	161	1138
拍卖、典当及租赁业务人员	503	5	13	75
废旧物资回收利用人员	22897	52	330	2978
粮油管理人员	834	8	45	176
商品监督和市场管理人员	1896	6	25	147
其他购销人员	24130	67	525	3477
仓储人员	29110	86	232	1827
保管人员	22144	55	111	976
储运人员	4494	18	81	590
其他仓储人员	2472	13	40	261
餐饮服务人员	231794	704	2504	22112
中餐烹饪人员	61326	213	680	6624
西餐烹饪人员	1638	2	26	142
调酒和茶艺人员	714	4	5	61
营养配餐人员	1238	8	17	118
餐厅服务人员	138990	404	1458	12441
其他餐饮服务人员	27888	73	318	2726
饭店、旅游及健身娱乐场所服务人员	65673	234	598	5607
饭店服务人员	55068	191	483	4759
旅游及公共游览场所服务人员	3467	10	33	241
健身和娱乐场所服务人员	3843	17	41	235
其他饭店、旅游及健身娱乐场所服务人员	3295	16	41	372
运输服务人员	25659	90	358	2929
公路、道路运输服务人员	20628	72	288	2331
铁路客货运输服务人员	778	1	11	99
航空运输服务人员	593	8	3	42
水上运输服务人员	880	1	11	117
其他运输服务人员	2780	8	45	340
医疗卫生辅助服务人员	4377	15	33	328
医疗卫生辅助服务人员	4377	15	33	328
社会服务和居民生活服务人员	187382	928	3411	22262
社会中介服务人员	3192	24	80	413
物业管理人员	3167	40	56	406
供水、供热及生活燃料供应服务人员	2111	3	22	178
美容美发人员	43761	183	562	4716
摄影服务人员	2716	13	38	310
验光配镜人员	441	4	2	33
洗染织补人员	5492	31	88	629
浴池服务人员	6863	50	159	1001
印章刻字人员	283		1	37
日用机电产品维修人员	7010	32	167	1005
办公设备维修人员	581	6	8	57

单位：人

35小时	36-39小时	40小时	41-47小时	48小时	48小时以上	周平均工作时间（小时）
115	97	2743	309	922	2329	45.62
30	34	848	76	250	566	44.68
57	54	1488	172	513	1372	46.21
20	5	240	35	86	221	44.78
8	4	167	26	73	170	45.85
151	90	3645	341	1316	3367	46.21
151	90	3645	341	1316	3367	46.21
24099	**20213**	**312310**	**68415**	**125905**	**581513**	**46.98**
13472	11254	171057	37676	66719	334206	47.19
11012	9249	141377	31562	55407	282041	47.35
1107	936	15696	2965	6713	26645	46.97
224	130	2198	489	920	3382	45.10
14	8	129	31	50	178	44.11
500	428	5186	1220	1595	10608	46.48
13	12	170	62	54	294	42.02
29	17	521	93	223	835	47.66
573	474	5780	1254	1757	10223	45.57
342	307	7733	1178	4646	12759	47.79
219	209	6053	816	3882	9823	48.36
88	71	1119	224	499	1804	45.46
35	27	561	138	265	1132	46.90
4491	3671	54677	13157	22809	107669	47.44
1389	981	14373	3849	5532	27685	46.97
29	22	353	81	150	833	48.27
7	16	184	37	72	328	47.38
31	25	278	98	135	528	46.83
2409	2205	33209	7457	14305	65102	47.60
626	422	6280	1635	2615	13193	47.65
1036	1001	16782	3464	6963	29988	47.48
864	866	13934	2902	5672	25397	47.55
54	39	1091	170	493	1336	46.47
64	39	971	198	452	1826	48.50
54	57	786	194	346	1429	46.21
519	463	6651	1454	2274	10921	46.19
419	368	5249	1180	1800	8921	46.36
11	17	275	34	62	268	44.20
10	8	244	33	69	176	44.24
22	19	195	69	73	373	46.27
57	51	688	138	270	1183	45.91
62	54	1440	171	481	1793	46.52
62	54	1440	171	481	1793	46.52
3766	3104	48785	10207	20013	74906	45.51
51	71	992	160	288	1113	44.03
47	55	1034	125	389	1015	43.97
43	28	626	101	208	902	46.89
865	739	10319	2334	3779	20264	46.99
50	54	696	114	235	1206	46.19
4	4	112	22	43	217	48.47
99	101	1230	312	504	2498	46.88
162	111	1703	417	491	2769	45.16
3	2	67	14	30	129	46.91
147	106	1774	445	609	2725	44.57
6	15	156	27	65	241	45.95

4-13c 续表 22

职业小类 性别	合计	1-8 小时	9-19 小时	20-34 小时
保育、家庭服务人员	34179	226	916	5302
环境卫生人员	59302	187	686	5136
殡葬服务人员	823	16	32	179
其他社会服务和居民生活服务人员	17461	113	594	2860
其他商业、服务业人员	21370	127	361	2548
其他商业、服务业人员	21370	127	361	2548
农、林、牧、渔、水利业生产人员	**13794877**	**188014**	**768988**	**3338001**
种植业生产人员	13059743	181097	732359	3164414
大田作物生产人员	12085763	174902	701719	2981345
农业实验人员	8558	94	423	2047
园艺作物生产人员	717515	4205	21933	133491
热带作物生产人员	33923	126	526	4185
中药材生产人员	29776	200	908	5638
农副林特产品加工人员	33476	216	1271	7721
其他种植业生产人员	150732	1354	5579	29987
林业生产及野生动植物保护人员	41706	343	1499	8860
营造林人员	26279	244	1066	6216
森林资源管护人员	4348	44	166	754
野生动植物保护及自然保护区人员	281	3	7	47
木材采运人员	3617	17	159	844
其他林业生产及野生动植物保护人员	7181	35	101	999
畜牧业生产人员	615008	5982	32353	148140
家畜饲养人员	484146	4344	25502	120187
家禽饲养人员	93027	1426	6141	22980
蜜蜂饲养人员	2581	22	111	660
实验动物饲养人员	303	7	16	58
动物疫病防治人员	561	2	21	70
草业生产人员	513		7	53
其他畜牧业生产人员	33877	181	555	4132
渔业生产人员	72927	328	2287	15464
水产养殖人员	53493	242	1742	11851
水产捕捞及有关人员	10142	55	241	1980
水产品加工人员	7282	15	177	1164
其他渔业生产人员	2010	16	127	469
水利设施管理养护人员	3836	259	431	818
河道、水库管养人员	3302	253	413	746
农田灌排工程建设管理维护人员	232	3	10	35
水土保持作业人员	69		3	6
水文勘测作业人员	53	1	2	4
其他水利设施管理养护人员	180	2	3	27
其他农、林、牧、渔、水利业生产人员	1657	5	59	305
农林专用机械操作人员	1436	5	56	287
农村能源开发利用人员	221		3	18
生产、运输设备操作人员及有关人员	**1970890**	**4969**	**17538**	**150964**
勘测及矿物开采人员	17639	95	416	1834
地质勘查人员	2236	24	189	346
测绘人员	199	1		11
矿物开采人员	9762	42	141	1019
矿物处理人员	3460	22	66	263
钻井人员	170		3	30
石油、天然气开采人员	643		5	26
盐业生产人员	518	3	2	79
其他勘测及矿物开采人员	651	3	10	60

单位：人

35 小时	36-39 小时	40 小时	41-47 小时	48 小时	48小时以上	周平均工作时间（小时）
818	642	8203	2121	2993	12958	44.17
1056	864	17402	3073	8869	22029	45.85
21	19	167	40	61	288	41.97
394	293	4304	902	1449	6552	43.65
411	359	5185	1108	2000	9271	46.07
411	359	5185	1108	2000	9271	46.07
476290	**345961**	**2785103**	**906268**	**721166**	**4265086**	**40.13**
448698	326453	2647963	849328	685135	4024296	40.08
416974	303613	2453956	780676	631017	3641561	39.81
270	237	1687	588	447	2765	40.79
22656	16313	145174	50061	39826	283856	43.50
1765	766	5730	3197	2093	15535	45.85
753	906	6026	2226	1988	11131	43.40
1096	760	6755	2246	2134	11277	41.83
5184	3858	28635	10334	7630	58171	42.86
1513	1160	9270	2881	2428	13752	41.64
1076	747	5819	1757	1399	7955	40.54
108	84	1283	228	310	1371	41.93
4	3	58	12	18	129	44.88
123	110	807	260	180	1117	40.71
202	216	1303	624	521	3180	45.82
23231	16460	111772	48586	28560	199924	40.81
19041	13384	87703	39943	22179	151863	40.49
3100	2395	17753	6029	4448	28755	39.81
78	60	517	168	153	812	40.71
21	9	85	24	17	66	39.17
9	7	179	21	42	210	44.16
10	17	155	18	27	226	45.84
972	588	5380	2383	1694	17992	48.02
2716	1784	14886	5190	4699	25573	42.49
2088	1338	10999	3855	3385	17993	42.01
393	254	1997	768	649	3805	43.49
177	154	1527	462	553	3053	44.94
58	38	363	105	112	722	41.25
101	64	834	186	223	920	36.07
90	53	675	176	185	711	34.76
5	3	64	2	11	99	43.59
3	3	12	5	5	32	46.55
	1	22	1	6	16	42.98
3	4	61	2	16	62	44.27
31	40	378	97	121	621	43.68
28	38	337	82	107	496	42.90
3	2	41	15	14	125	48.75
27282	**27916**	**445855**	**96504**	**254282**	**945580**	**48.44**
351	237	4422	910	1688	7686	45.91
48	40	465	119	188	817	42.23
2	4	68	10	24	79	46.80
213	125	2494	530	926	4272	46.09
44	36	876	171	359	1623	47.13
2	2	33	10	12	78	46.22
1	15	232	12	76	276	48.33
20	3	115	25	45	226	45.55
21	12	139	33	58	315	47.00

4-13c 续表 23

职业小类 性 别	合 计	1-8 小时	9-19 小时	20-34 小时
金属冶炼、轧制人员	22791	52	168	1440
炼铁人员	2013	6	16	119
炼钢人员	2472	8	19	142
铁合金冶炼人员	1013	2	4	56
重有色金属冶炼人员	820	4	2	46
轻有色金属冶炼人员	1098	2	9	60
稀贵金属冶炼人员	288	2	3	13
半导体材料制备人员	469		3	18
金属轧制人员	9138	18	61	585
铸铁管人员	940		6	62
炭素制品生产人员	995	4	12	88
硬质合金生产人员	911		15	93
其他金属冶炼、轧制人员	2634	6	18	158
化工产品生产人员	34943	96	307	2876
化工产品生产通用工艺人员	4473	11	40	306
石油炼制生产人员	349	4	1	11
煤化工生产人员	1270	13	16	111
化学肥料生产人员	2569	3	29	265
无机化工产品生产人员	740		1	28
基本有机化工产品生产人员	200			6
合成树脂生产人员	887	1	4	48
合成橡胶生产人员	1544	2	10	78
化学纤维生产人员	3626	6	23	137
合成革生产人员	1950	6	25	177
精细化工产品生产人员	1996	8	21	126
信息记录材料生产人员	867		16	108
火药、炸药制造人员	7391	22	77	899
林产化工产品生产人员	479	2	5	60
复合材料加工人员	601	2	4	27
日用化学品生产人员	3664	12	24	307
其他化工产品生产人员	2337	4	11	182
机械制造加工人员	97104	245	976	6154
机械冷加工人员	54117	179	783	4103
机械热加工人员	21495	32	132	1058
特种加工设备操作人员	1211	2	7	52
冷作钣金加工人员	1311	1	1	54
工件表面处理加工人员	7799	8	9	254
磨料磨具制造加工人员	3925	8	11	193
航天器件加工成型人员	109			5
其他机械制造加工人员	7137	15	33	435
机电产品装配人员	91089	162	415	4440
基础件、部件装配人员	15365	34	61	567
机械设备装配人员	6438	14	24	255
动力设备装配人员	1924	2	3	50
电气元件及设备装配人员	15032	25	56	539
电子专用设备装配调试人员	4911	14	14	207
仪器仪表装配人员	3511	5	16	181
运输车辆装配人员	4493	8	18	225
膜法水处理设备制造人员	86	1	2	18
医疗器械装配及假肢与矫形器制作人员	2087	2	15	123
日用机械电器制造装配人员	8187	5	24	402
五金制品制作、装配人员	24768	41	166	1624
装甲车辆装试人员	43			3

单位：人

35 小时	36-39 小时	40 小时	41-47 小时	48 小时	48小时 以 上	周平均 工作时间 (小时)
305	269	5419	987	3059	11092	48.50
23	28	499	78	255	989	48.29
28	35	617	82	330	1211	48.29
8	7	282	49	128	477	47.79
16	5	225	34	104	384	47.82
9	16	306	32	137	527	48.22
6	1	85	12	39	127	47.34
3	7	128	11	91	208	48.65
140	92	2016	445	1276	4505	48.95
8	12	219	35	117	481	49.34
13	22	223	65	95	473	47.33
21	14	219	39	121	389	46.65
30	30	600	105	366	1321	48.81
454	593	8846	1819	4524	15428	47.36
75	50	1167	217	650	1957	47.45
2	3	105	8	37	178	48.66
10	13	345	50	214	498	45.95
45	42	668	185	300	1032	46.11
5	4	211	19	84	388	49.41
4	4	41	5	34	106	50.07
10	14	197	29	164	420	49.12
17	35	329	113	146	814	49.69
14	28	730	129	551	2008	50.66
32	29	374	84	288	935	49.31
23	25	503	86	277	927	47.83
12	9	201	39	97	385	46.13
102	242	2027	557	660	2805	45.06
15	6	83	14	55	239	47.16
5	9	153	30	91	280	49.00
55	50	1118	169	547	1382	46.29
28	30	594	85	329	1074	48.01
1015	1047	20928	3757	16750	46232	48.58
587	590	11440	2048	9231	25156	47.94
230	255	4633	808	3654	10693	49.41
11	11	273	47	229	579	49.00
8	11	331	50	219	636	48.94
39	65	1607	252	1399	4166	50.85
36	44	920	159	769	1785	48.72
		42	8	16	38	46.10
104	71	1682	385	1233	3179	48.26
893	922	21074	3701	17112	42370	48.93
135	156	3484	574	3134	7220	49.30
50	63	1410	267	1303	3052	49.48
16	14	539	60	401	839	48.97
132	139	3564	583	3098	6896	49.15
50	63	1281	218	859	2205	48.63
27	30	898	153	613	1588	48.48
41	46	1225	147	777	2006	48.37
5	1	32	3	5	19	41.05
13	33	419	57	383	1042	49.75
88	83	1882	365	1615	3723	48.95
277	248	5406	1073	4059	11874	48.65
		10	3	8	19	48.28

4-13c 续表 24

职业小类 性　别	合　计	1-8 小时	9-19 小时	20-34 小时
枪炮制造人员	21	1		
弹制造人员	31		1	4
引信加工制造人员	34	1	1	7
火工品制造人员	920	2	5	118
防化器材制造人员	72			3
船舶制造人员	1374	4	4	48
航空产品装配与调试人员	49	1		2
航空产品试验人员	18	1		1
导弹卫星装配测试人员	7			
火箭发动机装配试验人员	5			
航天器结构强度、温度、环境试验人员	7			
靶场试验人员				
其他机电产品装配人员	1706	1	5	63
机械设备修理人员	15463	55	227	1635
机械设备维修人员	13687	52	208	1507
仪器仪表修理人员	415	1	1	20
民用航空器维修人员	220		2	10
其他机械设备修理人员	1141	2	16	98
电力设备安装、运行、检修及供电人员	11326	41	88	768
电力设备安装人员	1670	2	16	120
发电运行值班人员	1537	20	8	135
输电、配电、变电设备值班人员	446	2	3	28
电力设备检修人员	1215	3	12	79
供用电人员	1591	8	15	96
生活、生产电力设备安装、操作、修理人员	4073	5	31	274
其他电力设备安装、运行、检修及供电人员	794	1	3	36
电子元器件与设备制造、装配、调试及维修人员	100610	221	530	4647
电子器件制造人员	37773	87	199	1813
电子元件制造人员	37750	90	213	1717
电池制造人员	3014	2	18	127
电子设备装配、调试人员	11181	20	26	406
电子产品维修人员	2350	6	35	199
其他电子元器件与设备制造、装配、调试及维修人员	8542	16	39	385
橡胶和塑料制品生产人员	44086	98	273	2824
橡胶制品生产人员	7947	21	52	395
塑料制品加工人员	31450	72	181	1983
其他橡胶和塑料制品生产人员	4689	5	40	446
纺织、针织、印染人员	206601	441	1486	13274
纤维预处理人员	7404	18	59	592
纺纱人员	50578	128	345	2960
织造人员	64744	114	355	3505
针织人员	60768	133	542	4833
印染人员	9720	13	61	403
其他纺织、针织、印染人员	13387	35	124	981
裁剪、缝纫和皮革制品加工制作人员	545613	1075	3652	35762
裁剪、缝纫人员	407395	817	2594	25661
鞋帽制作人员	78531	108	455	5332
皮革、毛皮加工人员	28328	83	270	2477
缝纫制品再加工人员	11895	32	96	832
其他裁剪、缝纫和皮革、毛皮制品加工制作人员	19464	35	237	1460
粮油、食品、饮料生产加工及饲料生产加工人员	72851	276	1139	9158
粮油生产加工人员	14107	68	359	2533
制糖和糖制品加工人员	3231	5	32	330

单位：人

35小时	36-39小时	40小时	41-47小时	48小时	48小时以上	周平均工作时间（小时）
	1	5	1	9	4	45.24
1		5	2	7	11	44.58
		3	1	6	15	46.71
33	22	195	49	89	407	46.98
		8	1	36	24	49.38
13	11	308	43	387	556	48.64
		18	1	13	14	45.69
1		6	1	1	7	45.28
			1		6	57.29
		4	1			41.00
		5			2	43.71
11	12	367	97	309	841	49.64
245	202	3946	789	1647	6717	46.55
214	179	3451	718	1394	5964	46.46
4	4	123	19	77	166	47.78
3	2	64	7	46	86	48.85
24	17	308	45	130	501	46.71
170	143	3892	452	1382	4390	46.62
35	24	527	65	177	704	47.19
34	19	590	49	175	507	45.40
10	6	174	8	56	159	45.58
14	13	419	47	153	475	46.87
26	16	672	49	179	530	45.44
43	56	1246	203	549	1666	47.07
8	9	264	31	93	349	48.02
1054	1243	28448	5069	17727	41671	48.02
403	457	10354	2059	6635	15766	48.03
378	466	10780	1879	6762	15465	47.98
20	42	645	135	523	1502	49.44
116	124	3599	510	2076	4304	47.83
34	51	705	119	284	917	46.04
103	103	2365	367	1447	3717	48.38
519	498	9540	1748	6179	22407	49.40
79	99	1813	299	1095	4094	49.41
371	355	6668	1238	4477	16105	49.59
69	44	1059	211	607	2208	48.04
2426	2541	42706	8672	25571	109484	50.03
115	96	1497	304	830	3893	49.62
493	647	10808	1956	6271	26970	49.46
668	657	13042	2573	8611	35219	50.77
878	872	12733	2851	6841	31085	49.52
103	81	1627	366	1327	5739	53.25
169	188	2999	622	1691	6578	48.86
6973	7492	114660	26912	68553	280534	49.60
4976	5611	85207	19877	50839	211813	49.78
1058	1030	16250	3956	10574	39768	49.53
432	422	6106	1605	3388	13545	48.23
207	191	2853	537	1312	5835	48.89
300	238	4244	937	2440	9573	48.66
1690	1317	16868	3931	6897	31575	46.23
397	328	3118	818	988	5498	43.96
71	62	1078	181	321	1151	45.29

4-13c 续表 25

职业小类 性　别	合　计	1-8 小时	9-19 小时	20-34 小时
乳品、冷仪器及罐头、饮料制作人员	6717	13	64	651
酿酒、食品添加剂及调味品制作人员	5062	23	44	481
粮油食品制作人员	20253	92	322	2551
屠宰加工人员	6738	21	94	801
肉、蛋食品加工人员	4374	23	41	336
饲料生产加工人员	1790	8	47	284
其他粮油、食品、饮料生产加工及饲料生产加工人员	10579	23	136	1191
烟草及其制品加工人员	1493	3	18	188
原烟复烤人员	1062	1	16	149
卷烟生产人员	211		2	12
烟用醋酸纤维丝束滤棒制作人员	34			5
其他烟草及其制品加工人员	186	2		22
药品生产人员	4063	17	30	203
合成药物制造人员	1296	8	5	49
生物技术制药(品)人员	335	1	2	23
药物制剂人员	607	2	3	24
中药制药人员	876	4	15	65
其他药品生产人员	949	2	5	42
木材加工、人造板生产、木制品制作及制浆、造纸和纸制品生产加工人员	92273	242	982	8861
木材加工人员	27620	97	384	3196
人造板生产人员	14998	60	159	1515
木材制品制作人员	23494	40	200	1897
制浆人员	795	3	6	57
造纸人员	5981	11	40	453
纸制品制作人员	10732	13	107	891
其他木材加工、人造板生产、木制品制作及制浆、造纸和纸制品生产加工人员	8653	18	86	852
建筑材料生产加工人员	39536	91	416	3584
水泥及水泥制品生产加工人员	9831	24	102	870
墙体屋面材料生产人员	13280	42	119	1152
建筑防水密封材料生产人员	524		8	56
建筑保温及吸音材料生产人员	699	1	14	82
装饰石材生产人员	4413	9	46	382
非金属矿及其制品生产加工人员	2250	5	29	255
耐火材料生产人员	2424		18	149
其他建筑材料生产加工人员	6115	10	80	638
玻璃、陶瓷、搪瓷及其制品生产加工人员	29675	72	135	1563
玻璃熔制人员	7355	15	42	484
玻璃纤维及其制品生产人员	3196	7	15	171
石英玻璃制品加工人员	1033	3	5	81
陶瓷制品生产人员	13796	38	57	589
搪瓷制品生产人员	724	1		28
其他玻璃、陶瓷、搪瓷及其制品生产加工人员	3571	8	16	210
广播影视制品制作、播放及文物保护作业人员	1497	11	14	133
影视制品制作人员	342	4	5	30
音像制品制作、复制人员	522	5	4	48
广播影视舞台设备安装调试及运行操作人员	371	1	3	32
电影放映人员	109			10
文物保护作业人员	24	1		
其他广播影视制品制作、播放及文物保护作业人员	129		2	13
印刷人员	11662	22	62	665
印前处理人员	1488	4	7	94

单位：人

35 小时	36-39 小时	40 小时	41-47 小时	48 小时	48小时 以 上	周平均 工作时间 (小时)
119	113	1647	358	850	2902	46.98
127	74	1283	271	601	2158	46.63
439	364	4484	1057	1865	9079	46.58
158	111	1431	350	580	3192	47.05
70	52	986	205	473	2188	48.45
49	44	404	88	186	680	44.28
260	169	2437	603	1033	4727	47.12
42	21	372	100	180	569	45.17
35	16	243	89	117	396	44.69
4	2	77	9	35	70	45.86
1		5	1	4	18	47.85
2	3	47	1	24	85	46.63
43	56	1400	169	628	1517	46.75
14	20	411	56	196	537	47.62
1	3	157	9	36	103	44.79
9	7	208	25	102	227	46.95
12	14	339	40	117	270	44.80
7	12	285	39	177	380	47.90
1485	1618	20814	5740	10803	41728	47.22
546	588	6026	2387	2651	11745	46.17
177	239	3494	937	1834	6583	47.13
358	364	5372	1236	2969	11058	47.81
4	4	187	27	88	419	48.53
75	88	1447	241	752	2874	48.07
162	127	2478	466	1509	4979	48.04
163	208	1810	446	1000	4070	47.39
550	616	8783	2154	4022	19320	47.68
142	152	2421	621	1090	4409	47.16
158	213	2850	685	1305	6756	48.04
3	3	126	16	62	250	47.30
6	4	167	38	71	316	46.90
79	60	859	275	374	2329	48.38
30	43	546	116	180	1046	46.93
22	26	467	85	297	1360	49.26
110	115	1347	318	643	2854	47.00
320	359	6075	1386	3879	15886	49.47
77	83	1576	249	1015	3814	49.24
44	52	833	170	472	1432	48.13
11	13	165	56	139	560	49.11
134	158	2531	680	1704	7905	50.13
17	8	172	61	112	325	48.36
37	45	798	170	437	1850	48.90
25	35	682	62	131	404	43.50
5	4	156	9	26	103	43.61
7	15	257	21	37	128	42.73
8	13	167	23	34	90	43.37
1	1	52	5	9	31	44.35
	1	15		2	5	42.67
4	1	35	4	23	47	46.09
131	117	2953	495	1825	5392	48.36
19	20	440	48	214	642	47.34

4-13c 续表 26

职业小类 性 别	合 计	1-8 小时	9-19 小时	20-34 小时
印刷操作人员	6819	9	30	360
印后制作人员	2226	5	20	104
其他印刷人员	1129	4	5	107
工艺、美术品制作人员	95237	280	1283	12166
珠宝首饰加工制作人员	5089	15	68	535
地毯制作人员	3103	12	49	396
玩具制作人员	31295	69	209	2059
漆器工艺品制作人员	3265	9	24	287
抽纱、刺绣工艺品制作人员	21832	92	533	4624
金属工艺品制作人员	2610	6	26	261
雕刻工艺品制作人员	3080	8	31	303
美术品制作	823		5	57
其他工艺、美术品制作人员	24140	69	338	3644
文化教育、体育用品制作人员	7803	20	52	564
文教用品制作人员	3766	15	38	371
体育用品制作人员	2140	2	9	95
乐器制作人员	932		1	40
其他文化教育、体育用品制作人员	965	3	4	58
工程施工人员	172036	644	2566	19406
土石方施工人员	13834	57	247	1734
砌筑人员	75006	329	1394	9110
混凝土配制及制品加工人员	16621	53	165	1750
钢筋加工人员	9093	18	84	840
施工架子搭设人员	4366	18	64	435
工程防水人员	890	2	27	127
装饰、装修人员	32905	109	397	3544
古建筑修建人员	156	12	3	17
筑路、养护、维修人员	3277	9	41	264
工程设备安装人员	1610	5	15	143
其他工程施工人员	14278	32	129	1442
运输设备操作人员及有关人员	31282	133	496	3575
公(道)路运输机械设备操作及有关人员	25530	120	447	3181
铁路、地铁运输机械设备操作及有关人员	330		7	20
民用航空设备操作及有关人员	267		3	18
水上运输设备操作及有关人员	1451	2	5	124
起重装卸机械操作及有关人员	2458	5	15	104
其他运输设备操作人员及有关人员	1246	6	19	128
环境监测与废物处理人员	1771	14	22	165
环境监测人员	131	1		9
海洋环境调查与监测人员	38		2	3
废物处理人员	1434	13	19	139
其他环境监测与废物处理人员	168		1	14
检验、计量人员	48558	59	142	1387
检验人员	44836	54	115	1188
航空产品检验人员	68			4
航天器检验、测试人员	553	2	11	50
计量人员	1723	1	9	95
其他检验、计量人员	1378	2	7	50
其他生产、运输设备操作人员及有关人员	173888	504	1643	13692
包装人员	71488	80	289	3392
机泵操作人员	1363	5	8	62
简单体力劳动人员	101037	419	1346	10238
不便分类的其他从业人员	**7472**	**36**	**140**	**919**

单位：人

35小时	36-39小时	40小时	41-47小时	48小时	48小时以上	周平均工作时间(小时)
69	63	1746	297	1100	3145	48.52
21	22	466	96	362	1130	49.37
22	12	301	54	149	475	46.70
2087	1789	21121	6051	9867	40593	46.22
82	93	996	315	667	2318	46.97
58	72	778	171	285	1282	45.57
430	475	7790	1757	4109	14397	48.18
40	38	683	170	365	1649	48.19
875	611	4423	1856	1652	7166	42.86
39	34	655	124	331	1134	46.98
62	41	677	157	332	1469	47.44
7	15	196	26	107	410	48.84
494	410	4923	1475	2019	10768	46.06
107	68	1987	341	1231	3433	47.84
61	39	874	119	569	1680	47.43
23	16	605	133	404	853	47.78
9	2	234	43	129	474	49.52
14	11	274	46	129	426	47.93
3086	3349	40560	9692	15353	77380	46.42
261	251	3183	753	1113	6235	46.09
1383	1500	17489	4202	6572	33027	45.97
302	306	3755	898	1651	7741	47.11
156	198	2129	539	782	4347	47.51
72	76	1082	258	323	2038	46.76
7	14	232	38	88	355	44.76
567	657	7742	1725	3137	15027	46.77
3	1	44	5	17	54	42.28
58	41	913	172	335	1444	46.70
26	27	426	116	145	707	46.90
251	278	3565	986	1190	6405	46.69
563	471	7641	1634	2876	13893	46.53
489	400	6218	1385	2197	11093	46.06
7	2	123	15	24	132	45.63
3	3	75	11	38	116	47.43
29	37	320	75	89	770	48.83
17	16	590	92	369	1250	50.11
18	13	315	56	159	532	46.44
27	10	468	74	227	764	46.81
		53	9	10	49	46.56
1		8	5	6	13	46.42
22	8	356	55	195	627	46.78
4	2	51	5	16	75	47.41
319	412	12721	1728	9021	22769	49.78
283	375	11633	1573	8557	21058	49.90
1	2	16	5	10	30	47.87
10	8	163	27	48	234	46.19
17	14	491	70	210	816	48.91
8	13	418	53	196	631	48.51
2402	2491	39529	8131	23150	82346	48.19
694	820	16176	3168	11900	34969	49.55
7	11	353	49	180	688	49.04
1701	1660	23000	4914	11070	46689	47.22
146	**117**	**1903**	**440**	**725**	**3046**	**45.46**

4-14 各地区分性别、未工作原因的失业人口

单位：人

地区 性别	合计	毕业后未工作	因单位原因失去工作	因本人原因失去工作	承包土地被征用	离退休	料理家务	其他
全国	**2118312**	**509093**	**404441**	**321458**	**84183**	**27877**	**333973**	**437287**
北京	43068	8690	9400	14219	581	344	3739	6095
天津	31049	7714	11159	3667	991	434	2505	4579
河北	90409	29647	17841	8139	2459	1094	12520	18709
山西	72118	25771	13751	5862	1602	700	9950	14482
内蒙古	35983	9704	7628	3365	1208	480	5333	8265
辽宁	92261	24818	28338	16428	2302	2756	9339	8280
吉林	51028	12215	16243	5976	1277	888	5726	8703
黑龙江	71929	17516	19319	10309	590	1699	9611	12885
上海	57230	8024	18712	15960	1296	893	6271	6074
江苏	104882	26881	25024	18064	3479	1519	13661	16254
浙江	105231	17467	12156	28397	4679	873	28085	13574
安徽	65015	15682	11664	6668	2951	737	13523	13790
福建	55129	12826	6886	9650	2285	391	10413	12678
江西	54102	13453	8611	6752	1781	751	9963	12791
山东	109212	29455	25650	13467	2770	2521	19617	15732
河南	147342	42334	26902	11269	6663	1376	20450	38348
湖北	90522	21402	20160	11807	2929	1330	13334	19560
湖南	109910	25850	18106	9674	6163	1236	20159	28722
广东	215847	44683	30662	56013	3516	1789	33913	45271
广西	82808	17591	9351	15779	3404	1003	12076	23604
海南	23753	6152	2963	2613	513	264	3694	7554
重庆	49750	8920	8790	8654	4628	682	8486	9590
四川	113674	23704	16523	13936	11167	1380	16478	30486
贵州	46877	10157	5199	4884	2754	264	8539	15080
云南	41751	9241	7456	4734	5916	400	5268	8736
西藏	1460	313	39	89	29	14	328	648
陕西	62746	17025	10437	6272	3395	897	9825	14895
甘肃	48069	10627	8261	3911	1419	761	11561	11529
青海	6521	1441	1327	762	265	31	1160	1535
宁夏	7838	1737	1241	963	454	90	1490	1863
新疆	30798	8053	4642	3175	717	280	6956	6975

4-14 续表 1

单位：人

地区 性别	合计	毕业后未工作	因单位原因失去工作	因本人原因失去工作	承包土地被征用	离退休	料理家务	其他
男	**1065335**	**279718**	**242552**	**186466**	**49498**	**13281**	**29382**	**264438**
北京	24524	4851	6418	8382	380	122	562	3809
天津	17452	3952	7477	2173	662	166	188	2834
河北	44851	14961	10250	4996	1635	574	887	11548
山西	37448	13598	8354	3740	1162	406	462	9726
内蒙古	19135	5200	4622	2224	830	255	381	5623
辽宁	46463	12724	16974	8964	1414	909	434	5044
吉林	27302	6471	10122	3707	806	320	354	5522
黑龙江	36624	9237	11886	6054	396	679	503	7869
上海	31309	4522	12583	9143	704	304	616	3437
江苏	51656	14794	14000	9889	1809	747	1231	9186
浙江	46269	10277	7642	15120	3204	367	1251	8408
安徽	30262	8695	6547	4006	1651	387	934	8042
福建	29229	7727	4469	6208	1559	203	667	8396
江西	26278	7567	5206	4012	1132	391	566	7404
山东	48905	15614	13296	6835	1620	1403	1100	9037
河南	76186	22664	15607	7049	4032	727	2303	23804
湖北	45935	12304	11777	7050	1680	645	964	11515
湖南	53104	14005	10561	5702	3626	644	1631	16935
广东	115890	26571	19959	34084	2341	919	3424	28592
广西	39766	10597	5365	7015	1796	475	1636	12882
海南	12988	3911	1871	1640	294	111	535	4626
重庆	24111	4876	5230	4995	2344	310	774	5582
四川	55582	12886	9420	8083	5584	716	2036	16857
贵州	25071	5906	3335	3260	1642	162	1155	9611
云南	21698	5076	4296	2990	3265	206	673	5192
西藏	723	160	23	50	10	9	64	407
陕西	32110	9096	6343	3856	2148	498	1057	9112
甘肃	22345	5524	4779	2238	840	421	1526	7017
青海	3325	762	740	463	164	20	162	1014
宁夏	3853	958	701	571	295	50	96	1182
新疆	14941	4232	2699	1967	473	135	1210	4225

4-14 续表 2

单位：人

地区 性别	合计	毕业后未工作	因单位原因失去工作	因本人原因失去工作	承包土地被征用	离退休	料理家务	其他
女	**1052977**	**229375**	**161889**	**134992**	**34685**	**14596**	**304591**	**172849**
北京	18544	3839	2982	5837	201	222	3177	2286
天津	13597	3762	3682	1494	329	268	2317	1745
河北	45558	14686	7591	3143	824	520	11633	7161
山西	34670	12173	5397	2122	440	294	9488	4756
内蒙古	16848	4504	3006	1141	378	225	4952	2642
辽宁	45798	12094	11364	7464	888	1847	8905	3236
吉林	23726	5744	6121	2269	471	568	5372	3181
黑龙江	35305	8279	7433	4255	194	1020	9108	5016
上海	25921	3502	6129	6817	592	589	5655	2637
江苏	53226	12087	11024	8175	1670	772	12430	7068
浙江	58962	7190	4514	13277	1475	506	26834	5166
安徽	34753	6987	5117	2662	1300	350	12589	5748
福建	25900	5099	2417	3442	726	188	9746	4282
江西	27824	5886	3405	2740	649	360	9397	5387
山东	60307	13841	12354	6632	1150	1118	18517	6695
河南	71156	19670	11295	4220	2631	649	18147	14544
湖北	44587	9098	8383	4757	1249	685	12370	8045
湖南	56806	11845	7545	3972	2537	592	18528	11787
广东	99957	18112	10703	21929	1175	870	30489	16679
广西	43042	6994	3986	8764	1608	528	10440	10722
海南	10765	2241	1092	973	219	153	3159	2928
重庆	25639	4044	3560	3659	2284	372	7712	4008
四川	58092	10818	7103	5853	5583	664	14442	13629
贵州	21806	4251	1864	1624	1112	102	7384	5469
云南	20053	4165	3160	1744	2651	194	4595	3544
西藏	737	153	16	39	19	5	264	241
陕西	30636	7929	4094	2416	1247	399	8768	5783
甘肃	25724	5103	3482	1673	579	340	10035	4512
青海	3196	679	587	299	101	11	998	521
宁夏	3985	779	540	392	159	40	1394	681
新疆	15857	3821	1943	1208	244	145	5746	2750

4-14a 各地区分性别、未工作原因的失业人口(城市)

单位：人

地区 性别	合计	毕业后未工作	因单位原因失去工作	因本人原因失去工作	承包土地被征用	离退休	料理家务	其他
全国	**1136637**	**229698**	**291946**	**199147**	**40536**	**18565**	**145053**	**211692**
北京	34190	6398	7933	11539	359	319	2614	5028
天津	26289	6242	10444	3181	736	375	1774	3537
河北	39872	11410	11231	4113	899	639	4017	7563
山西	31124	9147	8566	2797	672	448	3141	6353
内蒙古	19353	4848	5124	1984	603	304	2437	4053
辽宁	71332	17039	24624	13817	1577	2310	6228	5737
吉林	34645	7621	12694	4318	710	709	3452	5141
黑龙江	45638	11255	14684	6709	250	1204	5208	6328
上海	46031	6322	16191	13086	648	793	4255	4736
江苏	62991	12802	19729	12180	2070	973	6585	8652
浙江	48329	6691	7906	13650	2784	485	10634	6179
安徽	27981	5917	7155	3088	1218	458	4429	5716
福建	24258	4708	4459	5194	1028	221	3340	5308
江西	19577	4315	4660	2158	715	391	2955	4383
山东	67722	14216	19760	9372	1727	1584	11408	9655
河南	68023	16670	18938	5366	3131	853	7326	15739
湖北	53273	11307	14899	7179	1361	947	6834	10746
湖南	42646	8304	10592	3858	3147	712	6004	10029
广东	144926	23391	24880	41263	2146	1387	21777	30082
广西	37154	6062	5407	7273	1724	486	5090	11112
海南	9980	2062	1689	1228	126	81	1459	3335
重庆	26730	4145	5924	5466	2025	514	3688	4968
四川	47069	7572	9672	6674	4353	716	5619	12463
贵州	18252	3494	3297	2504	1099	110	2448	5300
云南	18365	3059	4138	2619	2692	198	1845	3814
西藏	394	93	17	31	2	8	62	181
陕西	26429	5703	6551	2895	1576	547	2900	6257
甘肃	20880	3715	5693	2001	556	533	4102	4280
青海	2986	584	796	539	185	19	405	458
宁夏	4511	953	956	676	235	74	661	956
新疆	15687	3653	3337	2389	182	167	2356	3603

4-14a 续表 1

单位：人

地区 性别	合计	毕业后未工作	因单位原因失去工作	因本人原因失去工作	承包土地被征用	离退休	料理家务	其他
男	**584701**	**125938**	**175432**	**114558**	**24099**	**7750**	**10091**	**126833**
北京	19484	3547	5406	6683	229	109	442	3068
天津	14947	3210	6989	1865	479	136	146	2122
河北	20306	5908	6265	2478	598	282	242	4533
山西	16804	4871	5057	1780	505	216	154	4221
内蒙古	10357	2653	3060	1295	399	145	142	2663
辽宁	36481	8760	14734	7529	981	678	313	3486
吉林	18600	4148	7742	2648	443	214	214	3191
黑龙江	23365	6009	8883	3797	161	474	263	3778
上海	25780	3577	11023	7491	379	265	402	2643
江苏	31373	6961	10967	6525	1087	429	455	4949
浙江	21841	3829	4953	6807	1858	170	520	3704
安徽	13478	3257	4018	1823	670	211	189	3310
福建	13444	2859	2844	3171	742	101	215	3512
江西	9949	2426	2833	1293	472	178	137	2610
山东	30774	7564	10401	4914	1022	775	509	5589
河南	35733	9034	10919	3345	1905	382	557	9591
湖北	27545	6436	8829	4312	794	413	400	6361
湖南	21514	4580	6117	2301	1819	336	367	5994
广东	78434	13870	16446	25225	1418	671	1848	18956
广西	17629	3627	3158	3294	919	212	429	5990
海南	5270	1261	1052	734	85	32	131	1975
重庆	13055	2187	3525	3069	983	216	310	2765
四川	23109	4040	5450	3748	2229	320	627	6695
贵州	9892	1969	2079	1620	648	57	195	3324
云南	9730	1636	2381	1650	1529	89	170	2275
西藏	202	48	11	19	1	4	11	108
陕西	14161	3072	4070	1784	1010	263	204	3758
甘肃	9861	1895	3344	1191	340	251	205	2635
青海	1518	299	448	322	116	10	20	303
宁夏	2248	525	522	387	155	39	38	582
新疆	7817	1880	1906	1458	123	72	236	2142

4-14a 续表 2　　　　单位：人

地区 性别	合计	毕业后未工作	因单位原因失去工作	因本人原因失去工作	承包土地被征用	离退休	料理家务	其他
女	**551936**	**103760**	**116514**	**84589**	**16437**	**10815**	**134962**	**84859**
北京	14706	2851	2527	4856	130	210	2172	1960
天津	11342	3032	3455	1316	257	239	1628	1415
河北	19566	5502	4966	1635	301	357	3775	3030
山西	14320	4276	3509	1017	167	232	2987	2132
内蒙古	8996	2195	2064	689	204	159	2295	1390
辽宁	34851	8279	9890	6288	596	1632	5915	2251
吉林	16045	3473	4952	1670	267	495	3238	1950
黑龙江	22273	5246	5801	2912	89	730	4945	2550
上海	20251	2745	5168	5595	269	528	3853	2093
江苏	31618	5841	8762	5655	983	544	6130	3703
浙江	26488	2862	2953	6843	926	315	10114	2475
安徽	14503	2660	3137	1265	548	247	4240	2406
福建	10814	1849	1615	2023	286	120	3125	1796
江西	9628	1889	1827	865	243	213	2818	1773
山东	36948	6652	9359	4458	705	809	10899	4066
河南	32290	7636	8019	2021	1226	471	6769	6148
湖北	25728	4871	6070	2867	567	534	6434	4385
湖南	21132	3724	4475	1557	1328	376	5637	4035
广东	66492	9521	8434	16038	728	716	19929	11126
广西	19525	2435	2249	3979	805	274	4661	5122
海南	4710	801	637	494	41	49	1328	1360
重庆	13675	1958	2399	2397	1042	298	3378	2203
四川	23960	3532	4222	2926	2124	396	4992	5768
贵州	8360	1525	1218	884	451	53	2253	1976
云南	8635	1423	1757	969	1163	109	1675	1539
西藏	192	45	6	12	1	4	51	73
陕西	12268	2631	2481	1111	566	284	2696	2499
甘肃	11019	1820	2349	810	216	282	3897	1645
青海	1468	285	348	217	69	9	385	155
宁夏	2263	428	434	289	80	35	623	374
新疆	7870	1773	1431	931	59	95	2120	1461

4-14b 各地区分性别、未工作原因的失业人口(镇)

单位：人

地区 性别	合计	毕业后未工作	因单位原因失去工作	因本人原因失去工作	承包土地被征用	离退休	料理家务	其他
全国	**498780**	**127324**	**83374**	**58171**	**27152**	**6172**	**89122**	**107465**
北京	3102	749	596	864	79	11	459	344
天津	2458	649	510	208	116	41	342	592
河北	24448	8067	5031	1842	956	311	3679	4562
山西	18122	6581	3664	1186	477	139	2797	3278
内蒙古	11017	2864	2125	944	297	146	1926	2715
辽宁	11197	3253	2799	1421	261	341	1793	1329
吉林	10079	2620	2921	950	237	127	1246	1978
黑龙江	16572	3887	3905	2347	183	385	2583	3282
上海	6875	943	1674	1698	516	57	1124	863
江苏	20602	6380	3507	2521	871	296	3654	3373
浙江	26397	4865	2641	6782	1176	233	7330	3370
安徽	20826	4975	3584	1817	1085	186	5014	4165
福建	14044	3195	1657	2108	716	105	2980	3283
江西	18810	4603	2965	2235	719	255	3749	4284
山东	21168	6567	4498	1962	687	555	4012	2887
河南	34810	10391	5700	2045	2214	347	5076	9037
湖北	18764	4434	3805	2019	723	263	3253	4267
湖南	35040	8423	6035	2626	2377	406	6273	8900
广东	30230	8226	3391	5980	651	253	5075	6654
广西	26183	5976	3195	4809	1087	366	3628	7122
海南	6819	1819	799	705	178	71	1106	2141
重庆	14834	2583	2388	1926	1826	126	3096	2889
四川	38295	7995	5494	3925	4551	448	5934	9948
贵州	14334	3201	1484	1054	1011	103	2829	4652
云南	14454	3555	2603	1224	2226	117	1920	2809
西藏	425	115	13	31	5	5	77	179
陕西	16802	4743	2760	1331	1106	256	2925	3681
甘肃	11688	2794	2095	853	557	143	2856	2390
青海	2227	566	474	142	44	7	384	610
宁夏	1258	329	151	136	102	6	279	255
新疆	6900	1976	910	480	118	67	1723	1626

4-14b 续表 1

单位：人

地区 性别	合计	毕业后 未工作	因单位 原因 失去工作	因本人 原因 失去工作	承包土地 被征用	离退休	料理家务	其他
男	**245598**	**71307**	**48522**	**34429**	**15632**	**3276**	**6461**	**65971**
北京	1713	432	398	554	52	2	57	218
天津	1298	327	336	133	78	19	9	396
河北	12048	4055	2899	1161	630	170	230	2903
山西	9381	3604	2185	772	321	90	96	2313
内蒙古	5826	1542	1311	631	211	90	120	1921
辽宁	5377	1775	1635	763	159	158	66	821
吉林	5652	1423	1982	632	157	78	48	1332
黑龙江	8477	2070	2511	1472	127	145	117	2035
上海	3401	530	1021	959	252	24	105	510
江苏	9875	3537	1963	1456	438	153	367	1961
浙江	11916	2919	1675	3909	862	99	300	2152
安徽	9275	2792	1945	1091	627	106	232	2482
福建	7377	1977	1064	1429	485	53	158	2211
江西	9062	2628	1765	1353	440	139	197	2540
山东	9006	3452	2086	928	393	318	215	1614
河南	17722	5711	3174	1291	1323	202	414	5607
湖北	9263	2621	2099	1224	404	151	221	2543
湖南	17214	4667	3534	1628	1410	225	431	5319
广东	16168	5009	2092	3668	439	140	505	4315
广西	12367	3622	1763	2075	569	164	444	3730
海南	3804	1186	508	460	101	28	151	1370
重庆	7035	1456	1397	1175	943	59	239	1766
四川	18738	4434	3098	2344	2266	235	583	5778
贵州	7338	1861	969	720	579	63	219	2927
云南	7382	1989	1457	788	1190	63	190	1705
西藏	216	57	8	13	1	5	8	124
陕西	8468	2600	1603	868	704	159	205	2329
甘肃	5086	1476	1137	443	308	94	186	1442
青海	1130	310	253	91	27	5	48	396
宁夏	606	176	93	89	65	5	8	170
新疆	3377	1069	561	309	71	34	292	1041

4-14b 续表 2 单位：人

地区 性别	合计	毕业后未工作	因单位原因失去工作	因本人原因失去工作	承包土地被征用	离退休	料理家务	其他
女	**253182**	**56017**	**34852**	**23742**	**11520**	**2896**	**82661**	**41494**
北京	1389	317	198	310	27	9	402	126
天津	1160	322	174	75	38	22	333	196
河北	12400	4012	2132	681	326	141	3449	1659
山西	8741	2977	1479	414	156	49	2701	965
内蒙古	5191	1322	814	313	86	56	1806	794
辽宁	5820	1478	1164	658	102	183	1727	508
吉林	4427	1197	939	318	80	49	1198	646
黑龙江	8095	1817	1394	875	56	240	2466	1247
上海	3474	413	653	739	264	33	1019	353
江苏	10727	2843	1544	1065	433	143	3287	1412
浙江	14481	1946	966	2873	314	134	7030	1218
安徽	11551	2183	1639	726	458	80	4782	1683
福建	6667	1218	593	679	231	52	2822	1072
江西	9748	1975	1200	882	279	116	3552	1744
山东	12162	3115	2412	1034	294	237	3797	1273
河南	17088	4680	2526	754	891	145	4662	3430
湖北	9501	1813	1706	795	319	112	3032	1724
湖南	17826	3756	2501	998	967	181	5842	3581
广东	14062	3217	1299	2312	212	113	4570	2339
广西	13816	2354	1432	2734	518	202	3184	3392
海南	3015	633	291	245	77	43	955	771
重庆	7799	1127	991	751	883	67	2857	1123
四川	19557	3561	2396	1581	2285	213	5351	4170
贵州	6996	1340	515	334	432	40	2610	1725
云南	7072	1566	1146	436	1036	54	1730	1104
西藏	209	58	5	18	4		69	55
陕西	8334	2143	1157	463	402	97	2720	1352
甘肃	6602	1318	958	410	249	49	2670	948
青海	1097	256	221	51	17	2	336	214
宁夏	652	153	58	47	37	1	271	85
新疆	3523	907	349	171	47	33	1431	585

4-14c 各地区分性别、未工作原因的失业人口(乡村)

单位：人

地区 性别	合计	毕业后未工作	因单位原因失去工作	因本人原因失去工作	承包土地被征用	离退休	料理家务	其他
全国	**482895**	**152071**	**29121**	**64140**	**16495**	**3140**	**99798**	**118130**
北京	5776	1543	871	1816	143	14	666	723
天津	2302	823	205	278	139	18	389	450
河北	26089	10170	1579	2184	604	144	4824	6584
山西	22872	10043	1521	1879	453	113	4012	4851
内蒙古	5613	1992	379	437	308	30	970	1497
辽宁	9732	4526	915	1190	464	105	1318	1214
吉林	6304	1974	628	708	330	52	1028	1584
黑龙江	9719	2374	730	1253	157	110	1820	3275
上海	4324	759	847	1176	132	43	892	475
江苏	21289	7699	1788	3363	538	250	3422	4229
浙江	30505	5911	1609	7965	719	155	10121	4025
安徽	16208	4790	925	1763	648	93	4080	3909
福建	16827	4923	770	2348	541	65	4093	4087
江西	15715	4535	986	2359	347	105	3259	4124
山东	20322	8672	1392	2133	356	382	4197	3190
河南	44509	15273	2264	3858	1318	176	8048	13572
湖北	18485	5661	1456	2609	845	120	3247	4547
湖南	32224	9123	1479	3190	639	118	7882	9793
广东	40691	13066	2391	8770	719	149	7061	8535
广西	19471	5553	749	3697	593	151	3358	5370
海南	6954	2271	475	680	209	112	1129	2078
重庆	8186	2192	478	1262	777	42	1702	1733
四川	28310	8137	1357	3337	2263	216	4925	8075
贵州	14291	3462	418	1326	644	51	3262	5128
云南	8932	2627	715	891	998	85	1503	2113
西藏	641	105	9	27	22	1	189	288
陕西	19515	6579	1126	2046	713	94	4000	4957
甘肃	15501	4118	473	1057	306	85	4603	4859
青海	1308	291	57	81	36	5	371	467
宁夏	2069	455	134	151	117	10	550	652
新疆	8211	2424	395	306	417	46	2877	1746

4-14c 续表 1 单位：人

地区 性别	合计	毕业后未工作	因单位原因失去工作	因本人原因失去工作	承包土地被征用	离退休	料理家务	其他
男	**235036**	**82473**	**18598**	**37479**	**9767**	**2255**	**12830**	**71634**
北京	3327	872	614	1145	99	11	63	523
天津	1207	415	152	175	105	11	33	316
河北	12497	4998	1086	1357	407	122	415	4112
山西	11263	5123	1112	1188	336	100	212	3192
内蒙古	2952	1005	251	298	220	20	119	1039
辽宁	4605	2189	605	672	274	73	55	737
吉林	3050	900	398	427	206	28	92	999
黑龙江	4782	1158	492	785	108	60	123	2056
上海	2128	415	539	693	73	15	109	284
江苏	10408	4296	1070	1908	284	165	409	2276
浙江	12512	3529	1014	4404	484	98	431	2552
安徽	7509	2646	584	1092	354	70	513	2250
福建	8408	2891	561	1608	332	49	294	2673
江西	7267	2513	608	1366	220	74	232	2254
山东	9125	4598	809	993	205	310	376	1834
河南	22731	7919	1514	2413	804	143	1332	8606
湖北	9127	3247	849	1514	482	81	343	2611
湖南	14376	4758	910	1773	397	83	833	5622
广东	21288	7692	1421	5191	484	108	1071	5321
广西	9770	3348	444	1646	308	99	763	3162
海南	3914	1464	311	446	108	51	253	1281
重庆	4021	1233	308	751	418	35	225	1051
四川	13735	4412	872	1991	1089	161	826	4384
贵州	7841	2076	287	920	415	42	741	3360
云南	4586	1451	458	552	546	54	313	1212
西藏	305	55	4	18	8		45	175
陕西	9481	3424	670	1204	434	76	648	3025
甘肃	7398	2153	298	604	192	76	1135	2940
青海	677	153	39	50	21	5	94	315
宁夏	999	257	86	95	75	6	50	430
新疆	3747	1283	232	200	279	29	682	1042

4-14c 续表 2 单位：人

地区 性别	合计	毕业后 未工作	因单位 原因 失去工作	因本人 原因 失去工作	承包土地 被征用	离退休	料理家务	其他
女	**247859**	**69598**	**10523**	**26661**	**6728**	**885**	**86968**	**46496**
北京	2449	671	257	671	44	3	603	200
天津	1095	408	53	103	34	7	356	134
河北	13592	5172	493	827	197	22	4409	2472
山西	11609	4920	409	691	117	13	3800	1659
内蒙古	2661	987	128	139	88	10	851	458
辽宁	5127	2337	310	518	190	32	1263	477
吉林	3254	1074	230	281	124	24	936	585
黑龙江	4937	1216	238	468	49	50	1697	1219
上海	2196	344	308	483	59	28	783	191
江苏	10881	3403	718	1455	254	85	3013	1953
浙江	17993	2382	595	3561	235	57	9690	1473
安徽	8699	2144	341	671	294	23	3567	1659
福建	8419	2032	209	740	209	16	3799	1414
江西	8448	2022	378	993	127	31	3027	1870
山东	11197	4074	583	1140	151	72	3821	1356
河南	21778	7354	750	1445	514	33	6716	4966
湖北	9358	2414	607	1095	363	39	2904	1936
湖南	17848	4365	569	1417	242	35	7049	4171
广东	19403	5374	970	3579	235	41	5990	3214
广西	9701	2205	305	2051	285	52	2595	2208
海南	3040	807	164	234	101	61	876	797
重庆	4165	959	170	511	359	7	1477	682
四川	14575	3725	485	1346	1174	55	4099	3691
贵州	6450	1386	131	406	229	9	2521	1768
云南	4346	1176	257	339	452	31	1190	901
西藏	336	50	5	9	14	1	144	113
陕西	10034	3155	456	842	279	18	3352	1932
甘肃	8103	1965	175	453	114	9	3468	1919
青海	631	138	18	31	15		277	152
宁夏	1070	198	48	56	42	4	500	222
新疆	4464	1141	163	106	138	17	2195	704

4-15 全国分年龄、性别、未工作原因的失业人口

单位：人

年龄组 性别	合计	毕业后未工作	因单位原因失去工作	因本人原因失去工作	承包土地被征用	离退休	料理家务	其他
总计	**2118312**	**509093**	**404441**	**321458**	**84183**	**27877**	**333973**	**437287**
16-19岁	188738	127120	3387	15707	1506	3	7795	33220
20-24岁	511809	283725	19340	70473	6508	14	36422	95327
25-29岁	294295	76683	24297	66350	7326	7	49007	70625
30-34岁	208976	12767	36515	46832	8528	16	50629	53689
35-39岁	241839	4701	66487	43243	12681	21	58321	56385
40-44岁	237990	1895	85260	34995	14102	100	52583	49055
45-49岁	205862	941	90932	24444	12479	2193	38521	36352
50-54岁	113317	339	48876	10962	8042	8255	16872	19971
55-59岁	74854	235	26489	6318	7702	7921	12377	13812
60-64岁	21832	142	1772	1217	3182	5226	5524	4769
65-69岁	9805	133	540	475	1295	2127	3118	2117
70-74岁	4661	165	251	213	500	1063	1525	944
75岁及以上	4334	247	295	229	332	931	1279	1021
男	**1065335**	**279718**	**242552**	**186466**	**49498**	**13281**	**29382**	**264438**
16-19岁	105623	73315	1853	8776	942	2	1652	19083
20-24岁	255753	151753	10523	36731	3512	3	2913	50318
25-29岁	136464	42589	13470	35458	3942	4	2285	38716
30-34岁	91913	7220	19445	26161	4681	6	2467	31933
35-39岁	107308	2653	33692	25353	7078	14	3306	35212
40-44岁	108381	1042	43045	21176	7896	40	3698	31484
45-49岁	103079	511	50234	16666	7246	87	3640	24695
50-54岁	78618	177	43211	9137	5196	2181	3086	15630
55-59岁	54377	131	24957	5432	5442	4188	3083	11144
60-64岁	13568	70	1443	982	2167	3828	1446	3632
65-69岁	5662	77	386	344	886	1525	918	1526
70-74岁	2466	66	150	128	341	740	491	550
75岁及以上	2123	114	143	122	169	663	397	515
女	**1052977**	**229375**	**161889**	**134992**	**34685**	**14596**	**304591**	**172849**
16-19岁	83115	53805	1534	6931	564	1	6143	14137
20-24岁	256056	131972	8817	33742	2996	11	33509	45009
25-29岁	157831	34094	10827	30892	3384	3	46722	31909
30-34岁	117063	5547	17070	20671	3847	10	48162	21756
35-39岁	134531	2048	32795	17890	5603	7	55015	21173
40-44岁	129609	853	42215	13819	6206	60	48885	17571
45-49岁	102783	430	40698	7778	5233	2106	34881	11657
50-54岁	34699	162	5665	1825	2846	6074	13786	4341
55-59岁	20477	104	1532	886	2260	3733	9294	2668
60-64岁	8264	72	329	235	1015	1398	4078	1137
65-69岁	4143	56	154	131	409	602	2200	591
70-74岁	2195	99	101	85	159	323	1034	394
75岁及以上	2211	133	152	107	163	268	882	506

4-15a 全国分年龄、性别、未工作原因的失业人口(城市)

单位：人

年龄组 性别	合计	毕业后 未工作	因单位 原因 失去工作	因本人 原因 失去工作	承包土地 被征用	离退休	料理家务	其他
总计	**1136637**	**229698**	**291946**	**199147**	**40536**	**18565**	**145053**	**211692**
16-19岁	53149	35620	1128	5852	536	1	1184	8828
20-24岁	238943	137315	9606	37701	2778	6	11034	40503
25-29岁	167675	44864	16051	43605	3492	5	21995	37663
30-34岁	124094	7311	25518	31423	4252	5	25773	29812
35-39岁	145623	2672	47090	28979	6261	11	29592	31018
40-44岁	145742	1031	62742	23201	6865	66	25335	26502
45-49岁	133340	494	70425	16742	6265	1740	18070	19604
50-54岁	72226	163	38241	7274	4095	6217	6350	9886
55-59岁	42324	111	19831	3680	3727	5407	3774	5794
60-64岁	8291	32	841	449	1409	3100	1158	1302
65-69岁	2913	23	236	130	542	1080	488	414
70-74岁	1224	21	113	45	178	517	172	178
75岁及以上	1093	41	124	66	136	410	128	188
男	**584701**	**125938**	**175432**	**114558**	**24099**	**7750**	**10091**	**126833**
16-19岁	30374	20965	607	3195	330	1	228	5048
20-24岁	122178	73804	5200	19329	1517	1	665	21662
25-29岁	79491	24684	8780	23042	1885	3	776	20321
30-34岁	55126	4041	13285	17136	2362	2	983	17317
35-39岁	65431	1425	23561	16687	3535	8	1443	18772
40-44岁	67444	562	31165	13842	3901	28	1532	16414
45-49岁	68434	252	38535	11268	3674	59	1592	13054
50-54岁	54197	84	34420	6229	2715	1479	1306	7964
55-59岁	33551	66	18933	3299	2638	2739	1092	4784
60-64岁	5446	15	676	367	977	2148	271	992
65-69岁	1800	11	156	103	374	713	124	319
70-74岁	701	10	64	29	125	318	53	102
75岁及以上	528	19	50	32	66	251	26	84
女	**551936**	**103760**	**116514**	**84589**	**16437**	**10815**	**134962**	**84859**
16-19岁	22775	14655	521	2657	206		956	3780
20-24岁	116765	63511	4406	18372	1261	5	10369	18841
25-29岁	88184	20180	7271	20563	1607	2	21219	17342
30-34岁	68968	3270	12233	14287	1890	3	24790	12495
35-39岁	80192	1247	23529	12292	2726	3	28149	12246
40-44岁	78298	469	31577	9359	2964	38	23803	10088
45-49岁	64906	242	31890	5474	2591	1681	16478	6550
50-54岁	18029	79	3821	1045	1380	4738	5044	1922
55-59岁	8773	45	898	381	1089	2668	2682	1010
60-64岁	2845	17	165	82	432	952	887	310
65-69岁	1113	12	80	27	168	367	364	95
70-74岁	523	11	49	16	53	199	119	76
75岁及以上	565	22	74	34	70	159	102	104

4-15b 全国分年龄、性别、未工作原因的失业人口(镇)

单位：人

年龄组 性别	合计	毕业后未工作	因单位原因失去工作	因本人原因失去工作	承包土地被征用	离退休	料理家务	其他
总计	**498780**	**127324**	**83374**	**58171**	**27152**	**6172**	**89122**	**107465**
16-19岁	44553	30611	681	2921	517		1547	8276
20-24岁	123280	72299	3523	12732	2230	5	8991	23500
25-29岁	65171	18509	4299	10819	2340	1	12573	16630
30-34岁	49264	3450	8010	8315	2789	6	13626	13068
35-39岁	60844	1306	15911	8254	4179	8	16657	14529
40-44岁	58164	538	19011	6852	4586	26	14974	12177
45-49岁	45657	267	17399	4498	3945	367	10443	8738
50-54岁	24264	108	8618	1973	2435	1595	4624	4911
55-59岁	17427	52	5062	1256	2458	1784	3262	3553
60-64岁	5601	37	558	310	1008	1258	1257	1173
65-69岁	2493	40	165	132	423	570	650	513
70-74岁	1080	44	68	57	153	289	278	191
75岁及以上	982	63	69	52	89	263	240	206
男	**245598**	**71307**	**48522**	**34429**	**15632**	**3276**	**6461**	**65971**
16-19岁	25444	17902	385	1673	311		321	4852
20-24岁	62844	39517	1920	6879	1210	2	634	12682
25-29岁	29897	10484	2388	5926	1233	1	520	9345
30-34岁	21089	2022	4328	4779	1469	2	588	7901
35-39岁	25857	771	7997	4883	2266	5	736	9199
40-44岁	25332	291	9614	4174	2518	6	837	7892
45-49岁	21817	141	9566	3096	2243	18	779	5974
50-54岁	15195	59	7068	1575	1507	497	697	3792
55-59岁	11923	25	4596	1026	1742	970	713	2851
60-64岁	3613	19	461	255	696	955	326	901
65-69岁	1496	25	120	98	289	413	176	375
70-74岁	584	15	39	35	103	209	73	110
75岁及以上	507	36	40	30	45	198	61	97
女	**253182**	**56017**	**34852**	**23742**	**11520**	**2896**	**82661**	**41494**
16-19岁	19109	12709	296	1248	206		1226	3424
20-24岁	60436	32782	1603	5853	1020	3	8357	10818
25-29岁	35274	8025	1911	4893	1107		12053	7285
30-34岁	28175	1428	3682	3536	1320	4	13038	5167
35-39岁	34987	535	7914	3371	1913	3	15921	5330
40-44岁	32832	247	9397	2678	2068	20	14137	4285
45-49岁	23840	126	7833	1402	1702	349	9664	2764
50-54岁	9069	49	1550	398	928	1098	3927	1119
55-59岁	5504	27	466	230	716	814	2549	702
60-64岁	1988	18	97	55	312	303	931	272
65-69岁	997	15	45	34	134	157	474	138
70-74岁	496	29	29	22	50	80	205	81
75岁及以上	475	27	29	22	44	65	179	109

4-15c 全国分年龄、性别、未工作原因的失业人口(乡村)

单位：人

年龄组 性 别	合 计	毕业后 未工作	因单位 原 因 失去工作	因本人 原 因 失去工作	承包土地 被征用	离退休	料理家务	其 他
总 计	**482895**	**152071**	**29121**	**64140**	**16495**	**3140**	**99798**	**118130**
16-19岁	91036	60889	1578	6934	453	2	5064	16116
20-24岁	149586	74111	6211	20040	1500	3	16397	31324
25-29岁	61449	13310	3947	11926	1494	1	14439	16332
30-34岁	35618	2006	2987	7094	1487	5	11230	10809
35-39岁	35372	723	3486	6010	2241	2	12072	10838
40-44岁	34084	326	3507	4942	2651	8	12274	10376
45-49岁	26865	180	3108	3204	2269	86	10008	8010
50-54岁	16827	68	2017	1715	1512	443	5898	5174
55-59岁	15103	72	1596	1382	1517	730	5341	4465
60-64岁	7940	73	373	458	765	868	3109	2294
65-69岁	4399	70	139	213	330	477	1980	1190
70-74岁	2357	100	70	111	169	257	1075	575
75岁及以上	2259	143	102	111	107	258	911	627
男	**235036**	**82473**	**18598**	**37479**	**9767**	**2255**	**12830**	**71634**
16-19岁	49805	34448	861	3908	301	1	1103	9183
20-24岁	70731	38432	3403	10523	785		1614	15974
25-29岁	27076	7421	2302	6490	824		989	9050
30-34岁	15698	1157	1832	4246	850	2	896	6715
35-39岁	16020	457	2134	3783	1277	1	1127	7241
40-44岁	15605	189	2266	3160	1477	6	1329	7178
45-49岁	12828	118	2133	2302	1329	10	1269	5667
50-54岁	9226	34	1723	1333	974	205	1083	3874
55-59岁	8903	40	1428	1107	1062	479	1278	3509
60-64岁	4509	36	306	360	494	725	849	1739
65-69岁	2366	41	110	143	223	399	618	832
70-74岁	1181	41	47	64	113	213	365	338
75岁及以上	1088	59	53	60	58	214	310	334
女	**247859**	**69598**	**10523**	**26661**	**6728**	**885**	**86968**	**46496**
16-19岁	41231	26441	717	3026	152	1	3961	6933
20-24岁	78855	35679	2808	9517	715	3	14783	15350
25-29岁	34373	5889	1645	5436	670	1	13450	7282
30-34岁	19920	849	1155	2848	637	3	10334	4094
35-39岁	19352	266	1352	2227	964	1	10945	3597
40-44岁	18479	137	1241	1782	1174	2	10945	3198
45-49岁	14037	62	975	902	940	76	8739	2343
50-54岁	7601	34	294	382	538	238	4815	1300
55-59岁	6200	32	168	275	455	251	4063	956
60-64岁	3431	37	67	98	271	143	2260	555
65-69岁	2033	29	29	70	107	78	1362	358
70-74岁	1176	59	23	47	56	44	710	237
75岁及以上	1171	84	49	51	49	44	601	293

4-16 全国分受教育程度、性别、未工作原因的失业人口

单位：人

受教育程度 性别	合计	毕业后未工作	因单位原因失去工作	因本人原因失去工作	承包土地被征用	离退休	料理家务	其他
总计	**2118312**	**509093**	**404441**	**321458**	**84183**	**27877**	**333973**	**437287**
未上过学	19436	425	1013	1641	1937	561	9007	4852
小学	193558	9421	18554	26531	20383	4929	62947	50793
初中	932750	153939	174102	147125	48915	11621	180447	216601
高中	597727	157573	158234	90055	11334	7994	62470	110067
大学专科	257812	125196	39825	36620	1293	2184	14755	37939
大学本科	110953	59763	12139	18152	306	568	4110	15915
研究生	6076	2776	574	1334	15	20	237	1120
男	**1065335**	**279718**	**242552**	**186466**	**49498**	**13281**	**29382**	**264438**
未上过学	5753	197	526	822	762	200	829	2417
小学	85835	5189	12178	15479	11705	2705	7103	31476
初中	460433	88026	105217	85788	29025	5587	14510	132280
高中	319603	90150	93259	53309	7039	3171	5250	67425
大学专科	132171	64384	23422	20054	779	1260	1166	21106
大学本科	58556	30581	7595	10277	180	347	477	9099
研究生	2984	1191	355	737	8	11	47	635
女	**1052977**	**229375**	**161889**	**134992**	**34685**	**14596**	**304591**	**172849**
未上过学	13683	228	487	819	1175	361	8178	2435
小学	107723	4232	6376	11052	8678	2224	55844	19317
初中	472317	65913	68885	61337	19890	6034	165937	84321
高中	278124	67423	64975	36746	4295	4823	57220	42642
大学专科	125641	60812	16403	16566	514	924	13589	16833
大学本科	52397	29182	4544	7875	126	221	3633	6816
研究生	3092	1585	219	597	7	9	190	485

4-16a 全国分受教育程度、性别、未工作原因的失业人口(城市)

单位：人

受教育程度 性别	合计	毕业后未工作	因单位原因失去工作	因本人原因失去工作	承包土地被征用	离退休	料理家务	其他
总计	**1136637**	**229698**	**291946**	**199147**	**40536**	**18565**	**145053**	**211692**
未上过学	4554	65	464	510	675	238	1682	920
小学	67401	2183	10284	11164	8547	2641	17666	14916
初中	428366	41681	117182	76769	23846	8048	73263	87577
高中	376367	73827	120880	64251	6415	5619	38266	67109
大学专科	170405	68963	31950	29255	816	1521	10570	27330
大学本科	84296	40721	10654	15955	227	480	3396	12863
研究生	5248	2258	532	1243	10	18	210	977
男	**584701**	**125938**	**175432**	**114558**	**24099**	**7750**	**10091**	**126833**
未上过学	1399	35	242	234	280	76	83	449
小学	31690	1273	6835	6528	5060	1306	1409	9279
初中	216619	24807	71542	44601	14224	3420	4622	53403
高中	200775	42954	71123	37598	3919	1866	2767	40548
大学专科	87347	35455	18708	15922	482	789	780	15211
大学本科	44285	20456	6653	8987	129	283	392	7385
研究生	2586	958	329	688	5	10	38	558
女	**551936**	**103760**	**116514**	**84589**	**16437**	**10815**	**134962**	**84859**
未上过学	3155	30	222	276	395	162	1599	471
小学	35711	910	3449	4636	3487	1335	16257	5637
初中	211747	16874	45640	32168	9622	4628	68641	34174
高中	175592	30873	49757	26653	2496	3753	35499	26561
大学专科	83058	33508	13242	13333	334	732	9790	12119
大学本科	40011	20265	4001	6968	98	197	3004	5478
研究生	2662	1300	203	555	5	8	172	419

4-16b 全国分受教育程度、性别、未工作原因的失业人口(镇)

单位：人

受教育程度 性别	合计	毕业后未工作	因单位原因失去工作	因本人原因失去工作	承包土地被征用	离退休	料理家务	其他
总计	**498780**	**127324**	**83374**	**58171**	**27152**	**6172**	**89122**	**107465**
未上过学	4589	96	269	398	667	135	1954	1070
小学	50632	2292	4955	6183	6810	1288	16489	12615
初中	236235	38589	40201	30909	15785	2429	51195	57127
高中	134849	41319	30710	14660	3500	1768	16050	26842
大学专科	54118	32315	6137	4555	334	476	2907	7394
大学本科	17772	12356	1073	1400	52	75	509	2307
研究生	585	357	29	66	4	1	18	110
男	**245598**	**71307**	**48522**	**34429**	**15632**	**3276**	**6461**	**65971**
未上过学	1354	45	137	205	249	44	137	537
小学	21890	1290	3190	3654	3804	708	1424	7820
初中	112680	22717	22960	18055	9128	1308	3347	35165
高中	71961	23848	17853	9036	2199	843	1275	16907
大学专科	27991	16747	3687	2618	215	320	216	4188
大学本科	9437	6497	676	823	35	53	57	1296
研究生	285	163	19	38	2		5	58
女	**253182**	**56017**	**34852**	**23742**	**11520**	**2896**	**82661**	**41494**
未上过学	3235	51	132	193	418	91	1817	533
小学	28742	1002	1765	2529	3006	580	15065	4795
初中	123555	15872	17241	12854	6657	1121	47848	21962
高中	62888	17471	12857	5624	1301	925	14775	9935
大学专科	26127	15568	2450	1937	119	156	2691	3206
大学本科	8335	5859	397	577	17	22	452	1011
研究生	300	194	10	28	2	1	13	52

4-16c 全国分受教育程度、性别、未工作原因的失业人口(乡村)

单位：人

受教育程度 性别	合计	毕业后未工作	因单位原因失去工作	因本人原因失去工作	承包土地被征用	离退休	料理家务	其他
总计	**482895**	**152071**	**29121**	**64140**	**16495**	**3140**	**99798**	**118130**
未上过学	10293	264	280	733	595	188	5371	2862
小学	75525	4946	3315	9184	5026	1000	28792	23262
初中	268149	73669	16719	39447	9284	1144	55989	71897
高中	86511	42427	6644	11144	1419	607	8154	16116
大学专科	33289	23918	1738	2810	143	187	1278	3215
大学本科	8885	6686	412	797	27	13	205	745
研究生	243	161	13	25	1	1	9	33
男	**235036**	**82473**	**18598**	**37479**	**9767**	**2255**	**12830**	**71634**
未上过学	3000	117	147	383	233	80	609	1431
小学	32255	2626	2153	5297	2841	691	4270	14377
初中	131134	40502	10715	23132	5673	859	6541	43712
高中	46867	23348	4283	6675	921	462	1208	9970
大学专科	16833	12182	1027	1514	82	151	170	1707
大学本科	4834	3628	266	467	16	11	28	418
研究生	113	70	7	11	1	1	4	19
女	**247859**	**69598**	**10523**	**26661**	**6728**	**885**	**86968**	**46496**
未上过学	7293	147	133	350	362	108	4762	1431
小学	43270	2320	1162	3887	2185	309	24522	8885
初中	137015	33167	6004	16315	3611	285	49448	28185
高中	39644	19079	2361	4469	498	145	6946	6146
大学专科	16456	11736	711	1296	61	36	1108	1508
大学本科	4051	3058	146	330	11	2	177	327
研究生	130	91	6	14			5	14

4-17 各地区分性别、未工作时间的失业人口

单位：人

地区 性别	合计	1-3 个月	4-6 个月	7-12 个月	13-24 个月	24个月 以上	平均失业 时间(月)
全国	**2118312**	**563952**	**478330**	**625069**	**230652**	**220309**	**12.23**
北京	43068	12442	10056	12445	4104	4021	11.81
天津	31049	6773	6437	9452	3997	4390	15.51
河北	90409	24192	20762	27239	9566	8650	11.93
山西	72118	15306	15530	24622	9124	7536	13.05
内蒙古	35983	11004	7813	10193	3322	3651	12.03
辽宁	92261	22218	23691	27745	10499	8108	11.57
吉林	51028	12887	12165	15206	5763	5007	11.98
黑龙江	71929	21005	16533	20362	7167	6862	11.36
上海	57230	14336	12732	14905	7474	7783	14.21
江苏	104882	28102	23610	28818	12346	12006	12.66
浙江	105231	30996	29080	27507	9196	8452	10.61
安徽	65015	18443	14301	18272	7110	6889	12.14
福建	55129	16169	12458	14971	5795	5736	12.08
江西	54102	13955	12504	16472	5510	5661	12.08
山东	109212	26750	24301	32377	12903	12881	13.16
河南	147342	42975	32771	42962	15148	13486	11.31
湖北	90522	21032	19183	29231	10191	10885	13.16
湖南	109910	25065	22592	36823	13593	11837	12.78
广东	215847	73087	49995	55586	19571	17608	10.50
广西	82808	19462	19443	26569	8620	8714	12.27
海南	23753	5164	5408	8069	2845	2267	12.15
重庆	49750	11188	10558	15794	6404	5806	13.26
四川	113674	27728	24803	35772	12898	12473	12.60
贵州	46877	11976	8928	14950	5327	5696	13.50
云南	41751	10261	8535	12818	4810	5327	13.89
西藏	1460	420	313	435	136	156	11.78
陕西	62746	17839	15151	18450	5838	5468	11.07
甘肃	48069	10305	9029	14056	6680	7999	15.77
青海	6521	1852	1354	1745	675	895	13.75
宁夏	7838	2488	1813	2185	758	594	10.46
新疆	30798	8532	6481	9038	3282	3465	12.82

4-17 续表 1

单位：人

地区 性别	合计	1-3 个月	4-6 个月	7-12 个月	13-24 个月	24个月 以上	平均失业 时间(月)
男	**1065335**	**303277**	**242149**	**306711**	**109887**	**103311**	**11.75**
北京	24524	7027	5667	7042	2428	2360	12.09
天津	17452	3959	3625	5281	2189	2398	15.30
河北	44851	12887	10492	13276	4401	3795	11.21
山西	37448	8700	8223	12540	4514	3471	12.30
内蒙古	19135	6436	4083	5182	1690	1744	11.24
辽宁	46463	12072	11901	13796	5046	3648	11.01
吉林	27302	7363	6447	8053	2925	2514	11.55
黑龙江	36624	11392	8552	10014	3316	3350	10.90
上海	31309	7694	6843	8109	4240	4423	14.64
江苏	51656	14760	11854	13881	5647	5514	12.18
浙江	46269	15093	12049	11934	3797	3396	10.11
安徽	30262	9381	6949	8212	2978	2742	11.20
福建	29229	9059	6739	7702	2868	2861	11.64
江西	26278	7504	6186	7507	2484	2597	11.61
山东	48905	13215	11339	14099	5267	4985	12.17
河南	76186	23699	16981	21608	7483	6415	10.81
湖北	45935	11496	10015	14354	4928	5142	12.59
湖南	53104	13047	11159	17237	6275	5386	12.30
广东	115890	40696	27085	28900	10060	9149	10.26
广西	39766	10142	9334	12404	3907	3979	11.87
海南	12988	2760	2966	4497	1540	1225	12.20
重庆	24111	5874	5175	7517	2927	2618	12.77
四川	55582	14645	12255	16939	5950	5793	12.16
贵州	25071	6657	4693	7931	2780	3010	13.31
云南	21698	5564	4495	6635	2393	2611	13.38
西藏	723	205	153	241	62	62	10.86
陕西	32110	9640	7725	9357	2822	2566	10.59
甘肃	22345	5410	4331	6390	2844	3370	14.74
青海	3325	990	694	893	320	428	13.04
宁夏	3853	1351	904	994	349	255	9.69
新疆	14941	4559	3235	4186	1457	1504	11.89

4-17 续表 2

单位：人

地区 性别	合计	1-3 个月	4-6 个月	7-12 个月	13-24 个月	24个月 以上	平均失业 时间(月)
女	**1052977**	**260675**	**236181**	**318358**	**120765**	**116998**	**12.72**
北京	18544	5415	4389	5403	1676	1661	11.44
天津	13597	2814	2812	4171	1808	1992	15.78
河北	45558	11305	10270	13963	5165	4855	12.64
山西	34670	6606	7307	12082	4610	4065	13.87
内蒙古	16848	4568	3730	5011	1632	1907	12.92
辽宁	45798	10146	11790	13949	5453	4460	12.14
吉林	23726	5524	5718	7153	2838	2493	12.47
黑龙江	35305	9613	7981	10348	3851	3512	11.85
上海	25921	6642	5889	6796	3234	3360	13.68
江苏	53226	13342	11756	14937	6699	6492	13.11
浙江	58962	15903	17031	15573	5399	5056	10.99
安徽	34753	9062	7352	10060	4132	4147	12.97
福建	25900	7110	5719	7269	2927	2875	12.59
江西	27824	6451	6318	8965	3026	3064	12.53
山东	60307	13535	12962	18278	7636	7896	13.97
河南	71156	19276	15790	21354	7665	7071	11.84
湖北	44587	9536	9168	14877	5263	5743	13.75
湖南	56806	12018	11433	19586	7318	6451	13.22
广东	99957	32391	22910	26686	9511	8459	10.77
广西	43042	9320	10109	14165	4713	4735	12.63
海南	10765	2404	2442	3572	1305	1042	12.09
重庆	25639	5314	5383	8277	3477	3188	13.72
四川	58092	13083	12548	18833	6948	6680	13.02
贵州	21806	5319	4235	7019	2547	2686	13.72
云南	20053	4697	4040	6183	2417	2716	14.44
西藏	737	215	160	194	74	94	12.68
陕西	30636	8199	7426	9093	3016	2902	11.57
甘肃	25724	4895	4698	7666	3836	4629	16.66
青海	3196	862	660	852	355	467	14.48
宁夏	3985	1137	909	1191	409	339	11.20
新疆	15857	3973	3246	4852	1825	1961	13.68

4-17a 各地区分性别、未工作时间的失业人口(城市)

单位：人

地区 性别	合 计	1-3 个月	4-6 个月	7-12 个月	13-24 个月	24个月 以 上	平均失业 时间(月)
全 国	**1136637**	**286289**	**249033**	**330146**	**136258**	**134911**	**13.24**
北 京	34190	9868	7734	9622	3441	3525	12.39
天 津	26289	5544	5240	8009	3537	3959	16.18
河 北	39872	8769	9000	12169	5214	4720	13.56
山 西	31124	5543	6288	10592	4559	4142	15.00
内蒙古	19353	5394	4261	5529	1997	2172	12.93
辽 宁	71332	17057	18639	21046	8245	6345	11.64
吉 林	34645	8820	8283	10122	4029	3391	11.97
黑龙江	45638	12131	10417	13315	5071	4704	12.04
上 海	46031	11242	10292	11913	6072	6512	14.57
江 苏	62991	15630	13548	17330	8158	8325	13.91
浙 江	48329	14363	12311	12240	4609	4806	11.75
安 徽	27981	7019	5847	7946	3568	3601	13.79
福 建	24258	7500	5226	5955	2740	2837	12.81
江 西	19577	4407	4441	6120	2332	2277	13.10
山 东	67722	15270	14543	20553	8845	8511	13.93
河 南	68023	15148	14539	21499	8809	8028	13.33
湖 北	53273	10878	11047	17314	6818	7216	14.29
湖 南	42646	7635	8091	14844	6113	5963	14.90
广 东	144926	52824	31628	33921	13417	13136	10.87
广 西	37154	8461	8030	11447	4298	4918	13.81
海 南	9980	2091	2069	3155	1382	1283	13.83
重 庆	26730	6098	5643	8117	3534	3338	13.70
四 川	47069	10364	9972	14794	5812	6127	14.12
贵 州	18252	3689	3094	5992	2525	2952	16.31
云 南	18365	4329	3815	5514	2241	2466	14.32
西 藏	394	117	71	134	47	25	10.10
陕 西	26429	6752	6087	7926	2978	2686	12.32
甘 肃	20880	3008	3618	6573	3441	4240	18.27
青 海	2986	696	673	874	313	430	14.82
宁 夏	4511	1237	1157	1268	482	367	10.97
新 疆	15687	4405	3429	4313	1631	1909	13.35

4-17a 续表 1

单位：人

地区 性别	合计	1-3 个月	4-6 个月	7-12 个月	13-24 个月	24个月 以上	平均失业 时间(月)
男	**584701**	**156115**	**129366**	**167174**	**66845**	**65201**	**12.78**
北京	19484	5541	4321	5464	2063	2095	12.81
天津	14947	3228	2993	4572	1967	2187	15.98
河北	20306	4846	4693	6184	2473	2110	12.68
山西	16804	3272	3516	5667	2345	2004	14.14
内蒙古	10357	3167	2251	2853	1021	1065	12.14
辽宁	36481	9382	9506	10694	4011	2888	11.08
吉林	18600	5019	4444	5397	2038	1702	11.49
黑龙江	23365	6566	5485	6616	2367	2331	11.60
上海	25780	6099	5633	6681	3568	3799	15.03
江苏	31373	8308	6927	8449	3783	3906	13.48
浙江	21841	6981	5323	5499	2009	2029	11.37
安徽	13478	3623	2974	3805	1542	1534	12.82
福建	13444	4251	2939	3310	1441	1503	12.50
江西	9949	2436	2312	2953	1116	1132	12.82
山东	30774	7626	6874	9090	3687	3497	13.13
河南	35733	8538	7702	11141	4494	3858	12.75
湖北	27545	6069	5923	8736	3299	3518	13.73
湖南	21514	4097	4225	7428	2977	2787	14.32
广东	78434	29494	17326	17878	6895	6841	10.60
广西	17629	4363	3760	5336	1959	2211	13.39
海南	5270	1087	1072	1709	726	676	13.92
重庆	13055	3167	2785	3871	1681	1551	13.37
四川	23109	5490	4953	7095	2732	2839	13.65
贵州	9892	2077	1640	3269	1332	1574	16.00
云南	9730	2419	2049	2898	1152	1212	13.69
西藏	202	58	33	72	24	15	10.40
陕西	14161	3774	3273	4297	1491	1326	11.79
甘肃	9861	1663	1759	3080	1532	1827	17.17
青海	1518	378	342	451	152	195	13.93
宁夏	2248	699	573	593	224	159	10.16
新疆	7817	2397	1760	2086	744	830	12.28

4-17a 续表 2

单位：人

地区 性别	合 计	1-3 个月	4-6 个月	7-12 个月	13-24 个月	24个月 以 上	平均失业 时间(月)
女	**551936**	**130174**	**119667**	**162972**	**69413**	**69710**	**13.73**
北 京	14706	4327	3413	4158	1378	1430	11.82
天 津	11342	2316	2247	3437	1570	1772	16.44
河 北	19566	3923	4307	5985	2741	2610	14.48
山 西	14320	2271	2772	4925	2214	2138	16.01
内蒙古	8996	2227	2010	2676	976	1107	13.84
辽 宁	34851	7675	9133	10352	4234	3457	12.23
吉 林	16045	3801	3839	4725	1991	1689	12.51
黑龙江	22273	5565	4932	6699	2704	2373	12.50
上 海	20251	5143	4659	5232	2504	2713	13.98
江 苏	31618	7322	6621	8881	4375	4419	14.33
浙 江	26488	7382	6988	6741	2600	2777	12.07
安 徽	14503	3396	2873	4141	2026	2067	14.70
福 建	10814	3249	2287	2645	1299	1334	13.19
江 西	9628	1971	2129	3167	1216	1145	13.39
山 东	36948	7644	7669	11463	5158	5014	14.60
河 南	32290	6610	6837	10358	4315	4170	13.97
湖 北	25728	4809	5124	8578	3519	3698	14.90
湖 南	21132	3538	3866	7416	3136	3176	15.50
广 东	66492	23330	14302	16043	6522	6295	11.19
广 西	19525	4098	4270	6111	2339	2707	14.19
海 南	4710	1004	997	1446	656	607	13.74
重 庆	13675	2931	2858	4246	1853	1787	14.02
四 川	23960	4874	5019	7699	3080	3288	14.58
贵 州	8360	1612	1454	2723	1193	1378	16.68
云 南	8635	1910	1766	2616	1089	1254	15.02
西 藏	192	59	38	62	23	10	9.79
陕 西	12268	2978	2814	3629	1487	1360	12.92
甘 肃	11019	1345	1859	3493	1909	2413	19.26
青 海	1468	318	331	423	161	235	15.74
宁 夏	2263	538	584	675	258	208	11.77
新 疆	7870	2008	1669	2227	887	1079	14.42

4-17b 各地区分性别、未工作时间的失业人口(镇)

单位：人

地区 性别	合计	1-3 个月	4-6 个月	7-12 个月	13-24 个月	24个月 以上	平均失业 时间(月)
全国	**498780**	**118052**	**111291**	**158505**	**57208**	**53724**	**12.69**
北京	3102	788	758	1027	289	240	11.15
天津	2458	527	606	808	245	272	13.14
河北	24448	6041	5440	7724	2664	2579	12.86
山西	18122	3481	3918	6410	2347	1966	13.47
内蒙古	11017	3577	2242	3131	977	1090	11.68
辽宁	11197	2431	2572	3693	1469	1032	12.22
吉林	10079	2228	2387	3271	1167	1026	12.57
黑龙江	16572	4773	3818	4844	1550	1587	11.40
上海	6875	1872	1445	1753	909	896	13.81
江苏	20602	5210	4733	6093	2426	2140	12.05
浙江	26397	7341	7510	7268	2269	2009	10.46
安徽	20826	4888	4692	6384	2522	2340	12.80
福建	14044	3606	3183	4275	1464	1516	12.80
江西	18810	4665	4200	5808	2004	2133	12.72
山东	21168	5019	4613	6258	2595	2683	13.65
河南	34810	9443	7630	10972	3533	3232	11.62
湖北	18764	4172	3968	6357	2012	2255	13.17
湖南	35040	7089	7225	12042	4597	4087	13.54
广东	30230	8091	7428	9455	2971	2285	10.64
广西	26183	5162	6157	9217	3004	2643	12.47
海南	6819	1412	1701	2325	809	572	11.71
重庆	14834	2760	3068	5081	2071	1854	14.06
四川	38295	8368	8057	12697	4923	4250	12.90
贵州	14334	3119	2775	4867	1718	1855	14.16
云南	14454	3117	2850	4552	1875	2060	14.95
西藏	425	90	82	163	25	65	14.65
陕西	16802	4043	4037	5404	1697	1621	11.90
甘肃	11688	2000	2118	3466	1861	2243	17.97
青海	2227	638	411	591	247	340	14.30
宁夏	1258	367	254	386	142	109	11.64
新疆	6900	1734	1413	2183	826	744	12.94

4-17b 续表 1

单位：人

地区 性别	合计	1-3 个月	4-6 个月	7-12 个月	13-24 个月	24个月 以上	平均失业 时间(月)
男	**245598**	**63193**	**55751**	**76324**	**26431**	**23899**	**12.00**
北京	1713	457	401	577	153	125	10.80
天津	1298	297	334	412	113	142	12.86
河北	12048	3207	2766	3772	1235	1068	11.85
山西	9381	2000	2093	3270	1171	847	12.43
内蒙古	5826	2124	1168	1552	480	502	10.74
辽宁	5377	1270	1244	1702	677	484	11.90
吉林	5652	1339	1313	1826	630	544	12.21
黑龙江	8477	2622	1969	2413	728	745	10.83
上海	3401	932	710	859	451	449	14.22
江苏	9875	2699	2319	2879	1066	912	11.35
浙江	11916	3720	3141	3301	923	831	9.88
安徽	9275	2450	2244	2778	1007	796	11.43
福建	7377	2068	1744	2137	703	725	12.04
江西	9062	2488	2104	2654	890	926	11.96
山东	9006	2369	2104	2654	993	886	11.94
河南	17722	5192	4002	5341	1692	1495	10.97
湖北	9263	2266	2028	3020	965	984	12.31
湖南	17214	3737	3681	5758	2153	1885	12.94
广东	16168	4555	3959	4878	1591	1185	10.46
广西	12367	2697	2891	4211	1346	1222	12.18
海南	3804	768	981	1313	433	309	11.65
重庆	7035	1483	1470	2410	890	782	13.31
四川	18738	4411	4079	6036	2251	1961	12.40
贵州	7338	1660	1423	2443	864	948	14.07
云南	7382	1664	1458	2357	913	990	14.37
西藏	216	41	48	96	8	23	12.06
陕西	8468	2171	2060	2674	824	739	11.30
甘肃	5086	1015	993	1490	720	868	16.48
青海	1130	339	216	287	116	172	13.67
宁夏	606	211	119	173	61	42	10.52
新疆	3377	941	689	1051	384	312	12.06

4-17b 续表 2

单位：人

地区 性别	合计	1-3 个月	4-6 个月	7-12 个月	13-24 个月	24个月 以上	平均失业 时间(月)
女	**253182**	**54859**	**55540**	**82181**	**30777**	**29825**	**13.36**
北京	1389	331	357	450	136	115	11.59
天津	1160	230	272	396	132	130	13.46
河北	12400	2834	2674	3952	1429	1511	13.84
山西	8741	1481	1825	3140	1176	1119	14.58
内蒙古	5191	1453	1074	1579	497	588	12.74
辽宁	5820	1161	1328	1991	792	548	12.52
吉林	4427	889	1074	1445	537	482	13.03
黑龙江	8095	2151	1849	2431	822	842	12.00
上海	3474	940	735	894	458	447	13.41
江苏	10727	2511	2414	3214	1360	1228	12.69
浙江	14481	3621	4369	3967	1346	1178	10.95
安徽	11551	2438	2448	3606	1515	1544	13.90
福建	6667	1538	1439	2138	761	791	13.63
江西	9748	2177	2096	3154	1114	1207	13.44
山东	12162	2650	2509	3604	1602	1797	14.91
河南	17088	4251	3628	5631	1841	1737	12.30
湖北	9501	1906	1940	3337	1047	1271	14.01
湖南	17826	3352	3544	6284	2444	2202	14.11
广东	14062	3536	3469	4577	1380	1100	10.84
广西	13816	2465	3266	5006	1658	1421	12.73
海南	3015	644	720	1012	376	263	11.79
重庆	7799	1277	1598	2671	1181	1072	14.74
四川	19557	3957	3978	6661	2672	2289	13.39
贵州	6996	1459	1352	2424	854	907	14.26
云南	7072	1453	1392	2195	962	1070	15.57
西藏	209	49	34	67	17	42	17.33
陕西	8334	1872	1977	2730	873	882	12.50
甘肃	6602	985	1125	1976	1141	1375	19.12
青海	1097	299	195	304	131	168	14.94
宁夏	652	156	135	213	81	67	12.67
新疆	3523	793	724	1132	442	432	13.79

4-17c 各地区分性别、未工作时间的失业人口(乡村)

单位：人

地区 性别	合计	1-3 个月	4-6 个月	7-12 个月	13-24 个月	24个月 以上	平均失业 时间(月)
全国	**482895**	**159611**	**118006**	**136418**	**37186**	**31674**	**9.40**
北京	5776	1786	1564	1796	374	256	8.77
天津	2302	702	591	635	215	159	10.40
河北	26089	9382	6322	7346	1688	1351	8.57
山西	22872	6282	5324	7620	2218	1428	10.08
内蒙古	5613	2033	1310	1533	348	389	9.60
辽宁	9732	2730	2480	3006	785	731	10.28
吉林	6304	1839	1495	1813	567	590	11.10
黑龙江	9719	4101	2298	2203	546	571	8.12
上海	4324	1222	995	1239	493	375	10.96
江苏	21289	7262	5329	5395	1762	1541	9.55
浙江	30505	9292	9259	7999	2318	1637	8.91
安徽	16208	6536	3762	3942	1020	948	8.45
福建	16827	5063	4049	4741	1591	1383	10.45
江西	15715	4883	3863	4544	1174	1251	10.05
山东	20322	6461	5145	5566	1463	1687	10.11
河南	44509	18384	10602	10491	2806	2226	7.97
湖北	18485	5982	4168	5560	1361	1414	9.90
湖南	32224	10341	7276	9937	2883	1787	9.13
广东	40691	12172	10939	12210	3183	2187	9.07
广西	19471	5839	5256	5905	1318	1153	9.05
海南	6954	1661	1638	2589	654	412	10.18
重庆	8186	2330	1847	2596	799	614	10.34
四川	28310	8996	6774	8281	2163	2096	9.64
贵州	14291	5168	3059	4091	1084	889	9.25
云南	8932	2815	1870	2752	694	801	11.29
西藏	641	213	160	138	64	66	10.90
陕西	19515	7044	5027	5120	1163	1161	8.65
甘肃	15501	5297	3293	4017	1378	1516	10.73
青海	1308	518	270	280	115	125	10.36
宁夏	2069	884	402	531	134	118	8.63
新疆	8211	2393	1639	2542	825	812	11.68

4-17c 续表 1 单位：人

地区 性别	合计	1-3 个月	4-6 个月	7-12 个月	13-24 个月	24个月 以上	平均失业 时间(月)
男	**235036**	**83969**	**57032**	**63213**	**16611**	**14211**	**8.95**
北京	3327	1029	945	1001	212	140	8.55
天津	1207	434	298	297	109	69	9.47
河北	12497	4834	3033	3320	693	617	8.22
山西	11263	3428	2614	3603	998	620	9.44
内蒙古	2952	1145	664	777	189	177	9.08
辽宁	4605	1420	1151	1400	358	276	9.37
吉林	3050	1005	690	830	257	268	10.68
黑龙江	4782	2204	1098	985	221	274	7.60
上海	2128	663	500	569	221	175	10.50
江苏	10408	3753	2608	2553	798	696	9.08
浙江	12512	4392	3585	3134	865	536	8.13
安徽	7509	3308	1731	1629	429	412	8.00
福建	8408	2740	2056	2255	724	633	9.90
江西	7267	2580	1770	1900	478	539	9.53
山东	9125	3220	2361	2355	587	602	9.19
河南	22731	9969	5277	5126	1297	1062	7.65
湖北	9127	3161	2064	2598	664	640	9.43
湖南	14376	5213	3253	4051	1145	714	8.52
广东	21288	6647	5800	6144	1574	1123	8.86
广西	9770	3082	2683	2857	602	546	8.75
海南	3914	905	913	1475	381	240	10.43
重庆	4021	1224	920	1236	356	285	9.85
四川	13735	4744	3223	3808	967	993	9.32
贵州	7841	2920	1630	2219	584	488	9.21
云南	4586	1481	988	1380	328	409	11.15
西藏	305	106	72	73	30	24	10.31
陕西	9481	3695	2392	2386	507	501	8.15
甘肃	7398	2732	1579	1820	592	675	10.30
青海	677	273	136	155	52	61	10.00
宁夏	999	441	212	228	64	54	8.13
新疆	3747	1221	786	1049	329	362	10.95

4-17c 续表 2

单位：人

地区 性别	合计	1-3 个月	4-6 个月	7-12 个月	13-24 个月	24个月 以上	平均失业 时间(月)
女	**247859**	**75642**	**60974**	**73205**	**20575**	**17463**	**9.82**
北京	2449	757	619	795	162	116	9.07
天津	1095	268	293	338	106	90	11.42
河北	13592	4548	3289	4026	995	734	8.89
山西	11609	2854	2710	4017	1220	808	10.69
内蒙古	2661	888	646	756	159	212	10.19
辽宁	5127	1310	1329	1606	427	455	11.09
吉林	3254	834	805	983	310	322	11.50
黑龙江	4937	1897	1200	1218	325	297	8.63
上海	2196	559	495	670	272	200	11.41
江苏	10881	3509	2721	2842	964	845	9.99
浙江	17993	4900	5674	4865	1453	1101	9.45
安徽	8699	3228	2031	2313	591	536	8.84
福建	8419	2323	1993	2486	867	750	11.00
江西	8448	2303	2093	2644	696	712	10.50
山东	11197	3241	2784	3211	876	1085	10.86
河南	21778	8415	5325	5365	1509	1164	8.30
湖北	9358	2821	2104	2962	697	774	10.36
湖南	17848	5128	4023	5886	1738	1073	9.62
广东	19403	5525	5139	6066	1609	1064	9.30
广西	9701	2757	2573	3048	716	607	9.36
海南	3040	756	725	1114	273	172	9.85
重庆	4165	1106	927	1360	443	329	10.81
四川	14575	4252	3551	4473	1196	1103	9.94
贵州	6450	2248	1429	1872	500	401	9.31
云南	4346	1334	882	1372	366	392	11.43
西藏	336	107	88	65	34	42	11.44
陕西	10034	3349	2635	2734	656	660	9.13
甘肃	8103	2565	1714	2197	786	841	11.13
青海	631	245	134	125	63	64	10.75
宁夏	1070	443	190	303	70	64	9.09
新疆	4464	1172	853	1493	496	450	12.30

4-18 全国分年龄、性别、未工作时间的失业人口

单位：人

年龄组 性别	合计	1-3 个月	4-6 个月	7-12 个月	13-24 个月	24个月 以上	平均失业 时间(月)
总计	**2118312**	**563952**	**478330**	**625069**	**230652**	**220309**	**12.23**
16-19岁	188738	57096	53930	54548	14228	8936	8.74
20-24岁	511809	149629	134454	147627	48447	31652	9.68
25-29岁	294295	81939	65855	87665	32063	26773	11.33
30-34岁	208976	56811	44820	61769	23007	22569	12.35
35-39岁	241839	61735	49646	72187	28142	30129	13.49
40-44岁	237990	57755	47470	71120	29014	32631	14.38
45-49岁	205862	46348	39838	61932	26533	31211	15.41
50-54岁	113317	25249	21484	34088	14802	17694	15.52
55-59岁	74854	16673	13690	22593	9855	12043	15.74
60-64岁	21832	5745	4020	6331	2442	3294	14.29
65-69岁	9805	2609	1671	2792	1066	1667	15.23
70-74岁	4661	1207	742	1282	556	874	15.92
75岁及以上	4334	1156	710	1135	497	836	15.78
男	**1065335**	**303277**	**242149**	**306711**	**109887**	**103311**	**11.75**
16-19岁	105623	31780	30139	30526	8117	5061	8.80
20-24岁	255753	75889	66906	72956	24019	15983	9.69
25-29岁	136464	41827	30695	38905	13679	11358	10.78
30-34岁	91913	29547	20091	25646	8634	7995	10.93
35-39岁	107308	32273	22605	30585	10809	11036	11.94
40-44岁	108381	30399	22259	31283	11827	12613	12.94
45-49岁	103079	25692	20288	30507	12425	14167	14.51
50-54岁	78618	17414	14941	23252	10412	12599	15.89
55-59岁	54377	11953	9940	16283	7309	8892	16.02
60-64岁	13568	3723	2526	3942	1520	1857	13.47
65-69岁	5662	1558	1002	1602	608	892	14.67
70-74岁	2466	640	406	675	287	458	15.77
75岁及以上	2123	582	351	549	241	400	15.60
女	**1052977**	**260675**	**236181**	**318358**	**120765**	**116998**	**12.72**
16-19岁	83115	25316	23791	24022	6111	3875	8.67
20-24岁	256056	73740	67548	74671	24428	15669	9.67
25-29岁	157831	40112	35160	48760	18384	15415	11.80
30-34岁	117063	27264	24729	36123	14373	14574	13.47
35-39岁	134531	29462	27041	41602	17333	19093	14.72
40-44岁	129609	27356	25211	39837	17187	20018	15.58
45-49岁	102783	20656	19550	31425	14108	17044	16.31
50-54岁	34699	7835	6543	10836	4390	5095	14.70
55-59岁	20477	4720	3750	6310	2546	3151	15.01
60-64岁	8264	2022	1494	2389	922	1437	15.64
65-69岁	4143	1051	669	1190	458	775	15.99
70-74岁	2195	567	336	607	269	416	16.09
75岁及以上	2211	574	359	586	256	436	15.96

4-18a 全国分年龄、性别、未工作时间的失业人口(城市)

单位：人

年龄组 性别	合计	1-3 个月	4-6 个月	7-12 个月	13-24 个月	24个月 以上	平均失业 时间(月)
总计	**1136637**	**286289**	**249033**	**330146**	**136258**	**134911**	**13.24**
16-19岁	53149	17047	14804	14503	4210	2585	8.79
20-24岁	238943	71541	63076	65417	23806	15103	9.78
25-29岁	167675	46638	36984	48509	19299	16245	11.69
30-34岁	124094	32740	26533	36043	14438	14340	12.84
35-39岁	145623	34988	29819	43141	18249	19426	14.13
40-44岁	145742	32147	28851	43711	19236	21797	15.28
45-49岁	133340	26659	25376	40411	18674	22220	16.54
50-54岁	72226	13937	13594	21745	10380	12570	16.82
55-59岁	42324	7682	7554	12836	6305	7947	17.73
60-64岁	8291	1766	1492	2418	1072	1543	16.78
65-69岁	2913	600	525	850	336	602	18.37
70-74岁	1224	272	221	308	140	283	18.60
75岁及以上	1093	272	204	254	113	250	17.50
男	**584701**	**156115**	**129366**	**167174**	**66845**	**65201**	**12.78**
16-19岁	30374	9507	8330	8488	2522	1527	8.97
20-24岁	122178	36363	32035	33571	12227	7982	9.92
25-29岁	79491	23803	17714	22352	8504	7118	11.21
30-34岁	55126	17110	12230	15239	5466	5081	11.32
35-39岁	65431	18571	13932	18637	7094	7197	12.50
40-44岁	67444	17124	13926	19830	8014	8550	13.77
45-49岁	68434	15173	13392	20499	9034	10336	15.57
50-54岁	54197	10510	10252	16048	7843	9544	17.03
55-59岁	33551	6090	6008	10061	5073	6319	17.83
60-64岁	5446	1194	996	1627	717	912	15.68
65-69岁	1800	381	321	528	216	354	17.77
70-74岁	701	145	133	173	82	168	19.05
75岁及以上	528	144	97	121	53	113	16.67
女	**551936**	**130174**	**119667**	**162972**	**69413**	**69710**	**13.73**
16-19岁	22775	7540	6474	6015	1688	1058	8.54
20-24岁	116765	35178	31041	31846	11579	7121	9.64
25-29岁	88184	22835	19270	26157	10795	9127	12.13
30-34岁	68968	15630	14303	20804	8972	9259	14.06
35-39岁	80192	16417	15887	24504	11155	12229	15.46
40-44岁	78298	15023	14925	23881	11222	13247	16.58
45-49岁	64906	11486	11984	19912	9640	11884	17.57
50-54岁	18029	3427	3342	5697	2537	3026	16.19
55-59岁	8773	1592	1546	2775	1232	1628	17.33
60-64岁	2845	572	496	791	355	631	18.88
65-69岁	1113	219	204	322	120	248	19.34
70-74岁	523	127	88	135	58	115	18.00
75岁及以上	565	128	107	133	60	137	18.27

4-18b 全国分年龄、性别、未工作时间的失业人口(镇)

单位：人

年龄组 性 别	合 计	1-3 个月	4-6 个月	7-12 个月	13-24 个月	24个月 以 上	平均失业 时间(月)
总 计	**498780**	**118052**	**111291**	**158505**	**57208**	**53724**	**12.69**
16-19岁	44553	12282	12826	13596	3653	2196	9.11
20-24岁	123280	30910	32292	38832	13067	8179	10.30
25-29岁	65171	15508	14398	21114	7720	6431	12.04
30-34岁	49264	11663	10323	15839	5773	5666	13.10
35-39岁	60844	13775	12090	19486	7378	8115	14.25
40-44岁	58164	12813	11306	18508	7254	8283	14.87
45-49岁	45657	9750	8724	14449	5801	6933	15.44
50-54岁	24264	5112	4492	7904	3106	3650	15.33
55-59岁	17427	3761	3171	5614	2239	2642	15.12
60-64岁	5601	1291	994	1757	658	901	14.87
65-69岁	2493	650	371	768	314	390	14.78
70-74岁	1080	293	144	349	126	168	14.50
75岁及以上	982	244	160	289	119	170	14.91
男	**245598**	**63193**	**55751**	**76324**	**26431**	**23899**	**12.00**
16-19岁	25444	6971	7357	7707	2112	1297	9.19
20-24岁	62844	16024	16443	19622	6610	4145	10.25
25-29岁	29897	7980	6716	9284	3285	2632	11.39
30-34岁	21089	5969	4518	6453	2155	1994	11.70
35-39岁	25857	7039	5249	8006	2746	2817	12.57
40-44岁	25332	6602	5132	7745	2796	3057	13.31
45-49岁	21817	5230	4272	6841	2527	2947	14.40
50-54岁	15195	3284	2829	4867	1920	2295	15.47
55-59岁	11923	2564	2176	3859	1534	1790	15.17
60-64岁	3613	869	649	1139	429	527	14.01
65-69岁	1496	387	242	458	182	227	14.46
70-74岁	584	153	89	193	63	86	14.17
75岁及以上	507	121	79	150	72	85	14.88
女	**253182**	**54859**	**55540**	**82181**	**30777**	**29825**	**13.36**
16-19岁	19109	5311	5469	5889	1541	899	9.00
20-24岁	60436	14886	15849	19210	6457	4034	10.35
25-29岁	35274	7528	7682	11830	4435	3799	12.59
30-34岁	28175	5694	5805	9386	3618	3672	14.14
35-39岁	34987	6736	6841	11480	4632	5298	15.50
40-44岁	32832	6211	6174	10763	4458	5226	16.08
45-49岁	23840	4520	4452	7608	3274	3986	16.39
50-54岁	9069	1828	1663	3037	1186	1355	15.11
55-59岁	5504	1197	995	1755	705	852	15.00
60-64岁	1988	422	345	618	229	374	16.42
65-69岁	997	263	129	310	132	163	15.26
70-74岁	496	140	55	156	63	82	14.89
75岁及以上	475	123	81	139	47	85	14.94

4-18c 全国分年龄、性别、未工作时间的失业人口(乡村)

单位：人

年龄组 性别	合计	1-3 个月	4-6 个月	7-12 个月	13-24 个月	24个月 以上	平均失业 时间(月)
总计	**482895**	**159611**	**118006**	**136418**	**37186**	**31674**	**9.40**
16-19岁	91036	27767	26300	26449	6365	4155	8.54
20-24岁	149586	47178	39086	43378	11574	8370	9.00
25-29岁	61449	19793	14473	18042	5044	4097	9.56
30-34岁	35618	12408	7964	9887	2796	2563	9.62
35-39岁	35372	12972	7737	9560	2515	2588	9.53
40-44岁	34084	12795	7313	8901	2524	2551	9.67
45-49岁	26865	9939	5738	7072	2058	2058	9.73
50-54岁	16827	6200	3398	4439	1316	1474	10.22
55-59岁	15103	5230	2965	4143	1311	1454	10.90
60-64岁	7940	2688	1534	2156	712	850	11.28
65-69岁	4399	1359	775	1174	416	675	13.41
70-74岁	2357	642	377	625	290	423	15.17
75岁及以上	2259	640	346	592	265	416	15.33
男	**235036**	**83969**	**57032**	**63213**	**16611**	**14211**	**8.95**
16-19岁	49805	15302	14452	14331	3483	2237	8.50
20-24岁	70731	23502	18428	19763	5182	3856	8.80
25-29岁	27076	10044	6265	7269	1890	1608	8.84
30-34岁	15698	6468	3343	3954	1013	920	8.53
35-39岁	16020	6663	3424	3942	969	1022	8.68
40-44岁	15605	6673	3201	3708	1017	1006	8.75
45-49岁	12828	5289	2624	3167	864	884	9.05
50-54岁	9226	3620	1860	2337	649	760	9.87
55-59岁	8903	3299	1756	2363	702	783	10.31
60-64岁	4509	1660	881	1176	374	418	10.36
65-69岁	2366	790	439	616	210	311	12.45
70-74岁	1181	342	184	309	142	204	14.61
75岁及以上	1088	317	175	278	116	202	15.40
女	**247859**	**75642**	**60974**	**73205**	**20575**	**17463**	**9.82**
16-19岁	41231	12465	11848	12118	2882	1918	8.59
20-24岁	78855	23676	20658	23615	6392	4514	9.19
25-29岁	34373	9749	8208	10773	3154	2489	10.13
30-34岁	19920	5940	4621	5933	1783	1643	10.49
35-39岁	19352	6309	4313	5618	1546	1566	10.24
40-44岁	18479	6122	4112	5193	1507	1545	10.45
45-49岁	14037	4650	3114	3905	1194	1174	10.35
50-54岁	7601	2580	1538	2102	667	714	10.65
55-59岁	6200	1931	1209	1780	609	671	11.75
60-64岁	3431	1028	653	980	338	432	12.50
65-69岁	2033	569	336	558	206	364	14.52
70-74岁	1176	300	193	316	148	219	15.74
75岁及以上	1171	323	171	314	149	214	15.25

4-19 全国分受教育程度、性别、未工作时间的失业人口

单位：人

受教育程度 性别	合计	1-3 个月	4-6 个月	7-12 个月	13-24 个月	24个月 以上	平均失业 时间(月)
总计	**2118312**	**563952**	**478330**	**625069**	**230652**	**220309**	**12.23**
未上过学	19436	5681	3750	5477	1972	2556	13.07
小学	193558	56775	40210	55958	19510	21105	12.11
初中	932750	254279	203013	281156	98613	95689	12.12
高中	597727	144301	132434	179493	71735	69764	13.23
大学专科	257812	68879	66952	72392	27299	22290	11.23
大学本科	110953	32049	30403	29041	10994	8466	10.37
研究生	6076	1988	1568	1552	529	439	9.87
男	**1065335**	**303277**	**242149**	**306711**	**109887**	**103311**	**11.75**
未上过学	5753	1824	1127	1623	498	681	12.16
小学	85835	27541	17484	23919	8157	8734	11.61
初中	460433	137150	100433	133811	45267	43772	11.56
高中	319603	81920	72152	94539	36569	34423	12.65
大学专科	132171	36639	34169	36875	13478	11010	11.00
大学本科	58556	17241	16006	15152	5679	4478	10.33
研究生	2984	962	778	792	239	213	9.76
女	**1052977**	**260675**	**236181**	**318358**	**120765**	**116998**	**12.72**
未上过学	13683	3857	2623	3854	1474	1875	13.46
小学	107723	29234	22726	32039	11353	12371	12.51
初中	472317	117129	102580	147345	53346	51917	12.66
高中	278124	62381	60282	84954	35166	35341	13.89
大学专科	125641	32240	32783	35517	13821	11280	11.48
大学本科	52397	14808	14397	13889	5315	3988	10.41
研究生	3092	1026	790	760	290	226	9.98

4-19a 全国分受教育程度、性别、未工作时间的失业人口(城市)

单位：人

受教育程度 性别	合计	1-3 个月	4-6 个月	7-12 个月	13-24 个月	24个月 以上	平均失业 时间(月)
总计	**1136637**	**286289**	**249033**	**330146**	**136258**	**134911**	**13.24**
未上过学	4554	1060	859	1369	514	752	15.62
小学	67401	17009	13587	19693	7957	9155	14.08
初中	428366	108002	88874	127118	51228	53144	13.57
高中	376367	88327	79780	111203	48406	48651	14.03
大学专科	170405	45636	42323	47411	19075	15960	11.66
大学本科	84296	24536	22275	22018	8608	6859	10.64
研究生	5248	1719	1335	1334	470	390	9.97
男	**584701**	**156115**	**129366**	**167174**	**66845**	**65201**	**12.78**
未上过学	1399	361	275	398	151	214	15.13
小学	31690	8588	6294	9061	3611	4136	13.74
初中	216619	58922	45426	62693	24356	25222	13.04
高中	200775	49864	43429	58770	24707	24005	13.44
大学专科	87347	24374	21595	24133	9408	7837	11.41
大学本科	44285	13177	11685	11428	4399	3596	10.58
研究生	2586	829	662	691	213	191	9.86
女	**551936**	**130174**	**119667**	**162972**	**69413**	**69710**	**13.73**
未上过学	3155	699	584	971	363	538	15.83
小学	35711	8421	7293	10632	4346	5019	14.39
初中	211747	49080	43448	64425	26872	27922	14.11
高中	175592	38463	36351	52433	23699	24646	14.69
大学专科	83058	21262	20728	23278	9667	8123	11.92
大学本科	40011	11359	10590	10590	4209	3263	10.70
研究生	2662	890	673	643	257	199	10.08

4-19b 全国分受教育程度、性别、未工作时间的失业人口(镇)

单位：人

受教育程度 性别	合计	1-3个月	4-6个月	7-12个月	13-24个月	24个月以上	平均失业时间(月)
总计	**498780**	**118052**	**111291**	**158505**	**57208**	**53724**	**12.69**
未上过学	4589	1207	843	1405	499	635	13.84
小学	50632	12716	10339	15972	5756	5849	12.83
初中	236235	56900	50241	76457	26940	25697	12.72
高中	134849	29320	29784	43577	16366	15802	13.45
大学专科	54118	13010	14574	16129	5850	4555	11.35
大学本科	17772	4718	5345	4805	1752	1152	9.94
研究生	585	181	165	160	45	34	9.45
男	**245598**	**63193**	**55751**	**76324**	**26431**	**23899**	**12.00**
未上过学	1354	379	261	420	128	166	12.52
小学	21890	6103	4437	6751	2366	2233	12.06
初中	112680	30366	24280	35307	11796	10931	11.93
高中	71961	16863	16324	22878	8268	7628	12.69
大学专科	27991	6865	7549	8352	2922	2303	11.11
大学本科	9437	2526	2818	2537	931	625	9.97
研究生	285	91	82	79	20	13	9.13
女	**253182**	**54859**	**55540**	**82181**	**30777**	**29825**	**13.36**
未上过学	3235	828	582	985	371	469	14.40
小学	28742	6613	5902	9221	3390	3616	13.42
初中	123555	26534	25961	41150	15144	14766	13.45
高中	62888	12457	13460	20699	8098	8174	14.31
大学专科	26127	6145	7025	7777	2928	2252	11.60
大学本科	8335	2192	2527	2268	821	527	9.90
研究生	300	90	83	81	25	21	9.75

4-19c 全国分受教育程度、性别、未工作时间的失业人口(乡村)

单位：人

受教育程度 性别	合计	1-3个月	4-6个月	7-12个月	13-24个月	24个月以上	平均失业时间(月)
总计	**482895**	**159611**	**118006**	**136418**	**37186**	**31674**	**9.40**
未上过学	10293	3414	2048	2703	959	1169	11.61
小学	75525	27050	16284	20293	5797	6101	9.86
初中	268149	89377	63898	77581	20445	16848	9.27
高中	86511	26654	22870	24713	6963	5311	9.42
大学专科	33289	10233	10055	8852	2374	1775	8.87
大学本科	8885	2795	2783	2218	634	455	8.67
研究生	243	88	68	58	14	15	8.79
男	**235036**	**83969**	**57032**	**63213**	**16611**	**14211**	**8.95**
未上过学	3000	1084	591	805	219	301	10.61
小学	32255	12850	6753	8107	2180	2365	9.20
初中	131134	47862	30727	35811	9115	7619	8.80
高中	46867	15193	12399	12891	3594	2790	9.19
大学专科	16833	5400	5025	4390	1148	870	8.70
大学本科	4834	1538	1503	1187	349	257	8.74
研究生	113	42	34	22	6	9	9.05
女	**247859**	**75642**	**60974**	**73205**	**20575**	**17463**	**9.82**
未上过学	7293	2330	1457	1898	740	868	12.02
小学	43270	14200	9531	12186	3617	3736	10.35
初中	137015	41515	33171	41770	11330	9229	9.71
高中	39644	11461	10471	11822	3369	2521	9.68
大学专科	16456	4833	5030	4462	1226	905	9.04
大学本科	4051	1257	1280	1031	285	198	8.59
研究生	130	46	34	36	8	6	8.56

4-20 各地区分性别、未工作原因的非经济活动人口

单位：人

地区 性别	合计	在校学习	丧失 工作能力	毕业后 未工作	因单位 原因 失去工作	因本人 原因 失去工作	承包土地 被征用	离退休	料理家务	其他
全国	**30150823**	**6988586**	**5138434**	**409319**	**198316**	**445611**	**87519**	**6411884**	**8411391**	**2059763**
北京	652294	135993	34149	9472	11734	27769	1550	290675	111662	29290
天津	410668	87361	29492	6584	8420	7296	1077	164007	80908	25523
河北	1664441	395729	294779	27986	8036	16067	2258	259269	550768	109549
山西	1009156	249093	140043	23159	6617	9050	1190	145296	372034	62674
内蒙古	627119	130593	90658	11203	5175	7581	1893	121959	208178	49879
辽宁	1275953	234952	155421	23819	16541	21830	4529	514303	260279	44279
吉林	729225	149984	103079	13683	7466	9971	1756	204522	182965	55799
黑龙江	1060904	189667	130958	21096	7747	15648	813	328301	289439	77235
上海	732184	97956	20939	5993	16207	30981	2345	426917	102188	28658
江苏	1890571	452083	299794	17076	12311	32874	6788	495361	482922	91362
浙江	1226138	236720	202313	7523	4497	49740	7150	253224	424033	40938
安徽	1249306	306300	267259	14981	7023	11586	4618	176657	381638	79244
福建	875259	180272	122606	9965	3552	12975	1858	118456	357209	68366
江西	937090	229732	150631	9591	3230	8654	985	146292	317181	70794
山东	1884975	444632	434864	17142	9353	18239	1990	347146	519644	91965
河南	1971114	544578	373854	38281	10855	15658	4639	243490	558242	181517
湖北	1265555	330279	210565	16176	9058	14855	2148	289520	306692	86262
湖南	1420837	259413	309523	17637	7480	11344	4878	222876	456837	130849
广东	2111754	596507	253330	23146	8896	45436	2445	375161	662884	143949
广西	770512	194067	180890	6923	3459	8549	1872	131621	186028	57103
海南	190114	51479	28577	5785	1242	3084	315	36325	41854	21453
重庆	682935	143463	142124	6982	3601	11130	4814	165112	154827	50882
四川	1796824	388881	411643	17559	7125	16811	10533	362794	419080	162398
贵州	681409	148294	172879	13470	3061	7940	2459	81421	182503	69382
云南	728338	163678	194101	10778	4636	7884	6150	121524	170387	49200
西藏	45989	9462	10996	468	19	148	25	3275	14810	6786
陕西	953674	286476	159253	14981	4439	9188	3078	151251	255153	69855
甘肃	615524	194788	133178	5176	2914	4101	1315	75283	151134	47635
青海	114524	25532	19403	1355	561	1278	337	19100	36032	10926
宁夏	132214	34390	18607	1498	509	1487	810	26328	39715	8870
新疆	444223	96232	42526	9831	2552	6457	901	114418	134165	37141

4-20 续表 1

单位：人

地区 性别	合计	在校学习	丧失 工作能力	毕业后 未工作	因单位 原因 失去工作	因本人 原因 失去工作	承包土地 被征用	离退休	料理家务	其他
男	**11365468**	**3569938**	**2268630**	**213458**	**117746**	**232185**	**47156**	**3035349**	**810927**	**1070079**
北京	256599	67576	15197	5105	8142	14311	900	119049	9984	16335
天津	154081	43768	13299	3263	5441	3968	620	66000	4101	13621
河北	568260	191350	129429	12748	4364	8740	1402	135726	28033	56468
山西	329810	122591	62094	10993	3364	5216	834	81848	9571	33299
内蒙古	219865	64247	40971	5702	2895	4533	1169	62799	10367	27182
辽宁	467661	117375	72216	11827	9775	11958	2490	208193	10328	23499
吉林	273535	74580	47925	6813	4638	6044	1049	92830	9231	30425
黑龙江	386600	94423	64326	10364	4650	9075	483	144990	15248	43041
上海	273349	48956	9650	3216	11202	16632	951	158656	10606	13480
江苏	735212	237461	125007	8897	6870	14392	3162	227756	68607	43060
浙江	421654	118146	95143	4378	2900	19530	4378	115387	37475	24317
安徽	458938	161887	116412	7851	3361	5779	2379	92336	31120	37813
福建	296842	91189	58109	5748	2301	7443	1257	60706	30053	40036
江西	344650	126999	67505	5083	1862	4491	586	76287	27353	34484
山东	699507	229502	180016	8587	5018	9102	1148	181044	38564	46526
河南	738810	277150	157770	19241	5977	8672	2560	126691	46139	94610
湖北	496958	177684	90821	9064	5125	7670	1142	135155	28375	41922
湖南	524575	132997	138296	9376	4208	6173	2706	116664	47699	66456
广东	806995	311037	110942	13364	6026	25991	1490	173784	85708	78653
广西	328399	97426	78080	4213	2086	4359	878	66282	47452	27623
海南	79151	26852	11846	3746	760	1813	174	16998	5231	11731
重庆	275958	71510	65626	3799	2224	6019	2279	77648	20833	26020
四川	738718	198638	184186	9258	4009	8642	4959	181349	66253	81424
贵州	280388	76737	79076	7941	1868	4760	1394	44794	25546	38272
云南	300907	80749	83265	6049	2634	4444	3062	66914	28891	24899
西藏	17721	4792	4680	231	10	79	12	1802	2393	3722
陕西	374692	147337	70715	7472	2546	5068	1814	81503	21698	36539
甘肃	258800	101083	60390	2643	1571	2291	743	42625	22264	25190
青海	44212	12786	8446	691	282	714	182	11137	3953	6021
宁夏	48214	16929	8029	800	265	717	439	13383	3224	4428
新疆	164407	46181	19163	4995	1372	3559	514	55013	14627	18983

4-20 续表 2

单位：人

地区 性别	合计	在校学习	丧失工作能力	毕业后未工作	因单位原因失去工作	因本人原因失去工作	承包土地被征用	离退休	料理家务	其他
女	**18785355**	**3418648**	**2869804**	**195861**	**80570**	**213426**	**40363**	**3376535**	**7600464**	**989684**
北京	395695	68417	18952	4367	3592	13458	650	171626	101678	12955
天津	256587	43593	16193	3321	2979	3328	457	98007	76807	11902
河北	1096181	204379	165350	15238	3672	7327	856	123543	522735	53081
山西	679346	126502	77949	12166	3253	3834	356	63448	362463	29375
内蒙古	407254	66346	49687	5501	2280	3048	724	59160	197811	22697
辽宁	808292	117577	83205	11992	6766	9872	2039	306110	249951	20780
吉林	455690	75404	55154	6870	2828	3927	707	111692	173734	25374
黑龙江	674304	95244	66632	10732	3097	6573	330	183311	274191	34194
上海	458835	49000	11289	2777	5005	14349	1394	268261	91582	15178
江苏	1155359	214622	174787	8179	5441	18482	3626	267605	414315	48302
浙江	804484	118574	107170	3145	1597	30210	2772	137837	386558	16621
安徽	790368	144413	150847	7130	3662	5807	2239	84321	350518	41431
福建	578417	89083	64497	4217	1251	5532	601	57750	327156	28330
江西	592440	102733	83126	4508	1368	4163	399	70005	289828	36310
山东	1185468	215130	254848	8555	4335	9137	842	166102	481080	45439
河南	1232304	267428	216084	19040	4878	6986	2079	116799	512103	86907
湖北	768597	152595	119744	7112	3933	7185	1006	154365	278317	44340
湖南	896262	126416	171227	8261	3272	5171	2172	106212	409138	64393
广东	1304759	285470	142388	9782	2870	19445	955	201377	577176	65296
广西	442113	96641	102810	2710	1373	4190	994	65339	138576	29480
海南	110963	24627	16731	2039	482	1271	141	19327	36623	9722
重庆	406977	71953	76498	3183	1377	5111	2535	87464	133994	24862
四川	1058106	190243	227457	8301	3116	8169	5574	181445	352827	80974
贵州	401021	71557	93803	5529	1193	3180	1065	36627	156957	31110
云南	427431	82929	110836	4729	2002	3440	3088	54610	141496	24301
西藏	28268	4670	6316	237	9	69	13	1473	12417	3064
陕西	578982	139139	88538	7509	1893	4120	1264	69748	233455	33316
甘肃	356724	93705	72788	2533	1343	1810	572	32658	128870	22445
青海	70312	12746	10957	664	279	564	155	7963	32079	4905
宁夏	84000	17461	10578	698	244	770	371	12945	36491	4442
新疆	279816	50051	23363	4836	1180	2898	387	59405	119538	18158

4-20a 各地区分性别、未工作原因的非经济活动人口(城市)

单位：人

地区 性别	合计	在校学习	丧失 工作能力	毕业后 未工作	因单位 原因 失去工作	因本人 原因 失去工作	承包土地 被征用	离退休	料理家务	其他
全国	**12332877**	**3099947**	**572442**	**162715**	**155974**	**278866**	**47689**	**4672577**	**2572905**	**769762**
北京	531771	114709	11458	7991	11079	23610	1049	270946	67191	23738
天津	305443	60837	10579	4961	7978	6299	823	152145	43537	18284
河北	511253	153248	23178	8396	5569	7268	1020	173678	106973	31923
山西	347420	103589	12226	7626	4843	4412	553	96206	96268	21697
内蒙古	266068	60143	12859	5332	3715	4495	867	82075	76495	20087
辽宁	827561	166619	38095	14064	14492	17923	3547	434682	112710	25429
吉林	387499	96082	21684	6258	5585	7119	1207	159262	66214	24088
黑龙江	533792	118795	26230	10540	5725	9761	469	229771	100730	31771
上海	599601	81312	7418	4829	15429	27041	1278	381103	63201	17990
江苏	876098	232105	49035	7760	10525	21488	4480	350890	160675	39140
浙江	498682	134077	29474	3128	3576	28489	3913	164966	115279	15780
安徽	366216	98029	21504	5036	4960	5155	2438	113982	91322	23790
福建	311799	73746	14807	3418	2777	6545	1039	79736	105172	24559
江西	226680	58060	9909	2699	1841	2602	341	80542	55018	15668
山东	802756	213785	60160	7928	7680	11510	1145	259612	198679	42257
河南	603143	172003	30221	11884	8065	6876	2539	171299	143899	56357
湖北	567848	159886	25406	6865	7120	8826	1180	215019	106490	37056
湖南	398689	100630	22369	4691	5081	4965	3036	133419	88577	35921
广东	1106809	297176	46745	10542	7671	32476	1750	304367	327751	78331
广西	227001	71559	10328	2047	2159	4296	1121	81327	35170	18994
海南	65529	19225	2775	1380	545	1245	96	15679	15674	8910
重庆	283958	68693	13973	2950	2514	6758	2017	117256	49713	20084
四川	522533	117132	22430	4750	4520	8540	3885	216008	96740	48528
贵州	175764	44981	7816	3829	2092	4068	1201	52510	41402	17865
云南	194369	48278	9986	3002	2331	4218	3156	68004	39445	15949
西藏	6832	1314	358	124	11	57	4	1445	2352	1167
陕西	315767	111062	13041	4135	3086	3943	1725	103756	54153	20866
甘肃	178236	53561	7481	1485	2106	2616	771	58269	40746	11201
青海	42745	9113	1932	521	383	845	276	14534	12679	2462
宁夏	59248	14631	2737	622	400	949	477	20760	14859	3813
新疆	191767	45567	6228	3922	2116	4471	286	69329	43791	16057

4-20a 续表 1

单位：人

地区 性别	合计	在校学习	丧失 工作能力	毕业后 未工作	因单位 原因 失去工作	因本人 原因 失去工作	承包土地 被征用	离退休	料理家务	其他
男	**4723783**	**1566698**	**243469**	**85273**	**92444**	**140584**	**25576**	**2003971**	**171019**	**394749**
北京	213373	57334	4865	4256	7662	11847	584	107802	6291	12732
天津	117861	30651	4580	2470	5165	3337	464	59407	2380	9407
河北	192849	72795	9199	4062	2916	3698	620	78602	4761	16196
山西	124713	49923	4814	3742	2394	2315	392	47361	2328	11444
内蒙古	95086	29973	5487	2769	1995	2601	522	38683	2601	10455
辽宁	312513	83815	18039	7137	8521	9573	1937	165423	4716	13352
吉林	151714	47555	9636	3209	3422	4124	695	66820	3334	12919
黑龙江	206072	59343	12652	5449	3336	5479	260	96671	5590	17292
上海	226067	40774	4188	2631	10679	14743	496	138615	5107	8834
江苏	344530	121105	20005	3999	5815	9024	2019	147461	17009	18093
浙江	181727	66154	13080	1713	2276	9795	2414	67814	9336	9145
安徽	137300	52376	8400	2759	2283	2459	1201	52680	3912	11230
福建	109880	37027	6492	1991	1791	3439	732	36246	7797	14365
江西	85419	30491	4211	1466	1036	1389	195	36333	2677	7621
山东	302231	109906	25179	4021	4172	5567	677	119915	11472	21322
河南	229396	84667	12719	6052	4394	3638	1366	78997	8397	29166
湖北	228047	86416	10626	3877	4023	4616	642	93121	6430	18296
湖南	155879	50297	9400	2497	2807	2700	1695	61756	6458	18269
广东	406549	154588	19484	6034	5163	18026	1054	132288	27483	42429
广西	94876	36059	4139	1203	1281	2117	508	36040	4441	9088
海南	25381	9608	1046	853	323	673	54	7190	1040	4594
重庆	113044	34250	6000	1493	1540	3548	929	50288	5120	9876
四川	206975	58764	9328	2383	2504	4228	1865	96312	8417	23174
贵州	68962	22859	3236	2180	1244	2313	677	24844	2123	9486
云南	77626	22977	3925	1640	1298	2321	1545	32478	3279	8163
西藏	2445	593	171	65	7	26	2	736	219	626
陕西	131179	55738	5251	2106	1774	2283	1010	49317	3061	10639
甘肃	71471	27126	2892	740	1127	1442	439	30450	1661	5594
青海	16012	4688	768	262	177	466	150	7847	373	1281
宁夏	21700	7042	1047	334	196	418	254	10003	663	1743
新疆	72906	21804	2610	1880	1123	2379	178	32471	2543	7918

4-20a 续表 2

单位：人

地区 性别	合 计	在校学习	丧 失 工作能力	毕业后 未工作	因单位 原 因 失去工作	因本人 原 因 失去工作	承包土地 被征用	离退休	料理家务	其 他
女	**7609094**	**1533249**	**328973**	**77442**	**63530**	**138282**	**22113**	**2668606**	**2401886**	**375013**
北 京	318398	57375	6593	3735	3417	11763	465	163144	60900	11006
天 津	187582	30186	5999	2491	2813	2962	359	92738	41157	8877
河 北	318404	80453	13979	4334	2653	3570	400	95076	102212	15727
山 西	222707	53666	7412	3884	2449	2097	161	48845	93940	10253
内蒙古	170982	30170	7372	2563	1720	1894	345	43392	73894	9632
辽 宁	515048	82804	20056	6927	5971	8350	1610	269259	107994	12077
吉 林	235785	48527	12048	3049	2163	2995	512	92442	62880	11169
黑龙江	327720	59452	13578	5091	2389	4282	209	133100	95140	14479
上 海	373534	40538	3230	2198	4750	12298	782	242488	58094	9156
江 苏	531568	111000	29030	3761	4710	12464	2461	203429	143666	21047
浙 江	316955	67923	16394	1415	1300	18694	1499	97152	105943	6635
安 徽	228916	45653	13104	2277	2677	2696	1237	61302	87410	12560
福 建	201919	36719	8315	1427	986	3106	307	43490	97375	10194
江 西	141261	27569	5698	1233	805	1213	146	44209	52341	8047
山 东	500525	103879	34981	3907	3508	5943	468	139697	187207	20935
河 南	373747	87336	17502	5832	3671	3238	1173	92302	135502	27191
湖 北	339801	73470	14780	2988	3097	4210	538	121898	100060	18760
湖 南	242810	50333	12969	2194	2274	2265	1341	71663	82119	17652
广 东	700260	142588	27261	4508	2508	14450	696	172079	300268	35902
广 西	132125	35500	6189	844	878	2179	613	45287	30729	9906
海 南	40148	9617	1729	527	222	572	42	8489	14634	4316
重 庆	170914	34443	7973	1457	974	3210	1088	66968	44593	10208
四 川	315558	58368	13102	2367	2016	4312	2020	119696	88323	25354
贵 州	106802	22122	4580	1649	848	1755	524	27666	39279	8379
云 南	116743	25301	6061	1362	1033	1897	1611	35526	36166	7786
西 藏	4387	721	187	59	4	31	2	709	2133	541
陕 西	184588	55324	7790	2029	1312	1660	715	54439	51092	10227
甘 肃	106765	26435	4589	745	979	1174	332	27819	39085	5607
青 海	26733	4425	1164	259	206	379	126	6687	12306	1181
宁 夏	37548	7589	1690	288	204	531	223	10757	14196	2070
新 疆	118861	23763	3618	2042	993	2092	108	36858	41248	8139

4-20b 各地区分性别、未工作原因的非经济活动人口(镇)

单位：人

地区 性别	合计	在校学习	丧失 工作能力	毕业后 未工作	因单位 原因 失去工作	因本人 原因 失去工作	承包土地 被征用	离退休	料理家务	其他
全国	**6454307**	**1567467**	**880279**	**96445**	**33773**	**75889**	**23232**	**1166621**	**2131287**	**479314**
北京	38758	6433	4216	528	397	1760	236	10709	12799	1680
天津	47263	15981	3953	707	369	508	120	7572	14528	3525
河北	423943	111712	60496	7643	2024	3677	732	55957	153882	27820
山西	226916	59966	21566	4956	1371	1775	279	30211	93455	13337
内蒙古	174710	34430	17873	3128	1230	1933	422	31232	69289	15173
辽宁	153708	28119	17744	2967	1553	1872	371	49685	44892	6505
吉林	136226	19666	16830	3235	1586	1543	192	33845	45572	13757
黑龙江	228300	32112	22018	4688	1715	3509	172	72900	74983	16203
上海	70199	10114	4987	709	603	2431	726	26147	19406	5076
江苏	399515	100565	65391	3967	1327	4794	1176	79804	122147	20344
浙江	282181	53360	38854	1850	686	8926	1775	55107	111138	10485
安徽	316604	80188	49294	4335	1686	2686	1310	45141	111416	20548
福建	213985	50628	23809	2443	630	2739	455	26069	91069	16143
江西	294639	84179	28871	3112	1188	2709	374	49551	102809	21846
山东	369652	92576	78834	3587	1369	3196	605	54163	117194	18128
河南	431196	134523	60254	9133	2202	3271	1243	49669	130621	40280
湖北	240339	59502	32363	3077	1504	2370	441	48506	74290	18286
湖南	371707	66975	58335	5321	2078	3002	1489	66695	131784	36028
广东	362324	105126	46995	4420	905	5467	369	44921	128880	25241
广西	184952	51496	30985	1929	1085	2115	472	37662	45375	13833
海南	46058	11720	5715	1639	391	780	106	9531	10835	5341
重庆	171791	35994	25772	1937	932	2676	1829	36724	51436	14491
四川	464090	112589	57071	4853	2265	4345	4095	111016	122168	45688
贵州	147496	33929	21814	3905	784	1565	656	19145	48351	17347
云南	191140	46419	35234	3906	1645	2120	1993	34192	51639	13992
西藏	7149	1898	854	98	2	40	1	943	2303	1010
陕西	222054	59389	24441	4441	1066	2117	937	34964	76797	17902
甘肃	106777	40455	14075	983	681	543	357	12848	29442	7393
青海	27119	6527	2928	460	157	232	35	3599	9618	3563
宁夏	21298	5457	2546	292	58	174	186	2981	8077	1527
新疆	82218	15439	6161	2196	284	1014	78	25132	25092	6822

4-20b 续表 1 单位：人

地区 性别	合计	在校学习	丧失工作能力	毕业后未工作	因单位原因失去工作	因本人原因失去工作	承包土地被征用	离退休	料理家务	其他
男	**2366367**	**807367**	**382830**	**51303**	**19518**	**41807**	**12508**	**635606**	**162977**	**252451**
北京	13960	3104	1867	288	276	1044	141	5163	1046	1031
天津	17110	7938	1888	333	224	317	77	3745	529	2059
河北	142708	54545	26635	3635	1118	2062	491	32124	7283	14815
山西	71316	29829	9313	2463	686	1128	192	18671	1775	7259
内蒙古	58021	17125	7890	1576	738	1218	236	18205	2555	8478
辽宁	53415	13769	7976	1498	927	1107	208	22944	1414	3572
吉林	49625	10002	7674	1720	1019	1044	128	18407	1782	7849
黑龙江	79666	16105	10872	2367	1109	2142	118	34666	3033	9254
上海	25035	5100	2117	345	408	1192	329	10943	2396	2205
江苏	151784	53151	27271	2127	759	2226	581	41059	14777	9833
浙江	95008	27075	18233	1111	461	4262	1089	27555	8753	6469
安徽	110528	42184	20990	2282	844	1387	708	25747	6605	9781
福建	70512	25161	11008	1435	408	1656	300	14749	6250	9545
江西	109258	46688	12849	1687	682	1426	226	27701	7027	10972
山东	134250	47314	32439	1726	638	1526	322	33514	7756	9015
河南	162056	69290	25431	4792	1192	1921	693	28609	8825	21303
湖北	89506	31760	13691	1743	816	1271	231	25835	5318	8841
湖南	134567	34888	25743	2926	1193	1680	810	37778	11163	18386
广东	139311	55892	20816	2576	626	3410	228	25744	15872	14147
广西	78244	25761	12930	1180	661	1029	239	20681	9408	6355
海南	19077	6364	2299	1039	227	449	61	4589	1032	3017
重庆	65677	18129	11454	1099	576	1515	866	19497	5039	7502
四川	187014	58590	25035	2681	1277	2285	1942	58477	13523	23204
贵州	56176	17593	9377	2321	490	1004	373	11609	3922	9487
云南	75972	22703	14501	2183	921	1230	1019	20273	6079	7063
西藏	2805	1014	398	44		19		543	204	583
陕西	82555	31785	10759	2069	594	1110	535	21618	4095	9990
甘肃	43909	21302	6306	495	361	318	190	8643	2323	3971
青海	10102	3151	1263	238	90	125	19	2423	771	2022
宁夏	7142	2724	1079	152	34	103	106	1729	403	812
新疆	30058	7331	2726	1172	163	601	50	12365	2019	3631

4-20b 续表 2 单位：人

地区 性别	合计	在校学习	丧失 工作能力	毕业后 未工作	因单位 原因 失去工作	因本人 原因 失去工作	承包土地 被征用	离退休	料理家务	其他
女	**4087940**	**760100**	**497449**	**45142**	**14255**	**34082**	**10724**	**531015**	**1968310**	**226863**
北京	24798	3329	2349	240	121	716	95	5546	11753	649
天津	30153	8043	2065	374	145	191	43	3827	13999	1466
河北	281235	57167	33861	4008	906	1615	241	23833	146599	13005
山西	155600	30137	12253	2493	685	647	87	11540	91680	6078
内蒙古	116689	17305	9983	1552	492	715	186	13027	66734	6695
辽宁	100293	14350	9768	1469	626	765	163	26741	43478	2933
吉林	86601	9664	9156	1515	567	499	64	15438	43790	5908
黑龙江	148634	16007	11146	2321	606	1367	54	38234	71950	6949
上海	45164	5014	2870	364	195	1239	397	15204	17010	2871
江苏	247731	47414	38120	1840	568	2568	595	38745	107370	10511
浙江	187173	26285	20621	739	225	4664	686	27552	102385	4016
安徽	206076	38004	28304	2053	842	1299	602	19394	104811	10767
福建	143473	25467	12801	1008	222	1083	155	11320	84819	6598
江西	185381	37491	16022	1425	506	1283	148	21850	95782	10874
山东	235402	45262	46395	1861	731	1670	283	20649	109438	9113
河南	269140	65233	34823	4341	1010	1350	550	21060	121796	18977
湖北	150833	27742	18672	1334	688	1099	210	22671	68972	9445
湖南	237140	32087	32592	2395	885	1322	679	28917	120621	17642
广东	223013	49234	26179	1844	279	2057	141	19177	113008	11094
广西	106708	25735	18055	749	424	1086	233	16981	35967	7478
海南	26981	5356	3416	600	164	331	45	4942	9803	2324
重庆	106114	17865	14318	838	356	1161	963	17227	46397	6989
四川	277076	53999	32036	2172	988	2060	2153	52539	108645	22484
贵州	91320	16336	12437	1584	294	561	283	7536	44429	7860
云南	115168	23716	20733	1723	724	890	974	13919	45560	6929
西藏	4344	884	456	54	2	21	1	400	2099	427
陕西	139499	27604	13682	2372	472	1007	402	13346	72702	7912
甘肃	62868	19153	7769	488	320	225	167	4205	27119	3422
青海	17017	3376	1665	222	67	107	16	1176	8847	1541
宁夏	14156	2733	1467	140	24	71	80	1252	7674	715
新疆	52160	8108	3435	1024	121	413	28	12767	23073	3191

4-20c 各地区分性别、未工作原因的非经济活动人口(乡村)

单位：人

地区 性别	合计	在校学习	丧失 工作能力	毕业后 未工作	因单位 原因 失去工作	因本人 原因 失去工作	承包土地 被征用	离退休	料理家务	其他
全国	**11363639**	**2321172**	**3685713**	**150159**	**8569**	**90856**	**16598**	**572686**	**3707199**	**810687**
北京	81765	14851	18475	953	258	2399	265	9020	31672	3872
天津	57962	10543	14960	916	73	489	134	4290	22843	3714
河北	729245	130769	211105	11947	443	5122	506	29634	289913	49806
山西	434820	85538	106251	10577	403	2863	358	18879	182311	27640
内蒙古	186341	36020	59926	2743	230	1153	604	8652	62394	14619
辽宁	294684	40214	99582	6788	496	2035	611	29936	102677	12345
吉林	205500	34236	64565	4190	295	1309	357	11415	71179	17954
黑龙江	298812	38760	82710	5868	307	2378	172	25630	113726	29261
上海	62384	6530	8534	455	175	1509	341	19667	19581	5592
江苏	614958	119413	185368	5349	459	6592	1132	64667	200100	31878
浙江	445275	49283	133985	2545	235	12325	1462	33151	197616	14673
安徽	566486	128083	196461	5610	377	3745	870	17534	178900	34906
福建	349475	55898	83990	4104	145	3691	364	12651	160968	27664
江西	415771	87493	111851	3780	201	3343	270	16199	159354	33280
山东	712567	138271	295870	5627	304	3533	240	33371	203771	31580
河南	936775	238052	283379	17264	588	5511	857	22522	283722	84880
湖北	457368	110891	152796	6234	434	3659	527	25995	125912	30920
湖南	650441	91808	228819	7625	321	3377	353	22762	236476	58900
广东	642621	194205	159590	8184	320	7493	326	25873	206253	40377
广西	358559	71012	139577	2947	215	2138	279	12632	105483	24276
海南	78527	20534	20087	2766	306	1059	113	11115	15345	7202
重庆	227186	38776	102379	2095	155	1696	968	11132	53678	16307
四川	810201	159160	332142	7956	340	3926	2553	35770	200172	68182
贵州	358149	69384	143249	5736	185	2307	602	9766	92750	34170
云南	342829	68981	148881	3870	660	1546	1001	19328	79303	19259
西藏	32008	6250	9784	246	6	51	20	887	10155	4609
陕西	415853	116025	121771	6405	287	3128	416	12531	124203	31087
甘肃	330511	100772	111622	2708	127	942	187	4166	80946	29041
青海	44660	9892	14543	374	21	201	26	967	13735	4901
宁夏	51668	14302	13324	584	51	364	147	2587	16779	3530
新疆	170238	35226	30137	3713	152	972	537	19957	65282	14262

4-20c 续表 1

单位：人

地区 性别	合计	在校学习	丧失 工作能力	毕业后 未工作	因单位 原因 失去工作	因本人 原因 失去工作	承包土地 被征用	离退休	料理家务	其他
男	**4275318**	**1195873**	**1642331**	**76882**	**5784**	**49794**	**9072**	**395772**	**476931**	**422879**
北京	29266	7138	8465	561	204	1420	175	6084	2647	2572
天津	19110	5179	6831	460	52	314	79	2848	1192	2155
河北	232703	64010	93595	5051	330	2980	291	25000	15989	25457
山西	133781	42839	47967	4788	284	1773	250	15816	5468	14596
内蒙古	66758	17149	27594	1357	162	714	411	5911	5211	8249
辽宁	101733	19791	46201	3192	327	1278	345	19826	4198	6575
吉林	72196	17023	30615	1884	197	876	226	7603	4115	9657
黑龙江	100862	18975	40802	2548	205	1454	105	13653	6625	16495
上海	22247	3082	3345	240	115	697	126	9098	3103	2441
江苏	238898	63205	77731	2771	296	3142	562	39236	36821	15134
浙江	144919	24917	63830	1554	163	5473	875	20018	19386	8703
安徽	211110	67327	87022	2810	234	1933	470	13909	20603	16802
福建	116450	29001	40609	2322	102	2348	225	9711	16006	16126
江西	149973	49820	50445	1930	144	1676	165	12253	17649	15891
山东	263026	72282	122398	2840	208	2009	149	27615	19336	16189
河南	347358	123193	119620	8397	391	3113	501	19085	28917	44141
湖北	179405	59508	66504	3444	286	1783	269	16199	16627	14785
湖南	234129	47812	103153	3953	208	1793	201	17130	30078	29801
广东	261135	100557	70642	4754	237	4555	208	15752	42353	22077
广西	155279	35606	61011	1830	144	1213	131	9561	33603	12180
海南	34693	10880	8501	1854	210	691	59	5219	3159	4120
重庆	97237	19131	48172	1207	108	956	484	7863	10674	8642
四川	344729	81284	149823	4194	228	2129	1152	26560	44313	35046
贵州	155250	36285	66463	3440	134	1443	344	8341	19501	19299
云南	147309	35069	64839	2226	415	893	498	14163	19533	9673
西藏	12471	3185	4111	122	3	34	10	523	1970	2513
陕西	160958	59814	54705	3297	178	1675	269	10568	14542	15910
甘肃	143420	52655	51192	1408	83	531	114	3532	18280	15625
青海	18098	4947	6415	191	15	123	13	867	2809	2718
宁夏	19372	7163	5903	314	35	196	79	1651	2158	1873
新疆	61443	17046	13827	1943	86	579	286	10177	10065	7434

4-20c 续表 2

单位：人

地区 性别	合计	在校学习	丧失 工作能力	毕业后 未工作	因单位 原因 失去工作	因本人 原因 失去工作	承包土地 被征用	离退休	料理家务	其他
女	**7088321**	**1125299**	**2043382**	**73277**	**2785**	**41062**	**7526**	**176914**	**3230268**	**387808**
北京	52499	7713	10010	392	54	979	90	2936	29025	1300
天津	38852	5364	8129	456	21	175	55	1442	21651	1559
河北	496542	66759	117510	6896	113	2142	215	4634	273924	24349
山西	301039	42699	58284	5789	119	1090	108	3063	176843	13044
内蒙古	119583	18871	32332	1386	68	439	193	2741	57183	6370
辽宁	192951	20423	53381	3596	169	757	266	10110	98479	5770
吉林	133304	17213	33950	2306	98	433	131	3812	67064	8297
黑龙江	197950	19785	41908	3320	102	924	67	11977	107101	12766
上海	40137	3448	5189	215	60	812	215	10569	16478	3151
江苏	376060	56208	107637	2578	163	3450	570	25431	163279	16744
浙江	300356	24366	70155	991	72	6852	587	13133	178230	5970
安徽	355376	60756	109439	2800	143	1812	400	3625	158297	18104
福建	233025	26897	43381	1782	43	1343	139	2940	144962	11538
江西	265798	37673	61406	1850	57	1667	105	3946	141705	17389
山东	449541	65989	173472	2787	96	1524	91	5756	184435	15391
河南	589417	114859	163759	8867	197	2398	356	3437	254805	40739
湖北	277963	51383	86292	2790	148	1876	258	9796	109285	16135
湖南	416312	43996	125666	3672	113	1584	152	5632	206398	29099
广东	381486	93648	88948	3430	83	2938	118	10121	163900	18300
广西	203280	35406	78566	1117	71	925	148	3071	71880	12096
海南	43834	9654	11586	912	96	368	54	5896	12186	3082
重庆	129949	19645	54207	888	47	740	484	3269	43004	7665
四川	465472	77876	182319	3762	112	1797	1401	9210	155859	33136
贵州	202899	33099	76786	2296	51	864	258	1425	73249	14871
云南	195520	33912	84042	1644	245	653	503	5165	59770	9586
西藏	19537	3065	5673	124	3	17	10	364	8185	2096
陕西	254895	56211	67066	3108	109	1453	147	1963	109661	15177
甘肃	187091	48117	60430	1300	44	411	73	634	62666	13416
青海	26562	4945	8128	183	6	78	13	100	10926	2183
宁夏	32296	7139	7421	270	16	168	68	936	14621	1657
新疆	108795	18180	16310	1770	66	393	251	9780	55217	6828

4-21 全国分年龄、性别、未工作原因的非经济活动人口

单位：人

年龄组 性别	合计	在校学习	丧失 工作能力	毕业后 未工作	因单位 原因 失去工作	因本人 原因 失去工作	承包土地 被征用	离退休	料理家务	其他
总计	**30150823**	**6988586**	**5138434**	**409319**	**198316**	**445611**	**87519**	**6411884**	**8411391**	**2059763**
16-19岁	4967023	4634464	19904	134740	456	9518	579	151	62385	104826
20-24岁	3161238	2235433	35905	175459	2114	49228	2082	111	441728	219178
25-29岁	1030399	103056	32812	54238	3918	56471	2708	115	619182	157899
30-34岁	885193	9682	39452	16412	8336	48820	3605	159	631339	127388
35-39岁	1027159	3229	57553	9390	19111	52504	5528	441	735155	144248
40-44岁	1103225	1150	78950	5710	33693	56742	7619	2847	758708	157806
45-49岁	1254061	388	90849	3780	54101	57958	8673	117079	763870	157363
50-54岁	1814256	165	106604	2233	38348	39858	9701	764596	717937	134814
55-59岁	2632291	162	205099	1959	31563	34985	15273	1206897	963716	172637
60-64岁	2944155	72	467950	1518	3286	13654	13188	1362948	916464	165075
65-69岁	2615049	386	698987	1195	1549	9075	8809	1018295	727406	149347
70-74岁	2639738	110	1058307	1132	956	6922	5094	888516	539976	138725
75岁及以上	4077036	289	2246062	1553	885	9876	4660	1049729	533525	230457
男	**11365468**	**3569938**	**2268630**	**213458**	**117746**	**232185**	**47156**	**3035349**	**810927**	**1070079**
16-19岁	2521503	2360386	11804	76741	245	5111	342	74	10577	56223
20-24岁	1372762	1145607	20895	88849	1055	16926	925	46	14775	83684
25-29岁	194581	55386	19475	26748	1795	18609	1241	50	11937	59340
30-34岁	134177	5299	23883	7728	3665	19240	1785	79	13855	58643
35-39岁	171134	1805	35751	4446	7810	24342	2719	193	19696	74372
40-44岁	209771	645	48129	2617	13690	28328	3807	853	26226	85476
45-49岁	248556	223	55097	1839	23539	33621	4329	3449	34571	91888
50-54岁	397886	99	63242	1146	32352	31598	5145	121702	51830	90772
55-59岁	787953	71	102943	1010	29148	29034	8472	408307	93037	115931
60-64岁	1230640	42	213893	700	2461	9968	7599	763774	130306	101897
65-69岁	1137980	200	311081	541	1009	6260	5243	586883	139402	87361
70-74岁	1210883	54	480651	508	549	4294	3093	518152	130667	72915
75岁及以上	1747642	121	881786	585	428	4854	2456	631787	134048	91577
女	**18785355**	**3418648**	**2869804**	**195861**	**80570**	**213426**	**40363**	**3376535**	**7600464**	**989684**
16-19岁	2445520	2274078	8100	57999	211	4407	237	77	51808	48603
20-24岁	1788476	1089826	15010	86610	1059	32302	1157	65	426953	135494
25-29岁	835818	47670	13337	27490	2123	37862	1467	65	607245	98559
30-34岁	751016	4383	15569	8684	4671	29580	1820	80	617484	68745
35-39岁	856025	1424	21802	4944	11301	28162	2809	248	715459	69876
40-44岁	893454	505	30821	3093	20003	28414	3812	1994	732482	72330
45-49岁	1005505	165	35752	1941	30562	24337	4344	113630	729299	65475
50-54岁	1416370	66	43362	1087	5996	8260	4556	642894	666107	44042
55-59岁	1844338	91	102156	949	2415	5951	6801	798590	870679	56706
60-64岁	1713515	30	254057	818	825	3686	5589	599174	786158	63178
65-69岁	1477069	186	387906	654	540	2815	3566	431412	588004	61986
70-74岁	1428855	56	577656	624	407	2628	2001	370364	409309	65810
75岁及以上	2329394	168	1364276	968	457	5022	2204	417942	399477	138880

4-21a 全国分年龄、性别、未工作原因的非经济活动人口(城市)

单位：人

年龄组 性 别	合 计	在校学习	丧 失 工作能力	毕业后 未工作	因单位 原 因 失去工作	因本人 原 因 失去工作	承包土地 被征用	离退休	料理家务	其 他
总 计	**12332877**	**3099947**	**572442**	**162715**	**155974**	**278866**	**47689**	**4672577**	**2572905**	**769762**
16-19岁	1726498	1654276	3263	32419	183	3251	227	36	8555	24288
20-24岁	1661915	1364221	7266	78029	1162	24552	1008	39	115129	70509
25-29岁	457518	70695	7827	30470	2907	36963	1439	52	236656	70509
30-34岁	405208	6996	9494	9050	6313	33918	1998	83	274558	62798
35-39岁	461146	2177	15303	5026	14601	36499	3113	270	311483	72674
40-44岁	478641	809	21968	2827	26784	39738	4392	2020	300054	80049
45-49岁	596460	224	27877	1863	44926	42598	5118	95971	293107	84776
50-54岁	1003097	95	26578	920	31138	27595	5731	616067	230138	64835
55-59岁	1356289	83	34239	705	24589	21570	8409	923193	273149	70352
60-64岁	1286572	23	49799	465	1667	4997	6888	967781	207986	46966
65-69岁	940663	171	62823	319	758	2831	4410	695682	137515	36154
70-74岁	840636	57	91351	262	491	1808	2522	621254	92215	30676
75岁及以上	1118234	120	214654	360	455	2546	2434	750129	92360	55176
男	**4723783**	**1566698**	**243469**	**85273**	**92444**	**140584**	**25576**	**2003971**	**171019**	**394749**
16-19岁	868473	830442	1932	19465	97	1647	145	23	1277	13445
20-24岁	779214	692347	4218	40765	575	8301	452	16	2848	29692
25-29岁	101469	37896	4554	15153	1280	11502	677	20	3639	26748
30-34岁	63451	3870	5498	4134	2672	12365	1008	39	5534	28331
35-39岁	80504	1256	8863	2314	5834	15793	1543	107	8380	36414
40-44岁	99369	459	12944	1261	10649	18946	2232	536	10776	41566
45-49岁	130685	139	17353	867	19304	23776	2602	2581	15384	48679
50-54岁	225066	60	18029	483	26931	22377	3118	87312	21386	45370
55-59岁	437815	38	19429	337	23086	18462	4690	290816	32004	48953
60-64岁	590695	12	22507	176	1175	3474	3878	507287	25041	27145
65-69岁	436454	96	25861	127	424	1865	2522	367460	19015	19084
70-74岁	396946	33	35860	89	239	1046	1471	331146	13608	13454
75岁及以上	513642	50	66421	102	178	1030	1238	416628	12127	15868
女	**7609094**	**1533249**	**328973**	**77442**	**63530**	**138282**	**22113**	**2668606**	**2401886**	**375013**
16-19岁	858025	823834	1331	12954	86	1604	82	13	7278	10843
20-24岁	882701	671874	3048	37264	587	16251	556	23	112281	40817
25-29岁	356049	32799	3273	15317	1627	25461	762	32	233017	43761
30-34岁	341757	3126	3996	4916	3641	21553	990	44	269024	34467
35-39岁	380642	921	6440	2712	8767	20706	1570	163	303103	36260
40-44岁	379272	350	9024	1566	16135	20792	2160	1484	289278	38483
45-49岁	465775	85	10524	996	25622	18822	2516	93390	277723	36097
50-54岁	778031	35	8549	437	4207	5218	2613	528755	208752	19465
55-59岁	918474	45	14810	368	1503	3108	3719	632377	241145	21399
60-64岁	695877	11	27292	289	492	1523	3010	460494	182945	19821
65-69岁	504209	75	36962	192	334	966	1888	328222	118500	17070
70-74岁	443690	24	55491	173	252	762	1051	290108	78607	17222
75岁及以上	604592	70	148233	258	277	1516	1196	333501	80233	39308

4-21b 全国分年龄、性别、未工作原因的非经济活动人口(镇)

单位：人

年龄组 性别	合计	在校学习	丧失工作能力	毕业后未工作	因单位原因失去工作	因本人原因失去工作	承包土地被征用	离退休	料理家务	其他
总计	**6454307**	**1567467**	**880279**	**96445**	**33773**	**75889**	**23232**	**1166621**	**2131287**	**479314**
16-19岁	1254204	1184935	3500	30148	83	1808	163	44	11219	22304
20-24岁	583046	367765	6601	42413	358	9034	565	14	106140	50156
25-29岁	233017	12785	6028	12511	604	8672	692	20	157410	34295
30-34岁	222215	1051	7669	4211	1566	7560	925	35	170442	28756
35-39岁	274017	451	11234	2509	3838	8885	1432	108	211390	34170
40-44岁	287575	150	15127	1567	5958	9161	1960	617	216097	36938
45-49岁	300175	69	17438	930	7909	8646	2189	17363	210327	35304
50-54岁	386469	29	21067	586	5956	6565	2419	119456	197736	32655
55-59岁	573287	34	41170	496	5558	6602	4279	212974	257520	44654
60-64岁	622824	15	84122	335	1033	3376	3665	266530	221569	42179
65-69岁	526813	108	118226	250	460	2160	2430	205984	161060	36135
70-74岁	488593	14	175336	197	241	1512	1352	167867	110198	31876
75岁及以上	702072	61	372761	292	209	1908	1161	175609	100179	49892
男	**2366367**	**807367**	**382830**	**51303**	**19518**	**41807**	**12508**	**635606**	**162977**	**252451**
16-19岁	641602	606410	2108	17792	42	1002	88	11	1821	12328
20-24岁	245401	192922	3885	21923	179	3205	235	8	2993	20051
25-29岁	36546	6967	3669	6209	284	3129	308	11	2468	13501
30-34岁	28594	571	4783	2035	732	3456	424	16	2988	13589
35-39岁	37703	251	7102	1157	1600	4605	688	53	4434	17813
40-44岁	44712	83	9325	698	2517	4911	925	216	5901	20136
45-49岁	49783	36	10650	434	3524	5265	1060	629	7693	20492
50-54岁	83027	18	12555	296	4431	4962	1213	25818	12414	21320
55-59岁	169430	10	21527	276	4821	5288	2392	82479	22688	29949
60-64岁	262827	9	39114	155	792	2572	2187	163149	28395	26454
65-69岁	235165	54	52668	132	324	1508	1486	130989	26753	21251
70-74岁	228430	5	77373	83	157	943	865	110210	22502	16292
75岁及以上	303147	31	138071	113	115	961	637	122017	21927	19275
女	**4087940**	**760100**	**497449**	**45142**	**14255**	**34082**	**10724**	**531015**	**1968310**	**226863**
16-19岁	612602	578525	1392	12356	41	806	75	33	9398	9976
20-24岁	337645	174843	2716	20490	179	5829	330	6	103147	30105
25-29岁	196471	5818	2359	6302	320	5543	384	9	154942	20794
30-34岁	193621	480	2886	2176	834	4104	501	19	167454	15167
35-39岁	236314	200	4132	1352	2238	4280	744	55	206956	16357
40-44岁	242863	67	5802	869	3441	4250	1035	401	210196	16802
45-49岁	250392	33	6788	496	4385	3381	1129	16734	202634	14812
50-54岁	303442	11	8512	290	1525	1603	1206	93638	185322	11335
55-59岁	403857	24	19643	220	737	1314	1887	130495	234832	14705
60-64岁	359997	6	45008	180	241	804	1478	103381	193174	15725
65-69岁	291648	54	65558	118	136	652	944	74995	134307	14884
70-74岁	260163	9	97963	114	84	569	487	57657	87696	15584
75岁及以上	398925	30	234690	179	94	947	524	53592	78252	30617

4-21c 全国分年龄、性别、未工作原因的非经济活动人口(乡村)

单位：人

年龄组 性别	合计	在校学习	丧失 工作能力	毕业后 未工作	因单位 原因 失去工作	因本人 原因 失去工作	承包土地 被征用	离退休	料理家务	其他
总计	**11363639**	**2321172**	**3685713**	**150159**	**8569**	**90856**	**16598**	**572686**	**3707199**	**810687**
16-19岁	1986321	1795253	13141	72173	190	4459	189	71	42611	58234
20-24岁	916277	503447	22038	55017	594	15642	509	58	220459	98513
25-29岁	339864	19576	18957	11257	407	10836	577	43	225116	53095
30-34岁	257770	1635	22289	3151	457	7342	682	41	186339	35834
35-39岁	291996	601	31016	1855	672	7120	983	63	212282	37404
40-44岁	337009	191	41855	1316	951	7843	1267	210	242557	40819
45-49岁	357426	95	45534	987	1266	6714	1366	3745	260436	37283
50-54岁	424690	41	58959	727	1254	5698	1551	29073	290063	37324
55-59岁	702715	45	129690	758	1416	6813	2585	70730	433047	57631
60-64岁	1034759	34	334029	718	586	5281	2635	128637	486909	75930
65-69岁	1147573	107	517938	626	331	4084	1969	116629	428831	77058
70-74岁	1310509	39	791620	673	224	3602	1220	99395	337563	76173
75岁及以上	2256730	108	1658647	901	221	5422	1065	123991	340986	125389
男	**4275318**	**1195873**	**1642331**	**76882**	**5784**	**49794**	**9072**	**395772**	**476931**	**422879**
16-19岁	1011428	923534	7764	39484	106	2462	109	40	7479	30450
20-24岁	348147	260338	12792	26161	301	5420	238	22	8934	33941
25-29岁	56566	10523	11252	5386	231	3978	256	19	5830	19091
30-34岁	42132	858	13602	1559	261	3419	353	24	5333	16723
35-39岁	52927	298	19786	975	376	3944	488	33	6882	20145
40-44岁	65690	103	25860	658	524	4471	650	101	9549	23774
45-49岁	68088	48	27094	538	711	4580	667	239	11494	22717
50-54岁	89793	21	32658	367	990	4259	814	8572	18030	24082
55-59岁	180708	23	61987	397	1241	5284	1390	35012	38345	37029
60-64岁	377118	21	152272	369	494	3922	1534	93338	76870	48298
65-69岁	466361	50	232552	282	261	2887	1235	88434	93634	47026
70-74岁	585507	16	367418	336	153	2305	757	76796	94557	43169
75岁及以上	930853	40	677294	370	135	2863	581	93142	99994	56434
女	**7088321**	**1125299**	**2043382**	**73277**	**2785**	**41062**	**7526**	**176914**	**3230268**	**387808**
16-19岁	974893	871719	5377	32689	84	1997	80	31	35132	27784
20-24岁	568130	243109	9246	28856	293	10222	271	36	211525	64572
25-29岁	283298	9053	7705	5871	176	6858	321	24	219286	34004
30-34岁	215638	777	8687	1592	196	3923	329	17	181006	19111
35-39岁	239069	303	11230	880	296	3176	495	30	205400	17259
40-44岁	271319	88	15995	658	427	3372	617	109	233008	17045
45-49岁	289338	47	18440	449	555	2134	699	3506	248942	14566
50-54岁	334897	20	26301	360	264	1439	737	20501	272033	13242
55-59岁	522007	22	67703	361	175	1529	1195	35718	394702	20602
60-64岁	657641	13	181757	349	92	1359	1101	35299	410039	27632
65-69岁	681212	57	285386	344	70	1197	734	28195	335197	30032
70-74岁	725002	23	424202	337	71	1297	463	22599	243006	33004
75岁及以上	1325877	68	981353	531	86	2559	484	30849	240992	68955

4-22 全国分受教育程度、性别、未工作原因的非经济活动人口

单位：人

受教育程度 性别	合计	在校学习	丧失工作能力	毕业后未工作	因单位原因失去工作	因本人原因失去工作	承包土地被征用	离退休	料理家务	其他
总计	**30150823**	**6988586**	**5138434**	**409319**	**198316**	**445611**	**87519**	**6411884**	**8411391**	**2059763**
未上过学	4158685		2304474	1731	1290	15893	8707	327940	1219558	279092
小学	7706367	2398	2229838	20467	13003	69719	35698	1638361	3103253	593630
初中	8145889	960859	495547	181403	87577	192853	34998	2300712	3132513	759427
高中	6227192	3334312	93937	115404	76883	109368	7264	1422167	764651	303206
大学专科	2062228	1236234	10955	59076	14973	37529	642	471832	146236	84751
大学本科	1704737	1324243	3390	29536	4403	18622	191	245459	42343	36550
研究生	145725	130540	293	1702	187	1627	19	5413	2837	3107
男	**11365468**	**3569938**	**2268630**	**213458**	**117746**	**232185**	**47156**	**3035349**	**810927**	**1070079**
未上过学	961445		659967	513	568	6975	2908	87495	109930	93089
小学	2818611	1241	1191249	10085	8649	41553	19381	797542	412194	336717
初中	2844178	499679	340485	97423	54437	103524	20068	1095727	217965	414870
高中	2804614	1730662	66867	62804	42674	55629	4296	618944	57743	164995
大学专科	986330	604111	7554	27807	8544	15580	372	272291	9496	40575
大学本科	878183	669635	2332	14119	2755	8161	119	159525	3278	18259
研究生	72107	64610	176	707	119	763	12	3825	321	1574
女	**18785355**	**3418648**	**2869804**	**195861**	**80570**	**213426**	**40363**	**3376535**	**7600464**	**989684**
未上过学	3197240		1644507	1218	722	8918	5799	240445	1109628	186003
小学	4887756	1157	1038589	10382	4354	28166	16317	840819	2691059	256913
初中	5301711	461180	155062	83980	33140	89329	14930	1204985	2914548	344557
高中	3422578	1603650	27070	52600	34209	53739	2968	803223	706908	138211
大学专科	1075898	632123	3401	31269	6429	21949	270	199541	136740	44176
大学本科	826554	654608	1058	15417	1648	10461	72	85934	39065	18291
研究生	73618	65930	117	995	68	864	7	1588	2516	1533

4-22a 全国分受教育程度、性别、未工作原因的非经济活动人口(城市)

单位：人

受教育程度 性别	合计	在校学习	丧失工作能力	毕业后未工作	因单位原因失去工作	因本人原因失去工作	承包土地被征用	离退休	料理家务	其他
总计	**12332877**	**3099947**	**572442**	**162715**	**155974**	**278866**	**47689**	**4672577**	**2572905**	**769762**
未上过学	653959		192216	227	681	4146	4137	201953	195362	55237
小学	2191354	321	227997	4303	7833	28251	17943	1061208	691604	151894
初中	3574458	128168	108736	45464	66664	112135	20251	1710313	1096925	285802
高中	3134375	1166168	35762	54555	63611	84530	4717	1099017	443312	182703
大学专科	1327803	703143	5348	34580	12926	31286	469	371611	107338	61102
大学本科	1320712	985702	2218	22069	4080	16976	157	223355	35915	30240
研究生	130216	116445	165	1517	179	1542	15	5120	2449	2784
男	**4723783**	**1566698**	**243469**	**85273**	**92444**	**140584**	**25576**	**2003971**	**171019**	**394749**
未上过学	113127		42817	64	285	1575	1273	45026	9108	12979
小学	730413	163	104342	2083	5179	15444	9597	456187	59576	77842
初中	1231232	68967	68084	25439	41711	60109	11582	730056	64745	160539
高中	1290502	605314	23231	30325	35272	42341	2751	425088	28616	97564
大学专科	615507	338387	3412	16303	7337	13017	265	201339	6150	29297
大学本科	678662	496360	1488	10441	2547	7379	98	142670	2560	15119
研究生	64340	57507	95	618	113	719	10	3605	264	1409
女	**7609094**	**1533249**	**328973**	**77442**	**63530**	**138282**	**22113**	**2668606**	**2401886**	**375013**
未上过学	540832		149399	163	396	2571	2864	156927	186254	42258
小学	1460941	158	123655	2220	2654	12807	8346	605021	632028	74052
初中	2343226	59201	40652	20025	24953	52026	8669	980257	1032180	125263
高中	1843873	560854	12531	24230	28339	42189	1966	673929	414696	85139
大学专科	712296	364756	1936	18277	5589	18269	204	170272	101188	31805
大学本科	642050	489342	730	11628	1533	9597	59	80685	33355	15121
研究生	65876	58938	70	899	66	823	5	1515	2185	1375

4-22b 全国分受教育程度、性别、未工作原因的非经济活动人口(镇)

单位：人

受教育程度 性别	合计	在校学习	丧失工作能力	毕业后未工作	因单位原因失去工作	因本人原因失去工作	承包土地被征用	离退休	料理家务	其他
总计	**6454307**	**1567467**	**880279**	**96445**	**33773**	**75889**	**23232**	**1166621**	**2131287**	**479314**
未上过学	730643		355892	305	289	3182	2385	64513	246395	57682
小学	1676342	318	392356	4411	3466	15507	10070	348199	760823	141192
初中	1875281	168140	107156	43462	16379	36859	8900	415842	888736	189807
高中	1576804	982244	21753	29017	11568	15172	1731	241625	203254	70440
大学专科	361992	219160	2510	14231	1788	4003	117	77328	27237	15618
大学本科	223940	189155	575	4900	275	1105	26	18891	4637	4376
研究生	9305	8450	37	119	8	61	3	223	205	199
男	**2366367**	**807367**	**382830**	**51303**	**19518**	**41807**	**12508**	**635606**	**162977**	**252451**
未上过学	152160		94192	86	142	1439	853	20689	16711	18048
小学	562360	160	199277	2175	2260	9623	5488	185956	78271	79150
初中	607829	89420	71702	23751	9580	20221	5029	231698	51292	105136
高中	739118	507186	15457	16016	6295	8226	1045	130763	14180	39950
大学专科	183544	110115	1762	6824	1061	1737	75	52108	2031	7831
大学本科	116684	96228	416	2396	174	531	16	14233	464	2226
研究生	4672	4258	24	55	6	30	2	159	28	110
女	**4087940**	**760100**	**497449**	**45142**	**14255**	**34082**	**10724**	**531015**	**1968310**	**226863**
未上过学	578483		261700	219	147	1743	1532	43824	229684	39634
小学	1113982	158	193079	2236	1206	5884	4582	162243	682552	62042
初中	1267452	78720	35454	19711	6799	16638	3871	184144	837444	84671
高中	837686	475058	6296	13001	5273	6946	686	110862	189074	30490
大学专科	178448	109045	748	7407	727	2266	42	25220	25206	7787
大学本科	107256	92927	159	2504	101	574	10	4658	4173	2150
研究生	4633	4192	13	64	2	31	1	64	177	89

4-22c 全国分受教育程度、性别、未工作原因的非经济活动人口(乡村)

单位：人

受教育程度 性别	合计	在校学习	丧失工作能力	毕业后未工作	因单位原因失去工作	因本人原因失去工作	承包土地被征用	离退休	料理家务	其他
总计	**11363639**	**2321172**	**3685713**	**150159**	**8569**	**90856**	**16598**	**572686**	**3707199**	**810687**
未上过学	2774083		1756366	1199	320	8565	2185	61474	777801	166173
小学	3838671	1759	1609485	11753	1704	25961	7685	228954	1650826	300544
初中	2696150	664551	279655	92477	4534	43859	5847	174557	1146852	283818
高中	1516013	1185900	36422	31832	1704	9666	816	81525	118085	50063
大学专科	372433	313931	3097	10265	259	2240	56	22893	11661	8031
大学本科	160085	149386	597	2567	48	541	8	3213	1791	1934
研究生	6204	5645	91	66		24	1	70	183	124
男	**4275318**	**1195873**	**1642331**	**76882**	**5784**	**49794**	**9072**	**395772**	**476931**	**422879**
未上过学	696158		522958	363	141	3961	782	21780	84111	62062
小学	1525838	918	887630	5827	1210	16486	4296	155399	274347	179725
初中	1005117	341292	200699	48233	3146	23194	3457	133973	101928	149195
高中	774994	618162	28179	16463	1107	5062	500	63093	14947	27481
大学专科	187279	155609	2380	4680	146	826	32	18844	1315	3447
大学本科	82837	77047	428	1282	34	251	5	2622	254	914
研究生	3095	2845	57	34		14		61	29	55
女	**7088321**	**1125299**	**2043382**	**73277**	**2785**	**41062**	**7526**	**176914**	**3230268**	**387808**
未上过学	2077925		1233408	836	179	4604	1403	39694	693690	104111
小学	2312833	841	721855	5926	494	9475	3389	73555	1376479	120819
初中	1691033	323259	78956	44244	1388	20665	2390	40584	1044924	134623
高中	741019	567738	8243	15369	597	4604	316	18432	103138	22582
大学专科	185154	158322	717	5585	113	1414	24	4049	10346	4584
大学本科	77248	72339	169	1285	14	290	3	591	1537	1020
研究生	3109	2800	34	32		10	1	9	154	69

第二部分 长表数据资料

第五卷 婚姻

5-1 各地区分性别、婚姻状况的15岁及以上人口

单位：人

地区	15岁及以上人口			未婚		
	合计	男	女	小计	男	女
全国	**105542243**	**52943450**	**52598793**	**22792800**	**13072317**	**9720483**
北京	1683936	853989	829947	441592	240799	200793
天津	1002376	514860	487516	230422	128591	101831
河北	5834172	2908777	2925395	1190621	659464	531157
山西	2875002	1455922	1419080	649273	367875	281398
内蒙古	1978474	1012295	966179	371091	218674	152417
辽宁	3758493	1878201	1880292	714427	404792	309635
吉林	2235899	1121232	1114667	434799	245438	189361
黑龙江	3037416	1525783	1511633	561872	317031	244841
上海	2052771	1044505	1008266	439304	246813	192491
江苏	6569375	3241556	3327819	1253715	703478	550237
浙江	4670702	2372829	2297873	901314	529979	371335
安徽	4300760	2116499	2184261	836138	477660	358478
福建	2924159	1469983	1454176	671797	384175	287622
江西	3305199	1653147	1652052	709337	411348	297989
山东	7779717	3856622	3923095	1470047	817937	652110
河南	7248069	3545580	3702489	1628960	899057	729903
湖北	4460629	2233792	2226837	946283	553241	393042
湖南	4989317	2506462	2482855	1021150	602282	418868
广东	8010839	4102831	3908008	2519144	1426409	1092735
广西	3365909	1708272	1657637	800368	487927	312441
海南	655392	336522	318870	182575	108999	73576
重庆	2149383	1066695	1082688	398558	233569	164989
四川	6731515	3364517	3366998	1326554	780444	546110
贵州	2471843	1250892	1220951	494275	299268	195007
云南	3512312	1795180	1717132	746903	462448	284455
西藏	199755	100229	99526	68184	37547	30637
陕西	3068634	1551941	1516693	733201	423078	310123
甘肃	2131599	1067648	1063951	495825	281886	213939
青海	420779	214361	206418	94104	55409	38695
宁夏	477813	241024	236789	96358	54397	41961
新疆	1640004	831304	808700	364609	212302	152307

5-1 续表

单位：人

地 区	有配偶			离婚			丧偶		
	小计	男	女	小计	男	女	小计	男	女
全 国	**75287859**	**37255009**	**38032850**	**1456283**	**814364**	**641919**	**6005301**	**1801760**	**4203541**
北 京	1146869	583608	563261	31017	13352	17665	64458	16230	48228
天 津	709067	365306	343761	15442	7162	8280	47445	13801	33644
河 北	4287295	2119688	2167607	55677	34094	21583	300579	95531	205048
山 西	2050731	1024451	1026280	30794	19671	11123	144204	43925	100279
内蒙古	1483349	749171	734178	29268	16407	12861	94766	28043	66723
辽 宁	2722496	1354359	1368137	106526	54261	52265	215044	64789	150255
吉 林	1613578	801539	812039	64446	34803	29643	123076	39452	83624
黑龙江	2221556	1107380	1114176	88710	48105	40605	165278	53267	112011
上 海	1484064	757811	726253	41070	19445	21625	88333	20436	67897
江 苏	4856390	2388092	2468298	73878	41815	32063	385392	108171	277221
浙 江	3473628	1749718	1723910	61086	34610	26476	234674	58522	176152
安 徽	3149304	1528633	1620671	42512	25964	16548	272806	84242	188564
福 建	2063142	1027834	1035308	30949	18074	12875	158271	39900	118371
江 西	2372276	1168753	1203523	35726	21704	14022	187860	51342	136518
山 东	5788458	2862548	2925910	62242	37347	24895	458970	138790	320180
河 南	5142657	2473871	2668786	65650	40601	25049	410802	132051	278751
湖 北	3188005	1563100	1624905	55425	31421	24004	270916	86030	184886
湖 南	3562672	1756419	1806253	72299	43440	28859	333196	104321	228875
广 东	5094474	2562273	2532201	64814	33510	31304	332407	80639	251768
广 西	2296627	1130402	1166225	39214	23555	15659	229700	66388	163312
海 南	434730	216210	218520	5379	3098	2281	32708	8215	24493
重 庆	1548958	757378	791580	46302	25051	21251	155565	50697	104868
四 川	4799597	2353793	2445804	118731	67776	50955	486633	162504	324129
贵 州	1769896	874302	895594	37069	21724	15345	170603	55598	115005
云 南	2506853	1241724	1265129	50253	27666	22587	208303	63342	144961
西 藏	113521	56917	56604	4644	1449	3195	13406	4316	9090
陕 西	2128504	1051097	1077407	33754	20964	12790	173175	56802	116373
甘 肃	1485444	729194	756250	22886	13753	9133	127444	42815	84629
青 海	292150	146655	145495	10806	5128	5678	23719	7169	16550
宁 夏	355150	178160	176990	6899	3371	3528	19406	5096	14310
新 疆	1146418	574623	571795	52815	25043	27772	76162	19336	56826

5-1a 各地区分性别、婚姻状况的15岁及以上人口(城市)

单位：人

地区	15岁及以上人口			未婚		
	合计	男	女	小计	男	女
全国	**33083790**	**16586136**	**16497654**	**8315863**	**4542518**	**3773345**
北京	1332439	670638	661801	364388	195998	168390
天津	670729	346591	324138	162242	90881	71361
河北	1187781	580783	606998	279117	141879	137238
山西	776546	385098	391448	197597	102886	94711
内蒙古	642060	323172	318888	137329	75845	61484
辽宁	1913357	945183	968174	414480	226365	188115
吉林	840809	413637	427172	189471	101731	87740
黑龙江	1140519	565131	575388	247546	134700	112846
上海	1577863	796754	781109	357899	197761	160138
江苏	2521635	1265589	1256046	579586	316114	263472
浙江	1767762	896612	871150	429410	237898	191512
安徽	905781	452282	453499	210826	117224	93602
福建	1010750	509877	500873	276102	152820	123282
江西	573583	283177	290406	129738	71536	58202
山东	2291911	1136663	1155248	512703	273517	239186
河南	1453447	714936	738511	361171	187933	173238
湖北	1400884	699970	700914	338247	189648	148599
湖南	986367	486468	499899	230516	124172	106344
广东	4376087	2276400	2099687	1479660	833342	646318
广西	668408	334403	334005	192628	106621	86007
海南	179370	89716	89654	56562	30319	26243
重庆	704008	347443	356565	163517	89585	73932
四川	1303939	641713	662226	289311	155854	133457
贵州	419410	208482	210928	104650	57974	46676
云南	502960	250487	252473	127888	69391	58497
西藏	21438	10638	10800	6106	3087	3019
陕西	729861	362740	367121	202568	107598	94970
甘肃	421222	210609	210613	103016	55674	47342
青海	108477	54668	53809	23074	13034	10040
宁夏	162148	80622	81526	34202	18194	16008
新疆	492239	245654	246585	114313	62937	51376

5-1a 续表

单位：人

地区	有配偶			离婚			丧偶		
	小计	男	女	小计	男	女	小计	男	女
全国	**22808121**	**11433323**	**11374798**	**662009**	**296971**	**365038**	**1297797**	**313324**	**984473**
北京	893713	452502	441211	26630	10872	15758	47708	11266	36442
天津	464464	241726	222738	12219	5218	7001	31804	8766	23038
河北	844841	419506	425335	17045	7051	9994	46778	12347	34431
山西	541880	270791	271089	9908	4486	5422	27161	6935	20226
内蒙古	467070	235541	231529	12784	5795	6989	24877	5991	18886
辽宁	1320913	657705	663208	74752	34223	40529	103212	26890	76322
吉林	572594	284379	288215	34214	15818	18396	44530	11709	32821
黑龙江	782994	391021	391973	46048	21638	24410	63931	17772	46159
上海	1117779	567919	549860	34820	16067	18753	67365	15007	52358
江苏	1804600	907483	897117	37812	17422	20390	99637	24570	75067
浙江	1257505	635286	622219	25840	11511	14329	55007	11917	43090
安徽	642639	319017	323622	15934	7303	8631	36382	8738	27644
福建	687333	343908	343425	13008	5986	7022	34307	7163	27144
江西	408256	201105	207151	10910	5034	5876	24679	5502	19177
山东	1660305	828923	831382	25838	11233	14605	93065	22990	70075
河南	1014655	503407	511248	22042	9487	12555	55579	14109	41470
湖北	975017	482547	492470	27931	13083	14848	59689	14692	44997
湖南	689917	340818	349099	23435	10664	12771	42499	10814	31685
广东	2748842	1404174	1344668	39728	16549	23179	107857	22335	85522
广西	435154	216609	218545	14000	5773	8227	26626	5400	21226
海南	115394	57406	57988	2056	857	1199	5358	1134	4224
重庆	483433	238741	244692	25091	11776	13315	31967	7341	24626
四川	922046	455326	466720	37341	16854	20487	55241	13679	41562
贵州	282139	140240	141899	14843	6671	8172	17778	3597	14181
云南	342200	170560	171640	13710	6039	7671	19162	4497	14665
西藏	14288	7235	7053	387	155	232	657	161	496
陕西	487843	242353	245490	11815	5632	6183	27635	7157	20478
甘肃	291984	146463	145521	8483	4002	4481	17739	4470	13269
青海	77638	39207	38431	3027	1369	1658	4738	1058	3680
宁夏	118140	59484	58656	4027	1698	2329	5779	1246	4533
新疆	342545	171941	170604	16331	6705	9626	19050	4071	14979

5-1b 各地区分性别、婚姻状况的15岁及以上人口(镇)

单位：人

地区	15岁及以上人口			未婚		
	合计	男	女	小计	男	女
全国	**20307012**	**10149617**	**10157395**	**4263527**	**2410543**	**1852984**
北京	111000	57828	53172	25751	14597	11154
天津	115992	58668	57324	32805	16860	15945
河北	1368934	682988	685946	291545	158853	132692
山西	594505	297658	296847	131773	72127	59646
内蒙古	449916	227773	222143	81896	46728	35168
辽宁	433331	215611	217720	75408	41983	33425
吉林	354565	178026	176539	59789	34476	25313
黑龙江	566073	283515	282558	90623	51636	38987
上海	255274	133676	121598	48073	28822	19251
江苏	1397061	687220	709841	255077	142928	112149
浙江	1103278	558802	544476	205393	121248	84145
安徽	963183	472933	490250	189820	106278	83542
福建	663930	330926	333004	150170	84418	65752
江西	861988	429758	432230	197105	112302	84803
山东	1489747	738496	751251	275126	151837	123289
河南	1351592	667023	684569	327659	179182	148477
湖北	762482	378819	383663	152817	87581	65236
湖南	1150492	574991	575501	226907	131298	95609
广东	1173960	598302	575658	344725	195884	148841
广西	733398	368863	364535	173339	101896	71443
海南	144862	74499	70363	38122	22959	15163
重庆	467850	229617	238233	82768	47027	35741
四川	1294509	643693	650816	265073	148974	116099
贵州	435925	217927	217998	89260	51741	37519
云南	724044	363529	360515	151237	87795	63442
西藏	28521	14734	13787	8391	4773	3618
陕西	612782	310652	302130	136097	77945	58152
甘肃	304422	153899	150523	76971	42731	34240
青海	82779	42352	40427	18634	10662	7972
宁夏	71088	36538	34550	14408	8321	6087
新疆	239529	120301	119228	46765	26681	20084

5-1b 续表

单位：人

地区	有配偶			离婚			丧偶		
	小计	男	女	小计	男	女	小计	男	女
全国	**14740593**	**7306428**	**7434165**	**269217**	**144690**	**124527**	**1033675**	**287956**	**745719**
北京	79654	41425	38229	1536	703	833	4059	1103	2956
天津	77952	40016	37936	1195	585	610	4040	1207	2833
河北	1003047	498534	504513	11652	6770	4882	62690	18831	43859
山西	433065	215661	217404	5525	3155	2370	24142	6715	17427
内蒙古	341059	172097	168962	7527	3991	3536	19434	4957	14477
辽宁	323503	161099	162404	11330	5840	5490	23090	6689	16401
吉林	263139	131196	131943	11492	6179	5313	20145	6175	13970
黑龙江	426719	213219	213500	18085	9586	8499	30646	9074	21572
上海	194532	100770	93762	3672	1765	1907	8997	2319	6678
江苏	1049507	514255	535252	13248	7766	5482	79229	22271	56958
浙江	836125	419077	417048	14071	7467	6604	47689	11010	36679
安徽	711896	346567	365329	8998	5147	3851	52469	14941	37528
福建	474435	235361	239074	6354	3599	2755	32971	7548	25423
江西	614103	301637	312466	9550	5159	4391	41230	10660	30570
山东	1123032	556931	566101	10068	6113	3955	81521	23615	57906
河南	945954	461176	484778	11632	6745	4887	66347	19920	46427
湖北	559944	274468	285476	9304	5023	4281	40417	11747	28670
湖南	838396	414658	423738	17520	9421	8099	67669	19614	48055
广东	765100	384333	380767	8020	4446	3574	56115	13639	42476
广西	508894	251179	257715	8941	4901	4040	42224	10887	31337
海南	98563	49231	49332	1211	665	546	6966	1644	5322
重庆	346935	169401	177534	9621	4991	4630	28526	8198	20328
四川	931153	459443	471710	25795	13217	12578	72488	22059	50429
贵州	314897	155689	159208	8238	4325	3913	23530	6172	17358
云南	522939	259825	263114	13049	6420	6629	36819	9489	27330
西藏	18365	9372	8993	616	220	396	1149	369	780
陕西	442796	220632	222164	6526	3681	2845	27363	8394	18969
甘肃	209996	104876	105120	3572	1945	1627	13883	4347	9536
青海	57991	29580	28411	2315	1015	1300	3839	1095	2744
宁夏	53338	27215	26123	838	400	438	2504	602	1902
新疆	173564	87505	86059	7716	3450	4266	11484	2665	8819

5-1c 各地区分性别、婚姻状况的15岁及以上人口(乡村)

单位：人

地区	15岁及以上人口			未婚		
	合计	男	女	小计	男	女
全国	**52151441**	**26207697**	**25943744**	**10213410**	**6119256**	**4094154**
北京	240497	125523	114974	51453	30204	21249
天津	215655	109601	106054	35375	20850	14525
河北	3277457	1645006	1632451	619959	358732	261227
山西	1503951	773166	730785	319903	192862	127041
内蒙古	886498	461350	425148	151866	96101	55765
辽宁	1411805	717407	694398	224539	136444	88095
吉林	1040525	529569	510956	185539	109231	76308
黑龙江	1330824	677137	653687	223703	130695	93008
上海	219634	114075	105559	33332	20230	13102
江苏	2650679	1288747	1361932	419052	244436	174616
浙江	1799662	917415	882247	266511	170833	95678
安徽	2431796	1191284	1240512	435492	254158	181334
福建	1249479	629180	620299	245525	146937	98588
江西	1869628	940212	929416	382494	227510	154984
山东	3998059	1981463	2016596	682218	392583	289635
河南	4443030	2163621	2279409	940130	531942	408188
湖北	2297263	1155003	1142260	455219	276012	179207
湖南	2852458	1445003	1407455	563727	346812	216915
广东	2460792	1228129	1232663	694759	397183	297576
广西	1964103	1005006	959097	434401	279410	154991
海南	331160	172307	158853	87891	55721	32170
重庆	977525	489635	487890	152273	96957	55316
四川	4133067	2079111	2053956	772170	475616	296554
贵州	1616508	824483	792025	300365	189553	110812
云南	2285308	1181164	1104144	467778	305262	162516
西藏	149796	74857	74939	53687	29687	24000
陕西	1725991	878549	847442	394536	237535	157001
甘肃	1405955	703140	702815	315838	183481	132357
青海	229523	117341	112182	52396	31713	20683
宁夏	244577	123864	120713	47748	27882	19866
新疆	908236	465349	442887	203531	122684	80847

5-1c 续表

单位：人

地区	有配偶			离婚			丧偶		
	小计	男	女	小计	男	女	小计	男	女
全国	**37739145**	**18515258**	**19223887**	**525057**	**372703**	**152354**	**3673829**	**1200480**	**2473349**
北京	173502	89681	83821	2851	1777	1074	12691	3861	8830
天津	166651	83564	83087	2028	1359	669	11601	3828	7773
河北	2439407	1201648	1237759	26980	20273	6707	191111	64353	126758
山西	1075786	537999	537787	15361	12030	3331	92901	30275	62626
内蒙古	675220	341533	333687	8957	6621	2336	50455	17095	33360
辽宁	1078080	535555	542525	20444	14198	6246	88742	31210	57532
吉林	777845	385964	391881	18740	12806	5934	58401	21568	36833
黑龙江	1011843	503140	508703	24577	16881	7696	70701	26421	44280
上海	171753	89122	82631	2578	1613	965	11971	3110	8861
江苏	2002283	966354	1035929	22818	16627	6191	206526	61330	145196
浙江	1379998	695355	684643	21175	15632	5543	131978	35595	96383
安徽	1794769	863049	931720	17580	13514	4066	183955	60563	123392
福建	901374	448565	452809	11587	8489	3098	90993	25189	65804
江西	1349917	666011	683906	15266	11511	3755	121951	35180	86771
山东	3005121	1476694	1528427	26336	20001	6335	284384	92185	192199
河南	3182048	1509288	1672760	31976	24369	7607	288876	98022	190854
湖北	1653044	806085	846959	18190	13315	4875	170810	59591	111219
湖南	2034359	1000943	1033416	31344	23355	7989	223028	73893	149135
广东	1580532	773766	806766	17066	12515	4551	168435	44665	123770
广西	1352579	662614	689965	16273	12881	3392	160850	50101	110749
海南	220773	109573	111200	2112	1576	536	20384	5437	14947
重庆	718590	349236	369354	11590	8284	3306	95072	35158	59914
四川	2946398	1439024	1507374	55595	37705	17890	358904	126766	232138
贵州	1172860	578373	594487	13988	10728	3260	129295	45829	83466
云南	1641714	811339	830375	23494	15207	8287	152322	49356	102966
西藏	80868	40310	40558	3641	1074	2567	11600	3786	7814
陕西	1197865	588112	609753	15413	11651	3762	118177	41251	76926
甘肃	983464	477855	505609	10831	7806	3025	95822	33998	61824
青海	156521	77868	78653	5464	2744	2720	15142	5016	10126
宁夏	183672	91461	92211	2034	1273	761	11123	3248	7875
新疆	630309	315177	315132	28768	14888	13880	45628	12600	33028

5-2 全国分性别、职业、婚姻状况的人口

单位：人

职业大类	15岁及以上人口			未婚		
	合计	男	女	小计	男	女
总 计	**71657149**	**39658974**	**31998175**	**12007426**	**7355081**	**4652345**
国家机关、党群组织、企业、事业单位负责人	1268771	949864	318907	104668	67423	37245
专业技术人员	4892468	2391824	2500644	942242	449850	492392
办事人员和有关人员	3093870	2072991	1020879	568359	336885	231474
商业、服务业人员	11588170	5592279	5995891	2415102	1208303	1206799
农、林、牧、渔、水利业生产人员	34633444	17593234	17040210	4414524	2859964	1554560
生产、运输设备操作人员及有关人员	16110735	11015215	5095520	3550089	2424328	1125761
不便分类的其他从业人员	69691	43567	26124	12442	8328	4114

5-2 续表

单位：人

职业大类	有配偶			离婚			丧偶		
	小计	男	女	小计	男	女	小计	男	女
总 计	**56994008**	**30986147**	**26007861**	**1043179**	**640948**	**402231**	**1612536**	**676798**	**935738**
国家机关、党群组织、企业、事业单位负责人	1134423	867088	267335	22798	12067	10731	6882	3286	3596
专业技术人员	3832640	1899161	1933479	90646	33069	57577	26940	9744	17196
办事人员和有关人员	2437145	1681999	755146	67145	40396	26749	21221	13711	7510
商业、服务业人员	8813884	4258859	4555025	237712	90525	147187	121472	34592	86880
农、林、牧、渔、水利业生产人员	28525250	13905553	14619697	380647	279471	101176	1313023	548246	764777
生产、运输设备操作人员及有关人员	12195997	8339701	3856296	242669	184445	58224	121980	66741	55239
不便分类的其他从业人员	54669	33786	20883	1562	975	587	1018	478	540

5-2a 全国分性别、职业、婚姻状况的人口(城市)

单位：人

职业大类	15岁及以上人口			未婚		
	合计	男	女	小计	男	女
总 计	**19219109**	**11070689**	**8148420**	**4007145**	**2304630**	**1702515**
国家机关、党群组织、企业、事业单位负责人	797368	580304	217064	74498	47067	27431
专业技术人员	2998831	1403218	1595613	620821	299534	321287
办事人员和有关人员	2078185	1340593	737592	394087	220064	174023
商业、服务业人员	6130487	2928343	3202144	1362271	685676	676595
农、林、牧、渔、水利业生产人员	943912	483469	460443	85031	55558	29473
生产、运输设备操作人员及有关人员	6238238	4314512	1923726	1465005	993115	471890
不便分类的其他从业人员	32088	20250	11838	5432	3616	1816

5-2a 续表

单位：人

职业大类	有配偶			离婚			丧偶		
	小计	男	女	小计	男	女	小计	男	女
总 计	**14676600**	**8519242**	**6157358**	**402497**	**198618**	**203879**	**132867**	**48199**	**84668**
国家机关、党群组织、企业、事业单位负责人	702825	523448	179377	16705	8304	8401	3340	1485	1855
专业技术人员	2302285	1078810	1223475	63300	21443	41857	12425	3431	8994
办事人员和有关人员	1624188	1085913	538275	48980	28240	20740	10930	6376	4554
商业、服务业人员	4570191	2179282	2390909	150011	52062	97949	48014	11323	36691
农、林、牧、渔、水利业生产人员	818197	409983	408214	11887	7697	4190	28797	10231	18566
生产、运输设备操作人员及有关人员	4633443	3225852	1407591	110738	80345	30393	29052	15200	13852
不便分类的其他从业人员	25471	15954	9517	876	527	349	309	153	156

5-2b 全国分性别、职业、婚姻状况的人口(镇)

单位：人

职业大类	15岁及以上人口			未婚		
	合计	男	女	小计	男	女
总　计	**12993003**	**7346866**	**5646137**	**1885773**	**1145329**	**740444**
国家机关、党群组织、企业、事业单位负责人	294390	228782	65608	16129	10843	5286
专业技术人员	1189430	579382	610048	162578	73237	89341
办事人员和有关人员	713597	500435	213162	95582	61921	33661
商业、服务业人员	2882028	1390144	1491884	451563	225689	225874
农、林、牧、渔、水利业生产人员	4192088	2115382	2076706	474323	303236	171087
生产、运输设备操作人员及有关人员	3703615	2521566	1182049	682896	468565	214331
不便分类的其他从业人员	17855	11175	6680	2702	1838	864

5-2b 续表

单位：人

职业大类	有配偶			离婚			丧偶		
	小计	男	女	小计	男	女	小计	男	女
总　计	**10690007**	**6001563**	**4688444**	**194158**	**112804**	**81354**	**223065**	**87170**	**135895**
国家机关、党群组织、企业、事业单位负责人	272223	214708	57515	4205	2394	1811	1833	837	996
专业技术人员	999568	496318	503250	19882	7397	12485	7402	2430	4972
办事人员和有关人员	598717	426525	172192	13701	8473	5228	5597	3516	2081
商业、服务业人员	2341214	1133992	1207222	54292	20803	33489	34959	9660	25299
农、林、牧、渔、水利业生产人员	3528009	1724244	1803765	46134	32368	13766	143622	55534	88088
生产、运输设备操作人员及有关人员	2935821	1996806	939015	55526	41123	14403	29372	15072	14300
不便分类的其他从业人员	14455	8970	5485	418	246	172	280	121	159

5-2c 全国分性别、职业、婚姻状况的人口(乡村)

单位：人

职业大类	15岁及以上人口			未婚		
	合计	男	女	小计	男	女
总 计	**39445037**	**21241419**	**18203618**	**6114508**	**3905122**	**2209386**
国家机关、党群组织、企业、事业单位负责人	177013	140778	36235	14041	9513	4528
专业技术人员	704207	409224	294983	158843	77079	81764
办事人员和有关人员	302088	231963	70125	78690	54900	23790
商业、服务业人员	2575655	1273792	1301863	601268	296938	304330
农、林、牧、渔、水利业生产人员	29497444	14994383	14503061	3855170	2501170	1354000
生产、运输设备操作人员及有关人员	6168882	4179137	1989745	1402188	962648	439540
不便分类的其他从业人员	19748	12142	7606	4308	2874	1434

5-2c 续表

单位：人

职业大类	有配偶			离婚			丧偶		
	小计	男	女	小计	男	女	小计	男	女
总 计	**31627401**	**16465342**	**15162059**	**446524**	**329526**	**116998**	**1256604**	**541429**	**715175**
国家机关、党群组织、企业、事业单位负责人	159375	128932	30443	1888	1369	519	1709	964	745
专业技术人员	530787	324033	206754	7464	4229	3235	7113	3883	3230
办事人员和有关人员	214240	169561	44679	4464	3683	781	4694	3819	875
商业、服务业人员	1902479	945585	956894	33409	17660	15749	38499	13609	24890
农、林、牧、渔、水利业生产人员	24179044	11771326	12407718	322626	239406	83220	1140604	482481	658123
生产、运输设备操作人员及有关人员	4626733	3117043	1509690	76405	62977	13428	63556	36469	27087
不便分类的其他从业人员	14743	8862	5881	268	202	66	429	204	225

5-3 全国分年龄、性别、受教育

受教育程度 年龄	15岁及以上人口			未婚		
	合计	男	女	小计	男	女
总计	**105542243**	**52943450**	**52598793**	**22792800**	**13072317**	**9720483**
15-19岁	**9190962**	**4782846**	**4408116**	**9069370**	**4754173**	**4315197**
15	1725119	915365	809754	1724511	915233	809278
16	1745835	914091	831744	1742651	913488	829163
17	1890104	980745	909359	1878604	978470	900134
18	1888012	977703	910309	1854819	970397	884422
19	1941892	994942	946950	1868785	976585	892200
20-24岁	**11604416**	**5771671**	**5832745**	**8698138**	**4758294**	**3939844**
20	2541160	1278946	1262214	2331335	1226067	1105268
21	2403729	1198471	1205258	2049798	1102329	947469
22	2237240	1110893	1126347	1693849	932118	761731
23	2343655	1160921	1182734	1504958	849661	655297
24	2078632	1022440	1056192	1118198	648119	470079
25-29岁	**9278248**	**4611961**	**4666287**	**2682763**	**1673874**	**1008889**
25	1825649	901688	923961	807666	482710	324956
26	1807286	894211	913075	637482	392544	244938
27	1784563	885861	898702	494597	312796	181801
28	2061870	1028817	1033053	440839	285692	155147
29	1798880	901384	897496	302179	200132	102047
30-34岁	**8999299**	**4531862**	**4467437**	**811360**	**572135**	**239225**
30	1748871	874828	874043	235365	158705	76660
31	1830043	921997	908046	187784	130847	56937
32	1804144	906681	897463	154266	109670	44596
33	1690978	855326	835652	119731	87365	32366
34	1925263	973030	952233	114214	85548	28666
35-39岁	**11099483**	**5613221**	**5486262**	**458064**	**361728**	**96336**
35	1982501	1001429	981072	104442	80115	24327
36	2151131	1083530	1067601	99149	77201	21948
37	2250395	1139553	1110842	92227	73018	19209
38	2336699	1181054	1155645	84948	68458	16490
39	2378757	1207655	1171102	77298	62936	14362
40-44岁	**11881111**	**5994835**	**5886276**	**293283**	**248967**	**44316**
40	2607916	1316706	1291210	77440	63926	13514
41	2360767	1190535	1170232	61153	51737	9416
42	2572170	1297642	1274528	61097	51963	9134
43	2034454	1024680	1009774	45415	39314	6101
44	2305804	1165272	1140532	48178	42027	6151
45-49岁	**10159832**	**5118861**	**5040971**	**182178**	**159785**	**22393**
45	2297876	1163067	1134809	45596	39926	5670
46	2244611	1128916	1115695	41853	36675	5178
47	2593225	1314190	1279035	45000	39521	5479
48	1941352	976978	964374	31941	28081	3860
49	1082768	535710	547058	17788	15582	2206
50-54岁	**7658776**	**3891177**	**3767599**	**136332**	**124905**	**11427**
50	1376872	692394	684478	23591	21062	2529
51	1227864	634338	593526	21271	19208	2063
52	1620810	825293	795517	29955	27662	2293
53	1785823	910268	875555	31810	29475	2335
54	1647407	828884	818523	29705	27498	2207
55-59岁	**8011414**	**4019336**	**3992078**	**147629**	**137837**	**9792**
55	1735209	878073	857136	32086	29814	2272
56	1745269	877852	867417	31796	29691	2105
57	1584002	790075	793927	29242	27345	1897
58	1598225	800381	797844	30006	28110	1896
59	1348709	672955	675754	24499	22877	1622
60-64岁	**5832034**	**2948425**	**2883609**	**111461**	**104499**	**6962**
60	1359849	684946	674903	25935	24240	1695
61	1289086	659713	629373	24644	23155	1489
62	1122945	566205	556740	21510	20166	1344
63	1067659	540955	526704	20258	19028	1230
64	992495	496606	495889	19114	17910	1204
65岁及以上	**11826668**	**5659255**	**6167413**	**202222**	**176120**	**26102**

程度、婚姻状况的人口

单位：人

有配偶			离婚			丧偶		
小计	男	女	小计	男	女	小计	男	女
75287859	**37255009**	**38032850**	**1456283**	**814364**	**641919**	**6005301**	**1801760**	**4203541**
120533	**28400**	**92133**	**937**	**239**	**698**	**122**	**34**	**88**
598	129	469	7	1	6	3	2	1
3157	596	2561	24	6	18	3	1	2
11395	2251	9144	82	18	64	23	6	17
32916	7237	25679	251	61	190	26	8	18
72467	18187	54280	573	153	420	67	17	50
2879902	**1001960**	**1877942**	**23543**	**10595**	**12948**	**2833**	**822**	**2011**
208146	52328	155818	1508	509	999	171	42	129
351083	95083	256000	2512	963	1549	336	96	240
538738	176836	361902	4121	1790	2331	532	149	383
831477	308002	523475	6442	3032	3410	778	226	552
950458	369711	580747	8960	4301	4659	1016	309	707
6498348	**2888735**	**3609613**	**87451**	**46195**	**41256**	**9686**	**3157**	**6529**
1006251	413382	592869	10482	5191	5291	1250	405	845
1154975	494224	660751	13317	6951	6366	1512	492	1020
1271543	563675	707868	16631	8784	7847	1792	606	1186
1595207	729922	865285	23301	12405	10896	2523	798	1725
1470372	687532	782840	23720	12864	10856	2609	856	1753
7994801	**3858833**	**4135968**	**169137**	**92936**	**76201**	**24001**	**7958**	**16043**
1482824	700183	782641	27398	14836	12562	3284	1104	2180
1606265	772368	833897	31959	17420	14539	4035	1362	2673
1610676	776525	834151	34462	18905	15557	4740	1581	3159
1531421	747016	784405	34746	19278	15468	5080	1667	3413
1763615	862741	900874	40572	22497	18075	6862	2244	4618
10326128	**5090384**	**5235744**	**254458**	**140813**	**113645**	**60833**	**20296**	**40537**
1825936	894143	931793	44062	24447	19615	8061	2724	5337
1993610	976393	1017217	48153	26590	21563	10219	3346	6873
2094513	1033938	1060575	51514	28500	23014	12141	4097	8044
2183074	1077501	1105573	54653	30386	24267	14024	4709	9315
2228995	1108409	1120586	56076	30890	25186	16388	5420	10968
11176234	**5545450**	**5630784**	**276787**	**155031**	**121756**	**134807**	**45387**	**89420**
2445634	1210701	1234933	62967	34717	28250	21875	7362	14513
2219058	1099155	1119903	57051	31725	25326	23505	7918	15587
2420871	1201606	1219265	61029	34094	26935	29173	9979	19194
1917420	950774	966646	44950	25642	19308	26669	8950	17719
2173251	1083214	1090037	50790	28853	21937	33585	11178	22407
9533338	**4765640**	**4767698**	**237772**	**129928**	**107844**	**206544**	**63508**	**143036**
2160713	1080996	1079717	53014	29654	23360	38553	12491	26062
2107016	1050018	1056998	53818	29182	24636	41924	13041	28883
2433484	1224935	1208549	62254	33657	28597	52487	16077	36410
1821318	911835	909483	42921	23461	19460	45172	13601	31571
1010807	497856	512951	25765	13974	11791	28408	8298	20110
7069758	**3583991**	**3485767**	**155215**	**88184**	**67031**	**297471**	**94097**	**203374**
1278118	639940	638178	33412	18540	14872	41751	12852	28899
1137216	586506	550710	27155	15303	11852	42222	13321	28901
1495579	758829	736750	33073	18941	14132	62203	19861	42342
1646573	837986	808587	32980	18943	14037	74460	23864	50596
1512272	760730	751542	28595	16457	12138	76835	24199	52636
7229792	**3651848**	**3577944**	**112906**	**66243**	**46663**	**521087**	**163408**	**357679**
1585009	803259	781750	27940	16107	11833	90174	28893	61281
1585596	800850	784746	26488	15269	11219	101389	32042	69347
1428984	717355	711629	21822	12986	8836	103954	32389	71565
1431555	723830	707725	20368	12111	8257	116296	36330	79966
1198648	606554	592094	16288	9770	6518	109274	33754	75520
4988626	**2598115**	**2390511**	**59274**	**36896**	**22378**	**672673**	**208915**	**463758**
1190412	610445	579967	15573	9508	6065	127929	40753	87176
1115047	584723	530324	13344	8255	5089	136051	43580	92471
958921	498343	460578	11180	6945	4235	131334	40751	90583
899915	473582	426333	10011	6410	3601	137475	41935	95540
824331	431022	393309	9166	5778	3388	139884	41896	97988
7470399	**4241653**	**3228746**	**78803**	**47304**	**31499**	**4075244**	**1194178**	**2881066**

5-3 续表 1

受教育程度 年龄	15岁及以上人口			未婚		
	合计	男	女	小计	男	女
未上过学	**6624955**	**1741497**	**4883458**	**371770**	**302339**	**69431**
15-19岁	**27842**	**13677**	**14165**	**25694**	**13411**	**12283**
15	4497	2317	2180	4464	2308	2156
16	4904	2521	2383	4802	2510	2292
17	5458	2720	2738	5176	2677	2499
18	6303	3028	3275	5662	2954	2708
19	6680	3091	3589	5590	2962	2628
20-24岁	**54247**	**22990**	**31257**	**32969**	**19303**	**13666**
20	9753	4435	5318	7383	4126	3257
21	10170	4323	5847	6883	3843	3040
22	10658	4454	6204	6480	3743	2737
23	11782	4924	6858	6472	3973	2499
24	11884	4854	7030	5751	3618	2133
25-29岁	**68062**	**25724**	**42338**	**24005**	**15881**	**8124**
25	12389	4869	7520	5244	3330	1914
26	12347	4631	7716	4764	3077	1687
27	13034	4931	8103	4581	3004	1577
28	15448	5796	9652	4955	3373	1582
29	14844	5497	9347	4461	3097	1364
30-34岁	**95522**	**34006**	**61516**	**22734**	**16995**	**5739**
30	17171	6147	11024	4634	3273	1361
31	17261	6339	10922	4509	3279	1230
32	19439	7019	12420	4614	3505	1109
33	18939	6713	12226	4224	3201	1023
34	22712	7788	14924	4753	3737	1016
35-39岁	**157868**	**51449**	**106419**	**26886**	**22234**	**4652**
35	25302	8637	16665	4969	3957	1012
36	28836	9523	19313	5297	4328	969
37	32005	10296	21709	5414	4438	976
38	35004	11290	23714	5519	4668	851
39	36721	11703	25018	5687	4843	844
40-44岁	**240803**	**68045**	**172758**	**29689**	**25787**	**3902**
40	46138	13893	32245	6642	5638	1004
41	44901	13189	31712	5730	4941	789
42	51712	14424	37288	6281	5445	836
43	45537	12427	33110	5151	4503	648
44	52515	14112	38403	5885	5260	625
45-49岁	**267622**	**62934**	**204688**	**24405**	**21738**	**2667**
45	54157	14392	39765	6005	5332	673
46	55047	13626	41421	5546	4989	557
47	63078	14754	48324	5947	5307	640
48	57737	12268	45469	4379	3885	494
49	37603	7894	29709	2528	2225	303
50-54岁	**399763**	**92241**	**307522**	**25660**	**23857**	**1803**
50	52775	12006	40769	3736	3340	396
51	53978	12852	41126	3640	3347	293
52	83652	19938	63714	5741	5390	351
53	103090	23662	79428	6387	6000	387
54	106268	23783	82485	6156	5780	376
55-59岁	**694078**	**158386**	**535692**	**35890**	**33940**	**1950**
55	122745	27567	95178	6960	6576	384
56	136482	30452	106030	7258	6859	399
57	140109	31583	108526	7074	6665	409
58	155814	36489	119325	7962	7570	392
59	138928	32295	106633	6636	6270	366
60-64岁	**766313**	**190288**	**576025**	**35003**	**33058**	**1945**
60	155054	38574	116480	7690	7240	450
61	159740	41340	118400	7619	7268	351
62	151893	37768	114125	6778	6417	361
63	150398	37062	113336	6569	6192	377
64	149228	35544	113684	6347	5941	406
65岁及以上	**3852835**	**1021757**	**2831078**	**88835**	**76135**	**12700**

单位：人

有配偶			离婚			丧偶		
小计	男	女	小计	男	女	小计	男	女
3951472	**1031934**	**2919538**	**49032**	**23221**	**25811**	**2252681**	**384003**	**1868678**
2090	**255**	**1835**	**33**	**3**	**30**	**25**	**8**	**17**
33	9	24						
102	11	91						
271	41	230	3		3	8	2	6
626	72	554	12	1	11	3	1	2
1058	122	936	18	2	16	14	5	9
20617	**3495**	**17122**	**447**	**122**	**325**	**214**	**70**	**144**
2319	296	2023	38	10	28	13	3	10
3199	454	2745	53	12	41	35	14	21
4036	667	3369	94	28	66	48	16	32
5153	913	4240	111	24	87	46	14	32
5910	1165	4745	151	48	103	72	23	49
42428	**9334**	**33094**	**1087**	**358**	**729**	**542**	**151**	**391**
6875	1452	5423	181	57	124	89	30	59
7306	1483	5823	181	44	137	96	27	69
8133	1828	6305	230	73	157	90	26	64
10089	2302	7787	247	83	164	157	38	119
10025	2269	7756	248	101	147	110	30	80
69805	**15947**	**53858**	**1845**	**744**	**1101**	**1138**	**320**	**818**
12044	2716	9328	315	106	209	178	52	126
12188	2865	9323	369	134	235	195	61	134
14222	3287	10935	359	158	201	244	69	175
14086	3288	10798	387	158	229	242	66	176
17265	3791	13474	415	188	227	279	72	207
125534	**27232**	**98302**	**2679**	**1265**	**1414**	**2769**	**718**	**2051**
19502	4358	15144	459	215	244	372	107	265
22540	4815	17725	534	246	288	465	134	331
25426	5448	19978	532	245	287	633	165	468
28297	6220	22077	586	261	325	602	141	461
29769	6391	23378	568	298	270	697	171	526
200397	**38909**	**161488**	**3756**	**1965**	**1791**	**6961**	**1384**	**5577**
37669	7636	30033	749	392	357	1078	227	851
37278	7617	29661	749	390	359	1144	241	903
43212	8311	34901	792	393	399	1427	275	1152
38309	7270	31039	670	363	307	1407	291	1116
43929	8075	35854	796	427	369	1905	350	1555
227187	**37407**	**189780**	**3397**	**1773**	**1624**	**12633**	**2016**	**10617**
45163	8235	36928	756	393	363	2233	432	1801
46351	7849	38502	726	380	346	2424	408	2016
53365	8522	44843	807	430	377	2959	495	2464
49768	7634	42134	657	341	316	2933	408	2525
32540	5167	27373	451	229	222	2084	273	1811
338207	**61191**	**277016**	**4154**	**2301**	**1853**	**31742**	**4892**	**26850**
44876	7745	37131	682	341	341	3481	580	2901
45780	8549	37231	632	356	276	3926	600	3326
70555	13052	57503	871	511	360	6485	985	5500
87362	15834	71528	966	528	438	8375	1300	7075
89634	16011	73623	1003	565	438	9475	1427	8048
572236	**109614**	**462622**	**5852**	**3133**	**2719**	**80100**	**11699**	**68401**
103051	18733	84318	1126	578	548	11608	1680	9928
113761	20929	92832	1139	607	532	14324	2057	12267
115718	21899	93819	1230	666	564	16087	2353	13734
127493	25372	102121	1275	688	587	19084	2859	16225
112213	22681	89532	1082	594	488	18997	2750	16247
579153	**131223**	**447930**	**5543**	**2995**	**2548**	**146614**	**23012**	**123602**
121671	26659	95012	1250	686	564	24443	3989	20454
123061	28833	94228	1166	628	538	27894	4611	23283
115211	26139	89072	1113	609	504	28791	4603	24188
111309	25545	85764	1001	541	460	31519	4784	26735
107901	24047	83854	1013	531	482	33967	5025	28942
1773818	**597327**	**1176491**	**20239**	**8562**	**11677**	**1969943**	**339733**	**1630210**

5-3 续表 2

受教育程度	15岁及以上人口			未　婚		
年　　龄	合计	男	女	小计	男	女
小　学	**25012404**	**11195068**	**13817336**	**1537761**	**1132416**	**405345**
15-19岁	**313590**	**159504**	**154086**	**287750**	**154704**	**133046**
15	40587	21954	18633	40320	21915	18405
16	49685	26560	23125	48524	26396	22128
17	63130	32638	30492	59844	32091	27753
18	74632	37247	37385	67075	35910	31165
19	85556	41105	44451	71987	38392	33595
20-24岁	**682065**	**297968**	**384097**	**365050**	**211679**	**153371**
20	124350	56845	67505	92742	50258	42484
21	127534	56686	70848	81545	46157	35388
22	132714	57611	75103	71010	41558	29452
23	151474	65104	86370	66629	40277	26352
24	145993	61722	84271	53124	33429	19695
25-29岁	**777432**	**323937**	**453495**	**167872**	**115523**	**52349**
25	139869	58665	81204	42207	27372	14835
26	143772	59740	84032	36012	24181	11831
27	145926	60772	85154	31128	21590	9538
28	176544	73300	103244	31803	22657	9146
29	171321	71460	99861	26722	19723	6999
30-34岁	**1172058**	**480869**	**691189**	**119176**	**95042**	**24134**
30	189752	77145	112607	25727	19142	6585
31	213140	88404	124736	25053	19559	5494
32	233775	95629	138146	23723	19065	4658
33	238981	98587	140394	21256	17524	3732
34	296410	121104	175306	23417	19752	3665
35-39岁	**2056579**	**832553**	**1224026**	**119746**	**105816**	**13930**
35	331061	135718	195343	23810	20538	3272
36	382124	155108	227016	24866	21636	3230
37	413119	167802	245317	24221	21413	2808
38	449228	179975	269253	23838	21388	2450
39	481047	193950	287097	23011	20841	2170
40-44岁	**2852813**	**1145183**	**1707630**	**107622**	**99323**	**8299**
40	563201	225361	337840	24855	22610	2245
41	551274	223655	327619	21914	20161	1753
42	626197	251870	374327	22813	21112	1701
43	522459	208834	313625	18219	16931	1288
44	589682	235463	354219	19821	18509	1312
45-49岁	**2469825**	**927939**	**1541886**	**72151**	**67771**	**4380**
45	567152	222524	344628	18446	17273	1173
46	538016	205750	332266	16716	15597	1119
47	599698	225414	374284	17523	16572	951
48	483470	174303	309167	12484	11758	726
49	281489	99948	181541	6982	6571	411
50-54岁	**2567624**	**1039505**	**1528119**	**64894**	**62433**	**2461**
50	381045	145376	235669	9996	9499	497
51	372530	150633	221897	9673	9227	446
52	541110	219922	321188	14398	13893	505
53	640430	263583	376847	15820	15325	495
54	632509	259991	372518	15007	14489	518
55-59岁	**3658025**	**1610067**	**2047958**	**79763**	**77220**	**2543**
55	711557	301409	410148	16666	16155	511
56	760744	329996	430748	17214	16679	535
57	737913	324774	413139	16099	15585	514
58	777676	349932	427744	16267	15734	533
59	670135	303956	366179	13517	13067	450
60-64岁	**3065955**	**1482997**	**1582958**	**61650**	**59325**	**2325**
60	690159	321523	368636	14315	13762	553
61	681146	331263	349883	13726	13228	498
62	603035	293467	309568	11989	11523	466
63	572266	282943	289323	11230	10819	411
64	519349	253801	265548	10390	9993	397
65岁及以上	**5396438**	**2894546**	**2501892**	**92087**	**83580**	**8507**

单位：人

有配偶			离婚			丧偶		
小计	男	女	小计	男	女	小计	男	女
20561413	8936868	11624545	293224	194394	98830	2620006	931390	1688616
25563	4733	20830	234	60	174	43	7	36
262	37	225	3	1	2	2	1	1
1150	162	988	9	1	8	2	1	1
3250	539	2711	29	6	23	7	2	5
7482	1316	6166	67	20	47	8	1	7
13419	2679	10740	126	32	94	24	2	22
312421	84418	228003	3910	1653	2257	684	218	466
31236	6457	24779	325	116	209	47	14	33
45411	10308	35103	498	190	308	80	31	49
60818	15721	45097	744	296	448	142	36	106
83640	24299	59341	1012	463	549	193	65	128
91316	27633	63683	1331	588	743	222	72	150
596412	201878	394534	10900	5753	5147	2248	783	1465
95851	30438	65413	1522	751	771	289	104	185
105619	34531	71088	1797	918	879	344	110	234
112355	37976	74379	2015	1049	966	428	157	271
141438	48997	92441	2732	1453	1279	571	193	378
141149	49936	91213	2834	1582	1252	616	219	397
1024683	370362	654321	22016	13266	8750	6183	2199	3984
159797	55796	104001	3464	1934	1530	764	273	491
183141	66185	116956	3944	2302	1642	1002	358	644
204351	73417	130934	4452	2696	1756	1249	451	798
211786	77715	134071	4595	2856	1739	1344	492	852
265608	97249	168359	5561	3478	2083	1824	625	1199
1880916	695544	1185372	37725	24902	12823	18192	6291	11901
298650	110362	188288	6290	3997	2293	2311	821	1490
347234	127882	219352	7097	4590	2507	2927	1000	1927
377732	140107	237625	7600	5017	2583	3566	1265	2301
413098	151650	261448	8127	5480	2647	4165	1457	2708
444202	165543	278659	8611	5818	2793	5223	1748	3475
2648232	996533	1651699	48761	33546	15215	48198	15781	32417
521103	193525	327578	10159	6847	3312	7084	2379	4705
511642	194224	317418	9535	6545	2990	8183	2725	5458
582175	219945	362230	10757	7315	3442	10452	3498	6954
485631	182657	302974	8574	6001	2573	10035	3245	6790
547681	206182	341499	9736	6838	2898	12444	3934	8510
2284307	813698	1470609	37438	25839	11599	75929	20631	55298
525344	194580	330764	9203	6494	2709	14159	4177	9982
497388	179888	317500	8447	5794	2653	15465	4471	10994
554398	197509	356889	9138	6342	2796	18639	4991	13648
447398	153680	293718	6785	4600	2185	16803	4265	12538
259779	88041	171738	3865	2609	1256	10863	2727	8136
2334036	915193	1418843	33061	22823	10238	135633	39056	96577
348812	127555	221257	5557	3724	1833	16680	4598	12082
339608	132651	206957	5212	3608	1604	18037	5147	12890
491492	192771	298721	7230	5066	2164	27990	8192	19798
581644	232531	349113	7715	5428	2287	35251	10299	24952
572480	229685	342795	7347	4997	2350	37675	10820	26855
3256881	1421784	1835097	37492	25077	12415	283889	85986	197903
641120	266383	374737	7918	5331	2587	45853	13540	32313
682194	291882	390312	8081	5355	2726	53255	16080	37175
657204	286933	370271	7561	5053	2508	57049	17203	39846
687937	308935	379002	7659	5106	2553	65813	20157	45656
588426	267651	320775	6273	4232	2041	61919	19006	42913
2595266	1282291	1312975	26404	17885	8519	382635	123496	259139
597263	280527	316736	6311	4199	2112	72270	23035	49235
583008	288095	294913	5955	4076	1879	78457	25864	52593
510150	254054	256096	5176	3494	1682	75720	24396	51324
477850	243460	234390	4745	3278	1467	78441	25386	53055
426995	216155	210840	4217	2838	1379	77747	24815	52932
3602696	2150434	1452262	35283	23590	11693	1666372	636942	1029430

5-3 续表 3

受教育程度	15岁及以上人口			未婚		
年龄	合计	男	女	小计	男	女
初中	**45205959**	**24244157**	**20961802**	**9302575**	**5459991**	**3842584**
15-19岁	**4147782**	**2217766**	**1930016**	**4062469**	**2196507**	**1865962**
15	1210948	656037	554911	1210669	655971	554698
16	808472	435959	372513	806704	435581	371123
17	690218	369253	320965	682851	367737	315114
18	683874	362066	321808	660821	356701	304120
19	754270	394451	359819	701424	380517	320907
20-24岁	**5380858**	**2650038**	**2730820**	**3380200**	**1937888**	**1442312**
20	1037556	524918	512638	884191	484738	399453
21	1048819	518160	530659	792533	446207	346326
22	1050760	512936	537824	665588	383146	282442
23	1172215	573722	598493	598657	355673	242984
24	1071508	520302	551206	439231	268124	171107
25-29岁	**4875163**	**2428646**	**2446517**	**1048622**	**683996**	**364626**
25	962392	471532	490860	316163	198547	117616
26	959714	472942	486772	246998	158942	88056
27	933546	465339	468207	188943	124985	63958
28	1072931	540037	532894	171997	116140	55857
29	946580	478796	467784	124521	85382	39139
30-34岁	**4798262**	**2454065**	**2344197**	**356138**	**260350**	**95788**
30	922483	466944	455539	100802	70357	30445
31	967042	493239	473803	82074	59387	22687
32	955486	487533	467953	67938	50101	17837
33	906296	466826	439470	53577	40505	13072
34	1046955	539523	507432	51747	40000	11747
35-39岁	**6099868**	**3172653**	**2927215**	**201765**	**162182**	**39583**
35	1082099	558364	523735	47097	37019	10078
36	1185997	611436	574561	44491	35355	9136
37	1237501	644061	593440	40512	32793	7719
38	1287798	671469	616329	36960	30164	6796
39	1306473	687323	619150	32705	26851	5854
40-44岁	**6383181**	**3393683**	**2989498**	**110389**	**93471**	**16918**
40	1416482	745491	670991	31077	25837	5240
41	1262129	666768	595361	23457	19859	3598
42	1373194	730365	642829	22686	19234	3452
43	1094835	585644	509191	16334	14040	2294
44	1236541	665415	571126	16835	14501	2334
45-49岁	**4954604**	**2676261**	**2278343**	**59502**	**52201**	**7301**
45	1208204	649443	558761	15587	13465	2122
46	1133648	606095	527553	13951	12187	1764
47	1261502	682316	579186	14553	12853	1700
48	892039	487861	404178	10205	9069	1136
49	459211	250546	208665	5206	4627	579
50-54岁	**2928970**	**1697982**	**1230988**	**31900**	**28854**	**3046**
50	561390	310989	250401	6434	5761	673
51	481519	278823	202696	5363	4791	572
52	620341	359427	260914	6895	6290	605
53	668262	395762	272500	6886	6289	597
54	597458	352981	244477	6322	5723	599
55-59岁	**2621922**	**1587038**	**1034884**	**25240**	**22353**	**2887**
55	612256	366608	245648	6510	5822	688
56	593913	355798	238115	5682	5091	591
57	514136	310755	203381	4875	4304	571
58	496783	304671	192112	4652	4097	555
59	404834	249206	155628	3521	3039	482
60-64岁	**1414359**	**891595**	**522764**	**11493**	**10012**	**1481**
60	380196	236194	144002	3158	2722	436
61	318033	201229	116804	2547	2225	322
62	253710	160260	93450	2045	1790	255
63	237016	150635	86381	1873	1634	239
64	225404	143277	82127	1870	1641	229
65岁及以上	**1600990**	**1074430**	**526560**	**14857**	**12177**	**2680**

单位：人

有配偶			离婚			丧偶		
小计	男	女	小计	男	女	小计	男	女
34390277	**18017548**	**16372729**	**677176**	**399467**	**277709**	**835931**	**367151**	**468780**
84632	**21077**	**63555**	**629**	**163**	**466**	**52**	**19**	**33**
274	65	209	4		4	1	1	
1753	373	1380	14	5	9	1		1
7313	1503	5810	47	11	36	7	2	5
22872	5321	17551	166	38	128	15	6	9
52420	13815	38605	398	109	289	28	10	18
1982642	**703998**	**1278644**	**16372**	**7697**	**8675**	**1644**	**455**	**1189**
152200	39801	112399	1069	360	709	96	19	77
254329	71214	183115	1768	696	1072	189	43	146
381956	128377	253579	2923	1332	1591	293	81	212
568644	215738	352906	4459	2183	2276	455	128	327
625513	248868	376645	6153	3126	3027	611	184	427
3766665	**1712163**	**2054502**	**54303**	**30635**	**23668**	**5573**	**1852**	**3721**
638481	269138	369343	7031	3623	3408	717	224	493
702964	308815	394149	8862	4883	3979	890	302	588
733082	334050	399032	10462	5940	4522	1059	364	695
885416	415334	470082	14092	8106	5986	1426	457	969
806722	384826	421896	13856	8083	5773	1481	505	976
4338227	**2134970**	**2203257**	**90804**	**54279**	**36525**	**13093**	**4466**	**8627**
804434	386860	417574	15433	9102	6331	1814	625	1189
865341	422676	442665	17401	10399	7002	2226	777	1449
866731	425638	441093	18282	10914	7368	2535	880	1655
831629	414343	417286	18365	11089	7276	2725	889	1836
970092	485453	484639	21323	12775	8548	3793	1295	2498
5735656	**2921498**	**2814158**	**130037**	**77536**	**52501**	**32410**	**11437**	**20973**
1007827	506141	501686	22798	13655	9143	4377	1549	2828
1111011	559318	551693	24964	14868	10096	5531	1895	3636
1164233	593231	571002	26317	15726	10591	6439	2311	4128
1215404	621955	593449	27892	16656	11236	7542	2694	4848
1237181	640853	596328	28066	16631	11435	8521	2988	5533
6069724	**3194341**	**2875383**	**137254**	**81444**	**55810**	**65814**	**24427**	**41387**
1342985	697142	645843	31250	18459	12791	11170	4053	7117
1199039	626071	572968	28013	16574	11439	11620	4264	7356
1306217	688012	618205	30073	17770	12303	14218	5349	8869
1043345	553477	489868	22412	13400	9012	12744	4727	8017
1178138	629639	548499	25506	15241	10265	16062	6034	10028
4697846	**2527836**	**2170010**	**107496**	**63336**	**44160**	**89760**	**32888**	**56872**
1148353	613866	534487	26208	15387	10821	18056	6725	11331
1075509	572411	503098	25309	14730	10579	18879	6767	12112
1195707	644589	551118	27823	16340	11483	23419	8534	14885
845087	461025	384062	17989	10802	7187	18758	6965	11793
433190	235945	197245	10167	6077	4090	10648	3897	6751
2741946	**1594256**	**1147690**	**62685**	**37268**	**25417**	**92439**	**37604**	**54835**
526577	291482	235095	13586	8149	5437	14793	5597	9196
451478	262078	189400	10828	6433	4395	13850	5521	8329
580568	337257	243311	13291	7936	5355	19587	7944	11643
625748	372234	253514	13374	7946	5428	22254	9293	12961
557575	331205	226370	11606	6804	4802	21955	9249	12706
2426037	**1484543**	**941494**	**46560**	**27113**	**19447**	**124085**	**53029**	**71056**
569238	343124	226114	11767	6951	4816	24741	10711	14030
550843	333283	217560	11349	6532	4817	26039	10892	15147
475712	290742	184970	8930	5257	3673	24619	10452	14167
458555	284892	173663	8143	4706	3437	25433	10976	14457
371689	232502	139187	6371	3667	2704	23253	9998	13255
1273389	**820769**	**452620**	**17911**	**11043**	**6868**	**111566**	**49771**	**61795**
346189	218815	127374	5673	3407	2266	25176	11250	13926
288307	186163	102144	3971	2383	1588	23208	10458	12750
228032	147286	80746	3119	1913	1206	20514	9271	11243
211493	137977	73516	2690	1750	940	20960	9274	11686
199368	130528	68840	2458	1590	868	21708	9518	12190
1273513	**902097**	**371416**	**13125**	**8953**	**4172**	**299495**	**151203**	**148292**

5-3 续表 4

受教育程度 年龄	15岁及以上人口			未婚		
	合计	男	女	小计	男	女
高 中	**17208583**	**9547986**	**7660597**	**6679086**	**3661288**	**3017798**
15-19岁	**3909889**	**2024233**	**1885656**	**3902460**	**2022131**	**1880329**
15	459132	230875	228257	459110	230861	228249
16	860399	439663	420736	860278	439631	420647
17	1071267	549860	521407	1070788	549726	521062
18	892162	469686	422476	890430	469221	421209
19	626929	334149	292780	621854	332692	289162
20-24岁	**2369140**	**1265687**	**1103453**	**1965542**	**1108961**	**856581**
20	617088	327822	289266	597449	322684	274765
21	493336	261847	231489	453058	250661	202397
22	434925	233370	201555	362951	207277	155674
23	445446	238832	206614	320821	188140	132681
24	378345	203816	174529	231263	140199	91064
25-29岁	**1598737**	**858922**	**739815**	**532078**	**338182**	**193896**
25	315311	170305	145006	160620	99605	61015
26	302223	162910	139313	123471	78068	45403
27	303227	162454	140773	97658	62659	34999
28	360878	193138	167740	89445	57994	31451
29	317098	170115	146983	60884	39856	21028
30-34岁	**1508201**	**818339**	**689862**	**148142**	**99158**	**48984**
30	308068	165462	142606	46874	30872	16002
31	323130	174488	148642	35616	23860	11756
32	306659	166398	140261	27846	18689	9157
33	274119	149623	124496	20025	13601	6424
34	296225	162368	133857	17781	12136	5645
35-39岁	**1556581**	**868614**	**687967**	**61267**	**42548**	**18719**
35	292774	161226	131548	15264	10572	4692
36	304616	168682	135934	13525	9312	4213
37	316319	176606	139713	12419	8668	3751
38	322187	180930	141257	10846	7557	3289
39	320685	181170	139515	9213	6439	2774
40-44岁	**1451329**	**824150**	**627179**	**28282**	**20148**	**8134**
40	345310	195910	149400	9030	6397	2633
41	299948	168926	131022	6212	4482	1730
42	314317	178552	135765	5692	4054	1638
43	227289	130318	96971	3624	2602	1022
44	264465	150444	114021	3724	2613	1111
45-49岁	**1722739**	**980624**	**742115**	**18807**	**13795**	**5012**
45	300194	171684	128510	3747	2763	984
46	344713	194978	149735	3983	2897	1086
47	469025	265134	203891	5050	3714	1336
48	376075	217273	158802	3686	2680	1006
49	232732	131555	101177	2341	1741	600
50-54岁	**1373956**	**805910**	**568046**	**10949**	**8213**	**2736**
50	300517	171347	129170	2702	2035	667
51	255058	149428	105630	2071	1574	497
52	296734	173764	122970	2329	1772	557
53	288753	171012	117741	2126	1566	560
54	232894	140359	92535	1721	1266	455
55-59岁	**727801**	**458231**	**269570**	**4808**	**3458**	**1350**
55	210953	131112	79841	1444	1027	417
56	180528	113352	67176	1201	871	330
57	133408	84399	49009	851	629	222
58	114065	73044	41021	781	567	214
59	88847	56324	32523	531	364	167
60-64岁	**390518**	**247554**	**142964**	**2345**	**1656**	**689**
60	88799	57107	31692	521	394	127
61	87463	55801	31662	523	336	187
62	77993	49213	28780	517	355	162
63	72962	45691	27271	418	307	111
64	63301	39742	23559	366	264	102
65岁及以上	**599692**	**395722**	**203970**	**4406**	**3038**	**1368**

单位：人

有配偶			离婚			丧偶		
小计	男	女	小计	男	女	小计	男	女
10019668	**5664229**	**4355439**	**290025**	**136255**	**153770**	**219804**	**86214**	**133590**
7391	**2092**	**5299**	**36**	**10**	**26**	**2**		**2**
22	14	8						
120	32	88	1		1			
475	133	342	3	1	2	1		1
1727	463	1264	5	2	3			
5047	1450	3597	27	7	20	1		1
401158	**155765**	**245393**	**2204**	**896**	**1308**	**236**	**65**	**171**
19562	5111	14451	64	22	42	13	5	8
40086	11123	28963	167	55	112	25	8	17
71634	25976	45658	300	104	196	40	13	27
123858	50366	73492	691	308	383	76	18	58
146018	63189	82829	982	407	575	82	21	61
1052273	**514026**	**538247**	**13475**	**6459**	**7016**	**911**	**255**	**656**
153355	70112	83243	1222	552	670	114	36	78
176950	84003	92947	1675	801	874	127	38	89
202954	98582	104372	2475	1181	1294	140	32	108
267279	133206	134073	3906	1863	2043	248	75	173
251735	128123	123612	4197	2062	2135	282	74	208
1324840	**702593**	**622247**	**32817**	**15889**	**16928**	**2402**	**699**	**1703**
255752	132027	123725	5092	2453	2639	350	110	240
280832	147511	133321	6271	2993	3278	411	124	287
271566	144302	127264	6772	3275	3497	475	132	343
246856	132600	114256	6718	3263	3455	520	159	361
269834	146153	123681	7964	3905	4059	646	174	472
1439314	**800649**	**638665**	**50993**	**24095**	**26898**	**5007**	**1322**	**3685**
268088	146186	121902	8760	4289	4471	662	179	483
280847	154788	126059	9381	4358	5023	863	224	639
292565	162776	129789	10341	4917	5424	994	245	749
299254	167884	131370	10958	5206	5752	1129	283	846
298560	169015	129545	11553	5325	6228	1359	391	968
1357400	**775495**	**581905**	**55560**	**25641**	**29919**	**10087**	**2866**	**7221**
321404	182944	138460	13077	6037	7040	1799	532	1267
280063	158448	121615	11825	5484	6341	1848	512	1336
293940	167991	125949	12489	5880	6609	2196	627	1569
213195	123218	89977	8584	3955	4629	1886	543	1343
248798	142894	105904	9585	4285	5300	2358	652	1706
1616474	**931742**	**684732**	**64080**	**28454**	**35626**	**23378**	**6633**	**16745**
281942	162891	119051	11345	5128	6217	3160	902	2258
323236	185117	138119	13444	5880	7564	4050	1084	2966
440147	252013	188134	17591	7685	9906	6237	1722	4515
353579	207029	146550	13073	5853	7220	5737	1711	4026
217570	124692	92878	8627	3908	4719	4194	1214	2980
1287076	**766292**	**520784**	**43323**	**20466**	**22857**	**32608**	**10939**	**21669**
281031	162396	118635	10809	5086	5723	5975	1830	4145
238928	142069	96859	8395	3968	4427	5664	1817	3847
278023	165269	112754	9284	4330	4954	7098	2393	4705
270828	162884	107944	8406	3973	4433	7393	2589	4804
218266	133674	84592	6429	3109	3320	6478	2310	4168
681203	**436814**	**244389**	**15506**	**7559**	**7947**	**26284**	**10400**	**15884**
197872	125214	72658	5040	2387	2653	6597	2484	4113
169083	108078	61005	4027	1906	2121	6217	2497	3720
124922	80420	44502	2724	1371	1353	4911	1979	2932
106487	69511	36976	2156	1092	1064	4641	1874	2767
82839	53591	29248	1559	803	756	3918	1566	2352
358241	**233336**	**124905**	**5984**	**3158**	**2826**	**23948**	**9404**	**14544**
82347	54067	28280	1421	751	670	4510	1895	2615
80555	52726	27829	1457	755	702	4928	1984	2944
71478	46390	25088	1190	613	577	4808	1855	2953
66532	42990	23542	1009	539	470	5003	1855	3148
57329	37163	20166	907	500	407	4699	1815	2884
494298	**345425**	**148873**	**6047**	**3628**	**2419**	**94941**	**43631**	**51310**

5-3 续表 5

受教育程度 年 龄	15岁及以上人口 合计	男	女	未婚 小计	男	女
大学专科	**6592134**	**3518974**	**3073160**	**2595521**	**1320514**	**1275007**
15-19岁	**462270**	**211746**	**250524**	**461554**	**211561**	**249993**
15	8882	3655	5227	8875	3651	5224
16	19573	8041	11532	19555	8030	11525
17	43131	18586	24545	43067	18558	24509
18	130983	59564	71419	130817	59520	71297
19	259701	121900	137801	259240	121802	137438
20-24岁	**1697537**	**821756**	**875781**	**1569146**	**778806**	**790340**
20	418679	199732	218947	416185	199158	217027
21	386013	187477	198536	379008	185762	193246
22	319839	155919	163920	302554	150714	151840
23	310332	150777	159555	269707	137170	132537
24	262674	127851	134823	201692	106002	95690
25-29岁	**1034586**	**510125**	**524461**	**434179**	**251422**	**182757**
25	215876	106670	109206	140401	77662	62739
26	206349	102444	103905	106878	61796	45082
27	201920	99037	102883	79614	47093	32521
28	226942	111367	115575	66756	40218	26538
29	183499	90607	92892	40530	24653	15877
30-34岁	**801627**	**410597**	**391030**	**84604**	**51600**	**33004**
30	168491	84636	83855	28412	17422	10990
31	171736	86932	84804	20524	12598	7926
32	163614	83367	80247	15816	9620	6196
33	144845	74729	70116	10932	6571	4361
34	152941	80933	72008	8920	5389	3531
35-39岁	**727710**	**396242**	**331468**	**27103**	**16300**	**10803**
35	148519	79464	69055	7473	4503	2970
36	148154	80195	67959	6117	3640	2477
37	148897	81065	67832	5372	3193	2179
38	143782	78892	64890	4386	2687	1699
39	138358	76626	61732	3755	2277	1478
40-44岁	**560510**	**319609**	**240901**	**9763**	**5831**	**3932**
40	141496	78945	62551	3339	1978	1361
41	119584	67161	52423	2188	1322	866
42	121202	69244	51958	2030	1190	840
43	83664	48778	34886	1170	713	457
44	94564	55481	39083	1036	628	408
45-49岁	**461401**	**278154**	**183247**	**4258**	**2506**	**1752**
45	99597	59216	40381	1042	636	406
46	105514	62804	42710	968	572	396
47	124560	74984	49576	1120	634	486
48	84730	52265	32465	705	422	283
49	47000	28885	18115	423	242	181
50-54岁	**272282**	**174773**	**97509**	**1875**	**968**	**907**
50	54602	34238	20364	443	250	193
51	45049	28873	16176	315	163	152
52	56443	36402	20041	394	209	185
53	60563	39087	21476	403	197	206
54	55625	36173	19452	320	149	171
55-59岁	**224518**	**148006**	**76512**	**1249**	**553**	**696**
55	55701	36421	19280	334	154	180
56	53129	34556	18573	270	108	162
57	42626	27940	14686	214	100	114
58	39497	26422	13075	249	101	148
59	33565	22667	10898	182	90	92
60-64岁	**140023**	**97192**	**42831**	**655**	**307**	**348**
60	33556	23069	10487	167	81	86
61	31640	22123	9517	159	72	87
62	27363	18947	8416	126	59	67
63	25318	17722	7596	116	49	67
64	22146	15331	6815	87	46	41
65岁及以上	**209670**	**150774**	**58896**	**1135**	**660**	**475**

单位：人

有配偶			离婚			丧偶		
小计	男	女	小计	男	女	小计	男	女
3849598	**2138010**	**1711588**	**96634**	**39892**	**56742**	**50381**	**20558**	**29823**
712	**183**	**529**	**4**	**2**	**2**			
7	4	3						
18	11	7						
64	28	36						
165	44	121	1		1			
458	96	362	3	2	1			
127836	**42753**	**85083**	**513**	**188**	**325**	**42**	**9**	**33**
2482	572	1910	10	1	9	2	1	1
6978	1708	5270	20	7	13	7		7
17229	5180	12049	49	22	27	7	3	4
40467	13559	26908	153	48	105	5		5
60680	21734	38946	281	110	171	21	5	16
594853	**256525**	**338328**	**5281**	**2106**	**3175**	**273**	**72**	**201**
75032	28823	46209	412	176	236	31	9	22
98856	40416	58440	580	223	357	35	9	26
121254	51539	69715	1008	388	620	44	17	27
158547	70506	88041	1561	623	938	78	20	58
141164	65241	75923	1720	696	1024	85	17	68
701877	**353032**	**348845**	**14308**	**5778**	**8530**	**838**	**187**	**651**
137849	66332	71517	2104	852	1252	126	30	96
148423	73237	75186	2642	1069	1573	147	28	119
144590	72469	72121	3048	1243	1805	160	35	125
130682	66883	63799	3055	1235	1820	176	40	136
140333	74111	66222	3459	1379	2080	229	54	175
677417	**371086**	**306331**	**21504**	**8508**	**12996**	**1686**	**348**	**1338**
137001	73389	63612	3811	1527	2284	234	45	189
137650	74818	62832	4083	1675	2408	304	62	242
138778	76127	62651	4387	1675	2712	360	70	290
134418	74297	60121	4576	1821	2755	402	87	315
129570	72455	57115	4647	1810	2837	386	84	302
528200	**305306**	**222894**	**19935**	**7870**	**12065**	**2612**	**602**	**2010**
132677	74887	57790	4966	1965	3001	514	115	399
112445	64006	48439	4451	1718	2733	500	115	385
114179	66170	48009	4380	1736	2644	613	148	465
79169	46797	32372	2902	1174	1728	423	94	329
89730	53446	36284	3236	1277	1959	562	130	432
436946	**267982**	**168964**	**16707**	**6786**	**9921**	**3490**	**880**	**2610**
94418	57044	37374	3457	1364	2093	680	172	508
99867	60454	39413	3891	1590	2301	788	188	600
117985	72282	45703	4582	1847	2735	873	221	652
80351	50443	29908	2967	1228	1739	707	172	535
44325	27759	16566	1810	757	1053	442	127	315
258060	**168924**	**89136**	**8436**	**3683**	**4753**	**3911**	**1198**	**2713**
51621	32979	18642	1913	826	1087	625	183	442
42664	27880	14784	1481	646	835	589	184	405
53499	35129	18370	1744	803	941	806	261	545
57464	37878	19586	1786	739	1047	910	273	637
52812	35058	17754	1512	669	843	981	297	684
212561	**143274**	**69287**	**5385**	**2372**	**3013**	**5323**	**1807**	**3516**
52825	35307	17518	1465	585	880	1077	375	702
50270	33438	16832	1350	603	747	1239	407	832
40379	27067	13312	1010	459	551	1023	314	709
37385	25575	11810	822	383	439	1041	363	678
31702	21887	9815	738	342	396	943	348	595
130910	**93157**	**37753**	**2403**	**1260**	**1143**	**6055**	**2468**	**3587**
31528	22174	9354	647	334	313	1214	480	734
29680	21252	8428	585	297	288	1216	502	714
25617	18167	7450	423	224	199	1197	497	700
23595	16991	6604	399	200	199	1208	482	726
20490	14573	5917	349	205	144	1220	507	713
180226	**135788**	**44438**	**2158**	**1339**	**819**	**26151**	**12987**	**13164**

5-3 续表 6

受教育程度 年龄	15岁及以上人口			未婚		
	合计	男	女	小计	男	女
大学本科	**4470409**	**2453720**	**2016689**	**2120243**	**1101246**	**1018997**
15-19岁	**328764**	**155500**	**173264**	**328631**	**155445**	**173186**
15	989	481	508	989	481	508
16	2712	1295	1417	2700	1289	1411
17	16793	7622	9171	16774	7615	9159
18	99883	46027	53856	99846	46011	53835
19	208387	100075	108312	208322	100049	108273
20-24岁	**1340854**	**676302**	**664552**	**1306581**	**665085**	**641496**
20	332646	164699	167947	332317	164613	167704
21	333659	168087	165572	332616	167822	164794
22	273707	139974	133733	270715	139079	131636
23	224124	114580	109544	214660	111535	103125
24	176718	88962	87756	156273	82036	74237
25-29岁	**798323**	**402339**	**395984**	**390918**	**224024**	**166894**
25	153206	76774	76432	118023	63881	54142
26	157734	79042	78692	98131	55513	42618
27	162432	81247	81185	76126	44534	31592
28	181766	91695	90071	61971	37554	24417
29	143185	73581	69604	36667	22542	14125
30-34岁	**543646**	**289768**	**253878**	**64955**	**39633**	**25322**
30	123415	64320	59095	23304	14348	8956
31	119114	62534	56580	16075	9782	6293
32	109061	57755	51306	11481	6946	4535
33	94617	51336	43281	7914	4870	3044
34	97439	53823	43616	6181	3687	2494
35-39岁	**446227**	**257420**	**188807**	**17361**	**10329**	**7032**
35	91243	51040	40203	4727	2859	1868
36	90252	51659	38593	3956	2394	1562
37	90962	52498	38464	3439	2027	1412
38	88163	51736	36427	2796	1635	1161
39	85607	50487	35120	2443	1414	1029
40-44岁	**354966**	**218410**	**136556**	**6445**	**3776**	**2669**
40	85899	50837	35062	2112	1226	886
41	74986	45471	29515	1384	826	558
42	77658	47830	29828	1378	807	571
43	55040	34759	20281	806	461	345
44	61383	39513	21870	765	456	309
45-49岁	**254717**	**170760**	**83957**	**2647**	**1525**	**1122**
45	61615	40610	21005	654	383	271
46	60330	40065	20265	598	370	228
47	67453	45455	21998	706	382	324
48	42748	29432	13316	424	235	189
49	22571	15198	7373	265	155	110
50-54岁	**106477**	**73068**	**33409**	**932**	**515**	**417**
50	24368	16728	7640	252	159	93
51	18024	12360	5664	183	93	90
52	20610	14313	6297	175	95	80
53	22591	15470	7121	159	83	76
54	20884	14197	6687	163	85	78
55-59岁	**79920**	**53616**	**26304**	**621**	**283**	**338**
55	20395	13740	6655	152	66	86
56	19133	12643	6490	155	75	80
57	14930	9945	4985	119	58	61
58	13673	9268	4405	92	40	52
59	11789	8020	3769	103	44	59
60-64岁	**52942**	**37258**	**15684**	**294**	**129**	**165**
60	11613	8117	3496	78	37	41
61	10605	7590	3015	64	23	41
62	8647	6300	2347	54	22	32
63	9391	6652	2739	48	25	23
64	12686	8599	4087	50	22	28
65岁及以上	**163573**	**119279**	**44294**	**858**	**502**	**356**

单位：人

有配偶			离婚			丧偶		
小计	男	女	小计	男	女	小计	男	女
2278262	**1321042**	**957220**	**46218**	**19392**	**26826**	**25686**	**12040**	**13646**
132	**54**	**78**	**1**	**1**				
12	6	6						
19	7	12						
37	16	21						
64	25	39	1	1				
34170	**11177**	**22993**	**91**	**35**	**56**	**12**	**5**	**7**
327	86	241	2		2			
1037	262	775	6	3	3			
2981	888	2093	9	7	2	2		2
9445	3038	6407	16	6	10	3	1	2
20380	6903	13477	58	19	39	7	4	3
405002	**177454**	**227548**	**2273**	**823**	**1450**	**130**	**38**	**92**
35061	12859	22202	112	32	80	10	2	8
59373	23448	35925	213	77	136	17	4	13
85851	36559	49292	424	144	280	31	10	21
119040	53869	65171	715	258	457	40	14	26
105677	50719	54958	809	312	497	32	8	24
471564	**247306**	**224258**	**6801**	**2751**	**4050**	**326**	**78**	**248**
99139	49599	49540	925	361	564	47	12	35
101754	52254	49500	1239	489	750	46	9	37
96071	50230	45841	1434	566	868	75	13	62
85130	45816	39314	1502	629	873	71	21	50
89470	49407	40063	1701	706	995	87	23	64
417651	**242821**	**174830**	**10498**	**4106**	**6392**	**717**	**164**	**553**
84627	47457	37170	1794	704	1090	95	20	75
84264	48449	35815	1909	787	1122	123	29	94
85252	49588	35664	2133	845	1288	138	38	100
82913	49195	33718	2274	861	1413	180	45	135
80595	48132	32463	2388	909	1479	181	32	149
336926	**210157**	**126769**	**10533**	**4179**	**6354**	**1062**	**298**	**764**
81042	48626	32416	2531	935	1596	214	50	164
71126	43652	27474	2273	934	1339	203	59	144
73708	46027	27681	2323	920	1403	249	76	173
52413	33570	18843	1660	683	977	161	45	116
58637	38282	20355	1746	707	1039	235	68	167
242918	**165437**	**77481**	**7893**	**3383**	**4510**	**1259**	**415**	**844**
58855	39343	19512	1858	808	1050	248	76	172
57628	38862	18766	1809	723	1086	295	110	185
64304	44067	20237	2111	908	1203	332	98	234
40777	28546	12231	1330	575	755	217	76	141
21354	14619	6735	785	369	416	167	55	112
101206	**70689**	**30517**	**3264**	**1478**	**1786**	**1075**	**386**	**689**
23127	16131	6996	803	375	428	186	63	123
17134	11954	5180	557	264	293	150	49	101
19611	13874	5737	599	262	337	225	82	143
21501	14990	6511	669	296	373	262	101	161
19833	13740	6093	636	281	355	252	91	161
75975	**51956**	**24019**	**1980**	**917**	**1063**	**1344**	**460**	**884**
19379	13323	6056	582	256	326	282	95	187
18173	12221	5952	508	243	265	297	104	193
14218	9643	4575	342	164	178	251	80	171
13007	9003	4004	297	127	170	277	98	179
11198	7766	3432	251	127	124	237	83	154
49856	**35868**	**13988**	**978**	**517**	**461**	**1814**	**744**	**1070**
10966	7856	3110	260	125	135	309	99	210
10006	7304	2702	200	108	92	335	155	180
8145	6069	2076	149	83	66	299	126	173
8850	6380	2470	157	95	62	336	152	184
11889	8259	3630	212	106	106	535	212	323
142862	**108123**	**34739**	**1906**	**1202**	**704**	**17947**	**9452**	**8495**

5-3 续表 7

受教育程度	15岁及以上人口			未婚		
年龄	合计	男	女	小计	男	女
研究生	**427799**	**242048**	**185751**	**185844**	**94523**	**91321**
15-19岁	**825**	**420**	**405**	**812**	**414**	**398**
15	84	46	38	84	46	38
16	90	52	38	88	51	37
17	107	66	41	104	66	38
18	175	85	90	168	80	88
19	369	171	198	368	171	197
20-24岁	**79715**	**36930**	**42785**	**78650**	**36572**	**42078**
20	1088	495	593	1068	490	578
21	4198	1891	2307	4155	1877	2278
22	14637	6629	8008	14551	6601	7950
23	28282	12982	15300	28012	12893	15119
24	31510	14933	16577	30864	14711	16153
25-29岁	**125945**	**62268**	**63677**	**85089**	**44846**	**40243**
25	26606	12873	13733	25008	12313	12695
26	25147	12502	12645	21228	10967	10261
27	24478	12081	12397	16547	8931	7616
28	27361	13484	13877	13912	7756	6156
29	22353	11328	11025	8394	4879	3515
30-34岁	**79983**	**44218**	**35765**	**15611**	**9357**	**6254**
30	19491	10174	9317	5612	3291	2321
31	18620	10061	8559	3933	2382	1551
32	16110	8980	7130	2848	1744	1104
33	13181	7512	5669	1803	1093	710
34	12581	7491	5090	1415	847	568
35-39岁	**54650**	**34290**	**20360**	**3936**	**2319**	**1617**
35	11503	6980	4523	1102	667	435
36	11152	6927	4225	897	536	361
37	11592	7225	4367	850	486	364
38	10537	6762	3775	603	359	244
39	9866	6396	3470	484	271	213
40-44岁	**37509**	**25755**	**11754**	**1093**	**631**	**462**
40	9390	6269	3121	385	240	145
41	7945	5365	2580	268	146	122
42	7890	5357	2533	217	121	96
43	5630	3920	1710	111	64	47
44	6654	4844	1810	112	60	52
45-49岁	**28924**	**22189**	**6735**	**408**	**249**	**159**
45	6957	5198	1759	115	74	41
46	7343	5598	1745	91	63	28
47	7909	6133	1776	101	59	42
48	4553	3576	977	58	32	26
49	2162	1684	478	43	21	22
50-54岁	**9704**	**7698**	**2006**	**122**	**65**	**57**
50	2175	1710	465	28	18	10
51	1706	1369	337	26	13	13
52	1920	1527	393	23	13	10
53	2134	1692	442	29	15	14
54	1769	1400	369	16	6	10
55-59岁	**5150**	**3992**	**1158**	**58**	**30**	**28**
55	1602	1216	386	20	14	6
56	1340	1055	285	16	8	8
57	880	679	201	10	4	6
58	717	555	162	3	1	2
59	611	487	124	9	3	6
60-64岁	**1924**	**1541**	**383**	**21**	**12**	**9**
60	472	362	110	6	4	2
61	459	367	92	6	3	3
62	304	250	54	1		1
63	308	250	58	4	2	2
64	381	312	69	4	3	1
65岁及以上	**3470**	**2747**	**723**	**44**	**28**	**16**

单位：人

有配偶			离婚			丧偶		
小计	男	女	小计	男	女	小计	男	女
237169	**145378**	**91791**	**3974**	**1743**	**2231**	**812**	**404**	**408**
13	**6**	**7**						
2	1	1						
3		3						
7	5	2						
1		1						
1058	**354**	**704**	**6**	**4**	**2**	**1**		**1**
20	5	15						
43	14	29						
84	27	57	2	1	1			
270	89	181						
641	219	422	4	3	1	1		1
40715	**17355**	**23360**	**132**	**61**	**71**	**9**	**6**	**3**
1596	560	1036	2		2			
3907	1528	2379	9	5	4	3	2	1
7914	3141	4773	17	9	8			
13398	5708	7690	48	19	29	3	1	2
13900	6418	7482	56	28	28	3	3	
63805	**34623**	**29182**	**546**	**229**	**317**	**21**	**9**	**12**
13809	6853	6956	65	28	37	5	2	3
14586	7640	6946	93	34	59	8	5	3
13145	7182	5963	115	53	62	2	1	1
11252	6371	4881	124	48	76	2		2
11013	6577	4436	149	66	83	4	1	3
49640	**31554**	**18086**	**1022**	**401**	**621**	**52**	**16**	**36**
10241	6250	3991	150	60	90	10	3	7
10064	6323	3741	185	66	119	6	2	4
10527	6661	3866	204	75	129	11	3	8
9690	6300	3390	240	101	139	4	2	2
9118	6020	3098	243	99	144	21	6	15
35355	**24709**	**10646**	**988**	**386**	**602**	**73**	**29**	**44**
8754	5941	2813	235	82	153	16	6	10
7465	5137	2328	205	80	125	7	2	5
7440	5150	2290	215	80	135	18	6	12
5358	3785	1573	148	66	82	13	5	8
6338	4696	1642	185	78	107	19	10	9
27660	**21538**	**6122**	**761**	**357**	**404**	**95**	**45**	**50**
6638	5037	1601	187	80	107	17	7	10
7037	5437	1600	192	85	107	23	13	10
7578	5953	1625	202	105	97	28	16	12
4358	3478	880	120	62	58	17	4	13
2049	1633	416	60	25	35	10	5	5
9227	**7446**	**1781**	**292**	**165**	**127**	**63**	**22**	**41**
2074	1652	422	62	39	23	11	1	10
1624	1325	299	50	28	22	6	3	3
1831	1477	354	54	33	21	12	4	8
2026	1635	391	64	33	31	15	9	6
1672	1357	315	62	32	30	19	5	14
4899	**3863**	**1036**	**131**	**72**	**59**	**62**	**27**	**35**
1524	1175	349	42	19	23	16	8	8
1272	1019	253	34	23	11	18	5	13
831	651	180	25	16	9	14	8	6
691	542	149	16	9	7	7	3	4
581	476	105	14	5	9	7	3	4
1811	**1471**	**340**	**51**	**38**	**13**	**41**	**20**	**21**
448	347	101	11	6	5	7	5	2
430	350	80	10	8	2	13	6	7
288	238	50	10	9	1	5	3	2
286	239	47	10	7	3	8	2	6
359	297	62	10	8	2	8	4	4
2986	**2459**	**527**	**45**	**30**	**15**	**395**	**230**	**165**

5-3a 全国分年龄、性别、受教育

受教育程度 年龄	15岁及以上人口 合计	男	女	未婚 小计	男	女
总计	**33083790**	**16586136**	**16497654**	**8315863**	**4542518**	**3773345**
15-19岁	**2728757**	**1391592**	**1337165**	**2712072**	**1387715**	**1324357**
15	408000	214222	193778	407952	214204	193748
16	484537	250147	234390	484260	250091	234169
17	566826	289015	277811	565508	288741	276767
18	597294	302635	294659	592872	301690	291182
19	672100	335573	336527	661480	332989	328491
20-24岁	**4276600**	**2139628**	**2136972**	**3633319**	**1922085**	**1711234**
20	938508	466665	471843	904797	458569	446228
21	917761	459555	458206	853916	443118	410798
22	831147	419318	411829	722158	384840	337318
23	843387	422925	420462	650464	355003	295461
24	745797	371165	374632	501984	280555	221429
25-29岁	**3484422**	**1726372**	**1758050**	**1285204**	**773124**	**512080**
25	655062	325876	329186	372766	215141	157625
26	661865	327954	333911	304910	181199	123711
27	683894	337321	346573	246446	149991	96455
28	800669	396006	404663	218064	136174	81890
29	682932	339215	343717	143018	90619	52399
30-34岁	**3299594**	**1654863**	**1644731**	**341651**	**220768**	**120883**
30	648330	323793	324537	105181	67234	37947
31	689772	344948	344824	81952	52917	29035
32	666289	333311	332978	64824	41851	22973
33	616532	310285	306247	47701	31163	16538
34	678671	342526	336145	41993	27603	14390
35-39岁	**3713982**	**1887245**	**1826737**	**150538**	**100928**	**49610**
35	686133	346021	340112	36382	24188	12194
36	722469	365056	357413	32688	21633	11055
37	758672	386166	372506	30537	20542	9995
38	770114	392713	377401	26832	18228	8604
39	776594	397289	379305	24099	16337	7762
40-44岁	**3541583**	**1811282**	**1730301**	**75994**	**53007**	**22987**
40	823955	421035	402920	22742	15592	7150
41	734462	374729	359733	16880	11841	5039
42	772333	395058	377275	15795	10983	4812
43	568598	291198	277400	10287	7310	2977
44	642235	329262	312973	10290	7281	3009
45-49岁	**3058752**	**1575076**	**1483676**	**43230**	**31085**	**12145**
45	667172	344368	322804	10059	7218	2841
46	679265	349609	329656	9831	7121	2710
47	809517	417280	392237	11248	8047	3201
48	565447	291814	273633	7458	5343	2115
49	337351	172005	165346	4634	3356	1278
50-54岁	**2311229**	**1173073**	**1138156**	**24912**	**18401**	**6511**
50	443370	226301	217069	5547	4123	1424
51	388499	199865	188634	4449	3263	1186
52	491202	250399	240803	5164	3877	1287
53	520011	262395	257616	5174	3811	1363
54	468147	234113	234034	4578	3327	1251
55-59岁	**2158466**	**1061945**	**1096521**	**18518**	**13461**	**5057**
55	482758	240373	242385	4481	3272	1209
56	484216	239208	245008	4254	3116	1138
57	421675	206243	215432	3502	2544	958
58	414288	202366	211922	3470	2502	968
59	355529	173755	181774	2811	2027	784
60-64岁	**1491823**	**734624**	**757199**	**11061**	**8260**	**2801**
60	359154	178093	181061	2826	2093	733
61	330549	163624	166925	2566	1887	679
62	282753	137758	144995	2058	1532	526
63	270214	133006	137208	1909	1453	456
64	249153	122143	127010	1702	1295	407
65岁及以上	**3018582**	**1430436**	**1588146**	**19364**	**13684**	**5680**

程度、婚姻状况的人口(城市)

单位：人

有配偶			离婚			丧偶		
小计	男	女	小计	男	女	小计	男	女
22808121	**11433323**	**11374798**	**662009**	**296971**	**365038**	**1297797**	**313324**	**984473**
16628	**3866**	**12762**	**52**	**10**	**42**	**5**	**1**	**4**
45	17	28	3	1	2			
277	56	221						
1313	273	1040	4		4	1	1	
4410	945	3465	10		10	2		2
10583	2575	8008	35	9	26	2		2
640177	**216506**	**423671**	**2848**	**979**	**1869**	**256**	**58**	**198**
33599	8060	25539	99	32	67	13	4	9
63623	16367	47256	198	63	135	24	7	17
108514	34331	74183	429	138	291	46	9	37
192023	67603	124420	823	302	521	77	17	60
242418	90145	152273	1299	444	855	96	21	75
2176702	**944287**	**1232415**	**21214**	**8686**	**12528**	**1302**	**275**	**1027**
280412	110074	170338	1752	629	1123	132	32	100
354246	145730	208516	2526	985	1541	183	40	143
433390	185714	247676	3813	1562	2251	245	54	191
575886	257107	318779	6350	2650	3700	369	75	294
532768	245662	287106	6773	2860	3913	373	74	299
2892953	**1407009**	**1485944**	**60827**	**26238**	**34589**	**4163**	**848**	**3315**
534355	252908	281447	8299	3529	4770	495	122	373
596117	287164	308953	11035	4743	6292	668	124	544
588182	285927	302255	12489	5363	7126	794	170	624
554639	273144	281495	13235	5792	7443	957	186	771
619660	307866	311794	15769	6811	8958	1249	246	1003
3440996	**1736743**	**1704253**	**110979**	**47196**	**63783**	**11469**	**2378**	**9091**
630635	313984	316651	17692	7540	10152	1424	309	1115
668053	334688	333365	19829	8350	11479	1899	385	1514
703184	355442	347742	22648	9706	12942	2303	476	1827
716100	363396	352704	24564	10537	14027	2618	552	2066
723024	369233	353791	26246	11063	15183	3225	656	2569
3307572	**1694861**	**1612711**	**133233**	**58336**	**74897**	**24784**	**5078**	**19706**
767240	391811	375429	29766	12772	16994	4207	860	3347
684929	349608	335321	28121	12364	15757	4532	916	3616
721002	369745	351257	30007	13139	16868	5529	1191	4338
532461	273608	258853	21227	9390	11837	4623	890	3733
601940	310089	291851	24112	10671	13441	5893	1221	4672
2840946	**1476180**	**1364766**	**132211**	**59210**	**73001**	**42365**	**8601**	**33764**
622644	323465	299179	27097	12159	14938	7372	1526	5846
631364	327637	303727	29570	13098	16472	8500	1753	6747
751225	391018	360207	35930	16000	19930	11114	2215	8899
525068	273876	251192	23975	10822	13153	8946	1773	7173
310645	160184	150461	15639	7131	8508	6433	1334	5099
2127308	**1096817**	**1030491**	**91127**	**42853**	**48274**	**67882**	**15002**	**52880**
407355	210257	197098	20387	9671	10716	10081	2250	7831
357482	186660	170822	16325	7683	8642	10243	2259	7984
452401	234134	218267	19328	9104	10224	14309	3284	11025
479320	246196	233124	18984	8845	10139	16533	3543	12990
430750	219570	211180	16103	7550	8553	16716	3666	13050
1971064	**996539**	**974525**	**58051**	**27205**	**30846**	**110833**	**24740**	**86093**
443448	225777	217671	15015	6907	8108	19814	4417	15397
443372	224475	218897	14305	6659	7646	22285	4958	17327
385182	193556	191626	11095	5266	5829	21896	4877	17019
377085	189959	187126	9812	4616	5196	23921	5289	18632
321977	162772	159205	7824	3757	4067	22917	5199	17718
1315136	**679990**	**635146**	**25470**	**12769**	**12701**	**140156**	**33605**	**106551**
321680	165568	156112	7246	3584	3662	27402	6848	20554
293396	151839	141557	5799	2824	2975	28788	7074	21714
248909	127465	121444	4686	2324	2362	27100	6437	20663
235841	122859	112982	4033	2108	1925	28431	6586	21845
215310	112259	103051	3706	1929	1777	28435	6660	21775
2078639	**1180525**	**898114**	**25997**	**13489**	**12508**	**894582**	**222738**	**671844**

5-3a 续表 1

受教育程度 年龄	15岁及以上人口 合计	男	女	未婚 小计	男	女
未上过学	**776568**	**156170**	**620398**	**29993**	**21438**	**8555**
15-19岁	**2467**	**1366**	**1101**	**2407**	**1359**	**1048**
15	432	244	188	432	244	188
16	442	252	190	440	252	188
17	511	289	222	506	289	217
18	516	285	231	499	283	216
19	566	296	270	530	291	239
20-24岁	**4383**	**2206**	**2177**	**3434**	**2034**	**1400**
20	826	453	373	748	444	304
21	819	410	409	681	397	284
22	873	416	457	686	387	299
23	935	487	448	679	425	254
24	930	440	490	640	381	259
25-29岁	**5267**	**2205**	**3062**	**2599**	**1643**	**956**
25	950	440	510	582	374	208
26	950	381	569	503	294	209
27	1000	449	551	524	341	183
28	1242	500	742	546	351	195
29	1125	435	690	444	283	161
30-34岁	**8279**	**2855**	**5424**	**2346**	**1570**	**776**
30	1374	529	845	473	309	164
31	1519	530	989	484	317	167
32	1687	596	1091	490	339	151
33	1727	567	1160	446	299	147
34	1972	633	1339	453	306	147
35-39岁	**15617**	**4716**	**10901**	**2726**	**1906**	**820**
35	2306	723	1583	492	331	161
36	2805	848	1957	524	363	161
37	3281	1000	2281	591	413	178
38	3470	1039	2431	533	384	149
39	3755	1106	2649	586	415	171
40-44岁	**24857**	**6637**	**18220**	**2797**	**2049**	**748**
40	4553	1290	3263	657	458	199
41	4895	1321	3574	588	417	171
42	5379	1424	3955	575	425	150
43	4685	1197	3488	473	343	130
44	5345	1405	3940	504	406	98
45-49岁	**26682**	**6251**	**20431**	**2304**	**1781**	**523**
45	5394	1394	4000	507	395	112
46	5324	1331	3993	506	414	92
47	6493	1526	4967	604	459	145
48	5749	1203	4546	410	306	104
49	3722	797	2925	277	207	70
50-54岁	**42611**	**9363**	**33248**	**2111**	**1770**	**341**
50	5449	1303	4146	397	322	75
51	5923	1345	4578	315	259	56
52	9105	2061	7044	439	377	62
53	10957	2348	8609	481	413	68
54	11177	2306	8871	479	399	80
55-59岁	**72106**	**14047**	**58059**	**2277**	**1964**	**313**
55	12987	2581	10406	494	416	78
56	14522	2810	11712	500	444	56
57	14427	2767	11660	434	358	76
58	16134	3146	12988	450	394	56
59	14036	2743	11293	399	352	47
60-64岁	**70209**	**13744**	**56465**	**1757**	**1544**	**213**
60	15157	3032	12125	419	363	56
61	14938	3103	11835	406	359	47
62	13767	2651	11116	330	285	45
63	13375	2604	10771	312	281	31
64	12972	2354	10618	290	256	34
65岁及以上	**504090**	**92780**	**411310**	**5235**	**3818**	**1417**

单位：人

有配偶			离婚			丧偶		
小计	男	女	小计	男	女	小计	男	女
428186	**100617**	**327569**	**6821**	**2202**	**4619**	**311568**	**31913**	**279655**
60	**7**	**53**						
2		2						
5		5						
17	2	15						
36	5	31						
927	**169**	**758**	**12**	**2**	**10**	**10**	**1**	**9**
76	9	67				2		2
136	12	124	1		1	1	1	
183	29	154				4		4
251	60	191	3	2	1	2		2
281	59	222	8		8	1		1
2602	**544**	**2058**	**45**	**12**	**33**	**21**	**6**	**15**
360	62	298	6	3	3	2	1	1
440	86	354	4		4	3	1	2
464	106	358	9	1	8	3	1	2
674	145	529	15	4	11	7		7
664	145	519	11	4	7	6	3	3
5738	**1223**	**4515**	**137**	**52**	**85**	**58**	**10**	**48**
869	212	657	21	5	16	11	3	8
1003	205	798	27	8	19	5		5
1164	243	921	22	12	10	11	2	9
1233	253	980	31	13	18	17	2	15
1469	310	1159	36	14	22	14	3	11
12412	**2679**	**9733**	**325**	**102**	**223**	**154**	**29**	**125**
1746	376	1370	48	12	36	20	4	16
2187	455	1732	64	23	41	30	7	23
2581	558	2023	70	23	47	39	6	33
2831	628	2203	72	21	51	34	6	28
3067	662	2405	71	23	48	31	6	25
21087	**4320**	**16767**	**537**	**207**	**330**	**436**	**61**	**375**
3742	789	2953	95	33	62	59	10	49
4127	854	3273	116	44	72	64	6	58
4604	946	3658	109	35	74	91	18	73
4044	804	3240	86	36	50	82	14	68
4570	927	3643	131	59	72	140	13	127
22858	**4162**	**18696**	**577**	**217**	**360**	**943**	**91**	**852**
4626	941	3685	128	47	81	133	11	122
4518	857	3661	110	37	73	190	23	167
5514	974	4540	142	65	77	233	28	205
5013	840	4173	106	39	67	220	18	202
3187	550	2637	91	29	62	167	11	156
36599	**6961**	**29638**	**812**	**320**	**492**	**3089**	**312**	**2777**
4598	892	3706	132	51	81	322	38	284
5113	1005	4108	133	46	87	362	35	327
7820	1530	6290	174	73	101	672	81	591
9458	1779	7679	209	80	129	809	76	733
9610	1755	7855	164	70	94	924	82	842
60560	**11037**	**49523**	**967**	**321**	**646**	**8302**	**725**	**7577**
11109	2008	9101	194	66	128	1190	91	1099
12274	2161	10113	210	72	138	1538	133	1405
12221	2213	10008	189	46	143	1583	150	1433
13465	2509	10956	219	79	140	2000	164	1836
11491	2146	9345	155	58	97	1991	187	1804
53537	**10620**	**42917**	**722**	**234**	**488**	**14193**	**1346**	**12847**
11981	2343	9638	201	61	140	2556	265	2291
11593	2414	9179	151	45	106	2788	285	2503
10569	2086	8483	136	43	93	2732	237	2495
9974	2001	7973	124	43	81	2965	279	2686
9420	1776	7644	110	42	68	3152	280	2872
211806	**58895**	**152911**	**2687**	**735**	**1952**	**284362**	**29332**	**255030**

5-3a 续表 2

受教育程度 年龄	15岁及以上人口 合计	男	女	未婚 小计	男	女
小 学	**3844152**	**1607187**	**2236965**	**147812**	**102670**	**45142**
15-19岁	**26919**	**14944**	**11975**	**25445**	**14711**	**10734**
15	2888	1704	1184	2877	1702	1175
16	3978	2326	1652	3935	2323	1612
17	5432	3113	2319	5265	3089	2176
18	6569	3553	3016	6136	3487	2649
19	8052	4248	3804	7232	4110	3122
20-24岁	**70187**	**33988**	**36199**	**41731**	**25860**	**15871**
20	11779	6101	5678	9626	5653	3973
21	12263	6237	6026	8903	5479	3424
22	13456	6560	6896	8282	5136	3146
23	16492	7730	8762	8234	5251	2983
24	16197	7360	8837	6686	4341	2345
25-29岁	**90944**	**38940**	**52004**	**19873**	**13733**	**6140**
25	15579	6929	8650	5155	3450	1705
26	16086	7062	9024	4402	3021	1381
27	16872	7178	9694	3682	2517	1165
28	21319	8947	12372	3616	2525	1091
29	21088	8824	12264	3018	2220	798
30-34岁	**160669**	**65536**	**95133**	**12095**	**8937**	**3158**
30	23333	9445	13888	2646	1874	772
31	28896	11992	16904	2626	1947	679
32	31977	12958	19019	2398	1784	614
33	33853	13747	20106	2148	1603	545
34	42610	17394	25216	2277	1729	548
35-39岁	**300965**	**123205**	**177760**	**11193**	**8778**	**2415**
35	48317	19834	28483	2259	1765	494
36	55515	22551	32964	2293	1746	547
37	60432	24978	35454	2252	1780	472
38	65595	26691	38904	2229	1764	465
39	71106	29151	41955	2160	1723	437
40-44岁	**404896**	**169438**	**235458**	**9614**	**7760**	**1854**
40	82027	34085	47942	2279	1821	458
41	81843	34349	47494	2046	1667	379
42	90154	37781	52373	2081	1683	398
43	71726	29914	41812	1625	1312	313
44	79146	33309	45837	1583	1277	306
45-49岁	**312380**	**125896**	**186484**	**6187**	**5025**	**1162**
45	74837	31152	43685	1570	1279	291
46	68017	27880	40137	1423	1136	287
47	76888	31172	45716	1566	1275	291
48	58523	22576	35947	1016	829	187
49	34115	13116	20999	612	506	106
50-54岁	**340219**	**135496**	**204723**	**4935**	**4186**	**749**
50	49403	19758	29645	879	739	140
51	51113	20870	30243	829	688	141
52	71716	28898	42818	1048	905	143
53	84160	33364	50796	1144	976	168
54	83827	32606	51221	1035	878	157
55-59岁	**518256**	**204836**	**313420**	**5219**	**4524**	**695**
55	96076	37265	58811	1108	968	140
56	105863	41820	64043	1194	1033	161
57	104965	41720	63245	999	873	126
58	111786	44662	67124	1065	914	151
59	99566	39369	60197	853	736	117
60-64岁	**491999**	**201655**	**290344**	**4139**	**3525**	**614**
60	106846	43160	63686	999	836	163
61	109098	44764	64334	949	806	143
62	97803	39994	57809	785	675	110
63	94216	39191	55025	749	641	108
64	84036	34546	49490	657	567	90
65岁及以上	**1126718**	**493253**	**633465**	**7381**	**5631**	**1750**

单位：人

有配偶			离婚			丧偶		
小计	男	女	小计	男	女	小计	男	女
3134715	**1350530**	**1784185**	**57850**	**27907**	**29943**	**503775**	**126080**	**377695**
1464	**232**	**1232**	**9**	**1**	**8**	**1**		**1**
9	1	8	2	1	1			
43	3	40						
165	24	141	2		2			
431	66	365	1		1	1		1
816	138	678	4		4			
28160	**8042**	**20118**	**259**	**77**	**182**	**37**	**9**	**28**
2140	446	1694	11	2	9	2		2
3326	746	2580	30	11	19	4	1	3
5111	1405	3706	58	19	39	5		5
8180	2454	5726	63	19	44	15	6	9
9403	2991	6412	97	26	71	11	2	9
69971	**24785**	**45186**	**972**	**395**	**577**	**128**	**27**	**101**
10297	3425	6872	111	47	64	16	7	9
11545	3986	7559	118	51	67	21	4	17
12999	4600	8399	169	58	111	22	3	19
17410	6302	11108	260	113	147	33	7	26
17720	6472	11248	314	126	188	36	6	30
145348	**55221**	**90127**	**2821**	**1292**	**1529**	**405**	**86**	**319**
20314	7411	12903	328	151	177	45	9	36
25705	9813	15892	493	213	280	72	19	53
28933	10882	18051	570	278	292	76	14	62
30998	11862	19136	611	263	348	96	19	77
39398	15253	24145	819	387	432	116	25	91
282313	**111214**	**171099**	**6063**	**2883**	**3180**	**1396**	**330**	**1066**
44957	17583	27374	917	433	484	184	53	131
51940	20268	31672	1058	493	565	224	44	180
56653	22519	34134	1250	607	643	277	72	205
61736	24214	37522	1333	639	694	297	74	223
67027	26630	40397	1505	711	794	414	87	327
382207	**156421**	**225786**	**9111**	**4440**	**4671**	**3964**	**817**	**3147**
77355	31272	46083	1831	889	942	562	103	459
77327	31664	45663	1741	883	858	729	135	594
85072	34909	50163	2145	983	1162	856	206	650
67706	27705	40001	1567	743	824	828	154	674
74747	30871	43876	1827	942	885	989	219	770
291793	**115794**	**175999**	**7580**	**3804**	**3776**	**6820**	**1273**	**5547**
70349	28739	41610	1714	891	823	1204	243	961
63538	25656	37882	1686	822	864	1370	266	1104
71757	28611	43146	1928	994	934	1637	292	1345
54588	20805	33783	1404	672	732	1515	270	1245
31561	11983	19578	848	425	423	1094	202	892
311299	**124469**	**186830**	**7700**	**3794**	**3906**	**16285**	**3047**	**13238**
45365	18000	27365	1300	658	642	1859	361	1498
46835	19112	27723	1248	627	621	2201	443	1758
65684	26494	39190	1685	851	834	3299	648	2651
76990	30777	46213	1776	880	896	4250	731	3519
76425	30086	46339	1691	778	913	4676	864	3812
465436	**188987**	**276449**	**8710**	**4032**	**4678**	**38891**	**7293**	**31598**
87238	34468	52770	1723	773	950	6007	1056	4951
95703	38662	57041	1880	833	1047	7086	1292	5794
94277	38469	55808	1836	852	984	7853	1526	6327
99875	41201	58674	1800	852	948	9046	1695	7351
88343	36187	52156	1471	722	749	8899	1724	7175
419992	**182225**	**237767**	**6271**	**3062**	**3209**	**61597**	**12843**	**48754**
93266	39259	54007	1529	736	793	11052	2329	8723
94080	40614	53466	1399	664	735	12670	2680	9990
83481	36177	47304	1231	597	634	12306	2545	9761
79389	35348	44041	1118	572	546	12960	2630	10330
69776	30827	38949	994	493	501	12609	2659	9950
736732	**383140**	**353592**	**8354**	**4127**	**4227**	**374251**	**100355**	**273896**

5-3a 续表 3

受教育程度 年龄	15岁及以上人口 合计	男	女	未婚 小计	男	女
初 中	**11819607**	**6058872**	**5760735**	**2054753**	**1214628**	**840125**
15-19岁	**750327**	**402081**	**348246**	**738021**	**399168**	**338853**
15	207058	114816	92242	207033	114808	92225
16	119853	65758	54095	119670	65722	53948
17	120752	64275	56477	119770	64076	55694
18	139932	72962	66970	136634	72256	64378
19	162732	84270	78462	154914	82306	72608
20-24岁	**1158161**	**586067**	**572094**	**804620**	**464680**	**339940**
20	222803	113876	108927	199551	108173	91378
21	223038	113031	110007	182028	102108	79920
22	222417	112681	109736	158054	91938	66116
23	253851	128364	125487	149721	90643	59078
24	236052	118115	117937	115266	71818	43448
25-29岁	**1140963**	**568829**	**572134**	**291576**	**192846**	**98730**
25	214736	107515	107221	85153	54783	30370
26	218209	108486	109723	67997	44622	23375
27	220633	109528	111105	54118	36079	18039
28	258055	128804	129251	49196	33388	15808
29	229330	114496	114834	35112	23974	11138
30-34岁	**1235226**	**615902**	**619324**	**98755**	**68852**	**29903**
30	225727	112530	113197	28175	19319	8856
31	249296	124160	125136	23070	16040	7030
32	246399	122663	123736	18848	13149	5699
33	238546	119374	119172	14744	10438	4306
34	275258	137175	138083	13918	9906	4012
35-39岁	**1602586**	**798413**	**804173**	**54737**	**39373**	**15364**
35	285586	141621	143965	12565	8957	3608
36	309975	153395	156580	11669	8296	3373
37	326648	162790	163858	11168	8107	3061
38	337595	168616	168979	10146	7379	2767
39	342782	171991	170791	9189	6634	2555
40-44岁	**1616470**	**815546**	**800924**	**29943**	**22105**	**7838**
40	366818	184044	182774	8757	6378	2379
41	328829	165581	163248	6645	4912	1733
42	350774	177113	173661	6160	4549	1611
43	267570	135510	132060	4173	3137	1036
44	302479	153298	149181	4208	3129	1079
45-49岁	**1263710**	**645794**	**617916**	**15844**	**12117**	**3727**
45	306690	155810	150880	4090	3050	1040
46	293618	148650	144968	3793	2894	899
47	328011	168057	159954	3968	3061	907
48	215870	111530	104340	2568	2008	560
49	119521	61747	57774	1425	1104	321
50-54岁	**886449**	**460783**	**425666**	**8200**	**6328**	**1872**
50	162363	83567	78796	1768	1383	385
51	144017	75662	68355	1459	1122	337
52	189238	99026	90212	1731	1354	377
53	203064	105976	97088	1673	1290	383
54	187767	96552	91215	1569	1179	390
55-59岁	**942324**	**485980**	**456344**	**6860**	**4902**	**1958**
55	203562	104924	98638	1636	1232	404
56	211761	108736	103025	1547	1143	404
57	186939	95998	90941	1382	977	405
58	183839	94962	88877	1265	867	398
59	156223	81360	74863	1030	683	347
60-64岁	**535661**	**283028**	**252633**	**3026**	**2098**	**928**
60	150799	79966	70833	950	651	299
61	119970	63612	56358	699	489	210
62	93296	48670	44626	483	338	145
63	87738	46415	41323	462	326	136
64	83858	44365	39493	432	294	138
65岁及以上	**687730**	**396449**	**291281**	**3171**	**2159**	**1012**

单位：人

有配偶			离婚			丧偶		
小计	男	女	小计	男	女	小计	男	女
9196524	**4619965**	**4576559**	**276408**	**132440**	**143968**	**291922**	**91839**	**200083**
12270	**2907**	**9363**	**32**	**5**	**27**	**4**	**1**	**3**
24	8	16	1		1			
183	36	147						
979	198	781	2		2	1	1	
3289	706	2583	8		8	1		1
7795	1959	5836	21	5	16	2		2
351836	**120787**	**231049**	**1584**	**570**	**1014**	**121**	**30**	**91**
23178	5675	17503	71	26	45	3	2	1
40878	10881	29997	118	38	80	14	4	10
64093	20659	43434	250	79	171	20	5	15
103644	37545	66099	449	168	281	37	8	29
120043	46027	74016	696	259	437	47	11	36
839809	**371947**	**467862**	**8957**	**3907**	**5050**	**621**	**129**	**492**
128643	52397	76246	882	322	560	58	13	45
148862	63318	85544	1262	526	736	88	20	68
164721	72682	92039	1658	737	921	136	30	106
206108	94217	111891	2578	1170	1408	173	29	144
191475	89333	102142	2577	1152	1425	166	37	129
1111414	**535992**	**575422**	**23116**	**10673**	**12443**	**1941**	**385**	**1556**
194156	91737	102419	3185	1424	1761	211	50	161
221781	106118	115663	4132	1951	2181	313	51	262
222597	107320	115277	4597	2104	2493	357	90	267
218279	106430	111849	5085	2425	2660	438	81	357
254601	124387	130214	6117	2769	3348	622	113	509
1497507	**737989**	**759518**	**44598**	**19873**	**24725**	**5744**	**1178**	**4566**
265477	129493	135984	6849	3026	3823	695	145	550
289470	141447	148023	7910	3467	4443	926	185	741
305299	150361	154938	9042	4083	4959	1139	239	900
316007	156411	159596	10121	4542	5579	1321	284	1037
321254	160277	160977	10676	4755	5921	1663	325	1338
1515303	**763612**	**751691**	**58531**	**27206**	**31325**	**12693**	**2623**	**10070**
343543	171617	171926	12379	5613	6766	2139	436	1703
307784	154546	153238	12126	5638	6488	2274	485	1789
328707	165909	162798	13099	6073	7026	2808	582	2226
251260	127318	123942	9736	4588	5148	2401	467	1934
284009	144222	139787	11191	5294	5897	3071	653	2418
1173995	**602729**	**571266**	**54409**	**26718**	**27691**	**19462**	**4230**	**15232**
286288	145957	140331	12490	5976	6514	3822	827	2995
272854	138609	134245	12871	6260	6611	4100	887	3213
304301	156733	147568	14565	7154	7411	5177	1109	4068
200558	104159	96399	8891	4513	4378	3853	850	3003
109994	57271	52723	5592	2815	2777	2510	557	1953
813220	**428615**	**384605**	**37749**	**19091**	**18658**	**27280**	**6749**	**20531**
148537	77071	71466	7936	4099	3837	4122	1014	3108
132016	70275	61741	6490	3298	3192	4052	967	3085
173672	92101	81571	8063	4092	3971	5772	1479	4293
186743	99042	87701	8081	4051	4030	6567	1593	4974
172252	90126	82126	7179	3551	3628	6767	1696	5071
861185	**454698**	**406487**	**29820**	**14774**	**15046**	**44459**	**11606**	**32853**
186437	97869	88568	7354	3671	3683	8135	2152	5983
193715	101647	92068	7384	3669	3715	9115	2277	6838
170886	89836	81050	5807	2907	2900	8864	2278	6586
167992	89085	78907	5171	2516	2655	9411	2494	6917
142155	76261	65894	4104	2011	2093	8934	2405	6529
478595	**262535**	**216060**	**10703**	**5590**	**5113**	**43337**	**12805**	**30532**
136139	74396	61743	3640	1862	1778	10070	3057	7013
107837	59174	48663	2381	1206	1175	9053	2743	6310
83159	45050	38109	1820	943	877	7834	2339	5495
77708	42921	34787	1492	834	658	8076	2334	5742
73752	40994	32758	1370	745	625	8304	2332	5972
541390	**338154**	**203236**	**6909**	**4033**	**2876**	**136260**	**52103**	**84157**

5-3a 续表 4

受教育程度 年龄	15岁及以上人口			未婚		
	合计	男	女	小计	男	女
高 中	**8554510**	**4461796**	**4092714**	**2749355**	**1506157**	**1243198**
15-19岁	**1456060**	**747122**	**708938**	**1453596**	**746506**	**707090**
15	191841	95151	96690	191833	95145	96688
16	346765	176305	170460	346730	176295	170435
17	405176	206435	198741	405052	206402	198650
18	307965	161538	146427	307386	161400	145986
19	204313	107693	96620	202595	107264	95331
20-24岁	**984014**	**513244**	**470770**	**818769**	**455196**	**363573**
20	215947	112181	103766	209016	110539	98477
21	198691	103445	95246	183569	99664	83905
22	188665	99090	89575	160436	89930	70506
23	202185	105393	96792	150874	86737	64137
24	178526	93135	85391	114874	68326	46548
25-29岁	**837674**	**429064**	**408610**	**297296**	**186712**	**110584**
25	153817	79864	73953	83409	50987	32422
26	152359	78411	73948	66998	41793	25205
27	160762	82117	78645	56578	35808	20770
28	197097	100589	96508	53564	34428	19136
29	173639	88083	85556	36747	23696	13051
30-34岁	**861383**	**441212**	**420171**	**94233**	**61367**	**32866**
30	170174	86562	83612	28480	18436	10044
31	183830	93666	90164	22695	14846	7849
32	176436	90453	85983	18190	11824	6366
33	159529	82052	77477	13189	8603	4586
34	171414	88479	82935	11679	7658	4021
35-39岁	**905944**	**476355**	**429589**	**40842**	**26939**	**13903**
35	170128	88215	81913	9965	6613	3352
36	175808	91783	84025	8986	5861	3125
37	185312	97602	87710	8262	5475	2787
38	187272	99081	88191	7273	4793	2480
39	187424	99674	87750	6356	4197	2159
40-44岁	**815894**	**429960**	**385934**	**18968**	**12629**	**6339**
40	199140	105796	93344	6116	4088	2028
41	173014	90973	82041	4292	2914	1378
42	178019	93867	84152	3873	2573	1300
43	123583	65376	58207	2275	1505	770
44	142138	73948	68190	2412	1549	863
45-49岁	**919384**	**468185**	**451199**	**12607**	**8577**	**4030**
45	162307	84480	77827	2380	1607	773
46	188388	96315	92073	2687	1828	859
47	251991	126910	125081	3430	2344	1086
48	190234	97196	93038	2442	1623	819
49	126464	63284	63180	1668	1175	493
50-54岁	**755767**	**386349**	**369418**	**7130**	**4825**	**2305**
50	165879	83724	82155	1870	1314	556
51	139894	71873	68021	1381	959	422
52	163644	83719	79925	1451	986	465
53	159060	81098	77962	1363	889	474
54	127290	65935	61355	1065	677	388
55-59岁	**388808**	**206923**	**181885**	**2502**	**1386**	**1116**
55	112050	59067	52983	806	472	334
56	95881	50730	45151	639	350	289
57	70532	37519	33013	385	201	184
58	60860	32875	27985	402	221	181
59	49485	26732	22753	270	142	128
60-64岁	**240311**	**133370**	**106941**	**1332**	**754**	**578**
60	50614	28170	22444	255	154	101
61	53104	29495	23609	316	155	161
62	49489	27366	22123	307	169	138
63	47176	26137	21039	247	150	97
64	39928	22202	17726	207	126	81
65岁及以上	**389271**	**230012**	**159259**	**2080**	**1266**	**814**

单位：人

有配偶			离婚			丧偶		
小计	男	女	小计	男	女	小计	男	女
5469456	**2828851**	**2640605**	**205375**	**87849**	**117526**	**130324**	**38939**	**91385**
2455	**613**	**1842**	**9**	**3**	**6**			
8	6	2						
35	10	25						
124	33	91						
579	138	441						
1709	426	1283	9	3	6			
164480	**57803**	**106677**	**701**	**233**	**468**	**64**	**12**	**52**
6912	1636	5276	13	4	9	6	2	4
15079	3770	11309	41	10	31	2	1	1
28126	9131	18995	91	27	64	12	2	10
51072	18568	32504	220	85	135	19	3	16
63291	24698	38593	336	107	229	25	4	21
533641	**239692**	**293949**	**6405**	**2600**	**3805**	**332**	**60**	**272**
69898	28696	41202	470	173	297	40	8	32
84637	36356	48281	678	253	425	46	9	37
103028	45853	57175	1108	452	656	48	4	44
141465	65339	76126	1975	798	1177	93	24	69
134613	63448	71165	2174	924	1250	105	15	90
746560	**371248**	**375312**	**19511**	**8380**	**11131**	**1079**	**217**	**862**
138878	66949	71929	2683	1147	1536	133	30	103
157325	77243	80082	3642	1542	2100	168	35	133
153976	76877	77099	4062	1709	2353	208	43	165
141967	71604	70363	4121	1798	2323	252	47	205
154414	78575	75839	5003	2184	2819	318	62	256
828070	**434226**	**393844**	**34502**	**14705**	**19797**	**2530**	**485**	**2045**
154255	79084	75171	5591	2454	3137	317	64	253
160266	83328	76938	6130	2515	3615	426	79	347
169486	88995	80491	7056	3047	4009	508	85	423
171920	90936	80984	7512	3256	4256	567	96	471
172143	91883	80260	8213	3433	4780	712	161	551
751750	**399425**	**352325**	**39937**	**16899**	**23038**	**5239**	**1007**	**4232**
182746	97580	85166	9313	3927	5386	965	201	764
159141	84178	74963	8583	3693	4890	998	188	810
163908	87124	76784	9065	3929	5136	1173	241	932
114269	61135	53134	6119	2570	3549	920	166	754
131686	69408	62278	6857	2780	4077	1183	211	972
846183	**437472**	**408711**	**48737**	**19987**	**28750**	**11857**	**2149**	**9708**
149995	79114	70881	8342	3473	4869	1590	286	1304
173436	90004	83432	10143	4104	6039	2122	379	1743
231806	118546	113260	13535	5450	8085	3220	570	2650
175187	91017	84170	9895	4078	5817	2710	478	2232
115759	58791	56968	6822	2882	3940	2215	436	1779
696546	**362579**	**333967**	**34499**	**15135**	**19364**	**17592**	**3810**	**13782**
152173	77930	74243	8654	3814	4840	3182	666	2516
128741	67312	61429	6671	2945	3726	3101	657	2444
151038	78751	72287	7333	3144	4189	3822	838	2984
146943	76402	70541	6715	2924	3791	4039	883	3156
117651	62184	55467	5126	2308	2818	3448	766	2682
360394	**196787**	**163607**	**11903**	**5197**	**6706**	**14009**	**3553**	**10456**
103866	56131	47735	3922	1670	2252	3456	794	2662
88768	48154	40614	3136	1338	1798	3338	888	2450
65502	35746	29756	2040	908	1132	2605	664	1941
56411	31331	25080	1601	716	885	2446	607	1839
45847	25425	20422	1204	565	639	2164	600	1564
219466	**125984**	**93482**	**4714**	**2298**	**2416**	**14799**	**4334**	**10465**
46744	26702	20042	1066	520	546	2549	794	1755
48585	27891	20694	1155	550	605	3048	899	2149
45165	25858	19307	969	461	508	3048	878	2170
42954	24714	18240	799	396	403	3176	877	2299
36018	20819	15199	725	371	354	2978	886	2092
319911	**203022**	**116889**	**4457**	**2412**	**2045**	**62823**	**23312**	**39511**

5-3a 续表 5

受教育程度	15岁及以上人口			未婚		
年龄	合计	男	女	小计	男	女
大学专科	**4245600**	**2204837**	**2040763**	**1567637**	**787196**	**780441**
15-19岁	**260344**	**116808**	**143536**	**260046**	**116738**	**143308**
15	5188	2018	3170	5184	2016	3168
16	11838	4715	7123	11831	4711	7120
17	24037	9961	14076	24012	9948	14064
18	72156	32248	39908	72090	32230	39860
19	147125	67866	79259	146929	67833	79096
20-24岁	**987823**	**469123**	**518700**	**916919**	**447005**	**469914**
20	240785	112881	127904	239670	112629	127041
21	226158	107800	118358	222638	107020	115618
22	184589	88761	95828	175551	86212	89339
23	179672	85419	94253	157288	78471	78817
24	156619	74262	82357	121772	62673	59099
25-29岁	**675537**	**323067**	**352470**	**289468**	**164280**	**125188**
25	132375	63393	68982	87526	47337	40189
26	131239	63180	68059	69751	39451	30300
27	134648	64117	70531	55207	31918	23289
28	153468	73060	80408	47536	28069	19467
29	123807	59317	64490	29448	17505	11943
30-34岁	**537725**	**266613**	**271112**	**64045**	**38064**	**25981**
30	112531	55137	57394	20663	12440	8223
31	115614	56818	58796	15565	9265	6300
32	110042	54138	55904	12266	7252	5014
33	97677	48502	49175	8578	5021	3557
34	101861	52018	49843	6973	4086	2887
35-39岁	**493744**	**258728**	**235016**	**21883**	**12734**	**9149**
35	99942	51302	48640	5951	3460	2491
36	99558	51843	47715	4866	2779	2087
37	101423	53207	48216	4357	2505	1852
38	97681	51590	46091	3552	2105	1447
39	95140	50786	44354	3157	1885	1272
40-44岁	**370519**	**202339**	**168180**	**7904**	**4577**	**3327**
40	95891	51524	44367	2683	1544	1139
41	80367	43283	37084	1814	1065	749
42	80514	44015	36499	1664	934	730
43	53829	29967	23862	936	559	377
44	59918	33550	26368	807	475	332
45-49岁	**305615**	**175473**	**130142**	**3497**	**2002**	**1495**
45	63545	36075	27470	830	493	337
46	69116	39289	29827	790	455	335
47	84119	48159	35960	936	513	423
48	56221	32865	23356	582	342	240
49	32614	19085	13529	359	199	160
50-54岁	**187698**	**114031**	**73667**	**1575**	**775**	**800**
50	37792	22608	15184	375	202	173
51	30997	18882	12115	275	139	136
52	38539	23595	14944	318	161	157
53	41756	25328	16428	341	159	182
54	38614	23618	14996	266	114	152
55-59岁	**162855**	**101046**	**61809**	**1031**	**408**	**623**
55	39175	23962	15213	279	115	164
56	38354	23444	14910	218	75	143
57	30979	19161	11818	185	80	105
58	29048	18276	10772	197	68	129
59	25299	16203	9096	152	70	82
60-64岁	**105321**	**69294**	**36027**	**526**	**221**	**305**
60	25103	16414	8689	129	56	73
61	23783	15803	7980	134	55	79
62	20601	13479	7122	103	45	58
63	19191	12736	6455	93	33	60
64	16643	10862	5781	67	32	35
65岁及以上	**158419**	**108315**	**50104**	**743**	**392**	**351**

单位：人

有配偶			离婚			丧偶		
小计	男	女	小计	男	女	小计	男	女
2568344	**1375056**	**1193288**	**72896**	**28902**	**43994**	**36723**	**13683**	**23040**
296	**69**	**227**	**2**	**1**	**1**			
4	2	2						
7	4	3						
25	13	12						
65	18	47	1		1			
195	32	163	1	1				
70651	**22037**	**48614**	**237**	**77**	**160**	**16**	**4**	**12**
1112	252	860	3		3			
3513	778	2735	4	2	2	3		3
9012	2539	6473	23	8	15	3	2	1
22303	6924	15379	78	24	54	3		3
34711	11544	23167	129	43	86	7	2	5
382876	**157614**	**225262**	**3076**	**1147**	**1929**	**117**	**26**	**91**
44637	15988	28649	201	66	135	11	2	9
61156	23618	37538	318	109	209	14	2	12
78878	31984	46894	546	207	339	17	8	9
104940	44621	60319	955	362	593	37	8	29
93265	41403	51862	1056	403	653	38	6	32
463699	**224868**	**238831**	**9531**	**3588**	**5943**	**450**	**93**	**357**
90496	42175	48321	1309	503	806	63	19	44
98266	46912	51354	1709	630	1079	74	11	63
95668	46099	49569	2022	774	1248	86	13	73
86879	42673	44206	2114	785	1329	106	23	83
92390	47009	45381	2377	896	1481	121	27	94
454895	**239818**	**215077**	**15896**	**5962**	**9934**	**1070**	**214**	**856**
91122	46798	44324	2729	1015	1714	140	29	111
91546	47850	43696	2952	1172	1780	194	42	152
93548	49461	44087	3289	1198	2091	229	43	186
90471	48148	42323	3396	1282	2114	262	55	207
88208	47561	40647	3530	1295	2235	245	45	200
345779	**191677**	**154102**	**15239**	**5752**	**9487**	**1597**	**333**	**1264**
89096	48450	40646	3804	1462	2342	308	68	240
74805	40908	33897	3433	1248	2185	315	62	253
75077	41728	33349	3381	1269	2112	392	84	308
50451	28514	21937	2178	843	1335	264	51	213
56350	32077	24273	2443	930	1513	318	68	250
286661	**167736**	**118925**	**13245**	**5226**	**8019**	**2212**	**509**	**1703**
59664	34481	25183	2639	1009	1630	412	92	320
64859	37558	27301	2988	1166	1822	479	110	369
78912	46058	32854	3713	1462	2251	558	126	432
52782	31459	21323	2398	969	1429	459	95	364
30444	18180	12264	1507	620	887	304	86	218
176319	**109452**	**66867**	**7114**	**3038**	**4076**	**2690**	**766**	**1924**
35402	21606	13796	1588	683	905	427	117	310
29094	18116	10978	1226	506	720	402	121	281
36189	22580	13609	1479	679	800	553	175	378
39263	24393	14870	1515	603	912	637	173	464
36371	22757	13614	1306	567	739	671	180	491
153213	**97516**	**55697**	**4667**	**1974**	**2693**	**3944**	**1148**	**2796**
36885	23136	13749	1245	474	771	766	237	529
36022	22592	13430	1180	504	676	934	273	661
29161	18505	10656	876	388	488	757	188	569
27355	17642	9713	723	327	396	773	239	534
23790	15641	8149	643	281	362	714	211	503
98088	**66352**	**31736**	**2106**	**1074**	**1032**	**4601**	**1647**	**2954**
23524	15758	7766	560	286	274	890	314	576
22205	15160	7045	518	252	266	926	336	590
19200	12903	6297	382	196	186	916	335	581
17799	12196	5603	343	167	176	956	340	616
15360	10335	5025	303	173	130	913	322	591
135867	**97917**	**37950**	**1783**	**1063**	**720**	**20026**	**8943**	**11083**

5-3a 续表 6

受教育程度 年龄	15岁及以上人口 合计	男	女	未婚 小计	男	女
大学本科	**3452286**	**1876420**	**1575866**	**1600158**	**826080**	**774078**
15-19岁	**232211**	**109066**	**123145**	**232135**	**109032**	**123103**
15	566	276	290	566	276	290
16	1632	774	858	1625	771	854
17	10879	4918	5961	10866	4913	5953
18	70071	32009	38062	70047	31998	38049
19	149063	71089	77974	149031	71074	77957
20-24岁	**1001481**	**502406**	**499075**	**978129**	**494989**	**483140**
20	245572	120830	124742	245396	120788	124608
21	253334	127094	126240	252666	126919	125747
22	208264	105970	102294	206317	105413	100904
23	165060	83997	81063	158686	82013	76673
24	129251	64515	64736	115064	59856	55208
25-29岁	**620174**	**308225**	**311949**	**308045**	**173750**	**134295**
25	113827	56267	57560	88560	47229	41331
26	120496	59308	61188	76263	42250	34013
27	127893	63087	64806	61517	35349	26168
28	144598	71871	72727	51128	30438	20690
29	113360	57692	55668	30577	18484	12093
30-34岁	**421624**	**221700**	**199924**	**55815**	**33395**	**22420**
30	97140	50227	46913	19631	11871	7760
31	93245	48450	44795	13898	8315	5583
32	84639	44134	40505	9992	5898	4094
33	72859	39037	33822	6927	4185	2742
34	73741	39852	33889	5367	3126	2241
35-39岁	**343830**	**193889**	**149941**	**15472**	**9043**	**6429**
35	69102	37861	31241	4125	2445	1680
36	68375	38199	30176	3508	2086	1422
37	70654	39842	30812	3113	1814	1299
38	68611	39398	29213	2537	1470	1067
39	67088	38589	28499	2189	1228	961
40-44岁	**274131**	**163614**	**110517**	**5745**	**3297**	**2448**
40	66767	38483	28284	1894	1083	811
41	58117	34280	23837	1242	728	514
42	60186	35933	24253	1239	704	535
43	41992	25625	16367	701	394	307
44	47069	29293	17776	669	388	281
45-49岁	**204109**	**132945**	**71164**	**2407**	**1354**	**1053**
45	47908	30629	17279	575	326	249
46	47978	30973	17005	547	336	211
47	54681	35797	18884	650	342	308
48	34623	23122	11501	383	204	179
49	18919	12424	6495	252	146	106
50-54岁	**89491**	**59899**	**29592**	**847**	**460**	**387**
50	20467	13755	6712	230	145	85
51	14954	9942	5012	165	84	81
52	17193	11695	5498	156	83	73
53	19039	12707	6332	147	73	74
54	17838	11800	6038	149	75	74
55-59岁	**69377**	**45409**	**23968**	**580**	**255**	**325**
55	17424	11445	5979	143	60	83
56	16588	10679	5909	142	65	77
57	13032	8455	4577	109	52	57
58	11979	7936	4043	88	37	51
59	10354	6894	3460	98	41	57
60-64岁	**46600**	**32129**	**14471**	**261**	**107**	**154**
60	10208	7017	3191	68	29	39
61	9251	6517	2734	57	21	36
62	7523	5367	2156	49	20	29
63	8249	5702	2547	42	20	22
64	11369	7526	3843	45	17	28
65岁及以上	**149258**	**107138**	**42120**	**722**	**398**	**324**

单位：人

有配偶			离婚			丧偶		
小计	男	女	小计	男	女	小计	男	女
1790401	**1023750**	**766651**	**38889**	**16050**	**22839**	**22838**	**10540**	**12298**
76	**34**	**42**						
7	3	4						
13	5	8						
24	11	13						
32	15	17						
23294	**7397**	**15897**	**51**	**18**	**33**	**7**	**2**	**5**
175	42	133	1		1			
664	173	491	4	2	2			
1939	552	1387	6	5	1	2		2
6363	1980	4383	10	4	6	1		1
14153	4650	9503	30	7	23	4	2	2
310413	**133883**	**176530**	**1639**	**569**	**1070**	**77**	**23**	**54**
25182	9019	16163	80	18	62	5	1	4
44087	17014	27073	137	41	96	9	3	6
66050	27632	38418	307	98	209	19	8	11
92923	41241	51682	522	185	337	25	7	18
82171	38977	43194	593	227	366	19	4	15
360384	**186198**	**174186**	**5214**	**2058**	**3156**	**211**	**49**	**162**
76766	38073	38693	715	274	441	28	9	19
78371	39761	38610	947	370	577	29	4	25
73480	37788	35692	1113	441	672	54	7	47
64729	34371	30358	1157	467	690	46	14	32
67038	36205	30833	1282	506	776	54	15	39
319209	**181426**	**137783**	**8618**	**3290**	**5328**	**531**	**130**	**401**
63502	34859	28643	1417	546	871	58	11	47
63234	35470	27764	1539	616	923	94	27	67
65692	37323	28369	1747	677	1070	102	28	74
64040	37192	26848	1900	700	1200	134	36	98
62741	36582	26159	2015	751	1264	143	28	115
258675	**156641**	**102034**	**8922**	**3462**	**5460**	**789**	**214**	**575**
62594	36592	26002	2119	770	1349	160	38	122
54807	32734	22073	1923	780	1143	145	38	107
56759	34401	22358	1995	772	1223	193	56	137
39776	24649	15127	1399	549	850	116	33	83
44739	28265	16474	1486	591	895	175	49	126
193780	**128359**	**65421**	**6935**	**2923**	**4012**	**987**	**309**	**678**
45536	29555	15981	1602	687	915	195	61	134
45623	29932	15691	1591	630	961	217	75	142
51909	34601	17308	1855	777	1078	267	77	190
32902	22368	10534	1165	492	673	173	58	115
17810	11903	5907	722	337	385	135	38	97
84779	**57819**	**26960**	**2976**	**1321**	**1655**	**889**	**299**	**590**
19361	13228	6133	718	329	389	158	53	105
14163	9592	4571	507	233	274	119	33	86
16313	11316	4997	544	236	308	180	60	120
18044	12277	5767	629	277	352	219	80	139
16898	11406	5492	578	246	332	213	73	140
65755	**43921**	**21834**	**1859**	**840**	**1019**	**1183**	**393**	**790**
16498	11071	5427	537	235	302	246	79	167
15702	10301	5401	483	222	261	261	91	170
12376	8187	4189	323	150	173	224	66	158
11367	7694	3673	283	118	165	241	87	154
9812	6668	3144	233	115	118	211	70	141
43828	**30930**	**12898**	**908**	**477**	**431**	**1603**	**615**	**988**
9620	6790	2830	239	113	126	281	85	196
8714	6269	2445	186	100	86	294	127	167
7074	5171	1903	138	75	63	262	101	161
7766	5467	2299	148	90	58	293	125	168
10654	7233	3421	197	99	98	473	177	296
130208	**97142**	**33066**	**1767**	**1092**	**675**	**16561**	**8506**	**8055**

5-3a 续表 7

受教育程度 年 龄	15岁及以上人口			未 婚		
	合计	男	女	小计	男	女
研究生	**391067**	**220854**	**170213**	**166155**	**84349**	**81806**
15-19岁	**429**	**205**	**224**	**422**	**201**	**221**
15	27	13	14	27	13	14
16	29	17	12	29	17	12
17	39	24	15	37	24	13
18	85	40	45	80	36	44
19	249	111	138	249	111	138
20-24岁	**70551**	**32594**	**37957**	**69717**	**32321**	**37396**
20	796	343	453	790	343	447
21	3458	1538	1920	3431	1531	1900
22	12883	5840	7043	12832	5824	7008
23	25192	11535	13657	24982	11463	13519
24	28222	13338	14884	27682	13160	14522
25-29岁	**113863**	**56042**	**57821**	**76347**	**40160**	**36187**
25	23778	11468	12310	22381	10981	11400
26	22526	11126	11400	18996	9768	9228
27	22086	10845	11241	14820	7979	6841
28	24890	12235	12655	12478	6975	5503
29	20583	10368	10215	7672	4457	3215
30-34岁	**74688**	**41045**	**33643**	**14362**	**8583**	**5779**
30	18051	9363	8688	5113	2985	2128
31	17372	9332	8040	3614	2187	1427
32	15109	8369	6740	2640	1605	1035
33	12341	7006	5335	1669	1014	655
34	11815	6975	4840	1326	792	534
35-39岁	**51296**	**31939**	**19357**	**3685**	**2155**	**1530**
35	10752	6465	4287	1025	617	408
36	10433	6437	3996	842	502	340
37	10922	6747	4175	794	448	346
38	9890	6298	3592	562	333	229
39	9299	5992	3307	462	255	207
40-44岁	**34816**	**23748**	**11068**	**1023**	**590**	**433**
40	8759	5813	2946	356	220	136
41	7397	4942	2455	253	138	115
42	7307	4925	2382	203	115	88
43	5213	3609	1604	104	60	44
44	6140	4459	1681	107	57	50
45-49岁	**26872**	**20532**	**6340**	**384**	**229**	**155**
45	6491	4828	1663	107	68	39
46	6824	5171	1653	85	58	27
47	7334	5659	1675	94	53	41
48	4227	3322	905	57	31	26
49	1996	1552	444	41	19	22
50-54岁	**8994**	**7152**	**1842**	**114**	**57**	**57**
50	2017	1586	431	28	18	10
51	1601	1291	310	25	12	13
52	1767	1405	362	21	11	10
53	1975	1574	401	25	11	14
54	1634	1296	338	15	5	10
55-59岁	**4740**	**3704**	**1036**	**49**	**22**	**27**
55	1484	1129	355	15	9	6
56	1247	989	258	14	6	8
57	801	623	178	8	3	5
58	642	509	133	3	1	2
59	566	454	112	9	3	6
60-64岁	**1722**	**1404**	**318**	**20**	**11**	**9**
60	427	334	93	6	4	2
61	405	330	75	5	2	3
62	274	231	43	1		1
63	269	221	48	4	2	2
64	347	288	59	4	3	1
65岁及以上	**3096**	**2489**	**607**	**32**	**20**	**12**

单位：人

有配偶			离婚			丧偶		
小计	男	女	小计	男	女	小计	男	女
220495	**134554**	**85941**	**3770**	**1621**	**2149**	**647**	**330**	**317**
7	**4**	**3**						
2		2						
5	4	1						
829	**271**	**558**	**4**	**2**	**2**	**1**		**1**
6		6						
27	7	20						
50	16	34	1		1			
210	72	138						
536	176	360	3	2	1	1		1
37390	**15822**	**21568**	**120**	**56**	**64**	**6**	**4**	**2**
1395	487	908	2		2			
3519	1352	2167	9	5	4	2	1	1
7250	2857	4393	16	9	7			
12366	5242	7124	45	18	27	1		1
12860	5884	6976	48	24	24	3	3	
59810	**32259**	**27551**	**497**	**195**	**302**	**19**	**8**	**11**
12876	6351	6525	58	25	33	4	2	2
13666	7112	6554	85	29	56	7	4	3
12364	6718	5646	103	45	58	2	1	1
10554	5951	4603	116	41	75	2		2
10350	6127	4223	135	55	80	4	1	3
46590	**29391**	**17199**	**977**	**381**	**596**	**44**	**12**	**32**
9576	5791	3785	141	54	87	10	3	7
9410	5870	3540	176	64	112	5	1	4
9925	6225	3700	194	71	123	9	3	6
9095	5867	3228	230	97	133	3	1	2
8584	5638	2946	236	95	141	17	4	13
32771	**22765**	**10006**	**956**	**370**	**586**	**66**	**23**	**43**
8164	5511	2653	225	78	147	14	4	10
6938	4724	2214	199	78	121	7	2	5
6875	4728	2147	213	78	135	16	4	12
4955	3483	1472	142	61	81	12	5	7
5839	4319	1520	177	75	102	17	8	9
25676	**19928**	**5748**	**728**	**335**	**393**	**84**	**40**	**44**
6186	4678	1508	182	76	106	16	6	10
6536	5021	1515	181	79	102	22	13	9
7026	5495	1531	192	98	94	22	13	9
4038	3228	810	116	59	57	16	4	12
1890	1506	384	57	23	34	8	4	4
8546	**6922**	**1624**	**277**	**154**	**123**	**57**	**19**	**38**
1919	1530	389	59	37	22	11	1	10
1520	1248	272	50	28	22	6	3	3
1685	1362	323	50	29	21	11	3	8
1879	1526	353	59	30	29	12	7	5
1543	1256	287	59	30	29	17	5	12
4521	**3593**	**928**	**125**	**67**	**58**	**45**	**22**	**23**
1415	1094	321	40	18	22	14	8	6
1188	958	230	32	21	11	13	4	9
759	600	159	24	15	9	10	5	5
620	497	123	15	8	7	4	3	1
539	444	95	14	5	9	4	2	2
1630	**1344**	**286**	**46**	**34**	**12**	**26**	**15**	**11**
406	320	86	11	6	5	4	4	
382	317	65	9	7	2	9	4	5
261	220	41	10	9	1	2	2	
251	212	39	9	6	3	5	1	4
330	275	55	7	6	1	6	4	2
2725	**2255**	**470**	**40**	**27**	**13**	**299**	**187**	**112**

5-3b 全国分年龄、性别、受教育

受教育程度	15岁及以上人口			未婚		
年龄	合计	男	女	小计	男	女
总计	**20307012**	**10149617**	**10157395**	**4263527**	**2410543**	**1852984**
15-19岁	**2021480**	**1053623**	**967857**	**2002917**	**1049151**	**953766**
15	374583	198543	176040	374518	198530	175988
16	408257	212249	196008	407870	212166	195704
17	449038	231480	217558	447470	231191	216279
18	413972	215569	198403	409169	214482	194687
19	375630	195782	179848	363890	192782	171108
20-24岁	**2067283**	**1031414**	**1035869**	**1511207**	**837181**	**674026**
20	450093	230672	219421	414236	221880	192356
21	416904	210268	206636	353251	193265	159986
22	394052	196028	198024	291514	162278	129236
23	423364	208370	214994	260183	147883	112300
24	382870	186076	196794	192023	111875	80148
25-29岁	**1754241**	**858369**	**895872**	**429858**	**269991**	**159867**
25	341683	167154	174529	137205	82682	54523
26	339850	165828	174022	104153	64735	39418
27	334273	163367	170906	76751	49081	27670
28	391579	191585	199994	66923	43665	23258
29	346856	170435	176421	44826	29828	14998
30-34岁	**1835721**	**909327**	**926394**	**116887**	**82366**	**34521**
30	343498	168915	174583	35043	23659	11384
31	368473	181838	186635	27040	18882	8158
32	368541	182362	186179	21926	15712	6214
33	350104	174142	175962	16884	12227	4657
34	405105	202070	203035	15994	11886	4108
35-39岁	**2315452**	**1161925**	**1153527**	**62132**	**48571**	**13561**
35	417891	208571	209320	14478	10965	3513
36	451789	225475	226314	13700	10580	3120
37	468589	234855	233734	12330	9686	2644
38	487014	244921	242093	11445	9133	2312
39	490169	248103	242066	10179	8207	1972
40-44岁	**2418522**	**1219074**	**1199448**	**38454**	**32132**	**6322**
40	538270	271661	266609	10316	8452	1864
41	482786	242829	239957	7861	6630	1231
42	522861	264330	258531	8024	6725	1299
43	409190	205866	203324	5939	4993	946
44	465415	234388	231027	6314	5332	982
45-49岁	**1990457**	**1001276**	**989181**	**22856**	**19656**	**3200**
45	461821	233310	228511	5887	5023	864
46	443748	222968	220780	5308	4551	757
47	505993	255900	250093	5630	4859	771
48	377627	189437	188190	3926	3412	514
49	201268	99661	101607	2105	1811	294
50-54岁	**1409108**	**714077**	**695031**	**16602**	**15212**	**1390**
50	254786	128384	126402	2963	2643	320
51	227473	117651	109822	2560	2303	257
52	300407	152816	147591	3695	3394	301
53	326180	165393	160787	3852	3590	262
54	300262	149833	150429	3532	3282	250
55-59岁	**1434409**	**715367**	**719042**	**18349**	**17133**	**1216**
55	314944	158736	156208	4006	3708	298
56	313504	156735	156769	3905	3645	260
57	283370	140388	142982	3605	3381	224
58	285016	141935	143081	3765	3533	232
59	237575	117573	120002	3068	2866	202
60-64岁	**1030453**	**517225**	**513228**	**14597**	**13666**	**931**
60	241611	120709	120902	3365	3142	223
61	228896	115811	113085	3173	2981	192
62	198464	99280	99184	2852	2674	178
63	186618	94155	92463	2674	2505	169
64	174864	87270	87594	2533	2364	169
65岁及以上	**2029886**	**967940**	**1061946**	**29668**	**25484**	**4184**

程度、婚姻状况的人口(镇)

单位：人

有配偶			离婚			丧偶		
小计	男	女	小计	男	女	小计	男	女
14740593	**7306428**	**7434165**	**269217**	**144690**	**124527**	**1033675**	**287956**	**745719**
18452	**4438**	**14014**	**87**	**26**	**61**	**24**	**8**	**16**
64	13	51	1		1			
383	83	300	3		3	1		1
1554	286	1268	8	2	6	6	1	5
4780	1079	3701	18	6	12	5	2	3
11671	2977	8694	57	18	39	12	5	7
551996	**192519**	**359477**	**3635**	**1603**	**2032**	**445**	**111**	**334**
35675	8732	26943	164	57	107	18	3	15
63294	16882	46412	316	107	209	43	14	29
101888	33492	68396	573	245	328	77	13	64
162005	59984	102021	1036	468	568	140	35	105
189134	73429	115705	1546	726	820	167	46	121
1305602	**579230**	**726372**	**17115**	**8707**	**8408**	**1666**	**441**	**1225**
202371	83445	118926	1911	972	939	196	55	141
232965	99800	133165	2497	1229	1268	235	64	171
253921	112545	141376	3277	1652	1625	324	89	235
319589	145490	174099	4616	2321	2295	451	109	342
296756	137950	158806	4814	2533	2281	460	124	336
1678590	**807084**	**871506**	**35808**	**18739**	**17069**	**4436**	**1138**	**3298**
302219	142224	159995	5611	2870	2741	625	162	463
333989	159281	174708	6695	3481	3214	749	194	555
338415	162545	175870	7312	3868	3444	888	237	651
324816	157725	167091	7507	3954	3553	897	236	661
379151	185309	193842	8683	4566	4117	1277	309	968
2189226	**1082635**	**1106591**	**52835**	**27682**	**25153**	**11259**	**3037**	**8222**
392425	192183	200242	9435	4994	4441	1553	429	1124
425961	209153	216808	10187	5243	4944	1941	499	1442
443342	218999	224343	10680	5545	5135	2237	625	1612
461755	229159	232596	11253	5924	5329	2561	705	1856
465743	233141	232602	11280	5976	5304	2967	779	2188
2301208	**1150840**	**1150368**	**54732**	**29276**	**25456**	**24128**	**6826**	**17302**
511262	255301	255961	12690	6755	5935	4002	1153	2849
459462	229070	230392	11260	5946	5314	4203	1183	3020
497819	249744	248075	11890	6361	5529	5128	1500	3628
389621	194657	194964	8953	4903	4050	4677	1313	3364
443044	222068	220976	9939	5311	4628	6118	1677	4441
1888611	**949929**	**938682**	**42087**	**22160**	**19927**	**36903**	**9531**	**27372**
438892	221007	217885	10121	5380	4741	6921	1900	5021
421360	211472	209888	9722	5040	4682	7358	1905	5453
480274	243033	237241	10639	5570	5069	9450	2438	7012
357947	180035	177912	7552	3978	3574	8202	2012	6190
190138	94382	95756	4053	2192	1861	4972	1276	3696
1315974	**670816**	**645158**	**23568**	**13311**	**10257**	**52964**	**14738**	**38226**
239155	120879	118276	5158	2840	2318	7510	2022	5488
213257	110928	102329	4149	2333	1816	7507	2087	5420
280488	143476	137012	5021	2839	2182	11203	3107	8096
304345	155276	149069	4871	2808	2063	13112	3719	9393
278729	140257	138472	4369	2491	1878	13632	3803	9829
1306880	**662417**	**644463**	**17314**	**9989**	**7325**	**91866**	**25828**	**66038**
290648	147949	142699	4235	2448	1787	16055	4631	11424
287545	145836	141709	3958	2184	1774	18096	5070	13026
258115	129964	128151	3380	2016	1364	18270	5027	13243
257498	130755	126743	3220	1837	1383	20533	5810	14723
213074	107913	105161	2521	1504	1017	18912	5290	13622
887247	**463452**	**423795**	**9366**	**5743**	**3623**	**119243**	**34364**	**84879**
213019	109368	103651	2345	1395	950	22882	6804	16078
199309	104386	94923	2135	1296	839	24279	7148	17131
170463	88798	81665	1763	1100	663	23386	6708	16678
158343	83828	74515	1632	1028	604	23969	6794	17175
146113	77072	69041	1491	924	567	24727	6910	17817
1296807	**743068**	**553739**	**12670**	**7454**	**5216**	**690741**	**191934**	**498807**

5-3b 续表 1

受教育程度 年龄	15岁及以上人口 合计	男	女	未婚 小计	男	女
未上过学	**1005809**	**240477**	**765332**	**47070**	**38345**	**8725**
15-19岁	**3290**	**1776**	**1514**	**3120**	**1765**	**1355**
15	529	305	224	526	305	221
16	593	328	265	585	328	257
17	605	332	273	584	330	254
18	757	392	365	712	389	323
19	806	419	387	713	413	300
20-24岁	**6217**	**2876**	**3341**	**4136**	**2535**	**1601**
20	1162	580	582	935	547	388
21	1198	587	611	898	545	353
22	1202	544	658	819	481	338
23	1317	582	735	778	495	283
24	1338	583	755	706	467	239
25-29岁	**7642**	**3022**	**4620**	**2979**	**2050**	**929**
25	1332	570	762	615	406	209
26	1388	551	837	601	399	202
27	1420	537	883	567	369	198
28	1773	680	1093	626	447	179
29	1729	684	1045	570	429	141
30-34岁	**11300**	**4088**	**7212**	**2761**	**2051**	**710**
30	1993	721	1272	534	371	163
31	2041	743	1298	568	408	160
32	2255	833	1422	517	392	125
33	2243	819	1424	534	397	137
34	2768	972	1796	608	483	125
35-39岁	**19924**	**6449**	**13475**	**3342**	**2771**	**571**
35	3156	1064	2092	610	482	128
36	3559	1178	2381	654	546	108
37	4053	1290	2763	660	555	105
38	4418	1440	2978	709	599	110
39	4738	1477	3261	709	589	120
40-44岁	**31577**	**8728**	**22849**	**3748**	**3192**	**556**
40	5795	1753	4042	873	728	145
41	5882	1686	4196	716	609	107
42	6850	1836	5014	788	666	122
43	5929	1603	4326	643	568	75
44	7121	1850	5271	728	621	107
45-49岁	**36723**	**7893**	**28830**	**2895**	**2553**	**342**
45	7054	1725	5329	712	620	92
46	7189	1684	5505	657	588	69
47	8727	1878	6849	733	646	87
48	8430	1607	6823	509	453	56
49	5323	999	4324	284	246	38
50-54岁	**61029**	**12860**	**48169**	**3160**	**2950**	**210**
50	7668	1656	6012	501	451	50
51	8323	1894	6429	467	433	34
52	12928	2742	10186	677	644	33
53	15739	3316	12423	809	749	60
54	16371	3252	13119	706	673	33
55-59岁	**107445**	**21904**	**85541**	**4344**	**4084**	**260**
55	19102	3792	15310	862	815	47
56	21257	4231	17026	819	771	48
57	21566	4389	17177	859	806	53
58	24030	5009	19021	982	921	61
59	21490	4483	17007	822	771	51
60-64岁	**114678**	**25337**	**89341**	**4322**	**4065**	**257**
60	23743	5276	18467	948	888	60
61	24125	5479	18646	920	870	50
62	22721	5072	17649	852	812	40
63	22073	4914	17159	842	787	55
64	22016	4596	17420	760	708	52
65岁及以上	**605984**	**145544**	**460440**	**12263**	**10329**	**1934**

单位：人

有配偶			离婚			丧偶		
小计	男	女	小计	男	女	小计	男	女
590946	**146084**	**444862**	**7790**	**3316**	**4474**	**360003**	**52732**	**307271**
158	**8**	**150**	**3**		**3**	**9**	**3**	**6**
3		3						
8		8						
17	2	15				4		4
43	2	41	1		1	1	1	
87	4	83	2		2	4	2	2
2021	**323**	**1698**	**36**	**13**	**23**	**24**	**5**	**19**
221	28	193	5	4	1	1	1	
290	39	251	7	3	4	3		3
376	60	316	4	3	1	3		3
523	86	437	7		7	9	1	8
611	110	501	13	3	10	8	3	5
4494	**918**	**3576**	**113**	**41**	**72**	**56**	**13**	**43**
693	156	537	15	5	10	9	3	6
753	139	614	24	10	14	10	3	7
820	156	664	26	10	16	7	2	5
1109	222	887	23	9	14	15	2	13
1119	245	874	25	7	18	15	3	12
8179	**1897**	**6282**	**239**	**107**	**132**	**121**	**33**	**88**
1396	333	1063	41	14	27	22	3	19
1408	309	1099	40	20	20	25	6	19
1652	402	1250	55	28	27	31	11	20
1642	393	1249	50	22	28	17	7	10
2081	460	1621	53	23	30	26	6	20
15895	**3449**	**12446**	**403**	**162**	**241**	**284**	**67**	**217**
2441	551	1890	65	19	46	40	12	28
2789	600	2189	68	23	45	48	9	39
3241	680	2561	90	40	50	62	15	47
3546	782	2764	98	41	57	65	18	47
3878	836	3042	82	39	43	69	13	56
26451	**5138**	**21313**	**597**	**284**	**313**	**781**	**114**	**667**
4705	951	3754	106	54	52	111	20	91
4934	1005	3929	124	61	63	108	11	97
5772	1089	4683	130	56	74	160	25	135
4984	947	4037	122	63	59	180	25	155
6056	1146	4910	115	50	65	222	33	189
31610	**4884**	**26726**	**563**	**271**	**292**	**1655**	**185**	**1470**
5972	1023	4949	109	49	60	261	33	228
6108	987	5121	123	66	57	301	43	258
7467	1127	6340	136	63	73	391	42	349
7388	1056	6332	119	59	60	414	39	375
4675	691	3984	76	34	42	288	28	260
52438	**9017**	**43421**	**734**	**343**	**391**	**4697**	**550**	**4147**
6566	1099	5467	117	46	71	484	60	424
7164	1336	5828	116	57	59	576	68	508
11092	1906	9186	145	77	68	1014	115	899
13550	2350	11200	172	77	95	1208	140	1068
14066	2326	11740	184	86	98	1415	167	1248
89716	**15969**	**73747**	**996**	**437**	**559**	**12389**	**1414**	**10975**
16280	2698	13582	202	91	111	1758	188	1570
18030	3142	14888	181	69	112	2227	249	1978
18007	3203	14804	208	101	107	2492	279	2213
19843	3653	16190	228	100	128	2977	335	2642
17556	3273	14283	177	76	101	2935	363	2572
86847	**17957**	**68890**	**899**	**442**	**457**	**22610**	**2873**	**19737**
18733	3801	14932	186	86	100	3876	501	3375
18686	3944	14742	195	98	97	4324	567	3757
17352	3601	13751	175	91	84	4342	568	3774
16226	3430	12796	176	98	78	4829	599	4230
15850	3181	12669	167	69	98	5239	638	4601
273137	**86524**	**186613**	**3207**	**1216**	**1991**	**317377**	**47475**	**269902**

5-3b 续表 2

受教育程度 年 龄	15岁及以上人口			未 婚		
	合计	男	女	小计	男	女
小 学	**4147975**	**1776684**	**2371291**	**192447**	**140605**	**51842**
15-19岁	**36519**	**19212**	**17307**	**33936**	**18753**	**15183**
15	4198	2323	1875	4176	2320	1856
16	5479	3070	2409	5382	3059	2323
17	7276	3869	3407	6979	3828	3151
18	8960	4704	4256	8186	4570	3616
19	10606	5246	5360	9213	4976	4237
20-24岁	**89681**	**39456**	**50225**	**48225**	**28240**	**19985**
20	15730	7481	8249	12191	6750	5441
21	16216	7383	8833	10709	6154	4555
22	17463	7570	9893	9534	5592	3942
23	20381	8729	11652	8853	5390	3463
24	19891	8293	11598	6938	4354	2584
25-29岁	**111432**	**44339**	**67093**	**20952**	**14129**	**6823**
25	19425	7986	11439	5509	3543	1966
26	19998	7995	12003	4473	2947	1526
27	20867	8278	12589	3840	2616	1224
28	25710	10137	15573	3932	2724	1208
29	25432	9943	15489	3198	2299	899
30-34岁	**185046**	**71722**	**113324**	**14142**	**10938**	**3204**
30	28088	10841	17247	3085	2215	870
31	33445	13064	20381	3009	2292	717
32	36728	14288	22440	2836	2207	629
33	38479	14873	23606	2538	2030	508
34	48306	18656	29650	2674	2194	480
35-39岁	**335894**	**130531**	**205363**	**13821**	**11862**	**1959**
35	53883	20998	32885	2763	2298	465
36	62180	24242	37938	2840	2383	457
37	67391	26037	41354	2832	2436	396
38	73435	28516	44919	2730	2387	343
39	79005	30738	48267	2656	2358	298
40-44岁	**464402**	**181582**	**282820**	**12747**	**11452**	**1295**
40	92455	36068	56387	2959	2639	320
41	91508	36150	55358	2547	2272	275
42	102130	40155	61975	2735	2459	276
43	83597	32461	51136	2160	1963	197
44	94712	36748	57964	2346	2119	227
45-49岁	**393642**	**142679**	**250963**	**8612**	**7938**	**674**
45	90625	34518	56107	2166	1995	171
46	84889	31354	53535	2037	1859	178
47	96074	34834	61240	2140	1984	156
48	77558	26873	50685	1449	1350	99
49	44496	15100	29396	820	750	70
50-54岁	**432314**	**166122**	**266192**	**7982**	**7601**	**381**
50	61904	22487	39417	1270	1193	77
51	62318	24109	38209	1165	1095	70
52	91596	35601	55995	1818	1718	100
53	108750	42312	66438	1907	1853	54
54	107746	41613	66133	1822	1742	80
55-59岁	**629357**	**260572**	**368785**	**9969**	**9549**	**420**
55	122170	48812	73358	2043	1956	87
56	130849	53496	77353	2182	2096	86
57	127166	52529	74637	1983	1899	84
58	133970	56652	77318	2031	1945	86
59	115202	49083	66119	1730	1653	77
60-64岁	**530435**	**240355**	**290080**	**8173**	**7793**	**380**
60	119566	52324	67242	1866	1776	90
61	118364	53869	64495	1794	1714	80
62	104849	47695	57154	1618	1541	77
63	97978	45416	52562	1475	1414	61
64	89678	41051	48627	1420	1348	72
65岁及以上	**939253**	**480114**	**459139**	**13888**	**12350**	**1538**

单位：人

有配偶			离婚			丧偶		
小计	男	女	小计	男	女	小计	男	女
3448814	**1461108**	**1987706**	**50422**	**30014**	**20408**	**456292**	**144957**	**311335**
2565	**453**	**2112**	**12**	**5**	**7**	**6**	**1**	**5**
21	3	18	1		1			
96	11	85				1		1
294	40	254	1		1	2	1	1
771	132	639	2	2		1		1
1383	267	1116	8	3	5	2		2
40963	**11046**	**29917**	**422**	**151**	**271**	**71**	**19**	**52**
3509	726	2783	28	5	23	2		2
5445	1208	4237	55	16	39	7	5	2
7835	1950	5885	76	26	50	18	2	16
11388	3284	8104	116	51	65	24	4	20
12786	3878	8908	147	53	94	20	8	12
88758	**29400**	**59358**	**1475**	**739**	**736**	**247**	**71**	**176**
13689	4337	9352	194	98	96	33	8	25
15223	4906	10317	263	134	129	39	8	31
16699	5514	11185	280	132	148	48	16	32
21360	7225	14135	351	170	181	67	18	49
21787	7418	14369	387	205	182	60	21	39
166622	**58641**	**107981**	**3513**	**1945**	**1568**	**769**	**198**	**571**
24419	8337	16082	495	267	228	89	22	67
29691	10400	19291	622	339	283	123	33	90
33053	11654	21399	694	391	303	145	36	109
34984	12362	22622	794	439	355	163	42	121
44475	15888	28587	908	509	399	249	65	184
313052	**114273**	**198779**	**6410**	**3675**	**2735**	**2611**	**721**	**1890**
49780	18049	31731	1023	560	463	317	91	226
57758	21084	36674	1197	674	523	385	101	284
62718	22734	39984	1308	728	580	533	139	394
68733	25119	43614	1390	846	544	582	164	418
74063	27287	46776	1492	867	625	794	226	568
436280	**163106**	**273174**	**8526**	**5169**	**3357**	**6849**	**1855**	**4994**
86740	32096	54644	1742	1035	707	1014	298	716
86033	32506	53527	1773	1051	722	1155	321	834
96041	36171	59870	1868	1115	753	1486	410	1076
78554	29209	49345	1488	937	551	1395	352	1043
88912	33124	55788	1655	1031	624	1799	474	1325
367123	**128371**	**238752**	**6557**	**3899**	**2658**	**11350**	**2471**	**8879**
84758	31018	53740	1642	1031	611	2059	474	1585
79222	28134	51088	1469	864	605	2161	497	1664
89526	31322	58204	1578	902	676	2830	626	2204
72277	24290	47987	1204	713	491	2628	520	2108
41340	13607	27733	664	389	275	1672	354	1318
395194	**149340**	**245854**	**5971**	**3637**	**2334**	**23167**	**5544**	**17623**
56891	20094	36797	993	597	396	2750	603	2147
57123	21677	35446	956	584	372	3074	753	2321
83686	31906	51780	1305	819	486	4787	1158	3629
99433	38145	61288	1374	845	529	6036	1469	4567
98061	37518	60543	1343	792	551	6520	1561	4959
563113	**234461**	**328652**	**6834**	**4037**	**2797**	**49441**	**12525**	**36916**
110707	43981	66726	1403	838	565	8017	2037	5980
117828	48185	69643	1523	873	650	9316	2342	6974
113815	47362	66453	1418	853	565	9950	2415	7535
119074	50949	68125	1379	780	599	11486	2978	8508
101689	43984	57705	1111	693	418	10672	2753	7919
448994	**210590**	**238404**	**4684**	**2905**	**1779**	**68584**	**19067**	**49517**
103701	46311	57390	1109	668	441	12890	3569	9321
101337	47458	53879	1080	672	408	14153	4025	10128
88496	41733	46763	907	569	338	13828	3852	9976
81871	39629	42242	848	529	319	13784	3844	9940
73589	35459	38130	740	467	273	13929	3777	10152
626150	**361427**	**264723**	**6018**	**3852**	**2166**	**293197**	**102485**	**190712**

5-3b 续表 3

受教育程度 年龄	15岁及以上人口			未婚		
	合计	男	女	小计	男	女
初 中	**8929602**	**4650957**	**4278645**	**1585010**	**926877**	**658133**
15-19岁	**716718**	**387275**	**329443**	**702762**	**383827**	**318935**
15	230162	126088	104074	230129	126081	104048
16	139742	76299	63443	139505	76243	63262
17	111995	60528	51467	110873	60323	50550
18	109956	58589	51367	106388	57754	48634
19	124863	65771	59092	115867	63426	52441
20-24岁	**956348**	**464199**	**492149**	**578193**	**332461**	**245732**
20	174525	88416	86109	147677	81666	66011
21	182224	89541	92683	135833	76972	58861
22	187242	90401	96841	115179	66562	48617
23	213051	102099	110952	103378	61284	42094
24	199306	93742	105564	76126	45977	30149
25-29岁	**953444**	**456777**	**496667**	**179031**	**114611**	**64420**
25	183305	87031	96274	55360	34286	21074
26	185571	88201	97370	42650	26969	15681
27	182399	87407	94992	31947	20751	11196
28	213303	102597	110706	28799	19032	9767
29	188866	91541	97325	20275	13573	6702
30-34岁	**999200**	**488849**	**510351**	**57626**	**40967**	**16659**
30	185425	90152	95273	16510	11254	5256
31	199182	96939	102243	13233	9300	3933
32	199734	97471	102263	11088	8022	3066
33	191613	94333	97280	8566	6249	2317
34	223246	109954	113292	8229	6142	2087
35-39岁	**1299927**	**648809**	**651118**	**30987**	**24167**	**6820**
35	232056	114465	117591	7326	5569	1757
36	252788	124750	128038	7045	5432	1613
37	263508	131350	132158	6029	4752	1277
38	274628	137506	137122	5654	4501	1153
39	276947	140738	136209	4933	3913	1020
40-44岁	**1339077**	**683725**	**655352**	**16327**	**13529**	**2798**
40	301062	152788	148274	4596	3764	832
41	265657	134943	130714	3440	2910	530
42	288121	147516	140605	3396	2811	585
43	227196	116364	110832	2390	1955	435
44	257041	132114	124927	2505	2089	416
45-49岁	**1008413**	**518535**	**489878**	**8457**	**7110**	**1347**
45	251172	128822	122350	2305	1895	410
46	232805	118659	114146	1988	1661	327
47	254988	131101	123887	1994	1687	307
48	179585	93208	86377	1450	1243	207
49	89863	46745	43118	720	624	96
50-54岁	**565115**	**315980**	**249135**	**4172**	**3724**	**448**
50	109161	58341	50820	899	788	111
51	92941	51828	41113	702	610	92
52	120328	67382	52946	890	802	88
53	128211	73129	55082	899	820	79
54	114474	65300	49174	782	704	78
55-59岁	**491767**	**293186**	**198581**	**3302**	**2955**	**347**
55	115745	67534	48211	890	791	99
56	110970	65132	45838	729	644	85
57	96433	57500	38933	632	567	65
58	93450	56918	36532	616	565	51
59	75169	46102	29067	435	388	47
60-64岁	**278143**	**174721**	**103422**	**1692**	**1486**	**206**
60	72323	44801	27522	442	392	50
61	62183	39097	23086	376	339	37
62	50451	31714	18737	308	263	45
63	47405	29958	17447	284	241	43
64	45781	29151	16630	282	251	31
65岁及以上	**321450**	**218901**	**102549**	**2461**	**2040**	**421**

单位：人

有配偶			离婚			丧偶		
小计	男	女	小计	男	女	小计	男	女
7049339	**3583085**	**3466254**	**133122**	**74304**	**58818**	**162131**	**66691**	**95440**
13886	**3427**	**10459**	**62**	**17**	**45**	**8**	**4**	**4**
33	7	26						
235	56	179	2		2			
1115	203	912	7	2	5			
3552	831	2721	13	3	10	3	1	2
8951	2330	6621	40	12	28	5	3	2
375437	**130543**	**244894**	**2444**	**1128**	**1316**	**274**	**67**	**207**
26726	6708	20018	111	41	70	11	1	10
46166	12492	33674	199	70	129	26	7	19
71619	23651	47968	395	178	217	49	10	39
108901	40474	68427	690	317	373	82	24	58
122025	47218	74807	1049	522	527	106	25	81
762973	**336307**	**426666**	**10411**	**5582**	**4829**	**1029**	**277**	**752**
126553	52050	74503	1273	662	611	119	33	86
141183	60380	80803	1593	810	783	145	42	103
148239	65506	82733	1996	1089	907	217	61	156
181494	82057	99437	2744	1440	1304	266	68	198
165504	76314	89190	2805	1581	1224	282	73	209
919592	**436491**	**483101**	**19442**	**10728**	**8714**	**2540**	**663**	**1877**
165461	77097	88364	3093	1697	1396	361	104	257
181832	85503	96329	3701	2030	1671	416	106	310
184173	87095	97078	3961	2212	1749	512	142	370
178490	85711	92779	4034	2244	1790	523	129	394
209636	101085	108551	4653	2545	2108	728	182	546
1233779	**607120**	**626659**	**28754**	**15721**	**13033**	**6407**	**1801**	**4606**
218699	105783	112916	5129	2859	2270	902	254	648
239063	116016	123047	5523	2985	2538	1157	317	840
250361	123031	127330	5857	3182	2675	1261	385	876
261420	129287	132133	6096	3307	2789	1458	411	1047
264236	133003	131233	6149	3388	2761	1629	434	1195
1280366	**650080**	**630286**	**29386**	**16214**	**13172**	**12998**	**3902**	**9096**
287375	144542	142833	6851	3824	3027	2240	658	1582
253973	128119	125854	5932	3234	2698	2312	680	1632
275626	140376	135250	6375	3493	2882	2724	836	1888
217548	110966	106582	4781	2677	2104	2477	766	1711
245844	126077	119767	5447	2986	2461	3245	962	2283
961403	**494611**	**466792**	**20964**	**11604**	**9360**	**17589**	**5210**	**12379**
239880	122871	117009	5401	2963	2438	3586	1093	2493
222255	113286	108969	4898	2668	2230	3664	1044	2620
243113	125119	117994	5272	2947	2325	4609	1348	3261
170859	88910	81949	3569	1966	1603	3707	1089	2618
85296	44425	40871	1824	1060	764	2023	636	1387
533228	**300062**	**233166**	**9951**	**5916**	**4035**	**17764**	**6278**	**11486**
103069	55219	47850	2324	1381	943	2869	953	1916
87903	49331	38572	1706	992	714	2630	895	1735
113609	64083	49526	2042	1188	854	3787	1309	2478
120982	69509	51473	2052	1244	808	4278	1556	2722
107665	61920	45745	1827	1111	716	4200	1565	2635
458069	**276827**	**181242**	**6707**	**4040**	**2667**	**23689**	**9364**	**14325**
108372	63834	44538	1752	1079	673	4731	1830	2901
103567	61682	41885	1591	896	695	5083	1910	3173
89916	54293	35623	1244	783	461	4641	1857	2784
86764	53629	33135	1190	722	468	4880	2002	2878
69450	43389	26061	930	560	370	4354	1765	2589
251487	**161753**	**89734**	**2767**	**1808**	**959**	**22197**	**9674**	**12523**
66213	41737	24476	761	492	269	4907	2180	2727
56556	36392	20164	625	382	243	4626	1984	2642
45535	29342	16193	519	340	179	4089	1769	2320
42513	27622	14891	443	302	141	4165	1793	2372
40670	26660	14010	419	292	127	4410	1948	2462
259119	**185864**	**73255**	**2234**	**1546**	**688**	**57636**	**29451**	**28185**

5-3b 续表 4

受教育程度 年　龄	15岁及以上人口 合计	男	女	未　婚 小计	男	女
高　中	**4034161**	**2250990**	**1783171**	**1656375**	**897080**	**759295**
15-19岁	**1123913**	**579202**	**544711**	**1122276**	**578705**	**543571**
15	137951	69102	68849	137945	69099	68846
16	258434	130943	127491	258401	130932	127469
17	317443	161629	155814	317337	161595	155742
18	252466	132593	119873	252099	132492	119607
19	157619	84935	72684	156494	84587	71907
20-24岁	**492072**	**265018**	**227054**	**396668**	**227436**	**169232**
20	134307	72397	61910	129778	71279	58499
21	100396	53900	46496	90925	51251	39674
22	88006	47621	40385	70837	41263	29574
23	90637	48702	41935	61203	36537	24666
24	78726	42398	36328	43925	27106	16819
25-29岁	**339448**	**182651**	**156797**	**95514**	**61386**	**34128**
25	66945	36285	30660	30301	19127	11174
26	64431	34707	29724	22643	14455	8188
27	63732	34181	29551	17118	11084	6034
28	75957	40633	35324	15225	9953	5272
29	68383	36845	31538	10227	6767	3460
30-34岁	**345877**	**188907**	**156970**	**23757**	**16258**	**7499**
30	68718	37014	31704	7997	5356	2641
31	72381	39302	33079	5647	3872	1775
32	70117	38328	31789	4307	2979	1328
33	63601	34904	28697	3100	2150	950
34	71060	39359	31701	2706	1901	805
35-39岁	**380944**	**213934**	**167010**	**9255**	**6681**	**2574**
35	71338	39494	31844	2389	1711	678
36	75373	41879	33494	2052	1482	570
37	77184	43403	33781	1904	1356	548
38	79602	45134	34468	1618	1168	450
39	77447	44024	33423	1292	964	328
40-44岁	**354480**	**202502**	**151978**	**3922**	**2889**	**1033**
40	84415	48320	36095	1275	935	340
41	72066	40870	31196	818	622	196
42	76425	44031	32394	785	579	206
43	56203	32201	24002	525	384	141
44	65371	37080	28291	519	369	150
45-49岁	**381650**	**218230**	**163420**	**2245**	**1642**	**603**
45	71555	41071	30484	521	387	134
46	78140	44447	33693	479	354	125
47	102337	58461	43876	605	443	162
48	82491	47329	35162	409	297	112
49	47127	26922	20205	231	161	70
50-54岁	**271516**	**162737**	**108779**	**1052**	**794**	**258**
50	59581	34485	25096	241	179	62
51	50275	30076	20199	196	147	49
52	58894	35280	23614	248	194	54
53	56298	34209	22089	186	139	47
54	46468	28687	17781	181	135	46
55-59岁	**151695**	**99727**	**51968**	**582**	**452**	**130**
55	43237	27813	15424	173	122	51
56	37301	24325	12976	127	105	22
57	28105	18563	9542	112	96	16
58	24526	16562	7964	107	86	21
59	18526	12464	6062	63	43	20
60-64岁	**77064**	**53361**	**23703**	**306**	**258**	**48**
60	18729	12799	5930	81	69	12
61	17404	12056	5348	61	45	16
62	14725	10312	4413	60	53	7
63	13882	9716	4166	52	48	4
64	12324	8478	3846	52	43	9
65岁及以上	**115502**	**84721**	**30781**	**798**	**579**	**219**

单位：人

有配偶			离婚			丧偶		
小计	男	女	小计	男	女	小计	男	女
2281906	**1309800**	**972106**	**52722**	**26029**	**26693**	**43158**	**18081**	**25077**
1629	**495**	**1134**	**7**	**2**	**5**	**1**		**1**
6	3	3						
32	11	21	1		1			
106	34	72						
365	100	265	2	1	1			
1120	347	773	4	1	3	1		1
94777	**37321**	**57456**	**564**	**243**	**321**	**63**	**18**	**45**
4511	1111	3400	15	6	9	3	1	2
9418	2632	6786	46	15	31	7	2	5
17084	6328	10756	79	29	50	6	1	5
29229	12072	17157	182	87	95	23	6	17
34535	15178	19357	242	106	136	24	8	16
240437	**119594**	**120843**	**3278**	**1618**	**1660**	**219**	**53**	**166**
36310	16997	19313	311	153	158	23	8	15
41337	20045	21292	422	199	223	29	8	21
45961	22796	23165	621	295	326	32	6	26
59736	30186	29550	931	481	450	65	13	52
57093	29570	27523	993	490	503	70	18	52
313741	**168605**	**145136**	**7746**	**3872**	**3874**	**633**	**172**	**461**
59351	31020	28331	1275	615	660	95	23	72
65171	34682	30489	1443	710	733	120	38	82
64129	34521	29608	1555	798	757	126	30	96
58780	31928	26852	1596	782	814	125	44	81
66310	36454	29856	1877	967	910	167	37	130
359378	**201441**	**157937**	**11014**	**5488**	**5526**	**1297**	**324**	**973**
66725	36690	30035	2037	1040	997	187	53	134
70928	39291	31637	2159	1052	1107	234	54	180
72863	40900	31963	2169	1086	1083	248	61	187
75331	42714	32617	2354	1171	1183	299	81	218
73531	41846	31685	2295	1139	1156	329	75	254
337386	**193691**	**143695**	**10737**	**5241**	**5496**	**2435**	**681**	**1754**
80074	45965	34109	2633	1292	1341	433	128	305
68577	39055	29522	2240	1079	1161	431	114	317
72751	42106	30645	2368	1185	1183	521	161	360
53520	30852	22668	1700	834	866	458	131	327
62464	35713	26751	1796	851	945	592	147	445
364168	**210584**	**153584**	**10182**	**4711**	**5471**	**5055**	**1293**	**3762**
68222	39509	28713	2054	953	1101	758	222	536
74497	42847	31650	2258	1016	1242	906	230	676
97738	56460	41278	2671	1225	1446	1323	333	990
78840	45789	33051	2021	945	1076	1221	298	923
44871	25979	18892	1178	572	606	847	210	637
258685	**157202**	**101483**	**5530**	**2744**	**2786**	**6249**	**1997**	**4252**
56745	33298	23447	1367	656	711	1228	352	876
47927	29067	18860	1103	553	550	1049	309	740
56008	34015	21993	1251	628	623	1387	443	944
53757	33091	20666	1011	513	498	1344	466	878
44248	27731	16517	798	394	404	1241	427	814
143817	**96100**	**47717**	**2089**	**1105**	**984**	**5207**	**2070**	**3137**
41108	26876	14232	658	336	322	1298	479	819
35459	23489	11970	504	253	251	1211	478	733
26642	17869	8773	387	213	174	964	385	579
23129	15880	7249	330	185	145	960	411	549
17479	11986	5493	210	118	92	774	317	457
71382	**50550**	**20832**	**728**	**424**	**304**	**4648**	**2129**	**2519**
17486	12180	5306	208	111	97	954	439	515
16245	11470	4775	166	100	66	932	441	491
13650	9791	3859	122	74	48	893	394	499
12740	9154	3586	118	72	46	972	442	530
11261	7955	3306	114	67	47	897	413	484
96506	**74217**	**22289**	**847**	**581**	**266**	**17351**	**9344**	**8007**

5-3b 续表 5

受教育程度 年龄	15岁及以上人口 合计	男	女	未婚 小计	男	女
大学专科	**1443123**	**804518**	**638605**	**468355**	**243094**	**225261**
15-19岁	**86884**	**40682**	**46202**	**86697**	**40633**	**46064**
15	1560	640	920	1559	640	919
16	3433	1341	2092	3424	1336	2088
17	8340	3648	4692	8323	3642	4681
18	25208	11653	13555	25167	11643	13524
19	48343	23400	24943	48224	23372	24852
20-24岁	**322144**	**158277**	**163867**	**290498**	**147418**	**143080**
20	75344	37233	38111	74704	37096	37608
21	70307	35069	35238	68545	34613	33932
22	61410	30100	31310	57068	28792	28276
23	61905	30024	31881	51942	26620	25322
24	53178	25851	27327	38239	20297	17942
25-29岁	**209342**	**103863**	**105479**	**74064**	**44020**	**30044**
25	44136	22034	22102	26151	14787	11364
26	41832	20802	21030	18816	11158	7658
27	39683	19631	20052	12750	7811	4939
28	45402	22381	23021	10291	6394	3897
29	38289	19015	19274	6056	3870	2186
30-34岁	**189876**	**98704**	**91172**	**11647**	**7533**	**4114**
30	37442	18775	18667	4223	2682	1541
31	39440	20099	19341	2878	1902	976
32	38770	20027	18743	2014	1317	697
33	35202	18664	16538	1382	888	494
34	39022	21139	17883	1150	744	406
35-39岁	**186803**	**105761**	**81042**	**3241**	**2106**	**1135**
35	37852	21041	16811	922	596	326
36	38270	21502	16768	755	493	262
37	38165	21533	16632	645	425	220
38	37284	21292	15992	530	354	176
39	35232	20393	14839	389	238	151
40-44岁	**154829**	**92553**	**62276**	**1174**	**737**	**437**
40	37101	21549	15552	442	278	164
41	32204	18968	13236	233	151	82
42	33279	19961	13318	213	141	72
43	24222	14826	9396	141	76	65
44	28023	17249	10774	145	91	54
45-49岁	**123590**	**79248**	**44342**	**478**	**295**	**183**
45	28860	18034	10826	127	82	45
46	29265	18400	10865	114	69	45
47	32081	20695	11386	115	71	44
48	22233	14739	7494	80	47	33
49	11151	7380	3771	42	26	16
50-54岁	**64051**	**44648**	**19403**	**177**	**106**	**71**
50	12988	8748	4240	38	24	14
51	10882	7571	3311	20	13	7
52	13628	9485	4143	47	27	20
53	14016	9955	4061	42	22	20
54	12537	8889	3648	30	20	10
55-59岁	**45045**	**32965**	**12080**	**124**	**72**	**52**
55	12089	8780	3309	29	18	11
56	10916	7868	3048	37	21	16
57	8486	6155	2331	15	10	5
58	7566	5650	1916	27	14	13
59	5988	4512	1476	16	9	7
60-64岁	**24733**	**19142**	**5591**	**81**	**50**	**31**
60	6047	4586	1461	22	13	9
61	5658	4394	1264	17	12	5
62	4780	3716	1064	12	5	7
63	4327	3371	956	16	11	5
64	3921	3075	846	14	9	5
65岁及以上	**35826**	**28675**	**7151**	**174**	**124**	**50**

单位：人

有配偶			离婚			丧偶		
小计	男	女	小计	男	女	小计	男	女
946296	**548976**	**397320**	**18733**	**8144**	**10589**	**9739**	**4304**	**5435**
185	**48**	**137**	**2**	**1**	**1**			
1		1						
9	5	4						
17	6	11						
41	10	31						
117	27	90	2	1	1			
31492	**10803**	**20689**	**144**	**55**	**89**	**10**	**1**	**9**
634	136	498	5	1	4	1		1
1754	453	1301	8	3	5			
4324	1301	3023	17	7	10	1		1
9924	3393	6531	38	11	27	1		1
14856	5520	9336	76	33	43	7	1	6
133861	**59294**	**74567**	**1343**	**533**	**810**	**74**	**16**	**58**
17881	7202	10679	96	43	53	8	2	6
22869	9591	13278	139	50	89	8	3	5
26662	11727	14935	261	91	170	10	2	8
34675	15819	18856	411	164	247	25	4	21
31774	14955	16819	436	185	251	23	5	18
174443	**89609**	**84834**	**3507**	**1510**	**1997**	**279**	**52**	**227**
32644	15873	16771	530	211	319	45	9	36
35873	17911	17962	638	280	358	51	6	45
35929	18364	17565	772	332	440	55	14	41
33042	17445	15597	727	322	405	51	9	42
36955	20016	16939	840	365	475	77	14	63
178486	**101640**	**76846**	**4584**	**1924**	**2660**	**492**	**91**	**401**
36000	20051	15949	856	383	473	74	11	63
36506	20627	15879	917	367	550	92	15	77
36516	20733	15783	905	358	547	99	17	82
35660	20499	15161	979	417	562	115	22	93
33804	19730	14074	927	399	528	112	26	86
148826	**89898**	**58928**	**4015**	**1722**	**2293**	**814**	**196**	**618**
35519	20832	14687	982	402	580	158	37	121
30949	18391	12558	874	385	489	148	41	107
32030	19392	12638	853	380	473	183	48	135
23336	14454	8882	623	269	354	122	27	95
26992	16829	10163	683	286	397	203	43	160
119143	**77414**	**41729**	**2953**	**1262**	**1691**	**1016**	**277**	**739**
27831	17606	10225	691	281	410	211	65	146
28128	17935	10193	765	337	428	258	59	199
30975	20241	10734	749	313	436	242	70	172
21465	14418	7047	493	222	271	195	52	143
10744	7214	3530	255	109	146	110	31	79
61807	**43711**	**18096**	**1128**	**532**	**596**	**939**	**299**	**640**
12509	8558	3951	287	121	166	154	45	109
10490	7393	3097	223	119	104	149	46	103
13158	9290	3868	229	103	126	194	65	129
13536	9752	3784	225	111	114	213	70	143
12114	8718	3396	164	78	86	229	73	156
43343	**32186**	**11157**	**580**	**303**	**277**	**998**	**404**	**594**
11661	8593	3068	178	85	93	221	84	137
10515	7692	2823	137	74	63	227	81	146
8166	6013	2153	105	52	53	200	80	120
7261	5514	1747	82	44	38	196	78	118
5740	4374	1366	78	48	30	154	81	73
23400	**18450**	**4950**	**225**	**129**	**96**	**1027**	**513**	**514**
5729	4440	1289	65	30	35	231	103	128
5379	4242	1137	56	36	20	206	104	102
4532	3586	946	31	19	12	205	106	99
4087	3243	844	38	22	16	186	95	91
3673	2939	734	35	22	13	199	105	94
31310	**25923**	**5387**	**252**	**173**	**79**	**4090**	**2455**	**1635**

5-3b 续表 6

受教育程度	15岁及以上人口			未婚		
年龄	合计	男	女	小计	男	女
大学本科	**721440**	**411234**	**310206**	**302195**	**158366**	**143829**
15-19岁	**54011**	**25396**	**28615**	**53983**	**25388**	**28595**
15	167	75	92	167	75	92
16	562	259	303	560	259	301
17	3356	1460	1896	3351	1459	1892
18	16589	7621	8968	16582	7617	8965
19	33337	15981	17356	33323	15978	17345
20-24岁	**195322**	**98986**	**96336**	**188071**	**96528**	**91543**
20	48885	24491	24394	48815	24469	24346
21	46177	23602	22575	45958	23547	22411
22	37650	19321	18329	37006	19119	17887
23	34212	17371	16841	32188	16698	15490
24	28398	14201	14197	24104	12695	11409
25-29岁	**125025**	**63715**	**61310**	**51830**	**30902**	**20928**
25	24786	12387	12399	17632	9710	7922
26	24968	12717	12251	13581	8072	5509
27	24616	12551	12065	9451	5870	3581
28	27745	14307	13438	7130	4619	2511
29	22910	11753	11157	4036	2631	1405
30-34岁	**100554**	**54722**	**45832**	**6157**	**4124**	**2033**
30	20819	10849	9970	2381	1589	792
31	21082	11165	9917	1501	983	518
32	20179	10945	9234	1025	703	322
33	18347	10169	8178	681	465	216
34	20127	11594	8533	569	384	185
35-39岁	**89312**	**54570**	**34742**	**1318**	**876**	**442**
35	19010	11101	7909	416	273	143
36	19042	11534	7508	315	220	95
37	17771	10867	6904	226	141	85
38	17134	10663	6471	174	105	69
39	16355	10405	5950	187	137	50
40-44岁	**71995**	**48306**	**23689**	**492**	**310**	**182**
40	16945	10798	6147	153	95	58
41	15028	9862	5166	97	62	35
42	15586	10477	5109	98	67	31
43	11702	8145	3557	77	45	32
44	12734	9024	3710	67	41	26
45-49岁	**44790**	**33317**	**11473**	**161**	**113**	**48**
45	12179	8831	3348	53	43	10
46	11036	8064	2972	32	19	13
47	11322	8544	2778	41	27	14
48	7076	5472	1604	28	21	7
49	3177	2406	771	7	3	4
50-54岁	**14592**	**11317**	**3275**	**56**	**34**	**22**
50	3366	2565	801	14	8	6
51	2659	2112	547	9	4	5
52	2928	2233	695	14	8	6
53	3056	2383	673	8	6	2
54	2583	2024	559	11	8	3
55-59岁	**8845**	**6826**	**2019**	**25**	**18**	**7**
55	2529	1947	582	8	5	3
56	2149	1635	514	9	6	3
57	1567	1220	347	4	3	1
58	1423	1113	310	2	2	
59	1177	911	266	2	2	
60-64岁	**5289**	**4222**	**1067**	**23**	**14**	**9**
60	1175	904	271	6	4	2
61	1135	894	241	5	1	4
62	923	757	166	2		2
63	935	765	170	5	4	1
64	1121	902	219	5	5	
65岁及以上	**11705**	**9857**	**1848**	**79**	**59**	**20**

单位：人

有配偶			离婚			丧偶		
小计	男	女	小计	男	女	小计	男	女
410689	**248920**	**161769**	**6265**	**2786**	**3479**	**2291**	**1162**	**1129**
27	**7**	**20**	**1**	**1**				
2		2						
5	1	4						
7	4	3						
13	2	11	1	1				
7225	**2446**	**4779**	**23**	**11**	**12**	**3**	**1**	**2**
70	22	48						
218	55	163	1		1			
643	201	442	1	1				
2020	671	1349	3	2	1	1		1
4274	1497	2777	18	8	10	2	1	1
72667	**32611**	**40056**	**489**	**192**	**297**	**39**	**10**	**29**
7128	2665	4463	22	11	11	4	1	3
11327	4619	6708	56	26	30	4		4
15063	6644	8419	92	35	57	10	2	8
20451	9629	10822	153	56	97	11	3	8
18698	9054	9644	166	64	102	10	4	6
92978	**50027**	**42951**	**1326**	**552**	**774**	**93**	**19**	**74**
18252	9195	9057	173	64	109	13	1	12
19324	10080	9244	244	98	146	13	4	9
18868	10137	8731	267	101	166	19	4	15
17348	9560	7788	300	139	161	18	5	13
19186	11055	8131	342	150	192	30	5	25
86198	**52968**	**33230**	**1632**	**696**	**936**	**164**	**30**	**134**
18244	10693	7551	317	127	190	33	8	25
18388	11172	7216	315	140	175	24	2	22
17169	10570	6599	343	148	195	33	8	25
16592	10411	6181	327	139	188	41	8	33
15805	10122	5683	330	142	188	33	4	29
69816	**47293**	**22523**	**1441**	**630**	**811**	**246**	**73**	**173**
16380	10549	5831	368	144	224	44	10	34
14571	9650	4921	311	134	177	49	16	33
15141	10261	4880	294	130	164	53	19	34
11347	7970	3377	233	118	115	45	12	33
12377	8863	3514	235	104	131	55	16	39
43556	**32716**	**10840**	**843**	**397**	**446**	**230**	**91**	**139**
11862	8677	3185	219	99	120	45	12	33
10737	7930	2807	199	83	116	68	32	36
11003	8384	2619	227	116	111	51	17	34
6868	5365	1503	144	72	72	36	14	22
3086	2360	726	54	27	27	30	16	14
14150	**11085**	**3065**	**240**	**129**	**111**	**146**	**69**	**77**
3260	2511	749	67	37	30	25	9	16
2576	2064	512	45	28	17	29	16	13
2835	2188	647	45	20	25	34	17	17
2983	2344	639	33	16	17	32	17	15
2496	1978	518	50	28	22	26	10	16
8582	**6696**	**1886**	**103**	**63**	**40**	**135**	**49**	**86**
2451	1911	540	40	18	22	30	13	17
2089	1602	487	20	17	3	31	10	21
1525	1194	331	17	13	4	21	10	11
1379	1099	280	11	6	5	31	6	25
1138	890	248	15	9	6	22	10	12
5036	**4071**	**965**	**58**	**31**	**27**	**172**	**106**	**66**
1129	880	249	16	8	8	24	12	12
1082	861	221	12	7	5	36	25	11
883	731	152	9	7	2	29	19	10
890	736	154	8	4	4	32	21	11
1052	863	189	13	5	8	51	29	22
10454	**9000**	**1454**	**109**	**84**	**25**	**1063**	**714**	**349**

5-3b 续表 7

受教育程度	15岁及以上人口			未　婚		
年　　龄	合计	男	女	小计	男	女
研究生	**24902**	**14757**	**10145**	**12075**	**6176**	**5899**
15-19岁	**145**	**80**	**65**	**143**	**80**	**63**
15	16	10	6	16	10	6
16	14	9	5	13	9	4
17	23	14	9	23	14	9
18	36	17	19	35	17	18
19	56	30	26	56	30	26
20-24岁	**5499**	**2602**	**2897**	**5416**	**2563**	**2853**
20	140	74	66	136	73	63
21	386	186	200	383	183	200
22	1079	471	608	1071	469	602
23	1861	863	998	1841	859	982
24	2033	1008	1025	1985	979	1006
25-29岁	**7908**	**4002**	**3906**	**5488**	**2893**	**2595**
25	1754	861	893	1637	823	814
26	1662	855	807	1389	735	654
27	1556	782	774	1078	580	498
28	1689	850	839	920	496	424
29	1247	654	593	464	259	205
30-34岁	**3868**	**2335**	**1533**	**797**	**495**	**302**
30	1013	563	450	313	192	121
31	902	526	376	204	125	79
32	758	470	288	139	92	47
33	619	380	239	83	48	35
34	576	396	180	58	38	20
35-39岁	**2648**	**1871**	**777**	**168**	**108**	**60**
35	596	408	188	52	36	16
36	577	390	187	39	24	15
37	517	375	142	34	21	13
38	513	370	143	30	19	11
39	445	328	117	13	8	5
40-44岁	**2162**	**1678**	**484**	**44**	**23**	**21**
40	497	385	112	18	13	5
41	441	350	91	10	4	6
42	470	354	116	9	2	7
43	341	266	75	3	2	1
44	413	323	90	4	2	2
45-49岁	**1649**	**1374**	**275**	**8**	**5**	**3**
45	376	309	67	3	1	2
46	424	360	64	1	1	
47	464	387	77	2	1	1
48	254	209	45	1	1	
49	131	109	22	1	1	
50-54岁	**491**	**413**	**78**	**3**	**3**	
50	118	102	16			
51	75	61	14	1	1	
52	105	93	12	1	1	
53	110	89	21	1	1	
54	83	68	15			
55-59岁	**255**	**187**	**68**	**3**	**3**	
55	72	58	14	1	1	
56	62	48	14	2	2	
57	47	32	15			
58	51	31	20			
59	23	18	5			
60-64岁	**111**	**87**	**24**			
60	28	19	9			
61	27	22	5			
62	15	14	1			
63	18	15	3			
64	23	17	6			
65岁及以上	**166**	**128**	**38**	**5**	**3**	**2**

单位：人

有配偶			离婚			丧偶		
小计	男	女	小计	男	女	小计	男	女
12603	**8455**	**4148**	**163**	**97**	**66**	**61**	**29**	**32**
2		**2**						
1		1						
1		1						
81	**37**	**44**	**2**	**2**				
4	1	3						
3	3							
7	1	6	1	1				
20	4	16						
47	28	19	1	1				
2412	**1106**	**1306**	**6**	**2**	**4**	**2**	**1**	**1**
117	38	79						
273	120	153						
477	202	275	1		1			
764	352	412	3	1	2	2	1	1
781	394	387	2	1	1			
3035	**1814**	**1221**	**35**	**25**	**10**	**1**	**1**	
696	369	327	4	2	2			
690	396	294	7	4	3	1	1	
611	372	239	8	6	2			
530	326	204	6	6				
508	351	157	10	7	3			
2438	**1744**	**694**	**38**	**16**	**22**	**4**	**3**	**1**
536	366	170	8	6	2			
529	363	166	8	2	6	1	1	
474	351	123	8	3	5	1		1
473	347	126	9	3	6	1	1	
426	317	109	5	2	3	1	1	
2083	**1634**	**449**	**30**	**16**	**14**	**5**	**5**	
469	366	103	8	4	4	2	2	
425	344	81	6	2	4			
458	349	109	2	2		1	1	
332	259	73	6	5	1			
399	316	83	8	3	5	2	2	
1608	**1349**	**259**	**25**	**16**	**9**	**8**	**4**	**4**
367	303	64	5	4	1	1	1	
413	353	60	10	6	4			
452	380	72	6	4	2	4	2	2
250	207	43	2	1	1	1		1
126	106	20	2	1	1	2	1	1
472	**399**	**73**	**14**	**10**	**4**	**2**	**1**	**1**
115	100	15	3	2	1			
74	60	14						
100	88	12	4	4				
104	85	19	4	2	2	1	1	
79	66	13	3	2	1	1		1
240	**178**	**62**	**5**	**4**	**1**	**7**	**2**	**5**
69	56	13	2	1	1			
57	44	13	2	2		1		1
44	30	14	1	1		2	1	1
48	31	17				3		3
22	17	5				1	1	
101	**81**	**20**	**5**	**4**	**1**	**5**	**2**	**3**
28	19	9						
24	19	5	1	1		2	2	
15	14	1						
16	14	2	1	1		1		1
18	15	3	3	2	1	2		2
131	**113**	**18**	**3**	**2**	**1**	**27**	**10**	**17**

5-3c 全国分年龄、性别、受教育

受教育程度 年龄	15岁及以上人口			未婚		
	合计	男	女	小计	男	女
总计	**52151441**	**26207697**	**25943744**	**10213410**	**6119256**	**4094154**
15-19岁	**4440725**	**2337631**	**2103094**	**4354381**	**2317307**	**2037074**
15	942536	502600	439936	942041	502499	439542
16	853041	451695	401346	850521	451231	399290
17	874240	460250	413990	865626	458538	407088
18	876746	459499	417247	852778	454225	398553
19	894162	463587	430575	843415	450814	392601
20-24岁	**5260533**	**2600629**	**2659904**	**3553612**	**1999028**	**1554584**
20	1152559	581609	570950	1012302	545618	466684
21	1069064	528648	540416	842631	465946	376685
22	1012041	495547	516494	680177	385000	295177
23	1076904	529626	547278	594311	346775	247536
24	949965	465199	484766	424191	255689	168502
25-29岁	**4039585**	**2027220**	**2012365**	**967701**	**630759**	**336942**
25	828904	408658	420246	297695	184887	112808
26	805571	400429	405142	228419	146610	81809
27	766396	385173	381223	171400	113724	57676
28	869622	441226	428396	155852	105853	49999
29	769092	391734	377358	114335	79685	34650
30-34岁	**3863984**	**1967672**	**1896312**	**352822**	**269001**	**83821**
30	757043	382120	374923	95141	67812	27329
31	771798	395211	376587	78792	59048	19744
32	769314	391008	378306	67516	52107	15409
33	724342	370899	353443	55146	43975	11171
34	841487	428434	413053	56227	46059	10168
35-39岁	**5070049**	**2564051**	**2505998**	**245394**	**212229**	**33165**
35	878477	446837	431640	53582	44962	8620
36	976873	492999	483874	52761	44988	7773
37	1023134	518532	504602	49360	42790	6570
38	1079571	543420	536151	46671	41097	5574
39	1111994	562263	549731	43020	38392	4628
40-44岁	**5921006**	**2964479**	**2956527**	**178835**	**163828**	**15007**
40	1245691	624010	621681	44382	39882	4500
41	1143519	572977	570542	36412	33266	3146
42	1276976	638254	638722	37278	34255	3023
43	1056666	527616	529050	29189	27011	2178
44	1198154	601622	596532	31574	29414	2160
45-49岁	**5110623**	**2542509**	**2568114**	**116092**	**109044**	**7048**
45	1168883	585389	583494	29650	27685	1965
46	1121598	556339	565259	26714	25003	1711
47	1277715	641010	636705	28122	26615	1507
48	998278	495727	502551	20557	19326	1231
49	544149	264044	280105	11049	10415	634
50-54岁	**3938439**	**2004027**	**1934412**	**94818**	**91292**	**3526**
50	678716	337709	341007	15081	14296	785
51	611892	316822	295070	14262	13642	620
52	829201	422078	407123	21096	20391	705
53	939632	482480	457152	22784	22074	710
54	878998	444938	434060	21595	20889	706
55-59岁	**4418539**	**2242024**	**2176515**	**110762**	**107243**	**3519**
55	937507	478964	458543	23599	22834	765
56	947549	481909	465640	23637	22930	707
57	878957	443444	435513	22135	21420	715
58	898921	456080	442841	22771	22075	696
59	755605	381627	373978	18620	17984	636
60-64岁	**3309758**	**1696576**	**1613182**	**85803**	**82573**	**3230**
60	759084	386144	372940	19744	19005	739
61	729641	380278	349363	18905	18287	618
62	641728	329167	312561	16600	15960	640
63	610827	313794	297033	15675	15070	605
64	568478	287193	281285	14879	14251	628
65岁及以上	**6778200**	**3260879**	**3517321**	**153190**	**136952**	**16238**

程度、婚姻状况的人口(乡村)

单位：人

有配偶			离婚			丧偶		
小计	男	女	小计	男	女	小计	男	女
37739145	**18515258**	**19223887**	**525057**	**372703**	**152354**	**3673829**	**1200480**	**2473349**
85453	**20096**	**65357**	**798**	**203**	**595**	**93**	**25**	**68**
489	99	390	3		3	3	2	1
2497	457	2040	21	6	15	2	1	1
8528	1692	6836	70	16	54	16	4	12
23726	5213	18513	223	55	168	19	6	13
50213	12635	37578	481	126	355	53	12	41
1687729	**592935**	**1094794**	**17060**	**8013**	**9047**	**2132**	**653**	**1479**
138872	35536	103336	1245	420	825	140	35	105
224166	61834	162332	1998	793	1205	269	75	194
328336	109013	219323	3119	1407	1712	409	127	282
477449	180415	297034	4583	2262	2321	561	174	387
518906	206137	312769	6115	3131	2984	753	242	511
3016044	**1365218**	**1650826**	**49122**	**28802**	**20320**	**6718**	**2441**	**4277**
523468	219863	303605	6819	3590	3229	922	318	604
567764	248694	319070	8294	4737	3557	1094	388	706
584232	265416	318816	9541	5570	3971	1223	463	760
699732	327325	372407	12335	7434	4901	1703	614	1089
640848	303920	336928	12133	7471	4662	1776	658	1118
3423258	**1644740**	**1778518**	**72502**	**47959**	**24543**	**15402**	**5972**	**9430**
646250	305051	341199	13488	8437	5051	2164	820	1344
676159	325923	350236	14229	9196	5033	2618	1044	1574
684079	328053	356026	14661	9674	4987	3058	1174	1884
651966	316147	335819	14004	9532	4472	3226	1245	1981
764804	369566	395238	16120	11120	5000	4336	1689	2647
4695906	**2271006**	**2424900**	**90644**	**65935**	**24709**	**38105**	**14881**	**23224**
802876	387976	414900	16935	11913	5022	5084	1986	3098
899596	432552	467044	18137	12997	5140	6379	2462	3917
947987	459497	488490	18186	13249	4937	7601	2996	4605
1005219	484946	520273	18836	13925	4911	8845	3452	5393
1040228	506035	534193	18550	13851	4699	10196	3985	6211
5567454	**2699749**	**2867705**	**88822**	**67419**	**21403**	**85895**	**33483**	**52412**
1167132	563589	603543	20511	15190	5321	13666	5349	8317
1074667	520477	554190	17670	13415	4255	14770	5819	8951
1202050	582117	619933	19132	14594	4538	18516	7288	11228
995338	482509	512829	14770	11349	3421	17369	6747	10622
1128267	551057	577210	16739	12871	3868	21574	8280	13294
4803781	**2339531**	**2464250**	**63474**	**48558**	**14916**	**127276**	**45376**	**81900**
1099177	536524	562653	15796	12115	3681	24260	9065	15195
1054292	510909	543383	14526	11044	3482	26066	9383	16683
1201985	590884	611101	15685	12087	3598	31923	11424	20499
938303	457924	480379	11394	8661	2733	28024	9816	18208
510024	243290	266734	6073	4651	1422	17003	5688	11315
3626476	**1816358**	**1810118**	**40520**	**32020**	**8500**	**176625**	**64357**	**112268**
631608	308804	322804	7867	6029	1838	24160	8580	15580
566477	288918	277559	6681	5287	1394	24472	8975	15497
762690	381219	381471	8724	6998	1726	36691	13470	23221
862908	436514	426394	9125	7290	1835	44815	16602	28213
802793	400903	401890	8123	6416	1707	46487	16730	29757
3951848	**1992892**	**1958956**	**37541**	**29049**	**8492**	**318388**	**112840**	**205548**
850913	429533	421380	8690	6752	1938	54305	19845	34460
854679	430539	424140	8225	6426	1799	61008	22014	38994
785687	393835	391852	7347	5704	1643	63788	22485	41303
796972	403116	393856	7336	5658	1678	71842	25231	46611
663597	335869	327728	5943	4509	1434	67445	23265	44180
2786243	**1454673**	**1331570**	**24438**	**18384**	**6054**	**413274**	**140946**	**272328**
655713	335509	320204	5982	4529	1453	77645	27101	50544
622342	328498	293844	5410	4135	1275	82984	29358	53626
539549	282080	257469	4731	3521	1210	80848	27606	53242
505731	266895	238836	4346	3274	1072	85075	28555	56520
462908	241691	221217	3969	2925	1044	86722	28326	58396
4094953	**2318060**	**1776893**	**40136**	**26361**	**13775**	**2489921**	**779506**	**1710415**

5-3c 续表 1

受教育程度 年龄	15岁及以上人口 合计	男	女	未婚 小计	男	女
未上过学	**4842578**	**1344850**	**3497728**	**294707**	**242556**	**52151**
15-19岁	**22085**	**10535**	**11550**	**20167**	**10287**	**9880**
15	3536	1768	1768	3506	1759	1747
16	3869	1941	1928	3777	1930	1847
17	4342	2099	2243	4086	2058	2028
18	5030	2351	2679	4451	2282	2169
19	5308	2376	2932	4347	2258	2089
20-24岁	**43647**	**17908**	**25739**	**25399**	**14734**	**10665**
20	7765	3402	4363	5700	3135	2565
21	8153	3326	4827	5304	2901	2403
22	8583	3494	5089	4975	2875	2100
23	9530	3855	5675	5015	3053	1962
24	9616	3831	5785	4405	2770	1635
25-29岁	**55153**	**20497**	**34656**	**18427**	**12188**	**6239**
25	10107	3859	6248	4047	2550	1497
26	10009	3699	6310	3660	2384	1276
27	10614	3945	6669	3490	2294	1196
28	12433	4616	7817	3783	2575	1208
29	11990	4378	7612	3447	2385	1062
30-34岁	**75943**	**27063**	**48880**	**17627**	**13374**	**4253**
30	13804	4897	8907	3627	2593	1034
31	13701	5066	8635	3457	2554	903
32	15497	5590	9907	3607	2774	833
33	14969	5327	9642	3244	2505	739
34	17972	6183	11789	3692	2948	744
35-39岁	**122327**	**40284**	**82043**	**20818**	**17557**	**3261**
35	19840	6850	12990	3867	3144	723
36	22472	7497	14975	4119	3419	700
37	24671	8006	16665	4163	3470	693
38	27116	8811	18305	4277	3685	592
39	28228	9120	19108	4392	3839	553
40-44岁	**184369**	**52680**	**131689**	**23144**	**20546**	**2598**
40	35790	10850	24940	5112	4452	660
41	34124	10182	23942	4426	3915	511
42	39483	11164	28319	4918	4354	564
43	34923	9627	25296	4035	3592	443
44	40049	10857	29192	4653	4233	420
45-49岁	**204217**	**48790**	**155427**	**19206**	**17404**	**1802**
45	41709	11273	30436	4786	4317	469
46	42534	10611	31923	4383	3987	396
47	47858	11350	36508	4610	4202	408
48	43558	9458	34100	3460	3126	334
49	28558	6098	22460	1967	1772	195
50-54岁	**296123**	**70018**	**226105**	**20389**	**19137**	**1252**
50	39658	9047	30611	2838	2567	271
51	39732	9613	30119	2858	2655	203
52	61619	15135	46484	4625	4369	256
53	76394	17998	58396	5097	4838	259
54	78720	18225	60495	4971	4708	263
55-59岁	**514527**	**122435**	**392092**	**29269**	**27892**	**1377**
55	90656	21194	69462	5604	5345	259
56	100703	23411	77292	5939	5644	295
57	104116	24427	79689	5781	5501	280
58	115650	28334	87316	6530	6255	275
59	103402	25069	78333	5415	5147	268
60-64岁	**581426**	**151207**	**430219**	**28924**	**27449**	**1475**
60	116154	30266	85888	6323	5989	334
61	120677	32758	87919	6293	6039	254
62	115405	30045	85360	5596	5320	276
63	114950	29544	85406	5415	5124	291
64	114240	28594	85646	5297	4977	320
65岁及以上	**2742761**	**783433**	**1959328**	**71337**	**61988**	**9349**

单位：人

有配偶			离婚			丧偶		
小计	男	女	小计	男	女	小计	男	女
2932340	**785233**	**2147107**	**34421**	**17703**	**16718**	**1581110**	**299358**	**1281752**
1872	**240**	**1632**	**30**	**3**	**27**	**16**	**5**	**11**
30	9	21						
92	11	81						
249	39	210	3		3	4	2	2
566	68	498	11	1	10	2		2
935	113	822	16	2	14	10	3	7
17669	**3003**	**14666**	**399**	**107**	**292**	**180**	**64**	**116**
2022	259	1763	33	6	27	10	2	8
2773	403	2370	45	9	36	31	13	18
3477	578	2899	90	25	65	41	16	25
4379	767	3612	101	22	79	35	13	22
5018	996	4022	130	45	85	63	20	43
35332	**7872**	**27460**	**929**	**305**	**624**	**465**	**132**	**333**
5822	1234	4588	160	49	111	78	26	52
6113	1258	4855	153	34	119	83	23	60
6849	1566	5283	195	62	133	80	23	57
8306	1935	6371	209	70	139	135	36	99
8242	1879	6363	212	90	122	89	24	65
55888	**12827**	**43061**	**1469**	**585**	**884**	**959**	**277**	**682**
9779	2171	7608	253	87	166	145	46	99
9777	2351	7426	302	106	196	165	55	110
11406	2642	8764	282	118	164	202	56	146
11211	2642	8569	306	123	183	208	57	151
13715	3021	10694	326	151	175	239	63	176
97227	**21104**	**76123**	**1951**	**1001**	**950**	**2331**	**622**	**1709**
15315	3431	11884	346	184	162	312	91	221
17564	3760	13804	402	200	202	387	118	269
19604	4210	15394	372	182	190	532	144	388
21920	4810	17110	416	199	217	503	117	386
22824	4893	17931	415	236	179	597	152	445
152859	**29451**	**123408**	**2622**	**1474**	**1148**	**5744**	**1209**	**4535**
29222	5896	23326	548	305	243	908	197	711
28217	5758	22459	509	285	224	972	224	748
32836	6276	26560	553	302	251	1176	232	944
29281	5519	23762	462	264	198	1145	252	893
33303	6002	27301	550	318	232	1543	304	1239
172719	**28361**	**144358**	**2257**	**1285**	**972**	**10035**	**1740**	**8295**
34565	6271	28294	519	297	222	1839	388	1451
35725	6005	29720	493	277	216	1933	342	1591
40384	6421	33963	529	302	227	2335	425	1910
37367	5738	31629	432	243	189	2299	351	1948
24678	3926	20752	284	166	118	1629	234	1395
249170	**45213**	**203957**	**2608**	**1638**	**970**	**23956**	**4030**	**19926**
33712	5754	27958	433	244	189	2675	482	2193
33503	6208	27295	383	253	130	2988	497	2491
51643	9616	42027	552	361	191	4799	789	4010
64354	11705	52649	585	371	214	6358	1084	5274
65958	11930	54028	655	409	246	7136	1178	5958
421960	**82608**	**339352**	**3889**	**2375**	**1514**	**59409**	**9560**	**49849**
75662	14027	61635	730	421	309	8660	1401	7259
83457	15626	67831	748	466	282	10559	1675	8884
85490	16483	69007	833	519	314	12012	1924	10088
94185	19210	74975	828	509	319	14107	2360	11747
83166	17262	65904	750	460	290	14071	2200	11871
438769	**102646**	**336123**	**3922**	**2319**	**1603**	**109811**	**18793**	**91018**
90957	20515	70442	863	539	324	18011	3223	14788
92782	22475	70307	820	485	335	20782	3759	17023
87290	20452	66838	802	475	327	21717	3798	17919
85109	20114	64995	701	400	301	23725	3906	19819
82631	19090	63541	736	420	316	25576	4107	21469
1288875	**451908**	**836967**	**14345**	**6611**	**7734**	**1368204**	**262926**	**1105278**

5-3c 续表 2

受教育程度 年龄	15岁及以上人口			未婚		
	合计	男	女	小计	男	女
小 学	**17020277**	**7811197**	**9209080**	**1197502**	**889141**	**308361**
15-19岁	**250152**	**125348**	**124804**	**228369**	**121240**	**107129**
15	33501	17927	15574	33267	17893	15374
16	40228	21164	19064	39207	21014	18193
17	50422	25656	24766	47600	25174	22426
18	59103	28990	30113	52753	27853	24900
19	66898	31611	35287	55542	29306	26236
20-24岁	**522197**	**224524**	**297673**	**275094**	**157579**	**117515**
20	96841	43263	53578	70925	37855	33070
21	99055	43066	55989	61933	34524	27409
22	101795	43481	58314	53194	30830	22364
23	114601	48645	65956	49542	29636	19906
24	109905	46069	63836	39500	24734	14766
25-29岁	**575056**	**240658**	**334398**	**127047**	**87661**	**39386**
25	104865	43750	61115	31543	20379	11164
26	107688	44683	63005	27137	18213	8924
27	108187	45316	62871	23606	16457	7149
28	129515	54216	75299	24255	17408	6847
29	124801	52693	72108	20506	15204	5302
30-34岁	**826343**	**343611**	**482732**	**92939**	**75167**	**17772**
30	138331	56859	81472	19996	15053	4943
31	150799	63348	87451	19418	15320	4098
32	165070	68383	96687	18489	15074	3415
33	166649	69967	96682	16570	13891	2679
34	205494	85054	120440	18466	15829	2637
35-39岁	**1419720**	**578817**	**840903**	**94732**	**85176**	**9556**
35	228861	94886	133975	18788	16475	2313
36	264429	108315	156114	19733	17507	2226
37	285296	116787	168509	19137	17197	1940
38	310198	124768	185430	18879	17237	1642
39	330936	134061	196875	18195	16760	1435
40-44岁	**1983515**	**794163**	**1189352**	**85261**	**80111**	**5150**
40	388719	155208	233511	19617	18150	1467
41	377923	153156	224767	17321	16222	1099
42	433913	173934	259979	17997	16970	1027
43	367136	146459	220677	14434	13656	778
44	415824	165406	250418	15892	15113	779
45-49岁	**1763803**	**659364**	**1104439**	**57352**	**54808**	**2544**
45	401690	156854	244836	14710	13999	711
46	385110	146516	238594	13256	12602	654
47	426736	159408	267328	13817	13313	504
48	347389	124854	222535	10019	9579	440
49	202878	71732	131146	5550	5315	235
50-54岁	**1795091**	**737887**	**1057204**	**51977**	**50646**	**1331**
50	269738	103131	166607	7847	7567	280
51	259099	105654	153445	7679	7444	235
52	377798	155423	222375	11532	11270	262
53	447520	187907	259613	12769	12496	273
54	440936	185772	255164	12150	11869	281
55-59岁	**2510412**	**1144659**	**1365753**	**64575**	**63147**	**1428**
55	493311	215332	277979	13515	13231	284
56	524032	234680	289352	13838	13550	288
57	505782	230525	275257	13117	12813	304
58	531920	248618	283302	13171	12875	296
59	455367	215504	239863	10934	10678	256
60-64岁	**2043521**	**1040987**	**1002534**	**49338**	**48007**	**1331**
60	463747	226039	237708	11450	11150	300
61	453684	232630	221054	10983	10708	275
62	400383	205778	194605	9586	9307	279
63	380072	198336	181736	9006	8764	242
64	345635	178204	167431	8313	8078	235
65岁及以上	**3330467**	**1921179**	**1409288**	**70818**	**65599**	**5219**

单位：人

有配偶			离婚			丧偶		
小计	男	女	小计	男	女	小计	男	女
13977884	**6125230**	**7852654**	**184952**	**136473**	**48479**	**1659939**	**660353**	**999586**
21534	**4048**	**17486**	**213**	**54**	**159**	**36**	**6**	**30**
232	33	199				2	1	1
1011	148	863	9	1	8	1	1	
2791	475	2316	26	6	20	5	1	4
6280	1118	5162	64	18	46	6	1	5
11220	2274	8946	114	29	85	22	2	20
243298	**65330**	**177968**	**3229**	**1425**	**1804**	**576**	**190**	**386**
25587	5285	20302	286	109	177	43	14	29
36640	8354	28286	413	163	250	69	25	44
47872	12366	35506	610	251	359	119	34	85
64072	18561	45511	833	393	440	154	55	99
69127	20764	48363	1087	509	578	191	62	129
437683	**147693**	**289990**	**8453**	**4619**	**3834**	**1873**	**685**	**1188**
71865	22676	49189	1217	606	611	240	89	151
78851	25639	53212	1416	733	683	284	98	186
82657	27862	54795	1566	859	707	358	138	220
102668	35470	67198	2121	1170	951	471	168	303
101642	36046	65596	2133	1251	882	520	192	328
712713	**256500**	**456213**	**15682**	**10029**	**5653**	**5009**	**1915**	**3094**
115064	40048	75016	2641	1516	1125	630	242	388
127745	45972	81773	2829	1750	1079	807	306	501
142365	50881	91484	3188	2027	1161	1028	401	627
145804	53491	92313	3190	2154	1036	1085	431	654
181735	66108	115627	3834	2582	1252	1459	535	924
1285551	**470057**	**815494**	**25252**	**18344**	**6908**	**14185**	**5240**	**8945**
203913	74730	129183	4350	3004	1346	1810	677	1133
237536	86530	151006	4842	3423	1419	2318	855	1463
258361	94854	163507	5042	3682	1360	2756	1054	1702
282629	102317	180312	5404	3995	1409	3286	1219	2067
303112	111626	191486	5614	4240	1374	4015	1435	2580
1829745	**677006**	**1152739**	**31124**	**23937**	**7187**	**37385**	**13109**	**24276**
357008	130157	226851	6586	4923	1663	5508	1978	3530
348282	130054	218228	6021	4611	1410	6299	2269	4030
401062	148865	252197	6744	5217	1527	8110	2882	5228
339371	125743	213628	5519	4321	1198	7812	2739	5073
384022	142187	241835	6254	4865	1389	9656	3241	6415
1625391	**569533**	**1055858**	**23301**	**18136**	**5165**	**57759**	**16887**	**40872**
370237	134823	235414	5847	4572	1275	10896	3460	7436
354628	126098	228530	5292	4108	1184	11934	3708	8226
393115	137576	255539	5632	4446	1186	14172	4073	10099
320533	108585	211948	4177	3215	962	12660	3475	9185
186878	62451	124427	2353	1795	558	8097	2171	5926
1627543	**641384**	**986159**	**19390**	**15392**	**3998**	**96181**	**30465**	**65716**
246556	89461	157095	3264	2469	795	12071	3634	8437
235650	91862	143788	3008	2397	611	12762	3951	8811
342122	134371	207751	4240	3396	844	19904	6386	13518
405221	163609	241612	4565	3703	862	24965	8099	16866
397994	162081	235913	4313	3427	886	26479	8395	18084
2228332	**998336**	**1229996**	**21948**	**17008**	**4940**	**195557**	**66168**	**129389**
443175	187934	255241	4792	3720	1072	31829	10447	21382
468663	205035	263628	4678	3649	1029	36853	12446	24407
449112	201102	248010	4307	3348	959	39246	13262	25984
468988	216785	252203	4480	3474	1006	45281	15484	29797
398394	187480	210914	3691	2817	874	42348	14529	27819
1726280	**889476**	**836804**	**15449**	**11918**	**3531**	**252454**	**91586**	**160868**
400296	194957	205339	3673	2795	878	48328	17137	31191
387591	200023	187568	3476	2740	736	51634	19159	32475
338173	176144	162029	3038	2328	710	49586	17999	31587
316590	168483	148107	2779	2177	602	51697	18912	32785
283630	149869	133761	2483	1878	605	51209	18379	32830
2239814	**1405867**	**833947**	**20911**	**15611**	**5300**	**998924**	**434102**	**564822**

5-3c 续表 3

受教育程度 年龄	15岁及以上人口 合计	男	女	未婚 小计	男	女
初 中	**24456750**	**13534328**	**10922422**	**5662812**	**3318486**	**2344326**
15-19岁	**2680737**	**1428410**	**1252327**	**2621686**	**1413512**	**1208174**
15	773728	415133	358595	773507	415082	358425
16	548877	293902	254975	547529	293616	253913
17	457471	244450	213021	452208	243338	208870
18	433986	230515	203471	417799	226691	191108
19	466675	244410	222265	430643	234785	195858
20-24岁	**3266349**	**1599772**	**1666577**	**1997387**	**1140747**	**856640**
20	640228	322626	317602	536963	294899	242064
21	643557	315588	327969	474672	267127	207545
22	641101	309854	331247	392355	224646	167709
23	705313	343259	362054	345558	203746	141812
24	636150	308445	327705	247839	150329	97510
25-29岁	**2780756**	**1403040**	**1377716**	**578015**	**376539**	**201476**
25	564351	276986	287365	175650	109478	66172
26	555934	276255	279679	136351	87351	49000
27	530514	268404	262110	102878	68155	34723
28	601573	308636	292937	94002	63720	30282
29	528384	272759	255625	69134	47835	21299
30-34岁	**2563836**	**1349314**	**1214522**	**199757**	**150531**	**49226**
30	511331	264262	247069	56117	39784	16333
31	518564	272140	246424	45771	34047	11724
32	509353	267399	241954	38002	28930	9072
33	476137	253119	223018	30267	23818	6449
34	548451	292394	256057	29600	23952	5648
35-39岁	**3197355**	**1725431**	**1471924**	**116041**	**98642**	**17399**
35	564457	302278	262179	27206	22493	4713
36	623234	333291	289943	25777	21627	4150
37	647345	349921	297424	23315	19934	3381
38	675575	365347	310228	21160	18284	2876
39	686744	374594	312150	18583	16304	2279
40-44岁	**3427634**	**1894412**	**1533222**	**64119**	**57837**	**6282**
40	748602	408659	339943	17724	15695	2029
41	667643	366244	301399	13372	12037	1335
42	734299	405736	328563	13130	11874	1256
43	600069	333770	266299	9771	8948	823
44	677021	380003	297018	10122	9283	839
45-49岁	**2682481**	**1511932**	**1170549**	**35201**	**32974**	**2227**
45	650342	364811	285531	9192	8520	672
46	607225	338786	268439	8170	7632	538
47	678503	383158	295345	8591	8105	486
48	496584	283123	213461	6187	5818	369
49	249827	142054	107773	3061	2899	162
50-54岁	**1477406**	**921219**	**556187**	**19528**	**18802**	**726**
50	289866	169081	120785	3767	3590	177
51	244561	151333	93228	3202	3059	143
52	310775	193019	117756	4274	4134	140
53	336987	216657	120330	4314	4179	135
54	295217	191129	104088	3971	3840	131
55-59岁	**1187831**	**807872**	**379959**	**15078**	**14496**	**582**
55	292949	194150	98799	3984	3799	185
56	271182	181930	89252	3406	3304	102
57	230764	157257	73507	2861	2760	101
58	219494	152791	66703	2771	2665	106
59	173442	121744	51698	2056	1968	88
60-64岁	**600555**	**433846**	**166709**	**6775**	**6428**	**347**
60	157074	111427	45647	1766	1679	87
61	135880	98520	37360	1472	1397	75
62	109963	79876	30087	1254	1189	65
63	101873	74262	27611	1127	1067	60
64	95765	69761	26004	1156	1096	60
65岁及以上	**591810**	**459080**	**132730**	**9225**	**7978**	**1247**

单位：人

有配偶			离婚			丧偶		
小计	男	女	小计	男	女	小计	男	女
18144414	**9814498**	**8329916**	**267646**	**192723**	**74923**	**381878**	**208621**	**173257**
58476	**14743**	**43733**	**535**	**141**	**394**	**40**	**14**	**26**
217	50	167	3		3	1	1	
1335	281	1054	12	5	7	1		1
5219	1102	4117	38	9	29	6	1	5
16031	3784	12247	145	35	110	11	5	6
35674	9526	26148	337	92	245	21	7	14
1255369	**452668**	**802701**	**12344**	**5999**	**6345**	**1249**	**358**	**891**
102296	27418	74878	887	293	594	82	16	66
167285	47841	119444	1451	588	863	149	32	117
246244	84067	162177	2278	1075	1203	224	66	158
356099	137719	218380	3320	1698	1622	336	96	240
383445	155623	227822	4408	2345	2063	458	148	310
2163883	**1003909**	**1159974**	**34935**	**21146**	**13789**	**3923**	**1446**	**2477**
383285	164691	218594	4876	2639	2237	540	178	362
412919	185117	227802	6007	3547	2460	657	240	417
420122	195862	224260	6808	4114	2694	706	273	433
497814	239060	258754	8770	5496	3274	987	360	627
449743	219179	230564	8474	5350	3124	1033	395	638
2307221	**1162487**	**1144734**	**48246**	**32878**	**15368**	**8612**	**3418**	**5194**
444817	218026	226791	9155	5981	3174	1242	471	771
461728	231055	230673	9568	6418	3150	1497	620	877
459961	231223	228738	9724	6598	3126	1666	648	1018
434860	222202	212658	9246	6420	2826	1764	679	1085
505855	259981	245874	10553	7461	3092	2443	1000	1443
3004370	**1576389**	**1427981**	**56685**	**41942**	**14743**	**20259**	**8458**	**11801**
523651	270865	252786	10820	7770	3050	2780	1150	1630
582478	301855	280623	11531	8416	3115	3448	1393	2055
608573	319839	288734	11418	8461	2957	4039	1687	2352
637977	336257	301720	11675	8807	2868	4763	1999	2764
651691	347573	304118	11241	8488	2753	5229	2229	3000
3274055	**1780649**	**1493406**	**49337**	**38024**	**11313**	**40123**	**17902**	**22221**
712067	380983	331084	12020	9022	2998	6791	2959	3832
637282	343406	293876	9955	7702	2253	7034	3099	3935
701884	381727	320157	10599	8204	2395	8686	3931	4755
574537	315193	259344	7895	6135	1760	7866	3494	4372
648285	359340	288945	8868	6961	1907	9746	4419	5327
2562448	**1430496**	**1131952**	**32123**	**25014**	**7109**	**52709**	**23448**	**29261**
622185	345038	277147	8317	6448	1869	10648	4805	5843
580400	320516	259884	7540	5802	1738	11115	4836	6279
648293	362737	285556	7986	6239	1747	13633	6077	7556
473670	267956	205714	5529	4323	1206	11198	5026	6172
237900	134249	103651	2751	2202	549	6115	2704	3411
1395498	**865579**	**529919**	**14985**	**12261**	**2724**	**47395**	**24577**	**22818**
274971	159192	115779	3326	2669	657	7802	3630	4172
231559	142472	89087	2632	2143	489	7168	3659	3509
293287	181073	112214	3186	2656	530	10028	5156	4872
318023	203683	114340	3241	2651	590	11409	6144	5265
277658	179159	98499	2600	2142	458	10988	5988	5000
1106783	**753018**	**353765**	**10033**	**8299**	**1734**	**55937**	**32059**	**23878**
274429	181421	93008	2661	2201	460	11875	6729	5146
253561	169954	83607	2374	1967	407	11841	6705	5136
214910	146613	68297	1879	1567	312	11114	6317	4797
203799	142178	61621	1782	1468	314	11142	6480	4662
160084	112852	47232	1337	1096	241	9965	5828	4137
543307	**396481**	**146826**	**4441**	**3645**	**796**	**46032**	**27292**	**18740**
143837	102682	41155	1272	1053	219	10199	6013	4186
123914	90597	33317	965	795	170	9529	5731	3798
99338	72894	26444	780	630	150	8591	5163	3428
91272	67434	23838	755	614	141	8719	5147	3572
84946	62874	22072	669	553	116	8994	5238	3756
473004	**378079**	**94925**	**3982**	**3374**	**608**	**105599**	**69649**	**35950**

5-3c 续表 4

受教育程度 年 龄	15岁及以上人口 合计	男	女	未婚 小计	男	女
高 中	**4619912**	**2835200**	**1784712**	**2273356**	**1258051**	**1015305**
15-19岁	**1329916**	**697909**	**632007**	**1326588**	**696920**	**629668**
15	129340	66622	62718	129332	66617	62715
16	255200	132415	122785	255147	132404	122743
17	348648	181796	166852	348399	181729	166670
18	331731	175555	156176	330945	175329	155616
19	264997	141521	123476	262765	140841	121924
20-24岁	**893054**	**487425**	**405629**	**750105**	**426329**	**323776**
20	266834	143244	123590	258655	140866	117789
21	194249	104502	89747	178564	99746	78818
22	158254	86659	71595	131678	76084	55594
23	152624	84737	67887	108744	64866	43878
24	121093	68283	52810	72464	44767	27697
25-29岁	**421615**	**247207**	**174408**	**139268**	**90084**	**49184**
25	94549	54156	40393	46910	29491	17419
26	85433	49792	35641	33830	21820	12010
27	78733	46156	32577	23962	15767	8195
28	87824	51916	35908	20656	13613	7043
29	75076	45187	29889	13910	9393	4517
30-34岁	**300941**	**188220**	**112721**	**30152**	**21533**	**8619**
30	69176	41886	27290	10397	7080	3317
31	66919	41520	25399	7274	5142	2132
32	60106	37617	22489	5349	3886	1463
33	50989	32667	18322	3736	2848	888
34	53751	34530	19221	3396	2577	819
35-39岁	**269693**	**178325**	**91368**	**11170**	**8928**	**2242**
35	51308	33517	17791	2910	2248	662
36	53435	35020	18415	2487	1969	518
37	53823	35601	18222	2253	1837	416
38	55313	36715	18598	1955	1596	359
39	55814	37472	18342	1565	1278	287
40-44岁	**280955**	**191688**	**89267**	**5392**	**4630**	**762**
40	61755	41794	19961	1639	1374	265
41	54868	37083	17785	1102	946	156
42	59873	40654	19219	1034	902	132
43	47503	32741	14762	824	713	111
44	56956	39416	17540	793	695	98
45-49岁	**421705**	**294209**	**127496**	**3955**	**3576**	**379**
45	66332	46133	20199	846	769	77
46	78185	54216	23969	817	715	102
47	114697	79763	34934	1015	927	88
48	103350	72748	30602	835	760	75
49	59141	41349	17792	442	405	37
50-54岁	**346673**	**256824**	**89849**	**2767**	**2594**	**173**
50	75057	53138	21919	591	542	49
51	64889	47479	17410	494	468	26
52	74196	54765	19431	630	592	38
53	73395	55705	17690	577	538	39
54	59136	45737	13399	475	454	21
55-59岁	**187298**	**151581**	**35717**	**1724**	**1620**	**104**
55	55666	44232	11434	465	433	32
56	47346	38297	9049	435	416	19
57	34771	28317	6454	354	332	22
58	28679	23607	5072	272	260	12
59	20836	17128	3708	198	179	19
60-64岁	**73143**	**60823**	**12320**	**707**	**644**	**63**
60	19456	16138	3318	185	171	14
61	16955	14250	2705	146	136	10
62	13779	11535	2244	150	133	17
63	11904	9838	2066	119	109	10
64	11049	9062	1987	107	95	12
65岁及以上	**94919**	**80989**	**13930**	**1528**	**1193**	**335**

单位：人

有配偶			离婚			丧偶		
小计	男	女	小计	男	女	小计	男	女
2268306	**1525578**	**742728**	**31928**	**22377**	**9551**	**46322**	**29194**	**17128**
3307	**984**	**2323**	**20**	**5**	**15**	**1**		**1**
8	5	3						
53	11	42						
245	66	179	3	1	2	1		1
783	225	558	3	1	2			
2218	677	1541	14	3	11			
141901	**60641**	**81260**	**939**	**420**	**519**	**109**	**35**	**74**
8139	2364	5775	36	12	24	4	2	2
15589	4721	10868	80	30	50	16	5	11
26424	10517	15907	130	48	82	22	10	12
43557	19726	23831	289	136	153	34	9	25
48192	23313	24879	404	194	210	33	9	24
278195	**154740**	**123455**	**3792**	**2241**	**1551**	**360**	**142**	**218**
47147	24419	22728	441	226	215	51	20	31
50976	27602	23374	575	349	226	52	21	31
53965	29933	24032	746	434	312	60	22	38
66078	37681	28397	1000	584	416	90	38	52
60029	35105	24924	1030	648	382	107	41	66
264539	**162740**	**101799**	**5560**	**3637**	**1923**	**690**	**310**	**380**
57523	34058	23465	1134	691	443	122	57	65
58336	35586	22750	1186	741	445	123	51	72
53461	32904	20557	1155	768	387	141	59	82
46109	29068	17041	1001	683	318	143	68	75
49110	31124	17986	1084	754	330	161	75	86
251866	**164982**	**86884**	**5477**	**3902**	**1575**	**1180**	**513**	**667**
47108	30412	16696	1132	795	337	158	62	96
49653	32169	17484	1092	791	301	203	91	112
50216	32881	17335	1116	784	332	238	99	139
52003	34234	17769	1092	779	313	263	106	157
52886	35286	17600	1045	753	292	318	155	163
268264	**182379**	**85885**	**4886**	**3501**	**1385**	**2413**	**1178**	**1235**
58584	39399	19185	1131	818	313	401	203	198
52345	35215	17130	1002	712	290	419	210	209
57281	38761	18520	1056	766	290	502	225	277
45406	31231	14175	765	551	214	508	246	262
54648	37773	16875	932	654	278	583	294	289
406123	**283686**	**122437**	**5161**	**3756**	**1405**	**6466**	**3191**	**3275**
63725	44268	19457	949	702	247	812	394	418
75303	52266	23037	1043	760	283	1022	475	547
110603	77007	33596	1385	1010	375	1694	819	875
99552	70223	29329	1157	830	327	1806	935	871
56940	39922	17018	627	454	173	1132	568	564
331845	**246511**	**85334**	**3294**	**2587**	**707**	**8767**	**5132**	**3635**
72113	51168	20945	788	616	172	1565	812	753
62260	45690	16570	621	470	151	1514	851	663
70977	52503	18474	700	558	142	1889	1112	777
70128	53391	16737	680	536	144	2010	1240	770
56367	43759	12608	505	407	98	1789	1117	672
176992	**143927**	**33065**	**1514**	**1257**	**257**	**7068**	**4777**	**2291**
52898	42207	10691	460	381	79	1843	1211	632
44856	36435	8421	387	315	72	1668	1131	537
32778	26805	5973	297	250	47	1342	930	412
26947	22300	4647	225	191	34	1235	856	379
19513	16180	3333	145	120	25	980	649	331
67393	**56802**	**10591**	**542**	**436**	**106**	**4501**	**2941**	**1560**
18117	15185	2932	147	120	27	1007	662	345
15725	13365	2360	136	105	31	948	644	304
12663	10741	1922	99	78	21	867	583	284
10838	9122	1716	92	71	21	855	536	319
10050	8389	1661	68	62	6	824	516	308
77881	**68186**	**9695**	**743**	**635**	**108**	**14767**	**10975**	**3792**

5-3c 续表 5

受教育程度 年龄	15岁及以上人口 合计	男	女	未婚 小计	男	女
大学专科	**903411**	**509619**	**393792**	**559529**	**290224**	**269305**
15-19岁	**115042**	**54256**	**60786**	**114811**	**54190**	**60621**
15	2134	997	1137	2132	995	1137
16	4302	1985	2317	4300	1983	2317
17	10754	4977	5777	10732	4968	5764
18	33619	15663	17956	33560	15647	17913
19	64233	30634	33599	64087	30597	33490
20-24岁	**387570**	**194356**	**193214**	**361729**	**184383**	**177346**
20	102550	49618	52932	101811	49433	52378
21	89548	44608	44940	87825	44129	43696
22	73840	37058	36782	69935	35710	34225
23	68755	35334	33421	60477	32079	28398
24	52877	27738	25139	41681	23032	18649
25-29岁	**149707**	**83195**	**66512**	**70647**	**43122**	**27525**
25	39365	21243	18122	26724	15538	11186
26	33278	18462	14816	18311	11187	7124
27	27589	15289	12300	11657	7364	4293
28	28072	15926	12146	8929	5755	3174
29	21403	12275	9128	5026	3278	1748
30-34岁	**74026**	**45280**	**28746**	**8912**	**6003**	**2909**
30	18518	10724	7794	3526	2300	1226
31	16682	10015	6667	2081	1431	650
32	14802	9202	5600	1536	1051	485
33	11966	7563	4403	972	662	310
34	12058	7776	4282	797	559	238
35-39岁	**47163**	**31753**	**15410**	**1979**	**1460**	**519**
35	10725	7121	3604	600	447	153
36	10326	6850	3476	496	368	128
37	9309	6325	2984	370	263	107
38	8817	6010	2807	304	228	76
39	7986	5447	2539	209	154	55
40-44岁	**35162**	**24717**	**10445**	**685**	**517**	**168**
40	8504	5872	2632	214	156	58
41	7013	4910	2103	141	106	35
42	7409	5268	2141	153	115	38
43	5613	3985	1628	93	78	15
44	6623	4682	1941	84	62	22
45-49岁	**32196**	**23433**	**8763**	**283**	**209**	**74**
45	7192	5107	2085	85	61	24
46	7133	5115	2018	64	48	16
47	8360	6130	2230	69	50	19
48	6276	4661	1615	43	33	10
49	3235	2420	815	22	17	5
50-54岁	**20533**	**16094**	**4439**	**123**	**87**	**36**
50	3822	2882	940	30	24	6
51	3170	2420	750	20	11	9
52	4276	3322	954	29	21	8
53	4791	3804	987	20	16	4
54	4474	3666	808	24	15	9
55-59岁	**16618**	**13995**	**2623**	**94**	**73**	**21**
55	4437	3679	758	26	21	5
56	3859	3244	615	15	12	3
57	3161	2624	537	14	10	4
58	2883	2496	387	25	19	6
59	2278	1952	326	14	11	3
60-64岁	**9969**	**8756**	**1213**	**48**	**36**	**12**
60	2406	2069	337	16	12	4
61	2199	1926	273	8	5	3
62	1982	1752	230	11	9	2
63	1800	1615	185	7	5	2
64	1582	1394	188	6	5	1
65岁及以上	**15425**	**13784**	**1641**	**218**	**144**	**74**

单位：人

有配偶			离婚			丧偶		
小计	男	女	小计	男	女	小计	男	女
334958	**213978**	**120980**	**5005**	**2846**	**2159**	**3919**	**2571**	**1348**
231	**66**	**165**						
2	2							
2	2							
22	9	13						
59	16	43						
146	37	109						
25693	**9913**	**15780**	**132**	**56**	**76**	**16**	**4**	**12**
736	184	552	2		2	1	1	
1711	477	1234	8	2	6	4		4
3893	1340	2553	9	7	2	3	1	2
8240	3242	4998	37	13	24	1		1
11113	4670	6443	76	34	42	7	2	5
78116	**39617**	**38499**	**862**	**426**	**436**	**82**	**30**	**52**
12514	5633	6881	115	67	48	12	5	7
14831	7207	7624	123	64	59	13	4	9
15714	7828	7886	201	90	111	17	7	10
18932	10066	8866	195	97	98	16	8	8
16125	8883	7242	228	108	120	24	6	18
63735	**38555**	**25180**	**1270**	**680**	**590**	**109**	**42**	**67**
14709	8284	6425	265	138	127	18	2	16
14284	8414	5870	295	159	136	22	11	11
12993	8006	4987	254	137	117	19	8	11
10761	6765	3996	214	128	86	19	8	11
10988	7086	3902	242	118	124	31	13	18
44036	**29628**	**14408**	**1024**	**622**	**402**	**124**	**43**	**81**
9879	6540	3339	226	129	97	20	5	15
9598	6341	3257	214	136	78	18	5	13
8714	5933	2781	193	119	74	32	10	22
8287	5650	2637	201	122	79	25	10	15
7558	5164	2394	190	116	74	29	13	16
33595	**23731**	**9864**	**681**	**396**	**285**	**201**	**73**	**128**
8062	5605	2457	180	101	79	48	10	38
6691	4707	1984	144	85	59	37	12	25
7072	5050	2022	146	87	59	38	16	22
5382	3829	1553	101	62	39	37	16	21
6388	4540	1848	110	61	49	41	19	22
31142	**22832**	**8310**	**509**	**298**	**211**	**262**	**94**	**168**
6923	4957	1966	127	74	53	57	15	42
6880	4961	1919	138	87	51	51	19	32
8098	5983	2115	120	72	48	73	25	48
6104	4566	1538	76	37	39	53	25	28
3137	2365	772	48	28	20	28	10	18
19934	**15761**	**4173**	**194**	**113**	**81**	**282**	**133**	**149**
3710	2815	895	38	22	16	44	21	23
3080	2371	709	32	21	11	38	17	21
4152	3259	893	36	21	15	59	21	38
4665	3733	932	46	25	21	60	30	30
4327	3583	744	42	24	18	81	44	37
16005	**13572**	**2433**	**138**	**95**	**43**	**381**	**255**	**126**
4279	3578	701	42	26	16	90	54	36
3733	3154	579	33	25	8	78	53	25
3052	2549	503	29	19	10	66	46	20
2769	2419	350	17	12	5	72	46	26
2172	1872	300	17	13	4	75	56	19
9422	**8355**	**1067**	**72**	**57**	**15**	**427**	**308**	**119**
2275	1976	299	22	18	4	93	63	30
2096	1850	246	11	9	2	84	62	22
1885	1678	207	10	9	1	76	56	20
1709	1552	157	18	11	7	66	47	19
1457	1299	158	11	10	1	108	80	28
13049	**11948**	**1101**	**123**	**103**	**20**	**2035**	**1589**	**446**

5-3c 续表 6

受教育程度 年　龄	15岁及以上人口			未　婚		
	合计	男	女	小计	男	女
大学本科	**296683**	**166066**	**130617**	**217890**	**116800**	**101090**
15-19岁	**42542**	**21038**	**21504**	**42513**	**21025**	**21488**
15	256	130	126	256	130	126
16	518	262	256	515	259	256
17	2558	1244	1314	2557	1243	1314
18	13223	6397	6826	13217	6396	6821
19	25987	13005	12982	25968	12997	12971
20-24岁	**144051**	**74910**	**69141**	**140381**	**73568**	**66813**
20	38189	19378	18811	38106	19356	18750
21	34148	17391	16757	33992	17356	16636
22	27793	14683	13110	27392	14547	12845
23	24852	13212	11640	23786	12824	10962
24	19069	10246	8823	17105	9485	7620
25-29岁	**53124**	**30399**	**22725**	**31043**	**19372**	**11671**
25	14593	8120	6473	11831	6942	4889
26	12270	7017	5253	8287	5191	3096
27	9923	5609	4314	5158	3315	1843
28	9423	5517	3906	3713	2497	1216
29	6915	4136	2779	2054	1427	627
30-34岁	**21468**	**13346**	**8122**	**2983**	**2114**	**869**
30	5456	3244	2212	1292	888	404
31	4787	2919	1868	676	484	192
32	4243	2676	1567	464	345	119
33	3411	2130	1281	306	220	86
34	3571	2377	1194	245	177	68
35-39岁	**13085**	**8961**	**4124**	**571**	**410**	**161**
35	3131	2078	1053	186	141	45
36	2835	1926	909	133	88	45
37	2537	1789	748	100	72	28
38	2418	1675	743	85	60	25
39	2164	1493	671	67	49	18
40-44岁	**8840**	**6490**	**2350**	**208**	**169**	**39**
40	2187	1556	631	65	48	17
41	1841	1329	512	45	36	9
42	1886	1420	466	41	36	5
43	1346	989	357	28	22	6
44	1580	1196	384	29	27	2
45-49岁	**5818**	**4498**	**1320**	**79**	**58**	**21**
45	1528	1150	378	26	14	12
46	1316	1028	288	19	15	4
47	1450	1114	336	15	13	2
48	1049	838	211	13	10	3
49	475	368	107	6	6	
50-54岁	**2394**	**1852**	**542**	**29**	**21**	**8**
50	535	408	127	8	6	2
51	411	306	105	9	5	4
52	489	385	104	5	4	1
53	496	380	116	4	4	
54	463	373	90	3	2	1
55-59岁	**1698**	**1381**	**317**	**16**	**10**	**6**
55	442	348	94	1	1	
56	396	329	67	4	4	
57	331	270	61	6	3	3
58	271	219	52	2	1	1
59	258	215	43	3	1	2
60-64岁	**1053**	**907**	**146**	**10**	**8**	**2**
60	230	196	34	4	4	
61	219	179	40	2	1	1
62	201	176	25	3	2	1
63	207	185	22	1	1	
64	196	171	25			
65岁及以上	**2610**	**2284**	**326**	**57**	**45**	**12**

单位：人

有配偶			离婚			丧偶		
小计	男	女	小计	男	女	小计	男	女
77172	**48372**	**28800**	**1064**	**556**	**508**	**557**	**338**	**219**
29	**13**	**16**						
3	3							
1	1							
6	1	5						
19	8	11						
3651	**1334**	**2317**	**17**	**6**	**11**	**2**	**2**	
82	22	60	1		1			
155	34	121	1	1				
399	135	264	2	1	1			
1062	387	675	3		3	1	1	
1953	756	1197	10	4	6	1	1	
21922	**10960**	**10962**	**145**	**62**	**83**	**14**	**5**	**9**
2751	1175	1576	10	3	7	1		1
3959	1815	2144	20	10	10	4	1	3
4738	2283	2455	25	11	14	2		2
5666	2999	2667	40	17	23	4	4	
4808	2688	2120	50	21	29	3		3
18202	**11081**	**7121**	**261**	**141**	**120**	**22**	**10**	**12**
4121	2331	1790	37	23	14	6	2	4
4059	2413	1646	48	21	27	4	1	3
3723	2305	1418	54	24	30	2	2	
3053	1885	1168	45	23	22	7	2	5
3246	2147	1099	77	50	27	3	3	
12244	**8427**	**3817**	**248**	**120**	**128**	**22**	**4**	**18**
2881	1905	976	60	31	29	4	1	3
2642	1807	835	55	31	24	5		5
2391	1695	696	43	20	23	3	2	1
2281	1592	689	47	22	25	5	1	4
2049	1428	621	43	16	27	5		5
8435	**6223**	**2212**	**170**	**87**	**83**	**27**	**11**	**16**
2068	1485	583	44	21	23	10	2	8
1748	1268	480	39	20	19	9	5	4
1808	1365	443	34	18	16	3	1	2
1290	951	339	28	16	12			
1521	1154	367	25	12	13	5	3	2
5582	**4362**	**1220**	**115**	**63**	**52**	**42**	**15**	**27**
1457	1111	346	37	22	15	8	3	5
1268	1000	268	19	10	9	10	3	7
1392	1082	310	29	15	14	14	4	10
1007	813	194	21	11	10	8	4	4
458	356	102	9	5	4	2	1	1
2277	**1785**	**492**	**48**	**28**	**20**	**40**	**18**	**22**
506	392	114	18	9	9	3	1	2
395	298	97	5	3	2	2		2
463	370	93	10	6	4	11	5	6
474	369	105	7	3	4	11	4	7
439	356	83	8	7	1	13	8	5
1638	**1339**	**299**	**18**	**14**	**4**	**26**	**18**	**8**
430	341	89	5	3	2	6	3	3
382	318	64	5	4	1	5	3	2
317	262	55	2	1	1	6	4	2
261	210	51	3	3		5	5	
248	208	40	3	3		4	3	1
992	**867**	**125**	**12**	**9**	**3**	**39**	**23**	**16**
217	186	31	5	4	1	4	2	2
210	174	36	2	1	1	5	3	2
188	167	21	2	1	1	8	6	2
194	177	17	1	1		11	6	5
183	163	20	2	2		11	6	5
2200	**1981**	**219**	**30**	**26**	**4**	**323**	**232**	**91**

5-3c 续表 7

受教育程度 年龄	15岁及以上人口			未婚		
	合计	男	女	小计	男	女
研究生	**11830**	**6437**	**5393**	**7614**	**3998**	**3616**
15-19岁	**251**	**135**	**116**	**247**	**133**	**114**
15	41	23	18	41	23	18
16	47	26	21	46	25	21
17	45	28	17	44	28	16
18	54	28	26	53	27	26
19	64	30	34	63	30	33
20-24岁	**3665**	**1734**	**1931**	**3517**	**1688**	**1829**
20	152	78	74	142	74	68
21	354	167	187	341	163	178
22	675	318	357	648	308	340
23	1229	584	645	1189	571	618
24	1255	587	668	1197	572	625
25-29岁	**4174**	**2224**	**1950**	**3254**	**1793**	**1461**
25	1074	544	530	990	509	481
26	959	521	438	843	464	379
27	836	454	382	649	372	277
28	782	399	383	514	285	229
29	523	306	217	258	163	95
30-34岁	**1427**	**838**	**589**	**452**	**279**	**173**
30	427	248	179	186	114	72
31	346	203	143	115	70	45
32	243	141	102	69	47	22
33	221	126	95	51	31	20
34	190	120	70	31	17	14
35-39岁	**706**	**480**	**226**	**83**	**56**	**27**
35	155	107	48	25	14	11
36	142	100	42	16	10	6
37	153	103	50	22	17	5
38	134	94	40	11	7	4
39	122	76	46	9	8	1
40-44岁	**531**	**329**	**202**	**26**	**18**	**8**
40	134	71	63	11	7	4
41	107	73	34	5	4	1
42	113	78	35	5	4	1
43	76	45	31	4	2	2
44	101	62	39	1	1	
45-49岁	**403**	**283**	**120**	**16**	**15**	**1**
45	90	61	29	5	5	
46	95	67	28	5	4	1
47	111	87	24	5	5	
48	72	45	27			
49	35	23	12	1	1	
50-54岁	**219**	**133**	**86**	**5**	**5**	
50	40	22	18			
51	30	17	13			
52	48	29	19	1	1	
53	49	29	20	3	3	
54	52	36	16	1	1	
55-59岁	**155**	**101**	**54**	**6**	**5**	**1**
55	46	29	17	4	4	
56	31	18	13			
57	32	24	8	2	1	1
58	24	15	9			
59	22	15	7			
60-64岁	**91**	**50**	**41**	**1**	**1**	
60	17	9	8			
61	27	15	12	1	1	
62	15	5	10			
63	21	14	7			
64	11	7	4			
65岁及以上	**208**	**130**	**78**	**7**	**5**	**2**

单位：人

有配偶			离婚			丧偶		
小计	男	女	小计	男	女	小计	男	女
4071	**2369**	**1702**	**41**	**25**	**16**	**104**	**45**	**59**
4	**2**	**2**						
1	1							
1		1						
1	1							
1		1						
148	**46**	**102**						
10	4	6						
13	4	9						
27	10	17						
40	13	27						
58	15	43						
913	**427**	**486**	**6**	**3**	**3**	**1**	**1**	
84	35	49						
115	56	59				1	1	
187	82	105						
268	114	154						
259	140	119	6	3	3			
960	**550**	**410**	**14**	**9**	**5**	**1**		**1**
237	133	104	3	1	2	1		1
230	132	98	1	1				
170	92	78	4	2	2			
168	94	74	2	1	1			
155	99	56	4	4				
612	**419**	**193**	**7**	**4**	**3**	**4**	**1**	**3**
129	93	36	1		1			
125	90	35	1		1			
128	85	43	2	1	1	1		1
122	86	36	1	1				
108	65	43	2	2		3	1	2
501	**310**	**191**	**2**		**2**	**2**	**1**	**1**
121	64	57	2		2			
102	69	33						
107	73	34				1	1	
71	43	28				1		1
100	61	39						
376	**261**	**115**	**8**	**6**	**2**	**3**	**1**	**2**
85	56	29						
88	63	25	1		1	1		1
100	78	22	4	3	1	2	1	1
70	43	27	2	2				
33	21	12	1	1				
209	**125**	**84**	**1**	**1**		**4**	**2**	**2**
40	22	18						
30	17	13						
46	27	19				1	1	
43	24	19	1	1		2	1	1
50	35	15				1		1
138	**92**	**46**	**1**	**1**		**10**	**3**	**7**
40	25	15				2		2
27	17	10				4	1	3
28	21	7				2	2	
23	14	9	1	1				
20	15	5				2		2
80	**46**	**34**				**10**	**3**	**7**
14	8	6				3	1	2
24	14	10				2		2
12	4	8				3	1	2
19	13	6				2	1	1
11	7	4						
130	**91**	**39**	**2**	**1**	**1**	**69**	**33**	**36**

5-4 全国分初婚年龄、性别、初婚年份的人口

单位：人

初婚年龄	初婚年份 合计 合计	合计 男	合计 女	1980年 小计	1980年 男	1980年 女
总　计	**57826544**	**28584834**	**29241710**	**2217467**	**1093308**	**1124159**
15岁以下	**60519**	**18184**	**42335**	**5007**	**1623**	**3384**
15-19岁	**7437383**	**2124730**	**5312653**	**263810**	**65311**	**198499**
15	293751	76094	217657	19416	5031	14385
16	532732	132689	400043	32696	7542	25154
17	1035510	267533	767977	58065	12941	45124
18	1921182	533818	1387364	65014	14963	50051
19	3654208	1114596	2539612	88619	24834	63785
20-24岁	**33960035**	**15868249**	**18091786**	**1235095**	**568840**	**666255**
20	5566091	1878093	3687998	144212	49413	94799
21	7088403	3074500	4013903	205875	85129	120746
22	8103474	4024415	4079059	296984	134344	162640
23	7233415	3641457	3591958	309119	150863	158256
24	5968652	3249784	2718868	278905	149091	129814
25-29岁	**13125626**	**8261823**	**4863803**	**615778**	**384390**	**231388**
25	4674561	2744047	1930514	238699	138296	100403
26	3346070	2081585	1264485	162745	100972	61773
27	2354733	1543956	810777	103770	68441	35329
28	1616933	1101642	515291	66966	45930	21036
29	1133329	790593	342736	43598	30751	12847
30-34岁	**2328493**	**1651916**	**676577**	**75129**	**55946**	**19183**
30	798674	562692	235982	30092	21971	8121
31	562344	398463	163881	17486	13141	4345
32	418194	297495	120699	12229	9213	3016
33	312573	223490	89083	8795	6725	2070
34	236708	169776	66932	6527	4896	1631
35-39岁	**573552**	**417357**	**156195**	**15794**	**12108**	**3686**
35	179482	129901	49581	4857	3723	1134
36	135977	98957	37020	3750	2844	906
37	105256	76814	28442	2930	2258	672
38	83567	61110	22457	2309	1785	524
39	69270	50575	18695	1948	1498	450
40-44岁	**193756**	**141165**	**52591**	**4731**	**3649**	**1082**
40	55320	40124	15196	1419	1090	329
41	44532	32453	12079	1048	833	215
42	37109	27090	10019	936	730	206
43	30959	22530	8429	713	551	162
44	25836	18968	6868	615	445	170
45-49岁	**75251**	**54908**	**20343**	**1511**	**1077**	**434**
45	21036	15443	5593	463	336	127
46	17387	12918	4469	381	295	86
47	14188	10378	3810	262	182	80
48	11867	8530	3337	227	152	75
49	10773	7639	3134	178	112	66
50岁及以上	**71929**	**46502**	**25427**	**612**	**364**	**248**
平均初婚年龄	**23.64**	**24.55**	**22.76**	**23.78**	**24.72**	**22.88**

5-4 续表 1

单位：人

初婚年龄	初婚年份								
	1981年			1982年			1983年		
	小计	男	女	小计	男	女	小计	男	女
总 计	**1561063**	**763998**	**797065**	**1775378**	**871934**	**903444**	**1739235**	**854397**	**884838**
15岁以下	**2571**	**802**	**1769**	**3032**	**971**	**2061**	**2868**	**908**	**1960**
15-19岁	**220385**	**56173**	**164212**	**324426**	**90155**	**234271**	**314753**	**92140**	**222613**
15	11311	3144	8167	12976	3375	9601	13106	3519	9587
16	18616	4603	14013	23505	6014	17491	21758	5381	16377
17	37387	8691	28696	43539	10906	32633	43157	11346	31811
18	69954	17037	52917	85288	22073	63215	78314	21733	56581
19	83117	22698	60419	159118	47787	111331	158418	50161	108257
20-24岁	**853971**	**390430**	**463541**	**914715**	**428981**	**485734**	**930405**	**433152**	**497253**
20	98894	31735	67159	156903	53493	103410	240559	88396	152163
21	140924	55573	85351	150419	62820	87599	192852	84103	108749
22	179645	81798	97847	195308	93326	101982	164572	79981	84591
23	225859	109529	116330	196955	101100	95855	176193	91280	84913
24	208649	111795	96854	215130	118242	96888	156229	89392	66837
25-29岁	**424175**	**271193**	**152982**	**456288**	**295310**	**160978**	**413790**	**271745**	**142045**
25	159053	93541	65512	170414	102276	68138	151119	92444	58675
26	116158	74180	41978	115357	74327	41030	107929	70534	37395
27	73739	50104	23635	82420	56322	26098	70657	48463	22194
28	45188	31764	13424	53490	37488	16002	50167	35728	14439
29	30037	21604	8433	34607	24897	9710	33918	24576	9342
30-34岁	**48307**	**36378**	**11929**	**60841**	**44464**	**16377**	**60989**	**44217**	**16772**
30	19187	14011	5176	23309	16803	6506	22629	16303	6326
31	12670	9557	3113	15332	11062	4270	15224	10937	4287
32	7651	5957	1694	10606	7824	2782	10685	7657	3028
33	5119	3990	1129	6771	5147	1624	7609	5645	1964
34	3680	2863	817	4823	3628	1195	4842	3675	1167
35-39岁	**8055**	**6326**	**1729**	**11011**	**8304**	**2707**	**11364**	**8475**	**2889**
35	2509	1962	547	3563	2679	884	3541	2674	867
36	1964	1540	424	2653	1969	684	2795	2054	741
37	1458	1145	313	1934	1455	479	2147	1585	562
38	1111	868	243	1497	1145	352	1592	1200	392
39	1013	811	202	1364	1056	308	1289	962	327
40-44岁	**2435**	**1881**	**554**	**3382**	**2592**	**790**	**3370**	**2588**	**782**
40	804	612	192	1023	775	248	1068	821	247
41	569	449	120	865	662	203	840	615	225
42	386	300	86	590	451	139	671	518	153
43	359	283	76	461	358	103	444	347	97
44	317	237	80	443	346	97	347	287	60
45-49岁	**835**	**620**	**215**	**1127**	**817**	**310**	**1118**	**833**	**285**
45	263	208	55	328	253	75	281	227	54
46	200	154	46	258	186	72	277	219	58
47	152	115	37	201	140	61	228	158	70
48	116	73	43	191	139	52	175	122	53
49	104	70	34	149	99	50	157	107	50
50岁及以上	**329**	**195**	**134**	**556**	**340**	**216**	**578**	**339**	**239**
平均初婚年龄	**23.66**	**24.64**	**22.72**	**23.43**	**24.46**	**22.43**	**23.18**	**24.20**	**22.19**

5-4 续表 2

单位：人

初婚年龄	初婚年份								
	1984年			1985年			1986年		
	小计	男	女	小计	男	女	小计	男	女
总 计	**1895430**	**931686**	**963744**	**2361258**	**1168570**	**1192688**	**2326196**	**1148279**	**1177917**
15岁以下	**2649**	**865**	**1784**	**3133**	**1002**	**2131**	**2613**	**820**	**1793**
15-19岁	**326428**	**97637**	**228791**	**391214**	**120384**	**270830**	**383911**	**119560**	**264351**
15	15111	4196	10915	17324	4866	12458	13425	3536	9889
16	23775	5950	17825	32774	9111	23663	28260	7652	20608
17	43885	11525	32360	55137	15075	40062	59982	16823	43159
18	86266	24657	61609	97501	28420	69081	101029	30091	70938
19	157391	51309	106082	188478	62912	125566	181215	61458	119757
20-24岁	**1106841**	**520163**	**586678**	**1464701**	**704335**	**760366**	**1521321**	**741611**	**779710**
20	251832	93428	158404	274852	102992	171860	283756	108200	175556
21	322945	146221	176724	381526	173234	208292	343133	157663	185470
22	229783	116167	113616	424567	218380	206187	388919	197563	191356
23	155126	79879	75247	235363	125163	110200	337232	180845	156387
24	147155	84468	62687	148393	84566	63827	168281	97340	70941
25-29岁	**374089**	**251146**	**122943**	**389848**	**262479**	**127369**	**315811**	**212699**	**103112**
25	116643	73496	43147	127757	80024	47733	97579	60066	37513
26	102210	67892	34318	89860	60475	29385	77773	51803	25970
27	72373	50467	21906	78355	54946	23409	55097	38909	16188
28	47651	33850	13801	55279	39388	15891	48987	35497	13490
29	35212	25441	9771	38597	27646	10951	36375	26424	9951
30-34岁	**66187**	**47991**	**18196**	**84089**	**60259**	**23830**	**75713**	**54584**	**21129**
30	24300	17644	6656	29364	21064	8300	25103	18060	7043
31	15961	11567	4394	20386	14561	5825	18783	13568	5215
32	11618	8374	3244	15240	10918	4322	14013	10071	3942
33	8162	5875	2287	11080	7979	3101	10204	7387	2817
34	6146	4531	1615	8019	5737	2282	7610	5498	2112
35-39岁	**13226**	**9559**	**3667**	**19049**	**13641**	**5408**	**17403**	**12542**	**4861**
35	4056	3050	1006	6121	4476	1645	5354	3842	1512
36	2931	2156	775	4189	3116	1073	4214	3161	1053
37	2496	1743	753	3186	2302	884	2930	2129	801
38	2122	1440	682	2909	2016	893	2252	1620	632
39	1621	1170	451	2644	1731	913	2653	1790	863
40-44岁	**3908**	**2925**	**983**	**5872**	**4225**	**1647**	**6448**	**4430**	**2018**
40	1172	854	318	1808	1282	526	2440	1624	816
41	903	678	225	1328	953	375	1453	974	479
42	772	585	187	1110	804	306	1042	753	289
43	604	460	144	911	671	240	874	617	257
44	457	348	109	715	515	200	639	462	177
45-49岁	**1260**	**908**	**352**	**2021**	**1440**	**581**	**1820**	**1335**	**485**
45	341	249	92	550	392	158	521	385	136
46	289	223	66	430	318	112	430	325	105
47	255	179	76	372	268	104	303	217	86
48	204	149	55	344	239	105	261	194	67
49	171	108	63	325	223	102	305	214	91
50岁及以上	**842**	**492**	**350**	**1331**	**805**	**526**	**1156**	**698**	**458**
平均初婚年龄	**22.98**	**23.94**	**22.06**	**22.94**	**23.81**	**22.08**	**22.86**	**23.68**	**22.06**

5-4 续表 3

单位：人

初婚年龄	初婚年份								
	1987年			1988年			1989年		
	小计	男	女	小计	男	女	小计	男	女
总　计	**2218587**	**1096391**	**1122196**	**2341323**	**1161143**	**1180180**	**2189526**	**1087131**	**1102395**
15岁以下	**2724**	**881**	**1843**	**3216**	**1032**	**2184**	**3260**	**1044**	**2216**
15-19岁	**378375**	**120272**	**258103**	**412694**	**133145**	**279549**	**380030**	**124021**	**256009**
15	12235	3359	8876	14641	4077	10564	14400	4046	10354
16	25035	6664	18371	26007	7245	18762	26600	7455	19145
17	53293	15283	38010	54586	15676	38910	50010	14779	35231
18	107555	32993	74562	107415	33129	74286	100081	31776	68305
19	180257	61973	118284	210045	73018	137027	188939	65965	122974
20-24岁	**1458839**	**719944**	**738895**	**1483090**	**732875**	**750215**	**1381047**	**679683**	**701364**
20	252982	97144	155838	278869	107254	171615	286809	111463	175346
21	329759	152577	177182	317125	148409	168716	316903	147578	169325
22	341076	175289	165787	359091	185960	173131	305796	159296	146500
23	298964	158347	140617	292003	156286	135717	270922	145208	125714
24	236058	136587	99471	236002	134966	101036	200617	116138	84479
25-29岁	**283364**	**187166**	**96198**	**345208**	**223817**	**121391**	**341436**	**221819**	**119617**
25	110772	68473	42299	170734	106294	64440	149311	93047	56264
26	60204	38868	21336	75805	49223	26582	100829	66301	34528
27	47391	32791	14600	41491	27541	13950	45137	30467	14670
28	33668	24167	9501	32937	23118	9819	25465	17325	8140
29	31329	22867	8462	24241	17641	6600	20694	14679	6015
30-34岁	**69061**	**49587**	**19474**	**68307**	**49743**	**18564**	**55705**	**40580**	**15125**
30	23466	16849	6617	21732	15948	5784	14962	10884	4078
31	15848	11292	4556	16417	11929	4488	13995	10253	3742
32	12795	9199	3596	12424	8890	3534	11214	8208	3006
33	9585	6940	2645	9984	7316	2668	8547	6156	2391
34	7367	5307	2060	7750	5660	2090	6987	5079	1908
35-39岁	**16511**	**11918**	**4593**	**18057**	**13223**	**4834**	**17516**	**12767**	**4749**
35	5380	3872	1508	5765	4263	1502	5512	4022	1490
36	3868	2802	1066	4365	3203	1162	4162	3073	1089
37	3093	2212	881	3164	2278	886	3136	2267	869
38	2224	1624	600	2681	1966	715	2446	1769	677
39	1946	1408	538	2082	1513	569	2260	1636	624
40-44岁	**6621**	**4516**	**2105**	**7004**	**4833**	**2171**	**6379**	**4498**	**1881**
40	2043	1415	628	1713	1192	521	1683	1218	465
41	1756	1192	564	1688	1163	525	1378	975	403
42	1190	791	399	1589	1097	492	1293	914	379
43	940	638	302	1134	771	363	1142	787	355
44	692	480	212	880	610	270	883	604	279
45-49岁	**1842**	**1309**	**533**	**2302**	**1579**	**723**	**2553**	**1761**	**792**
45	526	386	140	738	503	235	677	489	188
46	419	294	125	579	409	170	598	416	182
47	353	251	102	399	259	140	513	342	171
48	276	186	90	309	221	88	437	290	147
49	268	192	76	277	187	90	328	224	104
50岁及以上	**1250**	**798**	**452**	**1445**	**896**	**549**	**1600**	**958**	**642**
平均初婚年龄	**22.85**	**23.62**	**22.09**	**22.84**	**23.61**	**22.09**	**22.81**	**23.57**	**22.06**

5-4 续表 4

单位：人

初婚年龄	初婚年份								
	1990年			1991年			1992年		
	小计	男	女	小计	男	女	小计	男	女
总　计	**2498940**	**1248388**	**1250552**	**1719650**	**849645**	**870005**	**1992191**	**986490**	**1005701**
15岁以下	**4759**	**1595**	**3164**	**2372**	**749**	**1623**	**2248**	**703**	**1545**
15-19岁	**431139**	**140275**	**290864**	**263998**	**82943**	**181055**	**271579**	**81689**	**189890**
15	19188	5811	13377	10843	3170	7673	10597	3023	7574
16	31531	9143	22388	17544	5045	12499	18917	5158	13759
17	60872	18273	42599	34396	9886	24510	34944	9626	25318
18	109752	35096	74656	69029	21366	47663	67859	19719	48140
19	209796	71952	137844	132186	43476	88710	139262	44163	95099
20-24岁	**1581065**	**782869**	**798196**	**1118969**	**539420**	**579549**	**1319335**	**633913**	**685422**
20	307931	118212	189719	208067	75913	132154	216214	75809	140405
21	389561	184965	204596	259644	118936	140708	295118	135084	160034
22	375271	196174	179097	285336	146366	138970	332010	169016	162994
23	280983	151357	129626	219835	114510	105325	280618	143895	136723
24	227319	132161	95158	146087	83695	62392	195375	110109	85266
25-29岁	**393593**	**258203**	**135390**	**285104**	**189809**	**95295**	**337588**	**224817**	**112771**
25	157444	98677	58767	111361	69985	41376	122482	75952	46530
26	108529	71795	36734	73201	48836	24365	88116	58581	29535
27	73273	50078	23195	50504	35309	15195	58572	40808	17764
28	33980	23571	10409	34023	24319	9704	40452	29022	11430
29	20367	14082	6285	16015	11360	4655	27966	20454	7512
30-34岁	**55414**	**41092**	**14322**	**31347**	**23293**	**8054**	**38501**	**28240**	**10261**
30	15885	11409	4476	9306	6586	2720	13525	9646	3879
31	11744	8720	3024	7207	5321	1886	8119	5827	2292
32	11519	8662	2857	5443	4158	1285	6791	5009	1782
33	9217	7020	2197	5285	4059	1226	5145	3956	1189
34	7049	5281	1768	4106	3169	937	4921	3802	1119
35-39岁	**19757**	**14985**	**4772**	**11181**	**8622**	**2559**	**13775**	**10590**	**3185**
35	6005	4579	1426	3219	2510	709	3978	3105	873
36	4680	3578	1102	2839	2199	640	3056	2351	705
37	3814	2931	883	2125	1617	508	2614	1996	618
38	2907	2138	769	1633	1263	370	2256	1741	515
39	2351	1759	592	1365	1033	332	1871	1397	474
40-44岁	**7587**	**5553**	**2034**	**3708**	**2746**	**962**	**5233**	**3833**	**1400**
40	2096	1546	550	969	710	259	1418	1040	378
41	1666	1235	431	937	678	259	1162	839	323
42	1346	979	367	743	566	177	1066	796	270
43	1297	929	368	530	389	141	905	645	260
44	1182	864	318	529	403	126	682	513	169
45-49岁	**3286**	**2400**	**886**	**1611**	**1196**	**415**	**2076**	**1552**	**524**
45	878	645	233	504	374	130	574	441	133
46	690	529	161	354	268	86	524	390	134
47	641	475	166	295	227	68	403	308	95
48	550	394	156	222	161	61	304	223	81
49	527	357	170	236	166	70	271	190	81
50岁及以上	**2340**	**1416**	**924**	**1360**	**867**	**493**	**1856**	**1153**	**703**
平均初婚年龄	**22.79**	**23.57**	**22.02**	**22.85**	**23.62**	**22.10**	**23.05**	**23.83**	**22.29**

5-4 续表 5

单位：人

初婚年龄	初婚年份								
	1993年			1994年			1995年		
	小计	男	女	小计	男	女	小计	男	女
总 计	**1945221**	**963817**	**981404**	**1911487**	**946167**	**965320**	**2085518**	**1041067**	**1044451**
15岁以下	**1945**	**597**	**1348**	**1655**	**490**	**1165**	**1585**	**402**	**1183**
15-19岁	**235740**	**68327**	**167413**	**214420**	**60380**	**154040**	**211870**	**59397**	**152473**
15	8718	2415	6303	8608	2262	6346	9169	2442	6727
16	15670	4155	11515	13502	3323	10179	15972	4196	11776
17	30321	8044	22277	26668	7091	19577	26310	6935	19375
18	58610	16397	42213	53255	14813	38442	50122	14108	36014
19	122421	37316	85105	112387	32891	79496	110297	31716	78581
20-24岁	**1293558**	**616505**	**677053**	**1253827**	**591469**	**662358**	**1324746**	**624441**	**700305**
20	201480	67820	133660	186097	59934	126163	181654	56781	124873
21	269041	120888	148153	258425	114267	144158	260668	113303	147365
22	324235	164597	159638	304639	153875	150764	327449	165125	162324
23	285982	143893	142089	283694	141799	141895	300302	149657	150645
24	212820	119307	93513	220972	121594	99378	254673	139575	115098
25-29岁	**347697**	**229331**	**118366**	**370749**	**241397**	**129352**	**455562**	**290453**	**165109**
25	141226	86585	54641	155465	94992	60473	189786	113431	76355
26	81499	53906	27593	94128	61170	32958	119148	76344	42804
27	58627	40823	17804	55004	37798	17206	72392	48544	23848
28	38410	27602	10808	39380	28007	11373	42612	29584	13028
29	27935	20415	7520	26772	19430	7342	31624	22550	9074
30-34岁	**44440**	**32645**	**11795**	**49526**	**36313**	**13213**	**63103**	**45709**	**17394**
30	19866	14655	5211	19692	14388	5304	22231	16078	6153
31	9563	6908	2655	14184	10416	3768	16648	12055	4593
32	6202	4454	1748	7207	5271	1936	12941	9436	3505
33	4957	3692	1265	4696	3418	1278	6838	4937	1901
34	3852	2936	916	3747	2820	927	4445	3203	1242
35-39岁	**13004**	**10018**	**2986**	**12177**	**9565**	**2612**	**14237**	**10845**	**3392**
35	3777	2921	856	3006	2337	669	3643	2686	957
36	3025	2328	697	2955	2362	593	2979	2279	700
37	2380	1832	548	2453	1914	539	3005	2316	689
38	2062	1612	450	1990	1555	435	2453	1914	539
39	1760	1325	435	1773	1397	376	2157	1650	507
40-44岁	**4951**	**3752**	**1199**	**5053**	**3854**	**1199**	**6783**	**5051**	**1732**
40	1365	1039	326	1437	1124	313	1890	1410	480
41	1138	858	280	1225	933	292	1566	1142	424
42	927	701	226	899	679	220	1320	997	323
43	843	642	201	752	566	186	1081	803	278
44	678	512	166	740	552	188	926	699	227
45-49岁	**1879**	**1423**	**456**	**1874**	**1385**	**489**	**2998**	**2206**	**792**
45	470	356	114	515	386	129	840	634	206
46	440	341	99	390	301	89	668	512	156
47	357	260	97	384	278	106	551	401	150
48	335	247	88	290	207	83	508	346	162
49	277	219	58	295	213	82	431	313	118
50岁及以上	**2007**	**1219**	**788**	**2206**	**1314**	**892**	**4634**	**2563**	**2071**
平均初婚年龄	**23.21**	**23.99**	**22.44**	**23.36**	**24.15**	**22.58**	**23.64**	**24.42**	**22.85**

5-4 续表 6 单位：人

初婚年龄	初婚年份								
	1996年			1997年			1998年		
	小计	男	女	小计	男	女	小计	男	女
总 计	**1890251**	**939609**	**950642**	**1733505**	**861359**	**872146**	**1959387**	**979426**	**979961**
15岁以下	**1358**	**365**	**993**	**1288**	**333**	**955**	**1639**	**436**	**1203**
15-19岁	**176866**	**48145**	**128721**	**157772**	**41578**	**116194**	**184523**	**47845**	**136678**
15	6757	1550	5207	6400	1440	4960	7895	1779	6116
16	12731	3131	9600	10486	2278	8208	13552	2954	10598
17	24337	6320	18017	20929	5290	15639	23262	5310	17952
18	41730	11083	30647	40381	10660	29721	44949	11535	33414
19	91311	26061	65250	79576	21910	57666	94865	26267	68598
20-24岁	**1171959**	**542969**	**628990**	**1034918**	**474561**	**560357**	**1119791**	**515485**	**604306**
20	159425	48435	110990	133548	39148	94400	146920	43667	103253
21	224049	94974	129075	195690	81028	114662	201544	83775	117769
22	286657	143484	143173	248430	123105	125325	272899	134187	138712
23	275866	134563	141303	244859	119019	125840	265889	129627	136262
24	225962	121513	104449	212391	112261	100130	232539	124229	108310
25-29岁	**451693**	**284889**	**166804**	**447671**	**280460**	**167211**	**530650**	**331137**	**199513**
25	178435	105240	73195	165425	96496	68929	190594	110937	79657
26	119816	74884	44932	117790	72925	44865	133935	82950	50985
27	77375	51925	25450	79447	52062	27385	96860	63394	33466
28	47396	32772	14624	51505	35634	15871	65056	43691	21365
29	28671	20068	8603	33504	23343	10161	44205	30165	14040
30-34岁	**62615**	**45030**	**17585**	**64363**	**45483**	**18880**	**88263**	**59784**	**28479**
30	21408	15292	6116	20517	14350	6167	30349	20422	9927
31	15032	10707	4325	15277	10751	4526	19558	13197	6361
32	11928	8615	3313	11580	8198	3382	16124	10830	5294
33	9303	6833	2470	9393	6670	2723	12239	8341	3898
34	4944	3583	1361	7596	5514	2082	9993	6994	2999
35-39岁	**12373**	**9308**	**3065**	**12917**	**9295**	**3622**	**18808**	**13474**	**5334**
35	3246	2380	866	3831	2795	1036	7775	5569	2206
36	2726	2004	722	2560	1845	715	3996	2833	1163
37	2167	1673	494	2334	1680	654	2614	1845	769
38	2311	1762	549	1939	1403	536	2342	1693	649
39	1923	1489	434	2253	1572	681	2081	1534	547
40-44岁	**6231**	**4553**	**1678**	**8597**	**5603**	**2994**	**8275**	**6117**	**2158**
40	1638	1221	417	2101	1373	728	2135	1554	581
41	1386	1031	355	1761	1150	611	1862	1366	496
42	1268	934	334	1796	1170	626	1524	1140	384
43	1059	748	311	1616	1023	593	1504	1107	397
44	880	619	261	1323	887	436	1250	950	300
45-49岁	**3082**	**1947**	**1135**	**3264**	**2274**	**990**	**3555**	**2623**	**932**
45	713	490	223	1044	705	339	993	721	272
46	665	466	199	713	495	218	833	621	212
47	573	361	212	651	452	199	622	455	167
48	518	295	223	473	354	119	620	457	163
49	613	335	278	383	268	115	487	369	118
50岁及以上	**4074**	**2403**	**1671**	**2715**	**1772**	**943**	**3883**	**2525**	**1358**
平均初婚年龄	**23.80**	**24.60**	**23.01**	**24.01**	**24.85**	**23.18**	**24.16**	**25.04**	**23.28**

5-4 续表 7

单位：人

初婚年龄	初婚年份								
	1999年			2000年			2001年		
	小计	男	女	小计	男	女	小计	男	女
总 计	**1625602**	**810915**	**814687**	**1852646**	**928122**	**924524**	**1429103**	**709069**	**720034**
15岁以下	**1720**	**475**	**1245**	**2656**	**789**	**1867**	**1261**	**321**	**940**
15-19岁	**160175**	**42067**	**118108**	**190353**	**49770**	**140583**	**144431**	**35362**	**109069**
15	7380	1786	5594	10385	2689	7696	6427	1405	5022
16	12669	2858	9811	15380	3799	11581	10637	2301	8336
17	22698	5363	17335	28274	7045	21229	18516	4207	14309
18	37178	9488	27690	49358	12545	36813	35547	8681	26866
19	80250	22572	57678	86956	23692	63264	73304	18768	54536
20-24岁	**922034**	**421198**	**500836**	**1024506**	**467765**	**556741**	**787890**	**353361**	**434529**
20	136093	40763	95330	144189	43402	100787	110190	31004	79186
21	168948	69203	99745	199988	81723	118265	150044	60643	89401
22	214083	106972	107111	236189	115304	120885	194006	94254	99752
23	217988	106183	111805	229985	112865	117120	178654	85909	92745
24	184922	98077	86845	214155	114471	99684	154996	81551	73445
25-29岁	**443070**	**277789**	**165281**	**516287**	**324942**	**191345**	**401618**	**252497**	**149121**
25	154305	89989	64316	174451	101744	72707	135540	78175	57365
26	113513	69942	43571	130595	81021	49574	101187	62694	38493
27	79400	52280	27120	96496	63227	33269	74534	48961	25573
28	56673	38445	18228	66886	45626	21260	53405	36716	16689
29	39179	27133	12046	47859	33324	14535	36952	25951	11001
30-34岁	**71218**	**49873**	**21345**	**85758**	**60610**	**25148**	**70725**	**50238**	**20487**
30	26500	18502	7998	32200	22520	9680	26642	18864	7778
31	17482	12052	5430	21638	15310	6328	17899	12645	5254
32	11326	7942	3384	14641	10450	4191	12362	8847	3515
33	9087	6446	2641	9462	6767	2695	8457	6030	2427
34	6823	4931	1892	7817	5563	2254	5365	3852	1513
35-39岁	**15487**	**11179**	**4308**	**19799**	**14412**	**5387**	**14941**	**11111**	**3830**
35	5646	4043	1603	6209	4447	1762	4568	3397	1171
36	4351	3186	1165	5333	3896	1437	3488	2556	932
37	2326	1694	632	4253	3134	1119	3032	2279	753
38	1663	1172	491	2369	1747	622	2483	1866	617
39	1501	1084	417	1635	1188	447	1370	1013	357
40-44岁	**6076**	**4405**	**1671**	**6136**	**4745**	**1391**	**3806**	**2996**	**810**
40	1243	925	318	1452	1093	359	918	688	230
41	1441	1050	391	1223	959	264	770	596	174
42	1254	879	375	1361	1042	319	726	576	150
43	1104	797	307	1130	878	252	706	579	127
44	1034	754	280	970	773	197	686	557	129
45-49岁	**2873**	**2099**	**774**	**3477**	**2677**	**800**	**2131**	**1616**	**515**
45	846	623	223	955	744	211	546	420	126
46	698	510	188	832	638	194	507	379	128
47	525	393	132	632	497	135	440	336	104
48	415	298	117	572	440	132	342	260	82
49	389	275	114	486	358	128	296	221	75
50岁及以上	**2949**	**1830**	**1119**	**3674**	**2412**	**1262**	**2300**	**1567**	**733**
平均初婚年龄	**24.09**	**25.01**	**23.18**	**24.14**	**25.11**	**23.17**	**24.16**	**25.17**	**23.17**

5-4 续表 8 单位：人

初婚年龄	初婚年份								
	2002年			2003年			2004年		
	小计	男	女	小计	男	女	小计	男	女
总 计	**1499384**	**742868**	**756516**	**1628258**	**805650**	**822608**	**1666099**	**823388**	**842711**
15岁以下	**1064**	**241**	**823**	**903**	**201**	**702**	**777**	**162**	**615**
15-19岁	**147045**	**35895**	**111150**	**149303**	**35290**	**114013**	**158297**	**37031**	**121266**
15	6643	1399	5244	6254	1297	4957	5409	1008	4401
16	11397	2330	9067	11960	2414	9546	11509	2252	9257
17	19607	4320	15287	21126	4537	16589	23602	4962	18640
18	34926	8373	26553	37402	8756	28646	41044	9680	31364
19	74472	19473	54999	72561	18286	54275	76733	19129	57604
20-24岁	**832906**	**371803**	**461103**	**898055**	**399929**	**498126**	**900942**	**402317**	**498625**
20	127911	36164	91747	127260	36130	91130	123151	34810	88341
21	153659	61273	92386	183451	72308	111143	176043	70705	105338
22	197017	96023	100994	206396	99288	107108	230938	109974	120964
23	195566	94490	101076	200613	98222	102391	192804	93729	99075
24	158753	83853	74900	180335	93981	86354	178006	93099	84907
25-29岁	**411027**	**258265**	**152762**	**450795**	**278174**	**172621**	**465275**	**284170**	**181105**
25	130925	75495	55430	145127	81437	63690	154336	85649	68687
26	105428	64643	40785	109647	66095	43552	113647	67830	45817
27	77646	50894	26752	86349	55282	31067	84761	54273	30488
28	56013	38449	17564	62811	42608	20203	65040	43550	21490
29	41015	28784	12231	46861	32752	14109	47491	32868	14623
30-34岁	**81852**	**57947**	**23905**	**98408**	**69468**	**28940**	**105483**	**74104**	**31379**
30	28858	20347	8511	33565	23776	9789	35029	24632	10397
31	20966	14735	6231	24063	16900	7163	25699	18090	7609
32	14673	10461	4212	18396	12917	5479	19133	13466	5667
33	10266	7314	2952	13150	9228	3922	14892	10397	4495
34	7089	5090	1999	9234	6647	2587	10730	7519	3211
35-39岁	**16685**	**12201**	**4484**	**19977**	**14590**	**5387**	**22700**	**16424**	**6276**
35	4729	3448	1281	6482	4665	1817	7753	5522	2231
36	3925	2804	1121	4408	3184	1224	5426	3913	1513
37	3123	2332	791	3615	2667	948	3654	2654	1000
38	2620	1913	707	2933	2179	754	3245	2390	855
39	2288	1704	584	2539	1895	644	2622	1945	677
40-44岁	**4152**	**3180**	**972**	**5556**	**4121**	**1435**	**6858**	**5008**	**1850**
40	1190	889	301	2093	1523	570	2293	1682	611
41	871	627	244	1184	901	283	1906	1394	512
42	767	604	163	850	631	219	1118	809	309
43	674	535	139	750	553	197	824	605	219
44	650	525	125	679	513	166	717	518	199
45-49岁	**2350**	**1795**	**555**	**2617**	**2023**	**594**	**2839**	**2151**	**688**
45	587	450	137	653	505	148	649	481	168
46	530	417	113	572	451	121	637	492	145
47	471	358	113	501	392	109	608	476	132
48	415	313	102	490	364	126	476	356	120
49	347	257	90	401	311	90	469	346	123
50岁及以上	**2303**	**1541**	**762**	**2644**	**1854**	**790**	**2928**	**2021**	**907**
平均初婚年龄	**24.21**	**25.23**	**23.20**	**24.34**	**25.38**	**23.33**	**24.40**	**25.45**	**23.38**

5-4 续表 9 单位：人

初婚年龄	初婚年份								
	2005年			2006年			2007年		
	小计	男	女	小计	男	女	小计	男	女
总　计	**1696516**	**839804**	**856712**	**1728433**	**849005**	**879428**	**1638637**	**800861**	**837776**
15岁以下	**533**	**91**	**442**	**419**	**76**	**343**	**419**	**87**	**332**
15-19岁	**173232**	**41901**	**131331**	**171256**	**42078**	**129178**	**167614**	**42748**	**124866**
15	5309	976	4333	3411	571	2840	2942	521	2421
16	11443	2248	9195	10496	1984	8512	8630	1603	7027
17	24475	5309	19166	22156	4824	17332	23306	5290	18016
18	46978	11387	35591	45058	11171	33887	43695	11239	32456
19	85027	21981	63046	90135	23528	66607	89041	24095	64946
20-24岁	**891551**	**401901**	**489650**	**885460**	**391636**	**493824**	**834099**	**367353**	**466746**
20	127435	36823	90612	131948	37849	94099	142411	41423	100988
21	165222	66875	98347	164287	65832	98455	167412	66756	100656
22	213657	103224	110433	195003	92573	102430	187295	89658	97637
23	213269	104993	108276	196322	94619	101703	169634	82773	86861
24	171968	89986	81982	197900	100763	97137	167347	86743	80604
25-29岁	**473077**	**285539**	**187538**	**508656**	**300602**	**208054**	**481223**	**282460**	**198763**
25	152935	85330	67605	155072	83526	71546	160655	86590	74065
26	120500	70876	49624	129711	74246	55465	114155	65328	48827
27	86618	53896	32722	102347	62424	39923	91363	55682	35681
28	63332	41882	21450	71047	46005	25042	68398	43708	24690
29	49692	33555	16137	50479	34401	16078	46652	31152	15500
30-34岁	**114758**	**79392**	**35366**	**118365**	**82861**	**35504**	**108648**	**75130**	**33518**
30	36065	24739	11326	38353	26474	11879	33210	22885	10325
31	27741	19348	8393	28050	19844	8206	26122	17911	8211
32	21267	14765	6502	21835	15372	6463	20320	14037	6283
33	16645	11584	5061	16994	11901	5093	16151	11295	4856
34	13040	8956	4084	13133	9270	3863	12845	9002	3843
35-39岁	**28064**	**19909**	**8155**	**29850**	**21230**	**8620**	**31643**	**22304**	**9339**
35	9704	6757	2947	10231	7191	3040	10019	6973	3046
36	6952	4940	2012	7375	5257	2118	7805	5432	2373
37	4917	3507	1410	5527	3978	1549	6055	4320	1735
38	3444	2496	948	4014	2843	1171	4451	3224	1227
39	3047	2209	838	2703	1961	742	3313	2355	958
40-44岁	**8364**	**6086**	**2278**	**8439**	**6215**	**2224**	**9006**	**6510**	**2496**
40	2486	1785	701	2310	1705	605	2333	1639	694
41	2191	1612	579	1897	1392	505	1984	1432	552
42	1864	1397	467	1828	1350	478	1735	1242	493
43	1054	757	297	1505	1116	389	1609	1193	416
44	769	535	234	899	652	247	1345	1004	341
45-49岁	**3177**	**2393**	**784**	**2739**	**2025**	**714**	**2623**	**1927**	**696**
45	733	530	203	629	448	181	752	544	208
46	652	506	146	610	461	149	525	382	143
47	676	529	147	507	379	128	503	375	128
48	581	439	142	529	400	129	391	290	101
49	535	389	146	464	337	127	452	336	116
50岁及以上	**3760**	**2592**	**1168**	**3249**	**2282**	**967**	**3362**	**2342**	**1020**
平均初婚年龄	**24.51**	**25.56**	**23.47**	**24.62**	**25.68**	**23.59**	**24.56**	**25.64**	**23.54**

5-4 续表 10 单位：人

初婚年龄	初婚年份								
	2008年			2009年			2010年		
	小计	男	女	小计	男	女	小计	男	女
总　计	**1965500**	**953561**	**1011939**	**1823350**	**882901**	**940449**	**911403**	**445885**	**465518**
15岁以下	**414**	**60**	**354**	**321**	**51**	**270**	**110**	**12**	**98**
15-19岁	**194601**	**50530**	**144071**	**168561**	**44522**	**124039**	**68582**	**18159**	**50423**
15	3550	630	2920	2907	561	2346	1014	210	804
16	9085	1814	7271	7876	1553	6323	2719	533	2186
17	24080	5600	18480	18749	4410	14339	7841	1846	5995
18	56448	14829	41619	43056	11538	31518	16388	4482	11906
19	101438	27657	73781	95973	26460	69513	40620	11088	29532
20-24岁	**992019**	**430388**	**561631**	**944493**	**411314**	**533179**	**477887**	**207638**	**270249**
20	164019	48431	115588	144923	41793	103130	75557	20264	55293
21	216466	85156	131310	196866	77911	118955	90816	35588	55228
22	229396	108393	121003	238730	113038	125692	118097	57681	60416
23	201263	96638	104625	196418	94027	102391	105135	50189	54946
24	180875	91770	89105	167556	84545	83011	88282	43916	44366
25-29岁	**588388**	**341861**	**246527**	**533485**	**306621**	**226864**	**272631**	**156643**	**115988**
25	178081	95333	82748	151951	80023	71928	76884	40504	36380
26	159315	89952	69363	137819	76701	61118	65521	36291	29230
27	108212	64708	43504	116134	68761	47373	58389	34376	24013
28	82712	52475	30237	73523	45902	27621	44481	27819	16662
29	60068	39393	20675	54058	35234	18824	27356	17653	9703
30-34岁	**130079**	**88554**	**41525**	**119435**	**80439**	**38996**	**61864**	**41962**	**19902**
30	41382	27671	13711	39611	26384	13227	20336	13535	6801
31	30057	20556	9501	27834	18839	8995	15359	10464	4895
32	24248	16667	7581	20925	14272	6653	10858	7355	3503
33	19009	13084	5925	17178	11567	5611	8353	5791	2562
34	15383	10576	4807	13887	9377	4510	6958	4817	2141
35-39岁	**40669**	**28358**	**12311**	**37884**	**26327**	**11557**	**19638**	**13747**	**5891**
35	12388	8576	3812	11138	7595	3543	5477	3842	1635
36	9472	6581	2891	9112	6329	2783	4623	3182	1441
37	7930	5476	2454	7080	4960	2120	3764	2635	1129
38	6260	4418	1842	5949	4144	1805	3100	2204	896
39	4619	3307	1312	4605	3299	1306	2674	1884	790
40-44岁	**11273**	**8125**	**3148**	**11206**	**8004**	**3202**	**6316**	**4571**	**1745**
40	3372	2423	949	3451	2460	991	1957	1412	545
41	2403	1753	650	2554	1847	707	1577	1164	413
42	2086	1484	602	1906	1352	554	1146	819	327
43	1791	1302	489	1814	1293	521	829	587	242
44	1621	1163	458	1481	1052	429	807	589	218
45-49岁	**3917**	**2863**	**1054**	**4156**	**2970**	**1186**	**2338**	**1684**	**654**
45	1423	1063	360	1383	986	397	661	469	192
46	839	590	249	1163	835	328	684	495	189
47	590	427	163	691	500	191	529	388	141
48	554	402	152	485	333	152	257	186	71
49	511	381	130	434	316	118	207	146	61
50岁及以上	**4140**	**2822**	**1318**	**3809**	**2653**	**1156**	**2037**	**1469**	**568**
平均初婚年龄	**24.63**	**25.69**	**23.63**	**24.66**	**25.68**	**23.71**	**24.85**	**25.86**	**23.89**

5-4a 全国分初婚年龄、性别、初婚年份的人口(城市)

单位：人

初婚年龄	初婚年份					
	合计			1980年		
	合计	男	女	小计	男	女
总 计	**18731810**	**9339411**	**9392399**	**635558**	**311992**	**323566**
15岁以下	**11554**	**3964**	**7590**	**973**	**373**	**600**
15-19岁	**1250285**	**347639**	**902646**	**38143**	**10145**	**27998**
15	51105	15441	35664	3260	1007	2253
16	84045	23477	60568	4908	1396	3512
17	159667	42682	116985	7981	2078	5903
18	309751	84300	225451	8596	2080	6516
19	645717	181739	463978	13398	3584	9814
20-24岁	**9930839**	**4259516**	**5671323**	**315935**	**130204**	**185731**
20	1122356	330704	791652	24634	7631	17003
21	1664661	627355	1037306	41948	15472	26476
22	2291936	1002357	1289579	69203	27425	41778
23	2483478	1109605	1373873	86280	36022	50258
24	2368408	1189495	1178913	93870	43654	50216
25-29岁	**6136312**	**3730325**	**2405987**	**248859**	**147103**	**101756**
25	2084509	1156783	927726	93504	49216	44288
26	1584075	946074	638001	67944	39880	28064
27	1143695	728789	414906	42872	27379	15493
28	784824	525309	259515	27241	18399	8842
29	539209	373370	165839	17298	12229	5069
30-34岁	**1050851**	**742723**	**308128**	**25945**	**19641**	**6304**
30	370194	260317	109877	11317	8420	2897
31	255572	180723	74849	6175	4704	1471
32	185076	130935	54141	3991	3048	943
33	137041	97273	39768	2660	2080	580
34	102968	73475	29493	1802	1389	413
35-39岁	**235906**	**171017**	**64889**	**3860**	**3083**	**777**
35	77131	55272	21859	1233	973	260
36	56657	40915	15742	891	701	190
37	43045	31402	11643	719	586	133
38	33001	24297	8704	543	447	96
39	26072	19131	6941	474	376	98
40-44岁	**68744**	**50603**	**18141**	**1197**	**960**	**237**
40	19907	14670	5237	329	273	56
41	16048	11836	4212	248	202	46
42	12945	9521	3424	228	183	45
43	10758	7871	2887	210	169	41
44	9086	6705	2381	182	133	49
45-49岁	**25383**	**18812**	**6571**	**457**	**350**	**107**
45	7303	5461	1842	130	90	40
46	6112	4600	1512	140	112	28
47	4766	3532	1234	68	57	11
48	3841	2781	1060	63	48	15
49	3361	2438	923	56	43	13
50岁及以上	**21936**	**14812**	**7124**	**189**	**133**	**56**
平均初婚年龄	**24.69**	**25.58**	**23.80**	**24.69**	**25.51**	**23.90**

5-4a 续表 1

单位：人

初婚年龄	初婚年份								
	1981年			1982年			1983年		
	小计	男	女	小计	男	女	小计	男	女
总　计	**529243**	**257318**	**271925**	**546980**	**268021**	**278959**	**498709**	**244751**	**253958**
15岁以下	**478**	**174**	**304**	**559**	**216**	**343**	**588**	**205**	**383**
15-19岁	**33111**	**8582**	**24529**	**49884**	**13815**	**36069**	**48828**	**14250**	**34578**
15	1981	653	1328	2035	607	1428	2172	698	1474
16	2832	847	1985	3452	998	2454	3035	881	2154
17	5489	1417	4072	6180	1697	4483	6056	1732	4324
18	10263	2535	7728	12630	3264	9366	11584	3225	8359
19	12546	3130	9416	25587	7249	18338	25981	7714	18267
20-24岁	**271947**	**109472**	**162475**	**271241**	**113399**	**157842**	**248949**	**104268**	**144681**
20	18849	4964	13885	26910	7908	19002	43046	14178	28868
21	33604	10828	22776	34657	11848	22809	38995	14781	24214
22	53907	20406	33501	56132	22461	33671	45529	18443	27086
23	80674	33272	47402	68703	29966	38737	60297	25890	34407
24	84913	40002	44911	84839	41216	43623	61082	30976	30106
25-29岁	**199850**	**120866**	**78984**	**198032**	**120532**	**77500**	**174068**	**107102**	**66966**
25	73002	39322	33680	72568	39441	33127	63796	35807	27989
26	56471	34133	22338	51477	31371	20106	45804	27951	17853
27	35640	23284	12356	36886	24143	12743	30647	19895	10752
28	21071	14488	6583	23051	15686	7365	20665	14171	6494
29	13666	9639	4027	14050	9891	4159	13156	9278	3878
30-34岁	**20245**	**15328**	**4917**	**22621**	**16485**	**6136**	**21742**	**15472**	**6270**
30	8523	6273	2250	9092	6425	2667	8374	5892	2482
31	5456	4145	1311	5826	4242	1584	5544	3895	1649
32	3000	2360	640	3893	2895	998	3742	2631	1111
33	1963	1510	453	2246	1733	513	2559	1904	655
34	1303	1040	263	1564	1190	374	1523	1150	373
35-39岁	**2443**	**1986**	**457**	**3108**	**2421**	**687**	**3130**	**2399**	**731**
35	832	680	152	1115	863	252	1061	822	239
36	597	484	113	727	555	172	803	608	195
37	427	340	87	506	394	112	539	416	123
38	304	250	54	422	351	71	413	324	89
39	283	232	51	338	258	80	314	229	85
40-44岁	**739**	**583**	**156**	**975**	**755**	**220**	**852**	**664**	**188**
40	198	160	38	276	205	71	239	191	48
41	172	145	27	243	201	42	229	164	65
42	117	91	26	177	141	36	168	136	32
43	140	104	36	134	98	36	118	96	22
44	112	83	29	145	110	35	98	77	21
45-49岁	**306**	**241**	**65**	**364**	**270**	**94**	**357**	**262**	**95**
45	96	80	16	103	81	22	95	78	17
46	72	61	11	82	59	23	85	67	18
47	54	41	13	57	41	16	75	50	25
48	42	29	13	71	51	20	58	40	18
49	42	30	12	51	38	13	44	27	17
50岁及以上	**124**	**86**	**38**	**196**	**128**	**68**	**195**	**129**	**66**
平均初婚年龄	**24.63**	**25.49**	**23.82**	**24.48**	**25.37**	**23.62**	**24.28**	**25.19**	**23.40**

5-4a 续表 2

单位：人

初婚年龄	初婚年份								
	1984年			1985年			1986年		
	小计	男	女	小计	男	女	小计	男	女
总　计	**525377**	**258060**	**267317**	**668562**	**331722**	**336840**	**669456**	**330959**	**338497**
15岁以下	**533**	**212**	**321**	**699**	**257**	**442**	**537**	**177**	**360**
15-19岁	**50828**	**15252**	**35576**	**65115**	**20120**	**44995**	**62841**	**18931**	**43910**
15	2647	887	1760	3319	1078	2241	2311	697	1614
16	3539	1014	2525	5697	1820	3877	4568	1349	3219
17	6159	1722	4437	8536	2446	6090	9421	2607	6814
18	12675	3677	8998	15312	4479	10833	15880	4593	11287
19	25808	7952	17856	32251	10297	21954	30661	9685	20976
20-24岁	**288880**	**122893**	**165987**	**401403**	**178349**	**223054**	**430888**	**194491**	**236397**
20	47451	15578	31873	53838	18219	35619	54168	18287	35881
21	70530	27712	42818	91108	36704	54404	79518	32196	47322
22	57784	25082	32702	119873	54536	65337	115029	51728	63301
23	54199	23927	30272	75702	36129	39573	118518	57356	61162
24	58916	30594	28322	60882	32761	28121	63655	34924	28731
25-29岁	**157268**	**99880**	**57388**	**167023**	**108761**	**58262**	**142697**	**94427**	**48270**
25	50189	29543	20646	57236	34433	22803	45365	27493	17872
26	44037	27718	16319	39902	26027	13875	37214	24490	12724
27	30074	19951	10123	33511	22814	10697	25241	17515	7726
28	19475	13289	6186	21943	15287	6656	20925	14975	5950
29	13493	9379	4114	14431	10200	4231	13952	9954	3998
30-34岁	**22526**	**15935**	**6591**	**27010**	**19008**	**8002**	**25094**	**17741**	**7353**
30	8666	6070	2596	10161	7183	2978	8912	6315	2597
31	5397	3799	1598	6623	4641	1982	6208	4391	1817
32	3821	2692	1129	4532	3138	1394	4505	3148	1357
33	2705	1921	784	3248	2285	963	3177	2262	915
34	1937	1453	484	2446	1761	685	2292	1625	667
35-39岁	**3621**	**2649**	**972**	**5092**	**3631**	**1461**	**5013**	**3553**	**1460**
35	1243	921	322	1788	1311	477	1657	1161	496
36	834	614	220	1138	845	293	1226	922	304
37	652	459	193	821	574	247	848	603	245
38	484	358	126	741	511	230	614	435	179
39	408	297	111	604	390	214	668	432	236
40-44岁	**989**	**734**	**255**	**1289**	**935**	**354**	**1456**	**986**	**470**
40	256	173	83	386	275	111	518	324	194
41	243	181	62	291	213	78	304	199	105
42	194	146	48	237	171	66	252	189	63
43	151	118	33	210	159	51	215	152	63
44	145	116	29	165	117	48	167	122	45
45-49岁	**407**	**295**	**112**	**539**	**402**	**137**	**538**	**389**	**149**
45	112	81	31	131	103	28	132	95	37
46	97	77	20	122	86	36	125	92	33
47	77	55	22	102	80	22	99	73	26
48	65	46	19	102	77	25	80	56	24
49	56	36	20	82	56	26	102	73	29
50岁及以上	**325**	**210**	**115**	**392**	**259**	**133**	**392**	**264**	**128**
平均初婚年龄	**24.01**	**24.92**	**23.13**	**23.76**	**24.60**	**22.93**	**23.70**	**24.51**	**22.91**

5-4a 续表 3 单位：人

初婚年龄	初婚年份								
	1987年			1988年			1989年		
	小计	男	女	小计	男	女	小计	男	女
总　计	**650824**	**322257**	**328567**	**678956**	**338180**	**340776**	**634708**	**316722**	**317986**
15岁以下	**515**	**191**	**324**	**667**	**227**	**440**	**632**	**212**	**420**
15-19岁	**63322**	**19096**	**44226**	**71779**	**22120**	**49659**	**67210**	**20965**	**46245**
15	2063	644	1419	2774	888	1886	2721	836	1885
16	3856	1093	2763	4187	1249	2938	4467	1297	3170
17	8361	2366	5995	8611	2499	6112	8155	2351	5804
18	17715	5160	12555	17846	5356	12490	16624	5093	11531
19	31327	9833	21494	38361	12128	26233	35243	11388	23855
20-24岁	**428687**	**197726**	**230961**	**418737**	**193426**	**225311**	**383480**	**175825**	**207655**
20	48965	16480	32485	54600	18585	36015	60369	20751	39618
21	75890	30826	45064	70747	29127	41620	73375	30090	43285
22	97343	44609	52734	97281	44702	52579	82181	38273	43908
23	109174	52605	56569	99017	48314	50703	89150	43293	45857
24	97315	53206	44109	97092	52698	44394	78405	43418	34987
25-29岁	**127695**	**83702**	**43993**	**155600**	**99579**	**56021**	**154701**	**99482**	**55219**
25	47649	28715	18934	76569	46221	30348	66888	40883	26005
26	29204	19024	10180	33400	21488	11912	46766	30258	16508
27	23048	16028	7020	19753	13350	6403	20098	13600	6498
28	15067	10712	4355	15451	10955	4496	11691	8112	3579
29	12727	9223	3504	10427	7565	2862	9258	6629	2629
30-34岁	**23303**	**16416**	**6887**	**24231**	**17306**	**6925**	**20551**	**14580**	**5971**
30	8612	6129	2483	8546	6222	2324	6177	4431	1746
31	5458	3824	1634	5848	4188	1660	5328	3829	1499
32	4160	2888	1272	4175	2900	1275	3955	2782	1173
33	2912	2045	867	3270	2324	946	2884	2000	884
34	2161	1530	631	2392	1672	720	2207	1538	669
35-39岁	**4727**	**3396**	**1331**	**5078**	**3604**	**1474**	**5222**	**3653**	**1569**
35	1569	1115	454	1673	1179	494	1742	1191	551
36	1154	832	322	1280	898	382	1183	830	353
37	863	626	237	895	639	256	959	681	278
38	626	448	178	703	514	189	709	503	206
39	515	375	140	527	374	153	629	448	181
40-44岁	**1607**	**1051**	**556**	**1765**	**1195**	**570**	**1759**	**1226**	**533**
40	523	347	176	453	314	139	433	314	119
41	425	275	150	438	306	132	375	260	115
42	259	156	103	408	263	145	373	257	116
43	220	138	82	256	172	84	327	232	95
44	180	135	45	210	140	70	251	163	88
45-49岁	**552**	**384**	**168**	**601**	**386**	**215**	**629**	**434**	**195**
45	145	102	43	175	119	56	170	127	43
46	128	89	39	152	102	50	141	99	42
47	95	62	33	110	57	53	133	91	42
48	104	72	32	69	47	22	113	76	37
49	80	59	21	95	61	34	72	41	31
50岁及以上	**416**	**295**	**121**	**498**	**337**	**161**	**524**	**345**	**179**
平均初婚年龄	**23.70**	**24.46**	**22.94**	**23.72**	**24.48**	**22.96**	**23.68**	**24.46**	**22.90**

5-4a 续表 4

单位：人

初婚年龄	初婚年份								
	1990年			1991年			1992年		
	小计	男	女	小计	男	女	小计	男	女
总　计	**725443**	**365233**	**360210**	**517905**	**257006**	**260899**	**613619**	**305742**	**307877**
15岁以下	**1095**	**388**	**707**	**510**	**172**	**338**	**448**	**152**	**296**
15-19岁	**79960**	**25233**	**54727**	**48878**	**14912**	**33966**	**50191**	**14744**	**35447**
15	3933	1293	2640	2189	700	1489	2077	649	1428
16	5677	1821	3856	3103	972	2131	3519	1054	2465
17	10650	3253	7397	6088	1823	4265	6077	1735	4342
18	19690	6250	13440	12308	3689	8619	12108	3442	8666
19	40010	12616	27394	25190	7728	17462	26410	7864	18546
20-24岁	**441662**	**204813**	**236849**	**320837**	**142321**	**178516**	**389035**	**172638**	**216397**
20	66071	23017	43054	43391	13885	29506	45957	14464	31493
21	96135	40801	55334	62883	25412	37471	70983	28287	42696
22	104991	49481	55510	84889	38570	46319	96618	43547	53071
23	90609	44653	45956	75100	34553	40547	100202	46064	54138
24	83856	46861	36995	54574	29901	24673	75275	40276	34999
25-29岁	**172660**	**113108**	**59552**	**127918**	**85219**	**42699**	**149397**	**100401**	**48996**
25	65833	40854	24979	46228	28711	17517	50349	30925	19424
26	49475	32691	16784	32875	21996	10879	38534	25815	12719
27	33587	22924	10663	24731	17363	7368	27133	19280	7853
28	14746	10279	4467	16582	11809	4773	19767	14361	5406
29	9019	6360	2659	7502	5340	2162	13614	10020	3594
30-34岁	**21218**	**15351**	**5867**	**13798**	**10048**	**3750**	**17144**	**12489**	**4655**
30	6850	4940	1910	4397	3195	1202	6148	4445	1703
31	4653	3368	1285	3357	2447	910	3771	2725	1046
32	4238	3077	1161	2249	1645	604	3064	2213	851
33	3162	2303	859	2199	1591	608	2167	1627	540
34	2315	1663	652	1596	1170	426	1994	1479	515
35-39岁	**5714**	**4146**	**1568**	**3941**	**2896**	**1045**	**4780**	**3498**	**1282**
35	1901	1360	541	1242	915	327	1506	1127	379
36	1388	1027	361	1011	725	286	1112	796	316
37	1036	778	258	736	543	193	933	681	252
38	777	538	239	514	387	127	709	536	173
39	612	443	169	438	326	112	520	358	162
40-44岁	**1781**	**1293**	**488**	**1117**	**804**	**313**	**1479**	**1026**	**453**
40	440	322	118	310	225	85	409	289	120
41	406	292	114	270	190	80	352	240	112
42	313	234	79	200	138	62	281	192	89
43	316	230	86	168	119	49	238	165	73
44	306	215	91	169	132	37	199	140	59
45-49岁	**738**	**520**	**218**	**470**	**344**	**126**	**586**	**434**	**152**
45	210	141	69	154	114	40	160	129	31
46	148	111	37	110	83	27	156	121	35
47	151	104	47	82	61	21	106	73	33
48	122	88	34	61	43	18	83	54	29
49	107	76	31	63	43	20	81	57	24
50岁及以上	**615**	**381**	**234**	**436**	**290**	**146**	**559**	**360**	**199**
平均初婚年龄	**23.57**	**24.36**	**22.78**	**23.70**	**24.53**	**22.88**	**23.86**	**24.69**	**23.04**

5-4a 续表 5

单位：人

初婚年龄	初婚年份								
	1993年			1994年			1995年		
	小计	男	女	小计	男	女	小计	男	女
总 计	**617385**	**307763**	**309622**	**589711**	**294067**	**295644**	**679651**	**342726**	**336925**
15岁以下	**404**	**132**	**272**	**329**	**110**	**219**	**337**	**99**	**238**
15-19岁	**43880**	**12371**	**31509**	**38782**	**10893**	**27889**	**41071**	**11612**	**29459**
15	1770	547	1223	1659	490	1169	1920	631	1289
16	2844	812	2032	2388	659	1729	3206	967	2239
17	5357	1474	3883	4640	1294	3346	4941	1367	3574
18	10536	2821	7715	9379	2578	6801	9527	2735	6792
19	23373	6717	16656	20716	5872	14844	21477	5912	15565
20-24岁	**392261**	**172833**	**219428**	**364131**	**158814**	**205317**	**400307**	**175782**	**224525**
20	43753	13365	30388	38092	10962	27130	38740	11032	27708
21	66547	26278	40269	60646	23647	36999	63157	24336	38821
22	94946	42450	52496	85529	38092	47437	94379	42262	52117
23	101167	45068	56099	96272	42741	53531	104046	46414	57632
24	85848	45672	40176	83592	43372	40220	99985	51738	48247
25-29岁	**152764**	**101774**	**50990**	**156822**	**102214**	**54608**	**200131**	**127498**	**72633**
25	60591	36770	23821	65636	39350	26286	81350	47655	33695
26	34672	23226	11446	40003	26061	13942	53991	34555	19436
27	26193	18619	7574	22725	15952	6773	32449	21975	10474
28	17611	12994	4617	16623	12055	4568	18595	13147	5448
29	13697	10165	3532	11835	8796	3039	13746	10166	3580
30-34岁	**20583**	**15213**	**5370**	**22458**	**16717**	**5741**	**28478**	**21027**	**7451**
30	9446	7055	2391	9005	6735	2270	9871	7296	2575
31	4345	3188	1157	6405	4755	1650	7668	5692	1976
32	2865	2068	797	3218	2363	855	5830	4287	1543
33	2256	1669	587	2185	1615	570	3038	2233	805
34	1671	1233	438	1645	1249	396	2071	1519	552
35-39岁	**4788**	**3518**	**1270**	**4522**	**3444**	**1078**	**5559**	**4151**	**1408**
35	1535	1132	403	1228	943	285	1634	1199	435
36	1144	833	311	1152	882	270	1202	917	285
37	828	599	229	895	679	216	1134	853	281
38	703	529	174	697	523	174	864	646	218
39	578	425	153	550	417	133	725	536	189
40-44岁	**1482**	**1110**	**372**	**1513**	**1110**	**403**	**1866**	**1386**	**480**
40	416	304	112	432	334	98	568	428	140
41	370	281	89	358	256	102	460	332	128
42	269	212	57	265	197	68	337	257	80
43	253	187	66	208	148	60	281	200	81
44	174	126	48	250	175	75	220	169	51
45-49岁	**581**	**419**	**162**	**540**	**390**	**150**	**745**	**540**	**205**
45	138	98	40	142	105	37	208	160	48
46	146	109	37	112	82	30	173	127	46
47	106	75	31	119	85	34	142	104	38
48	105	68	37	82	60	22	123	80	43
49	86	69	17	85	58	27	99	69	30
50岁及以上	**642**	**393**	**249**	**614**	**375**	**239**	**1157**	**631**	**526**
平均初婚年龄	**23.99**	**24.82**	**23.16**	**24.13**	**24.96**	**23.30**	**24.36**	**25.16**	**23.54**

5-4a 续表 6

单位：人

初婚年龄	初婚年份								
	1996年			1997年			1998年		
	小计	男	女	小计	男	女	小计	男	女
总　计	**626411**	**314289**	**312122**	**592607**	**296944**	**295663**	**675375**	**340636**	**334739**
15岁以下	**314**	**99**	**215**	**248**	**73**	**175**	**281**	**81**	**200**
15-19岁	**32802**	**9104**	**23698**	**29131**	**7535**	**21596**	**33637**	**8632**	**25005**
15	1298	356	942	1219	333	886	1439	378	1061
16	2374	710	1664	1738	422	1316	2280	562	1718
17	4331	1227	3104	3651	978	2673	3552	859	2693
18	7398	2012	5386	7351	1883	5468	8077	2067	6010
19	17401	4799	12602	15172	3919	11253	18289	4766	13523
20-24岁	**353333**	**150908**	**202425**	**319096**	**133597**	**185499**	**347349**	**145640**	**201709**
20	34040	9215	24825	28865	7510	21355	31590	8072	23518
21	53290	19788	33502	47871	17078	30793	49767	17721	32046
22	80422	35371	45051	71266	30696	40570	79395	34085	45310
23	96248	41607	54641	85779	36447	49332	93550	39868	53682
24	89333	44927	44406	85315	41866	43449	93047	45894	47153
25-29岁	**202577**	**126854**	**75723**	**205949**	**128225**	**77724**	**244987**	**151503**	**93484**
25	78229	44764	33465	74282	41946	32336	85554	47714	37840
26	54487	33769	20718	54560	33433	21127	62862	38301	24561
27	36071	24419	11652	37306	24776	12530	45999	30395	15604
28	21383	15011	6372	24605	17262	7343	30541	20920	9621
29	12407	8891	3516	15196	10808	4388	20031	14173	5858
30-34岁	**28094**	**20629**	**7465**	**28426**	**20502**	**7924**	**36286**	**25469**	**10817**
30	9169	6680	2489	8676	6191	2485	12858	9025	3833
31	6726	4955	1771	6567	4726	1841	7534	5268	2266
32	5493	4053	1440	5094	3690	1404	6259	4339	1920
33	4369	3250	1119	4470	3213	1257	5137	3590	1547
34	2337	1691	646	3619	2682	937	4498	3247	1251
35-39岁	**5373**	**4065**	**1308**	**5464**	**4088**	**1376**	**8151**	**5987**	**2164**
35	1592	1201	391	1762	1319	443	3566	2617	949
36	1270	953	317	1190	874	316	1687	1226	461
37	895	673	222	1013	776	237	1145	835	310
38	895	684	211	722	541	181	998	750	248
39	721	554	167	777	578	199	755	559	196
40-44岁	**1998**	**1437**	**561**	**2493**	**1701**	**792**	**2613**	**1888**	**725**
40	566	423	143	619	452	167	736	523	213
41	455	338	117	506	357	149	617	440	177
42	390	282	108	513	356	157	459	343	116
43	338	228	110	439	265	174	442	312	130
44	249	166	83	416	271	145	359	270	89
45-49岁	**829**	**531**	**298**	**976**	**668**	**308**	**971**	**712**	**259**
45	196	127	69	307	203	104	260	192	68
46	174	130	44	232	156	76	262	186	76
47	158	99	59	199	137	62	164	128	36
48	144	86	58	126	95	31	161	114	47
49	157	89	68	112	77	35	124	92	32
50岁及以上	**1091**	**662**	**429**	**824**	**555**	**269**	**1100**	**724**	**376**
平均初婚年龄	**24.59**	**25.41**	**23.75**	**24.81**	**25.67**	**23.93**	**24.96**	**25.84**	**24.07**

5-4a 续表 7

单位：人

初婚年龄	初婚年份								
	1999年			2000年			2001年		
	小计	男	女	小计	男	女	小计	男	女
总　计	**572032**	**288153**	**283879**	**669352**	**339398**	**329954**	**501481**	**251763**	**249718**
15岁以下	**284**	**85**	**199**	**472**	**143**	**329**	**169**	**47**	**122**
15-19岁	**28302**	**7221**	**21081**	**35948**	**8832**	**27116**	**24918**	**5625**	**19293**
15	1235	339	896	1890	562	1328	977	247	730
16	2033	506	1527	2821	710	2111	1538	391	1147
17	3662	856	2806	5089	1256	3833	2874	651	2223
18	6249	1484	4765	9324	2284	7040	5997	1350	4647
19	15123	4036	11087	16824	4020	12804	13532	2986	10546
20-24岁	**290152**	**120578**	**169574**	**332119**	**139796**	**192323**	**242442**	**98557**	**143885**
20	29976	7768	22208	33115	8656	24459	22528	5207	17321
21	42757	14958	27799	53254	18823	34431	36492	12436	24056
22	64111	27871	36240	72644	31164	41480	57213	24072	33141
23	78395	33418	44977	84667	37297	47370	63581	26761	36820
24	74913	36563	38350	88439	43856	44583	62628	30081	32547
25-29岁	**209734**	**128899**	**80835**	**246509**	**151436**	**95073**	**190211**	**115715**	**74496**
25	69526	38252	31274	79131	43889	35242	61135	33099	28036
26	54609	32732	21877	62544	37488	25056	47723	28325	19398
27	38837	25332	13505	47879	30835	17044	36259	23182	13077
28	27976	19210	8766	33288	22683	10605	26609	18051	8558
29	18786	13373	5413	23667	16541	7126	18485	13058	5427
30-34岁	**32207**	**23033**	**9174**	**40527**	**28917**	**11610**	**33931**	**24313**	**9618**
30	12517	8990	3527	15649	11076	4573	13090	9364	3726
31	7821	5528	2293	10459	7448	3011	8673	6181	2492
32	4864	3461	1403	6776	4867	1909	5907	4225	1682
33	3935	2798	1137	4179	3009	1170	3936	2863	1073
34	3070	2256	814	3464	2517	947	2325	1680	645
35-39岁	**7436**	**5525**	**1911**	**9385**	**6979**	**2406**	**6891**	**5241**	**1650**
35	2771	2017	754	2881	2086	795	2029	1540	489
36	2118	1591	527	2578	1932	646	1574	1180	394
37	1106	842	264	2051	1533	518	1463	1108	355
38	775	572	203	1119	848	271	1194	927	267
39	666	503	163	756	580	176	631	486	145
40-44岁	**2170**	**1606**	**564**	**2382**	**1864**	**518**	**1572**	**1270**	**302**
40	511	382	129	662	512	150	420	347	73
41	534	398	136	484	393	91	338	279	59
42	429	308	121	525	399	126	297	230	67
43	370	267	103	382	293	89	272	220	52
44	326	251	75	329	267	62	245	194	51
45-49岁	**914**	**668**	**246**	**1016**	**782**	**234**	**696**	**537**	**159**
45	275	207	68	315	251	64	187	148	39
46	225	168	57	243	191	52	176	138	38
47	173	123	50	172	128	44	150	116	34
48	119	83	36	154	111	43	106	79	27
49	122	87	35	132	101	31	77	56	21
50岁及以上	**833**	**538**	**295**	**994**	**649**	**345**	**651**	**458**	**193**
平均初婚年龄	**25.00**	**25.92**	**24.06**	**25.03**	**25.98**	**24.06**	**25.16**	**26.16**	**24.15**

5-4a 续表 8

单位：人

初婚年龄	初婚年份								
	2002年			2003年			2004年		
	小计	男	女	小计	男	女	小计	男	女
总　计	**517197**	**259693**	**257504**	**575387**	**288142**	**287245**	**598051**	**298802**	**299249**
15岁以下	**130**	**40**	**90**	**103**	**30**	**73**	**82**	**22**	**60**
15-19岁	**24418**	**5520**	**18898**	**23603**	**5042**	**18561**	**24289**	**5101**	**19188**
15	948	245	703	818	191	627	593	117	476
16	1572	340	1232	1557	317	1240	1411	285	1126
17	2801	551	2250	3064	648	2416	3222	649	2573
18	5686	1307	4379	5737	1210	4527	6081	1315	4766
19	13411	3077	10334	12427	2676	9751	12982	2735	10247
20-24岁	**248232**	**100853**	**147379**	**268638**	**108314**	**160324**	**271225**	**109124**	**162101**
20	26481	6111	20370	26355	6161	20194	24988	5644	19344
21	35376	11850	23526	43741	14244	29497	41907	13843	28064
22	55764	23730	32034	57048	23841	33207	66543	27279	39264
23	67664	28970	38694	68440	29464	38976	65073	27962	37111
24	62947	30192	32755	73054	34604	38450	72714	34396	38318
25-29岁	**193444**	**116614**	**76830**	**219621**	**129307**	**90314**	**232565**	**134908**	**97657**
25	58507	31462	27045	67008	34789	32219	72697	37194	35503
26	49684	28812	20872	53816	30526	23290	57424	32162	25262
27	37389	23569	13820	43255	26544	16711	43707	26629	17078
28	27564	18591	8973	31835	21059	10776	34083	22140	11943
29	20300	14180	6120	23707	16389	7318	24654	16783	7871
30-34岁	**39942**	**28444**	**11498**	**49689**	**35243**	**14446**	**53749**	**37753**	**15996**
30	14234	10095	4139	17269	12248	5021	18005	12587	5418
31	10229	7261	2968	12194	8578	3616	13225	9302	3923
32	7143	5092	2051	9190	6485	2705	9639	6837	2802
33	4952	3531	1421	6451	4616	1835	7496	5229	2267
34	3384	2465	919	4585	3316	1269	5384	3798	1586
35-39岁	**7589**	**5620**	**1969**	**9287**	**6814**	**2473**	**10758**	**7841**	**2917**
35	2033	1479	554	3089	2229	860	3851	2756	1095
36	1737	1255	482	1947	1401	546	2556	1840	716
37	1455	1095	360	1635	1215	420	1673	1219	454
38	1248	925	323	1359	1003	356	1474	1113	361
39	1116	866	250	1257	966	291	1204	913	291
40-44岁	**1888**	**1468**	**420**	**2610**	**2008**	**602**	**3411**	**2567**	**844**
40	554	428	126	1032	778	254	1131	876	255
41	420	309	111	595	478	117	970	719	251
42	362	292	70	380	291	89	544	396	148
43	300	237	63	327	254	73	422	323	99
44	252	202	50	276	207	69	344	253	91
45-49岁	**828**	**635**	**193**	**998**	**782**	**216**	**1079**	**831**	**248**
45	216	170	46	268	203	65	275	203	72
46	204	169	35	228	179	49	255	206	49
47	171	123	48	191	155	36	234	185	49
48	138	104	34	171	135	36	176	133	43
49	99	69	30	140	110	30	139	104	35
50岁及以上	**726**	**499**	**227**	**838**	**602**	**236**	**893**	**655**	**238**
平均初婚年龄	**25.29**	**26.31**	**24.26**	**25.48**	**26.52**	**24.44**	**25.59**	**26.63**	**24.56**

5-4a 续表 9

单位：人

初婚年龄	初婚年份								
	2005年			2006年			2007年		
	小计	男	女	小计	男	女	小计	男	女
总　计	**596046**	**299509**	**296537**	**659832**	**328360**	**331472**	**583045**	**290084**	**292961**
15岁以下	**56**	**18**	**38**	**39**	**11**	**28**	**26**	**7**	**19**
15-19岁	**26530**	**5691**	**20839**	**25591**	**5433**	**20158**	**23227**	**5245**	**17982**
15	573	120	453	337	55	282	267	56	211
16	1328	234	1094	1168	213	955	846	143	703
17	3309	670	2639	2618	543	2075	2602	577	2025
18	7086	1611	5475	6371	1439	4932	5574	1297	4277
19	14234	3056	11178	15097	3183	11914	13938	3172	10766
20-24岁	**261752**	**107872**	**153880**	**274658**	**109197**	**165461**	**235082**	**94227**	**140855**
20	24849	5745	19104	26361	5940	20421	26655	6025	20630
21	37732	12872	24860	37519	12285	25234	36381	12057	24324
22	60157	25449	34708	54698	22513	32185	49114	20662	28452
23	72216	31853	40363	70037	29485	40552	54841	23872	30969
24	66798	31953	34845	86043	38974	47069	68091	31611	36480
25-29岁	**230342**	**132042**	**98300**	**272664**	**152528**	**120136**	**245306**	**135461**	**109845**
25	68772	35646	33126	75913	37406	38507	76396	37300	39096
26	59032	32514	26518	69915	37425	32490	57389	30516	26873
27	44303	26149	18154	57872	33526	24346	48575	28104	20471
28	32648	20815	11833	40403	25135	15268	37423	22936	14487
29	25587	16918	8669	28561	19036	9525	25523	16605	8918
30-34岁	**57872**	**39777**	**18095**	**64959**	**45289**	**19670**	**57200**	**39225**	**17975**
30	18153	12336	5817	21424	14668	6756	17963	12231	5732
31	14059	9784	4275	15303	10722	4581	13811	9386	4425
32	10791	7410	3381	11837	8326	3511	10508	7235	3273
33	8383	5793	2590	9295	6539	2756	8257	5713	2544
34	6486	4454	2032	7100	5034	2066	6661	4660	2001
35-39岁	**13313**	**9500**	**3813**	**15346**	**10920**	**4426**	**15825**	**11211**	**4614**
35	4771	3338	1433	5395	3764	1631	5229	3620	1609
36	3448	2467	981	3837	2758	1079	3921	2718	1203
37	2249	1603	646	2878	2086	792	2996	2196	800
38	1491	1100	391	2005	1439	566	2146	1563	583
39	1354	992	362	1231	873	358	1533	1114	419
40-44岁	**3847**	**2861**	**986**	**4174**	**3164**	**1010**	**4120**	**3032**	**1088**
40	1062	758	304	1077	821	256	1041	744	297
41	1055	795	260	927	698	229	877	642	235
42	882	675	207	938	713	225	790	574	216
43	468	350	118	782	597	185	784	592	192
44	380	283	97	450	335	115	628	480	148
45-49岁	**1230**	**968**	**262**	**1298**	**1003**	**295**	**1167**	**889**	**278**
45	331	257	74	355	256	99	352	261	91
46	265	221	44	284	227	57	263	192	71
47	265	210	55	234	190	44	207	163	44
48	197	153	44	228	181	47	164	120	44
49	172	127	45	197	149	48	181	153	28
50岁及以上	**1104**	**780**	**324**	**1103**	**815**	**288**	**1092**	**787**	**305**
平均初婚年龄	**25.75**	**26.76**	**24.72**	**25.95**	**26.99**	**24.93**	**25.99**	**27.02**	**24.97**

5-4a 续表 10　　　　单位：人

初婚年龄	初婚年份								
	2008年			2009年			2010年		
	小计	男	女	小计	男	女	小计	男	女
总　计	**708273**	**352998**	**355275**	**686224**	**342820**	**343404**	**388410**	**195301**	**193109**
15岁以下	**27**	**8**	**19**	**15**	**3**	**12**	**4**		**4**
15-19岁	**26100**	**6115**	**19985**	**24561**	**6081**	**18480**	**13405**	**3421**	**9984**
15	336	67	269	238	47	191	106	23	83
16	924	177	747	845	161	684	332	77	255
17	2579	586	1993	2310	498	1812	1301	272	1029
18	7101	1743	5358	5860	1481	4379	3186	840	2346
19	15160	3542	11618	15308	3894	11414	8480	2209	6271
20-24岁	**276617**	**110684**	**165933**	**277344**	**113881**	**163463**	**164420**	**69034**	**95386**
20	30546	7351	23195	28440	7175	21265	18733	4818	13915
21	47443	15932	31511	45210	15887	29323	25198	9236	15962
22	61347	26227	35120	67713	29425	38288	38887	17905	20982
23	65090	28106	36984	67465	29723	37742	41322	18505	22817
24	72191	33068	39123	68516	31671	36845	40280	18570	21710
25-29岁	**307833**	**169178**	**138655**	**290961**	**159133**	**131828**	**158124**	**86874**	**71250**
25	86024	42065	43959	74575	36237	38338	40007	19681	20326
26	84192	44022	40170	76281	39683	36598	37788	19682	18106
27	58295	33197	25098	67335	37830	29505	36025	20230	15795
28	46130	28496	17634	41912	25432	16480	27920	16849	11071
29	33192	21398	11794	30858	19951	10907	16384	10432	5952
30-34岁	**69228**	**46806**	**22422**	**65146**	**43806**	**21340**	**36648**	**24760**	**11888**
30	22629	14972	7657	22173	14686	7487	12288	8142	4146
31	16192	11034	5158	15528	10493	5035	9189	6224	2965
32	12671	8674	3997	11219	7734	3485	6447	4372	2075
33	9753	6677	3076	8988	6024	2964	4809	3326	1483
34	7983	5449	2534	7238	4869	2369	3915	2696	1219
35-39岁	**20281**	**14183**	**6098**	**19547**	**13572**	**5975**	**10662**	**7443**	**3219**
35	6405	4429	1976	5788	3898	1890	3010	2087	923
36	4721	3245	1476	4740	3278	1462	2491	1728	763
37	3994	2803	1191	3645	2533	1112	2056	1434	622
38	3016	2139	877	3031	2176	855	1705	1217	488
39	2145	1567	578	2343	1687	656	1400	977	423
40-44岁	**5073**	**3729**	**1344**	**5307**	**3863**	**1444**	**3220**	**2327**	**893**
40	1566	1150	416	1723	1263	460	1021	735	286
41	1061	778	283	1189	852	337	836	623	213
42	890	646	244	894	645	249	574	408	166
43	777	570	207	790	585	205	420	291	129
44	779	585	194	711	518	193	369	270	99
45-49岁	**1798**	**1368**	**430**	**2015**	**1508**	**507**	**1158**	**870**	**288**
45	705	546	159	670	514	156	290	220	70
46	379	275	104	569	414	155	364	271	93
47	272	206	66	341	259	82	259	201	58
48	241	181	60	234	169	65	139	102	37
49	201	160	41	201	152	49	106	76	30
50岁及以上	**1316**	**927**	**389**	**1328**	**973**	**355**	**769**	**572**	**197**
平均初婚年龄	**26.08**	**27.07**	**25.09**	**26.05**	**27.00**	**25.11**	**26.00**	**26.92**	**25.07**

5-4b 全国分初婚年龄、性别、初婚年份的人口(镇)

单位：人

初婚年龄	初婚年份					
	合计			1980年		
	合计	男	女	小计	男	女
总 计	**11626514**	**5739404**	**5887110**	**413133**	**204305**	**208828**
15岁以下	**9177**	**2942**	**6235**	**729**	**255**	**474**
15-19岁	**1406396**	**404963**	**1001433**	**46146**	**11583**	**34563**
15	50683	14065	36618	3190	899	2291
16	92222	23927	68295	5550	1331	4219
17	186328	49246	137082	9962	2297	7665
18	361117	101176	259941	11487	2635	8852
19	716046	216549	499497	15957	4421	11536
20-24岁	**7178710**	**3363137**	**3815573**	**244445**	**113212**	**131233**
20	1140175	379113	761062	27627	9412	18215
21	1503903	641291	862612	41031	16706	24325
22	1745455	863566	881889	60039	27111	32928
23	1546267	789548	756719	61959	30506	31453
24	1242910	689619	553291	53789	29477	24312
25-29岁	**2489009**	**1586887**	**902122**	**106359**	**67474**	**38885**
25	930815	557389	373426	43310	25694	17616
26	639022	404341	234681	28141	17808	10333
27	433556	288898	144658	17355	11672	5683
28	288557	198606	89951	10702	7386	3316
29	197059	137653	59406	6851	4914	1937
30-34岁	**393692**	**275710**	**117982**	**11872**	**9011**	**2861**
30	136619	95606	41013	4766	3531	1235
31	95480	66724	28756	2747	2104	643
32	70802	49538	21264	1945	1488	457
33	51943	36518	15425	1376	1084	292
34	38848	27324	11524	1038	804	234
35-39岁	**92795**	**66404**	**26391**	**2457**	**1921**	**536**
35	29274	20826	8448	776	616	160
36	22128	15841	6287	603	461	142
37	16997	12219	4778	455	355	100
38	13249	9517	3732	332	262	70
39	11147	8001	3146	291	227	64
40-44岁	**31527**	**22444**	**9083**	**783**	**622**	**161**
40	8875	6285	2590	204	169	35
41	7201	5152	2049	183	150	33
42	6081	4287	1794	168	131	37
43	5110	3632	1478	116	90	26
44	4260	3088	1172	112	82	30
45-49岁	**12247**	**8705**	**3542**	**247**	**172**	**75**
45	3407	2420	987	77	54	23
46	2815	2042	773	67	51	16
47	2300	1654	646	31	20	11
48	1996	1400	596	42	26	16
49	1729	1189	540	30	21	9
50岁及以上	**12961**	**8212**	**4749**	**95**	**55**	**40**
平均初婚年龄	**23.51**	**24.34**	**22.70**	**23.66**	**24.54**	**22.80**

5-4b 续表 1

单位：人

初婚年龄	初婚年份								
	1981年			1982年			1983年		
	小计	男	女	小计	男	女	小计	男	女
总　计	**286783**	**140754**	**146029**	**333617**	**164230**	**169387**	**329450**	**162187**	**167263**
15岁以下	**393**	**126**	**267**	**493**	**170**	**323**	**432**	**151**	**281**
15-19岁	**40339**	**10477**	**29862**	**61219**	**17327**	**43892**	**59431**	**17820**	**41611**
15	1977	567	1410	2242	625	1617	2319	676	1643
16	3167	822	2345	4146	1135	3011	3751	964	2787
17	6489	1592	4897	7928	2104	5824	7803	2201	5602
18	13091	3183	9908	15996	4236	11760	14562	4230	10332
19	15615	4313	11302	30907	9227	21680	30996	9749	21247
20-24岁	**166458**	**77089**	**89369**	**181491**	**86311**	**95180**	**186442**	**87741**	**98701**
20	19194	6052	13142	31107	10321	20786	48927	17844	31083
21	28367	11105	17262	30607	12824	17783	39404	16847	22557
22	36025	16750	19275	39652	19021	20631	33428	16467	16961
23	44055	21843	22212	39266	20922	18344	34888	18721	16167
24	38817	21339	17478	40859	23223	17636	29795	17862	11933
25-29岁	**70268**	**45974**	**24294**	**78087**	**51313**	**26774**	**70687**	**47400**	**23287**
25	27611	16698	10913	30332	18749	11583	27246	17151	10095
26	19171	12525	6646	19729	12871	6858	18447	12404	6043
27	11858	8283	3575	13661	9476	4185	11412	7989	3423
28	7191	5170	2021	8739	6168	2571	8123	5876	2247
29	4437	3298	1139	5626	4049	1577	5459	3980	1479
30-34岁	**7419**	**5583**	**1836**	**9700**	**7148**	**2552**	**9800**	**7068**	**2732**
30	2912	2086	826	3623	2613	1010	3585	2572	1013
31	1951	1467	484	2488	1814	674	2458	1781	677
32	1207	953	254	1691	1271	420	1691	1188	503
33	776	622	154	1069	814	255	1219	897	322
34	573	455	118	829	636	193	847	630	217
35-39岁	**1286**	**1024**	**262**	**1754**	**1318**	**436**	**1807**	**1372**	**435**
35	378	294	84	538	389	149	578	439	139
36	309	245	64	430	320	110	442	335	107
37	233	190	43	319	235	84	347	256	91
38	185	151	34	240	196	44	245	193	52
39	181	144	37	227	178	49	195	149	46
40-44岁	**415**	**324**	**91**	**581**	**443**	**138**	**544**	**419**	**125**
40	141	101	40	173	133	40	154	118	36
41	99	80	19	147	111	36	126	94	32
42	63	50	13	95	67	28	117	89	28
43	64	54	10	83	69	14	85	64	21
44	48	39	9	83	63	20	62	54	8
45-49岁	**152**	**118**	**34**	**202**	**144**	**58**	**200**	**157**	**43**
45	46	38	8	57	44	13	51	41	10
46	31	24	7	46	33	13	46	37	9
47	32	26	6	42	32	10	43	31	12
48	22	14	8	33	19	14	28	19	9
49	21	16	5	24	16	8	32	29	3
50岁及以上	**53**	**39**	**14**	**90**	**56**	**34**	**107**	**59**	**48**
平均初婚年龄	**23.48**	**24.42**	**22.57**	**23.25**	**24.24**	**22.30**	**22.99**	**23.96**	**22.04**

5-4b 续表 2

单位：人

初婚年龄	初婚年份 1984年 小计	男	女	1985年 小计	男	女	1986年 小计	男	女
总 计	**362662**	**178604**	**184058**	**458595**	**227628**	**230967**	**449678**	**222365**	**227313**
15岁以下	**448**	**168**	**280**	**481**	**169**	**312**	**386**	**132**	**254**
15-19岁	**61407**	**18820**	**42587**	**73526**	**23409**	**50117**	**71701**	**22836**	**48865**
15	2637	816	1821	3132	979	2153	2394	671	1723
16	4034	1049	2985	5926	1755	4171	4994	1445	3549
17	7746	2054	5692	9861	2832	7029	10881	3182	7699
18	16119	4690	11429	18168	5572	12596	18580	5709	12871
19	30871	10211	20660	36439	12271	24168	34852	11829	23023
20-24岁	**223101**	**105832**	**117269**	**299044**	**144903**	**154141**	**307948**	**151541**	**156407**
20	51124	18977	32147	55826	20747	35079	57284	21814	35470
21	66980	30200	36780	79363	35883	43480	70906	32348	38558
22	47120	23895	23225	88748	45955	42793	80042	41046	38996
23	30396	16301	14095	47359	25844	21515	67374	37175	30199
24	27481	16459	11022	27748	16474	11274	32342	19158	13184
25-29岁	**63877**	**43685**	**20192**	**66749**	**45794**	**20955**	**52673**	**35825**	**16848**
25	20914	13650	7264	22858	14906	7952	16809	10585	6224
26	17513	11784	5729	15491	10680	4811	12886	8717	4169
27	12115	8580	3535	13059	9274	3785	9120	6551	2569
28	7657	5551	2106	9146	6543	2603	7987	5719	2268
29	5678	4120	1558	6195	4391	1804	5871	4253	1618
30-34岁	**10602**	**7740**	**2862**	**14002**	**9934**	**4068**	**12362**	**8778**	**3584**
30	3891	2853	1038	4768	3378	1390	4093	2867	1226
31	2505	1823	682	3393	2401	992	3115	2235	880
32	1885	1371	514	2661	1883	778	2292	1621	671
33	1339	989	350	1843	1322	521	1616	1163	453
34	982	704	278	1337	950	387	1246	892	354
35-39岁	**2222**	**1623**	**599**	**3169**	**2277**	**892**	**2899**	**2084**	**815**
35	706	529	177	1013	739	274	874	641	233
36	469	351	118	670	507	163	726	547	179
37	420	306	114	566	413	153	480	347	133
38	365	244	121	467	326	141	350	242	108
39	262	193	69	453	292	161	469	307	162
40-44岁	**665**	**507**	**158**	**991**	**718**	**273**	**1193**	**809**	**384**
40	219	168	51	307	228	79	443	289	154
41	140	103	37	226	162	64	286	197	89
42	143	112	31	187	131	56	203	132	71
43	99	69	30	140	98	42	168	121	47
44	64	55	9	131	99	32	93	70	23
45-49岁	**208**	**148**	**60**	**352**	**255**	**97**	**315**	**230**	**85**
45	51	36	15	112	81	31	82	61	21
46	49	37	12	71	54	17	88	65	23
47	43	28	15	64	46	18	50	36	14
48	35	25	10	62	42	20	47	37	10
49	30	22	8	43	32	11	48	31	17
50岁及以上	**132**	**81**	**51**	**281**	**169**	**112**	**201**	**130**	**71**
平均初婚年龄	**22.79**	**23.69**	**21.92**	**22.78**	**23.58**	**21.99**	**22.71**	**23.45**	**21.98**

5-4b 续表 3

单位：人

初婚年龄	初婚年份								
	1987年			1988年			1989年		
	小计	男	女	小计	男	女	小计	男	女
总 计	**431543**	**213479**	**218064**	**461699**	**229304**	**232395**	**439029**	**218134**	**220895**
15岁以下	**451**	**151**	**300**	**513**	**169**	**344**	**481**	**162**	**319**
15-19岁	**71361**	**23195**	**48166**	**78860**	**26014**	**52846**	**73156**	**24293**	**48863**
15	2173	665	1508	2572	764	1808	2543	749	1794
16	4347	1215	3132	4637	1343	3294	4700	1359	3341
17	9934	2941	6993	10003	3024	6979	9247	2784	6463
18	20202	6363	13839	20404	6424	13980	19251	6297	12954
19	34705	12011	22694	41244	14459	26785	37415	13104	24311
20-24岁	**295431**	**146536**	**148895**	**304504**	**151231**	**153273**	**288249**	**142466**	**145783**
20	50815	19358	31457	55949	21387	34562	58686	22604	36082
21	67884	31044	36840	65579	30221	35358	65985	30569	35416
22	71057	36699	34358	75429	39104	36325	64964	33683	31281
23	60248	32561	27687	60940	33126	27814	57303	31281	26022
24	45427	26874	18553	46607	27393	19214	41311	24329	16982
25-29岁	**48567**	**32450**	**16117**	**61973**	**40608**	**21365**	**63260**	**41298**	**21962**
25	20414	13008	7406	32184	20396	11788	29226	18392	10834
26	10016	6533	3483	13655	8989	4666	18509	12269	6240
27	7638	5311	2327	6885	4621	2264	7965	5407	2558
28	5361	3849	1512	5300	3747	1553	4230	2899	1331
29	5138	3749	1389	3949	2855	1094	3330	2331	999
30-34岁	**11299**	**8023**	**3276**	**10944**	**7844**	**3100**	**9100**	**6561**	**2539**
30	3779	2702	1077	3499	2552	947	2480	1798	682
31	2587	1791	796	2575	1823	752	2208	1595	613
32	2113	1488	625	1973	1404	569	1857	1331	526
33	1578	1147	431	1606	1149	457	1416	1010	406
34	1242	895	347	1291	916	375	1139	827	312
35-39岁	**2718**	**1971**	**747**	**2965**	**2157**	**808**	**2927**	**2092**	**835**
35	864	639	225	964	706	258	909	661	248
36	649	465	184	717	512	205	691	508	183
37	510	354	156	503	373	130	551	383	168
38	354	261	93	439	320	119	397	279	118
39	341	252	89	342	246	96	379	261	118
40-44岁	**1175**	**791**	**384**	**1254**	**850**	**404**	**1102**	**778**	**324**
40	376	250	126	270	179	91	277	193	84
41	319	220	99	303	212	91	237	168	69
42	205	141	64	294	193	101	236	166	70
43	164	103	61	236	161	75	204	142	62
44	111	77	34	151	105	46	148	109	39
45-49岁	**302**	**215**	**87**	**415**	**275**	**140**	**472**	**318**	**154**
45	88	63	25	153	94	59	119	84	35
46	68	49	19	85	58	27	115	74	41
47	55	39	16	65	45	20	97	64	33
48	49	31	18	61	42	19	75	51	24
49	42	33	9	51	36	15	66	45	21
50岁及以上	**239**	**147**	**92**	**271**	**156**	**115**	**282**	**166**	**116**
平均初婚年龄	**22.72**	**23.43**	**22.02**	**22.73**	**23.43**	**22.04**	**22.71**	**23.40**	**22.03**

5-4b 续表 4

单位：人

初婚年龄	初婚年份								
	1990年			1991年			1992年		
	小计	男	女	小计	男	女	小计	男	女
总 计	**509370**	**253963**	**255407**	**354721**	**174755**	**179966**	**418783**	**206726**	**212057**
15岁以下	**755**	**263**	**492**	**404**	**124**	**280**	**361**	**113**	**248**
15-19岁	**83829**	**27651**	**56178**	**51945**	**16461**	**35484**	**54042**	**16346**	**37696**
15	3438	1094	2344	1985	612	1373	1971	611	1360
16	5752	1697	4055	3308	993	2315	3532	972	2560
17	11535	3515	8020	6520	1843	4677	6659	1879	4780
18	21236	6787	14449	13602	4261	9341	13393	4001	9392
19	41868	14558	27310	26530	8752	17778	28487	8883	19604
20-24岁	**335190**	**166172**	**169018**	**239006**	**115643**	**123363**	**286433**	**138222**	**148211**
20	63941	24478	39463	43596	15819	27777	45618	15778	29840
21	83100	38922	44178	55828	25099	30729	64078	28957	35121
22	79805	41832	37973	61516	31587	29929	73400	37309	36091
23	60183	32716	27467	46914	25191	21723	61110	32072	29038
24	48161	28224	19937	31152	17947	13205	42227	24106	18121
25-29岁	**75350**	**49343**	**26007**	**55506**	**36727**	**18779**	**67854**	**44681**	**23173**
25	32018	20193	11825	23132	14499	8633	25916	16100	9816
26	20657	13668	6989	14624	9717	4907	18188	12055	6133
27	13244	8992	4252	9166	6390	2776	11517	7889	3628
28	6053	4190	1863	5902	4223	1679	7445	5237	2208
29	3378	2300	1078	2682	1898	784	4788	3400	1388
30-34岁	**8880**	**6548**	**2332**	**4976**	**3658**	**1318**	**6236**	**4502**	**1734**
30	2655	1899	756	1478	1010	468	2280	1587	693
31	1823	1361	462	1143	831	312	1305	934	371
32	1839	1356	483	885	672	213	1044	753	291
33	1454	1100	354	820	636	184	840	641	199
34	1109	832	277	650	509	141	767	587	180
35-39岁	**3139**	**2407**	**732**	**1759**	**1352**	**407**	**2245**	**1720**	**525**
35	931	737	194	506	397	109	610	478	132
36	746	569	177	476	363	113	507	386	121
37	626	480	146	305	239	66	439	337	102
38	450	332	118	261	201	60	382	286	96
39	386	289	97	211	152	59	307	233	74
40-44岁	**1235**	**914**	**321**	**618**	**449**	**169**	**877**	**634**	**243**
40	331	255	76	125	84	41	229	174	55
41	271	205	66	162	122	40	188	133	55
42	209	146	63	135	102	33	197	142	55
43	226	157	69	94	64	30	148	100	48
44	198	151	47	102	77	25	115	85	30
45-49岁	**570**	**402**	**168**	**254**	**179**	**75**	**381**	**284**	**97**
45	150	118	32	89	65	24	91	69	22
46	105	69	36	56	43	13	118	85	33
47	122	94	28	39	27	12	76	62	14
48	105	67	38	29	24	5	56	43	13
49	88	54	34	41	20	21	40	25	15
50岁及以上	**422**	**263**	**159**	**253**	**162**	**91**	**354**	**224**	**130**
平均初婚年龄	**22.69**	**23.40**	**22.00**	**22.75**	**23.45**	**22.07**	**22.96**	**23.67**	**22.28**

5-4b 续表 5 单位：人

初婚年龄	初婚年份								
	1993年			1994年			1995年		
	小计	男	女	小计	男	女	小计	男	女
总 计	**412054**	**203327**	**208727**	**407248**	**200890**	**206358**	**444578**	**220920**	**223658**
15岁以下	**329**	**99**	**230**	**280**	**84**	**196**	**229**	**57**	**172**
15-19岁	**47522**	**13886**	**33636**	**43073**	**12104**	**30969**	**42508**	**11802**	**30706**
15	1595	453	1142	1667	451	1216	1697	454	1243
16	2904	827	2077	2528	616	1912	2921	796	2125
17	6045	1549	4496	5059	1341	3718	5041	1336	3705
18	11740	3343	8397	10827	2986	7841	10075	2828	7247
19	25238	7714	17524	22992	6710	16282	22774	6388	16386
20-24岁	**282341**	**135133**	**147208**	**274516**	**130005**	**144511**	**291630**	**137711**	**153919**
20	43013	14280	28733	39244	12398	26846	38539	11867	26672
21	58877	26048	32829	56528	24461	32067	57128	24042	33086
22	71488	36192	35296	67366	33857	33509	73393	36905	36488
23	62957	32485	30472	62758	32078	30680	66620	33617	33003
24	46006	26128	19878	48620	27211	21409	55950	31280	24670
25-29岁	**70782**	**46230**	**24552**	**77527**	**50156**	**27371**	**94144**	**60113**	**34031**
25	29707	18316	11391	33210	20413	12797	40430	24429	16001
26	17164	11277	5887	19888	12854	7034	24660	15845	8815
27	11667	7983	3684	11449	7764	3685	14485	9781	4704
28	7376	5178	2198	7962	5574	2388	8428	5776	2652
29	4868	3476	1392	5018	3551	1467	6141	4282	1859
30-34岁	**7495**	**5332**	**2163**	**8431**	**5990**	**2441**	**11264**	**7847**	**3417**
30	3408	2456	952	3375	2379	996	4142	2914	1228
31	1665	1157	508	2456	1746	710	2973	2044	929
32	1036	717	319	1245	881	364	2203	1547	656
33	785	560	225	760	544	216	1195	818	377
34	601	442	159	595	440	155	751	524	227
35-39岁	**2070**	**1579**	**491**	**1846**	**1436**	**410**	**2266**	**1717**	**549**
35	594	447	147	483	360	123	600	428	172
36	497	382	115	430	336	94	458	343	115
37	374	284	90	351	275	76	466	361	105
38	336	262	74	297	238	59	395	323	72
39	269	204	65	285	227	58	347	262	85
40-44岁	**818**	**607**	**211**	**848**	**644**	**204**	**1143**	**829**	**314**
40	228	172	56	264	206	58	309	216	93
41	171	122	49	206	158	48	250	187	63
42	158	115	43	146	100	46	197	148	49
43	144	114	30	121	96	25	207	152	55
44	117	84	33	111	84	27	180	126	54
45-49岁	**313**	**232**	**81**	**334**	**241**	**93**	**522**	**365**	**157**
45	70	51	19	88	66	22	136	99	37
46	65	52	13	72	53	19	118	86	32
47	65	44	21	68	49	19	107	75	32
48	65	49	16	48	34	14	82	48	34
49	48	36	12	58	39	19	79	57	22
50岁及以上	**384**	**229**	**155**	**393**	**230**	**163**	**872**	**479**	**393**
平均初婚年龄	**23.12**	**23.82**	**22.43**	**23.28**	**24.00**	**22.58**	**23.54**	**24.26**	**22.83**

5-4b 续表 6 单位：人

初婚年龄	初婚年份								
	1996年			1997年			1998年		
	小计	男	女	小计	男	女	小计	男	女
总 计	**404035**	**199874**	**204161**	**374416**	**185106**	**189310**	**422823**	**210588**	**212235**
15岁以下	**182**	**47**	**135**	**177**	**50**	**127**	**251**	**64**	**187**
15-19岁	**34779**	**9278**	**25501**	**31197**	**8017**	**23180**	**36344**	**9391**	**26953**
15	1157	273	884	1055	234	821	1475	352	1123
16	2231	587	1644	1862	406	1456	2366	549	1817
17	4548	1173	3375	3924	989	2935	4299	964	3335
18	8150	2159	5991	8069	2092	5977	8712	2238	6474
19	18693	5086	13607	16287	4296	11991	19492	5288	14204
20-24岁	**260083**	**120615**	**139468**	**233493**	**106960**	**126533**	**254145**	**117178**	**136967**
20	34171	10235	23936	28898	8286	20612	31562	9169	22393
21	49623	20436	29187	44422	17783	26639	46117	18594	27523
22	64597	31920	32677	56878	27785	29093	63244	30643	32601
23	62399	30928	31471	55676	27471	28205	60950	30317	30633
24	49293	27096	22197	47619	25635	21984	52272	28455	23817
25-29岁	**93584**	**59253**	**34331**	**93248**	**58945**	**34303**	**109985**	**69133**	**40852**
25	38122	22881	15241	35709	21287	14422	41207	24512	16695
26	25005	15737	9268	24863	15554	9309	27865	17508	10357
27	15642	10469	5173	16181	10603	5578	19638	12847	6791
28	9408	6472	2936	10031	7003	3028	12881	8635	4246
29	5407	3694	1713	6464	4498	1966	8394	5631	2763
30-34岁	**11252**	**7796**	**3456**	**11664**	**8013**	**3651**	**16320**	**10780**	**5540**
30	4015	2835	1180	3848	2638	1210	5589	3710	1879
31	2852	1909	943	2889	1980	909	3688	2413	1275
32	2121	1452	669	2132	1470	662	3069	2002	1067
33	1521	1075	446	1584	1099	485	2227	1471	756
34	743	525	218	1211	826	385	1747	1184	563
35-39岁	**1894**	**1369**	**525**	**2134**	**1495**	**639**	**3097**	**2172**	**925**
35	512	355	157	638	432	206	1318	933	385
36	404	292	112	408	300	108	650	448	202
37	327	239	88	381	255	126	422	293	129
38	348	251	97	337	245	92	378	260	118
39	303	232	71	370	263	107	329	238	91
40-44岁	**982**	**728**	**254**	**1413**	**900**	**513**	**1321**	**941**	**380**
40	250	197	53	329	199	130	311	220	91
41	216	167	49	286	183	103	295	209	86
42	202	145	57	307	187	120	246	183	63
43	172	116	56	272	181	91	253	177	76
44	142	103	39	219	150	69	216	152	64
45-49岁	**508**	**328**	**180**	**534**	**365**	**169**	**628**	**477**	**151**
45	113	81	32	179	122	57	198	146	52
46	109	80	29	119	79	40	136	111	25
47	101	62	39	105	69	36	97	76	21
48	92	51	41	73	51	22	107	76	31
49	93	54	39	58	44	14	90	68	22
50岁及以上	**771**	**460**	**311**	**556**	**361**	**195**	**732**	**452**	**280**
平均初婚年龄	**23.69**	**24.43**	**22.97**	**23.89**	**24.67**	**23.12**	**24.02**	**24.82**	**23.23**

5-4b 续表 7

单位：人

初婚年龄	初婚年份								
	1999年			2000年			2001年		
	小计	男	女	小计	男	女	小计	男	女
总　计	**353929**	**175828**	**178101**	**398305**	**198388**	**199917**	**305996**	**150987**	**155009**
15岁以下	**245**	**70**	**175**	**398**	**132**	**266**	**173**	**43**	**130**
15-19岁	**31659**	**8205**	**23454**	**37377**	**9455**	**27922**	**27889**	**6579**	**21310**
15	1270	322	948	1821	498	1323	1049	236	813
16	2180	485	1695	2688	688	2000	1772	393	1379
17	4242	1045	3197	5272	1294	3978	3397	772	2625
18	7229	1813	5416	9736	2354	7382	6748	1548	5200
19	16738	4540	12198	17860	4621	13239	14923	3630	11293
20-24岁	**211882**	**96856**	**115026**	**232367**	**106008**	**126359**	**178045**	**79645**	**98400**
20	29772	8726	21046	30747	8985	21762	23422	6397	17025
21	38218	15255	22963	45386	18121	27265	33727	13154	20573
22	49948	24573	25375	54394	26233	28161	44788	21308	23480
23	51234	25149	26085	53066	26253	26813	41043	20016	21027
24	42710	23153	19557	48774	26416	22358	35065	18770	16295
25-29岁	**92638**	**58720**	**33918**	**107365**	**68266**	**39099**	**83392**	**53206**	**30186**
25	34177	20287	13890	38152	22687	15465	29435	17382	12053
26	23742	14920	8822	27467	17244	10223	21512	13581	7931
27	16150	10804	5346	19600	13051	6549	15263	10197	5066
28	10919	7463	3456	13209	9020	4189	10298	7256	3042
29	7650	5246	2404	8937	6264	2673	6884	4790	2094
30-34岁	**12989**	**8888**	**4101**	**15498**	**10805**	**4693**	**12587**	**8754**	**3833**
30	4849	3304	1545	6003	4144	1859	4844	3390	1454
31	3288	2219	1069	3897	2707	1190	3225	2253	972
32	2059	1410	649	2594	1843	751	2189	1541	648
33	1662	1147	515	1658	1175	483	1424	947	477
34	1131	808	323	1346	936	410	905	623	282
35-39岁	**2500**	**1735**	**765**	**3222**	**2233**	**989**	**2578**	**1812**	**766**
35	929	629	300	1103	722	381	830	575	255
36	708	500	208	837	583	254	634	451	183
37	373	268	105	700	514	186	506	357	149
38	253	174	79	343	249	94	388	277	111
39	237	164	73	239	165	74	220	152	68
40-44岁	**1015**	**699**	**316**	**918**	**684**	**234**	**565**	**422**	**143**
40	191	139	52	211	154	57	129	92	37
41	239	152	87	187	138	49	118	83	35
42	207	133	74	209	145	64	99	80	19
43	195	143	52	167	128	39	102	76	26
44	183	132	51	144	119	25	117	91	26
45-49岁	**453**	**322**	**131**	**509**	**384**	**125**	**343**	**257**	**86**
45	126	87	39	142	106	36	82	63	19
46	113	83	30	105	71	34	71	53	18
47	84	63	21	85	68	17	85	58	27
48	73	50	23	105	83	22	62	50	12
49	57	39	18	72	56	16	43	33	10
50岁及以上	**548**	**333**	**215**	**651**	**421**	**230**	**424**	**269**	**155**
平均初婚年龄	**23.96**	**24.79**	**23.14**	**24.00**	**24.88**	**23.12**	**24.03**	**24.95**	**23.13**

5-4b 续表 8 单位：人

初婚年龄	初婚年份 2002年 小计	男	女	2003年 小计	男	女	2004年 小计	男	女
总　计	**318040**	**156892**	**161148**	**338071**	**166529**	**171542**	**337413**	**165868**	**171545**
15岁以下	**142**	**39**	**103**	**108**	**28**	**80**	**91**	**19**	**72**
15-19岁	**27761**	**6566**	**21195**	**27507**	**6377**	**21130**	**28694**	**6472**	**22222**
15	1078	240	838	928	215	713	749	132	617
16	1897	395	1502	1961	385	1576	1845	359	1486
17	3445	773	2672	3639	794	2845	3913	768	3145
18	6443	1468	4975	6898	1607	5291	7475	1682	5793
19	14898	3690	11208	14081	3376	10705	14712	3531	11181
20-24岁	**185809**	**82644**	**103165**	**197277**	**87341**	**109936**	**193765**	**85884**	**107881**
20	27195	7460	19735	26575	7171	19404	25262	6857	18405
21	33614	13034	20580	40087	15265	24822	37891	14832	23059
22	44728	21447	23281	46186	21915	24271	50381	23611	26770
23	44747	21631	23116	44852	22059	22793	42214	20401	21813
24	35525	19072	16453	39577	20931	18646	38017	20183	17834
25-29岁	**85540**	**54532**	**31008**	**90758**	**57108**	**33650**	**91090**	**56934**	**34156**
25	28452	16767	11685	30187	17261	12926	31449	17880	13569
26	22313	13991	8322	22352	13876	8476	22323	13692	8631
27	15935	10692	5243	17397	11543	5854	16445	10873	5572
28	11008	7597	3411	12047	8264	3783	12240	8446	3794
29	7832	5485	2347	8775	6164	2611	8633	6043	2590
30-34岁	**14599**	**10123**	**4476**	**17421**	**12137**	**5284**	**18222**	**12703**	**5519**
30	5333	3728	1605	6083	4291	1792	6182	4355	1827
31	3775	2619	1156	4236	2970	1266	4388	3078	1310
32	2505	1724	781	3234	2204	1030	3301	2290	1011
33	1795	1247	548	2309	1571	738	2565	1752	813
34	1191	805	386	1559	1101	458	1786	1228	558
35-39岁	**2768**	**1969**	**799**	**3308**	**2335**	**973**	**3544**	**2477**	**1067**
35	833	608	225	1072	755	317	1217	837	380
36	653	445	208	760	533	227	882	627	255
37	544	397	147	599	427	172	567	393	174
38	400	270	130	482	350	132	495	351	144
39	338	249	89	395	270	125	383	269	114
40-44岁	**597**	**448**	**149**	**894**	**627**	**267**	**1004**	**678**	**326**
40	184	129	55	359	239	120	349	225	124
41	118	85	33	168	125	43	265	185	80
42	99	74	25	136	100	36	176	120	56
43	89	75	14	116	76	40	118	77	41
44	107	85	22	115	87	28	96	71	25
45-49岁	**384**	**281**	**103**	**355**	**270**	**85**	**440**	**323**	**117**
45	91	71	20	89	64	25	94	72	22
46	84	61	23	78	60	18	98	71	27
47	74	54	20	68	55	13	88	67	21
48	73	53	20	70	52	18	83	65	18
49	62	42	20	50	39	11	77	48	29
50岁及以上	**440**	**290**	**150**	**443**	**306**	**137**	**563**	**378**	**185**
平均初婚年龄	**24.09**	**25.03**	**23.17**	**24.20**	**25.16**	**23.27**	**24.24**	**25.22**	**23.30**

5-4b 续表 9

单位：人

初婚年龄	初婚年份								
	2005年			2006年			2007年		
	小计	男	女	小计	男	女	小计	男	女
总 计	**337640**	**166437**	**171203**	**330025**	**161815**	**168210**	**312063**	**152189**	**159874**
15岁以下	**63**	**15**	**48**	**45**	**11**	**34**	**43**	**11**	**32**
15-19岁	**30768**	**7242**	**23526**	**30103**	**7208**	**22895**	**28803**	**7123**	**21680**
15	762	146	616	468	79	389	391	74	317
16	1684	329	1355	1532	284	1248	1244	231	1013
17	4079	870	3209	3490	711	2779	3575	758	2817
18	8244	1851	6393	7976	1941	6035	7382	1843	5539
19	15999	4046	11953	16637	4193	12444	16211	4217	11994
20-24岁	**187742**	**84013**	**103729**	**181591**	**80407**	**101184**	**168948**	**73909**	**95039**
20	25626	7295	18331	25801	7163	18638	27307	7711	19596
21	34560	13637	20923	33912	13378	20534	33682	13128	20554
22	45745	21924	23821	41292	19319	21973	39061	18382	20679
23	45581	22077	23504	41222	20006	21216	35351	17164	18187
24	36230	19080	17150	39364	20541	18823	33547	17524	16023
25-29岁	**92094**	**56753**	**35341**	**91963**	**55941**	**36022**	**88490**	**53411**	**35079**
25	31087	17771	13316	29523	16450	13073	30724	17058	13666
26	23697	14170	9527	23591	13995	9596	21265	12614	8651
27	16467	10584	5883	18077	11355	6722	16416	10406	6010
28	11862	8033	3829	12204	8153	4051	12095	7882	4213
29	8981	6195	2786	8568	5988	2580	7990	5451	2539
30-34岁	**19920**	**13543**	**6377**	**19328**	**13410**	**5918**	**18409**	**12660**	**5749**
30	6532	4452	2080	6299	4414	1885	5707	3984	1723
31	4754	3234	1520	4668	3284	1384	4388	2962	1426
32	3626	2489	1137	3627	2491	1136	3480	2402	1078
33	2776	1889	887	2684	1821	863	2715	1872	843
34	2232	1479	753	2050	1400	650	2119	1440	679
35-39岁	**4594**	**3162**	**1432**	**4785**	**3323**	**1462**	**5042**	**3451**	**1591**
35	1588	1073	515	1616	1130	486	1575	1079	496
36	1129	759	370	1208	818	390	1229	841	388
37	814	576	238	880	622	258	957	656	301
38	566	404	162	626	420	206	744	510	234
39	497	350	147	455	333	122	537	365	172
40-44岁	**1311**	**920**	**391**	**1285**	**904**	**381**	**1418**	**997**	**421**
40	420	302	118	360	262	98	373	257	116
41	344	244	100	301	207	94	310	223	87
42	283	198	85	282	198	84	270	196	74
43	162	116	46	211	144	67	246	177	69
44	102	60	42	131	93	38	219	144	75
45-49岁	**501**	**355**	**146**	**386**	**261**	**125**	**371**	**259**	**112**
45	102	56	46	79	54	25	111	75	36
46	117	95	22	90	61	29	65	51	14
47	97	73	24	76	52	24	66	49	17
48	114	85	29	75	51	24	56	38	18
49	71	46	25	66	43	23	73	46	27
50岁及以上	**647**	**434**	**213**	**539**	**350**	**189**	**539**	**368**	**171**
平均初婚年龄	**24.37**	**25.34**	**23.42**	**24.41**	**25.40**	**23.46**	**24.41**	**25.42**	**23.45**

5-4b 续表10

单位：人

初婚年龄	初婚年份								
	2008年			2009年			2010年		
	小计	男	女	小计	男	女	小计	男	女
总　计	**370313**	**179354**	**190959**	**342745**	**165865**	**176880**	**167757**	**82113**	**85644**
15岁以下	**50**	**10**	**40**	**32**	**9**	**23**	**12**	**1**	**11**
15-19岁	**33164**	**8495**	**24669**	**28683**	**7483**	**21200**	**11603**	**3048**	**8555**
15	460	81	379	374	75	299	114	22	92
16	1304	251	1053	1084	195	889	375	71	304
17	3710	866	2844	2919	717	2202	1163	278	885
18	9409	2385	7024	7246	1910	5336	2667	740	1927
19	18281	4912	13369	17060	4586	12474	7284	1937	5347
20-24岁	**200317**	**86769**	**113548**	**191318**	**83482**	**107836**	**95699**	**41678**	**54021**
20	31380	8995	22385	27527	7833	19694	14440	3694	10746
21	43354	16915	26439	39521	15400	24121	18144	7083	11061
22	47355	22159	25196	49107	23117	25990	24279	11817	12462
23	41765	20004	21761	40700	19508	21192	21137	10125	11012
24	36463	18696	17767	34463	17624	16839	17699	8959	8740
25-29岁	**105395**	**62691**	**42704**	**93573**	**55304**	**38269**	**46231**	**27619**	**18612**
25	33721	18430	15291	28947	15604	13343	14606	7953	6653
26	28761	16810	11951	24253	14088	10165	11274	6565	4709
27	18886	11677	7209	19457	11971	7486	9406	5863	3543
28	13882	9012	4870	12132	7843	4289	6739	4441	2298
29	10145	6762	3383	8784	5798	2986	4206	2797	1409
30-34岁	**21779**	**14773**	**7006**	**19819**	**13251**	**6568**	**9503**	**6507**	**2996**
30	6963	4678	2285	6553	4381	2172	3085	2105	980
31	5052	3452	1600	4526	3040	1486	2462	1697	765
32	4117	2825	1292	3527	2361	1166	1654	1110	544
33	3247	2199	1048	2859	1917	942	1225	840	385
34	2400	1619	781	2354	1552	802	1077	755	322
35-39岁	**6497**	**4463**	**2034**	**6209**	**4238**	**1971**	**3094**	**2120**	**974**
35	1962	1329	633	1873	1260	613	884	609	275
36	1555	1070	485	1504	1041	463	747	503	244
37	1268	850	418	1149	797	352	565	387	178
38	975	689	286	952	633	319	467	318	149
39	737	525	212	731	507	224	431	303	128
40-44岁	**1815**	**1264**	**551**	**1807**	**1225**	**582**	**940**	**669**	**271**
40	529	363	166	554	374	180	276	198	78
41	397	280	117	418	283	135	225	164	61
42	348	244	104	288	197	91	176	122	54
43	285	195	90	305	211	94	118	86	32
44	256	182	74	242	160	82	145	99	46
45-49岁	**589**	**416**	**173**	**652**	**435**	**217**	**355**	**237**	**118**
45	217	158	59	224	141	83	100	60	40
46	132	87	45	195	137	58	103	72	31
47	94	66	28	102	68	34	79	56	23
48	75	56	19	67	44	23	32	24	8
49	71	49	22	64	45	19	41	25	16
50岁及以上	**707**	**473**	**234**	**652**	**438**	**214**	**320**	**234**	**86**
平均初婚年龄	**24.45**	**25.44**	**23.52**	**24.47**	**25.41**	**23.59**	**24.56**	**25.50**	**23.65**

5-4c 全国分初婚年龄、性别、初婚年份的人口(乡村)

单位：人

初婚年龄	初婚年份					
	合 计			1980年		
	合计	男	女	小计	男	女
总 计	**27468220**	**13506019**	**13962201**	**1168776**	**577011**	**591765**
15岁以下	**39788**	**11278**	**28510**	**3305**	**995**	**2310**
15-19岁	**4780702**	**1372128**	**3408574**	**179521**	**43583**	**135938**
15	191963	46588	145375	12966	3125	9841
16	356465	85285	271180	22238	4815	17423
17	689515	175605	513910	40122	8566	31556
18	1250314	348342	901972	44931	10248	34683
19	2292445	716308	1576137	59264	16829	42435
20-24岁	**16850486**	**8245596**	**8604890**	**674715**	**325424**	**349291**
20	3303560	1168276	2135284	91951	32370	59581
21	3919839	1805854	2113985	122896	52951	69945
22	4066083	2158492	1907591	167742	79808	87934
23	3203670	1742304	1461366	160880	84335	76545
24	2357334	1370670	986664	131246	75960	55286
25-29岁	**4500305**	**2944611**	**1555694**	**260560**	**169813**	**90747**
25	1659237	1029875	629362	101885	63386	38499
26	1122973	731170	391803	66660	43284	23376
27	777482	526269	251213	43543	29390	14153
28	543552	377727	165825	29023	20145	8878
29	397061	279570	117491	19449	13608	5841
30-34岁	**883950**	**633483**	**250467**	**37312**	**27294**	**10018**
30	291861	206769	85092	14009	10020	3989
31	211292	151016	60276	8564	6333	2231
32	162316	117022	45294	6293	4677	1616
33	123589	89699	33890	4759	3561	1198
34	94892	68977	25915	3687	2703	984
35-39岁	**244851**	**179936**	**64915**	**9477**	**7104**	**2373**
35	73077	53803	19274	2848	2134	714
36	57192	42201	14991	2256	1682	574
37	45214	33193	12021	1756	1317	439
38	37317	27296	10021	1434	1076	358
39	32051	23443	8608	1183	895	288
40-44岁	**93485**	**68118**	**25367**	**2751**	**2067**	**684**
40	26538	19169	7369	886	648	238
41	21283	15465	5818	617	481	136
42	18083	13282	4801	540	416	124
43	15091	11027	4064	387	292	95
44	12490	9175	3315	321	230	91
45-49岁	**37621**	**27391**	**10230**	**807**	**555**	**252**
45	10326	7562	2764	256	192	64
46	8460	6276	2184	174	132	42
47	7122	5192	1930	163	105	58
48	6030	4349	1681	122	78	44
49	5683	4012	1671	92	48	44
50岁及以上	**37032**	**23478**	**13554**	**328**	**176**	**152**
平均初婚年龄	**22.99**	**23.92**	**22.09**	**23.34**	**24.35**	**22.34**

5-4c 续表 1 单位：人

初婚年龄	初婚年份								
	1981年			1982年			1983年		
	小计	男	女	小计	男	女	小计	男	女
总　计	**745037**	**365926**	**379111**	**894781**	**439683**	**455098**	**911076**	**447459**	**463617**
15岁以下	**1700**	**502**	**1198**	**1980**	**585**	**1395**	**1848**	**552**	**1296**
15-19岁	**146935**	**37114**	**109821**	**213323**	**59013**	**154310**	**206494**	**60070**	**146424**
15	7353	1924	5429	8699	2143	6556	8615	2145	6470
16	12617	2934	9683	15907	3881	12026	14972	3536	11436
17	25409	5682	19727	29431	7105	22326	29298	7413	21885
18	46600	11319	35281	56662	14573	42089	52168	14278	37890
19	54956	15255	39701	102624	31311	71313	101441	32698	68743
20-24岁	**415566**	**203869**	**211697**	**461983**	**229271**	**232712**	**495014**	**241143**	**253871**
20	60851	20719	40132	98886	35264	63622	148586	56374	92212
21	78953	33640	45313	85155	38148	47007	114453	52475	61978
22	89713	44642	45071	99524	51844	47680	85615	45071	40544
23	101130	54414	46716	88986	50212	38774	81008	46669	34339
24	84919	50454	34465	89432	53803	35629	65352	40554	24798
25-29岁	**154057**	**104353**	**49704**	**180169**	**123465**	**56704**	**169035**	**117243**	**51792**
25	58440	37521	20919	67514	44086	23428	60077	39486	20591
26	40516	27522	12994	44151	30085	14066	43678	30179	13499
27	26241	18537	7704	31873	22703	9170	28598	20579	8019
28	16926	12106	4820	21700	15634	6066	21379	15681	5698
29	11934	8667	3267	14931	10957	3974	15303	11318	3985
30-34岁	**20643**	**15467**	**5176**	**28520**	**20831**	**7689**	**29447**	**21677**	**7770**
30	7752	5652	2100	10594	7765	2829	10670	7839	2831
31	5263	3945	1318	7018	5006	2012	7222	5261	1961
32	3444	2644	800	5022	3658	1364	5252	3838	1414
33	2380	1858	522	3456	2600	856	3831	2844	987
34	1804	1368	436	2430	1802	628	2472	1895	577
35-39岁	**4326**	**3316**	**1010**	**6149**	**4565**	**1584**	**6427**	**4704**	**1723**
35	1299	988	311	1910	1427	483	1902	1413	489
36	1058	811	247	1496	1094	402	1550	1111	439
37	798	615	183	1109	826	283	1261	913	348
38	622	467	155	835	598	237	934	683	251
39	549	435	114	799	620	179	780	584	196
40-44岁	**1281**	**974**	**307**	**1826**	**1394**	**432**	**1974**	**1505**	**469**
40	465	351	114	574	437	137	675	512	163
41	298	224	74	475	350	125	485	357	128
42	206	159	47	318	243	75	386	293	93
43	155	125	30	244	191	53	241	187	54
44	157	115	42	215	173	42	187	156	31
45-49岁	**377**	**261**	**116**	**561**	**403**	**158**	**561**	**414**	**147**
45	121	90	31	168	128	40	135	108	27
46	97	69	28	130	94	36	146	115	31
47	66	48	18	102	67	35	110	77	33
48	52	30	22	87	69	18	89	63	26
49	41	24	17	74	45	29	81	51	30
50岁及以上	**152**	**70**	**82**	**270**	**156**	**114**	**276**	**151**	**125**
平均初婚年龄	**23.03**	**24.12**	**21.98**	**22.85**	**23.99**	**21.75**	**22.65**	**23.75**	**21.59**

5-4c 续表 2

单位：人

初婚年龄	初婚年份								
	1984年			1985年			1986年		
	小计	男	女	小计	男	女	小计	男	女
总　计	**1007391**	**495022**	**512369**	**1234101**	**609220**	**624881**	**1207062**	**594955**	**612107**
15岁以下	**1668**	**485**	**1183**	**1953**	**576**	**1377**	**1690**	**511**	**1179**
15-19岁	**214193**	**63565**	**150628**	**252573**	**76855**	**175718**	**249369**	**77793**	**171576**
15	9827	2493	7334	10873	2809	8064	8720	2168	6552
16	16202	3887	12315	21151	5536	15615	18698	4858	13840
17	29980	7749	22231	36740	9797	26943	39680	11034	28646
18	57472	16290	41182	64021	18369	45652	66569	19789	46780
19	100712	33146	67566	119788	40344	79444	115702	39944	75758
20-24岁	**594860**	**291438**	**303422**	**764254**	**381083**	**383171**	**782485**	**395579**	**386906**
20	153257	58873	94384	165188	64026	101162	172304	68099	104205
21	185435	88309	97126	211055	100647	110408	192709	93119	99590
22	124879	67190	57689	215946	117889	98057	193848	104789	89059
23	70531	39651	30880	112302	63190	49112	151340	86314	65026
24	60758	37415	23343	59763	35331	24432	72284	43258	29026
25-29岁	**152944**	**107581**	**45363**	**156076**	**107924**	**48152**	**120441**	**82447**	**37994**
25	45540	30303	15237	47663	30685	16978	35405	21988	13417
26	40660	28390	12270	34467	23768	10699	27673	18596	9077
27	30184	21936	8248	31785	22858	8927	20736	14843	5893
28	20519	15010	5509	24190	17558	6632	20075	14803	5272
29	16041	11942	4099	17971	13055	4916	16552	12217	4335
30-34岁	**33059**	**24316**	**8743**	**43077**	**31317**	**11760**	**38257**	**28065**	**10192**
30	11743	8721	3022	14435	10503	3932	12098	8878	3220
31	8059	5945	2114	10370	7519	2851	9460	6942	2518
32	5912	4311	1601	8047	5897	2150	7216	5302	1914
33	4118	2965	1153	5989	4372	1617	5411	3962	1449
34	3227	2374	853	4236	3026	1210	4072	2981	1091
35-39岁	**7383**	**5287**	**2096**	**10788**	**7733**	**3055**	**9491**	**6905**	**2586**
35	2107	1600	507	3320	2426	894	2823	2040	783
36	1628	1191	437	2381	1764	617	2262	1692	570
37	1424	978	446	1799	1315	484	1602	1179	423
38	1273	838	435	1701	1179	522	1288	943	345
39	951	680	271	1587	1049	538	1516	1051	465
40-44岁	**2254**	**1684**	**570**	**3592**	**2572**	**1020**	**3799**	**2635**	**1164**
40	697	513	184	1115	779	336	1479	1011	468
41	520	394	126	811	578	233	863	578	285
42	435	327	108	686	502	184	587	432	155
43	354	273	81	561	414	147	491	344	147
44	248	177	71	419	299	120	379	270	109
45-49岁	**645**	**465**	**180**	**1130**	**783**	**347**	**967**	**716**	**251**
45	178	132	46	307	208	99	307	229	78
46	143	109	34	237	178	59	217	168	49
47	135	96	39	206	142	64	154	108	46
48	104	78	26	180	120	60	134	101	33
49	85	50	35	200	135	65	155	110	45
50岁及以上	**385**	**201**	**184**	**658**	**377**	**281**	**563**	**304**	**259**
平均初婚年龄	**22.51**	**23.52**	**21.54**	**22.55**	**23.47**	**21.66**	**22.44**	**23.30**	**21.61**

5-4c 续表 3 单位：人

初婚年龄	初婚年份								
	1987年			1988年			1989年		
	小计	男	女	小计	男	女	小计	男	女
总　计	**1136220**	**560655**	**575565**	**1200668**	**593659**	**607009**	**1115789**	**552275**	**563514**
15岁以下	**1758**	**539**	**1219**	**2036**	**636**	**1400**	**2147**	**670**	**1477**
15-19岁	**243692**	**77981**	**165711**	**262055**	**85011**	**177044**	**239664**	**78763**	**160901**
15	7999	2050	5949	9295	2425	6870	9136	2461	6675
16	16832	4356	12476	17183	4653	12530	17433	4799	12634
17	34998	9976	25022	35972	10153	25819	32608	9644	22964
18	69638	21470	48168	69165	21349	47816	64206	20386	43820
19	114225	40129	74096	130440	46431	84009	116281	41473	74808
20-24岁	**734721**	**375682**	**359039**	**759849**	**388218**	**371631**	**709318**	**361392**	**347926**
20	153202	61306	91896	168320	67282	101038	167754	68108	99646
21	185985	90707	95278	180799	89061	91738	177543	86919	90624
22	172676	93981	78695	186381	102154	84227	158651	87340	71311
23	129542	73181	56361	132046	74846	57200	124469	70634	53835
24	93316	56507	36809	92303	54875	37428	80901	48391	32510
25-29岁	**107102**	**71014**	**36088**	**127635**	**83630**	**44005**	**123475**	**81039**	**42436**
25	42709	26750	15959	61981	39677	22304	53197	33772	19425
26	20984	13311	7673	28750	18746	10004	35554	23774	11780
27	16705	11452	5253	14853	9570	5283	17074	11460	5614
28	13240	9606	3634	12186	8416	3770	9544	6314	3230
29	13464	9895	3569	9865	7221	2644	8106	5719	2387
30-34岁	**34459**	**25148**	**9311**	**33132**	**24593**	**8539**	**26054**	**19439**	**6615**
30	11075	8018	3057	9687	7174	2513	6305	4655	1650
31	7803	5677	2126	7994	5918	2076	6459	4829	1630
32	6522	4823	1699	6276	4586	1690	5402	4095	1307
33	5095	3748	1347	5108	3843	1265	4247	3146	1101
34	3964	2882	1082	4067	3072	995	3641	2714	927
35-39岁	**9066**	**6551**	**2515**	**10014**	**7462**	**2552**	**9367**	**7022**	**2345**
35	2947	2118	829	3128	2378	750	2861	2170	691
36	2065	1505	560	2368	1793	575	2288	1735	553
37	1720	1232	488	1766	1266	500	1626	1203	423
38	1244	915	329	1539	1132	407	1340	987	353
39	1090	781	309	1213	893	320	1252	927	325
40-44岁	**3839**	**2674**	**1165**	**3985**	**2788**	**1197**	**3518**	**2494**	**1024**
40	1144	818	326	990	699	291	973	711	262
41	1012	697	315	947	645	302	766	547	219
42	726	494	232	887	641	246	684	491	193
43	556	397	159	642	438	204	611	413	198
44	401	268	133	519	365	154	484	332	152
45-49岁	**988**	**710**	**278**	**1286**	**918**	**368**	**1452**	**1009**	**443**
45	293	221	72	410	290	120	388	278	110
46	223	156	67	342	249	93	342	243	99
47	203	150	53	224	157	67	283	187	96
48	123	83	40	179	132	47	249	163	86
49	146	100	46	131	90	41	190	138	52
50岁及以上	**595**	**356**	**239**	**676**	**403**	**273**	**794**	**447**	**347**
平均初婚年龄	**22.41**	**23.22**	**21.63**	**22.40**	**23.19**	**21.62**	**22.35**	**23.13**	**21.59**

5-4c 续表 4

单位：人

初婚年龄	初婚年份								
	1990年			1991年			1992年		
	小计	男	女	小计	男	女	小计	男	女
总 计	**1264127**	**629192**	**634935**	**847024**	**417884**	**429140**	**959789**	**474022**	**485767**
15岁以下	**2909**	**944**	**1965**	**1458**	**453**	**1005**	**1439**	**438**	**1001**
15-19岁	**267350**	**87391**	**179959**	**163175**	**51570**	**111605**	**167346**	**50599**	**116747**
15	11817	3424	8393	6669	1858	4811	6549	1763	4786
16	20102	5625	14477	11133	3080	8053	11866	3132	8734
17	38687	11505	27182	21788	6220	15568	22208	6012	16196
18	68826	22059	46767	43119	13416	29703	42358	12276	30082
19	127918	44778	83140	80466	26996	53470	84365	27416	56949
20-24岁	**804213**	**411884**	**392329**	**559126**	**281456**	**277670**	**643867**	**323053**	**320814**
20	177919	70717	107202	121080	46209	74871	124639	45567	79072
21	210326	105242	105084	140933	68425	72508	160057	77840	82217
22	190475	104861	85614	138931	76209	62722	161992	88160	73832
23	130191	73988	56203	97821	54766	43055	119306	65759	53547
24	95302	57076	38226	60361	35847	24514	77873	45727	32146
25-29岁	**145583**	**95752**	**49831**	**101680**	**67863**	**33817**	**120337**	**79735**	**40602**
25	59593	37630	21963	42001	26775	15226	46217	28927	17290
26	38397	25436	12961	25702	17123	8579	31394	20711	10683
27	26442	18162	8280	16607	11556	5051	19922	13639	6283
28	13181	9102	4079	11539	8287	3252	13240	9424	3816
29	7970	5422	2548	5831	4122	1709	9564	7034	2530
30-34岁	**25316**	**19193**	**6123**	**12573**	**9587**	**2986**	**15121**	**11249**	**3872**
30	6380	4570	1810	3431	2381	1050	5097	3614	1483
31	5268	3991	1277	2707	2043	664	3043	2168	875
32	5442	4229	1213	2309	1841	468	2683	2043	640
33	4601	3617	984	2266	1832	434	2138	1688	450
34	3625	2786	839	1860	1490	370	2160	1736	424
35-39岁	**10904**	**8432**	**2472**	**5481**	**4374**	**1107**	**6750**	**5372**	**1378**
35	3173	2482	691	1471	1198	273	1862	1500	362
36	2546	1982	564	1352	1111	241	1437	1169	268
37	2152	1673	479	1084	835	249	1242	978	264
38	1680	1268	412	858	675	183	1165	919	246
39	1353	1027	326	716	555	161	1044	806	238
40-44岁	**4571**	**3346**	**1225**	**1973**	**1493**	**480**	**2877**	**2173**	**704**
40	1325	969	356	534	401	133	780	577	203
41	989	738	251	505	366	139	622	466	156
42	824	599	225	408	326	82	588	462	126
43	755	542	213	268	206	62	519	380	139
44	678	498	180	258	194	64	368	288	80
45-49岁	**1978**	**1478**	**500**	**887**	**673**	**214**	**1109**	**834**	**275**
45	518	386	132	261	195	66	323	243	80
46	437	349	88	188	142	46	250	184	66
47	368	277	91	174	139	35	221	173	48
48	323	239	84	132	94	38	165	126	39
49	332	227	105	132	103	29	150	108	42
50岁及以上	**1303**	**772**	**531**	**671**	**415**	**256**	**943**	**569**	**374**
平均初婚年龄	**22.39**	**23.18**	**21.60**	**22.37**	**23.13**	**21.63**	**22.57**	**23.35**	**21.81**

5-4c 续表 5 单位：人

初婚年龄	初婚年份 1993年 小计	1993年 男	1993年 女	1994年 小计	1994年 男	1994年 女	1995年 小计	1995年 男	1995年 女
总 计	**915782**	**452727**	**463055**	**914528**	**451210**	**463318**	**961289**	**477421**	**483868**
15岁以下	**1212**	**366**	**846**	**1046**	**296**	**750**	**1019**	**246**	**773**
15-19岁	**144338**	**42070**	**102268**	**132565**	**37383**	**95182**	**128291**	**35983**	**92308**
15	5353	1415	3938	5282	1321	3961	5552	1357	4195
16	9922	2516	7406	8586	2048	6538	9845	2433	7412
17	18919	5021	13898	16969	4456	12513	16328	4232	12096
18	36334	10233	26101	33049	9249	23800	30520	8545	21975
19	73810	22885	50925	68679	20309	48370	66046	19416	46630
20-24岁	**618956**	**308539**	**310417**	**615180**	**302650**	**312530**	**632809**	**310948**	**321861**
20	114714	40175	74539	108761	36574	72187	104375	33882	70493
21	143617	68562	75055	141251	66159	75092	140383	64925	75458
22	157801	85955	71846	151744	81926	69818	159677	85958	73719
23	121858	66340	55518	124664	66980	57684	129636	69626	60010
24	80966	47507	33459	88760	51011	37749	98738	56557	42181
25-29岁	**124151**	**81327**	**42824**	**136400**	**89027**	**47373**	**161287**	**102842**	**58445**
25	50928	31499	19429	56619	35229	21390	68006	41347	26659
26	29663	19403	10260	34237	22255	11982	40497	25944	14553
27	20767	14221	6546	20830	14082	6748	25458	16788	8670
28	13423	9430	3993	14795	10378	4417	15589	10661	4928
29	9370	6774	2596	9919	7083	2836	11737	8102	3635
30-34岁	**16362**	**12100**	**4262**	**18637**	**13606**	**5031**	**23361**	**16835**	**6526**
30	7012	5144	1868	7312	5274	2038	8218	5868	2350
31	3553	2563	990	5323	3915	1408	6007	4319	1688
32	2301	1669	632	2744	2027	717	4908	3602	1306
33	1916	1463	453	1751	1259	492	2605	1886	719
34	1580	1261	319	1507	1131	376	1623	1160	463
35-39岁	**6146**	**4921**	**1225**	**5809**	**4685**	**1124**	**6412**	**4977**	**1435**
35	1648	1342	306	1295	1034	261	1409	1059	350
36	1384	1113	271	1373	1144	229	1319	1019	300
37	1178	949	229	1207	960	247	1405	1102	303
38	1023	821	202	996	794	202	1194	945	249
39	913	696	217	938	753	185	1085	852	233
40-44岁	**2651**	**2035**	**616**	**2692**	**2100**	**592**	**3774**	**2836**	**938**
40	721	563	158	741	584	157	1013	766	247
41	597	455	142	661	519	142	856	623	233
42	500	374	126	488	382	106	786	592	194
43	446	341	105	423	322	101	593	451	142
44	387	302	85	379	293	86	526	404	122
45-49岁	**985**	**772**	**213**	**1000**	**754**	**246**	**1731**	**1301**	**430**
45	262	207	55	285	215	70	496	375	121
46	229	180	49	206	166	40	377	299	78
47	186	141	45	197	144	53	302	222	80
48	165	130	35	160	113	47	303	218	85
49	143	114	29	152	116	36	253	187	66
50岁及以上	**981**	**597**	**384**	**1199**	**709**	**490**	**2605**	**1453**	**1152**
平均初婚年龄	**22.73**	**23.51**	**21.97**	**22.89**	**23.69**	**22.12**	**23.17**	**23.97**	**22.37**

5-4c 续表 6

单位：人

初婚年龄	初婚年份								
	1996年			1997年			1998年		
	小计	男	女	小计	男	女	小计	男	女
总 计	**859805**	**425446**	**434359**	**766482**	**379309**	**387173**	**861189**	**428202**	**432987**
15岁以下	**862**	**219**	**643**	**863**	**210**	**653**	**1107**	**291**	**816**
15-19岁	**109285**	**29763**	**79522**	**97444**	**26026**	**71418**	**114542**	**29822**	**84720**
15	4302	921	3381	4126	873	3253	4981	1049	3932
16	8126	1834	6292	6886	1450	5436	8906	1843	7063
17	15458	3920	11538	13354	3323	10031	15411	3487	11924
18	26182	6912	19270	24961	6685	18276	28160	7230	20930
19	55217	16176	39041	48117	13695	34422	57084	16213	40871
20-24岁	**558543**	**271446**	**287097**	**482329**	**234004**	**248325**	**518297**	**252667**	**265630**
20	91214	28985	62229	75785	23352	52433	83768	26426	57342
21	121136	54750	66386	103397	46167	57230	105660	47460	58200
22	141638	76193	65445	120286	64624	55662	130260	69459	60801
23	117219	62028	55191	103404	55101	48303	111389	59442	51947
24	87336	49490	37846	79457	44760	34697	87220	49880	37340
25-29岁	**155532**	**98782**	**56750**	**148474**	**93290**	**55184**	**175678**	**110501**	**65177**
25	62084	37595	24489	55434	33263	22171	63833	38711	25122
26	40324	25378	14946	38367	23938	14429	43208	27141	16067
27	25662	17037	8625	25960	16683	9277	31223	20152	11071
28	16605	11289	5316	16869	11369	5500	21634	14136	7498
29	10857	7483	3374	11844	8037	3807	15780	10361	5419
30-34岁	**23269**	**16605**	**6664**	**24273**	**16968**	**7305**	**35657**	**23535**	**12122**
30	8224	5777	2447	7993	5521	2472	11902	7687	4215
31	5454	3843	1611	5821	4045	1776	8336	5516	2820
32	4314	3110	1204	4354	3038	1316	6796	4489	2307
33	3413	2508	905	3339	2358	981	4875	3280	1595
34	1864	1367	497	2766	2006	760	3748	2563	1185
35-39岁	**5106**	**3874**	**1232**	**5319**	**3712**	**1607**	**7560**	**5315**	**2245**
35	1142	824	318	1431	1044	387	2891	2019	872
36	1052	759	293	962	671	291	1659	1159	500
37	945	761	184	940	649	291	1047	717	330
38	1068	827	241	880	617	263	966	683	283
39	899	703	196	1106	731	375	997	737	260
40-44岁	**3251**	**2388**	**863**	**4691**	**3002**	**1689**	**4341**	**3288**	**1053**
40	822	601	221	1153	722	431	1088	811	277
41	715	526	189	969	610	359	950	717	233
42	676	507	169	976	627	349	819	614	205
43	549	404	145	905	577	328	809	618	191
44	489	350	139	688	466	222	675	528	147
45-49岁	**1745**	**1088**	**657**	**1754**	**1241**	**513**	**1956**	**1434**	**522**
45	404	282	122	558	380	178	535	383	152
46	382	256	126	362	260	102	435	324	111
47	314	200	114	347	246	101	361	251	110
48	282	158	124	274	208	66	352	267	85
49	363	192	171	213	147	66	273	209	64
50岁及以上	**2212**	**1281**	**931**	**1335**	**856**	**479**	**2051**	**1349**	**702**
平均初婚年龄	**23.28**	**24.09**	**22.48**	**23.46**	**24.30**	**22.63**	**23.61**	**24.52**	**22.70**

5-4c 续表 7 单位：人

初婚年龄	初婚年份								
	1999年			2000年			2001年		
	小计	男	女	小计	男	女	小计	男	女
总　计	**699641**	**346934**	**352707**	**784989**	**390336**	**394653**	**621626**	**306319**	**315307**
15岁以下	**1191**	**320**	**871**	**1786**	**514**	**1272**	**919**	**231**	**688**
15-19岁	**100214**	**26641**	**73573**	**117028**	**31483**	**85545**	**91624**	**23158**	**68466**
15	4875	1125	3750	6674	1629	5045	4401	922	3479
16	8456	1867	6589	9871	2401	7470	7327	1517	5810
17	14794	3462	11332	17913	4495	13418	12245	2784	9461
18	23700	6191	17509	30298	7907	22391	22802	5783	17019
19	48389	13996	34393	52272	15051	37221	44849	12152	32697
20-24岁	**420000**	**203764**	**216236**	**460020**	**221961**	**238059**	**367403**	**175159**	**192244**
20	76345	24269	52076	80327	25761	54566	64240	19400	44840
21	87973	38990	48983	101348	44779	56569	79825	35053	44772
22	100024	54528	45496	109151	57907	51244	92005	48874	43131
23	88359	47616	40743	92252	49315	42937	74030	39132	34898
24	67299	38361	28938	76942	44199	32743	57303	32700	24603
25-29岁	**140698**	**90170**	**50528**	**162413**	**105240**	**57173**	**128015**	**83576**	**44439**
25	50602	31450	19152	57168	35168	22000	44970	27694	17276
26	35162	22290	12872	40584	26289	14295	31952	20788	11164
27	24413	16144	8269	29017	19341	9676	23012	15582	7430
28	17778	11772	6006	20389	13923	6466	16498	11409	5089
29	12743	8514	4229	15255	10519	4736	11583	8103	3480
30-34岁	**26022**	**17952**	**8070**	**29733**	**20888**	**8845**	**24207**	**17171**	**7036**
30	9134	6208	2926	10548	7300	3248	8708	6110	2598
31	6373	4305	2068	7282	5155	2127	6001	4211	1790
32	4403	3071	1332	5271	3740	1531	4266	3081	1185
33	3490	2501	989	3625	2583	1042	3097	2220	877
34	2622	1867	755	3007	2110	897	2135	1549	586
35-39岁	**5551**	**3919**	**1632**	**7192**	**5200**	**1992**	**5472**	**4058**	**1414**
35	1946	1397	549	2225	1639	586	1709	1282	427
36	1525	1095	430	1918	1381	537	1280	925	355
37	847	584	263	1502	1087	415	1063	814	249
38	635	426	209	907	650	257	901	662	239
39	598	417	181	640	443	197	519	375	144
40-44岁	**2891**	**2100**	**791**	**2836**	**2197**	**639**	**1669**	**1304**	**365**
40	541	404	137	579	427	152	369	249	120
41	668	500	168	552	428	124	314	234	80
42	618	438	180	627	498	129	330	266	64
43	539	387	152	581	457	124	332	283	49
44	525	371	154	497	387	110	324	272	52
45-49岁	**1506**	**1109**	**397**	**1952**	**1511**	**441**	**1092**	**822**	**270**
45	445	329	116	498	387	111	277	209	68
46	360	259	101	484	376	108	260	188	72
47	268	207	61	375	301	74	205	162	43
48	223	165	58	313	246	67	174	131	43
49	210	149	61	282	201	81	176	132	44
50岁及以上	**1568**	**959**	**609**	**2029**	**1342**	**687**	**1225**	**840**	**385**
平均初婚年龄	**23.42**	**24.36**	**22.50**	**23.45**	**24.46**	**22.45**	**23.42**	**24.45**	**22.41**

5-4c 续表 8　　　　单位：人

初婚年龄	初婚年份								
	2002年			2003年			2004年		
	小计	男	女	小计	男	女	小计	男	女
总　计	**664147**	**326283**	**337864**	**714800**	**350979**	**363821**	**730635**	**358718**	**371917**
15岁以下	**792**	**162**	**630**	**692**	**143**	**549**	**604**	**121**	**483**
15-19岁	**94866**	**23809**	**71057**	**98193**	**23871**	**74322**	**105314**	**25458**	**79856**
15	4617	914	3703	4508	891	3617	4067	759	3308
16	7928	1595	6333	8442	1712	6730	8253	1608	6645
17	13361	2996	10365	14423	3095	11328	16467	3545	12922
18	22797	5598	17199	24767	5939	18828	27488	6683	20805
19	46163	12706	33457	46053	12234	33819	49039	12863	36176
20-24岁	**398865**	**188306**	**210559**	**432140**	**204274**	**227866**	**435952**	**207309**	**228643**
20	74235	22593	51642	74330	22798	51532	72901	22309	50592
21	84669	36389	48280	99623	42799	56824	96245	42030	54215
22	96525	50846	45679	103162	53532	49630	114014	59084	54930
23	83155	43889	39266	87321	46699	40622	85517	45366	40151
24	60281	34589	25692	67704	38446	29258	67275	38520	28755
25-29岁	**132043**	**87119**	**44924**	**140416**	**91759**	**48657**	**141620**	**92328**	**49292**
25	43966	27266	16700	47932	29387	18545	50190	30575	19615
26	33431	21840	11591	33479	21693	11786	33900	21976	11924
27	24322	16633	7689	25697	17195	8502	24609	16771	7838
28	17441	12261	5180	18929	13285	5644	18717	12964	5753
29	12883	9119	3764	14379	10199	4180	14204	10042	4162
30-34岁	**27311**	**19380**	**7931**	**31298**	**22088**	**9210**	**33512**	**23648**	**9864**
30	9291	6524	2767	10213	7237	2976	10842	7690	3152
31	6962	4855	2107	7633	5352	2281	8086	5710	2376
32	5025	3645	1380	5972	4228	1744	6193	4339	1854
33	3519	2536	983	4390	3041	1349	4831	3416	1415
34	2514	1820	694	3090	2230	860	3560	2493	1067
35-39岁	**6328**	**4612**	**1716**	**7382**	**5441**	**1941**	**8398**	**6106**	**2292**
35	1863	1361	502	2321	1681	640	2685	1929	756
36	1535	1104	431	1701	1250	451	1988	1446	542
37	1124	840	284	1381	1025	356	1414	1042	372
38	972	718	254	1092	826	266	1276	926	350
39	834	589	245	887	659	228	1035	763	272
40-44岁	**1667**	**1264**	**403**	**2052**	**1486**	**566**	**2443**	**1763**	**680**
40	452	332	120	702	506	196	813	581	232
41	333	233	100	421	298	123	671	490	181
42	306	238	68	334	240	94	398	293	105
43	285	223	62	307	223	84	284	205	79
44	291	238	53	288	219	69	277	194	83
45-49岁	**1138**	**879**	**259**	**1264**	**971**	**293**	**1320**	**997**	**323**
45	280	209	71	296	238	58	280	206	74
46	242	187	55	266	212	54	284	215	69
47	226	181	45	242	182	60	286	224	62
48	204	156	48	249	177	72	217	158	59
49	186	146	40	211	162	49	253	194	59
50岁及以上	**1137**	**752**	**385**	**1363**	**946**	**417**	**1472**	**988**	**484**
平均初婚年龄	**23.42**	**24.48**	**22.40**	**23.49**	**24.55**	**22.47**	**23.51**	**24.58**	**22.47**

5-4c 续表 9 单位：人

初婚年龄	初婚年份								
	2005年			2006年			2007年		
	小计	男	女	小计	男	女	小计	男	女
总 计	**762830**	**373858**	**388972**	**738576**	**358830**	**379746**	**743529**	**358588**	**384941**
15岁以下	**414**	**58**	**356**	**335**	**54**	**281**	**350**	**69**	**281**
15-19岁	**115934**	**28968**	**86966**	**115562**	**29437**	**86125**	**115584**	**30380**	**85204**
15	3974	710	3264	2606	437	2169	2284	391	1893
16	8431	1685	6746	7796	1487	6309	6540	1229	5311
17	17087	3769	13318	16048	3570	12478	17129	3955	13174
18	31648	7925	23723	30711	7791	22920	30739	8099	22640
19	54794	14879	39915	58401	16152	42249	58892	16706	42186
20-24岁	**442057**	**210016**	**232041**	**429211**	**202032**	**227179**	**430069**	**199217**	**230852**
20	76960	23783	53177	79786	24746	55040	88449	27687	60762
21	92930	40366	52564	92856	40169	52687	97349	41571	55778
22	107755	55851	51904	99013	50741	48272	99120	50614	48506
23	95472	51063	44409	85063	45128	39935	79442	41737	37705
24	68940	38953	29987	72493	41248	31245	65709	37608	28101
25-29岁	**150641**	**96744**	**53897**	**144029**	**92133**	**51896**	**147427**	**93588**	**53839**
25	53076	31913	21163	49636	29670	19966	53535	32232	21303
26	37771	24192	13579	36205	22826	13379	35501	22198	13303
27	25848	17163	8685	26398	17543	8855	26372	17172	9200
28	18822	13034	5788	18440	12717	5723	18880	12890	5990
29	15124	10442	4682	13350	9377	3973	13139	9096	4043
30-34岁	**36966**	**26072**	**10894**	**34078**	**24162**	**9916**	**33039**	**23245**	**9794**
30	11380	7951	3429	10630	7392	3238	9540	6670	2870
31	8928	6330	2598	8079	5838	2241	7923	5563	2360
32	6850	4866	1984	6371	4555	1816	6332	4400	1932
33	5486	3902	1584	5015	3541	1474	5179	3710	1469
34	4322	3023	1299	3983	2836	1147	4065	2902	1163
35-39岁	**10157**	**7247**	**2910**	**9719**	**6987**	**2732**	**10776**	**7642**	**3134**
35	3345	2346	999	3220	2297	923	3215	2274	941
36	2375	1714	661	2330	1681	649	2655	1873	782
37	1854	1328	526	1769	1270	499	2102	1468	634
38	1387	992	395	1383	984	399	1561	1151	410
39	1196	867	329	1017	755	262	1243	876	367
40-44岁	**3206**	**2305**	**901**	**2980**	**2147**	**833**	**3468**	**2481**	**987**
40	1004	725	279	873	622	251	919	638	281
41	792	573	219	669	487	182	797	567	230
42	699	524	175	608	439	169	675	472	203
43	424	291	133	512	375	137	579	424	155
44	287	192	95	318	224	94	498	380	118
45-49岁	**1446**	**1070**	**376**	**1055**	**761**	**294**	**1085**	**779**	**306**
45	300	217	83	195	138	57	289	208	81
46	270	190	80	236	173	63	197	139	58
47	314	246	68	197	137	60	230	163	67
48	270	201	69	226	168	58	171	132	39
49	292	216	76	201	145	56	198	137	61
50岁及以上	**2009**	**1378**	**631**	**1607**	**1117**	**490**	**1731**	**1187**	**544**
平均初婚年龄	**23.60**	**24.70**	**22.54**	**23.52**	**24.62**	**22.49**	**23.51**	**24.61**	**22.49**

5-4c 续表 10

单位：人

初婚年龄	初婚年份								
	2008年			2009年			2010年		
	小计	男	女	小计	男	女	小计	男	女
总　计	**886914**	**421209**	**465705**	**794381**	**374216**	**420165**	**355236**	**168471**	**186765**
15岁以下	**337**	**42**	**295**	**274**	**39**	**235**	**94**	**11**	**83**
15-19岁	**135337**	**35920**	**99417**	**115317**	**30958**	**84359**	**43574**	**11690**	**31884**
15	2754	482	2272	2295	439	1856	794	165	629
16	6857	1386	5471	5947	1197	4750	2012	385	1627
17	17791	4148	13643	13520	3195	10325	5377	1296	4081
18	39938	10701	29237	29950	8147	21803	10535	2902	7633
19	67997	19203	48794	63605	17980	45625	24856	6942	17914
20-24岁	**515085**	**232935**	**282150**	**475831**	**213951**	**261880**	**217768**	**96926**	**120842**
20	102093	32085	70008	88956	26785	62171	42384	11752	30632
21	125669	52309	73360	112135	46624	65511	47474	19269	28205
22	120694	60007	60687	121910	60496	61414	54931	27959	26972
23	94408	48528	45880	88253	44796	43457	42676	21559	21117
24	72221	40006	32215	64577	35250	29327	30303	16387	13916
25-29岁	**175160**	**109992**	**65168**	**148951**	**92184**	**56767**	**68276**	**42150**	**26126**
25	58336	34838	23498	48429	28182	20247	22271	12870	9401
26	46362	29120	17242	37285	22930	14355	16459	10044	6415
27	31031	19834	11197	29342	18960	10382	12958	8283	4675
28	22700	14967	7733	19479	12627	6852	9822	6529	3293
29	16731	11233	5498	14416	9485	4931	6766	4424	2342
30-34岁	**39072**	**26975**	**12097**	**34470**	**23382**	**11088**	**15713**	**10695**	**5018**
30	11790	8021	3769	10885	7317	3568	4963	3288	1675
31	8813	6070	2743	7780	5306	2474	3708	2543	1165
32	7460	5168	2292	6179	4177	2002	2757	1873	884
33	6009	4208	1801	5331	3626	1705	2319	1625	694
34	5000	3508	1492	4295	2956	1339	1966	1366	600
35-39岁	**13891**	**9712**	**4179**	**12128**	**8517**	**3611**	**5882**	**4184**	**1698**
35	4021	2818	1203	3477	2437	1040	1583	1146	437
36	3196	2266	930	2868	2010	858	1385	951	434
37	2668	1823	845	2286	1630	656	1143	814	329
38	2269	1590	679	1966	1335	631	928	669	259
39	1737	1215	522	1531	1105	426	843	604	239
40-44岁	**4385**	**3132**	**1253**	**4092**	**2916**	**1176**	**2156**	**1575**	**581**
40	1277	910	367	1174	823	351	660	479	181
41	945	695	250	947	712	235	516	377	139
42	848	594	254	724	510	214	396	289	107
43	729	537	192	719	497	222	291	210	81
44	586	396	190	528	374	154	293	220	73
45-49岁	**1530**	**1079**	**451**	**1489**	**1027**	**462**	**825**	**577**	**248**
45	501	359	142	489	331	158	271	189	82
46	328	228	100	399	284	115	217	152	65
47	224	155	69	248	173	75	191	131	60
48	238	165	73	184	120	64	86	60	26
49	239	172	67	169	119	50	60	45	15
50岁及以上	**2117**	**1422**	**695**	**1829**	**1242**	**587**	**948**	**663**	**285**
平均初婚年龄	**23.54**	**24.63**	**22.56**	**23.54**	**24.58**	**22.61**	**23.73**	**24.79**	**22.77**

5-5 全国分年龄、性别、初婚年龄的人口

单位：人

年龄	初婚年龄					
	合计			15岁以下		
	合计	男	女	小计	男	女
总计	**82749443**	**39871133**	**42878310**	**141858**	**35461**	**106397**
20岁以下	**121592**	**28673**	**92919**	**2091**	**388**	**1703**
20-24岁	**2906278**	**1013377**	**1892901**	**7001**	**1815**	**5186**
20	209825	52879	156946	824	174	650
21	353931	96142	257789	1183	296	887
22	543391	178775	364616	1387	337	1050
23	838697	311260	527437	1764	479	1285
24	960434	374321	586113	1843	529	1314
25-29岁	**6595485**	**2938087**	**3657398**	**7668**	**2015**	**5653**
25	1017983	418978	599005	1851	504	1347
26	1169804	501667	668137	1444	346	1098
27	1289966	573065	716901	1406	357	1049
28	1621031	743125	877906	1488	402	1086
29	1496701	701252	795449	1479	406	1073
30-34岁	**8187939**	**3959727**	**4228212**	**13453**	**4334**	**9119**
30	1513506	716123	797383	1813	480	1333
31	1642259	791150	851109	2561	849	1712
32	1649878	797011	852867	2834	915	1919
33	1571247	767961	803286	2666	834	1832
34	1811049	887482	923567	3579	1256	2323
35-39岁	**10641419**	**5251493**	**5389926**	**14404**	**4613**	**9791**
35	1878059	921314	956745	3643	1189	2454
36	2051982	1006329	1045653	3055	999	2056
37	2158168	1066535	1091633	2749	897	1852
38	2251751	1112596	1139155	2512	774	1738
39	2301459	1144719	1156740	2445	754	1691
40-44岁	**11587828**	**5745868**	**5841960**	**15523**	**4921**	**10602**
40	2530476	1252780	1277696	3024	895	2129
41	2299614	1138798	1160816	3376	1140	2236
42	2511073	1245679	1265394	3522	1169	2353
43	1989039	985366	1003673	2696	793	1903
44	2257626	1123245	1134381	2905	924	1981
45-49岁	**9977654**	**4959076**	**5018578**	**9239**	**2269**	**6970**
45	2252280	1123141	1129139	3145	926	2219
46	2202758	1092241	1110517	1884	459	1425
47	2548225	1274669	1273556	1841	417	1424
48	1909411	948897	960514	1394	269	1125
49	1064980	520128	544852	975	198	777
50-54岁	**7522444**	**3766272**	**3756172**	**11128**	**2768**	**8360**
50	1353281	671332	681949	1727	373	1354
51	1206593	615130	591463	1896	547	1349
52	1590855	797631	793224	2455	670	1785
53	1754013	880793	873220	2608	615	1993
54	1617702	801386	816316	2442	563	1879
55-59岁	**7863785**	**3881499**	**3982286**	**10840**	**1842**	**8998**
55	1703123	848259	854864	2836	589	2247
56	1713473	848161	865312	2174	405	1769
57	1554760	762730	792030	1981	309	1672
58	1568219	772271	795948	1936	285	1651
59	1324210	650078	674132	1913	254	1659
60-64岁	**5720573**	**2843926**	**2876647**	**14060**	**2551**	**11509**
60	1333914	660706	673208	2516	408	2108
61	1264442	636558	627884	3016	647	2369
62	1101435	546039	555396	2905	529	2376
63	1047401	521927	525474	2869	532	2337
64	973381	478696	494685	2754	435	2319
65岁及以上	**11624446**	**5483135**	**6141311**	**36451**	**7945**	**28506**

5-5 续表 1

单位：人

年 龄	初婚年龄								
	15岁			16岁			17岁		
	小计	男	女	小计	男	女	小计	男	女
总 计	**674821**	**143785**	**531036**	**1180728**	**245971**	**934757**	**2157779**	**484395**	**1673384**
20岁以下	**11757**	**2136**	**9621**	**23127**	**4527**	**18600**	**36646**	**8489**	**28157**
20-24岁	**28897**	**5733**	**23164**	**56384**	**11059**	**45325**	**118358**	**26004**	**92354**
20	4308	746	3562	9997	1830	8167	25252	5794	19458
21	5596	1065	4531	11074	2145	8929	22746	5084	17662
22	5663	1099	4564	11217	2224	8993	22522	4847	17675
23	6624	1425	5199	12286	2483	9803	25030	5436	19594
24	6706	1398	5308	11810	2377	9433	22808	4843	17965
25-29岁	**38653**	**9224**	**29429**	**62970**	**14142**	**48828**	**111221**	**25862**	**85359**
25	8461	2118	6343	10830	2278	8552	19907	4287	15620
26	9039	2218	6821	13011	3040	9971	19217	4292	14925
27	7428	1772	5656	13994	3317	10677	22315	5396	16919
28	7440	1646	5794	13958	3105	10853	27636	6692	20944
29	6285	1470	4815	11177	2402	8775	22146	5195	16951
30-34岁	**46042**	**12567**	**33475**	**72697**	**18647**	**54050**	**124676**	**32237**	**92439**
30	7845	1859	5986	11764	2698	9066	21645	5071	16574
31	9193	2561	6632	14434	3788	10646	22981	6018	16963
32	8794	2330	6464	14953	3792	11161	25690	6656	19034
33	8928	2502	6426	13735	3489	10246	25079	6708	18371
34	11282	3315	7967	17811	4880	12931	29281	7784	21497
35-39岁	**72437**	**20639**	**51798**	**123241**	**34659**	**88582**	**222705**	**64467**	**158238**
35	15251	4630	10621	17804	4900	12904	31807	8533	23274
36	16800	4864	11936	25281	7420	17861	35617	9947	25670
37	14686	4115	10571	28767	8149	20618	47151	14012	33139
38	13281	3695	9586	27004	7514	19490	56379	16708	39671
39	12419	3335	9084	24385	6676	17709	51751	15267	36484
40-44岁	**71087**	**19277**	**51810**	**131732**	**34600**	**97132**	**262242**	**72434**	**189808**
40	15636	4166	11470	27661	7327	20334	55723	15775	39948
41	15974	4626	11348	29693	8331	21362	54598	15701	38897
42	14930	3973	10957	30010	7830	22180	61387	16935	44452
43	12157	3207	8950	21131	5310	15821	45681	12269	33412
44	12390	3305	9085	23237	5802	17435	44853	11754	33099
45-49岁	**51269**	**11259**	**40010**	**93680**	**20442**	**73238**	**187416**	**42843**	**144573**
45	15783	4269	11514	20890	5312	15578	43568	11256	32312
46	13834	3263	10571	24959	5903	19056	38897	9266	29631
47	10357	2003	8354	25638	5488	20150	50634	11502	39132
48	7086	1089	5997	14838	2575	12263	38949	8068	30881
49	4209	635	3574	7355	1164	6191	15368	2751	12617
50-54岁	**43880**	**9157**	**34723**	**68188**	**13140**	**55048**	**114693**	**22316**	**92377**
50	7595	1354	6241	9758	1579	8179	17259	2957	14302
51	7182	1696	5486	11461	2506	8955	15959	3272	12687
52	8618	1878	6740	14672	3016	11656	25656	5158	20498
53	10637	2256	8381	15472	2956	12516	28481	5711	22770
54	9848	1973	7875	16825	3083	13742	27338	5218	22120
55-59岁	**63405**	**10201**	**53204**	**117697**	**19418**	**98279**	**215395**	**39499**	**175896**
55	14494	2966	11528	17792	3337	14455	33716	6401	27315
56	15626	2890	12736	26304	5105	21199	36218	7060	29158
57	12217	1779	10438	27683	4551	23132	47030	8992	38038
58	11919	1495	10424	25211	3665	21546	55256	10087	45169
59	9149	1071	8078	20707	2760	17947	43175	6959	36216
60-64岁	**66884**	**9757**	**57127**	**113876**	**16684**	**97192**	**197811**	**34118**	**163693**
60	11935	1640	10295	18829	2607	16222	41556	6714	34842
61	14433	2474	11959	23565	3855	19710	38148	6968	31180
62	12457	1758	10699	22946	3529	19417	38273	6645	31628
63	14479	2044	12435	22539	3196	19343	39554	6995	32559
64	13580	1841	11739	25997	3497	22500	40280	6796	33484
65岁及以上	**180510**	**33835**	**146675**	**317136**	**58653**	**258483**	**566616**	**116126**	**450490**

5-5 续表 2 单位：人

年龄	初婚年龄								
	18岁			19岁			20岁		
	小计	男	女	小计	男	女	小计	男	女
总计	**3592316**	**924805**	**2667511**	**6391186**	**1982778**	**4408408**	**8837210**	**3111006**	**5726204**
20岁以下	**35550**	**9481**	**26069**	**12421**	**3652**	**8769**			
20-24岁	**237685**	**60049**	**177636**	**448647**	**119980**	**328667**	**606923**	**173155**	**433768**
20	52671	13850	38821	78343	21063	57280	38430	9422	29008
21	49843	13045	36798	97718	26674	71044	124758	34444	90314
22	42984	10700	32284	91532	24760	66772	148212	42558	105654
23	47778	11962	35816	93505	24926	68579	158469	47106	111363
24	44409	10492	33917	87549	22557	64992	137054	39625	97429
25-29岁	**195784**	**47896**	**147888**	**379976**	**97686**	**282290**	**622197**	**177297**	**444900**
25	38260	9093	29167	79209	20100	59109	124327	35862	88465
26	36491	8557	27934	74962	18885	56077	127341	36500	90841
27	33849	8301	25548	70726	18219	52507	120489	34005	86484
28	44572	11036	33536	77692	20073	57619	135011	38324	96687
29	42612	10909	31703	77387	20409	56978	115029	32606	82423
30-34岁	**221563**	**59231**	**162332**	**445129**	**124440**	**320689**	**700271**	**207962**	**492309**
30	41063	10328	30735	84114	22981	61133	125567	36382	89185
31	42364	11185	31179	88694	24819	63875	146354	44301	102053
32	42236	11212	31024	87644	24412	63232	144621	43210	101411
33	43557	11999	31558	81944	22979	58965	131741	38931	92810
34	52343	14507	37836	102733	29249	73484	151988	45138	106850
35-39岁	**382158**	**115864**	**266294**	**664787**	**208806**	**455981**	**971068**	**323536**	**647532**
35	55741	15657	40084	109794	32017	77777	168768	52143	116625
36	64309	18269	46040	120676	35843	84833	187036	58999	128037
37	68676	20632	48044	129625	40442	89183	194263	64327	129936
38	89949	28180	61769	138215	44576	93639	210202	72368	137834
39	103483	33126	70357	166477	55928	110549	210799	75699	135100
40-44岁	**510420**	**153996**	**356424**	**968586**	**332435**	**636151**	**1387805**	**532227**	**855578**
40	109877	34286	75591	209849	72255	137594	273351	101831	171520
41	102166	31606	70560	193014	67342	125672	287173	112062	175111
42	111487	33637	77850	206756	71424	135332	305261	118278	186983
43	92299	27223	65076	168495	57412	111083	242761	93220	149541
44	94591	27244	67347	190472	64002	126470	279259	106836	172423
45-49岁	**351981**	**89969**	**262012**	**688092**	**213406**	**474686**	**1089123**	**399163**	**689960**
45	82280	23201	59079	172422	57437	114985	278705	105616	173089
46	78660	20986	57674	150815	48069	102746	249322	92419	156903
47	81445	20505	60940	169077	52476	116601	262801	97471	165330
48	73307	17229	56078	123898	35897	88001	199275	70934	128341
49	36289	8048	28241	71880	19527	52353	99020	32723	66297
50-54岁	**192994**	**41355**	**151639**	**367987**	**106142**	**261845**	**583141**	**197137**	**386004**
50	34212	6972	27240	78132	22141	55991	132951	43668	89283
51	27625	6054	21571	57901	17129	40772	107682	38424	69258
52	36033	7643	28390	69239	19887	49352	115098	37838	77260
53	48084	10625	37459	77819	22635	55184	116959	39975	76984
54	47040	10061	36979	84896	24350	60546	110451	37232	73219
55-59岁	**332175**	**74871**	**257304**	**510137**	**158052**	**352085**	**661654**	**244281**	**417373**
55	50716	10918	39798	92869	27866	65003	134557	46890	87667
56	61461	13615	47846	96657	29416	67241	136875	48474	88401
57	58941	13512	45429	101829	31400	70429	127355	46485	80870
58	82133	19001	63132	104681	33343	71338	144309	55255	89054
59	78924	17825	61099	114101	36027	78074	118558	47177	71381
60-64岁	**316432**	**70099**	**246333**	**544889**	**176009**	**368880**	**700794**	**278241**	**422553**
60	74424	15976	58448	130106	41767	88339	153752	60763	92989
61	71329	16645	54684	126512	41337	85175	171842	70539	101303
62	55666	12319	43347	107120	34832	72288	143147	55923	87224
63	57730	12759	44971	90657	29458	61199	126552	49802	76750
64	57283	12400	44883	90494	28615	61879	105501	41214	64287
65岁及以上	**815574**	**201994**	**613580**	**1360535**	**442170**	**918365**	**1514234**	**578007**	**936227**

5-5 续表 3

单位：人

年 龄	初婚年龄								
	21岁			22岁			23岁		
	小计	男	女	小计	男	女	小计	男	女
总 计	**10177957**	**4452251**	**5725706**	**10968019**	**5456228**	**5511791**	**9568582**	**4884503**	**4684079**
20岁以下									
20-24岁	**604435**	**235378**	**369057**	**508046**	**242072**	**265974**	**241386**	**114465**	**126921**
20									
21	41013	13389	27624						
22	161124	62187	98937	58750	30063	28687			
23	214641	85303	129338	219861	104166	115695	58739	27974	30765
24	187657	74499	113158	229435	107843	121592	182647	86491	96156
25-29岁	**844135**	**338062**	**506073**	**1037107**	**496221**	**540886**	**966507**	**469350**	**497157**
25	160699	64480	96219	195439	93279	102160	189414	91084	98330
26	164088	66170	97918	193914	92287	101627	181628	88384	93244
27	166906	66703	100203	197102	94845	102257	180176	86809	93367
28	191007	76028	114979	239125	114593	124532	216457	105959	110498
29	161435	64681	96754	211527	101217	110310	198832	97114	101718
30-34岁	**897362**	**366229**	**531133**	**1089380**	**534403**	**554977**	**1017864**	**495066**	**522798**
30	149727	59882	89845	194067	94253	99814	195226	94884	100342
31	177535	71832	105703	199172	97030	102142	198911	96562	102349
32	190322	78031	112291	219797	107181	112616	188548	90969	97579
33	179173	73442	105731	221802	110195	111607	198439	96099	102340
34	200605	83042	117563	254542	125744	128798	236740	116552	120188
35-39岁	**1261156**	**552996**	**708160**	**1467390**	**737063**	**730327**	**1340166**	**657902**	**682264**
35	209368	87902	121466	253170	125534	127636	244421	118934	125487
36	246967	105321	141646	278382	138587	139795	254474	123487	130987
37	260015	114566	145449	307956	155341	152615	265751	129708	136043
38	266951	119109	147842	314184	158465	155719	289728	143089	146639
39	277855	126098	151757	313698	159136	154562	285792	142684	143108
40-44岁	**1615002**	**753946**	**861056**	**1658926**	**855676**	**803250**	**1351197**	**702840**	**648357**
40	291577	134746	156831	342889	174305	168584	301209	151270	149939
41	314484	146789	167695	289720	147850	141870	263537	134041	129496
42	380089	179212	200877	362670	187553	175117	261373	135887	125486
43	292824	136823	156001	312460	163433	149027	236401	126211	110190
44	336028	156376	179652	351187	182535	168652	288677	155431	133246
45-49岁	**1450167**	**656601**	**793566**	**1602043**	**816059**	**785984**	**1345362**	**716174**	**629188**
45	338982	156029	182953	348575	179650	168925	286257	153137	133120
46	344524	156319	188205	353660	179988	173672	282075	149560	132515
47	376393	172133	204260	441661	225893	215768	347519	185589	161930
48	254304	114601	139703	306190	156245	149945	280260	150415	129845
49	135964	57519	78445	151957	74283	77674	149251	77473	71778
50-54岁	**808491**	**324915**	**483576**	**1052429**	**481452**	**570977**	**1089489**	**540386**	**549103**
50	158017	63940	94077	197822	94833	102989	182163	93991	88172
51	160904	65813	95091	168547	79216	89331	171558	89171	82387
52	183713	73983	109730	252260	113018	139242	219408	108200	111208
53	166939	65888	101051	244477	110152	134325	287636	140110	147526
54	138918	55291	83627	189323	84233	105090	228724	108914	119810
55-59岁	**749660**	**323417**	**426243**	**817475**	**387993**	**429482**	**833837**	**412757**	**421080**
55	147226	60176	87050	173757	78926	94831	208768	100033	108735
56	168547	70409	98138	174537	80675	93862	175518	84957	90561
57	153104	65674	87430	175814	83291	92523	152973	75184	77789
58	147378	65929	81449	166605	81380	85225	169004	86445	82559
59	133405	61229	72176	126762	63721	63041	127574	66138	61436
60-64岁	**679622**	**321666**	**357956**	**627087**	**333250**	**293837**	**502653**	**284129**	**218524**
60	124407	58771	65636	133361	69199	64162	113441	61263	52178
61	154969	74799	80170	110553	59347	51206	106856	60388	46468
62	151519	72004	79515	130589	69826	60763	78021	44512	33509
63	135662	63471	72191	134682	72524	62158	103664	59677	43987
64	113065	52621	60444	117902	62354	55548	100671	58289	42382
65岁及以上	**1267927**	**579041**	**688886**	**1108136**	**572039**	**536097**	**880121**	**491434**	**388687**

5-5 续表 4

单位：人

年 龄	初婚年龄								
	24岁			25岁			26岁		
	小计	男	女	小计	男	女	小计	男	女
总 计	**7899390**	**4357450**	**3541940**	**6111149**	**3634154**	**2476995**	**4332202**	**2731931**	**1600271**
20岁以下									
20-24岁	**48516**	**23667**	**24849**						
20									
21									
22									
23									
24	48516	23667	24849						
25-29岁	**860687**	**439840**	**420847**	**670082**	**357403**	**312679**	**438822**	**246269**	**192553**
25	148215	74280	73935	41371	21613	19758			
26	174005	88467	85538	137969	72654	65315	36695	19867	16828
27	166126	85052	81074	158942	84210	74732	118734	65685	53049
28	196933	100957	95976	176475	94700	81775	156412	88077	68335
29	175408	91084	84324	155325	84226	71099	126981	72640	54341
30-34岁	**869923**	**456600**	**413323**	**725193**	**407547**	**317646**	**580240**	**342755**	**237485**
30	176263	91366	84897	149546	81882	67664	122575	69702	52873
31	182981	95682	87299	158212	88292	69920	122989	72070	50919
32	167186	88013	79173	150198	83913	66285	119817	70804	49013
33	150927	79357	71570	129087	73563	55524	106516	63993	42523
34	192566	102182	90384	138150	79897	58253	108343	66186	42157
35-39岁	**1095400**	**585745**	**509655**	**849634**	**495803**	**353831**	**593853**	**367320**	**226533**
35	199946	106746	93200	156714	90915	65799	102186	63010	39176
36	218145	115929	102216	168783	98559	70224	120274	74367	45907
37	218608	115744	102864	177779	103442	74337	123123	76250	46873
38	221819	118603	103216	173608	101195	72413	126977	78546	48431
39	236882	128723	108159	172750	101692	71058	121293	75147	46146
40-44岁	**1017297**	**573022**	**444275**	**743603**	**453395**	**290208**	**512520**	**329596**	**182924**
40	247220	136176	111044	194473	115540	78933	125539	77975	47564
41	204186	113789	90397	155455	94358	61097	110670	70608	40062
42	215591	121363	94228	157296	96394	60902	109954	71209	38745
43	150555	86149	64406	117643	72581	45062	79399	52140	27259
44	199745	115545	84200	118736	74522	44214	86958	57664	29294
45-49岁	**1008884**	**581622**	**427262**	**684888**	**426132**	**258756**	**425364**	**280037**	**145327**
45	216054	125270	90784	141622	88573	53049	79800	53350	26450
46	214529	122789	91740	149056	93090	55966	90933	60103	30830
47	252175	145378	106797	174277	108484	65793	113133	74546	38587
48	198836	116087	82749	133719	83492	50227	86785	57044	29741
49	127290	72098	55192	86214	52493	33721	54713	34994	19719
50-54岁	**962668**	**531421**	**431247**	**706086**	**431570**	**274516**	**476262**	**314183**	**162079**
50	162333	93058	69275	127376	79370	48006	77682	51216	26466
51	138644	79955	58689	108739	68739	40000	77286	52170	25116
52	197256	109472	87784	142310	87752	54558	101434	67584	33850
53	218523	118482	100041	168885	102123	66762	109654	72218	37436
54	245912	130454	115458	158776	93586	65190	110206	70995	39211
55-59岁	**855613**	**457787**	**397826**	**780770**	**451492**	**329278**	**579612**	**361551**	**218061**
55	230797	121847	108950	212291	123646	88645	117491	75376	42115
56	202614	106566	96048	193357	110422	82935	149335	93278	56057
57	150006	79794	70212	151490	86588	64902	125336	76955	48381
58	143117	77940	65177	124779	72844	51935	110321	68237	42084
59	129079	71640	57439	98853	57992	40861	77129	47705	29424
60-64岁	**420086**	**250779**	**169307**	**347776**	**220433**	**127343**	**273975**	**182499**	**91476**
60	114931	65456	49475	105973	64511	41462	73125	46631	26494
61	89936	53553	36383	82286	52088	30198	69152	45879	23273
62	75795	45665	30130	60137	38496	21641	51619	34839	16780
63	61327	37812	23515	55160	36044	19116	42000	28881	13119
64	78097	48293	29804	44220	29294	14926	38079	26269	11810
65岁及以上	**760316**	**456967**	**303349**	**603117**	**390379**	**212738**	**451554**	**307721**	**143833**

5-5 续表 5

单位：人

年 龄	初婚年龄								
	27岁			28岁			29岁		
	小计	男	女	小计	男	女	小计	男	女
总 计	**3042260**	**2020584**	**1021676**	**2093753**	**1443063**	**650690**	**1479132**	**1042114**	**437018**
20岁以下									
20-24岁									
20									
21									
22									
23									
24									
25-29岁	**247249**	**146511**	**100738**	**96143**	**59870**	**36273**	**16284**	**10439**	**5845**
25									
26									
27	31773	18394	13379						
28	109397	64494	44903	27428	17039	10389			
29	106079	63623	42456	68715	42831	25884	16284	10439	5845
30-34岁	**457318**	**283586**	**173732**	**350566**	**226686**	**123880**	**253892**	**168649**	**85243**
30	95294	57203	38091	76985	48280	28705	48192	31125	17067
31	99815	60983	38832	73552	47173	26379	57484	37826	19658
32	91546	56691	34855	71397	45917	25480	51273	33919	17354
33	83440	52815	30625	62045	40931	21114	47280	32079	15201
34	87223	55894	31329	66587	44385	22202	49663	33700	15963
35-39岁	**421564**	**276161**	**145403**	**298826**	**203880**	**94946**	**220211**	**153480**	**66731**
35	79557	51823	27734	63131	42581	20550	48773	33504	15269
36	76948	50447	26501	58311	40003	18308	47507	33041	14466
37	87296	57145	30151	54639	37593	17046	42704	29958	12746
38	88251	58076	30175	61430	41821	19609	38585	27088	11497
39	89512	58670	30842	61315	41882	19433	42642	29889	12753
40-44岁	**356032**	**239161**	**116871**	**251261**	**172872**	**78389**	**183997**	**127760**	**56237**
40	89064	58293	30771	65258	43815	21443	45797	31627	14170
41	73653	49137	24516	51947	35709	16238	39313	26988	12325
42	78661	52852	25809	52725	36380	16345	39988	27713	12275
43	55812	37982	17830	40197	27839	12358	28030	19456	8574
44	58842	40897	17945	41134	29129	12005	30869	21976	8893
45-49岁	**272693**	**187225**	**85468**	**176001**	**124704**	**51297**	**121685**	**87759**	**33926**
45	58874	40913	17961	39276	28099	11177	28684	20602	8082
46	51608	36093	15515	37986	27191	10795	26568	19394	7174
47	68505	47164	21341	38955	27894	11061	29709	21705	8004
48	57421	39030	18391	35096	24746	10350	20766	14969	5797
49	36285	24025	12260	24688	16774	7914	15958	11089	4869
50-54岁	**315632**	**219623**	**96009**	**211909**	**151021**	**60888**	**145722**	**105054**	**40668**
50	49057	33355	15702	33134	22830	10304	22993	15974	7019
51	47431	33487	13944	29849	21570	8279	20427	14947	5480
52	71756	50410	21346	44705	32180	12525	29337	21445	7892
53	77512	54414	23098	54940	39666	15274	35762	26087	9675
54	69876	47957	21919	49281	34775	14506	37203	26601	10602
55-59岁	**400477**	**267363**	**133114**	**262519**	**183273**	**79246**	**175171**	**125883**	**49288**
55	78293	53619	24674	49683	35367	14316	36773	26522	10251
56	78899	53649	25250	53221	37572	15649	34920	25248	9672
57	89709	59595	30114	46772	32664	14108	33324	24055	9269
58	87114	57289	29825	60731	42132	18599	32922	23633	9289
59	66462	43211	23251	52112	35538	16574	37232	26425	10807
60-64岁	**213307**	**148530**	**64777**	**166853**	**120041**	**46812**	**130205**	**95684**	**34521**
60	56488	37432	19056	47197	32663	14534	37175	26344	10831
61	48482	33833	14649	35989	26032	9957	29584	22083	7501
62	42979	30091	12888	29662	21498	8164	22162	16479	5683
63	36443	26237	10206	29741	21769	7972	20868	15653	5215
64	28915	20937	7978	24264	18079	6185	20416	15125	5291
65岁及以上	**357988**	**252424**	**105564**	**279675**	**200716**	**78959**	**231965**	**167406**	**64559**

5-5 续表 6

单位：人

年龄	初婚年龄								
	30岁			31岁			32岁		
	小计	男	女	小计	男	女	小计	男	女
总　计	**1040761**	**739832**	**300929**	**723343**	**515202**	**208141**	**536682**	**382318**	**154364**
20岁以下									
20-24岁									
20									
21									
22									
23									
24									
25-29岁									
25									
26									
27									
28									
29									
30-34岁	**160265**	**108162**	**52103**	**90225**	**61498**	**28727**	**47900**	**32768**	**15132**
30	11820	7747	4073						
31	36053	24090	11963	8974	6089	2885			
32	40579	27064	13515	25968	17609	8359	6475	4373	2102
33	34211	23421	10790	27663	18893	8770	18310	12483	5827
34	37602	25840	11762	27620	18907	8713	23115	15912	7203
35-39岁	**163471**	**114550**	**48921**	**128022**	**89844**	**38178**	**102533**	**71551**	**30982**
35	35683	24580	11103	27489	19183	8306	21364	14669	6695
36	36044	25137	10907	27432	19283	8149	21616	15166	6450
37	34183	24179	10004	26795	18873	7922	20825	14547	6278
38	30305	21376	8929	24641	17353	7288	20178	14099	6079
39	27256	19278	7978	21665	15152	6513	18550	13070	5480
40-44岁	**133257**	**92674**	**40583**	**94093**	**65460**	**28633**	**70399**	**49461**	**20938**
40	31303	21893	9410	19916	14005	5911	16553	11613	4940
41	27685	19425	8260	18891	13397	5494	12373	8886	3487
42	30967	21089	9878	20958	14548	6410	14691	10508	4183
43	21781	14994	6787	17380	11698	5682	11943	8414	3529
44	21521	15273	6248	16948	11812	5136	14839	10040	4799
45-49岁	**88125**	**63900**	**24225**	**65609**	**47398**	**18211**	**52596**	**37753**	**14843**
45	21939	15854	6085	15455	10965	4490	12920	9048	3872
46	19663	14306	5357	15130	10948	4182	11407	8149	3258
47	21340	15642	5698	16066	11757	4309	13183	9598	3585
48	15938	11559	4379	11659	8427	3232	9397	6829	2568
49	9245	6539	2706	7299	5301	1998	5689	4129	1560
50-54岁	**96200**	**69580**	**26620**	**62888**	**45808**	**17080**	**45470**	**33518**	**11952**
50	14497	10180	4317	8275	5945	2330	7206	5198	2008
51	14103	10329	3774	8776	6596	2180	5185	3981	1204
52	19879	14586	5293	13989	10230	3759	9316	6999	2317
53	23527	17135	6392	15884	11655	4229	11955	8885	3070
54	24194	17350	6844	15964	11382	4582	11808	8455	3353
55-59岁	**120917**	**87260**	**33657**	**86001**	**61879**	**24122**	**65028**	**46752**	**18276**
55	27775	19943	7832	17702	12786	4916	12681	9105	3576
56	26660	19343	7317	20075	14371	5704	13916	10115	3801
57	22540	16131	6409	17294	12507	4787	14339	10236	4103
58	23425	16932	6493	15820	11399	4421	13347	9585	3762
59	20517	14911	5606	15110	10816	4294	10745	7711	3034
60-64岁	**97853**	**72863**	**24990**	**65104**	**49043**	**16061**	**48298**	**36405**	**11893**
60	26397	19044	7353	13721	10133	3588	10830	7796	3034
61	23597	17684	5913	15744	11962	3782	8584	6664	1920
62	18171	13697	4474	13514	10198	3316	10284	7825	2459
63	15501	11724	3777	12234	9289	2945	10108	7716	2392
64	14187	10714	3473	9891	7461	2430	8492	6404	2088
65岁及以上	**180673**	**130843**	**49830**	**131401**	**94272**	**37129**	**104458**	**74110**	**30348**

5-5 续表 7

单位：人

年 龄	初婚年龄								
	33岁			34岁			35岁		
	小计	男	女	小计	男	女	小计	男	女
总 计	**398274**	**284001**	**114273**	**301108**	**214535**	**86573**	**226997**	**162664**	**64333**
20岁以下									
20-24岁									
20									
21									
22									
23									
24									
25-29岁									
25									
26									
27									
28									
29									
30-34岁	**19948**	**13597**	**6351**	**4032**	**2763**	**1269**			
30									
31									
32									
33	4704	3248	1456						
34	15244	10349	4895	4032	2763	1269			
35-39岁	**83808**	**58294**	**25514**	**66247**	**45876**	**20371**	**45685**	**31699**	**13986**
35	18146	12353	5793	12160	8320	3840	3143	2191	952
36	16985	11906	5079	14784	10101	4683	9878	6817	3061
37	16878	11802	5076	13668	9551	4117	11825	8170	3655
38	16338	11308	5030	13048	9122	3926	10682	7360	3322
39	15461	10925	4536	12587	8782	3805	10157	7161	2996
40-44岁	**52956**	**37440**	**15516**	**42214**	**29923**	**12291**	**35149**	**25044**	**10105**
40	14666	10175	4491	12482	8620	3862	10257	7117	3140
41	10281	7284	2997	9042	6456	2586	7895	5581	2314
42	9757	6976	2781	8357	5994	2363	7417	5348	2069
43	8241	5853	2388	5418	3889	1529	4826	3483	1343
44	10011	7152	2859	6915	4964	1951	4754	3515	1239
45-49岁	**43473**	**30846**	**12627**	**34955**	**25037**	**9918**	**27075**	**19527**	**7548**
45	11261	7729	3532	7536	5397	2139	5550	4020	1530
46	9758	6804	2954	8576	6030	2546	5967	4290	1677
47	10105	7390	2715	8915	6400	2515	7386	5257	2129
48	7655	5545	2110	5968	4343	1625	5256	3818	1438
49	4694	3378	1316	3960	2867	1093	2916	2142	774
50-54岁	**32120**	**24165**	**7955**	**22796**	**17249**	**5547**	**17719**	**13575**	**4144**
50	5381	3942	1439	4372	3158	1214	3877	2795	1082
51	4436	3419	1017	3474	2673	801	2763	2144	619
52	5450	4197	1253	4552	3503	1049	3576	2759	817
53	7876	6039	1837	4629	3602	1027	4019	3136	883
54	8977	6568	2409	5769	4313	1456	3484	2741	743
55-59岁	**49074**	**35570**	**13504**	**37494**	**27302**	**10192**	**27322**	**20148**	**7174**
55	9346	6798	2548	7228	5324	1904	4866	3708	1158
56	10001	7323	2678	7637	5585	2052	5965	4425	1540
57	9694	6995	2699	7321	5309	2012	5580	4097	1483
58	11070	8035	3035	7739	5599	2140	5613	4112	1501
59	8963	6419	2544	7569	5485	2084	5298	3806	1492
60-64岁	**35069**	**26551**	**8518**	**26416**	**19744**	**6672**	**20776**	**15478**	**5298**
60	7947	5776	2171	7062	5042	2020	5957	4303	1654
61	7024	5364	1660	5207	3938	1269	4718	3536	1182
62	5687	4359	1328	4791	3607	1184	3687	2771	916
63	7319	5663	1656	4107	3175	932	3526	2681	845
64	7092	5389	1703	5249	3982	1267	2888	2187	701
65岁及以上	**81826**	**57538**	**24288**	**66954**	**46641**	**20313**	**53271**	**37193**	**16078**

5-5 续表 8　　　　单位：人

年　龄	初婚年龄								
	36岁			37岁			38岁		
	小计	男	女	小计	男	女	小计	男	女
总　计	**171445**	**122857**	**48588**	**131854**	**94586**	**37268**	**103548**	**74295**	**29253**
20岁以下									
20-24岁									
20									
21									
22									
23									
24									
25-29岁									
25									
26									
27									
28									
29									
30-34岁									
30									
31									
32									
33									
34									
35-39岁	**28196**	**19595**	**8601**	**15908**	**11116**	**4792**	**7065**	**4967**	**2098**
35									
36	2678	1837	841						
37	7999	5572	2427	2207	1520	687			
38	9354	6474	2880	6347	4446	1901	1783	1251	532
39	8165	5712	2453	7354	5150	2204	5282	3716	1566
40-44岁	**29414**	**20956**	**8458**	**25319**	**18112**	**7207**	**22154**	**15863**	**6291**
40	8011	5636	2375	7044	4916	2128	6388	4475	1913
41	6464	4611	1853	5433	3961	1472	4579	3304	1275
42	6399	4580	1819	5304	3750	1554	4543	3238	1305
43	4397	3156	1241	3889	2808	1081	3251	2332	919
44	4143	2973	1170	3649	2677	972	3393	2514	879
45-49岁	**20193**	**14645**	**5548**	**15652**	**11543**	**4109**	**12670**	**9331**	**3339**
45	3695	2695	1000	3307	2443	864	3183	2325	858
46	4427	3189	1238	2947	2238	709	2564	1888	676
47	5251	3874	1377	4005	2941	1064	2741	2027	714
48	4298	3092	1206	3235	2387	848	2455	1834	621
49	2522	1795	727	2158	1534	624	1727	1257	470
50-54岁	**14624**	**11179**	**3445**	**12451**	**9422**	**3029**	**10936**	**8175**	**2761**
50	2924	2111	813	2606	1825	781	2291	1603	688
51	2514	1924	590	1967	1506	461	1792	1319	473
52	3034	2359	675	2777	2143	634	2309	1751	558
53	3124	2456	668	2716	2102	614	2457	1902	555
54	3028	2329	699	2385	1846	539	2087	1600	487
55-59岁	**19691**	**14772**	**4919**	**14576**	**10956**	**3620**	**11127**	**8439**	**2688**
55	2936	2261	675	2497	1940	557	2055	1625	430
56	4038	3134	904	2373	1795	578	2179	1671	508
57	4393	3273	1120	3056	2343	713	1806	1409	397
58	4431	3279	1152	3668	2722	946	2519	1870	649
59	3893	2825	1068	2982	2156	826	2568	1864	704
60-64岁	**17179**	**12704**	**4475**	**14282**	**10241**	**4041**	**12472**	**8875**	**3597**
60	4079	2977	1102	3166	2228	938	2641	1921	720
61	4284	3246	1038	3020	2217	803	2428	1806	622
62	3251	2390	861	2949	2124	825	2189	1594	595
63	2846	2109	737	2743	1988	755	2544	1829	715
64	2719	1982	737	2404	1684	720	2670	1725	945
65岁及以上	**42148**	**29006**	**13142**	**33666**	**23196**	**10470**	**27124**	**18645**	**8479**

5-5 续表 9

单位：人

年龄	初婚年龄					
	39岁			40岁及以上		
	小计	男	女	小计	男	女
总计	**84973**	**60866**	**24107**	**382116**	**269498**	**112618**
20岁以下						
20-24岁						
20						
21						
22						
23						
24						
25-29岁						
25						
26						
27						
28						
29						
30-34岁						
30						
31						
32						
33						
34						
35-39岁	**1484**	**1067**	**417**			
35						
36						
37						
38						
39	1484	1067	417			
40-44岁	**18321**	**13116**	**5205**	**27322**	**19661**	**7661**
40	4502	3189	1313	1207	859	348
41	4173	3003	1170	3839	2813	1026
42	4078	2912	1166	6902	4927	1975
43	2670	1908	762	6702	4783	1919
44	2898	2104	794	8672	6279	2393
45-49岁	**10868**	**8058**	**2810**	**48551**	**35374**	**13177**
45	2819	2067	752	9698	6958	2740
46	2498	1871	627	10511	7636	2875
47	2493	1859	634	12620	9276	3344
48	1795	1321	474	9631	7052	2579
49	1263	940	323	6091	4452	1639
50-54岁	**9793**	**7199**	**2594**	**46748**	**34762**	**11986**
50	1793	1268	525	7848	5696	2152
51	1665	1231	434	6827	5312	1515
52	2187	1587	600	9836	7383	2453
53	2167	1570	597	11271	8398	2873
54	1981	1543	438	10966	7973	2993
55-59岁	**9001**	**6832**	**2169**	**57117**	**41909**	**15208**
55	1902	1473	429	12076	8817	3259
56	1833	1392	441	12533	9266	3267
57	1744	1313	431	11429	8289	3140
58	1655	1243	412	11516	8535	2981
59	1867	1411	456	9563	7002	2561
60-64岁	**11627**	**8180**	**3447**	**55187**	**39372**	**15815**
60	2418	1775	643	10480	7566	2914
61	2133	1555	578	11051	8119	2932
62	1954	1397	557	9961	7132	2829
63	2141	1510	631	10405	7389	3016
64	2981	1943	1038	13290	9166	4124
65岁及以上	**23879**	**16414**	**7465**	**147191**	**98420**	**48771**

5-5a 全国分年龄、性别、初婚年龄的人口(城市)

单位：人

年 龄	初婚年龄					
	合 计			15岁以下		
	合计	男	女	小计	男	女
总 计	**24767927**	**12043618**	**12724309**	**26645**	**7484**	**19161**
20岁以下	**16685**	**3877**	**12808**	**160**	**49**	**111**
20-24岁	**643281**	**217543**	**425738**	**987**	**298**	**689**
20	33711	8096	25615	81	23	58
21	63845	16437	47408	134	39	95
22	108989	34478	74511	197	61	136
23	192923	67922	125001	259	75	184
24	243813	90610	153203	316	100	216
25-29岁	**2199218**	**953248**	**1245970**	**1501**	**438**	**1063**
25	282296	110735	171561	332	95	237
26	356955	146755	210200	246	70	176
27	437448	187330	250118	297	87	210
28	582605	259832	322773	303	89	214
29	539914	248596	291318	323	97	226
30-34岁	**2957943**	**1434095**	**1523848**	**2869**	**1005**	**1864**
30	543149	256559	286590	332	100	232
31	607820	292031	315789	537	189	348
32	601465	291460	310005	602	217	385
33	568831	279122	289709	576	190	386
34	636678	314923	321755	822	309	513
35-39岁	**3563444**	**1786317**	**1777127**	**2949**	**1020**	**1929**
35	649751	321833	327918	747	252	495
36	689781	343423	346358	639	216	423
37	728135	365624	362511	554	195	359
38	743282	374485	368797	513	185	328
39	752495	380952	371543	496	172	324
40-44岁	**3465589**	**1758275**	**1707314**	**2994**	**1112**	**1882**
40	801213	405443	395770	625	221	404
41	717582	362888	354694	676	271	405
42	756538	384075	372463	724	265	459
43	558311	283888	274423	444	152	292
44	631945	321981	309964	525	203	322
45-49岁	**3015522**	**1543991**	**1471531**	**1430**	**446**	**984**
45	657113	337150	319963	526	188	338
46	669434	342488	326946	275	81	194
47	798269	409233	389036	279	92	187
48	557989	286471	271518	201	48	153
49	332717	168649	164068	149	37	112
50-54岁	**2286317**	**1154672**	**1131645**	**1677**	**483**	**1194**
50	437823	222178	215645	270	74	196
51	384050	196602	187448	321	107	214
52	486038	246522	239516	404	125	279
53	514837	258584	256253	365	91	274
54	463569	230786	232783	317	86	231
55-59岁	**2139948**	**1048484**	**1091464**	**1389**	**264**	**1125**
55	478277	237101	241176	385	97	288
56	479962	236092	243870	308	49	259
57	418173	203699	214474	238	37	201
58	410818	199864	210954	226	41	185
59	352718	171728	180990	232	40	192
60-64岁	**1480762**	**726364**	**754398**	**1927**	**356**	**1571**
60	356328	176000	180328	292	42	250
61	327983	161737	166246	435	91	344
62	280695	136226	144469	412	82	330
63	268305	131553	136752	398	82	316
64	247451	120848	126603	390	59	331
65岁及以上	**2999218**	**1416752**	**1582466**	**8762**	**2013**	**6749**

5-5a 续表 1

单位：人

年 龄	初婚年龄								
	15岁			16岁			17岁		
	小计	男	女	小计	男	女	小计	男	女
总 计	**119213**	**27950**	**91263**	**203932**	**43340**	**160592**	**371928**	**78390**	**293538**
20岁以下	**1083**	**215**	**868**	**2427**	**479**	**1948**	**4666**	**985**	**3681**
20-24岁	**3631**	**819**	**2812**	**6785**	**1320**	**5465**	**14771**	**3108**	**11663**
20	434	86	348	1016	154	862	2713	621	2092
21	618	121	497	1295	247	1048	2622	582	2040
22	663	144	519	1326	252	1074	2845	574	2271
23	911	228	683	1562	328	1234	3443	696	2747
24	1005	240	765	1586	339	1247	3148	635	2513
25-29岁	**6955**	**1946**	**5009**	**10311**	**2519**	**7792**	**17782**	**4095**	**13687**
25	1471	449	1022	1529	349	1180	2925	610	2315
26	1579	434	1145	2152	562	1590	2792	581	2211
27	1298	355	943	2491	616	1875	3799	947	2852
28	1386	373	1013	2243	563	1680	4773	1120	3653
29	1221	335	886	1896	429	1467	3493	837	2656
30-34岁	**9181**	**2853**	**6328**	**13535**	**3965**	**9570**	**22002**	**6039**	**15963**
30	1522	450	1072	2099	584	1515	3502	867	2635
31	1941	627	1314	2860	878	1982	4174	1188	2986
32	1713	500	1213	2783	797	1986	4689	1306	3383
33	1762	560	1202	2452	677	1775	4528	1246	3282
34	2243	716	1527	3341	1029	2312	5109	1432	3677
35-39岁	**13754**	**4376**	**9378**	**20968**	**6351**	**14617**	**37925**	**11128**	**26797**
35	3190	1053	2137	3170	940	2230	5581	1548	4033
36	3306	1020	2286	4567	1473	3094	6282	1802	4480
37	2797	921	1876	5019	1527	3492	8206	2533	5673
38	2272	696	1576	4403	1300	3103	9613	2853	6760
39	2189	686	1503	3809	1111	2698	8243	2392	5851
40-44岁	**12284**	**3928**	**8356**	**20583**	**6119**	**14464**	**39847**	**11254**	**28593**
40	2801	866	1935	4355	1233	3122	8605	2448	6157
41	3042	1032	2010	5127	1632	3495	8619	2448	6171
42	2492	809	1683	4782	1426	3356	9792	2746	7046
43	1921	579	1342	3051	883	2168	6689	1901	4788
44	2028	642	1386	3268	945	2323	6142	1711	4431
45-49岁	**7773**	**2162**	**5611**	**13214**	**3594**	**9620**	**25933**	**6779**	**19154**
45	2689	849	1840	3169	923	2246	6279	1811	4468
46	2207	646	1561	3736	1075	2661	5511	1429	4082
47	1429	342	1087	3684	1009	2675	7195	1890	5305
48	914	209	705	1720	388	1332	5102	1242	3860
49	534	116	418	905	199	706	1846	407	1439
50-54岁	**6192**	**1597**	**4595**	**9003**	**2153**	**6850**	**14533**	**3144**	**11389**
50	1077	275	802	1302	289	1013	2167	481	1686
51	1182	341	841	1750	504	1246	2174	524	1650
52	1249	349	900	2039	527	1512	3360	786	2574
53	1376	328	1048	1879	385	1494	3546	726	2820
54	1308	304	1004	2033	448	1585	3286	627	2659
55-59岁	**8088**	**1394**	**6694**	**15430**	**2438**	**12992**	**30518**	**4863**	**25655**
55	2023	474	1549	2191	450	1741	4260	748	3512
56	2218	416	1802	3519	655	2864	4940	873	4067
57	1434	231	1203	3823	601	3222	6552	1104	5448
58	1390	163	1227	3254	406	2848	8364	1321	7043
59	1023	110	913	2643	326	2317	6402	817	5585
60-64岁	**9295**	**1271**	**8024**	**16414**	**2042**	**14372**	**29806**	**4175**	**25631**
60	1394	172	1222	2335	294	2041	6101	806	5295
61	1963	325	1638	3221	467	2754	5534	812	4722
62	1760	248	1512	3149	409	2740	5419	794	4625
63	2149	274	1875	3449	399	3050	5920	823	5097
64	2029	252	1777	4260	473	3787	6832	940	5892
65岁及以上	**40977**	**7389**	**33588**	**75262**	**12360**	**62902**	**134145**	**22820**	**111325**

5-5a 续表 2 单位：人

年龄	初婚年龄								
	18岁			19岁			20岁		
	小计	男	女	小计	男	女	小计	男	女
总 计	**620119**	**146862**	**473257**	**1131439**	**312133**	**819306**	**1699920**	**514401**	**1185519**
20岁以下	**5746**	**1450**	**4296**	**2603**	**699**	**1904**			
20-24岁	**32507**	**7644**	**24863**	**72519**	**16796**	**55723**	**119770**	**28520**	**91250**
20	6726	1692	5034	13396	3377	10019	9345	2143	7202
21	6387	1520	4867	15203	3801	11402	26243	6677	19566
22	5708	1308	4400	13855	3174	10681	27339	6510	20829
23	7015	1634	5381	15317	3359	11958	30253	7164	23089
24	6671	1490	5181	14748	3085	11663	26590	6026	20564
25-29岁	**32963**	**7551**	**25412**	**67504**	**14926**	**52578**	**126379**	**29156**	**97223**
25	5813	1217	4596	13185	2818	10367	24532	5650	18882
26	5773	1254	4519	12808	2698	10110	25384	5773	19611
27	5547	1269	4278	12446	2797	9649	24657	5689	18968
28	8067	1924	6143	14171	3167	11004	27952	6471	21481
29	7763	1887	5876	14894	3446	11448	23854	5573	18281
30-34岁	**40102**	**10692**	**29410**	**84985**	**22429**	**62556**	**152664**	**39451**	**113213**
30	6938	1679	5259	15796	3872	11924	26999	6573	20426
31	7865	2066	5799	17167	4583	12584	33551	8818	24733
32	7672	1997	5675	16786	4417	12369	30993	8072	22921
33	7953	2237	5716	15682	4138	11544	28729	7423	21306
34	9674	2713	6961	19554	5419	14135	32392	8565	23827
35-39岁	**67813**	**20104**	**47709**	**126360**	**37415**	**88945**	**205714**	**61576**	**144138**
35	9862	2661	7201	21081	5877	15204	35922	10023	25899
36	11488	3232	8256	22388	6392	15996	39098	11110	27988
37	12280	3550	8730	24816	7263	17553	41069	12214	28855
38	16030	4937	11093	26159	7928	18231	45183	14089	31094
39	18153	5724	12429	31916	9955	21961	44442	14140	30302
40-44岁	**81483**	**23958**	**57525**	**172597**	**54686**	**117911**	**280715**	**95621**	**185094**
40	17789	5393	12396	39385	12506	26879	57372	19136	38236
41	17015	5063	11952	35339	11274	24065	61734	21553	40181
42	18070	5227	12843	37122	11636	25486	61477	21119	40358
43	14261	4166	10095	28629	9047	19582	46935	15854	31081
44	14348	4109	10239	32122	10223	21899	53197	17959	35238
45-49岁	**50842**	**13278**	**37564**	**111727**	**32751**	**78976**	**203130**	**66169**	**136961**
45	12284	3489	8795	29273	9197	20076	53896	18366	35530
46	11478	3152	8326	24511	7391	17120	47878	15832	32046
47	12250	3072	9178	27771	8204	19567	48515	16041	32474
48	10027	2410	7617	19377	5181	14196	34805	10936	23869
49	4803	1155	3648	10795	2778	8017	18036	4994	13042
50-54岁	**25019**	**5571**	**19448**	**50282**	**13955**	**36327**	**89101**	**27202**	**61899**
50	4441	1021	3420	11520	3079	8441	23405	6660	16745
51	3694	907	2787	7942	2352	5590	17998	5865	12133
52	4753	1074	3679	9416	2688	6728	16329	5130	11199
53	6097	1350	4747	10098	2811	7287	16048	4954	11094
54	6034	1219	4815	11306	3025	8281	15321	4593	10728
55-59岁	**48563**	**9261**	**39302**	**74034**	**19371**	**54663**	**98931**	**30268**	**68663**
55	6637	1279	5358	12670	3321	9349	19109	5741	13368
56	8302	1579	6723	13270	3516	9754	20485	6000	14485
57	8478	1648	6830	14142	3656	10486	18739	5581	13158
58	12153	2370	9783	15652	4102	11550	21436	6772	14664
59	12993	2385	10608	18300	4776	13524	19162	6174	12988
60-64岁	**51426**	**9012**	**42414**	**92003**	**23261**	**68742**	**126748**	**40004**	**86744**
60	12712	2160	10552	23103	5947	17156	26479	8630	17849
61	11940	2182	9758	22341	5705	16636	32748	10676	22072
62	8674	1474	7200	18273	4585	13688	26822	8252	18570
63	8872	1539	7333	14394	3617	10777	23095	7120	15975
64	9228	1657	7571	13892	3407	10485	17604	5326	12278
65岁及以上	**183655**	**38341**	**145314**	**276825**	**75844**	**200981**	**296768**	**96434**	**200334**

5-5a 续表 3

单位：人

年 龄	初婚年龄								
	21岁			22岁			23岁		
	小计	男	女	小计	男	女	小计	男	女
总 计	**2276488**	**856556**	**1419932**	**2937495**	**1276522**	**1660973**	**3116273**	**1402171**	**1714102**
20岁以下									
20-24岁	**138614**	**47325**	**91289**	**144784**	**63591**	**81193**	**87227**	**38368**	**48859**
20									
21	11343	3450	7893						
22	38329	13495	24834	18727	8960	9767			
23	47367	16411	30956	64096	27985	36111	22700	10042	12658
24	41575	13969	27606	61961	26646	35315	64527	28326	36201
25-29岁	**195955**	**64916**	**131039**	**288432**	**120298**	**168134**	**325372**	**140677**	**184695**
25	36052	11795	24257	52158	22157	30001	61306	26762	34544
26	37031	12522	24509	52408	21667	30741	59078	25692	33386
27	39179	12902	26277	55371	23179	32192	62230	26279	35951
28	45886	15098	30788	68800	28683	40117	74391	32281	42110
29	37807	12599	25208	59695	24612	35083	68367	29663	38704
30-34岁	**224362**	**78304**	**146058**	**319604**	**136784**	**182820**	**359064**	**154394**	**204670**
30	34931	11748	23183	53780	22782	30998	65475	28016	37459
31	46036	15929	30107	58274	24674	33600	68919	29495	39424
32	49675	17543	32132	66197	28242	37955	66390	28257	38133
33	44507	15682	28825	67787	29479	38308	72142	30917	41225
34	49213	17402	31811	73566	31607	41959	86138	37709	48429
35-39岁	**303622**	**116930**	**186692**	**418819**	**185308**	**233511**	**466971**	**202093**	**264878**
35	50389	18399	31990	73712	31804	41908	86002	36297	49705
36	58725	22104	36621	77969	34042	43927	89488	38082	51406
37	62223	24295	37928	87515	39111	48404	92913	39962	52951
38	64307	25148	39159	89278	39914	49364	99728	43942	55786
39	67978	26984	40994	90345	40437	49908	98840	43810	55030
40-44岁	**379207**	**156366**	**222841**	**467778**	**214463**	**253315**	**460170**	**214470**	**245700**
40	69648	28297	41351	99842	44675	55167	104450	46380	58070
41	77084	31883	45201	85864	38809	47055	94170	42710	51460
42	91803	38484	53319	103657	47909	55748	91520	42548	48972
43	64845	26734	38111	85464	40341	45123	76188	36824	39364
44	75827	30968	44859	92951	42729	50222	93842	46008	47834
45-49岁	**329692**	**130933**	**198759**	**451870**	**202982**	**248888**	**464949**	**223673**	**241276**
45	78642	31865	46777	98024	45064	52960	95435	46473	48962
46	80385	32309	48076	102797	46538	56259	99861	48157	51704
47	87872	35485	52387	128551	58072	70479	126240	60880	65360
48	53135	20727	32408	81678	36590	45088	92229	44759	47470
49	29658	10547	19111	40820	16718	24102	51184	23404	27780
50-54岁	**156442**	**54273**	**102169**	**259791**	**101275**	**158516**	**348507**	**146864**	**201643**
50	37260	12232	25028	55915	22234	33681	62743	27047	35696
51	34568	12115	22453	49860	19651	30209	59123	25904	33219
52	35148	12866	22282	63405	24421	38984	76768	32400	44368
53	26871	9360	17511	54027	21189	32838	86967	36117	50850
54	22595	7700	14895	36584	13780	22804	62906	25396	37510
55-59岁	**130140**	**45374**	**84766**	**168199**	**64482**	**103717**	**213808**	**86932**	**126876**
55	24220	8251	15969	34403	12886	21517	51356	20126	31230
56	29134	9878	19256	35677	13274	22403	45857	18334	27523
57	27285	9433	17852	36012	13728	22284	39901	16079	23822
58	25607	9002	16605	35179	13753	21426	42910	18025	24885
59	23894	8810	15084	26928	10841	16087	33784	14368	19416
60-64岁	**142906**	**53782**	**89124**	**150280**	**65605**	**84675**	**142460**	**68427**	**74033**
60	24474	9436	15038	28788	12332	16456	30262	13708	16554
61	30768	11957	18811	26486	11677	14809	28432	13359	15073
62	33432	12579	20853	30162	13295	16867	22815	10868	11947
63	29760	11025	18735	35088	15517	19571	29025	14373	14652
64	24472	8785	15687	29756	12784	16972	31926	16119	15807
65岁及以上	**275548**	**108353**	**167195**	**267938**	**121734**	**146204**	**247745**	**126273**	**121472**

5-5a 续表 4

单位：人

年 龄	初婚年龄								
	24岁			25岁			26岁		
	小计	男	女	小计	男	女	小计	男	女
总 计	**2978889**	**1500799**	**1478090**	**2597959**	**1448414**	**1149545**	**1963401**	**1184968**	**778433**
20岁以下									
20-24岁	**21686**	**9754**	**11932**						
20									
21									
22									
23									
24	21686	9754	11932						
25-29岁	**353121**	**162919**	**190202**	**326612**	**159448**	**167164**	**236321**	**123379**	**112942**
25	61498	28395	33103	21495	10438	11057			
26	68786	31739	37047	67759	33067	34692	21159	10696	10463
27	67575	30943	36632	76509	37038	39471	66233	34329	31904
28	84056	38407	45649	85475	41747	43728	83183	43398	39785
29	71206	33435	37771	75374	37158	38216	65746	34956	30790
30-34岁	**351476**	**168033**	**183443**	**333191**	**173682**	**159509**	**291652**	**161553**	**130099**
30	70658	33163	37495	68446	34804	33642	64250	34140	30110
31	75044	35619	39425	74356	38232	36124	62465	34213	28252
32	66614	31900	34714	70029	36147	33882	60289	33476	26813
33	60804	29096	31708	58187	30799	27388	53350	30031	23319
34	78356	38255	40101	62173	33700	28473	51298	29693	21605
35-39岁	**437959**	**217449**	**220510**	**381107**	**212579**	**168528**	**281370**	**169051**	**112319**
35	82136	40482	41654	70753	38807	31946	48182	28240	19942
36	86267	42219	44048	76231	42219	34012	57030	34012	23018
37	88845	43588	45257	79802	44306	35496	59660	35799	23861
38	87622	43774	43848	77961	43828	34133	59542	36147	23395
39	93089	47386	45703	76360	43419	32941	56956	34853	22103
40-44岁	**390754**	**209172**	**181582**	**314845**	**188924**	**125921**	**226596**	**145652**	**80944**
40	95026	49506	45520	83822	48769	35053	57345	35361	21984
41	80872	42531	38341	66281	39464	26817	49980	31774	18206
42	85542	45840	39702	67399	40682	26717	48369	31355	17014
43	56099	30733	25366	48675	29864	18811	33172	22030	11142
44	73215	40562	32653	48668	30145	18523	37730	25132	12598
45-49岁	**402490**	**220435**	**182055**	**300414**	**183137**	**117277**	**193652**	**126993**	**66659**
45	82799	46032	36767	58958	36501	22457	35353	23801	11552
46	85805	46737	39068	65079	39968	25111	41172	27191	13981
47	105910	57565	48345	79257	47934	31323	53095	34651	18444
48	77078	42804	34274	57744	35131	22613	38246	24795	13451
49	50898	27297	23601	39376	23603	15773	25786	16555	9231
50-54岁	**372874**	**183365**	**189509**	**307066**	**174178**	**132888**	**211229**	**133694**	**77535**
50	66077	34937	31140	57516	34767	22749	37462	24710	12752
51	54410	27832	26578	47743	28384	19359	35242	23067	12175
52	76708	37866	38842	59792	34049	25743	43898	28049	15849
53	87532	41640	45892	71287	39042	32245	46747	28790	17957
54	88147	41090	47057	70728	37936	32792	47880	29078	18802
55-59岁	**274668**	**124670**	**149998**	**303354**	**157055**	**146299**	**249958**	**146619**	**103339**
55	77579	34842	42737	86260	45818	40442	55207	33379	21828
56	64140	28443	35697	77798	39759	38039	65752	38998	26754
57	47655	21419	26236	55648	28331	27317	53107	30708	22399
58	45115	20780	24335	46298	23728	22570	43508	25063	18445
59	40179	19186	20993	37350	19419	17931	32384	18471	13913
60-64岁	**135123**	**70231**	**64892**	**125582**	**71183**	**54399**	**108591**	**67344**	**41247**
60	37265	18387	18878	38135	20818	17317	30978	18313	12665
61	28369	14380	13989	29689	16744	12945	26868	16651	10217
62	23705	12273	11432	21320	12093	9227	20046	12672	7374
63	20774	11138	9636	19651	11443	8208	16331	10506	5825
64	25010	14053	10957	16787	10085	6702	14368	9202	5166
65岁及以上	**238738**	**134771**	**103967**	**205788**	**128228**	**77560**	**164032**	**110683**	**53349**

5-5a 续表 5

单位：人

年 龄	初婚年龄								
	27岁			28岁			29岁		
	小计	男	女	小计	男	女	小计	男	女
总 计	**1415470**	**914554**	**500916**	**971312**	**660356**	**310956**	**666291**	**468494**	**197797**
20岁以下									
20-24岁									
20									
21									
22									
23									
24									
25-29岁	**142337**	**80023**	**62314**	**57704**	**34679**	**23025**	**9969**	**6278**	**3691**
25									
26									
27	19816	10900	8916						
28	64428	36050	28378	17491	10461	7030			
29	58093	33073	25020	40213	24218	15995	9969	6278	3691
30-34岁	**242337**	**142943**	**99394**	**191563**	**119629**	**71934**	**140690**	**91788**	**48902**
30	50923	29151	21772	42626	26172	16454	27650	17756	9894
31	55645	32179	23466	40807	25186	15621	32042	20701	11341
32	48096	28357	19739	40109	24791	15318	28174	18222	9952
33	43698	26241	17457	33095	20960	12135	26722	17696	9026
34	43975	27015	16960	34926	22520	12406	26102	17413	8689
35-39岁	**205368**	**131893**	**73475**	**149459**	**100805**	**48654**	**111469**	**77100**	**34369**
35	38862	24287	14575	32490	21387	11103	25445	17153	8292
36	36896	23501	13395	28511	19151	9360	24141	16572	7569
37	43364	27818	15546	27362	18540	8822	21355	14840	6515
38	43310	28093	15217	30545	20739	9806	19210	13559	5651
39	42936	28194	14742	30551	20988	9563	21318	14976	6342
40-44岁	**161351**	**109866**	**51485**	**115020**	**80441**	**34579**	**83947**	**59836**	**24111**
40	41968	27934	14034	30868	21124	9744	22131	15531	6600
41	34503	23180	11323	24783	17294	7489	18215	12954	5261
42	35826	24344	11482	24376	17138	7238	18143	12932	5211
43	23532	16320	7212	17434	12213	5221	12195	8686	3509
44	25522	18088	7434	17559	12672	4887	13263	9733	3530
45-49岁	**126698**	**87749**	**38949**	**81690**	**58640**	**23050**	**56917**	**41716**	**15201**
45	27071	19201	7870	17461	12835	4626	12667	9402	3265
46	24607	17399	7208	18255	13317	4938	12625	9403	3222
47	32622	22428	10194	19297	13819	5478	14667	10795	3872
48	25430	17325	8105	15568	11010	4558	9732	7004	2728
49	16968	11396	5572	11109	7659	3450	7226	5112	2114
50-54岁	**139478**	**94490**	**44988**	**90630**	**63747**	**26883**	**59385**	**42574**	**16811**
50	23665	16291	7374	15390	10797	4593	10260	7274	2986
51	22398	15553	6845	13712	9777	3935	8903	6497	2406
52	31108	21371	9737	19450	13899	5551	12131	8815	3316
53	32587	21859	10728	22298	15733	6565	14206	10187	4019
54	29720	19416	10304	19780	13541	6239	13885	9801	4084
55-59岁	**175426**	**112621**	**62805**	**112306**	**76426**	**35880**	**70326**	**49449**	**20877**
55	34166	22185	11981	20340	13876	6464	13733	9603	4130
56	37351	24415	12936	22441	15356	7085	13546	9530	4016
57	38749	24917	13832	21315	14533	6782	13290	9301	3989
58	37274	23634	13640	25466	17396	8070	14264	10033	4231
59	27886	17470	10416	22744	15265	7479	15493	10982	4511
60-64岁	**89722**	**60013**	**29709**	**70121**	**49595**	**20526**	**53287**	**39094**	**14193**
60	25425	16144	9281	20138	13662	6476	15695	11145	4550
61	20982	13918	7064	15832	11002	4830	12324	9176	3148
62	17065	11532	5533	12715	9038	3677	9174	6732	2442
63	14787	10331	4456	11893	8681	3212	8597	6395	2202
64	11463	8088	3375	9543	7212	2331	7497	5646	1851
65岁及以上	**132753**	**94956**	**37797**	**102819**	**76394**	**26425**	**80301**	**60659**	**19642**

5-5a 续表 6 单位：人

年龄	初婚年龄								
	30岁			31岁			32岁		
	小计	男	女	小计	男	女	小计	男	女
总　计	**452956**	**323191**	**129765**	**309143**	**221607**	**87536**	**222486**	**159322**	**63164**
20岁以下									
20-24岁									
20									
21									
22									
23									
24									
25-29岁									
25									
26									
27									
28									
29									
30-34岁	**89465**	**59854**	**29611**	**49924**	**33867**	**16057**	**26051**	**17886**	**8165**
30	7222	4702	2520						
31	20641	13753	6888	5496	3701	1795			
32	22105	14609	7496	14679	9968	4711	3870	2642	1228
33	18802	12632	6170	15083	10218	4865	10201	6984	3217
34	20695	14158	6537	14666	9980	4686	11980	8260	3720
35-39岁	**83299**	**58273**	**25026**	**66099**	**46278**	**19821**	**53105**	**37020**	**16085**
35	18596	12690	5906	14908	10299	4609	11159	7627	3532
36	18473	12764	5709	14087	9863	4224	11455	8029	3426
37	17691	12492	5199	13896	9780	4116	10816	7488	3328
38	15087	10723	4364	12561	8854	3707	10233	7168	3065
39	13452	9604	3848	10647	7482	3165	9442	6708	2734
40-44岁	**60286**	**42949**	**17337**	**42462**	**30113**	**12349**	**32014**	**22677**	**9337**
40	15216	10789	4427	9696	6914	2782	7969	5571	2398
41	13294	9541	3753	9171	6541	2630	6046	4367	1679
42	13614	9621	3993	9703	6852	2851	6850	4903	1947
43	9058	6406	2652	6840	4758	2082	5234	3718	1516
44	9104	6592	2512	7052	5048	2004	5915	4118	1797
45-49岁	**40283**	**29781**	**10502**	**29731**	**21915**	**7816**	**23451**	**17107**	**6344**
45	9636	7133	2503	6736	4936	1800	5436	3940	1496
46	8906	6614	2292	6954	5171	1783	5165	3750	1415
47	10177	7560	2617	7447	5525	1922	6014	4453	1561
48	7237	5324	1913	5148	3772	1376	4195	3053	1142
49	4327	3150	1177	3446	2511	935	2641	1911	730
50-54岁	**37708**	**27094**	**10614**	**24151**	**17343**	**6808**	**17289**	**12372**	**4917**
50	6365	4534	1831	3793	2751	1042	3238	2328	910
51	6032	4365	1667	3730	2733	997	2236	1668	568
52	7828	5670	2158	5339	3818	1521	3595	2584	1011
53	8829	6384	2445	5742	4129	1613	4222	3019	1203
54	8654	6141	2513	5547	3912	1635	3998	2773	1225
55-59岁	**44953**	**31784**	**13169**	**29582**	**20890**	**8692**	**20951**	**14635**	**6316**
55	9574	6736	2838	6004	4253	1751	4144	2884	1260
56	9502	6703	2799	6481	4556	1925	4527	3169	1358
57	8195	5694	2501	5731	4014	1717	4384	3046	1338
58	8860	6304	2556	5625	3966	1659	4111	2874	1237
59	8822	6347	2475	5741	4101	1640	3785	2662	1123
60-64岁	**37574**	**28177**	**9397**	**24519**	**18701**	**5818**	**16959**	**12893**	**4066**
60	10336	7637	2699	5596	4180	1416	3884	2816	1068
61	9323	6981	2342	5872	4500	1372	3291	2554	737
62	6924	5158	1766	5101	3914	1187	3543	2736	807
63	5896	4497	1399	4395	3361	1034	3453	2662	791
64	5095	3904	1191	3555	2746	809	2788	2125	663
65岁及以上	**59388**	**45279**	**14109**	**42675**	**32500**	**10175**	**32666**	**24732**	**7934**

5-5a 续表 7　　单位：人

年龄	初婚年龄								
	33岁			34岁			35岁		
	小计	男	女	小计	男	女	小计	男	女
总　计	**162998**	**116758**	**46240**	**121735**	**87517**	**34218**	**90724**	**65466**	**25258**
20岁以下									
20-24岁									
20									
21									
22									
23									
24									
25-29岁									
25									
26									
27									
28									
29									
30-34岁	**10919**	**7382**	**3537**	**2307**	**1562**	**745**			
30									
31									
32									
33	2771	1916	855						
34	8148	5466	2682	2307	1562	745			
35-39岁	**43417**	**30110**	**13307**	**34656**	**23942**	**10714**	**23986**	**16512**	**7474**
35	9293	6333	2960	6469	4434	2035	1802	1240	562
36	8666	6036	2630	7490	5067	2423	5130	3509	1621
37	9125	6357	2768	7291	5051	2240	6117	4226	1891
38	8356	5774	2582	6859	4852	2007	5533	3769	1764
39	7977	5610	2367	6547	4538	2009	5404	3768	1636
40-44岁	**24784**	**17701**	**7083**	**20243**	**14486**	**5757**	**16894**	**12077**	**4817**
40	7212	5074	2138	6255	4362	1893	5148	3606	1542
41	4976	3565	1411	4530	3229	1301	3965	2810	1155
42	4606	3320	1286	3993	2920	1073	3598	2581	1017
43	3683	2615	1068	2420	1744	676	2087	1523	564
44	4307	3127	1180	3045	2231	814	2096	1557	539
45-49岁	**19622**	**14164**	**5458**	**16116**	**11776**	**4340**	**12677**	**9329**	**3348**
45	4728	3306	1422	3337	2438	899	2492	1842	650
46	4499	3182	1317	3830	2753	1077	2911	2126	785
47	4841	3593	1248	4263	3137	1126	3483	2538	945
48	3374	2473	901	2763	2040	723	2374	1755	619
49	2180	1610	570	1923	1408	515	1417	1068	349
50-54岁	**12546**	**9160**	**3386**	**9196**	**6766**	**2430**	**7303**	**5447**	**1856**
50	2447	1803	644	1921	1414	507	1762	1293	469
51	2005	1504	501	1528	1141	387	1208	919	289
52	2209	1628	581	1864	1390	474	1458	1096	362
53	2838	2066	772	1815	1337	478	1552	1143	409
54	3047	2159	888	2068	1484	584	1323	996	327
55-59岁	**15364**	**10851**	**4513**	**11389**	**8054**	**3335**	**8425**	**5936**	**2489**
55	3085	2165	920	2220	1573	647	1669	1196	473
56	3120	2214	906	2401	1671	730	1863	1289	574
57	2980	2093	887	2161	1529	632	1623	1137	486
58	3287	2355	932	2291	1627	664	1664	1193	471
59	2892	2024	868	2316	1654	662	1606	1121	485
60-64岁	**11698**	**8922**	**2776**	**8358**	**6345**	**2013**	**6306**	**4750**	**1556**
60	2658	1925	733	2209	1611	598	1746	1257	489
61	2335	1806	529	1667	1271	396	1407	1038	369
62	2084	1596	488	1518	1146	372	1156	881	275
63	2338	1829	509	1432	1125	307	1067	834	233
64	2283	1766	517	1532	1192	340	930	740	190
65岁及以上	**24648**	**18468**	**6180**	**19470**	**14586**	**4884**	**15133**	**11415**	**3718**

5-5a 续表 8

单位：人

年 龄	初婚年龄								
	36岁			37岁			38岁		
	小计	男	女	小计	男	女	小计	男	女
总 计	**66292**	**48051**	**18241**	**50184**	**36629**	**13555**	**38097**	**28000**	**10097**
20岁以下									
20-24岁									
20									
21									
22									
23									
24									
25-29岁									
25									
26									
27									
28									
29									
30-34岁									
30									
31									
32									
33									
34									
35-39岁	**14480**	**10005**	**4475**	**8211**	**5740**	**2471**	**3751**	**2674**	**1077**
35									
36	1454	1008	446						
37	4199	2929	1270	1220	839	381			
38	4662	3189	1473	3316	2318	998	999	706	293
39	4165	2879	1286	3675	2583	1092	2752	1968	784
40-44岁	**14258**	**10198**	**4060**	**12318**	**8893**	**3425**	**10567**	**7665**	**2902**
40	4090	2913	1177	3574	2551	1023	3095	2215	880
41	3294	2358	936	2784	2062	722	2239	1615	624
42	3084	2210	874	2544	1797	747	2231	1610	621
43	1960	1413	547	1770	1273	497	1464	1054	410
44	1830	1304	526	1646	1210	436	1538	1171	367
45-49岁	**9368**	**6949**	**2419**	**7419**	**5578**	**1841**	**5972**	**4490**	**1482**
45	1629	1212	417	1528	1143	385	1468	1083	385
46	2116	1564	552	1399	1073	326	1205	894	311
47	2601	1972	629	1960	1466	494	1302	986	316
48	1830	1354	476	1508	1140	368	1174	905	269
49	1192	847	345	1024	756	268	823	622	201
50-54岁	**5927**	**4437**	**1490**	**4862**	**3646**	**1216**	**4202**	**3154**	**1048**
50	1315	988	327	1129	832	297	988	726	262
51	1106	838	268	812	629	183	712	542	170
52	1184	908	276	1075	813	262	866	663	203
53	1199	903	296	1011	756	255	901	676	225
54	1123	800	323	835	616	219	735	547	188
55-59岁	**6002**	**4301**	**1701**	**4527**	**3311**	**1216**	**3386**	**2476**	**910**
55	1034	741	293	878	652	226	711	536	175
56	1267	945	322	835	610	225	696	523	173
57	1275	896	379	904	672	232	571	427	144
58	1259	899	360	1051	759	292	682	483	199
59	1167	820	347	859	618	241	726	507	219
60-64岁	**4875**	**3647**	**1228**	**3870**	**2768**	**1102**	**3283**	**2342**	**941**
60	1205	897	308	884	624	260	726	535	191
61	1202	889	313	869	623	246	647	475	172
62	896	658	238	795	564	231	627	449	178
63	819	634	185	733	535	198	664	466	198
64	753	569	184	589	422	167	619	417	202
65岁及以上	**11382**	**8514**	**2868**	**8977**	**6693**	**2284**	**6936**	**5199**	**1737**

5-5a 续表 9 单位：人

年龄	初婚年龄					
	39岁			40岁及以上		
	小计	男	女	小计	男	女
总计	**29936**	**21939**	**7997**	**126602**	**91744**	**34858**
20岁以下						
20-24岁						
20						
21						
22						
23						
24						
25-29岁						
25						
26						
27						
28						
29						
30-34岁						
30						
31						
32						
33						
34						
35-39岁	**813**	**585**	**228**			
35						
36						
37						
38						
39	813	585	228			
40-44岁	**8688**	**6244**	**2444**	**12904**	**9404**	**3500**
40	2272	1598	674	654	470	184
41	1999	1458	541	1980	1470	510
42	1897	1391	506	3324	2410	914
43	1208	865	343	3053	2192	861
44	1312	932	380	3893	2862	1031
45-49岁	**5141**	**3944**	**1197**	**23321**	**17521**	**5800**
45	1266	944	322	4331	3176	1155
46	1206	942	264	5061	3794	1267
47	1248	964	284	6299	4760	1539
48	810	622	188	4590	3474	1116
49	611	472	139	3040	2317	723
50-54岁	**3703**	**2786**	**917**	**18221**	**13902**	**4319**
50	795	600	195	3600	2741	859
51	667	506	161	2994	2377	617
52	776	573	203	3886	2964	922
53	763	572	191	4034	3037	997
54	702	535	167	3707	2783	924
55-59岁	**2738**	**1993**	**745**	**17493**	**12766**	**4727**
55	584	429	155	3835	2860	975
56	600	448	152	3932	2889	1043
57	511	363	148	3470	2521	949
58	509	365	144	3383	2450	933
59	534	388	146	2873	2046	827
60-64岁	**2957**	**2047**	**910**	**14672**	**10377**	**4295**
60	644	467	177	2864	2055	809
61	530	372	158	2908	2106	802
62	533	388	145	2575	1810	765
63	526	367	159	2799	1980	819
64	724	453	271	3526	2426	1100
65岁及以上	**5896**	**4340**	**1556**	**39991**	**27774**	**12217**

5-5b 全国分年龄、性别、初婚年龄的人口(镇)

单位：人

年 龄	初婚年龄 合计 合计	合计 男	合计 女	15岁以下 小计	15岁以下 男	15岁以下 女
总 计	**16043485**	**7739074**	**8304411**	**21055**	**5390**	**15665**
20岁以下	**18563**	**4472**	**14091**	**231**	**58**	**173**
20-24岁	**556076**	**194233**	**361843**	**925**	**257**	**668**
20	35857	8792	27065	92	19	73
21	63653	17003	46650	135	38	97
22	102538	33750	68788	172	40	132
23	163181	60487	102694	247	70	177
24	190847	74201	116646	279	90	189
25-29岁	**1324383**	**588378**	**736005**	**1140**	**302**	**838**
25	204478	84472	120006	276	90	186
26	235697	101093	134604	229	53	176
27	257522	114286	143236	192	42	150
28	324656	147920	176736	220	59	161
29	302030	140607	161423	223	58	165
30-34岁	**1718834**	**826961**	**891873**	**2136**	**696**	**1440**
30	308455	145256	163199	291	80	211
31	341433	162956	178477	413	137	276
32	346615	166650	179965	445	147	298
33	333220	161915	171305	425	142	283
34	389111	190184	198927	562	190	372
35-39岁	**2253320**	**1113354**	**1139966**	**2252**	**776**	**1476**
35	403413	197606	205807	589	201	388
36	438089	214895	223194	457	159	298
37	456259	225169	231090	454	156	298
38	475569	235788	239781	362	120	242
39	479990	239896	240094	390	140	250
40-44岁	**2380068**	**1186942**	**1193126**	**2392**	**817**	**1575**
40	527954	263209	264745	468	160	308
41	474925	236199	238726	549	196	353
42	514837	257605	257232	517	176	341
43	403251	200873	202378	400	132	268
44	459101	229056	230045	458	153	305
45-49岁	**1967601**	**981620**	**985981**	**1333**	**360**	**973**
45	455934	228287	227647	446	137	309
46	438440	218417	220023	288	75	213
47	500363	251041	249322	262	74	188
48	373701	186025	187676	200	41	159
49	199163	97850	101313	137	33	104
50-54岁	**1392506**	**698865**	**693641**	**1634**	**412**	**1222**
50	251823	125741	126082	246	58	188
51	224913	115348	109565	292	88	204
52	296712	149422	147290	372	100	272
53	322328	161803	160525	379	91	288
54	296730	146551	150179	345	75	270
55-59岁	**1416060**	**698234**	**717826**	**1555**	**272**	**1283**
55	310938	155028	155910	418	100	318
56	309599	153090	156509	312	62	250
57	279765	137007	142758	276	40	236
58	281251	138402	142849	275	40	235
59	234507	114707	119800	274	30	244
60-64岁	**1015856**	**503559**	**512297**	**2073**	**354**	**1719**
60	238246	117567	120679	371	60	311
61	225723	112830	112893	432	71	361
62	195612	96606	99006	407	72	335
63	183944	91650	92294	444	90	354
64	172331	84906	87425	419	61	358
65岁及以上	**2000218**	**942456**	**1057762**	**5384**	**1086**	**4298**

5-5b 续表 1 单位：人

年 龄	初婚年龄								
	15岁			16岁			17岁		
	小计	男	女	小计	男	女	小计	男	女
总 计	**114396**	**25354**	**89042**	**203691**	**42691**	**161000**	**382469**	**85623**	**296846**
20岁以下	**1519**	**282**	**1237**	**3255**	**608**	**2647**	**5575**	**1326**	**4249**
20-24岁	**4355**	**901**	**3454**	**8746**	**1703**	**7043**	**19172**	**4044**	**15128**
20	595	104	491	1425	262	1163	3876	871	3005
21	795	158	637	1604	302	1302	3569	751	2818
22	819	168	651	1767	348	1419	3605	756	2849
23	1023	239	784	2002	399	1603	4233	874	3359
24	1123	232	891	1948	392	1556	3889	792	3097
25-29岁	**6724**	**1678**	**5046**	**10850**	**2507**	**8343**	**20321**	**4778**	**15543**
25	1411	373	1038	1783	383	1400	3393	757	2636
26	1589	418	1171	2190	513	1677	3475	781	2694
27	1333	329	1004	2494	614	1880	4091	979	3112
28	1312	294	1018	2420	557	1863	5179	1248	3931
29	1079	264	815	1963	440	1523	4183	1013	3170
30-34岁	**8470**	**2418**	**6052**	**13320**	**3545**	**9775**	**23638**	**6088**	**17550**
30	1379	338	1041	2039	484	1555	3924	899	3025
31	1762	499	1263	2625	735	1890	4380	1115	3265
32	1672	462	1210	2788	701	2087	4809	1284	3525
33	1569	441	1128	2568	678	1890	4777	1285	3492
34	2088	678	1410	3300	947	2353	5748	1505	4243
35-39岁	**12952**	**3921**	**9031**	**22254**	**6441**	**15813**	**42016**	**12320**	**29696**
35	2827	889	1938	3285	921	2364	6143	1620	4523
36	2944	884	2060	4764	1453	3311	6829	1911	4918
37	2620	769	1851	5114	1464	3650	9012	2685	6327
38	2306	719	1587	4790	1402	3388	10439	3162	7277
39	2255	660	1595	4301	1201	3100	9593	2942	6651
40-44岁	**12494**	**3680**	**8814**	**23118**	**6435**	**16683**	**47453**	**13639**	**33814**
40	2780	806	1974	4819	1366	3453	10156	2995	7161
41	2841	911	1930	5302	1595	3707	10146	3037	7109
42	2660	777	1883	5352	1455	3897	11033	3182	7851
43	2090	609	1481	3552	950	2602	8123	2261	5862
44	2123	577	1546	4093	1069	3024	7995	2164	5831
45-49岁	**8329**	**2009**	**6320**	**15564**	**3555**	**12009**	**32708**	**7823**	**24885**
45	2717	793	1924	3611	977	2634	7931	2200	5731
46	2216	564	1652	4264	1084	3180	6862	1713	5149
47	1642	356	1286	4234	927	3307	8747	2072	6675
48	1068	184	884	2324	401	1923	6689	1399	5290
49	686	112	574	1131	166	965	2479	439	2040
50-54岁	**7330**	**1558**	**5772**	**11176**	**2175**	**9001**	**19221**	**3642**	**15579**
50	1240	227	1013	1560	267	1293	2840	477	2363
51	1168	296	872	1844	414	1430	2741	576	2165
52	1437	321	1116	2482	538	1944	4346	878	3468
53	1801	377	1424	2541	472	2069	4714	895	3819
54	1684	337	1347	2749	484	2265	4580	816	3764
55-59岁	**10352**	**1619**	**8733**	**20138**	**3222**	**16916**	**37775**	**6593**	**31182**
55	2357	475	1882	2989	549	2440	5690	1065	4625
56	2616	471	2145	4399	876	3523	6355	1162	5193
57	2004	270	1734	4841	759	4082	8120	1463	6657
58	1936	248	1688	4412	612	3800	9822	1673	8149
59	1439	155	1284	3497	426	3071	7788	1230	6558
60-64岁	**11428**	**1666**	**9762**	**20141**	**2739**	**17402**	**35368**	**5780**	**29588**
60	1984	274	1710	3206	380	2826	7393	1138	6255
61	2386	437	1949	4079	637	3442	6839	1208	5631
62	2202	313	1889	3967	579	3388	6652	1049	5603
63	2499	350	2149	4036	524	3512	6990	1152	5838
64	2357	292	2065	4853	619	4234	7494	1233	6261
65岁及以上	**30443**	**5622**	**24821**	**55129**	**9761**	**45368**	**99222**	**19590**	**79632**

5-5b 续表 2 单位：人

年龄	初婚年龄								
	18岁			19岁			20岁		
	小计	男	女	小计	男	女	小计	男	女
总 计	**657808**	**168623**	**489185**	**1199525**	**365260**	**834265**	**1722022**	**593301**	**1128721**
20岁以下	**5817**	**1569**	**4248**	**2166**	**629**	**1537**			
20-24岁	**40989**	**9928**	**31061**	**81519**	**21194**	**60325**	**116032**	**32202**	**83830**
20	8791	2240	6551	13870	3638	10232	7208	1658	5550
21	8368	2136	6232	17477	4671	12806	23615	6336	17279
22	7423	1786	5637	16530	4341	12189	28060	7901	20159
23	8479	2020	6459	17226	4452	12774	30395	8812	21583
24	7928	1746	6182	16416	4092	12324	26754	7495	19259
25-29岁	**37036**	**8713**	**28323**	**74910**	**18401**	**56509**	**128559**	**35377**	**93182**
25	7010	1624	5386	15073	3716	11357	24599	6868	17731
26	6720	1545	5175	14356	3490	10866	26005	7270	18735
27	6322	1488	4834	13918	3339	10579	24892	6691	18201
28	8598	2027	6571	15703	3870	11833	28570	7807	20763
29	8386	2029	6357	15860	3986	11874	24493	6741	17752
30-34岁	**43859**	**11660**	**32199**	**91504**	**24670**	**66834**	**150678**	**43745**	**106933**
30	7873	1964	5909	17348	4524	12824	26479	7438	19041
31	8561	2261	6300	18303	5033	13270	31729	9357	22372
32	8234	2178	6056	18131	4817	13314	31467	9133	22334
33	8501	2296	6205	16683	4468	12215	28270	8243	20027
34	10690	2961	7729	21039	5828	15211	32733	9574	23159
35-39岁	**75179**	**23058**	**52121**	**135389**	**42392**	**92997**	**205515**	**67489**	**138026**
35	11254	3176	8078	22622	6502	16120	35899	10873	25026
36	12757	3713	9044	24833	7407	17426	39537	12316	27221
37	13559	4154	9405	26654	8191	18463	41199	13311	27888
38	17664	5532	12132	28032	9069	18963	44518	15211	29307
39	19945	6483	13462	33248	11223	22025	44362	15778	28584
40-44岁	**95616**	**29815**	**65801**	**188928**	**65315**	**123613**	**282639**	**107761**	**174878**
40	20829	6719	14110	41724	14544	27180	56948	21187	35761
41	19378	6090	13288	38021	13279	24742	59128	22935	36193
42	20762	6466	14296	40318	14122	26196	61652	23652	38000
43	16980	5199	11781	32293	10976	21317	48614	18581	30033
44	17667	5341	12326	36572	12394	24178	56297	21406	34891
45-49岁	**65006**	**16872**	**48134**	**133079**	**41405**	**91674**	**220344**	**80165**	**140179**
45	15330	4451	10879	33842	11383	22459	56433	21280	35153
46	14665	4041	10624	29458	9439	20019	50496	18708	31788
47	15286	3866	11420	32943	10208	22735	53952	19868	34084
48	13421	3150	10271	23762	6761	17001	39997	14031	25966
49	6304	1364	4940	13074	3614	9460	19466	6278	13188
50-54岁	**33306**	**7086**	**26220**	**66034**	**18626**	**47408**	**108507**	**36006**	**72501**
50	5715	1130	4585	14130	3909	10221	25427	8205	17222
51	4764	1022	3742	10446	3019	7427	20510	7326	13184
52	6306	1352	4954	12471	3498	8973	21113	6818	14295
53	8308	1840	6468	13897	3957	9940	21180	7066	14114
54	8213	1742	6471	15090	4243	10847	20277	6591	13686
55-59岁	**59374**	**12809**	**46565**	**91601**	**27273**	**64328**	**120554**	**43258**	**77296**
55	8892	1813	7079	16564	4797	11767	24601	8387	16214
56	10865	2286	8579	17449	5084	12365	25030	8629	16401
57	10471	2281	8190	18310	5420	12890	22997	8119	14878
58	14699	3260	11439	18943	5807	13136	26407	9866	16541
59	14447	3169	11278	20335	6165	14170	21519	8257	13262
60-64岁	**57116**	**12124**	**44992**	**98546**	**30686**	**67860**	**127916**	**49399**	**78517**
60	13583	2841	10742	23877	7450	16427	28443	10930	17513
61	12883	2878	10005	23345	7340	16005	31893	12773	19120
62	9986	2109	7877	19380	6028	13352	26258	9918	16340
63	10243	2181	8062	15966	4977	10989	22654	8723	13931
64	10421	2115	8306	15978	4891	11087	18668	7055	11613
65岁及以上	**144510**	**34989**	**109521**	**235849**	**74669**	**161180**	**261278**	**97899**	**163379**

5-5b 续表 3

单位：人

年 龄	初婚年龄								
	21岁			22岁			23岁		
	小计	男	女	小计	男	女	小计	男	女
总 计	**2068143**	**890460**	**1177683**	**2276642**	**1129313**	**1147329**	**1978571**	**1024549**	**954022**
20岁以下									
20-24岁	**120872**	**46380**	**74492**	**104459**	**49418**	**55041**	**49305**	**23388**	**25917**
20									
21	8090	2611	5479						
22	32185	12298	19887	11977	6112	5865			
23	42765	16727	26038	45031	21274	23757	11780	5620	6160
24	37832	14744	23088	47451	22032	25419	37525	17768	19757
25-29岁	**179254**	**70014**	**109240**	**222195**	**104937**	**117258**	**203701**	**98486**	**105215**
25	32970	13056	19914	40594	19159	21435	39272	18846	20426
26	34048	13381	20667	40933	19178	21755	37768	18314	19454
27	35578	13962	21616	41932	19963	21969	37627	18190	19437
28	41420	15922	25498	51730	24332	27398	46396	22601	23795
29	35238	13693	21545	47006	22305	24701	42638	20535	22103
30-34岁	**203053**	**80535**	**122518**	**250444**	**120908**	**129536**	**232816**	**113919**	**118897**
30	33348	12905	20443	43643	20888	22755	43460	21143	22317
31	39954	15652	24302	45596	21787	23809	45240	21982	23258
32	43329	17562	25767	50797	24412	26385	43280	21148	22132
33	40660	15904	24756	51441	25075	26366	45586	22244	23342
34	45762	18512	27250	58967	28746	30221	55250	27402	27848
35-39岁	**276723**	**118348**	**158375**	**329831**	**164130**	**165701**	**302403**	**151070**	**151333**
35	46868	19039	27829	58326	28436	29890	56583	28065	28518
36	54314	22528	31786	62946	30886	32060	57909	28495	29414
37	56585	24184	32401	69303	34715	34588	59947	29790	30157
38	58998	25921	33077	70061	35107	34954	65003	32476	32527
39	59958	26676	33282	69195	34986	34209	62961	32244	30717
40-44岁	**340267**	**156926**	**183341**	**356414**	**183751**	**172663**	**292507**	**155088**	**137419**
40	63344	28824	34520	75601	38379	37222	66486	34153	32333
41	66884	30878	36006	63068	32262	30806	57651	29956	27695
42	80461	37632	42829	77730	40284	37446	56410	30149	26261
43	60317	27823	32494	65998	34436	31562	50319	27266	23053
44	69261	31769	37492	74017	38390	35627	61641	33564	28077
45-49岁	**300014**	**134938**	**165076**	**332354**	**170560**	**161794**	**273010**	**148841**	**124169**
45	69889	31920	37969	72847	37715	35132	59874	32500	27374
46	71540	32179	39361	72929	37371	35558	57875	31360	26515
47	78372	35795	42577	91772	47336	44436	69146	37969	31177
48	52742	23462	29280	64052	32785	31267	56686	31151	25535
49	27471	11582	15889	30754	15353	15401	29429	15861	13568
50-54岁	**159455**	**63498**	**95957**	**211266**	**96780**	**114486**	**216191**	**109768**	**106423**
50	31921	12875	19046	40248	19416	20832	35892	19198	16694
51	31998	12885	19113	33890	16169	17721	34102	18291	15811
52	36781	14691	22090	50867	22970	27897	43429	22092	21337
53	31898	12518	19380	48973	21855	27118	57184	28232	28952
54	26857	10529	16328	37288	16370	20918	45584	21955	23629
55-59岁	**141329**	**59828**	**81501**	**158051**	**74582**	**83469**	**161164**	**81286**	**79878**
55	28096	11276	16820	34340	15494	18846	41265	20138	21127
56	32001	13262	18739	33838	15470	18368	34016	16603	17413
57	28898	12100	16798	34070	16114	17956	29511	14843	14668
58	27430	12004	15426	31816	15459	16357	32325	16902	15423
59	24904	11186	13718	23987	12045	11942	24047	12800	11247
60-64岁	**125511**	**59126**	**66385**	**117035**	**62760**	**54275**	**93103**	**54119**	**38984**
60	23395	10769	12626	25274	13148	12126	21547	11917	9630
61	28442	13596	14846	20783	11199	9584	19974	11484	8490
62	28360	13604	14756	24013	12851	11162	14344	8468	5876
63	24746	11584	13162	25126	13804	11322	18736	11050	7686
64	20568	9573	10995	21839	11758	10081	18502	11200	7302
65岁及以上	**221665**	**100867**	**120798**	**194593**	**101487**	**93106**	**154371**	**88584**	**65787**

5-5b 续表 4 单位：人

年龄	初婚年龄								
	24岁			25岁			26岁		
	小计	男	女	小计	男	女	小计	男	女
总　计	**1591396**	**895946**	**695450**	**1180131**	**717202**	**462929**	**803117**	**515355**	**287762**
20岁以下									
20-24岁	**9702**	**4818**	**4884**						
20									
21									
22									
23									
24	9702	4818	4884						
25-29岁	**174548**	**90405**	**84143**	**127437**	**69791**	**57646**	**78387**	**45769**	**32618**
25	30247	15356	14891	7850	4244	3606			
26	35580	18231	17349	26441	14231	12210	6363	3688	2675
27	33271	17301	15970	30021	16290	13731	20836	12015	8821
28	39184	20436	18748	33627	18535	15092	27990	16318	11672
29	36266	19081	17185	29498	16491	13007	23198	13748	9450
30-34岁	**192104**	**102383**	**89721**	**150505**	**86622**	**63883**	**113605**	**68993**	**44612**
30	37373	19601	17772	29716	16695	13021	22451	13239	9212
31	39570	20995	18575	32299	18510	13789	23679	14118	9561
32	37264	19911	17353	30794	17644	13150	23418	14204	9214
33	34129	18268	15861	27812	16111	11701	21412	13331	8081
34	43768	23608	20160	29884	17662	12222	22645	14101	8544
35-39岁	**245047**	**133644**	**111403**	**184795**	**110139**	**74656**	**124919**	**78523**	**46396**
35	45786	24812	20974	34346	20374	13972	21723	13723	8000
36	49675	26906	22769	37281	22144	15137	25543	16020	9523
37	48853	26394	22459	38578	22875	15703	25583	16109	9474
38	49091	26815	22276	37562	22423	15139	26639	16772	9867
39	51642	28717	22925	37028	22323	14705	25431	15899	9532
40-44岁	**219885**	**125298**	**94587**	**157546**	**96534**	**61012**	**107030**	**68839**	**38191**
40	54463	30481	23982	41445	24856	16589	26183	16365	9818
41	44455	25119	19336	33023	20190	12833	23074	14741	8333
42	46536	26576	19960	33446	20657	12789	22922	14888	8034
43	32184	18554	13630	24800	15328	9472	16783	10926	5857
44	42247	24568	17679	24832	15503	9329	18068	11919	6149
45-49岁	**199292**	**117598**	**81694**	**131795**	**83207**	**48588**	**79869**	**52865**	**27004**
45	45451	26688	18763	29079	18295	10784	16272	10828	5444
46	42846	25170	17676	29798	18759	11039	17550	11658	5892
47	48696	28871	19825	32905	20864	12041	20913	13836	7077
48	38622	22983	15639	25000	15961	9039	15880	10557	5323
49	23677	13886	9791	15013	9328	5685	9254	5986	3268
50-54岁	**182172**	**104074**	**78098**	**125863**	**79504**	**46359**	**81186**	**54555**	**26631**
50	30366	18217	12149	22598	14649	7949	12797	8558	4239
51	26374	15812	10562	19375	12646	6729	13197	9094	4103
52	37463	21602	15861	25758	16441	9317	17574	11894	5680
53	41090	23003	18087	30205	18816	11389	18583	12553	6030
54	46879	25440	21439	27927	16952	10975	19035	12456	6579
55-59岁	**160752**	**88701**	**72051**	**139044**	**83134**	**55910**	**98109**	**62510**	**35599**
55	44349	24129	20220	38171	22844	15327	19617	12859	6758
56	38107	20699	17408	34719	20496	14223	25419	16201	9218
57	27741	15275	12466	26965	15866	11099	21580	13470	8110
58	26787	15079	11708	22029	13438	8591	18879	11967	6912
59	23768	13519	10249	17160	10490	6670	12614	8013	4601
60-64岁	**75959**	**47164**	**28795**	**60834**	**40045**	**20789**	**45362**	**31153**	**14209**
60	21160	12583	8577	18699	11794	6905	11958	7915	4043
61	16457	10141	6316	14521	9511	5010	11673	7851	3822
62	13520	8428	5092	10667	7060	3607	8523	5932	2591
63	10925	7051	3874	9415	6408	3007	6965	4951	2014
64	13897	8961	4936	7532	5272	2260	6243	4504	1739
65岁及以上	**131935**	**81861**	**50074**	**102312**	**68226**	**34086**	**74650**	**52148**	**22502**

5-5b 续表 5

单位：人

年 龄	初婚年龄								
	27岁			28岁			29岁		
	小计	男	女	小计	男	女	小计	男	女
总 计	**544915**	**367699**	**177216**	**364550**	**253650**	**110900**	**251707**	**177515**	**74192**
20岁以下									
20-24岁									
20									
21									
22									
23									
24									
25-29岁	**41613**	**25679**	**15934**	**15267**	**9945**	**5322**	**2441**	**1596**	**845**
25									
26									
27	5015	3083	1932						
28	18269	11250	7019	4038	2664	1374			
29	18329	11346	6983	11229	7281	3948	2441	1596	845
30-34岁	**84916**	**54530**	**30386**	**61769**	**41025**	**20744**	**42946**	**29113**	**13833**
30	16851	10547	6304	12804	8231	4573	7702	5084	2618
31	17731	11181	6550	12724	8287	4437	9611	6415	3196
32	16909	10799	6110	12366	8178	4188	8778	5932	2846
33	16087	10512	5575	11393	7749	3644	7991	5579	2412
34	17338	11491	5847	12482	8580	3902	8864	6103	2761
35-39岁	**85853**	**57188**	**28665**	**57978**	**39955**	**18023**	**40916**	**28643**	**12273**
35	16242	10911	5331	11927	8125	3802	8845	6154	2691
36	15911	10604	5307	11545	8037	3508	8799	6201	2598
37	17658	11750	5908	10478	7343	3135	8119	5699	2420
38	17972	12028	5944	12109	8326	3783	7283	5056	2227
39	18070	11895	6175	11919	8124	3795	7870	5533	2337
40-44岁	**72271**	**48391**	**23880**	**49633**	**34082**	**15551**	**35330**	**24232**	**11098**
40	18172	11887	6285	12841	8672	4169	8819	6077	2742
41	14768	9814	4954	10154	6989	3165	7493	5098	2395
42	15952	10772	5180	10386	7156	3230	7751	5309	2442
43	11467	7779	3688	7985	5461	2524	5275	3596	1679
44	11912	8139	3773	8267	5804	2463	5992	4152	1840
45-49岁	**49998**	**34134**	**15864**	**32100**	**22477**	**9623**	**21423**	**15140**	**6283**
45	11532	7855	3677	7667	5342	2325	5418	3791	1627
46	9762	6813	2949	7099	4978	2121	4760	3378	1382
47	12266	8352	3914	6822	4859	1963	5093	3653	1440
48	10449	7132	3317	6348	4441	1907	3495	2498	997
49	5989	3982	2007	4164	2857	1307	2657	1820	837
50-54岁	**52093**	**36760**	**15333**	**34365**	**24558**	**9807**	**23609**	**16905**	**6704**
50	7974	5458	2516	5334	3723	1611	3758	2565	1193
51	7743	5587	2156	4807	3497	1310	3334	2421	913
52	12013	8519	3494	7215	5158	2057	4823	3516	1307
53	12796	9142	3654	8938	6395	2543	5661	4098	1563
54	11567	8054	3513	8071	5785	2286	6033	4305	1728
55-59岁	**65668**	**44837**	**20831**	**42141**	**29859**	**12282**	**27761**	**20136**	**7625**
55	12998	9044	3954	8072	5876	2196	6007	4310	1697
56	12776	8899	3877	8705	6190	2515	5639	4098	1541
57	14897	10108	4789	7475	5300	2175	5418	3947	1471
58	14264	9625	4639	9742	6809	2933	5048	3702	1346
59	10733	7161	3572	8147	5684	2463	5649	4079	1570
60-64岁	**34116**	**24304**	**9812**	**26173**	**19076**	**7097**	**20111**	**14846**	**5265**
60	8922	6067	2855	7421	5178	2243	5809	4120	1689
61	7820	5586	2234	5599	4140	1459	4469	3361	1108
62	6956	4985	1971	4621	3389	1232	3512	2642	870
63	5695	4171	1524	4649	3445	1204	3146	2369	777
64	4723	3495	1228	3883	2924	959	3175	2354	821
65岁及以上	**58387**	**41876**	**16511**	**45124**	**32673**	**12451**	**37170**	**26904**	**10266**

5-5b 续表 6 单位：人

年 龄	初婚年龄								
	30岁			31岁			32岁		
	小计	男	女	小计	男	女	小计	男	女
总 计	**174961**	**123773**	**51188**	**121403**	**85531**	**35872**	**90174**	**63519**	**26655**
20岁以下									
20-24岁									
20									
21									
22									
23									
24									
25-29岁									
25									
26									
27									
28									
29									
30-34岁	**26489**	**18071**	**8418**	**14919**	**10132**	**4787**	**7910**	**5351**	**2559**
30	1774	1196	578						
31	5869	3937	1932	1387	955	432			
32	6882	4617	2265	4262	2869	1393	990	652	338
33	5710	3989	1721	4547	3127	1420	2968	2004	964
34	6254	4332	1922	4723	3181	1542	3952	2695	1257
35-39岁	**29364**	**20471**	**8893**	**21921**	**15250**	**6671**	**17459**	**12002**	**5457**
35	6339	4361	1978	4549	3145	1404	3617	2471	1146
36	6341	4445	1896	4691	3265	1426	3679	2549	1130
37	6117	4337	1780	4558	3171	1387	3516	2415	1101
38	5589	3879	1710	4282	2977	1305	3444	2372	1072
39	4978	3449	1529	3841	2692	1149	3203	2195	1008
40-44岁	**24739**	**16939**	**7800**	**17354**	**11807**	**5547**	**12579**	**8666**	**3913**
40	5784	4031	1753	3589	2477	1112	2906	2007	899
41	5080	3469	1611	3402	2386	1016	2132	1464	668
42	5685	3816	1869	3864	2618	1246	2608	1872	736
43	4076	2777	1299	3299	2156	1143	2171	1495	676
44	4114	2846	1268	3200	2170	1030	2762	1828	934
45-49岁	**15393**	**10882**	**4511**	**11734**	**8126**	**3608**	**9338**	**6437**	**2901**
45	4091	2897	1194	2924	1974	950	2460	1657	803
46	3488	2470	1018	2792	1911	881	2039	1419	620
47	3608	2583	1025	2787	1958	829	2305	1585	720
48	2764	1941	823	2037	1434	603	1585	1116	469
49	1442	991	451	1194	849	345	949	660	289
50-54岁	**15654**	**11236**	**4418**	**9984**	**7158**	**2826**	**7320**	**5312**	**2008**
50	2434	1694	740	1325	918	407	1164	817	347
51	2237	1631	606	1366	1036	330	807	612	195
52	3254	2380	874	2217	1604	613	1516	1136	380
53	3822	2785	1037	2446	1769	677	1941	1415	526
54	3907	2746	1161	2630	1831	799	1892	1332	560
55-59岁	**19233**	**13798**	**5435**	**13993**	**10031**	**3962**	**10735**	**7620**	**3115**
55	4551	3207	1344	2851	2017	834	2097	1476	621
56	4296	3100	1196	3372	2395	977	2234	1620	614
57	3566	2560	1006	2819	2041	778	2463	1704	759
58	3713	2655	1058	2523	1831	692	2253	1628	625
59	3107	2276	831	2428	1747	681	1688	1192	496
60-64岁	**15290**	**11422**	**3868**	**10164**	**7750**	**2414**	**7660**	**5803**	**1857**
60	4218	3041	1177	2115	1568	547	1742	1265	477
61	3593	2707	886	2531	1941	590	1338	1059	279
62	2807	2134	673	2072	1582	490	1651	1276	375
63	2387	1806	581	1897	1480	417	1617	1234	383
64	2285	1734	551	1549	1179	370	1312	969	343
65岁及以上	**28799**	**20954**	**7845**	**21334**	**15277**	**6057**	**17173**	**12328**	**4845**

5-5b 续表 7

单位：人

年龄	初婚年龄								
	33岁			34岁			35岁		
	小计	男	女	小计	男	女	小计	男	女
总计	**66274**	**46751**	**19523**	**49565**	**34798**	**14767**	**37161**	**26241**	**10920**
20岁以下									
20-24岁									
20									
21									
22									
23									
24									
25-29岁									
25									
26									
27									
28									
29									
30-34岁	**3135**	**2133**	**1002**	**618**	**424**	**194**			
30									
31									
32									
33	691	469	222						
34	2444	1664	780	618	424	194			
35-39岁	**13993**	**9526**	**4467**	**10727**	**7242**	**3485**	**7356**	**5025**	**2331**
35	3115	2098	1017	2050	1380	670	478	330	148
36	2873	1959	914	2361	1591	770	1678	1140	538
37	2652	1803	849	2141	1441	700	1913	1296	617
38	2734	1846	888	2140	1459	681	1705	1168	537
39	2619	1820	799	2035	1371	664	1582	1091	491
40-44岁	**9257**	**6356**	**2901**	**7140**	**4893**	**2247**	**5794**	**4016**	**1778**
40	2577	1749	828	2096	1416	680	1641	1101	540
41	1750	1193	557	1528	1064	464	1226	838	388
42	1701	1161	540	1444	997	447	1223	873	350
43	1405	983	422	891	606	285	845	597	248
44	1824	1270	554	1181	810	371	859	607	252
45-49岁	**7517**	**5138**	**2379**	**5808**	**4026**	**1782**	**4613**	**3156**	**1457**
45	2035	1327	708	1312	930	382	1040	687	353
46	1688	1175	513	1467	1017	450	943	651	292
47	1692	1192	500	1437	981	456	1253	865	388
48	1325	917	408	946	652	294	885	615	270
49	777	527	250	646	446	200	492	338	154
50-54岁	**5122**	**3825**	**1297**	**3580**	**2690**	**890**	**2794**	**2094**	**700**
50	861	614	247	717	509	208	627	433	194
51	678	515	163	526	395	131	432	328	104
52	890	687	203	740	560	180	567	415	152
53	1254	969	285	706	556	150	628	494	134
54	1439	1040	399	891	670	221	540	424	116
55-59岁	**7998**	**5769**	**2229**	**6225**	**4493**	**1732**	**4413**	**3293**	**1120**
55	1525	1085	440	1223	895	328	764	600	164
56	1615	1187	428	1232	887	345	952	716	236
57	1575	1118	457	1232	879	353	918	665	253
58	1816	1318	498	1269	915	354	928	685	243
59	1467	1061	406	1269	917	352	851	627	224
60-64岁	**5579**	**4284**	**1295**	**4329**	**3239**	**1090**	**3403**	**2531**	**872**
60	1278	939	339	1126	787	339	987	724	263
61	1122	849	273	913	680	233	808	598	210
62	876	681	195	815	602	213	605	471	134
63	1152	921	231	653	522	131	559	403	156
64	1151	894	257	822	648	174	444	335	109
65岁及以上	**13673**	**9720**	**3953**	**11138**	**7791**	**3347**	**8788**	**6126**	**2662**

5-5b 续表 8 单位：人

年龄	初婚年龄								
	36岁			37岁			38岁		
	小计	男	女	小计	男	女	小计	男	女
总计	**27999**	**19785**	**8214**	**21531**	**15225**	**6306**	**16706**	**11840**	**4866**
20岁以下									
20-24岁									
20									
21									
22									
23									
24									
25-29岁									
25									
26									
27									
28									
29									
30-34岁									
30									
31									
32									
33									
34									
35-39岁	**4582**	**3143**	**1439**	**2549**	**1742**	**807**	**1098**	**744**	**354**
35									
36	422	282	140						
37	1306	889	417	340	228	112			
38	1582	1086	496	986	679	307	278	183	95
39	1272	886	386	1223	835	388	820	561	259
40-44岁	**4847**	**3327**	**1520**	**4036**	**2820**	**1216**	**3541**	**2456**	**1085**
40	1297	885	412	1102	756	346	1008	694	314
41	1043	707	336	841	593	248	731	502	229
42	1053	724	329	895	626	269	754	510	244
43	735	517	218	603	419	184	527	374	153
44	719	494	225	595	426	169	521	376	145
45-49岁	**3298**	**2321**	**977**	**2593**	**1857**	**736**	**1951**	**1380**	**571**
45	645	466	179	555	392	163	510	355	155
46	724	488	236	499	356	143	378	270	108
47	804	573	231	662	482	180	452	308	144
48	745	514	231	533	395	138	353	266	87
49	380	280	100	344	232	112	258	181	77
50-54岁	**2277**	**1711**	**566**	**1926**	**1423**	**503**	**1740**	**1284**	**456**
50	449	321	128	422	283	139	360	243	117
51	377	285	92	313	230	83	303	210	93
52	449	334	115	428	325	103	386	288	98
53	506	397	109	392	299	93	382	308	74
54	496	374	122	371	286	85	309	235	74
55-59岁	**3250**	**2426**	**824**	**2382**	**1787**	**595**	**1787**	**1354**	**433**
55	497	380	117	404	317	87	333	269	64
56	637	498	139	363	274	89	370	277	93
57	718	530	188	503	389	114	285	225	60
58	736	526	210	615	448	167	399	297	102
59	662	492	170	497	359	138	400	286	114
60-64岁	**2804**	**2087**	**717**	**2380**	**1713**	**667**	**2028**	**1420**	**608**
60	684	487	197	513	367	146	437	304	133
61	705	542	163	504	356	148	390	289	101
62	524	398	126	491	352	139	345	251	94
63	458	338	120	463	345	118	407	297	110
64	433	322	111	409	293	116	449	279	170
65岁及以上	**6941**	**4770**	**2171**	**5665**	**3883**	**1782**	**4561**	**3202**	**1359**

5-5b 续表 9

单位：人

年龄	初婚年龄					
	39岁			40岁及以上		
	小计	男	女	小计	男	女
总 计	**13812**	**9730**	**4082**	**63761**	**43950**	**19811**
20岁以下						
20-24岁						
20						
21						
22						
23						
24						
25-29岁						
25						
26						
27						
28						
29						
30-34岁						
30						
31						
32						
33						
34						
35-39岁	**249**	**172**	**77**			
35						
36						
37						
38						
39	249	172	77			
40-44岁	**2950**	**2078**	**872**	**4308**	**2981**	**1327**
40	722	513	209	154	109	45
41	650	455	195	607	438	169
42	643	451	192	1079	704	375
43	463	324	139	1056	748	308
44	472	335	137	1412	982	430
45-49岁	**1643**	**1158**	**485**	**7495**	**5190**	**2305**
45	440	316	124	1583	1131	452
46	373	254	119	1641	1116	525
47	378	267	111	1934	1341	593
48	279	197	82	1514	1041	473
49	173	124	49	823	561	262
50-54岁	**1574**	**1137**	**437**	**7127**	**5088**	**2039**
50	295	200	95	1123	777	346
51	254	182	72	1035	781	254
52	353	258	95	1462	1047	415
53	351	256	95	1752	1245	507
54	321	241	80	1755	1238	517
55-59岁	**1434**	**1094**	**340**	**9242**	**6650**	**2592**
55	303	239	64	1964	1387	577
56	286	217	69	1996	1431	565
57	273	203	70	1839	1318	521
58	267	207	60	1918	1401	517
59	305	228	77	1525	1113	412
60-64岁	**1971**	**1355**	**616**	**9456**	**6614**	**2842**
60	399	285	114	1705	1236	469
61	346	241	105	1878	1355	523
62	336	246	90	1722	1186	536
63	373	258	115	1743	1216	527
64	517	325	192	2408	1621	787
65岁及以上	**3991**	**2736**	**1255**	**26133**	**17427**	**8706**

5-5c 全国分年龄、性别、初婚年龄的人口(乡村)

单位：人

年龄	初婚年龄 合计 合计	合计 男	合计 女	15岁以下 小计	15岁以下 男	15岁以下 女
总计	**41938031**	**20088441**	**21849590**	**94158**	**22587**	**71571**
20岁以下	**86344**	**20324**	**66020**	**1700**	**281**	**1419**
20-24岁	**1706921**	**601601**	**1105320**	**5089**	**1260**	**3829**
20	140257	35991	104266	651	132	519
21	226433	62702	163731	914	219	695
22	331864	110547	221317	1018	236	782
23	482593	182851	299742	1258	334	924
24	525774	209510	316264	1248	339	909
25-29岁	**3071884**	**1396461**	**1675423**	**5027**	**1275**	**3752**
25	531209	223771	307438	1243	319	924
26	577152	253819	323333	969	223	746
27	594996	271449	323547	917	228	689
28	713770	335373	378397	965	254	711
29	654757	312049	342708	933	251	682
30-34岁	**3511162**	**1698671**	**1812491**	**8448**	**2633**	**5815**
30	661902	314308	347594	1190	300	890
31	693006	336163	356843	1611	523	1088
32	701798	338901	362897	1787	551	1236
33	669196	326924	342272	1665	502	1163
34	785260	382375	402885	2195	757	1438
35-39岁	**4824655**	**2351822**	**2472833**	**9203**	**2817**	**6386**
35	824895	401875	423020	2307	736	1571
36	924112	448011	476101	1959	624	1335
37	973774	475742	498032	1741	546	1195
38	1032900	502323	530577	1637	469	1168
39	1068974	523871	545103	1559	442	1117
40-44岁	**5742171**	**2800651**	**2941520**	**10137**	**2992**	**7145**
40	1201309	584128	617181	1931	514	1417
41	1107107	539711	567396	2151	673	1478
42	1239698	603999	635699	2281	728	1553
43	1027477	500605	526872	1852	509	1343
44	1166580	572208	594372	1922	568	1354
45-49岁	**4994531**	**2433465**	**2561066**	**6476**	**1463**	**5013**
45	1139233	557704	581529	2173	601	1572
46	1094884	531336	563548	1321	303	1018
47	1249593	614395	635198	1300	251	1049
48	977721	476401	501320	993	180	813
49	533100	253629	279471	689	128	561
50-54岁	**3843621**	**1912735**	**1930886**	**7817**	**1873**	**5944**
50	663635	323413	340222	1211	241	970
51	597630	303180	294450	1283	352	931
52	808105	401687	406418	1679	445	1234
53	916848	460406	456442	1864	433	1431
54	857403	424049	433354	1780	402	1378
55-59岁	**4307777**	**2134781**	**2172996**	**7896**	**1306**	**6590**
55	913908	456130	457778	2033	392	1641
56	923912	458979	464933	1554	294	1260
57	856822	422024	434798	1467	232	1235
58	876150	434005	442145	1435	204	1231
59	736985	363643	373342	1407	184	1223
60-64岁	**3223955**	**1614003**	**1609952**	**10060**	**1841**	**8219**
60	739340	367139	372201	1853	306	1547
61	710736	361991	348745	2149	485	1664
62	625128	313207	311921	2086	375	1711
63	595152	298724	296428	2027	360	1667
64	553599	272942	280657	1945	315	1630
65岁及以上	**6625010**	**3123927**	**3501083**	**22305**	**4846**	**17459**

5-5c 续表 1 单位：人

年龄	初婚年龄								
	15岁			16岁			17岁		
	小计	男	女	小计	男	女	小计	男	女
总计	**441212**	**90481**	**350731**	**773105**	**159940**	**613165**	**1403382**	**320382**	**1083000**
20岁以下	**9155**	**1639**	**7516**	**17445**	**3440**	**14005**	**26405**	**6178**	**20227**
20-24岁	**20911**	**4013**	**16898**	**40853**	**8036**	**32817**	**84415**	**18852**	**65563**
20	3279	556	2723	7556	1414	6142	18663	4302	14361
21	4183	786	3397	8175	1596	6579	16555	3751	12804
22	4181	787	3394	8124	1624	6500	16072	3517	12555
23	4690	958	3732	8722	1756	6966	17354	3866	13488
24	4578	926	3652	8276	1646	6630	15771	3416	12355
25-29岁	**24974**	**5600**	**19374**	**41809**	**9116**	**32693**	**73118**	**16989**	**56129**
25	5579	1296	4283	7518	1546	5972	13589	2920	10669
26	5871	1366	4505	8669	1965	6704	12950	2930	10020
27	4797	1088	3709	9009	2087	6922	14425	3470	10955
28	4742	979	3763	9295	1985	7310	17684	4324	13360
29	3985	871	3114	7318	1533	5785	14470	3345	11125
30-34岁	**28391**	**7296**	**21095**	**45842**	**11137**	**34705**	**79036**	**20110**	**58926**
30	4944	1071	3873	7626	1630	5996	14219	3305	10914
31	5490	1435	4055	8949	2175	6774	14427	3715	10712
32	5409	1368	4041	9382	2294	7088	16192	4066	12126
33	5597	1501	4096	8715	2134	6581	15774	4177	11597
34	6951	1921	5030	11170	2904	8266	18424	4847	13577
35-39岁	**45731**	**12342**	**33389**	**80019**	**21867**	**58152**	**142764**	**41019**	**101745**
35	9234	2688	6546	11349	3039	8310	20083	5365	14718
36	10550	2960	7590	15950	4494	11456	22506	6234	16272
37	9269	2425	6844	18634	5158	13476	29933	8794	21139
38	8703	2280	6423	17811	4812	12999	36327	10693	25634
39	7975	1989	5986	16275	4364	11911	33915	9933	23982
40-44岁	**46309**	**11669**	**34640**	**88031**	**22046**	**65985**	**174942**	**47541**	**127401**
40	10055	2494	7561	18487	4728	13759	36962	10332	26630
41	10091	2683	7408	19264	5104	14160	35833	10216	25617
42	9778	2387	7391	19876	4949	14927	40562	11007	29555
43	8146	2019	6127	14528	3477	11051	30869	8107	22762
44	8239	2086	6153	15876	3788	12088	30716	7879	22837
45-49岁	**35167**	**7088**	**28079**	**64902**	**13293**	**51609**	**128775**	**28241**	**100534**
45	10377	2627	7750	14110	3412	10698	29358	7245	22113
46	9411	2053	7358	16959	3744	13215	26524	6124	20400
47	7286	1305	5981	17720	3552	14168	34692	7540	27152
48	5104	696	4408	10794	1786	9008	27158	5427	21731
49	2989	407	2582	5319	799	4520	11043	1905	9138
50-54岁	**30358**	**6002**	**24356**	**48009**	**8812**	**39197**	**80939**	**15530**	**65409**
50	5278	852	4426	6896	1023	5873	12252	1999	10253
51	4832	1059	3773	7867	1588	6279	11044	2172	8872
52	5932	1208	4724	10151	1951	8200	17950	3494	14456
53	7460	1551	5909	11052	2099	8953	20221	4090	16131
54	6856	1332	5524	12043	2151	9892	19472	3775	15697
55-59岁	**44965**	**7188**	**37777**	**82129**	**13758**	**68371**	**147102**	**28043**	**119059**
55	10114	2017	8097	12612	2338	10274	23766	4588	19178
56	10792	2003	8789	18386	3574	14812	24923	5025	19898
57	8779	1278	7501	19019	3191	15828	32358	6425	25933
58	8593	1084	7509	17545	2647	14898	37070	7093	29977
59	6687	806	5881	14567	2008	12559	28985	4912	24073
60-64岁	**46161**	**6820**	**39341**	**77321**	**11903**	**65418**	**132637**	**24163**	**108474**
60	8557	1194	7363	13288	1933	11355	28062	4770	23292
61	10084	1712	8372	16265	2751	13514	25775	4948	20827
62	8495	1197	7298	15830	2541	13289	26202	4802	21400
63	9831	1420	8411	15054	2273	12781	26644	5020	21624
64	9194	1297	7897	16884	2405	14479	25954	4623	21331
65岁及以上	**109090**	**20824**	**88266**	**186745**	**36532**	**150213**	**333249**	**73716**	**259533**

5-5c 续表 2 单位：人

年龄	初婚年龄								
	18岁			19岁			20岁		
	小计	男	女	小计	男	女	小计	男	女
总　计	**2314389**	**609320**	**1705069**	**4060222**	**1305385**	**2754837**	**5415268**	**2003304**	**3411964**
20岁以下	**23987**	**6462**	**17525**	**7652**	**2324**	**5328**			
20-24岁	**164189**	**42477**	**121712**	**294609**	**81990**	**212619**	**371121**	**112433**	**258688**
20	37154	9918	27236	51077	14048	37029	21877	5621	16256
21	35088	9389	25699	65038	18202	46836	74900	21431	53469
22	29853	7606	22247	61147	17245	43902	92813	28147	64666
23	32284	8308	23976	60962	17115	43847	97821	31130	66691
24	29810	7256	22554	56385	15380	41005	83710	26104	57606
25-29岁	**125785**	**31632**	**94153**	**237562**	**64359**	**173203**	**367259**	**112764**	**254495**
25	25437	6252	19185	50951	13566	37385	75196	23344	51852
26	23998	5758	18240	47798	12697	35101	75952	23457	52495
27	21980	5544	16436	44362	12083	32279	70940	21625	49315
28	27907	7085	20822	47818	13036	34782	78489	24046	54443
29	26463	6993	19470	46633	12977	33656	66682	20292	46390
30-34岁	**137602**	**36879**	**100723**	**268640**	**77341**	**191299**	**396929**	**124766**	**272163**
30	26252	6685	19567	50970	14585	36385	72089	22371	49718
31	25938	6858	19080	53224	15203	38021	81074	26126	54948
32	26330	7037	19293	52727	15178	37549	82161	26005	56156
33	27103	7466	19637	49579	14373	35206	74742	23265	51477
34	31979	8833	23146	62140	18002	44138	86863	26999	59864
35-39岁	**239166**	**72702**	**166464**	**403038**	**128999**	**274039**	**559839**	**194471**	**365368**
35	34625	9820	24805	66091	19638	46453	96947	31247	65700
36	40064	11324	28740	73455	22044	51411	108401	35573	72828
37	42837	12928	29909	78155	24988	53167	111995	38802	73193
38	56255	17711	38544	84024	27579	56445	120501	43068	77433
39	65385	20919	44466	101313	34750	66563	121995	45781	76214
40-44岁	**333321**	**100223**	**233098**	**607061**	**212434**	**394627**	**824451**	**328845**	**495606**
40	71259	22174	49085	128740	45205	83535	159031	61508	97523
41	65773	20453	45320	119654	42789	76865	166311	67574	98737
42	72655	21944	50711	129316	45666	83650	182132	73507	108625
43	61058	17858	43200	107573	37389	70184	147212	58785	88427
44	62576	17794	44782	121778	41385	80393	169765	67471	102294
45-49岁	**236133**	**59819**	**176314**	**443286**	**139250**	**304036**	**665649**	**252829**	**412820**
45	54666	15261	39405	109307	36857	72450	168376	65970	102406
46	52517	13793	38724	96846	31239	65607	150948	57879	93069
47	53909	13567	40342	108363	34064	74299	160334	61562	98772
48	49859	11669	38190	80759	23955	56804	124473	45967	78506
49	25182	5529	19653	48011	13135	34876	61518	21451	40067
50-54岁	**134669**	**28698**	**105971**	**251671**	**73561**	**178110**	**385533**	**133929**	**251604**
50	24056	4821	19235	52482	15153	37329	84119	28803	55316
51	19167	4125	15042	39513	11758	27755	69174	25233	43941
52	24974	5217	19757	47352	13701	33651	77656	25890	51766
53	33679	7435	26244	53824	15867	37957	79731	27955	51776
54	32793	7100	25693	58500	17082	41418	74853	26048	48805
55-59岁	**224238**	**52801**	**171437**	**344502**	**111408**	**233094**	**442169**	**170755**	**271414**
55	35187	7826	27361	63635	19748	43887	90847	32762	58085
56	42294	9750	32544	65938	20816	45122	91360	33845	57515
57	39992	9583	30409	69377	22324	47053	85619	32785	52834
58	55281	13371	41910	70086	23434	46652	96466	38617	57849
59	51484	12271	39213	75466	25086	50380	77877	32746	45131
60-64岁	**207890**	**48963**	**158927**	**354340**	**122062**	**232278**	**446130**	**188838**	**257292**
60	48129	10975	37154	83126	28370	54756	98830	41203	57627
61	46506	11585	34921	80826	28292	52534	107201	47090	60111
62	37006	8736	28270	69467	24219	45248	90067	37753	52314
63	38615	9039	29576	60297	20864	39433	80803	33959	46844
64	37634	8628	29006	60624	20317	40307	69229	28833	40396
65岁及以上	**487409**	**128664**	**358745**	**847861**	**291657**	**556204**	**956188**	**383674**	**572514**

5-5c 续表 3

单位：人

年 龄	初婚年龄								
	21岁			22岁			23岁		
	小计	男	女	小计	男	女	小计	男	女
总 计	**5833326**	**2705235**	**3128091**	**5753882**	**3050393**	**2703489**	**4473738**	**2457783**	**2015955**
20岁以下									
20-24岁	**344949**	**141673**	**203276**	**258803**	**129063**	**129740**	**104854**	**52709**	**52145**
20									
21	21580	7328	14252						
22	90610	36394	54216	28046	14991	13055			
23	124509	52165	72344	110734	54907	55827	24259	12312	11947
24	108250	45786	62464	120023	59165	60858	80595	40397	40198
25-29岁	**468926**	**203132**	**265794**	**526480**	**270986**	**255494**	**437434**	**230187**	**207247**
25	91677	39629	52048	102687	51963	50724	88836	45476	43360
26	93009	40267	52742	100573	51442	49131	84782	44378	40404
27	92149	39839	52310	99799	51703	48096	80319	42340	37979
28	103701	45008	58693	118595	61578	57017	95670	51077	44593
29	88390	38389	50001	104826	54300	50526	87827	46916	40911
30-34岁	**469947**	**207390**	**262557**	**519332**	**276711**	**242621**	**425984**	**226753**	**199231**
30	81448	35229	46219	96644	50583	46061	86291	45725	40566
31	91545	40251	51294	95302	50569	44733	84752	45085	39667
32	97318	42926	54392	102803	54527	48276	78878	41564	37314
33	94006	41856	52150	102574	55641	46933	80711	42938	37773
34	105630	47128	58502	122009	65391	56618	95352	51441	43911
35-39岁	**680811**	**317718**	**363093**	**718740**	**387625**	**331115**	**570792**	**304739**	**266053**
35	112111	50464	61647	121132	65294	55838	101836	54572	47264
36	133928	60689	73239	137467	73659	63808	107077	56910	50167
37	141207	66087	75120	151138	81515	69623	112891	59956	52935
38	143646	68040	75606	154845	83444	71401	124997	66671	58326
39	149919	72438	77481	154158	83713	70445	123991	66630	57361
40-44岁	**895528**	**440654**	**454874**	**834734**	**457462**	**377272**	**598520**	**333282**	**265238**
40	158585	77625	80960	167446	91251	76195	130273	70737	59536
41	170516	84028	86488	140788	76779	64009	111716	61375	50341
42	207825	103096	104729	181283	99360	81923	113443	63190	50253
43	167662	82266	85396	160998	88656	72342	109894	62121	47773
44	190940	93639	97301	184219	101416	82803	133194	75859	57335
45-49岁	**820461**	**390730**	**429731**	**817819**	**442517**	**375302**	**607403**	**343660**	**263743**
45	190451	92244	98207	177704	96871	80833	130948	74164	56784
46	192599	91831	100768	177934	96079	81855	124339	70043	54296
47	210149	100853	109296	221338	120485	100853	152133	86740	65393
48	148427	70412	78015	160460	86870	73590	131345	74505	56840
49	78835	35390	43445	80383	42212	38171	68638	38208	30430
50-54岁	**492594**	**207144**	**285450**	**581372**	**283397**	**297975**	**524791**	**283754**	**241037**
50	88836	38833	50003	101659	53183	48476	83528	47746	35782
51	94338	40813	53525	84797	43396	41401	78333	44976	33357
52	111784	46426	65358	137988	65627	72361	99211	53708	45503
53	108170	44010	64160	141477	67108	74369	143485	75761	67724
54	89466	37062	52404	115451	54083	61368	120234	61563	58671
55-59岁	**478191**	**218215**	**259976**	**491225**	**248929**	**242296**	**458865**	**244539**	**214326**
55	94910	40649	54261	105014	50546	54468	116147	59769	56378
56	107412	47269	60143	105022	51931	53091	95645	50020	45625
57	96921	44141	52780	105732	53449	52283	83561	44262	39299
58	94341	44923	49418	99610	52168	47442	93769	51518	42251
59	84607	41233	43374	75847	40835	35012	69743	38970	30773
60-64岁	**411205**	**208758**	**202447**	**359772**	**204885**	**154887**	**267090**	**161583**	**105507**
60	76538	38566	37972	79299	43719	35580	61632	35638	25994
61	95759	49246	46513	63284	36471	26813	58450	35545	22905
62	89727	45821	43906	76414	43680	32734	40862	25176	15686
63	81156	40862	40294	74468	43203	31265	55903	34254	21649
64	68025	34263	33762	66307	37812	28495	50243	30970	19273
65岁及以上	**770714**	**369821**	**400893**	**645605**	**348818**	**296787**	**478005**	**276577**	**201428**

5-5c 续表 4 单位：人

年龄	初婚年龄								
	24岁			25岁			26岁		
	小计	男	女	小计	男	女	小计	男	女
总计	**3329105**	**1960705**	**1368400**	**2333059**	**1468538**	**864521**	**1565684**	**1031608**	**534076**
20岁以下									
20-24岁	**17128**	**9095**	**8033**						
20									
21									
22									
23									
24	17128	9095	8033						
25-29岁	**333018**	**186516**	**146502**	**216033**	**128164**	**87869**	**124114**	**77121**	**46993**
25	56470	30529	25941	12026	6931	5095			
26	69639	38497	31142	43769	25356	18413	9173	5483	3690
27	65280	36808	28472	52412	30882	21530	31665	19341	12324
28	73693	42114	31579	57373	34418	22955	45239	28361	16878
29	67936	38568	29368	50453	30577	19876	38037	23936	14101
30-34岁	**326343**	**186184**	**140159**	**241497**	**147243**	**94254**	**174983**	**112209**	**62774**
30	68232	38602	29630	51384	30383	21001	35874	22323	13551
31	68367	39068	29299	51557	31550	20007	36845	23739	13106
32	63308	36202	27106	49375	30122	19253	36110	23124	12986
33	55994	31993	24001	43088	26653	16435	31754	20631	11123
34	70442	40319	30123	46093	28535	17558	34400	22392	12008
35-39岁	**412394**	**234652**	**177742**	**283732**	**173085**	**110647**	**187564**	**119746**	**67818**
35	72024	41452	30572	51615	31734	19881	32281	21047	11234
36	82203	46804	35399	55271	34196	21075	37701	24335	13366
37	80910	45762	35148	59399	36261	23138	37880	24342	13538
38	85106	48014	37092	58085	34944	23141	40796	25627	15169
39	92151	52620	39531	59362	35950	23412	38906	24395	14511
40-44岁	**406658**	**238552**	**168106**	**271212**	**167937**	**103275**	**178894**	**115105**	**63789**
40	97731	56189	41542	69206	41915	27291	42011	26249	15762
41	78859	46139	32720	56151	34704	21447	37616	24093	13523
42	83513	48947	34566	56451	35055	21396	38663	24966	13697
43	62272	36862	25410	44168	27389	16779	29444	19184	10260
44	84283	50415	33868	45236	28874	16362	31160	20613	10547
45-49岁	**407102**	**243589**	**163513**	**252679**	**159788**	**92891**	**151843**	**100179**	**51664**
45	87804	52550	35254	53585	33777	19808	28175	18721	9454
46	85878	50882	34996	54179	34363	19816	32211	21254	10957
47	97569	58942	38627	62115	39686	22429	39125	26059	13066
48	83136	50300	32836	50975	32400	18575	32659	21692	10967
49	52715	30915	21800	31825	19562	12263	19673	12453	7220
50-54岁	**407622**	**243982**	**163640**	**273157**	**177888**	**95269**	**183847**	**125934**	**57913**
50	65890	39904	25986	47262	29954	17308	27423	17948	9475
51	57860	36311	21549	41621	27709	13912	28847	20009	8838
52	83085	50004	33081	56760	37262	19498	39962	27641	12321
53	89901	53839	36062	67393	44265	23128	44324	30875	13449
54	110886	63924	46962	60121	38698	21423	43291	29461	13830
55-59岁	**420193**	**244416**	**175777**	**338372**	**211303**	**127069**	**231545**	**152422**	**79123**
55	108869	62876	45993	87860	54984	32876	42667	29138	13529
56	100367	57424	42943	80840	50167	30673	58164	38079	20085
57	74610	43100	31510	68877	42391	26486	50649	32777	17872
58	71215	42081	29134	56452	35678	20774	47934	31207	16727
59	65132	38935	26197	44343	28083	16260	32131	21221	10910
60-64岁	**209004**	**133384**	**75620**	**161360**	**109205**	**52155**	**120022**	**84002**	**36020**
60	56506	34486	22020	49139	31899	17240	30189	20403	9786
61	45110	29032	16078	38076	25833	12243	30611	21377	9234
62	38570	24964	13606	28150	19343	8807	23050	16235	6815
63	29628	19623	10005	26094	18193	7901	18704	13424	5280
64	39190	25279	13911	19901	13937	5964	17468	12563	4905
65岁及以上	**389643**	**240335**	**149308**	**295017**	**193925**	**101092**	**212872**	**144890**	**67982**

5-5c 续表 5

单位：人

年龄	初婚年龄								
	27岁			28岁			29岁		
	小计	男	女	小计	男	女	小计	男	女
总计	**1081875**	**738331**	**343544**	**757891**	**529057**	**228834**	**561134**	**396105**	**165029**
20岁以下									
20-24岁									
20									
21									
22									
23									
24									
25-29岁	**63299**	**40809**	**22490**	**23172**	**15246**	**7926**	**3874**	**2565**	**1309**
25									
26									
27	6942	4411	2531						
28	26700	17194	9506	5899	3914	1985			
29	29657	19204	10453	17273	11332	5941	3874	2565	1309
30-34岁	**130065**	**86113**	**43952**	**97234**	**66032**	**31202**	**70256**	**47748**	**22508**
30	27520	17505	10015	21555	13877	7678	12840	8285	4555
31	26439	17623	8816	20021	13700	6321	15831	10710	5121
32	26541	17535	9006	18922	12948	5974	14321	9765	4556
33	23655	16062	7593	17557	12222	5335	12567	8804	3763
34	25910	17388	8522	19179	13285	5894	14697	10184	4513
35-39岁	**130343**	**87080**	**43263**	**91389**	**63120**	**28269**	**67826**	**47737**	**20089**
35	24453	16625	7828	18714	13069	5645	14483	10197	4286
36	24141	16342	7799	18255	12815	5440	14567	10268	4299
37	26274	17577	8697	16799	11710	5089	13230	9419	3811
38	26969	17955	9014	18776	12756	6020	12092	8473	3619
39	28506	18581	9925	18845	12770	6075	13454	9380	4074
40-44岁	**122410**	**80904**	**41506**	**86608**	**58349**	**28259**	**64720**	**43692**	**21028**
40	28924	18472	10452	21549	14019	7530	14847	10019	4828
41	24382	16143	8239	17010	11426	5584	13605	8936	4669
42	26883	17736	9147	17963	12086	5877	14094	9472	4622
43	20813	13883	6930	14778	10165	4613	10560	7174	3386
44	21408	14670	6738	15308	10653	4655	11614	8091	3523
45-49岁	**95997**	**65342**	**30655**	**62211**	**43587**	**18624**	**43345**	**30903**	**12442**
45	20271	13857	6414	14148	9922	4226	10599	7409	3190
46	17239	11881	5358	12632	8896	3736	9183	6613	2570
47	23617	16384	7233	12836	9216	3620	9949	7257	2692
48	21542	14573	6969	13180	9295	3885	7539	5467	2072
49	13328	8647	4681	9415	6258	3157	6075	4157	1918
50-54岁	**124061**	**88373**	**35688**	**86914**	**62716**	**24198**	**62728**	**45575**	**17153**
50	17418	11606	5812	12410	8310	4100	8975	6135	2840
51	17290	12347	4943	11330	8296	3034	8190	6029	2161
52	28635	20520	8115	18040	13123	4917	12383	9114	3269
53	32129	23413	8716	23704	17538	6166	15895	11802	4093
54	28589	20487	8102	21430	15449	5981	17285	12495	4790
55-59岁	**159383**	**109905**	**49478**	**108072**	**76988**	**31084**	**77084**	**56298**	**20786**
55	31129	22390	8739	21271	15615	5656	17033	12609	4424
56	28772	20335	8437	22075	16026	6049	15735	11620	4115
57	36063	24570	11493	17982	12831	5151	14616	10807	3809
58	35576	24030	11546	25523	17927	7596	13610	9898	3712
59	27843	18580	9263	21221	14589	6632	16090	11364	4726
60-64岁	**89469**	**64213**	**25256**	**70559**	**51370**	**19189**	**56807**	**41744**	**15063**
60	22141	15221	6920	19638	13823	5815	15671	11079	4592
61	19680	14329	5351	14558	10890	3668	12791	9546	3245
62	18958	13574	5384	12326	9071	3255	9476	7105	2371
63	15961	11735	4226	13199	9643	3556	9125	6889	2236
64	12729	9354	3375	10838	7943	2895	9744	7125	2619
65岁及以上	**166848**	**115592**	**51256**	**131732**	**91649**	**40083**	**114494**	**79843**	**34651**

5-5c 续表 6

单位：人

年 龄	初婚年龄								
	30岁			31岁			32岁		
	小计	男	女	小计	男	女	小计	男	女
总 计	**412844**	**292868**	**119976**	**292797**	**208064**	**84733**	**224022**	**159477**	**64545**
20岁以下									
20-24岁									
20									
21									
22									
23									
24									
25-29岁									
25									
26									
27									
28									
29									
30-34岁	**44311**	**30237**	**14074**	**25382**	**17499**	**7883**	**13939**	**9531**	**4408**
30	2824	1849	975						
31	9543	6400	3143	2091	1433	658			
32	11592	7838	3754	7027	4772	2255	1615	1079	536
33	9699	6800	2899	8033	5548	2485	5141	3495	1646
34	10653	7350	3303	8231	5746	2485	7183	4957	2226
35-39岁	**50808**	**35806**	**15002**	**40002**	**28316**	**11686**	**31969**	**22529**	**9440**
35	10748	7529	3219	8032	5739	2293	6588	4571	2017
36	11230	7928	3302	8654	6155	2499	6482	4588	1894
37	10375	7350	3025	8341	5922	2419	6493	4644	1849
38	9629	6774	2855	7798	5522	2276	6501	4559	1942
39	8826	6225	2601	7177	4978	2199	5905	4167	1738
40-44岁	**48232**	**32786**	**15446**	**34277**	**23540**	**10737**	**25806**	**18118**	**7688**
40	10303	7073	3230	6631	4614	2017	5678	4035	1643
41	9311	6415	2896	6318	4470	1848	4195	3055	1140
42	11668	7652	4016	7391	5078	2313	5233	3733	1500
43	8647	5811	2836	7241	4784	2457	4538	3201	1337
44	8303	5835	2468	6696	4594	2102	6162	4094	2068
45-49岁	**32449**	**23237**	**9212**	**24144**	**17357**	**6787**	**19807**	**14209**	**5598**
45	8212	5824	2388	5795	4055	1740	5024	3451	1573
46	7269	5222	2047	5384	3866	1518	4203	2980	1223
47	7555	5499	2056	5832	4274	1558	4864	3560	1304
48	5937	4294	1643	4474	3221	1253	3617	2660	957
49	3476	2398	1078	2659	1941	718	2099	1558	541
50-54岁	**42838**	**31250**	**11588**	**28753**	**21307**	**7446**	**20861**	**15834**	**5027**
50	5698	3952	1746	3157	2276	881	2804	2053	751
51	5834	4333	1501	3680	2827	853	2142	1701	441
52	8797	6536	2261	6433	4808	1625	4205	3279	926
53	10876	7966	2910	7696	5757	1939	5792	4451	1341
54	11633	8463	3170	7787	5639	2148	5918	4350	1568
55-59岁	**56731**	**41678**	**15053**	**42426**	**30958**	**11468**	**33342**	**24497**	**8845**
55	13650	10000	3650	8847	6516	2331	6440	4745	1695
56	12862	9540	3322	10222	7420	2802	7155	5326	1829
57	10779	7877	2902	8744	6452	2292	7492	5486	2006
58	10852	7973	2879	7672	5602	2070	6983	5083	1900
59	8588	6288	2300	6941	4968	1973	5272	3857	1415
60-64岁	**44989**	**33264**	**11725**	**30421**	**22592**	**7829**	**23679**	**17709**	**5970**
60	11843	8366	3477	6010	4385	1625	5204	3715	1489
61	10681	7996	2685	7341	5521	1820	3955	3051	904
62	8440	6405	2035	6341	4702	1639	5090	3813	1277
63	7218	5421	1797	5942	4448	1494	5038	3820	1218
64	6807	5076	1731	4787	3536	1251	4392	3310	1082
65岁及以上	**92486**	**64610**	**27876**	**67392**	**46495**	**20897**	**54619**	**37050**	**17569**

5-5c 续表 7

单位：人

年龄	初婚年龄								
	33岁			34岁			35岁		
	小计	男	女	小计	男	女	小计	男	女
总计	**169002**	**120492**	**48510**	**129808**	**92220**	**37588**	**99112**	**70957**	**28155**
20岁以下									
20-24岁									
20									
21									
22									
23									
24									
25-29岁									
25									
26									
27									
28									
29									
30-34岁	**5894**	**4082**	**1812**	**1107**	**777**	**330**			
30									
31									
32									
33	1242	863	379						
34	4652	3219	1433	1107	777	330			
35-39岁	**26398**	**18658**	**7740**	**20864**	**14692**	**6172**	**14343**	**10162**	**4181**
35	5738	3922	1816	3641	2506	1135	863	621	242
36	5446	3911	1535	4933	3443	1490	3070	2168	902
37	5101	3642	1459	4236	3059	1177	3795	2648	1147
38	5248	3688	1560	4049	2811	1238	3444	2423	1021
39	4865	3495	1370	4005	2873	1132	3171	2302	869
40-44岁	**18915**	**13383**	**5532**	**14831**	**10544**	**4287**	**12461**	**8951**	**3510**
40	4877	3352	1525	4131	2842	1289	3468	2410	1058
41	3555	2526	1029	2984	2163	821	2704	1933	771
42	3450	2495	955	2920	2077	843	2596	1894	702
43	3153	2255	898	2107	1539	568	1894	1363	531
44	3880	2755	1125	2689	1923	766	1799	1351	448
45-49岁	**16334**	**11544**	**4790**	**13031**	**9235**	**3796**	**9785**	**7042**	**2743**
45	4498	3096	1402	2887	2029	858	2018	1491	527
46	3571	2447	1124	3279	2260	1019	2113	1513	600
47	3572	2605	967	3215	2282	933	2650	1854	796
48	2956	2155	801	2259	1651	608	1997	1448	549
49	1737	1241	496	1391	1013	378	1007	736	271
50-54岁	**14452**	**11180**	**3272**	**10020**	**7793**	**2227**	**7622**	**6034**	**1588**
50	2073	1525	548	1734	1235	499	1488	1069	419
51	1753	1400	353	1420	1137	283	1123	897	226
52	2351	1882	469	1948	1553	395	1551	1248	303
53	3784	3004	780	2108	1709	399	1839	1499	340
54	4491	3369	1122	2810	2159	651	1621	1321	300
55-59岁	**25712**	**18950**	**6762**	**19880**	**14755**	**5125**	**14484**	**10919**	**3565**
55	4736	3548	1188	3785	2856	929	2433	1912	521
56	5266	3922	1344	4004	3027	977	3150	2420	730
57	5139	3784	1355	3928	2901	1027	3039	2295	744
58	5967	4362	1605	4179	3057	1122	3021	2234	787
59	4604	3334	1270	3984	2914	1070	2841	2058	783
60-64岁	**17792**	**13345**	**4447**	**13729**	**10160**	**3569**	**11067**	**8197**	**2870**
60	4011	2912	1099	3727	2644	1083	3224	2322	902
61	3567	2709	858	2627	1987	640	2503	1900	603
62	2727	2082	645	2458	1859	599	1926	1419	507
63	3829	2913	916	2022	1528	494	1900	1444	456
64	3658	2729	929	2895	2142	753	1514	1112	402
65岁及以上	**43505**	**29350**	**14155**	**36346**	**24264**	**12082**	**29350**	**19652**	**9698**

5-5c 续表 8

单位：人

年 龄	初婚年龄								
	36岁			37岁			38岁		
	小计	男	女	小计	男	女	小计	男	女
总 计	**77154**	**55021**	**22133**	**60139**	**42732**	**17407**	**48745**	**34455**	**14290**
20岁以下									
20-24岁									
20									
21									
22									
23									
24									
25-29岁									
25									
26									
27									
28									
29									
30-34岁									
30									
31									
32									
33									
34									
35-39岁	**9134**	**6447**	**2687**	**5148**	**3634**	**1514**	**2216**	**1549**	**667**
35									
36	802	547	255						
37	2494	1754	740	647	453	194			
38	3110	2199	911	2045	1449	596	506	362	144
39	2728	1947	781	2456	1732	724	1710	1187	523
40-44岁	**10309**	**7431**	**2878**	**8965**	**6399**	**2566**	**8046**	**5742**	**2304**
40	2624	1838	786	2368	1609	759	2285	1566	719
41	2127	1546	581	1808	1306	502	1609	1187	422
42	2262	1646	616	1865	1327	538	1558	1118	440
43	1702	1226	476	1516	1116	400	1260	904	356
44	1594	1175	419	1408	1041	367	1334	967	367
45-49岁	**7527**	**5375**	**2152**	**5640**	**4108**	**1532**	**4747**	**3461**	**1286**
45	1421	1017	404	1224	908	316	1205	887	318
46	1587	1137	450	1049	809	240	981	724	257
47	1846	1329	517	1383	993	390	987	733	254
48	1723	1224	499	1194	852	342	928	663	265
49	950	668	282	790	546	244	646	454	192
50-54岁	**6420**	**5031**	**1389**	**5663**	**4353**	**1310**	**4994**	**3737**	**1257**
50	1160	802	358	1055	710	345	943	634	309
51	1031	801	230	842	647	195	777	567	210
52	1401	1117	284	1274	1005	269	1057	800	257
53	1419	1156	263	1313	1047	266	1174	918	256
54	1409	1155	254	1179	944	235	1043	818	225
55-59岁	**10439**	**8045**	**2394**	**7667**	**5858**	**1809**	**5954**	**4609**	**1345**
55	1405	1140	265	1215	971	244	1011	820	191
56	2134	1691	443	1175	911	264	1113	871	242
57	2400	1847	553	1649	1282	367	950	757	193
58	2436	1854	582	2002	1515	487	1438	1090	348
59	2064	1513	551	1626	1179	447	1442	1071	371
60-64岁	**9500**	**6970**	**2530**	**8032**	**5760**	**2272**	**7161**	**5113**	**2048**
60	2190	1593	597	1769	1237	532	1478	1082	396
61	2377	1815	562	1647	1238	409	1391	1042	349
62	1831	1334	497	1663	1208	455	1217	894	323
63	1569	1137	432	1547	1108	439	1473	1066	407
64	1533	1091	442	1406	969	437	1602	1029	573
65岁及以上	**23825**	**15722**	**8103**	**19024**	**12620**	**6404**	**15627**	**10244**	**5383**

5-5c 续表 9

单位：人

年 龄	初婚年龄					
	39岁			40岁及以上		
	小计	男	女	小计	男	女
总 计	**41225**	**29197**	**12028**	**191753**	**133804**	**57949**
20岁以下						
20-24岁						
20						
21						
22						
23						
24						
25-29岁						
25						
26						
27						
28						
29						
30-34岁						
30						
31						
32						
33						
34						
35-39岁	**422**	**310**	**112**			
35						
36						
37						
38						
39	422	310	112			
40-44岁	**6683**	**4794**	**1889**	**10110**	**7276**	**2834**
40	1508	1078	430	399	280	119
41	1524	1090	434	1252	905	347
42	1538	1070	468	2499	1813	686
43	999	719	280	2593	1843	750
44	1114	837	277	3367	2435	932
45-49岁	**4084**	**2956**	**1128**	**17735**	**12663**	**5072**
45	1113	807	306	3784	2651	1133
46	919	675	244	3809	2726	1083
47	867	628	239	4387	3175	1212
48	706	502	204	3527	2537	990
49	479	344	135	2228	1574	654
50-54岁	**4516**	**3276**	**1240**	**21400**	**15772**	**5628**
50	703	468	235	3125	2178	947
51	744	543	201	2798	2154	644
52	1058	756	302	4488	3372	1116
53	1053	742	311	5485	4116	1369
54	958	767	191	5504	3952	1552
55-59岁	**4829**	**3745**	**1084**	**30382**	**22493**	**7889**
55	1015	805	210	6277	4570	1707
56	947	727	220	6605	4946	1659
57	960	747	213	6120	4450	1670
58	879	671	208	6215	4684	1531
59	1028	795	233	5165	3843	1322
60-64岁	**6699**	**4778**	**1921**	**31059**	**22381**	**8678**
60	1375	1023	352	5911	4275	1636
61	1257	942	315	6265	4658	1607
62	1085	763	322	5664	4136	1528
63	1242	885	357	5863	4193	1670
64	1740	1165	575	7356	5119	2237
65岁及以上	**13992**	**9338**	**4654**	**81067**	**53219**	**27848**

5-6 全国分性别、受教育程度、初婚年龄的人口

单位：人

受教育程度	初婚年龄					
	合计			15岁以下		
	合计	男	女	小计	男	女
总 计	**82749443**	**39871133**	**42878310**	**141858**	**35461**	**106397**
未上过学	6253185	1439158	4814027	31893	3466	28427
小 学	23474643	10062652	13411991	61244	13534	47710
初 中	35903384	18784166	17119218	39502	14320	25182
高 中	10529497	5886698	4642799	6777	3023	3754
大学专科	3996613	2198460	1798153	1713	751	962
大学本科	2350166	1352474	997692	695	352	343
研究生	241955	147525	94430	34	15	19

5-6 续表 1

单位：人

受教育程度	初婚年龄								
	15岁			16岁			17岁		
	小计	男	女	小计	男	女	小计	男	女
总 计	**674821**	**143785**	**531036**	**1180728**	**245971**	**934757**	**2157779**	**484395**	**1673384**
未上过学	140370	12183	128187	237450	19622	217828	404888	37504	367384
小 学	295696	52812	242884	522658	92630	430028	929836	179611	750225
初 中	196582	60758	135824	357436	106931	250505	710950	220531	490419
高 中	30819	12916	17903	47703	19504	28199	88427	35746	52681
大学专科	8106	3572	4534	11104	5104	6000	17593	7992	9601
大学本科	3036	1445	1591	4095	2043	2052	5723	2828	2895
研究生	212	99	113	282	137	145	362	183	179

5-6 续表 2

单位：人

受教育程度	初婚年龄								
	18岁			19岁			20岁		
	小计	男	女	小计	男	女	小计	男	女
总 计	**3592316**	**924805**	**2667511**	**6391186**	**1982778**	**4408408**	**8837210**	**3111006**	**5726204**
未上过学	566584	62061	504523	867821	134902	732919	919213	170420	748793
小 学	1462058	325807	1136251	2411529	686723	1724806	3026103	990397	2035706
初 中	1351103	448416	902687	2640048	961536	1678512	4024785	1589131	2435654
高 中	171544	70167	101377	381167	161181	219986	686970	292021	394949
大学专科	31348	13680	17668	70038	29152	40886	139127	52984	86143
大学本科	9127	4408	4719	19566	8755	10811	39267	15240	24027
研究生	552	266	286	1017	529	488	1745	813	932

5-6 续表 3

单位：人

受教育程度	初婚年龄								
	21岁			22岁			23岁		
	小计	男	女	小计	男	女	小计	男	女
总 计	**10177957**	**4452251**	**5725706**	**10968019**	**5456228**	**5511791**	**9568582**	**4884503**	**4684079**
未上过学	717131	160926	556205	579487	151516	427971	421033	121155	299878
小 学	3006882	1190071	1816811	2837534	1282941	1554593	2269859	1095513	1174346
初 中	5056230	2451854	2604376	5519865	3008839	2511026	4564001	2519824	2044177
高 中	1064614	512738	551876	1452395	756002	696393	1514120	786997	727123
大学专科	250522	102971	147551	414444	185043	229401	532798	243191	289607
大学本科	79081	31907	47174	156248	67724	88524	250745	109961	140784
研究生	3497	1784	1713	8046	4163	3883	16026	7862	8164

5-6 续表 4

单位：人

受教育程度	初婚年龄								
	24岁			25岁			26岁		
	小计	男	女	小计	男	女	小计	男	女
总 计	**7899390**	**4357450**	**3541940**	**6111149**	**3634154**	**2476995**	**4332202**	**2731931**	**1600271**
未上过学	324252	106291	217961	231354	86979	144375	164140	67709	96431
小 学	1770749	947284	823465	1292215	760928	531287	898319	566315	332004
初 中	3490956	2056687	1434269	2498309	1564094	934215	1667457	1095821	571636
高 中	1380250	773915	606335	1128247	680880	447367	803311	516569	286742
大学专科	577018	295937	281081	551806	314115	237691	434481	267266	167215
大学本科	330315	163501	166814	373376	206892	166484	326992	196830	130162
研究生	25850	13835	12015	35842	20266	15576	37502	21421	16081

5-6 续表 5

单位：人

受教育程度	初婚年龄								
	27岁			28岁			29岁		
	小计	男	女	小计	男	女	小计	男	女
总 计	**3042260**	**2020584**	**1021676**	**2093753**	**1443063**	**650690**	**1479132**	**1042114**	**437018**
未上过学	125810	55686	70124	98319	45407	52912	83285	39647	43638
小 学	645842	429188	216654	469522	322998	146524	360359	252987	107372
初 中	1121538	767888	353650	753225	530396	222829	523937	375492	148445
高 中	552430	375895	176535	368638	261203	107435	247315	179760	67555
大学专科	313199	207891	105308	209217	146513	62704	136937	99498	37439
大学本科	250238	163960	86278	169654	120157	49497	110378	82744	27634
研究生	33203	20076	13127	25178	16389	8789	16921	11986	4935

5-6　续表 6　　单位：人

受教育程度	初婚年龄								
	30岁			31岁			32岁		
	小计	男	女	小计	男	女	小计	男	女
总　计	**1040761**	**739832**	**300929**	**723343**	**515202**	**208141**	**536682**	**382318**	**154364**
未上过学	66627	32488	34139	49104	23581	25523	39923	19040	20883
小　学	271094	192487	78607	195862	139691	56171	152822	109688	43134
初　中	365899	264003	101896	254687	184351	70336	188220	136911	51309
高　中	166252	122264	43988	113332	83385	29947	81068	59680	21388
大学专科	89338	66038	23300	58321	43574	14747	39908	29782	10126
大学本科	70301	54191	16110	44677	34968	9709	29786	23389	6397
研究生	11250	8361	2889	7360	5652	1708	4955	3828	1127

5-6　续表 7　　单位：人

受教育程度	初婚年龄								
	33岁			34岁			35岁		
	小计	男	女	小计	男	女	小计	男	女
总　计	**398274**	**284001**	**114273**	**301108**	**214535**	**86573**	**226997**	**162664**	**64333**
未上过学	31582	15133	16449	26248	12497	13751	21251	10248	11003
小　学	117215	84604	32611	91321	65907	25414	70849	51684	19165
初　中	138188	100722	37466	102466	75164	27302	75401	55696	19705
高　中	59176	43728	15448	43532	32219	11313	32725	24498	8227
大学专科	28499	21282	7217	20654	15501	5153	14798	11099	3699
大学本科	20275	15883	4392	14476	11356	3120	10252	8060	2192
研究生	3339	2649	690	2411	1891	520	1721	1379	342

5-6　续表 8　　单位：人

受教育程度	初婚年龄								
	36岁			37岁			38岁		
	小计	男	女	小计	男	女	小计	男	女
总　计	**171445**	**122857**	**48588**	**131854**	**94586**	**37268**	**103548**	**74295**	**29253**
未上过学	17435	8345	9090	14166	6810	7356	11866	5728	6138
小　学	55854	40829	15025	44536	32469	12067	35898	26302	9596
初　中	55558	41150	14408	41663	31124	10539	31967	23864	8103
高　中	23432	17625	5807	17519	13181	4338	13631	10392	3239
大学专科	10543	8026	2517	7722	5994	1728	5642	4329	1313
大学本科	7438	5915	1523	5412	4328	1084	3942	3175	767
研究生	1185	967	218	836	680	156	602	505	97

5-6　续表 9　　单位：人

受教育程度	初婚年龄					
	39岁			40岁及以上		
	小计	男	女	小计	男	女
总　计	**84973**	**60866**	**24107**	**382116**	**269498**	**112618**
未上过学	10129	4883	5246	51824	24931	26893
小　学	30950	22614	8336	147837	106638	41199
初　中	25633	19092	6541	107778	79571	28207
高　中	10503	8049	2454	43600	33160	10440
大学专科	4152	3243	909	17585	13932	3653
大学本科	3135	2575	560	11936	9887	2049
研究生	471	410	61	1556	1379	177

5-6a 全国分性别、受教育程度、初婚年龄的人口(城市)

单位：人

受教育程度	初婚年龄					
	合计			15岁以下		
	合计	男	女	小计	男	女
总 计	**24767927**	**12043618**	**12724309**	**26645**	**7484**	**19161**
未上过学	746575	134732	611843	3710	268	3442
小 学	3696340	1504517	2191823	8181	1767	6414
初 中	9764854	4844244	4920610	9793	3462	6331
高 中	5805155	2955639	2849516	3395	1308	2087
大学专科	2677963	1417641	1260322	1028	409	619
大学本科	1852128	1050340	801788	512	258	254
研究生	224912	136505	88407	26	12	14

5-6a 续表 1

单位：人

受教育程度	初婚年龄								
	15岁			16岁			17岁		
	小计	男	女	小计	男	女	小计	男	女
总 计	**119213**	**27950**	**91263**	**203932**	**43340**	**160592**	**371928**	**78390**	**293538**
未上过学	17327	893	16434	31082	1488	29594	53524	2877	50647
小 学	38552	6233	32319	70868	10485	60383	129374	19925	109449
初 中	41921	12562	29359	71027	19607	51420	137478	36950	100528
高 中	14412	5302	9110	21421	7506	13915	37592	12576	25016
大学专科	4602	1844	2758	6301	2662	3639	9536	3909	5627
大学本科	2242	1033	1209	3028	1488	1540	4131	1997	2134
研究生	157	83	74	205	104	101	293	156	137

5-6a 续表 2

单位：人

受教育程度	初婚年龄								
	18岁			19岁			20岁		
	小计	男	女	小计	男	女	小计	男	女
总 计	**620119**	**146862**	**473257**	**1131439**	**312133**	**819306**	**1699920**	**514401**	**1185519**
未上过学	70381	4743	65638	101076	10344	90732	100700	12940	87760
小 学	199119	36847	162272	323038	77495	245543	405618	113662	291956
初 中	258287	73229	185058	509347	156688	352659	817475	266754	550721
高 中	69151	22419	46732	149861	49084	100777	279693	88753	190940
大学专科	16450	6458	9992	34735	12639	22096	70481	22580	47901
大学本科	6341	2958	3383	12669	5507	7162	24719	9151	15568
研究生	390	208	182	713	376	337	1234	561	673

5-6a 续表 3　　单位：人

受教育程度	初婚年龄								
	21岁			22岁			23岁		
	小计	男	女	小计	男	女	小计	男	女
总　计	**2276488**	**856556**	**1419932**	**2937495**	**1276522**	**1660973**	**3116273**	**1402171**	**1714102**
未上过学	80754	13405	67349	68421	13967	54454	52887	12364	40523
小　学	434275	150216	284059	446676	181741	264935	395412	175473	219939
初　中	1114801	456875	657926	1371691	649963	721728	1314122	641636	672486
高　中	460255	170061	290194	697011	291838	405173	817658	353599	464059
大学专科	133200	46133	87067	239898	93284	146614	337713	137211	200502
大学本科	50538	18580	31958	106972	42345	64627	184069	75000	109069
研究生	2665	1286	1379	6826	3384	3442	14412	6888	7524

5-6a 续表 4　　单位：人

受教育程度	初婚年龄								
	24岁			25岁			26岁		
	小计	男	女	小计	男	女	小计	男	女
总　计	**2978889**	**1500799**	**1478090**	**2597959**	**1448414**	**1149545**	**1963401**	**1184968**	**778433**
未上过学	42448	12069	30379	29972	9964	20008	20790	7811	12979
小　学	330962	164049	166913	250030	137816	112214	174344	103533	70811
初　中	1131670	608147	523523	888009	517096	370913	624799	389682	235117
高　中	808546	399737	408809	707573	392669	314904	524329	318557	205772
大学专科	387172	184016	203156	390773	211542	179231	316819	187970	128849
大学本科	254163	120207	133956	297992	160465	137527	267024	157385	109639
研究生	23928	12574	11354	33610	18862	14748	35296	20030	15266

5-6a 续表 5　　单位：人

受教育程度	初婚年龄								
	27岁			28岁			29岁		
	小计	男	女	小计	男	女	小计	男	女
总　计	**1415470**	**914554**	**500916**	**971312**	**660356**	**310956**	**666291**	**468494**	**197797**
未上过学	15326	6234	9092	11497	4911	6586	9644	4191	5453
小　学	124420	78607	45813	88747	58366	30381	66339	44416	21923
初　中	433268	284726	148542	295073	200903	94170	205656	143555	62101
高　中	370257	241619	128638	251069	172444	78625	170116	120568	49548
大学专科	233328	150906	82422	158284	108501	49783	104624	74773	29851
大学本科	207587	133633	73954	142820	99767	43053	93840	69618	24222
研究生	31284	18829	12455	23822	15464	8358	16072	11373	4699

5-6a 续表 6

单位：人

受教育程度	初婚年龄								
	30岁			31岁			32岁		
	小计	男	女	小计	男	女	小计	男	女
总　计	**452956**	**323191**	**129765**	**309143**	**221607**	**87536**	**222486**	**159322**	**63164**
未上过学	7426	3293	4133	5504	2380	3124	4413	1921	2492
小　学	48562	33017	15545	34555	23545	11010	26913	18376	8537
初　中	141688	99562	42126	98896	69570	29326	72682	51158	21524
高　中	115131	82883	32248	78959	57033	21926	56520	40819	15701
大学专科	68948	50194	18754	45531	33602	11929	31237	23080	8157
大学本科	60522	46322	14200	38696	30121	8575	26018	20349	5669
研究生	10679	7920	2759	7002	5356	1646	4703	3619	1084

5-6a 续表 7

单位：人

受教育程度	初婚年龄								
	33岁			34岁			35岁		
	小计	男	女	小计	男	女	小计	男	女
总　计	**162998**	**116758**	**46240**	**121735**	**87517**	**34218**	**90724**	**65466**	**25258**
未上过学	3494	1564	1930	2833	1271	1562	2209	999	1210
小　学	20599	14047	6552	15695	10765	4930	12335	8555	3780
初　中	53857	37913	15944	40699	28905	11794	30354	21608	8746
高　中	41538	30132	11406	30853	22490	8363	23216	17013	6203
大学专科	22474	16620	5854	16524	12295	4229	11823	8812	3011
大学本科	17829	13938	3891	12820	9986	2834	9145	7168	1977
研究生	3207	2544	663	2311	1805	506	1642	1311	331

5-6a 续表 8

单位：人

受教育程度	初婚年龄								
	36岁			37岁			38岁		
	小计	男	女	小计	男	女	小计	男	女
总　计	**66292**	**48051**	**18241**	**50184**	**36629**	**13555**	**38097**	**28000**	**10097**
未上过学	1823	803	1020	1479	659	820	1230	552	678
小　学	9420	6585	2835	7457	5184	2273	5849	4143	1706
初　中	22071	15683	6388	16796	12143	4653	12551	9097	3454
高　中	16722	12396	4326	12590	9342	3248	9764	7388	2376
大学专科	8494	6404	2090	6212	4786	1426	4569	3482	1087
大学本科	6624	5249	1375	4847	3865	982	3552	2846	706
研究生	1138	931	207	803	650	153	582	492	90

5-6a 续表 9

单位：人

受教育程度	初婚年龄					
	39岁			40岁及以上		
	小计	男	女	小计	男	女
总　计	**29936**	**21939**	**7997**	**126602**	**91744**	**34858**
未上过学	1022	449	573	5603	2372	3231
小　学	4884	3344	1540	24116	16325	7791
初　中	9977	7238	2739	40866	29532	11334
高　中	7447	5628	1819	30076	22475	7601
大学专科	3341	2587	754	13866	10942	2924
大学本科	2819	2307	512	10609	8797	1812
研究生	446	386	60	1466	1301	165

5-6b 全国分性别、受教育程度、初婚年龄的人口(镇)

单位：人

受教育程度	初婚年龄					
	合　计			15岁以下		
	合计	男	女	小计	男	女
总　计	**16043485**	**7739074**	**8304411**	**21055**	**5390**	**15665**
未上过学	958739	202132	756607	3917	382	3535
小　学	3955528	1636079	2319449	8004	1650	6354
初　中	7344592	3724080	3620512	7077	2431	4646
高　中	2377786	1353910	1023876	1494	664	830
大学专科	974768	561424	413344	419	188	231
大学本科	419245	252868	166377	142	73	69
研究生	12827	8581	4246	2	2	

5-6b 续表 1

单位：人

受教育程度	初婚年龄								
	15岁			16岁			17岁		
	小计	男	女	小计	男	女	小计	男	女
总　计	**114396**	**25354**	**89042**	**203691**	**42691**	**161000**	**382469**	**85623**	**296846**
未上过学	20298	1491	18807	35948	2437	33511	62163	4821	57342
小　学	44155	7437	36718	80451	13036	67415	147449	25806	121643
初　中	38849	11758	27091	70883	20340	50543	142777	42648	100129
高　中	8071	3268	4803	12302	4922	7380	23427	9211	14216
大学专科	2384	1081	1303	3226	1501	1725	5382	2494	2888
大学本科	619	310	309	846	433	413	1248	629	619
研究生	20	9	11	35	22	13	23	14	9

5-6b 续表 2

单位：人

受教育程度	初婚年龄								
	18岁			19岁			20岁		
	小计	男	女	小计	男	女	小计	男	女
总　计	**657808**	**168623**	**489185**	**1199525**	**365260**	**834265**	**1722022**	**593301**	**1128721**
未上过学	88151	8344	79807	133632	18317	115315	139708	23008	116700
小　学	235545	48341	187204	391238	103723	287515	499302	153293	346009
初　中	275270	87669	187601	541329	187720	353609	838426	315117	523309
高　中	46572	18725	27847	103720	42875	60845	184460	77801	106659
大学专科	10009	4403	5606	23953	10035	13918	47841	19145	28696
大学本科	2197	1112	1085	5516	2510	3006	12019	4794	7225
研究生	64	29	35	137	80	57	266	143	123

5-6b 续表 3

单位：人

受教育程度	初婚年龄								
	21岁			22岁			23岁		
	小计	男	女	小计	男	女	小计	男	女
总　计	**2068143**	**890460**	**1177683**	**2276642**	**1129313**	**1147329**	**1978571**	**1024549**	**954022**
未上过学	110479	22177	88302	90903	21675	69228	66222	17969	48253
小　学	509963	190707	319256	491924	211714	280210	400630	185299	215331
初　中	1061107	492774	568333	1163377	615165	548212	955461	518079	437382
高　中	279037	136411	142626	361561	196419	165142	353490	197552	155938
大学专科	83204	37258	45946	126377	62616	63761	144883	75470	69413
大学本科	23852	10812	13040	41658	21158	20500	56622	29408	27214
研究生	501	321	180	842	566	276	1263	772	491

5-6b 续表 4

单位：人

受教育程度	初婚年龄								
	24岁			25岁			26岁		
	小计	男	女	小计	男	女	小计	男	女
总　计	**1591396**	**895946**	**695450**	**1180131**	**717202**	**462929**	**803117**	**515355**	**287762**
未上过学	50890	15707	35183	36155	12818	23337	24867	9849	15018
小　学	313917	162652	151265	227012	129802	97210	156208	95731	60477
初　中	715383	415707	299676	499055	309319	189736	325085	210563	114522
高　中	302369	182233	120136	230442	148220	82222	155464	105129	50335
大学专科	142750	82110	60640	121989	76696	45293	89202	59722	29480
大学本科	64570	36524	28046	63692	39212	24480	50523	33225	17298
研究生	1517	1013	504	1786	1135	651	1768	1136	632

5-6b 续表 5

单位：人

受教育程度	初婚年龄								
	27岁			28岁			29岁		
	小计	男	女	小计	男	女	小计	男	女
总　计	**544915**	**367699**	**177216**	**364550**	**253650**	**110900**	**251707**	**177515**	**74192**
未上过学	18856	8017	10839	14573	6522	8051	12176	5552	6624
小　学	111248	72365	38883	79345	53562	25783	59760	41075	18685
初　中	214143	144799	69344	142142	98565	43577	97130	68279	28851
高　中	102727	72947	29780	66414	48466	17948	43591	32480	11111
大学专科	60656	43150	17506	38642	28762	9880	24495	18607	5888
大学本科	35735	25396	10339	22382	17046	5336	13880	11032	2848
研究生	1550	1025	525	1052	727	325	675	490	185

5-6b 续表 6

单位：人

受教育程度	初婚年龄								
	30岁			31岁			32岁		
	小计	男	女	小计	男	女	小计	男	女
总　计	**174961**	**123773**	**51188**	**121403**	**85531**	**35872**	**90174**	**63519**	**26655**
未上过学	9447	4464	4983	7165	3291	3874	5770	2666	3104
小　学	44463	30770	13693	32351	22539	9812	25286	17693	7593
初　中	68110	48048	20062	47187	33327	13860	35046	24945	10101
高　中	28817	21556	7261	19553	14452	5101	13991	10375	3616
大学专科	15494	11998	3496	9817	7588	2229	6676	5092	1584
大学本科	8201	6600	1601	5043	4093	950	3200	2574	626
研究生	429	337	92	287	241	46	205	174	31

5-6b 续表 7

单位：人

受教育程度	初婚年龄								
	33岁			34岁			35岁		
	小计	男	女	小计	男	女	小计	男	女
总　计	**66274**	**46751**	**19523**	**49565**	**34798**	**14767**	**37161**	**26241**	**10920**
未上过学	4638	2176	2462	3812	1752	2060	3146	1457	1689
小　学	19247	13698	5549	15035	10588	4447	11551	8191	3360
初　中	25612	18181	7431	18829	13453	5376	13678	9889	3789
高　中	9942	7411	2531	7187	5292	1895	5448	4105	1343
大学专科	4674	3573	1101	3230	2500	730	2332	1786	546
大学本科	2056	1628	428	1395	1146	249	947	762	185
研究生	105	84	21	77	67	10	59	51	8

5-6b 续表 8

单位：人

受教育程度	初婚年龄								
	36岁			37岁			38岁		
	小计	男	女	小计	男	女	小计	男	女
总　计	**27999**	**19785**	**8214**	**21531**	**15225**	**6306**	**16706**	**11840**	**4866**
未上过学	2536	1167	1369	2091	946	1145	1741	826	915
小　学	9036	6480	2556	7300	5147	2153	5780	4174	1606
初　中	10275	7442	2833	7657	5670	1987	5810	4270	1540
高　中	3830	2850	980	2782	2098	684	2175	1613	562
大学专科	1595	1257	338	1194	948	246	853	670	183
大学本科	691	561	130	482	393	89	335	279	56
研究生	36	28	8	25	23	2	12	8	4

5-6b 续表 9

单位：人

受教育程度	初婚年龄					
	39岁			40岁及以上		
	小计	男	女	小计	男	女
总　计	**13812**	**9730**	**4082**	**63761**	**43950**	**19811**
未上过学	1527	724	803	7928	3577	4351
小　学	4960	3532	1428	24368	17074	7294
初　中	4742	3432	1310	20152	14490	5662
高　中	1652	1276	376	7268	5559	1709
大学专科	643	519	124	2848	2255	593
大学本科	268	228	40	1126	930	196
研究生	20	19	1	71	65	6

5-6c 全国分性别、受教育程度、初婚年龄的人口(乡村)

单位：人

受教育程度	初婚年龄					
	合　计			15岁以下		
	合计	男	女	小计	男	女
总　计	**41938031**	**20088441**	**21849590**	**94158**	**22587**	**71571**
未上过学	4547871	1102294	3445577	24266	2816	21450
小　学	15822775	6922056	8900719	45059	10117	34942
初　中	18793938	10215842	8578096	22632	8427	14205
高　中	2346556	1577149	769407	1888	1051	837
大学专科	343882	219395	124487	266	154	112
大学本科	78793	49266	29527	41	21	20
研究生	4216	2439	1777	6	1	5

5-6c 续表 1

单位：人

受教育程度	初婚年龄								
	15岁			16岁			17岁		
	小计	男	女	小计	男	女	小计	男	女
总　计	**441212**	**90481**	**350731**	**773105**	**159940**	**613165**	**1403382**	**320382**	**1083000**
未上过学	102745	9799	92946	170420	15697	154723	289201	29806	259395
小　学	212989	39142	173847	371339	69109	302230	653013	133880	519133
初　中	115812	36438	79374	215526	66984	148542	430695	140933	289762
高　中	8336	4346	3990	13980	7076	6904	27408	13959	13449
大学专科	1120	647	473	1577	941	636	2675	1589	1086
大学本科	175	102	73	221	122	99	344	202	142
研究生	35	7	28	42	11	31	46	13	33

5-6c 续表 2

单位：人

受教育程度	初婚年龄								
	18岁			19岁			20岁		
	小计	男	女	小计	男	女	小计	男	女
总　计	**2314389**	**609320**	**1705069**	**4060222**	**1305385**	**2754837**	**5415268**	**2003304**	**3411964**
未上过学	408052	48974	359078	633113	106241	526872	678805	134472	544333
小　学	1027394	240619	786775	1697253	505505	1191748	2121183	723442	1397741
初　中	817546	287518	530028	1589372	617128	972244	2368884	1007260	1361624
高　中	55821	29023	26798	127586	69222	58364	222817	125467	97350
大学专科	4889	2819	2070	11350	6478	4872	20805	11259	9546
大学本科	589	338	251	1381	738	643	2529	1295	1234
研究生	98	29	69	167	73	94	245	109	136

5-6c 续表 3

单位：人

受教育程度	初婚年龄								
	21岁			22岁			23岁		
	小计	男	女	小计	男	女	小计	男	女
总　计	**5833326**	**2705235**	**3128091**	**5753882**	**3050393**	**2703489**	**4473738**	**2457783**	**2015955**
未上过学	525898	125344	400554	420163	115874	304289	301924	90822	211102
小　学	2062644	849148	1213496	1898934	889486	1009448	1473817	734741	739076
初　中	2880322	1502205	1378117	2984797	1743711	1241086	2294418	1360109	934309
高　中	325322	206266	119056	393823	267745	126078	342972	235846	107126
大学专科	34118	19580	14538	48169	29143	19026	50202	30510	19692
大学本科	4691	2515	2176	7618	4221	3397	10054	5553	4501
研究生	331	177	154	378	213	165	351	202	149

5-6c 续表 4

单位：人

受教育程度	初婚年龄								
	24岁			25岁			26岁		
	小计	男	女	小计	男	女	小计	男	女
总　计	**3329105**	**1960705**	**1368400**	**2333059**	**1468538**	**864521**	**1565684**	**1031608**	**534076**
未上过学	230914	78515	152399	165227	64197	101030	118483	50049	68434
小　学	1125870	620583	505287	815173	493310	321863	567767	367051	200716
初　中	1643903	1032833	611070	1111245	737679	373566	717573	495576	221997
高　中	269335	191945	77390	190232	139991	50241	123518	92883	30635
大学专科	47096	29811	17285	39044	25877	13167	28460	19574	8886
大学本科	11582	6770	4812	11692	7215	4477	9445	6220	3225
研究生	405	248	157	446	269	177	438	255	183

5-6c 续表 5

单位：人

受教育程度	初婚年龄								
	27岁			28岁			29岁		
	小计	男	女	小计	男	女	小计	男	女
总　计	**1081875**	**738331**	**343544**	**757891**	**529057**	**228834**	**561134**	**396105**	**165029**
未上过学	91628	41435	50193	72249	33974	38275	61465	29904	31561
小　学	410174	278216	131958	301430	211070	90360	234260	167496	66764
初　中	474127	338363	135764	316010	230928	85082	221151	163658	57493
高　中	79446	61329	18117	51155	40293	10862	33608	26712	6896
大学专科	19215	13835	5380	12291	9250	3041	7818	6118	1700
大学本科	6916	4931	1985	4452	3344	1108	2658	2094	564
研究生	369	222	147	304	198	106	174	123	51

5-6c 续表 6

单位：人

受教育程度	初婚年龄								
	30岁			31岁			32岁		
	小计	男	女	小计	男	女	小计	男	女
总　计	**412844**	**292868**	**119976**	**292797**	**208064**	**84733**	**224022**	**159477**	**64545**
未上过学	49754	24731	25023	36435	17910	18525	29740	14453	15287
小　学	178069	128700	49369	128956	93607	35349	100623	73619	27004
初　中	156101	116393	39708	108604	81454	27150	80492	60808	19684
高　中	22304	17825	4479	14820	11900	2920	10557	8486	2071
大学专科	4896	3846	1050	2973	2384	589	1995	1610	385
大学本科	1578	1269	309	938	754	184	568	466	102
研究生	142	104	38	71	55	16	47	35	12

5-6c 续表 7

单位：人

受教育程度	初婚年龄								
	33岁			34岁			35岁		
	小计	男	女	小计	男	女	小计	男	女
总　计	**169002**	**120492**	**48510**	**129808**	**92220**	**37588**	**99112**	**70957**	**28155**
未上过学	23450	11393	12057	19603	9474	10129	15896	7792	8104
小　学	77369	56859	20510	60591	44554	16037	46963	34938	12025
初　中	58719	44628	14091	42938	32806	10132	31369	24199	7170
高　中	7696	6185	1511	5492	4437	1055	4061	3380	681
大学专科	1351	1089	262	900	706	194	643	501	142
大学本科	390	317	73	261	224	37	160	130	30
研究生	27	21	6	23	19	4	20	17	3

5-6c 续表 8

单位：人

受教育程度	初婚年龄								
	36岁			37岁			38岁		
	小计	男	女	小计	男	女	小计	男	女
总　计	**77154**	**55021**	**22133**	**60139**	**42732**	**17407**	**48745**	**34455**	**14290**
未上过学	13076	6375	6701	10596	5205	5391	8895	4350	4545
小　学	37398	27764	9634	29779	22138	7641	24269	17985	6284
初　中	23212	18025	5187	17210	13311	3899	13606	10497	3109
高　中	2880	2379	501	2147	1741	406	1692	1391	301
大学专科	454	365	89	316	260	56	220	177	43
大学本科	123	105	18	83	70	13	55	50	5
研究生	11	8	3	8	7	1	8	5	3

5-6c 续表 9

单位：人

受教育程度	初婚年龄					
	39岁			40岁及以上		
	小计	男	女	小计	男	女
总　计	**41225**	**29197**	**12028**	**191753**	**133804**	**57949**
未上过学	7580	3710	3870	38293	18982	19311
小　学	21106	15738	5368	99353	73239	26114
初　中	10914	8422	2492	46760	35549	11211
高　中	1404	1145	259	6256	5126	1130
大学专科	168	137	31	871	735	136
大学本科	48	40	8	201	160	41
研究生	5	5		19	13	6

第二部分 长表数据资料

第六卷 生育

6-1 各地区分性别、孩次的出生人口
(2009.11.1-2010.10.31)

单位：人

地区	出生人数				第一孩			
	合计	男	女	性别比(女=100)	小计	男	女	性别比(女=100)
全国	**1190060**	**652073**	**537987**	**121.21**	**739866**	**393690**	**346176**	**113.73**
北京	13013	6879	6134	112.15	11087	5739	5348	107.31
天津	8562	4572	3990	114.59	6476	3418	3058	111.77
河北	76893	41736	35157	118.71	45358	23654	21704	108.98
山西	29429	15617	13812	113.07	17859	9455	8404	112.51
内蒙古	19928	10387	9541	108.87	13793	7140	6653	107.32
辽宁	23607	12519	11088	112.91	18269	9590	8679	110.50
吉林	15528	8328	7200	115.67	11706	6298	5408	116.46
黑龙江	20931	11200	9731	115.10	16681	8951	7730	115.80
上海	16310	8598	7712	111.49	12975	6687	6288	106.35
江苏	63515	34825	28690	121.38	43333	23157	20176	114.77
浙江	45483	24654	20829	118.36	29711	15543	14168	109.70
安徽	55698	31594	24104	131.07	36599	19417	17182	113.01
福建	34425	19173	15252	125.71	22863	12114	10749	112.70
江西	45698	25679	20019	128.27	22476	11968	10508	113.89
山东	84373	46753	37620	124.28	57616	30616	27000	113.39
河南	92626	51936	40690	127.64	50357	27263	23094	118.05
湖北	53568	29647	23921	123.94	36394	19467	16927	115.01
湖南	66182	36869	29313	125.78	38385	20923	17462	119.82
广东	94985	53596	41389	129.49	56861	31282	25579	122.30
广西	56207	30889	25318	122.00	30908	16506	14402	114.61
海南	10290	5805	4485	129.43	5461	2947	2514	117.22
重庆	19413	10333	9080	113.80	12155	6419	5736	111.91
四川	59380	31499	27881	112.98	36136	19224	16912	113.67
贵州	37076	20685	16391	126.20	21209	11080	10129	109.39
云南	48929	26023	22906	113.61	27965	14577	13388	108.88
西藏	2567	1284	1283	100.08	1153	598	555	107.75
陕西	30274	16265	14009	116.10	19845	10590	9255	114.42
甘肃	24709	13717	10992	124.79	14387	7792	6595	118.15
青海	5932	3143	2789	112.69	3201	1661	1540	107.86
宁夏	6838	3648	3190	114.36	3799	1966	1833	107.26
新疆	27691	14220	13471	105.56	14848	7648	7200	106.22

6-1 续表 1

单位：人

地区	第二孩				第三孩			
	小计	男	女	性别比(女=100)	小计	男	女	性别比(女=100)
全国	**372295**	**210629**	**161666**	**130.29**	**63047**	**38943**	**24104**	**161.56**
北京	1770	1025	745	137.58	144	104	40	260.00
天津	1923	1048	875	119.77	142	90	52	173.08
河北	27460	15459	12001	128.81	3636	2359	1277	184.73
山西	10206	5297	4909	107.90	1207	753	454	165.86
内蒙古	5704	2985	2719	109.78	380	230	150	153.33
辽宁	4894	2635	2259	116.64	406	271	135	200.74
吉林	3454	1803	1651	109.21	337	212	125	169.60
黑龙江	3896	2057	1839	111.85	307	170	137	124.09
上海	2981	1676	1305	128.43	314	210	104	201.92
江苏	17494	10050	7444	135.01	2293	1388	905	153.37
浙江	14209	8083	6126	131.95	1408	927	481	192.72
安徽	16845	10567	6278	168.32	1968	1399	569	245.87
福建	10299	6159	4140	148.77	1129	797	332	240.06
江西	18039	10502	7537	139.34	4209	2635	1574	167.41
山东	23999	14194	9805	144.76	2480	1756	724	242.54
河南	34417	19655	14762	133.15	6846	4357	2489	175.05
湖北	15140	8940	6200	144.19	1763	1114	649	171.65
湖南	23409	13135	10274	127.85	3800	2457	1343	182.95
广东	29689	17252	12437	138.72	6267	3794	2473	153.42
广西	18529	10415	8114	128.36	4980	2910	2070	140.58
海南	3616	2043	1573	129.88	979	653	326	200.31
重庆	6067	3209	2858	112.28	989	582	407	143.00
四川	18307	9548	8759	109.01	3598	1987	1611	123.34
贵州	11325	6738	4587	146.89	3163	2010	1153	174.33
云南	16859	9072	7787	116.50	3216	1870	1346	138.93
西藏	753	370	383	96.61	348	173	175	98.86
陕西	9457	5097	4360	116.90	877	519	358	144.97
甘肃	8497	4832	3665	131.84	1462	878	584	150.34
青海	1985	1064	921	115.53	504	288	216	133.33
宁夏	2275	1248	1027	121.52	579	322	257	125.29
新疆	8797	4471	4326	103.35	3316	1728	1588	108.82

6-1 续表 2

单位：人

地区	第四孩				第五孩及以上			
	小计	男	女	性别比(女=100)	小计	男	女	性别比(女=100)
全国	**11514**	**6843**	**4671**	**146.50**	**3338**	**1968**	**1370**	**143.65**
北京	10	9	1	900.00	2	2		
天津	17	13	4	325.00	4	3	1	300.00
河北	395	234	161	145.34	44	30	14	214.29
山西	139	100	39	256.41	18	12	6	200.00
内蒙古	44	26	18	144.44	7	6	1	600.00
辽宁	33	20	13	153.85	5	3	2	150.00
吉林	27	13	14	92.86	4	2	2	100.00
黑龙江	45	21	24	87.50	2	1	1	100.00
上海	36	22	14	157.14	4	3	1	300.00
江苏	341	197	144	136.81	54	33	21	157.14
浙江	130	81	49	165.31	25	20	5	400.00
安徽	255	187	68	275.00	31	24	7	342.86
福建	122	97	25	388.00	12	6	6	100.00
江西	833	474	359	132.03	141	100	41	243.90
山东	252	170	82	207.32	26	17	9	188.89
河南	892	585	307	190.55	114	76	38	200.00
湖北	243	117	126	92.86	28	9	19	47.37
湖南	515	310	205	151.22	73	44	29	151.72
广东	1582	930	652	142.64	586	338	248	136.29
广西	1306	771	535	144.11	484	287	197	145.69
海南	192	129	63	204.76	42	33	9	366.67
重庆	174	106	68	155.88	28	17	11	154.55
四川	969	544	425	128.00	370	196	174	112.64
贵州	947	595	352	169.03	432	262	170	154.12
云南	656	369	287	128.57	233	135	98	137.76
西藏	164	72	92	78.26	149	71	78	91.03
陕西	80	47	33	142.42	15	12	3	400.00
甘肃	275	154	121	127.27	88	61	27	225.93
青海	143	77	66	116.67	99	53	46	115.22
宁夏	132	79	53	149.06	53	33	20	165.00
新疆	565	294	271	108.49	165	79	86	91.86

6-1a 各地区分性别、孩次的出生人口 (2009.11.1-2010.10.31)(城市)

单位：人

地区	出生人数				第一孩			
	合计	男	女	性别比（女=100）	小计	男	女	性别比（女=100）
全国	**315041**	**170745**	**144296**	**118.33**	**241098**	**128142**	**112956**	**113.44**
北京	10649	5613	5036	111.46	9154	4713	4441	106.12
天津	5296	2833	2463	115.02	4395	2344	2051	114.29
河北	11755	6267	5488	114.19	9059	4755	4304	110.48
山西	6829	3617	3212	112.61	5055	2688	2367	113.56
内蒙古	6373	3263	3110	104.92	5034	2557	2477	103.23
辽宁	10644	5581	5063	110.23	9511	4973	4538	109.59
吉林	4629	2423	2206	109.84	4128	2184	1944	112.35
黑龙江	6950	3699	3251	113.78	6367	3410	2957	115.32
上海	12336	6531	5805	112.51	10095	5236	4859	107.76
江苏	22789	12333	10456	117.95	18172	9655	8517	113.36
浙江	18803	10100	8703	116.05	13184	6891	6293	109.50
安徽	9258	4986	4272	116.71	7420	3866	3554	108.78
福建	11219	6235	4984	125.10	8173	4355	3818	114.06
江西	6403	3509	2894	121.25	4262	2284	1978	115.47
山东	23120	12442	10678	116.52	18594	9797	8797	111.37
河南	16497	8987	7510	119.67	11362	5988	5374	111.43
湖北	14207	7905	6302	125.44	11303	6079	5224	116.37
湖南	11771	6380	5391	118.35	8962	4827	4135	116.74
广东	48554	27558	20996	131.25	33589	18643	14946	124.74
广西	8696	4787	3909	122.46	6307	3369	2938	114.67
海南	2316	1287	1029	125.07	1592	844	748	112.83
重庆	6043	3182	2861	111.22	4937	2583	2354	109.73
四川	10547	5623	4924	114.20	8512	4567	3945	115.77
贵州	5381	2954	2427	121.71	3877	2055	1822	112.79
云南	5142	2677	2465	108.60	3786	1935	1851	104.54
西藏	151	78	73	106.85	122	67	55	121.82
陕西	6441	3405	3036	112.15	5113	2686	2427	110.67
甘肃	3850	2105	1745	120.63	3023	1670	1353	123.43
青海	1081	571	510	111.96	778	405	373	108.58
宁夏	1853	982	871	112.74	1368	694	674	102.97
新疆	5458	2832	2626	107.84	3864	2022	1842	109.77

6-1a 续表 1

单位：人

地区	第二孩				第三孩			
	小计	男	女	性别比(女=100)	小计	男	女	性别比(女=100)
全国	**66448**	**37830**	**28618**	**132.19**	**6495**	**4160**	**2335**	**178.16**
北京	1376	815	561	145.28	110	77	33	233.33
天津	822	437	385	113.51	68	43	25	172.00
河北	2493	1379	1114	123.79	188	129	59	218.64
山西	1623	836	787	106.23	136	81	55	147.27
内蒙古	1280	671	609	110.18	51	32	19	168.42
辽宁	1076	574	502	114.34	51	32	19	168.42
吉林	478	226	252	89.68	20	12	8	150.00
黑龙江	545	269	276	97.46	36	20	16	125.00
上海	2029	1151	878	131.09	183	127	56	226.79
江苏	4211	2424	1787	135.65	359	226	133	169.92
浙江	5060	2829	2231	126.80	511	349	162	215.43
安徽	1711	1041	670	155.37	105	69	36	191.67
福建	2759	1666	1093	152.42	251	186	65	286.15
江西	1860	1036	824	125.73	247	167	80	208.75
山东	4227	2442	1785	136.81	265	180	85	211.76
河南	4643	2665	1978	134.73	442	297	145	204.83
湖北	2614	1626	988	164.57	244	175	69	253.62
湖南	2595	1435	1160	123.71	188	103	85	121.18
广东	12951	7683	5268	145.84	1683	1037	646	160.53
广西	2064	1208	856	141.12	273	176	97	181.44
海南	631	374	257	145.53	86	65	21	309.52
重庆	1041	560	481	116.42	61	36	25	144.00
四川	1906	987	919	107.40	116	59	57	103.51
贵州	1251	744	507	146.75	207	124	83	149.40
云南	1164	618	546	113.19	165	107	58	184.48
西藏	28	10	18	55.56	1	1		
陕西	1242	665	577	115.25	81	51	30	170.00
甘肃	768	399	369	108.13	53	32	21	152.38
青海	253	133	120	110.83	44	31	13	238.46
宁夏	446	261	185	141.08	35	24	11	218.18
新疆	1301	666	635	104.88	235	112	123	91.06

6-1a 续表 2

单位：人

地区	第四孩				第五孩及以上			
	小计	男	女	性别比（女=100）	小计	男	女	性别比（女=100）
全国	**834**	**514**	**320**	**160.63**	**166**	**99**	**67**	**147.76**
北京	8	7	1	700.00	1	1		
天津	7	6	1	600.00	4	3	1	300.00
河北	15	4	11	36.36				
山西	14	11	3	366.67	1	1		
内蒙古	7	2	5	40.00	1	1		
辽宁	6	2	4	50.00				
吉林	3	1	2	50.00				
黑龙江	2		2					
上海	27	15	12	125.00	2	2		
江苏	41	25	16	156.25	6	3	3	100.00
浙江	41	25	16	156.25	7	6	1	600.00
安徽	19	8	11	72.73	3	2	1	200.00
福建	31	27	4	675.00	5	1	4	25.00
江西	31	20	11	181.82	3	2	1	200.00
山东	31	22	9	244.44	3	1	2	50.00
河南	45	34	11	309.09	5	3	2	150.00
湖北	38	23	15	153.33	8	2	6	33.33
湖南	21	12	9	133.33	5	3	2	150.00
广东	262	155	107	144.86	69	40	29	137.93
广西	44	29	15	193.33	8	5	3	166.67
海南	5	3	2	150.00	2	1	1	100.00
重庆	4	3	1	300.00				
四川	12	9	3	300.00	1	1		
贵州	38	24	14	171.43	8	7	1	700.00
云南	21	14	7	200.00	6	3	3	100.00
西藏								
陕西	5	3	2	150.00				
甘肃	5	3	2	150.00	1	1		
青海	4		4		2	2		
宁夏	4	3	1	300.00				
新疆	43	24	19	126.32	15	8	7	114.29

6-1b 各地区分性别、孩次的出生人口
(2009.11.1-2010.10.31)(镇)

单位：人

地区	出生人数				第一孩			
	合计	男	女	性别比(女=100)	小计	男	女	性别比(女=100)
全国	**224849**	**123909**	**100940**	**122.76**	**138644**	**74003**	**64641**	**114.48**
北京	791	443	348	127.30	652	353	299	118.06
天津	975	523	452	115.71	662	341	321	106.23
河北	17885	9817	8068	121.68	10465	5513	4952	111.33
山西	6302	3397	2905	116.94	3641	1963	1678	116.98
内蒙古	4737	2438	2299	106.05	3273	1686	1587	106.24
辽宁	2509	1338	1171	114.26	1867	971	896	108.37
吉林	2186	1190	996	119.48	1657	893	764	116.88
黑龙江	3327	1750	1577	110.97	2752	1457	1295	112.51
上海	2325	1239	1086	114.09	1721	887	834	106.35
江苏	13913	7719	6194	124.62	8848	4750	4098	115.91
浙江	11084	6038	5046	119.66	7121	3733	3388	110.18
安徽	11441	6384	5057	126.24	7565	3941	3624	108.75
福建	7799	4295	3504	122.57	5079	2649	2430	109.01
江西	11198	6262	4936	126.86	5824	3064	2760	111.01
山东	16391	9209	7182	128.22	10823	5852	4971	117.72
河南	15760	8966	6794	131.97	8342	4591	3751	122.39
湖北	8782	4839	3943	122.72	5870	3127	2743	114.00
湖南	14545	8158	6387	127.73	8584	4716	3868	121.92
广东	13131	7383	5748	128.44	7123	3934	3189	123.36
广西	11847	6661	5186	128.44	6768	3693	3075	120.10
海南	2143	1243	900	138.11	1109	602	507	118.74
重庆	4447	2330	2117	110.06	2807	1467	1340	109.48
四川	10588	5589	4999	111.80	7040	3721	3319	112.11
贵州	6476	3664	2812	130.30	3909	2072	1837	112.79
云南	9452	5056	4396	115.01	5918	3108	2810	110.60
西藏	374	204	170	120.00	234	123	111	110.81
陕西	6285	3389	2896	117.02	4166	2216	1950	113.64
甘肃	2931	1675	1256	133.36	1793	1013	780	129.87
青海	1081	575	506	113.64	589	313	276	113.41
宁夏	972	518	454	114.10	536	273	263	103.80
新疆	3172	1617	1555	103.99	1906	981	925	106.05

6-1b 续表 1

单位：人

地区	第二孩 小计	第二孩 男	第二孩 女	第二孩 性别比(女=100)	第三孩 小计	第三孩 男	第三孩 女	第三孩 性别比(女=100)
全国	**73671**	**42032**	**31639**	**132.85**	**10441**	**6590**	**3851**	**171.12**
北京	123	76	47	161.70	15	13	2	650.00
天津	292	167	125	133.60	19	13	6	216.67
河北	6512	3717	2795	132.99	811	531	280	189.64
山西	2379	1244	1135	109.60	256	170	86	197.67
内蒙古	1369	695	674	103.12	91	56	35	160.00
辽宁	604	339	265	127.92	36	27	9	300.00
吉林	486	270	216	125.00	40	25	15	166.67
黑龙江	524	274	250	109.60	39	14	25	56.00
上海	535	308	227	135.68	64	39	25	156.00
江苏	4429	2579	1850	139.41	555	341	214	159.35
浙江	3567	2043	1524	134.06	359	237	122	194.26
安徽	3473	2162	1311	164.91	358	247	111	222.52
福建	2451	1460	991	147.33	248	168	80	210.00
江西	4361	2551	1810	140.94	835	537	298	180.20
山东	4998	2959	2039	145.12	494	349	145	240.69
河南	6222	3612	2610	138.39	1053	674	379	177.84
湖北	2635	1547	1088	142.19	260	159	101	157.43
湖南	5097	2890	2207	130.95	747	478	269	177.70
广东	4549	2593	1956	132.57	1033	605	428	141.36
广西	3897	2266	1631	138.93	896	527	369	142.82
海南	795	475	320	148.44	202	139	63	220.63
重庆	1444	746	698	106.88	169	102	67	152.24
四川	3131	1606	1525	105.31	356	218	138	157.97
贵州	2018	1241	777	159.72	398	255	143	178.32
云南	3000	1641	1359	120.75	444	264	180	146.67
西藏	97	56	41	136.59	28	17	11	154.55
陕西	1952	1069	883	121.06	152	94	58	162.07
甘肃	972	552	420	131.43	142	94	48	195.83
青海	365	192	173	110.98	86	49	37	132.43
宁夏	343	188	155	121.29	73	44	29	151.72
新疆	1051	514	537	95.72	182	104	78	133.33

6-1b 续表 2

单位：人

地区	第四孩				第五孩及以上			
	小计	男	女	性别比（女=100）	小计	男	女	性别比（女=100）
全国	**1659**	**1015**	**644**	**157.61**	**434**	**269**	**165**	**163.03**
北京	1	1						
天津	2	2						
河北	91	53	38	139.47	6	3	3	100.00
山西	24	19	5	380.00	2	1	1	100.00
内蒙古	4	1	3	33.33				
辽宁	2	1	1	100.00				
吉林	3	2	1	200.00				
黑龙江	11	5	6	83.33	1		1	
上海	4	4			1	1		
江苏	65	35	30	116.67	16	14	2	700.00
浙江	32	20	12	166.67	5	5		
安徽	41	30	11	272.73	4	4		
福建	19	16	3	533.33	2	2		
江西	152	94	58	162.07	26	16	10	160.00
山东	68	44	24	183.33	8	5	3	166.67
河南	126	81	45	180.00	17	8	9	88.89
湖北	16	6	10	60.00	1		1	
湖南	106	67	39	171.79	11	7	4	175.00
广东	279	165	114	144.74	147	86	61	140.98
广西	217	131	86	152.33	69	44	25	176.00
海南	34	24	10	240.00	3	3		
重庆	25	14	11	127.27	2	1	1	100.00
四川	44	33	11	300.00	17	11	6	183.33
贵州	119	75	44	170.45	32	21	11	190.91
云南	71	30	41	73.17	19	13	6	216.67
西藏	8	5	3	166.67	7	3	4	75.00
陕西	12	8	4	200.00	3	2	1	200.00
甘肃	19	12	7	171.43	5	4	1	400.00
青海	23	11	12	91.67	18	10	8	125.00
宁夏	15	10	5	200.00	5	3	2	150.00
新疆	26	16	10	160.00	7	2	5	40.00

6-1c 各地区分性别、孩次的出生人口 (2009.11.1-2010.10.31)(乡村)

单位：人

地区	出生人数				第一孩			
	合计	男	女	性别比(女=100)	小计	男	女	性别比(女=100)
全国	**650170**	**357419**	**292751**	**122.09**	**360124**	**191545**	**168579**	**113.62**
北京	1573	823	750	109.73	1281	673	608	110.69
天津	2291	1216	1075	113.12	1419	733	686	106.85
河北	47253	25652	21601	118.75	25834	13386	12448	107.54
山西	16298	8603	7695	111.80	9163	4804	4359	110.21
内蒙古	8818	4686	4132	113.41	5486	2897	2589	111.90
辽宁	10454	5600	4854	115.37	6891	3646	3245	112.36
吉林	8713	4715	3998	117.93	5921	3221	2700	119.30
黑龙江	10654	5751	4903	117.30	7562	4084	3478	117.42
上海	1649	828	821	100.85	1159	564	595	94.79
江苏	26813	14773	12040	122.70	16313	8752	7561	115.75
浙江	15596	8516	7080	120.28	9406	4919	4487	109.63
安徽	34999	20224	14775	136.88	21614	11610	10004	116.05
福建	15407	8643	6764	127.78	9611	5110	4501	113.53
江西	28097	15908	12189	130.51	12390	6620	5770	114.73
山东	44862	25102	19760	127.03	28199	14967	13232	113.11
河南	60369	33983	26386	128.79	30653	16684	13969	119.44
湖北	30579	16903	13676	123.60	19221	10261	8960	114.52
湖南	39866	22331	17535	127.35	20839	11380	9459	120.31
广东	33300	18655	14645	127.38	16149	8705	7444	116.94
广西	35664	19441	16223	119.84	17833	9444	8389	112.58
海南	5831	3275	2556	128.13	2760	1501	1259	119.22
重庆	8923	4821	4102	117.53	4411	2369	2042	116.01
四川	38245	20287	17958	112.97	20584	10936	9648	113.35
贵州	25219	14067	11152	126.14	13423	6953	6470	107.47
云南	34335	18290	16045	113.99	18261	9534	8727	109.25
西藏	2042	1002	1040	96.35	797	408	389	104.88
陕西	17548	9471	8077	117.26	10566	5688	4878	116.61
甘肃	17928	9937	7991	124.35	9571	5109	4462	114.50
青海	3770	1997	1773	112.63	1834	943	891	105.84
宁夏	4013	2148	1865	115.17	1895	999	896	111.50
新疆	19061	9771	9290	105.18	9078	4645	4433	104.78

6-1c 续表 1　　　　单位：人

地区	第二孩				第三孩			
	小计	男	女	性别比(女=100)	小计	男	女	性别比(女=100)
全国	**232176**	**130767**	**101409**	**128.95**	**46111**	**28193**	**17918**	**157.34**
北京	271	134	137	97.81	19	14	5	280.00
天津	809	444	365	121.64	55	34	21	161.90
河北	18455	10363	8092	128.06	2637	1699	938	181.13
山西	6204	3217	2987	107.70	815	502	313	160.38
内蒙古	3055	1619	1436	112.74	238	142	96	147.92
辽宁	3214	1722	1492	115.42	319	212	107	198.13
吉林	2490	1307	1183	110.48	277	175	102	171.57
黑龙江	2827	1514	1313	115.31	232	136	96	141.67
上海	417	217	200	108.50	67	44	23	191.30
江苏	8854	5047	3807	132.57	1379	821	558	147.13
浙江	5582	3211	2371	135.43	538	341	197	173.10
安徽	11661	7364	4297	171.38	1505	1083	422	256.64
福建	5089	3033	2056	147.52	630	443	187	236.90
江西	11818	6915	4903	141.04	3127	1931	1196	161.45
山东	14774	8793	5981	147.02	1721	1227	494	248.38
河南	23552	13378	10174	131.49	5351	3386	1965	172.32
湖北	9891	5767	4124	139.84	1259	780	479	162.84
湖南	15717	8810	6907	127.55	2865	1876	989	189.69
广东	12189	6976	5213	133.82	3551	2152	1399	153.82
广西	12568	6941	5627	123.35	3811	2207	1604	137.59
海南	2190	1194	996	119.88	691	449	242	185.54
重庆	3582	1903	1679	113.34	759	444	315	140.95
四川	13270	6955	6315	110.13	3126	1710	1416	120.76
贵州	8056	4753	3303	143.90	2558	1631	927	175.94
云南	12695	6813	5882	115.83	2607	1499	1108	135.29
西藏	628	304	324	93.83	319	155	164	94.51
陕西	6263	3363	2900	115.97	644	374	270	138.52
甘肃	6757	3881	2876	134.94	1267	752	515	146.02
青海	1367	739	628	117.68	374	208	166	125.30
宁夏	1486	799	687	116.30	471	254	217	117.05
新疆	6445	3291	3154	104.34	2899	1512	1387	109.01

6-1c 续表 2 单位：人

地区	第四孩				第五孩及以上			
	小计	男	女	性别比（女=100）	小计	男	女	性别比（女=100）
全 国	**9021**	**5314**	**3707**	**143.35**	**2738**	**1600**	**1138**	**140.60**
北 京	1	1			1	1		
天 津	8	5	3	166.67				
河 北	289	177	112	158.04	38	27	11	245.45
山 西	101	70	31	225.81	15	10	5	200.00
内蒙古	33	23	10	230.00	6	5	1	500.00
辽 宁	25	17	8	212.50	5	3	2	150.00
吉 林	21	10	11	90.91	4	2	2	100.00
黑龙江	32	16	16	100.00	1	1		
上 海	5	3	2	150.00	1		1	
江 苏	235	137	98	139.80	32	16	16	100.00
浙 江	57	36	21	171.43	13	9	4	225.00
安 徽	195	149	46	323.91	24	18	6	300.00
福 建	72	54	18	300.00	5	3	2	150.00
江 西	650	360	290	124.14	112	82	30	273.33
山 东	153	104	49	212.24	15	11	4	275.00
河 南	721	470	251	187.25	92	65	27	240.74
湖 北	189	88	101	87.13	19	7	12	58.33
湖 南	388	231	157	147.13	57	34	23	147.83
广 东	1041	610	431	141.53	370	212	158	134.18
广 西	1045	611	434	140.78	407	238	169	140.83
海 南	153	102	51	200.00	37	29	8	362.50
重 庆	145	89	56	158.93	26	16	10	160.00
四 川	913	502	411	122.14	352	184	168	109.52
贵 州	790	496	294	168.71	392	234	158	148.10
云 南	564	325	239	135.98	208	119	89	133.71
西 藏	156	67	89	75.28	142	68	74	91.89
陕 西	63	36	27	133.33	12	10	2	500.00
甘 肃	251	139	112	124.11	82	56	26	215.38
青 海	116	66	50	132.00	79	41	38	107.89
宁 夏	113	66	47	140.43	48	30	18	166.67
新 疆	496	254	242	104.96	143	69	74	93.24

6-2 全国按年龄、受教育程度、生育孩次

受教育程度 年龄	合计	生男孩的妇女人数	生女孩的妇女人数	一孩		
				小计	男	女
总计	**1157270**	**637925**	**519345**	**717707**	**380466**	**337241**
15-19岁	**27212**	**14499**	**12713**	**25398**	**13502**	**11896**
15	88	38	50	84	36	48
16	740	365	375	720	354	366
17	2895	1517	1378	2781	1466	1315
18	7746	4118	3628	7290	3861	3429
19	15743	8461	7282	14523	7785	6738
20-24岁	**388416**	**208047**	**180369**	**330835**	**174240**	**156595**
20	42114	22392	19722	38437	20274	18163
21	66042	34855	31187	59356	31059	28297
22	81363	43559	37804	70976	37435	33541
23	102180	54974	47206	85468	45083	40385
24	96717	52267	44450	76598	40389	36209
25-29岁	**382681**	**211275**	**171406**	**239381**	**125830**	**113551**
25	82776	45297	37479	59983	31608	28375
26	79949	43957	35992	53067	27996	25071
27	75546	41777	33769	47084	24678	22406
28	81330	45078	36252	46835	24610	22225
29	63080	35166	27914	32412	16938	15474
30-34岁	**200729**	**113351**	**87378**	**74649**	**39694**	**34955**
30	51920	29093	22827	23765	12543	11222
31	47104	26767	20337	18493	9896	8597
32	40596	23045	17551	13943	7454	6489
33	31258	17559	13699	9841	5225	4616
34	29851	16887	12964	8607	4576	4031
35-39岁	**100170**	**56274**	**43896**	**27446**	**15224**	**12222**
35	26020	14582	11438	7309	3941	3368
36	23560	13195	10365	6283	3456	2827
37	19996	11260	8736	5342	2957	2385
38	16909	9542	7367	4623	2638	1985
39	13685	7695	5990	3889	2232	1657
40-44岁	**39130**	**22729**	**16401**	**12575**	**7459**	**5116**
40	12295	7026	5269	3707	2138	1569
41	8465	4883	3582	2647	1596	1051
42	8022	4623	3399	2669	1563	1106
43	5349	3169	2180	1773	1074	699
44	4999	3028	1971	1779	1088	691
45-49岁	**18932**	**11750**	**7182**	**7423**	**4517**	**2906**
45	4629	2813	1816	1851	1130	721
46	4305	2636	1669	1676	987	689
47	4614	2939	1675	1871	1172	699
48	3457	2163	1294	1274	781	493
49	1927	1199	728	751	447	304

分的育龄妇女人数(2009.11.1-2010.10.31)

单位：人

二孩			三孩及以上		
小计	男	女	小计	男	女
363978	**209430**	**154548**	**75585**	**48029**	**27556**
1700	**938**	**762**	**114**	**59**	**55**
4	2	2			
19	10	9	1	1	
105	47	58	9	4	5
422	238	184	34	19	15
1150	641	509	70	35	35
52469	**30642**	**21827**	**5112**	**3165**	**1947**
3440	1960	1480	237	158	79
6133	3464	2669	553	332	221
9520	5613	3907	867	511	356
15226	8953	6273	1486	938	548
18150	10652	7498	1969	1226	743
124642	**73393**	**51249**	**18658**	**12052**	**6606**
20202	11998	8204	2591	1691	900
23673	13947	9726	3209	2014	1195
24820	14744	10076	3642	2355	1287
29819	17425	12394	4676	3043	1633
26128	15279	10849	4540	2949	1591
103998	**59188**	**44810**	**22082**	**14469**	**7613**
23396	13479	9917	4759	3071	1688
24125	13917	10208	4486	2954	1532
22042	12551	9491	4611	3040	1571
17574	9813	7761	3843	2521	1322
16861	9428	7433	4383	2883	1500
55602	**30191**	**25411**	**17122**	**10859**	**6263**
14705	8057	6648	4006	2584	1422
13420	7261	6159	3857	2478	1379
11132	6090	5042	3522	2213	1309
9159	4926	4233	3127	1978	1149
7186	3857	3329	2610	1606	1004
18230	**10306**	**7924**	**8325**	**4964**	**3361**
6052	3334	2718	2536	1554	982
4053	2242	1811	1765	1045	720
3593	1997	1596	1760	1063	697
2420	1431	989	1156	664	492
2112	1302	810	1108	638	470
7337	**4772**	**2565**	**4172**	**2461**	**1711**
1823	1127	696	955	556	399
1696	1093	603	933	556	377
1761	1181	580	982	586	396
1351	896	455	832	486	346
706	475	231	470	277	193

6-2 续表 1

受教育程度 年 龄	合 计	生男孩的妇女人数	生女孩的妇女人数	一 孩 小计	男	女
未上过学	**14910**	**8238**	**6672**	**4603**	**2427**	**2176**
15-19岁	**429**	**215**	**214**	**354**	**171**	**183**
15	4		4	4		4
16	13	6	7	12	5	7
17	49	25	24	42	23	19
18	131	65	66	121	60	61
19	232	119	113	175	83	92
20-24岁	**3313**	**1795**	**1518**	**1919**	**1020**	**899**
20	472	250	222	355	187	168
21	664	365	299	457	250	207
22	624	343	281	362	191	171
23	758	429	329	394	218	176
24	795	408	387	351	174	177
25-29岁	**3827**	**2105**	**1722**	**1134**	**573**	**561**
25	856	487	369	326	170	156
26	752	397	355	245	120	125
27	747	406	341	213	105	108
28	806	440	366	195	96	99
29	666	375	291	155	82	73
30-34岁	**2891**	**1587**	**1304**	**557**	**304**	**253**
30	717	392	325	179	88	91
31	634	342	292	115	61	54
32	597	334	263	102	67	35
33	455	253	202	76	40	36
34	488	266	222	85	48	37
35-39岁	**2232**	**1227**	**1005**	**322**	**164**	**158**
35	478	251	227	68	31	37
36	483	260	223	72	39	33
37	484	275	209	72	36	36
38	426	235	191	61	30	31
39	361	206	155	49	28	21
40-44岁	**1394**	**789**	**605**	**197**	**118**	**79**
40	406	234	172	77	48	29
41	303	157	146	35	17	18
42	311	178	133	43	27	16
43	200	113	87	24	13	11
44	174	107	67	18	13	5
45-49岁	**824**	**520**	**304**	**120**	**77**	**43**
45	178	103	75	32	17	15
46	178	114	64	23	15	8
47	190	127	63	30	22	8
48	191	120	71	23	16	7
49	87	56	31	12	7	5

单位：人

二　孩			三孩及以上		
小计	男	女	小计	男	女
5851	**3303**	**2548**	**4456**	**2508**	**1948**
70	**42**	**28**	**5**	**2**	**3**
			1	1	
7	2	5			
9	5	4	1		1
54	35	19	3	1	2
1095	**606**	**489**	**299**	**169**	**130**
106	54	52	11	9	2
172	96	76	35	19	16
211	127	84	51	25	26
273	153	120	91	58	33
333	176	157	111	58	53
1690	**960**	**730**	**1003**	**572**	**431**
374	218	156	156	99	57
353	203	150	154	74	80
340	195	145	194	106	88
334	191	143	277	153	124
289	153	136	222	140	82
1226	**659**	**567**	**1108**	**624**	**484**
305	170	135	233	134	99
280	151	129	239	130	109
247	127	120	248	140	108
190	111	79	189	102	87
204	100	104	199	118	81
919	**508**	**411**	**991**	**555**	**436**
200	107	93	210	113	97
203	109	94	208	112	96
210	119	91	202	120	82
179	93	86	186	112	74
127	80	47	185	98	87
528	**305**	**223**	**669**	**366**	**303**
143	77	66	186	109	77
122	67	55	146	73	73
119	69	50	149	82	67
68	44	24	108	56	52
76	48	28	80	46	34
323	**223**	**100**	**381**	**220**	**161**
68	39	29	78	47	31
79	55	24	76	44	32
67	53	14	93	52	41
80	53	27	88	51	37
29	23	6	46	26	20

6-2 续表 2

受教育程度 年 龄	合 计	生男孩的 妇女人数	生女孩的 妇女人数	一 孩 小计	男	女
小 学	**162771**	**91002**	**71769**	**64916**	**34778**	**30138**
15-19岁	**6006**	**3145**	**2861**	**5405**	**2854**	**2551**
15	41	20	21	40	19	21
16	300	154	146	291	148	143
17	820	435	385	780	420	360
18	1832	976	856	1660	881	779
19	3013	1560	1453	2634	1386	1248
20-24岁	**45320**	**24376**	**20944**	**32665**	**17162**	**15503**
20	6511	3473	3038	5476	2875	2601
21	8826	4610	4216	7135	3661	3474
22	9472	5106	4366	7098	3763	3335
23	10748	5844	4904	7213	3825	3388
24	9763	5343	4420	5743	3038	2705
25-29岁	**40553**	**22775**	**17778**	**14336**	**7525**	**6811**
25	8757	4863	3894	4298	2272	2026
26	8517	4717	3800	3374	1790	1584
27	7712	4303	3409	2525	1303	1222
28	8432	4808	3624	2394	1251	1143
29	7135	4084	3051	1745	909	836
30-34岁	**31668**	**18014**	**13654**	**5611**	**3001**	**2610**
30	7034	3982	3052	1603	866	737
31	6807	3972	2835	1259	678	581
32	6407	3587	2820	1058	559	499
33	5590	3116	2474	867	449	418
34	5830	3357	2473	824	449	375
35-39岁	**22557**	**12608**	**9949**	**3551**	**2012**	**1539**
35	5327	2944	2383	882	458	424
36	5179	2881	2298	777	441	336
37	4495	2545	1950	686	394	292
38	4124	2293	1831	646	381	265
39	3432	1945	1487	560	338	222
40-44岁	**11189**	**6571**	**4618**	**2140**	**1385**	**755**
40	3276	1879	1397	588	365	223
41	2396	1385	1011	427	283	144
42	2295	1355	940	469	300	169
43	1669	984	685	319	199	120
44	1553	968	585	337	238	99
45-49岁	**5478**	**3513**	**1965**	**1208**	**839**	**369**
45	1355	853	502	320	226	94
46	1226	779	447	264	178	86
47	1281	841	440	300	207	93
48	1018	652	366	212	145	67
49	598	388	210	112	83	29

单位：人

二孩			三孩及以上		
小计	男	女	小计	男	女
72359	**40626**	**31733**	**25496**	**15598**	**9898**
560	**273**	**287**	**41**	**18**	**23**
1	1				
9	6	3			
39	15	24	1		1
160	88	72	12	7	5
351	163	188	28	11	17
10951	**6178**	**4773**	**1704**	**1036**	**668**
945	540	405	90	58	32
1512	847	665	179	102	77
2050	1155	895	324	188	136
3026	1696	1330	509	323	186
3418	1940	1478	602	365	237
20738	**11838**	**8900**	**5479**	**3412**	**2067**
3669	2111	1558	790	480	310
4154	2344	1810	989	583	406
4128	2341	1787	1059	659	400
4697	2689	2008	1341	868	473
4090	2353	1737	1300	822	478
19147	**10655**	**8492**	**6910**	**4358**	**2552**
3992	2231	1761	1439	885	554
4190	2429	1761	1358	865	493
3997	2183	1814	1352	845	507
3442	1868	1574	1281	799	482
3526	1944	1582	1480	964	516
12893	**6896**	**5997**	**6113**	**3700**	**2413**
3016	1616	1400	1429	870	559
3086	1629	1457	1316	811	505
2595	1417	1178	1214	734	480
2305	1225	1080	1173	687	486
1891	1009	882	981	598	383
5568	**3173**	**2395**	**3481**	**2013**	**1468**
1656	895	761	1032	619	413
1232	685	547	737	417	320
1118	648	470	708	407	301
833	491	342	517	294	223
729	454	275	487	276	211
2502	**1613**	**889**	**1768**	**1061**	**707**
632	398	234	403	229	174
561	364	197	401	237	164
580	381	199	401	253	148
448	287	161	358	220	138
281	183	98	205	122	83

6-2　续表 3

受教育程度 年　　龄	合　计	生男孩的 妇女人数	生女孩的 妇女人数	一　孩		
				小计	男	女
初　中	**693064**	**384974**	**308090**	**408486**	**217111**	**191375**
15-19岁	**19355**	**10393**	**8962**	**18258**	**9751**	**8507**
15	42	17	25	39	16	23
16	404	196	208	396	192	204
17	1930	1006	924	1864	972	892
18	5455	2912	2543	5189	2756	2433
19	11524	6262	5262	10770	5815	4955
20-24岁	**272329**	**146020**	**126309**	**232824**	**122593**	**110231**
20	31228	16610	14618	28885	15259	13626
21	48551	25660	22891	44138	23153	20985
22	58964	31492	27472	51821	27226	24595
23	70574	38034	32540	58971	31098	27873
24	63012	34224	28788	49009	25857	23152
25-29岁	**207618**	**116741**	**90877**	**108421**	**57273**	**51148**
25	50664	27925	22739	34772	18306	16466
26	45428	25340	20088	26655	14080	12575
27	39122	22168	16954	19292	10164	9128
28	40343	22946	17397	16575	8811	7764
29	32061	18362	13699	11127	5912	5215
30-34岁	**109366**	**62985**	**46381**	**27682**	**14976**	**12706**
30	27113	15553	11560	8533	4547	3986
31	25340	14652	10688	6475	3530	2945
32	22515	13050	9465	5192	2818	2374
33	17527	10038	7489	3842	2078	1764
34	16871	9692	7179	3640	2003	1637
35-39岁	**56042**	**31827**	**24215**	**12409**	**7070**	**5339**
35	14776	8409	6367	3112	1733	1379
36	13401	7600	5801	2901	1631	1270
37	11210	6352	4858	2407	1366	1041
38	9245	5294	3951	2175	1286	889
39	7410	4172	3238	1814	1054	760
40-44岁	**19885**	**11670**	**8215**	**5868**	**3550**	**2318**
40	6449	3714	2735	1725	1016	709
41	4322	2551	1771	1262	790	472
42	4010	2326	1684	1205	718	487
43	2639	1577	1062	841	517	324
44	2465	1502	963	835	509	326
45-49岁	**8469**	**5338**	**3131**	**3024**	**1898**	**1126**
45	2205	1346	859	839	520	319
46	2018	1260	758	725	447	278
47	2056	1331	725	735	478	257
48	1432	917	515	461	290	171
49	758	484	274	264	163	101

单位：人

二孩			三孩及以上		
小计	男	女	小计	男	女
242619	**140304**	**102315**	**41959**	**27559**	**14400**
1033	**604**	**429**	**64**	**38**	**26**
3	1	2			
8	4	4			
59	30	29	7	4	3
247	144	103	19	12	7
716	425	291	38	22	16
36587	**21580**	**15007**	**2918**	**1847**	**1071**
2217	1264	953	126	87	39
4096	2311	1785	317	196	121
6677	3985	2692	466	281	185
10767	6404	4363	836	532	304
12830	7616	5214	1173	751	422
87927	**52005**	**35922**	**11270**	**7463**	**3807**
14364	8588	5776	1528	1031	497
16834	9990	6844	1939	1270	669
17617	10543	7074	2213	1461	752
20946	12259	8687	2822	1876	946
18166	10625	7541	2768	1825	943
68846	**39350**	**29496**	**12838**	**8659**	**4179**
15748	9133	6615	2832	1873	959
16242	9347	6895	2623	1775	848
14559	8343	6216	2764	1889	875
11540	6490	5050	2145	1470	675
10757	6037	4720	2474	1652	822
34403	**18647**	**15756**	**9230**	**6110**	**3120**
9467	5194	4273	2197	1482	715
8355	4532	3823	2145	1437	708
6877	3729	3148	1926	1257	669
5442	2913	2529	1628	1095	533
4262	2279	1983	1334	839	495
10170	**5726**	**4444**	**3847**	**2394**	**1453**
3524	1935	1589	1200	763	437
2244	1244	1000	816	517	299
1969	1077	892	836	531	305
1306	770	536	492	290	202
1127	700	427	503	293	210
3653	**2392**	**1261**	**1792**	**1048**	**744**
939	576	363	427	250	177
883	570	313	410	243	167
893	602	291	428	251	177
634	436	198	337	191	146
304	208	96	190	113	77

6-2 续表 4

受教育程度 年　　龄	合　计	生男孩的 妇女人数	生女孩的 妇女人数	一　孩		
				小计	男	女
高　中	**147549**	**80180**	**67369**	**113306**	**59930**	**53376**
15-19岁	**1300**	**685**	**615**	**1262**	**666**	**596**
15	1	1		1	1	
16	21	8	13	20	8	12
17	86	46	40	86	46	40
18	294	146	148	286	145	141
19	898	484	414	869	466	403
20-24岁	**48944**	**26020**	**22924**	**45549**	**23971**	**21578**
20	3486	1840	1646	3323	1744	1579
21	6829	3604	3225	6500	3401	3099
22	9838	5289	4549	9322	4970	4352
23	14467	7666	6801	13430	7038	6392
24	14324	7621	6703	12974	6818	6156
25-29岁	**53739**	**29113**	**24626**	**42648**	**22366**	**20282**
25	11935	6433	5502	10433	5511	4922
26	11262	6078	5184	9426	4962	4464
27	10666	5797	4869	8538	4463	4075
28	11267	6131	5136	8412	4421	3991
29	8609	4674	3935	5839	3009	2830
30-34岁	**25358**	**14159**	**11199**	**14022**	**7489**	**6533**
30	6840	3781	3059	4286	2283	2003
31	6212	3506	2706	3539	1900	1639
32	5092	2906	2186	2598	1412	1186
33	3786	2073	1713	1937	1029	908
34	3428	1893	1535	1662	865	797
35-39岁	**11071**	**6164**	**4907**	**5260**	**2896**	**2364**
35	3001	1649	1352	1475	789	686
36	2562	1425	1137	1145	628	517
37	2143	1206	937	1013	567	446
38	1858	1039	819	869	480	389
39	1507	845	662	758	432	326
40-44岁	**4179**	**2350**	**1829**	**2508**	**1403**	**1105**
40	1333	737	596	717	385	332
41	882	476	406	515	282	233
42	881	494	387	556	308	248
43	555	341	214	358	222	136
44	528	302	226	362	206	156
45-49岁	**2958**	**1689**	**1269**	**2057**	**1139**	**918**
45	576	328	248	403	225	178
46	597	336	261	417	225	192
47	781	457	324	539	306	233
48	625	362	263	426	243	183
49	379	206	173	272	140	132

单位：人

二孩			三孩及以上		
小计	男	女	小计	男	女
31240	**18301**	**12939**	**3003**	**1949**	**1054**
35	**18**	**17**	**3**	**1**	**2**
1		1			
6	1	5	2		2
28	17	11	1	1	
3239	**1955**	**1284**	**156**	**94**	**62**
155	92	63	8	4	4
312	191	121	17	12	5
493	304	189	23	15	8
993	605	388	44	23	21
1286	763	523	64	40	24
10352	**6240**	**4112**	**739**	**507**	**232**
1408	854	554	94	68	26
1733	1043	690	103	73	30
1983	1225	758	145	109	36
2666	1590	1076	189	120	69
2562	1528	1034	208	137	71
10344	**5999**	**4345**	**992**	**671**	**321**
2349	1357	992	205	141	64
2455	1453	1002	218	153	65
2292	1353	939	202	141	61
1662	925	737	187	119	68
1586	911	675	180	117	63
5167	**2867**	**2300**	**644**	**401**	**243**
1381	758	623	145	102	43
1265	702	563	152	95	57
996	567	429	134	72	62
869	488	381	120	71	49
656	352	304	93	61	32
1406	**786**	**620**	**265**	**161**	**104**
521	297	224	95	55	40
314	164	150	53	30	23
271	149	122	54	37	17
164	97	67	33	22	11
136	79	57	30	17	13
697	**436**	**261**	**204**	**114**	**90**
134	79	55	39	24	15
138	82	56	42	29	13
189	124	65	53	27	26
158	101	57	41	18	23
78	50	28	29	16	13

6-2 续表 5

受教育程度 年龄	合计	生男孩的妇女人数	生女孩的妇女人数	一孩 小计	一孩 男	一孩 女
大学专科	**81250**	**43295**	**37955**	**72250**	**38057**	**34193**
15-19岁	**110**	**54**	**56**	**109**	**54**	**55**
15						
16	2	1	1	1	1	
17	6	3	3	6	3	3
18	31	17	14	31	17	14
19	71	33	38	71	33	38
20-24岁	**15358**	**8175**	**7183**	**14818**	**7881**	**6937**
20	374	190	184	359	183	176
21	1057	553	504	1018	535	483
22	2218	1198	1020	2133	1156	977
23	4809	2568	2241	4654	2481	2173
24	6900	3666	3234	6654	3526	3128
25-29岁	**43089**	**22870**	**20219**	**40117**	**21094**	**19023**
25	7560	3995	3565	7242	3811	3431
26	8831	4735	4096	8341	4427	3914
27	9572	5031	4541	9016	4709	4307
28	10264	5424	4840	9411	4922	4489
29	6862	3685	3177	6107	3225	2882
30-34岁	**15420**	**8193**	**7227**	**12143**	**6303**	**5840**
30	4704	2517	2187	3955	2059	1896
31	3872	2037	1835	3184	1649	1535
32	3007	1621	1386	2324	1219	1105
33	2080	1099	981	1522	790	732
34	1757	919	838	1158	586	572
35-39岁	**4926**	**2688**	**2238**	**3279**	**1738**	**1541**
35	1429	777	652	959	503	456
36	1178	639	539	773	403	370
37	964	518	446	628	330	298
38	761	430	331	503	277	226
39	594	324	270	416	225	191
40-44岁	**1560**	**856**	**704**	**1132**	**619**	**513**
40	524	286	238	361	193	168
41	346	198	148	250	140	110
42	323	166	157	231	121	110
43	195	109	86	153	85	68
44	172	97	75	137	80	57
45-49岁	**787**	**459**	**328**	**652**	**368**	**284**
45	210	126	84	167	94	73
46	174	91	83	147	74	73
47	201	120	81	176	106	70
48	130	77	53	101	57	44
49	72	45	27	61	37	24

单位：人

二孩			三孩及以上		
小计	男	女	小计	男	女
8492	**4924**	**3568**	**508**	**314**	**194**
1		**1**			
1		1			
509	**277**	**232**	**31**	**17**	**14**
13	7	6	2		2
35	15	20	4	3	1
82	40	42	3	2	1
149	85	64	6	2	4
230	130	100	16	10	6
2843	**1700**	**1143**	**129**	**76**	**53**
303	175	128	15	9	6
471	296	175	19	12	7
530	306	224	26	16	10
817	484	333	36	18	18
722	439	283	33	21	12
3101	**1771**	**1330**	**176**	**119**	**57**
714	430	284	35	28	7
648	363	285	40	25	15
652	386	266	31	16	15
525	284	241	33	25	8
562	308	254	37	25	12
1544	**884**	**660**	**103**	**66**	**37**
452	263	189	18	11	7
376	216	160	29	20	9
302	166	136	34	22	12
247	145	102	11	8	3
167	94	73	11	5	6
377	**211**	**166**	**51**	**26**	**25**
144	86	58	19	7	12
86	50	36	10	8	2
81	40	41	11	5	6
38	23	15	4	1	3
28	12	16	7	5	2
117	**81**	**36**	**18**	**10**	**8**
38	29	9	5	3	2
24	15	9	3	2	1
21	13	8	4	1	3
23	16	7	6	4	2
11	8	3			

6-2 续表 6

受教育程度 年　龄	合　计	生男孩的 妇女人数	生女孩的 妇女人数	一　孩		
				小计	男	女
大学本科	**50929**	**26731**	**24198**	**47643**	**24819**	**22824**
15-19岁	**10**	**6**	**4**	**10**	**6**	**4**
15						
16						
17	3	2	1	3	2	1
18	3	2	1	3	2	1
19	4	2	2	4	2	2
20-24岁	**3092**	**1632**	**1460**	**3004**	**1586**	**1418**
20	41	28	13	38	26	12
21	110	61	49	105	58	47
22	245	130	115	238	128	110
23	808	427	381	790	417	373
24	1888	986	902	1833	957	876
25-29岁	**30966**	**16192**	**14774**	**29900**	**15555**	**14345**
25	2931	1552	1379	2843	1496	1347
26	4983	2601	2382	4851	2528	2323
27	7269	3845	3424	7056	3719	3337
28	9193	4796	4397	8848	4590	4258
29	6590	3398	3192	6302	3222	3080
30-34岁	**12881**	**6780**	**6101**	**11611**	**6054**	**5557**
30	4511	2347	2164	4233	2193	2040
31	3400	1811	1589	3113	1651	1462
32	2339	1229	1110	2053	1074	979
33	1432	783	649	1233	652	581
34	1199	610	589	979	484	495
35-39岁	**2771**	**1462**	**1309**	**2135**	**1088**	**1047**
35	823	446	377	647	334	313
36	638	336	302	508	262	246
37	569	298	271	423	207	216
38	425	218	207	314	160	154
39	316	164	152	243	125	118
40-44岁	**822**	**446**	**376**	**646**	**349**	**297**
40	273	160	113	209	118	91
41	189	102	87	138	75	63
42	177	95	82	143	81	62
43	82	40	42	69	33	36
44	101	49	52	87	42	45
45-49岁	**387**	**213**	**174**	**337**	**181**	**156**
45	98	53	45	85	45	40
46	107	53	54	95	45	50
47	95	57	38	82	48	34
48	55	31	24	46	27	19
49	32	19	13	29	16	13

单位：人

二孩			三孩及以上		
小计	男	女	小计	男	女
3142	**1824**	**1318**	**144**	**88**	**56**
84	**44**	**40**	**4**	**2**	**2**
3	2	1			
4	3	1	1		1
7	2	5			
18	10	8			
52	27	25	3	2	1
1030	**616**	**414**	**36**	**21**	**15**
81	52	29	7	4	3
127	71	56	5	2	3
208	122	86	5	4	1
335	199	136	10	7	3
279	172	107	9	4	5
1216	**691**	**525**	**54**	**35**	**19**
264	145	119	14	9	5
279	154	125	8	6	2
273	147	126	13	8	5
192	126	66	7	5	2
208	119	89	12	7	5
603	**352**	**251**	**33**	**22**	**11**
170	107	63	6	5	1
124	71	53	6	3	3
136	84	52	10	7	3
105	55	50	6	3	3
68	35	33	5	4	1
165	**94**	**71**	**11**	**3**	**8**
60	41	19	4	1	3
48	27	21	3		3
32	13	19	2	1	1
11	6	5	2	1	1
14	7	7			
44	**27**	**17**	**6**	**5**	**1**
11	6	5	2	2	
11	7	4	1	1	
11	8	3	2	1	1
8	3	5	1	1	
3	3				

6-2 续表 7

受教育程度 年　　龄	合　计	生男孩的 妇女人数	生女孩的 妇女人数	一　孩		
				小计	男	女
研究生	**6797**	**3505**	**3292**	**6503**	**3344**	**3159**
15-19岁	**2**	**1**	**1**			
15						
16						
17	1		1			
18						
19	1	1				
20-24岁	**60**	**29**	**31**	**56**	**27**	**29**
20	2	1	1	1		1
21	5	2	3	3	1	2
22	2	1	1	2	1	1
23	16	6	10	16	6	10
24	35	19	16	34	19	15
25-29岁	**2889**	**1479**	**1410**	**2825**	**1444**	**1381**
25	73	42	31	69	42	27
26	176	89	87	175	89	86
27	458	227	231	444	215	229
28	1025	533	492	1000	519	481
29	1157	588	569	1137	579	558
30-34岁	**3145**	**1633**	**1512**	**3023**	**1567**	**1456**
30	1001	521	480	976	507	469
31	839	447	392	808	427	381
32	639	318	321	616	305	311
33	388	197	191	364	187	177
34	278	150	128	259	141	118
35-39岁	**571**	**298**	**273**	**490**	**256**	**234**
35	186	106	80	166	93	73
36	119	54	65	107	52	55
37	131	66	65	113	57	56
38	70	33	37	55	24	31
39	65	39	26	49	30	19
40-44岁	**101**	**47**	**54**	**84**	**35**	**49**
40	34	16	18	30	13	17
41	27	14	13	20	9	11
42	25	9	16	22	8	14
43	9	5	4	9	5	4
44	6	3	3	3		3
45-49岁	**29**	**18**	**11**	**25**	**15**	**10**
45	7	4	3	5	3	2
46	5	3	2	5	3	2
47	10	6	4	9	5	4
48	6	4	2	5	3	2
49	1	1		1	1	

单位：人

二孩			三孩及以上		
小计	男	女	小计	男	女
275	**148**	**127**	**19**	**13**	**6**
1	**1**		**1**		**1**
			1		1
1	1				
4	**2**	**2**			
1	1				
2	1	1			
1		1			
62	**34**	**28**	**2**	**1**	**1**
3		3	1		1
1		1			
14	12	2			
24	13	11	1	1	
20	9	11			
118	**63**	**55**	**4**	**3**	**1**
24	13	11	1	1	
31	20	11			
22	12	10	1	1	
23	9	14	1	1	
18	9	9	1		1
73	**37**	**36**	**8**	**5**	**3**
19	12	7	1	1	
11	2	9	1		1
16	8	8	2	1	1
12	7	5	3	2	1
15	8	7	1	1	
16	**11**	**5**	**1**	**1**	
4	3	1			
7	5	2			
3	1	2			
2	2		1	1	
1		**1**	**3**	**3**	
1		1	1	1	
			1	1	
			1	1	

6-2a 全国按年龄、受教育程度、生育孩次

受教育程度 年龄	合计	生男孩的妇女人数	生女孩的妇女人数	一孩		
				小计	男	女
总计	**308204**	**167804**	**140400**	**235570**	**124857**	**110713**
15-19岁	**2843**	**1585**	**1258**	**2694**	**1496**	**1198**
15	3	2	1	3	2	1
16	41	20	21	40	19	21
17	247	143	104	240	139	101
18	786	447	339	740	420	320
19	1766	973	793	1671	916	755
20-24岁	**68315**	**36398**	**31917**	**62109**	**32692**	**29417**
20	5121	2676	2445	4768	2463	2305
21	9169	4886	4283	8562	4524	4038
22	12938	6930	6008	11887	6299	5588
23	19522	10387	9135	17685	9276	8409
24	21565	11519	10046	19207	10130	9077
25-29岁	**124008**	**66882**	**57126**	**103252**	**54350**	**48902**
25	20641	11105	9536	17891	9457	8434
26	23374	12605	10769	19829	10474	9355
27	26254	14240	12014	22087	11657	10430
28	30662	16465	14197	25309	13290	12019
29	23077	12467	10610	18136	9472	8664
30-34岁	**65575**	**36000**	**29575**	**42127**	**22218**	**19909**
30	17876	9761	8115	13117	6895	6222
31	15926	8726	7200	10721	5700	5021
32	12997	7166	5831	7947	4198	3749
33	9800	5415	4385	5618	2962	2656
34	8976	4932	4044	4724	2463	2261
35-39岁	**29772**	**16659**	**13113**	**14657**	**7998**	**6659**
35	7856	4346	3510	3925	2111	1814
36	6901	3829	3072	3327	1788	1539
37	6024	3382	2642	2959	1594	1365
38	4967	2842	2125	2416	1356	1060
39	4024	2260	1764	2030	1149	881
40-44岁	**11358**	**6543**	**4815**	**6455**	**3682**	**2773**
40	3537	2016	1521	1885	1045	840
41	2465	1418	1047	1377	796	581
42	2409	1378	1031	1370	771	599
43	1495	891	604	895	528	367
44	1452	840	612	928	542	386
45-49岁	**6333**	**3737**	**2596**	**4276**	**2421**	**1855**
45	1519	911	608	999	580	419
46	1412	815	597	964	524	440
47	1617	980	637	1115	651	464
48	1121	664	457	732	416	316
49	664	367	297	466	250	216

分的育龄妇女人数(2009.11.1-2010.10.31)(城市)

单位：人

二孩			三孩及以上		
小计	男	女	小计	男	女
65346	**38123**	**27223**	**7288**	**4824**	**2464**
142	**85**	**57**	**7**	**4**	**3**
1	1				
5	3	2	2	1	1
43	25	18	3	2	1
93	56	37	2	1	1
5853	**3481**	**2372**	**353**	**225**	**128**
339	207	132	14	6	8
564	331	233	43	31	12
1000	597	403	51	34	17
1720	1036	684	117	75	42
2230	1310	920	128	79	49
19198	**11492**	**7706**	**1558**	**1040**	**518**
2552	1518	1034	198	130	68
3306	1973	1333	239	158	81
3870	2387	1483	297	196	101
4919	2885	2034	434	290	144
4551	2729	1822	390	266	124
21219	**12268**	**8951**	**2229**	**1514**	**715**
4318	2568	1750	441	298	143
4750	2711	2039	455	315	140
4584	2641	1943	466	327	139
3786	2193	1593	396	260	136
3781	2155	1626	471	314	157
13252	**7413**	**5839**	**1863**	**1248**	**615**
3500	1940	1560	431	295	136
3133	1752	1381	441	289	152
2674	1520	1154	391	268	123
2227	1266	961	324	220	104
1718	935	783	276	176	100
4062	**2337**	**1725**	**841**	**524**	**317**
1384	792	592	268	179	89
917	516	401	171	106	65
843	486	357	196	121	75
500	302	198	100	61	39
418	241	177	106	57	49
1620	**1047**	**573**	**437**	**269**	**168**
407	257	150	113	74	39
366	235	131	82	56	26
410	273	137	92	56	36
298	197	101	91	51	40
139	85	54	59	32	27

6-2a 续表 1

受教育程度 年龄	合计	生男孩的妇女人数	生女孩的妇女人数	一孩		
				小计	男	女
未上过学	**915**	**491**	**424**	**303**	**156**	**147**
15-19岁	**12**	**6**	**6**	**10**	**5**	**5**
15						
16	1		1	1		1
17	2	1	1	2	1	1
18	3	2	1	3	2	1
19	6	3	3	4	2	2
20-24岁	**113**	**58**	**55**	**84**	**42**	**42**
20	18	7	11	14	5	9
21	25	13	12	23	11	12
22	17	11	6	14	9	5
23	26	16	10	16	9	7
24	27	11	16	17	8	9
25-29岁	**190**	**107**	**83**	**67**	**42**	**25**
25	32	18	14	15	11	4
26	35	19	16	18	9	9
27	31	16	15	11	6	5
28	50	33	17	16	13	3
29	42	21	21	7	3	4
30-34岁	**202**	**98**	**104**	**53**	**23**	**30**
30	43	20	23	11	5	6
31	50	26	24	13	7	6
32	43	21	22	10	3	7
33	31	16	15	11	4	7
34	35	15	20	8	4	4
35-39岁	**219**	**120**	**99**	**45**	**17**	**28**
35	46	27	19	4		4
36	52	27	25	11	4	7
37	51	25	26	14	5	9
38	34	19	15	7	4	3
39	36	22	14	9	4	5
40-44岁	**113**	**58**	**55**	**27**	**15**	**12**
40	45	23	22	16	8	8
41	23	11	12	5	2	3
42	25	17	8	5	4	1
43	5	1	4			
44	15	6	9	1	1	
45-49岁	**66**	**44**	**22**	**17**	**12**	**5**
45	15	11	4	5	3	2
46	8	6	2	3	3	
47	12	9	3	3	2	1
48	19	10	9	4	2	2
49	12	8	4	2	2	

单位：人

二孩			三孩及以上		
小计	男	女	小计	男	女
426	**230**	**196**	**186**	**105**	**81**
2	**1**	**1**			
2	1	1			
24	**14**	**10**	**5**	**2**	**3**
2	1	1	2	1	1
2	2				
3	2	1			
8	6	2	2	1	1
9	3	6	1		1
98	**49**	**49**	**25**	**16**	**9**
16	6	10	1	1	
15	9	6	2	1	1
14	9	5	6	1	5
22	11	11	12	9	3
31	14	17	4	4	
104	**50**	**54**	**45**	**25**	**20**
19	10	9	13	5	8
27	14	13	10	5	5
26	12	14	7	6	1
11	7	4	9	5	4
21	7	14	6	4	2
112	**65**	**47**	**62**	**38**	**24**
27	18	9	15	9	6
27	15	12	14	8	6
25	13	12	12	7	5
17	7	10	10	8	2
16	12	4	11	6	5
59	**30**	**29**	**27**	**13**	**14**
23	12	11	6	3	3
9	5	4	9	4	5
15	10	5	5	3	2
3	1	2	2		2
9	2	7	5	3	2
27	**21**	**6**	**22**	**11**	**11**
4	4		6	4	2
4	2	2	1	1	
6	6		3	1	2
7	5	2	8	3	5
6	4	2	4	2	2

6-2a 续表 2

受教育程度 年 龄	合 计	生男孩的 妇女人数	生女孩的 妇女人数	一 孩		
				小计	男	女
小 学	**15962**	**9031**	**6931**	**7032**	**3811**	**3221**
15-19岁	**312**	**168**	**144**	**273**	**146**	**127**
15	1	1		1	1	
16	7	4	3	7	4	3
17	29	17	12	28	17	11
18	97	48	49	83	42	41
19	178	98	80	154	82	72
20-24岁	**3239**	**1726**	**1513**	**2486**	**1302**	**1184**
20	385	200	185	325	160	165
21	532	280	252	445	229	216
22	622	330	292	497	261	236
23	843	463	380	625	336	289
24	857	453	404	594	316	278
25-29岁	**3567**	**1988**	**1579**	**1709**	**905**	**804**
25	728	394	334	432	228	204
26	708	384	324	363	189	174
27	671	391	280	319	173	146
28	804	449	355	344	183	161
29	656	370	286	251	132	119
30-34岁	**3630**	**2062**	**1568**	**1016**	**535**	**481**
30	710	398	312	249	133	116
31	741	418	323	222	123	99
32	769	432	337	206	110	96
33	722	426	296	167	90	77
34	688	388	300	172	79	93
35-39岁	**3030**	**1700**	**1330**	**803**	**447**	**356**
35	732	400	332	192	96	96
36	703	385	318	176	93	83
37	590	337	253	156	94	62
38	551	317	234	153	88	65
39	454	261	193	126	76	50
40-44岁	**1457**	**907**	**550**	**470**	**292**	**178**
40	426	263	163	125	83	42
41	317	195	122	108	65	43
42	319	200	119	105	59	46
43	189	118	71	56	33	23
44	206	131	75	76	52	24
45-49岁	**727**	**480**	**247**	**275**	**184**	**91**
45	176	115	61	64	46	18
46	161	106	55	60	41	19
47	195	128	67	87	54	33
48	122	82	40	32	19	13
49	73	49	24	32	24	8

单位：人

二孩			三孩及以上		
小计	男	女	小计	男	女
7232	**4124**	**3108**	**1698**	**1096**	**602**
37	**20**	**17**	**2**	**2**	
1		1			
13	5	8	1	1	
23	15	8	1	1	
666	**372**	**294**	**87**	**52**	**35**
57	40	17	3		3
76	41	35	11	10	1
109	59	50	16	10	6
191	108	83	27	19	8
233	124	109	30	13	17
1552	**883**	**669**	**306**	**200**	**106**
262	141	121	34	25	9
299	170	129	46	25	21
278	172	106	74	46	28
385	217	168	75	49	26
328	183	145	77	55	22
2127	**1209**	**918**	**487**	**318**	**169**
372	205	167	89	60	29
430	239	191	89	56	33
473	264	209	90	58	32
440	268	172	115	68	47
412	233	179	104	76	28
1771	**967**	**804**	**456**	**286**	**170**
435	240	195	105	64	41
412	222	190	115	70	45
343	184	159	91	59	32
318	178	140	80	51	29
263	143	120	65	42	23
746	**457**	**289**	**241**	**158**	**83**
225	128	97	76	52	24
161	99	62	48	31	17
162	107	55	52	34	18
102	64	38	31	21	10
96	59	37	34	20	14
333	**216**	**117**	**119**	**80**	**39**
87	53	34	25	16	9
75	47	28	26	18	8
82	56	26	26	18	8
63	44	19	27	19	8
26	16	10	15	9	6

6-2a 续表3

受教育程度 年龄	合计	生男孩的妇女人数	生女孩的妇女人数	一孩		
				小计	男	女
初中	**119709**	**66832**	**52877**	**77624**	**41818**	**35806**
15-19岁	**2158**	**1224**	**934**	**2057**	**1159**	**898**
15	2	1	1	2	1	1
16	29	15	14	28	14	14
17	190	113	77	184	109	75
18	606	353	253	576	332	244
19	1331	742	589	1267	703	564
20-24岁	**37468**	**20085**	**17383**	**33238**	**17533**	**15705**
20	3608	1881	1727	3363	1734	1629
21	6064	3218	2846	5630	2965	2665
22	7815	4187	3628	7054	3718	3336
23	10172	5440	4732	8937	4698	4239
24	9809	5359	4450	8254	4418	3836
25-29岁	**36898**	**20642**	**16256**	**24320**	**13023**	**11297**
25	8130	4444	3686	6371	3384	2987
26	7927	4377	3550	5641	2986	2655
27	7244	4126	3118	4674	2528	2146
28	7609	4280	3329	4488	2440	2048
29	5988	3415	2573	3146	1685	1461
30-34岁	**21996**	**12581**	**9415**	**8908**	**4852**	**4056**
30	5023	2897	2126	2386	1283	1103
31	5047	2847	2200	2069	1122	947
32	4474	2561	1913	1699	923	776
33	3725	2142	1583	1406	781	625
34	3727	2134	1593	1348	743	605
35-39岁	**13397**	**7687**	**5710**	**4981**	**2818**	**2163**
35	3389	1933	1456	1159	650	509
36	3165	1796	1369	1183	655	528
37	2753	1582	1171	1029	563	466
38	2250	1324	926	869	520	349
39	1840	1052	788	741	430	311
40-44岁	**5205**	**3044**	**2161**	**2573**	**1524**	**1049**
40	1605	917	688	726	409	317
41	1142	673	469	556	340	216
42	1074	642	432	516	316	200
43	720	423	297	387	229	158
44	664	389	275	388	230	158
45-49岁	**2587**	**1569**	**1018**	**1547**	**909**	**638**
45	692	421	271	418	248	170
46	609	358	251	372	208	164
47	643	407	236	392	244	148
48	411	250	161	232	133	99
49	232	133	99	133	76	57

单位：人

二孩			三孩及以上		
小计	男	女	小计	男	女
37876	**22158**	**15718**	**4209**	**2856**	**1353**
97	**63**	**34**	**4**	**2**	**2**
1	1				
4	3	1	2	1	1
29	20	9	1	1	
63	39	24	1		1
4004	**2403**	**1601**	**226**	**149**	**77**
238	143	95	7	4	3
406	234	172	28	19	9
731	449	282	30	20	10
1157	691	466	78	51	27
1472	886	586	83	55	28
11600	**6960**	**4640**	**978**	**659**	**319**
1633	978	655	126	82	44
2122	1279	843	164	112	52
2399	1481	918	171	117	54
2847	1654	1193	274	186	88
2599	1568	1031	243	162	81
11821	**6843**	**4978**	**1267**	**886**	**381**
2378	1434	944	259	180	79
2707	1535	1172	271	190	81
2496	1439	1057	279	199	80
2133	1227	906	186	134	52
2107	1208	899	272	183	89
7354	**4124**	**3230**	**1062**	**745**	**317**
1975	1106	869	255	177	78
1732	967	765	250	174	76
1508	861	647	216	158	58
1197	674	523	184	130	54
942	516	426	157	106	51
2185	**1243**	**942**	**447**	**277**	**170**
734	409	325	145	99	46
496	275	221	90	58	32
449	260	189	109	66	43
284	166	118	49	28	21
222	133	89	54	26	28
815	**522**	**293**	**225**	**138**	**87**
210	130	80	64	43	21
198	125	73	39	25	14
204	134	70	47	29	18
140	97	43	39	20	19
63	36	27	36	21	15

6-2a 续表 4

受教育程度 年 龄	合 计	生男孩的 妇女人数	生女孩的 妇女人数	一 孩		
				小计	男	女
高 中	**71948**	**38895**	**33053**	**58482**	**30896**	**27586**
15-19岁	**320**	**165**	**155**	**313**	**164**	**149**
15						
16	4	1	3	4	1	3
17	21	8	13	21	8	13
18	70	39	31	68	39	29
19	225	117	108	220	116	104
20-24岁	**17850**	**9403**	**8447**	**16918**	**8831**	**8087**
20	972	514	458	939	495	444
21	2081	1119	962	2009	1069	940
22	3328	1767	1561	3202	1697	1505
23	5557	2912	2645	5250	2713	2537
24	5912	3091	2821	5518	2857	2661
25-29岁	**28072**	**15115**	**12957**	**24182**	**12722**	**11460**
25	5473	2952	2521	5005	2669	2336
26	5557	2987	2570	4965	2631	2334
27	5797	3102	2695	5020	2615	2405
28	6390	3456	2934	5362	2823	2539
29	4855	2618	2237	3830	1984	1846
30-34岁	**14441**	**7974**	**6467**	**9725**	**5169**	**4556**
30	3885	2129	1756	2894	1533	1361
31	3505	1957	1548	2447	1316	1131
32	2886	1619	1267	1817	976	841
33	2178	1183	995	1380	723	657
34	1987	1086	901	1187	621	566
35-39岁	**6600**	**3643**	**2957**	**3848**	**2107**	**1741**
35	1764	948	816	1068	569	499
36	1505	842	663	821	452	369
37	1289	721	568	757	415	342
38	1118	620	498	642	350	292
39	924	512	412	560	321	239
40-44岁	**2658**	**1496**	**1162**	**1880**	**1045**	**835**
40	816	454	362	527	280	247
41	549	299	250	379	209	170
42	583	313	270	426	227	199
43	351	223	128	262	163	99
44	359	207	152	286	166	120
45-49岁	**2007**	**1099**	**908**	**1616**	**858**	**758**
45	399	226	173	315	174	141
46	403	221	182	326	167	159
47	525	293	232	416	225	191
48	420	233	187	337	187	150
49	260	126	134	222	105	117

单位：人

二孩			三孩及以上		
小计	男	女	小计	男	女
12596	**7430**	**5166**	**870**	**569**	**301**
6	**1**	**5**	**1**		**1**
1		1	1		1
5	1	4			
908	**555**	**353**	**24**	**17**	**7**
32	18	14	1	1	
69	48	21	3	2	1
123	68	55	3	2	1
300	195	105	7	4	3
384	226	158	10	8	2
3707	**2264**	**1443**	**183**	**129**	**54**
443	269	174	25	14	11
571	338	233	21	18	3
741	462	279	36	25	11
978	599	379	50	34	16
974	596	378	51	38	13
4412	**2603**	**1809**	**304**	**202**	**102**
934	558	376	57	38	19
998	593	405	60	48	12
1004	597	407	65	46	19
737	424	313	61	36	25
739	431	308	61	34	27
2542	**1404**	**1138**	**210**	**132**	**78**
651	343	308	45	36	9
634	360	274	50	30	20
486	279	207	46	27	19
440	248	192	36	22	14
331	174	157	33	17	16
688	**393**	**295**	**90**	**58**	**32**
262	154	108	27	20	7
152	81	71	18	9	9
135	73	62	22	13	9
76	50	26	13	10	3
63	35	28	10	6	4
333	**210**	**123**	**58**	**31**	**27**
71	44	27	13	8	5
64	44	20	13	10	3
96	62	34	13	6	7
68	39	29	15	7	8
34	21	13	4		4

6-2a 续表 5

受教育程度 年龄	合计	生男孩的妇女人数	生女孩的妇女人数	一孩 小计	一孩 男	一孩 女
大学专科	**53269**	**28283**	**24986**	**48302**	**25380**	**22922**
15-19岁	**36**	**18**	**18**	**36**	**18**	**18**
15						
16						
17	2	2		2	2	
18	9	4	5	9	4	5
19	25	12	13	25	12	13
20-24岁	**7685**	**4087**	**3598**	**7477**	**3971**	**3506**
20	124	66	58	115	62	53
21	417	228	189	409	224	185
22	1013	558	455	982	538	444
23	2422	1294	1128	2366	1262	1104
24	3709	1941	1768	3605	1885	1720
25-29岁	**28763**	**15216**	**13547**	**27221**	**14286**	**12935**
25	4281	2230	2051	4130	2135	1995
26	5486	2933	2553	5271	2797	2474
27	6523	3467	3056	6234	3294	2940
28	7445	3898	3547	6970	3620	3350
29	5028	2688	2340	4616	2440	2176
30-34岁	**11428**	**6025**	**5403**	**9559**	**4945**	**4614**
30	3449	1821	1628	3036	1569	1467
31	2890	1517	1373	2517	1301	1216
32	2243	1200	1043	1856	972	884
33	1574	820	754	1242	633	609
34	1272	667	605	908	470	438
35-39岁	**3633**	**1977**	**1656**	**2631**	**1399**	**1232**
35	1044	553	491	766	403	363
36	827	443	384	589	306	283
37	745	406	339	525	279	246
38	579	339	240	415	230	185
39	438	236	202	336	181	155
40-44岁	**1139**	**617**	**522**	**874**	**475**	**399**
40	388	209	179	285	151	134
41	254	140	114	197	108	89
42	229	117	112	172	89	83
43	150	86	64	120	69	51
44	118	65	53	100	58	42
45-49岁	**585**	**343**	**242**	**504**	**286**	**218**
45	151	93	58	123	71	52
46	131	71	60	112	59	53
47	150	89	61	137	81	56
48	96	57	39	82	47	35
49	57	33	24	50	28	22

单位：人

二孩			三孩及以上		
小计	男	女	小计	男	女
4744	**2772**	**1972**	**223**	**131**	**92**
198	**111**	**87**	**10**	**5**	**5**
8	4	4	1		1
8	4	4			
29	18	11	2	2	
53	32	21	3		3
100	53	47	4	3	1
1496	**906**	**590**	**46**	**24**	**22**
143	90	53	8	5	3
212	134	78	3	2	1
282	168	114	7	5	2
457	271	186	18	7	11
402	243	159	10	5	5
1780	**1021**	**759**	**89**	**59**	**30**
398	241	157	15	11	4
353	204	149	20	12	8
372	218	154	15	10	5
312	173	139	20	14	6
345	185	160	19	12	7
958	**551**	**407**	**44**	**27**	**17**
271	145	126	7	5	2
230	133	97	8	4	4
202	115	87	18	12	6
159	105	54	5	4	1
96	53	43	6	2	4
237	**128**	**109**	**28**	**14**	**14**
91	54	37	12	4	8
53	28	25	4	4	
51	24	27	6	4	2
26	16	10	4	1	3
16	6	10	2	1	1
75	**55**	**20**	**6**	**2**	**4**
25	21	4	3	1	2
17	11	6	2	1	1
12	8	4	1		1
14	10	4			
7	5	2			

6-2a 续表 6

受教育程度 年龄	合计	生男孩的妇女人数	生女孩的妇女人数	一孩		
				小计	男	女
大学本科	**40026**	**20975**	**19051**	**37709**	**19641**	**18068**
15-19岁	**5**	**4**	**1**	**5**	**4**	**1**
15						
16						
17	3	2	1	3	2	1
18	1	1		1	1	
19	1	1		1	1	
20-24岁	**1917**	**1019**	**898**	**1864**	**994**	**870**
20	13	8	5	11	7	4
21	47	27	20	44	26	18
22	143	77	66	138	76	62
23	490	258	232	479	254	225
24	1224	649	575	1192	631	561
25-29岁	**23855**	**12449**	**11406**	**23140**	**12034**	**11106**
25	1941	1036	905	1885	999	886
26	3506	1826	1680	3417	1783	1634
27	5576	2932	2644	5427	2844	2583
28	7401	3848	3553	7184	3720	3464
29	5431	2807	2624	5227	2688	2539
30-34岁	**10889**	**5700**	**5189**	**9986**	**5194**	**4792**
30	3825	1999	1826	3622	1888	1734
31	2894	1533	1361	2681	1421	1260
32	1967	1029	938	1765	921	844
33	1201	642	559	1066	555	511
34	1002	497	505	852	409	443
35-39岁	**2342**	**1244**	**1098**	**1874**	**961**	**913**
35	700	381	319	575	302	273
36	535	283	252	445	227	218
37	471	250	221	368	184	184
38	366	190	176	275	140	135
39	270	140	130	211	108	103
40-44岁	**686**	**375**	**311**	**548**	**297**	**251**
40	224	135	89	177	102	75
41	153	86	67	112	63	49
42	154	80	74	124	68	56
43	71	35	36	61	29	32
44	84	39	45	74	35	39
45-49岁	**332**	**184**	**148**	**292**	**157**	**135**
45	79	41	38	69	35	34
46	95	50	45	86	43	43
47	82	48	34	71	40	31
48	47	28	19	40	25	15
49	29	17	12	26	14	12

单位：人

二孩			三孩及以上		
小计	男	女	小计	男	女
2228	**1277**	**951**	**89**	**57**	**32**
52	**25**	**27**	**1**		**1**
2	1	1			
2	1	1	1		1
5	1	4			
11	4	7			
32	18	14			
696	**404**	**292**	**19**	**11**	**8**
52	34	18	4	3	1
86	43	43	3		3
146	86	60	3	2	1
213	124	89	4	4	
199	117	82	5	2	3
868	**484**	**384**	**35**	**22**	**13**
196	108	88	7	3	4
208	108	100	5	4	1
192	100	92	10	8	2
131	85	46	4	2	2
141	83	58	9	5	4
445	**266**	**179**	**23**	**17**	**6**
122	76	46	3	3	
87	53	34	3	3	
96	61	35	7	5	2
85	47	38	6	3	3
55	29	26	4	3	1
131	**75**	**56**	**7**	**3**	**4**
45	32	13	2	1	1
39	23	16	2		2
28	11	17	2	1	1
9	5	4	1	1	
10	4	6			
36	**23**	**13**	**4**	**4**	
9	5	4	1	1	
8	6	2	1	1	
10	7	3	1	1	
6	2	4	1	1	
3	3				

6-2a 续表 7

受教育程度 年 龄	合 计	生男孩的 妇女人数	生女孩的 妇女人数	一 孩		
				小计	男	女
研究生	**6375**	**3297**	**3078**	**6118**	**3155**	**2963**
15-19岁						
15						
16						
17						
18						
19						
20-24岁	**43**	**20**	**23**	**42**	**19**	**23**
20	1		1	1		1
21	3	1	2	2		2
22						
23	12	4	8	12	4	8
24	27	15	12	27	15	12
25-29岁	**2663**	**1365**	**1298**	**2613**	**1338**	**1275**
25	56	31	25	53	31	22
26	155	79	76	154	79	75
27	412	206	206	402	197	205
28	963	501	462	945	491	454
29	1077	548	529	1059	540	519
30-34岁	**2989**	**1560**	**1429**	**2880**	**1500**	**1380**
30	941	497	444	919	484	435
31	799	428	371	772	410	362
32	615	304	311	594	293	301
33	369	186	183	346	176	170
34	265	145	120	249	137	112
35-39岁	**551**	**288**	**263**	**475**	**249**	**226**
35	181	104	77	161	91	70
36	114	53	61	102	51	51
37	125	61	64	110	54	56
38	69	33	36	55	24	31
39	62	37	25	47	29	18
40-44岁	**100**	**46**	**54**	**83**	**34**	**49**
40	33	15	18	29	12	17
41	27	14	13	20	9	11
42	25	9	16	22	8	14
43	9	5	4	9	5	4
44	6	3	3	3		3
45-49岁	**29**	**18**	**11**	**25**	**15**	**10**
45	7	4	3	5	3	2
46	5	3	2	5	3	2
47	10	6	4	9	5	4
48	6	4	2	5	3	2
49	1	1		1	1	

单位：人

二孩			三孩及以上		
小计	男	女	小计	男	女
244	**132**	**112**	**13**	**10**	**3**
1	**1**				
1	1				
49	**26**	**23**	**1**	**1**	
3		3			
1		1			
10	9	1			
17	9	8	1	1	
18	8	10			
107	**58**	**49**	**2**	**2**	
21	12	9	1	1	
27	18	9			
21	11	10			
22	9	13	1	1	
16	8	8			
70	**36**	**34**	**6**	**3**	**3**
19	12	7	1	1	
11	2	9	1		1
14	7	7	1		1
11	7	4	3	2	1
15	8	7			
16	**11**	**5**	**1**	**1**	
4	3	1			
7	5	2			
3	1	2			
2	2		1	1	
1		**1**	**3**	**3**	
1		1	1	1	
			1	1	
			1	1	

6-2b 全国按年龄、受教育程度、生育孩次

受教育程度 年龄	合计	生男孩的妇女人数	生女孩的妇女人数	一孩 小计	一孩 男	一孩 女
总计	**218934**	**121281**	**97653**	**134671**	**71663**	**63008**
15-19岁	**4223**	**2263**	**1960**	**3968**	**2114**	**1854**
15	13	6	7	13	6	7
16	85	49	36	81	47	34
17	398	217	181	381	210	171
18	1129	614	515	1070	576	494
19	2598	1377	1221	2423	1275	1148
20-24岁	**73662**	**39750**	**33912**	**63995**	**33927**	**30068**
20	7148	3845	3303	6566	3511	3055
21	11747	6172	5575	10728	5578	5150
22	15303	8241	7062	13646	7245	6401
23	20033	10857	9176	17163	9131	8032
24	19431	10635	8796	15892	8462	7430
25-29岁	**72830**	**40433**	**32397**	**46189**	**24337**	**21852**
25	16561	9124	7437	12633	6727	5906
26	15833	8728	7105	10975	5780	5195
27	14105	7827	6278	8863	4632	4231
28	14911	8354	6557	8237	4375	3862
29	11420	6400	5020	5481	2823	2658
30-34岁	**37785**	**21583**	**16202**	**12176**	**6504**	**5672**
30	9221	5243	3978	3823	2028	1795
31	8726	5029	3697	2974	1604	1370
32	7791	4500	3291	2285	1234	1051
33	6199	3474	2725	1627	876	751
34	5848	3337	2511	1467	762	705
35-39岁	**19795**	**10978**	**8817**	**4745**	**2608**	**2137**
35	5166	2911	2255	1271	675	596
36	4824	2645	2179	1141	628	513
37	3852	2159	1693	854	488	366
38	3250	1783	1467	791	445	346
39	2703	1480	1223	688	372	316
40-44岁	**7307**	**4193**	**3114**	**2365**	**1387**	**978**
40	2352	1314	1038	701	395	306
41	1563	891	672	484	290	194
42	1507	878	629	512	314	198
43	976	566	410	348	212	136
44	909	544	365	320	176	144
45-49岁	**3332**	**2081**	**1251**	**1233**	**786**	**447**
45	795	480	315	324	203	121
46	744	442	302	284	173	111
47	818	542	276	300	202	98
48	639	401	238	207	128	79
49	336	216	120	118	80	38

分的育龄妇女人数(2009.11.1-2010.10.31)(镇)

单位：人

二孩			三孩及以上		
小计	男	女	小计	男	女
72093	**41660**	**30433**	**12170**	**7958**	**4212**
242	**142**	**100**	**13**	**7**	**6**
4	2	2			
17	7	10			
55	34	21	4	4	
166	99	67	9	3	6
8922	**5326**	**3596**	**745**	**497**	**248**
551	314	237	31	20	11
945	550	395	74	44	30
1537	925	612	120	71	49
2666	1582	1084	204	144	60
3223	1955	1268	316	218	98
23820	**14251**	**9569**	**2821**	**1845**	**976**
3572	2145	1427	356	252	104
4379	2644	1735	479	304	175
4688	2823	1865	554	372	182
5948	3524	2424	726	455	271
5233	3115	2118	706	462	244
21975	**12568**	**9407**	**3634**	**2511**	**1123**
4686	2745	1941	712	470	242
4973	2885	2088	779	540	239
4739	2730	2009	767	536	231
3903	2128	1775	669	470	199
3674	2080	1594	707	495	212
12166	**6507**	**5659**	**2884**	**1863**	**1021**
3240	1811	1429	655	425	230
2999	1563	1436	684	454	230
2422	1299	1123	576	372	204
1939	1011	928	520	327	193
1566	823	743	449	285	164
3602	**1996**	**1606**	**1340**	**810**	**530**
1249	679	570	402	240	162
796	436	360	283	165	118
718	387	331	277	177	100
433	239	194	195	115	80
406	255	151	183	113	70
1366	**870**	**496**	**733**	**425**	**308**
309	186	123	162	91	71
307	189	118	153	80	73
335	235	100	183	105	78
275	171	104	157	102	55
140	89	51	78	47	31

6-2b 续表 1

受教育程度 年龄	合计	生男孩的妇女人数	生女孩的妇女人数	一孩 小计	一孩 男	一孩 女
未上过学	**1529**	**847**	**682**	**520**	**273**	**247**
15-19岁	**36**	**17**	**19**	**32**	**16**	**16**
15	1		1	1		1
16	1	1		1	1	
17	4	1	3	3	1	2
18	10	5	5	10	5	5
19	20	10	10	17	9	8
20-24岁	**313**	**181**	**132**	**185**	**100**	**85**
20	41	24	17	31	18	13
21	56	33	23	42	24	18
22	53	34	19	32	21	11
23	83	50	33	43	21	22
24	80	40	40	37	16	21
25-29岁	**353**	**188**	**165**	**133**	**70**	**63**
25	82	46	36	36	21	15
26	67	42	25	26	18	8
27	67	36	31	22	10	12
28	75	36	39	25	12	13
29	62	28	34	24	9	15
30-34岁	**314**	**181**	**133**	**70**	**34**	**36**
30	78	44	34	31	17	14
31	64	34	30	9	2	7
32	75	43	32	13	8	5
33	50	30	20	8	3	5
34	47	30	17	9	4	5
35-39岁	**255**	**137**	**118**	**47**	**23**	**24**
35	49	23	26	10	4	6
36	64	32	32	10	3	7
37	51	33	18	8	4	4
38	56	30	26	14	8	6
39	35	19	16	5	4	1
40-44岁	**161**	**91**	**70**	**37**	**21**	**16**
40	49	31	18	13	9	4
41	33	18	15	9	5	4
42	34	16	18	9	4	5
43	18	8	10	4	2	2
44	27	18	9	2	1	1
45-49岁	**97**	**52**	**45**	**16**	**9**	**7**
45	22	10	12	6	3	3
46	17	9	8	3	1	2
47	21	14	7	3	3	
48	21	13	8	2	2	
49	16	6	10	2		2

单位：人

二孩			三孩及以上		
小计	男	女	小计	男	女
608	**331**	**277**	**401**	**243**	**158**
3	**1**	**2**	**1**		**1**
1		1			
2	1	1	1		1
105	**66**	**39**	**23**	**15**	**8**
10	6	4			
13	8	5	1	1	
15	9	6	6	4	2
32	23	9	8	6	2
35	20	15	8	4	4
155	**82**	**73**	**65**	**36**	**29**
32	16	16	14	9	5
33	20	13	8	4	4
32	18	14	13	8	5
30	15	15	20	9	11
28	13	15	10	6	4
154	**88**	**66**	**90**	**59**	**31**
32	18	14	15	9	6
32	16	16	23	16	7
41	20	21	21	15	6
26	19	7	16	8	8
23	15	8	15	11	4
113	**51**	**62**	**95**	**63**	**32**
21	10	11	18	9	9
34	14	20	20	15	5
19	11	8	24	18	6
24	11	13	18	11	7
15	5	10	15	10	5
57	**30**	**27**	**67**	**40**	**27**
13	11	2	23	11	12
14	7	7	10	6	4
14	3	11	11	9	2
7	4	3	7	2	5
9	5	4	16	12	4
21	**13**	**8**	**60**	**30**	**30**
3	2	1	13	5	8
5	5		9	3	6
6	4	2	12	7	5
5	2	3	14	9	5
2		2	12	6	6

6-2b 续表 2

受教育程度 年　龄	合　计	生男孩的 妇女人数	生女孩的 妇女人数	一　孩		
				小计	男	女
小　学	**23254**	**12952**	**10302**	**9230**	**4919**	**4311**
15-19岁	**643**	**335**	**308**	**584**	**305**	**279**
15	3	2	1	3	2	1
16	27	19	8	27	19	8
17	86	44	42	80	42	38
18	196	103	93	180	93	87
19	331	167	164	294	149	145
20-24岁	**5740**	**3083**	**2657**	**4280**	**2245**	**2035**
20	743	411	332	629	344	285
21	1043	537	506	861	427	434
22	1184	626	558	929	486	443
23	1397	755	642	978	519	459
24	1373	754	619	883	469	414
25-29岁	**5798**	**3247**	**2551**	**2323**	**1191**	**1132**
25	1209	645	564	674	335	339
26	1160	653	507	518	272	246
27	1140	634	506	452	234	218
28	1206	711	495	372	206	166
29	1083	604	479	307	144	163
30-34岁	**4937**	**2813**	**2124**	**944**	**520**	**424**
30	996	550	446	247	133	114
31	1083	666	417	214	127	87
32	991	559	432	205	114	91
33	897	479	418	141	70	71
34	970	559	411	137	76	61
35-39岁	**3604**	**1984**	**1620**	**555**	**307**	**248**
35	834	461	373	143	72	71
36	870	466	404	133	74	59
37	673	369	304	101	60	41
38	653	359	294	92	50	42
39	574	329	245	86	51	35
40-44岁	**1694**	**962**	**732**	**354**	**222**	**132**
40	498	267	231	105	60	45
41	350	200	150	57	42	15
42	352	196	156	83	51	32
43	255	144	111	54	32	22
44	239	155	84	55	37	18
45-49岁	**838**	**528**	**310**	**190**	**129**	**61**
45	205	130	75	51	35	16
46	189	107	82	37	22	15
47	184	117	67	42	30	12
48	170	114	56	42	29	13
49	90	60	30	18	13	5

单位：人

二孩			三孩及以上		
小计	男	女	小计	男	女
10864	**6047**	**4817**	**3160**	**1986**	**1174**
56	**28**	**28**	**3**	**2**	**1**
6	2	4			
14	8	6	2	2	
36	18	18	1		1
1286	**725**	**561**	**174**	**113**	**61**
106	63	43	8	4	4
161	98	63	21	12	9
222	118	104	33	22	11
370	205	165	49	31	18
427	241	186	63	44	19
2877	**1677**	**1200**	**598**	**379**	**219**
457	261	196	78	49	29
532	315	217	110	66	44
570	327	243	118	73	45
680	404	276	154	101	53
638	370	268	138	90	48
3159	**1733**	**1426**	**834**	**560**	**274**
594	317	277	155	100	55
688	419	269	181	120	61
644	345	299	142	100	42
596	308	288	160	101	59
637	344	293	196	139	57
2239	**1180**	**1059**	**810**	**497**	**313**
524	282	242	167	107	60
545	273	272	192	119	73
423	218	205	149	91	58
398	206	192	163	103	60
349	201	148	139	77	62
875	**476**	**399**	**465**	**264**	**201**
267	136	131	126	71	55
196	105	91	97	53	44
175	89	86	94	56	38
121	69	52	80	43	37
116	77	39	68	41	27
372	**228**	**144**	**276**	**171**	**105**
91	58	33	63	37	26
95	57	38	57	28	29
76	46	30	66	41	25
64	39	25	64	46	18
46	28	18	26	19	7

6-2b 续表 3

受教育程度 年龄	合计	生男孩的妇女人数	生女孩的妇女人数	一孩 小计	一孩 男	一孩 女
初 中	**135645**	**75739**	**59906**	**78553**	**41847**	**36706**
15-19岁	**3216**	**1750**	**1466**	**3029**	**1634**	**1395**
15	8	3	5	8	3	5
16	51	28	23	49	26	23
17	290	163	127	280	158	122
18	838	465	373	795	437	358
19	2029	1091	938	1897	1010	887
20-24岁	**51189**	**27601**	**23588**	**44104**	**23310**	**20794**
20	5414	2902	2512	5002	2670	2332
21	8703	4596	4107	7973	4182	3791
22	10982	5910	5072	9747	5157	4590
23	13599	7375	6224	11476	6088	5388
24	12491	6818	5673	9906	5213	4693
25-29岁	**40914**	**23167**	**17747**	**21790**	**11561**	**10229**
25	9889	5521	4368	7054	3774	3280
26	8987	5029	3958	5446	2876	2570
27	7549	4316	3233	3754	1978	1776
28	8161	4662	3499	3370	1803	1567
29	6328	3639	2689	2166	1130	1036
30-34岁	**22638**	**13125**	**9513**	**5431**	**2905**	**2526**
30	5357	3118	2239	1660	879	781
31	5155	3005	2150	1252	695	557
32	4763	2781	1982	1033	547	486
33	3836	2173	1663	780	409	371
34	3527	2048	1479	706	375	331
35-39岁	**11958**	**6673**	**5285**	**2430**	**1352**	**1078**
35	3176	1803	1373	628	346	282
36	2905	1613	1292	579	321	258
37	2383	1347	1036	450	258	192
38	1920	1061	859	416	236	180
39	1574	849	725	357	191	166
40-44岁	**4082**	**2373**	**1709**	**1210**	**716**	**494**
40	1348	766	582	359	201	158
41	885	514	371	260	163	97
42	836	495	341	253	154	99
43	529	316	213	178	113	65
44	484	282	202	160	85	75
45-49岁	**1648**	**1050**	**598**	**559**	**369**	**190**
45	402	240	162	153	100	53
46	376	242	134	139	95	44
47	417	286	131	130	88	42
48	296	180	116	82	49	33
49	157	102	55	55	37	18

单位：人

二孩			三孩及以上		
小计	男	女	小计	男	女
49421	**28776**	**20645**	**7671**	**5116**	**2555**
178	**111**	**67**	**9**	**5**	**4**
2	2				
10	5	5			
41	26	15	2	2	
125	78	47	7	3	4
6587	**3955**	**2632**	**498**	**336**	**162**
390	217	173	22	15	7
683	387	296	47	27	20
1161	712	449	74	41	33
1990	1189	801	133	98	35
2363	1450	913	222	155	67
17199	**10335**	**6864**	**1925**	**1271**	**654**
2601	1575	1026	234	172	62
3210	1940	1270	331	213	118
3420	2082	1338	375	256	119
4294	2546	1748	497	313	184
3674	2192	1482	488	317	171
14802	**8543**	**6259**	**2405**	**1677**	**728**
3220	1927	1293	477	312	165
3392	1951	1441	511	359	152
3185	1850	1335	545	384	161
2621	1446	1175	435	318	117
2384	1369	1015	437	304	133
7762	**4147**	**3615**	**1766**	**1174**	**592**
2125	1177	948	423	280	143
1909	1008	901	417	284	133
1566	844	722	367	245	122
1204	635	569	300	190	110
958	483	475	259	175	84
2147	**1199**	**948**	**725**	**458**	**267**
768	420	348	221	145	76
464	256	208	161	95	66
429	241	188	154	100	54
250	137	113	101	66	35
236	145	91	88	52	36
746	**486**	**260**	**343**	**195**	**148**
171	97	74	78	43	35
160	105	55	77	42	35
198	147	51	89	51	38
148	90	58	66	41	25
69	47	22	33	18	15

6-2b 续表 4

受教育程度 年 龄	合 计	生男孩的 妇女人数	生女孩的 妇女人数	一 孩		
				小计	男	女
高 中	**32787**	**17998**	**14789**	**23872**	**12757**	**11115**
15-19岁	**301**	**149**	**152**	**297**	**147**	**150**
15	1	1		1	1	
16	4		4	3		3
17	16	8	8	16	8	8
18	79	38	41	79	38	41
19	201	102	99	198	100	98
20-24岁	**11721**	**6365**	**5356**	**10907**	**5852**	**5055**
20	829	450	379	786	423	363
21	1642	857	785	1563	803	760
22	2429	1319	1110	2308	1239	1069
23	3495	1892	1603	3257	1747	1510
24	3326	1847	1479	2993	1640	1353
25-29岁	**11338**	**6158**	**5180**	**8545**	**4463**	**4082**
25	2736	1482	1254	2337	1228	1109
26	2495	1348	1147	2026	1061	965
27	2115	1161	954	1585	836	749
28	2227	1209	1018	1534	800	734
29	1765	958	807	1063	538	525
30-34岁	**5417**	**3054**	**2363**	**2424**	**1314**	**1110**
30	1385	779	606	734	403	331
31	1320	740	580	624	328	296
32	1100	657	443	443	254	189
33	858	464	394	336	183	153
34	754	414	340	287	146	141
35-39岁	**2577**	**1434**	**1143**	**941**	**532**	**409**
35	714	409	305	270	148	122
36	613	329	284	210	115	95
37	470	268	202	159	100	59
38	429	236	193	161	95	66
39	351	192	159	141	74	67
40-44岁	**896**	**506**	**390**	**450**	**255**	**195**
40	300	166	134	129	73	56
41	185	95	90	90	43	47
42	184	117	67	95	63	32
43	127	74	53	76	48	28
44	100	54	46	60	28	32
45-49岁	**537**	**332**	**205**	**308**	**194**	**114**
45	102	63	39	66	39	27
46	114	66	48	68	43	25
47	141	88	53	81	51	30
48	121	78	43	61	39	22
49	59	37	22	32	22	10

单位：人

二孩			三孩及以上		
小计	男	女	小计	男	女
8178	**4752**	**3426**	**737**	**489**	**248**
4	**2**	**2**			
1		1			
3	2	1			
776	**488**	**288**	**38**	**25**	**13**
42	26	16	1	1	
74	50	24	5	4	1
114	76	38	7	4	3
227	138	89	11	7	4
319	198	121	14	9	5
2613	**1564**	**1049**	**180**	**131**	**49**
373	232	141	26	22	4
449	272	177	20	15	5
492	295	197	38	30	8
649	382	267	44	27	17
650	383	267	52	37	15
2749	**1567**	**1182**	**244**	**173**	**71**
599	338	261	52	38	14
644	376	268	52	36	16
608	368	240	49	35	14
473	246	227	49	35	14
425	239	186	42	29	13
1469	**804**	**665**	**167**	**98**	**69**
405	236	169	39	25	14
365	190	175	38	24	14
287	158	129	24	10	14
233	122	111	35	19	16
179	98	81	31	20	11
384	**212**	**172**	**62**	**39**	**23**
147	82	65	24	11	13
86	45	41	9	7	2
75	42	33	14	12	2
44	22	22	7	4	3
32	21	11	8	5	3
183	**115**	**68**	**46**	**23**	**23**
30	20	10	6	4	2
37	17	20	9	6	3
46	32	14	14	5	9
50	35	15	10	4	6
20	11	9	7	4	3

6-2b 续表 5

受教育程度 年龄	合计	生男孩的妇女人数	生女孩的妇女人数	一孩		
				小计	男	女
大学专科	**17127**	**9198**	**7929**	**14657**	**7755**	**6902**
15-19岁	**26**	**12**	**14**	**25**	**12**	**13**
15						
16	2	1	1	1	1	
17	2	1	1	2	1	1
18	5	3	2	5	3	2
19	17	7	10	17	7	10
20-24岁	**3995**	**2141**	**1854**	**3839**	**2053**	**1786**
20	111	52	59	108	50	58
21	272	130	142	259	124	135
22	602	329	273	579	320	259
23	1266	677	589	1220	651	569
24	1744	953	791	1673	908	765
25-29岁	**8825**	**4711**	**4114**	**8040**	**4243**	**3797**
25	1939	1058	881	1847	1011	836
26	2009	1067	942	1871	984	887
27	1894	959	935	1747	874	873
28	1796	979	817	1585	850	735
29	1187	648	539	990	524	466
30-34岁	**2743**	**1483**	**1260**	**1871**	**978**	**893**
30	820	456	364	623	332	291
31	655	346	309	484	251	233
32	543	287	256	345	178	167
33	353	205	148	209	122	87
34	372	189	183	210	95	115
35-39岁	**1020**	**558**	**462**	**534**	**278**	**256**
35	288	164	124	155	78	77
36	279	157	122	150	83	67
37	180	94	86	84	42	42
38	143	72	71	75	38	37
39	130	71	59	70	37	33
40-44岁	**353**	**198**	**155**	**225**	**125**	**100**
40	115	63	52	67	37	30
41	78	50	28	45	27	18
42	78	39	39	53	29	24
43	37	19	18	28	13	15
44	45	27	18	32	19	13
45-49岁	**165**	**95**	**70**	**123**	**66**	**57**
45	50	29	21	37	20	17
46	37	15	22	29	10	19
47	43	28	15	34	22	12
48	24	14	10	15	8	7
49	11	9	2	8	6	2

单位：人

二孩			三孩及以上		
小计	男	女	小计	男	女
2309	**1338**	**971**	**161**	**105**	**56**
1		**1**			
1		1			
146	**81**	**65**	**10**	**7**	**3**
3	2	1			
13	6	7			
23	9	14			
43	24	19	3	2	1
64	40	24	7	5	2
743	**446**	**297**	**42**	**22**	**20**
90	47	43	2		2
130	79	51	8	4	4
138	81	57	9	4	5
203	125	78	8	4	4
182	114	68	15	10	5
826	**472**	**354**	**46**	**33**	**13**
188	116	72	9	8	1
162	88	74	9	7	2
191	107	84	7	2	5
137	77	60	7	6	1
148	84	64	14	10	4
447	**251**	**196**	**39**	**29**	**10**
127	83	44	6	3	3
115	62	53	14	12	2
86	45	41	10	7	3
64	30	34	4	4	
55	31	24	5	3	2
110	**64**	**46**	**18**	**9**	**9**
42	24	18	6	2	4
28	19	9	5	4	1
21	10	11	4		4
9	6	3			
10	5	5	3	3	
36	**24**	**12**	**6**	**5**	**1**
12	8	4	1	1	
7	4	3	1	1	
8	5	3	1	1	
6	4	2	3	2	1
3	3				

6-2b　续表 6

受教育程度 年　　龄	合　计	生男孩的 妇女人数	生女孩的 妇女人数	一　孩		
				小计	男	女
大学本科	**8289**	**4403**	**3886**	**7553**	**3975**	**3578**
15-19岁	**1**		**1**	**1**		**1**
15						
16						
17						
18	1		1	1		1
19						
20-24岁	**700**	**376**	**324**	**676**	**364**	**312**
20	10	6	4	10	6	4
21	31	19	12	30	18	12
22	52	22	30	50	21	29
23	192	107	85	188	104	84
24	415	222	193	398	215	183
25-29岁	**5435**	**2880**	**2555**	**5197**	**2730**	**2467**
25	695	366	329	674	352	322
26	1101	583	518	1074	563	511
27	1304	705	599	1268	684	584
28	1404	734	670	1313	684	629
29	931	492	439	868	447	421
30-34岁	**1619**	**873**	**746**	**1327**	**702**	**625**
30	542	277	265	487	246	241
31	420	226	194	365	190	175
32	302	164	138	230	125	105
33	188	112	76	136	78	58
34	167	94	73	109	63	46
35-39岁	**366**	**187**	**179**	**226**	**112**	**114**
35	102	51	51	62	27	35
36	88	47	41	54	31	23
37	91	45	46	50	22	28
38	48	25	23	33	18	15
39	37	19	18	27	14	13
40-44岁	**121**	**63**	**58**	**89**	**48**	**41**
40	42	21	21	28	15	13
41	32	14	18	23	10	13
42	23	15	8	19	13	6
43	10	5	5	8	4	4
44	14	8	6	11	6	5
45-49岁	**47**	**24**	**23**	**37**	**19**	**18**
45	14	8	6	11	6	5
46	11	3	8	8	2	6
47	12	9	3	10	8	2
48	7	2	5	5	1	4
49	3	2	1	3	2	1

单位：人

二孩			三孩及以上		
小计	男	女	小计	男	女
697	**409**	**288**	**39**	**19**	**20**
22	**11**	**11**	**2**	**1**	**1**
1	1				
2	1	1			
4	3	1			
15	6	9	2	1	1
227	**144**	**83**	**11**	**6**	**5**
19	14	5	2		2
25	18	7	2	2	
35	20	15	1	1	
88	49	39	3	1	2
60	43	17	3	2	1
278	**162**	**116**	**14**	**9**	**5**
51	28	23	4	3	1
52	34	18	3	2	1
69	39	30	3		3
50	32	18	2	2	
56	29	27	2	2	
133	**73**	**60**	**7**	**2**	**5**
38	23	15	2	1	1
31	16	15	3		3
39	22	17	2	1	1
15	7	8			
10	5	5			
29	**15**	**14**	**3**		**3**
12	6	6	2		2
8	4	4	1		1
4	2	2			
2	1	1			
3	2	1			
8	**4**	**4**	**2**	**1**	**1**
2	1	1	1	1	
3	1	2			
1	1		1		1
2	1	1			

6-2b 续表 7

受教育程度 年 龄	合 计	生男孩的 妇女人数	生女孩的 妇女人数	一 孩		
				小计	男	女
研究生	**303**	**144**	**159**	**286**	**137**	**149**
15-19岁						
15						
16						
17						
18						
19						
20-24岁	**4**	**3**	**1**	**4**	**3**	**1**
20						
21						
22	1	1		1	1	
23	1	1		1	1	
24	2	1	1	2	1	1
25-29岁	**167**	**82**	**85**	**161**	**79**	**82**
25	11	6	5	11	6	5
26	14	6	8	14	6	8
27	36	16	20	35	16	19
28	42	23	19	38	20	18
29	64	31	33	63	31	32
30-34岁	**117**	**54**	**63**	**109**	**51**	**58**
30	43	19	24	41	18	23
31	29	12	17	26	11	15
32	17	9	8	16	8	8
33	17	11	6	17	11	6
34	11	3	8	9	3	6
35-39岁	**15**	**5**	**10**	**12**	**4**	**8**
35	3		3	3		3
36	5	1	4	5	1	4
37	4	3	1	2	2	
38	1		1			
39	2	1	1	2	1	1
40-44岁						
40						
41						
42						
43						
44						
45-49岁						
45						
46						
47						
48						
49						

单位：人

二孩			三孩及以上		
小计	男	女	小计	男	女
16	**7**	**9**	**1**		**1**
6	**3**	**3**			
1		1			
4	3	1			
1		1			
7	**3**	**4**	**1**		**1**
2	1	1			
3	1	2			
1	1				
1		1	1		1
3	**1**	**2**			
2	1	1			
1		1			

6-2c 全国按年龄、受教育程度、生育孩次

受教育程度 年　　龄	合　计	生男孩的 妇女人数	生女孩的 妇女人数	一　　孩		
				小计	男	女
总　计	**630132**	**348840**	**281292**	**347466**	**183946**	**163520**
15-19岁	**20146**	**10651**	**9495**	**18736**	**9892**	**8844**
15	72	30	42	68	28	40
16	614	296	318	599	288	311
17	2250	1157	1093	2160	1117	1043
18	5831	3057	2774	5480	2865	2615
19	11379	6111	5268	10429	5594	4835
20-24岁	**246439**	**131899**	**114540**	**204731**	**107621**	**97110**
20	29845	15871	13974	27103	14300	12803
21	45126	23797	21329	40066	20957	19109
22	53122	28388	24734	45443	23891	21552
23	62625	33730	28895	50620	26676	23944
24	55721	30113	25608	41499	21797	19702
25-29岁	**185843**	**103960**	**81883**	**89940**	**47143**	**42797**
25	45574	25068	20506	29459	15424	14035
26	40742	22624	18118	22263	11742	10521
27	35187	19710	15477	16134	8389	7745
28	35757	20259	15498	13289	6945	6344
29	28583	16299	12284	8795	4643	4152
30-34岁	**97369**	**55768**	**41601**	**20346**	**10972**	**9374**
30	24823	14089	10734	6825	3620	3205
31	22452	13012	9440	4798	2592	2206
32	19808	11379	8429	3711	2022	1689
33	15259	8670	6589	2596	1387	1209
34	15027	8618	6409	2416	1351	1065
35-39岁	**50603**	**28637**	**21966**	**8044**	**4618**	**3426**
35	12998	7325	5673	2113	1155	958
36	11835	6721	5114	1815	1040	775
37	10120	5719	4401	1529	875	654
38	8692	4917	3775	1416	837	579
39	6958	3955	3003	1171	711	460
40-44岁	**20465**	**11993**	**8472**	**3755**	**2390**	**1365**
40	6406	3696	2710	1121	698	423
41	4437	2574	1863	786	510	276
42	4106	2367	1739	787	478	309
43	2878	1712	1166	530	334	196
44	2638	1644	994	531	370	161
45-49岁	**9267**	**5932**	**3335**	**1914**	**1310**	**604**
45	2315	1422	893	528	347	181
46	2149	1379	770	428	290	138
47	2179	1417	762	456	319	137
48	1697	1098	599	335	237	98
49	927	616	311	167	117	50

分的育龄妇女人数(2009.11.1-2010.10.31)(乡村)

单位：人

二孩			三孩及以上		
小计	男	女	小计	男	女
226539	**129647**	**96892**	**56127**	**35247**	**20880**
1316	**711**	**605**	**94**	**48**	**46**
4	2	2			
14	7	7	1	1	
83	37	46	7	3	4
324	179	145	27	13	14
891	486	405	59	31	28
37694	**21835**	**15859**	**4014**	**2443**	**1571**
2550	1439	1111	192	132	60
4624	2583	2041	436	257	179
6983	4091	2892	696	406	290
10840	6335	4505	1165	719	446
12697	7387	5310	1525	929	596
81624	**47650**	**33974**	**14279**	**9167**	**5112**
14078	8335	5743	2037	1309	728
15988	9330	6658	2491	1552	939
16262	9534	6728	2791	1787	1004
18952	11016	7936	3516	2298	1218
16344	9435	6909	3444	2221	1223
60804	**34352**	**26452**	**16219**	**10444**	**5775**
14392	8166	6226	3606	2303	1303
14402	8321	6081	3252	2099	1153
12719	7180	5539	3378	2177	1201
9885	5492	4393	2778	1791	987
9406	5193	4213	3205	2074	1131
30184	**16271**	**13913**	**12375**	**7748**	**4627**
7965	4306	3659	2920	1864	1056
7288	3946	3342	2732	1735	997
6036	3271	2765	2555	1573	982
4993	2649	2344	2283	1431	852
3902	2099	1803	1885	1145	740
10566	**5973**	**4593**	**6144**	**3630**	**2514**
3419	1863	1556	1866	1135	731
2340	1290	1050	1311	774	537
2032	1124	908	1287	765	522
1487	890	597	861	488	373
1288	806	482	819	468	351
4351	**2855**	**1496**	**3002**	**1767**	**1235**
1107	684	423	680	391	289
1023	669	354	698	420	278
1016	673	343	707	425	282
778	528	250	584	333	251
427	301	126	333	198	135

6-2c 续表 1

受教育程度 年龄	合计	生男孩的妇女人数	生女孩的妇女人数	一孩		
				小计	男	女
未上过学	**12466**	**6900**	**5566**	**3780**	**1998**	**1782**
15-19岁	**381**	**192**	**189**	**312**	**150**	**162**
15	3		3	3		3
16	11	5	6	10	4	6
17	43	23	20	37	21	16
18	118	58	60	108	53	55
19	206	106	100	154	72	82
20-24岁	**2887**	**1556**	**1331**	**1650**	**878**	**772**
20	413	219	194	310	164	146
21	583	319	264	392	215	177
22	554	298	256	316	161	155
23	649	363	286	335	188	147
24	688	357	331	297	150	147
25-29岁	**3284**	**1810**	**1474**	**934**	**461**	**473**
25	742	423	319	275	138	137
26	650	336	314	201	93	108
27	649	354	295	180	89	91
28	681	371	310	154	71	83
29	562	326	236	124	70	54
30-34岁	**2375**	**1308**	**1067**	**434**	**247**	**187**
30	596	328	268	137	66	71
31	520	282	238	93	52	41
32	479	270	209	79	56	23
33	374	207	167	57	33	24
34	406	221	185	68	40	28
35-39岁	**1758**	**970**	**788**	**230**	**124**	**106**
35	383	201	182	54	27	27
36	367	201	166	51	32	19
37	382	217	165	50	27	23
38	336	186	150	40	18	22
39	290	165	125	35	20	15
40-44岁	**1120**	**640**	**480**	**133**	**82**	**51**
40	312	180	132	48	31	17
41	247	128	119	21	10	11
42	252	145	107	29	19	10
43	177	104	73	20	11	9
44	132	83	49	15	11	4
45-49岁	**661**	**424**	**237**	**87**	**56**	**31**
45	141	82	59	21	11	10
46	153	99	54	17	11	6
47	157	104	53	24	17	7
48	151	97	54	17	12	5
49	59	42	17	8	5	3

单位：人

二孩			三孩及以上		
小计	男	女	小计	男	女
4817	**2742**	**2075**	**3869**	**2160**	**1709**
65	**40**	**25**	**4**	**2**	**2**
			1	1	
6	2	4			
9	5	4	1		1
50	33	17	2	1	1
966	**526**	**440**	**271**	**152**	**119**
94	47	47	9	8	1
157	86	71	34	18	16
193	116	77	45	21	24
233	124	109	81	51	30
289	153	136	102	54	48
1437	**829**	**608**	**913**	**520**	**393**
326	196	130	141	89	52
305	174	131	144	69	75
294	168	126	175	97	78
282	165	117	245	135	110
230	126	104	208	130	78
968	**521**	**447**	**973**	**540**	**433**
254	142	112	205	120	85
221	121	100	206	109	97
180	95	85	220	119	101
153	85	68	164	89	75
160	78	82	178	103	75
694	**392**	**302**	**834**	**454**	**380**
152	79	73	177	95	82
142	80	62	174	89	85
166	95	71	166	95	71
138	75	63	158	93	65
96	63	33	159	82	77
412	**245**	**167**	**575**	**313**	**262**
107	54	53	157	95	62
99	55	44	127	63	64
90	56	34	133	70	63
58	39	19	99	54	45
58	41	17	59	31	28
275	**189**	**86**	**299**	**179**	**120**
61	33	28	59	38	21
70	48	22	66	40	26
55	43	12	78	44	34
68	46	22	66	39	27
21	19	2	30	18	12

6-2c 续表 2

受教育程度 年龄	合计	生男孩的妇女人数	生女孩的妇女人数	一孩		
				小计	男	女
小学	**123555**	**69019**	**54536**	**48654**	**26048**	**22606**
15-19岁	**5051**	**2642**	**2409**	**4548**	**2403**	**2145**
15	37	17	20	36	16	20
16	266	131	135	257	125	132
17	705	374	331	672	361	311
18	1539	825	714	1397	746	651
19	2504	1295	1209	2186	1155	1031
20-24岁	**36341**	**19567**	**16774**	**25899**	**13615**	**12284**
20	5383	2862	2521	4522	2371	2151
21	7251	3793	3458	5829	3005	2824
22	7666	4150	3516	5672	3016	2656
23	8508	4626	3882	5610	2970	2640
24	7533	4136	3397	4266	2253	2013
25-29岁	**31188**	**17540**	**13648**	**10304**	**5429**	**4875**
25	6820	3824	2996	3192	1709	1483
26	6649	3680	2969	2493	1329	1164
27	5901	3278	2623	1754	896	858
28	6422	3648	2774	1678	862	816
29	5396	3110	2286	1187	633	554
30-34岁	**23101**	**13139**	**9962**	**3651**	**1946**	**1705**
30	5328	3034	2294	1107	600	507
31	4983	2888	2095	823	428	395
32	4647	2596	2051	647	335	312
33	3971	2211	1760	559	289	270
34	4172	2410	1762	515	294	221
35-39岁	**15923**	**8924**	**6999**	**2193**	**1258**	**935**
35	3761	2083	1678	547	290	257
36	3606	2030	1576	468	274	194
37	3232	1839	1393	429	240	189
38	2920	1617	1303	401	243	158
39	2404	1355	1049	348	211	137
40-44岁	**8038**	**4702**	**3336**	**1316**	**871**	**445**
40	2352	1349	1003	358	222	136
41	1729	990	739	262	176	86
42	1624	959	665	281	190	91
43	1225	722	503	209	134	75
44	1108	682	426	206	149	57
45-49岁	**3913**	**2505**	**1408**	**743**	**526**	**217**
45	974	608	366	205	145	60
46	876	566	310	167	115	52
47	902	596	306	171	123	48
48	726	456	270	138	97	41
49	435	279	156	62	46	16

单位：人

二孩			三孩及以上		
小计	男	女	小计	男	女
54263	**30455**	**23808**	**20638**	**12516**	**8122**
467	**225**	**242**	**36**	**14**	**22**
1	1				
9	6	3			
32	13	19	1		1
133	75	58	9	4	5
292	130	162	26	10	16
8999	**5081**	**3918**	**1443**	**871**	**572**
782	437	345	79	54	25
1275	708	567	147	80	67
1719	978	741	275	156	119
2465	1383	1082	433	273	160
2758	1575	1183	509	308	201
16309	**9278**	**7031**	**4575**	**2833**	**1742**
2950	1709	1241	678	406	272
3323	1859	1464	833	492	341
3280	1842	1438	867	540	327
3632	2068	1564	1112	718	394
3124	1800	1324	1085	677	408
13861	**7713**	**6148**	**5589**	**3480**	**2109**
3026	1709	1317	1195	725	470
3072	1771	1301	1088	689	399
2880	1574	1306	1120	687	433
2406	1292	1114	1006	630	376
2477	1367	1110	1180	749	431
8883	**4749**	**4134**	**4847**	**2917**	**1930**
2057	1094	963	1157	699	458
2129	1134	995	1009	622	387
1829	1015	814	974	584	390
1589	841	748	930	533	397
1279	665	614	777	479	298
3947	**2240**	**1707**	**2775**	**1591**	**1184**
1164	631	533	830	496	334
875	481	394	592	333	259
781	452	329	562	317	245
610	358	252	406	230	176
517	318	199	385	215	170
1797	**1169**	**628**	**1373**	**810**	**563**
454	287	167	315	176	139
391	260	131	318	191	127
422	279	143	309	194	115
321	204	117	267	155	112
209	139	70	164	94	70

6-2c 续表 3

受教育程度 年龄	合计	生男孩的妇女人数	生女孩的妇女人数	一孩		
				小计	男	女
初中	**437710**	**242403**	**195307**	**252309**	**133446**	**118863**
15-19岁	**13981**	**7419**	**6562**	**13172**	**6958**	**6214**
15	32	13	19	29	12	17
16	324	153	171	319	152	167
17	1450	730	720	1400	705	695
18	4011	2094	1917	3818	1987	1831
19	8164	4429	3735	7606	4102	3504
20-24岁	**183672**	**98334**	**85338**	**155482**	**81750**	**73732**
20	22206	11827	10379	20520	10855	9665
21	33784	17846	15938	30535	16006	14529
22	40167	21395	18772	35020	18351	16669
23	46803	25219	21584	38558	20312	18246
24	40712	22047	18665	30849	16226	14623
25-29岁	**129806**	**72932**	**56874**	**62311**	**32689**	**29622**
25	32645	17960	14685	21347	11148	10199
26	28514	15934	12580	15568	8218	7350
27	24329	13726	10603	10864	5658	5206
28	24573	14004	10569	8717	4568	4149
29	19745	11308	8437	5815	3097	2718
30-34岁	**64732**	**37279**	**27453**	**13343**	**7219**	**6124**
30	16733	9538	7195	4487	2385	2102
31	15138	8800	6338	3154	1713	1441
32	13278	7708	5570	2460	1348	1112
33	9966	5723	4243	1656	888	768
34	9617	5510	4107	1586	885	701
35-39岁	**30687**	**17467**	**13220**	**4998**	**2900**	**2098**
35	8211	4673	3538	1325	737	588
36	7331	4191	3140	1139	655	484
37	6074	3423	2651	928	545	383
38	5075	2909	2166	890	530	360
39	3996	2271	1725	716	433	283
40-44岁	**10598**	**6253**	**4345**	**2085**	**1310**	**775**
40	3496	2031	1465	640	406	234
41	2295	1364	931	446	287	159
42	2100	1189	911	436	248	188
43	1390	838	552	276	175	101
44	1317	831	486	287	194	93
45-49岁	**4234**	**2719**	**1515**	**918**	**620**	**298**
45	1111	685	426	268	172	96
46	1033	660	373	214	144	70
47	996	638	358	213	146	67
48	725	487	238	147	108	39
49	369	249	120	76	50	26

单位：人

二孩			三孩及以上		
小计	男	女	小计	男	女
155322	**89370**	**65952**	**30079**	**19587**	**10492**
758	**430**	**328**	**51**	**31**	**20**
3	1	2			
5	1	4			
45	22	23	5	3	2
177	98	79	16	9	7
528	308	220	30	19	11
25996	**15222**	**10774**	**2194**	**1362**	**832**
1589	904	685	97	68	29
3007	1690	1317	242	150	92
4785	2824	1961	362	220	142
7620	4524	3096	625	383	242
8995	5280	3715	868	541	327
59128	**34710**	**24418**	**8367**	**5533**	**2834**
10130	6035	4095	1168	777	391
11502	6771	4731	1444	945	499
11798	6980	4818	1667	1088	579
13805	8059	5746	2051	1377	674
11893	6865	5028	2037	1346	691
42223	**23964**	**18259**	**9166**	**6096**	**3070**
10150	5772	4378	2096	1381	715
10143	5861	4282	1841	1226	615
8878	5054	3824	1940	1306	634
6786	3817	2969	1524	1018	506
6266	3460	2806	1765	1165	600
19287	**10376**	**8911**	**6402**	**4191**	**2211**
5367	2911	2456	1519	1025	494
4714	2557	2157	1478	979	499
3803	2024	1779	1343	854	489
3041	1604	1437	1144	775	369
2362	1280	1082	918	558	360
5838	**3284**	**2554**	**2675**	**1659**	**1016**
2022	1106	916	834	519	315
1284	713	571	565	364	201
1091	576	515	573	365	208
772	467	305	342	196	146
669	422	247	361	215	146
2092	**1384**	**708**	**1224**	**715**	**509**
558	349	209	285	164	121
525	340	185	294	176	118
491	321	170	292	171	121
346	249	97	232	130	102
172	125	47	121	74	47

6-2c 续表 4

受教育程度 年龄	合计	生男孩的妇女人数	生女孩的妇女人数	一孩		
				小计	男	女
高中	**42814**	**23287**	**19527**	**30952**	**16277**	**14675**
15-19岁	**679**	**371**	**308**	**652**	**355**	**297**
15						
16	13	7	6	13	7	6
17	49	30	19	49	30	19
18	145	69	76	139	68	71
19	472	265	207	451	250	201
20-24岁	**19373**	**10252**	**9121**	**17724**	**9288**	**8436**
20	1685	876	809	1598	826	772
21	3106	1628	1478	2928	1529	1399
22	4081	2203	1878	3812	2034	1778
23	5415	2862	2553	4923	2578	2345
24	5086	2683	2403	4463	2321	2142
25-29岁	**14329**	**7840**	**6489**	**9921**	**5181**	**4740**
25	3726	1999	1727	3091	1614	1477
26	3210	1743	1467	2435	1270	1165
27	2754	1534	1220	1933	1012	921
28	2650	1466	1184	1516	798	718
29	1989	1098	891	946	487	459
30-34岁	**5500**	**3131**	**2369**	**1873**	**1006**	**867**
30	1570	873	697	658	347	311
31	1387	809	578	468	256	212
32	1106	630	476	338	182	156
33	750	426	324	221	123	98
34	687	393	294	188	98	90
35-39岁	**1894**	**1087**	**807**	**471**	**257**	**214**
35	523	292	231	137	72	65
36	444	254	190	114	61	53
37	384	217	167	97	52	45
38	311	183	128	66	35	31
39	232	141	91	57	37	20
40-44岁	**625**	**348**	**277**	**178**	**103**	**75**
40	217	117	100	61	32	29
41	148	82	66	46	30	16
42	114	64	50	35	18	17
43	77	44	33	20	11	9
44	69	41	28	16	12	4
45-49岁	**414**	**258**	**156**	**133**	**87**	**46**
45	75	39	36	22	12	10
46	80	49	31	23	15	8
47	115	76	39	42	30	12
48	84	51	33	28	17	11
49	60	43	17	18	13	5

单位：人

二孩			三孩及以上		
小计	男	女	小计	男	女
10466	**6119**	**4347**	**1396**	**891**	**505**
25	**15**	**10**	**2**	**1**	**1**
5	1	4	1		1
20	14	6	1	1	
1555	**912**	**643**	**94**	**52**	**42**
81	48	33	6	2	4
169	93	76	9	6	3
256	160	96	13	9	4
466	272	194	26	12	14
583	339	244	40	23	17
4032	**2412**	**1620**	**376**	**247**	**129**
592	353	239	43	32	11
713	433	280	62	40	22
750	468	282	71	54	17
1039	609	430	95	59	36
938	549	389	105	62	43
3183	**1829**	**1354**	**444**	**296**	**148**
816	461	355	96	65	31
813	484	329	106	69	37
680	388	292	88	60	28
452	255	197	77	48	29
422	241	181	77	54	23
1156	**659**	**497**	**267**	**171**	**96**
325	179	146	61	41	20
266	152	114	64	41	23
223	130	93	64	35	29
196	118	78	49	30	19
146	80	66	29	24	5
334	**181**	**153**	**113**	**64**	**49**
112	61	51	44	24	20
76	38	38	26	14	12
61	34	27	18	12	6
44	25	19	13	8	5
41	23	18	12	6	6
181	**111**	**70**	**100**	**60**	**40**
33	15	18	20	12	8
37	21	16	20	13	7
47	30	17	26	16	10
40	27	13	16	7	9
24	18	6	18	12	6

6-2c 续表 5

受教育程度 年龄	合计	生男孩的妇女人数	生女孩的妇女人数	一孩		
				小计	男	女
大学专科	**10854**	**5814**	**5040**	**9291**	**4922**	**4369**
15-19岁	**48**	**24**	**24**	**48**	**24**	**24**
15						
16						
17	2		2	2		2
18	17	10	7	17	10	7
19	29	14	15	29	14	15
20-24岁	**3678**	**1947**	**1731**	**3502**	**1857**	**1645**
20	139	72	67	136	71	65
21	368	195	173	350	187	163
22	603	311	292	572	298	274
23	1121	597	524	1068	568	500
24	1447	772	675	1376	733	643
25-29岁	**5501**	**2943**	**2558**	**4856**	**2565**	**2291**
25	1340	707	633	1265	665	600
26	1336	735	601	1199	646	553
27	1155	605	550	1035	541	494
28	1023	547	476	856	452	404
29	647	349	298	501	261	240
30-34岁	**1249**	**685**	**564**	**713**	**380**	**333**
30	435	240	195	296	158	138
31	327	174	153	183	97	86
32	221	134	87	123	69	54
33	153	74	79	71	35	36
34	113	63	50	40	21	19
35-39岁	**273**	**153**	**120**	**114**	**61**	**53**
35	97	60	37	38	22	16
36	72	39	33	34	14	20
37	39	18	21	19	9	10
38	39	19	20	13	9	4
39	26	17	9	10	7	3
40-44岁	**68**	**41**	**27**	**33**	**19**	**14**
40	21	14	7	9	5	4
41	14	8	6	8	5	3
42	16	10	6	6	3	3
43	8	4	4	5	3	2
44	9	5	4	5	3	2
45-49岁	**37**	**21**	**16**	**25**	**16**	**9**
45	9	4	5	7	3	4
46	6	5	1	6	5	1
47	8	3	5	5	3	2
48	10	6	4	4	2	2
49	4	3	1	3	3	

单位：人

二孩			三孩及以上		
小计	男	女	小计	男	女
1439	**814**	**625**	**124**	**78**	**46**
165	**85**	**80**	**11**	**5**	**6**
2	1	1	1		1
14	5	9	4	3	1
30	13	17	1		1
53	29	24			
66	37	29	5	2	3
604	**348**	**256**	**41**	**30**	**11**
70	38	32	5	4	1
129	83	46	8	6	2
110	57	53	10	7	3
157	88	69	10	7	3
138	82	56	8	6	2
495	**278**	**217**	**41**	**27**	**14**
128	73	55	11	9	2
133	71	62	11	6	5
89	61	28	9	4	5
76	34	42	6	5	1
69	39	30	4	3	1
139	**82**	**57**	**20**	**10**	**10**
54	35	19	5	3	2
31	21	10	7	4	3
14	6	8	6	3	3
24	10	14	2		2
16	10	6			
30	**19**	**11**	**5**	**3**	**2**
11	8	3	1	1	
5	3	2	1		1
9	6	3	1	1	
3	1	2			
2	1	1	2	1	1
6	**2**	**4**	**6**	**3**	**3**
1		1	1	1	
1		1	2		2
3	2	1	3	2	1
1		1			

6-2c 续表 6

受教育程度 年 龄	合 计	生男孩的 妇女人数	生女孩的 妇女人数	一 孩		
				小计	男	女
大学本科	**2614**	**1353**	**1261**	**2381**	**1203**	**1178**
15-19岁	**4**	**2**	**2**	**4**	**2**	**2**
15						
16						
17						
18	1	1		1	1	
19	3	1	2	3	1	2
20-24岁	**475**	**237**	**238**	**464**	**228**	**236**
20	18	14	4	17	13	4
21	32	15	17	31	14	17
22	50	31	19	50	31	19
23	126	62	64	123	59	64
24	249	115	134	243	111	132
25-29岁	**1676**	**863**	**813**	**1563**	**791**	**772**
25	295	150	145	284	145	139
26	376	192	184	360	182	178
27	389	208	181	361	191	170
28	388	214	174	351	186	165
29	228	99	129	207	87	120
30-34岁	**373**	**207**	**166**	**298**	**158**	**140**
30	144	71	73	124	59	65
31	86	52	34	67	40	27
32	70	36	34	58	28	30
33	43	29	14	31	19	12
34	30	19	11	18	12	6
35-39岁	**63**	**31**	**32**	**35**	**15**	**20**
35	21	14	7	10	5	5
36	15	6	9	9	4	5
37	7	3	4	5	1	4
38	11	3	8	6	2	4
39	9	5	4	5	3	2
40-44岁	**15**	**8**	**7**	**9**	**4**	**5**
40	7	4	3	4	1	3
41	4	2	2	3	2	1
42						
43	1		1			
44	3	2	1	2	1	1
45-49岁	**8**	**5**	**3**	**8**	**5**	**3**
45	5	4	1	5	4	1
46	1		1	1		1
47	1		1	1		1
48	1	1		1	1	
49						

单位：人

二孩			三孩及以上		
小计	男	女	小计	男	女
217	**138**	**79**	**16**	**12**	**4**
10	**8**	**2**	**1**	**1**	
1	1				
1	1				
3	3				
5	3	2	1	1	
107	**68**	**39**	**6**	**4**	**2**
10	4	6	1	1	
16	10	6			
27	16	11	1	1	
34	26	8	3	2	1
20	12	8	1		1
70	**45**	**25**	**5**	**4**	**1**
17	9	8	3	3	
19	12	7			
12	8	4			
11	9	2	1	1	
11	7	4	1		1
25	**13**	**12**	**3**	**3**	
10	8	2	1	1	
6	2	4			
1	1		1	1	
5	1	4			
3	1	2	1	1	
5	**4**	**1**	**1**		**1**
3	3				
1		1			
			1		1
1	1				

6-2c 续表 7

受教育程度 年龄	合计	生男孩的妇女人数	生女孩的妇女人数	一孩		
				小计	男	女
研究生	**119**	**64**	**55**	**99**	**52**	**47**
15-19岁	**2**	**1**	**1**			
15						
16						
17	1		1			
18						
19	1	1				
20-24岁	**13**	**6**	**7**	**10**	**5**	**5**
20	1	1				
21	2	1	1	1	1	
22	1		1	1		1
23	3	1	2	3	1	2
24	6	3	3	5	3	2
25-29岁	**59**	**32**	**27**	**51**	**27**	**24**
25	6	5	1	5	5	
26	7	4	3	7	4	3
27	10	5	5	7	2	5
28	20	9	11	17	8	9
29	16	9	7	15	8	7
30-34岁	**39**	**19**	**20**	**34**	**16**	**18**
30	17	5	12	16	5	11
31	11	7	4	10	6	4
32	7	5	2	6	4	2
33	2		2	1		1
34	2	2		1	1	
35-39岁	**5**	**5**		**3**	**3**	
35	2	2		2	2	
36						
37	2	2		1	1	
38						
39	1	1				
40-44岁	**1**	**1**		**1**	**1**	
40	1	1		1	1	
41						
42						
43						
44						
45-49岁						
45						
46						
47						
48						
49						

单位：人

二孩			三孩及以上		
小计	男	女	小计	男	女
15	**9**	**6**	**5**	**3**	**2**
1	**1**		**1**		**1**
			1		1
1	1				
3	**1**	**2**			
1	1				
1		1			
1		1			
7	**5**	**2**	**1**		**1**
			1		1
3	3				
3	1	2			
1	1				
4	**2**	**2**	**1**	**1**	
1		1			
1	1				
			1	1	
1		1			
1	1				
			2	**2**	
			1	1	
			1	1	

6-3 全国育龄妇女分年龄、孩次的生育状况
(2009.11.1-2010.10.31)

单位：人、‰

年龄	平均育龄妇女人数	出生人数	生育率	第一孩		第二孩		第三孩及以上	
				出生人数	生育率	出生人数	生育率	出生人数	生育率
总计	**35725466**	**1190060**	**33.31**	**739866**	**20.71**	**372295**	**10.42**	**77899**	**2.18**
15-19岁	**4634347**	**27474**	**5.93**	**25627**	**5.53**	**1730**	**0.37**	**117**	**0.03**
15	820749	89	0.11	85	0.10	4			
16	870552	745	0.86	725	0.83	19	0.02	1	
17	909834	2917	3.21	2798	3.08	108	0.12	11	0.01
18	928630	7821	8.42	7359	7.92	428	0.46	34	0.04
19	1104582	15902	14.40	14660	13.27	1171	1.06	71	0.06
20-24岁	**5663620**	**393426**	**69.47**	**334954**	**59.14**	**53236**	**9.40**	**5236**	**0.92**
20	1233736	42610	34.54	38863	31.50	3501	2.84	246	0.20
21	1165803	66795	57.30	60006	51.47	6220	5.34	569	0.49
22	1154541	82355	71.33	71802	62.19	9663	8.37	890	0.77
23	1119463	103558	92.51	86599	77.36	15445	13.80	1514	1.35
24	990077	98108	99.09	77684	78.46	18407	18.59	2017	2.04
25-29岁	**4641330**	**390225**	**84.08**	**244535**	**52.69**	**126631**	**27.28**	**19059**	**4.11**
25	918518	84117	91.58	60975	66.38	20501	22.32	2641	2.88
26	905889	81375	89.83	54078	59.70	24029	26.53	3268	3.61
27	965878	77067	79.79	48107	49.81	25225	26.12	3735	3.87
28	965275	83028	86.01	47930	49.65	30313	31.40	4785	4.96
29	885770	64638	72.97	33445	37.76	26563	29.99	4630	5.23
30-34岁	**4520954**	**207233**	**45.84**	**78672**	**17.40**	**105972**	**23.44**	**22589**	**5.00**
30	891045	53276	59.79	24637	27.65	23808	26.72	4831	5.42
31	902755	48561	53.79	19379	21.47	24581	27.23	4601	5.10
32	866558	41959	48.42	14767	17.04	22462	25.92	4730	5.46
33	893943	32388	36.23	10549	11.80	17905	20.03	3934	4.40
34	966653	31049	32.12	9340	9.66	17216	17.81	4493	4.65
35-39岁	**5641333**	**105550**	**18.71**	**30910**	**5.48**	**57043**	**10.11**	**17597**	**3.12**
35	1024337	27110	26.47	8011	7.82	14999	14.64	4100	4.00
36	1089222	24698	22.67	6989	6.42	13747	12.62	3962	3.64
37	1133244	21147	18.66	6074	5.36	11439	10.09	3634	3.21
38	1163374	17970	15.45	5318	4.57	9438	8.11	3214	2.76
39	1231156	14625	11.88	4518	3.67	7420	6.03	2687	2.18
40-44岁	**5808076**	**43617**	**7.51**	**15544**	**2.68**	**19320**	**3.33**	**8753**	**1.51**
40	1230721	13309	10.81	4366	3.55	6306	5.12	2637	2.14
41	1222380	9358	7.66	3231	2.64	4275	3.50	1852	1.52
42	1142151	8989	7.87	3316	2.90	3820	3.34	1853	1.62
43	1075153	6161	5.73	2335	2.17	2599	2.42	1227	1.14
44	1137671	5800	5.10	2296	2.02	2320	2.04	1184	1.04
45-49岁	**4815806**	**22535**	**4.68**	**9624**	**2.00**	**8363**	**1.74**	**4548**	**0.94**
45	1125252	5437	4.83	2370	2.11	2039	1.81	1028	0.91
46	1197365	5100	4.26	2157	1.80	1933	1.61	1010	0.84
47	1121705	5526	4.93	2439	2.17	2005	1.79	1082	0.96
48	755716	4180	5.53	1697	2.25	1575	2.08	908	1.20
49	615768	2292	3.72	961	1.56	811	1.32	520	0.84

6-3a 全国育龄妇女分年龄、孩次的生育状况 (2009.11.1-2010.10.31)(城市)

单位：人、‰

年 龄	平均育龄妇女人数	出生人数	生育率	第一孩		第二孩		第三孩及以上	
				出生人数	生育率	出生人数	生育率	出生人数	生育率
总 计	**11929287**	**315041**	**26.41**	**241098**	**20.21**	**66448**	**5.57**	**7495**	**0.63**
15-19岁	**1476198**	**2865**	**1.94**	**2714**	**1.84**	**144**	**0.10**	**7**	
15	214084	3	0.01	3	0.01				
16	256101	41	0.16	40	0.16	1			
17	286235	248	0.87	240	0.84	6	0.02	2	0.01
18	315593	799	2.53	753	2.39	43	0.14	3	0.01
19	404185	1774	4.39	1678	4.15	94	0.23	2	
20-24岁	**2065645**	**69045**	**33.43**	**62758**	**30.38**	**5928**	**2.87**	**359**	**0.17**
20	465025	5181	11.14	4821	10.37	345	0.74	15	0.03
21	435018	9260	21.29	8645	19.87	571	1.31	44	0.10
22	416146	13075	31.42	12009	28.86	1014	2.44	52	0.12
23	397547	19717	49.60	17858	44.92	1740	4.38	119	0.30
24	351909	21812	61.98	19425	55.20	2258	6.42	129	0.37
25-29岁	**1755726**	**125819**	**71.66**	**104775**	**59.68**	**19445**	**11.08**	**1599**	**0.91**
25	331549	20900	63.04	18110	54.62	2585	7.80	205	0.62
26	340242	23666	69.56	20076	59.01	3347	9.84	243	0.71
27	375618	26643	70.93	22407	59.65	3925	10.45	311	0.83
28	374190	31119	83.16	25696	68.67	4982	13.31	441	1.18
29	334127	23491	70.31	18486	55.33	4606	13.79	399	1.19
30-34岁	**1652520**	**67232**	**40.68**	**43415**	**26.27**	**21532**	**13.03**	**2285**	**1.38**
30	334681	18229	54.47	13410	40.07	4370	13.06	449	1.34
31	338901	16324	48.17	11022	32.52	4825	14.24	477	1.41
32	319613	13336	41.73	8204	25.67	4657	14.57	475	1.49
33	321196	10068	31.35	5825	18.14	3840	11.96	403	1.25
34	338129	9275	27.43	4954	14.65	3840	11.36	481	1.42
35-39岁	**1858143**	**31037**	**16.70**	**15648**	**8.42**	**13483**	**7.26**	**1906**	**1.03**
35	348763	8152	23.37	4165	11.94	3547	10.17	440	1.26
36	364960	7170	19.65	3524	9.66	3192	8.75	454	1.24
37	374954	6266	16.71	3141	8.38	2728	7.28	397	1.06
38	378353	5233	13.83	2631	6.95	2271	6.00	331	0.87
39	391113	4216	10.78	2187	5.59	1745	4.46	284	0.73
40-44岁	**1690245**	**12105**	**7.16**	**7049**	**4.17**	**4178**	**2.47**	**878**	**0.52**
40	381327	3730	9.78	2028	5.32	1424	3.73	278	0.73
41	368504	2602	7.06	1492	4.05	932	2.53	178	0.48
42	327338	2578	7.88	1505	4.60	868	2.65	205	0.63
43	295187	1626	5.51	1005	3.40	515	1.74	106	0.36
44	317889	1569	4.94	1019	3.21	439	1.38	111	0.35
45-49岁	**1430810**	**6938**	**4.85**	**4739**	**3.31**	**1738**	**1.21**	**461**	**0.32**
45	326230	1668	5.11	1117	3.42	433	1.33	118	0.36
46	360947	1542	4.27	1063	2.95	393	1.09	86	0.24
47	332935	1764	5.30	1229	3.69	436	1.31	99	0.30
48	219490	1242	5.66	822	3.75	326	1.49	94	0.43
49	191208	722	3.78	508	2.66	150	0.78	64	0.33

6-3b 全国育龄妇女分年龄、孩次的生育状况 (2009.11.1-2010.10.31)(镇)

单位：人、‰

年龄	平均育龄妇女人数	出生人数	生育率	第一孩		第二孩		第三孩及以上	
				出生人数	生育率	出生人数	生育率	出生人数	生育率
总计	**7143339**	**224849**	**31.48**	**138644**	**19.41**	**73671**	**10.31**	**12534**	**1.75**
15-19岁	**989549**	**4262**	**4.31**	**4003**	**4.05**	**246**	**0.25**	**13**	**0.01**
15	186024	13	0.07	13	0.07				
16	206783	87	0.42	83	0.40	4	0.02		
17	207981	402	1.93	385	1.85	17	0.08		
18	189126	1139	6.02	1079	5.71	56	0.30	4	0.02
19	199635	2621	13.13	2443	12.24	169	0.85	9	0.05
20-24岁	**1013424**	**74568**	**73.58**	**64753**	**63.90**	**9059**	**8.94**	**756**	**0.75**
20	213029	7240	33.99	6647	31.20	562	2.64	31	0.15
21	202330	11862	58.63	10827	53.51	960	4.74	75	0.37
22	206509	15489	75.00	13800	66.83	1568	7.59	121	0.59
23	205894	20266	98.43	17359	84.31	2702	13.12	205	1.00
24	185662	19711	106.17	16120	86.82	3267	17.60	324	1.75
25-29岁	**895900**	**74198**	**82.82**	**47150**	**52.63**	**24165**	**26.97**	**2883**	**3.22**
25	174276	16802	96.41	12818	73.55	3619	20.77	365	2.09
26	172464	16095	93.32	11167	64.75	4439	25.74	489	2.84
27	185450	14361	77.44	9042	48.76	4746	25.59	573	3.09
28	188208	15249	81.02	8463	44.97	6049	32.14	737	3.92
29	175502	11691	66.61	5660	32.25	5312	30.27	719	4.10
30-34岁	**943764**	**38985**	**41.31**	**12899**	**13.67**	**22376**	**23.71**	**3710**	**3.93**
30	180609	9465	52.41	3964	21.95	4778	26.45	723	4.00
31	186407	9000	48.28	3135	16.82	5070	27.20	795	4.26
32	181071	8043	44.42	2436	13.45	4824	26.64	783	4.32
33	189499	6422	33.89	1768	9.33	3964	20.92	690	3.64
34	206178	6055	29.37	1596	7.74	3740	18.14	719	3.49
35-39岁	**1182173**	**20786**	**17.58**	**5358**	**4.53**	**12464**	**10.54**	**2964**	**2.51**
35	217817	5361	24.61	1396	6.41	3298	15.14	667	3.06
36	230024	5045	21.93	1271	5.53	3067	13.33	707	3.07
37	237914	4062	17.07	986	4.14	2483	10.44	593	2.49
38	242080	3432	14.18	903	3.73	1996	8.25	533	2.20
39	254338	2886	11.35	802	3.15	1620	6.37	464	1.82
40-44岁	**1180400**	**8085**	**6.85**	**2861**	**2.42**	**3818**	**3.23**	**1406**	**1.19**
40	253283	2534	10.00	809	3.19	1301	5.14	424	1.67
41	249244	1695	6.80	570	2.29	833	3.34	292	1.17
42	230928	1674	7.25	625	2.71	759	3.29	290	1.26
43	217176	1118	5.15	441	2.03	471	2.17	206	0.95
44	229769	1064	4.63	416	1.81	454	1.98	194	0.84
45-49岁	**938129**	**3965**	**4.23**	**1620**	**1.73**	**1543**	**1.64**	**802**	**0.85**
45	224646	920	4.10	404	1.80	339	1.51	177	0.79
46	235437	863	3.67	356	1.51	345	1.47	162	0.69
47	219142	985	4.49	406	1.85	382	1.74	197	0.90
48	144899	791	5.46	295	2.04	320	2.21	176	1.21
49	114005	406	3.56	159	1.39	157	1.38	90	0.79

6-3c 全国育龄妇女分年龄、孩次的生育状况 (2009.11.1-2010.10.31)(乡村)

单位：人、‰

年龄	平均育龄妇女人数	出生人数	生育率	第一孩		第二孩		第三孩及以上	
				出生人数	生育率	出生人数	生育率	出生人数	生育率
总计	**16652855**	**650170**	**39.04**	**360124**	**21.63**	**232176**	**13.94**	**57870**	**3.48**
15-19岁	**2168602**	**20347**	**9.38**	**18910**	**8.72**	**1340**	**0.62**	**97**	**0.04**
15	420641	73	0.17	69	0.16	4	0.01		
16	407668	617	1.51	602	1.48	14	0.03	1	
17	415619	2267	5.45	2173	5.23	85	0.20	9	0.02
18	423911	5883	13.88	5527	13.04	329	0.78	27	0.06
19	500763	11507	22.98	10539	21.05	908	1.81	60	0.12
20-24岁	**2584552**	**249813**	**96.66**	**207443**	**80.26**	**38249**	**14.80**	**4121**	**1.59**
20	555683	30189	54.33	27395	49.30	2594	4.67	200	0.36
21	528455	45673	86.43	40534	76.70	4689	8.87	450	0.85
22	531886	53791	101.13	45993	86.47	7081	13.31	717	1.35
23	516022	63575	123.20	51382	99.57	11003	21.32	1190	2.31
24	452506	56585	125.05	42139	93.12	12882	28.47	1564	3.46
25-29岁	**1989705**	**190208**	**95.60**	**92610**	**46.54**	**83021**	**41.73**	**14577**	**7.33**
25	412694	46415	112.47	30047	72.81	14297	34.64	2071	5.02
26	393183	41614	105.84	22835	58.08	16243	41.31	2536	6.45
27	404810	36063	89.09	16658	41.15	16554	40.89	2851	7.04
28	402877	36660	91.00	13771	34.18	19282	47.86	3607	8.95
29	376141	29456	78.31	9299	24.72	16645	44.25	3512	9.34
30-34岁	**1924672**	**101016**	**52.48**	**22358**	**11.62**	**62064**	**32.25**	**16594**	**8.62**
30	375755	25582	68.08	7263	19.33	14660	39.01	3659	9.74
31	377447	23237	61.56	5222	13.84	14686	38.91	3329	8.82
32	365875	20580	56.25	4127	11.28	12981	35.48	3472	9.49
33	383248	15898	41.48	2956	7.71	10101	26.36	2841	7.41
34	422347	15719	37.22	2790	6.61	9636	22.82	3293	7.80
35-39岁	**2601019**	**53727**	**20.66**	**9904**	**3.81**	**31096**	**11.96**	**12727**	**4.89**
35	457757	13597	29.70	2450	5.35	8154	17.81	2993	6.54
36	494238	12483	25.26	2194	4.44	7488	15.15	2801	5.67
37	520377	10819	20.79	1947	3.74	6228	11.97	2644	5.08
38	542941	9305	17.14	1784	3.29	5171	9.52	2350	4.33
39	585706	7523	12.84	1529	2.61	4055	6.92	1939	3.31
40-44岁	**2937434**	**23427**	**7.98**	**5634**	**1.92**	**11324**	**3.86**	**6469**	**2.20**
40	596112	7045	11.82	1529	2.56	3581	6.01	1935	3.25
41	604632	5061	8.37	1169	1.93	2510	4.15	1382	2.29
42	583886	4737	8.11	1186	2.03	2193	3.76	1358	2.33
43	562791	3417	6.07	889	1.58	1613	2.87	915	1.63
44	590013	3167	5.37	861	1.46	1427	2.42	879	1.49
45-49岁	**2446871**	**11632**	**4.75**	**3265**	**1.33**	**5082**	**2.08**	**3285**	**1.34**
45	574377	2849	4.96	849	1.48	1267	2.21	733	1.28
46	600982	2695	4.48	738	1.23	1195	1.99	762	1.27
47	569628	2777	4.88	804	1.41	1187	2.08	786	1.38
48	391328	2147	5.49	580	1.48	929	2.37	638	1.63
49	310556	1164	3.75	294	0.95	504	1.62	366	1.18

6-4 各地区育龄妇女年龄别生育率及总和生育率

单位：‰

地区	15-19岁	20-24岁	25-29岁	30-34岁	35-39岁	40-44岁	45-49岁	总和生育率
全国	**5.93**	**69.47**	**84.08**	**45.84**	**18.71**	**7.51**	**4.68**	**1181.10**
北京	1.06	17.51	49.35	50.94	16.76	4.34	1.38	706.70
天津	3.78	37.07	67.21	40.24	20.59	7.92	5.75	912.80
河北	2.43	80.19	94.32	54.61	20.14	6.87	3.57	1310.65
山西	4.22	68.98	84.55	39.56	14.12	4.97	2.62	1095.10
内蒙古	4.07	65.80	72.90	41.33	18.63	7.27	4.16	1070.80
辽宁	4.45	41.34	52.75	32.18	11.53	4.04	1.89	740.90
吉林	5.20	49.70	48.55	26.67	12.86	5.63	3.39	760.00
黑龙江	5.71	48.99	44.95	25.99	11.99	7.02	5.63	751.40
上海	4.08	32.50	57.20	37.51	11.78	3.04	1.22	736.65
江苏	5.86	67.03	76.93	34.57	15.99	6.68	3.71	1053.85
浙江	5.64	57.77	79.92	40.28	15.14	3.62	1.04	1017.05
安徽	8.08	110.65	107.28	48.55	15.43	4.46	1.86	1481.55
福建	4.34	65.21	87.96	42.66	15.57	5.18	2.98	1119.50
江西	7.18	90.17	97.12	46.74	21.88	8.46	5.47	1385.10
山东	0.80	61.54	82.09	58.27	20.05	7.35	3.16	1166.30
河南	4.72	71.76	91.46	52.64	23.89	9.84	5.91	1301.10
湖北	5.75	80.31	91.88	48.32	21.62	10.72	9.55	1340.75
湖南	5.29	80.89	97.94	51.08	25.22	12.80	10.21	1417.15
广东	2.50	41.79	82.10	49.71	20.16	9.64	6.98	1064.40
广西	9.87	95.82	125.28	76.94	30.96	11.45	7.63	1789.75
海南	14.23	86.50	104.12	59.21	24.62	8.44	5.41	1512.65
重庆	5.86	78.21	80.18	35.84	21.55	7.53	3.69	1164.30
四川	5.27	71.61	69.59	34.77	18.52	8.77	6.49	1075.10
贵州	19.03	136.08	114.97	50.08	18.87	6.78	3.76	1747.85
云南	21.28	107.97	94.27	39.20	13.16	4.34	1.74	1409.80
西藏	7.73	54.26	68.19	38.77	20.22	14.11	6.64	1049.60
陕西	2.62	56.60	78.48	41.77	17.88	7.55	6.00	1054.50
甘肃	5.46	86.71	95.69	42.60	14.45	6.04	4.63	1277.90
青海	16.34	88.57	83.76	49.54	20.88	9.27	5.66	1370.10
宁夏	14.25	98.35	99.23	42.29	12.84	3.39	2.18	1362.65
新疆	12.16	84.86	103.28	65.23	25.25	9.75	5.24	1528.85

6-4a 各地区育龄妇女年龄别生育率及总和生育率(城市)

单位：‰

地区	15-19岁	20-24岁	25-29岁	30-34岁	35-39岁	40-44岁	45-49岁	总和生育率
全国	**1.94**	**33.43**	**71.66**	**40.68**	**16.70**	**7.16**	**4.85**	**882.10**
北京	0.93	13.63	47.59	53.98	18.17	4.92	1.56	703.90
天津	1.09	21.81	67.70	42.36	19.62	9.65	6.58	844.05
河北	0.31	35.60	80.11	41.92	15.79	7.23	5.49	932.25
山西	1.19	32.56	79.48	35.33	13.17	4.64	3.31	848.40
内蒙古	1.42	36.78	79.18	42.10	19.85	7.93	5.34	963.00
辽宁	0.74	19.55	54.92	33.04	8.74	2.89	1.33	606.05
吉林	1.01	21.47	54.48	26.58	9.51	3.54	2.34	594.65
黑龙江	0.81	19.59	52.58	30.80	12.81	8.85	8.18	668.10
上海	3.09	25.82	57.78	40.04	11.98	2.93	1.02	713.30
江苏	2.90	41.17	75.57	31.50	11.68	4.83	2.49	850.70
浙江	4.34	41.35	78.04	39.02	15.06	4.57	1.49	919.35
安徽	2.15	48.42	89.97	38.82	12.32	5.11	3.37	1000.80
福建	2.86	39.68	76.17	39.01	14.72	5.03	2.80	901.35
江西	3.61	56.14	81.76	39.21	20.20	10.95	8.54	1102.05
山东	0.35	34.97	84.77	43.38	15.27	5.81	2.69	936.20
河南	1.67	34.06	83.51	49.21	24.62	11.56	8.18	1064.05
湖北	1.84	41.53	81.66	40.64	19.68	10.37	9.43	1025.75
湖南	1.29	42.32	81.70	43.95	25.33	17.73	14.68	1135.00
广东	1.80	28.69	67.35	44.26	19.72	9.12	6.18	885.60
广西	1.86	36.65	82.30	60.45	28.07	12.29	8.83	1152.25
海南	2.79	40.71	79.57	54.02	26.93	8.97	5.47	1092.30
重庆	1.73	41.04	68.58	32.79	16.64	6.01	3.82	853.05
四川	1.48	37.56	59.80	30.80	16.46	7.40	6.78	801.40
贵州	5.95	57.20	94.21	48.79	19.40	8.17	5.88	1198.00
云南	4.23	43.18	78.37	40.86	13.62	4.29	1.76	931.55
西藏	1.15	22.63	33.97	25.47	14.66	5.77	3.96	538.05
陕西	0.64	23.54	72.29	39.25	17.02	7.24	7.47	837.25
甘肃	1.29	31.36	78.54	37.26	16.44	7.69	8.23	904.05
青海	4.83	47.14	71.55	44.44	20.33	6.20	5.45	999.70
宁夏	5.74	49.98	88.44	40.97	13.16	3.92	1.91	1020.60
新疆	3.19	36.48	83.53	53.02	21.12	7.31	3.76	1042.05

6-4b 各地区育龄妇女年龄别生育率及总和生育率(镇)

单位：‰

地区	15-19岁	20-24岁	25-29岁	30-34岁	35-39岁	40-44岁	45-49岁	总和生育率
全国	**4.31**	**73.58**	**82.82**	**41.31**	**17.58**	**6.85**	**4.23**	**1153.40**
北京	1.31	24.45	55.04	39.40	13.26	2.95	0.39	684.00
天津	3.02	34.71	58.73	33.31	19.51	5.11	4.40	793.95
河北	1.85	84.10	89.71	49.27	19.47	6.65	2.95	1270.00
山西	3.26	71.51	81.48	39.42	15.01	4.34	1.46	1082.40
内蒙古	3.38	70.00	72.54	39.09	17.73	7.12	3.54	1067.00
辽宁	2.97	47.85	47.92	24.96	10.87	3.88	2.20	703.25
吉林	3.29	52.68	46.51	22.80	12.55	6.05	4.56	742.20
黑龙江	3.31	48.96	45.92	19.34	10.45	6.95	4.71	698.20
上海	5.98	53.98	56.54	30.51	10.22	2.83	1.30	806.80
江苏	5.78	78.75	75.97	34.45	17.41	7.32	4.34	1120.10
浙江	6.89	64.51	79.59	38.03	14.38	3.44	1.01	1039.25
安徽	6.24	108.11	95.15	40.38	13.15	3.43	1.50	1339.80
福建	3.52	70.00	89.84	40.65	15.37	4.90	2.96	1136.20
江西	5.03	75.60	90.52	43.13	21.29	8.82	5.63	1250.10
山东	0.86	70.12	80.58	53.61	19.61	6.76	2.61	1170.75
河南	3.02	69.65	83.08	45.64	21.35	8.72	4.56	1180.10
湖北	3.50	83.23	84.68	41.52	19.26	9.77	9.16	1255.60
湖南	4.01	81.92	91.64	44.00	21.75	10.30	8.05	1308.35
广东	1.91	50.65	87.70	48.46	18.10	7.98	6.76	1107.80
广西	5.93	89.27	121.44	69.24	29.42	10.05	7.03	1661.90
海南	13.78	82.60	98.64	58.87	22.53	10.84	7.20	1472.30
重庆	5.16	92.77	78.56	30.63	19.20	6.31	3.73	1181.80
四川	3.09	62.97	64.98	28.11	15.35	6.74	4.09	926.65
贵州	12.02	124.58	106.79	41.18	17.68	5.76	3.05	1555.30
云南	11.76	97.01	93.12	39.09	13.01	3.80	1.38	1295.85
西藏	4.19	51.06	72.08	32.26	17.15	8.35	8.23	966.60
陕西	1.66	60.15	71.83	35.44	16.02	10.07	7.72	1014.45
甘肃	2.62	57.79	82.09	35.02	14.30	4.73	3.64	1000.95
青海	11.90	75.85	83.16	46.72	21.10	9.53	6.11	1271.85
宁夏	9.24	97.41	96.45	37.80	13.29	2.08	0.36	1283.15
新疆	7.18	65.12	89.82	55.95	23.89	8.51	6.02	1282.45

6-4c 各地区育龄妇女年龄别生育率及总和生育率(乡村)

单位：‰

地 区	15-19岁	20-24岁	25-29岁	30-34岁	35-39岁	40-44岁	45-49岁	总和生育率
全 国	**9.38**	**96.66**	**95.60**	**52.48**	**20.66**	**7.98**	**4.75**	**1437.55**
北 京	1.62	38.57	60.87	30.83	9.58	2.24	0.95	723.30
天 津	11.81	94.79	70.60	37.27	23.82	5.41	3.97	1238.35
河 北	3.70	95.79	102.08	63.57	22.44	6.84	3.17	1487.95
山 西	6.50	90.52	89.31	42.63	14.25	5.42	2.71	1256.70
内蒙古	7.00	88.23	67.50	42.13	18.12	6.85	3.67	1167.50
辽 宁	10.28	73.96	50.29	33.43	15.82	5.48	2.55	959.05
吉 林	9.73	70.94	43.91	28.24	15.79	7.00	3.80	897.05
黑龙江	11.24	73.14	38.53	24.90	12.02	5.54	3.72	845.45
上 海	8.47	57.28	52.48	25.05	12.34	3.97	2.47	810.30
江 苏	9.58	93.94	79.54	39.03	19.73	7.83	4.39	1270.20
浙 江	6.67	82.02	83.20	43.92	15.79	2.89	0.68	1175.85
安 徽	11.17	140.80	121.94	57.86	17.80	4.66	1.45	1778.40
福 建	6.45	92.66	100.74	48.03	16.47	5.46	3.10	1364.55
江 西	9.62	106.88	105.29	51.45	22.76	7.53	4.41	1539.70
山 东	1.12	76.49	80.59	73.46	23.73	8.33	3.57	1336.45
河 南	6.47	85.67	97.27	56.70	24.46	9.64	5.62	1429.15
湖 北	9.23	105.13	102.82	58.95	24.04	11.25	9.75	1605.85
湖 南	7.69	95.76	107.77	58.15	26.86	12.16	9.52	1589.55
广 东	3.85	73.69	119.01	65.45	22.23	11.26	8.14	1518.15
广 西	14.90	127.72	146.73	88.50	32.86	11.73	7.47	2149.55
海 南	21.67	120.17	122.53	63.18	23.95	6.98	4.51	1814.95
重 庆	9.83	122.86	101.14	43.32	27.27	9.26	3.57	1586.25
四 川	7.42	89.73	76.70	39.30	20.43	9.87	7.18	1253.15
贵 州	24.77	172.14	125.88	53.72	19.11	6.71	3.40	2028.65
云 南	28.98	129.00	98.65	38.83	13.10	4.54	1.85	1574.75
西 藏	8.86	59.49	71.94	42.61	22.15	17.08	6.79	1144.60
陕 西	3.81	75.53	85.61	46.60	19.11	6.76	4.93	1211.75
甘 肃	7.19	112.16	106.31	47.03	13.86	5.88	3.80	1481.15
青 海	22.04	110.79	89.14	53.03	21.07	10.84	5.61	1562.60
宁 夏	20.06	133.64	108.24	44.85	12.44	3.40	2.83	1627.30
新 疆	16.81	109.09	115.31	75.27	28.60	11.83	5.92	1814.15

6-5 各地区按活产子女数分的15-64岁妇女人数

单位：人

地区	15-64岁妇女人数	活产0个	活产1个	活产2个	活产3个	活产4个	活产5个及以上
全国	**46431380**	**11500297**	**15788631**	**12928243**	**4377103**	**1351170**	**485936**
北京	737702	269944	344555	103697	16481	2574	451
天津	431657	125201	211112	79007	13282	2571	484
河北	2617398	639035	764810	897485	250070	55332	10666
山西	1279869	323244	346625	414543	146053	39610	9794
内蒙古	874769	188801	365465	218408	69800	24063	8232
辽宁	1647081	382881	854691	330079	63320	13485	2625
吉林	1000887	234940	482143	209999	53584	16066	4155
黑龙江	1359945	308931	678853	264817	76659	24164	6521
上海	883342	251465	473855	133531	20713	3117	661
江苏	2875929	644230	1374901	647507	165296	35911	8084
浙江	2038471	442422	837706	580683	135873	32748	9039
安徽	1883395	415529	579696	552483	232029	79649	24009
福建	1302583	331176	396626	363380	147142	48497	15762
江西	1477124	331768	356151	503509	195443	66298	23955
山东	3419043	779803	1318498	993309	253499	61225	12709
河南	3280478	839555	741386	1133015	432440	110508	23574
湖北	1962302	456788	692591	568834	178345	51349	14395
湖南	2160939	485768	659114	711690	229687	60136	14544
广东	3553614	1251941	864533	839353	382804	147347	67636
广西	1425654	363605	339745	373567	203596	96120	49021
海南	282676	83120	57844	75067	40628	16994	9023
重庆	917820	196418	374974	257927	68084	16473	3944
四川	2884436	636356	1101560	836797	230882	60298	18543
贵州	1063326	225153	231849	282078	187859	87775	48612
云南	1530188	340607	364684	552948	164839	67643	39467
西藏	91777	35710	19883	18050	9112	4603	4419
陕西	1349669	360181	394571	408338	142664	35820	8095
甘肃	950753	246651	223712	305957	128087	36001	10345
青海	188304	48130	53962	52255	21769	8017	4171
宁夏	216297	50738	58773	56462	29264	13756	7304
新疆	743952	210206	223763	163468	87799	33020	25696

6-6 全国按受教育程度、活产子女数分的15-64岁妇女人数

单位：人

受教育程度	15-64岁妇女人数	活产0个	活产1个	活产2个	活产3个	活产4个	活产5个及以上
总　计	**46431380**	**11500297**	**15788631**	**12928243**	**4377103**	**1351170**	**485936**
未上过学	2052380	95399	242538	741811	575749	269893	126990
小　学	11315444	599270	2435881	4978015	2259022	763904	279352
初　中	20435242	4644539	7898264	6144565	1386539	288598	72737
高　中	7456627	3331965	3082442	868394	141103	26533	6190
大学专科	3014264	1506086	1343297	150289	12189	1849	554
大学本科	1972395	1202540	724879	42316	2242	322	96
研究生	185028	120498	61330	2853	259	71	17

6-7 全国按职业、活产子女数分的15-64岁妇女人数

单位：人

职业大类	15-64岁妇女人数	活产0个	活产1个	活产2个	活产3个	活产4个	活产5个及以上	妇女平均活产子女数
总　计	**31074629**	**6008108**	**11120425**	**9592279**	**3109833**	**918324**	**325660**	**1.45**
国家机关、党群组织、企业、事业单位负责人	317818	59978	189591	56552	9442	1835	420	1.07
专业技术人员	2495177	714935	1520132	227215	26981	4753	1161	0.83
办事人员和有关人员	1017983	327286	594390	83533	10248	1962	564	0.79
商业、服务业人员	5962951	1544160	2770951	1318894	261983	52877	14086	1.09
农、林、牧、渔、水利业生产人员	16178355	2012965	3920013	6591491	2547946	808894	297046	1.82
生产、运输设备操作人员及有关人员	5076512	1343318	2114125	1307670	251557	47596	12246	1.13
不便分类的其他从业人员	25833	5466	11223	6924	1676	407	137	1.25

6-8 各地区按存活子女数分的15-64岁妇女人数

单位：人

地区	15-64岁妇女人数	存活0个	存活1个	存活2个	存活3个	存活4个	存活5个及以上
全国	**46431380**	**11622246**	**15888913**	**12918661**	**4291341**	**1278842**	**431377**
北京	737702	271135	344695	103077	15967	2420	408
天津	431657	126278	211222	78488	12856	2394	419
河北	2617398	645302	769309	894943	245382	52609	9853
山西	1279869	325284	348568	414997	144120	38001	8899
内蒙古	874769	191166	366194	218098	68795	22990	7526
辽宁	1647081	386539	856532	327766	61252	12615	2377
吉林	1000887	237726	482907	208596	52568	15321	3769
黑龙江	1359945	312751	679377	263317	75447	23121	5932
上海	883342	252931	474532	132158	20172	2937	612
江苏	2875929	651121	1382946	641861	159430	33466	7105
浙江	2038471	447318	843354	577917	131329	30527	8026
安徽	1883395	419655	584796	554674	228032	75222	21016
福建	1302583	334750	398408	363304	144949	46599	14573
江西	1477124	336781	360038	505268	192156	62298	20583
山东	3419043	787373	1324093	988749	248478	58506	11844
河南	3280478	847792	744645	1132808	427274	106164	21795
湖北	1962302	462459	700053	567894	172585	47268	12043
湖南	2160939	492410	668369	712349	222129	54178	11504
广东	3553614	1262126	864009	837092	379891	144722	65774
广西	1425654	367586	341406	374264	202465	93668	46265
海南	282676	83756	58030	75192	40434	16661	8603
重庆	917820	199331	379692	258713	64006	13566	2512
四川	2884436	646200	1117348	835715	219078	52231	13864
贵州	1063326	226786	236436	287581	187693	83598	41232
云南	1530188	345282	371263	558741	159861	62598	32443
西藏	91777	36280	20226	18156	8909	4348	3858
陕西	1349669	363447	396876	407770	140358	33953	7265
甘肃	950753	249469	225730	305561	126381	34355	9257
青海	188304	48765	54421	52690	21465	7481	3482
宁夏	216297	51217	59039	56740	29231	13389	6681
新疆	743952	213230	224399	164182	88648	31636	21857

6-9 全国按受教育程度、存活子女数分的15-64岁妇女人数

单位：人

受教育程度	15-64岁妇女人数	存活0个	存活1个	存活2个	存活3个	存活4个	存活5个及以上
总　计	**46431380**	**11622246**	**15888913**	**12918661**	**4291341**	**1278842**	**431377**
未上过学	2052380	102025	259803	757249	569786	254516	109001
小　学	11315444	632799	2502843	4994573	2213123	722492	249614
初　中	20435242	4702520	7920929	6113803	1356513	274673	66804
高　中	7456627	3347289	3080101	860859	137742	25165	5471
大学专科	3014264	1511815	1340561	147989	11816	1656	427
大学本科	1972395	1205082	723479	41394	2118	275	47
研究生	185028	120716	61197	2794	243	65	13

6-10 全国按职业、存活子女数分的15-64岁妇女人数

单位：人

职业大类	15-64岁妇女人数	存活0个	存活1个	存活2个	存活3个	存活4个	存活5个及以上	妇女平均存活子女数
总　计	**31074629**	**6095238**	**11193169**	**9583924**	**3045167**	**868026**	**289105**	**1.43**
国家机关、党群组织、企业、事业单位负责人	317818	60810	189521	56114	9251	1732	390	1.06
专业技术人员	2495177	721124	1517878	224574	26192	4437	972	0.83
办事人员和有关人员	1017983	329741	593403	82539	9978	1832	490	0.78
商业、服务业人员	5962951	1559966	2773276	1311077	255904	49985	12743	1.08
农、林、牧、渔、水利业生产人员	16178355	2060836	3989925	6603012	2496890	764533	263159	1.80
生产、运输设备操作人员及有关人员	5076512	1357188	2117941	1299711	245321	45121	11230	1.12
不便分类的其他从业人员	25833	5573	11225	6897	1631	386	121	1.24

6-11 各地区15-64岁妇女平均活产子女数和平均存活子女数

单位：人、%

地区	15-64岁妇女人数	活产子女总数			存活子女总数			存活子女数占活产子女数的百分比	妇女平均活产子女数	妇女平均存活子女数
		合计	男	女	合计	男	女			
全国	**46431380**	**62749675**	**33735200**	**29014475**	**61981758**	**33269699**	**28712059**	**98.78**	**1.35**	**1.33**
北京	737702	614008	325105	288903	610524	322806	287718	99.43	0.83	0.83
天津	431657	421805	223507	198298	418473	221431	197042	99.21	0.98	0.97
河北	2617398	3585473	1907591	1677882	3555740	1888413	1667327	99.17	1.37	1.36
山西	1279869	1822678	964921	857757	1808591	955595	852996	99.23	1.42	1.41
内蒙古	874769	1150793	603825	546968	1139808	596753	543055	99.05	1.32	1.30
辽宁	1647081	1772096	938743	833353	1758358	929457	828901	99.22	1.08	1.07
吉林	1000887	1148231	614172	534059	1138157	607589	530568	99.12	1.15	1.14
黑龙江	1359945	1568268	837492	730776	1554941	828522	726419	99.15	1.15	1.14
上海	883342	818938	436411	382527	814268	433508	380760	99.43	0.93	0.92
江苏	2875929	3350630	1809716	1540914	3314966	1787688	1527278	98.94	1.17	1.15
浙江	2038471	2584770	1381333	1203437	2557047	1364181	1192866	98.93	1.27	1.25
安徽	1883395	2823947	1520342	1303605	2787849	1498736	1289113	98.72	1.50	1.48
福建	1302583	1840597	997797	842800	1821732	985933	835799	98.98	1.41	1.40
江西	1477124	2338183	1285485	1052698	2301814	1263879	1037935	98.44	1.58	1.56
山东	3419043	4374840	2339675	2035165	4340953	2317659	2023294	99.23	1.28	1.27
河南	3280478	4866207	2649610	2216597	4827056	2625691	2201365	99.20	1.48	1.47
湖北	1962302	2645044	1423500	1221544	2604633	1399420	1205213	98.47	1.35	1.33
湖南	2160939	3086444	1657983	1428461	3034694	1627272	1407422	98.32	1.43	1.40
广东	3553614	4641373	2561261	2080112	4606944	2540157	2066787	99.26	1.31	1.30
广西	1425654	2345719	1280646	1065073	2319721	1264791	1054930	98.89	1.65	1.63
海南	282676	446844	248399	198445	442946	245976	196970	99.13	1.58	1.57
重庆	917820	1181143	627985	553158	1156167	613135	543032	97.89	1.29	1.26
四川	2884436	3806156	2023938	1782218	3727093	1978037	1749056	97.92	1.32	1.29
贵州	1063326	1974275	1058587	915688	1929769	1033689	896080	97.75	1.86	1.81
云南	1530188	2452727	1300070	1152657	2394125	1265704	1128421	97.61	1.60	1.56
西藏	91777	126971	66493	60478	122371	63895	58476	96.38	1.38	1.33
陕西	1349669	1823628	986525	837103	1806139	975522	830617	99.04	1.35	1.34
甘肃	950753	1416952	761180	655772	1400623	751427	649196	98.85	1.49	1.47
青海	188304	278144	146371	131773	272486	143019	129467	97.97	1.48	1.45
宁夏	216297	353674	186689	166985	349344	184083	165261	98.78	1.64	1.62
新疆	743952	1089117	569848	519269	1064426	555731	508695	97.73	1.46	1.43

6-12 全国按年龄分的15-64岁妇女平均活产子女数和平均存活子女数

单位：人、%

年 龄	15-64岁妇女人数	活产子女总数			存活子女总数			存活子女数占活产子女数的百分比	妇女平均活产子女数	妇女平均存活子女数
		合计	男	女	合计	男	女			
总 计	**46431380**	**62749675**	**33735200**	**29014475**	**61981758**	**33269699**	**28712059**	**98.78**	**1.35**	**1.33**
15-19岁	**4408116**	**54942**	**29421**	**25521**	**53991**	**28826**	**25165**	**98.27**	**0.01**	**0.01**
15	809754	176	90	86	172	88	84	97.73		
16	831744	1129	576	553	1099	558	541	97.34		
17	909359	4860	2594	2266	4747	2528	2219	97.67	0.01	0.01
18	910309	14650	7849	6801	14381	7676	6705	98.16	0.02	0.02
19	946950	34127	18312	15815	33592	17976	15616	98.43	0.04	0.04
20-24岁	**5832745**	**1514471**	**817838**	**696633**	**1497318**	**807176**	**690142**	**98.87**	**0.26**	**0.26**
20	1262214	99552	53439	46113	98182	52584	45598	98.62	0.08	0.08
21	1205258	181012	97062	83950	178623	95592	83031	98.68	0.15	0.15
22	1126347	279265	150848	128417	275958	148736	127222	98.82	0.25	0.25
23	1182734	433342	234295	199047	428578	231298	197280	98.90	0.37	0.36
24	1056192	521300	282194	239106	515977	278966	237011	98.98	0.49	0.49
25-29岁	**4666287**	**3938366**	**2142938**	**1795428**	**3906164**	**2123165**	**1782999**	**99.18**	**0.84**	**0.84**
25	923961	571387	309938	261449	566107	306696	259411	99.08	0.62	0.61
26	913075	674681	366678	308003	668905	363130	305775	99.14	0.74	0.73
27	898702	760447	414201	346246	754050	410250	343800	99.16	0.85	0.84
28	1033053	982150	534292	447858	974476	529530	444946	99.22	0.95	0.94
29	897496	949701	517829	431872	942626	513559	429067	99.26	1.06	1.05
30-34岁	**4467437**	**5775399**	**3147704**	**2627695**	**5733677**	**3122527**	**2611150**	**99.28**	**1.29**	**1.28**
30	874043	1005726	548637	457089	998224	544068	454156	99.25	1.15	1.14
31	908046	1115797	607804	507993	1107777	602990	504787	99.28	1.23	1.22
32	897463	1168145	636963	531182	1159958	632022	527936	99.30	1.30	1.29
33	835652	1136528	619038	517490	1128328	614086	514242	99.28	1.36	1.35
34	952233	1349203	735262	613941	1339390	729361	610029	99.27	1.42	1.41
35-39岁	**5486262**	**8358273**	**4532062**	**3826211**	**8294300**	**4493730**	**3800570**	**99.23**	**1.52**	**1.51**
35	981072	1430487	778024	652463	1419964	771784	648180	99.26	1.46	1.45
36	1067601	1603400	871958	731442	1591480	864871	726609	99.26	1.50	1.49
37	1110842	1692268	917403	774865	1679151	909505	769646	99.22	1.52	1.51
38	1155645	1792985	971090	821895	1779092	962773	816319	99.23	1.55	1.54
39	1171102	1839133	993587	845546	1824613	984797	839816	99.21	1.57	1.56
40-44岁	**5886276**	**9930802**	**5333142**	**4597660**	**9842409**	**5279935**	**4562474**	**99.11**	**1.69**	**1.67**
40	1291210	2080456	1121504	958952	2063232	1111235	951997	99.17	1.61	1.60
41	1170232	1923231	1034681	888550	1906862	1024859	882003	99.15	1.64	1.63
42	1274528	2150921	1154629	996292	2131632	1142900	988732	99.10	1.69	1.67
43	1009774	1760352	944118	816234	1743982	934164	809818	99.07	1.74	1.73
44	1140532	2015842	1078210	937632	1996701	1066777	929924	99.05	1.77	1.75
45-49岁	**5040971**	**9258278**	**4949053**	**4309225**	**9162140**	**4890758**	**4271382**	**98.96**	**1.84**	**1.82**
45	1134809	2028046	1085408	942638	2008124	1073396	934728	99.02	1.79	1.77
46	1115695	2015892	1075525	940367	1995172	1062892	932280	98.97	1.81	1.79
47	1279035	2328586	1244196	1084390	2304383	1229506	1074877	98.96	1.82	1.80
48	964374	1840223	984781	855442	1820283	972706	847577	98.92	1.91	1.89
49	547058	1045531	559143	486388	1034178	552258	481920	98.91	1.91	1.89
50-54岁	**3767599**	**7408210**	**3958134**	**3450076**	**7311201**	**3898691**	**3412510**	**98.69**	**1.97**	**1.94**
50	684478	1295550	691089	604461	1280228	681766	598462	98.82	1.89	1.87
51	593526	1143389	611252	532137	1129671	602799	526872	98.80	1.93	1.90
52	795517	1559008	832514	726494	1538663	820020	718643	98.70	1.96	1.93
53	875555	1745108	933004	812104	1721426	918622	802804	98.64	1.99	1.97
54	818523	1665155	890275	774880	1641213	875484	765729	98.56	2.03	2.01
55-59岁	**3992078**	**8839399**	**4720533**	**4118866**	**8684645**	**4626418**	**4058227**	**98.25**	**2.21**	**2.18**
55	857136	1779996	950995	829001	1752909	934331	818578	98.48	2.08	2.05
56	867417	1849668	988103	861565	1819168	969471	849697	98.35	2.13	2.10
57	793927	1762357	941108	821249	1731185	922064	809121	98.23	2.22	2.18
58	797844	1836761	979181	857580	1802145	958452	843693	98.12	2.30	2.26
59	675754	1610617	861146	749471	1579238	842100	737138	98.05	2.38	2.34
60-64岁	**2883609**	**7671535**	**4104375**	**3567160**	**7495913**	**3998473**	**3497440**	**97.71**	**2.66**	**2.60**
60	674903	1675136	895467	779669	1640863	874691	766172	97.95	2.48	2.43
61	629373	1635185	873187	761998	1599177	851494	747683	97.80	2.60	2.54
62	556740	1501991	802806	699185	1467144	781850	685294	97.68	2.70	2.64
63	526704	1465375	784625	680750	1429655	763053	666602	97.56	2.78	2.71
64	495889	1393848	748290	645558	1359074	727385	631689	97.51	2.81	2.74

6-13 全国按受教育程度分的15-64岁妇女平均活产子女数和平均存活子女数

单位：人、%

受教育程度	15-64岁妇女人数	活产子女总数		
		合计	男	女
总　计	**46431380**	**62749675**	**33735200**	**29014475**
未上过学	2052380	5212744	2795259	2417485
小　学	11315444	23698778	12698141	11000637
初　中	20435242	25880152	13982478	11897674
高　中	7456627	5380993	2887164	2493829
大学专科	3014264	1690772	903910	786862
大学本科	1972395	818051	432333	385718
研究生	185028	68185	35915	32270

6-13 续表

单位：人、%

受教育程度	存活子女总数			存活子女数占活产子女数的百分比	妇女平均活产子女数	妇女平均存活子女数
	合计	男	女			
总　计	**61981758**	**33269699**	**28712059**	**98.78**	**1.35**	**1.33**
未上过学	5079620	2717613	2362007	97.45	2.54	2.47
小　学	23332146	12477914	10854232	98.45	2.09	2.06
初　中	25663285	13847346	11815939	99.16	1.27	1.26
高　中	5344068	2863706	2480362	99.31	0.72	0.72
大学专科	1680832	897607	783225	99.41	0.56	0.56
大学本科	813967	429809	384158	99.50	0.41	0.41
研究生	67840	35704	32136	99.49	0.37	0.37

第二部分　长表数据资料

第七卷　迁移和户口登记地

7-1 全国按现住地、户口登记地类型分的户口登记地在外乡镇街道人口

单位：人

现住地	合计				
	合计	乡	镇的居委会	镇的村委会	街道
全国	**24355374**	**5483136**	**2733586**	**9856554**	**6282098**
城市	16224619	3273927	1679495	5821197	5450000
镇	5000740	1355337	767106	2389724	488573
乡村	3130015	853872	286985	1645633	343525
北京	**944005**	**178510**	**78665**	**296986**	**389844**
城市	812847	151567	68766	222931	369583
镇	59192	10003	5688	30946	12555
乡村	71966	16940	4211	43109	7706
天津	**366434**	**58451**	**23540**	**111304**	**173139**
城市	305801	44728	18241	83262	159570
镇	41674	9675	4274	17175	10550
乡村	18959	4048	1025	10867	3019
河北	**784802**	**170857**	**79475**	**283392**	**251078**
城市	436177	69351	39407	122458	204961
镇	234838	66165	27290	109908	31475
乡村	113787	35341	12778	51026	14642
山西	**635281**	**166742**	**57885**	**217540**	**193114**
城市	339254	62712	25818	97413	153311
镇	169677	61616	17509	73274	17278
乡村	126350	42414	14558	46853	22525
内蒙古	**667328**	**129730**	**77943**	**291422**	**168233**
城市	381127	60990	39589	136398	144150
镇	171462	44126	25697	91323	10316
乡村	114739	24614	12657	63701	13767
辽宁	**903698**	**140883**	**64975**	**219391**	**478449**
城市	708634	97080	41839	137415	432300
镇	93603	20107	14360	38662	20474
乡村	101461	23696	8776	43314	25675
吉林	**431990**	**63063**	**38690**	**95142**	**235095**
城市	316867	37892	21247	48796	208932
镇	52409	10090	11615	20246	10458
乡村	62714	15081	5828	26100	15705
黑龙江	**518122**	**113165**	**63063**	**129194**	**212700**
城市	321458	47980	29077	57608	186793
镇	113024	34251	25076	38551	15146
乡村	83640	30934	8910	33035	10761
上海	**1226186**	**340945**	**117118**	**419617**	**348506**
城市	951659	238610	99017	283819	330213
镇	162556	61001	14329	72066	15160
乡村	111971	41334	3772	63732	3133
江苏	**1695227**	**340014**	**211564**	**793425**	**350224**
城市	1081335	221623	138880	410627	310205
镇	288856	51353	49619	170721	17163
乡村	325036	67038	23065	212077	22856

7-1 续表 1 单位：人

现住地	合计				
	合计	乡	镇 的 居委会	镇 的 村委会	街道
浙江	**1988383**	**496924**	**132598**	**1108317**	**250544**
城市	1086595	251533	81493	550180	203389
镇	503610	135865	33769	305275	28701
乡村	398178	109526	17336	252862	18454
安徽	**677522**	**120084**	**94592**	**264449**	**198397**
城市	406037	63041	47942	127669	167385
镇	189341	37536	36994	96008	18803
乡村	82144	19507	9656	40772	12209
福建	**1007979**	**195168**	**93873**	**579228**	**139710**
城市	641188	108289	57957	360555	114387
镇	235616	59584	26479	132744	16809
乡村	131175	27295	9437	85929	8514
江西	**485784**	**130816**	**70886**	**154661**	**129421**
城市	224857	43891	26867	56764	97335
镇	205603	71305	33330	78363	22605
乡村	55324	15620	10689	19534	9481
山东	**1240070**	**117521**	**149711**	**563260**	**409578**
城市	901067	83127	105784	370117	342039
镇	232814	24725	33928	129338	44823
乡村	106189	9669	9999	63805	22716
河南	**891188**	**306126**	**93830**	**228748**	**262484**
城市	563486	156754	47165	133434	226133
镇	243403	113558	37701	68400	23744
乡村	84299	35814	8964	26914	12607
湖北	**819054**	**148654**	**110419**	**274895**	**285086**
城市	588637	104141	69226	171305	243965
镇	126619	25041	28227	57216	16135
乡村	103798	19472	12966	46374	24986
湖南	**683176**	**217130**	**112551**	**183294**	**170201**
城市	417324	118285	56613	96852	145574
镇	210625	80244	46966	65372	18043
乡村	55227	18601	8972	21070	6584
广东	**3622120**	**836816**	**393913**	**1883944**	**507447**
城市	2995742	729694	322211	1469812	474025
镇	349969	54040	50606	228428	16895
乡村	276409	53082	21096	185704	16527

7-1 续表 2 单位：人

现住地	合计				
	合计	乡	镇的居委会	镇的村委会	街道
广西	**565886**	**116911**	**86357**	**246361**	**116257**
城市	338333	60193	46370	135574	96196
镇	158921	40147	32809	73030	12935
乡村	68632	16571	7178	37757	7126
海南	**170754**	**18746**	**37963**	**81516**	**32529**
城市	109418	12096	23340	47662	26320
镇	32465	3401	9257	16363	3444
乡村	28871	3249	5366	17491	2765
重庆	**509256**	**79167**	**70813**	**204632**	**154644**
城市	341386	49972	43093	114734	133587
镇	124676	22447	22273	64129	15827
乡村	43194	6748	5447	25769	5230
四川	**1090259**	**295533**	**172597**	**362369**	**259760**
城市	610180	151499	82647	169413	206621
镇	335977	90087	73146	133720	39024
乡村	144102	53947	16804	59236	14115
贵州	**441856**	**111135**	**55037**	**194558**	**81126**
城市	231056	49765	25231	88138	67922
镇	124489	34160	21205	62723	6401
乡村	86311	27210	8601	43697	6803
云南	**511825**	**138408**	**69172**	**220107**	**84138**
城市	250886	54582	33552	95009	67743
镇	158034	46543	25005	78461	8025
乡村	102905	37283	10615	46637	8370
西藏	**23879**	**9089**	**3268**	**8064**	**3458**
城市	10554	3856	1348	3782	1568
镇	8144	2708	1435	2954	1047
乡村	5181	2525	485	1328	843
陕西	**538195**	**132110**	**65424**	**185915**	**154746**
城市	310155	60113	32158	88057	129827
镇	170575	57731	24621	73123	15100
乡村	57465	14266	8645	24735	9819
甘肃	**263393**	**86457**	**28985**	**68491**	**79460**
城市	162334	42414	12366	38956	68598
镇	71010	31116	12497	20627	6770
乡村	30049	12927	4122	8908	4092
青海	**104234**	**34231**	**14694**	**29862**	**25447**
城市	59498	13873	7801	15107	22717
镇	32938	15202	5408	10581	1747
乡村	11798	5156	1485	4174	983
宁夏	**146211**	**46174**	**15047**	**49961**	**35029**
城市	79379	18314	8654	22586	29825
镇	29084	11441	2989	12201	2453
乡村	37748	16419	3404	15174	2751
新疆	**401277**	**143576**	**48938**	**106509**	**102254**
城市	241348	65962	25796	64764	84826
镇	69536	30069	13004	17796	8667
乡村	90393	47545	10138	23949	8761

7-1 续表 3

单位：人

现住地	省内					省外				
						北京				
	小计	乡	镇的居委会	镇的村委会	街道	小计	乡	镇的居委会	镇的村委会	街道
全　国	**16426442**	**3072356**	**2092474**	**5795772**	**5465840**	**25170**	**1338**	**2967**	**3046**	**17819**
城市	10784936	1585509	1205802	3225989	4767636	16390	546	1832	1234	12778
镇	3778617	1009095	656953	1704236	408333	5469	236	836	814	3583
乡村	1862889	477752	229719	865547	289871	3311	556	299	998	1458
北京	**332136**	**10469**	**25207**	**43291**	**253169**					
城市	301638	9404	20605	31190	240439					
镇	18668	683	2717	7296	7972					
乡村	11830	382	1885	4805	4758					
天津	**184976**	**4578**	**8865**	**23104**	**148429**	**1489**	**149**	**141**	**203**	**996**
城市	163504	2973	6574	15442	138515	1084	86	108	132	758
镇	15997	1204	1897	5395	7501	247	10	24	37	176
乡村	5475	401	394	2267	2413	158	53	9	34	62
河北	**658304**	**144062**	**66004**	**228278**	**219960**	**7235**	**337**	**748**	**1189**	**4961**
城市	375428	57324	32872	99079	186153	2374	59	242	350	1723
镇	193483	58680	21935	90639	22229	3367	79	389	424	2475
乡村	89393	28058	11197	38560	11578	1494	199	117	415	763
山西	**558200**	**144091**	**51695**	**180232**	**182182**	**612**	**30**	**64**	**72**	**446**
城市	296301	51430	22433	76777	145661	413	10	31	32	340
镇	157778	58705	16248	66935	15890	101	2	22	17	60
乡村	104121	33956	13014	36520	20631	98	18	11	23	46
内蒙古	**547905**	**99141**	**65452**	**229162**	**154150**	**662**	**22**	**109**	**114**	**417**
城市	320036	45111	34131	105486	135308	441	12	50	37	342
镇	141630	36145	21161	76618	7706	110	4	44	32	30
乡村	86239	17885	10160	47058	11136	111	6	15	45	45
辽宁	**736789**	**88096**	**51830**	**156886**	**439977**	**834**	**40**	**36**	**42**	**716**
城市	575102	55062	31248	91487	397305	734	19	26	23	666
镇	81327	16661	12870	32796	19000	32	5	4	3	20
乡村	80360	16373	7712	32603	23672	68	16	6	16	30
吉林	**388774**	**53382**	**34536**	**79568**	**221288**	**374**	**15**	**25**	**46**	**288**
城市	285275	31174	18551	38970	196580	264	3	4	11	246
镇	48060	9217	10698	18369	9776	43	3	17	4	19
乡村	55439	12991	5287	22229	14932	67	9	4	31	23
黑龙江	**472074**	**100515**	**57514**	**113329**	**200716**	**752**	**83**	**108**	**133**	**428**
城市	292089	40958	25749	48770	176612	480	29	60	42	349
镇	104772	31935	23554	35140	14143	117	14	34	32	37
乡村	75213	27622	8211	29419	9961	155	40	14	59	42
上海	**367061**	**5434**	**42129**	**51579**	**267919**	**2189**	**27**	**242**	**70**	**1850**
城市	339992	4904	36368	41641	257079	2080	22	226	51	1781
镇	21366	401	4659	7076	9230	88	4	11	13	60
乡村	5703	129	1102	2862	1610	21	1	5	6	9
江苏	**1019218**	**131692**	**165152**	**412260**	**310114**	**1352**	**58**	**258**	**166**	**870**
城市	698641	89370	106186	225522	277563	1031	33	204	75	719
镇	181432	22967	41994	102332	14139	151	15	37	33	66
乡村	139145	19355	16972	84406	18412	170	10	17	58	85

7-1 续表 4

单位：人

现住地	省内					省外				
						北京				
	小计	乡	镇的居委会	镇的村委会	街道	小计	乡	镇的居委会	镇的村委会	街道
浙江	**782153**	**117119**	**80999**	**374796**	**209239**	**725**	**31**	**95**	**116**	**483**
城市	497281	58689	50100	214607	173885	536	18	68	39	411
镇	198698	42632	22611	110986	22469	125	6	17	51	51
乡村	86174	15798	8288	49203	12885	64	7	10	26	21
安徽	**615197**	**106329**	**86812**	**236227**	**185829**	**354**	**19**	**38**	**51**	**246**
城市	372451	56148	43645	114764	157894	270	11	18	22	219
镇	176518	35133	34641	89752	16992	40	2	12	12	14
乡村	66228	15048	8526	31711	10943	44	6	8	17	13
福建	**628303**	**102684**	**72148**	**330131**	**123340**	**348**	**7**	**55**	**33**	**253**
城市	393739	47685	42569	201002	102483	257	1	42	16	198
镇	169956	43141	22914	89496	14405	64	3	9	11	41
乡村	64608	11858	6665	39633	6452	27	3	4	6	14
江西	**436950**	**118014**	**64247**	**135370**	**119319**	**284**	**19**	**40**	**41**	**184**
城市	204312	38924	24397	49643	91348	157	9	16	21	111
镇	187064	66698	30119	70793	19454	94		19	11	64
乡村	45574	12392	9731	14934	8517	33	10	5	9	9
山东	**1051799**	**86197**	**129009**	**468469**	**368124**	**1181**	**54**	**126**	**148**	**853**
城市	763380	58962	89452	305766	309200	910	33	103	72	702
镇	208228	21282	31070	116250	39626	137	13	14	22	88
乡村	80191	5953	8487	46453	19298	134	8	9	54	63
河南	**840141**	**289198**	**88647**	**211462**	**250834**	**568**	**105**	**44**	**82**	**337**
城市	528434	145946	43653	122154	216681	333	22	19	21	271
镇	236827	111537	36701	65917	22672	76	17	9	12	38
乡村	74880	31715	8293	23391	11481	159	66	16	49	28
湖北	**730848**	**124684**	**100418**	**238801**	**266945**	**641**	**27**	**89**	**75**	**450**
城市	527946	86876	62295	149653	229122	519	14	55	34	416
镇	117079	23174	26553	52614	14738	61	5	30	10	16
乡村	85823	14634	11570	36534	23085	61	8	4	31	18
湖南	**627379**	**199068**	**104401**	**165076**	**158834**	**412**	**30**	**74**	**30**	**278**
城市	381711	106947	51567	86813	136384	320	9	49	15	247
镇	199378	76804	44551	61449	16574	64	15	22	6	21
乡村	46290	15317	8283	16814	5876	28	6	3	9	10
广东	**1536254**	**181240**	**232894**	**724458**	**397662**	**1974**	**99**	**272**	**153**	**1450**
城市	1247277	159792	179086	536983	371416	1911	92	262	131	1426
镇	184641	12943	39219	119406	13073	35		7	12	16
乡村	104336	8505	14589	68069	13173	28	7	3	10	8

7-1 续表 5 单位：人

现住地	省内					省外				
						北京				
	小计	乡	镇的居委会	镇的村委会	街道	小计	乡	镇的居委会	镇的村委会	街道
广西	**494185**	**102292**	**76061**	**212816**	**103016**	**243**	**5**	**34**	**24**	**180**
城市	292571	51043	40073	115512	85943	173	3	23	12	135
镇	143714	37080	29771	65766	11097	39	1	9	5	24
乡村	57900	14169	6217	31538	5976	31	1	2	7	21
海南	**118118**	**9941**	**28713**	**56612**	**22852**	**248**	**2**	**38**	**19**	**189**
城市	74319	6399	17108	32315	18497	222	2	33	12	175
镇	23176	1848	7317	11772	2239	16		4	3	9
乡村	20623	1694	4288	12525	2116	10		1	4	5
重庆	**423631**	**59851**	**60737**	**166304**	**136739**	**311**	**7**	**32**	**16**	**256**
城市	279422	35107	35831	90345	118139	275	3	19	11	242
镇	111840	20066	20260	57279	14235	29	4	10	2	13
乡村	32369	4678	4646	18680	4365	7		3	3	1
四川	**986775**	**268870**	**158173**	**328286**	**231446**	**822**	**41**	**99**	**82**	**600**
城市	550787	136204	74833	153320	186430	538	14	48	23	453
镇	311052	85141	68108	124738	33065	194	7	41	25	121
乡村	124936	47525	15232	50228	11951	90	20	10	34	26
贵州	**371387**	**95092**	**46142**	**157737**	**72416**	**123**	**6**	**13**	**9**	**95**
城市	193438	40879	21126	69817	61616	86	2	11	1	72
镇	107874	31203	18091	53268	5312	11		2	2	7
乡村	70075	23010	6925	34652	5488	26	4		6	16
云南	**409899**	**111684**	**54933**	**168758**	**74524**	**156**	**4**	**37**	**9**	**106**
城市	198258	40855	26885	69169	61349	120		26	5	89
镇	125538	39006	19553	60824	6155	23	4	9	1	9
乡村	86103	31823	8495	38765	7020	13		2	3	8
西藏	**8750**	**3983**	**1349**	**2201**	**1217**	**13**	**2**	**2**		**9**
城市	3525	1649	499	951	426	9		2		7
镇	2771	962	584	772	453	4	2			2
乡村	2454	1372	266	478	338					
陕西	**450240**	**109825**	**55353**	**151923**	**133139**	**650**	**50**	**91**	**56**	**453**
城市	248850	45265	25323	66238	112024	462	18	60	24	360
镇	154293	53018	22429	65799	13047	119	13	23	17	66
乡村	47097	11542	7601	19886	8068	69	19	8	15	27
甘肃	**224110**	**75277**	**21741**	**55407**	**71685**	**237**	**27**	**22**	**48**	**140**
城市	138447	35014	10351	29899	63183	132	6	10	15	101
镇	60225	29259	7606	18487	4873	50	6	7	14	23
乡村	25438	11004	3784	7021	3629	55	15	5	19	16
青海	**77026**	**25009**	**11913**	**18146**	**21958**	**84**		**5**	**1**	**78**
城市	41158	7678	6228	7296	19956	38		1		37
镇	26983	13203	4488	7975	1317	3				3
乡村	8885	4128	1197	2875	685	43		4	1	38
宁夏	**111556**	**32937**	**12496**	**35663**	**30460**	**93**	**3**	**10**	**2**	**78**
城市	56798	9397	7294	13886	26221	76	2	4		70
镇	24128	9804	2502	9897	1925	11		5	2	4
乡村	30630	13736	2700	11880	2314	6	1	1		4
新疆	**236304**	**71602**	**36904**	**39440**	**88358**	**204**	**39**	**20**	**16**	**129**
城市	142826	28340	18770	21492	74224	145	14	12	7	112
镇	44121	18563	10132	8400	7026	18	2	5	1	10
乡村	49357	24699	8002	9548	7108	41	23	3	8	7

7-1 续表 6

单位：人

现住地	省外									
	天津					河北				
	小计	乡	镇的居委会	镇的村委会	街道	小计	乡	镇的居委会	镇的村委会	街道
全　国	**25283**	**2114**	**3096**	**4276**	**15797**	**286459**	**84227**	**24994**	**129694**	**47544**
城市	19139	1427	2205	2373	13134	214719	63658	19438	90432	41191
镇	3468	236	616	898	1718	34418	9353	3694	17409	3962
乡村	2676	451	275	1005	945	37322	11216	1862	21853	2391
北京	**7464**	**591**	**692**	**1268**	**4913**	**135313**	**42161**	**9943**	**61390**	**21819**
城市	6797	481	622	967	4727	106790	33848	8834	43606	20502
镇	291	20	31	117	123	11643	3258	647	6923	815
乡村	376	90	39	184	63	16880	5055	462	10861	502
天津						**44952**	**13049**	**4085**	**20778**	**7040**
城市						34556	10136	3118	15586	5716
镇						7394	2155	828	3205	1206
乡村						3002	758	139	1987	118
河北	**6317**	**581**	**689**	**1205**	**3842**					
城市	3640	380	315	324	2621					
镇	1689	88	287	472	842					
乡村	988	113	87	409	379					
山西	**518**	**57**	**48**	**78**	**335**	**11812**	**3871**	**808**	**5624**	**1509**
城市	373	30	31	53	259	6575	1947	466	3124	1038
镇	78	5	15	13	45	1707	466	159	889	193
乡村	67	22	2	12	31	3530	1458	183	1611	278
内蒙古	**634**	**84**	**73**	**158**	**319**	**15839**	**4269**	**1440**	**8545**	**1585**
城市	372	19	43	83	227	8853	2474	642	4715	1022
镇	88	7	16	28	37	3108	854	450	1592	212
乡村	174	58	14	47	55	3878	941	348	2238	351
辽宁	**833**	**76**	**55**	**97**	**605**	**6314**	**1867**	**497**	**2291**	**1659**
城市	716	56	48	84	528	4834	1416	347	1598	1473
镇	54	13	4	5	32	519	119	113	197	90
乡村	63	7	3	8	45	961	332	37	496	96
吉林	**330**	**27**	**38**	**49**	**216**	**1927**	**421**	**182**	**577**	**747**
城市	279	18	29	31	201	1475	283	112	403	677
镇	20	3	9	1	7	160	37	41	57	25
乡村	31	6		17	8	292	101	29	117	45
黑龙江	**510**	**74**	**55**	**78**	**303**	**2421**	**605**	**283**	**722**	**811**
城市	408	42	41	62	263	1694	385	157	465	687
镇	29	3	9	6	11	370	64	106	117	83
乡村	73	29	5	10	29	357	156	20	140	41
上海	**1156**	**46**	**212**	**77**	**821**	**6515**	**2080**	**970**	**2120**	**1345**
城市	1054	33	191	66	764	5323	1572	893	1599	1259
镇	83	10	17	8	48	738	275	64	320	79
乡村	19	3	4	3	9	454	233	13	201	7
江苏	**840**	**55**	**181**	**155**	**449**	**7180**	**2007**	**755**	**3588**	**830**
城市	606	41	124	85	356	5010	1471	555	2285	699
镇	110	6	34	21	49	826	192	132	445	57
乡村	124	8	23	49	44	1344	344	68	858	74

7-1 续表 7

单位：人

现住地	省外									
	天津					河北				
	小计	乡	镇的居委会	镇的村委会	街道	小计	乡	镇的居委会	镇的村委会	街道
浙江	**530**	**33**	**83**	**92**	**322**	**4377**	**1239**	**400**	**2268**	**470**
城市	380	18	62	39	261	2594	762	257	1247	328
镇	84	9	14	27	34	916	231	98	500	87
乡村	66	6	7	26	27	867	246	45	521	55
安徽	**277**	**19**	**38**	**64**	**156**	**1759**	**412**	**186**	**783**	**378**
城市	192	8	26	28	130	1248	280	139	539	290
镇	41	4	8	13	16	220	64	34	81	41
乡村	44	7	4	23	10	291	68	13	163	47
福建	**326**	**20**	**57**	**49**	**200**	**1405**	**237**	**190**	**710**	**268**
城市	196	13	25	27	131	894	147	125	451	171
镇	69	2	11	11	45	247	41	34	134	38
乡村	61	5	21	11	24	264	49	31	125	59
江西	**203**	**14**	**28**	**37**	**124**	**1060**	**235**	**157**	**412**	**256**
城市	92	5	13	10	64	571	115	71	233	152
镇	88	7	14	24	43	369	81	70	130	88
乡村	23	2	1	3	17	120	39	16	49	16
山东	**1108**	**48**	**154**	**223**	**683**	**12728**	**2623**	**1136**	**6817**	**2152**
城市	836	28	116	134	558	9852	2130	886	5078	1758
镇	165	14	27	41	83	1838	320	186	1081	251
乡村	107	6	11	48	42	1038	173	64	658	143
河南	**447**	**50**	**37**	**77**	**283**	**3657**	**1427**	**273**	**1228**	**729**
城市	346	29	24	39	254	2560	940	174	877	569
镇	43	3	8	16	16	373	143	49	127	54
乡村	58	18	5	22	13	724	344	50	224	106
湖北	**349**	**31**	**54**	**34**	**230**	**2271**	**586**	**292**	**790**	**603**
城市	257	26	37	17	177	1704	431	212	558	503
镇	41		12	9	20	199	29	37	96	37
乡村	51	5	5	8	33	368	126	43	136	63
湖南	**214**	**19**	**42**	**28**	**125**	**1257**	**362**	**160**	**431**	**304**
城市	168	12	31	20	105	954	269	106	325	254
镇	27	1	10	4	12	217	71	43	74	29
乡村	19	6	1	4	8	86	22	11	32	21
广东	**1136**	**92**	**212**	**197**	**635**	**8401**	**2011**	**1125**	**4127**	**1138**
城市	1033	79	198	152	604	7349	1804	1035	3420	1090
镇	54	8	9	16	21	489	110	52	305	22
乡村	49	5	5	29	10	563	97	38	402	26

7-1 续表 8

单位：人

现住地	省外									
	天津					河北				
	小计	乡	镇的居委会	镇的村委会	街道	小计	乡	镇的居委会	镇的村委会	街道
广西	**284**	**29**	**35**	**44**	**176**	**1172**	**241**	**210**	**476**	**245**
城市	180	10	25	17	128	846	176	139	342	189
镇	37	6	5	11	15	207	45	58	75	29
乡村	67	13	5	16	33	119	20	13	59	27
海南	**197**	**12**	**42**	**19**	**124**	**627**	**84**	**157**	**205**	**181**
城市	114	9	23	10	72	406	54	102	129	121
镇	63	1	17	3	42	152	14	46	42	50
乡村	20	2	2	6	10	69	16	9	34	10
重庆	**141**	**5**	**19**	**28**	**89**	**1213**	**313**	**184**	**414**	**302**
城市	116	4	17	16	79	960	249	145	326	240
镇	18		2	9	7	161	39	28	56	38
乡村	7	1		3	3	92	25	11	32	24
四川	**362**	**31**	**67**	**55**	**209**	**2637**	**739**	**318**	**838**	**742**
城市	197	16	41	13	127	1719	533	175	511	500
镇	120	7	18	22	73	509	96	96	155	162
乡村	45	8	8	20	9	409	110	47	172	80
贵州	**84**	**11**	**17**	**14**	**42**	**726**	**170**	**74**	**317**	**165**
城市	63	3	14	5	41	475	114	34	198	129
镇	11	6	1	4		102	20	18	51	13
乡村	10	2	2	5	1	149	36	22	68	23
云南	**144**	**2**	**37**	**19**	**86**	**1030**	**220**	**144**	**457**	**209**
城市	115	1	33	16	65	633	122	75	272	164
镇	21	1	3	3	14	247	60	38	127	22
乡村	8		1		7	150	38	31	58	23
西藏	**7**	**1**	**2**	**3**	**1**	**122**	**48**	**12**	**43**	**19**
城市	4		2	2		49	10	2	24	13
镇	3	1		1	1	62	32	9	18	3
乡村						11	6	1	1	3
陕西	**339**	**32**	**40**	**60**	**207**	**3636**	**937**	**454**	**1289**	**956**
城市	262	23	24	40	175	2317	487	270	762	798
镇	51	5	14	4	28	856	317	142	303	94
乡村	26	4	2	16	4	463	133	42	224	64
甘肃	**212**	**25**	**32**	**37**	**118**	**1276**	**470**	**127**	**398**	**281**
城市	120	9	17	15	79	943	375	81	295	192
镇	51	2	9	6	34	201	45	39	53	64
乡村	41	14	6	16	5	132	50	7	50	25
青海	**68**	**1**	**12**	**12**	**43**	**968**	**243**	**105**	**486**	**134**
城市	43		10	10	23	701	224	68	313	96
镇	5		2		3	143	12	19	87	25
乡村	20	1		2	17	124	7	18	86	13
宁夏	**80**	**10**	**19**	**12**	**39**	**1184**	**402**	**88**	**518**	**176**
城市	44	7	7	3	27	816	291	41	331	153
镇	16	1	2	2	11	157	40	27	71	19
乡村	20	2	10	7	1	211	71	20	116	4
新疆	**173**	**38**	**26**	**7**	**102**	**2680**	**898**	**239**	**1052**	**491**
城市	136	27	16	5	88	2018	613	177	820	408
镇	18	3	8	1	6	288	123	31	98	36
乡村	19	8	2	1	8	374	162	31	134	47

7-1 续表 9

单位：人

现住地	省外									
	山西					内蒙古				
	小计	乡	镇的居委会	镇的村委会	街道	小计	乡	镇的居委会	镇的村委会	街道
全国	**90973**	**22530**	**10154**	**38837**	**19452**	**97954**	**23215**	**13983**	**36257**	**24499**
城市	65460	16252	7499	25577	16132	63902	13561	10041	19980	20320
镇	12764	3004	1679	6264	1817	14884	3399	2532	6441	2512
乡村	12749	3274	976	6996	1503	19168	6255	1410	9836	1667
北京	**23186**	**5617**	**2408**	**8896**	**6265**	**20933**	**4060**	**2998**	**7027**	**6848**
城市	19338	4651	2144	6709	5834	17182	3176	2665	4970	6371
镇	1631	397	150	882	202	1511	263	202	749	297
乡村	2217	569	114	1305	229	2240	621	131	1308	180
天津	**5490**	**1384**	**528**	**2477**	**1101**	**5542**	**1290**	**660**	**2399**	**1193**
城市	4625	1166	447	2022	990	4142	946	537	1613	1046
镇	673	173	75	334	91	856	208	93	426	129
乡村	192	45	6	121	20	544	136	30	360	18
河北	**4992**	**1131**	**600**	**2104**	**1157**	**9853**	**2062**	**1382**	**4434**	**1975**
城市	2069	392	252	809	616	3839	556	619	1470	1194
镇	1754	323	281	795	355	3159	664	525	1441	529
乡村	1169	416	67	500	186	2855	842	238	1523	252
山西						**7689**	**3080**	**558**	**3277**	**774**
城市						2619	979	246	929	465
镇						1264	434	189	498	143
乡村						3806	1667	123	1850	166
内蒙古	**13289**	**3666**	**1069**	**7458**	**1096**					
城市	8089	2421	566	4359	743					
镇	2065	544	260	1133	128					
乡村	3135	701	243	1966	225					
辽宁	**1448**	**369**	**120**	**408**	**551**	**17244**	**5511**	**1470**	**7151**	**3112**
城市	1271	306	98	359	508	11698	3659	1058	4296	2685
镇	69	26	11	13	19	1832	535	216	894	187
乡村	108	37	11	36	24	3714	1317	196	1961	240
吉林	**491**	**76**	**35**	**130**	**250**	**3565**	**956**	**463**	**1138**	**1008**
城市	423	59	25	106	233	2333	532	309	626	866
镇	20	3	3	6	8	442	112	93	168	69
乡村	48	14	7	18	9	790	312	61	344	73
黑龙江	**572**	**115**	**79**	**188**	**190**	**5399**	**1568**	**866**	**1740**	**1225**
城市	458	77	61	143	177	2707	618	463	634	992
镇	64	22	14	22	6	1218	338	276	461	143
乡村	50	16	4	23	7	1474	612	127	645	90
上海	**4371**	**1203**	**712**	**1409**	**1047**	**2249**	**488**	**543**	**451**	**767**
城市	3400	903	592	1000	905	1874	380	457	343	694
镇	678	192	104	262	120	253	75	65	54	59
乡村	293	108	16	147	22	122	33	21	54	14
江苏	**4267**	**1202**	**517**	**2018**	**530**	**1888**	**359**	**410**	**665**	**454**
城市	2825	806	382	1190	447	1336	255	310	399	372
镇	532	163	88	257	24	237	27	64	106	40
乡村	910	233	47	571	59	315	77	36	160	42

7-1 续表 10　　单位：人

现住地	省外									
	山西					内蒙古				
	小计	乡	镇的居委会	镇的村委会	街道	小计	乡	镇的居委会	镇的村委会	街道
浙江	**2482**	**555**	**260**	**1295**	**372**	**1382**	**258**	**286**	**535**	**303**
城市	1448	341	164	666	277	923	159	202	304	258
镇	590	128	55	354	53	234	36	59	105	34
乡村	444	86	41	275	42	225	63	25	126	11
安徽	**763**	**183**	**147**	**248**	**185**	**464**	**55**	**118**	**104**	**187**
城市	527	124	108	143	152	335	34	89	61	151
镇	93	16	24	40	13	58	8	16	12	22
乡村	143	43	15	65	20	71	13	13	31	14
福建	**849**	**135**	**100**	**446**	**168**	**484**	**45**	**109**	**185**	**145**
城市	523	88	60	269	106	315	29	86	108	92
镇	136	16	15	79	26	100	8	16	38	38
乡村	190	31	25	98	36	69	8	7	39	15
江西	**932**	**220**	**149**	**366**	**197**	**775**	**166**	**123**	**277**	**209**
城市	530	105	80	226	119	374	54	63	149	108
镇	288	86	53	92	57	290	93	38	89	70
乡村	114	29	16	48	21	111	19	22	39	31
山东	**4700**	**750**	**379**	**2593**	**978**	**7182**	**989**	**1217**	**2978**	**1998**
城市	3667	643	307	1935	782	5011	714	966	1728	1603
镇	570	55	46	328	141	1026	141	160	495	230
乡村	463	52	26	330	55	1145	134	91	755	165
河南	**2699**	**926**	**220**	**974**	**579**	**765**	**159**	**142**	**159**	**305**
城市	1669	609	148	484	428	615	110	121	119	265
镇	472	126	34	260	52	76	19	10	18	29
乡村	558	191	38	230	99	74	30	11	22	11
湖北	**1378**	**298**	**208**	**517**	**355**	**877**	**152**	**213**	**239**	**273**
城市	1028	238	124	386	280	636	112	137	170	217
镇	122	16	24	49	33	70	9	16	23	22
乡村	228	44	60	82	42	171	31	60	46	34
湖南	**605**	**159**	**118**	**133**	**195**	**416**	**96**	**92**	**108**	**120**
城市	459	122	81	89	167	304	60	74	71	99
镇	104	23	31	26	24	82	22	16	26	18
乡村	42	14	6	18	4	30	14	2	11	3
广东	**5478**	**1306**	**877**	**2417**	**878**	**2506**	**459**	**670**	**727**	**650**
城市	4800	1181	789	1993	837	2294	418	623	623	630
镇	318	47	47	199	25	125	25	32	55	13
乡村	360	78	41	225	16	87	16	15	49	7

7-1 续表 11

单位：人

现住地	省外									
	山西					内蒙古				
	小计	乡	镇的居委会	镇的村委会	街道	小计	乡	镇的居委会	镇的村委会	街道
广西	**498**	**81**	**88**	**130**	**199**	**398**	**50**	**86**	**102**	**160**
城市	296	54	49	90	103	284	36	57	78	113
镇	97	18	20	18	41	65	7	22	9	27
乡村	105	9	19	22	55	49	7	7	15	20
海南	**457**	**54**	**123**	**133**	**147**	**457**	**35**	**149**	**77**	**196**
城市	347	46	83	92	126	331	24	99	55	153
镇	65	5	29	17	14	86	5	33	14	34
乡村	45	3	11	24	7	40	6	17	8	9
重庆	**627**	**94**	**96**	**188**	**249**	**406**	**55**	**86**	**97**	**168**
城市	446	82	74	106	184	333	45	68	69	151
镇	113	5	20	41	47	48	4	14	17	13
乡村	68	7	2	41	18	25	6	4	11	4
四川	**1363**	**295**	**170**	**401**	**497**	**764**	**116**	**142**	**173**	**333**
城市	854	212	104	203	335	463	72	83	85	223
镇	275	37	51	69	118	224	22	49	60	93
乡村	234	46	15	129	44	77	22	10	28	17
贵州	**273**	**58**	**49**	**107**	**59**	**139**	**34**	**32**	**34**	**39**
城市	127	20	19	46	42	90	13	24	18	35
镇	56	8	25	21	2	25	7	5	11	2
乡村	90	30	5	40	15	24	14	3	5	2
云南	**449**	**91**	**104**	**156**	**98**	**217**	**28**	**72**	**48**	**69**
城市	266	57	66	71	72	127	14	48	21	44
镇	97	20	29	33	15	48	5	18	14	11
乡村	86	14	9	52	11	42	9	6	13	14
西藏	**34**	**19**	**2**	**11**	**2**	**19**	**6**	**3**	**5**	**5**
城市	12	7	1	4		7	3	1	2	1
镇	20	11	1	7	1	7		2	1	4
乡村	2	1			1	5	3		2	
陕西	**6299**	**1524**	**750**	**2524**	**1501**	**3706**	**627**	**636**	**1341**	**1102**
城市	4069	875	532	1401	1261	1890	235	320	533	802
镇	1282	387	127	677	91	1129	245	219	533	132
乡村	948	262	91	446	149	687	147	97	275	168
甘肃	**679**	**208**	**66**	**194**	**211**	**501**	**97**	**88**	**140**	**176**
城市	433	140	45	119	129	320	53	60	91	116
镇	143	39	15	32	57	126	23	23	23	57
乡村	103	29	6	43	25	55	21	5	26	3
青海	**471**	**153**	**47**	**212**	**59**	**178**	**37**	**37**	**50**	**54**
城市	343	123	32	146	42	124	26	23	35	40
镇	93	26	12	47	8	28	2	11	10	5
乡村	35	4	3	19	9	26	9	3	5	9
宁夏	**624**	**219**	**32**	**249**	**124**	**1429**	**283**	**240**	**405**	**501**
城市	426	175	20	157	74	968	182	160	220	406
镇	101	21	10	51	19	211	48	38	77	48
乡村	97	23	2	41	31	250	53	42	108	47
新疆	**1207**	**439**	**101**	**455**	**212**	**527**	**94**	**92**	**191**	**150**
城市	692	229	46	254	163	428	67	73	160	128
镇	243	71	25	120	27	54	14	12	14	14
乡村	272	139	30	81	22	45	13	7	17	8

7-1 续表 12

单位：人

现住地	省外									
	辽宁					吉林				
	小计	乡	镇的居委会	镇的村委会	街道	小计	乡	镇的居委会	镇的村委会	街道
全　国	**90567**	**14541**	**12962**	**27361**	**35703**	**125651**	**25930**	**17498**	**44730**	**37493**
城市	68401	10462	9599	17638	30702	93254	18535	13317	29187	32215
镇	11747	1927	2307	4444	3069	15646	3170	2674	6789	3013
乡村	10419	2152	1056	5279	1932	16751	4225	1507	8754	2265
北京	**22298**	**3413**	**2703**	**5394**	**10788**	**19137**	**3136**	**2729**	**5392**	**7880**
城市	19660	2944	2407	4168	10141	16688	2658	2442	4213	7375
镇	1275	196	178	501	400	1131	153	149	523	306
乡村	1363	273	118	725	247	1318	325	138	656	199
天津	**4955**	**1132**	**576**	**1926**	**1321**	**6425**	**1519**	**747**	**2784**	**1375**
城市	4182	910	490	1608	1174	5313	1213	644	2207	1249
镇	543	151	76	204	112	671	220	73	293	85
乡村	230	71	10	114	35	441	86	30	284	41
河北	**6871**	**1069**	**773**	**2631**	**2398**	**5693**	**869**	**857**	**2186**	**1781**
城市	3917	566	358	1286	1707	2997	420	440	999	1138
镇	1854	245	313	793	503	1732	202	342	687	501
乡村	1100	258	102	552	188	964	247	75	500	142
山西	**1218**	**203**	**152**	**331**	**532**	**1094**	**201**	**131**	**402**	**360**
城市	770	100	88	177	405	795	146	81	269	299
镇	169	21	34	61	53	155	31	23	70	31
乡村	279	82	30	93	74	144	24	27	63	30
内蒙古	**6068**	**915**	**901**	**2881**	**1371**	**5527**	**990**	**796**	**2541**	**1200**
城市	3021	454	379	1264	924	2735	469	365	1107	794
镇	1471	208	356	689	218	1425	289	272	673	191
乡村	1576	253	166	928	229	1367	232	159	761	215
辽宁						**28232**	**7964**	**2492**	**10358**	**7418**
城市						21984	6107	1944	7332	6601
镇						2290	570	345	1085	290
乡村						3958	1287	203	1941	527
吉林	**5961**	**1082**	**604**	**1832**	**2443**					
城市	4106	707	308	917	2174					
镇	698	112	183	285	118					
乡村	1157	263	113	630	151					
黑龙江	**5322**	**1213**	**703**	**1539**	**1867**	**11080**	**3640**	**1180**	**4082**	**2178**
城市	3301	633	381	756	1531	6040	1801	633	1839	1767
镇	1015	219	243	357	196	2269	697	312	1060	200
乡村	1006	361	79	426	140	2771	1142	235	1183	211
上海	**6093**	**947**	**1209**	**1073**	**2864**	**5833**	**1057**	**1304**	**1161**	**2311**
城市	5347	745	1076	873	2653	4872	799	1107	886	2080
镇	549	129	110	128	182	738	195	171	171	201
乡村	197	73	23	72	29	223	63	26	104	30
江苏	**3485**	**593**	**663**	**1171**	**1058**	**3917**	**729**	**796**	**1414**	**978**
城市	2468	432	491	684	861	2770	515	579	847	829
镇	512	100	105	231	76	524	102	125	215	82
乡村	505	61	67	256	121	623	112	92	352	67

7-1 续表 13 单位：人

现住地	省外									
	辽宁					吉林				
	小计	乡	镇的居委会	镇的村委会	街道	小计	乡	镇的居委会	镇的村委会	街道
浙江	**2680**	**403**	**385**	**967**	**925**	**3245**	**624**	**557**	**1271**	**793**
城市	1864	246	262	602	754	2132	393	359	759	621
镇	423	86	75	167	95	702	145	155	288	114
乡村	393	71	48	198	76	411	86	43	224	58
安徽	**641**	**82**	**108**	**175**	**276**	**655**	**89**	**135**	**190**	**241**
城市	465	56	79	99	231	426	64	78	107	177
镇	76	18	20	18	20	129	13	41	34	41
乡村	100	8	9	58	25	100	12	16	49	23
福建	**1180**	**129**	**210**	**379**	**462**	**1108**	**123**	**234**	**400**	**351**
城市	838	76	161	223	378	789	78	175	251	285
镇	192	27	31	79	55	204	33	33	96	42
乡村	150	26	18	77	29	115	12	26	53	24
江西	**498**	**87**	**94**	**126**	**191**	**412**	**77**	**65**	**128**	**142**
城市	212	41	37	44	90	217	38	22	72	85
镇	196	33	47	62	54	171	37	38	49	47
乡村	90	13	10	20	47	24	2	5	7	10
山东	**7554**	**918**	**965**	**3101**	**2570**	**18137**	**2423**	**2358**	**8490**	**4866**
城市	5507	721	758	1986	2042	12931	1861	1856	5204	4010
镇	982	107	128	437	310	2153	236	294	1177	446
乡村	1065	90	79	678	218	3053	326	208	2109	410
河南	**849**	**173**	**88**	**207**	**381**	**768**	**158**	**120**	**152**	**338**
城市	673	119	69	156	329	646	121	100	128	297
镇	74	25	10	18	21	59	17	13	8	21
乡村	102	29	9	33	31	63	20	7	16	20
湖北	**750**	**101**	**118**	**167**	**364**	**531**	**84**	**102**	**136**	**209**
城市	604	78	88	114	324	425	62	76	106	181
镇	59	7	15	23	14	47	7	13	11	16
乡村	87	16	15	30	26	59	15	13	19	12
湖南	**628**	**132**	**116**	**106**	**274**	**516**	**105**	**113**	**103**	**195**
城市	504	90	92	77	245	393	71	79	75	168
镇	84	28	18	17	21	83	22	23	17	21
乡村	40	14	6	12	8	40	12	11	11	6
广东	**6676**	**1108**	**1403**	**1865**	**2300**	**7495**	**1330**	**1685**	**2248**	**2232**
城市	6182	983	1324	1637	2238	6874	1181	1579	1973	2141
镇	234	49	52	87	46	295	70	74	99	52
乡村	260	76	27	141	16	326	79	32	176	39

7-1 续表 14 单位：人

现住地	省外									
	辽宁					吉林				
	小计	乡	镇的居委会	镇的村委会	街道	小计	乡	镇的居委会	镇的村委会	街道
广西	**717**	**65**	**136**	**126**	**390**	**885**	**76**	**168**	**205**	**436**
城市	511	45	81	102	283	671	60	133	129	349
镇	129	9	44	9	67	134	10	28	47	49
乡村	77	11	11	15	40	80	6	7	29	38
海南	**766**	**49**	**182**	**133**	**402**	**786**	**55**	**216**	**111**	**404**
城市	588	38	112	93	345	644	47	174	82	341
镇	110	8	38	24	40	77	6	30	11	30
乡村	68	3	32	16	17	65	2	12	18	33
重庆	**426**	**45**	**58**	**101**	**222**	**352**	**40**	**56**	**89**	**167**
城市	361	40	49	71	201	291	25	49	68	149
镇	43	4	8	17	14	46	13	7	11	15
乡村	22	1	1	13	7	15	2		10	3
四川	**1183**	**149**	**233**	**196**	**605**	**952**	**136**	**178**	**177**	**461**
城市	736	94	128	112	402	595	69	103	90	333
镇	341	37	85	51	168	187	18	46	38	85
乡村	106	18	20	33	35	170	49	29	49	43
贵州	**325**	**29**	**66**	**71**	**159**	**348**	**46**	**75**	**87**	**140**
城市	222	21	33	40	128	212	32	32	41	107
镇	54	7	22	13	12	29		9	8	12
乡村	49	1	11	18	19	107	14	34	38	21
云南	**481**	**49**	**125**	**116**	**191**	**441**	**48**	**124**	**103**	**166**
城市	325	28	78	81	138	278	19	66	64	129
镇	98	6	34	24	34	75	14	16	20	25
乡村	58	15	13	11	19	88	15	42	19	12
西藏	**52**	**12**	**5**	**16**	**19**	**14**	**5**	**2**	**3**	**4**
城市	37	4	3	14	16	10	4	2	1	3
镇	11	7	1	2	1	3	1		1	1
乡村	4	1	1		2	1			1	
陕西	**1143**	**125**	**178**	**298**	**542**	**730**	**97**	**104**	**186**	**343**
城市	840	80	136	177	447	551	60	78	123	290
镇	166	23	24	75	44	113	25	10	37	41
乡村	137	22	18	46	51	66	12	16	26	12
甘肃	**543**	**87**	**51**	**147**	**258**	**330**	**77**	**40**	**68**	**145**
城市	367	55	39	107	166	219	41	28	41	109
镇	117	21	6	19	71	71	21	8	12	30
乡村	59	11	6	21	21	40	15	4	15	6
青海	**189**	**24**	**38**	**54**	**73**	**158**	**26**	**20**	**48**	**64**
城市	120	19	17	32	52	107	19	13	27	48
镇	33	1	14	7	11	31	3	3	19	6
乡村	36	4	7	15	10	20	4	4	2	10
宁夏	**319**	**63**	**43**	**68**	**145**	**253**	**63**	**23**	**72**	**95**
城市	231	57	25	38	111	190	51	11	42	86
镇	54	5	17	12	20	34	2	6	21	5
乡村	34	1	1	18	14	29	10	6	9	4
新疆	**696**	**144**	**76**	**164**	**312**	**597**	**143**	**91**	**143**	**220**
城市	442	80	50	100	212	459	111	69	105	174
镇	185	38	20	34	93	68	18	15	8	27
乡村	69	26	6	30	7	70	14	7	30	19

7-1 续表 15 单位：人

现住地	省外									
	黑龙江					上海				
	小计	乡	镇的居委会	镇的村委会	街道	小计	乡	镇的居委会	镇的村委会	街道
全　国	**238781**	**51992**	**33417**	**85692**	**67680**	**23174**	**605**	**3218**	**2068**	**17283**
城市	174328	36979	25637	53760	57952	16625	286	1953	798	13588
镇	31786	6678	5105	14138	5865	3640	107	827	508	2198
乡村	32667	8335	2675	17794	3863	2909	212	438	762	1497
北京	**36146**	**6539**	**5132**	**9964**	**14511**	**1668**	**20**	**93**	**55**	**1500**
城市	31303	5510	4672	7554	13567	1626	18	91	47	1470
镇	2107	354	229	952	572	21		1	5	15
乡村	2736	675	231	1458	372	21	2	1	3	15
天津	**14045**	**4069**	**1249**	**6594**	**2133**	**311**	**15**	**20**	**57**	**219**
城市	8502	2095	959	3564	1884	287	13	19	47	208
镇	3364	1264	165	1757	178	13	2	1	2	8
乡村	2179	710	125	1273	71	11			8	3
河北	**19177**	**3425**	**2771**	**7467**	**5514**	**200**	**8**	**14**	**12**	**166**
城市	9701	1485	1489	2946	3781	129		9	6	114
镇	6124	1013	1014	2770	1327	45		3	3	39
乡村	3352	927	268	1751	406	26	8	2	3	13
山西	**1371**	**259**	**251**	**412**	**449**	**110**	**4**	**11**	**9**	**86**
城市	887	159	151	271	306	85	1	8	2	74
镇	202	27	60	63	52	17	1	3	5	8
乡村	282	73	40	78	91	8	2		2	4
内蒙古	**13073**	**2712**	**2340**	**6163**	**1858**	**94**	**10**	**8**	**14**	**62**
城市	6458	1037	1069	3150	1202	73	4	7	5	57
镇	3494	996	885	1282	331	7		1	4	2
乡村	3121	679	386	1731	325	14	6		5	3
辽宁	**54839**	**17834**	**4669**	**19993**	**12343**	**339**	**5**	**18**	**17**	**299**
城市	42941	13842	3812	13949	11338	315	3	15	15	282
镇	4042	1140	466	2060	376	12	1	3	1	7
乡村	7856	2852	391	3984	629	12	1		1	10
吉林	**13224**	**3302**	**1184**	**5097**	**3641**	**155**	**4**	**10**	**19**	**122**
城市	9176	2277	803	2973	3123	131		5	9	117
镇	1374	264	224	623	263	10	1	4		5
乡村	2674	761	157	1501	255	14	3	1	10	
黑龙江						**242**	**4**	**23**	**11**	**204**
城市						206	3	15	5	183
镇						24	1	8	1	14
乡村						12			5	7
上海	**9609**	**1957**	**2039**	**2025**	**3588**					
城市	8205	1599	1750	1626	3230					
镇	1052	248	231	262	311					
乡村	352	110	58	137	47					
江苏	**6505**	**1295**	**1360**	**2384**	**1466**	**7732**	**177**	**1339**	**725**	**5491**
城市	4534	961	1013	1357	1203	5187	95	787	226	4079
镇	854	155	201	388	110	1130	31	304	183	612
乡村	1117	179	146	639	153	1415	51	248	316	800

7-1 续表 16 单位：人

现住地	省外									
	黑龙江					上海				
	小计	乡	镇的居委会	镇的村委会	街道	小计	乡	镇的居委会	镇的村委会	街道
浙江	**5640**	**1035**	**1046**	**2064**	**1495**	**3784**	**74**	**542**	**421**	**2747**
城市	3914	660	766	1257	1231	2303	36	297	136	1834
镇	980	210	190	419	161	846	16	162	100	568
乡村	746	165	90	388	103	635	22	83	185	345
安徽	**869**	**113**	**169**	**210**	**377**	**1947**	**48**	**211**	**205**	**1483**
城市	559	68	99	105	287	1078	8	91	21	958
镇	175	22	58	35	60	642	9	94	103	436
乡村	135	23	12	70	30	227	31	26	81	89
福建	**1755**	**167**	**397**	**554**	**637**	**461**	**11**	**64**	**57**	**329**
城市	1361	128	311	383	539	351	3	52	26	270
镇	248	25	58	111	54	68	3	9	13	43
乡村	146	14	28	60	44	42	5	3	18	16
江西	**441**	**98**	**76**	**91**	**176**	**735**	**21**	**108**	**62**	**544**
城市	231	59	28	45	99	461	10	37	23	391
镇	171	33	43	31	64	231	5	61	27	138
乡村	39	6	5	15	13	43	6	10	12	15
山东	**39187**	**5429**	**5725**	**16895**	**11138**	**504**	**6**	**45**	**71**	**382**
城市	27160	4007	4528	9907	8718	389	3	32	38	316
镇	5527	617	708	2785	1417	49		8	10	31
乡村	6500	805	489	4203	1003	66	3	5	23	35
河南	**1465**	**356**	**244**	**305**	**560**	**315**	**48**	**19**	**26**	**222**
城市	1184	258	184	250	492	225	7	11	7	200
镇	170	48	48	33	41	28	8	6	5	9
乡村	111	50	12	22	27	62	33	2	14	13
湖北	**894**	**133**	**129**	**205**	**427**	**520**	**17**	**76**	**32**	**395**
城市	748	114	109	148	377	431	4	50	15	362
镇	60	2	9	30	19	43	7	19	3	14
乡村	86	17	11	27	31	46	6	7	14	19
湖南	**637**	**102**	**145**	**113**	**277**	**253**	**12**	**58**	**21**	**162**
城市	474	77	95	66	236	172	8	28	7	129
镇	135	23	41	39	32	57	3	21	6	27
乡村	28	2	9	8	9	24	1	9	8	6
广东	**10911**	**1921**	**2525**	**3280**	**3185**	**1380**	**53**	**233**	**111**	**983**
城市	10217	1793	2395	2941	3088	1285	46	202	95	942
镇	359	54	83	154	68	59	5	22	3	29
乡村	335	74	47	185	29	36	2	9	13	12

7-1 续表 17 单位：人

现住地	省外									
	黑龙江					上海				
	小计	乡	镇的居委会	镇的村委会	街道	小计	乡	镇的居委会	镇的村委会	街道
广西	**1172**	**123**	**284**	**234**	**531**	**174**	**9**	**21**	**13**	**131**
城市	930	110	214	182	424	147	7	18	8	114
镇	148	7	52	31	58	15	2	1	3	9
乡村	94	6	18	21	49	12		2	2	8
海南	**1748**	**93**	**460**	**262**	**933**	**138**	**2**	**25**	**5**	**106**
城市	1529	80	389	210	850	117	1	23	5	88
镇	141	9	54	32	46	16	1	1		14
乡村	78	4	17	20	37	5		1		4
重庆	**445**	**52**	**93**	**88**	**212**	**273**	**4**	**20**	**17**	**232**
城市	361	43	69	64	185	254	3	19	9	223
镇	54	3	19	11	21	12		1	2	9
乡村	30	6	5	13	6	7	1		6	
四川	**1245**	**165**	**244**	**235**	**601**	**538**	**21**	**90**	**36**	**391**
城市	847	120	138	136	453	355	5	35	10	305
镇	301	23	91	60	127	121	4	43	11	63
乡村	97	22	15	39	21	62	12	12	15	23
贵州	**381**	**41**	**109**	**78**	**153**	**194**	**3**	**32**	**11**	**148**
城市	256	28	64	44	120	145		18	2	125
镇	49		18	18	13	40	1	11	8	20
乡村	76	13	27	16	20	9	2	3	1	3
云南	**739**	**101**	**207**	**183**	**248**	**238**		**47**	**22**	**169**
城市	544	72	140	128	204	178		29	13	136
镇	156	25	56	42	33	32		10	3	19
乡村	39	4	11	13	11	28		8	6	14
西藏	**22**	**8**	**2**	**4**	**8**	**6**	**1**			**5**
城市	21	7	2	4	8	3				3
镇	1	1				2	1			1
乡村						1				1
陕西	**1128**	**190**	**192**	**262**	**484**	**257**	**6**	**33**	**17**	**201**
城市	796	127	123	157	389	219	3	20	10	186
镇	175	32	37	49	57	21		11	3	7
乡村	157	31	32	56	38	17	3	2	4	8
甘肃	**374**	**75**	**47**	**68**	**184**	**137**	**9**	**11**	**11**	**106**
城市	285	55	42	43	145	110	3	6	4	97
镇	64	10	5	17	32	13		3	3	7
乡村	25	10		8	7	14	6	2	4	2
青海	**200**	**32**	**49**	**62**	**57**	**21**		**5**		**16**
城市	138	17	29	44	48	17		3		14
镇	40	10	14	13	3	3		1		2
乡村	22	5	6	5	6	1		1		
宁夏	**435**	**103**	**49**	**136**	**147**	**48**	**1**	**4**		**43**
城市	269	53	31	75	110	45	1	4		40
镇	106	31	11	39	25	2				2
乡村	60	19	7	22	12	1				1
新疆	**1104**	**263**	**230**	**264**	**347**	**400**	**12**	**38**	**11**	**339**
城市	797	138	163	181	315	301	1	22	7	271
镇	113	32	35	32	14	61	5	15	1	40
乡村	194	93	32	51	18	38	6	1	3	28

7-1 续表 18

单位：人

现住地	省外									
	江苏					浙江				
	小计	乡	镇的居委会	镇的村委会	街道	小计	乡	镇的居委会	镇的村委会	街道
全　国	**284355**	**81395**	**33820**	**130424**	**38716**	**174270**	**40367**	**22675**	**80923**	**30305**
城市	211217	61374	26578	89858	33407	131783	30567	17580	57437	26199
镇	40479	11279	5045	20948	3207	25698	5866	3709	13289	2834
乡村	32659	8742	2197	19618	2102	16789	3934	1386	10197	1272
北京	**16840**	**3918**	**1800**	**6982**	**4140**	**11573**	**2916**	**1084**	**5134**	**2439**
城市	14631	3503	1597	5601	3930	10463	2677	1025	4445	2316
镇	990	142	101	626	121	367	62	21	225	59
乡村	1219	273	102	755	89	743	177	38	464	64
天津	**4164**	**1098**	**483**	**2021**	**562**	**2893**	**704**	**264**	**1351**	**574**
城市	3538	930	423	1713	472	2472	587	243	1134	508
镇	438	122	51	181	84	339	89	21	165	64
乡村	188	46	9	127	6	82	28		52	2
河北	**2977**	**661**	**348**	**1400**	**568**	**3066**	**621**	**293**	**1708**	**444**
城市	1893	421	214	852	406	2198	454	189	1207	348
镇	821	176	121	394	130	685	122	88	394	81
乡村	263	64	13	154	32	183	45	16	107	15
山西	**2871**	**657**	**302**	**1342**	**570**	**2545**	**569**	**221**	**1354**	**401**
城市	1626	347	151	813	315	1706	314	146	939	307
镇	382	85	45	211	41	482	169	41	213	59
乡村	863	225	106	318	214	357	86	34	202	35
内蒙古	**2524**	**568**	**287**	**1222**	**447**	**1969**	**387**	**210**	**1097**	**275**
城市	1524	366	167	702	289	1340	229	139	720	252
镇	495	107	90	265	33	332	100	32	190	10
乡村	505	95	30	255	125	297	58	39	187	13
辽宁	**4149**	**1056**	**320**	**1647**	**1126**	**2795**	**538**	**254**	**1042**	**961**
城市	3759	953	280	1456	1070	2421	477	228	820	896
镇	181	47	24	80	30	249	26	12	159	52
乡村	209	56	16	111	26	125	35	14	63	13
吉林	**1272**	**210**	**138**	**438**	**486**	**1233**	**217**	**134**	**392**	**490**
城市	1086	166	105	349	466	1073	163	111	326	473
镇	71	7	24	34	6	118	35	21	51	11
乡村	115	37	9	55	14	42	19	2	15	6
黑龙江	**1482**	**430**	**181**	**466**	**405**	**1187**	**260**	**187**	**373**	**367**
城市	1062	236	122	344	360	963	181	138	313	331
镇	258	126	40	70	22	179	61	46	44	28
乡村	162	68	19	52	23	45	18	3	16	8
上海	**145272**	**51865**	**16923**	**62759**	**13725**	**44297**	**12418**	**6327**	**17776**	**7776**
城市	114019	40606	14510	46254	12649	35575	9551	5616	13186	7222
镇	19197	7065	1864	9437	831	5546	1840	563	2696	447
乡村	12056	4194	549	7068	245	3176	1027	148	1894	107
江苏						**25515**	**5598**	**3124**	**13863**	**2930**
城市						17573	4147	2321	8623	2482
镇						3810	759	467	2378	206
乡村						4132	692	336	2862	242

7-1 续表 19

单位：人

现住地	省外									
	江苏					浙江				
	小计	乡	镇的居委会	镇的村委会	街道	小计	乡	镇的居委会	镇的村委会	街道
浙江	**34863**	**7567**	**2861**	**21991**	**2444**					
城市	18813	4279	1828	10865	1841					
镇	7461	1540	604	4987	330					
乡村	8589	1748	429	6139	273					
安徽	**10323**	**1620**	**1622**	**4828**	**2253**	**5679**	**885**	**843**	**2866**	**1085**
城市	5169	798	762	1992	1617	3465	554	461	1580	870
镇	2445	305	589	1235	316	1390	158	298	794	140
乡村	2709	517	271	1601	320	824	173	84	492	75
福建	**3493**	**434**	**521**	**1893**	**645**	**6283**	**1098**	**712**	**3769**	**704**
城市	2432	268	381	1321	462	3666	524	441	2263	438
镇	569	90	95	299	85	1491	312	158	829	192
乡村	492	76	45	273	98	1126	262	113	677	74
江西	**2178**	**452**	**419**	**719**	**588**	**3931**	**890**	**615**	**1535**	**891**
城市	999	191	151	307	350	1634	316	225	591	502
镇	918	207	223	286	202	1611	379	309	620	303
乡村	261	54	45	126	36	686	195	81	324	86
山东	**11339**	**1797**	**1291**	**6358**	**1893**	**5860**	**822**	**643**	**3297**	**1098**
城市	9023	1468	1028	4887	1640	4866	691	554	2679	942
镇	1232	219	153	714	146	735	104	70	424	137
乡村	1084	110	110	757	107	259	27	19	194	19
河南	**2687**	**730**	**314**	**1044**	**599**	**2836**	**857**	**370**	**1172**	**437**
城市	2143	579	228	835	501	2257	632	280	963	382
镇	269	75	59	78	57	311	107	68	109	27
乡村	275	76	27	131	41	268	118	22	100	28
湖北	**3250**	**602**	**516**	**1170**	**962**	**5269**	**1104**	**690**	**2291**	**1184**
城市	2477	465	388	820	804	4100	904	511	1702	983
镇	319	25	68	151	75	566	71	118	285	92
乡村	454	112	60	199	83	603	129	61	304	109
湖南	**1476**	**375**	**282**	**396**	**423**	**2959**	**965**	**478**	**870**	**646**
城市	1082	237	194	294	357	2259	802	328	587	542
镇	281	92	75	63	51	519	112	126	196	85
乡村	113	46	13	39	15	181	51	24	87	19
广东	**12456**	**2744**	**2240**	**5309**	**2163**	**15850**	**3269**	**2298**	**8135**	**2148**
城市	11204	2422	2094	4628	2060	13672	2947	2073	6608	2044
镇	641	124	111	356	50	1157	174	180	750	53
乡村	611	198	35	325	53	1021	148	45	777	51

7-1 续表 20

单位：人

现住地	省外									
	江苏					浙江				
	小计	乡	镇的居委会	镇的村委会	街道	小计	乡	镇的居委会	镇的村委会	街道
广西	**1278**	**149**	**235**	**478**	**416**	**3198**	**516**	**556**	**1486**	**640**
城市	935	106	160	320	349	2225	310	381	1031	503
镇	242	34	53	102	53	749	165	144	339	101
乡村	101	9	22	56	14	224	41	31	116	36
海南	**865**	**85**	**227**	**289**	**264**	**1153**	**146**	**212**	**493**	**302**
城市	613	51	154	184	224	761	101	129	305	226
镇	162	23	53	56	30	255	36	69	95	55
乡村	90	11	20	49	10	137	9	14	93	21
重庆	**1418**	**187**	**209**	**600**	**422**	**2343**	**416**	**336**	**983**	**608**
城市	1118	156	153	432	377	1923	357	259	761	546
镇	190	16	42	101	31	271	36	60	133	42
乡村	110	15	14	67	14	149	23	17	89	20
四川	**2816**	**537**	**460**	**889**	**930**	**4534**	**1224**	**566**	**1664**	**1080**
城市	1917	417	292	506	702	3191	947	348	1057	839
镇	582	61	132	201	188	939	172	183	391	193
乡村	317	59	36	182	40	404	105	35	216	48
贵州	**1199**	**211**	**177**	**530**	**281**	**3003**	**574**	**414**	**1621**	**394**
城市	681	82	111	261	227	1674	275	221	877	301
镇	218	31	40	126	21	717	105	133	425	54
乡村	300	98	26	143	33	612	194	60	319	39
云南	**1302**	**177**	**281**	**599**	**245**	**4014**	**791**	**699**	**2104**	**420**
城市	822	98	193	345	186	2240	461	358	1139	282
镇	347	56	64	187	40	1330	233	260	749	88
乡村	133	23	24	67	19	444	97	81	216	50
西藏	**134**	**40**	**15**	**49**	**30**	**254**	**66**	**35**	**103**	**50**
城市	96	20	7	43	26	166	37	21	75	33
镇	27	15	8	4		52	14	8	16	14
乡村	11	5		2	4	36	15	6	12	3
陕西	**3183**	**793**	**386**	**1176**	**828**	**3312**	**735**	**374**	**1368**	**835**
城市	2400	563	279	884	674	2460	543	271	959	687
镇	497	144	81	178	94	650	154	89	292	115
乡村	286	86	26	114	60	202	38	14	117	33
甘肃	**1716**	**391**	**196**	**808**	**321**	**2197**	**540**	**227**	**1026**	**404**
城市	1372	335	115	670	252	1770	446	161	844	319
镇	259	41	73	88	57	295	80	50	100	65
乡村	85	15	8	50	12	132	14	16	82	20
青海	**1163**	**313**	**144**	**524**	**182**	**829**	**188**	**92**	**419**	**130**
城市	869	255	81	377	156	673	155	71	341	106
镇	235	52	49	118	16	130	30	20	66	14
乡村	59	6	14	29	10	26	3	1	12	10
宁夏	**864**	**269**	**87**	**370**	**138**	**980**	**214**	**98**	**499**	**169**
城市	636	216	50	252	118	739	169	60	368	142
镇	110	34	13	53	10	143	39	13	75	16
乡村	118	19	24	65	10	98	6	25	56	11
新疆	**4801**	**1459**	**555**	**2127**	**660**	**2713**	**839**	**319**	**1132**	**423**
城市	3278	840	360	1551	527	2258	616	271	994	377
镇	642	218	100	267	57	280	122	41	86	31
乡村	881	401	95	309	76	175	101	7	52	15

7-1 续表 21 单位：人

现住地	省外									
	安徽					福建				
	小计	乡	镇的居委会	镇的村委会	街道	小计	乡	镇的居委会	镇的村委会	街道
全国	**918721**	**309734**	**49074**	**519998**	**39915**	**158462**	**42602**	**16848**	**81001**	**18011**
城市	575258	206260	36068	299626	33304	120376	33150	12849	58800	15577
镇	162531	51724	8017	99096	3694	23336	5852	2916	12953	1615
乡村	180932	51750	4989	121276	2917	14750	3600	1083	9248	819
北京	**37910**	**11918**	**2429**	**19253**	**4310**	**8829**	**2382**	**697**	**4036**	**1714**
城市	32495	10712	2188	15497	4098	8117	2227	649	3589	1652
镇	2178	385	126	1539	128	352	86	29	210	27
乡村	3237	821	115	2217	84	360	69	19	237	35
天津	**9915**	**2955**	**612**	**5723**	**625**	**2107**	**440**	**168**	**1164**	**335**
城市	7804	2263	451	4539	551	1743	387	138	966	252
镇	1185	443	97	594	51	143	26	13	60	44
乡村	926	249	64	590	23	221	27	17	138	39
河北	**5528**	**1492**	**383**	**3126**	**527**	**1867**	**366**	**165**	**984**	**352**
城市	2765	745	180	1486	354	1232	258	100	626	248
镇	1919	504	173	1085	157	515	59	51	308	97
乡村	844	243	30	555	16	120	49	14	50	7
山西	**3829**	**1028**	**233**	**2228**	**340**	**2019**	**409**	**238**	**1088**	**284**
城市	2472	690	149	1376	257	1245	244	130	654	217
镇	555	83	46	398	28	240	38	21	155	26
乡村	802	255	38	454	55	534	127	87	279	41
内蒙古	**3072**	**755**	**245**	**1789**	**283**	**1416**	**293**	**189**	**778**	**156**
城市	1726	453	130	968	175	1025	205	115	575	130
镇	665	149	57	417	42	141	17	30	76	18
乡村	681	153	58	404	66	250	71	44	127	8
辽宁	**7156**	**2895**	**331**	**3106**	**824**	**1935**	**472**	**253**	**739**	**471**
城市	6248	2568	293	2640	747	1673	379	215	642	437
镇	480	169	25	237	49	139	60	20	37	22
乡村	428	158	13	229	28	123	33	18	60	12
吉林	**1945**	**498**	**183**	**922**	**342**	**620**	**139**	**49**	**200**	**232**
城市	1570	427	137	691	315	562	134	41	176	211
镇	173	35	33	94	11	36	3	7	13	13
乡村	202	36	13	137	16	22	2	1	11	8
黑龙江	**2231**	**757**	**195**	**1016**	**263**	**676**	**146**	**70**	**240**	**220**
城市	1565	517	121	695	232	590	128	52	204	206
镇	425	137	48	222	18	67	12	17	29	9
乡村	241	103	26	99	13	19	6	1	7	5
上海	**250125**	**108289**	**12696**	**120037**	**9103**	**25528**	**9557**	**2707**	**10934**	**2330**
城市	164649	72319	9982	74390	7958	19621	7174	2185	8187	2075
镇	46003	20920	2092	22151	840	4566	1858	470	2014	224
乡村	39473	15050	622	23496	305	1341	525	52	733	31
江苏	**237711**	**76587**	**12023**	**141718**	**7383**	**13358**	**3465**	**1475**	**7200**	**1218**
城市	135809	50743	8600	70277	6189	9360	2588	1103	4607	1062
镇	37093	9584	1808	25301	400	1882	445	242	1126	69
乡村	64809	16260	1615	46140	794	2116	432	130	1467	87

7-1 续表 22 单位：人

现住地	省外									
	安徽					福建				
	小计	乡	镇的居委会	镇的村委会	街道	小计	乡	镇的居委会	镇的村委会	街道
浙江	**236925**	**68150**	**8735**	**154778**	**5262**	**16635**	**4280**	**1252**	**9960**	**1143**
城市	126680	38857	5557	78511	3755	9610	2549	780	5430	851
镇	55699	15171	1769	37991	768	4214	1039	346	2664	165
乡村	54546	14122	1409	38276	739	2811	692	126	1866	127
安徽						**2630**	**518**	**312**	**1357**	**443**
城市						1932	394	230	915	393
镇						408	64	60	259	25
乡村						290	60	22	183	25
福建	**21732**	**5016**	**1249**	**14688**	**779**					
城市	14759	3460	871	9803	625					
镇	3518	846	182	2396	94					
乡村	3455	710	196	2489	60					
江西	**4268**	**1285**	**502**	**1833**	**648**	**3806**	**920**	**560**	**1558**	**768**
城市	1880	588	184	748	360	1803	453	234	625	491
镇	1764	484	262	790	228	1363	252	246	646	219
乡村	624	213	56	295	60	640	215	80	287	58
山东	**11481**	**2235**	**884**	**7153**	**1209**	**3580**	**550**	**311**	**2093**	**626**
城市	9132	1875	755	5501	1001	3094	497	261	1778	558
镇	1146	186	100	740	120	343	49	38	208	48
乡村	1203	174	29	912	88	143	4	12	107	20
河南	**5512**	**2382**	**432**	**2161**	**537**	**1850**	**641**	**172**	**727**	**310**
城市	3824	1604	285	1529	406	1389	443	127	540	279
镇	745	289	89	291	76	177	72	29	60	16
乡村	943	489	58	341	55	284	126	16	127	15
湖北	**5196**	**1513**	**550**	**2313**	**820**	**3382**	**769**	**401**	**1554**	**658**
城市	3719	1170	371	1506	672	2746	658	314	1186	588
镇	488	79	80	281	48	283	40	55	148	40
乡村	989	264	99	526	100	353	71	32	220	30
湖南	**2229**	**781**	**305**	**819**	**324**	**2749**	**857**	**403**	**1058**	**431**
城市	1531	523	196	564	248	1931	591	279	689	372
镇	427	155	76	137	59	623	199	110	272	42
乡村	271	103	33	118	17	195	67	14	97	17
广东	**43623**	**12565**	**4177**	**23685**	**3196**	**42921**	**11706**	**4272**	**24089**	**2854**
城市	37935	11150	3815	19996	2974	37328	10482	3907	20209	2730
镇	2957	744	196	1926	91	3216	698	269	2169	80
乡村	2731	671	166	1763	131	2377	526	96	1711	44

7-1 续表23

单位：人

现住地	省外									
	安徽					福建				
	小计	乡	镇的居委会	镇的村委会	街道	小计	乡	镇的居委会	镇的村委会	街道
广西	**2476**	**553**	**284**	**1350**	**289**	**3812**	**733**	**635**	**1830**	**614**
城市	1931	429	200	1079	223	2602	509	403	1202	488
镇	413	89	76	202	46	851	175	185	400	91
乡村	132	35	8	69	20	359	49	47	228	35
海南	**1765**	**295**	**292**	**929**	**249**	**1817**	**273**	**329**	**922**	**293**
城市	1361	230	233	696	202	1060	145	216	485	214
镇	249	41	48	126	34	383	78	67	184	54
乡村	155	24	11	107	13	374	50	46	253	25
重庆	**1217**	**267**	**165**	**527**	**258**	**1997**	**416**	**232**	**947**	**402**
城市	832	204	119	301	208	1561	337	172	688	364
镇	222	34	31	136	21	286	54	54	157	21
乡村	163	29	15	90	29	150	25	6	102	17
四川	**2540**	**696**	**329**	**1026**	**489**	**2993**	**715**	**371**	**1306**	**601**
城市	1499	463	211	486	339	2029	551	239	775	464
镇	617	116	90	293	118	567	77	95	295	100
乡村	424	117	28	247	32	397	87	37	236	37
贵州	**1832**	**376**	**255**	**982**	**219**	**2707**	**423**	**368**	**1580**	**336**
城市	931	201	134	455	141	1646	262	198	926	260
镇	452	65	67	294	26	529	64	107	326	32
乡村	449	110	54	233	52	532	97	63	328	44
云南	**1948**	**489**	**325**	**952**	**182**	**3604**	**664**	**585**	**2046**	**309**
城市	1044	250	146	526	122	2035	403	297	1084	251
镇	678	160	161	311	46	1187	183	228	739	37
乡村	226	79	18	115	14	382	78	60	223	21
西藏	**291**	**93**	**49**	**98**	**51**	**96**	**16**	**17**	**52**	**11**
城市	159	52	30	64	13	55	6	9	32	8
镇	92	27	15	24	26	31	5	5	18	3
乡村	40	14	4	10	12	10	5	3	2	
陕西	**3997**	**1170**	**352**	**1916**	**559**	**2356**	**590**	**277**	**1089**	**400**
城市	2793	803	247	1262	481	1811	440	211	814	346
镇	736	264	67	363	42	393	117	56	184	36
乡村	468	103	38	291	36	152	33	10	91	18
甘肃	**1473**	**444**	**128**	**686**	**215**	**791**	**253**	**58**	**329**	**151**
城市	1153	359	63	572	159	645	208	46	282	109
镇	236	63	56	73	44	115	29	10	35	41
乡村	84	22	9	41	12	31	16	2	12	1
青海	**1174**	**343**	**128**	**625**	**78**	**450**	**136**	**59**	**200**	**55**
城市	935	279	89	494	73	358	109	36	164	49
镇	184	61	24	94	5	48	10	11	26	1
乡村	55	3	15	37		44	17	12	10	5
宁夏	**1658**	**516**	**124**	**902**	**116**	**417**	**112**	**43**	**195**	**67**
城市	1107	387	53	571	96	330	87	29	151	63
镇	195	52	17	118	8	27	11	4	12	
乡村	356	77	54	213	12	60	14	10	32	4
新疆	**7962**	**3391**	**479**	**3657**	**435**	**1514**	**361**	**180**	**746**	**227**
城市	4950	1939	278	2403	330	1243	302	133	599	209
镇	1037	389	106	472	70	211	32	41	123	15
乡村	1975	1063	95	782	35	60	27	6	24	3

7-1 续表 24

单位：人

现住地	省外									
	江西					山东				
	小计	乡	镇的居委会	镇的村委会	街道	小计	乡	镇的居委会	镇的村委会	街道
全　国	**552349**	**165392**	**45469**	**305704**	**35784**	**266138**	**77495**	**21756**	**130241**	**36646**
城市	392552	119304	36087	206568	30593	190213	56684	16159	86552	30818
镇	85396	24596	6071	51669	3060	36057	9805	3530	19261	3461
乡村	74401	21492	3311	47467	2131	39868	11006	2067	24428	2367
北京	**12201**	**3141**	**1321**	**5023**	**2716**	**52198**	**15038**	**3962**	**23951**	**9247**
城市	10312	2673	1194	3830	2615	42985	12728	3544	17953	8760
镇	713	150	70	421	72	3600	768	234	2283	315
乡村	1176	318	57	772	29	5613	1542	184	3715	172
天津	**1739**	**589**	**174**	**700**	**276**	**30276**	**9928**	**1622**	**16535**	**2191**
城市	1440	496	129	574	241	25103	8168	1405	13615	1915
镇	215	73	34	79	29	3324	1284	171	1652	217
乡村	84	20	11	47	6	1849	476	46	1268	59
河北	**1721**	**365**	**215**	**827**	**314**	**7902**	**1749**	**849**	**3917**	**1387**
城市	887	190	103	413	181	3827	786	432	1741	868
镇	675	133	95	334	113	2813	577	332	1477	427
乡村	159	42	17	80	20	1262	386	85	699	92
山西	**1087**	**232**	**109**	**581**	**165**	**3803**	**942**	**410**	**1748**	**703**
城市	797	161	76	433	127	1928	469	173	857	429
镇	177	43	21	95	18	625	118	70	350	87
乡村	113	28	12	53	20	1250	355	167	541	187
内蒙古	**1162**	**257**	**165**	**606**	**134**	**5478**	**1089**	**590**	**2913**	**886**
城市	868	167	116	469	116	2426	442	214	1319	451
镇	157	44	33	73	7	1101	316	186	471	128
乡村	137	46	16	64	11	1951	331	190	1123	307
辽宁	**1224**	**318**	**120**	**413**	**373**	**11495**	**3614**	**704**	**4769**	**2408**
城市	1089	276	97	366	350	9949	3164	608	3957	2220
镇	86	20	20	27	19	570	165	48	282	75
乡村	49	22	3	20	4	976	285	48	530	113
吉林	**440**	**46**	**71**	**114**	**209**	**4270**	**876**	**334**	**2015**	**1045**
城市	374	34	52	85	203	2829	567	178	1177	907
镇	42	12	16	10	4	514	105	93	270	46
乡村	24		3	19	2	927	204	63	568	92
黑龙江	**566**	**119**	**86**	**173**	**188**	**5697**	**1712**	**570**	**2285**	**1130**
城市	491	98	66	143	184	3203	866	288	1121	928
镇	53	12	20	19	2	1227	338	183	591	115
乡村	22	9		11	2	1267	508	99	573	87
上海	**46432**	**18038**	**5401**	**18056**	**4937**	**36277**	**13829**	**2662**	**16496**	**3290**
城市	33724	12580	4538	12133	4473	26489	9907	2245	11296	3041
镇	8020	3559	708	3371	382	5119	2137	330	2456	196
乡村	4688	1899	155	2552	82	4669	1785	87	2744	53
江苏	**24184**	**7480**	**2581**	**12522**	**1601**	**36957**	**10905**	**2582**	**21075**	**2395**
城市	15717	5253	1900	7228	1336	23228	7587	1770	11874	1997
镇	3564	904	380	2176	104	5721	1382	505	3676	158
乡村	4903	1323	301	3118	161	8008	1936	307	5525	240

7-1 续表 25　　单位：人

现住地	省外									
	江西					山东				
	小计	乡	镇的居委会	镇的村委会	街道	小计	乡	镇的居委会	镇的村委会	街道
浙江	**156815**	**49774**	**7311**	**95202**	**4528**	**19745**	**4894**	**1041**	**12701**	**1109**
城市	87126	28475	4865	50478	3308	10553	2696	715	6290	852
镇	37003	11367	1366	23643	627	3983	987	159	2705	132
乡村	32686	9932	1080	21081	593	5209	1211	167	3706	125
安徽	**3606**	**846**	**445**	**1767**	**548**	**2899**	**575**	**343**	**1305**	**676**
城市	1936	441	226	853	416	1777	367	198	689	523
镇	846	154	141	480	71	533	85	112	248	88
乡村	824	251	78	434	61	589	123	33	368	65
福建	**85021**	**21271**	**4740**	**56560**	**2450**	**3641**	**688**	**378**	**2107**	**468**
城市	59966	14887	3654	39615	1810	2443	440	252	1440	311
镇	12494	3194	662	8267	371	641	144	67	349	81
乡村	12561	3190	424	8678	269	557	104	59	318	76
江西						**1434**	**338**	**195**	**540**	**361**
城市						679	155	89	221	214
镇						548	109	83	231	125
乡村						207	74	23	88	22
山东	**2571**	**418**	**315**	**1281**	**557**					
城市	2131	341	268	1038	484					
镇	304	56	40	157	51					
乡村	136	21	7	86	22					
河南	**1555**	**526**	**153**	**584**	**292**	**4122**	**1426**	**377**	**1480**	**839**
城市	1087	367	107	404	209	2908	987	258	986	677
镇	247	68	30	84	65	560	159	81	253	67
乡村	221	91	16	96	18	654	280	38	241	95
湖北	**5137**	**1204**	**714**	**2103**	**1116**	**2626**	**593**	**395**	**805**	**833**
城市	3780	963	493	1449	875	2014	496	297	562	659
镇	537	82	118	217	120	283	25	59	102	97
乡村	820	159	103	437	121	329	72	39	141	77
湖南	**4616**	**1540**	**714**	**1598**	**764**	**1357**	**363**	**263**	**380**	**351**
城市	2850	984	440	822	604	1032	273	203	260	296
镇	1077	353	216	401	107	247	67	54	76	50
乡村	689	203	58	375	53	78	23	6	44	5
广东	**182056**	**54638**	**17618**	**98684**	**11116**	**15241**	**3932**	**1865**	**7388**	**2056**
城市	155048	47974	15860	80833	10381	13610	3525	1725	6388	1972
镇	14371	3358	1103	9519	391	665	176	107	335	47
乡村	12637	3306	655	8332	344	966	231	33	665	37

7-1 续表 26

单位：人

现住地	省外									
	江西					山东				
	小计	乡	镇的居委会	镇的村委会	街道	小计	乡	镇的居委会	镇的村委会	街道
广西	**3686**	**668**	**620**	**1772**	**626**	**1344**	**229**	**185**	**480**	**450**
城市	2410	459	380	1120	451	909	147	113	338	311
镇	801	115	193	393	100	264	65	50	49	100
乡村	475	94	47	259	75	171	17	22	93	39
海南	**2868**	**524**	**554**	**1364**	**426**	**815**	**116**	**190**	**271**	**238**
城市	2016	344	352	978	342	602	84	129	195	194
镇	617	130	162	279	46	148	21	41	50	36
乡村	235	50	40	107	38	65	11	20	26	8
重庆	**1365**	**261**	**263**	**528**	**313**	**1084**	**152**	**164**	**372**	**396**
城市	958	169	192	328	269	854	125	129	255	345
镇	244	62	46	110	26	159	24	28	77	30
乡村	163	30	25	90	18	71	3	7	40	21
四川	**3048**	**850**	**438**	**1115**	**645**	**2615**	**501**	**362**	**691**	**1061**
城市	1802	531	235	564	472	1489	290	207	328	664
镇	853	202	148	361	142	749	80	119	198	352
乡村	393	117	55	190	31	377	131	36	165	45
贵州	**2268**	**491**	**388**	**1076**	**313**	**1047**	**145**	**214**	**438**	**250**
城市	1237	299	170	509	259	512	75	88	195	154
镇	567	75	125	349	18	199	15	54	106	24
乡村	464	117	93	218	36	336	55	72	137	72
云南	**3033**	**742**	**487**	**1474**	**330**	**1245**	**244**	**205**	**546**	**250**
城市	1632	419	259	737	217	636	125	116	238	157
镇	1000	201	199	533	67	316	62	50	146	58
乡村	401	122	29	204	46	293	57	39	162	35
西藏	**87**	**42**	**10**	**23**	**12**	**151**	**37**	**20**	**56**	**38**
城市	42	14	10	14	4	89	19	11	30	29
镇	23	13		9	1	39	17	5	13	4
乡村	22	15			7	23	1	4	13	5
陕西	**1617**	**423**	**208**	**605**	**381**	**3606**	**768**	**407**	**1420**	**1011**
城市	1145	288	121	431	305	2528	521	295	902	810
镇	336	92	69	139	36	638	172	67	265	134
乡村	136	43	18	35	40	440	75	45	253	67
甘肃	**680**	**154**	**71**	**305**	**150**	**1316**	**368**	**107**	**478**	**363**
城市	460	87	59	204	110	903	277	64	310	252
镇	152	56	12	46	38	268	53	34	101	80
乡村	68	11		55	2	145	38	9	67	31
青海	**358**	**85**	**40**	**158**	**75**	**998**	**220**	**141**	**487**	**150**
城市	307	74	23	141	69	710	160	91	333	126
镇	35	7	14	10	4	153	17	42	83	11
乡村	16	4	3	7	2	135	43	8	71	13
宁夏	**319**	**94**	**16**	**158**	**51**	**1445**	**405**	**123**	**608**	**309**
城市	273	79	11	141	42	917	287	51	392	187
镇	24	10	4	8	2	291	59	25	98	109
乡村	22	5	1	9	7	237	59	47	118	13
新疆	**887**	**256**	**121**	**332**	**178**	**5054**	**1819**	**496**	**1984**	**755**
城市	647	181	91	235	140	3081	951	271	1290	569
镇	163	51	26	59	27	759	278	141	268	72
乡村	77	24	4	38	11	1214	590	84	426	114

7-1 续表 27 单位：人

现住地	省外									
	河南					湖北				
	小计	乡	镇的居委会	镇的村委会	街道	小计	乡	镇的居委会	镇的村委会	街道
全　国	**786363**	**292294**	**43177**	**405993**	**44899**	**550830**	**154129**	**51536**	**291473**	**53692**
城市	541966	208992	32072	263760	37142	408894	117110	41098	205408	45278
镇	115527	39138	6933	64868	4588	70086	18027	6550	40897	4612
乡村	128870	44164	4172	77365	3169	71850	18992	3888	45168	3802
北京	**83015**	**30793**	**3864**	**40924**	**7434**	**29010**	**7663**	**2687**	**12316**	**6344**
城市	67028	26259	3467	30262	7040	24808	6640	2481	9653	6034
镇	5484	1468	221	3570	225	1665	402	110	953	200
乡村	10503	3066	176	7092	169	2537	621	96	1710	110
天津	**20227**	**7593**	**1088**	**10290**	**1256**	**6154**	**1738**	**478**	**3325**	**613**
城市	15945	6033	849	7987	1076	5263	1478	396	2853	536
镇	2646	1115	183	1181	167	531	194	66	219	52
乡村	1636	445	56	1122	13	360	66	16	253	25
河北	**15458**	**4926**	**935**	**8436**	**1161**	**5091**	**1277**	**478**	**2593**	**743**
城市	7085	2463	431	3499	692	2635	614	237	1325	459
镇	5629	1502	387	3415	325	1522	338	195	769	220
乡村	2744	961	117	1522	144	934	325	46	499	64
山西	**15652**	**5040**	**908**	**8477**	**1227**	**3659**	**997**	**277**	**1975**	**410**
城市	9900	3149	562	5321	868	2322	564	181	1275	302
镇	2719	750	171	1638	160	512	111	48	290	63
乡村	3033	1141	175	1518	199	825	322	48	410	45
内蒙古	**8139**	**2462**	**508**	**4572**	**597**	**2615**	**587**	**289**	**1421**	**318**
城市	4493	1447	214	2461	371	1623	347	165	867	244
镇	1657	497	137	934	89	506	128	76	272	30
乡村	1989	518	157	1177	137	486	112	48	282	44
辽宁	**10679**	**4545**	**513**	**4303**	**1318**	**2840**	**884**	**212**	**1101**	**643**
城市	9302	3956	435	3672	1239	2380	774	172	840	594
镇	578	215	51	261	51	133	35	28	50	20
乡村	799	374	27	370	28	327	75	12	211	29
吉林	**2210**	**718**	**156**	**816**	**520**	**1342**	**283**	**94**	**668**	**297**
城市	1710	505	112	610	483	1179	240	67	591	281
镇	129	42	16	53	18	80	22	10	36	12
乡村	371	171	28	153	19	83	21	17	41	4
黑龙江	**2127**	**687**	**211**	**794**	**435**	**1479**	**351**	**206**	**645**	**277**
城市	1519	494	141	503	381	1205	268	157	523	257
镇	354	118	51	163	22	201	65	41	86	9
乡村	254	75	19	128	32	73	18	8	36	11
上海	**74244**	**36247**	**3610**	**30806**	**3581**	**38319**	**13221**	**4246**	**15817**	**5035**
城市	50387	24957	3007	19270	3153	27688	9228	3519	10436	4505
镇	12764	6414	462	5567	321	6507	2558	568	2956	425
乡村	11093	4876	141	5969	107	4124	1435	159	2425	105
江苏	**91431**	**33412**	**4206**	**51551**	**2262**	**35877**	**10061**	**3261**	**20402**	**2153**
城市	50834	21219	2841	24876	1898	21000	6553	2454	10263	1730
镇	14429	4613	801	8861	154	5401	1221	449	3580	151
乡村	26168	7580	564	17814	210	9476	2287	358	6559	272

7-1 续表 28

单位：人

现住地	省外									
	河南					湖北				
	小计	乡	镇的居委会	镇的村委会	街道	小计	乡	镇的居委会	镇的村委会	街道
浙江	**126010**	**47799**	**3790**	**71866**	**2555**	**89321**	**24900**	**5172**	**55217**	**4032**
城市	67430	27549	2401	35574	1906	47351	13121	3141	28259	2830
镇	29528	10398	690	18126	314	21020	5858	1123	13413	626
乡村	29052	9852	699	18166	335	20950	5921	908	13545	576
安徽	**8328**	**2646**	**813**	**4167**	**702**	**4043**	**851**	**527**	**1860**	**805**
城市	4668	1528	492	2090	558	2158	443	294	829	592
镇	1700	472	223	920	85	796	150	140	396	110
乡村	1960	646	98	1157	59	1089	258	93	635	103
福建	**24285**	**6429**	**1180**	**15915**	**761**	**29886**	**6316**	**2104**	**19746**	**1720**
城市	16512	4400	840	10712	560	20060	4365	1494	12875	1326
镇	4767	1284	200	3182	101	5028	1048	321	3460	199
乡村	3006	745	140	2021	100	4798	903	289	3411	195
江西	**3238**	**1013**	**381**	**1367**	**477**	**4477**	**1239**	**557**	**1801**	**880**
城市	1400	428	124	567	281	2161	671	205	756	529
镇	1324	432	190	544	158	1439	341	236	630	232
乡村	514	153	67	256	38	877	227	116	415	119
山东	**23337**	**5501**	**1654**	**13631**	**2551**	**6717**	**1029**	**573**	**3570**	**1545**
城市	17065	4360	1119	9840	1746	4937	809	484	2758	886
镇	3474	523	457	1864	630	851	89	63	360	339
乡村	2798	618	78	1927	175	929	131	26	452	320
河南						**5203**	**1593**	**569**	**2010**	**1031**
城市						3597	1010	367	1416	804
镇						798	239	133	289	137
乡村						808	344	69	305	90
湖北	**16402**	**5829**	**1409**	**7072**	**2092**					
城市	11767	4386	1020	4664	1697					
镇	1578	324	225	889	140					
乡村	3057	1119	164	1519	255					
湖南	**3447**	**1282**	**433**	**1214**	**518**	**10883**	**3995**	**1237**	**4087**	**1564**
城市	2278	836	295	726	421	8037	3033	831	2900	1273
镇	715	267	108	269	71	1638	522	336	609	171
乡村	454	179	30	219	26	1208	440	70	578	120
广东	**170845**	**60759**	**10678**	**93227**	**6181**	**232228**	**67402**	**22896**	**124890**	**17040**
城市	146084	53486	9655	77203	5740	203434	60549	21003	105826	16056
镇	11446	3283	608	7317	238	13497	3051	1135	8784	527
乡村	13315	3990	415	8707	203	15297	3802	758	10280	457

7-1 续表 29 单位：人

现住地	省外									
	河南					湖北				
	小计	乡	镇的居委会	镇的村委会	街道	小计	乡	镇的居委会	镇的村委会	街道
广西	**3241**	**760**	**396**	**1465**	**620**	**4169**	**691**	**681**	**1838**	**959**
城市	2112	490	229	910	483	2862	470	452	1152	788
镇	733	202	124	316	91	880	128	163	475	114
乡村	396	68	43	239	46	427	93	66	211	57
海南	**3378**	**672**	**577**	**1622**	**507**	**3813**	**627**	**703**	**1747**	**736**
城市	2595	531	441	1207	416	2879	456	532	1280	611
镇	450	74	95	231	50	505	91	106	231	77
乡村	333	67	41	184	41	429	80	65	236	48
重庆	**2176**	**534**	**266**	**844**	**532**	**4044**	**884**	**538**	**1630**	**992**
城市	1539	390	187	528	434	2389	442	350	760	837
镇	358	87	52	151	68	877	201	134	439	103
乡村	279	57	27	165	30	778	241	54	431	52
四川	**5449**	**1679**	**602**	**1916**	**1252**	**6161**	**1608**	**806**	**1979**	**1768**
城市	3182	1099	324	995	764	3691	1117	452	1023	1099
镇	1344	311	185	450	398	1182	209	223	456	294
乡村	923	269	93	471	90	1288	282	131	500	375
贵州	**2553**	**660**	**330**	**1296**	**267**	**3496**	**668**	**518**	**1719**	**591**
城市	1206	295	164	589	158	1769	333	232	764	440
镇	629	156	99	330	44	675	120	159	342	54
乡村	718	209	67	377	65	1052	215	127	613	97
云南	**3584**	**997**	**478**	**1712**	**397**	**4416**	**840**	**816**	**2109**	**651**
城市	2119	604	235	988	292	2521	503	394	1209	415
镇	944	228	170	474	72	1267	202	315	637	113
乡村	521	165	73	250	33	628	135	107	263	123
西藏	**859**	**340**	**70**	**345**	**104**	**551**	**125**	**72**	**188**	**166**
城市	321	118	26	128	49	235	62	21	113	39
镇	295	106	32	124	33	165	50	41	50	24
乡村	243	116	12	93	22	151	13	10	25	103
陕西	**15180**	**5040**	**1341**	**6168**	**2631**	**5663**	**1419**	**630**	**2524**	**1090**
城市	11573	3780	992	4511	2290	4035	1058	446	1692	839
镇	2257	818	234	1048	157	949	202	144	487	116
乡村	1350	442	115	609	184	679	159	40	345	135
甘肃	**5351**	**2353**	**336**	**2088**	**574**	**2403**	**717**	**223**	**1091**	**372**
城市	4138	1887	193	1617	441	1662	464	137	830	231
镇	722	247	109	265	101	416	105	57	143	111
乡村	491	219	34	206	32	325	148	29	118	30
青海	**4011**	**1381**	**271**	**2014**	**345**	**1433**	**372**	**106**	**758**	**197**
城市	2809	1033	158	1371	247	957	268	54	482	153
镇	869	295	77	422	75	348	68	36	212	32
乡村	333	53	36	221	23	128	36	16	64	12
宁夏	**4767**	**1902**	**306**	**2170**	**389**	**792**	**177**	**68**	**437**	**110**
城市	3142	1401	142	1327	272	562	137	42	291	92
镇	631	191	66	338	36	130	27	12	85	6
乡村	994	310	98	505	81	100	13	14	61	12
新疆	**36740**	**18295**	**1867**	**14925**	**1653**	**4745**	**1614**	**512**	**2009**	**610**
城市	21823	9909	976	9752	1186	3494	1093	338	1567	496
镇	5374	2706	509	1965	194	567	252	82	188	45
乡村	9543	5680	382	3208	273	684	269	92	254	69

7-1 续表 30　　　　单位：人

现住地	省外									
	湖南					广东				
	小计	乡	镇的居委会	镇的村委会	街道	小计	乡	镇的居委会	镇的村委会	街道
全　国	**691425**	**220664**	**54363**	**375305**	**41093**	**75932**	**11174**	**12573**	**27665**	**24520**
城市	514732	170216	42425	266995	35096	51556	7246	8168	15524	20618
镇	91606	25569	8147	54395	3495	12939	1810	3061	5550	2518
乡村	85087	24879	3791	53915	2502	11437	2118	1344	6591	1384
北京	**13161**	**2963**	**1808**	**4538**	**3852**	**6195**	**838**	**694**	**1328**	**3335**
城市	11674	2649	1684	3646	3695	5862	782	652	1198	3230
镇	661	107	82	366	106	182	15	26	68	73
乡村	826	207	42	526	51	151	41	16	62	32
天津	**2017**	**543**	**209**	**999**	**266**	**1197**	**274**	**129**	**431**	**363**
城市	1603	434	153	804	212	897	143	97	333	324
镇	268	73	49	102	44	267	125	28	77	37
乡村	146	36	7	93	10	33	6	4	21	2
河北	**2176**	**494**	**216**	**1072**	**394**	**848**	**132**	**86**	**277**	**353**
城市	981	229	101	405	246	547	87	59	149	252
镇	782	129	88	434	131	223	20	23	97	83
乡村	413	136	27	233	17	78	25	4	31	18
山西	**1584**	**427**	**135**	**780**	**242**	**500**	**57**	**60**	**173**	**210**
城市	916	213	85	429	189	407	44	44	146	173
镇	293	84	31	154	24	46	6	8	12	20
乡村	375	130	19	197	29	47	7	8	15	17
内蒙古	**1383**	**389**	**127**	**705**	**162**	**417**	**58**	**48**	**131**	**180**
城市	836	254	83	388	111	270	35	25	72	138
镇	240	61	40	109	30	63	14	17	13	19
乡村	307	74	4	208	21	84	9	6	46	23
辽宁	**1502**	**404**	**137**	**494**	**467**	**1007**	**159**	**109**	**174**	**565**
城市	1258	334	113	374	437	927	149	100	152	526
镇	106	28	12	46	20	34	5	6	10	13
乡村	138	42	12	74	10	46	5	3	12	26
吉林	**526**	**111**	**42**	**179**	**194**	**344**	**25**	**33**	**36**	**250**
城市	453	92	35	139	187	300	23	22	26	229
镇	21	3	4	11	3	23		7	1	15
乡村	52	16	3	29	4	21	2	4	9	6
黑龙江	**648**	**124**	**78**	**204**	**242**	**459**	**54**	**63**	**92**	**250**
城市	579	111	72	167	229	385	41	45	72	227
镇	34	4	6	15	9	45	7	15	4	19
乡村	35	9		22	4	29	6	3	16	4
上海	**21601**	**8179**	**2372**	**8670**	**2380**	**7517**	**1500**	**1377**	**1822**	**2818**
城市	15457	5689	2019	5595	2154	6580	1260	1245	1438	2637
镇	3811	1595	270	1757	189	704	167	114	274	149
乡村	2333	895	83	1318	37	233	73	18	110	32
江苏	**18554**	**5576**	**1559**	**10380**	**1039**	**4078**	**682**	**826**	**1457**	**1113**
城市	10526	3530	1059	5087	850	3043	509	634	936	964
镇	2858	776	283	1705	94	494	106	113	199	76
乡村	5170	1270	217	3588	95	541	67	79	322	73

7-1 续表 31 单位：人

现住地	省外									
	湖南					广东				
	小计	乡	镇的居委会	镇的村委会	街道	小计	乡	镇的居委会	镇的村委会	街道
浙江	**74603**	**25521**	**3210**	**43842**	**2030**	**4656**	**733**	**618**	**2238**	**1067**
城市	34525	12091	1906	19100	1428	3160	489	443	1368	860
镇	19736	6584	733	12144	275	892	136	102	522	132
乡村	20342	6846	571	12598	327	604	108	73	348	75
安徽	**2792**	**760**	**303**	**1298**	**431**	**1131**	**86**	**204**	**365**	**476**
城市	1692	439	208	694	351	759	46	127	194	392
镇	519	143	55	270	51	194	11	54	73	56
乡村	581	178	40	334	29	178	29	23	98	28
福建	**20611**	**5005**	**1312**	**13443**	**851**	**4555**	**472**	**681**	**2557**	**845**
城市	13320	3248	924	8526	622	2693	240	443	1384	626
镇	3865	921	236	2577	131	869	95	156	495	123
乡村	3426	836	152	2340	98	993	137	82	678	96
江西	**5671**	**1793**	**645**	**2501**	**732**	**3143**	**419**	**589**	**1091**	**1044**
城市	2034	654	221	687	472	1154	125	132	241	656
镇	2332	681	331	1125	195	1306	143	380	486	297
乡村	1305	458	93	689	65	683	151	77	364	91
山东	**2775**	**443**	**307**	**1437**	**588**	**1368**	**108**	**221**	**454**	**585**
城市	2267	371	267	1123	506	1196	90	202	381	523
镇	287	49	30	155	53	115	12	15	46	42
乡村	221	23	10	159	29	57	6	4	27	20
河南	**2245**	**877**	**253**	**701**	**414**	**1433**	**330**	**198**	**362**	**543**
城市	1369	519	155	341	354	942	163	123	186	470
镇	285	99	47	114	25	181	49	54	42	36
乡村	591	259	51	246	35	310	118	21	134	37
湖北	**8715**	**2566**	**1004**	**3589**	**1556**	**3504**	**408**	**567**	**1037**	**1492**
城市	5643	1735	665	2001	1242	2348	279	345	480	1244
镇	1254	314	215	570	155	456	46	133	161	116
乡村	1818	517	124	1018	159	700	83	89	396	132
湖南						**4977**	**892**	**1064**	**1271**	**1750**
城市						2728	408	488	456	1376
镇						1162	209	410	296	247
乡村						1087	275	166	519	127
广东	**450665**	**148692**	**32784**	**251053**	**18136**					
城市	376211	128658	28848	201979	16726					
镇	36505	9631	2580	23527	767					
乡村	37949	10403	1356	25547	643					

7-1 续表 32 单位：人

现住地	省外									
	湖南					广东				
	小计	乡	镇的居委会	镇的村委会	街道	小计	乡	镇的居委会	镇的村委会	街道
广西	**17949**	**4999**	**2040**	**9258**	**1652**	**9935**	**1328**	**1656**	**5049**	**1902**
城市	11982	3302	1154	6235	1291	5192	694	932	2123	1443
镇	4347	1212	723	2167	245	2161	237	514	1134	276
乡村	1620	485	163	856	116	2582	397	210	1792	183
海南	**5720**	**1099**	**891**	**3018**	**712**	**7238**	**932**	**1485**	**3622**	**1199**
城市	3780	732	608	1834	606	4526	605	942	2097	882
镇	1050	189	171	634	56	1620	202	347	865	206
乡村	890	178	112	550	50	1092	125	196	660	111
重庆	**2495**	**537**	**363**	**1095**	**500**	**1753**	**187**	**258**	**547**	**761**
城市	1493	343	221	529	400	1294	134	174	315	671
镇	607	125	100	319	63	223	21	58	86	58
乡村	395	69	42	247	37	236	32	26	146	32
四川	**4519**	**1265**	**606**	**1626**	**1022**	**3282**	**637**	**532**	**788**	**1325**
城市	2372	735	278	685	674	1934	339	256	350	989
镇	1309	292	256	519	242	690	77	206	155	252
乡村	838	238	72	422	106	658	221	70	283	84
贵州	**10826**	**2573**	**1531**	**5649**	**1073**	**1569**	**187**	**257**	**665**	**460**
城市	4427	1077	521	2127	702	926	86	135	334	371
镇	4189	907	768	2338	176	237	22	72	104	39
乡村	2210	589	242	1184	195	406	79	50	227	50
云南	**11011**	**2872**	**1613**	**5653**	**873**	**2030**	**269**	**464**	**923**	**374**
城市	4091	1126	544	1987	434	1288	176	272	547	293
镇	4674	1069	791	2588	226	458	45	132	240	41
乡村	2246	677	278	1078	213	284	48	60	136	40
西藏	**411**	**118**	**61**	**127**	**105**	**37**	**11**	**2**	**10**	**14**
城市	115	37	8	51	19	13	4	2	3	4
镇	198	61	51	70	16	21	6		6	9
乡村	98	20	2	6	70	3	1		1	1
陕西	**2262**	**618**	**272**	**945**	**427**	**1369**	**183**	**165**	**368**	**653**
城市	1575	416	204	595	360	1061	137	100	240	584
镇	495	123	56	264	52	153	13	44	49	47
乡村	192	79	12	86	15	155	33	21	79	22
甘肃	**1098**	**386**	**87**	**423**	**202**	**432**	**59**	**57**	**99**	**217**
城市	789	275	60	319	135	322	37	38	66	181
镇	255	90	22	80	63	63	8	16	14	25
乡村	54	21	5	24	4	47	14	3	19	11
青海	**764**	**175**	**68**	**394**	**127**	**153**	**11**	**24**	**60**	**58**
城市	485	113	35	231	106	134	10	19	47	58
镇	187	41	29	97	20	16	1	5	10	
乡村	92	21	4	66	1	3			3	
宁夏	**419**	**148**	**38**	**163**	**70**	**159**	**20**	**20**	**54**	**65**
城市	306	121	17	111	57	144	17	14	50	63
镇	31	9	6	13	3	6	2	2	2	
乡村	82	18	15	39	10	9	1	4	2	2
新疆	**2722**	**1007**	**292**	**1069**	**354**	**646**	**123**	**86**	**184**	**253**
城市	1973	689	177	806	301	524	94	58	140	232
镇	407	169	82	125	31	35	10	4	9	12
乡村	342	149	33	138	22	87	19	24	35	9

7-1 续表 33 单位：人

现住地	省外									
	广西					海南				
	小计	乡	镇的居委会	镇的村委会	街道	小计	乡	镇的居委会	镇的村委会	街道
全　国	**396459**	**122635**	**22583**	**235993**	**15248**	**25952**	**4721**	**4892**	**10565**	**5774**
城市	302835	99190	17867	172932	12846	20415	3857	3820	7966	4772
镇	42448	10449	2809	27803	1387	3050	451	738	1225	636
乡村	51176	12996	1907	35258	1015	2487	413	334	1374	366
北京	**2642**	**510**	**329**	**860**	**943**	**710**	**62**	**118**	**120**	**410**
城市	2356	454	313	691	898	657	58	115	99	385
镇	120	13	3	72	32	31		1	12	18
乡村	166	43	13	97	13	22	4	2	9	7
天津	**437**	**99**	**47**	**186**	**105**	**145**	**10**	**32**	**39**	**64**
城市	306	66	41	130	69	113	9	24	27	53
镇	68	12	4	24	28	30		8	11	11
乡村	63	21	2	32	8	2	1		1	
河北	**730**	**165**	**65**	**367**	**133**	**287**	**30**	**50**	**74**	**133**
城市	273	40	34	107	92	229	26	40	63	100
镇	176	21	19	105	31	35	2	10	3	20
乡村	281	104	12	155	10	23	2		8	13
山西	**341**	**97**	**37**	**140**	**67**	**154**	**16**	**37**	**36**	**65**
城市	192	37	26	77	52	124	15	33	26	50
镇	32	3	3	15	11	17		4	4	9
乡村	117	57	8	48	4	13	1		6	6
内蒙古	**295**	**65**	**46**	**112**	**72**	**77**	**9**	**18**	**12**	**38**
城市	185	35	27	65	58	50	7	8	7	28
镇	87	27	15	36	9	16	2	8	2	4
乡村	23	3	4	11	5	11		2	3	6
辽宁	**356**	**87**	**32**	**121**	**116**	**127**	**12**	**13**	**21**	**81**
城市	301	65	30	96	110	117	11	12	20	74
镇	11	2	1	5	3	9		1	1	7
乡村	44	20	1	20	3	1	1			
吉林	**144**	**25**	**11**	**38**	**70**	**153**	**9**	**27**	**31**	**86**
城市	128	23	6	32	67	145	9	26	27	83
镇	12	2	3	5	2	2		1		1
乡村	4		2	1	1	6			4	2
黑龙江	**217**	**34**	**25**	**85**	**73**	**150**	**17**	**21**	**27**	**85**
城市	186	22	24	69	71	137	16	20	25	76
镇	15	5		9	1	8		1	1	6
乡村	16	7	1	7	1	5	1		1	3
上海	**4594**	**1529**	**547**	**1825**	**693**	**859**	**147**	**172**	**250**	**290**
城市	3275	1025	463	1172	615	730	116	158	202	254
镇	754	290	60	341	63	86	18	11	23	34
乡村	565	214	24	312	15	43	13	3	25	2
江苏	**4346**	**1248**	**350**	**2405**	**343**	**509**	**103**	**111**	**173**	**122**
城市	2277	705	256	1051	265	329	61	82	89	97
镇	775	219	50	453	53	70	16	19	26	9
乡村	1294	324	44	901	25	110	26	10	58	16

7-1 续表 34

单位：人

现住地	省外									
	广西					海南				
	小计	乡	镇的居委会	镇的村委会	街道	小计	乡	镇的居委会	镇的村委会	街道
浙江	**13860**	**4318**	**545**	**8487**	**510**	**596**	**94**	**89**	**292**	**121**
城市	5396	1819	287	2927	363	395	50	68	180	97
镇	4247	1299	129	2742	77	118	33	11	65	9
乡村	4217	1200	129	2818	70	83	11	10	47	15
安徽	**702**	**161**	**72**	**367**	**102**	**178**	**33**	**34**	**56**	**55**
城市	345	69	42	153	81	99	14	15	27	43
镇	101	13	16	62	10	45	12	11	13	9
乡村	256	79	14	152	11	34	7	8	16	3
福建	**5804**	**1399**	**316**	**3761**	**328**	**761**	**98**	**129**	**381**	**153**
城市	2880	699	203	1752	226	462	60	73	231	98
镇	1178	267	52	805	54	155	19	42	64	30
乡村	1746	433	61	1204	48	144	19	14	86	25
江西	**1588**	**451**	**194**	**709**	**234**	**596**	**100**	**104**	**216**	**176**
城市	466	102	70	179	115	220	31	39	75	75
镇	609	147	87	283	92	287	51	57	95	84
乡村	513	202	37	247	27	89	18	8	46	17
山东	**716**	**121**	**70**	**354**	**171**	**301**	**19**	**54**	**98**	**130**
城市	534	98	60	239	137	222	12	36	65	109
镇	79	8	6	43	22	54	5	13	24	12
乡村	103	15	4	72	12	25	2	5	9	9
河南	**692**	**270**	**65**	**230**	**127**	**272**	**48**	**39**	**37**	**148**
城市	386	119	44	115	108	225	38	29	23	135
镇	74	39	7	19	9	22	2	8	2	10
乡村	232	112	14	96	10	25	8	2	12	3
湖北	**1822**	**379**	**235**	**814**	**394**	**696**	**98**	**118**	**169**	**311**
城市	1105	241	164	387	313	458	68	74	86	230
镇	176	23	32	96	25	104	10	19	29	46
乡村	541	115	39	331	56	134	20	25	54	35
湖南	**2817**	**1012**	**402**	**986**	**417**	**691**	**122**	**160**	**160**	**249**
城市	1259	428	206	327	298	457	75	104	102	176
镇	652	210	144	224	74	151	14	49	29	59
乡村	906	374	52	435	45	83	33	7	29	14
广东	**340218**	**107469**	**17304**	**206807**	**8638**	**16092**	**3342**	**3010**	**7605**	**2135**
城市	275005	91937	14735	160557	7776	13669	2978	2532	6221	1938
镇	29968	7228	1560	20734	446	1132	191	279	584	78
乡村	35245	8304	1009	25516	416	1291	173	199	800	119

7-1 续表 35　　　　单位：人

现住地	省外									
	广西					海南				
	小计	乡	镇的居委会	镇的村委会	街道	小计	乡	镇的居委会	镇的村委会	街道
广西						**1088**	**160**	**313**	**350**	**265**
城市						584	96	170	137	181
镇						327	32	119	125	51
乡村						177	32	24	88	33
海南	**5460**	**1075**	**686**	**3377**	**322**					
城市	2012	331	268	1224	189					
镇	1174	232	188	686	68					
乡村	2274	512	230	1467	65					
重庆	**934**	**179**	**141**	**421**	**193**	**301**	**41**	**55**	**86**	**119**
城市	563	116	99	191	157	220	22	39	55	104
镇	138	19	19	79	21	50	9	13	17	11
乡村	233	44	23	151	15	31	10	3	14	4
四川	**1648**	**492**	**191**	**562**	**403**	**422**	**41**	**76**	**121**	**184**
城市	820	243	108	194	275	220	17	46	50	107
镇	357	79	59	133	86	134	11	24	41	58
乡村	471	170	24	235	42	68	13	6	30	19
贵州	**2330**	**566**	**339**	**1201**	**224**	**157**	**17**	**26**	**43**	**71**
城市	721	138	99	338	146	102	8	10	23	61
镇	691	110	180	361	40	28	2	12	9	5
乡村	918	318	60	502	38	27	7	4	11	5
云南	**2448**	**551**	**381**	**1291**	**225**	**202**	**31**	**31**	**70**	**70**
城市	972	163	154	539	116	136	19	26	35	56
镇	721	124	142	389	66	48	7	3	27	11
乡村	755	264	85	363	43	18	5	2	8	3
西藏	**20**	**6**	**4**	**5**	**5**	**3**	**1**	**2**		
城市	10	2	4	2	2	1		1		
镇	7	1		3	3	1		1		
乡村	3	3				1	1			
陕西	**622**	**123**	**65**	**271**	**163**	**231**	**26**	**28**	**59**	**118**
城市	476	91	56	185	144	196	20	26	48	102
镇	79	17	7	42	13	26	6	2	8	10
乡村	67	15	2	44	6	9			3	6
甘肃	**201**	**54**	**21**	**50**	**76**	**76**	**7**	**10**	**16**	**43**
城市	89	25	12	24	28	32	2	4	11	15
镇	90	24	5	16	45	43	5	6	5	27
乡村	22	5	4	10	3	1				1
青海	**112**	**27**	**23**	**39**	**23**	**17**		**6**	**5**	**6**
城市	86	18	16	30	22	8		3	1	4
镇	9	1	2	6		8		3	3	2
乡村	17	8	5	3	1	1			1	
宁夏	**81**	**26**	**18**	**17**	**20**	**24**	**10**	**2**	**5**	**7**
城市	58	26	4	11	17	23	10	2	4	7
镇	15		11	3	1	1			1	
乡村	8		3	3	2					
新疆	**282**	**97**	**22**	**105**	**58**	**77**	**18**	**7**	**13**	**39**
城市	173	53	16	68	36	55	9	5	7	34
镇	33	14	5	12	2	12	4	2	1	5
乡村	76	30	1	25	20	10	5		5	

7-1 续表 36

单位：人

现住地	省外									
	重庆					四川				
	小计	乡	镇的居委会	镇的村委会	街道	小计	乡	镇的居委会	镇的村委会	街道
全 国	**326959**	**95014**	**24294**	**182411**	**25240**	**819619**	**270290**	**51938**	**452710**	**44681**
城市	210114	64086	16159	109804	20065	539111	186338	36015	280012	36746
镇	61332	15980	5493	36600	3259	140181	40888	10561	84158	4574
乡村	55513	14948	2642	36007	1916	140327	43064	5362	88540	3361
北京	**7398**	**1876**	**603**	**3091**	**1828**	**27284**	**9090**	**1868**	**12678**	**3648**
城市	6441	1687	561	2437	1756	22840	7871	1653	9830	3486
镇	360	75	25	212	48	1862	456	145	1173	88
乡村	597	114	17	442	24	2582	763	70	1675	74
天津	**1534**	**458**	**130**	**764**	**182**	**5606**	**1850**	**457**	**2803**	**496**
城市	985	288	80	476	141	4416	1543	268	2198	407
镇	319	82	37	175	25	855	205	173	399	78
乡村	230	88	13	113	16	335	102	16	206	11
河北	**1914**	**467**	**187**	**960**	**300**	**6515**	**1831**	**444**	**3546**	**694**
城市	927	265	74	401	187	2638	691	197	1382	368
镇	633	126	87	340	80	2073	486	159	1188	240
乡村	354	76	26	219	33	1804	654	88	976	86
山西	**1522**	**347**	**153**	**813**	**209**	**5510**	**1748**	**369**	**2945**	**448**
城市	796	156	63	429	148	2684	734	167	1447	336
镇	202	41	33	114	14	764	126	75	529	34
乡村	524	150	57	270	47	2062	888	127	969	78
内蒙古	**1324**	**477**	**129**	**590**	**128**	**6105**	**2140**	**464**	**3183**	**318**
城市	747	286	59	315	87	3452	1339	201	1690	222
镇	321	100	38	150	33	1178	400	179	561	38
乡村	256	91	32	125	8	1475	401	84	932	58
辽宁	**1675**	**593**	**142**	**666**	**274**	**5983**	**2552**	**339**	**2327**	**765**
城市	1343	480	121	481	261	5084	2263	275	1846	700
镇	235	75	16	137	7	333	123	43	138	29
乡村	97	38	5	48	6	566	166	21	343	36
吉林	**292**	**60**	**58**	**65**	**109**	**1026**	**274**	**152**	**351**	**249**
城市	245	48	34	58	105	632	172	69	163	228
镇	39	11	19	6	3	231	40	71	116	4
乡村	8	1	5	1	1	163	62	12	72	17
黑龙江	**375**	**103**	**41**	**133**	**98**	**897**	**195**	**102**	**380**	**220**
城市	286	65	25	112	84	644	142	71	239	192
镇	49	16	11	12	10	115	20	22	52	21
乡村	40	22	5	9	4	138	33	9	89	7
上海	**21671**	**8221**	**1349**	**10686**	**1415**	**58824**	**27035**	**3230**	**25845**	**2714**
城市	13206	5008	979	5959	1260	38747	17692	2527	16165	2363
镇	4537	1859	254	2306	118	10351	5022	534	4526	269
乡村	3928	1354	116	2421	37	9726	4321	169	5154	82
江苏	**16482**	**4846**	**901**	**10059**	**676**	**60650**	**19897**	**2861**	**36486**	**1406**
城市	8100	2810	593	4135	562	27802	11145	1894	13654	1109
镇	3154	851	143	2116	44	11693	3266	512	7808	107
乡村	5228	1185	165	3808	70	21155	5486	455	15024	190

7-1 续表 37 单位：人

现住地	省外									
	重庆					四川				
	小计	乡	镇的居委会	镇的村委会	街道	小计	乡	镇的居委会	镇的村委会	街道
浙江	**60403**	**18425**	**2378**	**37994**	**1606**	**129985**	**40402**	**4552**	**82492**	**2539**
城市	29265	10015	1321	16880	1049	55492	18941	2354	32555	1642
镇	15632	4338	610	10433	251	36882	10691	1203	24519	469
乡村	15506	4072	447	10681	306	37611	10770	995	25418	428
安徽	**1368**	**351**	**170**	**638**	**209**	**3432**	**1060**	**290**	**1683**	**399**
城市	697	176	91	271	159	1437	384	157	621	275
镇	282	61	42	149	30	705	182	72	383	68
乡村	389	114	37	218	20	1290	494	61	679	56
福建	**36870**	**8755**	**1716**	**25436**	**963**	**72559**	**20028**	**2811**	**48388**	**1332**
城市	23928	5755	1238	16298	637	48393	13636	1995	31827	935
镇	6640	1721	272	4480	167	11603	3303	439	7704	157
乡村	6302	1279	206	4658	159	12563	3089	377	8857	240
江西	**1056**	**223**	**154**	**476**	**203**	**2502**	**761**	**305**	**1131**	**305**
城市	435	73	65	169	128	884	225	115	362	182
镇	369	87	71	169	42	912	287	131	401	93
乡村	252	63	18	138	33	706	249	59	368	30
山东	**1856**	**293**	**216**	**1008**	**339**	**6518**	**1496**	**491**	**3569**	**962**
城市	1305	219	159	628	299	4751	1155	385	2395	816
镇	265	34	22	181	28	779	160	65	471	83
乡村	286	40	35	199	12	988	181	41	703	63
河南	**1169**	**465**	**110**	**406**	**188**	**3011**	**1205**	**241**	**1125**	**440**
城市	822	326	78	280	138	1883	708	169	648	358
镇	176	55	23	76	22	391	131	28	191	41
乡村	171	84	9	50	28	737	366	44	286	41
湖北	**9621**	**3468**	**646**	**4658**	**849**	**6369**	**2029**	**604**	**2892**	**844**
城市	5996	2378	427	2501	690	3899	1382	419	1434	664
镇	1125	348	132	589	56	797	205	97	418	77
乡村	2500	742	87	1568	103	1673	442	88	1040	103
湖南	**1704**	**608**	**226**	**605**	**265**	**3373**	**1361**	**393**	**1131**	**488**
城市	962	350	127	283	202	1882	787	237	450	408
镇	409	131	72	167	39	691	249	119	284	39
乡村	333	127	27	155	24	800	325	37	397	41
广东	**90369**	**27458**	**6552**	**52083**	**4276**	**248922**	**83781**	**15088**	**141480**	**8573**
城市	73087	23172	5649	40303	3963	206593	73148	12997	112536	7912
镇	9323	2329	576	6246	172	23663	5771	1527	16012	353
乡村	7959	1957	327	5534	141	18666	4862	564	12932	308

7-1 续表 38　　　　单位：人

现住地	省外									
	重庆					四川				
	小计	乡	镇的居委会	镇的村委会	街道	小计	乡	镇的居委会	镇的村委会	街道
广西	**1765**	**353**	**201**	**859**	**352**	**4410**	**891**	**576**	**2224**	**719**
城市	1223	246	128	576	273	2883	553	353	1369	608
镇	285	40	38	168	39	750	130	175	374	71
乡村	257	67	35	115	40	777	208	48	481	40
海南	**1949**	**430**	**232**	**1019**	**268**	**6637**	**1548**	**796**	**3695**	**598**
城市	1506	338	174	765	229	5001	1182	608	2708	503
镇	272	63	39	141	29	1028	234	131	599	64
乡村	171	29	19	113	10	608	132	57	388	31
重庆						**47915**	**12357**	**5008**	**22773**	**7777**
城市						37270	10400	3783	16288	6799
镇						6324	1179	897	3620	628
乡村						4321	778	328	2865	350
四川	**28085**	**7210**	**3863**	**10118**	**6894**					
城市	17845	4821	2151	5600	5273					
镇	6968	1447	1398	2819	1304					
乡村	3272	942	314	1699	317					
贵州	**10283**	**1895**	**1206**	**6083**	**1099**	**19793**	**5649**	**1867**	**10817**	**1460**
城市	5968	1199	568	3456	745	12263	3861	987	6302	1113
镇	2313	310	417	1392	194	3899	789	610	2313	187
乡村	2002	386	221	1235	160	3631	999	270	2202	160
云南	**13190**	**2927**	**1656**	**7679**	**928**	**28133**	**8119**	**3676**	**14392**	**1946**
城市	7227	1812	784	4059	572	14071	4031	1558	7288	1194
镇	4344	712	677	2719	236	9470	2427	1578	5021	444
乡村	1619	403	195	901	120	4592	1661	540	2083	308
西藏	**1005**	**246**	**171**	**409**	**179**	**7587**	**2439**	**952**	**3169**	**1027**
城市	445	107	62	177	99	3640	1147	463	1475	555
镇	437	103	91	190	53	2693	746	386	1249	312
乡村	123	36	18	42	27	1254	546	103	445	160
陕西	**1961**	**451**	**209**	**905**	**396**	**9121**	**2988**	**689**	**4139**	**1305**
城市	1156	250	109	480	317	5953	1970	420	2469	1094
镇	500	121	63	273	43	2034	650	196	1062	126
乡村	305	80	37	152	36	1134	368	73	608	85
甘肃	**780**	**197**	**71**	**329**	**183**	**3699**	**1297**	**334**	**1582**	**486**
城市	492	127	39	212	114	2239	804	188	894	353
镇	190	42	22	65	61	930	312	112	394	112
乡村	98	28	10	52	8	530	181	34	294	21
青海	**618**	**210**	**94**	**257**	**57**	**3354**	**1230**	**344**	**1472**	**308**
城市	376	120	51	164	41	2132	820	142	919	251
镇	158	44	41	61	12	899	296	172	387	44
乡村	84	46	2	32	4	323	114	30	166	13
宁夏	**642**	**253**	**41**	**280**	**68**	**1864**	**769**	**130**	**789**	**176**
城市	495	197	31	204	63	1215	508	76	478	153
镇	82	14	8	56	4	341	137	20	169	15
乡村	65	42	2	20	1	308	124	34	142	8
新疆	**8078**	**3348**	**689**	**3342**	**699**	**32035**	**14268**	**2505**	**13223**	**2039**
城市	3808	1312	318	1695	483	18291	7104	1287	8380	1520
镇	1713	744	216	658	95	5935	2865	690	2097	283
乡村	2557	1292	155	989	121	7809	4299	528	2746	236

7-1 续表 39 单位：人

现住地	省外									
	贵州					云南				
	小计	乡	镇的居委会	镇的村委会	街道	小计	乡	镇的居委会	镇的村委会	街道
全　国	**373700**	**129184**	**15388**	**216722**	**12406**	**134877**	**47782**	**6372**	**74115**	**6608**
城市	181540	65039	9329	97859	9313	59005	21130	3488	29630	4757
镇	82946	27910	3297	50187	1552	27780	9653	1486	15696	945
乡村	109214	36235	2762	68676	1541	48092	16999	1398	28789	906
北京	**3121**	**777**	**293**	**1169**	**882**	**2166**	**549**	**182**	**841**	**594**
城市	2562	630	257	864	811	1759	427	164	623	545
镇	225	55	14	106	50	140	34	9	76	21
乡村	334	92	22	199	21	267	88	9	142	28
天津	**933**	**267**	**65**	**486**	**115**	**610**	**188**	**30**	**292**	**100**
城市	687	193	51	346	97	502	158	26	241	77
镇	124	31	13	67	13	81	22	3	33	23
乡村	122	43	1	73	5	27	8	1	18	
河北	**1552**	**412**	**96**	**866**	**178**	**1186**	**440**	**77**	**531**	**138**
城市	395	75	41	173	106	295	67	21	123	84
镇	381	88	32	212	49	269	41	25	167	36
乡村	776	249	23	481	23	622	332	31	241	18
山西	**883**	**361**	**44**	**395**	**83**	**1055**	**403**	**72**	**501**	**79**
城市	283	77	20	127	59	217	47	15	107	48
镇	86	21	2	54	9	143	29	7	98	9
乡村	514	263	22	214	15	695	327	50	296	22
内蒙古	**774**	**314**	**46**	**369**	**45**	**647**	**192**	**53**	**351**	**51**
城市	470	210	18	217	25	261	69	19	138	35
镇	137	40	15	67	15	99	41	16	38	4
乡村	167	64	13	85	5	287	82	18	175	12
辽宁	**562**	**193**	**37**	**190**	**142**	**446**	**156**	**18**	**178**	**94**
城市	420	125	27	136	132	279	79	17	106	77
镇	46	13	5	26	2	29	14		8	7
乡村	96	55	5	28	8	138	63	1	64	10
吉林	**197**	**49**	**23**	**77**	**48**	**183**	**41**	**8**	**73**	**61**
城市	140	32	15	45	48	103	14	6	25	58
镇	27	4	5	18		11	7	1	3	
乡村	30	13	3	14		69	20	1	45	3
黑龙江	**258**	**65**	**39**	**80**	**74**	**227**	**45**	**30**	**89**	**63**
城市	174	30	24	56	64	196	29	27	78	62
镇	22	10	3	6	3	11	5	1	4	1
乡村	62	25	12	18	7	20	11	2	7	
上海	**13606**	**5931**	**753**	**6125**	**797**	**6599**	**3036**	**380**	**2760**	**423**
城市	7195	3032	574	2860	729	3713	1636	295	1386	396
镇	3391	1616	138	1586	51	1425	735	64	604	22
乡村	3020	1283	41	1679	17	1461	665	21	770	5
江苏	**25097**	**8445**	**857**	**15326**	**469**	**12797**	**4498**	**527**	**7508**	**264**
城市	7754	3202	403	3819	330	3900	1556	274	1893	177
镇	4816	1454	228	3093	41	2492	862	112	1488	30
乡村	12527	3789	226	8414	98	6405	2080	141	4127	57

7-1 续表 40

单位：人

现住地	省外									
	贵州					云南				
	小计	乡	镇的居委会	镇的村委会	街道	小计	乡	镇的居委会	镇的村委会	街道
浙江	**149335**	**55326**	**3607**	**88511**	**1891**	**40675**	**15864**	**987**	**23231**	**593**
城市	50986	20300	1692	27994	1000	11997	4796	404	6472	325
镇	44313	16106	877	26915	415	12526	4987	293	7115	131
乡村	54036	18920	1038	33602	476	16152	6081	290	9644	137
安徽	**2601**	**878**	**158**	**1423**	**142**	**2383**	**911**	**128**	**1247**	**97**
城市	493	161	35	201	96	397	129	28	180	60
镇	566	195	75	277	19	362	128	47	178	9
乡村	1542	522	48	945	27	1624	654	53	889	28
福建	**40456**	**10915**	**1364**	**27621**	**556**	**8374**	**2222**	**361**	**5603**	**188**
城市	21445	6015	799	14271	360	4059	1072	212	2659	116
镇	7951	2132	287	5444	88	2089	572	84	1398	35
乡村	11060	2768	278	7906	108	2226	578	65	1546	37
江西	**2699**	**1181**	**186**	**1151**	**181**	**741**	**266**	**73**	**307**	**95**
城市	548	149	65	244	90	226	68	29	83	46
镇	876	378	73	378	47	283	94	23	122	44
乡村	1275	654	48	529	44	232	104	21	102	5
山东	**2081**	**425**	**118**	**1245**	**293**	**3927**	**901**	**166**	**2450**	**410**
城市	1197	264	94	656	183	917	254	64	447	152
镇	322	62	12	184	64	645	147	28	312	158
乡村	562	99	12	405	46	2365	500	74	1691	100
河南	**816**	**325**	**64**	**323**	**104**	**844**	**403**	**42**	**292**	**107**
城市	324	106	37	116	65	280	81	23	95	81
镇	116	44	8	52	12	85	37	5	33	10
乡村	376	175	19	155	27	479	285	14	164	16
湖北	**1932**	**532**	**174**	**950**	**276**	**1396**	**373**	**71**	**773**	**179**
城市	810	223	95	295	197	408	108	47	121	132
镇	222	57	27	116	22	108	17	9	66	16
乡村	900	252	52	539	57	880	248	15	586	31
湖南	**3645**	**1654**	**298**	**1348**	**345**	**1461**	**596**	**147**	**562**	**156**
城市	1364	673	152	284	255	547	205	85	138	119
镇	1057	444	102	462	49	255	79	43	112	21
乡村	1224	537	44	602	41	659	312	19	312	16
广东	**88243**	**30359**	**4091**	**51581**	**2212**	**29714**	**10278**	**1290**	**17439**	**707**
城市	67693	24554	3393	37724	2022	22050	8198	1013	12199	640
镇	9261	2523	380	6276	82	2964	815	143	1982	24
乡村	11289	3282	318	7581	108	4700	1265	134	3258	43

7-1 续表 41 单位：人

现住地	省外									
	贵州					云南				
	小计	乡	镇的居委会	镇的村委会	街道	小计	乡	镇的居委会	镇的村委会	街道
广西	**4175**	**1132**	**373**	**2205**	**465**	**2026**	**521**	**205**	**1045**	**255**
城市	1821	444	185	824	368	870	211	105	369	185
镇	999	250	131	562	56	343	68	67	182	26
乡村	1355	438	57	819	41	813	242	33	494	44
海南	**1352**	**264**	**169**	**734**	**185**	**802**	**191**	**102**	**419**	**90**
城市	680	116	96	307	161	232	34	41	93	64
镇	260	48	40	157	15	130	24	30	57	19
乡村	412	100	33	270	9	440	133	31	269	7
重庆	**6441**	**1300**	**591**	**3674**	**876**	**2507**	**551**	**225**	**1324**	**407**
城市	2873	610	324	1218	721	1132	260	131	412	329
镇	1411	289	168	876	78	423	92	60	222	49
乡村	2157	401	99	1580	77	952	199	34	690	29
四川	**5026**	**1412**	**602**	**2066**	**946**	**8316**	**3439**	**665**	**3503**	**709**
城市	1806	468	241	519	578	2525	1061	233	740	491
镇	1465	283	271	661	250	1603	501	247	748	107
乡村	1755	661	90	886	118	4188	1877	185	2015	111
贵州						**3605**	**980**	**331**	**1900**	**394**
城市						1165	333	106	521	205
镇						713	108	107	431	67
乡村						1727	539	118	948	122
云南	**15713**	**6013**	**1114**	**7991**	**595**					
城市	8131	3033	551	4098	449					
镇	4438	1600	352	2418	68					
乡村	3144	1380	211	1475	78					
西藏	**78**	**25**	**10**	**19**	**24**	**238**	**77**	**43**	**100**	**18**
城市	34	7	7	12	8	67	16	8	38	5
镇	17	6	3	5	3	100	31	20	46	3
乡村	27	12		2	13	71	30	15	16	10
陕西	**1020**	**225**	**130**	**371**	**294**	**613**	**118**	**63**	**257**	**175**
城市	694	116	85	239	254	395	67	45	128	155
镇	153	68	17	56	12	94	24	11	44	15
乡村	173	41	28	76	28	124	27	7	85	5
甘肃	**203**	**70**	**15**	**65**	**53**	**286**	**98**	**24**	**96**	**68**
城市	75	30	5	21	19	105	34	9	34	28
镇	77	17	3	26	31	111	30	10	32	39
乡村	51	23	7	18	3	70	34	5	30	1
青海	**111**	**26**	**17**	**50**	**18**	**157**	**55**	**20**	**61**	**21**
城市	81	21	9	40	11	51	5	12	25	9
镇	14	2	5	5	2	72	38	7	16	11
乡村	16	3	3	5	5	34	12	1	20	1
宁夏	**138**	**46**	**9**	**49**	**34**	**97**	**36**	**12**	**29**	**20**
城市	68	36	1	21	10	74	31	5	19	19
镇	19	8	4	6	1	18	4	5	9	
乡村	51	2	4	22	23	5	1	2	1	1
新疆	**652**	**262**	**45**	**262**	**83**	**799**	**354**	**40**	**353**	**52**
城市	337	107	33	132	65	283	85	24	137	37
镇	154	66	7	76	5	156	67	9	72	8
乡村	161	89	5	54	13	360	202	7	144	7

7-1 续表 42 单位：人

现住地	省外									
	西藏					陕西				
	小计	乡	镇的居委会	镇的村委会	街道	小计	乡	镇的居委会	镇的村委会	街道
全国	**4944**	**1196**	**971**	**834**	**1943**	**175571**	**51961**	**15336**	**88094**	**20180**
城市	3029	482	562	411	1574	120947	36398	10921	56981	16647
镇	1010	179	362	168	301	27049	7455	2677	14902	2015
乡村	905	535	47	255	68	27575	8108	1738	16211	1518
北京	**117**	**15**	**21**	**30**	**51**	**13884**	**3670**	**1150**	**5876**	**3188**
城市	114	15	21	29	49	11711	3144	1054	4466	3047
镇	1				1	896	199	54	531	112
乡村	2			1	1	1277	327	42	879	29
天津	**37**	**3**		**23**	**11**	**3375**	**1070**	**277**	**1637**	**391**
城市	16	3		3	10	2813	896	238	1330	349
镇	21			20	1	391	134	27	194	36
乡村						171	40	12	113	6
河北	**100**	**14**	**12**	**32**	**42**	**3960**	**1151**	**314**	**1992**	**503**
城市	70	6	7	23	34	1768	498	149	813	308
镇	13	1	5	2	5	1157	258	119	628	152
乡村	17	7		7	3	1035	395	46	551	43
山西	**25**	**4**	**2**	**1**	**18**	**4208**	**1237**	**411**	**2009**	**551**
城市	13	2			11	2080	491	168	1045	376
镇	8		1	1	6	651	163	99	316	73
乡村	4	2	1		1	1477	583	144	648	102
内蒙古	**15**	**1**	**2**	**7**	**5**	**12179**	**3465**	**1035**	**7034**	**645**
城市	5		1	2	2	4617	1467	332	2464	354
镇	6	1	1	2	2	4963	1402	509	2903	149
乡村	4			3	1	2599	596	194	1667	142
辽宁	**66**	**3**	**3**	**26**	**34**	**1180**	**337**	**88**	**414**	**341**
城市	64	3	3	24	34	979	286	73	311	309
镇						107	29	4	58	16
乡村	2			2		94	22	11	45	16
吉林	**27**	**6**	**1**	**4**	**16**	**321**	**63**	**29**	**99**	**130**
城市	24	6		3	15	272	47	24	76	125
镇	3		1	1	1	17	4	4	5	4
乡村						32	12	1	18	1
黑龙江	**15**		**4**	**1**	**10**	**395**	**103**	**43**	**99**	**150**
城市	14		3	1	10	324	76	30	79	139
镇						32	15	7	4	6
乡村	1		1			39	12	6	16	5
上海	**118**	**34**	**48**	**14**	**22**	**11579**	**4102**	**1208**	**4466**	**1803**
城市	117	34	48	13	22	7986	2602	978	2782	1624
镇						2198	951	175	934	138
乡村	1			1		1395	549	55	750	41
江苏	**182**	**87**	**17**	**33**	**45**	**18039**	**5412**	**1325**	**10364**	**938**
城市	150	82	14	21	33	11234	3640	958	5887	749
镇	13	1	1	4	7	2541	664	197	1596	84
乡村	19	4	2	8	5	4264	1108	170	2881	105

7-1 续表 43

单位：人

现住地	省外									
	西藏					陕西				
	小计	乡	镇的居委会	镇的村委会	街道	小计	乡	镇的居委会	镇的村委会	街道
浙江	**122**	**19**	**9**	**64**	**30**	**17729**	**4864**	**929**	**11071**	**865**
城市	44	9	9	20	6	8792	2527	590	5063	612
镇	71	8		39	24	4738	1271	164	3176	127
乡村	7	2		5		4199	1066	175	2832	126
安徽	**63**	**27**	**12**	**7**	**17**	**1258**	**289**	**154**	**561**	**254**
城市	20	5	4	3	8	786	174	103	305	204
镇	7	1	2	2	2	181	48	28	78	27
乡村	36	21	6	2	7	291	67	23	178	23
福建	**72**	**8**	**5**	**50**	**9**	**4736**	**945**	**406**	**2989**	**396**
城市	58	7	2	44	5	3078	640	276	1893	269
镇	5		1	2	2	892	191	64	577	60
乡村	9	1	2	4	2	766	114	66	519	67
江西	**35**	**18**	**6**	**5**	**6**	**788**	**198**	**85**	**351**	**154**
城市	29	18	4	2	5	377	100	32	156	89
镇	6		2	3	1	279	57	47	127	48
乡村						132	41	6	68	17
山东	**95**	**14**	**22**	**11**	**48**	**4067**	**735**	**380**	**2260**	**692**
城市	67	7	12	6	42	3271	624	333	1698	616
镇	12	1	5		6	406	52	34	277	43
乡村	16	6	5	5		390	59	13	285	33
河南	**133**	**66**	**8**	**9**	**50**	**2501**	**695**	**243**	**856**	**707**
城市	104	55	3	1	45	1450	397	141	404	508
镇	10		5	2	3	399	85	51	186	77
乡村	19	11		6	2	652	213	51	266	122
湖北	**78**	**17**	**17**	**9**	**35**	**2245**	**561**	**222**	**1018**	**444**
城市	61	14	12	7	28	1287	356	129	453	349
镇	13	2	5	1	5	238	55	42	113	28
乡村	4	1		1	2	720	150	51	452	67
湖南	**57**	**13**	**15**	**11**	**18**	**1028**	**336**	**114**	**341**	**237**
城市	28	4	7	2	15	696	213	71	220	192
镇	8	1	5	2		165	65	36	37	27
乡村	21	8	3	7	3	167	58	7	84	18
广东	**98**	**32**	**31**	**18**	**17**	**42966**	**13283**	**3693**	**23268**	**2722**
城市	88	30	30	11	17	38225	12149	3407	20055	2614
镇	4			4		1888	434	166	1232	56
乡村	6	2	1	3		2853	700	120	1981	52

7-1 续表 44 单位：人

现住地	省外									
	西藏					陕西				
	小计	乡	镇的居委会	镇的村委会	街道	小计	乡	镇的居委会	镇的村委会	街道
广西	**14**	**4**	**1**	**3**	**6**	**765**	**123**	**126**	**306**	**210**
城市	8	2		2	4	534	78	102	184	170
镇						98	10	21	44	23
乡村	6	2	1	1	2	133	35	3	78	17
海南	**6**		**1**	**5**		**714**	**81**	**172**	**225**	**236**
城市	2			2		530	64	113	159	194
镇	2		1	1		101	12	40	21	28
乡村	2			2		83	5	19	45	14
重庆	**222**	**7**	**58**	**33**	**124**	**1073**	**207**	**147**	**376**	**343**
城市	138	7	22	8	101	763	128	97	240	298
镇	63		33	8	22	168	37	34	64	33
乡村	21		3	17	1	142	42	16	72	12
四川	**1823**	**307**	**486**	**153**	**877**	**3005**	**769**	**443**	**903**	**890**
城市	1023	59	250	33	681	1670	398	253	407	612
镇	481	46	227	38	170	660	178	117	225	140
乡村	319	202	9	82	26	675	193	73	271	138
贵州	**32**	**2**	**9**	**1**	**20**	**606**	**98**	**90**	**307**	**111**
城市	21		1	1	19	279	44	39	116	80
镇	9		8		1	96	9	16	57	14
乡村	2	2				231	45	35	134	17
云南	**70**	**21**	**19**	**11**	**19**	**1078**	**221**	**227**	**421**	**209**
城市	36	10	10	1	15	536	105	81	214	136
镇	20	1	9	7	3	247	38	49	133	27
乡村	14	10		3	1	295	78	97	74	46
西藏						**444**	**164**	**61**	**150**	**69**
城市						243	95	22	82	44
镇						132	35	35	49	13
乡村						69	34	4	19	12
陕西	**584**	**86**	**83**	**137**	**278**					
城市	549	82	70	129	268					
镇	26	3	10	4	9					
乡村	9	1	3	4	1					
甘肃	**270**	**112**	**30**	**57**	**71**	**4384**	**1344**	**536**	**1471**	**1033**
城市	58	6	11	5	36	2784	855	247	955	727
镇	69	13	17	10	29	966	221	242	276	227
乡村	143	93	2	42	6	634	268	47	240	79
青海	**434**	**266**	**42**	**76**	**50**	**2019**	**611**	**240**	**842**	**326**
城市	84	8	17	13	46	1572	482	162	653	275
镇	134	100	19	15		297	77	51	141	28
乡村	216	158	6	48	4	150	52	27	48	23
宁夏	**12**	**2**		**1**	**9**	**5519**	**2277**	**367**	**2222**	**653**
城市	11	2		1	8	3546	1512	194	1332	508
镇	1				1	887	317	62	410	98
乡村						1086	448	111	480	47
新疆	**22**	**8**	**7**	**2**	**5**	**9526**	**3550**	**821**	**4166**	**989**
城市	13	6	1	1	5	6744	2310	525	3139	770
镇	4		4			1258	444	183	510	121
乡村	5	2	2	1		1524	796	113	517	98

7-1 续表 45 单位：人

现住地	省外									
	甘肃					青海				
	小计	乡	镇的居委会	镇的村委会	街道	小计	乡	镇的居委会	镇的村委会	街道
全国	**138857**	**50975**	**11259**	**60368**	**16255**	**22100**	**4861**	**6663**	**5401**	**5175**
城市	88895	30809	7659	37660	12767	11589	2499	1893	3185	4012
镇	23701	8932	2249	10413	2107	7040	838	4444	1102	656
乡村	26261	11234	1351	12295	1381	3471	1524	326	1114	507
北京	**11713**	**3649**	**864**	**5129**	**2071**	**999**	**166**	**152**	**212**	**469**
城市	9823	3065	789	4010	1959	860	153	130	133	444
镇	780	239	46	428	67	98	3	21	64	10
乡村	1110	345	29	691	45	41	10	1	15	15
天津	**3636**	**1228**	**242**	**1791**	**375**	**376**	**106**	**50**	**143**	**77**
城市	2871	920	185	1416	350	318	85	48	119	66
镇	542	229	51	242	20	43	21	1	10	11
乡村	223	79	6	133	5	15		1	14	
河北	**1770**	**500**	**178**	**774**	**318**	**474**	**84**	**56**	**149**	**185**
城市	624	155	77	239	153	270	46	27	69	128
镇	827	237	90	370	130	156	16	26	66	48
乡村	319	108	11	165	35	48	22	3	14	9
山西	**932**	**263**	**89**	**369**	**211**	**208**	**45**	**21**	**75**	**67**
城市	441	100	53	194	94	125	16	15	45	49
镇	186	30	13	52	91	34	15	4	11	4
乡村	305	133	23	123	26	49	14	2	19	14
内蒙古	**10339**	**3214**	**651**	**5623**	**851**	**378**	**110**	**55**	**164**	**49**
城市	3894	1269	183	2238	204	149	37	18	68	26
镇	3856	1109	336	1876	535	100	21	23	43	13
乡村	2589	836	132	1509	112	129	52	14	53	10
辽宁	**805**	**191**	**65**	**242**	**307**	**270**	**40**	**31**	**63**	**136**
城市	687	173	56	182	276	233	31	26	54	122
镇	59	5	5	31	18	17	4	4	4	5
乡村	59	13	4	29	13	20	5	1	5	9
吉林	**195**	**49**	**11**	**56**	**79**	**146**	**30**	**20**	**35**	**61**
城市	174	47	10	49	68	129	29	17	34	49
镇	8		1	1	6	8		2	1	5
乡村	13	2		6	5	9	1	1		7
黑龙江	**376**	**80**	**51**	**145**	**100**	**79**	**23**	**8**	**17**	**31**
城市	316	58	46	119	93	62	21	7	9	25
镇	21	3	4	12	2	12	1	1	5	5
乡村	39	19	1	14	5	5	1		3	1
上海	**8825**	**3369**	**749**	**3512**	**1195**	**1111**	**382**	**167**	**351**	**211**
城市	6494	2391	634	2374	1095	823	258	126	253	186
镇	1370	645	79	575	71	201	89	33	62	17
乡村	961	333	36	563	29	87	35	8	36	8
江苏	**9113**	**2752**	**782**	**4965**	**614**	**1300**	**336**	**223**	**487**	**254**
城市	5731	1792	572	2871	496	866	230	160	281	195
镇	1175	353	100	686	36	174	38	31	83	22
乡村	2207	607	110	1408	82	260	68	32	123	37

7-1 续表 46

单位：人

现住地	省外									
	甘肃					青海				
	小计	乡	镇的居委会	镇的村委会	街道	小计	乡	镇的居委会	镇的村委会	街道
浙江	**6171**	**1837**	**405**	**3473**	**456**	**851**	**280**	**84**	**377**	**110**
城市	3654	1097	270	1944	343	506	180	58	193	75
镇	1305	400	74	774	57	229	65	18	123	23
乡村	1212	340	61	755	56	116	35	8	61	12
安徽	**578**	**149**	**83**	**225**	**121**	**262**	**50**	**41**	**94**	**77**
城市	305	67	43	103	92	154	35	15	50	54
镇	121	48	28	38	7	70	6	25	29	10
乡村	152	34	12	84	22	38	9	1	15	13
福建	**1569**	**311**	**161**	**914**	**183**	**232**	**36**	**41**	**118**	**37**
城市	960	175	121	536	128	181	25	29	97	30
镇	412	106	7	276	23	33	9	8	11	5
乡村	197	30	33	102	32	18	2	4	10	2
江西	**731**	**230**	**117**	**270**	**114**	**162**	**22**	**25**	**65**	**50**
城市	452	150	62	167	73	85	4	12	45	24
镇	205	59	39	72	35	62	16	9	13	24
乡村	74	21	16	31	6	15	2	4	7	2
山东	**3611**	**676**	**352**	**1864**	**719**	**1095**	**130**	**160**	**337**	**468**
城市	2743	527	285	1337	594	810	104	124	217	365
镇	500	83	49	294	74	166	18	30	75	43
乡村	368	66	18	233	51	119	8	6	45	60
河南	**1040**	**370**	**111**	**273**	**286**	**598**	**100**	**89**	**110**	**299**
城市	725	249	79	166	231	388	61	40	65	222
镇	106	27	20	44	15	125	20	39	28	38
乡村	209	94	12	63	40	85	19	10	17	39
湖北	**987**	**254**	**121**	**383**	**229**	**386**	**87**	**63**	**113**	**123**
城市	671	177	86	233	175	284	73	37	75	99
镇	167	42	19	88	18	45	4	16	15	10
乡村	149	35	16	62	36	57	10	10	23	14
湖南	**562**	**183**	**79**	**159**	**141**	**239**	**24**	**77**	**43**	**95**
城市	397	125	51	101	120	167	20	40	34	73
镇	111	35	21	35	20	54	3	33	5	13
乡村	54	23	7	23	1	18	1	4	4	9
广东	**12609**	**4154**	**1241**	**6161**	**1053**	**1336**	**388**	**174**	**560**	**214**
城市	11220	3757	1156	5314	993	1195	346	157	489	203
镇	500	163	43	257	37	61	12	16	25	8
乡村	889	234	42	590	23	80	30	1	46	3

7-1 续表 47 单位：人

现住地	省外									
	甘肃					青海				
	小计	乡	镇的居委会	镇的村委会	街道	小计	乡	镇的居委会	镇的村委会	街道
广西	**300**	**62**	**45**	**91**	**102**	**118**	**14**	**18**	**21**	**65**
城市	216	47	33	56	80	95	10	14	13	58
镇	41	7	5	13	16	13	1	1	5	6
乡村	43	8	7	22	6	10	3	3	3	1
海南	**377**	**34**	**98**	**106**	**139**	**103**	**6**	**33**	**28**	**36**
城市	296	29	68	79	120	74	6	22	21	25
镇	54	3	19	17	15	24		10	6	8
乡村	27	2	11	10	4	5		1	1	3
重庆	**708**	**101**	**106**	**244**	**257**	**234**	**13**	**53**	**43**	**125**
城市	555	85	75	168	227	160	10	37	24	89
镇	76	9	19	28	20	42	1	7	7	27
乡村	77	7	12	48	10	32	2	9	12	9
四川	**3099**	**905**	**499**	**810**	**885**	**1512**	**320**	**426**	**207**	**559**
城市	1560	317	269	285	689	754	58	250	73	373
镇	1083	438	191	325	129	377	41	145	73	118
乡村	456	150	39	200	67	381	221	31	61	68
贵州	**242**	**55**	**35**	**95**	**57**	**120**	**20**	**28**	**55**	**17**
城市	168	34	26	64	44	112	20	26	50	16
镇	29	7	7	8	7	5		1	3	1
乡村	45	14	2	23	6	3		1	2	
云南	**395**	**88**	**102**	**131**	**74**	**247**	**55**	**79**	**37**	**76**
城市	183	28	44	60	51	81	15	13	14	39
镇	86	23	27	26	10	42	4	7	10	21
乡村	126	37	31	45	13	124	36	59	13	16
西藏	**1788**	**815**	**175**	**617**	**181**	**737**	**330**	**100**	**239**	**68**
城市	809	314	74	316	105	295	106	40	114	35
镇	664	341	92	194	37	252	111	40	78	23
乡村	315	160	9	107	39	190	113	20	47	10
陕西	**8508**	**2277**	**992**	**3171**	**2068**	**1188**	**116**	**266**	**212**	**594**
城市	5700	1399	671	1926	1704	910	92	190	141	487
镇	1556	505	183	681	187	144	14	53	36	41
乡村	1252	373	138	564	177	134	10	23	35	66
甘肃						**5603**	**678**	**3992**	**469**	**464**
城市						856	163	152	204	337
镇						4107	135	3799	85	88
乡村						640	380	41	180	39
青海	**6348**	**2952**	**565**	**2211**	**620**					
城市	3876	1804	291	1300	481					
镇	1669	766	217	604	82					
乡村	803	382	57	307	57					
宁夏	**9699**	**4740**	**495**	**3825**	**639**	**115**	**19**	**22**	**31**	**43**
城市	5692	2843	246	2084	519	79	11	17	16	35
镇	1281	564	89	563	65	12	4	3	5	
乡村	2726	1333	160	1178	55	24	4	2	10	8
新疆	**31831**	**15487**	**1795**	**12739**	**1810**	**1621**	**851**	**109**	**546**	**115**
城市	17658	7615	1104	7729	1210	568	254	46	185	83
镇	4911	2456	375	1803	277	334	166	38	121	9
乡村	9262	5416	316	3207	323	719	431	25	240	23

7-1 续表 48

单位：人

现住地	省外									
	宁夏					新疆				
	小计	乡	镇的居委会	镇的村委会	街道	小计	乡	镇的居委会	镇的村委会	街道
全 国	**19990**	**5958**	**2565**	**6980**	**4487**	**27047**	**4465**	**5271**	**5901**	**11410**
城市	11029	2683	1492	3530	3324	20409	3298	3883	3731	9497
镇	4187	1137	786	1547	717	3922	594	1002	1056	1270
乡村	4774	2138	287	1903	446	2716	573	386	1114	643
北京	**1507**	**214**	**229**	**330**	**734**	**3251**	**356**	**605**	**488**	**1802**
城市	1338	184	207	241	706	2989	339	539	410	1701
镇	62	17	7	21	17	147	3	39	42	63
乡村	107	13	15	68	11	115	14	27	36	38
天津	**402**	**62**	**39**	**165**	**136**	**469**	**63**	**73**	**114**	**219**
城市	359	56	36	139	128	412	54	64	98	196
镇	35	4	3	21	7	51	4	9	16	22
乡村	8	2		5	1	6	5			1
河北	**337**	**67**	**56**	**111**	**103**	**701**	**69**	**134**	**144**	**354**
城市	127	12	20	31	64	417	41	78	62	236
镇	122	19	30	43	30	205	16	46	53	90
乡村	88	36	6	37	9	79	12	10	29	28
山西	**118**	**24**	**23**	**42**	**29**	**152**	**43**	**16**	**31**	**62**
城市	65	13	16	18	18	97	27	10	21	39
镇	25	4	7	7	7	27	5	6	6	10
乡村	28	7		17	4	28	11		4	13
内蒙古	**3678**	**1040**	**555**	**1629**	**454**	**251**	**49**	**43**	**78**	**81**
城市	944	295	82	412	155	144	30	21	35	58
镇	1891	498	398	753	242	53	5	16	21	11
乡村	843	247	75	464	57	54	14	6	22	12
辽宁	**161**	**22**	**16**	**25**	**98**	**413**	**50**	**51**	**87**	**225**
城市	145	18	15	21	91	381	46	47	76	212
镇	8	1	1	3	3	16	1	2	8	5
乡村	8	3		1	4	16	3	2	3	8
吉林	**82**	**18**	**14**	**14**	**36**	**221**	**51**	**25**	**63**	**82**
城市	75	15	13	11	36	202	46	21	57	78
镇	4	1	1	2		13	5	3	2	3
乡村	3	2		1		6		1	4	1
黑龙江	**65**	**16**	**9**	**11**	**29**	**144**	**27**	**32**	**17**	**68**
城市	56	10	8	10	28	118	25	30	10	53
镇	5	3	1	1		13		2	6	5
乡村	4	3			1	13	2		1	10
上海	**912**	**244**	**159**	**244**	**265**	**2800**	**533**	**675**	**401**	**1191**
城市	631	128	140	122	241	2406	460	569	261	1116
镇	188	88	17	63	20	273	46	91	73	63
乡村	93	28	2	59	4	121	27	15	67	12
江苏	**629**	**111**	**125**	**207**	**186**	**2034**	**346**	**417**	**698**	**573**
城市	433	82	89	129	133	1261	210	272	356	423
镇	75	14	23	27	11	318	67	71	128	52
乡村	121	15	13	51	42	455	69	74	214	98

7-1 续表 49 单位：人

现住地	省外									
	宁夏					新疆				
	小计	乡	镇的居委会	镇的村委会	街道	小计	乡	镇的居委会	镇的村委会	街道
浙江	**653**	**159**	**113**	**263**	**118**	**1432**	**347**	**257**	**442**	**386**
城市	487	125	93	182	87	958	246	174	239	299
镇	101	21	10	52	18	314	67	52	130	65
乡村	65	13	10	29	13	160	34	31	73	22
安徽	**74**	**10**	**13**	**14**	**37**	**266**	**29**	**63**	**64**	**110**
城市	57	8	6	7	36	140	8	33	23	76
镇	11		6	5		67	11	22	19	15
乡村	6	2	1	2	1	59	10	8	22	19
福建	**368**	**86**	**36**	**206**	**40**	**452**	**78**	**86**	**139**	**149**
城市	269	59	31	146	33	361	66	72	106	117
镇	76	23	4	44	5	56	8	12	17	19
乡村	23	4	1	16	2	35	4	2	16	13
江西	**207**	**38**	**40**	**66**	**63**	**243**	**28**	**47**	**59**	**109**
城市	118	16	24	44	34	116	14	21	29	52
镇	66	18	13	13	22	82	10	16	21	35
乡村	23	4	3	9	7	45	4	10	9	22
山东	**684**	**102**	**73**	**319**	**190**	**2011**	**269**	**296**	**686**	**760**
城市	538	84	58	242	154	1358	175	232	354	597
镇	84	13	12	40	19	340	70	45	143	82
乡村	62	5	3	37	17	313	24	19	189	81
河南	**229**	**48**	**31**	**51**	**99**	**766**	**169**	**115**	**123**	**359**
城市	147	32	18	22	75	551	117	71	64	299
镇	25	2	3	10	10	103	16	26	23	38
乡村	57	14	10	19	14	112	36	18	36	22
湖北	**212**	**40**	**49**	**43**	**80**	**770**	**115**	**154**	**143**	**358**
城市	169	28	42	30	69	597	82	107	112	296
镇	20	7	5	4	4	59	9	25	9	16
乡村	23	5	2	9	7	114	24	22	22	46
湖南	**98**	**17**	**24**	**23**	**34**	**491**	**69**	**118**	**83**	**221**
城市	65	13	11	17	24	313	40	66	38	169
镇	20	1	11	1	7	132	24	44	31	33
乡村	13	3	2	5	3	46	5	8	14	19
广东	**904**	**251**	**184**	**273**	**196**	**2553**	**695**	**531**	**626**	**701**
城市	825	225	168	242	190	2344	638	501	543	662
镇	38	10	8	17	3	103	14	22	40	27
乡村	41	16	8	14	3	106	43	8	43	12

7-1 续表 50

单位：人

现住地	省外									
	宁夏					新疆				
	小计	乡	镇的居委会	镇的村委会	街道	小计	乡	镇的居委会	镇的村委会	街道
广西	**84**	**8**	**18**	**20**	**38**	**325**	**46**	**70**	**61**	**148**
城市	75	8	15	17	35	255	38	49	45	123
镇	3		2		1	36	2	15	6	13
乡村	6		1	3	2	34	6	6	10	12
海南	**68**	**5**	**24**	**14**	**25**	**312**	**16**	**85**	**41**	**170**
城市	46	4	11	11	20	229	13	57	29	130
镇	14	1	7	2	4	65	2	24	7	32
乡村	8		6	1	1	18	1	4	5	8
重庆	**177**	**20**	**39**	**31**	**87**	**1027**	**84**	**215**	**212**	**516**
城市	152	19	32	20	81	780	57	158	128	437
镇	13		5	5	3	167	14	44	49	60
乡村	12	1	2	6	3	80	13	13	35	19
四川	**342**	**59**	**55**	**83**	**145**	**2383**	**304**	**505**	**364**	**1210**
城市	218	35	38	47	98	1542	194	278	193	877
镇	85	15	12	21	37	608	59	190	88	271
乡村	39	9	5	15	10	233	51	37	83	62
贵州	**39**	**9**	**9**	**6**	**15**	**169**	**46**	**36**	**29**	**58**
城市	26	3	3	6	14	108	28	17	12	51
镇	5	1	4			38	12	17	5	4
乡村	8	5	2		1	23	6	2	12	3
云南	**86**	**14**	**30**	**19**	**23**	**282**	**56**	**74**	**76**	**76**
城市	53	9	16	11	17	188	24	55	50	59
镇	18	4	10	1	3	64	23	15	15	11
乡村	15	1	4	7	3	30	9	4	11	6
西藏	**16**	**1**	**6**	**5**	**4**	**53**	**12**	**14**	**14**	**13**
城市	13	1	3	5	4	29	8	5	6	10
镇	2		2			12	2	3	4	3
乡村	1		1			12	2	6	4	
陕西	**2015**	**371**	**316**	**549**	**779**	**1659**	**177**	**340**	**309**	**833**
城市	1076	162	168	302	444	1413	142	266	255	750
镇	508	141	92	128	147	146	18	44	23	61
乡村	431	68	56	119	188	100	17	30	31	22
甘肃	**985**	**352**	**91**	**288**	**254**	**1050**	**231**	**146**	**217**	**456**
城市	512	150	36	169	157	502	92	48	84	278
镇	255	63	40	70	82	330	56	81	37	156
乡村	218	139	15	49	15	218	83	17	96	22
青海	**180**	**53**	**15**	**79**	**33**	**188**	**52**	**24**	**60**	**52**
城市	107	16	7	53	31	99	17	10	25	47
镇	46	21	7	18		65	18	13	29	5
乡村	27	16	1	8	2	24	17	1	6	
宁夏						**179**	**55**	**24**	**32**	**68**
城市						99	21	12	10	56
镇						19	7	7	5	
乡村						61	27	5	17	12
新疆	**4678**	**2497**	**174**	**1850**	**157**					
城市	1903	873	86	823	121					
镇	382	147	45	175	15					
乡村	2393	1477	43	852	21					

7-2 全国按现住地、职业和性别分的户口登记地在本省其他乡镇街道人口

单位：人

现住地	合计			国家机关、党群组织、企业、事业单位负责人		
	合计	男	女	小计	男	女
全 国	**8348215**	**4712161**	**3636054**	**337503**	**246518**	**90985**
北 京	157711	86610	71101	7315	5346	1969
天 津	80165	45776	34389	5676	4002	1674
河 北	295258	165869	129389	12834	9787	3047
山 西	240008	153788	86220	7307	5667	1640
内蒙古	262548	163616	98932	6767	5115	1652
辽 宁	372106	207691	164415	15376	11068	4308
吉 林	188517	104847	83670	5806	4178	1628
黑龙江	225279	130527	94752	6769	4859	1910
上 海	177671	100235	77436	16120	11197	4923
江 苏	576215	317226	258989	25410	19138	6272
浙 江	437435	242262	195173	28636	21290	7346
安 徽	299164	171987	127177	14937	11213	3724
福 建	349341	199476	149865	16587	12347	4240
江 西	202909	113337	89572	7026	5267	1759
山 东	559337	313194	246143	24988	18758	6230
河 南	361760	206326	155434	11873	8733	3140
湖 北	367988	206202	161786	13028	9186	3842
湖 南	307982	172760	135222	10774	7504	3270
广 东	886817	506628	380189	39596	28872	10724
广 西	270850	135833	135017	6274	4327	1947
海 南	58637	29642	28995	1302	932	370
重 庆	214777	120998	93779	8861	5963	2898
四 川	519016	285830	233186	15175	10450	4725
贵 州	174795	96333	78462	4418	3216	1202
云 南	229126	126386	102740	5691	4134	1557
西 藏	4373	2227	2146	84	61	23
陕 西	211914	126070	85844	7846	5788	2058
甘 肃	106689	61692	44997	3618	2681	937
青 海	37192	21658	15534	1353	1018	335
宁 夏	55180	32368	22812	1623	1218	405
新 疆	117455	64767	52688	4433	3203	1230

7-2 续表 1

单位：人

现住地	专业技术人员			办事人员和有关人员			商业、服务业人员		
	小计	男	女	小计	男	女	小计	男	女
全 国	**1225365**	**576492**	**648873**	**756369**	**480741**	**275628**	**2830717**	**1340103**	**1490614**
北 京	55417	25091	30326	39606	22510	17096	32770	15898	16872
天 津	21359	9796	11563	11210	6624	4586	21485	11556	9929
河 北	50372	22052	28320	26554	17461	9093	88481	42820	45661
山 西	34901	15837	19064	21400	14170	7230	77618	39859	37759
内蒙古	32335	15309	17026	19750	12978	6772	84713	39415	45298
辽 宁	57870	25782	32088	30546	20240	10306	122407	52717	69690
吉 林	29181	13191	15990	14721	10026	4695	64575	29325	35250
黑龙江	25036	11992	13044	11182	7752	3430	71423	32071	39352
上 海	49530	22639	26891	39685	22354	17331	39698	19563	20135
江 苏	80856	39431	41425	47946	30117	17829	166450	76189	90261
浙 江	67351	28058	39293	47090	29153	17937	149035	69169	79866
安 徽	42723	21278	21445	22792	15032	7760	103319	48254	55065
福 建	47331	22477	24854	34135	21484	12651	115562	55845	59717
江 西	25740	12765	12975	15873	10755	5118	67447	31646	35801
山 东	89758	41132	48626	44123	29148	14975	174605	85084	89521
河 南	58636	27249	31387	34598	22266	12332	141762	73241	68521
湖 北	50827	24849	25978	28219	18727	9492	142611	67165	75446
湖 南	43979	21666	22313	25295	16713	8582	135721	65789	69932
广 东	98635	47878	50757	86434	51716	34718	308028	161112	146916
广 西	31382	13983	17399	18019	11930	6089	100467	44304	56163
海 南	6427	2942	3485	4718	3275	1443	24397	10251	14146
重 庆	28141	14043	14098	17986	11299	6687	81384	34543	46841
四 川	62688	31420	31268	40805	26296	14509	201268	91397	109871
贵 州	21370	10755	10615	13022	8703	4319	56536	25123	31413
云 南	29301	13917	15384	17100	11850	5250	72875	31029	41846
西 藏	503	282	221	439	295	144	2057	823	1234
陕 西	33893	17510	16383	18115	11964	6151	83496	38115	45381
甘 肃	17526	9041	8485	8868	5761	3107	37641	17728	19913
青 海	6019	2977	3042	3168	2049	1119	10391	4812	5579
宁 夏	6751	3178	3573	3904	2491	1413	15471	6520	8951
新 疆	19527	7972	11555	9066	5602	3464	37024	18740	18284

7-2 续表 2

单位：人

现住地	农、林、牧、渔、水利业生产人员			生产、运输设备操作人员及有关人员			不便分类的其他从业人员		
	小计	男	女	小计	男	女	小计	男	女
全　国	**681885**	**284374**	**397511**	**2501388**	**1774547**	**726841**	**14988**	**9386**	**5602**
北　京	1389	749	640	21211	17014	4197	3	2	1
天　津	1505	711	794	18622	12892	5730	308	195	113
河　北	31973	10555	21418	84618	62913	21705	426	281	145
山　西	20740	10909	9831	77746	67130	10616	296	216	80
内蒙古	25385	12958	12427	92910	77360	15550	688	481	207
辽　宁	39166	16487	22679	106350	81126	25224	391	271	120
吉　林	30283	12941	17342	43704	35024	8680	247	162	85
黑龙江	49378	24248	25130	61108	49342	11766	383	263	120
上　海	1016	614	402	31528	23797	7731	94	71	23
江　苏	23509	8990	14519	231505	143043	88462	539	318	221
浙　江	16270	9573	6697	128920	84923	43997	133	96	37
安　徽	18974	6466	12508	95866	69367	26499	553	377	176
福　建	15579	8221	7358	119286	78585	40701	861	517	344
江　西	14740	6631	8109	71428	45862	25566	655	411	244
山　东	35704	15087	20617	189399	123517	65882	760	468	292
河　南	26126	10390	15736	87991	63954	24037	774	493	281
湖　北	28064	12717	15347	103766	72693	31073	1473	865	608
湖　南	21826	9562	12264	69360	50871	18489	1027	655	372
广　东	34618	13987	20631	318883	202673	116210	623	390	233
广　西	39932	10527	29405	73827	50230	23597	949	532	417
海　南	10472	3610	6862	11197	8557	2640	124	75	49
重　庆	9767	4010	5757	68237	50915	17322	401	225	176
四　川	49539	17397	32142	148059	107969	40090	1482	901	581
贵　州	26671	7700	18971	52125	40444	11681	653	392	261
云　南	43036	17856	25180	60978	47515	13463	145	85	60
西　藏	545	282	263	665	459	206	80	25	55
陕　西	12184	6261	5923	56037	46194	9843	343	238	105
甘　肃	13239	6215	7024	25655	20161	5494	142	105	37
青　海	6316	3016	3300	9874	7736	2138	71	50	21
宁　夏	10013	4771	5242	17403	14180	3223	15	10	5
新　疆	23926	10933	12993	23130	18101	5029	349	216	133

7-3 全国按现住地、职业和性别分的户口登记地在外省人口

单位：人

现住地	合计			国家机关、党群组织、企业、事业单位负责人		
	合计	男	女	小计	男	女
全　国	**6022697**	**3569257**	**2453440**	**147228**	**110633**	**36595**
北　京	448870	263384	185486	10322	7759	2563
天　津	131738	89122	42616	2742	2083	659
河　北	74965	46331	28634	2669	2062	607
山　西	48521	34967	13554	1392	1156	236
内蒙古	80949	59365	21584	1711	1447	264
辽　宁	104468	63452	41016	3006	2262	744
吉　林	21506	12972	8534	491	383	108
黑龙江	22898	14845	8053	670	542	128
上　海	658820	384436	274384	25166	18769	6397
江　苏	539760	310082	229678	11453	8935	2518
浙　江	986770	572336	414434	11596	8887	2709
安　徽	40783	23664	17119	2127	1690	437
福　建	299441	179018	120423	4932	3694	1238
江　西	24119	14509	9610	1042	822	220
山　东	118318	69762	48556	4253	3245	1008
河　南	29621	18206	11415	1177	926	251
湖　北	48349	28638	19711	2041	1478	563
湖　南	31240	17835	13405	968	716	252
广　东	1767767	1023071	744696	40512	29077	11435
广　西	47579	28329	19250	1861	1422	439
海　南	30936	20263	10673	1083	814	269
重　庆	50585	29427	21158	2220	1654	566
四　川	62457	36266	26191	2528	1915	613
贵　州	46506	30224	16282	1710	1350	360
云　南	70922	46833	24089	2079	1647	432
西　藏	12201	7569	4632	186	139	47
陕　西	49261	31660	17601	2229	1760	469
甘　肃	24201	15749	8452	1091	814	277
青　海	19337	13517	5820	1057	868	189
宁　夏	22682	15362	7320	715	572	143
新　疆	107127	68063	39064	2199	1745	454

7-3 续表 1

单位：人

现住地	专业技术人员			办事人员和有关人员			商业、服务业人员		
	小计	男	女	小计	男	女	小计	男	女
全　国	**351904**	**201276**	**150628**	**302675**	**192613**	**110062**	**1664717**	**849151**	**815566**
北　京	58689	29610	29079	45833	27910	17923	215970	107648	108322
天　津	8626	5316	3310	3975	2736	1239	38182	20711	17471
河　北	5390	2973	2417	2684	1895	789	26081	13816	12265
山　西	3092	2216	876	1250	934	316	18566	10865	7701
内蒙古	4872	3488	1384	2130	1623	507	24567	13346	11221
辽　宁	5714	3136	2578	2709	1937	772	37748	18172	19576
吉　林	1377	819	558	594	422	172	9047	4689	4358
黑龙江	1340	815	525	530	408	122	7650	4093	3557
上　海	54750	29897	24853	45534	28128	17406	224078	105928	118150
江　苏	24503	14811	9692	15597	10199	5398	129256	64931	64325
浙　江	25115	15019	10096	24143	17020	7123	187526	93336	94190
安　徽	3609	2346	1263	1730	1219	511	12272	6557	5715
福　建	10543	6540	4003	11169	8030	3139	51445	25329	26116
江　西	2137	1268	869	1190	801	389	8242	4512	3730
山　东	7715	4198	3517	3396	2309	1087	38271	19887	18384
河　南	2670	1557	1113	1039	715	324	13109	7842	5267
湖　北	3942	2324	1618	1788	1202	586	20451	11205	9246
湖　南	2712	1650	1062	1202	800	402	13954	7757	6197
广　东	84503	47387	37116	116658	70852	45806	362783	185466	177317
广　西	3155	1954	1201	1693	1222	471	21259	11845	9414
海　南	2473	1502	971	1387	960	427	10806	5917	4889
重　庆	5009	3025	1984	2990	1977	1013	19629	9754	9875
四　川	7408	4499	2909	3795	2465	1330	25331	14097	11234
贵　州	2808	1952	856	1428	1053	375	20558	11750	8808
云　南	4027	2716	1311	1700	1219	481	33206	18746	14460
西　藏	949	694	255	277	189	88	7601	4230	3371
陕　西	4917	3089	1828	2244	1547	697	23490	12441	11049
甘　肃	2344	1522	822	746	514	232	10877	6121	4756
青　海	1251	853	398	425	288	137	8534	5075	3459
宁　夏	1260	870	390	723	525	198	8736	4533	4203
新　疆	5004	3230	1774	2116	1514	602	35492	18552	16940

7-3 续表 2

单位：人

现住地	农、林、牧、渔、水利业生产人员			生产、运输设备操作人员及有关人员			不便分类的其他从业人员		
	小计	男	女	小计	男	女	小计	男	女
全　国	**210456**	**86933**	**123523**	**3339252**	**2124665**	**1214587**	**6465**	**3986**	**2479**
北　京	6838	4000	2838	111218	86457	24761			
天　津	2795	1521	1274	74820	56339	18481	598	416	182
河　北	6641	2061	4580	31410	23474	7936	90	50	40
山　西	2918	868	2050	21226	18871	2355	77	57	20
内蒙古	5885	2847	3038	41626	36504	5122	158	110	48
辽　宁	11997	5676	6321	43108	32153	10955	186	116	70
吉　林	3525	1540	1985	6453	5106	1347	19	13	6
黑龙江	4779	2344	2435	7861	6592	1269	68	51	17
上　海	14615	8133	6482	294257	193341	100916	420	240	180
江　苏	13832	5073	8759	344848	205973	138875	271	160	111
浙　江	15132	7092	8040	723044	430855	292189	214	127	87
安　徽	5708	613	5095	15248	11181	4067	89	58	31
福　建	6918	2972	3946	213522	131961	81561	912	492	420
江　西	2437	727	1710	9009	6334	2675	62	45	17
山　东	12534	4649	7885	51973	35368	16605	176	106	70
河　南	3075	627	2448	8483	6501	1982	68	38	30
湖　北	6249	2168	4081	13710	10156	3554	168	105	63
湖　南	3799	854	2945	8521	6004	2517	84	54	30
广　东	24796	11078	13718	1137093	678384	458709	1422	827	595
广　西	4930	983	3947	14534	10812	3722	147	91	56
海　南	3931	2065	1866	11177	8942	2235	79	63	16
重　庆	4045	672	3373	16598	12289	4309	94	56	38
四　川	7194	1136	6058	16027	12036	3991	174	118	56
贵　州	3899	1039	2860	15866	12921	2945	237	159	78
云　南	4851	2601	2250	24994	19855	5139	65	49	16
西　藏	615	379	236	2557	1925	632	16	13	3
陕　西	1430	595	835	14866	12175	2691	85	53	32
甘　肃	1582	589	993	7527	6162	1365	34	27	7
青　海	846	406	440	7201	6008	1193	23	19	4
宁　夏	1931	966	965	9314	7894	1420	3	2	1
新　疆	20729	10659	10070	41161	32092	9069	426	271	155

7-4 全国按现住地、户口登记地、孩次分的2009.11.1-2010.10.31有过生育的妇女人数

单位：人

现住地	合计			
	合计	一孩	二孩	三孩及以上
全　国	**320315**	**234299**	**74557**	**11459**
北　京	9335	7755	1438	142
天　津	3702	3058	582	62
河　北	12344	9275	2798	271
山　西	7776	5472	2050	254
内蒙古	8351	6305	1936	110
辽　宁	8153	7078	1010	65
吉　林	4155	3593	524	38
黑龙江	5272	4565	665	42
上　海	12432	9415	2684	333
江　苏	22745	17170	4924	651
浙　江	25479	16672	7644	1163
安　徽	11999	9785	2018	196
福　建	12992	9155	3405	432
江　西	7613	4777	2368	468
山　东	15675	12962	2519	194
河　南	11688	8121	3140	427
湖　北	12608	10154	2244	210
湖　南	10550	7627	2594	329
广　东	42471	28454	11869	2148
广　西	13656	9297	3436	923
海　南	3531	2300	1007	224
重　庆	6201	4713	1325	163
四　川	13458	9860	3016	582
贵　州	10135	7154	2324	657
云　南	9104	6304	2285	515
西　藏	210	151	43	16
陕　西	5686	4231	1368	87
甘　肃	3327	2523	721	83
青　海	1486	993	368	125
宁　夏	2077	1369	582	126
新　疆	6104	4011	1670	423

7-4 续表

单位：人

现住地	省内				省外			
	小计	一孩	二孩	三孩及以上	小计	一孩	二孩	三孩及以上
全　国	**218640**	**164909**	**46658**	**7073**	**101675**	**69390**	**27899**	**4386**
北　京	2555	2415	131	9	6780	5340	1307	133
天　津	2005	1816	182	7	1697	1242	400	55
河　北	10870	8195	2447	228	1474	1080	351	43
山　西	6887	4916	1764	207	889	556	286	47
内蒙古	6771	5121	1570	80	1580	1184	366	30
辽　宁	6570	5824	708	38	1583	1254	302	27
吉　林	3689	3212	445	32	466	381	79	6
黑龙江	4636	4039	566	31	636	526	99	11
上　海	2754	2570	180	4	9678	6845	2504	329
江　苏	14382	11475	2613	294	8363	5695	2311	357
浙　江	9048	6977	1950	121	16431	9695	5694	1042
安　徽	9617	7867	1604	146	2382	1918	414	50
福　建	8413	6282	1946	185	4579	2873	1459	247
江　西	6295	3887	2017	391	1318	890	351	77
山　东	13810	11564	2106	140	1865	1398	413	54
河　南	10601	7385	2835	381	1087	736	305	46
湖　北	10455	8438	1852	165	2153	1716	392	45
湖　南	8981	6484	2224	273	1569	1143	370	56
广　东	19652	13268	5193	1191	22819	15186	6676	957
广　西	11749	8051	2914	784	1907	1246	522	139
海　南	2759	1820	760	179	772	480	247	45
重　庆	4525	3484	925	116	1676	1229	400	47
四　川	11222	8272	2470	480	2236	1588	546	102
贵　州	8410	5931	1910	569	1725	1223	414	88
云　南	7474	5292	1801	381	1630	1012	484	134
西　藏	104	72	21	11	106	79	22	5
陕　西	4735	3518	1154	63	951	713	214	24
甘　肃	2817	2157	595	65	510	366	126	18
青　海	1099	734	264	101	387	259	104	24
宁　夏	1600	1055	440	105	477	314	142	21
新　疆	4155	2788	1071	296	1949	1223	599	127

7-5 全国按现住地、户口登记地类型、受教育程度分的户口登记地在本省其他乡镇街道人口

单位：人

现住地	合计					未上过学				
	合计	乡	镇的居委会	镇的村委会	街道	小计	乡	镇的居委会	镇的村委会	街道
全　国	**15647272**	**2909763**	**2000253**	**5502757**	**5234499**	**356050**	**100866**	**34300**	**148180**	**72704**
北　京	318121	10054	24121	41339	242607	4441	259	322	1105	2755
天　津	177616	4378	8480	21932	142826	3091	96	110	505	2380
河　北	625594	136670	63026	216648	209250	8903	2835	680	3361	2027
山　西	528402	135469	49339	170485	173109	6986	2491	397	2303	1795
内蒙古	518049	93134	62676	214096	148143	18550	4856	1539	9475	2680
辽　宁	709271	84291	49958	150191	424831	8163	1237	534	2010	4382
吉　林	372784	50795	33205	75797	212987	5635	1034	606	1476	2519
黑龙江	454683	96207	55663	108406	194407	9266	2848	936	2925	2557
上　海	352960	5281	40240	49757	257682	7659	114	935	1742	4868
江　苏	981764	126918	158982	397807	298057	18926	3028	2460	8597	4841
浙　江	746780	110934	77870	357901	200075	27402	6896	1766	14578	4162
安　徽	586573	101115	83024	224759	177675	23600	5647	2504	10707	4742
福　建	595585	96605	68919	312389	117672	12250	2645	996	7162	1447
江　西	410403	110167	60654	126576	113006	9398	3339	1082	3387	1590
山　东	996663	81648	122429	442479	350107	17424	1881	1733	9083	4727
河　南	796526	273469	84317	200522	238218	12144	5164	1028	3142	2810
湖　北	699795	119262	96500	228048	255985	15677	3447	1586	7039	3605
湖　南	595013	187892	99676	155850	151595	7216	3094	997	2096	1029
广　东	1462815	173293	222107	688800	378615	19550	2056	2605	11059	3830
广　西	467272	96151	72009	201043	98069	7918	2439	958	3570	951
海　南	111197	9320	27111	53087	21679	2176	220	484	1185	287
重　庆	404796	56807	58257	157913	131819	9737	1819	1151	4767	2000
四　川	946448	256640	152136	314179	223493	30024	13800	3069	9931	3224
贵　州	350081	89313	43672	148036	69060	16719	5981	1178	8275	1285
云　南	387621	104833	52448	158922	71418	16800	6763	1309	7529	1199
西　藏	8341	3789	1293	2103	1156	2133	1128	257	521	227
陕　西	428305	103157	53137	143739	128272	8571	3156	678	3606	1131
甘　肃	214081	71732	20926	52745	68678	8200	4018	544	2419	1219
青　海	72677	23275	11312	17198	20892	7465	4360	725	1855	525
宁　夏	104150	30336	11801	32964	29049	5061	2436	393	1692	540
新　疆	222906	66828	34965	37046	84067	4965	1779	738	1078	1370

7-5 续表 1　　单位：人

现住地	小学					初中				
	小计	乡	镇的居委会	镇的村委会	街道	小计	乡	镇的居委会	镇的村委会	街道
全　国	**2582724**	**647022**	**285131**	**1082797**	**567774**	**5365574**	**1213039**	**584180**	**2319463**	**1248892**
北　京	22329	1081	1665	4703	14880	52589	3177	4238	13628	31546
天　津	16884	624	925	3463	11872	45696	1959	2100	9054	32583
河　北	84339	22519	7851	31868	22101	208145	53635	17827	86823	49860
山　西	84108	28113	6031	29917	20047	213378	66973	16325	82262	47818
内蒙古	102408	24256	8905	52034	17213	198948	41221	20070	96232	41425
辽　宁	88009	14405	6679	25667	41258	288384	45441	21719	80410	140814
吉　林	54265	10775	4604	16224	22662	140740	26083	13023	38462	63172
黑龙江	82636	25104	8551	28087	20894	192654	50492	23227	57133	61802
上　海	29504	565	3997	7292	17650	78396	2483	9765	18826	47322
江　苏	127615	20006	18795	59710	29104	339683	60646	43730	172071	63236
浙　江	144731	30544	11069	76708	26410	223097	40447	17526	121124	44000
安　徽	101115	21779	11921	44954	22461	207062	41195	26111	92133	47623
福　建	123459	26052	10805	71494	15108	208385	39732	17717	126798	24138
江　西	86031	28723	10665	30623	16020	144616	44433	18913	51864	29406
山　东	123620	11431	14814	58578	38797	319242	31072	33276	172977	81917
河　南	102708	39197	10598	26507	26406	240085	96483	22207	69845	51550
湖　北	96837	19887	11958	38443	26549	244798	52887	28015	102733	61163
湖　南	95777	36874	13845	27689	17369	199200	75966	26980	62732	33522
广　东	220090	26537	29941	119313	44299	573127	91636	66185	331608	83698
广　西	84685	22089	10788	40854	10954	171093	39233	21300	89507	21053
海　南	17479	1672	3572	9880	2355	44532	4458	8513	26703	4858
重　庆	85379	15723	10486	41657	17513	136899	22702	17504	64221	32472
四　川	205282	71047	27939	77127	29169	325038	100690	45475	127302	51571
贵　州	99130	32326	8278	49312	9214	122224	32905	12906	58431	17982
云　南	104698	36616	9688	48300	10094	118519	34024	13995	55212	15288
西　藏	2956	1667	351	678	260	1215	517	207	311	180
陕　西	64128	21202	6252	26087	10587	139285	43914	13555	57955	23861
甘　肃	39015	16410	3015	11366	8224	64655	25357	5154	19403	14741
青　海	19681	8979	2152	5444	3106	18324	5752	2438	5247	4887
宁　夏	25903	10858	2066	9374	3605	35755	10918	3721	13899	7217
新　疆	47923	19961	6925	9444	11593	69810	26608	10458	14557	18187

7-5 续表 2

单位：人

现住地	高中					大学专科				
	小计	乡	镇的居委会	镇的村委会	街道	小计	乡	镇的居委会	镇的村委会	街道
全国	**3860482**	**640941**	**533401**	**1290629**	**1395511**	**1905009**	**208312**	**333005**	**427994**	**935698**
北京	72252	2666	5815	11549	52222	57736	1469	5393	6027	44847
天津	49499	919	1946	4572	42062	29192	470	1870	2922	23930
河北	184032	40906	18763	64225	60138	85061	11793	11452	20684	41132
山西	138292	30605	15106	44061	48520	53139	5567	7732	9285	30555
内蒙古	106075	15289	14817	35835	40134	53800	5037	10068	13202	25493
辽宁	149134	14455	10818	25161	98700	84714	5006	5383	9751	64574
吉林	93118	9340	8490	12972	62316	37832	2034	3623	3414	28761
黑龙江	84248	11932	12215	12226	47875	39116	3128	5554	4299	26135
上海	96727	1277	10295	11618	73537	60605	512	7155	6075	46863
江苏	244153	26585	42127	98416	77025	135803	11449	29005	38496	56853
浙江	178979	21200	19052	91020	47707	90219	7597	15055	32991	34576
安徽	133730	21061	19775	48563	44331	70536	7139	14176	18259	30962
福建	134313	18725	17755	67880	29953	63689	6295	12112	24490	20792
江西	92916	22959	14595	25147	30215	45740	7352	9342	10136	18910
山东	272594	20867	34047	122046	95634	150391	10890	23826	50819	64856
河南	246021	87621	25649	62652	70099	122372	31681	15633	25129	49929
湖北	189176	29101	29610	55277	75188	86593	8644	14934	16292	46723
湖南	157042	46794	27751	39370	43127	81525	16771	17786	15494	31474
广东	385750	39216	65514	170305	110715	147128	9617	34608	38310	64593
广西	118904	22292	20450	47787	28375	52202	7481	11841	13307	19573
海南	29920	2146	8928	11705	7141	10507	540	3596	2667	3704
重庆	99153	12075	14889	36666	35523	41906	2966	8710	7337	22893
四川	215114	48320	38819	72178	55797	99092	15761	22855	17337	43139
贵州	62445	12792	9964	23100	16589	28180	3614	6856	5919	11791
云南	82646	19396	13057	32921	17272	36235	5427	8315	9230	13263
西藏	681	245	140	141	155	724	151	173	207	193
陕西	105225	22923	14575	33667	34060	64603	8796	11363	16103	28341
甘肃	56717	19888	5008	13271	18550	25464	4198	4641	3906	12719
青海	13986	2944	2476	3380	5186	7815	851	2125	910	3929
宁夏	20624	4680	2875	5950	7119	10141	1077	1896	1574	5594
新疆	47016	11722	8080	6968	20246	32949	4999	5927	3422	18601

7-5 续表 3

单位：人

现住地	大学本科					研究生				
	小计	乡	镇的居委会	镇的村委会	街道	小计	乡	镇的居委会	镇的村委会	街道
全国	**1450212**	**97251**	**219127**	**228396**	**905438**	**127221**	**2332**	**11109**	**5298**	**108482**
北京	85535	1231	5764	4117	74423	23239	171	924	210	21934
天津	30361	289	1446	1367	27259	2893	21	83	49	2740
河北	52197	4889	6245	9518	31545	2917	93	208	169	2447
山西	30622	1683	3627	2599	22713	1877	37	121	58	1661
内蒙古	36285	2406	6965	7120	19794	1983	69	312	198	1404
辽宁	84073	3595	4630	6935	68913	6794	152	195	257	6190
吉林	38400	1490	2779	3201	30930	2794	39	80	48	2627
黑龙江	44048	2667	5028	3690	32663	2715	36	152	46	2481
上海	67238	289	7044	3981	55924	12831	41	1049	223	11518
江苏	106457	5091	21772	19981	59613	9127	113	1093	536	7385
浙江	77096	4197	12852	21098	38949	5256	53	550	382	4271
安徽	47310	4241	8161	9997	24911	3220	53	376	146	2645
福建	50709	3103	9112	14192	24302	2780	53	422	373	1932
江西	30051	3320	5798	5351	15582	1651	41	259	68	1283
山东	105636	5370	13966	28177	58123	7756	137	767	799	6053
河南	68782	12882	8710	12817	34373	4414	441	492	430	3051
湖北	61758	5220	9991	8146	38401	4956	76	406	118	4356
湖南	51127	8231	11703	8311	22882	3126	162	614	158	2192
广东	107964	4131	22182	17871	63780	9206	100	1072	334	7700
广西	30888	2582	6436	5936	15934	1582	35	236	82	1229
海南	6228	263	1950	930	3085	355	21	68	17	249
重庆	29567	1493	5294	3190	19590	2155	29	223	75	1828
四川	67380	6882	13496	10147	36855	4518	140	483	157	3738
贵州	20529	1682	4347	2967	11533	854	13	143	32	666
云南	26953	2560	5842	5644	12907	1770	47	242	86	1395
西藏	625	80	163	244	138	7	1	2	1	3
陕西	42785	3091	6409	6156	27129	3708	75	305	165	3163
甘肃	18791	1816	2467	2340	12168	1239	45	97	40	1057
青海	5174	381	1356	352	3085	232	8	40	10	174
宁夏	6354	362	831	468	4693	312	5	19	7	281
新疆	19289	1734	2761	1553	13241	954	25	76	24	829

7-6 全国按现住地、户口登记地类型、受教育程度分的户口登记地在外省人口

单位：人

现住地	合计					未上过学				
	合计	乡	镇的居委会	镇的村委会	街道	小计	乡	镇的居委会	镇的村委会	街道
全国	**7599316**	**2308639**	**615041**	**3888712**	**786924**	**124249**	**45703**	**6392**	**65765**	**6389**
北京	588689	161580	51438	244031	131640	5881	2090	260	3052	479
天津	174948	52025	14291	84582	24050	2423	771	105	1360	187
河北	120833	25486	12981	52290	30076	2348	677	189	1092	390
山西	73236	21432	5956	35307	10541	1322	509	64	664	85
内蒙古	113655	29149	11978	59036	13492	4375	1319	291	2593	172
辽宁	160031	50369	12678	59696	37288	2284	915	128	973	268
吉林	41405	9193	3990	14841	13381	712	228	35	357	92
黑龙江	44332	12140	5329	15194	11669	1203	451	105	507	140
上海	819778	319610	71880	350563	77725	17671	8088	700	8461	422
江苏	649338	199914	44621	366010	38793	11176	4063	460	6184	469
浙江	1146174	360239	49196	697103	39636	23547	8021	638	14496	392
安徽	59440	13084	7478	26881	11997	1812	569	125	897	221
福建	361759	87972	20737	237314	15736	5278	1439	206	3525	108
江西	46799	12244	6392	18478	9685	611	261	50	246	54
山东	180047	29902	19886	90335	39924	4094	754	335	2315	690
河南	48723	16114	4969	16432	11208	1003	408	95	362	138
湖北	84024	22777	9594	34200	17453	1740	606	115	900	119
湖南	53391	17213	7829	17412	10937	603	282	51	225	45
广东	2020912	636587	154559	1124368	105398	13411	4467	845	7531	568
广西	67525	13656	9743	31420	12706	1119	325	112	576	106
海南	49940	8310	8828	23461	9341	797	193	74	469	61
重庆	82004	18472	9738	36424	17370	1724	535	121	924	144
四川	99417	25523	13922	32454	27518	2184	910	188	848	238
贵州	66444	15103	8491	34528	8322	1928	588	151	1066	123
云南	95258	24807	13408	47864	9179	2618	960	220	1351	87
西藏	14735	4975	1879	5688	2193	917	437	71	358	51
陕西	84586	21229	9760	32516	21081	1023	356	91	441	135
甘肃	37454	10589	6963	12390	7512	970	445	142	292	91
青海	25757	8673	2662	11081	3341	1374	787	103	425	59
宁夏	32629	12409	2439	13392	4389	1180	590	58	472	60
新疆	156053	67863	11426	63421	13343	6921	3659	264	2803	195

7-6 续表 1 单位：人

现住地	小学					初中				
	小计	乡	镇的居委会	镇的村委会	街道	小计	乡	镇的居委会	镇的村委会	街道
全国	**1370761**	**468178**	**71495**	**766107**	**64981**	**3920291**	**1313537**	**214133**	**2216685**	**175936**
北京	60585	20558	3034	30746	6247	255604	92005	10683	136104	16812
天津	26972	8925	1437	14618	1992	96389	32917	6256	50147	7069
河北	23653	6426	1801	11934	3492	54568	13552	4513	28278	8225
山西	14718	5196	772	7781	969	37710	12243	2372	19937	3158
内蒙古	25931	7750	1843	14865	1473	56960	15716	5013	31812	4419
辽宁	31950	12718	1769	13911	3552	80652	29012	5705	34120	11815
吉林	7192	2097	539	3567	989	16395	4670	1437	7159	3129
黑龙江	8807	3300	731	3748	1028	18526	5935	2088	7518	2985
上海	129220	57370	5772	61899	4179	414529	185047	19672	197121	12689
江苏	126416	41498	5228	76140	3550	344399	112423	15705	207188	9083
浙江	307089	104353	8236	189786	4714	638441	205598	21246	399136	12461
安徽	10760	3149	896	5684	1031	24633	6159	2425	13347	2702
福建	88195	23940	3300	59366	1589	205394	51371	9010	140623	4390
江西	6198	2253	571	2696	678	14597	4690	1464	6978	1465
山东	29631	5552	2513	17100	4466	76182	14523	7081	43433	11145
河南	7413	2886	641	2716	1170	20092	7871	1703	8033	2485
湖北	13942	4768	917	6967	1290	30917	10125	2320	15647	2825
湖南	7417	3044	736	2806	831	19391	7510	1994	8046	1841
广东	260116	86207	14647	150773	8489	1179253	394965	59704	697127	27457
广西	12228	3166	1399	6573	1090	29612	6739	3556	16369	2948
海南	9158	2132	1072	5219	735	19972	3844	2765	11557	1806
重庆	16557	4599	1379	8926	1653	27874	7353	2521	14889	3111
四川	18274	6225	2008	7591	2450	33689	10741	3902	14166	4880
贵州	17218	4651	1540	9898	1129	30892	7385	3490	17537	2480
云南	28708	8866	2930	15698	1214	42324	11325	5432	22981	2586
西藏	3636	1311	401	1613	311	6692	2353	872	2685	782
陕西	10223	3323	864	4782	1254	30043	10104	2282	14283	3374
甘肃	7053	2577	1009	2789	678	15208	5178	2219	6278	1533
青海	6009	2622	464	2601	322	11454	3894	875	5803	882
宁夏	8029	3702	406	3512	409	15490	6142	1017	7165	1166
新疆	47463	23014	2640	19802	2007	72409	32147	4811	31218	4233

7-6 续表 2 单位：人

现住地	高中					大学专科				
	小计	乡	镇的居委会	镇的村委会	街道	小计	乡	镇的居委会	镇的村委会	街道
全　国	**1268966**	**352285**	**143104**	**605253**	**168324**	**475578**	**82971**	**93785**	**150105**	**148717**
北　京	113364	30710	11498	46822	24334	68253	10486	11849	16475	29443
天　津	27136	6984	2912	12093	5147	11793	1534	1954	4015	4290
河　北	18543	2832	2869	6215	6627	11176	1067	1978	2717	5414
山　西	10606	2416	1224	4596	2370	3858	529	708	1059	1562
内蒙古	15447	3121	2476	6768	3082	5996	740	1322	1787	2147
辽　宁	19982	4252	2363	5776	7591	9574	1347	1208	2123	4896
吉　林	5281	947	722	1394	2218	2811	437	397	493	1484
黑龙江	4897	963	866	1318	1750	3233	547	503	657	1526
上　海	137795	49808	16339	57101	14547	57657	12719	13025	16335	15578
江　苏	108585	32140	10458	57878	8109	33452	6888	7161	12804	6599
浙　江	127348	34721	9570	74793	8264	31502	5609	5706	13738	6449
安　徽	9649	1816	1620	3834	2379	5565	636	1198	1595	2136
福　建	44093	9058	4349	27077	3609	10774	1506	2219	4486	2563
江　西	7068	1557	1196	2457	1858	9932	2070	1626	3866	2370
山　东	38020	5919	5027	17265	9809	18165	2027	2916	6562	6660
河　南	9556	2853	1106	3096	2501	5033	1172	679	1189	1993
湖　北	13959	3613	1891	5329	3126	9227	1533	1732	2677	3285
湖　南	10473	3388	1607	3285	2193	6437	1486	1324	1371	2256
广　东	416141	124669	43470	218990	29012	103463	20568	22723	38612	21560
广　西	13079	2243	2430	5131	3275	5819	723	1209	1512	2375
海　南	9181	1246	2056	3636	2243	5913	429	1611	1578	2295
重　庆	15417	3381	2082	6351	3603	9967	1444	1771	3041	3711
四　川	19006	4336	3144	5503	6023	11108	1647	2145	2063	5253
贵　州	9683	1761	1786	4267	1869	3472	430	838	982	1222
云　南	13139	2685	2633	5738	2083	4316	595	1212	1139	1370
西　藏	2359	679	353	814	513	640	136	109	105	290
陕　西	14604	3559	2058	5359	3628	13966	2193	2137	4320	5316
甘　肃	6579	1391	1773	1913	1502	2815	350	923	381	1161
青　海	4065	1011	540	1641	873	1585	235	304	391	655
宁　夏	4454	1328	539	1607	980	1714	283	278	376	777
新　疆	19457	6898	2147	7206	3206	6362	1605	1020	1656	2081

7-6 续表 3

单位：人

现住地	大学本科					研究生				
	小计	乡	镇的居委会	镇的村委会	街道	小计	乡	镇的居委会	镇的村委会	街道
全国	**401225**	**43648**	**79402**	**80609**	**197566**	**38246**	**2317**	**6730**	**4188**	**25011**
北京	74791	5363	12683	10189	46556	10211	368	1431	643	7769
天津	9510	845	1536	2229	4900	725	49	91	120	465
河北	9904	897	1544	2003	5460	641	35	87	51	468
山西	4730	524	780	1240	2186	292	15	36	30	211
内蒙古	4652	478	984	1160	2030	294	25	49	51	169
辽宁	14384	1993	1415	2650	8326	1205	132	90	143	840
吉林	8504	737	830	1831	5106	510	77	30	40	363
黑龙江	7288	915	991	1408	3974	378	29	45	38	266
上海	55342	6160	14539	8958	25685	7564	418	1833	688	4625
江苏	22721	2707	5016	5331	9667	2589	195	593	485	1316
浙江	16728	1842	3516	4912	6458	1519	95	284	242	898
安徽	6557	728	1136	1480	3213	464	27	78	44	315
福建	7337	608	1537	2062	3130	688	50	116	175	347
江西	8052	1395	1416	2181	3060	341	18	69	54	200
山东	13158	1087	1930	3554	6587	797	40	84	106	567
河南	5256	884	703	1003	2666	370	40	42	33	255
湖北	13151	2060	2485	2547	6059	1088	72	134	133	749
湖南	8561	1461	2012	1615	3473	509	42	105	64	298
广东	45609	5505	12479	10899	16726	2919	206	691	436	1586
广西	5172	441	949	1197	2585	496	19	88	62	327
海南	4710	454	1198	987	2071	209	12	52	15	130
重庆	9797	1115	1750	2205	4727	668	45	114	88	421
四川	13855	1543	2350	2159	7803	1301	121	185	124	871
贵州	2950	282	609	735	1324	301	6	77	43	175
云南	3821	363	910	917	1631	332	13	71	40	208
西藏	468	55	72	110	231	23	4	1	3	15
陕西	13735	1609	2198	3189	6739	992	85	130	142	635
甘肃	4464	601	832	697	2334	365	47	65	40	213
青海	1158	114	351	212	481	112	10	25	8	69
宁夏	1680	360	136	254	930	82	4	5	6	67
新疆	3180	522	515	695	1448	261	18	29	41	173

7-7 全国按现住地和出生地分的人口

单位：人

现住地	出生地							
	合计	省内		省外				
		本县市区	本省其他县市区	北京	天津	河北	山西	内蒙古
全　国	**127339585**	**105670236**	**11424164**	**40453**	**44279**	**486183**	**151247**	**138237**
北　京	1849475	852559	157585		14726	197071	34243	26796
天　津	1127589	769747	93557	3506		75947	9859	8504
河　北	7037620	6404866	420201	8809	9136		10398	15544
山　西	3477805	3052575	316210	1450	979	20546		9065
内蒙古	2310941	1731233	366850	1407	1587	34278	21635	
辽　宁	4252076	3491107	490098	1391	1582	18044	2886	23892
吉　林	2551123	2200078	255120	470	418	5364	961	4731
黑龙江	3465051	2804904	465656	806	838	13124	1145	9535
上　海	2253525	1013441	230313	2842	2005	9709	6581	3608
江　苏	7577122	6041704	744294	1914	1302	10511	6266	2965
浙　江	5400348	3702162	422090	1142	713	6104	3687	2201
安　徽	5312628	4736622	446942	1080	522	3406	1493	800
福　建	3477491	2637014	424689	554	400	2154	1516	767
江　西	4251692	3905339	244380	407	321	1919	1295	1044
山　东	9272503	8372891	648765	1752	1596	18564	6435	8592
河　南	9224288	8558134	556063	1276	685	8636	5407	1246
湖　北	5226904	4556326	493509	1254	682	5417	2825	1579
湖　南	6096586	5563936	441520	644	328	2256	1088	614
广　东	9676589	6187430	1258329	2488	1585	11447	7528	3812
广　西	4362551	3876390	384299	416	359	1938	811	530
海　南	826560	667774	84819	228	212	890	687	657
重　庆	2609882	2235105	247389	443	223	1957	1388	660
四　川	8161604	7195972	791781	1633	637	5340	3326	1220
贵　州	3332265	2956542	256846	453	286	1925	631	265
云　南	4467537	3984833	346580	351	277	1918	1299	413
西　藏	265904	233544	12969	17	8	259	139	29
陕　西	3614887	3147818	308913	1778	1029	8317	10239	4601
甘　肃	2623094	2355455	188642	747	591	4731	2066	942
青　海	535412	421654	62923	226	165	2771	1045	355
宁　夏	611957	457330	93163	309	275	3657	1296	2381
新　疆	2086576	1555751	169669	660	812	7983	3072	889

7-7 续表 1

单位：人

现住地	出生地 省外 辽宁	吉林	黑龙江	上海	江苏	浙江	安徽	福建	江西
全　国	**219458**	**211563**	**332750**	**58872**	**445632**	**249199**	**1005505**	**179135**	**601044**
北　京	37185	27021	46871	5959	26809	15643	42872	10951	15947
天　津	9374	8470	17099	1046	6407	3929	11535	2698	2564
河　北	14922	10816	27755	562	5029	3473	7055	2180	2296
山　西	3390	2096	2249	390	3710	2713	4377	2091	1210
内蒙古	22727	13708	24807	249	3664	2137	3882	1463	1264
辽　宁		44048	72333	854	6561	3508	8539	2348	1684
吉　林	15003		17579	275	2287	1461	2324	755	557
黑龙江	32211	30282		535	4875	1571	5833	826	805
上　海	9584	8005	13348		198564	73061	256915	27087	50993
江　苏	6278	6082	9642	12590		31106	262367	15200	28241
浙　江	4347	4642	8102	8219	45546		242723	18625	162509
安　徽	2049	1531	1696	6326	28131	9228		3271	5372
福　建	1914	1687	2600	1537	6350	10241	22983		88871
江　西	1299	866	1039	2384	6191	13005	8784	5598	
山　东	11904	22716	47498	1204	17577	6596	14013	4188	3136
河　南	4071	2137	3935	1219	5836	3462	8851	2001	2053
湖　北	3701	1937	2491	2065	7787	7070	8210	4208	7664
湖　南	1517	983	1072	676	2521	3756	3007	3149	7077
广　东	10243	10906	14874	2916	16613	17795	47297	46222	193541
广　西	1445	1245	1828	628	2169	3574	2880	4056	4424
海　南	1023	1100	2205	181	1326	1278	2331	2093	3168
重　庆	1041	673	895	889	2342	3135	1769	2551	1837
四　川	6052	2568	2976	1808	5646	5862	3811	3513	3988
贵　州	2465	900	1285	1218	3259	7237	2609	3906	3138
云　南	1152	1046	1386	952	2349	4763	2477	3859	3460
西　藏	85	27	44	15	196	270	353	114	94
陕　西	5389	1970	2491	1670	6583	4229	5816	2591	2229
甘　肃	3792	1415	1294	838	4059	2725	2562	919	891
青　海	1517	684	539	214	2271	1060	1826	473	439
宁　夏	1844	604	884	326	2193	1427	2580	477	367
新　疆	1934	1398	1933	1127	18781	3884	14924	1722	1225

7-7 续表 2

单位：人

现住地	出生地								
	省外								
	山东	河南	湖北	湖南	广东	广西	海南	重庆	四川
全　国	**547352**	**964685**	**628124**	**794327**	**114779**	**443067**	**37391**	**349441**	**1020769**
北　京	76089	94635	36199	20243	7036	4521	1068	9043	35430
天　津	38924	24138	7842	3337	1686	1223	399	1777	7752
河　北	17267	22496	7228	3884	1302	2856	413	2250	16387
山　西	6661	20480	4093	2258	591	625	227	1498	7540
内蒙古	17446	10432	2883	1637	518	382	113	1291	8229
辽　宁	41117	14156	4260	2636	1349	703	228	1814	9366
吉　林	32642	3299	1679	803	383	252	248	356	1615
黑龙江	74024	6088	2010	1420	639	385	196	425	3486
上　海	44717	78298	42726	24696	7854	5545	966	22539	63111
江　苏	49301	96517	41510	22258	4555	5838	886	17255	71548
浙　江	24180	127905	92269	77956	5447	16607	1030	57000	137128
安　徽	7858	15448	6563	4286	1817	1343	368	1967	9499
福　建	6733	25143	31159	22309	7620	7009	1209	35055	76908
江　西	3193	5232	8942	14160	6799	2777	832	1465	5467
山　东		27451	8465	4015	1593	1222	428	2469	11396
河　南	14397		10775	3918	1968	1259	320	1372	9205
湖　北	6467	36367		19875	5181	3444	973	12141	19048
湖　南	2451	5237	15712		9362	5484	914	2186	7133
广　东	19746	178044	245280	478115		358815	21715	87534	260065
广　西	2150	4531	5729	24628	14796		2094	1888	5942
海　南	1310	4091	4645	7331	14496	9109		2040	7835
重　庆	2074	3484	6081	3634	3094	1328	380		68247
四　川	6097	8913	8708	6902	4932	2591	638	45965	
贵　州	3617	4548	4697	15134	4959	3960	320	11497	31830
云　南	2917	5293	5285	14575	2903	3302	685	13513	37499
西　藏	354	1247	643	474	42	26	8	1192	9432
陕　西	9356	30815	7547	3664	1652	1045	336	2307	15081
甘　肃	5973	11952	3008	1889	561	360	137	987	6428
青　海	3796	8616	1703	1127	210	179	27	637	5128
宁　夏	3835	8057	938	681	193	154	60	675	2975
新　疆	22660	81772	9545	6482	1241	723	173	9303	70059

7-7 续表 3

单位：人

现住地	出生地								
	省外								
	贵州	云南	西藏	陕西	甘肃	青海	宁夏	新疆	港澳台或国外
全　国	**416140**	**172160**	**6440**	**242016**	**220863**	**29546**	**29686**	**50348**	**14494**
北　京	4695	3843	300	19552	14439	1669	2509	5392	574
天　津	1813	1003	69	4684	5401	701	862	1658	78
河　北	3265	2689	132	7161	4208	913	563	1489	75
山　西	1295	1619	49	5605	1339	341	167	350	16
内蒙古	954	814	35	15971	14019	557	4413	329	27
辽　宁	1068	680	125	2157	1590	432	298	1004	218
吉　林	342	299	47	532	364	222	124	336	197
黑龙江	526	366	40	986	938	131	113	243	89
上　海	14904	7798	180	13436	10297	1403	1409	7033	557
江　苏	30793	16597	396	20847	11034	1906	1047	4212	160
浙　江	152452	43106	184	19186	7424	1082	948	2231	1401
安　徽	4855	5075	105	2377	1148	513	162	706	69
福　建	41130	8800	137	5350	1963	329	476	815	2069
江　西	4253	1174	72	1252	1215	280	278	372	58
山　东	3226	6455	166	6277	5773	1685	945	3415	95
河　南	1881	2064	196	6167	2739	887	346	1715	67
湖　北	3545	2468	126	5650	2145	623	357	1670	99
湖　南	6907	2979	127	1600	882	320	183	892	73
广　东	90681	31262	436	46851	14584	1855	1384	4208	2988
广　西	6011	2794	70	1041	545	222	135	521	2462
海　南	1602	924	15	970	634	162	114	476	834
重　庆	9616	4260	207	1782	1157	391	301	1519	30
四　川	7976	15512	1542	5590	4610	1706	524	3203	62
贵　州		6549	52	1159	459	160	62	277	20
云　南	19064		109	1592	729	318	137	437	2064
西　藏	172	314		736	2053	955	26	67	
陕　西	1467	931	601		17004	1725	2591	3058	44
甘　肃	370	416	374	10536		4453	1904	2070	7
青　海	143	192	474	5097	9339		246	333	3
宁　夏	196	128	20	9818	14495	295		317	7
新　疆	938	1049	54	18054	68336	3310	7062		51

7-8 全国按现住地和五年前常住地分的人口

单位：人

现住地	五年前常住地						
	合计	省内	省外				
			北京	天津	河北	山西	内蒙古
全　国	**119893223**	**114370425**	**40595**	**21336**	**201739**	**79368**	**64759**
北　京	1782415	1397288		5449	82361	16116	11858
天　津	1081811	931866	1799		35104	6768	4725
河　北	6559863	6467342	7726	2740		4286	6039
山　西	3297293	3247435	723	449	7247		2678
内蒙古	2203190	2120331	1395	749	10036	8893	
辽　宁	4099756	3981685	1048	841	5433	1758	11597
吉　林	2446734	2412197	478	327	1846	717	2536
黑龙江	3335777	3303485	701	548	2124	612	2942
上　海	2172406	1679044	3347	1216	4595	3418	1613
江　苏	7200806	6711295	2323	1027	6761	4354	1692
浙　江	5151934	4311284	2731	901	4028	2657	1167
安　徽	4959556	4877177	2958	646	1859	963	428
福　建	3271182	3019705	1209	517	1360	990	454
江　西	3915948	3846045	612	279	1255	1109	870
山　东	8744285	8610160	1756	1136	10176	4446	4893
河　南	8511822	8468669	1095	366	2868	2350	563
湖　北	4937307	4852723	1280	492	2385	1699	1065
湖　南	5696565	5627592	680	262	1271	756	441
广　东	9142991	7753998	2486	974	6172	4286	1640
广　西	4015261	3955262	478	255	1076	545	353
海　南	766795	732920	259	193	602	482	446
重　庆	2462139	2388480	703	211	1211	908	462
四　川	7713827	7608292	2027	490	2693	1840	807
贵　州	3094454	3035210	319	107	700	363	159
云　南	4176392	4113177	374	207	955	568	226
西　藏	243255	234058	53	12	114	35	15
陕　西	3434787	3361311	830	412	3358	6028	2986
甘　肃	2474624	2448592	346	217	973	593	495
青　海	499664	481390	195	74	719	335	159
宁　夏	570474	546552	186	81	858	551	1081
新　疆	1929910	1845860	478	158	1599	942	369

7-8 续表 1

单位：人

现住地	五年前常住地								
	省外								
	辽宁	吉林	黑龙江	上海	江苏	浙江	安徽	福建	江西
全国	**68542**	**85389**	**146321**	**40101**	**189354**	**133940**	**552559**	**111366**	**348328**
北京	13812	11904	19672	1752	10388	6234	20092	4975	8032
天津	4166	4807	9464	384	3794	2377	7101	1749	1742
河北	4919	4076	11479	244	2352	1819	3855	1267	1478
山西	961	829	957	134	2055	1305	2264	1286	734
内蒙古	4552	3614	6516	154	2006	1166	1992	916	789
辽宁		19028	33959	393	3155	2081	4790	1332	1064
吉林	4659		7841	216	1128	1077	1373	494	429
黑龙江	3902	5809		269	995	860	1340	496	529
上海	4364	3615	5821		74223	23293	125698	13403	24710
江苏	3356	3363	5122	8748		17226	154555	9366	16579
浙江	2621	2813	4570	7960	27228		152020	13577	99101
安徽	1001	761	754	7546	15760	10988		2721	3099
福建	1098	951	1292	1709	3407	5714	12020		47858
江西	610	512	510	1562	2569	8378	4019	6201	
山东	5397	10895	22154	685	8342	3686	7993	2388	1909
河南	734	691	1017	499	2085	2157	3982	1276	1194
湖北	900	608	825	901	3277	5289	4018	3049	4364
湖南	678	543	587	487	1510	3270	1932	2368	3742
广东	4377	5109	6574	1747	8104	9932	26465	26318	116812
广西	650	769	1032	312	1021	2132	1492	2684	2452
海南	555	633	1259	157	636	822	1144	1165	1681
重庆	525	420	458	686	1487	2888	1063	2314	1178
四川	1341	955	1051	1674	3749	6109	2080	3346	2464
贵州	352	369	304	494	1537	6124	1283	2995	1740
云南	446	446	613	367	1079	2804	1267	2213	1782
西藏	39	13	22	27	86	164	183	67	61
陕西	1042	740	1011	367	2573	2306	2892	1603	1302
甘肃	483	333	343	165	1085	1136	878	484	495
青海	169	131	171	75	695	498	651	259	246
宁夏	289	219	322	81	594	542	975	270	239
新疆	544	433	621	306	2434	1263	3142	784	523

7-8 续表 2

单位：人

现住地	五年前常住地								
	省外								
	山东	河南	湖北	湖南	广东	广西	海南	重庆	四川
全　　国	**201499**	**543037**	**380420**	**459191**	**161290**	**282053**	**23590**	**184406**	**498809**
北　　京	34537	49578	18637	9394	5112	2391	753	4625	16749
天　　津	23052	16787	4851	1900	1223	685	368	1294	4659
河　　北	6329	11735	3961	1735	899	634	357	1331	4751
山　　西	2947	9997	2646	1128	541	269	196	1081	3697
内 蒙 古	4543	5725	2169	1115	485	256	95	941	4758
辽　　宁	8330	7571	2259	1488	1049	428	186	1110	4055
吉　　林	3589	1997	897	538	375	182	231	292	872
黑 龙 江	4111	1549	1142	617	514	227	167	257	719
上　　海	24601	47267	24733	14021	8620	3404	808	11528	32205
江　　苏	29705	68281	26961	13785	6288	3513	664	10778	39234
浙　　江	15694	88712	60301	50718	16590	10825	893	33360	78082
安　　徽	3243	7308	3750	2513	3429	950	324	1074	3095
福　　建	3010	16175	19375	13107	11489	4093	946	19047	39750
江　　西	1624	3230	4180	5099	14969	1840	817	837	2548
山　　东		17715	5203	2246	1608	677	337	1383	4762
河　　南	3373		4143	1838	2694	710	246	729	2431
湖　　北	3003	11548		7427	9695	2287	905	5017	5340
湖　　南	1459	3171	8104		20555	3361	855	1201	3341
广　　东	10655	121009	157021	292981		234542	11173	52011	153275
广　　西	1243	2586	3281	10361	15711		955	1049	3214
海　　南	686	2201	2387	3311	4482	2900		1059	3356
重　　庆	1208	2158	3213	1976	6418	1002	392		31030
四　　川	2738	4715	5029	3816	14727	1704	635	17357	
贵　　州	944	2101	2648	7089	7072	1993	274	4962	10101
云　　南	1194	2521	3007	5581	2708	1828	409	5789	14704
西　　藏	122	549	368	259	58	22	9	530	4357
陕　　西	3409	10851	4215	1836	2178	706	327	1390	6681
甘　　肃	1123	3328	1723	874	441	210	117	511	2657
青　　海	760	2295	1072	560	251	108	17	339	2043
宁　　夏	1090	2957	590	353	196	105	52	422	1295
新　　疆	3177	17420	2554	1525	913	201	82	3102	15048

7-8 续表 3

单位：人

现住地	五年前常住地								
	省外								
	贵州	云南	西藏	陕西	甘肃	青海	宁夏	新疆	港澳台或国外
全国	**268075**	**108907**	**6249**	**134749**	**104686**	**14998**	**15066**	**28669**	**23407**
北京	2524	2152	231	10103	8618	723	1231	2773	2351
天津	1165	800	86	3027	3666	486	574	1109	233
河北	1141	979	106	3249	1485	432	306	699	112
山西	583	671	36	3272	701	168	105	161	37
内蒙古	672	540	33	7942	7721	317	2417	261	91
辽宁	701	471	124	1104	860	260	194	518	884
吉林	272	189	33	396	284	185	110	279	695
黑龙江	271	289	31	449	356	87	97	175	107
上海	8802	5191	224	8916	6763	788	722	2140	3313
江苏	17462	9560	503	15384	8090	1154	697	2198	782
浙江	107206	30975	264	13917	5323	724	539	1794	3359
安徽	1992	2090	92	1426	685	274	121	364	165
福建	26149	6722	169	3744	1392	181	365	698	6486
江西	2581	878	80	959	906	233	253	315	68
山东	1577	2210	94	3438	3294	889	630	1639	567
河南	758	799	147	2017	835	400	180	789	187
湖北	2121	1493	115	2400	1130	465	290	959	237
湖南	3658	1744	116	1114	661	236	153	586	131
广东	63916	23432	646	31601	9959	1101	639	2483	1553
广西	2763	1609	56	739	362	175	68	356	220
海南	1060	601	12	661	447	122	81	371	104
重庆	5145	2503	192	1111	852	306	252	1287	100
四川	4714	7549	1384	3114	2841	1123	433	2778	252
贵州		3508	60	624	304	138	42	187	51
云南	8762		174	986	434	251	85	308	1127
西藏	69	165		368	964	410	12	44	
陕西	1117	697	593		7395	1027	1717	1813	74
甘肃	256	304	272	2931		1321	807	1119	12
青海	97	172	325	1429	4067		119	223	20
宁夏	172	107	23	3280	6612	118		243	19
新疆	369	507	28	5048	17679	904	1827		70

第二部分　长表数据资料

第八卷　老年人口

8-1 各地区分性别、健康状况的60岁及以上老年人口

单位：人

地区	60岁及以上人口			健康		
	合计	男	女	小计	男	女
全国	**17658702**	**8607680**	**9051022**	**7738173**	**4150213**	**3587960**
北京	250084	118583	131501	99865	51709	48156
天津	162233	78029	84204	71973	37875	34098
河北	928642	450063	478579	419065	223831	195234
山西	414649	205903	208746	166386	92647	73739
内蒙古	275828	137565	138263	115534	63545	51989
辽宁	672227	326082	346145	290920	156959	133961
吉林	349177	170725	178452	138085	75118	62967
黑龙江	468616	229664	238952	199247	106452	92795
上海	345592	165345	180247	150971	80339	70632
江苏	1247962	598544	649418	626603	330740	295863
浙江	759091	377570	381521	400645	215946	184699
安徽	853195	421912	431283	321509	181502	140007
福建	420377	206976	213401	209198	111845	97353
江西	504043	245931	258112	224487	122278	102209
山东	1400109	661388	738721	729311	378178	351133
河南	1196924	569894	627030	567448	295386	272062
湖北	779566	382160	397406	277089	153831	123258
湖南	939818	469609	470209	330267	185827	144440
广东	957360	461728	495632	492653	255966	236687
广西	616828	296065	320763	277551	145405	132146
海南	93525	44616	48909	37806	20174	17632
重庆	488115	245856	242259	195759	107015	88744
四川	1412294	704476	707818	551709	303402	248307
贵州	446686	217427	229259	189851	99935	89916
云南	514563	247803	266760	219938	116480	103458
西藏	20828	9304	11524	5110	2491	2619
陕西	487378	239095	248283	193803	104722	89081
甘肃	338325	168184	170141	118592	66042	52550
青海	51945	25059	26886	19806	10513	9293
宁夏	61207	30331	30876	24491	13529	10962
新疆	201515	101793	99722	72501	40531	31970

8-1 续表

单位：人

地区	基本健康			不健康，但生活能自理			生活不能自理		
	小计	男	女	小计	男	女	小计	男	女
全国	**6945041**	**3176142**	**3768899**	**2455267**	**1064729**	**1390538**	**520221**	**216596**	**303625**
北京	107068	48549	58519	32082	13652	18430	11069	4673	6396
天津	67182	30285	36897	17195	7267	9928	5883	2602	3281
河北	341585	153799	187786	135863	58852	77011	32129	13581	18548
山西	165709	77211	88498	67164	29482	37682	15390	6563	8827
内蒙古	105312	49682	55630	45236	19999	25237	9746	4339	5407
辽宁	270482	121123	149359	92374	39662	52712	18451	8338	10113
吉林	144781	66330	78451	57155	24949	32206	9156	4328	4828
黑龙江	186754	85349	101405	70846	32242	38604	11769	5621	6148
上海	150631	67199	83432	31175	12607	18568	12815	5200	7615
江苏	464007	202380	261627	127580	53329	74251	29772	12095	17677
浙江	266096	119703	146393	74373	34152	40221	17977	7769	10208
安徽	354089	164907	189182	148715	64084	84631	28882	11419	17463
福建	163901	74194	89707	38889	17525	21364	8389	3412	4977
江西	206832	92353	114479	61859	26779	35080	10865	4521	6344
山东	462980	198008	264972	170304	70278	100026	37514	14924	22590
河南	419979	187347	232632	171312	72514	98798	38185	14647	23538
湖北	347418	163091	184327	131477	55664	75813	23582	9574	14008
湖南	413669	197294	216375	167987	74863	93124	27895	11625	16270
广东	366579	164524	202055	80918	34418	46500	17210	6820	10390
广西	243746	111190	132556	81266	33659	47607	14265	5811	8454
海南	37809	17311	20498	15030	6041	8989	2880	1090	1790
重庆	201675	97514	104161	75456	34797	40659	15225	6530	8695
四川	592005	282438	309567	221883	99155	122728	46697	19481	27216
贵州	170481	79296	91185	71169	31448	39721	15185	6748	8437
云南	204988	93409	111579	69556	29771	39785	20081	8143	11938
西藏	10105	4516	5589	4478	1875	2603	1135	422	713
陕西	202206	94348	107858	75574	33210	42364	15795	6815	8980
甘肃	137527	65796	71731	70267	31297	38970	11939	5049	6890
青海	21790	10238	11552	8436	3552	4884	1913	756	1157
宁夏	25235	11892	13343	9462	4031	5431	2019	879	1140
新疆	92420	44866	47554	30186	13575	16611	6408	2821	3587

8-1a 各地区分性别、健康状况的60岁及以上老年人口(城市)

单位：人

地区	60岁及以上人口			健康		
	合计	男	女	小计	男	女
全国	**4510405**	**2165060**	**2345345**	**2253112**	**1160542**	**1092570**
北京	195284	91579	103705	80670	41018	39652
天津	110470	52513	57957	48301	25029	23272
河北	170407	81002	89405	84489	42981	41508
山西	93621	45537	48084	46644	24339	22305
内蒙古	82457	39334	43123	40960	20812	20148
辽宁	329963	155649	174314	146336	75173	71163
吉林	134585	63731	70854	57642	29715	27927
黑龙江	187773	88938	98835	82699	41906	40793
上海	267912	128655	139257	114498	61243	53255
江苏	374452	181109	193343	198563	103422	95141
浙江	204405	100787	103618	121139	63500	57639
安徽	128978	62817	66161	58778	31133	27645
福建	105880	51890	53990	61683	32024	29659
江西	82133	40469	41664	45068	23710	21358
山东	322377	150809	171568	184171	91892	92279
河南	193350	90749	102601	105487	52172	53315
湖北	203710	98755	104955	86490	45646	40844
湖南	142925	70953	71972	62920	33776	29144
广东	362901	173328	189573	217655	109864	107791
广西	85899	41403	44496	46833	23888	22945
海南	18891	9131	9760	9802	5104	4698
重庆	109443	52559	56884	55013	28135	26878
四川	210964	103402	107562	113678	58883	54795
贵州	56574	27228	29346	33551	16856	16695
云南	69005	34098	34907	35019	18318	16701
西藏	1517	712	805	716	345	371
陕西	103337	49931	53406	46803	24327	22476
甘肃	60903	29870	31033	26552	14062	12490
青海	14580	6910	7670	7236	3637	3599
宁夏	20288	9874	10414	9047	4759	4288
新疆	65421	31338	34083	24669	12873	11796

8-1a 续表

单位：人

地区	基本健康			不健康，但生活能自理			生活不能自理		
	小计	男	女	小计	男	女	小计	男	女
全国	**1777590**	**801737**	**975853**	**373731**	**156520**	**217211**	**105972**	**46261**	**59711**
北京	85138	38339	46799	21661	8930	12731	7815	3292	4523
天津	47855	21558	26297	10260	4150	6110	4054	1776	2278
河北	67621	30401	37220	14143	5766	8377	4154	1854	2300
山西	37154	17047	20107	7606	3136	4470	2217	1015	1202
内蒙古	31536	14231	17305	7874	3300	4574	2087	991	1096
辽宁	142616	63284	79332	33280	13615	19665	7731	3577	4154
吉林	59784	26717	33067	14423	5986	8437	2736	1313	1423
黑龙江	80506	36305	44201	20683	8831	11852	3885	1896	1989
上海	119811	53744	66067	23479	9570	13909	10124	4098	6026
江苏	141653	63081	78572	25990	11073	14917	8246	3533	4713
浙江	66336	29861	36475	12644	5540	7104	4286	1886	2400
安徽	53910	24784	29126	12638	5306	7332	3652	1594	2058
福建	36589	16592	19997	5695	2444	3251	1913	830	1083
江西	30783	14057	16726	4968	2121	2847	1314	581	733
山东	105381	45291	60090	25165	10408	14757	7660	3218	4442
河南	67281	29763	37518	15635	6655	8980	4947	2159	2788
湖北	93621	43198	50423	19451	8147	11304	4148	1764	2384
湖南	62249	29560	32689	14750	6289	8461	3006	1328	1678
广东	122542	54153	68389	17426	7219	10207	5278	2092	3186
广西	31482	14288	17194	5768	2387	3381	1816	840	976
海南	7096	3210	3886	1633	670	963	360	147	213
重庆	43097	19568	23529	9148	3912	5236	2185	944	1241
四川	79547	36873	42674	14255	6116	8139	3484	1530	1954
贵州	18316	8311	10005	3539	1497	2042	1168	564	604
云南	27136	12772	14364	5369	2362	3007	1481	646	835
西藏	675	316	359	112	44	68	14	7	7
陕西	44623	20486	24137	9360	3944	5416	2551	1174	1377
甘肃	26475	12512	13963	6533	2740	3793	1343	556	787
青海	6070	2744	3326	1017	418	599	257	111	146
宁夏	8598	3990	4608	2140	897	1243	503	228	275
新疆	32109	14701	17408	7086	3047	4039	1557	717	840

8-1b 各地区分性别、健康状况的60岁及以上老年人口(镇)

单位：人

地区	60岁及以上人口			健康		
	合计	男	女	小计	男	女
全国	**3060339**	**1485165**	**1575174**	**1407618**	**746636**	**660982**
北京	14644	7207	7437	5756	3100	2656
天津	14071	6883	7188	6880	3583	3297
河北	194722	93401	101321	92575	48554	44021
山西	70498	34662	35836	30485	16668	13817
内蒙古	54620	26243	28377	23234	12266	10968
辽宁	72705	35143	37562	32162	17250	14912
吉林	56910	27379	29531	21476	11607	9869
黑龙江	89747	43163	46584	39417	20522	18895
上海	34155	16368	17787	16846	8771	8075
江苏	253080	121223	131857	126729	66785	59944
浙江	154565	76840	77725	84292	45242	39050
安徽	163461	79740	83721	64887	35830	29057
福建	86461	41871	44590	45590	23793	21797
江西	114483	56200	58283	55420	29646	25774
山东	251041	117538	133503	134460	68813	65647
河南	193988	91669	102319	93362	47999	45363
湖北	116934	56830	60104	43231	23547	19684
湖南	193456	96558	96898	73065	40470	32595
广东	155583	75735	79848	78824	41457	37367
广西	115749	55574	60175	56902	29511	27391
海南	20224	9684	10540	8739	4639	4100
重庆	89827	44402	45425	38936	20816	18120
四川	221890	110803	111087	95030	51434	43596
贵州	61039	29015	32024	28267	14432	13835
云南	97368	46913	50455	43184	22804	20380
西藏	1893	924	969	541	277	264
陕西	81850	40785	41065	35539	19359	16180
甘肃	38532	19390	19142	14549	8111	6438
青海	8407	4108	4299	3462	1861	1601
宁夏	7758	3852	3906	3160	1760	1400
新疆	30678	15062	15616	10618	5729	4889

8-1b 续表

单位：人

地区	基本健康			不健康，但生活能自理			生活不能自理		
	小计	男	女	小计	男	女	小计	男	女
全国	**1200264**	**543871**	**656393**	**372797**	**160674**	**212123**	**79660**	**33984**	**45676**
北京	6052	2868	3184	2137	930	1207	699	309	390
天津	5317	2457	2860	1482	654	828	392	189	203
河北	70423	31265	39158	25499	10940	14559	6225	2642	3583
山西	28241	12902	15339	9521	4110	5411	2251	982	1269
内蒙古	21862	9941	11921	7831	3287	4544	1693	749	944
辽宁	29007	12852	16155	9572	4126	5446	1964	915	1049
吉林	24168	10986	13182	9698	4019	5679	1568	767	801
黑龙江	35961	16166	19795	12177	5400	6777	2192	1075	1117
上海	13251	5895	7356	2812	1158	1654	1246	544	702
江苏	94714	41203	53511	25803	10783	15020	5834	2452	3382
浙江	53673	24067	29606	13184	6028	7156	3416	1503	1913
安徽	68181	31080	37101	25215	10711	14504	5178	2119	3059
福建	32529	14458	18071	6768	2976	3792	1574	644	930
江西	46250	20923	25327	10688	4709	5979	2125	922	1203
山东	81819	34451	47368	28329	11652	16677	6433	2622	3811
河南	69162	30553	38609	25551	10796	14755	5913	2321	3592
湖北	53428	24825	28603	17243	7222	10021	3032	1236	1796
湖南	85670	40652	45018	29735	13345	16390	4986	2091	2895
广东	61131	27605	33526	13026	5593	7433	2602	1080	1522
广西	44359	19999	24360	12204	5087	7117	2284	977	1307
海南	8141	3716	4425	2751	1086	1665	593	243	350
重庆	36975	17333	19642	11531	5212	6319	2385	1041	1344
四川	94980	44991	49989	26569	12048	14521	5311	2330	2981
贵州	23227	10448	12779	7790	3316	4474	1755	819	936
云南	39149	17804	21345	11741	4956	6785	3294	1349	1945
西藏	928	450	478	362	174	188	62	23	39
陕西	33964	15977	17987	10162	4483	5679	2185	966	1219
甘肃	16226	7848	8378	6783	3006	3777	974	425	549
青海	3418	1614	1804	1269	532	737	258	101	157
宁夏	3281	1515	1766	1092	476	616	225	101	124
新疆	14777	7027	7750	4272	1859	2413	1011	447	564

8-1c 各地区分性别、健康状况的60岁及以上老年人口(乡村)

单位：人

地区	60岁及以上人口			健康		
	合计	男	女	小计	男	女
全国	**10087958**	**4957455**	**5130503**	**4077443**	**2243035**	**1834408**
北京	40156	19797	20359	13439	7591	5848
天津	37692	18633	19059	16792	9263	7529
河北	563513	275660	287853	242001	132296	109705
山西	250530	125704	124826	89257	51640	37617
内蒙古	138751	71988	66763	51340	30467	20873
辽宁	269559	135290	134269	112422	64536	47886
吉林	157682	79615	78067	58967	33796	25171
黑龙江	191096	97563	93533	77131	44024	33107
上海	43525	20322	23203	19627	10325	9302
江苏	620430	296212	324218	301311	160533	140778
浙江	400121	199943	200178	195214	107204	88010
安徽	560756	279355	281401	197844	114539	83305
福建	228036	113215	114821	101925	56028	45897
江西	307427	149262	158165	123999	68922	55077
山东	826691	393041	433650	410680	217473	193207
河南	809586	387476	422110	368599	195215	173384
湖北	458922	226575	232347	147368	84638	62730
湖南	603437	302098	301339	194282	111581	82701
广东	438876	212665	226211	196174	104645	91529
广西	415180	199088	216092	173816	92006	81810
海南	54410	25801	28609	19265	10431	8834
重庆	288845	148895	139950	101810	58064	43746
四川	979440	490271	489169	343001	193085	149916
贵州	329073	161184	167889	128033	68647	59386
云南	348190	166792	181398	141735	75358	66377
西藏	17418	7668	9750	3853	1869	1984
陕西	302191	148379	153812	111461	61036	50425
甘肃	238890	118924	119966	77491	43869	33622
青海	28958	14041	14917	9108	5015	4093
宁夏	33161	16605	16556	12284	7010	5274
新疆	105416	55393	50023	37214	21929	15285

8-1c 续表 单位：人

地区	基本健康			不健康，但生活能自理			生活不能自理		
	小计	男	女	小计	男	女	小计	男	女
全　国	**3967187**	**1830534**	**2136653**	**1708739**	**747535**	**961204**	**334589**	**136351**	**198238**
北　京	15878	7342	8536	8284	3792	4492	2555	1072	1483
天　津	14010	6270	7740	5453	2463	2990	1437	637	800
河　北	203541	92133	111408	96221	42146	54075	21750	9085	12665
山　西	100314	47262	53052	50037	22236	27801	10922	4566	6356
内蒙古	51914	25510	26404	29531	13412	16119	5966	2599	3367
辽　宁	98859	44987	53872	49522	21921	27601	8756	3846	4910
吉　林	60829	28627	32202	33034	14944	18090	4852	2248	2604
黑龙江	70287	32878	37409	37986	18011	19975	5692	2650	3042
上　海	17569	7560	10009	4884	1879	3005	1445	558	887
江　苏	227640	98096	129544	75787	31473	44314	15692	6110	9582
浙　江	146087	65775	80312	48545	22584	25961	10275	4380	5895
安　徽	231998	109043	122955	110862	48067	62795	20052	7706	12346
福　建	94783	43144	51639	26426	12105	14321	4902	1938	2964
江　西	129799	57373	72426	46203	19949	26254	7426	3018	4408
山　东	275780	118266	157514	116810	48218	68592	23421	9084	14337
河　南	283536	127031	156505	130126	55063	75063	27325	10167	17158
湖　北	200369	95068	105301	94783	40295	54488	16402	6574	9828
湖　南	265750	127082	138668	123502	55229	68273	19903	8206	11697
广　东	182906	82766	100140	50466	21606	28860	9330	3648	5682
广　西	167905	76903	91002	63294	26185	37109	10165	3994	6171
海　南	22572	10385	12187	10646	4285	6361	1927	700	1227
重　庆	121603	60613	60990	54777	25673	29104	10655	4545	6110
四　川	417478	200574	216904	181059	80991	100068	37902	15621	22281
贵　州	128938	60537	68401	59840	26635	33205	12262	5365	6897
云　南	138703	62833	75870	52446	22453	29993	15306	6148	9158
西　藏	8502	3750	4752	4004	1657	2347	1059	392	667
陕　西	123619	57885	65734	56052	24783	31269	11059	4675	6384
甘　肃	94826	45436	49390	56951	25551	31400	9622	4068	5554
青　海	12302	5880	6422	6150	2602	3548	1398	544	854
宁　夏	13356	6387	6969	6230	2658	3572	1291	550	741
新　疆	45534	23138	22396	18828	8669	10159	3840	1657	2183

8-2 全国分年龄、性别、健康状况的60岁及以上老年人口

单位：人

年 龄	60岁及以上人口			健 康		
	合计	男	女	小计	男	女
总 计	**17658702**	**8607680**	**9051022**	**7738173**	**4150213**	**3587960**
60-64岁	**5832034**	**2948425**	**2883609**	**3544309**	**1907546**	**1636763**
60	1359849	684946	674903	900404	478515	421889
61	1289086	659713	629373	806852	437830	369022
62	1122945	566205	556740	671526	360601	310925
63	1067659	540955	526704	614485	333568	280917
64	992495	496606	495889	551042	297032	254010
65-69岁	**4102100**	**2061900**	**2040200**	**1983773**	**1088410**	**895363**
65	909600	455023	454577	482779	262342	220437
66	863273	437760	425513	436199	241065	195134
67	790915	397524	393391	378857	208321	170536
68	772566	387893	384673	354170	194386	159784
69	765746	383700	382046	331768	182296	149472
70-74岁	**3285665**	**1626858**	**1658807**	**1157974**	**629854**	**528120**
70	744329	372418	371911	291957	159832	132125
71	618772	306909	311863	225901	123068	102833
72	685585	341151	344434	237859	130186	107673
73	630327	312178	318149	209222	113889	95333
74	606652	294202	312450	193035	102879	90156
75-79岁	**2376437**	**1117302**	**1259135**	**661836**	**343324**	**318512**
75	561802	267239	294563	170495	89472	81023
76	515809	243337	272472	149594	77888	71706
77	506245	239680	266565	138981	72482	66499
78	424870	197044	227826	110882	56616	54266
79	367711	170002	197709	91884	46866	45018
80-84岁	**1326258**	**582300**	**743958**	**271333**	**131921**	**139412**
80	375024	170364	204660	83744	41837	41907
81	277616	123066	154550	57675	28482	29193
82	273085	119548	153537	53794	26049	27745
83	220738	94556	126182	42554	20149	22405
84	179795	74766	105029	33566	15404	18162
85-89岁	**551616**	**212282**	**339334**	**93290**	**39814**	**53476**
85	162114	65340	96774	28895	12914	15981
86	132506	51650	80856	22694	9938	12756
87	104238	39405	64833	17368	7242	10126
88	83506	30980	52526	13524	5437	8087
89	69252	24907	44345	10809	4283	6526
90-94岁	**149441**	**48601**	**100840**	**20740**	**7589**	**13151**
90	53242	18179	35063	7597	2882	4715
91	35305	11730	23575	4790	1785	3005
92	26953	8465	18488	3752	1305	2447
93	19688	5999	13689	2643	927	1716
94	14253	4228	10025	1958	690	1268
95-99岁	**31564**	**9151**	**22413**	**4463**	**1603**	**2860**
95	10576	3054	7522	1407	492	915
96	8054	2388	5666	1119	387	732
97	5648	1635	4013	815	297	518
98	4346	1247	3099	671	267	404
99	2940	827	2113	451	160	291
100岁及以上	**3587**	**861**	**2726**	**455**	**152**	**303**

8-2　续表　　　　　　　　　　　　　　　　　　　　　　　　　　　单位：人

年　龄	基本健康			不健康，但生活能自理			生活不能自理		
	小计	男	女	小计	男	女	小计	男	女
总　计	**6945041**	**3176142**	**3768899**	**2455267**	**1064729**	**1390538**	**520221**	**216596**	**303625**
60-64岁	**1886697**	**856393**	**1030304**	**349849**	**159262**	**190587**	**51179**	**25224**	**25955**
60	388494	173713	214781	61771	28174	33597	9180	4544	4636
61	401633	183900	217733	70312	32845	37467	10289	5138	5151
62	372186	169298	202888	69283	31353	37930	9950	4953	4997
63	369245	169005	200240	73224	33261	39963	10705	5121	5584
64	355139	160477	194662	75259	33629	41630	11055	5468	5587
65-69岁	**1631110**	**751510**	**879600**	**425190**	**191586**	**233604**	**62027**	**30394**	**31633**
65	338335	152445	185890	77194	34627	42567	11292	5609	5683
66	333817	154241	179576	81709	36762	44947	11548	5692	5856
67	317016	145977	171039	83053	37357	45696	11989	5869	6120
68	317664	147492	170172	87725	39666	48059	13007	6349	6658
69	324278	151355	172923	95509	43174	52335	14191	6875	7316
70-74岁	**1486618**	**703545**	**783073**	**553276**	**251573**	**301703**	**87797**	**41886**	**45911**
70	327468	154875	172593	108883	49869	59014	16021	7842	8179
71	279316	131920	147396	98478	44684	53794	15077	7237	7840
72	312606	148690	163916	116730	53445	63285	18390	8830	9560
73	288478	137306	151172	113892	52059	61833	18735	8924	9811
74	278750	130754	147996	115293	51516	63777	19574	9053	10521
75-79岁	**1088881**	**501633**	**587248**	**522731**	**227525**	**295206**	**102989**	**44820**	**58169**
75	258807	119323	139484	112614	49469	63145	19886	8975	10911
76	237766	109257	128509	108483	47338	61145	19966	8854	11112
77	232730	108279	124451	112230	49142	63088	22304	9777	12527
78	193637	88671	104966	99632	42912	56720	20719	8845	11874
79	165941	76103	89838	89772	38664	51108	20114	8369	11745
80-84岁	**571783**	**254954**	**316829**	**377457**	**154411**	**223046**	**105685**	**41014**	**64671**
80	165762	75898	89864	101190	42600	58590	24328	10029	14299
81	121007	54308	66699	78156	32098	46058	20778	8178	12600
82	117167	52207	64960	79260	32381	46879	22864	8911	13953
83	93453	40920	52533	64922	26071	38851	19809	7416	12393
84	74394	31621	42773	53929	21261	32668	17906	6480	11426
85-89岁	**217857**	**86980**	**130877**	**170520**	**62726**	**107794**	**69949**	**22762**	**47187**
85	66049	27391	38658	49551	18979	30572	17619	6056	11563
86	53038	21136	31902	40943	15258	25685	15831	5318	10513
87	40892	16025	24867	32310	11764	20546	13668	4374	9294
88	31877	12586	19291	25979	9211	16768	12126	3746	8380
89	26001	9842	16159	21737	7514	14223	10705	3268	7437
90-94岁	**51084**	**17717**	**33367**	**46290**	**14855**	**31435**	**31327**	**8440**	**22887**
90	18851	6778	12073	16912	5689	11223	9882	2830	7052
91	12094	4324	7770	10993	3588	7405	7428	2033	5395
92	8920	2970	5950	8262	2604	5658	6019	1586	4433
93	6614	2166	4448	5904	1753	4151	4527	1153	3374
94	4605	1479	3126	4219	1221	2998	3471	838	2633
95-99岁	**9907**	**3153**	**6754**	**8973**	**2531**	**6442**	**8221**	**1864**	**6357**
95	3370	1039	2331	3143	907	2236	2656	616	2040
96	2449	824	1625	2306	657	1649	2180	520	1660
97	1728	554	1174	1629	451	1178	1476	333	1143
98	1380	436	944	1185	322	863	1110	222	888
99	980	300	680	710	194	516	799	173	626
100岁及以上	**1104**	**257**	**847**	**981**	**260**	**721**	**1047**	**192**	**855**

8-2a 全国分年龄、性别、健康状况的60岁及以上老年人口(城市)

单位：人

年 龄	60岁及以上人口			健 康		
	合计	男	女	小计	男	女
总 计	**4510405**	**2165060**	**2345345**	**2253112**	**1160542**	**1092570**
60-64岁	**1491823**	**734624**	**757199**	**977607**	**502796**	**474811**
60	359154	178093	181061	251579	129268	122311
61	330549	163624	166925	221275	114109	107166
62	282753	137758	144995	182987	93097	89890
63	270214	133006	137208	169535	87678	81857
64	249153	122143	127010	152231	78644	73587
65-69岁	**1017491**	**490720**	**526771**	**560757**	**289136**	**271621**
65	223106	108295	114811	131492	67719	63773
66	208950	101336	107614	119384	61838	57546
67	194107	93600	100507	106231	54791	51440
68	196726	94157	102569	104543	53655	50888
69	194602	93332	101270	99107	51133	47974
70-74岁	**868093**	**416358**	**451735**	**372549**	**193818**	**178731**
70	193349	93399	99950	90765	47256	43509
71	167182	79323	87859	73826	37926	35900
72	180561	86311	94250	76505	39922	36583
73	166603	80801	85802	68274	35981	32293
74	160398	76524	83874	63179	32733	30446
75-79岁	**621766**	**296496**	**325270**	**217090**	**113117**	**103973**
75	149858	70501	79357	56125	28826	27299
76	136337	64377	71960	49003	25201	23802
77	131958	63574	68384	45689	24111	21578
78	109027	51920	57107	36202	18926	17276
79	94586	46124	48462	30071	16053	14018
80-84岁	**333147**	**155727**	**177420**	**87919**	**45193**	**42726**
80	94891	45926	48965	27117	14283	12834
81	71073	33496	37577	18895	9838	9057
82	67706	31322	36384	17336	8854	8482
83	54789	24999	29790	13699	6888	6811
84	44688	19984	24704	10872	5330	5542
85-89岁	**133128**	**55402**	**77726**	**29225**	**13338**	**15887**
85	39092	17057	22035	9126	4358	4768
86	31790	13339	18451	7065	3265	3800
87	24853	10044	14809	5371	2383	2988
88	20657	8379	12278	4263	1896	2367
89	16736	6583	10153	3400	1436	1964
90-94岁	**36178**	**12948**	**23230**	**6405**	**2537**	**3868**
90	12402	4565	7837	2287	914	1373
91	8700	3227	5473	1477	591	886
92	6699	2328	4371	1195	468	727
93	4974	1664	3310	846	323	523
94	3403	1164	2239	600	241	359
95-99岁	**7950**	**2546**	**5404**	**1428**	**560**	**868**
95	2614	848	1766	450	165	285
96	2002	623	1379	343	134	209
97	1478	472	1006	273	112	161
98	1084	351	733	219	96	123
99	772	252	520	143	53	90
100岁及以上	**829**	**239**	**590**	**132**	**47**	**85**

8-2a 续表

单位：人

年 龄	基本健康			不健康，但生活能自理			生活不能自理		
	小计	男	女	小计	男	女	小计	男	女
总 计	**1777590**	**801737**	**975853**	**373731**	**156520**	**217211**	**105972**	**46261**	**59711**
60-64岁	**451658**	**202706**	**248952**	**53470**	**24255**	**29215**	**9088**	**4867**	**4221**
60	95488	42984	52504	10391	4915	5476	1696	926	770
61	96525	43499	53026	10907	4985	5922	1842	1031	811
62	87673	39042	48631	10362	4662	5700	1731	957	774
63	87837	39507	48330	10942	4868	6074	1900	953	947
64	84135	37674	46461	10868	4825	6043	1919	1000	919
65-69岁	**387515**	**171009**	**216506**	**58253**	**24923**	**33330**	**10966**	**5652**	**5314**
65	78844	34756	44088	10813	4777	6036	1957	1043	914
66	76581	33730	42851	11054	4763	6291	1931	1005	926
67	74538	32925	41613	11195	4792	6403	2143	1092	1051
68	77663	34169	43494	12182	5140	7042	2338	1193	1145
69	79889	35429	44460	13009	5451	7558	2597	1319	1278
70-74岁	**397788**	**180663**	**217125**	**80842**	**33707**	**47135**	**16914**	**8170**	**8744**
70	84476	38358	46118	15231	6335	8896	2877	1450	1427
71	75994	33853	42141	14520	6153	8367	2842	1391	1451
72	83515	37678	45837	17034	7034	10000	3507	1677	1830
73	78017	36055	41962	16632	6997	9635	3680	1768	1912
74	75786	34719	41067	17425	7188	10237	4008	1884	2124
75-79岁	**301446**	**139601**	**161845**	**80988**	**33649**	**47339**	**22242**	**10129**	**12113**
75	72208	32752	39456	17258	6909	10349	4267	2014	2253
76	66092	30188	35904	16845	6972	9873	4397	2016	2381
77	64127	30038	34089	17418	7295	10123	4724	2130	2594
78	53107	24613	28494	15236	6372	8864	4482	2009	2473
79	45912	22010	23902	14231	6101	8130	4372	1960	2412
80-84岁	**161000**	**75569**	**85431**	**61630**	**25576**	**36054**	**22598**	**9389**	**13209**
80	46363	22419	23944	16283	6950	9333	5128	2274	2854
81	34655	16316	18339	13040	5431	7609	4483	1911	2572
82	32725	15226	17499	12870	5309	7561	4775	1933	2842
83	26162	12044	14118	10598	4338	6260	4330	1729	2601
84	21095	9564	11531	8839	3548	5291	3882	1542	2340
85-89岁	**60521**	**25708**	**34813**	**28451**	**10951**	**17500**	**14931**	**5405**	**9526**
85	18093	7976	10117	8087	3260	4827	3786	1463	2323
86	14655	6229	8426	6719	2612	4107	3351	1233	2118
87	11286	4669	6617	5325	2001	3324	2871	991	1880
88	9126	3823	5303	4609	1721	2888	2659	939	1720
89	7361	3011	4350	3711	1357	2354	2264	779	1485
90-94岁	**14508**	**5421**	**9087**	**8230**	**2904**	**5326**	**7035**	**2086**	**4949**
90	5224	1988	3236	2798	1035	1763	2093	628	1465
91	3506	1387	2119	2028	733	1295	1689	516	1173
92	2582	944	1638	1541	524	1017	1381	392	989
93	1927	656	1271	1116	364	752	1085	321	764
94	1269	446	823	747	248	499	787	229	558
95-99岁	**2881**	**977**	**1904**	**1697**	**504**	**1193**	**1944**	**505**	**1439**
95	972	335	637	579	186	393	613	162	451
96	704	228	476	445	118	327	510	143	367
97	506	178	328	323	89	234	376	93	283
98	404	128	276	218	69	149	243	58	185
99	295	108	187	132	42	90	202	49	153
100岁及以上	**273**	**83**	**190**	**170**	**51**	**119**	**254**	**58**	**196**

8-2b 全国分年龄、性别、健康状况的60岁及以上老年人口(镇)

单位：人

年 龄	60岁及以上人口			健 康		
	合计	男	女	小计	男	女
总 计	**3060339**	**1485165**	**1575174**	**1407618**	**746636**	**660982**
60-64岁	**1030453**	**517225**	**513228**	**638938**	**340018**	**298920**
60	241611	120709	120902	161967	85094	76873
61	228896	115811	113085	145563	78014	67549
62	198464	99280	99184	121057	64187	56870
63	186618	94155	92463	110192	59117	51075
64	174864	87270	87594	100159	53606	46553
65-69岁	**718940**	**358694**	**360246**	**363236**	**196236**	**167000**
65	161704	80705	80999	88517	47570	40947
66	151562	76183	75379	79905	43348	36557
67	137393	68254	69139	68957	37274	31683
68	135048	67187	67861	64937	35043	29894
69	133233	66365	66868	60920	33001	27919
70-74岁	**566514**	**279896**	**286618**	**213456**	**115041**	**98415**
70	130866	65592	65274	54366	29517	24849
71	106248	52267	53981	41396	22270	19126
72	118407	58906	59501	43842	23742	20100
73	108204	53401	54803	38418	20755	17663
74	102789	49730	53059	35434	18757	16677
75-79岁	**398924**	**187057**	**211867**	**120628**	**62330**	**58298**
75	94341	44626	49715	31170	16210	14960
76	86612	40425	46187	27103	14030	13073
77	85291	40514	44777	25469	13379	12090
78	71189	32953	38236	20106	10154	9952
79	61491	28539	32952	16780	8557	8223
80-84岁	**221826**	**97516**	**124310**	**49889**	**24278**	**25611**
80	63212	28863	34349	15471	7760	7711
81	46055	20394	25661	10555	5220	5335
82	45665	19928	25737	9895	4773	5122
83	36880	15886	20994	7774	3713	4061
84	30014	12445	17569	6194	2812	3382
85-89岁	**91847**	**35021**	**56826**	**16715**	**7102**	**9613**
85	26927	10760	16167	5156	2309	2847
86	21993	8448	13545	4091	1781	2310
87	17495	6527	10968	3107	1282	1825
88	13744	5108	8636	2413	957	1456
89	11688	4178	7510	1948	773	1175
90-94岁	**25662**	**8048**	**17614**	**3814**	**1308**	**2506**
90	9157	3011	6146	1382	497	885
91	6024	1991	4033	870	305	565
92	4558	1370	3188	664	227	437
93	3375	1011	2364	510	160	350
94	2548	665	1883	388	119	269
95-99岁	**5504**	**1552**	**3952**	**849**	**290**	**559**
95	1811	508	1303	261	94	167
96	1361	412	949	213	70	143
97	995	270	725	151	52	99
98	792	223	569	136	46	90
99	545	139	406	88	28	60
100岁及以上	**669**	**156**	**513**	**93**	**33**	**60**

8-2b 续表

单位：人

年龄	基本健康			不健康，但生活能自理			生活不能自理		
	小计	男	女	小计	男	女	小计	男	女
总 计	**1200264**	**543871**	**656393**	**372797**	**160674**	**212123**	**79660**	**33984**	**45676**
60-64岁	**327009**	**146911**	**180098**	**56004**	**25941**	**30063**	**8502**	**4355**	**4147**
60	67799	30043	37756	10235	4746	5489	1610	826	784
61	69961	31398	38563	11586	5489	6097	1786	910	876
62	64663	29094	35569	11131	5174	5957	1613	825	788
63	63356	28904	34452	11363	5254	6109	1707	880	827
64	61230	27472	33758	11689	5278	6411	1786	914	872
65-69岁	**281666**	**128316**	**153350**	**64260**	**29282**	**34978**	**9778**	**4860**	**4918**
65	59266	26629	32637	12058	5576	6482	1863	930	933
66	57376	26181	31195	12452	5724	6728	1829	930	899
67	54243	24442	29801	12344	5616	6728	1849	922	927
68	54932	25180	29752	13115	5956	7159	2064	1008	1056
69	55849	25884	29965	14291	6410	7881	2173	1070	1103
70-74岁	**257673**	**121138**	**136535**	**82078**	**37133**	**44945**	**13307**	**6584**	**6723**
70	57587	27151	30436	16490	7666	8824	2423	1258	1165
71	47728	22273	25455	14785	6587	8198	2339	1137	1202
72	54599	25948	28651	17260	7875	9385	2706	1341	1365
73	50090	23592	26498	16803	7619	9184	2893	1435	1458
74	47669	22174	25495	16740	7386	9354	2946	1413	1533
75-79岁	**186166**	**85170**	**100996**	**76729**	**32708**	**44021**	**15401**	**6849**	**8552**
75	43735	19934	23801	16530	7145	9385	2906	1337	1569
76	40722	18462	22260	15856	6613	9243	2931	1320	1611
77	40008	18562	21446	16427	7024	9403	3387	1549	1838
78	33218	15172	18046	14752	6284	8468	3113	1343	1770
79	28483	13040	15443	13164	5642	7522	3064	1300	1764
80-84岁	**98744**	**43763**	**54981**	**57425**	**23119**	**34306**	**15768**	**6356**	**9412**
80	28874	13142	15732	15261	6373	8888	3606	1588	2018
81	20622	9145	11477	11793	4792	7001	3085	1237	1848
82	20176	8971	11205	12072	4746	7326	3522	1438	2084
83	16231	7109	9122	9954	3953	6001	2921	1111	1810
84	12841	5396	7445	8345	3255	5090	2634	982	1652
85-89岁	**37849**	**14984**	**22865**	**26722**	**9582**	**17140**	**10561**	**3353**	**7208**
85	11434	4714	6720	7712	2889	4823	2625	848	1777
86	9199	3601	5598	6365	2286	4079	2338	780	1558
87	7152	2773	4379	5143	1797	3346	2093	675	1418
88	5447	2149	3298	4022	1434	2588	1862	568	1294
89	4617	1747	2870	3480	1176	2304	1643	482	1161
90-94岁	**9146**	**2996**	**6150**	**7822**	**2419**	**5403**	**4880**	**1325**	**3555**
90	3368	1171	2197	2891	933	1958	1516	410	1106
91	2167	744	1423	1806	598	1208	1181	344	837
92	1584	479	1105	1370	398	972	940	266	674
93	1188	378	810	990	292	698	687	181	506
94	839	224	615	765	198	567	556	124	432
95-99岁	**1813**	**549**	**1264**	**1562**	**436**	**1126**	**1280**	**277**	**1003**
95	601	184	417	559	150	409	390	80	310
96	433	142	291	381	122	259	334	78	256
97	334	93	241	283	73	210	227	52	175
98	260	78	182	213	58	155	183	41	142
99	185	52	133	126	33	93	146	26	120
100岁及以上	**198**	**44**	**154**	**195**	**54**	**141**	**183**	**25**	**158**

8-2c 全国分年龄、性别、健康状况的60岁及以上老年人口(乡村)

单位：人

年 龄	60岁及以上人口			健 康		
	合计	男	女	小计	男	女
总 计	**10087958**	**4957455**	**5130503**	**4077443**	**2243035**	**1834408**
60-64岁	**3309758**	**1696576**	**1613182**	**1927764**	**1064732**	**863032**
60	759084	386144	372940	486858	264153	222705
61	729641	380278	349363	440014	245707	194307
62	641728	329167	312561	367482	203317	164165
63	610827	313794	297033	334758	186773	147985
64	568478	287193	281285	298652	164782	133870
65-69岁	**2365669**	**1212486**	**1153183**	**1059780**	**603038**	**456742**
65	524790	266023	258767	262770	147053	115717
66	502761	260241	242520	236910	135879	101031
67	459415	235670	223745	203669	116256	87413
68	440792	226549	214243	184690	105688	79002
69	437911	224003	213908	171741	98162	73579
70-74岁	**1851058**	**930604**	**920454**	**571969**	**320995**	**250974**
70	420114	213427	206687	146826	83059	63767
71	345342	175319	170023	110679	62872	47807
72	386617	195934	190683	117512	66522	50990
73	355520	177976	177544	102530	57153	45377
74	343465	167948	175517	94422	51389	43033
75-79岁	**1355747**	**633749**	**721998**	**324118**	**167877**	**156241**
75	317603	152112	165491	83200	44436	38764
76	292860	138535	154325	73488	38657	34831
77	288996	135592	153404	67823	34992	32831
78	244654	112171	132483	54574	27536	27038
79	211634	95339	116295	45033	22256	22777
80-84岁	**771285**	**329057**	**442228**	**133525**	**62450**	**71075**
80	216921	95575	121346	41156	19794	21362
81	160488	69176	91312	28225	13424	14801
82	159714	68298	91416	26563	12422	14141
83	129069	53671	75398	21081	9548	11533
84	105093	42337	62756	16500	7262	9238
85-89岁	**326641**	**121859**	**204782**	**47350**	**19374**	**27976**
85	96095	37523	58572	14613	6247	8366
86	78723	29863	48860	11538	4892	6646
87	61890	22834	39056	8890	3577	5313
88	49105	17493	31612	6848	2584	4264
89	40828	14146	26682	5461	2074	3387
90-94岁	**87601**	**27605**	**59996**	**10521**	**3744**	**6777**
90	31683	10603	21080	3928	1471	2457
91	20581	6512	14069	2443	889	1554
92	15696	4767	10929	1893	610	1283
93	11339	3324	8015	1287	444	843
94	8302	2399	5903	970	330	640
95-99岁	**18110**	**5053**	**13057**	**2186**	**753**	**1433**
95	6151	1698	4453	696	233	463
96	4691	1353	3338	563	183	380
97	3175	893	2282	391	133	258
98	2470	673	1797	316	125	191
99	1623	436	1187	220	79	141
100岁及以上	**2089**	**466**	**1623**	**230**	**72**	**158**

8-2c 续表 单位：人

年龄	基本健康			不健康，但生活能自理			生活不能自理		
	小计	男	女	小计	男	女	小计	男	女
总计	**3967187**	**1830534**	**2136653**	**1708739**	**747535**	**961204**	**334589**	**136351**	**198238**
60-64岁	**1108030**	**506776**	**601254**	**240375**	**109066**	**131309**	**33589**	**16002**	**17587**
60	225207	100686	124521	41145	18513	22632	5874	2792	3082
61	235147	109003	126144	47819	22371	25448	6661	3197	3464
62	219850	101162	118688	47790	21517	26273	6606	3171	3435
63	218052	100594	117458	50919	23139	27780	7098	3288	3810
64	209774	95331	114443	52702	23526	29176	7350	3554	3796
65-69岁	**961929**	**452185**	**509744**	**302677**	**137381**	**165296**	**41283**	**19882**	**21401**
65	200225	91060	109165	54323	24274	30049	7472	3636	3836
66	199860	94330	105530	58203	26275	31928	7788	3757	4031
67	188235	88610	99625	59514	26949	32565	7997	3855	4142
68	185069	88143	96926	62428	28570	33858	8605	4148	4457
69	188540	90042	98498	68209	31313	36896	9421	4486	4935
70-74岁	**831157**	**401744**	**429413**	**390356**	**180733**	**209623**	**57576**	**27132**	**30444**
70	185405	89366	96039	77162	35868	41294	10721	5134	5587
71	155594	75794	79800	69173	31944	37229	9896	4709	5187
72	174492	85064	89428	82436	38536	43900	12177	5812	6365
73	160371	77659	82712	80457	37443	43014	12162	5721	6441
74	155295	73861	81434	81128	36942	44186	12620	5756	6864
75-79岁	**601269**	**276862**	**324407**	**365014**	**161168**	**203846**	**65346**	**27842**	**37504**
75	142864	66637	76227	78826	35415	43411	12713	5624	7089
76	130952	60607	70345	75782	33753	42029	12638	5518	7120
77	128595	59679	68916	78385	34823	43562	14193	6098	8095
78	107312	48886	58426	69644	30256	39388	13124	5493	7631
79	91546	41053	50493	62377	26921	35456	12678	5109	7569
80-84岁	**312039**	**135622**	**176417**	**258402**	**105716**	**152686**	**67319**	**25269**	**42050**
80	90525	40337	50188	69646	29277	40369	15594	6167	9427
81	65730	28847	36883	53323	21875	31448	13210	5030	8180
82	64266	28010	36256	54318	22326	31992	14567	5540	9027
83	51060	21767	29293	44370	17780	26590	12558	4576	7982
84	40458	16661	23797	36745	14458	22287	11390	3956	7434
85-89岁	**119487**	**46288**	**73199**	**115347**	**42193**	**73154**	**44457**	**14004**	**30453**
85	36522	14701	21821	33752	12830	20922	11208	3745	7463
86	29184	11306	17878	27859	10360	17499	10142	3305	6837
87	22454	8583	13871	21842	7966	13876	8704	2708	5996
88	17304	6614	10690	17348	6056	11292	7605	2239	5366
89	14023	5084	8939	14546	4981	9565	6798	2007	4791
90-94岁	**27430**	**9300**	**18130**	**30238**	**9532**	**20706**	**19412**	**5029**	**14383**
90	10259	3619	6640	11223	3721	7502	6273	1792	4481
91	6421	2193	4228	7159	2257	4902	4558	1173	3385
92	4754	1547	3207	5351	1682	3669	3698	928	2770
93	3499	1132	2367	3798	1097	2701	2755	651	2104
94	2497	809	1688	2707	775	1932	2128	485	1643
95-99岁	**5213**	**1627**	**3586**	**5714**	**1591**	**4123**	**4997**	**1082**	**3915**
95	1797	520	1277	2005	571	1434	1653	374	1279
96	1312	454	858	1480	417	1063	1336	299	1037
97	888	283	605	1023	289	734	873	188	685
98	716	230	486	754	195	559	684	123	561
99	500	140	360	452	119	333	451	98	353
100岁及以上	**633**	**130**	**503**	**616**	**155**	**461**	**610**	**109**	**501**

8-3 全国分性别、婚姻状况、健康状况的60岁及以上老年人口

单位：人

婚姻状况	60岁及以上人口			健康		
	合计	男	女	小计	男	女
总计	**17658702**	**8607680**	**9051022**	**7738173**	**4150213**	**3587960**
未婚	313683	280619	33064	104399	93121	11278
有配偶	12459025	6839768	5619257	6163029	3569429	2593600
离婚	138077	84200	53877	61572	38323	23249
丧偶	4747917	1403093	3344824	1409173	449340	959833

8-3 续表

单位：人

婚姻状况	基本健康			不健康，但生活能自理			生活不能自理		
	小计	男	女	小计	男	女	小计	男	女
总计	**6945041**	**3176142**	**3768899**	**2455267**	**1064729**	**1390538**	**520221**	**216596**	**303625**
未婚	123008	110055	12953	73520	66935	6585	12756	10508	2248
有配偶	4735369	2448419	2286950	1315800	686233	629567	244827	135687	109140
离婚	54225	32385	21840	18958	11582	7376	3322	1910	1412
丧偶	2032439	585283	1447156	1046989	299979	747010	259316	68491	190825

8-3a 全国分性别、婚姻状况、健康状况的60岁及以上老年人口(城市)

单位：人

婚姻状况	60岁及以上人口			健康		
	合计	男	女	小计	男	女
总计	**4510405**	**2165060**	**2345345**	**2253112**	**1160542**	**1092570**
未婚	30425	21944	8481	12453	8794	3659
有配偶	3393775	1860515	1533260	1845175	1044173	801002
离婚	51467	26258	25209	26126	13495	12631
丧偶	1034738	256343	778395	369358	94080	275278

8-3a 续表

单位：人

婚姻状况	基本健康			不健康，但生活能自理			生活不能自理		
	小计	男	女	小计	男	女	小计	男	女
总计	**1777590**	**801737**	**975853**	**373731**	**156520**	**217211**	**105972**	**46261**	**59711**
未婚	11526	8213	3313	4834	3819	1015	1612	1118	494
有配偶	1278991	668737	610254	215955	115327	100628	53654	32278	21376
离婚	19989	9941	10048	4409	2285	2124	943	537	406
丧偶	467084	114846	352238	148533	35089	113444	49763	12328	37435

8-3b　全国分性别、婚姻状况、健康状况的60岁及以上老年人口(镇)

单位：人

婚姻状况	60岁及以上人口			健　康		
	合计	男	女	小计	男	女
总　计	**3060339**	**1485165**	**1575174**	**1407618**	**746636**	**660982**
未　婚	44265	39150	5115	14738	13039	1699
有配偶	2184054	1206520	977534	1125948	651084	474864
离　婚	22036	13197	8839	9866	6045	3821
丧　偶	809984	226298	583686	257066	76468	180598

8-3b　续表

单位：人

婚姻状况	基本健康			不健康，但生活能自理			生活不能自理		
	小计	男	女	小计	男	女	小计	男	女
总　计	**1200264**	**543871**	**656393**	**372797**	**160674**	**212123**	**79660**	**33984**	**45676**
未　婚	17821	15783	2038	9952	8901	1051	1754	1427	327
有配偶	819084	426021	393063	200236	107040	93196	38786	22375	16411
离　婚	8732	5124	3608	2950	1759	1191	488	269	219
丧　偶	354627	96943	257684	159659	42974	116685	38632	9913	28719

8-3c　全国分性别、婚姻状况、健康状况的60岁及以上老年人口(乡村)

单位：人

婚姻状况	60岁及以上人口			健　康		
	合计	男	女	小计	男	女
总　计	**10087958**	**4957455**	**5130503**	**4077443**	**2243035**	**1834408**
未　婚	238993	219525	19468	77208	71288	5920
有配偶	6881196	3772733	3108463	3191906	1874172	1317734
离　婚	64574	44745	19829	25580	18783	6797
丧　偶	2903195	920452	1982743	782749	278792	503957

8-3c　续表

单位：人

婚姻状况	基本健康			不健康，但生活能自理			生活不能自理		
	小计	男	女	小计	男	女	小计	男	女
总　计	**3967187**	**1830534**	**2136653**	**1708739**	**747535**	**961204**	**334589**	**136351**	**198238**
未　婚	93661	86059	7602	58734	54215	4519	9390	7963	1427
有配偶	2637294	1353661	1283633	899609	463866	435743	152387	81034	71353
离　婚	25504	17320	8184	11599	7538	4061	1891	1104	787
丧　偶	1210728	373494	837234	738797	221916	516881	170921	46250	124671

8-4 全国分性别、主要生活来源、健康状况的60岁及以上老年人口

单位：人

主要生活来源	60岁及以上人口			健康		
	合计	男	女	小计	男	女
总　计	**17658702**	**8607680**	**9051022**	**7738173**	**4150213**	**3587960**
劳动收入	5133917	3149749	1984168	3245918	2057711	1188207
离退休金养老金	4258408	2486510	1771898	2166557	1302714	863843
失业保险金						
最低生活保障金	687524	353549	333975	130497	65833	64664
财产性收入	65090	35477	29613	32680	18563	14117
家庭其他成员供养	7190622	2430873	4759749	2049856	651244	1398612
其　他	323141	151522	171619	112665	54148	58517

8-4 续表

单位：人

主要生活来源	基本健康			不健康，但生活能自理			生活不能自理		
	小计	男	女	小计	男	女	小计	男	女
总　计	**6945041**	**3176142**	**3768899**	**2455267**	**1064729**	**1390538**	**520221**	**216596**	**303625**
劳动收入	1718854	996753	722101	163096	92005	71091	6049	3280	2769
离退休金养老金	1698074	955673	742401	308861	176309	132552	84916	51814	33102
失业保险金									
最低生活保障金	264126	132597	131529	241525	130228	111297	51376	24891	26485
财产性收入	24704	12804	11900	6673	3545	3128	1033	565	468
家庭其他成员供养	3102310	1016481	2085829	1672579	632357	1040222	365877	130791	235086
其　他	136973	61834	75139	62533	30285	32248	10970	5255	5715

8-4a 全国分性别、主要生活来源、健康状况的60岁及以上老年人口(城市)

单位：人

主要生活来源	60岁及以上人口			健康		
	合计	男	女	小计	男	女
总　计	**4510405**	**2165060**	**2345345**	**2253112**	**1160542**	**1092570**
劳动收入	298361	210438	87923	218022	157227	60795
离退休金养老金	2990182	1606622	1383560	1525982	854997	670985
失业保险金						
最低生活保障金	105310	38043	67267	29651	11289	18362
财产性收入	30788	16230	14558	17479	9590	7889
家庭其他成员供养	1011831	262601	749230	428047	112040	316007
其　他	73933	31126	42807	33931	15399	18532

8-4a 续表

单位：人

主要生活来源	基本健康			不健康，但生活能自理			生活不能自理		
	小计	男	女	小计	男	女	小计	男	女
总　计	**1777590**	**801737**	**975853**	**373731**	**156520**	**217211**	**105972**	**46261**	**59711**
劳动收入	75552	50195	25357	4477	2819	1658	310	197	113
离退休金养老金	1197832	614764	583068	206676	103820	102856	59692	33041	26651
失业保险金									
最低生活保障金	44183	15333	28850	24949	9191	15758	6527	2230	4297
财产性收入	10987	5470	5517	1921	955	966	401	215	186
家庭其他成员供养	419429	104256	315173	127456	36600	90856	36899	9705	27194
其　他	29607	11719	17888	8252	3135	5117	2143	873	1270

8-4b 全国分性别、主要生活来源、健康状况的60岁及以上老年人口(镇)

单位：人

主要生活来源	60岁及以上人口			健康		
	合计	男	女	小计	男	女
总计	**3060339**	**1485165**	**1575174**	**1407618**	**746636**	**660982**
劳动收入	681518	434105	247413	459309	300769	158540
离退休金养老金	804437	523310	281127	424210	279689	144521
失业保险金						
最低生活保障金	129930	60826	69104	30227	13978	16249
财产性收入	15423	8641	6782	7705	4517	3188
家庭其他成员供养	1362366	426771	935595	460549	135234	325315
其他	66665	31512	35153	25618	12449	13169

8-4b 续表

单位：人

主要生活来源	基本健康			不健康，但生活能自理			生活不能自理		
	小计	男	女	小计	男	女	小计	男	女
总计	**1200264**	**543871**	**656393**	**372797**	**160674**	**212123**	**79660**	**33984**	**45676**
劳动收入	205419	123418	82001	16121	9535	6586	669	383	286
离退休金养老金	310435	197060	113375	55287	36270	19017	14505	10291	4214
失业保险金									
最低生活保障金	53782	24481	29301	38156	18793	19363	7765	3574	4191
财产性收入	5961	3166	2795	1519	832	687	238	126	112
家庭其他成员供养	596082	182645	413437	251172	90214	160958	54563	18678	35885
其他	28585	13101	15484	10542	5030	5512	1920	932	988

8-4c 全国分性别、主要生活来源、健康状况的60岁及以上老年人口(乡村)

单位：人

主要生活来源	60岁及以上人口			健康		
	合计	男	女	小计	男	女
总　计	**10087958**	**4957455**	**5130503**	**4077443**	**2243035**	**1834408**
劳动收入	4154038	2505206	1648832	2568587	1599715	968872
离退休金养老金	463789	356578	107211	216365	168028	48337
失业保险金						
最低生活保障金	452284	254680	197604	70619	40566	30053
财产性收入	18879	10606	8273	7496	4456	3040
家庭其他成员供养	4816425	1741501	3074924	1161260	403970	757290
其　他	182543	88884	93659	53116	26300	26816

8-4c 续表

单位：人

主要生活来源	基本健康			不健康，但生活能自理			生活不能自理		
	小计	男	女	小计	男	女	小计	男	女
总　计	**3967187**	**1830534**	**2136653**	**1708739**	**747535**	**961204**	**334589**	**136351**	**198238**
劳动收入	1437883	823140	614743	142498	79651	62847	5070	2700	2370
离退休金养老金	189807	143849	45958	46898	36219	10679	10719	8482	2237
失业保险金									
最低生活保障金	166161	92783	73378	178420	102244	76176	37084	19087	17997
财产性收入	7756	4168	3588	3233	1758	1475	394	224	170
家庭其他成员供养	2086799	729580	1357219	1293951	505543	788408	274415	102408	172007
其　他	78781	37014	41767	43739	22120	21619	6907	3450	3457

8-5 各地区分性别、主要生活来源的60岁及以上老年人口

单位：人

地区	60岁及以上人口			劳动收入		
	合计	男	女	小计	男	女
全国	**17658702**	**8607680**	**9051022**	**5133917**	**3149749**	**1984168**
北京	250084	118583	131501	12607	9658	2949
天津	162233	78029	84204	17580	12376	5204
河北	928642	450063	478579	300702	189161	111541
山西	414649	205903	208746	105934	73137	32797
内蒙古	275828	137565	138263	65866	44031	21835
辽宁	672227	326082	346145	134758	87024	47734
吉林	349177	170725	178452	76130	49000	27130
黑龙江	468616	229664	238952	75022	51342	23680
上海	345592	165345	180247	17780	12397	5383
江苏	1247962	598544	649418	364252	212473	151779
浙江	759091	377570	381521	204515	143082	61433
安徽	853195	421912	431283	318297	196323	121974
福建	420377	206976	213401	87958	63370	24588
江西	504043	245931	258112	124173	84660	39513
山东	1400109	661388	738721	512536	304456	208080
河南	1196924	569894	627030	459967	266832	193135
湖北	779566	382160	397406	263183	158400	104783
湖南	939818	469609	470209	285554	185070	100484
广东	957360	461728	495632	187239	124119	63120
广西	616828	296065	320763	205032	115971	89061
海南	93525	44616	48909	23386	13410	9976
重庆	488115	245856	242259	166438	97401	69037
四川	1412294	704476	707818	509028	293504	215524
贵州	446686	217427	229259	141959	80378	61581
云南	514563	247803	266760	159468	89400	70068
西藏	20828	9304	11524	5153	2735	2418
陕西	487378	239095	248283	137686	84855	52831
甘肃	338325	168184	170141	95811	57526	38285
青海	51945	25059	26886	10068	6199	3869
宁夏	61207	30331	30876	14602	9388	5214
新疆	201515	101793	99722	51233	32071	19162

8-5 续表 1

单位：人

地区	离退休金养老金			失业保险金			最低生活保障金		
	小计	男	女	小计	男	女	小计	男	女
全国	**4258408**	**2486510**	**1771898**				**687524**	**353549**	**333975**
北京	179675	91244	88431				8591	3596	4995
天津	95169	50839	44330				3445	1444	2001
河北	168284	108020	60264				31078	16846	14232
山西	95302	65251	30051				21831	11073	10758
内蒙古	75993	48443	27550				25508	11841	13667
辽宁	323894	172580	151314				18801	8940	9861
吉林	126555	73064	53491				16117	6106	10011
黑龙江	208534	113457	95077				18204	7817	10387
上海	279827	136513	143314				13871	5172	8699
江苏	351549	200448	151101				40938	21069	19869
浙江	187417	106013	81404				29223	15279	13944
安徽	126055	79872	46183				37840	21486	16354
福建	84333	53075	31258				9496	5604	3892
江西	102303	65205	37098				17815	9167	8648
山东	224166	141666	82500				32723	16676	16047
河南	164649	102806	61843				43111	23794	19317
湖北	188730	109013	79717				25926	13310	12616
湖南	152438	95548	56890				35655	19739	15916
广东	243454	137002	106452				22581	14049	8532
广西	88841	54277	34564				27442	15971	11471
海南	26290	15218	11072				4675	2452	2223
重庆	108561	61572	46989				24021	13503	10518
四川	253378	152476	100902				56248	31459	24789
贵州	58646	37970	20676				37365	17945	19420
云南	81871	52841	29030				19511	9116	10395
西藏	1567	929	638				1480	637	843
陕西	102106	65027	37079				22856	11107	11749
甘肃	50035	33377	16658				18937	9036	9901
青海	11394	7695	3699				2691	1053	1638
宁夏	17395	10520	6875				3836	1737	2099
新疆	79997	44549	35448				15708	6525	9183

8-5 续表 2

单位：人

地区	财产性收入			家庭其他成员供养			其他		
	小计	男	女	小计	男	女	小计	男	女
全国	**65090**	**35477**	**29613**	**7190622**	**2430873**	**4759749**	**323141**	**151522**	**171619**
北京	1108	532	576	45969	12734	33235	2134	819	1315
天津	379	219	160	43411	12124	31287	2249	1027	1222
河北	1756	988	768	412295	127884	284411	14527	7164	7363
山西	1500	888	612	182912	51994	130918	7170	3560	3610
内蒙古	1721	962	759	100062	29685	70377	6678	2603	4075
辽宁	2400	1263	1137	185187	53110	132077	7187	3165	4022
吉林	2102	1121	981	121638	38285	83353	6635	3149	3486
黑龙江	2883	1627	1256	153987	50701	103286	9986	4720	5266
上海	225	129	96	17000	4855	12145	16889	6279	10610
江苏	3367	1765	1602	464824	152147	312677	23032	10642	12390
浙江	7029	3951	3078	321413	104686	216727	9494	4559	4935
安徽	2206	1191	1015	355147	116413	238734	13650	6627	7023
福建	2438	1492	946	230713	80723	149990	5439	2712	2727
江西	1027	608	419	250643	82535	168108	8082	3756	4326
山东	2834	1521	1313	603343	185870	417473	24507	11199	13308
河南	3258	1728	1530	497322	161233	336089	28617	13501	15116
湖北	1570	860	710	287368	94732	192636	12789	5845	6944
湖南	2956	1682	1274	444630	158505	286125	18585	9065	9520
广东	7245	3918	3327	479937	174124	305813	16904	8516	8388
广西	1622	829	793	282574	103506	179068	11317	5511	5806
海南	410	230	180	36637	12295	24342	2127	1011	1116
重庆	1198	645	553	178145	67731	110414	9752	5004	4748
四川	4000	2142	1858	562050	211363	350687	27590	13532	14058
贵州	1772	912	860	199099	76647	122452	7845	3575	4270
云南	2650	1301	1349	245643	92606	153037	5420	2539	2881
西藏	55	25	30	11756	4610	7146	817	368	449
陕西	2916	1509	1407	210375	71271	139104	11439	5326	6113
甘肃	933	531	402	165345	64284	101061	7264	3430	3834
青海	255	136	119	26476	9472	17004	1061	504	557
宁夏	302	174	128	24068	8074	15994	1004	438	566
新疆	973	598	375	50653	16674	33979	2951	1376	1575

8-5a 各地区分性别、主要生活来源的60岁及以上老年人口(城市)

单位：人

地区	60岁及以上人口			劳动收入		
	合计	男	女	小计	男	女
全国	**4510405**	**2165060**	**2345345**	**298361**	**210438**	**87923**
北京	195284	91579	103705	4522	3531	991
天津	110470	52513	57957	2960	2372	588
河北	170407	81002	89405	12741	8821	3920
山西	93621	45537	48084	4618	3571	1047
内蒙古	82457	39334	43123	4393	3399	994
辽宁	329963	155649	174314	11839	8579	3260
吉林	134585	63731	70854	4901	3464	1437
黑龙江	187773	88938	98835	5673	4193	1480
上海	267912	128655	139257	7155	5607	1548
江苏	374452	181109	193343	34893	23133	11760
浙江	204405	100787	103618	24349	18144	6205
安徽	128978	62817	66161	10520	7555	2965
福建	105880	51890	53990	8971	6745	2226
江西	82133	40469	41664	5377	3880	1497
山东	322377	150809	171568	35116	24598	10518
河南	193350	90749	102601	16372	11029	5343
湖北	203710	98755	104955	17270	11347	5923
湖南	142925	70953	71972	10526	7337	3189
广东	362901	173328	189573	28190	20896	7294
广西	85899	41403	44496	6351	4108	2243
海南	18891	9131	9760	1455	1024	431
重庆	109443	52559	56884	8385	5400	2985
四川	210964	103402	107562	12052	8082	3970
贵州	56574	27228	29346	3215	2083	1132
云南	69005	34098	34907	4377	2834	1543
西藏	1517	712	805	158	102	56
陕西	103337	49931	53406	5391	3744	1647
甘肃	60903	29870	31033	2543	1839	704
青海	14580	6910	7670	545	418	127
宁夏	20288	9874	10414	922	674	248
新疆	65421	31338	34083	2581	1929	652

8-5a 续表 1

单位：人

地区	离退休金养老金			失业保险金			最低生活保障金		
	小计	男	女	小计	男	女	小计	男	女
全国	**2990182**	**1606622**	**1383560**				**105310**	**38043**	**67267**
北京	167400	82721	84679				2252	629	1623
天津	87405	45603	41802				1970	537	1433
河北	105883	59603	46280				2881	960	1921
山西	59063	36103	22960				1750	503	1247
内蒙古	51002	30024	20978				3063	931	2132
辽宁	267213	134921	132292				6237	2069	4168
吉林	97836	52651	45185				4611	1249	3362
黑龙江	142870	74990	67880				4384	1285	3099
上海	245227	118581	126646				3645	961	2684
江苏	236153	125163	110990				11653	4852	6801
浙江	117194	61692	55502				6981	2917	4064
安徽	77107	44072	33035				7065	2771	4294
福建	55166	31616	23550				1155	521	634
江西	53728	30546	23182				1952	701	1251
山东	160470	91578	68892				6717	2715	4002
河南	109991	61631	48360				4547	1775	2772
湖北	135130	73097	62033				4561	1617	2944
湖南	86285	48530	37755				4300	1630	2670
广东	195919	104580	91339				3297	1636	1661
广西	53234	29203	24031				1353	550	803
海南	10657	6037	4620				338	137	201
重庆	72607	37702	34905				3440	1475	1965
四川	145152	78463	66689				5438	2142	3296
贵州	36179	20481	15698				1693	583	1110
云南	44245	24953	19292				1718	593	1125
西藏	732	408	324				49	18	31
陕西	68342	38697	29645				2004	554	1450
甘肃	38133	23775	14358				2459	681	1778
青海	8651	5503	3148				618	116	502
宁夏	13601	7803	5798				967	330	637
新疆	47607	25895	21712				2212	605	1607

8-5a 续表 2 单位：人

地区	财产性收入			家庭其他成员供养			其他		
	小计	男	女	小计	男	女	小计	男	女
全国	**30788**	**16230**	**14558**	**1011831**	**262601**	**749230**	**73933**	**31126**	**42807**
北京	612	270	342	19158	3975	15183	1340	453	887
天津	235	128	107	16722	3381	13341	1178	492	686
河北	597	331	266	45893	10195	35698	2412	1092	1320
山西	727	413	314	25746	4283	21463	1717	664	1053
内蒙古	523	287	236	21373	4132	17241	2103	561	1542
辽宁	1320	690	630	41103	8546	32557	2251	844	1407
吉林	805	432	373	24597	5144	19453	1835	791	1044
黑龙江	733	390	343	30917	6803	24114	3196	1277	1919
上海	126	73	53	7489	1955	5534	4270	1478	2792
江苏	1591	805	786	82326	23819	58507	7836	3337	4499
浙江	3523	1913	1610	50037	15038	34999	2321	1083	1238
安徽	660	350	310	31293	7165	24128	2333	904	1429
福建	1383	827	556	37910	11590	26320	1295	591	704
江西	361	202	159	19595	4656	14939	1120	484	636
山东	1357	723	634	112374	28425	83949	6343	2770	3573
河南	1350	693	657	56365	13562	42803	4725	2059	2666
湖北	695	371	324	42817	11013	31804	3237	1310	1927
湖南	1500	841	659	37062	11064	25998	3252	1551	1701
广东	5257	2780	2477	124516	40646	83870	5722	2790	2932
广西	714	367	347	22512	6384	16128	1735	791	944
海南	170	93	77	5776	1598	4178	495	242	253
重庆	385	197	188	22704	6931	15773	1922	854	1068
四川	1397	697	700	42870	12237	30633	4055	1781	2274
贵州	783	373	410	13610	3300	10310	1094	408	686
云南	1442	706	736	16112	4486	11626	1111	526	585
西藏	10	5	5	502	149	353	66	30	36
陕西	1403	651	752	23956	5317	18639	2241	968	1273
甘肃	423	229	194	16241	2958	13283	1104	388	716
青海	147	69	78	4422	725	3697	197	79	118
宁夏	133	73	60	4352	886	3466	313	108	205
新疆	426	251	175	11481	2238	9243	1114	420	694

8-5b 各地区分性别、主要生活来源的60岁及以上老年人口(镇)

单位：人

地区	60岁及以上人口			劳动收入		
	合计	男	女	小计	男	女
全国	**3060339**	**1485165**	**1575174**	**681518**	**434105**	**247413**
北京	14644	7207	7437	1245	987	258
天津	14071	6883	7188	2258	1706	552
河北	194722	93401	101321	53801	34887	18914
山西	70498	34662	35836	13019	9314	3705
内蒙古	54620	26243	28377	5959	4397	1562
辽宁	72705	35143	37562	11668	8027	3641
吉林	56910	27379	29531	7794	5238	2556
黑龙江	89747	43163	46584	7798	5681	2117
上海	34155	16368	17787	3285	2207	1078
江苏	253080	121223	131857	74635	43752	30883
浙江	154565	76840	77725	35290	25168	10122
安徽	163461	79740	83721	46784	30019	16765
福建	86461	41871	44590	14289	10520	3769
江西	114483	56200	58283	17641	12717	4924
山东	251041	117538	133503	86040	51709	34331
河南	193988	91669	102319	56718	34018	22700
湖北	116934	56830	60104	28163	17531	10632
湖南	193456	96558	96898	41072	27768	13304
广东	155583	75735	79848	24224	17304	6920
广西	115749	55574	60175	28228	16565	11663
海南	20224	9684	10540	3751	2298	1453
重庆	89827	44402	45425	19369	11727	7642
四川	221890	110803	111087	38482	23459	15023
贵州	61039	29015	32024	11529	6767	4762
云南	97368	46913	50455	20562	12017	8545
西藏	1893	924	969	376	213	163
陕西	81850	40785	41065	14865	9711	5154
甘肃	38532	19390	19142	7007	4494	2513
青海	8407	4108	4299	1029	702	327
宁夏	7758	3852	3906	1600	1096	504
新疆	30678	15062	15616	3037	2106	931

8-5b 续表 1 单位：人

地区	离退休金养老金			失业保险金			最低生活保障金		
	小计	男	女	小计	男	女	小计	男	女
全国	**804437**	**523310**	**281127**				**129930**	**60826**	**69104**
北京	6303	3877	2426				1029	462	567
天津	4554	2795	1759				380	198	182
河北	36977	25604	11373				5273	2786	2487
山西	20268	14882	5386				2954	1315	1639
内蒙古	18585	13377	5208				5036	2004	3032
辽宁	32624	19461	13163				2386	1000	1386
吉林	20917	14315	6602				4424	1356	3068
黑龙江	47823	27393	20430				4171	1415	2756
上海	18922	9711	9211				4590	1865	2725
江苏	59365	36886	22479				9028	4692	4336
浙江	41683	25161	16522				6548	3112	3436
安徽	32919	22224	10695				7872	4053	3819
福建	19324	13177	6147				1692	885	807
江西	35201	23581	11620				4314	1941	2373
山东	35880	25827	10053				6057	3053	3004
河南	34770	23312	11458				7597	3897	3700
湖北	32905	21157	11748				4317	2010	2307
湖南	46763	31295	15468				8458	4137	4321
广东	30832	20713	10119				3332	2045	1287
广西	25951	16902	9049				4884	2609	2275
海南	7091	4170	2921				778	376	402
重庆	26146	16296	9850				5029	2547	2482
四川	77449	48873	28576				10830	5127	5703
贵州	13894	9781	4113				4611	1948	2663
云南	23194	15970	7224				4195	1800	2395
西藏	433	267	166				131	73	58
陕西	23329	16820	6509				3838	1681	2157
甘肃	8529	6573	1956				2409	1037	1372
青海	2103	1603	500				674	265	409
宁夏	2011	1367	644				500	225	275
新疆	17692	9940	7752				2593	912	1681

8-5b 续表 2

单位：人

地区	财产性收入			家庭其他成员供养			其他		
	小计	男	女	小计	男	女	小计	男	女
全国	**15423**	**8641**	**6782**	**1362366**	**426771**	**935595**	**66665**	**31512**	**35153**
北京	189	93	96	5633	1678	3955	245	110	135
天津	85	54	31	6418	1946	4472	376	184	192
河北	572	322	250	94624	28039	66585	3475	1763	1712
山西	323	200	123	32688	8311	24377	1246	640	606
内蒙古	499	280	219	22659	5470	17189	1882	715	1167
辽宁	410	218	192	24559	5985	18574	1058	452	606
吉林	312	174	138	22017	5585	16432	1446	711	735
黑龙江	592	330	262	27514	7465	20049	1849	879	970
上海	63	32	31	3670	1154	2516	3625	1399	2226
江苏	829	457	372	104293	33078	71215	4930	2358	2572
浙江	1843	1057	786	66934	21227	45707	2267	1115	1152
安徽	572	319	253	72475	21788	50687	2839	1337	1502
福建	522	318	204	49483	16388	33095	1151	583	568
江西	369	235	134	54840	16776	38064	2118	950	1168
山东	675	362	313	117485	34284	83201	4904	2303	2601
河南	736	408	328	88523	27355	61168	5644	2679	2965
湖北	411	225	186	48735	14803	33932	2403	1104	1299
湖南	894	515	379	91696	30622	61074	4573	2221	2352
广东	1059	593	466	93140	33523	59617	2996	1557	1439
广西	431	216	215	53939	18194	35745	2316	1088	1228
海南	73	39	34	8061	2567	5494	470	234	236
重庆	428	232	196	36581	12489	24092	2274	1111	1163
四川	1124	636	488	88252	29886	58366	5753	2822	2931
贵州	470	243	227	29112	9656	19456	1423	620	803
云南	621	313	308	47534	16214	31320	1262	599	663
西藏	6	2	4	881	337	544	66	32	34
陕西	864	488	376	36774	11041	25733	2180	1044	1136
甘肃	204	124	80	19352	6684	12668	1031	478	553
青海	47	28	19	4307	1386	2921	247	124	123
宁夏	67	41	26	3411	1045	2366	169	78	91
新疆	133	87	46	6776	1795	4981	447	222	225

8-5c 各地区分性别、主要生活来源的60岁及以上老年人口(乡村)

单位：人

地 区	60岁及以上人口			劳动收入		
	合计	男	女	小计	男	女
全 国	**10087958**	**4957455**	**5130503**	**4154038**	**2505206**	**1648832**
北 京	40156	19797	20359	6840	5140	1700
天 津	37692	18633	19059	12362	8298	4064
河 北	563513	275660	287853	234160	145453	88707
山 西	250530	125704	124826	88297	60252	28045
内蒙古	138751	71988	66763	55514	36235	19279
辽 宁	269559	135290	134269	111251	70418	40833
吉 林	157682	79615	78067	63435	40298	23137
黑龙江	191096	97563	93533	61551	41468	20083
上 海	43525	20322	23203	7340	4583	2757
江 苏	620430	296212	324218	254724	145588	109136
浙 江	400121	199943	200178	144876	99770	45106
安 徽	560756	279355	281401	260993	158749	102244
福 建	228036	113215	114821	64698	46105	18593
江 西	307427	149262	158165	101155	68063	33092
山 东	826691	393041	433650	391380	228149	163231
河 南	809586	387476	422110	386877	221785	165092
湖 北	458922	226575	232347	217750	129522	88228
湖 南	603437	302098	301339	233956	149965	83991
广 东	438876	212665	226211	134825	85919	48906
广 西	415180	199088	216092	170453	95298	75155
海 南	54410	25801	28609	18180	10088	8092
重 庆	288845	148895	139950	138684	80274	58410
四 川	979440	490271	489169	458494	261963	196531
贵 州	329073	161184	167889	127215	71528	55687
云 南	348190	166792	181398	134529	74549	59980
西 藏	17418	7668	9750	4619	2420	2199
陕 西	302191	148379	153812	117430	71400	46030
甘 肃	238890	118924	119966	86261	51193	35068
青 海	28958	14041	14917	8494	5079	3415
宁 夏	33161	16605	16556	12080	7618	4462
新 疆	105416	55393	50023	45615	28036	17579

8-5c 续表 1 单位：人

地区	离退休金养老金			失业保险金			最低生活保障金		
	小计	男	女	小计	男	女	小计	男	女
全国	**463789**	**356578**	**107211**				**452284**	**254680**	**197604**
北京	5972	4646	1326				5310	2505	2805
天津	3210	2441	769				1095	709	386
河北	25424	22813	2611				22924	13100	9824
山西	15971	14266	1705				17127	9255	7872
内蒙古	6406	5042	1364				17409	8906	8503
辽宁	24057	18198	5859				10178	5871	4307
吉林	7802	6098	1704				7082	3501	3581
黑龙江	17841	11074	6767				9649	5117	4532
上海	15678	8221	7457				5636	2346	3290
江苏	56031	38399	17632				20257	11525	8732
浙江	28540	19160	9380				15694	9250	6444
安徽	16029	13576	2453				22903	14662	8241
福建	9843	8282	1561				6649	4198	2451
江西	13374	11078	2296				11549	6525	5024
山东	27816	24261	3555				19949	10908	9041
河南	19888	17863	2025				30967	18122	12845
湖北	20695	14759	5936				17048	9683	7365
湖南	19390	15723	3667				22897	13972	8925
广东	16703	11709	4994				15952	10368	5584
广西	9656	8172	1484				21205	12812	8393
海南	8542	5011	3531				3559	1939	1620
重庆	9808	7574	2234				15552	9481	6071
四川	30777	25140	5637				39980	24190	15790
贵州	8573	7708	865				31061	15414	15647
云南	14432	11918	2514				13598	6723	6875
西藏	402	254	148				1300	546	754
陕西	10435	9510	925				17014	8872	8142
甘肃	3373	3029	344				14069	7318	6751
青海	640	589	51				1399	672	727
宁夏	1783	1350	433				2369	1182	1187
新疆	14698	8714	5984				10903	5008	5895

8-5c 续表 2 单位：人

地区	财产性收入			家庭其他成员供养			其他		
	小计	男	女	小计	男	女	小计	男	女
全国	**18879**	**10606**	**8273**	**4816425**	**1741501**	**3074924**	**182543**	**88884**	**93659**
北京	307	169	138	21178	7081	14097	549	256	293
天津	59	37	22	20271	6797	13474	695	351	344
河北	587	335	252	271778	89650	182128	8640	4309	4331
山西	450	275	175	124478	39400	85078	4207	2256	1951
内蒙古	699	395	304	56030	20083	35947	2693	1327	1366
辽宁	670	355	315	119525	38579	80946	3878	1869	2009
吉林	985	515	470	75024	27556	47468	3354	1647	1707
黑龙江	1558	907	651	95556	36433	59123	4941	2564	2377
上海	36	24	12	5841	1746	4095	8994	3402	5592
江苏	947	503	444	278205	95250	182955	10266	4947	5319
浙江	1663	981	682	204442	68421	136021	4906	2361	2545
安徽	974	522	452	251379	87460	163919	8478	4386	4092
福建	533	347	186	143320	52745	90575	2993	1538	1455
江西	297	171	126	176208	61103	115105	4844	2322	2522
山东	802	436	366	373484	123161	250323	13260	6126	7134
河南	1172	627	545	352434	120316	232118	18248	8763	9485
湖北	464	264	200	195816	68916	126900	7149	3431	3718
湖南	562	326	236	315872	116819	199053	10760	5293	5467
广东	929	545	384	262281	99955	162326	8186	4169	4017
广西	477	246	231	206123	78928	127195	7266	3632	3634
海南	167	98	69	22800	8130	14670	1162	535	627
重庆	385	216	169	118860	48311	70549	5556	3039	2517
四川	1479	809	670	430928	169240	261688	17782	8929	8853
贵州	519	296	223	156377	63691	92686	5328	2547	2781
云南	587	282	305	181997	71906	110091	3047	1414	1633
西藏	39	18	21	10373	4124	6249	685	306	379
陕西	649	370	279	149645	54913	94732	7018	3314	3704
甘肃	306	178	128	129752	54642	75110	5129	2564	2565
青海	61	39	22	17747	7361	10386	617	301	316
宁夏	102	60	42	16305	6143	10162	522	252	270
新疆	414	260	154	32396	12641	19755	1390	734	656

8-6 各地区分性别、主要生活来源的65岁及以上老年人口

单位：人

地区	65岁及以上人口			劳动收入		
	合计	男	女	小计	男	女
全国	**11826668**	**5659255**	**6167413**	**2327946**	**1475251**	**852695**
北京	173827	81582	92245	4133	3364	769
天津	106079	50220	55859	6469	4807	1662
河北	588067	280070	307997	120917	80709	40208
山西	273086	133875	139211	43668	31922	11746
内蒙古	181876	90466	91410	26936	18978	7958
辽宁	448528	215317	233211	54093	37996	16097
吉林	221565	107785	113780	28708	19664	9044
黑龙江	296465	144777	151688	24978	18207	6771
上海	231763	106839	124924	5745	3800	1945
江苏	849034	397144	451890	171871	101705	70166
浙江	510757	251355	259402	90670	66832	23838
安徽	584748	283882	300866	156531	100276	56255
福建	291711	140118	151593	38342	28435	9907
江西	334410	159482	174928	50126	36092	14034
山东	935549	431497	504052	232361	144903	87458
河南	785485	363474	422011	214614	126836	87778
湖北	508085	243550	264535	122688	76710	45978
湖南	632771	310855	321916	128773	86818	41955
广东	665341	310947	354394	84409	56155	28254
广西	434930	202947	231983	101586	58775	42811
海南	66815	30621	36194	11037	6239	4798
重庆	327897	163029	164868	82571	49541	33030
四川	949206	466644	482562	246533	145866	100667
贵州	303159	145534	157625	65578	38237	27341
云南	354391	167447	186944	73896	42516	31380
西藏	13655	5906	7749	2449	1313	1136
陕西	324023	156999	167024	62058	39764	22294
甘肃	224136	110938	113198	42119	26420	15699
青海	34585	16471	18114	3964	2555	1409
宁夏	40561	20069	20492	6086	4177	1909
新疆	134163	69415	64748	24037	15639	8398

8-6 续表 1

单位：人

地区	离退休金养老金			失业保险金			最低生活保障金		
	小计	男	女	小计	男	女	小计	男	女
全国	**2899688**	**1717793**	**1181895**				**554584**	**281043**	**273541**
北京	127192	64932	62260				6657	2802	3855
天津	62134	33654	28480				2677	1084	1593
河北	110494	72674	37820				25774	13752	12022
山西	65597	45785	19812				18322	9249	9073
内蒙古	52114	34825	17289				20775	9785	10990
辽宁	227269	121304	105965				14772	6882	7890
吉林	83179	49251	33928				12685	4681	8004
黑龙江	138512	76696	61816				14098	6017	8081
上海	190720	91350	99370				10663	3829	6834
江苏	240557	139058	101499				32742	16570	16172
浙江	131222	76184	55038				23337	12446	10891
安徽	89591	58103	31488				30777	17163	13614
福建	59267	38451	20816				7810	4508	3302
江西	67902	43930	23972				14057	7055	7002
山东	151889	97757	54132				27768	13959	13809
河南	111772	70935	40837				35633	19314	16319
湖北	120587	70220	50367				20690	10438	10252
湖南	101225	64616	36609				28577	15406	13171
广东	164952	93833	71119				19134	11567	7567
广西	59170	36633	22537				23292	13046	10246
海南	18895	11084	7811				3973	1972	2001
重庆	73632	42025	31607				18613	10264	8349
四川	170734	105271	65463				44342	23972	20370
贵州	40292	26421	13871				30751	14607	16144
云南	56137	36709	19428				15916	7246	8670
西藏	899	507	392				1119	479	640
陕西	69933	44796	25137				18745	9049	9696
甘肃	34515	23335	11180				14436	6867	7569
青海	8152	5529	2623				2011	762	1249
宁夏	12046	7337	4709				3043	1419	1624
新疆	59108	34588	24520				11395	4853	6542

8-6 续表 2

单位：人

地区	财产性收入			家庭其他成员供养			其他		
	小计	男	女	小计	男	女	小计	男	女
全国	**37836**	**20520**	**17316**	**5773929**	**2055656**	**3718273**	**232685**	**108992**	**123693**
北京	617	297	320	33747	9642	24105	1481	545	936
天津	217	135	82	33118	9889	23229	1464	651	813
河北	1035	563	472	319904	107367	212537	9943	5005	4938
山西	847	519	328	139614	43936	95678	5038	2464	2574
内蒙古	1058	610	448	76098	24399	51699	4895	1869	3026
辽宁	1432	754	678	145603	46023	99580	5359	2358	3001
吉林	1243	672	571	91360	31400	59960	4390	2117	2273
黑龙江	1652	943	709	110551	39791	70760	6674	3123	3551
上海	105	58	47	12051	3339	8712	12479	4463	8016
江苏	2078	1052	1026	384843	131003	253840	16943	7756	9187
浙江	4087	2344	1743	254839	90305	164534	6602	3244	3358
安徽	1410	762	648	296005	102505	193500	10434	5073	5361
福建	1336	774	562	181146	66090	115056	3810	1860	1950
江西	604	356	248	196056	69398	126658	5665	2651	3014
山东	1648	905	743	503024	165181	337843	18859	8792	10067
河南	1888	984	904	401253	135798	265455	20325	9607	10718
湖北	946	504	442	233747	81339	152408	9427	4339	5088
湖南	1550	861	689	359664	136664	223000	12982	6490	6492
广东	4061	2152	1909	380418	141135	239283	12367	6105	6262
广西	1042	512	530	240999	89751	151248	8841	4230	4611
海南	264	140	124	31067	10464	20603	1579	722	857
重庆	729	396	333	145200	57120	88080	7152	3683	3469
四川	2409	1313	1096	465243	180452	284791	19945	9770	10175
贵州	997	513	484	160006	63249	96757	5535	2507	3028
云南	1481	707	774	203089	78492	124597	3872	1777	2095
西藏	36	14	22	8612	3358	5254	540	235	305
陕西	1644	851	793	163826	58863	104963	7817	3676	4141
甘肃	523	289	234	127656	51696	75960	4887	2331	2556
青海	140	71	69	19588	7212	12376	730	342	388
宁夏	171	108	63	18532	6725	11807	683	303	380
新疆	586	361	225	37070	13070	24000	1967	904	1063

8-6a 各地区分性别、主要生活来源的65岁及以上老年人口(城市)

单位：人

地区	65岁及以上人口			劳动收入		
	合计	男	女	小计	男	女
全国	**3018582**	**1430436**	**1588146**	**107701**	**76129**	**31572**
北京	137576	63891	73685	1306	1031	275
天津	73588	34179	39409	936	703	233
河北	110896	52074	58822	4301	3051	1250
山西	64029	31087	32942	1574	1251	323
内蒙古	56623	27404	29219	1534	1197	337
辽宁	229164	106021	123143	3850	2858	992
吉林	88991	41650	47341	1627	1148	479
黑龙江	124960	58441	66519	1796	1322	474
上海	178913	82753	96160	1949	1450	499
江苏	248079	117808	130271	13025	8451	4574
浙江	133535	65375	68160	8387	6512	1875
安徽	89015	42982	46033	4127	2980	1147
福建	70570	34086	36484	3137	2394	743
江西	53944	26171	27773	1898	1377	521
山东	215007	99433	115574	13396	9759	3637
河南	129282	60001	69281	6162	4169	1993
湖北	128443	61397	67046	6806	4509	2297
湖南	93083	45805	47278	3703	2622	1081
广东	237984	111371	126613	9330	6858	2472
广西	57508	26973	30535	2556	1620	936
海南	12870	6070	6800	532	348	184
重庆	72672	34288	38384	3538	2239	1299
四川	140428	69067	71361	4678	3100	1578
贵州	38613	18462	20151	1270	828	442
云南	46552	22941	23611	1682	1099	583
西藏	924	406	518	72	43	29
陕西	71054	34036	37018	1995	1350	645
甘肃	42283	20756	21527	1010	718	292
青海	10554	5037	5517	182	139	43
宁夏	14043	6867	7176	306	228	78
新疆	47399	23604	23795	1036	775	261

8-6a 续表 1

单位：人

地区	离退休金养老金			失业保险金			最低生活保障金		
	小计	男	女	小计	男	女	小计	男	女
全国	**2031597**	**1101690**	**929907**				**81073**	**28003**	**53070**
北京	119172	59289	59883				1746	451	1295
天津	57397	30292	27105				1554	366	1188
河北	69601	39866	29735				2239	697	1542
山西	41079	25535	15544				1368	364	1004
内蒙古	35271	21894	13377				2335	693	1642
辽宁	188233	94432	93801				4680	1456	3224
吉林	64426	35298	29128				3587	840	2747
黑龙江	94812	50252	44560				3407	905	2502
上海	166205	78570	87635				3009	686	2323
江苏	158480	84610	73870				8810	3634	5176
浙江	80385	43004	37381				5299	2308	2991
安徽	54258	31562	22696				5523	2126	3397
福建	37969	22286	15683				894	373	521
江西	35504	20412	15092				1523	514	1009
山东	108363	62646	45717				5295	2152	3143
河南	75296	42676	32620				3521	1313	2208
湖北	85701	46556	39145				3471	1200	2271
湖南	56850	32326	24524				3345	1196	2149
广东	131756	70823	60933				2635	1279	1356
广西	35072	19354	15718				1101	417	684
海南	7335	4234	3101				256	93	163
重庆	48689	25220	23469				2478	1038	1440
四川	97786	53944	43842				4084	1513	2571
贵州	24908	14370	10538				1314	405	909
云南	30312	17445	12867				1292	392	900
西藏	422	222	200				36	12	24
陕西	47980	27411	20569				1574	379	1195
甘肃	26678	16976	9702				1879	457	1422
青海	6446	4167	2279				480	88	392
宁夏	9616	5588	4028				733	258	475
新疆	35595	20430	15165				1605	398	1207

8-6a 续表 2

单位：人

地区	财产性收入			家庭其他成员供养			其他		
	小计	男	女	小计	男	女	小计	男	女
全国	**16756**	**8760**	**7996**	**731938**	**196119**	**535819**	**49517**	**19735**	**29782**
北京	326	142	184	14076	2682	11394	950	296	654
天津	131	75	56	12801	2453	10348	769	290	479
河北	315	172	143	32917	7639	25278	1523	649	874
山西	408	235	173	18408	3272	15136	1192	430	762
内蒙古	326	173	153	15597	3094	12503	1560	353	1207
辽宁	721	368	353	30137	6399	23738	1543	508	1035
吉林	441	234	207	17770	3667	14103	1140	463	677
黑龙江	422	221	201	22285	4908	17377	2238	833	1405
上海	57	30	27	4749	1090	3659	2944	927	2017
江苏	938	461	477	61452	18415	43037	5374	2237	3137
浙江	1935	1075	860	36077	11814	24263	1452	662	790
安徽	390	208	182	23049	5499	17550	1668	607	1061
福建	725	400	325	27010	8287	18723	835	346	489
江西	190	111	79	14080	3455	10625	749	302	447
山东	716	384	332	82817	22573	60244	4420	1919	2501
河南	734	377	357	40595	10229	30366	2974	1237	1737
湖北	375	192	183	29964	8138	21826	2126	802	1324
湖南	713	381	332	26452	8322	18130	2020	958	1062
广东	2807	1456	1351	87755	29236	58519	3701	1719	1982
广西	436	224	212	17163	4867	12296	1180	491	689
海南	87	45	42	4357	1210	3147	303	140	163
重庆	229	120	109	16446	5104	11342	1292	567	725
四川	765	399	366	30466	8970	21496	2649	1141	1508
贵州	424	203	221	9958	2407	7551	739	249	490
云南	739	359	380	11827	3334	8493	700	312	388
西藏	7	5	2	344	107	237	43	17	26
陕西	775	365	410	17235	3919	13316	1495	612	883
甘肃	234	124	110	11671	2215	9456	811	266	545
青海	86	43	43	3219	543	2676	141	57	84
宁夏	79	49	30	3093	676	2417	216	68	148
新疆	225	129	96	8168	1595	6573	770	277	493

8-6b 各地区分性别、主要生活来源的65岁及以上老年人口(镇)

单位：人

地区	65岁及以上人口			劳动收入		
	合计	男	女	小计	男	女
全国	**2029886**	**967940**	**1061946**	**289419**	**188604**	**100815**
北京	9540	4657	4883	407	340	67
天津	8515	4154	4361	757	605	152
河北	121567	57378	64189	20533	13947	6586
山西	45273	22039	23234	4881	3662	1219
内蒙古	36181	17412	18769	2123	1631	492
辽宁	47402	22843	24559	4375	3273	1102
吉林	36611	17637	18974	2787	1990	797
黑龙江	57374	27788	29586	2415	1843	572
上海	22945	10648	12297	1102	708	394
江苏	173042	80861	92181	35153	20830	14323
浙江	101940	50175	51765	14222	10557	3665
安徽	111698	53552	58146	21741	14434	7307
福建	59601	28180	31421	5723	4261	1462
江西	74746	35995	38751	6577	4852	1725
山东	166123	76053	90070	37716	23758	13958
河南	125630	57695	67935	25021	15080	9941
湖北	75296	35827	39469	12216	7802	4414
湖南	127837	62849	64988	16964	11882	5082
广东	107548	50494	57054	9494	6786	2708
广西	80284	37197	43087	12976	7655	5321
海南	14349	6587	7762	1591	962	629
重庆	59961	29349	30612	8948	5481	3467
四川	147545	72802	74743	16877	10355	6522
贵州	41396	19366	22030	4845	2955	1890
云南	66586	31413	35173	8555	5192	3363
西藏	1192	554	638	168	89	79
陕西	53078	26074	27004	6142	4162	1980
甘肃	24942	12506	12436	2806	1857	949
青海	5378	2577	2801	405	289	116
宁夏	4965	2451	2514	611	451	160
新疆	21341	10827	10514	1288	915	373

8-6b 续表 1

单位：人

地区	离退休金养老金			失业保险金			最低生活保障金		
	小计	男	女	小计	男	女	小计	男	女
全国	**538421**	**359028**	**179393**				**102217**	**47077**	**55140**
北京	4062	2541	1521				786	352	434
天津	2668	1686	982				279	151	128
河北	23590	17002	6588				4211	2190	2021
山西	13337	10084	3253				2414	1062	1352
内蒙古	12486	9429	3057				3786	1469	2317
辽宁	21987	13494	8493				1839	733	1106
吉林	13465	9698	3767				3465	1029	2436
黑龙江	31543	18680	12863				3086	991	2095
上海	12993	6682	6311				3394	1373	2021
江苏	40635	25817	14818				7356	3774	3582
浙江	29140	18173	10967				5180	2522	2658
安徽	23444	16333	7111				6375	3209	3166
福建	13778	9703	4075				1398	704	694
江西	23185	15846	7339				3310	1445	1865
山东	23764	17702	6062				5119	2537	2582
河南	22495	15537	6958				6067	3063	3004
湖北	20847	13600	7247				3390	1552	1838
湖南	30419	20819	9600				6656	3188	3468
广东	20987	14346	6641				2808	1677	1131
广西	17206	11385	5821				4037	2071	1966
海南	5144	3055	2089				657	297	360
重庆	17885	11260	6625				3748	1884	1864
四川	51095	32969	18126				8385	3830	4555
贵州	9602	6825	2777				3704	1532	2172
云南	15903	11067	4836				3243	1334	1909
西藏	244	140	104				89	57	32
陕西	15023	11030	3993				3061	1326	1735
甘肃	5693	4453	1240				1752	752	1000
青海	1328	1018	310				462	176	286
宁夏	1315	901	414				386	176	210
新疆	13158	7753	5405				1774	621	1153

8-6b 续表 2

单位：人

地区	财产性收入			家庭其他成员供养			其他		
	小计	男	女	小计	男	女	小计	男	女
全国	**8767**	**4840**	**3927**	**1044752**	**346630**	**698122**	**46310**	**21761**	**24549**
北京	114	56	58	4023	1299	2724	148	69	79
天津	49	36	13	4546	1569	2977	216	107	109
河北	331	179	152	70621	22865	47756	2281	1195	1086
山西	165	108	57	23639	6707	16932	837	416	421
内蒙古	292	172	120	16102	4184	11918	1392	527	865
辽宁	236	129	107	18203	4896	13307	762	318	444
吉林	177	93	84	15773	4358	11415	944	469	475
黑龙江	305	175	130	18838	5547	13291	1187	552	635
上海	28	14	14	2698	848	1850	2730	1023	1707
江苏	511	277	234	85686	28401	57285	3701	1762	1939
浙江	1055	625	430	50782	17516	33266	1561	782	779
安徽	336	182	154	57684	18418	39266	2118	976	1142
福建	283	172	111	37651	12965	24686	768	375	393
江西	202	126	76	40061	13102	26959	1411	624	787
山东	374	211	163	95528	30097	65431	3622	1748	1874
河南	432	230	202	67726	21948	45778	3889	1837	2052
湖北	249	135	114	36921	11963	24958	1673	775	898
湖南	475	268	207	70290	25208	45082	3033	1484	1549
广东	634	338	296	71509	26259	45250	2116	1088	1028
广西	258	121	137	44085	15146	28939	1722	819	903
海南	52	23	29	6567	2086	4481	338	164	174
重庆	249	129	120	27572	9834	17738	1559	761	798
四川	643	352	291	66737	23440	43297	3808	1856	1952
贵州	244	120	124	22022	7526	14496	979	408	571
云南	352	164	188	37695	13273	24422	838	383	455
西藏	3		3	641	247	394	47	21	26
陕西	465	254	211	26980	8646	18334	1407	656	751
甘肃	105	60	45	13916	5079	8837	670	305	365
青海	25	12	13	3002	1011	1991	156	71	85
宁夏	35	23	12	2516	848	1668	102	52	50
新疆	88	56	32	4738	1344	3394	295	138	157

8-6c 各地区分性别、主要生活来源的65岁及以上老年人口(乡村)

单位：人

地区	65岁及以上人口			劳动收入		
	合计	男	女	小计	男	女
全国	**6778200**	**3260879**	**3517321**	**1930826**	**1210518**	**720308**
北京	26711	13034	13677	2420	1993	427
天津	23976	11887	12089	4776	3499	1277
河北	355604	170618	184986	96083	63711	32372
山西	163784	80749	83035	37213	27009	10204
内蒙古	89072	45650	43422	23279	16150	7129
辽宁	171962	86453	85509	45868	31865	14003
吉林	95963	48498	47465	24294	16526	7768
黑龙江	114131	58548	55583	20767	15042	5725
上海	29905	13438	16467	2694	1642	1052
江苏	427913	198475	229438	123693	72424	51269
浙江	275282	135805	139477	68061	49763	18298
安徽	384035	187348	196687	130663	82862	47801
福建	161540	77852	83688	29482	21780	7702
江西	205720	97316	108404	41651	29863	11788
山东	554419	256011	298408	181249	111386	69863
河南	530573	245778	284795	183431	107587	75844
湖北	304346	146326	158020	103666	64399	39267
湖南	411851	202201	209650	108106	72314	35792
广东	319809	149082	170727	65585	42511	23074
广西	297138	138777	158361	86054	49500	36554
海南	39596	17964	21632	8914	4929	3985
重庆	195264	99392	95872	70085	41821	28264
四川	661233	324775	336458	224978	132411	92567
贵州	223150	107706	115444	59463	34454	25009
云南	241253	113093	128160	63659	36225	27434
西藏	11539	4946	6593	2209	1181	1028
陕西	199891	96889	103002	53921	34252	19669
甘肃	156911	77676	79235	38303	23845	14458
青海	18653	8857	9796	3377	2127	1250
宁夏	21553	10751	10802	5169	3498	1671
新疆	65423	34984	30439	21713	13949	7764

8-6c 续表 1

单位：人

地区	离退休金养老金			失业保险金			最低生活保障金		
	小计	男	女	小计	男	女	小计	男	女
全国	**329670**	**257075**	**72595**				**371294**	**205963**	**165331**
北京	3958	3102	856				4125	1999	2126
天津	2069	1676	393				844	567	277
河北	17303	15806	1497				19324	10865	8459
山西	11181	10166	1015				14540	7823	6717
内蒙古	4357	3502	855				14654	7623	7031
辽宁	17049	13378	3671				8253	4693	3560
吉林	5288	4255	1033				5633	2812	2821
黑龙江	12157	7764	4393				7605	4121	3484
上海	11522	6098	5424				4260	1770	2490
江苏	41442	28631	12811				16576	9162	7414
浙江	21697	15007	6690				12858	7616	5242
安徽	11889	10208	1681				18879	11828	7051
福建	7520	6462	1058				5518	3431	2087
江西	9213	7672	1541				9224	5096	4128
山东	19762	17409	2353				17354	9270	8084
河南	13981	12722	1259				26045	14938	11107
湖北	14039	10064	3975				13829	7686	6143
湖南	13956	11471	2485				18576	11022	7554
广东	12209	8664	3545				13691	8611	5080
广西	6892	5894	998				18154	10558	7596
海南	6416	3795	2621				3060	1582	1478
重庆	7058	5545	1513				12387	7342	5045
四川	21853	18358	3495				31873	18629	13244
贵州	5782	5226	556				25733	12670	13063
云南	9922	8197	1725				11381	5520	5861
西藏	233	145	88				994	410	584
陕西	6930	6355	575				14110	7344	6766
甘肃	2144	1906	238				10805	5658	5147
青海	378	344	34				1069	498	571
宁夏	1115	848	267				1924	985	939
新疆	10355	6405	3950				8016	3834	4182

8-6c 续表 2

单位：人

地区	财产性收入			家庭其他成员供养			其他		
	小计	男	女	小计	男	女	小计	男	女
全国	**12313**	**6920**	**5393**	**3997239**	**1512907**	**2484332**	**136858**	**67496**	**69362**
北京	177	99	78	15648	5661	9987	383	180	203
天津	37	24	13	15771	5867	9904	479	254	225
河北	389	212	177	216366	76863	139503	6139	3161	2978
山西	274	176	98	97567	33957	63610	3009	1618	1391
内蒙古	440	265	175	44399	17121	27278	1943	989	954
辽宁	475	257	218	97263	34728	62535	3054	1532	1522
吉林	625	345	280	57817	23375	34442	2306	1185	1121
黑龙江	925	547	378	69428	29336	40092	3249	1738	1511
上海	20	14	6	4604	1401	3203	6805	2513	4292
江苏	629	314	315	237705	84187	153518	7868	3757	4111
浙江	1097	644	453	167980	60975	107005	3589	1800	1789
安徽	684	372	312	215272	78588	136684	6648	3490	3158
福建	328	202	126	116485	44838	71647	2207	1139	1068
江西	212	119	93	141915	52841	89074	3505	1725	1780
山东	558	310	248	324679	112511	212168	10817	5125	5692
河南	722	377	345	292932	103621	189311	13462	6533	6929
湖北	322	177	145	166862	61238	105624	5628	2762	2866
湖南	362	212	150	262922	103134	159788	7929	4048	3881
广东	620	358	262	221154	85640	135514	6550	3298	3252
广西	348	167	181	179751	69738	110013	5939	2920	3019
海南	125	72	53	20143	7168	12975	938	418	520
重庆	251	147	104	101182	42182	59000	4301	2355	1946
四川	1001	562	439	368040	148042	219998	13488	6773	6715
贵州	329	190	139	128026	53316	74710	3817	1850	1967
云南	390	184	206	153567	61885	91682	2334	1082	1252
西藏	26	9	17	7627	3004	4623	450	197	253
陕西	404	232	172	119611	46298	73313	4915	2408	2507
甘肃	184	105	79	102069	44402	57667	3406	1760	1646
青海	29	16	13	13367	5658	7709	433	214	219
宁夏	57	36	21	12923	5201	7722	365	183	182
新疆	273	176	97	24164	10131	14033	902	489	413

8-7 全国分年龄、性别、主要生活来源的45岁及以上人口

单位：人

年 龄	45岁及以上人口			劳动收入		
	合计	男	女	小计	男	女
总 计	**43488724**	**21637054**	**21851670**	**24798007**	**14496560**	**10301447**
45-49岁	**10159832**	**5118861**	**5040971**	**8688668**	**4769819**	**3918849**
45	2297876	1163067	1134809	2008354	1094858	913496
46	2244611	1128916	1115695	1936067	1055330	880737
47	2593225	1314190	1279035	2210653	1222207	988446
48	1941352	976978	964374	1643317	907381	735936
49	1082768	535710	547058	890277	490043	400234
50-54岁	**7658776**	**3891177**	**3767599**	**5709932**	**3411845**	**2298087**
50	1376872	692394	684478	1059575	620231	439344
51	1227864	634338	593526	926250	563244	363006
52	1620810	825293	795517	1207750	724242	483508
53	1785823	910268	875555	1320180	793205	526975
54	1647407	828884	818523	1196177	710923	485254
55-59岁	**8011414**	**4019336**	**3992078**	**5265490**	**3165147**	**2100343**
55	1735209	878073	857136	1207561	727315	480246
56	1745269	877852	867417	1173165	707337	465828
57	1584002	790075	793927	1041731	622330	419401
58	1598225	800381	797844	1022364	614521	407843
59	1348709	672955	675754	820669	493644	327025
60-64岁	**5832034**	**2948425**	**2883609**	**2805971**	**1674498**	**1131473**
60	1359849	684946	674903	716271	421636	294635
61	1289086	659713	629373	644814	387345	257469
62	1122945	566205	556740	535857	319441	216416
63	1067659	540955	526704	483307	291340	191967
64	992495	496606	495889	425722	254736	170986
65-69岁	**4102100**	**2061900**	**2040200**	**1421148**	**889324**	**531824**
65	909600	455023	454577	365948	222345	143603
66	863273	437760	425513	326748	204831	121917
67	790915	397524	393391	272889	171311	101578
68	772566	387893	384673	239676	152219	87457
69	765746	383700	382046	215887	138618	77269
70-74岁	**3285665**	**1626858**	**1658807**	**595391**	**388859**	**206532**
70	744329	372418	371911	168183	107575	60608
71	618772	306909	311863	120097	79008	41089
72	685585	341151	344434	120243	79580	40663
73	630327	312178	318149	100288	66222	34066
74	606652	294202	312450	86580	56474	30106
75-79岁	**2376437**	**1117302**	**1259135**	**240316**	**154544**	**85772**
75	561802	267239	294563	70612	45831	24781
76	515809	243337	272472	59152	38133	21019
77	506245	239680	266565	49548	32008	17540
78	424870	197044	227826	34954	22276	12678
79	367711	170002	197709	26050	16296	9754
80-84岁	**1326258**	**582300**	**743958**	**52702**	**32350**	**20352**
80	375024	170364	204660	19201	11890	7311
81	277616	123066	154550	11305	7060	4245
82	273085	119548	153537	9905	6060	3845
83	220738	94556	126182	7057	4299	2758
84	179795	74766	105029	5234	3041	2193
85-89岁	**551616**	**212282**	**339334**	**12989**	**7119**	**5870**
85	162114	65340	96774	4319	2400	1919
86	132506	51650	80856	3209	1779	1430
87	104238	39405	64833	2396	1328	1068
88	83506	30980	52526	1725	909	816
89	69252	24907	44345	1340	703	637
90-94岁	**149441**	**48601**	**100840**	**3085**	**1640**	**1445**
90	53242	18179	35063	904	462	442
91	35305	11730	23575	720	387	333
92	26953	8465	18488	611	316	295
93	19688	5999	13689	389	224	165
94	14253	4228	10025	461	251	210
95-99岁	**31564**	**9151**	**22413**	**2080**	**1269**	**811**
95	10576	3054	7522	456	278	178
96	8054	2388	5666	430	257	173
97	5648	1635	4013	486	294	192
98	4346	1247	3099	431	263	168
99	2940	827	2113	277	177	100
100岁及以上	**3587**	**861**	**2726**	**235**	**146**	**89**

8-7 续表 1 单位：人

年龄	离退休金养老金			失业保险金			最低生活保障金		
	小计	男	女	小计	男	女	小计	男	女
总 计	**6347276**	**3020775**	**3326501**	**39509**	**25633**	**13876**	**990161**	**533047**	**457114**
45-49岁	**118893**	**5256**	**113637**	**25989**	**12113**	**13876**	**106036**	**58883**	**47153**
45	12983	732	12251	4261	2161	2100	21558	11953	9605
46	20735	945	19790	5065	2494	2571	22865	12765	10100
47	32102	1356	30746	7038	3291	3747	27865	15647	12218
48	26974	1213	25761	5597	2456	3141	20312	11114	9198
49	26099	1010	25089	4028	1711	2317	13436	7404	6032
50-54岁	**765637**	**120177**	**645460**	**13520**	**13520**		**86068**	**55215**	**30853**
50	116025	12446	103579	2362	2362		15926	10021	5905
51	120061	14762	105299	2061	2061		13661	8920	4741
52	166108	24869	141239	3025	3025		18262	11895	6367
53	184168	31338	152830	3204	3204		19681	12781	6900
54	179275	36762	142513	2868	2868		18538	11598	6940
55-59岁	**1204338**	**408832**	**795506**				**110533**	**65400**	**45133**
55	232698	64747	167951				21303	13124	8179
56	258269	80191	178078				22294	13420	8874
57	237765	80422	157343				21880	12937	8943
58	247041	90960	156081				23874	13847	10027
59	228565	92512	136053				21182	12072	9110
60-64岁	**1358720**	**768717**	**590003**				**132940**	**72506**	**60434**
60	308658	167868	140790				25207	13647	11560
61	297745	167900	129845				27351	15222	12129
62	260839	147880	112959				26196	14269	11927
63	253910	146625	107285				26828	14726	12102
64	237568	138444	99124				27358	14642	12716
65-69岁	**1007947**	**585664**	**422283**				**143256**	**78045**	**65211**
65	214783	125637	89146				27110	14663	12447
66	205322	119865	85457				28447	15575	12872
67	192758	111566	81192				28253	15375	12878
68	198241	114579	83662				28986	15751	13235
69	196843	114017	82826				30460	16681	13779
70-74岁	**872673**	**512112**	**360561**				**157394**	**84748**	**72646**
70	197967	117086	80881				33039	18024	15015
71	168112	96912	71200				28838	15387	13451
72	181989	106366	75623				33657	18251	15406
73	166092	98489	67603				31165	16904	14261
74	158513	93259	65254				30695	16182	14513
75-79岁	**596238**	**359958**	**236280**				**128260**	**64603**	**63657**
75	145153	85126	60027				29157	15034	14123
76	131322	77769	53553				27297	13774	13523
77	127183	77468	49715				27173	13664	13509
78	103170	63135	40035				23727	11858	11869
79	89410	56460	32950				20906	10273	10633
80-84岁	**295229**	**184696**	**110533**				**78591**	**36436**	**42155**
80	88167	55999	32168				21756	10572	11184
81	63766	39539	24227				16230	7624	8606
82	59780	37295	22485				16240	7389	8851
83	46580	29026	17554				13530	6157	7373
84	36936	22837	14099				10835	4694	6141
85-89岁	**101444**	**60825**	**40619**				**34311**	**13399**	**20912**
85	31216	19173	12043				9978	4084	5894
86	24608	14785	9823				8262	3245	5017
87	18783	11027	7756				6614	2551	4063
88	15003	8875	6128				5081	1872	3209
89	11834	6965	4869				4376	1647	2729
90-94岁	**22238**	**12460**	**9778**				**10205**	**3168**	**7037**
90	8238	4686	3552				3590	1226	2364
91	5395	3070	2325				2353	724	1629
92	3871	2149	1722				1851	532	1319
93	2855	1527	1328				1402	392	1010
94	1879	1028	851				1009	294	715
95-99岁	**3660**	**1944**	**1716**				**2209**	**575**	**1634**
95	1330	710	620				775	195	580
96	1005	520	485				578	171	407
97	620	341	279				361	96	265
98	442	240	202				267	55	212
99	263	133	130				228	58	170
100岁及以上	**259**	**134**	**125**				**358**	**69**	**289**

8-7 续表 2

单位：人

年 龄	财产性收入			家庭其他成员供养			其 他		
	小计	男	女	小计	男	女	小计	男	女
总 计	**253121**	**145223**	**107898**	**10316064**	**3044038**	**7272026**	**744586**	**371778**	**372808**
45-49岁	**79794**	**43608**	**36186**	**965528**	**142450**	**823078**	**174924**	**86732**	**88192**
45	16936	9137	7799	196860	26209	170651	36924	18017	18907
46	17065	9282	7783	204407	29246	175161	38407	18854	19553
47	20859	11397	9462	248838	37439	211399	45870	22853	23017
48	15671	8610	7061	195925	29447	166478	33556	16757	16799
49	9263	5182	4081	119498	20109	99389	20167	10251	9916
50-54岁	**56015**	**34108**	**21907**	**906231**	**189722**	**716509**	**121373**	**66590**	**54783**
50	10851	6478	4373	149023	28450	120573	23110	12406	10704
51	9436	5834	3602	136707	28391	108316	19688	11126	8562
52	11744	7216	4528	188195	39914	148281	25726	14132	11594
53	12441	7631	4810	218637	46957	171680	27512	15152	12360
54	11543	6949	4594	213669	46010	167659	25337	13774	11563
55-59岁	**52222**	**32030**	**20192**	**1253683**	**280993**	**972690**	**125148**	**66934**	**58214**
55	11796	7277	4519	234880	50951	183929	26971	14659	12312
56	11721	7244	4477	252835	55138	197697	26985	14522	12463
57	10227	6353	3874	247780	54820	192960	24619	13213	11406
58	10053	6094	3959	269677	61605	208072	25216	13354	11862
59	8425	5062	3363	248511	58479	190032	21357	11186	10171
60-64岁	**27254**	**14957**	**12297**	**1416693**	**375217**	**1041476**	**90456**	**42530**	**47926**
60	6890	3808	3082	282762	68463	214299	20061	9524	10537
61	6083	3327	2756	293754	76626	217128	19339	9293	10046
62	5201	2838	2363	277333	73558	203775	17519	8219	9300
63	4801	2632	2169	281596	77657	203939	17217	7975	9242
64	4279	2352	1927	281248	78913	202335	16320	7519	8801
65-69岁	**16480**	**9050**	**7430**	**1439137**	**464359**	**974778**	**74132**	**35458**	**38674**
65	3957	2174	1783	281903	82797	199106	15899	7407	8492
66	3526	1946	1580	284079	88285	195794	15151	7258	7893
67	3317	1830	1487	279559	90603	188956	14139	6839	7300
68	2846	1563	1283	288290	96718	191572	14527	7063	7464
69	2834	1537	1297	305306	105956	199350	14416	6891	7525
70-74岁	**10509**	**5951**	**4558**	**1584142**	**603318**	**980824**	**65556**	**31870**	**33686**
70	2553	1478	1075	328012	121121	206891	14575	7134	7441
71	2055	1168	887	287535	108512	179023	12135	5922	6213
72	2133	1192	941	333693	129047	204646	13870	6715	7155
73	1972	1115	857	318126	123280	194846	12684	6168	6516
74	1796	998	798	316776	121358	195418	12292	5931	6361
75-79岁	**6330**	**3394**	**2936**	**1355641**	**511671**	**843970**	**49652**	**23132**	**26520**
75	1558	851	707	303849	114980	188869	11473	5417	6056
76	1447	801	646	285960	107980	177980	10631	4880	5751
77	1291	701	590	290356	110864	179492	10694	4975	5719
78	1140	578	562	252871	94968	157903	9008	4229	4779
79	894	463	431	222605	82879	139726	7846	3631	4215
80-84岁	**2992**	**1466**	**1526**	**869029**	**314775**	**554254**	**27715**	**12577**	**15138**
80	873	414	459	237134	87782	149352	7893	3707	4186
81	637	316	321	179917	65879	114038	5761	2648	3113
82	618	320	298	180917	65963	114954	5625	2521	3104
83	459	228	231	148476	52755	95721	4636	2091	2545
84	405	188	217	122585	42396	80189	3800	1610	2190
85-89岁	**1152**	**512**	**640**	**390064**	**125727**	**264337**	**11656**	**4700**	**6956**
85	343	157	186	112806	38097	74709	3452	1429	2023
86	268	127	141	93358	30538	62820	2801	1176	1625
87	238	106	132	74032	23532	50500	2175	861	1314
88	161	63	98	59784	18562	41222	1752	699	1053
89	142	59	83	50084	14998	35086	1476	535	941
90-94岁	**298**	**116**	**182**	**110425**	**30199**	**80226**	**3190**	**1018**	**2172**
90	101	43	58	39266	11368	27898	1143	394	749
91	70	31	39	26019	7292	18727	748	226	522
92	51	19	32	19991	5280	14711	578	169	409
93	41	13	28	14587	3707	10880	414	136	278
94	35	10	25	10562	2552	8010	307	93	214
95-99岁	**67**	**26**	**41**	**22859**	**5127**	**17732**	**689**	**210**	**479**
95	18	10	8	7776	1790	5986	221	71	150
96	13	2	11	5859	1385	4474	169	53	116
97	13	5	8	4047	864	3183	121	35	86
98	13	6	7	3087	649	2438	106	34	72
99	10	3	7	2090	439	1651	72	17	55
100岁及以上	**8**	**5**	**3**	**2632**	**480**	**2152**	**95**	**27**	**68**

8-7a 全国分年龄、性别、主要生活来源的45岁及以上人口(城市)

单位：人

年龄	45岁及以上人口			劳动收入		
	合计	男	女	小计	男	女
总计	**12038852**	**5975154**	**6063698**	**4608827**	**3067833**	**1540994**
45-49岁	**3058752**	**1575076**	**1483676**	**2326155**	**1376329**	**949826**
45	667172	344368	322804	530837	307648	223189
46	679265	349609	329656	527094	308146	218948
47	809517	417280	392237	613938	363709	250229
48	565447	291814	273633	418814	252429	166385
49	337351	172005	165346	235472	144397	91075
50-54岁	**2311229**	**1173073**	**1138156**	**1230868**	**892931**	**337937**
50	443370	226301	217069	262030	182896	79134
51	388499	199865	188634	216473	157433	59040
52	491202	250399	240803	260605	191254	69351
53	520011	262395	257616	264965	194524	70441
54	468147	234113	234034	226795	166824	59971
55-59岁	**2158466**	**1061945**	**1096521**	**753443**	**588135**	**165308**
55	482758	240373	242385	199685	153471	46214
56	484216	239208	245008	180703	141178	39525
57	421675	206243	215432	144469	112979	31490
58	414288	202366	211922	130126	102510	27616
59	355529	173755	181774	98460	77997	20463
60-64岁	**1491823**	**734624**	**757199**	**190660**	**134309**	**56351**
60	359154	178093	181061	57317	41005	16312
61	330549	163624	166925	44506	31280	13226
62	282753	137758	144995	34526	23970	10556
63	270214	133006	137208	29315	20672	8643
64	249153	122143	127010	24996	17382	7614
65-69岁	**1017491**	**490720**	**526771**	**70444**	**50087**	**20357**
65	223106	108295	114811	20127	14159	5968
66	208950	101336	107614	16565	11862	4703
67	194107	93600	100507	12845	9137	3708
68	196726	94157	102569	11272	8014	3258
69	194602	93332	101270	9635	6915	2720
70-74岁	**868093**	**416358**	**451735**	**24413**	**17445**	**6968**
70	193349	93399	99950	7214	5179	2035
71	167182	79323	87859	4968	3558	1410
72	180561	86311	94250	4796	3508	1288
73	166603	80801	85802	4207	2950	1257
74	160398	76524	83874	3228	2250	978
75-79岁	**621766**	**296496**	**325270**	**8628**	**5962**	**2666**
75	149858	70501	79357	2714	1926	788
76	136337	64377	71960	2068	1413	655
77	131958	63574	68384	1712	1191	521
78	109027	51920	57107	1201	821	380
79	94586	46124	48462	933	611	322
80-84岁	**333147**	**155727**	**177420**	**2269**	**1455**	**814**
80	94891	45926	48965	728	466	262
81	71073	33496	37577	468	312	156
82	67706	31322	36384	451	280	171
83	54789	24999	29790	343	214	129
84	44688	19984	24704	279	183	96
85-89岁	**133128**	**55402**	**77726**	**743**	**436**	**307**
85	39092	17057	22035	216	128	88
86	31790	13339	18451	155	96	59
87	24853	10044	14809	140	82	58
88	20657	8379	12278	131	73	58
89	16736	6583	10153	101	57	44
90-94岁	**36178**	**12948**	**23230**	**554**	**325**	**229**
90	12402	4565	7837	86	48	38
91	8700	3227	5473	147	87	60
92	6699	2328	4371	129	74	55
93	4974	1664	3310	87	53	34
94	3403	1164	2239	105	63	42
95-99岁	**7950**	**2546**	**5404**	**599**	**385**	**214**
95	2614	848	1766	128	80	48
96	2002	623	1379	97	65	32
97	1478	472	1006	151	90	61
98	1084	351	733	127	81	46
99	772	252	520	96	69	27
100岁及以上	**829**	**239**	**590**	**51**	**34**	**17**

8-7a 续表 1

单位：人

年 龄	离退休金养老金			失业保险金			最低生活保障金		
	小计	男	女	小计	男	女	小计	男	女
总 计	**4615860**	**1981908**	**2633952**	**30641**	**19439**	**11202**	**230392**	**111589**	**118803**
45-49岁	**96032**	**3228**	**92804**	**20246**	**9044**	**11202**	**53598**	**27880**	**25718**
45	9915	388	9527	3078	1519	1559	10024	5102	4922
46	16535	566	15969	3839	1853	1986	11435	5954	5481
47	26245	830	25415	5518	2474	3044	14512	7589	6923
48	21679	759	20920	4447	1863	2584	10325	5315	5010
49	21658	685	20973	3364	1335	2029	7302	3920	3382
50-54岁	**614027**	**84651**	**529376**	**10395**	**10395**		**36539**	**24464**	**12075**
50	95948	8783	87165	1824	1824		7724	5126	2598
51	97477	10499	86978	1591	1591		6181	4241	1940
52	132955	17522	115433	2336	2336		7669	5227	2442
53	146901	22174	124727	2499	2499		7909	5346	2563
54	140746	25673	115073	2145	2145		7056	4524	2532
55-59岁	**915619**	**287407**	**628212**				**34945**	**21202**	**13743**
55	180790	46813	133977				7561	4753	2808
56	198898	57691	141207				7520	4673	2847
57	180684	56594	124090				6900	4254	2646
58	184594	62491	122103				6970	4053	2917
59	170653	63818	106835				5994	3469	2525
60-64岁	**958585**	**504932**	**453653**				**24237**	**10040**	**14197**
60	224267	115243	109024				5068	2187	2881
61	211212	111610	99602				5239	2214	3025
62	182512	95837	86675				4651	1889	2762
63	176847	94419	82428				4719	1928	2791
64	163747	87823	75924				4560	1822	2738
65-69岁	**686365**	**363944**	**322421**				**21761**	**8620**	**13141**
65	145619	77802	67817				4345	1738	2607
66	138867	73999	64868				4398	1765	2633
67	131268	69434	61834				4328	1720	2608
68	135658	71394	64264				4306	1663	2643
69	134953	71315	63638				4384	1734	2650
70-74岁	**611595**	**327143**	**284452**				**21638**	**8155**	**13483**
70	135384	72611	62773				4557	1758	2799
71	118498	62301	56197				3981	1454	2527
72	127069	67424	59645				4641	1807	2834
73	117634	63956	53678				4247	1639	2608
74	113010	60851	52159				4212	1497	2715
75-79岁	**428346**	**237066**	**191280**				**17967**	**6069**	**11898**
75	104657	56144	48513				4090	1393	2697
76	94885	51575	43310				3830	1301	2529
77	91060	50915	40145				3924	1362	2562
78	73916	41417	32499				3231	1067	2164
79	63828	37015	26813				2892	946	1946
80-84岁	**211851**	**121997**	**89854**				**11586**	**3359**	**8227**
80	62585	36468	26117				3009	948	2061
81	46283	26480	19803				2354	687	1667
82	42799	24540	18259				2387	678	1709
83	33502	19221	14281				2079	581	1498
84	26682	15288	11394				1757	465	1292
85-89岁	**73985**	**41278**	**32707**				**5723**	**1352**	**4371**
85	22656	12849	9807				1587	423	1164
86	17891	10022	7869				1376	318	1058
87	13622	7447	6175				1114	245	869
88	11144	6178	4966				897	189	708
89	8672	4782	3890				749	177	572
90-94岁	**16523**	**8783**	**7740**				**1909**	**366**	**1543**
90	5979	3190	2789				652	140	512
91	4040	2194	1846				444	74	370
92	2916	1539	1377				373	67	306
93	2164	1103	1061				266	45	221
94	1424	757	667				174	40	134
95-99岁	**2732**	**1373**	**1359**				**431**	**77**	**354**
95	1016	512	504				138	30	108
96	751	364	387				120	23	97
97	465	244	221				77	9	68
98	309	160	149				46	9	37
99	191	93	98				50	6	44
100岁及以上	**200**	**106**	**94**				**58**	**5**	**53**

8-7a 续表 2

单位：人

年 龄	财产性收入			家庭其他成员供养			其 他		
	小计	男	女	小计	男	女	小计	男	女
总 计	**151461**	**87365**	**64096**	**2125137**	**558344**	**1566793**	**276534**	**148676**	**127858**
45-49岁	**53279**	**28965**	**24314**	**416445**	**80481**	**335964**	**92997**	**49149**	**43848**
45	11138	5946	5192	83594	14170	69424	18586	9595	8991
46	11434	6185	5249	88463	16259	72204	20465	10646	9819
47	14060	7642	6418	110195	21773	88422	25049	13263	11786
48	10387	5678	4709	82030	16246	65784	17765	9524	8241
49	6260	3514	2746	52163	12033	40130	11132	6121	5011
50-54岁	**35766**	**22373**	**13393**	**325152**	**101605**	**223547**	**58482**	**36654**	**21828**
50	7040	4305	2735	57148	16286	40862	11656	7081	4575
51	6206	3940	2266	50664	15800	34864	9907	6361	3546
52	7561	4783	2778	67732	21545	46187	12344	7732	4612
53	7846	4930	2916	76935	24734	52201	12956	8188	4768
54	7113	4415	2698	72673	23240	49433	11619	7292	4327
55-59岁	**31628**	**19797**	**11831**	**371709**	**113657**	**258052**	**51122**	**31747**	**19375**
55	7307	4612	2695	75769	23444	52325	11646	7280	4366
56	7177	4507	2670	78477	23986	54491	11441	7173	4268
57	6253	3964	2289	73368	22208	51160	10001	6244	3757
58	5951	3668	2283	76698	23473	53225	9949	6171	3778
59	4940	3046	1894	67397	20546	46851	8085	4879	3206
60-64岁	**14032**	**7470**	**6562**	**279893**	**66482**	**213411**	**24416**	**11391**	**13025**
60	3692	2017	1675	62904	14733	48171	5906	2908	2998
61	3100	1638	1462	61138	14352	46786	5354	2530	2824
62	2666	1370	1296	53727	12580	41147	4671	2112	2559
63	2440	1304	1136	52480	12696	39784	4413	1987	2426
64	2134	1141	993	49644	12121	37523	4072	1854	2218
65-69岁	**7643**	**4058**	**3585**	**214729**	**56690**	**158039**	**16549**	**7321**	**9228**
65	1883	1011	872	47367	11928	35439	3765	1657	2108
66	1651	882	769	44014	11306	32708	3455	1522	1933
67	1515	781	734	41075	11117	29958	3076	1411	1665
68	1297	692	605	41061	10990	30071	3132	1404	1728
69	1297	692	605	41212	11349	29863	3121	1327	1794
70-74岁	**4433**	**2440**	**1993**	**192684**	**55682**	**137002**	**13330**	**5493**	**7837**
70	1103	630	473	42021	11934	30087	3070	1287	1783
71	879	500	379	36342	10468	25874	2514	1042	1472
72	885	480	405	40336	11909	28427	2834	1183	1651
73	802	422	380	37171	10792	26379	2542	1042	1500
74	764	408	356	36814	10579	26235	2370	939	1431
75-79岁	**2764**	**1437**	**1327**	**153982**	**42257**	**111725**	**10079**	**3705**	**6374**
75	668	349	319	35380	9800	25580	2349	889	1460
76	622	343	279	32718	8963	23755	2214	782	1432
77	565	292	273	32575	9052	23523	2122	762	1360
78	495	247	248	28433	7720	20713	1751	648	1103
79	414	206	208	24876	6722	18154	1643	624	1019
80-84岁	**1233**	**551**	**682**	**100358**	**26268**	**74090**	**5850**	**2097**	**3753**
80	324	140	184	26653	7277	19376	1592	627	965
81	278	131	147	20509	5466	15043	1181	420	761
82	254	123	131	20622	5302	15320	1193	399	794
83	208	88	120	17619	4509	13110	1038	386	652
84	169	69	100	14955	3714	11241	846	265	581
85-89岁	**516**	**212**	**304**	**49505**	**11277**	**38228**	**2656**	**847**	**1809**
85	167	74	93	13700	3333	10367	766	250	516
86	113	48	65	11637	2651	8986	618	204	414
87	110	44	66	9380	2074	7306	487	152	335
88	77	33	44	7972	1764	6208	436	142	294
89	49	13	36	6816	1455	5361	349	99	250
90-94岁	**134**	**48**	**86**	**16219**	**3229**	**12990**	**839**	**197**	**642**
90	43	15	28	5357	1107	4250	285	65	220
91	32	13	19	3854	808	3046	183	51	132
92	24	10	14	3070	603	2467	187	35	152
93	17	4	13	2334	429	1905	106	30	76
94	18	6	12	1604	282	1322	78	16	62
95-99岁	**29**	**11**	**18**	**3973**	**637**	**3336**	**186**	**63**	**123**
95	5	2	3	1275	203	1072	52	21	31
96	6	2	4	985	154	831	43	15	28
97	6	2	4	743	115	628	36	12	24
98	7	3	4	564	89	475	31	9	22
99	5	2	3	406	76	330	24	6	18
100岁及以上	**4**	**3**	**1**	**488**	**79**	**409**	**28**	**12**	**16**

8-7b 全国分年龄、性别、主要生活来源的45岁及以上人口(镇)

单位：人

年龄	45岁及以上人口			劳动收入		
	合计	男	女	小计	男	女
总计	**7894313**	**3915885**	**3978428**	**4152949**	**2511036**	**1641913**
45-49岁	**1990457**	**1001276**	**989181**	**1641816**	**930125**	**711691**
45	461821	233310	228511	389560	218668	170892
46	443748	222968	220780	369531	207820	161711
47	505993	255900	250093	416967	237517	179450
48	377627	189437	188190	306858	175240	131618
49	201268	99661	101607	158900	90880	68020
50-54岁	**1409108**	**714077**	**695031**	**993461**	**615131**	**378330**
50	254786	128384	126402	188975	113970	75005
51	227473	117651	109822	164456	103229	61227
52	300407	152816	147591	212025	131951	80074
53	326180	165393	160787	226461	141208	85253
54	300262	149833	150429	201544	124773	76771
55-59岁	**1434409**	**715367**	**719042**	**836154**	**531675**	**304479**
55	314944	158736	156208	200295	126950	73345
56	313504	156735	156769	188978	120511	68467
57	283370	140388	142982	164332	103912	60420
58	285016	141935	143081	158026	100932	57094
59	237575	117573	120002	124523	79370	45153
60-64岁	**1030453**	**517225**	**513228**	**392099**	**245501**	**146598**
60	241611	120709	120902	104320	65038	39282
61	228896	115811	113085	90854	57225	33629
62	198464	99280	99184	74123	46140	27983
63	186618	94155	92463	65423	41290	24133
64	174864	87270	87594	57379	35808	21571
65-69岁	**718940**	**358694**	**360246**	**181970**	**117872**	**64098**
65	161704	80705	80999	48804	30985	17819
66	151562	76183	75379	42253	27272	14981
67	137393	68254	69139	34112	22249	11863
68	135048	67187	67861	30097	19730	10367
69	133233	66365	66868	26704	17636	9068
70-74岁	**566514**	**279896**	**286618**	**71276**	**47728**	**23548**
70	130866	65592	65274	20494	13503	6991
71	106248	52267	53981	14376	9728	4648
72	118407	58906	59501	14332	9685	4647
73	108204	53401	54803	12013	8165	3848
74	102789	49730	53059	10061	6647	3414
75-79岁	**398924**	**187057**	**211867**	**27742**	**17982**	**9760**
75	94341	44626	49715	8313	5520	2793
76	86612	40425	46187	6856	4411	2445
77	85291	40514	44777	5688	3705	1983
78	71189	32953	38236	3988	2545	1443
79	61491	28539	32952	2897	1801	1096
80-84岁	**221826**	**97516**	**124310**	**5900**	**3626**	**2274**
80	63212	28863	34349	2133	1322	811
81	46055	20394	25661	1291	820	471
82	45665	19928	25737	1122	681	441
83	36880	15886	20994	776	480	296
84	30014	12445	17569	578	323	255
85-89岁	**91847**	**35021**	**56826**	**1628**	**880**	**748**
85	26927	10760	16167	545	290	255
86	21993	8448	13545	385	207	178
87	17495	6527	10968	287	163	124
88	13744	5108	8636	246	123	123
89	11688	4178	7510	165	97	68
90-94岁	**25662**	**8048**	**17614**	**498**	**263**	**235**
90	9157	3011	6146	133	64	69
91	6024	1991	4033	113	63	50
92	4558	1370	3188	84	39	45
93	3375	1011	2364	79	45	34
94	2548	665	1883	89	52	37
95-99岁	**5504**	**1552**	**3952**	**351**	**221**	**130**
95	1811	508	1303	67	42	25
96	1361	412	949	62	43	19
97	995	270	725	96	55	41
98	792	223	569	74	48	26
99	545	139	406	52	33	19
100岁及以上	**669**	**156**	**513**	**54**	**32**	**22**

8-7b 续表 1 单位：人

年 龄	离退休金养老金			失业保险金			最低生活保障金		
	小计	男	女	小计	男	女	小计	男	女
总 计	**1156666**	**633412**	**523254**	**6360**	**4322**	**2038**	**199333**	**98065**	**101268**
45-49岁	**18025**	**1113**	**16912**	**4244**	**2206**	**2038**	**23899**	**12270**	**11629**
45	2354	165	2189	875	461	414	5137	2626	2511
46	3322	199	3123	915	465	450	5279	2712	2567
47	4604	304	4300	1109	580	529	6101	3220	2881
48	4201	247	3954	856	428	428	4517	2245	2272
49	3544	198	3346	489	272	217	2865	1467	1398
50-54岁	**120548**	**25929**	**94619**	**2116**	**2116**		**19756**	**11191**	**8565**
50	16279	2729	13550	377	377		3644	2019	1625
51	18182	3204	14978	327	327		3104	1812	1292
52	26482	5376	21106	474	474		4223	2428	1795
53	29511	6696	22815	480	480		4519	2576	1943
54	30094	7924	22170	458	458		4266	2356	1910
55-59岁	**213656**	**83060**	**130596**				**25748**	**13778**	**11970**
55	39737	12779	26958				4923	2754	2169
56	44951	15866	29085				5235	2787	2448
57	42512	16607	25905				5157	2755	2402
58	45445	19180	26265				5610	2970	2640
59	41011	18628	22383				4823	2512	2311
60-64岁	**266016**	**164282**	**101734**				**27713**	**13749**	**13964**
60	58152	34069	24083				5575	2779	2796
61	58671	35819	22852				5824	2942	2882
62	51455	32011	19444				5524	2751	2773
63	50266	31885	18381				5383	2667	2716
64	47472	30498	16974				5407	2610	2797
65-69岁	**203752**	**130521**	**73231**				**27625**	**13668**	**13957**
65	43922	28342	15580				5330	2632	2698
66	42103	27071	15032				5591	2790	2801
67	39014	24778	14236				5351	2632	2719
68	39664	25266	14398				5538	2752	2786
69	39049	25064	13985				5815	2862	2953
70-74岁	**164614**	**108817**	**55797**				**28697**	**13953**	**14744**
70	39451	26029	13422				5954	2990	2964
71	31370	20272	11098				5340	2560	2780
72	34518	22884	11634				6107	2985	3122
73	30670	20480	10190				5744	2739	3005
74	28605	19152	9453				5552	2679	2873
75-79岁	**102398**	**71230**	**31168**				**23246**	**10562**	**12684**
75	24977	16705	8272				5260	2478	2782
76	22467	15307	7160				4982	2190	2792
77	22293	15683	6610				4968	2261	2707
78	17452	12363	5089				4334	2012	2322
79	15209	11172	4037				3702	1621	2081
80-84岁	**48502**	**35342**	**13160**				**14060**	**5927**	**8133**
80	15083	11075	4008				3798	1655	2143
81	10205	7413	2792				2843	1187	1656
82	9775	7120	2655				2984	1247	1737
83	7581	5556	2025				2470	1057	1413
84	5858	4178	1680				1965	781	1184
85-89岁	**15453**	**10772**	**4681**				**6204**	**2259**	**3945**
85	4846	3494	1352				1826	680	1146
86	3755	2574	1181				1451	504	947
87	2887	1966	921				1189	457	732
88	2154	1521	633				931	347	584
89	1811	1217	594				807	271	536
90-94岁	**3149**	**2006**	**1143**				**1891**	**593**	**1298**
90	1260	815	445				663	216	447
91	709	465	244				452	153	299
92	544	339	205				322	83	239
93	390	233	157				250	74	176
94	246	154	92				204	67	137
95-99岁	**522**	**324**	**198**				**427**	**103**	**324**
95	177	114	63				142	37	105
96	145	90	55				106	29	77
97	87	53	34				84	17	67
98	75	45	30				48	6	42
99	38	22	16				47	14	33
100岁及以上	**31**	**16**	**15**				**67**	**12**	**55**

8-7b 续表 2

单位：人

年 龄	财产性收入			家庭其他成员供养			其 他		
	小计	男	女	小计	男	女	小计	男	女
总 计	**55360**	**31631**	**23729**	**2160717**	**556876**	**1603841**	**162928**	**80543**	**82385**
45-49岁	**16176**	**8865**	**7311**	**246953**	**27323**	**219630**	**39344**	**19374**	**19970**
45	3499	1908	1591	51741	5222	46519	8655	4260	4395
46	3488	1923	1565	52559	5622	46937	8654	4227	4427
47	4138	2263	1875	62886	6962	55924	10188	5054	5134
48	3213	1754	1459	50427	5823	44604	7555	3700	3855
49	1838	1017	821	29340	3694	25646	4292	2133	2159
50-54岁	**12034**	**7007**	**5027**	**233436**	**38318**	**195118**	**27757**	**14385**	**13372**
50	2250	1289	961	38030	5345	32685	5231	2655	2576
51	1926	1125	801	35001	5585	29416	4477	2369	2108
52	2485	1463	1022	48808	8034	40774	5910	3090	2820
53	2797	1640	1157	56114	9543	46571	6298	3250	3048
54	2576	1490	1086	55483	9811	45672	5841	3021	2820
55-59岁	**11727**	**7118**	**4609**	**317962**	**64464**	**253498**	**29162**	**15272**	**13890**
55	2633	1558	1075	60921	11271	49650	6435	3424	3011
56	2631	1625	1006	65325	12587	52738	6384	3359	3025
57	2255	1395	860	63459	12759	50700	5655	2960	2695
58	2299	1382	917	67739	14424	53315	5897	3047	2850
59	1909	1158	751	60518	13423	47095	4791	2482	2309
60-64岁	**6656**	**3801**	**2855**	**317614**	**80141**	**237473**	**20355**	**9751**	**10604**
60	1705	972	733	67129	15591	51538	4730	2260	2470
61	1545	901	644	67525	16756	50769	4477	2168	2309
62	1240	724	516	62262	15785	46477	3860	1869	1991
63	1144	642	502	60672	15920	44752	3730	1751	1979
64	1022	562	460	60026	16089	43937	3558	1703	1855
65-69岁	**3932**	**2250**	**1682**	**286029**	**86839**	**199190**	**15632**	**7544**	**8088**
65	982	565	417	59214	16548	42666	3452	1633	1819
66	846	500	346	57562	16992	40570	3207	1558	1649
67	802	466	336	55116	16670	38446	2998	1459	1539
68	675	385	290	55984	17517	38467	3090	1537	1553
69	627	334	293	58153	19112	39041	2885	1357	1528
70-74岁	**2459**	**1384**	**1075**	**286330**	**101619**	**184711**	**13138**	**6395**	**6743**
70	609	344	265	61341	21236	40105	3017	1490	1527
71	472	266	206	52163	18201	33962	2527	1240	1287
72	514	291	223	60196	21751	38445	2740	1310	1430
73	467	269	198	56875	20554	36321	2435	1194	1241
74	397	214	183	55755	19877	35878	2419	1161	1258
75-79岁	**1378**	**723**	**655**	**234721**	**82175**	**152546**	**9439**	**4385**	**5054**
75	354	186	168	53298	18709	34589	2139	1028	1111
76	326	173	153	49912	17410	32502	2069	934	1135
77	282	155	127	50007	17734	32273	2053	976	1077
78	226	117	109	43539	15146	28393	1650	770	880
79	190	92	98	37965	13176	24789	1528	677	851
80-84岁	**685**	**358**	**327**	**147445**	**49889**	**97556**	**5234**	**2374**	**2860**
80	219	112	107	40475	14013	26462	1504	686	818
81	137	69	68	30503	10406	20097	1076	499	577
82	128	71	57	30614	10348	20266	1042	461	581
83	115	63	52	25050	8304	16746	888	426	462
84	86	43	43	20803	6818	13985	724	302	422
85-89岁	**232**	**93**	**139**	**66201**	**20185**	**46016**	**2129**	**832**	**1297**
85	65	23	42	19009	6014	12995	636	259	377
86	50	23	27	15841	4932	10909	511	208	303
87	48	22	26	12674	3776	8898	410	143	267
88	28	6	22	10101	2988	7113	284	123	161
89	41	19	22	8576	2475	6101	288	99	189
90-94岁	**64**	**24**	**40**	**19467**	**4972**	**14495**	**593**	**190**	**403**
90	23	11	12	6874	1836	5038	204	69	135
91	14	6	8	4599	1265	3334	137	39	98
92	7	2	5	3498	878	2620	103	29	74
93	13	4	9	2561	626	1935	82	29	53
94	7	1	6	1935	367	1568	67	24	43
95-99岁	**15**	**7**	**8**	**4059**	**859**	**3200**	**130**	**38**	**92**
95	6	3	3	1378	299	1079	41	13	28
96				1014	239	775	34	11	23
97	5	3	2	705	140	565	18	2	16
98	3		3	572	117	455	20	7	13
99	1	1		390	64	326	17	5	12
100岁及以上	**2**	**1**	**1**	**500**	**92**	**408**	**15**	**3**	**12**

8-7c 全国分年龄、性别、主要生活来源的45岁及以上人口(乡村)

单位：人

年龄	45岁及以上人口			劳动收入		
	合计	男	女	小计	男	女
总计	**23555559**	**11746015**	**11809544**	**16036231**	**8917691**	**7118540**
45-49岁	**5110623**	**2542509**	**2568114**	**4720697**	**2463365**	**2257332**
45	1168883	585389	583494	1087957	568542	519415
46	1121598	556339	565259	1039442	539364	500078
47	1277715	641010	636705	1179748	620981	558767
48	998278	495727	502551	917645	479712	437933
49	544149	264044	280105	495905	254766	241139
50-54岁	**3938439**	**2004027**	**1934412**	**3485603**	**1903783**	**1581820**
50	678716	337709	341007	608570	323365	285205
51	611892	316822	295070	545321	302582	242739
52	829201	422078	407123	735120	401037	334083
53	939632	482480	457152	828754	457473	371281
54	878998	444938	434060	767838	419326	348512
55-59岁	**4418539**	**2242024**	**2176515**	**3675893**	**2045337**	**1630556**
55	937507	478964	458543	807581	446894	360687
56	947549	481909	465640	803484	445648	357836
57	878957	443444	435513	732930	405439	327491
58	898921	456080	442841	734212	411079	323133
59	755605	381627	373978	597686	336277	261409
60-64岁	**3309758**	**1696576**	**1613182**	**2223212**	**1294688**	**928524**
60	759084	386144	372940	554634	315593	239041
61	729641	380278	349363	509454	298840	210614
62	641728	329167	312561	427208	249331	177877
63	610827	313794	297033	388569	229378	159191
64	568478	287193	281285	343347	201546	141801
65-69岁	**2365669**	**1212486**	**1153183**	**1168734**	**721365**	**447369**
65	524790	266023	258767	297017	177201	119816
66	502761	260241	242520	267930	165697	102233
67	459415	235670	223745	225932	139925	86007
68	440792	226549	214243	198307	124475	73832
69	437911	224003	213908	179548	114067	65481
70-74岁	**1851058**	**930604**	**920454**	**499702**	**323686**	**176016**
70	420114	213427	206687	140475	88893	51582
71	345342	175319	170023	100753	65722	35031
72	386617	195934	190683	101115	66387	34728
73	355520	177976	177544	84068	55107	28961
74	343465	167948	175517	73291	47577	25714
75-79岁	**1355747**	**633749**	**721998**	**203946**	**130600**	**73346**
75	317603	152112	165491	59585	38385	21200
76	292860	138535	154325	50228	32309	17919
77	288996	135592	153404	42148	27112	15036
78	244654	112171	132483	29765	18910	10855
79	211634	95339	116295	22220	13884	8336
80-84岁	**771285**	**329057**	**442228**	**44533**	**27269**	**17264**
80	216921	95575	121346	16340	10102	6238
81	160488	69176	91312	9546	5928	3618
82	159714	68298	91416	8332	5099	3233
83	129069	53671	75398	5938	3605	2333
84	105093	42337	62756	4377	2535	1842
85-89岁	**326641**	**121859**	**204782**	**10618**	**5803**	**4815**
85	96095	37523	58572	3558	1982	1576
86	78723	29863	48860	2669	1476	1193
87	61890	22834	39056	1969	1083	886
88	49105	17493	31612	1348	713	635
89	40828	14146	26682	1074	549	525
90-94岁	**87601**	**27605**	**59996**	**2033**	**1052**	**981**
90	31683	10603	21080	685	350	335
91	20581	6512	14069	460	237	223
92	15696	4767	10929	398	203	195
93	11339	3324	8015	223	126	97
94	8302	2399	5903	267	136	131
95-99岁	**18110**	**5053**	**13057**	**1130**	**663**	**467**
95	6151	1698	4453	261	156	105
96	4691	1353	3338	271	149	122
97	3175	893	2282	239	149	90
98	2470	673	1797	230	134	96
99	1623	436	1187	129	75	54
100岁及以上	**2089**	**466**	**1623**	**130**	**80**	**50**

8-7c 续表 1

单位：人

年 龄	离退休金养老金			失业保险金			最低生活保障金		
	小计	男	女	小计	男	女	小计	男	女
总 计	**574750**	**405455**	**169295**	**2508**	**1872**	**636**	**560436**	**323393**	**237043**
45-49岁	**4836**	**915**	**3921**	**1499**	**863**	**636**	**28539**	**18733**	**9806**
45	714	179	535	308	181	127	6397	4225	2172
46	878	180	698	311	176	135	6151	4099	2052
47	1253	222	1031	411	237	174	7252	4838	2414
48	1094	207	887	294	165	129	5470	3554	1916
49	897	127	770	175	104	71	3269	2017	1252
50-54岁	**31062**	**9597**	**21465**	**1009**	**1009**		**29773**	**19560**	**10213**
50	3798	934	2864	161	161		4558	2876	1682
51	4402	1059	3343	143	143		4376	2867	1509
52	6671	1971	4700	215	215		6370	4240	2130
53	7756	2468	5288	225	225		7253	4859	2394
54	8435	3165	5270	265	265		7216	4718	2498
55-59岁	**75063**	**38365**	**36698**				**49840**	**30420**	**19420**
55	12171	5155	7016				8819	5617	3202
56	14420	6634	7786				9539	5960	3579
57	14569	7221	7348				9823	5928	3895
58	17002	9289	7713				11294	6824	4470
59	16901	10066	6835				10365	6091	4274
60-64岁	**134119**	**99503**	**34616**				**80990**	**48717**	**32273**
60	26239	18556	7683				14564	8681	5883
61	27862	20471	7391				16288	10066	6222
62	26872	20032	6840				16021	9629	6392
63	26797	20321	6476				16726	10131	6595
64	26349	20123	6226				17391	10210	7181
65-69岁	**117830**	**91199**	**26631**				**93870**	**55757**	**38113**
65	25242	19493	5749				17435	10293	7142
66	24352	18795	5557				18458	11020	7438
67	22476	17354	5122				18574	11023	7551
68	22919	17919	5000				19142	11336	7806
69	22841	17638	5203				20261	12085	8176
70-74岁	**96464**	**76152**	**20312**				**107059**	**62640**	**44419**
70	23132	18446	4686				22528	13276	9252
71	18244	14339	3905				19517	11373	8144
72	20402	16058	4344				22909	13459	9450
73	17788	14053	3735				21174	12526	8648
74	16898	13256	3642				20931	12006	8925
75-79岁	**65494**	**51662**	**13832**				**87047**	**47972**	**39075**
75	15519	12277	3242				19807	11163	8644
76	13970	10887	3083				18485	10283	8202
77	13830	10870	2960				18281	10041	8240
78	11802	9355	2447				16162	8779	7383
79	10373	8273	2100				14312	7706	6606
80-84岁	**34876**	**27357**	**7519**				**52945**	**27150**	**25795**
80	10499	8456	2043				14949	7969	6980
81	7278	5646	1632				11033	5750	5283
82	7206	5635	1571				10869	5464	5405
83	5497	4249	1248				8981	4519	4462
84	4396	3371	1025				7113	3448	3665
85-89岁	**12006**	**8775**	**3231**				**22384**	**9788**	**12596**
85	3714	2830	884				6565	2981	3584
86	2962	2189	773				5435	2423	3012
87	2274	1614	660				4311	1849	2462
88	1705	1176	529				3253	1336	1917
89	1351	966	385				2820	1199	1621
90-94岁	**2566**	**1671**	**895**				**6405**	**2209**	**4196**
90	999	681	318				2275	870	1405
91	646	411	235				1457	497	960
92	411	271	140				1156	382	774
93	301	191	110				886	273	613
94	209	117	92				631	187	444
95-99岁	**406**	**247**	**159**				**1351**	**395**	**956**
95	137	84	53				495	128	367
96	109	66	43				352	119	233
97	68	44	24				200	70	130
98	58	35	23				173	40	133
99	34	18	16				131	38	93
100岁及以上	**28**	**12**	**16**				**233**	**52**	**181**

8-7c 续表 2

单位：人

年 龄	财产性收入			家庭其他成员供养			其 他		
	小计	男	女	小计	男	女	小计	男	女
总 计	**46300**	**26227**	**20073**	**6030210**	**1928818**	**4101392**	**305124**	**142559**	**162565**
45-49岁	**10339**	**5778**	**4561**	**302130**	**34646**	**267484**	**42583**	**18209**	**24374**
45	2299	1283	1016	61525	6817	54708	9683	4162	5521
46	2143	1174	969	63385	7365	56020	9288	3981	5307
47	2661	1492	1169	75757	8704	67053	10633	4536	6097
48	2071	1178	893	63468	7378	56090	8236	3533	4703
49	1165	651	514	37995	4382	33613	4743	1997	2746
50-54岁	**8215**	**4728**	**3487**	**347643**	**49799**	**297844**	**35134**	**15551**	**19583**
50	1561	884	677	53845	6819	47026	6223	2670	3553
51	1304	769	535	51042	7006	44036	5304	2396	2908
52	1698	970	728	71655	10335	61320	7472	3310	4162
53	1798	1061	737	85588	12680	72908	8258	3714	4544
54	1854	1044	810	85513	12959	72554	7877	3461	4416
55-59岁	**8867**	**5115**	**3752**	**564012**	**102872**	**461140**	**44864**	**19915**	**24949**
55	1856	1107	749	98190	16236	81954	8890	3955	4935
56	1913	1112	801	109033	18565	90468	9160	3990	5170
57	1719	994	725	110953	19853	91100	8963	4009	4954
58	1803	1044	759	125240	23708	101532	9370	4136	5234
59	1576	858	718	120596	24510	96086	8481	3825	4656
60-64岁	**6566**	**3686**	**2880**	**819186**	**228594**	**590592**	**45685**	**21388**	**24297**
60	1493	819	674	152729	38139	114590	9425	4356	5069
61	1438	788	650	165091	45518	119573	9508	4595	4913
62	1295	744	551	161344	45193	116151	8988	4238	4750
63	1217	686	531	168444	49041	119403	9074	4237	4837
64	1123	649	474	171578	50703	120875	8690	3962	4728
65-69岁	**4905**	**2742**	**2163**	**938379**	**320830**	**617549**	**41951**	**20593**	**21358**
65	1092	598	494	175322	54321	121001	8682	4117	4565
66	1029	564	465	182503	59987	122516	8489	4178	4311
67	1000	583	417	183368	62816	120552	8065	3969	4096
68	874	486	388	191245	68211	123034	8305	4122	4183
69	910	511	399	205941	75495	130446	8410	4207	4203
70-74岁	**3617**	**2127**	**1490**	**1105128**	**446017**	**659111**	**39088**	**19982**	**19106**
70	841	504	337	224650	87951	136699	8488	4357	4131
71	704	402	302	199030	79843	119187	7094	3640	3454
72	734	421	313	233161	95387	137774	8296	4222	4074
73	703	424	279	224080	91934	132146	7707	3932	3775
74	635	376	259	224207	90902	133305	7503	3831	3672
75-79岁	**2188**	**1234**	**954**	**966938**	**387239**	**579699**	**30134**	**15042**	**15092**
75	536	316	220	215171	86471	128700	6985	3500	3485
76	499	285	214	203330	81607	121723	6348	3164	3184
77	444	254	190	207774	84078	123696	6519	3237	3282
78	419	214	205	180899	72102	108797	5607	2811	2796
79	290	165	125	159764	62981	96783	4675	2330	2345
80-84岁	**1074**	**557**	**517**	**621226**	**238618**	**382608**	**16631**	**8106**	**8525**
80	330	162	168	170006	66492	103514	4797	2394	2403
81	222	116	106	128905	50007	78898	3504	1729	1775
82	236	126	110	129681	50313	79368	3390	1661	1729
83	136	77	59	105807	39942	65865	2710	1279	1431
84	150	76	74	86827	31864	54963	2230	1043	1187
85-89岁	**404**	**207**	**197**	**274358**	**94265**	**180093**	**6871**	**3021**	**3850**
85	111	60	51	80097	28750	51347	2050	920	1130
86	105	56	49	65880	22955	42925	1672	764	908
87	80	40	40	51978	17682	34296	1278	566	712
88	56	24	32	41711	13810	27901	1032	434	598
89	52	27	25	34692	11068	23624	839	337	502
90-94岁	**100**	**44**	**56**	**74739**	**21998**	**52741**	**1758**	**631**	**1127**
90	35	17	18	27035	8425	18610	654	260	394
91	24	12	12	17566	5219	12347	428	136	292
92	20	7	13	13423	3799	9624	288	105	183
93	11	5	6	9692	2652	7040	226	77	149
94	10	3	7	7023	1903	5120	162	53	109
95-99岁	**23**	**8**	**15**	**14827**	**3631**	**11196**	**373**	**109**	**264**
95	7	5	2	5123	1288	3835	128	37	91
96	7		7	3860	992	2868	92	27	65
97	2		2	2599	609	1990	67	21	46
98	3	3		1951	443	1508	55	18	37
99	4		4	1294	299	995	31	6	25
100岁及以上	**2**	**1**	**1**	**1644**	**309**	**1335**	**52**	**12**	**40**

8-8 全国分性别、婚姻状况、主要生活来源的60岁及以上老年人口

单位：人

婚姻状况	60岁及以上人口			劳动收入		
	合计	男	女	小计	男	女
总 计	**17658702**	**8607680**	**9051022**	**5133917**	**3149749**	**1984168**
未 婚	313683	280619	33064	112680	107177	5503
有配偶	12459025	6839768	5619257	4302954	2695425	1607529
离 婚	138077	84200	53877	37046	29323	7723
丧 偶	4747917	1403093	3344824	681237	317824	363413

8-8 续表 1

单位：人

婚姻状况	离退休金养老金			失业保险金			最低生活保障金		
	小计	男	女	小计	男	女	小计	男	女
总 计	**4258408**	**2486510**	**1771898**				**687524**	**353549**	**333975**
未 婚	16577	11390	5187				106913	102197	4716
有配偶	3409303	2170822	1238481				309156	166825	142331
离 婚	47647	25828	21819				11204	8455	2749
丧 偶	784881	278470	506411				260251	76072	184179

8-8 续表 2

单位：人

婚姻状况	财产性收入			家庭其他成员供养			其 他		
	小计	男	女	小计	男	女	小计	男	女
总 计	**65090**	**35477**	**29613**	**7190622**	**2430873**	**4759749**	**323141**	**151522**	**171619**
未 婚	920	806	114	55038	39895	15143	21555	19154	2401
有配偶	51040	30571	20469	4186313	1673959	2512354	200259	102166	98093
离 婚	717	444	273	37819	17789	20030	3644	2361	1283
丧 偶	12413	3656	8757	2911452	699230	2212222	97683	27841	69842

8-8a 全国分性别、婚姻状况、主要生活来源的60岁及以上老年人口(城市)

单位：人

婚姻状况	60岁及以上人口			劳动收入		
	合计	男	女	小计	男	女
总　计	**4510405**	**2165060**	**2345345**	**298361**	**210438**	**87923**
未　婚	30425	21944	8481	5217	4525	692
有配偶	3393775	1860515	1533260	261752	190391	71361
离　婚	51467	26258	25209	3656	2633	1023
丧　偶	1034738	256343	778395	27736	12889	14847

8-8a 续表 1

单位：人

婚姻状况	离退休金养老金			失业保险金			最低生活保障金		
	小计	男	女	小计	男	女	小计	男	女
总　计	**2990182**	**1606622**	**1383560**				**105310**	**38043**	**67267**
未　婚	10970	6614	4356				5809	5177	632
有配偶	2372752	1407526	965226				49567	24572	24995
离　婚	37815	19257	18558				2355	1418	937
丧　偶	568645	173225	395420				47579	6876	40703

8-8a 续表 2

单位：人

婚姻状况	财产性收入			家庭其他成员供养			其　他		
	小计	男	女	小计	男	女	小计	男	女
总　计	**30788**	**16230**	**14558**	**1011831**	**262601**	**749230**	**73933**	**31126**	**42807**
未　婚	287	224	63	5564	3417	2147	2578	1987	591
有配偶	24659	14493	10166	637655	199250	438405	47390	24283	23107
离　婚	377	208	169	6207	2146	4061	1057	596	461
丧　偶	5465	1305	4160	362405	57788	304617	22908	4260	18648

8-8b 全国分性别、婚姻状况、主要生活来源的60岁及以上老年人口(镇)

单位：人

婚姻状况	60岁及以上人口			劳动收入		
	合计	男	女	小计	男	女
总　计	**3060339**	**1485165**	**1575174**	**681518**	**434105**	**247413**
未　婚	44265	39150	5115	12728	12050	678
有配偶	2184054	1206520	977534	582748	381206	201542
离　婚	22036	13197	8839	5090	3897	1193
丧　偶	809984	226298	583686	80952	36952	44000

8-8b 续表 1

单位：人

婚姻状况	离退休金养老金			失业保险金			最低生活保障金		
	小计	男	女	小计	男	女	小计	男	女
总　计	**804437**	**523310**	**281127**				**129930**	**60826**	**69104**
未　婚	2579	2028	551				15700	14842	858
有配偶	659213	458182	201031				60358	32267	28091
离　婚	6655	4105	2550				2119	1424	695
丧　偶	135990	58995	76995				51753	12293	39460

8-8b 续表 2

单位：人

婚姻状况	财产性收入			家庭其他成员供养			其　他		
	小计	男	女	小计	男	女	小计	男	女
总　计	**15423**	**8641**	**6782**	**1362366**	**426771**	**935595**	**66665**	**31512**	**35153**
未　婚	186	164	22	8819	6291	2528	4253	3775	478
有配偶	12108	7505	4603	827556	305415	522141	42071	21945	20126
离　婚	159	103	56	7301	3217	4084	712	451	261
丧　偶	2970	869	2101	518690	111848	406842	19629	5341	14288

8-8c 全国分性别、婚姻状况、主要生活来源的60岁及以上老年人口(乡村)

单位：人

婚姻状况	60岁及以上人口			劳动收入		
	合计	男	女	小计	男	女
总　计	**10087958**	**4957455**	**5130503**	**4154038**	**2505206**	**1648832**
未　婚	238993	219525	19468	94735	90602	4133
有配偶	6881196	3772733	3108463	3458454	2123828	1334626
离　婚	64574	44745	19829	28300	22793	5507
丧　偶	2903195	920452	1982743	572549	267983	304566

8-8c 续表 1

单位：人

婚姻状况	离退休金养老金			失业保险金			最低生活保障金		
	小计	男	女	小计	男	女	小计	男	女
总　计	**463789**	**356578**	**107211**				**452284**	**254680**	**197604**
未　婚	3028	2748	280				85404	82178	3226
有配偶	377338	305114	72224				199231	109986	89245
离　婚	3177	2466	711				6730	5613	1117
丧　偶	80246	46250	33996				160919	56903	104016

8-8c 续表 2

单位：人

婚姻状况	财产性收入			家庭其他成员供养			其　他		
	小计	男	女	小计	男	女	小计	男	女
总　计	**18879**	**10606**	**8273**	**4816425**	**1741501**	**3074924**	**182543**	**88884**	**93659**
未　婚	447	418	29	40655	30187	10468	14724	13392	1332
有配偶	14273	8573	5700	2721102	1169294	1551808	110798	55938	54860
离　婚	181	133	48	24311	12426	11885	1875	1314	561
丧　偶	3978	1482	2496	2030357	529594	1500763	55146	18240	36906

8-9 全国分性别、婚姻状况、主要生活来源的65岁及以上老年人口

单位：人

婚姻状况	65岁及以上人口			劳动收入		
	合计	男	女	小计	男	女
总　计	**11826668**	**5659255**	**6167413**	**2327946**	**1475251**	**852695**
未　婚	202222	176120	26102	53990	50210	3780
有配偶	7470399	4241653	3228746	1840651	1212417	628234
离　婚	78803	47304	31499	15609	12223	3386
丧　偶	4075244	1194178	2881066	417696	200401	217295

8-9 续表 1

单位：人

婚姻状况	离退休金养老金			失业保险金			最低生活保障金		
	小计	男	女	小计	男	女	小计	男	女
总　计	**2899688**	**1717793**	**1181895**				**554584**	**281043**	**273541**
未　婚	10495	7394	3101				77404	73584	3820
有配偶	2185070	1450656	734414				235678	132862	102816
离　婚	24713	14207	10506				7661	5879	1782
丧　偶	679410	245536	433874				233841	68718	165123

8-9 续表 2

单位：人

婚姻状况	财产性收入			家庭其他成员供养			其　他		
	小计	男	女	小计	男	女	小计	男	女
总　计	**37836**	**20520**	**17316**	**5773929**	**2055656**	**3718273**	**232685**	**108992**	**123693**
未　婚	600	523	77	43927	30572	13355	15806	13837	1969
有配偶	27194	16881	10313	3051536	1359371	1692165	130270	69466	60804
离　婚	332	220	112	28322	13357	14965	2166	1418	748
丧　偶	9710	2896	6814	2650144	652356	1997788	84443	24271	60172

8-9a 全国分性别、婚姻状况、主要生活来源的65岁及以上老年人口(城市)

单位：人

婚姻状况	65岁及以上人口			劳动收入		
	合计	男	女	小计	男	女
总　计	**3018582**	**1430436**	**1588146**	**107701**	**76129**	**31572**
未　婚	19364	13684	5680	2507	2055	452
有配偶	2078639	1180525	898114	89133	66104	23029
离　婚	25997	13489	12508	1204	874	330
丧　偶	894582	222738	671844	14857	7096	7761

8-9a 续表 1

单位：人

婚姻状况	离退休金养老金			失业保险金			最低生活保障金		
	小计	男	女	小计	男	女	小计	男	女
总　计	**2031597**	**1101690**	**929907**				**81073**	**28003**	**53070**
未　婚	6399	3904	2495				4071	3623	448
有配偶	1512043	934491	577552				33588	17569	16019
离　婚	19044	10170	8874				1281	771	510
丧　偶	494111	153125	340986				42133	6040	36093

8-9a 续表 2

单位：人

婚姻状况	财产性收入			家庭其他成员供养			其　他		
	小计	男	女	小计	男	女	小计	男	女
总　计	**16756**	**8760**	**7996**	**731938**	**196119**	**535819**	**49517**	**19735**	**29782**
未　婚	173	136	37	4322	2536	1786	1892	1430	462
有配偶	12272	7535	4737	404058	140374	263684	27545	14452	13093
离　婚	152	87	65	3804	1309	2495	512	278	234
丧　偶	4159	1002	3157	319754	51900	267854	19568	3575	15993

8-9b 全国分性别、婚姻状况、主要生活来源的65岁及以上老年人口(镇)

单位：人

婚姻状况	65岁及以上人口			劳动收入		
	合计	男	女	小计	男	女
总　计	**2029886**	**967940**	**1061946**	**289419**	**188604**	**100815**
未　婚	29668	25484	4184	6076	5604	472
有配偶	1296807	743068	553739	233828	159258	74570
离　婚	12670	7454	5216	2052	1566	486
丧　偶	690741	191934	498807	47463	22176	25287

8-9b 续表 1

单位：人

婚姻状况	离退休金养老金			失业保险金			最低生活保障金		
	小计	男	女	小计	男	女	小计	男	女
总　计	**538421**	**359028**	**179393**				**102217**	**47077**	**55140**
未　婚	1805	1418	387				11507	10805	702
有配偶	418331	304255	114076				43748	24456	19292
离　婚	3600	2368	1232				1389	958	431
丧　偶	114685	50987	63698				45573	10858	34715

8-9b 续表 2

单位：人

婚姻状况	财产性收入			家庭其他成员供养			其　他		
	小计	男	女	小计	男	女	小计	男	女
总　计	**8767**	**4840**	**3927**	**1044752**	**346630**	**698122**	**46310**	**21761**	**24549**
未　婚	117	101	16	7038	4813	2225	3125	2743	382
有配偶	6285	4013	2272	568547	236890	331657	26068	14196	11872
离　婚	73	50	23	5152	2262	2890	404	250	154
丧　偶	2292	676	1616	464015	102665	361350	16713	4572	12141

8-9c 全国分性别、婚姻状况、主要生活来源的65岁及以上老年人口(乡村)

单位：人

婚姻状况	65岁及以上人口			劳动收入		
	合计	男	女	小计	男	女
总　计	**6778200**	**3260879**	**3517321**	**1930826**	**1210518**	**720308**
未　婚	153190	136952	16238	45407	42551	2856
有配偶	4094953	2318060	1776893	1517690	987055	530635
离　婚	40136	26361	13775	12353	9783	2570
丧　偶	2489921	779506	1710415	355376	171129	184247

8-9c 续表 1

单位：人

婚姻状况	离退休金养老金			失业保险金			最低生活保障金		
	小计	男	女	小计	男	女	小计	男	女
总　计	**329670**	**257075**	**72595**				**371294**	**205963**	**165331**
未　婚	2291	2072	219				61826	59156	2670
有配偶	254696	211910	42786				158342	90837	67505
离　婚	2069	1669	400				4991	4150	841
丧　偶	70614	41424	29190				146135	51820	94315

8-9c 续表 2

单位：人

婚姻状况	财产性收入			家庭其他成员供养			其　他		
	小计	男	女	小计	男	女	小计	男	女
总　计	**12313**	**6920**	**5393**	**3997239**	**1512907**	**2484332**	**136858**	**67496**	**69362**
未　婚	310	286	24	32567	23223	9344	10789	9664	1125
有配偶	8637	5333	3304	2078931	982107	1096824	76657	40818	35839
离　婚	107	83	24	19366	9786	9580	1250	890	360
丧　偶	3259	1218	2041	1866375	497791	1368584	48162	16124	32038

第二部分　长表数据资料

第九卷　住房

9-1 各地区按住房用途、建筑层数、承重类型分的家庭户户数

单位：户

地区	家庭户户数	住房用途		
		生活用房	兼作生产经营用房	无住房
全国	**39327279**	**38487998**	**782974**	**56307**
北京	656398	645428	9750	1220
天津	356071	352004	3864	203
河北	2036650	2012889	22937	824
山西	1030689	1013353	16364	972
内蒙古	786412	761631	21361	3420
辽宁	1475239	1457331	16734	1174
吉林	840908	822802	11840	6266
黑龙江	1180475	1159283	18601	2591
上海	813280	795675	14809	2796
江苏	2394749	2348434	44078	2237
浙江	1907711	1851898	53911	1902
安徽	1701808	1659150	40862	1796
福建	1074167	1033308	39190	1669
江西	1136595	1112891	20968	2736
山东	3002389	2960711	41137	541
河南	2592231	2550288	40709	1234
湖北	1612570	1575698	35398	1474
湖南	1819796	1779931	35797	4068
广东	2709142	2650133	57286	1723
广西	1318611	1291021	26012	1578
海南	215949	210796	4965	188
重庆	903623	881941	20268	1414
四川	2694980	2618754	70295	5931
贵州	1006101	974958	30839	304
云南	1242407	1207468	32953	1986
西藏	68406	64045	3567	794
陕西	1083963	1060929	21880	1154
甘肃	718069	706522	11083	464
青海	148464	141548	3639	3277
宁夏	180789	176070	4597	122
新疆	618637	611108	7280	249

9-1 续表

单位：户

地区	建筑层数					承重类型			
	平房	2-3层楼房	4-6层楼房	7-9层楼房	10层以上楼房	钢及钢筋混凝土结构	混合结构	砖木结构	其他结构
全国	**18565344**	**9975600**	**7209333**	**2408492**	**1112203**	**8944154**	**15842549**	**11810241**	**2674028**
北京	231336	38800	212561	22722	149759	235582	252969	162454	4173
天津	130378	14734	159827	29239	21690	66554	177359	109990	1965
河北	1547678	120930	307536	33883	25799	312096	728509	948939	46282
山西	663244	127886	206061	21902	10624	174170	388504	338858	128185
内蒙古	540457	45844	179408	13189	4094	159713	157071	359581	106627
辽宁	724433	46254	421738	221149	60491	405071	556786	501572	10636
吉林	497471	26360	191492	103203	16116	221638	174316	396613	42075
黑龙江	744017	36905	188355	191282	17325	196229	303651	574141	103863
上海	116383	218423	337471	28467	109740	313253	344739	147120	5372
江苏	849970	893209	515838	68244	65251	501654	1229165	646453	15240
浙江	311810	954174	535522	61905	42398	369401	1076176	403390	56842
安徽	782754	627794	248292	22607	18565	353418	799022	518063	29509
福建	226810	482616	229200	100597	33275	419558	360689	161137	131114
江西	326272	558903	174146	65914	8624	440476	384828	259007	49548
山东	2175980	182352	541969	69839	31708	532032	934413	1461450	73953
河南	1585300	615454	303991	68150	18102	452490	1326762	775206	36539
湖北	501308	674903	250685	146689	37511	342755	822481	367624	78236
湖南	636391	824797	255881	76075	22584	350219	835345	550887	79277
广东	746056	789277	540931	443092	188063	1041036	1228250	384660	53473
广西	615047	459832	165780	63787	12587	240482	738322	269662	68567
海南	137775	37994	18583	13948	7461	83731	39754	88346	3930
重庆	268690	330222	85872	129615	87810	212356	385361	184130	120362
四川	1248530	825055	356330	202828	56306	510795	1021293	726105	430856
贵州	609447	235555	90583	62247	7965	202303	373147	284208	146139
云南	578443	455845	149053	44772	12308	256606	270696	311514	401605
西藏	36461	27989	2998	112	52	13676	9785	27612	16539
陕西	618623	214853	179474	43837	26022	210913	525210	181164	165522
甘肃	517011	46569	106188	38453	9384	134035	148494	283242	151834
青海	89827	15465	30540	6685	2670	24684	45645	47564	27294
宁夏	108391	12513	56941	1553	1269	35690	50648	78988	15341
新疆	399051	34093	166087	12507	6650	131538	153159	260561	73130

9-1a 各地区按住房用途、建筑层数、承重类型分的家庭户户数(城市)

单位：户

地区	家庭户户数	住房用途		
		生活用房	兼作生产经营用房	无住房
全国	**12429168**	**12174913**	**241649**	**12606**
北京	525445	517975	6482	988
天津	239833	237060	2606	167
河北	424024	419978	3950	96
山西	287253	282847	4319	87
内蒙古	259320	251738	6951	631
辽宁	776849	768884	7122	843
吉林	336469	329782	4910	1777
黑龙江	463325	455996	6911	418
上海	615573	604654	9991	928
江苏	892027	876264	14961	802
浙江	695937	675858	19305	774
安徽	341052	331730	9035	287
福建	374945	360721	13488	736
江西	205485	201690	3594	201
山东	871140	855282	15616	242
河南	528863	521036	7612	215
湖北	515521	502439	12733	349
湖南	368761	358447	9813	501
广东	1501626	1466895	34218	513
广西	244220	238044	5912	264
海南	58053	56383	1602	68
重庆	262620	258417	3956	247
四川	509282	499024	9628	630
贵州	162873	157713	5141	19
云南	207896	200602	7122	172
西藏	9374	8394	973	7
陕西	274226	269044	4820	362
甘肃	163958	160717	3134	107
青海	42633	41342	1229	62
宁夏	66194	64336	1829	29
新疆	204391	201621	2686	84

9-1a 续表 单位：户

地区	建筑层数					承重类型			
	平房	2-3层楼房	4-6层楼房	7-9层楼房	10层以上楼房	钢及钢筋混凝土结构	混合结构	砖木结构	其他结构
全国	**1863979**	**2113099**	**5309759**	**2083089**	**1046636**	**5131327**	**5896367**	**1277228**	**111640**
北京	127740	33290	193270	21919	148238	226367	212873	83192	2025
天津	34902	12083	143755	28570	20356	58333	156521	23467	1345
河北	100741	42944	230919	29889	19435	155581	211716	54745	1886
山西	53815	47879	157087	18683	9702	90187	163209	29124	4646
内蒙古	84432	24977	133932	11690	3658	105902	87092	61924	3771
辽宁	111439	28046	366106	211530	58885	321935	381031	71386	1654
吉林	59861	13029	149906	96067	15829	175788	108325	48852	1727
黑龙江	122051	20020	130862	173283	16691	163427	188650	104208	6622
上海	60506	116799	304794	27780	104766	268377	249438	93734	3096
江苏	129293	224580	412115	65052	60185	325288	469388	92721	3828
浙江	80859	193447	332899	50666	37292	220048	393843	74559	6713
安徽	44093	82489	175486	20922	17775	135377	176462	26705	2221
福建	30557	97680	135725	79915	30332	213350	124702	23948	12209
江西	17052	46727	85663	48457	7385	111658	76679	15396	1551
山东	252471	88326	432226	67205	30670	348873	356038	161295	4692
河南	79535	122569	244091	64920	17533	190648	307902	28268	1830
湖北	40937	132838	179474	126270	35653	180316	298109	33900	2847
湖南	32935	92165	160007	62887	20266	132713	201615	31404	2528
广东	152601	299326	453172	412315	183699	748196	663772	76682	12463
广西	26305	53876	99335	52485	11955	86601	138730	16271	2354
海南	9674	14288	13787	13124	7112	41510	10814	4948	713
重庆	17185	39448	39087	85383	81270	131656	112494	13433	4790
四川	47158	79975	198299	136824	46396	218827	247875	34088	7862
贵州	17373	38055	50766	49256	7404	78055	75834	7703	1262
云南	21262	45555	93027	36704	11176	102015	85386	13317	7006
西藏	2930	4798	1580	47	12	5449	2227	1020	671
陕西	33723	56478	122687	37356	23620	89287	173753	8694	2130
甘肃	24489	21076	75051	34161	9074	78731	66665	15057	3398
青海	4877	8035	20737	6292	2630	13527	26113	2415	516
宁夏	10922	7958	44770	1313	1202	24606	34483	6352	724
新疆	32261	24343	129144	12124	6435	88699	94628	18420	2560

9-1b 各地区按住房用途、建筑层数、承重类型分的家庭户户数(镇)

单位：户

地区	家庭户户数	住房用途		
		生活用房	兼作生产经营用房	无住房
全国	**7571316**	**7257173**	**297610**	**16533**
北京	43231	41959	1129	143
天津	37320	36626	688	6
河北	466469	454034	12232	203
山西	216253	208837	7124	292
内蒙古	183984	172725	9637	1622
辽宁	174375	168663	5618	94
吉林	146153	139477	4710	1966
黑龙江	238728	230438	7764	526
上海	103830	100049	3066	715
江苏	510275	493818	16021	436
浙江	452911	435571	17019	321
安徽	374913	355306	19130	477
福建	236816	224647	11851	318
江西	295702	283781	10796	1125
山东	572429	555539	16773	117
河南	450604	435993	14307	304
湖北	279553	267951	11284	318
湖南	430641	413160	16084	1397
广东	373134	357650	15136	348
广西	277228	264485	12263	480
海南	47678	45035	2592	51
重庆	195460	187287	7816	357
四川	521271	494678	24545	2048
贵州	172533	159970	12522	41
云南	265519	249892	15089	538
西藏	12238	10835	1334	69
陕西	229613	218969	10349	295
甘肃	106355	101071	5160	124
青海	31864	28364	1806	1694
宁夏	26728	25273	1397	58
新疆	97508	95090	2368	50

9-1b 续表 单位：户

地区	建筑层数					承重类型			
	平房	2-3层楼房	4-6层楼房	7-9层楼房	10层以上楼房	钢及钢筋混凝土结构	混合结构	砖木结构	其他结构
全国	**3176446**	**2388759**	**1632852**	**300705**	**56021**	**1913009**	**3293745**	**2054159**	**293870**
北京	21808	2812	16414	710	1344	6224	20550	15964	350
天津	20978	1965	12727	559	1085	5896	13066	18217	135
河北	338450	45232	73026	3484	6074	90952	165751	204531	5032
山西	128133	41454	42626	2929	819	49930	87194	66418	12419
内蒙古	124351	14566	41832	1422	191	43195	35332	90983	12852
辽宁	100064	11565	51923	9229	1500	51280	52098	69815	1088
吉林	90313	10161	37025	6460	228	34567	30467	73754	5399
黑龙江	152211	13711	54825	16851	604	26869	70838	130084	10411
上海	24233	44272	29262	638	4710	35992	46750	19423	950
江苏	194665	224247	86379	2299	2249	99148	264939	142526	3226
浙江	78393	215994	143891	9590	4722	88524	262572	92204	9290
安徽	144219	160370	67744	1426	677	95625	182264	91921	4626
福建	44154	105240	65529	18822	2753	100650	83984	28551	23313
江西	57795	138466	80093	17102	1121	144491	98662	45425	5999
山东	412345	53861	102936	2235	935	105549	177664	274908	14191
河南	242151	151413	53669	2676	391	91696	240373	114219	4012
湖北	65151	136106	59020	18152	806	75159	150951	47125	6000
湖南	107304	216464	90305	12926	2245	103618	225168	92116	8342
广东	119634	161452	60743	27235	3722	124661	175520	63890	8715
广西	94666	111560	58971	11002	549	53729	175149	42500	5370
海南	26889	15458	4359	607	314	19912	12356	14449	910
重庆	35957	71385	40448	41156	6157	46425	112018	23805	12855
四川	133695	170345	141458	64579	9146	144800	259633	80423	34367
贵州	65929	60006	34332	11785	440	44016	89287	28725	10464
云南	95990	113777	49076	5598	540	85728	73181	58444	47628
西藏	5712	5333	1058	39	27	5633	2406	2961	1169
陕西	103810	63776	53427	6133	2172	61288	115983	30075	21972
甘肃	58128	13450	30226	4198	229	31721	30839	34944	8727
青海	15491	4641	9622	386	30	8482	9814	8928	2946
宁夏	16542	2590	7308	176	54	6140	7109	12255	1166
新疆	57285	7087	32598	301	187	31109	21827	34576	9946

9-1c 各地区按住房用途、建筑层数、承重类型分的家庭户户数(乡村)

单位：户

地区	家庭户户数	住房用途		
		生活用房	兼作生产经营用房	无住房
全国	**19326795**	**19055912**	**243715**	**27168**
北京	87722	85494	2139	89
天津	78918	78318	570	30
河北	1146157	1138877	6755	525
山西	527183	521669	4921	593
内蒙古	343108	337168	4773	1167
辽宁	524015	519784	3994	237
吉林	358286	353543	2220	2523
黑龙江	478422	472849	3926	1647
上海	93877	90972	1752	1153
江苏	992447	978352	13096	999
浙江	758863	740469	17587	807
安徽	985843	972114	12697	1032
福建	462406	447940	13851	615
江西	635408	627420	6578	1410
山东	1558820	1549890	8748	182
河南	1612764	1593259	18790	715
湖北	817496	805308	11381	807
湖南	1020394	1008324	9900	2170
广东	834382	825588	7932	862
广西	797163	788492	7837	834
海南	110218	109378	771	69
重庆	445543	436237	8496	810
四川	1664427	1625052	36122	3253
贵州	670695	657275	13176	244
云南	768992	756974	10742	1276
西藏	46794	44816	1260	718
陕西	580124	572916	6711	497
甘肃	447756	444734	2789	233
青海	73967	71842	604	1521
宁夏	87867	86461	1371	35
新疆	316738	314397	2226	115

9-1c 续表

单位：户

地区	建筑层数					承重类型			
	平房	2-3层楼房	4-6层楼房	7-9层楼房	10层以上楼房	钢及钢筋混凝土结构	混合结构	砖木结构	其他结构
全国	**13524919**	**5473742**	**266722**	**24698**	**9546**	**1899818**	**6652437**	**8478854**	**2268518**
北京	81788	2698	2877	93	177	2991	19546	63298	1798
天津	74498	686	3345	110	249	2325	7772	68306	485
河北	1108487	32754	3591	510	290	65563	351042	689663	39364
山西	481296	38553	6348	290	103	34053	138101	243316	111120
内蒙古	331674	6301	3644	77	245	10616	34647	206674	90004
辽宁	512930	6643	3709	390	106	31856	123657	360371	7894
吉林	347297	3170	4561	676	59	11283	35524	274007	34949
黑龙江	469755	3174	2668	1148	30	5933	44163	339849	86830
上海	31644	57352	3415	49	264	8884	48551	33963	1326
江苏	526012	444382	17344	893	2817	77218	494838	411206	8186
浙江	152558	544733	58732	1649	384	60829	419761	236627	40839
安徽	594442	384935	5062	259	113	122416	440296	399437	22662
福建	152099	279696	27946	1860	190	105558	152003	108638	95592
江西	251425	373710	8390	355	118	184327	209487	198186	41998
山东	1511164	40165	6807	399	103	77610	400711	1025247	55070
河南	1263614	341472	6231	554	178	170146	778487	632719	30697
湖北	395220	405959	12191	2267	1052	87280	373421	286599	69389
湖南	496152	516168	5569	262	73	113888	408562	427367	68407
广东	473821	328499	27016	3542	642	168179	388958	244088	32295
广西	494076	294396	7474	300	83	100152	424443	210891	60843
海南	101212	8248	437	217	35	22309	16584	68949	2307
重庆	215548	219389	6337	3076	383	34275	160849	146892	102717
四川	1067677	574735	16573	1425	764	147168	513785	611594	388627
贵州	526145	137494	5485	1206	121	80232	208026	247780	134413
云南	461191	296513	6950	2470	592	68863	112129	239753	346971
西藏	27819	17858	360	26	13	2594	5152	23631	14699
陕西	481090	94599	3360	348	230	60338	235474	142395	141420
甘肃	434394	12043	911	94	81	23583	50990	233241	139709
青海	69459	2789	181	7	10	2675	9718	36221	23832
宁夏	80927	1965	4863	64	13	4944	9056	60381	13451
新疆	309505	2663	4345	82	28	11730	36704	207565	60624

9-2 各地区按住房建成年代分的家庭户住房状况

单位：户、间、平方米

地区	合计			1949年以前		
	户数	间数	建筑面积	户数	间数	建筑面积
全国	**39270972**	**126808752**	**3924438904**	**479305**	**1158404**	**32314176**
北京	655178	1569813	48347757	7913	14758	253401
天津	355868	820671	26750476	2773	4296	96152
河北	2035826	7358815	210504442	11518	33746	784451
山西	1029717	3116520	86465875	27660	66965	1538371
内蒙古	782992	1684038	54311555	2768	5191	146055
辽宁	1474065	3420443	109492157	7211	16584	397203
吉林	834642	1948398	60720014	2516	4946	141306
黑龙江	1177884	2543824	81874756	3581	6459	189794
上海	810484	1683175	56402057	34159	45845	990988
江苏	2392512	7420538	284364136	13175	27281	836681
浙江	1905809	5430833	205667874	61647	120291	4011967
安徽	1700012	5755352	179980942	5419	15045	459961
福建	1072498	3785975	126680308	30629	78424	2010698
江西	1133859	4392250	143776145	17226	46275	1277991
山东	3001848	11385326	292385826	23656	76386	1448223
河南	2590997	10905891	297110202	7560	26926	676967
湖北	1611096	5501211	196949931	12157	33414	1095929
湖南	1815728	6790967	217451285	21591	55932	1586372
广东	2707419	7765209	232605115	38477	88841	2399046
广西	1317033	4744068	138598300	20750	54190	1521998
海南	215761	547596	18293694	2783	6071	193706
重庆	902209	2819581	95966512	21026	53718	1885418
四川	2689049	9049921	290197327	42831	116501	3656317
贵州	1005797	3106867	94201808	22222	55812	1624551
云南	1240421	3820344	123226102	23509	63107	1978748
西藏	67612	255985	8088938	397	1148	40717
陕西	1082809	3468514	107503717	9260	23059	686196
甘肃	717605	2897856	59767548	2549	9599	185645
青海	145187	467666	11423380	590	2012	46135
宁夏	180667	515885	14642075	325	871	26638
新疆	618388	1835220	50688650	1427	4711	126551

9-2 续表 1

单位：户、间、平方米

地区	1949-1959年			1960-1969年			1970-1979年		
	户数	间数	建筑面积	户数	间数	建筑面积	户数	间数	建筑面积
全国	**367848**	**909066**	**24907040**	**931808**	**2477751**	**67670582**	**2840999**	**7977279**	**217793239**
北京	13829	25229	559766	12683	26952	608402	35520	90251	2104823
天津	3628	5640	128435	5302	10469	245511	29961	70379	1741531
河北	13545	37525	889299	44809	134184	3270934	184785	574233	14546877
山西	17113	40553	912340	38444	99493	2208793	108031	302557	6974953
内蒙古	6175	11077	297632	19624	37979	978057	69571	138738	3735312
辽宁	14230	29458	722992	33443	82038	2021116	130650	319222	8368896
吉林	4862	9355	249245	17347	34857	935610	63982	137398	3713276
黑龙江	11418	20129	555065	37636	72348	2032174	127817	256156	7258021
上海	14665	19762	495150	10541	15319	359658	29184	52252	1383389
江苏	8695	19202	599811	20803	46827	1437198	105250	257826	8478848
浙江	20270	41630	1388748	43120	94159	3159485	117975	270950	9371413
安徽	5961	14323	395420	16121	40814	1102262	71298	193466	5115083
福建	13918	39236	1047207	33427	99819	2714655	83241	273250	7763371
江西	10725	28826	809833	29249	80448	2250048	85037	251740	7172309
山东	24876	80538	1578143	71081	243000	4808070	245180	885938	18196052
河南	9419	29746	732814	28254	90048	2134212	124131	425818	10154795
湖北	13812	36359	1157172	36961	103076	3363320	118129	329079	10650233
湖南	19950	53561	1527986	58120	158504	4552116	158041	452943	13221712
广东	21235	49150	1324793	56832	136415	3675366	155785	399295	10953938
广西	16104	41976	1140051	46165	120416	3168555	100734	272468	7163050
海南	2462	5150	174012	7673	15798	528940	20633	43920	1439465
重庆	13929	35405	1179912	34042	90003	3022041	76137	211671	7049988
四川	27679	78816	2439993	79524	235394	7267979	230630	701469	21513842
贵州	22084	57114	1676388	53629	140759	4058961	101061	275685	7932538
云南	17638	47161	1549537	44792	121657	4024838	107491	301969	9682250
西藏	217	715	26029	337	982	32862	803	2471	91235
陕西	12626	31113	888913	30799	80322	2315624	86471	236666	6770282
甘肃	4135	12469	250929	12091	40864	775253	43483	164269	3080137
青海	726	2252	52752	2154	6012	132720	6395	18062	393913
宁夏	406	1083	32314	1355	3527	83154	5572	15013	351766
新疆	1516	4513	124359	5450	15268	402668	18021	52125	1419941

9-2 续表 2 单位：户、间、平方米

地　区	1980-1989年			1990-1999年			2000年以后		
	户数	间数	建筑面积	户数	间数	建筑面积	户数	间数	建筑面积
全　国	**8210106**	**24920267**	**715854259**	**13032845**	**43183978**	**1338265997**	**13408061**	**46182007**	**1527633611**
北　京	135322	352414	9119112	182140	439258	13345097	267771	620951	22357156
天　津	102956	243144	6536060	111150	254434	8467221	100098	232309	9535566
河　北	520423	1764050	46970294	682076	2570344	73055891	578670	2244733	70986696
山　西	273598	823327	20622033	300503	945640	26762355	264368	837985	27447030
内蒙古	175374	368363	10621182	242770	531826	16726328	266710	590864	21806989
辽　宁	393188	912404	26101058	465433	1074627	34994336	429910	986110	36886556
吉　林	196343	451110	12791946	279487	675119	20825508	270105	635613	22063123
黑龙江	306336	641891	18845777	368567	818919	26528831	322529	727922	26465094
上　海	172504	375398	11029067	283029	612997	20465724	266402	561602	21678081
江　苏	527636	1515619	54798914	918247	2977906	114733754	798706	2575877	103478930
浙　江	364705	989209	36464955	629513	1968604	75779004	668579	1945990	75492302
安　徽	304188	926384	25299048	636025	2104427	63766068	661000	2460893	83843100
福　建	198776	707700	21780487	333684	1243101	42698079	378823	1344445	48665811
江　西	204819	671510	20048433	342119	1305924	43375768	444684	2007527	68841763
山　东	713585	2708143	61521535	1038657	4020752	104217803	884813	3370569	100616000
河　南	513890	1946248	48930581	1000758	4130493	110820780	906985	4256612	123660053
湖　北	347415	1068881	36253089	522777	1791392	64501475	559845	2139010	79928713
湖　南	386950	1253588	38333337	630109	2461449	80207984	540967	2354990	78021778
广　东	462556	1312031	38368868	968153	2896107	88131572	1004381	2883370	87751532
广　西	210272	639185	17373871	386031	1425026	41147711	536977	2190807	67083064
海　南	46583	107683	3509569	69765	179512	6017726	65862	189462	6430276
重　庆	164370	490785	16048288	288940	956091	31814405	303765	981908	34966460
四　川	554312	1771385	55184421	836436	2864199	91835293	917637	3282157	108299482
贵　州	179046	509095	14778951	249458	754438	22499080	378297	1313964	41631339
云　南	269781	800955	25311901	374644	1158555	36361529	402566	1326940	44317299
西　藏	2659	8067	273829	9355	30033	996606	53844	212569	6627660
陕　西	217259	652492	18939396	341667	1132053	34792656	384727	1312809	43110650
甘　肃	142645	566122	10935711	250163	1005317	20424562	262539	1099216	24115311
青　海	21229	64335	1437442	41727	136748	3127655	72366	238245	6232763
宁　夏	24010	67513	1671655	61395	177190	4785433	87604	250688	7691115
新　疆	77376	211236	5953449	188067	541497	15059763	326531	1005870	27601919

9-2a 各地区按住房建成年代分的家庭户住房状况(城市)

单位：户、间、平方米

地区	合计			1949年以前		
	户数	间数	建筑面积	户数	间数	建筑面积
全国	**12416562**	**30459612**	**1024574813**	**118311**	**214111**	**5414514**
北京	524457	1100985	35838196	7361	12940	212290
天津	239666	464965	16717593	2543	3689	80402
河北	423928	1171787	38660232	1111	2609	68190
山西	287166	685026	21821851	2471	4587	96219
内蒙古	258689	526400	18045648	1172	2032	57584
辽宁	776006	1568307	53177525	3475	6383	157277
吉林	334692	687948	23630940	1482	2585	71563
黑龙江	462907	939852	30593950	1998	3298	92624
上海	614645	1152797	39478999	32319	42470	905463
江苏	891225	2349419	89712189	8585	16820	469687
浙江	695163	1590979	55697075	9443	16014	464267
安徽	340765	913138	30657888	805	1895	59577
福建	374209	974995	32909347	6127	12781	331338
江西	205284	576521	20513356	2129	4438	119634
山东	870898	2627237	81161285	5713	14312	301510
河南	528648	1696205	55860297	1280	3809	112737
湖北	515172	1390041	51152075	3379	6112	169470
湖南	368260	1089090	37120037	1719	4129	119741
广东	1501113	3370239	109195401	13532	26049	733392
广西	243956	690313	22739881	1229	3079	97036
海南	57985	147789	5025154	426	940	29467
重庆	262373	637913	21972032	1797	4220	135278
四川	508652	1286538	43492443	3604	8209	231029
贵州	162854	410959	13078305	882	1913	51394
云南	207724	568551	17542164	1413	3361	91837
西藏	9367	27702	750571	115	215	4786
陕西	273864	673562	21832663	920	1937	58278
甘肃	163851	390528	12143513	641	1369	36490
青海	42571	106841	3380247	71	179	5730
宁夏	66165	156533	5295912	111	277	10157
新疆	204307	486452	15378044	458	1460	40067

9-2a 续表 1

单位：户、间、平方米

地区	1949-1959年			1960-1969年			1970-1979年		
	户数	间数	建筑面积	户数	间数	建筑面积	户数	间数	建筑面积
全国	**112493**	**203014**	**5164372**	**167511**	**327548**	**8214199**	**579927**	**1240990**	**32776465**
北京	12861	22383	497130	10119	18815	418064	24858	51240	1174061
天津	3325	4784	107182	3529	5593	124089	16806	31739	790274
河北	2741	5776	132562	4529	11213	273885	25541	64064	1628842
山西	3985	7158	162578	4690	8932	197293	15741	32944	801401
内蒙古	2905	4843	125343	3600	6311	156671	12709	23105	614902
辽宁	8066	13100	330023	10006	19120	460443	40697	81957	2060068
吉林	2564	4427	118005	5475	9441	241379	17766	33195	865263
黑龙江	7085	11725	301968	12259	22120	548427	37224	70298	1836992
上海	14117	18729	468166	9066	12425	283330	20865	32445	808798
江苏	5184	10606	309686	9139	18393	520314	40074	86697	2710269
浙江	3170	5107	142360	6639	11183	312522	24275	44700	1324314
安徽	2467	4790	120096	3991	8030	204805	15255	32942	861304
福建	2269	5294	149623	4478	10778	285542	14334	37990	1059094
江西	2272	4483	120661	3856	8021	205709	11286	25134	702083
山东	5103	12646	277775	9996	28075	606903	41483	122719	2777966
河南	3133	6983	174517	5661	13476	325020	23775	62228	1565235
湖北	5787	10643	289805	8189	15023	409698	33512	67915	1955150
湖南	2858	5897	156101	6448	13195	347822	23076	49906	1371807
广东	7593	14116	396592	16558	30387	870105	48684	101180	2969601
广西	1375	2833	81984	3389	6655	177172	11928	24243	659135
海南	256	616	18905	604	1248	35450	2348	4805	138449
重庆	2406	4530	120888	4550	8881	236062	10729	22205	613811
四川	2919	5757	157312	6251	12494	316257	21823	44114	1189580
贵州	1302	2504	63836	3106	5973	140422	7980	16571	411640
云南	1043	2270	63982	2244	4753	124081	7535	16084	417267
西藏	29	101	2564	80	196	4533	192	589	15787
陕西	3267	6025	148387	3991	7223	170237	13326	26581	641358
甘肃	1646	3036	72235	2716	5006	108974	8096	16181	362492
青海	112	238	7809	396	699	17675	1995	3835	100852
宁夏	147	344	12369	594	1189	27412	2006	4268	102969
新疆	506	1270	33928	1362	2700	63903	4008	9116	245701

9-2a 续表 2

单位：户、间、平方米

地　区	1980-1989年			1990-1999年			2000年以后		
	户数	间数	建筑面积	户数	间数	建筑面积	户数	间数	建筑面积
全　国	**2294873**	**5384600**	**156656570**	**4275080**	**10724324**	**355427448**	**4868367**	**12365025**	**460921245**
北　京	99676	214658	5635021	147676	310640	9832834	221906	470309	18068796
天　津	61839	117557	3300325	78415	149213	5486083	73209	152390	6829238
河　北	98703	254834	7057964	147084	414909	13439458	144219	418382	16059331
山　西	62568	143793	3944961	96572	234485	7414285	101139	253127	9205114
内蒙古	47341	91473	2604961	80906	163386	5240890	110056	235250	9245297
辽　宁	179567	347441	9889341	257047	517216	17427352	277148	583090	22853021
吉　林	64830	128238	3719267	109876	230637	7781117	132699	279425	10834346
黑龙江	116485	230730	6441762	146648	302861	9831722	141208	298820	11540455
上　海	113632	196539	5422210	223950	432917	14785881	200696	417272	16805151
江　苏	169608	410503	14105661	296939	806387	30545075	361696	1000013	41051497
浙　江	110768	237614	7463592	242422	581807	20105930	298446	694554	25884090
安　徽	55363	135538	3842700	110171	296126	9464475	152713	433817	16104931
福　建	55376	158465	4804356	128238	358166	12294490	163387	391521	13984904
江　西	37950	95292	2904924	76361	208927	7332916	71430	230226	9127429
山　东	169606	513468	13095430	305892	933308	28069427	333105	1002709	36032274
河　南	94959	288734	8151228	191953	624931	20335773	207887	696044	25195787
湖　北	110156	274244	8959303	173433	478793	17699340	180716	537311	21669309
湖　南	72163	186481	5630355	133763	408942	13785868	128233	420540	15708343
广　东	214080	520518	16234295	573961	1359174	44348940	626705	1318815	43642476
广　西	42903	106619	3046980	84830	245806	7910510	98302	301078	10767064
海　南	9915	23068	708270	24576	62926	2124317	19860	54186	1970296
重　庆	37426	86999	2511114	82876	205790	6810795	122589	305288	11544084
四　川	86683	204641	5923297	176534	454781	15089241	210838	556542	20585727
贵　州	26708	61076	1653698	56197	136843	4133848	66679	186079	6623467
云　南	34164	81778	2184870	76995	203372	5798045	84330	256933	8862082
西　藏	808	2095	53562	2523	7068	193404	5620	17438	475935
陕　西	48244	112230	3013460	88179	220090	6975803	115937	299476	10825140
甘　肃	29671	65561	1658952	57355	134833	4001627	63726	164542	5902743
青　海	6847	15257	410709	12360	29473	860992	20790	57160	1976480
宁　夏	8014	17492	484501	20825	46919	1447583	34468	86044	3210921
新　疆	28820	61664	1799501	70523	163598	4859427	98630	246644	8335517

9-2b 各地区按住房建成年代分的家庭户住房状况(镇)

单位：户、间、平方米

地区	合计			1949年以前		
	户数	间数	建筑面积	户数	间数	建筑面积
全国	**7554783**	**24666062**	**787750232**	**87465**	**209137**	**5961895**
北京	43088	119133	3663428	129	410	8868
天津	37314	104476	3361433	47	129	3501
河北	466266	1727444	49916515	2133	6383	152993
山西	215961	634225	18334790	4810	10619	227290
内蒙古	182362	380634	12928091	442	811	25095
辽宁	174281	412973	13135068	1058	2455	58783
吉林	144187	324056	9941217	394	774	22705
黑龙江	238202	490613	15925115	685	1228	36975
上海	103115	244266	7914744	1371	2489	62328
江苏	509839	1658905	63698196	2374	5054	171756
浙江	452590	1280855	48082749	15819	28793	958897
安徽	374436	1206318	39319668	1544	3861	123438
福建	236498	846516	29693816	6810	16374	432080
江西	294577	1088934	36998686	4291	11298	310513
山东	572312	2195681	56866339	2890	9912	190768
河南	450300	1881331	53277349	1492	5194	133108
湖北	279235	968646	35191966	1349	3926	133198
湖南	429244	1604776	52870808	3942	10386	295654
广东	372786	1204785	38027524	7720	17664	483202
广西	276748	1050637	33235389	3607	9458	287941
海南	47627	122814	4298316	480	997	32306
重庆	195103	593560	20390803	3396	8363	282488
四川	519223	1622983	52808933	8820	22996	669329
贵州	172492	536965	16830822	2603	6176	169648
云南	264981	821196	27314817	6613	16687	505196
西藏	12169	39810	1186014	34	101	3865
陕西	229318	673132	21088904	1938	4340	124681
甘肃	106231	388607	9030561	263	1087	21838
青海	30170	84877	2306552	102	265	7697
宁夏	26670	76567	2213058	37	114	3249
新疆	97458	280347	7898561	272	793	22505

9-2b 续表 1

单位：户、间、平方米

地区	1949-1959年			1960-1969年			1970-1979年		
	户数	间数	建筑面积	户数	间数	建筑面积	户数	间数	建筑面积
全　国	**52188**	**129167**	**3583272**	**146650**	**365250**	**9907963**	**482281**	**1278619**	**34759387**
北　京	200	498	12090	492	1219	29257	2248	6504	158501
天　津	66	165	4790	305	763	19483	2900	8164	209217
河　北	2318	6427	153188	7752	23509	568963	34627	109144	2749077
山　西	2311	5278	115005	5533	13012	293586	17828	45063	1043135
内蒙古	753	1342	39128	3735	6613	181105	14919	27684	790535
辽　宁	1556	3084	76438	4607	10356	260176	17838	41239	1094988
吉　林	862	1653	40881	4079	8021	213067	14500	29772	782349
黑龙江	1854	3322	97210	8527	15661	452458	29363	56041	1605376
上　海	335	612	15452	867	1553	38600	3978	8219	220380
江　苏	1502	3505	115629	4300	10095	319634	20621	53077	1716354
浙　江	4199	7819	257554	8450	16474	539745	24598	52777	1794200
安　徽	1372	3241	93477	3835	9088	245735	15896	39927	1072281
福　建	2607	6469	175965	5674	15127	425113	14865	43764	1277234
江　西	2341	6282	176099	6439	16409	445307	17641	48299	1346018
山　东	3488	11401	234230	11094	37396	753215	41160	148515	3073827
河　南	1429	4747	123783	4478	13694	338861	20031	67272	1631619
湖　北	1260	3588	119392	4468	11672	379703	16489	43079	1378654
湖　南	3108	8304	230143	10095	25440	702389	30394	81628	2314901
广　东	3541	8334	243629	8894	21319	615287	23998	61678	1808743
广　西	2382	6121	171053	6836	16844	442369	16845	42709	1118773
海　南	443	845	28830	1426	2653	86251	4092	8097	256921
重　庆	1902	4628	147413	4600	11450	368633	11153	28614	917252
四　川	4118	11081	315147	9609	26102	748957	28798	79322	2289358
贵　州	2029	5143	141322	5148	12608	334219	11856	29908	809592
云　南	3371	8251	264691	7473	18659	602735	19453	50511	1579910
西　藏	32	85	2870	34	72	2135	150	370	11902
陕　西	1933	4369	125668	4718	10783	297560	14989	34953	968209
甘　肃	428	1363	28838	1308	4034	82265	4991	16627	338711
青　海	152	389	9795	638	1369	34376	1546	3725	85781
宁　夏	54	165	4372	173	493	11746	695	1968	45711
新　疆	242	656	19190	1063	2762	75033	3819	9969	269878

9-2b 续表 2

单位：户、间、平方米

地区	1980-1989年			1990-1999年			2000年以后		
	户数	间数	建筑面积	户数	间数	建筑面积	户数	间数	建筑面积
全　国	**1505265**	**4522336**	**131681744**	**2587089**	**8772286**	**279607840**	**2693845**	**9389267**	**322248131**
北　京	8390	25959	686329	12569	36609	1144178	19060	47934	1624205
天　津	9959	28324	761786	11117	32630	1027006	12920	34301	1335650
河　北	106983	375672	9953781	160338	620698	17572616	152115	585611	18765897
山　西	51442	147209	3719002	66684	203916	5884908	67353	209128	7051864
内蒙古	39574	78798	2409436	54074	114027	3716747	68865	151359	5766045
辽　宁	47161	111801	3217722	54108	131147	4260328	47953	112891	4166633
吉　林	39395	86885	2439658	42816	101684	3131372	42141	95267	3311185
黑龙江	66237	131957	3946462	66136	142781	4708345	65400	139623	5078289
上　海	22985	59082	1752487	32016	82803	2598528	41563	89508	3226969
江　苏	104560	312216	11176298	201820	680399	26308412	174662	594559	23890113
浙　江	84387	228440	8266723	152766	483267	18374563	162371	463285	17891067
安　徽	61959	179103	5126499	138910	442074	14080599	150920	529024	18577639
福　建	43094	150207	4759528	81747	314715	11229251	81701	299860	11394645
江　西	47359	150900	4544406	95144	354950	12096441	121362	500796	18079902
山　东	126535	484137	10947687	202474	790581	20352993	184671	713739	21313619
河　南	86708	323230	8288741	176176	723302	20023254	159986	743892	22737983
湖　北	58085	176425	5987696	99322	346563	12622635	98262	383393	14570688
湖　南	86307	274651	8447537	160589	624435	20908512	134809	579932	19971672
广　东	74590	222367	6769989	135974	470878	14988841	118069	402545	13117833
广　西	44304	136824	3912511	91587	359409	11260469	111187	479272	16042273
海　南	10961	25369	852878	15816	41963	1485134	14409	42890	1555996
重　庆	30653	86116	2764080	63101	198566	6723802	80298	255823	9187135
四　川	91264	263408	7934407	175729	557416	18161546	200885	662658	22690189
贵　州	28351	77479	2210110	48448	147574	4510889	74057	258077	8655042
云　南	52745	151362	4718831	82293	257166	8201435	93033	318560	11442019
西　藏	480	1493	48184	2199	6252	193674	9240	31437	923384
陕　西	40247	107669	3073680	76424	230922	7099463	89069	280096	9399643
甘　肃	18254	65485	1365568	37782	135303	3077089	43205	164708	4116252
青　海	4661	11828	286845	8172	22884	598009	14899	44417	1284049
宁　夏	3376	9505	241661	8850	25907	725090	13485	38415	1181229
新　疆	14259	38435	1071222	31908	91465	2541711	45895	136267	3899022

9-2c 各地区按住房建成年代分的家庭户住房状况(乡村)

单位：户、间、平方米

地区	合计			1949年以前		
	户数	间数	建筑面积	户数	间数	建筑面积
全国	**19299627**	**71683078**	**2112113859**	**273529**	**735156**	**20937767**
北京	87633	349695	8846133	423	1408	32243
天津	78888	251230	6671450	183	478	12249
河北	1145632	4459584	121927695	8274	24754	563268
山西	526590	1797269	46309234	20379	51759	1214862
内蒙古	341941	777004	23337816	1154	2348	63376
辽宁	523778	1439163	43179564	2678	7746	181143
吉林	355763	936394	27147857	640	1587	47038
黑龙江	476775	1113359	35355691	898	1933	60195
上海	92724	286112	9008314	469	886	23197
江苏	991448	3412214	130953751	2216	5407	195238
浙江	758056	2558999	101888050	36385	75484	2588803
安徽	984811	3635896	110003386	3070	9289	276946
福建	461791	1964464	64077145	17692	49269	1247280
江西	633998	2726795	86264103	10806	30539	847844
山东	1558638	6562408	154358202	15053	52162	955945
河南	1612049	7328355	187972556	4788	17923	431122
湖北	816689	3142524	110605890	7429	23376	793261
湖南	1018224	4097101	127460440	15930	41417	1170977
广东	833520	3190185	85382190	17225	45128	1182452
广西	796329	3003118	82623030	15914	41653	1137021
海南	110149	276993	8970224	1877	4134	131933
重庆	444733	1588108	53603677	15833	41135	1467652
四川	1661174	6140400	193895951	30407	85296	2755959
贵州	670451	2158943	64292681	18737	47723	1403509
云南	767716	2430597	78369121	15483	43059	1381715
西藏	46076	188473	6152353	248	832	32066
陕西	579627	2121820	64582150	6402	16782	503237
甘肃	447523	2118721	38593474	1645	7143	127317
青海	72446	275948	5736581	417	1568	32708
宁夏	87832	282785	7133105	177	480	13232
新疆	316623	1068421	27412045	697	2458	63979

9-2c 续表 1

单位：户、间、平方米

地区	1949-1959年			1960-1969年			1970-1979年		
	户数	间数	建筑面积	户数	间数	建筑面积	户数	间数	建筑面积
全国	**203167**	**576885**	**16159396**	**617647**	**1784953**	**49548420**	**1778791**	**5457670**	**150257387**
北京	768	2348	50546	2072	6918	161081	8414	32507	772261
天津	237	691	16463	1468	4113	101939	10255	30476	742040
河北	8486	25322	603549	32528	99462	2428086	124617	401025	10168958
山西	10817	28117	634757	28221	77549	1717914	74462	224550	5130417
内蒙古	2517	4892	133161	12289	25055	640281	41943	87949	2329875
辽宁	4608	13274	316531	18830	52562	1300497	72115	196026	5213840
吉林	1436	3275	90359	7793	17395	481164	31716	74431	2065664
黑龙江	2479	5082	155887	16850	34567	1031289	61230	129817	3815653
上海	213	421	11532	608	1341	37728	4341	11588	354211
江苏	2009	5091	174496	7364	18339	597250	44555	118052	4052225
浙江	12901	28704	988834	28031	66502	2307218	69102	173473	6252899
安徽	2122	6292	181847	8295	23696	651722	40147	120597	3181498
福建	9042	27473	721619	23275	73914	2004000	54042	191496	5427043
江西	6112	18061	513073	18954	56018	1599032	56110	178307	5124208
山东	16285	56491	1066138	49991	177529	3447952	162537	614704	12344259
河南	4857	18016	434514	18115	62878	1470331	80325	296318	6957941
湖北	6765	22128	747975	24304	76381	2573919	68128	218085	7316429
湖南	13984	39360	1141742	41577	119869	3501905	104571	321409	9535004
广东	10101	26700	684572	31380	84709	2189974	83103	236437	6175594
广西	12347	33022	887014	35940	96917	2549014	71961	205516	5385142
海南	1763	3689	126277	5643	11897	407239	14193	31018	1044095
重庆	9621	26247	911611	24892	69672	2417346	54255	160852	5518925
四川	20642	61978	1967534	63664	196798	6202765	180009	578033	18034904
贵州	18753	49467	1471230	45375	122178	3584320	81225	229206	6711306
云南	13224	36640	1220864	35075	98245	3298022	80503	235374	7685073
西藏	156	529	20595	223	714	26194	461	1512	63546
陕西	7426	20719	614858	22090	62316	1847827	58156	175132	5160715
甘肃	2061	8070	149856	8067	31824	584014	30396	131461	2378934
青海	462	1625	35148	1120	3944	80669	2854	10502	207280
宁夏	205	574	15573	588	1845	43996	2871	8777	203086
新疆	768	2587	71241	3025	9806	263732	10194	33040	904362

9-2c 续表 2 单位：户、间、平方米

地 区	1980-1989年			1990-1999年			2000年以后		
	户数	间数	建筑面积	户数	间数	建筑面积	户数	间数	建筑面积
全 国	**4409968**	**15013331**	**427515945**	**6170676**	**23687368**	**703230709**	**5845849**	**24427715**	**744464235**
北 京	27256	111797	2797762	21895	92009	2368085	26805	102708	2664155
天 津	31158	97263	2473949	21618	72591	1954132	13969	45618	1370678
河 北	314737	1133544	29958549	374654	1534737	42043817	282336	1240740	36161468
山 西	159588	532325	12958070	137247	507239	13463162	95876	375730	11190052
内蒙古	88459	198092	5606785	107790	254413	7768691	87789	204255	6795647
辽 宁	166460	453162	12993995	154278	426264	13306656	104809	290129	9866902
吉 林	92118	235987	6633021	126795	342798	9913019	95265	260921	7917592
黑龙江	123614	279204	8457553	155783	373277	11988764	115921	289479	9846350
上 海	35887	119777	3854370	27063	97277	3081315	24143	54822	1645961
江 苏	253468	792900	29516955	419488	1491120	57880267	262348	981305	38537320
浙 江	169550	523155	20734640	234325	903530	37298511	207762	788151	31717145
安 徽	186866	611743	16329849	386944	1366227	40220994	357367	1498052	49160530
福 建	100306	399028	12216603	123699	570220	19174338	133735	653064	23286262
江 西	119510	425318	12599103	170614	742047	23946411	251892	1276505	41634432
山 东	417444	1710538	37478418	530291	2296863	55795383	367037	1654121	43270107
河 南	332223	1334284	32490612	632629	2782260	70461753	539112	2816676	75726283
湖 北	179174	618212	21306090	250022	966036	34179500	280867	1218306	43688716
湖 南	228480	792456	24255445	335757	1428072	45513604	277925	1354518	42341763
广 东	173886	569146	15364584	258218	1066055	28793791	259607	1162010	30991223
广 西	123065	395742	10414380	209614	819811	21976732	327488	1410457	40273727
海 南	25707	59246	1948421	29373	74623	2408275	31593	92386	2903984
重 庆	96291	317670	10773094	142963	551735	18279808	100878	420797	14235241
四 川	376365	1303336	41326717	484173	1852002	58584506	505914	2062957	65023566
贵 州	123987	370540	10915143	144813	470021	13854343	237561	869808	26352830
云 南	182872	567815	18408200	215356	698017	22362049	225203	751447	24013198
西 藏	1371	4479	172083	4633	16713	609528	38984	163694	5228341
陕 西	128768	432593	12852256	177064	681041	20717390	179721	733237	22885867
甘 肃	94720	435076	7911191	155026	735181	13345846	155608	769966	14096316
青 海	9721	37250	739888	21195	84391	1668654	36677	136668	2972234
宁 夏	12620	40516	945493	31720	104364	2612760	39651	126229	3298965
新 疆	34297	111137	3082726	85636	286434	7658625	182006	622959	15367380

9-3 各地区按住房设施状况分的家庭户户数

单位：户

地区	合计	住房内有无厨房		
		本户独立使用	本户与其他户合用	无
全国	**39270972**	**32214886**	**1032768**	**6023318**
北京	655178	522230	26394	106554
天津	355868	310460	7415	37993
河北	2035826	1719842	23877	292107
山西	1029717	737701	18365	273651
内蒙古	782992	617342	10624	155026
辽宁	1474065	1437670	17633	18762
吉林	834642	800270	7696	26676
黑龙江	1177884	1142659	15083	20142
上海	810484	632374	56228	121882
江苏	2392512	2099617	71494	221401
浙江	1905809	1549577	98655	257577
安徽	1700012	1388824	26417	284771
福建	1072498	898613	66656	107229
江西	1133859	886939	35260	211660
山东	3001848	2616330	27790	357728
河南	2590997	1999174	30214	561609
湖北	1611096	1362833	34496	213767
湖南	1815728	1350644	63706	401378
广东	2707419	2343219	88955	275245
广西	1317033	931941	53786	331306
海南	215761	149000	8988	57773
重庆	902209	786668	32131	83410
四川	2689049	2367705	99763	221581
贵州	1005797	552185	33074	420538
云南	1240421	824494	24603	391324
西藏	67612	35041	3251	29320
陕西	1082809	855935	26679	200195
甘肃	717605	597321	9717	110567
青海	145187	102884	2266	40037
宁夏	180667	155772	2281	22614
新疆	618388	439622	9271	169495

9-3 续表 1

单位：户

地区	主要炊事燃料					住房内有无管道自来水	
	燃气	电	煤炭	柴草	其他	有	无
全国	**16814436**	**3599384**	**5461248**	**12906504**	**489400**	**25361269**	**13909703**
北京	562334	44079	22631	11752	14382	575287	79891
天津	297906	6468	8746	38629	4119	323419	32449
河北	690875	220349	486293	623834	14475	1447673	588153
山西	259195	172656	457452	131012	9402	680727	348990
内蒙古	184299	89237	227479	269842	12135	495500	287492
辽宁	766064	75095	86632	542266	4008	1072066	401999
吉林	300948	59307	67418	402353	4616	518874	315768
黑龙江	356772	150413	153520	513429	3750	853088	324796
上海	755195	27262	810	14645	12572	750406	60078
江苏	1660825	122816	50792	543055	15024	2109055	283457
浙江	1575350	54594	13305	224996	37564	1751762	154047
安徽	605324	96184	148410	831552	18542	765403	934609
福建	569152	294528	41221	141729	25868	859148	213350
江西	411086	48290	186611	478287	9585	543886	589973
山东	1202921	247104	397619	1126294	27910	2173529	828319
河南	621055	213738	850746	872222	33236	1043098	1547899
湖北	781133	52172	115647	643862	18282	986576	624520
湖南	490363	60685	674201	572188	18291	833886	981842
广东	1975300	176252	18076	495289	42502	2185469	521950
广西	420146	101080	9607	764612	21588	655204	661829
海南	90650	17167	1132	103179	3633	127954	87807
重庆	354031	92638	63192	385110	7238	530447	371762
四川	851259	293187	177043	1332244	35316	1183513	1505536
贵州	78076	294764	306373	318917	7667	467162	538635
云南	158886	354238	171096	542732	13469	685009	555412
西藏	18839	1435	789	23138	23411	25619	41993
陕西	302246	112824	229604	424425	13710	620881	461928
甘肃	142436	63809	204251	298605	8504	404053	313552
青海	19017	35359	31372	40319	19120	78517	66670
宁夏	67958	17847	64926	28069	1867	114323	66344
新疆	244795	3807	194254	167918	7614	499735	118653

9-3 续表 2

单位：户

地区	住房内有无洗澡设施				住房内有无厕所				
	统一供热水	家庭自装热水器	其他	无	独立使用抽水式	合用抽水式	独立使用其他样式	合用其他样式	无
全国	**618613**	**16657824**	**4084496**	**17910039**	**13904874**	**738149**	**12059176**	**1757190**	**10811583**
北京	38767	437839	17478	161094	432031	19663	42869	29476	131139
天津	18297	246080	15115	76376	220145	5258	40381	5713	84371
河北	30253	784358	216411	1004804	465067	6880	930848	44020	589011
山西	14923	242650	31893	740251	277245	6595	385697	59961	300219
内蒙古	12711	160155	14007	596119	227853	2790	111599	8520	432230
辽宁	11602	558771	31395	872297	724305	11881	495244	32039	210596
吉林	20068	174545	18299	621730	324585	6010	181690	11530	310827
黑龙江	22899	221079	26450	907456	425670	7654	331510	20537	392513
上海	8118	558498	23539	220329	587467	49178	9428	22992	141419
江苏	25313	1658849	215368	492982	1285454	59650	481401	80498	485509
浙江	4204	1107769	180808	613028	1268542	115282	104945	61312	355728
安徽	12090	740736	132473	814713	459559	14716	551159	62560	612018
福建	28308	689400	145285	209505	638231	70368	112441	59554	191904
江西	14051	449884	169599	500325	388942	23064	215716	49330	456807
山东	36720	1447526	337873	1179729	777107	17062	1552791	70625	584263
河南	28963	707244	255295	1599495	550764	18773	1041085	56524	923851
湖北	26621	747162	191596	645717	529308	29291	488762	73872	489863
湖南	25100	644478	434747	711403	451117	38142	630487	121673	574309
广东	76043	1857167	404578	369631	1340585	74203	824737	123716	344178
广西	12755	452532	301013	550733	318483	30768	346688	92211	528883
海南	3497	77433	41201	93630	65044	5753	42786	9965	92213
重庆	10149	379192	131005	381863	259487	12634	369894	89774	170420
四川	27398	1027529	538883	1095239	692140	46389	1284137	314415	351968
贵州	6293	185987	34706	778811	163287	12379	212918	60107	557106
云南	36456	359712	39872	804381	224805	16187	249055	58570	691804
西藏	1041	4344	441	61786	9901	1168	18723	3350	34470
陕西	25938	311392	53521	691958	301887	21732	494085	76892	188213
甘肃	8840	130272	17424	561069	168446	5625	263460	23759	256315
青海	2936	27198	3044	112009	41891	1352	44847	4992	52105
宁夏	2795	68946	16564	92362	69144	956	48660	4311	57596
新疆	25464	199097	44613	349214	216382	6746	151133	24392	219735

9-3a 各地区按住房设施状况分的家庭户户数(城市)

单位：户

地区	合计	住房内有无厨房		
		本户独立使用	本户与其他户合用	无
全国	**12416562**	**11019331**	**379154**	**1018077**
北京	524457	416210	20832	87415
天津	239666	217878	6375	15413
河北	423928	394676	4143	25109
山西	287166	247564	4288	35314
内蒙古	258689	216792	2571	39326
辽宁	776006	760487	10003	5516
吉林	334692	325716	3516	5460
黑龙江	462907	449182	7464	6261
上海	614645	485419	43187	86039
江苏	891225	792796	37483	60946
浙江	695163	544665	48839	101659
安徽	340765	304203	6383	30179
福建	374209	305379	27811	41019
江西	205284	188487	5976	10821
山东	870898	809117	11367	50414
河南	528648	483291	6026	39331
湖北	515172	470941	14027	30204
湖南	368260	338678	9190	20392
广东	1501113	1358341	44019	98753
广西	243956	222213	6513	15230
海南	57985	49785	3426	4774
重庆	262373	242038	8877	11458
四川	508652	456835	21777	30040
贵州	162854	125229	3930	33695
云南	207724	160371	6728	40625
西藏	9367	6840	426	2101
陕西	273864	228749	7473	37642
甘肃	163851	143327	2388	18136
青海	42571	35594	528	6449
宁夏	66165	59269	489	6407
新疆	204307	179259	3099	21949

9-3a 续表 1

单位：户

地区	主要炊事燃料					住房内有无管道自来水	
	燃气	电	煤炭	柴草	其他	有	无
全国	**10019171**	**1187661**	**773043**	**243755**	**192932**	**11569511**	**847051**
北京	470024	32297	10358	145	11633	461893	62564
天津	227065	3484	5437	1402	2278	231578	8088
河北	337074	35961	34191	10469	6233	397516	26412
山西	191831	47162	44070	376	3727	257709	29457
内蒙古	133437	50951	69644	3094	1563	226179	32510
辽宁	663882	48218	38155	22619	3132	751376	24630
吉林	245792	40068	34846	11698	2288	316570	18122
黑龙江	290833	79465	72805	17560	2244	442604	20303
上海	586256	19147	501	295	8446	574658	39987
江苏	825435	28739	9990	19902	7159	854561	36664
浙江	640217	24692	3262	5016	21976	669756	25407
安徽	275861	24089	24665	8688	7462	300822	39943
福建	260077	91040	5206	2391	15495	350915	23294
江西	164347	11355	22493	5377	1712	186853	18431
山东	692569	61205	62640	41275	13209	794710	76188
河南	338155	75198	97393	6215	11687	459847	68801
湖北	454759	12923	23722	16264	7504	485609	29563
湖南	269923	15913	74249	3877	4298	332265	35995
广东	1332711	120420	3462	14588	29932	1470008	31105
广西	203373	24061	2331	11964	2227	226801	17155
海南	49746	4185	345	2821	888	53913	4072
重庆	220845	22003	3702	14013	1810	243316	19057
四川	431945	39578	17952	12097	7080	464447	44205
贵州	53148	88329	19595	578	1204	143089	19765
云南	103098	86283	7948	6148	4247	188352	19372
西藏	8583	264	109	223	188	7241	2126
陕西	200019	36972	27899	2296	6678	234120	39744
甘肃	107479	33310	19281	1015	2766	150184	13667
青海	14245	22817	4867	62	580	36562	6009
宁夏	50806	6494	7570	230	1065	60196	5969
新疆	175636	1038	24355	1057	2221	195861	8446

9-3a 续表 2 单位：户

地区	住房内有无洗澡设施				住房内有无厕所				
	统一供热水	家庭自装热水器	其他	无	独立使用抽水式	合用抽水式	独立使用其他样式	合用其他样式	无
全国	**379093**	**8458040**	**791585**	**2787844**	**8603083**	**341149**	**1706100**	**409734**	**1356496**
北京	36668	359193	7827	120769	372128	15745	7893	19055	109636
天津	16264	182650	3942	36810	192626	4915	6201	3939	31985
河北	14940	302992	23113	82883	312718	2933	48420	7378	52479
山西	7954	134862	8981	135369	201223	4013	22872	15253	43805
内蒙古	6736	105046	6605	140302	165438	1574	4843	2547	84287
辽宁	8879	476481	12208	278438	644828	10671	56088	18319	46100
吉林	16144	140531	9340	168677	265411	5138	12237	4241	47665
黑龙江	15026	163435	9201	275245	331267	5702	21260	7990	96688
上海	4929	459966	11173	138577	462550	35147	5340	11524	100084
江苏	12774	711909	51479	115063	689798	28856	46255	28846	97470
浙江	1934	443139	69642	180448	519701	58186	16777	23723	76776
安徽	5888	250142	15885	68850	248785	4394	26138	11521	49927
福建	12447	257088	56930	47744	267753	25562	39180	19390	22324
江西	3736	156758	16002	28788	126511	3490	46935	5594	22754
山东	22915	645999	64890	137094	583413	10489	181095	28374	67527
河南	16741	322054	54379	135474	370257	8181	72754	10646	66810
湖北	17317	374258	38728	84869	306945	11324	131366	19842	45695
湖南	10900	276850	41279	39231	191456	7789	126081	14749	28185
广东	52494	1186790	180570	81259	938075	35275	445347	44291	38125
广西	4551	199646	21761	17998	132638	5221	80378	8242	17477
海南	1866	41450	8186	6483	34130	2159	14129	3167	4400
重庆	5112	212878	12880	31503	153000	4233	77858	13606	13676
四川	11910	403422	31377	61943	325677	14051	107514	28741	32669
贵州	2295	94571	4931	61057	85513	4870	33040	10492	28939
云南	26381	118727	7996	54620	120541	8881	23789	14178	40335
西藏	620	2173	145	6429	4830	776	948	765	2048
陕西	16883	156319	11285	89377	190056	11210	26697	16707	29194
甘肃	5155	83425	4234	71037	122611	3704	10647	7123	19766
青海	2124	17354	650	22443	29842	869	3011	2091	6758
宁夏	1797	46258	1515	16595	51692	557	3083	1017	9816
新疆	15713	131674	4451	52469	161670	5234	7924	6383	23096

9-3b 各地区按住房设施状况分的家庭户户数(镇)

单位：户

地区	合计	住房内有无厨房		
		本户独立使用	本户与其他户合用	无
全国	**7554783**	**6373736**	**207571**	**973476**
北京	43088	34763	1671	6654
天津	37314	32345	268	4701
河北	466266	400817	5828	59621
山西	215961	162041	4235	49685
内蒙古	182362	151819	2979	27564
辽宁	174281	170488	1620	2173
吉林	144187	138192	1329	4666
黑龙江	238202	231106	2842	4254
上海	103115	76005	8258	18852
江苏	509839	453484	13210	43145
浙江	452590	357458	24514	70618
安徽	374436	313098	8093	53245
福建	236498	199436	14510	22552
江西	294577	252303	10337	31937
山东	572312	498302	4640	69370
河南	450300	363976	6304	80020
湖北	279235	248177	5004	26054
湖南	429244	348341	16286	64617
广东	372786	334280	11622	26884
广西	276748	224664	11612	40472
海南	47627	36820	1889	8918
重庆	195103	173177	7225	14701
四川	519223	469524	18962	30737
贵州	172492	114619	6487	51386
云南	264981	192613	6097	66271
西藏	12169	7290	460	4419
陕西	229318	177302	6956	45060
甘肃	106231	89231	1690	15310
青海	30170	21441	616	8113
宁夏	26670	22550	386	3734
新疆	97458	78074	1641	17743

9-3b 续表 1

单位：户

地区	主要炊事燃料					住房内有无管道自来水	
	燃气	电	煤炭	柴草	其他	有	无
全国	**3602415**	**1135918**	**1382934**	**1344957**	**88559**	**5734780**	**1820003**
北京	34095	4033	2567	1203	1190	38656	4432
天津	30139	1354	1268	3496	1057	33020	4294
河北	180872	71506	121735	89372	2781	364160	102106
山西	43443	66310	97496	7071	1641	166066	49895
内蒙古	45277	32007	75657	27939	1482	137099	45263
辽宁	72453	18748	31685	51049	346	136432	37849
吉林	45374	16656	20765	60416	976	106874	37313
黑龙江	54046	62033	55716	65753	654	198044	40158
上海	93031	4253	136	3219	2476	92784	10331
江苏	352601	36223	17199	100074	3742	447082	62757
浙江	412284	11952	2828	17492	8034	422498	30092
安徽	187230	30284	52121	99908	4893	226912	147524
福建	126791	83633	8534	12891	4649	201449	35049
江西	170154	18200	52799	50638	2786	208595	85982
山东	218815	75585	105001	167515	5396	427258	145054
河南	121634	55912	187134	80901	4719	240019	210281
湖北	176719	13080	29700	56812	2924	220969	58266
湖南	154670	24054	191121	55163	4236	275201	154043
广东	310378	17766	3337	37582	3723	320422	52364
广西	131936	38941	2895	97517	5459	190132	86616
海南	25598	6131	293	14499	1106	33193	14434
重庆	107883	31496	16281	37585	1858	156194	38909
四川	293461	92907	45009	80716	7130	397228	121995
贵州	15758	87671	54146	13852	1065	129803	42689
云南	28734	149639	36484	47159	2965	192609	72372
西藏	5622	887	304	2470	2886	6601	5568
陕西	73595	45430	68900	38715	2678	160861	68457
甘肃	27840	22987	41744	12603	1057	79746	26485
青海	4472	10145	10317	2258	2978	20503	9667
宁夏	9389	4615	11100	1294	272	18981	7689
新疆	48121	1480	38662	7795	1400	85389	12069

9-3b 续表 2

单位：户

地区	住房内有无洗澡设施				住房内有无厕所				
	统一供热水	家庭自装热水器	其他	无	独立使用抽水式	合用抽水式	独立使用其他样式	合用其他样式	无
全国	**137848**	**3798420**	**774079**	**2844436**	**3054226**	**176239**	**2183725**	**375175**	**1765418**
北京	1274	28169	1757	11888	25617	1458	5741	3506	6766
天津	1517	24453	2611	8733	18798	144	6161	652	11559
河北	10994	202371	52067	200834	121739	2076	203541	14050	124860
山西	4978	64969	7490	138524	60967	1556	70897	21457	61084
内蒙古	5073	42563	3371	131355	55767	855	21216	2992	101532
辽宁	2089	51878	5916	114398	69675	784	62990	7150	33682
吉林	2953	25107	4241	111886	50396	433	30063	3690	59605
黑龙江	6585	45022	6006	180589	85006	1548	58821	6706	86121
上海	1843	55894	6237	39141	66302	8374	1771	6385	20283
江苏	5633	359744	47042	97420	264630	12131	107581	19609	105888
浙江	977	265245	42755	143613	307532	27996	17443	17624	81995
安徽	3186	199364	30459	141427	142479	5430	94185	18019	114323
福建	7428	172653	23436	32981	161634	16769	18418	11080	28597
江西	6033	170792	42657	75095	152530	8006	55760	13047	65234
山东	8843	291353	67393	204723	143705	3093	297815	12307	115392
河南	5793	163197	51873	229437	120962	4968	180884	13649	129837
湖北	4428	162057	34351	78399	124420	6797	80698	11135	56185
湖南	6901	210736	98081	113526	150450	13260	143939	27922	93673
广东	9715	291708	38748	32615	184411	12519	125848	17480	32528
广西	3638	150271	54593	68246	106676	9943	76011	17577	66541
海南	899	21294	10077	15357	17009	1461	11862	2432	14863
重庆	3000	112809	25789	53505	76064	4268	75506	16112	23153
四川	8226	327790	71933	111274	221330	13601	202053	41195	41044
贵州	1929	62450	9566	98547	53212	4283	43028	14056	57913
云南	6475	118442	10705	129359	78190	5155	49824	15109	116703
西藏	197	1334	125	10513	3230	171	2464	507	5797
陕西	6059	83970	12353	126936	85736	6435	79830	27303	30014
甘肃	2522	34404	3772	65533	40715	1276	29650	5088	29502
青海	651	8031	587	20901	11472	389	6831	1371	10107
宁夏	477	10725	2673	12795	10224	182	6257	1227	8780
新疆	7532	39625	5415	44886	43348	878	16637	4738	31857

9-3c 各地区按住房设施状况分的家庭户户数(乡村)

单位：户

地区	合计	住房内有无厨房		
		本户独立使用	本户与其他户合用	无
全国	**19299627**	**14821819**	**446043**	**4031765**
北京	87633	71257	3891	12485
天津	78888	60237	772	17879
河北	1145632	924349	13906	207377
山西	526590	328096	9842	188652
内蒙古	341941	248731	5074	88136
辽宁	523778	506695	6010	11073
吉林	355763	336362	2851	16550
黑龙江	476775	462371	4777	9627
上海	92724	70950	4783	16991
江苏	991448	853337	20801	117310
浙江	758056	647454	25302	85300
安徽	984811	771523	11941	201347
福建	461791	393798	24335	43658
江西	633998	446149	18947	168902
山东	1558638	1308911	11783	237944
河南	1612049	1151907	17884	442258
湖北	816689	643715	15465	157509
湖南	1018224	663625	38230	316369
广东	833520	650598	33314	149608
广西	796329	485064	35661	275604
海南	110149	62395	3673	44081
重庆	444733	371453	16029	57251
四川	1661174	1441346	59024	160804
贵州	670451	312337	22657	335457
云南	767716	471510	11778	284428
西藏	46076	20911	2365	22800
陕西	579627	449884	12250	117493
甘肃	447523	364763	5639	77121
青海	72446	45849	1122	25475
宁夏	87832	73953	1406	12473
新疆	316623	182289	4531	129803

9-3c 续表 1

单位：户

地区	主要炊事燃料					住房内有无管道自来水	
	燃气	电	煤炭	柴草	其他	有	无
全国	**3192850**	**1275805**	**3305271**	**11317792**	**207909**	**8056978**	**11242649**
北京	58215	7749	9706	10404	1559	74738	12895
天津	40702	1630	2041	33731	784	58821	20067
河北	172929	112882	330367	523993	5461	685997	459635
山西	23921	59184	315886	123565	4034	256952	269638
内蒙古	5585	6279	82178	238809	9090	132222	209719
辽宁	29729	8129	16792	468598	530	184258	339520
吉林	9782	2583	11807	330239	1352	95430	260333
黑龙江	11893	8915	24999	430116	852	212440	264335
上海	75908	3862	173	11131	1650	82964	9760
江苏	482789	57854	23603	423079	4123	807412	184036
浙江	522849	17950	7215	202488	7554	659508	98548
安徽	142233	41811	71624	722956	6187	237669	747142
福建	182284	119855	27481	126447	5724	306784	155007
江西	76585	18735	111319	422272	5087	148438	485560
山东	291537	110314	229978	917504	9305	951561	607077
河南	161266	82628	566219	785106	16830	343232	1268817
湖北	149655	26169	62225	570786	7854	279998	536691
湖南	65770	20718	408831	513148	9757	226420	791804
广东	332211	38066	11277	443119	8847	395039	438481
广西	84837	38078	4381	655131	13902	238271	558058
海南	15306	6851	494	85859	1639	40848	69301
重庆	25303	39139	43209	333512	3570	130937	313796
四川	125853	160702	114082	1239431	21106	321838	1339336
贵州	9170	118764	232632	304487	5398	194270	476181
云南	27054	118316	126664	489425	6257	304048	463668
西藏	4634	284	376	20445	20337	11777	34299
陕西	28632	30422	132805	383414	4354	225900	353727
甘肃	7117	7512	143226	284987	4681	174123	273400
青海	300	2397	16188	37999	15562	21452	50994
宁夏	7763	6738	46256	26545	530	35146	52686
新疆	21038	1289	131237	159066	3993	218485	98138

9-3c 续表 2

单位：户

地区	住房内有无洗澡设施				住房内有无厕所				
	统一供热水	家庭自装热水器	其他	无	独立使用抽水式	合用抽水式	独立使用其他样式	合用其他样式	无
全国	**101672**	**4401364**	**2518832**	**12277759**	**2247565**	**220761**	**8169351**	**972281**	**7689669**
北京	825	50477	7894	28437	34286	2460	29235	6915	14737
天津	516	38977	8562	30833	8721	199	28019	1122	40827
河北	4319	278995	141231	721087	30610	1871	678887	22592	411672
山西	1991	42819	15422	466358	15055	1026	291928	23251	195330
内蒙古	902	12546	4031	324462	6648	361	85540	2981	246411
辽宁	634	30412	13271	479461	9802	426	376166	6570	130814
吉林	971	8907	4718	341167	8778	439	139390	3599	203557
黑龙江	1288	12622	11243	451622	9397	404	251429	5841	209704
上海	1346	42638	6129	42611	58615	5657	2317	5083	21052
江苏	6906	587196	116847	280499	331026	18663	327565	32043	282151
浙江	1293	399385	68411	288967	441309	29100	70725	19965	196957
安徽	3016	291230	86129	604436	68295	4892	430836	33020	447768
福建	8433	259659	64919	128780	208844	28037	54843	29084	140983
江西	4282	122334	110940	396442	109901	11568	113021	30689	368819
山东	4962	510174	205590	837912	49989	3480	1073881	29944	401344
河南	6429	221993	149043	1234584	59545	5624	787447	32229	727204
湖北	4876	210847	118517	482449	97943	11170	276698	42895	387983
湖南	7299	156892	295387	558646	109211	17093	360467	79002	452451
广东	13834	378669	185260	255757	218099	26409	253542	61945	273525
广西	4566	102615	224659	464489	79169	15604	190299	66392	444865
海南	732	14689	22938	71790	13905	2133	16795	4366	72950
重庆	2037	53505	92336	296855	30423	4133	216530	60056	133591
四川	7262	296317	435573	922022	145133	18737	974570	244479	278255
贵州	2069	28966	20209	619207	24562	3226	136850	35559	470254
云南	3600	122543	21171	620402	26074	2151	175442	29283	534766
西藏	224	837	171	44844	1841	221	15311	2078	26625
陕西	2996	71103	29883	475645	26095	4087	387558	32882	129005
甘肃	1163	12443	9418	424499	5120	645	223163	11548	207047
青海	161	1813	1807	68665	577	94	35005	1530	35240
宁夏	521	11963	12376	62972	7228	217	39320	2067	39000
新疆	2219	27798	34747	251859	11364	634	126572	13271	164782

9-4 各地区按住房来源分的家庭户户数

单位：户

地区	合计	租赁廉租住房	租赁其他住房	自建住房	购买商品房	购买二手房	购买经济适用房	购买原公有住房	其他
全国	**39270972**	**569511**	**4121744**	**24469158**	**4454150**	**1071625**	**856922**	**2682950**	**1044912**
北京	655178	9586	213902	108408	118548	20620	32181	115100	36833
天津	355868	8147	70260	107398	90153	16545	6302	32719	24344
河北	2035826	13205	68398	1542698	194776	33767	34720	124373	23889
山西	1029717	15153	93760	641081	85999	17247	39872	105535	31070
内蒙古	782992	11541	104906	393795	117398	52796	17769	63385	21402
辽宁	1474065	11957	109857	629188	321656	98712	56939	220681	25075
吉林	834642	6276	51665	410744	152657	66526	36558	91801	18415
黑龙江	1177884	9248	77664	529988	210816	133792	42543	150172	23661
上海	810484	16628	304306	98049	203534	49492	2500	115758	20217
江苏	2392512	28315	273823	1415665	358213	61575	80774	125281	48866
浙江	1905809	25502	516818	941562	198158	72232	15795	63220	72522
安徽	1700012	14462	95728	1250613	148944	28379	33459	90026	38401
福建	1072498	36309	182160	624092	96696	22345	11760	34707	64429
江西	1133859	12073	63474	810825	114981	18366	9176	75316	29648
山东	3001848	25507	115535	2171628	313961	52013	65579	197560	60065
河南	2590997	17103	91653	2080058	183741	27860	39765	117451	33366
湖北	1611096	19927	110488	1047186	166104	37921	27449	161217	40804
湖南	1815728	23841	85613	1351780	146128	26301	28926	112024	41115
广东	2707419	127443	682379	1256720	354479	52593	25468	107347	100990
广西	1317033	19586	84765	1019747	64404	10726	16174	64612	37019
海南	215761	6972	19759	140756	11187	2535	4864	18544	11144
重庆	902209	9649	83652	539648	145774	24801	32795	42101	23789
四川	2689049	30667	176282	1901134	268546	52346	55289	119621	85164
贵州	1005797	11156	83812	760015	57942	11724	15413	39116	26619
云南	1240421	11965	111841	924402	59246	19432	22084	58496	32955
西藏	67612	4620	8775	46748	619	445	2226	442	3737
陕西	1082809	19206	105948	720682	87909	12443	23968	87064	25589
甘肃	717605	6004	41351	505717	63503	11387	17068	57932	14643
青海	145187	2274	13658	83057	14492	4944	5483	13673	7606
宁夏	180667	1901	19043	93900	33084	7356	7792	13188	4403
新疆	618388	13288	60469	321874	70502	24404	46231	64488	17132

9-4a 各地区按住房来源分的家庭户户数(城市)

单位：户

地区	合计	租赁廉租住房	租赁其他住房	自建住房	购买商品房	购买二手房	购买经济适用房	购买原公有住房	其他
全国	**12416562**	**329846**	**2869199**	**2039582**	**3231278**	**618097**	**627345**	**2147896**	**553319**
北京	524457	8441	186559	29118	106141	18206	31955	112875	31162
天津	239666	6270	64437	18308	80328	14641	5103	31086	19493
河北	423928	5239	40427	90023	121059	19070	26352	107265	14493
山西	287166	6795	50757	40871	50494	5988	27960	88854	15447
内蒙古	258689	5411	57795	29047	76854	20104	11508	47958	10012
辽宁	776006	8233	92721	65566	269978	66342	50697	203318	19151
吉林	334692	3469	39095	29072	119448	32311	27204	71438	12655
黑龙江	462907	3941	49126	53503	145695	57643	32678	106007	14314
上海	614645	10499	224843	25295	179115	45963	1758	113412	13760
江苏	891225	15532	172973	187692	265970	46095	63441	109466	30056
浙江	695163	9869	272563	131178	140574	43883	11972	52806	32318
安徽	340765	6055	56437	63921	94744	15574	22593	63469	17972
福建	374209	18597	132452	74439	67598	13868	9363	27270	30622
江西	205284	4818	30917	41451	55835	7555	5221	50074	9413
山东	870898	15108	92233	233455	250468	36585	45481	155813	41755
河南	528648	9486	69244	142820	134201	17915	30337	103388	21257
湖北	515172	12119	85371	112246	122067	18300	20007	123353	21709
湖南	368260	11987	52709	85367	94247	11328	21980	75226	15416
广东	1501113	102674	601142	262132	311446	43236	20477	90494	69512
广西	243956	9211	59503	56816	45049	5866	10889	45742	10880
海南	57985	2778	15590	13459	8999	1536	2377	9254	3992
重庆	262373	4981	51891	33730	95456	12642	22857	30228	10588
四川	508652	15201	105834	68158	148633	22563	33152	77453	37658
贵州	162854	4874	47093	24374	34800	4164	11417	27563	8569
云南	207724	2702	64945	37579	37608	9392	11335	36569	7594
西藏	9367	2540	3125	1581	311	224	525	258	803
陕西	273864	10345	58223	47758	51078	4357	17811	70304	13988
甘肃	163851	3706	28508	15606	39791	6518	14406	48384	6932
青海	42571	1253	9531	4151	9289	2276	3664	10660	1747
宁夏	66165	1086	11708	5223	23992	4366	6247	10867	2676
新疆	204307	6626	41447	15643	50010	9586	26578	47042	7375

9-4b 各地区按住房来源分的家庭户户数(镇)

单位：户

地区	合计	租赁廉租住房	租赁其他住房	自建住房	购买商品房	购买二手房	购买经济适用房	购买原公有住房	其他
全国	**7554783**	**158780**	**845218**	**4244922**	**1112202**	**307562**	**185238**	**436025**	**264836**
北京	43088	225	12414	12896	11056	1718	49	1758	2972
天津	37314	1069	3639	17206	8306	1523	1098	1535	2938
河北	466266	5568	21817	329159	70275	11250	7487	15193	5517
山西	215961	5201	30360	110938	31563	7020	9475	13774	7630
内蒙古	182362	3685	34334	62088	36904	22782	5072	12083	5414
辽宁	174281	1575	11454	74206	47913	17151	5006	14368	2608
吉林	144187	1647	8450	59867	29522	20905	8015	12823	2958
黑龙江	238202	3436	21956	73962	58840	43100	8301	23817	4790
上海	103115	3249	44793	23168	22254	3164	702	2049	3736
江苏	509839	7303	44864	332646	78896	11131	11015	13563	10421
浙江	452590	9314	136952	199563	53588	22287	3054	8882	18950
安徽	374436	6548	32041	233713	48314	9545	8598	23471	12206
福建	236498	10594	36585	132955	26384	6155	1960	6135	15730
江西	294577	5923	28748	158413	56421	8099	3534	21844	11595
山东	572312	7686	18114	408485	58654	9344	18460	38879	12690
河南	450300	5230	16839	347349	45256	8003	8420	12316	6887
湖北	279235	5608	17627	159507	36684	11574	5468	31397	11370
湖南	429244	9982	29598	272546	49203	11880	6486	33722	15827
广东	372786	15221	48459	227896	39549	7724	4285	13932	15720
广西	276748	7712	21282	188833	18084	3992	4988	16205	15652
海南	47627	1912	3077	28960	1809	713	1848	5301	4007
重庆	195103	3818	26100	84364	45749	9421	8119	10519	7013
四川	519223	11822	57648	228159	111998	23462	19097	38772	28265
贵州	172492	3653	27077	94830	20876	5172	3394	9889	7601
云南	264981	6558	36469	159470	19245	7577	9132	15383	11147
西藏	12169	1310	4505	4614	149	124	388	49	1030
陕西	229318	6881	40810	112049	34728	5986	5775	15279	7810
甘肃	106231	1597	10894	51001	22755	4266	2354	8640	4724
青海	30170	767	3650	10705	5074	2484	1711	2746	3033
宁夏	26670	415	3780	12242	5408	1792	776	1540	717
新疆	97458	3271	10882	33132	16745	8218	11171	10161	3878

9-4c 各地区按住房来源分的家庭户户数(乡村)

单位：户

地区	合计	租赁廉租住房	租赁其他住房	自建住房	购买商品房	购买二手房	购买经济适用房	购买原公有住房	其他
全国	**19299627**	**80885**	**407327**	**18184654**	**110670**	**145966**	**44339**	**99029**	**226757**
北京	87633	920	14929	66394	1351	696	177	467	2699
天津	78888	808	2184	71884	1519	381	101	98	1913
河北	1145632	2398	6154	1123516	3442	3447	881	1915	3879
山西	526590	3157	12643	489272	3942	4239	2437	2907	7993
内蒙古	341941	2445	12777	302660	3640	9910	1189	3344	5976
辽宁	523778	2149	5682	489416	3765	15219	1236	2995	3316
吉林	355763	1160	4120	321805	3687	13310	1339	7540	2802
黑龙江	476775	1871	6582	402523	6281	33049	1564	20348	4557
上海	92724	2880	34670	49586	2165	365	40	297	2721
江苏	991448	5480	55986	895327	13347	4349	6318	2252	8389
浙江	758056	6319	107303	610821	3996	6062	769	1532	21254
安徽	984811	1859	7250	952979	5886	3260	2268	3086	8223
福建	461791	7118	13123	416698	2714	2322	437	1302	18077
江西	633998	1332	3809	610961	2725	2712	421	3398	8640
山东	1558638	2713	5188	1529688	4839	6084	1638	2868	5620
河南	1612049	2387	5570	1589889	4284	1942	1008	1747	5222
湖北	816689	2200	7490	775433	7353	8047	1974	6467	7725
湖南	1018224	1872	3306	993867	2678	3093	460	3076	9872
广东	833520	9548	32778	766692	3484	1633	706	2921	15758
广西	796329	2663	3980	774098	1271	868	297	2665	10487
海南	110149	2282	1092	98337	379	286	639	3989	3145
重庆	444733	850	5661	421554	4569	2738	1819	1354	6188
四川	1661174	3644	12800	1604817	7915	6321	3040	3396	19241
贵州	670451	2629	9642	640811	2266	2388	602	1664	10449
云南	767716	2705	10427	727353	2393	2463	1617	6544	14214
西藏	46076	770	1145	40553	159	97	1313	135	1904
陕西	579627	1980	6915	560875	2103	2100	382	1481	3791
甘肃	447523	701	1949	439110	957	603	308	908	2987
青海	72446	254	477	68201	129	184	108	267	2826
宁夏	87832	400	3555	76435	3684	1198	769	781	1010
新疆	316623	3391	8140	273099	3747	6600	8482	7285	5879

9-5 各地区按月租房费用分的家庭户户数

单位：户

地区	合计	100元以下	100-200元	200-500元	500-1000元	1000-1500元	1500-2000元	2000-3000元	3000元以上
全国	**4691255**	**795536**	**1415345**	**1463254**	**604405**	**218398**	**88143**	**64055**	**42119**
北京	223488	28570	40953	79535	26505	13232	12319	15450	6924
天津	78407	43011	9617	8995	7925	5999	1716	775	369
河北	81603	14875	20329	19524	18567	5167	1386	820	935
山西	108913	26977	40948	25422	10388	2766	828	625	959
内蒙古	116447	26775	42243	21045	16339	4827	1865	1646	1707
辽宁	121814	31593	31675	26433	22876	6412	1531	722	572
吉林	57941	15280	13642	12086	12788	2473	739	392	541
黑龙江	86912	23582	23026	16670	16896	3658	1223	805	1052
上海	320934	48515	81211	96852	35681	24353	15564	11227	7531
江苏	302138	45752	109600	82073	40098	15699	4487	2523	1906
浙江	542320	72731	232072	155334	50937	18794	6398	3859	2195
安徽	110190	20583	32743	32723	17246	4082	1212	815	786
福建	218469	26118	75770	74457	23849	10964	3999	2125	1187
江西	75547	22134	19512	23392	7326	1805	619	444	315
山东	141042	22026	36175	39838	27575	9635	2800	1579	1414
河南	108756	20400	35681	34113	13467	3036	922	556	581
湖北	130415	33210	31965	42564	14948	4933	1404	791	600
湖南	109454	27042	26971	32699	15535	4399	1347	774	687
广东	809822	37535	233315	360716	105009	38984	17171	11808	5284
广西	104351	25153	27317	35844	10205	3421	1187	699	525
海南	26731	5761	3661	10470	4677	1332	441	228	161
重庆	93301	20609	23879	28062	16301	3139	645	365	301
四川	206949	39506	54235	63282	33516	11435	2480	1312	1183
贵州	94968	23320	31555	25354	9368	2717	1011	765	878
云南	123806	29502	37499	35358	11694	5300	1922	1146	1385
西藏	13395	4858	2830	2838	1615	605	249	195	205
陕西	125154	23336	44079	36252	12930	5309	1477	841	930
甘肃	47355	10859	17408	10877	6084	1186	390	232	319
青海	15932	3321	5634	3364	2478	621	215	167	132
宁夏	20944	3538	6458	6415	3411	620	202	144	156
新疆	73757	19064	23342	20667	8171	1495	394	225	399

9-5a 各地区按月租房费用分的家庭户户数(城市)

单位：户

地　区	合　计	100元以下	100-200元	200-500元	500-1000元	1000-1500元	1500-2000元	2000-3000元	3000元以上
全　国	**3199045**	**416013**	**820587**	**1115860**	**502921**	**183829**	**74508**	**54247**	**31080**
北　京	195000	25564	29704	69982	24271	11996	11613	15105	6765
天　津	70707	41953	7105	6895	6667	5457	1637	687	306
河　北	45666	5451	9859	11364	14424	3381	706	243	238
山　西	57552	9512	19371	17567	8220	1817	418	290	357
内蒙古	63206	10961	22144	11751	12392	3021	1050	979	908
辽　宁	100954	24845	23855	22741	21239	5913	1351	600	410
吉　林	42564	10178	8554	9553	11340	1891	473	235	340
黑龙江	53067	13633	9941	10778	14250	2747	697	464	557
上　海	235342	40832	36839	72825	29915	22526	14759	10576	7070
江　苏	188505	20190	53017	60720	33792	13794	3838	1965	1189
浙　江	282432	16994	95742	104388	39102	15661	5531	3349	1665
安　徽	62492	8527	16340	19359	13408	3098	797	539	424
福　建	151049	9853	50339	56655	18542	9448	3502	1778	932
江　西	35735	9239	7781	12204	4809	1064	308	223	107
山　东	107341	13205	26418	31207	24052	8304	2207	1108	840
河　南	78730	11614	26018	26918	10993	2144	494	285	264
湖　北	97490	21900	21936	34626	12762	4166	1108	619	373
湖　南	64696	12737	13902	21248	11962	3204	888	447	308
广　东	703816	23968	182927	327976	99382	36859	16350	11369	4985
广　西	68714	11149	18139	27420	7901	2437	917	490	261
海　南	18368	1346	2288	8932	4026	1121	370	168	117
重　庆	56872	8518	12453	18018	14388	2691	457	212	135
四　川	121035	15798	28800	38599	25291	9382	1766	788	611
贵　州	51967	9986	18039	15369	6241	1427	391	264	250
云　南	67647	9224	21639	23473	7305	3680	1183	509	634
西　藏	5665	1592	1212	1421	784	266	127	129	134
陕　西	68568	10752	21460	22390	8870	3598	837	357	304
甘　肃	32214	6357	12117	7631	4866	761	216	110	156
青　海	10784	1895	4132	2255	1847	371	109	93	82
宁　夏	12794	1499	3334	4402	2851	405	122	101	80
新　疆	48073	6741	15182	17193	7029	1199	286	165	278

9-5b 各地区按月租房费用分的家庭户户数(镇)

单位：户

地 区	合 计	100元以下	100-200元	200-500元	500-1000元	1000-1500元	1500-2000元	2000-3000元	3000元以上
全 国	**1003998**	**239943**	**374784**	**253073**	**79406**	**28243**	**11276**	**8181**	**9092**
北 京	12639	1496	4167	4242	1172	711	534	247	70
天 津	4708	441	1498	1330	861	399	55	73	51
河 北	27385	6021	7719	6733	3582	1580	597	528	625
山 西	35561	11438	14959	5652	1660	751	347	234	520
内蒙古	38019	9496	14466	7456	3141	1550	673	570	667
辽 宁	13029	3294	5017	2802	1150	396	152	94	124
吉 林	10097	3051	2963	1936	1120	482	241	140	164
黑龙江	25392	6219	10113	4909	2154	787	461	306	443
上 海	48042	3233	19999	16562	5000	1581	683	587	397
江 苏	52167	11542	23705	10996	3518	1157	425	382	442
浙 江	146266	27045	75564	30373	8622	2928	795	467	472
安 徽	38589	9463	12977	11119	3292	855	356	235	292
福 建	47179	8504	18028	14420	4197	1204	400	251	175
江 西	34671	10522	10403	10118	2276	677	288	198	189
山 东	25800	6078	7155	7060	2928	1172	498	422	487
河 南	22069	6648	6570	5442	1886	722	343	211	247
湖 北	23235	8554	7312	5199	1240	461	174	117	178
湖 南	39580	12240	11627	10269	3272	1099	430	298	345
广 东	63680	8011	28015	21234	3840	1491	575	305	209
广 西	28994	10293	7811	7388	2036	802	243	189	232
海 南	4989	1696	1080	1311	567	186	61	52	36
重 庆	29918	9621	9292	8595	1600	383	155	126	146
四 川	69470	18671	19535	20828	7133	1771	615	439	478
贵 州	30730	8533	9593	7570	2494	1063	482	435	560
云 南	43027	14319	12555	9380	3563	1386	631	551	642
西 藏	5815	2415	1224	1030	652	273	105	58	58
陕 西	47691	9532	19379	12109	3653	1462	581	428	547
甘 肃	12491	3394	4484	2746	1090	369	156	118	134
青 海	4417	1126	1261	989	588	239	104	70	40
宁 夏	4195	925	1684	1034	308	121	54	14	55
新 疆	14153	6122	4629	2241	811	185	62	36	67

9-5c 各地区按月租房费用分的家庭户户数(乡村)

单位：户

地　区	合　计	100元以下	100-200元	200-500元	500-1000元	1000-1500元	1500-2000元	2000-3000元	3000元以上
全　国	**488212**	**139580**	**219974**	**94321**	**22078**	**6326**	**2359**	**1627**	**1947**
北　京	15849	1510	7082	5311	1062	525	172	98	89
天　津	2992	617	1014	770	397	143	24	15	12
河　北	8552	3403	2751	1427	561	206	83	49	72
山　西	15800	6027	6618	2203	508	198	63	101	82
内蒙古	15222	6318	5633	1838	806	256	142	97	132
辽　宁	7831	3454	2803	890	487	103	28	28	38
吉　林	5280	2051	2125	597	328	100	25	17	37
黑龙江	8453	3730	2972	983	492	124	65	35	52
上　海	37550	4450	24373	7465	766	246	122	64	64
江　苏	61466	14020	32878	10357	2788	748	224	176	275
浙　江	113622	28692	60766	20573	3213	205	72	43	58
安　徽	9109	2593	3426	2245	546	129	59	41	70
福　建	20241	7761	7403	3382	1110	312	97	96	80
江　西	5141	2373	1328	1070	241	64	23	23	19
山　东	7901	2743	2602	1571	595	159	95	49	87
河　南	7957	2138	3093	1753	588	170	85	60	70
湖　北	9690	2756	2717	2739	946	306	122	55	49
湖　南	5178	2065	1442	1182	301	96	29	29	34
广　东	42326	5556	22373	11506	1787	634	246	134	90
广　西	6643	3711	1367	1036	268	182	27	20	32
海　南	3374	2719	293	227	84	25	10	8	8
重　庆	6511	2470	2134	1449	313	65	33	27	20
四　川	16444	5037	5900	3855	1092	282	99	85	94
贵　州	12271	4801	3923	2415	633	227	138	66	68
云　南	13132	5959	3305	2505	826	234	108	86	109
西　藏	1915	851	394	387	179	66	17	8	13
陕　西	8895	3052	3240	1753	407	249	59	56	79
甘　肃	2650	1108	807	500	128	56	18	4	29
青　海	731	300	241	120	43	11	2	4	10
宁　夏	3955	1114	1440	979	252	94	26	29	21
新　疆	11531	6201	3531	1233	331	111	46	24	54

9-6 各地区按住房来源分的同时拥有厨房和厕所的家庭户户数

单位：户

地区	合计	租赁廉租住房	租赁其他住房	自建住房	购买商品房	购买二手房	购买经济适用房	购买原公有住房	其他
全国	**24953775**	**315069**	**2130163**	**13519723**	**4349389**	**848019**	**822237**	**2399421**	**569754**
北京	468688	3857	73156	82255	118092	19816	32140	113478	25894
天津	257750	4425	48214	42742	89290	15274	6129	30951	20725
河北	1336741	6526	36492	913187	190458	26413	33925	113294	16446
山西	584060	5448	30033	306142	81959	10310	38395	96854	14919
内蒙古	330969	3250	24024	99819	110971	22861	15858	44784	9402
辽宁	1209504	8282	77924	441204	318479	84782	55890	202601	20342
吉林	500715	3774	32348	156325	147993	40399	34793	71908	13175
黑龙江	750519	4780	42696	272331	200710	75413	39921	100634	14034
上海	581242	6305	107748	87680	203021	49043	2447	114283	10715
江苏	1732364	12767	110664	974664	353994	57496	79771	114544	28464
浙江	1309647	8943	178898	751380	197263	68704	15634	61139	27686
安徽	979251	6422	43833	630427	144097	23593	32151	77753	20975
福建	711116	17217	106946	405491	95171	20251	11413	32814	21813
江西	583636	6093	37020	325382	111800	14741	8857	66154	13589
山东	2267120	14558	67213	1532574	309146	47339	64465	185560	46265
河南	1537731	9338	57220	1100411	178626	23729	38866	108291	21250
湖北	991099	11643	68338	522921	161119	30167	26355	146416	24140
湖南	1039648	13804	54884	664770	139907	21935	27406	97563	19379
广东	2047324	99527	556729	816347	347795	50297	24652	102596	49381
广西	629910	12372	61088	388758	61934	9312	15600	60072	20774
海南	102243	3509	12171	48799	10624	2117	4390	15112	5521
重庆	613508	6027	53652	305729	141754	22097	31871	37835	14543
四川	1931451	17707	103547	1286025	261029	46215	53424	108190	55314
贵州	335917	3806	28217	181830	55266	8265	14722	34735	9076
云南	448752	4518	31212	264536	56661	14958	20173	47135	9559
西藏	22877	2144	3580	13689	524	221	1068	296	1355
陕西	708812	7269	35402	448981	85461	9761	23418	83246	15274
甘肃	422021	2621	13560	256877	61630	9422	16634	53649	7628
青海	83067	964	4337	40385	14119	3740	5179	12194	2149
宁夏	114632	1101	7781	45988	32444	5930	7640	11319	2429
新疆	321461	6072	21236	112074	68052	13418	39050	54021	7538

9-6a 各地区按住房来源分的同时拥有厨房和厕所的家庭户户数(城市)

单位：户

地区	合计	租赁廉租住房	租赁其他住房	自建住房	购买商品房	购买二手房	购买经济适用房	购买原公有住房	其他
全国	**10072984**	**208882**	**1659087**	**1439024**	**3191462**	**559126**	**616591**	**2019739**	**379073**
北京	376265	3682	66503	16889	105718	17525	31914	111314	22720
天津	197821	3983	46268	3039	79617	13868	4954	29690	16402
河北	358549	3157	25308	52844	119994	17860	26084	101029	12273
山西	221294	3198	21057	20441	49578	5051	27532	84640	9797
内蒙古	167280	1741	16578	4697	74515	12893	10816	39437	6603
辽宁	698777	5972	67273	37611	268429	61582	50028	191307	16575
吉林	276508	2495	26801	6535	117253	24348	26503	62247	10326
黑龙江	350883	2474	30401	11924	141866	37134	31766	85268	10050
上海	457987	4425	86813	19923	178741	45700	1728	112231	8426
江苏	724977	7981	78133	143290	264131	44933	62822	102620	21067
浙江	505432	4457	115577	122590	140167	43111	11926	51906	15698
安徽	271535	3039	28612	37016	93894	14838	22247	58696	13193
福建	286687	9500	83805	63991	66939	13530	9219	26538	13165
江西	171115	2763	20062	26540	55047	7230	5136	47592	6745
山东	756830	8820	53804	181208	248056	34973	44983	149325	35661
河南	438789	5884	47438	91377	132531	16808	29927	98086	16738
湖北	431622	7636	54325	82743	119807	16968	19555	115448	15140
湖南	312419	7569	35956	64901	91571	10536	21235	69977	10674
广东	1307286	82700	498028	233120	306920	42172	20033	88034	36279
广西	208442	6480	45953	43292	44060	5597	10624	44241	8195
海南	46298	1864	10081	10073	8753	1450	2314	8933	2830
重庆	227749	3468	35454	24044	94008	12168	22380	28055	8172
四川	427516	9333	64246	51970	146327	21344	32439	72702	29155
贵州	114119	2119	17433	14380	34046	3823	11121	25972	5225
云南	139266	1532	20943	21776	36927	8804	10997	34126	4161
西藏	5370	1224	1425	1168	288	121	479	143	522
陕西	208649	4242	23665	30089	50365	3972	17497	68333	10486
甘肃	132046	1965	10735	8793	39374	6139	14202	46181	4657
青海	32445	652	3475	2012	9213	2095	3625	10231	1142
宁夏	53995	767	5710	2047	23762	3979	6169	9658	1903
新疆	165033	3760	17225	8701	49565	8574	26336	45779	5093

9-6b 各地区按住房来源分的同时拥有厨房和厕所的家庭户户数(镇)

单位：户

地区	合计	租赁廉租住房	租赁其他住房	自建住房	购买商品房	购买二手房	购买经济适用房	购买原公有住房	其他
全国	**5056254**	**75115**	**343264**	**2721206**	**1068630**	**212472**	**173678**	**335419**	**126470**
北京	30936	61	3611	10566	11034	1693	49	1714	2208
天津	24648	284	1377	8524	8223	1257	1083	1222	2678
河北	313388	2439	8729	206408	67596	7038	7113	11288	2777
山西	122048	1287	6230	59254	29241	3681	8739	10540	3076
内蒙古	75265	1189	6276	16455	33880	6965	4353	4622	1525
辽宁	131455	959	6824	49208	46665	11935	4755	9329	1780
吉林	79397	818	4128	21291	27872	9961	7216	6405	1706
黑龙江	142560	1512	10014	35164	55009	21718	7156	9849	2138
上海	64890	1015	12996	21690	22135	2995	682	1770	1607
江苏	365318	2810	16886	232796	77251	9376	10752	10611	4836
浙江	309690	2888	38719	175570	53298	21155	3002	8339	6719
安徽	229766	2747	12805	129959	45933	7255	8059	17489	5519
福建	170769	5193	18466	103217	25835	5456	1882	5570	5150
江西	202242	2910	15676	95797	54796	6562	3415	17478	5608
山东	429914	4174	10288	291254	56888	7776	17944	34081	7509
河南	292950	2436	7277	213656	43062	6030	8110	9283	3096
湖北	200884	3031	9883	105272	35149	9157	5128	27169	6095
湖南	285333	5382	17452	167476	46681	9890	5919	25880	6653
广东	297698	10553	35861	181040	38011	7020	4029	12664	8520
广西	174937	4757	13372	107836	17261	3398	4754	14293	9266
海南	27474	960	1604	14653	1630	552	1712	4270	2093
重庆	147391	2104	15322	57218	43862	8244	7812	8744	4085
四川	415423	6527	33430	177991	108229	20569	18133	33086	17458
贵州	88025	1153	8903	41003	19733	3671	3143	7914	2505
云南	122075	2395	8441	65732	18065	5351	8225	10698	3168
西藏	5084	636	1787	1665	131	47	264	32	522
陕西	148790	2317	9816	76122	33475	4421	5603	13807	3229
甘肃	68896	495	2498	29400	21687	3049	2198	7129	2440
青海	17362	269	777	5595	4849	1570	1543	1927	832
宁夏	15935	180	1072	6109	5211	1249	770	1155	189
新疆	55711	1634	2744	13285	15938	3431	10135	7061	1483

9-6c 各地区按住房来源分的同时拥有厨房和厕所的家庭户户数(乡村)

单位：户

地区	合计	租赁廉租住房	租赁其他住房	自建住房	购买商品房	购买二手房	购买经济适用房	购买原公有住房	其他
全国	**9824537**	**31072**	**127812**	**9359493**	**89297**	**76421**	**31968**	**44263**	**64211**
北京	61487	114	3042	54800	1340	598	177	450	966
天津	35281	158	569	31179	1450	149	92	39	1645
河北	664804	930	2455	653935	2868	1515	728	977	1396
山西	240718	963	2746	226447	3140	1578	2124	1674	2046
内蒙古	88424	320	1170	78667	2576	3003	689	725	1274
辽宁	379272	1351	3827	354385	3385	11265	1107	1965	1987
吉林	144810	461	1419	128499	2868	6090	1074	3256	1143
黑龙江	257076	794	2281	225243	3835	16561	999	5517	1846
上海	58365	865	7939	46067	2145	348	37	282	682
江苏	642069	1976	15645	598578	12612	3187	6197	1313	2561
浙江	494525	1598	24602	453220	3798	4438	706	894	5269
安徽	477950	636	2416	463452	4270	1500	1845	1568	2263
福建	253660	2524	4675	238283	2397	1265	312	706	3498
江西	210279	420	1282	203045	1957	949	306	1084	1236
山东	1080376	1564	3121	1060112	4202	4590	1538	2154	3095
河南	805992	1018	2505	795378	3033	891	829	922	1416
湖北	358593	976	4130	334906	6163	4042	1672	3799	2905
湖南	441896	853	1476	432393	1655	1509	252	1706	2052
广东	442340	6274	22840	402187	2864	1105	590	1898	4582
广西	246531	1135	1763	237630	613	317	222	1538	3313
海南	28471	685	486	24073	241	115	364	1909	598
重庆	238368	455	2876	224467	3884	1685	1679	1036	2286
四川	1088512	1847	5871	1056064	6473	4302	2852	2402	8701
贵州	133773	534	1881	126447	1487	771	458	849	1346
云南	187411	591	1828	177028	1669	803	951	2311	2230
西藏	12423	284	368	10856	105	53	325	121	311
陕西	351373	710	1921	342770	1621	1368	318	1106	1559
甘肃	221079	161	327	218684	569	234	234	339	531
青海	33260	43	85	32778	57	75	11	36	175
宁夏	44702	154	999	37832	3471	702	701	506	337
新疆	100717	678	1267	90088	2549	1413	2579	1181	962

9-7 全国按户主的受教育程度、住房来源分的家庭户户数

单位：户

受教育程度	合 计	租 赁 廉租住房	租 赁 其他住房	自建住房	购 买 商品房	购 买 二手房	购买经济适用房	购买原公有住房	其 他
总 计	**37401358**	**562468**	**4072936**	**22809030**	**4398784**	**1053489**	**845833**	**2630582**	**1028236**
未上过学	1931896	15542	77655	1623640	45202	25579	20196	72462	51620
小 学	10197390	97448	629798	8336881	328761	161445	109872	340750	192435
初 中	16253740	282501	2099533	10672042	1250224	418417	288259	865157	377607
高 中	5356755	107948	800012	1850431	1209444	241647	214885	728500	203888
大学专科	2127988	35514	276137	256710	852494	114845	121023	357118	114147
大学本科	1378163	20643	165426	66610	641301	80282	82248	241803	79850
研究生	155426	2872	24375	2716	71358	11274	9350	24792	8689

9-7a 全国按户主的受教育程度、住房来源分的家庭户户数(城市)

单位：户

受教育程度	合 计	租 赁 廉租住房	租 赁 其他住房	自建住房	购 买 商品房	购 买 二手房	购买经济适用房	购买原公有住房	其 他
总 计	**12238701**	**326135**	**2833742**	**2000678**	**3196192**	**609794**	**619860**	**2105675**	**546625**
未上过学	287229	7839	46303	108782	29399	9174	13673	54010	18049
小 学	1655645	47637	370697	559060	207276	57447	74899	256272	82357
初 中	4676332	161267	1413488	965217	835323	210291	205508	674225	211013
高 中	2921520	70999	614307	287053	892343	166542	163126	598391	128759
大学专科	1462123	22505	224693	58404	636893	86603	88160	288599	56266
大学本科	1090778	13370	141079	21047	527637	68844	65599	210406	42796
研究生	145074	2518	23175	1115	67321	10893	8895	23772	7385

9-7b 全国按户主的受教育程度、住房来源分的家庭户户数(镇)

单位：户

受教育程度	合 计	租 赁 廉租住房	租 赁 其他住房	自建住房	购 买 商品房	购 买 二手房	购买经济 适用房	购买原 公有住房	其 他
总 计	**7319446**	**156942**	**836349**	**4055549**	**1096320**	**302396**	**182497**	**428183**	**261210**
未上过学	310126	5012	21611	233043	12640	9157	4062	12819	11782
小 学	1715423	30631	166153	1231347	100971	55455	23886	60983	45997
初 中	3305652	78255	450223	1972041	368531	138356	62334	147535	88377
高 中	1210101	27294	137530	474562	297771	63004	45827	114191	49922
大学专科	521482	9671	40017	110954	205028	25364	30448	62603	37397
大学本科	248368	5798	19874	32817	107798	10713	15532	29120	26716
研究生	8294	281	941	785	3581	347	408	932	1019

9-7c 全国按户主的受教育程度、住房来源分的家庭户户数(乡村)

单位：户

受教育程度	合 计	租 赁 廉租住房	租 赁 其他住房	自建住房	购 买 商品房	购 买 二手房	购买经济 适用房	购买原 公有住房	其 他
总 计	**17843211**	**79391**	**402845**	**16752803**	**106272**	**141299**	**43476**	**96724**	**220401**
未上过学	1334541	2691	9741	1281815	3163	7248	2461	5633	21789
小 学	6826322	19180	92948	6546474	20514	48543	11087	23495	64081
初 中	8271756	42979	235822	7734784	46370	69770	20417	43397	78217
高 中	1225134	9655	48175	1088816	19330	12101	5932	15918	25207
大学专科	144383	3338	11427	87352	10573	2878	2415	5916	20484
大学本科	39017	1475	4473	12746	5866	725	1117	2277	10338
研究生	2058	73	259	816	456	34	47	88	285

9-8 全国按户主的受教育程度、月租房费用分的家庭户户数

单位：户

受教育程度	合 计	100元以下	100-200元	200-500元	500-1000元	1000-1500元	1500-2000元	2000-3000元	3000元以上
总 计	**4635404**	**783055**	**1401315**	**1447026**	**596971**	**215317**	**86961**	**63222**	**41537**
未上过学	93197	36590	27901	18923	6346	2019	678	444	296
小 学	727246	171411	268802	192073	61652	18860	6694	4308	3446
初 中	2382034	361217	820496	788778	260839	83847	30866	19857	16134
高 中	907960	141499	208733	307467	150422	54131	21249	14689	9770
大学专科	311651	42296	50685	94626	68897	29087	12185	9243	4632
大学本科	186069	27041	21923	41022	43390	23426	12363	11405	5499
研究生	27247	3001	2775	4137	5425	3947	2926	3276	1760

9-8a 全国按户主的受教育程度、月租房费用分的家庭户户数(城市)

单位：户

受教育程度	合 计	100元以下	100-200元	200-500元	500-1000元	1000-1500元	1500-2000元	2000-3000元	3000元以上
总 计	**3159877**	**408204**	**812284**	**1103852**	**496749**	**181175**	**73481**	**53523**	**30609**
未上过学	54142	19330	14904	12482	4796	1588	527	332	183
小 学	418334	74193	141177	131895	46735	14222	4948	3048	2116
初 中	1574755	179963	473295	599675	207808	65597	23586	14666	10165
高 中	685306	93927	132245	245021	129594	46675	18243	12497	7104
大学专科	247198	23237	33430	77455	62354	26818	11320	8594	3990
大学本科	154449	14947	14832	33583	40265	22429	11967	11127	5299
研究生	25693	2607	2401	3741	5197	3846	2890	3259	1752

9-8b 全国按户主的受教育程度、月租房费用分的家庭户户数(镇)

单位：户

受教育程度	合 计	100元以下	100-200元	200-500元	500-1000元	1000-1500元	1500-2000元	2000-3000元	3000元以上
总 计	**993291**	**237130**	**371173**	**250203**	**78541**	**27947**	**11170**	**8112**	**9015**
未上过学	26623	11378	8855	4633	1133	331	109	90	94
小 学	196784	57611	78956	42231	10994	3610	1375	989	1018
初 中	528478	110148	212705	134988	40753	14799	5934	4292	4859
高 中	164824	34333	52265	47835	17173	6368	2609	1922	2319
大学专科	49688	13816	12555	13898	5605	1944	761	558	551
大学本科	25672	9552	5557	6291	2688	821	350	245	168
研究生	1222	292	280	327	195	74	32	16	6

9-8c 全国按户主的受教育程度、月租房费用分的家庭户户数(乡村)

单位：户

受教育程度	合 计	100元以下	100-200元	200-500元	500-1000元	1000-1500元	1500-2000元	2000-3000元	3000元以上
总 计	**482236**	**137721**	**217858**	**92971**	**21681**	**6195**	**2310**	**1587**	**1913**
未上过学	12432	5882	4142	1808	417	100	42	22	19
小 学	112128	39607	48669	17947	3923	1028	371	271	312
初 中	278801	71106	134496	54115	12278	3451	1346	899	1110
高 中	57830	13239	24223	14611	3655	1088	397	270	347
大学专科	14765	5243	4700	3273	938	325	104	91	91
大学本科	5948	2542	1534	1148	437	176	46	33	32
研究生	332	102	94	69	33	27	4	1	2

9-9 全国按户主的职业、住房来源分的家庭户户数

单位：户

职业大类	合 计	租赁廉租住房	租赁其他住房	自建住房	购买商品房	购买二手房	购买经济适用房	购买原公有住房	其 他
总 计	**28893705**	**443480**	**3436974**	**18622963**	**3141402**	**739418**	**529669**	**1267306**	**712493**
国家机关、党群组织、企业、事业单位负责人	773288	12493	116699	200879	284193	34535	29456	64693	30340
专业技术人员	1980120	37291	247422	380137	716230	108208	100394	261283	129155
办事人员和有关人员	1516105	26648	198752	286158	532459	73112	81550	225233	92193
商业、服务业人员	4250413	138340	1217841	1381938	815972	194329	114984	254916	132093
农、林、牧、渔、水利业生产人员	13605860	27399	86504	13123621	82644	114907	27514	56507	86764
生产、运输设备操作人员及有关人员	6737881	200397	1564240	3237657	704875	213028	174820	402437	240427
不便分类的其他从业人员	30038	912	5516	12573	5029	1299	951	2237	1521

9-9a 全国按户主的职业、住房来源分的家庭户户数(城市)

单位：户

职业大类	合 计	租赁廉租住房	租赁其他住房	自建住房	购买商品房	购买二手房	购买经济适用房	购买原公有住房	其 他
总 计	**8240586**	**250716**	**2364151**	**1289662**	**2239886**	**413808**	**373547**	**962361**	**346455**
国家机关、党群组织、企业、事业单位负责人	478652	7898	88141	49814	219768	25767	20833	50257	16174
专业技术人员	1220299	20927	190614	65822	532004	79950	72986	204455	53541
办事人员和有关人员	1006243	18253	158812	88363	391243	53998	59810	181415	54349
商业、服务业人员	2376794	84216	907035	294337	587763	124216	86937	204737	87553
农、林、牧、渔、水利业生产人员	398354	3681	21324	322449	22721	7620	5800	7110	7649
生产、运输设备操作人员及有关人员	2745360	115189	994406	466183	482601	121479	126443	312745	126314
不便分类的其他从业人员	14884	552	3819	2694	3786	778	738	1642	875

9-9b 全国按户主的职业、住房来源分的家庭户户数(镇)

单位：户

职业大类	合 计	租 赁 廉租住房	租 赁 其他住房	自建住房	购 买 商品房	购 买 二手房	购买经济 适用房	购买原 公有住房	其 他
总 计	**5527391**	**123306**	**702428**	**3112440**	**817887**	**210704**	**124731**	**243003**	**192892**
国家机关、党群组织、企业、事业单位负责人	190689	3208	21307	68492	60216	7633	7740	13068	9025
专业技术人员	507926	12054	43449	129370	174277	24483	25013	50739	48541
办事人员和有关人员	378323	6264	29817	101840	135748	17524	19896	40838	26396
商业、服务业人员	1112037	39841	234528	467568	211486	59204	24006	44197	31207
农、林、牧、渔、水利业生产人员	1689122	8313	30659	1543935	34782	30395	8164	16126	16748
生产、运输设备操作人员及有关人员	1641297	53374	341364	797375	200231	71045	39741	77595	60572
不便分类的其他从业人员	7997	252	1304	3860	1147	420	171	440	403

9-9c 全国按户主的职业、住房来源分的家庭户户数(乡村)

单位：户

职业大类	合 计	租 赁 廉租住房	租 赁 其他住房	自建住房	购 买 商品房	购 买 二手房	购买经济 适用房	购买原 公有住房	其 他
总 计	**15125728**	**69458**	**370395**	**14220861**	**83629**	**114906**	**31391**	**61942**	**173146**
国家机关、党群组织、企业、事业单位负责人	103947	1387	7251	82573	4209	1135	883	1368	5141
专业技术人员	251895	4310	13359	184945	9949	3775	2395	6089	27073
办事人员和有关人员	131539	2131	10123	95955	5468	1590	1844	2980	11448
商业、服务业人员	761582	14283	76278	620033	16723	10909	4041	5982	13333
农、林、牧、渔、水利业生产人员	11518384	15405	34521	11257237	25141	76892	13550	33271	62367
生产、运输设备操作人员及有关人员	2351224	31834	228470	1974099	22043	20504	8636	12097	53541
不便分类的其他从业人员	7157	108	393	6019	96	101	42	155	243

9-10 全国按户主的职业、月租房费用分的家庭户户数

单位：户

职业大类	合 计	100元以下	100-200元	200-500元	500-1000元	1000-1500元	1500-2000元	2000-3000元	3000元以上
总 计	**3880454**	**525205**	**1228923**	**1273716**	**505902**	**182497**	**73728**	**53817**	**36666**
国家机关、党群组织、企业、事业单位负责人	129192	9031	18951	36565	29215	15693	7789	6230	5718
专业技术人员	284713	47904	52190	78564	55300	24661	11821	10070	4203
办事人员和有关人员	225400	34676	48433	73739	36773	14996	7207	6138	3438
商业、服务业人员	1356181	119459	312772	490277	255004	96034	37382	26028	19225
农、林、牧、渔、水利业生产人员	113903	43857	38945	21681	6081	1775	638	412	514
生产、运输设备操作人员及有关人员	1764637	268965	755542	571134	122713	29061	8803	4891	3528
不便分类的其他从业人员	6428	1313	2090	1756	816	277	88	48	40

9-10a 全国按户主的职业、月租房费用分的家庭户户数(城市)

单位：户

职业大类	合 计	100元以下	100-200元	200-500元	500-1000元	1000-1500元	1500-2000元	2000-3000元	3000元以上
总 计	**2614867**	**230854**	**709055**	**974656**	**416817**	**151119**	**61171**	**44768**	**26427**
国家机关、党群组织、企业、事业单位负责人	96039	4484	11331	26907	23808	13215	6619	5253	4422
专业技术人员	211541	21683	31319	61274	49715	22930	11199	9634	3787
办事人员和有关人员	177065	21616	32495	60594	32935	13892	6708	5765	3060
商业、服务业人员	991251	66945	197056	379106	208151	76894	29689	20492	12918
农、林、牧、渔、水利业生产人员	25005	5080	9642	7032	2361	583	127	81	99
生产、运输设备操作人员及有关人员	1109595	110389	425894	438422	99154	23368	6755	3501	2112
不便分类的其他从业人员	4371	657	1318	1321	693	237	74	42	29

9-10b 全国按户主的职业、月租房费用分的家庭户户数(镇)

单位：户

职业大类	合 计	100元以下	100-200元	200-500元	500-1000元	1000-1500元	1500-2000元	2000-3000元	3000元以上
总 计	**825734**	**174453**	**315922**	**213803**	**69485**	**25693**	**10381**	**7556**	**8441**
国家机关、党群组织、企业、事业单位负责人	24515	3042	4996	7318	4293	2032	973	828	1033
专业技术人员	55503	19194	15068	13881	4655	1440	536	369	360
办事人员和有关人员	36081	9660	10865	10368	3207	918	434	315	314
商业、服务业人员	274369	37556	80767	85054	38028	16248	6559	4773	5384
农、林、牧、渔、水利业生产人员	38972	14565	14371	7122	1754	552	229	176	203
生产、运输设备操作人员及有关人员	394738	89964	189294	89701	17440	4474	1639	1090	1136
不便分类的其他从业人员	1556	472	561	359	108	29	11	5	11

9-10c 全国按户主的职业、月租房费用分的家庭户户数(乡村)

单位：户

职业大类	合 计	100元以下	100-200元	200-500元	500-1000元	1000-1500元	1500-2000元	2000-3000元	3000元以上
总 计	**439853**	**119898**	**203946**	**85257**	**19600**	**5685**	**2176**	**1493**	**1798**
国家机关、党群组织、企业、事业单位负责人	8638	1505	2624	2340	1114	446	197	149	263
专业技术人员	17669	7027	5803	3409	930	291	86	67	56
办事人员和有关人员	12254	3400	5073	2777	631	186	65	58	64
商业、服务业人员	90561	14958	34949	26117	8825	2892	1134	763	923
农、林、牧、渔、水利业生产人员	49926	24212	14932	7527	1966	640	282	155	212
生产、运输设备操作人员及有关人员	260304	68612	140354	43011	6119	1219	409	300	280
不便分类的其他从业人员	501	184	211	76	15	11	3	1	

9-11 全国按户主的职业分的家庭户住房状况

职业大类	户 数 (户)	人 数 (人)	平均每户住房间数 (间/户)	人均住房建筑面积 (平方米/人)	人均住房间 数 (间/人)
总 计	**28930374**	**93700555**	**3.29**	**31.40**	**1.01**
国家机关、党群组织、企业、事业单位负责人	773908	2338599	3.10	38.73	1.02
专业技术人员	1982312	5408512	2.75	35.26	1.01
办事人员和有关人员	1518078	4262194	2.73	34.92	0.97
商业、服务业人员	4257905	12304659	2.73	31.22	0.95
农、林、牧、渔、水利业生产人员	13620497	48465110	3.80	30.85	1.07
生产、运输设备操作人员及有关人员	6747564	20828629	2.92	30.24	0.94
不便分类的其他从业人员	30110	92852	2.96	30.66	0.96

9-11a 全国按户主的职业分的家庭户住房状况(城市)

职业大类	户 数 (户)	人 数 (人)	平均每户住房间数 (间/户)	人均住房建筑面积 (平方米/人)	人均住房间 数 (间/人)
总 计	**8249325**	**22596731**	**2.41**	**29.93**	**0.88**
国家机关、党群组织、企业、事业单位负责人	478864	1394676	2.76	37.00	0.95
专业技术人员	1220997	3218567	2.48	34.50	0.94
办事人员和有关人员	1007123	2753410	2.51	33.50	0.92
商业、服务业人员	2379646	6312510	2.26	28.10	0.85
农、林、牧、渔、水利业生产人员	399183	1392563	3.87	36.03	1.11
生产、运输设备操作人员及有关人员	2748610	7482075	2.21	25.75	0.81
不便分类的其他从业人员	14902	42930	2.48	28.40	0.86

9-11b 全国按户主的职业分的家庭户住房状况(镇)

职业大类	户数(户)	人数(人)	平均每户住房间数(间/户)	人均住房建筑面积(平方米/人)	人均住房间数(间/人)
总计	**5537545**	**17791788**	**3.30**	**32.92**	**1.03**
国家机关、党群组织、企业、事业单位负责人	190932	592386	3.41	40.51	1.10
专业技术人员	508876	1417965	2.98	36.61	1.07
办事人员和有关人员	379092	1099176	3.05	37.30	1.05
商业、服务业人员	1114618	3426358	3.08	33.66	1.00
农、林、牧、渔、水利业生产人员	1691782	6030126	3.85	31.82	1.08
生产、运输设备操作人员及有关人员	1644230	5200584	3.03	30.90	0.96
不便分类的其他从业人员	8015	25193	3.16	32.27	1.01

9-11c 全国按户主的职业分的家庭户住房状况(乡村)

职业大类	户数(户)	人数(人)	平均每户住房间数(间/户)	人均住房建筑面积(平方米/人)	人均住房间数(间/人)
总计	**15143504**	**53312036**	**3.76**	**31.52**	**1.07**
国家机关、党群组织、企业、事业单位负责人	104112	351537	4.08	42.57	1.21
专业技术人员	252439	771980	3.57	35.96	1.17
办事人员和有关人员	131863	409608	3.50	38.12	1.13
商业、服务业人员	763641	2565791	3.70	35.64	1.10
农、林、牧、渔、水利业生产人员	11529532	41042421	3.79	30.53	1.06
生产、运输设备操作人员及有关人员	2354724	8145970	3.66	33.94	1.06
不便分类的其他从业人员	7193	24729	3.73	32.96	1.08

9-12 全国按户主的职业、人均住房建筑面积分的家庭户户数

单位：户

职业大类	合计	人均住房建筑面积(平方米)				
		无住房	8及以下	9-12	13-16	17-19
总　计	**28930374**	**36669**	**1261082**	**1641574**	**2544595**	**1612132**
国家机关、党群组织、企业、事业单位负责人	773908	620	20592	25165	39684	32189
专业技术人员	1982312	2192	40672	64063	108973	94450
办事人员和有关人员	1518078	1973	50964	63048	93942	75942
商业、服务业人员	4257905	7492	300384	312215	395305	239088
农、林、牧、渔、水利业生产人员	13620497	14637	234920	612940	1223131	785115
生产、运输设备操作人员及有关人员	6747564	9683	611626	562060	680749	383556
不便分类的其他从业人员	30110	72	1924	2083	2811	1792

9-12 续表

单位：户

职业大类	人均住房建筑面积(平方米)					
	20-29	30-39	40-49	50-59	60-69	70及以上
总　计	**7248956**	**5277584**	**3439060**	**1770155**	**1511102**	**2587465**
国家机关、党群组织、企业、事业单位负责人	165631	154225	116754	62217	49758	107073
专业技术人员	479488	429228	306124	142313	108567	206242
办事人员和有关人员	358183	309993	225564	106620	80851	150998
商业、服务业人员	1013038	706238	452302	238784	197855	395204
农、林、牧、渔、水利业生产人员	3605881	2613545	1679621	868443	780418	1201846
生产、运输设备操作人员及有关人员	1619380	1059126	655461	350135	292287	523501
不便分类的其他从业人员	7355	5229	3234	1643	1366	2601

9-12a 全国按户主的职业、人均住房建筑面积分的家庭户户数(城市)

单位：户

职业大类	合计	人均住房建筑面积(平方米)				
		无住房	8及以下	9-12	13-16	17-19
总　计	**8249325**	**8739**	**683910**	**629927**	**755819**	**503703**
国家机关、党群组织、企业、事业单位负责人	478864	212	14254	16117	24703	21762
专业技术人员	1220997	698	25150	37669	64180	64138
办事人员和有关人员	1007123	880	37783	44378	64875	56348
商业、服务业人员	2379646	2852	223772	211873	245774	152959
农、林、牧、渔、水利业生产人员	399183	829	10494	15802	28368	19153
生产、运输设备操作人员及有关人员	2748610	3250	371215	302874	326428	188328
不便分类的其他从业人员	14902	18	1242	1214	1491	1015

9-12a 续表

单位：户

职业大类	人均住房建筑面积(平方米)					
	20-29	30-39	40-49	50-59	60-69	70及以上
总　计	**2018411**	**1398376**	**885830**	**432035**	**320896**	**611679**
国家机关、党群组织、企业、事业单位负责人	107141	98980	73697	37668	27197	57133
专业技术人员	305795	270342	190258	87152	61008	114607
办事人员和有关人员	247600	206240	145782	68114	48237	86886
商业、服务业人员	581305	373681	222898	111336	84224	168972
农、林、牧、渔、水利业生产人员	93139	72745	51351	30851	26286	50165
生产、运输设备操作人员及有关人员	679739	373869	200388	96222	73431	132866
不便分类的其他从业人员	3692	2519	1456	692	513	1050

9-12b 全国按户主的职业、人均住房建筑面积分的家庭户户数(镇)

单位：户

职业大类	合计	人均住房建筑面积(平方米)				
		无住房	8及以下	9-12	13-16	17-19
总　计	**5537545**	**10154**	**236314**	**294232**	**444834**	**270348**
国家机关、党群组织、企业、事业单位负责人	190932	243	3909	5363	8808	6479
专业技术人员	508876	950	9526	15483	25924	19263
办事人员和有关人员	379092	769	8717	12057	18981	14267
商业、服务业人员	1114618	2581	50653	63067	89291	52236
农、林、牧、渔、水利业生产人员	1691782	2660	32819	71985	143169	91294
生产、运输设备操作人员及有关人员	1644230	2933	130234	125766	157950	86382
不便分类的其他从业人员	8015	18	456	511	711	427

9-12b 续表

单位：户

职业大类	人均住房建筑面积(平方米)					
	20-29	30-39	40-49	50-59	60-69	70及以上
总　计	**1331881**	**1034416**	**698642**	**356355**	**307538**	**552831**
国家机关、党群组织、企业、事业单位负责人	38465	38411	29995	15767	14147	29345
专业技术人员	115175	113231	83311	37118	30863	58032
办事人员和有关人员	82898	82068	63562	28479	23373	43921
商业、服务业人员	260198	200881	136537	71527	63340	124307
农、林、牧、渔、水利业生产人员	443630	324951	211019	112105	98837	159313
生产、运输设备操作人员及有关人员	389611	273442	173338	90926	76565	137083
不便分类的其他从业人员	1904	1432	880	433	413	830

9-12c 全国按户主的职业、人均住房建筑面积分的家庭户户数(乡村)

单位：户

职业大类	合计	人均住房建筑面积(平方米)				
		无住房	8及以下	9-12	13-16	17-19
总　计	**15143504**	**17776**	**340858**	**717415**	**1343942**	**838081**
国家机关、党群组织、企业、事业单位负责人	104112	165	2429	3685	6173	3948
专业技术人员	252439	544	5996	10911	18869	11049
办事人员和有关人员	131863	324	4464	6613	10086	5327
商业、服务业人员	763641	2059	25959	37275	60240	33893
农、林、牧、渔、水利业生产人员	11529532	11148	191607	525153	1051594	674668
生产、运输设备操作人员及有关人员	2354724	3500	110177	133420	196371	108846
不便分类的其他从业人员	7193	36	226	358	609	350

9-12c 续表

单位：户

职业大类	人均住房建筑面积(平方米)					
	20-29	30-39	40-49	50-59	60-69	70及以上
总　计	**3898664**	**2844792**	**1854588**	**981765**	**882668**	**1422955**
国家机关、党群组织、企业、事业单位负责人	20025	16834	13062	8782	8414	20595
专业技术人员	58518	45655	32555	18043	16696	33603
办事人员和有关人员	27685	21685	16220	10027	9241	20191
商业、服务业人员	171535	131676	92867	55921	50291	101925
农、林、牧、渔、水利业生产人员	3069112	2215849	1417251	725487	655295	992368
生产、运输设备操作人员及有关人员	550030	411815	281735	162987	142291	253552
不便分类的其他从业人员	1759	1278	898	518	440	721

附　录

附录1　中国人民解放军现役军人主要数据

1-1　中国人民解放军现役军人的年龄构成

单位：人

年　龄	合　计	男	女
总　计	**2300000**	**2201992**	**98008**
18岁以下	3021	2966	55
18岁	67136	66597	539
19岁	179409	177094	2315
20岁	258678	253770	4908
21岁	224472	218558	5914
22岁	196126	191541	4585
23岁	185538	181362	4176
24岁	148804	145769	3035
25岁	107904	105474	2430
26岁	104258	101326	2932
27岁	91133	87316	3817
28岁	97740	92998	4742
29岁	85600	81238	4362
30岁	76591	72297	4294
31岁	69491	64915	4576
32岁	54075	49611	4464
33岁	40857	36924	3933
34岁	40619	37089	3530
35岁	33514	30192	3322
36岁	29819	26693	3126
37岁	27071	23758	3313
38岁	28098	24875	3223
39岁	21134	18458	2676
40岁	15595	13486	2109
41岁	13861	12143	1718
42岁	12911	11253	1658
43岁	8304	7256	1048
44岁	9833	8423	1410
45岁	10436	8855	1581
46岁	10172	8547	1625
47岁	10921	9384	1537
48岁	7478	6469	1009
49岁	3843	3241	602
50岁	3688	3192	496
51岁	2567	2256	311
52岁	3075	2754	321
53岁	2947	2586	361
54岁	3346	2955	391
55岁	2758	2343	415
56岁	2002	1653	349
57岁	1431	1138	293
58岁	1308	1108	200
59岁	1049	885	164
60岁及以上	1387	1244	143

1-2 中国人民解放军现役军人的民族构成

单位：人

民　族	人口数	民　族	人口数
总　计	**2300000**	柯尔克孜族	48
汉　族	2198314	土　族	285
蒙古族	8939	达斡尔族	260
回　族	9859	仫佬族	243
藏　族	4300	羌族	505
维吾尔族	2048	布朗族	53
苗　族	6803	撒拉族	26
彝　族	7059	毛南族	66
壮　族	11281	仡佬族	632
布依族	1791	锡伯族	538
朝鲜族	1250	阿昌族	28
满　族	22627	普米族	80
侗　族	2892	塔吉克族	6
瑶　族	2108	怒　族	15
白　族	2645	乌孜别克族	13
土家族	10075	俄罗斯族	23
哈尼族	831	鄂温克族	85
哈萨克族	424	德昂族	1
傣　族	594	保安族	3
黎　族	1010	裕固族	35
傈僳族	287	京　族	37
佤　族	157	塔塔尔族	6
畲　族	663	独龙族	3
高山族	6	鄂伦春族	30
拉祜族	135	赫哲族	24
水　族	199	门巴族	12
东乡族	51	珞巴族	7
纳西族	475	基诺族	22
景颇族	91		

1-3　中国人民解放军现役军人的受教育程度构成

单位：人

受教育程度	人口数
总　　计	**2300000**
研 究 生	136236
大学本科	431092
大学专科	283807
中　　专	312129
高　　中	719014
初　　中	417707
小　　学	15

附　录

附录2　第六次全国人口普查港澳台居民和外籍人员数据

2-1 按地区分的境外人员

单位：人

地 区	合 计	香港居民	澳门居民	台湾地区居民	外国人
全 国	**1020145**	**234829**	**21201**	**170283**	**593832**
北 京	107445	8060	501	7782	91102
天 津	23217	625	16	1535	21041
河 北	3072	92	7	225	2748
山 西	870	60	6	183	621
内蒙古	2979	48	4	58	2869
辽 宁	23834	390	41	680	22723
吉 林	6034	43	8	65	5918
黑龙江	6894	89	5	86	6714
上 海	208602	19291	899	44916	143496
江 苏	64177	2081	153	31015	30928
浙 江	36380	2739	112	6764	26765
安 徽	3485	319	13	798	2355
福 建	62564	17035	2454	15689	27386
江 西	3097	229	15	630	2223
山 东	33098	459	22	2445	30172
河 南	2068	115	2	341	1610
湖 北	10905	1107	273	1460	8065
湖 南	3590	479	61	971	2079
广 东	316138	177411	16410	48306	74011
广 西	23445	824	60	1096	21465
海 南	3950	984	40	769	2157
重 庆	4828	566	21	914	3327
四 川	9350	685	44	1966	6655
贵 州	1184	288	8	253	635
云 南	47396	583	22	990	45801
西 藏	574	1			573
陕 西	5397	90	2	227	5078
甘 肃	978	29		37	912
青 海	470	13		4	453
宁 夏	379	27		13	339
新 疆	3745	67	2	65	3611

注：本表为接受第六次全国人口普查登记的港澳台居民和外籍人员数据(以下表同)。

2-2 按年龄、

年 龄	合计			香港居民		
	合计	男	女	小计	男	女
总 计	**1020145**	**605821**	**414324**	**234829**	**141321**	**93508**
0-4岁	81839	43545	38294	27123	15016	12107
5-9岁	57800	30387	27413	12250	6594	5656
10-14岁	48673	25498	23175	9192	4880	4312
15-19岁	56962	29749	27213	9250	4874	4376
20-24岁	97589	49163	48426	10319	5539	4780
25-29岁	79488	45529	33959	9571	5176	4395
30-34岁	96360	56757	39603	16640	8469	8171
35-39岁	110521	64402	46119	22862	12154	10708
40-44岁	107951	66532	41419	23154	14299	8855
45-49岁	91805	62749	29056	22925	16556	6369
50-54岁	66894	48488	18406	18990	14290	4700
55-59岁	45854	33015	12839	15314	10842	4472
60-64岁	30791	21245	9546	12524	8142	4382
65-69岁	16049	10402	5647	7535	4746	2789
70-74岁	11422	6969	4453	6572	4088	2484
75-79岁	8425	5039	3386	4954	2989	1965
80-84岁	6124	3565	2559	3034	1632	1402
85岁及以上	5598	2787	2811	2620	1035	1585

性别分的境外人员

单位：人

澳门居民			台湾地区居民			外国人		
小计	男	女	小计	男	女	小计	男	女
21201	**11708**	**9493**	**170283**	**116547**	**53736**	**593832**	**336245**	**257587**
1472	783	689	8854	4640	4214	44390	23106	21284
1012	551	461	9002	4720	4282	35536	18522	17014
914	463	451	9008	4726	4282	29559	15429	14130
1981	1040	941	6490	3379	3111	39241	20456	18785
3109	1677	1432	4230	2057	2173	79931	39890	40041
869	489	380	8357	5267	3090	60691	34597	26094
1207	572	635	16899	11744	5155	61614	35972	25642
1635	782	853	21764	15452	6312	64260	36014	28246
1575	852	723	22965	16631	6334	60257	34750	25507
1586	1047	539	21294	16169	5125	46000	28977	17023
1279	911	368	16923	13334	3589	29702	19953	9749
1101	725	376	11179	8789	2390	18260	12659	5601
984	593	391	5381	4065	1316	11902	8445	3457
666	369	297	2270	1567	703	5578	3720	1858
602	338	264	1281	752	529	2967	1791	1176
490	236	254	1181	834	347	1800	980	820
367	171	196	1589	1232	357	1134	530	604
352	109	243	1616	1189	427	1010	454	556

2-3　按来大陆或来华目的分的境外人员

单位：人

境外人员	合计	商务	就业	学习	定居	探亲	其他
总　计	**1020145**	**204962**	**201955**	**202482**	**186648**	**100113**	**123985**
香港居民	234829	37134	19870	22573	95062	27694	32496
澳门居民	21201	2355	903	5107	8029	2183	2624
台湾地区居民	170283	56757	46293	21194	19378	13709	12952
外国人	593832	108716	134889	153608	64179	56527	75913

2-4　按已在大陆或在华居住时间分的境外人员

单位：人

境外人员	合计	三个月以下	三个月至半年	半年至一年	一年至两年	两年至五年	五年以上
总　计	**1020145**	**103754**	**90078**	**143210**	**183001**	**249668**	**250434**
香港居民	234829	23949	15878	24862	34382	51862	83896
澳门居民	21201	2922	1482	2176	3302	5029	6290
台湾地区居民	170283	11175	12563	19678	26295	44306	56266
外国人	593832	65708	60155	96494	119022	148471	103982

2-5　按受教育程度分的境外人员

单位：人

境外人员	合计	未上过学	小学	初中	高中	大专	大学本科	研究生
总　计	**1020145**	**111188**	**120886**	**97201**	**142229**	**107818**	**357761**	**83062**
香港居民	234829	31015	29201	40960	57834	28124	41651	6044
澳门居民	21201	2056	3242	3924	4786	1623	5208	362
台湾地区居民	170283	10719	13919	11155	27235	34774	58579	13902
外国人	593832	67398	74524	41162	52374	43297	252323	62754

2-6 按国籍分的境外人员

单位：人

国 籍	人口数	国 籍	人口数	国 籍	人口数
合计	**593832**	墨西哥	1261	古巴	359
韩国	120750	苏丹	1228	几内亚	357
美国	71493	加纳	1165	尼日尔	349
日本	66159	伊朗	1141	乌干达	321
缅甸	39776	奥地利	1054	赞比亚	310
越南	36205	斯里兰卡	1015	厄瓜多尔	290
加拿大	19990	吉尔吉斯斯坦	988	几内亚(比绍)	284
法国	15087	爱尔兰	969	布隆迪	258
印度	15051	沙特阿拉伯	950	安哥拉	248
德国	14446	巴拿马	905	保加利亚	246
澳大利亚	13286	刚果	870	津巴布韦	241
英国	12613	约旦	864	马达加斯加	238
新加坡	12191	挪威	850	摩洛哥	238
马来西亚	10954	哥伦比亚	823	巴勒斯坦	219
俄罗斯联邦	9714	乌兹别克斯坦	799	毛里塔尼亚	204
菲律宾	7818	波兰	794	斯洛伐克	203
巴基斯坦	7746	白俄罗斯	787	哥斯达黎加	200
印度尼西亚	6838	孟加拉国	757	多哥	191
泰国	6409	以色列	757	卢旺达	176
意大利	5958	叙利亚	751	玻利维亚	175
哈萨克斯坦	4680	阿富汗	685	赤道几内亚	170
朝鲜	4651	肯尼亚	661	突尼斯	161
蒙古	4546	毛里求斯	660	贝宁	157
新西兰	3656	喀麦隆	592	塞内加尔	154
西班牙	3425	马里	556	民主刚果	154
荷兰	3378	阿尔及利亚	554	加蓬	150
巴西	3010	塔吉克斯坦	550	塞尔维亚	149
瑞典	2566	不丹	539	摩尔多瓦	137
尼泊尔	2401	阿塞拜疆	530	牙买加	137
委内瑞拉	2127	坦桑尼亚	498	克罗地亚	136
也门共和国	2089	土库曼斯坦	487	斐济	136
阿根廷	1933	柬埔寨	464	纳米比亚	134
南非	1925	罗马尼亚	460	塞拉利昂	134
丹麦	1759	埃塞俄比亚	450	乍得	123
土耳其	1750	利比亚	427	利比里亚	116
比利时	1578	秘鲁	426	莫桑比克	112
乌克兰	1437	智利	411	冰岛	112
老挝	1373	黎巴嫩	399	科特迪瓦	107
芬兰	1349	索马里	385	苏里南	105
瑞士	1348	匈牙利	380	拉脱维亚	100
伊拉克	1334	葡萄牙	375	立陶宛	100
尼日利亚	1331	希腊	370	巴布亚新几内亚	100
埃及	1294	捷克	359	其他国家	8471

附　录

附录7　第六次全国人口普查方案

2010年第六次全国人口普查主要数据公报[1]

（第1号）

中华人民共和国国家统计局

2011年4月28日

根据《全国人口普查条例》和《国务院关于开展第六次全国人口普查的通知》，我国以2010年11月1日零时为标准时点进行了第六次全国人口普查[2]。在国务院和地方各级人民政府的统一领导下，在全体普查对象的支持配合下，通过广大普查工作人员的艰苦努力，目前已圆满完成人口普查任务。现将快速汇总的主要数据公布如下:

一、总人口

全国总人口为1370536875人。其中:

普查登记的大陆31个省、自治区、直辖市和现役军人的人口[3]共1339724852人。

香港特别行政区人口[4]为7097600人。

澳门特别行政区人口[5]为552300人。

台湾地区人口[6]为23162123人。

二、人口增长

大陆31个省、自治区、直辖市和现役军人的人口，同第五次全国人口普查2000年11月1日零时的1265825048人相比，十年共增加73899804人，增长5.84%，年平均增长率为0.57%。

三、家庭户人口

大陆31个省、自治区、直辖市共有家庭户[7]401517330户，家庭户人口为1244608395人，平均每个家庭户的人口为3.10人，比2000年第五次全国人口普查的3.44人减少0.34人。

四、性别构成

大陆31个省、自治区、直辖市和现役军人的人口中，男性人口为686852572人，占51.27%；女性人口为652872280人，占48.73%。总人口性别比（以女性为100，男性对女性的比例）由2000年第五次全国人口普查的106.74下降为105.20。

五、年龄构成

大陆31个省、自治区、直辖市和现役军人的人口中，0—14岁人口为222459737人，占16.60%；15—

59岁人口为939616410人，占70.14%；60岁及以上人口为177648705人，占13.26%，其中65岁及以上人口为118831709人，占8.87%。同2000年第五次全国人口普查相比，0—14岁人口的比重下降6.29个百分点，15—59岁人口的比重上升3.36个百分点，60岁及以上人口的比重上升2.93个百分点，65岁及以上人口的比重上升1.91个百分点。

六、民族构成

大陆31个省、自治区、直辖市和现役军人的人口中，汉族人口为1225932641人，占91.51%；各少数民族人口为113792211人，占8.49%。同2000年第五次全国人口普查相比，汉族人口增加66537177人，增长5.74%；各少数民族人口增加7362627人，增长6.92%。

七、各种受教育程度人口

大陆31个省、自治区、直辖市和现役军人的人口中，具有大学(指大专以上)文化程度的人口为119636790人；具有高中（含中专）文化程度的人口为187985979人；具有初中文化程度的人口为519656445人；具有小学文化程度的人口为358764003人（以上各种受教育程度的人包括各类学校的毕业生、肄业生和在校生）。

同2000年第五次全国人口普查相比，每10万人中具有大学文化程度的由3611人上升为8930人；具有高中文化程度的由11146人上升为14032人；具有初中文化程度的由33961人上升为38788人；具有小学文化程度的由35701人下降为26779人。

大陆31个省、自治区、直辖市和现役军人的人口中，文盲人口（15岁及以上不识字的人）为54656573人，同2000年第五次全国人口普查相比，文盲人口减少30413094人，文盲率[8]由6.72%下降为4.08%，下降2.64个百分点。

八、城乡人口

大陆31个省、自治区、直辖市和现役军人的人口中，居住在城镇的人口[9]为665575306人，占49.68%；居住在乡村的人口为674149546人，占50.32%。同2000年第五次全国人口普查相比，城镇人口增加207137093人，乡村人口减少133237289人，城镇人口比重上升13.46个百分点。

九、人口的流动

大陆31个省、自治区、直辖市的人口中，居住地与户口登记地所在的乡镇街道不一致且离开户口登记地半年以上的人口为261386075人，其中市辖区内人户分离的人口[10]为39959423人，不包括市辖区内人户分离的人口为221426652人。同2000年第五次全国人口普查相比，居住地与户口登记地所在的乡镇街道不一致且离开户口登记地半年以上的人口增加116995327人，增长81.03%。

十、登记误差

普查登记结束后，全国统一随机抽取402个普查小区进行了事后质量抽样调查。抽查结果显示，人口漏登率为0.12%。

注释:

[1] 本公报中数据均为初步汇总数。

[2] 普查登记的对象是指普查标准时点在中华人民共和国境内的自然人以及在中华人民共和国境外但未定居的中国公民，不包括在中华人民共和国境内短期停留的港澳台居民和外籍人员。“境内”指我国海关关境以内，“境外”指我国海关关境以外。

[3] 大陆 31 个省、自治区、直辖市和现役军人的人口数据不包括居住在境内的港澳台居民和外籍人员。

[4] 香港特别行政区的人口数为香港特别行政区政府提供的 2010 年底的数据。

[5] 澳门特别行政区的人口数为澳门特别行政区政府提供的 2010 年底的数据。

[6] 台湾地区的人口数为台湾地区有关主管部门公布的 2010 年底的户籍登记人口数据。

[7] 家庭户是指以家庭成员关系为主、居住一处共同生活的人组成的户。

[8] 文盲率是指大陆 31 个省、自治区、直辖市和现役军人的人口中 15 岁及以上不识字人口所占比重。

[9] 城乡人口是指居住在我国境内城镇、乡村地域上的人口，城镇、乡村是按 2008 年国家统计局《统计上划分城乡的规定》划分的。

[10] 市辖区内人户分离的人口是指一个直辖市或地级市所辖的区内和区与区之间，居住地和户口登记地不在同一乡镇街道的人口。

附录4　2010年第六次全国人口普查主要数据公报（第2号）

2010年第六次全国人口普查主要数据公报[1]

（第2号）

中华人民共和国国家统计局

2011年4月29日

现将2010年第六次全国人口普查分地区的常住人口[2]有关数据公布如下:

地　区	人口数（人）	比重[4]（%）	
		2000年	2010年
全国合计[3]	1339724852	100.00	100.00
北京市	19612368	1.09	1.46
天津市	12938224	0.79	0.97
河北省	71854202	5.33	5.36
山西省	35712111	2.60	2.67
内蒙古自治区	24706321	1.88	1.84
辽宁省	43746323	3.35	3.27
吉林省	27462297	2.16	2.05
黑龙江省	38312224	2.91	2.86
上海市	23019148	1.32	1.72
江苏省	78659903	5.88	5.87
浙江省	54426891	3.69	4.06
安徽省	59500510	4.73	4.44
福建省	36894216	2.74	2.75
江西省	44567475	3.27	3.33
山东省	95793065	7.17	7.15
河南省	94023567	7.31	7.02
湖北省	57237740	4.76	4.27
湖南省	65683722	5.09	4.90
广东省	104303132	6.83	7.79
广西壮族自治区	46026629	3.55	3.44
海南省	8671518	0.62	0.65
重庆市	28846170	2.44	2.15
四川省	80418200	6.58	6.00

续表

地　区	人口数（人）	比重[4]（%）	
		2000年	2010年
贵州省	34746468	2.78	2.59
云南省	45966239	3.39	3.43
西藏自治区	3002166	0.21	0.22
陕西省	37327378	2.85	2.79
甘肃省	25575254	2.02	1.91
青海省	5626722	0.41	0.42
宁夏回族自治区	6301350	0.44	0.47
新疆维吾尔自治区	21813334	1.52	1.63
现役军人	2300000		
难以确定常住地	4649985		

注释:

[1]本公报中数据均为初步汇总数。

[2]常住人口包括：居住在本乡镇街道且户口在本乡镇街道或户口待定的人；居住在本乡镇街道且离开户口登记地所在的乡镇街道半年以上的人；户口在本乡镇街道且外出不满半年或在境外工作学习的人。“境外”是指我国海关关境以外。

[3]本表全国合计不包括香港特别行政区、澳门特别行政区和台湾地区的人口数。

[4]指各省、自治区、直辖市的常住人口占全国合计常住人口（包括现役军人和难以确定常住地的人口）的比重。

附　录

附录5　2010年第六次全国人口普查接受普查登记的港澳台居民和外籍人员主要数据

2010年第六次全国人口普查接受普查登记的港澳台居民和外籍人员主要数据

中华人民共和国国家统计局

2011年4月29日

根据《全国人口普查条例》，我国以2010年11月1日零时为标准时点进行了第六次全国人口普查。这次普查首次将居住在我国境内的港澳台居民和外籍人员纳入普查范围。现将普查时点接受普查登记的上述人员*主要数据公布如下:

一、人员总数

在这次普查中，居住在我国境内并接受普查登记的香港特别行政区居民234829人、澳门特别行政区居民21201人、台湾地区居民170283人，外籍人员593832人，合计1020145人。

二、性别构成

上述人员中，男性605821人，女性414324人。

其中：境内的香港特别行政区居民，男性为141321人，女性为93508人。境内的澳门特别行政区居民，男性为11708人，女性为9493人。境内的台湾地区居民，男性为116547人，女性为53736人。境内的外籍人员，男性为336245人，女性为257587人。

三、居住时间

上述人员中，居住时间三个月以下的103754人；居住时间三个月至半年的90078人；居住时间半年至一年的143210人；居住时间一年至两年的183001人；居住时间两年至五年的249668人；居住时间五年以上的250434人。

四、来大陆或来华目的

上述人员中，以商务为目的204962人；以就业为目的201955人；以学习为目的202482人；以定居为目的186648人；以探亲为目的100113人；其他目的的123985人。

五、地区分布

上述人员按居住地分，人数排在前十位的地区是：广东省316138人，上海市208602人，北京市107445人，江苏省64177人，福建省62564人，云南省47396人，浙江省36380人，山东省33098人，辽宁省23834人，广西壮族自治区23445人。居住在其他省（区、市）的97066人。

六、外籍人员国籍构成

按国籍分，在我国境内居住的外籍人员数量排在前十位的国家是：韩国120750人，美国71493人，日本66159人，缅甸39776人，越南36205人，加拿大19990人，法国15087人，印度15051人，德国14446人，澳大利亚13286人。在我国境内居住的其他国家人员181589人。

注释：

上述人员指普查标准时点在我国境内居住三个月以上或能够确定将居住三个月以上的港澳台居民和外籍人员，但不包括出差、旅游等在境内短期停留的港澳台居民和外籍人员。“境内”指的是我国海关关境以内，不包含港澳台地区。

附　录

附录6　全国人口普查条例

中华人民共和国国务院令

第 576 号

《全国人口普查条例》已经 2010 年 5 月 12 日国务院第 111 次常务会议通过，现予公布，自 2010 年 6 月 1 日起施行。

总理　温家宝

二〇一〇年五月二十四日

全国人口普查条例

第一章　总　则

第一条　为了科学、有效地组织实施全国人口普查，保障人口普查数据的真实性、准确性、完整性和及时性，根据《中华人民共和国统计法》，制定本条例。

第二条　人口普查的目的是全面掌握全国人口的基本情况，为研究制定人口政策和经济社会发展规划提供依据，为社会公众提供人口统计信息服务。

第三条　人口普查工作按照全国统一领导、部门分工协作、地方分级负责、各方共同参与的原则组织实施。

国务院统一领导全国人口普查工作，研究决定人口普查中的重大问题。地方各级人民政府按照国务院的统一规定和要求，领导本行政区域的人口普查工作。

在人口普查工作期间，各级人民政府设立由统计机构和有关部门组成的人口普查机构（以下简称普查机构），负责人口普查的组织实施工作。

村民委员会、居民委员会应当协助所在地人民政府动员和组织社会力量，做好本区域的人口普查工作。

国家机关、社会团体、企业事业单位应当按照《中华人民共和国统计法》和本条例的规定，参与并配合人口普查工作。

第四条　人口普查对象应当按照《中华人民共和国统计法》和本条例的规定，真实、准确、完整、及时地提供人口普查所需的资料。

人口普查对象提供的资料，应当依法予以保密。

第五条　普查机构和普查机构工作人员、普查指导员、普查员（以下统称普查人员）依法独立行使调查、报告、监督的职权，任何单位和个人不得干涉。

地方各级人民政府、各部门、各单位及其负责人，不得自行修改普查机构和普查人员依法搜集、整理的人口普查资料，不得以任何方式要求普查机构和普查人员及其他单位和个人伪造、篡改人口普查资料，不得对依法履行职责或者拒绝、抵制人口普查违法行为的普查人员打击报复。

第六条 各级人民政府应当利用报刊、广播、电视、互联网和户外广告等媒介，开展人口普查的宣传动员工作。

第七条 人口普查所需经费，由国务院和地方各级人民政府共同负担，并列入相应年度的财政预算，按时拨付，确保足额到位。

人口普查经费应当统一管理、专款专用，从严控制支出。

第八条 人口普查每10年进行一次，尾数逢0的年份为普查年度，标准时点为普查年度的11月1日零时。

第九条 国家统计局会同国务院有关部门制定全国人口普查方案（以下简称普查方案），报国务院批准。

人口普查应当按照普查方案的规定执行。

第十条 对认真执行本条例，忠于职守、坚持原则，做出显著成绩的单位和个人，按照国家有关规定给予表彰和奖励。

第二章　人口普查的对象、内容和方法

第十一条 人口普查对象是指普查标准时点在中华人民共和国境内的自然人以及在中华人民共和国境外但未定居的中国公民，不包括在中华人民共和国境内短期停留的境外人员。

第十二条 人口普查主要调查人口和住户的基本情况，内容包括姓名、性别、年龄、民族、国籍、受教育程度、行业、职业、迁移流动、社会保障、婚姻、生育、死亡、住房情况等。

第十三条 人口普查采用全面调查的方法，以户为单位进行登记。

第十四条 人口普查采用国家统计分类标准。

第三章　人口普查的组织实施

第十五条 人口普查登记前，公安机关应当按照普查方案的规定完成户口整顿工作，并将有关资料提交本级人口普查机构。

第十六条 人口普查登记前应当划分普查区，普查区以村民委员会、居民委员会所辖区域为基础划分，每个普查区划分为若干普查小区。

第十七条 每个普查小区应当至少有一名普查员，负责入户登记等普查工作。每个普查区应当至少有一名普查指导员，负责安排、指导、督促和检查普查员的工作，也可以直接进行入户登记。

第十八条 普查指导员和普查员应当具有初中以上文化水平，身体健康，责任心强。

第十九条 普查指导员和普查员可以从国家机关、社会团体、企业事业单位借调，也可以从村民委员会、居民委员会或者社会招聘。借调和招聘工作由县级人民政府负责。

国家鼓励符合条件的公民作为志愿者参与人口普查工作。

第二十条 借调的普查指导员和普查员的工资由原单位支付，其福利待遇保持不变，并保留其原有工作岗位。

招聘的普查指导员和普查员的劳动报酬，在人口普查经费中予以安排，由聘用单位支付。

第二十一条 普查机构应当对普查指导员和普查员进行业务培训，并对考核合格的人员颁发全国统一的普查指导员证或者普查员证。

普查指导员和普查员执行人口普查任务时，应当出示普查指导员证或者普查员证。

第二十二条 人口普查登记前，普查指导员、普查员应当绘制普查小区图，编制普查小区户主姓名底册。

第二十三条 普查指导员、普查员入户登记时，应当向人口普查对象说明人口普查的目的、法律依据以及人口普查对象的权利和义务。

第二十四条 人口普查对象应当按时提供人口普查所需的资料，如实回答相关问题，不得隐瞒有关情况，不得提供虚假信息，不得拒绝或者阻碍人口普查工作。

第二十五条 人口普查对象应当在普查表上签字或者盖章确认，并对其内容的真实性负责。

第二十六条 普查人员应当坚持实事求是，恪守职业道德，拒绝、抵制人口普查工作中的违法行为。

普查机构和普查人员不得伪造、篡改普查资料，不得以任何方式要求任何单位和个人提供虚假的普查资料。

第二十七条 人口普查实行质量控制岗位责任制，普查机构应当对人口普查实施中的每个环节实行质量控制和检查，对人口普查数据进行审核、复查和验收。

第二十八条 国家统计局统一组织人口普查数据的事后质量抽查工作。

第四章 人口普查资料的管理和公布

第二十九条 地方各级普查机构应当按照普查方案的规定进行数据处理，并按时上报人口普查资料。

第三十条 人口普查汇总资料，除依法应当保密的外，应当予以公布。

全国和各省、自治区、直辖市主要人口普查数据，由国家统计局以公报形式公布。

地方人民政府统计机构公布本行政区域主要人口普查数据，应当报经上一级人民政府统计机构核准。

第三十一条 各级人民政府统计机构应当做好人口普查资料的管理、开发和应用，为社会公众提供查询、咨询等服务。

第三十二条 人口普查中获得的原始普查资料，按照国家有关规定保存、销毁。

第三十三条 人口普查中获得的能够识别或者推断单个普查对象身份的资料，任何单位和个人不得对外提供、泄露，不得作为对人口普查对象作出具体行政行为的依据，不得用于人口普查以外的目的。

人口普查数据不得作为对地方人民政府进行政绩考核和责任追究的依据。

第五章 法律责任

第三十四条 地方人民政府、政府统计机构或者有关部门、单位的负责人有下列行为之一的，由任免机关或者监察机关依法给予处分，并由县级以上人民政府统计机构予以通报；构成犯罪的，依法追究刑事

责任:

（一）自行修改人口普查资料、编造虚假人口普查数据的;

（二）要求有关单位和个人伪造、篡改人口普查资料的;

（三）不按照国家有关规定保存、销毁人口普查资料的;

（四）违法公布人口普查资料的;

（五）对依法履行职责或者拒绝、抵制人口普查违法行为的普查人员打击报复的;

（六）对本地方、本部门、本单位发生的严重人口普查违法行为失察的。

第三十五条　普查机构在组织实施人口普查活动中有下列违法行为之一的，由本级人民政府或者上级人民政府统计机构责令改正，予以通报；对直接负责的主管人员和其他直接责任人员，由任免机关或者监察机关依法给予处分:

（一）不执行普查方案的;

（二）伪造、篡改人口普查资料的;

（三）要求人口普查对象提供不真实的人口普查资料的;

（四）未按照普查方案的规定报送人口普查资料的;

（五）违反国家有关规定，造成人口普查资料毁损、灭失的;

（六）泄露或者向他人提供能够识别或者推断单个普查对象身份的资料的。

普查人员有前款所列行为之一的，责令其停止执行人口普查任务，予以通报，依法给予处分。

第三十六条　人口普查对象拒绝提供人口普查所需的资料，或者提供不真实、不完整的人口普查资料的，由县级以上人民政府统计机构责令改正，予以批评教育。

人口普查对象阻碍普查机构和普查人员依法开展人口普查工作，构成违反治安管理行为的，由公安机关依法给予处罚。

第三十七条　县级以上人民政府统计机构应当设立举报电话和信箱，接受社会各界对人口普查违法行为的检举和监督。

第六章　附　则

第三十八条　中国人民解放军现役军人、人民武装警察等人员的普查内容和方法，由国家统计局会同国务院有关部门、军队有关部门规定。

交通极为不便地区的人口普查登记的时间和方法，由国家统计局会同国务院有关部门规定。

第三十九条　香港特别行政区、澳门特别行政区的人口数，按照香港特别行政区政府、澳门特别行政区政府公布的资料计算。

台湾地区的人口数，按照台湾地区有关主管部门公布的资料计算。

第四十条　为及时掌握人口发展变化情况，在两次人口普查之间进行全国1%人口抽样调查。全国1%人口抽样调查参照本条例执行。

第四十一条　本条例自2010年6月1日起施行。

附录3　2010年第六次全国人口普查主要数据公报（第1号）

第六次全国人口普查方案

为科学有效地组织实施第六次全国人口普查，根据《全国人口普查条例》，制定本方案。

一、总则

（一）第六次全国人口普查的目的是查清2000年以来我国人口数量、结构、分布和居住环境等方面的变化情况，为科学制定国民经济和社会发展规划，统筹安排人民的物质和文化生活，实现可持续发展战略，构建社会主义和谐社会，提供真实准确、完整及时的人口统计信息支持。

（二）人口普查工作，按照“全国统一领导、部门分工协作、地方分级负责、各方共同参与”的原则组织实施。

国务院和地方各级人民政府设立第六次全国人口普查领导小组及其办公室，领导和组织实施全国和本区域内的人口普查工作。

村民委员会和居民委员会设立人口普查小组，做好本区域内的人口普查工作。

领导小组各成员单位按照各自职能，各负其责、通力协作、密切配合。

（三）人口普查所需经费，由国务院和地方各级人民政府共同负担，并列入相应年度的财政预算，按时拨付，确保足额到位。

人口普查经费应当统一管理、专款专用，从严控制支出。

（四）各级宣传部门和人口普查机构应采取多种方式，积极做好人口普查的宣传工作，为人口普查工作的开展营造良好的社会氛围。

（五）人口普查实行严格的质量控制制度。地方各级人口普查机构主要负责人对本行政区域人口普查数据质量负总责，确保人口普查数据真实、准确、完整、及时。

二、人口普查的标准时点、对象和内容

（六）人口普查的标准时点是2010年11月1日零时。

（七）人口普查对象是指普查标准时点在中华人民共和国境内的自然人以及在中华人民共和国境外但未定居的中国公民，不包括在中华人民共和国境内短期停留的境外人员。

（八）人口普查采用按现住地登记的原则。每个人必须在现住地进行登记。普查对象不在户口登记地居住的，户口登记地要登记相应信息。

（九）人口普查以户为单位进行登记，户分为家庭户和集体户。

以家庭成员关系为主、居住一处共同生活的人口，作为一个家庭户；单身居住独自生活的，也作为一个家庭户。

相互之间没有家庭成员关系、集体居住共同生活的人口，作为集体户。

（十）人口普查登记的主要内容包括：姓名、性别、年龄、民族、国籍、受教育程度、行业、职业、迁移流动、社会保障、婚姻、生育、死亡、住房情况等。

（十一）人口普查表分为《第六次全国人口普查表短表》和《第六次全国人口普查表长表》。普查表长表抽取10%的户填报；普查表短表由其余的户填报。

在境内居住的港澳台和外籍人员，在现住地进行登记，填写供港澳台和外籍人员使用的普查表短表。

（十二）2009年11月1日至2010年10月31日期间有死亡人口的户，同时填报《第六次全国人口普查死亡人口调查表》。

（十三）人口普查表由国务院第六次全国人口普查领导小组办公室（以下简称国务院人口普查办公室）和国家统计局统一制定，各省、自治区、直辖市人口普查办公室负责印发。

（十四）中国人民解放军现役军人及军队管理的离退休人员，由军队领导机关统一进行普查、汇总。

军队各类单位中服务的职工、文职人员、非现役公勤人员以及家属、保姆等，在军队营院内居住的，由军队机关负责普查，普查表移交当地人民政府指定的人口普查机构；不在军队营院内居住的，由地方人口普查机构负责普查。

（十五）中国人民武装警察部队，由武警机关负责普查登记，普查表移交当地人民政府指定的人口普查机构。

武警部队各类单位中服务的职工、非现役公勤人员以及家属、保姆等，在武警部队营院内居住的，由武警机关负责普查，普查表移交当地人民政府指定的人口普查机构；不在武警部队营院内居住的，由地方人口普查机构负责普查。

（十六）驻外外交机构人员、驻港澳机构人员、其他各驻外机构人员以及派往境外的专家、职工、劳务人员、留学生、实习生、进修人员等，由其出国前居住的家庭户或者集体户申报登记。

（十七）依法被判处徒刑、劳动教养的人员，由当地公安机关和监狱、劳教机关进行普查，普查表移交县、市人口普查办公室。

三、人口普查的宣传工作

（十八）各级宣传部门和人口普查机构应制定宣传工作方案，深入开展普查宣传。

（十九）各级宣传部门应组织协调新闻媒体，通过报刊、广播、电视、互联网和户外广告等多种渠道，宣传人口普查的重大意义、政策规定和工作要求，积极营造良好的人口普查氛围。

（二十）各级人口普查机构要组织开展形式多样的宣传活动，动员社会各界支持、参与人口普查工作。

四、普查指导员、普查员的借调、招聘和培训

（二十一）每个普查小区至少配备1名普查员，每个普查区至少配备1名普查指导员，原则上4至5个普查小区配备1名普查指导员。

普查员负责人口普查的入户登记等工作，普查指导员负责安排、指导、督促和检查普查员的工作，也可以直接进行入户登记。

（二十二）普查指导员和普查员应当由具有初中以上文化水平、身体健康、认真负责、能够胜任人口普查工作的人员担任。

（二十三）普查指导员和普查员可以从党政机关、社会团体、企业事业单位借调，也可以从村民委员会、居民委员会或者社会招聘。借调和招聘工作由县级人民政府负责。

借调的普查指导员和普查员在普查任务完成以前，不得随意更换。

（二十四）借调的普查指导员和普查员的工资由原单位支付，其福利待遇保持不变，并保留其原有的工作岗位。

招聘的普查指导员和普查员的劳动报酬，在人口普查经费中予以安排，由聘用单位支付。

（二十五）普查指导员和普查员的借调和招聘工作应于2010年8月底前完成。

（二十六）普查指导员和普查员的培训工作由县级人口普查机构统一组织进行。普查指导员和普查员经过培训并考核合格后，由县级以上人口普查机构颁发全国统一的证件。培训工作应于2010年10月15日前完成。

普查指导员和普查员执行直接面对普查对象的人口普查任务时，应当出示普查指导员证或者普查员证。

任何单位和个人不得冒充人口普查机构、普查人员进行社会调查或者进行欺诈活动。

五、人口普查登记前的现场准备工作

（二十七）人口普查按照划分的普查区域进行。普查区域的划分要坚持地域原则，做到不重不漏，完整覆盖全国。

（二十八）普查区划分以村民委员会和居民委员会所辖区域为基础。每个普查区按照一个普查员所能承担的工作量，划分成若干个普查小区。

普查小区划分工作应于2010年8月底前完成。

（二十九）在人口普查机构统一领导下，公安部门应按照《中华人民共和国户口登记条例》和《第六次全国人口普查户口整顿工作方案》的要求进行户口整顿。户口整顿应当按照普查区域的范围，摸清常住人口、流动人口、无户口和应销未销户口等情况。户口整顿有关资料应当提交同级人口普查机构，供普查登记时参考。

户口整顿工作应于2010年8月底前完成。

（三十）人口普查登记前，普查员要做好摸底工作，明确普查小区的地域范围、绘制普查小区图、摸清人口和居住情况、编制普查小区各户户主姓名底册。

摸底工作应于2010年10月底前完成。

六、人口普查的登记和复查工作

（三十一）人口普查的登记工作，从2010年11月1日开始到11月10日结束。

（三十二）人口普查登记，采用普查员入户查点询问、当场填报的方式进行。普查员应当按照普查表列出的项目逐户逐人询问清楚，逐项进行填写，做到不重不漏、准确无误。

普查表填写完成后，普查员应将填写的内容，向申报人当面宣读，核对无误后，由申报人签字或盖章确认。

（三十三）普查登记时，申报人应当依法履行普查义务，如实回答普查员的询问，不得谎报、瞒报、拒报。

（三十四）普查登记结束后，普查指导员应当组织普查员按照规定的方法进行全面复查，发现差错，应重新入户核对，经确认后予以更正。

复查工作应于2010年11月15日前完成。

（三十五）复查工作完成后，国务院人口普查办公室统一组织事后质量抽查。

事后质量抽查工作应于2010年11月底前完成。

（三十六）人口普查对象提供的资料，应当依法予以保密。

人口普查中获得的能够识别或者推断单个普查对象身份的资料，任何单位和个人不得对外提供、泄露，不得作为对人口普查对象作出具体行政行为的依据，不得用于人口普查以外的目的。

人口普查数据不得作为对地方人民政府进行政绩考核和责任追究的依据。

七、人口普查数据的汇总、发布和管理

（三十七）人口普查表经复查后，按照统一规定的标准进行编码。

编码后的普查表经复核、检查验收合格后，方可交付录入。

（三十八）《第六次全国人口普查表短表》、《第六次全国人口普查表长表》，以普查小区为单位分别装入不同的包装袋。《死亡人口调查表》以普查区为单位装入相应的包装袋。

普查资料在运送过程中，必须妥善包装，专人护送，保证完整无损。运送单位和接收单位应当按规定的程序办理交接手续。

（三十九）人口普查数据由人口普查机构负责进行数据处理。录入采用光电录入的方式，数据录入、编辑、审核、汇总程序由国务院人口普查办公室统一下发。

（四十）人口普查机构对普查登记的主要数据，先进行快速汇总。国家统计局和国务院人口普查办公室对数据进行审核后发布主要数据公报。各省、自治区、直辖市的主要数据应于国家公报发布之后发布。

（四十一）国务院人口普查办公室应于2011年12月31日前完成人口普查全部数据的汇总工作。

（四十二）人口普查数据处理工作结束后，原始普查表按国务院人口普查办公室的统一规定销毁。

（四十三）数据处理形成的单个普查对象的资料，由国务院人口普查办公室和各省、自治区、直辖市人口普查办公室负责管理。

（四十四）国务院人口普查办公室和各省、自治区、直辖市人口普查办公室应编制普查报告书，分别向国务院和各省、自治区、直辖市人民政府报告工作。

（四十五）各级人口普查机构应做好人口普查资料的开发和应用，为社会公众提供查询、咨询等服务。

八、人口普查的质量控制

（四十六）人口普查实行质量控制岗位责任制，普查人员应认真履行职责，严格执行岗位工作规范，保证各自的工作质量达到规定的标准。

（四十七）各级人口普查办公室应对人口普查实施中的每个环节进行监督检查，收集、整理、分析工作质量情况，对发现的问题，要及时研究解决。

（四十八）在人口普查登记、快速汇总、编码、数据处理各环节实行质量验收制度。验收不合格的必须返工，直至达到规定的质量验收标准方可转入下一工作环节。

九、其他

（四十九）对认真执行本方案，忠于职守，坚持原则，在人口普查工作中做出显著成绩的单位和个人，按照国家有关规定给予表彰奖励。

（五十）违反本方案规定的，依据《中华人民共和国统计法》、《全国人口普查条例》等追究法律责任。

（五十一）香港特别行政区、澳门特别行政区的人口数，按照香港特别行政区政府、澳门特别行政区政府公布的资料计算。

台湾地区的人口数，按照台湾地区有关主管部门公布的资料计算。

（五十二）交通极为不便的地区，需采用其他登记时间和方法的，须报请国务院人口普查领导小组批准。

（五十三）国务院人口普查办公室可以根据本方案制定各项具体工作实施细则。

（五十四）本方案由国务院人口普查办公室负责解释。

附　录

附录8　第六次全国人口普查表

经国务院批准进行第六次全国人口普查
人口普查的标准时点为2010年11月1日零时
人口普查的原始资料不向任何单位和个人提供，仅供汇总使用
公民应履行如实申报普查项目的义务

第六次全国人口普查表短表

表　　号：R　6　0　1　表
制定机关：国　家　统　计　局
国务院第六次全国人口普查办公室
批准文号：国　发 [2009] 23号
有效期至：2010年12月

本户地址和地址码：________ 县、市、区 ________ 乡、镇、街道 ________ 普查区 ________ 普查小区 建筑物编号 ________

H1. 户编号	H2. 户别	H3. 本户应登记人数		H4. 2009.11.1 - 2010.10.31 出生人口		H4. 死亡人口		H5. 本户住房建筑面积	H6. 本户住房间数
____号	1. 家庭户 2. 集体户	2010年10月31日晚居住本户的人数 ____人	户口在本户，2010年10月31日晚未住本户的人数 ____人	男____人	女____人	男____人	女____人	____平方米	____间

每个人都填报（R11、R12：6周岁及以上（2004年10月31日以前出生）的人填报）

R1. 姓名	R2. 与户主关系	R3. 性别	R4. 出生年月	R5. 民族	R6. 普查时点居住地	R7. 户口登记地	R8. 离开户口登记地时间	R9. 离开户口登记地原因	R10. 户口性质	R11. 是否识字	R12. 受教育程度
	0. 户主 1. 配偶 2. 子女 3. 父母 4. 岳父母或公婆 5. 祖父母 6. 媳婿 7. 孙子女 8. 兄弟姐妹 9. 其他	1. 男 2. 女	出生于： ____年 ____月	____族	1. 本普查小区 2. 本村（居）委会其他普查小区 3. 本乡（镇、街道）其他村（居）委会 4. 本县（市、区）其他乡（镇、街道） 5. 其他县（市、区），请填写下面地址 6. 港澳台或国外	1. 本村（居）委会 2. 本乡（镇、街道）其他村（居）委会 3. 本县（市、区）其他乡（镇、街道） 4. 其他县（市、区），请填写下面地址 5. 户口待定→R11	1. 没有离开户口登记地→R10 2. 半年以下 3. 半年至一年 4. 一年至二年 5. 二年至三年 6. 三年至四年 7. 四年至五年 8. 五年至六年 9. 六年以上	1. 务工经商 2. 工作调动 3. 学习培训 4. 随迁家属 5. 投亲靠友 6. 拆迁搬家 7. 寄挂户口 8. 婚姻嫁娶 9. 其他	1. 农　业 2. 非农业	1. 是 2. 否	1. 未上过学 2. 小学 3. 初中 4. 高中 5. 大学专科 6. 大学本科 7. 研究生
					____省（区、市） ____地（市） ____县（市、区）						
	1. 配偶 2. 子女 3. 父母 4. 岳父母或公婆 5. 祖父母 6. 媳婿 7. 孙子女 8. 兄弟姐妹 9. 其他	1. 男 2. 女	出生于： ____年 ____月	____族	1. 本普查小区 2. 本村（居）委会其他普查小区 3. 本乡（镇、街道）其他村（居）委会 4. 本县（市、区）其他乡（镇、街道） 5. 其他县（市、区），请填写下面地址 6. 港澳台或国外	1. 本村（居）委会 2. 本乡（镇、街道）其他村（居）委会 3. 本县（市、区）其他乡（镇、街道） 4. 其他县（市、区），请填写下面地址 5. 户口待定→R11	1. 没有离开户口登记地→R10 2. 半年以下 3. 半年至一年 4. 一年至二年 5. 二年至三年 6. 三年至四年 7. 四年至五年 8. 五年至六年 9. 六年以上	1. 务工经商 2. 工作调动 3. 学习培训 4. 随迁家属 5. 投亲靠友 6. 拆迁搬家 7. 寄挂户口 8. 婚姻嫁娶 9. 其他	1. 农　业 2. 非农业	1. 是 2. 否	1. 未上过学 2. 小学 3. 初中 4. 高中 5. 大学专科 6. 大学本科 7. 研究生
					____省（区、市） ____地（市） ____县（市、区）						

（超过五人的户，从第2张普查表起，户记录只填写“H1. 户编号”）

每个人都填报										6周岁及以上（2004年10月31日以前出生）的人填报	
R1. 姓名	R2. 与户主关系	R3. 性别	R4. 出生年月	R5. 民族	R6. 普查时点居住地	R7. 户口登记地	R8. 离开户口登记地时间	R9. 离开户口登记地原因	R10. 户口性质	R11. 是否识字	R12. 受教育程度
	2. 子女 3. 父母 4. 岳父母或公婆 5. 祖父母 6. 媳婿 7. 孙子女 8. 兄弟姐妹 9. 其他	1. 男 2. 女	出生于： ____年 ____月	____族	1. 本普查小区 2. 本村（居）委会其他普查小区 3. 本乡（镇、街道）其他村（居）委会 4. 本县（市、区）其他乡（镇、街道） 5. 其他县（市、区），请填写下面地址 6. 港澳台或国外	1. 本村（居）委会 2. 本乡（镇、街道）其他村（居）委会 3. 本县（市、区）其他乡（镇、街道） 4. 其他县（市、区），请填写下面地址 5. 户口待定→R11 ____省（区、市） ____地（市） ____县（市、区）	1. 没有离开户口登记地→R10 2. 半年以下 3. 半年至一年 4. 一年至二年 5. 二年至三年 6. 三年至四年 7. 四年至五年 8. 五年至六年 9. 六年以上	1. 务工经商 2. 工作调动 3. 学习培训 4. 随迁家属 5. 投亲靠友 6. 拆迁搬家 7. 寄挂户口 8. 婚姻嫁娶 9. 其他	1. 农业 2. 非农业	1. 是 2. 否	1. 未上过学 2. 小学 3. 初中 4. 高中 5. 大学专科 6. 大学本科 7. 研究生
	2. 子女 3. 父母 4. 岳父母或公婆 5. 祖父母 6. 媳婿 7. 孙子女 8. 兄弟姐妹 9. 其他	1. 男 2. 女	出生于： ____年 ____月	____族	1. 本普查小区 2. 本村（居）委会其他普查小区 3. 本乡（镇、街道）其他村（居）委会 4. 本县（市、区）其他乡（镇、街道） 5. 其他县（市、区），请填写下面地址 6. 港澳台或国外	1. 本村（居）委会 2. 本乡（镇、街道）其他村（居）委会 3. 本县（市、区）其他乡（镇、街道） 4. 其他县（市、区），请填写下面地址 5. 户口待定→R11 ____省（区、市） ____地（市） ____县（市、区）	1. 没有离开户口登记地→R10 2. 半年以下 3. 半年至一年 4. 一年至二年 5. 二年至三年 6. 三年至四年 7. 四年至五年 8. 五年至六年 9. 六年以上	1. 务工经商 2. 工作调动 3. 学习培训 4. 随迁家属 5. 投亲靠友 6. 拆迁搬家 7. 寄挂户口 8. 婚姻嫁娶 9. 其他	1. 农业 2. 非农业	1. 是 2. 否	1. 未上过学 2. 小学 3. 初中 4. 高中 5. 大学专科 6. 大学本科 7. 研究生
	2. 子女 3. 父母 4. 岳父母或公婆 5. 祖父母 6. 媳婿 7. 孙子女 8. 兄弟姐妹 9. 其他	1. 男 2. 女	出生于： ____年 ____月	____族	1. 本普查小区 2. 本村（居）委会其他普查小区 3. 本乡（镇、街道）其他村（居）委会 4. 本县（市、区）其他乡（镇、街道） 5. 其他县（市、区），请填写下面地址 6. 港澳台或国外	1. 本村（居）委会 2. 本乡（镇、街道）其他村（居）委会 3. 本县（市、区）其他乡（镇、街道） 4. 其他县（市、区），请填写下面地址 5. 户口待定→R11 ____省（区、市） ____地（市） ____县（市、区）	1. 没有离开户口登记地→R10 2. 半年以下 3. 半年至一年 4. 一年至二年 5. 二年至三年 6. 三年至四年 7. 四年至五年 8. 五年至六年 9. 六年以上	1. 务工经商 2. 工作调动 3. 学习培训 4. 随迁家属 5. 投亲靠友 6. 拆迁搬家 7. 寄挂户口 8. 婚姻嫁娶 9. 其他	1. 农业 2. 非农业	1. 是 2. 否	1. 未上过学 2. 小学 3. 初中 4. 高中 5. 大学专科 6. 大学本科 7. 研究生

户编号________号　　本户共______张　　本张是第______张　　申报人（签字）：　　普查员（签字）：　　填报日期：11 月　　日

第六次全国人口普查表短表(供港澳台和外籍人员使用)
Questionnaire for Residents from Hong Kong, Macao, Taiwan and from Foreign Countries

中国政府决定进行第六次全国人口普查
人口普查标准时点为2010年11月1日零时
我们将对您在普查表中填写的信息给予
保密，敬请合作。

The Chinese government decides to conduct the 6th national population census, with 0 hour 1 November 2010 as reference time.
Information you provide will be kept confidential.
Your cooperation is highly appreciated.

表　　号：R　603　表
制定机关：国家统计局
　　　　　国务院第六次全国人口普查办公室
批准文号：国发[2009]23号
有效期至：2010年12月

Form No. R 603
Form issued by: National Bureau of Statistics
Office of the State Council for the Sixth National Population Census
Approve No. [2009] 23
Valid until: Dec. 2010

本户地址和地址码 Address of this household and Address code：

________省（自治区、直辖市）Province (autonomous region, municipality) □□

________地（市）Prefecture (city) □□

________县（市、区）County (city, district) □□

________乡（镇、街道）Town (township, street) □□□

________普查区 Enumeration area □□□

________普查小区 Enumeration block □□□

________户编号 Household No. □□□

	第一人（户主） **Person 1（Head of household）**	第二人 **Person 2**	第三人 **Person 3**	第四人 **Person 4**
R1. 姓名**Name**				
R2. 与户主关系 **Relationship to the head of household** 1. 户主 Head of household 2. 配偶 Spouse 3. 子女 Child 4. 父母 Parent 5. 祖父母 Grand parent 6. 孙子女 Grand child 7. 兄弟姐妹 Brother or sister 8. 其他 Others	1. 2. 3. 4. 5. 6. 7. 8. □	2. 3. 4. 5. 6. 7. 8. □	3. 4. 5. 6. 7. 8. □	3. 4. 5. 6. 7. 8. □
R3. 性别**Sex** 1. 男 Male 2. 女 Female	1. 2. □	1. 2. □	1. 2. □	1. 2. □
R4. 出生年月 **Date of birth** ________年Year ________月Month	________年Year □□□□ ________月Month □□	________年Year □□□□ ________月Month □□	________年Year □□□□ ________月Month □□	________年Year □□□□ ________月Month □□
R5. 来大陆或来华目的 **Purpose for staying in mainland of China** 1. 商务 Business 2. 就业 Work 3. 学习 Study 4. 定居 Settlement 5. 探亲 Visiting relatives 6. 其他 Others	1. 2. 3. 4. 5. 6. □	1. 2. 3. 4. 5. 6. □	1. 2. 3. 4. 5. 6. □	1. 2. 3. 4. 5. 6. □

	第一人（户主） Person 1 (Head of household)	第二人 Person 2	第三人 Person 3	第四人 Person 4
R6. 已在大陆或在华居住时间 **Duration of stay in mainland of China** 1. 三个月以下 Less than 3 months 2. 三个月至半年 3—6 months 3. 半年至一年 6—12 months 4. 一年至两年 1—2 years 5. 两年至五年 2—5 years 6. 五年以上 More than 5 years	1. 2. 3. 4. 5. 6. ☐	1. 2. 3. 4. 5. 6. ☐	1. 2. 3. 4. 5. 6. ☐	1. 2. 3. 4. 5. 6. ☐
R7. 受教育程度 **Educational attainment** 1. 未上过学 No schooling 2. 小学 Primary school 3. 初中 Junior middle school 4. 高中 Senior middle school 5. 大专 Junior college 6. 大学本科 University 7. 研究生 Graduate school	1. 2. 3. 4. 5. 6. 7. ☐	1. 2. 3. 4. 5. 6. 7. ☐	1. 2. 3. 4. 5. 6. 7. ☐	1. 2. 3. 4. 5. 6. 7. ☐
R8. 身份或国籍 **Citizenship** 1. 香港居民 Hong Kong resident 2. 澳门居民 Macao resident 3. 台湾地区居民 Taiwan resident 4. 外国人Foreigner ↗ 国籍 Country ________	1. 2. 3. 4. ↗ 国籍 Country ________ ☐ ☐☐☐	1. 2. 3. 4. ↗ 国籍 Country ________ ☐ ☐☐☐	1. 2. 3. 4. ↗ 国籍 Country ________ ☐ ☐☐☐	1. 2. 3. 4. ↗ 国籍 Country ________ ☐ ☐☐☐

此页由香港、澳门和台湾地区居民填写
（For persons from Hong Kong , Macao and Taiwan ）

	第一人（户主）	第二人	第三人	第四人
R9. 过去六个月回港、澳、台居住时间				
1. 一个月以下	1.	1.	1.	1.
2. 一至三个月	2.	2.	2.	2.
3. 三个月以上	3.	3.	3.	3.
4. 未回	4. □	4. □	4. □	4. □
由15岁及以上有工作的香港、澳门和台湾地区居民填写				
R10. 行业				
01. 农、林、牧、渔业	01.	01.	01.	01.
02. 采矿业	02.	02.	02.	02.
03. 制造业	03.	03.	03.	03.
04. 电力、燃气及水的生产和供应业	04.	04.	04.	04.
05. 建筑业	05.	05.	05.	05.
06. 交通运输、仓储和邮政业	06.	06.	06.	06.
07. 信息传输、计算机服务和软件业	07.	07.	07.	07.
08. 批发和零售业	08.	08.	08.	08.
09. 住宿和餐饮业	09.	09.	09.	09.
10. 金融业	10.	10.	10.	10.
11. 房地产业	11.	11.	11.	11.
12. 租赁和商务服务业	12.	12.	12.	12.
13. 科学研究、技术服务和地质勘查业	13.	13.	13.	13.
14. 水利、环境和公共设施管理业	14.	14.	14.	14.
15. 居民服务和其他服务业	15.	15.	15.	15.
16. 教育	16.	16.	16.	16.
17. 卫生、社会保障和社会福利业	17.	17.	17.	17.
18. 文化、体育和娱乐业	18.	18.	18.	18.
19. 公共管理和社会组织	19.	19.	19.	19.
20. 国际组织	20. □□	20. □□	20. □□	20. □□
R11. 职业				
1. 企业、事业单位负责人	1.	1.	1.	1.
2. 专业技术人员	2.	2.	2.	2.
3. 办事人员和有关人员	3.	3.	3.	3.
4. 商业、服务业人员	4.	4.	4.	4.
5. 农、林、牧、渔、水利业生产人员	5.	5.	5.	5.
6. 生产、运输设备操作人员及有关人员	6.	6.	6.	6.
7. 不便分类的其他从业人员	7. □	7. □	7. □	7. □

申报人签字：
Signature of respondent

普查员签字：
Signature of enumerator

填报日期：　11 月　　日
Date:

第六次全国人口普查死亡人口调查表

(2009.11.1-2010.10.31死亡的人口登记)

表　　号：R 6 0 4 表
制定机关：国　家　统　计　局
国务院第六次全国人口普查办公室
批准文号：国 发 [2009] 23 号
有效期至：2 0 1 0 年 12 月

经国务院批准进行第六次全国人口普查
人口普查的标准时点为2010年11月1日零时
人口普查的原始资料不向任何单位和个人提供，仅供汇总使用
公民应履行如实申报普查项目的义务

地址：________县（市、区）________乡（镇、街道）________普查区________普查小区

地址码：

每个死亡人口都登记						死亡时满6周岁的人登记	死亡时满15周岁的人登记
S1.户编号	S2.姓名	S3.性别	S4.出生年月	S5.死亡时间	S6.民族	S7.受教育程度	S8.婚姻状况
		1.男 2.女	出生于： ____年 ____月	(____周岁) 死亡于： ____月	族	1.未上过学 2.小学 3.初中 4.高中 5.大学专科 6.大学本科 7.研究生	1.未婚 2.有配偶 3.离婚 4.丧偶
		1.男 2.女	出生于： ____年 ____月	(____周岁) 死亡于： ____月	族	1.未上过学 2.小学 3.初中 4.高中 5.大学专科 6.大学本科 7.研究生	1.未婚 2.有配偶 3.离婚 4.丧偶
		1.男 2.女	出生于： ____年 ____月	(____周岁) 死亡于： ____月	族	1.未上过学 2.小学 3.初中 4.高中 5.大学专科 6.大学本科 7.研究生	1.未婚 2.有配偶 3.离婚 4.丧偶
		1.男 2.女	出生于： ____年 ____月	(____周岁) 死亡于： ____月	族	1.未上过学 2.小学 3.初中 4.高中 5.大学专科 6.大学本科 7.研究生	1.未婚 2.有配偶 3.离婚 4.丧偶

普查员（签字）：　　　　填报日期：11 月　　日

每个死亡人口都登记						死亡时满6周岁的人登记	死亡时满15周岁的人登记
S1.户编号	S2.姓名	S3.性别	S4.出生年月	S5.死亡时间	S6.民族	S7.受教育程度	S8.婚姻状况
		1.男 2.女	出生于: ______年 ______月	(______周岁) 死亡于: ______月	族	1.未上过学 2.小学 3.初中 4.高中 5.大学专科 6.大学本科 7.研究生	1.未婚 2.有配偶 3.离婚 4.丧偶
		1.男 2.女	出生于: ______年 ______月	(______周岁) 死亡于: ______月	族	1.未上过学 2.小学 3.初中 4.高中 5.大学专科 6.大学本科 7.研究生	1.未婚 2.有配偶 3.离婚 4.丧偶
		1.男 2.女	出生于: ______年 ______月	(______周岁) 死亡于: ______月	族	1.未上过学 2.小学 3.初中 4.高中 5.大学专科 6.大学本科 7.研究生	1.未婚 2.有配偶 3.离婚 4.丧偶
		1.男 2.女	出生于: ______年 ______月	(______周岁) 死亡于: ______月	族	1.未上过学 2.小学 3.初中 4.高中 5.大学专科 6.大学本科 7.研究生	1.未婚 2.有配偶 3.离婚 4.丧偶
		1.男 2.女	出生于: ______年 ______月	(______周岁) 死亡于: ______月	族	1.未上过学 2.小学 3.初中 4.高中 5.大学专科 6.大学本科 7.研究生	1.未婚 2.有配偶 3.离婚 4.丧偶

普查小区__________　　本小区共_____张　　本张是第_____张

附　录

附录9　第六次全国人口普查表填写说明

第六次全国人口普查表填写说明

一、普查表的种类

第六次全国人口普查表共分为:《第六次全国人口普查表短表》(以下简称普查表短表)、《第六次全国人口普查表长表》(以下简称普查表长表)、《第六次全国人口普查表短表(供港澳台和外籍人员使用)》(以下简称境外人员普查表)和《第六次全国人口普查死亡人口调查表》(以下简称死亡人口调查表)四种表。

二、标准时点

第六次全国人口普查的标准时点为:2010 年 11 月 1 日零时。普查员在掌握普查标准时点时,应该注意以下两点:

(一)2010 年 11 月 1 日零时以后出生的人不登记;2010 年 11 月 1 日零时以后死亡的人仍要登记普查表短表或普查表长表。

(二)2010 年 11 月 1 日零时以后发生迁移的人,仍在原住地登记。

三、普查对象

(一)普查表短表、普查表长表和境外人员普查表的普查对象

《第六次全国人口普查方案》第(七)条规定,“人口普查对象是指普查标准时点在中华人民共和国境内的自然人以及在中华人民共和国境外但未定居的中国公民,不包括在中华人民共和国境内短期停留的境外人员”。第(八)条规定,“人口普查采用按现住地登记的原则。每个人必须在现住地进行登记。普查对象不在户口登记地居住的,户口登记地要登记相应信息”。

普查对象具体是指普查小区内的全部人口。即 2010 年 10 月 31 日晚住本普查小区的人口和户口登记在本普查小区但 2010 年 10 月 31 日晚未住本普查小区人口。分为两种情况:

1.2010 年 10 月 31 日晚住在本普查小区的人,不管其户口登记在何处。包括户口在本村(居)委会的人口,也包括户口在外村(居)委会的人口。

2.户口登记在本普查小区,但 2010 年 10 月 31 日晚未住本普查小区的人,无论其外出时间长短、外出原因如何,均普查登记。

港澳台和外籍人员在其现住地进行登记,填写境外人员普查表。

人口普查以户为单位进行登记,户分为家庭户和集体户。以家庭成员关系为主、居住一处共同生活的人口作为一个家庭户;单身居住独自生活的,也作为一个家庭户。相互之间没有家庭成员关系,集体居住共同生活的人口,作为集体户。集体户以一个住房单元为一户进行普查登记。

(二)死亡人口调查表的登记对象

死亡人口调查表的登记对象是在 2009 年 11 月 1 日至 2010 年 10 月 31 日这 12 个月中的死亡人口。

四、普查表的填写方法

（一）普查表用黑色签字笔填写，禁止使用钢笔、铅笔和圆珠笔。不得使用橡皮涂擦，严禁使用涂改液或贴条。签字笔尖要保持圆润、书写流畅，防止晕染、划破或戳破普查表。

（二）普查表填写按本户地址、户记录、人记录的顺序进行。先填写本户地址，然后填写户记录，填写完户记录，再逐人填写人记录。填写按人登记的项目时，表内第一人应填户主，然后填户主的配偶和其他亲属。

本户地址填写本户所在的县（市、区）、乡（镇、街道）、普查区和普查小区的名称，以及所属的建筑物编号。

（三）普查员每填完一户，要将普查表中各项填报的内容向申报人宣读，核对无误后，由申报人和普查员分别签字。普查员还要填写入户登记的日期。

（四）普查表短表和普查表长表以户为单位填写，每张表可填写 5 人，超过 5 人的户可酌情增加普查表。增加的普查表只填写本户地址、户编号和按人填报的项目，以及本户共几张，本张是第几张，不再填写按户填报的其他项目。增加的普查表上的户编号应与本户第一张表上的户编号相同。

境外人员普查表，也以户为单位填写，每张境外人员普查表可填写 4 人，超过 4 人的户可酌情增加普查表。增加的普查表应填写本户地址、户编号和按人填报的项目。增加的普查表上的户编号应与本户第一份表上的户编号相同。

（五）死亡人口调查表以普查小区为单位填写，每张死亡人口调查表可填写 9 人。超过普查表限定人数的普查小区，可酌情增加普查表。

（六）有标准答案的项目，根据实际情况圈填，并且每个问题只能圈填一个标准答案。没有标准答案的项目，用文字或阿拉伯数字据情填写。

填写文字的项目，包括姓名、民族、普查时点居住地、户口登记地、出生地、五年前常住地、行业和职业。姓名在现场登记时直接填写在汉字框内，从上至下每个方框填写一个字，写不全的填写在下面空白处；民族、普查时点居住地、户口登记地、出生地和五年前常住地在现场登记时必须先在预填区填写汉字（民族项目汉字框上的空白处作为预填区；普查时点居住地、户口登记地项目，汉字框后的横线作为预填区；出生地和五年前常住地项目，汉字框上的横线作为预填区），需待复查、快速汇总结束，经审核无误后方可填入汉字框中，每个汉字框只能填写一个字，根据汉字框数目填写同样数目的前几个汉字；行业和职业直接在下方空白处填写文字。

（七）如果填写错误，要采取正确的修改方法。

第一，圈填错误的，应将错填序码连同该项文字答案用双划线划去，然后据情圈填正确的选项。

第二，数字书写错误。分两种情况：（1）数字框外的数字书写错误，应用双横线划去，在划线的上方另行填写；（2）数字框内的数字书写错误（发生在非专项编码阶段），用三横两竖划去，在错误数字框上方另行填写。

第三，文字书写错误。分两种情况：（1）汉字框外文字书写错误，横着书写的，应用双横线划去，在划线的上方另行填写。竖着书写的，用双竖线划去，在划线的右侧另行填写；（2）汉字框内文字书写错误。a.姓名书写错误，用四横四竖划去，在下面空白汉字框内重新填写，写不全的填写在下面空白处，要求修改后保证填写的“姓”和“名”顺序正确；b.民族或地址书写错误（发生在非专项编码阶段），在错误文字的汉字框内划四横四竖，此文字无需再重新填写，若还有空白汉字框可按顺序填写其余的文字。要求修改后要保证汉字和汉字框一一对应。

五、普查表短表的指标解释

（一）按户填报的项目

按户填报的项目要求所有的户（家庭户和集体户）都填报。

H1.户编号—填写各户在《户主姓名底册》上的“户编号”。

如果在登记时，发现某户为空户，该户“户编号”作废，本普查小区的其他住户不再使用这个“户编号”。如果在登记时，发现某户中实际居住着两户，其中一户使用原来的“户编号”，另一户的“户编号”为本普查小区最大户编号（除600以上）后顺延；居住三户或以上的，依次类推。

全户死亡户的户编号填写“999”。全户死亡的户，除填写“H1.户编号”外，只填写“H4_2.2009.11.1-2010.10.31死亡人口”，其他户记录和人记录项目均不再登记。

在一个普查小区中，每一户都必须对应一个户编号，且只对应一个户编号。

H2.户别—按家庭户、集体户的类型圈填。

1.家庭户：以家庭成员关系为主，居住一处共同生活的人口，作为一个家庭户。单身居住独自生活的，也作为一个家庭户。

2.集体户：相互之间没有家庭成员关系，集体居住共同生活的人口作为一个集体户。

H3.本户应登记人数—包括两个部分。一部分是2010年10月31日晚居住本户的人数，既包括户口在本户、2010年10月31日晚居住本户的人数，也包括户口不在本户、2010年10月31日晚居住本户的人数，填写H3的第一项；另一部分是户口在本户，2010年10月31日晚未居住本户的人数，填写H3的第二项。

H4.2009.11.1.—2010.10.31.出生人口和死亡人口—填写本户在2009年11月1日至2010年10月31日期间出生和死亡的人数。分别填写男、女的合计数。

特别注意不要漏掉出生时有某种生命现象（如在胎儿脱离母体时，有呼吸或心跳，脐带搏动、随意肌收缩等），不久即死亡的婴儿，既要填写出生数，也要填写死亡数。

H5.本户住房建筑面积—本户住房的建筑面积按住房的外墙计算。

只知道使用面积的，可用下面的公式换算：

使用面积(包括扩建的使用面积）÷0.7＝建筑面积

填写此项目时应当注意以下几点：

1.在旅馆或租借的房屋居住的户，一律按现住所的实际情况填写其住房面积。

2.居住在工作场所的户，住房面积应该填写其居住房间的建筑面积。

3.合住在同一所住房里的住户，其建筑面积为各户所独立使用的房间面积加上公共使用面积（包括厨房、厕所、门厅、阳台等）的一部分：两户合住的，各按二分之一计算；三户合用的各按三分之一计算；四户及以上合用的依此类推。

4.建筑面积应填写整数，不为整数时四舍五入获得。

H6.本户住房间数—指除厨房、厕所、过道和厅以外的所有自然间数（包括扩建的房间）。填写本项目时应注意：

1.在旅馆或租借的房屋居住的户，一律按现住所的实际居住情况填写其住房间数。

2.合住同一所住房的，在填写住房间数时，填写其独立使用的房间数。

3.兼作生产经营用房的房间也应计算在住房间数内，只作为生产经营用房的房间不计算在住房间数内。

4.一户有两处或两处以上住房的，如果没有出租或借给其他人居住，要把这几处住房的住房间数和住房面积分别相加。有关住房的其他项目，以现住地的状况为准。

（二）按人填报的项目

每个人都填报的项目:

R1.姓名—填写被登记人的正式姓名。没有正式姓名的可填小名或某某氏，但不能填笔名、代号等。婴儿未起名的，可填“未取名”。

R2.与户主关系—指被登记人与本户户主的关系。普查员根据申报人的回答据情圈填。申报人不是户主的，注意在圈填时，不要将某人与申报人的关系，错填为与户主的关系。

设有十个标准答案:

0.户主。按家庭日常生活习惯确定户主。

1.配偶。指户主的妻子或丈夫。

2.子女。指户主的子女。

3.父母。指户主的父母或继父母、养父母。

4.岳父母或公婆。指户主配偶的父母或继父母、养父母。

5.祖父母。指户主或配偶的祖父母、外祖父母、曾祖父母、外曾祖父母。

6.媳婿。指户主子女的配偶。

7.孙子女。指户主的孙子女、外孙子女、孙媳婿、外孙媳婿、重孙子女、重孙媳婿、重外孙子女、重外孙媳婿。

8.兄弟姐妹。指户主及其配偶的兄弟姐妹以及他们的配偶。

9.其他。指本户除以上九种人以外的成员。

家庭户的户主登记为第一人，圈填“0”；如果户主的配偶也在本户登记，应登记为第二人，圈填“1”；然后再登记该户的其他成员。如果户主没有配偶，或户主配偶不在本户登记，第二人也可登记本户其他成员。

在登记集体户时，第一人登记为户主，圈填“0”，本户其他成员与户主关系一律登记为其他，圈填“9”。

R3.性别—指被登记人的性别，男性圈填“1”，女性圈填“2”。

R4.出生年月—指被登记人的出生年、月，用阿拉伯数字填写。

出生年月按公历填写，只知道农历的，要换算成公历。按照一般的规律，农历的月份与公历的月份相差一个月左右，换算时农历的月份加1即可作为公历的月份，但要注意农历的12月应当是公历下一年的1月。

R5.民族—指被登记人的民族成份。填写民族时不要写简称，要填写全称。如哈萨克族，不要简填为哈族。

外国人加入中国籍，其民族和我国的某一民族相同的，就填某一民族；没有相同民族的，按外国人加入中国籍填写，简填“入籍”。

R6.普查时点居住地—指被登记人在普查标准时点前一晚居住在何处。设有六个标准答案，据情圈填。

1.本普查小区：指普查时点居住在本普查小区的人。如果本户在本普查小区拥有一套以上的住房，可确定其中一处进行登记。

2.本村（居）委会其他普查小区：指常住户口登记地在本普查小区，普查时点居住在本村（居）委会其他普查小区的人。

3.本乡（镇、街道）其他村（居）委会：指常住户口登记地在本普查小区，普查时点居住在本乡（镇、街道）其他村（居）委会的人。

4.本县（市、区）其他乡（镇、街道）：指常住户口登记地在本普查小区，普查时点居住在本县、县级市和市辖区的其他乡（镇、街道）的人。

5.其他县（市、区）：指常住户口登记地在本普查小区，居住在本县、县级市和市辖区以外所有地区的人。圈填本答案的人还需填写普查时点居住地所在省（区、市）、地（市）、县（市、区）的具体名称。

6.港澳台或国外：指原户口登记在本户，现在港澳台或国外的人。

R7.户口登记地—指被登记人的常住户口登记地情况。设有五个标准答案，普查员根据被登记人的实际情况，据情圈填。

1.本村（居）委会：常住户口登记地在本村（居）委会的人，包括原户口登记地在本户，现在国外工作或学习，暂无户口的人。

2.本乡（镇、街道）其他村（居）委会：指现住本普查小区，常住户口登记地在本乡（镇、街道）其他村（居）委会的人。

3.本县(市、区)其他乡（镇、街道）：指现住本普查小区，常住户口登记地在本县、县级市和市辖区的其他乡（镇、街道）的人。

4.其他县（市、区）：指现住本普查小区，常住户口登记地在本县、县级市和市辖区以外所有地区的人。圈填本答案的人还需填写常住户口登记地所在省（区、市）、地（市）、县（市、区）的具体名称。

5.户口待定：指在任何地方都没有登记常住户口的人。包括手持户口迁移证、出生证、退伍证、劳改劳教释放证等情况的人。圈填“户口待定”项的人直接跳填 R11 项。

R8.离开户口登记地时间—指到普查标准时点为止，被登记人离开户口登记地的时间。设有九个标准答案，据情圈填。

1.没有离开户口登记地：指没有离开户口登记地的人。即户口登记地在本村（居）委会，普查标准时点前一晚居住在本普查小区或本村（居）委会其他普查小区的人。圈填该项的人直接跳填 R10 项。

2.半年以下：指离开户口登记地不满半年的人。

3.半年至一年：指离开户口登记地半年以上（含半年），但不满一年的人。

4.一至两年：指离开户口登记地一年以上（含一年），但不满两年的人。

5.两至三年：指离开户口登记地两年以上（含两年），但不满三年的人。

6.三至四年：指离开户口登记地三年以上（含三年），但不满四年的人。

7.四至五年：指离开户口登记地四年以上（含四年），但不满五年的人。

8.五至六年：指离开户口登记地五年以上（含五年），但不满六年的人。

9.六年以上：指离开户口登记地六年以上（含六年）的人。

R9.离开户口登记地原因—指居住地与户口登记地不一致的原因。本项设有九个标准答案，普查员根据被登记人的实际情况，据情圈填。

1.务工经商：指十五周岁及以上因从事各种劳务活动或商业贸易活动，离开户口登记地的人。

2.工作调动：指十五周岁及以上因工作调动、毕业分配或工作招聘而离开户口登记地的人。复员转业军人由部队迁来的，也圈填此项。

3.学习培训：指六周岁及以上因考入各级各类学校或参加本地各单位举办的各种学习班、培训班，而离开户口登记地的人。

4.随迁家属：指随同家人务工经商或工作调动而离开户口登记地的人。

5.投亲靠友：指因投靠亲属或朋友而离开户口登记地的人。

6.拆迁搬家：指因房屋拆迁、搬家而离开户口登记地的人。

7.寄挂户口：指户口登记地与居住地不一致，但户口落在集体户或落在与其无直接亲戚关系的家庭户中的人，以及没有在户口登记地居住，只在户口登记地落户口的人。

8.婚姻嫁娶：指十五周岁及以上因结婚而离开户口登记地的人。

9.其他：指除上述以外的其他原因。

凡具有两种以上原因的，按其主要的原因选填一个标准答案，不得选填两个或多个答案。被登记人有过多次迁移的，应填报其离开户口登记地时的原因，而不应填报到现住地的原因。

R10.户口性质—指被登记人的常住户口性质。设有两个标准答案，按其户口簿上常住户口的农业、非农业性质据实圈填。农业户口的人，圈填“1”，非农业户口的人，圈填“2”。

取消了农业户口和非农业户口的地区，按照取消前的性质圈填。农民进城已办理了小城镇户口的，也圈填“2”。

6 周岁及以上（2004 年 10 月 31 日以前出生）的人填报的项目（R11—R12）：

R11.是否识字—指被登记人是否达到国家规定的脱盲标准（城市居民和乡、镇企业职工识字 2000 个，乡村居民识字 1500 个）。登记时可询问，日常生活中是否能读懂简单的书信或书写简短的句子。如果能阅读通俗书报、能写便条就认为具有识字能力。

本项目设有两个标准答案。凡具有一般读写能力的人圈填“1”；没有达到脱盲标准的人圈填“2”。

小学在校学生都圈填“1”。

R12.受教育程度—指按照国家教育体制，被登记人接受教育的最高学历。通过自学或成人学历教育经国家统一考试合格的，分别归入相应的受教育程度。

在 R11 圈填了“2”的人，只能圈填本项目标准答案“1”或“2”。

本项目设有七个标准答案：

1.未上过学：指从未接受过国家或其他办学机构实施的各级各类学校教育的人。包括参加过各种扫盲班或成人识字班学习，且以后再没有接受过各级各类学校教育的人。

2.小学：指接受的最高一级教育为小学，无论其是否在校、毕业、肄业或辍学的人。

3.初中：指接受的最高一级教育为初中，无论其是否在校、毕业、肄业或辍学的人。相当于初中程度的技工学校，也圈填此标准答案。

4.高中：指接受的最高一级教育为普通高中、职业高中和中等专业学校，无论其是否在校、毕业、肄业或辍学的人。相当于高中程度的技工学校，也圈填此标准答案。

5.大学专科：指接受的最高一级教育为大学专科。在普通高等学校学习大学专科的，无论其是否在校、毕业、肄业或辍学的人，都圈填此标准答案。

凡在国家授权承认学历的广播电视大学、职工大学、高等院校举办的函授大学、夜大学和其他形式的大学，按教育部颁布的大学专科教学大纲进行授课的，其毕业生圈填此标准答案；其肄业生、在校生按原有受教育程度圈填。

通过自学，经国家统一举办的自学考试合格，并取得大学专科毕业证书的，也圈填此标准答案。

6.大学本科：指接受的最高一级教育为大学本科。在普通高等学校学习大学本科的，无论其是否在校、毕业、肄业或辍学，均圈填此标准答案。

凡在国家授权承认学历的广播电视大学、职工大学、高等院校举办的函授大学、夜大学和其他形式的大学，按教育部颁布的大学本科教学大纲进行授课的，其毕业生圈填此标准答案；其肄业生、在校生按原有受教育程度圈填。

通过自学和进修大学课程，经考试合格，并取得大学本科毕业证书的，也圈填此标准答案。

7.研究生：指接受的最高一级教育为硕士、博士研究生，无论其是否在校、毕业、肄业或辍学，均圈填此标准答案。

在职接受研究生教育的，其毕业生圈填此标准答案；肄业生和在校生按原有受教育程度圈填。

凡是没有按教育部的教学大纲培训或只学单科的人，不能圈填“大学专科”、“大学本科”或“研究生”，一律按原有受教育程度圈填。

六、普查表长表指标解释

（一）按户填报的项目

H1.户编号—与普查表短表 H1 相同

H2.户别—与普查表短表 H2 相同。

H3.本户应登记人数—与普查表短表 H3 相同。

H4.2009.11.1—2010.10.31 出生人口和死亡人口—与普查表短表 H4 相同。

H5.住房用途—按本户住房的实际情况据情圈填。

设有三个标准答案：

1.生活住房。指本户所居住的住房只用于生活。

2.兼作生产经营用房。指本户住房除作为生活用房外，还兼作生产或经营用房。如私人开的小裁缝店，只有一间房，吃、住、工作都在这同一间房中。

3.无住房。指居无定所的户（如流动人口中那些睡在桥下、公园、车站或睡在运载货物、商品车辆上的人等）。圈填此标准答案的户，不再填报后面的户记录项目。

H6.本户住房建筑面积—与普查表短表 H5 相同。

H7.本户住房间数—与普查表短表 H6 相同。

H8.建筑层数—指本户住房所属建筑物的层数。

层数是指房屋的自然层数，一般按室内地坪以上计算。

采光窗在室外地坪以上的半地下室，其室内层高在 2.20m 以上（不含 2.20m）的，计算自然层数；假层、附层（夹层）、插层、阁楼（暗楼）、装饰性塔楼，以及突出屋面的楼梯间、水箱间不计层数。

此项目设有五个标准答案，据情圈填。

H9.承重类型—指本户住房所属建筑物的承重类型。此项目设有四个标准答案，据情圈填。

1.钢及钢筋混凝土结构—指承重的主要构件是用钢及钢筋混凝土建造的。它包括“钢结构”、“钢、钢筋混凝土”和“钢筋混凝土”三种结构类型。

钢结构：承重的主要构件是钢材料建成的，包括悬索结构。

钢、钢筋混凝土结构：承重的主要构件是用钢、钢筋混凝土建成的。如一幢房屋一部分梁柱采用钢、钢筋混凝土构架建成。

钢筋混凝土结构：承重的主要构件是用钢筋混凝土建造的。包括薄壳结构、大模板现浇结构及使用滑模、升板等建造的钢筋混凝土结构的建筑物。

2.混合结构—指承重的主要构件是用钢筋混凝土和砖木建造的。如一幢房屋的梁是用钢筋混凝土制成，以砖墙为承重墙，或者梁是用木材建造，柱是用钢筋混凝土建造。

3.砖木结构—指承重的主要构件是用砖、木材建造的。如一幢房屋是木制房架、砖墙、木柱建成的。

4.其他结构—指不属于上述类型的房屋。如竹结构、砖拱结构、窑洞等。

H10.住房建成年代—指本户住房所属建筑的建成时间，按标准答案据情圈填。

本户住房翻修过的，按翻修时的年份填写；本户住房经过改建的，如改建面积大于原面积的，建成时间填写改建时的时间；如改建面积小于原面积的，建成时间填写原住房的建成时间。

H11.主要炊事燃料—指本户用于炊事的主要燃料，本项目设有五个标准答案。如果本户用于炊事的燃料有两种以上，只选择主要的一种填写。

H12.住房内有无管道自来水—管道自来水是指经过公用设施净化处理的管道输送水。在院子里自己打的机井不能算作有自来水。

H13.住房内有无厨房—厨房是指专供做饭使用，不论是否装有上下水道及固定灶具的房间。设有三个标准答案，可据情圈填。

在过道、客堂等处烧饭的和在庭院、路边搭建的、低矮的临时简陋设施中做饭的都不算有厨房。

H14.住房内有无厕所—厕所是指住房内的正式厕所（可以是抽水式的，也可以是其他形式的），露天的简易厕所不算有厕所。设有五个标准答案，可据情圈填。

H15.住房内有无洗澡设施—指住房内有固定浴缸（浴盆）或淋浴龙头等并能使用的洗浴设施。本项目设有四个标准答案：

1.统一供热水。指本户洗浴用热水由社区、物业管理部门或其他公共设施统一供应。

2.家庭自装热水器。指本户洗浴用热水是由自己安装的各种热水器。如电热水器、燃气(罐装、管道)热水器等。

3.其他。指上述两种以外的其他洗浴设施。

4.无。住房内没有洗浴设施。

H16.住房来源—指本户获取住房的几种情况。此项目设有八个标准答案：

1.租赁廉租住房：廉租房是指政府以租金补贴或实物配租的方式，向符合城镇居民最低生活保障标准且住房困难的家庭提供社会保障性质的住房。

2.租赁其他住房：本户住房是向私人、单位或房地产开发部门租借，并按市场价格交纳房租的。

3.自建住房：指城镇或农村中个人自筹资金建造的住房，其产权属于个人所有。

4.购买商品房：指个人从房地产开发部门以市场价购买的房屋，享有对房屋的全部产权。

5.购买二手房：指购买那些进入房屋市场进行交易，第二次及以上进行产权登记的房屋，包括二手商品房、允许上市交易的已售公房、经济适用房。

6.购买经济适用房：经济适用房是指根据国家经济适用住房建设计划安排建设的住宅。由国家统一下达计划，用地一般实行行政划拨的方式，免收土地出让金，对各种经批准的收费实行减半征收，出售价格实行政府指导价，按保本微利的原则确定。房屋使用功能可以满足居民基本生活需要。经济适用房也包括安居工程住房和集资合作建设住房。

7.购买原公有住房：指个人以成本价或优惠价购买的企事业单位原作为福利分配给本单位职工的住房，享有对房屋的全部产权或部分产权。

8.其他：不属于以上几种房屋产权性质的填报此项。

圈填“3—8”答案的人，此人的户填报项目到此结束。

H17.月租房费用—H16中圈填了标准答案“1”或“2”两项的户填报此项目。根据本月用于交纳房租金额，据实圈填。注意，每个选项的区间范围包含下限，不包含上限，如100-200元，应为小于200且大于等于100的区间范围。

（二）按人填报的项目

每个人都填报的项目（R1—R12）

R1.姓名—与普查表短表R1相同。

R2.与户主关系—与普查表短表R2相同。

R3.性别—与普查表短表R3相同。

R4.出生年月—与普查表短表 R4 的解释相同。但需要普查员根据出生年月计算普查标准时点的周岁年龄。周岁指从出生年月日算起，到标准时点为止，满几周岁就填几周岁。不满一周岁的填“0”岁。

周岁年龄换算公式：

1.当出生月份≤10，周岁年龄=2010-出生年

2.当出生月份=11或12，周岁年龄=2010-出生年-1

出生年月和周岁年龄，用阿拉伯数字填写。

R5.民族—与普查表短表R5相同。

R6.普查时点居住地—与普查表短表R6相同。

R7.户口登记地—与普查表短表R7相同。圈填“5.户口待定”项的人直接跳填R12项。

R8.离开户口登记地时间—与普查表短表R8相同。圈填“1.没有离开户口登记地”项的人直接跳填R11项。

R9.离开户口登记地原因—与普查表短表R9相同。

R10.户口登记地类型—指被登记人的常住户口登记地类型。

设有四个标准答案，户口登记地属于乡的，圈填“1”；户口登记地属于镇的居委会的，圈填“2”；户口登记地属于镇的村委会的，圈填“3”；户口登记地属于街道的，圈填“4”。

户口登记地类型按离开户口登记地时的类型圈填，不要圈填成现在的类型。例如：离开时户口登记地的类型是“乡”，而现在已改成“镇”，应圈填“1”，不要圈填“2”或“3”。

R11.户口性质—与普查表短表R10相同。

R12.出生地—指被登记人的出生地点。

设有三个标准答案。

1.本县市区。指出生在本县、县级市和区。

2.本省其他县市区。指出生在本省的其他县、县级市和区。

3.省外。指出生在本省以外其他地区，并填写出生地所在省的名称。港、澳、台或国外出生的，根据实际情况填写“香港”、“澳门”、“台湾”或“国外”。

5周岁及以上（2005年10月31日以前出生）的人填报的项目（R13）：

R13.五年前常住地—填写被登记人在普查标准时点的五年前，即2005年11月1日零时的常住地。设有两个标准答案。五年前居住在本省的人，圈填“1”；五年前居住省外的人，圈填“2”，并填写所在省的名称。

五年前居住在我国大陆以外地方的，据情填写“香港”、“澳门”、“台湾”或“国外”。

6周岁及以上（2004年10月31日以前出生）的人填报的项目（R14—R16）：

R14.是否识字—与普查表短表R11项相同。

R15.受教育程度—与普查表短表R12项相同。圈填选项“1.未上过学”的人，跳至R17。

R16.学业完成情况—具有小学以上受教育程度的人填报，即在R15圈填了标准答案“2－7”的人填报此项目。

设有五个标准答案:

1.在校。正在接受各级各类学校教育并有学籍的人。

2.毕业。已修完全部课程，并经过考试鉴定合格者。

3.肄业。修完全部课程，但考试不及格或因种种原因未取得毕业资格的人。

4.辍学。指未能修完所规定的全部课程，中途退学的人。

5.其他。指私塾、自学等其他方式获得某种文化程度的人

15周岁及以上（1995年10月31日以前出生）的人填报的项目（R17—R25）

R17.工作情况—指被登记人在10月25－31日期间，即普查标准时点前一周，是否为取得收入而工作了1小时以上。

这里所说的工作是指为获取工资、实物报酬或经营收入而实际从事的各种生产、经营和服务性活动。义务劳动和公益性劳动都不是以取得收入为目的的，所以不属于这里所说的工作。

“为取得收入而工作”，是强调工作的目的性。只要是目的在于取得收入的工作，无论实际是否取得了收入，都应属于这里所说的工作。

对于平时主要在家做家务，有时也从事一些临时性工作（如干农活、销售商品）的人，只要在10月25－31日期间，工作时间达到一个小时，就算进行了工作。

1.是。指在10月25－31日期间，为取得收入而干过固定的、临时的或兼职的工作，并且工作时间达到了一小时。有正式学籍的在校学生利用课余或假期以及正式办理离休、退休手续的人为取得收入而从事了工作，也圈填此项。

家庭成员在自家经营的摊位、商店、门市部、工厂劳动，即使没有任何收入，也应视作为取得收入而工作。

2.在职休假、学习、临时停工或季节性歇业。

休假是指在10月25－31日期间，因各种原因休假未工作(包括正常的年休假、疗养假及空勤人员、船员、火车乘务人员的轮休假等)以及各种原因的请假未工作(包括病假、工伤假、产假、事假、婚丧假、探亲假等)。个人档案、人事关系已在某单位，但因各种原因本人尚未到新单位报到上班，如军人转业或工作调动等，可视为休假。

学习是指有工作单位，在10月25－31日期间正参加脱产学习或培训。

临时停工是指在10月25－31日期间，由于机械或电力故障、原料或燃料短缺、天气灾害或其他灾害等原因引起的暂时未工作。

季节性歇业指从事季节性工作，在10月25－31日期间，正值歇业。

承包土地的农民，如果从事农活或其他工作的时间超过一个小时，则圈填“1.是”；如果外出打工，但在10月25－31日期间，未从事任何工作，则圈填“3.未做任何工作”；如果在10月25－31日期间，没有外出打工，且未干任何农活或从事其他任何有收入的工作，则圈填本项。

3.未做任何工作。指没有工作单位，且在10月25－31日期间未从事过任何临时性工作的人，圈填此项。对于未与原单位解除劳动关系，在原单位已无工作岗位的下岗、内退人员，在10月25－31日期间未从事任何工作的，也圈填此项。圈填此标准答案的人，跳填R20。

圈填“1.是”的人，还需填写工作时间。工作时间按在10月25－31日期间实际的工作时间填写，而不能按国家规定的制度工作时间填写。

计算工作时间，要注意把握以下几种情况:

（1）从事一种以上有收入工作的，应将几项工作时间相加计算。

（2）在规定的工作时间以外加班加点的，应将加班加点的时间一并计算在内。

（3）实行不坐班制的教育工作者、科研人员、新闻工作者等，无论其主业工作时间是否达到每周40小时，其主业工作时间均按每周40小时计算。

（4）农村人口中既干家务劳动又从事农业或其他工作的人，填写上一周的实际工作小时数，家务劳动时间除外。

R18.行业—行业是根据被调查者的工作单位或其本人的经济活动的同一性进行分类，不是按其所属的行政管理系统来分的。人口普查以产业活动单位作为划分行业的标准。产业活动单位是指：（1）具有一个场所、从事一种或主要从事一种经济活动；（2）单独组织生产、经营或业务活动；（3）掌握收入和支出的会计核算资料。

填写行业时应注意以下几种情况:

1.有工作单位的，既要填写单位名称，也要填写单位的主要产品或从事的主要业务。

单位名称要填写全称，并要具体到分厂或车间，不能笼统地只填写总厂名称。

单位的主要产品或从事的主要业务也要详细填写，如“生产服装”或“服装批发”、“服装零售”，不能简写为“服装”。

保密单位，填写其公开使用的名称和公开的主要产品或从事的主要业务。

2.没有工作单位的，有招牌的要在单位名称处按招牌填写，如“××鞋铺”，并在主要产品或从事的主要业务处填写具体的产品或业务，如“做鞋”或“修鞋”。没有招牌的，应在主要产品或从事的主要业务处填写其所从事的具体业务。

工作变动频繁的人，要按在10月25－31日期间所从事的主要工作填写。

务农人员不能笼统地填写“农业”，要根据其具体的农业生产活动或农户具体从事的主要业务填写。如种粮食、养猪等。

3.如果在10月25－31日期间在一个以上单位工作的，按工作时间最长的单位填写。不能确定时间长短的，可按经济收入较多的填写。

4.遇到申报人对本人或本户其他成员的行业不清楚时，不要急于登记，经询问查明后再填报。

R19.职业—职业是按本人所从事的具体工作性质的同一性进行分类的。所谓“同一性”，是指不论其所在工作单位是什么经济类型，不论用工形式是固定工还是临时工，也不论其隶属于哪个行业，凡是从事同一性质工作的人都划分为同一类。

填写职业时应注意以下几种情况：

1.应填写被调查人所从事的主要工作，填写职业要具体、详细。不能笼统地填写“工人”、“杂工”等，而应具体填写其实际工作种类，如“铸轧工”、“采煤工”等；机关工作人员不能笼统填写“干部”，应详细填写其工作性质和种类，如：“打字员”、“统计工作者”；专业技术人员，不能笼统地填写“研究员”、“工程师”等，而应把他们研究或从事的专业和学科也填上，如“通信工程技术员”等。

2.具有各类专业技术职务的人员，同时担任行政负责人的，按行政职务填写其职业；同时担任党和行政职务的领导干部，应按主要职务填写其职业。

3.工种尚未确定，暂时又无具体工作的，要填写“工种未定”。

4.工作变动频繁的人，填写具体所做的工作时要按在10月25－31日期间所从事的主要工作填写。

5.如果在10月25－31日期间同时从事一种以上工作的，按所从事时间最长的工作填写；不能确定时间长短的，可按经济收入较多的工作填写。在同一工作场所，从事一种以上职业的，按技术性较高的工作填写。

6.遇到申报人对本人或本户其他成员的职业不清楚时，不要急于登记，经询问查明后再填写。

填完此项的人，跳填R23。

R20.未工作原因—指被登记人在10月25－31日期间没有工作的主要原因。

本项目有九个标准答案：

1.在校学习。即在校学生，指在各级教育主管部门承认的各级各类学校学习，并有正式学籍的人员。不包括有工作单位，脱产学习的人员。

圈填此项的人，跳填R23。

2.丧失工作能力。指经专门机构鉴定或虽未鉴定但本人或其法定监护人认为，其因生理或心理疾患已丧失了从事劳动的能力。包括年老体弱生活不能自理的人员。但不包括离休、退休人员，这些人不论是身体残疾还是年老体弱生活不能自理，均圈填“7.离退休”。

圈填此项的人，跳填R23。

3.毕业后未工作。指从学校毕业后从未工作过的人。

4.因单位原因失去工作。指用人单位或雇主提出与劳动者本人中断劳动关系而失去原工作的人。包括被原单位或雇主辞退、除名、开除的人，劳动合同到期后单位或雇主不同意续签劳动合同的人，因单位破产而失去工作的人，单位要求其“内退”的人，以及仍与原工作单位保留劳动关系的下岗人员。

5.因本人原因失去工作。指本人因各种原因提出与单位中断劳动关系而失去原工作的人。包括辞职的人、劳动合同到期后本人不同意与单位续签劳动合同的人，以及本人提出要求而“内退”的人。

6.承包土地被征用。指本人承包或转包、租用他人的土地被有关部门和单位依据土地征用制度规定征作公益性用地或经营性用地，而失去工作。受雇在别人承包的土地上工作，因土地被征用而失去工作的人，不圈填此项，而应圈填“4.因单位原因失去原工作”。

7.离退休。指已正式办理离休、退休手续，定期领取离退休生活费，且未从事任何有收入劳动的人。单位“内退”人员，由于没有正式办理离、退休手续，不能作为离、退休人员，故不圈填此项，而应据情圈填本项中的“4.因单位原因失去工作”或“5.因本人原因失去工作”。

8.料理家务。指主要在自己家里从事家务劳动，且没有劳动收入的人。离、退休人员从事家务劳动的不填此项，而填“7.离退休”。为自家经营的摊位、商店、门市部、工厂工作的人，农村中既料理家务又务农或从事家庭副业的人，在别人家干家务活的临时工或小时工，均属于有工作的人，不圈填此项。

对于料理家务的人要从严掌握，年龄男在五十岁以下，女在四十五岁以下者如申报为料理家务，应仔细询问，认真核对。

9.其他。指除以上几种情况之外的其他未工作的原因。

R21.三个月内是否找过工作—本项目共有七个标准答案。被登记人如果已在职业介绍机构登记，无论是否又采取了其他方式，均圈填“1.在职业介绍机构求职”，采用多种方式寻找工作但未在职业介绍机构登记的，只填一种本人认为最主要的方式。

1.在职业介绍机构求职。指通过劳动保障部门和其他政府部门以及私人开办的职业介绍机构登记找工作。

2.委托亲友找工作。指通过亲戚朋友向有关单位推荐找工作，这种委托可以是口头的。

3.应答或刊登广告。指通过应答各种媒体(电视、报纸、网络等)或其他渠道的招聘广告或在各种媒体上刊登求职广告寻找工作。

4.参加招聘会。指通过参加各种形式的招聘会找工作。

5.为自己经营作准备。指正在为自己开公司和做生意做准备。

6.其他。指以上未涉及的找工作方式，如查看报刊、广告栏或店头的招聘广告，去自发的劳务市场等活等。

7.未找过工作。没有采取任何找工作的行动。

R22.能否工作—是指如果有合适的工作能否在两周内开始工作。被登记人根据自己目前所处的客观条件去判断，如果有就业机会是否能在两周内开始工作。这里不考虑具体是什么工作。这里的两周指的是普查时点的前一周和后一周，即 10 月 25 日 – 11 月 7 日期间。本项目共设二个标准答案。

1.能。指被登记人目前没有不能脱身的事，如必须在家照顾家人或上学读书等，而且也没有妨碍工作的伤病，能够在两周内开始工作。

填写此项的人要填写连续未工作时间。离退休人员和料理家务的人，其连续未工作时间从其有工作愿望时开始计算；以前工作过的，其连续未工作时间从最后一次失去工作开始计算；从学校毕业的，其连续未工作时间从毕业到普查时点的时间累计计算。

未工作时间按月计算，不足一个月的按一个月计算，超过一个月不足两个月的按两个月计算，依此类推。

2.不能。指被登记人有事或有病，即使有适合的工作在两周内也不能开始工作。

此项一般情况下都应圈填“能”，只有当被登记人因还有不能脱身的事务或有妨碍工作的伤病等而不能工作时，才可圈填“不能”。为自己经营作准备的，均应视作能够工作。

R23.主要生活来源—指被登记人主要依靠什么生活。

本项目设有七个标准答案，根据被登记人的情况圈填。如果某人同时有几种生活来源，选择其认为最主要的一项圈填，当被登记人难以确定时，按收入最高的圈填。

1.劳动收入。指主要依靠劳动报酬、经营利润或家庭收益（包括现金和实物收入）生活。

2.离退休金养老金。指办理了离休、退休或退职手续，主要依靠从原工作单位或社会保险经办机构领取的离退休金（包括退职费）生活。

3.失业保险金。指参加失业保险的人员失业后，主要依靠从失业保险经办机构领取的失业保险金生活。

4.最低生活保障金。指建立最低生活保障制度的地区，家庭人均收入低于当地规定的最低生活保障线，主要依靠从政府有关部门或集体领取最低生活保障金生活的人，以及依靠民政部门发放的烈军属、五保户、残疾人等的生活抚恤金等生活。

5.财产性收入。指以资金储蓄、借贷入股以及财产运营、房屋租赁等所取得的利息、股息、红利、租金等收入。

6.家庭其他成员供养。指主要依靠家庭其他成员或亲属的供养和资助生活。

7.其他。指依靠以上几种情况之外的其他收入生活。

R24.婚姻状况—指被登记人在普查标准时点的实际婚姻状况。

设有四个标准答案:

1.未婚。指从未结过婚的人。圈填此答案的人，跳填R28。

2.有配偶。指有配偶，处于婚姻中的人。

3.离婚。指曾经结过婚，但到普查标准时点已办理了离婚手续且没有再婚，或正在办理离婚手续的人。

4.丧偶。指配偶已去世，且到普查标准时点没有再婚的人。

人口普查的婚姻是指事实婚姻，不是单指法律意义上的婚姻，对不到法定结婚年龄，或未办理结婚手续而实际结婚、同居的人，应根据其在普查标准时点的实际情况，依照申报人的申报圈填。

R25.结婚（初婚）年月—在R24中圈填了标准答案“2－4”的人填报此项目。有过再婚经历的人，要填写第一次结婚时的年月。

15至64周岁（1945年11月1日-1995年10月31日出生）的妇女填报的项目（R26）

R26.生育子女数—指截止到普查标准时点，15至64周岁妇女生育子女数，包括生育过（活产）子女数和其中现在存活子女数。

生育过（活产）项目填写妇女生育的活产男孩和女孩数，包括产后不久就死亡的婴儿。胎儿脱离母体时（不管孕期长短），凡有过呼吸或心跳、脐带搏动、随意肌收缩等生命现象的，都视为“活产”。未生育过的填写“0”。这里所说的“子女”是指该妇女的亲生子女，不包括丈夫前妻的子女和领养的子女，但鉴于有些家庭不愿公开领养关系，可尊重填报人的意愿，按亲生子女填报。

其中现在存活项目所填活产子女中仍然存活的男孩和女孩数。包括与父母住在一起的孩子，也包括没有与父母住在一起的孩子。到普查标准时点已死亡的孩子不包括在内。无存活子女的填写“0”。

15至50周岁（1959年11月1日-1995年10月31日出生）的妇女填报的项目（R27）

R27.2009.11.1—2010.10.31的生育状况—此项目登记普查标准时点前12个月以内是否有过生育。

圈填“1.未生育”的，个人普查项目到此结束。

圈填“2.有生育”的，还要填写生育孩子的月份和所生孩子的性别。

一年内有两次生育或生育双胞胎的，第二个孩子的情况填在右侧。第三个及以上的孩子可忽略不计。

60周岁以上（1950年10月31日以前出生）的人填报的项目（R28）

R28.身体健康状况—指被登记人根据自身健康状况对过去一个月能否保证正常生活做出的自我判断。根据所列四种情况圈填其一。

1.健康。指过去一个月健康状况良好，完全可以保证日常的生活。

2.基本健康。指过去一个月健康状况一般，可以保证日常的生活。

3.不健康，但生活能自理。指过去一个月健康状况不是太好，但可以基本保证正常的生活。

4.生活不能自理。指过去一个月健康状况较差，不能照顾自己日常的生活起居，如吃饭、穿衣、自行走动等。

七、境外人员普查表指标解释

境外人员普查表共有 11 个项目，其中，R1—R8 项为所有港澳台和外籍人员填写；R9—R11 项仅由港澳台人员填写；R10 和 R11 项，由港澳台 15 周岁及以上有工作的人员填写。

每个人都填报的项目（R1-R8）

R1.姓名—填写被登记人的正式姓名。婴儿未起名的，可填“未取名”。外籍人员的姓名最好用中文填写，也可以用其它文字填写。

R2.与户主关系—指被登记人与本户户主的关系。普查员根据申报人的回答据情圈填。申报人不是户主的，注意在圈填时，不要将某人与申报人的关系，错填为与户主的关系。

R3.性别—指被登记人的性别，男性圈填“1”，女性圈填“2”。

R4.出生年月—指被登记人的出生年、月，用阿拉伯数字填写。

R5.来大陆或来华目的—指被登记人在中华人民共和国境内逗留的原因。

1.商务：指进行各种商务活动的人员。

2.就业：指已有工作或正在寻找工作的人员。

3.学习：指已经或准备在各类学校中学习的人员。

4.定居：指在中华人民共和国境内定居但没有工作或上学的人员。包括在中华人民共和国境内工作人士的家属。

5.探亲：指探望亲戚或朋友的人员。

6.其他：指除上述以外的其他原因。

R6.已在大陆或在华居住时间—指被登记人已经在中华人民共和国境内居住的时间。

R7.受教育程度—指被登记人在学校或其它教育机构学习达到的最高教育水平。

R8.身份或国籍—指被登记人是香港居民、澳门居民还是台湾地区居民。如果是外国人，还应填写国籍。国籍最好用中文填写，如果不知道中文名的，也可以用其它文字填写。

港澳台人员填报的项目（R9-R11）

R9.过去六个月回港澳台居住时间—指被登记人于 2010 年 5 月至 2010 年 10 月的 6 个月期间在港澳台居住的时间。

R10.行业—指被登记人的工作单位主要生产的产品或提供的服务类别，按标准答案据情圈填。

R11.职业—指被登记人所从事的工作类别。

1.企业、事业单位负责人：指在企业、事业单位中担任领导职务并具有决策、管理权的人员。

2.专业技术人员：指专门从事各种科学研究和专业技术工作的人员。从事本类职业工作的人员，一般都要求接受过系统的专业教育，具备相应的专业理论知识，并且按规定的标准条件评聘专业技术职务，以及未聘任专业技术职务，但在专业技术岗位上工作的人员。

3.办事人员和有关人员：指在国家机关、党群组织、企业、事业单位中从事行政业务、行政事务工作的人员和从事安全保卫、消防、邮电等业务的人员。

4.商业、服务业人员：指从事商业、餐饮、旅游、娱乐、运输、医疗辅助服务及社会和居民生活等服务工作的人员。

5.农、林、牧、渔、水利业生产人员：指从事农业、林业、畜牧业、渔业及水利业生产、管理、产品初加工的人员。

6.生产、运输设备操作人员及有关人员：指从事矿产勘查、开采，产品的生产制造、工程施工和运输设备操作的人员及有关人员。

7.不便分类的其他从业人员。

八、死亡人口调查表指标解释

凡在普查表户记录 H4_2 中，已登记了“2009.11.1-2010.10.31 死亡人口”的户，还要登记死亡人口的具体情况。

死亡人口调查表以普查小区为单位填写。

死亡人口调查表共有八个项目:

S1.**户编号**—与死亡人口生前所在户的普查表户记录 H1 一致。

S2.**姓名**—填写死亡人口的姓名。

S3.**性别**—圈填死亡人口的性别。

S4.**出生时间**—填写死亡人口出生时的年份和月份。

S5.**死亡时间**—填写死亡人口死亡时的月份和死亡时的年龄。

普查员需根据 2009 年 11 月 1 日-2010 年 10 月 31 日死亡人口的死亡月份计算出其死亡时的周岁年龄。

死亡时周岁计算公式:

1.当出生月 > 死亡月时，周岁年龄=死亡年-出生年-1

2.当出生月 ≦ 死亡月时，周岁年龄=死亡年-出生年

S6.**民族**—填写死亡人口的民族成份。具体填写要求与普查表短表 R5 相同。

S7.**受教育程度**—圈填死亡人口死亡时的受教育程度。具体填写要求与普查表短表 R12 相同。

S8.**婚姻状况**—圈填死亡人口死亡时的婚姻状况。具体填写要求与普查表长表 R24 相同。

为了保证死亡人口的登记质量，普查员在入户普查登记时应该特别注意以下几点:

1.登记死亡人口时，一般以死亡人口死亡前的经常居住地为其登记地，而不以死亡发生时的地点（如医院等）为登记地。

2.本户常住人口中有死亡的，不论其与该户有无亲属关系，都应该作为该户的死亡人口予以登记。

3.对于无法确定死亡人口经常居住地，或普查登记时与死亡人口的经常居住地联系不上的，如孤寡老人、流动人口死亡的，一律在死亡发生地登记。

附录10　第六次全国人口普查长表抽样工作细则

第六次全国人口普查长表抽样工作细则

一、根据《第六次全国人口普查方案》，制定本细则。

二、普查表长表抽样工作由国务院人口普查办公室统一部署，普查表长表抽样方法由国务院人口普查办公室设计，各省级人口普查办公室负责培训指导，各乡级人口普查办公室负责组织各村级人口普查小组实施。

三、各省、自治区、直辖市按 10%的抽样比例，在每个普查小区中，抽取长表调查住户组。每个住户组由相邻的 4 户组成。

四、长表调查户的抽样工作在《户主姓名底册》编制工作完成后，从 2010 年 10 月 29 日开始，到 31 日结束。

五、《户主姓名底册》是长表调查户的抽样框。长表调查户要在《户主姓名底册》中的“户编号”上进行抽取。

六、长表调查户抽样框包括居住在本地的家庭户和集体户，也包括离开本地不满半年的家庭户。不包括：全户为港澳台或外籍人员的户；全户寄挂户口的户；全户外出半年以上的户；全户死亡的户；因房屋拆迁或搬家已离开本地的户；无人居住且未寄挂户口的空房户。长表调查户抽样框不包括的户不参与长表抽样。

七、在抽取长表调查户前，普查指导员要组织普查员对《户主姓名底册》进行核查。核查的内容有：

（一）《普查小区图》中的建筑物，是否列入《户主姓名底册》，并有相应的“建筑物编号”；建筑物内每户的住房单元是否列入《户主姓名底册》，并给予相应的“房屋编号”。

（二）集体户是否按住房单元划分为各个集体户，并给予相应的“房屋编号”。

（三）《户主姓名底册》上的“户编号”是否与参加长表抽样的户一一对应，即一个户只能有一个“户编号”与其对应（假如一个单元房内有几户，这几户的“房屋编号”是相同的，但“户编号”应是不同的）。

（四）《户主姓名底册》上的空房户是否用横线划去，不参与长表抽样的户是否已给出 600 以上的“户编号”。

（五）《户主姓名底册》上的“户编号”（除 600 以上）是否从 001 开始连续升序编写，如不是要核对检查，及时改正。

八、由乡级人口普查办公室统一组织各普查区的指导员，在每个普查小区的《户主姓名底册》的“户编号”上随机等距抽取长表调查住户组。抽取方法见附件（第六次全国人口普查长表调查户抽取方法）。被抽中的长表调查户应在《户主姓名底册》上的“户编号”前有明显的标记（△）。

九、长表调查户抽取后，要由乡级人口普查办公室审核确认，一经确认任何人不得随意改动，必须严格按照抽取的长表调查住户组进行登记。

十、抽样工作结束后，一份《户主姓名底册》上报县级人口普查办公室备案，县级人口普查办公室要按有关规定进行检查，监督普查员是否严格按照抽取的长表调查户进行调查，另外两份分别由长表和短表普查员在登记时使用。

十一、《户主姓名底册》上的“户编号”应同普查表上的“户编号”一致。如果在普查登记时，发现住户情况与《户主姓名底册》所列情况不一致的，应认真核查，据实登记。

（一）如发现某户经确认以后，该户为空户。在《户主姓名底册》上的备注栏注明，并将该户摸底时填写的其他内容划一条横线，该户的“户编号”作废。在填写普查表“户编号”时，其他户不再使用该户的“户编号”。

（二）如发现某长表抽中户经确认后，该户不是参与长表抽样的户，按该户的特性填写普查表短表或普查表短表（供港澳台及外籍人员使用）。同时，将变更的情况在《户主姓名底册》相应的备注栏注明，该户的“户编号”不变。

（三）如发现某户还有其他住户，且该户为登记长表的户，则该户继续登记长表，其“户编号”不变；其他户如符合长表调查户，也分别登记长表，其他户的“户编号”为在《户主姓名底册》上最大“户编号”（除 600 以上）后顺延，并将变更的情况在《户主姓名底册》相应的备注栏注明。

附件：

第六次全国人口普查长表调查户抽取方法

普查表长表调查户抽样方法是按 10%的比例，在每个普查小区的《户主姓名底册》“户编号”中，随机等距抽取长表调查住户组。每个住户组由相邻的 4 户组成。

（一）随机起点的确定

每个普查小区长表住户组等距抽取的随机起点在 1-10 内确定。每个普查区只需要确定第一个普查小区的随机起点，普查区内其后普查小区的随机起点由前一个小区的随机起点加 1，如果普查小区随机起点累加数超过 10 为 11，则该小区的随机起点为累加数减 10，其后的普查小区在 1 的基础上继续加 1，依此类推。

第一个普查小区随机起点，由村级人口普查小组负责人确定。确定方法是取本人生日的最后 1 位数，如最后 1 位数是 0，则随机起点选 10。

例 1 本人生日的最后 1 位数是 5。普查区内第一个普查小区随机起点为 5，第二个普查小区随机起点为 6，第三个普查小区随机起点为 7，…第六个普查小区随机起点为 10，第七个普查小区随机起点为 1，依次类推。

例 2 本人生日的最后 1 位数是 0。普查区内第一个普查小区随机起点为 10，第二个普查小区随机起点为 1，第三个普查小区随机起点为 2，…第六个普查小区随机起点为 5，依次类推。

（二）住户组的抽取方法

1.对于《户主姓名底册》最大“户编号”（除 600 以上）在 40 户以上的普查小区，确定随机起点后，将随机起点乘 4 得到某数值，所对应的《户主姓名底册》“户编号”为第一个抽中住户组的尾数，会同尾数相邻的前 3 户，组成了第一个抽中的住户组。在住户组对应的“户编号”前做标记，划上“△”。第二个抽中的住户组为第一个抽中住户组所对应的户编号加 40；第三个抽中住户组为第二个抽中的住户组所对应的户编号再加 40，…，依次类推。如果类推抽取的住户组所对应的“户编号”，超出普查小区《户主姓名底册》最大“户编号”三户或三户以上，则该小区长表调查住户组抽取工作完成。该小区抽取的最后一个长表调查住户组为《户主姓名底册》临近最大“户编号”的一组。如果类推抽取的住户组所对应的“户编号”超出最大“户编号”二户或一户，则该小区抽取的最后一个长表调查住户组为《户主姓名底册》最大“户编号”的最后4户。

例1　某普查小区确定的随机起点为3，将随机起点乘4后得到数为12，12所对应的《户主姓名底册》“户编号”为抽中第一个住户组的尾数，会同尾数相邻的前3户，9，10，11，12组成了第一个抽中的长表调查住户组；第二个抽中的住户组为第一个抽中住户组的“户编号”各加40，为49，50，51，52；第三个抽中住户组为第二个住户组的4户对应的“户编号”加40为89，90，91，92，…，依次类推。

例2　某普查小区《户主姓名底册》最大“户编号”为80，当类推到的抽取住户组的“户编号”为89，90，91，92，已超出了该小区《户主姓名底册》最大“户编号”80，则该小区抽取的最后一个长表调查住户组对应的“户编号”为49，50，51，52。

例3　某普查小区《户主姓名底册》最大“户编号”为89，而类推抽取住户组的户编号为89，90，91，92，超过了该小区《户主姓名底册》最大“户编号”89的3户，则该小区抽取的最后一个长表调查住户组对应的“户编号”为49，50，51，52。

例4　某普查小区《户主姓名底册》最大“户编号”为90，而类推的抽取住户组的户编号为89，90，91，92，超过了该小区《户主姓名底册》最大“户编号”90的2户，则该小区抽取的最后一个长表调查住户组对应的“户编号”为87，88，89，90，是《户主姓名底册》最大“户编号”的最后4户（见《户主姓名底册》长表住户组抽取案例）。

2.对于《户主姓名底册》最大“户编号”不足40，在20至39户之间的普查小区，要保证抽取一个住户组（相邻4户组成）。在随机起点确定后，如果随机起点乘4后得到数对应的“户编号”超出最大“户编号”1户至3户，则该小区抽取的最后一个长表调查住户组为《户主姓名底册》最大“户编号”的最后4户。如果随机起点乘4后得到数超出最大“户编号”4户以上，则将这一住户组数减20所对应《户主姓名底册》的“户编号”，为所抽中的长表调查住户组。

例如普查小区《户主姓名底册》最大“户编号”为23。普查小区确定的随机起点为9，随机起点乘4后得到住户组所对应的“户编号”为33，34，35，36。超出了小区最大“户编号”23。将这住户组“户编号”各减20，得到“户编号”13，14，15，16为所抽中的长表调查住户组。

3.对于《户主姓名底册》最大“户编号”不足20，在1至19户之间的普查小区，要保证抽取相邻的2户。在随机起点确定后，将随机起点乘2后得到的数，会同此数的前1户，为抽中的长表调查户。如果随机起点数乘2后得到的数超出最大“户编号”，要将此数减10，并将减10后的数会同此数的前1户所对应的“户编号”，为抽中的长表调查户；如果减10后，仍超出最大“户编号”，该小区的抽取的长表调查户为《户主姓名底册》最大“户编号”的最后2户。

4.对于普查小区内抽中的长表调查户为大集体户，即居住在同一个房间的人数超过了10人，由普查员在该户中任选10人登记长表，其余的人登记短表。长表登记户仍用原“户编号”，短表登记户新的“户编号”为在《户主姓名底册》上最大“户编号”（除600以上）后顺延。如果抽中的长表调查集体户居住在同一个房间的人数不足10人，该集体户所有的人登记普查表长表。

附：《户主姓名底册》长表住户组抽取案例

户主姓名底册

营口 市(区) 兴建 街道 南路 普查区 002 普查小区

长表填报户	户编号	建筑物编号	房屋编号	本户地址	户主姓名	摸底时住在本户的人数	摸底时住在本户的人数：户口在本村（居）委会人数	摸底时住在本户的人数：户口在其他村（居）委会人数	其中：离开户口登记地半年以上人数	其中：户口登记地在省外人数	户口待定人数	本户户籍人口中：现居住在本村其他普查小区的人数	本户户籍人口中：离开本村（居）委会不满半年人数	本户户籍人口中：离开本村（居）委会半年以上人数	其中：现在省外人数	2009.11.1-2010.10.31 出生人数	2009.11.1-2010.10.31 死亡人数	本户港、澳、台及外籍人数	预约上门时间	备注
1	2	3	4	5	6	7	8	9	10	11	12	13	14	15	16	17	18	19	20	21
合计						206	171	32	23	14	3	5	32	36	9	2	2	11		
	001	01	1	南路 2-201	张中旺	3		3	3	1				3	1					
	002		2	〃 〃2-202	王新华	3	3					1								
	003		3	〃 〃2-203	王满霞	2	2													
	004		4	〃 〃2-204	金已星	3		3	3	3										
	005		5	〃 〃2-205	周宝印	2	2						1							
	006		6	〃 〃2-301	郭明义	8	4	3	1	1	1		1							
	601			〃 〃2-301	杜文来									4						整户寄挂户
	007			〃 〃2-301	杜文君	4	4						2	2	1					
	008			〃 〃2-301	王　德								2							全户外出不满半年
△	009		7	〃 〃2-302	李德冒	6	6													
	602		8	〃 〃2-303	扬为旺									4						全户外出半年以上
	603		9	〃 〃2-304	李忠华									4						全户外出半年以上
△	010		10	〃 〃2-305	金　钟	5	5													
	604		11	〃 〃2-401	夏敬伟									5						房屋拆迁
△	011		12	〃 〃2-402	沈春玲	4	4					2				1				
△	012		13	〃 〃2-403	吴　以	4	4													

续表 1

长表填报户	户编号	建筑物编号	房屋编号	本户地址	户主姓名	摸底时住在本户的人数						本户户籍人口中				2009.11.1-2010.10.31		本户港、澳、台及外籍人数	预约上门时间	备注
							户口在本村（居）委会人数	户口在其他村（居）委会人数	其中：离开户口登记地半年以上人数	其中：户口登记地在省外人数	户口待定人数	现居住在本村其他普查小区的人数	离开本村（居）委会不满半年人数	离开本村（居）委会半年以上人数	其中：现在省外人数	出生人数	死亡人数			
	605		14	〃 〃 2-404	孙文祥									1						房屋拆迁
	013	02	1	南路 3-201	胡存会	3	3													
	014		2	〃 〃 3-202	郑　春	4	4													
	606		3	〃 〃 3-203	王　强													2		全户从香港来
	607		4	〃 〃 3-204	王玉科													2		全户从香港来
	015		5	〃 〃 3-301	李月江	4	3	1	1	1										
	016		6	〃 〃 3-302	王　镇	4	4													
	608		7	〃 〃 3-303	连　炮								2							房屋拆迁
	609		8	〃 〃 3-304	芳凯厂									2	2					房屋拆迁
	017		9	〃 〃 3-401	宋　东	2	2													
	610		10	〃 〃 3-402	王　海								2							搬家
	611		11	〃 〃 3-403	董明明								2							搬家
	018		12	〃 〃 3-404	马志民	2	2													
	612		13	〃 〃 3-501	金永男									2	2					全户外出半年以上
	613		14	〃 〃 3-502	王晓农									2						全户外出半年以上
	019		15	〃 〃 3-503	辛学旺	1	1													
	020		16	〃 〃 3-504	王　鑫	1		1	1									2		
	021	03	1	南路 4-201	王　角	3	3													
	022		2	〃 〃 4-202	宋宝桐	5	5													
	023		3	〃 〃 4-203	李学云	4	4													
	614		17	〃 〃 4-204	杨小锋	2												2		全户从香港来
	：		：	：	：	：	：													

续表 2

长表填报户	户编号	建筑物编号	房屋编号	本户地址	户主姓名	摸底时住在本户的人数						本户户籍人口中				2009.11.1-2010.10.31		本户港、澳、台及外籍人数	预约上门时间	备注
							户口在本村（居）委会人数	户口在其他村（居）委会人数	其中：离开户口登记地半年以上人数	其中：户口登记地在省外人数	户口待定人数	现居住在本村其他普查小区的人数	离开本村（居）委会不满半年人数	离开本村（居）委会半年以上人数	其中：现在省外人数	出生人数	死亡人数			
	:		:	:	:	:	:													
	047		25	南路 4-301	郭长海	3	2	1												
	048		26	〃 〃 4-302	曾有路	2		2	2											
△	049		27	〃 〃 4-303	丁春华	6	6													
△	050		28	〃 〃 4-304	孙述杰	6	6													
△	051		29	南路 4-401	勒孝先	2	1	1					1							
△	052		30	〃 〃 4-402	孙小炎	2	2													
`	053		31	〃 〃 4-403	邵长元	5	5													
	054		32	〃 〃 4-404	温希江	9	4	5	3	2										
	055		33	南路 4-501	武宪华	4	4													
	056		34	〃 〃 4-502	李　杰	3	2				1									
			35	〃 〃 4-503	张秀英															空房
	:		:	:	:	:														
	:		:	:	:	:														
△	087		60	〃 〃 7-804	王　莹	3	3													
△	088	04	1	南路　01	勒孝先	7	4	3	1	1			2	1	1					
△	089		2	南路　02	王玉科	4	4													
	999	05	1	桥山路边 01	***												1			全户死亡
△	090		2	〃 〃　02	王　镇	5	5													

逻辑关系：　摸底时住在本户人数（7）=（8）+（9）+（12）　本户户籍人口=（8）+（13）+（14）+（15）　本村（居委会）户籍人口=（8）+（14）+（15）

普查区人口普查小组负责人：**韦小海**　生日的尾数：2　普查员（签字）：**王小燕**　日期：2010 年 10 月 28 日

附　录

附录11　统计上划分城乡的规定

统计上划分城乡的规定

（国务院于2008年7月12日国函[2008]60号批复）

一、为了科学、真实地反映我国现阶段城乡人口、社会和经济发展情况，准确评价我国的城镇化水平，制定本规定。

二、本规定作为统计上划分城乡的依据，不改变现有的行政区划、隶属关系、管理权限和机构编制，以及土地规划、城乡规划等有关规定。

三、本规定以我国的行政区划为基础，以民政部门确认的居民委员会和村民委员会辖区为划分对象，以实际建设为划分依据，将我国的地域划分为城镇和乡村。

实际建设是指已建成或在建的公共设施、居住设施和其它设施。

四、城镇包括城区和镇区。城区是指在市辖区和不设区的市，区、市政府驻地的实际建设连接到的居民委员会和其他区域。镇区是指在城区以外的县人民政府驻地和其他镇，政府驻地的实际建设连接到的居民委员会和其他区域。

与政府驻地的实际建设不连接，且常住人口在3000人以上的独立的工矿区、开发区、科研单位、大专院校等特殊区域及农场、林场的场部驻地视为镇区。

五、乡村是指本规定划定的城镇以外的区域。

六、本规定由国家统计部门负责解释。

七、本规定自2008年8月1日起施行。